Coleção
**PRECEDENTES
OBRIGATÓRIOS**
em ANÁLISE

REPERCUSSÃO
GERAL EM ANÁLISE
STF

CB017078

Coleção
PRECEDENTES
OBRIGATÓRIOS
em ANÁLISE

Coordenação

LORENA MIRANDA SANTOS BARREIROS
JAIME BARREIROS NETO

REPERCUSSÃO
GERAL EM ANÁLISE
STF

2017

EDITORA
*Jus*PODIVM

www.editorajuspodivm.com.br

EDITORA
JusPODIVM

www.editorajuspodivm.com.br

Rua Mato Grosso, 164, Ed. Marfina, 1º Andar – Pituba, CEP: 41830-151 – Salvador – Bahia
Tel: (71) 3045.9051
• Contato: https://www.editorajuspodivm.com.br/sac

Copyright: Edições *Jus*PODIVM

Conselho Editorial: Eduardo Viana Portela Neves, Dirley da Cunha Jr., Leonardo de Medeiros Garcia, Fredie Didier Jr., José Henrique Mouta, José Marcelo Vigliar, Marcos Ehrhardt Júnior, Nestor Távora, Robério Nunes Filho, Roberval Rocha Ferreira Filho, Rodolfo Pamplona Filho, Rodrigo Reis Mazzei e Rogério Sanches Cunha.

Capa e Diagramação: Marcelo S. Brandão (*santibrando@gmail.com*)

R425   Repercussão Geral em Análise: STF / coordenadores Lorena Miranda Santos Barreiros, Jaime Barreiros Neto–Salvador: Ed. Juspodivm, 2017.
          1408 p.

          Vários autores.
          ISBN 978-85-442-1522-7.

          1. Repercussões - STF 2. Direito Processual Civil. I. Barreiros, Lorena Miranda Santos. II. Neto, Jaime Barreiros. III. Título.

                                                   CDD 341.46

APRESENTAÇÃO DA OBRA

O Código de Processo Civil de 2015 (Lei 13.105, de 16 de março de 2015), em vigor desde 18/03/2016, contempla, dentre as normas estruturantes do modelo de processo civil por ele adotado, o dever de observância aos precedentes judiciais. Dentre as regras que concretizam esse dever, destacam-se os arts. 926 e 927 do CPC/2015[1].

O art. 927 do CPC/2015 contempla, nos incisos do seu *caput*, rol de precedentes dotados de eficácia obrigatória[2]. Dentro dessa perspectiva, o conhecimento dos precedentes judiciais, especialmente daqueles de caráter vinculante, pelos operadores do direito, é dado imperioso ao adequado funcionamento do sistema de precedentes delineado pelo CPC/2015. Para tanto, não basta ter acesso às ementas dos julgados ou conhecer o enunciado da tese jurídica firmada. É preciso compreender as razões que conduziram à formação do precedente a ser utilizado, descortinando seus sentido e alcance.

---

1. "Art. 926. Os tribunais devem uniformizar sua jurisprudência e mantê-la estável, íntegra e coerente. § 1º Na forma estabelecida e segundo os pressupostos fixados no regimento interno, os tribunais editarão enunciados de súmula correspondentes a sua jurisprudência dominante. § 2º Ao editar enunciados de súmula, os tribunais devem ater-se às circunstâncias fáticas dos precedentes que motivaram sua criação".
    "Art. 927. Os juízes e os tribunais observarão: I - as decisões do Supremo Tribunal Federal em controle concentrado de constitucionalidade; II - os enunciados de súmula vinculante; III - os acórdãos em incidente de assunção de competência ou de resolução de demandas repetitivas e em julgamento de recursos extraordinário e especial repetitivos; IV - os enunciados das súmulas do Supremo Tribunal Federal em matéria constitucional e do Superior Tribunal de Justiça em matéria infraconstitucional; V - a orientação do plenário ou do órgão especial aos quais estiverem vinculados. § 1º Os juízes e os tribunais observarão o disposto no art. 10 e no art. 489, § 1º, quando decidirem com fundamento neste artigo. § 2º A alteração de tese jurídica adotada em enunciado de súmula ou em julgamento de casos repetitivos poderá ser precedida de audiências públicas e da participação de pessoas, órgãos ou entidades que possam contribuir para a rediscussão da tese. § 3º Na hipótese de alteração de jurisprudência dominante do Supremo Tribunal Federal e dos tribunais superiores ou daquela oriunda de julgamento de casos repetitivos, pode haver modulação dos efeitos da alteração no interesse social e no da segurança jurídica. § 4º A modificação de enunciado de súmula, de jurisprudência pacificada ou de tese adotada em julgamento de casos repetitivos observará a necessidade de fundamentação adequada e específica, considerando os princípios da segurança jurídica, da proteção da confiança e da isonomia. § 5º Os tribunais darão publicidade a seus precedentes, organizando-os por questão jurídica decidida e divulgando-os, preferencialmente, na rede mundial de computadores".

2. Enunciado nº 170 do Fórum Permanente de Processualistas Civis (FPPC): "As decisões e precedentes previstos nos incisos do caput do art. 927 são vinculantes aos órgãos jurisdicionais a eles submetidos".

A tarefa, entretanto, não se revela tão simples, sobretudo quando se está diante de um volume de julgados considerável, muitos dos quais expressados em votos e discussões extensos e que não podem ser desprezados no contexto interpretativo do precedente formado.

Esse contexto, vivenciado por cada um dos coautores deste trabalho, em suas distintas atividades jurídico-profissionais, serviu de inspiração à criação desta obra, a primeira de uma coleção em que os precedentes judiciais vinculantes, tais como especificados pelo CPC/2015, serão objeto de análise. Trata-se de obra em que são examinadas todas as teses firmadas em julgamentos de recursos extraordinários em regime de repercussão geral pelo STF, até a data de 31.03.2017.

A elaboração deste livro foi cuidadosamente realizada com o escopo de atender às necessidades de diferentes públicos, sempre tendo em vista a função primordial do trabalho desenvolvido: analisar os precedentes do Supremo Tribunal Federal de forma a facilitar a sua utilização pela comunidade jurídica.

As teses de repercussão geral firmadas pelo STF foram organizadas por disciplina e, em cada uma delas, buscou-se agrupar as teses que versavam sobre um mesmo assunto. Cada tese é examinada individualmente, seguindo-se a mesma estrutura lógica: após a apresentação da ficha técnica do precedente, são formulados comentários nos quais o precedente é examinado. Esses comentários são desenvolvidos de modo acrítico, levando em consideração os fundamentos tais como apresentados pelos Ministros julgadores.

Nos julgamentos havidos por maioria de votos, quando existente debate entre os Ministros ou apresentação de votos divergentes, foi apresentada uma planilha contendo a síntese do debate constante do acórdão que fixou o precedente, indicando-se os argumentos favoráveis e contrários à tese firmada, com a identificação dos Ministros que os apresentaram. Em alguns casos, por opção do autor, essa planilha foi utilizada mesmo nos casos de julgamentos havidos por unanimidade, apenas para reforçar a assimilação dos argumentos que lastreiam a tese firmada.

Em campo específico, que se intitulou de "Fique atento", os autores apresentam, quando reputam pertinente, suas considerações sobre os precedentes analisados. Trata-se de campo aberto, no qual podem constar dicas doutrinárias, matérias tratadas como *obiter dictum* no precedente examinado, indicações de relações do tema examinado com outros temas de repercussão geral, existência de súmula vinculante sobre a matéria, sugestões para invocação de *distinguishing* em casos concretos etc.

Por fim, sempre que possível, há a apresentação, ao final da análise de cada tese, de questões de concurso a ela associadas, como forma de demonstrar o modo como os precedentes judiciais do Supremo Tribunal Federal e/ou os temas neles veiculados vêm sendo cobrados em concursos públicos.

Bem se vê, portanto, que a presente obra vocaciona-se a atender, com qualidade, a públicos diferenciados.

Aos estudiosos do direito, de modo geral, procurou-se apresentar trabalho que contribua para uma mais rápida apreensão do conteúdo dos precedentes judiciais firmados pelo STF em repercussão geral.

Aos profissionais do direito atuantes no foro (juízes, promotores, procuradores, defensores, advogados, servidores etc.), buscou-se examinar os precedentes judiciais firmados pelo STF em repercussão geral seguindo-se uma estrutura que lhes permita aferir, de forma mais célere, se um dado precedente é ou não passível de aplicação a um dado caso concreto; se o fundamento debatido na demanda foi ou não discutido na formação da tese, a fim de avaliar sua aptidão para deflagrar uma possível superação do precedente (*overruling*); se há especificidade fática em seu caso concreto que lhe permita identificar hipótese de distinção (*distinguishing*) etc.

Aos concurseiros, objetiva-se que a análise dos precedentes do Supremo Tribunal Federal empreendida nesta obra possa contribuir para a formação de um pensamento crítico qualificado sobre os temas abordados, particularmente importante para o desenvolvimento de respostas a questões discursivas. Além disso, a seleção de **497** questões objetivas aplicadas em concursos realizados auxilia o concurseiro a identificar a forma como os precedentes judiciais têm sido cobrados nesses certames. Em complemento, as dicas apresentadas no campo "Fique atento" por vezes trazem informações importantes para a preparação do candidato.

Trata-se de trabalho que buscou sintetizar e sistematizar o exame de julgados que, juntos, totalizam **13.838** páginas.

Há de se esclarecer, ainda, que o presente trabalho adotou como marco temporal, para fechamento da edição, a data de 31.03.2017. Todas as teses existentes até esta data – e os processos com julgamento de mérito, ainda que sem a formação de tese – foram examinadas, totalizando-se **329** temas enfrentados. Para os julgamentos cujos acórdãos ainda não haviam sido publicados até aquela data, o comentário foi feito tendo por base as informações prestadas pelo Supremo Tribunal Federal em seu *site*, em especial as notícias que divulgaram o julgamento ocorrido.

Em suma, trata-se de obra que pretende ser útil à comunidade jurídica. Mais do que isso, trata-se de trabalho que objetiva contribuir para o aperfeiçoamento de uma verdadeira cultura jurídica de análise e interpretação de precedentes judiciais, seguindo-se o espírito proposto pelo CPC/2015, de impor, como verdadeira norma fundamental do processo, o respeito e o dever de observância aos precedentes judiciais.

Uma boa leitura a todos!

Salvador, maio de 2017

Lorena Miranda Santos Barreiros
Jaime Barreiros Neto
Coordenadores

PERFIL DOS AUTORES

COORDENADORES:

JAIME BARREIROS NETO

(Direito Eleitoral e Direito Processual Eleitoral)

Doutor em Ciências Sociais pela Universidade Federal da Bahia (UFBA). Mestre em Direito Público pela UFBA. Professor da UFBA, da Universidade Católica do Salvador (UCSAL) e da Faculdade Baiana de Direito. Vice-Presidente do Instituto de Direito Constitucional da Bahia. Coordenador dos cursos de Pós-Graduação em Direito Eleitoral da Faculdade Baiana de Direito e de Direito e Processo do Trabalho da UCSAL. Analista Judiciário do Tribunal Regional Eleitoral da Bahia. Autor de livros jurídicos, inclusive para concursos públicos, e de artigos jurídicos. E-mail: jaimebarreirosneto@globo.com

LORENA MIRANDA SANTOS BARREIROS

(Direito Processual Civil)

Doutora em Direito Público pela Universidade Federal da Bahia (UFBA). Membro do Instituto Brasileiro de Direito Processual (IBDP) e da Associação Norte-Nordeste de Professores de Processo (ANNEP). Procuradora do Estado da Bahia. Autora de livros e artigos jurídicos. E-mail: lorena-miranda@uol.com.br

COAUTORES

ANDRÉ PORTELLA

(Direito Tributário)

Doutor em Direito Financeiro e Tributário pela *Universidad Complutense de Madrid*, menção honrosa *Doctors Europeus*. Professor da Universidade Federal da Bahia (UFBA), da Universidade do Estado da Bahia (UNEB) e da Universidade Católica do Salvador (UCSal). Pesquisador do CNPq e da FAPESB. Advogado. Autor de livros e artigos jurídicos. E-mail: aaportella@nefportal.com.br

ERMIRO FERREIRA NETO

(Direito Civil, Direito Empresarial e Direito do Consumidor)

Mestre em Direito pela Universidade Federal da Bahia (UFBA). Professor da Faculdade Baiana de Direito (graduação e pós-graduação) e da Universidade Salvador (pós-graduação). Membro do Instituto de Direito Privado (IDP) e do Instituto Brasileiro de Direito Civil (IBDCivil). Autor de livro e artigos jurídicos. E-mail: ermironeto@hotmail.com

GUILHERME GUIMARÃES LUDWIG

(Direito do Trabalho e Direito Processual do Trabalho)

Doutor em Direito Público pela Universidade Federal da Bahia (UFBA). Professor de Direito do Trabalho e Direito da Seguridade Social na Universidade do Estado da Bahia (UNEB). Juiz do Trabalho. Autor de livro e artigos jurídicos. E-mail: prof. guilhermeludwig@gmail.com

JOSÉ CARLOS WASCONCELLOS JR.

(Direito Administrativo)

Graduado em Direito pela Universidade Federal da Bahia (UFBA). Procurador do Estado da Bahia. Advogado (Sócio do escritório de advocacia Brandão e Tourinho Dantas Advogados Associados). Autor de artigo jurídico. E-mail: jwasconcellos@btd.com.br

MARCUS SEIXAS SOUZA

(Direito Administrativo)

Doutorando em Direito Público pela Universidade Federal da Bahia (UFBA). Pós-Graduado em Direito Tributário pela Fundação Faculdade de Direito da Bahia (UFBA). Membro da Associação Norte-Nordeste de Professores de Processo (ANNEP) e do Instituto Brasileiro de História do Direito. Professor da Faculdade Baiana de Direito. Advogado (Sócio do escritório de advocacia Susart & Seixas Advogados). Coautor de livros e autor de artigos jurídicos. E-mail: marcus.seixas.souza@gmail.com

MARIA AMÉLIA LIRA DE CARVALHO

(Direito Previdenciário)

Mestra em Políticas Sociais pela Universidade Católica do Salvador (UCSAL). Especialista em Direito do Trabalho e Previdência Social pela Fundação Faculdade de Direito da Bahia. Coordenadora do Curso de Pós-Graduação em Direito e Processo do Trabalho da UCSAL. Professora de Direito do Trabalho e Previdenciário dos Cursos de Graduação e Pós-Graduação da UCSAL. E-mail: amelira@uol.com.br

MAURÍCIO AMARAL

(Direito Administrativo)

Pós-graduado em Direito Processual Civil pela Faculdade Baiana de Direito. Graduado em Economia pela Universidade Católica do Salvador (UCSAL) e em Direito pela Universidade Federal da Bahia (UFBA). Professor Convidado da Faculdade Baiana de Direito (pós-graduação). Analista Judiciário do Tribunal Regional Eleitoral da Bahia. E-mail: mauricioamaral@globo.com

RAFAEL BARRETTO

(Direito Constitucional)

Mestre em Direito Público pela Universidade Federal da Bahia (UFBA). Professor de Pós-Graduação e de Cursos Preparatórios para Concursos Públicos. Conselheiro da OAB-BA. Membro da Comissão de Estudos Constitucionais da OAB-BA. Membro do Instituto de Direito Constitucional da Bahia. Autor de livros jurídicos. Advogado. E-mail: rafaelconstitucional@hotmail.com

THAIS BANDEIRA

(Direito Penal)

Doutora e Mestre em Direito Público pela Universidade Federal da Bahia (UFBA). Possui curso de Aperfeiçoamento em Ciências Criminais e Dogmática Penal Alemã pela Georg-August Universität Göttingen, GAUG - Alemanha. Professora de Direito Penal da Universidade Federal da Bahia (UFBA) e da Faculdade Baiana de Direito. Advogada criminalista. Conselheira da OAB-BA. Vice-Diretora da Escola Superior da Advocacia da Bahia (ESA-BA). Presidente da Comissão de defesa do Concurso Público da OAB-BA. E-mail: thaisdir@yahoo.com.br

VINICIUS ASSUMPÇÃO

(Direito Processual Penal)

Mestre em Direito Público pela Universidade Federal da Bahia (UFBA). Pós-Graduado em Direito do Estado pelo JusPodivm. Diretor do Instituto Baiano de Direito Processual Penal (Gestão 2017-2018). Professor de Processo Penal da Escola de Magistrados da Bahia (Pós-graduação) e da Faculdade Ruy Barbosa/Devry (Graduação). Professor Convidado de Direito Penal da Pós-Graduação da Faculdade Baiana de Direito e da Escola Superior de Advocacia da Bahia. Advogado especializado em Direito Penal Empresarial. Coautor de livros e autor de artigos jurídicos. E-mail: viniciusassumpcao@outlook.com

SUMÁRIO

Tema 350/Tese: "I – A concessão de benefícios previdenciários depende de requerimento do interessado, não se caracterizando ameaça ou lesão a direito antes de sua apreciação e indeferimento pelo INSS, ou se excedido o prazo legal para sua análise. É bem de ver, no entanto, que a exigência de prévio requerimento não se confunde com o exaurimento das vias administrativas; II – A exigência de prévio requerimento administrativo não deve prevalecer quando o entendimento da Administração for notória e reiteradamente contrário à postulação do segurado; III – Na hipótese de pretensão de revisão, restabelecimento ou manutenção de benefício anteriormente concedido, considerando que o INSS tem o dever legal de conceder a prestação mais vantajosa possível, o pedido poderá ser formulado diretamente em juízo – salvo se depender da análise de matéria de fato ainda não levada ao conhecimento da Administração –, uma vez que, nesses casos, a conduta do

Tema 88/Tese: "Em razão do caráter contributivo do regime geral de previdência (CF/1988, art. 201, caput), o art. 29, § 5º, da Lei nº 8.213/1991 não se aplica à transformação de

DIREITO CONSTITUCIONAL

Rafael Barretto

1.1. DIREITOS E GARANTIAS FUNDAMENTAIS: LIBERDADE DE EXPRESSÃO

Tema 738: "Necessidade de registro na Ordem dos Músicos do Brasil – OMB e do pagamento de anuidades à referida autarquia para o exercício da profissão de músico".

Tese: "É incompatível com a Constituição a exigência de inscrição na Ordem dos Músicos do Brasil, bem como de pagamento de anuidade, para o exercício da profissão".

FICHA TÉCNICA	
Leading case:	RE 795467
Descrição do caso feita pelo STF:	Recurso extraordinário em que se discute, à luz do art. 5º, IX e XIII, da Constituição federal, a recepção da Lei federal 3.857/1960, na parte em que dispõe sobre a obrigatoriedade de registro na Ordem dos Músicos do Brasil – OMB e do pagamento de anuidades à referida autarquia fiscalizadora para o exercício da atividade profissional de músico.
Dispositivo(s) constitucional(is) envolvido(s):	"Art. 5º Todos são iguais perante a lei, sem distinção de qualquer natureza, garantindo-se aos brasileiros e aos estrangeiros residentes no País a inviolabilidade do direito à vida, à liberdade, à igualdade, à segurança e à propriedade, nos termos seguintes: (...) IX – é livre a expressão da atividade intelectual, artística, científica e de comunicação, independentemente de censura ou licença; (...) XIII – é livre o exercício de qualquer trabalho, ofício ou profissão, atendidas as qualificações profissionais que a lei estabelecer;"

FICHA TÉCNICA	
Leading case:	**RE 795467**
Data de reconhecimento da repercussão geral:	06/06/2014
Data de julgamento do mérito recursal:	06/06/2014
Houve unanimidade?	Sim
Data de publicação do acórdão de julgamento do recurso:	24/06/2014
Trânsito em julgado do acórdão:	12/08/2014

◉ Comentários:

Julgando recurso extraordinário em sede de repercussão geral, o STF, por unanimidade, firmou a seguinte tese: **"É incompatível com a Constituição a exigência de inscrição na Ordem dos Músicos do Brasil, bem como de pagamento de anuidade, para o exercício da profissão."**

Reiterou-se o que decidido pelo Plenário do Supremo Tribunal Federal, no julgamento do RE 414.426 (rel. Min. ELLEN GRACIE, DJe de 10-10-2011), segundo o qual a atividade de músico é manifestação artística protegida pela garantia da liberdade de expressão, sendo, por isso, incompatível com a Constituição Federal de 1988 a exigência de inscrição na Ordem dos Músicos do Brasil, bem como de pagamento de anuidade, para o exercício de tal profissão.

Ao julgar o recurso extraordinário mencionado, o Tribunal firmou entendimento de que só pode ser exigida inscrição em conselho de fiscalização profissional quando a atividade tiver potencial lesivo em relação à sociedade, o que não se verifica na atividade de músico.

Vale registrar a ementa daquele julgado:

DIREITO CONSTITUCIONAL. EXERCÍCIO PROFISSIONAL E LIBERDADE DE EXPRESSÃO. EXIGÊNCIA DE INSCRIÇÃO EM CONSELHO PROFISSIONAL. EXCEPCIONALIDADE. ARTS. 5º, IX e XIII, DA CONSTITUIÇÃO.

Nem todos os ofícios ou profissões podem ser condicionados ao cumprimento de condições legais para o seu exercício. A regra é a liberdade. Apenas quando houver potencial lesivo na atividade é que pode ser exigida inscrição em conselho de fiscalização profissional. A atividade de músico prescinde de controle. Constitui, ademais, manifestação artística protegida pela garantia da liberdade de expressão.

Nessa esteira, reiterou-se a jurisprudência da Corte.

◉ Síntese do debate constante do acórdão que fixou o precedente:

Argumentos favoráveis à tese fixada:	Argumentos contrários à tese fixada:
• A constituição autoriza que a lei estabeleça restrições ao exercício de atividade profissional. • Nem todos os ofícios ou profissões podem ser condicionados ao cumprimento de condições legais para o seu exercício. • Apenas quando houver potencial lesivo na atividade é que pode ser exigida inscrição em conselho de fiscalização profissional. • A atividade de músico prescinde de controle. Constitui, ademais, manifestação artística protegida pela garantia da liberdade de expressão.	

◉ Fique atento:

• A constituição autoriza que a lei estabeleça restrições ao exercício de atividade profissional (art. 5º, XIII).

• Nem todos os ofícios ou profissões podem ser condicionados ao cumprimento de condições legais para o seu exercício.

• Apenas quando houver potencial lesivo na atividade é que pode ser exigida inscrição em conselho de fiscalização profissional.

• A atividade de músico prescinde de controle. Constitui, ademais, manifestação artística protegida pela garantia da liberdade de expressão.

◉ Questões de Concurso relacionadas ao tema:

Questão 01 (FCC / TRT 23ª Região / Juiz do Trabalho Substituto /2015) O Supremo Tribunal Federal assentou, no RE 414426-SC, que

Nem todos os ofícios ou profissões podem ser condicionados ao cumprimento de condições legais para o seu exercício. A regra é a liberdade. Apenas quando houver potencial lesivo na atividade é que pode ser exigida inscrição em conselho de fiscalização profissional. A atividade de músico prescinde de controle. Constitui, ademais, manifestação artística protegida pela garantia da liberdade de expressão.

A decisão proferida traduz a atuação da Administração pública

a) quando do exercício de atividade econômica, tendo em vista que se trata de regulamentar atividade privada com fins lucrativos.

b) por meio de suas autarquias regulamentadoras, sujeitas a regime jurídico de direito híbrido e no exercício de seu poder de polícia, porque destinadas ao controle, regulamentação, fiscalização e tributação de atividades profissionais.

c) no exercício do seu poder de polícia, que deve, não obstante condicione e limite os direitos individuais dos administrados, fazê-lo apenas quando necessário e com base na legislação pertinente.

d) no exercício de seu poder normativo originário, quando institui regras para autorizar e regulamentar profissões e atividades profissionais autônomas.

e) por meio de suas autarquias reguladoras, no exercício de seu poder normativo originário para disciplinar e instituir normas para exercício de profissões.

> **Gabarito: 1 – C.**

1.2. DIREITOS E GARANTIAS FUNDAMENTAIS: INDENIZAÇÃO POR DANOS PESSOAIS

Tema 771: "Constitucionalidade da redução dos valores de indenização do Seguro DPVAT pela Medida Provisória 340/2006, convertida na Lei 11.482/2007".

Tese: "São constitucionais as alterações procedidas pelo art. 8º da Lei 11.482/2007 no art. 3º da Lei 6.194/1974, que ensejaram a redução dos valores das indenizações pagas a título de seguro obrigatório por danos pessoais causados por veículos automotores de via terrestre (DPVAT)".

FICHA TÉCNICA	
Leading case:	**ARE 704520**
Descrição do caso feita pelo STF:	Recurso extraordinário em que se discute — à luz dos arts. 1º, III, 59, parágrafo único e 62, da Constituição e dos princípios da dignidade da pessoa humana e da proibição do retrocesso — a constitucionalidade da modificação empreendida no art. 3º da Lei 6.194/1974 pelo art. 8º da Lei 11.482/2007 (resultante da conversão da Medida Provisória 340/2006), que reduziu o valor das indenizações devidas por morte, por invalidez permanente, total ou parcial, e por despesas de assistência médica e suplementares, pagas a título de seguro obrigatório de danos pessoais causados por veículos automotores de via terrestre (Seguro DPVAT).
Dispositivo(s) constitucional(is) envolvido(s):	"Art. 1º A República Federativa do Brasil, formada pela união indissolúvel dos Estados e Municípios e do Distrito Federal, constitui-se em Estado Democrático de Direito e tem como fundamentos: (...) III – a dignidade da pessoa humana; (...)" "Art. 59. O processo legislativo compreende a elaboração de: (...) Parágrafo único. Lei complementar disporá sobre a elaboração, redação, alteração e consolidação das leis". "Art. 62. Em caso de relevância e urgência, o Presidente da República poderá adotar medidas provisórias, com força de lei, devendo submetê-las de imediato ao Congresso Nacional. (...)"

FICHA TÉCNICA	
Leading case:	**ARE 704520**
Data de reconhecimento da repercussão geral:	03/10/2014
Data de julgamento do mérito recursal:	23/10/2014
Houve unanimidade?	Não.
Data de publicação do acórdão de julgamento do recurso:	02/12/2014
Trânsito em julgado do acórdão:	11/12/2014

◉ Comentários:

Julgando recurso extraordinário em sede de repercussão geral, o STF, por unanimidade, firmou a seguinte tese: "São constitucionais as alterações procedidas pelo art. 8º da Lei 11.482/2007 no art. 3º da Lei 6.194/1974, que ensejaram a redução dos valores das indenizações pagas a título de seguro obrigatório por danos pessoais causados por veículos automotores de via terrestre (DPVAT)."

No caso, discutia-se a constitucionalidade da modificação empreendida pelo art. 8º da Lei 11.482/007 no art. 3º da Lei 6.194/74, reduzindo os valores das indenizações devidas por morte, por invalidez permanente, total ou parcial, e por despesas de assistência médica e suplementares, sendo que a Lei 11.482/007, que resultou da conversão da Medida Provisória 340, de 2006.

Em síntese, o recorrente alegava que não estariam presentes os pressupostos constitucionais que legitimam a edição de medida provisória, e que a redução do valor indenizatório afrontaria os princípios da dignidade da pessoa humana e da proibição do retrocesso.

Debateu-se a existência (ou não) dos pressupostos constitucionais de relevância e urgência e destacou-se a jurisprudência da Corte no sentido de que a mera conversão, em lei, de medida provisória não tem o condão de convalidar situação de eventual inconstitucionalidade que afete a validade jurídica do ato presidencial.

Quanto a esse ponto, no mérito, entendeu-se pela presença dos pressupostos constitucionais, vencido o Ministro Marco Aurélio, que entendeu inexistir urgência que justificasse a adoção da medida.

Quantos aos demais pontos, decidiu-se que a redução do valor da indenização na configuraria violação à dignidade humana nem retrocesso social.

⊙ Síntese do debate constante do acórdão que fixou o precedente:

Argumentos favoráveis à tese fixada:	Argumentos contrários à tese fixada:
• Medida provisória que altera o valor das indenizações de DPVAT preenche o pressuposto da urgência. • A redução dos valores das indenizações pagas a título de seguro obrigatório por danos pessoais causados por veículos automotores de via terrestre (DPVAT) não viola a dignidade humana nem a proibição de retrocesso social.	• Inexiste urgência que justifique a edição de medida provisória para alterar o valor das indenizações de DPVAT.

⊙ Fique atento:

- A conversão de medida provisória em lei não tem o condão de convalidar situação de eventual inconstitucionalidade que afete a validade jurídica do ato presidencial.

- O Judiciário pode apreciar a presença dos pressupostos constitucionais de relevância e urgência, necessários à válida edição de medida provisória.

- A redução dos valores das indenizações pagas a título de seguro obrigatório por danos pessoais causados por veículos automotores de via terrestre (DPVAT) não viola a dignidade humana nem a proibição de retrocesso social.

⊙ Questões de Concurso relacionadas ao tema:

Questão 01 (FCC / TJ-PE / Juiz de Direito Substituto / 2015 – ADAPTADA) Julgue o item a seguir certo (C) ou Errado (E):

A edição de novo diploma legal que determine a redução dos valores das indenizações a serem pagas a título de seguro obrigatório por danos pessoais causados por veículos automotores de via terrestre (Seguro DPVAT) apresenta vício de inconstitucionalidade material, pois afronta a proteção constitucional ao direito adquirido e o princípio da proibição de retrocesso social.

Gabarito: 1 – E.

1.3. DIREITOS E GARANTIAS FUNDAMENTAIS: *HABEAS DATA*

Tema 582: "Cabimento de habeas data para fins de acesso a informações incluídas em banco de dados denominado SINCOR – Sistema de Conta-Corrente de Pessoa Jurídica, da Receita Federal".

Tese: "O habeas data é a garantia constitucional adequada para a obtenção, pelo próprio contribuinte, dos dados concernentes ao pagamento de tributos constantes de sistemas informatizados de apoio à arrecadação dos órgãos da administração fazendária dos entes estatais".

FICHA TÉCNICA	
Leading case:	**RE 673707**
Descrição do caso feita pelo STF:	Recurso extraordinário em que se discute, à luz do inciso LXXII do art. 5º da Constituição Federal, o cabimento, ou não, de habeas data para fins de acesso a informações incluídas em banco de dados denominado SINCOR – Sistema de Conta-Corrente de Pessoa Jurídica, da Receita Federal, com relação a débitos tributários constantes em nome do impetrante, bem como a pagamentos efetuados.
Dispositivo(s) constitucional(is) envolvido(s):	"Art. 5º Todos são iguais perante a lei, sem distinção de qualquer natureza, garantindo-se aos brasileiros e aos estrangeiros residentes no País a inviolabilidade do direito à vida, à liberdade, à igualdade, à segurança e à propriedade, nos termos seguintes: (...) LXXII – conceder-se-á *habeas data:* a) para assegurar o conhecimento de informações relativas à pessoa do impetrante, constantes de registros ou bancos de dados de entidades governamentais ou de caráter público; b) para a retificação de dados, quando não se prefira fazê-lo por processo sigiloso, judicial ou administrativo; (...)"
Data de reconhecimento da repercussão geral:	07/09/2012
Data de julgamento do mérito recursal:	17/06/2015
Houve unanimidade?	Sim
Data de publicação do acórdão de julgamento do recurso:	30/09/2015
Trânsito em julgado do acórdão:	17/11/2015

◉ Comentários:

Julgando recurso extraordinário em sede de repercussão geral, o STF firmou a seguinte tese: *"O habeas data é a garantia constitucional adequada para a obtenção, pelo próprio contribuinte, dos dados concernentes ao pagamento de tributos constantes de sistemas informatizados de apoio à arrecadação dos órgãos da administração fazendária dos entes estatais."*

No caso, cuidava-se de *habeas data* impetrado por uma empresa com o intuito de obter todas as informações relativas a débitos constantes em seu nome, bem como de todos os pagamentos efetuados que constem das bases de dados de apoio ao controle da arrecadação federal utilizadas pela Secretaria da Receita Federal, em especial o sistema SINCOR (Sistema de Conta Corrente de Pessoa Jurídica).

A sentença julgou a ação improcedente, ao fundamento de que o registro de dados do SINCOR não se enquadra na hipótese de cadastro público, de modo a viabilizar o habeas data, tendo a decisão sido mantida pelo Tribunal Federal da 1ª Região, o que ensejou o recurso extraordinário.

Julgando o recurso, o STF deu provimento ao apelo e firmou a tese acima indicada, entendendo pelo cabimento do habeas data e destacando que a expressão que "registro de dados" deve ser entendido em seu sentido mais amplo, abrangendo tudo que diga respeito ao interessado, seja de modo direto ou indireto.

Nessa esteira, o STF firmou que, considerando que o Sistema de Conta Corrente da Secretaria da Receita Federal do Brasil (SINCOR) registra os dados de apoio à arrecadação federal ao armazenar os débitos e créditos tributários existentes acerca dos contribuintes, é inequívoco ser registro de caráter público (art. 1º, Lei nº 9.507/97), sendo viável o habeas data.

Demais, sobrelevou-se que aos contribuintes foi assegurado constitucionalmente o direito de conhecer as informações que lhes digam respeito em bancos de dados públicos ou de caráter público, em razão da necessidade de preservar o status de seu nome, planejamento empresarial, estratégia de investimento e, em especial, a recuperação de tributos pagos indevidamente.

Assim, as informações fiscais conexas ao próprio contribuinte, se forem sigilosas, não importa em que grau, devem ser protegidas da sociedade em geral, segundo os termos da lei ou da constituição, mas não de quem a elas se referem, por força da consagração do direito à informação do art. 5º, inciso XXXIII, da Carta Magna, que traz como única ressalva o sigilo imprescindível à segurança da sociedade e do Estado, o que não se aplicava no caso *sub examine*.

⊙ Síntese do debate constante do acórdão que fixou o precedente:

Argumentos favoráveis à tese fixada:	Argumentos contrários à tese fixada:
• Aos contribuintes foi assegurado constitucionalmente o direito de conhecer as informações que lhes digam respeito em bancos de dados públicos ou de caráter público • A expressão "registro de dados", para fins de cabimento do habeas data, deve ser entendida em seu sentido mais amplo, abrangendo tudo que diga respeito ao interessado, seja de modo direto ou indireto. • O Sistema de Conta Corrente da Secretaria da Receita Federal do Brasil (SINCOR) deve ser considerado um registro de dados de caráter público • É direito do contribuinte ter acesso aos dados concernentes ao pagamento de tributos constantes de sistemas informatizados de apoio à arrecadação dos órgãos da administração fazendária dos entes estatais.	

◉ Fique atento:

- Aos contribuintes foi assegurado constitucionalmente o direito de conhecer as informações que lhes digam respeito em bancos de dados públicos ou de caráter público

- A expressão "registro de dados", para fins de cabimento do habeas data, deve ser entendida em seu sentido mais amplo, abrangendo tudo que diga respeito ao interessado, seja de modo direto ou indireto.

- O Sistema de Conta Corrente da Secretaria da Receita Federal do Brasil (SINCOR) deve ser considerado um registro de dados de caráter público

- É direito do contribuinte ter acesso aos dados concernentes ao pagamento de tributos constantes de sistemas informatizados de apoio à arrecadação dos órgãos da administração fazendária dos entes estatais.

◉ Questões de Concurso relacionadas ao tema:

Questão 01 (MPF/ 29° Concurso para Procurador da República/2017 – ADAPTADA) Julgue o item a seguir certo (C) ou Errado (E):

É possível ao contribuinte valer-se do *habeas data* para ter acesso a todas as anotações a ele pertinentes incluídas em arquivos da Receita Federal.

> **Gabarito: 1 – C.**

1.4. DIREITOS E GARANTIAS FUNDAMENTAIS: AÇÃO POPULAR

Tema 836: "Exigência de comprovação de prejuízo material aos cofres públicos como condição para a propositura de ação popular".

Tese: "Não é condição para o cabimento da ação popular a demonstração de prejuízo material aos cofres públicos, dado que o art. 5°, inciso LXXIII, da Constituição Federal estabelece que qualquer cidadão é parte legítima para propor ação popular e impugnar, ainda que separadamente, ato lesivo ao patrimônio material, moral, cultural ou histórico do Estado ou de entidade de que ele participe".

FICHA TÉCNICA	
Leading case:	**ARE 824781**
Descrição do caso feita pelo STF:	Recurso extraordinário em que se discute, à luz dos arts. 5°, LXXIII, e 37 da Constituição Federal, a necessidade, ou não, da exigência de se demonstrar a lesividade ao patrimônio público como condição para o ajuizamento de ação popular.

FICHA TÉCNICA	
Leading case:	ARE 824781
Dispositivo(s) constitucional(is) envolvido(s):	"Art. 5º Todos são iguais perante a lei, sem distinção de qualquer natureza, garantindo-se aos brasileiros e aos estrangeiros residentes no País a inviolabilidade do direito à vida, à liberdade, à igualdade, à segurança e à propriedade, nos termos seguintes: (...) LXXIII – qualquer cidadão é parte legítima para propor ação popular que vise a anular ato lesivo ao patrimônio público ou de entidade de que o Estado participe, à moralidade administrativa, ao meio ambiente e ao patrimônio histórico e cultural, ficando o autor, salvo comprovada má-fé, isento de custas judiciais e do ônus da sucumbência;" "Art. 37. A administração pública direta e indireta de qualquer dos Poderes da União, dos Estados, do Distrito Federal e dos Municípios obedecerá aos princípios de legalidade, impessoalidade, moralidade, publicidade e eficiência e, também, ao seguinte".
Data de reconhecimento da repercussão geral:	28/08/2015
Data de julgamento do mérito recursal:	28/08/2015
Houve unanimidade?	Sim.
Data de publicação do acórdão de julgamento do recurso:	09/10/2015
Trânsito em julgado do acórdão:	12/18/2015

◉ Comentários:

Julgando recurso extraordinário em sede de repercussão geral, o STF, por unanimidade, firmou a seguinte tese: "Não é condição para o cabimento da ação popular a demonstração de prejuízo material aos cofres públicos, dado que o art. 5º, inciso LXXIII, da Constituição Federal estabelece que qualquer cidadão é parte legítima para propor ação popular e impugnar, ainda que separadamente, ato lesivo ao patrimônio material, moral, cultural ou histórico do Estado ou de entidade de que ele participe."

No caso, tratava-se de recurso extraordinário interposto contra acórdão proferido por Tribunal de Justiça que entendera que, para o cabimento de ação popular, é exigível a menção na exordial e a prova de prejuízo material aos cofres públicos.

A questão constitucional debatida diz respeito à existência ou não, na Constituição Federal, de lesão ao patrimônio público como condição para a propositura de ação popular e o julgamento de seu mérito.

Reafirmando a consolidada jurisprudência da Corte, o STF firmou a tese no sentido de que não há necessidade de demonstração de prejuízo material aos cofres públicos para o cabimento da ação popular, e isso porque, conforme o mandamento constitucional (art. 5º, LXIII), essa ação permite impugnar ato lesivo ao patrimônio material, moral, cultural ou histórico do Estado ou de entidade de que ele participe.

◉ Síntese do debate constante do acórdão que fixou o precedente:

Argumentos favoráveis à tese fixada:	Argumentos contrários à tese fixada:
• O âmbito protetivo da ação popular abrange patrimônio material, moral, cultural ou histórico do Estado ou de entidade de que ele participe.	

◉ Fique atento:

- A ação popular permite tutelar não apenas o patrimônio material, como também o patrimônio moral, cultural ou histórico do Estado ou de entidade de que ele participe.

◉ Questões de Concurso relacionadas ao tema:

Questão 01 (CESPE / TJDFT / Juiz de Direito Substituto– ADAPTADA) Julgue o item a seguir certo (C) ou Errado (E):

Para o cabimento de ação popular é exigível a demonstração material do prejuízo aos cofres públicos.

> **Gabarito: 1 – E.**

1.5. REPARTIÇÃO DE COMPETÊNCIAS FEDERATIVAS

Tema 145: a) Competência do Município para legislar sobre meio ambiente; b)Competência dos Tribunais de Justiça para exercer controle de constitucionalidade de norma municipal em face da Constituição Federal.

Tese: "O município é competente para legislar sobre o meio ambiente com a União e o Estado, no limite do seu interesse local e desde que tal regramento seja harmônico com a disciplina estabelecida pelos demais entes federados (art. 24, VI, c/c 30, I e II, da Constituição Federal)".

FICHA TÉCNICA	
Leading case:	**RE 586224**
Descrição do caso feita pelo STF:	Recurso extraordinário em que se discute, à luz dos artigos 24, VI; e 125, § 2°, da Constituição Federal, a competência, ou não, do Município para legislar sobre meio ambiente, tendo conta a Lei n° 1.952/95, do Município de Paulínia-SP, que proíbe a queima de palha de cana-de-açúcar e o uso do fogo em atividades agrícolas; e a competência jurisdicional, ou não, do tribunal de justiça local para o exercício do controle concentrado da constitucionalidade dessa norma municipal, em face da Constituição Federal.

FICHA TÉCNICA	
Leading case:	**RE 586224**
Dispositivo(s) constitucional(is) envolvido(s):	"Art. 24. Compete à União, aos Estados e ao Distrito Federal legislar concorrentemente sobre: (...)VI – florestas, caça, pesca, fauna, conservação da natureza, defesa do solo e dos recursos naturais, proteção do meio ambiente e controle da poluição;" "Art. 125. Os Estados organizarão sua Justiça, observados os princípios estabelecidos nesta Constituição. (...)§ 2º Cabe aos Estados a instituição de representação de inconstitucionalidade de leis ou atos normativos estaduais ou municipais em face da Constituição Estadual, vedada a atribuição da legitimação para agir a um único órgão".
Data de reconhecimento da repercussão geral:	11/12/2008
Data de julgamento do mérito recursal:	05/03/2015
Houve unanimidade?	Sim
Data de publicação do acórdão de julgamento do recurso:	08/05/2015
Trânsito em julgado do acórdão:	21/05/2015

⊚ Comentários:

Julgando recurso extraordinário interposto de decisão de Tribunal de Justiça em sede de ADI estadual, o STF firmou a seguinte tese: "O município é competente para legislar sobre o meio ambiente com a União e o Estado, no limite do seu interesse local e desde que tal regramento seja harmônico com a disciplina estabelecida pelos demais entes federados (art. 24, VI, c/c 30, I e II, da Constituição Federal).".

A questão envolvia os limites da competência municipal para legislar sobre meio ambiente.

No caso, o Município de Paulínia-SP editou lei proibindo a queima de palha de cana de açúcar e o uso de fogo em atividades agrícolas e a lei foi objeto de uma ADI estadual proposta pelo Sindicato da Indústria da Fabricação do Álcool do Estado de São Paulo – SIFAESP e pelo Sindicato da Indústria de Açúcar no Estado de São Paulo – SIAESP na qual se alegava violação à Constituição Estadual.

Julgando a ADI, o Tribunal de Justiça de São Paulo entendeu pela constitucionalidade da lei, sob o fundamento de que a queima de palha de cana-de-açúcar é método rudimentar e primitivo, que pode ser vantajosamente substituído pela mecanização, tendo sido reconhecida a competência do Município para tratar do tema, pois está aumentando a proteção ao meio ambiente que foi estabelecida na Lei Federal nº 6.766/79.

Contra o *decisium*, o Estado de São Paulo interpôs recurso extraordinário, sob a alegação de que a decisão recorrida afronta: (i) o art. 24, VI, da CRFB, que outorga competência à União, Estados e Distrito Federal para legislarem concorrentemente sobre proteção ao meio ambiente, e não aos Municípios; (ii) o art. 30, I e II, da CRFB, que atribui ao Município competência meramente suplementar da legislação federal e estadual, desde que não contrarie a legislação estadual; (iii) o art. 23, VI e VIII, da CRFB que atribui à União, aos Estados, Distrito Federal e Municípios competência administrativa para *"proteger o meio ambiente e combater a poluição em qualquer de suas formas"* e *"fomentar a produção agropecuária e organizar o abastecimento alimentar".*

Julgando o recurso extraordinário, o STF deu provimento ao recurso e decidiu que a lei municipal proibindo a utilização do fogo como método despalhador no cultivo de cana-de-açúcar transbordaria dos limites da competência legislativa municipal em matéria de meio ambiente, eis que contrariava legislação estadual sobre a matéria.

Por outro lado, firmando tese em sede de repercussão geral, a Corte, por unanimidade, firmou posicionamento de que o Município é competente para legislar sobre meio ambiente com União e Estado, no limite de seu interesse local e desde que tal regramento seja e harmônico com a disciplina estabelecida pelos demais entes federados (art. 24, VI c/c 30, I e II da CRFB).

Destacou-se que a competência para legislar sobre meio ambiente é concorrente entre a União, os Estados e o Distrito Federal (art. 24, VI), e que o Município pode, desde que restrito aos interesses locais (art. 30, I), suplementar a legislação federal e estadual (art. 30, II).

Assim, entendeu-se que a lei municipal editada estaria inserida no âmbito de interesse local (art. 30, I) e teria caráter suplementar em relação à legislação federal e estadual (art. 30, II), sendo, portanto, constitucional.

◉ Síntese do debate constante do acórdão que fixou o precedente:

Argumentos favoráveis à tese fixada:	Argumentos contrários à tese fixada:
• A competência para legislar sobre meio ambiente é concorrente • O Município pode suplementar a legislação federal e estadual em matéria ambiental. • A legislação municipal deve estar adstrita ao âmbito do interesse local	

◉ Fique atento:

- A União, os Estados, o Distrito Federal e os Municípios legislam concorrentemente sobre meio ambiente (art. 24, VI c.c. art. 30, I e II)
- A legislação municipal sobre meio ambiente deve ser suplementar à legislação federal e estadual (art. 30, II), ficando restrita a questões de interesse local (art. 30, I).

◉ Questões de Concurso relacionadas ao tema:

Questão 01 (FUNDATEC – Procurador do Município de Porto Alegre-RS/ 2016- ADAPTADA)
Julgue o item a seguir certo (C) ou Errado (E):

O STF, em sede de repercussão geral, decidiu que o município é competente para legislar sobre meio ambiente com a União e o Estado no limite do seu interesse local e desde que tal regramento seja harmônico com a disciplina estabelecida pelos demais entes federados.

Gabarito: 1 – C

Tema 272: "Competência dos Municípios para legislar sobre tempo máximo de espera de clientes em filas de bancos.".

Tese: "Compete aos Municípios legislar sobre assuntos de interesse local, notadamente sobre a definição do tempo máximo de espera de clientes em filas de instituições bancárias.".

FICHA TÉCNICA	
Leading case:	**RE 610.221/SC**
Descrição do caso feita pelo STF:	"Recurso extraordinário em que se discute, à luz dos artigos 21, VIII; 22, VII, XIX; 24, I; 30, I, II; 48, XIII; 163, V; e 192, IV (com redação anterior à Emenda Constitucional nº 40/2003), da Constituição Federal, a competência, ou não, do Município para legislar sobre tempo máximo de espera de clientes em filas de instituições bancárias, a fim de se definir a constitucionalidade, ou não, da Lei nº 3.975/99, alterada pela Lei nº 4.222/2000, ambas do Município de Chapecó/RS.".
Dispositivo(s) constitucional(is) envolvido(s):	**"Art. 21.** Compete à União: (...) VIII – administrar as reservas cambiais do País e fiscalizar as operações de natureza financeira, especialmente as de crédito, câmbio e capitalização, bem como as de seguros e de previdência privada; (...)" **Art. 22.** Compete privativamente à União legislar sobre: (...) VII – comércio exterior e interestadual; (...) XIX – sistemas de poupança, captação e garantia da poupança popular; (...) **Art. 24.** Compete à União, aos Estados e ao Distrito Federal legislar concorrentemente sobre: I – direito tributário, financeiro, penitenciário, econômico e urbanístico; (...) **Art. 30.** Compete aos Municípios: I – legislar sobre assuntos de interesse local; II – suplementar a legislação federal e a estadual no que couber; **Art. 48.** Cabe ao Congresso Nacional, com a sanção do Presidente da República, não exigida esta para o especificado nos arts. 49, 51 e 52, dispor sobre todas as matérias de competência da União, especialmente sobre: (...) XIII – matéria financeira, cambial e monetária, instituições financeiras e suas operações; (...) Art. 163. Lei complementar disporá sobre: (...) V – Fiscalização das instituições financeiras[1] (...)

---

1. Redação anterior à EC 40/2003.

FICHA TÉCNICA	
Leading case:	**RE 610.221/SC**
	Art. 192. O sistema financeiro nacional, estruturado de forma a promover o desenvolvimento equilibrado do País e a servir aos interesses da coletividade, será regulado em lei complementar, que disporá, inclusive, sobre: (...) IV – a organização, o funcionamento e as atribuições do banco central e demais instituições financeiras públicas e privadas;[2]
Data de reconhecimento da repercussão geral:	01/05/2010 (plenário virtual)
Data de julgamento do mérito recursal:	01/05/2010 (plenário virtual)
Houve unanimidade?	Não
Data de publicação do acórdão de julgamento do recurso:	18/10/2010 (data da publicação do despacho de seguimento de negativa do RE)
Trânsito em julgado do acórdão:	28/10/2010

◉ Comentários:

Trata-se de recurso extraordinário interposto pelo contra acórdão proferido pelo Tribunal Regional Federal da 4ª Região que considerou válida lei municipal de Chapecó-SC que dispõe sobre o tempo de espera de clientes em filas de bancos. O recurso sustenta violação aos artigos 21, VIII; 22, VII; 22, XIX; 24; 30, I; 30, II,; 48, XIII; 163, V; e 192, IV (este último com redação anterior à Emenda Constitucional nº. 40/2003) da CRFB de 1988, sob o argumento de que dispor sobre a forma como os bancos devem atender os usuários não é matéria de "interesse local" que autorize disciplina por lei municipal.

Reconhecendo a repercussão geral, a relatora, Min. Ellen Gracie, reafirmando jurisprudência firmada naquele Tribunal (tendo sido citados os seguintes precedentes: AC 1.124-MC; AI 491-420-Agr; AI 709-974-Agr; RE 432-789; AI 347-717-Agr; AI 747-245-Agr; AI 574-296; RE 559-650), entendeu ser desnecessária nova apreciação pelo plenário da corte, realizando, então, o julgamento monocrático do recurso, nos termos do art. 325, caput do Regimento Interno do STF.

Dessa forma, decidiu a relatora pela ratificação da jurisprudência do STF ao caso em análise, bem como pela existência de repercussão geral na matéria.

O Tribunal, então, acompanhou a decisão da relatora, reconhecendo a existência de repercussão geral na questão suscitada. Não se manifestaram os ministros Carmém Lúcia, Cezar Peluso e Gilmar Mendes. O Ministro Marco Aurélio, por sua vez, votou de forma divergente, entendendo que "inexiste decisão implícita. A conversão em extraordinário

---

2.   Art. 192, caput e inciso IV, com redação anterior.

pressupõe o julgamento do agravo, ou seja, a reforma da decisão interlocutória negativa de origem". Para o ministro Marco Aurélio, é inadequado "o empréstimo de repercussão geral ao extraordinário, que, a rigor, continua retido na origem".

◉ Fique atento:

- O artigo 192 da Constituição, suscitado pelo recorrente como um dos supostamente violados na decisão do TRF da 4ª Região, foi amplamente alterado pela Emenda Constitucional nº. 40, de 2003. Na redação original do referido artigo havia uma explanação detalhada de como deveria funcionar o sistema financeiro nacional, inclusive com o estabelecimento de percentual máximo de 12% ao ano para as taxas de juros reais, regra que, na prática, nunca foi, de fato, obedecida. Com a nova redação do citado dispositivo, promovida pela Emenda Constitucional nº. 40/2003, a Constituição passou a dispor apenas que "o sistema financeiro nacional, estruturado de forma a promover o desenvolvimento equilibrado do País e a servir aos interesses da coletividade, em todas as partes que o compõem, abrangendo as cooperativas de crédito, será regulado por leis complementares que disporão, inclusive, sobre a participação do capital estrangeiro nas instituições que o integram".

◉ Questões de Concurso relacionadas ao tema:

Questão 01 (CESPE/ BACEN/ Procurador/2013) Julgue o item a seguir como certo (C) ou Errado (E).

Os municípios não podem legislar sobre o período máximo de atendimento de clientes em instituições bancárias, sob pena de afronta à competência legislativa da União e de conflito com as prerrogativas fiscalizadoras do BACEN.

Gabarito: 1-E

Tema 430: "Competência privativa da União para legislar sobre trânsito e transporte".

Tese: "É incompatível com a Constituição lei municipal que impõe sanção mais gravosa que a prevista no Código de Trânsito Brasileiro, por extrapolar a competência legislativa do município".

FICHA TÉCNICA	
Leading case:	ARE 639496
Descrição do caso feita pelo STF:	Agravo interposto contra decisão que inadmitiu recurso extraordinário em que se discute, à luz do artigo 30, I e V, da Constituição Federal, se há competência suplementar do município para legislar sobre trânsito e transporte, e, assim, impor sanções mais gravosas que as previstas no Código de Trânsito Brasileiro – CTB.

FICHA TÉCNICA	
Leading case:	**ARE 639496**
Dispositivo(s) constitucional(is) envolvido(s):	"Art. 22. Compete privativamente à União legislar sobre: (...)XI – trânsito e transporte;" "Art. 30. Compete aos Municípios: I – legislar sobre assuntos de interesse local; II – suplementar a legislação federal e a estadual no que couber;"
Data de reconhecimento da repercussão geral:	17/06/2011
Data de julgamento do mérito recursal:	17/06/2011
Houve unanimidade?	Não
Data de publicação do acórdão de julgamento do recurso:	31/08/2011
Trânsito em julgado do acórdão:	20/09/2011

◉ Comentários:

Julgando agravo convertido em recurso extraordinário em sede de repercussão geral, o STF, por maioria, firmou a seguinte tese: "É incompatível com a Constituição lei municipal que impõe sanção mais gravosa que a prevista no Código de Trânsito Brasileiro, por extrapolar a competência legislativa do município."

No caso, discutia-se a validade da lei do Município de Contagem-MG, que imputava sanção para a prática de transporte clandestino mais gravosa do que o previsto no Código de Trânsito Brasileiro.

O Tribunal de Justiça de Minas Gerais havia pronunciando a inconstitucionalidade da lei, por exceder os limites da competência legislativa do Município, decisão que ensejou a interposição de recurso extraordinário e, posteriormente, do agravo que foi processado e julgado pela Suprema Corte.

Julgando, o STF, na linha de jurisprudência firmada no Tribunal, reconheceu a inconstitucionalidade da lei e firmou a tese acima enunciada.

No julgamento, o Ministro Marco Aurélio pontuou que o instituto da repercussão geral, para ser apreciado, pressupõe recurso extraordinário admitido, entendendo inadequada a sua análise em sede de agravo interposto para destrancar recurso extraordinário inadmitido na origem, razão pela qual se consignou o julgamento por maioria.

◉ Síntese do debate constante do acórdão que fixou o precedente:

Argumentos favoráveis à tese fixada:	Argumentos contrários à tese fixada:
Lei municipal que comina à infração de transito sanção mais gravosa do que a prevista no Código de Trânsito Brasileiro excede os limites da competência legislativa municipal.	

◉ Fique atento:

- O Município não pode impor, para uma infração de trânsito, sanção mais gravosa do que a prevista no Código de Trânsito Brasileiro.

◉ Questões de Concurso relacionadas ao tema:

Questão 01 (FCC – 2016 – Prefeitura de Campinas – SP – Procurador) Em junho de 2011, o Supremo Tribunal Federal – STF, no julgamento de agravo em recurso extraordinário com repercussão geral, reafirmou sua jurisprudência e fixou tese segundo a qual "é incompatível com a Constituição lei municipal que impõe sanção mais gravosa que a prevista no Código de Trânsito Brasileiro, por extrapolar a competência legislativa do município". Diante desses elementos, considere as seguintes afirmações à luz da Constituição da República, da legislação pertinente e da jurisprudência do STF:

I.   A tese fixada em repercussão geral remete ao tema da repartição de competências legislativas promovida pela Constituição entre os entes da federação, sob o aspecto de que a competência suplementar do Município não pode ser exercida de modo a conflitar com a competência privativa da União para, no caso, legislar sobre trânsito e transporte.

II. A decisão proferida pelo STF em sede de repercussão geral obsta, desde sua publicação, a edição de lei municipal que imponha a infração de trânsito sanção mais gravosa que a prevista no Código de Trânsito Brasileiro.

III. Decisões judiciais transitadas em julgado em sentido contrário à tese fixada em sede de repercussão geral e anteriores a esta não são automaticamente atingidas pela decisão do STF, que teria o condão de produzir efeitos, na esfera judicial, em relação aos processos pendentes que versassem sobre a questão suscitada, nos termos da legislação processual.

IV. O próprio STF não se vincula aos termos da decisão proferida em sede de repercussão geral, diferentemente, contudo, do que ocorre em relação à súmula vinculante, que vincula a todos os órgãos judiciais, somente podendo ser revista ou cancelada mediante provocação dos legitimados para a propositura de ação direta de inconstitucionalidade.

Está correto o que se afirma APENAS em

(A) II, III e IV.

(B) I e II.

(C) I, II e IV.

(D) III e IV.

(E) I e III.

1.6. SEPARAÇÃO DE PODERES

Tema 220: "Competência do Poder Judiciário para determinar ao Poder Executivo a realização de obras em estabelecimentos prisionais com o objetivo de assegurar a observância de direitos fundamentais dos presos."

Tese: "É lícito ao Judiciário impor à Administração Pública obrigação de fazer, consistente na promoção de medidas ou na execução de obras emergenciais em estabelecimentos prisionais para dar efetividade ao postulado da dignidade da pessoa humana e assegurar aos detentos o respeito à sua integridade física e moral, nos termos do que preceitua o art. 5º, XLIX, da Constituição Federal, não sendo oponível à decisão o argumento da reserva do possível nem o princípio da separação dos poderes".

FICHA TÉCNICA	
Leading case:	**RE 592581**
Descrição do caso feita pelo STF:	Recurso extraordinário em que se discute, à luz dos artigos 1º, III; e 5º, XLIX, da Constituição Federal, se cabe, ou não, ao Poder Judiciário determinar ao Poder Executivo estadual obrigação de fazer consistente na execução de obras em estabelecimentos prisionais, a fim de que garantir a observância dos direitos fundamentais dos indivíduos por ele custodiados
Dispositivo(s) constitucional(is) envolvido(s):	"Art. 2º São Poderes da União, independentes e harmônicos entre si, o Legislativo, o Executivo e o Judiciário". "Art. 5º Todos são iguais perante a lei, sem distinção de qualquer natureza, garantindo-se aos brasileiros e aos estrangeiros residentes no País a inviolabilidade do direito à vida, à liberdade, à igualdade, à segurança e à propriedade, nos termos seguintes: (...) XLIX – é assegurado aos presos o respeito à integridade física e moral"
Data de reconhecimento da repercussão geral:	23/10/2009

FICHA TÉCNICA	
Leading case:	**RE 592581**
Data de julgamento do mérito recursal:	13/08/2015
Houve unanimidade?	Sim
Data de publicação do acórdão de julgamento do recurso:	01/02/2016
Trânsito em julgado do acórdão:	Ainda não havia ocorrido o trânsito em julgado até a data do fechamento desta edição.

◉ Comentários:

Julgando recurso extraordinário em sede de repercussão geral, o STF, por unanimidade, firmou a seguinte tese: "É lícito ao Judiciário impor à Administração Pública obrigação de fazer, consistente na promoção de medidas ou na execução de obras emergenciais em estabelecimentos prisionais para dar efetividade ao postulado da dignidade da pessoa humana e assegurar aos detentos o respeito à sua integridade física e moral, nos termos do que preceitua o art. 5º, XLIX, da Constituição Federal, não sendo oponível à decisão o argumento da reserva do possível nem o princípio da separação dos poderes".

No caso, o Ministério Público do Estado do Rio Grande do Sul propôs ação civil pública postulando ao Poder Judiciário que determinasse ao Poder Executivo estadual a realização de obras em estabelecimento prisional (Alguergue Estadual de Uruguaiana), em virtude das condições precárias a que estavam submetidos os detentos.

A ação foi julgada procedente, mas, em sede de apelação, o Tribunal de Justiça local reformou a sentença, concluindo não competir ao Poder Judiciário determinar ao Executivo a realização de obras em estabelecimento prisional, sob pena de indevida e invasão de campo decisório reservado à Administração Pública, com violação ao princípio da separação dos poderes e aos limites da reserva do possível.

Essa decisão fio objeto de recurso extraordinário interposto pelo Ministério Público, e o recurso foi provido, tendo o STF restabelecido a sentença de origem que determinava ao Poder Executivo estadual a adoção de medidas concretas de modo a melhorar as condições da unidade prisional.

O STF entendeu não haver ofensa à Separação de Poderes nem violação à reserva do possível, bem como que os preceitos constitucionais que consagram direitos fundamentais dos presos têm eficácia plena e aplicabilidade imediata, mostrando-se necessária e adequada a intervenção judicial *in casu* para preservar o valor fundamental da pessoa humana.

Em tese de repercussão geral, firmou o posicionamento já indicado, no sentido de que é lícito ao Poder Judiciário impor à Administração Pública a adoção de medidas concretas em estabelecimentos prisionais de modo a efetivar a dignidade da pessoa humana.

◉ Síntese do debate constante do acórdão que fixou o precedente:

Argumentos favoráveis à tese fixada:	Argumentos contrários à tese fixada:
▪ A situação de degradação das unidades prisionais viola a dignidade da pessoa humana ▪ A jurisdição é inafastável e é lícito ao Judiciário intervir em casos nos quais se configura violação à dignidade da pessoa humana ▪ Os direitos fundamentais possuem aplicabilidade imediata, não estando consubstanciados em normas meramente programáticas ▪ Havendo violação de direitos fundamentais dos presos, é lícito ao Poder Judiciário determinar à Administração Pública a adoção de medidas concretas de modo a efetivar a dignidade humana	

◉ Fique atento:

- O princípio da Separação de Poderes e a cláusula da reserva do possível não são óbices a que o Judiciário determine à Administração Pública a adoção de medidas concretas de modo a efetivar a dignidade da pessoa humana no âmbito dos direitos constitucionais do preso.

- Não viola a Separação de Poderes decisão judicial que determina à Administração Pública a adoção de medidas concretas de modo a efetivar a dignidade da pessoa humana no âmbito dos direitos constitucionais do preso.

◉ Questões de Concurso relacionadas ao tema:

Questão 01 (IOBV 2016 PREF. DE CHAPECÓ-SC PROCURADOR MUNICIPAL) Leia e complete a frase com o termo correto:

É lícito ao Judiciário impor à Administração Pública obrigação de fazer, consistente na promoção de medidas ou na execução de obras emergenciais quando está em voga a dignidade da pessoa humana, não sendo possível oposição sob o manto do princípio

> Gabarito: 1- da dignidade da pessoa humana

Tema 223: "Competência do Poder Legislativo municipal para estabelecer vantagens, benefícios e adicionais em favor de servidores municipais."

Tese: "É inconstitucional, por afrontar a iniciativa privativa do Chefe do Poder Executivo, a normatização de direitos dos servidores públicos em lei orgânica do Município".

FICHA TÉCNICA	
Leading case:	**RE 590829**
Descrição do caso feita pelo STF:	Recurso extraordinário em que se discute, à luz dos artigos 2º; 29; 61, § 1º, II, a, b e c; 63, I; 167, II; e 169, § 1º, I e II, da Constituição Federal, se o Poder Legislativo municipal possui, ou não, competência para estabelecer, de forma originária na Lei Orgânica Municipal e por iniciativa própria, disposições que versem sobre vantagens, benefícios e adicionais destinados aos servidores municipais
Dispositivo(s) constitucional(is) envolvido(s):	"Art. 2º São Poderes da União, independentes e harmônicos entre si, o Legislativo, o Executivo e o Judiciário." "Art. 61. A iniciativa das leis complementares e ordinárias cabe a qualquer membro ou Comissão da Câmara dos Deputados, do Senado Federal ou do Congresso Nacional, ao Presidente da República, ao Supremo Tribunal Federal, aos Tribunais Superiores, ao Procurador-Geral da República e aos cidadãos, na forma e nos casos previstos nesta Constituição. § 1º São de iniciativa privativa do Presidente da República as leis que: (...) II – disponham sobre: c) servidores públicos da União e Territórios, seu regime jurídico, provimento de cargos, estabilidade e aposentadoria;"
Data de reconhecimento da repercussão geral:	22/10/2009 (no RE 598259)
Data de julgamento do mérito recursal:	05/03/2015
Houve unanimidade?	Sim
Data de publicação do acórdão de julgamento do recurso:	30/03/2015
Trânsito em julgado do acórdão:	10/04/2015

⊙ Comentários:

Julgando recurso extraordinário em sede de repercussão geral, o STF, por unanimidade, firmou a seguinte tese: "*É inconstitucional, por afrontar a iniciativa privativa do Chefe do Poder Executivo, a normatização de direitos dos servidores públicos em lei orgânica do Município.*"

No caso, a lei orgânica do Município de Cambuí-MG outorgou direitos a servidores públicos municipais e foi objeto de uma ADI estadual junto ao Tribunal de Justiça, proposta pelo Prefeito do respectivo Município, tendo a Corte local julgado a ação improcedente, daí surgindo o recurso extraordinário, interposto pelo Prefeito.

O STF, à unanimidade, deu provimento ao recurso e declarou a inconstitucionalidade da lei municipal, por entender configurada afronta à iniciativa privativa do Prefeito para apresentar projetos de lei que disponham sobre o regime jurídico dos servidores públicos municipais (art. 61, § 1º, II, c/CF, aplicado por simetria ao plano municipal).

Destacou-se que admitir que a lei orgânica disponha sobre matéria de iniciativa reservada ao Chefe do Executivo implica verdadeira usurpação da reserva de iniciativa.

◉ Síntese do debate constante do acórdão que fixou o precedente:

Argumentos favoráveis à tese fixada:	Argumentos contrários à tese fixada:
• São de iniciativa privativa do Chefe do Executivo os projetos de lei que outorgam vantagens a servidores públicos • Admitir que a lei orgânica do Município outorgue vantagens a servidores públicos implica usurpar a iniciativa de lei reservada ao Prefeito	

◉ Fique atento:

- Leis que dispõem sobre servidores públicos são de iniciativa do Chefe do Executivo (art. 61, § 1º, II, c/CF).

- A lei orgânica do Município não pode dispor sobre matérias de iniciativa reservada ao Prefeito, sob pena de configurar usurpação da reserva de iniciativa.

◉ Questões de Concurso relacionadas ao tema:

Questão 01 (OAB-FGV VIII Exame 2012-2) A Assembleia Legislativa do Estado "M", verificando que o Estado jamais regulamentou a aposentadoria especial dos servidores públicos cujas atividades sejam exercidas sob condições especiais que prejudiquem a saúde ou a integridade física (art. 40, § 4º, III da Constituição da República), edita lei complementar, de iniciativa do deputado "X", que determina a aplicação dos mesmos critérios aplicados aos trabalhadores da iniciativa privada (previstos na Lei n. 8.213/91). O Governador do Estado sanciona a lei, que é publicada dias depois.

Sobre o caso concreto apresentado, assinale a afirmativa correta.

A) Há vício de iniciativa, devendo a regulamentação do regime dos servidores públicos ser estabelecida em lei de iniciativa do Chefe do Poder Executivo – no caso, o Governador do Estado.

B) Ainda que houvesse vício de iniciativa, a sanção pelo Governador do Estado supre tal vício, uma vez que se considera que a autoridade originariamente atribuída do poder de iniciativa ratificou as disposições da lei.

C) Não há vício de iniciativa, pois as matérias com reserva de iniciativa são somente aquelas que devem ser tratadas por meio de lei ordinária; as leis complementares, pela exigência de *quorum* qualificado, podem ser encaminhadas pelo Poder Executivo ou pelo Legislativo.

D) Somente existe vício de iniciativa se não tiver havido tempo razoável para o Poder Executivo encaminhar à Assembleia Legislativa o projeto de lei. Diante da inércia do Governador por diversos anos, pode a Assembleia suprir a mora, elaborando o projeto.

Gabarito: 1 – A

Tema 686: "Emenda parlamentar que implica aumento de despesa em projeto de iniciativa privativa do chefe do Poder Executivo".

Tese: "I – Há reserva de iniciativa do Chefe do Poder Executivo para edição de normas que alterem o padrão remuneratório dos servidores públicos (art. 61, § 1º, II, a, da CF); II – São formalmente inconstitucionais emendas parlamentares que impliquem aumento de despesa em projeto de lei de iniciativa reservada do Chefe do Poder Executivo (art. 63, I, da CF)".

FICHA TÉCNICA	
Leading case:	**RE 745811**
Descrição do caso feita pelo STF:	Recurso extraordinário em que se discute, à luz dos arts. 2º; 61, § 1º, II, a; e 63 da Constituição federal, a constitucionalidade de norma de lei estadual resultante de emenda parlamentar, que acarretou aumento de despesa a projeto de iniciativa reservada ao Poder Executivo.
Dispositivo(s) constitucional(is) envolvido(s):	"Art. 61. A iniciativa das leis complementares e ordinárias cabe a qualquer membro ou Comissão da Câmara dos Deputados, do Senado Federal ou do Congresso Nacional, ao Presidente da República, ao Supremo Tribunal Federal, aos Tribunais Superiores, ao Procurador-Geral da República e aos cidadãos, na forma e nos casos previstos nesta Constituição. § 1º São de iniciativa privativa do Presidente da República as leis que: II – disponham sobre: a) criação de cargos, funções ou empregos públicos na administração direta e autárquica ou aumento de sua remuneração;" "Art. 63. Não será admitido aumento da despesa prevista: I – nos projetos de iniciativa exclusiva do Presidente da República, ressalvado o disposto no art. 166, § 3º e § 4º; (...)"
Data de reconhecimento da repercussão geral:	18/10/2013
Data de julgamento do mérito recursal:	18/10/2013
Houve unanimidade?	Não.
Data de publicação do acórdão de julgamento do recurso:	06/11/2013
Trânsito em julgado do acórdão:	21/11/2013

◉ Comentários:

Julgando recurso extraordinário em sede de repercussão geral, o STF, por unanimidade, firmou a seguinte tese:

> "I – Há reserva de iniciativa do Chefe do Poder Executivo para edição de normas que alterem o padrão remuneratório dos servidores públicos (art. 61, § 1º, II, a, da CF);
>
> II – São formalmente inconstitucionais emendas parlamentares que impliquem aumento de despesa em projeto de lei de iniciativa reservada do Chefe do Poder Executivo (art. 63, I, da CF)."

No caso, em projeto de lei de iniciativa reservada ao Chefe do Executivo, que dispunha sobre pagamento de gratificação a servidores do Poder Executivo, foram apostas emendas parlamentares estendendo o pagamento da gratificação a servidores não contemplados no texto do projeto.

Julgando o caso, o STF reconheceu a inconstitucionalidade formal e reafirmou a jurisprudência da Corte, segundo a qual não é admissível emenda parlamentar em projeto de lei de iniciativa do Chefe do Poder Executivo que, versando sobre criação de cargos, funções ou empregos públicos na administração direta e autárquica ou aumento de sua remuneração, acarrete aumento de despesa.

Esse processo foi julgado diretamente no Plenário Virtual, o que levou o Ministro Marco Aurélio a ficar vencido no mérito, não porque discordasse do entendimento firmado no mérito, mas por entender que o processo teria que ser julgado pelo Colegiado físico e, assim, não caberia ao Plenário Virtual decidir o mérito.

◉ Síntese do debate constante do acórdão que fixou o precedente:

Argumentos favoráveis à tese fixada:	Argumentos contrários à tese fixada:
• A Constituição estabelece reserva de iniciativa do Chefe do Poder Executivo para edição de normas que alterem o padrão remuneratório dos servidores públicos (art. 61, § 1º, II, a, da CF) • São formalmente inconstitucionais emendas parlamentares que impliquem aumento de despesa em projeto de lei de iniciativa reservada do Chefe do Poder Executivo (art. 63, I, da CF).	

◉ Fique atento:

- A Constituição estabelece reserva de iniciativa do Chefe do Poder Executivo para edição de normas que alterem o padrão remuneratório dos servidores públicos (art. 61, § 1º, II, a, da CF)
- São formalmente inconstitucionais emendas parlamentares que impliquem aumento de despesa em projeto de lei de iniciativa reservada do Chefe do Poder Executivo (art. 63, I, da CF).

• De acordo com a Súmula Vinculante nº. 37, ""Não cabe ao Poder Judiciário, que não tem função legislativa, aumentar vencimentos de servidores públicos sob o fundamento de isonomia".

◉ Questões de Concurso relacionadas ao tema:

Questão 01 (FCC / PGE-MT – Procurador do Estado /2016) Projeto de Lei de Iniciativa do Chefe de Poder Executivo Estadual versando sobre vencimentos de servidores da Administração Pública direta foi objeto de emenda parlamentar para majorar vencimentos iniciais de uma determinada categoria. No caso em tela, a norma resultante da emenda parlamentar é:

a) constitucional.

b) inconstitucional por acarretar aumento de despesa.

c) inconstitucional, uma vez que projeto de lei de iniciativa privativa do Chefe do Poder Executivo não poderia ser objeto de emenda parlamentar em hipótese alguma.

d) inconstitucional se o projeto de lei já com a emenda parlamentar não for aprovado em um único turno de votação, por no mínimo dois terços dos membros da Assembleia Legislativa.

e) inconstitucional se o projeto de lei já com a emenda parlamentar não for aprovado, em dois turnos de votação, por no mínimo dois terços dos membros da Assembleia Legislativa.

Gabarito: 1 – B.

Tema 917: "Competência para iniciativa de lei municipal que preveja a obrigatoriedade de instalação de câmeras de segurança em escolas públicas municipais e cercanias".

Tese: "Não usurpa competência privativa do Chefe do Poder Executivo lei que, embora crie despesa para a Administração, não trata da sua estrutura ou da atribuição de seus órgãos nem do regime jurídico de servidores públicos (art. 61, § 1º, II,"a", "c" e "e", da Constituição Federal)".

FICHA TÉCNICA	
Leading case:	**ARE 878911**
Descrição do caso feita pelo STF:	Recurso extraordinário em que se discute, à luz dos arts. 24, XV; 30, I e II; 74, XV; e 227 da Constituição Federal, a competência para a iniciativa de lei municipal que preveja a obrigatoriedade de instalação de câmeras de segurança em escolas públicas municipais e cercanias.

FICHA TÉCNICA	
Leading case:	**ARE 878911**
Dispositivo(s) constitucional(is) envolvido(s):	"Art. 24. Compete à União, aos Estados e ao Distrito Federal legislar concorrentemente sobre: (...)XV – proteção à infância e à juventude; (...)" "Art. 30. Compete aos Municípios: I – legislar sobre assuntos de interesse local; II – suplementar a legislação federal e a estadual no que couber;" "Art. 227. É dever da família, da sociedade e do Estado assegurar à criança, ao adolescente e ao jovem, com absoluta prioridade, o direito à vida, à saúde, à alimentação, à educação, ao lazer, à profissionalização, à cultura, à dignidade, ao respeito, à liberdade e à convivência familiar e comunitária, além de colocá-los a salvo de toda forma de negligência, discriminação, exploração, violência, crueldade e opressão".
Data de reconhecimento da repercussão geral:	30/09/2016
Data de julgamento do mérito recursal:	30/09/2016
Houve unanimidade?	Sim
Data de publicação do acórdão de julgamento do recurso:	11/10/2016
Trânsito em julgado do acórdão:	02/02/2017

⊙ Comentários:

Julgando recurso extraordinário em sede de repercussão geral, o STF, por unanimidade, firmou a seguinte tese: **"Não usurpa competência privativa do Chefe do Poder Executivo lei que, embora crie despesa para a Administração, não trata da sua estrutura ou da atribuição de seus** órgãos **nem do regime jurídico de servidores públicos (art. 61, §** 1º, II,"a", "c" e "e", da Constituição Federal)."

Tratava-se de recurso extraordinário interposto de julgamento de ação direta de inconstitucionalidade estadual no qual se discutia a constitucionalidade de lei municipal, de iniciativa parlamentar, que determinava a instalação de câmeras de monitoramento em escolas e cercanias, de modo a definir se haveria iniciativa privativa do Chefe do Executivo para projeto de lei sobre essa temática.

O Tribunal entendeu que, ainda que crie despesa para a Administração Pública, projeto de lei que não trata da sua estrutura ou da atribuição de seus órgãos nem do regime jurídico de servidores públicos não se insere na reserva de iniciativa em favor do Chefe do Poder Executivo.

◉ Síntese do debate constante do acórdão que fixou o precedente:

Argumentos favoráveis à tese fixada:	Argumentos contrários à tese fixada:
• Ainda que crie despesa para a Administração Pública, projeto de lei que não trata da sua estrutura ou da atribuição de seus órgãos nem do regime jurídico de servidores públicos não se insere na reserva de iniciativa em favor do Chefe do Poder Executivo.	

◉ Fique atento:

- Ainda que crie despesa para a Administração Pública, projeto de lei que não trata da sua estrutura ou da atribuição de seus órgãos nem do regime jurídico de servidores públicos não se insere na reserva de iniciativa em favor do Chefe do Poder Executivo.

◉ Questões de Concurso relacionadas ao tema:

Questão 01 (FGV / ALERJ / Procurador / 2017) A Câmara de Vereadores do Município Beta aprovou projeto de lei de sua iniciativa, tornando obrigatória a instalação de câmeras de segurança em escolas públicas e cercanias, com o fim de prevenir e reprimir a prática de delitos contra alunos e seus familiares. O Prefeito vetou a lei remetida à sua sanção, considerando-a eivada de vício formal, e a Câmara derrubou o veto, promulgando a lei.

O Prefeito representou ao Tribunal de Justiça Estadual, postulando a declaração da inconstitucionalidade da lei, questão que chegou, pela via do recurso extraordinário, ao Supremo Tribunal Federal, que julgou dita lei:

a) inconstitucional, porque, à vista do art. 61 da CRFB/88, não é possível lei da iniciativa do Legislativo tratar de matérias relativas ao funcionamento e à estruturação da Administração Pública;

b) constitucional, porque o art. 61 da CRFB/88 define, em rol taxativo, as hipóteses de reserva da iniciativa de lei do Chefe do Poder Executivo, não sendo cabível ampliar a interpretação do dispositivo para abranger matérias ali não previstas;

c) inconstitucional, porque, além do disposto no art. 61 da CRFB/88, a instalação de câmeras de segurança implicaria despesas impostas ao Executivo pelo Legislativo, o que ultrapassa os limites da iniciativa deste ao invadir a gestão dos recursos públicos por aquele;

d) constitucional, porque a sanção de lei pelo Legislativo não usurpa competência do Executivo se não gerar aumento de despesas específicas com pessoal;

e) inconstitucional, porque o ponto central da questão não reside no vício de iniciativa, que é formal, mas em vício material, na medida em que ao Legislativo a ordem constitucional não confere discricionariedade para estabelecer medidas afetas à segurança pública.

Gabarito: 1 – E.

1.7. PODER LEGISLATIVO: IMUNIDADES PARLAMENTARES

Tema 469: "Alcance da imunidade material concedida aos vereadores por suas opiniões, palavras e votos".

Tese: "Nos limites da circunscrição do município e havendo pertinência com o exercício do mandato, garante-se a imunidade ao vereador".

FICHA TÉCNICA	
Leading case:	**RE 600063**
Descrição do caso feita pelo STF:	Recurso extraordinário em que se discute, à luz do art. 29, VIII, da Constituição Federal, se a imunidade material de vereador por suas opiniões, palavras e votos alcança, ou não, obrigação de indenizar decorrente de responsabilidade civil.
Dispositivo(s) constitucional(is) envolvido(s):	"Art. 29. O Município reger-se-á por lei orgânica, votada em dois turnos, com o interstício mínimo de dez dias, e aprovada por dois terços dos membros da Câmara Municipal, que a promulgará, atendidos os princípios estabelecidos nesta Constituição, na Constituição do respectivo Estado e os seguintes preceitos: (...)VIII – inviolabilidade dos Vereadores por suas opiniões, palavras e votos no exercício do mandato e na circunscrição do Município;"
Data de reconhecimento da repercussão geral:	10/05/2012
Data de julgamento do mérito recursal:	25/02/2015
Houve unanimidade?	Sim
Data de publicação do acórdão de julgamento do recurso:	15/05/2015
Trânsito em julgado do acórdão:	27/10/2015

⊙ Comentários:

Julgando recurso extraordinário em sede de repercussão geral, o STF firmou a seguinte tese: *"Nos limites da circunscrição do município e havendo pertinência com o exercício do mandato, garante-se a imunidade ao vereador".*

No caso, durante uma sessão na Câmara de Vereadores, um Vereador se manifestou de maneira ofensiva em relação a um ex-vereador, afirmando que este *"apoiou a corrupção [...], a ladroeira, [...] a sem-vergonhice"*, *"sendo pessoa sem dignidade e sem moral"*, o que levou o ofendido a ingressar com ação indenizatória por danos morais.

A ação foi julgada improcedente, tendo o magistrado de origem entendido que a conduta estaria amparada pela imunidade material, prevista no art. 29, VIII/CF, mas, em grau de apelação, o Tribunal de Justiça reformou o julgado, entendendo não estarem protegidas pela imunidade parlamentar as palavras proferidas por agente político quando, no exercício do mandato, extrapolam os limites do bom senso e ofendem a honra de outrem.

O STF, por seu turno, restabeleceu a sentença de origem, entendendo que, embora indesejáveis, as ofensas pessoais proferidas no âmbito da discussão política, respeitados os limites trazidos pela própria Constituição, não são passíveis de reprimenda judicial, estando cobertas pela imunidade.

Destacou-se que a imunidade se caracteriza como proteção adicional à liberdade de expressão, visando a assegurar a fluência do debate público e, em última análise, a própria democracia.

Demais, ficou consignado também que a interpretação da locução *"no exercício do mandato"*, constante do art. 29, VIII/CF, deve prestigiar as diferentes vertentes da atuação parlamentar, dentre as quais se destaca a fiscalização dos outros Poderes e o debate político.

O Ministro Marco Aurélio ficou vencido no caso concreto, por entender que não haveria correlação entre as ofensas proferidas e o exercício do mandato, mas, em relação à tese firmada, houve entendimento unânime no sentido de que a imunidade subsiste quando as opiniões palavras e votos proferidos pelo Vereador guardam pertinência com o exercício do mandato.

⊙ **Síntese do debate constante do acórdão que fixou o precedente:**

Argumentos favoráveis à tese fixada:	Argumentos contrários à tese fixada:
• A Constituição confere aos Vereadores imunidade material no exercício do mandato e nos limites da circunscrição territorial. • Ofensas proferidas que guardem pertinência com o exercício do mandato parlamentar, ainda que indesejáveis, estão amparadas pela imunidade parlamentar.	

⊙ **Fique atento:**

• A Constituição confere aos Vereadores imunidade material no exercício do mandato e nos limites da circunscrição territorial (CF, art. 29, VIII).

• Ofensas proferidas que guardem pertinência com o exercício do mandato parlamentar, ainda que indesejáveis, estão amparadas pela imunidade parlamentar.

⦿ Questões de Concurso relacionadas ao tema:

Questão 01 (FGV/TJ-PA/Juiz de Direito/2008) Com base na Constituição da República Federativa do Brasil de 1988 e suas atualizações, assinale a alternativa correta.

(A) Conforme mandamento constitucional, os vereadores se beneficiam de todas as imunidades formais.

(B) Conforme a Constituição Federal, aos deputados estaduais se estende a imunidade material. Esta expressa a inviolabilidade civil e penal dos deputados por suas opiniões, palavras e votos, neutralizando a responsabilidade do parlamentar nessas esferas.

(C) O suplente de deputado estadual possui as garantias constitucionais de imunidade parlamentar, bem como a ele se estende a prerrogativa de foro, pois ostenta a posição de substituto eventual do titular do mandato.

(D) Conforme a Constituição Federal, aos deputados estaduais se estende a imunidade formal. Esta expressa a inviolabilidade civil e penal dos deputados por suas opiniões, palavras e votos, neutralizando a responsabilidade do parlamentar nessas esferas.

(E) A Constituição Federal prevê imunidades materiais e formais aos deputados estaduais e aos vereadores. No que tange a estes, no entanto, a imunidade material é limitada territorialmente à circunscrição do Município.

Questão 02 (CESPE / Ministério do Desenvolvimento, Indústria e Comércio Exterior (MDIC) / Analista Técnico Administrativo/ 2014) Julgue o item a seguir certo (C) ou Errado (E):

No que se refere à organização político-administrativa do Estado e ao Poder Legislativo, julgue os próximos itens. A CF estabelece inviolabilidades apenas para parlamentares federais e estaduais, não dispondo os vereadores de tal prerrogativa.

> Gabarito: 1 – E; 2 – E.

1.8. PODER LEGISLATIVO: FISCALIZAÇÃO CONTÁBIL, FINANCEIRA E ORÇAMENTÁRIA

Tema 652: "Possibilidade de nomeação de membro do Ministério Público Especial para o cargo de Conselheiro do Tribunal de Contas estadual, ainda que a vaga devesse ser reservada à escolha da Assembleia Legislativa, a fim de se garantir a representatividade do Ministério Público".

Tese: "É inconstitucional a nomeação, pelo Chefe do Executivo, de membro do Ministério Público especial para preenchimento de cargo vago de Conselheiro de Tribunal de Contas local quando se tratar de vaga reservada à escolha da Assembleia Legislativa, devendo-se observar a regra constitucional de divisão proporcional das indicações entre os Poderes Legislativo e Executivo".

FICHA TÉCNICA	
Leading case:	RE 717424
Descrição do caso feita pelo STF:	Recurso extraordinário em que se discute, à luz dos arts. 73, § 2º e 75 da Constituição federal, a possibilidade de cargo vago de Conselheiro do Tribunal de Contas, cujo ocupante anterior fora nomeado mediante indicação da Assembleia Legislativa, ser preenchido por membro do Ministério Público Especial, escolhido pelo Chefe do Poder Executivo Estadual, tendo em vista a necessidade de observância da representatividade do órgão no aludido Tribunal.
Dispositivo(s) constitucional(is) envolvido(s):	"Art. 73. O Tribunal de Contas da União, integrado por nove Ministros, tem sede no Distrito Federal, quadro próprio de pessoal e jurisdição em todo o território nacional, exercendo, no que couber, as atribuições previstas no art. 96. (...) § 2º Os Ministros do Tribunal de Contas da União serão escolhidos: I – um terço pelo Presidente da República, com aprovação do Senado Federal, sendo dois alternadamente dentre auditores e membros do Ministério Público junto ao Tribunal, indicados em lista tríplice pelo Tribunal, segundo os critérios de antiguidade e merecimento; II – dois terços pelo Congresso Nacional." "Art. 75. As normas estabelecidas nesta seção aplicam-se, no que couber, à organização, composição e fiscalização dos Tribunais de Contas dos Estados e do Distrito Federal, bem como dos Tribunais e Conselhos de Contas dos Municípios".
Data de reconhecimento da repercussão geral:	10/05/2013
Data de julgamento do mérito recursal:	22/08/2014
Houve unanimidade?	Não.
Data de publicação do acórdão de julgamento do recurso:	26/08/2014
Trânsito em julgado do acórdão:	06/11/2014

◉ Comentários:

Julgando recurso extraordinário em sede de repercussão geral, o STF, por unanimidade, firmou a seguinte tese: "É inconstitucional a nomeação, pelo Chefe do Executivo, de membro do Ministério Público especial para preenchimento de cargo vago de Conselheiro de Tribunal de Contas local quando se tratar de vaga reservada à escolha da Assembleia Legislativa, devendo-se observar a regra constitucional de divisão proporcional das indicações entre os Poderes Legislativo e Executivo".

No caso, vagou, no Tribunal de Contas do Estado de Alagoas, uma vaga preenchida por indicação da Assembleia Legislativa e, como não havia ainda membro do Ministério Público de Contas na Corte, pretendia-se que o preenchimento fosse feito por membro do Ministério Público de Contas, cuja indicação cabe ao Governador.

O Tribunal de Justiça do Estado de Alagoas, julgando mandado de segurança, determinou o preenchimento do cargo vago por membro do Ministério Público de Contas, e essa decisão ensejou o recurso extraordinário, interposto pelo Presidente da Assembleia Legislativa, que alegava usurpação da prerrogativa da Casa Parlamentar de indicar o membro da Corte de Contas.

Discutiu-se, no caso, o modelo constitucional de composição da Corte de Contas estadual, que, por força do art. 75/CF, deve seguir, no que couber, o modelo definido na Constituição para o Tribunal de Contas da União, segundo o qual 1/3 dos membros deve ser escolhido pelo Presidente da República, com aprovação do Senado Federal, sendo dois alternadamente dentre auditores e membros do Ministério Público junto ao Tribunal, indicados em lista tríplice pelo Tribunal, segundo os critérios de antiguidade e merecimento, e dois terços deve ser escolhido pelo Congresso Nacional (art. 72, § 2°, I e II/CE).

Destacou-se a orientação firmada na corte em relação aos Tribunais de Contas Estaduais, consolidada na Súmula 653, segundo a qual "No Tribunal de Contas Estadual, composto por sete conselheiros, quatro devem ser escolhidos pela Assembleia Legislativa e três pelo chefe do Poder Executivo estadual, cabendo a este indicar um dentre auditores e outro dentre membros do Ministério Público, e um terceiro a sua livre escolha."

Entendeu-se que, ainda que houvesse necessidade de preencher a representatividade do Ministério Público de Contas na Corte de Contas, não poder-se-ia usurpar a iniciativa de indicação pertencente à Assembleia Legislativa.

⦿ Síntese do debate constante do acórdão que fixou o precedente:

Argumentos favoráveis à tese fixada:	Argumentos contrários à tese fixada:
• A Constituição estabelece que 1/3 dos membros na Corte de Contas são escolhidos pelo Poder Executivo e 2/3 pelo Poder Legislativo. • Esse modelo é aplicável para os Tribunais Estaduais. • No Tribunal de Contas Estadual, composto por sete conselheiros, quatro devem ser escolhidos pela Assembleia Legislativa e três pelo chefe do Poder Executivo estadual, cabendo a este indicar um dentre auditores e outro dentre membros do Ministério Público, e um terceiro a sua livre escolha. • A necessidade de presença de representante do Ministério Público na Corte de Contas, cuja escolha é feita pelo Poder Executivo, não justifica usurpar a iniciativa do Poder Legislativo. • Transferir para o Governador a escolha de uma vaga ocupada por membro indicado pela Assembleia Legislativa implica usurpar a prerrogativa do Poder Legislativo de indicar o membro da Corte de Contas.	• Haveria necessidade de ponderar a reserva de indicação pertencente à Assembleia Legislativa com a necessidade de preenchimento da vaga do Ministério Público de Contas, cuja indicação é do Governador.

⊙ Fique atento:

- A Constituição estabelece que 1/3 dos membros na Corte de Contas são escolhidos pelo Poder Executivo e 2/3 pelo Poder Legislativo (art. 72, § 2º/CF).

- Esse modelo é aplicável para os Tribunais Estaduais (art. 75/CF).

- No Tribunal de Contas Estadual, composto por sete conselheiros, quatro devem ser escolhidos pela Assembleia Legislativa e três pelo chefe do Poder Executivo estadual, cabendo a este indicar um dentre auditores e outro dentre membros do Ministério Público, e um terceiro a sua livre escolha.

- A necessidade de presença de representante do Ministério Público na Corte de Contas, cuja escolha é feita pelo Poder Executivo, não justifica usurpar a iniciativa do Poder Legislativo.

- Transferir para o Governador a escolha de uma vaga ocupada por membro indicado pela Assembleia Legislativa implica usurpar a prerrogativa do Poder Legislativo de indicar o membro da Corte de Contas.

⊙ Questões de Concurso relacionadas ao tema:

Questão 01 (PUC/PR – Auditor de Contas – TCE/MS – 2013) Com relação aos Tribunais de Contas, assinale a alternativa CORRETA.

A) O Tribunal de Contas da União é composto por 11 (onze) Ministros, dentre os quais um terço é de livre e exclusiva escolha do Presidente da República e dois terços são escolhidos pelo Congresso Nacional.

B) Os Ministros do Tribunal de Contas da União terão como garantias: irredutibilidade de subsídios, inamovibilidade e vitaliciedade após 2 (dois) anos de estágio probatório.

C) No controle externo realizado pelos Tribunais de Contas, a fiscalização contábil, financeira e orçamentária dos bens, dinheiro e valores públicos abrange os aspectos da economicidade, legalidade, legitimidade, aplicação de subvenções, renúncia de receitas e conveniência política.

D) O Tribunal de Contas é órgão de natureza técnica que auxilia o Poder Legislativo no controle externo dos bens, dinheiro e valores públicos. Em razão de sua natureza, os Ministros que compõem o respectivo tribunal deverão ter formação na área jurídica, contábil, econômica, financeira ou experiência em administração pública, que será comprovada mediante título de conclusão de ensino superior em uma dessas áreas e atuação profissional por no mínimo 10 anos.

E) É inconstitucional o dispositivo da Constituição estadual que estabelece ser prerrogativa exclusiva do Governador do Estado a escolha dos Conselheiros do Tribunal de Contas estadual.

Questão 02 (PUC/PR – Auditor Controle Externo – TCE/MS – 2013 – ADAPTADA) Julgue o item a seguir certo (C) ou Errado (E):

Os membros do Tribunal de Contas do Estado de Mato Grosso do Sul são designados, exclusivamente, pelo Governador do Estado.

Questão 03 (PUC/PR – Auditor Controle Externo – TCE/MS – 2013) Em relação ao regime constitucional dos Tribunais de Contas dos Estados, assinale a alternativa CORRETA.

A) Os Conselheiros dos Tribunais de Contas dos Estados nomeados por livre escolha pelo governador do Estado não gozam de vitaliciedade por não serem agentes públicos concursados.

B) Os Conselheiros dos Tribunais de Contas dos Estados livremente nomeados pelo governador do Estado podem ser destituídos do cargo por ato ad nutum.

C) A possibilidade de o governador do Estado nomear livremente um Conselheiro do Tribunal de Contas do Estado é inconstitucional porque fere a exigência constitucional de concurso público.

D) Os Conselheiros dos Tribunais de Contas dos Estados possuem as mesmas prerrogativas, vantagens e vencimentos dos desembargadores dos Tribunais de Justiça, mas a eles não se aplicam os mesmo impedimentos.

E) Os Conselheiros dos Tribunais de Contas dos Estados gozam das mesmas garantias, prerrogativas, impedimentos, vencimentos e vantagens dos desembargadores dos Tribunais de Justiça.

Questão 04 (FEMPERJ – Analista Controle Externo – Direito – TCE/RJ – 2012) A respeito do Ministério Público perante o Tribunal de Contas, afirma-se que:

A) os membros do Ministério Público do Estado do Rio de Janeiro atuam junto ao Tribunal de Contas do Estado do Rio de Janeiro, estando estruturalmente ligados e fazendo parte do parquet estadual;

B) o Ministério Público especial junto ao Tribunal de Contas do Rio de Janeiro está estruturalmente ligado ao Tribunal de Contas do Estado e não ao Ministério Público do Estado, devendo ser entendido como uma instituição autônoma;

C) não existe um Ministério Público especial junto ao Tribunal de Contas no Estado do Rio de Janeiro, devendo os Conselheiros, em caso de constatação de alguma irregularidade no exercício de suas funções, imediatamente comunicar o fato ao Ministério Público Estadual, para ciência e adoção das medidas cabíveis;

D) aos membros do Ministério Público especial que atuam junto ao Tribunal de Contas aplicam-se normas próprias especiais no que tange a direitos, vedações e forma de investidura, comparativamente aos Ministérios Públicos da União e dos Estados;

E) da mesma forma como existe um Ministério Púbico especial junto ao Tribunal de Contas, existe a Defensoria Pública especial junto ao Tribunal de Contas, para assistir os hipossuficientes que precisarem se defender perante a Corte de Contas.

Questão 05 (FMP – Auditor Público Externo – Administração – TCE/RS – 2011 – ADAPTADA)

Cabe ao Poder Legislativo, por força de disposição constitucional, no âmbito da União, escolher dois terços dos Ministros do Tribunal de Contas da União. Como o modelo constitucional brasileiro adota o princípio da simetria, no âmbito dos Estados esse número deve ser igualmente respeitado, sob pena de visível inconstitucionalidade.

Gabarito: 1 – E; 2 – E; 3 – E; 4 – B; 5 – E.

1.9. ORGANIZAÇÃO DO ESTADO: MUNICÍPIOS

Tema 348: "Plano diretor como instrumento básico da política de desenvolvimento e de expansão urbana".

Tese: "Os municípios com mais de vinte mil habitantes e o Distrito Federal podem legislar sobre programas e projetos específicos de ordenamento do espaço urbano por meio de leis que sejam compatíveis com as diretrizes fixadas no plano diretor".

FICHA TÉCNICA	
Leading case:	**RE 607940**
Descrição do caso feita pelo STF:	Recurso extraordinário em que se discute, à luz do art. 182, §§ 1º e 2º, da Constituição Federal, a obrigatoriedade, ou não, de seguir o plano diretor como instrumento básico da política de desenvolvimento e de expansão urbana, a fim de se definir a constitucionalidade, ou não, da Lei Complementar Distrital nº 710/2005, que dispõe sobre Projetos Urbanísticos com Diretrizes Especiais para Unidades Autônomas – PDEU, para fins de estabelecimento de condomínios fechados, de forma isolada e desvinculada do plano diretor.
Dispositivo(s) constitucional(is) envolvido(s):	"Art. 30. Compete aos Municípios: (...)VIII – promover, no que couber, adequado ordenamento territorial, mediante planejamento e controle do uso, do parcelamento e da ocupação do solo urbano;" "Art. 182. A política de desenvolvimento urbano, executada pelo Poder Público municipal, conforme diretrizes gerais fixadas em lei, tem por objetivo ordenar o pleno desenvolvimento das funções sociais da cidade e garantir o bem-estar de seus habitantes. § 1º O plano diretor, aprovado pela Câmara Municipal, obrigatório para cidades com mais de vinte mil habitantes, é o instrumento básico da política de desenvolvimento e de expansão urbana. § 2º A propriedade urbana cumpre sua função social quando atende às exigências fundamentais de ordenação da cidade expressas no plano diretor."
Data de reconhecimento da repercussão geral:	10/12/2010
Data de julgamento do mérito recursal:	29/10/2015
Houve unanimidade?	Não

FICHA TÉCNICA	
Leading case:	**RE 607940**
Data de publicação do acórdão de julgamento do recurso:	09/11/2015
Trânsito em julgado do acórdão:	05/10/2016

◉ Comentários:

Julgando recurso extraordinário em sede de repercussão geral, o STF, por unanimidade, firmou a seguinte tese: *"Os municípios com mais de vinte mil habitantes e o Distrito Federal podem legislar sobre programas e projetos específicos de ordenamento do espaço urbano por meio de leis que sejam compatíveis com as diretrizes fixadas no plano diretor."*

No caso, o Distrito Federal editou lei dispondo sobre uma forma diferenciada de ocupação e parcelamento do solo urbano em loteamentos fechados, estabelecendo loteamento fechados *(condomínios fechados)*, e tratando da disciplina interna desses espaços e dos requisitos urbanísticos mínimos a serem neles observados.

Essa lei foi objeto de ADI junto ao Tribunal de Justiça do Distrito Federal, que julgou a ação improcedente, daí surgindo o recurso extraordinário, interposto pelo Ministério Público do Distrito Federal.

O caso permitiu o debate sobre a competência do Município para legislar sobre direito urbanístico.

Destacou-se que a competência para legislar sobre direito urbanístico é concorrente entre a União, os Estados e o Distrito Federal (art. 24, I), e que o Município também pode legislar sobre a matéria de maneira suplementar (art. 30, II), sendo que cabe à União editar normas gerais e a lei federal que dispõe sobre essas normas gerais é o Estatuto das Cidades (lei 10.257/01).

Demais, destacou-se que a Constituição atribuiu aos Municípios posição de protagonismo em matéria urbanística, atribuindo aos Municípios com mais de vinte mil habitantes a obrigação de aprovar Plano Diretor, como *"instrumento básico da política de desenvolvimento e de expansão urbana"* (art. 182, § 1º) e atribuindo a todos os Municípios competência para editar normas destinadas a *"promover, no que couber, adequado ordenamento territorial, mediante planejamento e controle do uso do solo, do parcelamento e da ocupação do solo urbano"* (art. 30, VIII) e a fixar diretrizes gerais com o objetivo de *"ordenar o pleno desenvolvimento das funções sociais da cidade e garantir o bem-estar dos habitantes"* (art. 182, *caput*).

Nessa esteira, entendeu-se que a competência normativa municipal (ou distrital) sobre ocupação dos espaços urbanos não se esgota na aprovação de Plano Diretor, de modo que a matéria disciplinada na lei impugnada – loteamentos fechados – não precisa estar disciplinada necessariamente no Plano Diretor, podendo ser objeto de ato normativo separado.

◉ Síntese do debate constante do acórdão que fixou o precedente:

Argumentos favoráveis à tese fixada:	Argumentos contrários à tese fixada:
■ A Constituição Federal atribuiu aos Municípios com mais de vinte mil habitantes a obrigação de aprovar Plano Diretor, como "*instrumento básico da política de desenvolvimento e de expansão urbana*" (art. 182, § 1º). ■ Além disso, atribuiu a todos os Municípios competência para editar normas destinadas a "*promover, no que couber, adequado ordenamento territorial, mediante planejamento e controle do uso do solo, do parcelamento e da ocupação do solo urbano*" (art. 30, VIII) e a fixar diretrizes gerais com o objetivo de "*ordenar o pleno desenvolvimento das funções sociais da cidade e garantir o bem-estar dos habitantes*" (art. 182, *caput*). ■ A disciplina normativa de condomínios fechados não precisa ser disciplinada pelo plano diretor, podendo ser objeto de outra lei.	■ O Ministro Marco Aurélio entendeu que o tema parcelamento do solo urbano deve ser tratado pelo plano diretor e, por isso, declarou a inconstitucionalidade da lei, no que foi acompanhado pelo Ministro Edson Fachin.

◉ Fique atento:

- União, Estados, Distrito Federal e Municípios podem legislar sobre direito urbanístico (art. 24, I c.c. art. 30, II)

- A Constituição Federal atribuiu aos Municípios com mais de vinte mil habitantes a obrigação de aprovar Plano Diretor, como "*instrumento básico da política de desenvolvimento e de expansão urbana*" (art. 182, § 1º).

- Além disso, atribuiu a todos os Municípios competência para editar normas destinadas a "*promover, no que couber, adequado ordenamento territorial, mediante planejamento e controle do uso do solo, do parcelamento e da ocupação do solo urbano*" (art. 30, VIII) e a fixar diretrizes gerais com o objetivo de "*ordenar o pleno desenvolvimento das funções sociais da cidade e garantir o bem-estar dos habitantes*" (art. 182, *caput*).

- A disciplina normativa de condomínios fechados não precisa ser disciplinada pelo plano diretor, podendo ser objeto de outra lei.

◉ Questões de Concurso relacionadas ao tema:

Questão 01 (FUNDATEC – Procurador do Município de Porto Alegre – RS/ 2016- ADAPTADA)
Julgue o item a seguir certo (C) ou Errado (E):

Os municípios com mais de trinta mil habitantes e o Distrito Federal podem legislar sobre programas e projetos específicos de ordenamento do espaço urbano por meio de leis que sejam compatíveis com as diretrizes fixadas no plano diretor.

Gabarito: 1 – E

1.10. ORÇAMENTO

Tema 394: "Pagamento imediato de reparação econômica a anistiados políticos".

Tese: "Reconhecido o direito à anistia política, a falta de cumprimento de requisição ou determinação de providências por parte da União, por intermédio do órgão competente, no prazo previsto nos arts. 12, § 4°, e 18, caput e parágrafo único, da Lei n° 10.599/02, caracteriza ilegalidade e violação de direito líquido e certo".

FICHA TÉCNICA	
Leading case:	**RE 553710**
Descrição do caso feita pelo STF:	Recurso extraordinário em que se discute, à luz dos artigos 167, II, e 169, § 1°, I e II, da Constituição Federal, a possibilidade, ou não, de determinar-se pagamento imediato, em sede de mandado de segurança, de valores retroativos devidos a título de reparação econômica a anistiados políticos, assim declarados com base em portaria expedida pelo Ministro de Estado da Justiça.
Dispositivo(s) constitucional(is) envolvido(s):	"Art. 167. São vedados: (...)II – a realização de despesas ou a assunção de obrigações diretas que excedam os créditos orçamentários ou adicionais; (...)" "Art. 169. A despesa com pessoal ativo e inativo da União, dos Estados, do Distrito Federal e dos Municípios não poderá exceder os limites estabelecidos em lei complementar: § 1° A concessão de qualquer vantagem ou aumento de remuneração, a criação de cargos, empregos e funções ou alteração de estrutura de carreiras, bem como a admissão ou contratação de pessoal, a qualquer título, pelos órgãos e entidades da administração direta ou indireta, inclusive fundações instituídas e mantidas pelo poder público, só poderão ser feitas: I – se houver prévia dotação orçamentária suficiente para atender às projeções de despesa de pessoal e aos acréscimos dela decorrentes; II – se houver autorização específica na lei de diretrizes orçamentárias, ressalvadas as empresas públicas e as sociedades de economia mista."
Data de reconhecimento da repercussão geral:	29.04.2011
Data de julgamento do mérito recursal:	23.11.2016

FICHA TÉCNICA	
Leading case:	**RE 553710**
Houve unanimidade?	Sim
Data de publicação do acórdão de julgamento do recurso:	Não publicado até o fechamento desta edição
Trânsito em julgado do acórdão:	Não

⊙ Comentários:[3]

Julgando recurso extraordinário em sede de repercussão geral, o STF, por unanimidade, firmou a seguinte tese: "Reconhecido o direito à anistia política, a falta de cumprimento de requisição ou determinação de providências por parte da União, por intermédio do órgão competente, no prazo previsto nos arts. 12, § 4º, e 18, caput e parágrafo único, da Lei nº 10.599/02, caracteriza ilegalidade e violação de direito líquido e certo."

No caso, debatia-se se o não pagamento de reparação econômica aos anistiados políticos, nos termos do art. 8º do ADCT da Constituição Federal e da lei 10.599/02 configuraria ilegalidade e autorizaria o pagamento imediato da reparação.

A Corte entendeu que, reconhecido o direito à anistia política, a falta de cumprimento de requisição ou determinação de providências por parte da União, por intermédio do órgão competente, no prazo previsto nos arts. 12, § 4º, e 18, *caput* e parágrafo único, da Lei nº 10.599/02, efetivamente caracteriza ilegalidade e violação de direito líquido e certo.

Demais, havendo rubricas no orçamento destinadas ao pagamento das indenizações devidas aos anistiados políticos e não demonstrada a ausência de disponibilidade de caixa, a União há de promover o pagamento do valor ao anistiado no prazo de 60 dias;

Por seu turno, na ausência ou na insuficiência de disponibilidade orçamentária no exercício em curso, cumpre à União promover sua previsão no projeto de lei orçamentária imediatamente seguinte, o que implica reconhecer que o pagamento depende de previsão orçamentária.

⊙ Fique atento:

- O art. 8º do ADCT da Constituição Federal instituiu benefícios em favor de anistiados políticos, sendo a matéria disciplinada pela lei 10.599/02.

- Os anistiados políticos possuem direito a reparação econômica.

- Sendo reconhecida a condição de anistiado político, o não pagamento da reparação econômica configura ilegalidade e violação de direito líquido e certo.

---

3.   Até o fechamento desta edição, não havia sido publicado o acórdão. Comentários se fundamentaram na notícia do julgamento, divulgada pelo STF.

- Havendo rubricas no orçamento destinadas ao pagamento das indenizações devidas aos anistiados políticos e não demonstrada a ausência de disponibilidade de caixa, a União há de promover o pagamento do valor ao anistiado no prazo de 60 dias;

- Por seu turno, na ausência ou na insuficiência de disponibilidade orçamentária no exercício em curso, cumpre à União promover sua previsão no projeto de lei orçamentária imediatamente seguinte, o que implica reconhecer que o pagamento depende de previsão orçamentária.

◉ Questões de Concurso relacionadas ao tema:

Questão 01 (MARINHA/Comando da Marinha/Analista de Sistemas/2014) A Lei n° 10.559/2002, que regulamentou o art. 8° dos Atos das Disposições Constitucionais Transitórias, dispõe sobre o Regime do Anistiado Político; da Declaração da Condição de Anistiado Político; da Reparação Econômica de Caráter Indenizatório e das Competências Administrativas. Com relação aos direitos dos Anistiados Políticos, assinale, a seguir, a opção correta.

a) Ao anistiado político, assiste o direito à reparação econômica, de caráter indenizatório, em prestação única ou em prestação mensal, permanente e continuada, reajustada quando ocorrer alteração na remuneração que o anistiado político receberia se estivesse no serviço ativo.

b) Ao anistiado político, assiste o direito à contagem, para todos os efeitos, do tempo em que o anistiado político esteve compelido ao afastamento de suas atividades profissionais, em virtude de punição ou fundada ameaça de punição, por motivo político, sendo obrigatório o recolhimento das contribuições previdenciárias.

c) Ao anistiado político, assiste o direito à reparação econômica em prestação única, que consistirá no pagamento de trinta e seis salários mínimos por ano de punição, ainda que o anistiado político não possa comprovar vínculo com a atividade laborai.

d) Ao anistiado político, assiste o direito ao pagamento de prestação mensal, permanente e continuada, cujo valor será igual ao da remuneração que receberia se na ativa estivesse, considerando a graduação a que teria direito, obedecidos os prazos para promoção previstos nas leis e regulamentos vigentes, e asseguradas as promoções ao oficialato, independentemente de requisitos e condições, respeitadas as características e peculiaridades dos regimes jurídicos dos servidores públicos civis e dos militares, e desconsiderando-se seus paradigmas.

e) Ao anistiado político, assiste o direito a promoções que dependerão de seu tempo de admissão ou incorporação em seu posto ou graduação, sendo obedecidos os prazos de permanência em atividades previstos nas leis e regulamentos vigentes, vedada a exigência de satisfação das condições incompatíveis com a situação pessoal do beneficiário.

Gabarito: 1 – A

2

DIREITO ADMINISTRATIVO

José Carlos Wasconcellos Jr.

Marcus Seixas Souza

Maurício Amaral

2.1. PODERES DA ADMINISTRAÇÃO PÚBLICA: PODER DE POLÍCIA

Tema 472: "Competência de guarda municipal para lavrar auto de infração de trânsito."

Tese: É constitucional a atribuição às guardas municipais do exercício de poder de polícia de trânsito, inclusive para imposição de sanções administrativas legalmente previstas.

FICHA TÉCNICA	
Leading case:	RE 658570
Descrição do caso feita pelo STF:	Recurso extraordinário em que se discute, à luz dos artigos 144, § 8°, e 173, da Constituição Federal, a possibilidade, ou não, de guarda municipal lavrar auto de infração de trânsito, considerando-se os limites funcionais expressamente previstos no texto constitucional.

FICHA TÉCNICA	
Leading case:	**RE 658570**
Dispositivo(s) constitucional (is) envolvido(s):	Art. 144. A segurança pública, dever do Estado, direito e responsabilidade de todos, é exercida para a preservação da ordem pública e da incolumidade das pessoas e do patrimônio, através dos seguintes órgãos: (...) § 5° Às polícias militares cabem a polícia ostensiva e a preservação da ordem pública; aos corpos de bombeiros militares, além das atribuições definidas em lei, incumbe a execução de atividades de defesa civil. § 8° Os Municípios poderão constituir guardas municipais destinadas à proteção de seus bens, serviços e instalações, conforme dispuser a lei.
Data de reconhecimento da repercussão geral:	12/11/2012[1]
Data de julgamento do mérito recursal:	06/08/2015
Houve unanimidade?	Não
Data de publicação do acórdão de julgamento do recurso:	30/09/2015
Trânsito em julgado do acórdão:	04/11/2015

⊙ Comentários:

Em 2007, o Município de Belo Horizonte aprovou a Lei nº 9.319/07 conferindo à sua Guarda Municipal a atribuição de atuar na fiscalização, no controle e na orientação do trânsito e do tráfego. Posteriormente, o Decreto Municipal nº 12.615/07 regulamentou a matéria. O Procurador Geral de Justiça do Estado de Minas Gerais formulou Ação Direta de Inconstitucionalidade perante o Tribunal de Justiça local defendendo a impossibilidade de a Guarda Municipal desempenhar aquelas atribuições em face da norma constante do art. 144, § 8°, da Constituição Federal (reproduzido no art. 138 da Constituição Estadual). Sustentou que a fiscalização do trânsito em geral e aplicação de multas de trânsito são de competência da Polícia Militar, por força do disposto no art. 144, § 5° (reproduzido na Carta Estadual em seu art. 142, I). Defendeu que os entes locais poderiam optar por quadro próprio de agentes de trânsito ou formalizar convênio com o Estado, na forma do art. 23, III, do Código de Trânsito, a fim de que a Polícia Militar realizasse a fiscalização do trânsito. A defesa do Município sustentou, em resumo, que o art. 144, § 5°, não impede outros órgãos de desempenharem a polícia de trânsito; e que o rol do § 8°, do mesmo artigo, não é exaustivo.

---

1.   O tema debatido teve a repercussão geral reconhecida em 09/09/2011, no RE 637.539, que não teve o mérito julgado em virtude de homologação de desistência em 13/10/2011. Em 12/11/2012, o Ministro Marco Aurélio proferiu despacho substituindo aquele processo pelo RE 658.570, para efeitos de repercussão geral.

O Tribunal de Justiça de Minas Gerais julgou improcedente o pedido, desafiando a interposição do Recurso Extraordinário.

A discussão da matéria no plenário do STF redundou em votação apertada de seis votos contra cinco. Todavia, a divergência entre as duas posições defendidas se limitou a pequenos detalhes, que serão expostos adiante. Antes, porém, convém ressaltar os pontos incontroversos: 1) A fiscalização do trânsito está inserida no exercício do poder de polícia e não na segurança pública. Por esse motivo, é possível ser exercida por órgão diverso da polícia; 2) Não é possível realizar a fiscalização do trânsito sem permitir a aplicação de multas por infração. Além dessas duas premissas principais, houve consenso ainda quanto à possibilidade de atribuir à Guarda Municipal a fiscalização do trânsito. A divergência surgiu justamente quanto à amplitude dessa fiscalização se realizada pela Guarda Municipal. É que a dicção do art. 144, § 8º, associa a criação da Guarda Municipal com a proteção dos bens, serviços e instalações municipais. Dessa forma, a proposta do Relator originário, Ministro Marco Aurélio, era no sentido de dar parcial provimento ao recurso e estabelecer, em tese de repercussão geral, que a fiscalização e o controle do trânsito exercidos pela Guarda Municipal deveria observar a finalidade constitucional da instituição de proteger bens, serviços e equipamentos públicos. Na sua argumentação, o Ministro quis dar ao termo "serviços" um sentido amplo, de modo que a fiscalização do trânsito abrangeria a velocidade nas vias, o peso transportado pelos veículos, os locais de estacionamento, etc., entendendo que tudo isso guardaria relação com o serviço de mobilidade urbana dos munícipes. Além da limitação de atuação da Guarda Municipal aos termos do § 8º, o Ministro ainda incluiu na sua proposta de tese o limite de competência municipal para atuação da sua Guarda, outro ponto de controvérsia.

O Ministro Roberto Barroso inaugurou a divergência, que viria a ser vencedora, defendendo que a atuação da Guarda Municipal na fiscalização do trânsito não estaria limitada aos termos do art. 144, § 8º, uma vez que este tratava de segurança pública e não de poder de polícia. Desse modo, a fiscalização do trânsito poderia ser exercida de forma ampla e sem restrições pela Guarda Municipal, dentro dos limites da Lei. Assinalou ainda que o Código de Trânsito Brasileiro estabeleceu expressamente a competência comum da União, dos Estados, do Distrito Federal e dos Municípios para a fiscalização do trânsito. Defendeu, por fim, que a Emenda Constitucional nº 82/2014, posterior à propositura da ação discutida[2], não contraria a sua tese, uma vez que do seu texto não se pode extrair que a atividade de fiscalização de trânsito nos municípios só possa ser exercida pelos agentes de trânsito. Votou, portanto, paga negar provimento ao recurso do Ministério Público do Estado de Minas. Quanto ao limite de competência municipal, o Ministro Barroso considerou estar implícito na questão, não sendo necessário trazê-lo na tese de repercussão geral, no que também foi acompanhado pela maioria.

---

2.   § 10. A segurança viária, exercida para a preservação da ordem pública e da incolumidade das pessoas e do seu patrimônio nas vias públicas:

I – compreende a educação, engenharia e fiscalização de trânsito, além de outras atividades previstas em lei, que assegurem ao cidadão o direito à mobilidade urbana eficiente; e

II – compete, no âmbito dos Estados, do Distrito Federal e dos Municípios, aos respectivos órgãos ou entidades executivos e seus agentes de trânsito, estruturados em Carreira, na forma da lei.

◉ Síntese do debate constante do acórdão que fixou o precedente:

Argumentos favoráveis à tese fixada:	Argumentos contrários à tese fixada:
• A regra constante do art. 144, § 8°, refere-se à segurança pública e não ao poder de polícia. O fato de as guardas municipais terem recebido a atribuição constitucional expressa para atuar na segurança pública apenas quanto aos bens, serviços e instalações do Município, não as impede de exercer, também, poder de polícia, inclusive em hipóteses não relacionadas exclusivamente a bens, serviços e instalações municipais. (Luís Roberto Barroso). • Considerar que o município esteja obrigado a criar órgão específico para realizar a fiscalização do trânsito ao invés de conferir tal atribuição a órgão municipal já existente, no caso, a Guarda Municipal, é trabalhar contra a eficiência da gestão municipal. (Dias Toffoli).	• A regra constante do art. 144, § 8°, delimita a criação e a atuação das guardas municipais, não sendo possível ao legislador ordinário ampliar o escopo da norma constitucional. As atividades desenvolvidas pelas guardas municipais estariam limitadas aos objetivos apontados pelo legislador constitucional. Seria possível, portanto, a fiscalização do trânsito no que isso guardasse relação com a preservação dos bens, serviços e instalações municipais.

◉ Fique atento:

- • A fiscalização do trânsito é precipuamente atividade que decorre do poder de polícia, que não é exclusivo das forças policiais, e impõe sanções de natureza administrativa.

- • A atuação das guardas municipais se limita às competências do município. Assim, não será possível à guarda municipal fiscalizar o trânsito em uma rodovia federal que passe pelo território do município. Neste caso, a Constituição confere à Polícia Rodoviária Federal a atribuição de realizar patrulhamento ostensivo nesse bem (art. 144, § 2°), que integra o patrimônio da União.

◉ Questões de Concurso relacionadas ao tema:

Questão 01 (FCC. TJ-PI. Juiz Substituto. 2015) Na ementa do acórdão do Recurso Extraordinário n° 658.570, do Supremo Tribunal Federal, consta o seguinte trecho:

Desprovimento do recurso extraordinário e fixação, em repercussão geral, da seguinte tese: é constitucional a atribuição às guardas municipais do exercício de poder de polícia de trânsito, inclusive para imposição de sanções administrativas legalmente previstas.

Para assim decidir, o Tribunal estabeleceu algumas premissas. Dentre elas, NÃO figura por ser incompatível com a conclusão acima citada:

a) Instituições policiais podem cumular funções típicas de segurança pública com exercício de poder de polícia.

b) Poder de polícia não se confunde com segurança pública. O exercício do primeiro não é prerrogativa exclusiva das entidades policiais.

c) A fiscalização do trânsito, com aplicação das sanções administrativas legalmente previstas, embora possa se dar ostensivamente, constitui mero exercício de poder de polícia.

d) O exercício do poder de polícia por instituições policiais é constitucionalmente possível. No entanto, nesse caso o poder de polícia deixa de se caracterizar como ação administrativa, passando a configurar exercício de polícia judiciária.

e) Considerando a competência comum dos entes da federação em matéria de trânsito, podem os Municípios determinar que o poder de polícia que lhes compete seja realizado pela guarda municipal.

> **Gabarito: 1-D**

2.2. ADMINISTRAÇÃO PÚBLICA: VALIDADE E EFICÁCIA DE TERMO DE ADESÃO FGTS

Tema 101: "Validade e eficácia de acordo constante do termo de adesão instituído pela Lei Complementar n° 110/2001".

Tese: "Ofende a garantia constitucional do ato jurídico perfeito a decisão que, sem ponderar as circunstâncias do caso concreto, desconsidera a validez e a eficácia de acordo constante de termo de adesão instituído pela Lei complementar n° 110/2001".

FICHA TÉCNICA	
Leading case:	**RE 591.068 PR.**
Descrição do caso feita pelo STF:	"Recurso extraordinário em que se discute, à luz do art. 5°, XXXVI, da Constituição Federal, a validade e eficácia, ou não, de acordo constante do termo de adesão instituído pela Lei Complementar n° 110/2001, firmado com a Caixa Econômica Federal para pagamento das diferenças relativas aos expurgos inflacionários sobre os saldos das contas vinculadas do Fundo de Garantia por tempo de Serviço – FGTS".
Dispositivo(s) constitucional(is) envolvido(s):	Art. 5° Todos são iguais perante a lei, sem distinção de qualquer natureza, garantindo-se aos brasileiros e aos estrangeiros residentes no País a inviolabilidade do direito à vida, à liberdade, à igualdade, à segurança e à propriedade, nos termos seguintes: (...) XXXVI – a lei não prejudicará o direito adquirido, o ato jurídico perfeito e a coisa julgada;

FICHA TÉCNICA	
Leading case:	**RE 591.068 PR.**
Data de reconhecimento da repercussão geral:	07/08/2008.
Data de julgamento do mérito recursal:	07/08/2008.
Houve unanimidade?	Não.
Data de publicação do acórdão de julgamento do recurso:	20/02/2009.
Trânsito em julgado do acórdão:	02/03/2009

⊙ Comentários:

O Supremo Tribunal Federal examinou recurso extraordinário interposto pela Caixa Econômica Federal contra acórdão da 4ª Turma do Tribunal Regional Federal da 4ª Região que, no julgamento de apelação interposta de sentença que julgou extinta execução de diferenças de correção monetária dos saldos de FGTS, com fundamento no art. 269, III, do CPC-1973, deu-lhe provimento.

No acórdão recorrido, negou-se força vinculativa a acordo para pagamento das diferenças, por ter sido o respectivo termo de adesão firmado (por milhares de pessoas) fora dos autos e sem observância da forma de escritura pública, o que afrontaria o disposto no art. 842 do Código Civil; entretanto, o tribunal *a quo* admitiu a subtração dos valores já pagos, na via administrativa, para afastar a hipótese de enriquecimento sem causa.

Quanto ao recurso extraordinário, o relator trouxe à consideração do Plenário questão de ordem para exame da pertinência de sua distribuição no Supremo Tribunal Federal, à vista do regime da repercussão geral dos recursos extraordinários e do quanto já deliberado por questão de ordem nos Res 582.650-QO/BA e 582.108-Q/SP, acerca das matérias com jurisprudência dominante do Supremo Tribunal Federal.

O tribunal decidiu, no julgamento dos mencionados recursos extraordinários, que o tribunal adotaria procedimento específico para as questões que já são objeto de jurisprudência dominante do Supremo Tribunal Federal, cabendo à Presidência, em questão de ordem, trazer à apreciação do Plenário a proposta de exame sobre: a) presença de repercussão geral e b) a manutenção do entendimento já estabelecido.

Em sendo reconhecida a repercussão geral e reafirmada a jurisprudência do tribunal, negar-se-á distribuição aos recursos extraordinários e agravos sobre idêntica controvérsia, autorizando-se os tribunais, turmas recursais e de uniformização aos procedimentos de julgamento do novo regime, em especial, à retratação das decisões contrárias ao entendimento do Supremo Tribunal Federal e à declaração de prejuízo dos recursos contra decisões conformes.

No caso de o Supremo Tribunal Federal decidir na questão de ordem que é conveniente novo exame da matéria de fundo, será determinada a distribuição do recurso extraordinário que, com repercussão geral já reconhecida, será processado e encaminhado a novo julgamento no Plenário.

A questão com repercussão geral a ser examinada no julgamento do recurso extraordinário em questão tratava da validade do termo de adesão firmado por titular de conta vinculada ao FGTS, que, na via administrativa, negociou com a Caixa Econômica Federal o pagamento das diferenças de correção monetária relativas aos Planos Econômicas.

Essa questão constitucional já era objeto de jurisprudência do Supremo Tribunal Federal (inclusive de enunciado de súmula vinculante, com o seguinte preceito: "Ofende a garantia constitucional do ato jurídico perfeito a decisão que, sem ponderar as circunstâncias do caso concreto, desconsidera a validez e a eficácia de acordo constante de termo de adesão instituído pela Lei Complementar nº. 110/01").

A decisão recorrida limitou-se a registrar que a transação se deu fora dos autos, sem utilização de escritura pública e sem a presença de advogado, deixando de avaliar se este procedimento resultou – objetivamente – em prejuízo não consentido ou ignorado pelo titular da conta vinculada.

A forma adotada para a transação, com fundamento na Lei Complementar nº. 110/01, foi analisada pelo Supremo Tribunal Federal, sendo ônus da parte interessada demonstrar se, no caso concreto, diante das circunstâncias peculiares dos que formalizaram o pacto, houve prejuízo em decorrência de vício de consentimento do titular do direito – a matéria já foi exaustivamente decidida pelo tribunal, na linha contrária à que foi adotada pelo acórdão recorrido.

Assim, o Tribunal se manifestou, por maioria, e, nos termos do voto do relator, pela constitucionalidade da questão, bem como pela existência de repercussão geral da questão suscitada, e, reafirmando a jurisprudência do Supremo Tribunal Federal quanto ao tema, denegou a distribuição do recurso extraordinário, bem como de todos os demais versando sobre a mesma matéria, devolvendo-se os autos à origem para adoção dos procedimentos previstos no art. 543-B, § 3º, do CPC-1973.

Em voto divergente, o Ministro Marco Aurélio, entendeu pela necessidade de distinguir os recursos anteriores à regulamentação da repercussão geral daqueles interpostos após a sua normatização.

⊙ **Fique atento:**

- Foram interpostos recursos contra o acórdão razão pela qual ainda não ocorreu o trânsito em julgado do mesmo.

2.3. TERCEIRO SETOR: INEXIGÊNCIA DE CONCURSO PÚBLICO

Tema 569: "Concurso público para a contratação de empregados por pessoa jurídica que integra o chamado "Sistema S"."

Tese: Os serviços sociais autônomos integrantes do denominado Sistema "S" não estão submetidos à exigência de concurso público para contratação de pessoal, nos moldes do art. 37, II, da Constituição Federal.

FICHA TÉCNICA	
Leading case:	RE 789874
Descrição do caso feita pelo STF:	Recurso extraordinário com agravo em que se discute, à luz do caput e do inciso II do art. 37 e do art. 240 da Constituição Federal, a necessidade, ou não, de realização de concurso público para a contratação de empregados por pessoa jurídica que integra o chamado "Sistema S".
Dispositivo(s) constitucional (is) envolvido(s):	Art. 37. A administração pública direta e indireta de qualquer dos Poderes da União, dos Estados, do Distrito Federal e dos Municípios obedecerá aos princípios de legalidade, impessoalidade, moralidade, publicidade e eficiência e, também, ao seguinte: (...) II – a investidura em cargo ou emprego público depende de aprovação prévia em concurso público de provas ou de provas e títulos, de acordo com a natureza e a complexidade do cargo ou emprego, na forma prevista em lei, ressalvadas as nomeações para cargo em comissão declarado em lei de livre nomeação e exoneração;
	Art. 240. Ficam ressalvadas do disposto no art. 195 as atuais contribuições compulsórias dos empregadores sobre a folha de salários, destinadas às entidades privadas de serviço social e de formação profissional vinculadas ao sistema sindical.
Data de reconhecimento da repercussão geral:	11/09/2010
Data de julgamento do mérito recursal:	17/09/2014
Houve unanimidade?	Sim
Data de publicação do acórdão de julgamento do recurso:	19/11/2014
Trânsito em julgado do acórdão:	01/12/2014

◉ Comentários:

Desde a década de 1940, as entidades integrantes do denominado Sistema "S" resultaram de iniciativa estatal destinada a desenvolver a prestação de certos serviços de elevado valor social. Conferiu-se a entidades sindicais dos setores econômicos a responsabilidade de criar, organizar e administrar entidades com natureza jurídica de direito privado destinadas a executar serviços de amparo aos trabalhadores. Como fonte financiadora desses serviços, atribuiu-se às empresas vinculadas a cada um dos setores econômicos envolvidos a obrigação de recolher uma contribuição compulsória, incidente sobre suas folhas de pagamento. Ainda na década de 1940, foram criados, através de Decretos-leis, o SENAI, o SESC e o SESI. A configuração jurídica dessas entidades, bem como a prestação pecuniária devida pelas empresas correspondentes, foram expressamente recepcionadas pelo art. 240 da Constituição Federal de 1988 e pelo art. 62 do ADCT, após o que, surgiram o SEST, o SENAT e o SENAR, entidades relacionadas aos serviços sociais de transporte rodoviário, aprendizagem rural e cooperativismo.

O fato de serem essas entidades subvencionadas por verbas públicas fez com que o Ministério Público do Trabalho defendesse a tese de que deveriam se adequar aos princípios gerais da Administração Pública no que concerne à contratação de pessoal. Nesse sentido, em demanda contra o SEST, defendeu que o órgão, ao realizar contratações, realizasse divulgação externa e ampla da existência de vaga, mediante publicação de edital de processo seletivo em jornal de grande circulação, adotasse critérios objetivos para correção das provas, deixasse de adotar testes psicológicos, entrevistas, dinâmicas de grupo e análise curricular como etapas eliminatórias, além de reservar cinco por cento das vagas para pessoas portadoras de deficiência.

Após o TST proferir acórdão no sentido de que a exigência de concurso público não se aplicava ao Recorrido, o MPT interpôs Recurso Extraordinário, não admitido, e Agravo de Instrumento que seria recebido e convertido em Extraordinário pelo Relator no STF, Ministro Teori Zavascki.

Em julgamento unânime, negando provimento ao recurso, o STF decidiu que os serviços sociais autônomos integrantes do denominado Sistema "S", vinculados a entidades patronais de grau superior e patrocinados basicamente por recursos recolhidos do próprio setor produtivo beneficiado, malgrado ostentarem a condição de paraestatais, possuem natureza de pessoa jurídica de direito privado e não integram a Administração Pública, embora colaborem com ela na execução de atividades de relevante significado social. Nesse sentido, tanto a Constituição Federal de 1988, como a correspondente legislação de regência (como a Lei 8.706/93, que criou o Serviço Social do Trabalho – SEST) asseguram autonomia administrativa a essas entidades, sujeitas, formalmente, apenas ao controle finalístico, pelo Tribunal de Contas, da aplicação dos recursos recebidos. Presentes essas características, não estão submetidas à exigência de concurso público para a contratação de pessoal, nos moldes do art. 37, II, da Constituição Federal.

◉ Síntese do debate constante do acórdão que fixou o precedente:

O Julgamento foi unânime e reafirmou a jurisprudência do STF. Desse modo, seria um julgamento típico do Plenário Virtual. O Relator, entretanto, preferiu levar o processo à apreciação do Pleno.

◉ Fique atento:

- Como lembrado pelo Relator, Ministro Teori Zavascki, é importante não confundir essas entidades, nem equipará-las com outras criadas após a Constituição de 1988, cuja configuração jurídica tem peculiaridades próprias. É o caso, por exemplo, da Associação das Pioneiras Sociais – APS (serviço social responsável pela manutenção da Rede SARAH, criada pela Lei 8.246/91), da Agência de Promoção de Exportações do Brasil – APEX (criada pela Lei 10.668/03) e da Agência Brasileira de Desenvolvimento Industrial – ABDI (criada pela Lei 11.080/04). Diferentemente do que ocorre com os serviços autônomos do Sistema "S", essas novas entidades (a) tiveram sua criação autorizada por lei e implementada pelo Poder Executivo, não por entidades sindicais; (b) não se destinam a prover prestações sociais ou de formação profissional a determinadas categorias de trabalhadores, mas a atuar na prestação de assistência médica qualificada e na promoção de políticas públicas de desenvolvimento setoriais; (c) são financiadas, majoritariamente, por dotações orçamentárias consignadas no orçamento da própria União (art. 2º, § 3º, da Lei 8.246/91, art. 13 da Lei 10.668/03 e art. 17, I, da Lei 11.080/04); (d) estão obrigadas a gerir seus recursos de acordo com os critérios, metas e objetivos estabelecidos em contrato de gestão cujos termos são definidos pelo próprio Poder Executivo; e (e) submetem-se à supervisão do Poder Executivo, quanto à gestão de seus recursos.

◉ Questões de Concurso relacionadas ao tema:

Questão 01 (CESPE. TCU. Técnico de Controle Externo.2009) Com base na jurisprudência majoritária atual do STF e na CF, julgue os itens a seguir, acerca da administração pública direta e indireta.

De acordo com o TCU, entidade paraestatal é aquela que se qualifica administrativamente para prestar serviços de utilidade pública, de forma complementar ao Estado, mediante o repasse de verba pública, motivo pelo qual é sempre obrigatória, nessa espécie de entidade, a realização de licitação e concurso público para contratação.

    ( ) Certo   ( ) Errado

Questão 02 (CESPE. MPU. Técnico Administrativo. 2010) Julgue o próximo item, a respeito da organização administrativa da União, considerando a administração direta e indireta.

O Serviço Nacional do Comércio (SENAC), como serviço social autônomo sem fins lucrativos, é exemplo de empresa pública que desempenha atividade de caráter econômico ou de prestação de serviços públicos.

    ( ) Certo   ( ) Errado

Questão 03 (Analista Judiciário – TRE-TO / FCC / 2011) De acordo com a Organização Administrativa Brasileira, o SESI, o SESC e o SENAI são entidades

- a) Estatais
- b) Paraestatais
- c) Autárquicas

d) Fundacionais

e) Empresariais

Questão 04 (CESGRANRIO. BNDES. Profissional Básico – Direito. 2013)

Organizações Sociais e as Organizações da Sociedade Civil de Interesse Público, submetem-se ao regime celetista de emprego público no que tange à contratação de pessoal, a qual deve ser precedida de aprovação em concurso público de provas ou de provas e títulos.

PORQUE

O terceiro setor é composto por entidades da sociedade civil sem fins lucrativos que recebem uma qualificação do Poder Público para atuar em áreas de relevância social e, com isso, passam a integrar a Administração Indireta do respectivo ente federativo.

Analisando-se as afirmações acima, conclui-se que

a) as duas afirmações são verdadeiras, e a segunda justifica a primeira.

b) as duas afirmações são verdadeiras, e a segunda não justifica a primeira.

c) a primeira afirmação é verdadeira, e a segunda é falsa.

d) a primeira afirmação é falsa, e a segunda é verdadeira.

e) as duas afirmações são falsas.

Gabarito: 1-E; 2-E; 3-B; 4-E

2.4. SERVIÇOS PÚBLICOS: FORNECIMENTO DE ENERGIA ELÉTRICA

Tema 479: "Imposição de obrigação de fazer à concessionária de serviço público para que observe padrão internacional de segurança."

Tese: No atual estágio do conhecimento científico, que indica ser incerta a existência de efeitos nocivos da exposição ocupacional e da população em geral a campos elétricos, magnéticos e eletromagnéticos gerados por sistemas de energia elétrica, não existem impedimentos, por ora, a que sejam adotados os parâmetros propostos pela Organização Mundial de Saúde, conforme estabelece a Lei n° 11.934/2009.

FICHA TÉCNICA	
Leading case:	**RE 587371**
Descrição do caso feita pelo STF:	Recurso extraordinário em que se discute, à luz dos artigos 5°, caput e II, e 225, da Constituição Federal, a possibilidade, ou não, de se impor obrigação de fazer, em observância ao princípio da precaução, à concessionária de serviço público de distribuição de energia elétrica, para que reduza o campo eletromagnético de suas linhas de transmissão, de acordo com padrões internacionais de segurança, em face de supostos efeitos nocivos à saúde da população.

FICHA TÉCNICA	
Leading case:	**RE 587371**
Dispositivo(s) constitucional (is) envolvido(s):	Art. 5º Todos são iguais perante a lei, sem distinção de qualquer natureza, garantindo-se aos brasileiros e aos estrangeiros residentes no País a inviolabilidade do direito à vida, à liberdade, à igualdade, à segurança e à propriedade, nos termos seguintes: (...) II ninguém será obrigado a fazer ou deixar de fazer alguma coisa senão em virtude de lei; Art. 225. Todos têm direito ao meio ambiente ecologicamente equilibrado, bem de uso comum do povo e essencial à sadia qualidade de vida, impondo-se ao Poder Público e à coletividade o dever de defendê-lo e preservá-lo para as presentes e futuras gerações.
Data de reconhecimento da repercussão geral:	23/09/2011
Data de julgamento do mérito recursal:	08/06/2016
Houve unanimidade?	Não
Data de publicação do acórdão de julgamento do recurso:	03/04/2017
Trânsito em julgado do acórdão:	Aguardando julgamento de embargos de declaração interpostos em 10/04/2017

◉ Comentários:

O Recurso Extraordinário em tela trouxe à apreciação do STF tema extremamente técnico, relacionado aos possíveis efeitos nocivos relacionados ao campo eletromagnético das linhas de transmissão de energia elétrica utilizadas pelas concessionárias do serviço. Especificamente, duas ações civis públicas haviam sido propostas contra a Eletropaulo para que esta reduzisse o referido campo de 83,3 µT (microteslas) para 1 µT em determinadas áreas próximas a escolas e moradias no município de São Paulo.

Após instruir o processo ouvindo peritos, o Juiz de Primeiro grau acolheu o pedido nas ações e o Tribunal de Justiça do Estado de São Paulo confirmou a sentença. Ambos os provimentos usaram como fundamento o princípio da proteção. Este tem como definição mais aceita aquela retirada da Conferência das Nações Unidades sobre o Ambiente e o Desenvolvimento realizada no Rio de Janeiro, em 1992, denominada de ECO-92: "Para que o ambiente seja protegido, serão aplicadas pelos Estados, de acordo com as suas capacidades, medidas preventivas. Onde existam ameaças de riscos sérios ou irreversíveis não será utilizada a falta de certeza científica total como razão para o adiamento de medidas eficazes em termos de custo para evitar a degradação ambiental."

No STF, o ministro Dias Toffoli, relator do recurso interposto pela Eletropaulo, admitiu como *amicus curiae* a Agência Nacional de Energia Elétrica – ANEEL, a Associação Brasileira de Distribuidores de Energia Elétrica – ABRADEE e a União, e promoveu audiência pública realizada em diversos dias e na qual foram ouvidas as partes, especialistas e representantes de diversos entes e órgãos públicos.

O ponto principal discutido no julgamento foi exatamente se o princípio da proteção seria ou não aplicável à espécie. Primeiro em razão da dúvida, por todos admitida, a respeito da possibilidade, ainda que não comprovada, de existência de algum risco à saúde provocado pelo padrão adotado pela Recorrente. Depois, em razão de que a normatização da matéria pela ANEEL fixou como nível de referência para a exposição do público em geral a campos elétricos e magnéticos a frequência de 83,33 microteslas (μT).

Ponto importante a ser esclarecido é que o padrão nacional, adotado pela ANEEL, respeita os limites estabelecidos por Comissão Internacional em respeito às recomendações da Organização Mundial de Saúde (OMS) e é também adotado pela maioria dos países no mundo. Por outro lado, o padrão de 1 μT é utilizado em poucos países, sendo a Suíça o mais representativo.

Com votação de seis votos contra quatro, prevaleceu a tese do Relator, que deu provimento ao Recurso, e poderia ser resumida em três pontos: 1) O princípio da precaução é na verdade um critério de gestão de risco e sua aplicação exige que o Estado analise os riscos, avalie os custos das medidas de prevenção e execute as ações necessárias, as quais devem ser coerentes e proporcionais. Neste sentido, e considerando não ser possível esperar o risco zero, seria aceitável manter o padrão recomendado pela OMS e adotado pela maioria dos países, inclusive da União Europeia; 2) É plenamente possível o controle jurisdicional das políticas públicas quanto à aplicação do princípio da precaução, desde que a decisão judicial não se afaste da análise formal dos limites desse conceito e que privilegie a opção democrática das escolhas discricionárias feitas pelo legislador e pela Administração Pública. Por outras palavras, a escolha do padrão a ser adotado no país cabia ao legislador e à Administração Pública e estes, avaliando os riscos envolvidos, de forma legítima, optaram pelo modelo recomendado pela OMS e não pela Suíça; e 3) Até o momento do julgamento, não se podia identificar elementos fáticos ou jurídicos que obrigassem as concessionárias de energia elétrica a reduzir o campo eletromagnético das linhas de transmissão de energia elétrica abaixo do patamar legal. Ou seja, a premissa manteve aberta a possibilidade, lembrada também pelo Ministro Teori Zavascki, de se cogitar uma inconstitucionalidade superveniente da legislação infraconstitucional, caso venham a surgir, no futuro, elementos que evidenciem o risco de adoção dos parâmetros atualmente permitidos.

◉ Síntese do debate constante do acórdão que fixou o precedente:

Argumentos favoráveis à tese fixada:	Argumentos contrários à tese fixada:
• No que tange ao tema ora desenvolvido, há todo um sistema em vigor, com regras[3] que organizam e delineiam o procedimento para a prestação dos serviços elétricos. A definição do que seja "precaução", pois, não é absoluta. Pelo contrário, ainda é objeto de construção pela comunidade científica	• Se há uma certeza sobre o tema debatido é a existência de dúvida sobre os riscos à saúde pelos campos magnéticos na forma em 83,3 Microteslas. O acórdão levou em conta os estudos ofertados pelas autoras, bem como os laudos produzidos pelos peritos judiciais, que atestam o perigo

---

3. Referindo-se às Leis 9.427/96, 9.074/95, 10.848/04, que regulam a atuação da ANEEL.

Argumentos favoráveis à tese fixada:	Argumentos contrários à tese fixada:
em todo o mundo. esse princípio não consiste em uma politização da ciência, tampouco na aceitação de um nível zero de risco, mas sim em um parâmetro para a atuação quando a ciência apontar para determinado nível de incerteza. no que se refere aos limites à exposição humana a campos eletromagnéticos originários de instalações de geração, transmissão e distribuição de energia elétrica, não há dúvida de que os níveis colhidos pela prova pericial produzida nos autos se encontram dentro dos parâmetros exigidos pelo nosso ordenamento jurídico infraconstitucional. Portanto, não dúvida quanto à licitude – sob o ponto de vista infraconstitucional – do que vinha sendo praticado pela parte ré. A resolução [ANEEL], então, fixou como nível de referência para a exposição do público em geral a campos elétricos e magnéticos na frequência de 60 Hz (ponto essencial do debate travado por meio das ações civis públicas) 83,33 microteslas (μT). Em seu parágrafo primeiro, inclusive, a normativa. Não se mostra correta a afirmativa, no acórdão impugnado, de que o princípio da precaução deva ser aplicado quando não comprovado o afastamento total dos riscos efetivos ou potenciais. Isso porque, dificilmente, existirá um produto ou serviço que possa estar livre de qualquer margem de risco à saúde ou, conforme o caso, ao meio ambiente. Após a audiência pública realizada nos autos deste recurso extraordinário, houve modificação normativa a afastar, com ainda maior razão, a decisão judicial atacada. Isso porque, em 1º de julho de 2014, a ANEEL editou a Resolução Normativa nº 616/2014, que alterou a Resolução Normativa nº 398, de 23 de março de 2010, e, no que se refere aos limites à exposição humana a campos elétricos e magnéticos originários de instalações de geração, transmissão e distribuição de energia elétrica na frequência de 60 Hz, elevou de 83,33 μT (microteslas) para 200,00 μT (microteslas) o limite máximo e permanente de exposição a campos elétricos e magnéticos. • A Organização Mundial de Saúde ratifica que as diretrizes internacionais desenvolvidas pela ICNIRP[4] estão baseadas em uma cuidadosa análise de toda a literatura científica e que os limites fixados pela ICNIRP se encontram dentro de margens aceitas como não causadoras de efeitos adversos à saúde e, portanto, dentro de margens de risco aceitáveis, razoáveis e proporcionais. (Dias Toffoli)	iminente. Não há unanimidade em relação a esse perigo, a mera potencialidade, no entanto, justifica a incidência do princípio da precaução. Onde não há certeza, há o campo, desde que não seja trivial, do princípio da precaução. A prevenção e a reparação – quer seja a prevenção como mitigação de danos, quer seja a reparação como reconstituição ao estado anterior ou a reparação como compensação – estão já no campo da certeza dos danos. A questão posta à apreciação desta Corte tem origem no embate entre o direito fundamental à distribuição de energia elétrica, ao mercado consumidor, de um lado, e o direito à saúde daqueles que residem em locais próximos às linhas pelas quais se efetua a transmissão, de outro. (Edson Fachin) • Se a dúvida científica, ou a ausência de certeza científica, é o que embasa o princípio da precaução, se o princípio da precaução é que foi acionado para efeito de deferimento dos pleitos, não se pode concluir no sentido do provimento ao recurso. • A noção com a qual se lida aqui é justamente a desse risco, que não é um risco mensurável, é uma mera possibilidade, é um risco potencial. Se existisse certeza científica quanto ao nexo de causalidade entre esses campos eletromagnéticos e o câncer, ou todas essas doenças descritas, não haveria como acionar o princípio da precaução. (Rosa Weber) • O embate retratado no processo mostra-se desequilibrado. Porque, de um lado, tem-se o poder econômico e, de outro, a população. Todos têm direito ao meio ambiente equilibrado, propício à saúde. Em qual campo, então, se atuará, senão nesse, ante o princípio da precaução? (Marco Aurélio). • O direito à integridade do meio ambiente constitui prerrogativa jurídica de titularidade coletiva, refletindo, dentro do processo de afirmação dos direitos humanos, a expressão significativa de um poder deferido, não ao indivíduo identificado em sua singularidade, mas, num sentido verdadeiramente mais abrangente, atribuído à própria coletividade social. O princípio da precaução, que tem suporte em nosso ordenamento interno (CF, art. 225, § 1º, V, e Lei nº 11.105/2005, art. 1º, "caput") e, também, em declarações internacionais (como a Agenda 21, Princípio 15, que resultou

---

4. International Commission on Non-Ionizing Radiation Protection (ICNIRP), é uma organização internacional criada em 1922 e sediada na Alemanha sem fins lucrativos com objetivos científicos vinculados à avaliação de riscos à saúde no espectro de campos elétricos e magnéticos.

Argumentos favoráveis à tese fixada:	Argumentos contrários à tese fixada:
▪ A Suíça, nessa matéria, é a exceção e, talvez, nas circunstâncias brasileiras de necessidade de desenvolvimento, aumento da matriz energética de uma maneira geral, esta posição de cautela excessiva sem comprovação de riscos pode impor ônus excessivos à democratização do acesso à energia e às demandas do desenvolvimento nacional. participantes da audiência pública assinalaram a impossibilidade de adequação das redes elétricas, a curto prazo, sem prejuízo ao fornecimento de energia aos consumidores; referiram o alto custo de adequação do sistema de transmissão; noticiaram a necessidade que surgiria de repassar os novos custos ao consumidor; bem como a possível redução do acesso à energia por parte da população de baixa renda, em função dos preços mais elevados[5]; (Roberto Barroso) ▪ Estamos tomando uma decisão em face do estado da arte do ponto de vista do conhecimento científico atual sobre a matéria. Obviamente, se esse conhecimento científico produzir importantes resultados diferentes no futuro, nada impede que a sentença, que hoje afirma a legitimidade constitucional das normas, possa ser modificada. (Teori Zavascki) ▪ Não é possível avaliar as perícias e as provas que foram realizadas no campo da jurisdição constitucional. Nesse campo, na espécie, o que se sobressai é a falta de capacidade institucional do Judiciário para regular uma matéria de natureza tão complexa, o que foi mitigado pela audiência pública promovida pelo Relator. Já em 2009, havia uma lei nacional que previa métodos de precaução e que obtinha a chancela transnacional. De sorte que o Brasil sempre foi considerado um país atento à questão da precaução quanto aos danos ao meio ambiente. O acórdão diz que não aplicou a lei suíça, mas adotou os critérios da lei suíça. A adoção da legislação estrangeira, ela só é possível a partir do momento em que haja uma lacuna da lei brasileira. Não se pode sobrepor a legislação da suíça à legislação brasileira. Houve efetivamente uma afronta ao princípio da legalidade, porque impôs-se uma obrigação que não está prevista na lei nacional. Não cabe ao Poder Judiciário impor, sob o fundamento do princípio da precaução, o	da Conferência do Rio/92), incidirá, como advertem doutrina e jurisprudência, sempre que houver probabilidade de concretização de dano em consequência de atividade identificada por sua potencialidade lesiva. Torres e linhas de transmissão de energia elétrica, por gerarem significativo aumento da intensidade dos decorrentes campos eletromagnéticos de baixa frequência, acarretam riscos potenciais gravíssimos associados a determinadas patologias aptas a causarem danos irreversíveis à população exposta a tais radiações. (Celso de Mello).

---

5.   Retirado do Parecer da Procuradoria Geral da República.

Argumentos favoráveis à tese fixada:	Argumentos contrários à tese fixada:
reaparelhamento de linhas de transmissões, a partir do parâmetro normativo que não conste de obrigação legal tecnicamente consubstanciada. (Luiz Fux). • Como sobreveio uma legislação que considerou a precaução, e que fixou, portanto, os parâmetros, a mudança disso significaria uma substituição da opção legislativa, que levou em consideração o princípio da precaução, pela decisão judicial, que então teria adotado outro critério, sendo que não há comprovação de que a lei teria errado. (Carmén Lúcia). • Nos próprios debates que foram travados na audiência pública, mostrou-se a dificuldade de ter, no mesmo âmbito territorial, ou em estados diversos, eventualmente, critérios diversos para aplicação de um sistema que, em princípio, tem regulação única. (Gilmar Mendes).	

◉ Fique atento:

- Conforme lembrado por vários ministros durante o julgamento, o surgimento de novos fatos ou comprovações científicas que apontem não ser adequado o padrão utilizado no Brasil, as normas que o regem sofrerão uma inconstitucionalidade superveniente. Não se trata de flexibilização da coisa julgada, uma vez que esta, conforme lembrado pelo ministro Teori Zavascki, permanece imutável *rebus sic standibus*, ou seja, a eficácia futura do provimento jurídico transitado em julgado dependerá da manutenção do estado de fato e de direito. Por outras palavras, fatos novos modificam o cenário e ensejará outra realidade jurídica a ser apreciada em nova demanda.

2.5. SERVIÇOS PÚBLICOS: EDUCAÇÃO

Tema 40: "Cobrança de taxa de matrícula em universidades públicas".

Tese: "A cobrança de taxa de matrícula nas universidades públicas viola o disposto no art. 206, IV, da Constituição Federal."

FICHA TÉCNICA	
Leading case:	**RE 500171**
Descrição do caso feita pelo STF:	"Recurso extraordinário em que se discute, à luz dos artigos 205; 206, I; 208, VII; e 212, § 3°, da Constituição Federal, a possibilidade, ou não, de cobrança de taxa de matrícula em universidades públicas."

FICHA TÉCNICA	
Leading case:	**RE 500171**
Dispositivo(s) constitucional(is) envolvido(s):	"Art. 205. A educação, direito de todos e dever do Estado e da família, será promovida e incentivada com a colaboração da sociedade, visando ao pleno desenvolvimento da pessoa, seu preparo para o exercício da cidadania e sua qualificação para o trabalho."
	"Art. 206. O ensino será ministrado com base nos seguintes princípios: I – igualdade de condições para o acesso e permanência na escola;(...)"
	"Art. 208. O dever do Estado com a educação será efetivado mediante a garantia de: (...) VII – atendimento ao educando, em todas as etapas da educação básica, por meio de programas suplementares de material didático escolar, transporte, alimentação e assistência à saúde"
	"Art. 212. A União aplicará, anualmente, nunca menos de dezoito, e os Estados, o Distrito Federal e os Municípios vinte e cinco por cento, no mínimo, da receita resultante de impostos, compreendida a proveniente de transferências, na manutenção e desenvolvimento do ensino. (...) § 3º A distribuição dos recursos públicos assegurará prioridade ao atendimento das necessidades do ensino obrigatório, no que se refere a universalização, garantia de padrão de qualidade e equidade, nos termos do plano nacional de educação."
Data de reconhecimento da repercussão geral:	06/03/2008 (RE 567801)
Data de julgamento do mérito recursal:	13/08/2008 (julgamento do recurso extraordinário)
Houve unanimidade?	Não
Data de publicação do acórdão de julgamento do recurso:	24/10/2008 (publicação do acórdão do recurso extraordinário) 03/06/2011 (publicação do acórdão dos embargos de declaração)
Trânsito em julgado do acórdão:	04/08/2011

◉ Comentários:

O recurso extraordinário paradigma foi interposto pela Universidade Federal de Goiás contra acórdão da 5ª Turma do Tribunal Regional Federal da 1ª Região que, com base, no art. 206, IV[6], da Constituição de República Federativa do Brasil, entendeu ser inconstitu-

---

6. "Art. 206. O ensino será ministrado com base nos seguintes princípios: (...) IV – gratuidade do ensino público em estabelecimentos oficiais;"

cional a cobrança de taxa de matrícula de seus estudantes, cujos recursos seriam destinados a programa de assistência para alunos de baixa condição econômica e social.

A recorrente sustentou, perante o STF, que a gratuidade do ensino, prevista da CRFB, seria restrita ao ensino fundamental, bem assim que caberia à sociedade contribuir para a sua extensão aos demais níveis de ensino. Defendeu, ainda, a recorrente que não se trataria de taxa em sentido estrito, mas sim de preço público, não sujeito às limitações constitucionais tributárias.

Essa matéria havia tido a sua repercussão geral reconhecida, em 06/03/2008, no RE 567801, de relatoria do Ministro Menezes Direito, tendo sido, no entanto, tornada sem efeito a publicação do acórdão respectivo, o que deu ensejo à sua substituição pelo RE 500171, afetado ao tema n.º 40, no bojo do qual se deu a apreciação da questão constitucional apresentada.

No julgamento do recurso, o Relator, Ministro Ricardo Lewandowski, entendeu pela desnecessidade de se proceder à análise da natureza jurídica da exação cobrada pela Universidade recorrente, se possuiria ou não natureza tributária, ante a conclusão de que, independentemente do ser caráter, a sua cobrança cria óbice indevido ao princípio constitucional da gratuidade do ensino público nos estabelecimentos oficiais, considerando que a matrícula, embora seja ato meramente burocrático, consubstancia formalidade essencial ao ingresso dos estudantes na Universidade. O Ministro relator foi acompanhado pela maioria, sendo negado provimento ao recurso extraordinário.

⊙ Síntese do debate constante do acórdão que fixou o precedente:

Argumentos favoráveis à tese fixada:	Argumentos contrários à tese fixada:
O direito fundamental à educação constitui um direito de segunda geração, integrando os chamados direitos econômicos, sociais e culturais, os quais passaram a integrar as constituições promulgadas no bojo das revoluções liberais burguesas, desencadeadas no século XVIII. (Ministro Ricardo Lewandowski)	O princípio da solidariedade está na base da educação, nos termos da própria CRFB, a qual fala do incentivo da sociedade. Deste modo, o comparecimento e contribuição da sociedade não se opõe à gratuidade do ensino público prevista na CRFB. (Ministra Carmen Lúcia)
A educação mereceu especial relevo na CRFB, configurando, a teor do art. 205, não apenas um direito de todos, mas um dever do Estado e da família, visando o pleno desenvolvimento da pessoa, seu preparo para o exercício da cidadania e sua qualificação para o trabalho. (Ministro Ricardo Lewandowski)	O ensino superior no Brasil ainda está muito longe da universalidade de acesso, mesmo que não haja o pagamento de taxas, porque não há vagas para todos. (Ministra Carmen Lúcia)
A gratuidade do ensino público em estabelecimentos oficiais, conforme art. 206 da CRFB, configura um princípio que não possui qualquer limitação no tocante aos distintos graus de formação acadêmica. (Ministro Ricardo Lewandowski)	A obrigação do Estado de subsidiar a educação com recursos provenientes dos impostos não afasta o fato de que quem mais recebe pode contribuir mais. (Ministra Carmen Lúcia)

Argumentos favoráveis à tese fixada:	Argumentos contrários à tese fixada:
Uma das políticas mais eficientes para alcançar o objetivo de instaurar a igualdade de condições de vida é a promoção do ensino público gratuito, da pré-escola à universidade. (Ministro Ricardo Lewandowski)	Não se trata de taxa, nem de preço, mas sim de uma contribuição fundada no princípio da solidariedade, inteiramente compatível com o art. 206, I, da CRFB. É uma contribuição instalada no bojo de uma relação de comunhão de escopo, que viabiliza a permanência de alunos carentes na Universidade. (Ministro Eros Grau)
O art. 206 da CRFB reveste-se de um caráter principiológico. Assim, por configurar o núcleo axiológico do sistema de ensino brasileiro, é que todas as disposições normativas que integram a Seção I, do Capítulo III, do Título VIII, da CRFB devem ser interpretados à luz daquele marco principiológico, inclusive e especialmente o que se contém no inc. V do art. 208 da CRFB. (Ministro Ricardo Lewandowski)	Há espaço constitucional para compatibilizar a ideia de gratuidade do ensino público com a existência de cobranças que permitem às instituições universitárias subsidiar os mais carentes, o que não significaria a permissão para a transformação da taxa de matrícula em mensalidade. (Ministro Gilmar Mendes)
Não se mostra factível, do ponto de vista constitucional, que as universidades públicas, integralmente mantidas pelo Estado, criem obstáculos de natureza financeira para o acesso dos estudantes aos cursos que ministram, ainda que de pequena extensão econômica, a pretexto de subsidiar alunos carentes. (Ministro Ricardo Lewandowski)	
Não se afigura razoável a cobrança de taxa de matrícula dos estudantes de universidades públicas, em especial das federais, visto que a CRFB, no art. 212, determina à União que aplique, anualmente, nunca menos de 18% da receita resultante de impostos na manutenção e desenvolvimento do ensino. (Ministro Ricardo Lewandowski)	
Não há possibilidade de se autorizar a cobrança de taxas de matrícula, que é uma vedação de acesso, quando a própria CRFB assegura que, nos estabelecimentos oficiais, o ensino é gratuito. (Ministro Menezes Direito)	
O inc. IV do art. 206 da CRFB é vetor interpretativo do art. 208. O art. 206 veicula princípios, que se tratam de normas que asseguram a eficácia da CRFB e regem toda a atividade educacional (Ministro Carlos Britto)	

◉ Fique atento:

- A tese fixada é objeto da Súmula Vinculante n.º 12: "A cobrança de taxa de matrícula nas universidades públicas viola o disposto no art. 206, IV, da Constituição Federal."

- A Universidade Federal de Goiás opôs embargos de declaração, alegando a existência de omissão consubstanciada na ausência de delimitação dos efeitos do julgado.

Inicialmente, o Relator, Ministro Ricardo Lewandowski votou pela rejeição dos embargos declaratórios, em razão da inexistência de pedido anterior do recorrente de modulação dos efeitos da decisão. No debate que se seguiu, a Ministra Ellen Grace ressaltou que, considerando o sistema criado a partir das súmulas vinculantes e da sistemática da repercussão geral, cujos julgamentos têm abrangência universal, seria adequada a modulação dos efeitos da decisão, para a solução de aspectos de ordem prática, ainda que se valendo da via dos embargos declaratórios. O Ministro Dias Toffoli destacou, em complemento, que a modulação dos efeitos, na forma como prevista na Lei 9.868/1999, art. 27[7], é matéria de ordem pública. O Ministro Ricardo Lewandowski alterou a sua posição inicial, tendo sido os embargos de declaração excepcionalmente conhecidos e acolhidos, para modulação dos efeitos da decisão que declarou a inconstitucionalidade da cobrança da taxa de matrícula nas universidades públicas a partir da edição da Súmula Vinculante n.º 12, ressalvado o direito daqueles que já haviam ajuizado ações com o mesmo objeto jurídico.

◉ Questões de Concurso relacionadas ao tema:

Questão 01 (FGV. PGM – Niterói. Procurador do Município, 3ª Categoria (P3). 2014) A respeito dos distintos aspectos afetos ao direito à educação, assinale a afirmativa correta.

a) O Poder Judiciário não pode determinar, em demanda específica, a realização de políticas públicas voltadas à melhoria da qualidade do ensino.

b) Não se admite a cobrança de taxa de matrícula para o ingresso em universidade pública.

c) É possível que os cargos de direção dos estabelecimentos de ensino público sejam preenchidos por eleição.

d) A autonomia das universidades públicas federais obsta a sua sujeição a qualquer parâmetro de controle estabelecido pela Administração Pública federal.

e) A legislação estadual deve disciplinar, em harmonia com os padrões locais, a cobrança das mensalidades escolares.

Gabarito: 1-B

Tema 203: "Sistema de reserva de vagas, como forma de ação afirmativa de inclusão social, estabelecido por universidade".

Tese: "É constitucional o uso de ações afirmativas, tal como a utilização do sistema de reserva de vagas ("cotas") por critério étnico-racial, na seleção para ingresso no ensino superior público".

---

7. "Art. 27. Ao declarar a inconstitucionalidade de lei ou ato normativo, e tendo em vista razões de segurança jurídica ou de excepcional interesse social, poderá o Supremo Tribunal Federal, por maioria de dois terços de seus membros, restringir os efeitos daquela declaração ou decidir que ela só tenha eficácia a partir de seu trânsito em julgado ou de outro momento que venha a ser fixado."

FICHA TÉCNICA	
Leading case:	RE 597.285/RS
Descrição do caso feita pelo STF:	"Recurso extraordinário em que se discute, à luz dos artigos 5º, caput; 22, XXIV; 37, caput; 205; 206, I; e 208, V, da Constituição Federal, bem como do princípio da proporcionalidade, a constitucionalidade, ou não, do sistema de reserva de vagas ("cotas"), como forma de ação afirmativa de inclusão social, estabelecido por universidade, para ingresso em seus cursos de nível superior, no caso, por meio do item 1.5.4 do edital do Concurso Vestibular/2008 da Universidade Federal do Rio Grande do Sul – UFRGS."
Dispositivo(s) constitucional(is) envolvido(s):	Art. 5º. Não se aplicam às eleições previstas para 15 de novembro de 1988 o disposto no art. 16 e as regras do art. 77 da Constituição. Art. 22. Compete privativamente à União legislar sobre: (...) XXIV – diretrizes e bases da educação nacional; Art. 37. A administração pública direta e indireta de qualquer dos Poderes da União, dos Estados, do Distrito Federal e dos Municípios obedecerá aos princípios de legalidade, impessoalidade, moralidade, publicidade e eficiência e, também, ao seguinte: (Redação dada pela Emenda Constitucional nº 19, de 1998) Art. 205. A educação, direito de todos e dever do Estado e da família, será promovida e incentivada com a colaboração da sociedade, visando ao pleno desenvolvimento da pessoa, seu preparo para o exercício da cidadania e sua qualificação para o trabalho. Art. 206. O ensino será ministrado com base nos seguintes princípios: I – igualdade de condições para o acesso e permanência na escola; Art. 208. O dever do Estado com a educação será efetivado mediante a garantia de: (...) V – acesso aos níveis mais elevados do ensino, da pesquisa e da criação artística, segundo a capacidade de cada um;
Data de reconhecimento da repercussão geral:	18/09/2009.
Data de julgamento do mérito recursal:	09/05/2012.
Houve unanimidade?	Não.
Data de publicação do acórdão de julgamento do recurso:	18/03/2014.
Trânsito em julgado do acórdão:	Não havia ocorrido o trânsito em julgado do acórdão até a data de fechamento desta edição

⊙ Comentários:

O Supremo Tribunal Federal examinou recurso extraordinário interposto contra acórdão do Tribunal Regional Federal da 4ª Região, que entendeu ser constitucional o programa de ação afirmativa estabelecido pela Universidade Federal do Rio Grande do Sul, que instituiu sistema de "cotas" com reserva de vagas como meio de ingresso em seus cursos de nível superior.

Na origem, o ora recorrente impetrou mandado de segurança contra ato do Reitor da UFRGS, narrando que se inscreveu no vestibular 2008/01 da citada Universidade para o curso de Administração. No entanto, não alcançou classificação suficiente em exame vestibular para ser admitido no curso pleiteado, não obstante tenha logrado pontuação maior do que alguns candidatos que ingressaram no mesmo curso pelo sistema de reserva de vagas destinadas aos estudantes egressos do ensino público e aos estudantes negros egressos do ensino público.

Afirmou ter sido informado de que, com base nos termos da Decisão 134/2007, exarada pelo Conselho Universitário da Universidade Federal do Rio Grande do Sul, "das 160 vagas disponibilizadas, 30% (trinta por cento) estariam reservadas a candidatos privilegiados em razão de sua etnia e condição social e 10 (dez) vagas a candidatos indígenas".

Em sua petição inicial, o autor alegou, sumariamente, que: a) o Reitor da Universidade Federal do Rio Grande do Sul, ao instituir o sistema de cotas no vestibular, extrapolou os limites de sua competência, já que por meio da Resolução 134/2007 teria matérias relativas às diretrizes e bases da educação nacional só podem ser tratadas pela legislação federal, conforme determina o artigo 22, inciso XXIV, da Constituição que o sistema de cotas equivaleria a um pacto de mediocridade para com os estudantes da rede públicas, que supostamente demonizaria o ensino qualificado das escolas particulares; b) a discriminação ética seria um absurdo ainda mais subjacente, haja vista que, assim, a Universidade Pública, paga por todos, seria 'loteada' entre os que possuem ascendência derivada dos indivíduos da raça negra e índios; c) sob outro aspecto, pelo fato de impor distinção de tratamento com base em critério técnico, incorre no crime de racismo, igualmente vedado pela Constituição Federal; d) o Reitor da Universidade Federal do Rio Grande do Sul, ao instituir o sistema de cotas no vestibular, extrapolou os limites de sua competência, já que por meio da Resolução 134/2007 teria legislado sobre o tema, haja vista que matérias relativas às diretrizes e bases da educação nacional só podem ser tratadas pela legislação federal, conforme determina o artigo 22, inciso XXIV, da Constituição; e) acrescentou, com base no art. 211, § 1º, da Constituição Federal, caber à União organizar o sistema federal de ensino, assim como exercer, em matéria educacional, função distributiva e supletiva, de forma a garantir equalização de oportunidades educacionais e padrão mínimo de qualidade no ensino; f) quanto à ofensa ao art. 5º, caput, da Constituição, asseverou que o impetrado desrespeitou a interdição constitucional da discriminação – em primeiro lugar porque criou distinção arbitrária em favor de concorrentes, e em segundo lugar porque discriminou candidatos ao vestibular com base em características extrínsecas dos concorrentes: a cor da pele; g) já quanto à ofensa aos artigos 206, I, e 208, V, da Constituição Federal, aduziu ser o mérito a *única* medida capaz de garantir a igualdade de acesso ao ensino, sobretudo ao ensino superior, onde o ingresso se faz por concurso público de provas; h) alegou, por fim, que os percentuais de vagas reservadas pela legislação impugnada não são proporcionais e razoáveis; ao contrário, são excessivos e desarrazoados.

O juízo de primeiro grau concedeu a segurança, por entender inconstitucional o sistema instituído pela UFRGS; contra tal decisão, a mencionada Universidade interpôs apelação, provida pelo Tribunal Regional Federal da 4ª Região, que reputou o programa de cotas constitucional.

O recurso extraordinário, interposto com base no art. 102, III, "a", da Constituição Federal, alegou ofensa aos arts. 5º, *caput*; 22, XXIV; 206, I; e 208, V; da mesma Constituição, bem como ao princípio da proporcionalidade, além de ter reafirmado, basicamente, os mesmos argumentos trazidos na exordial do mandado de segurança.

Em contrarrazões, a UFRGS alega o descabimento do recurso. Entende, com base na Súmula 283 do STF, que a decisão recorrida se assenta em mais de um fundamento e o recurso não abrange todos eles, uma vez que o acórdão é fundamentado nos arts. 3º, III, IV, 4º, VII, 5º, caput, XLVII, 206, III, VII, 207, 208, V, 215 e 216, da Carta Maior, porém o recorrente aponta transgredidos, tão somente, os arts. 5º, caput, 22, XVIV, 206, I, e 208, V, todos da Constituição Federal.

Quanto ao mérito, argumentou que o recorrente não conseguiu demonstrar a violação das normas constitucionais invocadas. Suscitou, com base no enunciado nº 283 da Súmula do STF, que a decisão recorrida se assentou em mais de um fundamento e o recurso não abrangia todos eles, uma vez que o acórdão é fundamentado nos arts. 3º, III, IV, 4º, VII, 5º, caput, XLVII, 206, III, VII, 207, 208, V, 215 e 216, da Carta Maior, porém o recorrente aponta transgredidos, tão somente, os arts. 5º, caput, 22, XVIV, 206, I, e 208, V, todos da Constituição Federal. Quanto ao mérito, argumentou que o recorrente não consegue demonstrar a violação das normas constitucionais invocadas.

Alegou-se, ainda, que o sistema de cotas é transitório, e deverá ser utilizado até que não reste mais nenhuma dúvida quanto ao fato de que efetivamente todos são iguais, em especial quando se fala em oportunidades de crescimento e aprimoramento e quando o ensino fundamental e médio do sistema público de ensino tiver a mesma qualidade do privado.

O Ministério Público Federal opinou pelo não provimento do recurso. Convocou-se audiência pública para ouvir o depoimento de pessoas com experiência e autoridade em matéria de políticas de ação afirmativa no ensino superior.

A questão com repercussão geral a ser debatida residiu, portanto, na definição da constitucionalidade, ou não, do uso de ações afirmativas, tal como a utilização do sistema de reserva de vagas ("cotas") por critério étnico-racial, **na seleção para ingresso no ensino superior público.**

Os fundamentos que arrimaram o voto vencedor do acórdão que contempla o precedente examinado foram: a) não há necessidade de lei formal para disciplinar a matéria, que está inserida no âmbito da autonomia universitária, na forma do art. 51 da Lei nº. 9.394/96; b) embora não exista lei específica tratando do sistema de cotas, há uma base normativa legal que autoriza o uso de ações afirmativas, como a utilização de critério étnico-racial na seleção para ingresso no ensino superior, conforme ressaltou o Supremo Tribunal Federal na ADPF 186/DF; c) desde o Primeiro Plano Nacional de Direitos Humanos, elaborado no governo Fernando Henrique Cardoso, por meio do Decreto nº 1.904/1996, a questão das políticas afirmativas já estava incluída, restando reafirmada pelo governo brasileiro, quando participou da Conferência Mundial contra Racismo, Discriminação Racial, Xenofobia e Intolerância correlata, realizada em Durban (31- 08 a 08-09-2001). A Declaração de Durban, de 2001, da qual o Brasil foi um dos signatários, reconheceu, no texto final (disponível no site http://www.mulheresnegras.org/doc/Declafinal.pdf) que o combate ao racismo é 'responsabilidade primordial dos Estados' (parágrafo 99), instando os governos a adotar inclusive 'programas de ações afirmativas ou medidas de ação positivas, para promoverem o acesso de indivíduos que são ou podem ser vir a ser vítimas de discriminação racial nos serviços sociais básicos, incluindo ensino fundamental' (parágrafo 100) e tomar medidas que capacitem estudantes 'independente de raça, cor, descendência, origem étnica ou nacional' a frequentarem 'instituições de ensino superior' (parágrafo 123, item 'g'), além de assegurar ambiente escolar seguro e livre de racismo (parágrafo 123, item 'f'). Esta endossou, nos parágrafos 107 e 108, a importância de os Estados adotarem ações afirmativas para aqueles que foram vítimas de discriminação racial, xenofobia e outras formas de intolerância correlata. Não sendo nova, pois, a questão, ela se encontra internamente incorporada no ordenamento jurídico brasileiro, desde que o Decreto nº 65.810, de 08-12-1969, internalizou a Convenção Internacional sobre a eliminação de todas as formas de discriminação racial, que previu, no art. 1º, parágrafo 4º, a adoção de 'discriminação positiva', no sentido de que medidas especiais sejam tomadas; d) outros argumentos levantados pelo recorrido foram analisados na ADPF 186/DF, em que o Supremo Tribunal Federal considerou a constitucionalidade: (i) das políticas de ação afirmativa, (ii) da utilização dessas políticas na seleção para o ingresso no ensino superior, especialmente nas escolas públicas, (iii) do uso do critério étnico-racial por essas políticas, (iv) da autoidentificação como método de seleção e (v) da modalidade de reserva de vagas ou de estabelecimento de cotas.

A divergência, capitaneada pela relatora, entendeu, de modo contrário, que: (na esteira de jurisprudência pacífica do Supremo Tribunal Federal) a invalidade decorrente da contratação de pessoal sem precedência de concurso público teria como único efeito prático a ser resguardado o pagamento dos salários pelo trabalho efetivamente prestado, de modo a evitar o enriquecimento sem causa do Estado; para a divergência, o direito aos depósitos em conta vinculada constituiria direito trabalhista autônomo, surgido como uma alternativa à estabilidade no emprego, posteriormente consolidado como direito de qualquer empregado e, finalmente, alçado à condição de direito fundamental social – o qual nunca poderia ser assegurado a trabalhador contratado sem concurso; em razão disso, a divergência opinou pela inconstitucionalidade do art. 19-A da Lei nº. 8.036/1990.

Com base em tais fundamentos, o recurso foi desprovido, por maioria, declarando-se a tese segundo a qual é **constitucional o uso de ações afirmativas, tal como a utilização do sistema de reserva de vagas ("cotas") por critério** étnico-racial, **na seleção para ingresso no ensino superior público**

Em manifestação divergente, o Min. Marco Aurélio entendeu pela inconstitucionalidade de programas de cotas que façam distinções de tratamento entre alunos egressos de escolas particulares e de escolas públicas, pois não seria possível presumir que ensino público fundamental e médio inviabilize o acesso ou o concurso em igualdade de condições ao ensino superior público; em razão disso, votou pelo restabelecimento da sentença prolatada pelo Juízo da 2ª Vara Federal de Porto Alegre e, portanto, conceder a segurança, concorrendo, o impetrante, também, às vagas que, na percentagem de trinta por cento, se fizeram reservadas aos egressos da escola pública.

⊙ Fique atento:

• Foram interpostos embargos de declaração, os quais ainda não foram julgados.

2.6. SERVIÇOS PÚBLICOS: SAÚDE

Tema 579: "Melhoria do tipo de acomodação de paciente internado pelo Sistema Único de Saúde – SUS mediante o pagamento da diferença respectiva."

Tese: É constitucional a regra que veda, no âmbito do Sistema Único de Saúde, a internação em acomodações superiores, bem como o atendimento diferenciado por médico do próprio Sistema Único de Saúde, ou por médico conveniado, mediante o pagamento da diferença dos valores correspondentes.

FICHA TÉCNICA	
Leading case:	**RE 581488**
Descrição do caso feita pelo STF:	Recurso extraordinário em que se discute, à luz do art. 196 da Constituição Federal, a possibilidade, ou não, de melhoria do tipo de acomodação oferecida a paciente internado pelo Sistema Único de Saúde – SUS mediante pagamento da diferença entre os valores correspondentes.
Dispositivo(s) constitucional (is) envolvido(s):	Art. 196. A saúde é direito de todos e dever do Estado, garantido mediante políticas sociais e econômicas que visem à redução do risco de doença e de outros agravos e ao acesso universal e igualitário às ações e serviços para sua promoção, proteção e recuperação.
Data de reconhecimento da repercussão geral:	31/08/2012
Data de julgamento do mérito recursal:	03/12/2015
Houve unanimidade?	Sim
Data de publicação do acórdão de julgamento do recurso:	08/04/2012
Trânsito em julgado do acórdão:	01/09/2016

◉ Comentários:

O Conselho Regional de Medicina do Estado do Rio Grande do Sul (CREMERS) promoveu ação civil pública, com pedido de concessão liminar, contra o Município de Canela/RS e os demais entes federados, a União e o Estado do Rio Grande do Sul, postulando o acesso à internação de paciente pelo Sistema Único de Saúde (SUS) com a possibilidade de melhoria do tipo de acomodação a ele destinada e a contratação de médico de sua confiança, mediante pagamento da diferença entre os valores correspondentes, conforme a prática comumente denominada de atendimento por diferença de classe. A liminar foi indeferida, a sentença julgou improcedentes os pedidos, decisão esta mantida no acórdão do Tribunal de Justiça gaúcho.

O Relator do Recurso Extraordinário, Ministro Dias Toffoli, promoveu audiência pública na qual foram ouvidos dezenas de especialistas em saúde, em administração hospitalar, além do ministro da Saúde. Após, no voto que proferiu durante a sessão de julgamento, rememorou que antes de 1988 aqueles que contribuíam com a previdência social se serviam do INAMPS e aos demais restavam os serviços oferecidos pelo Ministério da Saúde que, de um modo geral, estavam resumidos a atividade de promoção de saúde e prevenção de doenças, como, por exemplo, vacinação, e assistência médico-hospitalar para algumas poucas doenças. Com o advento da Constituição Federal de 1988, a assistência à saúde passou a ser tida como direito de todos e dever do Estado, ficando incluída em no sistema de seguridade social caracterizado pela desnecessidade de custeio ou contraprestação individual. Nessa nova configuração, o Relator reconheceu acertada a proibição da "diferença de classes" e do atendimento por médico particular no universo do SUS, uma vez que esses procedimentos haviam sido pensados no contexto do antigo sistema de saúde e não se encaixam na atual conformação da rede pública de saúde. Nesse sentido, possibilitar assistência diferenciada a cidadãos numa mesma situação, dentro do mesmo sistema, vulneraria a isonomia, também consagrada da Constituição, e agrediria a própria dignidade humana. Assim, não poderia conceber que um atendimento público de saúde que se pretenda igualitário compreenda, dentro de si, diversas possibilidades de atendimento de acordo com a capacidade econômico-financeira do paciente, sobretudo quando esse atendimento se encontra a cargo do Estado.

O voto foi acompanhado por todos os membros e estes ainda acrescentaram que: o pleito para que médicos particulares, não vinculados ao SUS, eleitos e complementarmente pagos pelos pacientes possam determinar a internação do usuário pelo SUS, sem a necessária triagem nas unidades básicas de saúde, implicaria a desorganização do sistema e a impossibilidade de verificação da necessidade e urgência no atendimento, de acordo com critérios universais (Edson Fachin); atribuir preferências acarretaria uma situação ainda pior para os que já têm dificuldade de obter o mínimo necessário garantido pelo sistema (Teori Zavascki); a instuição de diferença de classe criaria duas categorias de pacientes, os que pagariam complemento e os que não pagariam, com a consequente oferta de melhores serviços, subsidiados pelos valores pagos pela tabela do SUS, aos primeiros, sendo que o paciente tem direito ao atendimento ao serviço e não ao crédito perante o SUS (Luiz Fux); aceitar a capacidade econômica do paciente como *discrímen* no SUS representa inegável violação ao princípio da igualdade (Cármen Lúcia); em uma República, não é possível fazer qualquer distinção de acesso aos serviços públicos, sobretudo os de saúde e educação que têm natureza essencialmente igualitária (Lewandowski).

Em julgamento unânime, negando provimento ao recurso, o STF deixou assentado que é constitucional a regra que veda, no âmbito do Sistema Único de Saúde, a internação em acomodações superiores, bem como o atendimento diferenciado por médico do próprio Sistema Único de Saúde (SUS) ou por conveniado, mediante o pagamento da diferença dos valores correspondentes. Que o procedimento da "diferença de classes", tal qual o atendimento médico diferenciado, quando praticados no âmbito da rede pública, não apenas subverte a lógica que rege o sistema de seguridade social brasileiro, como também afronta o acesso equânime e universal às ações e serviços para promoção, proteção e recuperação da saúde, violando, ainda, os princípios da igualdade e da dignidade da pessoa humana. E que não fere o direito à saúde, tampouco a autonomia profissional do médico, o normativo que veda, no âmbito do SUS, a assistência diferenciada mediante pagamento ou que impõe a necessidade de triagem dos pacientes em postos de saúde previamente à internação.

◉ Fique atento:

- Um dos argumentos trazidos pelo CREMERS foi que o serviço prestado pelo SUS é de baixa qualidade, de modo que vedar a chamada diferença de classes terminaria por prejudicar os pacientes que pudessem complementar o custo do tratamento. Conquanto os ministros, de um modo geral, tenham concordado que o serviço prestado no SUS ainda seja distante do que almejado pela Constituição Federal, concluíram, como se viu, na direção oposta, no sentido de que a diferença de classes criaria um quadro ainda mais desfavorável aos pacientes em geral.

◉ Questões de Concurso relacionadas ao tema:

Questão 01 (CESPE. TRT-8ªR. Analista Judiciário. 2013) Acerca do princípio da equidade no Sistema Único de Saúde (SUS), assinale a opção correta.

a) O princípio da equidade no SUS é restrito à atenção básica, por ser esse um serviço de menor custo e de amplo alcance, que atende ao cidadão brasileiro onde ele esteja.

b) As modalidades atuais de repasses intergovernamentais e de remuneração dos serviços em saúde atendem ao princípio de equidade no SUS.

c) A promoção de equidade no SUS deve ser realizada por meio da preferência de atendimento aos usuários de baixa renda.

d) A oferta de serviços que privilegiam os grupos menos vulneráveis, um pressuposto do SUS, compromete a resolutividade da atenção básica.

e) A equidade no SUS pressupõe a oferta de serviços de saúde de todos os níveis de acordo com a complexidade que cada caso requeira, até o limite da capacidade do sistema.

Questão 02 (TRT-4ªR. TRT-4ªR. Juiz do Trabalho Substituto. 2016) Considere as assertivas abaixo sobre direitos sociais.

I – O direito ao transporte é considerado um direito social assegurado constitucionalmente, tendo sido prevista fonte de recursos com destinação específica, por emenda constitucional, para seu custeio.

II – É constitucional a regra que veda, no âmbito do Sistema Único de Saúde – SUS, a internação em acomodações superiores, bem como o atendimento diferenciado por médico do próprio SUS, mediante o pagamento da diferença dos valores correspondentes.

III – O direito à alimentação não é um direito social assegurado constitucionalmente, sendo falaciosa eventual garantia a todos os cidadãos, haja vista o esgotamento dos recursos públicos para seu custeio.

Quais são corretas?

a) Apenas I

b) Apenas II

c) Apenas III

d) Apenas I e II

e) I, II e III

Gabarito: 1-E; 2-B

Tema 793: "Responsabilidade solidária dos entes federados pelo dever de prestar assistência à saúde."

Tese: O tratamento médico adequado aos necessitados se insere no rol dos deveres do Estado, sendo responsabilidade solidária dos entes federados, podendo figurar no polo passivo qualquer um deles em conjunto ou isoladamente.

FICHA TÉCNICA	
Leading case:	**RE 855178**
Descrição do caso feita pelo STF:	Recurso extraordinário em que se discute, à luz dos arts. 2º e 198 da Constituição Federal, a existência, ou não, de responsabilidade solidária entre os entes federados pela promoção dos atos necessários à concretização do direito à saúde, tais como o fornecimento de medicamentos e o custeio de tratamento médico adequado aos necessitados.
Dispositivo(s) constitucional (is) envolvido(s):	Art. 2º São Poderes da União, independentes e harmônicos entre si, o Legislativo, o Executivo e o Judiciário.
	Art. 198. As ações e serviços públicos de saúde integram uma rede regionalizada e hierarquizada e constituem um sistema único, organizado de acordo com as seguintes diretrizes: I – descentralização, com direção única em cada esfera de governo; II – atendimento integral, com prioridade para as atividades preventivas, sem prejuízo dos serviços assistenciais; III – participação da comunidade. § 1º. O sistema único de saúde será financiado, nos termos do art. 195, com recursos do orçamento da seguridade social, da União, dos Estados, do Distrito Federal e dos Municípios, além de outras fontes. § 2º A União, os Estados, o Distrito Federal e os Municípios aplicarão, anualmente, em ações e serviços públicos de saúde recursos mínimos derivados da aplicação de percentuais calculados sobre: I – no caso da União, a receita corrente líquida do respectivo exercício financeiro, não podendo ser inferior a 15% (quinze por cento);

FICHA TÉCNICA	
Leading case:	**RE 855178**
	II – no caso dos Estados e do Distrito Federal, o produto da arrecadação dos impostos a que se refere o art. 155 e dos recursos de que tratam os arts. 157 e 159, inciso I, alínea a, e inciso II, deduzidas as parcelas que forem transferidas aos respectivos Municípios; III – no caso dos Municípios e do Distrito Federal, o produto da arrecadação dos impostos a que se refere o art. 156 e dos recursos de que tratam os arts. 158 e 159, inciso I, alínea b e § 3°. § 3° Lei complementar, que será reavaliada pelo menos a cada cinco anos, estabelecerá: I – os percentuais de que tratam os incisos II e III do § 2°; II – os critérios de rateio dos recursos da União vinculados à saúde destinados aos Estados, ao Distrito Federal e aos Municípios, e dos Estados destinados a seus respectivos Municípios, objetivando a progressiva redução das disparidades regionais; III – as normas de fiscalização, avaliação e controle das despesas com saúde nas esferas federal, estadual, distrital e municipal; § 4° Os gestores locais do sistema único de saúde poderão admitir agentes comunitários de saúde e agentes de combate às endemias por meio de processo seletivo público, de acordo com a natureza e complexidade de suas atribuições e
	requisitos específicos para sua atuação. § 5° Lei federal disporá sobre o regime jurídico, o piso salarial profissional nacional, as diretrizes para os Planos de Carreira e a regulamentação das atividades de agente comunitário de saúde e agente de combate às endemias, competindo à União, nos termos da lei, prestar assistência financeira complementar aos Estados, ao Distrito Federal e aos Municípios, para o cumprimento do referido piso salarial. § 6° Além das hipóteses previstas no § 1° do art. 41 e no § 4° do art. 169 da Constituição Federal, o servidor que exerça funções equivalentes às de agente comunitário de saúde ou de agente de combate às endemias poderá perder o cargo em caso de descumprimento dos requisitos específicos, fixados em lei, para o seu exercício.
Data de reconhecimento da repercussão geral:	06/03/2015
Data de julgamento do mérito recursal:	06/03/2015
Houve unanimidade?	Não
Data de publicação do acórdão de julgamento do recurso:	16/03/2015
Trânsito em julgado do acórdão:	Aguardando julgamento de embargos de declaração.

⊙ Comentários:

No ano de 2009, uma paciente sergipana que necessitava de medicação denominada BOSENTANA ingressou com ação visando à sua obtenção, logrando êxito já em sede de antecipação de tutela deferida em audiência. Na oportunidade, o juiz de primeiro grau determinou a aquisição do medicamento pelo Estado de Sergipe e o cofinanciamento do valor pela União, em percentual correspondente a 50% (cinquenta por cento). O Estado de Sergipe, em cumprimento à referida decisão, procedeu à entrega do medicamento através de sua Secretaria da Saúde. O juízo a quo ratificou a tutela antecipatória na sentença, e, aproximadamente dois meses após esta, sobreveio o falecimento da autora, o que provocou a cessação da obrigação de fazer. Contudo, persistiu o inconformismo da União quanto à ordem de ressarcimento do custeio do medicamento ao Estado de Sergipe. Em sede de apelação, o Tribunal Regional Federal da 5ª Região entendeu que o dever de prestar assistência à saúde é compartilhado entre a União, os Estados membros e os Municípios, e que a distribuição de atribuições entre os entes federativos por normas infraconstitucionais não elide a responsabilidade solidária imposta constitucionalmente. Opostos embargos de declaração, restaram rejeitados. Irresignada, a recorrente interpôs Recurso Extraordinário.

Por maioria, e sob a relatoria do Ministro Luiz Fux, o STF reafirmou sua jurisprudência no sentido de que o tratamento médico adequado aos necessitados se insere no rol dos deveres do Estado, sendo responsabilidade solidária dos entes federados, podendo figurar no polo passivo qualquer um deles em conjunto ou isoladamente.

⊙ Síntese do debate constante do acórdão que fixou o precedente:

- O julgamento se deu através do Plenário Virtual com reafirmação da jurisprudência do STF. A divergência do Ministro Marco Aurélio Melo foi concernente tão-somente ao julgamento de processo no Plenário Virtual, que, na sua visão, deveria estar limitado apenas ao reconhecimento de repercussão geral. Também votaram contra a reafirmação da jurisprudência os Ministros Teori Zavascki e Luís Roberto Barroso, porém, sem fundamentar a divergência. Não se pronunciou a Ministra Cármen Lúcia.

⊙ Fique atento:

- Como anotado pelo Relator, a discussão posta nos autos não se confunde com aquela travada no RE 566.471-RG, Rel. Min. Marco Aurélio, em que se debate o dever do Estado de fornecer medicamento de alto custo a portador de doença grave que não possui condições financeiras para comprá-lo. Neste caso, a controvérsia diz respeito, em síntese, à responsabilidade solidária dos entes federados em matéria de saúde e à alegação de ilegitimidade passiva da União.

⊙ Questões de Concurso relacionadas ao tema:

Questão 01 (Procurador do Município – Porto Alegre / FUNDATEC / 2016) Consoante orientação, analise as assertivas abaixo:

I.   O Plenário do STF, com repercussão geral, decidiu que as guardas municipais têm competência para fiscalizar o trânsito, lavrar auto de infração de trânsito e impor multas.

II.   O STF, em sede de repercussão geral, decidiu que não há responsabilidade solidária dos entes federados no dever de prestar assistência à saúde, tendo cada qual obrigações específicas definidas na Constituição Federal.

III. O STF, em sede de repercussão geral, decidiu que o município é competente para legislar sobre meio ambiente com a União e o Estado no limite do seu interesse local e desde que tal regramento seja harmônico com a disciplina estabelecida pelos demais entes federados.

Quais estão corretas?

a)   Apenas I.

b)   Apenas I e II.

c)   Apenas I e III.

d)   Apenas II e III.

e)   I, II e III.

Gabarito: 1-C

2.7. RESERVA LEGAL PARA CRIAÇÃO DE CARGOS PÚBLICOS

Tema 48: "Reserva legal para a criação de cargos e reestruturação de órgão".

Tese: "A Constituição da República não oferece guarida à possibilidade de o Governador do Distrito Federal criar cargos e reestruturar órgãos públicos por meio de simples decreto."

FICHA TÉCNICA	
Leading case:	**RE 577025**
Descrição do caso feita pelo STF:	"Recurso extraordinário em que se discute, à luz dos artigos 2°; e 84, II, da Constituição Federal, a constitucionalidade, ou não, da criação de cargos e reestruturação de autarquia distrital pelos Decretos nos 26.118/2005 e 25.975/2005, expedidos pelo Governador do Distrito Federal."
Dispositivo(s) constitucional(is) envolvido(s):	"Art. 2° São Poderes da União, independentes e harmônicos entre si, o Legislativo, o Executivo e o Judiciário."
	"Art. 84. Compete privativamente ao Presidente da República: (...)II – exercer, com o auxílio dos Ministros de Estado, a direção superior da administração federal;(...)"

FICHA TÉCNICA	
Leading case:	**RE 577025**
Data de reconhecimento da repercussão geral:	20/03/2008
Data de julgamento do mérito recursal:	11/12/2008 (julgamento do recurso extraordinário)
Houve unanimidade?	Sim
Data de publicação do acórdão de julgamento do recurso:	06/03/2009 (publicação do acórdão do recurso extraordinário)
Trânsito em julgado do acórdão:	23/04/2009

◉ Comentários:

O recurso extraordinário paradigma foi interposto pelo Governador do Distrito Federal, contra acordão, proferido pelo Conselho Especial do Tribunal de Justiça do Distrito Federal e Territórios, que julgou procedente ação direta de inconstitucionalidade, proposta pelo Ministério Público do Distrito Federal e Territórios, contra os decretos 26.118/2005 e 25.975/2005, que alteraram a denominação do Serviço de Ajardinamento e Limpeza Urbana, criaram e reestruturaram cargos no referido órgão.

O Relator, Ministro Ricardo Lewandowski, entendeu pela inexistência de repercussão geral da matéria. Contudo, por ausência de manifestações suficientes para a recusa do recurso extraordinário, o STF reconheceu a repercussão geral da questão constitucional apresentada.

Em seu voto, no julgamento do recurso, o Relator destacou que os dispositivos que embasaram a declaração de inconstitucionalidade, pelo TJDFT, dos Decretos distritais impugnados integravam a Lei Orgânica do Distrito Federal, que apenas reproduzia normas da CRFB, de modo que, não existindo ofensa direta ao texto desta, negava provimento ao recurso.

Durante o debate, o Ministro Menezes Direito suscitou a aplicação ao caso da Súmula 284, para não conhecimento do recurso, ante a deficiência de sua fundamentação, por fazer referência a dispositivos constitucionais diversos daqueles efetivamente adotados pelo Tribunal local para a declaração de inconstitucionalidade dos atos.

O Ministro Marco Aurélio, contudo, divergiu deste posicionamento, destacando a importância da matéria de fundo, pela necessidade de resguardo da reserva legal quanto à criação de cargos públicos, posicionando-se pelo conhecimento do recurso extraordinário e seu desprovimento. Por fim, a preliminar vinculada à aplicação ou não ao caso da súmula 284 restou superada pelo STF, que conheceu o mérito do recurso e negou provimento ao mesmo.

◉ Síntese do debate constante do acórdão que fixou o precedente:

Argumentos favoráveis à tese fixada:	Argumentos contrários à tese fixada:
O art. 100, inc. IV, da Lei Orgânica do Distrito Federal, coincide com o disposto no inc. II, do art. 84, da CRFB, que confere competência exclusiva ao Chefe do Poder Executivo da União para "exercer com o auxílio dos Ministros de Estado, a direção superior da administração federal", observando-se que tal dispositivo constitucional não confere ao Governador do Distrito Federal, assim como não confere ao Presidente da República, a competência para criar cargos ou reestruturar órgão da administração pública. (Ministro Ricardo Lewandowski)	
A LODF encontra-se em harmonia com a CRFB, não sendo possível a criação de cargos públicos por meio de decretos. (Ministro Ricardo Lewandowski)	
A CRFB remete a criação de cargos à lei no sentido formal e material, determinando, ainda, que o projeto de lei seja de iniciativa do Chefe do Poder Executivo. (Ministro Marco Aurélio)	
O Chefe do Poder Executivo não pode invadir a competência da Casa Legislativa, sob pena de violação ao princípio da separação dos poderes. (Ministro Marco Aurélio)	

◉ Fique atento:

- Antes da Emenda Constitucional n.º 32/2001, o inc. e, do § 1º, do art. 61 da CRFB, incluía no rol de leis de iniciativa privativa do Presidente da República aquelas que dispunham sobre criação, estruturação e atribuições dos Ministérios e órgãos da administração pública. Após a edição da EC n.º 32/2001, o dispositivo passou a ter nova redação, referindo-se apenas às leis que tratam da criação e extinção de Ministérios e órgãos da administração pública, ressaltando a necessidade de observância do art. 84, VI, da CRBF, o qual, também incluído pela EC 32/2001, prevê a possibilidade do Presidente da República dispor, mediante decreto, sobre organização e funcionamento da administração federal, quando não implicar aumento de despesa nem criação ou extinção de órgãos públicos, bem como sobre extinção de função ou cargos públicos, quando vagos, afastando, nestas hipóteses específicas, a reserva legal.

- Em 09/08/2016, o posicionamento do STF sobre esta matéria foi reafirmado, no julgamento do ARE 928635 Agr, conforme ementa a seguir transcrita:

  > "AGRAVO REGIMENTAL NO RECURSO EXTRAORDINÁRIO COM AGRAVO. REGÊNCIA: CÓDIGO DE PROCESSO CIVIL/1973. DIREITO CONSTITUCIONAL E ADMINISTRATIVO. DISTRITO FEDERAL. REESTRUTURAÇÃO DE ÓRGÃOS E CAR-

GOS PÚBLICOS POR DECRETO: IMPOSSIBILIDADE. ACÓRDÃO RECORRIDO EM HARMONIA COM A JURISPRUDÊNCIA DO SUPREMO TRIBUNAL FEDERAL ASSENTADA EM REPERCUSSÃO GERAL. REVISÃO DA MODULAÇÃO DOS EFEITOS. REEXAME DE PROVAS. SÚMULA N. 279 DO SUPREMO TRIBUNAL FEDERAL. AGRAVO REGIMENTAL AO QUAL SE NEGA PROVIMENTO.

(ARE 928635 AgR, Relator(a): Min. CÁRMEN LÚCIA, Segunda Turma, julgado em 09/08/2016, ACÓRDÃO ELETRÔNICO DJe-182 DIVULG 26-08-2016 PUBLIC 29-08-2016)

◉ **Questões de Concurso relacionadas ao tema:**

Questão 01 (CESPE. Câmara dos Deputados. Analista. 2012) No exercício do poder regulamentar, compete ao presidente da República dispor, mediante decreto, sobre a criação e a extinção de órgãos, funções e cargos públicos, quando tal ato não implicar aumento de despesa.

( ) Certo   ( ) Errado

Gabarito: 1-E

2.8. SERVIDORES PÚBLICOS: REQUISITOS LEGAIS DE ACESSO AOS CARGOS, EMPREGOS E FUNÇÕES PÚBLICAS

Tema 121: "Reserva legal para fixação de limite de idade para ingresso nas Forças Armadas".

Tese: "Não foi recepcionada pela Constituição da República de 1988 a expressão 'nos regulamentos da Marinha, do Exército e da Aeronáutica' do art. 10 da Lei 6.880/1980, dado que apenas lei pode definir os requisitos para ingresso nas Forças Armadas, notadamente o requisito de idade, nos termos do art. 142, § 3°, X, da Constituição de 1988. Descabe, portanto, a regulamentação por outra espécie normativa, ainda que por delegação legal".

FICHA TÉCNICA	
Leading case:	**RE 600.885/RS**
Descrição do caso feita pelo STF:	"Recurso extraordinário em que se discute, à luz do art. 142, § 3°, X, da Constituição Federal, a constitucionalidade, ou não, do art. 9° da Lei n° 11.279/2006, que, ao regulamentar o referido dispositivo constitucional, delega aos editais de concursos públicos o estabelecimento do limite de idade para ingresso na Marinha".

FICHA TÉCNICA	
Leading case:	**RE 600.885/RS**
Dispositivo(s) constitucional(is) envolvido(s):	Art. 142. As Forças Armadas, constituídas pela Marinha, pelo Exército e pela Aeronáutica, são instituições nacionais permanentes e regulares, organizadas com base na hierarquia e na disciplina, sob a autoridade suprema do Presidente da República, e destinam-se à defesa da Pátria, à garantia dos poderes constitucionais e, por iniciativa de qualquer destes, da lei e da ordem. (...) § 3º Os membros das Forças Armadas são denominados militares, aplicando-se-lhes, além das que vierem a ser fixadas em lei, as seguintes disposições: (Incluído pela Emenda Constitucional nº 18, de 1998) (...) X – a lei disporá sobre o ingresso nas Forças Armadas, os limites de idade, a estabilidade e outras condições de transferência do militar para a inatividade, os direitos, os deveres, a remuneração, as prerrogativas e outras situações especiais dos militares, consideradas as peculiaridades de suas atividades, inclusive aquelas cumpridas por força de compromissos internacionais e de guerra. (Incluído pela Emenda Constitucional nº 18, de 1998).
Data de reconhecimento da repercussão geral:	09/02/2011.
Data de julgamento do mérito recursal:	09/02/2011 (recurso extraordinário) e 29/06/2012 (embargos de declaração).
Houve unanimidade?	Sim (recurso extraordinário) e não (embargos de declaração).
Data de publicação do acórdão de julgamento do recurso:	01/07/2011 (recurso extraordinário) e 12/12/2012 (embargos de declaração).
Trânsito em julgado do acórdão:	25/02/2013.

◉ Comentários:

O Supremo Tribunal Federal examinou o recurso extraordinário nº. 600.885/RS, interposto pela União contra acórdão do Tribunal Regional Federal da 4ª Região que negou provimento a apelação contra sentença que anulou cláusula editalícia que impunha limite de idade para inscrição no Concurso de Admissão aos Cursos de Formação de Sargentos de 2008/2009.

O recurso extraordinário: a) citou precedentes que autorizariam a imposição de limite de idade, fundamentados nos arts. 7º, XXX, e 39, § 2º, da Constituição Federal, desde que razoável a limitação; b) apontou a incidência do enunciado nº. 683 do Supremo Tribunal Federal como justificativa para a imposição de limite de idade, a depender da natureza do cargo; c) alegou ofensa aos arts. 2º; 5º, LIV; 37, *caput,* I e II; 61, § 1º, II, "f"; 84, IV; 87, II; e 142, § 3º, X, todos da Constituição Federal; d) alegou que o entendimento firmado pelo tribunal *a quo,* no sentido de que somente por lei seria possível determinar o limite de idade para participação em concurso público e ingresso no serviço público (art. 142,

§ 3º, X, c/c art. 5º, *caput*, e art. 7º, da Constituição Federal), não estaria de acordo com a doutrina, que teria evoluído para não exigir lei formal nesse caso; e) que os militares estão em categoria de especial sujeição estatal, submetidos a deveres de obediência hierárquica e disciplina previstos constitucionalmente, os quais permitiriam uma mitigação dos princípios do poder normativo do ente público e da legalidade, autorizando a inexigência de lei em sentido formal para o estabelecimento de requisitos e limites para o exercício das funções militares, os quais poderiam ser normatizados por via regulamentar; f) que o art. 10 da Lei nº. 6.880/1980 seria válido por delegar às Forças Armadas o poder de regulamentar o ingresso em seus quadros, em especial, o requisito de limite de idade; g) afirma que os atos normativos foram realizados pelo Ministro de Estado da Defesa, assessorado pelo Comandante da Aeronáutica, pelo Comandante do Exército e pelo Diretor-Geral do Departamento de Ensino, como previsto no art. 87, II, da Constituição Federal.

A questão com repercussão geral a ser debatida residiu, portanto, em definir se há ou não reserva legal para fixação de limite de idade para ingresso nas Forças Armadas.

Os fundamentos que arrimaram o voto vencedor do acórdão que contempla o precedente examinado foram: a) a lei não pode delegar a normatização de matéria a que recebeu atribuição constitucional para normatizar exclusivamente; b) a expressão "nos regulamentos da Marinha, do Exército e da Aeronáutica", contida no art. 10 da Lei nº. 6.880/80 não foi recepcionada pela Constituição Federal; c) seria inquestionável o direito das Forças Armadas de regular os procedimentos relativos ao certame de admissão de membros, mas não se admite, na Constituição Federal, a inovação das matérias ou dos pontos fixados constitucionalmente como de tratamento exclusivamente legal por instrumentos infralegais, tais quais editais de concursos públicos ou regulamentos de cada Força armada; no item específico em relação à definição dos limites de idade para ingresso nas Forças Armadas, a fixação do requisito por regulamento ou edital, categorias de ato administrativo, ainda esbarraria no enunciado nº. 14 da Súmula do Supremo Tribunal Federal, segundo a qual "não é admissível, por ato administrativo, restringir, em razão da idade, inscrição em concurso para cargo público".

Desta forma, a relatora votou pela declaração da não recepção da expressão "nos regulamentos da Marinha, do Exército e da Aeronáutica" do art. 10 da Lei nº. 6.880/80, com a preservação dos concursos realizados pelas Forças Armadas até a data daquele julgamento, o que não afastaria os direitos dos candidatos que buscaram o Poder Judiciário.

Para proteger ainda mais efetivamente a segurança jurídica, nos termos dos debates havidos após o proferimento do voto da relatora, com sugestão do Min. Gilmar Mendes, à qual aderiram a relatora e os demais Ministros, o tribunal decidiu, ainda, modular os efeitos da decisão de inconstitucionalidade (*rectius*: da não recepção), para manter a validade dos certames realizados pelas Forças Armadas e em cujos editais e regulamentos se tenha fixado limites de idade com base no art. 10 da Lei nº. 6.880/80 até 31 de dezembro de 2011, ressalvado, inclusive, o direito do recorrido.

Foram interpostos embargos de declaração pela União com o objetivo de aclarar omissão na modulação dos efeitos da não recepção, aos quais foram dados provimento, por maioria, nos termos do voto da relatora, para consignar que a modulação da declaração de não recepção da expressão "nos regulamentos da Marinha, do Exército e da Aeronáutica" do art. 10 da Lei nº. 6.880/80 não alcança os candidatos com ações ajuizadas nas quais se discute o mesmo objeto deste recurso extraordinário; quando ao pedido de prorrogação do prazo da modulação dos efeitos até o dia 31 de dezembro de 2012

Nestes termos, o Supremo Tribunal Federal, por unanimidade, negou provimento ao recurso, **para declarar a não recepção doa expressão "nos regulamentos da Marinha, do Exército e da Aeronáutica", do art. 10 da Lei nº. 6.880/80 e modular os efeitos da decisão para preservar a validade dos certames realizados pelas Forças Armadas e em cujos editais e regulamentos se tenha fixado limites de idade com base no art. 10 da Lei nº. 6.880/80, até 31 de dezembro de 2012 (em prorrogação à data anteriormente fixada de 31 de dezembro de 2011), ressalvados eventuais direitos judicialmente reconhecidos.**

> **Tema 509:** "Momento de comprovação do triênio de atividade jurídica para ingresso no cargo de juiz substituto."
>
> **Tese:** A comprovação do triênio de atividade jurídica exigida para o ingresso no cargo de juiz substituto, nos termos do inciso I do art. 93 da Constituição Federal, deve ocorrer no momento da inscrição definitiva no concurso público.

FICHA TÉCNICA	
Leading case:	**RE 655265**
Descrição do caso feita pelo STF:	Recurso extraordinário em que se discute, à luz dos arts. 5º, caput, 37, I, e 93, I, da Constituição Federal, o momento de comprovação do preenchimento do triênio de atividade jurídica exigida para o ingresso no cargo de juiz substituto.
Dispositivo(s) constitucional (is) envolvido(s):	Art. 5º Todos são iguais perante a lei, sem distinção de qualquer natureza, garantindo-se aos brasileiros e aos estrangeiros residentes no País a inviolabilidade do direito à vida, à liberdade, à igualdade, à segurança e à propriedade, nos termos seguintes: Art. 37. A administração pública direta e indireta de qualquer dos Poderes da União, dos Estados, do Distrito Federal e dos Municípios obedecerá aos princípios de legalidade, impessoalidade, moralidade, publicidade e eficiência e, também, ao seguinte: I – os cargos, empregos e funções públicas são acessíveis aos brasileiros que preencham os requisitos estabelecidos em lei, assim como aos estrangeiros, na forma da lei; Art. 93. Lei complementar, de iniciativa do Supremo Tribunal Federal, disporá sobre o Estatuto da Magistratura, observados os seguintes princípios: I – ingresso na carreira, cujo cargo inicial será o de juiz substituto, mediante concurso público de provas e títulos, com a participação da Ordem dos Advogados do Brasil em todas as fases, exigindo-se do bacharel em direito, no mínimo, três anos de atividade jurídica e obedecendo-se, nas nomeações, à ordem de classificação;
Data de reconhecimento da repercussão geral:	16/12/2011
Data de julgamento do mérito recursal:	13/04/2016

153

FICHA TÉCNICA	
Leading case:	**RE 655265**
Houve unanimidade?	Não
Data de publicação do acórdão de julgamento do recurso:	05/08/2016
Trânsito em julgado do acórdão:	Aguardando julgamento de Embargos de Declaração.

◉ Comentários:

A questão discutida diz respeito a qual deve ser o momento de comprovação dos três anos de experiência jurídica exigidos dos candidatos a concursos nessa área. Isso porque a Constituição Federal, em seu art. 93, I, com a redação dada pela EC 45/2004 instituiu a obrigatoriedade da experiência para o ingresso na magistratura. Na espécie, uma candidata inscrita no concurso para Juiz do Trabalho da 10ª Região teve seu requerimento de inscrição definitiva indeferido por ausência de comprovação dos três anos de atividade jurídica naquela data. Inconformada, ajuizou demanda judicial, obtendo antecipação de tutela que lhe garantiu a manutenção no certame. Por ato da própria Administração, o concurso ficou suspenso por mais de um ano, e, nesse ínterim, a candidata Recorrida completou o prazo necessário de atividade jurídica. Obteve, assim, do juiz de primeiro grau e do respectivo Tribunal de Justiça, o provimento judicial necessário para ingressar na carreira, e a União levou a demanda ao STF pela via do Recurso Extraordinário.

Os ministros registraram que a posição do STF, e também dos diversos órgãos do Judiciário, além do MPF, oscilaram através do tempo no tratamento dado à questão. A solução defendida pelo Relator, Ministro Luiz Fux, foi de definir que o momento para comprovação seria o da posse no cargo. Segundo ele, secundado pelos Ministros Luís Roberto Barroso e Marco Aurélio, o texto constitucional se refere a "ingresso na carreira", o que se dá com a posse. A tese vencedora, todavia, defendida na divergência inaugurada pelo Ministro Edson Fachin, foi no sentido de que o momento para a comprovação deve ser o da inscrição definitiva no concurso. Para que a Corte chegasse a essa conclusão, pesou sobretudo a conclusão a que já havia chegado antes, quando do julgamento da ADI 3.460. Naquela oportunidade, o mesmo tema já havia sido debatido de maneira ampla e a conclusão a que chegaram os ministros era de que o termo para comprovação do requisito de experiência seria a inscrição definitiva. O Ministro Edson Facchin sustentou que não havendo alterações nos planos fático e jurídico que indicassem que o precedente havia se tornado incompatível com a Constituição, não caberia à Suprema Corte alterar a sua jurisprudência. Lembrou da necessidade prevista no novo Código de Processo Civil de que os tribunais devem uniformizar sua jurisprudência e mantê-la estável, íntegra e coerente. Acompanhado pela maioria, foi designado Redator do Acórdão que assentou a tese de que a comprovação do triênio de atividade jurídica exigida para o ingresso no cargo de juiz substituto, nos termos no inciso I do art. 93 da Constituição Federal, deve ocorrer no momento da inscrição definitiva no concurso público.

Com relação ao caso concreto em julgamento, os ministros decidiram, à unanimidade, negar provimento ao recurso da União, determinando a posse da candidata. Isso porque entenderam que o prazo para a inscrição definitiva não estava previamente definido no edital e que a paralisação do certame, por ato da própria Administração, havia protraído aquela data por mais de um ano, e como a candidata nesse período havia completado o tempo de experiência exigido, teria ela cumprido a requisito.

⊙ Síntese do debate constante do acórdão que fixou o precedente:

Argumentos favoráveis à tese fixada:	Argumentos contrários à tese fixada:
• Já tendo o STF firmado posição sobre a questão em julgamento anterior (ADI 3.460), a alteração da jurisprudência só poderia se dar caso demonstrado que o precedente havia se tornado inconstitucional. Tal conduta respeita a segurança jurídica, e homenageia os precedentes judiciais, no sentido tratado pelo novo Código de Processo Civil, de que os tribunais devem uniformizar sua jurisprudência e mantê-la estável, íntegra e coerente. O baixo número de recursos extraordinários interpostos após o estabelecimento desse precedente (ADI 3.460) demonstra a sua higidez, estabilidade, cognoscibilidade e calculabilidade. A sua alteração, portanto, traria muito mais prejuízos do que benefícios. (Edson Fachin). • Existindo jurisprudência, em regra ela deve ser prestigiada. Além disso, deve ser considerado que a data da posse é uma data móvel, que pode ser diferente para cada candidato. Portanto, considerando que o concurso tem prazo de quatro anos e considerando que a nomeação se dá pela classificação, a rigor, o estabelecimento da data da posse como data do preenchimento dos requisitos favorece, na verdade, os que têm pior classificação no concurso, porque os que têm melhor classificação são chamados imediatamente, ou podem ser chamados imediatamente. Os demais podem ser chamados no curso do prazo de validade do concurso, que pode ser de até quatro anos. Assim, teoricamente, quem está em último lugar teria um prazo maior para fazer a comprovação. Em tese, a adoção do critério da data de posse poderia até ensejar a esdrúxula hipótese de alguém se inscrever e ser aprovado no concurso até	• A própria Constituição da República exige, para o ingresso na carreira (CRFB/88, art. 93, I), a comprovação do triênio de prática jurídica, e o ingresso na carreira se dá com a nomeação. A Resolução 40/2009 do CNMP, com a redação dada pela Resolução 87/2012, adaptando-se já à Emenda 45, prevê expressamente que a comprovação do período de três anos de atividade jurídica para o provimento do cargo de membro do Ministério Público deve ser computada até o momento da posse, e não mais da inscrição definitiva[8]. Os efeitos erga omnes decorrentes do julgamento da ADI 3.460 dizem respeito tão somente à constitucionalidade do critério adotado na Resolução editada pelo Conselho Nacional do Ministério Público Federal e não impede a adoção de outro critério por órgão diverso. A propósito, o próprio CNMP alterou a Resolução para permitir que a comprovação da experiência jurídica fosse realizada na posse no cargo. Por outras palavras, o próprio MP, no exercício da autotutela administrativa, reconheceu o equívoco da antiga redação do dispositivo da Resolução e evoluiu para assentar que o momento correto para aferição da atividade jurídica é a posse. Afigura-se de duvidosa constitucionalidade qualquer norma de hierarquia inferior à Constituição Federal que pretenda restringir o acesso ao cargo público mediante antecipação do momento de comprovação dos requisitos constitucionais, que não se refiram ao momento da

---

8.   Na sessão de julgamento, o Procurador Geral da República pediu a palavra para informar que seria formulada uma alteração na Resolução do CNMP, mencionada pelo Ministro Luiz Fux, para adequação da decisão tomada pela Corte.

Argumentos favoráveis à tese fixada:	Argumentos contrários à tese fixada:
mesmo antes de concluir o curso de direito, e preencher os requisitos depois da aprovação, porque o prazo de validade pode chegar a até quatro anos. Dessa forma, a adoção desse critério móvel no tempo cria uma situação de discriminação entre candidatos, com inaceitável comprometimento da isonomia (Teori Zavascki).	posse. Não seria razoável que determinado cidadão, que possui 2 anos e 6 meses à data da inscrição definitiva do concurso, não pudesse prosseguir no certame, sendo certo que é cediço que à data da posse ele já possa contar com 4 ou 5 anos de atividade jurídica. (Luiz Fux).
• Adotar a data da posse como critério pode ocasionar que não haja candidato habilitado à investidura. Isso porque os aprovados poderiam ser todos, ou na maioria, recém-egressos da faculdade. (Rosa Weber).	• Há razoabilidade nas duas teses, de modo que deve ser observada a literalidade da Constituição Federal, que, ao falar em ingresso na carreira, refere-se à investidura.
• Embora a Constituição fale em "ingresso", este ato pode ser considerado complexo, não significando apenas a posse. (Cármen Lúcia).	• Não é concebível que órgão administrativo possa substituir-se ao legislador, muito menos para dispor, com envergadura maior que a Constituição. Não cabe raciocinar com o extravagante, que o candidato procrastine a posse para adquirir o tempo de experiência. A Constituição exige a experiência para o exercício do cargo, não sendo correto antecipar o termo. (Marco Aurélio).
• A opção pela investidura acaba por trazer um modelo plástico ou flexível não condizente com o princípio da isonomia. Pode ensejar distorções para que seja retardada a posse de algum candidato de modo que permita a ele obter o tempo de experiência requerido. (Gilmar Mendes).	

◉ Fique atento:

- Conquanto a tese de repercussão geral mencione apenas o concurso para a magistratura, o precedente em análise é aplicável a todos os concursos da área jurídica. Conforme consta da ementa de julgamento, foi reafirmada a tese de que "é constitucional a regra que exige a comprovação do triênio de atividade jurídica privativa de bacharel em Direito no momento da inscrição definitiva".

◉ Questões de Concurso relacionadas ao tema:

Questão 01 (CESPE. TJ-PR. Juiz Substituto. 2017) O ingresso na carreira de juiz se dá mediante concurso público de provas e títulos, com a participação da OAB em todas as fases, exigindo-se do candidato que ele seja bacharel em direito com, no mínimo, três anos de atividade jurídica. Nesse sentido, de acordo com o entendimento do STF, a exigência de comprovação do triênio de prática forense, quando houver ausência de especificação de data no edital, deverá ser cumprida

- a) no ato de inscrição definitiva no concurso.
- b) Na data da nomeação
- c) Na data da posse
- d) No ato de inscrição inicial no concurso.

Gabarito: 1-A

2.9. SERVIDORES PÚBLICOS: VEDAÇÃO AO NEPOTISMO

Tema 29: "Vício de iniciativa de lei municipal, proposta pelo Poder Legislativo local, que veda a contratação de parentes de 1° e 2° graus do Prefeito e Vice-Prefeito para ocuparem cargos comissionados".

Tese: "Leis que tratam dos casos de vedação a nepotismo não são de iniciativa exclusiva do Chefe do Poder Executivo."

FICHA TÉCNICA	
Leading case:	**RE 570392**
Descrição do caso feita pelo STF:	"Recurso extraordinário em que se discute, à luz dos artigos 5°, XIII; 29; 37, caput, I e II; e 125 da Constituição Federal, se há vício de iniciativa na Lei n° 2.040/90, do Município de Garibaldi/RS, proposta pelo Poder Legislativo municipal, a qual veda a contratação de parentes de 1° e 2° graus do Prefeito e Vice-Prefeito para ocuparem cargos comissionados, no âmbito da administração pública municipal."
Dispositivo(s) constitucional(is) envolvido(s):	"Art. 5° Todos são iguais perante a lei, sem distinção de qualquer natureza, garantindo-se aos brasileiros e aos estrangeiros residentes no País a inviolabilidade do direito à vida, à liberdade, à igualdade, à segurança e à propriedade, nos termos seguintes: (...) XIII – é livre o exercício de qualquer trabalho, ofício ou profissão, atendidas as qualificações profissionais que a lei estabelecer;"
	"Art. 29. O Município reger-se-á por lei orgânica, votada em dois turnos, com o interstício mínimo de dez dias, e aprovada por dois terços dos membros da Câmara Municipal, que a promulgará, atendidos os princípios estabelecidos nesta Constituição, na Constituição do respectivo Estado e os seguintes preceitos:(...)"
	"Art. 37. A administração pública direta e indireta de qualquer dos Poderes da União, dos Estados, do Distrito Federal e dos Municípios obedecerá aos princípios de legalidade, impessoalidade, moralidade, publicidade e eficiência e, também, ao seguinte: I – os cargos, empregos e funções públicas são acessíveis aos brasileiros que preencham os requisitos estabelecidos em lei, assim como aos estrangeiros, na forma da lei; II – a investidura em cargo ou emprego público depende de aprovação prévia em concurso

FICHA TÉCNICA	
Leading case:	**RE 570392**
	público de provas ou de provas e títulos, de acordo com a natureza e a complexidade do cargo ou emprego, na forma prevista em lei, ressalvadas as nomeações para cargo em comissão declarado em lei de livre nomeação e exoneração; (...)"
	"Art. 125. Os Estados organizarão sua Justiça, observados os princípios estabelecidos nesta Constituição. (...) § 2º Cabe aos Estados a instituição de representação de inconstitucionalidade de leis ou atos normativos estaduais ou municipais em face da Constituição Estadual, vedada a atribuição da legitimação para agir a um único órgão.(...)"
Data de reconhecimento da repercussão geral:	08/02/2008
Data de julgamento do mérito recursal:	11/12/2014 (julgamento do recurso extraordinário)
Houve unanimidade?	Não
Data de publicação do acórdão de julgamento do recurso:	19/02/2015 (publicação do acórdão do recurso extraordinário)
Trânsito em julgado do acórdão:	02/03/2015

⊙ Comentários:

O recurso extraordinário paradigma foi interposto pelo Procurador Geral do Estado do Rio Grande do Sul em defesa da Lei n.º 2040/1990 do Município de Garibaldi – RS, a qual proíbe a contratação, por parte do Poder Executivo municipal, de servidores para qualquer cargo de quadro de servidores ou função pública, de parentes de 1º e 2º grau do Prefeito e Vice-Prefeito.

O objeto do recurso foi o acórdão do Tribunal de Justiça do Rio Grande do Sul, que, no julgamento de ação direta de inconstitucionalidade, declarou a inconstitucionalidade da referida Lei municipal, por vício formal, quanto à competência para a iniciativa do processo legislativo.

O recorrente sustentou, perante o STF, a inexistência, na hipótese tratada, de competência inaugural do chefe do poder executivo municipal, por não se tratar de criação, alteração e extinção de cargo, função ou emprego do Poder Executivo, nem mesmo de organização administrativa dos seus servidores ou seu regime jurídico, afastando assim a incidência, no caso, do art. 61, § 1º, a, b e c, da Constituição da República Federativa do Brasil, aplicável aos Estados federados pelo princípio da simetria, que trata da iniciativa legislativa do chefe do poder executivo.

O recurso extraordinário restou provido, por maioria, tendo sido vencido o Ministro Marco Aurélio, para reconhecer a constitucionalidade da Lei n.º 2040/1990 do Município de Garibaldi – RS, com fundamento na ausência de vício formal em leis de iniciativa parlamentar que trate de vedação ao nepotismo.

◉ Síntese do debate constante do acórdão que fixou o precedente:

Argumentos favoráveis à tese fixada:	Argumentos contrários à tese fixada:
No julgamento da Ação Direta de Inconstitucionalidade n.° 1521, ocorrido em 19/06/2013 e disponibilizado no DJE de 12/08/2013, de relatoria do Ministro Ricardo Lewandowski quando o plenário do STF concluiu no sentido de que "A vedação a que cônjuges ou companheiros e parentes consanguíneos, afins ou por adoção, até o segundo grau, de titulares de cargo público ocupem cargos em comissão visa a assegurar, sobretudo, cumprimento ao princípio constitucional da isonomia, bem assim fazer valer os princípios da impessoalidade e moralidade na Administração Pública". (Ministra Carmem Lúcia)	A relação jurídica mantida pelo poder executivo com prestador de serviço do próprio poder consubstancia situação jurídica em que há reserva de iniciativa de lei, não podendo ser de iniciativa da Câmara de Vereadores. (Ministro Marco Aurélio)
O STF já havia firmado entendimento no sentido da ausência de vício formal em leis de iniciativa parlamentar que dispõe sobre vedação à prática de nepotismo. (Ministra Carmem Lúcia)	
No julgamento proferido no RE 579951, de relatoria do Ministro Ricardo Lewandowski, disponibilizado no DJE de 23/10/2008, o STF decidiu no sentido de que a vedação do nepotismo não exige a edição de lei formal para coibir a prática, decorrendo a proibição diretamente dos princípios contidos no art. 37, *caput*, da CRFB. (Ministra Carmem Lúcia)	
Se os princípios do art. 37, *caput*, da CRFB não precisam de lei para serem obrigatoriamente observados, não há vício de iniciativa legislativa em norma editada com o objetivo de dar eficácia aos mesmos. (Ministra Carmem Lúcia)	
A edição da súmula vinculante n.° 13⁹ reforça a constitucionalidade da Lei n.° 2040/1990 do Município de Garibaldi-RS. (Ministra Carmem Lúcia)	
Não é privativa do Chefe do Poder Executivo a legitimidade ativa para fazer instaurar o processo legislativo referente à proibição do nepotismo na Administração Pública, consideradas a eficácia direta e a aplicabilidade imediata dos postulados da impessoalidade e da moralidade, que regem a atividade do poder Público. (Ministro Celso de Mello)	

◉ Fique atento:

- A Ministra Carmem Lúcia apreciou, de ofício, preliminar de legitimidade do Procurador Geral do Estado para interpor recurso extraordinário contra acórdão proferido em ação direta de inconstitucionalidade estadual. Destacou a Relatora que não

---

9.   Súmula vinculante n.° 13: "A nomeação de cônjuge, companheiro ou parente em linha reta, colateral ou por afinidade, até o terceiro grau, inclusive, da autoridade nomeante ou de servidor da mesma pessoa jurídica investido em cargo de direção, chefia ou assessoramento, para o exercício de cargo em comissão ou de confiança ou, ainda, de função gratificada na administração pública direta e indireta em qualquer dos Poderes da União, dos Estados, do Distrito Federal e dos Municípios, compreendido o ajuste mediante designações recíprocas, viola a Constituição Federal."

se tratava de recurso interposto em nome do Estado do Rio Grande do Sul, sendo o verdadeiro recorrente o Procurador Geral do Estado. Afirmou que a CRFB, em seu art. 103, § 3º, atribui ao Advogado Geral da União competência para a defesa da norma impugnada, reconhecendo, por força do princípio da simetria, a legitimidade para tal defesa do Procurador Geral do Estado prevista em norma constitucional estadual. Durante o debate, em sessão de julgamento, o Ministro Celso de Mello complementou no sentido de que se tratava de intervenção, pelo Procurador Geral do Estado, na condição de curador da presunção de constitucionalidade do diploma legislativo impugnado. A legitimidade do Procurador Geral do Estado do Rio Grande do Sul, assim, foi reconhecida, de forma unânime.

- O Ministro Luiz Fux, durante o debate, em sessão de julgamento, votou no sentido do provimento do recurso extraordinário, fazendo, no entanto, um registro, a título de *obiter dictum*, que a Lei n.º 2040/1990 do Município de Garibaldi – RS, tida como constitucional, revelava-se insuficiente para atender plenamente à súmula vinculante n.º 13, eis que proíbe a contratação de parentes do Prefeito e do Vice-Prefeito apenas até o 2º grau, enquanto a referida súmula estabelece vedação mais ampla, alcançando também os parentes de 3º grau.

- Antes do julgamento de mérito do recurso extraordinário vinculado ao tema n.º 29, o STF já havia julgado, em 20/08/2008, o RE 579951, de relatoria do Ministro Ricardo Lewandowski, vinculado ao tema n.º 66, firmando tese no sentido de que "A vedação ao nepotismo não exige a edição de lei formal para coibir a prática, dado que essa proibição decorre diretamente dos princípios contidos no art. 37, caput, da Constituição Federal."

◉ Questões de Concurso relacionadas ao tema:

Questão 01 (PUC-PR. PGE-PR. Procurador do Estado. 2015) A iniciativa legislativa é a fase introdutória do procedimento legislativo. Sobre o tema, e na esteira da jurisprudência do Supremo Tribunal Federal, é CORRETO afirmar:

a) A iniciativa legislativa em matéria tributária é exclusiva do chefe do Poder Executivo.

b) Leis que disponham sobre serventias judiciais são de iniciativa exclusiva do Poder Judiciário, ao contrário das leis que disponham sobre serventias extrajudiciais, as quais são de iniciativa concorrente.

c) Compete ao Poder Executivo estadual a iniciativa de lei referente aos direitos e deveres de servidores públicos.

d) Leis que tratam dos casos de vedação a nepotismo são de iniciativa exclusiva do Chefe do Poder Executivo.

e) Norma que dispõe sobre regime jurídico, remuneração e critérios de provimento de cargo público de policiais civis é de iniciativa concorrente.

Questão 02 (PGR. PGR. Procurador da República. 2013) Consoante a jurisprudência dominante do Supremo Tribunal Federal, é correto afirmar que:

a) A nomeação de pessoa com vínculo de parentesco, em linha reta ou colateral, limitado ao segundo grau, inclusive, da autoridade nomeante ou de servidor da mesma pessoa jurídica, investido de cargo de direção, chefia ou assessoramento, para exercício de cargo em comissão ou de confiança, configura nepotismo, violando o art. 37, caput, da Constituição Federal.

b) O nepotismo constitui prática atentatória aos princípios da moralidade e da impessoalidade, e sua vedação no âmbito da Administração Pública imprescinde de lei formal para dar-lhe concretude.

c) Somente a vedação de nepotismo na esfera do Judiciário independe de lei formal, haja vista a autonomia administrativa desse Poder.

d) Exclui-se da vedação concernente ao nepotismo a nomeação de irmão de Governador para exercício do cargo de Secretário de Estado, por se tratar de agente político.

Gabarito: 1-C; 2- D

Tema 66: "Reserva de lei para a vedação de nepotismo no âmbito dos Poderes Executivo e Legislativo".

Tese: "A vedação ao nepotismo não exige a edição de lei formal para coibir a prática, dado que essa proibição decorre diretamente dos princípios contidos no art. 37, caput, da Constituição Federal".

FICHA TÉCNICA	
Leading case:	**RE 579.951/RN**
Descrição do caso feita pelo STF:	"Recurso extraordinário em que se discute, à luz do art. 37, caput, II e V, da Constituição Federal, a necessidade, ou não, de edição de lei formal para a vedação de nepotismo no âmbito dos Poderes Executivo e Legislativo."
Dispositivo(s) constitucional(is) envolvido(s):	Art. 37. A administração pública direta e indireta de qualquer dos Poderes da União, dos Estados, do Distrito Federal e dos Municípios obedecerá aos princípios de legalidade, impessoalidade, moralidade, publicidade e eficiência e, também, ao seguinte: (Redação dada pela Emenda Constitucional nº 19, de 1998) (...) II – a investidura em cargo ou emprego público depende de aprovação prévia em concurso público de provas ou de provas e títulos, de acordo com a natureza e a complexidade do cargo ou emprego, na forma prevista em lei, ressalvadas as nomeações para cargo em comissão declarado em lei de livre nomeação e exoneração; (Redação dada pela Emenda Constitucional nº 19, de 1998) (...) V – as funções de confiança, exercidas exclusivamente por servidores ocupantes de cargo efetivo, e os cargos em comissão, a serem preenchidos por servidores de carreira nos casos, condições e percentuais mínimos previstos em lei, destinam-se apenas às atribuições de direção, chefia e assessoramento; (Redação dada pela Emenda Constitucional nº 19, de 1998)

FICHA TÉCNICA	
Leading case:	**RE 579.951/RN**
Data de reconhecimento da repercussão geral:	19/04/2008.
Data de julgamento do mérito recursal:	20/08/2008.
Houve unanimidade?	Sim.
Data de publicação do acórdão de julgamento do recurso:	24/10/2008.
Trânsito em julgado do acórdão:	19/11/2008.

⊙ Comentários:

O Supremo Tribunal Federal apreciou recurso extraordinário interposto com fundamento no art. 102, III, "a", da Constituição Federal, contra acórdão do Tribunal de Justiça do Rio Grande do Norte que, julgando apelação em ação declaratória de nulidade de ato administrativo, entendeu não existir qualquer inconstitucionalidade ou ilegalidade em nomeação de dois cidadãos para os cargos comissionados de Secretário Municipal de Saúde e de motorista, embora sejam, o primeiro, irmão de vereador, e o segundo, vice-Prefeito do Município de Água Nova/RN.

O acórdão considerou inaplicável a Resolução nº. 07/05 do Conselho Nacional de Justiça aos Poderes Executivo e Legislativo, assentando entendimento de que a vedação à prática do nepotismo nesses Poderes dependeria da edição de lei em sentido formal; e que a nomeação de parentes de agentes políticos não consistiria em violação a qualquer dispositivo constitucional.

O recurso alegou, em suma, violação ao princípio da moralidade abrigado no art. 37 da Constituição Federal, não sendo lícito dar-se aos incisos II e V interpretação dissidente do comando constante do *caput* do referido artigo; sustentou, também, que a proibição do nepotismo decorreria expressamente do princípio constitucional da moralidade, como decidiu o Supremo Tribunal Federal no julgamento da ADC 12-MC/DF.

A questão com repercussão geral a ser debatida residiu, portanto, em definir se a vedação ao nepotismo exige ou não a edição de lei formal para coibir a prática.

Os fundamentos que arrimaram o voto vencedor do acórdão que contempla o precedente examinado foram: a) tendo em vista a expressiva densidade axiológica e elevada carga normativa que encerram os princípios abrigados no *caput* do art. 37 da Constituição Federal, a proibição do nepotismo independe de norma secundária que obste formalmente essa reprovável conduta; b) admitir que ao Legislativo ou ao Executivo é dado exaurir, mediante ato formal, todo o conteúdo dos princípios constitucionais em questão, seria mitigar os efeitos dos postulados da supremacia, unidade e harmonização da Constituição, subvertendo-se a hierarquia entre a Constituição e a ordem jurídica em geral; c) além de ofensiva à moralidade administrativa, a nomeação de parentes para cargos e funções que não exigem concurso público fere o princípio da impessoalidade, e, por extensão, o basilar princípio da isonomia, além do princípio da eficiência.

O tribunal entendeu pela impossibilidade de dar provimento integral ao recurso, dado o teor do segundo pedido formulado na exordial: "que o Município de Água Nova se abstenha de contratar ou nomear qualquer pessoa física que seja parente daquele ocupante de mandato eletivo ou cargo em comissão, estendendo-se a vedação também às pessoas jurídicas, cujos sócios mantenham alguma relação de parentesco com as citadas pessoas". Afinal, o Supremo Tribunal Federal não é legislador positivo, não podendo inovar no sistema jurídico, tarefa que é reservada ao Poder Judiciário. Conheceu e proveu parcialmente o recurso para anular a nomeação de um dos servidores ocupantes de cargo em comissão, a que se referiu anteriormente, o qual tinha parentesco com agente político.

◉ Fique atento:

- O enunciado nº. 13 da Súmula Vinculante do Supremo Tribunal Federal, aprovado e publicado em 29/08/2008, entendeu que a nomeação de cônjuge, companheiro ou parente em linha reta, colateral ou por afinidade, até o terceiro grau, inclusive, da autoridade nomeante ou de servidor da mesma pessoa jurídica investido em cargo de direção, chefia ou assessoramento, para o exercício de cargo em comissão ou de confiança ou, ainda, de função gratificada na administração pública direta e indireta em qualquer dos poderes da União, dos Estados, do Distrito Federal e dos Municípios, compreendido o ajuste mediante designações recíprocas, viola a Constituição Federal.

◉ Questões de Concurso relacionadas ao tema:

Questão 01 (MPE-SP. MPE-SP. Procmotor de Justiça. 2015) Sobre a proibição da prática de nepotismo, é correto afirmar que:

a) a competência para a iniciativa de lei sobre o nepotismo é privativa do Chefe do Poder Executivo.

b) a vedação do nepotismo exige a edição de lei formal que coíba a sua prática.

c) é necessária a prova de vínculo de amizade ou troca de favores entre o nomeante e o nomeado para a caracterização do nepotismo.

d) a Súmula Vinculante n. 13, do Supremo Tribunal Federal, esgotou todas as possibilidades de configuração de nepotismo na Administração Pública.

e) ressalvada situação de fraude à lei, a nomeação de parentes para cargos públicos de natureza política não configura nepotismo na Administração Pública.

Questão 02 (CESPE. Prefeitura de Ipojuca-PE. Procurador Municipal. 2009). Em relação aos princípios básicos da administração e às licitações, julgue o item subsequente.

A vedação do nepotismo não exige a edição de lei formal para coibir a prática, uma vez que decorre diretamente dos princípios contidos na CF. No entanto, às nomeações para o cargo de conselheiro do Tribunal de Contas Estadual, por ser de natureza política, não se aplica a proibição de nomeação de parentes pelo governador do estado.

( ) Certo   ( ) Errado

Gabarito: 1-E; 2-E

2.10. SERVIDORES PÚBLICOS: CONTRATAÇÃO SEM CONCURSO PÚBLICO

Tema 191: "Recolhimento de FGTS na contratação de servidor público sem a prévia aprovação em concurso público".

Tese: "É constitucional o art. 19-A da Lei 8.036/1990, que dispõe ser devido o depósito do Fundo de Garantia do Tempo de Serviço – FGTS na conta de trabalhador cujo contrato com a Administração Pública seja declarado nulo por ausência de prévia aprovação em concurso público, desde que mantido o direito ao salário".

FICHA TÉCNICA	
Leading case:	**RE 596.478/RR**
Descrição do caso feita pelo STF:	"Recurso extraordinário em que se discute, à luz do art. 37, II e § 2°, da Constituição Federal, a constitucionalidade, ou não, do 19-A da Lei n° 8.036/90, incluído pela Medida Provisória n° 2.164-41/2001, que instituiu obrigação de recolhimento do Fundo de Garantia por Tempo de Serviço – FGTS, mesmo nas situações em que há declaração nulidade do contrato, com direito a salários, de servidor sem prévia aprovação em concurso público".
Dispositivo(s) constitucional(is) envolvido(s):	Art. 37. A administração pública direta e indireta de qualquer dos Poderes da União, dos Estados, do Distrito Federal e dos Municípios obedecerá aos princípios de legalidade, impessoalidade, moralidade, publicidade e eficiência e, também, ao seguinte: (Redação dada pela Emenda Constitucional n° 19, de 1998) (...) II – a investidura em cargo ou emprego público depende de aprovação prévia em concurso público de provas ou de provas e títulos, de acordo com a natureza e a complexidade do cargo ou emprego, na forma prevista em lei, ressalvadas as nomeações para cargo em comissão declarado em lei de livre nomeação e exoneração; (Redação dada pela Emenda Constitucional n° 19, de 1998) (...) § 2° A não observância do disposto nos incisos II e III implicará a nulidade do ato e a punição da autoridade responsável, nos termos da lei.
Data de reconhecimento da repercussão geral:	11/09/2009.
Data de julgamento do mérito recursal:	13/06/2012 (recurso extraordinário), 05/02/2014 (embargos de declaração) e 11/09/2014 (segundos embargos de declaração).

FICHA TÉCNICA	
Leading case:	**RE 596.478/RR**
Houve unanimidade?	Não.
Data de publicação do acórdão de julgamento do recurso:	01°/03/2013 (recurso extraordinário), 05/11/2014 (embargos de declaração) e 25/02/2015 (segundos embargos de declaração).
Trânsito em julgado do acórdão:	09/03/2015.

◉ Comentários:

O Supremo Tribunal Federal examinou o recurso extraordinário n°. 596.478/RR, interposto pelo Estado de Roraima contra o acórdão da Seção I Especializada em Dissídios Individuais do Tribunal Superior do Trabalho, com fundamento no art. 102, III, "a" e "c" da Constituição Federal.

A questão diz respeito à discussão da constitucionalidade do art. 19-A da Lei n°. 8.036/90, acrescido pela MP n°. 2.164-41, que assegura direito ao FGTS à pessoa que tenha sido contratada sem concurso público.

O recorrente apontou, primeiramente, violação aos arts. 5°, XXXV, LIV, e LV; e art. 93, IX, da Constituição Federal, por entender que houve negativa de jurisdição.

Adicionalmente, o recorrente apontou: i) ofensa art. 37, II, e § 2°, da Constituição Federal, entendendo que, uma vez reconhecida a nulidade do contrato de trabalho sem concurso público, nenhum efeito jurídico poderia ser dele extraído, com exceção da devida indenização pelo trabalho prestado, em montante limitado ao salário em sentido estrito; ii) não seria possível, alegou, adquirir direitos em ofensa a norma constitucional cogente, razão pela qual se imporia o reconhecimento da inconstitucionalidade do art. 19-A da Lei n°. 8.036/90, acrescido pela MP n. 2.164-41; iii) haveria uma irretroatividade determinada em confronto com o art. 5°, XXXVI, da Constituição, considerando-se o contrato de trabalho como ato jurídico perfeito, mormente porque o ato nulo não produz efeitos e, mula a obrigação principal, também nulas seriam as acessórias, vedando-se, apenas, o enriquecimento sem causa; iv) não teria a Medida provisória 2.164-41 sido editada em atenção ao requisito da urgência; v) por fim, defendeu a natureza tributária do FGTS, invocando a ADI n°. 2.256 e apontando ofensa aos arts. 146, 149 e 150 da Constituição.

Não foram apesentadas contrarrazões. O MPF ofereceu parecer entendendo que eventual violação à Constituição Federal seria indireta e, no mérito, opinando pelo provimento do recurso.

A questão com repercussão geral a ser debatida residiu, portanto, na definição da constitucionalidade, ou não, do art. 19-A da Lei 8.036/1990, que dispõe ser devido o depósito do Fundo de Garantia do Tempo de Serviço – FGTS na conta de trabalhador cujo contrato com a Administração Pública seja declarado nulo por ausência de prévia aprovação em concurso público, desde que mantido o direito ao salário.

O fundamento que arrimou o voto vencedor do acórdão que contempla o precedente examinado foi a necessidade de distinguir o plano da existência e o plano da validade dos atos administrativos – não obstante a contratação de servidor sem concurso público seja, inequivocamente, um ato inválido, ele ainda tem efeitos residuais decorrentes da sua existência, entre os quais o pagamento da remuneração correspondente ao tempo de trabalho, na qual se inseririam os depósitos do FGTS, em decorrência da regra constante do art. 19-A da Lei nº. 8.036/1990, que expressamente prevê o depósito do FGTS na conta vinculada do trabalhador cujo contrato de trabalho seja declarado nulo nas hipóteses previstas no art. 37, § 2º, da Constituição Federal, quando mantido o direito ao salário.

A divergência, capitaneada pela relatora, entendeu, de modo contrário, que: (na esteira de jurisprudência pacífica do Supremo Tribunal Federal) a invalidade decorrente da contratação de pessoal sem precedência de concurso público teria como único efeito prático a ser resguardado o pagamento dos salários pelo trabalho efetivamente prestado, de modo a evitar o enriquecimento sem causa do Estado; para a divergência, o direito aos depósitos em conta vinculada constituiria direito trabalhista autônomo, surgido como uma alternativa à estabilidade no emprego, posteriormente consolidado como direito de qualquer empregado e, finalmente, alçado à condição de direito fundamental social – o qual nunca poderia ser assegurado a trabalhador contratado sem concurso; em razão disso, a divergência opinou pela inconstitucionalidade do art. 19-A da Lei nº. 8.036/1990.

Com base em tais fundamentos, o recurso foi desprovido, por maioria, declarando-se a tese segundo a qual é constitucional o art. 19-A da Lei 8.036/1990, que dispõe ser devido o depósito do Fundo de Garantia do Tempo de Serviço – FGTS na conta de trabalhador cujo contrato com a Administração Pública seja declarado nulo por ausência de prévia aprovação em concurso público, desde que mantido o direito ao salário.

◉ Fique atento:

- Foram interpostos embargos de declaração pelos amici curiae (não conhecidos à unanimidade), pelo Estado de Roraima (rejeitados à unanimidade), e pela Universidade do Estado do Rio de Janeiro (não conhecidos à unanimidade).

Tema 308: "Efeitos trabalhistas decorrentes de contratação pela Administração Pública de empregado não submetido à prévia aprovação em concurso público".

Tese: "A Constituição de 1988 comina de nulidade as contratações de pessoal pela Administração Pública sem a observância das normas referentes à indispensabilidade da prévia aprovação em concurso público (CF, art. 37, § 2º), não gerando, essas contratações, quaisquer efeitos jurídicos válidos em relação aos empregados contratados, a não ser o direito à percepção dos salários referentes ao período trabalhado e, nos termos do art. 19-A da Lei 8.036/90, ao levantamento dos depósitos efetuados no Fundo de Garantia por Tempo de Serviço – FGTS".

FICHA TÉCNICA	
Leading case:	**RE 705.140 RS**
Descrição do caso feita pelo STF:	"Agravo de instrumento interposto contra decisão que inadmitiu recurso extraordinário em que se discute, à luz dos artigos 37, II e §§ 2° e 6°, da Constituição Federal, se a contratação pela Administração Pública de empregado não submetido à prévia aprovação em concurso público gera, ou não, outros efeitos trabalhistas além do direito à contraprestação pelos dias trabalhados."
Dispositivo(s) constitucional(is) envolvido(s):	Art. 37. A administração pública direta e indireta de qualquer dos Poderes da União, dos Estados, do Distrito Federal e dos Municípios obedecerá aos princípios de legalidade, impessoalidade, moralidade, publicidade e eficiência e, também, ao seguinte: (Redação dada pela Emenda Constitucional n° 19, de 1998) (...) II – a investidura em cargo ou emprego público depende de aprovação prévia em concurso público de provas ou de provas e títulos, de acordo com a natureza e a complexidade do cargo ou emprego, na forma prevista em lei, ressalvadas as nomeações para cargo em comissão declarado em lei de livre nomeação e exoneração; (Redação dada pela Emenda Constitucional n° 19, de 1998) (...) § 2° A não observância do disposto nos incisos II e III implicará a nulidade do ato e a punição da autoridade responsável, nos termos da lei. (...) § 6° As pessoas jurídicas de direito público e as de direito privado prestadoras de serviços públicos responderão pelos danos que seus agentes, nessa qualidade, causarem a terceiros, assegurado o direito de regresso contra o responsável nos casos de dolo ou culpa.
Data de reconhecimento da repercussão geral:	03/02/2014
Data de julgamento do mérito recursal:	28/08/2014
Houve unanimidade?	Sim
Data de publicação do acórdão de julgamento do recurso:	05/11/2014
Trânsito em julgado do acórdão:	24/11/2014

⊙ Comentários:

O § 2º do art. 37 da Constituição Federal estabelece que a não observância do disposto no inciso II do referido artigo (que trata da necessidade de aprovação em concurso para obter investidura em cargo ou emprego público) implica a nulidade do ato de contratação de pessoal e a punição da autoridade responsável pela prática do ato, nos termos da lei.

Em face desta regra constitucional, o Supremo Tribunal Federal foi instado a examinar o recurso extraordinário nº. 705.140/RS, interposto contra acórdão do Tribunal Superior do Trabalho que, provendo parcialmente recurso de revista movido pela Fundação Estadual do Bem-Estar do Menor (FEBEM), afastou a legitimidade do vínculo empregatício reconhecido na instância regional, por entendê-lo incompatível com o princípio da inafastabilidade do concurso público, previsto na mencionada regra constitucional, e negou a tal relação de emprego os efeitos jurídicos típicos das relações trabalhistas – como verbas de aviso prévio, gratificação natalina, férias e respectivo adicional de 1/3, indenização referente ao seguro-desemprego, multa do art. 477, § 8º, da CLT, entre outras – as quais tinham sido anteriormente sido asseguradas por acórdão do Tribunal Regional do Trabalho da 4ª Região.

A questão com repercussão geral a ser debatida residiu, portanto, em identificar quais seriam os efeitos decorrentes de relação de emprego havida entre a FEBEM e o trabalhador contratado sem ter sido aprovado em concurso público.

O recorrente alegou, em síntese, que o acórdão do Tribunal Superior do Trabalho teria infringido: i) os arts. 5º, XXXV, LIV e LV, e art. 93, IX, da Constituição Federal, porque teria entregado prestação jurisdicional incompleta; ii) o art. 37, § 2º, da Constituição Federal, porque o dispositivo não poderia ser invocado para delimitar os efeitos decorrentes de contrato irregular, já que a norma não faz menção expressa a uma tal limitação; e iii) o art. 37, § 6º, da Constituição Federal, considerando que a entidade pública recorrida deveria responder pelos prejuízos advindos da inobservância do princípio do concurso público, não podendo o trabalhador, com exclusividade, suportar as consequências de ilícito praticado por terceiro, sob pena de se operar enriquecimento ilícito.

Os *amici curiae* admitidos no processo, a União e Estados da Federação, defenderam a tese da nulidade *ex tunc* das relações contratuais estabelecidas com a Administração Pública sem a devida aprovação em concurso, ressalvando-se apenas o pagamento de salários correspondentes aos dias trabalhados e o levantamento do FGTS depositado.

Inicialmente, o recurso não fora admitido pelo Tribunal Superior do Trabalho, mas o caso foi alçado ao Supremo Tribunal Federal por meio de agravo de instrumento, posteriormente convertido em recurso extraordinário.

O acórdão, lavrado à unanimidade, adotou como fundamento a jurisprudência do Supremo Tribunal Federal segundo a qual às contratações de pessoal sem concurso deve ser atribuída uma espécie de nulidade jurídica qualificada, cuja consequência é o desfazimento imediato da relação (com punição da autoridade que tiver dado causa a elas) – de modo que, para além deste efeito, reconhecer-se-ia, tão-somente, o direito ao recebimento dos valores depositados na conta do FGTS vinculada ao nome do trabalhador.

Assim, o Tribunal, por unanimidade e nos termos do voto do Relator, negou provimento ao recurso, e fixou a tese de repercussão geral segundo a qual as contratações públicas de pessoal sem concurso público não produzem quaisquer efeitos jurídicos válidos em relação aos empregados/servidores contratados, a não ser o direito à percepção dos salários referentes ao período trabalhado e, nos termos do art. 19-A da Lei nº. 8.036/90, ao levantamento dos depósitos efetuados no FGTS.

⊙ Fique atento:

- Em seu voto, o Relator fez referência ao debate havido por ocasião da apreciação, pelo Supremo Tribunal Federal, do RE 596.478/RR – julgado sob o rito da repercussão geral –, no qual cinco dos onze ministros do tribunal entenderam que sequer os valores depositados na conta do FGTS deveriam ser pagos aos trabalhadores contratados sem concurso público, com fundamento nos seguintes argumentos: i) a nulidade é vício que implica invalidade na origem e insanável, impedindo que o ato produza os efeitos jurídicos que normalmente lhe seriam próprios e inerentes; ambas as Turmas do Supremo Tribunal Federal assentaram entendimento de que a nulidade do contrato de trabalho firmado com entidade da Administração Pública sem a prévia realização de concurso público não gera efeitos trabalhistas, senão a percepção do salário referente ao período efetivamente trabalhado; ii) os valores depositados em conta vinculada ao FGTS não se confundem com mera contraprestação estrita pelo trabalho prestado – são um direito trabalhista autônomo, que surgiu historicamente uma alternativa à estabilidade no emprego (daí a possibilidade originária de opção pelo seu regime, na forma da Lei nº. 5.107/66), posteriormente consolidou-se como direito de qualquer empregado e, finalmente, foi alçado à condição de direito fundamental social; iii) o conhecimento da norma constitucional que impede a contratação de pessoal sem concurso público é de conhecimento de todos, inclusive dos particulares – na investidura destes em cargos ou empregos públicos sem concurso, ambos incorrem em violação à Constituição, devendo suportar os ônus de tal conduta, dentre as quais a nulidade do ato.

- Apesar da referência feita pelo Relator ao voto da minoria no RE 596.478/RR, o seu voto, acompanhado por todos os Ministros, foi no sentido de reconhecer tanto o direito ao recebimento dos salários referentes aos períodos efetivamente trabalhados.

⊙ Questões de Concurso relacionadas ao tema:

Questão 01 (Ano: 2016 Banca: TRF – 4ª REGIÃO Órgão: TRF – 4ª REGIÃO Prova: Juiz Federal Substituto) Assinale a alternativa INCORRETA.

a) Os candidatos em concurso público não têm direito à prova de 2ª (segunda) chamada, nos testes de aptidão física, em razão de circunstâncias pessoais, ainda que de caráter fisiológico ou de força maior, salvo contrária disposição editalícia.

b) É constitucional a regra denominada "cláusula de barreira", inserida em edital de concurso público, que limita o número de candidatos participantes de cada fase da disputa, com o intuito de selecionar apenas os concorrentes mais bem classificados para prosseguir no certame.

c) É possível a exigência de teste psicotécnico como condição de ingresso no serviço público, desde que haja lei emanada do Poder Legislativo competente e previsão no edital regulamentador do certame.

d) É possível a fixação de limite etário para a inscrição em concurso público para ingresso na carreira de policial, desde que a referida discriminação seja estabelecida por lei e justificada pela natureza das atribuições do cargo a preencher.

e) É nula e sem efeitos jurídicos válidos a contratação de pessoal pela Administração Pública sem observância de prévia aprovação em concurso público, salvo as hipóteses excepcionadas pela própria Constituição, ressalvado o direito às verbas indenizatórias, sob pena de enriquecimento ilícito do Estado à custa dos serviços efetivamente prestados pelo trabalhador.

Questão 02 (Concurso TRT – 3ª Região, Banca FCC, Prova: Analista Judiciário – Oficial de Justiça Avaliador Federal, 2015). Determinada empresa pública municipal contratou empregados, sob o regime celetista, sem concurso público. A grande maioria dos empregados foi cedida à Administração direta, que, sempre que dispunha de recursos, providenciava o pagamento dos salários, desonerando a empresa pública. Essa situação perdurou por anos, até que um dos empregados ajuizou reclamação trabalhista contra o Município, trazendo à tona o vínculo empregatício, o que motivou comunicação ao Ministério Público que, sem prejuízo de outras providências adotadas, ajuizou ação de improbidade contra o Prefeito e representantes legais da empresa pública. Considerando os tipos de atos de improbidade legalmente previstos, a conduta

a) das autoridades e a dos administradores da empresa envolvidos configuram ato de improbidade que atenta contra os princípios da Administração, diante da contratação sem concurso público e da demonstração de dolo, respondendo solidariamente, embora prescindível a ocorrência de danos.

b) do Prefeito não se enquadra em nenhuma das hipóteses, porque embora tenha participado do planejamento da solução para suprir a deficiência de servidores na Administração direta, a contratação sem concurso público foi feita pela empresa pública, de modo que somente os representantes legais da mesma podem ser responsabilizados.

c) do Prefeito absorve as irregularidades praticadas pelos administradores da empresa, em razão do vínculo hierárquico e de subordinação, e, em razão do dolo comprovado, configura ato de improbidade que causa prejuízo ao erário.

d) dos administradores da empresa e a do Prefeito configuram ato de improbidade que causa lesão ao erário, admitida a modalidade culposa, sendo prescindível a demonstração da ocorrência de prejuízo.

e) dos gestores públicos e a dos administradores da empresa podem configurar ato de improbidade que atenta contra os princípios da Administração, independentemente da demonstração de dolo, respeitada responsabilização subsidiária conforme a gradação da culpa.

Questão 03 (Concurso SEJUS-PI 2017, Banca NUCEPE, Prova Agente Penitenciário, 2017):

Assinale a alternativa CORRETA sobre os agentes públicos.

a) Embora dispensada constitucionalmente a realização de concurso público, o administrador não é inteiramente livre para escolher o ocupante de cargo comissionado.

b) O período de três anos compreendido entre a data da nomeação no cargo público e a aquisição da estabilidade é denominado de estágio probatório.

c) Aos ocupantes de emprego público aplica-se, em razão da natureza contratual do vínculo, integralmente o regime jurídico da Consolidação das Leis do Trabalho. Tais agentes encontram-se completamente subtraídos da incidência de normas de direito constitucional e de direito administrativo.

d) De acordo com o previsto na Constituição Federal as funções de confiança devem ser exercidas preferencialmente por servidores ocupantes de cargos de carreira técnica ou profissional.

e) Forma de provimento derivado, a remoção, também conhecida como redistribuição, é caracterizada pelo deslocamento do servidor para o mesmo quadro funcional.

> **Gabarito: 1-E; 2-A; 3-A**

2.11. SERVIDORES PÚBLICOS: CONTRATAÇÃO TEMPORÁRIA

Tema 612: "Constitucionalidade de lei municipal que dispõe sobre as hipóteses de contratação temporária servidores públicos."

Tese: Nos termos do art. 37, IX, da Constituição Federal, para que se considere válida a contratação temporária de servidores públicos, é preciso que: a) os casos excepcionais estejam previstos em lei; b) o prazo de contratação seja predeterminado; c) a necessidade seja temporária; d) o interesse público seja excepcional; e) a contratação seja indispensável, sendo vedada para os serviços ordinários permanentes do Estado que estejam sob o espectro das contingências normais da Administração.

FICHA TÉCNICA	
Leading case:	**RE 658026**
Descrição do caso feita pelo STF:	Recurso extraordinário em que se discute, à luz dos incisos II e IX do art. 37 da Constituição Federal, a constitucionalidade de lei municipal que dispõe sobre as hipóteses de contratação temporária servidores públicos.
Dispositivo(s) constitucional (is) envolvido(s):	Art. 37. A administração pública direta e indireta de qualquer dos Poderes da União, dos Estados, do Distrito Federal e dos Municípios obedecerá aos princípios de legalidade, impessoalidade, moralidade, publicidade e eficiência e, também, ao seguinte: (...) II – a investidura em cargo ou emprego público depende de aprovação prévia em concurso público de provas ou de provas e títulos, de acordo com a natureza e a complexidade do cargo ou emprego, na forma prevista em lei, ressalvadas as nomeações para cargo em comissão declarado em lei de livre nomeação e exoneração; (...) IX – a lei estabelecerá os casos de contratação por tempo determinado para atender a necessidade temporária de excepcional interesse público;

FICHA TÉCNICA	
Leading case:	RE 658026
Data de reconhecimento da repercussão geral:	02/11/2012
Data de julgamento do mérito recursal:	11/04/2014
Houve unanimidade?	Não
Data de publicação do acórdão de julgamento do recurso:	31/10/2014
Trânsito em julgado do acórdão:	21/11/2014

⊚ Comentários:

Em atenção ao disposto no art. 37, IX, da Constituição Federal, reproduzido na Constituição do Estado de Minas Gerais, o Município de Bertópolis aprovou a Lei Municipal nº 509/1999, que previa: Art. 192 Consideram-se como necessidade temporária de excepcional interesse público as contratações que visem a: (...) III – suprir necessidades de pessoal na área do magistério. A norma foi impugnada por ADI junto ao Tribunal de Justiça local que assentou a sua constitucionalidade, consignando estar a autorização para contratar na área de magistério sem o devido concurso público vinculada a uma situação emergencial, cuja necessidade é temporária, configurando hipótese excepcional, e que a eventual declaração de sua inconstitucionalidade inviabilizaria a prestação do serviço educacional. O acórdão foi desafiado por Recurso Extraordinário interposto pelo Ministério Público do Estado de Minas Gerais e no STF teve a repercussão geral reconhecida À unanimidade.

O voto do Relator, Ministro Dias Toffoli, foi no sentido de prevalência da regra da obrigatoriedade do concurso público (art. 37, inciso II, CF), e que as regras que restringem o cumprimento desse dispositivo estão previstas na Constituição Federal e devem ser interpretadas restritivamente. Ficou ainda assentado que para que se considere válida a contratação temporária, é preciso que: a) os casos excepcionais estejam previstos em lei; b) o prazo de contratação seja predeterminado; c) a necessidade seja temporária; d) o interesse público seja excepcional; e) a necessidade de contratação seja indispensável, sendo vedada a contratação para os serviços ordinários permanentes do Estado, e que devam estar sob o espectro das contingências normais da Administração.

Por esse raciocínio, acompanhado pela maioria do plenário, a Lei impugnada padecia de inconstitucionalidade em vista da sua generalidade. Com efeito, teria ela regulado a contratação de profissionais da área da educação, atividade essencial e permanente, sem descrever as situações excepcionais e transitórias, sendo o caso de dar provimento ao Recurso, porém modulando os efeitos da decisão, aplicando à espécie o efeito ex nunc, a fim de garantir o cumprimento do princípio da segurança jurídica e o atendimento do excepcional interesse social. Na prática, isso significou que os contratos já celebrados até o trânsito em julgado do acórdão, com validade de doze meses, valeriam até o final. E que, em caso de situação excepcional, deveria o Município editar lei específica atendendo aos requisitos fixados pelo Supremo Tribunal Federal.

◉ Síntese do debate constante do acórdão que fixou o precedente:

Conquanto o julgamento não tenha sido unânime, as duas divergências registradas não se deram em relação às premissas expostas no voto vencedor, de prevalência da regra do concurso público, mas sim em relação à sua aplicação no caso concreto. A primeira divergência, registrada pelo Ministro Luís Roberto Barroso foi no sentido de que o tratamento adequado ao caso concreto seria dar ao dispositivo em discussão interpretação conforme a Constituição, para que as contratações temporárias nele referidas somente pudessem ocorrer no prazo de doze meses, contados do encerramento do último concurso destinado a preencher os cargos cujas atribuições deveriam ser exercidas excepcionalmente por contratados temporários. Entendia o Ministro que o caso se assemelhava a outro julgado dessa forma pelo Pleno. Os demais ministros, porém, discordaram que o outro julgado mencionado contivesse regra tão genérica e assentaram a sua inconstitucionalidade. A outra divergência, exposta pelo Ministro Marco Aurélio, foi no sentido de não modular os efeitos da decisão, uma vez que os contratos celebrados seriam contrários à Constituição Federal.

◉ Fique atento:

- Nesse julgamento, o Ministro Luiz Fux registrou que é muito grande o número de processos tratando da mesma matéria e sugeriu que, após a fixação da tese de repercussão geral, os ministros passassem a julgá-los monocraticamente.

- Sendo um caso de reafirmação da Jurisprudência, o caso poderia ter sido julgado no Plenário Virtual. Sem embargo, a opção do Relator foi leva-lo ao Tribunal Pleno.

- A Constituição Republicana de 1891, em seu art. 73, previu, pela primeira vez, em sede constitucional, a acessibilidade de todos os brasileiros aos cargos públicos civis ou militares, desde que observadas as condições e os requisitos impostos pela lei ordinária. Mas somente com a Constituição de 1934 é que se consagrou, em nosso país, a obrigatoriedade do concurso público como condição de ingresso em cargos estatais, apesar de a exigência valer apenas para os quadros de carreira e para a primeira investidura, detalhe esse que só veio a ser modificado pela Constituição de 1967, com a exigência de prévia aprovação em concurso público de provas ou de provas e títulos para a nomeação para qualquer cargo público.

◉ Questões de Concurso relacionadas ao tema:

Questão 01: (UEG. Delegado de Polícia – GO. 2012) Acerca da contratação por tempo determinado para atender a necessidade temporária de excepcional interesse público, é CORRETO afirmar:

- **a)** o contratado temporariamente não ocupa cargo durante o prazo da contratação.

- **b)** a relação do contratado temporariamente com a Administração Pública é de emprego público.

- **c)** a contratação temporária pelos estados e municípios, obrigatoriamente, deve ser regida pela Consolidação das Leis do Trabalho (CLT).

- **d)** a Lei Federal que estabelece os casos de excepcional interesse público, que justificam a contratação temporária na administração federal, é o suporte legal para estados e municípios contratarem temporariamente.

Questão 02 (FUNDEP. UFVJM-MG. Administrador. 2017) Analise as afirmativas a seguir sobre a administração pública brasileira.

I.   Os subsídios e os vencimentos dos ocupantes dos cargos públicos são, como regra geral, irredutíveis.

II. A contratação por tempo determinado para atender à necessidade temporária de excepcional interesse público só pode ocorrer nas hipóteses expressamente previstas na Constituição da República.

III. Excetuados os adicionais por tempo de serviço, os acréscimos pecuniários percebidos por servidor público não serão computados nem acumulados para fins de acréscimos ulteriores.

Segundo o que dispõe a Constituição Brasileira, está(ão) **correta(s)** a(s) afirmativa(s):

   a) I, apenas.

   b) II, apenas

   c) I e II, apenas.

   d) I, II e III.

Questão 03 (CESPE.TJ/RR. Técnico Judiciário. 2012) No que se refere à classificação e às espécies de agentes públicos, julgue os itens seguintes.

Os servidores contratados para atender a necessidade temporária de excepcional interesse público estão sujeitos ao mesmo regime jurídico aplicável aos servidores estatutários.

   (   ) Certo   (   ) Errado

Gabarito: 1-A; 2-A; 3-E

Tema 916: "Efeitos jurídicos do contrato temporário firmado em desconformidade com o art. 37, IX, da Constituição Federal".

Tese: "A contratação por tempo determinado para atendimento de necessidade temporária de excepcional interesse público realizada em desconformidade com os preceitos do art. 37, IX, da Constituição Federal não gera quaisquer efeitos jurídicos válidos em relação aos servidores contratados, com exceção do direito à percepção dos salários referentes ao período trabalhado e, nos termos do art. 19-A da Lei 8.036/1990, ao levantamento dos depósitos efetuados no Fundo de Garantia do Tempo de Serviço – FGTS".

FICHA TÉCNICA	
Leading case:	**RE 705.140 RS**
Descrição do caso feita pelo STF:	"Recurso extraordinário em que se discute, à luz do art. 37, II, § 2º, da Constituição Federal, acerca dos efeitos jurídicos da contratação por tempo determinado para atendimento de necessidade de excepcional interesse público realizada em desconformidade com o art. 37, IX, da Lei Maior."
Dispositivo(s) constitucional(is) envolvido(s):	Art. 37. A administração pública direta e indireta de qualquer dos Poderes da União, dos Estados, do Distrito Federal e dos Municípios obedecerá aos princípios de legalidade, impessoalidade, moralidade, publicidade e eficiência e, também, ao seguinte: (Redação dada pela Emenda Constitucional nº 19, de 1998) (...) II – a investidura em cargo ou emprego público depende de aprovação prévia em concurso público de provas ou de provas e títulos, de acordo com a natureza e a complexidade do cargo ou emprego, na forma prevista em lei, ressalvadas as nomeações para cargo em comissão declarado em lei de livre nomeação e exoneração; (Redação dada pela Emenda Constitucional nº 19, de 1998) (...) X – a remuneração dos servidores públicos e o subsídio de que trata o § 4º do art. 39 somente poderão ser fixados ou alterados por lei específica, observada a iniciativa privativa em cada caso, assegurada revisão geral anual, sempre na mesma data e sem distinção de índices; (Redação dada pela Emenda Constitucional nº 19, de 1998). (...) § 2º A não observância do disposto nos incisos II e III implicará a nulidade do ato e a punição da autoridade responsável, nos termos da lei.
Data de reconhecimento da repercussão geral:	16/09/2016.
Data de julgamento do mérito recursal:	16/09/2016.
Houve unanimidade?	Não.
Data de publicação do acórdão de julgamento do recurso:	23/09/2016.
Trânsito em julgado do acórdão:	Não havia ocorrido o trânsito em julgado do acórdão até a data de fechamento desta edição

◉ Comentários:

O § 2º do art. 37 da Constituição Federal estabelece que a não observância do disposto no inciso II do referido artigo (que trata da necessidade de aprovação em concurso para obter investidura em cargo ou emprego público) implica a nulidade do ato de contratação de pessoal e a punição da autoridade responsável pela prática do ato, nos termos da lei.

O Supremo Tribunal Federal examinou recurso extraordinário interposto em ação trabalhista ajuizada contra o Estado de Minas Gerais por servidor contratado, sem concurso público, para função de oficial de apoio judicial.

Na petição inicial, alega-se, em síntese, que: a) o reclamante foi contratado pelo reclamado para o exercício de função pública de natureza permanente e habitual, por 3 (três) anos e 8 (oito) meses, período durante o qual teria executado atribuições inerentes e típicas dos integrantes do quadro efetivo de pessoal do Tribunal de Justiça do Estado de Minas Gerais, em contrariedade ao art. 37, II e IX, da Constituição Federal; e b) a inobservância às disposições constitucionais pertinentes teria acarretado a nulidade da contratação, gerando ao reclamante o direito à percepção de diversas verbas trabalhistas.

Ao final, requer-se: i) a declaração de nulidade da contratação do reclamante, com efeitos *ex tunc*; ii) o reconhecimento da relação de trabalho que existia entre as partes litigantes; iii) a condenação do reclamado a comprovar o recolhimento dos valores referentes aos depósitos do FGTS correspondente a todo o período da relação de trabalho, fornecendo posteriormente os documentos necessários ao levantamento do montante depositado; iv) em caso de não comprovação dos depósitos, a condenação do reclamado ao pagamento de quantia equivalente aos valores não recolhidos; e v) a condenação do reclamado ao pagamento a) de 30 (trinta) dias de salário relativo à ausência da concessão de aviso prévio quando de sua dispensa; b) de 5 (cinco) parcelas do seguro-desemprego; e c) da multa prevista no art. 477, § 8º, da CLT.

O Tribunal de Justiça de Minas Gerais manteve a sentença que julgou improcedentes os pedidos, sob o fundamento de que o servidor teria sido admitido em caráter provisório e excepcional, para desempenhar a função de oficial de apoio judicial, razão pela qual não faria jus aos valores de FGTS, nem tampouco às demais verbas de natureza celetista, durante o período trabalhado, porquanto tal direito não foi previsto no artigo 39, § 3º da Constituição Federal, e nem tampouco na legislação que trata da designação de terceiros para atender necessidade temporária de excepcional interesse público da Administração Pública Estadual. Contra tal acórdão se interpôs recurso extraordinário.

A questão com repercussão geral a ser debatida residiu, portanto, em identificar se a contratação por tempo determinado para atendimento de necessidade temporária de excepcional interesse público realizada em desconformidade com os preceitos do art. 37, IX, da Constituição Federal geraria ou não quaisquer efeitos jurídicos válidos em relação aos servidores contratados.

O recorrente alegou, em síntese, que o acórdão do Tribunal de Justiça de Minas Gerais teria infringido o art. 37, II, § 2º, da Constituição Federal, pois: a) com o advento da Constituição Federal, ficou vedada a contratação de pessoas para o exercício de função pública de natureza permanente e habitual, ao longo de quase 4 (quatro) anos, para executar atribuições inerentes e típicas às correspondentes ao exercício de cargo público integrante do quadro efetivo de pessoal do tribunal mineiro; e (b) o art. 19-A da Lei 8.036/1990 preceitua ser devido o recolhimento dos depósitos do FGTS nas hipóteses de contratos irregulares e nulos, como ocorreu no caso. Requereu-se, ao final, o provimento do recurso extraordinário para reformar o acórdão recorrido e conferir ao recorrente os direitos sociais do trabalho, em especial a indenização relativa aos depósitos do FGTS.

Em contrarrazões, a parte recorrida postula, preliminarmente, o não conhecimento do recurso, em razão da: a) aplicação do enunciado nº 280 da Súmula do Supremo Tribunal Federal; b) ausência de demonstração da repercussão geral; c) incidência do enunciado nº. 283 da Súmula do Supremo Tribunal Federal; e d) necessidade de reexame de provas. No mérito, pediu o desprovimento do recurso.

A Procuradoria-Geral da República opinou pelo parcial provimento do recurso extra-ordinário, propondo, para fins de repercussão geral, a fixação da tese de que o contratado pela Administração Pública, por instrumento considerado nulo pela não realização prévia de concurso público, possui direito apenas à retribuição salarial e aos depósitos no FGTS atinentes ao período de prestação de serviços, ainda que firmado nos moldes de contrato temporário, tendo em conta a constitucionalidade do art. 19-A da Lei 8.036/1990

Os fundamentos que arrimaram o voto vencedor do acórdão que contempla o precedente examinado foram os seguintes.

As preliminares foram superadas, sob os seguintes fundamentos: a) a matéria abordada no recurso extraordinário não envolve legislação local; b) a preliminar de repercussão geral está devidamente fundamentada; c) o apelo impugnou todos os argumentos do acórdão recorrido; e d) a matéria é exclusivamente de direito, não se fazendo necessária a reapreciação de fatos ou provas.

Quanto aos fundamentos para a validade da contratação por tempo determinado em atendimento a necessidade temporária de excepcional interesse público (art. 37, IX, da CF/88), eis os requisitos estabelecidos pelo Plenário do Supremo Tribunal Federal, no julgamento da ADI 2.229 (Rel. Min. CARLOS VELLOSO, DJ de 25/6/2004): a) previsão em lei dos cargos; b) tempo determinado; c) necessidade temporária de interesse público; d) interesse público excepcional. Mais recentemente, a questão foi reexaminada pelo Pleno em processo submetido à sistemática da repercussão geral (RE 658.026, Rel. Min. DIAS TOFFOLI, DJe de 31/10/2014, Tema 612),

No caso concreto, verifica-se que a contratação do recorrente afigura-se flagrantemente contrária ao art. 37, II e IX, da Constituição Federal, porquanto foi realizada sem prévia aprovação em concurso público, por tempo indeterminado, para o desempenho de serviços ordinários permanentes do Estado e sem a devida exposição do interesse público excepcional que a justificasse – clara, portanto, a nulidade da contratação, nos termos do art. 37, § 2º, da Constituição Federal.

Por outro lado, o art. 19-A da Lei 8.036/1990 dispõe que é devido o depósito na conta vinculada do trabalhador cujo contrato de trabalho seja declarado nulo nas hipóteses previstas no art. 37, § 2º, da Constituição Federal, quando mantido o direito ao salário. A constitucionalidade desse dispositivo foi assentada pelo Plenário desta Corte no julgamento do RE 596.478, Tema 191 da Repercussão Geral, submetido ao regime do art. 543-B do CPC/1973.

A validade jurídico-constitucional do art. 19-A da Lei 8.036/90 foi também proclamada por esta Corte em sede de controle concentrado de constitucionalidade (no julgamento da ADI 3.127). Ademais, na apreciação do RE 705.140, Tema 308 da Repercussão Geral, assentou-se a aplicação do art. 19-A da Lei 8.036/1990 aos contratos de trabalho nulos firmados pela Administração Pública.

Desta forma, a jurisprudência do Supremo Tribunal Federal pacificou-se no sentido de que o entendimento firmado no julgamento dos Temas 191 e 308 aplica-se aos servidores contratados por tempo determinado, quando nulo o vínculo com o Poder Público, por inobservância às disposições constitucionais aplicáveis, como demonstram diversos precedentes.

Essa tese não prejudica a apreciação da matéria cuja repercussão geral foi reconhecida no ARE 646.000-RG, Tema 551 da Repercussão Geral, referente à extensão de direitos concedidos aos servidores públicos efetivos aos servidores e empregados públicos contratados para atender necessidade temporária e excepcional do setor público. Isso porque, nesse precedente paradigma, o acórdão recorrido reputou válida a contratação do servidor por tempo determinado, e o recurso extraordinário do Estado de Minas Gerais não se insurge contra isso.

Defende-se, nesse caso, que os direitos postulados na demanda não são extensíveis aos servidores contratados na forma do art. 37, IX, da CF/88. O Tema 551 abrange, portanto, apenas as contratações por tempo determinado reputadas válidas.

Assim, o Tribunal se manifestou, à unanimidade, pela constitucionalidade da questão, bem como pela existência de repercussão geral da questão suscitada, e, por maioria, reafirmou a jurisprudência sobre a matéria, fixando a tese de que a **contratação por tempo determinado para atendimento de necessidade temporária de excepcional interesse público realizada em desconformidade com os preceitos do art. 37, IX, da Constituição Federal não gera quaisquer efeitos jurídicos válidos em relação aos servidores contratados, com exceção do direito à percepção dos salários referentes ao período trabalhado e, nos termos do art. 19-A da Lei 8.036/1990, ao levantamento dos depósitos efetuados no Fundo de Garantia do Tempo de Serviço – FGTS.**

⊚ Fique atento:

- Foram interpostos recursos contra o acórdão, razão pela qual ainda não ocorreu o trânsito em julgado do mesmo.

2.12. SERVIDORES PÚBLICOS: CONCURSO PÚBLICO

Tema 335: "Remarcação de teste de aptidão física em concurso público."

Tese: "Inexiste direito dos candidatos em concurso público à prova de segunda chamada nos teste de aptidão física, salvo contrária disposição editalícia, em razão de circunstâncias pessoais, ainda que de caráter fisiológico ou de força maior, mantida a validade das provas de segunda chamada realizadas até 15/5/2013, em nome da segurança jurídica".

FICHA TÉCNICA	
Leading case:	RE 630.733/DF
Descrição do caso feita pelo STF:	"Recurso extraordinário em que se discute, à luz dos artigos 5º, caput, e 37, caput, da Constituição Federal, a possibilidade ou não, de remarcação de teste de aptidão física para data diversa da estabelecida por edital de concurso público, a pedido do candidato, em virtude de força maior que atinja a higidez física do candidato, devidamente comprovada mediante documentação idônea".

FICHA TÉCNICA	
Leading case:	**RE 630.733/DF**
Dispositivo(s) constitucional(is) envolvido(s):	Art. 5º Todos são iguais perante a lei, sem distinção de qualquer natureza, garantindo-se aos brasileiros e aos estrangeiros residentes no País a inviolabilidade do direito à vida, à liberdade, à igualdade, à segurança e à propriedade, nos termos seguintes: Art. 37. A administração pública direta e indireta de qualquer dos Poderes da União, dos Estados, do Distrito Federal e dos Municípios obedecerá aos princípios de legalidade, impessoalidade, moralidade, publicidade e eficiência e, também, ao seguinte: (Redação dada pela Emenda Constitucional nº 19, de 1998)
Data de reconhecimento da repercussão geral:	22/10/2010.
Data de julgamento do mérito recursal:	16/05/2013.
Houve unanimidade?	Não.
Data de publicação do acórdão de julgamento do recurso:	20/11/2013.
Trânsito em julgado do acórdão:	20/02/2014.

◉ Comentários:

O Supremo Tribunal Federal examinou o recurso extraordinário nº. 630.733/DF, interposto pela Fundação Universidade de Brasília contra acórdão do Tribunal Regional Federal da 1ª Região que reconheceu o direito de candidato de realizar o teste de aptidão física em data diversa da prevista no edital, em virtude do caso fortuito, caracterizado por problemas temporários de saúde (epicondilite gotosa no cotovelo esquerdo) devidamente comprovados nos autos.

O recurso extraordinário alegou violação aos arts. 5º, *caput,* e 37, *caput,* da Constituição Federal, bem como que a inscrição no certame implica aceitação de todas as normas contidas no edital. Adicionalmente, alegou a impossibilidade de a Administração suportar as peculiaridades das situações individuais de todos os candidatos, que importariam em aumento do tempo e dos recursos financeiros necessários para organizar o concurso; e que ainda que se pudesse argumentar a isonomia material do indivíduo, com base no direito que julga ter o recorrido, esta não poderia subsistir face o interesse público.

O Ministério Público Federal, em seu parecer, manifestou-se pelo não provimento do recurso, ao argumento de que, apesar de o Edital ser a lei do concurso, suas regras devem estar informadas pelo princípio da isonomia material, que assegure tratamento uniforme entre os concursados, inclusive àqueles que se encontram em situações temporariamente incapacitantes.

A questão com repercussão geral a ser debatida residiu, portanto, em definir se existe direito dos candidatos em concurso público à prova de segunda chamada nos teste de aptidão física, e em que condições.

Os fundamentos que arrimaram o voto vencedor do acórdão que contempla o precedente examinado foram: a) embora o Supremo Tribunal Federal tenha firmado posicionamento acerca da possibilidade de se remarcar teste físico em razão da ocorrência de casos fortuitos, a existência de previsão editalícia que prescreva que alterações corriqueiras de saúde não são aptas a ensejar a remarcação de teste físico não viola o princípio da isonomia e atende os princípios da supremacia do interesse público e da impessoalidade b) se em face da disposição editalícia que proíbe a remarcação do teste físico, se permitissem a remarcação do teste em detrimento de outros candidatos nas mesmas condições, estaria, aí sim, configurada a violação à isonomia; c) o interesse público é atendido quando a Administração escolhe os candidatos mais bem qualificados, com transparência, impessoalidade, igualdade e com o menor custo econômico e temporal para os cofres públicos.

Como, no caso concreto, o recorrido realizou prova de aptidão física em segunda chamada por força de liminar concedida pelo Poder Judiciário, confirmado por sentença e por acórdão do Tribunal Regional Federal da 1ª Região, e em razão de o candidato já se encontrar, na data do julgamento do recurso extraordinário, há quase dez anos empossado, o Tribunal decidiu modular os efeitos da decisão, para preservar os efeitos dos atos decisórios e administrativos praticados com confiança em jurisprudência longamente adotada, o que estabeleceu com citação de diversos precedentes em que tal modulação, de forma semelhante, foi adotada. O Tribunal destacou que não se tratava de aplicação da teoria do fato consumado, mas de efetiva garantia da segurança jurídica na mudança de entendimento jurisprudencial.

Com base em tais fundamentos, ao recurso extraordinário foi negado provimento para assentar a jurisprudência, em sede de repercussão geral, no sentido de i) reconhecer a inexistência de direito dos candidatos à prova de segunda chamada nos testes de aptidão física, salvo contrária disposição editalícia, em razão de circunstâncias pessoais, ainda que de caráter fisiológico ou de força maior; e ii) assegurar a validade das provas de segunda chamada realizadas até a data de conclusão do presente julgamento em nome da segurança jurídica.

Assim, o Supremo Tribunal Federal, por maioria, e nos termos do voto do Relator, negou provimento ao recurso, **assegurando a validade das provas de segunda chamada realizadas até a data do julgamento, e reconhecendo a inexistência de direito de candidatos** à **prova de segunda chamada nos testes de aptidão física, em razão de circunstâncias pessoais, ainda que de caráter fisiológico ou de força maior, salvo contrária disposição editalícia.**

Em voto divergente, o Min. Marco Aurélio desproveu o recurso, com fundamento na tese segundo a qual a impossibilidade temporária para realizar prova de esforço físico tornaria possível ao candidato requerer segunda chamada, sem que este ato importasse ofensa ao princípio da impessoalidade; e entendeu pela não aplicação do regime da repercussão geral ao caso, dado o fato de que o recurso foi interposto anteriormente à Emenda Constitucional nº. 45/04.

⊙ Fique atento:

- O voto do Min. Teori Zavascki discutiu distinção entre situações em que o candidato, durante a execução do teste de aptidão física, se acomete de lesão ou incapacidade – que não autoriza a realização de novo teste; e situações em que um evento anterior gera incapacidade temporária no candidato para a execução da prova no dia aprazado, hipótese que autoriza a realização de novo exame físico sem violar os princípios da igualdade e da impessoalidade. A maioria, entretanto, não se manifestou sobre tal distinção.

- No caso, o Supremo Tribunal Federal decidiu, por maioria, aplicar ao caso o regime da repercussão geral, não obstante se tratar de recurso extraordinário que antecedia a Emenda Constitucional nº. 45/2004.

⊙ Questões de Concurso relacionadas ao tema:

Questão 01 (Ano: 2014 Banca: CESPE Órgão: TJ-CE Prova: Analista Judiciário – Execução de Mandados) O edital de um concurso público previu, para o teste de aptidão física, a impossibilidade de remarcação da prova em virtude de inaptidão temporária do candidato por problema de saúde, ainda que comprovada mediante atestado médico. Acerca dessa situação hipotética, assinale a opção correta à luz da jurisprudência do Supremo Tribunal Federal (STF).

a) Na hipótese em apreço, o edital está de acordo com as normas constitucionais que regem o concurso público, não se podendo alegar ofensa ao princípio da isonomia.

b) Mesmo que não houvesse previsão expressa no edital, seria impossível a remarcação do teste de aptidão física.

c) A regulamentação da situação em apreço deveria ser feita por meio de lei e não por meio de edital.

d) A despeito da previsão contida no edital do referido concurso, o candidato teria direito à remarcação caso se submetesse a uma junta médica, para comprovação de sua inaptidão temporária.

e) A previsão editalícia em questão fere o princípio da isonomia, devendo haver o direito à remarcação da data da prova para o candidato que comprovar problema temporário de saúde.

Questão 02 (Ano: 2014 Banca: CESPE Órgão: TC-DF Prova: Técnico de Administração Pública) À luz das normas constitucionais e da jurisprudência do STF, julgue o seguinte item.

Conforme jurisprudência do STF, em respeito ao princípio da isonomia, a administração pública não pode remarcar a data de realização de teste de aptidão física de candidato impossibilitado, em virtude de problema temporário de saúde certificado por atestado médico, de realizá-lo na data previamente agendada, caso o edital do certame expressamente proíba a remarcação.

( ) Certo   ( ) Errado

Gabarito: 1-A; 2-C

Tema 338: "Exigência do exame psicotécnico em concurso público, sem previsão em lei, e critérios de avaliação."

Tese: "A exigência do exame psicotécnico em concurso depende de previsão em lei e no edital, e deve seguir critérios objetivos".

FICHA TÉCNICA	
Leading case:	**AI 758.533 MG**
Descrição do caso feita pelo STF:	"Agravo de instrumento interposto contra decisão que inadmitiu recurso extraordinário, em que se discute, à luz dos artigos 5º, II, LV; e 37, caput, I e II, da Constituição Federal, a constitucionalidade ou não, da exigência de exame psicotécnico, sem previsão em lei, como requisito para ingresso no serviço público, e da adoção de critérios, alegadamente subjetivos, para a avaliação do candidato."
Dispositivo(s) constitucional(is) envolvido(s):	Art. 5º Todos são iguais perante a lei, sem distinção de qualquer natureza, garantindo-se aos brasileiros e aos estrangeiros residentes no País a inviolabilidade do direito à vida, à liberdade, à igualdade, à segurança e à propriedade, nos termos seguintes: (...) II – ninguém será obrigado a fazer ou deixar de fazer alguma coisa senão em virtude de lei; (...) LV – aos litigantes, em processo judicial ou administrativo, e aos acusados em geral são assegurados o contraditório e ampla defesa, com os meios e recursos a ela inerentes;
	Art. 37. A administração pública direta e indireta de qualquer dos Poderes da União, dos Estados, do Distrito Federal e dos Municípios obedecerá aos princípios de legalidade, impessoalidade, moralidade, publicidade e eficiência e, também, ao seguinte: (Redação dada pela Emenda Constitucional nº 19, de 1998). I – os cargos, empregos e funções públicas são acessíveis aos brasileiros que preencham os requisitos estabelecidos em lei, assim como aos estrangeiros, na forma da lei; (Redação dada pela Emenda Constitucional nº 19, de 1998) II – a investidura em cargo ou emprego público depende de aprovação prévia em concurso público de provas ou de provas e títulos, de acordo com a natureza e a complexidade do cargo ou emprego, na forma prevista em lei, ressalvadas as nomeações para cargo em comissão declarado em lei de livre nomeação e exoneração; (Redação dada pela Emenda Constitucional nº 19, de 1998). ...
Data de reconhecimento da repercussão geral:	23/06/2010
Data de julgamento do mérito recursal:	23/06/2010
Houve unanimidade?	Sim

FICHA TÉCNICA	
Leading case:	**AI 758.533 MG**
Data de publicação do acórdão de julgamento do recurso:	13/08/2010
Trânsito em julgado do acórdão:	25/08/2010

◉ Comentários:

Trata-se de agravo de instrumento contra decisão que inadmitiu o recurso extraordinário interposto contra acórdão do Tribunal de Justiça de Minas Gerais que reputou constitucional e legal a realização de exame de aptidão psicológica em concurso havido para ingressar no Curso de Técnico em Segurança Pública da Polícia Militar de Minas Gerais.

O relator levou à consideração do Plenário em Questão de Ordem a conversão do agravo de instrumento em recurso extraordinário, com fundamento no art. 544, §§ 3º e 4º do CPC-1973, considerando a verificação, nos autos, de todos os subsídios necessários ao exame da controvérsia.

A questão com repercussão geral a ser debatida residiu, portanto, no debate acerca da exigência do exame psicotécnico em concurso público, sem previsão em lei, e critérios de avaliação

Os fundamentos adotados no voto do Relator, vencedor do acórdão que contempla o precedente examinado, foram: a) no que concerne ao procedimento aplicado aos casos em que já existe jurisprudência pacífica, o Supremo Tribunal Federal adota o entendimento segundo o qual tais matérias podem ser trazidas, em questão de ordem, a fim de que se afirme, de forma objetiva, e para cada uma, a aplicabilidade do regime de repercussão geral, sempre que presente a relevância sob os aspectos legais; b) **há jurisprudência da corte no sentido de que a exigência de avaliação psicológica ou teste psicotécnico, como requisito ou condição necessária ao acesso a determinados cargos públicos de carreira, somente é possível, nos termos da Constituição Federal, se houver lei que expressamente autorize (nos termos do enunciado nº. 686 da Súmula do STF), bem como previsão editalícia, e critérios objetivos de avaliação.**

Desta forma, o tribunal reconheceu a repercussão geral da questão analisada, reafirmou a jurisprudência da corte segundo a qual a exigência de exame psicotécnico em concurso depende de previsão legal e editalícia, e deve atender critérios objetivos; denegou provimento ao recurso, considerando que o acórdão impugnado estava de acordo com a jurisprudência pacificada da Corte.

O Ministro Marco Aurélio, em voto divergente, entendeu que o Supremo Tribunal Federal não estava a julgar o recurso extraordinário propriamente dito, mas o agravo de instrumento interposto contra decisão que implicou a negativa de seguimento ao negado recurso; assim, votou pelo não conhecimento do recurso de agravo de instrumento, pois este deveria ser apreciado pelo Relator.

◉ Fique atento:

- Em *obiter dictum*, o tribunal decidiu que o Supremo Tribunal Federal e os demais tribunais estão autorizados a adotar procedimentos relacionados à repercussão geral, principalmente a retratação das decisões ou a declaração de prejuízo dos recursos extraordinários, sempre que as decisões contrariarem ou confirmarem a jurisprudência ora reafirmada.

- O precedente extraído do julgamento do Tema 338 da Repercussão Geral é um dos julgados nos quais se lastreia a **Súmula Vinculante nº 44**, aprovada em sessão plenária de 08/04/2015 ("Só por lei se pode sujeitar a exame psicotécnico a habilitação de candidato a cargo público").

◉ Questões de Concurso relacionadas ao tema:

Questão 01 (Ano: 2007 Banca: CESPE Órgão: TRT – 9ª REGIÃO (PR) Prova: Analista Judiciário – Área Judiciária) O exame psicotécnico pode ser exigido em concurso público, desde que assim preveja o edital.

( ) Certo   ( ) Errado

Questão 02 (Ano: 2008 Banca: CESPE Órgão: ABIN Prova: Oficial de Inteligência) Conforme entendimento do STF, o exame psicotécnico, para ser admitido em concursos públicos, deve estar previsto em lei e conter critérios objetivos de reconhecido caráter científico, sendo prescindível a possibilidade de reexame na esfera administrativa.

( ) Certo   ( ) Errado

Questão 03 (Ano: 2014 Banca: FCC Órgão: TRT – 18ª Região (GO) Prova: Juiz do Trabalho) Em 2013, determinado Estado da Federação editou lei pela qual criou cargos públicos de agentes fiscais de rendas, determinando que o valor da respectiva remuneração seria equivalente a 90% da remuneração do Governador do Estado, de modo que, a cada aumento da remuneração do Chefe do Executivo, o salário desses servidores seria imediatamente majorado, independentemente de nova lei.

A mesma lei também criou adicional de remuneração em razão do tempo de exercício no cargo, à razão de 5% a cada cinco anos trabalhados, dispondo que o valor do adicional não seria somado ao valor dos vencimentos para fins de submissão ao limite remuneratório existente para os servidores públicos, imposto pela Constituição Federal.

Na sequência, a Administração pública estadual determinou a abertura de concurso público para preenchimento dos cargos públicos recém-criados, sendo prevista no edital do concurso a aplicação de exame psicotécnico aos candidatos, ainda que na lei de regência da matéria não houvesse previsão para a realização desse exame.

Considerando o disposto na Constituição Federal e a jurisprudência do Supremo Tribunal Federal, a lei estadual é inconstitucional em relação

a)   à vinculação dos vencimentos dos servidores à remuneração do Governador do Estado, bem como à instituição de vantagem remuneratória sem que fosse somada ao valor dos vencimentos para fins de verificação do limite salarial, sendo, no entanto, compatível com ordenamento jurídico a previsão de exame psicotécnico no edital do concurso.

b) à vinculação dos vencimentos dos servidores à remuneração do Governador do Estado, bem como à instituição de vantagem remuneratória sem que fosse somada ao valor dos vencimentos para fins de verificação do limite salarial, sendo incompatível com o ordenamento jurídico a previsão de exame psicotécnico no edital do concurso.

c) somente à vinculação dos vencimentos dos servidores à remuneração do Governador do Estado, sendo incompatível com o ordenamento jurídico a previsão de exame psicotécnico no edital do concurso.

d) somente à instituição de vantagem remuneratória sem que fosse somada ao valor dos vencimentos para fins de verificação do limite salarial, sendo, no entanto, compatível com o ordenamento jurídico a previsão de exame psicotécnico no edital do concurso.

e) somente à instituição de vantagem remuneratória sem que fosse somada ao valor dos vencimentos para fins de verificação do limite salarial, sendo incompatível com o ordenamento jurídico a previsão de exame psicotécnico no edital do concurso.

Gabarito: 1-E; 2-E; 3-B

Tema 376: "Cláusulas de barreira ou afunilamento em concurso público"

Tese: "É constitucional a regra inserida no edital de concurso público, denominada cláusula de barreira, com o intuito de selecionar apenas os candidatos mais bem classificados para prosseguir no certame".

FICHA TÉCNICA	
Leading case:	**RE 635.739/AL**
Descrição do caso feita pelo STF:	"Recurso extraordinário em que se discute, à luz dos artigos 5º, caput; e 37, I, da Constituição Federal, a constitucionalidade, ou não, de cláusulas (de barreira ou afunilamento) constantes de edital de concurso público, as quais estabelecem limitações com o intuito de selecionar apenas os candidatos melhores classificados para prosseguir no certame".
Dispositivo(s) constitucional(is) envolvido(s):	Art. 37. A administração pública direta e indireta de qualquer dos Poderes da União, dos Estados, do Distrito Federal e dos Municípios obedecerá aos princípios de legalidade, impessoalidade, moralidade, publicidade e eficiência e, também, ao seguinte: (Redação dada pela Emenda Constitucional nº 19, de 1998)
	I – os cargos, empregos e funções públicas são acessíveis aos brasileiros que preencham os requisitos estabelecidos em lei, assim como aos estrangeiros, na forma da lei; (Redação dada pela Emenda Constitucional nº 19, de 1998).

FICHA TÉCNICA	
Leading case:	**RE 635.739/AL**
Data de reconhecimento da repercussão geral:	25/03/2011.
Data de julgamento do mérito recursal:	19/02/2014.
Houve unanimidade?	Sim. Contudo, rejeitou-se, por maioria, a proposta de modulação dos efeitos da decisão.
Data de publicação do acórdão de julgamento do recurso:	03/10/2014.
Trânsito em julgado do acórdão:	15/10/2014.

⊙ Comentários:

Em recurso extraordinário interposto com fundamento no art. 102, III, "a", da Constituição Federal, discutiu-se, em suma, se há afronta ao art. 5º, *caput,* e ao art. 37, I, da Constituição Federal, quando **edital de concurso público institui, em uma de suas fases, a chamada "cláusula de barreira".**

A controvérsia se iniciou quando o autor impetrou mandando de segurança em face do Estado de Alagoas, requerendo o reconhecimento do direito de participar de etapa do concurso para o cargo de Agente da Polícia Civil do Estado de Alagoas, da qual fora excluído por regra editalícia (a denominada "cláusula de barreira") que determinava a convocação para o exame psicotécnico apenas dos "primeiros melhores classificados, em número igual ou até 2 (dois) por total de vaga oferecida por cargo".

Tendo a sentença confirmado a liminar e invalidado o ato administrativo que havia eliminado o impetrante do concurso, o Estado de Alagoas apelou à segunda instância, que, por sua vez, negou provimento ao recurso e determinou que fosse promovida a nomeação e posse do impetrante para o cargo no qual foi aprovado, observada a sua ordem de classificação – acórdão contra o qual foi interposto o referido recurso extraordinário.

Em contrarrazões, o impetrante recorrido alegou que o edital apresentava falhas, ressaltando que ninguém pode ser eliminado de certame por exame psicotécnico, salvo se doente mental, o que não era o caso.

A questão com repercussão geral a ser debatida residiu, portanto, em definir se era constitucional ou não inserir regra em edital de concurso público, denominada cláusula de barreira, com o intuito de selecionar apenas os candidatos mais bem classificados para prosseguir no certame.

Os fundamentos que arrimaram o voto vencedor do acórdão que contempla o precedente examinado foram: a) regras diferenciadoras de candidatos em concursos públicos, que igualmente utilizem fatores de discrímen relacionados ao desempenho meritório do candidato ou à sua classificação no certame, também podem estar justificadas em razão da necessidade da Administração Pública de realização eficiente e eficaz do concurso, viabilizando o custo operacional de cada concurso; b) a delimitação numérica de candidatos deve guardar pertinência lógica com o número de vagas oferecido no edital, além de outros fatores, como a disponibilidade de recursos humanos para corrigir as provas (especialmente as discursivas) e recursos financeiros para a realização do certame (especialmente os exames psicotécnicos e os cursos de formação, normalmente dispendiosos); c) regras restritivas em editais de concurso público, como as regras eliminatórias e as denominadas cláusulas de barreira, quando fundadas em critérios objetivos relacionados ao desempenho meritório do candidato, atendem ao princípio da igualdade e da impessoalidade no âmbito do concurso público.

Como, no caso concreto, não houve discordância quanto à tese geral, decidiu-se, por unanimidade, e nos termos do voto do Relator, dar provimento ao recurso extraordinário movido pelo Estado de Alagoas, **reconhecendo a validade da cláusula de barreira em editais de concursos públicos.**

Quanto à manutenção do autor/recorrido no cargo para o qual estava investido *sub judice*, houve rejeição, por maioria, da proposta de modulação dos efeitos da decisão, para proteger a sua situação jurídica, vencidos os Mins. Barroso e Luiz Fux, que defenderam, embora sem convencimento da maioria, a proteção de uma suposta segurança jurídica em favor do autor/recorrente.

◉ Fique atento:

- O Supremo Tribunal Federal decidiu, em *obiter dictum,* por maioria, que a situação jurídica do autor/recorrido, o qual tomou posse *sub judice* do cargo que ocupava, não deveria ser protegida pela modulação dos efeitos do julgamento do recurso extraordinário, haja vista ter o mesmo ciência da precariedade da decisão que lhe autorizou a exercer a função pública.

◉ Questões de Concurso relacionadas ao tema:

Questão 01 (Ano: 2013 Banca: CETRO Órgão: CREF – 4ª Região (SP) Prova: Procurador)

Sobre o entendimento dos tribunais superiores em relação aos servidores públicos e aos concursos públicos, analise as assertivas abaixo.

I. Reconhecido o desvio de função, o servidor faz jus às diferenças salariais decorrentes.

II. O Supremo Tribunal Federal (STF) entende que há violação a direito líquido e certo no estabelecimento de limites no número de candidatos considerados aptos em determinada etapa dos concursos públicos para prosseguir nas demais fases (cláusula de barreira).

III. Conforme o Superior Tribunal de Justiça (STJ), não é possível exigir a devolução ao erário dos valores recebidos de boa-fé pelo servidor público, quando pagos indevidamente pela Administração Pública, em função de interpretação equivocada de lei.

IV. O regime jurídico dos conselhos de fiscalização profissional atualmente é estatutário.

É correto o que se afirma em

   a) I, II, III e IV.

b) IV, apenas.

c) I, III e IV, apenas.

d) III e IV, apenas.

e) III, apenas.

Questão 02 (Ano: 2017 Banca: FCC Órgão: DPE-PR Prova: Defensor Público) Sobre o tema Agentes Públicos,

a) é aplicável a regra da aposentadoria compulsória por idade também aos servidores públicos que ocupem exclusivamente cargo em comissão, segundo o Superior Tribunal de Justiça.

b) o desconto em folha de pagamento de servidor público, referente a ressarcimento ao erário, depende de prévia autorização dele ou de prévio procedimento administrativo que lhe assegure a ampla defesa e contraditório, segundo o Superior Tribunal de Justiça.

c) é inconstitucional a "cláusula de barreira" inserida em edital de concurso público, segundo o Supremo Tribunal Federal.

d) a extinção da punibilidade pela prescrição de determinada infração administrativa será registrada nos assentamentos funcionais apenas para impedir novamente o mesmo benefício no prazo de cinco anos, segundo o Superior Tribunal de Justiça.

e) os institutos da estabilidade e do estágio probatório, após alteração promovida pela Emenda Constitucional n° 19/1998, estão desvinculados, tendo em vista a possibilidade de prorrogação do estágio probatório.

Gabarito: 1-C; 2-B

Tema 485: "Controle jurisdicional do ato administrativo que avalia questões em concurso público."

Tese: Não compete ao Poder Judiciário substituir a banca examinadora para reexaminar o conteúdo das questões e os critérios de correção utilizados, salvo ocorrência de ilegalidade ou de inconstitucionalidade.

FICHA TÉCNICA	
Leading case:	RE 632853
Descrição do caso feita pelo STF:	Divulgação, em sítio eletrônico oficial, de informações alusivas a servidores públicos, inclusive seus nomes e correspondentes remunerações.

FICHA TÉCNICA	
Leading case:	**RE 632853**
Dispositivo(s) constitucional (is) envolvido(s):	Art. 2º São Poderes da União, independentes e harmônicos entre si, o Legislativo, o Executivo e o Judiciário. Art. 5º Todos são iguais perante a lei, sem distinção de qualquer natureza, garantindo-se aos brasileiros e aos estrangeiros residentes no País a inviolabilidade do direito à vida, à liberdade, à igualdade, à segurança e à propriedade, nos termos seguintes:
Data de reconhecimento da repercussão geral:	07/10/2011
Data de julgamento do mérito recursal:	23/04/2015
Houve unanimidade?	Não
Data de publicação do acórdão de julgamento do recurso:	29/06/2015
Trânsito em julgado do acórdão:	14/08/2015

◉ Comentários:

Trata o Recurso extraordinário de controvérsia acerca da correção da prova do concurso público para provimento do cargo de enfermeiro da Secretaria de Saúde do Estado do Ceará. Após a divulgação de gabarito prévio, alguns candidatos recorreram de diversas respostas aduzindo que nelas haveria mais de uma resposta correta. Posteriormente, ajuizaram ação ordinária com pedido de tutela antecipada com o objetivo de declarar a nulidade de dez questões, ao fundamento de falta de fundamentação no julgamento do recurso administrativo pela Banca Examinadora. Alegaram, ainda, que o gabarito divulgado seria contrário a leis federais, conceitos oficiais do Ministério da Saúde, da ANVISA, manuais técnicos e doutrina especializada indicada no próprio edital. O acórdão desafiado por Recurso Extraordinário confirmou a sentença que acolheu a tese dos autores para declarar nulas 8 (oito) questões da prova objetiva.

No STF, o Ministro Relator Gilmar Mendes invocou vasta jurisprudência da Corte no sentido de que não compete ao Poder Judiciário substituir a Banca Examinadora de concurso público para reexaminar o conteúdo das questões e o critério de correção utilizado, salvo em caso de ilegalidade ou inconstitucionalidade. Tal circunstância ocorreria, por exemplo, caso fosse incluída na prova questão sobre matéria não prevista no edital. Ademais, não haveria quebra da isonomia entre os candidatos se o critério de correção foi aplicado a todos, indistintamente. Dessa forma, teria o acórdão impugnado violado o princípio de separação dos poderes e a própria reserva de administração, uma vez que teria realizado nova correção das questões, em substituição à Banca. Em outras palavras, os juízos ordinários não teriam se limitado a controlar a pertinência do exame aplicado ao conteúdo discriminado no edital, mas teriam ido além, apreciando os critérios de avaliação e a própria correção técnica do gabarito oficial.

A tese do Relator foi acompanhada pela maioria, opondo-se a ela a divergência isolada do Ministro Marco Aurélio.

Assim, foi dado provimento ao Recurso do Estado do Ceará e fixada a tese de repercussão geral de que os critérios adotados pela Banca Examinadora de um concurso não podem ser revistos pelo Poder Judiciário.

◉ Síntese do debate constante do acórdão que fixou o precedente:

Argumentos favoráveis à tese fixada:	Argumentos contrários à tese fixada:
• Os critérios adotados pela Banca Examinadora de um concurso não podem ser revistos pelo Judiciário, salvo se houver ilegalidade ou inconstitucionalidade. Não cabe ao Poder Judiciário, no controle jurisdicional da legalidade, substituir-se à banca examinadora do concurso público para reexaminar os critérios de correção das provas e o conteúdo das questões formuladas, sob pena de violação do princípio de separação dos poderes e a própria reserva de administração. (Gilmar Mendes) • A inadequação de intervenção do Judiciário corrigindo questões de prova fica evidente nos casos em que o concurso é realizado em área diversa do direito, quando se faz necessário ouvir especialistas, o que equivale a substituir a Banca Examinadora. (Teori Zavascki) • O controle judicial via princípios constitucionais deve ser exercido com extrema cautela, haja vista a baixa densidade semântica do programa normativo e especificidade técnica dos temas versados em diferentes concursos públicos; o controle judicial exercido com base em regras, porém, autoriza uma intervenção mais incisiva do Poder Judiciário, sobretudo se tais regras estiverem previstas no Edital, "lei interna" do concurso público. (Luiz Fux).	• Não é dado assentar, de forma peremptória, que não cabe questionar situação jurídica envolvendo interesses subjetivos, interesses dos candidatos, já que é cláusula pétrea a do livre acesso ao Judiciário, para reparar lesão a direito ou para afastar-se ameaça de lesão a direito. É possível chegar-se à última trincheira da cidadania, para se questionar a legitimidade ou não de um concurso público. Pelo edital, somente haveria, no tocante a cada questão, uma resposta correta, mas a banca, que confeccionou essa prova objetiva, lançou questões com mais de uma opção correta, e só poderia o candidato assinalar uma opção como correta. Por isso, o Juízo glosou certas questões, e o Tribunal confirmou corretamente essa glosa das questões. (Marco Aurélio)[10]

◉ Fique atento:

• Nas discussões durante o julgamento, o Ministro Luiz Fux pretendeu incluir na tese de repercussão geral uma ressalva quanto aos casos em que houvesse teratologia e ilegalidade nas decisões da Banca Examinadora. A proposta não foi acolhida para que a redação não estimulasse a propositura de ações diversas que alegassem justamente aquelas hipóteses. Todavia, conforme se disse, caso exista, de fato, na de-

---

10. O Ministro Marco Aurélio votou preliminarmente pelo não conhecimento do Recurso porque entendeu que não havia prequestionamento da matéria pelo Recorrente. No mérito, votou pelo desprovimento.

cisão da Banca Examinadora, alguma ilegalidade, inconstitucionalidade ou teratologia, será o caso de apreciação pelo Poder Judiciário.

> **Tema 646:** "Estabelecimento de limite de idade para inscrição em concurso público."
>
> **Tese:** O estabelecimento de limite de idade para inscrição em concurso público apenas é legítimo quando justificado pela natureza das atribuições do cargo a ser preenchido.

FICHA TÉCNICA	
Leading case:	**ARE 678112**
Descrição do caso feita pelo STF:	Agravo de decisão que inadmitiu recurso extraordinário em que se discute, à luz dos arts. 3°, IV; 5°, caput; 7°, XXX e 39, § 3°, da Constituição federal, e nos termos da Súmula 683 do Supremo Tribunal Federal, a razoabilidade da limitação de idade, prevista em lei, para inscrição em concurso público ao cargo de Agente de Polícia Civil.
Dispositivo(s) constitucional (is) envolvido(s):	Art. 3° Constituem objetivos fundamentais da República Federativa do Brasil: (...) IV – promover o bem de todos, sem preconceitos de origem, raça, sexo, cor, idade e quaisquer outras formas de discriminação. Art. 5° Todos são iguais perante a lei, sem distinção de qualquer natureza, garantindo-se aos brasileiros e aos estrangeiros residentes no País a inviolabilidade do direito à vida, à liberdade, à igualdade, à segurança e à propriedade, nos termos seguintes: Art. 7° São direitos dos trabalhadores urbanos e rurais, além de outros que visem à melhoria de sua condição social: (...) XXX – proibição de diferença de salários, de exercício de funções e de critério de admissão por motivo de sexo, idade, cor ou estado civil; Art. 39. A União, os Estados, o Distrito Federal e os Municípios instituirão conselho de política de administração e remuneração de pessoal, integrado por servidores designados pelos respectivos Poderes. (...) § 3° Aplica-se aos servidores ocupantes de cargo público o disposto no art. 7°, IV, VII, VIII, IX, XII, XIII, XV, XVI, XVII, XVIII, XIX, XX, XXII e XXX, podendo a lei estabelecer requisitos diferenciados de admissão quando a natureza do cargo o exigir.
Data de reconhecimento da repercussão geral:	26/04/2013
Data de julgamento do mérito recursal:	26/04/2013

FICHA TÉCNICA	
Leading case:	**ARE 678112**
Houve unanimidade?	Não
Data de publicação do acórdão de julgamento do recurso:	17/05/2013
Trânsito em julgado do acórdão:	29/05/2013

◉ Comentários:

Ainda sob a vigência da Lei Estadual nº 5.406/69, que no seu art. 80, II, apontava como requisito para efetuação da matrícula em curso da Academia de Polícia Civil, o Estado de Minas Gerais realizou concurso público para o cargo de Agente, incluindo no edital aqueles limites etários. Posteriormente, a Lei Complementar 113/2010 alterou a redação do mencionado dispositivo para deixar prevista apenas a idade mínima exigida.

Nesse cenário, um candidato que teve a inscrição indeferida por motivo de idade ajuizou Ação Declaratória de Nulidade de Ato Administrativo, arguindo incidentalmente inconstitucionalidade de dispositivo legal, alegando ser desarrazoada a limitação de idade para ingresso no cargo de agente de polícia, visto que foi devidamente aprovado nos testes Biomédicos e Biofísicos. O juízo monocrático de origem julgou improcedentes os pedidos do autor. Em sede de apelação a sentença foi mantida. O Recorrente, então, interpôs recurso extraordinário, ao qual foi negado seguimento. Agravada a decisão denegatória, subiram os autos ao STF, onde a matéria já estava inclusive sumulada (683): "O limite de idade para a inscrição em concurso público só se legitima em face do art. 7º, XXX, da Constituição, quando possa ser justificado pela natureza das atribuições do cargo a ser preenchido". Dessa forma, nos termos do voto do Ministro Relator Luiz Fux, os limites de idade fixados no edital foram considerados razoáveis e o Recurso foi desprovido.

◉ Síntese do debate constante do acórdão que fixou o precedente:

O julgamento se deu através do Plenário Virtual com reafirmação da jurisprudência do STF. O Ministro Marco Aurélio Melo divergiu porque entendeu que o Relator apenas conheceu do agravo, deixando de lhe dar provimento, e que mesmo que o fizesse, a consequência única seria permitir a subida do Recurso Extraordinário para julgamento.

◉ Fique atento:

• Note que mesmo com a revogação do dispositivo legal que deu substrato para a limitação de idade pelo edital do concurso, o STF considerou razoável o critério utilizado. Conforme se infere da leitura da Súmula 683 do STF, não é necessário que a limitação de idade, nas exceções admitidas, esteja prevista em lei.

⊙ Questões de Concurso relacionadas ao tema:

Questão 01 (Investigador de Polícia Civil – PA / FUNCAB / 2016) Acerca dos direitos sociais, previstos na Constituição Federal, é correto afirmar:

a) É vedado à categoria dos trabalhadores domésticos o direito à remuneração do trabalho noturno superiora do diurno.

b) Admite-se a criação de mais de uma organização sindical, em qualquer grau, representativa de categoria profissional ou econômica, na mesma base territorial, que será definida pelos trabalhadores ou empregadores interessados, não podendo ser inferior à área de um município.

c) A lei poderá exigir autorização do Estado para a fundação de sindicato, ressalvado o registro no órgão competente, vedadas ao Poder Público a interferência e a intervenção na organização sindical.

d) O limite de idade para a inscrição em concurso público só se legitima em face da vedação constitucional de diferença de critério de admissão por motivo de idade, quando possa ser justificado pela natureza das atribuições do cargo a ser preenchido.

e) É vedada a dispensa do em pregado sindicalizado a partir do registro da candidatura a cargo de direção ou representação sindical e, se eleito, ainda que suplente, até o final do mandato.

Questão 02 (CESPE – 2016 – PC-PE – Delegado de Polícia). Em obediência ao princípio da igualdade, o STF reconhece que há uma impossibilidade absoluta e genérica de se estabelecer diferencial de idade para o acesso a cargos públicos. ( ) Certo ( ) Errado

Gabarito: 1-D; 2-E

Tema 838: "Constitucionalidade da proibição, contida em edital de concurso público, de ingresso em cargo, emprego ou função pública para candidatos que tenham certos tipos de tatuagem em seu corpo".

Tese: "Editais de concurso público não podem estabelecer restrição a pessoas com tatuagem, salvo situações excepcionais em razão de conteúdo que viole valores constitucionais".

FICHA TÉCNICA	
Leading case:	**RE 898.450/SP**
Descrição do caso feita pelo STF:	"Recurso extraordinário em que se discute, à luz do art. 37, I e II, da Constituição Federal, a constitucionalidade da proibição, contida em edital de concurso público, de ingresso em cargo, emprego ou função pública imposta aos candidatos que possuam tatuagem em seu corpo fora dos parâmetros definidos no edital do certame".

FICHA TÉCNICA	
Leading case:	**RE 898.450/SP**
Dispositivo(s) constitucional(is) envolvido(s):	Art. 37. A administração pública direta e indireta de qualquer dos Poderes da União, dos Estados, do Distrito Federal e dos Municípios obedecerá aos princípios de legalidade, impessoalidade, moralidade, publicidade e eficiência e, também, ao seguinte: (Redação dada pela Emenda Constitucional nº 19, de 1998) I – os cargos, empregos e funções públicas são acessíveis aos brasileiros que preencham os requisitos estabelecidos em lei, assim como aos estrangeiros, na forma da lei; (Redação dada pela Emenda Constitucional nº 19, de 1998) II – a investidura em cargo ou emprego público depende de aprovação prévia em concurso público de provas ou de provas e títulos, de acordo com a natureza e a complexidade do cargo ou emprego, na forma prevista em lei, ressalvadas as nomeações para cargo em comissão declarado em lei de livre nomeação e exoneração; (Redação dada pela Emenda Constitucional nº 19, de 1998)
Data de reconhecimento da repercussão geral:	28/08/2015
Data de julgamento do mérito recursal:	17/08/2016
Houve unanimidade?	Não.
Data de publicação do acórdão de julgamento do recurso:	Ainda não ocorreu.
Trânsito em julgado do acórdão:	Ainda não ocorreu.

◉ Comentários:[11]

Com fundamento na alínea "c" do permissivo constitucional, o Supremo Tribunal Federal apreciou recurso extraordinário interposto em face de acórdão do Tribunal de Justiça do Estado de São Paulo que inadmitiu recurso extraordinário.

O recorrente impetrou mandado de segurança em face do Diretor do Centro de Seleção, Alistamento e Estudos de Pessoal da Policia Militar do Estado de São Paulo, por tê-lo excluído de concurso público para o preenchimento de vagas de Soldado PM de 2ª Classe do referido ente da federação, em razão de possuir o impetrante uma tatuagem na sua perna direita, que, segundo a autoridade apontada como coatora, estaria em desacordo com as normas do edital.

Foi concedida a segurança, mas a Fazenda do Estado de São Paulo apelou, alegando que o edital estabeleceu, de forma objetiva, os parâmetros para que fossem admitidos can-

---

11. À época da elaboração deste texto, ainda não havia sido publicado o acórdão do julgamento do mérito recursal. Os comentários baseiam-se na notícia publicada pelo STF acerca do julgamento havido, veiculada em 17/08/2016, em http://www.stf.jus.br/portal/cms/verNoticiaDetalhe.asp?idConteudo=323174.

didatos que ostentassem tatuagens, aos quais o então apelado e ora recorrente não se enquadraria. O Tribunal de Justiça do Estado de São Paulo, ao prover o recurso, fundamentou a denegação da segurança no argumento segundo o qual o edital é a lei do concurso e que a restrição em relação à tatuagem estaria prevista expressamente em disposição editalícia, de modo que os candidatos que se inscreveram no processo seletivo a teriam aceitado incondicionalmente; que a carreira militar é, naturalmente, afeta à existência de regras, às quais os candidatos devem procurar se conformar; e que aquele que faz tatuagens tem ciência de que está sujeito a certos tipos de limitações, entre as quais a possibilidade de ser aprovado para cargos militares.

Como razões do recurso extraordinário, o recorrente sustentou que a decisão recorrida violou o art. 37, I e II, da Constituição Federal; o tribunal *a quo* negou seguimento ao recurso interposto com fundamento no art. 102, III, "c", da Constituição Federal, por entender incabível quando não há aplicação de lei local em detrimento desta.

Interposto agravo de instrumento contra decisão do tribunal *a quo* que negou seguimento ao recurso extraordinário, o Supremo Tribunal Federal lhe deu provimento para determinar sua conversão em recurso extraordinário, possibilitando um melhor exame da matéria.

A questão com repercussão geral a ser debatida foi a constitucionalidade da proibição, contida em edital de concurso público, de ingresso em cargo, emprego ou função pública para aqueles indivíduos que tenham certos tipos de tatuagens em seu corpo.

Não se desconhece que a jurisprudência deste Supremo Tribunal Federal se firmou, no sentido de que todo requisito que restrinja o acesso a cargos públicos deve estar contido em lei, e não apenas em editais de concurso público.

Contudo, o tema trata de situação em que já existe previsão legal no âmbito estadual que, ao dispor sobre os requisitos para ingresso na Polícia Militar, traz a proibição específica a determinados tipos de tatuagens em candidatos – regra esta cuja constitucionalidade passou a ser apreciada pelo tribunal, que reconheceu a repercussão geral existente no exame da questão da apuração da existência de amparo constitucional para o discrímen, na forma do art. 543-A, § 1º, do CPC-1973.

Posteriormente ao julgamento da repercussão geral, o Supremo Tribunal Federal, por maioria, e nos termos do voto do relator, deu provimento ao recurso extraordinário, entendendo que as tatuagens existentes na perna do recorrente – "Tribal, medindo 14 por 13 cm" – não afetam a honra pessoal, o pudor ou o decoro exigido dos militares para o provimento de qualquer outro cargo público, mormente por não representar ideologias criminosas, ilegais, terroristas ou extremistas, contrárias às instituições democráticas ou que preguem a violência e a criminalidade, discriminação ou preconceitos de raça, credo, sexo ou origem, ideias ou atos libidinosos, e fixando tese nos seguintes termos: "Editais de concurso público não podem estabelecer restrição a pessoas com tatuagem, salvo situações excepcionais em razão de conteúdo que viole valores constitucionais".

◉ Fique atento:

- O Ministro Teori Zavascki chamou atenção, em seu voto na análise da existência de repercussão geral, para o fato de que o recurso extraordinário parece não adotar como fundamentos as premissas temáticas adotadas pelo relator para salientar a repercussão geral, omitindo a tese da inconstitucionalidade absoluta da restrição a candidatos tatuados. Ao excluir expressamente a discussão da reserva legal, alegou o Ministro, a manifestação do Relator suprimiria a apreciação do principal argumento da parte, o que poderia interferir na adequada prestação jurisdicional no caso – pois na hipótese de o Plenário vir a afirmar a constitucionalidade da restrição a candidatos com tatuagem, sem examinar o aspecto da reserva legal, retirar-se-ia da parte relevante possibilidade de reverter o julgado. O Ministro ainda chamou atenção para a Lei 13.105/2015 (Novo Código de Processo Civil) que, já em vigor no momento do exame do mérito da causa, inibe a apreciação de questões estranhas à delimitada pelo relator do recurso repetitivo (art. 1.037, I, e § 2º).

2.13. SERVIDORES PÚBLICOS: NOMEAÇÃO PROVISÓRIA EM CARGO PÚBLICO

Tema 476: "Manutenção de candidato investido em cargo público por força de decisão judicial de caráter provisório pela aplicação da teoria do fato consumado."

Tese: Não é compatível com o regime constitucional de acesso aos cargos públicos a manutenção no cargo, sob fundamento de fato consumado, de candidato não aprovado que nele tomou posse em decorrência de execução provisória de medida liminar ou outro provimento judicial de natureza precária, supervenientemente revogado ou modificado.

FICHA TÉCNICA	
Leading case:	**RE 587371**
Descrição do caso feita pelo STF:	Recurso extraordinário em que se discute, à luz dos artigos 5º, caput e II, e 37, caput, I e II, da Constituição Federal, a possibilidade, ou não, de manter em cargo público, ante a teoria do fato consumado, candidato investido por força de decisão judicial de caráter provisório.
Dispositivo(s) constitucional (is) envolvido(s):	Art. 5º Todos são iguais perante a lei, sem distinção de qualquer natureza, garantindo-se aos brasileiros e aos estrangeiros residentes no País a inviolabilidade do direito à vida, à liberdade, à igualdade, à segurança e à propriedade, nos termos seguintes: (...) II ninguém será obrigado a fazer ou deixar de fazer alguma coisa senão em virtude de lei; Art. 37. A administração pública direta e indireta de qualquer dos Poderes da União, dos Estados, do Distrito Federal e dos Municípios obedecerá aos princípios de legalidade, impessoalidade, moralidade, publicidade e eficiência e, também, ao seguinte: I – os cargos, empregos e funções públicas são acessíveis aos brasileiros que preencham os requisitos estabelecidos em lei, assim como aos estrangeiros, na forma da lei; II – a investidura em cargo ou

FICHA TÉCNICA	
Leading case:	**RE 587371**
	emprego público depende de aprovação prévia em concurso público de provas ou de provas e títulos, de acordo com a natureza e a complexidade do cargo ou emprego, na forma prevista em lei, ressalvadas as nomeações para cargo em comissão declarado em lei de livre nomeação e exoneração;
Data de reconhecimento da repercussão geral:	16/09/2011
Data de julgamento do mérito recursal:	07/08/2014
Houve unanimidade?	Não
Data de publicação do acórdão de julgamento do recurso:	30/10/2014
Trânsito em julgado do acórdão:	07/05/2015, após julgamento dos segundos embargos declaratórios.

◉ Comentários:

Trata a questão posta em juízo sobre a situação de uma candidata que havia sido reprovada em teste físico e não havia realizado o exame psicotécnico para o concurso de agente da polícia civil do Estado do Rio Grande do Norte, mas, a despeito disso, tomara posse no cargo em janeiro de 2002, beneficiada por uma liminar em ação cautelar preparatória, liminar esta que mais tarde seria confirmada por sentença.

A ação principal seria julgada pelo respectivo Tribunal de Justiça sete anos mais tarde. No Acórdão, o TJ reconheceu que a autora não havia sido aprovada nos testes físico e psicotécnico mas a manteve no cargo por aplicação da teoria do fato consumado. Pouco mais de doze anos após a posse, deu-se o julgamento do Recurso Extraordinário, e o ponto fulcral debatido foi justamente sobre a aplicabilidade da teoria do fato consumado em casos semelhantes.

A rigor, a própria expressão "fato consumado" foi contestada e debatida, de modo que mesmo os ministros que defenderam a manutenção da candidata no cargo preferiram argumentar sob o princípio da confiança legítima do administrado. Neste sentido, os ministros Luís Roberto Barroso e Luiz Fux defenderam que a expectativa legítima do cidadão pode ser frustrada não apenas por decisões administrativas contraditórias, mas também por decisões judiciais dessa natureza. Assim, o ministro Barroso chegou a propor critérios objetivos para verificar se o princípio da confiança legítima seria ou não aplicável ao caso concreto. Quanto à questão temporal, propôs, por analogia à Lei nº 9.784/99, o lapso de cinco anos para que uma decisão colegiada de mérito em favor da parte pudesse ser revertida.

A tese vencedora, todavia, do Relator Teori Zavascki, foi de não ser compatível com o regime constitucional de acesso aos cargos públicos a manutenção no cargo, sob o fundamento de fato consumado, de candidato não aprovado que nele tomou posse por força de provimento judicial de natureza precária, seja medida liminar, sentença ou acórdão, posteriormente reformada.

Segundo se decidiu, a execução provisória dessas medidas precárias se dá sob a responsabilidade exclusiva de quem a requer, e os efeitos da sua revogação se aplicam *ex tunc*, uma vez que a simples passagem do tempo não confere estabilidade jurídica à situação. Sob esta ótica, não importa o lapso temporal de tramitação do recurso, sob pena de se configurar aposta da parte na morosidade da Justiça. Não se aplica ao caso o princípio da expectativa legítima, uma vez que a Administração Pública demonstrava, ao recorrer, resistência à nomeação da candidata. E que esta sabia da recorribilidade da medida judicial obtida em seu favor.

A posição da maioria dos ministros foi no sentido de preservar a exigência constitucional de aprovação prévia em concurso público como condição para investidura em cargos públicos e de reafirmar a exigência de cumprimento das regras do respectivo edital.

⊚ Síntese do debate constante do acórdão que fixou o precedente:

Argumentos favoráveis à tese fixada:	Argumentos contrários à tese fixada:
• O interesse público é no sentido de dar cumprimento ao dispositivo constitucional segundo o qual "a investidura em cargo ou emprego público depende de aprovação prévia em concurso público" (art. 37, II), dispositivo esse que, como se sabe, dá concretude a outros princípios da administração pública, especialmente o da impessoalidade, da moralidade e da eficiência. A quebra da exigência de concurso não deixa de representar, ainda, severo comprometimento do princípio da igualdade, em matéria de acesso aos cargos públicos. O beneficiário da medida judicial de natureza precária não desconhecia, porque isso decorre de lei expressa, a natureza provisória e revogável dessa espécie de provimento, cuja execução se dá sob sua inteira responsabilidade e cuja revogação acarreta automático efeito ex tunc, sem aptidão alguma, consequentemente, para conferir segurança ou estabilidade à situação jurídica a que se refere. Não há suporte lógico ou teleológico para, em relação aos efeitos de Efetivação de medidas cautelares, pretender evitar o retorno ao status quo ante invocando o princípio da segurança jurídica ou da proteção da confiança legítima. (Teori Zavascki). • O fato consumado não ocorre nas decisões judiciais suscetíveis ainda de recursos, sob pena ser invalidada até a posição constitucional do STF. Estaria sendo introduzido um modelo, uma fórmula de preclusão, a coisa julgada intercorrente, frustrando a manifestação do Supremo Tribunal Federal numa matéria desta relevância. Isso seria um estímulo para as falsas decisões liminares,	• Há sensível diferença de estabilidade entre, por exemplo, uma decisão liminar de primeira instância e uma decisão de mérito de segunda instância. O princípio da segurança jurídica, em um enfoque objetivo, veda a retroação da lei, tutelando o direito adquirido, o ato jurídico perfeito e a coisa julgada. Em sua perspectiva subjetiva, a segurança jurídica protege a confiança legítima, procurando preservar fatos pretéritos de eventuais modificações na interpretação jurídica, bem como resguardando efeitos jurídicos de atos considerados inválidos por qualquer razão. Em última análise, o princípio da confiança legítima se destina precipuamente a proteger expectativas legitimamente criadas em indivíduos por atos estatais. Tais expectativas podem ser frustradas não apenas por decisões administrativas contraditórias, mas também por decisões judiciais dessa natureza. Nada obstante a potencial reversibilidade de decisões judiciais não transitadas em julgado, não parece razoável restringir a aplicação do princípio da proteção da confiança ao âmbito da Administração Pública, pois a invalidação da posse em cargo público determinada por decisão judicial prolatada há décadas pode, presentes determinadas condições, frustrar expectativas legítimas criadas pelo ato estatal pretérito, causando, portanto, forte abalo à segurança jurídica. Há evidente relação de direta proporcionalidade entre o decurso de tempo e o fortalecimento da expectativa de preservação da posse em cargo público, de maneira que, quanto maior o tempo decorrido, mais sólida será a expectativa. (Luís Roberto Barroso).

Argumentos favoráveis à tese fixada:	Argumentos contrários à tese fixada:
para as decisões liminares que se convolariam em decisões definitivas por força, pelo simples transcurso do tempo. A liminar com esse teor, no âmbito do concurso público, provoca uma série de dúvidas no que diz respeito ao princípio da aplicação da isonomia, em face das pessoas que não impugnaram e que foram reprovadas; em face das pessoas que perderam vaga em função da vaga assegurada a esta candidata. (Gilmar Mendes). ▪ A recorrida se submeteu a um concurso público e aquiesceu, portanto, às regras do edital. Não pode haver, fora das hipóteses previstas na Constituição, flexibilização do concurso público. (Marco Aurélio). ▪ A garantia do concurso público é uma garantia da República, e não há que se valer o Judiciário – de uma forma ou de outra – a ensejar que alguém aposte na morosidade do Judiciário para não cumprir o que foi exigido. Quem começa a carreira com uma mentira certamente não servirá o interesse público democrático. Aqui o problema seria de interesse individual ou interesse da Administração; o interesse, no caso, não é da Administração Pública, é da sociedade. A sociedade tem de acreditar na Constituição. Quem perde uma etapa do concurso e busca judicialmente uma liminar sabe da sua natureza precária, porque liminar não gera direitos, não acarreta obrigações e não convalida situações. (Cármen Lúcia)	▪ Não é correto imaginar que a proteção da confiança só se pode voltar contra o Estado-Administração e não contra o Estado-Juiz. As decisões judiciais têm credibilidade social. Se elas decorrem esse tempo todo, elas alimentam a legítima expectativa do cidadão jurisdicionado. A tutela concedida não tinha natureza de cautelar, mas de antecipação da tutela. Satisfativa, portanto. Foi um provimento de mérito confirmado pelo Tribunal. E o Estado-Juiz também pode sofrer oposição da proteção da confiança e não só o Estado-Administração. A doutrina constitucional hodierna assenta que o interesse público não supera direito fundamental, ainda que individual. Na espécie, deveria ser preservado o direito individual fundamental à segurança jurídica. (Luiz Fux).

◉ Fique atento:

- O princípio da boa-fé e o princípio da confiança legítima do administrado foram bastante discutidos no julgamento. Segundo o voto do Relator, é cabível invocar esses princípios quando, por ato de iniciativa da própria Administração, decorrente de equivocada interpretação da lei ou dos fatos, o servidor se vê alçado a determinada condição jurídica ou vê incorporada ao seu patrimônio funcional determinada vantagem, fazendo com que, por essas peculiares circunstâncias, provoque em seu íntimo uma natural e justificável convicção de que se trata de um status ou de uma vantagem legítima. Por isso mesmo, eventual superveniente constatação da ilegitimidade desse status ou dessa vantagem caracteriza, certamente, comprometimento da boa-fé ou da confiança legítima provocada pelo primitivo ato da administração, o que pode autorizar, ainda que em nome do "fato consumado", a manutenção do status quo, ou, pelo menos, a dispensa de restituição de valores. Isso ocorre, todavia, em casos restritos, marcados pela excepcionalidade.

◎ Questões de Concurso relacionadas ao tema:

Questão 01 (FUNIVERSA. PC-DF. Delegado de Polícia. 2015 – Adaptada) Julgue o item seguinte:

De acordo com o Supremo Tribunal Federal (STF), se um candidato tomar posse em cargo público, ancorado em uma medida liminar, transitando-se em julgado a sentença que reformou a liminar, a anulação do ato de nomeação não será mais possível devido à teoria do fato consumado.

( ) **Certo**   ( ) **Errado**

Questão 02 (FUNDATEC. PGE-RS. Procurador do Estado.2015) Analise as assertivas abaixo:

I.   Em razão do princípio da proteção da confiança legítima, um ato administrativo eivado de ilegalidade poderá ser mantido, considerada a boa-fé do administrado, a legitimidade da expectativa induzida pelo comportamento estatal e a irreversibilidade da situação gerada.

II. Salvo comprovada má-fé, o direito de a Administração Pública Federal anular seus próprios atos que geraram benefícios a terceiros caduca em 5 (cinco) anos.

III. De acordo com a Lei do Processo Administrativo Federal, é vedado à Administração Pública aplicar retroativamente nova interpretação de um dispositivo legal.

Quais estão corretas?

   a) Apenas II.
   b) Apenas I e II.
   c) Apenas I e III.
   d) Apenas II e III.
   e) I, II e III.

> Gabarito: 1-E; 2-E

2.14. SERVIDORES PÚBLICOS: NOMEAÇÃO EM CARGO PÚBLICO

> **Tema 161:** "Nomeação de candidato classificado entre as vagas previstas no edital de concurso público".
>
> **Tese:** "O candidato aprovado em concurso público dentro do número de vagas previsto no edital possui direito subjetivo à nomeação".

FICHA TÉCNICA	
Leading case:	**RE 598.099/MS**
Descrição do caso feita pelo STF:	"Recurso extraordinário em que se discute, à luz dos artigos 5º, LXIX; e 37, caput e IV, da Constituição Federal, a limitação, ou não, do poder discricionário da Administração Pública em favor do direito de nomeação dos candidatos, aprovados em concursos públicos, que estão classificados até o limite de vagas anunciadas no edital regulamentador do certame".
Dispositivo(s) constitucional(is) envolvido(s):	Art. 5º Todos são iguais perante a lei, sem distinção de qualquer natureza, garantindo-se aos brasileiros e aos estrangeiros residentes no País a inviolabilidade do direito à vida, à liberdade, à igualdade, à segurança e à propriedade, nos termos seguintes: (...) LXIX – conceder-se-á mandado de segurança para proteger direito líquido e certo, não amparado por habeas corpus ou habeas data, quando o responsável pela ilegalidade ou abuso de poder for autoridade pública ou agente de pessoa jurídica no exercício de atribuições do Poder Público; Art. 37. A administração pública direta e indireta de qualquer dos Poderes da União, dos Estados, do Distrito Federal e dos Municípios obedecerá aos princípios de legalidade, impessoalidade, moralidade, publicidade e eficiência e, também, ao seguinte: (Redação dada pela Emenda Constitucional nº 19, de 1998) (...)IV – durante o prazo improrrogável previsto no edital de convocação, aquele aprovado em concurso público de provas ou de provas e títulos será convocado com prioridade sobre novos concursados para assumir cargo ou emprego, na carreira;
Data de reconhecimento da repercussão geral:	24/04/2009.
Data de julgamento do mérito recursal:	10/08/2011 (recurso extraordinário) e 12/12/2012 (embargos de declaração).
Houve unanimidade?	Sim.
Data de publicação do acórdão de julgamento do recurso:	03/10/2011 (recurso extraordinário) e 18/12/2012 (embargos de declaração).
Trânsito em julgado do acórdão:	01º/03/2013.

⦿ Comentários:

O Supremo Tribunal Federal examinou o recurso extraordinário nº. 599.099/MS, interposto pelo Estado de Mato Grosso do Sul contra acórdão do Superior Tribunal de Justiça que, reconhecendo o direito subjetivo à nomeação de candidato aprovado em concurso público, deu provimento a recurso ordinário em mandado de segurança, para determinar a nomeação do candidato aprovado no limite do número de vagas definido no Edital do concurso gera em seu favor o direito subjetivo à nomeação para o cargo, sob o fundamento de que as disposições contidas no Edital vinculam as atividades da Administração, que estaria obrigada a prover os cargos com os candidatos aprovados no limite das vagas previstas dentro do prazo de validade do concurso, havendo discricionariedade na nomeação de candidatos apenas em relação aos classificados nas vagas remanescentes.

O recorrido foi aprovado dentro do número de vagas estabelecido no edital, mas não foi nomeado pelo ora recorrente.

Em seu recurso extraordinário, o recorrente alegou que o acórdão recorrido violou o art. 37, IV, da Constituição Federal, bem como o princípio da eficiência previsto no *caput*. Adicionalmente, alegou que a nomeação do candidato por decisão judicial gera preterição na ordem de classificação dos demais aprovados, e que não cabe mandado de segurança para tutelar tal pretensão, haja vista não haver direito líquido e certo.

O Ministério Público Federal, em seu parecer, manifestou-se pelo não provimento do recurso, afirmando que há direito subjetivo à nomeação do candidato aprovado dentro do número de vagas especificadas no edital.

A questão com repercussão geral a ser debatida residiu, portanto, em definir se o candidato aprovado em concurso público dentro do número de vagas previsto no edital possui ou não direito subjetivo à nomeação.

Os fundamentos que arrimaram o voto vencedor do acórdão que contempla o precedente examinado foram: a) o enunciado nº. 15 da Súmula do Supremo Tribunal Federal afirma que, dentro do prazo de validade do concurso, o candidato aprovado tem o direito à nomeação, quando o cargo for preenchido sem observância da classificação; contudo, dos precedentes que originaram tal enunciado extrai-se que a aprovação em concurso dentro das vagas não confere, por si só, direito à nomeação no cargo – desde pelo menos 1954, a Corte já afirmava a mera expectativa de direito à nomeação do candidato aprovado em concurso público, transformando essa expectativa em direito subjetivo apenas quando houvesse preterição na ordem de classificação; b) a jurisprudência do tribunal se consolidou neste sentido, nas décadas que se seguiram; c) a jurisprudência do tribunal consolidou entendimento de que a nomeação de pessoa não aprovada em concurso configura preterição na ordem de classificação em detrimento de candidato regularmente aprovado; d) afirmou, também que uma nova linha de precedentes do Supremo está construindo a tese segundo a qual o dever de boa-fé da Administração exigiria o respeito incondicional às regras do edital, inclusive quanto à previsão das vagas do concurso público, para prestigiar os princípios da segurança jurídica e da proteção à confiança; e) dentro do prazo de validade do concurso, a Administração poderá escolher o *momento* no qual se realizará a nomeação, mas não poderá dispor sobre a própria nomeação; f) o direito à nomeação surge quando o edital prevê número específico de vagas a serem preenchidas pelos candidatos aprovados no concurso público, o certame é realizado conforme as regras do edital, e ocorre a homologação do concurso e proclamação dos aprovados dentro do número de vagas previsto no edital, em ordem de classificação, por ato inequívoco e público da autoridade administrativa; g) somente situações excepcionais, supervenientes, imprevisíveis, graves e necessárias, por parte da Administração, justificariam a não contratação de servidores que cumpram os requisitos para a aquisição do direito à nomeação, o que deverá ser amplamente motivado e divulgado pelo Estado, sendo tal decisão passível de controle pelo Poder Judiciário.

Como, no caso concreto, as condições para o afastamento do direito à contratação pela Administração dos candidatos aprovados não haviam se verificado, o tribunal votou pela denegação do recurso extraordinário e manutenção do acórdão recorrido.

O recorrido realizou prova de aptidão física em segunda chamada por força de decisão liminar concedida pelo Poder Judiciário, confirmada por sentença e por acórdão do Tribunal Regional Federal da 1ª Região. Em razão de o candidato já se encontrar, na data do julgamento do recurso extraordinário, há quase dez anos empossado, o Tribunal decidiu modular os efeitos da decisão, para preservar os efeitos dos atos decisórios e administrativos praticados com confiança em jurisprudência longamente adotada, o que estabeleceu com citação de diversos precedentes em que tal modulação, de forma semelhante, foi adotada. O Tribunal destacou que não se tratava de aplicação da teoria do fato consumado, mas de efetiva garantia da segurança jurídica na mudança de entendimento jurisprudencial.

Com base em tais fundamentos, ao recurso extraordinário foi negado provimento para assentar a jurisprudência, em sede de repercussão geral, no sentido de i) reconhecer a inexistência de direito dos candidatos à prova de segunda chamada nos testes de aptidão física, salvo contrária disposição editalícia, em razão de circunstâncias pessoais, ainda que de caráter fisiológico ou de força maior; e ii) assegurar a validade das provas de segunda chamada realizadas até a data de conclusão do presente julgamento em nome da segurança jurídica.

Assim, o Supremo Tribunal Federal, por maioria, e nos termos do voto do Relator, negou provimento ao recurso, **assegurando a validade das provas de segunda chamada realizadas até a data do julgamento, e reconhecendo a inexistência de direito de candidatos à prova de segunda chamada nos testes de aptidão física, em razão de circunstâncias pessoais, ainda que de caráter fisiológico ou de força maior, salvo contrária disposição editalícia.**

Em voto divergente, o Min. Marco Aurélio desproveu o recurso, com fundamento na tese segundo a qual a impossibilidade temporária para realizar prova de esforço físico tornaria possível ao candidato requerer segunda chamada, sem que este ato importasse ofensa ao princípio da impessoalidade; e entendeu pela não aplicação do regime da repercussão geral ao caso, dado o fato de que o recurso foi interposto anteriormente à Emenda Constitucional nº. 45/04

◉ Fique atento:

- Houve a interposição de embargos de declaração pelo Estado do Mato Grosso do Sul e pelo Município do Rio de Janeiro contra o acórdão, os quais foram rejeitados e inadmitidos, respectivamente.

◉ Questões de Concurso relacionadas ao tema:

Questão 01 (FGV. TJ-RO. Oficial de Justiça. 2015) Fernando realizou concurso público para o cargo efetivo de técnico administrativo do Poder Executivo Estadual de Rondônia, sob o regime estatutário. O edital do referido concurso oferecia 10 vagas e Fernando foi o 5º colocado. O prazo improrrogável de validade do concurso está prestes a expirar e Fernando ainda não foi convocado, razão pela qual buscou orientação jurídica com renomado escritório de advocacia. Com base no atual entendimento doutrinário e jurisprudencial sobre a matéria, o candidato foi informado da:

a) inviabilidade de impetração de mandado de segurança, pois, apesar de o posicionamento clássico ser no sentido de que o aprovado dentro do número de vagas possui direito subjetivo à nomeação, atualmente prevalece a tese de mera expectativa de direito

b) inviabilidade de impetração de mandado de segurança, pois os atos de convocação, nomeação e posse são atos administrativos discricionários e somente a Administração Pública pode adentrar na análise de seu mérito;

c) inviabilidade de impetração de mandado de segurança, pois o candidato possui mera expectativa de direito, uma vez que a ordem de classificação precisa ser respeitada em obediência ao princípio da segurança jurídica;

d) viabilidade de impetração de mandado de segurança, pois o candidato aprovado em concurso público, dentro do número de vagas previstas em edital, possui direito subjetivo à investidura, ou seja, direito líquido e certo à nomeação e à posse;

e) viabilidade de impetração de mandado de segurança, pois todos os candidatos aprovados em concurso público, ainda que fora do número de vagas previstas em edital, possuem direito público subjetivo à investidura no cargo.

Gabarito: 1-D

Tema 784: "Direito à nomeação de candidatos aprovados fora do número de vagas previstas no edital de concurso público no caso de surgimento de novas vagas durante o prazo de validade do certame. "

Tese: O surgimento de novas vagas ou a abertura de novo concurso para o mesmo cargo, durante o prazo de validade do certame anterior, não gera automaticamente o direito à nomeação dos candidatos aprovados fora das vagas previstas no edital, ressalvadas as hipóteses de preterição arbitrária e imotivada por parte da administração, caracterizada por comportamento tácito ou expresso do Poder Público capaz de revelar a inequívoca necessidade de nomeação do aprovado durante o período de validade do certame, a ser demonstrada de forma cabal pelo candidato. Assim, o direito subjetivo à nomeação do candidato aprovado em concurso público exsurge nas seguintes hipóteses: I – Quando a aprovação ocorrer dentro do número de vagas dentro do edital; II – Quando houver preterição na nomeação por não observância da ordem de classificação; III – Quando surgirem novas vagas, ou for aberto novo concurso durante a validade do certame anterior, e ocorrer a preterição de candidatos de forma arbitrária e imotivada por parte da administração nos termos acima.

FICHA TÉCNICA	
Leading case:	**RE 837311**
Descrição do caso feita pelo STF:	Recurso extraordinário em que se discute, à luz dos arts. 2°, 5°, LV, e 37, III e IV, da Constituição Federal, a existência, ou não, de direito subjetivo à nomeação de candidatos aprovados fora do número de vagas oferecidas no edital do concurso público quando surgirem novas vagas durante o prazo de validade do certame.
Dispositivo(s) constitucional (is) envolvido(s):	Art. 2° São Poderes da União, independentes e harmônicos entre si, o Legislativo, o Executivo e o Judiciário.
	Art. 5° Todos são iguais perante a lei, sem distinção de qualquer natureza, garantindo-se aos brasileiros e aos estrangeiros residentes no País a inviolabilidade do direito à vida, à liberdade, à igualdade, à segurança e à propriedade, nos termos seguintes: LV – aos litigantes, em processo judicial ou administrativo, e aos acusados em geral são assegurados o contraditório e ampla defesa, com os meios e recursos a ela inerentes;
	Art. 37. A administração pública direta e indireta de qualquer dos Poderes da União, dos Estados, do Distrito Federal e dos Municípios obedecerá aos princípios de legalidade, impessoalidade, moralidade, publicidade e eficiência e, também, ao seguinte: III – o prazo de validade do concurso público será de até dois anos, prorrogável uma vez, por igual período; IV – durante o prazo improrrogável previsto no edital de convocação, aquele aprovado em concurso público de provas ou de provas e títulos será convocado com prioridade sobre novos concursados para assumir cargo ou emprego, na carreira;
Data de reconhecimento da repercussão geral:	21/11/2014
Data de julgamento do mérito recursal:	09/12/2015
Houve unanimidade?	Não
Data de publicação do acórdão de julgamento do recurso:	18/04/2016
Trânsito em julgado do acórdão:	04/05/2016

◎ Comentários:

A questão discutida diz respeito à existência ou não de direito subjetivo à nomeação de candidatos aprovados além do número de vagas previstas no edital de concurso público no caso de surgimento de novas vagas durante o prazo de validade do certame.

Na espécie, o Estado do Piauí manifestou a intenção de fazer contratações de Defensor Público em todo o Estado e anunciou a realização de novo concurso dentro do prazo de validade do certame anterior, após nomear candidatos aprovados fora do limite de vagas inicialmente ofertadas no edital. Inconformados, os candidatos aprovados e não nomeados do primeiro edital impetraram mandado de segurança a fim de obter a conversão da expectativa de direito em direito líquido e certo. O Tribunal de Justiça local concedeu a segurança e determinou que o Estado do Piauí desse prosseguimento à nomeação e à posse de candidatos aprovados fora do número de vagas oferecidos no edital do concurso público para provimento de cargos de Defensor Público Estadual, uma vez que tal ato de nomeação deixou de ser discricionário para tornar-se vinculado no momento em que a Administração exteriorizou a sua necessidade de pessoal, convertendo-se, desta forma, a mera expectativa em direito líquido e certo. O Estado do Piauí interpôs Recurso Especial, cujo seguimento foi negado, e Recurso Extraordinário.

No STF, até então, era antagônico o tratamento dada à matéria pelas duas turmas. Enquanto A Primeira Turma já havia decidido que "a criação de novas vagas durante o prazo de validade de concurso não gera, automaticamente, direito a nomeação dos candidatos aprovados fora das vagas do edital" (ARE 757.978-AgR, Rel. Min. Luiz Fux, 1ª Turma, DJe 7/4/2014), a Segunda Turma firmou tese no sentido de que "o direito a nomeação também se estende ao candidato aprovado fora do número de vagas previstas no edital na hipótese em que surgirem novas vagas no prazo de validade do concurso" (ARE 790.897-AgR, Rel. Min. Ricardo Lewandowski, 2ª Turma, DJe 7/3/2014).

A resolução do caso concreto ensejou enorme discussão. Terminou prevalecendo o voto do Relator, Ministro Luiz Fux, no sentido de que o direito subjetivo à nomeação dos candidatos integrantes do "cadastro reserva" não resulta, mera e exclusivamente, da abertura do novo concurso, mas da publicação do novo edital de concurso em conjunto com a revelação da necessidade de provimento dos cargos durante a validade do primeiro concurso, uma vez que a Administração, ao iniciar um processo seletivo, manifesta uma evidente intenção e necessidade de preencher determinados cargos públicos. A eventual inobservância dessa lógica ofenderia o art. 37, inciso IV, da Constituição da República, bem como a Súmula nº 15 do STF.

Em reforço a este argumento, os Ministros Dias Toffoli, Rosa Weber e Cármen Lúcia ponderaram que ao nomear 113 candidatos para, em seguida, ainda durante o prazo de validade do concurso, deixar de convocar os próximos da lista e publicar edital de outro concurso para o mesmo cargo, o Estado do Piauí agiu de forma arbitrária, em desacordo com o princípio da impessoalidade, uma vez que já eram conhecidos os candidatos aprovados. Foram vencidos os Ministros Luís Roberto Barroso, Teori Zavascki e Gilmar Mendes, que entendiam não haver direito à nomeação dos candidatos aprovados fora do número de vagas, cabendo à Administração Pública avaliar a conveniência de chamar os demais candidatos aprovados ou realizar novo concurso. Os argumentos de suporte à tese vencida eram de que tal decisão caberia somente ao Administrador, e o entendimento contrário significaria violação do princípio da separação de Poderes, uma vez que o Judiciário estaria se sobrepondo ao juízo de conveniência e oportunidade da Administração Pública, não apenas revendo a legalidade de um ato do poder público, mas impondo o seu próprio juízo de oportunidade e conveniência, sem levar em consideração que Administração pública, além de manifestar falta de orçamento para as nomeações, pode decidir por convocar candidatos mais capacitados com a publicação de um novo edital em detrimento de convocar posições mais avançadas do edital anterior. O direito subjetivo dos aprovados fora do número de vagas surgiria apenas em caso de preterição.

Instalou-se discussão ainda maior, que perdurou por quatro sessões, no total, para a definição da Tese de Repercussão Geral. Tão grande a dificuldade de se definir os termos que formariam o enunciado, que houve até proposta do Ministro Gilmar Mendes no sentido de que a tese não fosse formulada. A controvérsia girou em torno da eventual necessidade de ser definida a "preterição" como geradora de direito subjetivo de nomeação. Os ministros demonstraram grande preocupação de que os termos a serem lançados pudessem ter repercussão indevidamente ampliada nas instâncias ordinárias. Outra dificuldade residiu em fixar uma tese que não fosse contrária à decisão tomada no caso concreto. Em certo momento, o consenso se aproximou da tese do Ministro Luís Roberto Barroso que havia sido vencido ao dar provimento ao Recurso do Estado do Piauí e pretendia enunciar, com a colaboração do Ministro Teori Zavascki, a tese de que "não há direito subjetivo à nomeação, salvo em caso de preterição".

Por fim, a tese de repercussão geral foi formulada pelo Ministro Luiz Fux nos seguintes termos:

"O surgimento de novas vagas ou a abertura de novo concurso para o mesmo cargo, durante o prazo de validade do certame anterior, não gera automaticamente o direito à nomeação dos candidatos aprovados fora das vagas previstas no edital, ressalvadas as hipóteses de preterição arbitrária e imotivada por parte da administração, caracterizadas por comportamento tácito ou expresso do Poder Público capaz de revelar a inequívoca necessidade de nomeação do aprovado durante o período de validade do certame, a ser demonstrada de forma cabal pelo candidato. Assim, a discricionariedade da Administração quanto à convocação de aprovados em concurso público fica reduzida ao patamar zero (Ermessensreduzierung auf Null), fazendo exsurgir o direito subjetivo à nomeação, verbi gratia, nas seguintes hipóteses excepcionais: i) Quando a aprovação ocorrer dentro do número de vagas dentro do edital (RE 598.099); ii) Quando houver preterição na nomeação por não observância da ordem de classificação (Súmula 15 do STF); iii) Quando surgirem novas vagas, ou for aberto novo concurso durante a validade do certame anterior, e ocorrer a preterição de candidatos aprovados fora das vagas de forma arbitrária e imotivada por parte da administração nos termos acima."

O único voto contrário à fixação da tese foi do Ministro Marco Aurélio, que entendia que a abertura de novo concurso durante o prazo de validade do anterior configuraria, por si só, preterição.

◉ Síntese do debate constante do acórdão que fixou o precedente:

Argumentos favoráveis à tese fixada:	Argumentos contrários à tese fixada:
• A Administração se submete às determinações dos editais que publica, o que torna relevante o prévio planejamento na sua confecção, a fim de que haja uma perfeita adequação entre o quantitativo de pessoal necessário e o número de vagas a serem providas nos termos do instrumento convocatório. Nesse cenário, ganha realce a preocupação do gestor com o número de vagas que serão oferecidas e a possibilidade de criação	• o enunciado da tese conflita com as premissas lançadas, pela corrente vitoriosa, no julgamento do extraordinário, porque a maioria entendeu que fica caracterizada a preterição quando, na vigência do concurso, convoca-se um novo certame, revelando-se, mediante esse fato, a necessidade de se arregimentar mão de obra. (Marco Aurélio)[12]

---

12. Importante notar que ao final de muita discussão, os Ministros acompanharam a tese de repercussão geral nos termos lançados pelo Relator. Todavia, no caso concreto, junto com o Ministro Gilmar Mendes, votaram para dar provimento ao Recurso do Estado do Piauí porque entenderam não haver preterição.

Argumentos favoráveis à tese fixada:	Argumentos contrários à tese fixada:
de um "cadastro de reserva". Trata-se de legítimo instrumento de planejamento da Administração que atende o melhor interesse público e que privilegia, sobretudo, a gestão eficiente, afastando, a priori, a denominada proteção da confiança legitima. O cadastro de excedentes revela-se medida apropriada para possibilitar o aproveitamento célere e eficiente daqueles já aprovados, sem a necessidade de abertura de novo concurso. Nesse ínterim, a Administração poderá, dentro do prazo de validade do processo seletivo, escolher o momento em que se realizará a nomeação, mas não poderá dispor sobre a própria nomeação. Essa passa a constituir um direito do concursando aprovado e, dessa forma, um dever imposto ao Poder Público. (Luiz Fux) • A jurisprudência tem evoluído, para reconhecer que determinadas condutas da Administração dão ensejo à transmudação da expectativa em direito. Assim, o surgimento de novas vagas, quando ainda aberto prazo do edital, ou a atuação da Administração de modo a demonstrar necessidade específica de novas contratações, também tem o condão de impor o dever de nomear. Embora os precedentes sejam esparsos e se refiram a situações determinadas, eles indicam que, em tema de concurso público, é preciso que o Judiciário faça sindicância não apenas dos direitos em relação aos candidatos, mas dos deveres constitucionalmente exigidos da Administração. Noutras palavras, a exigência constitucional do concurso público não apenas se subsume ao princípio da acessibilidade dos cargos públicos e de seus consectários hermenêuticos, mas também aos demais princípios constitucionais a ela aplicáveis. Para efeitos de fixação de tese, a solução para casos semelhantes ao desta Repercussão Geral seria reconhecer que é dever da Administração Pública justificar, diante do surgimento de novas vagas no prazo de vigência do concurso, a não convocação de candidatos aprovados na ordem classificatória. (Edson Fachin) • Há direito subjetivo, na linha da jurisprudência do Supremo, à nomeação dos candidatos classificados dentro do número de vagas previsto no edital. A preterição abrange não só a ordem classificatória, como também a hipótese prevista no inciso IV do artigo 37 da Constituição (Rosa Weber) • O direito subjetivo é apenas e tão somente dos aprovados dentro do número limite de vagas previsto previamente no edital, exceto se houver preterição. (Dias Toffoli)	

Argumentos favoráveis à tese fixada:	Argumentos contrários à tese fixada:
• Apenas a existência de justificativa objetiva, a demonstrar a alteração do contexto fático, social, administrativo, político, econômico ou legal ocorrido após a abertura do edital poderia legitimar a conduta da Administração em omitir-se em nomear os candidatos aprovados além do número de vagas inicialmente ofertadas no edital nas hipóteses excepcionais que atendam às características enunciadas por este Supremo Tribunal no julgamento da Repercussão Geral no Recurso Extraordinário n. 598.099 (Cármen Lúcia)	
• Os candidatos aprovados em concurso público têm direito subjetivo à nomeação para a posse que vier a ser dada nos cargos vagos existentes ou nos que vierem a vagar no prazo de validade do concurso. (Ricardo Lewandowski)	
• Não há direito subjetivo à nomeação, salvo em caso de preterição (Teori Zavascki e Luís Roberto Barroso)[13].	
• Administração não pode Administração lançar o edital de um novo concurso enquanto pendente o prazo de validade do antigo, sobretudo quando não se estipula limite ao número de candidatos que podem ser convocados além das vagas oferecidas em edital. (Gilmar Mendes)[14]	

◉ Fique atento:

- Sobre o tema do direito subjetivo a nomeação de candidatos aprovados em concursos públicos dentro do número das vagas previstas no edital, o STF já havia se pronunciado no RE 598.099, Repercussão Geral, Rel. Ministro Gilmar Mendes, Tribunal Pleno, DJe 30.10.2011. No referido recurso extraordinário, a Corte assentou a tese de que, em regra, o candidato aprovado dentro do número de vagas previstas no edital tem direito subjetivo de ser nomeado no cargo pretendido.

---

13. Ver nota anterior.

14. Conquanto tenha votado contra a tese, o Ministro Marco Aurélio votou com o Relator para negar provimento ao Estado do Piauí no caso concreto.

2.15. SERVIDORES PÚBLICOS: PROMOÇÃO

Tema 724: "Promoção ao oficialato dos militares anistiados que integraram os quadros de praças."

Tese: As promoções dos anistiados se restringem ao quadro a que pertencia o militar na ativa.

FICHA TÉCNICA	
Leading case:	**ARE 799908**
Descrição do caso feita pelo STF:	Recurso extraordinário em que se discute, à luz do art. 8º do ADCT, se as promoções asseguradas aos militares anistiados devem se restringir à carreira a que pertencia o militar na ativa.
Dispositivo(s) constitucional (is) envolvido(s):	Art. 8º (ADCT). É concedida anistia aos que, no período de 18 de setembro de 1946 até a data da promulgação da Constituição, foram atingidos, em decorrência de motivação exclusivamente política, por atos de exceção, institucionais ou complementares, aos que foram abrangidos pelo Decreto Legislativo nº 18, de 15 de dezembro de 1961, e aos atingidos pelo Decreto-Lei nº 864, de 12 de setembro de 1969, asseguradas as promoções, na inatividade, ao cargo, emprego, posto ou graduação a que teriam direito se estivessem em serviço ativo, obedecidos os prazos de permanência em atividade previstos nas leis e regulamentos vigentes, respeitadas as características e peculiaridades das carreiras dos servidores públicos civis e militares e observados os respectivos regimes jurídicos.
Data de reconhecimento da repercussão geral:	02/05/2014
Data de julgamento do mérito recursal:	02/05/2014
Houve unanimidade?	Não
Data de publicação do acórdão de julgamento do recurso:	04/06/2014
Trânsito em julgado do acórdão:	20/06/2014

◉ Comentários:

O processo discutido tem origem com a propositura de ação por militar que integrou o Corpo de Fuzileiros Navais, tendo sido excluído da corporação no período da ditadura militar quando ocupava o posto de Segundo Sargento. Segundo entendia o autor, o art. 8º dos Atos das Disposições Constitucionais Transitórias lhe assegurava a promoção ao posto de Capitão-de-Mar-e-Guerra.

A Segunda Turma do Superior Tribunal de Justiça, ao apreciar agravo regimental, consignou o não conhecimento do recurso especial quanto à ofensa ao artigo 8º do Ato das Disposições Constitucionais Transitórias, pois a matéria seria afeta à competência do Supremo. Assentou possuir o militar anistiado direito às promoções como se na ativa estivesse, independentemente de aprovação em cursos ou avaliação de merecimento. Contudo, ressaltou que tais progressões funcionais devem ocorrer dentro da mesma carreira.

No julgamento de Agravo em Recurso Extraordinário, o STF reafirmou sua jurisprudência no sentido de que as promoções dos anistiados se restringem ao quadro a que pertencia o militar na ativa. Na espécie, o posto de Segundo Tenente pertence à carreira dos praças, enquanto que o posto de Capitão-de-Mar-e-Guerra pertence à carreira dos oficiais. Desta forma, por maioria, foi negado seguimento ao Recurso Extraordinário.

◉ Síntese do debate constante do acórdão que fixou o precedente:

O julgamento se deu através do Plenário Virtual com reafirmação da jurisprudência do STF. O Ministro Marco Aurélio Melo divergiu porque entendeu que o Relator apenas conheceu do agravo, deixando de lhe dar provimento. Ademais, outra vez, posicionou-se no sentido de que o julgamento no Plenário Virtual deveria estar limitado tão-somente ao reconhecimento de repercussão geral.

◉ Fique atento:

- A Lei nº 10.559/2002, que regulamentou o art. 8º dos Atos da Disposição Constitucional Transitória – ADCT, instituiu o Regime do Anistiado Político, promovendo os militares anistiados políticos como se na ativa estivessem e concedendo a reparação econômica de caráter indenizatório (indenização) no posto ou graduação da promoção, consignada na portaria anistiadora do Ministro de Estado da Justiça.

2.16. SERVIDORES PÚBLICOS: INEXISTÊNCIA DE DIREITO ADQUIRIDO A REGIME REMUNERATÓRIO

Tema 24: "Base de cálculo do adicional por tempo de serviço de servidor público admitido antes da Emenda Constitucional nº 19/98".

Tese: "I – O art. 37, XIV, da Constituição Federal, na redação dada pela Emenda Constitucional 19/98, é autoaplicável; II – Não há direito adquirido a regime jurídico, notadamente à forma de composição da remuneração de servidores públicos, observada a garantia da irredutibilidade de vencimentos."

FICHA TÉCNICA	
Leading case:	**RE 563708**
Descrição do caso feita pelo STF:	Recurso extraordinário em que se discute, à luz dos artigos 5º, XXXVI; e 37, XIV, da Constituição Federal, e 17 do Ato das Disposições Constitucionais Transitórias – ADCT, se servidor público, admitido antes da promulgação da Emenda Constitucional nº 19/98, a qual suprimiu a expressão "sob o mesmo título ou idêntico fundamento" do art. 37, XIV, da Constituição Federal, tem, ou não, direito adquirido ao adicional por tempo de serviço calculado de acordo com a redação original do referido dispositivo constitucional.
Dispositivo(s) constitucional(is) envolvido(s):	"Art. 5º Todos são iguais perante a lei, sem distinção de qualquer natureza, garantindo-se aos brasileiros e aos estrangeiros residentes no País a inviolabilidade do direito à vida, à liberdade, à igualdade, à segurança e à propriedade, nos termos seguintes: (...) XXXVI – a lei não prejudicará o direito adquirido, o ato jurídico perfeito e a coisa julgada;" "Art. 37 A administração pública direta e indireta de qualquer dos Poderes da União, dos Estados, do Distrito Federal e dos Municípios obedecerá aos princípios de legalidade, impessoalidade, moralidade, publicidade e eficiência e, também, ao seguinte: (...) XIV – os acréscimos pecuniários percebidos por servidor público não serão computados nem acumulados para fins de concessão de acréscimos ulteriores;" "Art. 17. Os vencimentos, a remuneração, as vantagens e os adicionais, bem como os proventos de aposentadoria que estejam sendo percebidos em desacordo com a Constituição serão imediatamente reduzidos aos limites dela decorrentes, não se admitindo, neste caso, invocação de direito adquirido ou percepção de excesso a qualquer título." (Ato das Disposições Constitucionais Transitórias – ADCT)
Data de reconhecimento da repercussão geral:	08/02/2008
Data de julgamento do mérito recursal:	06/02/2013
Houve unanimidade?	Não
Data de publicação do acórdão de julgamento do recurso:	02/05/2013 (julgamento do recurso extraordinário)
Trânsito em julgado do acórdão:	04/11/2013

◉ Comentários:

O art. 37, inc. XIV, da Constituição da República Federativa do Brasil, em sua redação original, estabelecia que os acréscimos pecuniários percebidos por servidor público não poderiam ser computados, nem acumulados, para fins de concessão de acréscimos ulteriores, sob o mesmo título ou idêntico fundamento.

A norma constitucional, assim, vedava a concessão de novas vantagens pecuniárias ou gratificações que utilizassem, para a contabilização da sua base de cálculo, verbas anteriormente deferidas sob o mesmo título ou fundamento. No entanto, tratando-se de verbas de naturezas diversas, permitia-se o cômputo de uma na base de cálculo da outra, o que gerava o chamado *efeito cascata* no sistema remuneratório dos servidores públicos.

Com a Emenda Constitucional n.º 19/1998, o art. 37, inc. XIV, foi alterado, com a supressão do seu trecho final, ampliando a vedação constitucional e impedindo, assim, a incidência de uma gratificação sobre outra, ainda que não tivessem sido concedidas sob o mesmo título ou o mesmo fundamento. *Com a alteração constitucional, apenas o valor do vencimento base passou a constituir parâmetro válido para o cálculo de qualquer acréscimo pecuniário, não sendo possível, portanto, a incidência de um sobre o outro.*

Os Entes federativos, então, passaram a editar novas leis, objetivando a reestruturação do sistema remuneratório dos seus servidores públicos, com o afastamento das situações que, anteriormente, geravam o efeito cascata, o que demandou, em diversos casos, a alteração da base de cálculo das gratificações e demais vantagens existentes.

A partir das alterações legislativas implementadas na remuneração dos servidores públicos em geral, instaurou-se no âmbito do Poder Judiciário a controvérsia acerca da possibilidade das novas regras de cálculo das gratificações e demais vantagens incidirem sobre a remuneração dos servidores públicos que já as percebiam antes da edição da Emenda Constitucional n.º 19/1998 e das novas leis ordinárias editadas em sua conformidade.

O Supremo Tribunal Federal, então, reconheceu a existência de repercussão geral no RE 563708, cujo caso concreto discutia a base de cálculo do adicional por tempo de serviço de servidores públicos do Estado do Mato Grosso do Sul, admitidos antes da Emenda Constitucional nº 19/98.

O Estado do Mato Grosso do Sul havia editado nova lei, n.º 2.157/2000, que recompôs a remuneração dos servidores, evitando a redução remuneratória, mas determinando que o adicional de função percebido pelos servidores públicos fosse calculado apenas sobre o valor do vencimento base. Os servidores, por sua vez, pleiteavam a manutenção da base de cálculo coincidente com a totalidade da remuneração percebida, sob o fundamento da existência de direito adquirido baseado na Lei anterior de n.º 1.102/1990.

A ação, que havia sido julgada improcedente em primeira instância, teve o seu recurso de apelação parcialmente provido, para o reconhecimento do direito ao pagamento do adicional por tempo de serviço com base na remuneração dos servidores até a data de início de vigência da Lei Estadual n.º 2.157/2000.

O RE 563708, interposto pelo Estado do Mato Grosso do Sul, por sua vez, foi também provido parcialmente, tendo sido fixado o entendimento de que, tendo aplicabilidade imediata, o art. 37, inc. XIV, da CRFB, nos termos da EC 19/1998, não recepcionou o § 3º do art. 73 da Lei Estadual n.º 1.102/1990, a qual permitia o cálculo do adicional sobre o valor da remuneração.

Deste modo, entendeu o STF que, inexistindo, conforme jurisprudência consolidada, direito adquirido ao regime jurídico, e considerando-se a aplicabilidade imediata da alteração empreendida pela EC 19/1998, não seria possível reconhecer o direito dos servidores ao cálculo do adicional por tempo de serviço sobre o valor da remuneração durante o interstício entre o início de vigência da emenda e a edição da Lei Estadual n.º 2.157/2000, devendo-se no entanto assegurar aos servidores apenas a irredutibilidade de vencimentos neste período.

⊙ Síntese do debate constante do acórdão que fixou o precedente:

Argumentos favoráveis à tese fixada:	Argumentos contrários à tese fixada:
A alteração constitucional, promovida pela Emenda Constitucional n.º 19/1998, ao apenas excluir a parte final do dispositivo, teve o objetivo de superar a jurisprudência firmada no STF. (Ministra Carmem Lúcia)	
Diversamente do entendimento firmado em torno do inc. XI, do art. 37, acerca da necessidade de edição de lei regulamentadora, o inc. XIV do mesmo artigo tem aplicabilidade imediata, não dependendo de qualquer outro ato para produzir efeitos. (Ministra Carmem Lúcia)	
Tendo aplicabilidade imediata, o art. 37, inc. XIV, da CRFB, nos termos definidos pela EC n.º 19/1998, não recepcionou o § 3º do art. 37 da Lei Estadual 1.102/1990. De igual modo, nenhuma legislação posterior à Emenda Constitucional poderia incluir na base de cálculo de qualquer acréscimo pecuniário à remuneração de servidor, acréscimos ulteriores.(Ministra Carmem Lúcia)	
Embora o STF já tenha afirmado, em julgamentos anteriores, a inexistência de direito adquirido ao regime jurídico, sendo assim possível a alteração da composição remuneratória dos servidores, também já firmou o entendimento acerca da necessidade de resguardo da irredutibilidade dos vencimentos dos servidores. (Ministra Carmem Lúcia)	
Não há qualquer direito adquirido ao cálculo da parcela de acordo com a fórmula anterior para os servidores que já recebiam conforme a fórmula fixada no novo texto legal, ainda que admitidos antes da Emenda Constitucional n.º 19/1998. (Ministro Joaquim Barbosa)	
O direito a ser assegurado não é o direito à manutenção do regime jurídico, mas sim a irredutibilidade de vencimentos. (Ministro Teori Zavascki)	
A jurisprudência já firmada pelo STF acerca da inexistência de direito adquirido a regime jurídico remuneratório, juntamente com a autoaplicabilidade do art. 37, inc. XIV, torna juridicamente impossível a concessão de vantagens, que utilizem em sua base de cálculo acréscimos ulteriores, em um período posterior à vigência da EC 19/1998. (Ministro Luiz Fux)	

⊙ Fique atento:

- O voto inicialmente apresentado pela Relatora, Ministra Carmem Lúcia, concluía no sentido de negar provimento ao recurso extraordinário, mantendo, assim, o acórdão do Tribunal de Justiça do Mato Grosso do Sul, que havia dado provimento parcial ao recurso de apelação, para deferir o pagamento do adicional por tempo de serviço com base na remuneração dos servidores até a data de início de vigência da Lei Estadual n.º 2.157/2000. O fundamento utilizado pela Relatora foi o de que, embora a alteração promovida pela Emenda fosse autoaplicável, a manutenção da forma anterior do cálculo do adicional durante o período em que foi deferido pelo Tribunal de Justiça justificava-se no princípio da irredutibilidade de vencimentos. Durante o julgamento, no entanto, embora não tenha havido divergência quanto aos fundamentos do voto da Relatora, discutiu-se acerca da sua parte dispositiva, tendo a maioria dos julgadores entendido pela necessidade de se dar provimento parcial ao recurso extraordinário. Tal entendimento prevalecente baseou-se no fato do acórdão recorrido ter garantido o pagamento do adicional utilizando como base de cálculo a remuneração integral até a data da edição da lei complementar, ou seja em data posterior ao início de vigência da EC n.º 19/1998, o que contrariava a autoaplicabilidade do art. 37, inc. XIV, afirmada na ocasião, bem como o entendimento já firmado acerca da inexistência de direito adquirido ao regime jurídico remuneratório. Após o debate, a Relatora, Ministra Carmem Lúcia decidiu por adequar a parte dispositiva do seu voto, para dar provimento parcial ao recurso, destacando a ausência de direito adquirido à formula anterior de cálculo do adicional, mas tão somente da garantia de irredutibilidade, passando, após tal adequação, a ser acompanhada pela maioria. Apenas os Ministros Ricardo Lewandowski e Marco Aurélio mantiveram o voto no sentido de negar provimento ao recurso extraordinário. Destaca-se que, apesar do debate, não houve efetiva divergência quanto ao conteúdo da tese fixada em sede de repercussão geral.

⊙ Questões de Concurso relacionadas ao tema:

Questão 01 (PGE-MS. Procurador do Estado. 2014) Sabe-se que subsídio, pela definição constitucional, é a retribuição fixada "em parcela única". As vantagens pecuniárias, por sua vez, são acréscimos de estipêndio do servidor, gênero do qual são espécies os adicionais e as gratificações. Já a remuneração, por fim, constitui o valor recebido globalmente pelo servidor. Ciente de tais conceitos jurídicos, você, no exercício de seu cargo como Procurador(a) do Estado, lastreado(a) em decisão vinculante do Supremo Tribunal Federal, poderia afirmar sobre regime jurídico remuneratório:

a) O servidor público possui direito adquirido ao regime remuneratório, cabendo como medida judicial para correção de qualquer ato atentatório a esse direito, por sua natureza, mandado de segurança.

b) O servidor público tem direito adquirido, apenas, ao modo de cálculo das verbas pecuniárias que compõem sua remuneração, quando ainda não instituído pagamento por subsídio.

c) O servidor público tem direito à irredutibilidade de eventuais vantagens pecuniárias, por lei, incorporadas, mas sua remuneração pode ser minorada por ato normativo de primeiro grau.

d) O servidor público não tem direito adquirido ao regime remuneratório, podendo a administração pública majorar ou minorar a remuneração do servidor, desde que o faça por lei de iniciativa do Poder Executivo e que respeite as regras do processo legislativo.

e) O servidor não tem direito adquirido a regime jurídico remuneratório, porém, reconhece-se a impossibilidade de redução da remuneração.

Questão 02 (CESPE. MPU. Analista – Direito. 2013) Com base no que dispõe a CF acerca da administração pública, julgue o item seguinte.

Considere que o valor nominal da remuneração global de determinado servidor público que recebia determinada gratificação tenha sido reduzido após a instituição de regime remuneratório de subsídio. Nesse caso, o servidor não tem direito à continuidade do recebimento da gratificação, pois, de acordo com o STF, não existe direito adquirido a regime jurídico remuneratório.

( ) Certo   ( ) Errado

> **Gabarito: 1-E; 2-C**

Tema 41: "Direito adquirido à forma de cálculo de parcelas incorporadas à remuneração".

Tese: "I – Não há direito adquirido a regime jurídico, desde que respeitado o princípio constitucional da irredutibilidade de vencimentos; II – A Lei complementar 203/2001, do Estado do Rio Grande do Norte, no ponto que alterou a forma de cálculo de gratificações e, consequentemente, a composição da remuneração de servidores públicos, não ofende a Constituição da República de 1988, por dar cumprimento ao princípio da irredutibilidade da remuneração."

FICHA TÉCNICA	
Leading case:	**RE 563965**
Descrição do caso feita pelo STF:	"Recurso extraordinário em que se discute, à luz do art. 5º, XXXVI, da Constituição Federal, a existência, ou não, de direito adquirido à forma de cálculo de parcelas incorporadas à remuneração de servidor público, relativas a adicional por tempo de serviço ou função ou cargo comissionado por ele exercido.".

FICHA TÉCNICA	
Leading case:	**RE 563965**
Dispositivo(s) constitucional(is) envolvido(s):	"Art. 5° Todos são iguais perante a lei, sem distinção de qualquer natureza, garantindo-se aos brasileiros e aos estrangeiros residentes no País a inviolabilidade do direito à vida, à liberdade, à igualdade, à segurança e à propriedade, nos termos seguintes: (...) XXXVI – a lei não prejudicará o direito adquirido, o ato jurídico perfeito e a coisa julgada;"
Data de reconhecimento da repercussão geral:	20/03/2008
Data de julgamento do mérito recursal:	11/02/2009 (julgamento do recurso extraordinário)
Houve unanimidade?	Não
Data de publicação do acórdão de julgamento do recurso:	20/03/2009 (publicação do acórdão do recurso extraordinário)
Trânsito em julgado do acórdão:	12/08/2009

◉ Comentários:

O recurso extraordinário paradigma foi interposto contra acórdão do Tribunal de Justiça do Rio Grande do Norte que deu provimento ao recurso de apelação do Estado do Rio Grande do Norte, reconhecendo a possibilidade da modificação, implementada pelos artigos 1°[15] e 5°[16] da Lei Complementar Estadual n.º 203/2001, da forma de cálculo das gratificações atribuídas aos inativos, ante a ausência de violação ao princípio da irredutibilidade e a inexistência de direito adquirido a regime jurídico.

A Relatora, Ministra Carmen Lúcia, entendeu pela inexistência repercussão geral da matéria, sustentando a tese de que não haveria que se dar início ao procedimento da repercussão geral quando o acórdão recorrido estivesse de acordo com súmula ou jurisprudência dominante do STF. A Relatora, no entanto, restou vencida, tendo o STF concluído pela repercussão geral da questão constitucional suscitada.

Em seu voto, no julgamento do mérito, a Relatora discorreu sobre o instituto da estabilidade financeira existente sobre valores percebidos no exercício de cargo em comissão ou função de confiança durante certo período de tempo. Registrou a evolução histórica do

---

15. "Art. 1.º Os adicionais e gratificações atribuídos aos servidores públicos e aos militares estaduais, ativos e inativos, do Poder Executivo, compreendendo a Administração Direta, autárquica e fundacional, representados e calculados em forma de percentual incidente sobre o vencimento (art. 53 da Lei Complementar n.º 122, de 30 de junho de 1994), ficam transformados, com as exceções previstas nesta Lei, nos valores pecuniários equivalentes, constantes dos contra-cheques relativos ao mês imediatamente anterior ao da publicação da presente Lei."

16. Art. 5.º Os valores pecuniários correspondentes aos adicionais e gratificações, cuja forma de cálculo e pagamento foi transformada nos termos do art. 1.º desta Lei, poderão ser majorados mediante lei ordinária.

instituto e a sua permanência mesmo após a Constituição da República Federativa do Brasil, promulgada em 1988, ante o reconhecimento pelo STF da sua constitucionalidade. Na sequência, destacou que, não obstante não se tratar o caso de hipótese de modificação de parcelas vinculadas a funções ou cargos comissionados, seria possível invocar a aplicação da jurisprudência construída pelo STF em torno da estabilidade financeira, que firmou o entendimento acerca da ausência de direito adquirido à forma de cálculo da remuneração, desde que respeitado o princípio constitucional da irredutibilidade. A Ministra relatora foi acompanhada pela maioria, sendo negado provimento ao recurso extraordinário.

◉ Síntese do debate constante do acórdão que fixou o precedente:

Argumentos favoráveis à tese fixada:	Argumentos contrários à tese fixada:
Aplica-se à questão a jurisprudência consolidada pelo STF sobre a estabilidade financeira, no sentido de que não existe de direito adquirido à forma de cálculo da remuneração, desde que seja respeitado o princípio constitucional da irredutibilidade de vencimentos. (Ministra Carmen Lúcia)	O vencimento serve de base para cálculo de gratificações, de modo que, se a lei cria uma vantagem atrelada ao vencimento base, o que não está obrigada a fazer, não pode haver alteração nesta forma de cálculo posteriormente. (Ministro Carlos Britto)
Não há inconstitucionalidade na alteração da forma de cálculo da gratificação quando não implicar na redução da remuneração do servidor. (Ministra Carmen Lúcia)	Regime jurídico não é uma cláusula fechada, a ser utilizada para afastar direito do servidor. Toda vez que a observância do regime jurídico novo implicar prejuízo para o servidor, é possível ter-se o reconhecimento do prejuízo, na via judicial. (Ministro Marco Aurélio)
Não há, na linha da jurisprudência do STF, direito adquirido a manutenção da forma de cálculo da remuneração. (Ministra Carmen Lúcia)	

◉ Fique atento:

- Em diversos julgados posteriores, o STF declarou ser possível ao legislador desvincular o cálculo de vantagem pecuniária que foi incorporada pelo servidor sem que isso represente violação do texto constitucional. Nesse sentido:

  "Agravo regimental no recurso extraordinário. Servidor público. Estabilidade financeira. Vantagem incorporada. Revisão. Inexistência de direito adquirido a regime jurídico. Irredutibilidade de vencimentos. Desvinculação. Possibilidade. Precedentes. 1. É pacífica a jurisprudência desta Corte no sentido de que, embora constitucional o instituto da estabilidade financeira, não há direito adquirido à forma de reajuste da remuneração, o que implicaria direito adquirido a regime jurídico, ficando assegurada, contudo, a irredutibilidade de vencimentos. 2. É possível ao legislador desvincular o cálculo de vantagem pecuniária que foi incorporada pelo servidor sem que isso represente violação do texto constitucional. 3. Agravo regimental não provido."(RE 547935 AgR, Relator(a): Min. DIAS TOFFOLI, Primeira Turma, julgado em 26/06/2012, ACÓRDÃO ELETRÔNICO DJe-160 DIVULG 14-08-2012 PUBLIC 15-08-2012)

◉ Questões de Concurso relacionadas ao tema:

Questão 01 (PGE-MS. PGE-MS. Procurador do Estado. 2014) Sabe-se que subsídio, pela definição constitucional, é a retribuição fixada "em parcela única". As vantagens pecuniárias, por sua vez, são acréscimos de estipêndio do servidor, gênero do qual são espécies os adicionais e as gratificações. Já a remuneração, por fim, constitui o valor recebido globalmente pelo servidor.

Ciente de tais conceitos jurídicos, você, no exercício de seu cargo como Procurador(a) do Estado, lastreado(a) em decisão vinculante do Supremo Tribunal Federal, poderia afirmar sobre regime jurídico remuneratório:

a) O servidor público possui direito adquirido ao regime remuneratório, cabendo como medida judicial para correção de qualquer ato atentatório a esse direito, por sua natureza, mandado de segurança.

b) O servidor público tem direito adquirido, apenas, ao modo de cálculo das verbas pecuniárias que compõem sua remuneração, quando ainda não instituído pagamento por subsídio.

c) O servidor público tem direito à irredutibilidade de eventuais vantagens pecuniárias, por lei, incorporadas, mas sua remuneração pode ser minorada por ato normativo de primeiro grau.

d) O servidor público não tem direito adquirido ao regime remuneratório, podendo a administração pública majorar ou minorar a remuneração do servidor, desde que o faça por lei de iniciativa do Poder Executivo e que respeite as regras do processo legislativo.

e) O servidor não tem direito adquirido a regime jurídico remuneratório, porém, reconhece-se a impossibilidade de redução da remuneração.

Gabarito: 1- E

Tema 380: "Aplicação do art. 17 do ADCT a vantagens protegidas pela garantia da coisa julgada".

Tese: "O art. 17 do ADCT alcança as situações jurídicas cobertas pela coisa julgada".

FICHA TÉCNICA	
Leading case:	**RE 600.658/PE**
Descrição do caso feita pelo STF:	"Recurso extraordinário em que se discute, à luz do art. 7°, IV, da Constituição Federal, e do art. 17, do Ato das Disposições Constitucionais Transitórias – ADCT, a manutenção, ou não, da vinculação ao salário mínimo da Gratificação de Produtividade por Unidade de Serviço paga a servidores do extinto INAMPS, em virtude de cálculo determinado por sentença transitada em julgado, antes do advento da atual Constituição Federal."

FICHA TÉCNICA	
Leading case:	**RE 600.658/PE**
Dispositivo(s) constitucional(is) envolvido(s):	Art. 7º São direitos dos trabalhadores urbanos e rurais, além de outros que visem à melhoria de sua condição social: IV – salário mínimo, fixado em lei, nacionalmente unificado, capaz de atender a suas necessidades vitais básicas e às de sua família com moradia, alimentação, educação, saúde, lazer, vestuário, higiene, transporte e previdência social, com reajustes periódicos que lhe preservem o poder aquisitivo, sendo vedada sua vinculação para qualquer fim; Ato das Disposições Constitucionais Transitórias: Art. 17. Os vencimentos, a remuneração, as vantagens e os adicionais, bem como os proventos de aposentadoria que estejam sendo percebidos em desacordo com a Constituição serão imediatamente reduzidos aos limites dela decorrentes, não se admitindo, neste caso, invocação de direito adquirido ou percepção de excesso a qualquer título. (Vide Emenda Constitucional nº 41, 19.12.2003) § 1º É assegurado o exercício cumulativo de dois cargos ou empregos privativos de médico que estejam sendo exercidos por médico militar na administração pública direta ou indireta. § 2º É assegurado o exercício cumulativo de dois cargos ou empregos privativos de profissionais de saúde que estejam sendo exercidos na administração pública direta ou indireta.
Data de reconhecimento da repercussão geral:	08/04/2011.
Data de julgamento do mérito recursal:	08/04/2011.
Houve unanimidade?	Não
Data de publicação do acórdão de julgamento do recurso:	16/06/2011.
Trânsito em julgado do acórdão:	Ainda não ocorreu.

⦿ Comentários:

O Supremo Tribunal Federal examinou recurso extraordinário interposto pela União contra acórdão proferido pelo Tribunal Regional Federal da 5ª Região, que protegeu coisa julgada de pretendida incidência do art. 17 do Ato das Disposições Constitucionais Transitórias.

A questão versava sobre o pagamento a servidores do extinto INAMPS de Pernambuco da gratificação de produtividade por unidade de serviço. O processo, cuja sentença havia transitado em julgado antes da Constituição Federal de 1988, estava em fase de execução, e a controvérsia restringia-se a divergências quanto aos cálculos de diferenças relativas à gratificação.

A União impugnou os cálculos apresentados, sustentando a incidência do art. 17 do Ato das Disposições Constitucionais Transitórias, uma vez que a Constituição Federal de 1988 proibia a vinculação pretendida, alegando, ainda, que a política de reajuste da gratificação denominada de "US" deveria seguir a política de reajuste salarial dos servidores públicos.

A decisão recorrida estava fundada na tese segundo a qual a coisa julgada recaída sobre a sentença impedia a reabertura da discussão sobre os critérios de cálculos.

A questão com repercussão geral a ser debatida residiu, portanto, em definir se a regra do art. 17 do Ato das Disposições Constitucionais Transitórias afetaria as situações estabilizadas pela coisa julgada.

A recorrente alegou, em síntese, que a decisão recorrida: i) violou o art. 7º, IV, da Constituição Federal, tendo em vista o reajuste da gratificação de produtividade por unidade de serviço basear-se no salário mínimo, enquanto deveria seguir, a partir da promulgação da Constituição Federal de 1988, a política de reajuste salarial dos servidores públicos federais; ii) ofendeu os arts. 37, XIII, da Constituição Federal, art. 17 do Ato das Disposições Constitucionais Transitórias, aduzindo que a coisa julgada anterior à Constituição de 1988 não tem o condão de impedir a incidência do art. 17, *caput,* do Ato das Disposições Constitucionais Transitórias, combinado com o art. 37, XIII, da Constituição Federal.

Quanto à questão relativa à vinculação do salário mínimo, o Supremo Tribunal Federal já se manifestou em diversas ocasiões sobre a inconstitucionalidade de vincular qualquer vantagem ao salário mínimo, entendimento este, inclusive, sedimentado no enunciado nº. 4 da Súmula Vinculante, e ratificado no RE 603.451.

Por outro lado, reafirmando a jurisprudência do Supremo Tribunal Federal segundo a qual não é absoluta a garantia da coisa julgada, sendo possível o seu afastamento para fins de aplicação do art. 17 do Ato das Disposições Constitucionais Transitórias (cf. *leading case,* RE 146.331/SP), a relatora, Ministra Ellen Gracie, entendeu possível a decisão monocrática do recurso extraordinário (o que ainda não ocorreu), bem como a adoção da tese pelos demais tribunais de origem e turmas recursais, com fundamento na então regra do art. 543-B do Código de Processo Civil de 1973, aplicar a citada orientação anteriormente firmada pelo Supremo Tribunal Federal.

Assim, a relatora **reafirmou a jurisprudência do tribunal e definiu que a regra do art. 17 do Ato das Disposições Constitucionais Transitórias afeta as situações estabilizadas pela coisa julgada,** vencidos os Ministros Marco Aurélio e Ayres Britto, e não tendo se manifestado os Ministros Cezar Peluso, Cármen Lúcia e Joaquim Barbosa.

◉ Fique atento:

- Foram opostos embargos de declaração contra o acórdão do Supremo Tribunal Federal, os quais ainda não foram julgados, razão pela qual não transitou em julgado a decisão recorrida.

- Embora conste que o Ministro Marco Aurélio tenha votado contrariamente ao reconhecimento da repercussão geral e à reafirmação da jurisprudência, há no acórdão publicado voto em que admite a configuração da repercussão geral.

- Em face da ratificação da jurisprudência, a relatora entendeu não ser necessária nova apreciação pelo Plenário do tribunal, possibilitando o julgamento monocrático do recurso extraordinário, nos termos do art. 325, caput, do Regimento Interno do Supremo Tribunal Federal (que ainda não ocorreu), e, ainda, a aplicação dessa orientação pelos tribunais de origem.

Tema 439: "Direito adquirido de servidores públicos estaduais aposentados à permanência em determinada classe, não obstante o advento de lei estadual que, ao promover a reclassificação de cargos, reenquadra-os em classe inferior."

Tese: Desde que mantida a irredutibilidade, não tem o servidor inativo, embora aposentado na última classe da carreira anterior, o direito de perceber proventos correspondentes aos da última classe da nova carreira, reestruturada por lei superveniente.

FICHA TÉCNICA	
Leading case:	**RE 606199**
Descrição do caso feita pelo STF:	Recurso extraordinário em que se discute, à luz dos artigos 5º, XXXVI, e 40, § 8º (redação anterior ao advento da Emenda Constitucional 41/2003), da Constituição Federal, a caracterização, ou não, de direito adquirido de servidores inativos integrantes de quadro próprio do Poder Executivo a permanecerem na classe em que aposentados, conquanto o seu reenquadramento em classe inferior realizado pela Lei paranaense 13.666/2002, que reestruturou o quadro de servidores estaduais.
Dispositivo(s) constitucional (is) envolvido(s):	Art. 5º Todos são iguais perante a lei, sem distinção de qualquer natureza, garantindo-se aos brasileiros e aos estrangeiros residentes no País a inviolabilidade do direito à vida, à liberdade, à igualdade, à segurança e à propriedade, nos termos seguintes: (...) XXXVI – a lei não prejudicará o direito adquirido, o ato jurídico perfeito e a coisa julgada; Art. 40, § 8º[17] Observado o disposto no art. 37, XI, os proventos de aposentadoria e as pensões serão revistos na mesma proporção e na mesma data, sempre que se modificar a remuneração dos servidores em atividade, sendo também estendidos aos aposentados e aos pensionistas quaisquer benefícios ou vantagens posteriormente concedidos aos servidores em atividade, inclusive quando decorrentes da transformação ou reclassificação do cargo ou função em que se deu a aposentadoria ou que serviu de referência para a concessão da pensão, na forma da lei.

_____

17. Redação anterior à Emenda Constitucional nº 41/2003.

FICHA TÉCNICA	
Leading case:	**RE 606199**
Data de reconhecimento da repercussão geral:	17/06/2011
Data de julgamento do mérito recursal:	09/10/2013
Houve unanimidade?	Não
Data de publicação do acórdão de julgamento do recurso:	07/02/2014
Trânsito em julgado do acórdão (segundos embargos de declaração):	19/02/2014

◉ Comentários:

A lide instaurada no processo discute se haveria direito adquirido dos servidores aposentados, no caso, do Estado do Paraná, de serem enquadrados no último nível da carreira criada por nova Lei, caso tivessem se aposentado naquele nível sob a vigência de lei anterior. Na espécie, uma Lei estadual modificou a nomenclatura de cargos e alterou o número de classes e níveis salariais dos servidores públicos. O cargo de *Motorista*, que possuía uma única classe e 11 níveis de referência passou a ser denominado *Agente de Apoio* e passou a ter três classes, ou padrões, cada uma com 12 referências. No novo cenário, todos os servidores, ativos e inativos, que se encontravam no último nível da carreira foram enquadrados no último nível da primeira classe. A progressão para as outras duas classes levaria em conta três fatores: 1) antiguidade; 2) avaliação de desempenho; e 3) titulação.

O pedido dos autores, servidores aposentados, foi rejeitado na sentença e esta foi reformada pelo Tribunal de Justiça do Estado do Paraná para garantir aos autores o direito de enquadramento no último nível da carreira implementada pela nova Lei.

A jurisprudência do STF é no sentido de que, não se tratando de burla à paridade salarial, a Lei nova pode modificar a estrutura da carreira porque não há direito adquirido a determinado regime jurídico. Dessa forma, não seria inconstitucional a Lei que modificou a estrutura do plano de cargos e salários, uma vez que os servidores aposentados no último nível da carreira foram enquadrados no mesmo nível que os servidores da ativa que também estavam no último nível, não podendo se falar, assim, de burla à paridade. A peculiaridade do caso, reconhecida pelo Tribunal, surge após o enquadramento inicial nos novos parâmetros. É que a partir daquele momento, apenas os servidores da ativa obteriam a progressão funcional e esse fato, sim, ofenderia o princípio da paridade, previsto na Constituição até a aprovação da Emenda Constitucional nº 41/2003, que assegurava aos inativos "quaisquer benefícios ou vantagens posteriormente concedidos aos servidores em atividade, inclusive quando decorrentes da transformação ou reclassificação do cargo ou função em que se deu a aposentadoria ou que serviu de referência para a concessão de pensão, na forma da lei".

Dessa forma, considerando que dois dos três parâmetros fixados para concessão da progressão funcional, a antiguidade e a titulação, poderiam também ser aplicados ao servidor inativo, o STF aplicou interpretação conforme a Constituição Federal a dois artigos da Lei estadual a fim de garantir também a eles o direito à progressão funcional. Objetivamente, os critérios de antiguidade e titulação seriam aplicados aos servidores inativos considerando o status de cada um no momento de sua aposentadoria.

Convém ressaltar, porém, que embora o acórdão tenha reconhecido a peculiaridade acima descrita para dar provimento apenas parcial ao recurso interposto pelo Estado do Paraná, o STF reafirmou a sua jurisprudência em repercussão geral no sentido de que, desde que mantida a irredutibilidade, não tem o servidor inativo, embora aposentado na última classe da carreira anterior, o direito de perceber proventos correspondentes aos da última classe da nova carreira, reestruturada por lei superveniente.

⊙ Síntese do debate constante do acórdão que fixou o precedente:

Argumentos favoráveis à tese fixada:	Argumentos contrários à tese fixada:
• A regra constitucional da paridade não garante aos servidores inativos somente o direito à irredutibilidade do valor nominal dos proventos e à revisão remuneratória geral dada aos ativos, mas também às vantagens decorrentes de quaisquer benefícios posteriormente concedidos aos ativos, desde que baseados em critérios objetivos (Luís Roberto Barroso). • A solução adotada permite à Administração, juntamente com os servidores, o exame de caso a caso, podendo, eventualmente reenquadrá-los, ainda que aposentados (Ricardo Lewandowski). • A solução adotada assegura aos aposentados as mesmas vantagens concedidas aos inativos, exceto no que se refere à avaliação de desempenho, à qual, após implantada, conforme já decidido em outros casos, não faz jus o servidor aposentado (Teori Zavaski). • Muito embora não devam ser enquadrados automaticamente no patamar mais elevado do novo plano de cargos e salários pelo simples fato de terem se aposentado no nível mais alto da carreira, os servidores aposentados devem experimentar o enquadramento compatível com as promoções e progressões a que fariam jus à época da aposentação. Com efeito, caso ainda estivessem na ativa, os servidores aposentados teriam direito à progressão funcional pelos critérios de antiguidade e titulação (Luiz Fux).	• A apreciação do Recurso Extraordinário deveria se ater às premissas do acórdão impugnado, não sendo possível analisar a legislação estadual. No caso, como o acórdão não menciona as condições para a progressão após o enquadramento inicial, esta discussão não teria cabimento no julgamento do recurso que o impugnou. O caso seria de desprovimento do recurso, visto que à época em que os servidores recorridos alcançaram a aposentadoria, o dispositivo constitucional vigente lhes assegurava todo e qualquer benefício dado ao pessoal da ativa. Nesse sentido, seria devido o enquadramento no último nível da carreira da nova Lei dos servidores que se aposentaram no último nível da Lei anterior[18] (Marco Aurélio). • Não havendo no acórdão impugnado menção às peculiaridades da lide, no caso, a progressão após o enquadramento inicial com base em critérios objetivos, não é legítima tal discussão no julgamento do recurso. O caso seria de total provimento do recurso, uma vez que já é assente no STF o entendimento de que não há direito adquirido a regime jurídico e, portanto, não se tratando de burla ao princípio da paridade, não há direito a enquadramento automático no último nível de Lei nova (Gilmar Mendes).

---

18. O voto do Ministro Marco Aurélio foi aproveitado no voto médio para dar provimento parcial ao recurso, nos termos oportunamente descritos.

⊙ Fique atento:

- O STF entende que a possibilidade de reestruturação de carreira do servidor público com novas classes e níveis não pode ser utilizada de forma a burlar o princípio da paridade que vigorava até a aprovação da Emenda Constitucional nº 41/2003. Verificada essa intenção, será inconstitucional a Lei nesse particular.

- A Emenda Constitucional nº 41/2003 extinguiu o chamado regime de integralidade e paridade assegurado, até então, no art. 40 e parágrafos da Constituição Federal. A integralidade consistia no direito de o servidor público se aposentar recebendo a totalidade da remuneração do cargo efetivo em que se desse a aposentadoria e a paridade assegurava aumentos e reajustes aos servidores aposentados nos mesmos percentuais atribuídos aos servidores da ativa. Após a Emenda, os reajustes de proventos e pensões ficaram vinculados aos concedidos pelo Regime Geral de Previdência Social. Importante não confundir o extinto regime de integralidade com o direito à aposentadoria com proventos integrais. Esta última, que é calculada a partir de uma média das contribuições tem esse nome em contraposição à aposentadoria com proventos proporcionais, na qual, após o cálculo da média das contribuições, é aplicado um redutor proporcional ao tempo restante para que o servidor fizesse jus à aposentadoria com proventos integrais.

⊙ Questões de Concurso relacionadas ao tema:

Questão 01 (PGE-MS. PGE-MS. Procurador do Estado. 2014). Em relação à jurisprudência do STF sobre direito previdenciário, assinale a alternativa correta:

I – O Supremo Tribunal Federal reafirmou em sede de julgamento de recurso extraordinário, em que reconhecida repercussão geral da matéria, ser devida a conversão de férias não gozadas, bem como de outros direitos de natureza remuneratória, em indenização pecuniária, por aqueles servidores que não mais podem delas usufruir, seja por conta do rompimento do vínculo com a Administração, seja pela inatividade, em virtude da vedação ao enriquecimento sem causa da Administração;

II – O Supremo Tribunal Federal assentou entendimento em sede de exame de recurso extraordinário, em que reconhecida repercussão geral da matéria, no sentido de que há direito adquirido do servidor inativo, aposentado na última classe da carreira funcional a que pertence, a ser mantido sempre na última classe, mesmo em caso de superveniente reestruturação da carreira;

III – Conforme as Súmulas 346 e 473 da Suprema Corte, em consequência direta do princípio constitucional da legalidade da Administração (CF, art. 37), é permitido à Administração Pública anular seus próprios atos ou revogá-los, resguardados os direitos adquiridos;

IV – Sob o fundamento de isonomia, é permitido ao Poder Judiciário aumentar vencimentos e, nesses compreendidos, também os proventos, de servidores públicos.

- **a)** Todas as assertivas são verdadeiras;
- **b)** Somente as assertivas I, II e IV são verdadeiras;
- **c)** Somente a assertiva II é verdadeira;

d) Todas as assertivas são incorretas;

e) Somente as assertivas II e IV são incorretas

Gabarito: 1-E

2.17. SERVIDORES PÚBLICOS – REGIME REMUNERATÓRIO: VINCULA-ÇÃO AO SALÁRIO MÍNIMO

Tema 15: "Direito de praça à remuneração não inferior a um salário-mínimo".

Tese: "Não viola a Constituição o estabelecimento de remuneração inferior ao salário mínimo para as praças prestadoras de serviço militar inicial."

FICHA TÉCNICA	
Leading case:	**RE 570177**
Descrição do caso feita pelo STF:	Recurso extraordinário em que se discute, à luz dos artigos 1º, III e IV; 5º, caput; 7º, IV e VII, da Constituição Federal, a constitucionalidade, ou não, do art. 18, § 2º, da Medida Provisória nº 2.215-10/2001, o qual permite o pagamento de soldo inferior a um salário-mínimo à praça prestador do serviço militar inicial obrigatório.
Dispositivo(s) constitucional(is) envolvido(s):	"Art. 1º A República Federativa do Brasil, formada pela união indissolúvel dos Estados e Municípios e do Distrito Federal, constitui-se em Estado Democrático de Direito e tem como fundamentos: (...) III – a dignidade da pessoa humana; IV – os valores sociais do trabalho e da livre iniciativa;" "Art. 5º Todos são iguais perante a lei, sem distinção de qualquer natureza, garantindo-se aos brasileiros e aos estrangeiros residentes no País a inviolabilidade do direito à vida, à liberdade, à igualdade, à segurança e à propriedade, nos termos seguintes: (...)" "Art. 7º São direitos dos trabalhadores urbanos e rurais, além de outros que visem à melhoria de sua condição social: (...) IV – salário mínimo, fixado em lei, nacionalmente unificado, capaz de atender a suas necessidades vitais básicas e às de sua família com moradia, alimentação, educação, saúde, lazer, vestuário, higiene, transporte e previdência social, com reajustes periódicos que lhe preservem o poder aquisitivo, sendo vedada sua vinculação para qualquer fim; (...) VII – garantia de salário, nunca inferior ao mínimo, para os que percebem remuneração variável;"

FICHA TÉCNICA	
Leading case:	**RE 570177**
Data de reconhecimento da repercussão geral:	29/11/2007
Data de julgamento do mérito recursal:	30/04/2008
Houve unanimidade?	Sim
Data de publicação do acórdão de julgamento do recurso:	27/06/2008 (julgamento do recurso extraordinário)
Trânsito em julgado do acórdão:	08/08/2008

◉ Comentários:

O recurso extraordinário paradigma foi interposto contra acórdão de Turma Recursal de Juizado Especial Federal que entendeu ser constitucional o art. 18, § 2º, da Medida Provisória n.º 2.215-10/01[19]. A argumentação exposta no recurso baseou-se, em síntese, na alegação de que o pagamento de remuneração em valor inferior ao salário mínimo implicaria em violação aos princípios da isonomia e da dignidade da pessoa humana, bem como ao valor social do trabalho.

No entanto, a CRFB, em seu art. 142, VIII[20], não contemplou a carreira militar com a garantia de remuneração não inferior ao mínimo prevista em seu art. 7º, incisos II e VII, tendo sido esse o fundamento principal que norteou o julgamento do recurso, complementado pelo entendimento de que os servidores militares, dadas as peculiaridades da função pública exercida, possuem regime próprio, diverso do estabelecido para os servidores públicos civis e trabalhadores urbanos e rurais.

Assim, o recurso extraordinário foi desprovido, mantendo-se o acórdão recorrido quanto à constitucionalidade do art. 18, § 2º, da Medida Provisória n.º 2.215-10/01.

---

19. "Art. 18. Nenhum militar ou beneficiário de pensão militar pode receber, como remuneração, proventos mensais ou pensão militar, valor inferior ao do salário mínimo vigente, sendo-lhe paga, como complemento, a diferença encontrada. (...) § 2º Excluem-se do disposto no caput deste artigo as praças prestadoras de serviço militar inicial e as praças especiais, exceto o Guarda-Marinha e o Aspirante-a-Oficial."

20. "Art. 142. As Forças Armadas, constituídas pela Marinha, pelo Exército e pela Aeronáutica, são instituições nacionais permanentes e regulares, organizadas com base na hierarquia e na disciplina, sob a autoridade suprema do Presidente da República, e destinam-se à defesa da Pátria, à garantia dos poderes constitucionais e, por iniciativa de qualquer destes, da lei e da ordem. (...) VIII – aplica-se aos militares o disposto no art. 7º, incisos VIII, XII, XVII, XVIII, XIX e XXV, e no art. 37, incisos XI, XIII, XIV e XV bem como, na forma da lei e com prevalência da atividade militar, no art. 37, inciso XVI, alínea 'c'".

◉ Síntese do debate constante do acórdão que fixou o precedente:

Argumentos favoráveis à tese fixada:	Argumentos contrários à tese fixada:
O art. 142 da CRFB, em seu inciso VIII, dispõe que se aplica aos militares o disposto no seu art. 7º, incisos VIII, XII, XVII, XVIII, XIX e XXV. Deste modo, dentre as garantias constitucionais atribuídas aos trabalhadores em geral e estendidas aos militares não se encontra o necessário o respeito ao salário-mínimo, previsto nos incisos II e VII do referido dispositivo constitucional. (Ministro Ricardo Lewandowski)	Respeito ao mínimo existencial, que coloca em dúvida a possibilidade do indivíduo ser remunerado com valor abaixo do mínimo. (Ministro Carlos Britto)
Inexistência de violação ao princípio da isonomia, tendo em vista que, diferentemente do que ocorre com os trabalhadores urbanos, rurais e os servidores públicos civil, não contam os militares com a mesma garantia constitucional. (Ministro Ricardo Lewandowski)	
Os cidadãos recrutados para o serviço militar obrigatório exercem um verdadeiro múnus público, sujeitando a regime funcional peculiar, não havendo, na hipótese, ofensa ao princípio da dignidade da pessoa humana. (Ministro Ricardo Lewandowski)	
Ausência de impedimento à fixação por lei de remuneração igual ou superior ao salário mínimo. (Ministro Ricardo Lewandowski)	
Em certos seguimentos das Forças Armadas há a complementação do valor em pecúnia com utilidades. (Ministro Marco Aurélio)	
Inexistência de violação ao princípio da isonomia, tendo em vista que a exceção ao tratamento isonômico decorre do próprio texto constitucional. (Ministro Celso de Mello)	

◉ Fique atento:

- Na ocasião do julgamento do RE 570177, o Plenário decidiu pela não edição imediata da súmula, em razão de dúvida manifestada pelo Ministro Carlos Britto. Todavia, posteriormente, o entendimento prevalecente no referido julgamento foi fixado na súmula vinculante n.º 06, de 07 de maio de 2008, com o seguinte teor: "Não viola a Constituição o estabelecimento de remuneração inferior ao salário mínimo para as praças prestadoras de serviço militar inicial."

- Embora o art. 18, da Medida Provisória n.º 2.215-10/2001 tenha excluído da garantia ao salário mínimo "as praças prestadoras de serviço militar inicial e as praças especiais", a tese fixada no julgamento do RE 570177 e na Súmula Vinculante n.º 06 apenas tratou das praças prestadores de serviço militar inicial.

⊙ Questões de Concurso relacionadas ao tema:

Questão 01 (Ano: 2012. Banca: ESAF. Órgão: Receita Federal. Prova: Analista Tributário da Receita Federal – Adaptada) Julgue o item a seguir:

Não viola a Constituição o estabelecimento de remuneração inferior ao salário mínimo para as praças prestadoras de serviço militar inicial.

( ) Certo   ( ) Errado

Gabarito: 1-C

Tema 25: "Vinculação do adicional de insalubridade ao salário mínimo"

Tese: "Salvo nos casos previstos na Constituição, o salário mínimo não pode ser usado como indexador de base de cálculo de vantagem de servidor público ou de empregado, nem ser substituído por decisão judicial."

FICHA TÉCNICA	
Leading case:	**RE 565714**
Descrição do caso feita pelo STF:	Recurso extraordinário em que discute, à luz do art. 7º, IV, da Constituição Federal, a revogação, ou não, do art. 3º, parágrafo único, da Lei Complementar paulista nº 432/85, que vincula o adicional de insalubridade ao salário-mínimo, pela Constituição de 1988.
Dispositivo(s) constitucional(is) envolvido(s):	Art. 7º São direitos dos trabalhadores urbanos e rurais, além de outros que visem à melhoria de sua condição social: (...) IV – salário mínimo, fixado em lei, nacionalmente unificado, capaz de atender a suas necessidades vitais básicas e às de sua família com moradia, alimentação, educação, saúde, lazer, vestuário, higiene, transporte e previdência social, com reajustes periódicos que lhe preservem o poder aquisitivo, sendo vedada sua vinculação para qualquer fim;
Data de reconhecimento da repercussão geral:	08/02/2008
Data de julgamento do mérito recursal:	30/04/2011 (julgamento do recurso extraordinário) 29/10/2014 (julgamento dos embargos de declaração)

FICHA TÉCNICA	
Leading case:	**RE 565714**
Houve unanimidade?	Sim
Data de publicação do acórdão de julgamento do recurso:	08/08/2008 (publicação do acórdão do recurso extraordinário) 07/11/2008 (republicação do acórdão do recurso extraordinário) 18/11/2014 (publicação do acórdão dos embargos de declaração)
Trânsito em julgado do acórdão:	28/11/2014

◉ Comentários:

O recurso extraordinário paradigma foi interposto contra acórdão do Tribunal de Justiça de São Paulo, que negou provimento ao recurso de apelação, considerando válida a utilização do salário mínimo como base de cálculo do adicional de insalubridade, nos termos do art. 3º da Lei Complementar estadual n.º 432/1985[21], considerando a redação vigente na ocasião. O Tribunal de Justiça de São Paulo, assim, manteve o indeferimento do pedido formulado pelos autores, policiais militares, de utilização do valor da remuneração como base de cálculo do adicional de insalubridade.

No recurso extraordinário, sustentaram os autores que o art. 3º da Lei Complementar estadual n.º 432/1985 não foi recepcionado pela parte final do art. 7º, inc. IV, da Constituição da República Federativa do Brasil, bem assim que o inc. XXIII do mesmo dispositivo constitucional, ao dispor sobre o adicional de insalubridade invoca em seu teor o conceito de remuneração.

No julgamento do recurso, o STF declarou que o § 1º do art. 3º da Lei Complementar estadual n.º 432/1985, considerando sua redação então vigente, não foi recepcionado pelo art. 7º, inc. IV, da CRBF, tendo em vista a impossibilidade de utilização do salário mínimo como indexador da base de cálculo do adicional de insalubridade. Em que pese esse posicionamento firmado, concluiu, na análise do caso concreto, por negar provimento ao recurso extraordinário, em razão da impossibilidade de substituição da base de cálculo fixada em lei por meio de decisão judicial.

---

21. O adicional de insalubridade será pago ao funcionário ou servidor de acordo com a classificação nos graus máximo, médio e mínimo, em percentuais de, respectivamente, 40% (quarenta por cento), 20% (vinte por cento) e 10% (dez por cento), que incidirão sobre o valor correspondente a 2 (dois) salários mínimos.
§ 1º – O valor do adicional de que trata este artigo será reajustado sempre que ocorrer alteração no valor do salário mínimo.

⊙ Síntese do debate constante do acórdão que fixou o precedente:

Argumentos favoráveis à tese fixada:	Argumentos contrários à tese fixada:
A norma prevista no art. 7º, inc. IV, da CRFB teve como um dos seus objetivos impedir que os aumentos do salário mínimo gerem, indiretamente, um peso maior do que aquele diretamente relacionado com esses aumentos, circunstância que pressionaria para um reajuste menor do salário mínimo, o que significaria obstaculizar a implementação da política salarial prevista no mesmo dispositivo constitucional. (Ministra Carmem Lúcia)	
Não há dúvida razoável de que a utilização do salário mínimo para a formação da base de cálculo de qualquer parcela remuneratória ou com qualquer outro objetivo pecuniário (pensões, indenização, etc) incide na vinculação vedada pela CRBF. (Ministra Carmem Lúcia)	
É inconstitucional o aproveitamento do salário mínimo como base de cálculo do adicional de insalubridade, ou de qualquer outra parcela remuneratória. Paralelamente, normas com esse conteúdo e que antecedem o início de vigência da CRFB não foram por ela recepcionadas, tidas, assim, como revogadas. (Ministra Carmem Lúcia)	
O art. 7º, inc. XXIII, da CRFB, ainda que seja considerado aplicável aos servidores públicos por força de legislações estaduais, não define a base de cálculo para o adicional de insalubridade, de modo que não há, na CRFB, parâmetro expresso para determinar a base de cálculo do adicional de insalubridade, o qual deve constar de lei. (Ministra Carmem Lúcia)	
Não é juridicamente plausível estabelecer que a base de cálculo do adicional de insalubridade será a remuneração ou o vencimento, sob pena de atuação como legislador positivo. (Ministra Carmem Lúcia)	
Não pode o adicional previsto em determinada lei ter a base de cálculo substituída por decisão judicial (Ministro Cezar Peluso)	
A inconstitucionalidade do fator de indexação previsto em lei não autoriza a sua substituição pelo Judiciário. (Ministro Marco Aurélio)	

⊙ Fique atento:

- Em seu voto, a Relatora, Ministra Carmem Lúcia, tratando do adicional de insalubridade nas relações regidas pela Consolidação das Leis do trabalho, destacou, em *obiter dictum*, a jurisprudência do STF no sentido de que o art. 192 da CLT, ao falar em "salário mínimo da região" não pode ser interpretado de modo a corresponder ao salário mínimo nacional, pois este é o objeto da vedação contida na parte final do inc. IV do art. 7º da Constituição. Na sequência, concluiu, ainda, pela inaplicabilidade do art. 192 da CLT[22] e do art. 7º, inc. XXIII, da CRFB, às relações de natureza estatutária.

- A Ministra Carmem Lúcia afirmou, ainda, que a expressão "adicional de remuneração" constante no inc. XXIII do art. 7º da CRFB[23] deve ser compreendida como adicional remuneratório, ou seja, um adicional que comporá a remuneração do trabalhador que desenvolve atividade insalubre, penosa ou perigosa. Destacou que, se tivesse sido a intenção do texto constitucional estabelecer a remuneração como base de cálculo, teria afirmado se tratar de adicional sobre a remuneração, o que não o fez.

- Embora o voto proferido pela Relatora, inicialmente dando provimento ao recurso extraordinário, tenha dado sequência a um intenso debate entre os julgadores, as discordâncias apresentadas disseram respeito à solução dada ao caso concreto, quanto ao cálculo, na prática, do adicional de insalubridade após o reconhecimento da não recepção do § 1º do art. 3º da Lei Complementar estadual n.º 432/1985 pela CRFB. Entendeu-se, por fim, que, enquanto não sobreviesse nova legislação estadual, a base de cálculo do adicional seria o equivalente a dois salários mínimos da data do trânsito em julgado do recurso extraordinário, atualizando-se monetariamente na forma da legislação estabelecida para a categoria. Quanto à tese fixada em repercussão geral, não houve efetiva divergência quanto ao seu conteúdo.

◉ Questões de Concurso relacionadas ao tema:

Questão 01 (FCC. TRT 1ª R. Analista Judiciário – Execução de mandados. 2013) Considere as seguintes afirmações em relação ao regime jurídico dos servidores públicos, à luz da Constituição da República e da jurisprudência do Supremo Tribunal Federal sobre a matéria:

I. Dentro do prazo de validade de concurso público, a Administração poderá escolher o momento no qual se realizará a nomeação, mas não poderá dispor sobre a própria nomeação, estando obrigada a nomear os aprovados dentro do número de vagas previsto no edital, ressalvadas situações excepcionalíssimas que justifiquem soluções diferenciadas, devidamente motivadas de acordo com o interesse público.

II. Salvo nos casos previstos na Constituição, o salário mínimo não pode ser usado como indexador de base de cálculo de vantagem de servidor público, nem ser substituído por decisão judicial.

III. Até que sobrevenha lei específica para regulamentar o exercício do direito de greve pelos servidores públicos civis, aplica-se-lhes, no que couber, a lei que disciplina o exercício do direito de greve dos trabalhadores em geral.

---

22. Art. 192 – O exercício de trabalho em condições insalubres, acima dos limites de tolerância estabelecidos pelo Ministério do Trabalho, assegura a percepção de adicional respectivamente de 40% (quarenta por cento), 20% (vinte por cento) e 10% (dez por cento) do salário-mínimo da região, segundo se classifiquem nos graus máximo, médio e mínimo.

23. Art. 7º São direitos dos trabalhadores urbanos e rurais, além de outros que visem à melhoria de sua condição social: (...) XXIII – adicional de remuneração para as atividades penosas, insalubres ou perigosas, na forma da lei;

Está correto o que se afirma em

   a) I e II, apenas.

   b) I e III, apenas.

   c) II e III, apenas.

   d) I, II e III.

   e) I, apenas.

Gabarito: 1-D

Tema 141: "Cálculo de vantagens pessoais incidentes sobre o abono garantidor da percepção de um salário-mínimo".

Tese: "O cálculo de gratificações e outras vantagens do servidor público não incide sobre o abono utilizado para se atingir o salário mínimo".

FICHA TÉCNICA	
Leading case:	**RE 572.921 RN**
Descrição do caso feita pelo STF:	"Recurso extraordinário em que se discute, à luz dos artigos 5º, LV; 7º, IV, VI e VII; 39, § 3º, da Constituição Federal, a constitucionalidade, ou não, do cálculo de vantagens pessoais e de outras gratificações sobre o resultado da soma do vencimento com o abono instituído para atingir o salário mínimo".
Dispositivo(s) constitucional(is) envolvido(s):	Art. 5º Todos são iguais perante a lei, sem distinção de qualquer natureza, garantindo-se aos brasileiros e aos estrangeiros residentes no País a inviolabilidade do direito à vida, à liberdade, à igualdade, à segurança e à propriedade, nos termos seguintes: (...) LV – aos litigantes, em processo judicial ou administrativo, e aos acusados em geral são assegurados o contraditório e ampla defesa, com os meios e recursos a ela inerentes;
	Art. 7º São direitos dos trabalhadores urbanos e rurais, além de outros que visem à melhoria de sua condição social: (...) IV – salário mínimo, fixado em lei, nacionalmente unificado, capaz de atender a suas necessidades vitais básicas e às de sua família com moradia, alimentação, educação, saúde, lazer, vestuário, higiene, transporte e previdência social, com reajustes periódicos que lhe preservem o poder aquisitivo, sendo vedada sua vinculação para qualquer fim; (...) VI – irredutibilidade do salário, salvo o disposto em convenção ou acordo coletivo;
	VII – garantia de salário, nunca inferior ao mínimo, para os que percebem remuneração variável;

FICHA TÉCNICA	
Leading case:	**RE 572.921 RN**
	Art. 39. A União, os Estados, o Distrito Federal e os Municípios instituirão conselho de política de administração e remuneração de pessoal, integrado por servidores designados pelos respectivos Poderes. (Redação dada pela Emenda Constitucional nº 19, de 1998) (...)§ 3º Aplica-se aos servidores ocupantes de cargo público o disposto no art. 7º, IV, VII, VIII, IX, XII, XIII, XV, XVI, XVII, XVIII, XIX, XX, XXII e XXX, podendo a lei estabelecer requisitos diferenciados de admissão quando a natureza do cargo o exigir. (Incluído pela Emenda Constitucional nº 19, de 1998)
Data de reconhecimento da repercussão geral:	13/11/2008.
Data de julgamento do mérito recursal:	13/11/2008.
Houve unanimidade?	Sim (repercussão geral); não (reafirmação da jurisprudência); não (recurso extraordinário).
Data de publicação do acórdão de julgamento do recurso:	06/02/2009.
Trânsito em julgado do acórdão:	18/02/2009.

⊚ Comentários:

O Supremo Tribunal Federal examinou recurso extraordinário contra acórdão proferido pelo Tribunal de Justiça do Rio Grande do Norte que assegurou a servidores públicos estaduais o recebimento de abono complemento ao vencimento-base a fim de garantir a percepção do mínimo legal, mas impediu a incidência de gratificações e outras vantagens sobre o resultado da soma do vencimento com o abono.

Neste recurso extraordinário, fundado no art. 102, III, "a" e "c" da Constituição Federal, sustentou-se ofensa às regras constitucionais dos arts. 5º. LV; 7º, IV, VI e VII; 39, § 3º; 93, IX.

Aduziu-se, em suma, que não haveria, na inclusão do abono para o cálculo das vantagens, vinculação ao salário mínimo, porquanto, no caso dos recorrentes, a remuneração é o valor do salário mínimo.

Verificando, a Corte, que havia jurisprudência pacífica no Supremo Tribunal Federal que entende que a incidência de gratificações e outras vantagens sobre o resultado da soma do vencimento com o abono – este utilizado para se atingir o mínimo legal, que é o salário mínimo – contraria o art. 7º, IV, da Constituição (por importar vinculação nele vedada, haja vista que a cada aumento do salário mínimo e, por consequência, do abono, aumentar-se-iam também as gratificações e vantagens dos servidores), decidiu determinar que os recursos que versem sobre a mesma matéria tivessem a distribuição denegada, determinando-se a devolução dos autos à origem para adoção dos procedimentos previstos no art. 543-B, § 3º, do CPC-1973.

Em voto divergente, o Min. Marco Aurélio entendeu que os acessórios remuneratórios deveriam incidir sobre o valor resultando da majoração da remuneração básica, decorrente da lei estadual, e não sobre o valor da remuneração básica, como entendeu o tribunal *a quo*.

Assim, o Tribunal se manifestou, à unanimidade, pela constitucionalidade da questão, bem como pela existência de repercussão geral da questão suscitada, e, por maioria, conheceu o recurso extraordinário para denegar o recurso extraordinário, reafirmando a jurisprudência sobre a matéria, e fixando a tese de que a **as gratificações e demais vantagens não incidem sobre o abono pago para atingir o salário-mínimo, por ofender o art. 7º, IV, da Constituição Federal.**

◉ Fique atento:

- O precedente extraído do julgamento do Tema 141 da Repercussão Geral é um dos julgados nos quais se lastreia a **Súmula Vinculante nº 15**, aprovada em sessão plenária de 25/06/2009 ("O cálculo de gratificações e outras vantagens do servidor público não incide sobre o abono utilizado para se atingir o salário mínimo").

◉ Questões de Concurso relacionadas ao tema:

Questão 01 (CESPE. STF. Analista Judiciário – Área Administrativa. 2013) Com relação ao regime jurídico dos servidores públicos civis da União, julgue o item a seguir.

O cálculo de gratificações e outras vantagens do servidor público não deve incidir sobre o abono utilizado para se atingir o salário mínimo, pois tal prática equivaleria à utilização do salário mínimo como indexador automático de remuneração.

( ) Certo   ( ) Errado

Gabarito: 1-C

Tema 142: "Pagamento a servidor público de salário-base inferior ao mínimo constitucional".

Tese: "Os artigos 7º, IV, e 39, § 3º (redação da EC 19/1998), da Constituição referem-se ao total da remuneração percebida pelo servidor público".

FICHA TÉCNICA	
Leading case:	**RE 572.921 RN**
Descrição do caso feita pelo STF:	"Recurso extraordinário em que se discute, à luz dos artigos 7º, IV; e 39, § 3º (na redação dada pela Emenda Constitucional nº 19/98), da Constituição Federal, a possibilidade, ou não, de pagamento a servidor público de salário-base inferior ao salário-mínimo".

FICHA TÉCNICA	
Leading case:	**RE 572.921 RN**
Dispositivo(s) constitucional(is) envolvido(s):	Art. 7º São direitos dos trabalhadores urbanos e rurais, além de outros que visem à melhoria de sua condição social: (...) IV – salário mínimo, fixado em lei, nacionalmente unificado, capaz de atender a suas necessidades vitais básicas e às de sua família com moradia, alimentação, educação, saúde, lazer, vestuário, higiene, transporte e previdência social, com reajustes periódicos que lhe preservem o poder aquisitivo, sendo vedada sua vinculação para qualquer fim;
	Art. 39. A União, os Estados, o Distrito Federal e os Municípios instituirão conselho de política de administração e remuneração de pessoal, integrado por servidores designados pelos respectivos Poderes. (Redação dada pela Emenda Constitucional nº 19, de 1998) (...) § 3º Aplica-se aos servidores ocupantes de cargo público o disposto no art. 7º, IV, VII, VIII, IX, XII, XIII, XV, XVI, XVII, XVIII, XIX, XX, XXII e XXX, podendo a lei estabelecer requisitos diferenciados de admissão quando a natureza do cargo o exigir. (Incluído pela Emenda Constitucional nº 19, de 1998)
Data de reconhecimento da repercussão geral:	13/11/2008.
Data de julgamento do mérito recursal:	13/11/2008.
Houve unanimidade?	Sim.
Data de publicação do acórdão de julgamento do recurso:	13/02/2009.
Trânsito em julgado do acórdão:	25/02/2009.

◉ Comentários:

O Supremo Tribunal Federal examinou recurso extraordinário interposto pelo Estado de São Paulo contra acórdão proferido pelo Tribunal de Justiça do referido Estado federado que entendeu que o salário-base do servidor público não poderia ser inferior ao mínimo constitucional.

Neste recurso extraordinário, fundado no art. 102, III, "a" da Constituição Federal, sustentou-se ofensa às regras constitucionais dos 7º, IV, e 39, § 3º. Quanto ao mérito, aduziu-se, em suma, que, ao garantir aos servidores públicos salário nunca inferior ao mínimo, o constituinte originário referiu-se a vencimentos, soma do salário-base e demais vantagens pecuniárias fixas.

Verificando, a Corte, que havia jurisprudência pacífica no Supremo Tribunal Federal que entendia que a remuneração total do servidor, e não o seu salário-base, é que não pode ser inferior ao salário mínimo, nos termos da Constituição Federal, decidiu determinar que os recursos que versem sobre a mesma matéria tivessem a distribuição denegada, determinando-se a devolução dos autos à origem para adoção dos procedimentos previstos no art. 543-B, § 3º, do CPC-1973.

Assim, o Tribunal se manifestou, à unanimidade, pela constitucionalidade da questão, bem como pela existência de repercussão geral da questão suscitada, e conheceu o recurso extraordinário para lhe dar provimento, reafirmando a jurisprudência sobre a matéria, e fixando a tese de que a **os artigos 7º, IV, e 39, § 3º (redação da EC 19/1998), da Constituição referem-se ao total da remuneração percebida pelo servidor público.**

◉ Fique atento:

- Em Sessão Plenária ocorrida em 25/06/2009, foi aprovada, pelo STF, a Súmula Vinculante nº 16, cuja redação é idêntica à da tese firmada nesse Tema 142 ("Os artigos 7º, IV, e 39, § 3º (redação da EC 19/1998), da Constituição referem-se ao total da remuneração percebida pelo servidor público").

◉ Questões de Concurso relacionadas ao tema:

Questão 01 (FCC. SEFAZ-RJ. Auditor Fiscal da Receita Federal. 2014) A Constituição Federal, com o texto dado pela EC 19/1998, assim dispõe:

Art. 7º São direitos dos trabalhadores urbanos e rurais, além de outros que visem à melhoria de sua condição social: [...] IV – salário mínimo, fixado em lei, nacionalmente unificado, capaz de atender a suas necessidades vitais básicas e às de sua família com moradia, alimentação, educação, saúde, lazer, vestuário, higiene, transporte e previdência social, com reajustes periódicos que lhe preservem o poder aquisitivo, sendo vedada sua vinculação para qualquer fim; Art. 39. A União, os Estados, o Distrito Federal e os Municípios instituirão conselho de política de administração e remuneração de pessoal, integrado por servidores designados pelos respectivos Poderes [...] § 3º Aplica-se aos servidores ocupantes de cargo público o disposto no art. 7º, IV, VII, VIII, IX, XII, XIII, XV, XVI, XVII, XVIII, XIX, XX, XXII e XXX, podendo a lei estabelecer requisitos diferenciados de admissão quando a natureza do cargo o exigir.

Conforme entendimento sumulado do Supremo Tribunal Federal, os arts. 7º, IV, e 39, § 3º (redação da EC 19/1998), da Constituição referem-se

a) à remuneração percebida pelo servidor público, excluídas as indenizações.

b) ao vencimento básico percebido pelo servidor público, descontada qualquer vantagem pecuniária pessoal.

c) ao total da remuneração percebida pelo servidor público.

d) ao vencimento básico percebido pelo servidor público, acrescido dos adicionais que já hajam se incorporado permanentemente

e) à remuneração percebida pelo servidor público, excluídas as gratificações.

> Gabarito: 1-C

Tema 256: "Complementação de aposentadoria de ex-empregado da FE-PASA".

Tese: "Afronta o art. 7°, inciso IV, da Constituição Federal a adoção do salário mínimo como base de cálculo para a fixação de piso salarial".

FICHA TÉCNICA	
Leading case:	**RE 603.451/SP**
Descrição do caso feita pelo STF:	"Recurso extraordinário em que se discute, à luz dos artigos 2°; 7°, IV; 25; 37, caput e XIII; 40, § 8°; e 169, caput e § 1°, da Constituição Federal, a constitucionalidade, ou não, da complementação da aposentadoria de ex-empregado da Ferrovia Paulista S/A – FEPASA de acordo com piso salarial de 2,5 salários mínimos, fixado no contrato coletivo de trabalho dos ferroviários em atividade e na Lei estadual n° 9.343/96."
Dispositivo(s) constitucional(is) envolvido(s):	Art. 2° São Poderes da União, independentes e harmônicos entre si, o Legislativo, o Executivo e o Judiciário.
	Art. 7° São direitos dos trabalhadores urbanos e rurais, além de outros que visem à melhoria de sua condição social:
	(...) IV – salário mínimo, fixado em lei, nacionalmente unificado, capaz de atender a suas necessidades vitais básicas e às de sua família com moradia, alimentação, educação, saúde, lazer, vestuário, higiene, transporte e previdência social, com reajustes periódicos que lhe preservem o poder aquisitivo, sendo vedada sua vinculação para qualquer fim;
	Art. 25. Os Estados organizam-se e regem-se pelas Constituições e leis que adotarem, observados os princípios desta Constituição.
	Art. 37. A administração pública direta e indireta de qualquer dos Poderes da União, dos Estados, do Distrito Federal e dos Municípios obedecerá aos princípios de legalidade, impessoalidade, moralidade, publicidade e eficiência e, também, ao seguinte: (Redação dada pela Emenda Constitucional n° 19, de 1998) (...) XIII – é vedada a vinculação ou equiparação de quaisquer espécies remuneratórias para o efeito de remuneração de pessoal do serviço público; (Redação dada pela Emenda Constitucional n° 19, de 1998).
	Art. 40. Aos servidores titulares de cargos efetivos da União, dos Estados, do Distrito Federal e dos Municípios, incluídas suas autarquias e fundações, é assegurado regime de previdência de caráter contributivo e solidário, mediante contribuição do respectivo ente público, dos servidores ativos e inativos e dos pensionistas, observados critérios que preservem o equilíbrio financeiro e atuarial e o disposto neste artigo. (Redação dada pela Emenda Constitucional n° 41, 19.12.2003) (...) § 8° É assegurado o reajustamento dos benefícios para preservar-lhes, em caráter permanente, o valor real, conforme critérios estabelecidos em lei. (Redação dada pela Emenda Constitucional n° 41, 19.12.2003)

FICHA TÉCNICA	
Leading case:	**RE 603.451/SP**
	Art. 169. A despesa com pessoal ativo e inativo da União, dos Estados, do Distrito Federal e dos Municípios não poderá exceder os limites estabelecidos em lei complementar. (Redação dada pela Emenda Constitucional n° 19, de 1998) § 1° A concessão de qualquer vantagem ou aumento de remuneração, a criação de cargos, empregos e funções ou alteração de estrutura de carreiras, bem como a admissão ou contratação de pessoal, a qualquer título, pelos órgãos e entidades da administração direta ou indireta, inclusive fundações instituídas e mantidas pelo poder público, só poderão ser feitas: (Renumerado do parágrafo único, pela Emenda Constitucional n° 19, de 1998)
Data de reconhecimento da repercussão geral:	12/03/2010.
Data de julgamento do mérito recursal:	17/06/2010.
Houve unanimidade?	Sim (reconhecimento da repercussão geral); decisão monocrática (recurso extraordinário); sim (todos os embargos de declaração).
Data de publicação do acórdão de julgamento do recurso:	01°/07/2010.
Trânsito em julgado do acórdão:	25/03/2015.

◉ Comentários:

Com fundamento na alínea "a" do permissivo constitucional, o Supremo Tribunal Federal apreciou recurso extraordinário interposto pelo Estado de São Paulo em face de acórdão proferido pelo Tribunal de Justiça estadual que determinou a complementação da aposentadoria de ex-empregado da FEPASA de acordo com o piso salarial de 2,5 salários mínimos fixado no contrato coletivo dos ferroviários em atividade, e na Lei Estadual n°. 9.343/96.

O acórdão recorrido expressamente afirma não ter havido qualquer afronta ao enunciado n°. 4 da Súmula Vinculante, uma vez que não se utilizou do salário mínimo como base de cálculo de qualquer vantagem remuneratória.

Por outro lado, o Estado de São Paulo alegou que o contrato coletivo de trabalho 1995/1996 e a Lei estadual n°. 9.343/96 incorreram em inconstitucionalidades, especialmente em decorrência da violação aos arts. 2°; 7°, IV; 25; 37, *caput*, e XIII; 40, § 8°; e 169, *caput* e § 1°, todos da Constituição Federal.

A questão com repercussão geral a ser debatida residiu, portanto, em definir se afronta o art. 7°, inciso IV, da Constituição Federal a adoção do salário mínimo como base de cálculo para a fixação de piso salarial.

Quanto à questão relativa à vinculação do salário mínimo, o Supremo Tribunal Federal já se manifestou em diversas ocasiões sobre a inconstitucionalidade de vincular qualquer vantagem ao salário mínimo, entendimento este, inclusive, sedimentado no enunciado n°.

4 da Súmula Vinculante. Tal entendimento está associado, inclusive, à impossibilidade de o Poder Judiciário atuar como legislador positivo.

Assim, reafirmando a jurisprudência do Supremo Tribunal Federal, no sentido da impossibilidade de o Judiciário determinar nova base de cálculo para cálculo de vantagens remuneratórias de servidores públicos e empregados (visto que atuaria como legislador positivo) a relatora votou pelo reconhecimento da repercussão geral e pela autorização aos tribunais de origem e às turmas recursais para, com fundamento no art. 543-B do CPC-1973, aplicar a citada orientação anteriormente firmada. Adicionalmente, a relatora entendeu não ser necessária nova apreciação pelo Plenário do tribunal, possibilitando o julgamento monocrático do recurso extraordinário, nos termos do art. 325, *caput*, do Regimento Interno do Supremo Tribunal Federal. Aderiram a esta manifestação os demais Ministros.

◉ Fique atento:

- Foram opostos embargos de declaração contra o acórdão do Supremo Tribunal Federal, os quais foram indeferidos.

◉ Questões de Concurso relacionadas ao tema:

Questão 01 (Ano: 2012 | Banca: CESPE | Órgão: AGU| Prova: Advogado da União) Julgue os itens a seguir, acerca de remuneração e salário

O salário mínimo é fixado por lei federal, em caráter nacional, de modo a garantir as necessidades vitais do trabalhador e de sua família com moradia, alimentação, educação, saúde, vestuário, higiene, transporte e previdência social, devendo os valores ser reajustados periodicamente para preservar o seu poder aquisitivo, vedada sua vinculação como indexador financeiro ou outro qualquer fim, podendo o valor ser declarado por decreto do Presidente da República, se assim autorizado pela lei que fixar o modo de reajuste ou aumento.

( ) Certo   ( ) Errado

Gabarito: 1-C

2.18. SERVIDORES PÚBLICOS – REGIME REMUNERATÓRIO: TETO REMUNERATÓRIO

Tema 257: "Inclusão das vantagens pessoais no teto remuneratório estadual após a Emenda Constitucional nº 41/2003".

Tese: "Computam-se, para efeito de observância do teto remuneratório do art. 37, XI, da Constituição da República, também os valores percebidos anteriormente à vigência da Emenda Constitucional 41/2003 a título de vantagens pessoais pelo servidor público, dispensada a restituição dos valores recebidos em excesso e de boa-fé até o dia 18 de novembro de 2015".

FICHA TÉCNICA	
Leading case:	**RE 606.358 SP**
Descrição do caso feita pelo STF:	"Recurso extraordinário em que se discute, à luz dos artigos 37, XI, da Constituição Federal, 17 do Ato das Disposições Constitucionais Transitórias e da Emenda Constitucional n° 41/2003, o direito, ou não, de servidor público estadual aposentado continuar recebendo todas as vantagens pessoais incorporadas anteriormente à modificação do art. 37, XI, da Constituição Federal pela Emenda Constitucional n° 41/2003."
Dispositivo(s) constitucional(is) envolvido(s):	Art. 37. A administração pública direta e indireta de qualquer dos Poderes da União, dos Estados, do Distrito Federal e dos Municípios obedecerá aos princípios de legalidade, impessoalidade, moralidade, publicidade e eficiência e, também, ao seguinte: (Redação dada pela Emenda Constitucional n° 19, de 1998)
	XI – a remuneração e o subsídio dos ocupantes de cargos, funções e empregos públicos da administração direta, autárquica e fundacional, dos membros de qualquer dos Poderes da União, dos Estados, do Distrito Federal e dos Municípios, dos detentores de mandato eletivo e dos demais agentes políticos e os proventos, pensões ou outra espécie remuneratória, percebidos cumulativamente ou não, incluídas as vantagens pessoais ou de qualquer outra natureza, não poderão exceder o subsídio mensal, em espécie, dos Ministros do Supremo Tribunal Federal, aplicando-se como limite, nos Municípios, o subsídio do Prefeito, e nos Estados e no Distrito Federal, o subsídio mensal do Governador no âmbito do Poder Executivo, o subsídio dos Deputados Estaduais e Distritais no âmbito do Poder Legislativo e o subsídio dos Desembargadores do Tribunal de Justiça, limitado a noventa inteiros e vinte e cinco centésimos por cento do subsídio mensal, em espécie, dos Ministros do Supremo Tribunal Federal, no âmbito do Poder Judiciário, aplicável este limite aos membros do Ministério Público, aos Procuradores e aos Defensores Públicos; (Redação dada pela Emenda Constitucional n° 41, 19.12.2003)
	Ato das Disposições Constitucionais Transitórias:
	Art. 17. Os vencimentos, a remuneração, as vantagens e os adicionais, bem como os proventos de aposentadoria que estejam sendo percebidos em desacordo com a Constituição serão imediatamente reduzidos aos limites dela decorrentes, não se admitindo, neste caso, invocação de direito adquirido ou percepção de excesso a qualquer título. (Vide Emenda Constitucional n° 41, 19.12.2003) § 1° É assegurado o exercício cumulativo de dois cargos ou empregos privativos de médico que estejam sendo exercidos por médico militar na administração pública direta ou indireta. § 2° É assegurado o exercício cumulativo de dois cargos ou empregos privativos de profissionais de saúde que estejam sendo exercidos na administração pública direta ou indireta.
Data de reconhecimento da repercussão geral:	12/03/2010.
Data de julgamento do mérito recursal:	18/11/2015 (recurso extraordinário).

FICHA TÉCNICA	
Leading case:	**RE 606.358 SP**
Houve unanimidade?	Não (no julgamento do mérito do recurso) e sim (na fixação da tese de repercussão geral).
Data de publicação do acórdão de julgamento do recurso:	07/04/2016.
Trânsito em julgado do acórdão:	25/05/2016.

◉ Comentários:

O Supremo Tribunal Federal examinou recurso extraordinário interposto pelo Estado de São Paulo contra acórdão que autorizou a inclusão das vantagens pessoais percebidas antes do advento da Emenda Constitucional nº. 41/2003 por servidor público estadual, agente fiscal de rendas aposentado, para efeito de observância do teto remuneratório contemplado em Decreto estadual fundado no art. 37, XI, da Constituição Federal, com a redação dada pela Emenda Constitucional nº. 41/2003, e a partir da sua vigência.

A decisão recorrida estava fundada na tese segundo a qual as verbas de caráter pessoal já incorporadas aos salários anteriormente à alteração constitucional, não se incluiriam na limitação do art. 37, XI, com nova redação dada pela Emenda Constitucional nº. 41/03, sob pena se ensejar ofensa ao princípio da irredutibilidade de vencimentos, previsto no art. 37, XV, da Constituição Federal.

A questão com repercussão geral a ser debatida residiu, portanto, na existência de direito de servidor público a continuar a receber, sem sujeição a limite, o valor nominal relativo às verbas pessoais percebidas anteriormente à nova redação do art. 37, XI, da Constituição Federal, dada pela Emenda Constitucional nº. 41/03.

O recorrente alegou, em síntese, que: i) ao excluir as vantagens pessoais da base de incidência do teto remuneratório, o acórdão recorrido afrontou o texto da Emenda Constitucional nº. 41/03, os arts. 37, XI e XV, e 30 da Constituição Federal, e o art. 17 do Ato das Disposições Constitucionais Transitórias; ii) que a Constituição Federal ressalva expressamente, da garantia de irredutibilidade de vencimentos por ela própria assegurada, a observância do teto remuneratório do funcionalismo, razão pela qual circunscrita, a cláusula da irredutibilidade, aos valores iguais ou inferiores ao teto previsto no art. 37, XI, da Constituição Federal; iii) que inexiste direito adquirido à irredutibilidade de vencimentos nos moldes referidos pelo recorrido, e que, devidamente compreendida, a garantia de preservação do direito adquirido, invocada na decisão atacada, não embasa a exclusão do limite remuneratório as vantagens eventualmente incorporadas ao patrimônio do servidor anteriormente à Emenda Constitucional nº 41/03. Requereu, portanto, o provimento do recurso para que fosse julgada improcedente a ação.

Em suas contrarrazões, o recorrido alegou: i) a incompatibilidade com a garantia de preservação do direito adquirido a incidência do teto remuneratório sobre as vantagens pessoais, porquanto devidas em razão de condições individuais do servidor e já incorporadas ao seu patrimônio subjetivo; ii) a promulgação de Emenda à Constituição não poderia suprimir direito adquirido, sob pena de lesão ao art. 5º, XXXVI, e 60, § 4º, IV, da Constituição Federal.

Os fundamentos que arrimaram o voto vencedor do acórdão que contempla o precedente examinado foram: a) há jurisprudência firma do Supremo Tribunal Federal no sentido de que o art. 37, XI, da Constituição Federal, na redação da Emenda Constitucional nº. 41/03, de eficácia plena e aplicabilidade imediata, alcança as chamadas vantagens pessoais; b) há também jurisprudência do tribunal iniciada com o *leading case* MS. 24.875/DF, assentam que a garantia constitucional da irredutibilidade de vencimentos, modalidade qualificada de direito adquirido, impede que sejam alcançadas pela disciplina da Emenda Constitucional nº. 41/03 as vantagens pessoais percebidas antes da sua vigência; c) o Supremo Tribunal Federal apreciou, em regime de repercussão geral, o RE 609.381/GO, que estabeleceu a tese da eficácia imediata do teto estabelecido pela Emenda Constitucional nº. 41/03, a abranger todas as verbas de natureza remuneratória percebidas pelos servidores públicos da União, Estados, Distrito Federal e Municípios, ainda que adquiridas de acordo com o regime legal anterior; d) o acórdão que julgou o RE 609.381/GO, em regime de repercussão geral, produziu o *overruling* (superação) da jurisprudência anterior que entendia pela possibilidade de excluir do teto estipulado pela Emenda Constitucional nº. 41/03 as vantagens pessoais percebidas antes da sua vigência; e) a Emenda Constitucional nº. 41/03 não ofendeu a segurança jurídica nem os direitos adquiridos (art. 5º, XXXVI, da Constituição Federal), porque a cláusula de irredutibilidade dos vencimentos presente no art. 37, XV, da Constituição Federal, com redação conferida pela Emenda Constitucional nº. 19/98, desde a sua redação original já indicavam a precedência do disposto no art. 37, XI, da Constituição, ao delimitar-lhe o âmbito de incidência; e) o acórdão recorrido, ao excluir as vantagens pessoais do recorrido da base de incidência do teto remuneratório estadual afrontou o art. 37, XI e XV, da Constituição Federal.

Em voto isolado, o Ministro Marco Aurélio divergiu, votando pelo desprovimento do recurso, com fundamento na necessidade de proteger a segurança jurídica, haja vista a forte jurisprudência do Supremo Tribunal Federal consolidada no sentido de que, até a Emenda Constitucional nº. 41/03, as vantagens pessoais não podiam ser computadas para efeito do teto constitucional, posição esta respaldada pelo Supremo Tribunal Federal de 1988 até 2003.

Assim, o Tribunal, por maioria e nos termos do voto do Relator, proveu o recurso, **reestabelecendo a sentença de improcedência do pedido, e decidindo também pela dispensa de restituição de eventuais valores recebidos em excesso, considerada a boa-fé.**

◉ Fique atento:

- Em *obiter dictum,* os Ministros concordaram que estariam desconsideradas do teto remuneratório constitucional as verbas indenizatórias de qualquer natureza. Contudo, os Ministros entenderam por bem não fazer constar da conclusão no acórdão que julgou o recurso extraordinário esta tese, em razão de tal discussão ter fugido ao tema da repercussão geral e não ter sido alvo de contraditório pelas partes ou pelo voto da Relatora, Ministra Rosa Weber.

Tema 282: "Subsistência, após a Emenda Constitucional n° 19/98, dos subtetos salariais criados com amparo na redação original do art. 37, XI, da Constituição Federal.".

Tese: "A eficácia do inciso XI do artigo 37 da Constituição Federal, decorrente da redação da Emenda Constitucional n° 19/1998, condiciona-se à fixação do subsídio, mediante lei de iniciativa conjunta do Presidente da República, do Presidente do Supremo, do Presidente da Câmara e do Presidente do Senado, persistindo a vigência do texto primitivo da Carta, no que definido o teto por Poder, consideradas as esferas federal e estadual.".

FICHA TÉCNICA	
Leading case:	**RE 424.053 SP**
Descrição do caso feita pelo STF:	"Recurso extraordinário em que se discute, à luz do art. 37, XI, da Constituição Federal, a subsistência, ou não, dos subtetos salariais criados com base na redação original desse dispositivo, após as modificações implementadas pela Emenda Constitucional n° 19/98."
Dispositivo(s) constitucional(is) envolvido(s):	Art. 37. A administração pública direta, indireta ou fundacional, de qualquer dos Poderes da União, dos Estados, do Distrito Federal e dos Municípios obedecerá aos princípios de legalidade, impessoalidade, moralidade, publicidade e, também, ao seguinte: (...) XI – a lei fixará o limite máximo e a relação de valores entre a maior e a menor remuneração dos servidores públicos, observados, como limites máximos e no âmbito dos respectivos poderes, os valores percebidos como remuneração, em espécie, a qualquer título, por membros do Congresso Nacional, Ministros de Estado e Ministros do Supremo Tribunal Federal e seus correspondentes nos Estados, no Distrito Federal e nos Territórios, e, nos Municípios, os valores percebidos como remuneração, em espécie, pelo Prefeito;
	Art. 37. A administração pública direta e indireta de qualquer dos Poderes da União, dos Estados, do Distrito Federal e dos Municípios obedecerá aos princípios de legalidade, impessoalidade, moralidade, publicidade e eficiência e, também, ao seguinte: (Redação dada pela Emenda Constitucional n° 19, de 1998) (...) XI – a remuneração e o subsídio dos ocupantes de cargos, funções e empregos públicos da administração direta, autárquica e fundacional, dos membros de qualquer dos Poderes da União, dos Estados, do Distrito Federal e dos Municípios, dos detentores de mandato eletivo e dos demais agentes políticos e os proventos, pensões ou outra espécie remuneratória, percebidos cumulativamente ou não, incluídas as vantagens pessoais ou de qualquer outra natureza, não poderão exceder o subsídio mensal, em espécie, dos Ministros do Supremo Tribunal Federal; (Redação dada pela Emenda Constitucional n° 19, de 1998)

FICHA TÉCNICA	
Leading case:	**RE 424.053 SP**
Data de reconhecimento da repercussão geral:	24/06/2010,
Data de julgamento do mérito recursal:	24/06/2010.
Houve unanimidade?	Sim.
Data de publicação do acórdão de julgamento do recurso:	01º/10/2010.
Trânsito em julgado do acórdão:	18/10/2010.

◉ Comentários:

Com fundamento no art. 102, III, "a", da Constituição Federal, o Supremo Tribunal Federal foi instado a examinar o recurso extraordinário n°. 424.053/SP, interposto pelo Estado de São Paulo.

O cerne da questão submetida à apreciação do tribunal foi a subsistência, ou não, do teto remuneratório de servidores dos Estados federados fixado pela redação do art. 37, XI, da Constituição Federal, em sua redação original, após a entrada em vigor da Emenda Constitucional n°. 19/98, que, dando nova redação ao referido art. 37, XI, estipulou que o teto remuneratório de qualquer cargo público seria o subsídio mensal dos Ministros do Supremo Tribunal Federal, o qual seria fixado por lei que, no entanto, ao tempo da judicialização do conflito, ainda não havia sido criada.

Por este motivo, o Estado de São Paulo se insurgiu contra acórdão prolatado pelo Tribunal de Justiça que deferiu, em sede recursal, mandado de segurança impetrado por servidor estadual para assegurar-lhe o direito de que fosse considerado o teto da categoria que integra o vencimento dos Ministros do Supremo Tribunal Federal, reputando inconstitucional o teto estipulado pela Lei estadual n°. 6.955/90, que atribuía ao servidor como teto a remuneração dos Secretários de Estado).

O recorrente alegou, em seu recurso extraordinário, que a regra do art. 37, XI, da Constituição, com redação dada pela Emenda Constitucional n°. 19/98, não era autoaplicável, dependendo da edição de lei específica para regulamentá-la; e, enquanto tal fato não se verificasse, prevaleceria a situação anterior, observando-se três tetos: o do Executivo, o do Legislativo e o do Judiciário. Ademais, alegou que o ato normativo reputado coator (a Lei n°. 6.995/90) era adequada à Constituição Federal, já que a remuneração de Secretário de Estado não supera o estabelecido na Emenda Constitucional n°. 19/98.

Em suas contrarrazões, o recorrido aludiu à falta de prequestionamento do recurso, ao acerto do entendimento da Corte de origem e que a limitação dos próprios vencimentos àqueles auferidos pelo Secretário de Estado implica violação do princípio da irredutibilidade dos vencimentos.

A questão com repercussão geral a ser debatida residiu, portanto, em definir a subsistência, após a Emenda Constitucional nº 19/98, dos subtetos salariais criados com amparo na redação original do art. 37, XI, da Constituição Federal.

Desta forma, o Supremo Tribunal Federal, à unanimidade, desconsiderou a alegação de falta de prequestionamento, e proveu o recurso extraordinário, adotando como fundamentos do acórdão que contempla o precedente examinado: a) a eficácia da nova redação do art. 37, XI, da Constituição Federal, decorrente da Emenda Constitucional nº. 19/98, ficou jungida ao surgimento da lei que fixasse o subsídio dos Ministros do Supremo Tribunal Federal, tal como previsto no art. 48, XV, da Constituição, com redação dada, igualmente, pela Emenda Constitucional nº. 19/98 (a qual estabelecia que tal lei seria de iniciativa conjunta dos Presidentes da República, da Câmara dos Deputados, do Senado Federal e do Supremo Tribunal Federal); e b) diante da ausência de fixação do subsídio dos Ministros do Supremo Tribunal Federal, não houve vácuo legislativo, pois continuou em vigor a redação primitiva do inciso XI do art. 37 da Constituição, com seus respectivos tetos remuneratórios – tal como decidiu o Supremo Tribunal Federal da Sessão Administrativa de 24 de junho de 1998.

◉ Fique atento:

- Além da redação original do art. 37, XI, da Constituição Federal, à qual se referiu anteriormente; e à redação dada pela Emenda Constitucional nº. 19/98, que fixou o teto remuneratório dos servidores com base no subsídio dos Ministros do Supremo Tribunal Federal a ser fixado por lei; o inciso XI do art. 37 da Constituição Federal teve a sua redação ulteriormente modificada pela Emenda Constitucional nº. 41/03, nos seguintes termos:

  Art. 37. A administração pública direta e indireta de qualquer dos Poderes da União, dos Estados, do Distrito Federal e dos Municípios obedecerá aos princípios de legalidade, impessoalidade, moralidade, publicidade e eficiência e, também, ao seguinte: (Redação dada pela Emenda Constitucional nº 19, de 1998)

  XI – a remuneração e o subsídio dos ocupantes de cargos, funções e empregos públicos da administração direta, autárquica e fundacional, dos membros de qualquer dos Poderes da União, dos Estados, do Distrito Federal e dos Municípios, dos detentores de mandato eletivo e dos demais agentes políticos e os proventos, pensões ou outra espécie remuneratória, percebidos cumulativamente ou não, incluídas as vantagens pessoais ou de qualquer outra natureza, não poderão exceder o subsídio mensal, em espécie, dos Ministros do Supremo Tribunal Federal, aplicando-se como limite, nos Municípios, o subsídio do Prefeito, e nos Estados e no Distrito Federal, o subsídio mensal do Governador no âmbito do Poder Executivo, o subsídio dos Deputados Estaduais e Distritais no âmbito do Poder Legislativo e o subsídio dos Desembargadores do Tribunal de Justiça, limitado a noventa inteiros e vinte e cinco centésimos por cento do subsídio mensal, em espécie, dos Ministros do Supremo Tribunal Federal, no âmbito do Poder Judiciário, aplicável este limite aos membros do Ministério Público, aos Procuradores e aos Defensores Públicos; (Redação dada pela Emenda Constitucional nº 41, 19.12.2003)

◉ Questões de Concurso relacionadas ao tema:

Questão 01 (FUNIVERSA. UEG. Assistente de Gestão Administrativa – Geral. 2015 – Adaptada) Acerca da administração pública, julgue o item seguinte.

Para fins de teto remuneratório, os estados e o Distrito Federal podem fixar um subteto, em seu âmbito, equivalente ao subsídio mensal dos desembargadores do respectivo tribunal de justiça, limitado a 90,25% do subsídio mensal dos ministros do Supremo Tribunal Federal (STF).

( ) Certo   ( ) Errado

Questão 02 (CESPE. TRE-PI. Analista Judiciário – Administrativa. 2016 – Adaptada) No que se refere à administração pública e aos servidores públicos, julgue o item seguinte.

Os estados e o Distrito Federal podem fixar mediante lei ordinária específica subteto salarial estadual e distrital.

( ) Certo   ( ) Errado

> **Gabarito: 1-C; 2-E**

Tema 480: "Incidência do teto constitucional remuneratório sobre proventos percebidos em desacordo com o disposto no art. 37, XI, da Constituição Federal."

Tese: O teto de retribuição estabelecido pela Emenda Constitucional 41/03 possui eficácia imediata, submetendo às referências de valor máximo nele discriminadas todas as verbas de natureza remuneratória percebidas pelos servidores públicos da União, Estados, Distrito Federal e Municípios, ainda que adquiridas de acordo com regime legal anterior. Os valores que ultrapassam os limites estabelecidos para cada nível federativo na Constituição Federal constituem excesso cujo pagamento não pode ser reclamado com amparo na garantia da irredutibilidade de vencimentos.

FICHA TÉCNICA	
Leading case:	**RE 609381**
Descrição do caso feita pelo STF:	Recurso extraordinário em que se discute, à luz dos artigos 5°, XXXVI, 37, XI, da Constituição Federal, 17 do Ato das Disposições Constitucionais Transitórias e 9° da Emenda Constitucional n° 41/2003, a possibilidade, ou não, de ser mantida transitoriamente a integralidade dos proventos de servidores públicos, até que haja absorção da diferença salarial a ser reduzida em decorrência do estabelecimento de novos limites remuneratórios trazidos pela EC 41/2003.

FICHA TÉCNICA	
Leading case:	**RE 609381**
Dispositivo(s) constitucional (is) envolvido(s):	Art. 5° Todos são iguais perante a lei, sem distinção de qualquer natureza, garantindo-se aos brasileiros e aos estrangeiros residentes no País a inviolabilidade do direito à vida, à liberdade, à igualdade, à segurança e à propriedade, nos termos seguintes: (...) XXXVI – a lei não prejudicará o direito adquirido, o ato jurídico perfeito e a coisa julgada;
	Art. 37. A administração pública direta e indireta de qualquer dos Poderes da União, dos Estados, do Distrito Federal e dos Municípios obedecerá aos princípios de legalidade, impessoalidade, moralidade, publicidade e eficiência e, também, ao seguinte: (...) XI – a remuneração e o subsídio dos ocupantes de cargos, funções e empregos públicos da administração direta, autárquica e fundacional, dos membros de qualquer dos Poderes da União, dos Estados, do Distrito Federal e dos Municípios, dos detentores de mandato eletivo e dos demais agentes políticos e os proventos, pensões ou outra espécie remuneratória, percebidos cumulativamente ou não, incluídas as vantagens pessoais ou de qualquer outra natureza, não poderão exceder o subsídio mensal, em espécie, dos Ministros do Supremo Tribunal Federal, aplicando-se como limite, nos Municípios, o subsídio do Prefeito, e nos Estados e no Distrito Federal, o subsídio mensal do Governador no âmbito do Poder Executivo, o subsídio dos Deputados Estaduais e Distritais no âmbito do Poder Legislativo e o subsídio dos Desembargadores do Tribunal de Justiça, limitado a noventa inteiros e vinte e cinco centésimos por cento do subsídio mensal, em espécie, dos Ministros do Supremo Tribunal Federal, no âmbito do Poder Judiciário, aplicável este limite aos membros do Ministério Público, aos Procuradores e aos Defensores Públicos;
	Art. 17 (ADCT) – Os vencimentos, a remuneração, as vantagens e os adicionais, bem como os proventos de aposentadoria que estejam sendo percebidos em desacordo com a Constituição serão imediatamente reduzidos aos limites dela decorrentes, não se admitindo, neste caso, invocação de direito adquirido ou percepção de excesso a qualquer título.
	Art. 9° (EC 41/2003) – Aplica-se o disposto no art. 17 do Ato das Disposições Constitucionais Transitórias aos vencimentos, remunerações e subsídios dos ocupantes de cargos, funções e empregos públicos da administração direta, autárquica e fundacional, dos membros de qualquer dos Poderes da União, dos Estados, do Distrito Federal e dos Municípios, dos detentores de mandato eletivo e dos demais agentes políticos e os proventos, pensões ou outra espécie remuneratória percebidos cumulativamente ou não, incluídas as vantagens pessoais ou de qualquer outra natureza.
Data de reconhecimento da repercussão geral:	23/09/2011

FICHA TÉCNICA	
Leading case:	RE 609381
Data de julgamento do mérito recursal:	02/10/2014
Houve unanimidade?	Não
Data de publicação do acórdão de julgamento do recurso:	11/12/2014
Trânsito em julgado do acórdão:	07/04/2015

◉ Comentários:

A versão original do art. 37, XI, da CF previa que União, Estados e Municípios teriam autonomia para dispor a respeito dos limites máximos e mínimos de remuneração a serem observados no respectivo serviço público, assim como sobre a relação entre estes valores. O limite máximo, porém, estava pré-condicionado a respeitar, como referência obrigatória, "os valores percebidos como remuneração, em espécie, a qualquer título, por membros do Congresso Nacional, Ministros de Estado e Ministros do Supremo Tribunal Federal e seus correspondentes nos Estados, no Distrito Federal e nos Territórios, e, nos Municípios, os valores recebidos como remuneração, em espécie, pelo Prefeito". Para evidenciar como deveria incidir este limite remuneratório, o Poder Constituinte dispôs, no art. 17 do Ato das Disposições Constitucionais Transitórias, que "Os vencimentos, a remuneração, as vantagens e os adicionais, bem como os proventos de aposentadoria que estejam sendo percebidos em desacordo com a Constituição serão imediatamente reduzidos aos limites dela decorrentes, não se admitindo, neste caso, invocação de direito adquirido ou percepção de excesso a qualquer título".

Por sua vez, segundo o art. 39, § 1º, da Constituição, a lei assegura "aos servidores da administração direta, isonomia de vencimentos para cargos de atribuições iguais ou assemelhadas do mesmo Poder ou entre servidores dos Poderes Executivo, Legislativo e Judiciário, ressalvadas as vantagens de caráter individual e as relativas à natureza ou ao local de trabalho". Esta ressalva final, quando lida na companhia do texto do art. 37, XI, passou a suscitar indagações a respeito de qual deveria ser o alcance do teto estipulado pela Constituição.

Naquele contexto, chamado a se pronunciar sobre a matéria através de Recurso Extraordinário, o STF deliberou que assim como não deveriam ser computadas para fins de proteger a isonomia entre os padrões de vencimentos do Poder Executivo, Judiciário e Legislativo, as vantagens pessoais também não deveriam ser contabilizadas para efeito da aplicação do teto de retribuição remuneratória. Não obstante, entendeu que a formulação original do art. 37, XI, da CF possuía densidade normativa suficiente para valer por si só, podendo ser aplicado independentemente da estipulação, em lei, dos limites máximos de remuneração de cada unidade federativa.

A Emenda Constitucional 19/98 alterou esse panorama normativo. Além de dissipar a garantia de isonomia de vencimentos originalmente prevista no art. 39, § 1º, modificou também o conteúdo do art. 37, XI, da CF. Em primeiro, incluiu expressamente as vantagens pessoais no âmbito normativo do teto de retribuição; em segundo, estabeleceu que a remuneração paga aos Ministros do Supremo Tribunal Federal seria a única referência de valor a ser observada em relação aos demais agentes públicos, desfazendo as distinções quanto aos níveis federativos; e, em terceiro, definiu que a lei fixadora da remuneração dos Ministros do Supremo Tribunal Federal seria dependente da iniciativa conjunta (art. 48, XV, da CF) dos Presidentes da República, da Câmara, do Senado e do Supremo Tribunal Federal.

Nesse novo contexto, em outro julgamento, a Suprema Corte entendeu que o novo texto do art. 37, XI, da CF, com redação dada pela EC 19/98, tinha a sua aplicabilidade condicionada à edição da lei prevista no art. 48, XV, da CF. Como esta nunca chegou a ser editada, o teto previsto na redação originária conservou sua aplicabilidade por algum tempo, conquanto estivesse revogado pela EC 19/98.

Posteriormente, o art. 37, XI, da CF ganhou outra redação, desta vez conferida pela Emenda Constitucional 41/03. Nesta nova configuração, o teto de retribuição voltou a ser diferenciado em cada nível federativo. E neste último cenário é que nasce o Recurso Extraordinário em análise. Servidores inativos e pensionistas da Polícia Militar e do Corpo de Bombeiros do Estado de Goiás ajuizaram Mandado de Segurança contra o desconto de parcelas remuneratórias realizado a título de adequação ao teto constitucional. O Tribunal de Justiça local concedeu a segurança sob o fundamento da irredutibilidade salarial constitucionalmente assegurada. No julgamento do Recurso Extraordinário, interposto pelo Estado de Goiás, o STF, por maioria, aprovou a tese do Relator, ministro Teori Zavascki, de que a garantia da irredutibilidade de proventos não ampara a percepção de verbas remuneratórias que extrapolem o teto de retribuição. A garantia da irredutibilidade, que assiste igualmente a todos os servidores, constitui salvaguarda que protege a sua remuneração de retrações nominais que venham a ser determinadas por meio de lei, mas não ampara a percepção de verbas remuneratórias que desbordem do teto constitucionalmente estabelecido.

Questão relevante discutida em plenário, base do voto divergente do ministro Marco Aurélio, foi a eventual prejudicialidade de eventual inconstitucionalidade do art. 9º da Emenda Constitucional nº 41/2003, que incluiu explicitamente as vantagens pessoais ou de qualquer outra natureza na remuneração sujeita ao corte constitucional. Para o ministro Marco Aurélio, acompanhado pelos Ministros Celso de Mello e Ricardo Lewandowski, diante do referido dispositivo deveria prevalecer o direito adquirido e a coisa julgada e, nesse sentido, não poderia ser dado provimento ao Recurso. A tese vencedora, todavia, foi de que ainda que o art. 9º da EC 41/2003 venha ser julgado inconstitucional[24], não estaria prejudicado o estabelecimento do teto porque este decorre do próprio texto original da Constituição.

---

24. ADI 3184, de relatoria da Ministra Cármen Lúcia, com julgamento suspenso após os votos da Relatora e dos Ministros Luiz Fux, Dias Toffoli e Gilmar Mendes, que julgavam improcedente o pedido para dar interpretação conforme, e os votos dos Ministros Marco Aurélio, Ricardo Lewandowski, Ayres Britto, Celso de Mello e Cezar Peluso, julgando-o procedente.

⦿ Síntese do debate constante do acórdão que fixou o precedente:

Argumentos favoráveis à tese fixada:	Argumentos contrários à tese fixada:
• O Supremo Tribunal Federal teve a oportunidade de reafirmar, em julgados de suas Turmas, a convicção a respeito da aplicabilidade imediata do que previsto na EC 41/03. Não há necessidade de se recorrer à discussão de direitos adquiridos, de fonte infra ou de fonte constitucional, porque essa vantagem, de caráter pessoal, superveniente, encontrou no próprio texto constitucional então vigente, que era o primitivo, a limitação de que ela também não escaparia à apuração do teto[25]. A garantia da irredutibilidade de proventos não ampara a percepção de verbas remuneratórias que desbordem do teto de retribuição. Ao condicionar a fruição da garantia de irredutibilidade à observância do teto de retribuição, a literalidade dos dispositivos envolvidos deixa fora de dúvida que o respeito ao teto representa verdadeira condição de legitimidade para o pagamento das remunerações no serviço público. Portanto, nada, nem mesmo concepções de estabilidade fundamentadas na cláusula do art. 5º, XXXVI, da CF, justificam o excepcionamento da imposição do teto de retribuição. A irredutibilidade de vencimentos constitui modalidade qualificada de direito adquirido. Todavia, o seu âmbito de incidência exige a presença de pelo menos dois requisitos cumulativos: (a) que o padrão remuneratório nominal tenha sido obtido conforme o direito, e não de maneira juridicamente ilegítima, ainda que por equívoco da Administração Pública; e (b) que o padrão remuneratório nominal esteja compreendido dentro do limite máximo pré-definido pela Constituição Federal. O pagamento de remunerações superiores aos tetos de retribuição, além de se contrapor a noções primárias de moralidade, de transparência e de austeridade na administração dos gastos com custeio, representa uma gravíssima quebra da coerência hierárquica essencial à organização do serviço público. Antes, portanto, de constituir uma modalidade qualificada de direito adquirido, a percepção de rendimentos excedentes aos	• A atuação em sede extraordinária não viabiliza que se julgue matéria pela primeira vez. A única matéria apreciada pela Corte de origem, como já sinalizei, sem adentrar-se as parcelas que compõem a remuneração dos recorridos, foi a alusiva à incidência imediata da Emenda Constitucional nº 41, de 2003, atropelando, colocando, em plano secundário, instituto revelado em cláusula pétrea, que é o do direito adquirido. O Recorrente protocolou, no Tribunal de Justiça de Goiás, embargos declaratórios, para que aquele enfrentasse questão fundamental, que ainda está para ser decidida por este Plenário, que é a higidez ou não do artigo 9º da Emenda Constitucional nº 41, de 2003. O TJ simplesmente proclamou que não estaria compelido a enfrentar essa matéria, ou seja, o afastamento do instituto do direito adquirido[26]. O Tribunal de Justiça do Estado de Goiás proclamou corretamente que o direito adquirido instituto se sobrepõe à novidade que veio com a Emenda Constitucional nº 41. No rol das garantias constitucionais, que é o rol principal do artigo 5º, tem-se que, nem mesmo a lei – e o vocábulo deve ser tomado de forma abrangente, como já proclamou este Colegiado, apanhando emendas constitucionais – pode colocar, em segundo plano, o direito adquirido, o ato jurídico perfeito e acabado e o ato jurídico perfeito e acabado por excelência, porque emanado do Judiciário, que é a coisa julgada. Há retrocesso cultural quando se potencializa o objetivo em detrimento do meio. A sociedade não pode viver aos sobressaltos, aos solavancos. Tem-se uma Constituição Federal para extrair-se dela a maior concretude possível. E essa Constituição Federal proclamou o direito adquirido dos servidores. Tinham situação constituída segundo a legislação da época, a legislação anterior à Emenda Constitucional nº 41. (Min. Marco Aurélio)

---

25. Citando a fala do Ministro Cezar Peluso em outro julgamento.

26. No tocante ao pedido recursal de tornar nula a decisão do TJ por não apreciar os embargos, o Ministro Marco Aurélio votou pelo provimento.

respectivos tetos de retribuição traduz exemplo de violação manifesta do texto constitucional, que, por tal razão, deve ser prontamente inibida pela ordem jurídica, e não o contrário. Mesmo que a norma do art. 9º da EC 41/03 venha a ser invalidada, a mensagem enunciada pela Constituição será a mesma. Vale dizer: os excessos que transbordam o valor do teto são inconstitucionais, e não escapam ao comando redutor estabelecido pelo art. 37, XI, da CF. (Teori Zavascki)

- A Constituição de 1988 e estabeleceu o teto remuneratório e previu, de forma inequivocamente clara que as vantagens pessoais estavam incluídas no teto. O Supremo Tribunal Federal entendeu, contra a textualidade do dispositivo, que as vantagens pessoais não estavam incluídas no teto. Portanto, não se conseguiu estabelecer um teto real para a Administração Pública, porque as coisas erradas aconteciam nas vantagens pessoais, e não na fixação do padrão de vencimento. A Constituição de 1988 e estabeleceu o teto remuneratório e previu, de forma inequivocamente clara que as vantagens pessoais estavam incluídas no teto. O Supremo Tribunal Federal entendeu, contra a textualidade do dispositivo, que as vantagens pessoais não estavam incluídas no teto. Portanto, não se conseguiu estabelecer um teto real para a Administração Pública, porque as coisas erradas aconteciam nas vantagens pessoais, e não na fixação do padrão de vencimento. Após a EC 19, a matéria voltou ao Supremo, e o este disse que a norma da Emenda Constitucional 19 não era autoaplicável. É nesse contexto, a Emenda nº 41 é a terceira tentativa de se estabelecer um teto remuneratório no serviço público. Desde a redação originária da Constituição de 1988, as vantagens pessoais estavam incluídas no teto. Luís Roberto Barroso.

- A Emenda nº 41 não fez mais do que tentar dar uma eficácia plena àquilo que já constava da Constituição de 1988. Então, na verdade, a Emenda nº 41 teve uma natureza quase que interpretativa e contemporânea à lei interpretada. Na verdade, sempre foi essa a proposta constitucional originária. (Luiz Fux).

- A Emenda Constitucional nº 41 veio para acabar com os chamados penduricalhos (gratificações diversas) e, uma vez mais, dar efetividade à norma que sempre tivemos. (Cármen Lúcia).

- A decisão do Tribunal de Justiça do Estado de Goiás é de extrema razoabilidade, pois não diz que esses valores que os servidores vinham recebendo serão recebidos *ad eternum*, mas somente até que o montante seja absorvido por subsídio e fixado em lei. (Ricardo Lewandowski).

◉ Fique atento:

- No julgamento desse Recurso, o Sindicato dos Funcionários Fiscais do Estado do Amazonas, que atuava como *amicus curiae*, formulou pedidos que foram indeferidos pelo Relator ao argumento de que ampliavam a controvérsia estabelecida nos autos, prerrogativa não facultada aos *amici curiae*. Na sessão de julgamento, o advogado do Sindicato interpôs agravo de instrumento da decisão mas a corte não conheceu do recurso, uma vez que a jurisprudência do STF é no sentido de que o *amicus curiae* não tem legitimidade recursal, exceto para recorrer de decisão que lhe negue o ingresso formal na causa.

- Além do teto remuneratório previsto na Constituição Federal, os demais entes federativos podem estabelecer subtetos, reconhecidos como válidos pelo STF. Nesses casos, todavia, ao contrário do que ficou valendo para o teto da CF, não é possível haver redução nominal dos salários que eram recebidos anteriormente ao estabelecimento do teto, em respeito ao direito adquirido.

◉ Questões de Concurso relacionadas ao tema:

Questão 01 (FCC. Prefeitura de São Luiz-MA. Procurador do Município. 2016). Manoel era servidor público há quase 20 anos quando da edição da Emenda Constitucional 41/2003. Servidor graduado, percebia vencimentos bastante significativos, que excediam o limite que passou a ser fixado como teto de retribuição. Irresignado, questionou a redução de sua remuneração, alegando possuir direito adquirido às verbas e benefícios àquela já incorporados. De acordo com o que dispõe a Constituição Federal e foi apreciado pelo Supremo Tribunal Federal,

a) há de ser reconhecido o direito adquirido do servidor ao recebimento da remuneração integral, tal como vigente anteriormente, tendo em vista que não se tratou de alteração originária no texto constitucional, mas sim fruto de emenda.

b) há de ser provido o pleito do servidor no que concerne à exclusão das vantagens pessoais, gratificações de natureza remuneratória e adicionais de natureza indenizatória, não incidindo, no entanto, direito adquirido em face de reforma constitucional.

c) o pleito de Manuel não possui chances de êxito, tendo em vista que o teto constitucional abrange todas as verbas percebidas pelos servidores, remuneratórias e indenizatórias, não havendo direito adquirido, pois o servidor ainda não completara período aquisitivo para aposentadoria.

d) não se reconhece direito adquirido ao servidor, tendo em vista que se tratou de alteração normativa de status constitucional, devendo, no entanto, o teto remuneratório abranger apenas as verbas de natureza indenizatória, excluindo-se as vantagens pessoais.

e) não será procedente o pedido no que concerne ao suposto direito adquirido porque não se coloca diante de alteração no texto da constituição, passível de procedência no que concerne à exclusão das verbas de natureza indenizatória do limite fixado para o teto de retribuição.

Questão 02 (CESPE. PREFEITURA DE FORTALEZA/CE. Procurador do Município. 2017) Em cada um dos itens a seguir é apresentada uma situação hipotética seguida de uma assertiva a ser julgada, a respeito da organização administrativa e dos atos administrativos.

Em razão de incorporações legais, determinado empregado público recebe uma remuneração que se aproxima do teto salarial constitucional. Nessa situação, conforme o entendimento do STF, a remuneração do servidor poderá ser superior ao teto constitucional se ele receber uma gratificação por cargo de chefia.

( ) Certo   ( ) Errado

Gabarito: 1-E; 2-E

Tema 639: "Definição do montante remuneratório recebido por servidores públicos, para fins de incidência do teto constitucional.".

Tese: Subtraído o montante que exceder o teto e o subteto previsto no art. 37, inciso XI, da Constituição, tem-se o valor para base de cálculo para a incidência do imposto de renda e da contribuição previdenciária.

FICHA TÉCNICA	
Leading case:	**RE 675978**
Descrição do caso feita pelo STF:	Recurso extraordinário em que se discute — à luz do art. 37, XI, da Constituição da República, alterado pela Emenda Constitucional 41/2003 — a possibilidade de aplicação do limite constitucional remuneratório (abate teto) sobre o valor líquido dos vencimentos/proventos de servidores públicos, ou seja, após o desconto do imposto de renda, de contribuições previdenciárias e demais deduções legais.
Dispositivo(s) constitucional (is) envolvido(s):	Art. 37. A administração pública direta e indireta de qualquer dos Poderes da União, dos Estados, do Distrito Federal e dos Municípios obedecerá aos princípios de legalidade, impessoalidade, moralidade, publicidade e eficiência e, também, ao seguinte: XI – a remuneração e o subsídio dos ocupantes de cargos, funções e empregos públicos da administração direta, autárquica e fundacional, dos membros de qualquer dos Poderes da União, dos Estados, do Distrito Federal e dos Municípios, dos detentores de mandato eletivo e dos demais agentes políticos e os proventos, pensões ou outra espécie remuneratória, percebidos cumulativamente ou não, incluídas as vantagens pessoais ou de qualquer outra natureza, não poderão exceder o subsídio mensal, em espécie, dos Ministros do Supremo Tribunal Federal, aplicando-se como limite, nos Municípios, o subsídio do Prefeito, e nos Estados e no Distrito Federal, o subsídio mensal do Governador no âmbito do Poder Executivo, o subsídio dos Deputados Estaduais e Distritais no âmbito do Poder Legislativo e o subsidio dos Desembargadores do Tribunal de Justiça, limitado a

FICHA TÉCNICA	
Leading case:	**RE 675978**
	noventa inteiros e vinte e cinco centésimos por cento do subsídio mensal, em espécie, dos Ministros do Supremo Tribunal Federal, no âmbito do Poder Judiciário, aplicável este limite aos membros do Ministério Público, aos Procuradores e aos Defensores Públicos;
Data de reconhecimento da repercussão geral:	22/03/2013
Data de julgamento do mérito recursal:	15/04/2015
Houve unanimidade?	Sim
Data de publicação do acórdão de julgamento do recurso:	29/06/2015
Trânsito em julgado do acórdão:	14/08/2015

◉ Comentários:

A discussão travada nos autos é sobre qual deve ser a base de cálculo para fazer incidir o imposto de renda e os descontos previdenciários nos salários do serviço público.

No caso concreto, os servidores públicos estaduais aposentados vinculados aos quadros do Poder Executivo paulista (agentes fiscais de renda) cujos proventos estão limitados ao subsídio do Governador (subteto), à época fixados em R$ 14.850,00, questionaram, em demanda judicial, a base de cálculo da incidência do imposto de renda e descontos previdenciários por entenderem que o correto seria calcular os descontos previdenciários e imposto de renda sobre os vencimentos integrais, e, apenas aí, se o resultado superasse o subsídio bruto do Governador, é que se aplicaria o redutor salarial visando adequá-lo ao subteto. Segundo defendiam, a expressão 'remuneração percebida' constante no art. 37, XI, da CF deve ser interpretada como o valor líquido da remuneração, montante, este sim, que não poderia ultrapassar o subsídio mensal do Governador do Estado. O Tribunal de Justiça de São Paulo indeferiu o pedido, motivando a interposição do recurso extraordinário pelos servidores.

A União, o Estado do Rio Grande do Sul, diversas associações e sindicatos foram admitidos como *amici curiae*.

A Ministra relatora Cármen Lúcia destacou que a aplicação do redutor da remuneração/proventos ao teto remuneratório é objeto de outros recursos extraordinários com repercussão geral reconhecida, como, por exemplo, Recurso Extraordinário n. 606.358/SP, Recurso Extraordinário n. 612.975/MT, Recurso Extraordinário n. 602.043/MT, Recurso Extraordinário n. 602.584/DF e Recurso Extraordinário n. 609.381/GO. Contudo, o questionamento no caso concreto é distinto daqueles outros porque a matéria não se relaciona à submissão ao teto, de determinadas parcelas remuneratórias, mas a base remuneratória para aplicação do teto, se o valor total da remuneração/dos proventos ou se o valor líquido, apurado depois das deduções previdenciárias e do imposto de renda.

De forma unânime, a tese vencedora, proposta pela relatora Ministra Cármen Lúcia, estabeleceu que subtraído o montante que exceder o teto e o subteto previsto no art. 37, inciso XI, da Constituição, tem-se o valor para base de cálculo para a incidência do imposto de renda e da contribuição previdenciária.

Tal conclusão fundamenta-se na premissa de que autorizar cálculo diverso resultaria em burla ao redutor constitucionalmente instituído. Ademais, A remuneração engloba todos os valores que compõem o quantum a ser recebido pelo agente público como retribuição legal devida pelo seu desempenho. A clareza do valor da remuneração é essencial não apenas para a aplicação da regra de relação de máximo e mínimo a ser legalmente fixada, porque é ele que servirá de parâmetro nos termos do art. 39, § 5º, combinado com o art. 37, XI, mas também para a incidência de tributação específica. Nesta linha de raciocínio, vencimento é a contraprestação pecuniária devida ao ocupante do cargo, função ou emprego público pelo seu exercício, sendo definido legalmente em estrita correspondência com o símbolo, o nível e o grau estabelecido para ele. O vencimento é o padrão de pagamento devido legalmente, sendo estabelecido e identificado pela definição legal do próprio cargo, função ou emprego a que corresponde.

Dessa forma, a expressão remuneração percebida não deve ser lida como o valor líquido da remuneração, levando-se em consideração que art. 37, XI, da Constituição, estabelece que o teto remuneratório deve incidir sobre o montante integral pago ao servidor, ou seja, sobre sua remuneração bruta.

Nesta senda, a observância das normas constitucionais atinentes aos tetos fixados no sistema remuneratório brasileiro decorre, consoante entendimento consolidado no julgamento da Medida Cautelar n. 3.831/DF, da "necessidade de saber o cidadão brasileiro a quem paga e, principalmente, quanto paga a cada qual dos agentes que compõem os quadros do Estado" (DJ 3.8.2007), pelo que não poderiam os Servidores valerem-se de aplicação desvirtuada de comando moralizador assecuratório do princípio republicano da publicidade.

No caso concreto, negou-se provimento ao recurso extraordinário, pois os ministros entenderam que acolher o pedido dos Recorrentes no sentido de se adotar como base de cálculo do imposto de renda e da contribuição previdenciária valor superior ao do teto constitucional a ele aplicável, que no caso correspondente ao subsídio do Governador de São Paulo, importaria afronta ao princípio da igualdade, da razoabilidade e da moralidade e ao princípio da capacidade contributiva, consignado no art. 145, § 1º, da Constituição Federal, uma vez que a remuneração constitui os valores recebidos como contraprestação pelos serviços prestados à Administração Pública e que subsídio é a remuneração paga aos agentes políticos e aos membros de Poder em parcela única – ambos compreendendo o valor total previsto para o cargo.

◉ **Fique atento:**

- Além do teto remuneratório previsto na Constituição Federal, os demais entes federativos podem estabelecer subtetos, reconhecidos como válidos pelo STF. Nesses casos, todavia, ao contrário do que ficou valendo para o teto da CF, não é possível haver redução nominal dos salários que eram recebidos anteriormente ao estabelecimento do teto, em respeito ao direito adquirido.

Tema 930: "Os benefícios concedidos entre 5.10.1988 e 5.4.1991 não estão, em tese, excluídos da possibilidade de readequação aos tetos instituídos pelas Emendas Constitucionais ns. 20/1998 e 41/2003. Eventual direito a diferenças deve ser aferido no caso concreto, conforme os parâmetros já definidos no julgamento do RE n. 564.354".

Tese: Os benefícios concedidos entre 05.10.1988 e 05.04.1991 (período do buraco negro) não estão, em tese, excluídos da possibilidade de readequação segundo os tetos instituídos pelas ECs n° 20/1998 e 41/2003, a ser aferida caso a caso, conforme os parâmetros definidos no julgamento do RE 564.354, em regime de repercussão geral.

FICHA TÉCNICA	
Leading case:	**RE 937595**
Descrição do caso feita pelo STF:	Agravo contra decisão pela qual inadmitido recurso extraordinário em que se discute, com base nos arts. 5°, inc. XXXVI, e 195, § 5°, da Constituição da República, no art. 14 da Emenda Constitucional n. 20/1998 e no art. 5° da Emenda Constitucional n. 41/2003, a possibilidade de readequação de benefício concedido entre 5.10.1988 e 5.4.1991.
Dispositivo(s) constitucional (is) envolvido(s):	Art. 5° Todos são iguais perante a lei, sem distinção de qualquer natureza, garantindo-se aos brasileiros e aos estrangeiros residentes no País a inviolabilidade do direito à vida, à liberdade, à igualdade, à segurança e à propriedade, nos termos seguintes: (...) XXXVI – a lei não prejudicará o direito adquirido, o ato jurídico perfeito e a coisa julgada;
	Art. 195. A seguridade social será financiada por toda a sociedade, de forma direta e indireta, nos termos da lei, mediante recursos provenientes dos orçamentos da União, dos Estados, do Distrito Federal e dos Municípios, e das seguintes contribuições sociais: (...) § 5° Nenhum benefício ou serviço da seguridade social poderá ser criado, majorado ou estendido sem a correspondente fonte de custeio total.
	Art. 14 (EC n° 20) – O limite máximo para o valor dos benefícios do regime geral de previdência social de que trata o art. 201 da Constituição Federal é fixado em R$ 1.200,00 (um mil e duzentos reais), devendo, a partir da data da publicação desta Emenda, ser reajustado de forma a preservar, em caráter permanente, seu valor real, atualizado pelos mesmos índices aplicados aos benefícios do regime geral de previdência social.

FICHA TÉCNICA	
Leading case:	**RE 937595**
	Art. 5º (EC nº 41) – O limite máximo para o valor dos benefícios do regime geral de previdência social de que trata o art. 201 da Constituição Federal é fixado em R$ 2.400,00 (dois mil e quatrocentos reais), devendo, a partir da data de publicação desta Emenda, ser reajustado de forma a preservar, em caráter permanente, seu valor real, atualizado pelos mesmos índices aplicados aos benefícios do regime geral de previdência social.
Data de reconhecimento da repercussão geral:	03/02/2017
Data de julgamento do mérito recursal:	03/02/2017
Houve unanimidade?	Não
Data de publicação do acórdão de julgamento do recurso:	Acórdão não publicado até a data de fechamento desta edição.
Trânsito em julgado do acórdão:	-

◉ Comentários:[27]

O julgamento do processo tratou da possibilidade de correção dos benefícios do Instituto Nacional do Seguro Social (INSS) concedidos entre 5 de outubro de 1988 e 5 de abril de 1991, o chamado "buraco negro".

A decisão, tomada através do Plenário Virtual, foi no sentido de reafirmar a jurisprudência do STF de que não estão, em tese, excluídos da possibilidade de reajuste segundo os tetos instituídos pelas Emendas Constitucionais (ECs) 20/1998 e 41/2003. Segundo ficou assentado no voto do Relator, Ministro Luís Roberto Barroso, a readequação aos novos limites deve ser verificada caso a caso, de acordo com os parâmetros definidos anteriormente pelo Tribunal no RE 564354, no qual foi julgada constitucional a aplicação do teto fixado pela ECs 20/1998 e 41/2003 a benefícios concedidos antes de sua vigência. Nesse sentido, não se pode excluir a possibilidade de que os titulares de benefícios inicialmente concedidos no período do buraco negro tenham direito à adequação aos novos tetos instituídos pelas ECs 20/1998 e 41/2003. Para tanto, é necessário que o beneficiário prove que, uma vez limitado a teto anterior, faz jus a diferenças decorrentes do aumento do teto.

No caso dos autos, o INSS interpôs o recurso extraordinário contra acórdão do Tribunal Regional Federal da 3ª Região (TRF3) que determinou a revisão de benefício previdenciário para que a renda mensal fosse recomposta a partir da aplicação dos tetos estabelecidos pelas emendas constitucionais. A autarquia alegava que o acórdão teria violado os dispositivos constitucionais relativos à irretroatividade das leis, decorrente das garantias

---

27. À época da elaboração deste texto, ainda não havia sido publicado o acórdão do julgamento do mérito recursal. Os comentários baseiam-se na notícia publicada pelo STF acerca do julgamento havido, veiculada em 06/02/2017.

do direito adquirido e do ato jurídico perfeito, além da necessidade de se apontar fonte de custeio total.

O voto do Relator, entretanto, salientou que no precedente mencionado o STF entendeu que não ofende o ato jurídico perfeito a aplicação imediata do teto fixado pelas emendas aos benefícios pagos com base em limitador anterior, levando-se em conta os salários de contribuição utilizados para os cálculos iniciais.

O julgamento se deu por maioria, restando vencido apenas o Ministro Marco Aurélio que sempre se posiciona contra o julgamento no Plenário Virtual.

2.19. SERVIDORES PÚBLICOS – REGIME REMUNERATÓRIO: CUMULAÇÃO DE VENCIMENTOS E PROVENTOS

Tema 921: "Tríplice acumulação de vencimentos e proventos decorrentes de ingressos em cargos públicos anteriores à EC n. 20/1998".

Tese: "É vedada a cumulação tríplice de vencimentos e/ou proventos, ainda que a investidura nos cargos públicos tenha ocorrido anteriormente à EC 20/1998".

FICHA TÉCNICA	
Leading case:	**RE 848.993 MG**
Descrição do caso feita pelo STF:	"Agravo nos autos de recurso extraordinário no qual se discute, à luz dos arts. 37, inc. XVI, e 40, § 6º, da Constituição da República e do art. 11 da EC n. 20/1998, a possibilidade, ou não, de acumulação tríplice de vencimentos e proventos, de cargos públicos nos quais o ingresso tenha ocorrido antes da EC n. 20/1998".
Dispositivo(s) constitucional(is) envolvido(s):	Art. 37. A administração pública direta e indireta de qualquer dos Poderes da União, dos Estados, do Distrito Federal e dos Municípios obedecerá aos princípios de legalidade, impessoalidade, moralidade, publicidade e eficiência e, também, ao seguinte: (Redação dada pela Emenda Constitucional nº 19, de 1998) (...) XVI – é vedada a acumulação remunerada de cargos públicos, exceto, quando houver compatibilidade de horários, observado em qualquer caso o disposto no inciso XI: (Redação dada pela Emenda Constitucional nº 19, de 1998) a) a de dois cargos de professor; (Redação dada pela Emenda Constitucional nº 19, de 1998) b) a de um cargo de professor com outro técnico ou científico; (Redação dada pela Emenda Constitucional nº 19, de 1998) c) a de dois cargos ou empregos privativos de profissionais de saúde, com profissões regulamentadas; (Redação dada pela Emenda Constitucional nº 34, de 2001). (...)

FICHA TÉCNICA	
Leading case:	**RE 848.993 MG**
Art. 40. Aos servidores titulares de cargos efetivos da União, dos Estados, do Distrito Federal e dos Municípios, incluídas suas autarquias e fundações, é assegurado regime de previdência de caráter contributivo e solidário, mediante contribuição do respectivo ente público, dos servidores ativos e inativos e dos pensionistas, observados critérios que preservem o equilíbrio financeiro e atuarial e o disposto neste artigo. (Redação dada pela Emenda Constitucional nº 41, 19.12.2003) (...) § 6º – Ressalvadas as aposentadorias decorrentes dos cargos acumuláveis na forma desta Constituição, é vedada a percepção de mais de uma aposentadoria à conta do regime de previdência previsto neste artigo. (Redação dada pela Emenda Constitucional nº 20, de 15/12/98).	
Data de reconhecimento da repercussão geral:	07/10/2016.
Data de julgamento do mérito recursal:	07/10/2016.
Houve unanimidade?	Não.
Data de publicação do acórdão de julgamento do recurso:	23/03/2017.
Trânsito em julgado do acórdão:	Não havia ocorrido o trânsito em julgado do acórdão até a data de fechamento desta edição

◉ Comentários:

O Supremo Tribunal Federal examinou recurso extraordinário interposto contra acórdão do Tribunal de Justiça do Estado de Minas Gerais que havia deferido segurança em favor de impetrante que pleiteava a acumulação de dois vencimentos e um provento, todos no cargo de professora estadual e municipal, cujos provimentos se deram por concursos públicos anteriores à EC 20/98.

Em síntese, discute-se a aplicação do art. 11 da EC 20/98 à acumulação de proventos de uma aposentadoria no cargo de professor com duas remunerações, também referentes a cargos de professor, nas hipóteses em que os ingressos tenham ocorrido antes da publicação da EC 20/98.

No recurso extraordinário, interposto pelo Estado de Minas Gerais, com fundamento no art. 102, inciso III, alínea a, da Constituição Federal, apontou-se violação aos arts. 37, XVI; e 40, § 6º, do texto constitucional, bem como ao art. 11 da Emenda Constitucional 20/98.

Sustenta-se, em síntese, que a regra constitucional autorizava a acumulação de dois cargos de professor ou um de professor e um técnico ou científico, mas não permite a acumulação tríplice de vencimentos e/ou proventos. Pugnou, portanto, pela reforma do acórdão recorrido para que fosse denegada a segurança.

A Procuradoria-Geral da República manifestou-se favoravelmente ao provimento do recurso, sustentando tese semelhante à do recorrente, pela violação ao art. 37, XVI, da Constituição Federal, e concluindo pela impossibilidade da tríplice acumulação.

A questão com repercussão geral a ser debatida residiu, portanto, em saber se a jurisprudência do Supremo Tribunal Federal interpretatva o art. 11 da Emenda Constitucional nº. 20/98 ampliativamente, a ponto de permitir o acúmulo tríplice de remunerações (sejam proventos, sejam vencimentos).

O voto do Relator opinou no sentido de que, quanto à interpretação da regra constante da Emenda Constitucional nº. 20/98, a jurisprudência do Supremo Tribunal Federal firmou-se no sentido de que a permissão constante do art. 11 da referida Emenda deve ser interpretada de forma restritiva, para vedar, em qualquer hipótese, a acumulação tríplice de remunerações, sejam proventos, sejam vencimentos – mesmo que os provimentos nos cargos públicos tenham ocorrido anteriormente à vigência da Emenda Constitucional nº. 20/98.

Assim, o Tribunal se manifestou, à unanimidade, pela constitucionalidade da questão, bem como pela existência de repercussão geral da questão suscitada, e, por maioria, conheceu o recurso extraordinário para denegar a ordem, reafirmando a jurisprudência sobre a matéria, e fixando a tese de que a é **vedada a cumulação tríplice de vencimentos e/ou proventos, ainda que a investidura nos cargos públicos tenha ocorrido anteriormente** à EC 20/1998

◉ Fique atento:

- Foram interpostos recursos contra o acórdão, razão pela qual ainda não ocorreu o trânsito em julgado do mesmo.

2.20. SERVIDORES PÚBLICOS – REGIME REMUNERATÓRIO: VEDAÇÃO DE VINCULAÇÃO OU EQUIPARAÇÃO DE ESPÉCIES REMUNERATÓRIAS

Tema 737: "Possibilidade de vinculação de pensões e de proventos de aposentadoria de servidores públicos efetivos com subsídios de agentes políticos."

Tese: É inconstitucional norma que vincula pensões e proventos de aposentadoria de servidores públicos efetivos a subsídios de agentes políticos.

FICHA TÉCNICA	
Leading case:	**RE 759518**
Descrição do caso feita pelo STF:	Recurso extraordinário em que se discute, à luz dos arts. 5º, caput e II, e 40, caput e §§ 2º e 4º, da Constituição federal, a possibilidade de reconhecimento de paridade entre pensões e proventos de aposentadoria de servidores públicos efetivos do Estado de Alagoas e o subsídio do cargo de Secretário de Estado, com fundamento no art. 273 da Constituição estadual, cuja redação original garantia essa paridade aos servidores efetivos que, antes da aposentação, tivessem exercido cargos em comissão durante certo lapso temporal.

FICHA TÉCNICA	
Leading case:	**RE 759518**
Dispositivo(s) constitucional (is) envolvido(s):	Art. 5º Todos são iguais perante a lei, sem distinção de qualquer natureza, garantindo-se aos brasileiros e aos estrangeiros residentes no País a inviolabilidade do direito à vida, à liberdade, à igualdade, à segurança e à propriedade, nos termos seguintes: (...) II – ninguém será obrigado a fazer ou deixar de fazer alguma coisa senão em virtude de lei;
	Art. 40. Aos servidores titulares de cargos efetivos da União, dos Estados, do Distrito Federal e dos Municípios, incluídas suas autarquias e fundações, é assegurado regime de previdência de caráter contributivo e solidário, mediante contribuição do respectivo ente público, dos servidores ativos e inativos e dos pensionistas, observados critérios que preservem o equilíbrio financeiro e atuarial e o disposto neste artigo. (...) § 2º Os proventos de aposentadoria e as pensões, por ocasião de sua concessão, não poderão exceder a remuneração do respectivo servidor, no cargo efetivo em que se deu a aposentadoria ou que serviu de referência para a concessão da pensão. (...)§ 4º É vedada a adoção de requisitos e critérios diferenciados para a concessão de aposentadoria aos abrangidos pelo regime de que trata este artigo, ressalvados, nos termos definidos em leis complementares, os casos de servidores:
Data de reconhecimento da repercussão geral:	30/05/2014
Data de julgamento do mérito recursal:	30/05/2014
Houve unanimidade?	Não
Data de publicação do acórdão de julgamento do recurso:	24/11/2014
Trânsito em julgado do acórdão:	21/02/2017

◉ **Comentários:**

Tendo em vista o disposto no art. 273 da Constituição do Estado de Alagoas, em sua redação original[28], servidores públicos civis estaduais, servidores públicos militares e uma pensionista de servidor público militar foram aposentados com direito aos proventos calculados com base, respectivamente, na remuneração do cargo de Secretário de Estado e do cargo de Comandante-Geral da Polícia Militar do Estado de Alagoas/Chefe do Gabinete Militar do Governador, cujos rendimentos também são equiparados aos secretários estaduais (Lei

---

28. "Art. 273. O servidor público estadual da administração direta, autárquica e fundacional pública que, por quatro anos consecutivos ou oito anos alternados, haja exercido cargos de provimento em comissão, será aposentado com proventos calculados com base naquele a que, integrante da estrutura do Poder a que sirva, corresponder maior remuneração, sem prejuízo das vantagens de natureza pessoal a que faça jus".

6.456/2004). O referido dispositivo foi alterado pela Emenda Constitucional 13/1995, que não modificou substancialmente sua redação[29]. Após a edição da Lei estadual 7.229/2010, que alterou a remuneração do cargo comissionado de Secretário de Estado e, consequentemente, do Comandante-Geral da Polícia Militar e do Chefe do Gabinete Militar do Governador, servidores e a pensionista mencionados impetraram mandado de segurança pleiteando que fosse assegurada a paridade de seus proventos/pensão à remuneração do Secretário de Estado.

Ao julgar o writ, o Tribunal de Justiça do Estado de Alagoas assentou que "a concessão desse direito no ato aposentatório não pode ser desfeito pelo entendimento e pelas políticas governamentais do atual gestor, em respeito à segurança jurídica e ao Estado Democrático de Direito, até mesmo porque a legislação vigente quando se deu a aposentadoria legitimava essa benesse". Inconformado, o Estado de Alagoas interpôs recurso extraordinário defendendo a inconstitucionalidade do artigo 273 da Constituição do Estado de Alagoas, na redação original, que garantia paridade de inativos com os proventos de secretários de estado e alegando que os proventos estão maiores que os vencimentos do cargo ativo, o que viola o previsto no art. 40, § 2º, da CF.

Ao dar provimento ao Recurso Extraordinário, o STF, reafirmou a sua jurisprudência no sentido da inconstitucionalidade de norma que vincula proventos de aposentadoria de servidores efetivos com subsídios de agentes políticos. Nos termos do voto do Relator, Ministro Gilmar Mendes, não seria possível a vinculação de vencimentos de cargos distintos. Ademais, a alteração de padrão remuneratório seria matéria de iniciativa privativa do Chefe do Poder Executivo. Nessa senda, declarou a inconstitucionalidade do art. 273 da Constituição do Estado de Alagoas, tanto do texto original quanto do decorrente da alteração introduzida pela EC 13/95, haja vista ser contrário à tese fixada.

◉ Síntese do debate constante do acórdão que fixou o precedente:

O julgamento se deu através do Plenário Virtual com reafirmação da jurisprudência do STF. A divergência do Ministro Marco Aurélio Melo foi concernente ao julgamento de processo no Plenário Virtual, especialmente nos casos em que se vai declarar inconstitucionalidade de ato. Posicionou-se, como sempre, no sentido de que o julgamento no Plenário Virtual deveria estar limitado tão-somente ao reconhecimento de repercussão geral.

Tema 806: "Equiparação de vencimentos entre militares das Forças Armadas e policiais e bombeiros militares do Distrito Federal."

Tese: É vedada a equiparação remuneratória entre militares das Forças Armadas e policiais e bombeiros militares do Distrito Federal, visto que a Constituição Federal de 1988, em seu art. 37, XIII, coíbe a vinculação ou equiparação de quaisquer espécies remuneratórias no âmbito do serviço público.

---

29. "Art. 273. O servidor público estadual da administração direta, autárquica e fundacional pública que, por cinco anos consecutivos ou dez anos intercalados, haja exercido cargos de provimento em comissão, será aposentado com proventos calculados com base naquele a que corresponder maior remuneração, desde que o tenha exercido por pelo menos 03 (três) anos e integrante da estrutura do Poder a que pertença o servidor, sem prejuízo das vantagens de natureza pessoal a que faça jus".

FICHA TÉCNICA	
Leading case:	**RE 855178**
Descrição do caso feita pelo STF:	Recurso Extraordinário em que se discute a existência de equiparação remuneratória dos militares das Forças Armadas com os policiais e bombeiros militares do Distrito Federal, nos termos do art. 24 do Decreto-Lei 667/1969.
Dispositivo(s) constitucional (is) envolvido(s):	Art. 21. Compete à União: (...) XIV – organizar e manter a polícia civil, a polícia militar e o corpo de bombeiros militar do Distrito Federal, bem como prestar assistência financeira ao Distrito Federal para a execução de serviços públicos, por meio de fundo próprio;
	Art. 42 Os membros das Polícias Militares e Corpos de Bombeiros Militares, instituições organizadas com base na hierarquia e disciplina, são militares dos Estados, do Distrito Federal e dos Territórios. (...) § 2º Aos pensionistas dos militares dos Estados, do Distrito Federal e dos Territórios aplica-se o que for fixado em lei específica do respectivo ente estatal.
	Art. 142. As Forças Armadas, constituídas pela Marinha, pelo Exército e pela Aeronáutica, são instituições nacionais permanentes e regulares, organizadas com base na hierarquia e na disciplina, sob a autoridade suprema do Presidente da República, e destinam-se à defesa da Pátria, à garantia dos poderes constitucionais e, por iniciativa de qualquer destes, da lei e da ordem. (...) § 3º Os membros das Forças Armadas são denominados militares, aplicando-se-lhes, além das que vierem a ser fixadas em lei, as seguintes disposições: (...) X – a lei disporá sobre o ingresso nas Forças Armadas, os limites de idade, a estabilidade e outras condições de transferência do militar para a inatividade, os direitos, os deveres, a remuneração, as prerrogativas e outras situações especiais dos militares, consideradas as peculiaridades de suas atividades, inclusive aquelas cumpridas por força de compromissos internacionais e de guerra.
Data de reconhecimento da repercussão geral:	17/04/2015
Data de julgamento do mérito recursal:	17/04/2015
Houve unanimidade?	Não
Data de publicação do acórdão de julgamento do recurso:	28/04/2015
Trânsito em julgado do acórdão:	15/05/2015

◉ Comentários:

A controvérsia dos autos tem origem em ação de cobrança ajuizada por membros das Forças Armadas em face da União, alegando que o art. 24 do Decreto-Lei 667/69 vedaria que a remuneração do pessoal das Polícias Militares fosse superior aos soldos pagos aos membros das Forças Armadas. Sustentaram que desde o advento da Lei 11.134/05, os militares das Forças Armadas recebem soldos inferiores aos pagos aos militares da Polícia Militar e do Corpo de Bombeiros do Distrito Federal. Requereram, assim, a procedência dos pedidos para que fossem pagas as diferenças pecuniárias relativas às remunerações dos militares do Distrito Federal e o soldo por eles percebido; e fosse determinada a implantação da referida diferença remuneratória em seus contracheques.

O Tribunal Regional Federal da 5ª Região, mantendo sentença que julgara improcedentes os pedidos, decidiu que o art. 24 do Decreto-Lei 667/69 não foi recepcionado pela Constituição Federal de 1988 e que inexiste preceito jurídico-legal que imponha correspondência entre o subsídio dos militares do Distrito Federal e o soldo dos membros das Forças Armadas.

No julgamento do Agravo em Recurso Extraordinário, o Relator, Ministro Teori Zavascki, registrou em seu voto que o pedido estava essencialmente fundamentado no art. 24 do Decreto-Lei 667/69[30], que reproduzia vedação constante do art. 13, § 4º, da Constituição de 1967, na redação da EC 1/69, que proibia o pagamento, ao pessoal das Polícias Militares e Corpo de Bombeiros Militares dos Estados, do Distrito Federal e dos Territórios, de remuneração superior à fixada para os postos e graduações correspondentes no Exército, impedimento não reproduzido na Carta Magna de 1988. Nesse sentido, os arts. 42, § 1º, e 142, § 3º, X, da CF/88 limitam-se a conferir aos Estados a competência para fixar, mediante lei estadual específica, a remuneração dos militares integrantes dos quadros das suas Polícias Militares e Corpo de Bombeiros Militares. Certo seria, porém, que essas normas não se aplicam ao Distrito Federal, cujas Polícias Civil e Militar e Corpo de Bombeiros Militar, por disposição do art. 21, XIV, da CF/88, são organizados e mantidos pela União, a quem compete privativamente legislar sobre o vencimento dos integrantes de seus respectivos quadros. Com esses fundamentos, o STF reafirmou a sua jurisprudência e negou provimento ao Recurso.

◉ Síntese do debate constante do acórdão que fixou o precedente:

O julgamento se deu através do Plenário Virtual com reafirmação da jurisprudência do STF. A divergência do Ministro Marco Aurélio Melo foi quanto ao julgamento da repercussão geral em agravo de instrumento, quando o objetivo processual deste seria apenas permitir a subida do Recurso Extraordinário. Também votou contra a reafirmação da jurisprudência o Ministro Luiz Fux, porém, sem fundamentar a divergência. Não se pronunciou a Ministra Cármen Lúcia.

---

30. Art. 24. Os direitos, vencimentos, vantagens e regalias do pessoal, em serviço ativo ou na inatividade, das Polícias Militares constarão de legislação especial de cada Unidade da Federação, não sendo permitidas condições superiores às que, por lei ou regulamento, forem atribuídas ao pessoal das Fôrças Armadas. No tocante a cabos e soldados, será permitida exceção no que se refere a vencimentos e vantagens bem como à idade-limite para permanência no serviço ativo.

◉ Fique atento:

- Parte da fundamentação do voto vencedor do Ministro Teori Zavascki já era entendimento sumulado: "compete privativamente à União legislar sobre vencimentos dos membros das Polícias Civil e Militar do Distrito Federal" (Súmula 647/STF, cuja orientação foi posteriormente adotada pela Súmula Vinculante 39).

2.21. SERVIDORES PÚBLICOS – REGIME REMUNERATÓRIO: PRINCÍPIO DA IRREDUTIBILIDADE DE VENCIMENTOS

Tema 434: "Alteração do cálculo da Gratificação por Produção Suplementar – GPS por lei específica."

Tese: É compatível com a Constituição lei específica que altera o cálculo da Gratificação por Produção Suplementar – GPS, desde que não haja redução da remuneração na sua totalidade.

FICHA TÉCNICA	
Leading case:	**RE 596542**
Descrição do caso feita pelo STF:	Recurso extraordinário em que se discute, à luz dos artigos 5°, XXXVI, LV, e 37, XV, da Constituição Federal, a possibilidade, ou não, de se alterar o cálculo da Gratificação por Produção Suplementar – GPS por lei específica, considerando-se o princípio da irredutibilidade de vencimentos.
Dispositivo(s) constitucional (is) envolvido(s):	Art. 5° Todos são iguais perante a lei, sem distinção de qualquer natureza, garantindo-se aos brasileiros e aos estrangeiros residentes no País a inviolabilidade do direito à vida, à liberdade, à igualdade, à segurança e à propriedade, nos termos seguintes: (...) XXXVI – a lei não prejudicará o direito adquirido, o ato jurídico perfeito e a coisa julgada; Art. 37. A administração pública direta e indireta de qualquer dos Poderes da União, dos Estados, do Distrito Federal e dos Municípios obedecerá aos princípios de legalidade, impessoalidade, moralidade, publicidade e eficiência e, também, ao seguinte: (...) XV – o subsídio e os vencimentos dos ocupantes de cargos e empregos públicos são irredutíveis, ressalvado o disposto nos incisos XI e XIV deste artigo e nos arts. 39, § 4°, 150, II, 153, III, e 153, § 2°, I;.
Data de reconhecimento da repercussão geral:	17/06/2011

FICHA TÉCNICA	
Leading case:	**RE 596542**
Data de julgamento do mérito recursal:	17/06/2011
Houve unanimidade?	Não
Data de publicação do acórdão de julgamento do recurso:	16/09/2011
Trânsito em julgado do acórdão (segundos embargos de declaração):	01/09/2015

◉ Comentários:

A controvérsia trazida no recurso extraordinário tem sua origem em 2002, com a edição da Medida Provisória nº 26, posteriormente convertida na Lei nº 10.432/2002, que modificou a composição das rubricas de pagamento a servidores públicos. A referida norma substituiu a Gratificação por Produção Suplementar – GPS por uma parcela denominada "complementação", acrescida da Gratificação de Desempenho Técnico-Administrativa – GDATA. A discussão travada nos autos buscou definir se tal circunstância teria implicado a redução da remuneração dos servidores, ferindo a garantia da irredutibilidade salarial. O argumento principal da tese dos autores seria a de que a GPS lhes era paga desde a década de 1950 e que havia sido incorporada aos seus vencimentos através da Lei nº 5.452/68. Sob essa ótica, tratava-se de direito adquirido que não poderia ter sido extinto em momento posterior. O pleito, portanto, era para que a gratificação voltasse a lhes ser paga, cumulativamente com a nova Gratificação de Desempenho Técnico-Administrativa.

O Supremo manteve negou provimento ao recurso, mantendo o acórdão do TRF da 1ª Região, e reafirmou sua jurisprudência no sentido de que não viola o princípio da irredutibilidade de vencimentos a alteração de gratificação por legislação específica, desde que não haja redução da remuneração na sua totalidade. Precedentes: RE 466960 / DF, Min. Rel. CEZAR PELUSO, DJ de 10.3.2006 e RE 293578, Rel. Min. ILMAR GALVÃO, DJ de 29.11.2002.

◉ Síntese do debate constante do acórdão que fixou o precedente:

O julgamento se deu através do Plenário Virtual com reafirmação da jurisprudência do STF. O Ministro Marco Aurélio Melo, em seu breve voto, mencionou o "desprezo do poder público por situações jurídicas constituídas de há muito", deixando transparecer uma inclinação para dar provimento ao recurso. Todavia, como de costume, excluiu a possibilidade de examinar o Extraordinário através do Plenário Virtual. Posteriormente, o Ministro, de forma isolada, votaria pelo provimento de embargos que questionavam a falta de fundamentação dos votos dos demais ministros no Plenário Eletrônico. Na oportunidade, o acórdão dos embargos assentou que o julgamento eletrônico de repercussão geral nos casos de reafirmação de jurisprudência da Corte é operacionalizado por mera adesão, sendo dispensável a fundamentação dos votos por se tratar de reiteração de jurisprudência dominante.

Os Ministros Ayres Brito e Ricardo Lewandowski também votaram contra a reafirmação da jurisprudência, mas não fizeram juntar aos autos seus votos fundamentando a posição. Não votaram os Ministros Joaquim Barbosa e Cármen Lúcia.

◉ Fique atento:

- Nos casos de modificação, por lei específica, de rubricas integrantes dos vencimentos dos servidores públicos, o importante é que o valor total da remuneração não seja reduzido.

- Conforme assentado nesse julgamento, o voto dado pelos ministros no Plenário Virtual, feito por adesão e de forma eletrônica, dispensa fundamentação no caso de reafirmação de jurisprudência da Corte. Esse fato não deve ser encarado como uma exceção ao princípio da fundamentação das decisões judiciais porque, ao reafirmar a jurisprudência dominante, o julgador está aderindo às razões trazidas nos julgamentos anteriores e aplicando-as à espécie.

◉ Questões de Concurso relacionadas ao tema:

Questão 01 (TRF-3ªR. TRF-3ªR. Juiz Federal Substituto. 2013 – Adaptada) Julgue o item seguinte:

O servidor público não possui direito adquirido a regime jurídico, mas tem resguardado o direito à irredutibilidade de vencimentos.

( ) Certo ( ) Errado

Gabarito: 1-C

Tema 440: "Redução legal do valor de gratificação para servidores que ingressaram, ou reingressaram no quadro, após a entrada em vigor da lei redutora."

Tese: A redução da Gratificação Especial de Retorno à Atividade – GERA não implica violação ao princípio da irredutibilidade de vencimentos, se o ingresso ou o reingresso aos quadros do Corpo Voluntário de Militares Estaduais Inativos (CVMI) se deu após a edição da Lei Estadual 10.916/1997.

FICHA TÉCNICA	
Leading case:	ARE 637607
Descrição do caso feita pelo STF:	Agravo interposto contra decisão que inadmitiu recurso extraordinário em que se discute, à luz dos artigos 5º, caput, XXXVI e 37, XV, da Constituição Federal, a possibilidade, ou não, de lei reduzir o valor da Gratificação Especial de Retorno à Atividade para aqueles servidores que ingressaram, ou reingressaram no quadro, após a sua entrada em vigor, considerando-se os princípios da igualdade e da irredutibilidade de vencimentos.

FICHA TÉCNICA	
Leading case:	**ARE 637607**
Dispositivo(s) constitucional(is) envolvido(s):	Art 5° Todos são iguais perante a lei, sem distinção de qualquer natureza, garantindo-se aos brasileiros e aos estrangeiros residentes no País a inviolabilidade do direito à vida, à liberdade, à igualdade, à segurança e à propriedade, nos termos seguintes. (...)XXXVI – a lei não prejudicará o direito adquirido, o ato jurídico perfeito e a coisa julgada;
	Art. 37. A administração pública direta e indireta de qualquer dos Poderes da União, dos Estados, do Distrito Federal e dos Municípios obedecerá aos princípios de legalidade, impessoalidade, moralidade, publicidade e eficiência e, também, ao seguinte: (...) XV – o subsídio e os vencimentos dos ocupantes de cargos e empregos públicos são irredutíveis, ressalvado o disposto nos incisos XI e XIV deste artigo e nos arts. 39, § 4°, 150, II, 153, III, e 153, § 2°, I;
Data de reconhecimento da repercussão geral:	24/06/2011
Data de julgamento do mérito recursal:	24/06/2011
Houve unanimidade?	Não
Data de publicação do acórdão de julgamento do recurso:	06/09/2011
Trânsito em julgado do acórdão:	12/09/2011

◉ Comentários:

O Agravo de Instrumento foi convertido em Recurso Extraordinário pelo Relator, Ministro Cezar Peluso, e versa sobre a possibilidade de redução do valor de gratificação para aqueles servidores que ingressaram, ou reingressaram no quadro do Corpo Voluntário de Militares Estaduais Inativos – CVMI, após a entrada em vigor da Lei n° 10.916/97, sem que isso represente violação ao princípio da igualdade e ao princípio da irredutibilidade de vencimentos.

A peça recursal manejada contra o acórdão do Tribunal de Justiça do Rio Grande do Sul aduzia que a decisão criou situação de desigualdade de tratamento entre servidores que desempenhavam a mesma função, com a mesma carga horária, uma vez que os servidores que ingressaram após a Lei receberiam seus vencimentos reduzidos pela metade sem direito a revisão, enquanto que aqueles que ingressaram em momento anterior poderiam receber o valor estipulado antes da redução.

Com base no voto do Relator, que serviu de acórdão, o STF reafirmou sua jurisprudência e decidiu que é compatível com a Constituição a redução da Gratificação Especial de Retorno à Atividade – GERA, se o ingresso ou reingresso dos servidores públicos ao quadro funcional do CVMI se deu após a edição da Lei Estadual n° 10.916/1997.

⊙ Síntese do debate constante do acórdão que fixou o precedente:

O julgamento se deu através do Plenário Virtual com reafirmação da jurisprudência do STF. Conquanto não tenha sido julgado por unanimidade, a divergência do Ministro Marco Aurélio Melo e do Ministro Carlos Ayres Brito não foi acompanhada de fundamentação escrita. Não votaram os Ministros Joaquim Barbosa e Cármen Lúcia.

Tema 514: "Aumento da carga horária de servidores públicos, sem a devida contraprestação remuneratória."

Tese: I – A ampliação de jornada de trabalho sem alteração da remuneração do servidor consiste em violação da regra constitucional da irredutibilidade de vencimentos; II – No caso concreto, o § 1º do art. 1º do Decreto estadual 4.345, de 14 de fevereiro de 2005, do Estado do Paraná não se aplica aos servidores elencados em seu caput que, antes de sua edição, estavam legitimamente submetidos a carga horária semanal inferior a quarenta horas.

FICHA TÉCNICA	
Leading case:	**ARE 660010**
Descrição do caso feita pelo STF:	Recurso extraordinário em que se discute, à luz dos arts. 5º, XXXVI; 7º, VI; 37, XV, e 39, § 1º, II, da Constituição Federal, a possibilidade, ou não, de se aumentar a carga horária de servidores públicos, por meio de norma estadual, sem a devida contraprestação remuneratória, em face dos princípios do direito adquirido e da irredutibilidade de vencimentos.
Dispositivo(s) constitucional (is) envolvido(s):	Art. 5º Todos são iguais perante a lei, sem distinção de qualquer natureza, garantindo-se aos brasileiros e aos estrangeiros residentes no País a inviolabilidade do direito à vida, à liberdade, à igualdade, à segurança e à propriedade, nos termos seguintes: XXXVI – a lei não prejudicará o direito adquirido, o ato jurídico perfeito e a coisa julgada;
	Art. 7º São direitos dos trabalhadores urbanos e rurais, além de outros que visem à melhoria de sua condição social: VI – irredutibilidade do salário, salvo o disposto em convenção ou acordo coletivo;
	Art. 37. A administração pública direta e indireta de qualquer dos Poderes da União, dos Estados, do Distrito Federal e dos Municípios obedecerá aos princípios de legalidade, impessoalidade, moralidade, publicidade e eficiência e, também, ao seguinte: XV – o subsídio e os vencimentos dos ocupantes de cargos e empregos públicos são irredutíveis, ressalvado o disposto nos incisos XI e XIV deste artigo e nos arts. 39, § 4º, 150, II, 153, III, e 153, § 2º, I;

FICHA TÉCNICA	
Leading case:	**ARE 660010**
	Art. 39. A União, os Estados, o Distrito Federal e os Municípios instituirão conselho de política de administração e remuneração de pessoal, integrado por servidores designados pelos respectivos Poderes. (...) § 1° A fixação dos padrões de vencimento e dos demais componentes do sistema remuneratório observará: (...) II – os requisitos para a investidura;
Data de reconhecimento da repercussão geral:	03/02/2012
Data de julgamento do mérito recursal:	30/10/2014
Houve unanimidade?	Não
Data de publicação do acórdão de julgamento do recurso:	19/02/2015
Trânsito em julgado do acórdão:	03/03/2015

◉ Comentários:

No ano de 1992, o Estado do Paraná realizou a transposição do regime de trabalho de diversos profissionais que lhe prestavam serviço através de contrato com uma fundação privada. Em virtude da edição da Lei Estadual 6.174, os profissionais deixaram de ser celetistas e passaram a ser estatutários. Em 2005, o Decreto 4.345/05, regulamentando a referida Lei, fixou, de forma geral, a carga horária em 40 horas semanais. Trinta e um odontologistas[31], que até então trabalhavam 20 horas por semana, promoveram ação ordinária com pedido de antecipação dos efeitos da tutela contra o Estado do Paraná. Sustentaram a inconstitucionalidade do referido Decreto sob o fundamento de que a majoração da carga horária de trabalho sem a devida contraprestação pecuniária era inconstitucional. Pediram o retorno da carga horária anterior e o pagamento das horas excedentes a que foram obrigados a trabalhar após o Decreto. Na sentença e no Acórdão do Tribunal de Justiça respectivo, não lograram êxito. As decisões das instâncias ordinárias consideraram que os autores aceitaram espontaneamente as regras do Estatuto dos Funcionários Públicos do Estado do Paraná e que, nessa condição, estariam obrigados a cumprir a jornada de trabalho ali estabelecida.

O Relator da matéria no STF, Ministro Dias Toffoli, converteu o agravo de instrumento em Recurso Extraordinário após o reconhecimento da repercussão geral no Plenário Virtual, e conduziu a tese vencedora no sentido de que a ampliação da jornada de trabalho sem alteração da remuneração do servidor consiste em violação da regra constitucional da irredutibilidade de vencimentos, uma vez que esta protege também o valor do salário-hora. Em virtude disso, o STF declarou a parcial inconstitucionalidade do § 1° do art. 1° do

---

31. Além deles, são autores da ação dois sindicatos e uma associação de servidores.

mencionado Decreto, sem redução do texto, para determinar que a regra não se aplicava aos Recorrentes, e determinou a baixa dos autos para que o juiz de primeiro grau se manifestasse sobre os pedidos formulados nos autos.

Não houve divergência quanto ao primeiro ponto, ou seja, houve unanimidade sobre a inconstitucionalidade de elevação de carga horária sem alteração salarial. Mas o Ministro Marco Aurélio foi vencido quanto ao julgamento do caso concreto, uma vez que dava provimento ao Recurso nos termos em que foi formulado. Entendia o Ministro que deveria ser determinado o retorno à carga horária anteriormente assegurada aos Recorrentes e o pagamento das horas trabalhadas em excesso, sob o fundamento de que as instâncias ordinárias já haviam julgado o mérito indeferindo os pedidos, não havendo justificativa de retorno dos autos. A maioria do Tribunal, entretanto, decidiu que após a declaração de inconstitucionalidade proferida, caberia pronunciamento da primeira instância, apreciando o pedido de cada um dos autores, especialmente quanto às horas trabalhadas em excesso.

⊙ Fique atento:

- A devolução de processos para novo julgamento de mérito por instância inferior é o procedimento habitual em caso de nulidade. Nesse processo, todavia, não havia nulidade. Além do mais, tanto o juiz de primeiro grau quanto o Tribunal de Justiça haviam proferido decisão de mérito. O acórdão, todavia, justificou a baixa dos autos determinando a prolação de nova sentença ao fundamento de que havia necessidade de serem apreciados os demais pleitos formulados na exordial após a produção de provas requeridas pelas partes.

⊙ Questões de Concurso relacionadas ao tema:

Questão 01 (CESPE. DPU. Defensor Público. 2010) Considere que a Lei X, segundo a qual os servidores públicos deveriam estar submetidos à carga horária de 30 horas semanais, tenha sido alterada pela Lei Y, que passou a exigir cumprimento de carga horária de 40 horas semanais. Nesse caso, se a Lei Y não tiver previsto aumento na remuneração desses servidores, está caracterizada a violação ao princípio da irredutibilidade de vencimentos.

( ) Certo   ( ) Errado

Gabarito: 1-C

2.22. SERVIDORES PÚBLICOS – REGIME REMUNERATÓRIO: AUMENTO DE VENCIMENTOS E REAJUSTES

Tema 315: "Aumento de vencimentos e extensão de vantagens e gratificações pelo Poder Judiciário e pela Administração Pública".

Tese: "Não cabe, ao Poder Judiciário, que não tem a função legislativa, aumentar vencimentos de servidores públicos sob o fundamento de isonomia."

FICHA TÉCNICA	
Leading case:	**RE 592.317 RJ**
Descrição do caso feita pelo STF:	"Recurso extraordinário em que se discute, à luz dos artigos 5º, II; 37, caput e X, da Constituição Federal, se o Poder Judiciário ou a Administração Pública podem, ou não, aumentar vencimentos de servidores públicos civis e militares regidos pelo regime estatutário, ou estender-lhes vantagens e gratificações, com base no princípio da isonomia, na equiparação salarial ou a pretexto de revisão geral anual".
Dispositivo(s) constitucional(is) envolvido(s):	Art. 5º Todos são iguais perante a lei, sem distinção de qualquer natureza, garantindo-se aos brasileiros e aos estrangeiros residentes no País a inviolabilidade do direito à vida, à liberdade, à igualdade, à segurança e à propriedade, nos termos seguintes: (...) II – ninguém será obrigado a fazer ou deixar de fazer alguma coisa senão em virtude de lei;
	Art. 37. A administração pública direta e indireta de qualquer dos Poderes da União, dos Estados, do Distrito Federal e dos Municípios obedecerá aos princípios de legalidade, impessoalidade, moralidade, publicidade e eficiência e, também, ao seguinte: (Redação dada pela Emenda Constitucional nº 19, de 1998) (...) XI – a remuneração e o subsídio dos ocupantes de cargos, funções e empregos públicos da administração direta, autárquica e fundacional, dos membros de qualquer dos Poderes da União, dos Estados, do Distrito Federal e dos Municípios, dos detentores de mandato eletivo e dos demais agentes políticos e os proventos, pensões ou outra espécie remuneratória, percebidos cumulativamente ou não, incluídas as vantagens pessoais ou de qualquer outra natureza, não poderão exceder o subsídio mensal, em espécie, dos Ministros do Supremo Tribunal Federal; (Redação dada pela Emenda Constitucional nº 19, de 1998)

FICHA TÉCNICA	
Leading case:	**RE 592.317 RJ**
Data de reconhecimento da repercussão geral:	24/09/2010
Data de julgamento do mérito recursal:	28/08/2014.
Houve unanimidade?	Não.
Data de publicação do acórdão de julgamento do recurso:	10/11/2014.
Trânsito em julgado do acórdão:	09/06/2015.

⊙ Comentários:

Com fundamento no art. 102, III, "a", da Constituição Federal, o Supremo Tribunal Federal foi instado a examinar o recurso extraordinário interposto pelo Município do Rio de Janeiro contra acórdão proferido pelo Tribunal de Justiça estadual que condenou a municipalidade a pagar "gratificação de gestão de sistemas administrativos" a servidor municipal, com fundamento no princípio da isonomia.

O referido servidor, apesar de ocupante de cargo efetivo da Secretaria Municipal de Administração, não recebeu "gratificação de gestão de sistemas administrativos" (que foi concedida aos servidores que trabalhavam na referida Secretaria), pois o servidor estava em exercício na Secretaria Municipal de Governo. Por este motivo, judicializou a questão para ter garantido o direito que acreditava ser-lhe devido.

O recorrente sustentou violação aos arts. 5º, II e 37, *caput*, e X, da Constituição Federal. O Município alega que o recorrido não preencheu os requisitos legais para a concessão da gratificação, razão pela qual a sua não concessão não ofende o princípio da isonomia. Adicionalmente, alega que não cabe ao Poder Judiciário aumentar os vencimentos dos servidores com fundamento em isonomia, o que já está consolidado no verbete nº. 339 da Súmula do Supremo Tribunal Federal.

Não foram apresentadas contrarrazões ao recurso extraordinário. Inicialmente, o presente recurso não foi admitido pelo Tribunal de Justiça do Rio de Janeiro, contudo o relator deu provimento ao agravo de instrumento interposto para convertê-lo neste recurso extraordinário.

O Ministério Público manifestou-se pelo não conhecimento do recurso, afirmando que o exame do caso demandaria prévia análise e interpretação de lei local, o que inviabilizaria o processamento do recurso extraordinário, nos termos dos enunciados nº. 280 e 636 da Súmula do Supremo Tribunal Federal.

A questão com repercussão geral a ser debatida residiu, portanto, em identificar se cabe, ou não, ao Poder Judiciário, que não tem a função legislativa, aumentar vencimentos de servidores públicos sob o fundamento de isonomia

Os fundamentos do acórdão que contempla o precedente examinado: a) a impossibilidade de aumentar vencimentos de servidores de outra forma que não a edição de lei autorizadora, nos termos da Constituição Federal; b) a impossibilidade de o Poder Judiciário aumentar vencimentos de servidores requerentes, tão-somente com fundamento na isonomia entre cargos e funções; c) a impossibilidade de, no caso concreto, aumentar vencimentos com fundamento em isonomia (mesmo caso, em abstrato, fosse possível), haja vista o recorrido não cumprir os requisitos legais para fazer jus à gratificação que pleiteia receber.

Nestes termos, o tribunal, por maioria, conheceu o recurso extraordinário, e, também por maioria, deu provimento ao recurso, para liberar a municipalidade do pagamento da gratificação que fora concedida pelo acórdão do Tribunal de Justiça do Rio de Janeiro.

⊙ Síntese do debate constante do acórdão que fixou o precedente:

Argumentos favoráveis à tese fixada:	Argumentos contrários à tese fixada:
• Desde a primeira Constituição Republicana de 1891 (arts. 34 e 35), já existia determinação de que a competência para reajustar os vencimentos dos servidores públicos é do Poder Legislativo, ou seja, decorre de lei. A Constituição de 1988, em seu art. 37, X, trata do tema com mais rigor, exigindo lei específica para reajustar remuneração de servidores públicos. (Gilmar Mendes)	
• Desta forma, não caberia ao Poder Judiciário aumentar vencimentos de sevidores públicos sob o fundamento de isonomia, conforme sólida jurisprudência do Supremo Tribunal Federal, cristalizada no enunciado n°. 339 da sua Súmula. (Gilmar Mendes).	• Não incidiria no caso o enunciado da Súmula, porque a Lei e o Decreto municipais contemplariam a situação do recorrido, autorizando o recebimento pelo servidor da gratificação.
• Mesmo que fosse possível aumentar vencimentos com fundamento na isonomia, não seria o caso de fazê-lo, pois o recorrido, apesar de ocupante de cargo efetivo da Secretaria Municipal de Administração, não faz jus ao recebimento de "gratificação de gestão de sistemas administrativos", pois estava em exercício na Secretaria Municipal de Governo, não cumprindo os requisitos legais para recebimento e incorporação desta gratificação.	
	• Não seria possível conhecer o recurso, haja vista a necessidade de interpretar direito local (Lei municipal e decreto que a regulamentou) para resolver o mérito, o que seria vedado pelo ordenamento jurídico.

⊙ Fique atento:

- Em *obiter dictum*, o Ministro Luis Roberto Barroso comentou que cogitaria de algumas circunstâncias "teratológicas" ou de injustiça patente que o fariam reconsiderar ou excepcionar o enunciado n°. 339 da Súmula do Supremo Tribunal Federal – portanto, situações em que ele cogitaria possível o aumento de vencimentos determinado por decisão judicial – embora, afirme, não fosse este o caso dos autos.

- O Supremo Tribunal Federal editou o enunciado n°. 37 da Súmula Vinculante, com o seguinte teor: "Não cabe ao Poder Judiciário, que não tem função legislativa, aumentar vencimentos de servidores públicos sob o fundamento de isonomia", considerando o acórdão mencionado como um dos mais representativos da controvérsia.

◉ Questões de Concurso relacionadas ao tema:

Questão 01 (Ano: 2015 Banca: CETAP Órgão: MPCM Prova: Analista – Direito) A respeito da possibilidade do Poder Judiciário julgar causas envolvendo aumento de remuneração de servidores, a Súmula Vinculante n.° 37 assevera:

a) Cabe ao Poder Judiciário aumentar os vencimentos de servidores públicos, sob o fundamento do Principio da Universalidade da Jurisdição.

b) Cabe ao Poder Judiciário aumentar os vencimentos de servidores públicos, sob o fundamento de isonomia.

c) A isonomia constitucional e o principal fundamento para o Poder Judiciário poder aumentar os vencimentos de servidores públicos

d) Não cabe ao Poder Judiciário, que não tem função legislativa, aumentar vencimentos de servidores públicos sob o fundamento de isonomia.

e) A independencia dos poderes e a universalidade da jurisdição dao autonomia ao Poder Judiciário para aumentar vencimentos de servidores públicos, revendo atos da administração.

Gabarito:1-D

Tema 340: "Extensão do índice de reajuste de 28,86% aos militares. "

Tese: "Estende-se o reajuste de 28,86% aos servidores militares contemplados com índices inferiores pelas Leis 8.622/1993 e 8.627/1993, já que se trata de revisão geral dos servidores públicos, observadas, entretanto, as compensações dos reajustes concedidos e a limitação temporal da Medida Provisória 2.131/2000, atual Medida Provisória 2.215-10/2001".

FICHA TÉCNICA	
Leading case:	RE 584.313 RJ
Descrição do caso feita pelo STF:	"Recurso extraordinário em que se discute, à luz do art. 37, X, da Constituição Federal, a constitucionalidade, ou não, da extensão do índice de reajuste de 28,86% aos militares contemplados com índices inferiores pelas Leis 8.622/93 e 8.627/93"

FICHA TÉCNICA	
Leading case:	**RE 584.313 RJ**
Dispositivo(s) constitucional(is) envolvido(s):	Art. 37. A administração pública direta e indireta de qualquer dos Poderes da União, dos Estados, do Distrito Federal e dos Municípios obedecerá aos princípios de legalidade, impessoalidade, moralidade, publicidade e eficiência e, também, ao seguinte: (Redação dada pela Emenda Constitucional nº 19, de 1998) X – a remuneração dos servidores públicos e o subsídio de que trata o § 4º do art. 39 somente poderão ser fixados ou alterados por lei específica, observada a iniciativa privativa em cada caso, assegurada revisão geral anual, sempre na mesma data e sem distinção de índices; (Redação dada pela Emenda Constitucional nº 19, de 1998)
Data de reconhecimento da repercussão geral:	06/10/2010
Data de julgamento do mérito recursal:	06/10/2010
Houve unanimidade?	Sim
Data de publicação do acórdão de julgamento do recurso:	22/10/2010.
Trânsito em julgado do acórdão:	23/11/2010.

◉ Comentários:

Com fundamento no art. 102, III, "a", da Constituição Federal, o Supremo Tribunal Federal foi instado a examinar o recurso extraordinário nº. 584.313/RJ, o qual articulou suposta infração do art. 5º e 37, X, da Constituição Federal, sustentando que as Leis nº. 8.622/93 e 8.627/93 em momento algum declinaram o reajuste de 26,8% como sendo devido a qualquer categoria e que, em caso de entendimento diverso, o referido percentual, concedido aos militares, deve ser limitado ao advento da Medida Provisória nº. 2.131/00, a qual reestruturou as carreiras e a remuneração dos servidores militares.

O relator levou à consideração do Plenário questão de ordem para exame da repercussão geral do tema e para eventual reafirmação da jurisprudência do Supremo Tribunal Federal, com vistas à incidência dos efeitos do então art. 543-B, § 3º, do CPC-1973 – referiu-se à jurisprudência do tribunal que entendia pela extensão aos demais militares do reajuste de 28,86% conferido apenas às graduações superiores das Forças Armadas – já que se tratava, na ocasião, de revisão geral dos servidores públicos.

O relator também chamou atenção para o entendimento, igualmente protegido por jurisprudência do Supremo Tribunal Federal, segundo o qual a Medida Provisória nº. 2.131/00, ao reestruturar a remuneração dos militares, com a absorção das diferenças de reajustes eventualmente existentes, deve servir de limite temporal para a concessão do reajuste previsto nas referidas leis.

Desta forma, o julgamento da questão de ordem na repercussão geral no recurso extraordinário teve como solução: a) o reconhecimento da repercussão geral da questão analisada; b) o **reconhecimento da repercussão geral da extensão do reajuste de 28.86% aos servidores civis, cujo entendimento foi consolidado no enunciado nº. 672 da Súmula do Supremo Tribunal Federal**[32]; c) a reafirmação da jurisprudência da corte segundo a qual o reajuste de 28,86% deve ser estendido aos servidores contemplados com índices inferiores pelas Leis nº. 8.622/93 e 8.627/93, observadas as compensações dos reajustes concedidos e a limitação temporal da Medida Provisória nª. 2.131/00; d) o provimento parcial do recurso, apenas para limitar as diferenças devidas à data em que entrou em vigor a Medida Provisória nª. 2.131/00.

⊙ **Fique atento:**

- O tribunal decidiu, *em obiter dictum,* que o Supremo Tribunal Federal e os demais tribunais estão autorizados a adotar procedimentos relacionados à repercussão geral, principalmente a retratação das decisões ou a declaração de prejuízo dos recursos extraordinários, sempre que as decisões contrariarem a jurisprudência ora reafirmada.

Tema 915: "Extensão, por via judicial, aos servidores do Poder Judiciário do Estado do Rio de Janeiro do reajuste concedido pela Lei estadual 1.206/1987".

Tese: "Não é devida aos servidores do Poder Judiciário do Estado do Rio de Janeiro a extensão do reajuste concedido pela Lei nº 1.206/1987, dispensando-se a devolução das verbas eventualmente recebidas até 01º.09.2016 (data da conclusão deste julgamento)".

FICHA TÉCNICA	
Leading case:	**RE 909.437/RJ**
Descrição do caso feita pelo STF:	"Recurso extraordinário em que se discute, à luz dos arts. 2º; 5º, LV; 37, X; 93, IX; 97; 167 e 169 da Constituição Federal de 1988 e do art. 98, parágrafo único, da Carta de 1969, o direito, ou não, dos servidores do Poder Judiciário do Estado do Rio de Janeiro à extensão do reajuste concedido pela Lei estadual 1.206/1987. ".

---

32. Posteriormente convertida na Súmula Vinculante nº 51.

FICHA TÉCNICA	
Leading case:	**RE 909.437/RJ**
Dispositivo(s) constitucional(is) envolvido(s):	Art. 2° São Poderes da União, independentes e harmônicos entre si, o Legislativo, o Executivo e o Judiciário.
	Art. 5° Todos são iguais perante a lei, sem distinção de qualquer natureza, garantindo-se aos brasileiros e aos estrangeiros residentes no País a inviolabilidade do direito à vida, à liberdade, à igualdade, à segurança e à propriedade, nos termos seguintes: (...) LV – aos litigantes, em processo judicial ou administrativo, e aos acusados em geral são assegurados o contraditório e ampla defesa, com os meios e recursos a ela inerentes;
	Art. 37. A administração pública direta e indireta de qualquer dos Poderes da União, dos Estados, do Distrito Federal e dos Municípios obedecerá aos princípios de legalidade, impessoalidade, moralidade, publicidade e eficiência e, também, ao seguinte: (Redação dada pela Emenda Constitucional n° 19, de 1998) (...) X – a remuneração dos servidores públicos e o subsídio de que trata o § 4° do art. 39 somente poderão ser fixados ou alterados por lei específica, observada a iniciativa privativa em cada caso, assegurada revisão geral anual, sempre na mesma data e sem distinção de índices; (Redação dada pela Emenda Constitucional n° 19, de 1998)
	Art. 93. Lei complementar, de iniciativa do Supremo Tribunal Federal, disporá sobre o Estatuto da Magistratura, observados os seguintes princípios: (...) IX – todos os julgamentos dos órgãos do Poder Judiciário serão públicos, e fundamentadas todas as decisões, sob pena de nulidade, podendo a lei limitar a presença, em determinados atos, às próprias partes e a seus advogados, ou somente a estes, em casos nos quais a preservação do direito à intimidade do interessado no sigilo não prejudique o interesse público à informação; (Redação dada pela Emenda Constitucional n° 45, de 2004)
	Art. 97. Somente pelo voto da maioria absoluta de seus membros ou dos membros do respectivo órgão especial poderão os tribunais declarar a inconstitucionalidade de lei ou ato normativo do Poder Público.
	Art. 169. A despesa com pessoal ativo e inativo da União, dos Estados, do Distrito Federal e dos Municípios não poderá exceder os limites estabelecidos em lei complementar. (Redação dada pela Emenda Constitucional n° 19, de 1998)
Data de reconhecimento da repercussão geral:	02/09/2016.
Data de julgamento do mérito recursal:	02/09/2016.
Houve unanimidade?	Não.
Data de publicação do acórdão de julgamento do recurso:	11/10/2016 (recurso extraordinário) e 04/04/2017 (embargos de declaração).
Trânsito em julgado do acórdão:	08/12/2016.

⊙ Comentários:

O Supremo Tribunal Federal examinou agravo contra decisão de inadmissão de recurso extraordinário interposto contra acórdão do Tribunal de Justiça do Estado do Rio de Janeiro.

Os autores alegaram ter sido ilicitamente excluídos do reajuste geral previsto na Lei estadual nº. 1.206/87, que apenas contemplou servidores do Poder Executivo e do Poder Legislativo. O direito foi reconhecido a alguns servidores judicialmente, e a todos administrativamente, mas, para estes, apenas de forma parcelada e prospectiva, por isso os autores disseram fazer direito a um acréscimo imediato e retroativo de 24% em seus vencimentos.

A sentença julgou o pedido procedente, e o acórdão manteve a decisão do juiz de primeiro grau que entenderam devidos os reajustes, com fundamento no princípio da isonomia.

O Estado do Rio de Janeiro interpôs recurso extraordinário com fundamento constitucional no art. 103, III, "a", alegando violação ao art. 97 da Constituição Federal, por ter sido declarado inconstitucional o art. 5º da Lei estadual nº. 1.206/87 sem observância da reserva de plenário; e aos arts. 2º, 37, X, 167 e 169 da Constituição Federal, por inexistência de direito a equiparação remuneratória e à impossibilidade de extensão de direitos sujeitos à reserva de lei pelo Judiciário, sem previsão orçamentária. São citados ainda os enunciados nº. 339 da Súmula do Supremo Tribunal Federal e nº. 10 da Súmula Vinculante.

Tendo o tribunal *a quo* inadmitido o recurso extraordinário (entendendo pela incidência dos enunciados nº. 279 e 284 do Supremo Tribunal Federal) interpôs-se o agravo para apreciação do tribunal *ad quem*.

A questão com repercussão geral a ser debatida residiu, portanto, em definir se era ou não devida aos servidores do Poder Judiciário do Estado do Rio de Janeiro a extensão do reajuste concedido pela Lei nº 1.206/87, dispensando-se a devolução das verbas eventualmente recebidas até a data de conclusão do julgamento.

O relator observou que não procede a tese do recorrente, de violação ao art. 97 da Constituição, porque, embora ainda pendente ao tempo da decisão o tema da repercussão geral em que se discute a necessidade da reserva de plenário para declarar a invalidade de lei anterior à Constituição de 1988 (RE 660.968, Rel. Min. Celso de Mello), verifica-se que o acórdão recorrido seguiu entendimento prévio do Órgão Especial do Tribunal local, hipótese em que é dispensada nova submissão do incidente ao referido colegiado, conforme art. 481, parágrafo único, do CPC-1973, reproduzido pelo art. 949, parágrafo único, do CPC-2015. Tal entendimento já foi assentado por esta Corte em repercussão geral (ARE 914.045 RG, Rel. Min. Edson Fachin).

Quanto à questão relativa à extensão do reajuste concedido pela Lei nº. 1.206/87 o relator opinou pela reafirmação da jurisprudência do tribunal sobre o referido tema, em sede de repercussão geral, prevenindo, assim, a necessidade de proferir centenas de decisões idênticas. O entendimento do tribunal, no sentido de que é vedado ao Poder Judiciário aumentar os vencimentos dos servidores públicos com fundamento no princípio da isonomia (cf. o acórdão do RE-RG 592.317, tema nº. 315 da repercussão geral, e o teor da Súmula Vinculante 37) foi reafirmado em decisões colegiadas (e.g., ARE 855.723 AgR-segundo, Rel. Min. Gilmar Mendes; ARE 806.463 AgR, Rel. Min. Celso de Mello) e monocráticas, tanto de Ministros da 1ª Turma (e.g., ARE 791.553, Rel. Min. Edson Fachin) quanto da 2ª Turma (e.g., ARE 869.812, Rel. Min. Cármen Lúcia).

Reconheceu-se, portanto, a repercussão geral da questão constitucional, e refirmou-se a jurisprudência do Supremo Tribunal Federal, dando provimento ao recurso para julgar improcedente o pedido inicial.

Houve o cuidado, contudo, de modular os efeitos da regra geral criada, dispensando os servidores que receberam verbas de boa-fé da devolução das mesmas recebidas até a data de conclusão do julgamento do recurso extraordinário com repercussão geral, em atenção ao princípio da segurança jurídica, em atenção ao art. 525, § 13, do Código de Processo Civil de 2015.

2.23. SERVIDORES PÚBLICOS – REGIME REMUNERATÓRIO: INCORPORAÇÃO DE DIFERENÇAS REMUNERATÓRIAS

Tema 05: "Compensação da diferença de 11,98% resultante da conversão em URV dos valores em cruzeiros reais, com o reajuste ocorrido na data-base subsequente"

Tese: "I – Ao editar a Lei 8.880/1994, a União legislou sobre o sistema monetário e exerceu a sua competência prevista no art. 22, VI, da Constituição de 1988. Assim, qualquer lei, seja ela estadual ou municipal, que discipline a conversão da moeda Cruzeiro Real em URV no que tange à remuneração de seus servidores de uma forma incompatível com a prevista na Lei n° 8.880/94 será inconstitucional, mormente quando acarretar redução de vencimentos; II – O término da incorporação, na remuneração do servidor, do percentual devido em razão da ilegalidade na conversão de Cruzeiros Reais em URV deve ocorrer no momento em que a carreira do servidor passa por uma re[e]struturação remuneratória."

FICHA TÉCNICA	
Leading case:	**RE 561836/RN**
Descrição do caso feita pelo STF:	"Recurso extraordinário em que se discute, à luz dos artigos 5°, XXXVI; 37, XIV; e 169, § 1°, I e II, da Constituição Federal, o direito, ou não, à compensação da diferença de 11,98%, resultante da conversão em URV dos valores expressos em cruzeiros reais, com o reajuste ocorrido na data-base subseqüente."

FICHA TÉCNICA	
Leading case:	**RE 561836/RN**
Dispositivo(s) constitucional(is) envolvido(s):	"Art. 5º Todos são iguais perante a lei, sem distinção de qualquer natureza, garantindo-se aos brasileiros e aos estrangeiros residentes no País a inviolabilidade do direito à vida, à liberdade, à igualdade, à segurança e à propriedade, nos termos seguintes: (...) XXXVI – a lei não prejudicará o direito adquirido, o ato jurídico perfeito e a coisa julgada; (...)"
	"Art. 37. A administração pública direta e indireta de qualquer dos Poderes da União, dos Estados, do Distrito Federal e dos Municípios obedecerá aos princípios de legalidade, impessoalidade, moralidade, publicidade e eficiência e, também, ao seguinte: (...) XIV – os acréscimos pecuniários percebidos por servidor público não serão computados nem acumulados para fins de concessão de acréscimos ulteriores; (...)"
	"Art. 169. A despesa com pessoal ativo e inativo da União, dos Estados, do Distrito Federal e dos Municípios não poderá exceder os limites estabelecidos em lei complementar. § 1º A concessão de qualquer vantagem ou aumento de remuneração, a criação de cargos, empregos e funções ou alteração de estrutura de carreiras, bem como a admissão ou contratação de pessoal, a qualquer título, pelos órgãos e entidades da administração direta ou indireta, inclusive fundações instituídas e mantidas pelo poder público, só poderão ser feitas: I – se houver prévia dotação orçamentária suficiente para atender às projeções de despesa de pessoal e aos acréscimos dela decorrentes; II – se houver autorização específica na lei de diretrizes orçamentárias, ressalvadas as empresas públicas e as sociedades de economia mista. (...)"
Data de reconhecimento da repercussão geral:	15/11/2007
Data de julgamento do mérito recursal:	26/09/2013
Houve unanimidade?	Sim
Data de publicação do acórdão de julgamento do recurso:	10/02/2014 (julgamento do recurso extraordinário) 22/02/2016 (julgamento dos embargos declaratórios)
Trânsito em julgado do acórdão:	12/04/2016

⊙ Comentários:

Em 27 de fevereiro de 1994, a Medida Provisória n.º 434 foi editada pelo Governo Federal dispondo sobre o programa de estabilização econômica e o Sistema Monetário Nacional, ao tempo em que criou a URV – Unidade Real de Valor, para servir exclusivamente como padrão de valor monetário, conforme dispôs o seu art. 1º, estabelecendo as bases para a transição da moeda nacional do cruzeiro real para o real.

Em seu art. 18, foram fixadas as diretrizes para conversão dos salários dos trabalhadores em geral, dispondo que fossem os mesmos calculados em URV, a partir da divisão dos valores nominais percebidos em cada um dos quatro meses anteriores à conversão (1º de março de 1994) pelo valor em cruzeiros reais do equivalente em URV, na data do efetivo pagamento, obtendo-se, em seguida, a média aritmética.

Em seguida, no art. 21, a Medida Provisória n.º 434 apresentou regramento específico para os servidores públicos, determinando a divisão do valor nominal, vigente em cada um dos quatro meses imediatamente anteriores à conversão (1º de março de 1994), pelo valor em cruzeiros reais do equivalente em URV do último dia do mês de competência (independentemente da data do efetivo pagamento), obtendo-se, em seguida, a média aritmética.

A MP 434/1994 foi reeditada, em 25 de março de 1994, sob o n.º 457/1994, apresentando nova redação para o art. 21, na qual restou evidenciada a incidência da respectiva norma também sobre a remuneração dos membros do Poder Judiciário, do Poder Legislativo e do Ministério Público da União, afastando, na ocasião, interpretações restritivas surgidas no sentido de que a redação original do art. 21 da MP 434/1994 apenas seria aplicável aos integrantes do Poder Executivo.

Contudo, após nova reedição, sob o número 482, a Medida Provisória foi convertida na Lei n.º 8.880 de 27 de maio de 1994, a qual não manteve a alteração na redação do art. 21, promovida pela Medida Provisória n.º 457. Assim, a Lei 8.880/1994, a dispor sobre a conversão em URV da remuneração dos servidores públicos, fez referência, em seu art. 22, apenas a "servidores públicos civis e militares".

Diante da versão final do dispositivo aprovado, os tribunais pátrios restauraram o entendimento de que o art. 21 da Medida Provisória original, de n.º 434/2004, convertido no art. 22 da Lei 8880/1990, ao falar em "servidores civis e militares" referia-se apenas aos integrantes do Poder Executivo, de modo que os servidores e membros do Poder Legislativo, do Poder Judiciário e do Ministério Público da União estariam enquadrados na regra constante no art. 19 da referida Lei.

O Supremo Tribunal Federal, no julgamento da Ação Direta de Inconstitucionalidade n.º 1797-0 PE, ocorrido em 21/09/2000, sob a relatoria do Ministro Ilmar Galvão, enfrentou a questão acerca da regra aplicável à conversão em URV da remuneração dos membros do Poder Judiciário, tendo decidido pela constitucionalidade da Resolução editada pelo TRT da 6ª Região, que estendeu aos seus membros a diferença remuneratória de 11,98%, resultante da perda salarial ocorrida por força da conversão monetária efetuada com base na URV do último dia dos meses especificados (novembro e dezembro de 1993 e janeiro e fevereiro de 1994) e não na data do efetivo pagamento.

Ainda no Julgamento da ADI n.º 1797-0 PE, o Supremo Tribunal Federal entendeu pela necessidade, na ocasião, de fixação de limite temporal específico ao pagamento das diferenças remuneratórias, em virtude da existência de legislação posterior fixando novos padrões remuneratórios para a categoria.

Na sequência, observou-se a pacificação da jurisprudência não apenas quanto à utilização da data do efetivo pagamento para a conversão em URV da remuneração dos integrantes do Poder Judiciário, Poder Legislativo e Ministério Público, como também quanto ao percentual de 11,98% (apurado considerando-se a data de repasse dos recursos correspondentes às dotações orçamentárias fixada no art. 168 da Constituição da República Federativa do Brasil), aplicável para fins de reposição das perdas remuneratórias sofridas pelos seus servidores, em decorrência da utilização pelo poder Público da data correspondente ao último dia dos meses de referência.

A questão relativa à limitação temporal, todavia, foi posteriormente afastada pelo próprio STF, em julgamentos subsequentes, que passou a decidir no sentido de que o entendimento firmado na ADI 1.797/PE havia sido superado quando do julgamento da ADI 2.323-MC/DF, de Relatoria do Ministro Ilmar Galvão, sob o fundamento de que a reposição decorrente da equivocada conversão da remuneração em URV não se tratava de reajuste ou aumento de vencimentos, não devendo, assim, se sujeitar a limite temporal.

Quanto aos servidores do Poder Executivo prevalecia o entendimento de que não tinha os mesmos direito a qualquer reposição remuneratória em decorrência da conversão de seus vencimentos em URV.

Nesse contexto, numerosas ações passaram a ser ajuizadas em todo o País por servidores públicos integrantes do Poder Executivo, pleiteando as diferenças remuneratórias, com causa de pedir fundada na existência de prejuízo efetivo pela utilização da cotação referente ao último dia do mês e não da efetiva data do pagamento, com sustentação no princípio da irredutibilidade salarial prevista no art. 37, XV, CRFB.

No entanto, a controvérsia instaurada acerca da atribuição do direito à reposição remuneratória decorrente da conversão em URV aos servidores do Poder Executivo não encontrou, pelos Tribunais pátrios, solução uniforme, seja quanto à existência ou não de perda remuneratória efetiva, seja quanto ao percentual aplicável na hipótese do reconhecimento do prejuízo sofrido.

Assim, o STF reconheceu a repercussão geral do recurso extraordinário n.º 561836, interposto pelo Estado do Rio Grande do Norte contra acórdão que, no mérito, decidiu: a) que a competência para disciplinar a conversão de padrão monetário é da União, nos termos do que previsto no art. 22, inciso VI, da CRFB, e não dos Estados-membros; b) que não há direito à compensação do percentual devido com aumento salarial concedido aos servidores estaduais, porquanto a existência de reajuste salarial posterior à conversão da moeda não corrige o erro ocorrido na aplicação dos critérios de conversão; c) que não ocorreu qualquer ofensa ao devido processo legal, e nem mesmo nulidade da sentença por suposta ausência de fundamentação; d) que há interesse de agir, na medida em que resta patente o interesse da parte de ver aplicada a lei nº 8.880/94 ao seu caso; e) que não houve ofensa ao art. 5º, XXXVI, e 37, XIV, da CRFB, tendo em vista que a lei nº 8.880/94 não pretendeu aumentar os vencimentos dos servidores, mas unicamente oferecer um critério de equivalência no momento da conversão, e f) que o percentual de 11,98% deve ser excluído da sentença para ser apurado na fase de liquidação.

Em seu recurso extraordinário, o Estado do Rio Grande do Norte sustentou: i) ofensa ao art. 5º, XXXVI, 37, XIV e 169, § 1º, I e II, da Constituição Federal; ii) que o indeferimento da compensação pelo TJRN dos aumentos com o índice de 11,98% ofende a Súmula nº 339 do STF que veda o aumento da remuneração de servidores pelo Poder Judiciário; iii) apenas lei estadual de iniciativa do Governador do Estado poderia aumentar a remuneração de servidores públicos; iv) não há direito adquirido por parte dos servidores públicos a manutenção de um índice de reajuste, sob pena de ofensa ao instituto do direito adquirido previsto no art. 5º, inciso XXXVI, da CRFB; v) o art. 37, inciso XIV, da CRFB teria sido violado, porquanto não existe o direito de manutenção *ad aeternum* do índice de perda, tornando inconstitucional a incorporação do aludido índice pretendida, e vi) necessidade de compensação das perdas havidas por ocasião da conversão salarial para a

URV com os aumentos remuneratórios posteriores à referida conversão, bem como a observância da Lei nº 8.880/94.

No julgamento do recurso paradigma, o STF, então, decidiu, incidentalmente, pela inconstitucionalidade, por violação ao art. 22, VI, da CRFB, da Lei n.º 6.612/94 do Estado do Rio Grande do Norte, que teve como objetivo implementar a conversão do Cruzeiro Real em URV no âmbito do referido Estado, por adotar, para os seus servidores, critérios distintos daqueles previstos na Lei nº 8.880/94. Decidiu, ainda, por ratificar o entendimento do acórdão recorrido no sentido de remeter a apuração da perda remuneratória sofrida em decorrência da equivocada conversão em URV dos vencimentos para a fase de liquidação de sentença, ante a impossibilidade de aplicação ampla e indistinta do índice de 11,98%.

Por fim, e após intenso debate em plenário, inclusive acerca da extensão do caso concreto examinado e da repercussão geral reconhecida, decidiu o STF pela existência de limitação temporal para a incorporação do percentual apurado, consistente na data em que houver a reestruturação remuneratória da carreira, tendo sido dado provimento parcial ao recurso extraordinário.

◉ Síntese do debate constante do acórdão que fixou o precedente:

Argumentos favoráveis à tese fixada:	Argumentos contrários à tese fixada:
A CRFB preconiza, em seu art. 22, VI, que a competência será privativa da União para legislar sobre sistema monetário e de medidas, títulos e garantias dos metais, o que conduz ao afastamento das leis estaduais que tenham eventualmente agravado a situação dos servidores ao fixarem critérios, de conversão, por força da implantação do Plano Real, diferentes daqueles estipulados pela lei editada pela União. (Ministro Luís Roberto Barroso)	Lei que fixe reajuste de vencimentos posterior pode absorver a diferença apurada, ainda que não se trate de reestruturação de carreira. (Ministro (Ministro Teori Zavascki)
O Poder Público não pode promover a redução da remuneração dos servidores públicos, a pretexto de promover a conversão monetária, em razão do princípio constitucional na irredutibilidade salarial. (Ministro Luís Roberto Barroso)	Apenas a revisão geral prevista no art. 37, X, da CRFB não teria o condão de absorver no tempo as diferenças apuradas. (Ministro Dias Toffoli)
Não é aplicável, para fins de reposição salarial por perdas sofridas na conversão da remuneração em URV, do índice de 11,98% para o Poder Executivo, o qual fora apurado apenas levando-se em consideração a data e forma de repasse e pagamento no âmbito do Poder Judiciário, do Poder Legislativo e do Ministério Público. (Ministro Marco Aurélio)	
A incorporação do resíduo de 11,98% ou de outro, eventualmente, apurado em liquidação de sentença, não pode ocorrer de forma permanente, pois tal circunstância implicaria aumento ilimitado dos vencimentos do servidor no decorrer do tempo. (Ministro Ricardo Lewandowski)	

Argumentos favoráveis à tese fixada:	Argumentos contrários à tese fixada:
O término da incorporação na remuneração deve ocorrer no momento em que a carreira do servidor passa por uma reestruturação remuneratória, porquanto não há direito a percepção *ad aeternum* de parcela de remuneração para o servidor público. (Ministro Luiz Fux)	

◉ Fique atento:

- No acórdão do recurso paradigma, RE 561836/RN, diversas premissas foram fixadas dando base à tese firmada e orientando a sua compreensão, tendo sido dispostas, inclusive, na ementa respectiva, nos termos seguintes:

  a) "O direito ao percentual de 11,98%, ou do índice decorrente do processo de liquidação, na remuneração do servidor, resultante da equivocada conversão do Cruzeiro Real em URV, não representa um aumento na remuneração do servidor público, mas um reconhecimento da ocorrência de indevido decréscimo no momento da conversão da moeda em relação àqueles que recebem seus vencimentos em momento anterior ao do término do mês trabalhado, tal como ocorre, *verbi gratia*, no âmbito do Poder Legislativo e do Poder Judiciário por força do art. 168 da Constituição da República";

  b) "(...) o referido percentual deve ser incorporado à remuneração dos aludidos servidores, sem qualquer compensação ou abatimento em razão de aumentos remuneratórios supervenientes";

  c) "A limitação temporal do direito à incorporação dos 11,98% ou do índice decorrente do processo de liquidação deve adstringir-se ao decisum na ADI nº 2.323-MC/DF e na ADI nº 2.321/DF".

  d) "O término da incorporação dos 11,98%, ou do índice obtido em cada caso, na remuneração deve ocorrer no momento em que a carreira do servidor passa por uma reestruturação remuneratória, porquanto não há direito à percepção *ad aeternum* de parcela de remuneração por servidor público."

  e) "A irredutibilidade estipendial recomenda que se, em decorrência da reestruturação da carreira do servidor, a supressão da parcela dos 11,98%, ou em outro percentual obtido na liquidação, verificar-se com a redução da remuneração, o servidor fará jus a uma parcela remuneratória (VPNI) em montante necessário para que não haja uma ofensa ao princípio, cujo valor será absorvido pelos aumentos subsequentes."

  f) "A reestruturação dos cargos no âmbito do Poder Judiciário Federal decorreu do advento da Lei nº 10.475/2002, diploma legal cuja vigência deve servir de termo ad quem para o pagamento e incorporação dos 11,98% no âmbito do referido Poder."

- Nos embargos de declaração, houve questionamento sobre a divergência aberta pelo Ministro Dias Toffoli, a partir da alegação de que teria sido a mesma vitoriosa quando dos debates durante a sessão de julgamento, no sentido de que a compensação de eventual índice de perdas com os aumentos remuneratórios posteriores poderia ocorrer a qualquer título, excluída somente a revisão geral anual dos servidores, e não apenas nos casos de reestruturação remuneratória da carreira. Os embargos de declaração foram rejeitados por unanimidade, em 18/12/2015, tendo restado esclarecido, no acórdão respectivo, que: "(...) ao contrário do alegado pelos recorrentes, o Plenário desta Corte, ao apreciar a matéria, firmou o entendimento no sentido de que é descabida a pretensão de compensação do percentual devido ao servidor em razão da ilegalidade na conversão de Cruzeiros Reais em URV com aumentos supervenientes a título de reajuste e revisão de remuneração, restando, por outro lado, fixado que o referido percentual será absorvido no caso de reestruturação financeira da carreira".

◉ Questões de Concurso relacionadas ao tema:

Questão 01 (Provas: ESAF – 2007 – PGFN – Procurador – Adaptada) Julgue o item seguinte:

Compete exclusivamente à União legislar sobre sistema monetário, mas a legislação sobre direito econômico é de natureza privativa.

( ) Certo   ( ) Errado

Questão 02 (Ano: 2014 Banca: CESPE Órgão: MPE-AC Prova: Promotor de Justiça) Com relação aos princípios que regem a administração pública, assinale a opção correta.

a) Constatadas a concessão e a incorporação indevidas de determinada gratificação especial aos proventos de servidor aposentado, deve a administração suprimi-la em respeito ao princípio da autotutela, sendo desnecessária a prévia instauração de procedimento administrativo.

b) Segundo o entendimento do STF, para que não ocorra violação do princípio da proporcionalidade, devem ser observados três subprincípios: adequação, finalidade e razoabilidade stricto sensu.

c) O princípio da razoabilidade apresenta-se como meio de controle da discricionariedade administrativa, e justifica a possibilidade de correção judicial.

d) O princípio da segurança jurídica apresenta-se como espécie de limitação ao princípio da legalidade, prescrevendo o ordenamento jurídico o prazo decadencial de cinco anos para a administração anular atos administrativos que favoreçam o administrado, mesmo quando eivado de vício de legalidade e comprovada a má-fé.

e) Ferem os princípios da isonomia e da irredutibilidade dos vencimentos as alterações na composição dos vencimentos dos servidores públicos, mediante a retirada ou modificação da fórmula de cálculo de vantagens, gratificações e adicionais, ainda que não haja redução do valor total da remuneração.

> Gabarito: 1-E; 2-C

2.24. SERVIDORES PÚBLICOS – REGIME REMUNERATÓRIO: ADICIONAIS E GRATIFICAÇÕES (EXTENSÃO AOS INATIVOS)

Tema 54: "Extensão aos inativos e pensionistas da GDACT em seu grau máximo.

Tese: "I – A Gratificação de Desempenho de Atividade de Ciência e Tecnologia – GDACT, instituída pela Medida Provisória 2.048/2000, apesar de originalmente concebida como gratificação pro labore faciendo, teve caráter geral e foi estendida aos inativos até a sua regulamentação pelo Decreto 3.762/2001, quando passou a constituir gratificação paga em razão do efetivo exercício de cargo; II – É constitucional o art. 60-A acrescentado pela Lei 10.769/2003 à MP 2.229- 43/2001, dado que não implicou redução indevida, visto que, após o Decreto 3.762/2001, deixou de existir o direito dos inativos à percepção da GDACT nas mesmas condições em que concedida aos servidores em atividade".

FICHA TÉCNICA	
Leading case:	**RE 572.884/GO**
Descrição do caso feita pelo STF:	"Recurso extraordinário em que se discute, à luz do art. 40, § 8º, da Constituição Federal; dos artigos 6º, parágrafo único; e 7º, da Emenda Constitucional nº 41/2003; e do art. 3º da Emenda Constitucional nº 47/2005, se a Gratificação de Desempenho de Atividade de Ciência e Tecnologia – GDACT é, ou não, extensível aos servidores inativos e pensionistas em seu grau máximo."
Dispositivo(s) constitucional(is) envolvido(s):	Art. 40. Aos servidores titulares de cargos efetivos da União, dos Estados, do Distrito Federal e dos Municípios, incluídas suas autarquias e fundações, é assegurado regime de previdência de caráter contributivo e solidário, mediante contribuição do respectivo ente público, dos servidores ativos e inativos e dos pensionistas, observados critérios que preservem o equilíbrio financeiro e atuarial e o disposto neste artigo. (Redação dada pela Emenda Constitucional nº 41, 19.12.2003) (...) § 8º É assegurado o reajustamento dos benefícios para preservar-lhes, em caráter permanente, o valor real, conforme critérios estabelecidos em lei. (Redação dada pela Emenda Constitucional nº 41, 19.12.2003) Emenda Constitucional nº. 41/2003 Art. 6º Ressalvado o direito de opção à aposentadoria pelas normas estabelecidas pelo art. 40 da Constituição Federal ou pelas regras estabelecidas pelo art. 2º desta Emenda, o servidor da União, dos Estados, do Distrito Federal e dos Municípios, incluídas suas autarquias e fundações, que tenha ingressado no serviço

FICHA TÉCNICA	
Leading case:	**RE 572.884/GO**
	público até a data de publicação desta Emenda poderá aposentar-se com proventos integrais, que corresponderão à totalidade da remuneração do servidor no cargo efetivo em que se der a aposentadoria, na forma da lei, quando, observadas as reduções de idade e tempo de contribuição contidas no § 5º do art. 40 da Constituição Federal, vier a preencher, cumulativamente, as seguintes condições: I – sessenta anos de idade, se homem, e cinqüenta e cinco anos de idade, se mulher; II – trinta e cinco anos de contribuição, se homem, e trinta anos de contribuição, se mulher; III – vinte anos de efetivo exercício no serviço público; e IV – dez anos de carreira e cinco anos de efetivo exercício no cargo em que se der a aposentadoria.
	Parágrafo único. Os proventos das aposentadorias concedidas conforme este artigo serão revistos na mesma proporção e na mesma data, sempre que se modificar a remuneração dos servidores em atividade, na forma da lei, observado o disposto no art. 37, XI, da Constituição Federal. (Revogado pela Emenda Constitucional nº 47, de 2005).
	Art. 7º Observado o disposto no art. 37, XI, da Constituição Federal, os proventos de aposentadoria dos servidores públicos titulares de cargo efetivo e as pensões dos seus dependentes pagos pela União, Estados, Distrito Federal e Municípios, incluídas suas autarquias e fundações, em fruição na data de publicação desta Emenda, bem como os proventos de aposentadoria dos servidores e as pensões dos dependentes abrangidos pelo art. 3º desta Emenda, serão revistos na mesma proporção e na mesma data, sempre que se modificar a remuneração dos servidores em atividade, sendo também estendidos aos aposentados e pensionistas quaisquer benefícios ou vantagens posteriormente concedidos aos servidores em atividade, inclusive quando decorrentes da transformação ou reclassificação do cargo ou função em que se deu a aposentadoria ou que serviu de referência para a concessão da pensão, na forma da lei.
	Emenda Constitucional nº 47/2005
	Art. 3º Ressalvado o direito de opção à aposentadoria pelas normas estabelecidas pelo art. 40 da Constituição Federal ou pelas regras estabelecidas pelos arts. 2º e 6º da Emenda Constitucional nº 41, de 2003, o servidor da União, dos Estados, do Distrito Federal e dos Municípios, incluídas suas autarquias e fundações, que tenha ingressado no serviço público até 16 de dezembro de 1998 poderá aposentar-se com proventos integrais, desde que preencha, cumulativamente, as seguintes condições: I trinta e cinco anos de contribuição, se homem, e trinta anos de contribuição, se mulher; II vinte e cinco anos de efetivo exercício no serviço público, quinze anos de carreira e cinco anos no cargo em que se der a aposentadoria; III idade mínima resultante da redução, relativamente aos limites do art. 40, § 1º, inciso III, alínea "a", da Constituição Federal, de um ano de idade para cada

FICHA TÉCNICA	
Leading case:	**RE 572.884/GO**
	ano de contribuição que exceder a condição prevista no inciso I do caput deste artigo. Parágrafo único. Aplica-se ao valor dos proventos de aposentadorias concedidas com base neste artigo o disposto no art. 7º da Emenda Constitucional nº 41, de 2003, observando-se igual critério de revisão às pensões derivadas dos proventos de servidores falecidos que tenham se aposentado em conformidade com este artigo.
Data de reconhecimento da repercussão geral:	04/04/2008.
Data de julgamento do mérito recursal:	20/06/2012.
Houve unanimidade?	Sim.
Data de publicação do acórdão de julgamento do recurso:	21/02/2013.
Trânsito em julgado do acórdão:	15/04/2013.

◉ Comentários:

Com fundamento na alínea "b" do permissivo constitucional, o Supremo Tribunal Federal apreciou recurso extraordinário interposto pelo Instituto Brasileiro de Geografia e Estatística em face de acórdão proferido pelo Tribunal Regional Federal da Primeira Região, que estendeu aos inativos a Gratificação de Desempenho de Atividade de Ciência e Tecnologia devida aos ocupantes das carreiras de Pesquisa em Ciência e Tecnologia; da Carreira de Desenvolvimento Tecnológico; e da Carreira de Gestão, Planejamento e Infraestrutura em Ciência e Tecnologia,

O acórdão recorrido fundou-se nas regras de transição constantes das Emendas Constitucionais nº. 20/98, 41/2003 e 47/2005, que não teriam excluído a norma da paridade em relação aos servidores que ingressaram no serviço público antes de 01º/12/1998.

O recorrente sustentou o recurso extraordinário que a Gratificação de Desempenho de Atividade de Ciência e Tecnologia tem natureza *pro labore faciendo*, e, por isso, seria devida ao recorrido, apenas, o percentual fixado legalmente para os inativos – e não os percentuais maiores que dependiam da realização de serviços específicos que os justificassem, estes, devidos somente aos servidores da ativa.

Argumentou-se, ainda, que a pretensão recursal estaria de acordo com a jurisprudência do Supremo Tribunal Federal, no sentido de que a Administração Pública poderia conceder gratificações a servidores ativos e inativos, pagando percentuais diferentes, conforme assentado nos julgamentos dos REs 476.279/DF, Rel. Min. Sepúlveda Pertence, e 476.390/DF, Rel. Min. Gilmar Mendes, referentes à Gratificação de Desempenho de Atividade Técnico-Administrativa – GDATA.

Em suas contrarrazões, o recorrido alegou, resumidamente, que o recebimento da GDACT não dependeria do cumprimento de requisitos típicos do serviço ativo, e que a concessão de gratificação dada a categoria, não obstante se dar a pretexto de ser *propter laborem,* na realidade é aumento linear não repassado aos inativos, em violação ao art. 40, § 8º da Constituição Federal.

A questão com repercussão geral a ser debatida residiu, portanto, em definir a natureza e a extensão da incidência da GDACT, bem como a inconstitucionalidade, ou não, do art. 60-A da Medida Provisória nº. 2229-43/2001.

Os fundamentos que arrimaram o voto vencedor do acórdão que contempla o precedente examinado foram: a) por ocasião de sua criação, a GDACT tinha a natureza de gratificação *pro labore faciendo,* e, por esse motivo, não seria estendida, automaticamente, aos aposentados e pensionistas; b) o art. 56, IV da Medida Provisória nº. 2048-26/00 dispôs que, enquanto não fossem regulamentadas e até 31 de dezembro de 2000, as Gratificações referidas corresponderiam a percentuais incidentes sobre o vencimento básico de cada servidor, a depender do nível superior, intermédio e auxiliar; c) a GDACT foi regulamentada pelo Decreto nº. 3762/01 (de 5 de março de 2001).; d) até a sua regulamentação, embora originalmente concebida como gratificação *pro labore faciendo,* tinha caráter geral, e, por isso, seria extensível aos inativos; e) A Medida Provisória nº. 2048-26/00 foi sucessivamente alterada e passou a contar com avaliação de desempenho individual e a avaliação institucional que iriam definir os percentuais de gratificação a que fariam jus os servidores; f) em razão disso, não passou a existir percentual mínimo de gratificação assegurado ao servidor pelo só fato de estar em atividade, após a regulamentação pelo Decreto nº. 3762/01, e, por isso, não se mostrou devida, doravante, a extensão automática da GDACT as inativos sob o o fundamento da paridade; g) A Lei 10.769/2003, ademais, acrescentou o art. 60-A à MP 2.229-43/01, que mandou aplicar a GDACT às aposentadorias e pensões o valor correspondente a trinta por cento do percentual máximo aplicado ao padrão da classe em que o servidor que lhes deu origem estivesse posicionado, a partir das datas que especifica.

O acórdão recorrido entendeu que esse dispositivo acarretaria redução indevida na gratificação percebida pelos aposentados e pensionistas. Mas não houve redução alguma – o que houve foi que a GDACT passou, depois de ser regulamentada, a constituir gratificação paga em razão do efetivo exercício do cargo., não prevendo percentual mínimo assegurado ao servidor em exercício. Após 5 de março de 2001, deixou de existir direito à percepção do benefício integral pelos inativos, a partir do Decreto nº 3762/01.

Com base em tais fundamentos, o recurso foi provido para o fim de declarar a constitucionalidade do art. 60-A, incluído na MP 2229-43/01 pela Lei nº. 10.769/03.

◉ Fique atento:

- Foram opostos embargos de declaração contra o acórdão do Supremo Tribunal Federal, os quais foram indeferidos.

Tema 67: "Extensão aos inativos da GDASST em 60 pontos a partir da Medida Provisória n° 198/94, convertida na Lei n° 10.971/2004".

Tese: "A Gratificação de Desempenho de Atividade de Seguridade Social e do Trabalho -GDASST deve ser estendida aos inativos nas mesmas condições em que concedida aos servidores em atividade, ou seja, no valor de 60 (sessenta) pontos, a partir do advento da Medida Provisória 198/2004, convertida na Lei 10.971/2004, que alterou a sua base de cálculo. Isso porque, embora de natureza *pro labore faciendo*, a falta de regulamentação das avaliações de desempenho transmudou a GDASST em uma gratificação de natureza genérica, extensível aos servidores inativos".

FICHA TÉCNICA	
Leading case:	**RE 572.052/RN**
Descrição do caso feita pelo STF:	"Recurso extraordinário em que se discute, com fundamento no art. 5°, caput, e na Súmula 339 do Supremo Tribunal Federal, a extensão, ou não, aos servidores inativos, da Gratificação de Desempenho de Atividade de Seguro Social e do Trabalho – GDASST, instituída pela Lei n° 10.483/2002 e concedida aos servidores da ativa, em 60 pontos a partir do advento da Medida Provisória n° 198/94, convertida na Lei n° 10.971/2004."
Dispositivo(s) constitucional(is) envolvido(s):	Art. 5°: Todos são iguais perante a lei, sem distinção de qualquer natureza, garantindo-se aos brasileiros e aos estrangeiros residentes no País a inviolabilidade do direito à vida, à liberdade, à igualdade, à segurança e à propriedade, nos termos seguintes: ...
Data de reconhecimento da repercussão geral:	26/04/2008.
Data de julgamento do mérito recursal:	11/02/2009 (recurso extraordinário) e 16/03/2011 (embargos de declaração).
Houve unanimidade?	Não.
Data de publicação do acórdão de julgamento do recurso:	17/04/2009 (recurso extraordinário) e 26/05/2011 (embargos de declaração).
Trânsito em julgado do acórdão:	28/06/2011.

⦿ Comentários:

O Supremo Tribunal Federal apreciou recurso extraordinário interposto com fundamento no art. 102, III, "a" e "b", da Constituição Federal, contra acórdão da Turma Recursal de Juizado Especial Federal do Estado do Rio Grande do Norte que, mantendo sentença monocrática, entendeu que a Gratificação de Desempenho de Atividade de Seguridade Social e do Trabalho – GDASST, instituída pela Lei nº. 10.483/02, deve ser estendida aos inativos em 60 (sessenta) pontos, a partir do advento da Medida Provisória nº 198/04, convertida na Lei nº. 10.971/04, que alterou a base de cálculo da referida gratificação.

O acórdão recorrido, fundado no princípio da isonomia, declarou a inconstitucionalidade do art. 7º da Lei nº. 10.971/04.

O recurso extraordinário alegou que o acórdão teria violado o art. 5º, *caput,* da Constituição Federal, e o enunciado nº. 339 da Súmula do Supremo Tribunal Federal; que a GDASST seria uma vantagem de natureza *pro labore faciendo,* e sua individualização basear-se-ia em critérios de desempenho institucional e coletivo, relativos ao efetivo exercício de funções públicas; afirmou, ainda, que, ao estender aos inativos o recebimento da gratificação em percentual igual ao percebido pelos servidores da ativa, o acórdão recorrido, ao contrário do que nele consignado, viola o princípio da isonomia, por tratar de forma igual situações distintas; e, por fim, que o legislador contemplou os servidores inativos com a parte invariável da GDASST por mera liberalidade.

Postulou, ao final, o provimento do recurso, com a reforma do acórdão recorrido, para que fosse reconhecida a constitucionalidade do art. 7º da Lei nº. 10.971/04 e julgado improcedente o pedido originalmente formulado, para que os servidores inativos percebessem a GDAAST com base na mesma pontuação a que fazem jus os servidores em atividade.

A questão com repercussão geral a ser debatida residiu, portanto, em definir se a Gratificação de Desempenho de Atividade de Seguridade Social e do Trabalho -GDA-SST deveria ser estendida aos inativos nas mesmas condições em que concedida aos servidores em atividade.

Os fundamentos que arrimaram o voto vencedor do acórdão que contempla o precedente examinado foram: a) A Lei nº. 10.483/02, instituidora da GDAAST, assegurou aos aposentados e pensionistas a percepção da referida gratificação no valor correspondente a 10 (dez) pontos, o qual equivale à pontuação mínima conferida aos servidores em atividade; b) com o advento da Lei nº. 10.971/04, a GDAAST passou a ser paga, indistintamente, a todos servidores da ativa, no valor equivalente a 60 (sessenta) pontos, até a edição do ato regulamentador do processo de avaliação, previsto no art. 6º da Lei nº. 10.483/02, enquanto os inativos obtiveram uma majoração na base de cálculo da gratificação, que foi elevada de 10 (dez) para 30 (trinta) pontos; c) tratando de uma gratificação semelhante à GDAAST (a Gratificação de Desempenho de Atividade Técnico-Administrativa – GDATA), o Supremo Tribunal Federal entendeu, no julgamento dos RE's 476.279/DF e RE 476.390/DF, que a GDATA seria extensível aos servidores inativos, qualificando-se como gratificação genérica, em razão da ausência de regulação das avaliações de desempenho que a tornariam uma gratificação *pro labore faciendo* – e tal conclusão, *mutatis mutandis,* seria aplicável à GDASST; d) não havia notícia de edição de norma regulamentadora da Lei nº. 10.483/02, que permita a realização das avaliações de desempenho institucional e coletivo para a atribuição de uma pontuação variável da GDASST aos servidores em atividade; e) a autora, ora recorrida, é servidora aposentada, que já recebia o benefício quando a Emenda Constitucional nº. 41/03 entrou em vigor, a qual assegurava, no art. 7º, direito à paridade de proventos em relação aos servidores em atividade.

Em voto divergente, o Min. Marco Aurélio opinou pelo conhecimento e deferimento do recurso extraordinário, entendendo que a GDASST não constitui parcela destinada a assegurar reposição do poder aquisitivo da moeda, e sim um *plus* remuneratório, razão pela qual não seria assegurada aos inativos, em atenção ao princípio da isonomia.

Nestes termos, o tribunal, por maioria, conheceu do recurso extraordinário e negou-lhe provimento, para julgar improcedente o pedido formulado na inicial.

◉ Fique atento:

- O relator apontou que o assunto em questão guarda identidade material com outro tema enfrentado pelo Supremo Tribunal Federal, nomeadamente o da extensão da Gratificação de Desempenho de Atividade Técnico-Administrativa – GDATA aos inativos; como diferenças entre as gratificações há apenas as categorias de servidores beneficiados por elas (a GDATA seria uma gratificação bem ampla, que afeta os servidores de vários órgãos do Governo Federal, além de autarquias e empresas públicas, enquanto o GDASST alcançaria apenas os servidores de carreira da Seguridade Social e do Trabalho, isto é, os quadros dos Ministérios da Saúde, da Previdência e Assistência Social, do Trabalho e Emprego e da Fundação Nacional de Saúde). O Plenário do Supremo Tribunal Federal, quando examinou os RE's 476.279/DF e RE 476.390/DF, fixou entendimento de que a GDATA seria extensível aos servidores inativos.

- Foram interpostos embargos de declaração, os quais foram rejeitados à unanimidade.

- O precedente extraído do julgamento do Tema 67 da Repercussão Geral é um dos julgados nos quais se lastreia a **Súmula Vinculante nº 34**, aprovada em sessão plenária de 16/10/2014 ("A Gratificação de Desempenho de Atividade de Seguridade Social e do Trabalho – GDASST, instituída pela Lei 10.483/2002, deve ser estendida aos inativos no valor correspondente a 60 (sessenta) pontos, desde o advento da Medida Provisória 198/2004, convertida na Lei 10.971/2004, quando tais inativos façam jus à paridade constitucional (EC 20/1998, 41/2003 e 47/2005)").

Tema 153: "Extensão, em relação aos servidores inativos, dos critérios de cálculo da GDATA e da GDASST estabelecidos para os servidores em atividade".

Tese: "A fixação da GDATA e da GDASST em relação aos servidores inativos deve obedecer aos critérios a que estão submetidos os servidores em atividade de acordo com a sucessão de leis de regência".

FICHA TÉCNICA	
Leading case:	**RE 597.154/PB**
Descrição do caso feita pelo STF:	"Recurso extraordinário em que se discute, à luz do princípio da isonomia e do art. 40, § 8º, da Constituição Federal, a aplicação, ou não, em relação aos servidores públicos inativos, dos critérios de cálculo estabelecidos para os servidores em atividade da Gratificação de Desempenho de Atividade Técnico-Administrativa – GDATA, disciplinada pela Lei nº 10.404/2002 e posteriores alterações, e da GDASST, Lei nº 10.483/2002, que substituiu a GDATA, para os servidores da carreira da Seguridade Social e do Trabalho no âmbito da Administração Pública Federal".

FICHA TÉCNICA	
Leading case:	**RE 597.154/PB**
Dispositivo(s) constitucional(is) envolvido(s):	Art. 40. Aos servidores titulares de cargos efetivos da União, dos Estados, do Distrito Federal e dos Municípios, incluídas suas autarquias e fundações, é assegurado regime de previdência de caráter contributivo e solidário, mediante contribuição do respectivo ente público, dos servidores ativos e inativos e dos pensionistas, observados critérios que preservem o equilíbrio financeiro e atuarial e o disposto neste artigo. (Redação dada pela Emenda Constitucional nº 41, 19.12.2003) (...) § 8º É assegurado o reajustamento dos benefícios para preservar-lhes, em caráter permanente, o valor real, conforme critérios estabelecidos em lei. (Redação dada pela Emenda Constitucional nº 41, 19.12.2003)
Data de reconhecimento da repercussão geral:	20/02/2009.
Data de julgamento do mérito recursal:	20/02/2009 (recurso extraordinário), 28/04/2011 (embargos de declaração) e 22/10/2014 (segundos embargos de declaração)
Houve unanimidade?	Não.
Data de publicação do acórdão de julgamento do recurso:	29/05/2009 (recurso extraordinário), 25/05/2011 (embargos de declaração) e 13/11/2014 (segundos embargos de declaração)
Trânsito em julgado do acórdão:	28/11/2014.

◉ Comentários:

O Supremo Tribunal Federal examinou recurso extraordinário interposto pela União Federal contra acórdão proferido pelo Tribunal Regional Federal da 5ª Região, no qual se discutiu a aplicabilidade aos inativos de critérios relativos à Gratificação de Desempenho Técnico-Administrativo – GDATA e à Gratificação de Desempenho da Atividade de Seguridade Social e do Trabalho – GDASST.

No recurso extraordinário, que se refere à extensão aos servidores inativos do critério de cálculo aplicável aos servidores em atividade, argumenta-se, em síntese, que o cálculo da GDATA/GDASST conferida aos servidores inativos dá-se por critérios distintos dos conferidos aos servidores em atividade, por não se tratar de vantagem de caráter geral, mas limitada a categorias específicas de servidores e calculada em proporção à eficiência da atuação pessoa do servidor. Em razão disso, argumenta pela razoabilidade da solução legislativa de dispor distintamente quanto ao cálculo da referida gratificação em relação aos servidores inativos, que compõem diverso contexto fático.

Verificando, a Corte, que havia jurisprudência pacífica no Supremo Tribunal Federal no sentido da quantificação da GDATA em relação aos servidores inativos deve obedecer à quantificação a que estão submetidos os servidores em atividade, de acordo com a sucessão de leis de regência que se seguiram à edição da Lei nº. 10.404/02, conforme detalhado no RE 476.279 (inteligência que se aplica plenamente à GDASST, como já decidido pelo tribunal no julgamento do RE 572.052), decidiu determinar que os recursos que versem sobre a mesma matéria tivessem a distribuição denegada, determinando-se a devolução dos autos à origem para adoção dos procedimentos previstos no art. 543-B, § 3º, do CPC-1973. Já para as situações em que o acórdão recorrido fosse contrário ao entendimento consolidado no tribunal, os efeitos da repercussão geral se estenderiam, possibilitando a retratação pelos tribunais *a quo*, das decisões correspondentes.

Assim, o Tribunal se manifestou, à unanimidade, pela constitucionalidade da questão, bem como pela existência de repercussão geral da questão suscitada, e conheceu o recurso extraordinário para lhe negar provimento, reafirmando a jurisprudência sobre a matéria, e fixando a tese de que a **fixação da GDATA e da GDASST em relação aos servidores inativos deve obedecer aos critérios a que estão submetidos os servidores em atividade de acordo com a sucessão de leis de regência, para que a GDATA seja concedida aos servidores inativos nos valores correspondentes a 37,5 pontos, no período de fevereiro a maio de 2002; para que de junho de 2002 a abril de 2004 a concessão se fizesse nos termos do art. 5º, II, da Lei nº. 10.404/02; e para que no período de maio de 2004 até a conclusão dos efeitos do último ciclo de avaliação (art. 1º da MP 198/04 convertida na Lei nº. 10.971/04), a gratificação fosse concedida nos valores referentes a 60 pontos.**

Em voto divergente, no mérito, o Min. Marco Aurélio deu provimento ao recurso, sob o argumento de que o deslinde do conflito não se faz à luz da redação primitiva do § 4º do art. 40 da Constituição, no que se estendia aos aposentados todo e qualquer benefício outorgado ao pessoal da ativa, nem tampouco, do § 8º desse artigo, tendo em conta certa emenda, e, muito menos, presente a norma que objetivou a disciplina de situações já constituídas, da Emenda nº. 41, que preservou a extensão. Na opinião do Ministro, outorgou-se ao pessoal inativo benefício próprio daqueles da ativa, com fundamento na isonomia, o que seria vedado.

◉ Fique atento:

- Foram opostos embargos de declaração contra o acórdão, os quais foram inadmitidos; e segundos embargos de declaração, os quais também foram inadmitidos.
- O precedente extraído do julgamento do Tema 153 da Repercussão Geral é um dos julgados nos quais se lastreia a **Súmula Vinculante nº 20**, aprovada em sessão plenária de 29/10/2009 ("A Gratificação de Desempenho de Atividade Técnico-Administrativa – GDATA, instituída pela Lei nº 10.404/2002, deve ser deferida aos inativos nos valores correspondentes a 37,5 (trinta e sete vírgula cinco) pontos no período de fevereiro a maio de 2002 e, nos termos do artigo 5º, parágrafo único, da Lei nº 10.404/2002, no período de junho de 2002 até a conclusão dos efeitos do último ciclo de avaliação a que se refere o artigo 1º da Medida Provisória no 198/2004, a partir da qual passa a ser de 60 (sessenta) pontos.").

Tema 156: "Extensão da verba de incentivo de aprimoramento à docência prevista no art. 3° da Lei Complementar n° 159/2004 do Estado de Mato Grosso a professores inativos".

Tese: "I – As vantagens remuneratórias legítimas e de caráter geral conferidas a determinada categoria, carreira ou, indistintamente, a servidores públicos, por serem vantagens genéricas, são extensíveis aos servidores inativos e pensionistas; II – Nesses casos, a extensão alcança os servidores que tenham ingressado no serviço público antes da publicação das Emendas Constitucionais 20/1998 e 41/2003 e se aposentado ou adquirido o direito à aposentadoria antes da EC 41/2003; III – Com relação àqueles servidores que se aposentaram após a EC 41/2003, deverão ser observados os requisitos estabelecidos na regra de transição contida no seu art. 7°, em virtude da extinção da paridade integral entre ativos e inativos contida no art. 40, § 8°, da CF para os servidores que ingressaram no serviço público após a publicação da referida emenda; IV – Por fim, com relação aos servidores que ingressaram no serviço público antes da EC 41/2003 e se aposentaram ou adquiriram o direito à aposentadoria após a sua edição, é necessário observar a incidência das regras de transição fixadas pela EC 47/2005, a qual estabeleceu efeitos retroativos à data de vigência da EC 41/2003, conforme decidido nos autos do RE 590.260/SP, Plenário, Rel. MIN. RICARDO LEWANDOWSKI, julgado em 24/6/2009".

FICHA TÉCNICA	
Leading case:	**RE 596.692/MT**
Descrição do caso feita pelo STF:	"Recurso extraordinário em que se discute, à luz dos artigos 5°, XXXVI; e 40, § 8°, da Constituição Federal, e 7°, caput, da Emenda Constitucional n° 41/2003, a constitucionalidade, ou não, da extensão aos servidores inativos do pagamento da verba de incentivo de aprimoramento à docência, prevista para os servidores da ativa, nos termos do art. 3° da Lei Complementar n° 159/2004 do Estado de Mato Grosso".
Dispositivo(s) constitucional(is) envolvido(s):	Art. 5° Todos são iguais perante a lei, sem distinção de qualquer natureza, garantindo-se aos brasileiros e aos estrangeiros residentes no País a inviolabilidade do direito à vida, à liberdade, à igualdade, à segurança e à propriedade, nos termos seguintes: (...) XXXVI – a lei não prejudicará o direito adquirido, o ato jurídico perfeito e a coisa julgada; Art. 40. Aos servidores titulares de cargos efetivos da União, dos Estados, do Distrito Federal e dos Municípios, incluídas suas autarquias e fundações, é assegurado regime de previdência de caráter contributivo e solidário, mediante contribuição do respectivo ente público, dos servidores ativos e inativos e dos pensionistas, observados critérios que preservem o equilíbrio financeiro e atuarial e o disposto neste artigo. (Redação dada pela Emenda Constitucional n° 41, 19.12.2003) (...) § 8° É assegurado o reajustamento dos benefícios para preservar-lhes, em caráter permanente, o valor real, conforme critérios estabelecidos em lei. (Redação dada pela Emenda Constitucional n° 41, 19.12.2003)

FICHA TÉCNICA	
Leading case:	**RE 596.692/MT**
	Emenda Constitucional n° 41/03: Art. 7° Observado o disposto no art. 37, XI, da Constituição Federal, os proventos de aposentadoria dos servidores públicos titulares de cargo efetivo e as pensões dos seus dependentes pagos pela União, Estados, Distrito Federal e Municípios, incluídas suas autarquias e fundações, em fruição na data de publicação desta Emenda, bem como os proventos de aposentadoria dos servidores e as pensões dos dependentes abrangidos pelo art. 3° desta Emenda, serão revistos na mesma proporção e na mesma data, sempre que se modificar a remuneração dos servidores em atividade, sendo também estendidos aos aposentados e pensionistas quaisquer benefícios ou vantagens posteriormente concedidos aos servidores em atividade, inclusive quando decorrentes da transformação ou reclassificação do cargo ou função em que se deu a aposentadoria ou que serviu de referência para a concessão da pensão, na forma da lei.
Data de reconhecimento da repercussão geral:	10/04/2009.
Data de julgamento do mérito recursal:	22/08/2014.
Houve unanimidade?	Sim (mas a decisão de fixar diretrizes foi tomada por maioria).
Data de publicação do acórdão de julgamento do recurso:	30/10/2014.
Trânsito em julgado do acórdão:	10/11/2014.

◉ Comentários:

O Supremo Tribunal Federal examinou recurso extraordinário interposto pelo Estado de Mato Grosso, com fundamento no art. 102, III, "a" Constituição Federal, contra acórdão da Primeira Turma de Câmaras Cíveis Reunidas do Tribunal de Justiça estadual, que julgou mandado de segurança impetrado contra o Secretário de Estado de Administração com o objetivo de assegurar tratamento isonômico entre os servidores da ativa e os inativos, de acordo com norma constitucional, requerendo que fosse assegurada a concessão de verba de incentivo de aprimoramento à docência, em caráter geral (para inativos e servidores da ativa), especialmente porque não há condições estipuladas para a sua percepção.

O Estado alegou, em síntese, a violação dos arts. 5°, XXXVI, e 40, § 8°, da Constituição Federal e 7°, *caput* da Emenda Constitucional n°. 41/03, uma vez que o pagamento da verba de incentivo de aprimoramento à docência, prevista no art. 3° da Lei Complementar n°. 159/04 do Estado de Mato Grosso, "possui escopo de incentivar o aprimoramento da docência, razão pela qual só pode ser dirigido ao professor em atividade e em sala de aula", sendo incabível, portanto, sua extensão aos servidores inativos.

O Ministério Público Federal opinou pelo não provimento do recurso, com fundamento na regra do art. 40, § 8º, da Constituição Federal, que assegura a equivalência absoluta entre ativos e inativos, bem como a mencionada verba de incentivo de aprimoramento à docência não tem caráter *pro labore faciendo,* uma vez que não dispõe a lei instituidora de mecanismos destinados à avaliação do aprimoramento do profissional de educação (sua percepção não está condicionada ao exercício de qualquer atividade específica, senão a inerente ao próprio exercício da docência, razão pela qual se trata de vantagem genérica e, portanto, extensível aos professores inativos e pensionistas).

A questão com repercussão geral a ser debatida consistiu, portanto, em determinar os limites da extensão da verba de incentivo de aprimoramento à docência prevista no art. 3º da Lei Complementar nº 159/2004 do Estado de Mato Grosso a professores inativos.

Os fundamentos que arrimaram o voto vencedor do acórdão que contempla o precedente examinado foram: a) O fato de a lei complementar do Estado do Mato Grosso ter aludido a essa gratificação como "verba de caráter indenizatório", por si só não impede, de pronto, sua extensão aos aposentados, pois, muito embora as verbas dotadas desse caráter não sejam, em regra, extensíveis aos inativos, o certo é que a simples nomenclatura não define sua natureza jurídica, para o que se faz necessário analisar sua efetiva destinação; b) a regra constitucional que disciplina o tema e que já estava em vigor à época da edição da referida lei apenas dispõe que "é assegurado o reajustamento dos benefícios para preservar-lhes, em caráter permanente, o valor real, conforme critérios estabelecidos em lei" (art. 40, § 8º, da Constituição Federal); c) deve ser reconhecida a necessária e automática extensão aos inativos de gratificações de caráter geral concedidas ao pessoal da ativa, notadamente quando essas não estão efetivamente vinculadas ao exercício direto de uma determinada atividade, ou seja, quando não são dotadas de caráter pro labore faciendo; d) segundo a jurisprudência desta Corte acerca do tema, as gratificações dotadas de caráter geral devem ser estendidas aos inativos, entendidas essas como aquelas concedidas a todos os servidores em atividade, independentemente da função exercida, e que não se destinam a remunerar ou indenizar o servidor em razão do exercício de uma função específica ou extraordinária; e) no caso presente, o que se tem é uma gratificação que é devida apenas em razão do exercício do cargo de professor da rede pública estadual de ensino – destarte, é forçoso reconhecer que se cuida de verba de caráter geral, porque concedida, indistintamente, a todos os professores em atividade, pela simples razão de se encontrarem no exercício da função, como assentou o tribunal de origem; f) as vantagens remuneratórias legítimas e de caráter geral conferidas a determinada categoria, carreira ou, indistintamente, a servidores públicos, por serem vantagens genéricas, são extensíveis aos servidores inativos e pensionistas; nesses casos, a extensão alcança os servidores que tenham ingressado no serviço público antes da publicação das Emendas Constitucionais nºs 20/1998 e 41/2003 e se aposentado ou adquirido o direito à aposentadoria antes da EC nº 41/2003; com relação àqueles servidores que se aposentaram após a EC nº 41/2003, devem ser observados os requisitos estabelecidos na regra de transição contida no seu art. 7º, em virtude da extinção da paridade integral entre ativos e inativos contida no art. 40, § 8º, da CF para os servidores que ingressaram no serviço público após a publicação da referida emenda; por fim, com relação aos servidores que ingressaram no serviço público antes da EC nº 41/2003 e se aposentaram ou adquiriram o direito à aposentadoria após a sua edição, é necessário observar a incidência das regras de transição fixadas pela EC nº 47/2005, a qual estabeleceu efeitos retroativos à data de vigência da EC nº 41/2003, conforme decidido nos autos do RE nº 590.260/SP, Plenário, Rel. Min. Ricardo Lewandowski, julgado em 24/6/09.

Assim, o Supremo Tribunal Federal, por unanimidade e nos termos do voto do relator, deu provimento parcial ao recurso, para assentar, por maioria, que as **vantagens remuneratórias legítimas e de caráter geral conferidas a determinada categoria, carreira ou, indistintamente, a servidores públicos, por serem vantagens genéricas, são extensíveis aos servidores inativos e pensionistas; nesses casos, a extensão alcança os servidores que tenham ingressado no serviço público antes da publicação das Emendas Constitucionais nºs 20/1998 e 41/2003 e se aposentado ou adquirido o direito à aposentadoria antes da EC nº 41/2003; com relação** àqueles **servidores que se aposentaram após a EC nº 41/2003, devem ser observados os requisitos estabelecidos na regra de transição contida no seu art. 7º, em virtude da extinção da paridade integral entre ativos e inativos contida no art. 40, § 8º, da CF para os servidores que ingressaram no serviço público após a publicação da referida emenda; por fim, com relação aos servidores que ingressaram no serviço público antes da EC nº 41/2003 e se aposentaram ou adquiriram o direito à aposentadoria após a sua edição, é necessário observar a incidência das regras de transição fixadas pela EC nº 47/2005, a qual estabeleceu efeitos retroativos à data de vigência da EC nº 41/2003**, conforme decidido nos autos do RE nº 590.260/SP, Plenário, Rel. Min. Ricardo Lewandowski, julgado em 24/6/09.

◉ **Fique atento:**

- O Min. Marco Aurélio, em voto divergente, discordou da fixação de premissas gerais, entendendo que não cabe ao Poder Judiciário fazê-lo, pois o mesmo atua somente quando provocado, e nos limites da provocação.

Tema 351: "Extensão a inativos e pensionistas da Gratificação de Desempenho do Plano Geral de Cargos do Poder Executivo – GDPGPE".

Tese: "A Gratificação de Desempenho do Plano Geral de Cargos do Poder Executivo — GDPGPE, prevista na Lei nº 11.357/2006, estende-se aos inativos e pensionistas, no patamar de oitenta pontos, até o implemento da avaliação dos servidores em atividade".

FICHA TÉCNICA	
Leading case:	**RE 638.115/CE**
Descrição do caso feita pelo STF:	"Recurso extraordinário em que se discute, à luz dos artigos 2º; 40, § 8º; 61, § 1º, II, a; e 169, parágrafo único, da Constituição Federal, a extensão, ou não, aos servidores inativos e pensionistas, do valor integral da Gratificação de Desempenho do Plano Geral de Cargos do Poder Executivo – GDPGPE, prevista na Lei nº 11.357/2006 e concedida aos servidores ativos".

FICHA TÉCNICA	
Leading case:	**RE 638.115/CE**
Dispositivo(s) constitucional(is) envolvido(s):	Art. 2° São Poderes da União, independentes e harmônicos entre si, o Legislativo, o Executivo e o Judiciário. Art. 40. Aos servidores titulares de cargos efetivos da União, dos Estados, do Distrito Federal e dos Municípios, incluídas suas autarquias e fundações, é assegurado regime de previdência de caráter contributivo e solidário, mediante contribuição do respectivo ente público, dos servidores ativos e inativos e dos pensionistas, observados critérios que preservem o equilíbrio financeiro e atuarial e o disposto neste artigo. (Redação dada pela Emenda Constitucional n° 41, 19.12.2003) (...) § 8° É assegurado o reajustamento dos benefícios para preservar-lhes, em caráter permanente, o valor real, conforme critérios estabelecidos em lei. (Redação dada pela Emenda Constitucional n° 41, 19.12.2003) Art. 61. A iniciativa das leis complementares e ordinárias cabe a qualquer membro ou Comissão da Câmara dos Deputados, do Senado Federal ou do Congresso Nacional, ao Presidente da República, ao Supremo Tribunal Federal, aos Tribunais Superiores, ao Procurador-Geral da República e aos cidadãos, na forma e nos casos previstos nesta Constituição. § 1° São de iniciativa privativa do Presidente da República as leis que: (...) II – disponham sobre: a) criação de cargos, funções ou empregos públicos na administração direta e autárquica ou aumento de sua remuneração;
Data de reconhecimento da repercussão geral:	12/10/2010.
Data de julgamento do mérito recursal:	25/09/2013
Houve unanimidade?	Não
Data de publicação do acórdão de julgamento do recurso:	03/06/2014
Trânsito em julgado do acórdão:	14/11/2015.

◉ **Comentários:**

Com fundamento no art. 102, III, "a", da Constituição Federal, o Supremo Tribunal Federal examinou o recurso extraordinário n°. 631.389/CE, interposto pelo Departamento Nacional de Obras contra a Seca – DNOCS contra acórdão proferido pela Primeira Turma Recursal dos Juizados Especiais Federais do Ceará, que, reformando sentença proferida em primeiro grau, decidiu ser extensível aos inativos e pensionistas a Gratificação de Desempenho do Plano Geral de Cargos do Poder Executivo – GDPGPE, prevista na Lei n°. 11.357/2006, no percentual de oitenta pontos por servidor.

A decisão recorrida se fundava na generalidade da gratificação, enquanto não se efetivassem as medidas para avaliação de desempenho dos servidores em atividade, motivo pelo qual deveriam ser pagas aos pensionistas e aos servidores já aposentados.

O DNOCS, em seu recurso, argumentou ter havido violação aos arts. 2º; 40, § 8º; 61, § 1º, II; e 169, parágrafo único, da Constituição Federal, aduzindo que o pagamento de GDPGPE em percentual maior (oitenta pontos) aos servidores da ativa estaria em conformidade com o princípio da eficiência, haja vista a gratificação estar condicionada ao efetivo desempenho das funções do cargo, sendo devida após a avaliação individual do servidor, não se tratando, pois, de uma concessão automática a todos os servidores; e que conceder percentual a inativos e pensionistas diverso e superior ao previsto na Lei nº. 11.357/2006 (cinquenta por cento) feriria o princípio constitucional da legalidade.

O recorrido não apresentou contrarrazões, e o Ministério Público Federal opinou pelo não provimento do recurso, reforçando os argumentos utilizados na decisão da Primeira Turma Recursal dos Juizados Especiais Federais do Ceará.

A questão com repercussão geral a ser debatida residiu, portanto, em definir se era constitucional ou não estender a Gratificação de Desempenho do Plano Geral de Cargos do Poder Executivo — GDPGPE, prevista na Lei nº 11.357/2006, aos inativos e pensionistas, no patamar de oitenta pontos, até o implemento da avaliação dos servidores em atividade.

Ao final, o Supremo Tribunal Federal, por maioria, negou provimento ao recurso extraordinário.

Os fundamentos que arrimaram o voto vencedor do acórdão que contempla o precedente examinado foram: a) os §§ 7º e 9º do art. 7º-A da Lei nº. 11.357/2006, incluídos pela Lei nº. 11.784/2008, dispuseram que os servidores recebessem a GDPGPE no percentual de oitenta pontos, "até que se efetivem as avaliações que considerem as condições específicas de exercício profissional (...) observados o posicionamento na tabela e o cargo efetivo ocupado pelo servidor"; b) não obstante, tal regra só se aplicar aos servidores na ativa, o percentual de oitenta por cento seria aplicável aos inativos e pensionistas, indistintamente, até que se efetivassem os resultados da primeira avaliação individual institucional dos servidores, momento em que o adicional passaria a ser percebido individualmente (*pro labore fasciendo*), e não de modo generalizado, e só a partir deste momento os inativos e pensionistas passariam a receber o adicional no percentual de cinquenta por cento.

O voto divergente, do Min. Teori Zavascki, foi pelo provimento integral do recurso extraordinário, entendendo que o fato de não terem se efetivado as avaliações individuais não importaria na aplicação do percentual de oitenta pontos percentuais aos inativos e pensionistas, porque a natureza da gratificação sempre fora, desde o início, *pro labore fasciendo* – divergindo da maioria, portanto, neste aspecto.

◉ **Fique atento:**

• Foram opostos embargos de declaração, os quais foram desprovidos, à unanimidade, pelo tribunal.

Tema 409: "Extensão, em relação aos servidores inativos, dos critérios de cálculo da GDPST estabelecidos para os servidores em atividade"

Tese: "É compatível com a Constituição a extensão, aos servidores públicos inativos, dos critérios de cálculo da Gratificação de Desempenho da Carreira da Previdência, Saúde e Trabalho — GDPST estabelecidos para os servidores públicos em atividade".

FICHA TÉCNICA	
Leading case:	**RE 631880**
Descrição do caso feita pelo STF:	Recurso extraordinário em que se discute, à luz do princípio da isonomia e do artigo 40, § 8°, da Constituição Federal, a extensão, ou não, aos servidores públicos inativos, dos critérios de cálculo estabelecidos para os servidores em atividade da Gratificação de Desempenho da Carreira da Previdência, da Saúde e do Trabalho – GDPST, instituída pela MP 431/2008, convertida na Lei 11.784/2008.
Dispositivo(s) constitucional(is) envolvido(s):	Art. 40. Aos servidores titulares de cargos efetivos da União, dos Estados, do Distrito Federal e dos Municípios, incluídas suas autarquias e fundações, é assegurado regime de previdência de caráter contributivo e solidário, mediante contribuição do respectivo ente público, dos servidores ativos e inativos e dos pensionistas, observados critérios que preservem o equilíbrio financeiro e atuarial e o disposto neste artigo.(...) § 8°[33] Observado o disposto no art. 37, XI, os proventos de aposentadoria e as pensões serão revistos na mesma proporção e na mesma data, sempre que se modificar a remuneração dos servidores em atividade, sendo também estendidos aos aposentados e aos pensionistas quaisquer benefícios ou vantagens posteriormente concedidos aos servidores em atividade, inclusive quando decorrentes da transformação ou reclassificação do cargo ou função em que se deu a aposentadoria ou que serviu de referência para a concessão da pensão, na forma da lei. Art. 37. A administração pública direta e indireta de qualquer dos Poderes da União, dos Estados, do Distrito Federal e dos Municípios obedecerá aos princípios de legalidade, impessoalidade, moralidade, publicidade e eficiência e, também, ao seguinte: (...) XI – a remuneração e o subsídio dos ocupantes de cargos, funções e empregos públicos da administração direta, autárquica e fundacional, dos membros de qualquer dos Poderes da União, dos Estados, do Distrito Federal e dos Municípios, dos detentores de mandato eletivo e dos demais agentes políticos e os proventos, pensões ou outra espécie remuneratória, percebidos

---

33. Redação anterior à Emenda Constitucional n° 41/2003.

FICHA TÉCNICA	
Leading case:	**RE 631880**
	cumulativamente ou não, incluídas as vantagens pessoais ou de qualquer outra natureza, não poderão exceder o subsídio mensal, em espécie, dos Ministros do Supremo Tribunal Federal, aplican-do-se como limite, nos Municípios, o subsídio do Prefeito, e nos Estados e no Distrito Federal, o subsídio mensal do Governador no âmbito do Poder Executivo, o subsídio dos Deputados Esta-duais e Distritais no âmbito do Poder Legislativo e o subsídio dos Desembargadores do Tribunal de Justiça, limitado a noventa inteiros e vinte e cinco centésimos por cento do subsídio men-sal, em espécie, dos Ministros do Supremo Tribunal Federal, no âmbito do Poder Judiciário, aplicável este limite aos membros do Ministério Público, aos Procuradores e aos Defensores Públicos;
	(...) XV – o subsídio e os vencimentos dos ocupantes de cargos e empregos públicos são irredutíveis, ressalvado o disposto nos incisos XI e XIV deste artigo e nos arts. 39, § 4º, 150, II, 153, III, e 153, § 2º, I; XI – a remuneração e o subsídio dos ocupantes de cargos, funções e empregos públicos da administração direta, autárquica e fundacional, dos membros de qualquer dos Poderes da União, dos Estados, do Distrito Federal e dos Municípios, dos detentores de mandato eletivo e dos demais agentes políticos e os proventos, pensões ou outra espécie remuneratória, percebi-dos cumulativamente ou não, incluídas as vantagens pessoais ou de qualquer outra natureza, não poderão exceder o subsídio mensal, em espécie, dos Ministros do Supremo Tribunal Federal, aplicando-se como limite, nos Municípios, o subsídio do Prefeito, e nos Estados e no Distrito Federal, o subsídio mensal do Gover-nador no âmbito do Poder Executivo, o subsídio dos Deputados Estaduais e Distritais no âmbito do Poder Legislativo e o subsídio dos Desembargadores do Tribunal de Justiça, limitado a noventa inteiros e vinte e cinco centésimos por cento do subsídio men-sal, em espécie, dos Ministros do Supremo Tribunal Federal, no âmbito do Poder Judiciário, aplicável este limite aos membros do Ministério Público, aos Procuradores e aos Defensores Públicos;
	EC nº 41, Art. 7º Observado o disposto no art. 37, XI, da Cons-tituição Federal, os proventos de aposentadoria dos servidores públicos titulares de cargo efetivo e as pensões dos seus de-pendentes pagos pela União, Estados, Distrito Federal e Mu-nicípios, incluídas suas autarquias e fundações, em fruição na data de publicação desta Emenda, bem como os proventos de aposentadoria dos servidores e as pensões dos dependentes abrangidos pelo art. 3º desta Emenda, serão revistos na mesma proporção e na mesma data, sempre que se modificar a remu-neração dos servidores em atividade, sendo também estendidos aos aposentados e pensionistas quaisquer benefícios ou vanta-gens posteriormente concedidos aos servidores em atividade, inclusive quando decorrentes da transformação ou reclassifica-ção do cargo ou função em que se deu a aposentadoria ou que serviu de referência para a concessão da pensão, na forma da lei.

FICHA TÉCNICA	
Leading case:	**RE 631880**
Data de reconhecimento da repercussão geral:	10/06/2011
Data de julgamento do mérito recursal:	04/12/2014 (embargos de declaração).
Houve unanimidade?	Não
Data de publicação do acórdão de julgamento do recurso:	06/02/2015 (julgamento de embargos de declaração).
Trânsito em julgado do acórdão:	27/02/2015

◉ Comentários:

A questão suscitada no recurso versa sobre a extensão da Gratificação de Desempenho da Carreira da Previdência, da Saúde e do Trabalho – GDPST, no percentual de 80%, ao servidores inativos. A GDPST foi instituída pela Medida Provisória nº 431, de 15.5.2008, convertida na Lei nº 11.784/08, que estabeleceu, no seu artigo 40, que os servidores inativos perceberiam percentuais variáveis conforme à época da aposentadoria. Ainda neste mesmo art. 40 ficou consignado que os servidores em atividade fariam jus a 80% da pontuação máxima, enquanto não fosse regulamentada a GDPST. Deste modo, afirmando a natureza genérica da referida gratificação, os servidores inativos, ainda contemplados pela antiga norma do artigo 40, § 8º, da Constituição Federal, pleitearam a sua extensão.

O reconhecimento da Repercussão Geral se deu em virtude da discussão a respeito do direito de paridade previsto no artigo 40, § 8º, da Constituição Federal, paridade esta que, embora elidida pela Emenda nº 41/2003, ainda continuaria em vigor para aqueles que se aposentaram, ou que preencheram os requisitos para tal, antes da mencionada Emenda, ou para os que se aposentaram nos termos das regras de transição.

No acórdão, que negou provimento ao Recurso, o STF reafirmou a sua jurisprudência no sentido de que, em razão de estar revestida de caráter genérico, e não de natureza *labore faciendo*, ou seja, associada a uma atividade específica, a gratificação se estende aos servidores inativos. Precedentes: RE 476.279/DF, Rel. Min. SEPÚLVEDA PERTENCE, DJe de 15.6.2007 e no RE 476.390/DF, Rel. Min. GILMAR MENDES, DJe de 29.6.2007.

O Recorrente opôs os primeiros Embargos de Declaração arguindo a inaplicabilidade dos precedentes invocados pela Corte ao argumento de que as gratificações discutidas naqueles não haviam sido regulamentadas, ao passo que a Gratificação de Desempenho da Carreira da Previdência, da Saúde e do Trabalho – GDPST teve sua regulamentação efetivada em dezembro de 2010, através de Portaria da FUNASA. Sob essa ótica, a regulamentação da concessão da gratificação reverteria a natureza da desta, de genérica para específica. Os Embargos foram rejeitados por unanimidade sob o fundamento de que a Corte já havia decidido (RE 572.052/RN) que a superveniência de ato normativo que regulamenta gratificação, até então reconhecida como de natureza genérica, não tem o condão de cassar sua extensão aos inativos que preencheram os pressupostos de incidência da regra de paridade prevista na antiga redação do § 8º do art. 40 da Constituição da República.

Contra esse acórdão, foram opostos novos embargos de declaração em que o Recorrente aduziu a impossibilidade de o STF apreciar a questão referente ao pagamento da GDPST após a sua regulamentação, uma vez tratar-se de tema não trazido no Recurso Extraordinário. Os embargos foram providos para anular o acórdão anterior por reconhecer que aquele, ao determinar o pagamento da gratificação aos inativos de forma permanente, ultrapassou os limites do efeito devolutivo do recurso e feriu o princípio do *non reformatio in pejus*, já que a sentença combatida havia julgado o pedido da autora, servidora aposentada, parcialmente procedente para lhe garantir o pagamento de 80% do valor da GDPST "até que sejam processados os resultados do primeiro ciclo de avaliação de desempenho, na forma do artigo 5º-B, da Lei 11.355/2006, e arts. 128 e 163 da Lei 11.784/2000". Assim, não havendo recorrido a autora, a apreciação do recurso da FUNASA cingia-se a discutir se era devido o pagamento até a regulamentação. Desta forma, O acórdão do julgamento dos segundos embargos fixou o direito de recebimento da GDPST aos servidores inativos até a conclusão do ciclo de avaliação, conforme reconhecido na sentença.

◉ Síntese do debate constante do acórdão que fixou o precedente:

O julgamento se deu através do Plenário Virtual com reafirmação da jurisprudência do STF. Conquanto não tenha sido julgado por unanimidade, a divergência do Ministro Marco Aurélio Melo cingiu-se à possibilidade de julgamento de causa de repercussão geral através do Plenário Virtual, não havendo em seu voto qualquer manifestação de discordância quanto ao mérito do recurso. A outra divergência quanto à reafirmação da jurisprudência do STF foi do Ministro Carlos Ayres Brito, porém, não há voto escrito juntado aos autos. Não votaram os Ministros Joaquim Barbosa e Cármen Lúcia.

◉ Fique atento:

- A Emenda Constitucional nº 41/2003 extinguiu o chamado regime de integralidade e paridade assegurado, até então, no art. 40 e parágrafos da Constituição Federal. A integralidade consistia no direito de o servidor público se aposentar recebendo a totalidade da remuneração do cargo efetivo em que se desse a aposentadoria e a paridade assegurava aumentos e reajustes aos servidores aposentados nos mesmos percentuais atribuídos aos servidores da ativa. Após a Emenda, os reajustes de proventos e pensões ficaram vinculados aos concedidos pelo Regime Geral de Previdência Social. Importante não confundir o extinto regime de integralidade com o direito à aposentadoria com proventos integrais. Esta última, que é calculada a partir de uma média das contribuições tem esse nome em contraposição à aposentadoria com proventos proporcionais, na qual, após o cálculo da média das contribuições, é aplicado um redutor proporcional ao tempo restante para que o servidor fizesse jus à aposentadoria com proventos integrais.

- A reforma da previdência que se encontra em discussão no Congresso Nacional no momento de elaboração desse trabalho poderá promover profundas alterações nesse cenário.

⊚ Questões de Concurso relacionadas ao tema:

Questão 01 (Procurador – Prefeitura de Curitiba / UFPR / 2015) João ingressou em cargo estadual de provimento em comissão declarado em lei de livre nomeação e exoneração no ano de 2000. Posteriormente, no ano de 2003, ainda no exercício exclusivo do cargo comissionado, foi aprovado em concurso público para outro cargo na administração municipal, no qual tomou posse em agosto de 2004, no mesmo dia em que foi exonerado do cargo em comissão.

Com base nesses fatos e considerando a vigente disciplina constitucional da aposentadoria dos servidores públicos, assinale a alternativa correta.

a) João poderá se beneficiar, por ocasião da sua aposentadoria voluntária, do direito à integralidade dos proventos, mas não do direito à paridade com os servidores ativos.

b) João poderá se beneficiar, por ocasião da sua aposentadoria voluntária, do direito à integralidade dos proventos e do direito à paridade com os servidores ativos.

c) João poderá se beneficiar, por ocasião da sua aposentadoria voluntária, do direito à paridade com os servidores ativos, mas não do direito à integralidade dos proventos.

d) João não poderá se beneficiar, por ocasião da sua aposentadoria voluntária, nem do direito à integralidade dos proventos nem do direito à paridade com os servidores ativos.

e) Caso venha a ser instituído regime de previdência complementar pelo Município, João não poderá optar por se vincular a tal regime.

> **Gabarito: 1-D**

Tema 410: "Extensão, em relação aos servidores inativos, dos critérios de cálculo da GDPGTAS estabelecidos para os servidores em atividade."

Tese: É compatível com a Constituição a extensão, aos servidores públicos inativos, dos critérios de cálculo da Gratificação de Desempenho de Atividade Técnico-Administrativa e de Suporte – GDPGTAS estabelecidos para os servidores públicos em atividade.

FICHA TÉCNICA	
Leading case:	**RE 633933**
Descrição do caso feita pelo STF:	Recurso extraordinário em que se discute, à luz do princípio da isonomia e do artigo 40, § 8°, da Constituição Federal, a extensão, ou não, aos servidores públicos inativos, dos critérios de cálculo estabelecidos para os servidores em atividade da Gratificação de Desempenho de Atividade Técnico-Administrativa e de Suporte – GDPGTAS, instituída pela MP 431/2008, convertida na Lei 11.784/2008.

FICHA TÉCNICA	
Leading case:	**RE 633933**
Dispositivo(s) constitucional(is) envolvido(s):	Art. 40. Aos servidores titulares de cargos efetivos da União, dos Estados, do Distrito Federal e dos Municípios, incluídas suas autarquias e fundações, é assegurado regime de previdência de caráter contributivo e solidário, mediante contribuição do respectivo ente público, dos servidores ativos e inativos e dos pensionistas, observados critérios que preservem o equilíbrio financeiro e atuarial e o disposto neste artigo.(...) § 8º[34] Observado o disposto no art. 37, XI, os proventos de aposentadoria e as pensões serão revistos na mesma proporção e na mesma data, sempre que se modificar a remuneração dos servidores em atividade, sendo também estendidos aos aposentados e aos pensionistas quaisquer benefícios ou vantagens posteriormente concedidos aos servidores em atividade, inclusive quando decorrentes da transformação ou reclassificação do cargo ou função em que se deu a aposentadoria ou que serviu de referência para a concessão da pensão, na forma da lei.
	Art. 37. A administração pública direta e indireta de qualquer dos Poderes da União, dos Estados, do Distrito Federal e dos Municípios obedecerá aos princípios de legalidade, impessoalidade, moralidade, publicidade e eficiência e, também, ao seguinte: (...) XI – a remuneração e o subsídio dos ocupantes de cargos, funções e empregos públicos da administração direta, autárquica e fundacional, dos membros de qualquer dos Poderes da União, dos Estados, do Distrito Federal e dos Municípios, dos detentores de mandato eletivo e dos demais agentes políticos e os proventos, pensões ou outra espécie remuneratória, percebidos cumulativamente ou não, incluídas as vantagens pessoais ou de qualquer outra natureza, não poderão exceder o subsídio mensal, em espécie, dos Ministros do Supremo Tribunal Federal, aplicando-se como limite, nos Municípios, o subsídio do Prefeito, e nos Estados e no Distrito Federal, o subsídio mensal do Governador no âmbito do Poder Executivo, o subsídio dos Deputados Estaduais e Distritais no âmbito do Poder Legislativo e o subsídio dos Desembargadores do Tribunal de Justiça, limitado a noventa inteiros e vinte e cinco centésimos por cento do subsídio mensal, em espécie, dos Ministros do Supremo Tribunal Federal, no âmbito do Poder Judiciário, aplicável este limite aos membros do Ministério Público, aos Procuradores e aos Defensores Públicos; (...) XV – o subsídio e os vencimentos dos ocupantes de cargos e empregos públicos são irredutíveis, ressalvado o disposto nos incisos XI e XIV deste artigo e nos arts. 39, § 4º, 150, II, 153, III, e 153, § 2º, I; XI – a remuneração e o subsídio dos ocupantes de cargos, funções e empregos públicos da administração direta, autárquica e fundacional, dos membros de qualquer

---

34. Redação anterior à Emenda Constitucional nº 41/2003.

FICHA TÉCNICA	
Leading case:	**RE 633933**
	dos Poderes da União, dos Estados, do Distrito Federal e dos Municípios, dos detentores de mandato eletivo e dos demais agentes políticos e os proventos, pensões ou outra espécie remuneratória, percebidos cumulativamente ou não, incluídas as vantagens pessoais ou de qualquer outra natureza, não poderão exceder o subsídio mensal, em espécie, dos Ministros do Supremo Tribunal Federal, aplicando-se como limite, nos Municípios, o subsídio do Prefeito, e nos Estados e no Distrito Federal, o subsídio mensal do Governador no âmbito do Poder Executivo, o subsídio dos Deputados Estaduais e Distritais no âmbito do Poder Legislativo e o subsídio dos Desembargadores do Tribunal de Justiça, limitado a noventa inteiros e vinte e cinco centésimos por cento do subsídio mensal, em espécie, dos Ministros do Supremo Tribunal Federal, no âmbito do Poder Judiciário, aplicável este limite aos membros do Ministério Público, aos Procuradores e aos Defensores Públicos;
	EC nº 41, Art. 7º Observado o disposto no art. 37, XI, da Constituição Federal, os proventos de aposentadoria dos servidores públicos titulares de cargo efetivo e as pensões dos seus dependentes pagos pela União, Estados, Distrito Federal e Municípios, incluídas suas autarquias e fundações, em fruição na data de publicação desta Emenda, bem como os proventos de aposentadoria dos servidores e as pensões dos dependentes abrangidos pelo art. 3º desta Emenda, serão revistos na mesma proporção e na mesma data, sempre que se modificar a remuneração dos servidores em atividade, sendo também estendidos aos aposentados e pensionistas quaisquer benefícios ou vantagens posteriormente concedidos aos servidores em atividade, inclusive quando decorrentes da transformação ou reclassificação do cargo ou função em que se deu a aposentadoria ou que serviu de referência para a concessão da pensão, na forma da lei.
Data de reconhecimento da repercussão geral:	10/06/2011
Data de julgamento do mérito recursal:	10/06/2011
Houve unanimidade?	Não
Data de publicação do acórdão de julgamento do recurso:	01/09/2011
Trânsito em julgado do acórdão:	21/09/2011

⊙ Comentários:

Trata-se de pleito de extensão da Gratificação de Desempenho de Atividade Técnico--Administrativa e de Suporte – GDPGTAS, no percentual de 80%, aos servidores inativos. A referida gratificação foi instituída pela Lei nº 11.357/06, que estabeleceu que os servidores em atividade passariam a perceber a GDPGTAS no valor correspondente a 80% (oitenta por cento) do percentual máximo até o advento de nova disciplina de aferição da produtividade e conclusão dos efeitos do último ciclo de avaliação. No Julgamento da Apelação, o TRF da 2ª Região concedeu a extensão da gratificação aos servidores inativos por entender que a GDPDTAS havia se tornado uma gratificação genérica, não condicionada ao desempenho e à produtividade de funções exercidas pelos servidores da ativa.

O reconhecimento da Repercussão Geral se deu em virtude da discussão a respeito do direito de paridade previsto no artigo 40, § 8º, da Constituição Federal, paridade esta que, embora elidida pela Emenda nº 41/2003, ainda continuaria em vigor para aqueles que se aposentaram, ou que preencheram os requisitos para tal, antes da mencionada Emenda, ou para os que se aposentaram nos termos das regras de transição.

No acórdão, que negou provimento ao Recurso, o STF reafirmou a sua jurisprudência no sentido de que, em razão de estar revestida de caráter genérico, e não de natureza *labore faciendo*, ou seja, associada a uma atividade específica, a gratificação se estende aos servidores inativos. Precedentes: RE 585230 AgR / PE, Rel. Min. CELSO DE MELLO, DJe de 26.6.2009, RE 598363 / RJ, Rel. Min. CELSO DE MELLO, DJe DE 17.04.2009, AI 768688 / SE, Rel. Min. GILMAR MENDES, DJe de 23.11.2010, AI 717983 / SE, Rel. Min. JOAQUIM BARBOSA, DJe de 15.9.2010, AI 710377 / SE, Rel. Min. DIAS TOFFOLI, DJe de 4.8.2010, RE 609722 / RJ, Rel. Min. EROS GRAU, DJe de 11.5.2010.

⊙ Síntese do debate constante do acórdão que fixou o precedente:

O julgamento se deu através do Plenário Virtual com reafirmação da jurisprudência do STF. O Ministro Marco Aurélio Melo divergiu por entender que o Recurso envolvia matéria de fato e por isso votou por negar-lhe seguimento, além de votar contra o reconhecimento de repercussão geral. O Ministro Ayres Brito também votou contra a reafirmação da jurisprudência, porém, não juntou seu voto aos autos. Não votaram os Ministros Joaquim Barbosa e Cármen Lúcia.

⊙ Fique atento:

- A Emenda Constitucional nº 41/2003 extinguiu o chamado regime de integralidade e paridade assegurado, até então, no art. 40 e parágrafos da Constituição Federal. A integralidade consistia no direito de o servidor público se aposentar recebendo a totalidade da remuneração do cargo efetivo em que se desse a aposentadoria e a paridade assegurava aumentos e reajustes aos servidores aposentados nos mesmos percentuais atribuídos aos servidores da ativa. Após a Emenda, os reajustes de proventos e pensões ficaram vinculados aos concedidos pelo Regime Geral de Previdência Social. Importante não confundir o extinto regime de integralidade com o direito à aposentadoria com proventos integrais. Esta última, que é calculada a partir de uma média das contribuições tem esse nome em contraposição à aposentadoria com proventos proporcionais, na qual, após o cálculo da média das contribuições, é aplicado um redutor proporcional ao tempo restante para que o servidor fizesse jus à aposentadoria com proventos integrais.

• A reforma da previdência que se encontra em discussão no Congresso Nacional no momento de elaboração desse trabalho poderá promover profundas alterações nesse cenário.

Tema 447: "Extensão, em relação aos servidores inativos e pensionistas, dos critérios de cálculo da GDAMB estabelecidos para os servidores em atividade."

Tese: É compatível com a Constituição a extensão, aos servidores públicos inativos e pensionistas, dos critérios de cálculo da Gratificação de Desempenho de Atividade Técnico-Administrativa do Meio Ambiente – GDAMB estabelecidos para os servidores públicos em atividade.

FICHA TÉCNICA	
Leading case:	**ARE 642827**
Descrição do caso feita pelo STF:	Agravo interposto contra decisão que inadmitiu recurso extraordinário em que se discute, à luz do princípio da isonomia e do artigo 40, § 8°, da Constituição Federal, a aplicação, ou não, em relação aos servidores públicos inativos e pensionistas, dos critérios de cálculo estabelecidos para os servidores em atividade da Gratificação de Desempenho de Atividade Técnico-Administrativa do Meio Ambiente – GDAMB, instituída pela Lei 11.156/2005.
Dispositivo(s) constitucional(is) envolvido(s):	Art. 5° Todos são iguais perante a lei, sem distinção de qualquer natureza, garantindo-se aos brasileiros e aos estrangeiros residentes no País a inviolabilidade do direito à vida, à liberdade, à igualdade, à segurança e à propriedade, nos termos seguintes. (...)XXXVI – a lei não prejudicará o direito adquirido, o ato jurídico perfeito e a coisa julgada;
	Art. 37. A administração pública direta e indireta de qualquer dos Poderes da União, dos Estados, do Distrito Federal e dos Municípios obedecerá aos princípios de legalidade, impessoalidade, moralidade, publicidade e eficiência e, também, ao seguinte: (...) XV – o subsídio e os vencimentos dos ocupantes de cargos e empregos públicos são irredutíveis, ressalvado o disposto nos incisos XI e XIV deste artigo e nos arts. 39, § 4°, 150, II, 153, III, e 153, § 2°, I;
	Art. 169. A despesa com pessoal ativo e inativo da União, dos Estados, do Distrito Federal e dos Municípios não poderá exceder os limites estabelecidos em lei complementar. § 1° A concessão de qualquer vantagem ou aumento de remuneração, a criação de cargos, empregos e funções ou alteração de estrutura de carreiras, bem como a admissão ou contratação de pessoal, a qualquer título, pelos órgãos e entidades da administração direta ou indireta, inclusive fundações instituídas e mantidas pelo poder público, só poderão ser feitas: I – se houver prévia dotação orçamentária suficiente para atender às projeções de despesa de pessoal e aos acréscimos dela decorrentes; II – se houver autorização específica na lei de diretrizes orçamentárias, ressalvadas as empresas públicas e as sociedades de economia mista.

FICHA TÉCNICA	
Leading case:	**ARE 642827**
Data de reconhecimento da repercussão geral:	24/06/2011
Data de julgamento do mérito recursal:	24/06/2011
Houve unanimidade?	Não
Data de publicação do acórdão de julgamento do recurso:	31/08/2011
Trânsito em julgado do acórdão:	12/09/2011

◉ Comentários:

O Agravo de Instrumento foi convertido em Recurso Extraordinário pelo Relator, Ministro Cezar Peluso, e versa sobre a extensão, aos servidores inativos e pensionistas, da Gratificação de Desempenho de Atividade Técnico-Administrativa do Meio Ambiente – GDAMB, instituída pela Lei nº 11.156/2005. Esta Lei estabeleceu que os servidores aposentados receberiam 50% do total da gratificação, enquanto que os servidores da ativa receberiam o valor total, enquanto a gratificação não fosse regulamentada.

Com base no voto do Relator, que serviu de acórdão, o STF reafirmou sua jurisprudência e decidiu que em razão do caráter genérico da GDAMB, seria aplicável ao caso o mesmo entendimento quanto à Gratificação de Desempenho de Atividade Técnico-Administrativa – GDATA e à Gratificação de Desempenho de Atividade da Seguridade Social e do Trabalho – GDASST (AI 822897 / ES – Rel. Min. Cármen Lúcia, DJE 26/11/2010), no sentido de que se estendem aos servidores aposentados ainda sob a égide da regra da paridade constante do art. 40, § 8º, da Constituição Federal em texto anterior à Emenda Constitucional nº 41/2003.

◉ Síntese do debate constante do acórdão que fixou o precedente:

O julgamento se deu através do Plenário Virtual com reafirmação da jurisprudência do STF. Conquanto não tenha sido julgado por unanimidade, a divergência do Ministro Marco Aurélio Melo e do Ministro Carlos Ayres Brito não foi acompanhada de fundamentação escrita. Não votaram os Ministros Ricardo Lewandowski, Joaquim Barbosa e Cármen Lúcia.

◉ Fique atento:

- Em diversos casos semelhantes, a posição do STF é no sentido de que, se a gratificação estiver revestida de caráter genérico, e não de natureza *labore faciendo*, ou seja, associada a uma atividade específica, a gratificação se estende aos servidores aposentados em data anterior à aprovação da Emenda Constitucional nº 41/2003. Dependendo das regras que estabeleça, a regulamentação da gratificação pode retirar dela esse caráter genérico.

Tema 448: "Extensão do adicional de insalubridade aos policiais militares inativos em razão de previsão em Lei Complementar Estadual."

Tese: É incompatível com a Constituição a extensão, aos policiais militares inativos e pensionistas, do adicional de insalubridade instituído pela Lei Complementar 432/1985 do Estado de São Paulo.

FICHA TÉCNICA	
Leading case:	**RE 642682**
Descrição do caso feita pelo STF:	Recurso extraordinário em que se discute, à luz dos art. 40, § 8°, da Constituição Federal, a constitucionalidade, ou não, da extensão do adicional de insalubridade aos policiais militares inativos, em face do disposto na Lei Complementar Estadual (SP) n° 432/85.
Dispositivo(s) constitucional(is) envolvido(s):	Art. 40, § 8°[35] Observado o disposto no art. 37, XI, os proventos de aposentadoria e as pensões serão revistos na mesma proporção e na mesma data, sempre que se modificar a remuneração dos servidores em atividade, sendo também estendidos aos aposentados e aos pensionistas quaisquer benefícios ou vantagens posteriormente concedidos aos servidores em atividade, inclusive quando decorrentes da transformação ou reclassificação do cargo ou função em que se deu a aposentadoria ou que serviu de referência para a concessão da pensão, na forma da lei.
Data de reconhecimento da repercussão geral:	24/06/2011
Data de julgamento do mérito recursal:	16/04/2012 (embargos de declaração)
Houve unanimidade?	Não
Data de publicação do acórdão de julgamento do recurso:	27/04/2012 (embargos de declaração)
Trânsito em julgado do acórdão:	09/05/2012

---

35. Redação anterior à Emenda Constitucional nº 41/2003

◉ Comentários:

A Lei Complementar n° 432/85 do Estado de São Paulo instituiu o adicional de insalubridade aos policiais militares. Com base no direito de paridade, servidores inativos e pensionistas pleitearam o recebimento dos valores. O Tribunal de Justiça de São Paulo entendeu que os autores faziam jus ao recebimento do adicional. No julgamento do Extraordinário, o STF deu provimento ao recurso do Estado reafirmando sua jurisprudência no sentido de que não cabe aos militares inativos e pensionistas a extensão do adicional de insalubridade instituído pela referida Lei.

◉ Síntese do debate constante do acórdão que fixou o precedente:

O julgamento se deu através do Plenário Virtual com reafirmação da jurisprudência do STF. Conquanto não tenha sido julgado por unanimidade, a divergência do Ministro Marco Aurélio Melo e do Ministro Carlos Ayres Brito não foi acompanhada de fundamentação escrita. Não votaram os Ministros Ricardo Lewandowski, Joaquim Barbosa e Cármen Lúcia.

◉ Fique atento:

- O adicional de insalubridade se dá em razão do exercício de uma atividade específica, considerada insalubre. Decorre, portanto, de natureza *labore faciendo*, e não genérica. Nesses casos, o STF entende não ser aplicável o princípio da paridade.

- No caso de provimento do Recurso Extraordinário, é necessário que o acórdão explicitamente inverta o ônus de sucumbência. Nesse julgamento, houve provimento de embargos de declaração para suprir tal omissão no primeiro acórdão.

Tema 664: "Extensão da GDATFA aos servidores inativos no mesmo patamar pago aos servidores em atividade. Fixação do termo final dessa equiparação. "

Tese: O termo inicial do pagamento diferenciado das gratificações de desempenho entre servidores ativos e inativos é o da data da homologação do resultado das avaliações, após a conclusão do primeiro ciclo de avaliações, não podendo a Administração retroagir os efeitos financeiros a data anterior.

FICHA TÉCNICA	
Leading case:	RE 662406
Descrição do caso feita pelo STF:	Recurso extraordinário em que se discute, à luz do art. 40, § 8°, da Constituição federal (com a redação anterior à Emenda Constitucional 41/2003), a extensão da Gratificação de Desempenho de Atividade Técnica de Fiscalização Agropecuária – GDATFA, instituída pela Lei Federal n° 10.484/2002, aos servidores inativos no mesmo patamar pago aos servidores em atividade, bem como a fixação do termo final dessa equiparação.

FICHA TÉCNICA	
Leading case:	**RE 662406**
Dispositivo(s) constitucional (is) envolvido(s):	Art. 40 – Aos servidores titulares de cargos efetivos da União, dos Estados, do Distrito Federal e dos Municípios, incluídas suas autarquias e fundações, é assegurado regime de previdência de caráter contributivo, observados critérios que preservem o equilíbrio financeiro e atuarial e o disposto neste artigo. § 8º Observado o disposto no art. 37, XI, os proventos de aposentadoria e as pensões serão revistos na mesma proporção e na mesma data, sempre que se modificar a remuneração dos servidores em atividade, sendo também estendidos aos aposentados e aos pensionistas quaisquer benefícios ou vantagens posteriormente concedidos aos servidores em atividade, inclusive quando decorrentes da transformação ou reclassificação do cargo ou função em que se deu a aposentadoria ou que serviu de referência para a concessão da pensão, na forma da lei.
Data de reconhecimento da repercussão geral:	21/06/2013
Data de julgamento do mérito recursal:	11/12/2014
Houve unanimidade?	Sim
Data de publicação do acórdão de julgamento do recurso:	18/02/2015
Trânsito em julgado do acórdão:	06/03/2015

◉ Comentários:

A questão levantada discute a fixação do termo final do direito à paridade remuneratória entre servidores ativos e inativos, prevista no artigo 40, § 8º, da Constituição Federal, tendo em vista a alteração de sua redação decorrente da Emenda Constitucional 41/2003.

No caso em apreço, trata-se de recurso extraordinário interposto pela União contra decisão da Turma recursal federal da 5ª Região, a qual confirmou a sentença de 1º grau no sentido de estende ao servidor inativo a Gratificação de Desempenho de Atividade Técnica de Fiscalização Agropecuária – GDATFA, criada pela Lei 10.484/2002, no patamar em que ela foi concedida aos servidores ativos do Ministério da Agricultura, Pecuária e Abastecimento. A referida decisão teve como fundamentos tratar-se a GDATFA de vantagem concedida em caráter geral, e não decorrente de atividade específica, traduzindo verdadeiro reajuste de vencimentos, sem se perder de vista que, apesar da regulamentação oriunda do Decreto nº 5.008/2004, não foi comprovada a realização das avaliações de desempenho individual e institucional previstas.

A questão em apreço, conforme apontou o relator Ministro TEORI ZAVASCKI, é análoga a decidida em julgamento do RE 476.279/DF e do RE 476.390/DF, quando se discutiu a respeito da extensão de outra gratificação (Gratificação de Desempenho de Atividade Técnico-Administrativa – GDATA), sendo, pois, A GDATFA e a GDATA gratificações com as mesmas natureza e características. Originalmente, ambas foram concedidas a todos os servidores de forma geral e irrestrita, apesar de criadas com o propósito de serem pagas de modo diferenciado, segundo a produção ou o desempenho profissional, individual ou institucional.

Ocorre que a Súmula Vinculante 20 limita-se a prever que, considerada a ausência de realização das avaliações individuais e a institucional durante a vigência da GDATA, não é legítima a discriminação no seu pagamento. Por essa razão, determina o pagamento aos inativos e pensionistas do mesmo montante devido aos servidores ativos. Na sua parte final, faz a ressalva de que a equiparação deve perdurar "até a conclusão dos efeitos do último ciclo de avaliação a que se refere o artigo 1º da Medida Provisória no 198/2004"

Portanto, segundo ficou assentado no precedente, o marco temporal para o início do pagamento diferenciado das gratificações de desempenho para ativos e inativos é o dia de conclusão da avaliação do primeiro ciclo, que corresponde à data igual ou posterior ao final do ciclo, não podendo retroagir ao seu início.

Nesta senda, conforme entendimento também consolidado no RE 631.389, ficou assentado que o marco temporal para o início do pagamento diferenciado das gratificações de desempenho para ativos e inativos é o dia de conclusão da avaliação do primeiro ciclo, que corresponde à data igual ou posterior ao final do ciclo, não podendo retroagir ao seu início.

A tese fixada, de forma unânime foi no sentido de que o pagamento diferenciado das gratificações de desempenho entre servidores ativos e inativos é o da data da homologação do resultado das avaliações após a conclusão do primeiro ciclo de avaliações, não podendo a Administração retroagir os efeitos financeiros.

No caso concreto, à unanimidade, foi negado provimento ao recurso, visto que, o primeiro ciclo de avaliação de desempenho dos servidores públicos que recebem a GDAFTA iniciou em 25 de outubro 2010, dia de publicação da Portaria MAPA 1.031/2010, que retroagiu a essa data o início dos efeitos financeiros, sendo, pois, ilegítima a referida Portaria.

◉ Fique atento:

- A Emenda Constitucional nº 41/2003 extinguiu o chamado regime de integralidade e paridade assegurado, até então, no art. 40 e parágrafos da Constituição Federal. A integralidade consistia no direito de o servidor público se aposentar recebendo a totalidade da remuneração do cargo efetivo em que se desse a aposentadoria e a paridade assegurava aumentos e reajustes aos servidores aposentados nos mesmos percentuais atribuídos aos servidores da ativa. Após a Emenda, os reajustes de proventos e pensões ficaram vinculados aos concedidos pelo Regime Geral de Previdência Social. Importante não confundir o extinto regime de integralidade com o direito à aposentadoria com proventos integrais. Esta última, que é calculada a partir de uma média das contribuições tem esse nome em contraposição à aposentadoria com proventos proporcionais, na qual, após o cálculo da média das contribuições, é aplicado um redutor proporcional ao tempo restante para que o servidor fizesse jus à aposentadoria com proventos integrais.

- A reforma da previdência que se encontra em discussão no Congresso Nacional no momento de elaboração desse trabalho poderá promover profundas alterações nesse cenário.

2.25. SERVIDORES PÚBLICOS – REGIME REMUNERATÓRIO: ABONO DE PERMANÊNCIA

Tema 888: "Direito de servidores públicos abrangidos pela aposentadoria especial ao abono de permanência."

Tese: "É legítimo o pagamento do abono de permanência previsto no art. 40, § 19, da Constituição Federal ao servidor público que opte por permanecer em atividade após o preenchimento dos requisitos para a concessão da aposentadoria voluntária especial (art. 40, § 4°, da Carta Magna)".

FICHA TÉCNICA	
Leading case:	**RE 954.408/RS**
Descrição do caso feita pelo STF:	"Recurso extraordinário em que se discute, à luz dos arts. 2°, 37, caput, e 40, §§ 4° e 19, da Constituição Federal, o direito, ou não, de servidores públicos abrangidos pela aposentadoria especial ao abono de permanência".
Dispositivo(s) constitucional(is) envolvido(s):	Art. 2° São Poderes da União, independentes e harmônicos entre si, o Legislativo, o Executivo e o Judiciário.
	Art. 37. A administração pública direta e indireta de qualquer dos Poderes da União, dos Estados, do Distrito Federal e dos Municípios obedecerá aos princípios de legalidade, impessoalidade, moralidade, publicidade e eficiência e, também, ao seguinte: (Redação dada pela Emenda Constitucional n° 19, de 1998)
	Art. 40. Aos servidores titulares de cargos efetivos da União, dos Estados, do Distrito Federal e dos Municípios, incluídas suas autarquias e fundações, é assegurado regime de previdência de caráter contributivo e solidário, mediante contribuição do respectivo ente público, dos servidores ativos e inativos e dos pensionistas, observados critérios que preservem o equilíbrio financeiro e atuarial e o disposto neste artigo. (Redação dada pela Emenda Constitucional n° 41, 19.12.2003) (...)
	§ 4° É vedada a adoção de requisitos e critérios diferenciados para a concessão de aposentadoria aos abrangidos pelo regime de que trata este artigo, ressalvados, nos termos definidos em leis complementares, os casos de servidores: (Redação dada pela Emenda Constitucional n° 47, de 2005) I – portadores de deficiência; (Incluído pela Emenda Constitucional n° 47, de 2005) II – que exerçam atividades de risco; (Incluído pela Emenda Constitucional n° 47, de 2005) III – cujas atividades sejam exercidas sob

FICHA TÉCNICA	
Leading case:	RE 954.408/RS
	condições especiais que prejudiquem a saúde ou a integridade física. (Incluído pela Emenda Constitucional nº 47, de 2005) (...) § 19. O servidor de que trata este artigo que tenha completado as exigências para aposentadoria voluntária estabelecidas no § 1º, III, a, e que opte por permanecer em atividade fará jus a um abono de permanência equivalente ao valor da sua contribuição previdenciária até completar as exigências para aposentadoria compulsória contidas no § 1º, II. (Incluído pela Emenda Constitucional nº 41, 19.12.2003)
Data de reconhecimento da repercussão geral:	15/04/2016.
Data de julgamento do mérito recursal:	15/04/2016.
Houve unanimidade?	Não.
Data de publicação do acórdão de julgamento do recurso:	22/04/2016.
Trânsito em julgado do acórdão:	17/05/2016.

⊙ Comentários:[36]

O Supremo Tribunal Federal apreciou recurso extraordinário interposto pelo Estado do Rio Grande do Sul em face de acórdão da Turma Recursal da Fazenda Pública dos Juizados Especiais Cíveis do referido Estado federado, que entendeu que o abono de permanência previsto no art. 3º, § 1º, da Emenda Constitucional nº. 41/03 lhe era devido – o autor da ação sustenta ter preenchido, em fevereiro de 2008, os requisitos exigidos pela Lei Complementar 51/1985 para a concessão da aposentadoria voluntária, mas optou por permanecer em atividade até julho de 2012, sendo que durante esse período, não lhe foi pago o abono de permanência.

A Turma Recursal da Fazenda Pública dos Juizados Especiais Cíveis do Rio Grande do Sul entendeu que o abono era devido e manteve sentença que julgou procedente o pedido. No recurso ao Supremo Tribunal Federal, o Estado do Rio Grande do Sul alegou que o direito ao abono não se aplica em caso de aposentadoria especial. Argumentou ainda que, apenas na hipótese de preenchimento dos requisitos definidos no artigo 40, parágrafo 1º, inciso III, alínea 'a', da Constituição Federal é que subsiste o direito ao recebimento do abono permanência, portanto o servidor policial não teria direito.

---

36. À época da elaboração deste texto, ainda não havia sido publicado o acórdão do julgamento do mérito recursal. Os comentários baseiam-se na notícia publicada pelo STF acerca do julgamento havido, veiculada em 15/04/2016, em http://www.stf.jus.br/portal/cms/verNoticiaDetalhe.asp?idConteudo=314562.

Interposto agravo de instrumento contra decisão do tribunal *a quo* que negou seguimento ao recurso extraordinário, o Supremo Tribunal Federal lhe deu provimento para determinar sua conversão em recurso extraordinário, possibilitando um melhor exame da matéria.

A questão com repercussão geral a ser debatida foi a constitucionalidade do pagamento do abono de permanência previsto no art. 40, § 19, da Constituição Federal ao servidor público que opte por permanecer em atividade após o preenchimento dos requisitos para a concessão da aposentadoria voluntária especial (art. 40, § 4º, da Carta Magna)

O recurso extraordinário apontou ofensa aos seguintes dispositivos constitucionais: i) art. 40, §§ 4º e 19, pois, apenas na hipótese de preenchimento dos requisitos definidos no art. 40, § 1º, III, a, da Constituição Federal, há direito ao recebimento do abono permanência, sendo indevida a vantagem em se tratando de concessão de aposentadoria especial; ii) arts. 2º e 37, caput, porque o acolhimento do pedido pelo Judiciário importa infringência ao princípio da separação dos Poderes, além de violar o princípio da legalidade, porquanto estar-se-ia concedendo o abono de permanência sem previsão constitucional.

Em sua manifestação, o relator, Ministro Teori Zavascki, destacou que a jurisprudência do Tribunal é no sentido de que o artigo 1º, inciso I, da Lei Complementar 51/1985 foi recebido pela Constituição Federal, assegurando ao policial civil aposentado o direito ao abono de permanência; observou ainda que jurisprudência do tribunal **não veda a extensão do direito ao benefício para servidores públicos que se aposentam com fundamento no artigo 40, parágrafo 4º (aposentadoria voluntária especial), do texto constitucional, de modo que o acordão recorrido encontra-se em conformidade com a jurisprudência do Supremo Tribunal Federal.**

Em razão desses fundamentos, o relator se pronunciou pela existência de repercussão geral da matéria e pela reafirmação da jurisprudência, conhecendo ao agravo para negar provimento ao recurso extraordinário. A manifestação do relator quanto à repercussão geral foi seguida por unanimidade. No mérito, a decisão foi por maioria, vencido o ministro Marco Aurélio.

2.26. SERVIDORES PÚBLICOS – REGIME REMUNERATÓRIO: EXERCÍCIO DE FUNÇÃO COMISSIONADA – INCORPORAÇÃO DE QUINTOS

Tema 395: "Incorporação de quintos decorrentes do exercício de funções comissionadas e/ou gratificadas".

Tese: "Ofende o princípio da legalidade a decisão que concede a incorporação de quintos pelo exercício de função comissionada no período de 8/4/1998 até 4/9/2001, ante a carência de fundamento legal".

FICHA TÉCNICA	
Leading case:	**RE 638.115/CE**
Descrição do caso feita pelo STF:	"Recurso extraordinário em que se discute, à luz dos artigos 5°, XXXVI, e 40, § 8°, da Constituição Federal, a constitucionalidade, ou não, da incorporação de quintos decorrentes do exercício de funções comissionadas e/ou gratificadas no período compreendido entre a edição da Lei n° 9.624/98 e a publicação da MP n° 2.225-45/2001..."
Dispositivo(s) constitucional(is) envolvido(s):	Art. 5° Todos são iguais perante a lei, sem distinção de qualquer natureza, garantindo-se aos brasileiros e aos estrangeiros residentes no País a inviolabilidade do direito à vida, à liberdade, à igualdade, à segurança e à propriedade, nos termos seguintes: (...) XXXVI – a lei não prejudicará o direito adquirido, o ato jurídico perfeito e a coisa julgada; Art. 40. Aos servidores titulares de cargos efetivos da União, dos Estados, do Distrito Federal e dos Municípios, incluídas suas autarquias e fundações, é assegurado regime de previdência de caráter contributivo e solidário, mediante contribuição do respectivo ente público, dos servidores ativos e inativos e dos pensionistas, observados critérios que preservem o equilíbrio financeiro e atuarial e o disposto neste artigo. (Redação dada pela Emenda Constitucional n° 41, 19.12.2003) (...) § 8° É assegurado o reajustamento dos benefícios para preservar-lhes, em caráter permanente, o valor real, conforme critérios estabelecidos em lei.(Redação dada pela Emenda Constitucional n° 41, 19.12.2003)
Data de reconhecimento da repercussão geral:	20/05/2011
Data de julgamento do mérito recursal:	19/03/2015
Houve unanimidade?	Não
Data de publicação do acórdão de julgamento do recurso:	03/08/2015
Trânsito em julgado do acórdão:	Não havia ocorrido o trânsito em julgado do acórdão até a data de fechamento desta edição

⊙ Comentários:

Com fundamento no art. 102, III, "a", da Constituição Federal, o Supremo Tribunal Federal examinou o recurso extraordinário n°. 638.115/CE, interposto pela União contra acórdão do Superior Tribunal de Justiça que, confirmando posicionamento da Corte regional e do juízo de primeiro grau, decidiu que **seria possível a incorporação de quintos, em relação ao exercício da função comissionada, no período de 08 de abril de 1998 – data do início da vigência da Lei n°. 9.624/98 – até 05 de setembro de 2001 – data referente ao início da vigência da Medida Provisória n°. 2.225-45/01.**

A União, em seu recurso, argumentou ter havido violação aos arts. 2º. 37, *caput*, XXX-VI; 40, § º, 62, 63 e 105 da Constituição Federal, alegando, ainda, que a Medida Provisória nº. 831/95 extinguiu a possibilidade de incorporação de quintos e determinou que os valores incorporados fossem convertidos em vantagens pessoais nominalmente identificadas. Por outro lado, os recorrentes alegaram a inexistência de ofensa à Constituição Federal.

Os fundamentos que arrimaram o voto vencedor do acórdão que contempla o precedente examinado foram: a) a concessão de quintos somente foi possível até 28/02/1995, com base no art. 3º, I, da Lei nº. 9.624/98; de 1º/03/1995 a 11/11/1997 a incorporação devida foi de décimos, com base no art. 3º, II e parágrafo único da Lei nº. 9.624/98; sendo indevida qualquer concessão após 11/11/1997, em razão da Medida Provisória nº. 1.595-14/97, e art. 15 da Lei nº. 9.527/97); b) a Medida Provisória nº. 2.225-45/01 não extinguiu o direito à incorporação supostamente revigorado pela Lei nº. 9.624/98, como equivocadamente se entendeu alhures, mas apenas e tão-somente transformou em Vantagem Pessoal Nominalmente Identificada a incorporação; e c) a decisão recorrida, baseada no entendimento segundo o qual a Medida Provisória nº. 2225-45/01, especificamente em seu art. 3º, permitiu a incorporação dos quintos no período de 08 de abril de 1998 até 05 de setembro de 2001, carece de fundamentação legal, violando, assim o princípio da legalidade.

Com base em tais fundamentos, o recurso extraordinário foi provido para fixar a tese de que **ofende o princípio da legalidade a decisão que concede a incorporação de quintos pelo exercício de função comissionada no período entre 08/04/1998 até 04/09/2001, ante a carência de fundamento legal**; e decidiu-se, ainda, modular os efeitos da decisão, para obstar a repetição de indébito em relação aos servidores que receberam de boa-fé os quintos pagos até a data do julgamento, cessada a ultra-atividade das incorporações em qualquer hipótese.

◉ Síntese do debate constante do acórdão que fixou o precedente:

Argumentos favoráveis à tese fixada:	Argumentos contrários à tese fixada:
• A concessão dos quintos sem fundamentação legal não se configura em mera ilegalidade, por ofensa a direito infraconstitucional (o que afastaria, inclusive, a admissibilidade do recurso extraordinário) – mas típica questão constitucional, consistente na afronta ao postulado fundamental da legalidade. (Min. Gilmar Mendes).	
• Deve-se distinguir uma sentença que aplica determinada norma, dando-lhe uma interpretação, e outra sentença que, sem base em lei alguma, reconhece uma vantagem que só a lei poderia reconhecer. Aqui, haveria absoluta ausência de lei. No primeiro caso, a questão seria inconstitucional; no segundo, constitucional, por ofensa ao princípio da legalidade. O enunciado nº. 10 da Súmula Vinculante do Supremo Tribunal Federal reforça a tese, ao afirmar que o juiz que deixa de aplicar uma lei sem declará-la inconstitucional fere a Constituição Federal (Min. Teori Zavascki).	

Argumentos favoráveis à tese fixada:	Argumentos contrários à tese fixada:
• No Recurso Extraordinário nº. 158.215, o Supremo Tribunal Federal decidiu, analogamente à situação examinada, reputar como constitucional a revisão de uma questão infraconstitucional em que se ofendeu norma constitucional (princípio constitucional do devido processo legal) quando deu provimento ao recurso para proteger a situação jurídica de um associado que foi expulso de associação sem o direito de ter sido, previamente, ouvido – expulsão esta reputada legal pelo tribunal de origem. (Min. Marco Aurélio).	• Não havendo interposição de recurso extraordinário simultaneamente com o manejo de recurso especial contra a decisão do tribunal de origem, não caberia discutir o tema como uma matéria constitucional. (Min. Rosa Weber). • Considerar ofensa ao princípio da legalidade a decisão que aplica matéria infraconstitucional derruba uma jurisprudência quase que secular do Supremo Tribunal Federal sobre a questão da ofensa reflexa, porque, no fundo, todas as normas jurídicas encontram a sua fonte primária na Constituição Federal. Então, *a fortiori*, qualquer violação da lei também seria uma violação à Constituição Federal. (Min. Luiz Fux). • O Supremo Tribunal Federal decidiu, no julgamento do Agravo Regimental no Agravo de Instrumento nº. 254.540, que o juízo de violação ou não de um direito que se adquiriu pelo preenchimento da hipótese de incidência de uma lei é matéria que se resolve no terreno da legalidade e não da constitucionalidade (Min. Carmen Lúcia). • Há jurisprudência do Supremo Tribunal Federal segundo a qual a interpretação dos diversos diplomas legais pelo Poder Judiciário não transgride diretamente o princípio da legalidade, razão pela qual não seria cabível a interposição de recurso extraordinário (AI 161.396-AgR/SP, AI 192.995-AgR/PE, AI 307.711/PA, AI 153.310-AgR/RS, AI 339.607/MG e RTJ 189/336-337). Tal jurisprudência foi, inclusive, sumulada pelo Supremo Tribunal Federal, com enunciado de nº. 636.

◉ Fique atento:

• O debate dos ministros não discutiu a matéria infraconstitucional referida no voto do Relator, e sim sobre a possibilidade de se admitir o recurso extraordinário, que essencialmente versava sobre matéria legal, e se isso se constituiria ou não em ofensa à Constituição Federal.

• Na discussão sobre a admissibilidade ou não do recurso extraordinário, uma importante discussão trazida pelo Min. Gilmar Mendes foi pouco ou sequer problematizada pelos demais: a distinção proposta entre uma sentença que aplica determinada norma, dando-lhe uma interpretação que pode ser ou não discutível (aqui, a questão seria infraconstitucional), e outra sentença que, sem base em lei alguma, reconhece uma vantagem que só a lei poderia reconhecer (aí, a questão seria constitucional, por ofensa ao princípio da legalidade). Esta distinção, que parece ser crucial ao tema, não foi suficientemente debatida ou enfrentada.

• Foram opostos diversos embargos de declaração contra o acórdão, alguns dos quais foram julgados e não conhecidos; ainda não transitou em julgado, portanto, o acórdão.

Tema 473: "Incorporação de quintos por exercício de função comissionada anteriormente ao ingresso na magistratura."

Tese: Não encontra amparo constitucional a pretensão de acumular, no cargo de magistrado ou em qualquer outro, a vantagem correspondente a "quintos", a que o titular fazia jus quando no exercício de cargo diverso.

FICHA TÉCNICA	
Leading case:	**RE 587371**
Descrição do caso feita pelo STF:	Recurso extraordinário em que se discute, à luz do art. 5°, XXXVI, da Constituição Federal, a existência, ou não, de direito adquirido de magistrados à incorporação de quintos pelo exercício de funções comissionadas anteriormente ao ingresso na magistratura.
Dispositivo(s) constitucional (is) envolvido(s):	Art. 5° Todos são iguais perante a lei, sem distinção de qualquer natureza, garantindo-se aos brasileiros e aos estrangeiros residentes no País a inviolabilidade do direito à vida, à liberdade, à igualdade, à segurança e à propriedade, nos termos seguintes: (...) XXXVI – a lei não prejudicará o direito adquirido, o ato jurídico perfeito e a coisa julgada; Art. 93. Lei complementar, de iniciativa do Supremo Tribunal Federal, disporá sobre o Estatuto da Magistratura, observados os seguintes princípios: (...).
Data de reconhecimento da repercussão geral:	09/09/2011
Data de julgamento do mérito recursal:	14/11/2013
Houve unanimidade?	Não
Data de publicação do acórdão de julgamento do recurso:	24/06/2014
Trânsito em julgado do acórdão:	20/10/2014, após julgamento de embargos declaratórios.

◉ Comentários:

O Recurso Extraordinário em questão, interposto pela União, buscava impugnar decisão do STJ, em sede de recurso em mandado de segurança, que havia reconhecido a dois juízes o direito a continuarem recebendo, no exercício da magistratura, os quintos incorporados a seus salários por exercício de função comissionada exercida anteriormente ao ingresso na magistratura.

Reafirmando diversos precedentes, o STJ entendeu que a Lei Orgânica da Magistratura – LOMAN não poderia se sobrepor a um direito adquirido. Diversos Recursos Extraordinários com o mesmo conteúdo não haviam sido conhecidos pela primeira turma do STF sob o entendimento de não haver matéria constitucional envolvida, uma vez que o direito adquirido não estaria sendo considerado de forma abstrata.

A discussão diria respeito a uma possível desconsideração de um determinado direito adquirido em face de lei infraconstitucional. O Relator do Extraordinário, Ministro Teori Zavascki, todavia, considerou que a discussão envolvia uma questão constitucional debatida com frequência na Corte sobre a existência ou não de direito adquirido a regime jurídico, inclusive com jurisprudência firmada indicando a negativa. Sob esse fundamento, a Corte conheceu do recurso e lhe atribuiu o caráter de paradigma para repercussão geral.

No mérito, a maioria entendeu que as vantagens remuneratórias adquiridas no exercício de determinado cargo público não autorizam o seu titular, quando extinta a correspondente relação funcional, a transportá-las para o âmbito de outro cargo, pertencente a carreira e regime jurídico distintos. Tal circunstância, se admitida, criaria um regime jurídico híbrido, composto das vantagens dos dois regimes, sem as correspondentes contraprestações. Sob esta ótica, o direito adquirido só pode ser exercido no âmbito da relação jurídica em que foi formado, com seus sujeitos ativo e passivo, e suas mútuas obrigações e prestações devidas.

Dessa forma, fixando a tese de que não encontra amparo constitucional a pretensão de acumular, no cargo de magistrado ou em qualquer outro, a vantagem correspondente a "quintos", a que o titular fazia jus quando no exercício de cargo diverso, o STF deu provimento ao recurso, porém de forma parcial, uma vez que não concedeu à União o direito de reaver os valores já percebidos pelos recorridos em respeito ao princípio da boa-fé.

◉ Síntese do debate constante do acórdão que fixou o precedente:

Argumentos favoráveis à tese fixada:	Argumentos contrários à tese fixada:
• Não há direito adquirido a regime jurídico (entendimento pacificado na Corte). • Os direitos adquiridos somente podem ser exercidos nos termos em que foram formados e segundo a estrutura que lhes conferiu o regime jurídico no âmbito do qual se desenvolveu a relação jurídica correspondente. Nesse sentido, os direitos adquiridos no âmbito de relações privadas não podem ser exigidos de outra pessoa, publica ou privada; e os direitos adquiridos numa relação funcional com a União não podem ser exercidos no âmbito de outra relação funcional de natureza diversa, ou em carreira distinta, ou em face de outra pessoa jurídica de direito publico (Teori Zavascki). • A adoção dos subsídios, parcela única de remuneração, pela magistratura trouxe transparência ao que ganham os juízes, eliminando a situação anterior, quando a remuneração poderia ser composta de inúmeras parcelas. Admitir um regime híbrido, no qual seria possível incorporar parcelas trazidas de cargos anteriores aos subsídios seria retroceder à forma anterior (Luís Roberto Barroso). • A exoneração implica a passagem para um novo cargo, com benefícios e ônus, não havendo direito adquirido à manutenção dos quintos incorporados à remuneração do cargo pretérito, já não mais ocupado (Marco Aurélio).	• O Recurso Extraordinário não poderia ser conhecido porque versa sobre matéria constitucional, uma vez que diz respeito à possível desconsideração de um direito adquirido determinado em face de lei infraconstitucional. Com efeito, a matéria do recurso, em última análise, cuida de analisar a dimensão normativa da LOMAN (Luiz Fux). • O provimento do Recurso criaria uma situação anti-isonômica em relação às centenas de recursos de igual teor, não conhecidos pela primeira turma (Luiz Fux). • Não é possível modular a decisão de modo que os valores pagos indevidamente não sejam devolvidos. A lei inconstitucional é írrita, natimorta (Marco Aurélio)[18].

---

37. O Ministro Marco Aurélio votou para dar provimento ao recurso em maior extensão do que fez o Relator, de forma a permitir que a União cobrasse os valores pagos indevidamente.

⊚ Fique atento:

- O reconhecimento da repercussão geral se dá no plenário virtual, em momento anterior à discussão na Corte. Esta, porém, não está vinculada àquela decisão e pode rever o posicionamento negando seguimento ao recurso. Por tal motivo, o ministro Luiz Fux suscitou a questão de admissibilidade do Recurso Extraordinário e o pleno deliberou sobre a matéria, mantendo, na espécie, o entendimento do plenário virtual.

⊚ Questões de Concurso relacionadas ao tema:

Questão 01 (CESPE. Câmara dos Deputados. Analista Legislativo. CESPE / 2014) Julgue o item que se segue, a respeito da remuneração dos agentes públicos, consoante entendimento do Supremo Tribunal Federal (STF).

A incorporação de quintos aos vencimentos de magistrados decorrente de exercício de função comissionada em cargo público anterior ao ingresso na magistratura constitui direito adquirido.

( ) Certo   ( ) Errado

Questão 02 (TRF-4ª R. TRF -4ºª R. Juiz Federal Substituto. 2016 – Adaptada) Julgue o item seguinte:

É vedada a incorporação de quintos aos vencimentos de magistrados decorrente de exercício de função comissionada em cargo público ocorrido em data anterior ao ingresso na magistratura.

( ) Certo   ( ) Errado

> Gabarito: 1-E; 2-C

2.27. EMPREGADOS PÚBLICOS – REGIME REMUNERATÓRIO: INDENIZAÇÃO POR DEMISSÃO IMOTIVADA DE EMPREGADO DURANTE A VIGÊNCIA DA URV

Tema 748: "Constitucionalidade do art. 31 da Lei 8.880/1994, que previu indenização adicional equivalente a cinquenta por cento da última remuneração recebida pelo empregado no caso de demissão sem justa causa durante o período de vigência da URV."

Tese: É constitucional o art. 31 da Lei 8.880/1994, que prevê indenização adicional equivalente a 50% da última remuneração recebida na hipótese de demissão imotivada de empregado durante a vigência da Unidade Real de Valor (URV).

FICHA TÉCNICA	
Leading case:	**RE 806190**
Descrição do caso feita pelo STF:	Recurso extraordinário em que se discute, à luz dos arts. 7°, I, da Constituição federal, e 10 do ADCT, a constitucionalidade do art. 31 da Lei 8.880/1994, que estabeleceu indenização adicional equivalente a 50% (cinquenta por cento) da última remuneração percebida pelo empregado no caso de demissão sem justa causa durante o período de vigência da Unidade Real de Valor – URV.
Dispositivo(s) constitucional (is) envolvido(s):	Art. 7° São direitos dos trabalhadores urbanos e rurais, além de outros que visem à melhoria de sua condição social: I – relação de emprego protegida contra despedida arbitrária ou sem justa causa, nos termos de lei complementar, que preverá indenização compensatória, dentre outros direitos;
	Art. 10 (ADCT). Até que seja promulgada a lei complementar a que se refere o art. 7°, I, da Constituição: I – fica limitada a proteção nele referida ao aumento, para quatro vezes, da porcentagem prevista no art. 6°, "caput" e § 1°, da Lei n° 5.107, de 13 de setembro de 1966; II – fica vedada a dispensa arbitrária ou sem justa causa: a) do empregado eleito para cargo de direção de comissões internas de prevenção de acidentes, desde o registro de sua candidatura até um ano após o final de seu mandato; b) da empregada gestante, desde a confirmação da gravidez até cinco meses após o parto. § 1° Até que a lei venha a disciplinar o disposto no art. 7°, XIX, da Constituição, o prazo da licença-paternidade a que se refere o inciso é de cinco dias. § 2° Até ulterior disposição legal, a cobrança das contribuições para o custeio das atividades dos sindicatos rurais será feita juntamente com a do imposto territorial rural, pelo mesmo órgão arrecadador. § 3° Na primeira comprovação do cumprimento das obrigações trabalhistas pelo empregador rural, na forma do art. 233, após a promulgação da Constituição, será certificada perante a Justiça do Trabalho a regularidade do contrato e das atualizações das obrigações trabalhistas de todo o período.
Data de reconhecimento da repercussão geral:	12/06/2014
Data de julgamento do mérito recursal:	12/06/2014
Houve unanimidade?	Não
Data de publicação do acórdão de julgamento do recurso:	27/06/2014
Trânsito em julgado do acórdão:	15/08/2014

◉ Comentários:

Em 1994, através da Lei nº 8.880/94, foi implementada no Brasil a ação econômica denominada Plano Real que teve como principal objetivo debelar a hiperinflação que assolava o país. Dentre as medidas adotadas, a referida Lei instituiu (art. 31) uma indenização adicional de 50% devida nos casos de demissão imotivada de empregado[38]. Tratava-se de medida temporária, uma vez que estaria atrelada à vigência da URV, indexador de transição para a nova moeda criada. A constitucionalidade do dispositivo foi diversas vezes questionada no STF em função do texto constante do inciso I do art. 7º da Constituição Federal que exige lei complementar para regular a proteção de emprego sem justa causa.

No caso concreto, uma empresa do Estado de Goiás impetrou Mandado de Segurança com o objetivo de se desonerar da mencionada indenização. Após a decisão de primeiro grau negando a segurança, a Quarta Turma do Tribunal Regional Federal da 1ª Região, negou provimento à remessa oficial, consignando que a multa de 50% sobre a última remuneração devida em virtude de demissão imotivada, conforme previsto no artigo 31 da Lei nº 8.880/94, por se tratar de mecanismo de proteção do emprego, consubstanciado em indenização compensatória, somente poderia ser instituída por lei complementar, nos termos do artigo 7º, inciso I, da Carta Federal.

Julgando o Recurso Extraordinário interposto pela União, o STF reafirmou a sua jurisprudência, agora em sede de repercussão geral, que considera a norma combatida como um meio de ajustamento do sistema monetário, inserida num contexto macroeconômico de combate à inflação, sem qualquer conotação com a proteção da relação de emprego exigida pelo inc. I do art. 7º da Constituição da República, a qual prevê um status de permanência. Assim, deu provimento ao Extraordinário, assentando a constitucionalidade do dispositivo.

◉ Síntese do debate constante do acórdão que fixou o precedente:

O julgamento se deu através do Plenário Virtual com reafirmação da jurisprudência do STF. A divergência do Ministro Marco Aurélio Melo foi concernente tão-somente ao julgamento de processo no Plenário Virtual, que, na sua visão, não atende ao devido processo legal, uma vez que não permite às partes realizarem sustentação oral. Posicionou-se, como sempre, no sentido de que o julgamento no Plenário Virtual deveria estar limitado apenas ao reconhecimento de repercussão geral.

◉ Fique atento:

- A Lei do Mandado de Segurança (12.016), prevê em seu artigo 14, § 1º: "Concedida a segurança, a sentença estará sujeita obrigatoriamente ao duplo grau de jurisdição".

---

38. Art. 31. Na hipótese de ocorrência de demissões sem justa causa, durante a vigência da URV prevista nesta Lei, as verbas rescisórias serão acrescidas de uma indenização adicional equivalente a cinqüenta por cento da última remuneração recebida.

2.28. SERVIDORES PÚBLICOS: DIREITO DE GREVE

Tema 531: Desconto nos vencimentos dos servidores públicos dos dias não trabalhados em virtude de greve.

Tese: A administração pública deve proceder ao desconto dos dias de paralisação decorrentes do exercício do direito de greve pelos servidores públicos, em virtude da suspensão do vínculo funcional que dela decorre, permitida a compensação em caso de acordo. O desconto será, contudo, incabível se ficar demonstrado que a greve foi provocada por conduta ilícita do Poder Público.

FICHA TÉCNICA	
Leading case:	RE 693456
Descrição do caso feita pelo STF:	Agravo interposto contra decisão que inadmitiu recurso extraordinário em que se discute, à luz dos artigos 5°, XXI, LIV e LV, 7°, VI, 9°, e 37, caput e VII, da Constituição Federal, a possibilidade, ou não, de descontar dos vencimentos dos servidores públicos os dias não trabalhados, em virtude do exercício do direito de greve, ante a falta de norma regulamentadora.
Dispositivo(s) constitucional (is) envolvido(s):	Art. 5° Todos são iguais perante a lei, sem distinção de qualquer natureza, garantindo-se aos brasileiros e aos estrangeiros residentes no País a inviolabilidade do direito à vida, à liberdade, à igualdade, à segurança e à propriedade, nos termos seguintes: (...) XXI – as entidades associativas, quando expressamente autorizadas, têm legitimidade para representar seus filiados judicial ou extrajudicialmente; (...) LIV – ninguém será privado da liberdade ou de seus bens sem o devido processo legal; LV – aos litigantes, em processo judicial ou administrativo, e aos acusados em geral são assegurados o contraditório e ampla defesa, com os meios e recursos a ela inerentes;
	Art. 7° São direitos dos trabalhadores urbanos e rurais, além de outros que visem à melhoria de sua condição social: (...) VI – irredutibilidade do salário, salvo o disposto em convenção ou acordo coletivo;
	Art. 9° É assegurado o direito de greve, competindo aos trabalhadores decidir sobre a oportunidade de exercê-lo e sobre os interesses que devam por meio dele defender.
	Art. 37. A administração pública direta e indireta de qualquer dos Poderes da União, dos Estados, do Distrito Federal e dos Municípios obedecerá aos princípios de legalidade, impessoalidade, moralidade, publicidade e eficiência e, também, ao seguinte: (...) VII – o direito de greve será exercido nos termos e nos limites definidos em lei específica;

FICHA TÉCNICA	
Leading case:	**RE 693456**
Data de reconhecimento da repercussão geral:	15/03/2012 (no AI 853275)
Data de julgamento do mérito recursal:	27/10/2016
Houve unanimidade?	Não
Data de publicação do acórdão de julgamento do recurso:	Acórdão não publicado até a data de fechamento desta edição.
Trânsito em julgado do acórdão:	-

◉ Comentários:[39]

O Tribunal, apreciando o tema 531 da repercussão geral, por unanimidade, conheceu em parte do recurso, e, por maioria, na parte conhecida, deu-lhe provimento, vencidos os Ministros Edson Fachin, Rosa Weber, Marco Aurélio e Ricardo Lewandowski, que lhe negavam provimento. Em seguida, o Tribunal, por maioria, fixou tese nos seguintes termos: "A administração pública deve proceder ao desconto dos dias de paralisação decorrentes do exercício do direito de greve pelos servidores públicos, em virtude da suspensão do vínculo funcional que dela decorre, permitida a compensação em caso de acordo. O desconto será, contudo, incabível se ficar demonstrado que a greve foi provocada por conduta ilícita do Poder Público", vencido o Ministro Edson Fachin. Não participaram da fixação da tese a Ministra Rosa Weber e o Ministro Marco Aurélio. Presidiu o julgamento a Ministra Cármen Lúcia. Plenário, 27.10.2016.

◉ Questões de Concurso relacionadas ao tema:

Questão 01 (FAUEL. CÂMARA DE MARIA HELENA-PR. Advogado. 2017) A realização de greve passou, historicamente, de um ato ilícito a um direito constitucionalmente garantido. Em relação ao exercício do direito de greve por servidores públicos, considerando o entendimento do Supremo Tribunal Federal (STF) sobre o tema, é correto afirmar:

   a) É ilícita greve de servidores prestadores de serviços públicos essenciais, notadamente por não haver qualquer regulamentação legal sobre o tema, estando pendente de julgamento o Mandado de Injunção que solucionará a lacuna legislativa.

   b) Segundo posicionamento majoritário do STF, é legítimo o desconto, pelos dias não trabalhados, da remuneração dos servidores públicos que aderirem a movimento grevista.

---

39. À época da elaboração deste texto, ainda não havia sido publicado o acórdão do julgamento do mérito recursal. Os comentários baseiam-se na notícia publicada pelo STF acerca do julgamento havido, veiculada em 27/10/2016.

O desconto será, contudo, incabível se ficar demonstrado que a greve foi provocada por conduta ilícita do Poder Público.

c) A competência para a apreciação da ação declaratória de ilegalidade da greve dos servidores estaduais e municipais é da Justiça do Trabalho.

d) Ao servidor público em estágio probatório é vedada a adesão ao movimento grevista, sob pena de exoneração.

> **Gabarito: 1- B**

2.29. SERVIDORES PÚBLICOS – DIREITOS E VANTAGENS: FÉRIAS

Tema 30: "Direito de servidor comissionado exonerado receber férias não gozadas acrescidas de um terço"

Tese: "I – O direito individual às férias é adquirido após o período de doze meses trabalhados, sendo devido o pagamento do terço constitucional independente do exercício desse direito; II – A ausência de previsão legal não pode restringir o direito ao pagamento do terço constitucional aos servidores exonerados de cargos comissionados que não usufruíram férias."

FICHA TÉCNICA	
Leading case:	**RE 570908**
Descrição do caso feita pelo STF:	"Recurso extraordinário em que se discute, à luz dos artigos 5°, II; 37, caput; e 61, § 1°, II, a, da Constituição Federal, o direito, ou não, de servidor comissionado exonerado perceber férias não usufruídas acrescidas do terço constitucional".
Dispositivo(s) constitucional(is) envolvido(s):	"Art. 5° Todos são iguais perante a lei, sem distinção de qualquer natureza, garantindo-se aos brasileiros e aos estrangeiros residentes no País a inviolabilidade do direito à vida, à liberdade, à igualdade, à segurança e à propriedade, nos termos seguintes: (...) II – ninguém será obrigado a fazer ou deixar de fazer alguma coisa senão em virtude de lei;"
	"Art. 37. A administração pública direta e indireta de qualquer dos Poderes da União, dos Estados, do Distrito Federal e dos Municípios obedecerá aos princípios de legalidade, impessoalidade, moralidade, publicidade e eficiência e, também, ao seguinte: (...)"

FICHA TÉCNICA	
Leading case:	**RE 570908**
	"Art. 61. A iniciativa das leis complementares e ordinárias cabe a qualquer membro ou Comissão da Câmara dos Deputados, do Senado Federal ou do Congresso Nacional, ao Presidente da República, ao Supremo Tribunal Federal, aos Tribunais Superiores, ao Procurador-Geral da República e aos cidadãos, na forma e nos casos previstos nesta Constituição. § 1° São de iniciativa privativa do Presidente da República as leis que: (...) II – disponham sobre: a) criação de cargos, funções ou empregos públicos na administração direta e autárquica ou aumento de sua remuneração; (...)"
Data de reconhecimento da repercussão geral:	08/02/2008
Data de julgamento do mérito recursal:	16/09/2009 (julgamento do recurso extraordinário)
Houve unanimidade?	Sim
Data de publicação do acórdão de julgamento do recurso:	12/03/2010 (publicação do acórdão do recurso extraordinário)
Trânsito em julgado do acórdão:	13/04/2010

◉ Comentários:

O recurso extraordinário paradigma foi interposto pelo Estado do Rio Grande do Norte contra acórdão proferido pelo Tribunal de Justiça do Estado do Rio Grande do Norte, que negou provimento ao seu recurso de apelação, confirmando o entendimento no sentido de ser direito do servidor público estadual, exonerado após o exercício de cargo comissionado, receber férias não gozadas acrescidas do adicional de um terço.

O recorrente sustentou, perante o STF, a inexistência, na legislação estadual (Lei Complementar Estadual n.º 122/1994), de previsão quanto ao pagamento de indenização correspondente a 1/3 do salário, no caso de férias não gozadas. Acrescentou que a interpretação conjugada dos artigos 7°, XVII[40], e 39, § 3°[41], da Constituição da República Federativa do Brasil, conduz à conclusão de que o pagamento do terço constitucional somente seria devido na hipótese de gozo das férias pelo servidor público.

---

40. Art. 7° São direitos dos trabalhadores urbanos e rurais, além de outros que visem à melhoria de sua condição social: (...) XVII – gozo de férias anuais remuneradas com, pelo menos, um terço a mais do que o salário normal;(...)"

41. Art. 39. A União, os Estados, o Distrito Federal e os Municípios instituirão, no âmbito de sua competência, regime jurídico único e planos de carreira para os servidores da administração pública direta, das autarquias e das fundações públicas. (...) § 3° Aplica-se aos servidores ocupantes de cargo público o disposto no art. 7°, IV, VII, VIII, IX, XII, XIII, XV, XVI, XVII, XVIII, XIX, XX, XXII e XXX, podendo a lei estabelecer requisitos diferenciados de admissão quando a natureza do cargo o exigir

A Relatora, Ministra Carmem Lúcia, submeteu o recurso ao plenário virtual, manifestando-se pela ausência de repercussão geral, por entender tratar-se de uma questão cujos efeitos não ultrapassariam os limites da causa. Contudo, ante a ausência de manifestações suficientes no mesmo sentido, a questão foi considerada dotada de repercussão geral.

No julgamento do recurso, com destaque para a previsão constitucional da atribuição do direito de férias, acrescidas de, no mínimo um terço, aos servidores públicos, por aplicação dos artigos 7º, XVII, e 39, § 3º, da CRFB, aliada à impossibilidade de enriquecimento ilícito da Administração Pública em detrimento do servidor, o STF negou provimento ao recurso extraordinário do Estado do Rio Grande do Norte.

◉ Síntese do debate constante do acórdão que fixou o precedente:

Argumentos favoráveis à tese fixada:	Argumentos contrários à tese fixada:
A CRFB não condiciona o pagamento de, no mínimo, um terço a mais do salário ao efetivo gozo das férias, mas sim, atribui ao trabalhador o direito de férias anuais com o pagamento da sua remuneração acrescida do citado benefício. (Ministra Cármen Lúcia)	
O não pagamento do terço constitucional àquele que não usufruiu o direito de férias seria penalizá-lo duas vezes: primeiro por não ter se valido de seu direito de descanso; segundo por vedar-lhe o direito ao acréscimo financeiro que teria recebido se tivesse usufruído das férias no momento correto. (Ministra Cármen Lúcia)	
O STF já havia firmado, em momento anterior, entendimento de ser devido o pagamento do terço constitucional ao ocupante de cargo público exonerado sem gozar suas férias adquiridas. (Ministra Cármen Lúcia)	
A legislação ordinária não pode restringir direito individual garantido pela CRFB. (Ministra Cármen Lúcia)	
Negar ao servidor a conversão dessas férias em pecúnia corresponderia a um enriquecimento ilícito por parte do Estado. (Ministro Carlos Ayres Britto)	
A obrigação de conceder as férias é uma obrigação, de início, de fazer, que se transforma em obrigação de dar, quando as férias não são gozadas. (Ministro Marco Aurélio)	

◉ Fique atento:

- No ARE 721001, de relatoria do Ministro Gilmar Mendes, vinculado ao tema n.º 635, discute-se sobre direito de servidores públicos ativos à conversão de férias não gozadas em indenização pecuniária. No julgamento, ocorrido em 28/02/2013, houve o reconhecimento da repercussão geral, com confirmação da jurisprudência, no sentido de ser possível a conversão de férias não gozadas – bem como outros direitos de natureza remuneratória – em indenização pecuniária, por aqueles que não mais podem delas usufruir, nas hipóteses de rompimento do vínculo com a Administração ou de inatividade. Na sequência, houve a interposição de embargos declaratórios, com o esclarecimento de que o recorrente, em verdade, se encontra na atividade. O recurso horizontal foi acolhido, reconhecido o erro material na apreciação da questão, para permitir o processamento do recurso extraordinário com a finalidade de apreciar a situação dos servidores ativos.

⊚ Questões de Concurso relacionadas ao tema:

Questão 01 (FCC. TRT – 8ª Região (PA e AP). Analista Judiciário – Área Judiciária. 2010) Quanto às férias e às licenças do servidor público, considere:

I.   A critério da Administração, poderão ser concedidas ao servidor ocupante de cargo efetivo ou em estágio probatório, licenças para tratar de assuntos particulares pelo prazo de até três anos consecutivos, com ou sem remuneração.

II. O servidor exonerado do cargo efetivo, ou em comissão, perceberá indenização relativa ao período das férias a que tiver direito e ao incompleto, na proporção de um doze avos por mês de efetivo exercício, ou fração superior a quatorze dias.

III. As férias poderão ser parceladas em até três etapas, desde que assim requeridas pelo servidor, e no interesse da administração pública.

IV. A licença concedida dentro de sessenta dias do término de outra da mesma espécie não será considerada como prorrogação.

V.   O servidor terá direito a licença, com remuneração, durante o período que mediar entre a sua escolha em convenção partidária, como candidato a cargo eletivo, e a véspera do registro de sua candidatura perante a Justiça Eleitoral.

Está correto o que se afirma APENAS em:

    a)   I, III e V.

    b)   I e IV.

    c)   II e III.

    d)   II, IV e V.

    e)   III e V.

Gabarito: 1- C

Tema 279: "Natureza das leis n. 2.123/93 e 4.069/62 que garantem aos procuradores federais direito a férias de sessenta dias por ano".

Tese: "Os procuradores federais têm o direito às férias de 30 dias, por força do que dispõe o art. 5º da Lei 9.527/1997, porquanto não recepcionados com natureza de leis complementares o art. 1º da Lei 2.123/1953 e o art. 17, parágrafo único, da Lei 4.069/1962".

FICHA TÉCNICA	
Leading case:	**RE 302.381 AL**
Descrição do caso feita pelo STF:	"Recurso extraordinário em que se discute, à luz dos artigos 2º; 5º, II; 7º, VI e XVII; 61, § 1º, II, a; 131 e 169, § 1º, I e II, da Constituição Federal, a possibilidade, ou não, de a Lei nº 9.527/97 revogar o disposto nas Leis nos 2.123/93 e 4.069/62, que garante aos procuradores federais o direito a férias de sessenta dias por ano."
Dispositivo(s) constitucional(is) envolvido(s):	Art. 131. A Advocacia-Geral da União é a instituição que, diretamente ou através de órgão vinculado, representa a União, judicial e extrajudicialmente, cabendo-lhe, nos termos da lei complementar que dispuser sobre sua organização e funcionamento, as atividades de consultoria e assessoramento jurídico do Poder Executivo.
Data de reconhecimento da repercussão geral:	14/05/2010.
Data de julgamento do mérito recursal:	20/11/2014 (recurso extraordinário) e 16/04/2015 (embargos de declaração).
Houve unanimidade?	Sim.
Data de publicação do acórdão de julgamento do recurso:	04/02/2015 (recurso extraordinário) e 13/05/2015 (embargos de declaração).
Trânsito em julgado do acórdão:	04/06/2015.

⊙ Comentários:

O Supremo Tribunal Federal examinou o recurso extraordinário interposto pela União Federal contra acórdão da Turma Recursal dos Juizados Especiais Federais da Seção Judiciária de Alagoas que reconheceu o direito de procuradores federais membros da Advocacia-Geral da União gozarem de sessenta dias de férias anuais.

A decisão recorrida estava fundada: a) no fato de que a Constituição Federal determina no art. 131 que Lei Complementar discipline a organização e o funcionamento da Advocacia-Geral da União, aí se incluindo a regulação dos direitos e deveres dos seus membros; b) que a normatividade anterior à Constituição Federal de 1988 referente ao assunto foi por ela recepcionada com *status* de Lei Complementar, e somente poderia ser revogada por normas de igual ou superior hierarquia; c) que a Lei Complementar nº. 73/93 não revogou o art. 1º da Lei nº. 2.123/53 e o parágrafo único do art. 17 da Lei nº. 4.069/62 (que equiparavam em direitos os procuradores federais aos membros do Ministério Público da União), tais dispositivos continuariam em vigor, não podendo a sua aplicação tolher o quanto disposto no art. 5º da Lei nº. 9.527/97 (lei ordinária que estabelece aos procuradores federais férias de trinta dias).

A questão com repercussão geral a ser debatida residiu, portanto, em identificar se o art. 1º da Lei nº. 2.123/53 e o art. 17, parágrafo único, da Lei nº. 4.069/62, foram recepcionados pela Constituição Federal como leis ordinárias ou complementares, e se os Procuradores Federais teriam direito a férias de trinta ou sessenta dias anuais.

O recorrente alegou, em síntese, que: i) preliminarmente, o Juizado Especial Federal Cível seria absolutamente incompetente para apreciar a demanda, pois o art. 3º, § 1º, III, da Lei nº. 10.259/01 dispõe que aquele órgão judicial não tem competência para anular ou cancelar ato administrativo federal, salvo de natureza previdenciária e de lançamento fiscal – e, para acolher o pleito dos recorridos, seria necessário anular a Portaria Normativa MARE nº. 02/98, que regulou as férias dos servidores: ii) o art. 1º da Lei nº. 2.123/53 e o art. 17, parágrafo único, da Lei nº. 4.069/62 e, ainda, os acórdãos do Superior Tribunal de Justiça que julgaram Recursos Especiais, mencionados pelo acórdão recorrido como fundamento, são aplicáveis tão-somente aos Procuradores da Fazenda Nacional, e não a Procuradores Federais, cargo ocupado pelos recorridos; c) não se pode confundir o cargo de Procurador da Fazenda Nacional, membro da Advocacia-Geral da União, nos termos do art. 2º, § 5º da Lei Complementar nº. 73/93, e que possui lei específica que dispõe sobre sua remuneração (Lei nº. 10.549/02) com o cargo de Procurador Federal, carreira integrante da Procuradoria-Geral Federal, criada pela Lei nº. 10,480/02, apenas "vinculada" à Advocacia-Geral da União, que exerce a sua supervisão, não possuindo, ainda, a condição de membro daquela; c) a Lei Complementar nº. 73/93 não tratou, de forma específica, do direito a férias, porque determinou expressamente, em seu art. 26, que os membros efetivos da Advocacia Geral da União teriam os direitos assegurados pela Lei nº. 8.112/90 – que, por sua vez, em seu art. 77, *caput,* instituiu período de trinta dias de férias anuais; d) se os antigos Procuradores da Fazenda Nacional e demais pares no serviço jurídico da Administração Pública Federal perderam, por ocasião da Lei Complementar nº. 73/93, o direito a sessenta dias de férias anuais, quanto mais os novos integrantes da carreira; e) a Lei nº. 9.527/97, resultado da conversão de medida provisória, incluiu de forma expressa a categoria de Procurador Federal entre os seus destinatários, seja porque fez referência a 'procurador e demais integrantes do grupo jurídico da Administração Pública Federal direta', o que inclui a Procuradoria-Geral Federal, seja porque expressamente revogou as normas que os equiparavam, em vencimentos, gratificações e vantagens, aos Procuradores da República; f) não há sentido, portanto, em alegar uma fictícia modificação de lei complementar por lei ordinária, pois a carreira de Procurador Federal, integrada pelos autores recorridos, foi criada por lei ordinária (medidas provisórias reeditadas) e a Procuradoria-Geral Federal pela Lei nº. 10.480/02 – a bem da verdade, os Procuradores Federais não constam da Lei Complementar nº. 73/93, nem são definidos como membros da Advocacia-Geral da União, segundo a definição constante do art. 2º, § 5º; f) em suma: se o cargo, que é o principal, foi criado por norma de hierarquia ordinária, por que as férias, que são acessórias, não poderiam ser estabelecidas da mesma forma?

O Ministério Público Federal, em seu parecer, opinou pelo conhecimento e provimento do recurso, considerando que os Procuradores Federais somente teriam direito de sessenta dias de férias até o advento da Medida Provisória nº. 1.522/96, convertida na Lei nº. 9.527/97, que reduziu para trinta dias o período de férias anuais da categoria; além do que a reserva de lei complementar contida no art. 131, *caput*, da Constituição Federal, diz respeito às matérias relativas à organização e funcionamento da Advocacia-Geral da União, não alcançando o regime jurídico aplicável aos integrantes das suas carreiras, e tampouco o regime jurídico dos integrantes da carreira de Procurador Federal, nos termos decididos na ADI nº. 449/DF.

O acórdão, lavrado à unanimidade, adotou como fundamento: a) a impossibilidade de conhecimento da alegação de incompetência absoluta do Juizado Especial Federal Cível, face à ausência de prequestionamento desse tema; b) à representação judicial e extrajudicial das autarquias e fundações públicas federais não se aplica o art. 131 da Constituição da República, pelo que a Lei Complementar nº. 73/93 limitou-se a dispor, em seu art. 17, que os "órgãos jurídicos" das autarquias e fundações públicas são "vinculadas" à Advocacia-Geral da União – portanto, não ofende o art. 131 da Constituição da República a revogação do art. 1º da Lei nº. 2.123/53 e o art. 17, parágrafo único, da Lei nº. 4.069/62 pelo art. 18 da Lei nº. 9.527/97, pois os dispositivos revogados não foram recepcionados pela Constituição Federal como leis complementares; c) a equiparação feita pelo art. 1º da Lei nº. 2.123/53 e pelo art. 17, parágrafo único, da Lei nº. 4.069/62 tinha por objetivo equiparar os direitos entre carreiras com atribuições semelhantes – isto porque, à época, o Ministério Público Federal era responsável pela representação em juízo da União e da Fazenda Nacional nas causas cíveis, e se procurava então equiparar os procuradores das autarquias com os procuradores da União e da Fazenda Nacional – ora, com a criação da Advocacia-Geral da União, após a Constituição de 1988, como órgão de representação judicial da União e da Fazenda Nacional, não se afigura adequado continuar a equiparar os procuradores das autarquias com os membros do Ministério Público Federal; d) quanto aos dois acórdãos do Superior Tribunal de Justiça, eles se referem a Procuradores da Fazenda Nacional, e nenhum dos dois teria transitado em julgado até o momento em que se proferiu o acórdão em questão.

Assim, o Tribunal, por unanimidade e nos termos do voto do Relator, conheceu parcialmente o recurso, e, na parte conhecida, proveu o recurso, **não reconhecendo aos Procuradores Federais o direito** às **férias de sessenta dias e seus consectários legais, não recepcionados com natureza de leis complementares o art. 1º, da Lei nº. 2.123/53 e o art. 17, parágrafo** único, **da Lei n. 4.069/62,**

◉ Fique atento:

- Houve interposição de embargos de declaração por um dos recorridos e por um dos *amici curiae* – os quais foram, respectivamente, rejeitados e não conhecidos.

Tema 484: "a) Legitimidade de tribunal de justiça para atuar em controle concentrado de constitucionalidade de lei municipal contestada em face da Constituição Federal; b) Possibilidade de concessão de gratificação natalina, ou de outras espécies remuneratórias, a detentor de mandato eletivo remunerado por subsídio"

Tese: 1) Tribunais de Justiça podem exercer controle abstrato de constitucionalidade de leis municipais utilizando como parâmetro normas da Constituição Federal, desde que se trate de normas de reprodução obrigatória pelos Estados; e 2) O art. 39, § 4º, da Constituição Federal não é incompatível com o pagamento de terço de férias e décimo terceiro salário.

FICHA TÉCNICA	
Leading case:	**RE 650898**
Descrição do caso feita pelo STF:	Recurso extraordinário em que se discutem, à luz dos artigos 7º, VIII e XVII, 29, V, e 39, §§ 3º e 4º, da Constituição Federal, a possibilidade, ou não, de órgão especial do tribunal de justiça analisar, em sede de controle concentrado, a constitucionalidade de lei municipal contestada em face da Constituição Federal, bem assim a possibilidade, ou não, de concessão de terço constitucional de férias, gratificação natalina e verba de representação a detentores de mandato eletivo que percebem subsídio.
Dispositivo(s) constitucional (is) envolvido(s):	Art. 7º São direitos dos trabalhadores urbanos e rurais, além de outros que visem à melhoria de sua condição social: (...) VIII – décimo terceiro salário com base na remuneração integral ou no valor da aposentadoria; (...) XVII – gozo de férias anuais remuneradas com, pelo menos, um terço a mais do que o salário normal;
	Art. 29. O Município reger-se-á por lei orgânica, votada em dois turnos, com o interstício mínimo de dez dias, e aprovada por dois terços dos membros da Câmara Municipal, que a promulgará, atendidos os princípios estabelecidos nesta Constituição, na Constituição do respectivo Estado e os seguintes preceitos: (...) V – subsídios do Prefeito, do Vice-Prefeito e dos Secretários Municipais fixados por lei de iniciativa da Câmara Municipal, observado o que dispõem os arts. 37, XI, 39, § 4º, 150, II, 153, III, e 153, § 2º, I; Art. 39. A União, os Estados, o Distrito Federal e os Municípios instituirão conselho de política de administração e remuneração de pessoal, integrado por servidores designados pelos respectivos Poderes. (...) § 3º Aplica-se aos servidores ocupantes de cargo público o disposto no art. 7º, IV, VII, VIII, IX, XII, XIII, XV, XVI, XVII, XVIII, XIX, XX, XXII e XXX, podendo a lei estabelecer requisitos diferenciados de admissão quando a natureza do cargo o exigir. § 4º O membro de Poder, o detentor de mandato eletivo, os Ministros de Estado e os Secretários Estaduais e Municipais serão remunerados exclusivamente por subsídio fixado em parcela única, vedado o acréscimo de qualquer gratificação, adicional, abono, prêmio, verba de representação ou outra espécie remuneratória, obedecido, em qualquer caso, o disposto no art. 37, X e XI.

FICHA TÉCNICA	
Leading case:	**RE 650898**
Data de reconhecimento da repercussão geral:	07/10/2011
Data de julgamento do mérito recursal:	01/02/2017
Houve unanimidade?	Não
Data de publicação do acórdão de julgamento do recurso:	Acórdão não publicado até a data de fechamento desta edição.
Trânsito em julgado do acórdão:	-

◉ Comentários:[42]

Em 01/02/2017, o STF, por maioria, apreciando o tema 484 da repercussão geral, deu parcial provimento ao recurso extraordinário, reformando o acórdão recorrido na parte em que declarou a inconstitucionalidade dos arts. 6º e 7º da Lei nº 1.929/2008, do Município de Alecrim/RS, para declará-los constitucionais, vencidos, em parte, os Ministros Marco Aurélio (Relator), Edson Fachin, Ricardo Lewandowski e Cármen Lúcia (Presidente), que desproviam o recurso. Por unanimidade, o Tribunal fixou as teses decorrentes do julgamento. O Ministro Marco Aurélio não participou da fixação do segundo enunciado de tese. Redigirá o acórdão o Ministro Roberto Barroso.

Tema 635: "Direito de servidores públicos ativos à conversão de férias não gozadas em indenização pecuniária."

Tese: Não havia sido fixada até o fechamento desta edição.

FICHA TÉCNICA	
Leading case:	**ARE 721001**
Descrição do caso feita pelo STF:	Recurso extraordinário em que se discute, à luz dos artigos 2º e 37, caput, da Constituição Federal, a possibilidade de conversão em pecúnia de férias não gozadas por servidor público, a bem do interesse da Administração.

42. À época da elaboração deste texto, ainda não havia sido publicado o acórdão do julgamento do mérito recursal. Os comentários baseiam-se na notícia publicada pelo STF acerca do julgamento havido, veiculada em 16/02/2017.

FICHA TÉCNICA	
Leading case:	**ARE 721001**
Dispositivo(s) constitucional (is) envolvido(s):	Art. 2º São Poderes da União, independentes e harmônicos entre si, o Legislativo, o Executivo e o Judiciário. Art. 37. A administração pública direta e indireta de qualquer dos Poderes da União, dos Estados, do Distrito Federal e dos Municípios obedecerá aos princípios de legalidade, impessoalidade, moralidade, publicidade e eficiência e, também, ao seguinte: (...)
Data de reconhecimento da repercussão geral:	Ver comentários abaixo
Data de julgamento do mérito recursal:	Ver comentários abaixo
Houve unanimidade?	Ver comentários abaixo
Data de publicação do acórdão de julgamento do recurso:	Ver comentários abaixo
Trânsito em julgado do acórdão:	Ver comentários abaixo

◉ Comentários:

Em Plenário Virtual, o STF julgava agravo contra decisão de inadmissibilidade de recurso extraordinário interposto em face de acórdão da Primeira Turma Recursal de Fazenda Pública do Tribunal de Justiça do Estado do Rio de Janeiro que, em sede de recurso inominado, manteve a sentença para reconhecer o direito do Recorrido à conversão em pecúnia de férias não gozadas, a bem do interesse da Administração, a título indenizatório e em observância ao princípio da vedação ao enriquecimento sem causa.

No primeiro momento, em 01/03/2013, a decisão por maioria foi no sentido de conhecer do agravo e negar provimento ao Recurso Extraordinário, já que se pretendia reafirmar a jurisprudência da Corte de que é devida a conversão de férias não gozadas bem como de outros direitos de natureza remuneratória em indenização pecuniária por aqueles que não mais podem delas usufruir, seja por conta do rompimento do vínculo com a Administração, seja pela inatividade, em virtude da vedação ao enriquecimento sem causa da Administração.

Na apreciação dos embargos de declaração em 28/08/2014, todavia, realizado no Tribunal Pleno, o STF constatou a existência de erro material no primeiro julgado, uma vez estar comprovado que o servidor que pleiteava o direito de conversão das férias vencidas em pecúnia ainda se encontrava na ativa. Assim, à unanimidade, os embargos foram acolhidos com efeitos modificativos para permitir o processamento do Recurso Extraordinário. Com isso, restaria assegurado o direito de sustentação oral das partes e permitiria ao Supremo decidir a questão de conversão de férias em pecúnia também de servidor ainda em atividade. Com isso, restou prejudicada a tese de repercussão geral anteriormente firmada em plenário virtual.

⊙ Fique atento:

- No julgamento da ADI 227, o STF declarou a inconstitucionalidade do artigo 77, XVII, da Constituição Estadual do Rio de Janeiro que atribuía ao servidor público a faculdade de optar pelo gozo das férias ou por sua transformação em pecúnia indenizatória, sob o fundamento de que a norma deixava ao arbítrio do servido a criação de despesa para o erário. O caso era diferente, portanto, do que se analisava no ARE 721001, em que o acúmulo de férias se dava por interesse da administração.

- Conquanto exista jurisprudência do STF no sentido de assegurar o direito de conversão de férias não gozadas e outros direitos em pecúnia, tais julgados se referem a servidores aposentados ou que tiveram vínculo com a Administração rompido. Dessa forma, o acolhimento dos Embargos nesse julgamento tornou prejudicada a formulação de tese de repercussão geral, devendo a mesma ser definida quando do julgamento do respectivo Recurso Extraordinário.

⊙ Questões de Concurso relacionadas ao tema:

Questão 01 (Procurador do Estado – MS / PGE-MS / 2014) Em relação à jurisprudência do STF sobre direito previdenciário, assinale a alternativa correta:

I – O Supremo Tribunal Federal reafirmou em sede de julgamento de recurso extraordinário, em que reconhecida repercussão geral da matéria, ser devida a conversão de férias não gozadas, bem como de outros direitos de natureza remuneratória, em indenização pecuniária, por aqueles servidores que não mais podem delas usufruir, seja por conta do rompimento do vínculo com a Administração, seja pela inatividade, em virtude da vedação ao enriquecimento sem causa da Administração;

II – O Supremo Tribunal Federal assentou entendimento em sede de exame de recurso extraordinário, em que reconhecida repercussão geral da matéria, no sentido de que há direito adquirido do servidor inativo, aposentado na última classe da carreira funcional a que pertence, a ser mantido sempre na última classe, mesmo em caso de superveniente reestruturação da carreira;

III – Conforme as Súmulas 346 e 473 da Suprema Corte, em consequência direta do princípio constitucional da legalidade da Administração (CF, art. 37), é permitido à Administração Pública anular seus próprios atos ou revogá-los, resguardados os direitos adquiridos;

IV – Sob o fundamento de isonomia, é permitido ao Poder Judiciário aumentar vencimentos e, nesses compreendidos, também os proventos, de servidores públicos.

- a) Todas as assertivas são verdadeiras;
- b) Somente as assertivas I, II e IV são verdadeiras;
- c) Somente a assertiva II é verdadeira;
- d) Todas as assertivas são incorretas;
- e) Somente as assertivas II e IV são incorretas

Gabarito: 1-E

2.30. SERVIDORES PÚBLICOS – DIREITOS E VANTAGENS: LICENÇA-MA-TERNIDADE

Tema 782: "Possibilidade de lei instituir prazos diferenciados de licença-maternidade às servidoras gestantes e às adotantes."

Tese: Os prazos da licença-adotante não podem ser inferiores aos prazos da licença-gestante, o mesmo valendo para as respectivas prorrogações. Em relação à licença-adotante, não é possível fixar prazos diversos em função da idade da criança adotada.

FICHA TÉCNICA	
Leading case:	**RE 778889**
Descrição do caso feita pelo STF:	Recurso extraordinário em que se discute, à luz dos arts. 7°, XVIII, 39, § 3°, e 227, § 6°, da Constituição Federal, a validade de dispositivos que preveem prazos distintos de licença-maternidade a servidoras gestantes e adotantes.
Dispositivo(s) constitucional (is) envolvido(s):	Art. 7° São direitos dos trabalhadores urbanos e rurais, além de outros que visem à melhoria de sua condição social: XVIII – licença à gestante, sem prejuízo do emprego e do salário, com a duração de cento e vinte dias;
	Art. 39. A União, os Estados, o Distrito Federal e os Municípios instituirão conselho de política de administração e remuneração de pessoal, integrado por servidores designados pelos respectivos Poderes. § 3° Aplica-se aos servidores ocupantes de cargo público o disposto no art. 7°, IV, VII, VIII, IX, XII, XIII, XV, XVI, XVII, XVIII, XIX, XX, XXII e XXX, podendo a lei estabelecer requisitos diferenciados de admissão quando a natureza do cargo o exigir.
	Art. 227. É dever da família, da sociedade e do Estado assegurar à criança, ao adolescente e ao jovem, com absoluta prioridade, o direito à vida, à saúde, à alimentação, à educação, ao lazer, à profissionalização, à cultura, à dignidade, ao respeito, à liberdade e à convivência familiar e comunitária, além de colocá-los a salvo de toda forma de negligência, discriminação, exploração, violência, crueldade e opressão.
	§ 6° Os filhos, havidos ou não da relação do casamento, ou por adoção, terão os mesmos direitos e qualificações, proibidas quaisquer designações discriminatórias relativas à filiação.
Data de reconhecimento da repercussão geral:	21/11/2014
Data de julgamento do mérito recursal:	10/03/2016
Houve unanimidade?	Não

FICHA TÉCNICA	
Leading case:	**RE 778889**
Data de publicação do acórdão de julgamento do recurso:	01/08/2016
Trânsito em julgado do acórdão:	26/08/2016

◉ Comentários:

Nesse julgamento, o STF enfrentou as questões acerca da instituição de prazos diferenciados para a licença maternidade concedida às servidoras gestantes e às adotantes, além da diferenciação do prazo da licença em função da idade da criança adotada. A questão posta em juízo tratava sobre a situação de uma servidora pública da Justiça Federal, que obteve a guarda provisória, para fins de adoção, de menor impúbere que contava com um ano, um mês e poucos dias de vida. Em razão desse fato, requereu à administração pública licença maternidade, benefício este que lhe foi deferido pelo prazo de 30 dias, com base no art. 210 da Lei nº 8.112/1990. Posteriormente, a licença maternidade foi prorrogada, pelo prazo de 15 dias, com base na Lei nº 11.770/2008, no Decreto nº 6.691/2008 e na Resolução nº 30/2008 do Conselho da Justiça Federal (CJF).

A servidora entendia, contudo, que fazia jus a prazo de 180 dias de benefício, sendo 120 dias a título de licença maternidade, e 60 dias a título de prorrogação, uma vez que as mães-adotantes, independentemente da idade da criança adotada, teriam o mesmo direito das gestantes, sob pena de violação do direito dos filhos adotivos à isonomia de tratamento com os filhos naturais. Sob esses fundamentos, impetrou mandado de segurança.

Em primeiro grau, a liminar foi indeferida e a ordem rejeitada, sendo a sentença mantida em segundo grau, tendo, ambas, entendimento semelhante no sentido de que a licença-gestante, prevista na Constituição, e a licença maternidade, normatizada pelo art. 210 da Lei nº 8.112/1990, são institutos diversos; a licença-gestante visa a preservar o interesse de adaptação e o reforço do vínculo entre a criança e a mãe, mas nela predomina o propósito de preservar a saúde da genitora, que pode se afastar de suas funções antes do parto ou após o parto, para recuperar-se das alterações físicas e psíquicas decorrentes da gravidez, e que, no caso de adoção, a mãe não estaria sujeita a tais eventos, tratando-se assim de situação substancialmente diversa, a justificar tratamento distinto. A impetrante interpôs, então, recurso extraordinário, invocando violação ao art. 7º, XVIII, c/c art. 39, § 3º, CF e ao art. 227, § 6º, CF, tendo a Procuradoria Geral da República se manifestado favorável ao provimento do recurso extraordinário;

No STF, a tese vencedora foi no sentido de que os prazos da licença adotante não podem ser inferiores aos prazos da licença gestante, o mesmo valendo para as respectivas prorrogações. Em relação à licença adotante, o entendimento firmado foi de que não é possível estabelecer prazos diversos em função da idade da criança adotada, uma vez que, posicionamento diverso contrariaria a proteção constitucional à maternidade (CF, art. 6º e 7º, XIII), a prioridade do superior interesse da criança, a doutrina da proteção integral (CF, arts. 226 e 227), o direito dos filhos adotados à igualdade de tratamento com filhos biológicos (CF, art. 227, § 6º), o direito da mulher adotante à dignidade, à igualdade e à autonomia (CF, art. 5º, caput e inc. III) e o princípio da proporcionalidade em sua vertente de proibição à proteção deficiente (CF, art. 5º, LV).

Nesta senda, o STF reconheceu a mutação do entendimento constitucional dado à matéria. Em sentido contrário, o ministro Marco Aurélio defendeu o que Poder Judiciário possui atuação vinculada ao Direito positivo, respeitando a normatividade imposta pelo legislador, pois, em caso contrário, ocorreria o afrontamento do disposto no art. 102, III, a, da Constituição Federal. Ademais, ainda em divergência, defendeu que o texto constitucional pressupõe a gestação e, portanto, dupla proteção: à mulher que engravida, que se tornará parturiente, e também ao rebento, não podendo ser invocado o artigo 227, § 6º, da Constituição Federal, para igualar a mãe gestante e a mãe adotante, visto que esse dispositivo apenas impede o tratamento diferenciado aos filhos.

No caso concreto, por maioria, nos termos do voto do Relator, Ministro Roberto Barroso, deu-se provimento ao recurso extraordinário para reconhecer o direito da recorrente ao prazo remanescente da licença parental, a fim de que o tempo total de fruição do benefício, computado o período já gozado, fosse de 180 dias de afastamento remunerado, correspondentes aos 120 dias de licença, previstos no art. 7º, XVIII, da Constituição Federal, acrescidos dos 60 dias de prorrogação, tal como permitido pela legislação.

⊙ Síntese do debate constante do acórdão que fixou o precedente:

Argumentos favoráveis à tese fixada:	Argumentos contrários à tese fixada:
• A Constituição de 1988 produziu uma profunda ruptura com a legislação repressiva e excludente dos direitos do menor carente, que a precedeu. Alteram-se, com a nova Carta: o valor reconhecido à pessoa, vista, em sua dignidade, como um fim em si mesma; o alcance conferido à proteção à infância e à juventude, em razão da vulnerabilidade de seres em formação; a função da família, como instrumento para a sua realização; e o propósito do Direito de Família, voltado a assegurá-la. Para que não houvesse dúvida, vedou-se, ainda, de forma expressa, o tratamento desigual entre filhos biológicos e adotivos. Assim, há um único entendimento compatível com a história que vem sendo escrita sobre os direitos da criança e do adolescente no Brasil: aquele que beneficia o menor, ao menos, com uma licença maternidade com prazo idêntico ao da licença a que faz jus o filho biológico. Esse é o sentido e alcance que se deve dar ao art. 7º, XVIII, da Constituição, à luz dos compromissos de valores e de princípios assumidos pela sociedade brasileira ao adotar a Constituição de 1988. Ainda que o STF tenha se manifestado em sentido diverso no passado, e mesmo que não tenha havido alteração do texto do art. 7º, XVIII, o significado que lhe é atribuído se alterou. Trata-se de caso típico de mutação constitucional, em que a mudança na compreensão da realidade social altera o próprio significado do direito. Neste novo cenário,	• O Poder Judiciário possui atuação vinculada ao Direito positivo, substituir ao legislador e assentar que estaria deficiente a normatividade aprovada pelos representantes do povo, afrontando o disposto no art. 102, III, a, da Constituição Federal. O texto constitucional pressupõe a gestação e, portanto, dupla proteção: à mulher que engravida, que se tornará parturiente, e também ao rebento, não podendo ser invocado o artigo 227, § 6º, da Constituição Federal para a igualação da mãe gestante e mãe adotante, visto que esse dispositivo apenas impede o tratamento diferenciado aos filhos, não diz respeito a situação jurídica nem da gestante ou da adotante. (Marco Aurélio)

Argumentos favoráveis à tese fixada:	Argumentos contrários à tese fixada:
o propósito da licença é, sobretudo, atender às necessidades da criança e assegurar o seu desenvolvimento saudável e a diferenciação dos prazos da licença-gestante e da licença-adotante viola o direito à igualdade entre filhos biológicos e adotivos.	
• Em atenção ao princípio constitucional da isonomia, a visão de família inaugurada pelo texto constitucional e pelos demais textos legislativos que lhe deram cumprimento, e interpretando o conteúdo dos artigos 7º, inciso XVIII, 39, § 3º; 226 e 227, da Constituição Federal, percebe-se a nova significação da família, centrada no afeto como valor preponderante, inclusive no que tange ao reconhecimento e estabelecimento da paternidade. Nessa conjuntura, o instituto a adoção ganha relevo ao ser entendido como laços de paternidade irrenunciáveis, com a equiparação entre filhos biológicos e filhos adotivos para quaisquer fins. Dessa forma, mãe e filho, serão protegidos por meio da tutela do vínculo maternal, a verdadeira dimensão na qual os valores constitucionais se concretizam através da garantia do direito ao gozo da licença-maternidade. (Edson Fachin)	
• A discriminação que existe hoje na Lei não possui causa justificável (Teori Zavascki)	
• À luz do princípio da isonomia, não há causa razoável ao tratamento desigual à mãe biológica e à mãe adotiva, impondo-se a prevalência do interesse da criança. (Rosa Weber)	
• O conceito de família mudou desde o momento em que o constituinte resolveu legitimar as uniões estáveis. Nesta senda, a leitura da legislação infraconstitucional deve se fazer à luz da Constituição Federal. Essa norma discriminatória colide com a Constituição, visto que esse não é um direito da mãe, mas do filho (Luiz Fux)	
• O filho adotado sofre discriminação pela ausência da mãe numa fase em que tem uma carência maior a ser suprida pela sua presença mais constante. (Cármen Lúcia)	
• Reconhecer a igualdade entre a mãe gestante e a mãe adotante é prestar homenagem a pelo menos três princípios constitucionais básicos, fundamentais: princípio da dignidade humana; princípio da isonomia, que veda qualquer tipo de discriminação; e o princípio, nem sempre lembrado, da solidariedade. (Ricardo Lewandowski)	

◉ Fique atento:

- Em defesa da tese vencedora, no sentido de ter havido mutação constitucional da norma contida no art. 7º, XVIII, o Ministro Barroso apontou que a legislação infraconstitucional registrou avanços significativos a favor dos filhos naturais e adotados: (i) em 1990, uma norma inovadora e progressista previra o direito dos servidores a uma licença adotante de 90 (noventa) dias, em caso de adoção de criança com até um 1 (um) ano – embora a licença gestante já durasse, então, 120 (cento e vinte) dias; entretanto, (ii) em 2002, a licença adotante foi prevista também em favor dos empregados e, no caso de adoção de crianças de até um ano, fixada em 120 (cento e vinte) dias (Lei 10.421/2002), mesmo prazo da licença gestante trabalhista; (iii) por fim, em 2009, a licença adotante trabalhista passou a ser de 120 (cento e vinte) dias independentemente da idade da criança.

◉ Questões de Concurso relacionadas ao tema:

Questão 01 (FUNDATEC. Procurador Municipal – Porto Alegre. 2016) Consoante orientação, analise as assertivas abaixo:

I.   O Plenário do STF, com repercussão geral, decidiu que a legislação não pode prever prazos diferenciados para concessão de licença-maternidade para servidoras públicas gestantes e adotantes.

II. O Plenário do STF decidiu, em sede de repercussão geral, que a morte de detento em estabelecimento penitenciário gera responsabilidade civil do Estado quando houver inobservância do seu dever específico de proteção, com base na responsabilidade subjetiva.

III. O Plenário do STF decidiu ser inconstitucional os dispositivos da Lei Complementar (LC) 105/2001 que permitem à Receita Federal receber dados bancários de contribuintes, fornecidos diretamente pelos bancos, sem prévia autorização judicial.

Quais estão corretas?

    a) Apenas I.

    b) Apenas II.

    c) Apenas III.

    d) Apenas I e III.

    e) Apenas I e III.

Gabarito: 1-A

2.31. SERVIDORES PÚBLICOS – DIREITOS E VANTAGENS : VALE-REFEIÇÃO

Tema 347: "Direito à atualização monetária do vale-refeição dos servidores públicos do Estado do Rio Grande do Sul por decisão judicial."

Tese: "A discussão relativa ao reajuste de vale-refeição concedido a servidores públicos do Estado do Rio Grande do Sul é infraconstitucional, não ensejando o conhecimento do recurso extraordinário".

FICHA TÉCNICA	
Leading case:	**RE 607.607/RS**
Descrição do caso feita pelo STF:	"Recurso extraordinário em que se discute, à luz do art. 37, caput e XV, da Constituição Federal, o direito, ou não, de servidores públicos do Estado do Rio Grande do Sul a obter, por decisão judicial, o reajuste mensal do valor do vale-refeição previsto no art. 3º da Lei estadual 10.002/93, em face da ausência de norma do Poder Executivo, em determinados períodos, a regulamentar essa atualização".
Dispositivo(s) constitucional(is) envolvido(s):	Art. 37. A administração pública direta e indireta de qualquer dos Poderes da União, dos Estados, do Distrito Federal e dos Municípios obedecerá aos princípios de legalidade, impessoalidade, moralidade, publicidade e eficiência e, também, ao seguinte: (Redação dada pela Emenda Constitucional nº 19, de 1998) (...) XV – o subsídio e os vencimentos dos ocupantes de cargos e empregos públicos são irredutíveis, ressalvado o disposto nos incisos XI e XIV deste artigo e nos arts. 39, § 4º, 150, II, 153, III, e 153, § 2º, I; (Redação dada pela Emenda Constitucional nº 19, de 1998)
Data de reconhecimento da repercussão geral:	10/12/2010.
Data de julgamento do mérito recursal:	06/02/2013 (recurso extraordinário) e 02/10/2013 (embargos de declaração)
Houve unanimidade?	Não (recurso extraordinário) e sim (embargos de declaração).
Data de publicação do acórdão de julgamento do recurso:	03/05/2013 (recurso extraordinário) e 12/05/2014 (embargos de declaração).
Trânsito em julgado do acórdão:	22/05/2014.

◉ Comentários:

Com fundamento no art. 102, III, "a", da Constituição Federal, o Supremo Tribunal Federal foi instado a examinar o recurso extraordinário nº. 607.607/RS, o qual articulou suposta infração do art. 37, *caput,* e inciso XV, da Constituição Federal, bem como violação ao princípio da legalidade, em razão de o acórdão recorrido: i) ter entendido pela impossibilidade de concessão, pelo Poder Judiciário, de reajuste do vale-refeição dos servidores públicos estaduais, de que trata a Lei estadual nº. 10.002/2003; e ii) ter decidido pela impossibilidade de obrigar o Governo a editar decreto para tal fim, pois a competência seria exclusiva do Poder Executivo para propor aumento de despesa, que depende de previsão orçamentária, nos termos do art. 169 da Constituição Federal,

Adicionalmente, a servidora do Estado do Rio Grande do Sul alegou, em seu recurso, que sua pretensão não implicaria interferência, pelo Poder Judiciário, em matéria de competência da Administração, mas tão-somente determinar ao Poder Executivo que cumpra norma estadual existente; alegou, ainda, que a não concessão do reajuste pretendido violaria os direitos constitucionais à alimentação e à irredutibilidade de vencimentos; e que a regra do art. 169 da Constituição Federal não poderia prevalecer sobre o direito social alimentar do indivíduo.

Em suas contrarrazões, o Estado do Rio Grande do Sul apontou, preliminarmente, ausência de prequestionamento; e, no mérito, defendeu a inaplicabilidade do art. 3º da Lei estadual nº. 10.002/93 e ausência de direito adquirido ao reajuste mensal do vale-refeição.

A questão com repercussão geral a ser debatida residiu, portanto, em definir se a discussão relativa ao reajuste de vale-refeição concedido a servidores públicos do Estado do Rio Grande do Sul é ou não infraconstitucional.

Ao final, o Supremo Tribunal Federal, por maioria, não conheceu o recurso extraordinário. Os fundamentos que arrimaram o voto vencedor do acórdão que contempla o precedente examinado foram: a) a controvérsia relacionada com o percentual de reajuste no valor do vale-refeição concedido a servidores públicos estaduais e sua adequação para a manutenção do valor efetivo do benefício é matéria afeta à interpretação da legislação infraconstitucional e do direito local, cuja discussão revela-se incabível na instância extraordinária, dado o teor do enunciado nº. 280 da Súmula do Supremo Tribunal Federal; e b) ainda que o vale-refeição não seja propriamente vencimento, mas sim verba indenizatória, haveria, em última análise, aumento de despesa, que só pode ser realizado se houver prévia dotação orçamentária (nos termos do art. 169 da Constituição Federal).

O voto do Relator, acompanhado pela minoria, foi pelo conhecimento e deferimento parcial do Recurso Extraordinário, entendendo que não se tratava de caso de mera aplicação e interpretação de lei local (afastando, portanto, o enunciado nº. 280 da Súmula do Supremo Tribunal Federal), e fundamentando o seu voto na imperatividade do art. 3º da Lei estadual nº. 10.002/93, que impôs o reajustamento mensal do vale-refeição dos servidores, a ser realizado por meio de Decreto do Poder Executivo. Por outro lado, entendeu que a correção monetária dos valores do vale-refeição importariam em mera majoração nominal, e não aumento efetivo dos vencimentos ou concessão de vantagem, e, por este motivo, não se enquadraria na restrição do art. 169, § 1º, I, da Constituição Federal.

◉ Fique atento:

- Foram opostos embargos de declaração, os quais foram providos parcialmente, à unanimidade, apenas para esclarecer que o reconhecimento da repercussão geral da matéria pelo Plenário Virtual não obstaculiza o superveniente julgamento pelo Pleno no sentido do não conhecimento do Recurso Extraordinário com fundamento na exigência de interpretação da legislação infraconstitucional e do direito local.

2.32. SERVIDORES PÚBLICOS – REGIME PREVIDENCIÁRIO: APOSENTA-DORIA ESPECIAL

Tema 26: "Concessão de aposentadoria especial a policiais civis nos termos da Lei Complementar nº 51/1985"

Tese: "O inciso I do artigo 1º da Lei complementar 51/1985 foi recepcionado pela Constituição Federal de 1988."

FICHA TÉCNICA	
Leading case:	**RE 567110**
Descrição do caso feita pelo STF:	Recurso extraordinário em que se discute, à luz do art. 40, § 4º, da Constituição Federal (com a redação dada pela Emenda Constitucional nº 20/98), a revogação, ou não, do art. 1º, I, da Lei Complementar nº 51/1985, que prevê requisitos e critérios diferenciados para a concessão de aposentadoria especial a policiais civis, pela Constituição de 1988.
Dispositivo(s) constitucional(is) envolvido(s):	Art. 40. O servidor será aposentado: (redação dada pela Emenda Constitucional n.º 20/98) (...) § 4º – Os proventos da aposentadoria serão revistos, na mesma proporção e na mesma data, sempre que se modificar a remuneração dos servidores em atividade, sendo também estendidos aos inativos quaisquer benefícios ou vantagens posteriormente concedidos aos servidores em atividade, inclusive quando decorrentes da transformação ou reclassificação do cargo ou função em que se deu a aposentadoria, na forma da lei. (redação dada pela Emenda Constitucional n.º 20/98)
Data de reconhecimento da repercussão geral:	08/02/2008
Data de julgamento do mérito recursal:	13/10/2010 (julgamento do recurso extraordinário)
Houve unanimidade?	Sim
Data de publicação do acórdão de julgamento do recurso:	11/04/2011 (publicação do acórdão do recurso extraordinário)
Trânsito em julgado do acórdão:	11/05/2011

⊙ Comentários:

O recurso extraordinário paradigma foi interposto pelo Instituto de Previdência do Estado do ACRE contra acórdão proferido pelo Tribunal de Justiça do Estado do Acre, que deu provimento ao recurso de apelação da parte autora, entendendo que a Lei Complementar Federal n.º 51/85 foi recepcionada pela Constituição da República Federativa do Brasil, bem assim que o servidor público, que exerceu cargo de natureza policial, e que preencheu os requisitos da referida Lei, tem direito à aposentadoria especial.

O recorrente sustentou, perante o STF, que a Lei Complementar Federal n.º 51/85 não foi recepcionada pela CRFB, por ser incompatível com a redação dada, na época, pela Emenda Constitucional n.º 20/98. Defendeu ter sido estabelecido, como regra, a vedação à adoção de requisitos e critérios diferenciados para concessão de aposentadoria aos abrangidos pelo regime previdenciário tratado, salvo a existência de regulamentação por lei complementar posterior. Afirmou pela necessidade de aplicação ao caso do teor da Emenda Constitucional n.º 20/1998, por força da Súmula n.º 359 do STF[43].

Foram admitidos, como *amicus curiae*, a Associação de Delegados de Polícia do Brasil – Adepol Brasil, o Sindicado dos Policiais Civis de Londrina e Região- Sindipollondrina, A Federação Nacional dos Policiais Rodoviários Federais, os Sindicatos dos Policiais Rodoviários Federais dos Estados de Minas Gerais, Paraná e Rio Grande do Sul e a Associação Nacional dos delegados de Polícia Federal.

A Relatora, Ministra Carmem Lúcia, identificou, como questão central da ação, a recepção constitucional ou não, do inciso 1º, do artigo 1º, da Lei Complementar n.º 51/1985, especialmente em face dos termos do artigo 40, § 4º, da CRFB, com a redação dada pela Emenda Constitucional n.º 20/1998.

O acórdão restou fundamentado no julgamento da Ação Direta de Inconstitucionalidade n.º 3817, ocorrido em 13/11/2008, quando o plenário do STF concluiu ter sido recepcionada pela CRFB a norma do inciso 1º, do artigo 1º, da Lei Complementar n.º 51/1985, tendo sido negado provimento ao recurso extraordinário.

⊙ Síntese do debate constante do acórdão que fixou o precedente:

Argumentos favoráveis à tese fixada:	Argumentos contrários à tese fixada:
A Lei Complementar n.º 51/1985 foi editada com base no art. 103 da Emenda Constitucional n.º 01/1969, que atribuía à lei complementar a competência para indicar as exceções às regras de aposentadoria estabelecidas, quanto ao tempo e natureza do serviço. A norma originária presente na CRFB (§ 1º do art. 40) também previa a possibilidade da lei complementar estabelecer exceções às regras de aposentadoria dispostas no inc. III, a e c, na hipótese de exercício de atividade consideradas penosas, insalubres ou perigosas. (Ministra Carmem Lúcia, citando voto proferido no julgamento da ADI 3817)	

---

43. Súmula 359/STF: "Ressalvada a revisão prevista em lei, os proventos da inatividade regulam-se pela lei vigente ao tempo em que o militar, ou o servidor civil, reuniu os requisitos necessários." Redação alterada.

Argumentos favoráveis à tese fixada:	Argumentos contrários à tese fixada:
A Lei Complementar n.º 51/1985 reconheceu o direito à aposentadoria especial daquele que desempenha atividade estritamente policial, sendo justificado o cuidado legal, em razão da exposição permanente a risco da integridade física e psicológica do policial, em benefício de todos os cidadãos. (Ministra Carmem Lúcia, citando voto proferido no julgamento da ADI 3817)	
As alterações promovidas pelas emendas constitucionais posteriores à promulgação da CRFB não subtraíram a distinção conferida à atividade considerada perigosa ou de risco. (Ministra Carmem Lúcia, citando voto proferido no julgamento da ADI 3817)	

⊙ Fique atento:

- Durante o julgamento do recurso extraordinário paradigma, o Ministro Gilmar Mendes destacou que, se o policial é deslocado para trabalhar em uma atividade burocrática, não preencherá os requisitos para a aposentadoria especial, tendo em vista que o art. 1º da Lei Complementar 51/1985 refere-se a atividade estritamente policial.

- No julgamento do Mandado de Injunção nº 833/DF[44], impetrado pelo Sindicato dos Servidores das Justiças Federais no Estado do Rio de Janeiro – SISEJUFE/RJ, o STF decidiu que para fins de caracterização do direito à aposentadoria especial a periculosidade deve ser inequivocamente inerente ao ofício.

- A jurisprudência do STF reconhece aos policiais civis, após preenchidos os requisitos para a concessão da aposentadoria especial previstos na LC 51/85, o direito ao abono de permanência, previsto no art. 40, § 19, da CRFB. Tal entendimento foi afirmado no julgamento do ARE-RG 954.408, sob a sistemática da repercussão geral, correspondente ao Tema n.º 888.

---

44. DIREITO PREVIDENCIÁRIO. MANDADO DE INJUNÇÃO COLETIVO. OFICIAIS DE JUSTIÇA. ALEGADA ATIVIDADE DE RISCO. APOSENTADORIA ESPECIAL. ORDEM DENEGADA. 1. Diante do caráter aberto da expressão atividades de risco (art. 40, § 4º, II, da Constituição) e da relativa liberdade de conformação do legislador, somente há omissão inconstitucional quando a periculosidade seja inequivocamente inerente ao ofício. 2. A eventual exposição a situações de risco – a que podem estar sujeitos os Oficiais de Justiça e, de resto, diversas categorias de servidores públicos – não garante direito subjetivo constitucional à aposentadoria especial. 3. A percepção de gratificações ou adicionais de periculosidade, assim como o porte de arma de fogo, não são, por si sós, suficientes para reconhecer o direito à aposentadoria especial, em razão da autonomia entre o vínculo funcional e o previdenciário. 4. Voto pela denegação da ordem, sem prejuízo da possibilidade, em tese, de futura lei contemplar a pretensão da categoria. (MI 833, Relator(a): Min. CÁRMEN LÚCIA, Relator(a) p/ Acórdão: Min. ROBERTO BARROSO, Tribunal Pleno, julgado em 11/06/2015, ACÓRDÃO ELETRÔNICO DJe-195 DIVULG 29-09-2015 PUBLIC 30-09-2015)

⦿ Questões de Concurso relacionadas ao tema:

Questão 01 (CONSULPLAN. TRF-2ªR. Analista Judiciário – Contadoria. 2017) "Jorge, servidor público federal, ingressou no serviço público em 2005, exercendo atividades sob condições especiais que prejudiquem sua saúde, consulta seu advogado sobre as condições de sua futura aposentadoria, sendo certo que já possui três períodos de licença-prêmio não gozadas." Sobre a hipótese, analise as afirmativas a seguir.

I.   Os períodos de licença-prêmio não gozada podem ser contados em dobro para fins de soma de seu tempo de serviço.

II. As condições especiais de trabalho não podem ser consideradas na aposentadoria de Jorge, uma vez que não editada lei complementar regulamentadora da aposentadoria especial, exigida pela Constituição.

III. Para o cálculo dos proventos de aposentadoria de Jorge, por ocasião da sua concessão, serão consideradas as suas remunerações utilizadas como base para as contribuições.

Está(ão) correta(s) a(s) afirmativa(s)

- **a)** I, II e III
- **b)** II, apenas
- **c)** III, apenas
- **d)** I e III, apenas

Questão 02 (FUMARC. PC-MG.Delegado de Polícia. 2011) Quanto à aplicação das normas constitucionais no tempo e no espaço, pode-se considerar que

I.   o princípio da recepção é observado no momento da revisão constitucional e da emenda à Constituição, enquanto que a conexão das normas constitucionais com as normas conflitantes ocorre sempre que o conflito entre elas se estabeleça no caso concreto.

II. as disposições constitucionais passíveis de desconstitucionalização são aquelas de natureza formal que não dispõem sobre a natureza material, enquanto que na conexão as regras materiais terão sempre de ser mediatizadas pelas regras de conflito.

III. a revogação de normas constitucionais ocorre a partir da distinção entre inconstitucionalidade originária e inconstitucionalidade superveniente, devendo ser aplicada tanto em situações advindas da Constituição nova como também daquelas oriundas de uma revi- são constitucional.

IV. a derrogação do direito anterior se verifica sempre que a nova lei contiver disposições de caráter formal e material que versem sobre assuntos restritos à consagração de direitos e às limitações ao poder de governar.

Partindo de tais considerações, é CORRETO afirmar que

- **a)** apenas as afirmativas I e III são verdadeiras.
- **b)** apenas as afirmativas II e III são verdadeiras.
- **c)** apenas a afirmativa IV é verdadeira.
- **d)** as afirmativas I, II, III e IV são falsas.

Questão 03 (FCC. TCE-RO. Auditor. 2010) De acordo com a teoria da recepção, decreto-lei que tenha sido editado sob a égide de Constituição anterior, e compatível, em princípio, com a nova ordem constitucional,

a) continua válido no ordenamento jurídico e pode ser submetido ao controle de constitucionalidade concentrado por meio de arguição de descumprimento de preceito fundamental.

b) transforma-se, por mutação constitucional, em lei ordinária e passa a incorporar a nova ordem constitucional com uma nova numeração.

c) passa a integrar a nova ordem constitucional com hierarquia inferior à lei complementar e à lei ordinária.

d) insere-se na nova ordem constitucional automaticamente, mas o Supremo Tribunal Federal, por meio de Ação Direta de Inconstitucionalidade, poderá anular seus efeitos.

e) incorpora-se à nova ordem constitucional apenas se, por mutação constitucional, transformar-se em decreto legislativo mediante aprovação do Congresso Nacional.

> **Gabarito: 1-C; 2-B; 3-A**

2.33. SERVIDORES PÚBLICOS – REGIME PREVIDENCIÁRIO: APOSENTADORIA POR INVALIDEZ

Tema 524: "Aposentadoria integral de servidor portador de doença grave não especificada em lei."

Tese: A concessão de aposentadoria de servidor público por invalidez com proventos integrais exige que a doença incapacitante esteja prevista em rol taxativo da legislação de regência.

FICHA TÉCNICA	
Leading case:	**RE 656860**
Descrição do caso feita pelo STF:	Recurso extraordinário em que se discute, à luz do art. 40, § 1°, I, da Constituição Federal, a possibilidade, ou não, de servidor portador de doença grave e incurável, não especificada em lei, receber os proventos de aposentadoria de forma integral.
Dispositivo(s) constitucional (is) envolvido(s):	Art. 40. Aos servidores titulares de cargos efetivos da União, dos Estados, do Distrito Federal e dos Municípios, incluídas suas autarquias e fundações, é assegurado regime de previdência de caráter contributivo e solidário, mediante contribuição do respectivo ente público, dos servidores ativos e inativos e dos pensionistas,

FICHA TÉCNICA	
Leading case:	**RE 656860**
	observados critérios que preservem o equilíbrio financeiro e atuarial e o disposto neste artigo. (...) § 1º Os servidores abrangidos pelo regime de previdência de que trata este artigo serão aposentados, calculados os seus proventos a partir dos valores fixados na forma dos §§ 3º e 17: I – por invalidez permanente, sendo os proventos proporcionais ao tempo de contribuição, exceto se decorrente de acidente em serviço, moléstia profissional ou doença grave, contagiosa ou incurável, na forma da lei;
Data de reconhecimento da repercussão geral:	18/02/2012
Data de julgamento do mérito recursal:	21/08/2014
Houve unanimidade?	Sim
Data de publicação do acórdão de julgamento do recurso:	18/09/2014
Trânsito em julgado do acórdão:	06/10/2014

⊙ Comentários:

A demanda em julgamento teve início por meio de um mandado de segurança preventivo, impetrado por uma servidora pública do Estado do Mato Grosso, que estava se aposentando por motivo de moléstia grave, contra o Secretário de Administração, pleiteando que lhe fosse assegurada aposentadoria com proventos integrais.

A controvérsia gira em torno da parte final da norma do inciso I do § 1º do art. 40 da Constituição Federal, que se refere a *doença grave, contagiosa ou incurável, na forma da lei*. No que do Estado de Mato Grosso, a lei que descreve as referidas doenças é a Lei Complementar Estadual nº 4/90, que não incluiu a moléstia que acometia a Impetrante. No julgamento do MS, o Tribunal de Justiça local concedeu a segurança por entender que o rol constante da lei era meramente exemplificativo.

O STF, porém, reafirmou a sua jurisprudência, agora em repercussão geral, no sentido de que pertence ao domínio normativo ordinário a definição das doenças e moléstias que ensejam aposentadoria por invalidez com proventos integrais, cujo rol tem natureza taxativa. Faz-se necessário, assim, que a doença esteja prevista na lei aplicável ao caso.

⊙ Síntese do debate constante do acórdão que fixou o precedente:

A votação foi unânime e para reafirmar a jurisprudência do STF, um caso típico dos que são resolvidos no plenário virtual. O Relator, Ministro Teori Zavascki, contudo, preferiu ler o voto em plenário.

⊙ Fique atento:

- Há diversas normatizações quanto às doenças e moléstias graves para efeito de isenção do pagamento de imposto de renda. Não confundir com o que foi tratado nesse julgamento. Embora possa haver coincidência, a rigor, cada ente federativo pode ter sua lei definindo as doenças que ensejam aposentadoria com proventos integrais dos seus servidores.

⊙ Questões de Concurso relacionadas ao tema:

Questão 01 (CESPE. CÂMARA DOS DEPUTADOS. Analista Legislativo – Consultor Legislativo Área XXI. 2014). Com relação à seguridade social dos servidores públicos federais, julgue o item subsecutivo.

Segundo entendimento do STF, o servidor público federal fará jus à percepção de aposentadoria por invalidez com proventos integrais quando esta decorrer de acidente em serviço, moléstia profissional ou doença grave; contudo, neste último caso, é imprescindível que a doença esteja especificada em lei.

( ) Certo   ( ) Errado

> **Gabarito: 1-C**

2.34. SERVIDORES PÚBLICOS – REGIME PREVIDENCIÁRIO: APOSENTA-DORIA COMPULSÓRIA

Tema 571: Aposentadoria compulsória de titular de serventia judicial não estatizada.

Tese: Não se aplica a aposentadoria compulsória prevista no artigo 40, parágrafo 1º, inciso II, da Constituição Federal aos titulares de serventias judiciais não estatizadas, desde que não sejam ocupantes de cargo público efetivo e não recebam remuneração proveniente dos cofres públicos.

FICHA TÉCNICA	
Leading case:	RE 647827
Descrição do caso feita pelo STF:	Recurso extraordinário em que se discute, à luz do inciso II do § 1º do art. 40 da Constituição Federal, se os titulares de serventias judiciais ainda não estatizadas são submetidos à aposentadoria compulsória.

FICHA TÉCNICA	
Leading case:	**RE 647827**
Dispositivo(s) constitucional (is) envolvido(s):	Art. 40. Aos servidores titulares de cargos efetivos da União, dos Estados, do Distrito Federal e dos Municípios, incluídas suas autarquias e fundações, é assegurado regime de previdência de caráter contributivo e solidário, mediante contribuição do respectivo ente público, dos servidores ativos e inativos e dos pensionistas, observados critérios que preservem o equilíbrio financeiro e atuarial e o disposto neste artigo. § 1° Os servidores abrangidos pelo regime de previdência de que trata este artigo serão aposentados, calculados os seus proventos a partir dos valores fixados na forma dos §§ 3° e 17: (...) II – compulsoriamente, com proventos proporcionais ao tempo de contribuição, aos 70 (setenta) anos de idade, ou aos 75 (setenta e cinco) anos de idade, na forma de lei complementar;
Data de reconhecimento da repercussão geral:	24/08/2012[45]
Data de julgamento do mérito recursal:	15/02/2017
Houve unanimidade?	Sim
Data de publicação do acórdão de julgamento do recurso:	Acórdão não publicado até a data de fechamento desta edição.
Trânsito em julgado do acórdão:	-

◉ Comentários:[46]

O Tribunal, por unanimidade e nos termos do voto do Relator, apreciando o tema 571 da repercussão geral, negou provimento ao recurso extraordinário e fixou a tese anteriormente descrita.

---

45. O reconhecimento da repercussão geral se deu no RE 675228, substituído, posteriormente pelo RE 647827 para fixação de tese de repercussão geral.

46. À época da elaboração deste texto, ainda não havia sido publicado o acórdão do julgamento do mérito recursal. Os comentários baseiam-se na notícia publicada pelo STF acerca do julgamento havido, veiculada em 16/02/2017.

Tema 763: "Possibilidade de aplicação da aposentadoria compulsória ao servidor público ocupante exclusivamente de cargo em comissão, assim como a possibilidade de o servidor efetivo aposentado compulsoriamente vir a assumir cargos ou funções comissionadas".

Tese: 1. Os servidores ocupantes de cargo exclusivamente em comissão não se submetem à regra da aposentadoria compulsória prevista no art. 40, § 1º, II, da Constituição Federal, a qual atinge apenas os ocupantes de cargo de provimento efetivo, inexistindo, também, qualquer idade limite para fins de nomeação a cargo em comissão; 2. Ressalvados impedimentos de ordem infraconstitucional, não há óbice constitucional a que o servidor efetivo aposentado compulsoriamente permaneça no cargo comissionado que já desempenhava ou a que seja nomeado para cargo de livre nomeação e exoneração, uma vez que não se trata de continuidade ou criação de vínculo efetivo com a Administração.

FICHA TÉCNICA	
Leading case:	**RE 786540**
Descrição do caso feita pelo STF:	Recurso extraordinário em que se discute, à luz do art. 40, §§ 1º, II, e 13, da Constituição, a possibilidade de aplicação da aposentadoria compulsória ao servidor público ocupante exclusivamente de cargo em comissão. Exame, também, da possibilidade de o servidor efetivo aposentado compulsoriamente vir a assumir cargos ou funções comissionadas.
Dispositivo(s) constitucional (is) envolvido(s):	Art. 40. Aos servidores titulares de cargos efetivos da União, dos Estados, do Distrito Federal e dos Municípios, incluídas suas autarquias e fundações, é assegurado regime de previdência de caráter contributivo e solidário, mediante contribuição do respectivo ente público, dos servidores ativos e inativos e dos pensionistas, observados critérios que preservem o equilíbrio financeiro e atuarial e o disposto neste artigo. (...) § 1º Os servidores abrangidos pelo regime de previdência de que trata este artigo serão aposentados, calculados os seus proventos a partir dos valores fixados na forma dos §§ 3º e 17: (...) II – compulsoriamente, com proventos proporcionais ao tempo de contribuição, aos 70 (setenta) anos de idade, ou aos 75 (setenta e cinco) anos de idade, na forma de lei complementar; (...) § 13 – Ao servidor ocupante, exclusivamente, de cargo em comissão declarado em lei de livre nomeação e exoneração bem como de outro cargo temporário ou de emprego público, aplica-se o regime geral de previdência social.
Data de reconhecimento da repercussão geral:	19/09/2014
Data de julgamento do mérito recursal:	15/12/2016

FICHA TÉCNICA	
Leading case:	**RE 786540**
Houve unanimidade?	Não
Data de publicação do acórdão de julga-mento do recurso:	Acórdão não publicado até a data de fechamento desta edição.
Trânsito em julgado do acórdão:	-

⊙ Comentários:[47]

O STF, por maioria e nos termos do voto do Relator, apreciando o tema 763 da repercussão geral, negou provimento ao recurso extraordinário, fixando tese nos seguintes termos: "1 – Os servidores ocupantes de cargo exclusivamente em comissão não se submetem à regra da aposentadoria compulsória prevista no art. 40, § 1º, II, da Constituição Federal, a qual atinge apenas os ocupantes de cargo de provimento efetivo, inexistindo, também, qualquer idade limite para fins de nomeação a cargo em comissão; 2 – Ressalvados impedimentos de ordem infraconstitucional, não há óbice constitucional a que o servidor efetivo aposentado compulsoriamente permaneça no cargo comissionado que já desempenhava ou a que seja nomeado para cargo de livre nomeação e exoneração, uma vez que não se trata de continuidade ou criação de vínculo efetivo com a Administração", vencido o Ministro Marco Aurélio. Ausente o Ministro Gilmar Mendes. Presidiu o julgamento a Ministra Cármen Lúcia. Plenário, 15.12.2016.

⊙ Questões de Concurso relacionadas ao tema:

Questão 01 (CESPE. TRT 8ª Região. Analista Judiciário.2013) No que diz respeito aos atos administrativos, assinale a opção correta com base na legislação de regência e na jurisprudência dos tribunais superiores.

a) O ato administrativo de demissão do servidor público é discricionário.

b) Caso, em ação judicial, tenha sido reconhecida a nulidade de ato de exoneração de servidor público, a nulidade operará efeitos *ex nunc*, razão pela qual o servidor não terá direito ao tempo de serviço e aos vencimentos que lhe seriam pagos no período em que ficou afastado.

c) Considere que um agente público ocupante unicamente de cargo em comissão tenha sido exonerado ao completar setenta anos de idade e que a administração pública tenha motivado a prática do ato no exclusivo fato de ter ele completado a idade máxima para a aposentadoria compulsória. Nessa situação, configura- se hipótese que autoriza ao Poder Judiciário a anular o ato, se provocado, com fundamento na teoria

---

47. À época da elaboração deste texto, ainda não havia sido publicado o acórdão do julgamento do mérito recursal. Os comentários baseiam-se na notícia publicada pelo STF acerca do julgamento havido, veiculada em 15/12/2016.

dos motivos determinantes, pois o critério de idade para a aposentadoria compulsória não se aplica aos cargos em comissão.

d) O Poder Judiciário não pode examinar o mérito de ato administrativo discricionário praticado pela administração pública, não podendo analisar os motivos e a finalidade de tais atos quando submetidos a seu controle.

e) A competência administrativa pode ser objeto de delegação, circunstância que autoriza ao servidor público originariamente competente a transferir a subordinado hierárquico atribuição que lhe fora conferida, retirando- se a competência da autoridade delegante, que não poderá exercer a atribuição cumulativamente com a autoridade delegada.

Gabarito: 1-C

2.35. SERVIDORES PÚBLICOS – REGIME PREVIDENCIÁRIO: APOSENTADORIA– PARIDADE E/OU INTEGRALIDADE

Tema 139: "Extensão da Gratificação por Atividade de Magistério aos servidores inativos que ingressaram no serviço público até a publicação da Emenda Constitucional n° 41/2003".

Tese: "Os servidores que ingressaram no serviço público antes da EC 41/2003, mas que se aposentaram após a referida emenda, possuem direito à paridade remuneratória e à integralidade no cálculo de seus proventos, desde que observadas as regras de transição especificadas nos arts. 2° e 3° da EC 47/2005".

FICHA TÉCNICA	
Leading case:	**RE 590.260/SP**
Descrição do caso feita pelo STF:	"Recurso extraordinário em se discute, à luz do artigo 40, § 8° (na redação dada pela Emenda Constitucional n° 20/98) e 7° da Emenda Constitucional n° 41/2003, a possibilidade, ou não, da extensão do pagamento da Gratificação por Atividade de Magistério – GAM, instituída pela Lei Complementar paulista n° 977/2005, aos servidores inativos, que ingressaram no serviço público antes da publicação da Emenda Constitucional n° 41/2003, mas que se aposentaram após a referida Emenda".

FICHA TÉCNICA	
Leading case:	**RE 590.260/SP**
Dispositivo(s) constitucional(is) envolvido(s):	Art. 40. Aos servidores titulares de cargos efetivos da União, dos Estados, do Distrito Federal e dos Municípios, incluídas suas autarquias e fundações, é assegurado regime de previdência de caráter contributivo e solidário, mediante contribuição do respectivo ente público, dos servidores ativos e inativos e dos pensionistas, observados critérios que preservem o equilíbrio financeiro e atuarial e o disposto neste artigo. (Redação dada pela Emenda Constitucional nº 41, 19.12.2003) (...) § 8º É assegurado o reajustamento dos benefícios para preservar-lhes, em caráter permanente, o valor real, conforme critérios estabelecidos em lei. (Redação dada pela Emenda Constitucional nº 41, 19.12.2003)
Data de reconhecimento da repercussão geral:	21/11/2008.
Data de julgamento do mérito recursal:	24/06/2009.
Houve unanimidade?	Sim.
Data de publicação do acórdão de julgamento do recurso:	23/10/2009.
Trânsito em julgado do acórdão:	04/11/2009.

◉ Comentários:

O Supremo Tribunal Federal examinou recurso extraordinário interposto contra acórdão proferido pelo Tribunal de Justiça do Estado de São Paulo, que entendeu ser legítima a extensão do pagamento da Gratificação por Atividade de Magistério – GAM aos autores que se aposentaram até a data da publicação da EC 41/2003, uma vez que o art. 7º da referida Emenda assegurou o direito à paridade de proventos de inatividade com os vencimentos pagos aos servidores ativos apenas àqueles que já recebiam proventos de aposentadoria ou pensão na data da publicação da EC 41/2003.

O recurso extraordinário, interposto com fundamento no art. 102, III, "a" e "c", da Constituição Federal, alegou ofensa ao art. 40, § 8º (redação dada pela EC 20/98), bem como ao art. 7º da EC 41/2003.

Alegaram os recorrentes, em síntese, que o acórdão recorrido não poderia limitar o direito à vantagem apenas e tão-somente aos servidores aposentados até a data da publicação da EC 41/2003, uma vez que os arts. 6º e 7º da referida Emenda combinados com o art. 2º da EC 47/2005 garantiriam aos aposentados que tenham ingressado no serviço público até a publicação da EC 41/2003 o direito à extensão de quaisquer benefícios ou vantagens posteriormente concedidos aos servidores em atividade.

Nas contrarrazões, o Estado de São Paulo alegou: i) que a vantagem cogitada não se incorpora aos vencimentos "para nenhum efeito, inclusive para composição de proventos de aposentadoria"; e ii) que a Gratificação por Atividade de Magistério consiste em benefício que se sujeita a requisitos que já não podem ser atendidos pelo servidor inativo.

O Ministério Público Federal, em seu parecer, manifestou-se pelo parcial provimento do recurso, defendendo que aqueles que ingressaram no serviço público antes da EC nº. 20/98 e 41/03, e se aposentaram após referidos diplomas legislativos, têm direito à integralidade e à paridade remuneratória com os servidores da ativa, que percebem Gratificação por Atividade de Magistério, desde que observados os requisitos previstos nos arts. 2º e 3º da EC nº. 47/05, sempre respeitado o direito de opção pelo regime transitório ou pelo novo regime.

A questão com repercussão geral a ser debatida consistiu, portanto, em determinar se os servidores que ingressaram no serviço público antes da EC 41/2003, mas que se aposentaram após a referida emenda, possuíam direito à paridade remuneratória e à integralidade no cálculo de seus proventos, quando observadas as regras de transição especificadas nos arts. 2º e 3º da EC 47/2005.

Os fundamentos que arrimaram o voto vencedor do acórdão que contempla o precedente examinado foram: a) a Lei complementar estadual nº. 877/2005 não explicita em nenhum de seus dispositivos quaisquer circunstâncias especiais ou requisitos para o recebimento da gratificação acima referida – alcança sem exceção os servidores do quadro da ativa; b) sob o rótulo formal de gratificação, a Lei Complementar 977/2003 instituiu verdadeiro aumento de vencimentos aos servidores do Quadro de Magistério da Secretaria da Educação paulista; c) em casos semelhantes, a jurisprudência do Supremo Tribunal Federal tem decidido pela aplicação do art. 40, § 8º, da Constituição quando a gratificação for extensiva a todos os servidores em atividade, independentemente da natureza da função exercida ou do local onde o serviço é prestado; c) sendo o único requisito para recebimento da Gratificação por Atividade de Magistério é o exercício da referida atividade – condição que não afasta a natureza genérica da gratificação, portanto (daí a necessária extensão da vantagem aos professores inativos conforme garantido pelo art. 40, § 8º, da Constituição Republicana); d) quanto à situação dos servidores que ingressaram no serviço público antes da EC 41/2003, mas que se aposentaram após a sua edição, é preciso observar a incidência das regras de transição estabelecidas pela EC 47/2005, as quais estipularam algumas condições para que os servidores fizessem jus ao direito à paridade e à integralidade (dois cenários: servidores que ingressaram, de modo geral, antes da EC 41/2003, e servidores que ingressaram antes da EC 20/1998).

Assim, o Supremo Tribunal Federal, por unanimidade e nos termos do voto do relator, deu provimento parcial ao recurso, **assentando a tese segundo a qual os servidores que ingressaram no serviço público antes da EC 41/2003, mas que se aposentaram após a referida emenda, possuem direito à paridade remuneratória e à integralidade no cálculo de seus proventos, desde que observadas as regras de transição especificadas nos arts. 2º e 3º da EC 47/2005.**

◉ Fique atento:

- O tribunal decidiu que não terá direito todo e qualquer servidor que haja ingressado até a data da promulgação da Emenda nº. 41, mas tão-somente aqueles que tenham se aposentado atendidos os requisitos referentes à idade e aos anos de contribuição previstos no art. 6º da EC 41/2003.

2.36. SERVIDORES PÚBLICOS – REGIME PREVIDENCIÁRIO: PENSÃO POR MORTE – PERCEPÇÃO CUMULATIVA

Tema 162: "Acumulação de pensões por morte, no caso de o servidor aposentado ter reingressado no serviço público, por meio de concurso, antes da edição da Emenda Constitucional nº 20/98, e ter falecido em data posterior ao seu advento".

Tese: "É inconstitucional a percepção cumulativa de duas pensões estatutárias pela morte de servidor aposentado que reingressara no serviço público, por meio de concurso, antes da edição da EC 20/1998 e falecera após o seu advento".

FICHA TÉCNICA	
Leading case:	**RE 584.388/SC**
Descrição do caso feita pelo STF:	"Recurso extraordinário em que se discute, à luz dos artigos 37, § 10; e 40, § 7º (na redação da Emenda Constitucional nº 20/98), da Constituição Federal, bem como aos artigos 3º e 11 da Emenda Constitucional nº 20/98, a possibilidade, ou não, de acumulação de pensões por morte, no caso de o servidor aposentado ter reingressado no serviço público, por meio de concurso, antes da edição da Emenda Constitucional nº 20/98, e ter falecido em data posterior ao seu advento".
Dispositivo(s) constitucional(is) envolvido(s):	Art. 37. A administração pública direta e indireta de qualquer dos Poderes da União, dos Estados, do Distrito Federal e dos Municípios obedecerá aos princípios de legalidade, impessoalidade, moralidade, publicidade e eficiência e, também, ao seguinte: (Redação dada pela Emenda Constitucional nº 19, de 1998) (...) § 10. É vedada a percepção simultânea de proventos de aposentadoria decorrentes do art. 40 ou dos arts. 42 e 142 com a remuneração de cargo, emprego ou função pública, ressalvados os cargos acumuláveis na forma desta Constituição, os cargos eletivos e os cargos em comissão declarados em lei de livre nomeação e exoneração. (Incluído pela Emenda Constitucional nº 20, de 1998).
	Art. 40. Aos servidores titulares de cargos efetivos da União, dos Estados, do Distrito Federal e dos Municípios, incluídas suas autarquias e fundações, é assegurado regime de previdência de caráter contributivo e solidário, mediante contribuição do respectivo ente público, dos servidores ativos e inativos e dos pensionistas, observados critérios que preservem o equilíbrio

FICHA TÉCNICA	
Leading case:	**RE 584.388/SC**
	financeiro e atuarial e o disposto neste artigo. (Redação dada pela Emenda Constitucional nº 41, 19.12.2003) (...)
	§ 7º Lei disporá sobre a concessão do benefício de pensão por morte, que será igual: (Redação dada pela Emenda Constitucional nº 41, 19.12.2003) I – ao valor da totalidade dos proventos do servidor falecido, até o limite máximo estabelecido para os benefícios do regime geral de previdência social de que trata o art. 201, acrescido de setenta por cento da parcela excedente a este limite, caso aposentado à data do óbito; ou (Incluído pela Emenda Constitucional nº 41, 19.12.2003) II – ao valor da totalidade da remuneração do servidor no cargo efetivo em que se deu o falecimento, até o limite máximo estabelecido para os benefícios do regime geral de previdência social de que trata o art. 201, acrescido de setenta por cento da parcela excedente a este limite, caso em atividade na data do óbito. (Incluído pela Emenda Constitucional nº 41, 19.12.2003)
Data de reconhecimento da repercussão geral:	08/05/2009.
Data de julgamento do mérito recursal:	31/08/2011.
Houve unanimidade?	Sim.
Data de publicação do acórdão de julgamento do recurso:	27/09/2011.
Trânsito em julgado do acórdão:	07/10/2011

◉ Comentários:

O Supremo Tribunal Federal examinou o recurso extraordinário nº. 584.388/SC, interposto contra o acórdão proferido pela Segunda Seção do Tribunal Regional Federal da 4ª Região que deu provimento a apelação da União, decidindo pela impossibilidade de acumulação de duas pensões de natureza estatutária, à exceção das hipóteses contempladas no art. 40, § 6º da Constituição Federal.

Na origem, cuidava-se de ação ordinária, com pedido de antecipação de tutela, por meio da qual se buscou o direito de percepção de duas pensões decorrentes do falecimento de servidor público aposentado como Fiscal de Contribuições Previdenciárias do INSS e que, posteriormente, reingressou no serviço público federal, mediante concurso para Auditor Fiscal do Trabalho, em 05/02/1996, cargo que ocupou até a sua morte, ocorrida em 30/07/2001.

O recurso foi interposto com base no art. 102, III, "a", da Constituição Federal, alegando-se ofensa aos arts. 37, § 10; e 40, § 7º (na redação da EC nº. 20/1998) da Constituição Federal, bem como nos arts. 3º e 11 da EC nº. 20/1998. Sustentou-se, em síntese, que: i) obtiveram a pensão correspondente ao cargo de Fiscal do INSS, mas a relativa ao de Auditor Fiscal do Trabalho lhes foi negada, indevidamente, uma vez que inexiste qualquer vedação à percepção cumulativa de duas pensões; ii) a EC nº. 20/1998, ao vedar a percepção cumulativa de proventos e de remuneração pelo exercício de cargo, emprego ou função, ressalvou o direito dos servidores inativos que houvessem ingressado novamente no serviço público até a data de publicação da citada Emenda.

Em suas contrarrazões, a União alegou que o servidor poderia até cumular a percepção de proventos decorrentes de cargo anterior em que se aposentou em com a remuneração do novo cargo, mas seus beneficiários não; quanto à alegada existência de direito adquirido fundado no art. 3º da EC nº. 20/1998, União registrou que o servidor instituidor da pensão não preenchia, em relação ao segundo cargo que exerceu, os requisitos para acumulação, e que a Constituição vedava, no art. 37, XVI, em casos semelhantes, a acumulação de cargos e, consequentemente, de vencimentos e proventos.

A questão com repercussão geral a ser debatida residiu, portanto, na constitucionalidade, ou não, da percepção cumulativa de duas pensões estatutárias pela morte de servidor aposentado que reingressara no serviço público, por meio de concurso, antes da edição da EC 20/1998 e falecera após o seu advento.

Os fundamentos que arrimaram o voto vencedor do acórdão que contempla o precedente examinado foram: a) a pensão estatutária é um direito que substitui a remuneração do servidor ou os seus proventos, se aposentado à data do óbito; b) a Constituição Federal veda a percepção simultânea de proventos de aposentadoria com remuneração de cargo, emprego ou função pública, ressalvadas hipóteses – inocorrentes, no caso – de cargos acumuláveis na forma do texto constitucional, cargos eletivos e cargos em comissão, a teor do que dispõe o art. 37, § 10, da Constituição Federal; c) o Plenário do Supremo Tribunal Federal, nos autos do RE nº. 163.204/SP, rel. Min. Carlos Velloso, antes da edição da EC nº. 20/1998, já assentou que "a acumulação de proventos e vencimentos somente é permitida quando se tratar de cargos, funções ou empregos acumuláveis na atividade, na forma permitida pela Constituição"; d) ao tempo do falecimento do servidor, o § 7º do art. 40 da Constituição, na redação dada pela EC nº. 20/1998, estabelecia "§ 7º – Lei disporá sobre a concessão do benefício da pensão por morte, que será igual ao valor dos proventos do servidor falecido ou ao valor dos proventos a que teria direito o servidor em atividade na data de seu falecimento, observado o disposto no § 3º. (Incluído pela Emenda Constitucional nº 20, de 15/12/98)" – como se vê, para o cálculo da pensão por morte, a Constituição tomava como referência os proventos que o servidor falecido recebia ou os que teria direito se estivesse em atividade na data do seu falecimento; e) o servidor reingressou no serviço público antes da EC nº. 20/1998, e tal situação foi regrada pelo constituinte derivado no seu art. 11, que proibiu a percepção de mais de uma aposentadoria pelo regime de previdência a que se refere o art. 40 da Constituição Federal.

Desse modo, não obstante a ressalva do direito à acumulação, pelo referido servidor, dos proventos da aposentadoria com a remuneração do cargo que exercia, não lhe era permitida a percepção de mais de uma aposentadoria estatutária; e se lhe era proibida a percepção de duas ou mais aposentadorias, não haveria como cogitar-se do direito de recebimento de duas ou mais pensões por parte de seus dependentes, uma vez que o art. 40, § 7º, da Constituição Federal subordinava tal benefício aos proventos a que tivesse direito.

Assim, o Supremo Tribunal Federal, à unanimidade, e nos termos do voto do Relator, negou provimento ao recurso, e estabeleceu que é **inconstitucional a percepção cumulativa de duas pensões estatutárias pela morte de servidor aposentado que reingressa-**

ra no serviço público, por meio de concurso, antes da edição da EC 20/1998 e falecera após o seu advento.

2.37. SERVIDORES PÚBLICOS – REGIME PREVIDENCIÁRIO: PENSÃO POR MORTE – PARIDADE E/OU INTEGRALIDADE

Tema 396: "Direito adquirido aos critérios da paridade e integralidade no pagamento de pensão por morte de servidor aposentado antes do advento da Emenda Constitucional nº 41/2003, mas falecido durante sua vigência."

Tese: "Os pensionistas de servidor falecido posteriormente à EC 41/2003 têm direito à paridade com servidores em atividade (EC 41/2003, art. 7º), caso se enquadrem na regra de transição prevista no art. 3º da EC 47/2005. Não tem, contudo, direito à integralidade (CF, art. 40, § 7º, inciso I)".

FICHA TÉCNICA	
Leading case:	**RE 603.580 RJ**
Descrição do caso feita pelo STF:	"Recurso extraordinário em que se discute, à luz do art. 40, §§ 7º e 8º, da Constituição Federal, bem como do art. 7º da Emenda Constitucional nº 41/2003, o reconhecimento, ou não, de direito adquirido à observância dos critérios de paridade e integralidade, previstos na Emenda Constitucional nº 20/98, em relação ao pagamento de pensão por morte de ex-servidor que, embora aposentado antes do advento da Emenda Constitucional nº 41/2003, faleceu durante sua vigência.".
Dispositivo(s) constitucional(is) envolvido(s):	Art. 40. Aos servidores titulares de cargos efetivos da União, dos Estados, do Distrito Federal e dos Municípios, incluídas suas autarquias e fundações, é assegurado regime de previdência de caráter contributivo e solidário, mediante contribuição do respectivo ente público, dos servidores ativos e inativos e dos pensionistas, observados critérios que preservem o equilíbrio financeiro e atuarial e o disposto neste artigo. (Redação dada pela Emenda Constitucional nº 41, 19.12.2003).
	§ 7º Lei disporá sobre a concessão do benefício de pensão por morte, que será igual: (Redação dada pela Emenda Constitucional nº 41, 19.12.2003). I – ao valor da totalidade dos proventos do servidor falecido, até o limite máximo estabelecido para os benefícios do regime geral de previdência social de que trata o art. 201, acrescido de setenta por cento da parcela excedente a este limite, caso aposentado à data do óbito; ou (Incluído pela Emenda Constitucional nº 41, 19.12.2003). II – ao valor da totalidade da remuneração do servidor no cargo efetivo em que se deu o falecimento, até o limite máximo estabelecido para os

FICHA TÉCNICA	
Leading case:	**RE 603.580 RJ**
	benefícios do regime geral de previdência social de que trata o art. 201, acrescido de setenta por cento da parcela excedente a este limite, caso em atividade na data do óbito. (Incluído pela Emenda Constitucional nº 41, 19.12.2003). § 8º É assegurado o reajustamento dos benefícios para preservar-lhes, em caráter permanente, o valor real, conforme critérios estabelecidos em lei. (Redação dada pela Emenda Constitucional nº 41, 19.12.2003).
Data de reconhecimento da repercussão geral:	06/05/2011.
Data de julgamento do mérito recursal:	20/05/2015.
Houve unanimidade?	Sim.
Data de publicação do acórdão de julgamento do recurso:	04/08/2015 (recurso extraordinário) e 03/06/2016 (embargos de declaração).
Trânsito em julgado do acórdão:	05/10/2016.

◉ Comentários:

Em recurso extraordinário interposto com fundamento no art. 102, III, "a", da Constituição Federal, discutiu-se, em suma, se houve, por parte do acórdão recorrido, afronta ao art. 40, §§ 7º e 8º, da Constituição Federal, bem como ao art. 7º da Emenda Constitucional nº. 41/2003, cabendo ao Supremo Tribunal Federal **definir se a pensão por morte de ex-servidores, aposentados antes do advento da Emenda Constitucional nº. 41/2003, mas falecidos após a sua promulgação, deve ou não corresponder à integralidade dos proventos de aposentadoria do instituidor.**

A Emenda Constitucional nº. 41/2003 alterou o art. 40, § 8º da Constituição Federal (incluído pela Emenda Constitucional nº. 20/1998), pondo fim à "paridade" – a garantia constitucional que reajustava os proventos de aposentadoria e as pensões sempre que se reajustassem os vencimentos dos servidores da ativa.

A controvérsia se iniciou quando os autores, pensionistas de servidores aposentados do Estado do Rio de Janeiro, ingressaram com ação buscando a revisão de seus benefícios previdenciários, a fim de que correspondessem aos vencimentos dos servidores em atividade. A ação foi julgada procedente. Contra essa decisão o Estado do Rio de Janeiro e o Fundo Único de Previdência Social apelaram, mas o recurso teve o seu seguimento negado sob o fundamento de que os ora recorridos tinham direito à pensão nos mesmos valores dos proventos dos servidores falecidos, se vivos fossem.

Inconformados, os recorrentes manejaram o recurso extraordinário, em que sustentaram, em síntese, que, como os servidores instituidores da pensão faleceram depois da Emenda Constitucional nº. 41/2003, os pensionistas não teriam direito à paridade da pensão com os vencimentos dos servidores da ativa.

Os fundamentos que arrimaram o voto vencedor do acórdão que contempla o precedente examinado foram: a) como a Emenda Constitucional nº. 41/2003, publicada em 19/12/2003, pôs fim à "paridade" – garantia constitucional que reajustava os proventos de aposentadoria e as pensões sempre que se reajustassem os vencimentos dos servidores de ativa – e à "integralidade" – garantia constitucional que assegurava aos pensionistas a manutenção do valor da aposentadoria do servidor falecido –, o falecimento de servidor ocorrido após a vigência da mencionada Emenda (fora das situações excepcionais previstas na própria Emenda em que se conservou tal direito) não atribui ao pensionista direito aos reajustes dos valores das pensões destinados aos servidores da ativa, porque a pensão é regida pela lei vigente por ocasião do falecimento do segurado instituidor, em observância do princípio *tempus regit actum* e da jurisprudência do Supremo Tribunal Federal; b) a Emenda Constitucional nº. 47/2005 instituiu regras excepcionais de aposentadoria e pensão para servidores que tivessem ingressado no serviço público até 16/12/1998, e preenchessem outros requisitos ali discriminados, garantindo-lhes a "paridade" que havia sido extinta pela Emenda Constitucional nº. 41/2003.

Como, no caso concreto, os recorrentes preenchiam os requisitos estabelecidos pela Emenda Constitucional nº. 47/2005 para manutenção da "paridade" extinta pela Emenda Constitucional nº. 41/2003 (mas não da "integralidade"), **ao recurso extraordinário foi dado provimento parcial, para reformar a decisão recorrida somente no tocante à negação do direito de manutenção do valor da aposentadoria do servidor falecido, o qual foi assegurado pelo acórdão recorrido.**

◉ Fique atento:

- Inicialmente, o voto do relator, Ministro Ricardo Lewandowski, não atentou para o fato de que o acórdão recorrido garantia aos recorrentes o direito à "integralidade" – direito este que também fora extinto por meio da Emenda Constitucional nº 41/2003. Por sso, inicialmente, o relator votou pelo indeferimento do recurso extraordinário – foi somente após o voto-vista do Min. Luis Roberto Barroso que tal questão foi trazida à tona, motivando a retificação, pelo relator, do seu voto, para concordar com o voto-vista. No Extrato de Ata da sessão de julgamento constante do acórdão, está registrado que a decisão se deu nos termos do voto "reajustado" do relator.

- O voto do Min. Luis Roberto Barroso chamou atenção, em *obiter dictum*, para uma circunstância juridicamente irrelevante para o caso concreto apreciado, mas que pode afetar outros casos relacionados a este tema: há quem entenda que a regra que extinguiu a "integralidade", reduzindo o benefício de pensão em 30% do valor que superasse o limite do Regime Geral da Previdência Social, passou a ser aplicável apenas a partir de 21/06/2004, data em que entrou em vigor a Lei nº 10.887/2004, em virtude do que dispôs seu art. 2º, que regulamentou o disposto no novo § 7º do art. 40 da Constituição. Trata-se, contudo, como já se disse, de questão prescindível para a solução do presente caso, uma vez que o instituidor da pensão faleceu após a vigência da Lei nº 10.887/2004.

◉ Questões de Concurso relacionadas ao tema:

Questão 01 (FCC. PGE-MT. Procurador do Estado. 2016) Augusto Capanema aposentou-se voluntariamente no regime próprio de previdência dos servidores públicos, em 15 de janeiro de 2005, tendo ocupado o cargo efetivo de agente fiscal de rendas desde seu ingresso no serviço público, em 31 de março de 1969. Em 13 de abril de 2015, Augusto faleceu, na idade de 73 anos. No tocante à pensão, a viúva do referido servidor*a*

a) não fará jus à pensão, pois somente os dependentes menores fazem jus a esse benefício.

b) fará jus à pensão sem direito à integralidade, mas com direito à paridade com os servidores em atividade.

c) fará jus à pensão com direito à integralidade, mas sem direito à paridade com os servidores em atividade.

d) fará jus à pensão com direito à integralidade e também à paridade com os servidores em atividade.

e) fará jus à pensão sem direito à integralidade e também sem direito à paridade com os servidores em atividade.

Questão 02 (CONSULPLAN. TRF-2ªR. Analista Judiciário – Enfermagem. 2017) "Bárbara, pensionista de Gustavo, servidor público federal aposentado em 1997 e falecido em 2005, requer a incorporação em sua pensão de Gratificação de Encargos Especiais – GEE, percebida pelo instituidor da pensão quando aposentado, bem como a revisão de sua pensão na mesma proporção e mesma data percebida pelos servidores ativos que ocupem o mesmo cargo de Gustavo." Sobre a hipótese, assinale a alternativa correta.

a) Bárbara não tem direito à incorporação da GEE, nem à revisão de sua pensão como pretendido, uma vez que Gustavo faleceu em 2005, quando extinto o regime da integralidade e da paridade remuneratórias.

b) Bárbara tem direito à incorporação da GEE, bem como da revisão de sua pensão nos moldes pretendidos, tendo em vista que Gustavo se aposentou sob o regime da integralidade e da paridade remuneratórias.

c) Bárbara tem direito à incorporação da GEE, porém, somente tem direito à revisão da pensão nos moldes pretendidos caso Gustavo tenha se aposentado com proventos integrais, isto é, com trinta e cinco anos de contribuição.

d) Bárbara tem direito à revisão de sua pensão nos moldes pretendidos, tendo em vista que Gustavo se aposentou sob o regime da paridade remuneratória, não tendo, porém, direito à incorporação da GEE, que é verba paga em decorrência do exercício da função.

> Gabarito: 1-B; 2-C

Tema 594: "Aplicação das regras previstas nos §§ 4° e 5° do art. 40 da Constituição Federal (redação originária) a servidor celetista aposentado ou falecido antes do advento da Lei 8.112/90."

Tese: As regras dos parágrafos 4° e 5° do artigo 40 da Constituição Federal, na redação anterior à EC 20/1998, não se aplicam ao servidor submetido ao regime da Consolidação das Leis do Trabalho que se aposentou ou faleceu antes do advento da Lei n° 8.112/1990.

FICHA TÉCNICA	
Leading case:	**RE 627294**
Descrição do caso feita pelo STF:	Recurso extraordinário em que se discute, à luz dos §§ 4° e 5° do art. 40 da Constituição Federal (redação originária), se as regras neles previstas se aplicam, ou não, a servidor submetido ao regime da Consolidação das Leis do Trabalho que se aposenta ou falece antes do advento da Lei 8.112/90.
Dispositivo(s) constitucional(is) envolvido(s):	Art. 40[48]. O servidor será aposentado: (...) § 4° – Os proventos da aposentadoria serão revistos, na mesma proporção e na mesma data, sempre que se modificar a remuneração dos servidores em atividade, sendo também estendidos aos inativos quaisquer benefícios ou vantagens posteriormente concedidos aos servidores em atividade, inclusive quando decorrentes da transformação ou reclassificação do cargo ou função em que se deu a aposentadoria, na forma da lei. §5° – O benefício da pensão por morte corresponderá à totalidade dos vencimentos ou proventos do servidor falecido, até o limite estabelecido em lei, observado o disposto no parágrafo anterior.
Data de reconhecimento da repercussão geral:	21/09/2012
Data de julgamento do mérito recursal:	21/09/2012
Houve unanimidade?	Não
Data de publicação do acórdão de julgamento do recurso:	04/10/2012
Trânsito em julgado do acórdão:	22/10/2012

---

48. Redação originária do caput e parágrafos da Constituição Federal de 1988.

◉ Comentários:

Trata-se de Recurso Extraordinário em Mandado de Segurança que na origem foi impetrado contra ato omissivo do Superintendente Estadual do INSS, que indeferiu pleito de ex-cônjuge de servidor celetista do IBGE de revisão da pensão por morte do seu consorte, falecido antes da promulgação da Constituição Federal e da Lei nº 8.112/90. Requeria ela a equivalência dos valores percebidos pelos demais servidores que passaram a ser estatutários com a promulgação das referidas normas.

A segunda turma do TRF da 5ª Região havia entendido que o valor do benefício da pensão por morte nesse caso deveria corresponder à integralidade da remuneração que o mesmo recebia quando em atividade, por incidência, à hipótese, do art. 40, § 5º da Constituição Federal em sua redação originária.

O STF, todavia, nos termos do voto do Relator, Ministro Luiz Fux, deu provimento ao Recurso Extraordinário interposto pelo INSS, reafirmando a sua jurisprudência no sentido de que as regras dos parágrafos 4º e 5º do art. 40 da Constituição Federal, na redação anterior à Emenda Constitucional nº 20/98, não se aplicam ao servidor submetido ao regime da Consolidação das Leis do Trabalho que se aposentou ou faleceu antes do advento da Lei nº 8.112/90.

◉ Síntese do debate constante do acórdão que fixou o precedente:

O julgamento se deu através do Plenário Virtual com reafirmação da jurisprudência do STF. Conquanto não tenha sido julgado por unanimidade, a divergência do Ministro Marco Aurélio Melo se restringiu à possibilidade de julgar o processo através do Plenário Virtual. A outra divergência, do Ministro Carlos Ayres Brito, não foi acompanhada de fundamentação escrita. Não votou o Ministro Joaquim Barbosa.

◉ Fique atento:

- O art. 40 da Constituição Federal já foi modificado por duas Emendas, em 1998 e 2003. O objetivo de ambas era adequar a redação dos dispositivos às novas normas impostas por ocasião de reformas na previdência social. A redação atualmente vigente foi dada pela segunda alteração, feita através da EC nº 41/03, que dentre outras modificações acabou com a integralidade e a paridade da aposentadoria dos servidores públicos. A reforma da previdência atualmente discutida no Congresso Nacional deverá implementar novas e radicais alterações nesse artigo.

2.38. SERVIDORES PÚBLICOS – REGIME PREVIDENCIÁRIO: ENQUADRA-MENTO DE SERVIDORES APOSENTADOS E PENSIONISTAS

Tema 602: "Extensão, a servidores aposentados e pensionistas, dos efeitos financeiros decorrentes do enquadramento de servidores ativos do extinto DNER no Plano Especial de Cargos do DNIT."

Tese: Os servidores aposentados e pensionistas do extinto DNER fazem jus aos efeitos financeiros decorrentes do enquadramento de servidores ati-vos que, provindos deste órgão, passaram a gozar dos benefícios e vanta-gens resultantes do Pleno Especial de Cargos do DNIT, instituído pela Lei 11.171/2005.

FICHA TÉCNICA	
Leading case:	**RE 677730**
Descrição do caso feita pelo STF:	Recurso Extraordinário em que se discute, à luz do art. 2°, do inciso XXXVI do art. 5°, do § 8° do art. 40 (com a reda-ção dada pela EC 20/98), da letra "a" do inciso II do § 1° do art. 61, todos da Constituição Federal, bem como do art. 7° da EC 41/2003, a possibilidade, ou não, de extensão, a ser-vidores aposentados e pensionistas, dos efeitos financeiros decorrentes do enquadramento de servidores ativos do ex-tinto DNER no Plano Especial de Cargos do DNIT.
Dispositivo(s) constitucional (is) envolvi-do(s):	Art. 2° São Poderes da União, independentes e harmônicos entre si, o Legislativo, o Executivo e o Judiciário.
	Art. 5° Todos são iguais perante a lei, sem distinção de qual-quer natureza, garantindo-se aos brasileiros e aos estran-geiros residentes no País a inviolabilidade do direito à vida, à liberdade, à igualdade, à segurança e à propriedade, nos termos seguintes: (...) XXXVI – a lei não prejudicará o direito adquirido, o ato jurídico perfeito e a coisa julgada;
	Art. 40[49] – Aos servidores titulares de cargos efetivos da União, dos Estados, do Distrito Federal e dos Municípios, incluídas suas autarquias e fundações, é assegurado regime de previdência de caráter contributivo, observados critérios que preservem o equilíbrio financeiro e atuarial e o dispos-to neste artigo. (...) § 8° Observado o disposto no art. 37, XI,

---

49. Caput e parágrafo com redação dada pela Emenda Constitucional n° 20/98.

FICHA TÉCNICA	
Leading case:	**RE 677730**
	os proventos de aposentadoria e as pensões serão revistos na mesma proporção e na mesma data, sempre que se modificar a remuneração dos servidores em atividade, sendo também estendidos aos aposentados e aos pensionistas quaisquer benefícios ou vantagens posteriormente concedidos aos servidores em atividade, inclusive quando decorrentes da transformação ou reclassificação do cargo ou função em que se deu a aposentadoria ou que serviu de referência para a concessão da pensão, na forma da lei.
	Art. 61. A iniciativa das leis complementares e ordinárias cabe a qualquer membro ou Comissão da Câmara dos Deputados, do Senado Federal ou do Congresso Nacional, ao Presidente da República, ao Supremo Tribunal Federal, aos Tribunais Superiores, ao Procurador-Geral da República e aos cidadãos, na forma e nos casos previstos nesta Constituição. § 1º São de iniciativa privativa do Presidente da República as leis que: (...) II – disponham sobre: a) criação de cargos, funções ou empregos públicos na administração direta e autárquica ou aumento de sua remuneração;
	Art. 7º da EC 41/03 Observado o disposto no art. 37, XI, da Constituição Federal, os proventos de aposentadoria dos servidores públicos titulares de cargo efetivo e as pensões dos seus dependentes pagos pela União, Estados, Distrito Federal e Municípios, incluídas suas autarquias e fundações, em fruição na data de publicação desta Emenda, bem como os proventos de aposentadoria dos servidores e as pensões dos dependentes abrangidos pelo art. 3º desta Emenda, serão revistos na mesma proporção e na mesma data, sempre que se modificar a remuneração dos servidores em atividade, sendo também estendidos aos aposentados e pensionistas quaisquer benefícios ou vantagens posteriormente concedidos aos servidores em atividade, inclusive quando decorrentes da transformação ou reclassificação do cargo ou função em que se deu a aposentadoria ou que serviu de referência para a concessão da pensão, na forma da lei.
Data de reconhecimento da repercussão geral:	19/10/2012
Data de julgamento do mérito recursal:	28/08/2014
Houve unanimidade?	Sim
Data de publicação do acórdão de julgamento do recurso:	24/10/2014
Trânsito em julgado do acórdão:	14/11/2014

⊙ Comentários:

A Lei 10.233, de 5 de junho de 2001, criou o "Conselho Nacional de Integração de Políticas de Transporte, a Agência Nacional de Transportes Terrestres [ANTT], a Agência Nacional de Transportes Aquaviários [ANTAQ] e o Departamento Nacional de Infra-Estrutura de Transportes [DNIT]" e, ao mesmo tempo, determinou a extinção do Departamento Nacional de Estradas de Rodagem. A referida lei criou, ainda, quadro de pessoal específico da ANTT, da ANTAQ e do DNIT que absorveu os servidores ativos que integravam os quadros do DNER e do Ministério dos Transportes, mediante redistribuição do cargo. Ainda segundo a mencionada lei, o Ministério dos Transportes possuía o encargo pelo pagamento dos inativos e pensionistas advindos do DNER (art. 117).

Posteriormente, foi editada a Lei nº 11.171, de 2 de setembro de 2005, que, instituindo novo plano de carreiras do DNIT, promoveu reajustes remuneratórios, bem como reestruturação das carreiras, reorganizando e reclassificando cargos. Os servidores ativos egressos do DNER, submetidos à aludida reestruturação de carreiras e reajustes remuneratórios, passaram a gozar das vantagens e privilégios inerentes às novas carreiras.

A controvérsia constante dos autos tem início com ação proposta por pensionista do DNER pleiteando equiparação de seus proventos com os dos servidores que passaram a integrar o quadro do DNIT, de modo a ser beneficiada com a reestruturação e reajuste previstos na Lei nº 11.171/05.

No primeiro grau, a sentença considerou procedente o pleito da pensionista, decisão esta reformada pela 3ª Turma do Tribunal Regional Federal da 5ª Região.

Inconformada, a autora interpôs Recursos Especial e Extraordinário, sendo o primeiro provido pelo STJ. Contra essa decisão, a União interpôs Recurso Extraordinário.

À unanimidade, o STF, sob a relatoria do Ministro Gilmar Mendes, entendeu que a garantia de paridade remuneratória a que fazia referência o art. 40, § 8º, na redação anterior à Emenda Constitucional nº 41/2003, é formulação, no próprio texto constitucional, de regra à luz do princípio da isonomia. Desse modo, foi negado provimento ao Recurso Extraordinário, para reconhecer que servidores inativos e pensionistas do extinto DNER possuem direito aos efeitos financeiros decorrentes do enquadramento de servidores ativos no Plano Especial de Cargos do DNIT.

⊙ Síntese do debate constante do acórdão que fixou o precedente:

Conquanto o julgamento de mérito tenha sido à unanimidade, esse processo teve peculiaridades na fase de julgamento no Plenário Virtual. Cinco ministros votaram no sentido de não haver matéria constitucional envolvida e, por conseguinte, contra a repercussão geral. Outros dois ministros silenciaram, e apenas três votaram expressamente reconhecendo a existência de matéria constitucional e a favor da repercussão geral. Todavia, a sistemática do Plenário Virtual é no sentido de considerar o silêncio como voto a favor da repercussão geral[50]. Nesse processo, portanto, haveria empate, o que, mais uma vez favoreceria a reper-

---

50. Art. 324, § 1º, do Regimento Interno do Supremo Tribunal Federal:

§ 1º Decorrido o prazo sem manifestações suficientes para recusa do recurso, reputar-se-á existente a repercussão geral.

cussão geral. O Ministro Marco Aurélio criticou o fato de o Relator originário, Ministro Ricardo Lewandowski, ter submetido o processo ao Plenário Virtual, mesmo após reconhecer a inexistência de matéria constitucional envolvida. Inclusive, em virtude de restar vencido no particular, o Ministro Relator devolveu os autos para redistribuição, nos termos do art. 324, § 3º, do Regimento Interno do Supremo Tribunal Federal[51].

◉ Fique atento:

- Nos termos do art. 326 do RISTF, toda decisão de inexistência de repercussão geral é irrecorrível e, valendo para todos os recursos sobre questão idêntica, deve ser comunicada, pelo(a) Relator(a), à Presidência do Tribunal.

2.39. SERVIDORES PÚBLICOS – REGIME JURÍDICO DISCIPLINAR: PROCESSO ADMINISTRATIVO DISCIPLINAR – DEMISSÃO

Tema 565: "Possibilidade de exclusão de policial militar da corporação mediante processo administrativo."

Tese: É possível a exclusão, em processo administrativo, de policial militar que comete faltas disciplinares, independentemente do curso de ação penal instaurada em razão da mesma conduta.

FICHA TÉCNICA	
Leading case:	ARE 691306
Descrição do caso feita pelo STF:	Recurso extraordinário com agravo em que se discute, à luz do inciso I do § 1º do art. 41, do § 4º do art. 125 e do inciso VI do § 3º do art. 142, todos da Constituição Federal, a possibilidade, ou não, de exclusão, mediante processo administrativo, de policial militar que pratica faltas disciplinares, independentemente do curso de ação penal instaurada em razão da mesma conduta.

---

51. Art. 324. Recebida a manifestação do(a) Relator(a), os demais Ministros encaminhar-lhe-ão, também por meio eletrônico, no prazo comum de vinte dias, manifestação sobre a questão da repercussão geral.
§ 3º No julgamento realizado por meio eletrônico, se vencido o Relator, redigirá o acórdão o Ministro sorteado na redistribuição, dentre aqueles que divergiram ou não se manifestaram, a quem competirá a relatoria do recurso para exame do mérito e de incidentes processuais.

FICHA TÉCNICA	
Leading case:	**ARE 691306**
Dispositivo(s) constitucional(is) envolvido(s):	Art. 41. São estáveis após três anos de efetivo exercício os servidores nomeados para cargo de provimento efetivo em virtude de concurso público. § 1º O servidor público estável só perderá o cargo I – em virtude de sentença judicial transitada em julgado;
	Art. 125. Os Estados organizarão sua Justiça, observados os princípios estabelecidos nesta Constituição. (...) § 4º Compete à Justiça Militar estadual processar e julgar os militares dos Estados, nos crimes militares definidos em lei e as ações judiciais contra atos disciplinares militares, ressalvada a competência do júri quando a vítima for civil, cabendo ao tribunal competente decidir sobre a perda do posto e da patente dos oficiais e da graduação das praças.
	Art. 142. As Forças Armadas, constituídas pela Marinha, pelo Exército e pela Aeronáutica, são instituições nacionais permanentes e regulares, organizadas com base na hierarquia e na disciplina, sob a autoridade suprema do Presidente da República, e destinam-se à defesa da Pátria, à garantia dos poderes constitucionais e, por iniciativa de qualquer destes, da lei e da ordem. (...) VI – o oficial só perderá o posto e a patente se for julgado indigno do oficialato ou com ele incompatível, por decisão de tribunal militar de caráter permanente, em tempo de paz, ou de tribunal especial, em tempo de guerra;
Data de reconhecimento da repercussão geral:	24/08/2012
Data de julgamento do mérito recursal:	24/08/2012
Houve unanimidade?	Não
Data de publicação do acórdão de julgamento do recurso:	11/09/2012
Trânsito em julgado do acórdão:	21/09/2012

◉ Comentários:

A matéria suscitada no recurso versa sobre a possibilidade de exclusão, em processo administrativo, de policial militar que comete faltas disciplinares, independentemente do curso de ação penal instaurada em razão da mesma conduta. Na espécie, um policial militar do Estado de Mato Grosso do Sul impetrou mandado de segurança contra ato do Comandante-Geral que o excluíra da corporação. O Tribunal de Justiça local confirmou a sentença no sentido de indeferir a ordem. O Recurso Extraordinário interposto teve seguimento negado na origem. Ato contínuo, foi interposto agravo de instrumento. No acórdão, que negou provimento ao Recurso Extraordinário, o STF reafirmou a sua jurisprudência no sentido de que a competência conferida à Justiça Militar pelo art. 125, § 4º, da Constituição, é relativa à perda de graduação como pena acessória criminal, e não à sanção disciplinar, que pode decorrer de adequado processo administrativo (súmula 673). Firmou-se, ainda, entendimento de que não há óbice à aplicação de sanção disciplinar administrativa antes do trânsito em julgado da ação penal, pois são relativamente independentes as instâncias jurisdicional e administrativa.

◉ Síntese do debate constante do acórdão que fixou o precedente:

O julgamento se deu através do Plenário Virtual com reafirmação da jurisprudência do STF. O Ministro Marco Aurélio Melo divergiu porque entendeu que o Relator, Ministro Cezar Peluso, deu provimento implícito ao agravo, deixando, portanto, de fundamentar a decisão. Ademais, discordou da decisão de negar provimento ao Extraordinário reconhecendo a repercussão geral do tema de índole maior.

◉ Fique atento:

- A independência entre as instâncias administrativa e penal é relativa, como apontado no acórdão. Repercute validamente, no âmbito administrativo, possibilitando a reintegração de servidor, a sentença penal absolutória que reconheça a negativa de autoria ou do fato. Por outro lado, a condenação penal fará coisa julgada quanto à culpabilidade do agente e também refletirá na seara administrativa, deixando o agente sujeito a punição e reparação do dano. Todavia, havendo absolvição por falta de provas ou ausência de culpabilidade penal, a decisão não terá reflexos na instância administrativa.

2.40. INTERVENÇÃO DO ESTADO NA PROPRIEDADE PRIVADA: EXPROPRIAÇÃO DE TERRAS DESTINADAS AO CULTIVO DE PLANTAS PSICOTRÓPICAS

Tema 399: "Natureza da responsabilidade do proprietário de terras com cultivo ilegal de plantas psicotrópicas para fins de expropriação".

Tese: "A expropriação prevista no artigo 243, da Constituição Federal, pode ser afastada desde que o proprietário comprove que não incorreu em culpa, ainda que *in vigilando* ou *in eligendo*".

FICHA TÉCNICA	
Leading case:	RE 635.336/PE
Descrição do caso feita pelo STF:	"Recurso extraordinário em que se discute, à luz do art. 243, da Constituição Federal, a constitucionalidade, ou não, de decisão que declara a responsabilidade objetiva, para fins de expropriação, do proprietário de terras onde foi encontrado o cultivo ilegal de plantas psicotrópicas".

FICHA TÉCNICA	
Leading case:	**RE 635.336/PE**
Dispositivo(s) constitucional(is) envolvido(s):	Art. 243. As propriedades rurais e urbanas de qualquer região do País onde forem localizadas culturas ilegais de plantas psicotrópicas ou a exploração de trabalho escravo na forma da lei serão expropriadas e destinadas à reforma agrária e a programas de habitação popular, sem qualquer indenização ao proprietário e sem prejuízo de outras sanções previstas em lei, observado, no que couber, o disposto no art. 5°. (Redação dada pela Emenda Constitucional n° 81, de 2014). Parágrafo único. Todo e qualquer bem de valor econômico apreendido em decorrência do tráfico ilícito de entorpecentes e drogas afins e da exploração de trabalho escravo será confiscado e reverterá a fundo especial com destinação específica, na forma da lei. (Redação dada pela Emenda Constitucional n° 81, de 2014).
Data de reconhecimento da repercussão geral:	27/05/2011.
Data de julgamento do mérito recursal:	14/12/2016.
Houve unanimidade?	Sim
Data de publicação do acórdão de julgamento do recurso:	**Não há**
Trânsito em julgado do acórdão:	**Não há**

◉ Comentários:[52]

O Supremo Tribunal Federal apreciou recurso extraordinário interposto pelo Ministério Público Federal em face de acórdão do Tribunal Regional Federal da 5ª Região, que manteve a expropriação a que se refere o art. 243, *caput,* da Constituição Federal, de imóveis utilizados para o cultivo de plantas psicotrópicas, especialmente a maconha, como regulamenta a Lei n°. 8.257/91.

O recorrente fundamentou o seu recurso na violação a dispositivo constitucional, na medida em que, no caso de expropriação de glebas onde forem localizadas culturas ilegais de plantas psicotrópicas, a responsabilidade do proprietário deve ser subjetiva, e não objetiva, como havia definido o acórdão recorrido.

O acórdão que julgou o recurso extraordinário, proferido à unanimidade, baseou-se no voto do relator, para quem o Supremo Tribunal Federal já teria enfrentado este tema com rigor, como no RE 543.974/MG, quando o tribunal apontou que a expropriação deveria ser

---

52. À época da elaboração deste texto, ainda não havia sido publicado o acórdão do julgamento do mérito recursal. Os comentários baseiam-se na notícia publicada pelo STF acerca do julgamento havido, veiculada em 14/12/2016, em http://www.stf.jus.br/portal/cms/verNoticiaDetalhe.asp?idConteudo=331993.

estendida à totalidade do imóvel, indo além da área efetivamente utilizada para o plantio da maconha. No caso, o Ministro entendeu que a função social da propriedade impõe ao proprietário o dever de zelar pelo uso lícito, ainda que não esteja na posse direta. Assim, aos proprietários caberia demonstrar que não incorreram em culpa de qualquer natureza, podendo o sujeito provar que fora esbulhado ou até enganado por possuidor ou detentor.

Assim, por unanimidade, os ministros negaram provimento ao recurso e mantiveram a decisão questionada, entendendo que, embora a responsabilidade do proprietário, embora subjetiva, "é bastante próxima à objetiva", e fixando a tese segundo a qual **"A expropriação prevista no artigo 243, da Constituição Federal, pode ser afastada desde que o proprietário comprove que não incorreu em culpa, ainda que *in vigilando* ou *in eligendo"*.

2.41. PROCESSO ADMINISTRATIVO: RECURSO

Tema 314: "Exigência de depósito prévio como requisito de admissibilidade de recurso administrativo".

Tese: "É inconstitucional a exigência de depósito prévio como requisito de admissibilidade de recurso administrativo".

FICHA TÉCNICA	
Leading case:	**RE 601.235 SP**
Descrição do caso feita pelo STF:	"Agravo de instrumento interposto contra decisão que inadmitiu recurso extraordinário em que se discute, à luz do art. 5º, LV, da Constituição Federal a constitucionalidade, ou não, da exigência de depósito prévio como requisito de admissibilidade de recurso administrativo."
Dispositivo(s) constitucional(is) envolvido(s):	Art. 5º Todos são iguais perante a lei, sem distinção de qualquer natureza, garantindo-se aos brasileiros e aos estrangeiros residentes no País a inviolabilidade do direito à vida, à liberdade, à igualdade, à segurança e à propriedade, nos termos seguintes:
	LV – aos litigantes, em processo judicial ou administrativo, e aos acusados em geral são assegurados o contraditório e ampla defesa, com os meios e recursos a ela inerentes.
Data de reconhecimento da repercussão geral:	02/10/2008 (agravo de instrumento).
Data de julgamento do mérito recursal:	18.08.2009 (recurso extraordinário).
Houve unanimidade?	Sim.

FICHA TÉCNICA	
Leading case:	**RE 601.235 SP**
Data de publicação do acórdão de julgamento do recurso:	11/09/2009.
Trânsito em julgado do acórdão:	01/10/2009.

◉ Comentários:

O Supremo Tribunal Federal examinou o Agravo de Instrumento nº. 698.626/SP, interposto pela União contra a decisão que inadmitiu, na origem, recurso extraordinário interposto pela Empresa de Tecnologia da Informação e Comunicação do Município de São Paulo – PRODAM-SP S/A, contra acórdão do Tribunal Regional Federal da 3ª Região, que, ao aplicar o art. 151, III, do Código Tributário Nacional, afastou a exigência de depósito prévio para a suspensão do crédito tributário prevista no art. 10 da Lei nº. 9.639/98, em face da inobservância da necessidade de lei complementar.

A Ministra Ellen Gracie, relatora, opinou, na apreciação de questão de ordem, pelo reconhecimento da repercussão geral do tema envolvido, bem como verificou que a questão constitucional já teria sido apreciada pelo Supremo Tribunal Federal por ocasião do julgamento de diversos recursos extraordinários, ratificando a jurisprudência do tribunal e indicando a possibilidade de adoção do regime legal previsto no art. 543-B do Código de Processo Civil de 1973.

A questão com repercussão geral a ser debatida residiu, portanto, em identificar se é constitucional a exigência de depósito prévio como requisito de admissibilidade de recurso administrativo.

O acórdão que julgou o agravo confirmou, à unanimidade, o voto da relatora, **reconhecendo a existência de jurisprudência pacífica do Supremo Tribunal Federal a respeito da inconstitucionalidade de exigência de depósito prévio como requisito de admissibilidade de recurso administrativo, em razão da violação ao princípio constitucional da ampla defesa**; além disso, autorizou a adoção dos procedimentos previstos no art. 543-B do CPC-1973; por fim, reconheceu a existência de todos os requisitos de admissibilidade para o julgamento do recurso extraordinário, determinando a conversão do agravo de instrumento naquele recurso como permitia o Código de Processo Civil de 1973.

O processo foi então novamente autuado como RE 601.235/SP, e, assim, o recurso extraordinário foi apreciado pela relatora por dependência, Ministra Ellen Gracie; e a **ele se negou seguimento monocraticamente, em razão de o acórdão recorrido não ter divergido do entendimento fixado em regime de repercussão geral por ocasião do julgamento do agravo de instrumento acima referido.**

◉ Fique atento:

- Nos apartes dos Ministros, discutiu-se a redação de uma proposta de enunciado de Súmula Vinculante que viria a consolidar o entendimento, reiterado, do Supremo Tribunal Federal, a respeito da inconstitucionalidade de exigir-se depósito prévio como requisito de admissibilidade de recurso administrativo. Este foi o último precedente do Supremo Tribunal Federal proferido antes da aprovação, pelo tribunal, do enunciado nº. 21 da Súmula Vinculante.

◉ Questões de Concurso relacionadas ao tema:

Questão 01 (Ano: 2015 Banca: FCC Órgão: TCE-CE Prova: Analista de Controle Externo-Auditoria Governamental) A autoridade federal competente para julgar processo administrativo de imposição de multa decidiu por aplicar a pena de multa ao administrado, impondo-lhe, ainda, o ônus de depositar o respectivo valor como condição de admissibilidade do recurso administrativo cabível.

Sabendo que a exigência da autoridade administrativa contraria teor da súmula vinculante 21 (segundo a qual é inconstitucional a exigência de depósito ou arrolamento prévios de dinheiro ou bens para a admissibilidade de recurso administrativo), o administrado pretende propor reclamação constitucional para que não seja obrigado a depositar o valor da multa como condição de admissibilidade do recurso administrativo.

De acordo com a Constituição Federal, a reclamação constitucional é, em tese,

  a) incabível.

  b) cabível, devendo ser proposta perante o Supremo Tribunal Federal.

  c) cabível, devendo ser proposta perante o Superior Tribunal de Justiça.

  d) cabível, devendo ser proposta perante o Tribunal Regional Federal competente.

  e) cabível, devendo ser proposta perante a autoridade administrativa superior.

Questão 02 (CESPE. STF. Analista Judiciário – Área Administrativa. 2013). Acerca do processo administrativo, julgue o próximo item.

De acordo com o STF, é lícita, no âmbito de processo administrativo, a exigência de depósito prévio de 10% do valor do débito, como condição de admissibilidade de recurso administrativo, desde que justificada a necessidade.

> Gabarito: 1-B; 2-E

2.42. CONTROLE ADMINISTRATIVO: ATOS ILEGAIS

> **Tema 138:** "Anulação de ato administrativo pela Administração, com reflexo em interesses individuais, sem a instauração de procedimento administrativo".
>
> **Tese:** "Ao Estado é facultada a revogação de atos que repute ilegalmente praticados; porém, se de tais atos já tiverem decorrido efeitos concretos, seu desfazimento deve ser precedido de regular processo administrativo".

FICHA TÉCNICA	
Leading case:	**RE 594.296 MG**
Descrição do caso feita pelo STF:	"Recurso extraordinário em que se discute, à luz dos artigos 5°, II e LV; e 37, caput, da Constituição Federal, a possibilidade, ou não, de a Administração anular ato administrativo, cuja formalização repercutiu no campo de interesses individuais, sem que seja instaurado o devido procedimento administrativo, o qual permita o exercício do contraditório e da ampla defesa".
Dispositivo(s) constitucional(is) envolvido(s):	Art. 5° Todos são iguais perante a lei, sem distinção de qualquer natureza, garantindo-se aos brasileiros e aos estrangeiros residentes no País a inviolabilidade do direito à vida, à liberdade, à igualdade, à segurança e à propriedade, nos termos seguintes: (...) II – ninguém será obrigado a fazer ou deixar de fazer alguma coisa senão em virtude de lei; (...) LV – aos litigantes, em processo judicial ou administrativo, e aos acusados em geral são assegurados o contraditório e ampla defesa, com os meios e recursos a ela inerentes; Art. 37. A administração pública direta e indireta de qualquer dos Poderes da União, dos Estados, do Distrito Federal e dos Municípios obedecerá aos princípios de legalidade, impessoalidade, moralidade, publicidade e eficiência e, também, ao seguinte: (Redação dada pela Emenda Constitucional n° 19, de 1998)
Data de reconhecimento da repercussão geral:	14/11/2008.
Data de julgamento do mérito recursal:	21/09/2011.
Houve unanimidade?	Sim.
Data de publicação do acórdão de julgamento do recurso:	13/02/2012.
Trânsito em julgado do acórdão:	23/02/2012.

⊚ Comentários:

O Supremo Tribunal Federal examinou recurso extraordinário interposto pelo Estado de Minas Gerais contra acórdão proferido pela Quinta Câmara Cível do Tribunal de Justiça daquele Estado.

A recorrida postulou, junto ao recorrente, a averbação de tempo de serviço preteritamente prestado, o que lhe foi deferido, tendo, então, sido concedidos à servidora quatro quinquênios.

Cerca de três anos mais tarde, a recorrida recebeu um comunicado do recorrente informando-a de que teria percebido, indevidamente, valores referentes a quinquênios e que, em razão disso, esses seriam retirados de seu prontuário, sendo o montante representativo dos valores que lhe foram indevidamente pagos debitado de seus vencimentos mensais.

Irresignada, ingressou em juízo e logrou obter a reversão desse ato, o que restou deferido pelo acórdão. Contra tal decisão, interpôs o recurso extraordinário, ora em análise.

Nas razões de seu inconformismo, asseverou o recorrente que a concessão desses quinquênios deu-se ao arrepio da legislação aplicável e que, por isso, eles haviam sido cancelados, tendo-se determinado, ainda, o pagamento, pela servidora, dos valores indevidamente recebidos a esse título.

O recurso, fundado na alínea "a" do permissivo constitucional, alegava violação aos arts. 5º, II; 252; 40, § 9º; 37, *caput*, e 201, § 9º, da Constituição Federal, em razão de ter o acórdão recorrido: i) concluído pela ilegalidade de decisão administrativa mediante a qual foram cancelados quatro quinquênios anteriormente concedidos à recorrida e determinada a devolução dos valores por ela indevidamente recebidos, o que teria ocorrido porque ter-se-ia reconhecido equívoco da Administração quando do deferimento desse pedido da servidora; ii) adicionalmente, a administração invocou o enunciado nº. 473 da Súmula do Supremo Tribunal Federal ("a Administração pode anular seus próprios atos, quando eivados de vícios que os tornam ilegais, porque deles não se originam direitos; ou revogá-los, por motivo de conveniência ou oportunidade, respeitados os direitos adquiridos, e ressalvada, em todos os casos, a apreciação judicial").

O Ministério Público Federal opinou pelo não provimento do recurso, com fundamento nos argumentos de que: i) a Administração pode anular seus próprios atos quando eivados de ilegalidade – havendo repercussão no campo de interesses individuais, a anulação, que deverá ocorrer em prazo razoável e por decisão devidamente fundamentada, dependerá de prévio processo administrativo, nele garantidos o contraditório a ampla defesa; ii) presente situação de *periculum in mora* (v.g. grave risco ou lesão à ordem jurídica, à saúde pública, à segurança pública, ao patrimônio público), a administração pode, cautelar e motivadamente, suspender os efeitos do ato, assegurando-se, em seguida, o exercício da ampla defesa; c) o exercício do poder de autotutela administrativa deveria ter sido precedido de processo administrativo, garantindo-se à servidora o exercício da ampla defesa e do contraditório.

A questão com repercussão geral a ser debatida residiu, portanto, em definir a consequência da revogação de atos reputados ilegais na hipótese de destes decorrerem efeitos concretos.

O fundamento que arrimou o voto vencedor do acórdão que contempla o precedente examinado foi a necessidade de se proceder à compatibilização entre o comando exarado pelo enunciado da Súmula (e, hoje, também, o art. 53 da Lei nº. 9.784/99) e o direito ao exercício pleno do contraditório e da ampla defesa, garantidos ao cidadão pela norma do art. 5º, LV, da Constituição Federal, que impede que o Estado adote unilateralmente procedimentos para, segundo a sua visão corrigir o vício do ato administrativo supostamente praticado em desconformidade com as regras jurídicas.

Nestes termos, o Supremo Tribunal Federal, por unanimidade, conheceu e negou provimento ao recurso, **para fixar a tese segundo a qual ao Estado é facultada a revogação de atos que repute ilegalmente praticados; porém, se de tais atos já tiverem decorrido efeitos concretos, seu desfazimento deve ser precedido de regular processo administrativo.**

◉ Questões de Concurso relacionadas ao tema:

Questão 01 (Ano: 2015. Banca: VUNESP. Órgão: TJ-MS. Prova: Juiz Substituto) Determinado servidor público da Administração Pública Estadual requer sua aposentadoria. O pedido tramita regularmente e a aposentadoria é concedida em junho de 2014. Em abril de 2015, durante verificação de rotina, a Administração Pública Estadual constata que a concessão inicial foi indevida, pois o servidor não preenchia os requisitos legais para a aposentação. Nesse caso, deve a Administração Pública.

a) manter o ato administrativo da forma como se encontra, pois em decorrência do atributo da presunção de veracidade *juris et de jure* dos atos administrativos, presumem-se verdadeiros os fatos reconhecidos pela Administração.

b) emitir ato revogatório de efeitos imediatos, pois o ato administrativo pode ser posto em execução pela própria Administração Pública, sem necessidade de intervenção do Poder Judiciário.

c) anular o ato independentemente de manifestação do servidor interessado, pois possui a prerrogativa de, por meio de atos unilaterais, impor obrigações a terceiros.

d) anular o ato administrativo, pois em decorrência do princípio da legalidade, queda afastada a possibilidade de a Administração praticar atos inominados, como o ato viciado em tela.

e) com base no seu poder de autotutela sobre os próprios atos, anular o ato de concessão inicial da aposentadoria, mediante processo em que sejam assegurados o contraditório e a ampla defesa ao servidor público interessado.

> **Gabarito: 1-E**

2.43. RESPONSABILIDADE DO ESTADO

> **Tema 130:** "Responsabilidade objetiva do Estado em caso de responsabilidade civil da pessoa jurídica de direito privado prestadora de serviço público em relação a terceiros não usuários do serviço".
>
> **Tese:** "A responsabilidade civil das pessoas jurídicas de direito privado prestadoras de serviço público é objetiva relativamente a terceiros usuários e não usuários do serviço, segundo decorre do art. 37, § 6º, da Constituição Federal".

FICHA TÉCNICA	
Leading case:	RE 591.874 MS
Descrição do caso feita pelo STF:	"Recurso extraordinário em que se discute, à luz do art. 37, § 6º, da Constituição Federal, se a responsabilidade objetiva nele prevista é, ou não, aplicável aos casos de responsabilidade civil das pessoas jurídicas de direito privado prestadoras de serviço público em relação aos terceiros não usuários do serviço".

FICHA TÉCNICA	
Leading case:	**RE 591.874 MS**
Dispositivo(s) constitucional(is) envolvido(s):	Art. 37. A administração pública direta e indireta de qualquer dos Poderes da União, dos Estados, do Distrito Federal e dos Municípios obedecerá aos princípios de legalidade, impessoalidade, moralidade, publicidade e eficiência e, também, ao seguinte: (Redação dada pela Emenda Constitucional nº 19, de 1998) (...) § 6º As pessoas jurídicas de direito público e as de direito privado prestadoras de serviços públicos responderão pelos danos que seus agentes, nessa qualidade, causarem a terceiros, assegurado o direito de regresso contra o responsável nos casos de dolo ou culpa.
Data de reconhecimento da repercussão geral:	24/10/2008.
Data de julgamento do mérito recursal:	26/08/2009.
Houve unanimidade?	Sim.
Data de publicação do acórdão de julgamento do recurso:	18/12/2009.
Trânsito em julgado do acórdão:	05/02/2010.

◉ Comentários:

O Supremo Tribunal Federal examinou recurso extraordinário interposto por empresa prestadora de serviço de transporte público em face de acórdão prolatado pelo Tribunal de Justiça do Estado do Mato Grosso do Sul, que concluiu pela sua responsabilidade em relação a terceiro não usuário do serviço.

A ação teve início em razão de pedido de reparação por danos materiais e morais decorrentes de acidente ocorrido em 14/11/1998, que teve como consequência a morte por atropelamento do companheiro da autora, no município de Campo Grande/MS, causado por ônibus de empresa de transporte coletivo que atropelou o ciclista.

A recorrente alegou que: a) a teoria da responsabilidade objetiva não se aplica ao caso, pois a pessoa que faleceu em razão do acidente não era usuário do serviço de transporte coletivo.

Nas contrarrazões, sustentou-se a responsabilidade objetiva da recorrente, bem como a inocorrência, na espécie, de caso fortuito, força maior, ou culpa exclusiva da vítima.

A questão com repercussão geral a ser debatida residiu, portanto, em definir se a responsabilidade objetiva a que se refere o art. 37, § 6º da Constituição Federal, imputada às pessoas jurídicas de direito privado prestadoras de serviços públicos, alcança também os danos causados a terceiros não usuários dos serviços públicos por elas prestados.

Os fundamentos que arrimaram o voto vencedor do acórdão que contempla o precedente examinado foram: a) a Constituição não fez qualquer distinção ao referir-se a terceiros na regra do art. 37, § 6º, razão pela qual não caberia ao tribunal constituir distinções restritivas de direitos fundamentais; b) à luz do princípio da isonomia, não há qualquer distinção entre os terceiros usuários ou não usuários de serviço público, haja vista todos eles podem sofrer, de igual modo, dano em razão da ação administrativa do Estado ou de pessoa jurídica de direito privado que preste serviço público; c) o entendimento segundo o qual apenas os terceiros usuários do serviço público teriam direito subjetivo de receber serviço adequado é contraditório com a própria natureza do serviço público, que, por definição, tem amplitude geral, estendendo-se indistintamente a todos os cidadãos, beneficiários diretos ou indiretos da ação estatal; d) verifica-se, no caso concreto, nexo de causalidade entre o ato e o dano causado à vítima, e não há evidências de que tenha havido alguma excludente de responsabilidade civil.

Desta forma, a relatora votou pela declaração da não recepção da expressão "nos regulamentos da Marinha, do Exército e da Aeronáutica" do art. 10 da Lei nº. 6.880/80, com a preservação dos concursos realizados pelas Forças Armadas até a data daquele julgamento, o que não afastaria os direitos dos candidatos que buscaram o Poder Judiciário.

Em voto divergente, o Min. Marco Aurélio, colocando luz sobre os fatos do caso narrados pela sentença do juiz de primeiro grau, aponta a inexistência de nexo de causalidade entre a conduta da empresa e o dano sofrido pela vítima, e, consequentemente, a ausência de responsabilidade civil da empresa.

Nestes termos, o Supremo Tribunal Federal, por unanimidade, conheceu do recurso, e, por maioria, negou-lhe provimento, **para fixar a tese segundo a qual a responsabilidade civil das pessoas jurídicas de direito privado prestadoras de serviço público é objetiva relativamente a terceiros usuários e não usuários do serviço, segundo decorre do art. 37, § 6º, da Constituição Federal.**

⊙ Fique atento:

- O julgamento deste recurso extraordinário constituiu, na opinião de vários Ministros, uma mudança da jurisprudência do tribunal – particularmente, uma mudança do entendimento adotado pela corte no julgamento do RE 262.651/SP, rel. Min. Carlos Velloso, decidido pela Segunda Turma, em 16/11/2004, quando se entendeu que a responsabilidade civil das pessoas jurídicas de direito privado prestadoras de serviço público é objetiva, relativamente aos usuários do serviço, não se estendendo a pessoas outras que não ostentem a condição de usuário.

⊙ Questões de Concurso relacionadas ao tema:

Questão 01 (Ano: 2012. Banca: FCC. Órgão: TRT – 20ª REGIÃO (SE). Prova: Juiz do Trabalho) Segundo tendência jurisprudencial mais recente no Supremo Tribunal Federal, a responsabilidade civil das pessoas jurídicas de direito privado prestadoras de serviço público é

a) objetiva relativamente a terceiros usuários, e não existe em relação a não usuários do serviço.

b) subjetiva relativamente a terceiros usuários, e não existe em relação a não usuários do serviço.

c) subjetiva relativamente a terceiros usuários, e objetiva em relação a não usuários do serviço.

d) objetiva relativamente a terceiros usuários, e subjetiva em relação a não usuários do serviço.

e) objetiva relativamente a terceiros usuários e não usuários do serviço.

Questão 02 (Ano: 2016. Banca: MPE-SC. Órgão: MPE-SC. Prova: Promotor de Justiça – Matutina) A responsabilidade civil das pessoas jurídicas de direito privado prestadora de serviço público é objetiva relativamente a terceiros usuários e não usuários do serviço público.

( ) Certo   ( ) Errado

> **Gabarito: 1-E; 2-C**

Tema 365: "Responsabilidade do Estado por danos morais decorrentes de superlotação carcerária"

Tese: "Considerando que é dever do Estado, imposto pelo sistema normativo, manter em seus presídios os padrões mínimos de humanidade previstos no ordenamento jurídico, é de sua responsabilidade, nos termos do art. 37, § 6°, da Constituição, a obrigação de ressarcir os danos, inclusive morais, comprovadamente causados aos detentos em decorrência da falta ou insuficiência das condições legais de encarceramento".

FICHA TÉCNICA	
Leading case:	**RE 580252**
Descrição do caso feita pelo STF:	Recurso extraordinário em que se discute, à luz dos artigos 5°, III, X, XLIX, e 37, § 6°, da Constituição Federal, o dever, ou não, do Estado de indenizar preso por danos morais decorrentes de tratamento desumano e degradante a que submetido em estabelecimento prisional com excessiva população carcerária, levando em consideração os limites orçamentários estaduais (teoria da reserva do possível).
Dispositivo(s) constitucional (is) envolvido(s):	Art. 5° Todos são iguais perante a lei, sem distinção de qualquer natureza, garantindo-se aos brasileiros e aos estrangeiros residentes no País a inviolabilidade do direito à vida, à liberdade, à igualdade, à segurança e à propriedade, nos termos seguintes: (...) III – ninguém será submetido a tortura nem a tratamento desumano ou degradante; (...) X – são invioláveis a intimidade, a vida privada, a honra e a imagem das pessoas, assegurado o direito a indenização pelo dano material ou moral decorrente de sua violação; (...) XLIX – é assegurado aos presos o respeito à integridade física e moral; Art. 37. A administração pública direta e indireta de qualquer dos Poderes da União, dos Estados, do Distrito Federal e dos Municípios obedecerá aos princípios de legalidade, impessoalidade, moralidade, publicidade e eficiência e, também, ao seguinte: (...)§ 6° As pessoas jurídicas de direito público e as de direito privado prestadoras de serviços públicos responderão pelos danos que seus agentes, nessa qualidade, causarem a terceiros, assegurado o direito de regresso contra o responsável nos casos de dolo ou culpa.

FICHA TÉCNICA	
Leading case:	**RE 580252**
Data de reconhecimento da repercussão geral:	18/02/2011
Data de julgamento do mérito recursal:	16/02/2017
Houve unanimidade?	Não
Data de publicação do acórdão de julgamento do recurso:	Acórdão não publicado até a data de fechamento desta edição.
Trânsito em julgado do acórdão:	-

⊙ Comentários:[53]

O STF, apreciando o tema 365 da repercussão geral, conheceu do recurso extraordinário e deu-lhe provimento, nos termos do voto do Relator, para restabelecer o juízo condenatório nos termos e limites do acórdão proferido no julgamento da apelação, vencidos os Ministros Roberto Barroso, Luiz Fux e Celso de Mello, que, ao darem provimento ao recurso, adotaram a remição de pena como forma de indenização. Redigirá o acórdão o Ministro Gilmar Mendes (art. 38, IV, "b", do RISTF). Presidiu o julgamento a Ministra Cármen Lúcia.

⊙ Questões de Concurso relacionadas ao tema:

Questão 01 (CESPE. TJ-DFT. Juiz de Direito substituto. 2014). Ênio foi condenado a dezessete anos de prisão por meio de sentença penal condenatória transitada em julgado. Sob a custódia do Estado, deparou-se com um sistema prisional inepto para tutelar os direitos fundamentais previstos no texto constitucional: celas superlotadas, falta de preparo dos agentes carcerários, rebeliões, péssimas condições de higiene, doenças, violências das mais diversas. Agregaram-se a isso problemas pessoais: além de ter contraído doenças, sua esposa pediu-lhe o divórcio e seus filhos e amigos não quiseram mais contato algum com ele. Após um ano de prisão, Ênio entrou em depressão e se suicidou dentro da cela, durante a noite. Em razão desse fato, seus herdeiros ajuizaram ação de indenização por danos materiais e morais contra o Estado.

Considerando essa situação hipotética, assinale a opção correta acerca da responsabilidade extracontratual, ou aquiliana, do Estado, com base no entendimento jurisprudencial do STF e do STJ.

   a) O Estado não pode ser responsabilizado pelo suicídio de Ênio, uma vez que não tem o dever de guardião universal das pessoas sob sua custódia. No caso narrado, não

---

53. À época da elaboração deste texto, ainda não havia sido publicado o acórdão do julgamento do mérito recursal. Os comentários baseiam-se na notícia publicada pelo STF acerca do julgamento havido, veiculada em 16/02/2017.

há sequer nexo de causalidade entre omissão e dano, visto que concorreram para o suicídio fatores da vida pessoal de Ênio; afinal, todo o seu sofrimento originou-se de sua conduta criminosa. Assim, com base no princípio da razoabilidade, o Estado não tinha como evitar o evento danoso e não deve indenizar.

b) Trata-se de hipótese de responsabilidade subjetiva do Estado por omissão, cabendo aos autores da demanda demonstrar em juízo a falha estatal e o dano, o nexo causal entre eles, bem como a culpa da administração pública.

c) Não é necessário demonstrar a culpa da administração pública, visto que a responsabilidade civil estatal pela integridade dos presidiários é objetiva em face dos riscos inerentes ao meio em que eles estão inseridos por conduta do próprio Estado.

d) Em que pese não haver, nessa hipótese, nexo de causalidade, visto que concorreram para o suicídio circunstâncias pessoais da vida do preso, subsiste a obrigação do Estado de indenizar, haja vista tratar-se de responsabilidade objetiva.

e) É necessário demonstrar a culpa da administração pública, mas não o nexo de causalidade, uma vez que tal nexo é presumido quando o lesado está sob custódia do Estado.

Gabarito: 1-C

Tema 592: "Responsabilidade civil objetiva do Estado por morte de detento."

Tese: Em caso de inobservância do seu dever específico de proteção previsto no art. 5°, inciso XLIX, da Constituição Federal, o Estado é responsável pela morte de detento.

FICHA TÉCNICA	
Leading case:	**RE 841526**
Descrição do caso feita pelo STF:	Recurso extraordinário com agravo em que se discute, à luz do § 6° do art. 37 da Constituição Federal, a responsabilidade civil objetiva do Estado por morte de detento.
Dispositivo(s) constitucional (is) envolvido(s):	Art. 37. A administração pública direta e indireta de qualquer dos Poderes da União, dos Estados, do Distrito Federal e dos Municípios obedecerá aos princípios de legalidade, impessoalidade, moralidade, publicidade e eficiência e, também, ao seguinte: (...) § 6° As pessoas jurídicas de direito público e as de direito privado prestadoras de serviços públicos responderão pelos danos que seus agentes, nessa qualidade, causarem a terceiros, assegurado o direito de regresso contra o responsável nos casos de dolo ou culpa.

FICHA TÉCNICA	
Leading case:	RE 841526
Data de reconhecimento da repercussão geral:	21/09/2012
Data de julgamento do mérito recursal:	30/03/2016
Houve unanimidade?	Sim
Data de publicação do acórdão de julgamento do recurso:	01/08/2016
Trânsito em julgado do acórdão:	07/09/2016

⊚ Comentários:

O tema posto em julgamento encerra um dos pilares do Direito Constitucional contemporâneo, qual seja, a responsabilização do Estado pelos seus atos e omissões. O Poder Público, no desempenho das suas mais variadas atividades, pode causar danos a terceiros, gerando a sua obrigação de recompor os prejuízos daí decorrentes. É imperioso reconhecer a posição diferenciada do Estado em relação aos particulares, de modo que a responsabilização estatal deve ser implementada com a devida consideração às características peculiares dos seus poderes, deveres e atribuições. O ius puniendi, que autoriza a atuação sancionatória do Estado sobre a pessoa, em prol do interesse público na proteção e manutenção da paz social, obriga o Estado a zelar pela integridade dos apenados sob sua custódia. Eis o ponto principal em juízo nesse Recurso Extraordinário: o poder estatal de punir e a sua responsabilização por danos causados ao preso durante o desempenho desse múnus público.

Do ponto de vista doutrinário, as teorias mais debatidas no campo da responsabilização do Estado por atos e omissões são: a) teoria da culpa anônima (ou culpa do serviço), que dispensa a prova da culpa individualizada do agente público para a configuração da responsabilidade estatal, utilizando o conceito de culpa (ou falta) do serviço público – "faute du service", em francês. Em outras palavras, a responsabilidade civil do Estado surgiria a partir da prova da deficiência do serviço em geral (inexistência, mau funcionamento ou retardamento do serviço) e não da conduta culposa de algum agente público específico. Permaneceria, entretanto, o caráter subjetivo da responsabilidade civil estatal; b) A teoria do risco administrativo, que substituiu a teoria da culpa anônima, preconizando que, revertendo os benefícios da atividade pública a todos os administrados, impõe-se da mesma forma reverter os seus riscos, devendo eles ser suportados por toda a coletividade. Desse modo, independentemente da culpa do agente público ou mesmo do serviço, deve o Estado responder pelos danos que causar ao particular, o qual não arcará sozinho com esse ônus, que será democraticamente, solidariamente e igualitariamente repartido por toda a sociedade. Vale registrar que, se por um lado a teoria do risco administrativo dispensa a análise da culpa da Administração, por outro exige que haja nexo de causalidade entre a conduta estatal e o dano causado ao particular. Por outras palavras: não se pode imputar ao Poder Público, segundo essa teoria, a reparação de danos que não decorram das suas atividades, mas de fatos exclusivamente atribuíveis a terceiros, à própria vítima, ou mesmo derivados de caso fortuito ou força maior; e c) teoria do risco integral, segundo a qual o

Estado deve responder pelos danos causados ao particular mesmo quando estiver presente causa de exclusão do nexo de causalidade entre a sua conduta e esses danos.

Conforme amplamente reconhecido, a teoria que rege a responsabilidade civil do Estado no ordenamento jurídico brasileiro hodierno é a do risco administrativo e não a do risco integral, o que torna juridicamente possível a oposição de causas excludentes do nexo de causalidade e exoneradoras de responsabilização pelo ente público. No que pertine especificamente à omissão do Estado, a jurisprudência do Supremo Tribunal Federal já era no sentido de que a responsabilidade civil do Estado por omissão também está fundamentada no artigo 37, § 6º, da Constituição Federal, ou seja, configurado o nexo de causalidade entre o dano sofrido pelo particular e a omissão do Poder Público em impedir a sua ocorrência – quando tinha a obrigação legal específica de fazê-lo – surge a obrigação de indenizar, independentemente de prova da culpa na conduta administrativa. Ou seja, o nexo de causalidade entre a omissão e os danos sofridos pelos particulares só restará caracterizado quando o Poder Público ostentar o dever legal específico de agir para impedir o evento danoso e não cumpra esse dever. Entendimento contrário seria a adoção da teoria do risco integral, repudiada pela Constituição Federal.

Nessa linha de intelecção, constante do voto do Relator, Ministro Luiz Fux, as conclusões gerais das premissas acima expostas podem ser resumidas em dois pontos: 1) não se aplica a teoria do risco integral no âmbito da responsabilidade civil do Estado; e 2) o Estado responde de forma objetiva pelas suas omissões, desde que presente a obrigação legal específica de agir para impedir a ocorrência do resultado danoso, em sendo possível essa atuação.

No caso de morte de detento sob a custódia do Estado, decorrente de suicídio, a jurisprudência do STF era no sentido de reconhecer a responsabilidade civil do Estado. Segundo o voto do Relator, de fato, haverá hipóteses em que o suicídio de um detento será um evento previsível à luz do seu histórico carcerário, o qual poderá revelar sintomas e indícios perceptíveis pela ciência psiquiátrica de um estado mental instável e tendente à prática de um ato autodestrutivo. Por outro lado, haverá igualmente casos em que o suicídio será um ato repentino e isolado, praticado num momento fugaz de angústia exacerbada e absolutamente imprevisível ao mais atento carcereiro, médico ou até mesmo aos mais próximos entes queridos do falecido. Também nas mortes acidentais, naturais, ou até mesmo por homicídio, haverá casos em que o fato poderia ser evitado, por tratamentos ou medidas preventivas, e outros imprevisíveis ou inevitáveis, contra os quais não poderia o Estado agir.

O caso concreto em julgamento era concernente a um detento da Penitenciária Estadual do Jacuí, no Estado do Rio Grande do Sul, que morreu em 1998. O juiz de primeiro grau considerou que o acervo probatório produzido nos autos não foi capaz de confirmar se efetivamente ocorreu homicídio ou suicídio do detento e condenou o Estado no dever de indenizar a família uma vez que este havia falhado no seu dever de proteção previsto pelo art. 5º, XLIX, da Constituição. O Acórdão do Tribunal de Justiça local confirmou a sentença, e com as ponderações já descritas o Relator votou pelo desprovimento do Recurso, em que o Estado do Rio Grande do Sul alegava culpa exclusiva da vítima, por prática se suicídio.

O voto foi acompanhado à unanimidade pelos demais ministros, tendo havido, todavia, uma discussão a respeito da extensão da tese de repercussão geral, de modo a não admitir a teoria do risco integral, mas deixar claro a responsabilidade objetiva do Estado mesmo no caso de suicídio de detento. Ao final, ficou assim redigida a tese: Em caso de inobservância do seu dever específico de proteção previsto no art. 5º, inciso XLIX, da Constituição Federal, o Estado é responsável pela morte de detento.

◉ Fique atento:

- Segundo o entendimento do Ministro Marco Aurélio, o estado atual das penitenciárias no país tornaria improvável a exclusão da responsabilidade do Estado. A redação da tese de repercussão geral foi ajustada de forma a acomodar essa premissa.

- O STJ tem sufragado entendimento de que a responsabilidade civil decorrente de danos ambientais encerraria hipótese de risco integral, por força dos artigos 225, § 3º, da Constituição Federal, e 14, § 1º, da Lei 6.938/81 (REsp. 1.374.284, Rel. Min. Luís Felipe Salomão).

◉ Questões de Concurso relacionadas ao tema:

Questão 01 (CESPE – 2017 – TJ-PR – Juiz Substituto) Em recente decisão, o STF entendeu que, quando o poder público comprovar causa impeditiva da sua atuação protetiva e não for possível ao Estado agir para evitar a morte de detento (que ocorreria mesmo que o preso estivesse em liberdade),

- **a)** haverá responsabilidade civil do Estado, aplicando-se à situação a responsabilidade subjetiva por haver omissão estatal.

- **b)** haverá responsabilidade civil do Estado, aplicando-se ao caso a responsabilidade objetiva por haver omissão estatal.

- **c)** não haverá responsabilidade civil do Estado, pois o nexo causal da sua omissão com o resultado danoso terá sido rompido.

- **d)** haverá responsabilidade civil do Estado, aplicando-se ao caso a teoria do risco integral

Questão 02 (FUNIVERSA. SAPeJUS-GO. Agente de Segurança Prisional. 2015) Acerca da responsabilidade civil do Estado, assinale a alternativa correta.

- **a)** O Estado possui responsabilidade objetiva nos casos de morte de preso sob a sua custódia, independentemente da culpa dos agentes públicos.

- **b)** Em caso de suicídio de um detento, a responsabilidade do Estado é subjetiva.

- **c)** O Estado possui responsabilidade objetiva nos casos de morte de preso sob a sua custódia, mas o fato de tratar-se de responsabilidade objetiva do Estado não dispensa a prova da culpa nesses casos.

- **d)** Em caso de suicídio de um detento, inexiste responsabilidade do Estado, pois este não tem a obrigação de proteger os detentos contra si mesmos.

- **e)** O Estado possui responsabilidade subjetiva nos casos de homicídio de preso sob a sua custódia.

Gabarito: 1-C; 2-A

Tema 671: "Direito de candidatos aprovados em concurso público a indenização por danos materiais em razão de alegada demora na nomeação, efetivada apenas após o trânsito em julgado de decisão judicial que reconheceu o direito à investidura. "

Tese: Na hipótese de posse em cargo público determinada por decisão judicial, o servidor não faz jus a indenização, sob fundamento de que deveria ter sido investido em momento anterior, salvo situação de arbitrariedade flagrante.

FICHA TÉCNICA	
Leading case:	**RE 724347**
Descrição do caso feita pelo STF:	Recurso extraordinário em que se discute, à luz do art. 37, § 6°, da Constituição federal, a existência de responsabilidade civil do Estado em virtude da nomeação de candidatos aprovados em concurso público apenas após o trânsito em julgado da decisão judicial que reconheceu o direito à investidura. Alega-se ausência de ilegalidade na conduta da Administração Pública, haja vista a existência de controvérsia a respeito do direito à nomeação que demandou solução judicial, bem como enriquecimento sem causa dos recorridos, em virtude da fixação de indenização equivalente à remuneração que deveriam ter percebido enquanto aguardavam pela nomeação.
Dispositivo(s) constitucional (is) envolvido(s):	Art. 37. A administração pública direta e indireta de qualquer dos Poderes da União, dos Estados, do Distrito Federal e dos Municípios obedecerá aos princípios de legalidade, impessoalidade, moralidade, publicidade e eficiência e, também, ao seguinte: § 6° As pessoas jurídicas de direito público e as de direito privado prestadoras de serviços públicos responderão pelos danos que seus agentes, nessa qualidade, causarem a terceiros, assegurado o direito de regresso contra o responsável nos casos de dolo ou culpa.
Data de reconhecimento da repercussão geral:	30/08/2013
Data de julgamento do mérito recursal:	26/02/2015
Houve unanimidade?	Não
Data de publicação do acórdão de julgamento do recurso:	13/05/2015
Trânsito em julgado do acórdão:	23/06/2015

◉ Comentários:

A controvérsia principal verificada nos autos é quanta a se os candidatos empossados em cargo público, por força de decisão judicial definitiva, têm ou não direito a indenização por danos materiais em decorrência da demora na nomeação. No caso em tela, candidatos aprovados em concurso público pleitearam, por via judicial, indenização por danos materiais em decorrência da demora na nomeação determinada judicialmente, tendo em vista que decorreu mais de dois anos entre a data que deveria ocorrer a posse e a data em que essa efetivamente ocorreu, tendo os mesmos apenas participado da segunda fase do referido concurso após decisão transitada em julgado.

Especificamente, a União deixou de convocar os candidatos aprovados, na primeira fase, dentro do número de vagas, para o cargo de Auditor-Fiscal do Tesouro Nacional, para que continuassem no prosseguimento do certame. Ao invés, promoveu novos concursos e empossou os respectivos aprovados.

A União interpôs recurso extraordinário contra acórdão da Quarta Turma Suplementar do Tribunal Regional Federal da 1ª Região que reconheceu o direito à indenização material dos candidatos.

No STF, o Relator originário, Ministro Marco Aurélio, defendeu que estando envolvidas nomeação e posse tardias resultantes de ato administrativo reconhecido como ilegítimo mediante decisão judicial transitada em julgado, incumbe ao Estado, nos termos do artigo 37, § 6º, da Constituição Federal, indenizar o cidadão lesado, tendo-se por critério de quantificação os valores de remuneração que deixaram de ser pagos, assim como as vantagens que adviriam do tempo de serviço correspondente ao período compreendido entre a data em que deveria ter ocorrido a posse no cargo público em relação ao qual logrou aprovação em concurso e aquela em que realmente a posse veio a acontecer, compensados valores recebidos em razão de exercício de função ou cargo públicos, inacumuláveis, ou de emprego na iniciativa privada.

A tese vencedora, todavia, foi apresentada na divergência do Ministro Luís Roberto Barroso. Ponderou o Ministro que não obstante o Supremo tivesse alguns julgados em sentido oposto, na hipótese de posse em cargo público determinada por decisão judicial, o servidor não faz jus a indenização, sob fundamento de que deveria ter sido investido em momento anterior, salvo situação de como de arbitrariedade flagrante, descumprimento de ordens judiciais, litigância meramente procrastinatória, má-fé e outras manifestações de desprezo ou mau uso das instituições, em suma, de fatos extraordinários que viessem a exigir reparação adequada. No geral, o servidor não faria jus ao percebimento da remuneração respectiva, visto que a mera aprovação em concurso público não gera direito a nomeação, posse e efetivo exercício, requisitos indispensáveis para que o servidor adquira o direito à remuneração, de acordo com jurisprudência pacificada. Entendimento contrário, tal recebimento ensejaria enriquecimento ilícito do servidor.

No caso concreto, por maioria, fora acolhido o Recurso extraordinário interposto pela União, reformando o Acórdão recorrido para restabelecer a sentença que havia negado o direito do servidor a indenização.

◉ Síntese do debate constante do acórdão que fixou o precedente:

Argumentos favoráveis à tese fixada:	Argumentos contrários à tese fixada:
• O pagamento de indenização referente ao período em que não houve prestação de serviços configuraria enriquecimento sem causa, conforme consolidado em AI 839.459 AgR, RE 593.373, AI 840.597 AgR e AI 814.164 AgR. Ademais, mera aprovação em concurso público não gera direito a nomeação, posse e efetivo exercício, requisitos indispensáveis para que o servidor adquira o direito à remuneração. Remuneração não é prêmio, mas contraprestação por serviço prestado, salvo exceções legais pontuais (reintegração, licenças etc.) (Luís Roberto Barroso) • Inicialmente, o dever de nomeação foi concebido como consequência direta do descumprimento da ordem de classificação estabelecida no concurso, conforme Súmula 15/STF, sentido assimilado pela CF/88 em seu art. 37, IV. O dever de reparação eventualmente surgido na condução de concursos públicos não pode alcançar todas as hipóteses possíveis de judicialização. Fosse isso verdadeiro, a responsabilidade estatal assumiria elastério desproporcional, tornando os procedimentos seletivos praticamente inadministráveis, já que a impugnação de qualquer aspecto pode provocar, em tese, o adiamento do seu desfecho e, consequentemente, das nomeações. A rigor, nenhuma dessas situações deveria gerar dever estatal de reparação. Isso porque, embora algumas delas possam constituir uma demora quantificável na nomeação no cargo, em nenhuma delas estaria consolidada a situação de aprovação do candidato, pressuposto indispensável para a configuração da posição jurídica tida como prioritária pelo art. 37, IV, da Constituição. (Teori Zavascki) • No caso em comento, o que se teve foi a ida a juízo do candidato, ou dos candidatos, para buscar a possibilidade de continuidade no concurso. Então, não havia o direito à indenização, e, portanto, ao final, é que houve esse reconhecimento com a sua aprovação. Não houve desarrazoado transcurso de prazo entre o trânsito em julgado das ações mandamentais que concederam a ordem para garantir aos Recorridos o direito de participarem da segunda fase do concurso para o cargo de Auditor Fiscal da Receita Federal. (Cármen Lúcia) • Apenas quando há flagrante e evidente ilegalidade ou inconstitucionalidade por parte da Administração é que cabe aplicação da responsabilidade civil do Estado prevista no art. 37. É preciso que haja uma resistência injustificada. E, em matéria de concursos, é sabido que há uma certa discricionariedade por parte da Administração. (RICARDO LEWANDOWSKI)	• Tendo em vista o disposto no art. 37, § 6º da CF/88, Estado tem responsabilidade patrimonial em razão dos danos causados por agentes públicos a particulares, não sendo lícito admitir a violação a direito alheio por aquele que atua em nome do Estado, sem que se proceda à indenização. A responsabilidade estatal é inerente aos riscos atrelados às atividades que desempenha e vai ao encontro à aspiração do Estado de Direito, especialmente, à exigência de legalidade do ato administrativo, tendo, o referido dispositivo, eficácia plena, uma vez que há nexo causal entre o ato administrativo e o dano. Entendimento este, afirmado em Recurso Extraordinário nº 194.657/RS (Marco Aurélio – Relator) • Quando há pronunciamentos de definição de direitos com eficácia ex tunc, significa dizer que a pessoa sempre teve direito, desde a data da propositura. Não fosse assim, não surgiria uma lei de adaptação dos valores que retroagem à data da propositura. A jurisprudência do STF aponta no sentido de que o servidor, quando é reintegrado porquanto fora desalijado injustamente, tem direito a indenização em face da ilegitimidade do ato de oposição da Administração que cria uma lesão ao direito do servidor (Luiz Fux).

◉ **Fique atento:**

- Considerado pelo Ministro Teori Zavascki um dos mais polêmicos temas na juris-prudência do Supremo Tribunal Federal e do Superior Tribunal de Justiça, a ma-téria discutida nos autos teve o tratamento modificado nas duas Cortes ao longo do tempo. Tempos atrás, o STF firmou a posição de que ser devida a indenização pelo valor dos vencimentos. Influenciado por esses julgados, o STJ pacificou a sua jurisprudência no mesmo sentido. Em julgados mais recentes, porém, o STF reviu sua posição para entender indevida a indenização. O Ministro Teori lembrou que quando integrava o STJ relatou processo que veiculava matéria semelhante e regis-trou, na oportunidade a necessidade de realinhar a jurisprudência daquela Corte à do STF, já que se tratava de matéria eminentemente constitucional.

- O voto do Ministro Teori nesse Recurso Extraordinário resumiu bem o entendi-mento do STF nos diversos aspectos que circundam a matéria discutida: (a) a si-tuação de preterição causada em decorrência de decisão judicial não gera direito de nomeação (RMS 23.511, 1ª T., Min. Octavio Gallotti, DJ de 10/11/00; AI 373054 AgR, 1ª T., Minª Ellen Gracie, DJ de 27/9/02; RE 437403, 2ª T., Rel. Min. Gilmar Mendes, DJ de 5/5/06); (b) os candidatos aprovados dentro do número de vagas possuem direito subjetivo à nomeação durante o prazo de validade do concurso, salvo se devidamente comprovada a superveniência de situação imprevisível, gra-ve e incontornável que torne materialmente impossível o cumprimento do dever de investir os aprovados nos cargos (RE 598.099, Pleno, Rel. Min. Gilmar Mendes, DJe de 3/10/11); e (c) a contratação de funcionários, em regime precário, durante o período de validade do concurso implica preterição dos candidatos aprovados para exercício das mesmas funções, ainda que o tenham sido fora do número de vagas oferecidas em edital (ARE 692368 AgR, 2ª T., Relª. Minª. Cármen Lúcia, DJe de 4/10/12; ARE 649046 AgR, 1ª T. Rel. Min. Luiz Fux, DJe de 13/9/12; e RMS 29915 AgR, Rel. Min. Dias Toffoli, DJe de 26/9/12). A consolidação dessas posições impõe uma série de deveres sucessivos à Administração, dentre os quais os de (a) convocar os aprovados dentro do número de vagas previsto em edital; (b) motivar apropriadamente eventual não convocação; (c) não preterir a ordem de classificação estabelecida após a correção das provas, salvo se por imposição de determinação judicial; e (d) não empregar expedientes de contratação precários durante o prazo de validade de concursos para a mesma função.

- A jurisprudência também vem se firmando na direção de que durante a certificação judicial do direito de nomeação sejam reservadas as vagas dos postulantes, fican-do a execução da posse postergada para o final do processo cognitivo. (ver, nesse sentido, acórdãos do STJ: AgRg no REsp 1074862/SC, Rel. Ministro Celso Limon-gi, Sexta Turma, julgado em 06/10/2009, DJe de 26/10/2009; MS 12.786/DF, Rel. Ministro Arnaldo Esteves de Lima, Terceira Seção, julgado em 23/06/2008, DJe de 21/11/2008; e RMS 22.473/PA, Rel. Ministro Felix Fischer, Quinta Turma, julgado em 19/04/2007, DJ de 04/06/2007).

⊙ Questões de Concurso relacionadas ao tema:

Questão 01 (FCC. TRF-3ªR. Analista Judiciário. 2016) Janaina inscreveu-se em concurso público para determinado Tribunal. Os vencimentos iniciais eram bastante significativos, o que atraiu grande número de inscritos, sendo que não havia muitos cargos vagos para provimento.

Após a divulgação do resultado da 1ª fase, diversos candidatos iniciaram discussões individualizadas, inclusive judiciais, sobre o gabarito, o que alongou por quase 06 meses a convocação para 2ª fase, para a qual Janaina já estava aprovada desde a primeira lista.

Realizou-se a segunda fase e novo ciclo de discussões foi iniciado, dessa vez para questionar também as avaliações impostas após a prova oral.

Considerando que o número de candidatos da fase seguinte guardava proporcionalidade com número certo de aprovados da fase anterior, a Administração pública aguardava o tanto quanto possível a definitividade das decisões judiciais que impactassem na continuidade do certame.

Passados quase dois anos entre o início do concurso e sua conclusão, Janaina, finalmente aprovada e empossada, ajuizou ação judicial para pleitear indenização em face do Poder público pela excessiva demora na realização do certame, baseando-se no valor dos vencimentos previstos para o cargo. Essa medida

a) é pertinente com o disposto na Constituição Federal, que prevê a responsabilidade objetiva do Estado pela prática de atos ilícitos, tendo em vista que a não nomeação de Janaina se consubstancia em ato administrativo eivado de vício de legalidade.

b) não possui perspectiva de procedência, tendo em vista que a submissão do concurso ao edital que o disciplina não impede a possibilidade de questionamentos por parte dos candidatos, inexistindo direito consolidado à aprovação, ainda que não tenha havido qualquer irresignação por parte da candidata em questão.

c) é improcedente, tendo em vista que somente se poderia cogitar do direito à indenização antes da aprovação e da posse da candidata, após o que fica sanada a ilicitude do ato que motivava a responsabilização.

d) é procedente, tendo em vista que qualquer ato do Poder público pode gerar direito à indenização em razão de responsabilidade objetiva, seja ele lícito ou ilícito, cabendo ao prejudicado pleitear a indenização que, no caso, deve equivaler ao valor dos vencimentos a que faria jus quando nomeado.

e) depende de comprovação de culpa por parte do Poder público, tendo em vista que diante da imputação de indenização pela prática de atos lícitos, impera a modalidade subjetiva de responsabilidade civil.

Gabarito: 1-B

2.44. AÇÃO DE RESSARCIMENTO: PRESCRITIBILIDADE

Tema 666: "Imprescritibilidade das ações de ressarcimento por danos causados ao erário, ainda que o prejuízo não decorra de ato de improbidade administrativa. "

Tese: É prescritível a ação de reparação de danos à Fazenda Pública decorrente de ilícito civil.

FICHA TÉCNICA	
Leading case:	**RE 669069**
Descrição do caso feita pelo STF:	Recurso extraordinário em que se discute, à luz do art. 37, § 5°, da Constituição federal, se a imprescritibilidade das ações de ressarcimento intentadas em favor do erário aplica-se apenas às situações decorrentes de atos de improbidade administrativa ou se abrange todos os danos ao erário, independentemente da natureza do ato que lhe deu causa.
Dispositivo(s) constitucional (is) envolvido(s):	Art. 37. A administração pública direta e indireta de qualquer dos Poderes da União, dos Estados, do Distrito Federal e dos Municípios obedecerá aos princípios de legalidade, impessoalidade, moralidade, publicidade e eficiência e, também, ao seguinte: § 5° A lei estabelecerá os prazos de prescrição para ilícitos praticados por qualquer agente, servidor ou não, que causem prejuízos ao erário, ressalvadas as respectivas ações de ressarcimento.
Data de reconhecimento da repercussão geral:	03/08/2013
Data de julgamento do mérito recursal:	03/02/2016
Houve unanimidade?	Não
Data de publicação do acórdão de julgamento do recurso:	28/04/2016
Trânsito em julgado do acórdão:	31/08/2016

⊙ Comentários:

A questão suscitada diz respeito à prescritibilidade da ação de reparação de danos à Fazenda Pública decorrente de ilícito civil. Discute-se a extensão da imprescritibilidade constitucional para as ações de ressarcimento decorrentes de ilícitos que gerem prejuízo ao erário, perquirindo, ainda, se estaria limitada a um grupo específico de ilícitos (atos de improbidade administrativa ou ilícitos penais, por exemplo) ou não.

O caso concreto trata de recurso extraordinário interposto pela União a qual objetiva a condenação da Viação Três Corações Ltda. ao pagamento de indenização por ter causado acidente em que se danificou automóvel de propriedade da União. Ocorre que a demanda fora ajuizada transcorridos mais de 11 anos do evento danoso, razão pela qual foi ela extinta pelo juiz sentenciante, em decisão secundada pelo Tribunal Regional Federal da 3ª Região, que afirmou estar a causa submetida ao prazo de prescrição quinquenal, não se aplicando a parte final do artigo 37, § 5º, da Constituição Federal.

A tese vencedora definiu que é prescritível a ação de reparação de danos à Fazenda Pública decorrente de ilícito civil. Isso porque se entende que não é devido embutir na norma de imprescritibilidade um alcance ilimitado, ou limitado apenas pelo conteúdo material da pretensão a ser exercida, o ressarcimento, ou pela causa remota que deu origem ao desfalque no erário, um ato ilícito em sentido amplo. Nesse raciocínio, para se consagrar a prescritibilidade como princípio, o sistema de direito, inclusive o constitucional, deve atribuir um sentido estrito aos ilícitos de que trata o § 5º do art. 37 da Constituição Federal.

O Ministro Luís Roberto Barroso, apesar de seguir o entendimento da tese vencedora, asseverou que a tentativa de sistematização do tema de imprescritibilidade em matéria de improbidade, suscitada pelo Ministro relator Teori Zavascki, não teria sido objeto de contraditório deste processo, não devendo o plenário, portanto, se pronunciar acerca deste assunto. Ao final, o Pleno adotou tese minimalista, analisando apenas a questão do ilícito civil, objeto do caso concreto.

A tese vencida, defendida isoladamente pelo Ministro Edson Fachin, seria no sentido de que, levando em conta o conjunto de valores ligados à proteção do erário público, o texto constitucional é expresso ao prever a ressalva da imprescritibilidade da ação de ressarcimento ao erário. Não nomeia, elenca, particulariza e nem restringe a natureza dos ilícitos que geram danos e poderiam ensejar o ressarcimento dos ao erário. Assim, bastaria haver dano, desde que fruto de ato ilícito, para ensejar ação de ressarcimento, sem que incida sobre essa qualquer prazo prescricional. Contudo, asseverou, ainda, que esse entendimento não significa se tornariam imprescritíveis todos os créditos públicos passíveis de inscrição em dívida ativa e cobrança mediante execução fiscal. Em suma, o disposto no art. 37, § 5º é expresso ao se referir a "ilícitos" de forma geral, ampla, genérica, não restringindo a categoria "ilícito" a um único ou particular grupo de ilícitos – como aqueles decorrentes de atos de improbidade administrativa previstos no art. 37, § 4º ou aqueles decorrentes de ilícitos penais.

No caso concreto, por maioria, concluiu-se que, diante da pretensão de ressarcimento, fundamentada em suposto ilícito civil que, embora tenha causado prejuízo material ao patrimônio público, não revela conduta revestida de grau de reprovabilidade mais pronunciado, nem se mostra especialmente atentatória aos princípios constitucionais aplicáveis à Administração Pública, não cabe submeter a demanda à regra excepcional de imprescritibilidade, devendo ser aplicado prazo prescricional comum para as ações de indenização por responsabilidade civil em que a Fazenda figure como autora. Em suma, não sendo caso de improbidade, mas sim de colisão de veículos, o correto seria aplicar o prazo tradicional do Código Civil. Com essas conclusões, o STF negou provimento ao recurso extraordinário.

⦿ Síntese do debate constante do acórdão que fixou o precedente:

Argumentos favoráveis à tese fixada:	Argumentos contrários à tese fixada:
• A imprescritibilidade a que se refere o art. 37, § 5°, da CF diz respeito apenas a ações de ressarcimento de danos ao erário decorrentes de atos praticados por qualquer agente, servidor ou não, tipificados como ilícitos de improbidade administrativa ou como ilícitos penais, visto que não é adequado embutir na norma de imprescritibilidade um alcance ilimitado, ou limitado apenas pelo conteúdo material da pretensão a ser exercida, o ressarcimento, ou pela causa remota que deu origem ao desfalque no erário – um ato ilícito em sentido amplo. (Teori Zavascki) • São imprescritíveis as ações de ressarcimento relativas a danos causados ao erário decorrentes de improbidade administrativa e também de ilícitos penais. (Rosa Weber) • Na evolução da jurisprudência, entendeu-se que a Constituição de 1988 trouxe uma proteção especial à moralidade administrativa, à defesa do patrimônio público, principalmente contra atos de improbidade praticados por servidores e os equiparados. Para ação de improbidade, a lei prevê uma série de sanções diferenciadas, algumas civis, outras tipicamente de natureza punitiva e pessoal. Tudo isso é prescritível. O que é imprescritível – aliás, decorre do próprio § 5° – é a ação de ressarcimento de danos. Quer dizer, se há um ato de improbidade que causa lesão ao erário, essa ação, teoricamente, por uma interpretação teleológica do dispositivo, seria imprescritível. Contudo, deve ser superada a superproteção constitucional do erário na Constituição Federal, devendo a ação civil pública prescrever em cinco anos. (Luiz Fux) • A prescritibilidade das pretensões consiste em regra universal e foi adotada, no sistema jurídico brasileiro, como corolário dos princípios da segurança jurídica e da paz social, os quais estão entalhados na Carta da República. Dessa forma, a imprescritibilidade das ações só pode ser uma opção da própria Constituição, como ocorreu na eleição das ações penais relativas à prática de racismo (art. 5°, inciso XLII, CF) ou à ação de grupos armados, civis ou militares, contra a ordem constitucional ou o Estado democrático (art. 5°, inciso XLIV, CF). Também foi garantida constitucionalmente a imprescritibilidade do direito estatal sobre seus bens imóveis, dispondo-se que são insuscetíveis de usucapião os imóveis públicos urbanos ou rurais (arts. 183, § 3° e 191, parágrafo único, da CF). (Dias Toffoli)	• O § 5° do artigo 37 contém as três condições que estão presentes para o exame do tema submetido à repercussão geral. Primeiro, a prática de um ato ilícito. E, aqui, não se exclui nenhum tipo de ato ilícito. Onde a Constituição não excluiu, não parece legítimo ao intérprete fazê-lo. Segundo, trata-se de prejuízo ao erário e, portanto, está-se diante de uma circunstância, independentemente do ato ilícito, que traz esse prejuízo. Ademais, verifica-se a impossibilidade de restrição dos ilícitos aptos a ensejar ação de ressarcimento e diferenciação do âmbito de incidência, na tutela da coisa pública, dos §§ 4° e 5° do art. 37. Há, no entanto, uma série de exceções explícitas no texto constitucional, como a prática dos crimes de racismo (art. 5°, XLII, CRFB) e da ação de grupos armados, civis ou militares, contra a ordem constitucional e o Estado Democrático (art. 5°, XLIV, CRFB). O art. 37, § 5° é cristalino ao estabelecer a prescrição dos atos ilícitos como regra, independentemente da qualidade do agente, quer seja ou não ele agente estatal (servidor público). Igual entendimento, portanto, deve se aplicar à ressalva no que se refere à imprescritibilidade das pretensões de caráter ressarcitório dos prejuízos sofridos pelo erário. No tocante à dívida tributária, o próprio texto constitucional estabelece caber à lei complementar estabelecer normas gerais em matéria de legislação tributária, especialmente sobre "obrigação, lançamento, crédito, prescrição e decadência tributários" (art. 146, III, b, CRFB), fixando textualmente a sua prescritibilidade, a ser definida em lei, e sem também fazer qualquer ressalva expressa. Nessa senda, o dispositivo é cristalino ao estabelecer a prescrição dos atos ilícitos como regra, independentemente da qualidade do agente, quer seja ou não ele agente estatal (servidor público). (Edson Fachin).

Argumentos favoráveis à tese fixada:	Argumentos contrários à tese fixada:
• A imprescritibilidade esbarraria no direito de defesa, que é muitíssimo caro ao sistema constitucional. O prazo prescricional haverá de respeitar necessariamente o que é possível para a um homem médio se defender. A Constituição se interpreta sistematicamente, garantindo os princípios fundamentais, um dos quais é exatamente este. (Cármem Lúcia)	
• O constituinte foi explícito quanto às situações jurídicas que afastam a prescrição, instituto voltado a preservar bem maior, a segurança jurídica. A prescrição, como a decadência, visa a preservação da segurança jurídica. Teria o Estado o direito eterno, inclusive contra os herdeiros, de a qualquer tempo, mesmo estruturado em termos de representação processual e ciente do prejuízo, ingressar em Juízo para obter a reparação do dano? Não, porque isso implicaria, como dito por Marçal Justen Filho, um direito de ação eterno, no campo patrimonial. (Marco Aurélio)	
• O interesse subjetivo do titular de um direito não pode ser eterno, há um momento em que ele deve ser exercido. A partir desse lapso temporal, esse direito, necessariamente, há de perecer. (Ricardo Lewandowski)	

◉ Fique atento:

- A descrição do caso pelo STF (ver quadro inicial) fala em imprescritibilidade de ações de ressarcimento decorrentes de improbidade e outras causas de dano ao erário. Nesse sentido, a tese inicialmente proposta pelo Relator, Ministro Teori Zavascki, foi a de que "A imprescritibilidade a que se refere o artigo 35, § 5º, da Constituição Federal diz respeito apenas às ações de ressarcimento de danos ao erário decorrentes de atos praticados por qualquer agente, servidor ou não, tipificados como ilícitos de improbidade administrativa ou como ilícitos penais". Todavia, após muita discussão, o Pleno entendeu de não ter havido na origem debate amplo sobre a matéria e decidiu optar por tese minimalista, mais voltada ao caso concreto, afirmando que "É prescritível a ação de reparação de danos à Fazenda Pública decorrente de ilícito civil". No que concerne às ações de ressarcimento por improbidade, portanto, a questão permanece em aberto.

- A tese fixada define a prescritibilidade da ação mas não explicita em que prazo. Nas discussões durante o julgamento, e principalmente no voto do Relator, foi dito que esse prazo seria o geral do Código Civil, de cinco anos. Ocorre, todavia, que o prazo de prescrição geral de reparação civil constante do Código é de três anos: "Art. 206. Prescreve: (...) § 3º Em três anos: (...) V – a pretensão de reparação civil;". Parece ter havido, portanto, um erro material nas discussões. Desde então, já houve concursos considerando que a tese de repercussão geral deixou implícito o prazo de três anos. Cumpre destacar, porém, que tal prazo não foi mencionado nas discussões. Os embargos de declaração opostos pelo Procurador-Geral da República, rejeitados pelo STF, também não trataram dessa questão, mas, pretendiam apenas um pronunciamento da Corte para delimitação do "ilícito civil", constante da tese.

⊙ Questões de Concurso relacionadas ao tema:

Questão 01 (FUNRIO. Prefeitura de Itupeva/SP. Procurador Municipal. 2016). Paulo é condutor de veículo de propriedade do município X tendo colidido com outro veículo de propriedade particular. O evento gerou danos ao patrimônio municipal correspondente a dez mil reais. Após decorridos dez anos o município ajuizou ação de ressarcimento do referido prejuízo diante da constatação de culpa do condutor. De acordo com a jurisprudência assente no Supremo Tribunal Federal a ação de cobrança dos danos causados, no caso em tela:

- a) seria imprescritível
- b) teria prazo de três anos para o seu exercício
- c) deveria ser proposta no prazo de até vinte anos
- d) seria proposta após o final do processo penal
- e) deveria ocorrer após a aposentadoria do condutor

Questão 02 (TRF 3ª Região. TRF 3ª Região. Juiz Federal. 2013 – Adaptada) Julgue o item seguinte:

As ações de ressarcimento de danos causados ao erário são imprescritíveis também consoante jurisprudência dos Tribunais Superiores.

( ) Certo   ( ) Errado

Questão 03 (CESPE. FUNPRESP. Analista Judiciário. 2016). O entendimento do STF de que é prescritível a ação de reparação de danos à fazenda pública decorrente de ilícito civil não alcança prejuízos que decorram de ato de improbidade administrativa, devido ao fato de estar previsto, na CF, que são imprescritíveis as ações de ressarcimento por ilícitos que forem praticados por agentes públicos e que causem prejuízos ao erário

( ) Certo   ( ) Errado

Gabarito: 1-B; 2-E; 3-C

2.45. ADMINISTRAÇÃO PÚBLICA – PRINCÍPIO DA PUBLICIDADE (ACES-SO À INFORMAÇÃO)

Tema 483: "Divulgação, em sítio eletrônico oficial, de informações alusivas a servidores públicos, inclusive seus nomes e correspondentes remunerações."

Tese: É legítima a publicação, inclusive em sítio eletrônico mantido pela Administração Pública, dos nomes dos seus servidores e do valor dos correspondentes vencimentos e vantagens pecuniárias.

FICHA TÉCNICA	
Leading case:	**ARE 652777**
Descrição do caso feita pelo STF:	Recurso extraordinário em que se discute, à luz dos artigos 5º, XIV e XXXIII; 31, § 3º; 37, caput e § 3º, II; 39, § 6º; e 163, V, da Constituição Federal, a legitimidade da publicação de informações referentes a servidores públicos, inclusive seus nomes e respectivas remunerações, em site oficial da Internet, considerando-se os princípios da publicidade e da transparência, bem como os direitos fundamentais à intimidade e à vida privada.
Dispositivo(s) constitucional(is) envolvido(s):	Art. 5º Todos são iguais perante a lei, sem distinção de qualquer natureza, garantindo-se aos brasileiros e aos estrangeiros residentes no País a inviolabilidade do direito à vida, à liberdade, à igualdade, à segurança e à propriedade, nos termos seguintes: (...) XIV – é assegurado a todos o acesso à informação e resguardado o sigilo da fonte, quando necessário ao exercício profissional; (...) XXXIII – todos têm direito a receber dos órgãos públicos informações de seu interesse particular, ou de interesse coletivo ou geral, que serão prestadas no prazo da lei, sob pena de responsabilidade, ressalvadas aquelas cujo sigilo seja imprescindível à segurança da sociedade e do Estado; Art. 31. A fiscalização do Município será exercida pelo Poder Legislativo Municipal, mediante controle externo, e pelos sistemas de controle interno do Poder Executivo Municipal, na forma da lei. (...)§ 3º As contas dos Municípios ficarão, durante sessenta dias, anualmente, à disposição de qualquer contribuinte, para exame e apreciação, o qual poderá questionar-lhes a legitimidade, nos termos da lei. Art. 37. A administração pública direta e indireta de qualquer dos Poderes da União, dos Estados, do Distrito Federal e dos Municípios obedecerá aos princípios de legalidade, impessoalidade, moralidade, publicidade e eficiência e, também, ao seguinte: (...) § 3º A lei disciplinará as formas de participação do usuário na administração pública direta e indireta, regulando especialmente: (...) II – o acesso dos usuários a registros administrativos e a informações sobre atos de governo, observado o disposto no art. 5º, X e XXXIII; Art. 39. A União, os Estados, o Distrito Federal e os Municípios instituirão conselho de política de administração e remuneração de pessoal, integrado por servidores designados pelos respectivos Poderes. (...)§ 6º Os Poderes Executivo, Legislativo e Judiciário publicarão anualmente os valores do subsídio e da remuneração dos cargos e empregos públicos. Art. 163. Lei complementar disporá sobre: (...) V – fiscalização financeira da administração pública direta e indireta;
Data de reconhecimento da repercussão geral:	30/09/2011
Data de julgamento do mérito recursal:	23/04/2015

FICHA TÉCNICA	
Leading case:	**ARE 652777**
Houve unanimidade?	Sim
Data de publicação do acórdão de julgamento do recurso:	01/07/2015
Trânsito em julgado do acórdão:	14/08/2015

⊙ Comentários:

Sob o fundamento de transparência das contas públicas, o Município de São Paulo divulgou em sítio da internet a relação dos seus servidores e os respectivos salários. Uma das servidoras ingressou com ação pedindo à Justiça que o seu nome fosse retirado da lista e que o Município fosse condenado a lhe pagar por danos morais. As razões invocadas eram o direito à intimidade e a preservação de sua segurança pessoal.

Após a sentença de improcedência, o Tribunal de Justiça de São Paulo reformou parcialmente a decisão para determinar a retirada do seu nome da lista divulgada, sob o fundamento de o ato violara o seu direito à intimidade. O Município de São Paulo interpôs Recurso Extraordinário (não admitido pelo TJ) e Agravo de Instrumento que foi recebido e convertido em Extraordinário pelo STF.

A matéria já havia sido enfrentada anteriormente no Supremo, porém sem repercussão geral, no julgamento de Agravo Regimental de Suspensão de Segurança nº 3.902, relatado pelo Ministro Ayres Britto. Tanto naquela oportunidade, como nessa, sob a relatoria do Ministro Teori Zavascki, o STF entendeu pela prevalência do princípio da publicidade administrativa.

Nessa toada, a situação específica dos servidores públicos é regida pela primeira parte do inciso XXXIII do art. 5º, que assegura a todos o direito à informação. A remuneração bruta, os cargos e as funções dos agentes públicas constituem, assim, matéria de interesse coletivo ou geral. Nesse sentido, o âmbito de privacidade do cidadão fica mitigado quando do exercício de cargo ou função públicos. Conquanto tenha reconhecido que tal circunstância fragilize a segurança pessoal de cada servidor, o STF entendeu que ser este risco o preço a ser pago pela opção do exercício de carreira pública em Estado Republicano. Ademais, o risco é minimizado com a proibição de divulgação de outros dados pessoais do servidor, como o endereço e o CPF.

Os ministros ainda lembraram a promulgação da Lei Federal de Acesso à Informação (Lei nº 12.527/2011) e o Decreto 7.724/2012[54], que a regulamenta, ambos em consonância

---

54. "Art. 7º. É dever dos órgãos e entidades promover, independente de requerimento, a divulgação em seus sítios na Internet de informações de interesse coletivo ou geral por eles produzidas ou custodiadas, observado o disposto nos arts. 7º e 8º da Lei 12.527, de 2011. (...) § 3º. Deverão ser divulgadas, na seção específica de que trata o § 1º, informações sobre: (...) VI – remuneração e subsídio recebidos por ocupante de cargo, posto, graduação, função e emprego público, incluindo auxílios, ajudas de custo, jetons e quaisquer outras vantagens pecuniárias, bem como proventos de aposentadoria e pensões daqueles que estiverem na ativa, de maneira

com o entendimento adotado pelo STF na espécie. Assim, por unanimidade, a decisão foi dar provimento ao Recurso.

◉ Fique atento:

- Para garantir a aplicação da Lei Federal de Acesso à Informação no âmbito do Poder Judiciário, o CNJ aprovou a Resolução nº 151/2012, que determina a divulgação nominal da remuneração recebida por membros, servidores e colaboradores do Judiciário na Internet.

- Na apreciação da repercussão geral, em plenário virtual, o Ministro Marco Aurélio votou de forma negativa. Entendeu o Ministro que naquele momento estava sendo apreciado o Agravo de Instrumento cujo objetivo era apenas permitir ao STF imprimir trânsito ao Recurso Extraordinário inadmitido na origem. Já no julgamento em plenário, quando já havia decisão do Relator convertendo o Agravo em Recurso Extraordinário, o Ministro Marco Aurélio, como os demais, votou pelo provimento do Recurso.

◉ Questões de Concurso relacionadas ao tema:

Questão 01 (VUNESP. TJ-SP. Juiz Substituto. 2015) A divulgação, nos sites dos respectivos órgãos administrativos, de nomes e vencimentos de servidores públicos, observado o decidido pelo Supremo Tribunal Federal no julgamento do ARE 652.777, é medida que

a) deve ser reconhecida como legítima diante dos princípios constitucionais que regulam a atividade pública e da Lei federal nº 12.527/11.

b) deve ser vedada, como regra geral, atendendo apenas a eventual requisição ou consulta justificada, porque a Lei Federal nº 12.527/11 (acesso à informação) não impõe ou disciplina aquela divulgação.

c) deve ser autorizada em relação aos denominados agentes políticos, ocupante de cargos eletivos, para conhecimento da população.

d) deve ser limitada à indicação da remuneração genérica dos cargos, sem identificação pessoal dos servidores, em respeito à inviolabilidade da intimidade e da vida privada dos servidores.

> Gabarito: 1-A

individualizada, conforme ato do Ministério do Planejamento, Orçamento e Gestão;"

2.46. ADMINISTRAÇÃO PÚBLICA – CONSELHO DE FISCALIZAÇÃO PRO-FISSIONAL: EXAME DE ORDEM

Tema 241: "Exigência da prévia aprovação no exame da OAB para exercício da advocacia".

Tese: "O Exame, inicialmente previsto no artigo 48, inciso III, da Lei n° 4.215/63 e hoje no artigo 8°, inciso IV, da Lei n° 8.906/94, mostra-se consentâneo com a Constituição Federal. Com ela é compatível a prerrogativa conferida à Ordem dos Advogados do Brasil para aplicação do exame de suficiência relativo ao acesso à advocacia".

FICHA TÉCNICA	
Leading case:	**RE 603.583/DF**
Descrição do caso feita pelo STF:	"Recurso extraordinário em que se discute, à luz dos artigos 1°, II, III e IV; 3°, I, II, III e IV; 5°, II e XIII; 84, IV; 170; 193; 205; 207; 209, II, e 214, IV e V, da Constituição Federal, a constitucionalidade, ou não, do art. 8°, § 1°, da Lei n° 8.906/94 e dos Provimentos nos 81/96 e 109/2005 do Conselho Federal da Ordem dos Advogados do Brasil – OAB, os quais condicionam o exercício da advocacia a prévia aprovação no Exame de Ordem".
Dispositivo(s) constitucional(is) envolvido(s):	Art. 1° A República Federativa do Brasil, formada pela união indissolúvel dos Estados e Municípios e do Distrito Federal, constitui-se em Estado Democrático de Direito e tem como fundamentos: (...) II – a cidadania; III – a dignidade da pessoa humana; IV – os valores sociais do trabalho e da livre iniciativa;
	Art. 3° Constituem objetivos fundamentais da República Federativa do Brasil: I – construir uma sociedade livre, justa e solidária; II – garantir o desenvolvimento nacional; III – erradicar a pobreza e a marginalização e reduzir as desigualdades sociais e regionais; IV – promover o bem de todos, sem preconceitos de origem, raça, sexo, cor, idade e quaisquer outras formas de discriminação.
	Art. 5° Todos são iguais perante a lei, sem distinção de qualquer natureza, garantindo-se aos brasileiros e aos estrangeiros residentes no País a inviolabilidade do direito à vida, à liberdade, à igualdade, à segurança e à propriedade, nos termos seguintes: (...) II – ninguém será obrigado a fazer ou deixar de fazer alguma coisa senão em virtude de lei; (...)
	XIII – é livre o exercício de qualquer trabalho, ofício ou profissão, atendidas as qualificações profissionais que a lei estabelecer;
	Art. 84. Compete privativamente ao Presidente da República: (...) IV – sancionar, promulgar e fazer publicar as leis, bem como expedir decretos e regulamentos para sua fiel execução;

FICHA TÉCNICA	
Leading case:	**RE 603.583/DF**
	Art. 170. A ordem econômica, fundada na valorização do trabalho humano e na livre iniciativa, tem por fim assegurar a todos existência digna, conforme os ditames da justiça social, observados os seguintes princípios: (...)
	Art. 193. A ordem social tem como base o primado do trabalho, e como objetivo o bem-estar e a justiça sociais.
	Art. 205. A educação, direito de todos e dever do Estado e da família, será promovida e incentivada com a colaboração da sociedade, visando ao pleno desenvolvimento da pessoa, seu preparo para o exercício da cidadania e sua qualificação para o trabalho.
	Art. 207. As universidades gozam de autonomia didático-científica, administrativa e de gestão financeira e patrimonial, e obedecerão ao princípio de indissociabilidade entre ensino, pesquisa e extensão.
	Art. 209. O ensino é livre à iniciativa privada, atendidas as seguintes condições: (...) II – autorização e avaliação de qualidade pelo Poder Público.
	Art. 214. A lei estabelecerá o plano nacional de educação, de duração decenal, com o objetivo de articular o sistema nacional de educação em regime de colaboração e definir diretrizes, objetivos, metas e estratégias de implementação para assegurar a manutenção e desenvolvimento do ensino em seus diversos níveis, etapas e modalidades por meio de ações integradas dos poderes públicos das diferentes esferas federativas que conduzam a: (Redação dada pela Emenda Constitucional n° 59, de 2009) (...) IV – formação para o trabalho; V – promoção humanística, científica e tecnológica do País.
Data de reconhecimento da repercussão geral:	11/12/2009.
Data de julgamento do mérito recursal:	26/10/2011.
Houve unanimidade?	Sim.
Data de publicação do acórdão de julgamento do recurso:	20/11/2013.
Trânsito em julgado do acórdão:	04/10/2012.

⊚ Comentários:

O Supremo Tribunal Federal examinou o recurso extraordinário n°. 603.583/RS, interposto contra acórdão do Tribunal Regional Federal da 4ª Região, que manteve sentença proferida pelo juízo de primeiro grau que indeferiu o pedido formulado em face do Conselho Federal da Ordem dos Advogados do Brasil para declarar a favor do requerente a ausência de relação jurídica obrigacional de prestar o exame da Ordem, bem como a nulidade do Provimento n° 109/2005 do Conselho Federal da OAB.

O acórdão recorrido entendeu que a exigência de aprovação no exame da Ordem não padeceria de quaisquer vícios, porquanto seria autorizada pela Constituição e previsto em lei federal.

O recorrente alegou, em suma: a) que após a obtenção do diploma, o bacharel em Direito deveria ser considerado presumivelmente apto a exercer a advocacia até prova em contrário, sob pena de violação aos princípios constitucionais da presunção da inocência, do devido processo legal, do contraditório e da ampla defesa; b) que, no exercício profissional, a entidade de classe terá condições de avaliar se o profissional é capaz, ou não, sendo certo que a Lei nº 8.906/94 versa as sanções disciplinares para o advogado; c) que a exigência de exame para o ingresso no órgão de classe somente ocorre para os advogados, o que violaria o princípio da igualdade (os médicos, por exemplo, não seriam submetidos ao referido exame, embora lidem com a vida diretamente); d) que seria descabido sobrepor o exame da Ordem às avaliações realizadas pelas próprias universidades, sem qualquer prova de que estas foram corrompidas, ineficazes ou que seriam inferiores; e) que a Constituição prevê valor social do trabalho como fundamento da República e ao direito fundamental ao livre exercício de qualquer profissão; f) que os arts. 2º, 43, inciso II, e 48 da Lei nº 9.394/96 preveem ter a educação superior o fim de formar profissionais qualificados para o trabalho; g) que ao Poder Público cabe autorizar e avaliar o ensino, e não à Ordem dos Advogados, que não integra a Administração Pública; h) que a reserva legal constitucional é de natureza qualificada, sendo vedado ao legislador ordinário impor restrição ao exercício da profissão – logo, o bacharel em Direito, que foi examinado e avaliado pela instituição credenciada pelo poder público, teria o direito de exercer a profissão de advogado; i) que haveria a necessidade de lei para criação do exame da Ordem, o qual, segundo asseverou, foi previsto apenas em regulamento; j) que a previsão contida no art. 8º da Lei nº 8.906/94 delegou à entidade de classe o poder de editar provimento para disciplinar referido exame, genericamente estabelecido na lei. Assim, conforme entende, o exame também padeceria do vício de inconstitucionalidade formal, afrontando o inciso XVI do artigo 22 da Lei Maior; k) que seria descabido atribuir à entidade de classe a tarefa de restringir o acesso ao mercado de trabalho, já que ela teria interesse em diminuir a concorrência, daí a impossibilidade da fiscalização prévia pela Ordem dos Advogados, ao passo em que as universidades, por outro lado, seriam instituições isentas, impessoais e imparciais para avaliar os estudantes; l) que haveria uma grande falta de transparência dos exames, considerado que a Ordem participa das comissões de concursos de todas as outras carreiras, além de ter assento no Conselho Nacional de Justiça e no Conselho Nacional do Ministério Público, órgãos de controle da magistratura e do Ministério Público; m) que haveria uma grande incongruência nas perguntas presentes nas provas, que abarcariam conhecimentos desnecessários ao pleno exercício da advocacia; n) por eventualidade, argumentou que o exame foi derrogado tacitamente pela Lei nº 8.906/94; o) que seria incompatível com a Lei nº 8.884/94, por criar reserva de mercado de trabalho em favor dos atuais inscritos, e com a autonomia universitária, versada no artigo 207 da Constituição Federal.

Em suas contrarrazões, o Conselho Federal da Ordem dos Advogados do Brasil: i) sustentou a inépcia da inicial; ii) salientou ser parte ilegítima, pois cada seccional da Ordem possui personalidade jurídica própria, motivo pelo qual caberia à seccional do Rio Grande do Sul responder ao processo, considerado o disposto nos artigos 45, § 1º e § 2º, e 58, inciso VII, da Lei nº 8.906/94; iii) no mérito, alegou que a Constituição permitiu à União legislar sobre condições para o exercício de profissões, consoante preveem os artigos 5º, inciso XIII, e 170, parágrafo único; iv) com esse fundamento, a lei federal estabeleceu a aprovação em exame da Ordem – inciso IV do artigo 8º da Lei nº 8.906/94; v) argumentou mostrar-se descabida a invocação dos princípios da presunção de inocência, do devido processo legal, do contraditório e da ampla defesa, bem como de dispositivos da Lei Antitruste; vi) afirmou não haver quebra de isonomia, porquanto o exame é exigido de todos os bacharéis igualmente, nada tendo com outras carreiras, que são diferentes da advocacia e possuem tratamento distinto conferido pelo legislador; vii) asseverou ser norma geral a Lei de Diretrizes e Bases da Educação se comparada ao Estatuto da Advocacia, que é especial, daí a inexistência de derrogação; viii) esclareceu que as universidades não são as únicas instituições aptas a aferir se alguém tem ou não qualificação para exercer certa profissão e que, no campo jurídico, o ensino é falho e generalista, razão pela qual se impõe um exame específico para quem deseja tornar-se advogado; ix) aduziu ter o Provimento nº 109 do Conselho Federal *status* hierárquico de portaria, veiculando apenas instruções gerais sobre o exame, sendo necessário para haver unicidade, já que cada seccional aplica um exame, nos termos do inciso VI do artigo 58 da Lei nº 8.906/94; x) aludiu à existência de cursos de direito em profusão, notoriamente ineptos, que formam profissionais que nada sabem, e que os bens e a liberdade das pessoas não podem ser administrados por tais profissionais; xi) mencionou diversas decisões judiciais favoráveis ao exame.

O Ministério Público Federal, em seu parecer, opinou pelo parcial provimento do recurso extraordinário, sob os argumentos de que: a) o exame da OAB não se insere no conceito de qualificação profissional, a que se refere o art. 5º, XIII, da CF; b) a jurisprudência do STF entende que qualificações profissionais (meio) somente são exigidas das profissões que possam trazer perigo de dano à coletividade ou prejuízos diretos a terceiros (fim); c) o direito fundamental consagrado no art. 5º, XIII, da CF assume, sob a perspectiva do direito de acesso às profissões, tanto uma projeção negativa (imposição de menor grau de interferência na escolha da profissão) quanto uma projeção positiva (o direito público subjetivo de que seja assegurada a oferta dos meios necessários à formação profissional) – por isso, constitui elemento nuclear de mínima concretização do preceito inscrito no art. 5º, XIII, da CF, a oferta dos meios necessários à formação profissional exigida, de sorte que a imposição de qualificação extraída do art. 133 da CF não deve incidir como limitação de acesso à profissão por parte daqueles que obtiveram um título público que atesta tal condição, mas sim como um dever atribuído ao Estado e a todos garantido de que sejam oferecidos os meios para a obtenção da formação profissional exigida; d) o exame de Ordem não se revela o meio adequado ou necessário para o fim almejado, pois presume-se pelo diploma de bacharel em Direito — notadamente pelas novas diretrizes curriculares que dá ao curso de graduação não mais uma feição puramente informativa (teórica), mas também formativa (prática e profissional) — que o acadêmico obteve a habilitação necessária para o exercício da advocacia; e) a sujeição à fiscalização da OAB, com a possibilidade de interdição do exercício da profissão por inépcia (Lei nº 8.906/94, art. 34, XXIV c/c art. 37, § 3º), se mostra, dentro da conformação constitucional da liberdade de profissão, como uma medida restritiva suficiente para a salvaguarda dos direitos daqueles pelos quais se postula em juízo, até mesmo porque tal limitação se circunscreve ao exercício, sem qualquer reflexo sobre o direito de escolha da profissão; f) se qualquer modo, nada impede que a OAB atue em parceria com o MEC e com as IES, definindo uma modalidade mais direcionada de qualificação profissional que venha a ser atestada pelo diploma; g) a exigência de aprovação no exame de Ordem como restrição de acesso à profissão de advogado atinge o núcleo essencial do direito fundamental à liberdade de trabalho, ofício ou profissão, consagrado pelo inciso XIII, do art. 5º, da Constituição Federal.

A questão com repercussão geral a ser debatida residiu, portanto, em saber se o art. 8º, inciso IV, da Lei nº 8.906/94, mostra-se consentâneo com a Constituição Federal.

Os fundamentos que arrimaram o voto vencedor do acórdão que contempla o precedente examinado foram: a) a exigência de aprovação no exame de ordem como restrição de acesso à profissão de advogado atinge o núcleo essencial do direito fundamental à liberdade de trabalho, ofício ou profissão, consagrado pelo inciso XIII, do art. 5º, da Constituição Federal; b) a exigência da prova de suficiência técnica para a inscrição nos quadros da Ordem surgiu com a Lei nº 4.215/63, em cujo art. 48, III, consta a regra que instituiu o requisito de aprovação no exame ou comprovação do exercício do estágio forense para viabilizar o exercício da advocacia – na regência da Lei nº 8.906/94, o bacharel em Direito podia optar entre o estágio profissional ou a submissão à prova de conhecimentos jurídicos, situação que perdurou provisoriamente até 1996; c) a partir do término de vigência do dispositivo, o exame tornou-se obrigatório para todos os egressos do curso de Direito, conforme previsão do art. 8º, IV e § 1º, da Lei nº 8.906/94 – constata-se, então, que a obrigatoriedade do exame é relativamente nova no ordenamento jurídico brasileiro – está em vigor há quinze anos –, muito embora o teste de conhecimentos já possua quarenta anos de existência; d) a liberdade de exercício de profissão é um direito fundamental de elevada significância no contexto constitucional, intimamente ligado à construção da personalidade, pois trabalho e profissão são pressupostos para a realização plena de um projeto de vida; e) há um direito constitucional a não sofrer embaraços irrazoáveis ou desproporcionais para a prática profissional, observadas, igualmente, condições equitativas e as qualificações técnicas previstas na legislação; f) em alguns casos, o mister desempenhado pelo profissional resulta em assunção de riscos – os quais podem ser individuais ou coletivos (sendo individual, a exemplo do risco dos mergulhadores ou de eletricistas, o sistema jurídico tenta compensar o risco com vantagens remuneratórias, como os adicionais de periculosidade e insalubridade; quando o risco é coletivo, como no caso de médicos e advogados, o sistema jurídico limita o acesso à profissão) – daí a cláusula constante da parte final do art. 5º, XIII da Constituição Federal, que ressalva as qualificações legais exigidas pela lei; g) é essa a lógica que torna, por exemplo, contravenção penal sujeita a pela privativa de liberdade o exercício ilegal de profissão, conforme o art. 47 do Decreto-Lei nº 3.688, de 3 de outubro de 1941; h) quanto à alegação de desproporcionalidade da exigência contida no artigo 8º, inciso IV, da Lei nº 8.906/94, a mesma seria falaciosa, porque o exame da Ordem serve perfeitamente ao propósito de avaliar se estão presentes as condições mínimas para o exercício escorreito da advocacia, examinados os critérios de adequação, necessidade, e proporcionalidade e sentido estrito, bem como porque o exercício de poder de polícia para fiscalizar a qualidade da prestação dos serviços advocatícios em momento posterior ao início da prática profissional dos advogados seria contraproducente; i) é admitido o controle judicial de legalidade do exame, o que vem sendo feito pela via do mandado de segurança, de modo a permitir avaliar as eventuais ilegalidades cometidas pelas bancas (a análise de adequação entre o edital do exame e a prova é matéria de legalidade e pode ser objeto de controvérsia judicial – precedente: Recurso Extraordinário nº 434.708, da relatoria do Ministro Sepúlveda Pertence, julgado pela Primeira Turma em 21 de junho de 2006); j) às Universidades cabe ministrar o conteúdo educacional necessário à profissionalização do indivíduo e atribuir o grau respectivo, correspondente ao curso terminado, mas não há, na Constituição, a vedação absoluta de que outra exigência seja feita ao formando para dedicar-se à profissão (ao contrário, o inciso XIII do art. 5º da Constituição admite textualmente a restrição, desde que veiculada por lei em sentido formal e material); k) a atividade censória das autarquias profissionais demonstra que, não raro, a formação acadêmica é insuficiente à realização correta de determinado trabalho (vale notar que o bacharel em Direito pode, a par de submeter-se ao exame para tornar-se advogado, exercer diversas outras atividades que dispensam a inscrição nos quadros da Ordem); l) não há, no § 1º do artigo 8º da Lei nº 8.906/94, uma genuína delegação de poderes legislativos à autarquia corporativa, pois a reserva de lei revelada no inciso XIII do art. 5º da Constituição Federal esgota-se na previsão abstrata de que a aprovação no exame consubstancia requisito para o exercício profissional da advocacia, sendo certo que a disciplina dos detalhes a respeito da prova poderiam – e deveriam – ficar a cargo da própria Ordem; m) a previsão do § 1º do artigo 8º do Estatuto da Advocacia reclama edição de genuíno regulamento executivo (ou de execução), destinado a tornar efetivo o mandamento legal (e a Constituição não impôs a reserva absoluta de lei para a restrição à liberdade de profissão, tal como fez quanto aos crimes, penas e tributos, conforme os artigos 5º, inciso XXXIX, e 150, inciso I); n) a Ordem dos Advogados do Brasil, precisamente em razão das atividades que desempenha, não poderia ficar subordinada à regulamentação presidencial ou a qualquer órgão público, não só quanto ao exame de conhecimentos, mas também no tocante à inteira interpretação da disciplina da Lei nº 8.906/94, consoante se verifica do artigo 78, a determinar que cabe ao Conselho Federal expedir o regulamento geral do estatuto; o) essa não vinculação é formal e materialmente necessária, porque a OAB ocupa-se de atividades atinentes aos advogados, que exercem função constitucionalmente privilegiada na medida em que são indispensáveis à administração da Justiça, nos termos do que dispõe o artigo 133 da Constituição do Brasil; p) a própria natureza das atividades exercidas pela Ordem dos Advogados do Brasil, decorrente da leitura que o Supremo faz do artigo 133 da Carta Federal, demanda e justifica o regime especial previsto pela Lei nº 8.906/94 – por essas razões, é constitucional o § 1º do artigo 8º da Lei nº 8.906/94, seja porque não corresponde a autêntica delegação legislativa, a ponto de violar a parte final do inciso XIII do artigo 5º da Constituição, seja porque não representa usurpação da competência do Presidente da República versada no artigo 84, inciso IV, da Constituição Federal.

Assim, o Supremo Tribunal Federal, à unanimidade, e nos termos do voto do relator, negou provimento ao recurso, declarando que o **Exame, inicialmente previsto no artigo 48, inciso III, da Lei nº 4.215/63 e hoje no artigo 8º, inciso IV, da Lei nº 8.906/94, mostra-se consentâneo com a Constituição Federal, e com ela é compatível a prerrogativa conferida à Ordem dos Advogados do Brasil para aplicação do exame de suficiência relativo ao acesso à advocacia.**

◉ Fique atento:

- O voto do relator fez menção ao julgamento, pelo Supremo Tribunal Federal, da inconstitucionalidade de dispositivos que restringem o acesso ou o exercício de certas profissões, tal como ocorreu com a exigência de diploma de nível superior para a prática do jornalismo e a imposição de registro no órgão de classe para os músicos – respectivamente, Recurso Extraordinário nº 511.961, da relatoria do Ministro Gilmar Mendes, e Recurso Extraordinário nº 414.426, da relatoria da Ministra Ellen Gracie, apreciados pelo Plenário em 16 de junho de 2009 e em 1º de agosto de 2011. A inconstitucionalidade, nesses casos, decorreu da violação ao inciso XIII do artigo 5º da Constituição Federal; também houve menção ao caso em que, sob a égide da Constituição de 1967, o Supremo Tribunal Federal julgou procedente a Representação nº 930, da relatoria do Ministro Cordeiro Guerra, redator do acórdão o Ministro Rodrigues Alckmin, assentando a inconstitucionalidade de preceito contido na Lei nº 4.116/62, que restringia o acesso à profissão de corretor de imóveis.

- Nos casos envolvendo os corretores de imóveis, os músicos e os jornalistas, não haveria risco à coletividade pelo livre exercício das mencionadas profissões, daí o porquê de o Supremo Tribunal Federal ter adotado solução diferente da que adotou no julgamento do presente caso, que trata dos advogados.

DIREITO CIVIL

Ermiro Ferreira Neto

3.1. CAPITALIZAÇÃO DE JUROS

Tema 33: "Relevância e urgência da medida provisória n° 2.170-36/2001 que disciplina a capitalização de juros com periodicidade inferior a um ano nas operações realizadas pelas instituições integrantes do Sistema Financeiro Nacional"

Tese: "Os requisitos de relevância e urgência previstos no art. 62 da Constituição Federal estão presentes na Medida Provisória 2.170-36/2001, que autoriza a capitalização de juros com periodicidade inferior a um ano nas operações realizadas pelas instituições integrantes do Sistema Financeiro Nacional. "

FICHA TÉCNICA	
Leading case:	**RE 592377/RS**
Descrição do caso feita pelo STF:	Recurso extraordinário em que se discute, à luz do art. 62 da Constituição Federal, a constitucionalidade, ou não, do art. 5° da Medida Provisória n° 2.170-36/2001, no que autorizou a capitalização de juros com periodicidade inferior a um ano, nas operações realizadas pelas instituições integrantes do Sistema Financeiro Nacional.
Dispositivo(s) constitucional(is) envolvido(s):	"Art. 62. Em caso de relevância e urgência, o Presidente da República poderá adotar medidas provisórias, com força de lei, devendo submetê-las de imediato ao Congresso Nacional."

FICHA TÉCNICA	
Leading case:	**RE 592377/RS**
Data de reconhecimento da repercussão geral:	23/02/2008[1]
Data de julgamento do mérito recursal:	04/02/2015
Houve unanimidade?	Não
Data de publicação do acórdão de julgamento do recurso:	20/03/2015
Trânsito em julgado do acórdão:	16/04/2015

◉ Comentários:

Dado o caráter analítico e abrangente da Constituição Federal brasileira, o Supremo Tribunal Federal historicamente tem sido chamado a decidir temas tão distintos quanto a remuneração de servidores públicos, a legalidade de prisões e matérias relacionadas à política financeira, apenas para ficar em três exemplos. Neste último caso, a Corte já se debruçou sobre a constitucionalidade da prática da capitalização dos juros, também conhecido como anatocismo ou "juros sobre juros" **Tal expediente, comum na praxe bancária brasileira, permite que, uma vez inadimplida a obrigação de pagar os juros remuneratórios em um contrato de mútuo, estes valores incorporam-se ao capital e sobre todo ele incidirão os juros vincendos**.

No plano infraconstitucional, a prática é regulamentada pelo art. 591 do Código Civil. Pela referida norma, presume-se a incidência de juros remuneratórios em mútuos que tenham finalidade econômica; os juros, todavia, não poderão superar a taxa de art. 406 do mesmo diploma, a qual tem sido interpretada pela doutrina e pelos tribunais como 1% ao mês[2]. **Resguardado este limite, o texto do referido art. 591 expressamente admite a capitalização anual dos juros, ou seja, dos juros vencidos após 01 ano ao montante total sobre o qual incidirão os juros moratórios.**

É prudente registrar que o limite para a taxa de juros previsto no Código Civil apenas alcança as operações realizadas entre particulares, fora, portanto, do sistema financeiro nacional. Os empréstimos fornecidos por bancos, por exemplo, não se sujeitam ao teto do art. 591, conforme assentado pelo Superior Tribunal de Justiça no julgamento do REsp n. 1061530/RS sob o rito dos recursos repetitivos: "c) são inaplicáveis aos juros remuneratórios dos contratos de mútuo bancário as disposições do art. 591 c/c 406 do CC/02".

Este o panorama da matéria, a questão enfrentada pelo Supremo Tribunal no julgamento do RE 592377/RS dizia respeito à constitucionalidade do art. 5º da MP n. 2170-36/2001, nos seguintes termos: "Nas operações realizadas pelas instituições integrantes do

---

1. A repercussão geral, originalmente, fora reconhecida no RE 568396/RS, rel. Ministro Marco Aurélio.

2. Enunciado n. 20/I Jornada de Direito Civil / CJF. Art. 406: A taxa de juros moratórios a que se refere o art. 406 é a do art. 161, § 1º, do Código Tributário Nacional, ou seja, um por cento ao mês.

Sistema Financeiro Nacional, é admissível a capitalização de juros com periodicidade inferior a um ano". Como se vê, para além do limite da taxa de juros previsto no Código Civil não alcançar os bancos, **tem-se com a referida MP a permissão expressa para a capitalização de juros em período inferior a 1 ano, excluindo também neste ponto a incidência do art. 591** às **instituições financeiras.**

Ao Supremo, nesta oportunidade, fora levada a matéria exclusivamente atinente à constitucionalidade formal da referida medida provisória, ante a possível violação dos obrigatórios requisitos de urgência e relevância previstos no art. 62 da Constituição. Do relatório preparado pelo relator Ministro Marco Aurélio consta expressamente que o recurso extraordinário fora interposto sob a alegação única de violação do referido art. 62. Assim, nem se alegou, nem portanto fora debatida, a constitucionalidade material da prática do anatocismo em si. Este último tema tem lugar na ADI 2316/DF, ajuizada no já distante ano 2000, tendo sido iniciado o julgamento da medida cautelar, mas ainda não concluído.

No RE 592377/RS, votou o relator Ministro Marco Aurélio pela inconstitucionalidade do dispositivo impugnado na MP, por não verificar os requisitos de urgência e relevância. Destacou o relator a possibilidade de controle jurisdicional dos requisitos do art. 62 por parte do Supremo Tribunal, de acordo com precedentes da Corte. Superado isto, o voto indica como principal elemento para demonstrar a ausência de urgência e relevância a vigência da Emenda Constitucional n. 32/2001, que deu vigência definitiva às medidas provisórias editadas até ali, inclusive a MP objeto do RE 592377/RS. Assim, para o Ministro Marco Aurélio, **não somente não havia urgência na regulamentação do tema que justificasse a usurpação de matéria do Poder Legislativo; como também não poderia a EC n. 32 ser interpretada de modo a perpetuar ato que, por sua natureza, deve ser provisório até que seja convertido em Lei.**

O restante do Pleno, no entanto, composto no julgamento pelos Ministros Teori Zavascki, Gilmar Mendes, Carmen Lúcia, Dias Toffoli, Luiz Fux, Rosa Weber e Ricardo Lewandowski, não acompanhou o voto do relator. Conduzido pela divergência aberta pelo Ministro Teori, **entendeu-se que a EC 32 teve realmente por objetivo perpetuar as medidas provisórias que lhe eram anteriores**. E, nestes termos, *"por mais heterodoxa que possa parecer, a solução concebida pela EC 32/01 não afrontou qualquer cláusula pétrea da Constituição Federal"*. Ainda segundo o Ministro Teori, *"o que a EC 32/01 materializou, portanto, foi uma mera prorrogação de vigência, estratégia legislativa válida que não tornou ilegítimas as medidas provisórias por ela atingidas"*.

Quanto aos requisitos do art. 62, entendera o relator, quanto à relevância, que *"o tratamento normativo dos juros é matéria extremamente sensível para a estruturação do sistema bancário, e, consequentemente, para assegurar estabilidade à dinâmica da vida econômica do país"*. Já quanto à urgência, via dificuldade o Ministro Teori, quase 15 anos depois, considerando o cenário da época, *"em que a situação econômica, o Sistema Financeiro, vivia num cenário completamente diferente"* em afirmar *"hoje que aquela medida provisória deve ser considerada nula porque faltou urgência naquela oportunidade"*. Por fim, acresceu ao raciocínio o fato de que decidir sobre a relevância e urgência *"envolve juízos sobre conhecimentos de grande complexidade técnica, cuja análise mais acurada muitas vezes escapa à capacidade institucional do Poder Judiciário, dadas as limitações que a própria cognição processual impõe"*.

Todos os demais Ministros seguiram a divergência, por fundamentos semelhantes, tendo sido dado provimento ao recurso extraordinário da instituição financeira, reconhecendo a constitucionalidade formal do art. 5º da MP 2170-36 e, pois, mantendo o permissivo legal para a capitalização de juros em período inferior a 1 ano em operações no âmbito do mercado financeiro. Fixou-se a seguinte tese: **os requisitos de relevância e urgência previstos no art. 62 da Constituição Federal estão presentes na Medida Provisória 2.170-36/2001, que autoriza a capitalização de juros com periodicidade inferior a um ano nas operações realizadas pelas instituições integrantes do Sistema Financeiro Nacional.**

◉ Síntese do debate constante do acórdão que fixou o precedente:

Argumentos favoráveis à tese fixada:	Argumentos contrários à tese fixada:
Por mais heterodoxa que possa parecer, a solução concebida pela EC 32/01 não afrontou qualquer cláusula pétrea da Constituição Federal (Ministro Teori Zavascki)	Não há urgência fática que justifique usurpar a competência que, ordinariamente, é do Poder Legislativo para editar leis. A edição da EC 32/01 comprovaria isto, já que torna definitiva norma cuja natureza é provisória (Ministro Marco Aurélio)
O que a EC 32/01 materializou foi uma mera prorrogação de vigência, estratégia legislativa válida que não tornou ilegítimas as medidas provisórias por ela atingidas (Ministro Teori Zavascki)	
Há relevância apta a autorizar MP sobre a matéria pois o tratamento normativo dos juros é matéria extremamente sensível para a estruturação do sistema bancário, e, consequentemente, para assegurar estabilidade à dinâmica da vida econômica do país (Ministro Teori Zavascki)	
Quanto à urgência, trata-se de requisitos de difícil avaliação quase 15 anos depois, considerando o cenário da época, em que a situação econômica, o Sistema Financeiro, vivia num cenário completamente diferente, não se tendo segurança para anular a norma considerando-se que a falta de urgência naquela oportunidade (Ministro Teori Zavascki)	
Atribuir a responsabilidade a terceiro, sócio sem poder de gerência, pelo pagamento de tributos da pessoa jurídica extravasa o campo da razoabilidade (Ministro Marco Aurélio)	

◉ Fique atento:

- O julgamento da medida cautelar na ADI 2316/DF chegou a ser iniciado. Votaram para suspender a mesma norma impugnada no RE 592377/RS os Ministros Marco Aurélio e Ayres Britto. De outro lado, indeferiram a cautelar, a Ministra Carmen Lúcia e o Ministro Menezes Direito.

◉ Questões de Concurso relacionadas ao tema:

Questão 01 (FUNDATEC. Prefeitura de Porto Alegre – RS. Procurador Municipal. 2016) Sobre juros, é correto afirmar que:

a) Salvo regra sem sentido contrário, são sempre admitidos juros capitalizados no Direito brasileiro, desde que em período não superior a um mês.

b) Nos negócios jurídicos bancários ou financeiros, os juros compensatórios são limitados à taxa prevista no Art. 406 do Código Civil.

c) Os juros remuneratórios financeiros admitem capitalização, desde que haja disposição contratual autorizativa.

d) Somente no mútuo de natureza financeira é viável, no Direito brasileiro, a cobrança de juros remuneratórios.

e) No Direito brasileiro, não são lícitos juros capitalizados.

Questão 02 (FCC. DPE-MA. Defensor Público. 2015) Em 10.06.2015, o Superior Tribunal de Justiça aprovou a Súmula n° 539, que assim dispõe: "É permitida a capitalização de juros com periodicidade inferior à anual em contratos celebrados com instituições integrantes do Sistema Financeiro Nacional a partir de 31/3/2000 (MP 1.963-17/00, reeditada como MP 2.170-36/01), desde que expressamente pactuada". Na mesma oportunidade, editou a Súmula n° 541, que assim dispõe: "A previsão no contrato bancário de taxa de juros anual superior ao duodécuplo da mensal é suficiente para permitir a cobrança da taxa efetiva anual contratada". Pelo entendimento sumulado do Superior Tribunal de Justiça, conclui-se que:

a) o anatocismo é vedado aos não integrantes do Sistema Financeiro Nacional pela Lei de Usura (Decreto n° 22.626/33), que segue vigente mesmo após a edição da Medida Provisória 1.963 e reedição como MP 2.170, mas as instituições financeiras não têm qualquer restrição para a cobrança de juros capitalizados, qualquer que seja a periodicidade.

b) um contrato de financiamento bancário que não tenha cláusula expressa de capitalização mensal de juros e que preveja taxas pré-fixadas de juros de 2% ao mês e 26% ao ano atende à exigência de que a capitalização seja expressamente pactuada e, portanto, poderá ser exigida pela instituição financeira.

c) um contrato de financiamento bancário que não tenha cláusula expressa de capitalização mensal de juros permite que a instituição financeira cubra somente taxa anual de juros equivalente a doze vezes a taxa de juros mensais, sob pena de configurar anatocismo.

d) a capitalização mensal de juros, que equivale aos juros compostos ou "juros sobre juros", passou a ser permitida em qualquer relação contratual, pois a MP 1.963-17/2000 revogou o Decreto n° 22.626/33 (Lei de Usura).

e) a capitalização de juros é proibida aos particulares e àqueles que não sejam integrantes do Sistema Financeiro Nacional, ainda que a periodicidade seja anual e exista previsão expressa no contrato.

Gabarito: 1-C; 2-B

3.2. LIMITAÇÃO DE JUROS

Tema 98: "Autoaplicabilidade do art. 192, § 3°, da Constituição Federal, na redação anterior à Emenda Constitucional n° 40/2003"

Tese: "A norma do § 3° do artigo 192 da Constituição, revogada pela Emenda Constitucional n° 40/2003, que limitava a taxa de juros reais a 12% ao ano, tinha sua aplicação condicionada à edição de lei complementar"

FICHA TÉCNICA	
Leading case:	**RE 582650/BA**
Descrição do caso feita pelo STF:	Recurso extraordinário em que se discute a autoaplicabilidade, ou não, do art. 192, § 3°, da Constituição Federal, na redação vigente anteriormente à Emenda Constitucional n° 40/2003, e da consequente possibilidade de limitação a 12% ao ano dos juros nos contratos no âmbito do Sistema Financeiro Nacional.
Dispositivo(s) constitucional(is) envolvido(s):	"Art. 192. (...) § 3° As taxas de juros reais, nelas incluídas comissões e quaisquer outras remunerações direta ou indiretamente referidas à concessão de crédito, não poderão ser superiores a doze por cento ao ano; a cobrança acima deste limite será conceituada como crime de usura, punido, em todas as suas modalidades, nos termos que a lei determinar."
Data de reconhecimento da repercussão geral:	11/06/2008
Data de julgamento do mérito recursal:	11/06/2008
Houve unanimidade?	Não
Data de publicação do acórdão de julgamento do recurso:	24/10/2008
Trânsito em julgado do acórdão:	03/11/2008

⊙ Comentários:

O Supremo Tribunal Federal tomou o RE 582.650/BA como importante processo-piloto para reafirmar a sua jurisprudência sobre a aplicação do limite de 12% ao ano para as taxas de juros no país, na vigência da anterior redação do art. 192, § 3°, anterior à Emenda Constitucional n. 40/2003. Mais que isto, aproveitou-se a oportunidade para, em questão de ordem formulada pela Ministra Ellen Gracie, criar mecanismo de aplicabilidade do instituto da repercussão geral a processos que tenham chegado à Corte antes da vigência do art. 543-B do CPC/73[3], no bojo dos quais sejam recorridos acórdãos violadores da jurisprudência da Corte.

O entendimento contrário à limitação dos juros é antigo no Supremo Tribunal. A despeito da limitação expressa prevista na redação anterior do art. 192, § 3º, entendeu a Corte no julgamento da ADI n. 04 que a referida norma não teria autoaplicabilidade. **Vale dizer: a despeito da regra do § 3º, o *caput* do art. 192 prevê a edição de Lei Complementar para regular o Sistema Financeiro Nacional, de modo que, sem a edição da dita Lei, o limite previsto não teria eficácia jurídica.** O julgamento deu-se por maioria de votos, nos termos da orientação do relator Ministro Sydney Sanches.

Desde então a orientação da Corte em controle de constitucionalidade concentrado passou a ser adotada no julgamento de múltiplos recursos extraordinários. A comprovar a consolidação do entendimento, em 24 de setembro de 2003 fora aprovada a Súmula 648, a qual reafirma que "a norma do § 3º do art. 192 da Constituição, revogada pela EC 40/2003, que limitava a taxa de juros reais a 12% ao ano, tinha sua aplicabilidade condicionada à edição de lei complementar".

Sob esta perspectiva, a questão de ordem enfrentada pela Corte na definição da repercussão geral da matéria insere-se em um contexto maior, de esforço do STF para racionalizar os seus trabalhos, utilizando-se para tanto dos mecanismos tanto da repercussão geral, quanto da súmula vinculante. É que, a despeito, como se viu, da orientação absolutamente pacífica sobre a ineficácia do limite dos juros antes da edição da Lei Complementar, a Corte permanecia destinatária de processos que, eventualmente, se mantinham presos à orientação contrária àquela que se firmou no Supremo Tribunal. Tal exigia o julgamento destes recursos extraordinários, tomando tempo e recursos do Tribunal para exclusivamente reafirmar a sua jurisprudência.

Ante o problema, a Ministra Ellen Gracie, em questão de ordem anterior ao julgamento do RE 582.650/BA propôs a seguinte solução: **(i) permitir o reconhecimento da repercussão geral a recursos extraordinários interpostos antes da regulamentação do instituto sempre que os recursos forem dirigidos contra acórdão violador de jurisprudência dominante ou súmula da Corte**, nos termos do 543-A, § 3º do CPC/73[4]; (ii) uma vez reconhecido pelo Plenário a repercussão geral, **entendendo a Corte pela subsistência de seu entendimento, os recursos extraordinários não seriam distribuídos**, devolvendo--se os feitos à origem para retratação e alinhamento à orientação do STF.

A questão de ordem fora aprovada pelo Plenário, com os votos dos Ministros Celso de Mello, Cezar Peluso, Ayres Britto, Joaquim Barbosa, Eros Grau, Ricardo Lewandowski, Carmen Lúcia e Menezes Direito. Ficou vencido o Ministro Marco Aurélio, que entendia que o regime da repercussão geral não poderia ser aplicado a recursos chegados à Corte antes de sua regulamentação.

Do voto da relatora e dos debates destaca-se a necessidade de construção de uma solução racional para pôr fim à chegada de recursos insistentemente violadores de jurisprudência pacífica da Corte. Com a súmula vinculante e a repercussão geral, tal filtro passou a

---

3.   Atual art. 1.036, CPC/15.

4.   Atual art. 1.039, CPC/15.

ser mais efetivo; os feitos anteriores a estes mecanismos, todavia, careciam de ferramentas que, igualmente, pudessem fazer frente a esta violação da orientação do STF. O Ministro Gilmar Mendes chega a reconhecer que a solução seria *"heterodoxa"*, mas de acordo com as diretrizes de objetivação da jurisdição constitucional. Destaque-se ainda a fala do Ministro Peluso, que conclui que, sem a solução proposta pela relatora, os feitos na mesma condição do RE 582.650/BA seriam seguramente reformados pelo STF, só que tomando mais tempo e recursos. De modo que também por esta razão se justificaria a solução, determinando-se que os Tribunais de origem, eles mesmos, retratem-se, conforme dispõe o regime de repercussão geral.

No caso específico do tema a respeito da limitação dos juros, a Corte, na mesma sessão de julgamento do RE 582.650/BA converteu a Súmula 648 na Súmula Vinculante 07, reforçando assim o filtro contra decisões violadoras de sua jurisprudência sobre este tema.

Nesta linha, sobre o RE 582.650/BA especificamente, determinou-se a remessa dos autos ao Juízo *a quo*, negando-se a distribuição para que fossem aplicados os procedimentos do art. 543-B, § 3º do CPC/73. Quanto à tese, novamente reafirmou-se que **a norma do § 3º do artigo 192 da Constituição, revogada pela Emenda Constitucional nº 40/2003, que limitava a taxa de juros reais a 12% ao ano, tinha sua aplicação condicionada** à **edição de lei complementar.**

◉ Síntese do debate constante do acórdão que fixou o precedente:

Argumentos favoráveis à tese fixada:	Argumentos contrários à tese fixada:
A lei processual civil não estabelece o procedimento a ser adotado quando a repercussão geral decorrer do fato de o acórdão impugnado, independente do critério de transcendência, estiver em confronto com jurisprudência dominante ou súmula do STF (Ministra Ellen Gracie)	Não se pode aplicar retroativamente o instituto e os procedimentos inerentes à repercussão geral a recursos interpostos antes da vigência do 543-B do CPC/73 (Ministro Marco Aurélio)
Enquanto ao STF não afirmar de forma expressa que incidem os efeitos da repercussão geral nessas hipóteses, as Presidências ou Vice-Presidências dos Tribunais e Turmas Recursais não se considerarão autorizadas a devolver os autos para efeito de retratação pelos órgãos fracionários que hajam proferido decisões contrárias ao entendimento desta Corte (Ministra Ellen Gracie)	
Não se está aplicando retroativamente a eficácia da exigência para efeito de não conhecer, porque aí, sim, prejudicaria. Está simplesmente dizendo que, nesses casos, com matéria semelhante, há repercussão (Ministro Cezar Peluso)	

◉ Questões de Concurso relacionadas ao tema:

Questão 01 (ESPP. TRT – 9ª Região. Juiz do Trabalho. 2012 – Adaptado) Segundo a jurisprudência do Supremo Tribunal Federal:

É autoaplicável a norma contida no § 3° do artigo 192 da Constituição da República, que limita a taxa de juros reais a 12% ao ano, ressalvados os casos expressamente autorizados na lei, como nos contratos bancários.

( ) Verdadeiro   ( ) Falso

Questão 02 (CESPE. BRB. Escriturário. 2010) Em relação ao Sistema Financeiro Nacional (SFN) e aos seus diversos órgãos, entidades e instituições, julgue os itens a seguir.

A partir da aprovação da Emenda Constitucional n.º 40/2003, a Constituição Federal (CF) passou a admitir que o SFN fosse regulado por meio de diversas leis ordinárias que deveriam dispor, inclusive, a respeito da participação do capital estrangeiro nas instituições que integram esse sistema.

( ) Verdadeiro   ( ) Falso

> Gabarito: 1-F; 2-F

3.3. USUCAPIÃO

Tema 815: "Possibilidade de legislação infraconstitucional obstar o reconhecimento do direito à usucapião especial urbana, previsto no art. 183 da Constituição Federal, mediante o estabelecimento de módulos urbanos na área em que situado o imóvel."

Tese: "Preenchidos os requisitos do art. 183 da Constituição Federal, o reconhecimento do direito à usucapião especial urbana não pode ser obstado por legislação infraconstitucional que estabeleça módulos urbanos na respectiva área em que situado o imóvel (dimensão do lote)."

FICHA TÉCNICA	
Leading case:	**RE 422349/RS**
Descrição do caso feita pelo STF:	Recurso extraordinário em que se discute, à luz dos arts. 24, I, 182 e 183 da Constituição Federal, se o reconhecimento do direito à usucapião especial urbana pode ser obstado por legislação infraconstitucional que estabeleça módulos urbanos na respectiva área em que situado o imóvel (dimensão do lote), quando preenchidos os requisitos do art. 183 da Lei Maior.

FICHA TÉCNICA	
Leading case:	**RE 422349/RS**
Dispositivo(s) constitucional(is) envolvido(s):	"Art. 24. Compete à União, aos Estados e ao Distrito Federal legislar concorrentemente sobre: I – direito tributário, financeiro, penitenciário, econômico e urbanístico;" "Art. 182. A política de desenvolvimento urbano, executada pelo Poder Público municipal, conforme diretrizes gerais fixadas em lei, tem por objetivo ordenar o pleno desenvolvimento das funções sociais da cidade e garantir o bem-estar de seus habitantes." "Art. 183. Aquele que possuir como sua área urbana de até duzentos e cinqüenta metros quadrados, por cinco anos, ininterruptamente e sem oposição, utilizando-a para sua moradia ou de sua família, adquirir-lhe-á o domínio, desde que não seja proprietário de outro imóvel urbano ou rural."
Data de reconhecimento da repercussão geral:	29/04/2015
Data de julgamento do mérito recursal:	29/04/2015
Houve unanimidade?	Não
Data de publicação do acórdão de julgamento do recurso:	05/08/2015
Trânsito em julgado do acórdão:	11/08/2015

◉ Comentários:

A Constituição Federal, ao tratar da "Política Urbana", criou importante mecanismo de regularização da propriedade, através do que a doutrina convencionou chamar de usucapião especial urbana. Nos termos do art. 183, *caput*, *"aquele que possuir como sua* área *urbana de até duzentos e cinqüenta metros quadrados, por cinco anos, ininterruptamente e sem oposição, utilizando-a para sua moradia ou de sua família, adquirir-lhe-á o domínio, desde que não seja proprietário de outro imóvel urbano ou rural".*

É certo, no entanto, que o direito de propriedade se sujeita a diversos condicionamentos de fato e de direito, fruto mesmo da função social que a própria Constituição lhe impõe (na propriedade urbana, veja-se a título de exemplo o art. 182, *caput* e § 2º). Um destes condicionamentos diz respeito à ordenação do solo urbano, matéria de competência dos Municípios (art. 30, VIII, Constituição Federal), cujas diretrizes gerais encontram-se fixadas no Estatuto da Cidade (Lei federal n. 10.257/2001). É potencial, portanto, o conflito entre a aquisição da propriedade por usucapião, referente a área com determinada dimensão que, por exemplo, não seja admitida em determinada zona do município.

Este problema em tese tornou-se concreto no julgamento do RE 422349/RS, relator Ministro Dias Toffoli. Conforme descrito pelo Supremo Tribunal Federal, trata-se de saber se o reconhecimento do direito à usucapião especial urbana pode ser obstado por legislação infraconstitucional que estabeleça módulos urbanos na respectiva área em que situado o imóvel (dimensão do lote). Do acórdão consta que o julgado do Tribunal de Justiça *a quo* julgou improcedente a ação de usucapião ao argumento de que área cujo domínio se procurava obter era inferior à metragem mínima dos terrenos destinados à moradia na circunscrição do município de Caxias do Sul. Uma vez realizada a usucapião, pois, ter-se--ia um parcelamento do solo não contemplado pela legislação local.

O relator votou pelo provimento do recurso extraordinário, reformando o acórdão e reconhecendo o direito à usucapião, posição contrária tanto à do Tribunal *a quo*, como do Juízo de 1º grau. Extrai-se de seu voto a impossibilidade da legislação local condicionar o exercício de uma prerrogativa constitucional, como é o caso do direito previsto no art. 183. Citando doutrina, o relator conclui que, dado o caráter excepcional e *ex legis*, o parcelamento decorrente da usucapião não se submete a regras de plano diretor ou demais requisitos urbanísticos. Por fim, a despeito de o recurso ser anterior à criação do mecanismo de repercussão geral, o relator registrou a importância social e jurídica do tema, e propôs a adoção do sistema previsto no 543-B[5], do CPC/73, vigente à época.

O voto fora encampado, em sua inteireza, pelos Ministros Ricardo Lewandowski, Gilmar Mendes, Carmen Lúcia, Luiz Fux, Rosa Weber e Teori Zavascki. O Ministro Marco Aurélio divergiu para dar provimento ao recurso extraordinário em menor extensão. Conforme expôs o Ministro, *"o imóvel adquirido por meio de usucapião, conquanto esteja livre e desembaraçado de ônus que pudessem recair sobre si – como hipotecas, penhoras -, fica submetido à lei e ao próprio Texto Constitucional como qualquer outra propriedade"*. Daí porque, conforme o voto-vencido, mesmo o imóvel havido por usucapião deve atender a função social obrigatória a todo tipo de propriedade (art. 5º, XIII, Constituição Federal). No caso de bem imóvel urbano, o cumprimento desta função social dá-se, nos termos do voto do Ministro Marco Aurélio, justamente quando a propriedade atende às exigências da ordenação da cidade expressas no plano diretor, conforme expresso pelo art. 39 do Estatuto das Cidades. A não se ter isto em vista, pondera-se no voto que *"será colocada em segundo plano a organização do solo, no que evita a favelização, surgindo duas matrículas no Registro de Imóveis: uma, relativa ao novo domínio, considerados os 225m2 usucapidos e outra, dos 35m2 que sobejarão, com menosprezo às normas, às posturas municipais"*.

Ao final, a solução proposta pelo Ministro Marco Aurélio, como modo de compatibilizar o direito à usucapião e o respeito ao ordenamento do uso do solo, foi dar provimento ao extraordinário para declarar a usucapião da *"fração ideal do terreno correspondente* à *exata proporção da* área *ocupada"*, constituindo-se um condomínio entre o antigo proprietário do imóvel e o autor da ação de usucapião.

A divergência do Ministro Luís Roberto Barroso também se deu quanto a extensão do provimento. Segundo ele, não havia no acórdão recorrido elementos que lhe dessem segurança quanto ao cumprimento dos demais requisitos previstos no art. 183. Por força disso, a solução proposta era determinar o retorno dos autos à origem para que, superado o óbice a respeito do parcelamento, fossem apreciados a presença ou não dos demais requisitos (posse mansa e pacífica, por 5 anos, para exercício de moradia, sem que o usucapiente tenha outro imóvel).

---

5.   Atual art. 1036, CPC/15.

Nos debates prevaleceu o voto do relator. Os Ministros sublinharam que a legislação infraconstitucional não poderia condicionar ou criar novos requisitos para além do art. 183 da Constituição; ao contrário, seria esta a conclusão caso se impedisse a usucapião no caso julgado. Quanto à posição do Ministro Barroso, muitos ministros citaram os autos para demonstrar que os demais requisitos para a usucapião já se encontram presentes, sendo matéria até mesmo incontroversa, dada a inexistência de contestação e de contrarrazões nos autos.

Também prevaleceu a posição quanto a conveniência de fixação de tese sob regime da repercussão geral, nos seguintes termos: Preenchidos os requisitos do art. 183 da Constituição Federal, o reconhecimento do direito à usucapião especial urbana não pode ser obstado por legislação infraconstitucional que estabeleça módulos urbanos na respectiva área em que situado o imóvel (dimensão do lote).

⊙ Síntese do debate constante do acórdão que fixou o precedente:

Argumentos favoráveis à tese fixada:	Argumentos contrários à tese fixada:
Não pode a legislação local condicionar o exercício de uma prerrogativa constitucional, como é o caso do direito previsto no art. 183. Dado o caráter excepcional e *ex legis*, o parcelamento decorrente da usucapião não se submete a regras de plano diretor ou demais requisitos urbanísticos (Ministro Dias Toffoli)	O imóvel adquirido por meio de usucapião, conquanto esteja livre e desembaraçado de ônus que pudessem recair sobre si – como hipotecas, penhoras –, fica submetido à lei e ao próprio Texto Constitucional como qualquer outra propriedade (Ministro Marco Aurélio)
Deve ser protegida a segurança jurídica daquele que deu função social à sua posse, estabelecendo no solo urbano a residência de sua família, de forma prolongada e incontestada, inclusive pelo Município, a quem caberia apontar eventual irregularidade na ocupação (Ministro Luiz Fux)	No caso de bem imóvel urbano, o cumprimento desta função social dá-se, nos termos do voto do Ministro Marco Aurélio, justamente quando a propriedade atende às exigências da ordenação da cidade expressas no plano diretor (Ministro Marco Aurélio)
	A harmonização entre o direito à usucapião e o respeito ao ordenamento do uso do solo passa pela aquisição d propriedade da fração ideal do terreno, constituindo-se um condomínio entre o antigo proprietário do imóvel e o autor da ação de usucapião (Ministro Marco Aurélio)

⊙ Fique atento:

- O Plenário, por maioria, vencido o Ministro Marco Aurélio, atribuiu repercussão geral ao RE 422349/RS, mesmo tendo sido tal recurso interposto antes da criação deste mecanismo. Valeu-se a Corte de precedente do próprio Pleno (AI 715.423 QO, rel. Ministra Ellen Gracie, DJe 05/09/2008) que asseverou que "reconhecida, pelo Supremo Tribunal Federal, a relevância de determinada controvérsia constitucional, aplicam-se igualmente aos recursos extraordinários anteriores à adoção da sistemática da repercussão geral os mecanismos previstos nos parágrafos 1º e 3º do art. 543-B, do CPC".

- No precedente citado, todavia, a Corte assentou que a possibilidade de adotar a repercussão geral a recursos extraordinários que lhe sejam anteriores não será possível para inadmitir automaticamente tais recursos (art. 543-, § 2º, CPC/73), "por não ser possível exigir a presença de requisitos de admissibilidade implantados em momento posterior à interposição de recursos".

◉ Questões de Concurso relacionadas ao tema:

Questão 01 (FCC. DPE-SP. Defensor Público. 2015 – adaptada). Acerca dos institutos da posse e da usucapião, julgue a afirmação:

A usucapião especial urbana atinge imóveis ocupados por cinco anos ininterruptos e utilizados para moradia do ocupante ou de sua família, desde que não seja proprietário de outro imóvel. Ainda, o bem deve possuir no máximo 250 m2 e obedecer a fração mínima de parcelamento estabelecida em lei infraconstitucional.

( ) Verdadeiro   ( ) Falso

Questão 02 (VUNESP. Câmara de Mogi das Cruzes – SP. Procurador Jurídico. 2017 – adaptada) Sobre a política urbana, julgue a seguinte afirmativa:

Na usucapião especial urbana, a área do imóvel usucapiendo não poderá ser menor do que o estabelecido por legislação infraconstitucional para o módulo urbano da área (dimensão do lote).

( ) Verdadeiro   ( ) Falso

> **Gabarito: 1-F; 2-F**

3.4. PROPRIEDADE FIDUCIÁRIA

Tema 349: "Registro prévio do contrato de alienação fiduciária em garantia de veículo automotor perante o órgão competente para o licenciamento".

Tese: "É constitucional o § 1º do artigo 1.361 do Código Civil no que revela a possibilidade de ter-se como constituída a propriedade fiduciária de veículos com o registro do contrato na repartição competente para o licenciamento do bem".

FICHA TÉCNICA	
Leading case:	**RE 611639/RJ**
Descrição do caso feita pelo STF:	Recurso extraordinário em que se discute, à luz dos artigos 37, caput, e 236, caput, da Constituição Federal, a constitucionalidade, ou não, da parte final do § 1º do art. 1.361 do Código Civil, o qual determina que, em se tratando de veículos, a propriedade fiduciária constitui-se com o registro do contrato na repartição competente para o licenciamento, devendo-se fazer a anotação no certificado de registro.

FICHA TÉCNICA	
Leading case:	**RE 611639/RJ**
Dispositivo(s) constitucional(is) envolvido(s):	"Art. 37. A administração pública direta e indireta de qualquer dos Poderes da União, dos Estados, do Distrito Federal e dos Municípios obedecerá aos princípios de legalidade, impessoalidade, moralidade, publicidade e eficiência e, também, ao seguinte: (...)" "Art. 236. Os serviços notariais e de registro são exercidos em caráter privado, por delegação do Poder Público."
Data de reconhecimento da repercussão geral:	10/12/2010
Data de julgamento do mérito recursal:	21/10/2015
Houve unanimidade?	Sim
Data de publicação do acórdão de julgamento do recurso:	15/04/2015
Trânsito em julgado do acórdão:	31/05/2016

◉ Comentários:

No julgamento do RE 611639/RJ, relator Ministro Marco Aurélio, o Supremo Tribunal Federal teve a oportunidade de discutir a constitucionalidade da parte final do § 1º do art. 1.361 do Código Civil. Tal dispositivo prevê que a propriedade fiduciária se constitui com o registro do contrato que lhe serve de título junto ao Registro de Títulos e Documentos; tratando-se de veículos, o registro deverá ser feito na repartição competente para o licenciamento.

Certamente motivado pelo interesse econômico que gira em torno dos emolumentos devidos às serventias extrajudiciais em função do registro dos contratos de alienação fiduciária, o debate constitucional opôs duas diferentes teses.

Defendia a Associação Nacional das Instituições de Crédito, Financiamento e Investimento (ACREFI), na origem, direitos de seus associados quanto a observância de ato administrativo editado pelo DETRAN/RJ, que dispensava o registro das alienações fiduciária de veículos junto aos cartórios. Julgada improcedente a ação junto ao Tribunal *a quo* e tendo sido reconhecida a inconstitucionalidade do dispositivo do Código Civil em controle difuso, a ACREFI interpôs o extraordinário, defendendo não existir incompatibilidade entre o art. 1.361 e a Constituição Federal.

De seu lado, o Instituto de Registro de Títulos e Documentos e de Pessoas Jurídicas do Brasil, sustentou acórdão recorrido, apontando a inconstitucionalidade da norma do Código Civil que serviu de fundamento para o ato administrativo do DETRAN/RJ impugnado na origem. O recorrido apontou violação dos seguintes dispositivos constitucionais: (i) do art. 37, *caput*, posto que a portaria teria violado o princípio da legalidade ao retirar das serventias extrajudiciais, ao arrepio de norma da Lei de Registros Públicos (art. 129, IV), a competência para efetuar o registro das alienações fiduciárias, transferindo-a para o DE-

TRAN/RJ; e (ii) do art. 236, *caput* e seu § 3º, na medida em que a mencionada portaria, na prática, retiraria do Poder Judiciário – titular das atribuições delegadas às serventias extrajudiciais – atribuição que lhe fora constitucionalmente atribuída, no que toca aos registros.

Ao apresentar breve histórico sobre tema, o relator apontou que, de fato, inicialmente, o Decreto-Lei n. 911/69 previa a necessidade de registro da alienação fiduciária de veículos junto aos cartórios de registro de títulos. Tal orientação legislativa fora repetida em 1973, na Lei de Registros Públicos, que até hoje prevê como título registrável, igualmente, a alienação fiduciária.

Todavia, já na década de 90, o Código de Trânsito Brasileiro deixou de exigir o registro em cartório da alienação fiduciária ao elencar os documentos necessários à emissão do licenciamento de automóvel, tornando facultativo o que antes era uma obrigação. O relator consignou que a evolução legislativa decorreu de um dado de fato: em comarcas com mais de um ofício para o registro de títulos, o registro nas serventias acabava por restringir a publicidade. É que, sem um órgão centralizador das informações, era praticamente inviável ao homem médio levantar certidões em todos os cartórios para verificar se havia ou não gravame sobre determinado veículo. Ao contrário, no DETRAN, o acesso à informação era centralizado e obtido facilmente.

De parte o Código de Trânsito, a nova orientação legislativa fora expressamente repetida nas Leis n. 11.882/2008 e 11.795/2008, no que o relator entendera ser uma redundância eloquente a demonstrar a opção legislativa pelo registro das alienações fiduciária no DETRAN.

Sob esta perspectiva, do voto do relator se extrai que a Constituição não cunhou um conceito constitucional para "registro", sendo perfeitamente compatíveis com a Carta regras que ora determinem o registro junto aos ofícios de notas, ora em outros órgãos como o DETRAN. Por esta razão, afastou-se a alegação de violação da legalidade. De modo semelhante, entendera o relator que *os limites da atividade registral das serventias extrajudiciais, exercida em caráter privado, não são previamente definidos na Constituição da República*. Por isto, quando norma infraconstitucional prevê que certo registro deva ser feito em outro órgão que não as serventias, *"não há ofensa ao princípio da separação de poderes, pois a atividade fiscalizatória desempenhada pelo Judiciário é restrita aos serviços prestados pelos cartórios extrajudiciais"*.

O voto fora seguindo em sua inteireza por todos os demais ministros que votaram (Celso de Mello, Marco Aurélio, Gilmar Mendes, Carmen Lúcia, Dias Toffoli, Luiz Fux, Rosa Weber, Teori Zavascki, Edson Fachin e Ricardo Lewandowski).

Dos debates colhem-se importantes intervenções em *obiter dictum*, sob o ponto de vista do Direito Civil. Para o Ministro Teori, por exemplo, **o registro não pode ser compreendido como elemento de existência da propriedade fiduciária, mas apenas como pressuposto de eficácia em face de terceiros** – em consonância com jurisprudência do Superior Tribunal de Justiça[6] -, ao contrário do que alegava a recorrida. Para o Ministro Luiz Fux, nada obsta a que, como no caso, **o registro no** órgão **de licenciamento faça as vezes do arquivo no cartório de notas, sendo desarrazoado exigir o que ele chamou de bis in idem**, no sentido de um duplo registro – na serventia extrajudicial e no DETRAN.

---

6. Da relatoria do mesmo Ministro Teori Zavascki, em sua passagem pelo Superior Tribunal de Justiça, confira-se EREsp 278.993, 1ª Seção, j. 09/06/2010.

Assim, por unanimidade, o Plenário firmou a seguinte tese sob regime de repercussão geral: é **constitucional o § 1º do artigo 1.361 do Código Civil no que revela a possibilidade de ter-se como constituída a propriedade fiduciária de veículos com o registro do contrato na repartição competente para o licenciamento do bem.**

⊙ **Síntese do debate constante do acórdão que fixou o precedente:**

Argumentos favoráveis à tese fixada:	Argumentos contrários à tese fixada:
A opção do legislador no sentido do registro no DE-TRAN, e não nos cartórios, como forma de garantir publicidade, foi explícita, o que não torna viável a alegação de violação de princípio da legalidade (Ministro Marco Aurélio)	
Tal opção não restaria restringida pela Constituição Federal, que não criou um conceito constitucional de "registro público". A conformação do registro na alienação fiduciária, portanto, é tarefa do legislador, não se podendo falar em vedação constitucional à escolha legislativa de permitir o registro das alienações fiduciárias em garantia de automóveis apenas junto ao órgão de trânsito, e não junto aos cartórios. (Ministro Marco Aurélio)	

⊙ **Fique atento:**

- O Plenário, nos termos do voto do relator, não conheceu do recurso extraordinário quanto à suposta inconstitucionalidade da obrigação de registrar outros contratos em cartórios (reserva de domínio, arrendamento mercantil, dentre outros), por entender que houve prequestionamento apenas quanto a alienação fiduciária em garantia.

- Para o relator, existem outras hipóteses em que o registro garante eficácia em face de terceiros mesmo quando não for efetuado junto a serventia extrajudicial. É o caso, por exemplo, do registro da propriedade industrial (Lei n. 9.279/96), do registro de aeronaves (Código Brasileiro de Aeronaves) e do registro de embarcações (Lei n. 7.652/88).

⊙ **Questões de Concurso relacionadas ao tema:**

Questão 01 (FEPESE. Prefeitura de Florianópolis – SC. Auditor Fiscal de Tributos Municipais. 2014) Assinale alternativa correta de acordo com o Código Civil Brasileiro.

a) A propriedade fiduciária de veículo automotor é constituída com o registro do contrato, celebrado por instrumento público ou particular, que lhe serve de título, na repartição competente para o licenciamento, fazendo-se a anotação no certificado de registro.

b) Apenas o terceiro interessado que pagar a dívida poderá se sub-rogar de pleno direito no crédito e na propriedade fiduciária.

c) Considera-se fiduciária a propriedade de coisa móvel fungível que o devedor, como forma de garantia, transfere a posse ao credor

d) Com a constituição da propriedade fiduciária, dá-se o desdobramento da posse, tornando- se o devedor possuidor indireto da coisa.

e) É lícita a estipulação de cláusula em contrato fiduciário que autorize o proprietário fiduciário a ficar com a coisa alienada em garantia, se a dívida fiduciária não for paga no vencimento.

> **Gabarito: 1-A**

3.5. PATERNIDADE SOCIOAFETIVA E PATERNIDADE BIOLÓGICA

Tema 622: "Prevalência da paternidade socioafetiva em detrimento da paternidade biológica"

Tese: "A paternidade socioafetiva, declarada ou não em registro público, não impede o reconhecimento do vínculo de filiação concomitante baseado na origem biológica, com os efeitos jurídicos próprios."

FICHA TÉCNICA	
Leading case:	RE 898060/SC
Descrição do caso feita pelo STF:	Agravo de decisão que não admitiu recurso extraordinário em que se discute, à luz do art. 226, caput, da Constituição Federal, a prevalência da paternidade socioafetiva em detrimento da biológica.
Dispositivo(s) constitucional(is) envolvido(s):	"Art. 1º A República Federativa do Brasil, formada pela união indissolúvel dos Estados e Municípios e do Distrito Federal, constitui-se em Estado Democrático de Direito e tem como fundamentos: (...) III – a dignidade da pessoa humana;"
	"Art. 226. (...) § 3º Para efeito da proteção do Estado, é reconhecida a união estável entre o homem e a mulher como entidade familiar, devendo a lei facilitar sua conversão em casamento; § 4º Entende-se, também, como entidade familiar a comunidade formada por qualquer dos pais e seus descendentes; (...) § 7º Fundado nos princípios da dignidade da pessoa humana e da paternidade responsável, o planejamento familiar é livre decisão do casal, competindo ao Estado propiciar recursos educacionais e científicos para o exercício desse direito, vedada qualquer forma coercitiva por parte de instituições oficiais ou privadas."
	"Art. 227. (...)§ 6º Os filhos, havidos ou não da relação do casamento, ou por adoção, terão os mesmos direitos e qualificações, proibidas quaisquer designações discriminatórias relativas à filiação."

FICHA TÉCNICA	
Leading case:	**RE 898060/SC**
Data de reconhecimento da repercussão geral:	06/12/2012⁵
Data de julgamento do mérito recursal:	21/09/2016
Houve unanimidade?	Não
Data de publicação do acórdão de julgamento do recurso:	Ainda não publicado
Trânsito em julgado do acórdão:	Ainda não transitado em julgado

⊙ Comentários:[8]

Embora o acórdão ainda não tenha sido publicado, extrai-se da notícia veiculada no sítio eletrônico do STF que o RE 898060/SC fora interposto por pai biológico contra o julgado do Tribunal *a quo* que estabeleceu sua paternidade, com efeitos patrimoniais, independentemente do vínculo com o pai socioafetivo. Uma vez reconhecida a repercussão geral, cumpria à Corte definir, nos casos em que há vínculo parental previamente reconhecido, quais os efeitos jurídicos da descoberta posterior da paternidade biológica.

O relator Ministro Luiz Fux considerou que do princípio da dignidade humana decorreria um direito à felicidade, no sentido de ser o Estado obrigado a respeitar a autodeterminação de cada um dos sujeitos de direito quanto às escolhas existenciais na busca do preenchimento deste direito. Esta visão, imposta pela Constituição de 1988, exige do Judiciário, no campo do Direito de Família, igual respeito e consideração a toda forma de núcleo familiar, sem distinção. *"Do contrário, estar-se-ia transformando o ser humano em mero instrumento de aplicação dos esquadros determinados pelos legisladores. É o direito que deve servir à pessoa, não o contrário"*, salientou o ministro em seu voto.

Este novo painel constitucional é causa e efeito para uma nova compreensão do conceito de família e suas consequências jurídicas. Uma delas é que *"a partir da Carta de 1988, exige-se uma inversão de finalidades no campo civilístico: o regramento legal passa a ter de se adequar às peculiaridades e demandas dos variados relacionamentos interpessoais, em vez de impor uma moldura estática baseada no casamento entre homem e mulher"*.

Sob tais premissas, entendeu o relator que paternidade socioafetiva, que é modelo familiar devidamente agasalhado pela Constituição Federal, não impede o reconhecimento dos efeitos patrimoniais decorrente da paternidade biológica. De acordo com a notícia

---

7. Repercussão geral originariamente reconhecida nos autos do ARE 692186/PB, rel. Ministro Luiz Fux.

8. À época da elaboração deste texto, ainda não havia sido publicado o acórdão do julgamento do mérito recursal. Os comentários baseiam-se na notícia publicada pelo STF acerca do julgamento havido, veiculada em 21 de setembro de 2016.

veiculada, o relator negou provimento ao recurso extraordinário interposto pelo pai biológico, tendo sido seguido pelos Ministros Rosa Weber, Ricardo Lewandowski, Gilmar Mendes, Marco Aurélio, Celso de Mello e Cármen Lúcia.

Divergiram do relator, segundo a notícia veiculada, o Ministro Edson Fachin e o Ministro Teori Zavascki. O primeiro votou que votou pelo parcial provimento, sem que tenha
sido veiculada na notícia a extensão da divergência. Quanto ao segundo, não se noticiou
a extensão da divergência.

Fixou-se a seguinte tese: a paternidade socioafetiva, declarada ou não em registro público, não impede o reconhecimento do vínculo de filiação concomitante baseado na origem biológica, com os efeitos jurídicos próprios.

◉ Questões de Concurso relacionadas ao tema:

Questão 01 (CESPE. DPU. Defensor Público de Segunda Categoria. 2015 – adaptada) Tendo
em vista que a diversidade e a multiplicidade de relações intersubjetivas têm se refletido na interpretação das normas jurídicas, julgue o item que se segue.

Conforme entendimento do STF a paternidade socioafetiva deve prevalecer em detrimento da
biológica.

( ) Verdadeiro ( ) Falso

Questão 02 (MPE-GO. MPE-GO. Promotor de Justiça Substituto. 2016 – adaptado) Com base
no entendimento do STF, a respeito da filiação e do reconhecimento de filhos, julgue a afirmação a seguir:

No confronto entre a paternidade biológica, atestada em exame de DNA, e a paternidade socioafetiva, decorrente da chamada "adoção à brasileira", há de prevalecer a solução que melhor
tutele a dignidade da pessoa humana.

( ) Verdadeiro ( ) Falso

Questão 03 (CESPE. TJ-DFT. Analista Judiciário. 2015 – adaptada.) Em relação ao direito de família e ao direito das sucessões, julgue o item a seguir.

Conforme entendimento dominante da doutrina e da jurisprudência, é possível o reconhecimento
da filiação socioafetiva quando não há vínculo biológico. Prevalece, no entanto, o critério biológico
quando não existe relação socioafetiva e há dissenso familiar.

( ) Verdadeiro ( ) Falso

Gabarito: 1-F; 2-V; 3-F

3.6. ALIMENTOS

Tema 821: "Possibilidade de fixação de pensão alimentícia com base no salário mínimo".

Tese: "A utilização do salário mínimo como base de cálculo do valor de pensão alimentícia não viola a Constituição Federal".

FICHA TÉCNICA	
Leading case:	**ARE 842157/RS**
Descrição do caso feita pelo STF:	Recurso extraordinário em que se discute, à luz do art. 7°, IV, da Constituição Federal, a possibilidade de fixação do valor de pensão alimentícia com base no salário mínimo.
Dispositivo(s) constitucional(is) envolvido(s):	"Art. 7° São direitos dos trabalhadores urbanos e rurais, além de outros que visem à melhoria de sua condição social: (...) IV – salário mínimo, fixado em lei, nacionalmente unificado, capaz de atender a suas necessidades vitais básicas e às de sua família com moradia, alimentação, educação, saúde, lazer, vestuário, higiene, transporte e previdência social, com reajustes periódicos que lhe preservem o poder aquisitivo, sendo vedada sua vinculação para qualquer fim;"
Data de reconhecimento da repercussão geral:	04/06/2015
Data de julgamento do mérito recursal:	04/06/2015
Houve unanimidade?	Não
Data de publicação do acórdão de julgamento do recurso:	20/08/2015
Trânsito em julgado do acórdão:	16/02/2016

◉ Comentários:

O art. 7°, inc. IV da Constituição garante o salário mínimo como direito do trabalhador e, em sua parte final, em termos genéricos, veda "a sua vinculação para qualquer fim". Em termos infraconstitucionais, mesmo antes da Constituição de 1988, já previa o art. 1° da Lei n. 6.205/75 que "os valores monetários fixados com base no salário mínimo não serão considerados para quaisquer fins de direito".

Interpretando o alcance da vedação do art. 7º, IV, a jurisprudência da Corte assentou que a regra proíbe o uso do salário mínimo como índice de correção monetária. A proibição remonta a momento histórico de controle da hiperinflação, de modo que, ao vedar o uso do salário mínimo como indexador de obrigações monetárias. Assim, buscava-se, de um lado evitar os reflexos econômicos decorrentes do aumento do salário mínimo, já que, com mais moeda girando na economia há uma tendência de aumento dos preços; de outro ado, objetivava-se preservar o valor do salário, já que, caso as obrigações avençadas subissem na mesma proporção (tenha-se o aluguel como exemplo), de nada valeria o aumento determinado pelo governo.

Sob essa perspectiva, é admitido, por exemplo, o uso do salário mínimo para fixar indenizações, desde que, constituído o título executivo, este seja atualizado pelos índices correntes de correção monetária (AI 537333, rel. Ministro Joaquim Barbosa, DJe 26/06/2009; AI 643578, rel. Ministro Ricardo Lewandowski, DJe 29/08/2008; RE 409427, rel. Ministro Carlos Velloso, DJ 02/04/2004).

Raciocínio semelhante em sido empregado pela Corte na fixação de alimentos a partir do salário mínimo. Ao raciocínio exposto, soma-se o caráter de dever fundamental para a dignidade do alimentando, o que permitiria o tratamento analógico entre salário mínimo e alimentos, de modo a permitir tal vinculação. É dizer, assim como o salário, o mesmo fundamento histórico para o art. 7º, inc. IV estaria presente nos alimentos, já que tanto um como o outro não poderiam perder o seu poder aquisitivo.

No acórdão do ARE 842157/RS, a Corte apenas reiterou seu entendimento, conforme amplas referências a precedentes realizadas pelo relator Ministro Dias Toffolli, objetivando com isto, sob o rito da repercussão geral, firmar tese a ser aplicável a novos recursos extraordinário, travando a sua subida.

◉ Síntese do debate constante do acórdão que fixou o precedente:

Argumentos favoráveis à tese fixada:	Argumentos contrários à tese fixada:
A jurisprudência da Corte assentou que a regra do art. 7º, inc. IV proíbe o uso do salário mínimo como índice de correção monetária (Ministro Dias Toffoli)	
O caráter de dever fundamental para a dignidade do alimentando permite o tratamento analógico entre salário mínimo e alimentos, de modo a permitir tal vinculação. Assim como o salário, o mesmo fundamento histórico para o art. 7º, inc. IV estaria presente nos alimentos, já que tanto um como o outro não poderiam perder o seu poder aquisitivo. (Ministro Dias Toffoli)	

◉ Fique atento:

- O ARE 842157/RS teve tanto a sua repercussão geral reconhecida, como o seu próprio julgamento realizado por meio eletrônico (Plenário Virtual). Nos termos do art. 323-A do Regimento Interno da Corte, "o julgamento de mérito de questões com repercussão geral, nos casos de reafirmação de jurisprudência dominante da Corte, também poderá ser realizado por meio eletrônico".

◉ Questões de Concurso relacionadas ao tema:

Questão 01 (MPE-GO. MPE-GO. Promotor de Justiça Substituto. 2016 – adaptada.) Sobre os alimentos, julgue a afirmação seguinte:

Face a vedação constitucional do uso do salário-mínimo como fator de indexação obrigacional, a pensão alimentícia não pode ser fixada pelo juiz com base no salário-mínimo, seguindo a orientação da Súmula Vinculante 4 do STF.

( ) Verdadeiro ( ) Falso

Gabarito: 1-F

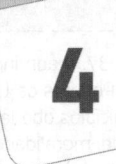

4

DIREITO PROCESSUAL CIVIL

Lorena Miranda Santos Barreiros

4.1. COMPETÊNCIA

Tema 43: "Competência para julgar reclamações de empregados temporários submetidos a regime especial disciplinado em lei local editada antes da Constituição de 1988".

Tese: "Compete à Justiça comum processar e julgar causas instauradas entre o Poder Público e seus servidores submetidos a regime especial disciplinado por lei local editada antes da Constituição Federal de 1988, com fundamento no artigo 106 da Constituição de 1967, na redação que lhe deu a Emenda Constitucional 1/1969".

FICHA TÉCNICA	
Leading case:	**RE 573202/AM**
Descrição do caso feita pelo STF:	"Recurso extraordinário em que se discute, à luz dos artigos 37, IX; e 114, da Constituição Federal, qual a justiça competente para processar e julgar reclamações instauradas por empregados contratados temporariamente pelos Estados, sob a égide de regime especial disciplinado em lei local, editada antes da Constituição Federal de 1988".

FICHA TÉCNICA	
Leading case:	**RE 573202/AM**
Dispositivo(s) constitucional(is) envolvido(s):	"Art. 37. A administração pública direta e indireta de qualquer dos Poderes da União, dos Estados, do Distrito Federal e dos Municípios obedecerá aos princípios de legalidade, impessoalidade, moralidade, publicidade e eficiência e, também, ao seguinte: (...) IX – a lei estabelecerá os casos de contratação por tempo determinado para atender a necessidade temporária de excepcional interesse público; (...)" "Art. 114. Compete à Justiça do Trabalho processar e julgar: I – as ações oriundas da relação de trabalho, abrangidos os entes de direito público externo e da administração pública direta e indireta da União, dos Estados, do Distrito Federal e dos Municípios; (...)".
Data de reconhecimento da repercussão geral:	20/03/2008
Data de julgamento do mérito recursal:	21/08/2008
Houve unanimidade?	Não
Data de publicação do acórdão de julgamento do recurso:	05/12/2008 (julgamento do recurso extraordinário)
Trânsito em julgado do acórdão:	18/12/2008

⊙ Comentários:

Sob a égide da **revogada** Constituição da República Federativa do Brasil de 1967, com a redação que lhe conferiu a também **revogada** Emenda Constitucional nº 01/1969, havia texto normativo que expressamente permitia que, por lei especial, fosse estabelecido regime jurídico específico para admissão de servidores em caráter temporário ou contratados para funções de natureza técnica especializada (art. 106[1]). Antes da entrada em vigor da referida Emenda Constitucional nº 01/1969, o artigo 104 da CRFB de 1967 determinava a aplicação da legislação trabalhista aos servidores admitidos temporariamente para obras ou contratados para funções de natureza técnica ou especializada (art. 104[2]).

Com base nesse dispositivo previsto na CRFB de 1967, a partir da entrada em vigor da EC nº 01/1969, diversos Estados e Municípios editaram Leis (ou utilizaram, para tal finalidade, legislação antes existente) regrando o referido regime especial, a exemplo do que ocorreu com o Estado do Amazonas (Lei Estadual nº 1.674/1984). O acórdão examinado

---

1. Art. 106 da revogada Constituição de 1967, com a alteração que lhe foi introduzida pela Emenda Constitucional nº 01/1969: "Art. 106. O regime jurídico dos servidores admitidos em serviços de caráter temporário ou contratados para funções de natureza técnica especializada será estabelecido em lei especial".

2. Art. 104 da revogada Constituição de 1967 (antes da EC 01/1969): "Art. 104 – Aplica-se a legislação trabalhista aos servidores admitidos temporariamente para obras, ou contratados para funções de natureza técnica ou especializada".

faz menção, ainda, a leis estaduais existentes nos Estados de São Paulo, de Minas Gerais e do Rio Grande do Sul.

A questão cerne a ser debatida residiu, portanto, na **competência para julgar demandas que tenham por fundamento relação jurídica estabelecida entre servidor estadual contratado pelo regime especial previsto no art. 106 da** revogada **CRFB de 1967 e o ente público contratante.**

Já após o advento da CRFB de 1988, a questão foi suscitada à luz do art. 114, I, do referido diploma normativo, o qual estabelece **competir** à **Justiça do Trabalho processar e julgar as demandas oriundas da relação de trabalho, abrangidos os entes da administração pública direta e indireta da União, dos Estados, do Distrito Federal e dos Municípios**[3]. Uma vez que o art. 37, IX, da CRFB de 1988[4] manteve, em linhas gerais, a autorização concedida pela CRFB de 1967 para edição de leis disciplinadoras de casos de contratação temporária, o tema permanece atual.

Na vigência da CRFB de 1967, o Supremo Tribunal Federal reputava ser competente a Justiça Comum para processar e julgar tais demandas, mesmo entendimento que foi mantido à luz da CRFB de 1988. Há, inclusive, medida liminarmente concedida nos autos da **ADI 3.395-MC/DF**, a qual **suspendeu qualquer interpretação do art. 114, I, da CRFB de 1988 "que inclua, na competência da Justiça do Trabalho, a (...) apreciação (...) de causas que (...) sejam instauradas entre o Poder Público e seus servidores, a ele vinculados por típica relação de ordem estatutária ou de caráter jurídico-administrativo".**

Nesse contexto, o Supremo Tribunal Federal examinou o RE 573202, interposto pelo Estado do Amazonas contra acórdão proferido pelo Tribunal Superior do Trabalho, em sede de embargos de divergência em recurso de revista, que reconheceu ser competente a Justiça do Trabalho para processar e julgar demanda proposta por servidora admitida pelo Estado recorrente sob o regime de contratação temporária.

A Autora/Recorrida alegou ter havido **desvirtuamento de sua contratação** (ocorrida ainda sob a égide da CRFB de 1967), tendo em vista que o caráter temporário da contratação foi desfigurado, seja em razão das sucessivas prorrogações do contrato (o qual durou cerca de oito anos, fato que, em seu entender, tê-lo-ia convertido, automaticamente, em contrato por prazo indeterminado, sob a regência da CLT), seja, ainda, por exercer atividade essencial à Secretaria de Educação, onde laborava (professora). Insurgiu-se, portanto, contra a não assinatura de sua CTPS e contra a não realização de depósitos de FGTS no período trabalhado.

---

3. "Art. 114. Compete à Justiça do Trabalho processar e julgar: I as ações oriundas da relação de trabalho, abrangidos os entes de direito público externo e da administração pública direta e indireta da União, dos Estados, do Distrito Federal e dos Municípios; (...)". Antes da EC 45/2004, o artigo possuía a seguinte redação: "Art. 114. Compete à Justiça do Trabalho conciliar e julgar os dissídios individuais e coletivos entre trabalhadores e empregadores, abrangidos os entes de direito público externo e da administração pública direta e indireta dos Municípios, do Distrito Federal, dos Estados e da União, e, na forma da lei, outras controvérsias decorrentes da relação de trabalho, bem como os litígios que tenham origem no cumprimento de suas próprias sentenças, inclusive coletivas".

4. "Art. 37. A administração pública direta e indireta de qualquer dos Poderes da União, dos Estados, do Distrito Federal e dos Municípios obedecerá aos princípios de legalidade, impessoalidade, moralidade, publicidade e eficiência e, também, ao seguinte: (...) IX – a lei estabelecerá os casos de contratação por tempo determinado para atender a necessidade temporária de excepcional interesse público(...)"

Os fundamentos que arrimaram o voto vencedor do acórdão que contempla o precedente examinado foram: a) servidores temporários não se encontram vinculados a cargo ou emprego público, exercendo função, por prazo certo e para atender necessidade temporária de excepcional interesse público; b) a prorrogação do prazo de contratação da Recorrida não enseja a modificação da natureza do vínculo mantido com o ente público, de jurídico–administrativo para trabalhista, podendo acarretar, se for o caso, a sua invalidação e/ ou configurar prática de ato de improbidade administrativa; c) o posicionamento adotado pelo TST no acórdão recorrido contrariou pacífica jurisprudência do STF.

Com base em tais fundamentos, o recurso foi provido para o fim de declarar competente a Justiça Comum Estadual para processar e julgar a demanda.

◉ Síntese do debate constante do acórdão que fixou o precedente:

Argumentos favoráveis à tese fixada:	Argumentos contrários à tese fixada:
A prorrogação do prazo de contratação temporária não enseja a modificação da natureza do vínculo mantido com o ente público, de jurídico–administrativo para trabalhista, podendo acarretar, se for o caso, a sua invalidação e/ou configurar a prática de ato de improbidade administrativa (Ministro Ricardo Lewandowski)	Invocando o princípio da primazia da realidade, próprio do direito do trabalho, a alegação feita pela Autora/Recorrida é no sentido de que a contratação havida, feita sob o regime jurídico-administrativo, era, em verdade, uma fachada, mascarando um contrato de trabalho. Foi proposta, portanto, uma demanda trabalhista, pautada nas regras da CLT (Min. Marco Aurélio).
• Entender-se que a competência é definida apenas tomando-se por base a forma como o pedido é formulado conduziria à possibilidade, em certa medida, de ser escolhida pela parte, em algumas circunstâncias, qual seria a justiça competente para processar e julgar a sua demanda. O fundamento faz menção ao exemplo de um oficial de justiça que exerceu cargo por nomeação do Presidente do Tribunal e que requereu reconhecimento de vínculo trabalhista, sendo-lhe deferidas as parcelas pedidas (Min. Carmen Lúcia). • Esse posicionamento de que a competência seria definida apenas tomando-se por base causa de pedir e pedido conduziria à possibilidade de a competência ser fixada pela vontade do autor (Min. Carlos Ayres Britto) • A formulação, pelo autor, de uma tese abertamente contrária ao ordenamento jurídico não pode alterar a competência que decorre daquilo que o ordenamento consagra. Assim, por exemplo, ainda que se afirmasse, por absurdo, que a relação jurídica entre marido e mulher seria regida pelo direito do trabalho, não haveria, em razão disso, possibilidade de se defender a competência da Justiça do Trabalho para processar e julgar esta demanda (Min. Cezar Peluzo).	A competência é definida tomando-se por base os elementos objetivos da demanda (causa de pedir e pedido), tal como abstratamente expostos na petição inicial. No caso concreto, tendo sido invocada a existência de uma relação de trabalho, competente para reconhecer a existência ou não de vínculo empregatício é a Justiça do trabalho. Vindo a Justiça do Trabalho a entender não ter havido contrato de trabalho, a solução será a extinção do processo sem resolução do mérito. Por outro lado, se a demanda tramitasse na Justiça Comum, esta não poderia julgá-la procedente reconhecendo a existência de vínculo trabalhista e deferindo, em consequência, à Autora, as parcelas de tal natureza. A definição da competência precede ao julgamento do mérito e discutir se o contrato é regido pela legislação trabalhista ou por norma de direito administrativo seria questão de mérito (Min. Marco Aurélio).

Argumentos favoráveis à tese fixada:	Argumentos contrários à tese fixada:
▪ Na RCL 5381-4/AM, o STF decidiu que não há relação regida pela CLT para o Poder Público, uma vez que os interesses públicos não estariam sujeitos à disponibilidade que rege a relação de trabalho. Logo, a relação jurídica entre Poder Público e servidor, ainda que temporária, é regida por normas de direito administrativo. Sendo assim, a qualificação dada pela autora/Recorrida da relação mantida com o Poder Público como relação de trabalho é incompatível com o ordenamento jurídico pátrio, o que pré-exclui a competência da Justiça do Trabalho (Min. Cezar Peluso)	

◉ Fique atento:

- O art. 114, I, da CRFB de 1988, em sua atual redação, dada pela EC 45/2004, faz referência à competência da Justiça do Trabalho para processar e julgar "as ações oriundas da relação de trabalho, abrangidos os entes de direito público externo e da administração pública direta e indireta da União, dos Estados, do Distrito Federal e dos Municípios". Há de se recordar que, no momento da promulgação da Emenda Constitucional nº 45/2004, o STF ainda não havia deferido a medida liminar na ADI nº 3.395-MC/DF, para o fim de, conferindo interpretação conforme ao art. 114, I, da CRFB de 1988, suspender qualquer interpretação desse dispositivo "que inclua, na competência da Justiça do Trabalho, a (...) apreciação (...) de causas que (...) sejam instauradas entre o Poder Público e seus servidores, a ele vinculados por típica relação de ordem estatutária ou de caráter jurídico-administrativo". Essa decisão foi proferida em 27/01/2005 e referendada pelo Pleno do STF em 05/04/2006. Logo, à época da entrada em vigor da EC 45/2004, havia a possibilidade de adoção, pelos entes públicos, do regime celetista.

- Houve, durante o julgamento deste caso, uma interessante discussão travada em *obiter dictum*, na qual restou vencido o Min. Carlos Ayres Britto (e que retoma discussão iniciada no julgamento da RCL 5381-4/AM): Para o Min. Carlos Ayres Britto, a natureza do vínculo havido entre o ente público e o contratado nessas contratações temporárias dependeria do conteúdo da lei criadora do regime. Se ela previsse um regime mínimo de proteção ao contratado, a contratação seria regida por esse regime "singelamente administrativo", o que conduziria à conclusão de que a competência para processar e julgar demanda na qual a relação jurídica advinda dessa contratação fosse discutida seria da Justiça Comum, Estadual ou Federal, conforme o caso. Ao revés, se a lei que regrasse a contratação temporária se limitasse, por exemplo, a prever quantitativo de vagas ou outras questões não concernentes aos direitos e vantagens do contratado, o contrato daí decorrente seria regido pela CLT e, portanto, a competência para processar e julgar a demanda que versasse sobre essa relação jurídica seria na Justiça do Trabalho. Esse posicionamento contrasta, por exemplo, com aquele adotado pelo Min. Cezar Peluso, que afirma que, mesmo se houvesse previsão expressa, na lei que regra a contratação temporária, de que seria ela regida pela CLT, nem assim a relação seria qualificável como trabalhista. Continuaria possuindo natureza administrativa e a Justiça Comum seria competente para processar e julgar a demanda fundada naquela relação jurídica. Neste caso, a CLT será utilizada para solucionar a demanda não em razão de se tratar de contrato de trabalho, mas, sim, por ter sido invocado aquele diploma legal como regramento a ser aplicado por analogia àquela relação jurídico-administrativa.

◉ Questões de Concurso relacionadas ao tema:

Questão 01 (TRT-4R.TRT-4R.Juiz do Trabalho.2014) Considerada a competência material da Justiça do Trabalho, fixada pelo artigo 114, da Constituição Federal, e considerada a jurisprudência dominante, é atribuição da Vara do Trabalho julgar as lides a seguir, **EXCETO**:

a) Ação movida por pedreiro em face de dono de residência que o contratou para construir um muro de divisa, postulando o recebimento de valores não quitados, embora previstos em contrato firmado entre os dois, ambos pessoas físicas;

b) Ação de consignação em pagamento ajuizada por empresa em face de dois sindicatos que disputam a representatividade na mesma base territorial;

c) Embargos à execução fiscal promovido por empresa que pretende desconstituir penalidade aplicada em decorrência de fiscalização realizada pelo Ministério do Trabalho, através de seus órgãos;

d) Ação proposta por empregado contratado por ente público municipal, na forma do artigo 37, inciso IX, da Constituição Federal, postulando o recebimento de horas extraordinárias e respectivo adicional;

e) Ação proposta por titular de firma individual prestadora de serviços, pretendendo seja declarada a nulidade da contratação através da empresa e o reconhecimento do vínculo de emprego, por presentes os requisitos legais.

Questão 02 (CESPE.TCE-PA.AUDITOR DE CONTROLE EXTERNO – DIVERSAS ÁREAS.2016) Com relação às competências do Poder Judiciário e do Ministério Público, julgue o item que se segue. O Supremo Tribunal Federal fixou o entendimento de que a competência para julgar ações oriundas da relação de trabalho entre servidores e administração pública é da justiça federal, independentemente de serem servidores estatutários ou celetistas.

( ) Verdadeiro ( ) Falso

Gabarito: 1-D; 2-F

Tema 90: "Competência para processar e julgar a execução de créditos trabalhistas no caso de empresa em fase de recuperação judicial".

Tese: "Compete ao juízo comum falimentar processar e julgar a execução dos créditos trabalhistas no caso de empresa em fase de recuperação judicial".

FICHA TÉCNICA	
Leading case:	**RE 583955/RJ**
Descrição do caso feita pelo STF:	"Recurso extraordinário em que se discute, à luz do art. 114, I a IX, da Constituição Federal, qual a justiça competente para processar e julgar a execução dos créditos trabalhistas, no caso de empresa em processo de recuperação judicial, requerida com base na Lei nº 11.101/2005".
Dispositivo(s) constitucional(is) envolvido(s):	"Art. 114. Compete à Justiça do Trabalho processar e julgar: I – as ações oriundas da relação de trabalho, abrangidos os entes de direito público externo e da administração pública direta e indireta da União, dos Estados, do Distrito Federal e dos Municípios; II – as ações que envolvam exercício do direito de greve; III – as ações sobre representação sindical, entre sindicatos, entre sindicatos e trabalhadores, e entre sindicatos e empregadores; IV – os mandados de segurança, *habeas corpus* e *habeas data*, quando o ato questionado envolver matéria sujeita à sua jurisdição; V – os conflitos de competência entre órgãos com jurisdição trabalhista, ressalvado o disposto no art. 102, I, o; VI – as ações de indenização por dano moral ou patrimonial, decorrentes da relação de trabalho; VII – as ações relativas às penalidades administrativas impostas aos empregadores pelos órgãos de fiscalização das relações de trabalho; VIII – a execução, de ofício, das contribuições sociais previstas no art. 195, I, a, e II, e seus acréscimos legais, decorrentes das sentenças que proferir; IX – outras controvérsias decorrentes da relação de trabalho, na forma da lei".
Data de reconhecimento da repercussão geral:	19/06/2008
Data de julgamento do mérito recursal:	28/05/2009
Houve unanimidade?	Não
Data de publicação do acórdão de julgamento do recurso:	28/08/2009 (julgamento do recurso extraordinário)
Trânsito em julgado do acórdão:	09/09/2009

⊙ Comentários:

Trata-se de recurso extraordinário interposto contra acórdão proferido pela 2ª Seção do Superior Tribunal de Justiça que, ao julgar agravo regimental em conflito de competência, assentou ser da Justiça Comum Estadual a competência para processar a execução de crédito trabalhista cujo devedor é empresa em processo falimentar ou em recuperação judicial[5].

A recorrente sustenta, em síntese, que o acórdão recorrido teria violado o art. 114, I a IX, da CRFB de 1988, ao afastar, indevidamente, a competência da Justiça do Trabalho para processar o feito. Salienta que, mesmo que prevaleça o entendimento firmado pelo STJ, no sentido de que a competência da Justiça do Trabalho estaria dividida em constitucional (incisos I e VIII do art. 114 da CRFB de 1988) e legal (inciso IX do art. 114, da CRFB de 1988), este último inciso apenas poderia autorizar o legislador infraconstitucional a ampliar a competência da Justiça do Trabalho, jamais a restringi-la.

O voto condutor do acórdão proferido no RE 583.955 pautou-se nas seguintes premissas: a) a Lei nº 11.101/2005 (arts. 6º, §§ 1º e 2º, e 76) reproduziu, em sua essência, o regime estabelecido pelo **revogado** Decreto-Lei nº 7.661/1945 (art. 7º, §§ 2º e 3º, e 23), no que diz respeito à consagração do **princípio da universalidade do juízo falimentar**; b) sob a égide do Decreto-Lei nº 7.661/1945, doutrina e jurisprudência consolidaram o entendimento de que seria o juízo falimentar (Justiça Comum Estadual) o competente para processar a execução de todos os créditos reclamados perante a massa falida, inclusive aqueles de natureza trabalhista; c) o reconhecimento de que o juízo falimentar seria o competente para processar, **em concurso de credores,** as execuções havidas contra a massa falida é medida que resguarda, inclusive, a isonomia, evitando-se que alguns credores aufiram vantagem indevida em relação a outros, percebendo seu crédito antes de outros credores de igual natureza, apenas porque, por exemplo, ajuizaram primeiro suas execuções; d) **a competência do juízo falimentar pressupõe que o crédito cobrado já esteja consolidado.** Desse modo, por exemplo, processar-se-ão nos juízos especializados as demandas em que se pleiteie quantia ilíquida em face da massa falida ou, ainda, as demandas trabalhistas, enquanto não consolidado o crédito do demandante.

Fundado em tais bases, o STF concluiu que a regra de competência estabelecida pela Lei nº 11.101/2005 para as execuções trabalhistas não contraria os incisos do art. 114 da Constituição Federal (em especial o inciso IX), que fixam a competência da Justiça do Trabalho.

Examinando, de modo particularizado, o inciso IX do art. 114 da CRFB de 1988 (que estabelece a competência da Justiça do Trabalho para processar e julgar "outras controvérsias decorrentes da relação de trabalho, na forma da lei"), o STF adotou a compreensão no sentido de que o dispositivo contempla uma faculdade outorgada ao legislador ordinário e não uma obrigação a ele direcionada. Logo, não haveria qualquer mácula na opção política feita pelo legislador, no sentido de manter a sistemática anterior quanto à execução de créditos trabalhistas no juízo universal da falência, aplicando-a aos casos de recuperação judicial.

---

5. A demanda proposta pela recorrente objetivou, em verdade, imputar às adquirentes de ativos de empresa em recuperação judicial (esta última que fora empregadora da demandante), como sucessoras, as obrigações trabalhistas decorrentes do vínculo trabalhista antes mantido entrea autora e a empresa alienante.

Este posicionamento, aliás, reflete entendimento jurisprudencial já manifestado pelo STF quando ainda se encontrava em vigor o Decreto-Lei nº 7.661/1945, após o advento da EC 45/2004, que alterou a redação do art. 114 da CRFB de 1988, dando-lhe a conformação atual. Nesse sentido, foram citados os seguintes precedentes: AI 584.049/AgR e AI 585.407 – AgR.

Com base em tais fundamentos, o STF, por maioria de votos, negou provimento ao recurso extraordinário interposto, mantendo acórdão do STJ que declarou competente a Justiça Comum Estadual (Juízo da Vara Empresarial) para processar a execução de crédito trabalhista havido em face de empresa em fase de recuperação judicial.

◉ Síntese do debate constante do acórdão que fixou o precedente:

Argumentos favoráveis à tese fixada:	Argumentos contrários à tese fixada:
A demanda a ser julgada não versa sobre uma questão típica, decorrente de uma relação de trabalho, mas, sim, sobre as consequências jurídicas que derivam da alienação judicial de bens do ativo de empresa em regime de falência ou de recuperação judicial. A propositura de ação trabalhista foi uma engenhosidade para contornar a vedação do art. 60 da Lei nº 11.101/2005. A relação-base de que decorre a demanda é a de alienação judicial e não do contrato de trabalho (Min. Cezar Peluso).	A demanda proposta pela autora/recorrente foi uma reclamação trabalhista em que se pleiteou a condenação da parte ré – empresas que aponta como sucessoras de sua empregadora – no pagamento de verbas decorrentes da relação de trabalho. Desse modo, a Justiça Comum Estadual não poderia apreciar uma reclamação trabalhista (Min. Marco Aurélio).
A Justiça Comum Estadual (juízo da recuperação judicial) é a competente para delimitar a eficácia da alienação judicial, ou seja, especificar suas consequências em relação ao alienante e ao adquirente (Min. Cezar Peluso).	Mesmo que se entenda que a parte ré seria ilegítima para figurar na demanda, em razão do quanto estabelecido no art. 60 da Lei nº 11.101/2005, esta questão há de ser solvida pela Justiça do Trabalho e não pela Justiça Comum Estadual, tendo em vista as regras de competência estabelecidas no art. 114 da CRFB de 1988. Imaginar-se que a Justiça do Trabalho admitiria o processamento de reclamação trabalhista contra sucessora de empresa em recuperação judicial seria examinar a questão partindo-se da premissa de que a Justiça do Trabalho incorreria em erro, o que é inadmissível; é raciocinar a partir da exceção (Min. Marco Aurélio).
Não houve previsão em nenhuma Constituição, dentre as que regularam a competência da Justiça do Trabalho, quanto à exclusão das questões falimentares de sua competência, mas essa questão jamais foi posta em dúvida. Seria, inclusive, inviável processar um concurso universal de credores com mais de um juízo decidindo sobre a matéria (Min. Cezar Peluso).	• O art. 109, I, da CRFB de 1988, que versa sobre a competência da Justiça Federal, atribui à Justiça Comum Estadual a competência para processar e julgar as demandas falimentares, ainda que envolvam interesse da União, de entidade autárquica federal ou de empresa pública federal. Já o art. 114 da CRFB de 1988, que dispõe sobre as competências da Justiça do Trabalho, não excluiu dessa Justiça as questões falimentares. Há posicionamento doutrinário nesse sentido. A competência da Justiça do Trabalho não se esgota na fase de cognição, nem na de liquidação, sendo especial em relação ao juízo falimentar/ de recuperação judicial (Min. Carlos Britto).

Argumentos favoráveis à tese fixada:	Argumentos contrários à tese fixada:
	• A se entender que o juízo falimentar seria indivisível, ter-se-ia, em última análise, de reconhecer a inconstitucionalidade do art. 76 da Lei nº 11.101/2005 (Min. Marco Aurélio).

◉ **Fique atento:**

• No recurso extraordinário interposto (RE 583955/RJ), a parte recorrente afirma que seria descabida a interpretação conferida pelo STJ ao art. 60 da Lei nº 11.101/2005[6], no sentido de que as empresas adquiridas em seus termos não estariam sujeitas à regra de sucessão, pelo adquirente, nas obrigações trabalhistas da adquirida. O Ministro Ricardo Lewandowski, embora tenha afastado a análise de tal discussão, por reputá-la estranha aos autos, rememorou, em seu voto, o julgamento da ADI nº 3934/DF, em que o STF reconheceu a constitucionalidade daquele dispositivo legal, por entender que a inocorrência da sucessão de créditos trabalhistas, naquela hipótese prevista no art. 60 da Lei nº 11.101/2005, estaria respaldada no propósito social de continuidade da atividade empresarial e de preservação de empregos (primazia da função social da empresa sobre o direito individual de crédito).

◉ **Questões de Concurso relacionadas ao tema:**

Questão 01 (TRF-4R. TRF-4R. JUIZ FEDERAL SUBSTITUTO. 2014 – Adaptada) Segundo o Supremo Tribunal Federal, a opção do legislador infraconstitucional, ao editar a nova lei de recuperação judicial e falências, foi manter o regime anterior de execução dos créditos trabalhistas pelo juízo universal da falência, sem prejuízo da competência da Justiça Laboral quanto ao julgamento do processo de conhecimento.

( ) Verdadeiro ( ) Falso

Gabarito: 1-V

---

6. "Art. 60. Se o plano de recuperação judicial aprovado envolver alienação judicial de filiais ou de unidades produtivas isoladas do devedor, o juiz ordenará a sua realização, observado o disposto no art. 142 desta Lei. Parágrafo único. O objeto da alienação estará livre de qualquer ônus e não haverá sucessão do arrematante nas obrigações do devedor, inclusive as de natureza tributária, observado o disposto no § 1º do art. 141 desta Lei".

Tema 128: "Competência para dirimir conflito de competência entre Juizado Especial e Juízo Federal de primeiro grau de uma mesma Seção Judiciária".

Tese: "Cabe ao respectivo Tribunal Regional Federal dirimir conflitos de competência entre Juizado Especial e Juízo Federal de primeira instância que pertençam a uma mesma Seção Judiciária".

FICHA TÉCNICA	
Leading case:	**RE 590409/RJ**
Descrição do caso feita pelo STF:	"Recurso extraordinário em que se discute, à luz dos artigos 92; 98, I; 102, III; 105, I, d, e III, da Constituição Federal, o órgão jurisdicional competente para dirimir conflitos de competência entre um Juizado Especial e um Juízo de primeiro grau pertencentes a uma mesma Seção Judiciária."
Dispositivo(s) constitucional(is) envolvido(s):	"Art. 105. Compete ao Superior Tribunal de Justiça: I – processar e julgar, originariamente: (...) d) os conflitos de competência entre quaisquer tribunais, ressalvado o disposto no art. 102, I, "o", bem como entre tribunal e juízes a ele não vinculados e entre juízes vinculados a tribunais diversos; (...)".
Data de reconhecimento da repercussão geral:	23/10/2008
Data de julgamento do mérito recursal:	26/08/2009
Houve unanimidade?	Sim
Data de publicação do acórdão de julgamento do recurso:	29/10/2009 (julgamento do recurso extraordinário)
Trânsito em julgado do acórdão:	25/11/2009

◉ Comentários:

Suscitado **conflito negativo de competência** entre um **Juízo Federal de primeira instância** e um **Juízo do Juizado Especial Federal**, ambos pertencentes à **mesma Seção Judiciária**, a discussão firmada no RE 590409 diz respeito à competência para dirimir este conflito negativo: se ao Tribunal Regional Federal a que se vincula aquela Seção Judiciária ou ao Superior Tribunal de Justiça (STJ).

O RE 590409 foi interposto pelo Ministério Público Federal contra acórdão proferido pelo STJ, que resolveu o conflito, valendo-se, para tanto, do regramento extraído do art. 105, I, "d", da CRFB e lastreando a sua conclusão na premissa de que não haveria vinculação jurisdicional entre Juizados Especiais Federais e os Tribunais Regionais Federais, uma vez que as decisões proferidas por aqueles órgãos jurisdicionais seriam passíveis de revisão pelas Turmas Recursais e não pelos Tribunais Regionais Federais. **A temática referente** à **competência do STJ para resolver esse tipo de conflito já se encontrava, inclusive, pacificada no** âmbito **daquele Tribunal Superior.**

Em verdade, esse entendimento tem origem em precedente do próprio STF, extraível do acórdão proferido no CC 7081/MG, no qual o Plenário daquele Tribunal, em agosto de 2002, adotara a linha de raciocínio posteriormente reproduzida pelo STJ.

A mudança de entendimento refletida no Tema 128, ora examinado, pautou-se na premissa de que os **juízes federais integrantes dos Juizados Federais estão vinculados ao Tribunal Regional Federal respectivo**, conclusão que se extrai, por exemplo, da circunstância de ser o Tribunal Regional Federal competente para processar e julgar os crimes comuns e de responsabilidade daqueles juízes (art. 108, I, "a", da CRFB[7]) e de estarem as Turmas Recursais dos Juizados Especiais Federais subordinadas administrativamente aos Tribunais Regionais Federais, por quem são criadas, inclusive (arts. 21, 22 e 26 da Lei nº 10.259/2001).

Em acréscimo, o STF enfatiza que as Turmas Recursais, compostas por juízes de primeiro grau, não são Tribunais e nem integram o rol de órgãos do Poder Judiciário previsto no art. 92 da CRFB[8], cabendo-lhes, apenas, competência recursal (apreciar recursos provenientes dos Juízes dos Juizados Especiais), conforme previsto no art. 98, I, da CRFB[9]. Além disso, uma vez que o propósito de criação dos Juizados Especiais foi a simplificação do processo judicial, não haveria sentido em legar ao STJ a competência para solucionar esse conflito de competência.

Tais argumentos conduziram o Supremo Tribunal Federal a dar provimento ao recurso extraordinário interposto pelo Ministério Público Federal, anulando-se o acórdão recorrido e determinando-se a remessa dos autos do TRF da 2ª Região para que aprecie o conflito de competência suscitado.

◉ Fique atento:

- Esse julgamento exemplifica hipótese de superação de precedente (*overruling*) pelo STF, mais precisamente do precedente que pode ser extraído do acórdão proferido nos autos do CC 7081/MG.

---

7. "Art. 108. Compete aos Tribunais Regionais Federais: I – processar e julgar, originariamente: a) os juízes federais da área de sua jurisdição, incluídos os da Justiça Militar e da Justiça do Trabalho, nos crimes comuns e de responsabilidade, e os membros do Ministério Público da União, ressalvada a competência da Justiça Eleitoral; (...)". Esse entendimento, firmado no HC 86834/SP, ensejou a revogação tácita do enunciado nº 690 da Súmula da Jurisprudência dominante do STF, cujo texto era o seguinte: "Compete originariamente ao Supremo Tribunal Federal o julgamento de 'habeas corpus' contra decisão de Turma Recursal de Juizados Especiais Criminais".

8. "Art. 92. São órgãos do Poder Judiciário: I – o Supremo Tribunal Federal; I-A o Conselho Nacional de Justiça; II – o Superior Tribunal de Justiça; II-A – o Tribunal Superior do Trabalho; III – os Tribunais Regionais Federais e Juízes Federais; IV – os Tribunais e Juízes do Trabalho; V – os Tribunais e Juízes Eleitorais; VI – os Tribunais e Juízes Militares; VII – os Tribunais e Juízes dos Estados e do Distrito Federal e Territórios".

9. "Art. 98. A União, no Distrito Federal e nos Territórios, e os Estados criarão: I – juizados especiais, providos por juízes togados, ou togados e leigos, competentes para a conciliação, o julgamento e a execução de causas cíveis de menor complexidade e infrações penais de menor potencial ofensivo, mediante os procedimentos oral e sumaríssimo, permitidos, nas hipóteses previstas em lei, a transação e o julgamento de recursos por turmas de juízes de primeiro grau; (...)"

- Como *obter dictum*, o Ministro Gilmar Mendes, no acórdão do RE 590409/RJ, re-lembrou decisão do STF em que ficou assentado que as Turmas Recursais não estariam obrigadas a aplicar o art. 97 da CRFB, que trata da cláusula de reserva de Plenário, uma vez que não se trata de Tribunal.

⊙ Questões de Concurso relacionadas ao tema:

Questão 01 (CESPE.TRF-3R.Juiz Federal.2011 – adaptada) Compete ao STJ decidir conflito de competência entre juizado especial federal e juízo federal da mesma seção judiciária.

(   ) Verdadeiro (   ) Falso

Questão 02 (TRF4. TRF-4.Juiz Federal Substituto.2016)

Dadas as assertivas abaixo, assinale a alternativa correta. Acerca dos Juizados Especiais Federais:

I.   Compete ao Tribunal Regional Federal decidir os conflitos de competência entre juizado especial federal e juízo federal da mesma seção judiciária.

II. Compete à turma recursal processar e julgar o mandado de segurança contra ato de juizado especial, substitutivo de recurso.

III. O princípio da reserva de plenário não se aplica no âmbito dos juizados de pequenas causas e dos juizados especiais em geral.

   a) Estão corretas apenas as assertivas I e II.
   b) Estão corretas apenas as assertivas II e III.
   c) Estão corretas todas as assertivas.
   d) Está incorreta apenas a assertiva II.
   e) Estão incorretas apenas as assertivas II e III.

Gabarito: 1-F; 2-C

Tema 190: "Competência para processar e julgar causas que envolvam complementação de aposentadoria por entidades de previdência privada".

Tese: "Compete à Justiça comum o processamento de demandas ajuizadas contra entidades privadas de previdência com o propósito de obter complementação de aposentadoria, mantendo-se na Justiça Federal do Trabalho, até o trânsito em julgado e correspondente execução, todas as causas dessa espécie em que houver sido proferida sentença de mérito até 20/2/2013".

FICHA TÉCNICA	
Leading case:	**RE 586453/SE**
Descrição do caso feita pelo STF:	"Recurso extraordinário em que se discute, à luz dos artigos 5°, LIV; 114; e 202, § 2°, da Constituição Federal, se a competência para julgar causas que envolvam complementação de aposentadoria por entidades de previdência privada é da Justiça do Trabalho ou da Justiça comum".
Dispositivo(s) constitucional(is) envolvido(s):	"Art. 5° Todos são iguais perante a lei, sem distinção de qualquer natureza, garantindo-se aos brasileiros e aos estrangeiros residentes no País a inviolabilidade do direito à vida, à liberdade, à igualdade, à segurança e à propriedade, nos termos seguintes: (...) LIV – ninguém será privado da liberdade ou de seus bens sem o devido processo legal; (...)" "Art. 114. Compete à Justiça do Trabalho processar e julgar: (...) IX – outras controvérsias decorrentes da relação de trabalho, na forma da lei". "Art. 202. O regime de previdência privada, de caráter complementar e organizado de forma autônoma em relação ao regime geral de previdência social, será facultativo, baseado na constituição de reservas que garantam o benefício contratado, e regulado por lei complementar. (...) § 2° As contribuições do empregador, os benefícios e as condições contratuais previstas nos estatutos, regulamentos e planos de benefícios das entidades de previdência privada não integram o contrato de trabalho dos participantes, assim como, à exceção dos benefícios concedidos, não integram a remuneração dos participantes, nos termos da lei".
Data de reconhecimento da repercussão geral:	10/09/2009
Data de julgamento do mérito recursal:	20/02/2013 (julgamento do recurso extraordinário) 19/03/2014 (julgamento de embargos de declaração)
Houve unanimidade?	Não
Data de publicação do acórdão de julgamento do recurso:	06/06/2013 (julgamento do recurso extraordinário) 01/08/2014 (julgamento de embargos de declaração)
Trânsito em julgado do acórdão:	13/08/2014

⊙ Comentários:

Trata-se de recurso extraordinário interposto pela Fundação Petrobrás de Seguridade Social (PETROS) contra acórdão proferido pelo Tribunal Superior do Trabalho, o qual reconheceu ser competente a Justiça do Trabalho para processar e julgar demandas em que se busque obter a complementação de aposentadoria por entidades de previdência privada. No caso examinado, a complementação de aposentadoria originou-se de um extinto contrato de trabalho.

A recorrente alega, em síntese, violação perpetrada pelo acórdão recorrido aos arts. 114 e 202, § 2º, da CRFB/1988, ao haver enquadrado como trabalhista a relação mantida entre fundo fechado de previdência complementar e beneficiário[10]. Entende ser da Justiça Comum a competência para processamento e julgamento de tais demandas. **A questão cerne a ser definida com o julgamento do RE 586453/SE reside, pois, em estabelecer qual a justiça competente – se a Justiça do Trabalho ou a Justiça Comum – quando o beneficiário pleiteie, da entidade de previdência privada, a complementação de sua aposentadoria.**

Há de se enfatizar que, quanto à matéria, o Supremo Tribunal Federal adotava entendimento consignado no **RE 175673**, no qual funcionou como relator o Min. Moreira Alves. O aludido **acórdão paradigma** estabeleceu **critérios de fixação de competência**, em tais causas, **que variam de acordo com a origem da complementação da aposentadoria: a) se decorrente de contrato de trabalho, a competência seria da Justiça do Trabalho; b) se não decorrente de contrato de trabalho, a competência seria da Justiça Comum.**

O debate que se estabeleceu no julgamento do RE 586453/SE relaciona-se, diretamente, com a manutenção ou a superação desse precedente.

O voto condutor do acórdão proferido pelo Supremo Tribunal Federal pautou-se na premissa segundo a qual a relação havida entre o associado da entidade de previdência privada e esta não é de natureza trabalhista, mas, sim, contratual. Com base no art. 202, § 2º, da CRFB de 1988, entendeu-se afastada a competência da Justiça do Trabalho para processar e julgar tais demandas, **reconhecendo-se como competente a Justiça Comum.** Houve, portanto, a superação do precedente extraível do RE 586453/SE.

Com fulcro em tal fundamento, foi provido o recurso extraordinário interposto pela PETROS. No entanto, a fim de resguardar as celeridade e eficiência processuais, evitando-se prejuízos aos interessados, houve **modulação dos efeitos** da decisão proferida, conferindo--lhe eficácia prospectiva, o que resultou na manutenção, na Justiça do Trabalho, de todos os processos que versem sobre aquela temática e nos quais já tenha sido proferida a sentença de mérito até 20/02/2013, data em que foi ultimado o julgamento do RE 586453/SE.

---

10. O recurso ainda suscitou ofensa aos arts. 7º, XXIX e 195, §§ 4º e 5º da CRFB de 1988, em discussões que versaram, respectivamente, sobre: a) a natureza da prescrição (se incidente sobre a totalidade da pretensão do beneficiário ou somente sobre parcelas pretendidas) e; b) a extensão de vantagens a aposentados que possuam complementação de aposentadoria paga por entidade privada, sem que tenha havido a respectiva fonte de custeio dessa vantagem. Essas duas questões, no entanto, não foram examinadas, por ausência de repercussão geral, em razão de inexistir matéria constitucional a ser apreciada.

◉ Síntese do debate constante do acórdão que fixou o precedente:

Argumentos favoráveis à tese fixada:	Argumentos contrários à tese fixada:
• A posição que estabelece a necessidade de verificação, em cada caso concreto, acerca de ser o plano de previdência complementar decorrente ou não de uma relação de trabalho perpetua o estado de insegurança jurídica acerca da competência para processar e julgar as demandas que versem sobre tal temática (complementação de aposentadoria por entidade de previdência privada) (Min. Ellen Gracie). • A revaloração dos fatos atinentes à controvérsia submetida à apreciação judicial é questão de direito. Além disso, o posicionamento tradicional do STF quanto à temática reforça o "caráter lotérico da competência", perpetuando a insegurança jurídica. Faz-se necessária a definição de um critério de competência (Min. Gilmar Mendes). • Ao se manter a solução que prevê uma dicotomia de competência para processamento e julgamento da demanda, a mesma questão concernente à uniformização do direito infraconstitucional federal será examinada e decidida, simultaneamente, pelo STJ e pelo TST (Min. Dias Toffoli).	• O recurso extraordinário não permite revolvimento de fatos e provas, devendo estes ser aceitos tais como expostos no julgado recorrido. Logo, se o juízo *a quo*, examinando a prova, afirma que a questão previdenciária relaciona-se ao contrato de trabalho, há de ser reconhecida, no julgamento do RE, a competência da Justiça do Trabalho; se, ao revés, o juízo *a quo* nega a existência de liame da questão previdenciária com o contrato de trabalho, há de ser reconhecida, no julgamento do RE, a competência da Justiça Comum. Se, por fim, a matéria for controvertida e sua solução demandar reexame de provas, o recurso extraordinário não deve ser conhecido. Esse modo de proceder pode até caracterizar uma contradição teórica (tolerada pelo sistema), mas não prática (esta última intolerável pelo sistema). (Min. Cezar Peluso). • Esse entendimento traduz jurisprudência consolidada no âmbito do STF (Min. Carmen Lucia). • O critério para definição da Justiça competente para processar e julgar as demandas que envolvam plano de previdência privada deve consistir não na existência/inexistência de vínculo trabalhista de que se origina a adesão ao plano, mas, sim, na obrigatoriedade ou facultatividade dessa adesão. Se a contratação trabalhista for condicionada à adesão (obrigatória) ao plano de previdência, a competência é da Justiça do Trabalho. Do contrário, havendo faculdade quanto à adesão ou não ao plano, a competência é da Justiça Comum (Min. Marco Aurélio).
Há duas soluções possíveis para a questão examinada, ambas com fundamento constitucional (a que restou vitoriosa e a defendida com base no precedente firmado no RE 175.673, explicitada pelo Min. Cezar Peluso). Neste caso, deve ser escolhida aquela que confira maiores efetividade e racionalidade ao sistema, evitando-se, inclusive, que a discussão quanto à competência seja usada como ferramenta processual para protelações (o Ministro cita um caso precedente em que a parte recorrente, que neste recurso extraordinário pugna pelo reconhecimento da Justiça Comum como competente, defendia que era competente a Justiça do Trabalho – AgRE 333308/PE) (Min. Dias Toffoli).	Não se pode adotar tese unitária para casos factualmente diferentes (que decorrem da coexistência de previdências autônomas e de previdências ligadas a contratos de trabalho). Essa solução unitária, se vier a conferir alguma segurança, não será segurança jurídica (conforme o Direito) (Min. Cezar Peluso).

Argumentos favoráveis à tese fixada:	Argumentos contrários à tese fixada:
▪ O direito previdenciário complementar é ramo autônomo em relação ao direito do trabalho e ao direito administrativo, o que se extrai, respectivamente, dos §§ 2° e 3° do art. 202 da CRFB de 1988, com a redação dada pela EC 20/1998[11]. Não por outra razão, aliás, há previsão legal de portabilidade do plano de previdência (art. 14, II, da Lei Complementar n° 109/2001[12]). Essa autonomia afasta a incidência da regra de competência prevista no art. 114, IX, da CRFB de 1988. (Min. Dias Toffoli). ▪ Os ramos do direito do trabalho e do direito previdenciário são distintos, o que se confirma, inclusive, da análise da competência legislativa constitucionalmente prevista para ambos: no primeiro caso, privativa da União[13]; no segundo, concorrente entre União, Estados e Distrito Federal[14]. O contrato de previdência privada (aberta ou fechada) não é contrato de trabalho. (Min. Luiz Fux).	▪ O art. 202, § 2°, da CRFB de 1988 não consagra a autonomia do direito previdenciário complementar. Apenas busca afastar, para a previdência privada, o princípio da habitualidade do direito do trabalho, ou seja, esses benefícios do plano não integrarão o contrato de trabalho, com base naquele princípio. No entanto, o regramento constitucional não aparta o contrato de previdência privada do contrato de trabalho. Logo, o art. 202, § 2°, da CRFB de 1988 não embasa o fundamento de incompetência da Justiça do Trabalho (Min. Joaquim Barbosa). ▪ O art. 202, § 2°, da CRFB de 1988 não versa sobre competência, inclusive por se encontrar fora do Capítulo da Constituição que trata do Poder Judiciário (Min. Marco Aurélio).
sem contra-argumento	A discussão quanto à competência só tem sentido para as entidades de previdência privada fechadas, que pressupõem um vínculo trabalhista. No caso das entidades de previdência privada abertas, a competência é da Justiça Comum.

11. 202. O regime de previdência privada, de caráter complementar e organizado de forma autônoma em relação ao regime geral de previdência social, será facultativo, baseado na constituição de reservas que garantam o benefício contratado, e regulado por lei complementar. (...) § 2° As contribuições do empregador, os benefícios e as condições contratuais previstas nos estatutos, regulamentos e planos de benefícios das entidades de previdência privada não integram o contrato de trabalho dos participantes, assim como, à exceção dos benefícios concedidos, não integram a remuneração dos participantes, nos termos da lei. § 3° É vedado o aporte de recursos a entidade de previdência privada pela União, Estados, Distrito Federal e Municípios, suas autarquias, fundações, empresas públicas, sociedades de economia mista e outras entidades públicas, salvo na qualidade de patrocinador, situação na qual, em hipótese alguma, sua contribuição normal poderá exceder a do segurado. (...)"

12. Art. 14. Os planos de benefícios deverão prever os seguintes institutos, observadas as normas estabelecidas pelo órgão regulador e fiscalizador: (...) II – portabilidade do direito acumulado pelo participante para outro plano;(...)". O voto faz menção, ainda, ao inciso IV do mesmo artigo, que estabelece a: "IV – faculdade de o participante manter o valor de sua contribuição e a do patrocinador, no caso de perda parcial ou total da remuneração recebida, para assegurar a percepção dos benefícios nos níveis correspondentes àquela remuneração ou em outros definidos em normas regulamentares".

13. "Art. 22. Compete privativamente à União legislar sobre: I – direito civil, comercial, penal, processual, eleitoral, agrário, marítimo, aeronáutico, espacial e do trabalho; (...)"

14. "Art. 24. Compete à União, aos Estados e ao Distrito Federal legislar concorrentemente sobre: (...)XII – previdência social, proteção e defesa da saúde; (...)"

◉ Fique atento:

- Decidindo **Questão de Ordem** no julgamento do RE 586453/SE, o Supremo Tribunal Federal, por cinco votos a quatro, entendeu necessário o alcance de quórum qualificado de 2/3 (dois terços) de seus membros – o que equivale a, pelo menos, oito Ministros – para que se realize modulação de efeitos de acórdão proferido no julgamento de recurso extraordinário com repercussão geral, em controle concreto de constitucionalidade. Tomou-se por analogia a norma extraível do art. 27 da Lei nº 9.868/1999[15], que regra o processo e julgamento da ação direta de inconstitucionalidade e da ação declaratória de constitucionalidade perante o Supremo Tribunal Federal (controle abstrato de constitucionalidade).

- O julgamento da Questão de Ordem no RE 586453/SE reafirma o fenômeno de objetivação do recurso extraordinário. A discussão travada na aludida Questão de Ordem mencionou outros processos em que também ocorreu a modulação de efeitos para decisões proferidas em sede de controle concreto de constitucionalidade: CC7204/MG, HC 82959/SP e Inq. 687-QO/SP.

- No caso concreto examinado pelo STF (RE 586453/SE), a recorrente sagrou-se vitoriosa quanto ao acolhimento de sua tese de que seria competente a Justiça Comum para processar e julgar a demanda, mas, em razão da modulação de efeitos aprovada pelo STF, a sua vitória não lhe conferiu qualquer resultado prático, uma vez que seu processo, já possuindo sentença de mérito proferida pela Justiça do Trabalho (de que se originaram os recursos que culminaram na interposição do RE), foi enquadrado na exceção modulatória.

◉ Questões de Concurso relacionadas ao tema:

Questão 01 (FGV. CODEBA. Analista Portuário – Advogado. 2016) Renato Pontes Antunez ajuizou reclamação trabalhista contra seu ex-empregador e um ente de previdência privada. Afirma que teve 1 ano de contrato de emprego sem a CTPS assinada, daí porque almeja a condenação da empresa ao recolhimento do INSS deste período, que será útil para um futuro pedido de revisão do valor da aposentadoria atualmente recebida. Além disso, requer o pagamento de diferença no valor da complementação de aposentadoria, pois nas convenções coletivas dos últimos anos diversos direitos de natureza salarial foram deferidos aos empregados da ativa, mas não estendidos aos inativos, o que gerou uma complementação de aposentadoria menor do que aquela que genuinamente deveria ser paga. Renato explica que o ente de previdência privada foi instituído e é patrocinado, em parte, pelo ex-empregador, e somente os empregados da empresa podem a ela aderir, tratando-se de ente de previdência fechada que garante a quitação da diferença como se na ativa eles estivessem. Acerca da competência material, com base na CLT e no entendimento do STF e TST, assinale a afirmativa correta.

---

15. "Art. 27. Ao declarar a inconstitucionalidade de lei ou ato normativo, e tendo em vista razões de segurança jurídica ou de excepcional interesse social, poderá o Supremo Tribunal Federal, por maioria de dois terços de seus membros, restringir os efeitos daquela declaração ou decidir que ela só tenha eficácia a partir de seu trânsito em julgado ou de outro momento que venha a ser fixado".

a) A Justiça do Trabalho é competente para apreciar ambos os pedidos – recolhimento de INSS e diferença na complementação de aposentadoria

b) Não há competência material da Justiça do Trabalho para apreciar nenhum dos pedidos formulados.

c) A Justiça do Trabalho tem competência para apreciar o pedido de recolhimento de INSS, mas não o de diferença na complementação de aposentadoria.

d) Se o juiz entender pela incompetência em relação a ambos os pedidos formulados, deverá extinguir o feito sem resolução do mérito.

e) A Justiça do Trabalho tem competência para apreciar o pedido de diferença na complementação de aposentadoria, mas não o de recolhimento de INSS.

Gabarito: 1-B

Tema 258: "Competência para processar e julgar execuções ajuizadas pela OAB contra advogados inadimplentes quanto ao pagamento de anuidades".

Tese: "Compete à Justiça Federal processar e julgar ações em que a Ordem dos Advogados do Brasil, quer mediante o Conselho Federal, quer seccional, figure na relação processual".

FICHA TÉCNICA	
Leading case:	**RE 595332/PR**
Descrição do caso feita pelo STF:	"Recurso extraordinário em que se discute, à luz do art. 109, I, da Constituição Federal, qual a justiça competente para processamento das execuções ajuizadas pela Ordem dos Advogados do Brasil contra advogados inadimplentes quanto ao pagamento de anuidades".
Dispositivo(s) constitucional(is) envolvido(s):	Art. 109, I, da CRFB: "Art. 109. Aos juízes federais compete processar e julgar: I – as causas em que a União, entidade autárquica ou empresa pública federal forem interessadas na condição de autoras, rés, assistentes ou oponentes, exceto as de falência, as de acidentes de trabalho e as sujeitas à Justiça Eleitoral e à Justiça do Trabalho(...)"
Data de reconhecimento da repercussão geral:	18/03/2010
Data de julgamento do mérito recursal:	30/08/2016
Houve unanimidade?	Sim

FICHA TÉCNICA	
Leading case:	RE 595332/PR
Data de publicação do acórdão de julgamento do recurso:	Não havia sido publicado até a data de fechamento desta edição.
Trânsito em julgado do acórdão:	Não havia ocorrido o trânsito em julgado do acórdão até a data de fechamento desta edição.

◉ Comentários:[16]

O recurso extraordinário foi interposto pela Ordem dos Advogados do Brasil – Seccional Paraná, que se insurgiu contra acórdão proferido pelo Tribunal Regional Federal da 4ª Região que entendeu ser a Justiça Comum Estadual competente para processar a execução ajuizada pela OAB/PR, para cobrança de anuidade inadimplida por advogado.

O RE 595332/PR alegou violação, pelo acórdão recorrido, ao art. 109, I, da CRFB de 1988. O recurso, sob a relatoria do Ministro Marco Aurélio, foi provido à unanimidade, reconhecendo-se, no precedente, a competência da Justiça Federal para processar as demandas em que a OAB, por seu Conselho Federal ou por Conselho Seccional, figure na relação processual. Tal conclusão pautou-se no entendimento de não ser a OAB uma pessoa jurídica de direito privado, mas, sim, uma autarquia corporativista, órgão de classe com disciplina legal, atraindo, pois, a regra de competência traçada no art. 109, I, da CRFB de 1988.

◉ Questões de Concurso relacionadas ao tema:

Questão 01 (CESPE.TRF-5.Juiz Federal.2011 – adaptada) A justiça federal é competente para julgar causas que envolvam como parte conselho de fiscalização profissional de âmbito nacional, cabendo à justiça estadual o julgamento das que envolvam os conselhos regionais.

( ) Verdadeiro ( ) Falso

Gabarito: 1-F

Tema 305: "Competência para processar e julgar ações de cobrança de honorários advocatícios arbitrados em favor de advogado dativo".

Tese: "Compete à Justiça comum estadual processar e julgar as ações de cobrança ou os feitos executivos de honorários advocatícios arbitrados em favor de advogado dativo em ações cíveis e criminais".

---

16. À época da elaboração deste texto, ainda não havia sido publicado o acórdão do julgamento do mérito recursal. Os comentários baseiam-se na notícia publicada pelo STF acerca do julgamento havido, veiculada em 31/08/2016.

FICHA TÉCNICA	
Leading case:	RE 607520/MG
Descrição do caso feita pelo STF:	"Recurso extraordinário em que se discute, à luz do art. 114, I, da Constituição Federal, qual a Justiça competente para processar e julgar as ações de cobrança ou de execução de honorários advocatícios arbitrados em favor de advogado dativo em ações cíveis e criminais."
Dispositivo(s) constitucional(is) envolvido(s):	"Art. 114. Compete à Justiça do Trabalho processar e julgar: I – as ações oriundas da relação de trabalho, abrangidos os entes de direito público externo e da administração pública direta e indireta da União, dos Estados, do Distrito Federal e dos Municípios; (...)".
Data de reconhecimento da repercussão geral:	09/09/2010
Data de julgamento do mérito recursal:	25/05/2011
Houve unanimidade?	Não
Data de publicação do acórdão de julgamento do recurso:	21/06/2011 (julgamento do recurso extraordinário)
Trânsito em julgado do acórdão:	01/07/2011

◉ Comentários:

Trata-se de recurso extraordinário interposto pelo Estado de Minas Gerais contra acórdão proferido pela Terceira Turma do Tribunal Superior do Trabalho que entendeu ser competente a Justiça do Trabalho para processar e julgar ação de cobrança de honorários advocatícios devidos pelo Estado a advogada que atuou como defensora dativa em alguns processos. O Estado de Minas Gerais alegou, no RE 607520/MG, violação ao art. 114, I, da CRFB de 1988.

O TST, no julgado recorrido, entendeu que o serviço prestado pela advogada, não decorrendo de investidura em cargo público efetivo ou em comissão, atrairia a competência da Justiça do Trabalho, sobretudo porque estariam presentes os requisitos de prestação de serviço *intuitu personae* por pessoa física, com subordinação, em vínculo no qual se observa uma desigualdade econômica entre as partes e para desempenho de atividade tipicamente estatal (assistência judiciária gratuita).

O STF, **qualificando a relação mantida entre o Estado de Minas Gerais e a advogada que funcionou como defensora dativa como sendo de natureza jurídico-administrativa**, afastou a existência de relação de trabalho entre as partes e, por conseguinte, excluiu a competência da Justiça do Trabalho, reconhecendo como **competente a Justiça Comum Estadual**.

⊙ Síntese do debate constante do acórdão que fixou o precedente:

Argumentos favoráveis à tese fixada:	Argumentos contrários à tese fixada:
• A relação mantida entre as partes é de natureza jurídico-administrativa e não relação de trabalho, o que afasta a competência da Justiça do Trabalho e atrai a competência da Justiça Comum Estadual (Min. Dias Toffoli). • Não apenas os servidores estatutários submetem-se a regime de Direito Administrativo, mas, também, os contratados por tempo determinado (Min. Luiz Fux)	A Emenda Constitucional nº 45/2004, ao alterar o art. 114 da CRFB de 1988, ampliou a competência da Justiça do Trabalho, não mais a atrelando ao vínculo empregatício (espécie), mas, sim, ao julgamento de conflitos relativos ao trabalho (gênero), o que abrangeria a hipótese objeto da demanda, em que se reclama o pagamento de verba em razão de trabalho prestado. (Min. Marco Aurélio)

⊙ Fique atento:

- Sobre a abrangência da interpretação a ser conferida ao art. 114, I, da CRFB de 1988, é importante destacar o acórdão proferido na **ADI-MC 3395-6/DF**, em que se decidiu que o conceito de "relação de trabalho" deve ser entendido de modo estrito, não abrangente de causas que envolvam o Poder Público e servidor que com ele mantenha vínculo de natureza jurídico-estatutária. No presente caso, embora o vínculo mantido entre o Estado de Minas Gerais e a advogada dativa não tenha natureza jurídico-estatutária, o STF entendeu que tampouco possuiria natureza trabalhista, qualificando-o como vínculo jurídico-administrativo, o que igualmente excluiria a competência da Justiça Laboral.

⊙ Questões de Concurso relacionadas ao tema:

Questão 01 (PGE-BA. PGE-BA. Programa de Estágio de Nível Superior de Pós-Graduação em Direito. 2017) Sobre as teses de repercussão geral firmadas pelo Supremo Tribunal Federal em matéria processual, julgue os itens abaixo e, em seguida, marque a alternativa correta:

I – A Justiça Comum é competente para processar e julgar as ações de cobrança ou os feitos executivos de honorários advocatícios arbitrados em favor de advogado dativo em ações cíveis e criminais.

II – Compete à Justiça comum estadual processar e julgar causas alusivas à parcela do imposto de renda retido na fonte pertencente ao Estado-membro, porque ausente o interesse da União.

III – É lícito ao impetrante desistir da ação de mandado de segurança, independentemente de aquiescência da autoridade apontada como coatora ou da entidade estatal interessada ou, ainda, quando for o caso, dos litisconsortes passivos necessários, desde que o faça até a prolatação da sentença, após o que a desistência não é mais possível.

Os seguintes itens correspondem a teses de repercussão firmadas pelo STF:

a) I e II;

b) I e III;

c) II e III;

d) I, II e III;

e) Nenhum dos itens.

Gabarito: 1-A

Tema 374: "Aplicação do art. 109, § 2°, da Constituição Federal aos entes da Administração Indireta".

Tese: "A regra prevista no § 2° do art. 109 da Constituição Federal também se aplica às ações movidas em face de autarquias federais".

FICHA TÉCNICA	
Leading case:	**RE 627709/DF**
Descrição do caso feita pelo STF:	"Recurso extraordinário em que se discutem, à luz do art. 109, § 2°, da Constituição Federal, os critérios de aplicação desse dispositivo — que trata da competência territorial de causas ajuizadas contra a União — e a extensão, ou não, da regra nele prevista aos demais entes da administração indireta federal, como autarquias e fundações, permitindo-se que elas sejam demandadas fora de suas sedes ou em localidades que não possuem agência ou sucursal".
Dispositivo(s) constitucional(is) envolvido(s):	Art. 109, § 2°, da CRFB: "Art. 109. Aos juízes federais compete processar e julgar: (...)§ 2° As causas intentadas contra a União poderão ser aforadas na seção judiciária em que for domiciliado o autor, naquela onde houver ocorrido o ato ou fato que deu origem à demanda ou onde esteja situada a coisa, ou, ainda, no Distrito Federal".
Data de reconhecimento da repercussão geral:	17/03/2011
Data de julgamento do mérito recursal:	20/08/2014 (julgamento do recurso extraordinário) 18/08/2016 (julgamento de embargos de declaração)
Houve unanimidade?	Não
Data de publicação do acórdão de julgamento do recurso:	30/10/2014 (julgamento do recurso extraordinário) 18/11/2016 (julgamento de embargos de declaração)
Trânsito em julgado do acórdão:	08/12/2016

⊙ Comentários:

O artigo 109, § 2º, da Constituição Federal estabelece critério de fixação do foro competente para processar e julgar as demandas propostas contra a União. O dispositivo normativo prevê a existência de **foros concorrentes** à **escolha do autor**, a quem caberá optar por promover a demanda: a) na seção judiciária em que for domiciliado; b) na seção judiciária em que houver ocorrido o ato ou fato que deu origem à demanda; c) na seção judiciária em que esteja situada a coisa ou; d) no Distrito Federal.

A literalidade do texto normativo, que apenas faz referência à União, conduziu o Conselho Administrativo de Defesa Econômica (CADE), **pessoa jurídica de direito público (autarquia federal)**, a interpor recurso extraordinário contra acórdão que adotou a interpretação de que a norma extraível do art. 109, § 2º, da CRFB também é extensível às autarquias federais.

O Recorrente alega violação ao referido dispositivo constitucional e defende, em contrapartida, que, sendo as autarquias federais entes da Administração Pública indireta, ser--lhe-ia aplicável o regramento previsto no art. 100, IV, "a" e "b" do **revogado** CPC/1973[17], então vigente à época (atual art. 53, III, "a" e "b" do CPC/2015[18]).

Partindo da premissa de que a norma extraível do texto constitucional (art. 109, § 2º, da CRFB) objetiva concretizar o **direito fundamental de acesso** à **justiça**, o Supremo Tribunal Federal ressaltou que o critério de fixação de competência ali descrito deve ser aplicável a todas as entidades componentes da **Fazenda Pública Federal**, dentre as quais se inserem as autarquias federais. Não se trata de norma destinada a estabelecer qualquer prerrogativa processual à União, mas, ao revés, concebe o regramento um **direito potestativo** a ser exercido pela parte autora, com vistas a **facilitar o acesso** à **prestação jurisdicional**. Como consectário lógico, exclui-se a aplicação, ao caso, dos dispositivos do art. 100, IV, "a" e "b" do **revogado** CPC/1973 (atual art. 53, III, "a" e "b" do CPC/2015).

Por outro lado, levando-se em consideração que às autarquias federais são destinadas, de modo geral, as mesmas **prerrogativas processuais** concedidas à União, a interpretação que reconhecesse, como foro competente, o de sua sede, nas demandas em que for ré, implicaria conceder-lhes vantagem processual de foro privilegiado não atribuída à União.

Nessa linha de raciocínio, o STF negou provimento ao recurso extraordinário interposto pelo CADE, firmando a tese de que "a regra prevista no § 2º do art. 109 da Constituição Federal também se aplica às ações movidas em face de autarquias federais".

---

17. "Art 100 do revogado CPC/1973: Art. 100. É competente o foro: (...) IV – do lugar: a) onde está a sede, para a ação em que for ré a pessoa jurídica; b) onde se acha a agência ou sucursal, quanto às obrigações que ela contraiu; (...)"

18. "Art 53 do CPC/2015: Art. 53. É competente o foro: (...) III – do lugar: a) onde está a sede, para a ação em que for ré pessoa jurídica; b) onde se acha agência ou sucursal, quanto às obrigações que a pessoa jurídica contraiu; (...)"

⊙ Síntese do debate constante do acórdão que fixou o precedente:

Argumentos favoráveis à tese fixada:	Argumentos contrários à tese fixada:
Não haveria dificuldade à defesa, considerando-se a expansão dos processos eletrônicos e a facilidade de comunicação entre o CADE e os advogados públicos e procuradores federais no país. Além disso, as questões envolvendo o CADE seriam, basicamente, de direito (Min. Ricardo Lewandowski).	Haveria especialização da defesa do CADE (tal como ocorre com outras autarquias, a exemplo do INPI ou da CVM), cujas questões podem envolver equações econômicas complexas e podem se revelar de difícil condução por um advogado público generalista, ainda que de qualidade (Min. Luís Roberto Barroso[19]).
A questão da especialização do órgão julgador é ambígua e, mesmo quando envolve um único órgão especializado, conduz a discussões quanto ao princípio do juiz natural e à "salutar distribuição da causa" (Min. Marco Aurélio).	A especialização da jurisdição, dando ensejo à criação de corpo de juízes com *expertise* acerca do assunto (já que as demandas contra o CADE seriam sempre propostas no Distrito Federal e as do INPI, no Rio de Janeiro, por exemplo) garantiria maiores estabilidade à jurisprudência e segurança jurídica (Min. Luís Roberto Barroso).
A norma extraível do texto constitucional (art. 109, § 2°, da CRFB) objetiva concretizar o direito fundamental de acesso à justiça (Min. Ricardo Lewandowski).	• Normalmente, quem litiga contra o CADE não é hipossuficiente, como regra, já que se tratam de empresas (Min. Luís Roberto Barroso). • Nessa linha, faltaria a razão de ser do fundamento central da tese fixada: a facilitação do acesso à justiça (Min. Rosa Weber).
Há de prevalecer uma interpretação teleológica do art. 109, § 2°, da CRFB, voltada ao alcance do escopo de facilitar o acesso à justiça (Min. Ricardo Lewandowski).	Há de prevalecer a interpretação literal do art. 109, § 2°, da CRFB, já que a Constituição, quando quis mencionar os entes da Administração Pública Federal indireta, fê-lo expressamente, a exemplo do *caput* do artigo (Min. Teori Zavascki).
O objetivo da Constituição, ao criar a Advocacia Geral da União, em 1988, bem assim a razão de existência de uma Procuradoria Geral Federal é a de estruturar a Advocacia Pública Federal de Estado em todo o país e não mantê-la fragmentada em nichos e com atuação desuniforme. À interiorização da Justiça Federal, seguiu-se, também, a interiorização da Advocacia Pública Federal (Min. Dias Toffoli).	Houve uma intensa interiorização da Justiça Federal nos últimos anos; ao lado disso, há uma grande variedade de autarquias, distintas quanto à finalidade, aos objetivos e, até mesmo, ao seu âmbito territorial de atuação. Questiona-se, por exemplo, se um Conselho Regional poderia ser acionado em Estado distinto daquele em cujo território atua (Min. Teori Zavascki).
Às autarquias federais são destinadas, de modo geral, as mesmas prerrogativas processuais concedidas à União. A interpretação que reconhecesse, como foro competente, o da sede da autarquia federal, nas demandas em que for ré, implicaria concessão, a ela, de vantagem processual de foro privilegiado não atribuída à União (Min. Ricardo Lewandowski).	Seria falho o raciocínio segundo o qual, possuindo as autarquias federais as mesmas prerrogativas processuais da União, deveriam elas estar sujeitas à mesma regra de competência quando forem rés. O fato de a União ser um ente maior pode justificar a distinção de tratamento (Min Luiz Fux).

---

19. O Ministro Luís Roberto Barroso, embora tenha levantado esses argumentos contrários à tese fixada, votou favoravelmente à mesma, acompanhando o Relator, Ministro Ricardo Lewandowski.

◉ Fique atento:

- O art. 51, parágrafo único, do CPC/2015[20] reproduz a regra constante do art. 109, § 2º, da CRFB. A tese firmada pelo STF no RE 627709 impõe-se, portanto, na fixação do sentido e do alcance (interpretação) da norma extraível desse texto legal.

- Tendo em vista que o art. 52, parágrafo único, do CPC/2015[21] estabelece, para os Estados e o Distrito Federal, texto normativo simétrico àquele previsto no art. 109, § 2º, da CRFB para a União (e reproduzido no art. 51, parágrafo único, do CPC/2015), é razoável que se utilize a interpretação dada ao art. 109, § 2º, da CRFB pelo STF também ao art. 52, parágrafo único, do CPC/2015, por analogia, entendendo-se que a regra se aplica às autarquias estaduais.

Tema 414: "Competência para processar e julgar ação em que se discute a prestação de benefícios previdenciários decorrentes de acidentes de trabalho".

Tese: "Compete à Justiça Comum Estadual julgar as ações acidentárias que, propostas pelo segurado contra o Instituto Nacional do Seguro Social (INSS), visem à prestação de benefícios relativos a acidentes de trabalho".

FICHA TÉCNICA	
Leading case:	**RE 638483/PE**
Descrição do caso feita pelo STF:	"Recurso extraordinário, em que se discute, à luz do artigo 109, I, da Constituição Federal, a competência, ou não, da Justiça Federal para julgar causas relativas ao restabelecimento de benefícios previdenciários decorrentes de acidente de trabalho".
Dispositivo(s) constitucional(is) envolvido(s):	Art. 109, I, da CRFB: "Art. 109. Aos juízes federais compete processar e julgar: I – as causas em que a União, entidade autárquica ou empresa pública federal forem interessadas na condição de autoras, rés, assistentes ou oponentes, exceto as de falência, as de acidentes de trabalho e as sujeitas à Justiça Eleitoral e à Justiça do Trabalho(...)"
Data de reconhecimento da repercussão geral:	09/06/2011

---

20. CPC/2015, Art. 51, parágrafo único: "Se a União for a demandada, a ação poderá ser proposta no foro de domicílio do autor, no de ocorrência do ato ou fato que originou a demanda, no de situação da coisa ou no Distrito Federal".

21. CPC/2015, Art. 52, parágrafo único: "Se Estado ou o Distrito Federal for o demandado, a ação poderá ser proposta no foro de domicílio do autor, no de ocorrência do ato ou fato que originou a demanda, no de situação da coisa ou na capital do respectivo ente federado".

FICHA TÉCNICA	
Leading case:	**RE 638483/PE**
Data de julgamento do mérito recursal:	09/06/2011
Houve unanimidade?	Não
Data de publicação do acórdão de julgamento do recurso:	31/08/2011 (julgamento do recurso extraordinário)
Trânsito em julgado do acórdão:	12/09/2011

◎ Comentários:

Trata-se de recurso extraordinário interposto pelo Instituto Nacional do Seguro Social (INSS)[22] contra acórdão proferido pelo Tribunal Regional Federal da 5ª Região que, em Reexame Necessário, manteve sentença da 2ª Vara da Comarca de Cuité/PB que restabeleceu o pagamento de auxílio-doença, pago em decorrência de acidente de trabalho. O recurso sustenta violação ao art. 109, I, da CRFB de 1988, entendendo tratar-se de processo de competência da Justiça Estadual, de modo que a competência recursal para apreciação da sentença proferida seria do Tribunal de Justiça correspondente (e não do Tribunal Regional Federal).

Por se tratar de **benefício previdenciário decorrente de acidente de trabalho**, o STF, reafirmando jurisprudência firmada naquele Tribunal (tendo sido citados os seguintes precedentes: RE 447670 AgR/RN, RE 204204/SP, RE 592871/RS, AI 800204/RS e AI 800281/RS), deu provimento ao recurso extraordinário interposto, reconhecendo a **incompetência absoluta da Justiça Federal para processar e julgar a demanda** e determinando a remessa dos autos à Justiça Estadual, com anulação dos atos decisórios.

O Ministro Marco Aurélio limitou-se a se pronunciar pela existência de repercussão geral, entendendo inadequada a submissão do mérito do recurso extraordinário à análise em Plenário Virtual.

◎ Fique atento:

- Há de se observar que o processo do qual se originou o RE 638483/PE tramitou, em primeiro grau de jurisdição, perante a Justiça Comum Estadual (2ª Vara da Comarca de Cuité/PB). Entendendo tratar-se de hipótese encartada na regra de competência prevista no art. 109, § 3º, da CRFB de 1988[23], em que o Juízo Estadual es-

---

22. No site do STF, consta a informação de que o INSS seria a parte recorrida. Verificou-se, no entanto, o equívoco dessa informação a partir de exame da ficha de acompanhamento processual do TRF da 5ª Região (Processo nº 2009.05.099.003660-6). Este equívoco acha-se, inclusive, mencionado no voto proferido pelo Ministro Marco Aurélio.

23. "Art. 109. Aos juízes federais compete processar e julgar: (...)§ 3º Serão processadas e julgadas na justiça estadual, no foro do domicílio dos segurados ou beneficiários, as causas em que forem parte instituição de previdência social e segurado, sempre que a comarca não seja sede de vara do juízo federal, e, se verificada

taria imbuído de competência federal, aquele MM. Juízo encaminhou os autos, em reexame necessário, ao Tribunal Regional Federal da 5ª Região, com lastro no art. 108, II, da CRFB de 1988[24]. No entanto, o Supremo Tribunal Federal reputou que o Juízo Estadual teria funcionado no exercício de competência da própria Justiça Comum Estadual, já que, a despeito de se tratar de causa envolvendo instituição de previdência social (o INSS é autarquia federal) e segurado, a matéria (acidente de trabalho) estaria excepcionada da competência da Justiça Federal pelo art. 109, I, da CRFB de 1988.

- Há de se rememorar, portanto, a possibilidade de o Juízo Estadual atuar no exercício de competência federal, o que ocorrerá nos termos previstos pelo art. 109, § 3º, da CRFB de 1988.

⊚ Questões de Concurso relacionadas ao tema:

Questão 01 (TJRS.TJRS.Juiz de Direito.2009) João sofreu acidente de trabalho e pretende acionar o INSS para obter o respectivo auxílio-acidente, negado administrativamente. João reside em Cachoeirinha/RS, que não é sede de Vara Federal. Neste caso, que juízos, de 1º e 2º graus, deverão apreciar essa ação?

- **a)** Foro local da Comarca de Cachoeirinha, com recurso ao Tribunal de Justiça do Estado;
- **b)** Foro local da Comarca de Cachoeirinha, com recurso ao Tribunal Regional Federal da 4ª Região;
- **c)** Vara da Justiça Federal de Porto Alegre, com recurso ao Tribunal Regional Federal da 4ª Região;
- **d)** Vara do Trabalho de Cachoeirinha, com recurso ao Tribunal Regional do Trabalho da 4ª Região;
- **e)** Vara do Trabalho de Cachoeirinha, com recurso ao Tribunal Regional Federal da 4ª Região.

Gabarito: 1-B

Tema 572: "Competência para processar e julgar causas alusivas à parcela do imposto de renda retido na fonte pertencente ao Estado-membro".

Tese: "Compete à Justiça comum estadual processar e julgar causas alusivas à parcela do imposto de renda retido na fonte pertencente ao Estado-membro, porque ausente o interesse da União".

essa condição, a lei poderá permitir que outras causas sejam também processadas e julgadas pela justiça estadual".

24. " Art. 108. Compete aos Tribunais Regionais Federais: (...) II – julgar, em grau de recurso, as causas decididas pelos juízes federais e pelos juízes estaduais no exercício da competência federal da área de sua jurisdição".

FICHA TÉCNICA	
Leading case:	**RE 684169/RS**
Descrição do caso feita pelo STF:	"Recurso extraordinário em que se discute, à luz do inciso III do art. 153, do inciso I do art. 157 e do art. 159 da Constituição Federal, a competência para processar e julgar controvérsia alusiva à parcela do imposto de renda retido na fonte pertencente ao Estado-membro".
Dispositivo(s) constitucional(is) envolvido(s):	Art. 153, III, da CRFB: "Art. 153. Compete à União instituir impostos sobre: (...) III – renda e proventos de qualquer natureza (...)". Art. 157, I, da CRFB: "Art. 157. Pertencem aos Estados e ao Distrito Federal: I – o produto da arrecadação do imposto da União sobre renda e proventos de qualquer natureza, incidente na fonte, sobre rendimentos pagos, a qualquer título, por eles, suas autarquias e pelas fundações que instituírem e mantiverem (...)".
Data de reconhecimento da repercussão geral:	30/08/2012
Data de julgamento do mérito recursal:	30/08/2012
Houve unanimidade?	Não
Data de publicação do acórdão de julgamento do recurso:	23/10/2012 (julgamento do recurso extraordinário)
Trânsito em julgado do acórdão:	19/11/2012

◉ Comentários:

Trata-se de recurso extraordinário interposto em face de acórdão do Tribunal Regional Federal da 4ª Região que reconheceu a ilegitimidade *ad causam* da União para figurar no polo passivo de ação de repetição de indébito tributário, por se tratar de imposto de renda repassado ao Estado por força da regra constante do art. 157, I, da CRFB de 1988. Por consequência, o processo foi extinto sem resolução do mérito.

A parte recorrente defende, no RE 684169/RS, a legitimidade passiva *ad causam* da União tendo em vista a sua competência constitucional para instituir e fiscalizar o pagamento do imposto de renda, sendo ela o sujeito ativo da relação tributária e a destinatária final do tributo, levando-se em conta que o valor do imposto de renda retido pelo Estado--membro é compensado com a redução de repasses financeiros àquele realizados.

O STF, reiterando posicionamento firmado no âmbito do Tribunal (foram citados os seguintes precedentes: RE 433857/AgR, AI 577519/AgR e AI 488425/AgR), entendeu **não haver interesse da União** a ser defendido nos autos do processo, sendo **parte legítima da ação de repetição de indébito tributário o Estado-membro, dado ser sua a titularidade da verba decorrente do imposto sobre a renda e proventos de qualquer natureza inci-**

dentes sobre pagamentos feitos a servidores. Com base em tais premissas, o RE 684169/ RS foi improvido. Em decorrência do afastamento do interesse da União para integrar o feito, afastou-se a competência da Justiça Federal, fixando-se a competência da Justiça comum estadual.

O Ministro Marco Aurélio limitou-se a se pronunciar pela existência de repercussão geral, entendendo inadequada a submissão do mérito do recurso extraordinário à análise em Plenário Virtual.

◉ Fique atento:

- O Superior Tribunal de Justiça já assentou, sobre a matéria, o posicionamento que se encontra explicitado no enunciado nº 447 de sua súmula: "Súmula 447 – Os Estados e o Distrito Federal são partes legítimas na ação de restituição de imposto de renda retido na fonte proposta por seus servidores". Este entendimento harmoniza-se com o precedente estabelecido pelo STF no julgamento do RE 684169/RS.

◉ Questões de Concurso relacionadas ao tema:

Questão 01 (CESPE. TCE-PR. AUDITOR. 2016 – adaptada) No que concerne à repartição de receitas tributárias, julgue a afirmativa seguinte: A União é parte passiva legítima em ações que discutam matéria relacionada ao imposto sobre a renda retido na fonte de servidor público estadual, demanda que deve ser processada na justiça federal.

( ) Verdadeiro ( ) Falso

> **Gabarito: 1-F**

4.2. INTERESSE DE AGIR E ACESSO À JUSTIÇA

Tema 350: "Prévio requerimento administrativo como condição para o acesso ao Judiciário".

Tese: "I – A concessão de benefícios previdenciários depende de requerimento do interessado, não se caracterizando ameaça ou lesão a direito antes de sua apreciação e indeferimento pelo INSS, ou se excedido o prazo legal para sua análise. É bem de ver, no entanto, que a exigência de prévio requerimento não se confunde com o exaurimento das vias administrativas; II – A exigência de prévio requerimento administrativo não deve prevalecer quando o entendimento da Administração for notória e reiteradamente contrário à postulação do segurado; III – Na hipótese de pretensão de revisão, restabelecimento ou manutenção de benefício anteriormente concedido, considerando que o INSS tem o dever legal de conceder a prestação mais vantajosa possível, o pedido poderá ser formulado diretamente em juízo – salvo se depender da análise de matéria de fato ainda não levada ao conhecimento da Administração –, uma vez que, nesses casos, a conduta do INSS já configura o não acolhimento ao menos tácito da pretensão; IV – Nas ações ajuizadas antes da conclusão do julgamento do RE 631.240/MG (03/09/2014) que não tenham sido instruídas por prova do prévio requerimento administrativo, nas hipóteses em que exigível, será observado o seguinte: (a) caso a ação tenha sido ajuizada no âmbito de Juizado Itinerante, a ausência de anterior pedido administrativo não deverá implicar a extinção do feito; (b) caso o INSS já tenha apresentado contestação de mérito, está caracterizado o interesse em agir pela resistência à pretensão; e (c) as demais ações que não se enquadrem nos itens (a) e (b) serão sobrestadas e baixadas ao juiz de primeiro grau, que deverá intimar o autor a dar entrada no pedido administrativo em até 30 dias, sob pena de extinção do processo por falta de interesse em agir. Comprovada a postulação administrativa, o juiz intimará o INSS para se manifestar acerca do pedido em até 90 dias. Se o pedido for acolhido administrativamente ou não puder ter o seu mérito analisado devido a razões imputáveis ao próprio requerente, extingue-se a ação. Do contrário, estará caracterizado o interesse em agir e o feito deverá prosseguir; V – Em todos os casos acima – itens (a), (b) e (c) –, tanto a análise administrativa quanto a judicial deverão levar em conta a data do início da ação como data de entrada do requerimento, para todos os efeitos legais".

FICHA TÉCNICA	
Leading case:	**RE 631240/MG**
Descrição do caso feita pelo STF:	"Recurso extraordinário em que se discute, à luz dos artigos 2° e 5°, XXXV, da Constituição Federal, a exigibilidade, ou não, do prévio requerimento administrativo, perante o Instituto Nacional do Seguro Social – INSS, órgão especializado, como requisito para o exercício do direito à postulação jurisdicional".
Dispositivo(s) constitucional(is) envolvido(s):	"Art. 2° São Poderes da União, independentes e harmônicos entre si, o Legislativo, o Executivo e o Judiciário" "Art. 5° Todos são iguais perante a lei, sem distinção de qualquer natureza, garantindo-se aos brasileiros e aos estrangeiros residentes no País a inviolabilidade do direito à vida, à liberdade, à igualdade, à segurança e à propriedade, nos termos seguintes: (...)XXXV – a lei não excluirá da apreciação do Poder Judiciário lesão ou ameaça a direito; (...)"
Data de reconhecimento da repercussão geral:	09/12/2010
Data de julgamento do mérito recursal:	03/09/2014 (julgamento do recurso extraordinário) 16/12/2016 (julgamentos de dois embargos de declaração)

FICHA TÉCNICA	
Leading case:	**RE 631240/MG**
Houve unanimidade?	Não
Data de publicação do acórdão de julga-mento do recurso:	10/11/2014 (julgamento do recurso extraordinário) 07/02/2017 e 20/02/2017 (julgamentos dos dois embargos de declaração)
Trânsito em julgado do acórdão:	Não havia ocorrido o trânsito em julgado do acórdão até a data de fechamento desta edição

⊙ Comentários:

Uma segurada do INSS promoveu, em face da referida autarquia federal, demanda objetivando fosse-lhe concedida a aposentadoria rural por idade. O MM. Juízo de Direito da Comarca de Teófilo Otoni/MG, reputando ausente o interesse de agir da demandante, por não estar caracterizada a resistência à pretensão formulada (já que inexistente prévio requerimento administrativo de concessão da aposentadoria formulado ao INSS), extinguiu o processo sem resolução do mérito. Em sede de julgamento de apelação, o Tribunal Regional Federal da 1ª Região anulou a sentença proferida, sob o fundamento de que, em matéria previdenciária, a inexistência de prévio requerimento administrativo do benefício não obstaria a propositura da demanda. Do contrário, ter-se-ia violação à garantia constitucional de acesso à justiça.

O recurso extraordinário foi interposto pelo INSS, que alegou estar o acórdão recorrido em contraposição aos arts. 2º e 5º, XXXV, da CRFB de 1988. A questão posta à apreciação do Judiciário, em síntese, diz respeito à **constitucionalidade, à luz das cláusulas da separação dos poderes e da inafastabilidade da jurisdição (arts. 2º e 5º, XXXV, da CRFB de 1988, respectivamente), de se exigir prévio requerimento administrativo como condição para propositura de ações judiciais em matéria previdenciária (demonstração de interesse de agir).**

O voto condutor do acórdão, proferido pelo Ministro Roberto Barroso, pautou-se nas seguintes premissas (ao final de cada uma delas, serão indicados os precedentes do STF invocados pelo Ministro em seu voto, que corroboram aquele entendimento):

1) São constitucionais, em tese, as condições da ação (dentre as quais se inseria, no contexto do então vigente e atualmente **revogado** CPC/1973, o interesse de agir)[25]. Decisões que extingam o processo por ausência dessas condições não violariam

---

25. Esse julgamento foi proferido sob a égide do atualmente revogado CPC/1973, que consagrava as condições da ação, especialmente em seus arts. 3º e 267, VI: "Art. 3º Para propor ou contestar ação é necessário ter interesse e legitimidade"; "Art. 267. Extingue-se o processo, sem resolução de mérito: (...)VI – quando não concorrer qualquer das condições da ação, como a possibilidade jurídica, a legitimidade das partes e o interesse processual; (...)". No CPC/2015, o art. 17 estabelece: "Art. 17. Para postular em juízo é necessário ter interesse e legitimidade". Já o art. 485, VI, preconiza que: "Art. 485. O juiz não resolverá o mérito quando: (...)VI – verificar ausência de legitimidade ou de interesse processual; (...)". Há de se notar que o Código de Processo Civil de 2015 não faz mais alusão à categoria condições da ação.

o princípio da inafastabilidade da jurisdição, já que elas incidiriam não sobre o direito de ação, mas sobre o seu exercício regular (RE287154; RE273.791);

2) O interesse de agir está ligado aos princípios da economicidade e da eficiência, voltando-se à racionalização da demanda judicial, ao exigir o preenchimento, pelo autor da demanda, dos requisitos da utilidade (processo deve ser capaz de trazer um incremento à esfera jurídica do autor), da adequação (o meio escolhido deve ser idôneo à obtenção da tutela jurisdicional pretendida) e da necessidade da prestação jurisdicional (imprescindibilidade da atuação do Estado-juiz para a satisfação da pretensão do demandante) (AI 476262-ED);

3) Sob a perspectiva da necessidade, inerente ao interesse de agir, é que deve ser analisada a exigibilidade de prévio requerimento administrativo para o ajuizamento de demandas judiciais. Como regra, o autor não precisa demonstrar em juízo a antecedente e frustrada tentativa de solução consensual do conflito com o réu. À configuração da necessidade, ínsita ao interesse de agir, basta a alegação, na petição inicial, de violação ou ameaça de violação a direito.

4) Na relação entre Previdência Social e beneficiários, a concessão do benefício pressupõe, como regra, a provocação da Administração pelo administrado, sem o que não se configura qualquer lesão ou ameaça de lesão a direito. Muitos benefícios são devidos a partir da data do seu requerimento, inclusive. Logo, o prévio requerimento administrativo é pressuposto para que se promova, legitimamente, a demanda judicial, estando configurado o interesse de agir, sob a ótica da necessidade, quando indeferida a pretensão administrativamente veiculada ou quando for excedido o prazo legal de apreciação do pedido pela Administração. Nos demais casos, o Juiz estaria funcionando como administrador, o que afrontaria o princípio da separação de poderes[26]. A exigência de prévio requerimento administrativo não se confunde, porém, com o exaurimento das vias administrativas, sendo este desnecessário ao ajuizamento da demanda.

5) Nas ações previdenciárias, **exige-se o prévio requerimento administrativo para viabilizar a regular propositura de demanda judicial quando: a) o administrado pretende a obtenção original de uma vantagem junto à Previdência Social; b) o administrado pretende o melhoramento ou a proteção de vantagem já concedida e a pretensão está relacionada a matéria fática ainda não levada ao conhecimento da Administração.**

6) Por outro lado, **não se exige o prévio requerimento administrativo para viabilizar o ajuizamento de ação previdenciária quando: a) o administrado pretende o melhoramento ou a proteção de vantagem já concedida que não demande apreciação de matéria fática ainda inédita para a Administração**[27] (considerando a premissa segundo a qual a Previdência Social tem o dever de conceder ao be-

---

26. Além disso, o Ministro Roberto Barroso ainda destacou que o Judiciário não possui estrutura adequada para funcionar como instância originária de processamento e concessão de benefícios do INSS, sem olvidar que a instância administrativa, além de gratuita, é normalmente mais rápida e dotada de servidores especializados.

27. O Ministro Roberto Barroso afirmou, quanto a este ponto, que, considerando-se a premissa segundo a qual a Previdência Social tem o dever de conceder ao beneficiário o melhor benefício a que faça jus, quando assim não agir, haverá a configuração de pretensão resistida.

neficiário o melhor benefício a que faça jus, quando assim não age, já pretensão resistida); b) **quando o entendimento da autarquia previdenciária for notoriamente desfavorável** à **pretensão do beneficiário (presunção de indeferimento administrativo)**.

Com base nessas premissas e examinando o caso concreto, o voto condutor do acórdão do STF registrou que situações há, como a da aposentadoria rural por idade de trabalhador informal, em que para o administrado é particularmente difícil a apresentação de "início de prova material"[28] para reconhecimento do tempo de serviço, o que poderia configurar caso de presunção de indeferimento administrativo do benefício pelo INSS.

Porém, o INSS tem flexibilizado essa exigência quando se trate de benefícios de valor mínimo, o que afasta, quanto a eles (inclusive na situação dos autos), a presunção de indeferimento administrativo e impõe o prévio requerimento administrativo antes do ajuizamento da demanda.

Observando a **necessidade de estabelecer a eficácia do precedente formado em sede de repercussão geral sobre ações já ajuizadas**, o voto condutor do acórdão registrou, inicialmente, a ausência de pacificidade da jurisprudência do STF quanto ao tema, havendo decisões que, em matéria previdenciária, reputam necessário o prévio requerimento administrativo para configuração do interesse de agir (AI 126.739-AgR, RE 121593, RE 174180); outras que entendem que essa temática encerra violação reflexa à Constituição (RE 125458, RE 144840); outras, ainda, que reconhecem presente o interesse de agir, mesmo sem prévio requerimento administrativo formalizado, desde que o INSS tenha contestado o mérito do pedido em juízo (RE 143580); outras, por fim, que entendem dispensável o requerimento administrativo prévio (RE 548676-AgR, RE 545214 – AgR, RE 549055 – AgR). Estas últimas, segundo apontado pelo Ministro Relator, são as que expressam o entendimento mais recente do STF.

Paradoxalmente, porém, embora a jurisprudência do STF tenha caminhado no sentido de não exigir o prévio requerimento administrativo para propositura de ações previdenciárias, continua a reputá-lo necessário em situações outras, como o pedido de *habeas data*[29], sem haver uma justificativa clara para a distinção feita. Indicou, também, divergência jurisprudencial no âmbito do Superior Tribunal de Justiça.

Em razão do quadro de insegurança vigente à época do julgamento desse RE 631240/MG, o voto condutor do acórdão do STF contemplou fórmula de transição para regrar as situações dos processos em curso que seriam afetados pelo precedente formado. Nesse sentido, a eficácia do precedente foi estruturada da seguinte forma:

---

28. Como exige a Lei n° 8.213/1990, art. 55, § 3°: "Art. 55. O tempo de serviço será comprovado na forma estabelecida no Regulamento, compreendendo, além do correspondente às atividades de qualquer das categorias de segurados de que trata o art. 11 desta Lei, mesmo que anterior à perda da qualidade de segurado: (...)§ 3° A comprovação do tempo de serviço para os efeitos desta Lei, inclusive mediante justificação administrativa ou judicial, conforme o disposto no art. 108, só produzirá efeito quando baseada em início de prova material, não sendo admitida prova exclusivamente testemunhal, salvo na ocorrência de motivo de força maior ou caso fortuito, conforme disposto no Regulamento".

29. O Ministro Roberto Barroso cita os precedentes contidos nos HD 87-AgR, RHD 24 e RHD 22, destacando que esse posicionamento tradicional continua sendo adotado pelo STF quanto ao tema.

Processos ajuizados antes da conclusão do julgamento do RE631240/MG (03/09/2014) e nos quais não conste prova de prévio requerimento administrativo, quando exigível:	
Situação 01 – Se o processo se originou em um Juizado Itinerante	
Solução: não se extingue o processo por ausência de interesse de agir	**Fundamento:** o Juizado Itinerante objetiva garantir acesso à justiça em comunidades remotas, a pessoas que têm dificuldade de acesso aos serviços públicos. A extinção geraria frustração de expectativa aos jurisdicionados e desperdício de esforço logístico.
Situação 02 – Se o processo não se originou em um Juizado Itinerante, mas nele houve contestação de mérito pelo INSS	
Solução: não se extingue o processo por ausência de interesse de agir	**Fundamento:** com o oferecimento da contestação de mérito, caracterizou-se o interesse de agir, sob o ângulo da necessidade, pela resistência à pretensão formulada. Sendo preservado o contraditório, essa solução não causa prejuízo às partes.
Situação 03 – Se o processo não se enquadrar nas anteriores situações 01 e 02	
Solução: o feito será sobrestado e baixado ao primeiro grau, devendo a parte autora ser intimada para protocolizar seu requerimento administrativo junto ao INSS no prazo de 30 (trinta) dias, sob pena de extinção do processo por ausência de interesse de agir. Após o protocolo do requerimento administrativo e sua comprovação em juízo, o INSS será instado a se manifestar sobre o pedido no prazo de 90 (noventa) dias. Se o pleito for acolhido administrativamente ou for obstado o exame do mérito da pretensão administrativa por razões imputáveis ao requerente, o processo judicial será extinto sem resolução do mérito. Do contrário, não apreciado no prazo ou negado o pleito administrativo, reconhece-se a existência do interesse de agir, com prosseguimento do feito. A análise quanto ao interesse de agir será, em todos os casos, feita pelo juiz.	**Fundamento:** compatibilizar a solução judicial de exigência de prévio requerimento administrativo para configuração do interesse de agir com o aproveitamento dos atos processuais já praticados. No que concerne ao prazo de noventa dias concedido ao INSS, dobrou-se o prazo legal (art. 41-A, § 5º, da Lei nº 8213/1991)[30] para análise do requerimento administrativo em razão do volume de casos acumulados.

Para todos esses processos, o voto condutor do acórdão do STF estabeleceu que se deveria considerar, para todos os efeitos legais, a data do ajuizamento da demanda como se fora a data de entrada do requerimento, evitando-se, assim, situações supervenientes que podem influir na análise do pleito (perda de situação de segurado, por exemplo). Além

---

30. "Art. 41-A. O valor dos benefícios em manutenção será reajustado, anualmente, na mesma data do reajuste do salário mínimo, pro rata, de acordo com suas respectivas datas de início ou do último reajustamento, com base no Índice Nacional de Preços ao Consumidor – INPC, apurado pela Fundação Instituto Brasileiro de Geografia e Estatística – IBGE. (...) § 5º O primeiro pagamento do benefício será efetuado até quarenta e cinco dias após a data da apresentação, pelo segurado, da documentação necessária a sua concessão".

disso, como a data do início do benefício normalmente é a data do requerimento, essa solução evita injustiças para o administrado.

O acórdão do STF, por maioria, deu parcial provimento ao recurso extraordinário interposto, determinando a adoção, no caso concreto, da solução nº 03 explicitada no quadro acima.

No julgamento dos embargos de declaração opostos ao acórdão pelo INSS, esclareceu-se que, em verdade, deve-se considerar a **data do início da ação** como data do requerimento administrativo nas hipóteses que se enquadrarem na fórmula de transição e não a data do ajuizamento da demanda, já que havia divergência jurisprudencial quanto à data que corresponderia a esse início da ação (ajuizamento do feito ou citação do réu). Os embargos foram providos, mas sem modificação do julgado.

◉ Síntese do debate constante do acórdão que fixou o precedente:

Argumentos favoráveis à tese fixada:	Argumentos contrários à tese fixada:
A exigência de prévio requerimento administrativo para ajuizamento de determinadas demandas previdenciárias não se confunde com o exaurimento da via administrativa. No primeiro caso, o INSS tem o prazo legal de 45 (quarenta e cinco) dias para examinar e decidir o requerimento administrativo, prazo no qual, normalmente, não se encerrou o processo judicial com análise de mérito. No segundo caso, o exaurimento da via administrativa pode demorar até mesmo anos. São, portanto, coisas distintas (Min. Roberto Barroso)	Não há distinção substancial entre se exigir prévio requerimento administrativo para ingresso em juízo e se exigir exaurimento da via administrativa (Min. Marco Aurélio).
• Há outras limitações legítimas ao exercício do direito de ação, cuja constitucionalidade já foi reconhecida pelo STF, a exemplo de prazo legal de 120 (cento e vinte) dias para impetração de mandado de segurança (Min. Gilmar Mendes) • No mesmo sentido, podem ser citados os prazos prescricionais (Min. Teori Zavascki)	Na CRFB de 1988, apenas os arts. 114, § 2º e 217, § 1º[31] impõem a necessidade de adoção de providências prévias antes de se viabilizar o acesso ao Judiciário (Min. Marco Aurélio)

---

31. "Art. 114. Compete à Justiça do Trabalho processar e julgar: (...)§ 2º Recusando-se qualquer das partes à negociação coletiva ou à arbitragem, é facultado às mesmas, de comum acordo, ajuizar dissídio coletivo de natureza econômica, podendo a Justiça do Trabalho decidir o conflito, respeitadas as disposições mínimas legais de proteção ao trabalho, bem como as convencionadas anteriormente"; "Art. 217. É dever do Estado fomentar práticas desportivas formais e não formais, como direito de cada um, observados: (...)§ 1º O Poder Judiciário só admitirá ações relativas à disciplina e às competições desportivas após esgotarem-se as instâncias da justiça desportiva, regulada em lei".

Argumentos favoráveis à tese fixada:	Argumentos contrários à tese fixada:
Sem contra-argumento	A solução proposta para o caso (prévia exigência de requerimento administrativo antes do ajuizamento da demanda judicial) somente beneficia o Estado, parte mais forte na relação jurídica, configurando-se como um verdadeiro retrocesso para a cidadania (Min. Marco Aurélio).
A solução proposta objetiva compatibilizar a decisão judicial de exigência de prévio requerimento administrativo para configuração do interesse de agir com o aproveitamento dos atos processuais já praticados (Min. Roberto Barroso).	A solução proposta (intitulada de "fórmula de transição") resultará na satisfação de condição de procedibilidade depois do ajuizamento da ação (Min. Marco Aurélio).
A matéria versada no recurso não é infraconstitucional. Trata-se de verificar a constitucionalidade da exigência do prévio requerimento administrativo para ajuizamento da demanda judicial, aferindo se se trata de exigência proporcional ou se malfere a garantia fundamental de acesso ao Judiciário (Min. Gilmar Mendes).	A questão discutida, em verdade, é de natureza infraconstitucional (interesse de agir) (Min. Rosa Weber)[32].

◉ Fique atento:

- O Código de Processo Civil de 2015 não utiliza a expressão "condições da ação", diversamente do que ocorria com o **revogado** CPC/1973, que dela fazia uso, enquadrando nessa categoria a legitimidade *ad causam*, o interesse de agir e a impossibilidade jurídica do pedido. No entanto, há menções, no CPC/2015, à legitimidade *ad causam* e ao interesse de agir (a exemplo do que ocorre com os arts. 17 e 485, VI, do CPC/2015). Há divergência doutrinária quanto ao significado dessa mudança: se ela representaria o desaparecimento, na ciência processual brasileira, da categoria "condições da ação" ou se, a despeito da omissão de sua indicação no texto legal, ela remanesceria existente.

- O Ministro Roberto Barroso explicitou em seu voto, em *obiter dictum*, que, havendo situação específica em que seja maior o ônus de comparecer a um posto de atendimento da Previdência Social do que o de ingressar em juízo, essa situação pode justificar a dispensa de exigência de prévio requerimento administrativo, por decisão motivada do magistrado, no caso concreto, por se configurar lesiva ao direito a excessiva onerosidade para que o administrado seja atendido pelo INSS. Trata-se de situação fática que pode ensejar um *distinguishing* em relação à tese fixada neste Tema 350.

---

32. A Ministra defendeu esse fundamento, a despeito de já superado o juízo de admissibilidade do recurso extraordinário pela decisão que reconheceu a repercussão geral. No mérito, votou acompanhando o Ministro Relator, embora defendendo que a tese devesse ser firmada de modo minimalista, sem modulação alguma, ou seja, apenas enfatizando a necessidade de prévio requerimento administrativo para o ajuizamento da demanda judicial.

- Há de se rememorar a possibilidade de o Juízo Estadual atuar no exercício de competência federal, o que ocorrerá nos termos previstos pelo art. 109, § 3º, da CRFB de 1988, sendo esta a hipótese que se verifica neste caso examinado.

◉ Questões de Concurso relacionadas ao tema:

Questão 01 (TRF-4ª R. TRF-4ªR. Juiz Federal Substituto. 2016) Assinale a alternativa correta.

Relativamente ao julgamento do Supremo Tribunal Federal, em repercussão geral (RE 631.240/ MG), que assentou entendimento sobre o interesse de agir e o prévio requerimento administrativo de benefício previdenciário:

a) A falta de prévio requerimento administrativo de concessão de benefício deve implicar a extinção do processo judicial com resolução de mérito.

b) Nas ações já ajuizadas no âmbito de Juizado Itinerante, a falta do prévio requerimento administrativo implicará a extinção do feito sem julgamento de mérito.

c) Nas ações judiciais, mesmo que o Instituto Nacional do Seguro Social tenha apresentado contestação de mérito, aplica-se a extinção do feito sem resolução de mérito, em face da ausência de prévio requerimento administrativo.

d) Nas ações em que estiver ausente o prévio requerimento administrativo, o feito será baixado em diligência ao Juízo de primeiro grau, onde permanecerá sobrestado, a fim de intimar o autor a dar entrada no pedido em até 30 dias, sob pena de extinção do processo por falta de interesse de agir.

e) Nos casos em que estiver ausente o prévio requerimento administrativo e, baixado o feito em diligência, o interessado comprovar a postulação administrativa e o Instituto Nacional do Seguro Social, após intimação judicial, manifestar-se e indeferir o benefício, estará caracterizado o interesse de agir, e o feito deverá prosseguir, retornando ao Tribunal Regional Federal para julgamento.

> Gabarito: 1-D

4.3. LEGITIMIDADE *AD CAUSAM* (LEGITIMAÇÃO EXTRAORDINÁRIA) DOS SINDICATOS

Tema 823: "Legitimidade dos sindicatos para a execução de título judicial, independentemente de autorização dos sindicalizados".

Tese: "Os sindicatos possuem ampla legitimidade extraordinária para defender em juízo os direitos e interesses coletivos ou individuais dos integrantes da categoria que representam, inclusive nas liquidações e execuções de sentença, independentemente de autorização dos substituídos".

FICHA TÉCNICA	
Leading case:	**RE 883642/AL**
Descrição do caso feita pelo STF:	"Recurso extraordinário em que se discute, à luz do art. 8°, III, da Constituição Federal, a legitimidade dos sindicatos para procederem à execução de julgado, independentemente de autorização dos substituídos".
Dispositivo(s) constitucional(is) envolvido(s):	" Art. 8° É livre a associação profissional ou sindical, observado o seguinte: (...) III – ao sindicato cabe a defesa dos direitos e interesses coletivos ou individuais da categoria, inclusive em questões judiciais ou administrativas; (...)".
Data de reconhecimento da repercussão geral:	18/06/2015
Data de julgamento do mérito recursal:	18/06/2015 (julgamento do recurso extraordinário)
Houve unanimidade?	Não
Data de publicação do acórdão de julgamento do recurso:	26/06/2015 (julgamento do recurso extraordinário) 17/10/2014 (julgamento de embargos de declaração)
Trânsito em julgado do acórdão:	11/08/2015

◉ Comentários:

A União interpôs recurso extraordinário, suscitando ofensa ao art. 8°, III, da CRFB de 1988, contra acórdão proferido pelo Tribunal Regional Federal da 5ª Região que reconheceu possuir o Sindicato recorrido legitimidade para promover a execução de julgado, independentemente de autorização dos sindicalizados. Defendeu a Recorrente que os sindicatos, na execução do título judicial, não mais atuariam como substituto processual, mas, sim, como representante da parte beneficiária do título. Nesta etapa, portanto, teriam de apresentar procuração outorgada pelos representados para que pudessem promover a demanda executiva.

O STF, ao julgar o RE 883642/AL, negou-lhe provimento, reafirmando sua jurisprudência no sentido de que **os sindicatos possuem ampla legitimidade para atuarem como substitutos processuais dos integrantes da categoria a que se refiram, o que engloba a defesa em juízo de direitos coletivos e individuais daqueles, inclusive nas fases de liquidação e de execução do julgado, independentemente de prévia obtenção de autorizações dos substituídos.**

Foram citados os seguintes precedentes que sedimentam esse entendimento: RE 214668/ES, ARE789300-ED/DF, ARE 751.500-ED/DF, RE 696.845-AgR/DF, AI 803.293-AgR/RS, RE 217.566-AgR/DF, RE 591.533-AgR/DF, AI 795.106/RS e RE 193.503/SP.

O Ministro Marco Aurélio limitou-se a se pronunciar pela existência de repercussão geral, entendendo inadequada a submissão do mérito do recurso extraordinário à análise em Plenário Virtual.

◉ Fique atento:

- É preciso diferenciar a legitimação conferida aos Sindicatos, que têm ampla legitimidade para atuar como substitutos processuais dos integrantes da categoria que representem, tanto na fase de conhecimento quanto nas fases de liquidação e execução do julgado (independentemente de autorização do beneficiário do título judicial), daquela outorgada às associações pelo art. 5º, XXI, da CRFB de 1988, para defesa de direitos de seus filiados. Neste caso, entende-se que a hipótese é de representação processual (e não de substituição processual), a exigir autorização expressa do associado, ainda que conferida em assembleia. É o que se extrai da tese firmada no Tema 82 da Repercussão Geral: "I – A previsão estatutária genérica não é suficiente para legitimar a atuação, em Juízo, de associações na defesa de direitos dos filiados, sendo indispensável autorização expressa, ainda que deliberada em assembleia, nos termos do artigo 5º, inciso XXI, da Constituição Federal; II – As balizas subjetivas do título judicial, formalizado em ação proposta por associação, são definidas pela representação no processo de conhecimento, limitada a execução aos associados apontados na inicial".

◉ Questões de Concurso relacionadas ao tema:

Questão 01 (FCC.TRT-4ªR. Analista Judiciário – Área Administrativa.2015) Os sindicatos, em prol da categoria profissional que representam, possuem legitimidade ativa para a defesa judicial e administrativa dos interesses:

- **a)** individuais homogêneos e coletivos, fazendo-o sob a forma de substituto processual, sempre na dependência de expressa autorização de seus filiados.

- **b)** coletivos e difusos, fazendo-o sob a forma de legitimado ordinário, independentemente de expressa autorização de seus filiados.

- **c)** individuais homogêneos, coletivos e difusos, como substituto processual, sempre na dependência de expressa autorização de seus filiados.

- **d)** individuais homogêneos e coletivos, fazendo-o sob a forma de substituto processual, independentemente de expressa autorização de seus filiados. **e)** individuais homogêneos e coletivos, fazendo-o como legitimado ordinário, sempre na dependência de expressa autorização de seus filiados.

Gabarito: 1-D

4.4. LEGITIMIDADE *AD CAUSAM* (EXECUÇÃO)

Tema 768: "Possibilidade de execução das decisões de condenação patrimonial proferidas pelos Tribunais de Contas por iniciativa do Ministério Público, atuante ou não junto às Cortes de Contas, seja federal, seja estadual".

Tese: "Somente o ente público beneficiário possui legitimidade ativa para a propositura de ação executiva decorrente de condenação patrimonial imposta por Tribunais de Contas (CF, art. 71, § 3°)".

FICHA TÉCNICA	
Leading case:	**ARE 823347/MA**
Descrição do caso feita pelo STF:	"Recurso extraordinário em que se discute, à luz dos arts. 5°, XXXV e 129, III, da Constituição, a legitimidade do Ministério Público para executar judicialmente as decisões de Tribunais de Contas que impõem multa a gestor público, como forma de exercer a defesa do patrimônio público".
Dispositivo(s) constitucional(is) envolvido(s):	"Art. 5° Todos são iguais perante a lei, sem distinção de qualquer natureza, garantindo-se aos brasileiros e aos estrangeiros residentes no País a inviolabilidade do direito à vida, à liberdade, à igualdade, à segurança e à propriedade, nos termos seguintes: (...) XXXV – a lei não excluirá da apreciação do Poder Judiciário lesão ou ameaça a direito; (...)" "Art. 129. São funções institucionais do Ministério Público: (...) III – promover o inquérito civil e a ação civil pública, para a proteção do patrimônio público e social, do meio ambiente e de outros interesses difusos e coletivos; (...)"
Data de reconhecimento da repercussão geral:	02/10/2014
Data de julgamento do mérito recursal:	02/10/2014 (julgamento do recurso extraordinário)
Houve unanimidade?	Não
Data de publicação do acórdão de julgamento do recurso:	28/10/2014 (julgamento do recurso extraordinário)
Trânsito em julgado do acórdão:	27/11/2014

⊙ Comentários:

O Ministério Público do Estado do Maranhão ajuizou execução fundada em título extrajudicial, consistente em acórdão do Tribunal de Contas do Estado do Maranhão que imputou multa a gestor público em razão da desaprovação das contas por ele apresentadas.

Extinta a execução sem resolução do mérito, por reconhecimento da ilegitimidade ativa *ad causam* do órgão ministerial para promover a execução, a temática chegou ao STF por meio do ARE 823347/MA, interposto para destrancar recurso extraordinário inadmitido na origem e pautado em alegadas violações aos arts. 5º, XXXV e 129, III, da CRFB de 1988, decorrentes da confirmação, pelo Tribunal de Justiça do Estado do Maranhão, da ilegitimidade ativa *ad causam* reconhecida em primeira instância.

O Ministério Público defendeu a sua legitimidade à luz do art. 129, III, da CRFB de 1988 aob o argumento de que estaria promovendo a defesa, em juízo, do patrimônio público. Ao obstar o prosseguimento do feito executivo, o Tribunal *a quo* teria incorrido em negativa de prestação jurisdicional, afrontando, também, o art. 5º, XXXV, da Constituição Federal.

O STF, no julgamento do ARE 823347/MA, negou provimento ao recurso, reafirmando a jurisprudência da Corte no sentido de que **apenas o ente público beneficiário da condenação imposta pela decisão do Tribunal de Contas** é **legitimado para promover a sua execução, sendo parte ilegítima, para tal mister, o Ministério Público, pouco importando se se trata ou não de** órgão **ministerial atuante junto** à **Corte de Contas, federal ou estadual**.

Nesse sentido, foram citados os seguintes precedentes que testificam esse entendimento: RE 223.037, RE-AgR 525.663, AI-AgR 826.676, AI-AgR 765.470, ARE-AgR 720.742, RE-AgR 606.306, e RE-AgR 791.575.

No julgamento, o Ministro Marco Aurélio pontuou que o instituto da repercussão geral, para ser apreciado, pressupõe recurso extraordinário admitido, entendendo inadequada a sua análise em sede de agravo interposto para destrancar recurso extraordinário inadmitido na origem, razão pela qual se consignou o julgamento por maioria. Também foi vencido, no Plenário Virtual, o Ministro Dias Toffoli (sem a apresentação de voto por escrito).

⊙ Fique atento:

- O voto condutor do acórdão do ARE 823347/MA mencionou a existência de recurso (ARE641896, paradigma que foi substituído pelo RE 1003433), no qual houve reconhecimento de repercussão geral (Tema 642), estando ainda pendente de julgamento o mérito do recurso. Busca-se discutir, no referido Tema, à luz dos arts. 31, § 1º e 71, § 3º, da CRFB de 1988, qual o ente público legitimado para ajuizar execução de multa aplicada pelo Tribunal de Contas do Estado a agente público municipal, em decorrência de danos causados ao erário municipal. Trata-se de questão que não se confunde com a discutida neste Tema 768.

⊙ Questões de Concurso relacionadas ao tema:

Questão 01 (FUNDATEC. PREFEITURA DE PORTO ALEGRE-RS. Procurador Municipal – Bloco I. 2016 – Adaptada) Julgue o item abaixo:

O STF, em sede de repercussão geral, definiu que, no caso de condenação patrimonial imposta por tribunal de contas, somente o ente público beneficiário possui legitimidade para propor a ação de execução.

( ) Verdadeiro ( ) Falso

Questão 02 (CESPE. PREFEITURA DE FORTALEZA/CE. Procurador do Município. 2017) No que se refere ao cumprimento de sentença e ao processo de execução, julgue o item subsequente.

De acordo com o entendimento atual nos tribunais superiores, o MP tem legitimidade extraordinária para promover ação de execução de título formado por decisão do tribunal de contas do estado ou do Tribunal de Contas da União que tenha finalidade de ressarcir o erário.

( ) Certo ( ) Errado

> **Gabarito: 1-V; 2-E**

4.5. LEGITIMIDADE *AD CAUSAM* (PROCESSO COLETIVO)

Tema 82: "Possibilidade de execução de título judicial, decorrente de ação ordinária coletiva ajuizada por entidade associativa, por aqueles que não conferiram autorização individual à associação, não obstante haja previsão genérica de representação dos associados em cláusula do estatuto".

Tese: "I – A previsão estatutária genérica não é suficiente para legitimar a atuação, em Juízo, de associações na defesa de direitos dos filiados, sendo indispensável autorização expressa, ainda que deliberada em assembleia, nos termos do artigo 5º, inciso XXI, da Constituição Federal; II – As balizas subjetivas do título judicial, formalizado em ação proposta por associação, são definidas pela representação no processo de conhecimento, limitada a execução aos associados apontados na inicial".

FICHA TÉCNICA	
Leading case:	RE 573232/SC
Descrição do caso feita pelo STF:	"Recurso extraordinário em que se discute o alcance da expressão 'quando expressamente autorizadas', constante do art. 5º, XXI, da Constituição Federal, para fins de execução de julgado, oriundo de ação ordinária de caráter coletivo ajuizada por associação, por aqueles que não conferiram autorização expressa à entidade associativa, não obstante haja previsão genérica de representação dos associados em cláusula do estatuto".

FICHA TÉCNICA	
Leading case:	**RE 573232/SC**
Dispositivo(s) constitucional(is) envolvido(s):	"Art. 5º Todos são iguais perante a lei, sem distinção de qualquer natureza, garantindo-se aos brasileiros e aos estrangeiros residentes no País a inviolabilidade do direito à vida, à liberdade, à igualdade, à segurança e à propriedade, nos termos seguintes: (...) XXI – as entidades associativas, quando expressamente autorizadas, têm legitimidade para representar seus filiados judicial ou extrajudicialmente;".
Data de reconhecimento da repercussão geral:	15/05/2008
Data de julgamento do mérito recursal:	14/05/2014 (julgamento do recurso extraordinário)
Houve unanimidade?	Não
Data de publicação do acórdão de julgamento do recurso:	19/09/2014 (julgamento do recurso extraordinário) 29/05/2015 e 06/10/2015 (decisões monocráticas de desprovimento de embargos de declaração)
Trânsito em julgado do acórdão:	28/10/2015

◉ Comentários:

A Associação Catarinense do Ministério Público (ACMP) ajuizou ação ordinária em que postulou a incidência, em favor de seus associados (previamente identificados no processo), do percentual de 11,98% sobre a gratificação eleitoral, calculada sobre os vencimentos dos juízes federais e que sofreu redução quando de sua conversão em URVs, em 1994. Pretendeu, ainda, o pagamento de diferenças devidas a partir de março de 1994.

Acolhida judicialmente a pretensão supracitada e iniciadas as execuções individuais do julgado, o juízo de primeiro grau, em decisão interlocutória, indeferiu a pretensão de alguns exequentes, excluindo-os do polo ativo da execução, sob o argumento de que os efeitos do título executivo obtido pela Associação somente alcançariam os associados que houvessem, no momento da propositura da demanda de conhecimento, expressamente autorizado a Autora a ajuizá-la, situação na qual não se enquadravam aqueles postulantes.

Em sede de agravo de instrumento, a decisão interlocutória em referência foi reformada por acórdão prolatado pelo Tribunal Regional Federal da 4ª Região, que reconheceu a legitimidade dos associados da ACMP para propor, individualmente, a execução do direito assegurado na demanda coletiva ajuizada pela Associação. O aludido Tribunal entendeu que as associações e os sindicatos possuiriam legitimidade para propor ações de qualquer natureza (mandamentais ou não) em defesa de seus filiados, independentemente de autorização expressa ou procuração individual por eles fornecida, na qualidade de substitutos processuais.

Contra este acórdão, a União interpôs o RE 573232/SC, alegando violação ao **art. 5º, XXI, da CRFB de 1988**[33] e sustentando, em síntese, que somente seria legitimado a promover a execução do título judicial o associado que tenha autorizado expressamente a

---

33. O recurso extraordinário também apontou violação aos arts. 5º, XXXVI e 8º, III, da CRFB de 1988, mas, quanto a tal parte, não foi conhecida a pretensão recursal da União.

propositura da demanda de conhecimento pela Associação. **O recurso centra-se, pois, na discussão quanto à interpretação a ser dada à expressão "quando expressamente autorizadas", prevista no aludido dispositivo constitucional**.

O voto condutor do acórdão proferido pelo STF pautou-se na diferenciação entre os institutos da **representação processual** e da **substituição processual**, entendendo-se que o art. 5º, XXI, da CRFB de 1988 contemplaria hipótese de representação processual dos associados pelas associações. Nesse sentido, as associações dependem de **autorização expressa e específica** para proceder a tal representação, a qual pode se dar por **deliberação em assembleia** ou por **autorizações individuais**.

Dependendo a associação de autorizações específicas para propor demanda coletiva em juízo (exceto mandado de segurança, cujo regramento está previsto no art. 5º, LXX, da CRFB de 1988[34]), o processo não pode ser integrado, na fase de execução, por outros associados que não conferiram tais autorizações, sendo inexistente, quanto a eles, o título executivo, sob o aspecto subjetivo. Em outras palavras, permitir que esses associados que não autorizaram a propositura da demanda venham a se beneficiar, individualmente, do título executivo judicial formado implicaria indevida alteração subjetiva desse título. Além disso, há de se considerar que a defesa da parte contrária limita-se às pessoas que na petição inicial da demanda foram indicadas como representadas.

Com base em tais fundamentos, o recurso extraordinário interposto foi provido, na parte em que conhecido, restabelecendo-se a decisão de primeiro grau que excluiu do polo ativo da execução proposta os associados que não haviam autorizado a Associação autora a ajuizar a demanda de conhecimento.

◉ Síntese do debate constante do acórdão que fixou o precedente:

Argumentos favoráveis à tese fixada:	Argumentos contrários à tese fixada:
O entendimento de que bastaria a previsão estatutária para que estivesse conferida à associação a autorização expressa para a propositura da demanda coletiva tornaria inócua a própria previsão constitucional encartada no art. 5º, XXI, da CRFB de 1988. Todo estatuto de associação contempla, como regra, essa cláusula de defesa dos interesses dos associados em juízo. Entendê-la suficiente para atendimento ao preceito constitucional equivaleria, pois, a igualar a associação aos sindicatos no que se refere à sua autorização para impetrar mandados de segurança. Além disso, significaria reconhecer a existência de preceitos inócuos na Constituição, tratando-se como iguais os regramentos previstos nos incisos XXI e LXX do art. 5º da CFRB de 1988, neste caso (Min. Marco Aurélio).	A Constituição Federal, no art. 5º, XXI, não alude à forma como será obtida a autorização dos associados da associação, bastando que ela seja expressa. Nesse sentido, não seria necessário, para o atendimento à regra constitucional, a obtenção de autorizações ou procurações individuais dos filiados, bastando a decisão assemblear ou a existência de previsão estatutária. Do contrário, estar-se-ia esvaziando a função das associações, em conformidade com a democracia participativa, de defender interesses de seus associados (Min. Ricardo Lewandowski).

---

34. "Art. 5º Todos são iguais perante a lei, sem distinção de qualquer natureza, garantindo-se aos brasileiros e aos estrangeiros residentes no País a inviolabilidade do direito à vida, à liberdade, à igualdade, à segurança e à propriedade, nos termos seguintes: (...) LXX – o mandado de segurança coletivo pode ser impetrado por: a) partido político com representação no Congresso Nacional; b) organização sindical, entidade de classe ou associação legalmente constituída e em funcionamento há pelo menos um ano, em defesa dos interesses de seus membros ou associados (...)".

Argumentos favoráveis à tese fixada:	Argumentos contrários à tese fixada:
A associação só é substituta processual no mandado de segurança coletivo, conforme regramento do art. 5º, LXX, da CRFB de 1988 (Min. Marco Aurélio).	Embora a Constituição Federal utilize, no art. 5º, XXI, o termo "representar", a hipótese ali tratada é de substituição processual e não de representação processual. A própria doutrina já evoluiu no que se refere à distinção tradicionalmente rígida entre os institutos da representação e da substituição processuais (Min. Ricardo Lewandowski).
O processo não pode ser integrado, na fase de execução, por outros associados que não conferiram autorizações para a propositura da demanda de conhecimento, sendo inexistente, quanto a eles, o título executivo, sob o aspecto subjetivo. Em outras palavras, permitir que esses associados que não autorizaram a propositura da demanda venham a se beneficiar, individualmente, do título executivo judicial formado implicaria indevida alteração subjetiva desse título (Min. Marco Aurélio).	• Qualquer associado pode promover a execução individual do título formado na ação coletiva proposta pela associação, bastando que sua pretensão esteja compreendida no âmbito de eficácia subjetiva do referido título[35] (Min. Ricardo Lewandowski). • A discussão travada no recurso extraordinário examinado só tem sentido quando se está diante de processo que tenha por objeto direitos cindíveis, já que, para os direitos difusos e coletivos, não há cumprimento individualizado. O art. 5º, XXI, da CRFB de 1988 contempla hipótese de representação processual e, segundo precedente do STF (Rec 5215/SP AgR), a representação demanda a existência de cláusula estatutária e autorização específica assemblear para propositura da demanda coletiva pela associação. A esse entendimento alinha-se, inclusive, o art. 2º-A, parágrafo único, da Lei nº 9494/1997[36]. Ao lado disso, no direito brasileiro, não há a exigência de adesão obrigatória do legitimado individual à ação coletiva para que se beneficie da decisão nela proferida (art. 103, III, do Código de Defesa do Consumidor[37]), razão pela

---

35. O Ministro Ricardo Lewandowski cita como precedentes do STF que contemplam este entendimento: RCL 5215 – AgR/SP, MS 23879/DF e RE 437047 AgR/PR.

36. "Art. 2º-A. A sentença civil prolatada em ação de caráter coletivo proposta por entidade associativa, na defesa dos interesses e direitos dos seus associados, abrangerá apenas os substituídos que tenham, na data da propositura da ação, domicílio no âmbito da competência territorial do órgão prolator. Parágrafo único. Nas ações coletivas propostas contra a União, os Estados, o Distrito Federal, os Municípios e suas autarquias e fundações, a petição inicial deverá obrigatoriamente estar instruída com a ata da assembléia da entidade associativa que a autorizou, acompanhada da relação nominal dos seus associados e indicação dos respectivos endereços".

37. "Art. 103. Nas ações coletivas de que trata este código, a sentença fará coisa julgada: (...) III – erga omnes, apenas no caso de procedência do pedido, para beneficiar todas as vítimas e seus sucessores, na hipótese do inciso III do parágrafo único do art. 81".

Argumentos favoráveis à tese fixada:	Argumentos contrários à tese fixada:
	qual se conclui que os limites subjetivos da coisa julgada nos processos individuais revelam-se insuficientes para o processo coletivo. Em síntese, por se tratar de hipótese de representação processual, a associação depende, para promover a demanda de conhecimento, de previsão estatutária conjuntamente com autorização assemblear. No entanto, não contrasta com o art. 5º, XXI, da CRFB de 1988 a possibilidade de que sejam propostas execuções individuais por associados que não autorizaram o ajuizamento da demanda de conhecimento (Min. Joaquim Barbosa).
Há de se considerar que a defesa da parte contrária limita-se às pessoas que na petição inicial da demanda foram indicadas como representadas (Min. Marco Aurélio)	A parte Ré defende-se da tese apresentada e não do número de autores (Min. Ricardo Lewandowski).

⊙ Fique atento:

- É preciso diferenciar a legitimação outorgada às associações pelo art. 5º, XXI, da CRFB de 1988, para defesa de direitos de seus filiados (que se caracteriza como hipótese de representação processual – e não de substituição processual-, a exigir autorização expressa do associado, ainda que conferida em assembleia) daquela conferida aos sindicatos pelo art. 8º, III, da CRFB de 1988. Neste caso, entende-se que os sindicatos têm ampla legitimidade para atuar como substitutos processuais dos integrantes da categoria que representem, tanto na fase de conhecimento quanto nas fases de liquidação e execução do julgado (independentemente de autorização do beneficiário do título judicial). É o que se extrai da tese firmada no Tema 823 da Repercussão Geral: "Os sindicatos possuem ampla legitimidade extraordinária para defender em juízo os direitos e interesses coletivos ou individuais dos integrantes da categoria que representam, inclusive nas liquidações e execuções de sentença, independentemente de autorização dos substituídos".

⊙ Questões de Concurso relacionadas ao tema:

Questão 01 (CESPE. TCE-PR. Auditor. 2016 – Adaptada) Com base na CF e no entendimento do STF, se o estatuto da associação previr, ainda que de forma genérica, que a ela caiba representar judicial e extrajudicialmente os seus associados em todas as ações judiciais, será desnecessária a autorização expressa dos associados nesse sentido em demanda específica.

    ( ) Verdadeiro ( ) Falso

Gabarito: 1-F

Tema 471: "Legitimidade do Ministério Público para propor ação civil pública em defesa de interesses de beneficiários do DPVAT".

Tese: "Com fundamento no art. 127 da Constituição Federal, o Ministério Público está legitimado a promover a tutela coletiva de direitos individuais homogêneos, mesmo de natureza disponível, quando a lesão a tais direitos, visualizada em seu conjunto, em forma coletiva e impessoal, transcender a esfera de interesses puramente particulares, passando a comprometer relevantes interesses sociais".

FICHA TÉCNICA	
Leading case:	**RE 631111/GO**
Descrição do caso feita pelo STF:	"Recurso extraordinário em que se discute, à luz dos artigos 127, caput; e 129, III, da Constituição Federal, a legitimidade, ou não, do Ministério Público para propor ação civil pública em defesa de beneficiários do Seguro DPVAT, que supostamente teriam direito a diferenças de indenizações pagas em valor inferior ao previsto no art. 3º da Lei 6.194/74".
Dispositivo(s) constitucional(is) envolvido(s):	"Art. 127. O Ministério Público é instituição permanente, essencial à função jurisdicional do Estado, incumbindo-lhe a defesa da ordem jurídica, do regime democrático e dos interesses sociais e individuais indisponíveis". "Art. 129. São funções institucionais do Ministério Público: (...) III – promover o inquérito civil e a ação civil pública, para a proteção do patrimônio público e social, do meio ambiente e de outros interesses difusos e coletivos; (...)".
Data de reconhecimento da repercussão geral:	08/09/2011
Data de julgamento do mérito recursal:	07/08/2014
Houve unanimidade?	Sim
Data de publicação do acórdão de julgamento do recurso:	30/10/2014 (julgamento do recurso extraordinário)
Trânsito em julgado do acórdão:	26/11/2014

⊙ Comentários:

O Ministério Público do Estado de Goiás ajuizou, em face de uma seguradora, ação civil pública com o objetivo de tutelar os interesses de pessoas titulares de seguros DPVAT (seguro por danos pessoais causados por veículos automotores de via terrestre) que receberam indenizações em valores inferiores aos parâmetros estabelecidos em lei.

Em primeiro grau, a sentença extinguiu o processo sem resolução do mérito por entender ser o Ministério Público parte ilegítima para promover a demanda (art. 267, VI, do **revogado** CPC/1973[38]). Em sede de apelação, a sentença foi reformada, com o reconhecimento de tal legitimidade, sob o fundamento de que o direito a ser tutelado na demanda teria natureza indisponível e envolveria interesse social. No Superior Tribunal de Justiça, após o não conhecimento do recurso especial interposto pela seguradora e a interposição de embargos de divergência, providos monocraticamente, concluiu-se, no julgamento do agravo regimental, pela ilegitimidade ativa do *Parquet*, por se tratar de crédito de caráter particular, disponível e cujos titulares seriam identificáveis.

Em seu recurso extraordinário, o Ministério Público do Estado de Goiás alegou violação aos arts. 127 e 129, III, da CRFB de 1988, citando precedentes do STF que reforçariam o entendimento quanto à sua legitimidade ativa *ad causam* para a propositura da ação civil pública no caso (RE 163231/SP, RE 424048 AgR/SC e AI 438703 AgR/MG).

O voto condutor do acórdão do STF adotou linha de raciocínio em que se buscou **identificar a natureza do direito material a ser tutelado para, em seguida, avaliar o papel do Ministério Público em relação** à **tutela jurisdicional desse direito.**

Nesse sentido, foram divisados, de um lado, os direitos ou interesses transindividuais (que abrangeriam os direitos ou interesses difusos e os coletivos *stricto sensu*) e, de outro, os direitos ou interesses individuais homogêneos.

As principais características distintivas entre as duas categorias de direitos, elencadas no voto condutor do acórdão do STF, são expostas no quadro esquemático seguinte:

Tutela coletiva de direitos transindividuais (difusos e coletivos)	Tutela coletiva de direitos individuais homogêneos
Os direitos difusos e coletivos são subjetivamente transindividuais (não possuem titular individualmente determinado) e materialmente indivisíveis. Tais direitos transindividuais são categoria que surge da superação da dicotomia entre interesse público e interesse privado.	Direitos individuais homogêneos são divisíveis e individualizáveis, com titularidade individualmente determinada e, em geral, são disponíveis. Os direitos individuais homogêneos são direitos individuais ligados por uma relação de afinidade (semelhança). Não são, em verdade, uma nova espécie de direito material; trata-se do próprio direito material individual a que alude o art. 46, II e IV, do **revogado** CPC/1973[39]. Coletivo é apenas o instrumento da tutela e não o direito tutelado. Em outras palavras, a coletivização é meramente instrumental, para tornar mais efetiva a tutela do direito em juízo.

---

38. Atualmente, a matéria é tratada no art. 485, VI, do CPC/2015: "Art. 485. O juiz não resolverá o mérito quando: (...)VI – verificar ausência de legitimidade ou de interesse processual".

39. "Art. 46. Duas ou mais pessoas podem litigar, no mesmo processo, em conjunto, ativa ou passivamente, quando: (...) II – os direitos ou as obrigações derivarem do mesmo fundamento de fato ou de direito; (...) IV – ocorrer

Tutela coletiva de direitos transindividuais (difusos e coletivos)	Tutela coletiva de direitos individuais homogêneos
A ação civil pública é o protótipo procedimental para a tutela desses direitos transindividuais.	Tais direitos individuais homogêneos, quando tutelados coletivamente, o são por ação civil coletiva.
Procedimento para tutela jurisdicional do direito transindividual (ação civil pública) reveste-se de cognição completa e integral com proferimento de sentença específica, capaz de dirimir a controvérsia.	Procedimento para tutela jurisdicional coletiva do direito individual homogêneo tem sua atividade cognitiva repartida em duas fases: a primeira (ação coletiva), destinada à definição do núcleo de homogeneidade do direito[40], com proferimento de sentença genérica, e a segunda (ação de cumprimento), destinada à definição das questões heterogêneas[41], ou seja, particulares e diferenciadas de cada titular do direito individual tutelado.
Legitimação ativa para defesa de tais direitos em juízo é estruturada em regime de substituição processual tanto na fase cognitiva quanto na executiva.	Legitimação ativa para defesa de tais direitos em juízo é estruturada em regime de substituição processual na primeira fase (ação coletiva) e, em regra, pelo próprio titular, em regime de representação na segunda fase (ação de cumprimento)[42].
Execução para pagamento de quantia se dá em favor do Fundo de Defesa dos Direitos Difusos.	Execução para pagamento de quantia é promovida em prol do titular do direito individual.
Existindo duas ou mais ações coletivas que versem sobre o mesmo objeto, ainda que propostas por legitimados ativos diferentes, haverá, conforme o caso, litispendência ou continência. Há identidade do direito a ser tutelado, que é indivisível, assim como permanece inalterada a comunidade beneficiária do provimento jurisdicional.	Pode haver pluralidade de demandas coletivas propostas até mesmo pelo mesmo substituto processual, sem que entre elas haja, necessariamente, litispendência ou continência. O direito tutelado é divisível e os beneficiados podem ser individualizados. A relação será, conforme o caso, de conexão ou de prevenção.

afinidade de questões por um ponto comum de fato ou de direito". A categoria de direito individual a que alude o acórdão do STF é aquela prevista no inciso III do art. 113 do CPC/2015: "Art. 113. Duas ou mais pessoas podem litigar, no mesmo processo, em conjunto, ativa ou passivamente, quando: (...) III – ocorrer afinidade de questões por ponto comum de fato ou de direito".

40. Esse núcleo de homogeneidade do direito consiste na definição quanto à sua existência (an debeatur), à natureza da prestação (quid debeatur) e ao sujeito passivo (quis debeat).

41. O núcleo de heterogeneidade do direito compõe-se do sujeito ativo (cui debeatur) e da quantificação do direito (quantum debeatur).

42. A bipartição da atividade cognitiva na ação civil coletiva, conjuntamente com a legitimação ativa para a defesa dos direitos individuais homogêneos são aspectos que diferenciam essa ação coletiva do litisconsórcio ativo facultativo.

Tutela coletiva de direitos transindividuais (difusos e coletivos)	Tutela coletiva de direitos individuais homogêneos
Não há necessidade de se perquirir acerca de relação entre processo coletivo que verse sobre direito transindividual e processo individual, já que o objeto de uma demanda individual jamais será um direito transindividual.	Há necessidade de se perquirir acerca da relação entre processo coletivo que verse sobre direitos individuais homogêneos e o processo individual, tendo em vista a possibilidade de verificação de identidade do objeto material a ser tutelado. O sistema jurídico deve regrar, portanto, o grau de dependência entre a demanda individual e a coletiva, a vinculação ou não do titular individual à demanda coletiva e os efeitos que decorrerão da sentença e da coisa julgada coletiva sobre o processo individual.
A sentença de mérito proferida em processo no qual se busque tutela de direito transindividual tem eficácia *erga omnes* salvo quando a improcedência decorra de insuficiência probatória. Sendo sentença de procedência, o julgado tem o efeito secundário de tornar certa a obrigação de indenizar os danos individuais causados pela conduta lesiva.	A sentença de mérito proferida em processo no qual se busque tutela de direito individual homogêneo tem eficácia *erga omnes* apenas em caso de procedência do pedido. Há autonomia da ação coletiva em relação à ação individual, de modo que o titular do direito individual pode aderir ou não ao processo coletivo (litisconsorciando-se ao substituto processual que o promoveu), prosseguir ou não com a sua ação individual e executar ou não a sentença proferida na ação coletiva.

Com base em tais premissas, foi analisado, em seguida, o papel do Ministério Público em relação à tutela jurisdicional desses direitos. Quanto aos direitos transindividuais, a legitimação do Ministério Público calca-se no art. 129, III, da CRFB de 1988, sendo ampla e irrestrita (abarcando tutelas cognitivas – declaratórias, constitutivas ou condenatórias –, de cunho preventivo ou reparatório, tutelas de cumprimento e executivas, bem como a utilização de técnicas de antecipação dos efeitos da tutela)[43].

Já quanto aos direitos individuais homogêneos, também existem previsões legais para atuação do Ministério Público em sua defesa (art. 82 do CDC, art. 1º da Lei nº 7913/1989, art. 46 da Lei nº 6024/1974). Nesses casos, porém, **há de se perquirir, segundo o acórdão do STF, a forma de compatibilização dessa atuação ministerial com o art. 127 da CRFB de 1988, que faz menção a "direitos individuais indisponíveis"**, enquanto que aqueles direitos são, em geral, divisíveis e disponíveis.

Além disso, **há de se indagar acerca da existência de fundamento constitucional capaz de conferir legitimação ao *parquet* para promover outras demandas em defesa de direitos individuais homogêneos, ainda quando não exista previsão expressa em lei quanto a tal legitimação**. O voto condutor do acórdão do STF concluiu, à luz de tais questionamentos, ser necessário definir condições e limites para essa legitimação ministerial.

Sob essa perspectiva, o voto condutor do acórdão do STF defendeu que, na ação civil coletiva, os objetivos perseguidos são vistos sob uma ótica global e impessoal e não sob

---

43. O acórdão cita como exemplos de textos legais que cuidam dessa legitimação: art. 25, IV, da Lei nº 8625/1993, art. 6º, VIII, da Lei Complementar nº 75/1993, além de previsões constantes das Leis nº 7347/1985, 7853/1989, 7913/1989, 8078/1990 e 8429/1992.

um viés individual, a despeito de se tratarem de direitos individuais homogêneos. Cabe ao Ministério Público, nos termos do art. 127 da CRFB de 1988, a defesa dos "interesses sociais" (expressão equivalente a "interesse público", utilizada no âmbito infraconstitucional), não havendo condição ou limite processual para tal atuação.

Essa cláusula constitucional confere a **legitimação ao Ministério Público para tutela de direitos individuais homogêneos. Dita atuação dar-se-á na condição de substituto processual, desde que pautada no trato impessoal e coletivo dos direitos subjetivos lesados e com o escopo de obtenção de uma sentença de caráter genérico.** Assim, a proteção dos consumidores e de investidores no mercado financeiro e de capitais interessa não apenas aos próprios lesados, mas à sociedade como um todo.

Por outro lado, a Constituição Federal não conferiu legitimação ao Ministério Público para promover execução em benefício individual dos lesados, o que se conclui, inclusive, a partir de uma interpretação, *a contrario sensu*, do art. 127 da CRFB de 1988, quando alude a direitos individuais indisponíveis. O art. 98 do CDC não se aplica, pois, ao *Parquet*.

Extrapolando-se a esfera de situações em que há previsão legal expressa para a atuação do Ministério Público em defesa de interesses e direitos individuais homogêneos, a aferição da legitimação ministerial para pretender em juízo a tutela de outros direitos dessa natureza sem previsão legal expressa pressupõe que se examine o grau de eficácia do art. 127 da CRFB de 1988.

Nesse sentido, ao examinar precedentes do STF (em especial, ao cotejar votos proferidos no RE 163231 e no RE 195056), o voto condutor do acórdão do STF concluiu não haver, acerca do tema, pacificidade na jurisprudência do Tribunal, podendo ser encontradas três distintas orientações a respeito do assunto: a) os direitos individuais homogêneos são espécie de direitos coletivos (art. 129, III, da CRFB de 1988) e podem, portanto, ser amplamente tutelados pelo Ministério Público; b) a identificação do que se deva entender por "interesse social" depende de previsão legal expressa, não sendo autoaplicável o art. 127 do CRFB de 1988; c) **haverá legitimação do Ministério Público para tutelar direitos individuais homogêneos, com base no art. 127 da CRFB de 1988, quando a lesão a tais direitos comprometer interesses sociais subjacentes.**

O voto condutor do acórdão do STF rechaçou o primeiro posicionamento supramencionado, por entender que ele expandiria demasiadamente a legitimação do Ministério Público, que estaria autorizado, por essa linha, a defender quaisquer direitos individuais homogêneos, mesmo aqueles não dotados de uma essencialidade material. A referida interpretação estaria em dissonância com a visão constitucional acerca das atribuições institucionais do Ministério Público.

Por outro lado, também foi afastado o segundo entendimento, que contemplaria visão demasiadamente restritiva da atuação do Ministério Público, o qual somente poderia defender direito individual homogêneo, nessa linha de raciocínio, se houvesse previsão legal expressa autorizando-o a tanto.

Foi adotado o terceiro posicionamento explicitado, que mais bem se harmoniza, segundo o entendimento do STF, com os valores constitucionais, sem restringir nem expandir excessivamente a legitimação do Ministério Público. Concluiu-se, portanto, que **o art. 127 da CRFB de 1988 é autoaplicável e confere ao *Parquet* legitimação para agir em juízo** em defesa dos interesses sociais[44], os quais, no entanto, não se confundem quer com o interesse de particulares, quer com o interesse da Administração Pública.

Estará configurada a legitimação do Ministério Público para defender em juízo direitos individuais homogêneos quando, **mesmo sem previsão legal específica**, se observar que **a preservação e a tutela desses direitos sejam relevantes e indispensáveis para a sociedade, de modo a contribuir com seu progresso material, institucional ou moral.** A tutela coletiva buscada pelo Ministério Público poderá, indiretamente, beneficiar particulares, mas não ser esse o escopo da atuação.

Dentro desses parâmetros, concluiu-se, ainda, que **o Ministério Público poderá identificar as situações em que necessária a tutela de interesses sociais por meio de ações que tenham por objeto direito individuais homogêneos. Essa escolha, porém, pode ser impugnada pela parte contrária e está sujeita ao crivo judicial**.

O STF entendeu que o caso concreto apresentaria a característica de tutela de interesses sociais justificadora da atuação do Ministério Público (tutela do conjunto de segurados), já que o seguro DPVAT é seguro obrigatório por força de lei, cuja finalidade é proteger vítimas de acidentes automobilísticos, os quais causam danos sociais, inclusive aos órgãos de seguridade social. O adequado funcionamento do seguro DPVAT, por sua natureza, ultrapassaria a esfera de interesse individual dos segurados, conferindo interesse social à controvérsia[45]. Nesses termos, foi provido, à unanimidade, o recurso extraordinário interposto pelo Ministério Público do Estado de Goiás.

◉ Fique atento:

- O voto condutor do acórdão do STF faz referência a outros precedentes do Tribunal em que foi reconhecida a legitimação do Ministério Público para defesa coletiva, em juízo, de direitos individuais homogêneos, notadamente nas seguintes matérias: a) valor de mensalidades escolares (RE 163.231/SP); b) contratos vinculados ao Sistema Financeiro da Habitação (AI 637.853 AgR/SP); c) contratos de *leasing* (AI 606.235 AgR/DF); d) interesses previdenciários de trabalhadores rurais (RE 475.010 AgR/RS); e) aquisição de imóveis em loteamentos irregulares (RE 328.910 AgR/SP); f) diferenças de correção monetária em contas vinculadas ao FGTS (RE 514.023 AgR/RJ).

◉ Questões de concurso relacionadas ao tema:

Questão 01 (FAPEC. MPR-MS. Promotor de Justiça.2015) Referente a Lei n. 7.347/85 (Lei da Ação Civil Pública) e a Lei n. 8.078/90 (Código de Defesa do Consumidor), analise as seguintes assertivas e assinale a alternativa correta:

---

44. Para o Relator, Ministro Teori Zavascki, os interesses sociais "relacionam-se, assim, com situações, fatos, atos, bens e valores que, de alguma forma, concorrem para preservar a organização e o funcionamento da comunidade jurídica e politicamente considerada, ou para atender suas necessidades de bem-estar e desenvolvimento".

45. No particular, o Ministro Roberto Barroso, sem chegar a divergir do entendimento do Ministro Relator, Teori Zavascki, apenas ressaltou que poderá haver situação em que a questão, embora envolva seguro DPVAT, não envolva interesse social relevante capaz de legitimar a atuação do Ministério Público.

I – A Lei da Ação Civil Pública (art. 21) e o Código de Defesa do Consumidor (art. 90) complementam-se reciprocamente na defesa dos interesses difusos, coletivos e individuais homogêneos, sendo que um é de aplicação subsidiária para o outro, e o resultado desta conjugação é conhecido como princípio da integração.

II – As ações coletivas que buscam a defesa de direitos difusos e coletivos induzem, como regra, litispendência para as ações individuais, em decorrência do princípio da segurança jurídica.

III – O Ministério Público possui legitimidade para propor ação civil coletiva em defesa de interesses individuais homogêneos de relevante caráter social, ainda que o objeto da demanda seja referente a direitos disponíveis.

IV – Em caso de desistência justificada ou abandono da ação por associação legitimada, o Ministério Público ou outro legitimado assumirá a titularidade ativa.

V – O Supremo Tribunal Federal tem reconhecido a legitimidade da utilização da ação civil pública como instrumento idôneo de fiscalização incidental de constitucionalidade, pela via difusa, de quaisquer leis ou atos do Poder Público, mesmo quando contestados em face da Constituição da República, desde que, nesse processo coletivo, a controvérsia constitucional, longe de identificar-se como objeto único da demanda, qualifique-se como simples questão prejudicial, indispensável à resolução do litígio principal.

- a) Todas as assertivas estão corretas
- b) Somente as assertivas I e III estão corretas
- c) Somente as assertivas I, III e V estão corretas
- d) Somente as assertivas II, IV e V estão corretas
- e) Somente as assertivas I e V estão corretas

Gabarito: 1-C

4.6. HONORÁRIOS DE SUCUMBÊNCIA

Tema 116: "Direito a honorários advocatícios nas ações que visam obter expurgos inflacionários de FGTS".

Tese: "É inconstitucional o art. 29-C da Lei 8.036/1990, introduzido pelo art. 9º da MP 2.164-41/2001, que veda a condenação em honorários advocatícios nas ações entre o FGTS e os titulares de contas vinculadas, bem como naquelas em que figuram os respectivos representantes ou substitutos processuais".

FICHA TÉCNICA	
Leading case:	**RE 581160/MG**
Descrição do caso feita pelo STF:	"Recurso extraordinário em que se discute, à luz dos artigos 5º, caput, XXXV; 37, caput, da Constituição Federal, dos princípios da proporcionalidade e da razoabilidade, da proibição de trabalho escravo e da vedação de enriquecimento ilícito, a constitucionalidade, ou não, do art. 29-C da Lei nº 8.036/90, introduzido pela Medida Provisória nº 2.164-41/2001, que veda a condenação em honorários advocatícios nas ações que visam obter expurgos inflacionários de FGTS, inclusive naquelas em que figurem os respectivos representantes ou substitutos processuais".
Dispositivo(s) constitucional(is) envolvido(s):	"Art. 5º Todos são iguais perante a lei, sem distinção de qualquer natureza, garantindo-se aos brasileiros e aos estrangeiros residentes no País a inviolabilidade do direito à vida, à liberdade, à igualdade, à segurança e à propriedade, nos termos seguintes: (...)XXXV – a lei não excluirá da apreciação do Poder Judiciário lesão ou ameaça a direito; (...)" "Art. 37. A administração pública direta e indireta de qualquer dos Poderes da União, dos Estados, do Distrito Federal e dos Municípios obedecerá aos princípios de legalidade, impessoalidade, moralidade, publicidade e eficiência e, também, ao seguinte: (...)"
Data de reconhecimento da repercussão geral:	09/10/2008
Data de julgamento do mérito recursal:	20/06/2012
Houve unanimidade?	Sim
Data de publicação do acórdão de julgamento do recurso:	23/08/2012 (julgamento do recurso extraordinário)
Trânsito em julgado do acórdão:	28/08/2012

⊙ Comentários:

Trata-se de recurso extraordinário interposto contra acórdão proferido pelo Tribunal Regional Federal da 1ª Região, que reconheceu a constitucionalidade do art. 29-C da Lei nº 8036/1990[46], introduzido pelo art. 9º da MP 2164-41/2001, confirmando a sentença apelada para manter a isenção da Caixa Econômica Federal (CEF), gestora do FGTS, no pagamento de honorários advocatícios de sucumbência.

---

46. "Art. 29-C. Nas ações entre o FGTS e os titulares de contas vinculadas, bem como naquelas em que figurem os respectivos representantes ou substitutos processuais, não haverá condenação em honorários advocatícios".

O recorrente sustenta a inconstitucionalidade do referido dispositivo legal, sob o fundamento de que ele malferiria o princípio da igualdade, isentando apenas a CEF do pagamento de honorários sucumbenciais. Haveria, ainda, segundo afirmado no recurso, abuso de poder e desvio de finalidade no ato praticado pelo Poder Executivo ao elaborar a regra por medida provisória, tendo em vista que, ao fazê-lo, já se sabia que ela não beneficiaria os credores do FGTS. Tal circunstância violou os princípios da moralidade, da impessoalidade, da proporcionalidade e da razoabilidade.

Além disso, o recurso extraordinário pontuou que a temática concernente aos honorários sucumbenciais, por ser processual, não poderia ter sido disciplinada em medida provisória, o que representaria afronta ao art. 62, § 1º, I, "b", da CRFB de 1988.

O Ministro Relator do acórdão, Ricardo Lewandowski, destacou que, ao ser declarada, na ADI 2736/DF, a inconstitucionalidade do art. 9º da MP nº 2164-41/2001, na parte em que introduziu o art. 29-C na Lei nº 8036/1990, os fundamentos que lastrearam o julgado foram os seguintes: a) **não estariam presentes a relevância e a urgência da matéria para que fosse disciplinada por medida provisória, o que contrariou o art. 62 da CRFB de 1988**; b) muito embora o Poder Judiciário deva examinar a presença desses requisitos apenas em casos excepcionais, uma das situações que autorizam essa análise ocorre quando se constata a existência de **abuso de poder na edição da norma**; c) o art. 9º da MP 2164-41/2001, na parte examinada, configura usurpação da competência do Congresso Nacional pelo Poder Executivo; d) antes mesmo da EC 32/2001[47], já havia entendimento firmado pelo STF no sentido de **ser vedada a edição de medidas provisórias em matéria processual**; e) ante a ausência de compatibilidade vertical do art. 9º da MP 2164-41/2001 com a Constituição, conclui-se que o art. 2º da EC 32/2001[48] a ela não pode ser aplicado.

Esses mesmos fundamentos foram adotados para o julgamento do RE 581160/MG, ao qual se deu provimento à unanimidade de votos.

◉ **Fique atento:**

- No RE 730462/SP, foi discutida a eficácia temporal da decisão firmada pelo STF na ADI 2736/DF, indagando-se se ela vincularia mesmo decisões transitadas em julgado que houvessem precedentemente reconhecido a constitucionalidade do art. 29-C da Lei nº 8036/1990. Naquele processo, analisado sob a sistemática da repercussão geral (Tema 733), o STF fixou a seguinte tese: "A decisão do Supremo Tribunal Federal declarando a constitucionalidade ou a inconstitucionalidade de preceito normativo não produz a automática reforma ou rescisão das decisões anteriores que tenham adotado entendimento diferente. Para que tal ocorra, será indispensável a interposição de recurso próprio ou, se for o caso, a propositura de ação rescisória própria, nos termos do art. 485 do CPC, observado o respectivo prazo decadencial (CPC, art. 495)".

---

47. A Emenda Constitucional nº 32/2001 incluiu o § 1º ao art. 62 da CRFB de 1988, prevendo, no inciso I, alínea "b", desse parágrafo, a vedação da edição de medidas provisórias sobre matéria processual civil (art. 62. Em caso de relevância e urgência, o Presidente da República poderá adotar medidas provisórias, com força de lei, devendo submetê-las de imediato ao Congresso Nacional. § 1º É vedada a edição de medidas provisórias sobre matéria: I – relativa a: (...) b) direito penal, processual penal e processual civil".

48. "Art. 2º. As medidas provisórias editadas em data anterior à da publicação desta emenda continuam em vigor até que medida provisória ulterior as revogue explicitamente ou até deliberação definitiva do Congresso Nacional".

◉ Questões de Concurso relacionadas ao tema:

Questão 01 (INSTITUTO AOCP. UFPEL. Advogado. 2015 – Adaptada) Julgue o item a seguir:

Nas ações entre o FGTS e os titulares de contas vinculadas, bem como naquelas em que figurem os respectivos representantes ou substitutos processuais, haverá condenação em honorários de 10% sobre o valor cobrado.

( ) Verdadeiro ( ) Falso

> **Gabarito: 1-F**

4.7. FAZENDA PÚBLICA: PRERROGATIVA DE INTIMAÇÃO PESSOAL EM JUIZADOS ESPECIAIS FEDERAIS

Tema 549: "Obrigatoriedade de intimação pessoal de procuradores federais no âmbito dos Juizados Especiais Federais".

Tese: "A prerrogativa processual da Fazenda Pública Federal de receber intimações pessoais, nos termos do art. 17 da Lei 10.910/2004, não tem aplicação no âmbito do procedimento dos Juizados Especiais Federais".

FICHA TÉCNICA	
Leading case:	**ARE 648629/RJ**
Descrição do caso feita pelo STF:	"Recurso extraordinário com agravo em que se discute, à luz dos incisos LIV e LV do art. 5º da Constituição Federal, a obrigatoriedade, ou não, de intimação pessoal de procuradores federais, prevista no art. 17 a Lei 10.910/2004, no âmbito dos Juizados Especiais Federais".
Dispositivo(s) constitucional(is) envolvido(s):	"Art. 5º Todos são iguais perante a lei, sem distinção de qualquer natureza, garantindo-se aos brasileiros e aos estrangeiros residentes no País a inviolabilidade do direito à vida, à liberdade, à igualdade, à segurança e à propriedade, nos termos seguintes: (...) LIV – ninguém será privado da liberdade ou de seus bens sem o devido processo legal; LV – aos litigantes, em processo judicial ou administrativo, e aos acusados em geral são assegurados o contraditório e ampla defesa, com os meios e recursos a ela inerentes; (...)"
Data de reconhecimento da repercussão geral:	24/05/2012

FICHA TÉCNICA	
Leading case:	**ARE 648629/RJ**
Data de julgamento do mérito recursal:	24/04/2013
Houve unanimidade?	Não
Data de publicação do julgamento do recurso:	08/04/2014
Trânsito em julgado do acórdão:	23/04/2014

◉ Comentários:

Trata-se de agravo contra decisão que negou seguimento a recurso extraordinário interposto pelo INSS, objetivando impugnar acórdão proferido pela Turma Recursal dos Juizados Especiais Federais (JEF) do Rio de Janeiro. Referido acórdão reputou intempestivo recurso inominado interposto pela citada autarquia federal previdenciária, sob o entendimento de que não seria obrigatória a intimação pessoal dos Procuradores Federais no JEF, sendo inaplicável, àquele rito, o art. 17 da Lei nº 10.910/2004[49]. O recurso extraordinário interposto alegou violação, pelo acórdão recorrido, aos incisos LIV e LV do art. 5º da CRFB de 1988, sustentando ter havido cerceamento do direito de defesa do INSS e desconsideração ao devido processo legal.

A questão posta à discussão concerne à **aplicabilidade ou não da prerrogativa processual da Fazenda Pública Federal, de recebimento de intimação pessoal, ao procedimento dos Juizados Especiais Federais**.

O voto condutor do acórdão do STF, proferido pelo Ministro Luiz Fux, pautou-se nas seguintes premissas: a) a isonomia (art. 5º, LV, da CRFB de 1988) é ínsita ao princípio do contraditório, impondo, como regra, que as partes disponham das mesmas oportunidades processuais, em respeito à paridade de armas; b) havendo um desequilíbrio entre as partes que necessite ser remediado, tem-se fundamento razoável para impor exceção ao tratamento isonômico. As hipóteses excepcionais devem, no entanto, ser interpretadas restritivamente; c) o rito dos Juizados objetiva ampliar o acesso à justiça (art. 5º, XXXV, da CRFB de 1988), fazendo-o, inclusive, pela simplificação procedimental (art. 98, I, da CRFB de 1988); d) **a aplicação subsidiária, ao rito dos Juizados, de normas exteriores ao seu microssistema deve ser examinada com cautela, especialmente quando importem em aumento de solenidades processuais ou postergação do curso procedimental**; e) **o espírito da Lei nº 10.259/2001, que rege o procedimento dos Juizados Especiais Federais, é contrário à aplicação, nos JEF, de prerrogativas processuais da Fazenda Pública**[50]; f) particular e Fazenda Pública enfrentam semelhante – ou idêntica – dificuldade para o exercício do di-

---

49. "Art. 17. Nos processos em que atuem em razão das atribuições de seus cargos, os ocupantes dos cargos das carreiras de Procurador Federal e de Procurador do Banco Central do Brasil serão intimados e notificados pessoalmente".

50. O voto cita como parâmetro o art. 9º da Lei nº 10.259/2001: "Art. 9º Não haverá prazo diferenciado para a prática de qualquer ato processual pelas pessoas jurídicas de direito público, inclusive a interposição de recursos, devendo a citação para audiência de conciliação ser efetuada com antecedência mínima de trinta dias".

reito à informação quanto aos atos do processo nos Juizados; g) **a incidência da norma externa ao microssistema dos JEF (art. 17 da Lei nº 10.910/2004) para conferir a prerrogativa de intimação pessoal aos Procuradores Federais violaria o princípio da isonomia e comprometeria a informalidade e a celeridade procedimentais.**

Com base em tais fundamentos, o agravo foi conhecido e o recurso extraordinário foi improvido, por maioria de votos, entendendo-se inaplicável a prerrogativa de intimação pessoal dos Procuradores Federais no âmbito dos Juizados Especiais Federais.

◉ Síntese do debate constante do acórdão que fixou o precedente:

Argumentos favoráveis à tese fixada:	Argumentos contrários à tese fixada:
A incidência da norma externa ao microssistema dos JEF (art. 17 da Lei nº 10.910/2004) para conferir a prerrogativa de intimação pessoal aos Procuradores Federais violaria o princípio da isonomia e comprometeria a informalidade e a celeridade procedimentais inerentes aos Juizados (Min. Luiz Fux).	A intimação pessoal não é, de *per si*, incompatível com o sistema dos Juizados. Não o afronta, por exemplo, a intimação pessoal por via eletrônica. Os autos físicos, nos Juizados, são residuais e somente neles poderia, em tese, haver delonga procedimental em razão da intimação pessoal (Min. Teori Zavascki).
O espírito da Lei nº 10.259/2001, que rege o procedimento dos Juizados Especiais Federais, é contrário à aplicação, nos JEF, de prerrogativas processuais da Fazenda Pública (Min. Luiz Fux)	A própria Lei nº 10.259/2001 prevê, em seus arts. 7º e 8º, § 1º[51], a intimação pessoal (Min. Teori Zavascki[52]).
Sem contra-argumento	A prerrogativa de intimação pessoal viabiliza o exercício, pela Advocacia Pública, de seu múnus, enquanto função essencial à Justiça. A Lei nº 10.910/2004 confere ao Procurador Federal a prerrogativa de intimação pessoal sem distinguir o procedimento, sendo aplicável a qualquer processo (Min. Dias Toffoli)

◉ Fique atento:

- Nesse julgamento, o STF suscitou, como preliminar, a questão formal atinente à possibilidade de, uma vez reconhecida, no Plenário Virtual, a repercussão geral da

---

51. "Art. 7º As citações e intimações da União serão feitas na forma prevista nos arts. 35 a 38 da Lei Complementar no 73, de 10 de fevereiro de 1993. Art. 8º As partes serão intimadas da sentença, quando não proferida esta na audiência em que estiver presente seu representante, por ARMP (aviso de recebimento em mão própria). § 1º As demais intimações das partes serão feitas na pessoa dos advogados ou dos Procuradores que oficiem nos respectivos autos, pessoalmente ou por via postal. (...)". O art. 38 da Lei Complementar nº 73/1993 dispõe que: "Art. 38. As intimações e notificações são feitas nas pessoas do Advogado da União ou do Procurador da Fazenda Nacional que oficie nos respectivos autos".

52. A posição defendida pelo Ministro Teori Zavascki foi no sentido de que a aplicação da intimação pessoal aos Juizados não é inconstitucional. No entanto, ele acompanhou o voto do relator, por entender que a não aplicação dessa regra do art. 17 da Lei nº 10.910/2004 não viola os incisos LIV e LV do art. 5º da CRFB de 1988. Em verdade, o Ministro Teori Zavascki entendeu que a matéria tratada no recurso extraordinário é de índole infraconstitucional.

questão constitucional, o STF, no julgamento do mérito do recurso, entender que não há matéria constitucional a ser julgada, superando a decisão anteriormente proferida. Dadas as suas relevância e complexidade, porém, a questão foi retirada para análise oportuna. Pelo debate realizado, constatou-se que os Ministros Ricardo Lewandowski e Luiz Fux tendem a não admitir essa possibilidade; já os Ministros Dias Toffoli e Teori Zavascki (este atualmente falecido) manifestaram-se pela possibilidade dessa rediscussão.

- Em questão de ordem debatida e decidida neste julgamento, entendeu-se possível (em decisão proferida ante as peculiaridades do caso concreto, em que já se tinha iniciado o julgamento do recurso extraordinário antes mesmo do julgamento do agravo), por maioria, vencido o Ministro Marco Aurélio, que o agravo fosse convertido em recurso extraordinário pelo Plenário, passando-se ao julgamento desse último recurso.

- O Ministro Marco Aurélio, em seu voto, mencionou julgado unânime da 1ª Turma do STF em que se concluiu pela inaplicabilidade da intimação pessoal à Defensoria Pública em sede de Juizados Especiais Criminais (HC 76.915).

- O Código de Processo Civil de 2015, em seu art. 183, previu a prerrogativa de intimação pessoal das Fazendas Públicas em geral ("Art. 183. A União, os Estados, o Distrito Federal, os Municípios e suas respectivas autarquias e fundações de direito público gozarão de prazo em dobro para todas as suas manifestações processuais, cuja contagem terá início a partir da intimação pessoal. § 1º A intimação pessoal far-se-á por carga, remessa ou meio eletrônico. § 2º Não se aplica o benefício da contagem em dobro quando a lei estabelecer, de forma expressa, prazo próprio para o ente público"). O precedente firmado pelo STF, embora anterior a essa regra, pode ser utilizado para a sua interpretação.

◉ Questões de Concurso relacionadas ao tema:

Questão 01 (CESPE. TRF-1ªR. Juiz Federal Substituto. 2009 – Adaptada) Julgue o item abaixo, relativo aos juizados especiais no âmbito da justiça federal.

Nos juizados especiais federais, o procurador federal tem a prerrogativa de intimação pessoal, não se admitindo outra forma de intimação.

( ) Verdadeiro ( )Falso

Gabarito: 1-F

4.8. FUNDAMENTAÇÃO DAS DECISÕES JUDICIAIS

Tema 339: "Obrigatoriedade de fundamentação das decisões judiciais".

Tese: "O art. 93, IX, da Constituição Federal exige que o acórdão ou decisão sejam fundamentados, ainda que sucintamente, sem determinar, contudo, o exame pormenorizado de cada uma das alegações ou provas".

FICHA TÉCNICA	
Leading case:	**AI 791292/PE**
Descrição do caso feita pelo STF:	"Agravo de instrumento interposto contra decisão que inadmitiu recurso extraordinário, em que se discute, à luz dos arts. 5º, XXXV e LV, e 93, IX, da Constituição Federal, se decisão que transcreve os fundamentos da decisão recorrida, sem enfrentar pormenorizadamente as questões suscitadas nos embargos declaratórios, afronta o princípio da obrigatoriedade de fundamentação das decisões judiciais, nos termos do art. 93, IX, da Constituição Federal".
Dispositivo(s) constitucional(is) envolvido(s):	"Art. 5º Todos são iguais perante a lei, sem distinção de qualquer natureza, garantindo-se aos brasileiros e aos estrangeiros residentes no País a inviolabilidade do direito à vida, à liberdade, à igualdade, à segurança e à propriedade, nos termos seguintes: (...)XXXV – a lei não excluirá da apreciação do Poder Judiciário lesão ou ameaça a direito; (...) LV – aos litigantes, em processo judicial ou administrativo, e aos acusados em geral são assegurados o contraditório e ampla defesa, com os meios e recursos a ela inerentes; (...)" "Art. 93. Lei complementar, de iniciativa do Supremo Tribunal Federal, disporá sobre o Estatuto da Magistratura, observados os seguintes princípios: (...) IX todos os julgamentos dos órgãos do Poder Judiciário serão públicos, e fundamentadas todas as decisões, sob pena de nulidade, podendo a lei limitar a presença, em determinados atos, às próprias partes e a seus advogados, ou somente a estes, em casos nos quais a preservação do direito à intimidade do interessado no sigilo não prejudique o interesse público à informação; (...)".
Data de reconhecimento da repercussão geral:	23/06/2010
Data de julgamento do mérito recursal:	23/06/2010

FICHA TÉCNICA	
Leading case:	**AI 791292/PE**
Houve unanimidade?	Não
Data de publicação do julgamento do recurso:	13/08/2010
Trânsito em julgado do acórdão:	20/08/2010

◉ Comentários:

Inadmitido na origem o recurso de revista[53] do HSBC Bank Brasil S.A. – Banco Múltiplo, foi interposto agravo de instrumento ao Tribunal Superior do Trabalho, objetivando o destrancamento daquele recurso. O agravo foi improvido por acórdão da Terceira Turma do TST que, transcrevendo o teor da decisão recorrida, confirmou-a por seus próprios fundamentos, entendendo que não teriam sido apresentados, pelo agravante, argumentos capazes de infirmá-los.

Opostos embargos de declaração ao acórdão do TST, em que se alegou a ocorrência de negativa de prestação jurisdicional, foram eles rejeitados, tendo aquele Tribunal Superior invocado jurisprudência pacificada do Supremo Tribunal Federal, segundo a qual a motivação referenciada ou *per relationem* (a que faz referência aos fundamentos da decisão recorrida, mesmo que sem transcrevê-los) atenderia à exigência constitucional de fundamentação das decisões judiciais.

Contra tal acórdão foi interposto recurso extraordinário pelo HSBC, suscitando violação aos arts. 5º, XXXV e LV, e 93, IX, da CRFB de 1988. Afirma o recorrente que teria havido negativa de prestação jurisdicional por falta de fundamentação. Inadmitido o recurso extraordinário pelo TST, subiu ao STF o agravo de instrumento interposto para destrancá-lo.

O Ministro Relator, Gilmar Mendes, apresentou Questão de Ordem referente à aplicação do regime de repercussão geral a recursos que versem sobre temática sobre a qual o STF já tenha entendimento firmado, na linha do quanto decidido no RE-QO 580108[54] (Tema 93).

Afirmou que o posicionamento adotado pelo STF quanto à temática do recurso é no sentido de que **a exigência de fundamentação das decisões judicias contida no art. 93, IX, da CRFB de 1988 perfaz-se ainda que essa fundamentação seja apresentada de modo sucinto. Tal exigência não implica a necessidade de que se examine, de modo pormenorizado, cada alegação ou prova constante dos autos e tampouco é desaten-**

---

53. Muito embora tenha advindo da Justiça do Trabalho o processo de que se originou o recurso afetado para julgamento sob o regime de repercussão geral, a temática apresenta relevância não apenas para o âmbito do processo do trabalho, mas, também, para o processo civil, razão pela qual o tema foi tratado dentre aqueles concernentes à disciplina Direito Processual Civil.

54. Quanto a este julgado, o Ministro Gilmar Mendes salientou que: "matérias já sucessivamente enfrentadas por este Tribunal podem ser trazidas, em questões de ordem, a fim de que se afirme, de forma objetiva, e para cada uma, a aplicabilidade do regime de repercussão geral, sempre que presente a relevância sob os aspectos legais".

dida pelo fato de não estarem corretos os fundamentos apresentados na decisão. São citados como precedentes do Pleno do STF os acórdãos proferidos no MS 26.163, e no RE 418.416[55].

Após dar provimento ao AI 791292/PE, convertendo-o em recurso extraordinário, o voto do Ministro Relator foi pelo reconhecimento da repercussão geral e reafirmação da jurisprudência da Corte, negando-se provimento ao recurso, por consequência, por entender que o acórdão recorrido está em conformidade com o entendimento do STF sobre a matéria.

O Ministro Marco Aurélio votou no sentido de que caberia ao relator – e não ao Pleno do STF – apreciar o agravo de instrumento interposto e, somente após a chegada do RE, decidir-se sobre a repercussão geral. De todo modo, o Ministro externou seu entendimento de que compete ao Poder Judiciário pronunciar-se sobre todos os pedidos formulados e sobre todos os fundamentos da defesa.

◉ Fique atento:

- A exigência constitucional de motivação das decisões judiciais, prevista no art. 93, IX, da CRFB de 1988 ganhou, com o advento do Código de Processo Civil de 2015, importante regra de concretização prevista no art. 489, § 1º, daquele diploma: "Art. 489. São elementos essenciais da sentença: (...) § 1º Não se considera fundamentada qualquer decisão judicial, seja ela interlocutória, sentença ou acórdão, que: I – se limitar à indicação, à reprodução ou à paráfrase de ato normativo, sem explicar sua relação com a causa ou a questão decidida; II – empregar conceitos jurídicos indeterminados, sem explicar o motivo concreto de sua incidência no caso; III – invocar motivos que se prestariam a justificar qualquer outra decisão; IV – não enfrentar todos os argumentos deduzidos no processo capazes de, em tese, infirmar a conclusão adotada pelo julgador; V – se limitar a invocar precedente ou enunciado de súmula, sem identificar seus fundamentos determinantes nem demonstrar que o caso sob julgamento se ajusta àqueles fundamentos; VI – deixar de seguir enunciado de súmula, jurisprudência ou precedente invocado pela parte, sem demonstrar a existência de distinção no caso em julgamento ou a superação do entendimento".

- O CPC/2015 previa, em seu art. 1.038, § 3º, que, no julgamento de recursos especial e extraordinário repetitivos, "o conteúdo do acórdão abrangerá a análise de todos os fundamentos da tese jurídica discutida, favoráveis ou contrários". Sucede que, antes da entrada em vigor do novo diploma processual civil, foi editada a Lei nº 13.256/2016, que alterou a redação desse parágrafo, o qual passou a estar assim redigido: "§ 3º O conteúdo do acórdão abrangerá a análise dos fundamentos relevantes da tese jurídica discutida". A nova redação do dispositivo apresentada pela Lei nº 13.256/2016 mais bem se alinha com o entendimento sufragado pelo STF no julgamento deste Tema 339.

---

55. Além desses, também são invocados precedentes de Turmas (RE 140.370, AI-AgR 242.237, AI-AgR 764.981, AI-AgR 637.301, AI-AgR 529.105, AI-AgR 594.628 e RE-AgR 327.143) e decisões monocráticas no mesmo sentido.

◉ **Questões de Concurso relacionadas ao tema:**

Questão 01 (CESPE. TJ-AM. JUIZ SUBSTITUTO. 2016 – Adaptada) Considerando a jurisprudência do STF, julgue o item seguinte.

Não satisfaz a exigência de fundamentação das decisões o ato judicial que apenas faz remissão expressa a manifestações ou peças processuais existentes nos autos, produzidas pelas partes, pelo MP ou por autoridades públicas, cujo teor indique os fundamentos de fato e(ou) de direito que justifiquem a decisão emanada do Poder Judiciário.

( ) Certo   ( ) Errado

> **Gabarito: 1-E**

4.9. EFICÁCIA TEMPORAL DE DECISÃO JUDICIAL QUE VERSE SOBRE RELAÇÕES JURÍDICAS DE TRATO CONTINUADO

Tema 494: "Limites objetivos da coisa julgada em sede de execução.".

Tese: "A sentença que reconhece ao trabalhador ou servidor o direito a determinado percentual de acréscimo remuneratório deixa de ter eficácia a partir da superveniente incorporação definitiva do referido percentual nos seus ganhos".

FICHA TÉCNICA	
Leading case:	**RE 596663/RJ**
Descrição do caso feita pelo STF:	"Recurso extraordinário em que se discute, à luz do art. 5º, XXXV, XXXVI, LIV e LV, da Constituição Federal, se a limitação no tempo, na fase de execução, do alcance de sentença transitada em julgado, a qual reconheceu, com efeitos presentes e futuros, o direito a diferenças de proventos de aposentadoria decorrentes da aplicação do percentual de 26,05% relativo à URP de fevereiro de 1989 ofende, ou não, a coisa julgada.".
Dispositivo(s) constitucional(is) envolvido(s):	"Art. 5º Todos são iguais perante a lei, sem distinção de qualquer natureza, garantindo-se aos brasileiros e aos estrangeiros residentes no País a inviolabilidade do direito à vida, à liberdade, à igualdade, à segurança e à propriedade, nos termos seguintes: (...)XXXV – a lei não excluirá da apreciação do Poder Judiciário lesão ou ameaça a direito; XXXVI – a lei não prejudicará o direito adquirido, o ato jurídico perfeito e a coisa julgada; (...)LIV – ninguém será privado da liberdade ou de seus bens sem o devido processo legal; LV – aos litigantes, em processo judicial ou administrativo, e aos acusados em geral são assegurados o contraditório e ampla defesa, com os meios e recursos a ela inerentes; (...)"
Data de reconhecimento da repercussão geral:	27/10/2011

FICHA TÉCNICA	
Leading case:	**RE 596663/RJ**
Data de julgamento do mérito recursal:	24/09/2014 (julgamento do recurso extraordinário) 26/02/2015 (julgamento dos embargos de declaração)
Houve unanimidade?	Não
Data de publicação do acórdão de julgamento do recurso:	26/11/2014 (julgamento do recurso extraordinário) 17/03/2015 (julgamento dos embargos de declaração)
Trânsito em julgado do acórdão:	24/03/2015

⊛ Comentários:

Em reclamação trabalhista[56] ajuizada por empregados do Banco do Brasil, foi a eles reconhecido o direito à percepção das diferenças decorrentes da aplicação da Unidade de Referência de Preços – URP de fevereiro/1989, no percentual de 26,05%, inclusive para fins de incorporação aos proventos, com efeitos presentes e futuros.

Promovida a execução do julgado, o juízo competente para processá-la extinguiu-a, por pagamento, sob o fundamento de que o benefício em questão estaria limitado, temporalmente, à data-base da categoria profissional[57]. Essa decisão foi confirmada por acórdão do Tribunal Regional do Trabalho da 1ª Região, que veio a transitar em julgado (após regular tramitação do processo ao Tribunal Superior do Trabalho) e ser objeto de ação rescisória.

A ação rescisória foi julgada improcedente pelo TRT da 1ª Região, cujo acórdão foi confirmado pelo Tribunal Superior do Trabalho no julgamento de recurso ordinário. Contra esse acórdão do TST, foi interposto ao Supremo Tribunal Federal o RE 596663/RJ, em que os recorrentes sustentam a existência de violação, perpetrada pelo acórdão recorrido, aos arts. 5º, XXXV, XXXVI, LIV e LV, e 93, IX, da CRFB de 1988.

No voto condutor do acórdão do STF, o Ministro Teori Zavascki (que abriu divergência vencedora em relação ao voto do Ministro relator, Marco Aurélio) pautou-se nas seguintes premissas: a) o caso não discute matéria atinente à coisa julgada, mas, sim, à **eficácia temporal da sentença**; b) a decisão judicial proferida na reclamação trabalhista regrou relação jurídica de trato continuado, produzindo, portanto, efeitos prospectivos; c) a decisão judicial leva em consideração o plexo de circunstâncias fáticas e jurídicas existentes no momento de sua prolatação; d) **quando versa sobre relação jurídica de trato continuado, a eficácia tem-**

---

56. Muito embora tenha advindo da Justiça do Trabalho o processo de que se originou o recurso afetado para julgamento sob o regime de repercussão geral, a temática apresenta relevância não apenas para o âmbito do processo do trabalho, mas, também, para o processo civil, razão pela qual o tema foi tratado dentre aqueles concernentes à disciplina Direito Processual Civil.

57. Segundo informado pelo Ministro Teori Zavascki, em seu voto, houve a produção de prova pericial nos autos, em que se constatou a satisfação de obrigação imposta ao Banco do Brasil relativamente ao período compreendido entre fevereiro e agosto/1989, em razão de dissídio coletivo. O acórdão do TST referiu, ainda, que os recorrentes teriam indevidamente recebido diferenças de proventos decorrentes da aplicação do percentual relativo à URP de 1989 até agosto/1995.

poral da decisão proferida perdura enquanto se mantiverem inalteradas as circunstâncias de fato e de direito nas quais se fundou, em conformidade com a cláusula *rebus sic stantibus*; e) **a perda superveniente de eficácia da decisão, nesses casos, não depende de ajuizamento de rescisória**, até porque não se trata de discussão atinente ao plano de validade do julgado, mas, sim, ao plano da sua eficácia (temporal); f) **essa perda superveniente de eficácia da decisão que regra relação de trato sucessivo**, em virtude de alteração do quadro fático e/ou jurídico em que se fundamentou, **opera-se, como regra, imediata e automaticamente, não demandando novo pronunciamento judicial para tanto. Por essa razão,** é **normalmente dispensável o ajuizamento de ação revisional**; g) há **casos excepcionais** em que essa automática perda de eficácia não ocorre, porque a lei exige do beneficiado com a mudança do *status quo* que pleiteie em juízo a cessação da eficácia da decisão que regrou a relação de trato continuado (ex.: alimentos provisionais). Nesses casos, a lei confere ao beneficiado um direito potestativo à alteração, exercitável pela ação revisional.

Volvendo-se à análise do caso concreto, o Ministro Teori Zavascki registrou que a alteração do *status quo* previsto na decisão proferida na reclamação trabalhista ocorreu com a satisfação integral do percentual de 26,05% pela recorrida/executada, ao incorporá-lo aos vencimentos dos demandantes/recorrentes, conforme previsão em cláusula de dissídio coletivo[58]. Com o integral cumprimento da obrigação, esgotou-se a eficácia temporal da decisão proferida.

Lastreado em tais fundamentos, o voto condutor do acórdão do STF negou provimento ao recurso extraordinário. Os embargos a ele opostos foram improvidos, não ensejando alteração alguma no julgamento havido.

◉ Síntese do debate constante do acórdão que fixou o precedente:

Argumentos favoráveis à tese fixada:	Argumentos contrários à tese fixada:
• Quando versa sobre relação jurídica de trato continuado, a eficácia temporal da decisão proferida perdura enquanto se mantiverem inalteradas as circunstâncias de fato e de direito nas quais se fundou, em conformidade com a cláusula *rebus sic stantibus* (Min. Teori Zavascki) • É possível discutir-se, no cumprimento da sentença, a obrigação imposta na fase de conhecimento, desde que, supervenientemente à prolatação da sentença, tenha havido um fato impeditivo, modificativo ou extintivo da obrigação (Min. Luiz Fux) • O entendimento defendido pelo Ministro Marco Aurélio permitiria a eternização de vantagens já incorporadas (Min. Gilmar Mendes)	O acórdão transitado em julgado que condenou o Banco réu a fazer incidir a URP de fevereiro/1989 sobre os proventos dos autores, no percentual de 26,05%, com efeitos presentes e futuros, não impôs a essa obrigação qualquer limitação. Não poderá o Judiciário, pois, em sede de execução, aditar o título executivo para que seja observada a questão temporal. Tampouco pode essa questão ser presumida do acórdão transitado em julgado, devendo, ao revés, estar nele expressa (Min. Marco Aurélio).

---

58. " Em outras palavras, após o trânsito em julgado da sentença que certificou o direito à incorporação do índice da URP correspondente a fevereiro de 1989, o pagamento deste mesmo percentual passou a ser reconhecido por um outro instrumento normativo autônomo, produzido supervenientemente, e que alterou radicalmente os termos da relação jurídica originariamente posta sob o crivo da Justiça Trabalhista. Daí ter o juízo de execução determinado, com acerto, a extinção do processo, impedindo a eternização do pagamento em duplicidade do mesmo percentual de 26,05%" (trecho do voto do Min. Teori Zavascki).

Argumentos favoráveis à tese fixada:	Argumentos contrários à tese fixada:
• O caso não discute matéria atinente à coisa julgada, mas, sim, à eficácia temporal da sentença (Min. Teori Zavascki) • Não haveria violação da garantia constitucional da coisa julgada no proferimento de decisão, em sede de execução, que considere a parcela imposta na sentença condenatória absorvida em razão de decisão proferida em dissídio coletivo. Trata-se de decorrência natural da cláusula *rebus sic stantibus*, à qual se sujeitam decisões que versem sobre relações de trato continuado (Min. Roberto Barroso)	A limitação temporal do título executivo promovida em sede de execução viola a fundamentalidade da garantia constitucional da coisa julgada, expressão do princípio da segurança jurídica (Min. Marco Aurélio).

⊙ **Fique atento:**

- O Ministro Teori Zavascki relaciona a tese fixada neste Tema 494 da Repercussão Geral com a estabelecida no Tema 05 (RE 561836/RN), esta que foi assentada nos seguintes termos: "I – Ao editar a Lei 8.880/1994, a União legislou sobre o sistema monetário e exerceu a sua competência prevista no art. 22, VI, da Constituição de 1988. Assim, qualquer lei, seja ela estadual ou municipal, que discipline a conversão da moeda Cruzeiro Real em URV no que tange à remuneração de seus servidores de uma forma incompatível com a prevista na Lei nº 8.880/94 será inconstitucional, mormente quando acarretar redução de vencimentos; II – O término da incorporação, na remuneração do servidor, do percentual devido em razão da ilegalidade na conversão de Cruzeiros Reais em URV deve ocorrer no momento em que a carreira do servidor passa por uma restruturação remuneratória". A questão concernente à eficácia temporal dos julgados que versem sobre a temática da URV analisada no precedente está disposta no item II da tese.

4.10. DECISÕES INCONSTITUCIONAIS: EFICÁCIA TEMPORAL

Tema 733: "Eficácia temporal de sentença transitada em julgado fundada em norma supervenientemente declarada inconstitucional pelo Supremo Tribunal Federal em sede de controle concentrado".

Tese: "A decisão do Supremo Tribunal Federal declarando a constitucionalidade ou a inconstitucionalidade de preceito normativo não produz a automática reforma ou rescisão das decisões anteriores que tenham adotado entendimento diferente. Para que tal ocorra, será indispensável a interposição de recurso próprio ou, se for o caso, a propositura de ação rescisória própria, nos termos do art. 485 do CPC, observado o respectivo prazo decadencial (CPC, art. 495)".

FICHA TÉCNICA	
Leading case:	**RE 730462/SP**
Descrição do caso feita pelo STF:	"Recurso extraordinário em que se discute, à luz dos arts. 5º, XXXVI, e 102, § 2º, da Constituição federal, a eficácia temporal de sentença transitada em julgado fundada em norma posteriormente declarada inconstitucional pelo Supremo Tribunal Federal em sede de controle concentrado".
Dispositivo(s) constitucional(is) envolvido(s):	" Art. 5º Todos são iguais perante a lei, sem distinção de qualquer natureza, garantindo-se aos brasileiros e aos estrangeiros residentes no País a inviolabilidade do direito à vida, à liberdade, à igualdade, à segurança e à propriedade, nos termos seguintes: (...)XXXVI – a lei não prejudicará o direito adquirido, o ato jurídico perfeito e a coisa julgada" "Art. 102. Compete ao Supremo Tribunal Federal, precipuamente, a guarda da Constituição, cabendo-lhe: (...)§ 2º As decisões definitivas de mérito, proferidas pelo Supremo Tribunal Federal, nas ações diretas de inconstitucionalidade e nas ações declaratórias de constitucionalidade produzirão eficácia contra todos e efeito vinculante, relativamente aos demais órgãos do Poder Judiciário e à administração pública direta e indireta, nas esferas federal, estadual e municipal".
Data de reconhecimento da repercussão geral:	29/05/2014
Data de julgamento do mérito recursal:	28/05/2015 (julgamento do recurso extraordinário)
Houve unanimidade?	Sim
Data de publicação do acórdão de julgamento do recurso:	09/09/2015 (julgamento do recurso extraordinário)
Trânsito em julgado do acórdão:	15/09/2015

⊙ Comentários:

Em demanda versando sobre o Fundo de Garantia por Tempo de Serviço – FGTS, foi indeferida a fixação de honorários advocatícios de sucumbência em desfavor da Caixa Econômica Federal, tendo em vista o regramento previsto no art. 29-C da Lei nº 8.036/1990, introduzido pelo art. 9º da Medida Provisória nº 2164-41[59].

Referido dispositivo legal foi reputado inconstitucional pelo Supremo Tribunal Federal, por ocasião do julgamento da ADI 2736, cujo acórdão foi publicado no DJE de 16/09/2010.

---

59. "Art. 9º A Lei no 8.036, de 11 de maio de 1990, passa a vigorar com as seguintes alterações: (...) 'Art. 29-C. Nas ações entre o FGTS e os titulares de contas vinculadas, bem como naquelas em que figurem os respectivos representantes ou substitutos processuais, não haverá condenação em honorários advocatícios'".

Com lastro em tal decisão proferida em sede de controle concentrado de constitucionalidade, a parte que se sagrou vitoriosa na demanda que versou sobre o FGTS, embora já houvesse transitado em julgado a decisão proferida na referida demanda, pretendeu fossem arbitrados os honorários advocatícios de sucumbência.

A pretensão foi refutada por decisão interlocutória contra a qual foi interposto agravo de instrumento, improvido por acórdão proferido pelo Tribunal Regional Federal da 3ª Região. Contra esse acórdão, foi interposto o RE 730462/SP, no qual se alegou a ocorrência de violação ao art. 5º, XXXVI, da CRFB de 1988, sustentando os recorrentes que: a) não sendo o advogado parte na demanda, o capítulo concernente à condenação (ou não) em honorários não transita em julgado, não integrando, sequer, o mérito da demanda; b) o julgamento da ADI 2736 goza de eficácia *ex tunc*, retirando a MP nº 2164-41/2001 do ordenamento jurídico desde seu surgimento.

No voto condutor do acórdão do STF, o relator, Ministro Teori Zavascki, aponta que a questão cerne a ser debatida no julgamento do recurso extraordinário consiste em **determinar o alcance eficacial das decisões que, em controle concentrado de constitucionalidade, declaram a inconstitucionalidade de um determinado preceito normativo**. Em especial, **trata-se de definir se essa declaração atinge automaticamente decisões transitadas em julgado que tenham se fundamentado na norma posteriormente tida por inconstitucional pelo STF.**

O voto pauta-se nas seguintes premissas: a) a afirmação da constitucionalidade ou inconstitucionalidade de uma norma em sede de controle concentrado produz o efeito de manter ou excluir aquela norma no sistema jurídico (**eficácia normativa**), conforme se declare sua validade ou invalidade, respectivamente; b) a decisão em controle concentrado de constitucionalidade é dotada, ainda, de **eficácia vinculante ou executiva ou instrumental**, caracterizada pela força impositiva e obrigatória que o julgado exerce sobre atos administrativos e judiciais a si posteriores. A efetivação dessa eficácia pode ser buscada, inclusive, pela via da reclamação constitucional (art. 102, I, 'l', da CRFB de 1988[60]); c) as eficácias normativa e executiva são distintas e não se confundem. A primeira opera-se *ex tunc*, retroagindo ao nascimento da norma questionada. A segunda, por sua vez, por derivar do acórdão proferido pelo STF, não retroage, operando-se a partir da data de sua publicação no Diário Oficial[61]. A eficácia vinculante atinge, portanto, atos administrativos e decisões judiciais posteriores àquela data, cuidando-se de uma espécie de modulação *ope legis* do efeito da decisão; d) quanto aos atos anteriores à declaração de constitucionalidade ou de inconstitucionalidade que com ela não se coadunem, sua reforma ou rescisão não é automática, demandando provocação do interessado pela via própria (no caso do processo judicial, pela via recursal ou rescisória, em ambos os casos, se ainda possível for o manejo

---

60. "Art. 102. Compete ao Supremo Tribunal Federal, precipuamente, a guarda da Constituição, cabendo-lhe: I – processar e julgar, originariamente: (...) l) a reclamação para a preservação de sua competência e garantia da autoridade de suas decisões;(...)".

61. Lei 9868/1999: "Art. 28. Dentro do prazo de dez dias após o trânsito em julgado da decisão, o Supremo Tribunal Federal fará publicar em seção especial do Diário da Justiça e do Diário Oficial da União a parte dispositiva do acórdão. Parágrafo único. A declaração de constitucionalidade ou de inconstitucionalidade, inclusive a interpretação conforme a Constituição e a declaração parcial de inconstitucionalidade sem redução de texto, têm eficácia contra todos e efeito vinculante em relação aos órgãos do Poder Judiciário e à Administração Pública federal, estadual e municipal".

da via[62]). Descabe, inclusive, quanto a eles o uso da reclamação constitucional (RCL 1723 AgR-QO, Rcl 5388 – AgR, Rcl 12741 – AgR e Rcl 4962).

Com base em tais fundamentos, o STF negou provimento ao RE 730462/SP.

◉ Fique atento:

- No seu voto, o Ministro Teori Zavascki ressaltou a desnecessidade de rescisória para a produção do efeito vinculante de julgado em controle concentrado de constitucionalidade, quando incidente sobre efeito futuro de decisão proferida em determinado caso, sobretudo quando tenha por objeto relações de trato sucessivo.

- O Código de Processo Civil de 2015 – que ainda não estava em vigor no momento do proferimento do acórdão sob análise – prevê termo inicial especial para ajuizamento da ação rescisória contra decisão transitada em julgado que reconheça obrigação fundada em lei ou ato normativo posteriormente considerado inconstitucional pelo STF ou, ainda, fundado em aplicação ou interpretação de lei ou de ato normativo tido pelo STF como incompatível com a Constituição Federal, em controle de constitucionalidade concentrado ou difuso. Esse prazo será de dois anos, contado do trânsito em julgado da decisão proferida pelo STF, nos termos dos arts. 525, § 15 e 535, § 8º, do CPC/2015.

- Se, ao tempo da publicação da decisão do STF em controle de constitucionalidade, a decisão que adotou posicionamento contrário ao sufragado pelo STF ainda não houver transitado em julgado, a questão pode ser suscitada em sede de impugnação ao cumprimento de sentença (art. 525, §§ 12 e 14 e 535, §§ 5 e 7º, do CPC/2015).

- Destaque-se que as regras previstas nos arts. 525, §§ 14 e 15 e 535, § 7º e 8º, do CPC/2015 somente se aplicam às decisões judiciais transitadas em julgado após a entrada em vigor do novo Código (18/03/2016). Às decisões transitadas em julgado até 17/03/2016, aplicam-se os arts. 475-L, § 1º e 741, parágrafo único, do **revogado** CPC/1973, nos termos da regra de direito intertemporal prevista no art. 1.057 do CPC/2015.

- O Ministro Teori Zavascki pontuou, ainda, que o precedente ora examinado não contrasta com aquele formado no julgamento do RE 363889 (Tema 392), em que se reconheceu a possibilidade de relativização da coisa julgada em ação de investigação de paternidade que foi julgada improcedente por falta de provas, em razão da não realização do exame de DNA. Segundo o Ministro, no RE 363889 foram ponderados os princípios da segurança jurídica (ao qual se associa o instituto da coisa julgada) e da dignidade da pessoa humana (relacionado ao direito à busca da identidade genética), hipótese não ocorrente no presente caso.

- A Tese fixada no Tema 392 (RE 363889) foi a seguinte : "I – É possível a repropositura de ação de investigação de paternidade, quando anterior demanda idêntica, entre as mesmas partes, foi julgada improcedente, por falta de provas, em razão

---

62. No caso concreto, que se descortinou sob a égide do revogado CPC/1973, o acórdão do STF em controle concentrado de constitucionalidade foi publicado mais de dois anos após o trânsito em julgado da decisão que contemplou entendimento contrário ao firmado pelo Supremo Tribunal Federal. Não sendo mais cabível a ação rescisória, a sentença permaneceu íntegra, a despeito da contrariedade ao quanto decidido pelo STF.

da parte interessada não dispor de condições econômicas para realizar o exame de DNA e o Estado não ter custeado a produção dessa prova; II – Deve ser relativizada a coisa julgada estabelecida em ações de investigação de paternidade em que não foi possível determinar-se a efetiva existência de vínculo genético a unir as partes, em decorrência da não realização do exame de DNA, meio de prova que pode fornecer segurança quase absoluta quanto à existência de tal vínculo".

• A inconstitucionalidade do art. 9º da MP nº 2164-41/2001, na parte em que inseriu o art. 29-C na Lei nº 8036/1990, foi declarada na ADI nº 2736/DF e fundamentou a fixação da tese referente ao Tema 116 da Repercussão Geral do STF, nos seguintes termos: "É inconstitucional o art. 29-C da Lei 8.036/1990, introduzido pelo art. 9º da MP 2.164-41/2001, que veda a condenação em honorários advocatícios nas ações entre o FGTS e os titulares de contas vinculadas, bem como naquelas em que figuram os respectivos representantes ou substitutos processuais".

◉ Questões de Concurso relacionadas ao tema:

Questão 01 (VUNESP. TJ-RJ. Juiz substituto. 2016 – Adaptada) Proferida decisão pelo STF, no sentido da inconstitucionalidade de lei após o trânsito em julgado de decisão exequenda, caberá ação rescisória desta, cujo prazo será contado do trânsito em julgado da decisão proferida pela Suprema Corte.

( ) Certo   ( ) Errado

Questão 02 (CESPE. PREFEITURA DE FORTALEZA/CE. Procurador do Município. 2017) Situação hipotética: Ao ser intimado em cumprimento de sentença, o executado tomou conhecimento de que, após o trânsito em julgado da decisão condenatória executada, o STF considerou inconstitucional lei que amparava a obrigação reconhecida no título executivo judicial. **Assertiva:** Nesse caso, será cabível a utilização de ação rescisória, cujo prazo será contado do trânsito em julgado da decisão proferida pelo STF.

( ) Certo   ( ) Errado

Questão 03 (FCC. PGE-MT. Procurador do Estado. 2016 – Adaptada) No processo de execução e cumprimento de sentença, diante de uma sentença condenatória contra o Estado transitada em julgado e da superveniência de decisão do Supremo Tribunal Federal que julgou inconstitucional a lei que fundamentou a procedência do pedido nessa demanda, durante o cumprimento desta decisão, cabe ao ente, em sua defesa, ajuizar reclamação constitucional.

( ) Verdadeiro ( ) Falso

Gabarito: 1-C; 2-C; 3-F

4.11. RELATIVIZAÇÃO DA COISA JULGADA

Tema 392: "Superação da coisa julgada para possibilitar nova ação de investigação de paternidade em face de viabilidade de realização de exame de DNA".

Tese: "I – É possível a repropositura de ação de investigação de paternidade, quando anterior demanda idêntica, entre as mesmas partes, foi julgada improcedente, por falta de provas, em razão da parte interessada não dispor de condições econômicas para realizar o exame de DNA e o Estado não ter custeado a produção dessa prova; II – Deve ser relativizada a coisa julgada estabelecida em ações de investigação de paternidade em que não foi possível determinar-se a efetiva existência de vínculo genético a unir as partes, em decorrência da não realização do exame de DNA, meio de prova que pode fornecer segurança quase absoluta quanto à existência de tal vínculo".

FICHA TÉCNICA	
Leading case:	**RE 363889/DF**
Descrição do caso feita pelo STF:	"Recurso extraordinário em que se discute, à luz dos artigos 5°, XXXVI e 227, caput e § 6°, da Constituição Federal, a superação da coisa julgada para possibilitar nova ação de investigação de paternidade proposta em razão de novas condições de viabilidade de realização de exame de DNA.".
Dispositivo(s) constitucional(is) envolvido(s):	" Art. 5° Todos são iguais perante a lei, sem distinção de qualquer natureza, garantindo-se aos brasileiros e aos estrangeiros residentes no País a inviolabilidade do direito à vida, à liberdade, à igualdade, à segurança e à propriedade, nos termos seguintes: (...) XXXVI – a lei não prejudicará o direito adquirido, o ato jurídico perfeito e a coisa julgada" "Art. 227. É dever da família, da sociedade e do Estado assegurar à criança, ao adolescente e ao jovem, com absoluta prioridade, o direito à vida, à saúde, à alimentação, à educação, ao lazer, à profissionalização, à cultura, à dignidade, ao respeito, à liberdade e à convivência familiar e comunitária, além de colocá-los a salvo de toda forma de negligência, discriminação, exploração, violência, crueldade e opressão[63]. (...)§ 6° Os filhos, havidos ou não da relação do casamento, ou por adoção, terão os mesmos direitos e qualificações, proibidas quaisquer designações discriminatórias relativas à filiação".

---

63. Ao tempo da interposição do recurso extraordinário, o caput do art. 227 possuía a seguinte redação: "Art. 227. É dever da família, da sociedade e do Estado assegurar à criança e ao adolescente, com absoluta prioridade, o direito à vida, à saúde, à alimentação, à educação, ao lazer, à profissionalização, à cultura, à dignidade, ao

FICHA TÉCNICA	
Leading case:	**RE 363889/DF**
Data de reconhecimento da repercussão geral:	07/04/2011
Data de julgamento do mérito recursal:	02/06/2011 (julgamento do recurso extraordinário)
Houve unanimidade?	Não
Data de publicação do acórdão de julgamento do recurso:	16/12/2011 (julgamento do recurso extraordinário)
Trânsito em julgado do acórdão:	23/02/2012

◉ Comentários:

D. G. S., então menor e representado por sua genitora, promoveu, em 1989, uma ação de investigação de paternidade contra G. F. R. O autor requereu e lhe foi concedido o benefício da gratuidade da justiça. Na fase instrutória da demanda, pretendeu-se a realização de exame de DNA. Ante a circunstância de se tratar de prova requerida pelo demandante e de não possuir ele condições de arcar com a produção da prova, foi o Distrito Federal instado a efetuar o pagamento do exame. Não havendo, à época, lei regulamentando tal pagamento, o ente público informou a impossibilidade de fazê-lo, vindo a demanda a ser julgada improcedente por insuficiência das provas produzidas (testemunhal e documental).

Consumou-se, em 1992, o trânsito em julgado dessa sentença. Em 1996, foi editada a Lei Distrital nº 1097/1996, impondo ao Distrito Federal o dever de arcar com o exame de DNA para pessoas carentes. Fundado em tal circunstância, D.G.S. promoveu nova ação de investigação de paternidade, tendo sido alegada, no processo, pelo réu, a presença de pressuposto processual negativo (coisa julgada), a ensejar a extinção do feito sem resolução do mérito. Essa preliminar foi rejeitada pelo despacho saneador proferido em primeiro grau de jurisdição, o qual, todavia, foi reformado no julgamento de agravo de instrumento em face dele interposto.

Contra o acórdão da 5ª Turma Cível do TJDFT que, provendo o agravo de instrumento, extinguiu o feito sem resolução do mérito, D.G.S. e o Ministério Público do Distrito Federal e Territórios interpuseram recursos extraordinários, lastreados em violação, pelo julgado recorrido, aos arts. 5º, XXXVI e 227, § 6º, da CRFB de 1988. **Põe-se em questão, basicamente, a possibilidade de relativização da coisa julgada em ações de investigação de paternidade nas quais não se tenha realizado o exame de DNA, com vistas a resguardar o direito fundamental à busca da identidade genética, inerente ao direito de personalidade.**

respeito, à liberdade e à convivência familiar e comunitária, além de colocá-los a salvo de toda forma de negligência, discriminação, exploração, violência, crueldade e opressão". A redação indicada no quadro corresponde àquela dada pela EC 65/2010, vigente ao tempo do julgamento pelo STF.

O Ministro Relator, Dias Toffoli, pontuou, em seu voto, a desnecessidade de invocação do princípio da dignidade da pessoa humana para fundamentar a decisão da causa, com o que se evita o abuso retórico consistente em sua excessiva utilização.

Examinando, como premissa de seu raciocínio, aspectos ligados à evolução histórica do conceito de paternidade, o Ministro Dias Toffoli consignou que o reconhecimento desse vínculo ora toma por base ficções jurídicas, ora o exame fático. No passado, houve uma valorização maior das presunções, como forma de garantir maior estabilidade das relações sociais. Três razões conduziram a essa preferência: a) o pouco desenvolvimento das ciências naturais no tocante aos meios para comprovação da paternidade; b) a resolução mais fácil dos casos concretos pelo uso das presunções; c) a adoção, pelo ordenamento jurídico, de níveis diferenciados de filiação (as chamadas famílias legítimas e ilegítimas).

O Ministro Dias Toffoli registrou, em seguida, que a superação da dicotomia família legítima/ilegítima (art. 227, § 6º, da CRFB de 1988) promoveu uma relativização das presunções legalmente estabelecidas e do dogma da imutabilidade do estado de paternidade. Além disso, o surgimento do exame de DNA representou o advento de meio de prova mais confiável para embasar as ações em que se discutam a paternidade, tratando-se de instrumento relevante na concretização do direito fundamental à informação genética.

Afirmando guardar reservas quanto à utilização da "técnica de colisão de princípios", o Ministro relator pontuou que o problema relacionado ao direito fundamental à identidade genética não é solucionado apenas com a invocação da coisa julgada como *topos* argumentativo. Asseverou a necessidade de se relativizar o princípio da intangibilidade da coisa julgada, para se permitir a realização do exame de DNA em situações como a do caso examinado (em que a sentença que transitou em julgado foi de improcedência por insuficiência de provas, sem que se alcançasse a verdade biológica). Citou precedente do STF em que se permitiu, em desapropriação, a repetição de prova contábil (RE 105012/RN), além de fazer referência a julgados do TJSP, do TJRS e do STJ, que também admitiram a relativização da coisa julgada para realização do exame de DNA.

Segundo o Ministro Dias Toffoli, o próprio art. 741, parágrafo único, do atualmente **revogado** CPC/1973[64] serve como prova de que o princípio da intangibilidade das decisões judiciais transitadas em julgado não é absoluto. Em seu entender, o acórdão recorrido baseia-se em interpretação conjunta de normas constitucionais levadas a efeito de modo incompatível com a CRFB de 1988. Ao fazer prevalecer o princípio da intangibilidade da decisão transitada em julgado em detrimento do direito fundamental de reconhecimento da origem genética do autor, o julgado recorrido incorreu em inconstitucionalidade material.

Nesses termos, tendo em vista a evolução dos meios de prova, associada à proteção ao acesso à informação sobre a paternidade (que se insere no contexto do direito da personalidade), o Ministro Dias Toffoli deu provimento aos recursos extraordinários, afastando

---

64. O Ministro faz referência ao art. 741, parágrafo único, do revogado CPC/1973, regra esta atualmente encartada no art. 535, § 5º, do CPC/2015, verbis: "Art. 535. A Fazenda Pública será intimada na pessoa de seu representante judicial, por carga, remessa ou meio eletrônico, para, querendo, no prazo de 30 (trinta) dias e nos próprios autos, impugnar a execução, podendo arguir: (...)§ 5º Para efeito do disposto no inciso III do caput deste artigo, considera-se também inexigível a obrigação reconhecida em título executivo judicial fundado em lei ou ato normativo considerado inconstitucional pelo Supremo Tribunal Federal, ou fundado em aplicação ou interpretação da lei ou do ato normativo tido pelo Supremo Tribunal Federal como incompatível com a Constituição Federal, em controle de constitucionalidade concentrado ou difuso".

o óbice da coisa julgada e permitindo o prosseguimento da segunda ação de investigação de paternidade. Este foi o entendimento que restou vitorioso no STF, por maioria de votos.

As ponderações lançadas pelo Ministro Dias Toffoli no voto condutor do acórdão do STF foram incrementadas com o voto apresentado pelo Ministro Luiz Fux, que se estruturou sobre as seguintes premissas: a) a decisão que julga improcedente a demanda por insuficiência de provas é de mérito e tem aptidão para formar coisa julgada material; b) não há previsão legal para utilização, ao caso, da coisa julgada *secundum eventum probationis*, que somente é prevista no ordenamento brasileiro em situações tópicas (Lei nº 4717/1965, art. 18 – ação popular; Lei nº 7347/1985 – ação civil pública; art. 103, I e II do CDC – ações coletivas).

O Ministro Luiz Fux registrou que a **ratio decidendi** a ser formada no caso concreto consiste em se aferir a **possibilidade de se afastar a coisa julgada formada em demanda na qual se discute relação de filiação, quando a evolução tecnológica tenha disponibilizado nova prova dotada de altíssimo grau de confiabilidade e capaz, por si só, de reverter julgamento anterior, desde que a realização dessa prova não tenha se concretizado anteriormente por deficiência no funcionamento estatal do regime de gratuidade da justiça.**

Em seguida, prosseguiu asseverando que: a) a proteção à coisa julgada material decorre do princípio da segurança jurídica, estando vinculada à ideia da pacificação de conflitos e, indiretamente, ao princípio da dignidade da pessoa humana (a estabilidade das relações sociais permite que se realizem planejamentos de vida); b) a coisa julgada é fruto de decisão política e está comprometida com a segurança jurídica e não com a verdade ou com a justiça das decisões; c) não é possível interpretar-se isoladamente a regra da coisa julgada; d) a Constituição Federal é o resultado de um compromisso de forças políticas divergentes; trata-se de diploma plural, em que valores contrapostos são protegidos (ex.: liberdade de expressão e direito à intimidade).

Esse quadro impõe a necessidade, diante de conflito entre valores constitucionais, de se buscarem as bases da interpretação constitucional (princípio da concordância prática ou da harmonização prudencial, princípio da unidade da Constituição). Essas bases auxiliarão no delineamento dos limites próprios de cada norma fundamental, sempre pautando-se o intérprete em um dever de coerência. Quando entre esses limites houver sobreposição, parte-se à ponderação de valores, à luz da proporcionalidade, realizando-se concessões recíprocas e com resguardo aos núcleos essenciais dos direitos fundamentais, com vistas a se estabelecer uma relação de "precedência condicionada entre os princípios em jogo".

No exame do caso concreto, o Ministro Luiz Fux reconheceu a necessidade de que fossem ponderados, de um lado, a regra da coisa julgada material e, de outro, o direito fundamental à filiação, associado à garantia da assistência jurídica integral aos desamparados. Registrou que, nos moldes da nova hermenêutica constitucional, é possível a ponderação envolvendo regras, desde que ela se dê por meio do princípio que as informa (no caso, a segurança jurídica), bem como dos princípios da previsibilidade, da igualdade e da democracia.

Tomando-se a dignidade da pessoa humana como vetor interpretativo, tem-se que o direito à identidade genética está relacionado ao núcleo essencial daquele princípio, sendo parte do direito à identidade pessoal. Há, em realidade, segundo pontuou o Ministro Luiz Fux, uma intrínseca imbricação entre a dignidade e as ideias de família e de filiação, nos termos do art. 227 da CRFB de 1988. Citou precedente do STF nesse sentido (RE 248869).

Para ele, além disso, o art. 18 da Convenção Americana de Direitos Humanos cuidaria do direito à filiação, estando contido no bojo dos arts. 17 a 19[65], que se voltam à proteção da família e da criança.

Além disso, o Ministro Luiz Fux entendeu que a coisa julgada formada violou o direito à assistência jurídica integral aos necessitados e pontuou que o respeito a esse direito é fundamental para a concretização da igualdade material e da tutela jurisdicional efetiva. Reconheceu que o direito em questão, ao viabilizar a fruição dos demais direitos fundamentais, guarda conexão com o núcleo essencial da dignidade da pessoa humana.

No que diz respeito à conexão entre a coisa julgada material/princípio da segurança jurídica e o princípio da dignidade da pessoa humana, o Ministro Luiz Fux destaca que esse vínculo não mantém com o núcleo essencial da dignidade da pessoa humana uma proximidade tão intensa como ocorre com os dois outros direitos fundamentais (identidade pessoal e assistência jurídica integral). Por essa razão, ao se proceder ao juízo de ponderação, a coisa julgada material cede espaço aos outros direitos.

No entanto, o Ministro ressalvou a circunstância de que, no direito brasileiro, o réu pode se recusar a fazer o exame de DNA, sob o fundamento de violação à sua integridade física. Nessa linha, mencionou o precedente do STF contido no HC 71373-4, os arts. 231 e 232 do CC[66] e o Enunciado nº 301 da Súmula do Superior Tribunal de Justiça[67]. Por tais circunstâncias, no novo processo ajuizado pelo recorrente, a paternidade pode vir a ser afirmada não com base na verdade real, mas novamente com lastro em uma verdade meramente formal, tal como ocorrido com a decisão que concluiu pela negativa da paternidade por insuficiência de provas. Esses aspectos aconselham que se resguarde a eficácia mínima do princípio da segurança jurídica.

Com base em tais fundamentos, o Ministro Luiz Fux adotou, em amparo ao juízo de ponderação por ele realizado, o instituto da ação rescisória, quando fundada em direito à prova[68]. A parte poderia, pois, propor a rescisória no prazo de dois anos a contar do

---

65. "Artigo 17. Proteção da família   1. A família é o elemento natural e fundamental da sociedade e deve ser protegida pela sociedade e pelo Estado. 2. É reconhecido o direito do homem e da mulher de contraírem casamento e de fundarem uma família, se tiverem a idade e as condições para isso exigidas pelas leis internas, na medida em que não afetem estas o princípio da não discriminação estabelecido nesta Convenção. 3. O casamento não pode ser celebrado sem o livre e pleno consentimento dos contraentes. 4. Os Estados Partes devem tomar medidas apropriadas no sentido de assegurar a igualdade de direitos e a adequada equivalência de responsabilidades dos cônjuges quanto ao casamento, durante o casamento e em caso de dissolução do mesmo. Em caso de dissolução, serão adotadas disposições que assegurem a proteção necessária aos filhos, com base unicamente no interesse e conveniência dos mesmos. 5. A lei deve reconhecer iguais direitos tanto aos filhos nascidos fora do casamento como aos nascidos dentro do casamento. Artigo 18. Direito ao nome Toda pessoa tem direito a um prenome e aos nomes de seus pais ou ao de um destes. A lei deve regular a forma de assegurar a todos esse direito, mediante nomes fictícios, se for necessário. Artigo 19. Direitos da criança Toda criança tem direito às medidas de proteção que a sua condição de menor requer por parte da sua família, da sociedade e do Estado".

66. "Art. 231. Aquele que se nega a submeter-se a exame médico necessário não poderá aproveitar-se de sua recusa. Art. 232. A recusa à perícia médica ordenada pelo juiz poderá suprir a prova que se pretendia obter com o exame".

67. "Em ação investigatória, a recusa do suposto pai a submeter-se ao exame de DNA induz presunção juris tantum de paternidade".

68. Na época do julgado, foi invocado pelo Ministro o então vigente art. 485, VII, do CPC/1973 ("Art. 485. A sentença

trânsito em julgado da decisão anteriormente proferida. Quando, porém, o autor conseguir demonstrar (é ônus seu) que a realização prática do exame de DNA somente se tornou possível após o decurso desse biênio, o prazo de rescisória será contado a partir da data em que se viabilizou a realização do exame. Volvendo ao caso concreto, o Ministro afirmou que essa viabilização somente ocorreu com o advento da Lei Distrital nº 1097/1996.

Por fim, o Ministro Luiz Fux destacou que a mera previsão constitucional do direito à assistência jurídica integral aos necessitados não seria suficiente para embasar a ação rescisória, já que apenas em abril/2002 o Supremo Tribunal Federal reconheceu a autoaplicabilidade do art. 5º, LXXIV, da CRFB de 1988, para o fim de compelir o Poder Público a custear exame de DNA aos necessitados (RE 224775/MS e RE 207732). Além disso, pontuou (citando precedentes) que o Superior Tribunal de Justiça possuía entendimento no sentido de que a Lei nº 1.060/1950 não ensejava, sem previsão legal expressa do ente federativo, que se atribuísse ao Poder Público o dever de depositar honorários de perito em casos nos quais figurassem como partes beneficiários da gratuidade da justiça.

Nesses termos, o Ministro Luiz Fux também votou no sentido de dar provimento aos recursos extraordinários.

⦿ Síntese do debate constante do acórdão que fixou o precedente:

Argumentos favoráveis à tese fixada:	Argumentos contrários à tese fixada:
A mera previsão constitucional do direito à assistência jurídica integral aos necessitados não seria suficiente para embasar a ação rescisória, já que apenas em abril/2002 o Supremo Tribunal Federal reconheceu a autoaplicabilidade do art. 5º, LXXIV, da CRFB de 1988, para o fim de compelir o Poder Público a custear exame de DNA aos necessitados. Além disso, o Superior Tribunal de Justiça possuía entendimento no sentido de que a Lei nº 1.060/1950 não ensejava, sem previsão legal expressa do ente federativo, que se atribuísse ao Poder Público o dever de depositar honorários de perito em casos nos quais figurassem como partes beneficiários da gratuidade da justiça (Min. Luiz Fux).	• A irresignação do autor contra a coisa julgada que lhe foi desfavorável deveria ter se dado pelo manejo de ação rescisória, no prazo de dois anos a contar do trânsito em julgado, por violação ao art. 5º, LXXIV, da CRFB de 1988. Ações como a objeto de análise deveriam ser consideradas como rescisórias, desde que respeitado o biênio legal (Min. Cezar Peluso). • A ação proposta está sendo transformada em rescisória, sem submissão ao biênio legal (Min. Marco Aurélio).

---

de mérito, transitada em julgado, pode ser rescindida quando: (...) VII – depois da sentença, o autor obtiver documento novo, cuja existência ignorava, ou de que não pôde fazer uso, capaz, por si só, de lhe assegurar pronunciamento favorável; (...)"). Hoje, tal dispositivo equivale ao art. 966, VII, do CPC/2015: "Art. 966. A decisão de mérito, transitada em julgado, pode ser rescindida quando: (...)VII – obtiver o autor, posteriormente ao trânsito em julgado, prova nova cuja existência ignorava ou de que não pôde fazer uso, capaz, por si só, de lhe assegurar pronunciamento favorável; (...)". É importante destacar, como o fez o Ministro Luiz Fux em seu voto, que mesmo sob a égide do CPC/1973 (que falava em "documento novo" e não em "prova nova", como consignado no atual Código de Processo Civil), o STJ já houvera reconhecido que a rescisória seria cabível para aplicação de técnica nova (exame de DNA). O precedente invocado no voto foi o RESP 300.084.

Argumentos favoráveis à tese fixada:	Argumentos contrários à tese fixada:
Para resguardar a eficácia mínima do princípio da segurança jurídica, a renovação da demanda deve respeitar o prazo de rescisória. Quando, porém, o autor conseguir demonstrar (é ônus seu) que a realização prática do exame de DNA somente se tornou possível após o decurso desse biênio, o prazo de rescisória será contado a partir da data em que se viabilizou a realização do exame. No caso concreto, essa viabilização somente ocorreu com o advento da Lei Distrital n° 1097/1996 (Min. Luiz Fux).	Nos termos do art. 2°-A, da Lei n° 8560/1992[69], com a redação dada pela Lei n° 12004/2009, se o pretenso pai se recusar a fazer o exame de DNA, a nova demanda será julgada com base em uma presunção de paternidade, cuja apreciação se dará em conjunto com o contexto probatório da causa, a qual redundou na improcedência da demanda por insuficiência de provas. Na hipótese o novo julgamento apenas serviria para violar o princípio da segurança jurídica (Min. Marco Aurélio).
Sem contra-argumento	Não há decisão submetida a condição resolutiva no ordenamento jurídico brasileiro, não podendo ser vislumbrada a Lei Distrital n° 1097/1996 com uma condição resolutiva do julgado (Min. Marco Aurélio)
Sem contra-argumento	O princípio da dignidade da pessoa humana também deve ser sopesado quanto ao réu, o qual pode ter família estruturada e cuja situação pode ser abalada com essa possibilidade de revisão, a qualquer tempo, de situação judicialmente definida (Min. Marco Aurélio)
Nos moldes da nova hermenêutica constitucional, é possível a ponderação envolvendo regras, desde que ela se dê por meio do princípio que as informa (no caso da regra da coisa julgada, a segurança jurídica), bem como dos princípios da previsibilidade, da igualdade e da democracia (Min. Luiz Fux).	A coisa julgada material está fora do contexto da ponderação com outros direitos fundamentais, por se tratar de verdadeira "condição necessária de convivência social" (Min. Cezar Peluso).
No processo anterior, não houve desídia ou culpa do autor no tocante à não realização da prova (Min. Luiz Fux).	O que motivou a improcedência da demanda anterior não foi a insuficiência de recursos do autor, mas, sim, um equívoco do seu advogado, que não alegou violação à norma constitucional (Min. Cezar Peluso).
• A renovação da demanda deve respeitar o prazo de rescisória. Quando, porém, o autor conseguir demonstrar (é ônus seu) que a realização prática do exame de DNA somente se tornou possível após o decurso desse biênio, o prazo de rescisória será contado a partir da data em que se viabilizou a realização do exame. No caso concreto, essa viabilização somente ocorreu com o advento da Lei Distrital n° 1097/1996 (Min. Luiz Fux). • A decisão a ser tomada não fixará parâmetros temporais (Min. Lewandowski; Min. Gilmar Mendes).	O precedente a ser formado neste caso revela-se perigoso ao sequer estabelecer o aspecto temporal (após quanto tempo depois da formação da coisa julgada pode haver a reabertura da discussão concernente à paternidade) (Min. Cezar Peluso).

---

69. Lei 8560/1992: "Art. 2°-A. Na ação de investigação de paternidade, todos os meios legais, bem como os moralmente legítimos, serão hábeis para provar a verdade dos fatos. Parágrafo único. A recusa do réu em se submeter ao exame de código genético – DNA gerará a presunção da paternidade, a ser apreciada em conjunto com o contexto probatório.

Argumentos favoráveis à tese fixada:	Argumentos contrários à tese fixada:
Sem contra-argumento	No que diz respeito à tese a ser firmada, o alcance prático da decisão do STF para casos futuros será mínimo, já que em vários locais já foi legalizado o dever do ente público de arcar com o exame de DNA (Min. Cezar Peluso)
A decisão que julga improcedente a demanda por insuficiência de provas é de mérito e tem aptidão para formar coisa julgada material. Não há previsão legal para utilização, ao caso, da coisa julgada *secundum eventum probationis*, que somente é prevista no ordenamento brasileiro em situações tópicas (Lei nº 4717/1965, art. 18 – ação popular; Lei nº 7347/1985 – ação civil pública; art. 103, I e II do CDC – ações coletivas) (Min. Luiz Fux).	É possível o afastamento da coisa julgada *pro et contra* nas ações de investigação de paternidade, com base no princípio da dignidade da pessoa humana e no respeito ao direito fundamental à identidade da pessoa. Em se tratando de sentença de improcedência por falta de provas nessas ações, não há formação de coisa julgada material (Min. Carmen Lúcia).

◉ Fique atento:

- O Ministro Dias Toffoli, em seu voto, rememora o precedente firmado no RE 248869/SP, em que o STF, à luz da Constituição Federal de 1988, afirmou o direito do indivíduo ao conhecimento da verdade sobre sua origem biológica, como decorrência lógica do direito à filiação, conferindo primazia ao direito geral de personalidade. Fez menção, ainda, ao precedente resultante do julgamento do RE 207732/MS, em que o STF reconheceu o dever do Estado de, em nome da segurança jurídica, custear o exame de DNA aos necessitados.

- Outros precedentes históricos foram invocados pelo Ministro Dias Toffoli em seu voto: a) RE 51269/RS – reconheceu a possibilidade de filhos adulterinos "a matre" promoverem ações de investigação de paternidade se, à época da concepção, os pais estivessem separados de fato, mesmo que o marido não tenha contestado a paternidade. Buscava-se afastar, assim, a presunção *"pater is est"* prevista no **revogado** Código Civil de 1916. No mesmo sentido, apontou o RE 54891/RN.

- O Ministro Dias Toffoli reconhece, em seu voto, que a busca da verdade biológica nem sempre se revela a solução mais adequada em todos os casos, especialmente naqueles em que se contrapõem a paternidade biológica, de um lado, e a paternidade socioafetiva, de outro. Esse conflito, porém, não se verificou no caso levado a julgamento.

- Em *obiter dictum*, o Ministro Dias Toffoli salientou a necessidade de uma reflexão sobre o tema do "direito ao amor". Se, por um lado, ninguém pode ser compelido a amar outrem, por outro, remanesce o questionamento quanto à possibilidade de se pleitear indenização por danos materiais e morais por falta de assistência, fundando-se na ideia de paternidade responsável consagrada no art. 226, § 7º, da CRFB de 1988. Nesse particular, em contraposição, o Ministro Luiz Fux asseverou que a todo direito haveria de corresponder um dever e o amor, por ser espontâneo, voluntário, não poderia estar atrelado à ideia de dever.

- O Ministro Luiz Fux posiciona-se contrariamente à chamada "relativização da coisa julgada", que reputa estar desprovida de qualquer fundamento científico, além de abranger, sob a mesma nomenclatura, temas com perfis diversos (relativização em razão do avanço tecnológico capaz de infirmar o resultado do julgamento anterior; decisões que se contrapõem a direito ou garantia constitucional em decorrência de interpretação do julgador no caso concreto; impugnação de decisões com trânsito em julgado na fase de execução quando a decisão se funde em lei ou ato normativo considerado inconstitucional pelo Supremo Tribunal Federal ou em aplicação ou interpretação da lei ou do ato normativo tido pelo Supremo Tribunal Federal como incompatível com a Constituição Federal).

- O Ministro Luiz Fux mencionou precedente da Suprema Corte dos EUA (Daubert vs. Merrell, 1993) por intermédio do qual se impôs aos juízes americanos que procedessem a um controle de racionalidade sobre a prova pericial a ser objeto de valoração judicial, em especial o controle sobre a técnica empregada (sua aceitação pela comunidade científica, a controlabilidade da teoria que se encontra em sua base e percentual de erro em sua utilização). Quanto ao exame de DNA, o Ministro salientou que o método, abstratamente considerado, atende a esses critérios de confiabilidade. No entanto, pontuou que não basta que esse controle seja feito abstratamente, devendo, também, ser aferido *in concreto* (profissional que realizou o exame, instrumental utilizado etc.).

- Há de se observar, quanto às ponderações feitas pelo Ministro Luiz Fux no tocante ao controle de racionalidade da prova pericial, que, nessa linha, o CPC/2015, em seu art. 473, II, estabelece que o laudo pericial deverá conter, dentre outras informações, "a indicação do método utilizado, esclarecendo-o e demonstrando ser predominantemente aceito pelos especialistas da área do conhecimento da qual se originou".

◉ Questões de Concurso relacionadas ao tema:

Questão 01 (CESPE. Câmara dos Deputados. Analista Legislativo – Consultor Legislativo Área II. 2014 – Adaptada) Com base no entendimento do STF, no que tange às ações de investigação de paternidade e alimentos, julgue os itens a seguir.

É incabível relativizar a coisa julgada, mesmo quando uma ação de investigação de paternidade tenha sentença definitiva, mas não conte com o exame pericial de DNA.

( ) Certo   ( ) Errado

Gabarito: 1-E

4.12. CLÁUSULA DE RESERVA DE PLENÁRIO

Tema 93: "Exigência de reserva de plenário para as situações de não aplicabilidade do art. 4º da Lei Complementar nº 118/2005 às ações ajuizadas anteriormente à sua vigência".

Tese: "Viola a cláusula de reserva de plenário (CF, art. 97) a decisão de órgão fracionário de Tribunal que, embora não declare expressamente a inconstitucionalidade de lei ou ato normativo do poder público, afasta sua incidência, no todo ou em parte".

FICHA TÉCNICA	
Leading case:	RE 580108/SP
Descrição do caso feita pelo STF:	"Recurso extraordinário em que se discute, à luz dos artigos 5º, XXXVI; e 97 da Constituição, a necessidade de se suscitar, ou não, perante o Órgão Especial, o incidente de inconstitucionalidade do art. 4º da Lei Complementar nº 118/2005 naquelas situações em que se nega aplicação dessa norma às ações ajuizadas anteriormente à sua vigência.".
Dispositivo(s) constitucional(is) envolvido(s):	"Art. 5º Todos são iguais perante a lei, sem distinção de qualquer natureza, garantindo-se aos brasileiros e aos estrangeiros residentes no País a inviolabilidade do direito à vida, à liberdade, à igualdade, à segurança e à propriedade, nos termos seguintes: (...)XXXV – a lei não excluirá da apreciação do Poder Judiciário lesão ou ameaça a direito; XXXVI – a lei não prejudicará o direito adquirido, o ato jurídico perfeito e a coisa julgada; (...)" "Art. 97. Somente pelo voto da maioria absoluta de seus membros ou dos membros do respectivo órgão especial poderão os tribunais declarar a inconstitucionalidade de lei ou ato normativo do Poder Público".
Data de reconhecimento da repercussão geral:	11/06/2008
Data de julgamento do mérito recursal:	11/06/2008
Houve unanimidade?	Não
Data de publicação do julgamento do recurso:	19/12/2008
Trânsito em julgado do acórdão:	04/05/2009

◉ Comentários:

Trata-se de recurso extraordinário interposto pela União contra acórdão proferido pela 2ª Turma do Superior Tribunal de Justiça que, no julgamento de recurso especial interposto por empresa contribuinte, entendeu que o prazo prescricional de cinco anos para que se pretenda a repetição de indébito tributário contar-se-ia do termo final previsto no art. 150, § 4º, do CTN[70] e não do recolhimento indevido.

Em embargos de declaração opostos ao acórdão do STJ, a União suscitou a aplicação, ao caso, dos arts. 3º e 4º da LC nº 118/2005[71], o que, entretanto, foi rechaçado pelo Superior Tribunal de Justiça, sob o fundamento de que as regras em comento somente seriam aplicáveis às demandas ajuizadas após a sua vigência, sendo desnecessária a instauração de incidente de inconstitucionalidade, no caso. A não aplicação retroativa da regra invocada foi considerada, pela União, como negativa de vigência ao texto legal, lesiva, pois, à **cláusula de reserva de Plenário** prevista no art. 97 da CRFB de 1988, ensejando a interposição do RE 580.108/SP.

O processo foi pautado no Pleno do Supremo Tribunal Federal para discussão de **questão de ordem** atinente **"aos procedimentos de implantação do regime de repercussão geral aos recursos extraordinários", quando versarem sobre matérias já decididas pelo STF e quanto** às **quais já se tenha nele formado jurisprudência dominante ou já exista súmula aprovada.** A Ministra relatora, Ellen Gracie, salientou que o caso dos autos se enquadra dentre aqueles que versam sobre temática que já possui jurisprudência dominante no STF (citou, como precedentes, o RE-AgR 502118/SP e o AI-AgR 475897/PR, além de decisões monocráticas[72]).

A questão de ordem suscitada partiu das seguintes premissas: **a)** o instituto da repercussão geral não se aplica somente às questões constitucionais ainda não julgadas pelo STF, mas, também, àquelas por ele já apreciadas, ainda quando exista jurisprudência dominante ou súmula a respeito. Nesses casos, a lei processual, inclusive, presume a repercussão geral

---

70. No acórdão constou, por equívoco, a referência ao art. 105 do CTN, quando deveria ser ao art. 150. "Art. 150. O lançamento por homologação, que ocorre quanto aos tributos cuja legislação atribua ao sujeito passivo o dever de antecipar o pagamento sem prévio exame da autoridade administrativa, opera-se pelo ato em que a referida autoridade, tomando conhecimento da atividade assim exercida pelo obrigado, expressamente a homologa. (...)§ 4º Se a lei não fixar prazo a homologação, será ele de cinco anos, a contar da ocorrência do fato gerador; expirado esse prazo sem que a Fazenda Pública se tenha pronunciado, considera-se homologado o lançamento e definitivamente extinto o crédito, salvo se comprovada a ocorrência de dolo, fraude ou simulação".

71. "Art. 3º Para efeito de interpretação do inciso I do art. 168 da Lei no 5.172, de 25 de outubro de 1966 – Código Tributário Nacional, a extinção do crédito tributário ocorre, no caso de tributo sujeito a lançamento por homologação, no momento do pagamento antecipado de que trata o § 1º do art. 150 da referida Lei; Art. 4º Esta Lei entra em vigor 120 (cento e vinte) dias após sua publicação, observado, quanto ao art. 3º, o disposto no art. 106, inciso I, da Lei no 5.172, de 25 de outubro de 1966 – Código Tributário Nacional". O art. 106, I, do CTN explicita, por sua vez, que: "Art. 106. A lei aplica-se a ato ou fato pretérito: I – em qualquer caso, quando seja expressamente interpretativa, excluída a aplicação de penalidade à infração dos dispositivos interpretados; (...)".

72. Em seu voto, a Ministra Carmen Lúcia acresceu ao rol indicado pela Ministra Ellen Gracie os seguintes precedentes: RE 240.096, AI 472897/AgR, AI 615686/AgR, RE 463278/AgR, RE 502118/AgR, RE 544246 e RE 411481/AgR.

da questão[73]; **b)** a solução há de ser pensada não apenas quando a decisão recorrida houver contrariado súmula ou jurisprudência dominante do STF, bem como quando for com ela consentânea e houver sido, ainda assim, impugnada por recurso extraordinário; **c)** não se justifica, em havendo jurisprudência dominante ou súmula do STF, que sejam novamente apreciadas as questões objeto dos recursos, mas se faz necessário o estabelecimento de um procedimento que permita aos Tribunais de origem aplicar os efeitos do reconhecimento da repercussão geral aos recursos que se enquadrem nas situações antes enfatizadas, nos termos do art. 543-B, § 3º, do **revogado** CPC/1973[74].

O voto condutor do acórdão do STF propôs, em questão de ordem acolhida por maioria, que: **a)** diante de recursos extraordinários que versem sobre tema acerca dos quais haja jurisprudência dominante ou súmula do STF, deve a Presidência do STF, antes de sua distribuição, trazer a matéria ao Plenário, em questão de ordem, para que se decida sobre a aplicabilidade do regime da repercussão geral; **b)** reconhecida a repercussão geral, os recursos extraordinários que versem sobre a temática deverão ser devolvidos à origem, para aplicação do regramento pertinente aos efeitos da repercussão geral.

Nos debates, a Ministra Ellen Gracie esclareceu que, quando há jurisprudência consolidada ou súmula no STF, os julgamentos dos recursos extraordinários e dos agravos para seu destrancamento são feitos monocraticamente naquele Tribunal. Essa circunstância não permite que os tribunais de origem apliquem os efeitos da repercussão geral aos agravos interpostos contra decisões de inadmissão de recursos extraordinários. Ao se adotar esse procedimento proposto na questão de ordem, os tribunais *a quo* passariam a poder se valer da sistemática da repercussão geral para esses agravos.

A questão de ordem foi acolhida, por maioria, pelo STF, vencido o Ministro Marco Aurélio. No que diz respeito ao mérito do recurso extraordinário, reafirmou-se a jurisprudência dominante do STF, entendendo-se que a decisão de órgão fracionário de Tribunal que afasta a incidência de lei ou ato normativo do poder público, no todo ou em parte, mesmo que sem declarar expressamente a sua inconstitucionalidade, viola o art. 97 da CRFB de 1988. Nesse sentido, foi determinada a devolução dos autos à origem para adequação da decisão ao entendimento do STF. O Ministro Marco Aurélio foi vencido por não concordar com o procedimento adotado (devolução dos autos ao STJ).

---

73. O voto condutor do acórdão refere-se ao art. 543-A, § 3º, do atualmente revogado CPC/1973, que dispunha: "Art. 543-A. O Supremo Tribunal Federal, em decisão irrecorrível, não conhecerá do recurso extraordinário, quando a questão constitucional nele versada não oferecer repercussão geral, nos termos deste artigo. (...)§ 3º Haverá repercussão geral sempre que o recurso impugnar decisão contrária a súmula ou jurisprudência dominante do Tribunal". A disciplina está atualmente consignada no art. 1.035, § 3º, I, do CPC/2015: "Art. 1.035. O Supremo Tribunal Federal, em decisão irrecorrível, não conhecerá do recurso extraordinário quando a questão constitucional nele versada não tiver repercussão geral, nos termos deste artigo. (...)§ 3º Haverá repercussão geral sempre que o recurso impugnar acórdão que: I – contrarie súmula ou jurisprudência dominante do Supremo Tribunal Federal; (...)".

74. "Art. 543-B. Quando houver multiplicidade de recursos com fundamento em idêntica controvérsia, a análise da repercussão geral será processada nos termos do Regimento Interno do Supremo Tribunal Federal, observado o disposto neste artigo. (...) § 3º Julgado o mérito do recurso extraordinário, os recursos sobrestados serão apreciados pelos Tribunais, Turmas de Uniformização ou Turmas Recursais, que poderão declará-los prejudicados ou retratar-se". A matéria está atualmente tratada no art. 1.039 do CPC/2015: "Art. 1.039. Decididos os recursos afetados, os órgãos colegiados declararão prejudicados os demais recursos versando sobre idêntica controvérsia ou os decidirão aplicando a tese firmada".

⊙ Síntese do debate constante do acórdão que fixou o precedente:

Argumentos favoráveis à questão de ordem fixada:	Argumentos contrários à questão de ordem fixada:
• Não se trata de aplicar a repercussão geral a recursos interpostos anteriormente à sua vigência, mas, sim de aproveitar recursos novos para que a repercussão geral também abarque temas concernentes à jurisprudência dominante existente antes do advento desse instituto (Min. Gilmar Mendes). • A utilização do procedimento da repercussão geral a recursos interpostos antes de sua vigência não oferece risco à segurança jurídica e ainda garante, com menor custo e maior rapidez, o mesmo resultado (conhecimento e provimento do recurso, quando a decisão recorrida for contrária à jurisprudência dominante do STF) (Min. Cezar Peluso)	A repercussão geral não pode ser aplicada, mesmo que em parte, a recursos interpostos antes da regulamentação do instituto pelo Regimento Interno do STF. Trata-se de regra processual, que contempla pressuposto de recorribilidade. Ao conferir tal retroatividade à repercussão geral, permitindo-se que os Tribunais inferiores apliquem os efeitos do instituto a recursos interpostos antes da sua vigência, estará o STF agindo como legislador positivo. (Min. Marco Aurélio).
Sem contra-argumento	Viola o princípio do juiz natural a centralização, na Presidência do STF, de todos os recursos que chegam à Corte (Min. Marco Aurélio).
Sem contra-argumento	Quando foi elaborada a reforma do Regimento Interno do STF para regulamentar a repercussão geral, a Corte deliberou que o instituto somente seria aplicável aos recursos protocolados após aquela regulamentação. A questão de ordem proposta contraria aquela decisão (Min. Marco Aurélio).

⊙ Fique atento:

• A Ministra Carmen Lúcia, embora tenha acompanhado a Ministra Ellen Gracie na questão de ordem apresentada, apresentou as seguintes ponderações sobre o art. 543-A do **revogado** CPC/1973 (regra atualmente prevista no art. 1.035, § 3º, I, do CPC/2015): a) a regra legal foi prevista porque, antes do surgimento do instituto da repercussão geral, o STF julgava temas constitucionais que não ostentavam relevância do ponto de vista econômico, político, social ou jurídico, capaz de ultrapassar os interesses subjetivos da causa; b) a presunção de repercussão geral, nesses casos, decorre de uma necessidade de preservação da jurisprudência do STF e de conferir celeridade processual em favor do titular do direito já reconhecido pelo STF e não observado pelos tribunais inferiores; c) a regra do dispositivo em análise não prevê repercussão geral em razão de um tema, mas, sim, em decorrência de uma situação (existência de súmula ou jurisprudência dominante do STF e interposição de recurso contra decisão que a contrarie); d) *a contrario sensu*, se o recurso impugna decisão contrária a súmula ou jurisprudência dominante do STF, não haveria repercussão geral.

- O Tema 441 da Repercussão Geral (RE 660968, que substituiu o paradigma AI 838188), ainda não julgado, discute a "exigência da regra constitucional da reserva de plenário para afastar a aplicação de norma anterior à Constituição Federal de 1988".

- O tema objeto deste julgamento é regrado pela Súmula Vinculante nº 10, aprovada em 18/06/2008, que estabelece: "Viola a cláusula de reserva de plenário (CF, artigo 97) a decisão de órgão fracionário de Tribunal que, embora não declare expressamente a inconstitucionalidade de lei ou ato normativo do poder público, afasta sua incidência, no todo ou em parte". A tese firmada reproduz, portanto, integralmente, o teor da SV nº 10.

◉ Questões de Concurso relacionadas ao tema:

Questão 01 (CESPE. TRF-5ªR. Juiz Federal Substituto. 2015) Desde a Constituição de 1937, adotou-se, no Brasil, a chamada cláusula de reserva de plenário *(full bench)*, prevista atualmente no art. 97 da CF, que preceitua que "somente pelo voto da maioria absoluta de seus membros ou dos membros do respectivo órgão especial poderão os tribunais declarar a inconstitucionalidade de lei ou ato normativo do poder público". A respeito dessa cláusula, assinale a opção correta.

a) A cláusula de reserva de plenário não atinge juizados de pequenas causas e juizados especiais, pois, segundo a configuração que lhes foi atribuída pelo legislador, esses juizados não funcionam, na esfera recursal, sob o regime de plenário ou de órgão especial.

b) Os órgãos fracionários de tribunais podem afastar, no todo ou em parte, a incidência de lei ou ato normativo sem obedecer à cláusula de reserva de plenário, desde que não haja declaração expressa de inconstitucionalidade.

c) A cláusula de reserva de plenário deve ser observada nos casos em que o tribunal conclua que determinada norma pré-constitucional não foi recepcionada pela CF.

d) No controle difuso de normas, é possível declarar a inconstitucionalidade de lei pré--constitucional tendo como parâmetro a Constituição vigente à época de edição da lei, hipótese em que não será necessária a observância da cláusula de reserva de plenário, visto não se tratar de violação à CF.

e) Conforme a cláusula de reserva de plenário, o juiz singular de primeiro grau não pode, incidentalmente, declarar a inconstitucionalidade de lei ou ato normativo em um caso concreto, salvo se já houver precedente no mesmo sentido do pleno ou órgão especial do tribunal ao qual o magistrado se encontre vinculado ou do STF.

Questão 02 (FCC. DPE-PR. Defensor Público. 2017) Sobre a aplicação da cláusula de reserva de plenário, é correto afirmar: aaa

a) Caso um órgão fracionário se depare com alegação de inconstitucionalidade de lei pertinente ao caso discutido nos autos, deve sempre remeter a questão ao plenário do respectivo tribunal ou órgão que lhe faça as vezes para decidir sobre a questão, mesmo que entenda que a lei questionada pela parte é constitucional.

b) Conforme o Supremo Tribunal Federal, a análise da recepção de ato normativo anterior à Constituição ou emenda constitucional se submete à cláusula de reserva de plenário.

c) Viola a cláusula de reserva de plenário decisão de órgão fracionário de Tribunal que declare inconstitucional decreto legislativo, ainda que se refira a uma situação individual e concreta.

d) Há precedente do Supremo Tribunal Federal afirmando que, mesmo sendo órgãos fracionários, as Turmas do Supremo Tribunal Federal não se submetem à cláusula de reserva de plenário.

e) Viola cláusula de reserva de plenário a decisão do órgão fracionário do Tribunal que deixe de aplicar a norma infraconstitucional por entender não haver subsunção aos fatos ou, ainda, que a incidência normativa seja resolvida mediante a sua mesma interpretação, sem potencial ofensa direta à Constituição.

Questão 03 (PUC-PR. TJ-PR. Juiz Substituto. 2014) Relativamente à Cláusula de Reserva de Plenário, julgue os itens a seguir:

I. Viola a cláusula de reserva de plenário a decisão de órgão fracionário de tribunal que, embora não declare expressamente a inconstitucionalidade de lei ou ato normativo do poder público, afasta sua incidência, no todo ou em parte.

II. Toda demanda que suscite questão constitucional deve ser apreciada, originalmente, pelo Supremo Tribunal Federal, que, somente pelo voto de 2/3 (dois terços) de seus membros poderá declarar a inconstitucionalidade de lei ou ato normativo do Poder Público.

III. Compete ao Supremo Tribunal Federal, privativamente, tanto em suas ações originárias, quanto no exercício de sua competência recursal, declarar a inconstitucionalidade de lei ou ato normativo pelo voto da maioria de seus ministros.

IV. Somente pelo voto da maioria absoluta de seus membros ou dos membros do respectivo órgão especial poderão os tribunais declarar a inconstitucionalidade de lei ou ato normativo do Poder Público.

a) Somente a I e a IV estão corretas.
b) Somente a I está correta.
c) Somente a III está correta.
d) Somente a III e a IV estão corretas.

Gabarito: 1-A; 2-D; 3-A

4.13. ADMISSIBILIDADE RECURSAL

Tema 135: "Exigibilidade do porte de remessa e retorno de autos de autarquia federal no âmbito da Justiça Estadual".

Tese: "Aplica-se o § 1º do art. 511 do Código de Processo Civil para dispensa de porte de remessa e retorno ao exonerar o seu respectivo recolhimento por parte do INSS".

FICHA TÉCNICA	
Leading case:	**RE 594116/SP**
Descrição do caso feita pelo STF:	"Recurso extraordinário em que se discute, à luz dos artigos 5º, XXXV, XXXVI e LV; 24, IV; 98, § 2º; e 145, II, da Constituição Federal, a constitucionalidade, ou não, do art. 2º, parágrafo único, II, da Lei paulista nº 11.608/2003, que excluiu o porte de remessa e retorno dos autos do conceito de taxa judiciária, e, por conseguinte, a possibilidade, ou não, de cobrança do porte de remessa e retorno de autos de autarquia federal no âmbito da Justiça do Estado de São Paulo".
Dispositivo(s) constitucional(is) envolvido(s):	"Art. 5º Todos são iguais perante a lei, sem distinção de qualquer natureza, garantindo-se aos brasileiros e aos estrangeiros residentes no País a inviolabilidade do direito à vida, à liberdade, à igualdade, à segurança e à propriedade, nos termos seguintes: (...)XXXV – a lei não excluirá da apreciação do Poder Judiciário lesão ou ameaça a direito; XXXVI – a lei não prejudicará o direito adquirido, o ato jurídico perfeito e a coisa julgada; (...)LIV – ninguém será privado da liberdade ou de seus bens sem o devido processo legal". "Art. 24. Compete à União, aos Estados e ao Distrito Federal legislar concorrentemente sobre: (...)IV – custas dos serviços forenses; (...)" "Art. 98. A União, no Distrito Federal e nos Territórios, e os Estados criarão: (...)§ 2º As custas e emolumentos serão destinados exclusivamente ao custeio dos serviços afetos às atividades específicas da Justiça". "Art 145. Art. 145. A União, os Estados, o Distrito Federal e os Municípios poderão instituir os seguintes tri butos: (...)II – taxas, em razão do exercício do poder de polícia ou pela utilização, efetiva ou potencial, de serviços públicos específicos e divisíveis, prestados ao contribuinte ou postos a sua disposição; (...)"
Data de reconhecimento da repercussão geral:	06/11/2008
Data de julgamento do mérito recursal:	03/12/2015
Houve unanimidade?	Não

FICHA TÉCNICA	
Leading case:	**RE 594116/SP**
Data de publicação do acórdão de julgamento do recurso:	05/04/2016 (julgamento do recurso extraordinário)
Trânsito em julgado do acórdão:	13/05/2016

◎ Comentários:

Trata-se de recurso extraordinário interposto contra acórdão proferido pelo Tribunal de Justiça do Estado de São Paulo que, ao apreciar apelação interposta pelo Instituto Nacional do Seguro Social (INSS), autarquia federal, contra sentença proferida em embargos à execução, negou-lhe seguimento, por entender caracterizada a deserção, ante a ausência de recolhimento do porte de remessa e de retorno dos autos.

No RE 594116/SP, o INSS alega que o acórdão recorrido violou os arts. 5º, XXXV, 24, IV, 98, § 2º e 145, II, da CRFB de 1988, sustentando que o porte de remessa e de retorno dos autos insere-se no conceito de preparo recursal, verba de cujo pagamento o INSS é isento. A questão a ser debatida, portanto, diz respeito à **possibilidade ou não de se exigir de pessoa jurídica de direito público integrante da Administração Pública Federal, quando litigue na Justiça Estadual, o pagamento do porte de remessa e de retorno dos autos**.

O voto condutor do acórdão do STF assenta-se nas seguintes premissas: a) a taxa judiciária, como espécie tributária (taxa), deve estar atrelada à prestação do serviço concernente à Administração da Justiça, de caráter público e divisível[75]; b) as custas dos serviços forenses são gênero que se divide entre taxa judiciária (tributo) e custas em sentido estrito (despesas com atos praticados no curso do procedimento)[76]; c) O porte de remessa e de retorno dos autos não é taxa judiciária, mas, sim, despesa de serviço postal, verdadeira tarifa ou preço público pago a empresa pública federal (ECT – Empresa Brasileira de Correios e Telégrafos) que presta o serviço sob regime de monopólio[77]; d) compete à União dispor sobre receitas públicas que decorram da prestação do serviço público postal. Nesse sentido, pode editar a norma de isenção prevista no art. 511, § 1º, do **revogado** CPC/1973[78].

---

75. Foram citados os seguintes precedentes nesse sentido: ADI 1145, ADI 948 e RP1077.

76. Nesse sentido, foi citado o precedente extraível do AI-ED 309888.

77. Nesse sentido, foi citado o precedente extraível do AI-QO 351360.

78. CPC/1973: "Art. 511. No ato de interposição do recurso, o recorrente comprovará, quando exigido pela legislação pertinente, o respectivo preparo, inclusive porte de remessa e de retorno, sob pena de deserção. § 1º São dispensados de preparo os recursos interpostos pelo Ministério Público, pela União, pelos Estados e Municípios e respectivas autarquias, e pelos que gozam de isenção legal". A matéria está disciplinada, atualmente, no art. 1.007, § 1º, do CPC/2015: "Art. 1.007. No ato de interposição do recurso, o recorrente comprovará, quando exigido pela legislação pertinente, o respectivo preparo, inclusive porte de remessa e de retorno, sob pena de deserção.§ 1º São dispensados de preparo, inclusive porte de remessa e de retorno, os recursos interpostos pelo Ministério Público, pela União, pelo Distrito Federal, pelos Estados, pelos Municípios, e respectivas autarquias, e pelos que gozam de isenção legal".

Em seguida, passou-se a examinar a compatibilidade da Lei nº 11.608/2003 do Estado de São Paulo com a Constituição Federal e com o Código de Processo Civil de 1973 (então vigente)[79]. O voto condutor do acórdão concluiu que o art. 2º, parágrafo único, II, da referida Lei Estadual[80], ao afirmar que o porte de remessa e de retorno não se insere no conceito de taxa judiciária, nada mais fez do que reproduzir entendimento constante do CPC/1973, em razão do que não há inconstitucionalidade, no particular. No entanto, há inconstitucionalidade do referido dispositivo na parte em que prevê que o valor do porte de remessa e de retorno será estabelecido por ato do Conselho Superior da Magistratura, já que o referido órgão estadual não possui competência para regrar tal matéria[81].

Com base em tais fundamentos, o RE 594116/SP foi provido para o fim de cassar o acórdão recorrido e determinar o processamento, pelo Tribunal de Justiça do Estado de São Paulo, do recurso de apelação interposto pelo INSS e que fora inadmitido por suposta deserção. Além disso, foi declarada, *incidenter tantum*, a inconstitucionalidade da expressão "cujo valor será estabelecido por ato do Conselho Superior da Magistratura", constante do art. 2º, parágrafo único, II, da Lei Estadual nº 11.608/2003, do Estado de São Paulo.

⊙ Síntese do debate constante do acórdão que fixou o precedente:

Argumentos favoráveis à tese fixada:	Argumentos contrários à tese fixada:
Há inconstitucionalidade do art. 2º, parágrafo único, II, da Lei Estadual nº 11.608/2003, de São Paulo, na parte em que prevê que o valor do porte de remessa e de retorno será estabelecido por ato do Conselho Superior da Magistratura, já que o referido órgão estadual não possui competência para regrar tal matéria, cuja competência legislativa é privativa da União, nos termos do art. 22, I, da CRFB de 1988 (direito processual) (Min. Edson Fachin)	O art. 511 do CPC/1973 prevê que caberá à legislação pertinente (no caso, uma legislação estadual) disciplinar a exigência do preparo, inclusive do porte de remessa e de retorno. A Lei Estadual de São Paulo (Lei nº 11.608/2003), amparada no art. 24, IV, da CRFB de 1988, legislou sobre custas dos serviços forenses. Não há inconstitucionalidade a declarar, no caso. Por isso, o INSS deve arcar com o reembolso ou com o adiantamento dos valores devidos a título de porte de remessa e de retorno dos autos (Min. Marco Aurélio).

⊙ Fique atento:

- Estabeleceu-se uma discussão, como *obiter dictum*, durante o julgamento do RE 594116/SP, quanto à existência ou não de base constitucional para que a União, ao estabelecer a prerrogativa processual de isenção do pagamento do preparo recursal aos entes públicos, acabe por impor que os custos dessa atividade não remunerada

---

79. O recurso extraordinário foi interposto com base nas alíneas "a" e "d" do art. 102, inciso III, da CRFB de 1988.

80. Lei Estadual nº 11.608/2003, de São Paulo: "Art. 2.º – A taxa judiciária abrange todos os atos processuais, inclusive os relativos aos serviços de distribuidor, contador, partidor, de hastas públicas, da Secretaria dos Tribunais, bem como as despesas com registros, intimações e publicações na Imprensa Oficial. Parágrafo único – Na taxa judiciária não se incluem: (...) II – as despesas com o porte de remessa e de retorno dos autos, no caso de recurso, cujo valor será estabelecido por ato do Conselho Superior da Magistratura; (...)".

81. CRFB de 1988: "Art 22. Compete privativamente à União legislar sobre: I – direito civil, comercial, penal, processual, eleitoral, agrário, marítimo, aeronáutico, espacial e do trabalho;(...)"

sejam suportados, como consequência, pelos cofres públicos estaduais, quando o processo tiver curso na Justiça Estadual. O Ministro Luiz Fux pauta-se na competência da União para legislar sobre matéria processual, na qual se insere o preparo recursal, para defender essa possibilidade. Para o Ministro Gilmar Mendes, não haveria fundamento constitucional para que isso ocorra, já que o exercício dessa competência não poderia onerar as finanças dos estados. A isenção seria lícita se o seu custo fosse arcado pelo serviço postal federal, mas, não, pela Justiça Estadual. Entende que a franquia postal prevista no art. 42, § 3º, da Lei nº 5.010/1960[82] deveria ser aplicada à Justiça Estadual, quando exerce a função de substituta da Justiça Federal. O Ministro Teori Zavascki pontua que, em seu entendimento, quem deve sofrer o ônus financeiro é o serviço postal.

• Em seu voto, a Ministra Carmen Lucia assevera que "a exoneração prevista no art. 511, § 1º, do Código de Processo Civil deve incidir, se não sobre todas as custas recursais, conforme reconhecido por este Supremo Tribunal nos casos oriundos da Justiça da União, pelo menos sobre a parte correspondente ao recolhimento de porte de remessa e de retorno, no que diz respeito à Justiça Estadual. Com efeito, a isenção concedida por legislação federal não poderia ser derrogada por lei estadual, **a qual, no entanto, possui plena capacidade de disposição sobre custas judiciárias incidente sobre a interposição de recursos no** âmbito **da Justiça Estadual**". A Ministra defende, portanto, que a isenção de custas processuais a entes federais na Justiça Estadual não decorre do Código de Processo Civil, dependendo de legislação estadual específica que assim estabeleça.

⊙ Questões de Concurso relacionadas ao tema:

Questão 01 (FCC. TJ-MS. Juiz. 2009) O preparo recursalaa

a) por não ter sido efetuado regularmente, a deserção só poderá ser reconhecida em Segunda Instância, cabendo ao juiz monocrático determinar a subida do recurso em qualquer caso.

b) se não realizado pelo valor total, acarreta imediata deserção do recurso interposto.

c) ainda que insuficiente, só acarretará deserção se o recorrente, intimado, não o complementar em cinco dias.

d) não está englobado na noção de gratuidade judiciária, devendo ser efetuado em qualquer caso.

e) também é exigido das pessoas jurídicas de direito público federais, estaduais, distritais e municipais.

> **Gabarito: 1-C**

---

82. Lei nº 5.010/1960: "Art. 42. (...) § 3º As malas dos serviços da Justiça Federal terão franquia postal e gozarão de preferência em quaisquer serviços públicos de transporte."

Tema 294: "Cabimento de agravo interno contra decisão monocrática proferida no âmbito dos Juizados Especiais".

Tese: "Cabe o julgamento monocrático no âmbito dos Juizados Especiais, desde que possível sua revisão pelo Órgão Colegiado".

FICHA TÉCNICA	
Leading case:	**RE 612359/SP**
Descrição do caso feita pelo STF:	"Recurso extraordinário em que se discute, à luz do art. 5°, XXXV, LIV e LV, da Constituição Federal, a possibilidade, ou não, de interposição de agravo interno contra decisão monocrática proferida no âmbito dos Juizados Especiais."
Dispositivo(s) constitucional(is) envolvido(s):	"Art. 5° Todos são iguais perante a lei, sem distinção de qualquer natureza, garantindo-se aos brasileiros e aos estrangeiros residentes no País a inviolabilidade do direito à vida, à liberdade, à igualdade, à segurança e à propriedade, nos termos seguintes: (...)XXXV – a lei não excluirá da apreciação do Poder Judiciário lesão ou ameaça a direito; (...)LIV – ninguém será privado da liberdade ou de seus bens sem o devido processo legal; LV – aos litigantes, em processo judicial ou administrativo, e aos acusados em geral são assegurados o contraditório e ampla defesa, com os meios e recursos a ela inerentes; (...)"
Data de reconhecimento da repercussão geral:	13/08/2010
Data de julgamento do mérito recursal:	02/09/2010 (decisão monocrática)[83]
Houve unanimidade?	Não se aplica
Data de publicação do julgamento do recurso:	27/08/2010 (reconhecimento da repercussão geral) 28/10/2010 (decisão monocrática dando provimento ao recurso extraordinário por estar o acórdão recorrido em desconformidade com o entendimento firmado pelo STF)
Trânsito em julgado do acórdão:	08/11/2010

◉ Comentários:

Contra a sentença proferida em processo sob o rito dos Juizados Especiais (Lei n° 9.099/1995), a parte sucumbente interpôs recurso inominado ao Colégio Recursal da 30ª Circunscrição Judiciária de Tupã/SP. Por decisão monocrática, o relator do recurso negou-

---

83. Ver explicação sobre essa "data de julgamento do mérito recursal" nos comentários ao tema.

-lhe seguimento. Contra essa decisão, houve a interposição de agravo interno, também monocraticamente inadmitido, sob o fundamento de que seria incabível tal modalidade recursal nos Juizados, por se contrapor ao princípio da celeridade (art. 2º da Lei nº 9.099/1995). Opostos embargos de declaração contra essa segunda decisão monocrática, forma eles rejeitados, também unipessoalmente, pelo Presidente do Colégio Recursal.

Houve, então, a interposição de recurso extraordinário, tendo sido alegada a violação ao art. 5º, XXXV, LIV e LV, da CRFB de 1988, sustentando a parte recorrente que os princípios regedores dos Juizados Especiais não podem se sobrepor às garantias constitucionais do duplo grau de jurisdição, do devido processo legal, do contraditório e da isonomia.

A Ministra Relatora, Ellen Gracie, destacou que a temática possui repercussão geral e que deveria ser observada, para o caso, a sistemática para julgamento de recursos extraordinários repetitivos. Apontou que o posicionamento adotado pelo Supremo Tribunal Federal quanto à questão abordada no recurso extraordinário é pela **possibilidade de decisão monocrática do recurso pelo relator, desde que haja mecanismos para que tal decisão possa ser submetida ao** órgão **colegiado** (citou como principal precedente o acórdão do Pleno do Tribunal, proferido no MI 595, publicado no DJ de 23/04/1999[84]).

Desse modo, com o reconhecimento da repercussão geral da matéria discutida e ante a existência de entendimento consolidado do STF quanto ao tema, a Ministra Relatora entendeu que a orientação do STF poderia desde logo ser aplicada aos recursos sobrestados, nos termos do art. 543-B, § 3º, do então vigente CPC/1973, sendo desnecessária nova apreciação do tema pelo Plenário[85].

O voto da Ministra Relatora foi pelo reconhecimento da existência de repercussão geral da matéria e pela ratificação da jurisprudência do Tribunal.

Em seu voto, o Ministro Marco Aurélio entendeu inadequada a discussão, no caso, do instituto da repercussão geral, o qual, para ser apreciado, pressuporia recurso extraordinário admitido. Afirma que essa admissão não estaria presente no caso, já que a Ministra Relatora, à vista do AI 728755, interposto contra a decisão que inadmitiu o recurso extraordinário na origem, limitou-se a determinar a sua reautuação como recurso extraordinário, sem julgamento do agravo. Valendo-se do princípio da eventualidade, o Ministro de logo manifestou-se pelo reconhecimento da repercussão geral da matéria tratada no recurso extraordinário.

Nestes termos, reconheceu-se a repercussão geral da questão discutida, por unanimidade de votos.

---

84. Além desse acórdão, a Ministra Relatora citou outros precedentes do Pleno e de Turmas, no mesmo sentido: RE 496.111, RE 459.227 – AgR, AI 749.682, RE 422.122, RE 422.241 – AgR, AI 527.566, AI 728.514, RE 418.918, RE 427.076 e AI 524.703.

85. A Ministra Relatora aludiu ao art. 543-B, § 3º, do revogado CPC/1973: "Art. 543-B. Quando houver multiplicidade de recursos com fundamento em idêntica controvérsia, a análise da repercussão geral será processada nos termos do Regimento Interno do Supremo Tribunal Federal, observado o disposto neste artigo. § 3º Julgado o mérito do recurso extraordinário, os recursos sobrestados serão apreciados pelos Tribunais, Turmas de Uniformização ou Turmas Recursais, que poderão declará-los prejudicados ou retratar-se. Sobre recursos especial e extraordinário repetitivos, ver arts. 1.036 a 1.041 do CPC/2015. Esse procedimento utilizado pela Ministra Relatora foi debatido e adotado nas Questões de Ordem suscitadas no RE 579431 (Tema 96), no RE 580108 (Tema 93) e no RE 582650 (Tema 98).

Posteriormente, em decisão monocrática, a Ministra Ellen Gracie, valendo-se do regramento do art. 543-B do atualmente **revogado** CPC/1973, deu provimento ao recurso extraordinário interposto.

◉ Fique atento:

- Neste julgamento, não houve submissão do mérito do recurso extraordinário ao Pleno do STF após o reconhecimento da repercussão geral, tendo sido o recurso provido, por decisão monocrática da Ministra Relatora, por estar o acórdão recorrido em desconformidade com o entendimento predominante do STF.

- O que prevaleceu, de fato, como paradigma, foi o julgamento proferido no MI 595 – AgR/MA. Neste processo, o Ministro Relator, Carlos Velloso, negou seguimento ao mandado de injunção, monocraticamente, com lastro no art. 21, § 1º, do RIS-TF, tendo a parte autora interposto agravo regimental contra tal decisão. A *ratio decidendi* do precedente sob análise pode ser extraída, particularmente, do seguinte trecho da sua fundamentação: "(...) a atribuição conferida ao relator, para arquivar ou negar seguimento a pedido – entenda-se, petições iniciais de ações – é legítima sob o ponto de vista constitucional, desde que, mediante recurso, possam as decisões ser submetidas ao controle do Colegiado".

4.14. AÇÃO RESCISÓRIA

Tema 136: "a) Cabimento de ação rescisória que visa desconstituir julgado com base em nova orientação da Corte; b) Creditamento de IPI pela aquisição de insumos isentos, não tributados ou sujeitos à alíquota zero".

Tese: "Não cabe ação rescisória quando o julgado estiver em harmonia com o entendimento firmado pelo Plenário do Supremo à época da formalização do acórdão rescindindo, ainda que ocorra posterior superação do precedente".

FICHA TÉCNICA	
Leading case:	**RE 590809/RS**
Descrição do caso feita pelo STF:	"Recurso extraordinário em que se discute, à luz dos artigos 153, § 3º, II, da Constituição Federal, e dos princípios da segurança jurídica e da estabilidade das relações sociais, a possibilidade, ou não, de rescisão de julgado, fundamentado em corrente jurisprudencial majoritária existente à época da formalização do acórdão rescindindo, em razão de entendimento divergente posteriormente firmado pelo Supremo, e, por conseguinte, o direito, ou não, ao creditamento a título de IPI em decorrência de aquisição de insumos isentos, não tributados ou sujeitos à alíquota zero".

FICHA TÉCNICA	
Leading case:	**RE 590809/RS**
Dispositivo(s) constitucional(is) envolvido(s):	"Art. 153. Compete à União instituir impostos sobre: (...)§ 3º O imposto previsto no inciso IV: (...)II – será não cumulativo, compensando-se o que for devido em cada operação com o montante cobrado nas anteriores; (...)"
Data de reconhecimento da repercussão geral:	13/11/2008
Data de julgamento do mérito recursal:	22/10/2014 (julgamento do recurso extraordinário)
Houve unanimidade?	Não
Data de publicação do acórdão de julgamento do recurso:	24/11/2014 (julgamento do recurso extraordinário)
Trânsito em julgado do acórdão:	04/12/2014

◉ Comentários:

A União promoveu ação rescisória em face de julgado que reconheceu a uma determinada empresa contribuinte o direito de creditamento de IPI (imposto sobre produtos industrializados) – crédito presumido – quando o insumo adquirido fosse isento, não tributado ou sujeito à alíquota zero. O acórdão proferido pelo Tribunal Regional Federal da 4ª Região julgou procedente a rescisória proposta, pautando-se em decisão proferida pelo STF no julgamento do RE 353657/PR, em que se entendeu pela ausência do direito ao crédito.

A empresa contribuinte interpôs o RE 590809/RS, alegando ofensa ao art. 153, § 3º, da CRFB de 1988 e aos princípios da segurança jurídica e da estabilidade das relações. Alegou que a ação rescisória estaria sendo utilizada, indevidamente, como sucedâneo recursal e que o direito ao creditamento foi reconhecido pelo acórdão rescindendo com base em jurisprudência consolidada no âmbito dos tribunais no período em que proferido. Em suas contrarrazões, a União sustentou que o Enunciado nº 343 da Súmula do STF[86] não se aplica quando a controvérsia envolver questão constitucional.

O voto condutor do acórdão proferido pelo STF pontuou que a controvérsia posta a julgamento envolve típica situação de **mutação constitucional**, uma vez que, na época da prolação do acórdão rescindendo, o STF admitia o creditamento do IPI nas situações nele apontadas. **A questão a se discutir** é **se a alteração superveniente de orientação jurisprudencial do STF pode ser considerada como hipótese de rescindibilidade do julgado.** Ou, em outras palavras, **se a rescisória pode ser considerada um instrumento voltado** à **uniformização de jurisprudência**.

Para enfrentamento da temática, o voto condutor do acórdão do STF partiu da premissa de que o fato de estar o acórdão rescindendo em confronto com o entendimento

---

86. Enunciado nº 343 da Súmula do STF: "Não cabe ação rescisória por ofensa a literal disposição de lei, quando a decisão rescindenda se tiver baseado em texto legal de interpretação controvertida nos tribunais".

atual do STF no que concerne à questão de fundo não induz, apenas por isso, à procedência da ação rescisória. Necessário, para o correto deslinde da questão, que se busquem as respostas a dois questionamentos: a) **em matéria constitucional, prevalece o Enunciado nº 343 da Súmula do STF?** b) **em caso positivo, o tema era controvertido** à época **da prolação do acórdão rescindendo, hipótese que justificaria a improcedência da ação rescisória?**

À primeira pergunta, o voto condutor do acórdão do STF respondeu de modo afirmativo. O Ministro Marco Aurélio posicionou-se contrariamente ao afastamento aprioríbtico do Enunciado nº 343 da Súmula do STF apenas por se tratar de matéria constitucional. Nesse sentido, inclusive, citou votos por ele proferidos nas AR 1409/SC e 11578/PR.

Defendeu o Ministro Relator que **a recusa apriorística do uso daquele verbete sumular em matéria constitucional afrontaria a garantia da coisa julgada**, especialmente quando o novo paradigma jurisprudencial não se formou em sede de controle concentrado de constitucionalidade.

Afirmou que, por ser a coisa julgada uma cláusula pétrea, a rescisória deve ser tida como medida excepcional e suas hipóteses de cabimento devem ser interpretadas de forma estrita. Nesse sentido, **se a solução adotada para o litígio dividia a interpretação dos tribunais ou, ainda, se era a posição** à época **adotada pelo STF, não é cabível a rescisória**.

Sobre a segunda pergunta, que se relaciona com os pressupostos para o uso do verbete sumular, o voto condutor do acórdão do STF, examinando a situação da jurisprudência do STF sobre o assunto, pontuou que: a) em 1998, o STF, ao julgar o RE 212484/RS, reconheceu o direito ao crédito de IPI em caso de insumos isentos; b) em 2002, o STF, no julgamento dos RE 350446/PR, 353668/PR e 357277/RS, reconheceu o direito ao crédito do IPI em caso de insumos não tributados ou sujeitos à alíquota zero; c) em 2007, ao julgar os RE 353657/PR e 370682/SC, o STF alterou seu entendimento, negando o direito ao creditamento de IPI no caso de insumos não tributados ou sujeitos à alíquota zero, cuja tese, por seu alcance, poderia ser estendida aos casos de insumos isentos.

Na ocasião do julgamento do RE 353657/PR, o Ministro Ricardo Lewandowski sugeriu, em questão de ordem, que se conferisse eficácia *ex nunc* ao julgado, proposta esta rejeitada, ao fundamento de que a modulação somente seria possível em sede de controle concentrado de constitucionalidade[87] e por faltar a base da confiança nessa jurisprudência, ante a ausência de decisão consolidada sobre o assunto no âmbito do STF (já que, nos processos julgados em 2002, ainda não se havia operado o trânsito em julgado).

No entanto, o voto condutor do acórdão do STF ressaltou que a rejeição à proposta de modulação não se confunde com a proteção devida à coisa julgada, especialmente porque o acórdão rescindendo seguiu a interpretação então adotada pelo STF acerca do assunto.

Com base em tais fundamentos, o STF deu provimento ao recurso extraordinário interposto, julgando-se improcedente a ação rescisória proposta pela União.

---

87. Esse posicionamento não mais vigora no âmbito do STF, que também admite a modulação em sede de controle difuso. Vide, por exemplo, a modulação ocorrida no julgamento do Tema nº 190 da Repercussão Geral, tratada neste trabalho.

◉ Síntese do debate constante do acórdão que fixou o precedente:

Argumentos favoráveis à tese fixada:	Argumentos contrários à tese fixada:
• O art. 515 do **revogado** CPC/1973[88] não se aplica ao recurso extraordinário, que não admite devolutividade de matéria não impugnada (Min. Marco Aurélio; Min. Carmen Lúcia[89]). • A discussão sobre a contagem do prazo de rescisória é infraconstitucional (Min. Luiz Fux; Min. Carmen Lúcia[90]; Ministro Teori Zavaski[91]; Ministra Rosa Weber) • Se tivesse sido debatida a ofensa à Constituição, esta teria natureza reflexa, não viabilizando a interposição de RE (Min. Carmen Lúcia[92]);	Deve ser conhecida de ofício e debatida a temática concernente ao prazo para a propositura da ação rescisória, por se tratar de tema de ordem pública, ainda que não constante das razões recursais. Tendo em vista que os recursos especial e extraordinário interpostos contra o acórdão rescindendo o foram intempestivamente, o trânsito em julgado consumou-se a partir do decurso do prazo de recurso e não da declaração da intempestividade recursal. Há de se prover o recurso extraordinário analisado para o fim de se reconhecer a decadência do direito ao ajuizamento da ação rescisória (Min. Dias Toffoli).

---

88. O art. 515 do revogado CPC/1973 (vigente à época do julgamento) estabelecia que: "Art. 515. A apelação devolverá ao tribunal o conhecimento da matéria impugnada. § 1º Serão, porém, objeto de apreciação e julgamento pelo tribunal todas as questões suscitadas e discutidas no processo, ainda que a sentença não as tenha julgado por inteiro. § 2º Quando o pedido ou a defesa tiver mais de um fundamento e o juiz acolher apenas um deles, a apelação devolverá ao tribunal o conhecimento dos demais. § 3º Nos casos de extinção do processo sem julgamento do mérito (art. 267), o tribunal pode julgar desde logo a lide, se a causa versar questão exclusivamente de direito e estiver em condições de imediato julgamento.§ 4º Constatando a ocorrência de nulidade sanável, o tribunal poderá determinar a realização ou renovação do ato processual, intimadas as partes; cumprida a diligência, sempre que possível prosseguirá o julgamento da apelação". O regramento está atualmente disciplinado no art. 1.013 do CPC/2015: "Art. 1.013. A apelação devolverá ao tribunal o conhecimento da matéria impugnada. § 1º Serão, porém, objeto de apreciação e julgamento pelo tribunal todas as questões suscitadas e discutidas no processo, ainda que não tenham sido solucionadas, desde que relativas ao capítulo impugnado. § 2º Quando o pedido ou a defesa tiver mais de um fundamento e o juiz acolher apenas um deles, a apelação devolverá ao tribunal o conhecimento dos demais. § 3º Se o processo estiver em condições de imediato julgamento, o tribunal deve decidir desde logo o mérito quando: I – reformar sentença fundada no art. 485; II – decretar a nulidade da sentença por não ser ela congruente com os limites do pedido ou da causa de pedir; III – constatar a omissão no exame de um dos pedidos, hipótese em que poderá julgá-lo; IV – decretar a nulidade de sentença por falta de fundamentação. § 4º Quando reformar sentença que reconheça a decadência ou a prescrição, o tribunal, se possível, julgará o mérito, examinando as demais questões, sem determinar o retorno do processo ao juízo de primeiro grau. § 5º O capítulo da sentença que confirma, concede ou revoga a tutela provisória é impugnável na apelação".

89. Sobre o assunto, a Ministra citou os seguintes precedentes do STF: AI 731255/AgR, RE 502380-ED, AI 690450-AgR, Re 499397 – AgR segundos ED.

90. Sobre o assunto, a Ministra citou os seguintes precedentes do STF:AI 631961-ED, RE 239114-AgR, AI 752442-AgR e AI 394898.

91. Sobre o assunto, o Ministro citou os seguintes precedentes do STF:AI 829814 – AgR, RE 385171 – AgR, AI 393214 – AgR, AI 437138 – AgR e AI 435587 – AgR..

92. Sobre o assunto, a Ministra citou os seguintes precedentes do STF: AI 702182 – AgR, AI 456931-AgR, RE 567765 – AgR e AI 499276-AgR.

Argumentos favoráveis à tese fixada:	Argumentos contrários à tese fixada:
• Os recursos estão investidos de efeito antipre-clusivo, não se consumando o trânsito em julga-do antes de seu julgamento (Min. Teori Zavascki). • O recurso extraordinário é recurso de fundamen-tação vinculada (Min. Rosa Weber).	
A recusa apriorística do uso do verbete sumular n° 343 do STF em matéria constitucional afronta a ga-rantia da coisa julgada (Min. Marco Aurélio)	Há de se afastar o verbete n° 343 da Súmula do STF, entendendo-se cabível a ação rescisória mes-mo que a decisão rescindenda tenha se baseado em interpretação controvertida ou seja anterior à orien-tação firmada pelo STF. Não admitir a ação rescisória representaria uma violação à isonomia em relação aos contribuintes que, por não terem ingressado em juízo, efetuaram o pagamento do IPI no período em que reconhecido o direito ao creditamento (Min Carmen Lúcia[93], citando precedentes: RE 328812-ED, AR 1409, RE 565730-AgR).
Se a solução adotada para o litígio dividia a inter-pretação dos tribunais ou, ainda, se era a posição à época adotada pelo STF, não é cabível a rescisó-ria. O verbete n° 343 da Súmula do STF costuma ser afastado nos julgamentos da Corte quando há controvérsia entre tribunais outros, não quando há antecedente posicionamento do próprio STF sobre o tema (Min. Marco Aurélio).	O enunciado n° 343 da Súmula do STF relaciona-se com o art. 485, V, do **revogado** CPC/1973[94], particu-larmente com a (polêmica) interpretação da locução aberta "violar literal disposição de lei". Não há vio-lação quando há interpretação razoável de lei, sen-do admissível, para o texto normativo, mais de um sentido. Além disso, para viabilizar a ação rescisória, a ofensa deve ser frontal e direta. Os enunciados n° 343 e 400 do STF[95] pautam-se na **doutrina da to-lerância razoável da norma**, que busca privilegiar a estabilidade da coisa julgada e a segurança jurídica, tolerando-se interpretações equivocadas dos textos normativos, desde que não aberrantes. Nesse senti-do, se há divergência jurisprudencial, não podem as correntes divergentes ser consideradas aberrantes. No entanto, essa corrente não é adotada pelo STF em se tratando de norma constitucional.

---

93. Nesse ponto, a Ministra Carmen Lúcia diverge do voto condutor do acórdão, porque entende deva ser afastado o Enunciado n° 343 da Súmula do STF em matéria constitucional, nas hipóteses em que indica. Sua conclu-são, no entanto, é pela existência de interpretação do STF (ainda que veiculada em julgados sem trânsito em julgado) com a qual se coadunou o acórdão rescindendo à época em que proferido, razão pela qual votou pelo provimento do recurso extraordinário.

94. O art. 485, V, do revogado CPC/1973 estabelecia: "Art. 485. A sentença de mérito, transitada em julgado, pode ser rescindida quando: (...)V – violar literal disposição de lei". O regramento está atualmente previsto no art. 966, V, do CPC/2015, cujo texto normativo já contempla alteração redacional significativa, incorporando a distinção entre texto normativo e norma: "Art. 966. A decisão de mérito, transitada em julgado, pode ser rescindida quando: (...)V – violar manifestamente norma jurídica".

95. Enunciado n° 400 da Súmula do STF: "Decisão que deu razoável interpretação à lei, ainda que não seja a melhor, não autoriza recurso extraordinário pela letra "a" do art. 101, III, da Constituição Federal"

Argumentos favoráveis à tese fixada:	Argumentos contrários à tese fixada:
	Entende-se que deve prevalecer não a interpretação razoável, neste caso, mas, sim, a correta. Afastou-se a incidência do Enunciado n° 400 da Súmula do STF no AI 145680 – AgR. O mesmo posicionamento foi, então, transportado para o Enunciado n° 343 da Súmula do STF (RE 89108), em razão da especial gravidade associada ao descumprimento de normas constitucionais. O entendimento do STF busca preservar a supremacia da Constituição e sua aplicabilidade uniforme, bem como resguardar o papel da Corte Suprema como guardiã da Constituição. Nesse sentido, justifica-se o afastamento do Enunciado n° 343 da Súmula do STF, *in casu*, sendo cabível a rescisória (Min. Teori Zavascki).
• Admitir a rescisória proposta e julgá-la procedente equivale a equipará-la a instrumento de uniformização de jurisprudência. Além disso, não se confunde a modulação de efeitos com ação rescisória (Min. Marco Aurélio). • O *prospective ovrruling* (superação do precedente com efeitos prospectivos ou *ex nunc*) atende aos princípios da isonomia e da segurança jurídica (Min. Luiz Fux)	O RE 590809/RS contempla, em última análise, pedido de modulação temporal *ex nunc* do novo entendimento do STF sobre a matéria concernente ao direito ao creditamento do IPI quando se tratar de insumo isento, não tributado ou sujeito à alíquota zero, firmado no RE 353657. A prevalecer, em repercussão geral, esse entendimento, o julgamento realizado virará regra para todos os casos em que haja mudança jurisprudencial do STF, o que malferiria o princípio da isonomia. A modulação deve ser exceção. De todo modo, no caso do RE 353657, a situação revela-se ainda mais grave, porque, nele, a questão referente à modulação dos seus efeitos foi enfrentada e rejeitada, tendo o STF entendido que não havia jurisprudência mansa e pacífica sobre a matéria, já que o acórdão do STF que fixara o entendimento ainda não havia transitado em julgado. Desse modo, o provimento do recurso extraordinário implicaria, indiretamente, rescindir o capítulo que tratou da modulação no RE 353657 (Min. Teori Zavascki).
A desconsideração da coisa julgada enfraquece a importante garantia constitucional existente no ordenamento brasileiro desde a CRFB de 1934. São inconstitucionais, inclusive, por violação ao art. 5°, XXXVI, da CRFB de 1988, regras legais que autorizem essa desconsideração em face de superveniente declaração de inconstitucionalidade do dispositivo no qual se fundamenta o acórdão transitado em julgado ou em razão da superveniência de nova interpretação constitucional do STF sobre o tema[96]. A coisa julgada somente pode ser desconstituída por ação rescisória, observadas as causas de rescindibilidade previstas em lei, dentre as quais não figura mudança jurisprudencial (Min. Celso de Mello)	**Sem contra-argumento**

---

96. O Ministro faz referência aos arts. 475-L, § 1° e 741, parágrafo único, do revogado CPC/1973, regras estas

◉ Fique atento:

- Em seu voto, a Ministra Carmen Lúcia cita precedentes do STF em que é adotado o posicionamento explicitado pelo Ministro Dias Toffoli, quanto à contagem do biênio para a ação rescisória. A ementa do acórdão proferido no AR 1472, do Plenário do STF, afirma: "DECADÊNCIA – AÇÃO RESCISÓRIA – BIÊNIO – TERMO INICIAL. O termo inicial de prazo de decadência para a propositura da ação rescisória coincide com a data do trânsito em julgado do título rescindendo. Recurso inadmissível não tem o efeito de empecer a preclusão – "Comentários ao Código de Processo Civil", José Carlos Barbosa Moreira, volume 5, Editora Forense". No mesmo sentido: RE 444816. O art. 975 do CPC/2015 estabelece que "o direito à rescisão se extingue em 2 (dois) anos contados do trânsito em julgado da última decisão proferida no processo", não sendo, portanto, capaz de afastar a controvérsia quanto à contagem do biênio (se do término do prazo recursal ou se da decisão que reconhece a intempestividade do recurso).

4.15. PRISÃO CIVIL DO DEPOSITÁRIO INFIEL

Tema 60: "Possibilidade de prisão civil do depositário infiel no ordenamento jurídico-constitucional brasileiro".

Tese: "É ilícita a prisão civil de depositário infiel, qualquer que seja a modalidade de depósito".

FICHA TÉCNICA	
Leading case:	RE 466343/SP
Descrição do caso feita pelo STF:	"Recurso extraordinário em que se discute, à luz do art. 5º, LXVII, da Constituição Federal, a constitucionalidade, ou não, das normas que dispõem sobre a prisão civil do depositário infiel".

---

atualmente encartadas nos arts. 525, § 12 e 535, § 5º, do CPC/2015, verbis: "Art. 525. Transcorrido o prazo previsto no art. 523 sem o pagamento voluntário, inicia-se o prazo de 15 (quinze) dias para que o executado, independentemente de penhora ou nova intimação, apresente, nos próprios autos, sua impugnação. (...)§ 12. Para efeito do disposto no inciso III do § 1º deste artigo, considera-se também inexigível a obrigação reconhecida em título executivo judicial fundado em lei ou ato normativo considerado inconstitucional pelo Supremo Tribunal Federal, ou fundado em aplicação ou interpretação da lei ou do ato normativo tido pelo Supremo Tribunal Federal como incompatível com a Constituição Federal, em controle de constitucionalidade concentrado ou difuso"; "Art. 535. A Fazenda Pública será intimada na pessoa de seu representante judicial, por carga, remessa ou meio eletrônico, para, querendo, no prazo de 30 (trinta) dias e nos próprios autos, impugnar a execução, podendo arguir: (...)§ 5º Para efeito do disposto no inciso III do caput deste artigo, considera-se também inexigível a obrigação reconhecida em título executivo judicial fundado em lei ou ato normativo considerado inconstitucional pelo Supremo Tribunal Federal, ou fundado em aplicação ou interpretação da lei ou do ato normativo tido pelo Supremo Tribunal Federal como incompatível com a Constituição Federal, em controle de constitucionalidade concentrado ou difuso".

FICHA TÉCNICA	
Leading case:	**RE 466343/SP**
Dispositivo(s) constitucional(is) envolvido(s):	"Art. 5º Todos são iguais perante a lei, sem distinção de qualquer natureza, garantindo-se aos brasileiros e aos estrangeiros residentes no País a inviolabilidade do direito à vida, à liberdade, à igualdade, à segurança e à propriedade, nos termos seguintes: (...) LXVII – não haverá prisão civil por dívida, salvo a do responsável pelo inadimplemento voluntário e inescusável de obrigação alimentícia e a do depositário infiel; (...)".
Data de reconhecimento da repercussão geral:	14/04/2008 (no RE 562051/MT)
Data de julgamento do mérito recursal:	03/12/2008
Houve unanimidade?	Sim
Data de publicação do acórdão de julgamento do recurso:	05/06/2009 (julgamento do recurso extraordinário)
Trânsito em julgado do acórdão:	12/06/2009

◉ Comentários:

Julgada procedente uma ação de depósito fundada em contrato de alienação fiduciária em garantia, foi indeferido, na sentença, o pedido de que fosse imposta cominação de prisão civil ao devedor fiduciante, na hipótese de descumprimento da obrigação de entregar o bem.

Interposta a apelação contra esse capítulo sentencial, ao recurso citado foi negado provimento, tendo em vista o argumento de que a prisão civil do depositário infiel seria inconstitucional. O acórdão que julgou a apelação rendeu ensejo à interposição de recurso extraordinário pelo credor fiduciário, por reputá-lo ofensivo ao art. 5º, LXVII, da CRFB de 1988, na linha, inclusive, do entendimento preponderante do Supremo Tribunal Federal.

O relator do acórdão proferido pelo STF no julgamento do RE 466343/SP, Ministro Cezar Peluso, rememorou que a questão examinada origina-se de debate quanto à compatibilidade do art. 4º do Decreto-Lei nº 911/1969[97] com o art. 153, § 17, da **revogada**

---

97. A redação original do referido dispositivo era a seguinte: "Art 4º Se o bem alienado fiduciàriamente não fôr encontrado ou não se achar na posse do devedor, o credor poderá intentar ação de depósito, na forma prevista no Título XII, Livro IV, do Código de Processo Civil". Ao tempo do proferimento do acórdão, referido dispositivo vigia com a redação que lhe foi dada pela Lei nº 6.071/1974 ("Art. 4 º Se o bem alienado fiduciariamente não for encontrado ou não se achar na posse do devedor, o credor poderá requerer a conversão do pedido de busca e apreensão, nos mesmos autos, em ação de depósito, na forma prevista no Capítulo II, do Título I, do Livro IV, do Código de Processo Civil"). Atualmente, o artigo em comento possui redação que lhe foi conferida pela Lei nº 13.043/2014 ("Art. 4º Se o bem alienado fiduciariamente não for encontrado ou não se achar na posse do devedor, fica facultado ao credor requerer, nos mesmos autos, a conversão do pedido de busca e apreensão em ação executiva, na forma prevista no Capítulo II do Livro II da Lei no 5.869, de 11 de janeiro de 1973 – Código de Processo Civil").

Emenda Constitucional nº 01/1969[98], no que diz respeito à possibilidade de se enquadrar o devedor fiduciante naquela exceção constitucional, como figura equiparada ao depositário infiel. Houve, portanto, uma equiparação, por força de lei, de posições jurídico-subjetivas ocupadas em dois distintos tipos de negócio jurídico (contrato de alienação fiduciária em garantia e contrato de depósito).

As figuras contratuais foram, então, analisadas no voto do Ministro relator, buscando-se demonstrar a **inexistência de afinidade jurídica entre elas que justifique a equiparação legal pretendida para aquela finalidade (permitir a prisão civil).** O voto examinado deixou claro que, para que essa afinidade se repute existente, o depósito, em sua essência típica (obrigação de guardar para restituir), deve compor a estrutura analítica do outro negócio jurídico, ainda que o faça de modo funcional e secundário. O contraste entre os institutos pautou-se nos argumentos que são esquematicamente apresentados no quadro abaixo:

Contrato de depósito	Contrato de alienação fiduciária em garantia
Tem por objeto a guarda e a restituição da coisa depositada (*custodia rei*).	Tem por objeto primordial a concessão de recurso para aquisição de bens duráveis.
A guarda da coisa é o conteúdo econômico-social do negócio jurídico, não possuindo, nele, caráter acessório, acidental ou subsidiário.	O conteúdo econômico-social do negócio jurídico está na obtenção de recurso para aquisição do bem; o contrato de alienação fiduciária em garantia figura como contrato acessório (garantia de crédito)[99].
O contrato é celebrado no interesse do *tradens* (depositante, aquele que entrega a coisa para guarda e conservação) e não do *accipiens* (depositário, aquele que recebe a coisa para ser guardada).	O contrato é celebrado no interesse do credor.
A figura do depositário está relacionada à ideia central do depósito (guardar para **restituir**). A obrigação do depositário é de restituir a coisa ao depositante, sendo o atendimento a esta obrigação fruto do cumprimento regular do contrato.	No cumprimento regular do contrato de alienação fiduciária em garantia não há dever do devedor-fiduciário de devolver o bem adquirido. A entrega do bem, nesse caso, é obrigação que decorre do descumprimento do contrato de alienação fiduciária em

---

98. "Art. 153. A Constituição assegura aos brasileiros e aos estrangeiros residentes no País a inviolabilidade dos direitos concernentes à vida, à liberdade, à segurança e à propriedade, nos têrmos seguintes: (...) § 17. Não haverá prisão civil por dívida, multa ou custas, salvo o caso do depositário infiel ou do responsável pelo inadimplemento de obrigação alimentar, na forma da lei". Sobre o dispositivo, o acórdão aponta que seu antecedente histórico residiu no art. 113, nº 30, da revogada Constituição de 1934 ("Art 113 – A Constituição assegura a brasileiros e a estrangeiros residentes no País a inviolabilidade dos direitos concernentes à liberdade, à subsistência, à segurança individual e à propriedade, nos termos seguintes: (...) 30) Não haverá prisão por dívidas, multas ou custas"). Não houve previsão nesse sentido na revogada Constituição de 1937, sendo a vedação retomada pela revogada Constituição de 1946 ("Art 141 – A Constituição assegura aos brasileiros e aos estrangeiros residentes no País a inviolabilidade dos direitos concernentes à vida, à liberdade, a segurança individual e à propriedade, nos termos seguintes: (...) § 32 – Não haverá prisão civil por dívida, multa ou custas, salvo o caso do depositário infiel e o de inadimplemento de obrigação alimentar, na forma da lei").

99. Sendo este o verdadeiro escopo da alienação fiduciária em garantia (garantir o financiamento concedido ao

Contrato de depósito	Contrato de alienação fiduciária em garantia
	garantia e tem por finalidade a satisfação de um crédito. Neste caso, a não entrega do bem, pelo devedor ao credor, na hipótese de resolução do contrato, enseja esbulho (relação possessória, considerada a posse indireta do credor fiduciário) e não a configuração de um contrato de depósito descumprido. Há obrigação de dar coisa certa e não de restituir.
Ao depositário não se concebe possibilidade de uso da coisa depositada.	O devedor fiduciante pode usar e gozar a coisa, figurando em posição similar à do promissário comprador.
Há efetiva entrega do bem objeto do contrato do depositante ao depositário.	A entrega do bem feita pelo credor fiduciário ou devedor fiduciante é fruto de uma ficção jurídica, já que aquele não possuía o bem objeto do contrato, apenas tendo recebido sua posse indireta por constituto possessório ou tradição ficta.

O Ministro Cezar Peluso concluiu, em seu voto, que a ausência de afinidade entre os institutos e a impossibilidade de se qualificar o devedor fiduciante (quando se recuse a entregar o bem objeto da alienação fiduciária ao credor fiduciário) como depositário infiel impõem, como consequência, a inaplicabilidade, à alienação fiduciária em garantia, das exceções constitucionais à vedação da prisão civil por dívida.

O voto da relatoria registrou, ainda, que o regime de prisão civil por dívida previsto na Constituição, sendo excepcional e se constituindo em restrição à garantia individual (liberdade), não pode sofrer interpretação ampliativa nem analógica. Há de prevalecer, como critério hermenêutico, a máxima *in dubio pro libertate* (expressão da dignidade da pessoa humana), tanto mais quando se contrapõem, de um lado, a tutela da liberdade e, do outro, a tutela do interesse econômico privado.

Acresceu, também, que o recurso à analogia, se possível fosse para a norma constitucional examinada, sequer seria passível de utilização, ante a ausência de afinidade entre os institutos confrontados.

Volvendo-se à interpretação do texto normativo do **revogado** art. 153, § 17, da CRFB de 1967, o voto condutor do acórdão do STF estabeleceu as seguintes premissas de raciocínio: **a)** os sentido e alcance do termo "depositário", constante do texto constitucional, é haurido a partir da legislação infraconstitucional, significando o contraente que, no contrato de depósito, recebe a coisa para mantê-la em custódia e posteriormente devolvê-la; **b)** àquela figura do depositário poderá a lei poderá equiparar sujeitos de outras relações ou situações jurídicas (ex.: depósitos legais e não contratuais). Não poderá fazê-lo, porém, em termos absolutos, sobretudo quando ausente a similitude entre o depósito e a situação jurídico-subjetiva que a ele se pretende equiparar. Nesta hipótese, a lei incorreria em arbitrariedade; **c)** ao equiparar ao depósito situação que com ele não guarda similitude, para

---

credor-fiduciante), a transmissão da propriedade operada, sob condição resolutiva, naquele negócio decorre, em verdade, de ficção legal.

o fim de garantir a aplicação da medida coercitiva da prisão civil para garantia de cumprimento de obrigação de dar dinheiro, a lei afronta a norma constitucional excepcional, mesmo que indiretamente, pondo em risco de colapso a própria garantia constitucional subjacente à regra prevista na Constituição[100]; **d)** o texto normativo constitucional, ao se referir à regulamentação "na forma da lei", não o faz com respeito às noções de depositário infiel e de devedor de obrigação alimentar, mas, sim, no que concerne à operacionalização do modo de impor a sanção; **e)** dispensável seria, portanto, invocar o Pacto de San Jose da Costa Rica para defender a ilegitimidade da prisão civil no caso examinado; **f)** a possibilidade de prisão civil do devedor fiduciante, extraível do art. 4º do Decreto-Lei nº 911/1969[101], é inconstitucional.

O Min. Cezar Peluso, com base em tais fundamentos, votou pelo improvimento do recurso, mantendo a conclusão do acórdão recorrido pela impossibilidade de cominação de prisão civil ao devedor fiduciante, na hipótese de descumprimento da obrigação de entregar o bem.

Em seu voto, o Ministro Gilmar Mendes, ampliando a análise realizada pelo Ministro relator, abordou a questão atinente à legitimidade da prisão civil do depositário infiel à vista dos tratados internacionais de direitos humanos. Invocando o art. 7º, nº 7, da Convenção Americana sobre Direitos Humanos (Pacto de San Jose da Costa Rica)[102] e o art. 11 do Pacto Internacional de Direitos Civis e Políticos[103], aos quais o Brasil aderiu em 1992, destaca que tais adesões deflagraram um debate sobre a revogação, que poderiam tais diplomas internacionais ter encetado, à previsão constitucional de prisão civil do depositário infiel, constante do art. 5º, LXVII, da CRFB de 1988, bem como à legislação infraconstitucional que nela se fundamenta.

Destacou que o exame da questão pressupõe que se precise qual a relação de hierarquia normativa mantida entre os tratados internacionais e a Constituição, sobretudo aqueles que se refiram a direitos humanos, à vista do regramento constante do § 2º do art. 5º da CRFB de 1988[104].

---

100. Nos termos consignados pelo Ministro Cezar Peluso, em seu voto: "Prescrever que há depositário onde não há depósito, é impropriedade técnica, e dispor que é depositário quem não tem obrigação de custodiar e devolver, constitui sonora ficção jurídica. (...) Se falham os requisitos racionais de equiparação, por diversidade de suporte fático, nada impede passe a lei ou o intérprete a outras assimilações arbitrárias, a ponto de fazer, da garantia, coisa nenhuma. Onde seja sempre lícito, sem limitações nem requisitos razoáveis, equiparar hipóteses à exceção, o princípio geral deixa de subsistir".

101. Rememore-se que a discussão antecede a atual redação do art. 4º do Decreto-Lei nº 911/1969, atribuída pela Lei nº 13.043/2014, esta já em consonância com esse entendimento do STF ora examinado.

102. "Artigo 7º – Direito à liberdade pessoal. (...) 7. Ninguém deve ser detido por dívidas. Este princípio não limita os mandados de autoridade judiciária competente expedidos em virtude de inadimplemento de obrigação alimentar".

103. "Artigo 11. Ninguém poderá ser preso apenas por não poder cumprir com uma obrigação contratual".

104. "Art. 5º Todos são iguais perante a lei, sem distinção de qualquer natureza, garantindo-se aos brasileiros e aos estrangeiros residentes no País a inviolabilidade do direito à vida, à liberdade, à igualdade, à segurança e à propriedade, nos termos seguintes: (...) § 2º Os direitos e garantias expressos nesta Constituição não excluem outros decorrentes do regime e dos princípios por ela adotados, ou dos tratados internacionais em que a República Federativa do Brasil seja parte. (...)".

O Ministro Gilmar Mendes, ao tratar das controvérsias doutrinárias e jurisprudenciais em derredor do tema, apontou a existência de quatro linhas principais que buscam esclarecer essa relação normativa, por meio da identificação da natureza jurídica dos tratados e convenções internacionais em matéria de direitos humanos. A primeira delas confere-lhes caráter supraconstitucional; a segunda lhes atribui caráter constitucional; a terceira os vislumbra como detentores de *status* de lei ordinária e a quarta os caracteriza como normas supralegais.

Na primeira linha supracitada, os tratados e convenções internacionais que versem sobre direitos humanos teriam primazia sobre as normas constitucionais, que não os poderiam revogar. Esse entendimento, que afastaria, inclusive, a possibilidade de controle de constitucionalidade de tais diplomas internacionais, não se coaduna, no entender do Ministro Gilmar Mendes, com o princípio da supremacia formal e material da Constituição, sobre o qual se estrutura o ordenamento jurídico brasileiro[105].

Na segunda linha ventilada, os tratados e convenções internacionais que versem sobre direitos humanos teriam estatura constitucional, a si conferida pela cláusula geral de recepção de direitos fundamentais estabelecida no art. 5º, § 2º, da CRFB de 1988, gozando de eficácia imediata a partir do ato de ratificação, com lastro no § 1º do mesmo artigo 5º[106]. Havendo conflito entre norma constante do diploma internacional e norma constitucional, prevaleceria a mais favorável ao titular do direito. Os demais tratados e convenções internacionais teriam natureza normativa infraconstitucional.

No Brasil, essa corrente de pensamento foi infirmada pela EC 45/2004, que, ao acrescer ao art. 5º da CRFB de 1988 o § 3º[107], deixou claro que os tratados e convenções internacionais sobre direitos humanos, para adquirirem *status* constitucional, precisam ser aprovados pelo mesmo processo legislativo que regra a aprovação de emendas constitucionais. O Min. Gilmar Mendes argumentou que essa reforma constitucional, por outro lado, demonstrou ser insuficiente a tese, adotada por diversos julgados do STF desde o RE 80008/SE (julgado em 1977)[108], segundo a qual tais normas internacionais gozariam de estatura de leis ordinárias.

Nesse sentido, aliás, que se alinha com a terceira corrente indicada anteriormente, houve precedente do STF (HC 72131/RJ, de 1995) que afirmou que o art. 4º do Decreto-Lei nº 911/1969 não teria sido revogado pelo art. 7º, nº 7, do Pacto de San José da Costa Rica, ante o caráter geral dessa norma e especial daquela. Esse posicionamento autoriza, ademais, o descumprimento unilateral, pelo Estado brasileiro, de um acordo internacional, violando, no particular, o art. 27 da Convenção de Viena sobre o Direito dos Tratados[109].

---

105. O voto reflete, ainda, sobre a possibilidade de o tratado ou convenção internacional, sob a camuflagem de versar sobre "direitos humanos", regrar outros assuntos sem que pudesse ser submetido a controle de sua constitucionalidade.

106. "Art. 5º (...)§ 1º As normas definidoras dos direitos e garantias fundamentais têm aplicação imediata".

107. "Art. 5º (...). § 3º Os tratados e convenções internacionais sobre direitos humanos que forem aprovados, em cada Casa do Congresso Nacional, em dois turnos, por três quintos dos votos dos respectivos membros, serão equivalentes às emendas constitucionais".

108. São citados, dentre outros, o HC 72131/RJ, a ADI 1480-3/DF – Medida Cautelar, o RE 206482-3/SP, o HC 81319-4/GO, o HC 77.053-1/SP, o HC 79870-5/SP e o RE 282644-8/RJ.

109. "Artigo 27. Direito Interno e Observância de Tratados – Uma parte não pode invocar as disposições de seu direito interno para justificar o inadimplemento de um tratado. Esta regra não prejudica o artigo 46". O artigo 46

O Ministro Gilmar Mendes trouxe à baila o questionamento quanto a eventual defasagem dessa jurisprudência, à luz do quadro constitucional atual, mais permeável a ordens internacionais de proteção dos direitos humanos[110].

Após a realização desse exame crítico, o Ministro Gilmar Mendes concluiu que a corrente mais adequada para análise do tema é a que atribui aos tratados e convenções internacionais sobre direitos humanos natureza supralegal. Apontou, inclusive, que o art. 98 do Código Tributário Nacional[111] prevê a superioridade hierárquica dos tratados e convenções internacionais em matéria tributária sobre a legislação tributária interna, sendo um contrassenso que igual natureza não possua tais normas internacionais quando trate de direitos humanos. Em resgate histórico, salienta que o STF já adotou a tese do primado do direito internacional sobre o direito interno, apontando arestos das décadas de 40 (Apelação Cível nº 7872/RS, julgada em 11/10/1943) e 50 (Apelação Cível nº 9587/DF, julgada em 21/08/1951) do século XX.

Segundo entendimento esposado pelo Ministro Gilmar Mendes, **o art. 5º, LXVII da CRFB de 1988, na parte em que prevê a possibilidade de prisão civil do depositário infiel, não foi revogado pelas normas internacionais que vedam a prisão civil naquele caso (ao somente admitirem a do devedor de alimentos), tendo em vista a supremacia constitucional. No entanto, a aplicabilidade do art. 5º, LXVII, da CRFB de 1988 restou comprometida em razão de aquelas normas internacionais sustarem a eficácia de todo o regramento infraconstitucional que disciplina a matéria, pouco importando se as normas internas são anteriores ou posteriores à data em ocorrida a adesão do Brasil às normas internacionais.** Falta, portanto, **base legal** para aplicação do dispositivo constitucional supracitado.

Independentemente da análise das normas internacionais às quais o Brasil aderiu e que vedam a prisão civil do depositário infiel, o Ministro Gilmar Mendes entendeu possível defender, especificamente no que concerne ao depositário infiel na alienação fiduciária em garantia, que tal regramento era contrário à ordem constitucional (mesmo a anterior à CRFB de 1988), por violar o princípio da proporcionalidade.

Essa contrariedade ao princípio da proporcionalidade estaria evidenciada porque: **a)** o credor fiduciário dispõe de outras medidas executórias previstas no ordenamento pátrio para a garantia do recebimento de seu crédito, de modo que a prisão civil, nesse caso, mal-

---

apresenta regras que disciplinam a possibilidade de invalidação de tratado por violação manifesta a disposição de direito interno sobre competência para concluir tratados.

110. Citando como exemplos dessa realidade o art. 4º, parágrafo único (" Art. 4º A República Federativa do Brasil rege-se nas suas relações internacionais pelos seguintes princípios: (...)Parágrafo único. A República Federativa do Brasil buscará a integração econômica, política, social e cultural dos povos da América Latina, visando à formação de uma comunidade latino-americana de nações) e o art. 5º, §§ 2º a 4º da CRFB de 1988 ("Art. 5º (...) § 2º Os direitos e garantias expressos nesta Constituição não excluem outros decorrentes do regime e dos princípios por ela adotados, ou dos tratados internacionais em que a República Federativa do Brasil seja parte; § 3º Os tratados e convenções internacionais sobre direitos humanos que forem aprovados, em cada Casa do Congresso Nacional, em dois turnos, por três quintos dos votos dos respectivos membros, serão equivalentes às emendas constitucionais; § 4º. "o Brasil se submete à jurisdição de Tribunal Penal Internacional a cuja criação tenha manifestado adesão").

111. "Art. 98. Os tratados e as convenções internacionais revogam ou modificam a legislação tributária interna, e serão observados pela que lhes sobrevenha".

feriria o princípio da proporcionalidade enquanto proibição de excesso; **b)** a figura atípica de depósito prevista no Decreto-Lei n

° 911/1969 extravasaria os limites semânticos da expressão "depositário infiel" posta na Constituição e afrontaria o princípio da reserva legal proporcional.

Quanto ao primeiro aspecto invocado, o Ministro Gilmar Mendes, citando lições doutrinárias de Orlando Gomes e de José Carlos Moreira Alves, apontou que ao credor fiduciário o ordenamento confere, ante a inadimplência do devedor fiduciante, diversas possibilidades de garantia do seu crédito: 1) venda extrajudicial do bem entregue pelo devedor; 2) ajuizamento de ação de busca e apreensão para a retomada da posse direta do bem; 3) conversão da ação de busca de apreensão em ação de depósito[112] e; 4) ajuizamento de ação de execução. Além dessas hipóteses, o credor poderá se valer de outras medidas, tais como a ação de reivindicação ou de reintegração de posse.

Diante desse plexo de possibilidades, a prisão civil é medida que vai de encontro à proporcionalidade vista como proibição de excesso, porquanto existem outras medidas menos lesivas ao devedor para resguardar o direito do credor. Ao legislador também se exige a utilização de meios legítimos, estritamente necessários e aptos ao alcance de fins que devem, igualmente, ser legítimos.

Trata-se, portanto, de analisar o produto da atividade legislativa sob a ótica do princípio da proporcionalidade, segundo seus três subprincípios: **a)** adequação (aptidão do meio escolhido para atingimento da finalidade pretendida); **b)** necessidade (inexistência de outro meio menos gravoso e igualmente eficaz para atingimento da finalidade perseguida) e; **c)** proporcionalidade em sentido estrito (ponderação e busca do equilíbrio entre o objetivo buscado e a intervenção do meio utilizado na esfera jurídica daquele que será por ele atingido).

No caso vertente, a prisão civil do devedor fiduciante seria, no entender do Ministro Gilmar Mendes, desnecessária para resguardar o direito de crédito do credor fiduciário, ante a existência de outros meios idôneos para garantir tal tutela. Além disso, seria desproporcional em sentido estrito, havendo desequilíbrio entre os valores ponderados (direito de crédito para recomposição patrimonial do credor fiduciário e liberdade do devedor fiduciante). Nesse sentido, o Ministro Gilmar Mendes, como reforço argumentativo, ponderou que o Decreto-Lei nº 911/1969 foi editado quando vigente o regime ditatorial no Brasil e com base no Ato Institucional nº 05/1968.

No que diz respeito à violação que teria sido perpetrada pelo Decreto-Lei nº 911/1969 ao princípio da reserva legal proporcional, o Ministro Gilmar Mendes esclareceu que as balizas para aferição do respeito ou não a esse princípio são colhidas a partir da ponderação entre os direitos em conflito.

Examinando a Constituição de 1967 (após a Emenda nº 01/1969), o Ministro Gilmar Mendes apontou que nela havia, quanto ao tema de prisão civil, uma cláusula de reserva legal restritiva ("na forma da lei"), ou seja, após o estabelecimento de norma de garantia de liberdade, a Constituição previu duas exceções, cujos limites seriam traçados por lei.

---

112. Essa hipótese constava do art. 4º do Decreto-Lei nº 911/1969 até a alteração de sua redação pela Lei nº Lei nº 13.043/2014.

A Constituição de 1988 não previu essa reserva legal, o que, a princípio, obsta o legislador de ultrapassar os limites postos pela norma protetiva constitucional. Não impede, porém, que se estabeleça uma restrição ao direito fundamental diante da possibilidade de colisão com outro direito fundamental. Para tanto, é preciso levar em consideração o âmbito de proteção de cada direito, identificando-se os bens jurídicos protegidos, a amplitude da proteção e as restrições que a própria Constituição impõe ao direito ou que permite que a legislação infraconstitucional o faça.

Por outro lado, o Ministro Gilmar Mendes enfatizou que existem direitos fundamentais (ex.: vida, ir e vir, manifestação de opinião e possibilidade de reunião) cuja existência precede qualquer disciplina jurídica, enquanto outros (propriedade, herança) somente existem porque o Direito os conforma. A tarefa do legislador, nesse segundo caso, não é, precipuamente, a de estabelecer restrições ao direito, mas de estruturá-lo, conformando-o. Para o Ministro, o direito fundamental contido no art. 5º, LXVII, da CRFB de 1988 enquadra-se na segunda hipótese.

O poder de conformação atribuído ao legislador não é, todavia, absoluto. O direito, qualificando-se já como fundamental, deve ser regulamentado (há um dever de legislar para conferir conteúdo e efetividade ao direito) e não pode ser suprimido como resultado da conformação atribuída a ele pelo legislador (dever de preservação do direito).

No caso da prisão civil do "depositário infiel", por exemplo, o legislador deve respeitar o significado que a Constituição atribui àquela expressão ao mencioná-la. A conformação legal a ser dada ao instituto não pode, assim, desfigurá-lo, tanto mais quando o contexto constitucional em que inserido revele um espaço excepcional de restrição à garantia de liberdade individual.

Ainda que se entenda que o contrato de alienação fiduciária em garantia seria uma espécie de "depósito por equiparação" ou "depósito atípico", não estaria ele enquadrado nos limites semânticos em que a expressão "depositário infiel" foi mencionada na Constituição, adstritos à concepção tradicional de depósito (legal ou contratual). Logo, a exceção constitucional permissiva de prisão por dívida não atingiria o devedor fiduciante.

Em verdade, como realçou o Ministro Gilmar Mendes, o contrato de alienação fiduciária cerca-se de uma série de ficções jurídicas (propriedade fiduciária, equiparação do devedor fiduciante ao depositário), o que somente reforça o descabimento da aplicação, ao caso, da exceção prevista no art. 5º. LXVII, da CRFB de 1988. No particular, por violação à reserva legal proporcional, há de se reconhecer a inconstitucionalidade do Decreto-Lei nº 911/1969, desde seu nascedouro, sob a égide da **revogada** Constituição de 1967 (após e Emenda Constitucional nº 01 de 1969).

Desse modo, o voto apresentado pelo Ministro Gilmar Mendes estruturou-se, basicamente, sob dois fundamentos primordiais: **a)** o caráter supralegal do Pacto Internacional dos Direitos Civis e Políticos e da Convenção Americana sobre Direitos Humanos (Pacto de San Jose da Costa Rica), aos quais o Brasil aderiu em 1992 e em razão dos quais tornou-se inaplicável a legislação que admitia a prisão civil do depositário infiel; **b)** a violação perpetrada pelo Decreto-Lei nº 911/1969 ao princípio da proporcionalidade, quando prevê a possibilidade de prisão civil do devedor fiduciante ao equipará-lo ao depositário.

Com base nessas premissas, o Ministro Gilmar Mendes também negou provimento ao recurso.

O voto apresentado pelo Ministro Celso de Mello, por sua vez, pautou-se nas seguintes premissas: a) há de se extrair a máxima eficácia das normas protetivas de direitos humanos fundamentais; b) o Judiciário tem a missão de concretizar os direitos fundamentais assegurados pela Constituição e também pelos tratados e convenções internacionais subscritos pelo Brasil; c) a prisão civil não é pena, mas, sim, meio de coerção; d) a Constituição não institui a prisão civil; apenas permite que, em determinadas hipóteses taxativamente previstas, o legislador infraconstitucional excepcione a vedação geral de sua utilização, esta sim sufragada pela Constituição; d) dentro das exceções listadas pela Constituição, o legislador infraconstitucional, embora possa disciplinar, por lei, a utilização da prisão civil, não está obrigado a fazê-lo (dada a primazia dos direitos e garantias individuais); e) a simples previsão de exceções constitucionais não confere a elas aplicabilidade direta, dependendo de concretização legislativa, que estabelecerá seus requisitos, prazo de duração e procedimento. Logo, a prisão civil é instrumento de coerção de índole infraconstitucional.

O Ministro Celso de Mello esclareceu que há, a princípio, uma margem de discricionariedade legislativa extraível da Constituição. Ao legislador infraconstitucional é possível não disciplinar qualquer hipótese de prisão civil; fazê-lo nas duas hipóteses excepcionadas pela Constituição ou em apenas uma delas. Essa disciplina pode decorrer tanto da legislação nacional quanto de tratados internacionais que versem sobre direitos humanos, tanto mais se lhes reconhecer caráter supralegal ou, até mesmo, para alguns, natureza de norma materialmente constitucional, compondo o denominado "bloco de constitucionalidade"[113].

Desse modo, ao restringir as hipóteses de cabimento da prisão civil apenas à do devedor de alimentos, o tratado internacional não colide com a Constituição.

O Ministro Celso de Mello registrou, ainda, o papel do Poder Judiciário de, ao interpretar a Constituição, conferir-lhe sentido atualizado, contemporâneo, adequando a norma constitucional à realidade social, econômica, jurídica, política e cultural (mutação constitucional).

Com base em tais premissas, entendendo que o Decreto-Lei nº 911/1969, na parte em que admite a prisão civil do devedor fiduciante, não foi recepcionado pelo ordenamento constitucional atual (reputa possível a propositura da ação de depósito, mas sem a imposição da prisão civil como meio de coerção), o Ministro Celso de Mello negou provimento ao recurso extraordinário interposto.

---

113. A essa segunda corrente se filiou o Ministro Celso de Mello, modificando, inclusive, posicionamento antecedente por ele sufragado na ADI 1480-MC/DF, quando conferia a tais diplomas normativos a mesma hierarquia das leis ordinárias. O Ministro reconheceu natureza constitucional aos tratados internacionais que versem sobre direitos humanos e que tenham sido celebrados pelo Brasil (ou aos quais tenha ele aderido) até o advento da EC 45/2005, por força do quanto disposto no art. 5º, § 2º, da CRFB de 1988. Se a celebração/adesão for anterior à promulgação da CRFB de 1988, tratar-se-á de norma formalmente constitucional recepcionada pela cláusula geral de recepção do art. 5º, § 2º, da Constituição. Se a celebração/adesão se der no interregno entre a promulgação da Constituição e a EC 45/2004, tratar-se-á de norma materialmente constitucional, porque incluída no denominado "bloco de constitucionalidade". Após o advento da EC 45/2004, os tratados internacionais que versem sobre direitos humanos ganharão status formal de norma constitucional se se submeterem ao procedimento previsto no § 3º do art. 5º da CRFB de 1988 (cláusula de equivalência dos tratados e convenções internacionais em matéria de direitos humanos com as emendas constitucionais), embora já sejam materialmente constitucionais.

Aditando seu voto, o Ministro Cezar Peluso corroborou a ideia de que, ao recepcionar, no ordenamento jurídico interno, o art. 7º, nº 7, do Pacto de San José da Costa Rica, o legislador brasileiro optou por excluir a possibilidade de regrar a exceção constitucional que autorizava a prisão civil do depositário infiel, qualquer que seja a modalidade de depósito (convencional, necessário, judicial etc.). Independentemente da corrente adotada quanto à hierarquia dos tratados e convenções internacionais em matéria de direitos humanos no direito brasileiro, essa conclusão se mantém intacta, segundo ele.

Além disso, afirma o Ministro Cezar Peluso que, à luz da primazia da dignidade da pessoa humana, não é possível equiparar as exceções constitucionais à vedação de prisão civil, já que, no caso do devedor de alimentos, o inadimplemento de sua obrigação impõe risco de sobrevivência biológica dos credores.

⊙ Fique atento:

- O precedente extraído do julgamento do Tema 60 da Repercussão Geral é um dos julgados nos quais se lastreia a **Súmula Vinculante nº 25**, aprovada em sessão plenária de 16/12/2009 ("É ilícita a prisão civil de depositário infiel, qualquer que seja a modalidade de depósito").

- O voto do Ministro Gilmar Mendes apresenta interessante estudo de direito comparado acerca da natureza jurídico-normativa atribuída aos tratados e convenções internacionais em diversos ordenamentos jurídicos. O Ministro apontou que, nas Constituições da Argentina e da Venezuela, tais normas internacionais, quando relativas a direitos humanos, têm natureza constitucional. Já as Constituições da Alemanha, da França e da Grécia conferem *status* normativo supralegal aos tratados e convenções internacionais. No mesmo sentido, pela supralegalidade dessas normas internacionais, o Ministro mencionou, ainda, o *European Communities Act* de 1972, do Reino Unido.

- O julgamento ensejou uma divergência de tese quanto à natureza dos tratados internacionais em matéria de direitos humanos. Para o Ministro Celso de Mello, têm eles natureza constitucional (sejam ou não submetidos ao rito do art. 5º, § 3º, da CRFB de 1988). Para o Ministro Gilmar Mendes, possuem eles natureza supralegal, mas infraconstitucional (salvo se submetidos ao rito do art. 5º, § 3º, da CRFB de 1988). O Ministro Gilmar Mendes ponderou, inclusive, que a atribuição, a todos os tratados de direitos humanos de que o Brasil faça parte, de hierarquia constitucional torna-os parâmetro de controle normativo, podendo ocasionar um quadro de insegurança jurídica. Esse posicionamento do Ministro Gilmar Mendes é acompanhado pelos Ministros Carlos Britto e Menezes Direito[114]. O Ministro Cezar Peluso recusa a tais tratados o *status* legal, sem, no entanto, definir sua natureza como supralegal ou constitucional.

- O Ministro Cezar Peluso aponta que o art. 60, § 4º, da CRFB de 1988 concretizou aplicação específica do "princípio da diminuição do elemento despótico" (ou princípio da vedação do retrocesso).

---

114. Este último, no entanto, referindo-se à inserção dos tratados e convenções internacionais em matéria de direitos humanos como normas de "hierarquia especial" infraconstitucional

- O Ministro Menezes Direito segue a linha que reconhece a preponderância dos tratados e convenções internacionais que versem sobre direitos humanos em relação ao direito interno. Exclui, porém, o depósito judicial do espectro de incidência do Pacto de San Jose da Costa Rica e do Pacto Internacional de Direitos Civis e Políticos, por entender que, nesse caso, não se trata propriamente de uma prisão por descumprimento de obrigação civil, mas, sim, por desatendimento a um múnus público. **Essa exceção vislumbrada pelo Ministro não foi, porém, acolhida pelo acórdão que fixou o precedente ora examinado.**

- O acórdão proferido pelo STF realiza verdadeiro controle de convencionalidade da legislação infraconstitucional que disciplina a prisão civil do depositário infiel. Por controle de convencionalidade entende-se o exame da compatibilidade das normas internas do país com os tratados e convenções internacionais em vigor no país.

⊙ Questões de Concurso relacionadas ao tema:

Questão 01 (FUMARC. PC-MG. Investigador de Polícia.2014) Nos termos do inciso LXVII do art. 5º da Constituição Federal de 1988, "não haverá prisão civil por dívida, salvo a do responsável pelo inadimplemento voluntário e inescusável de obrigação alimentícia e a do depositário infiel". À luz de decisão do Supremo Tribunal Federal, considerando os termos do Pacto Internacional dos Direitos Civis e Políticos, assim como da Convenção Americana de Direitos Humanos, é CORRETO afirmar sobre a previsão constitucional da prisão civil do depositário infiel que:

a) é cláusula pétrea e, por tal razão, nenhum tratado internacional tem força suficiente para afastar a sua aplicabilidade sobre os casos concretos.

b) foi revogada.

c) não foi revogada e, exatamente por isso, continua sendo aplicável pelo poder judiciário brasileiro.

d) não foi revogada, porém deixou de ter aplicabilidade diante do efeito paralisante desses tratados.

Questão 02 (CESPE. CÂMARA DOS DEPUTADOS. Analista Legislativo diversas áreas. 2014) Considerando o regime constitucional dos direitos e garantias fundamentais, julgue os itens a seguir. Em uma execução fiscal, se o juiz da causa, ao constatar o desaparecimento de certo bem objeto de penhora, determinar a prisão do correspondente depositário judicial, essa ordem de prisão, segundo o STF, será válida, uma vez que somente se proíbe a prisão do depositário infiel contratual.

( ) Errado ( ) Certo

Gabarito: 1-D; 2-E

4.16. PENHORA DE BEM DE FAMÍLIA DE FIADOR EM CONTRATO DE LO-CAÇÃO

Tema 295: "Penhorabilidade de bem de família de fiador de contrato de locação".

Tese: "É constitucional a penhora de bem de família pertencente a fiador de contrato de locação, em virtude da compatibilidade da exceção prevista no art. 3°, VII, da Lei 8.009/1990 com o direito à moradia consagrado no art. 6° da Constituição Federal, com redação da EC 26/2000".

FICHA TÉCNICA	
Leading case:	**RE 612360/SP**
Descrição do caso feita pelo STF:	"Recurso extraordinário em que se discute, à luz do art. 6°, caput, da Constituição Federal, na redação dada pela Emenda Constitucional n° 26/2000, a constitucionalidade, ou não, da penhora do imóvel bem de família do fiador locatício".
Dispositivo(s) constitucional(is) envolvido(s):	"Art. 6° São direitos sociais a educação, a saúde, o trabalho, a moradia, o lazer, a segurança, a previdência social, a proteção à maternidade e à infância, a assistência aos desamparados, na forma desta Constituição" (Redação dada pela EC n° 26/2000)[115].
Data de reconhecimento da repercussão geral:	13/08/2010
Data de julgamento do mérito recursal:	Não houve[116]
Houve unanimidade?	Não se aplica

---

115. A redação original do dispositivo era a seguinte: "Art. 6° São direitos sociais a educação, a saúde, o trabalho, o lazer, a segurança, a previdência social, a proteção à maternidade e à infância, a assistência aos desamparados, na forma desta Constituição". A Emenda Constitucional n° 26/2000 acrescentou ao rol de direitos sociais previstos no art. 6° o direito à moradia. Posteriormente, o mesmo artigo foi alterado duas outras vezes. A primeira delas, pela EC 64/2010, que fez acrescer ao rol o direito à alimentação ("Art. 6° São direitos sociais a educação, a saúde, a alimentação, o trabalho, a moradia, o lazer, a segurança, a previdência social, a proteção à maternidade e à infância, a assistência aos desamparados, na forma desta Constituição"). A última alteração, que consiste na redação atualmente em vigor do dispositivo constitucional, foi conferida pela EC 90/2015, que inseriu no rol o direito ao transporte ("Art. 6° São direitos sociais a educação, a saúde, a alimentação, o trabalho, a moradia, o transporte, o lazer, a segurança, a previdência social, a proteção à maternidade e à infância, a assistência aos desamparados, na forma desta Constituição").

116. Ver explicação sobre essa "data de julgamento do mérito recursal" nos comentários ao tema.

FICHA TÉCNICA	
Leading case:	**RE 612360/SP**
Data de publicação do julgamento do recurso:	03/09/2010 (reconhecimento da repercussão geral) 23/09/2010 (decisão monocrática negando seguimento ao recurso extraordinário por estar o acórdão recorrido em conformidade com o entendimento firmado pelo STF)
Trânsito em julgado do acórdão:	28/09/2010

◉ Comentários:

Contra acórdão proferido pelo Tribunal de Justiça do Estado de São Paulo, que reputou válida a penhora incidente sobre bem de família de fiador de obrigação locatícia, foi interposto o RE 612360/SP, em que se argumentou que o acórdão recorrido teria violado o art. 6º da CRFB de 1988, com a redação dada pela EC 26/2000, mais precisamente por afrontar a eficácia negativa do direito social à moradia.

A Ministra Relatora, Ellen Gracie, destacou que a temática possui repercussão geral e que, seguindo-se o procedimento já adotado nas Questões de Ordem suscitadas no RE 579431 (Tema 96), no RE 580108 (Tema 93) e no RE 582650 (Tema 98), deverá ser observada, para o caso, a sistemática para julgamento de recursos extraordinários repetitivos[117].

Além disso, apontou haver pacificidade quanto à matéria no âmbito do Supremo Tribunal Federal (citou como principal precedente o acórdão do Pleno do Tribunal, proferido no RE 407688, publicado no DJ de 06/10/2006[118]), que entende ser **constitucional, mesmo à luz da EC 26/2000, a penhora que recaia sobre bem de família do fiador, havendo compatibilidade vertical entre o art. 3º, VII, da Lei nº 8009/1990[119] e o direito social à moradia.**

---

117. A Ministra Relatora aludiu ao art. 543-B do revogado CPC/1973: "Art. 543-B. Quando houver multiplicidade de recursos com fundamento em idêntica controvérsia, a análise da repercussão geral será processada nos termos do Regimento Interno do Supremo Tribunal Federal, observado o disposto neste artigo. § 1º Caberá ao Tribunal de origem selecionar um ou mais recursos representativos da controvérsia e encaminhá-los ao Supremo Tribunal Federal, sobrestando os demais até o pronunciamento definitivo da Corte. 2º Negada a existência de repercussão geral, os recursos sobrestados considerar-se-ão automaticamente não admitidos. § 3º Julgado o mérito do recurso extraordinário, os recursos sobrestados serão apreciados pelos Tribunais, Turmas de Uniformização ou Turmas Recursais, que poderão declará-los prejudicados ou retratar-se. § 4º Mantida a decisão e admitido o recurso, poderá o Supremo Tribunal Federal, nos termos do Regimento Interno, cassar ou reformar, liminarmente, o acórdão contrário à orientação firmada. § 5º O Regimento Interno do Supremo Tribunal Federal disporá sobre as atribuições dos Ministros, das Turmas e de outros órgãos, na análise da repercussão geral". Sobre recursos especial e extraordinário repetitivos, ver arts. 1.036 a 1.041 do CPC/2015.

118. Além desse acórdão, a Ministra Relatora citou outros precedentes de turmas, no mesmo sentido: RE 477953-AgR, RE 493738 – AgR, AI 584436- AgR, AI 693554, RE 591568, RE 598036, AI 642307, RE 419161, AI 718860 e RE 607505.

119. "Art. 3º A impenhorabilidade é oponível em qualquer processo de execução civil, fiscal, previdenciária, trabalhista ou de outra natureza, salvo se movido: (...)VII – por obrigação decorrente de fiança concedida em contrato de locação".

Desse modo, com o reconhecimento da repercussão geral da matéria discutida e ante a existência de entendimento consolidado do STF quanto ao tema, a Ministra Relatora entendeu que a orientação do STF poderia desde logo ser aplicada aos recursos sobrestados, nos termos do art. 543-B, § 3º, do então vigente CPC/1973, sendo desnecessária nova apreciação do tema pelo Plenário.

O voto da Ministra Relatora foi pelo reconhecimento da existência de repercussão geral da matéria e pela ratificação da jurisprudência do Tribunal.

Em seu voto, o Ministro Marco Aurélio entendeu inadequada a discussão, no caso, do instituto da repercussão geral, o qual, para ser apreciado, pressuporia recurso extraordinário admitido. Afirma que essa admissão não estaria presente no caso, já que a Ministra Relatora, à vista do AI 748661, interposto contra a decisão que inadmitiu o recurso extraordinário na origem, limitou-se a determinar a sua reautuação como recurso extraordinário, sem julgamento do agravo.

O Ministro Carlos Britto, por sua vez, qualificando o direito à moradia como indisponível, reputa impenhorável o bem de família por efeito de contrato de fiança. Salienta, no entanto, ter sido vencido o seu entendimento quando da discussão do tema no RE 407688, em que o Plenário do STF, por maioria, admitiu essa penhora, sob o fundamento de que, em última análise, estar-se-ia protegendo, com esse posicionamento, o próprio direito à moradia, evitando-se que se exigissem garantias mais dispendiosas para locações residenciais.

Nestes termos, reconheceu-se a repercussão geral da questão discutida, por maioria de votos.

Posteriormente, em decisão monocrática, a Ministra Ellen Gracie, valendo-se do regramento do art. 543-B do atualmente **revogado** CPC/1973, negou seguimento ao recurso extraordinário interposto.

◉ Fique atento:

- Neste julgamento, não houve submissão do mérito do recurso extraordinário ao Pleno do STF após o reconhecimento da repercussão geral, tendo sido o recurso inadmitido, por decisão monocrática da Ministra Relatora, por estar o acórdão recorrido em conformidade com o entendimento predominante do STF.

- O que prevaleceu, de fato, como paradigma, foi o julgamento proferido no RE 407688. Neste precedente, cumpre destacar trecho do voto condutor do acórdão (proferido pelo Ministro Cezar Peluso) que poderá, eventualmente, servir para fins de *distinguishing*: "daí, só poder conceber-se acertada, em certo limite, a postura de quem vê, na penhorabilidade de imóvel do fiador, regra hostil ao art. 6º da Constituição da República, em 'havendo outros meios de assegurar o pagamento do débito', porque essa constitui a única hipótese em que, perdendo, diante de particular circunstância do caso, a função prática de servir à prestação de garantia exclusiva das obrigações do locatário e, como tal, de condição necessária da locação, a aplicação da regra contradiria o propósito e o alcance normativo. Aí, não incidiria, não porque, na sua generalidade e eficácia, seja desconforme com a Constituição, senão porque o fato (*fattispecie* concreta) é que se lhe não afeiçoaria ao modelo normativo (*fattispecie* abstrata)". Trata-se de excluir, do programa de aplicação da norma do art. 3º, VII, da Lei nº 8009/1990, a hipótese acima contemplada, que estaria contida no âmbito do caráter negativo da eficácia do direito social à moradia do fiador.

⊙ **Questões de Concurso relacionadas ao tema:**

Questão 01 (CESPE. TJ-AC. JUIZ. 2012 – Adaptada) No que se refere ao enfrentamento jurisprudencial do bem de família, julgue o item seguinte.

É inconstitucional a penhora de bem de família do fiador em contrato de locação.

( ) Certo   ( ) Errado

Gabarito: 1-E

4.17. PENHORA DE BENS DE SOCIEDADE DE ECONOMIA MISTA E SUCESSÃO

Tema 355: "a) Penhora de bens da Rede Ferroviária S.A. realizada anteriormente à sucessão pela União; b) Possibilidade de execução, pelo regime de precatório, dos bens da Rede Ferroviária".

Tese: "É válida a penhora em bens de pessoa jurídica de direito privado, realizada anteriormente à sucessão desta pela União, não devendo a execução prosseguir mediante precatório".

FICHA TÉCNICA	
Leading case:	**RE 693112/MG**
Descrição do caso feita pelo STF:	"Agravo de instrumento interposto contra decisão que inadmitiu recurso extraordinário em que se discute, à luz dos artigos 100, § 1º, da Constituição Federal, a validade, ou não, da penhora de bens da extinta Rede Ferroviária S.A. – RFFSA, realizada anteriormente a sua sucessão pela União, e a possibilidade, ou não, da execução dos referidos bens realizar-se mediante precatório".
Dispositivo(s) constitucional(is) envolvido(s):	"Art. 100. Os pagamentos devidos pelas Fazendas Públicas Federal, Estaduais, Distrital e Municipais, em virtude de sentença judiciária, far-se-ão exclusivamente na ordem cronológica de apresentação dos precatórios e à conta dos créditos respectivos, proibida a designação de casos ou de pessoas nas dotações orçamentárias e nos créditos adicionais abertos para este fim. 1º Os débitos de natureza alimentícia compreendem aqueles decorrentes de salários, vencimentos, proventos, pensões e suas complementações, benefícios previdenciários e indenizações por morte ou por invalidez, fundadas em responsabilidade

FICHA TÉCNICA	
Leading case:	**RE 693112/MG**
	civil, em virtude de sentença judicial transitada em julgado, e serão pagos com preferência sobre todos os demais débitos, exceto sobre aqueles referidos no § 2º deste artigo" (redação dada pela EC 62/2009)
Data de reconhecimento da repercussão geral:	16/12/2010 (no AI 812687/MG)
Data de julgamento do mérito recursal:	09/02/2017
Houve unanimidade?	Sim
Data de publicação do acórdão de julgamento do recurso:	Não havia sido publicado até a data de fechamento desta edição.
Trânsito em julgado do acórdão:	Não havia ocorrido o trânsito em julgado do acórdão até a data de fechamento desta edição.

◉ Comentários:[120]

Extinta a Rede Ferroviária Federal S.A. (RFFSA), sociedade de economia mista federal, houve a sucessão da referida empresa pela União[121], inclusive no âmbito processual. Tendo em vista a existência de mais de cinco mil penhoras de bens móveis e imóveis realizadas sobre o patrimônio da RFFSA, para quitação de débitos trabalhistas, em processos diversos, iniciou-se a **discussão, em juízo, quanto** à **validade de tais penhoras, realizadas em momento anterior ao da sucessão da RFFSA pela União.**

O RE 693112/MG foi interposto pela União contra acórdão proferido pelo Tribunal Superior do Trabalho, que proferiu acórdão reputando válidas tais penhoras. A recorrente alegou que a sucessão operada conduziria à alteração do procedimento de execução de tais créditos, que haveriam, doravante, de se submeter ao rito do precatório, nos termos do art. 100 da CRFB de 1988. Os bens da RFFSA, tendo passado ao patrimônio da União, seriam públicos e, portanto, insuscetíveis de penhora e alienação. A parte recorrida, em suas contrarrazões, defendeu que a observância do rito dos precatórios somente se aplica aos feitos posteriores à sucessão havida.

O Pleno do STF, em julgamento unânime, negou provimento ao RE 693112/MG, **considerando não violadora da Constituição a penhora de bens de sociedade de eco-**

---

120. À época da elaboração deste texto, ainda não havia sido publicado o acórdão do julgamento do mérito recursal. Os comentários baseiam-se na notícia publicada pelo STF acerca do julgamento havido, veiculada em 09/02/2017.

121. Lei nº 11.483/2007: "Art. 2º A partir de 22 de janeiro de 2007: I – a União sucederá a extinta RFFSA nos direitos, obrigações e ações judiciais em que esta seja autora, ré, assistente, oponente ou terceira interessada, ressalvadas as ações de que trata o inciso II do caput do art. 17 desta Lei; e II – os bens imóveis da extinta RFFSA ficam transferidos para a União, ressalvado o disposto no inciso I do art. 8º desta Lei.

nomia mista, desde que concretizada antes da sucessão da entidade pela União. Para tais casos, não seria aplicável o regime dos precatórios, mas, sim, o regramento executivo comum do Código de Processo Civil.

Tomando por base o entendimento esposado pelo STF no julgamento do RE 599176 (Tema 224), em que se definiu que "A imunidade tributária recíproca não exonera o sucessor das obrigações tributárias relativas aos fatos jurídicos tributários ocorridos antes da sucessão" (impossibilidade de aplicação retroativa da imunidade recíproca), o Ministro Gilmar Mendes, relator do acórdão, propôs que a mesma linha de raciocínio fosse aplicada ao caso concreto. Desse modo, **não podendo a sucessão ter efeitos retroativos**, a manutenção das penhoras realizadas antes dessa sucessão não afrontaria nem o princípio da isonomia nem a regra da impenhorabilidade dos bens públicos.

4.18. PRERROGATIVAS PROCESSUAIS DA FAZENDA PÚBLICA: IMPOSSIBILIDADE DE EXTENSÃO A ENTIDADES PARAESTATAIS

Tema 411: "Rito da execução de decisões que condenem entidades paraestatais, pessoas jurídicas de direito privado, a quantia em dinheiro".

Tese: "É incompatível com a Constituição o reconhecimento às entidades paraestatais dos privilégios processuais concedidos à Fazenda Pública em execução de pagamento de quantia em dinheiro".

FICHA TÉCNICA	
Leading case:	**AI 841548/PR**
Descrição do caso feita pelo STF:	"Agravo de instrumento interposto contra decisão que inadmitiu recurso extraordinário em que se discute, à luz do art. 100 da Constituição Federal, se a PARANAPREVIDÊNCIA faz jus, ou não, ao rito do artigo 730 do CPC, nas hipóteses de execução de quantia em dinheiro".
Dispositivo(s) constitucional(is) envolvido(s):	"Art. 100. Os pagamentos devidos pelas Fazendas Públicas Federal, Estaduais, Distrital e Municipais, em virtude de sentença judiciária, far-se-ão exclusivamente na ordem cronológica de apresentação dos precatórios e à conta dos créditos respectivos, proibida a designação de casos ou de pessoas nas dotações orçamentárias e nos créditos adicionais abertos para este fim" (redação dada pela EC 62/2009).
Data de reconhecimento da repercussão geral:	09/06/2011

FICHA TÉCNICA	
Leading case:	**AI 841548/PR**
Data de julgamento do mérito recursal:	09/06/2011 (julgamento do recurso extraordinário)
	08/03/2012 (julgamento dos primeiros embargos de declaração)
	07/05/2015 (julgamento dos segundos embargos de declaração)
	17/06/2015 (julgamento dos terceiros embargos de declaração)
Houve unanimidade?	Não
Data de publicação do acórdão de julgamento do recurso:	31/08/2011 (julgamento do recurso extraordinário)
	02/04/2012 (julgamento dos primeiros embargos de declaração)
	29/05/2015 (julgamento dos segundos embargos de declaração)
	07/08/2015 (julgamento dos terceiros embargos de declaração)
Trânsito em julgado do acórdão:	15/08/2015

◉ Comentários:

Iniciado, pelo rito do art. 475-J do atualmente **revogado** CPC/1973[122], em face da PARANAPREVIDENCIA, o cumprimento de sentença condenatória impositiva de obrigação de pagar, insurgiu-se a executada pretendendo fosse-se aplicado o regramento previsto no art. 730 do CPC/1973[123] (execução contra a Fazenda Pública). Rejeitada a sua pretensão

---

122. CPC/1973: "Art. 475-J. Caso o devedor, condenado ao pagamento de quantia certa ou já fixada em liquidação, não o efetue no prazo de quinze dias, o montante da condenação será acrescido de multa no percentual de dez por cento e, a requerimento do credor e observado o disposto no art. 614, inciso II, desta Lei, expedir-se-á mandado de penhora e avaliação. § 1º Do auto de penhora e de avaliação será de imediato intimado o executado, na pessoa de seu advogado (arts. 236 e 237), ou, na falta deste, o seu representante legal, ou pessoalmente, por mandado ou pelo correio, podendo oferecer impugnação, querendo, no prazo de quinze dias. § 2º Caso o oficial de justiça não possa proceder à avaliação, por depender de conhecimentos especializados, o juiz, de imediato, nomeará avaliador, assinando-lhe breve prazo para a entrega do laudo. § 3º O exeqüente poderá, em seu requerimento, indicar desde logo os bens a serem penhorados.§ 4º Efetuado o pagamento parcial no prazo previsto no caput deste artigo, a multa de dez por cento incidirá sobre o restante.§ 5º Não sendo requerida a execução no prazo de seis meses, o juiz mandará arquivar os autos, sem prejuízo de seu desarquivamento a pedido da parte". A regra que atualmente trata do assunto é o art. 523 do CPC/2015: "Art. 523. No caso de condenação em quantia certa, ou já fixada em liquidação, e no caso de decisão sobre parcela incontroversa, o cumprimento definitivo da sentença far-se-á a requerimento do exequente, sendo o executado intimado para pagar o débito, no prazo de 15 (quinze) dias, acrescido de custas, se houver. § 1º Não ocorrendo pagamento voluntário no prazo do caput, o débito será acrescido de multa de dez por cento e, também, de honorários de advogado de dez por cento. § 2º Efetuado o pagamento parcial no prazo previsto no caput, a multa e os honorários previstos no § 1º incidirão sobre o restante. § 3º Não efetuado tempestivamente o pagamento voluntário, será expedido, desde logo, mandado de penhora e avaliação, seguindo-se os atos de expropriação".

123. CPC/1973: "Art. 730. Na execução por quantia certa contra a Fazenda Pública, citar-se-á a devedora para opor embargos em 10 (dez) dias; se esta não os opuser, no prazo legal, observar-se-ão as seguintes regras: I – o juiz requisitará o pagamento por intermédio do presidente do tribunal competente; II – far-se-á o pagamento na ordem de apresentação do precatório e à conta do respectivo crédito". Registre-se que o prazo previsto neste artigo foi alterado para 30 (trinta) dias por força do art. 1º-B da Lei nº 9494/1997, incluído pela MP 2.180-35/2001. No CPC/2015, o cumprimento de sentença que imputa à Fazenda Pública obrigação de pagar

em primeiro grau de jurisdição, houve a interposição de agravo de instrumento ao Tribunal de Justiça do Estado do Paraná, cujo acórdão confirmou a decisão agravada, reputando inaplicável, à PARANAPREVIDENCIA, o regime legal previsto no art. 730 do CPC/1973.

Novamente irresignada, a PARANAPREVIDENCIA interpôs recurso extraordinário em que apontou a violação, pelo acórdão recorrido, ao art. 100 da CRFB de 1988, sob o fundamento de que é pessoa jurídica de direito privado prestadora de serviço social autônomo em cooperação governamental (gestora de fundos previdenciários destinados ao pagamento de benefícios previdenciários a servidores públicos estaduais), exercendo, pois serviço público essencial. Destaca que a condenação será paga pelo fundo de previdência, do qual é apenas gestora, de modo que o pagamento haverá de ser suportado, em última análise, por contribuições previdenciárias e/ou repasses orçamentários feitos pelo Estado do Paraná. Pugna, por fim, que seja aplicável ao seu caso o precedente firmado no RE 220906/DF, em que o regramento do art. 100 da CRFB de 1988 foi estendido à Empresa Brasileira de Correios e Telégrafos (ECT).

O recurso extraordinário foi inadmitido na origem, sendo afetado, para análise em regime de repercussão geral, o agravo interposto contra essa decisão de inadmissão, que foi provido e convertido em recurso extraordinário.

A questão cerne discutida nesse julgamento diz respeito à aplicabilidade ou não, à recorrente, do regime jurídico de pagamento de seus débitos pela via do precatório.

O Supremo Tribunal Federal, no julgamento do AI 841548/PR, deu provimento ao agravo e negou provimento ao recurso extraordinário interposto, reafirmando a sua jurisprudência, no sentido de que **as prerrogativas processuais conferidas à Fazenda Pública não são extensíveis às entidades paraestatais dotadas de personalidade jurídica de direito privado.** Nesse sentido, foram invocados os seguintes precedentes: AI 783136 AgR, AI 349477 AgR, AI 838206/PR e AI 818737/PR.

No julgamento, o Ministro Marco Aurélio, após criticar a submissão de agravo de instrumento ao Plenário Virtual, entendeu que, à vista da existência do precedente firmado no RE 220906/DF, relativamente à ECT (Empresa Brasileira de Correios e Telégrafos[124]), e considerando-se a proliferação de processos em que pessoas jurídicas de direito privado pretendem seja-lhes aplicável o sistema de execução próprio da Fazenda Pública, a questão deve ser julgada no Plenário, fora do ambiente virtual. Limitou-se, pois, a reconhecer a repercussão geral.

Os três embargos de declaração sucessivamente opostos ao acórdão não lhe impuseram modificação.

---

quantia não mais se submete à necessidade de deflagração de processo autônomo. A regra examinada está prevista no atual CPC nos seguintes termos: "Art. 535. A Fazenda Pública será intimada na pessoa de seu representante judicial, por carga, remessa ou meio eletrônico, para, querendo, no prazo de 30 (trinta) dias e nos próprios autos, impugnar a execução, podendo arguir: (...) § 3º Não impugnada a execução ou rejeitadas as arguições da executada: I – expedir-se-á, por intermédio do presidente do tribunal competente, precatório em favor do exequente, observando-se o disposto na Constituição Federal; II – por ordem do juiz, dirigida à autoridade na pessoa de quem o ente público foi citado para o processo, o pagamento de obrigação de pequeno valor será realizado no prazo de 2 (dois) meses contado da entrega da requisição, mediante depósito na agência de banco oficial mais próxima da residência do exequente. § 4º Tratando-se de impugnação parcial, a parte não questionada pela executada será, desde logo, objeto de cumprimento. (...)".

124. No qual o Ministro Marco Aurélio foi voto vencido, registre-se.

⊚ Fique atento:

- Ao julgar o Tema nº 253 da Repercussão Geral (RE 599628/DF), o STF, também examinando o âmbito subjetivo de aplicabilidade do art. 100 da CRFB de 1988, fixou a tese segundo a qual "sociedades de economia mista que desenvolvem atividade econômica em regime concorrencial não se beneficiam do regime de precatórios, previsto no art. 100 da Constituição da República".

⊚ Questões de Concurso relacionadas ao tema:

Questão 01 (FCC. PGE-RO. Procurador do Estado. 2011 – Adaptada) Organizações Sociais, Organizações da Sociedade Civil de Interesse Público e Serviços Sociais Autônomos são espécies do gênero denominado entidades de colaboração com a Administração Pública. É característica comum dessas três espécies, conforme legislação federal, serem beneficiárias de prerrogativas processuais semelhantes às das entidades de direito público, quando houver questionamento dos atos praticados no exercício de atividades consideradas de interesse público.

( ) Verdadeiro ( ) Falso

Gabarito: 1-F

4.19. CUMPRIMENTO DE SENTENÇA QUE RECONHEÇA A EXIGIBILIDADE DE OBRIGAÇÃO DE PAGAR QUANTIA CERTA À FAZENDA PÚBLICA: CÁLCULO DOS JUROS DE MORA

Tema 435: "Aplicação do artigo 1º-F da Lei 9.494/97 nas ações ajuizadas anteriormente à sua vigência".

Tese: "É compatível com a Constituição a aplicabilidade imediata do art. 1º-F da Lei 9.494/97, com alteração pela Medida Provisória nº 2.180-35/2001, ainda que em relação às ações ajuizadas antes de sua entrada em vigor".

FICHA TÉCNICA	
Leading case:	**AI 842063/RS**
Descrição do caso feita pelo STF:	"Agravo de instrumento interposto contra decisão que inadmitiu recurso extraordinário em que se discute, à luz dos artigos 5º, II, 22, e 97, da Constituição Federal, a aplicabilidade, ou não, nas ações ajuizadas antes de sua entrada em vigor, do artigo 1º-F da Lei 9.494/97, com redação dada pela Medida Provisória nº 2.180-35/2001, o qual determina que os juros de mora, nas condenações impostas contra a Fazenda Pública para pagamento de verbas remuneratórias devidas a servidores e empregados públicos, não poderão ultrapassar o percentual de 6% (seis por cento) ao ano".

FICHA TÉCNICA	
Leading case:	AI 842063/RS
Dispositivo(s) constitucional(is) envolvido(s):	"Art. 5º Todos são iguais perante a lei, sem distinção de qualquer natureza, garantindo-se aos brasileiros e aos estrangeiros residentes no País a inviolabilidade do direito à vida, à liberdade, à igualdade, à segurança e à propriedade, nos termos seguintes: (...) II – ninguém será obrigado a fazer ou deixar de fazer alguma coisa senão em virtude de lei; (...)" "Art. 97. Somente pelo voto da maioria absoluta de seus membros ou dos membros do respectivo órgão especial poderão os tribunais declarar a inconstitucionalidade de lei ou ato normativo do Poder Público".
Data de reconhecimento da repercussão geral:	16/06/2011
Data de julgamento do mérito recursal:	16/06/2011
Houve unanimidade?	Não
Data de publicação do acórdão de julgamento do recurso:	02/09/2011 (julgamento do recurso extraordinário)
Trânsito em julgado do acórdão:	14/09/2011

⊙ Comentários:

Trata-se de agravo contra decisão que inadmitiu o recurso extraordinário interposto pela Universidade Federal do Rio Grande do Sul – UFRGS contra acórdão do Tribunal Regional Federal da 4ª Região que entendeu inaplicável a regra encartada no art. 1º-F da Lei nº 9.494/1997, incluída pela MP nº 2.180-35/2001[125], a demandas ajuizadas em data anterior à sua entrada em vigor, sob pena de ofensa ao direito adquirido e ao ato jurídico perfeito (art. 5º, XXXVI, da CRFB de 1988[126]), tendo em vista o caráter mais gravoso da regra para o credor, que faria jus, antes dela, a juros de mora de um por cento ao mês.

No recurso extraordinário, a recorrente sustentou que o acórdão recorrido contrariou os arts. 5º, II, e 97 da CRFB de 1988, invocando orientação do STF no sentido de que **a regra**

---

125. "Art. 1º-F. Os juros de mora, nas condenações impostas à Fazenda Pública para pagamento de verbas remuneratórias devidas a servidores e empregados públicos, não poderão ultrapassar o percentual de seis por cento ao ano". O dispositivo em questão, incluído pela MP nº 2.180-35/2001, foi alterado pela Lei nº 11.960/2009, passando a sua redação a figurar nos seguintes termos: "Art. 1º-F. Nas condenações impostas à Fazenda Pública, independentemente de sua natureza e para fins de atualização monetária, remuneração do capital e compensação da mora, haverá a incidência uma única vez, até o efetivo pagamento, dos índices oficiais de remuneração básica e juros aplicados à caderneta de poupança".

126. "Art. 5º Todos são iguais perante a lei, sem distinção de qualquer natureza, garantindo-se aos brasileiros e aos estrangeiros residentes no País a inviolabilidade do direito à vida, à liberdade, à igualdade, à segurança e à propriedade, nos termos seguintes: (...) XXXVI – a lei não prejudicará o direito adquirido, o ato jurídico perfeito e a coisa julgada. (...)".

estabelecida pelo art. 1º-F da Lei nº 9.494/1997 tem aplicabilidade imediata, ainda que para as demandas já em curso à data de início de sua vigência. Destacou que a norma se aplica independentemente da natureza do débito e que teria conteúdo de direito material. Além disso, o afastamento da norma teria decorrido de decisão proferida por órgão fracionário do Tribunal de origem, malferindo, desse modo, o já referido art. 97 da CRFB de 1988.

Assentando-se nessa jurisprudência consolidada (tendo sido citados os seguintes precedentes: AI 828778- AgR, AI 771555 – AgR, AI 776497 – AgR e RE 559445 – AgR), o STF, após prover o agravo, convertendo-o em recurso extraordinário, também deu provimento a este recurso, determinando a aplicação imediata do art. 1º-F da Lei nº 9494/1997.

O Ministro Marco Aurélio limitou-se a se pronunciar pela existência de repercussão geral, entendendo inadequada a submissão do mérito do recurso extraordinário à análise em Plenário Virtual.

⊙ Fique atento:

- O art. 1º-F da Lei nº 9.494/1997 foi alterado pela Lei nº 11.960/2009, passando a prever que "nas condenações impostas à Fazenda Pública, independentemente de sua natureza e para fins de atualização monetária, remuneração do capital e compensação da mora, haverá a incidência uma única vez, até o efetivo pagamento, dos índices oficiais de remuneração básica e juros aplicados à caderneta de poupança". Sucede que o Supremo Tribunal Federal, ao julgar procedentes as Ações Diretas de Inconstitucionalidade nº 4357 e 4425, em 14/03/2013, reputou inconstitucionais as expressões "independentemente de sua natureza" e "índice oficial de remuneração básica da caderneta de poupança", constantes do art. 100, § 12, da CRFB de 1988, incluído pela EC 62/2009[127], em razão do que, por arrastamento, também foram consideradas inconstitucionais as mesmas expressões constantes do art. 1º-F da Lei nº 9.494/1997.

- O Tema 810 da repercussão geral do STF (RE 870947) versa justamente sobre a **"validade da correção monetária e dos juros moratórios incidentes sobre as condenações impostas à Fazenda Pública, conforme previstos no art. 1º-F da Lei 9.494/1997, com a redação dada pela Lei 11.960/2009". O recurso extraordinário, de relatoria do Ministro Luiz Fux**[128], já teve seu julgamento de mérito ini-

---

127. "Art. 100 – Os pagamentos devidos pelas Fazendas Públicas Federal, Estaduais, Distrital e Municipais, em virtude de sentença judiciária, far-se-ão exclusivamente na ordem cronológica de apresentação dos precatórios e à conta dos créditos respectivos, proibida a designação de casos ou de pessoas nas dotações orçamentárias e nos créditos adicionais abertos para este fim. § 12 – A partir da promulgação desta Emenda Constitucional, a atualização de valores de requisitórios, após sua expedição, até o efetivo pagamento, independentemente de sua natureza, será feita pelo índice oficial de remuneração básica da caderneta de poupança, e, para fins de compensação da mora, incidirão juros simples no mesmo percentual de juros incidentes sobre a caderneta de poupança, ficando excluída a incidência de juros compensatórios".

128. O relator apresentou a proposta de fixação da seguinte tese: "1. O art. 1º-F da Lei nº 9.494/97, com a redação dada pela Lei nº 11.960/09, na parte em que disciplina os juros moratórios aplicáveis a condenações da Fazenda Pública, é inconstitucional ao incidir sobre débitos oriundos de relação jurídico-tributária, aos quais devem ser aplicados os mesmos juros de mora pelos quais a Fazenda Pública remunera seu crédito tributário, em respeito ao princípio constitucional da isonomia (CRFB, art. 5º, caput); quanto às condenações oriundas de relação jurídica nãotributária, a fixação dos juros moratórios segundo o índice de remuneração da caderneta de poupança é constitucional, permanecendo hígido, nesta extensão, o disposto no art. 1º-F da Lei nº 9.494/97

ciado em 10/12/2015. O processo se encontrava em vistas para o Ministro Gilmar Mendes, que os devolveu para reinclusão em julgamento em 07/12/2016. A retomada do julgamento não havia ocorrido até o fechamento desta edição.

4.20 CUMPRIMENTO DE SENTENÇA QUE RECONHEÇA A EXIGIBILIDADE DE OBRIGAÇÃO DE PAGAR QUANTIA CERTA À FAZENDA PÚBLICA: PRECATÓRIO E RPV

Tema 18: "Fracionamento de execução contra a Fazenda Pública para pagamento de honorários advocatícios"

Tese: "Os honorários advocatícios incluídos na condenação ou destacados do montante principal devido ao credor consubstanciam verba de natureza alimentar cuja satisfação ocorrerá com a expedição de precatório ou requisição de pequeno valor, observada ordem especial restrita aos créditos dessa natureza".

FICHA TÉCNICA	
Leading case:	**RE 564132/RS**
Descrição do caso feita pelo STF:	"Recurso extraordinário em que se discute, à luz artigos 5°, XXV; e 100, § 4°, da Constituição Federal, a possibilidade, ou não, do fracionamento do valor da execução proposta contra a Fazenda Pública de Estado-membro, para pagamento de honorários advocatícios".
Dispositivo(s) constitucional(is) envolvido(s):	Art. 100, § 4°, da CRFB de 1988 (com a redação dada pela EC 37/2002)*: "Art. 100. À exceção dos créditos de natureza alimentícia, os pagamentos devidos pela Fazenda Federal, Estadual ou Municipal, em virtude de sentença judiciária, far-se-ão exclusivamente na ordem cronológica de apresentação dos precatórios e à conta dos créditos respectivos, proibida a designação de casos ou de pessoas nas dotações orçamentárias e nos créditos adicionais abertos para este fim. (...) § 4° São vedados a expedição de precatório complementar ou suplementar de valor pago, bem como fracionamento, repartição ou quebra do valor da execução, a fim de que seu pagamento não se faça, em parte, na forma estabelecida no § 3° deste artigo e, em parte, mediante expedição de precatório.(...)". *A regra atualmente está prevista no art. 100, § 8°, da CRFB de 1988.

com a redação dada pela Lei n° 11.960/09; 2. O art. 1°-F da Lei n° 9.494/97, com a redação dada pela Lei n° 11.960/09, na parte em que disciplina a atualização monetária das condenações impostas à Fazenda Pública segundo a remuneração oficial da caderneta de poupança, revela-se inconstitucional ao impor restrição desproporcional ao direito de propriedade (CRFB, art. 5°, XXII), uma vez que não se qualifica como medida adequada a capturar a variação de preços da economia, sendo inidônea a promover os fins a que se destina".

FICHA TÉCNICA	
Leading case:	**RE 564132/RS**
Data de reconhecimento da repercussão geral:	23/11/2007
Data de julgamento do mérito recursal:	30/10/2014
Houve unanimidade?	Não
Data de publicação do acórdão de julgamento do recurso:	10/02/2015 (julgamento do recurso extraordinário)
Trânsito em julgado do acórdão:	20/02/2015

◉ Comentários:

O RE 564132/RS foi interposto pelo Estado do Rio Grande do Sul objetivando a reforma de acórdão proferido no julgamento de agravo interno em agravo de instrumento pelo Tribunal de Justiça do Estado do Rio Grande do Sul, o qual reconheceu, em execução de sentença, a possibilidade de execução autônoma de honorários advocatícios fixados contra a Fazenda Pública.

O fundamento lastreador do recurso interposto residiu na violação, pelo acórdão recorrido, ao então art. 100, § 4º, da CRFB de 1988 (atualmente, art. 100, § 8º, da Constituição)[129], que veda, dentre outras hipóteses, o fracionamento, repartição ou quebra do valor executado, de modo a que uma parte dele seja paga como requisição de pequeno valor e outra parte como precatório. Para o recorrente, ainda que se repute possível a execução autônoma dos honorários advocatícios, esta verba, sendo acessória do crédito principal, estaria sujeita às mesmas diretrizes àquele impostas.

O debate originou-se na circunstância de terem os advogados que atuaram no processo de conhecimento requerido o pagamento de seu crédito de honorários de sucumbência por requisição de pequeno valor. O crédito da parte que representaram em juízo submeter-se-ia ao regime de pagamento por precatório.

O acórdão proferido pelo STF no julgamento do RE 564132/RS partiu da premissa, já adotada em julgamentos anteriores, no sentido de que **os honorários advocatícios são verba alimentícia**. Além disso, nos termos dos arts. 23 e 24, § 1º, da Lei nº 8.906/1994

---

129. Após o advento da EC 37/2002, o art. 100 da CRFB de 1988 passou a vigorar com um novo § 4ºa ele acrescido e com renumeração dos parágrafos subsequentes. Esse § 4º possuía a seguinte redação: "§ 4º São vedados a expedição de precatório complementar ou suplementar de valor pago, bem como fracionamento, repartição ou quebra do valor da execução, a fim de que seu pagamento não se faça, em parte, na forma estabelecida no § 3º deste artigo e, em parte, mediante expedição de precatório". O § 3º, mencionado, alude às requisições de pequeno valor. Com o advento da EC 62/2009, a regra em debate passou a constar do § 8º do art. 100, sob a seguinte redação: "§ 8º É vedada a expedição de precatórios complementares ou suplementares de valor pago, bem como o fracionamento, repartição ou quebra do valor da execução para fins de enquadramento de parcela do total ao que dispõe o § 3º deste artigo".

(Estatuto da Ordem dos Advogados do Brasil), **o advogado**, titular do direito aos honorários de sucumbência, **poderá executar tais honorários de modo autônomo**.

Interessa destacar, ainda, uma terceira premissa adotada pelo acórdão sob exame: a **inaplicabilidade, ao caso concreto, do precedente firmado pelo STF no RE 141639**[130], que não seria extensível aos casos em que ainda não tenha havido a expedição do precatório.

A partir dessas premissas, o acórdão examina a finalidade da norma extraível do art. 100, § 4º, da CRFB de 1988, inserido pela EC 37/2002 (atual art. 100, § 8º, da CRFB de 1988), que é, precisamente, a de **evitar que, em razão do fracionamento, da repartição ou da quebra do valor da dívida, o crédito pertencente a um mesmo titular seja submetido a dois sistemas de satisfação distintos (precatório e requisição de pequeno valor)**.

Uma vez que são diferentes os titulares do crédito principal e dos honorários sucumbenciais, esse raciocínio não pode impedir a execução autônoma desses últimos, desde que o fracionamento da execução ocorra em momento anterior à expedição do ofício requisitório, evitando-se a quebra da ordem cronológica dos precatórios.

Sob esses fundamentos, negou-se provimento ao recurso extraordinário.

◉ Síntese do debate constante do acórdão que fixou o precedente:

Argumentos favoráveis à tese fixada:	Argumentos contrários à tese fixada:
Sendo distintos os titulares do crédito principal e dos honorários advocatícios, não se poderia, a rigor, falar em acessoriedade, o que pressupõe mesma titularidade (Min. Menezes Direito).	Há acessoriedade sempre que a existência de uma coisa (acessório) depender da existência de outra (principal). A sucumbência é o fato de que decorre o dever de pagar honorários sucumbenciais. A verba honorária é, portanto, acessória da verba principal (condenação). O fato de serem diferentes os titulares da verba principal e da verba honorária não desnatura essa realidade (Min. Cezar Peluso).
• Nos termos dos arts. 23 e 24, § 1º, da Lei nº 8.906/1994 (Estatuto da Ordem dos Advogados do Brasil), o advogado, titular do direito aos honorários de sucumbência, poderá executar tais honorários de modo autônomo (Min. Eros Grau).	A fragmentação da condenação, separando-se a verba principal da acessória (honorários), pode ensejar consequências práticas que merecem reflexão: **a)** a possibilidade de o advogado receber seu crédito antes de seu cliente; **b)** a possibilidade de utilização de meio fraudulento para burlar o regime de pagamento por precatório. Nesse sentido, o

---

130. O RE 141639/SP tem a seguinte ementa: "Precatório. Artigo 33 do ADCT da Constituição Federal. Honorários de advogado. – Quando a Constituição excepciona do precatório para a execução de créditos de natureza outra que não a alimentícia os créditos que tenham tal natureza, a exceção só abarca a execução da condenação em ação que tenha por objeto cobrança específica desses créditos, inclusive, portanto, dos honorários de advogado, e não a execução de condenação a pagamentos que não decorrem de créditos alimentares, ainda que nessa condenação haja uma parcela de honorários de advogado a título de sucumbência, e, portanto, a título de acessório da condenação principal. Neste caso, o acessório segue a sorte do principal. Recurso extraordinário conhecido e provido". O precedente, tomando por base as normas vigentes à época, considerou a verba honorária de sucumbência como acessório da condenação (o julgamento, feito pela 1ª Turma do STF, ocorreu em 10/05/1996). Há de se recordar que a norma do art. 33 do ADCT tratou sobre pagamento parcelado de precatórios já expedidos anteriormente à promulgação da CRFB de 1988.

Argumentos favoráveis à tese fixada:	Argumentos contrários à tese fixada:
• O Estatuto da OAB calca-se no art. 133 da CRFB de 1988 e as normas protetivas encartadas naquele Estatuto objetivam dar concretude à regra constitucional segundo a qual o advogado é indispensável à administração da justiça. Uma dessas normas protetivas é, justamente, a garantia de autonomia na execução dos honorários de sucumbência, sem a qual estaria posto em risco o exercício independente e altivo, pelos advogados, do múnus a eles constitucionalmente atribuído (Min. Ricardo Lewandowski). • O STF, ao julgar o Tema n° 148 da Repercussão Geral (RE568645), reconheceu, à unanimidade, que, na hipótese de litisconsórcio facultativo simples, o pagamento dos débitos da Fazenda Pública será feito por requisição de pequeno valor ou por precatório, para cada credor, considerando-se seus valores isoladamente, ainda que o valor global em execução exceda o limite para pagamento por requisição de pequeno valor, o que não afrontaria o art. 100, § 8°, da CRFB de 1988 (Min. Rosa Weber). • A acessoriedade dos honorários em relação ao crédito principal cessa com a condenação, passando o direito aos honorários à condição de direito autônomo e a obrigação a ele relacionada é individualizada e tem natureza alimentícia (Min. Marco Aurélio).	raciocínio que permitisse a fragmentação da condenação poderia ser usado, por exemplo, para que o titular de um crédito contra a Fazenda Pública o cedesse a diversas pessoas (por meio de contratos de cessão de crédito devidamente registrados e, portanto, oponíveis à devedora), podendo, dessa forma, o valor devido ser recebido por meio de várias requisições de pequeno valor (e não por precatório); c) o direito do advogado, de execução autônoma do crédito de honorários advocatícios, não se estende aos casos de execução contra a Fazenda Pública, por possuir esta um regime constitucional diferenciado, que impede a fragmentação do crédito (Min. Cezar Peluzo).

⦿ Fique atento:

• O Min. Carlos Ayres Britto, embora tenha se posicionado favoravelmente à tese firmada no acórdão do RE 564132, suscitou dúvidas quanto à natureza alimentícia dos honorários de advogado. Segundo o Ministro, a autonomia da execução dos honorários sucumbenciais devidos pela Fazenda Pública decorreria da circunstância de que o advogado não integraria a relação conflituosa existente entre a parte e o ente público, sendo titular de uma relação paralela àquela. A regra do precatório, para o Ministro, pressuporia essa relação conflituosa que se estabelece somente com a parte. No entanto, no próprio precedente fixado foi esclarecido que o STF adota posicionamento que afirma a natureza alimentícia dos honorários advocatícios.

• O precedente extraído do julgamento do Tema 18 da Repercussão Geral é um dos julgados nos quais se lastreia a **Súmula Vinculante n° 47**, aprovada em sessão plenária de 27/05/2015 ("Os honorários advocatícios incluídos na condenação ou destacados do montante principal devido ao credor consubstanciam verba de natureza alimentar cuja satisfação ocorrerá com a expedição de precatório ou requisição de pequeno valor, observada ordem especial restrita aos créditos dessa natureza").

⊙ Questões de Concurso relacionadas ao tema:

Questão 01 (PUC-PR. PGE-PR. PROCURADOR DO ESTADO. 2015 – Adaptada) Acerca do cumprimento de sentença e do processo de execução, julgue o item a seguir.

É possível o fracionamento do valor da execução proposta contra a Fazenda Pública para pagamento de honorários advocatícios de sucumbência.

( ) Certo   ( ) Errado

Gabarito: 1-C

Tema 58: "Fracionamento de execução contra a Fazenda Pública para pagamento de custas processuais de forma autônoma em relação ao crédito principal".

Tese: "É vedado o fracionamento do valor de precatório em execução de sentença, com o objetivo de efetuar o pagamento das custas processuais por meio de requisição de pequeno valor (RPV)".

FICHA TÉCNICA	
Leading case:	**RE 592619/RS**
Descrição do caso feita pelo STF:	"Recurso extraordinário em que se discute, à luz dos artigos 100, § 4º, da Constituição Federal, e 87, I, do Ato das Disposições Constitucionais Transitórias – ADCT, a possibilidade, ou não, de fracionamento do valor de precatório em execução de sentença, para pagamento de custas processuais por meio de requisição de pequeno valor, em situação em que os credores são diversos".
Dispositivo(s) constitucional(is) envolvido(s):	Art. 100, § 4º, da CRFB de 1988 (com a redação dada pela EC 37/2002)*: "Art. 100. À exceção dos créditos de natureza alimentícia, os pagamentos devidos pela Fazenda Federal, Estadual ou Municipal, em virtude de sentença judiciária, far-se-ão exclusivamente na ordem cronológica de apresentação dos precatórios e à conta dos créditos respectivos, proibida a designação de casos ou de pessoas nas dotações orçamentárias e nos créditos adicionais abertos para este fim. (...) § 4º São vedados a expedição de precatório complementar ou suplementar de valor pago, bem como fracionamento, repartição ou quebra do valor da execução, a fim de que seu pagamento não se faça, em parte, na forma estabelecida no § 3º deste artigo e, em parte, mediante expedição de precatório.(...)" "Art. 87. Para efeito do que dispõem o § 3º do art. 100 da Constituição Federal e o art. 78 deste Ato das Disposições

FICHA TÉCNICA	
Leading case:	**RE 592619/RS**
	Constitucionais Transitórias serão considerados de pequeno valor, até que se dê a publicação oficial das respectivas leis definidoras pelos entes da Federação, observado o disposto no § 4º do art. 100 da Constituição Federal, os débitos ou obrigações consignados em precatório judiciário, que tenham valor igual ou inferior a: I – quarenta salários-mínimos, perante a Fazenda dos Estados e do Distrito Federal; (...)" *A regra atualmente está prevista no art. 100, § 8º, da CRFB de 1988.
Data de reconhecimento da repercussão geral:	03/04/2008 (no RE 578695/RS)
Data de julgamento do mérito recursal:	08/09/2010
Houve unanimidade?	Sim
Data de publicação do acórdão de julgamento do recurso:	16/11/2010 (julgamento do recurso extraordinário)
Trânsito em julgado do acórdão:	16/12/2010

◉ Comentários:

O RE 592619/RS foi interposto pelo Instituto de Previdência do Estado do Rio Grande do Sul (IPERGS) contra acórdão proferido pelo Tribunal de Justiça do Estado do Rio Grande do Sul que autorizou a expedição de requisição de pequeno valor para pagamento de custas processuais (em verdade, para reembolso, à parte contrária, das custas processuais que houvera ela adiantado no processo).

O entendimento esposado pelo Tribunal *a quo* foi o de que o mesmo raciocínio desenvolvido para permitir a divisão do valor executado quando se estivesse diante de créditos titularizados por litisconsortes ativos facultativos poderia ser utilizado para destacar, do crédito de um mesmo titular, parcelas autônomas que permitem autônomas execuções.

O Recorrente sustentou que a cisão do crédito da parte contrária violaria o então art. 100, § 4º, da CRFB de 1988 (atual art. 100, § 8º, da Constituição Federal), eis que o montante total devido superaria o limite constitucional estabelecido no art. 87, I, do ADCT para pagamento por requisição de pequeno valor. **Sendo as custas uma verba acessória da condenação**, deveriam ser executadas conjuntamente com o crédito principal.

O STF, ao julgar o RE 592619/RS, entendeu que **a execução das custas (quando se trate se reembolso de custas antecipadas) não pode se dar de modo apartado do crédito principal, circunstância que ensejaria violação ao art. 100, § 4º, da CRFB de 1988 (atual art. 100, § 8º, da Constituição Federal)**. Assim, submetendo-se o valor total do crédito ao regime de pagamento por precatório, impossível se revela o destaque da parcela devida a título de (reembolso de) custas processuais para pagamento em separado por requisição de pequeno valor.

Com base em tais premissas, o RE 592619/RS foi provido à unanimidade.

◉ Fique atento:

- A repercussão geral do tema relativo à possibilidade de fracionamento de execução contra a Fazenda Pública para pagamento de custas processuais por requisição de pequeno valor foi reconhecida no RE 578695/RS, sendo o RE 592619/RS, inicialmente, devolvido à origem, nos termos do **revogado** art. 543-B do CPC/1973.

- No caso paradigma (RE 578695/RS), no entanto, constatou-se que a titular do crédito principal executado não havia feito o adiantamento das custas processuais. Logo, não se tratava propriamente de fracionamento do crédito devido a um só titular pela Fazenda Pública (o que ocorreria caso se tratasse de reembolso, à parte, de custas por ela adiantadas), mas de dois créditos com titularidades distintas: a) o crédito principal, devido à parte vencedora; b) o crédito do valor das custas, devido ao titular da serventia. Assim, a tese de possibilidade de fracionamento do crédito não pôde ser examinada naquele caso, vindo a sê-lo no RE 592619/RS.

◉ Questões de Concurso relacionadas ao tema:

Questão 01 (TRF-4R.TRF-4R.Juiz Federal Substituto.2016) Assinale a alternativa INCORRETA.

a) Segundo o Supremo Tribunal Federal, é incabível o fracionamento do valor de precatório em execução de sentença com o objetivo de efetuar o pagamento das custas processuais por meio de requisição de pequeno valor.

b) Segundo o Supremo Tribunal Federal, o valor devido entre a data da impetração do mandado de segurança e a implementação da ordem concessiva está sujeito ao regime do precatório ou da requisição de pequeno valor.

c) O Presidente de Tribunal, no processamento dos precatórios judiciais, exerce função de natureza eminentemente administrativa, por isso suas decisões não se tornam suscetíveis de serem impugnadas por recursos de natureza jurisdicional.

d) Os débitos de natureza alimentícia que compreendem aqueles decorrentes de salários, vencimentos, proventos, pensões e suas complementações, benefícios previdenciários e indenizações por morte ou por invalidez, fundados em responsabilidade civil, em virtude de sentença judicial transitada em julgado, serão sempre pagos, independentemente da condição subjetiva do titular do crédito, com preferência sobre todos os demais débitos.

e) É obrigatória a inclusão no orçamento das entidades de direito público de verba necessária ao pagamento de seus débitos, oriundos de sentenças transitadas em julgado, constantes de precatórios judiciários apresentados até 1º de julho, fazendo-se o pagamento até o final do exercício seguinte, quando terão seus valores atualizados monetariamente.

Gabarito: 1-D

Tema 132: "Incidência de juros moratórios e compensatórios durante o período de parcelamento previsto no art. 78 do ADCT".

Tese: "O art. 78 do Ato das Disposições Constitucionais Transitórias possui a mesma *mens legis* que o art. 33 desse Ato, razão pela qual, uma vez calculado o precatório pelo valor real do débito, acrescido de juros legais, não há mais falar em incidência desses nas parcelas anuais, iguais e sucessivas em que é fracionado, desde que adimplidas a tempo e corrigidas monetariamente".

FICHA TÉCNICA	
Leading case:	RE 590751/SP
Descrição do caso feita pelo STF:	"Recurso extraordinário em que se discute, à luz do art. 78, do Ato das Disposições Constitucionais Transitórias, incluído pela Emenda Constitucional nº 30/2000, se os juros moratórios e compensatórios devem incidir, ou não, durante o prazo determinado para o pagamento das parcelas sucessivas previstas nesse dispositivo".
Dispositivo(s) constitucional(is) envolvido(s):	Art. 78 do ADCT da CRFB de 1988 (incluído pela EC 30/2000): "Art. 78. Ressalvados os créditos definidos em lei como de pequeno valor, os de natureza alimentícia, os de que trata o art. 33 deste Ato das Disposições Constitucionais Transitórias e suas complementações e os que já tiverem os seus respectivos recursos liberados ou depositados em juízo, os precatórios pendentes na data de promulgação desta Emenda e os que decorram de ações iniciais ajuizadas até 31 de dezembro de 1999 serão liquidados pelo seu valor real, em moeda corrente, acrescido de juros legais, em prestações anuais, iguais e sucessivas, no prazo máximo de dez anos, permitida a cessão dos créditos".
Data de reconhecimento da repercussão geral:	06/11/2008
Data de julgamento do mérito recursal:	09/12/2010
Houve unanimidade?	Não
Data de publicação do acórdão de julgamento do recurso:	04/04/2011 (julgamento do recurso extraordinário)
Trânsito em julgado do acórdão:	14/04/2011

⊚ Comentários:

Com o advento da Emenda Constitucional nº 30, de 13 de setembro de 2000, foi acrescido ao Ato das Disposições Constitucionais Transitórias (ADCT) o art. 78[131], que regrou uma espécie de **moratória constitucional**, permitindo, ressalvadas as exceções nele previstas, o parcelamento de precatórios pendentes de pagamento na data da promulgação daquela Emenda (14/09/2000) ou que decorram de demandas ajuizadas até 31/12/1999, em até dez parcelas anuais, iguais e sucessivas. Esse prazo foi reduzido ao máximo de dois anos quando se tratasse de precatórios originários de desapropriações de imóveis residenciais do credor, desde que fosse comprovadamente o único à época da imissão na posse.

No caso concreto de que se originou o RE 590751/SP, a ação de desapropriação foi ajuizada no ano de 1991, tendo sido expedido o precatório em 1995, estando, portanto, a hipótese jungida ao regramento do art. 78 do ADCT, supramencionado. O recurso extraordinário sob análise foi interposto pelo Município de São Bernardo do Campo contra acórdão proferido pelo Tribunal de Justiça do Estado de São Paulo, que deu provimento a agravo de instrumento interposto pelos credores/expropriados, garantindo-lhes a percepção de juros moratórios e compensatórios, de forma continuada, nas parcelas em que decomposto o pagamento do precatório, até integral satisfação do débito.

A questão cerne examinada pelo STF neste precedente consiste na **incidência ou não de juros moratórios e compensatórios no pagamento das prestações integrantes do parcelamento do precatório a que alude o art. 78 do ADCT.**

O entendimento firmado pelo STF orienta-se pela **não incidência dos juros moratórios e compensatórios no pagamento dessas parcelas.** As premissas nas quais se assenta o raciocínio desenvolvido pelo Supremo Tribunal Federal para alcançar essa conclusão são: **a)** o objetivo da norma que instituiu o parcelamento previsto no art. 78 do ADCT foi viabilizar a restauração do equilíbrio econômico-financeiro das unidades federadas (saneamento de suas finanças), mesmo objetivo perseguido, em 1988, pelo art. 33 do ADCT; **b)** examinando a moratória constitucional concedida aos entes federados pelo art. 33 do ADCT, o STF firmou o entendimento no sentido de que não incidem juros moratórios e compensatórios nas parcelas, desde que pagas tempestivamente; **c)** embora não sejam idênticas as redações dos dois artigos confrontados (arts. 33 e 78 do ADCT), o fato de possuírem a mesma *mens legis* justificou a extensão, pelo STF, do entendimento firmado para o

---

131. "Art. 78. Ressalvados os créditos definidos em lei como de pequeno valor, os de natureza alimentícia, os de que trata o art. 33 deste Ato das Disposições Constitucionais Transitórias e suas complementações e os que já tiverem os seus respectivos recursos liberados ou depositados em juízo, os precatórios pendentes na data de promulgação desta Emenda e os que decorram de ações iniciais ajuizadas até 31 de dezembro de 1999 serão liquidados pelo seu valor real, em moeda corrente, acrescido de juros legais, em prestações anuais, iguais e sucessivas, no prazo máximo de dez anos, permitida a cessão dos créditos. § 1º É permitida a decomposição de parcelas, a critério do credor. § 2º As prestações anuais a que se refere o caput deste artigo terão, se não liquidadas até o final do exercício a que se referem, poder liberatório do pagamento de tributos da entidade devedora. § 3º O prazo referido no caput deste artigo fica reduzido para dois anos, nos casos de precatórios judiciais originários de desapropriação de imóvel residencial do credor, desde que comprovadamente único à época da imissão na posse. § 4º O Presidente do Tribunal competente deverá, vencido o prazo ou em caso de omissão no orçamento, ou preterição ao direito de precedência, a requerimento do credor, requisitar ou determinar o sequestro de recursos financeiros da entidade executada, suficientes à satisfação da prestação".

art. 33 do ADCT, quanto à não incidência de juros moratórios e compensatórios sobre as parcelas, também ao art. 78 do ADCT.

Nesse sentido, o recurso, na parte em que conhecido, foi provido, excluindo-se a incidência dos juros moratórios e compensatórios sobre as parcelas decorrentes do parcelamento a que alude o art. 78 do ADCT.

◉ Síntese do debate constante do acórdão que fixou o precedente:

Argumentos favoráveis à tese fixada:	Argumentos contrários à tese fixada:
Qualquer acréscimo de valor que se faça em tais parcelamentos concedidos aos entes federados ensejará agravamento da dívida existente e poderá acarretar a necessidade de novos parcelamentos (Min. Gilmar Mendes).	Ao contrário do quanto se extrai do art. 33 do ADCT, que apenas fez menção aos "juros remanescentes", o art. 78 daquele Ato das Disposições Constitucionais Transitórias não afastou a mora do Estado, tanto assim que previu, expressamente, a incidência de juros legais. Trata-se, apenas, de parcelamento do débito, mas não de exclusão da mora do devedor (Min. Marco Aurélio).
A manutenção dos juros compensatórios conduz o Estado ao pagamento de elevadas indenizações. O Ministro lembra que, historicamente, os juros compensatórios funcionavam como um substituto para a correção monetária, embora justificados como reparação pelo desapossamento do bem. Hoje, sua cumulação com os juros de mora e com a atualização monetária resulta em valores de indenizações astronômicos (Min. Gilmar Mendes).	Quanto aos juros compensatórios, a parcela está vinculada à garantia constitucional de justa e prévia indenização. Não sendo ela prévia, os juros compensatórios são devidos enquanto o proprietário do bem estiver sofrendo o prejuízo decorrente do desapossamento do bem (Min. Marco Aurélio).
• Os juros de mora são devidos até a data do cálculo que irá lastrear o parcelamento (Min. Gilmar Mendes, Min. Carmen Lúcia). • No parcelamento, os juros de mora somente voltarão a incidir se houver atraso no pagamento de uma das parcelas (Min. Ricardo Lewandowski, Min. Gilmar Mendes).	A norma transitória do art. 78 do ADCT foi criada à luz um quadro de inadimplemento de precatórios já consolidado. Logo, os juros de mora são devidos até a data do pagamento, não podendo ser interrompida a sua incidência pelo parcelamento (Min. Cezar Peluso).
Sem contra-argumento	O *caput* do art. 78 do ADCT foi reputado inconstitucional pelo STF, por violar a norma constitucional que garante a justa indenização[132] (Min. Cezar Peluso).

---

132. Há duas medidas cautelares deferidas para suspender a eficácia do art. 2º da EC nº 30/2000, que introduziu o art. 78 no ADCT da Constituição Federal. Ver, a respeito, a ADI 2356 e a ADI 2362, ambas aguardando julgamento final.

Argumentos favoráveis à tese fixada:	Argumentos contrários à tese fixada:
A Constituição deve guardar relação com a realidade e, nessa medida, há de se fazer uma "interpretação compreensiva" do art. 78 do ADCT, entendendo-se que o parcelamento pressupõe consolidação da dívida principal e dos juros (de mora e compensatórios). Os juros voltarão a incidir caso se atrase o pagamento de alguma parcela (Min. Gilmar Mendes).	A previsão constitucional de pagamento dos débitos dos entes públicos oriundos de decisões judiciais pela via dos precatórios é prerrogativa processual que deve ser interpretada restritivamente. O art. 33 do ADCT somente permitiu, no parcelamento, o cômputo de correção monetária (e não de juros) porque o constituinte originário não imaginou que novas emendas constitucionais iriam instituir novas hipóteses de parcelamento. Para essas novas hipóteses, porém, descabe a exclusão dos juros de mora implementada para a primeira moratória constitucional (art. 33 do ADCT) (Min. Carlos Ayres Britto).
A exclusão dos juros compensatórios e moratórios atende à determinação constitucional de que o parcelamento se dê em "parcelas iguais e sucessivas". O cálculo de juros contínuos tornaria impossível a igualdade das parcelas (Min. Ricardo Lewandowski)	• A se seguir esse fundamento da necessidade de observância da igualdade absoluta entre as parcelas, sequer seria possível a incidência de correção monetária (Min. Marco Aurélio) • É possível, quanto aos juros moratórios, projetá-los para o futuro antes de realizar a divisão das parcelas, mantendo-as iguais, nesse aspecto (Min. Cezar Peluso)

◉ Fique atento:

- O Supremo Tribunal Federal entende cabível a atualização monetária das parcelas a serem pagas nos parcelamentos a que se referem os arts. 33 e 78 do ADCT. Do contrário, o pagamento da dívida não seria feito por seu valor real, mas, sim, por valor nominal. Nesse sentido, o acórdão proferido no RE 590751/SP aponta como precedentes os acórdãos proferidos nos RE 149466, RE 193210, RE 148291, RE 155981 e RE 439501.

- O acórdão não enfrentou a alegação de ofensa ao princípio da justa indenização (art. 5º, XXIV, da Constituição Federal), por entender que essa análise demandaria apreciação de fatos e provas e que eventual violação ao dispositivo constitucional mencionado seria apenas reflexa. Aplicou-se, quanto ao tema, o enunciado nº 279 da Súmula do STF ("para simples reexame de prova não cabe recurso extraordinário").

Tema 147: "Incidência de juros de mora durante o prazo previsto na Constituição Federal para o pagamento de precatório".

Tese: "Durante o período previsto no parágrafo 1º do artigo 100 (redação original e redação da EC 30/2000) da Constituição, não incidem juros de mora sobre os precatórios que nele sejam pagos".

FICHA TÉCNICA	
Leading case:	**RE 591085/MS**
Descrição do caso feita pelo STF:	"Recurso extraordinário em que se discute, à luz do art. 100, § 1°, da Constituição Federal (na redação dada pela Emenda Constitucional n° 30/2000), a possibilidade, ou não, de incidência de juros de mora, no período compreendido entre a data da expedição do precatório e a do seu efetivo pagamento, quando este é realizado até o final do exercício seguinte."
Dispositivo(s) constitucional(is) envolvido(s):	Art. 100, § 1°, da CRFB de 1988 (com a redação dada pela EC 30/2000)*: "Art. 100. À exceção dos créditos de natureza alimentícia, os pagamentos devidos pela Fazenda Federal, Estadual ou Municipal, em virtude de sentença judiciária, far-se-ão exclusivamente na ordem cronológica de apresentação dos precatórios e à conta dos créditos respectivos, proibida a designação de casos ou de pessoas nas dotações orçamentárias e nos créditos adicionais abertos para este fim. § 1° É obrigatória a inclusão, no orçamento das entidades de direito público, de verba necessária ao pagamento de seus débitos oriundos de sentenças transitadas em julgado, constantes de precatórios judiciários, apresentados até 1° de julho, fazendo-se o pagamento até o final do exercício seguinte, quando terão seus valores atualizados monetariamente. (...)". *Atualmente, a regra constitucional em debate está prevista no art. 100, § 5°, da CRFB de 1988 (com a redação dada pela EC 62/2009): "Art. 100. Os pagamentos devidos pelas Fazendas Públicas Federal, Estaduais, Distrital e Municipais, em virtude de sentença judiciária, far-se-ão exclusivamente na ordem cronológica de apresentação dos precatórios e à conta dos créditos respectivos, proibida a designação de casos ou de pessoas nas dotações orçamentárias e nos créditos adicionais abertos para este fim. (...) § 5° É obrigatória a inclusão, no orçamento das entidades de direito público, de verba necessária ao pagamento de seus débitos, oriundos de sentenças transitadas em julgado, constantes de precatórios judiciários apresentados até 1° de julho, fazendo-se o pagamento até o final do exercício seguinte, quando terão seus valores atualizados monetariamente".
Data de reconhecimento da repercussão geral:	04/12/2008
Data de julgamento do mérito recursal:	04/12/2008
Houve unanimidade?	Não
Data de publicação do acórdão de julgamento do recurso:	20/02/2009 (julgamento do recurso extraordinário)
Trânsito em julgado do acórdão:	26/03/2009

◉ Comentários:

O RE 591085/MS foi interposto pelo Estado do Mato Grosso do Sul contra acórdão proferido pelo Tribunal de Justiça do Estado do Mato Grosso do Sul que reconheceu a incidência de juros de mora sobre valor de dívida constante de precatório, no período compreendido entre a data de expedição do ofício requisitório e a data de seu pagamento, quando realizado este no prazo constitucionalmente estabelecido para tanto.

O fundamento sustentado pelo recorrente lastreou-se em entendimento do STF quanto ao tema, firmado em precedentes anteriores, no sentido de que **no prazo constitucionalmente estabelecido para o pagamento do precatório não há mora do ente público, o que conduz ao afastamento, nesse período, da incidência dos juros moratórios.**

Ao apreciar o recurso, **o STF registrou a existência de orientação sedimentada quanto** à **matéria**, firmada à luz de interpretação do texto normativo do art. 100, § 1º, da CRFB de 1988 em sua redação anterior à EC 30/2000. A mudança redacional havida no § 1º do art. 100 da CRFB de 1988 após o advento da EC 30/2000 não foi suficiente para infirmar esse posicionamento. Ao contrário, reputou-se que a nova redação tornou mais clara a regra de não incidência dos juros de mora no período compreendido entre a expedição do precatório e o pagamento (se realizado dentro do prazo constitucionalmente estabelecido para tanto). Nesse sentido, foi mencionado o acórdão proferido no RE 298.616.

Para demonstrar o entendimento jurisprudencial pacificado do STF, foram citados os seguintes precedentes: RE 298616, RE 305186, RE 393737-AgR, RE 372190-AgR, RE 589345, RE 588820, RE 569353 e RE 583871.

Reafirmando a jurisprudência estabelecida pelo STF quanto à matéria, o recurso extraordinário foi provido, afastando-se a incidência de juros de mora no período compreendido entre a expedição do precatório e seu pagamento, desde que realizado no prazo constitucionalmente previsto para tanto.

◉ Síntese do debate constante do acórdão que fixou o precedente:

Argumentos favoráveis à tese fixada:	Argumentos contrários à tese fixada:
No prazo constitucionalmente estabelecido para o pagamento do precatório não há mora do ente público, o que conduz ao afastamento, nesse período, da incidência dos juros moratórios (entendimento consolidado no âmbito do STF e reproduzido no voto do Min. Ricardo Lewandowski).	O precatório não é instrumento de liberação do devedor quanto à sua dívida. Havendo mora desde a citação, não há lógica em se admitir a suspensão da incidência dos juros de mora durante o prazo constitucional de pagamento do precatório, o que acarreta o enriquecimento indevido do ente público, em prejuízo do credor (Min. Marco Aurélio).

◉ Fique atento:

- O precedente extraído do julgamento do Tema 147 da Repercussão Geral é um dos julgados nos quais se lastreia a **Súmula Vinculante nº 17**, aprovada em sessão plenária de 29/10/2009 ("Durante o período previsto no parágrafo 1º do artigo 100 da Constituição, não incidem juros de mora sobre os precatórios que nele sejam pagos").

⊙ Questões de Concurso relacionadas ao tema:

Questão 01 (CESPE. TRF-1ªR. JUIZ FEDERAL SUBSTITUTO. 2009) Considerando que um cidadão tenha obtido na justiça, em virtude de sentença transitada em julgado, o reconhecimento do direito de receber de ente público valores a título de vencimentos, assinale a opção correta.

a) Por se tratar de crédito alimentar, não será necessária a expedição de precatório.

b) Trata-se de crédito que, por sua natureza, deve observar a ordem cronológica dos precatórios.

c) O crédito previsto impõe preferência ao pagamento com relação aos créditos de outra natureza.

d) Não serão devidos juros de mora para o crédito, independentemente de quando for efetuado o pagamento.

e) O crédito dispensa a inclusão de verba necessária ao pagamento de seus débitos no orçamento das entidades de direito público.

> **Gabarito: 1-C**

Tema 148: "Individualização de créditos de litisconsortes para efeito de fracionamento do valor principal da execução contra a Fazenda Pública".

Tese: "A interpretação do § 4° do art. 100, alterado e hoje § 8° do art. 100 da Constituição da República, permite o pagamento dos débitos em execução nos casos de litisconsórcio facultativo".

FICHA TÉCNICA	
Leading case:	**RE 568645/SP**
Descrição do caso feita pelo STF:	"Recurso extraordinário em que se discute, à luz do art. 100, § 4°, da Constituição Federal, a possibilidade, ou não, de individualização dos créditos dos litisconsortes facultativos para efeito de fracionamento do valor principal da execução proposta contra a Fazenda Pública, a fim de permitir a expedição de ofício de requisitório para pagamento dos créditos respectivos abrangidos pelo conceito legal de pequeno valor ".
Dispositivo(s) constitucional(is) envolvido(s):	Art. 100, § 4°, da CRFB de 1988 (com a redação dada pela EC 37/2002)*: "Art. 100. À exceção dos créditos de natureza alimentícia, os pagamentos devidos pela Fazenda Federal, Estadual ou Municipal, em virtude de sentença judiciária, far-se-ão exclusivamente na ordem cronológica de apresentação dos precatórios e à conta dos créditos respectivos, proibida a designação de casos ou de pessoas nas dotações orçamentárias e nos créditos adicionais abertos para este fim. (...) § 4° São

FICHA TÉCNICA	
Leading case:	**RE 568645/SP**
	vedados a expedição de precatório complementar ou suplementar de valor pago, bem como fracionamento, repartição ou quebra do valor da execução, a fim de que seu pagamento não se faça, em parte, na forma estabelecida no § 3º deste artigo e, em parte, mediante expedição de precatório.(...)". *A regra atualmente está prevista no art. 100, § 8º, da CRFB de 1988.
Data de reconhecimento da repercussão geral:	06/02/2009
Data de julgamento do mérito recursal:	24/09/2014
Houve unanimidade?	Sim
Data de publicação do acórdão de julgamento do recurso:	13/11/2014 (julgamento do recurso extraordinário)
Trânsito em julgado do acórdão:	24/11/2014

⊙ Comentários:

O RE 568645/SP foi interposto pelo Município de São Paulo contra acórdão proferido pelo Tribunal de Justiça do Estado de São Paulo que negou provimento a agravo de instrumento interposto pelo recorrente, mantendo decisão que, por sua vez, determinou a expedição de requisição de pequeno valor para pagamento de crédito titularizado individualmente por litisconsorte ativo facultativo simples em execução proposta contra o ente público.

O entendimento do Tribunal recorrido conduziu-se no sentido de que à hipótese seria aplicável o art. 100, § 3º, da CRFB de 1988 e não o § 4º (atual § 8º) daquele artigo. O recurso extraordinário sustenta a ocorrência de violação ao então art. 100,§ 4º, da CRFB de 1988 (atualmente, art. 100, § 8º, da CRFB de 1988), sob o fundamento de que o dispositivo impede o fracionamento do "**valor da execução**", expressão que compreende o valor total apurado no processo em que figurem os litisconsortes facultativos e não cada crédito individualmente considerado.

O recorrente afirma, ainda, que, ao optarem por promover a demanda em litisconsórcio ativo, devem os credores/exequentes se submeter às consequências dessa escolha, dentre as quais estaria a impossibilidade de fracionamento do valor da execução.

O STF, em acórdão proferido à unanimidade de votos, **reafirmou a sua jurisprudência no sentido de que a vedação ao fracionamento do valor executado deve levar em consideração, no caso de processos em que sejam credores litisconsortes facultativos simples, o montante devido a cada credor isoladamente considerado e não o valor total da condenação imposta ao ente público no título executivo judicial.**

Foram citados, como precedentes relacionados à temática, os RE 514808-AgR, RE 452261-AgR, RE 478470-AgR, RE 537315 – AgR e o AI 608866 – AgR. Cuidando da possibilidade de fracionamento do crédito para expedição de precatório da parte incontroversa da demanda (ou seja, possibilidade de fracionamento do crédito, sem duplicidade de regimes de pagamento), foram mencionados o RE 484770 e o RE 458110, que serviram de base para os precedentes vinculados ao tema debatido neste recurso.

Como principais fundamentos lastreadores da tese firmada, suscitou-se que: **a)** a interpretação literal do dispositivo constitucional, no que diz respeito à expressão "valor da execução", não deve prevalecer, especialmente porque, em se tratando de litisconsórcio facultativo, cada litisconsorte deve ser considerado como litigante autônomo; **b)** o tratamento independente de cada litisconsorte facultativo simples reafirma-se pela possibilidade, por exemplo, de o executado suscitar causas impeditivas, modificativas ou extintivas da obrigação apenas em relação a um ou a alguns deles; **c)** a Constituição não deve ser interpretada de modo a desestimular a formação de litisconsórcios facultativos simples.

Em acréscimo a esses fundamentos, foram ponderados, ainda, os seguintes, pelo Ministro Luiz Fux: **a)** a *ratio* da norma constitucional extraível do art. 100, § 4º (atual § 8º), da CRFB de 1988 é a de evitar que o credor fraude o regime de pagamento por precatório, repartindo seu crédito para receber de modo antecipado, o que não ocorre no litisconsórcio facultativo simples, em que os credores são diferentes; **b)** a duração razoável do processo deve ser observada também no momento da efetivação do direito e não apenas no momento de sua certificação.

Nesses termos, foi improvido o recurso extraordinário interposto pelo Município de São Paulo.

⊙ Fique atento:

* Do acórdão examinado consta, como *obiter dictum*, o posicionamento do Ministro Marco Aurélio, no sentido de que o entendimento firmado a respeito de não violar o atual art. 100, § 8º, da CRFB/1988 o pagamento individualizado feito a cada litisconsorte facultativo simples, pelo regime a que se submeter seu crédito (requisição de pequeno valor ou precatório) aplica-se aos créditos individualizados decorrentes de título executivo proferido em processo coletivo.

⊙ Questões de Concurso relacionadas ao tema:

Questão 01 (VUNESP. IPSMI. PROCURADOR. 2016) Tratando-se de execução em reclamações plúrimas, em face da Fazenda Pública:

a) não é possível a dispensa de formação do precatório.

b) para efeito de dispensa de formação do precatório e aplicação da requisição de pequeno valor (art. 100, § 3º, CF) deve ser considerado o valor total da execução.

c) para efeito de dispensa de formação do precatório e aplicação da requisição de pequeno valor (art. 100, § 3º, CF) deve ser considerado o valor do crédito de cada reclamante.

d) caberá ao magistrado decidir se expede o precatório, de acordo com sua livre convicção.

e) caberá aos reclamantes o fornecimento das peças para formação do precatório, independentemente do valor do crédito exequendo.

Gabarito: 1-C

Tema 253: "Aplicabilidade do regime de precatórios às entidades da Administração Indireta prestadoras de serviços públicos essenciais".

Tese: "Sociedades de economia mista que desenvolvem atividade econômica em regime concorrencial não se beneficiam do regime de precatórios, previsto no art. 100 da Constituição da República".

FICHA TÉCNICA	
Leading case:	**RE 599628/DF**
Descrição do caso feita pelo STF:	"Recurso extraordinário em que se discute, à luz do art. 100 da Constituição Federal, e do princípio da continuidade dos serviços públicos, a aplicabilidade, ou não, do regime de precatórios às entidades da Administração Indireta que prestam exclusivamente serviços públicos essenciais".
Dispositivo(s) constitucional(is) envolvido(s):	Art. 100, *caput*, da CRFB de 1988: "Art. 100. À exceção dos créditos de natureza alimentícia, os pagamentos devidos pela Fazenda Federal, Estadual ou Municipal, em virtude de sentença judiciária, far-se-ão exclusivamente na ordem cronológica de apresentação dos precatórios e à conta dos créditos respectivos, proibida a designação de casos ou de pessoas nas dotações orçamentárias e nos créditos adicionais abertos para este fim".
	Redação atual do dispositivo (dada pela EC 62/2009): "Art. 100. Os pagamentos devidos pelas Fazendas Públicas Federal, Estaduais, Distrital e Municipais, em virtude de sentença judiciária, far-se-ão exclusivamente na ordem cronológica de apresentação dos precatórios e à conta dos créditos respectivos, proibida a designação de casos ou de pessoas nas dotações orçamentárias e nos créditos adicionais abertos para este fim."
Data de reconhecimento da repercussão geral:	12/03/2010
Data de julgamento do mérito recursal:	25/05/2011
Houve unanimidade?	Não

FICHA TÉCNICA	
Leading case:	**RE 599628/DF**
Data de publicação do acórdão de julgamento do recurso:	17/10/2011 (julgamento do recurso extraordinário)
Trânsito em julgado do acórdão:	02/09/2013

⊙ Comentários:

O RE 599628/DF foi interposto pelas Centrais Elétricas do Norte do Brasil S.A – ELETRONORTE, **sociedade de economia mista federal**, contra acórdão proferido pelo Tribunal de Justiça do Distrito Federal e Territórios que entendeu ser inaplicável, à recorrente, o regime de pagamento por precatório previsto no art. 100 da CRFB de 1988, dado possuir ela personalidade jurídica de direito privado.

A recorrente sustentou, em seu recurso, ter havido violação ao art. 100 da CRFB de 1988, tendo em vista ser ela uma sociedade de economia mista prestadora de serviço público essencial (coordenação de programas de energia elétrica na Amazônia Legal), sendo--lhe prejudicial o regime de execução previsto no **revogado** art. 475-J do CPC/1973 (atual art. 523 do CPC/2015).

A ELETRONORTE invocou, como precedente favorável à sua tese, dentre outros, o **RE 220906**, no qual **o STF**, reputando ter sido recepcionado o art. 12 do Decreto nº 509/1969 pela CRFB de 1988, **reconheceu à Empresa Brasileira de Correios e Telégrafos (ECT), empresa pública federal (e, pois, com personalidade jurídica de direito privado), a prerrogativa de pagamento de seus débitos constantes de decisões judiciais transitadas em julgado pela via do precatório**.

Em contrapartida, a parte recorrida alegou que a ELETRONORTE exerce atividade econômica, não monopolizada (pelo que descabida seria a invocação do precedente extraível do RE 220906), razão pela qual haveria de ser observado o respeito ao princípio da livre concorrência. Além disso, destacou que a ELETRONORTE não se submete a orçamento legal.

Sob o voto condutor do Ministro Joaquim Barbosa, em dissonância com o voto do Relator, Ministro Carlos Ayres Britto, o STF concluiu pelo improvimento do recurso extraordinário interposto, firmando entendimento no sentido de que **o regime de pagamento por precatórios não é extensível** às **sociedades de economia mista que desenvolvam atividade econômica em regime concorrencial**.

Os principais fundamentos que sustentaram esse entendimento foram: **a)** o serviço prestado submete-se aos **princípios da livre iniciativa e da livre concorrência**. A empresa recorrente compete com outras entidades no mercado de energia elétrica, de modo que **a sua submissão ao regime de pagamento por precatório geraria desequilíbrio nessa relação concorrencial**. Há de se aplicar, a ela, o art. 173, § 1º, II e § 2º, da CRFB de 1988[133];

___
133. "Art. 173. Ressalvados os casos previstos nesta Constituição, a exploração direta de atividade econômica pelo Estado só será permitida quando necessária aos imperativos da segurança nacional ou a relevante interesse coletivo, conforme definidos em lei. § 1º A lei estabelecerá o estatuto jurídico da empresa pública, da sociedade

b) a relevância da atividade desenvolvida não é critério bastante para determinar a aplicação do regime de pagamento por precatórios. Assim fosse, bastaria que o Poder Público passasse a integrar o corpo societário de empresas privadas nos ramos de educação, saúde, farmacêutica, dentre outros, para que, então, a elas fosse aplicado esse regime; **c)** há de ser considerado que o serviço é explorado pela recorrente de forma lucrativa, sendo esse lucro revertido em benefício de seus acionistas; **d)** o regime de pagamento por precatórios existe para garantir aos entes públicos a execução do orçamento (dotando-o de previsibilidade) e para resguardar a isonomia. A recorrente, haurindo lucro, não ocupa posição equivalente à dos entes públicos.

⊙ Síntese do debate constante do acórdão que fixou o precedente:

Argumentos favoráveis à tese fixada:	Argumentos contrários à tese fixada:
A relevância da atividade desenvolvida não é critério bastante para determinar a aplicação do regime de pagamento por precatórios. A recorrente, haurindo lucro, não ocupa posição equivalente à dos entes públicos (Min. Joaquim Barbosa).	O regime de pagamento, por precatório, das dívidas da Fazenda Pública constantes de títulos judiciais transitados em julgado é prerrogativa processual que objetiva afastar risco de solução de continuidade da atuação estatal, especialmente no que concerne à prestação de serviços públicos essenciais. A recorrente presta serviço público essencial e o aspecto formal de ser uma sociedade de economia mista não deve se sobrepor a esse fato. Ao ser criada, em 1973, as modalidades de personalidade jurídicas na Administração Pública eram imprecisas. A recorrente deveria ter sido constituída sob a forma autárquica, sendo verdadeira delegatária de serviço público. Em suma, o que releva considerar não é a natureza jurídica da empresa e, sim, a atividade estatal por ela desenvolvida. (Min. Carlos Ayres Britto).
A premissa de que o que releva considerar é a atividade e não a natureza jurídica da prestadora do serviço poderia conduzir à conclusão de que as empresas privadas que prestem tais serviços também se submeteriam ao regramento estatal (Min. Carmen Lúcia).	O regime estatal de pagamento por precatório não se aplica às concessionárias de serviço público (Min. Carlos Ayres Britto).

de economia mista e de suas subsidiárias que explorem atividade econômica de produção ou comercialização de bens ou de prestação de serviços, dispondo sobre: I – sua função social e formas de fiscalização pelo Estado e pela sociedade; (...) § 2º As empresas públicas e as sociedades de economia mista não poderão gozar de privilégios fiscais não extensivos às do setor privado".

Argumentos favoráveis à tese fixada:	Argumentos contrários à tese fixada:
• Há casos em que empresas públicas ou sociedades de economia mista atuam de modo dependente do Poder Público, seja em áreas onde vigora o regime de monopólio estatal, seja para satisfazer direitos fundamentais, despidas de finalidade lucrativa. Para esses casos, a forma jurídica adotada (pessoa jurídica de direito privado) diverge do papel e do âmbito de atuação dessas entidades. Em tais circunstâncias, a exemplo do que ocorreu com a ECT, o Supremo Tribunal Federal equipara tais pessoas aos entes públicos. São decisões, no entanto, excepcionais, nas quais não deve estar incluída a recorrente, que exerce atividade em regime concorrencial (Min. Ellen Gracie) • A ELETRONORTE atua visando o lucro (Min. Ricardo Lewandowski).	• No setor público, ao contrário do que sucede com a iniciativa privada, o lucro é meio e a prestação de serviço, o fim. A recorrente constrói hidrelétricas e coordena o fornecimento de energia elétrica na região norte do país, em locais onde a iniciativa privada não tem interesse de atuar, por terem baixo retorno econômico. Realiza, portanto, atividades típicas do Poder Público (Min. Carlos Ayres Britto). • O estatuto social da ELETRONORTE contempla limitações à sua atividade econômica no mercado com vistas a resguardar a prestação do serviço essencial para o qual foi criada. Impõe-lhe, por exemplo, o dever de formar trabalhadores para o setor (Min. Dias Toffoli).
O art. 21, XII, "b", da CRFB de 1988 deve ser examinado precipuamente sob a ótica do dever de a União articular-se com os Estados quando for fazer uso de curso d'água que se situe no território daquele (Min. Carmen Lúcia).	O serviço é titularizado pela União, nos termos do art. 21, XII, "b", da CRFB de 1988[134]. Houve a privatização apenas da execução do serviço, mas não da titularidade da atividade em si (Min. Carlos Ayres Britto).
Na década de 90 do século XX, houve intensa privatização da atividade relacionada ao fornecimento de energia elétrica no Brasil, pondo em dúvida tratar-se a recorrente de sociedade de economia mista prestadora de serviço público (Min. Joaquim Barbosa).	As entidades da Administração Pública indireta apresentam, muitas vezes, um *mix* de atividades de prestação de serviço e econômicas. O cerne da questão não poderá ser definido, portanto, apenas analisando-se se a empresa presta ou não, exclusivamente, serviço público *stricto sensu* (Min. Gilmar Mendes)
• O precedente fixado no caso da Empresa Brasileira de Correios e Telégrafos (ECT) – RE 220906 – não se aplica ao caso, tendo em vista que a atividade exercida pela ECT é monopólio estatal, o que não ocorre com a atividade realizada pela recorrente. O mais provável é que o estatuto da recorrente não tenha sofrido atualizações, a despeito das mudanças ocorridas na década de 90 do século XX no setor (Min. Joaquim Barbosa).	• A recorrente presta serviço público típico por força de lei e não em virtude de contrato (concessão, permissão) ou de ato unilateral (autorização). Analisando-se o art. 175 da CRFB[135], a ELETRONORTE se enquadraria no termo "diretamente" nele previsto. A ela não se aplica, portanto, o art. 173, § 1°, II, da CRFB de 1988. Deve ser considerada "setor público", ainda que possua personalidade jurídica de direito privado. Há de ser entendida

---

134. Art. 21. Compete à União: (...) XII – explorar, diretamente ou mediante autorização, concessão ou permissão: (...) b) os serviços e instalações de energia elétrica e o aproveitamento energético dos cursos de água, em articulação com os Estados onde se situam os potenciais hidroenergéticos; (...)".

135. "Art. 175. Incumbe ao Poder Público, na forma da lei, diretamente ou sob regime de concessão ou permissão, sempre através de licitação, a prestação de serviços públicos".

Argumentos favoráveis à tese fixada:	Argumentos contrários à tese fixada:
• A norma extraível do art. 100 da CRFB de 1988 não se dirige às sociedades de economia mista, as quais não se inserem no conceito de "Fazenda Pública", que apenas abrange as pessoas jurídicas de direito público (Min. Ellen Gracie e Min. Marco Aurélio). • O regime de pagamento por meio de precatório é excepcional e só pode ser aplicado por analogia em casos estritos (Min. Cezar Peluso).	como integrante da expressão "Fazenda Pública", constante do art. 100 da CRFB de 1988, seguindo-se a lógica de que "onde existe a mesma razão fundamental, deve prevalecer a mesma regra de direito" (Min. Carlos Ayres Britto). • A atividade da ELETRONORTE, apesar de não constituir monopólio estatal, é mais essencial do que aquela realizada pela ECT (Min. Dias Toffoli).
• A proteção à continuidade da prestação do serviço público há de ser garantida não pela submissão da recorrente ao regime de execução próprio da Fazenda Pública, mas, sim, pela impenhorabilidade dos bens afetados à prestação daquele serviço (Min. Ricardo Lewandowski e Min. Ellen Gracie). • A empresa recorrente tem lucrado e posterga o pagamento da dívida há mais de dez anos. Não há risco ao patrimônio público da empresa verificável nos autos (Min. Cezar Peluso).	A penhora e a alienação de bens da recorrente implicariam transferência de coisa pública para o domínio privado, comprometendo a prestação do serviço público. Haveria verdadeira invasão de patrimônio estatal pelo Poder Judiciário, com ofensa ao interesse público e risco à continuidade e adequação dos serviços públicos prestados e possibilidade de afronta à impessoalidade e à igualdade entre os credores (Min. Carlos Ayres Britto).
sem contra-argumento	É inconsistente o argumento de que o regime de pagamento por precatórios não se aplicaria à recorrente por não possuir ela um orçamento público. A Lei Orçamentária Anual (LOA) contempla a realidade orçamentária de todas as empresas do ente público a que pertencem (conforme disciplina o art. 165, § 5°, I e II, da CRFB de 1988[136]). As entidades que dependam de regular aporte de recursos da União[137] estão contempladas na LOA; as que não dependam têm seu orçamento previsto em Decreto da Presidência da República[138]. Nesse segundo caso, o orçamento dessas entidades é consolidado em um Programa de Dispêndios Globais (PDG) e este é supervisionado pelo Ministério a que a empresa esteja vinculada. Logo, tais empresas têm orçamento regrado por ato normativo e atrelado ao orçamento público (Min. Carlos Ayres Britto).

136. Art. 165. (...) § 5° A lei orçamentária anual compreenderá: I – o orçamento fiscal referente aos Poderes da União, seus fundos, órgãos e entidades da administração direta e indireta, inclusive fundações instituídas e mantidas pelo Poder Público; II – o orçamento de investimento das empresas em que a União, direta ou indiretamente, detenha a maioria do capital social com direito a voto.

137. Lei Complementar n° 101/2000 (Lei de Responsabilidade Fiscal): "Art. 2° Para os efeitos desta Lei Complementar, entende-se como: (...) III – empresa estatal dependente: empresa controlada que receba do ente controlador recursos financeiros para pagamento de despesas com pessoal ou de custeio em geral ou de capital, excluídos, no último caso, aqueles provenientes de aumento de participação acionária; (...)"

138. "Art. 107. As entidades autárquicas ou paraestatais, inclusive de previdência social ou investidas de delegação para arrecadação de contribuições parafiscais da União, dos Estados, dos Municípios e do Distrito Federal terão

Argumentos favoráveis à tese fixada:	Argumentos contrários à tese fixada:
sem contra-argumento	O art. 97 do ADCT[139], acrescido pela EC 62/2009, refere-se, genericamente, a precatórios da Administração Indireta, sem limitação às entidades com personalidade jurídica de direito público. (Min. Carlos Ayres Britto).

◉ Fique atento:

- Ao julgar o Tema nº 411 da Repercussão Geral (AI 841548/PR), o STF, examinando a aplicabilidade do art. 100 da CRFB de 1988 às entidades paraestatais, fixou a tese segundo a qual "é incompatível com a Constituição o reconhecimento às entidades paraestatais dos privilégios processuais concedidos à Fazenda Pública em execução de pagamento de quantia em dinheiro".

◉ Questões de Concurso relacionadas ao tema:

Questão 01 (FCC. TRT-1ªR. ANALISTA JUDICIÁRIO – ÁREA JUDICIÁRIA. 2013) Distinguem-se as autarquias das sociedades de economia mista que exploram atividade econômica, dentre outras características, em função de

a) não serem dotadas de autonomia e personalidade jurídica própria, embora submetidas ao regime jurídico de direito privado.

b) seu regime jurídico de direito público, exceto quanto ao processo de execução ao qual se submetem, típico do direito privado

c) sua criação ser autorizada por lei, bem como por se submeterem tanto ao regime jurídico público, quanto ao regime jurídico privado

d) serem criadas por lei, bem como em função de seu regime jurídico de direito público.

e) se submeterem a processo especial de execução, que excetua o regime dos precatórios, embora não afaste a prescritibilidade de seus bens.

---

seus orçamentos aprovados por decreto do Poder Executivo, salvo se disposição legal expressa determinar que o sejam pelo Poder Legislativo. Parágrafo único. Compreendem-se nesta disposição as emprêsas com autonomia financeira e administrativa cujo capital pertencer, integralmente, ao Poder Público".

139. "Art. 97. Até que seja editada a lei complementar de que trata o § 15 do art. 100 da Constituição Federal, os Estados, o Distrito Federal e os Municípios que, na data de publicação desta Emenda Constitucional, estejam em mora na quitação de precatórios vencidos, relativos às suas administrações direta e indireta, inclusive os emitidos durante o período de vigência do regime especial instituído por este artigo, farão esses pagamentos de acordo com as normas a seguir estabelecidas, sendo inaplicável o disposto no art. 100 desta Constituição Federal, exceto em seus §§ 2º, 3º, 9º, 10, 11, 12, 13 e 14, e sem prejuízo dos acordos de juízos conciliatórios já formalizados na data de promulgação desta Emenda Constitucional.

Questão 02 (CESPE. TCU. Procurador do Ministério Público. 2015 – Adaptada) Em relação ao regime de pagamento de despesas decorrentes de decisões judiciais, julgue o item seguinte.

A jurisprudência do STF orienta a aplicação do regime de precatórios e requisições de pequeno valor às empresas públicas e sociedades de economia mista, uma vez que tais entidades integram a administração pública e submetem-se ao orçamento de investimento dos entes federativos.

( ) Certo   ( ) Errado

Gabarito: 1-D; 2-E

Tema 266: "Citação da Fazenda Pública para expedição de precatório complementar".

Tese: Ainda não havia sido fixada à época da elaboração do texto.

FICHA TÉCNICA	
Leading case:	**RE 605481/SP**
Descrição do caso feita pelo STF:	"Recurso extraordinário em que se discute, à luz do art. 100 e parágrafos, da Constituição Federal, a necessidade, ou não, da citação da Fazenda Pública para expedição de precatório complementar. ".
Dispositivo(s) constitucional(is) envolvido(s):	**Redação vigente à época da EC 37/2002:** "Art. 100. à exceção dos créditos de natureza alimentícia, os pagamentos devidos pela Fazenda Federal, Estadual ou Municipal, em virtude de sentença judiciária, far-se-ão exclusivamente na ordem cronológica de apresentação dos precatórios e à conta dos créditos respectivos, proibida a designação de casos ou de pessoas nas dotações orçamentárias e nos créditos adicionais abertos para este fim. (...)§ 4º São vedados a expedição de precatório complementar ou suplementar de valor pago, bem como fracionamento, repartição ou quebra do valor da execução, a fim de que seu pagamento não se faça, em parte, na forma estabelecida no § 3º deste artigo e, em parte, mediante expedição de precatório". **Redação vigente a partir da EC 62/2009 (atual):** "Art. 100. Os pagamentos devidos pelas Fazendas Públicas Federal, Estaduais, Distrital e Municipais, em virtude de sentença judiciária, far-se-ão exclusivamente na ordem cronológica de apresentação dos precatórios e à conta dos créditos respectivos, proibida a designação de casos ou de pessoas nas dotações orçamentárias e nos créditos adicionais abertos para este fim. (...) § 8º É vedada a expedição de precatórios complementares ou suplementares de valor pago, bem como o fracionamento, repartição ou quebra do valor da execução para fins de enquadramento de parcela do total ao que dispõe o § 3º deste artigo"

FICHA TÉCNICA	
Leading case:	**RE 605481/SP**
Data de reconhecimento da repercussão geral:	29/04/2010
Data de julgamento do mérito recursal:	Não houve[140]
Houve unanimidade?	Não se aplica
Data de publicação do julgamento do recurso:	20/08/2010 (reconhecimento da repercussão geral) Ainda não foi julgado o recurso.
Trânsito em julgado do acórdão:	Não havia ocorrido o trânsito em julgado do acórdão até a data de fechamento desta edição

⊚ Comentários:

Trata-se de recurso extraordinário interposto pelo Estado de São Paulo contra acórdão proferido pelo Tribunal de Justiça do Estado de São Paulo, que entendeu ser prescindível a citação da Fazenda Pública para a expedição de precatório complementar, que objetivou o pagamento de correção monetária alusiva ao período posterior à expedição do requisitório originário. O recorrente alega, em suma, que a expedição do precatório complementar sem a observância do regramento previsto no art. 730 do atualmente **revogado** CPC/1973[141] ensejaria um favorecimento ao exequente, com quebra da ordem cronológica de pagamento dos precatórios pendentes e, consequentemente, com violação ao regramento constitucional estatuído no art. 100 da CRFB de 1988. Haveria, ainda, malferimento ao direito do Estado à ampla defesa, ao contraditório e ao devido processo legal.

A Ministra Relatora, Ellen Gracie, destacou que a temática possui repercussão geral e que, seguindo-se o procedimento já adotado nas Questões de Ordem suscitadas no RE

---

140. Ver explicação sobre essa "data de julgamento do mérito recursal" nos comentários ao tema.

141. CPC/1973: "Art. 730. Na execução por quantia certa contra a Fazenda Pública, citar-se-á a devedora para opor embargos em 10 (dez) dias; se esta não os opuser, no prazo legal, observar-se-ão as seguintes regras: I – o juiz requisitará o pagamento por intermédio do presidente do tribunal competente; II – far-se-á o pagamento na ordem de apresentação do precatório e à conta do respectivo crédito". Registre-se que o prazo previsto neste artigo foi alterado para 30 (trinta) dias por força do art. 1º-B da Lei nº 9494/1997, incluído pela MP 2.180-35/2001. No CPC/2015, o cumprimento de sentença que imputa à Fazenda Pública obrigação de pagar quantia não mais se submete à necessidade de deflagração de processo autônomo. A regra examinada está prevista no atual CPC nos seguintes termos: "Art. 535. A Fazenda Pública será intimada na pessoa de seu representante judicial, por carga, remessa ou meio eletrônico, para, querendo, no prazo de 30 (trinta) dias e nos próprios autos, impugnar a execução, podendo arguir: (...) § 3º Não impugnada a execução ou rejeitadas as arguições da executada: I – expedir-se-á, por intermédio do presidente do tribunal competente, precatório em favor do exequente, observando-se o disposto na Constituição Federal; II – por ordem do juiz, dirigida à autoridade na pessoa de quem o ente público foi citado para o processo, o pagamento de obrigação de pequeno valor será realizado no prazo de 2 (dois) meses contado da entrega da requisição, mediante depósito na agência de banco oficial mais próxima da residência do exequente. § 4º Tratando-se de impugnação parcial, a parte não questionada pela executada será, desde logo, objeto de cumprimento. (...)".

579431 (Tema 96), no RE 580108 (Tema 93) e no RE 582650 (Tema 98), deverá ser observada, para o caso, a sistemática para julgamento de recursos extraordinários repetitivos[142].

Além disso, apontou haver pacificidade quanto à matéria no âmbito do Supremo Tribunal Federal, que entende ser **necessária a citação da Fazenda Pública para expedição de precatório complementar**[143].

Desse modo, com o reconhecimento da repercussão geral da matéria discutida e ante a existência de entendimento consolidado do STF quanto ao tema, a Ministra Relatora entendeu que a orientação do STF poderia desde logo ser aplicada aos recursos sobrestados, nos termos do art. 543-B, § 3º, do então vigente CPC/1973, sendo desnecessária nova apreciação do tema pelo Plenário.

O voto da Ministra Relatora foi pelo reconhecimento da existência de repercussão geral da matéria e pela ratificação da jurisprudência do Tribunal.

Nestes termos, reconheceu-se a repercussão geral da questão discutida, por maioria de votos.

◉ Fique atento:

- Neste julgamento, não houve submissão do mérito do recurso extraordinário ao Pleno do STF após o reconhecimento da repercussão geral. Também não houve o julgamento monocrático do recurso, tal como ocorrido, por exemplo, nos Temas 294 e 295 da repercussão geral, uma vez que contra o acórdão proferido foram opostos embargos de declaração, pendentes de julgamento até a data de fechamento desta edição. Não há, tampouco, fixação de tese de repercussão geral. No entanto, ante o fato de que, assim como ocorrido em outros temas, foi autorizada a aplicação do entendimento prevalecente do STF aos demais que versem sobre matéria idêntica, o tema foi examinado nesta obra.

- A Ministra Ellen Gracie faz alusão ao acórdão proferido na ADI 2.924, de relatoria do Ministro Carlos Velloso. Nele, foi emprestada uma interpretação conforme a Constituição a texto normativo do Regimento Interno do TJ/SP, para o fim de se assentar que somente poderão ser pagos créditos com dispensa de procedimento conducente à formação de novo precatório quando se tratar de crédito decorrente de erro material ou de inexatidão aritmética dos cálculos do precatório, ou, ainda, quando ocorra a substituição legal do índice aplicado.

---

142. A Ministra Relatora aludiu ao art. 543-B do revogado CPC/1973: "Art. 543-B. Quando houver multiplicidade de recursos com fundamento em idêntica controvérsia, a análise da repercussão geral será processada nos termos do Regimento Interno do Supremo Tribunal Federal, observado o disposto neste artigo. § 1º Caberá ao Tribunal de origem selecionar um ou mais recursos representativos da controvérsia e encaminhá-los ao Supremo Tribunal Federal, sobrestando os demais até o pronunciamento definitivo da Corte. 2º Negada a existência de repercussão geral, os recursos sobrestados considerar-se-ão automaticamente não admitidos. § 3º Julgado o mérito do recurso extraordinário, os recursos sobrestados serão apreciados pelos Tribunais, Turmas de Uniformização ou Turmas Recursais, que poderão declará-los prejudicados ou retratar-se. § 4º Mantida a decisão e admitido o recurso, poderá o Supremo Tribunal Federal, nos termos do Regimento Interno, cassar ou reformar, liminarmente, o acórdão contrário à orientação firmada. § 5º O Regimento Interno do Supremo Tribunal Federal disporá sobre as atribuições dos Ministros, das Turmas e de outros órgãos, na análise da repercussão geral". Sobre recursos especial e extraordinário repetitivos, ver arts. 1.036 a 1.041 do CPC/2015.

143. Foram citados os seguintes precedentes: AI 509.227 – AgR, AI 495.193 – AgR, RE 536.878-AgR, AI 494.262, RE 474.575, AI 513.213 e RE 459.629.

Tema 450: "Incidência de correção monetária no período compreendido entre a data do cálculo e a do efetivo pagamento da requisição de pequeno valor".

Tese: "É devida correção monetária no período compreendido entre a data de elaboração do cálculo da requisição de pequeno valor – RPV e sua expedição para pagamento".

FICHA TÉCNICA	
Leading case:	**ARE 638195/RS**
Descrição do caso feita pelo STF:	"Agravo interposto contra decisão que inadmitiu recurso extraordinário em que se discute, à luz dos artigos 5°, *caput*, XXXV, XXXVI, LIV e LV, e 100, § 1°, da Constituição Federal, a possibilidade, ou não, de aplicação de correção monetária, referente ao período entre a data do cálculo e o efetivo pagamento da requisição de pequeno valor – RPV".
Dispositivo(s) constitucional(is) envolvido(s):	"Art. 5° Todos são iguais perante a lei, sem distinção de qualquer natureza, garantindo-se aos brasileiros e aos estrangeiros residentes no País a inviolabilidade do direito à vida, à liberdade, à igualdade, à segurança e à propriedade, nos termos seguintes: (...)XXXV – a lei não excluirá da apreciação do Poder Judiciário lesão ou ameaça a direito; XXXVI – a lei não prejudicará o direito adquirido, o ato jurídico perfeito e a coisa julgada;(...) LIV – ninguém será privado da liberdade ou de seus bens sem o devido processo legal; LV – aos litigantes, em processo judicial ou administrativo, e aos acusados em geral são assegurados o contraditório e ampla defesa, com os meios e recursos a ela inerentes; (...)" "Art. 100. à exceção dos créditos de natureza alimentícia, os pagamentos devidos pela Fazenda Federal, Estadual ou Municipal, em virtude de sentença judiciária, far-se-ão exclusivamente na ordem cronológica de apresentação dos precatórios e à conta dos créditos respectivos, proibida a designação de casos ou de pessoas nas dotações orçamentárias e nos créditos adicionais abertos para este fim. § 1° É obrigatória a inclusão, no orçamento das entidades de direito público, de verba necessária ao pagamento de seus débitos oriundos de sentenças transitadas em julgado, constantes de precatórios judiciários, apresentados até 1° de julho, fazendo-se o pagamento até o final do exercício seguinte, quando terão seus valores atualizados monetariamente"[144].

---

144. Com o advento da EC 62/2009, o dispositivo em debate passou a ter a seguinte redação: "Art. 100. Os pagamentos devidos pelas Fazendas Públicas Federal, Estaduais, Distrital e Municipais, em virtude de sentença judiciária, far-se-ão exclusivamente na ordem cronológica de apresentação dos precatórios e à conta dos créditos respectivos, proibida a designação de casos ou de pessoas nas dotações orçamentárias e nos créditos adicionais abertos para este fim. § 1° Os débitos de natureza alimentícia compreendem aqueles decorrentes de salários, vencimentos, proventos, pensões e suas complementações, benefícios previdenciários e indenizações por morte ou por invalidez, fundadas em responsabilidade civil, em virtude de sentença judicial transitada em julgado, e serão pagos com preferência sobre todos os demais débitos, exceto sobre aqueles referidos no § 2° deste artigo".

FICHA TÉCNICA	
Leading case:	**ARE 638195/RS**
Data de reconhecimento da repercussão geral:	23/06/2011
Data de julgamento do mérito recursal:	29/05/2013
Houve unanimidade?	Não
Data de publicação do acórdão de julgamento do recurso:	13/12/2013 (julgamento do recurso extraordinário)
Trânsito em julgado do acórdão:	10/02/2014

◉ Comentários:

O ARE 638195/RS foi interposto contra decisão que negou seguimento a recurso extraordinário, o qual, por sua vez, objetivou a reforma de acórdão proferido pelo Tribunal de Justiça do Rio Grande do Sul, no julgamento de agravo de instrumento. Esse acórdão recorrido reconheceu o direito da exequente de computar correção monetária e juros de mora sobre o montante de sua requisição de pequeno valor (RPV) no período compreendido entre a expedição da RPV e seu efetivo pagamento, se decorrido o lapso temporal de sessenta dias entre tais atos, nos termos do art. 100, § 12, da CRFB de 1988, incluído pela EC 62/2009[145]. A irresignação da recorrente consistiu no fato de que pretendia ela que o termo inicial de incidência da correção monetária e dos juros de mora fosse a data do cálculo que instruiu a execução da sentença e não a data da expedição da RPV. Neste ponto, o agravo de instrumento foi improvido pelo TJ/RS, sob o fundamento de que a matéria estaria preclusa, porque não suscitada no momento oportuno, ou seja, antes da expedição da RPV.

O recurso extraordinário interposto sustentou violação aos arts. 5º, XXXV, XXXVI, LIV e LV, 93, IX e 100, § 1º, da CRFB de 1988. A recorrente alegou que a não incidência de correção monetária e de juros de mora no período compreendido entre a data do cálculo que embasou a expedição da RPV e seu efetivo pagamento ocasionaria uma depreciação do valor da moeda e um pagamento do valor devido a menor, ocasionando um enriquecimento sem causa do Estado.

---

145. "Art. 100. (...) § 12. A partir da promulgação desta Emenda Constitucional, a atualização de valores de requisitórios, após sua expedição, até o efetivo pagamento, independentemente de sua natureza, será feita pelo índice oficial de remuneração básica da caderneta de poupança, e, para fins de compensação da mora, incidirão juros simples no mesmo percentual de juros incidentes sobre a caderneta de poupança, ficando excluída a incidência de juros compensatórios". Há de se recordar que o Supremo Tribunal Federal, ao julgar procedentes as Ações Diretas de Inconstitucionalidade nº 4357 e 4425, em 14/03/2013, reputou inconstitucionais as expressões "independentemente de sua natureza" e "índice oficial de remuneração básica da caderneta de poupança", constantes do art. 100, § 12, da CRFB de 1988, incluído pela EC 62/2009.

Em suas contrarrazões, o recorrido (Estado do Rio Grande do Sul), além de asseverar a ausência de prequestionamento da matéria suscitada e de se tratar de temática infraconstitucional, afirmou que, não havendo mora no prazo legal de 60 (sessenta) dias para pagamento da RPV, descabe a incidência dessas verbas acessórias.

O voto condutor do acórdão do STF pautou-se nas seguintes premissas: a) há orientação firmada pelo Supremo Tribunal Federal no sentido de que não são cabíveis juros no chamado "período de normalidade" (prazo constitucional previsto para pagamento do precatório), conforme previsto na Súmula Vinculante nº 17[146], mas, apenas, quando havida a mora; b) a diferença determinante para a utilização do precatório ou da RPV é apenas quantitativa (valor do crédito). Em ambos os casos, porém, o Poder Público deve observar o prazo de pagamento, não lhe sendo lícito incorrer em inadimplência; c) em consequência, o tratamento dado à matéria para os precatórios também deve ser adequado às RPVs; d) a correção monetária deve seguir a mesma orientação dispensada aos juros de mora; e) a correção monetária destina-se a compensar a perda do poder aquisitivo da moeda; f) havendo mora do ente público e inflação, há de ser corrigido monetariamente o crédito de RPV pago fora do prazo.

Volvendo-se especificamente à análise do termo inicial da incidência dos juros de mora e da correção monetária, o voto condutor do acórdão salientou que, como regra, não se toma como critério a data de elaboração dos cálculos pelo credor. Há, no entanto, duas situações excepcionais em que aquele termo inicial haveria de ser adotado: a) desproporcionalidade no prazo decorrido entre o cálculo e a expedição da RPV, com acúmulo de índice inflacionário relevante; b) mudança radical na situação econômica, com retorno à hiperinflação, de tal modo que o valor real da moeda seja anulado mesmo dentro do prazo de pagamento da RPV (sessenta dias)[147].

No caso concreto, apura-se a ocorrência da primeira exceção acima enfatizada. Os cálculos do processo examinado foram originariamente apresentados em 30.09.2005 e somente foi expedida a RPV em 11.07.2007 (mais de 1 ano e 9 meses depois). O Ministro Relator, Joaquim Barbosa, após pesquisar a variação inflacionária do período, valendo-se de distintos índices, concluiu que ela equivaleu a mais ou menos o que perceberia a parte mantendo o crédito um ano rendendo em caderneta de poupança, quantia que reputou ser relevante e que não deveria ser desprezada. Por outro lado, não tendo havido conduta culposa imputável ao Estado-recorrido, entendeu não serem cabíveis juros de mora no período, devendo incidir, apenas, a correção monetária.

O voto conduziu-se pelo conhecimento e provimento parcial do recurso extraordinário, reconhecendo-se o direito da recorrente à incidência da correção monetária entre a elaboração da conta e a expedição da RPV. Como consequência, foi cassado o acórdão do TJ/RS, sendo-lhe devolvidos os autos para que examine o pleito formulado pela recorrente/exequente, definindo qual o índice de correção monetária a ser aplicado ao caso.

---

146. Súmula Vinculante nº 17: "Durante o período previsto no parágrafo 1º do artigo 100 da Constituição, não incidem juros de mora sobre os precatórios que nele sejam pagos."

147. Essa questão foi expressamente trazida como obiter dictum pelo Ministro Joaquim Barbosa, porque a situação fática considerada no argumento não se coaduna com o quadro constante dos autos. Por sua relevância, porém, no contexto argumentativo do voto examinado, sendo parte da construção da linha de raciocínio apresentada, optou-se por inseri-la no bojo dos comentários do julgado.

O debate que se estabeleceu entre os Ministros disse respeito ao **critério objetivo a ser utilizado para que a correção monetária incida a partir da data do cálculo apresentado pelo exequente.**

⊙ Síntese do debate constante do acórdão que fixou o precedente:

Posição do relator (Min. Joaquim Barbosa)	Posição vencida (Min. Dias Toffoli e Min. Gilmar Mendes)	Posição que restou consagrada na tese firmada (Min. Teori Zavascki e Ministro Ricardo Lewandowski)
O Ministro Joaquim Barbosa defendeu que, em regra, não se toma como termo inicial de cálculo da correção monetária a data de elaboração dos cálculos pelo credor. Há, no entanto, duas situações excepcionais em que aquele termo inicial haveria de ser adotado, uma das quais, presente no caso concreto, concerne à desproporcionalidade no prazo decorrido entre o cálculo e a expedição da RPV, com acúmulo de índice inflacionário relevante.	O Ministro Dias Toffoli consignou ressalva em seu voto no sentido de que, em seu entendimento, somente é admissível a correção monetária se o período compreendido entre a data do cálculo e o efetivo pagamento do precatório ou da RPV superar um ano, seguindo-se a linha existente no âmbito infraconstitucional (art. 28, § 1º, da Lei nº 9.069/1995[148]). A esse entendimento aderiu o Ministro Gilmar Mendes.	O voto do Ministro Teori Zavascki, embora acompanhe a conclusão esposada pelo Ministro Relator, dele divergiu nos fundamentos. Para o Min. Zavascki, **pouco importa o tempo decorrido entre a elaboração do cálculo e a expedição do precatório ou da RPV, sempre será devida a correção monetária**. Servindo esta à manutenção do poder aquisitivo da moeda, sua não incidência pode conduzir a uma redução no valor real da obrigação. A dúvida quanto ao termo *a quo* da incidência da correção monetária surgiu, no entender do Ministro Teori Zavascki, com a redação conferida ao art. 100, § 12, da CRFB de 1988 pela EC 62/2009, quando afirma que "a partir da promulgação desta Emenda Constitucional, a atualização de valores de requisitórios, após sua expedição, até o efetivo pagamento (...) será feita (...)". No entanto, o Ministro Zavascki reputou que a esse dispositivo se deve conferir interpretação teleológica (e não literal). Não haveria sentido em imaginar que a Constituição, prevendo a necessidade de atualização monetária do valor do precatório ou da RPV, concebesse um período vago, desprovido de correção. Logo, o termo *a quo* da correção haverá de ser, sempre, a data da elaboração da conta. No mesmo sentido, posicionou-se o Ministro Ricardo Lewandowski.

Ao final, **a tese que prevaleceu, para fins de repercussão geral, foi a de que seria devida a correção monetária entre o período da elaboração da conta e o efetivo pagamento da RPV** (abrangendo, assim, o período discutido no processo – entre a elabora-

---

148. "Art. 28. Nos contratos celebrados ou convertidos em REAL com cláusula de correção monetária por índices de preço ou por índice que reflita a variação ponderada dos custos dos insumos utilizados, a periodicidade de aplicação dessas cláusulas será anual. § 1º É nula de pleno direito e não surtirá nenhum efeito cláusula de correção monetária cuja periodicidade seja inferior a um ano. (...)".

ção da conta e a expedição da requisição de pequeno valor – e o período já expressamente previsto no art. 100, § 12, da CRFB de 1988 – entre a expedição da RPV e seu pagamento). Não foi adotado o critério temporal defendido pelos Ministros Dias Toffoli e Gilmar Mendes nem o critério de transcurso de prazo desproporcional entre a data do cálculo e a expedição da RPV, como asseverado pelo Ministro Joaquim Barbosa.

◉ Fique atento:

- Tendo em vista que a temática referente à incidência dos juros de mora entre a data da conta de liquidação e a expedição do requisitório já é objeto do Tema 96 da Repercussão Geral (RE 579341-QO[149]) e que a matéria concernente à fundamentação das decisões judiciais já foi decidida no julgamento do Tema 339 (AI 791292-QO[150]), **o julgamento do Tema nº 450, ora apreciado, apenas foi afetado ao regime de repercussão geral no tocante à questão concernente à incidência da correção monetária[151] entre a data do cálculo que embasou a expedição da RPV e seu efetivo pagamento. Tratou-se, portanto, de definir qual o termo inicial da incidência da correção monetária, se a data do cálculo ou a data da expedição da requisição de pagamento.**

Tema 755: "Possibilidade de fracionamento da execução pecuniária contra a Fazenda Pública para que parte do valor devido seja pago antes do trânsito em julgado, mediante complemento positivo".

Tese: "É vedado o fracionamento da execução pecuniária contra a Fazenda Pública para que uma parte seja paga antes do trânsito em julgado, por meio de Complemento Positivo, e outra depois do trânsito, mediante Precatório ou Requisição de Pequeno Valor".

FICHA TÉCNICA	
Leading case:	**ARE 723307/PB**
Descrição do caso feita pelo STF:	"Recurso extraordinário em que se discute, à luz do art. 100, §§ 3º e 4º, da Constituição federal, a possibilidade de concessão de antecipação de tutela que implica em fracionamento da execução pecuniária contra a Fazenda Pública, de modo que parte do crédito, considerado de natureza alimentar, seja pago antes do trânsito em julgado, mediante complemento positivo, e o restante após o trânsito em julgado, por meio de precatório ou de requisição de pequeno valor – RPV".

---

149. O mérito do RE 579431 não havia sido julgado até 31/03/2017, data de fechamento desta edição.

150. Eis a tese firmada no Tema 339: "O art. 93, IX, da Constituição Federal exige que o acórdão ou decisão sejam fundamentados, ainda que sucintamente, sem determinar, contudo, o exame pormenorizado de cada uma das alegações ou provas".

151. A questão referente aos juros de mora, discutida no processo, não integra o âmbito do julgamento em regime de repercussão geral.

FICHA TÉCNICA	
Leading case:	**ARE 723307/PB**
Dispositivo(s) constitucional(is) envolvido(s):	"Art. 100. Os pagamentos devidos pelas Fazendas Públicas Federal, Estaduais, Distrital e Municipais, em virtude de sentença judiciária, far-se-ão exclusivamente na ordem cronológica de apresentação dos precatórios e à conta dos créditos respectivos, proibida a designação de casos ou de pessoas nas dotações orçamentárias e nos créditos adicionais abertos para este fim. (...) § 3° O disposto no caput deste artigo relativamente à expedição de precatórios não se aplica aos pagamentos de obrigações definidas em leis como de pequeno valor que as Fazendas referidas devam fazer em virtude de sentença judicial transitada em julgado. § 4° Para os fins do disposto no § 3°, poderão ser fixados, por leis próprias, valores distintos às entidades de direito público, segundo as diferentes capacidades econômicas, sendo o mínimo igual ao valor do maior benefício do regime geral de previdência social. (...)".
Data de reconhecimento da repercussão geral:	08/08/2014
Data de julgamento do mérito recursal:	08/08/2014
Houve unanimidade?	Não
Data de publicação do acórdão de julgamento do recurso:	27/09/2016 (julgamento do recurso extraordinário)
Trânsito em julgado do acórdão:	04/11/2016

⊙ Comentários:

O ARE 723307/PB foi interposto pelo Instituto Nacional de Seguridade Social INSS contra decisão que inadmitiu seu recurso extraordinário, este, por sua vez, interposto contra acórdão da Turma Recursal dos Juizados Especiais Federais da Seção Judiciária da Paraíba que, no julgamento de recurso inominado, manteve sentença que reconheceu à parte contrária o direito à percepção de pensão por morte, com eficácia retroativa à data do óbito, determinando, além disso, a imediata implantação do benefício, sob pena de multa diária.

O INSS sustentou, no recurso extraordinário interposto, que o acórdão recorrido teria violado os §§ 3° e 4° do art. 100 da CRFB de 1988, adotando entendimento contrário àquele assentado no âmbito do Supremo Tribunal Federal, segundo o qual seria vedado o fracionamento de execução contra a Fazenda Pública, a fim de que parte do pagamento se dê por requisição de pequeno valor, judicialmente, e parte por complemento positivo, administrativamente.

O recorrente registrou, ainda, que a obrigação de fazer de implantação do benefício somente se perfectibilizará após o trânsito em julgado do julgamento favorável à parte contrária. Até que se opere o trânsito em julgado, os valores devidos pela Fazenda o são a título de obrigação de pagar.

O STF, ao julgar o recurso (conhecendo do agravo para dar provimento ao recurso extraordinário interposto pelo INSS), reafirmou sua jurisprudência pacificada, no sentido de que **o fracionamento da execução contra a Fazenda Pública para que se pague parte do crédito administrativamente, como complemento positivo (até o trânsito em julgado do acórdão), e parte após o trânsito, por precatório ou requisição de pequeno valor, ensejaria afronta ao regime de pagamento por precatório.** Nesse sentido, foram citados, como precedentes, o acórdão proferido no RE 501840 e diversas decisões monocráticas de variados Ministros da Corte.

Nem mesmo a circunstância de se tratar de crédito alimentar (ou de se encontrar a parte contrária em situação de hipossuficiência) acarretaria a possibilidade de tal fracionamento, uma vez que as exceções para o recebimento antecipado parcial de créditos estariam dispostas na EC 62/2009 (art. 100, § 2º, da CRFB/1988[152]).

Há de se destacar, por fim, que o julgamento se deu por maioria de votos, tendo em vista o posicionamento do Min. Marco Aurélio, que entendeu que a questão do fracionamento da execução teria sido tratada nos autos em decisão monocrática que negou provimento aos embargos de declaração opostos pelo INSS ao acórdão da Turma Recursal, o que denotaria o não exaurimento da instância ordinária antes da interposição do recurso extraordinário, razão pela qual o seu voto foi pelo não conhecimento do recurso.

◉ Fique atento:

- Também tratam de fracionamento da execução os Temas 18 e 58, constantes deste livro.

◉ Questões de Concurso relacionadas ao tema:

Questão 01 (FUNDATEC. PREFEITURA DE PORTO ALEGRE-RS. PROCURADOR MUNICIPAL – BLOCO I. 2016) Consoante orientação, analise as assertivas abaixo:

I.   O STF, em sede de repercussão geral, definiu que, no caso de condenação patrimonial imposta por tribunal de contas, somente o ente público beneficiário possui legitimidade para propor a ação de execução.

II. O STF, em sede de repercussão geral, reafirmou o entendimento de que é vedado o fracionamento de execução pecuniária contra a Fazenda Pública para que eventual parte do cré-

---

152. O dispositivo tem a seguinte redação dada pela EC 62/2009: "§ 2º Os débitos de natureza alimentícia cujos titulares tenham 60 (sessenta) anos de idade ou mais na data de expedição do precatório, ou sejam portadores de doença grave, definidos na forma da lei, serão pagos com preferência sobre todos os demais débitos, até o valor equivalente ao triplo do fixado em lei para os fins do disposto no § 3º deste artigo, admitido o fracionamento para essa finalidade, sendo que o restante será pago na ordem cronológica de apresentação do precatório". Atualmente, o parágrafo tem redação dada pela EC 94/2016, estando assim redigido: "§ 2º Os débitos de natureza alimentícia cujos titulares, originários ou por sucessão hereditária, tenham 60 (sessenta) anos de idade, ou sejam portadores de doença grave, ou pessoas com deficiência, assim definidos na forma da lei, serão pagos com preferência sobre todos os demais débitos, até o valor equivalente ao triplo fixado em lei para os fins do disposto no § 3º deste artigo, admitido o fracionamento para essa finalidade, sendo que o restante será pago na ordem cronológica de apresentação do precatório".

dito seja paga diretamente ao credor, por via administrativa e antes do trânsito em julgado da ação – o chamado complemento positivo.

III. O Plenário do STF, com repercussão geral reconhecida, firmou a tese de que as contratações sem concurso pela administração pública não geram quaisquer efeitos jurídicos válidos a não ser o direito à percepção dos salários do período trabalhado e ao levantamento dos depósitos efetuados no Fundo de Garantia do Tempo de Serviço (FGTS).

Quais estão corretas?

a) Apenas I.

b) Apenas I e II.

c) Apenas I e III.

d) Apenas II e III.

e) I, II e III.

Questão 02 (CESPE. TRF-5R. JUIZ FEDERAL SUBSTITUTO. 2015 – Adaptada) A jurisprudência majoritária do STF admite o fracionamento da execução contra a fazenda pública para que parte do crédito seja paga ao credor por meio de precatório e a outra parte, mediante complemento positivo, feito por via administrativa e antes do trânsito em julgado.

(   ) Verdadeiro (   ) Falso

Gabarito: 1-E; 2-F

Tema 831: "Obrigatoriedade de pagamento, mediante o regime de precatórios, dos valores devidos pela Fazenda Pública entre a data da impetração do mandado de segurança e a efetiva implementação da ordem concessiva".

Tese: "O pagamento dos valores devidos pela Fazenda Pública entre a data da impetração do mandado de segurança e a efetiva implementação da ordem concessiva deve observar o regime de precatórios previsto no artigo 100 da Constituição Federal".

FICHA TÉCNICA	
Leading case:	**RE 889173/MS**
Descrição do caso feita pelo STF:	"Recurso extraordinário em que se discute, à luz do art. 100, caput, da Constituição Federal, se o pagamento dos valores devidos pela Fazenda Pública entre a data da impetração do mandado de segurança e a efetiva implementação da ordem concessiva deve observar, ou não, o regime de precatórios".

FICHA TÉCNICA	
Leading case:	**RE 889173/MS**
Dispositivo(s) constitucional(is) envolvido(s):	Art. 100, *caput*, da CRFB de 1988 (redação dada pela EC 62/2009): "Art. 100. Os pagamentos devidos pelas Fazendas Públicas Federal, Estaduais, Distrital e Municipais, em virtude de sentença judiciária, far-se-ão exclusivamente na ordem cronológica de apresentação dos precatórios e à conta dos créditos respectivos, proibida a designação de casos ou de pessoas nas dotações orçamentárias e nos créditos adicionais abertos para este fim."
Data de reconhecimento da repercussão geral:	07/08/2015
Data de julgamento do mérito recursal:	07/08/2015
Houve unanimidade?	Não
Data de publicação do acórdão de julgamento do recurso:	17/08/2015 (julgamento do recurso extraordinário)
Trânsito em julgado do acórdão:	Não havia ocorrido o trânsito em julgado do acórdão até a data de fechamento desta edição.

◉ Comentários:

O RE 889173/MS foi interposto pelo Estado do Mato Grosso do Sul, insurgindo-se contra acórdão do Tribunal de Justiça do Estado do Mato Grosso do Sul que negou provimento a agravo interno interposto pelo recorrente, mantendo decisão monocrática que, por sua vez, afirmou a desnecessidade de submissão, ao rito dos precatórios, de créditos devidos entre a data da impetração do mandado de segurança e a efetiva implantação da ordem. O fundamento exposto no acórdão recorrido foi o de que a natureza mandamental da decisão proferida seria capaz de afastar a necessidade de pagamento pelo regime de precatórios.

A demanda originária veiculou irresignação de servidor aposentado contra a redução de seus proventos de aposentaria sem prévio respeito ao devido processo legal administrativo (alteração da aposentadoria de integral para proporcional ao tempo de serviço). O ato administrativo foi invalidado e, transitado em julgado o acórdão que concedeu em parte a segurança, o Impetrante suscitou em juízo o descumprimento do comando decisório.

Feito o escorço fático, registra-se que **a questão debatida no processo concerne à compatibilidade ou não do regime de pagamento por precatórios com a natureza jurídica das decisões proferidas em sede de mandado de segurança.** Para solvê-la, o STF, reafirmando a sua jurisprudência dominante, deu provimento ao recurso extraordinário, considerando que **o pagamento dos créditos – alimentares ou não – devidos entre a data da impetração do mandado de segurança e a efetiva implantação da ordem deve se dar por meio de precatório.**

Nesse sentido, foram citados diversos precedentes (do Plenário e de Turmas): Rcl-14505 AgR, SS 2961 – AgR, RE 657674 – AgR, AI 813366 – AgR, ARE 639219 – AgR, RE 602184 – AgR, AC 2193-MC-REF, RE 334279 e RE204192.

O acórdão proferido salientou que mesmo os precatórios alimentares submetem-se ao rito dos precatórios, não sendo de se excluir essa submissão a "circunstância acidental" de decorrer o crédito de sentença concessiva de mandado de segurança. Rememorou-se que o regime de pagamento por precatório tem dupla finalidade: a de possibilitar o planejamento orçamentário do ente público e a de resguardar a isonomia (ordem de pagamento).

O Ministro Marco Aurélio limitou-se a se pronunciar pela existência de repercussão geral, entendendo inadequada a submissão do mérito do recurso extraordinário à análise em Plenário Virtual.

◉ Fique atento:

- Contra o acórdão proferido no RE 889173/MS, houve oposição de embargos de declaração, que se encontravam pendentes de julgamento até o fechamento desta edição.

◉ Questões de Concurso relacionadas ao tema:

Questão 01 (FUNDATEC. PREFEITURA DE PORTO ALEGRE-RS. PROCURADOR MUNICIPAL – BLOCO I. 2016 – Adaptada) O STF, em repercussão geral, reafirmou seu posicionamento relativo à necessidade de uso de precatórios para o pagamento de dívidas da Fazenda Pública, mesmo aquelas relativas às pendências acumuladas no período entre a impetração de mandado de segurança e a concessão da ordem.

( ) Verdadeiro ( ) Falso

Questão 02 (CESPE. PREFEITURA DE FORTALEZA/CE. Procurador do Município. 2017) Situação hipotética: Determinado servidor público impetrou mandado de segurança com a finalidade de majorar seu vencimento. Após o devido trâmite, foi prolatada sentença concedendo a segurança pleiteada.

Assertiva: Nesse caso, as parcelas devidas em razão de diferenças salariais entre a data de impetração e a de implementação da concessão da segurança deverão ser pagas por meio de precatórios.

Gabarito: 1-V; 2-C

Tema 873: "Compatibilidade da execução individual de sentença condenatória genérica proferida em ação coletiva com o art. 100, § 8º, da Constituição Federal".

Tese: "Não viola o art. 100, § 8º, da Constituição Federal a execução individual de sentença condenatória genérica proferida contra a Fazenda Pública em ação coletiva visando à tutela de direitos individuais homogêneos".

FICHA TÉCNICA	
Leading case:	**ARE 925754/PR**
Descrição do caso feita pelo STF:	"Recurso extraordinário em que se discute a compatibilidade, ou não, da execução individual de sentença condenatória genérica proferida em ação coletiva com o art. 100, § 8º, da Constituição Federal, segundo o qual é vedado o fracionamento, repartição ou quebra do valor da execução para fins de enquadramento de parcela do total ao que dispõe o § 3º deste artigo, relativo às obrigações definidas em lei como de pequeno valor".
Dispositivo(s) constitucional(is) envolvido(s):	Art. 100, §§ 3º e 8º, da CRFB de 1988: "Art. 100. (...) § 3º O disposto no caput deste artigo relativamente à expedição de precatórios não se aplica aos pagamentos de obrigações definidas em leis como de pequeno valor que as Fazendas referidas devam fazer em virtude de sentença judicial transitada em julgado. (...) § 8º É vedada a expedição de precatórios complementares ou suplementares de valor pago, bem como o fracionamento, repartição ou quebra do valor da execução para fins de enquadramento de parcela do total ao que dispõe o § 3º deste artigo. (...)".
Data de reconhecimento da repercussão geral:	17/12/2015
Data de julgamento do mérito recursal:	17/12/2015
Houve unanimidade?	Não
Data de publicação do acórdão de julgamento do recurso:	03/02/2016 (julgamento do recurso extraordinário)
Trânsito em julgado do acórdão:	16/02/2016

⊙ Comentários:

Trata-se de agravo contra decisão que inadmitiu o recurso extraordinário interposto pelo Estado do Paraná contra acórdão do Tribunal de Justiça do Estado do Paraná que, ao julgar apelações interpostas contra a sentença proferida em embargos à execução, reconheceu a possibilidade de propositura de execução individual de sentença condenatória proferida em ação coletiva, sem que tal circunstância acarrete violação ao art. 100, § 8º, da CRFB de 1988.

O recurso extraordinário interposto apontou que o acórdão recorrido teria afrontado o art. 100, § 8º, da CRFB de 1988, tendo em vista que, diferentemente da situação objeto do Tema nº 148 da Repercussão Geral (RE 568645/SP), o processo de que se originou a execução não era composto por um litisconsórcio ativo facultativo, tratando-se, ao revés, de ação coletiva proposta por sindicato.

Desse modo, o crédito decorrente da decisão condenatória imposta ao Estado do Paraná naquele processo deveria ser executada globalmente, descabendo, ainda que se trate de direito individual homogêneo, a execução individual dos créditos, hipótese que configuraria fracionamento da execução vedado pela Constituição, já que os substituídos não fizeram parte da relação processual originária. O pagamento de precatório, afirmou o recorrente, é a regra, sendo o pagamento por requisição de pequeno valor exceção, do que se conclui que as normas que regem essa última forma de adimplemento da obrigação estatal não podem sofrer interpretação extensiva.

O STF, por maioria, conheceu do agravo para negar provimento ao recurso extraordinário, reafirmando a jurisprudência da Corte no sentido de que **a execução individual da sentença coletiva não implica violação à norma extraível do art. 100, § 8º, da CRFB de 1988.** Houve citação de precedentes do STF nesse sentido: ARE 907796 – AgR, ARE 909573 – AgR, RE 803697 – AgR, ARE 907799 – AgR, ARE 904542 – AgR, RE 860965 – AgR –segundo, ARE 904863 – AgR e ARE 904880 (decisão monocrática).

Assentou-se que **os mesmos fundamentos que lastrearam o precedente firmado no julgamento do Tema nº 148 da Repercussão Geral (RE 568645/SP) são aplicáveis a este caso.** O relator do ARE 925754/PR, Ministro Teori Zavascki, destacou que a diferença entre as duas hipóteses consiste no fato de que, **no litisconsórcio ativo facultativo, a decisão proferida examinará tanto o "núcleo de homogeneidade dos direitos afirmados na demanda" como as questões particulares de cada litigante,** enquanto que, **na demanda coletiva, apenas é o analisado o referido núcleo de homogeneidade, legando-se à demanda que objetiva o cumprimento do julgado a análise das particularidades do demandante.** Num e noutro casos, porém, há relações jurídicas autônomas entre os exequentes e o executado.

No julgamento, o Ministro Marco Aurélio pontuou que o instituto da repercussão geral, para ser apreciado, pressupõe recurso extraordinário admitido, entendendo inadequada a sua análise em sede de agravo interposto para destrancar recurso extraordinário inadmitido na origem, razão pela qual se consignou o julgamento por maioria.

4.21. EXECUÇÃO FISCAL

Tema 109: "Adoção pelo Poder Judiciário de critérios normativos estaduais como fundamento para extinguir ações de execução fiscal ajuizadas pelo Município".

Tese: "Lei estadual autorizadora da não inscrição em dívida ativa e do não ajuizamento de débitos de pequeno valor é insuscetível de aplicação a Município e, consequentemente, não serve de fundamento para a extinção das execuções fiscais que promova, sob pena de violação à sua competência tributária".

FICHA TÉCNICA	
Leading case:	**RE 591033/SP**
Descrição do caso feita pelo STF:	"Recurso extraordinário em que se discute, à luz dos artigos 2º e 156 da Constituição Federal, a possibilidade, ou não, de o Poder Judiciário aplicar lei estadual que autoriza o Poder Executivo Estadual a não executar os débitos com valor igual ou inferior a 30% do maior valor de referência (MVR) e, com fundamento nessa lei, extinguir processos, sem julgamento de mérito, em face da ausência de interesse de agir do Município, considerando o pequeno valor das ações de execução fiscal ajuizadas".

FICHA TÉCNICA	
Leading case:	**RE 591033/SP**
Dispositivo(s) constitucional(is) envolvido(s):	"Art. 2º São Poderes da União, independentes e harmônicos entre si, o Legislativo, o Executivo e o Judiciário". "Art. 5º Todos são iguais perante a lei, sem distinção de qualquer natureza, garantindo-se aos brasileiros e aos estrangeiros residentes no País a inviolabilidade do direito à vida, à liberdade, à igualdade, à segurança e à propriedade, nos termos seguintes: (...) XXXV – a lei não excluirá da apreciação do Poder Judiciário lesão ou ameaça a direito; (...)". "Art. 156. Compete aos Municípios instituir impostos sobre: I – propriedade predial e territorial urbana(...)".
Data de reconhecimento da repercussão geral:	25/09/2008
Data de julgamento do mérito recursal:	17/11/2010
Houve unanimidade?	Sim
Data de publicação do acórdão de julgamento do recurso:	25/02/2011 (julgamento do recurso extraordinário)
Trânsito em julgado do acórdão:	09/03/2011

◉ Comentários:

Valendo-se de norma extraível da Lei **Estadual** nº 4.468/1984, do Estado de São Paulo, o Juízo da 1ª Vara Distrital da Comarca de Votorantim/SP prolatou sentença extinguindo execução fiscal para cobrança de IPTU proposta pelo **Município de Votorantim/SP**, por ausência de interesse de agir, tendo em vista seu pequeno valor. Contra a sentença, nos termos do art. 34 da Lei nº 6.830/1980[153], foram opostos embargos infringentes, aos quais o Juízo de primeiro grau negou provimento.

Contra tal decisão, o Município de Votorantim/SP interpôs recurso extraordinário, sustentando violação à separação dos poderes e à competência tributária municipal (arts. 2º e 156 da CRFB de 1988), uma vez que, em se tratando de tributos municipais, apenas lei do próprio ente federativo municipal poderia instituir sobre eles isenção ou anistia. Destacou, ainda, que o óbice, a si imposto pelo Judiciário, de promover execuções de créditos de pequeno valor, ocasiona grande prejuízo aos cofres públicos[154].

Há de se destacar que o Ministério Público Federal, ao se manifestar acerca da pretensão recursal, opinou por seu improvimento, sob o argumento de que, em verdade, não

---

153. "Art. 34 – Das sentenças de primeira instância proferidas em execuções de valor igual ou inferior a 50 (cinquenta) Obrigações Reajustáveis do Tesouro Nacional – ORTN, só se admitirão embargos infringentes e de declaração".

154. Segundo informado no acórdão que julgou o RE591033/SP, mais de 650 execuções propostas por Municípios foram extintas com fundamento na Lei Estadual nº 4.468/1984, de São Paulo.

haveria proveito econômico extraível da demanda executiva, já que o custo de movimentação do aparelho estatal seria superior ao valor cobrado. O Município recorrente, segundo alegou o *parquet* federal, poderia cobrar a sua dívida administrativamente ou promover execuções fiscais reunindo número maior de CDA´s do mesmo devedor.

O STF, ao examinar a matéria, pautou-se nas seguintes premissas: **a)** o art. 1º da CRFB[155] prevê ser o Estado brasileiro uma República Federativa "formada pela união indissolúvel dos Estados e Municípios e do Distrito Federal", **tratando-se a forma federativa de estado de cláusula pétrea** (art. 60, § 4º, I, da CRFB de 1988[156]); **b)** o art. 18 da CRFB[157], por sua vez, ressalta a **autonomia dos entes federativos** (inclusive dos Municípios), que **tem como um de seus pilares a repartição de competências e de receitas tributárias; c) a competência tributária de cada ente federativo** é **indelegável** (art. 7º do Código Tributário Nacional[158]), premissa necessária à manutenção de suas autonomias administrativa e política; **d) a competência tributária abrange a competência legislativa para instituir tributos e para prever hipóteses de desoneração dessa carga tributária** (art. 150, I e § 6º, da CRFB de 1988[159]), o que afasta tanto a interferência de um ente federado na competência tributária de outro quanto a possibilidade de aplicação de uma lei tributária de um ente federado a outro. Exemplo dessa proibição se extrai do art. 151, III, da CRFB de 1988[160]; **e)** apenas normas relativas aos princípios constitucionais tributários, às limitações ao poder de tributar e normas gerais de direito tributário previstas em lei complementar podem ter caráter comum aos entes federados.

Com base em tais premissas e à vista do regramento previsto no art. 156, I, da CRFB de 1988 (competência tributária exclusiva do Município para instituir imposto sobre a propriedade predial e territorial urbana – IPTU), o STF concluiu que o Município – e somente ele – poderia dispensar a inscrição em dívida ativa e a cobrança de créditos de pequeno valor. Sendo o titular do crédito, somente lei do Município poderia autorizar sua disposição, descabendo a aplicação analógica, ao caso, de lei de outro ente federado, o que configura violação ao art. 156, I, da CRFB de 1988.

Como argumentos adicionais, o precedente examinado ainda afirmou que: **a)** a cobrança, pelo Município, de créditos de pequeno valor tem dupla finalidade (imediatamente,

---

155. "Art. 1º A República Federativa do Brasil, formada pela união indissolúvel dos Estados e Municípios e do Distrito Federal, constitui-se em Estado Democrático de Direito e tem como fundamentos: (...)".

156. "Art. 60. A Constituição poderá ser emendada mediante proposta: (...) § 4º Não será objeto de deliberação a proposta de emenda tendente a abolir: I – a forma federativa de Estado; (...)".

157. "Art. 18. A organização político-administrativa da República Federativa do Brasil compreende a União, os Estados, o Distrito Federal e os Municípios, todos autônomos, nos termos desta Constituição".

158. "CTN, Art. 7º A competência tributária é indelegável, salvo atribuição das funções de arrecadar ou fiscalizar tributos, ou de executar leis, serviços, atos ou decisões administrativas em matéria tributária, conferida por uma pessoa jurídica de direito público a outra, nos termos do § 3º do artigo 18 da Constituição".

159. "Art. 150. Sem prejuízo de outras garantias asseguradas ao contribuinte, é vedado à União, aos Estados, ao Distrito Federal e aos Municípios: I – exigir ou aumentar tributo sem lei que o estabeleça; (...)§ 6º Qualquer subsídio ou isenção, redução de base de cálculo, concessão de crédito presumido, anistia ou remissão, relativos a impostos, taxas ou contribuições, só poderá ser concedido mediante lei específica, federal, estadual ou municipal, que regule exclusivamente as matérias acima enumeradas ou o correspondente tributo ou contribuição, sem prejuízo do disposto no art. 155, § 2.º, XII, g.(...)"

160. "Art. 151. É vedado à União: (...) III – instituir isenções de tributos da competência dos Estados, do Distrito Federal ou dos Municípios".

a satisfação do crédito; mediatamente, uma função didática e persuasiva, evitando-se que a inércia do Fisco estimule a inadimplência); **b)** há um movimento de estímulo ao acesso à justiça, inclusive voltado à litigiosidade de pequeno valor, tal como ocorre com os Juizados Especiais; **c)** a cobrança extrajudicial não é dotada de métodos expropriatórios (jungidos à "reserva de jurisdição"), limitando-se à conclamação do devedor para que efetue o pagamento de seu débito. "Sanções políticas" não podem ser aplicadas pelo Fisco para constranger o contribuinte ao pagamento de sua dívida; **d)** a constatação prática feita pelo juízo de primeiro grau de que, em regra, as execuções são infrutíferas não pode servir de fundamento para se negar o acesso do Município à justiça. Caberá ao Judiciário, ao revés, melhor se aparelhar para conferir efetividade ao direito da parte credora[161]; **e)** não se pode confundir não alcance do resultado econômico perseguido com a demanda e ausência de interesse processual (centrado no binômio necessidade-adequação da tutela jurisdicional perseguida); **f)** o argumento que compara o custo da movimentação do Poder Judiciário e o custo do crédito não pode ser utilizado, porque o primeiro custo é do Estado e não do Município credor.

Concluindo que inexistiu violação à separação de poderes (porque a análise da existência ou não de interesse de agir é própria do Poder Judiciário), mas que houve mácula à garantia de acesso à justiça e à competência tributária do Município (arts. 5º, XXXV[162], e 156, I, da CRFB de 1988), o STF deu provimento ao recurso extraordinário, anulando a sentença de primeiro grau e determinando o prosseguimento da execução.

Faça-se o registro de que o Ministro Cezar Peluso, embora tendo acompanhado o voto vencedor (o julgamento se deu por unanimidade), consignou seu entendimento no sentido de que a questão quanto à existência ou não de interesse de agir é de cunho infraconstitucional e que a invocação da Lei Estadual nº 4.468/1984 de São Paulo se deu, apenas, como argumento para reforçar a conclusão do julgador de primeiro grau.

⊙ Fique atento:

- No acórdão que fixou o precedente, o STF reconheceu que a questão atinente à extinção do processo por falta de interesse de agir ensejaria violação ao princípio do acesso à justiça (art. 5º, XXXV, da CRFB de 1988), ou seja, que essa temática seria matéria constitucional, posicionamento que, segundo afirmado no julgado, discrepou de precedentes do Tribunal, que reputavam possuir a temática natureza infraconstitucional. O Ministro Gilmar Mendes, em *obter dictum*, aponta dois fatores para a existência desse segundo posicionamento referido: a) a jurisprudência defensiva (por ele expressamente mencionada) e; b) o modo como o caso é articulado

---

161. O Ministro Dias Toffoli, no particular, pontuou que a obrigação cobrada é *propter rem* e, portanto, o imóvel a que se atrela o imposto cobrado é garantia do pagamento do débito. Ao lado disso, o Ministro Gilmar Mendes, apesar de registrar a pouca efetividade das execuções fiscais (sustentando que apenas cerca de 1% delas são exitosas), destaca que não pode o magistrado, sem incorrer em certo arbítrio, estabelecer parâmetros de qual o valor mínimo que poderá ser cobrado.

162. "Art. 5º Todos são iguais perante a lei, sem distinção de qualquer natureza, garantindo-se aos brasileiros e aos estrangeiros residentes no País a inviolabilidade do direito à vida, à liberdade, à igualdade, à segurança e à propriedade, nos termos seguintes: (...) XXXV – a lei não excluirá da apreciação do Poder Judiciário lesão ou ameaça a direito; (...)".

no recurso interposto. Sugere que se repense, à vista do filtro da repercussão geral, posicionamentos como o referente à violação ao princípio da legalidade, normalmente reputado como de cunho infraconstitucional (violação reflexa). O Ministro Gilmar Mendes propõe que o STF passe a ser mais crítico "em relação a essa invocação, muitas vezes sem cerimônia, do chamado direito infraconstitucional como fórmula de escape para não conhecer do recurso extraordinário".

• Observe-se que, no caso ora examinado, foi cabível recurso extraordinário contra decisão proferida por juízo de primeiro grau. Assim se dá por ser ele, na hipótese, a única instância na qual o processo tramitará. Os embargos infringentes – ditos de alçada – previstos no art. 34 da Lei nº 6.830/1980[163] são opostos perante o mesmo juízo prolator da sentença e por ele decididos, descabendo, em sequência, recurso ao Tribunal (de Justiça ou Regional Federal) a que se vincule o juiz.

⊙ Questões de Concurso relacionadas ao tema:

Questão 01 (CESPE. PREFEITURA DE FORTALEZA/CE. Procurador do Município. 2017) Julgue o item subsequente, a respeito de regime constitucional dos precatórios, crédito público e dívida ativa.

Entende o STF que, em decorrência da autonomia tributária municipal, uma lei estadual que dispense a cobrança de débitos de pequeno valor inscritos em dívida ativa não deve vincular os municípios.

( ) Certo   ( ) Errado

Gabarito: 1-C

Tema 408: "Cabimento de apelação em caso de execução fiscal com valor inferior a 50 ORTN".

Tese: "É compatível com a Constituição o art. 34 da Lei 6.830/1980, que afirma incabível apelação em casos de execução fiscal cujo valor seja inferior a 50 ORTN".

---

163. "Art. 34 – Das sentenças de primeira instância proferidas em execuções de valor igual ou inferior a 50 (cinquenta) Obrigações Reajustáveis do Tesouro Nacional – ORTN, só se admitirão embargos infringentes e de declaração. § 1º – Para os efeitos deste artigo considerar-se-á o valor da dívida monetariamente atualizado e acrescido de multa e juros de mora e de mais encargos legais, na data da distribuição. 2º – Os embargos infringentes, instruídos, ou não, com documentos novos, serão deduzidos, no prazo de 10 (dez) dias perante o mesmo Juízo, em petição fundamentada. 3º – Ouvido o embargado, no prazo de 10 (dez) dias, serão os autos conclusos ao Juiz, que, dentro de 20 (vinte) dias, os rejeitará ou reformará a sentença."

FICHA TÉCNICA	
Leading case:	**ARE 637975/MG**
Descrição do caso feita pelo STF:	"Agravo interposto contra decisão que inadmitiu recurso extraordinário em que se discute, à luz do art. 5°, XXXV e LIV, da Constituição Federal, a compatibilidade, ou não, do art. 34 da Lei de Execuções Fiscais (Lei n. 6830/80), que afirma incabível apelação em casos de execução fiscal cujo valor seja inferior a 50 ORTN, com os princípios do devido processo legal, do contraditório, da ampla defesa, do acesso à jurisdição e do duplo grau de jurisdição".
Dispositivo(s) constitucional(is) envolvido(s):	"Art. 5° Todos são iguais perante a lei, sem distinção de qualquer natureza, garantindo-se aos brasileiros e aos estrangeiros residentes no País a inviolabilidade do direito à vida, à liberdade, à igualdade, à segurança e à propriedade, nos termos seguintes: (...) XXXV – a lei não excluirá da apreciação do Poder Judiciário lesão ou ameaça a direito; (...) LIV – ninguém será privado da liberdade ou de seus bens sem o devido processo legal; (...)".
Data de reconhecimento da repercussão geral:	09/06/2011
Data de julgamento do mérito recursal:	09/06/2011
Houve unanimidade?	Não
Data de publicação do acórdão de julgamento do recurso:	01/09/2011 (julgamento do recurso extraordinário)
Trânsito em julgado do acórdão:	12/09/2011

⊙ Comentários:

Trata-se de agravo contra decisão que inadmitiu o recurso extraordinário interposto pelo Estado de Minas Gerais contra acórdão do Tribunal de Justiça de Minas Gerais, este que, ao julgar agravo regimental, negou seguimento a recurso de apelação interposto contra sentença proferida em embargos à execução fiscal de valor inferior ao de alçada (50 ORTN), entendendo-o manifestamente inadmissível.

O Recorrente sustenta que o posicionamento adotado pelo acórdão impugnado em sede de recurso extraordinário confere primazia à legalidade estrita em detrimento de princípios constitucionais explícitos (devido processo legal, contraditório, ampla defesa e acesso à justiça) e implícitos (duplo grau de jurisdição).

O agravo foi provido e convertido em recurso extraordinário, passando-se a examinar a **questão cerne do recurso, consistente na recepção, pela CRFB de 1988, do art. 34 da Lei n° 6.830/1980**, o que pressupõe a sua compatibilidade vertical com a Constituição e, pois, com os princípios retrocitados.

Invocando jurisprudência consolidada do Tribunal (de que são exemplos o RE 460162 – AgR, o AI 710921 – AgR e o RE 140301), no sentido de que **o art. 34 da Lei n° 6.830/1980** harmoniza-se com os incisos **XXXV** (acesso à justiça) e **LIV** (devido processo legal) do art. 5º da CRFB de 1988, o STF negou provimento ao recurso extraordinário interposto pelo Estado de Minas Gerais, fixando a tese pela compatibilidade do art. 34 da Lei nº 6.830/1980 com a Constituição Federal.

No julgamento, o Ministro Marco Aurélio (que negou a existência de repercussão geral da matéria) reiterou o seu entendimento no sentido de ser inadequado o julgamento do mérito recursal no Plenário Virtual, o que afrontaria o princípio do juiz natural, em uma concepção ampla.

◉ Fique atento:

- O Superior Tribunal de Justiça examinou, sob a sistemática dos recursos especiais repetitivos, o RESP nº 1168625/MG (Tema nº 395), em que foi submetida a julgamento a "questão referente ao valor que representa 50 (cinquenta) Obrigações Reajustáveis do Tesouro Nacional – ORTN, à luz do disposto no artigo 34, da Lei n.º 6.830, de 22 de setembro de 1980, para fins de alçada". A tese firmada naquele julgamento foi a seguinte: "Adota-se como valor de alçada para o cabimento de apelação em sede de execução fiscal o valor de R$ 328,27 (trezentos e vinte e oito reais e vinte e sete centavos), corrigido pelo IPCA-E a partir de janeiro de 2001, valor esse que deve ser observado à data da propositura da execução".

◉ Questões de Concurso relacionadas ao tema:

Questão 01 (EJEF. TJ-MG. Juiz. 2009 – Adaptada) Julgue o item a seguir, sobre a execução fiscal, regida pela Lei nº 6.830/1980: Das sentenças proferidas em execuções de valor igual ou inferior a 50 (cinqüenta) – ORTN, só se admitirão apelação e embargos infringentes.

(   ) Verdadeiro (   ) Falso

Gabarito: 1-F

4.22. MANDADO DE SEGURANÇA

Tema 77: "Cabimento do mandado de segurança contra decisões interlocutórias exaradas em processos submetidos ao rito da Lei nº 9.099/95".

Tese: "Não cabe mandado de segurança das decisões interlocutórias exaradas em processos submetidos ao rito da Lei 9.099/1995".

FICHA TÉCNICA	
Leading case:	**RE 576847/BA**
Descrição do caso feita pelo STF:	"Recurso extraordinário em que se discute, à luz dos artigos 5°, II, XXXVI[164] e LIV; 21, XI; 22, IV; 37, XXI; 87, parágrafo único, II; 109, I; e 170, da Constituição Federal, o cabimento, ou não, de mandado de segurança impetrado contra decisão liminar concedida em primeiro grau, no âmbito dos Juizados Especiais."
Dispositivo(s) constitucional(is) envolvido(s):	"Art. 5° Todos são iguais perante a lei, sem distinção de qualquer natureza, garantindo-se aos brasileiros e aos estrangeiros residentes no País a inviolabilidade do direito à vida, à liberdade, à igualdade, à segurança e à propriedade, nos termos seguintes: (...) II – ninguém será obrigado a fazer ou deixar de fazer alguma coisa senão em virtude de lei; (...) XXXV – a lei não excluirá da apreciação do Poder Judiciário lesão ou ameaça a direito; (...) LIV – ninguém será privado da liberdade ou de seus bens sem o devido processo legal; (...) LV – aos litigantes, em processo judicial ou administrativo, e aos acusados em geral são assegurados o contraditório e ampla defesa, com os meios e recursos a ela inerentes; (...)".
Data de reconhecimento da repercussão geral:	01/05/2008
Data de julgamento do mérito recursal:	20/05/2009
Houve unanimidade?	Não
Data de publicação do acórdão de julgamento do recurso:	07/08/2009 (julgamento do recurso extraordinário)
Trânsito em julgado do acórdão:	14/08/2009

◉ Comentários:

Em processo em trâmite nos Juizados Especiais Cíveis do Estado da Bahia, foi prolatada decisão liminar concessiva de tutela provisória que suspendeu a cobrança, por empresa prestadora de serviço de telefonia fixa ao consumidor, de tarifa básica de assinatura e de pulsos além da franquia.

Irresignada contra essa decisão e à míngua de previsão legal de recurso imediatamente contra ela cabível, a empresa impetrou, perante uma das Turmas Recursais daqueles Juizados, mandado de segurança, objetivando impugnar a decisão que lhe foi desfavorá-

---

164. A referência feita na descrição do caso pelo STF ao inciso XXXVI do art. 5° da CRFB de 1988 reputa-se como equivocada, uma vez que o acórdão trata do inciso XXXV do aludido artigo constitucional, que diz respeito à inafastabilidade do controle jurisdicional.

vel. No entanto, reputando inadmissível o manejo de mandado de segurança na hipótese em comento, a petição inicial foi indeferida e o processo, extinto sem resolução do mérito.

O recurso extraordinário interposto objetiva impugnar o acórdão proferido pela Turma Recursal, discutindo-se o cabimento do uso do mandado de segurança para impugnar decisão interlocutória proferida no âmbito dos Juizados Especiais.

O STF, para solucionar a questão que lhe foi posta a apreciação e julgamento, fixou as seguintes premissas: **a) o objetivo primordial do procedimento regrado pela Lei nº 9.099/1995 é o de garantir a celeridade no processamento e julgamento de demandas cíveis de menor complexidade; b)** uma das **opções legislativas** adotadas para alcance daquele objetivo foi o de **previsão de irrecorribilidade imediata das decisões interlocutórias; c)** como consequência, não é possível à parte valer-se quer do agravo de instrumento previsto na legislação processual, quer do mandado de segurança para impugnar a decisão proferida; **d)** a escolha do rito dos Juizados é uma faculdade[165] das partes, que deverão, assim, arcar com as consequências dessa escolha[166]; **e) a admissão do mandado de segurança importaria em ampliação não legislativa da competência dos Juizados Especiais; f) o princípio da ampla defesa não é violado pelo descabimento do mandado de segurança, já que as decisões interlocutórias proferidas em sede de Juizados Especiais são impugnáveis por ocasião da interposição de recurso inominado.**

Com base em tais fundamentos, o recurso extraordinário foi improvido, fixando o STF a tese de descabimento de impetração de mandado de segurança contra decisões interlocutórias proferidas em processos submetidos ao procedimento da Lei nº 9.099/1995.

⊙ Síntese do debate constante do acórdão que fixou o precedente:

Argumentos favoráveis à tese fixada:	Argumentos contrários à tese fixada:
Não é possível à parte valer-se do mandado de segurança para impugnar a decisão interlocutória proferida em processo sujeito ao rito da Lei nº 9.099/1995 (Min. Eros Grau).	A exclusão geral e irrestrita do cabimento de mandado de segurança contra decisão interlocutória proferida em sede de Juizados Especiais poderá, em casos excepcionais, implicar afastamento da jurisdição (negativa de prestação jurisdicional), deixando sem possibilidade de impugnação imediata decisões que possam ocasionar prejuízo irreparável à parte. Esta exceção de cabimento estaria prevista no art. 5º, II, da Lei nº 1.533/51[167] (Min. Marco Aurélio).

---

165. Essa referência feita pelo STF limita-se, obviamente, aos Juizados Estaduais, uma vez que, no âmbito dos Juizados Federais e dos Juizados da Fazenda Pública, a competência é absoluta, nos termos preconizados pelos arts. 3º, § 3º, da Lei nº 10.259/2001 e 2º, § 4º, da Lei nº 12.153/2009, respectivamente.

166. Em verdade, salvo quando houver negócio jurídico processual em que as partes convencionem o processamento de sua demanda sob aquele procedimento, a escolha é feita pelo autor e não, propriamente, "pelas partes", como afirmado pelo STF.

167. "Art. 5º – Não se dará mandado de segurança quando se tratar: (...) II – de despacho ou decisão judicial, quando haja recurso previsto nas leis processuais ou possa ser modificado por via de correção.(...)". A Lei nº 1.533/1951, referida no acórdão, foi revogada pela Lei nº 12.016/2009, em cujo art. 5º, II está previsto que:

⊚ Fique atento:

- Ao examinar o Tema 159 da Repercussão Geral, o STF entendeu que a fixação da Tese segundo a qual "compete às Turmas Recursais o julgamento de mandado de segurança utilizado como substitutivo recursal contra decisão de juiz federal no exercício de jurisdição do Juizado Especial Federal" (RE 586789/RS) não conflita com a Tese estabelecida no Tema nº 77. No tema ora analisado, o que se discute é a admissibilidade ou não de mandado de segurança impetrado contra decisão interlocutória em processos em curso nos Juizados Especiais. No Tema nº 159, o exame consiste em definir a quem compete decidir acerca da admissibilidade ou não do mandado de segurança em tais casos. Essa distinção foi expressamente consignada no acórdão que julgou o RE 586789/PR, pelo Ministro Cezar Peluso.

⊚ Questões de Concurso relacionadas ao tema:

Questão 01 (CESPE. TJ-DFT. JUIZ DE DIREITO SUBSTITUTO. 2014 – Adaptada) Segundo entendimento firmado no STF, é cabível a impetração de mandado de segurança contra decisão interlocutória proferida no âmbito do juizado especial diante da ausência de previsão legal a respeito do cabimento do agravo de instrumento.

( ) Verdadeiro ( )Falso

Gabarito: 1-F

Tema 159: "Competência para processar e julgar mandado de segurança contra decisão de juiz federal no exercício de jurisdição de juizado especial federal"

Tese: "Compete às Turmas Recursais o julgamento de mandado de segurança utilizado como substitutivo recursal contra decisão de juiz federal no exercício de jurisdição do Juizado Especial Federal".

FICHA TÉCNICA	
Leading case:	**RE 586789/RS**
Descrição do caso feita pelo STF:	"Recurso extraordinário em que se discute, à luz dos artigos 98, I; 108, I, c; e 125, § 1º, da Constituição Federal, qual a justiça competente para processar e julgar mandado de segurança impetrado, como substitutivo recursal, contra decisão de Juiz Federal, no exercício da jurisdição em Juizado Especial Federal".

"Art. 5º Não se concederá mandado de segurança quando se tratar: (...) II – de decisão judicial da qual caiba recurso com efeito suspensivo; (...)".

FICHA TÉCNICA	
Leading case:	**RE 586789/RS**
Dispositivo(s) constitucional(is) envolvido(s):	"Art. 98. A União, no Distrito Federal e nos Territórios, e os Estados criarão: I – juizados especiais, providos por juízes togados, ou togados e leigos, competentes para a conciliação, o julgamento e a execução de causas cíveis de menor complexidade e infrações penais de menor potencial ofensivo, mediante os procedimentos oral e sumaríssimo, permitidos, nas hipóteses previstas em lei, a transação e o julgamento de recursos por turmas de juízes de primeiro grau; (...)". Art. 108. Compete aos Tribunais Regionais Federais: I – processar e julgar, originariamente: (...) c) os mandados de segurança e os *habeas data* contra ato do próprio Tribunal ou de juiz federal; (...) II – julgar, em grau de recurso, as causas decididas pelos juízes federais e pelos juízes estaduais no exercício da competência federal da área de sua jurisdição". "Art. 125. Os Estados organizarão sua Justiça, observados os princípios estabelecidos nesta Constituição.§ 1º A competência dos tribunais será definida na Constituição do Estado, sendo a lei de organização judiciária de iniciativa do Tribunal de Justiça.(...)"
Data de reconhecimento da repercussão geral:	23/04/2009
Data de julgamento do mérito recursal:	16/11/2011
Houve unanimidade?	Sim
Data de publicação do acórdão de julgamento do recurso:	27/02/2012 (julgamento do recurso extraordinário)
Trânsito em julgado do acórdão:	08/03/2012

◉ Comentários:

O RE 586789/PR foi interposto pelo Instituto Nacional de Seguridade Social – INSS contra acórdão proferido pela Turma Suplementar do Tribunal Regional Federal da 4ª Região que, ao analisar questão de ordem suscitada no julgamento de mandado de segurança impetrado contra decisão interlocutória prolatada por Vara do Juizado Especial Federal, entendeu ser competente uma das Turmas Recursais daquele Juizado para processar e julgar o *writ*, utilizado com função substitutiva de recurso.

O recurso extraordinário suscitou ofensa aos arts. 98, I, 108, I, "c" e 125, § 1º, da CRFB de 1988, tendo o INSS ponderado que, sendo o mandado de segurança uma garantia constitucional, deve haver sempre um órgão do Poder Judiciário competente para apreciá-lo. Por outro lado, às Turmas Recursais não se reconhece competência originária – apenas recursal. Sob a ótica do juiz natural, tratando-se de mandado de segurança impetrado contra ato de Juiz Federal, a competência para processamento e julgamento do mandado de segurança seria do Tribunal Regional Federal, sendo inaplicável ao caso a jurisprudência sumulada do STJ, estabelecida relativamente aos Juizados Estaduais[168].

O precedente firmado pelo STF a partir do julgamento do RE 586789/PR lastreia-se nas seguintes premissas: **1) o mandado de segurança impetrado visando impugnar decisão interlocutória prolatada por Vara do Juizado Especial Federal tem natureza recursal;** 2) hão de ser aplicadas, por conseguinte, as regras de competência relativas ao processamento e julgamento de recursos e não aquelas que versam sobre competência originária, o que **afasta a incidência do art. 108, I, "c", da CRFB;** 3) as Turmas Recursais são órgãos instituídos pelos Tribunais Regionais Federais (no caso do Juizado Especial Federal) e a eles subordinadas administrativamente, cabendo ao Tribunal o estabelecimento de sua competência, nos termos do art. 21 da Lei nº 10.259/2001[169]; **4) as Turmas Recursais são "órgãos recursais ordinários de última instância"** no que concerne às **decisões proferidas pelas Varas dos Juizados Especiais.** Àquelas **compete, pois, o reexame de tais decisões; 5) não há vinculação jurisdicional entre Turma Recursal e Tribunal de Justiça ou Tribunal Regional Federal; 6) a se entender que caberia ao Tribunal Regional Federal o processamento e o julgamento do mandado de segurança impetrado, estar-se-ia, indiretamente, convertendo aquele** órgão **jurisdicional em instância ordinária de reapreciação de decisões prolatadas nos Juizados; 7)** o escopo primordial dos Juizados Especiais é o de simplificação da prestação jurisdicional, aproximando o jurisdicionado do órgão julgador. Esse objetivo não se harmoniza com a imputação de competência ao Tribunal Regional Federal para rever decisões proferidas pelos juízes federais atuantes nos Juizados; **8)** a atribuição da competência para processar e julgar o mandado de segurança ao TRF redundaria em violação ao princípio da duração razoável do processo.

Nos votos dos Ministros, colhem-se outros argumentos que reforçam a tese: 1) há entendimento firmado, no âmbito do STF (questão de ordem no MS nº 24.691/MG), no sentido de que o art. 21 da Lei Orgânica da Magistratura (LOMAN) seja aplicado por analogia às Turmas Recursais, conferindo-lhes competência para processar e julgar os mandados de segurança impetrados contra suas decisões. Logo, **não seria lógico que a Turma Recursal pudesse apreciar os mandados de segurança impetrados contra decisões suas e não pudesse fazê-lo em relação a decisões proferidas por juiz atuante no primeiro grau dos Juizados Especiais; 2)** a competência das Turmas Recursais para processar e julgar esses mandados de segurança substitutivos de recursos é extraível a partir de uma análise lógica do sistema jurídico como um todo.

Com base em tais fundamentos e afastando a literalidade do texto normativo estabelecido no art. 108, I, "c", da CRFB de 1988, o STF negou provimento ao recurso extraordinário interposto, reconhecendo competir às Turmas Recursais processar e julgar mandado de segurança, substitutivo de recurso, impetrado contra decisão de juiz federal no exercício de jurisdição do Juizado Especial Federal.

---

168. Enunciado nº 376 da Súmula do Superior Tribunal de Justiça: "Compete a turma recursal processar e julgar o mandado de segurança contra ato de juizado especial".

169. Em verdade, o art. 21 fala em "área de competência" (competência territorial, portanto) e não em estabelecimento de outros tipos de competência, como a funcional ou a material. Eis o teor do dispositivo: "Art. 21. As Turmas Recursais serão instituídas por decisão do Tribunal Regional Federal, que definirá sua composição e área de competência, podendo abranger mais de uma seção".

◉ Fique atento:

- O STF entendeu que a fixação da tese do Tema ora examinado não conflita com a Tese estabelecida no Tema nº 77, qual seja, a de que "não cabe mandado de segurança das decisões interlocutórias exaradas em processos submetidos ao rito da Lei 9.099/1995" (RE 576847/BA). Ao julgar o Tema nº 77 da repercussão geral, o STF examinou a admissibilidade ou não de mandado de segurança impetrado contra decisão interlocutória em processos em curso nos Juizados Especiais. No Tema ora analisado (nº 159), o que se discute é a quem compete decidir acerca da admissibilidade ou não do mandado de segurança em tais casos. Essa distinção foi expressamente consignada no acórdão que julgou o RE 586789/PR, pelo Ministro Cezar Peluso.

◉ Questões de Concurso relacionadas ao tema:

Questão 01 (TRF-4ªR – TRF-4ªR. Juiz Federal Substituto. 2012 – Adaptada) Compete, como regra geral, ao Tribunal Regional Federal processar e julgar o mandado de segurança contra ato de juiz do Juizado Especial Federal.

( ) Verdadeiro   ( ) Falso.

Gabarito: 1-F

Tema 530: "Desistência em mandado de segurança, sem aquiescência da parte contrária, após prolação de sentença de mérito, ainda que favorável ao impetrante".

Tese: "É lícito ao impetrante desistir da ação de mandado de segurança, independentemente de aquiescência da autoridade apontada como coatora ou da entidade estatal interessada ou, ainda, quando for o caso, dos litisconsortes passivos necessários, a qualquer momento antes do término do julgamento, mesmo após eventual sentença concessiva do 'writ' constitucional, não se aplicando, em tal hipótese, a norma inscrita no art. 267, § 4º, do CPC/1973[170]".

FICHA TÉCNICA	
Leading case:	**RE 669367/RJ**
Descrição do caso feita pelo STF:	"Recurso extraordinário em que se discute, à luz do art. 5º, LIV e LV, da Constituição Federal, a possibilidade, ou não, de desistência em mandado de segurança, sem anuência da parte contrária, após a prolação de sentença de mérito, ainda que favorável ao impetrante".

---

170. O art. 267, § 4º, do CPC/1973 possuía a seguinte redação: "§ 4º. Depois de decorrido o prazo para a resposta, o autor não poderá, sem o consentimento do réu, desistir da ação". No CPC/2015, o art. 485, § 4º, estabelece que: "oferecida a contestação, o autor não poderá, sem o consentimento do réu, desistir da ação".

FICHA TÉCNICA	
Leading case:	**RE 669367/RJ**
Dispositivo(s) constitucional(is) envolvido(s):	"Art. 5º Todos são iguais perante a lei, sem distinção de qualquer natureza, garantindo-se aos brasileiros e aos estrangeiros residentes no País a inviolabilidade do direito à vida, à liberdade, à igualdade, à segurança e à propriedade, nos termos seguintes: (...) LIV – ninguém será privado da liberdade ou de seus bens sem o devido processo legal; LV – aos litigantes, em processo judicial ou administrativo, e aos acusados em geral são assegurados o contraditório e ampla defesa, com os meios e recursos a ela inerentes; (...)"
Data de reconhecimento da repercussão geral:	15/03/2012
Data de julgamento do mérito recursal:	02/05/2013
Houve unanimidade?	Não
Data de publicação do acórdão de julgamento do recurso:	30/10/2014 (julgamento do recurso extraordinário)
Trânsito em julgado do acórdão:	14/11/2014

⊚ Comentários:

Após a obtenção de sentença concessiva da segurança e da interposição de recurso de apelação em face dessa decisão pela parte impetrada, a empresa impetrante apresentou, perante o Tribunal Regional Federal da 2ª Região, petição de desistência do mandado de segurança, sendo tal desistência homologada pelo relator do recurso de apelação e confirmada no julgamento de agravo interno.

Irresignada, a parte impetrada interpôs recurso especial ao Superior Tribunal Justiça, que restou provido monocraticamente pelo relator, pautando-se no entendimento sufragado pela Primeira Seção daquele Tribunal Superior, no sentido de ser inadmissível a desistência do mandado de segurança após o seu julgamento de mérito, ainda que favorável ao impetrante, sem que com tal medida consinta o impetrado. Esse entendimento foi mantido em sede de julgamento de agravo regimental, resultando na interposição, contra o acórdão proferido pelo STJ, de recurso extraordinário ao STF.

No RE 669367/RJ, a impetrante/recorrente sustenta, em síntese, que: **a)** no momento em que apresentada a petição de desistência do mandado de segurança, a impetrante possuía decisão a si favorável, não havendo de se falar, portanto, em prejuízo à parte impetrada em razão da extinção do processo; **b)** a desistência do mandado de segurança é faculdade da parte e pode ser exercida em qualquer grau de jurisdição; **c)** o próprio STJ já houvera admitido a desistência apresentada pela impetrante em caso similar, de modo que a atual decisão daquele Tribunal Superior estaria em descompasso com os princípios da igualdade e da segurança jurídica.

O voto condutor do acórdão proferido pelo STF estrutura-se a partir da análise de uma questão-base: como promover a integração do regramento legal especial do mandado de segurança (Lei nº 12.016/2009), em suas lacunas. Reconhece, quanto ao tema, a existência de uma importante polarização de entendimentos atinentes aos processos de integração.

Por um lado, há o entendimento segundo o qual essa integração seria sempre feita pelo Código de Processo Civil, generalizando-se a previsão específica constante do art. 24 da Lei nº 12.016/2009[171], o que põe em discussão a aptidão daquele diploma normativo geral para fornecer, sempre, a melhor solução em qualquer tipo de procedimento.

Por outro lado, o entendimento que privilegia a autonomia do regramento legal do mandado de segurança expõe o risco de se admitir que uma lei especial possa reconstruir todos os institutos do processo civil que nela sejam mencionados, que teriam tantas facetas quantas fossem as menções que se lhes fizesse a legislação extravagante (ex.: a desistência do CPC, a desistência da Lei do MS etc.). Sob essa ótica, haveria a potencial possibilidade de ruptura desses microssistemas com o diploma normativo geral, o CPC.

Examinando-se os dois extremos do problema, o acórdão refuta a adoção de uma resposta genérica ao questionamento, sem consideração às peculiaridades do caso concreto. Do mesmo modo que a Lei do mandado de segurança não pode ser considerada um sistema hermético, também não é razoável imaginar-se que o Código de Processo Civil ofertará sempre a melhor solução ao suprimento da lacuna encontrada, uma vez que, como qualquer outro diploma legal, também ele padece de deficiências legislativas.

O acórdão salienta que as posições que se contrapõem quanto ao cabimento ou não da desistência no mandado de segurança (a qualquer tempo) chegam, aparentemente, à conclusão quanto à forma de integração da lacuna da Lei do mandado de segurança para, depois, examinar o caso concreto, quando, em verdade, o caminho a ser trilhado deveria ser o oposto (partindo-se do caso concreto para se encontrar a melhor forma de integração da lacuna legislativa).

Como regra, o julgamento favorável do *writ* – ainda quando esteja sujeito tal julgamento ao reexame necessário – possibilita que a decisão judicial concessiva da segurança seja, de logo, executada provisoriamente, salvo exceções legais (art. 14, §§ 1º e 3º, da Lei nº 12.016/2009[172]). Na situação específica da desistência, pelo impetrante, de mandado de segurança, quando já proferido um provimento jurisdicional de mérito a si favorável, o efeito daí decorrente é o de prevalência do ato administrativo impugnado, que recupera, em sua inteireza, a sua autoexecutoriedade, como se jamais houvesse sido impetrado aquele *writ*.

---

171. "Art. 24. Aplicam-se ao mandado de segurança os arts. 46 a 49 da Lei no 5.869, de 11 de janeiro de 1973 – Código de Processo Civil". Tais dispositivos do CPC revogado referem-se ao instituto do litisconsórcio, que vem tratado, no CPC/2015, nos arts. 113 a 118.

172. "Art. 14. Da sentença, denegando ou concedendo o mandado, cabe apelação. § 1º Concedida a segurança, a sentença estará sujeita obrigatoriamente ao duplo grau de jurisdição. (...) § 3º A sentença que conceder o mandado de segurança pode ser executada provisoriamente, salvo nos casos em que for vedada a concessão da medida liminar".

Na relação que envolve particulares, estes não podem, como regra, na existência de um conflito de interesses, fazer valer suas próprias razões de modo unilateral, afigurando--se necessário o uso da via judicial, em tais casos. Sob tal premissa, o réu, ao se integrar ao processo, também passa a ter direito à prestação da atividade jurisdicional, sendo esta a razão da regra existente no art. 267, § 4º, do **revogado** CPC/1973 (regra à qual corresponde, atualmente, aquela extraída do art. 485, § 4º, do CPC/2015).

Diferentemente, porém, **o Estado, para exercer sua função administrativa, não depende, como regra, de atuação do Poder Judiciário. Não necessita ele, em sede de mandado de segurança, da obtenção de tutela para executar as atividades que lhe competem, tal qual ocorre com o particular, para ver atendida a sua pretensão**[173]. Desse modo, **a aplicação do art. 267, § 4º, do revogado CPC/1973 (art. 485, § 4º, do CPC/2015) ao mandado de segurança revela-se incoerente**.

Ao lado desse raciocínio, o voto condutor do acórdão proferido pelo STF examina, ainda, a temática concernente ao primado da jurisdição, segundo o qual a jurisdição seria condição de qualquer procedimento e, portanto, inatingível pela vontade da parte, o que deveria servir como pressuposto para se discutir a integração a ser feita à Lei de mandado de segurança. Nesse ponto, porém, o STF adota a distinção entre jurisdição (poder) e prestação jurisdicional (*modus operandi*). Nada impede que uma sentença seja proferida e que não seja executada, por exemplo. Tal circunstância não afeta a jurisdição enquanto poder estatal, assim como não há ofensa àquela quando se desiste de mandado de segurança já julgado favoravelmente ao impetrante.

A desistência do mandado de segurança engloba não apenas a desistência do uso do remédio constitucional, mas, ainda, da própria garantia e de suas implicações. O próprio sistema consagra, aliás, a dispositividade do uso dessa via processual, inclusive ao subordinar o seu manejo à observância do prazo decadencial de cento e vinte dias.

O acórdão esclarece, também, que não se pode presumir a má-fé do impetrante em razão da prática do ato de desistência do mandado de segurança. Para que essa má-fé restasse demonstrada, necessário seria que o impetrante, de fato, viesse a promover um procedimento ordinário (procedimento comum, nos termos do CPC/2015) com o mesmo objeto e que se demonstrasse, nesse segundo processo, a litigância temerária.

Com base em tais fundamentos, o STF deu provimento ao recurso extraordinário interposto, reformando o acórdão proferido pelo Superior Tribunal de Justiça para restabelecer o acórdão do TRF da 2ª Região que homologou a desistência apresentada pelo impetrante.

---

173. É importante deixar claro que a reflexão constante do acórdão quanto à desnecessidade de obtenção de tutela jurisdicional pelo Estado relaciona-se ao procedimento do mandado de segurança (quando figure como impetrado). O próprio julgado esclarece que, em outros procedimentos, o Estado pode eventualmente necessitar dessa tutela.

◉ Síntese do debate constante do acórdão que fixou o precedente:

Argumentos favoráveis à tese fixada:	Argumentos contrários à tese fixada:
• O julgamento de mérito do mandado de segurança, favorável ou contrário à pretensão mandamental, não obsta a que a parte impetrante dele desista, submetendo-se às consequências formais e materiais decorrentes de sua declaração unilateral de vontade. A desistência é possível até o julgamento do recurso extraordinário interposto (Min. Celso de Mello). • O argumento que sufraga a impossibilidade de desistência do mandado de segurança a qualquer tempo, sob pena de ofensa à jurisdição, parte da premissa (não adotada no voto condutor do acórdão do STF) de que qualquer carência de integração da lei especial do mandado de segurança será sempre suprida pelo CPC (lei geral), não podendo sê-lo, também, por uma interpretação decorrente de seus próprios princípios especiais (Min. Rosa Weber). • O argumento contrário à possibilidade de desistência do mandado de segurança após a prolatação da sentença propugna pela manutenção desta não por sua essência, pelo que é, mas pela qualidade de um de seus efeitos (formação de coisa julgada) (Min. Rosa Weber).	Proferida a decisão definitiva no mandado de segurança, não mais se revela viável a desistência da demanda, dada a potencialidade da decisão de mérito para a formação de coisa julgada. Logo, a desistência equivaleria a verdadeira "rescisória" da decisão de mérito, sob o disfarce do exercício de um direito potestativo, já que, por vontade da parte impetrante, a decisão simplesmente desapareceria do mundo jurídico. É teratológico cogitar-se de uma extinção de processo sem resolução do mérito após ter sido julgado o mérito (Min. Luiz Fux).
Há precedentes do STF que testificam a possibilidade de desistência do mandado de segurança após o proferimento de decisão de mérito. Nesse sentido, são invocados, exemplificativamente, o RE 259343/SP, o RE 144.972/RJ e o RE 167.224-AgR/MG (Min. Celso de Mello).	As decisões anteriores do STF que apontam a possibilidade de desistência do mandado de segurança após o proferimento de <u>decisão de mérito</u> tomam por base precedente que, em verdade, não tratou de tal temática, mas, sim, da possibilidade de desistência do mandado de segurança, <u>após o oferecimento das informações</u>, sem a necessidade de manifestação de concordância da autoridade impetrada (MS nº 20476). Da mesma forma, outros precedentes citados versam, em verdade, sobre perda do objeto do *writ*, pelo atendimento espontâneo da pretensão pela Administração Pública (RE 86958) ou de desistência de recurso interposto (RMS nº 2649 e RMS 1680) (Min. Luiz Fux).
• O mandado de segurança é instrumento concebido para tutelar interesse do cidadão, combatendo o "arbítrio" estatal, o que possibilita que o impetrante, enquanto não transitada em julgado a decisão que julgar o mandado de segurança, deve poder desistir (Min. Ricardo Lewandowski).	A parte impetrada, sendo beneficiada por uma decisão de mérito a si favorável, tem direito constitucional a ver tal decisão acobertada pela coisa julgada, caso não haja interesse do impetrante em impugná-la. O entendimento que permitisse a desistência do mandado de segurança nessa circunstância

Argumentos favoráveis à tese fixada:	Argumentos contrários à tese fixada:
• O mandado de segurança não contempla lide em sentido material (controvérsia) (Min. Rosa Weber). • O Estado, para exercer sua função administrativa, não depende, como regra, de atuação do Poder Judiciário. Não necessita ele, em sede de mandado de segurança, da obtenção de tutela jurisdicional para executar as atividades que lhe competem, tal qual ocorre com o particular, para ver atendida a sua pretensão (Min. Rosa Weber). • O mandado de segurança é instrumento de defesa do cidadão contra o Estado, não gerando direito para este (Min. Dias Toffoli).	violaria o art. 5º, XXXVI, da CRFB de 1988[174] e não se pautaria em nenhuma base legal ou doutrinária. O Estado também é destinatário de direitos fundamentais processuais (Min. Luiz Fux).
sem contra-argumento	A possibilidade de desistência, pelo impetrante, do mandado de segurança com decisão de mérito já proferida afronta a racionalidade da administração da justiça. Não se pode impor ao Judiciário que examine o mesmo caso reiteradas vezes (Min. Luiz Fux).
sem contra-argumento	O fato de o impetrante ter sido beneficiado, em outro processo, com decisão que homologou a desistência de mandado de segurança após a prolação de decisão de mérito não lhe confere direito de ver aquela tese aplicada neste processo, sendo despida a decisão de eficácia panprocessual (Min. Luiz Fux).
• A atuação do impetrante, ao desistir do mandado de segurança, se eivada de litigância de má-fé, acarretará a sua responsabilização (Min. Ricardo Lewandowski) • A atuação desleal do impetrante submete-o a sanções decorrentes de seu comportamento ilícito (Min. Celso de Mello). • Não se pode presumir a má-fé do impetrante em razão da prática do ato de desistência do mandado de segurança. Para que essa má-fé restasse demonstrada, necessário seria que o impetrante, de fato, viesse a promover um procedimento ordinário (procedimento comum, nos termos do CPC/2015) com o mesmo objeto e que se demonstrasse, nesse segundo processo, a litigância temerária (Min. Rosa Weber).	Esse mecanismo de desistência pode ser utilizado pela parte impetrante de modo fraudulento (ex.: o impetrante obtém tutela provisória a si favorável para liberação de mercadoria e depois desiste do mandado de segurança. Eventual perda de eficácia jurídica da tutela provisória concedida não afastaria a sua eficácia social (no plano prático), já que a mercadoria já houvera sido entregue) (Min. Luiz Fux).

---

174. "Art. 5º Todos são iguais perante a lei, sem distinção de qualquer natureza, garantindo-se aos brasileiros e aos estrangeiros residentes no País a inviolabilidade do direito à vida, à liberdade, à igualdade, à segurança e à propriedade, nos termos seguintes: (...) XXXVI – a lei não prejudicará o direito adquirido, o ato jurídico perfeito e a coisa julgada; (...)"

Argumentos favoráveis à tese fixada:	Argumentos contrários à tese fixada:
O STF tem se posicionado no sentido de que o art. 267, § 4°, do CPC/1973[175] não se aplica ao mandado de segurança, sendo dispensável, para a desistência da ação mandamental, a anuência quer da autoridade apontada como coatora, quer da entidade estatal a que aquela se vincula (Min. Celso de Mello).	O art. 19 da Lei nº 12.016/2009[176] (que regra o mandado de segurança) impede que a pretensão deduzida na ação mandamental seja formulada utilizando-se das vias ordinárias quando existente sentença ou acórdão de mérito que denegue mandado de segurança (Min. Marco Aurélio).

◉ Fique atento:

- O voto condutor do acórdão proferido pelo STF no RE 669367/RJ desenvolve uma linha lógica de raciocínio que pode ser aplicada a outros casos em que se discuta a integração de um regramento legal especial, diante de suas lacunas. O voto destaca que a escolha da melhor forma de integração da lacuna legal deve se dar a partir da análise do caso concreto, não podendo ser firmada *a priori*, ou seja, sem consideração às especificidades do caso sob julgamento. Nem a primazia da integração pelo diploma legal geral (no caso, o CPC), nem a preponderância da autonomia do regramento especial pode ser adotada como critério único para a atividade integrativa.

◉ Questões de Concurso relacionadas ao tema:

Questão 01 (CESPE. BACEN. Procurador. 2013) No que se refere aos remédios constitucionais, assinale a opção correta à luz da legislação de regência e do entendimento do STF.

a) É possível a desistência de mandado de segurança após a sentença de mérito, ainda que favorável ao impetrante, sem a anuência do impetrado.

b) Para o cabimento do habeas data, não é necessário que o impetrante comprove prévia recusa do acesso a informações ou de sua retificação.

c) As decisões interlocutórias proferidas no âmbito dos juizados especiais são passíveis de mandado de segurança.

d) O STF não tem competência para apreciar mandado de injunção impetrado por servidor público municipal.

e) Contra decisão denegatória de habeas corpus proferida por tribunal superior é admitida a impetração de novo habeas corpus.

---

175. "Art. 267. Extingue-se o processo, sem resolução de mérito: (...) § 4° Depois de decorrido o prazo para a resposta, o autor não poderá, sem o consentimento do réu, desistir da ação." Este dispositivo corresponde, no CPC/2015, ao art. 485, § 4°: "Art. 485. O juiz não resolverá o mérito quando: (...) § 4° Oferecida a contestação, o autor não poderá, sem o consentimento do réu, desistir da ação".

176. "Art. 19. A sentença ou o acórdão que denegar mandado de segurança, sem decidir o mérito, não impedirá que o requerente, por ação própria, pleiteie os seus direitos e os respectivos efeitos patrimoniais".

Questão 02 (CESPE. TJ-DF. Analista Judiciário – Área Judiciária. 2015) A respeito de mandado de segurança, julgue os itens que se seguem. À luz do entendimento do STF, a desistência do mandado de segurança, total ou parcial, depende da aquiescência da autoridade impetrada.

( ) Certo   ( ) Errado

Questão 03 (CESPE. TJ-AM. JUIZ SUBSTITUTO. 2016 – Adaptada) Julgue o item a seguir, considerando a jurisprudência do STF.

Não se admite que o impetrante desista da ação de mandado de segurança sem aquiescência da autoridade apontada como coatora ou da entidade estatal interessada, após prolação de sentença de mérito.

( ) Certo   ( ) Errado

> **Gabarito: 1-A; 2-E; 3-E**

Tema 722: "Competência para julgar mandado de segurança impetrado contra ato de dirigente de sociedade de economia mista federal".

Tese: "Compete à justiça federal comum processar e julgar mandado de segurança quando a autoridade apontada como coatora for autoridade federal, considerando-se como tal também os dirigentes de pessoa jurídica de direito privado investidos de delegação concedida pela União".

FICHA TÉCNICA	
Leading case:	**RE 726035/SE**
Descrição do caso feita pelo STF:	"Recurso extraordinário em que se discute, à luz do art. 5°; 109, I; e 173, § 1°, II, da Constituição federal, a competência para processar e julgar mandados de segurança em que a autoridade coatora é dirigente de sociedade de economia mista federal, como no caso, a Petróleo Brasileiro S.A. – Petrobras".
Dispositivo(s) constitucional(is) envolvido(s):	"Art. 109. Aos juízes federais compete processar e julgar: I – as causas em que a União, entidade autárquica ou empresa pública federal forem interessadas na condição de autoras, rés, assistentes ou oponentes, exceto as de falência, as de acidentes de trabalho e as sujeitas à Justiça Eleitoral e à Justiça do Trabalho; (...) VIII – os mandados de segurança e os *habeas data* contra ato de autoridade federal, excetuados os casos de competência dos tribunais federais; (...)"

FICHA TÉCNICA	
Leading case:	**RE 726035/SE**
	"Art. 173. Ressalvados os casos previstos nesta Constituição, a exploração direta de atividade econômica pelo Estado só será permitida quando necessária aos imperativos da segurança nacional ou a relevante interesse coletivo, conforme definidos em lei. § 1º A lei estabelecerá o estatuto jurídico da empresa pública, da sociedade de economia mista e de suas subsidiárias que explorem atividade econômica de produção ou comercialização de bens ou de prestação de serviços, dispondo sobre: (...) II – a sujeição ao regime jurídico próprio das empresas privadas, inclusive quanto aos direitos e obrigações civis, comerciais, trabalhistas e tributários; (...)".
Data de reconhecimento da repercussão geral:	24/04/2014
Data de julgamento do mérito recursal:	24/04/2014
Houve unanimidade?	Não
Data de publicação do acórdão de julgamento do recurso:	05/05/2014 (julgamento do recurso extraordinário)
Trânsito em julgado do acórdão:	12/05/2014

⊙ Comentários:

Em virtude de haver sido reprovado na fase de exames médicos de concurso público promovido pela Petróleo Brasileiro S.A. – PETROBRAS e objetivando impugnar o ato administrativo de sua exclusão, um candidato impetrou mandado de segurança contra ato do Gerente do Setor de Pessoal daquela sociedade de economia mista federal. Em primeiro grau, o *writ* foi extinto sem resolução do mérito, fundando-se a sentença na necessidade de dilação probatória para análise da pretensão formulada.

Interposto o recurso de apelação contra a sentença, o Tribunal de Justiça do Estado da Bahia declarou a sua incompetência absoluta para processar e julgar o feito, reputando competente para tanto a Justiça Federal.

Após o encerramento das vias ordinárias, o acórdão foi impugnado por recurso extraordinário, suscitando-se violação aos arts. 109, I, e 173 da CRFB de 1988 (e, ainda, contrariedade aos enunciados nº 517 e 556 da súmula da jurisprudência dominante do STF[177]). A perspectiva invocada para defesa dessa afronta à Constituição consistiu na circunstância de não ser a União parte ou interveniente no feito e de se tratar a PETROBRAS de socie-

---

177. Enunciado nº 517 da Súmula do STF: "As sociedades de economia mista só têm foro na Justiça Federal, quando a União intervém como assistente ou opoente". Enunciado nº 566 da Súmula do STF: "É competente a Justiça comum para julgar as causas em que é parte sociedade de economia mista".

dade de economia mista federal, não havendo, portanto, hipótese caracterizadora da competência da Justiça Federal.

A questão debatida no recurso atine, em última análise, à definição quanto ao **juízo competente para processar e julgar mandados de segurança impetrados com o escopo de impugnar atos praticados por autoridades pertencentes a pessoas jurídicas de direito privado, exercentes de atividades delegadas**.

O acórdão proferido pelo STF no julgamento do RE 726035/SE estabeleceu as seguintes premissas de raciocínio: **a)** o **art. 109, VIII, da CRFB de 1988**[178], ao atribuir aos juízes federais a competência para processar e julgar os mandados de segurança impetrados contra atos de autoridades federais estabeleceu um critério de fixação da **competência** *ratione personae* **(em razão da pessoa), definível pela autoridade responsável pela prática do ato impugnado ou pela omissão atacada (e não pela pessoa jurídica a que pertença); b)** o art. 1º, § 1º, da Lei nº 12.016/2009[179] equipara à autoridade, dentre outros, os "dirigentes de pessoas jurídicas ou as pessoas naturais no exercício de atribuições do poder público, somente no que disser respeito a essas atribuições". Por sua vez, segundo dispõe o art. 2º da mesma Lei[180], **se as consequências de ordem patrimonial do ato contra o qual se requer o mandado houverem de ser suportadas pela União ou por entidade que controle, a autoridade nele indicada será considerada federal; c)** os atos praticados no âmbito de sociedade de economia mista, quando decorram do exercício de **atividade delegada da União**, enquadram-se como atos praticados por autoridade federal, atraindo, por conseguinte, a **competência da Justiça Federal para processar e julgar os mandados de segurança** contra eles impetrados.

Entendendo que o ato impugnado no mandado de segurança fora praticado por dirigente de pessoa jurídica de direito privado no exercício de delegação conferida pela União, o STF, reafirmando a sua jurisprudência sobre o tema[181], negou provimento ao recurso extraordinário interposto, mantendo o acórdão do TJ/SE que reconheceu a competência da Justiça Federal para processar e julgar a demanda.

O Ministro Marco Aurélio limitou-se a se pronunciar pela existência de repercussão geral, entendendo inadequada a submissão do mérito do recurso extraordinário à análise em Plenário Virtual.

---

178. "Art. 109. Aos juízes federais compete processar e julgar: (...)VIII – os mandados de segurança e os habeas data contra ato de autoridade federal, excetuados os casos de competência dos tribunais federais; (...)".

179. "Art. 1º Conceder-se-á mandado de segurança para proteger direito líquido e certo, não amparado por habeas corpus ou habeas data, sempre que, ilegalmente ou com abuso de poder, qualquer pessoa física ou jurídica sofrer violação ou houver justo receio de sofrê-la por parte de autoridade, seja de que categoria for e sejam quais forem as funções que exerça. § 1º Equiparam-se às autoridades, para os efeitos desta Lei, os representantes ou órgãos de partidos políticos e os administradores de entidades autárquicas, bem como os dirigentes de pessoas jurídicas ou as pessoas naturais no exercício de atribuições do poder público, somente no que disser respeito a essas atribuições".

180. "Art. 2º Considerar-se-á federal a autoridade coatora se as consequências de ordem patrimonial do ato contra o qual se requer o mandado houverem de ser suportadas pela União ou entidade por ela controlada".

181. Foram citados, como exemplos, o RE 609389 AgR, o ARE 704944 AgR e o RE 657538 AgR – decisões proferidas após a CRFB de 1988 – e, ainda, o RE 116339 e o RE 101109, cujos julgados referem-se à revogada CRFB de 1967, após o advento da EC 01/1969. Também foram indicadas, no acórdão, decisões monocráticas proferidas no mesmo sentido.

◉ Fique atento:

- A situação fática verificada no processo de que se originou o RE 726035/SE representa exemplo de hipótese em que a competência é definida pelo autor, de acordo com a escolha do procedimento de que irá se utilizar para veicular a sua pretensão. Tendo optado pela impetração de mandado de segurança, configura-se a competência da Justiça Comum Federal, pelas razões apontadas no voto condutor do acórdão do STF, em especial, por exercer a autoridade impetrada uma atividade delegada da União, atrativa, portanto, da regra de competência do art. 109, VIII, da CRFB de 1988, nos termos explicitados pelo art. 2º da Lei nº 12.016/2009. Caso houvesse sido proposta uma demanda pelo procedimento comum, a competência seria da Justiça Comum Estadual, por se tratar a PETROBRAS de sociedade de economia federal, não estando, portanto, enquadrada na regra de competência estabelecida no art. 109, I, da CRFB de 1988.

◉ Questões de Concurso relacionadas ao tema:

Questão 01 (TRF-4ªR. TRF-4ªR. Juiz Federal Substituto. 2016 – Adaptada) Para fins de mandado de segurança, considerar-se-á federal a autoridade coatora se as consequências de ordem patrimonial do ato contra o qual se requer o mandado houverem de ser suportadas pela União ou por entidade por ela controlada, mesmo que se trate de sociedade de economia mista.

( ) Verdadeiro ( ) Falso

Gabarito: 1-V

4.23. MANDADO DE INJUNÇÃO

Tema 727: "Definição da legitimidade passiva ad causam e, portanto, da competência para julgar o mandado de injunção impetrado por servidores públicos municipais, estaduais e distritais em que se pretende a declaração de mora legislativa para edição da lei complementar relativa à disciplina da aposentadoria especial de servidor público, a que alude o § 4º do art. 40 da Constituição federal".

Tese: "Compete ao Supremo Tribunal Federal julgar mandado de injunção referente à omissão quanto à edição da lei complementar prevista no art. 40, § 4º, da Constituição de 1988".

FICHA TÉCNICA	
Leading case:	**RE 797905/SE**
Descrição do caso feita pelo STF:	"Recursos extraordinários em que se discute, à luz dos arts. 24, XII, e 40, § 4°, da Constituição federal, a legitimidade de Governador de estado-membro para figurar no pólo passivo de mandado de injunção, em que se objetiva declarar a omissão legislativa para disciplinar a aposentadoria especial de servidor público, por entender que é da União a competência privativa para regulamentar mencionada aposentadoria, com a consequente competência do Supremo Tribunal Federal para julgar referido *mandamus*, não obstante a competência legislativa concorrente para legislar sobre previdência social".
Dispositivo(s) constitucional(is) envolvido(s):	"Art. 24. Compete à União, aos Estados e ao Distrito Federal legislar concorrentemente sobre: (...) XII – previdência social, proteção e defesa da saúde; (...)"

"Art. 40. Aos servidores titulares de cargos efetivos da União, dos Estados, do Distrito Federal e dos Municípios, incluídas suas autarquias e fundações, é assegurado regime de previdência de caráter contributivo e solidário, mediante contribuição do respectivo ente público, dos servidores ativos e inativos e dos pensionistas, observados critérios que preservem o equilíbrio financeiro e atuarial e o disposto neste artigo. (...) § 4° É vedada a adoção de requisitos e critérios diferenciados para a concessão de aposentadoria aos abrangidos pelo regime de que trata este artigo, ressalvados, nos termos definidos em leis complementares, os casos de servidores: I – portadores de deficiência; II que exerçam atividades de risco; III – cujas atividades sejam exercidas sob condições especiais que prejudiquem a saúde ou a integridade física". |
Data de reconhecimento da repercussão geral:	15/05/2014
Data de julgamento do mérito recursal:	15/05/2014
Houve unanimidade?	Não
Data de publicação do acórdão de julgamento do recurso:	29/05/2014 (julgamento do recurso extraordinário)
Trânsito em julgado do acórdão:	09/06/2014

◉ Comentários:

O Estado de Sergipe e o Instituto de Previdência dos Servidores do Estado de Sergipe – SERGIPEPREVIDÊNCIA interpuseram recursos extraordinários contra acórdão proferido pelo Tribunal de Justiça do Estado de Sergipe que concedeu, parcialmente, mandado de injunção impetrado por servidora pública estadual, reconhecendo configurada a mora legislativa do Estado-membro, ao não disciplinar a aposentadoria especial dos seus servidores públicos pelo exercício de atividade insalubre, nos termos do art. 40, § 4°, da CRFB de 1988.

Os recursos extraordinários, nos quais se alegou violação aos arts. 24, XII, e 40, § 4º, da CRFB de 1988, reputam ser competência privativa da União a edição da Lei Complementar disciplinadora da matéria estabelecida no art. 40, § 4º, da CRFB de 1988, de modo que a iniciativa legislativa é do Presidente da República, o que confere ao Supremo Tribunal Federal a competência originária para processar e julgar o mandado de injunção.

O entendimento da jurisprudência do STF, que foi reafirmado no julgamento do RE 797905/SE, é no sentido de que, **embora se trate de competência legislativa concorrente, a matéria demanda regulamentação uniforme, por norma nacional, cuja iniciativa legislativa** é **do Presidente da República**. Foram citados os seguintes precedentes: MI-ED4366, MI-AgR 1328, RE-AgR 745628, MI-AgR 1545, MI-AgR 1832 e MI-AgR 1898.

Por consequência, **concluiu-se ser do Supremo Tribunal Federal a competência para processar e julgar mandado de injunção impetrado por servidor público (federal, estadual, distrital ou municipal), versando sobre essa temática**. Foram citados os seguintes precedentes: MI-AgR-Segundo 4.158, MI-AgR 4.457, MI-AgR 2.247, MI-AgR-Segundo 1.675, MI-AgR 1.909, MI-ED-AgR 3.876 e ARE-AgR 678.410.

Nestes termos, os recursos extraordinários tombados sob o nº RE 797905/SE foram providos pelo STF, extinguindo-se o mandado de injunção impetrado sem resolução do mérito, em razão da ilegitimidade do Governador do Estado de Sergipe para figurar no polo passivo da demanda.

O Ministro Marco Aurélio limitou-se a se pronunciar pela existência de repercussão geral, entendendo inadequada a submissão do mérito do recurso extraordinário à análise em Plenário Virtual.

◉ Fique atento:

- Sobre o tema discutido no RE 797905/SE, há enunciado de Súmula Vinculante aprovado pelo STF e publicado no DJE de 24/04/2014, que dispõe: "Súmula Vinculante 33 – Aplicam-se ao servidor público, no que couber, as regras do regime geral da previdência social sobre aposentadoria especial de que trata o artigo 40, § 4º, inciso III da Constituição Federal, até a edição de lei complementar específica". Sob essa ótica, conforme salientado pelo Ministro Gilmar Mendes em seu voto, **sequer há mais, atualmente, interesse jurídico na impetração de mandados de injunção acerca dessa matéria.**

◉ Questões de Concurso relacionadas ao tema:

Questão 01 (FCC. MPE-PE. PROMOTOR DE JUSTIÇA. 2014) *Em 24 de abril do ano em curso, foi publicada no Diário Oficial a Súmula Vinculante nº 33, do Supremo Tribunal Federal, aprovada em sessão do dia 9 do mesmo mês, com o seguinte teor: "Aplicam-se ao servidor público, no que couber, as regras do regime geral da previdência social sobre aposentadoria especial de que trata o artigo 40, § 4º, inciso III da Constituição Federal, até a edição de lei complementar específica". O dispositivo constitucional referido na súmula vinculante em questão estabelece que "é vedada a adoção de requisitos e critérios diferenciados para a concessão de aposentadoria aos abrangidos pelo regime de que trata este artigo, ressalvados, nos termos definidos em leis complementares, os casos de servidores (...) cujas* *atividades sejam exercidas sob condições especiais que prejudiquem a saúde ou a integri-dade física".* Determinado servidor público da Administração direta federal, que exerce sua atividade sob condição especial que lhe prejudica a saúde, requer que lhe seja concedida a aposentadoria especial, em conformidade com as regras do regime geral da previdência social, no que couber, pedido que, no entanto, lhe é negado, administrativamente, sob o fundamento de não ter sido editada a lei complementar que deverá regulamentar a matéria, relativamente aos servidores públicos. Nesta hipótese, a fim de ver atendida sua pretensão, poderá o interessado valer-se, judicialmente, de:

a) ação popular, perante o Superior Tribunal de Justiça.

b) reclamação, perante o Supremo Tribunal Federal.

c) mandado de segurança, perante a Justiça do Trabalho.

d) mandado de injunção, perante o Superior Tribunal de Justiça.

e) ação direta de inconstitucionalidade por omissão, perante o Supremo Tribunal Federal.

> **Gabarito: 1-B**

4.24. AÇÃO CIVIL PÚBLICA

Tema 56: "Legitimidade do Ministério Público para propor ação civil pública em que se questiona acordo firmado entre o contribuinte e o Poder Público para pagamento de dívida tributária".

Tese: "O Ministério Público tem legitimidade para propor ação civil pública com o objetivo de anular Termo de Acordo de Regime Especial — TARE firmado entre o Poder Público e contribuinte, em face da legitimação *ad causam* que o texto constitucional lhe confere para defender o erário".

FICHA TÉCNICA	
Leading case:	**RE 576155/DF**
Descrição do caso feita pelo STF:	"Recurso extraordinário em que se discute, à luz dos artigos 5º, XXXV; e 129, III e IX, da Constituição Federal, a legitimidade, ou não, do Ministério Público para propor ação civil pública que visa anular Termo de Acordo de Regime Especial – TARE, firmado entre o Distrito Federal e empresa, para estabelecer regime especial de apuração do Imposto sobre Circulação de Mercadorias e Serviços – ICMS devido por esta".

FICHA TÉCNICA	
Leading case:	**RE 576155/DF**
Dispositivo(s) constitucional(is) envolvido(s):	"Art. 5° Todos são iguais perante a lei, sem distinção de qualquer natureza, garantindo-se aos brasileiros e aos estrangeiros residentes no País a inviolabilidade do direito à vida, à liberdade, à igualdade, à segurança e à propriedade, nos termos seguintes: (...) XXXV – a lei não excluirá da apreciação do Poder Judiciário lesão ou ameaça a direito; (...)". "Art. 129. São funções institucionais do Ministério Público: (...) III – promover o inquérito civil e a ação civil pública, para a proteção do patrimônio público e social, do meio ambiente e de outros interesses difusos e coletivos; (...) IX – exercer outras funções que lhe forem conferidas, desde que compatíveis com sua finalidade, sendo-lhe vedada a representação judicial e a consultoria jurídica de entidades públicas".
Data de reconhecimento da repercussão geral:	03/04/2008
Data de julgamento do mérito recursal:	12/08/2010 (julgamento do recurso extraordinário) 14/05/2014 (julgamento de embargos de declaração)
Houve unanimidade?	Não
Data de publicação do acórdão de julgamento do recurso:	25/11/2010 (julgamento do recurso extraordinário) 02/06/2014 (julgamento de embargos de declaração)
Trânsito em julgado do acórdão:	01/07/2014

⊙ Comentários:

O Ministério Público do Distrito Federal e Territórios ajuizou ação civil pública contra uma empresa e o Distrito Federal, objetivando, com fundamento na ocorrência de lesão ao patrimônio público, a anulação de Termo de Acordo de Regime Especial – TARE[182] entre ambos celebrado (ou, ao menos, de sua primeira cláusula), bem como a condenação da empresa ao pagamento do valor atualizado do imposto não recolhido.

Julgada procedente a demanda em primeiro grau, houve a interposição de recursos de apelação, nos quais foi arguida a ilegitimidade do Ministério Público para propor ação civil pública em matéria tributária, bem como a inadequação do procedimento para solucionar a questão.

A preliminar de ilegitimidade *ad causam* do Ministério Público foi acolhida pelo TJ/DF, dando ensejo à interposição do RE 576.155/DF. No referido recurso extraordinário, o *Parquet* afirma que a pretensão veiculada na ação civil pública não se volve à defesa de interesses individuais de contribuintes, mas, sim, à defesa do próprio sistema tributário, do

---

182. Trata-se de termo concernente à adoção de regime especial de apuração de ICMS (Imposto sobre Circulação de Mercadorias e Serviços) devido pela empresa, com base na Lei Distrital n° 1254/1996, alterada pela Lei Distrital n° 2381/1999.

pacto federativo e do patrimônio público, violados pela realização desses acordos concessivos de benefícios fiscais.

O voto condutor do acórdão do STF entendeu que a demanda proposta não se volve à proteção de interesse individual, mas, sim, de interesse metaindividual (coletivo). Pondera que **o benefício fiscal conferido a uma empresa privada pode, em tese, revelar-se lesivo ao patrimônio público, legitimando, portanto, a atuação do Ministério Público, nos termos do art. 129, III, da CRFB de 1988, já que compete ao *Parquet*, como função institucional, a proteção desse patrimônio**.

Salienta, ainda, que a jurisprudência do STF reconhece legitimidade ao Ministério Público para a defesa de interesses metaindividuais, a exemplo da propositura de demandas objetivando discutir reajustes de mensalidades escolares considerados abusivos ou ilegais (foram citados os seguintes precedentes: RE 190976 e RE 163231). De igual modo, destaca que o STF tem reconhecido a legitimidade do *Parquet* para promover a defesa do erário em juízo (foram citados os seguintes precedentes: AI-ED 497618, AI-AgR 491081, RE 267023 e RE 248202).

Destaca que a defesa do erário e da higidez do processo arrecadatório, perseguida pelo Ministério Público, confere ao direito a ser tutelado inegável caráter metaindividual, não podendo ser confundido com a proteção de um direito individualizado de determinado contribuinte, por exemplo. Desse modo, seria inaplicável ao caso o art. 1º, parágrafo único, da Lei nº 7.347/1985[183-184].

Com base em tais fundamentos, foi provido o RE 576.155/DF, anulando-se o acórdão recorrido e determinando-se o retorno dos autos à instância *a quo* para análise da questão de mérito.

⊙ Síntese do debate constante do acórdão que fixou o precedente:

Argumentos favoráveis à tese fixada:	Argumentos contrários à tese fixada:
• A defesa do erário e da higidez do processo arrecadatório, perseguida pelo Ministério Público, confere ao direito a ser tutelado inegável caráter metaindividual, não podendo ser confundido com a proteção de um direito individualizado de determinado contribuinte, por exemplo. Desse modo, seria inaplicável ao caso o art. 1º, parágrafo único, da Lei nº 7.347/1985 (Min. Ricardo Lewandowski).	• O objeto da demanda enquadra-se na exceção prevista no art. 1º, parágrafo único, da Lei nº 7.347/1985, tendo em vista se tratar de demanda que versa sobre matéria tributária cujos beneficiários podem ser individualmente determinados, o que afasta a alegação de que se trataria de ação civil pública destinada à defesa de direito metaindividual (Min. Menezes Direito).

---

183. "Art. 1º Regem-se pelas disposições desta Lei, sem prejuízo da ação popular, as ações de responsabilidade por danos morais e patrimoniais causados: (...) Parágrafo único. Não será cabível ação civil pública para veicular pretensões que envolvam tributos, contribuições previdenciárias, o Fundo de Garantia do Tempo de Serviço – FGTS ou outros fundos de natureza institucional cujos beneficiários podem ser individualmente determinados".

184. Em sentido contrário, o Superior Tribunal de Justiça, ao julgar o RESP 845.034/DF, do qual foi relator o Ministro José Delgado, concluiu ser o Ministério Público parte ilegítima para propor ação civil pública para discussão de validade de TARE celebrado pelo Distrito Federal com empresa privada, por entender versar o TARE sobre matéria tributária individualizável, estando a hipótese, portanto, abarcada na regra do art. 1º, parágrafo único, da Lei nº 8.437/1985.

Argumentos favoráveis à tese fixada:	Argumentos contrários à tese fixada:
• A competência tributária, vista sob a perspectiva de proteção de direitos fundamentais individualizáveis (patrimônio, livre concorrência, liberdade de exercício de atividade econômica ou profissional, desde que lícita), não pode ser discutida pelo Ministério Público em sede de ação civil pública, por lhe faltar legitimidade para tanto. A demanda examinada, porém, versa sobre outros aspectos da competência tributária, afetos à Federação (pacto federativo), que se revelam como interesses sociais indisponíveis, quais sejam: a gestão financeira responsável e a observância de normas que buscam garantir a harmonia entre os entes federados. Neste sentido, a instituição de tributos e sua arrecadação funcionam como garantia de manutenção do equilíbrio federativo, por conferirem aos entes federados fontes diretas de obtenção de recursos. Além disso, a arrecadação de tributos viabiliza o pagamento das contas públicas e a realização de objetivos constitucionais. Por fim, sob o aspecto econômico, a concessão de benefício fiscal (ou a não instituição de um tributo) por um ente federativo gera, no seu espaço territorial, condições mais propícias para a realização de atividades econômicas, reduzindo-lhes os custos. Para evitar que essa prática se torne predatória (guerra fiscal), em prejuízo da harmônica convivência federativa e da busca da redução das desigualdades regionais, devem ser observados os parâmetros constitucionais de controle da concessão desses benefícios. Nesse contexto, a ação civil pública proposta discute se a criação do regime diferenciado de apuração do ICMS no Distrito Federal, por normas individuais e abstratas, causa lesão ao erário (ao deixar de observar a Lei de Responsabilidade Fiscal (LC 101/2000), a legalidade tributária e restrições constitucionais impostas para que se autorize a concessão de benefícios fiscais). O exame da validade do TARE é questão meramente incidental no bojo dessa discussão. O Ministério Público possui, portanto, legitimidade ativa *ad causam* para propositura da demanda (Min. Joaquim Barbosa).	• Cabe à lei conferir densidade normativa aos arts. 127[185] e 129, III, da CRFB de 1988, contribuindo para definir, inclusive, que interesses sociais são passíveis de figurar como objeto de ação civil pública. Assim o fez o art. 1°, parágrafo único, da Lei n° 7347/1985, tomando por base, inclusive, entendimento jurisprudencial consolidado no âmbito do STF. Aliás, caso se afirmasse eventual inconstitucionalidade do dispositivo legal em comento, isso equivaleria, inclusive, a sustentar o equívoco da interpretação que o próprio STF tem feito acerca do art. 127 da CRFB de 1988 (Min. Gilmar Mendes).

---

185. "Art. 127. O Ministério Público é instituição permanente, essencial à função jurisdicional do Estado, incumbindo-lhe a defesa da ordem jurídica, do regime democrático e dos interesses sociais e individuais indisponíveis".

Argumentos favoráveis à tese fixada:	Argumentos contrários à tese fixada:
• O art. 1º, parágrafo único, da Lei nº 7347/1985 deve ser interpretado à luz da Constituição, não podendo afastar a incidência do art. 129, III, da CRFB de 1988 (Min. Ellen Gracie). • A legitimidade do Ministério Público, no caso, tem origem no próprio art. 129, III, da CRFB de 1988 (Min. Cezar Peluso).	
• O caso examinado não contempla situação em que o Ministério Público, agindo como substituto processual de um contribuinte determinado ou determinável, impugna a constitucionalidade de um tributo. Trata-se de situação em que o *Parquet* objetiva impedir a prática de renúncia fiscal danosa pelo ente público, capaz de lesar o patrimônio público, prática esta decorrente da celebração de acordo que previu regime especial de pagamento de tributo (Min. Carlos Ayres Britto). • A alegação de inconstitucionalidade de dispositivo normativo não figura como pedido da demanda, mas, sim, como causa de pedir, o que não impede, portanto, a utilização da ação civil pública (Min. Ellen Gracie).	• A ação civil pública não pode ser utilizada como instrumento substitutivo de ação direta de inconstitucionalidade de norma distrital na qual os acordos celebrados (TARE) se embasam (Min. Menezes Direito). • O benefício fiscal, para ser concedido, depende de autorização dos entes da federação, por intermédio do CONFAZ. Se a Lei Distrital nº 2381/1999 conferiu benefício sem essa autorização, a impugnação ao ato normativo deve ser veiculada em sede de processo objetivo (Min. Gilmar Mendes).
• O Ministério Público, ao promover a ação civil pública sob exame, está atuando em sua função de fiscal de lei[186] e defensor do patrimônio público (Min. Ricardo Lewandowski). • Em situação na qual o contribuinte e o Fisco estão no mesmo lado, havendo lesão ao patrimônio público, caberá, de modo ainda mais importante, a atuação do Ministério Público na defesa daquele interesse público (Min. Marco Aurélio).	• A instituição de regimes tributários especiais é matéria afeta à política tributária, sujeita, portanto, a critérios de oportunidade e conveniência na edição de lei que a institua. Sendo esta inconstitucional, seu combate deve se dar por meio de ação direta de inconstitucionalidade (Min. Menezes Direito). • A atuação do Ministério Público vai de encontro à política de desenvolvimento traçada pelo Distrito Federal[187], podendo, em contrapartida, até mesmo favorecer outras entidades públicas. Há dificuldade em se delimitar, objetiva e subjetivamente, qual o interesse transindividual a ser defendido. No caso do ICMS, não teria como se definir se o Ministério Público, diante de uma "guerra fiscal", estaria defendendo o interesse coletivo dos contribuintes do Estado A, que concedeu o benefício indevidamente, ou do Estado B, que foi prejudicado pelo benefício estabelecido pelo outro ente federativo (Min. Gilmar Mendes).

---

186. No CPC/2015, passou a ser utilizada a expressão fiscal da ordem jurídica.

187. O Ministro Gilmar Mendes registra que o TARE celebrado tem promovido aumento da arrecadação do ICMS do Distrito Federal e gerado empregos diretos e indiretos, uma vez que o benefício fiscal concedido atrai empresas que desejam se instalar no Distrito Federal e movimenta a economia local.

Argumentos favoráveis à tese fixada:	Argumentos contrários à tese fixada:
• Segundo disciplinado no art. 129, III, da CRFB de 1988, a ação civil pública é instrumento processual hábil à defesa do patrimônio público, assim entendido como a "universalidade de bens de expressão econômica do ente político", de caráter material, diferentemente do patrimônio social (imaterial), também passível de proteção por meio da ação civil pública. Aliás, seria paradoxal se qualquer cidadão pudesse ajuizar ação popular para a defesa do patrimônio público e que tal legitimidade não fosse conferida ao Ministério Público, por meio de ação civil pública (Min. Ellen Gracie[188]). • O Ministério Público não está atuando como se fora representante judicial de entidade pública. Bem ao contrário, está indo de encontro a ato praticado pela Fazenda Pública (Min. Cezar Peluso).	• A demanda proposta seria, em verdade, uma ação popular a que se intitulou ação civil pública. O Ministério Público estaria, em última análise, atuando como representante judicial de ente público, função que lhe é constitucionalmente vedada (Min. Eros Grau). • Não se poderia afirmar que o Ministério Público estaria licitamente atuando em defesa do Fisco, tendo em vista haver vedação constitucional de tal atuação (art. 129, IX, da CRFB de 1988[189]) (Min. Gilmar Mendes).
Sem contra-argumento	A ação civil pública em matéria tributária pode resultar ineficaz para a finalidade a que destina, uma vez que a indenização a ser eventualmente paga reverterá ao Fundo a que se refere o art. 13 da Lei n° 4347/1985 (Min. Gilmar Mendes)[190].

⊙ Fique atento:

• No RE576.155/DF, seu relator, o Ministro Ricardo Lewandoski, ao elaborar seu relatório, informa que deixou de ouvir o Ministério Público Federal como fiscal da ordem jurídica (à época, fiscal da lei), tendo em vista que, em casos precedentes nos quais se debatia a mesma questão de direito processual (legitimidade do Ministério Público para promover ação civil pública contra os TAREs celebrados entre o Distrito Federal e empresas provadas), o *Parquet* já havia apresentado manifestação, sempre na mesma linha, defendendo sua legitimidade, em razão da necessidade de defesa do patrimônio público. A dispensa da oitiva obrigatória do Ministério Público lastreou-se em um fundamento pautado na razoabilidade, já que o posicionamento assente do *Parquet* foi levado em consideração (não houve prejuízo), ainda que com base em manifestações externadas em outros processos.

---

188. A Ministra Ellen Gracie cita precedentes em que foi admitida, pelo STF, a possibilidade de defesa do patrimônio público pelo Ministério Público em ações civis públicas (RE 208790, RE 262134-AgR e RE 267023).

189. "Art. 129. São funções institucionais do Ministério Público: (...) IX – exercer outras funções que lhe forem conferidas, desde que compatíveis com sua finalidade, sendo-lhe vedada a representação judicial e a consultoria jurídica de entidades públicas".

190. "Art. 13. Havendo condenação em dinheiro, a indenização pelo dano causado reverterá a um fundo gerido por um Conselho Federal ou por Conselhos Estaduais de que participarão necessariamente o Ministério Público e representantes da comunidade, sendo seus recursos destinados à reconstituição dos bens lesados".

- Ao julgar o Tema nº 645 da Repercussão Geral (ARE 694294/MG), o STF fixou a tese de que "o Ministério Público não possui legitimidade ativa *ad causam* para, em ação civil pública, deduzir em juízo pretensão de natureza tributária em defesa dos contribuintes, que vise questionar a constitucionalidade/legalidade de tributo".

- A tese fixada no Tema nº 645 da Repercussão Geral do STF, no entanto, não conflita com a tese segundo a qual "o Ministério Público tem legitimidade para propor ação civil pública com o objetivo de anular Termo de Acordo de Regime Especial — TARE firmado entre o Poder Público e contribuinte, em face da legitimação *ad causam* que o texto constitucional lhe confere para defender o erário". O entendimento prevalecente é que, no presente caso (Tema nº 56), a demanda proposta não se volveu à proteção de interesse individual, que é o fundamento da vedação contida na tese firmada no Tema nº 645, mas, sim, de interesses metaindividuais (coletivos), quais sejam, o patrimônio público e a higidez do processo arrecadatório.

◉ Questões de Concurso relacionadas ao tema:

Questão 01 (CESPE.DPE-RO. Defensor Público. 2012) O MP ajuizou ação civil pública, visando anular acordo firmado entre o estado X e determinada empresa, por meio do qual o ente federativo concedia à empresa o benefício de inserção em regime especial de apuração tributária. Alegou o MP que a inserção da empresa no referido regime acarretaria cobrança de tributo em valor menor que o devido, o que geraria prejuízo ao referido estado e lesão ao patrimônio público. Com relação à situação hipotética acima descrita, assinale a opção correta.

a) A ação civil pública não é cabível na hipótese, sendo a ação popular o instrumento adequado para o caso.

b) A legitimidade do MP para ajuizar a referida ação civil pública fundamenta-se no fato de o MP estar tutelando a defesa do erário e a higidez da arrecadação tributária. c) O MP não possui legitimidade para ajuizar a referida ação civil pública, dada a caracterização de direito disponível, cujos beneficiários são individualizáveis.

d) O MP não tem legitimidade para ajuizar a referida ação civil pública, visto que a ele não cabe propor ação coletiva cujo objeto seja matéria tributária.

e) O MP só teria legitimidade para ajuizar a referida ação civil pública provocado por associação ou entidade de representação dos contribuintes, situação em que o parquet figuraria no polo ativo da ação como substituto processual.

Questão 02 (CESPE.DPE-BA. Defensor Público. 2010) Julgue o item que se segue, acerca dos interesses coletivos e difusos bem como acerca da legitimidade para a proposição da ACP.

Considere que determinado estado da Federação firme acordo com as empresas ali localizadas, visando à instituição de um regime especial de apuração e cobrança do ICMS, que implique redução fiscal a determinada empresa, bem como diminuição na arrecadação estadual. Nessa situação, conforme entendimento do STF, o MP não tem legitimidade para impugnar, via ACP, esse acordo.

( ) Verdadeiro ( )Falso.

Gabarito: 1-B; 2-F

Tema 607: "Legitimidade da Defensoria Pública para propor ação civil pública em defesa de interesses difusos".

Tese: "A Defensoria Pública tem legitimidade para a propositura de ação civil pública que vise a promover a tutela judicial de direitos difusos ou coletivos de que sejam titulares, em tese, pessoas necessitadas".

FICHA TÉCNICA	
Leading case:	**RE 733433/MG**
Descrição do caso feita pelo STF:	"Recurso extraordinário com agravo em que se discute, à luz do inciso LXXIV do art. 5º; bem como dos arts. 59, 129 e 134, todos da Constituição Federal, a legitimidade da Defensoria Pública para propor ação civil pública em defesa de interesses difusos".
Dispositivo(s) constitucional(is) envolvido(s):	"Art. 5º Todos são iguais perante a lei, sem distinção de qualquer natureza, garantindo-se aos brasileiros e aos estrangeiros residentes no País a inviolabilidade do direito à vida, à liberdade, à igualdade, à segurança e à propriedade, nos termos seguintes: (...) LXXIV – o Estado prestará assistência jurídica integral e gratuita aos que comprovarem insuficiência de recursos; (...)".
	"Art. 59. O processo legislativo compreende a elaboração de: I – emendas à Constituição; II – leis complementares; III – leis ordinárias; IV – leis delegadas; V – medidas provisórias; VI – decretos legislativos; VII – resoluções."
	"Art. 129. São funções institucionais do Ministério Público: (...) III – promover o inquérito civil e a ação civil pública, para a proteção do patrimônio público e social, do meio ambiente e de outros interesses difusos e coletivos; § 1º – A legitimação do Ministério Público para as ações civis previstas neste artigo não impede a de terceiros, nas mesmas hipóteses, segundo o disposto nesta Constituição e na lei.(...)"
	"Art. 134. A Defensoria Pública é instituição permanente, essencial à função jurisdicional do Estado, incumbindo-lhe, como expressão e instrumento do regime democrático, fundamentalmente, a orientação jurídica, a promoção dos direitos humanos e a defesa, em todos os graus, judicial e extrajudicial, dos direitos individuais e coletivos, de forma integral e gratuita, aos necessitados, na forma do inciso LXXIV do art. 5º desta Constituição Federal".
Data de reconhecimento da repercussão geral:	25/10/2012 (no ARE 690838/MG)

FICHA TÉCNICA	
Leading case:	**RE 733433/MG**
Data de julgamento do mérito recursal:	04/11/2015
Houve unanimidade?	Sim (salvo quanto à fixação da tese)
Data de publicação do acórdão de julgamento do recurso:	07/04/2016 (julgamento do recurso extraordinário)
Trânsito em julgado do acórdão:	02/07/2016

◉ Comentários:

A Defensoria Pública do Estado de Minas Gerais ajuizou, em face do Município de Belo Horizonte, ação civil pública objetivando fosse o ente público compelido a manter em funcionamento, de modo contínuo e ininterrupto (em regime de 44 horas semanais), as creches e escolas de educação infantil da rede municipal (inclusive nos meses de dezembro e janeiro).

Suscitada, pelo réu, a ilegitimidade ativa *ad causam* da Defensoria Pública para propor ação civil pública, por ausência de previsão constitucional que lhe confira tal legitimação, foi a preliminar acolhida em primeiro grau, ensejando a extinção do processo sem resolução do mérito. A sentença proferida lastreou-se na ausência de inclusão da Defensoria como legitimada para promover ação civil pública no microssistema de proteção à criança e ao adolescente[191], cujas regras afastariam, pelo critério da especialidade, o regramento da Lei nº 7.347/1985, mesmo com sua nova redação.

Em sede recursal, o Tribunal de Justiça de Minas Gerais reconheceu a legitimidade ativa *ad causam* da Defensoria Pública para promover ação civil pública com vistas à tutela de interesses e direitos difusos, pautando tal legitimidade nos arts. 5º, II, da Lei nº 7.347/1985 (com a redação dada pela Lei nº 11.448/2007) [192] e 4º, VII e VIII, da Lei Complementar nº 80/1994, alterado pela Lei Complementar nº 132/2009[193], todos tidos como constitucionais, porque compatíveis com o art. 129, § 1º, da CRFB de 1988, e aplicáveis ao caso.

---

191. Estatuto da Criança e do Adolescente: "Art. 210. Para as ações cíveis fundadas em interesses coletivos ou difusos, consideram-se legitimados concorrentemente: I – o Ministério Público; II – a União, os estados, os municípios, o Distrito Federal e os territórios; III – as associações legalmente constituídas há pelo menos um ano e que incluam entre seus fins institucionais a defesa dos interesses e direitos protegidos por esta Lei, dispensada a autorização da assembléia, se houver prévia autorização estatutária".

192. A redação originária do art. 5º, caput, da Lei nº 7.347/1985 era a seguinte: "Art. 5º A ação principal e a cautelar poderão ser propostas pelo Ministério Público, pela União, pelos Estados e Municípios. Poderão também ser propostas por autarquia, empresa pública, fundação, sociedade de economia mista ou por associação que: (...)". Após o advento da Lei nº 11.448/2007, esses legitimados foram relacionados nos incisos do art. 5º, com a inclusão, nesse elenco, da Defensoria Pública: "Art. 5º Têm legitimidade para propor a ação principal e a ação cautelar: (...) II – a Defensoria Pública; (...)". Essa nova redação do art. 5º, II, da Lei nº 7.347/1985 foi reputada constitucional pelo STF, no julgamento da ADInº 3943/DF, relatora a Ministra Carmen Lúcia.

193. "Art. 4º São funções institucionais da Defensoria Pública, dentre outras: (...)VII – promover ação civil pública e

Além disso, o acórdão recorrido dispensou, para a demonstração de tal legitimidade, a necessidade de comprovação de hipossuficiência das pessoas tuteladas, em razão da impossibilidade de individualização dos titulares dos direitos de natureza difusa. Entendeu que essa demonstração somente seria exigível quando a ação civil pública tivesse por objeto a proteção de direitos e interesses coletivos *stricto sensu* ou individuais homogêneos.

Contra esse acórdão, o Município de Belo Horizonte interpôs recurso extraordinário, sustentando a inconstitucionalidade dos dispositivos legais invocados pelo Tribunal de Justiça de Minas Gerais como lastreadores da legitimidade *ad causam* da Defensoria Pública, tendo em vista a necessidade de previsão constitucional expressa quanto às partes legitimadas para promover ações civis públicas, o que se extrairia da interpretação literal do art. 129, § 1º, da CRFB de 1988.

O voto condutor do acórdão proferido pelo STF no julgamento do RE 733433/MG pautou-se nas seguintes premissas: **a)** a Constituição Federal, em seu art. 134, *caput* e §§ 1º e 2º, confere autonomias funcional e administrativa à **Defensoria Pública**, reconhece-a como instituição essencial à função jurisdicional do Estado e lhe atribui a incumbência de **promover a orientação jurídica e a defesa dos necessitados; b)** a atuação da Defensoria deve ser regida pelos arts. 5º, LXXIV e 134 da CRFB de 1988; **c) os incisos do art. 4º da Lei Complementar nº 80/1994 que aludem à propositura, pela Defensoria Pública, de ações transindividuais são claros ao enfatizar que tal atuação está dirigida à defesa do público necessitado/hipossuficiente (exceção feita ao inciso XI)**, estando tais dispositivos, portanto, **em conformidade com o *caput* do art. 134 da CRFB de 1988; d)** não deve haver nenhum tipo de monopólio de defesa jurídica dos hipossuficientes, mesmo que em sede de ação civil pública; **e)** a legitimação *ad causam* é opção normativa do legislador, de modo que o rol por ele estabelecido é taxativo. Tal circunstância não afasta, porém, a incidência de regras de hermenêutica, sobretudo quando objetivem alcançar o aspecto teleológico da norma interpretada.

Seguindo essa linha de raciocínio, o voto examinado defende, ainda, que, a despeito da previsão legal, no ordenamento jurídico brasileiro, de uma **legitimação concorrente e disjuntiva para a propositura de demandas coletivas**[194], tal circunstância não autoriza aos legitimados a defesa, em juízo, de todo e qualquer direito transindividual, devendo ser observadas a **pertinência temática** e a **representatividade adequada**. No caso da Defensoria Pública, aplica-se, especialmente, o primeiro desses filtros, devendo haver **adequação entre seu perfil institucional (missão ou destinação constitucional, finalidade para a qual foi criada) e o objeto da demanda proposta**.

O voto condutor do acórdão do RE 733433/MG registra, também, que, em se tratando de direitos/interesses coletivos *stricto sensu* ou individuais homogêneos, há certo consenso quanto à possibilidade de atuação da Defensoria no ajuizamento de ações coletivas, porque mais facilmente identificável a hipossuficiência dos interessados, para aferição da

---

todas as espécies de ações capazes de propiciar a adequada tutela dos direitos difusos, coletivos ou individuais homogêneos quando o resultado da demanda puder beneficiar grupo de pessoas hipossuficientes; VIII – exercer a defesa dos direitos e interesses individuais, difusos, coletivos e individuais homogêneos e dos direitos do consumidor, na forma do inciso LXXIV do art. 5º da Constituição Federal; (...)".

194. Ou seja: há vários sujeitos aos quais a lei conferiu legitimidade para propositura de demandas coletivas e cada um deles pode deflagrá-la independentemente da atuação dos demais.

pertinência temática. O mesmo, contudo, não ocorre quando a demanda tem por objeto um direito/interesse difuso.

Salienta que o caso concreto tem por objeto um direito difuso, uma vez que os beneficiários do provimento pretendido pela Defensoria não estão restritos aos atuais alunos matriculados nas escolas e creches municipais, alcançando, também, os futuros. Uma vez que à Defensoria Pública se reconhece legitimidade para promover ações individuais em defesa de pessoas hipossuficientes, com o escopo de suprir a omissão estatal apontada na inicial da demanda examinada, não haveria impedimento lógico para que aquele ente buscasse a solução do problema por meio de uma demanda coletiva. Raciocínio idêntico pode ser aplicado a casos em que se pretenda o fornecimento de medicamentos para pessoas carentes e a garantia de vagas em escola de educação infantil, por exemplo.

À vista desse quadro, o voto condutor do acórdão proferido no RE 733433/MG concluiu que: **a)** o não reconhecimento da legitimidade da Defensoria Pública para ajuizamento de demandas em que se busque a defesa de direitos/interesses difusos implicaria limitação de atribuição irrenunciável concedida pela Constituição Federal àquela instituição, consistente na defesa dos direitos das classes sociais menos favorecidas economicamente; **b) a Defensoria Pública estará legitimada a promover ação civil pública quando observada a pertinência temática, ou seja, quando a defesa do direito transindividual beneficiar os hipossuficientes econômicos**; **c) essa pertinência temática deve ser demonstrada pela Defensoria Pública** nos autos da demanda transindividual proposta[195]; **d)** a Constituição Federal não conferiu à Defensoria Pública a missão de defesa dos direitos de pessoas vulneráveis, grupo que não se confunde com o das pessoas economicamente necessitadas, embora haja áreas de intersecção entre os grupos; **e) a Defensoria Pública não** é **a exclusiva legitimada para promover ação civil pública em defesa de hipossuficientes econômicos**.

Com base em tais fundamentos, foi negado provimento ao RE 733433/MG e fixada a tese de que "a Defensoria Pública tem legitimidade para a propositura de ação civil pública que vise a promover a tutela judicial de direitos difusos e coletivos de que sejam titulares, em tese, pessoas necessitadas".

O entendimento prevalecente, quanto à interpretação da tese fixada, foi o apresentado pelo Ministro Teori Zavascki, segundo o qual, nas ações civis públicas promovidas pela Defensoria Pública, a questão concernente à existência de pessoas não necessitadas no rol de beneficiados do comando decisório proferido é relevante apenas quando se tratar de demanda que verse sobre direitos individuais homogêneos. Nos casos de direitos coletivos e difusos, sendo eles indivisíveis, a execução sempre atingirá todos os titulares. Quanto aos direitos individuais homogêneos, as execuções individuais do julgado coletivo somente podem ser propostas, nessa circunstância, por necessitados.

O julgamento pelo improvimento do recurso foi proferido à unanimidade; entretanto, o Ministro Marco Aurélio foi vencido na fixação da tese, por entender não deva haver qualquer limitação subjetiva, à Defensoria Pública, para a propositura de ações coletivas,

---

195. O voto condutor do acórdão examinado assentou a existência de hipóteses nas quais a pertinência temática da Defensoria Pública estará mais evidenciada: "i) na tutela dos direitos difusos de consumidores que, embora possam ser indeterminados, vem sendo atendidos, individualmente, e de forma sistemática, pela Defensoria Pública, diante de uma situação específica de violação de seus direitos consumeristas; ii) na tutela de direitos assistenciais difusos de crianças e adolescentes; iii) e nos casos em que um dano ambiental alcance, em especial, áreas onde se encontram instaladas moradias populares ou favelas" (Min. Dias Toffoli).

entendendo ser a sua legitimação abrangente, assim como o é, no entendimento do Ministro, a eficácia *erga omnes* da decisão proferida naquele procedimento coletivo. O Ministro Marco Aurélio compreende o termo "necessitados" do art. 134 da CRFB de 1988 como alusivo aos necessitados de assistência jurídica ou judiciária e não como correspondente aos hipossuficientes econômicos.

⊙ **Fique atento:**

- A tese fixada no RE 733433/MG alinha-se com o julgamento da ADI nº 3943 (Relatora Ministra Carmen Lúcia), em que se discutiu a constitucionalidade do art. 5º, II, da Lei nº 7.347/1985, com a redação que lhe foi conferida pela Lei nº 11.448/2007. O voto condutor do acórdão da ADI concluiu que bastaria, para legitimar a Defensoria Pública à propositura de demandas coletivas, a presunção de que no rol de atingidos pela demanda estariam necessitados, sendo desnecessária a prova de que todo o público-alvo da demanda estaria nessa condição. Além disso, reconheceu que a EC 80/2014 incorporou formalmente à Constituição, no art. 134 da CRFB de 1988, algo que já era materialmente constitucional: a legitimidade da Defensoria para a defesa dos interesses coletivos *lato sensu* dos necessitados, em respeito ao princípio da máxima efetividade da Constituição (ou da eficiência ou da interpretação efetiva) e da dignidade da pessoa humana.

- O Ministro Gilmar Mendes, no voto proferido no julgamento do RE 733433/MG, registrou a necessidade de que o julgamento e a execução de decisões judiciais em ações civis públicas levem em conta a complexidade das decisões político-administrativa em tema de políticas públicas. Cita o exemplo de uma decisão liminarmente proferida em ação civil pública movida pelo Ministério Público em que se determinou a construção de UTI neonatal em Palmas, sob pena de multa por descumprimento. O Ministro afirmou ter proferido, no caso, decisão suspendendo a multa, porquanto sua incidência poderia dificultar ainda mais a efetivação do direito pretendido. Há de se levar em conta, segundo o Ministro, o "limite do financeiramente possível", sem que esse limite seja, por outro lado, invocado para justificar inércias descabidas, impondo-se a demonstração daquele impedimento. Há de se conferir, em suma, certa plasticidade na execução do julgado.

⊙ **Questões de Concurso relacionadas ao tema:**

Questão 01 (CESPE. DPE/PE. Defensor Público. 2015) Acerca da tutela em juízo dos interesses individuais homogêneos, difusos e coletivos, julgue os itens a seguir. A DP pode defender réu a que é imputado ato lesivo ao patrimônio público, mas não tem legitimidade para propor ação civil pública.

( ) Certo   ( ) Errado

Questão 02 (FCC. DPE/SP. Defensor Público. 2015 – Adaptada) Ao avaliar o tema Defensoria Pública, o Supremo Tribunal Federal, no exercício jurisdicional do controle concentrado de constitucionalidade, decidiu que é constitucional a legitimação, concorrente, autônoma e exclusiva da Defensoria Pública para ajuizar ação civil pública, juntamente com o Ministério Público, incumbindo a elas a tutela de interesses transindividuais (coletivos stricto sensu e difusos) e individuais homogêneos.

( ) Certo   ( ) Errado

Gabarito: 1-E; 2-E

Tema 645: "Legitimidade processual ativa do Ministério Público para deduzir, em ação civil pública, pretensão de natureza tributária em defesa dos contribuintes".

Tese: "O Ministério Público não possui legitimidade ativa *ad causam* para, em ação civil pública, deduzir em juízo pretensão de natureza tributária em defesa dos contribuintes, que vise questionar a constitucionalidade/legalidade de tributo".

FICHA TÉCNICA	
Leading case:	**ARE 694294/MG**
Descrição do caso feita pelo STF:	"Agravo de decisão que inadmitiu recurso extraordinário em que se discute, à luz dos arts. 127 e 129, III, da Constituição federal, a legitimidade ativa *ad causam* do Ministério Público para, por meio de ação civil pública, requerer a inconstitucionalidade de norma que instituiu tributo, com a consequente repetição do indébito aos contribuintes".
Dispositivo(s) constitucional(is) envolvido(s):	"Art. 127. O Ministério Público é instituição permanente, essencial à função jurisdicional do Estado, incumbindo-lhe a defesa da ordem jurídica, do regime democrático e dos interesses sociais e individuais indisponíveis". "Art. 129. São funções institucionais do Ministério Público: (...) III – promover o inquérito civil e a ação civil pública, para a proteção do patrimônio público e social, do meio ambiente e de outros interesses difusos e coletivos; (...)".
Data de reconhecimento da repercussão geral:	25/04/2013
Data de julgamento do mérito recursal:	25/04/2013 (julgamento do recurso extraordinário) 18/09/2014 (julgamento de embargos de declaração)
Houve unanimidade?	Não

FICHA TÉCNICA	
Leading case:	**ARE 694294/MG**
Data de publicação do acórdão de julgamento do recurso:	17/05/2013 (julgamento do recurso extraordinário) 17/10/2014 (julgamento de embargos de declaração)
Trânsito em julgado do acórdão:	26/11/2014

⊙ Comentários:

O Ministério Público do Estado de Minas Gerais ajuizou ação civil pública em face do Município de Santa Bárbara, alegando a inconstitucionalidade de norma instituidora de tributo municipal (taxa de iluminação pública) e, com base em tal fundamento, pretendendo a restituição, aos contribuintes, dos montantes por eles pagos a esse título.

A sentença de primeiro grau extinguiu a ação civil pública sem resolução do mérito, sob o fundamento de que o Ministério Público seria parte ilegítima para promover a demanda. Contra tal sentença foi interposto o recurso de apelação, o qual foi improvido pelo Tribunal de Justiça de Minas Gerais, sob os fundamentos de que **a relação entre o ente público e os contribuintes não seria de natureza consumerista, mas, sim, jurídico--tributária e, portanto, individualizável** e de que a ação civil pública seria via inadequada para veicular pleito de declaração de inconstitucionalidade de lei com efeito *erga omnes*. Em face desse acórdão, o Ministério Público interpôs recurso extraordinário ao STF. Inadmitido este, foi interposto o agravo nos próprios autos, tombado sob o nº ARE 694294/MG.

O Supremo Tribunal Federal, no julgamento do ARE 694294/MG, deu provimento ao agravo e negou provimento ao recurso extraordinário interposto[196], reafirmando a sua jurisprudência, no sentido de que **o Ministério Público não possui legitimidade ativa *ad causam* para veicular pretensão de natureza tributária em juízo, em defesa dos contribuintes, objetivando questionar constitucionalidade e/ou legalidade de tributo**. Nesse sentido, foram invocados os seguintes precedentes: RE 206781, AI 327013 AgR, RE 559985 AgR, RE 248191 AgR e RE 213631.

---

196. Foram opostos embargos de declaração ao acórdão proferido no julgamento do ARE 694294/MG, pugnando-se para que constasse da parte dispositiva do acórdão manifestação acerca do agravo interposto com o objetivo de destrancar o recurso extraordinário julgado. O Ministro Relator, Luiz Fux, registrou seu entendimento no sentido de que o ordenamento jurídico-processual não conferiu ao Relator competência para prover, monocraticamente, agravo antes da submissão de tema ao Plenário Virtual, tendo em vista que somente poderá fazê-lo para negar seguimento ou para dar provimento ao recurso extraordinário, unipessoalmente, o que não é a hipótese. O Ministro afirma, além disso, que sequer seria lógico que o relator decidisse monocraticamente o agravo, o que ensejaria a interposição de recurso ao Colegiado, cuja decisão poderia conflitar com aquela proferida no Plenário Virtual. Concluiu, portanto, que o agravo deve ser apreciado também pelo Plenário Virtual. Ante o entendimento do STF no sentido de que não cabem embargos de declaração de decisão proferida pelo Plenário Virtual, o Ministro Luiz Fux propôs a correção de ofício do erro material, apenas para fazer constar da parte dispositiva do julgado a referência ao provimento do agravo e ao improvimento do recurso extraordinário, tendo sido seu entendimento acompanhado à unanimidade.

No julgamento, o Ministro Marco Aurélio pontuou que o instituto da repercussão geral, para ser apreciado, pressupõe recurso extraordinário admitido, entendendo inadequada a sua análise em sede de agravo interposto para destrancar recurso extraordinário inadmitido na origem, razão pela qual se consignou o julgamento por maioria.

⦿ Fique atento:

- Ao julgar o Tema nº 56 da Repercussão Geral (RE nº 576155/DF), o STF reconheceu a legitimidade do Ministério Público para a propositura de ação civil pública tendo por objeto a anulação de acordo celebrado entre o poder público e contribuinte para pagamento de débito tributário ("o Ministério Público tem legitimidade para propor ação civil pública com o objetivo de anular Termo de Acordo de Regime Especial — TARE firmado entre o Poder Público e contribuinte, em face da legitimação *ad causam* que o texto constitucional lhe confere para defender o erário").

- A tese fixada no Tema nº 56 da Repercussão Geral do STF, no entanto, não conflita com a tese segundo a qual "o Ministério Público não possui legitimidade ativa *ad causam* para, em ação civil pública, deduzir em juízo pretensão de natureza tributária em defesa dos contribuintes, que vise questionar a constitucionalidade/legalidade de tributo". O entendimento prevalecente é que, naquele caso, a demanda proposta não se volveu à proteção de interesse individual (fundamento da vedação contida na tese firmada no Tema nº 645, ora examinada), mas, sim, de interesses metaindividuais (coletivos), quais sejam, o patrimônio público e a higidez do processo arrecadatório.

⦿ Questões de Concurso relacionadas ao tema:

Questão 01 (FCC. CNMP. Analista do CNMP – Direito. 2015 – Adaptada) É firme a orientação no sentido da ilegitimidade do Ministério Público para propor ação civil pública com objetivo tipicamente tributário, inclusive para questionar acordo firmado entre o contribuinte e o Poder Público para pagamento de dívida tributária, tendo em vista o disposto no parágrafo único do artigo 1º da Lei da Ação Civil Pública, e porque o contribuinte não se confunde com o consumidor.

(   ) Verdadeiro (   ) Falso

Questão 02 (FGV. TCE-RJ. Auditor substituto. 2015 – Adaptada) O Ministério Público detém legitimidade ativa *ad causam* para ajuizar ação civil pública no interesse dos cidadãos lesados por exação tributária indevida.

(   ) Verdadeiro (   ) Falso

Gabarito: 1-F; 2-F

5

DIREITO PENAL

Thaís Bandeira

5.1. PARTE GERAL: TIPICIDADE

Tema 478[1]: "Alcance do princípio da autodefesa frente ao crime de falsa identidade".

Tese: "O princípio constitucional da autodefesa (art. 5º, LXIII, da CF/88) não alcança aquele que atribui falsa identidade perante autoridade policial com o intento de ocultar maus antecedentes, sendo, portanto, típica a conduta praticada pelo agente (art. 307 do CP)".

FICHA TÉCNICA	
Leading case:	**RE 640139/DF**
Descrição do caso feita pelo STF:	"Recurso extraordinário em que se discute, à luz do art. 5º, LXIII, da Constituição Federal, a tipicidade, ou não, da conduta de atribuir-se, em atitude de autodefesa, identidade falsa perante autoridade policial (art. 307 do Código Penal), com a finalidade de omitir antecedentes criminais."

---

1. Este tema foi examinado pela coautora Lorena Miranda Santos Barreiros.

FICHA TÉCNICA	
Leading case:	**RE 640139/DF**
Dispositivo(s) constitucional(is) envolvido(s):	Art. 5° Todos são iguais perante a lei, sem distinção de qualquer natureza, garantindo-se aos brasileiros e aos estrangeiros residentes no País a inviolabilidade do direito à vida, à liberdade, à igualdade, à segurança e à propriedade, nos termos seguintes: (...) LXIII – o preso será informado de seus direitos, entre os quais o de permanecer calado, sendo-lhe assegurada a assistência da família e de advogado;
Data de reconhecimento da repercussão geral:	22/09/2011
Data de julgamento do mérito recursal:	22/09/2011
Houve unanimidade?	Não
Data de publicação do acórdão de julgamento do recurso:	14/10/2011
Trânsito em julgado do acórdão:	14/11/2011

◉ Comentários:

Trata-se de recurso extraordinário interposto pelo Ministério Público do Distrito Federal e dos Territórios contra acórdão proferido pela Segunda Turma Criminal do Tribunal de Justiça do Distrito Federal e Territórios que, no julgamento de apelação criminal, reformou, em parte, sentença condenatória, absolvendo o acusado quanto à imputação de crime de falsa identidade, por entender ser atípica a conduta de quem, em atitude de autodefesa, se atribui falsa identidade perante autoridade policial. O Tribunal *a quo* entendeu que dita conduta estaria abrangida pelo direito ao silêncio e não haveria, em sua prática, perigo de lesão a bem juridicamente tutelado.

No recurso extraordinário interposto, o MPDFT sustenta que o direito à autodefesa não poderia ser interpretado extensivamente de modo a facultar ao agente, por ocasião de lavratura de auto de prisão em flagrante, a atribuição de falsa identidade, com o objetivo de omitir antecedentes criminais.

O STF, reafirmando a jurisprudência firmada naquele Tribunal (tendo sido citados os seguintes precedentes: HC 72.377/SP, HC 70.179/SP, RE 561.704/SP-AgR, HC 92.763/MS, HC 73.161/SP, além de decisões monocráticas), consignou que a conduta praticada constitui fato típico, não estando alcançada pelo princípio constitucional da autodefesa. Com base em tais fundamentos, o recurso extraordinário foi provido para reformar em parte o acórdão recorrido, restabelecendo-se a condenação proferida pelo Juízo de primeiro grau.

O Ministro Marco Aurélio pronunciou-se pela existência de repercussão geral, mas, no julgamento do Plenário Virtual, decidiu contrariamente à reafirmação da jurisprudência do STF, razão pela qual se consignou a decisão por maioria.

⊚ Questões de Concurso relacionadas ao tema:

Questão 01 (CESPE – PC/CE Inspetor de Polícia – 2012) Considere que, em uma batida policial, um indivíduo se atribua falsa identidade perante autoridade policial com o intento de ocultar seus maus antecedentes. Nessa situação, conforme recente decisão do STF, configurar-se-á crime de falsa identidade, sem ofensa ao princípio constitucional da autodefesa.

( ) Certo   ( ) Errado.

Gabarito: 1-C

5.2. PARTE GERAL: APLICAÇÃO DA PENA

Tema 114: "Agravamento da pena por reincidência".

Tese: "Surge harmônico com o princípio constitucional da individualização da pena o inciso I do artigo 61 do Código Penal, no que prevê, como agravante, a reincidência."

FICHA TÉCNICA	
Leading case:	**RE 453000/RS**
Descrição do caso feita pelo STF:	"Recurso extraordinário em que se discute, à luz do art. 5°, XLVI, da Constituição Federal, a revogação, ou não, do art. 61, I, do Código Penal, que prevê o agravamento da pena por reincidência, pela Constituição de 1988."
Dispositivo(s) constitucional(is) envolvido(s):	"Art. 5° Todos são iguais perante a lei, sem distinção de qualquer natureza, garantindo-se aos brasileiros e aos estrangeiros residentes no País a inviolabilidade do direito à vida, à liberdade, à igualdade, à segurança e à propriedade, nos termos seguintes: (...) XLVI – A lei regulará a individualização da pena e adotará, entre outras, as seguintes: a) privação ou restrição da liberdade; b) perda de bens; c) multa; d) prestação social alternativa; e) suspensão ou interdição de direitos."
Data de reconhecimento da repercussão geral:	23/09/2008 (no RE 591563)
Data de julgamento do mérito recursal:	04/04/2013
Houve unanimidade?	Sim

FICHA TÉCNICA	
Leading case:	RE 453000/RS
Data de publicação do acórdão de julgamento do recurso:	03/10/2013
Trânsito em julgado do acórdão:	21/10/2013

⊙ Comentários:

Trata-se de discussão acerca do instituto da reincidência, oportunidade em que se debateu acerca do possível *bis in idem* ocorrido com a aplicação da referida agravante.

Asseverou-se que o agente não é punido isoladamente pela reincidência, mas sim pela nova conduta delitiva, por sua opção em ter voltado a delinquir. A reincidência, neste caso, deve ser valorada para aumento da reprimenda.

⊙ Síntese do debate constante do acórdão que fixou o precedente:

Argumentos favoráveis à tese fixada:	Argumentos contrários à tese fixada:
"Ao contrário do que assevera o recorrente, o instituto constitucional da individualização da pena respalda a consideração da singularidade, da reincidência, evitando a colocação de situações desiguais na mesma vala – a do recalcitrante e a do agente episódico, que assim o é ao menos ao tempo da prática criminosa". (Min. Marco Aurélio)	Não houve argumentos contrários
"Saliento, então, a inviabilidade de dar-se o mesmo peso, em termos de gravame de ato de constrição a alcançar a liberdade de ir e vir, presentes os interesses da sociedade, a caso concreto em que envolvido réu primário e a outro em que o Estado se defronta com quem fora condenado antes e voltou a trilhar o caminho glosado penalmente, deixando de abraçar a almejada correção de rumos, de alcançar a ressocialização". (Min. Marco Aurélio)	
"Há, é certo, alguns julgados nos quais é reconhecido o *bis in idem*, mas somente quando a condenação criminal pretérita é empregada como vetorial negativa para o incremento da pena-base na primeira fase de fixação da pena, do art. 59 do Código Penal, e também para o acréscimo como agravante na segunda fase de fixação da pena, do art. 61, I, do Código Penal (v.g. HC 94.692/SP, 2ª Turma, Rel. Min. Joaquim Barbosa, un., j. 14.9.2010)". (Min. Rosa Weber)	

Argumentos favoráveis à tese fixada:	Argumentos contrários à tese fixada:
"O agente não está sendo punido pela reincidência, mas sim pela nova conduta delitiva, objeto da nova condenação, sendo a reincidência apenas invocada como fator de exasperação da pena". (Min. Rosa Weber)	
"Trata-se apenas de valorar negativamente a escolha efetuada pelo agente em voltar a delinquir, do que resulta maior juízo de censura em relação a nova conduta praticada, e não uma nova punição em relação ao crime pretérito". (Min. Rosa Weber)	
"A consideração da reincidência como agravante faz parte da tradição do Direito brasileiro, remontando pelo menos a 1830, que a legislação dos mais diversos países também considera a reincidência como agravante das penas, e que, caso reputada inconstitucional a extração de efeitos jurídicos da reincidência, haveria significativo impacto na legislação brasileira, não há como acolher a pretensão do Recorrente". (Min. Rosa Weber)	
"Em recentíssima decisão, também da Primeira Turma, foi destacada que essa reincidência revela que a condenação transitada em julgado restou ineficaz no seu efeito preventivo". (Min. Luiz Fux)	
"O esclarecimento não se trata de um "estigma" perpétuo, porque há a denominada reabilitação, passados cinco anos do cumprimento da pena pretérita". (Min. Marco Aurélio)	

◉ Fique atento:

- O conceito de reincidência está tanto no Código Penal quanto na Lei de Contravenções Penais, a saber:

    Art. 63 CP – Verifica-se a reincidência quando o agente comete novo crime, depois de transitar em julgado a sentença que, no País ou no estrangeiro, o tenha condenado por crime anterior.

    Art. 7º LCP -Verifica-se a reincidência quando o agente pratica uma contravenção depois de passar em julgado a sentença que o tenha condenado, no Brasil ou no estrangeiro, por qualquer crime, ou, no Brasil, por motivo de contravenção.

◉ Questões de Concurso relacionadas ao tema:

Questão 01 (FCC – Defensor Público/ES – 2016) A reincidência:

a) pode conduzir à revogação, de ofício, da reabilitação.

b) impede o reconhecimento das chamadas figuras privilegiadas dos delitos de furto, apropriação indébita, lesão corporal, estelionato e receptação.

c) aumenta o prazo para a progressão de regime no caso de condenação por crime he-diondo e interrompe o curso da prescrição da pretensão punitiva.

d) aumenta o prazo para o livramento condicional no caso de condenação por crime co-mum e sempre impede a concessão da suspensão condicional da pena.

e) não obsta a adoção do regime prisional semiaberto, desde que favoráveis as circuns-tâncias judiciais e a pena, necessariamente, seja inferior a quatro anos.

Questão 02 (FCC – Defensor Público/BA – 2016) Sobre a reincidência, é correto afirmar que:

a) a reincidência em crime culposo não impede a suspensão condicional da pena.

b) não prevalece a condenação anterior, se entre a data do cumprimento ou extinção da pena e a infração posterior tiver decorrido período de tempo superior a 5 anos, com-putado o período de prova do livramento condicional ou do regime aberto.

c) por violar o direito penal do autor e o princípio do *ne bis in idem*, os Tribunais Supe-riores reconheceram a não recepção da reincidência pela Constituição de 1988.

d) a reincidência em contravenção dolosa impede a substituição da pena de prisão sim-ples por restritiva de direitos.

e) por não ser permitida a aplicação da pena de prisão ao crime de posse de drogas para uso pessoal, a reincidência não exerce influência na aplicação da pena por este crime.

Gabarito: 1 -A; 2 -A.

Tema 129: "Consideração de ações penais em curso como maus anteceden-tes para fins de dosimetria da pena.".

Tese: "A existência de inquéritos policiais ou de ações penais sem trânsito em julgado não pode ser considerada como maus antecedentes para fins de dosimetria da pena."

FICHA TÉCNICA	
Leading case:	**RE 591054/SC**
Descrição do caso feita pelo STF:	"Recurso extraordinário em que se discute, à luz do art. 5º, LVII, da Constituição Federal, se ações penais em curso podem, ou não, ser consideradas maus antecedentes para fins de dosime-tria da pena."
Dispositivo(s) constitucional(is) envol-vido(s):	Art. 5º Todos são iguais perante a lei, sem distinção de qualquer natureza, garantindo-se aos brasileiros e aos estrangeiros resi-dentes no País a inviolabilidade do direito à vida, à liberdade, à igualdade, à segurança e à propriedade, nos termos seguintes: (...) LVII – ninguém será considerado culpado até o trânsito em julgado de sentença penal condenatória.

FICHA TÉCNICA	
Leading case:	**RE 591054/SC**
Data de reconhecimento da repercussão geral:	24/10/2008
Data de julgamento do mérito recursal:	17/12/2014
Houve unanimidade?	Não
Data de publicação do acórdão de julgamento do recurso:	26/02/2015
Trânsito em julgado do acórdão:	25/04/2015

◉ Comentários:

Trata-se de discussão sobre a possibilidade de valorar negativamente as ações penais e inquéritos policiais em curso. Sabe-se que não se perfaz o conceito de reincidência, mas discute-se se eles poderiam ser usados como uma circunstância judicial.

◉ Síntese do debate constante do acórdão que fixou o precedente:

Argumentos favoráveis à tese fixada:	Argumentos contrários à tese fixada:
"(...) ministro Joaquim Barbosa, consignou que apenas a análise do caso concreto revelaria se a existência de inquéritos e processos em andamento poderiam ser considerados antecedentes para agravar a pena-base" (Min. Marco Aurélio).	"Nós todos, como julgadores criminais, nos deparamos muitas vezes com uma extensíssima ficha criminal de determinado réu: várias passagens pela polícia, dezenas de ações penais em andamento, muitas vezes relativas a um mesmo fato objeto do processo em julgamento. Isso, de alguma forma, precisaria ser considerado, e o juiz, dentro da sua discricionariedade, dentro do seu prudente arbítrio, pode, baseado no artigo 59, dosar a pena, levando em consideração os antecedentes" (Min. Ricardo Lewandowski).
"Nas palavras do prestigiado professor da Pontifícia Universidade Católica do Rio Grande do Sul, (...) Na edição de 2014, à página 294, o autor reformulou a passagem. Lê-se agora que, "embora tenha sido válido ao seu tempo, hoje, em um Estado Democrático de Direito, é insustentável o entendimento de Nélson Hungria, segundo o qual devem ser apreciados como antecedentes penais os 'processos paralisados por superveniente extinção da punibilidade antes da sentença final irrecorrível, inquéritos arquivados por causas impeditivas da ação penal, condenações ainda não passadas em julgado (...), processos em andamento, até mesmo absolvições anteriores por deficiência de prova'" (Min. Marco Aurélio)	"Há vários processos pendentes de crimes hediondos, e, na aplicação da pena, o juiz não poderia levar isso em consideração. E há caso inclusive em que há prova, *prima facie*, evidente. Não é que seja uma condenação evidente, mas é uma prova, prima facie, evidente. E, por outro lado, só en passant, sua origem é história, a presunção de inocência, na realidade – não é um princípio, é uma regra que admite, portanto, interpretação teleológica e sistêmica –, ela veio exatamente para evitar que a pessoa não fosse considerada culpada independentemente de processada, porque era a vitória sobre o autoritarismo do velho regime francês" (Min. Luiz Fux)

Argumentos favoráveis à tese fixada:	Argumentos contrários à tese fixada:
"Conflita com a ordem jurídica em vigor considerar, para a majoração da pena-base, sob o ângulo dos antecedentes criminais, processos que desaguaram na conclusão sobre a continuidade delitiva, no que encerrada reciprocidade extravagante, na aceitação de proposta de transação penal, a teor do artigo 76, § 6°, da Lei n° 9.099/1995, na concessão da remissão em procedimento judicial para a apuração de ato infracional previsto no Estatuto da Criança e do Adolescente, com aplicação de medida de caráter sociopedagógico voltada a orientação e reeducação, e na extinção da punibilidade, excetuados os resultantes em indulto individual, coletivo ou comutação de pena". (Min. Marco Aurélio)	"O fato de se levar em consideração os maus antecedentes do réu não significa, de início, uma condenação; isso vai fazer parte de um processo de valoração pelo juiz no momento da sentença. E a sanção penal talvez seja o núcleo essencial dos escopos do Direito Penal, que é a sua exemplariedade". (Min. Luiz Fux)
"A presunção de inocência somente se rompia a partir do trânsito em julgado da decisão condenatória. E, ainda, quando esta posição possa não ser pacífica, esta, ainda, é a posição dominante no Plenário, que talvez, em algum momento, se tenha que rediscutir. Portanto, há manifestação do Plenário do Supremo no sentido de que, antes do trânsito em julgado, não se possa considerar rompido o princípio da não culpabilidade". (Min. Luís Roberto Barroso)	"Não haveria como se individualizar a pena, se se tivesse que adotar ou afastar necessariamente, em face da alegação do princípio da presunção de não culpabilidade penal, os antecedentes que pelo menos poderiam demonstrar ou conduzir a que aquela pessoa tivesse uma prática diferente de outro que jamais tivesse tido qualquer prática, ou que tivesse, pela primeira vez, errado ou pelo menos penalmente errado". (Min. Carmen Lúcia).

◉ Questões de Concurso relacionadas ao tema:

Questão 01 (CESPE – MPE-PI Analista Ministerial – 2012) Os inquéritos policiais ou ações penais em andamento não podem, em razão do princípio constitucional do estado presumido de inocência, ser considerados para fins de exasperação da pena-base, seja a título de maus antecedentes, seja de má conduta social ou personalidade, salvo motivação judicial específica, com lastro em elementos concretos existentes nos autos.

( ) Certo   ( ) Errado

Questão 02 (Ano: 2017 – Banca: CONSULPLAN – Órgão: TJ-MG Prova: Titular de Serviços de Notas e de Registros – Remoção) Senhor X foi denunciado por crime do art. 171, caput, do Código Penal (estelionato), cometido em 21.02.2016. Considerando-se que Senhor X possui outras três condenações (Sentença 01, por crime praticado em 07.05.2015 e trânsito em julgado em 21.05.2015; Sentença 02, por crime praticado em 23.06.2016, sentença proferida em 22.12.2016, ainda não transitada em julgado; Sentença 03, por crime cometido em 15.10.2009, proferida sentença em 24.01.2010, e extinta a punibilidade, pelo cumprimento da pena, em 20.02.2011), na data da sentença, em 01.03.2017, será considerado, para fins de aplicação da pena, nos termos do art. 61, I do Código Penal,

a)   com maus antecedentes e reincidente.

b)   sem antecedentes e reincidente.

c) sem antecedentes e reincidente.

d) sem antecedentes.

Gabarito: 1-E; 2-A

Tema 158: "Fixação de pena aquém do mínimo legal, em face da incidência de circunstância genérica atenuante".

Tese: "Circunstância atenuante genérica não pode conduzir à redução da pena abaixo do mínimo legal."

FICHA TÉCNICA	
Leading case:	**RE 597270/RS**
Descrição do caso feita pelo STF:	"Recurso extraordinário em que se discute, à luz dos princípios constitucionais da reserva legal, da proporcionalidade e da individualização da pena, a possibilidade, ou não, de fixação de pena abaixo do mínimo estabelecido para o tipo penal, em razão da incidência de circunstância genérica atenuante."
Dispositivo(s) constitucional(is) envolvido(s):	Art. 5º Todos são iguais perante a lei, sem distinção de qualquer natureza, garantindo-se aos brasileiros e aos estrangeiros residentes no País a inviolabilidade do direito à vida, à liberdade, à igualdade, à segurança e à propriedade, nos termos seguintes: (...) II – ninguém será obrigado a fazer ou deixar de fazer alguma coisa senão em virtude de lei; (...) XLVI – A lei regulará a individualização da pena e adotará, entre outras, as seguintes: a) privação ou restrição da liberdade; b) perda de bens; c) multa; d) prestação social alternativa; e) suspensão ou interdição de direitos.
Data de reconhecimento da repercussão geral:	26/03/2009
Data de julgamento do mérito recursal:	26/03/2009
Houve unanimidade?	Sim
Data de publicação do acórdão de julgamento do recurso:	05/06/2009
Trânsito em julgado do acórdão:	29/06/2009

⊙ Comentários:

Trata-se de discussão sobre a possibilidade de fixação de pena privativa de liberdade abaixo do mínimo legal, em razão da incidência de circunstância atenuante genérica.

⊙ Síntese do debate constante do acórdão que fixou o precedente:

Argumentos favoráveis à tese fixada:	Argumentos contrários à tese fixada:
"Além das minorantes especiais taxativamente previstas, as circunstâncias concretas de cada caso, que não se confundem com as atenuantes genéricas, podem, a meu ver, com o devido respeito, reduzir a pena aquém do mínimo legal. São circunstâncias excepcionais de cada caso concreto. Mas a questão que está proposta na causa não é esta, e precisa haver distinção entre as atenuantes genéricas e as circunstâncias excepcionais de cada caso".	Não houve argumentos contrários
"Se o STF se propusesse a modificar esta jurisprudência, teria de tomar certas cautelas pelo risco que introduziria de deixar a cada juiz a definição da pena para cada crime. (...) poderíamos passar a um regime em que a discricionariedade judicial conduziria a que se aplicasse pena sem nenhum significado, em termos de política criminal".	
"As circunstâncias atenuantes não podem conduzir à pena abaixo do mínimo legal".	
"A proporcionalidade só pode atuar no momento da norma de decisão, não no da produção da norma jurídica geral. Quer dizer, não se pode usar a proporcionalidade como pretexto para corrigir a lei".	

⊙ Fique atento:

- Não confunda atenuantes com causas de diminuição de pena (minorantes). As atenuantes são genéricas, estando na Parte Geral do Código Penal. Não são tarifadas pelo legislador. Já as minorantes, estão tanto na Parte Geral quanto na Parte Especial, representadas de forma tarifada pelo legislador.

⊙ Questões de Concurso relacionadas ao tema:

Questão 01 (PONTUA – TRE/SC Analista Judiciário – 2011) Sobre a aplicação da pena, assinale a alternativa CORRETA:

a) A reincidência impede a substituição da pena privativa de liberdade por restritivas de direito.

b) A confissão do acusado é causa que sempre atenua a pena.

c) As atenuantes obrigatórias têm a força de trazer a pena para aquém do mínimo legal

d) O modelo pátrio adotou sistema trifásico de dosimetria da pena, segundo o qual a pena definitiva será definida com base nas atenuantes e agravantes.

Gabarito: 1-B

Tema 169: "Aplicação retroativa do § 4° do art. 33 da Lei n° 11.343/2006 sobre pena cominada com base na Lei n° 6.368/76".

Tese: "I – É inadmissível a aplicação da causa de diminuição prevista no art. 33, § 4°, da Lei 11.343/2006 à pena relativa à condenação por crime cometido na vigência da Lei 6.368/1976;

II – Não é possível a conjugação de partes mais benéficas das referidas normas, para criar-se uma terceira lei, sob pena de violação aos princípios da legalidade e da separação de Poderes;

III – O juiz, contudo, deverá, no caso concreto, avaliar qual das mencionadas leis é mais favorável ao réu e aplicá-la em sua integralidade."

FICHA TÉCNICA	
Leading case:	**RE 600817/MS**
Descrição do caso feita pelo STF:	"Recurso extraordinário em que se discute, à luz do art. 5°, XL, da Constituição Federal, a possibilidade, ou não, de aplicação retroativa do § 4° do art. 33 da Lei n° 11.343/2006 sobre pena cominada com base na Lei n° 6.368/76, isto é, a possibilidade de o Poder Judiciário fazer o cotejo entre leis no tempo, quando a legislação mais nova é, em determinados dispositivos, ao mesmo tempo, gravosa e benéfica."
Dispositivo(s) constitucional(is) envolvido(s):	Art. 5° Todos são iguais perante a lei, sem distinção de qualquer natureza, garantindo-se aos brasileiros e aos estrangeiros residentes no País a inviolabilidade do direito à vida, à liberdade, à igualdade, à segurança e à propriedade, nos termos seguintes: (...) XXXIX – não há crime sem lei anterior que o defina, nem pena sem prévia cominação legal; (...) XL – a lei penal não retroagirá, salvo para beneficiar o réu; (...) XLVI – a lei regulará a individualização da pena e adotará, entre outras, as seguintes: a) privação ou restrição da liberdade; b) perda de bens; c) multa; d) prestação social alternativa; e) suspensão ou interdição de direitos;"

FICHA TÉCNICA	
Leading case:	**RE 600817/MS**
Data de reconhecimento da repercussão geral:	04/06/2009 (no RE 596152)
Data de julgamento do mérito recursal:	07/11/2013
Houve unanimidade?	Não
Data de publicação do acórdão de julgamento do recurso:	30/10/2014
Trânsito em julgado do acórdão:	14/11/2014

◉ Comentários:

Discussão, à luz do art. 5º, XL, da Constituição Federal, acerca da possibilidade, ou não, de aplicação retroativa do § 4º do art. 33 da Lei nº 11.343/2006 sobre pena cominada com base na Lei nº 6.368/76. Tal debate origina-se pelo fato de a Lei posterior trazer aspectos benéficos e prejudiciais aos agentes a um só tempo.

◉ Síntese do debate constante do acórdão que fixou o precedente:

Argumentos favoráveis à tese fixada:	Argumentos contrários à tese fixada:
"A conjugação de lei anterior com legislação posterior, para se extrair de cada uma delas o que melhor beneficiar o réu, seria totalmente inadmissível, pois o Poder Judiciário estaria criando uma terceira lei, invadindo, por consequência, competência reservada ao Poder Legislativo".	"quem pode o mais pode o menos", se o juiz pode aplicar a lei por inteiro, também pode aplicá-la parcialmente. Não se trataria, portanto, de criação de nova lei
Ao juiz é vedada a utilização de preceitos isolados, pois tal proibição não possui natureza apenas lógica, que seria em princípio superável, mas também racional, "vale dizer, democrático: o juiz não pode criar uma terceira lei porque estaria aplicando um texto que, em momento algum, teve vigência".	"(...) O órgão judiciário não está tirando ex nihilo a regulamentação eclética que deve imperar hic et nunc. A norma do caso concreto é construída em função de um princípio constitucional, com o próprio material fornecido pelo legislador. Se ele pode escolher, para aplicar o mandamento da Lei Magna, entre duas séries de disposições legais, a que lhe pareça mais benigna, não vemos porque se lhe vede a combinação de ambas, para assim aplicar, mais retamente, a Constituição. (...)"
De fato, é lícito ao juiz escolher, no confronto das leis, a mais favorável, e aplicá-la em sua integridade, porém não lhe é permitido criar e aplicar uma 'terza legge diversa', de modo a favorecer o réu, pois, nessa hipótese, se transformaria em legislador	

Argumentos favoráveis à tese fixada:	Argumentos contrários à tese fixada:
Não vejo, com efeito, como possa o julgador transcender o seu papel de intérprete e, com base em argumentos meramente doutrinários, fragmentar leis a ponto de recortar delas frases, palavras, incisos, artigos, a pretexto de favorecer o acusado.	
A Constituição Federal dispõe apenas que a lei penal deve retroagir para beneficiar o réu, não fazendo menção sobre sua aplicação para autorizar que apenas algumas partes de diversas leis posam ser aplicadas separadamente para favorecê-lo.	

◉ Fique atento:

- O debate deriva do preceito constitucional insculpido no art. 5º, inciso XL da Constituição: "XL – a lei penal não retroagirá, salvo para beneficiar o réu;". Desta forma, deve-se sempre perquirir a natureza da *novatio legis* – em sendo ela *in mellius*, deverá retroagir; sendo *in pejus*, não haverá a retroatividade.

◉ Questões de Concurso relacionadas ao tema:

Questão 01 (PGR – Procurador da República – 2008) No tema de aplicação da lei penal no tempo:

a) havendo sucessão de leis penais no tempo é aplicável a lei intermediária se ela for a mais favorável;

b) o Código Penal prevê a combinação de leis sucessivas sempre que a fusão possa beneficiar o réu;

c) o Código Penal veda a *lex tertia;*

d) verifica-se a maior favorabilidade da lei, no exame da norma em abstrato.

> Gabarito: 1-A

5.3. PARTE GERAL – EXTINÇÃO DA PUNIBILIDADE: PRESCRIÇÃO

Tema 239: "Extinção da punibilidade em virtude de prescrição da pretensão punitiva em perspectiva".

Tese: "É inadmissível a extinção da punibilidade em virtude da decretação da prescrição 'em perspectiva, projetada ou antecipada', isto é, com base em previsão da pena que hipoteticamente seria aplicada, independentemente da existência ou sorte do processo criminal".

FICHA TÉCNICA	
Leading case:	**RE 602527/RS**
Descrição do caso feita pelo STF:	"Recurso extraordinário em que se discute, à luz do art. 5º, LIV, LV e LVII, da Constituição Federal, a possibilidade, ou não, da extinção da punibilidade em virtude de prescrição da pretensão punitiva em perspectiva."
Dispositivo(s) constitucional(is) envolvido(s):	Art. 5º Todos são iguais perante a lei, sem distinção de qualquer natureza, garantindo-se aos brasileiros e aos estrangeiros residentes no País a inviolabilidade do direito à vida, à liberdade, à igualdade, à segurança e à propriedade, nos termos seguintes: (...) LIV – ninguém será privado da liberdade ou de seus bens sem o devido processo legal; LV – aos litigantes, em processo judicial ou administrativo, e aos acusados em geral são assegurados o contraditório e ampla defesa, com os meios e recursos a ela inerentes; (...) LVII – ninguém será considerado culpado até o trânsito em julgado de sentença penal condenatória;
Data de reconhecimento da repercussão geral:	19/11/2009
Data de julgamento do mérito recursal:	19/11/2009
Houve unanimidade?	Sim
Data de publicação do acórdão de julgamento do recurso:	18/12/2009
Trânsito em julgado do acórdão:	08/02/2010

◉ Comentários:

- O debate assentou-se sobre a possibilidade de aplicar a chamada prescrição virtual ou em perspectiva, em cotejo com os princípios do contraditório, da ampla defesa, da presunção de inocência, da universalidade da jurisdição e da legalidade, todos os quais considerados cláusulas elementares do devido processo legal.

◉ Síntese do debate constante do acórdão que fixou o precedente:

Argumentos favoráveis à tese fixada:	Argumentos contrários à tese fixada:
"Esta Corte já assentou ser inadmissível extinção da punibilidade em virtude de prescrição da pretensão punitiva "em perspectiva, projetava ou antecipada", isto é, com base em previsão da pena que hipoteticamente seria aplicada, independentemente da existência ou sorte do processo criminal. E tal orientação foi consolidada, de regra, sob fundamento de ausência de previsão legal da figura" (Min. Cezar Peluso)	Não houve argumento contrário.

Argumentos favoráveis à tese fixada:	Argumentos contrários à tese fixada:
"Há ofensa aos princípios do contraditório, da ampla defesa, da presunção de inocência, da universalidade da jurisdição e da legalidade, todos os quais são cláusulas elementares do devido processo legal" (Min. Cezar Peluso)	

⊙ Fique atento:

- A prescrição em perspectiva ou, também, prescrição virtual, antecipada ou por prognose, é hipótese de prescrição da pretensão punitiva, criação jurisprudencial, que não encontra amparo legal, e tem por fim a antecipação no reconhecimento da prescrição retroativa. Para aqueles que a defendem, o seu fundamento situa-se na ausência de interesse de agir do Estado no prosseguimento da ação penal, pois, na eventualidade da sentença condenatória, dadas as circunstancias do crime e as condições do acusado, a pena será fixada em patamares mínimos, conduzindo o juízo ao inafastável reconhecimento da prescrição retroativa.

⊙ Questões de Concurso relacionadas ao tema:

Questão 01 (CESPE – TRE/PI Analista Judiciário – 2016) No que se refere ao instituto da prescrição, assinale a opção correta.

a) O Supremo Tribunal Federal entende ser admissível a extinção da punibilidade em virtude da prescrição da pretensão punitiva com base na previsão da pena que hipoteticamente seria aplicada, ou seja, da pena em perspectiva.

b) Não se considera, para fins de aferição da prescrição executória, a redução da pena decorrente da concessão de indulto.

c) Na hipótese de crime continuado, a prescrição regula-se pela pena imposta na sentença, computando-se o acréscimo decorrente da continuação.

d) O recebimento de denúncia por magistrado absolutamente incompetente não interrompe a prescrição penal.

e) Anulada a ação penal após a fixação de pena em segundo grau de jurisdição, a prescrição regula-se pela pena concretizada no título anulado.

Gabarito: 1-D

5.4. PARTE GERAL – EXTINÇÃO DA PUNIBILIDADE: INDULTO

Tema 371: "Concessão de indulto a pessoa submetida a medida de segurança".

Tese: "Reveste-se de legitimidade jurídica a concessão, pelo Presidente da República, do benefício constitucional do indulto (CF, art. 84, XII), que traduz expressão do poder de graça do Estado, mesmo se se tratar de indulgência destinada a favorecer pessoa que, em razão de sua inimputabilidade ou semi-imputabilidade, sofre medida de segurança, ainda que de caráter pessoal e detentivo".

FICHA TÉCNICA	
Leading case:	**RE 628658/RS**
Descrição do caso feita pelo STF:	"Recurso extraordinário em que se discute, à luz do art. 84, XII, da Constituição Federal, a constitucionalidade, ou não, da concessão de indulto a pessoa submetida à medida de segurança, nos termos autorizados por Decreto."
Dispositivo(s) constitucional(is) envolvido(s):	Art. 84. Compete privativamente ao Presidente da República: (...) XII – conceder indulto e comutar penas, com audiência, se necessário, dos órgãos instituídos em lei;
Data de reconhecimento da repercussão geral:	04/03/2011
Data de julgamento do mérito recursal:	05/11/2015
Houve unanimidade?	Sim
Data de publicação do acórdão de julgamento do recurso:	01/04/2016
Trânsito em julgado do acórdão:	08/06/2016

⊙ Comentários:

O debate assentou-se na possibilidade de aplicar a extinção de punibilidade do indulto à medida de segurança. Asseverou-se que as medidas de segurança têm caráter punitivo, devendo ser abarcadas pela causa extintiva.

⊚ Síntese do debate constante do acórdão que fixou o precedente:

Argumentos favoráveis à tese fixada:	Argumentos contrários à tese fixada:
"A competência privativa do Presidente da República prevista no artigo 84, inciso XII, da Carta Federal abrange a medida de segurança, porquanto espécie de sanção penal, inexistindo restrição à concessão de indulto. Embora não seja pena em sentido estrito, é medida de natureza penal, ajustando-se ao mencionado preceito, que há de ser interpretado ontologicamente, e não literalmente, conforme busca o recorrente". (Min. Marco Aurélio)	Não houve argumentos contrários.
"O indulto, ao lado da anistia e da graça, são expressões do princípio da indulgência, e, em nosso sistema, causa extintiva da punibilidade. E a punibilidade, portanto, atinge penas e medidas de segurança. E as medidas de segurança se apresentam, portanto, com essa natureza punitiva". (Min. Edson Fachin)	
"A Corte tem reconhecido que a extinção da punibilidade, nas hipóteses de medida de segurança, não se subordina à necessária cessação da periculosidade do agente, de modo que o mero risco decorrente do agir do inimputável não constitui argumento idôneo a obstaculizar que a matéria submeta-se a indulto". (Min. Edson Fachin)	
"Se reveste de legitimidade jurídica a concessão, pelo Presidente da República, do benefício constitucional do indulto (CF, art. 84, XII), que traduz expressão do poder de graça do Estado, mesmo em se tratando de indulgência destinada a favorecer pessoa que, em razão de inimputabilidade ou semi-imputabilidade, sofre medida de segurança, ainda que de caráter pessoal e detentivo" (Min. Celso de Mello)	
"A medida de segurança configura uma espécie de sanção penal imposta pelo Estado, pois representa indiscutivelmente uma restrição à liberdade do cidadão. Por essa razão, no tocante às medidas de segurança, penso que devem ser observadas as mesmas garantias e princípios constitucionais que balizam a aplicação da pena". (Min. Ricardo Lweandowski)	

⊚ Fique atento:

- O indulto é causa extintiva de punibilidade prevista no art. 107, II, do Código Penal, se consubstancia como forma de renúncia do Estado ao seu poder de punir. É instituto jurídico que só atinge os efeitos executórios penais da condenação, subsistindo, portanto, o crime, a condenação irrecorrível e seus efeitos secundários – penais e extrapenais. O indulto é concedido pelo Presidente da República, via decreto presidencial (art. 84, XII, CF/88), e que pode ser delegada a atribuição aos Ministros de Estado, ao Procurador Geral da República ou ao Advogado Geral da União.

⊙ **Questões de Concurso relacionadas ao tema:**

Questão 01 (FCC – TJ/AP Juiz de Direito – 2009) As medidas de segurança:

a) apenas são aplicáveis aos agentes inimputáveis.

b) são inaplicáveis ao inimputável que agir em legítima defesa.

c) não estão sujeitas a prescrição.

d) são determinadas no tempo.

e) não podem ser aplicadas no caso de doença mental superveniente a condenação.

Gabarito: 1-B

5.5. PARTE GERAL – EXTINÇÃO DA PUNIBILIDADE: IRRETROAÇÃO DE NORMA TEMPORÁRIA

Tema 650: "Extinção da punibilidade do delito de posse irregular de arma de fogo de uso permitido, pela aplicabilidade retroativa de lei que concedeu novo prazo para registro de armas ainda não registradas".

Tese: "É incabível a aplicação retroativa do art. 30 da Lei 10.826/2003, inserido pela Medida Provisória 417/2008, para extinguir a punibilidade do delito de posse de arma de fogo de uso permitido cometido antes da sua entrada em vigor".

FICHA TÉCNICA	
Leading case:	**RE 768494/GO**
Descrição do caso feita pelo STF:	"Agravo de decisão que inadmitiu recurso extraordinário em que se discute, à luz do art. 5°, XL, da Constituição federal, a possibilidade de extinguir a punibilidade do crime de posse irregular de arma de fogo de uso permitido (art. 12 da Lei 10.826/2003 – Estatuto do Desarmamento), praticado entre 23 de junho de 2005 e 31 de janeiro de 2008, em face de lei posterior que reabriu o prazo para que possuidores e proprietários de arma de fogo de uso permitido efetuassem o competente registro (Medida Provisória 417/2008, convertida na Lei 11.706/2008)."

FICHA TÉCNICA	
Leading case:	RE 768494/GO
Dispositivo(s) constitucional(is) envolvido(s):	Art. 5º Todos são iguais perante a lei, sem distinção de qualquer natureza, garantindo-se aos brasileiros e aos estrangeiros residentes no País a inviolabilidade do direito à vida, à liberdade, à igualdade, à segurança e à propriedade, nos termos seguintes: (...) XL – a lei penal não retroagirá, salvo para beneficiar o réu;
Data de reconhecimento da repercussão geral:	04/09/2013
Data de julgamento do mérito recursal:	19/09/2013
Houve unanimidade?	Sim
Data de publicação do acórdão de julgamento do recurso:	08/04/2014
Trânsito em julgado do acórdão:	24/04/2014

◉ Comentários:

Discutiu-se a possibilidade de extinguir a punibilidade do crime de posse irregular de arma de fogo de uso permitido (art. 12 da Lei 10.826/2003 – Estatuto do Desarmamento), praticado entre 23 de junho de 2005 e 31 de janeiro de 2008, em face de lei posterior que reabriu o prazo para que possuidores e proprietários de arma de fogo de uso permitido efetuassem o competente registro.

◉ Síntese do debate constante do acórdão que fixou o precedente:

Argumentos favoráveis à tese fixada:	Argumentos contrários à tese fixada:
A referida *vacatio legis* não tem o condão de retroagir, justamente por conta de sua eficácia temporária	Não houve argumentos contrários.
As referidas normas (artigos 30 e 32 do referido diploma e do art. 20 da Lei nº 11.922/09), não constituem *abolitio criminis*, porquanto editadas como medida despenalizadora destinada a permitir a regularização da posse ilegal de armas apenas no curso de sua vigência. Alega o recorrente descumprimento ao art. 5º, XL, da Constituição, segundo o qual a lei penal não retroagirá, salvo para beneficiar o réu.	
Em 31 de janeiro de 2008, por força da já mencionada Medida Provisória nº 417, o prazo para regularização foi reaberto até 31 de dezembro do mesmo ano, provocando questionamentos sobre a aplicabilidade do art. 5º, XL, da Constituição.	

Argumentos favoráveis à tese fixada:	Argumentos contrários à tese fixada:
De 24 de junho de 2005 a 30 de janeiro de 2008 e de 1º de janeiro de 2009 a 13 de abril do mesmo ano – não era lícito ao possuidor de arma de fogo providenciar a regularização do registro da sua arma. Nesta situação, não poderia ele alegar boa-fé, nem invocar em seu favor a adoção de providências destinadas à regularização, visto que, na prática, isso não seria possível, ante o encerramento do prazo para tal.	
A vacatio legis de 180 dias prevista nos artigos 30 e 32 da Lei 10.826/2003, com a redação conferida pela Lei 11.706/2008, não tornou atípica a conduta de posse ilegal de arma de uso restrito. Assim, não há falar em abolitio criminis, pois a nova lei apenas estabeleceu um período de vacatio legis para que os possuidores de armas de fogo de uso permitido pudessem proceder à sua regularização ou à sua entrega mediante indenização. Ainda que assim não fosse, a referida vacatio legis não tem o condão de retroagir, justamente por conta de sua eficácia temporária.	

◉ Fique atento:

- A vacatio legis de 180 dias prevista nos artigos 30 e 32 da Lei 10.826/2003, com a redação conferida pela Lei 11.706/2008, não tornou atípica a conduta de posse ilegal de arma de uso restrito.

◉ Questões de Concurso relacionadas ao tema:

Questão 01 (FUNCAB – PC/ES Delegado de Polícia – 2013) A Presidente da República editou uma Medida Provisória, agravando a pena de um determinado crime. Logo, pode-se afirmar:

I. Trata-se de lei em sentido formal.

II. Pelo princípio da retroatividade benéfica, a Medida Provisória somente poderá ser aplicada a fatos posteriores à sua edição.

III. A agravação da pena somente poderá ocorrer após a aprovação da Medida Provisória pelo Congresso Nacional.

IV. Apresenta vício de origem que não convalesce pela sua eventual aprovação.

Indique a opção que contempla a(s) assertiva(s) correta(s).

- a) I, II, III e IV.
- b) I, II e III, apenas.
- c) II, III e IV, apenas.
- d) I, apenas.
- e) IV, apenas.

Gabarito: 1-E

5.6. INFRAÇÕES PENAIS PREVISTAS NA LEGISLAÇÃO EXTRAVAGANTE

Tema 113[2]: "Revogação do art. 25 da Lei de Contravenções Penais pela Constituição Federal".

Tese: "O art. 25 da Lei de Contravenções Penais (Decreto-lei 3.688/1941) não foi recepcionado pela Constituição de 1988, por violar os princípios da dignidade da pessoa humana (CF, art. 1°, III) e da isonomia (CF, art. 5°, caput e I)".

FICHA TÉCNICA	
Leading case:	**RE 583523/RS**
Descrição do caso feita pelo STF:	"Recurso extraordinário em que se discute, à luz dos artigos 3°, IV; e 5°, caput, e LVII, da Constituição Federal, a revogação, ou não, do art. 25 da Lei de Contravenções Penais (Decreto-lei n° 3.688/41), que prevê punição criminal a quem tem em seu poder, depois de condenado por crime de furto ou roubo, ou enquanto sujeito à liberdade vigiada ou quando conhecido como vadio ou mendigo, instrumentos empregados usualmente na prática de crime de furto, desde que não prove destinação legítima, pela Constituição de 1988."
Dispositivo(s) constitucional(is) envolvido(s):	"Art. 5° Todos são iguais perante a lei, sem distinção de qualquer natureza, garantindo-se aos brasileiros e aos estrangeiros residentes no País a inviolabilidade do direito à vida, à liberdade, à igualdade, à segurança e à propriedade, nos termos seguintes: (...)XLI – a lei punirá qualquer discriminação atentatória dos direitos e liberdades fundamentais; XLII – a prática do racismo constitui crime inafiançável e imprescritível, sujeito à pena de reclusão, nos termos da lei; XLIII – a lei considerará crimes inafiançáveis e insuscetíveis de graça ou anistia a prática da tortura, o tráfico ilícito de entorpecentes e drogas afins, o terrorismo e os definidos como crimes hediondos, por eles respondendo os mandantes, os executores e os que, podendo evitá-los, se omitirem; XLIV – constitui crime inafiançável e imprescritível a ação de grupos armados, civis ou militares, contra a ordem constitucional e o Estado Democrático;" (...).
Data de reconhecimento da repercussão geral:	24/10/2008
Data de julgamento do mérito recursal:	03/10/2013
Houve unanimidade?	Sim

---

2. Este tema foi examinado pelo coautor Vinicius Assumpção.

FICHA TÉCNICA	
Leading case:	**RE 583523/RS**
Data de publicação do acórdão de julgamento do recurso:	22/10/2014 (julgamento do recurso extraordinário)
Trânsito em julgado do acórdão:	03/11/2014

◉ Comentários:

O Recurso Extraordinário nº 583523/RS apreciou o caso de indivíduo condenado pela posse injustificada de instrumento de emprego usual na prática de furto, tendo sido condenado anteriormente pelo mesmo crime de furto. A alegação do recorrente era a de que o art. 25 da Lei de Contravenções Penais (Decreto-Lei nº 3.688/1941) impunha violação à isonomia por conferir tratamento desigual a pessoas por seu passado ou sua condição econômica.

À unanimidade, o Supremo Tribunal Federal declarou que havia violação à Constituição pelo art. 25 da Lei de Contravenções Penais, diante do caráter fragmentário/subsidiário do Direito Penal e da necessidade de observância da isonomia.

◉ Síntese do debate constante do acórdão que fixou o precedente:

Argumentos favoráveis à tese fixada:	Argumentos contrários à tese fixada:
• Deve-se consagrar o princípio da lesividade, intrinsecamente conectado com o princípio da proporcionalidade, como limite não apenas à atividade judicial de interpretação/aplicação das normas penais, mas também à própria atividade legislativa de criação/conformação dos tipos legais incriminadores, o que estaria a possibilitar o exercício da fiscalização, por parte da Jurisdição Constitucional, da constitucionalidade das leis em matéria penal. (Min. Gilmar Mendes).	
• Os direitos fundamentais não podem ser considerados apenas como proibições de intervenção expressando também postulados de proteção. Pode-se dizer que os direitos fundamentais expressam não apenas proibições de excesso, como também podem ser traduzidos como proibições de proteção insuficiente ou imperativos de tutela. (Min. Gilmar Mendes).	
• Não se pode admitir a punição do sujeito apenas pelo que ele é, mas sim pelo que ele faz, pois, concluir de forma diversa seria aceitar, o direito penal do autor. Assim, acolher o aspecto subjetivo como determinante para caracterização da contravenção penal equivale a criminalizar, a condição pessoal e econômica do agente, e não fatos objetivos que causem relevante lesão a bens jurídicos importantes ao meio social.	

Argumentos favoráveis à tese fixada:	Argumentos contrários à tese fixada:
• A contravenção penal em questão viola o subprincípio da proporcionalidade em sentido estrito, pois o grau de satisfação do fim legislativo – a punição de uma conduta apenas quando realizada por pessoas determinadas segundo critérios discriminatórios (condenação anterior ou condição social e econômica) – demonstra ser inferior ao grau em que não se realiza o direito fundamental de proteção. Dessa forma há violação aos princípios da isonomia, por inequívoca discriminação a um grupo de pessoas, discriminação arbitrária a ex-condenados e a mendigos, e uma violação ao princípio da não culpabilidade, na medida em que se transfere para o indivíduo o ônus de demonstrar que não empregaria aquele material em uma atitude criminosa, inclusive, em certos casos, impondo a ele a realização de uma prova negativa. (Min. Gilmar Mendes).	
• A norma em questão é incompatível com a nova ordem constitucional. (Min. Luís Roberto Barroso).	
• Trata-se de tipificação penal incompatível com o princípio da presunção de inocência e o princípio da isonomia em face da Lei Penal, representando tratamento normativo penal manifestamente discriminatório. (Min. Teori Zavascki).	

◉ Fique atento:

- A mendicância, constante do art. 60 da Lei de Contravenções Penais, foi revogada em 2009, pela Lei 11.983/2009.

- A Lei de Contravenções Penais (Decreto-Lei de nº 3688/1941) é muito criticada pele doutrina por uma alegada incompatibilidade com o princípio da intervenção mínima. Apesar disso, recebeu modificações legislativas no ano de 2015 (Lei nº 13.155).

◉ Questões de Concurso relacionadas ao tema:

Questão 01 (Ano: 2012 Banca: FGV Órgão: Senado Federal Prova: Policial Legislativo Federal)
O Direito Penal busca primordialmente a proteção de algo selecionado pelo legislador dentro de um critério político, somente merecendo sua proteção aqueles bens mais importantes, sempre na ideia de que a intervenção desse ramo do Direito se justifica apenas quando outro não se mostrar suficiente. Qual dos princípios abaixo melhor fundamenta o texto acima no seu ponto fulcral?

a) Proporcionalidade.

b) Legalidade.

c) Adequação social.

d) Intervenção mínima.

e) Lesividade.

Questão 02 (Ano: 2014 Banca: FUNCAB Órgão: PJC-MT Prova: Investigador) O princípio da fragmentariedade do Direito Penal significa:

a) que, uma vez escolhidos aqueles bens fundamentais, comprovada a lesividade e a inadequação das condutas que os ofendem, esses bens passarão a fazer parte de uma pequena parcela que é protegida pelo Direito Penal.

b) que o legislador valora as condutas, cominando-lhes penas que variam de acordo com a importância do bem a ser tutelado.

c) que apesar de uma conduta se subsumir ao modelo legal não será considerada típica se for socialmente adequada ou reconhecida, isto é, se estiver de acordo com a ordem social da vida historicamente condicionada.

d) que as proibições penais somente se justificam quando se referem a condutas que afetem gravemente direitos de terceiros.

e) que a lei é a única fonte do Direito Penal quando se quer proibir ou impor condutas sob a ameaça de sanção.

> **Gabarito: 1-D; 2-A**

Tema 626: "Constitucionalidade da vedação à conversão da pena privativa de liberdade em pena restritiva de direitos, prevista nos artigos 33, § 4º, e 44, caput, da Lei 11.343/2006".

Tese: "É inconstitucional a vedação à conversão da pena privativa de liberdade em restritiva de direitos, prevista nos artigos 33, § 4º, e 44, caput, da Lei 11.343/2006".

FICHA TÉCNICA	
Leading case:	**ARE 663261 / SP**
Descrição do caso feita pelo STF:	"Agravo contra decisão que inadmitiu recurso extraordinário em que se discute, à luz dos arts. 2º; 5º, XLIII; e 52, X, da Constituição Federal, a constitucionalidade da vedação à conversão da pena privativa de liberdade pela pena restritiva de direitos, prevista nos arts. 33, § 4º, e 44, caput, da Lei 11.343/2006."
Dispositivo(s) constitucional(is) envolvido(s):	Art. 2º São Poderes da União, independentes e harmônicos entre si, o Legislativo, o Executivo e o Judiciário.
	Art. 5º Todos são iguais perante a lei, sem distinção de qualquer natureza, garantindo-se aos brasileiros e aos estrangeiros residentes no País a inviolabilidade do direito à vida, à liberdade, à igualdade, à segurança e à propriedade, nos termos seguintes: (...) XLIII – a lei considerará crimes inafiançáveis e insuscetíveis de graça ou anistia a prática da tortura, o tráfico ilícito de entorpecentes e drogas

FICHA TÉCNICA	
Leading case:	**ARE 663261 / SP**
	afins, o terrorismo e os definidos como crimes hediondos, por eles respondendo os mandantes, os executores e os que, podendo evitá-los, se omitirem; Art. 52. Compete privativamente ao Senado Federal: (...) X – suspender a execução, no todo ou em parte, de lei declarada inconstitucional por decisão definitiva do Supremo Tribunal Federal;
Data de reconhecimento da repercussão geral:	14/02/2012
Data de julgamento do mérito recursal:	14/02/2012
Houve unanimidade?	Não
Data de publicação do acórdão de julgamento do recurso:	06/02/2013
Trânsito em julgado do acórdão:	08/03/2013

⊙ Comentários:

- O debate assentou-se acerca da constitucionalidade da disposição legal que veda a conversão da pena privativa de liberdade em restritiva de direitos. Discutiu-se se a vedação faria parte do conjunto de reprimendas mais severas destinadas ao tráfico de drogas ou se haveria afronta ao principio constitucional da individualização das penas.

⊙ Síntese do debate constante do acórdão que fixou o precedente:

Argumentos favoráveis à tese fixada:	Argumentos contrários à tese fixada:
"As penas restritivas de direitos são, em essência, uma alternativa aos efeitos certamente traumáticos, estigmatizantes e onerosos do cárcere. Não é à toa que todas elas são comumente chamadas de penas alternativas, pois essa é mesmo a sua natureza: constituir-se num substitutivo ao encarceramento e suas seqüelas. E o fato é que a pena privativa de liberdade corporal não é a única a cumprir a função retributivo-ressocializadora ou restritivo-preventiva da sanção penal. As demais penas também são vocacionadas para esse geminado papel da retribuição-prevenção-ressocialização, e ninguém melhor do que o juiz natural da causa para saber, no caso concreto, qual o tipo alternativo de reprimenda é suficiente para castigar e, ao mesmo tempo, recuperar socialmente o apenado, prevenindo comportamentos do gênero".	"Não parece razoável que o condenado por tráfico de entorpecentes, seja ele de pequeno, médio ou grande porte, seja beneficiado com essa substituição, porque, em todas as suas modalidades, trata-se de delito de extrema gravidade e causador de inúmeros males para a sociedade, desde a desestruturação familiar até o incentivo a diversos outros tipos de crimes gravíssimos, que, não raro, têm origem próxima ou remota no comércio ilegal de drogas, sem falar do problema de saúde pública em que já se transformou."

Argumentos favoráveis à tese fixada:	Argumentos contrários à tese fixada:
"Devendo-se, todavia, perquirir sobre o preenchimento dos requisitos objetivos e subjetivos exigidos pelo artigo 44 do Código Penal, sem que isso implique na imediata soltura do condenado".	"O regime inicial de execução da pena, do mesmo modo que a eventualidade de progressão e a possibilidade de substituição formam o conjunto da sanção. A sua definição cabe ao legislador, que, no caso da narcotraficância, entendeu que as consequências a reger os infratores da norma deveriam ser mais severas, sem deixar de prever, para hipóteses menos graves, a possibilidade de expressiva redução da pena. Nesse contexto, não vislumbro qualquer mácula ao princípio da individualização da pena".
"A vedação à conversão, de forma abstrata pelo legislador, colide com o princípio constitucional da individualização da pena e impede que o juiz da execução penal faça a aferição de natureza subjetiva".	

◉ Fique atento:

- São requisitos para conversão das penas privativas de liberdade em restritivas de direitos:

  Art. 44 – CP – "As penas restritivas de direitos são autônomas e substituem as privativas de liberdade, quando: I – aplicada pena privativa de liberdade não superior a quatro anos e o crime não for cometido com violência ou grave ameaça à pessoa ou, qualquer que seja a pena aplicada, se o crime for culposo;(Redação dada pela Lei nº 9.714, de 1998) II – o réu não for reincidente em crime doloso; (Redação dada pela Lei nº 9.714, de 1998) III – a culpabilidade, os antecedentes, a conduta social e a personalidade do condenado, bem como os motivos e as circunstâncias indicarem que essa substituição seja suficiente. (Redação dada pela Lei nº 9.714, de 1998) (...) § 3º Se o condenado for reincidente, o juiz poderá aplicar a substituição, desde que, em face de condenação anterior, a medida seja socialmente recomendável e a reincidência não se tenha operado em virtude da prática do mesmo crime".

◉ Questões de Concurso relacionadas ao tema:

Questão 01 (CESPE – DPE/ES Defensor Público – 2012) A natureza hedionda do delito de tráfico de drogas privilegiado, assim nominado pela doutrina, afasta, por si só, a possibilidade da conversão da pena privativa de liberdade em pena restritiva de direitos e a possibilidade de aplicação do regime inicial de cumprimento da pena diverso do fechado.

    ( ) Certo   ( ) Errado

> **Gabarito: 1-E**

Tema 712: "Possibilidade, em caso de condenação pelo delito de tráfico de drogas, de valoração da quantidade e da natureza da droga apreendida, tanto para a fixação da pena-base quanto para a modulação da causa de diminuição prevista no art. 33, § 4°, da Lei 11.343/2006".

Tese: "As circunstâncias da natureza e da quantidade da droga apreendida devem ser levadas em consideração apenas em uma das fases do cálculo da pena".

FICHA TÉCNICA	
Leading case:	**ARE 666334/AM**
Descrição do caso feita pelo STF:	"Recurso extraordinário em que se discute, à luz do art. 5°, XLVI, da Constituição federal, a possibilidade, em caso de condenação pelo delito de tráfico ilícito de entorpecentes, de valoração da quantidade e da qualidade da droga apreendida, tanto na primeira fase de fixação da pena, como circunstância judicial desfavorável, quanto na terceira fase, para modular a aplicação da causa especial de diminuição de pena prevista no art. 33, § 4°, da Lei 11.343/2006."
Dispositivo(s) constitucional(is) envolvido(s):	Art. 5° Todos são iguais perante a lei, sem distinção de qualquer natureza, garantindo-se aos brasileiros e aos estrangeiros residentes no País a inviolabilidade do direito à vida, à liberdade, à igualdade, à segurança e à propriedade, nos termos seguintes: (...) XLVI – a lei regulará a individualização da pena e adotará, entre outras, as seguintes:
Data de reconhecimento da repercussão geral:	04/04/2014
Data de julgamento do mérito recursal:	04/04/2014
Houve unanimidade?	Não
Data de publicação do acórdão de julgamento do recurso:	06/05/2014
Trânsito em julgado do acórdão:	19/05/2014

⊙ Comentários:

O debate diz respeito ao momento de aplicação da circunstância da natureza e quantidade de droga apreendida. Na dosimetria essa circunstância será utilizada, restando apenas discutir o momento.

⊙ Síntese do debate constante do acórdão que fixou o precedente:

Argumentos favoráveis à tese fixada:	Argumentos contrários à tese fixada:
"Cabe ao juiz escolher em qual momento da dosimetria essa circunstância vai ser levada em conta, seja na primeira, seja na terceira, observando sempre a vedação ao *bis in idem*". (Min. Gilmar Mendes)	"Nos casos de tráfico ilícito de entorpecente, a fixação da pena deve observar, além do disposto no artigo 59 do Código Penal, o preceituado no artigo 42 da Lei nº 11.343/06, o qual estabelece serem a quantidade e a natureza da droga suficientes para a exasperação da pena-base. Quanto à diminuição de pena prevista no § 4º do artigo 33 da Lei nº 11.343/06, entende correta a aplicação no patamar assentado" (trecho das contrarrazões do MP/AM, citado no voto do Min. Marco Aurélio)

⊙ Fique atento:

- São – no mínimo – três os momentos da dosimetria da pena, segundo o art. 68 do Código Penal: "Art. 68 – A pena-base será fixada atendendo-se ao critério do art. 59 deste Código; em seguida serão consideradas as circunstâncias atenuantes e agravantes; por último, as causas de diminuição e de aumento".

⊙ Questões de Concurso relacionadas ao tema:

Questão 01 (MPE/SC – MPE/SC Promotor de Justiça – 2013) De acordo com a Lei n. 11.343/06, o magistrado, na fixação das penas, considerará, com preponderância sobre o previsto no art. 59 do Código Penal, a natureza e a quantidade da substância ou do produto, a personalidade e a conduta social do agente; enquanto que para determinar se a droga destinava-se a consumo pessoal, o juiz atenderá à natureza e à quantidade da substância apreendida, ao local e às condições em que se desenvolveu a ação, às circunstâncias sociais e pessoais, bem como à conduta e aos antecedentes do agente.

( ) Certo   ( ) Errado.

Gabarito: 1-C

Tema 937[3]: "Constitucionalidade do crime previsto no art. 2°, inc. II da Lei n°. 8.137/1990".

Tese: Ainda não havia sido fixada à época da elaboração do texto.

FICHA TÉCNICA	
Leading case:	**RE 999.425/SC**
Descrição do caso feita pelo STF:	"Agravo contra decisão pela qual inadmitido recurso extraordinário em que se discute, com base no art. 5°, inc. LXVII, da Constituição da República, a constitucionalidade do crime tributário previsto no art. 2°, inc. II, da Lei n. 8.137/1990."
Dispositivo(s) constitucional(is) envolvido(s):	**Art. 5°.** (...) (...) XLVII – não haverá penas: a) de morte, salvo em caso de guerra declarada, nos termos do art. 84, XIX; b) de caráter perpétuo; c) de trabalhos forçados; d) de banimento; e) cruéis;
Data de reconhecimento da repercussão geral:	03/03/2017
Data de julgamento do mérito recursal:	03/03/2017
Houve unanimidade?	Não
Data de publicação do acórdão de julgamento do recurso:	16/03/2017
Trânsito em julgado do acórdão:	Não há

◉ Comentários:

Trata-se de recurso extraordinário interposto pelo contra acórdão proferido pela Primeira Câmara Criminal do Tribunal de Justiça do Estado de Santa Catarina, que decidiu que "o não pagamento de tributo é fato típico e viola o bem jurídico de natureza difusa tutelado pelo artigo 2° da Lei 8.137/1990, pelo que afeta diretamente toda a coletividade, que se vê privada de melhor prestação de serviços públicos essenciais por parte do Estado, diante da falta de receitas derivadas". Para o TJ-SC, "a conduta do agente que, na con-

---

3. Este tema foi examinado pelo coautor Jaime Barreiros Neto.

dição de sócio-administrador da sociedade beneficiada, deixa de recolher, no prazo legal, valor de ICMS cobrado na qualidade de sujeito passivo de obrigação e que deveria recolher aos cofres públicos, configura o crime previsto no artigo 2º, inciso II, da Lei 8.137/1990".

Ainda de acordo com o TJ-SC, o elemento subjetivo do crime descrito no artigo 2º, II, da Lei 8.137/1990 é o dolo genérico, consistente no propósito de não efetuar o recolhimento do tributo devido aos cofres públicos, de modo que não se exige qualquer finalidade específica de agir. Conforme o voto do relator do processo, no âmbito do TJ-SC, a situação em discussão não se subsume a mero débito fiscal, a ser interpretado como dívida de natureza cível, mas sim deve ser observado como verdadeiro ilícito penal, cuja vítima é toda a sociedade, carecedora dos recursos sonegados, os quais reduzem a receita pública, prejudicando a execução dos serviços públicos.

Por outro lado, argumentou o recorrente que a conduta descrita no art. 2º, II da Lei 8.137/90 não tem relevância penal, uma vez que a intenção do Estado se resumiria à arrecadação dos recursos sonegados, sem que haja, de fato, interesse na punibilidade do contribuinte que, mesmo atrasado, quita sua dívida tributária.

Julgando o mérito, o Min. Ricardo Lewandowski, relator do processo no STF, votou, então, pelo reconhecimento da repercussão geral, argumentando que "o tema debatido nos autos apresenta relevância jurídica, econômica e social, porquanto versa sobre a constitucionalidade de delito que visa combater a sonegação fiscal, com reflexos diretos na arrecadação de recursos para a manutenção do Estado e para promoção do bem-estar social", transcendendo, assim, os limites subjetivos da causa.

Destacou, então, o relator que "a jurisprudência deste Supremo Tribunal é pacífica no sentido de que os delitos previstos na Lei 8.137/1990 não violam o disposto no art. 5º, LXVII, da Lei Maior, em virtude de terem caráter penal e não se relacionarem com a prisão civil por dívida".

Reconhecendo, então a repercussão geral, o relator, Min. Lewandowski, reafirmando jurisprudência firmada no STF (tendo sido citados os seguintes precedentes AI 566.225/RS e RE 408.363/SC, Rel. Min. Marco Aurélio; ARE 839.787/DF, Rel. Min. Rosa Weber; ARE 978.675/SC, Rel. Min. Teori Zavascki, e ARE 993.201/SP, Rel. Min. Celso de Mello), entendeu ser desnecessária nova apreciação pelo plenário da corte, realizando, então, o julgamento monocrático do recurso, nos termos do art. 325, caput do Regimento Interno do STF.

Dessa forma, decidiu o relator pela ratificação da jurisprudência do STF ao caso em análise, bem como pela existência de repercussão geral na matéria, e pelo desprovimento do recurso extraordinário, afirmando que:

> as condutas tipificadas na Lei 8.137/1991 não se referem simplesmente ao não pagamento de tributos, mas aos atos praticados pelo contribuinte com o fim de sonegar o tributo devido, consubstanciados em fraude, omissão, prestação de informações falsas às autoridades fazendárias e outros ardis. Não se trata de punir a inadimplência do contribuinte, ou seja, apenas a dívida com o Fisco. Por isso, os delitos previstos na Lei 8.137/1991 não violam o art. 5º, LXVII, da Carta Magna bem como não ferem a característica do Direito Penal de configurar a *ultima ratio* para tutelar a ordem tributária e impedir a sonegação fiscal;

O Tribunal, então, acompanhou a decisão do relator, reconhecendo a existência de repercussão geral na questão suscitada. Não se manifestaram os ministros Carmém Lúcia e Gilmar Mendes.

O Ministro Marco Aurélio, por sua vez, votou de forma divergente, entendendo que "Está-se diante de tema a merecer o crivo do Supremo. Quanto ao julgamento do recurso extraordinário no Plenário dito virtual, sob a argumentação de reafirmar-se a jurisprudência, surge a impropriedade. Há de observar-se o devido processo legal, viabilizando-se atuação das partes". Assim, o Min. Marco Aurélio decidiu pronunciar-se apenas sobre a repercussão geral do tema, entendendo-a devida, sem, contudo, adentrar ao mérito da questão.

◉ Fique atento:

- A lei 8.137/1990 define crimes contra a ordem tributária, econômica e contra as relações de consumo, e dá outras providências. De acordo com o art. 2º, II da referida lei, constitui crime contra a ordem tributária, com pena prevista de detenção, de 6 (seis) meses a 2 (dois) anos, e multa, "deixar de recolher, no prazo legal, valor de tributo ou de contribuição social, descontado ou cobrado, na qualidade de sujeito passivo de obrigação e que deveria recolher aos cofres públicos".

◉ Questões de Concurso relacionadas ao tema:

Questão 01 (AOCP / Prefeitura Municipal de Juiz de Forma – MG/ Auditor Fiscal / 2016) NÃO constitui crime contra à ordem tributária:

a) fazer declaração falsa ou omitir declaração sobre rendas, bens ou fatos, ou empregar outra fraude, para eximir-se, total ou parcialmente, de pagamento de tributo.

b) deixar de recolher, no prazo legal, valor de tributo ou de contribuição social, descontado ou cobrado, na qualidade de sujeito passivo de obrigação e que deveria recolher aos cofres públicos.

c) exigir, pagar ou receber, para si ou para o contribuinte beneficiário, qualquer percentagem sobre a parcela dedutível ou deduzida de imposto ou de contribuição como incentivo fiscal.

d) aplicar, ou aplicar em convergência com o estatuído, incentivo fiscal ou parcelas de imposto liberadas por órgão ou entidade de desenvolvimento.

e) utilizar ou divulgar programa de processamento de dados que permita ao sujeito passivo da obrigação tributária possuir informação contábil diversa daquela que é, por lei, fornecida à Fazenda Pública.

Gabarito: 1-A

6

DIREITO PROCESSUAL PENAL

Vinícius Assumpção

6.1. PRINCÍPIO DO JUIZ NATURAL

Tema 154: "Trancamento da ação penal, em habeas corpus, por falta de justa causa, sem a submissão de acusados de crime doloso contra a vida ao Tribunal do Júri".

Tese: "Qualquer decisão do Poder Judiciário que rejeite denúncia, que impronuncie ou absolva, sumariamente, os réus ou, ainda, que ordene a extinção, em sede de "habeas corpus", de procedimentos penais não transgride o monopólio constitucional da ação penal pública (CF, art. 129, I) nem ofende os postulados do juiz natural (CF, art. 5°, inciso LIII) e da soberania do veredicto do Júri (CF, art. 5°, inciso XXXVIII, "c")."

FICHA TÉCNICA	
Leading case:	RE 593443/SP
Descrição do caso feita pelo STF:	"Recurso extraordinário em que se discute, à luz dos artigos 5°, XXXVIII, d; e 129, I, da Constituição Federal, a possibilidade, ou não, do trancamento de ação penal, em habeas corpus, por falta de justa causa, sem submissão de acusados de crime doloso contra a vida ao Tribunal do Júri".

FICHA TÉCNICA	
Leading case:	**RE 593443/SP**
Dispositivo(s) constitucional(is) envolvido(s):	"Art. 5º Todos são iguais perante a lei, sem distinção de qualquer natureza, garantindo-se aos brasileiros e aos estrangeiros residentes no País a inviolabilidade do direito à vida, à liberdade, à igualdade, à segurança e à propriedade, nos termos seguintes: (...) XXXVIII – é reconhecida a instituição do júri, com a organização que lhe der a lei, assegurados: a) a plenitude de defesa; b) o sigilo das votações; c) a soberania dos veredictos; d) a competência para o julgamento dos crimes dolosos contra a vida; (...) " "Art. 129. São funções institucionais do Ministério Público: I – promover, privativamente, a ação penal pública, na forma da lei; (...)."
Data de reconhecimento da repercussão geral:	19/03/2009
Data de julgamento do mérito recursal:	06/06/2013 (julgamento do recurso extraordinário)
Houve unanimidade?	Não
Data de publicação do acórdão de julgamento do recurso:	22/05/2014
Trânsito em julgado do acórdão:	03/06/2014

⊙ Comentários:

A matéria fática relacionada ao julgamento do Recurso Extraordinário nº 593443/SP foi de grande repercussão à época e é lembrada ainda nos dias atuais. O fato apontado na denúncia teria se dado na Universidade Estadual de São Paulo (USP), quando um estudante do curso de Medicina foi encontrado morto em uma piscina. O óbito teria decorrido da realização de um "trote" universitário, quando colegas do mesmo curso teriam lhe atirado na água, mesmo antes a sua advertência de que não sabia nadar e, em seguida, impedido o jovem de sair da piscina, ocasionando sua asfixia por afogamento.

A defesa dos acusados impetrou *habeas corpus* com o objetivo de trancar a ação penal. O Tribunal de Justiça do Estado de São Paulo, após a concessão da medida liminar, denegou a ordem, determinando o prosseguimento da ação penal. Nova medida foi ajuizada pela defesa, o *habeas corpus* substitutivo de Recurso Ordinário em *Habeas Corpus*, perante o Superior Tribunal de Justiça. O resultado foi, em decisão colegiada, o efetivo trancamento da ação penal, por ausência de justa causa para a persecução criminal.

Contra a decisão concessiva da ordem pelo STJ, o Ministério Público interpôs Recurso Extraordinário, suscitando violação ao monopólio da ação penal pública (art. 129, I, CF/88) e à competência e soberania do júri (art. 5º, XXXVIII, CF/88). Em sede de contrarrazões, a defesa alegou: a ausência de legitimidade recursal do MP, sustentando que o órgão atuaria, em sede de *habeas corpus*, como fiscal da lei (*custos legis*), sendo-lhe vedado recorrer como se parte fosse; a inexistência de violação aos dispositivos constitucionais apontados no recurso.

O julgamento foi dado por maioria, tendo se assentado nos seguintes fundamentos: a) a análise da instauração da ação penal perpassa pelo "exame aligeirado" da prova, já que ela é o substrato da denúncia; b) caso o Recurso Extraordinário fosse provido, toda decisão que trancasse inquérito ou ação penal significaria violação ao art. 129, I, da CF/88; c) a interrupção do curso da ação penal não representa usurpação da competência do tribunal do júri – vide, por exemplo, a possibilidade de absolvição sumária pelo juiz da fase sumariante (1ª fase do rito escalonado do júri).

Apesar do voto do relator, Ministro Marco Aurélio, o Recurso Extraordinário foi conhecido e provido por maioria.

◉ Síntese do debate constante do acórdão que fixou o precedente:

Argumentos favoráveis à tese fixada:	Argumentos contrários à tese fixada:
▪ Não se revela lícito ao Poder Público fazer instaurar persecução penal contra quem quer que seja, se o órgão estatal de acusação não dispuser de prova lícita, consistente e idônea que possa dar suporte e legitimar a pretensão punitiva do Estado, sob pena de tal comportamento, por ser manifestamente inadmissível, traduzir hipótese de ausência de justa causa. (Min. Celso de Mello)	▪ Descabe ao tribunal, antecipadamente – em recurso ou em habeas corpus –, dizer que a prova é suficiente ao reconhecimento da excludente de ilicitude ou de culpabilidade. No julgamento de impetração, há de restringir-se à apreciação das condições para o exercício da ação, dos pressupostos processuais, relativamente ao processo cujo trâmite se dá em instância inferior. De outra forma, acabar-se-á, de maneira inconstitucional e não republicana, por afastar do Ministério Público a possibilidade de provar, no momento adequado, com o irrestrito respeito aos princípios do contraditório e da ampla defesa, que o réu praticou conduta típica, ilícita e culpável. A exigência de prova cabal é inoportuna em fase embrionária da ação penal, devendo-se aguardar a instrução probatória, as alegações finais e a prolação de sentença. (Min. Marco Aurélio)
▪ "Toda vez que houvesse uma decisão que eventualmente trancasse um inquérito, que trancasse uma ação penal, caracterizar-se-ia, em princípio, a lesão ao artigo 129, porque o Ministério Público estaria sendo obstado – o princípio do promotor natural em sentido mais amplo. ▪ Por outro lado, especialmente em relação ao júri, que é do que se cuida – os crimes dolosos contra a vida –, qualquer ação que eventualmente afetasse o desenvolvimento do processo na ação por crime de homicídio doloso também caracterizaria a lesão a esse princípio do juiz natural. E parece-me que isso, realmente, levaria a um resultado que não encontra base na nossa jurisprudência. A toda hora, fazemos esse tipo de exame e trancamos a ação penal, porque não houve descrição adequada. (Min. Gilmar Mendes).	▪ O Superior Tribunal de Justiça, ao fazer o exame de prova, violou, abertamente o art. 5°, XXXVIII, da Constituição e o princípio da soberania do Júri. Não é cabível ao STJ fazer esse exame aprofundado, precipitando-se e impedindo que o Juiz-Presidente do Júri pronunciasse a sua decisão. (Min. Joaquim Barbosa).

Argumentos favoráveis à tese fixada:	Argumentos contrários à tese fixada:
• O Superior Tribunal de Justiça agiu estritamente dentro de sua competência legal, confrontou a denúncia com os requisitos do artigo 41 do Código de Processo Penal e, evidentemente, teve que fazer, como nós fazemos aqui, um exame aligeirado da prova. Tangenciou a prova, que é o substrato da denúncia (Min. Ricardo Lewandowski)	• O que se tem, portanto, salvo melhor juízo, é um pronunciamento que seria próprio do Tribunal do Júri, que foi antecipado por via de habeas corpus, que, aliás, é via, por si só, inadequada para um julgamento antecipado, pelo Superior Tribunal de Justiça. (Teori Zavascki)

⊙ Fique atento:

- O cerne do debate se restringiu a identificar se o Superior Tribunal de Justiça havia ou não realizada exame aprofundado das provas quando do julgamento do *habeas corpus* substitutivo.

- A jurisprudência dos tribunais superiores tem sido cada vez mais restritiva quanto à admissibilidade de *habeas corpus* substitutivo, exigindo a interposição do Recurso Ordinário Constitucional em sede de *Habeas Corpus*, com previsão legal nos artigos 102, II, "a", e 105, II, "a", da CF/88.

- As Ministras Cármen Lúcia e Rosa Weber entenderam que não era caso de Repercussão Geral e, por essa razão, não conheceram do Recurso. Para elas, o Superior Tribunal de Justiça havia feito "revolvimento de fatos e provas", adentrando "demasiadamente, além da competência dele", na apreciação do caso;

- O Ministro Ricardo Lewandowski acenou com a possibilidade de acompanhar as Ministras Cármen Lúcia e Rosa Weber, tendo mencionado a súmula nº 279 do STF, mas superou seu entendimento, no particular, porque o Recurso Extraordinário já havia tido sua Repercussão Geral reconhecida.

- O Ministro Teori Zavascki, de modo igual, ressaltou ter dúvidas quanto ao juízo de admissibilidade do Recurso, mas afastou-se do debate em razão de ter passado pelo "crivo da repercussão geral".

- Em seu voto, o Ministro Joaquim Barbosa ressaltou a importância de se analisar a questão de fundo e voltar as atenções às vítimas dos crimes, sob pena de decidir de maneira alheia à realidade das questões. Em suas palavras: "(...) não é a primeira vez que, nesses meus dez anos de Supremo Tribunal Federal, presencio situação como aqui estamos vivendo hoje aqui: o Tribunal se debruçar sobre teorias, sobre hipóteses e esquecer aquilo que é essencial, a vítima. Não se fala da vítima. Não se fala da sua família. Repito, foi um jovem, que acabara de ingressar na universidade, que perdeu a sua vida".

⊙ Questões de Concurso relacionadas ao tema:

Questão 01 (Ano: 2015 Banca: FUNIVERSA Órgão: PC-GO Prova: Papiloscopista) Com relação ao habeas corpus e ao inquérito policial, segundo entendimento do STJ, assinale a alternativa correta.

a) O habeas corpus pode ser utilizado para trancar o inquérito policial quando restar provada, inequivocamente, sem a necessidade de exame valorativo do conjunto fático-probatório, a atipicidade dos fatos.

b) Como regra, o habeas corpus serve para o trancamento de inquérito policial

c) O rito do habeas corpus prescinde de prova pré-constituída do direito alegado, não necessitando a parte de demonstrar, por meio de documentos que evidenciem a pretensão aduzida, a existência de constrangimento ilegal.

d) É inadmissível a utilização do habeas corpus para o trancamento de inquérito policial quando restar provada, inequivocamente, sem a necessidade de exame valorativo do conjunto fático-probatório, a ausência de indícios de autoria ou de prova da materialidade do delito.

e) O mero indiciamento em inquérito policial, ainda que existam fundadas suspeitas de participação ou autoria delitiva, configura constrangimento ilegal sanável mediante habeas corpus.

Questão 02 (Ano: 2013 Banca: CESPE Órgão: MPE-RO Prova: Promotor de Justiça) No que concerne à denúncia, à justa causa, à assistência de acusação e à absolvição sumária, assinale a opção correta.

a) Não pode o inimputável ser absolvido sumariamente, como consta expressamente da ressalva legal, porque é juridicamente impossível absolvição sumária com aplicação de medida de segurança.

b) O erro de tipificação na denúncia não é motivo suficiente para sua rejeição, mas a completa ausência de capitulação dos fatos pode levar ao não recebimento da inicial acusatória, por inépcia.

c) Não está prevista entre as causas legais de rejeição da denúncia a falta de representação do ofendido, no caso de crimes de ação pública a ela condicionada.

d) A inexistência de justa causa no sentido processual, como ausência de elementos probatórios de sustentação da denúncia ou da queixa, basta para que se rejeite a denúncia sem julgamento do mérito, uma vez que a falta de justa causa material, entendida como a ausência de narrativa de fato, em tese, criminoso, conduz à absolvição sumária.

e) É requisito para a intervenção recursal da assistência de acusação a inércia do MP, podendo, nesse caso, o assistente recorrer da sentença, até mesmo da que extingue a punibilidade, como também recorrer da impronúncia e de outras decisões sujeitas ao recurso de apelação, sendo-lhe vedada, porém, a interposição de recurso especial ou extraordinário.

Questão 03 (Ano: 2007 Banca: CESPE Órgão: MPE-AM Prova: Promotor de Justiça) A respeito de denúncia, assinale a opção correta.

a) Denúncia alternativa é aquela que omite a descrição de comportamento típico e sua atribuição a cada autor individualizado.

b) Se o promotor denuncia o autor de crime de homicídio por crime qualificado por motivo fútil ou torpe, trata-se de denúncia genérica.

c) O acórdão que provê recurso contra rejeição da denúncia vale, desde logo, por seu recebimento, se não for nula a decisão de primeiro grau.

d) É inepta a denúncia que, nos crimes societários, não descreve e individualiza a conduta de cada um dos sócios.

e) Rejeitada a denúncia por falta de condição da ação, fica obstado posterior exercício da ação penal, em face da coisa julgada material.

Gabarito: 1-A; 2-B; 3-C

Tema 170: "Julgamento proferido por órgão fracionário de tribunal composto majoritariamente por juízes convocados".

Tese: "Não viola o postulado constitucional do juiz natural o julgamento de apelação por órgão composto majoritariamente por juízes convocados, autorizado no âmbito da Justiça Federal pela Lei 9.788/1999."

FICHA TÉCNICA	
Leading case:	**RE 597133/RS**
Descrição do caso feita pelo STF:	"Recurso extraordinário em que se discute, à luz dos artigos 5°, XXXVII e LIII; 93, III; 94 e 98, I, da Constituição Federal, a nulidade, ou não, de julgamento realizado por órgão fracionário de tribunal, composto majoritariamente por juízes convocados, tendo em conta os princípios do juiz natural e do duplo grau de jurisdição"
Dispositivo(s) constitucional(is) envolvido(s):	"Art. 5° Todos são iguais perante a lei, sem distinção de qualquer natureza, garantindo-se aos brasileiros e aos estrangeiros residentes no País a inviolabilidade do direito à vida, à liberdade, à igualdade, à segurança e à propriedade, nos termos seguintes: (...) XXXVII – não haverá juízo ou tribunal de exceção; (...) LIII – ninguém será processado nem sentenciado senão pela autoridade competente; (...) LXXVIII – a todos, no âmbito judicial e administrativo, são assegurados a razoável duração do processo e os meios que garantam a celeridade de sua tramitação." "Art. 92. São órgãos do Poder Judiciário: (...) XV a distribuição de processos será imediata, em todos os graus de jurisdição (...)"
Data de reconhecimento da repercussão geral:	19/06/2009
Data de julgamento do mérito recursal:	17/11/2010 (julgamento do recurso extraordinário)
Houve unanimidade?	Não
Data de publicação do acórdão de julgamento do recurso:	06/04/2011
Trânsito em julgado do acórdão:	25/04/2011

⊙ Comentários:

O debate trazido por ocasião do julgamento do Recurso Extraordinário nº 597133/RS é a possibilidade de convocação de juízes para a composição de órgãos colegiados de julgamento nos Tribunais, inclusive quando sejam os convocados majoritários em relação aos desembargadores.

Nesse contexto, é importante ressaltar que a Lei Orgânica da Magistratura Nacional (LOMAN – Lei Complementar nº 35/1979) dispõe sobre a possibilidade de convocação de juízes de primeiro grau para exercício de cargo ou função no Tribunal respectivo[1]. O art. 118 da mesma lei[2] traça diretrizes para que a convocação possa ocorrer, estabelecendo critérios como a realização de sorteio público dentre os juízes (§ 1º) e a vedação a convocação de juízes que tenham sofrido determinadas punições (§ 2º).

Por sua vez, a lei federal nº 9.788/1999[3] dispõe, no seu art. 4º, sobre possibilidade de que juízes federais substituam desembargadores nos Tribunais Regionais Federais que integram. O dispositivo enuncia claramente que a convocação é (i) excepcional, (ii) deve ocorrer quando o acúmulo de serviço a exigir e (iii) deverá obedecer aos termos de resolução do Conselho da Justiça Federal a ser editada[4].

Por fim, a convocação não é estranha à alcunhada Lei Orgânica da Justiça Federal (Lei nº 5.010/1966), que, ainda se referindo ao extinto Tribunal Federal de Recursos, mencionava essa possibilidade[5].

No caso concreto, a 7ª Turma do Tribunal Regional Federal da 4ª Região proferiu acórdão criminal, em sede de julgamento de embargos de declaração, entendendo pela inexistência de nulidade de julgamento proferido por Turma composta por maioria de juízes convocados. A decisão foi atacada por Recurso Extraordinário, afetando ao STF o debate jurídico.

Ao apreciar a matéria, o Ministro Relator, Ricardo Lewandowski, ponderou a existência de preceito constitucional assegurando a todos a razoável duração do processo, bem como de garantia de imediata distribuição de processos em todos os graus de jurisdição do Poder Judiciário (arts. 5º, LXXVIII[6], e art. 92, XV, ambos da CF/88). O Supremo Tribunal Federal acompanhou, por maioria, o entendimento do relator e reconheceu a possibilidade de convocação de magistrados de primeiro grau para julgamento nos Tribunais respectivos, ainda quando representem a maioria do órgão colegiado.

---

1. A regra, como se pode ler, é a vedação: "Art. 107 – É vedada a convocação ou designação de Juiz para exercer cargo ou função nos Tribunais, ressalvada a substituição ocasional de seus integrantes (art. 118)."

2. "Art. 118. Em caso de vaga ou afastamento, por prazo superior a 30 (trinta) dias, de membro dos Tribunais Superiores, dos Tribunais Regionais, dos Tribunais de Justiça e dos Tribunais de Alçada, (Vetado) poderão ser convocados Juízes, em Substituição (Vetado) escolhidos (Vetado) por decisão da maioria absoluta do Tribunal respectivo, ou, se houver, de seu Órgão Especial"

3. Essa lei "Dispõe sobre a reestruturação da Justiça Federal de Primeiro Grau nas cinco Regiões, com a criação de Varas Federais e dá outras providências".

4. "Art. 4º Os Tribunais Regionais Federais poderão, em caráter excepcional e quando o acúmulo de serviço o exigir, convocar Juízes Federais ou Juízes Federais Substitutos, em número equivalente ao de Juízes de cada Tribunal, para auxiliar em Segundo Grau, nos termos de resolução a ser editada pelo Conselho da Justiça Federal".

5. "Art. 64. Nos seus impedimentos temporários excedentes de trinta dias, ou quando necessário, os membros do Tribunal Federal de Recursos serão substituídos por Juízes Federais convocados na forma prevista no seu Regimento".

6. Com redação dada pela Emenda Constitucional nº 45/2004

◉ Síntese do debate constante do acórdão que fixou o precedente:

Argumentos favoráveis à tese fixada:	Argumentos contrários à tese fixada:
• A composição dos órgãos julgadores integrados por juízes de direito convocados, têm o escopo de desafogar o Tribunal e de materializar o ideal de uma prestação jurisdicional célere e efetiva, não violando o princípio do juiz natural. (Min. Ricardo Lewandowski).	• Sob pena de ter-se a transgressão ao princípio do juiz natural, somente é concebível a convocação em substituição. Não é admissível a sobreposição como ocorre no caso em tela. (Min. Marco Aurélio).
• A crise numérica é uma crise também de racionalidade. Sabe-se que especialmente na magistratura, a solução, em geral, encomendada e recomendada, é sempre aquela que envolve a expansão dos quadros, havendo limites para a expansão dos tribunais e de quadro de servidores. Assim, não há que se falar em violação ao princípio do juiz natural. (Min. Gilmar Mendes).	
• O princípio do juiz natural, que é base da impugnação à validade dos atos praticados pelo Tribunal de Justiça, não foi violado, nem houve juízo a posteriori, não foi fixado a posteriori, não foi fixado ad hoc, não foi fixado especificamente e há lei prevendo exatamente essa composição em caráter extraordinário. (Min. Carmem Lúcia).	

◉ Fique atento:

- Os regimentos internos dos Tribunais de Justiça podem dispor sobre a convocação de juízes de primeiro grau para composição dos órgãos colegiados de julgamento.

- A convocação deve se basear em critérios objetivos previstos em lei. Nesse sentido, o STF decidiu pela inconstitucionalidade de dispositivo do Regimento Interno do Tribunal de Justiça do Espírito Santo que previa como critério para a convocação a indicação pelo próprio desembargador substituído. Entendeu-se que essa hipótese violaria a impessoalidade e o princípio do juiz natural (vide ADI 1481, Relatoria do Ministro Marco Aurélio, julgada pelo Tribunal Pleno, DJ 04/06/2004).

- O STF entende que o juiz convocado pode, inclusive, exercer a relatoria do julgamento (vide HC 86889, Relatoria do Ministro Menezes Direito, DJ 15/02/2008).

- Atualmente, a Resolução nº 51/2009, do Conselho da Justiça Federal (CJF), disciplina a convocação de juízes federais; a Resolução nº 72/2009, do Conselho Nacional de Justiça (CNJ), disciplina a convocação de juízes de primeiro grau nos âmbitos estadual e federal, em todo o país.

- O Superior Tribunal de Justiça compreende que, em caso de ação penal originária, havendo previsão em regimento interno do respectivo tribunal de julgamento da autoridade com prerrogativa por determinada fração de "desembargadores" [7], ha-

---

7. A título de exemplo, o TRF1 e o TRF3 exigem presença de 2/3 de desembargadores para que o órgão colegiado possa julgar ação penal originária. Nessa hipótese, segundo o entendimento do STJ, não se admitiria a convocação de juízes de primeiro grau da qual resultasse composição majoritária deles.

verá violação ao princípio do juiz natural caso o quórum não seja respeitado pela convocação de magistrados de primeiro grau[8].

- Os artigos 93, III[9], 94[10] e 98, I[11], todos da CF/88, foram considerados não prequestionados e, portanto, não foram debatidos pelo STF.

◉ Questões de Concurso relacionadas ao tema:

Questão 01 (Ano: 2016 Banca: MPE-PR Órgão: MPE-PR Prova: Promotor Substituto) Assinale a alternativa incorreta:

a) O juiz de uma causa deve ser imparcial, legalmente investido e competente, o que se harmoniza com a previsão de órgão colegiado em primeiro grau de jurisdição para o processo e julgamento dos crimes praticados por organizações criminosas;

b) A redistribuição de processos pela instalação de novas varas ofende os princípios do devido processo legal, do juiz natural e da perpetuatio jurisdictionis;

c) Não viola o princípio do juiz natural a convocação de juízes de primeiro grau para compor órgão julgador do respectivo Tribunal, na apreciação de recursos em segundo grau de jurisdição, ainda que observadas as diretrizes legais federais ou estaduais;

d) A atração por continência ou conexão do processo do corréu ao foro por prerrogativa de função de um dos denunciados não viola as garantias do juiz natural, da ampla defesa e do devido processo legal;

e) Viola o princípio do juiz natural o desaforamento da sessão de julgamento pelo júri, quando não verificada a ocorrência de interesse de ordem pública, dúvida sobre a imparcialidade dos jurados, segurança pessoal do acusado ou comprovado excesso de serviço impeditivo da realização do julgamento no prazo de seis meses.

Questão 02 (Ano: 2013 Banca: VUNESP Órgão: TJ-SP Prova: Juiz)

A exceção de incompetência constitui meio processual assecuratório da observância do princípio do(a):

a) oficialidade.

---

8. HC 88.739/BA, Rel. Ministro HAROLDO RODRIGUES (DESEMBARGADOR CONVOCADO DO TJ/CE), SEXTA TURMA, julgado em 15/06/2010, DJe 30/08/2010.

9. "Art. 93. Lei complementar, de iniciativa do Supremo Tribunal Federal, disporá sobre o Estatuto da Magistratura, observados os seguintes princípios: (...) III o acesso aos tribunais de segundo grau far-se-á por antigüidade e merecimento, alternadamente, apurados na última ou única entrância"

10. "Art. 94. Um quinto dos lugares dos Tribunais Regionais Federais, dos Tribunais dos Estados, e do Distrito Federal e Territórios será composto de membros, do Ministério Público, com mais de dez anos de carreira, e de advogados de notório saber jurídico e de reputação ilibada, com mais de dez anos de efetiva atividade profissional, indicados em lista sêxtupla pelos órgãos de representação das respectivas classes"

11. "Art. 98. A União, no Distrito Federal e nos Territórios, e os Estados criarão: I – juizados especiais, providos por juízes togados, ou togados e leigos, competentes para a conciliação, o julgamento e a execução de causas cíveis de menor complexidade e infrações penais de menor potencial ofensivo, mediante os procedimentos oral e sumariíssimo, permitidos, nas hipóteses previstas em lei, a transação e o julgamento de recursos por turmas de juízes de primeiro grau;"

b) juiz natural.

c) publicidade.

d) persuasão racional.

> **Gabarito: 1-B; 2-B**

6.2. PRINCÍPIO DA MOTIVAÇÃO DOS PRONUNCIAMENTOS JUDICIAIS

Tema 50: "Possibilidade de substituir-se a formalização de acórdão fundamentado por certidão a qual contenha o resultado de julgamento".

Tese: "O artigo 118, § 3º, do Regimento Interno do Superior Tribunal Militar – que prevê que o resultado do julgamento de agravo interposto perante aquela Corte será certificado nos autos pela Secretaria do Tribunal Pleno – não pode implicar a ausência de lavratura do acórdão, sob pena de afronta às garantias constitucionais da motivação e da publicidade dos pronunciamentos judiciais".

FICHA TÉCNICA	
Leading case:	**RE 575144/DF**
Descrição do caso feita pelo STF:	"Recurso extraordinário em que se discute, à luz dos artigos 5º, LV e LX; e art. 93, IX, da Constituição Federal, a constitucionalidade, ou não, do art. 118, § 3º, do Regimento Interno do Superior Tribunal Militar – STM, o qual prevê que o resultado do julgamento de agravo interposto perante aquela Corte será certificado nos autos pela Secretaria do Tribunal Pleno, prescindindo-se da lavratura de acórdão fundamentado. "
Dispositivo(s) constitucional(is) envolvido(s):	"Art. 5º Todos são iguais perante a lei, sem distinção de qualquer natureza, garantindo-se aos brasileiros e aos estrangeiros residentes no País a inviolabilidade do direito à vida, à liberdade, à igualdade, à segurança e à propriedade, nos termos seguintes: (...) LX – a lei só poderá restringir a publicidade dos atos processuais quando a defesa da intimidade ou o interesse social o exigirem; (...)"
	"Art. 93. Lei complementar, de iniciativa do Supremo Tribunal Federal, disporá sobre o Estatuto da Magistratura, observados os seguintes princípios: (...) IX – todos os julgamentos dos órgãos do Poder Judiciário serão públicos, e fundamentadas todas as decisões, sob pena de nulidade, podendo a lei limitar a presença, em determinados atos, às próprias partes e a seus advogados, ou somente a estes, em casos nos quais a preservação do direito à intimidade do interessado no sigilo não prejudique o interesse público à informação; (...)"

FICHA TÉCNICA	
Leading case:	**RE 575144/DF**
Data de reconhecimento da repercussão geral:	11/04/2008
Data de julgamento do mérito recursal:	11/12/2008
Houve unanimidade?	Sim
Data de publicação do acórdão de julgamento do recurso:	20/02/2009 (julgamento do recurso extraordinário)
Trânsito em julgado do acórdão:	19/03/2009

◉ Comentários:

O Capítulo VI do Regimento Interno do Superior Tribunal Militar (STM) cuida "DOS RECURSOS CONTRA DECISÕES DO TRIBUNAL", relegando à "Seção I" disciplinar o Agravo Regimental. O art. 118 dessa Seção regulamenta as hipóteses de cabimento dessa espécie de Agravo, o prazo para a sua interposição e o seu processamento. Ocorre que a redação do § 3º do art. 118 era esta: "O resultado do julgamento será certificado nos autos pela Secretaria do Tribunal". Nota-se que a previsão regimental dispunha sobre mera certidão de julgamento, sem dispor sobre a necessidade de lavratura e publicação do acórdão respectivo, o que conduziu à interposição de Recurso Extraordinário nº 575144/DF, questionando a omissão do STM e a afronta aos princípios constitucionais da publicidade e da motivação das decisões judiciais.

Duas previsões da Constituição Federal de 1988 são extremamente claras ao assegurar a necessidade de publicidade e motivação das decisões emanadas do Poder Judiciário: o art. 5º, LX; o art. 93, IX. Soma-se a elas o art. 8º, item 5, da Convenção Americana sobre Direitos Humanos (conhecida como "Pacto de São José da Costa Rica"[12]), que declara que "O processo penal deve ser público, salvo no que for necessário para preservar os interesses da justiça". As exceções – também constitucionais – a essas regras[13] não se encontravam presentes no caso concreto, tendo o Supremo Tribunal Federal conhecido e provido o Recurso, cuja Repercussão Geral havia sido devidamente reconhecida.

---

12. A Convenção Americana sobre Direitos Humanos foi incorporada ao direito brasileiro por meio da promulgação do Decreto nº 678/1992.

13. A restrição legal da publicidade poderá ocorrer "quando a defesa da intimidade ou o interesse social o exigirem" (art. 5º, LX, da CF/88) e "em casos nos quais a preservação do direito à intimidade do interessado no sigilo não prejudique o interesse público à informação" (art. 93, IX, da CF/88).

◉ Síntese do debate constante do acórdão que fixou o precedente:

Argumentos favoráveis à tese fixada:	Argumentos contrários à tese fixada:
Certificar não dispensa a lavratura do acórdão que é exigência que decorre do artigo 99 [leia-se 93, IX] da Constituição Federal. (Min. Cesar Peluso).	
A expedição de mera certidão em que se contém apenas o resultado do julgamento não permite que se conheça as razões que emprestam suporte às decisões dos Ministros do STM, revelando-se tal proceder incompatível com o ordenamento constitucional vigente. (Min. Ricardo Lewandowski).	

◉ Fique atento:

- O Tema 50 da Repercussão Geral foi superado com a mudança do art. 118, § 3º, do Regimento Interno do STM. A redação atual, dada pela Emenda nº 15, de 16.11.2009 é esta: "A decisão do Plenário constará de Acórdão lavrado de acordo com o artigo 51, aplicando-se, no que couber, as disposições constantes dos artigos 52, 53 e 54". Isso significa que os acórdãos deverão ser lavrados e publicados, atendendo-se aos princípios citados e ao entendimento do Supremo Tribunal Federal

- Por ocasião do julgamento, o Ministro Marco Aurélio se manifestou expressamente pela declaração da inconstitucionalidade do art. 118, § 3º, do STM (com redação original). Para o Ministro, o dispositivo dizia o óbvio, que seria a necessidade de se lavrar certidão de julgamento. Com isso, no seu entendimento, o regimento promovia omissão grave e intencional de que o acórdão não fosse realmente lavrado. A consequência dessa postura seria, nas palavras do Ministro Marco Aurélio, tornar o STM num "'Supremo' Tribunal Militar", uma vez que a mera certidão inviabilizaria os recursos ao Supremo Tribunal Federal.

◉ Questões de Concurso relacionadas ao tema:

Questão 01 (Ano: 2008 Banca: CEFET-BA Órgão: PC-BA Prova: Delegado de Polícia) Sobre Sistemas Processuais, pode-se afirmar que o

a) Acusatório prega o respeito incondicional ao contraditório, à publicidade, à imparcialidade, à ampla defesa, bem como distribui a órgãos distintos as funções de acusar, defender e julgar.

b) Inquisitivo fixa que o Contraditório deve sempre ser observado, havendo separação de poderes entre a autoridade policial, o juiz e o promotor.

c) Inquisitivo, adotado pelo Brasil, determina que basta o Inquérito Policial para julgar alguns crimes ou contravenções, dispensando-se, nesses casos, o processo penal.

d) Misto, apesar de ser uma fusão dos dois outros, prescreve que, em nenhum momento, as garantias constitucionais sejam observadas, daí porque a doutrina tece severas críticas.

e) Acusatório confere mais poderes e prerrogativas ao Ministério Público do que ao réu, visto como objeto da relação processual.

Questão 02 (Ano: 2012 Banca: PC-SP Órgão: PC-SP Prova: Delegado de Polícia) Historicamente, o processo penal acusatório distinguia-se do inquisitório porque enquanto o primeiro era

a) escrito e público, o segundo era oral e sigiloso.

b) escrito e sigiloso, o segundo era oral e público.

c) misto (oral e escrito), o segundo era exclusivamente oral.

d) oral e público, o segundo era escrito e sigiloso.

e) oral e sigiloso, o segunde era escrito e público.

> **Gabarito: 1-A; 2-D**

Tema 451: "Remissão aos fundamentos adotados na sentença impugnada nos termos do § 5º do art. 82 da Lei nº 9.099/95".

Tese: "Não afronta a exigência constitucional de motivação dos atos decisórios a decisão de Turma Recursal de Juizados Especiais que, em consonância com a Lei 9.099/1995, adota como razões de decidir os fundamentos contidos na sentença recorrida."

FICHA TÉCNICA	
Leading case:	**RE 635729/SP**
Descrição do caso feita pelo STF:	"Recurso extraordinário em que se discute, à luz do art. 93, IX, da Constituição Federal, se o § 5º do art. 82 da Lei nº 9.099/95, ao permitir que o colégio recursal dos juizados especiais criminais faça remissão aos fundamentos adotados na sentença impugnada, afronta, ou não, a exigência constitucional de motivação das decisões judiciais."
Dispositivo(s) constitucional(is) envolvido(s):	"Art. 93. Lei complementar, de iniciativa do Supremo Tribunal Federal, disporá sobre o Estatuto da Magistratura, observados os seguintes princípios: (...) IX todos os julgamentos dos órgãos do Poder Judiciário serão públicos, e fundamentadas todas as decisões, sob pena de nulidade, podendo a lei limitar a presença, em determinados atos, às próprias partes e a seus advogados, ou somente a estes, em casos nos quais a preservação do direito à intimidade do interessado no sigilo não prejudique o interesse público à informação;(...)"
Data de reconhecimento da repercussão geral:	01/07/2011
Data de julgamento do mérito recursal:	01/07/2011

FICHA TÉCNICA	
Leading case:	RE 635729/SP
Houve unanimidade?	Não
Data de publicação do acórdão de julgamento do recurso:	24/08/2011
Trânsito em julgado do acórdão:	12/09/2011

◎ Comentários:[14]

O Recurso Extraordinário n° 635729/SP foi interposto com o objetivo de discutir a possibilidade de se decidir de acordo com o art. 82, § 5°, da Lei dos Juizados Especiais (Lei n° 9.099/1995), que enuncia que a súmula de julgamento servirá de acórdão se o julgamento da apelação confirmar a sentença pelos próprios fundamentos. O STF entendeu, por maioria, que o dispositivo não afronta a exigência de motivação das decisões (art. 93, IX, da CF/88).

◎ Síntese do debate constante do acórdão que fixou o precedente:

Argumentos favoráveis à tese fixada:	Argumentos contrários à tese fixada:
• Não afronta e exigência constitucional de motivação dos atos decisórios a decisão de Turma Recursal de Juizados Especiais que, em consonância com a Lei n° 9.099/95, adota como razões de decidir os fundamentos contidos na sentença recorrida. (Min. Dias Toffoli).	

◎ Fique atento:

• Compete às Turmas Recursais, órgãos colegiados compostos por juízes de primeiro grau, o julgamento do recurso de apelação, cabível da decisão de rejeição da denúncia ou queixa e da sentença (art. 82, caput, da Lei n° 9.099/95).

• Ficaram vencidos os ministros Marco Aurélio, Ayres Britto e Cezar Peluso.

---

14. À época da elaboração deste texto, ainda não havia sido publicado o acórdão do julgamento do mérito recursal. Os comentários baseiam-se na notícia publicada pelo STF acerca do julgamento havido, veiculada em 31/08/2016.

◉ Questões de Concurso relacionadas ao tema

Questão 01 (Ano: 2008 Banca: CESPE Órgão: TJ-CE Prova: Analista Judiciário – Área Judiciária)

Das decisões proferidas pelo juiz do JEC caberá recurso de apelação que será julgado por uma turma especial recursal composta por três juízes em exercício no primeiro grau de jurisdição

( ) Certo   ( ) Errado

Questão 02 (Ano: 2013 Banca: CESPE Órgão: DPE-DF Prova: Defensor Público) Com relação ao incidente de insanidade mental do acusado e ao princípio da motivação dos atos decisórios, julgue os itens subsequentes.

O STF admite a motivação das decisões per relationem no processo penal, caso o ato decisório se reporte expressamente a manifestações ou peças, mesmo as produzidas pelo MP, se nestas se acharem expostos os motivos, de fato ou de direito, justificadores da decisão judicial proferida.

( ) Certo   ( ) Errado

> **Gabarito: 1-C; 2-C**

6.3. AÇÃO PENAL DE INICIATIVA PRIVADA SUBSIDIÁRIA DA PÚBLICA

Tema 811: "a) Cabimento de ação penal privada subsidiária da pública após o decurso do prazo previsto no art. 46 do Código de Processo Penal, na hipótese de o Ministério Público não oferecer denúncia, promover o arquivamento ou requisitar diligências externas no prazo legal; b) Ocorrência de prejudicialidade da queixa quando o Ministério Público, após o prazo legal para propositura da ação penal (art. 46 do CPP), oferecer denúncia, promover o arquivamento do inquérito ou determinar a realização de diligências externas".

Tese: "I – O ajuizamento da ação penal privada pode ocorrer após o decurso do prazo legal, sem que seja oferecida denúncia, ou promovido o arquivamento, ou requisitadas diligências externas ao Ministério Público. Diligências internas à instituição são irrelevantes; II – A conduta do Ministério Público posterior ao surgimento do direito de queixa não prejudica sua propositura. Assim, o oferecimento de denúncia, a promoção do arquivamento ou a requisição de diligências externas ao Ministério Público, posterior ao decurso do prazo legal para a propositura da ação penal não afastam o direito de queixa. Nem mesmo a ciência da vítima ou da família quanto a tais diligências afasta esse direito, por não representar concordância com a falta de iniciativa da ação penal pública".

FICHA TÉCNICA	
Leading case:	**ARE 859251/DF**
Descrição do caso feita pelo STF:	"Recurso extraordinário em que se discute, à luz do art. 5º, LIX, da Constituição Federal, o cabimento de ação penal privada subsidiária da pública após o decurso do prazo previsto no art. 46 do Código de Processo Penal, na hipótese de o Ministério Público não oferecer denúncia, promover o arquivamento ou requisitar diligências externas no prazo legal. Debate-se ainda sobre a ocorrência, ou não, de prejudicialidade da queixa quando o Ministério Público, após o prazo legal para propositura da ação penal (art. 46 do CPP), oferecer denúncia, promover o arquivamento do inquérito ou determinar a realização de diligências externas."
Dispositivo(s) constitucional(is) envolvido(s):	"Art. 5º Todos são iguais perante a lei, sem distinção de qualquer natureza, garantindo-se aos brasileiros e aos estrangeiros residentes no País a inviolabilidade do direito à vida, à liberdade, à igualdade, à segurança e à propriedade, nos termos seguintes: (...) LIX – será admitida ação privada nos crimes de ação pública, se esta não for intentada no prazo legal; (...)"
Data de reconhecimento da repercussão geral:	17/04/2015
Data de julgamento do mérito recursal:	17/04/2015
Houve unanimidade?	Não
Data de publicação do acórdão de julgamento do recurso:	06/11/2015
Trânsito em julgado do acórdão:	17/11/2015

◉ Comentários:

O art. 5º, LIX, da CF/88, prescreve direito fundamental ao ajuizamento de ação penal de iniciativa privada subsidiária da pública, em casos de inércia do Ministério Público para a promoção da persecução criminal. Esse dispositivo é reafirmado pelo art. 29 do Código de Processo Penal e tem sua aplicação vinculada ao art. 46 do mesmo diploma, que dispõe sobre o prazo para o oferecimento da denúncia pelo MP. A jurisprudência dos tribunais superiores é pacífica ao afirmar que o pedido de arquivamento[15] e a requisição de diligências externas[16] não autorizam a ação subsidiária.

---

15. HC 74.276, Relator Min. Celso De Mello, Primeira Turma, julgado em 03/09/1996

16. HC 84.659, Relator Min. Sepúlveda Pertence, Primeira Turma, julgado em 29.6.2005; Inq 1939, Relator Min. SEPÚLVEDA PERTENCE, Tribunal Pleno, julgado em 03/03/2004.

O Agravo em Recurso Extraordinário n° 859251/DF analisou situação em que a família da vítima de homicídio supostamente praticado por duas médicas ajuizou queixa-crime em razão do delito, ação que foi "trancada" pelo Tribunal respectivo, sob o fundamento de que não houvera inércia do Ministério Público porque (i) diligências internas ao órgão foram praticadas no prazo legal (de 15 dias) e (ii) após a propositura da queixa subsidiária, o MP promoveu diligências.

Os ministros do STF decidiram que as diligências internas do Ministério Público, ainda que conhecidas pela vítima, não afastam o direito de queixa subsidiária e que as posturas (denúncia, pedido de arquivamento e requisição de diligências) do órgão posteriores à apresentação da ação de iniciativa privada subsidiária não afastam o direto de queixa.

Deve-se pontuar que as acusadas opuseram Embargos de Declaração da decisão, questionando a votação e julgamento do recurso pelo Plenário Virtual. O Supremo considerou que o julgamento pelo plenário virtual é dotado de suficiente publicidade e que o quórum mínimo foi respeitado no julgamento. Também embargou a decisão o Ministério Público do Distrito Federal e Territórios, sendo rechaçada a sua alegação de que não houvera inércia do MP no caso em debate.

⊚ Síntese do debate constante do acórdão que fixou o precedente:

Argumentos favoráveis à tese fixada:	Argumentos contrários à tese fixada:
• O art. 5°, LIX, da CF/1988 confere o direito potestativo de propor ação penal privada no momento em que decorrido o prazo legal para o Ministério Público (art. 129, I, da CF) intentar a ação penal. • Se não promovida a ação penal pública no prazo legal, é admitida a ação penal privada, independentemente de ulteriores circunstâncias. Em outras palavras, o texto constitucional não exige a desídia ou culpa por parte do órgão acusador, mas o simples decurso de prazo, independentemente de sua justificativa ou razão, para conferir o direito de propor a ação penal subsidiária. (Min. Gilmar Mendes)	

⊚ Fique atento:

• No julgamento dos embargos, o STF declarou que o Ministério Público do Distrito Federal e Territórios era parte legítima para recorrer, porque o Parquet local, nesse caso, era parte. Em regra, a atuação perante o STF é resguardada ao Ministério Público Federal investido para tanto.

⊚ Questões de Concurso relacionadas ao tema

Questão 01 (Ano: 2016 Banca: FGV Órgão: MPE-RJ Prova: Analista do Ministério Público – Processual) Promotor de Justiça com atribuição recebe autos de inquérito policial em que se apura a prática do crime de estupro de vulnerável, crime este de ação penal pública incondicionada. Entendendo que não há prova de que o crime ocorreu, 05 dias após receber os autos, promove pelo arquivamento, encaminhando o inquérito para homologação do magistrado. Tomando conhecimento dessa informação, a avó da vítima apresenta queixa em ação penal privada subsidiária da pública. Considerando o fato narrado, é correto afirmar que tal queixa:

a) deve ser recebida e, em caso de negligência do querelante, deve ser reconhecida a perempção; b) não deve ser recebida, tendo em vista que o instituto da ação penal privada subsidiária da pública não foi recepcionado pela Constituição de 1988;

c) deve ser recebida, podendo o Ministério Público oferecer denúncia substitutiva ou aditar a queixa;

d) não deve ser recebida, pois não houve omissão do Ministério Público;

e) deve ser recebida e, em caso de negligência do querelante, o Ministério Público deverá assumi-la como parte principal, já que não perde natureza de ação pública.

Questão 02 (Ano: 2015 Banca: FGV Órgão: DPE-RO Prova: Técnico da Defensoria Publica – Técnico Administrativo) Carla alega ser vítima de um crime de extorsão mediante sequestro por parte de seu ex-namorado, de modo que comparece à Delegacia e narra tal fato. O promotor de justiça com atribuição, após analisar as investigações realizadas, conclui que não existem indícios mínimos de autoria e prova da materialidade, manifestando-se pelo arquivamento do inquérito porque mais parece uma vingança de Carla pelo fim do relacionamento. Considerando a situação narrada, é correto afirmar que:

a) não cabe ação penal privada subsidiária da pública, pois esse instituto não é previsto no Código de Processo Penal;

b) cabe ação penal privada subsidiária da pública, mas o Ministério Público não pode aditar a queixa formulada;

c) não cabe ação penal privada subsidiária da pública, pois não houve omissão do Ministério Público;

d) cabe ação penal privada subsidiária da pública, e deve o Ministério Público intervir em todos os termos do processo;

e) diante da manifestação do Ministério Público, cabe ação privada subsidiária e a posterior omissão do querelante não permite que aquele retome a ação como parte principal.

> **Gabarito: 1-D; 2-C**

6.4. AÇÃO PENAL PÚBLICA INCONDICIONADA E LEI MARIA DA PENHA

Tema 713: "Necessidade de representação da ofendida, como condição de procedibilidade da ação penal, em caso de crime de lesão corporal praticado contra a mulher no âmbito doméstico e familiar".

Tese: "Os crimes de lesão corporal praticados contra a mulher no âmbito doméstico e familiar são de ação penal pública incondicionada".

FICHA TÉCNICA	
Leading case:	ARE 773765/PR
Descrição do caso feita pelo STF:	"Recurso extraordinário em que se discute, à luz dos arts. 1°, III, 5°, caput e I, e 226, § 8°, da Constituição federal, a natureza da ação penal em caso de crime de lesão corporal de natureza leve praticado contra a mulher no âmbito das relações domésticas e familiares, se pública condicionada à representação da vítima ou pública incondicionada."
Dispositivo(s) constitucional(is) envolvido(s):	"Art. 1° A República Federativa do Brasil, formada pela união indissolúvel dos Estados e Municípios e do Distrito Federal, constitui-se em Estado Democrático de Direito e tem como fundamentos: (...) III – a dignidade da pessoa humana; (...)" "Art. 5° Todos são iguais perante a lei, sem distinção de qualquer natureza, garantindo-se aos brasileiros e aos estrangeiros residentes no País a inviolabilidade do direito à vida, à liberdade, à igualdade, à segurança e à propriedade, nos termos seguintes: I – homens e mulheres são iguais em direitos e obrigações, nos termos desta Constituição; (...)" "Art. 226. A família, base da sociedade, tem especial proteção do Estado. (...) § 8° O Estado assegurará a assistência à família na pessoa de cada um dos que a integram, criando mecanismos para coibir a violência no âmbito de suas relações.
Data de reconhecimento da repercussão geral:	04/04/2014
Data de julgamento do mérito recursal:	04/04/2014
Houve unanimidade?	Não
Data de publicação do acórdão de julgamento do recurso:	28/04/2014
Trânsito em julgado do acórdão:	12/05/2014

⊙ Comentários:[17]

Com o advento da Lei dos Juizados Especiais (Lei n° 9.099/1995), os crimes de lesão corporal leve e culposa passaram a ser perseguidos mediante ação penal de natureza pública condicionada à representação. Isso significa que a vontade da vítima define o início da persecução, sendo cabível, até o oferecimento da denúncia, a sua retratação[18] (em termos práticos, a desistência).

---

17. À época da elaboração deste texto, ainda não havia sido publicado o acórdão do julgamento do mérito recursal.

18. Dispõe o Código de Processo Penal: "Art. 25. A representação será irretratável, depois de oferecida a denúncia".

A Lei Maria da Penha, por sua vez, declara a inaplicabilidade da Lei dos Juizados Especiais aos casos de violência de gênero doméstica e familiar contra a mulher, nos termos do seu art. 41[19]. Esses dois diplomas legais foram postos à apreciação do Supremo no julgamento do Agravo em Recurso Extraordinário nº 773765/PR, tendo a corte reiterado o entendimento enunciado no julgamento da Ação Direta de Inconstitucionalidade nº 4.424 para se assentar que a natureza da ação penal em caso de lesão corporal praticada nesse contexto é pública incondicionada.

◉ Síntese do debate constante do acórdão que fixou o precedente:

Argumentos favoráveis à tese fixada:	Argumentos contrários à tese fixada:
• Ante a opção político-normativa prevista no artigo 98, inciso I, e a proteção versada no artigo 226, § 8°, ambos da Constituição Federal, surge harmônico com esta última o afastamento peremptório da Lei n.° 9.099/95 mediante o artigo 41 da Lei nº 11.340/06 no processo-crime a revelar violência contra a mulher • Entendeu-se não ser aplicável aos crimes previstos na referida lei o disposto na Lei 9.099/95, de maneira que, em se tratando de lesões corporais, mesmo que de natureza leve ou culposa, praticadas contra a mulher em âmbito doméstico, a ação penal cabível seria pública incondicionada. (Min. Gilmar Mendes)	• Alega-se que os argumentos apresentados pelo Ministério Público estão em dissonância com o art. 5°, inciso XL, da Constituição Federal, o qual prevê que a lei penal não retroagirá, salvo para beneficiar o réu. (Manifestação)
• A matéria já foi enfrentada pelo Plenário nas duas espécies de processo – o subjetivo, no Habeas Corpus nº 106.212/MS, e o objetivo, na Ação Direta de Inconstitucionalidade nº 4.424, ambos de minha relatoria. (Min. Marco Aurélio)	•

◉ Fique atento:

• Permanece a necessidade de representação para crimes dispostos em leis diversas da 9.099/95, como o de ameaça e os cometidos contra a dignidade sexual, já que os julgamentos debateram tão somente a lesão corporal leve e culposa.

• No julgamento da ADC nº 19, o STF declarou ser compatível com a Constituição Federal de 1988 o tratamento diferenciado entre os gêneros homem e mulher, tendo em vista a "necessidade de proteção ante as peculiaridades física e moral da mulher e a cultura brasileira".

---

19. "Art. 41. Aos crimes praticados com violência doméstica e familiar contra a mulher, independentemente da pena prevista, não se aplica a Lei no9.099, de 26 de setembro de 1995".

⊚ Questões de Concurso relacionadas ao tema

Questão 01 (Ano: 2013 Banca: CESPE Órgão: TJ-RN Prova: Juiz) No que se refere à ação penal, assinale a opção correta.

a) Suponha que, após o oferecimento de denúncia contra Pedro pela prática do crime de furto, tenham sido realizadas novas diligências pela autoridade policial, com a indicação da participação de Túlio na prática delitiva. Nessa hipótese, em face dos princípios da obrigatoriedade e da indivisibilidade da ação penal, o MP deverá promover nova ação penal contra Túlio, devendo, entretanto, ambas as ações – a primeira, em fase de defesa preliminar, e a segunda, contra Túlio imagem – ter julgamento conjunto, dada a conexão probatória.

b) Segundo o entendimento do STF em julgamento de ADI, nos crimes de lesão corporal praticados contra a mulher em âmbito doméstico, a ação penal deve ser pública incondicionada, permanecendo, quanto ao crime de ameaça, a necessidade da representação da ofendida ou de seu representante legal.

c) Nas hipóteses de crimes de ação penal exclusivamente privada praticados contra sociedades legalmente constituídas, a queixa deverá ser prestada, necessariamente, pelo representante legal que o contrato ou estatuto designar, agindo em nome próprio, vedado o oferecimento de representação pela própria pessoa jurídica.

d) Na ação penal privada, admite-se a possibilidade de renúncia tácita do querelante em relação a alguns dos autores do crime, contra os quais se considerará arquivado o processo, prosseguindo a ação penal contra os demais, sob a fiscalização do MP.

e) Considere que Joana tenha oferecido representação contra sua vizinha Maria por crime de ameaça. Nessa situação, consoante previsão expressa no CPP, a representação oferecida por Joana deve ser considerada retratável até o recebimento da denúncia pela autoridade judicial.

Questão 02 (Ano: 2015 Banca: MPDFT Órgão: MPDFT Prova: Promotor de Justiça Adjunto) "João" e "Maria" namoraram durante três anos, período em que cada um residia com seus pais. Um mês depois do fim do relacionamento, "João" procurou "Maria", na tentativa de retomarem a relação. Diante da negativa, desferiu-lhe um tapa no rosto (lesão corporal leve) e disse que, se ela não fosse dele, não seria de ninguém (ameaça). Examine os itens a seguir:

I. Como não chegaram a morar juntos e o relacionamento já estava encerrado, não se aplica a competência do Juizado de Violência Doméstica e Familiar contra a Mulher.

II. A ação penal nos crimes de lesão corporal leve e ameaça, na hipótese de violência doméstica contra a mulher, é pública incondicionada.

III. Nos casos de violência doméstica contra a mulher, não se admite a aplicação da transação penal, mas se permite a suspensão condicional do processo, conforme entendimento consolidado no Superior Tribunal de Justiça.

IV. Como os crimes não possuem pena cominada máxima superior a 4 anos, na sentença condenatória o juiz poderá substituir a pena por doação de cestas básicas a uma creche credenciada ou fixar outra prestação pecuniária adequada ao fato.

V.   Caso "João" queira recorrer da sentença, a apelação será julgada por uma turma recursal, composta por três juízes de primeira instância.

Marque a opção adequada:

a)   Estão incorretos apenas os itens II, III e IV.

b)   Apenas o item I está correto.

c)   Apenas os itens II e V estão incorretos.

d)   Estão corretos os itens IV e V.

e)   Estão incorretos os itens I, II, III, IV e V.

Gabarito: 1-A; 2-E

6.5. COMPETÊNCIA

Tema 393: "Competência para processar e julgar suposto crime de publicação, na internet, de imagens com conteúdo pornográfico envolvendo criança ou adolescente".

Tese: "Compete à Justiça Federal processar e julgar os crimes consistentes em disponibilizar ou adquirir material pornográfico envolvendo criança ou adolescente (arts. 241, 241-A e 241-B da Lei 8.069/1990) quando praticados por meio da rede mundial de computadores."

FICHA TÉCNICA	
Leading case:	**RE 628624/MG**
Descrição do caso feita pelo STF:	"Recurso extraordinário em que se discute, à luz do art. 109, V, da Constituição Federal, a definição do juízo competente – se a Justiça Federal ou a Justiça Estadual – para processar e julgar a suposta prática do crime de publicação de imagens com conteúdo pornográfico envolvendo adolescentes (art. 241-A da Lei nº 8.069/90), por meio da rede mundial de computadores – internet."
Dispositivo(s) constitucional(is) envolvido(s):	"Art. 109. Aos juízes federais compete processar e julgar: (...) V – os crimes previstos em tratado ou convenção internacional, quando, iniciada a execução no País, o resultado tenha ou devesse ter ocorrido no estrangeiro, ou reciprocamente; (...). "
Data de reconhecimento da repercussão geral:	29/04/2011

FICHA TÉCNICA	
Leading case:	RE 628624/MG
Data de julgamento do mérito recursal:	29/10/2015
Houve unanimidade?	Não
Data de publicação do acórdão de julgamento do recurso:	16/08/2011
Trânsito em julgado do acórdão:	Não há

⊙ Comentários:

O Recurso Extraordinário nº 628624/MG foi interposto pela Defensoria Pública da União, buscando o reconhecimento da incompetência da Justiça Federal para processar o crime de divulgação e publicação de conteúdo pornográfico envolvendo criança ou adolescente (art. 241-A do ECA – Estatuto da Criança e do Adolescente[20]). O ponto central do debate foi identificar se a publicação de conteúdo na internet tem aspecto de "internacionalidade", além dos requisitos para o reconhecimento da competência da Justiça Federal.

O Supremo Tribunal Federal reafirmou que o processamento e julgamento de crime pela Justiça Federal depende de três requisitos essenciais e cumulativos: "a) o fato esteja previsto como crime no Brasil e no estrangeiro; b) o Brasil seja signatário de convenção ou tratado internacional por meio do qual assume o compromisso de reprimir criminalmente aquela espécie delitiva; e c) a conduta tenha ao menos se iniciado no Brasil e o resultado tenha ocorrido, ou devesse ter ocorrido no exterior, ou reciprocamente".

O Brasil é signatário da Convenção sobre Direitos da Criança, no qual se comprometeu à proteção à infância, inclusive através da tipificação penal das condutas atinentes à pornografia infantil. Isso foi efetivamente feito através da promulgação das leis nº 10.764/2003 e 11.829/2008, que promoveram alterações ao ECA.

Majoritariamente, os ministros do STF entenderam que o agente que publica conteúdo pornográfico infantil na internet está viabilizando o acesso de qualquer pessoa em qualquer lugar do mundo, visando conferir a maior abrangência de acesso àquele material. Existe um dano real, mas, para além dele, a mera possibilidade de acesso por um estrangeiro é suficiente para a caracterização da competência da Justiça Federal.

---

20. Estatuto da Criança e do Adolescente (ECA), Lei nº 8.069/1990: Art. 241-A. Oferecer, trocar, disponibilizar, transmitir, distribuir, publicar ou divulgar por qualquer meio, inclusive por meio de sistema de informática ou telemático, fotografia, vídeo ou outro registro que contenha cena de sexo explícito ou pornográfica envolvendo criança ou adolescente: Pena – reclusão, de 3 (três) a 6 (seis) anos, e multa. (Incluído pela Lei nº 11.829, de 2008)

◉ Síntese do debate constante do acórdão que fixou o precedente:

Argumentos favoráveis à tese fixada:	Argumentos contrários à tese fixada:
• Quando a publicação de material contendo pornografia infanto-juvenil ocorre na ambiência virtual de sítios de amplo e fácil acesso a qualquer sujeito, em qualquer pessoa do planeta que esteja conectado à internet, a constatação da internacionalidade se infere não apenas do fato de que a postagem se opera em cenário propício ao livre acesso, como também que, ao fazê-lo, o agente comete o delito justamente com o objetivo de atingir o maior número possível de pessoas, inclusive assumindo o risco de que indivíduos localizados no estrangeiro sejam, igualmente, destinatários do material. A potencialidade do dano não se extrai somente do resultado efetivamente produzido, mas também daquele que poderia ocorrer, conforme própria previsão constitucional. (Min. Edson Fachin).	

◉ Fique atento:

- A internacionalidade não se configura, ainda que em termos potencial, quando as comunicações eletrônicas virtuais ocorrerem em canal de comunicação fechado (troca de e-mails, conversas de *Whatsapp* entre nacionais). Nesses casos, se os dispositivos de informática se encontrem dentro do Brasil, a competência seria da Justiça Estadual.

- Os ministros Marco Aurélio e Dias Toffoli divergiram do colegiado.

◉ Questões de Concurso relacionadas ao tema:

Questão 01 (Ano: 2016 Banca: TRF – 3ª REGIÃO Órgão: TRF – 3ª REGIÃO Prova: Juiz Federal Substituto) Segundo o Supremo Tribunal Federal, o julgamento dos crimes relacionados à pornografia na internet compete:

- **a)** À Vara da Criança e Adolescente, uma vez que o crime está previsto no ECA;
- **b)** À Justiça Federal, pois, dentre outros motivos, presente a internacionalidade;
- **c)** À Justiça Estadual, sempre que as imagens tiverem sido postadas no Brasil;
- **d)** À Justiça Estadual, desde que as imagens tenham sido acessadas no Brasil.

Questão 02 (Ano: 2009 Banca: CESPE Órgão: TRF – 1ª REGIÃO Prova: Juiz Federal) Acerca dos vários institutos de direito processual penal, assinale

- **a)** Nos crimes de responsabilidade dos funcionários públicos, a ausência de notificação prévia para apresentar defesa preliminar não invalida, por si só, a ação penal, pois, pelo princípio do pas de nullité sans grief, exige-se, em regra, a demonstração de prejuízo concreto à parte que suscita o vício, exceto quando se tratar de nulidade absoluta, ocasião em que o prejuízo é sempre presumido, segundo o STF.

b) A jurisprudência do STF firmou-se no sentido de que, nos crimes de sonegação fiscal, a ação penal só poderá ser instaurada após a definitiva constituição do crédito tributário na esfera administrativa. No entanto, tal orientação jurisprudencial não impõe o trancamento de inquérito policial instaurado para a apuração do delito, uma vez que não há constrangimento ilegal, além do que não se revela razoável impedir, antes da solução no âmbito administrativo, os simples atos investigativos, especialmente diante da possibilidade de desaparecimento dos vestígios.

c) O delito de vender ou expor à venda, pela rede mundial de computadores, fotografia _com cena de sexo explícito ou pornografia envolvendo criança ou adolescente ocorre no momento da publicação da imagem, ou seja, no lançamento da fotografia na Internet. Por isso, segundo o STJ, o local em que se encontre sediado o provedor de acesso ao ambiente virtual não é relevante para a fixação da competência.

d) Compete à União, aos estados e ao DF legislar concorrentemente sobre procedimentos em matéria processual. Uma lei estadual pode fixar prazo prescricional para a conclusão dos processos administrativos instaurados para apuração de falta grave no âmbito das execuções penais.

e) Considere a seguinte situação hipotética. Ana foi presa em flagrante quando comercializava CDs falsificados em feira livre de Brasília e afirmou que o material era proveniente de São Paulo e do Paraguai. Sob o argumento de que a conduta, em razão do princípio da especialidade, configura, apenas, o delito de violação de direito autoral e não contrabando ou descaminho, o juízo federal determinou a remessa dos autos à justiça do DF, que suscitou conflito. Nessa situação, a competência para processar e julgar Ana é da justiça federal, pois, no início da ação penal, vigora o princípio in dubio pro societate, de forma que a mera confissão da acusada quanto à origem estrangeira das mercadorias é indício suficiente para configurar o delito de descaminho, excluindo, por consequência, a competência da justiça do DF, ainda que não haja comprovação material da origem estrangeira das mercadorias, o que poderá ser feito na instrução processual.

> **Gabarito: 1-B; 2-C**

Tema 453: "Manutenção de prerrogativa de foro a magistrados aposentados".

Tese: "O foro especial por prerrogativa de função não se estende a magistrados aposentados".

FICHA TÉCNICA	
Leading case:	**RE 549560/CE**
Descrição do caso feita pelo STF:	"Recurso extraordinário em que se discute, à luz dos artigos 5º, LIII; 95, I; e 105, I, "a", da Constituição Federal, a manutenção, ou não, de prerrogativa de foro a magistrado, mesmo após a sua aposentadoria.."

FICHA TÉCNICA	
Leading case:	**RE 549560/CE**
Dispositivo(s) constitucional(is) envolvido(s):	"Art. 5º Todos são iguais perante a lei, sem distinção de qualquer natureza, garantindo-se aos brasileiros e aos estrangeiros residentes no País a inviolabilidade do direito à vida, à liberdade, à igualdade, à segurança e à propriedade, nos termos seguintes: (...) LIII – ninguém será processado nem sentenciado senão pela autoridade competente; (...)"
	"Art. 95. Os juízes gozam das seguintes garantias: I – vitaliciedade, que, no primeiro grau, só será adquirida após dois anos de exercício, dependendo a perda do cargo, nesse período, de deliberação do tribunal a que o juiz estiver vinculado, e, nos demais casos, de sentença judicial transitada em julgado; (...)"
	"Art. 105. Compete ao Superior Tribunal de Justiça: I – processar e julgar, originariamente: a) nos crimes comuns, os Governadores dos Estados e do Distrito Federal, e, nestes e nos de responsabilidade, os desembargadores dos Tribunais de Justiça dos Estados e do Distrito Federal, os membros dos Tribunais de Contas dos Estados e do Distrito Federal, os dos Tribunais Regionais Federais, dos Tribunais Regionais Eleitorais e do Trabalho, os membros dos Conselhos ou Tribunais de Contas dos Municípios e os do Ministério Público da União que oficiem perante tribunais; (...)"
Data de reconhecimento da repercussão geral:	22/03/2012
Data de julgamento do mérito recursal:	22/03/2012
Houve unanimidade?	Não
Data de publicação do acórdão de julgamento do recurso:	29/05/2014
Trânsito em julgado do acórdão:	16/06/2014

⊚ Comentários:

O julgamento do Recurso Extraordinário nº 549560/CE trouxe ao debate à prerrogativa de foro por função do magistrado aposentado. Desembargador aposentado do Tribunal de Justiça do Estado do Ceará apresentou recurso contra a decisão do STJ que declinou da competência para processá-lo. Seus principais argumentos foram o de que o art. 95, I, da CF/88, prescreve que apenas decisão com trânsito em julgado pode lhe retirar a condição de magistrado, bem como que o art. 105, I, também da CF/88, inclui na competência do Superior Tribunal os magistrados aposentados, sob pena de gerar a inusitada situação de ser o desembargador aposentado julgado por alguém que foi punido disciplinarmente por ele quando exercia suas funções.

No julgamento de duas ações importantes o Supremo Tribunal Federal já havia enfrentado, de algum modo, esse tema: i) ao apreciar a Questão de Ordem na Ação Penal nº 315, o Tribunal Pleno deliberou pelo cancelamento da Súmula nº 394 do STF[21], que assegurava a competência especial por prerrogativa de função mesmo após a cessação do exercício funcional; ii) ao declarar a inconstitucionalidade dos parágrafos 1º e 2º do art. 84 do Código de Processo Penal (ADI 2.797/DF), dispositivos que garantiam a prerrogativa quando as condutas haviam sido praticadas durante o exercício funcional.

O STF decidiu, por maioria, que magistrados aposentados não possuem direito ao foro especial por prerrogativa de função, considerando que a "vitaliciedade" é garantia daquele que está investido no cargo, perdendo-a quem se afastou dele.

⊙ Síntese do debate constante do acórdão que fixou o precedente:

Argumentos favoráveis à tese fixada:	Argumentos contrários à tese fixada:
• A prerrogativa está para o agente singular assim como a atribuição está para o órgão. O órgão tem suas competências, engunha atribuições para o mais ativo desembaraçar do exercício das suas competências, mas toda prerrogativa é conferida não intuitu personae, é sempre intuitu funcionae, ou seja, só se justifica deter uma prerrogativa e dela desfrutar enquanto no exercício do cargo, enquanto no desempenho da função. (Min. Ayres Britto) • A prerrogativa de foro prevista no art. 105, I, a, da CF, tem por objetivo assegurar o pleno exercício das funções jurisdicionais, não sendo aplicável aos magistrados aposentados. • Com a declaração de inconstitucionalidade dos parágrafos 1º e 2º do art. 84 do Código de Processo Penal (ADI 2.797/DF), não há mais que se cogitar de foro privilegiado por prerrogativa de função, ainda que as condutas havidas como delituosas tenham sido cometidas durante o exercício do cargo. • Com o cancelamento da Súmula 394 desta Casa, afastou-se a competência originária do Superior Tribunal de Justiça para proceder ao julgamento de Juiz do Tribunal Regional do Trabalho aposentado. (Rel. Min. Ricardo Lewandowski)	• Se um magistrado é vitalício no exercício da sua função judicante e se, eventualmente, em razão dessa atividade, comete determinado ato que pode ser imputado como o objeto de determinada ação, esta não se refere a qualquer atividade posterior ao exercício da função judicante, mas, ao revés, ao converso, refere-se concretamente ao exercício da função judicante. (Min. Menezes Direito) • Quando se trata de cargo de exercício temporário, a exemplo dos decorrentes de mandato eletivo, a prerrogativa é da função. Daí a prerrogativa do foro especial persistir apenas enquanto durar a função. • No que diz respeito a magistrado, no entanto, a situação é diversa. O cargo é vitalício, de modo que perdura pela vida inteira, perecendo unicamente mercê de sentença judicial transitada em julgado. A prerrogativa é do cargo, não da função. Por essa razão projeta-se à aposentadoria. (Min. Eros Grau) • Eu reconheço a subsistência da prerrogativa, quando se trate de atos praticados no exercício da função, sejam eles de caráter penal ou não. E, no caso específico, cuida-se de atos de caráter penal praticados no exercício da função, por isso dou provimento ao recurso • Eu não reconheço a prerrogativa de foro, quando se verse de atos praticados durante o exercício da função, mas não em razão do exercício da função. E, em relação aos atos que venham a ser praticados após a aposentadoria, também não a reconheço. Mas aqueles que foram praticados no exercício da função, acho que têm que ser apreciados pelo órgão que seria competente para apreciá-los, se o magistrado não estivesse aposentado. (Min. Cezar Peluso)

---

21. A redação da Súmula nº 394, cancelada pelo STF: Cometido o crime durante o exercício funcional, prevalece a competência especial por prerrogativa de função, ainda que o inquérito ou a ação penal sejam iniciados após a cessação daquele exercício.

⊙ Fique atento:

- O Ministro Joaquim Barbosa fez questão de consignar que o próprio foro por prer-rogativa de função é, na sua visão, um privilégio. Nas suas palavras: "Presidente, eu comungo da opinião do Ministro Ricardo Lewandowski, mas com uma peque-na correção. Sua Excelência disse que o desembargador, ao se aposentar, torna-se uma pessoa comum. Penso que o desembargador já é uma pessoa comum, ele só perde o privilégio, esse privilégio absurdo do foro privilegiado".

⊙ Questões de Concurso relacionadas ao tema

Questão 01 (Ano: 2013Banca: FGV Órgão: AL-MT Prova: Procurador) Determinado servidor público, com foro por prerrogativa de função no Tribunal de Justiça fixado exclusivamente pela Constituição Estadual, pratica dolosamente um aborto em sua namorada, mesmo diante da divergência desta.

Diante dessa situação hipotética, o servidor deveria ser processado e julgado perante

- a) o Tribunal de Justiça, desde que não aposentado quando do processamento da ação penal.
- b) o juízo de primeiro grau da Vara Comum, pois o STF já se posicionou pela inconstitucionalidade do foro por prerrogativa de função fixado na Constituição Estadual.
- c) o juízo de primeiro grau da Vara Comum, pois o crime foi praticado por motivos particulares, não tendo sido motivado pela função que exerce.
- d) o Tribunal do Júri, por ser tratar de crime doloso contra a vida.
- e) o Tribunal de Justiça, ainda que não mais exercesse a função quando da propositura da ação penal.

Questão 02 (Ano: 2012 Banca: FCC Órgão: TRF – 5ª REGIÃO Prova: Analista Judiciário – Execução de Mandados) Sobre a competência processual pela prerrogativa de função,

- a) é definida aos Tribunais relativamente às pessoas que devam responder perante eles por crimes comuns e de responsabilidade.
- b) é definida pelo Código de Processo Penal exclusivamente às hipóteses de julgamento pelo Supremo Tribunal Federal.
- c) não é deferida em nenhuma hipótese aos Tribunais Regionais Federais.
- d) a ação de improbidade, de que trata a Lei no 8.429/1992, será proposta perante o tribunal competente para processar e julgar criminalmente o funcionário ou autoridade.
- e) tem prevalência ainda que o inquérito policial ou a ação judicial sejam iniciados após a cessação do exercício da função pública.

Gabarito: 1-D; 2-A

Tema 648: "Competência da Justiça Federal para processar e julgar crimes ambientais transnacionais".

Tese: "Compete à Justiça Federal processar e julgar o crime ambiental de caráter transnacional que envolva animais silvestres, ameaçados de extinção e espécimes exóticas ou protegidas por compromissos internacionais assumidos pelo Brasil".

FICHA TÉCNICA	
Leading case:	**RE 835558/SP**
Descrição do caso feita pelo STF:	"Agravo de decisão que inadmitiu o recurso extraordinário em que se discute, à luz dos arts. 5°, LIII e 109, IV, da Constituição federal, a competência da Justiça Federal para processar e julgar crimes ambientais, previstos na Lei 9.605/1998, em razão da transnacionalidade do delito cometido, o que atrairia o interesse da União para a causa"
Dispositivo(s) constitucional(is) envolvido(s):	"Art. 5° Todos são iguais perante a lei, sem distinção de qualquer natureza, garantindo-se aos brasileiros e aos estrangeiros residentes no País a inviolabilidade do direito à vida, à liberdade, à igualdade, à segurança e à propriedade, nos termos seguintes: (...) LIII – ninguém será processado nem sentenciado senão pela autoridade competente; "Art. 109. Aos juízes federais compete processar e julgar: IV – os crimes políticos e as infrações penais praticadas em detrimento de bens, serviços ou interesse da União ou de suas entidades autárquicas ou empresas públicas, excluídas as contravenções e ressalvada a competência da Justiça Militar e da Justiça Eleitoral"
Data de reconhecimento da repercussão geral:	09/02/2017
Data de julgamento do mérito recursal:	09/02/2017
Houve unanimidade?	Sim
Data de publicação do acórdão de julgamento do recurso:	Não há
Trânsito em julgado do acórdão:	Não há

◉ Comentários:[22]

O Recurso Extraordinário nº 835558/SP foi interposto pelo Ministério Público Federal, com o objetivo de ver reconhecida a competência da Justiça Federal em caso de venda de animais silvestres para o exterior. O Ministro Luiz Fux, relator, ressalvou que nem todos os crimes ambientais são de competência da Justiça Federal, porém, em caso de comprovada transnacionalidade, o interesse imediato da União se verifica, atraindo a respectiva competência.

Foi pontuado pelo STF que o Estado Brasileiro firmou acordos internacionais de proteção de direito fundamental à segurança ambiental, o que se somou ao primeiro fundamento para o reconhecimento da justiça comum federal como competente para apreciar esse tipo de infração penal.

◉ Questões de Concurso relacionadas ao tema:

Questão 01 (Ano: 2011 Banca: MPE-PR Órgão: MPE-PR Prova: Promotor de Justiça)

I.   A participação de membro do Ministério Público na fase investigatória criminal não acarreta o seu impedimento ou suspeição para o oferecimento da denúncia.

II. Os crimes contra a fauna são sempre de competência da Justiça Federal.

III. O Promotor de Justiça pode arguir a suspeição do juiz no próprio momento do oferecimento da denúncia.

Considerando as assertivas acima se afirma que:

- a)   Apenas as assertivas I e II são corretas.
- b)   Apenas as assertivas II e III são corretas.
- c)   Apenas as assertivas I e III são corretas.
- d)   Apenas uma assertiva está correta.
- e)   Todas as assertivas são corretas.

Gabarito: 1-C

---

22. À época da elaboração deste texto, ainda não havia sido publicado o acórdão do julgamento do mérito recursal. Os comentários baseiam-se na notícia publicada pelo STF acerca do julgamento havido, veiculada em 09/02/2017.

6.6. ATOS DE COMUNICAÇÃO PROCESSUAL: CITAÇÃO

Tema 613: "Constitucionalidade do art. 362 do Código de Processo Penal (dispositivo que trata da citação por hora certa)".

Tese: "1. É constitucional a citação por hora certa, prevista no art. 362, do Código de Processo Penal. 2. A ocultação do réu para ser citado infringe cláusulas constitucionais do devido processo legal e viola as garantias constitucionais do acesso à justiça e da razoável duração do processo".

FICHA TÉCNICA	
Leading case:	**RE 635145/RS**
Descrição do caso feita pelo STF:	"Recurso extraordinário em que se discute, à luz dos princípios do contraditório e da ampla defesa, a constitucionalidade, ou não, do art. 362 do Código de Processo Penal (dispositivo que trata da citação por hora certa)."
Dispositivo(s) constitucional(is) envolvido(s):	"Art. 5º Todos são iguais perante a lei, sem distinção de qualquer natureza, garantindo-se aos brasileiros e aos estrangeiros residentes no País a inviolabilidade do direito à vida, à liberdade, à igualdade, à segurança e à propriedade, nos termos seguintes: (...) LV – aos litigantes, em processo judicial ou administrativo, e aos acusados em geral são assegurados o contraditório e ampla defesa, com os meios e recursos a ela inerentes; (...)"
Data de reconhecimento da repercussão geral:	08/11/2012
Data de julgamento do mérito recursal:	03/08/2016
Houve unanimidade?	Não
Data de publicação do acórdão de julgamento do recurso:	27/02/2013
Trânsito em julgado do acórdão:	Não há

◉ Comentários:[23]

O Recurso Extraordinário nº 635145/RS foi interposto contra decisão de Turma Recursal do Estado do Rio Grande do Sul que manteve condenação de pessoa citada por hora certa, nos termos do art. 362 do Código de Processo Penal. O recorrente alegou que essa

---

23. À época da elaboração deste texto, ainda não havia sido publicado o acórdão do julgamento do mérito recursal. Os comentários baseiam-se na notícia publicada pelo STF acerca do julgamento havido, veiculada em 01/06/2016.

espécie de citação violaria os princípios da ampla defesa e do contraditório, sendo admissível que se aplicasse, apenas, a ações que discutissem direitos disponíveis.

A citação por hora certa foi incorporada ao CPP por meio da Lei nº 11.719/2008, que alterou o procedimento comum previsto no Código. Trata-se de espécie de citação ficta (como a citação por edital) que tem sua disciplina no Código de Processo Civil (arts. 252 a 254). Em caso de citação por hora certa, viabiliza-se o prosseguimento do feito, com a nomeação de defensor dativo, caso o réu não constitua defensor da sua escolha.

O Ministro Marco Aurélio, Relator, declarou que a citação por hora certa não afronta princípios constitucionais, garantindo a continuidade da persecução penal diante de atuação ilícita do denunciado para tumultuar o feito. Afirmou ainda que a legislação se cerca de cuidados no procedimento para essa espécie de comunicação processual, o que resguardaria os direitos do acusado. Além disso, o ministro reafirmou o entendimento de que a citação por hora certa não se aplica aos Juizados Especiais Criminais.

O voto condutor foi do Ministro Luiz Fux, seguido pela maioria dos ministros, que seguia no mesmo sentido do voto do Ministro Marco Aurélio, mas não enfrentava a aplicabilidade do instituto aos juizados.

◉ Síntese do debate constante do acórdão que fixou o precedente:

Argumentos favoráveis à tese fixada:	Argumentos contrários à tese fixada:
▪ Deixar de reconhecer a constitucionalidade da norma do CPP, que tem como objetivo exatamente assegurar a continuidade do processo nas situações em que o réu deliberadamente se esconde para evitar a citação, representaria um prêmio a sua atuação ilícita. ▪ A citação por hora certa é cercada de cuidados, entre os quais a certidão pormenorizada elaborada pelo oficial de justiça e o aval pelo juiz. Caso não existam elementos concretos de ocultação, o juiz pode determinar a suspensão do processo, preservando a autodefesa. Entretanto, nos casos em que constatada a intenção de interromper o processo, o magistrado dispõe de instrumentos para dar prosseguimento à ação penal. (Min. Marco Aurélio)	

◉ Fique atento:

- A Lei dos Juizados Especiais (Lei nº 9.099/1995) não admite a citação por hora certa, prescrevendo a necessidade de remessa para a Justiça comum nesses casos: "Art. 66. Parágrafo único. Não encontrado o acusado para ser citado, o Juiz encaminhará as peças existentes ao Juízo comum para adoção do procedimento previsto em lei".

- A citação por hora certa dependia de três tentativas de localização do acusado por parte do oficial de justiça; com o novo CPC, depende de apenas duas.

- A citação por edital (art. 361 do CPP), também espécie de citação ficta, tem consequências bastante diferentes: suspende o curso da ação penal e da prescrição; não permite a nomeação de defensor dativo para prosseguimento do feito.

◉ Questões de Concurso relacionadas ao tema

Questão 01 (Ano: 2012 Banca: CESPE Órgão: PC-AL Prova: Delegado de Polícia) No que concerne aos aspectos processuais das leis penais extravagantes e às inovações legais havidas no sistema processual penal, julgue o item a seguir.

Verificando que o réu, maliciosamente, está se ocultando para se escusar da citação, poderá o oficial de justiça proceder à citação por hora certa, observando as mesmas regras estabelecidas no Código de Processo Civil.

( ) Certo   ( ) Errado

Questão 02 (Ano: 2014 Banca: FMP-RS Órgão: TJ-MT Prova: Juiz) Se o acusado, citado por hora certa, em procedimento comum ordinário ou sumário, não comparecer ao processo nem constituir advogado para defendê-lo, o juiz

a) ordenará citação por edital, para que a citação por hora certa possa completar-se e ser então considerada ato processual juridicamente perfeito.

b) considerará o acusado regular e legalmente citado, mas suspenderá o curso do processo e da prescrição, pelo prazo correspondente ao da prescrição do delito narrado na inicial acusatória.

c) por estar o acusado citado, nomeará defensor (público ou não) para que este ofereça resposta à acusação (defesa preliminar), por ser esta obrigatória.

d) declarará a revelia, nomeará defensor (público ou não) ao acusado, e, na mesma decisão, marcará dia e hora para a audiência de instrução e julgamento

e) nomeará defensor (público ou não) para que este exerça a faculdade de oferecer a resposta prévia e, ato contínuo, ordenará o prosseguimento da ação e do processo

Gabarito: 1-C; 2-C

6.7. (I)LICITUDE DA PROVA

Tema 237: "Gravação ambiental realizada por um dos interlocutores sem conhecimento do outro".

Tese: "É lícita a prova consistente em gravação ambiental realizada por um dos interlocutores sem conhecimento do outro. "

FICHA TÉCNICA	
Leading case:	**RE 583937/RJ**
Descrição do caso feita pelo STF:	"Recurso extraordinário em que se discute, à luz dos artigos 1°, III; 5°, X, LIV, LV; e 129, da Constituição Federal, a constitucionalidade, ou não, do uso, como meio de prova, de gravação ambiental realizada por um dos interlocutores, sem conhecimento do outro."

FICHA TÉCNICA	
Leading case:	**RE 583937/RJ**
Dispositivo(s) constitucional(is) envolvido(s):	"Art. 5º Todos são iguais perante a lei, sem distinção de qualquer natureza, garantindo-se aos brasileiros e aos estrangeiros residentes no País a inviolabilidade do direito à vida, à liberdade, à igualdade, à segurança e à propriedade, nos termos seguintes: (...) XII – e inviolável o sigilo da correspondência e das comunicações telegráficas, de dados e das comunicações telefônicas, salvo, no último caso, por ordem judicial, nas hipóteses e na forma que a lei estabelecer para fins de investigação criminal ou instrução processual penal;(...) LIV – ninguém será privado da liberdade ou de seus bens sem o devido processo legal ; LV – aos litigantes, em processo judicial ou administrativo, e aos acusados em geral são assegurados o contraditório e ampla defesa, com os meios e recursos a ela inerentes;(...)".
Data de reconhecimento da repercussão geral:	19/11/2009
Data de julgamento do mérito recursal:	19/11/2009
Houve unanimidade?	Não
Data de publicação do acórdão de julgamento do recurso:	18/12/2009
Trânsito em julgado do acórdão:	12/02/2010

⊙ Comentários:

O Recurso Extraordinário nº 583937/RJ retrata o debate sobre a licitude de gravação clandestina realizada por um dos interlocutores. O caso concreto se reporta a gravação ambiental feita pelo réu no curso de audiência criminal durante a qual o magistrado responsável alegou ter sido vítima de desacato. Instaurada a ação penal respectiva, o acusado juntou a gravação como prova de que o delito não teria ocorrido, tendo a Turma Recursal do Rio de Janeiro inadmitido a produção da prova sob o argumento de que ela era ilícita.

A Constituição Federal de 1988 protegeu as comunicações de dados e comunicações telefônicas no seu art. 5º, XII, dispositivo que foi regulamentado pela Lei de Interceptações Telefônicas (Lei nº 9.296/1996). A noção de "interceptação" (não conceituada expressamente no diploma legal) se refere à gravação feita por terceiro, estranho à conversa, do seu conteúdo. Nesses casos é indispensável a observância dos requisitos e procedimentos legais.

A gravação clandestina ambiental é a gravação da conversa realizada sem o uso do telefone. Não se confunde com a interceptação telefônica, razão pela qual apenas é vedada quando existe "causa legal específica de sigilo" ou "reserva da conversação" (a exemplo da conversa entre o advogado e o seu cliente ou dos sócios que estabelecem que as reuniões societárias são sigilosas). O tema é pacífico na jurisprudência do Supremo Tribunal Federal e segue sendo reafirmado[24] pela Corte.

O Ministro Marco Aurélio foi o único que se manifestou em sentido contrário, sob o argumento de que viola a boa-fé a gravação sub-reptícia, desautorizada pela parte. O voto do relator, Ministro Cezar Peluso, foi o voto vencedor, determinando a anulação do processo a partir do indeferimento da prova.

◉ Síntese do debate constante do acórdão que fixou o precedente:

Argumentos favoráveis à tese fixada:	Argumentos contrários à tese fixada:
• Não há ilicitude alguma no uso de gravação de conversa telefônica feita por um dos interlocutores, sem conhecimento do outro (...) se não pese, contra tal divulgação, alguma específica razão de sigilo nem de reserva, como a que, por exemplo, decorra de relações profissionais ou ministeriais, de particular tutela da intimidade, ou doutro valor jurídico superior. • A matéria em nada se entende com o disposto no art. 5º, XII, da Constituição da República, o qual apenas protege o sigilo das comunicações telefônicas, na medida em que as põe a salvo da ciência não autorizada de terceiro, em relação ao qual se configura, por definição mesma, a interceptação ilícita. (Min. Cezar Peluso)	• A gravação escamoteada, camuflada, não se coaduna com a constituição, considera a prova, e acima de tudo, a boa-fé que deve haver entre aqueles que mantém, de alguma forma um contato, um diálogo. Portanto, o gravador e a gravação da conversa, adentra, campo contrário a boa-fé que deve ocorrer nas relações humanas. (Min. Marco Aurélio).

◉ Fique atento:

- O Ministro Cezar Peluso se reportou diretamente ao seu voto no RE 402717/RS, em que o tema já havia sido abordado de maneira detalhada.

- Sustentando o seu argumento, o Ministro Cezar Peluso (relator) apontou que proibir a gravação e utilização da conversa por um dos seus interlocutores levaria à "interdição jurídica ao campo retórico da prova oral". Por consequência, segundo o ministro, depoimentos pessoais, como de testemunhas, que exprimem o conteúdo de conversas, seria também vedado.

◉ Questões de Concurso relacionadas ao tema:

Questão 01 (Ano: 2013 Banca: MPE-MS Órgão: MPE-MS Prova: Promotor de Justiça – Adaptada) Segundo o Supremo Tribunal Federal, não é vedada a gravação clandestina, inexistindo ferimento ao princípio da proibição de utilização de prova ilícita, pois a despeito de ser reprovável no campo ético, não o é no jurídico, pois as garantias estabelecidas na Constituição em forma de direitos fundamentais, em rigor, estão previstas como forma de proteção à intervenção de tercei-

---

24. A título de exemplo, conferir o ARE 933530 AgR, de relatoria da Min. Cármen Lúcia, DJe 15/03/2016).

ros, de modo que, quando um dos interlocutores cuida de registrar a sua conversa com outrem, ainda que sem o consentimento deste, não há que se falar em ofensa ao direito à intimidade.

( ) Certo   ( ) Errado

Questão 02 (Ano: 2012 Banca: FUNCAB Órgão: PC-RJ Prova: Delegado de Polícia) Marque a resposta correta.

a) O princípio da identidade física do juiz consiste na dimensão formal do princípio do juiz natural, enquanto a vedação de tribunais de exceção e escolha de juiz traduzem a dimensão substancial do juiz natural.

b) São incontestáveis, na doutrina e na jurisprudência, o poder de investigação direta do Ministério Público e a prerrogativa legal de tomar assento imediatamente à direita e no mesmo plano do Magistrado, sem que haja, com isso, ofensa ao sistema acusatório ou à paridade de armas.

c) O STF admite como prova a gravação ambiental de conversas entre particulares, mas não admite a gravação clandestina de conversa informal entre agentes policiais e o indiciado, este último, em razão do direito constitucional ao silêncio.

d) A constituição de 1988 consagrou expressamente, no processo penal brasileiro, o princípio da verdade real. Por isso o Juiz poderá, de ofício, produzir prova no curso do processo.

e) O Delegado de Polícia não pode ordenar buscas domiciliares. Este poder, contudo, foi atribuído, excepcionalmente, às CPIs, que possuem poderes de investigação típicos da autoridade judiciária.

> **Gabarito: 1-C; 2-C**

Tema 280: "Provas obtidas mediante invasão de domicílio por policiais sem mandado de busca e apreensão".

Tese: "A entrada forçada em domicílio sem mandado judicial só é lícita, mesmo em período noturno, quando amparada em fundadas razões, devidamente justificadas a posteriori, que indiquem que dentro da casa ocorre situação de flagrante delito, sob pena de responsabilidade disciplinar, civil e penal do agente ou da autoridade, e de nulidade dos atos praticados."

FICHA TÉCNICA	
Leading case:	RE 603616/RO
Descrição do caso feita pelo STF:	"Recurso extraordinário em que se discute, à luz do art. 5º, XI, LV e LVI, da Constituição Federal, a legalidade, ou não, das provas obtidas mediante invasão de domicílio por autoridades policiais sem o devido mandado judicial de busca e apreensão."

FICHA TÉCNICA	
Leading case:	**RE 603616/RO**
Dispositivo(s) constitucional(is) envolvido(s):	"Art. 5° Todos são iguais perante a lei, sem distinção de qualquer natureza, garantindo-se aos brasileiros e aos estrangeiros residentes no País a inviolabilidade do direito à vida, à liberdade, à igualdade, à segurança e à propriedade, nos termos seguintes: (...) XI – a casa é asilo inviolável do indivíduo, ninguém nela podendo penetrar sem consentimento do morador, salvo em caso de flagrante delito ou desastre, ou para prestar socorro, ou, durante o dia, por determinação judicial; LV – aos litigantes, em processo judicial ou administrativo, e aos acusados em geral são assegurados o contraditório e ampla defesa, com os meios e recursos a ela inerentes; LVI – são inadmissíveis, no processo, as provas obtidas por meios ilícitos; (...)"
Data de reconhecimento da repercussão geral:	08/10/2010
Data de julgamento do mérito recursal:	05/11/2015
Houve unanimidade?	Não
Data de publicação do acórdão de julgamento do recurso:	10/05/2016
Trânsito em julgado do acórdão:	22/08/2016

◉ Comentários:

A Constituição Federal de 1988 assegurou ao cidadão a inviolabilidade do seu domicílio (art. 5°, XI), vedando o seu ingresso sem o seu consentimento, exceto durante o dia, quando a autoridade apresentar o respectivo "mandado de busca e apreensão" ou, em qualquer horário do dia ou da noite, em caso de flagrante delito ou desastre, ou para prestar socorro. Importante anotar que a noção de "casa" para o Direito Penal não se confunde com a noção de domicílio do Direito Civil. Para o Código Penal, a expressão "casa" compreende: "qualquer compartimento habitado, aposento ocupado de habitação coletiva, compartimento não aberto ao público, onde alguém exerce profissão ou atividade".

O Recurso Extraordinário n° 603616/RO trouxe à lume o debate sobre a apreensão sem mandado realizada em domicílio no período noturno. O caso era de suposto tráfico de drogas em que a autoridade policial ingressou sem "mandado de busca e apreensão" para apreender as drogas armazenadas no interior da residência. O artigo 33 da Lei de Drogas (Lei n° 11.343/2006) revela, quanto ao verbo "manter em depósito", crime permanente, assim considerado aquele cuja execução se prolonga no tempo. Diante disso, um policial poderia ingressar na casa para fazer cessar a prática delituosa e realizar prisões, bem como apreender materiais ilícitos.

O Relator, Ministro Gilmar Mendes foi seguido no seu voto, que se apoiou nos seguintes argumentos: a) a casa é asilo inviolável do indivíduo; b) em caso de flagrante delito, a entrada independe de mandado de busca e apreensão, como preceitua a Constituição;

c) o crime de tráfico de drogas (art. 33 da Lei nº 11.343/2006) enuncia condutas classificadas como crimes permanentes, porque sua execução se prolonga no tempo; d) a autoridade policial pode ingressar no domicílio do imputado que realiza uma dessas condutas; e) o art. 240, § 1º[25], do Código de Processo Penal, exige "fundadas razões" para a busca domiciliar; f) a autoridade policial deverá justificar, ainda que após a diligência, as razões que a levaram a ingressar no domicílio, sob pena de cometimento de infração penal, civil e administrativa.

O Ministro Marco Aurélio divergiu do colegiado, por entender que não havia, no caso, hipótese de crime permanente, tendo em vista que os prepostos da polícia apenas encontraram um corréu que apontou o suposto traficante de drogas. Para o Ministro, seria possível e devido obter uma autorização judicial para o ingresso na residência, sendo insuficiente a palavra do corréu como razão para a violação ao domicílio.

⦿ Síntese do debate constante do acórdão que fixou o precedente:

Argumentos favoráveis à tese fixada:	Argumentos contrários à tese fixada:
• Nos crimes permanentes, há um intervalo entre a consumação e o exaurimento. Nesse intervalo, o crime está em curso. Assim, se dentro do local protegido o crime permanente está ocorrendo, o perpetrador estará cometendo o delito. Caracterizada a situação de flagrante, viável o ingresso forçado no domicílio. (Min. Gilmar Medes) • Considerado o entendimento atual, o policial ingressará na casa sem a certeza de que a situação de flagrante delito, de fato, ocorre. Se concretizar a prisão, poderá dar seu dever por cumprido. Em caso contrário, terá, ao menos em tese, incorrido no crime de violação de domicílio, majorado pela sua qualidade de funcionário público, agindo fora dos casos legais – art. 150, § 2º, do CP (Min. Gilmar Mendes)	• A entrada forçada em domicílio, sem uma justificativa prévia conforme o direito, é arbitrária. Não será a constatação de situação de flagrância, posterior ao ingresso, que justificará a medida. • O Direito Penal se rege pelo princípio da legalidade estrita (...) O tráfico, quanto ao delito em si, exaurira-se na apreensão da droga que estava no caminhão. • Não se tem uma linha quanto a um outro elemento probatório que levasse à conclusão da culpabilidade, senão a apreensão ocorrida, embora com transgressão ao inciso XI do artigo 5º da Constituição Federal, e a palavra do corréu. (Min. Marco Aurélio)
• A interpretação que adota o Supremo Tribunal Federal no momento é a de que, se dentro da casa está ocorrendo um crime permanente, é viável o ingresso forçado pelas forças policiais, independentemente de determinação judicial (RHC 91.189, Rel. Min. Cezar Peluso, Segunda Turma, julgado em 9.3.2010; RHC 117.159, Relator Min. Luiz Fux, Primeira Turma, julgado em 5.11.2013; RHC 121.419, Relator Min. Ricardo Lewandowski, Segunda Turma, julgado em 2.9.2014).	

---

25. "Art. 240. A busca será domiciliar ou pessoal. § 1º Proceder-se-á à busca domiciliar, quando fundadas razões a autorizarem, para: (...)"

Argumentos favoráveis à tese fixada:	Argumentos contrários à tese fixada:
• Na linha da jurisprudência desta Suprema Corte, também entendo que uma informação obtida por fonte anônima, desde que averiguada pelos agentes policiais – frise-se -, pode validamente fundar o ingresso em residência alheia onde se constata o flagrante delito. (Min. Edson Fachin)	
• O art. 5º, inciso XI, da nossa Constituição prevê, sim, a possibilidade de se penetrar, sem consentimento do morador, em sua residência, quando existir a hipótese de flagrante delito. E, como já foi dito aqui, o nosso art. 33 da Lei 11.343, de 2006, estabelece que ter em depósito drogas constitui um crime permanente, portanto, dá ensejo exatamente a essa condição de flagrância. Eu lembro que esta expressão flagrante vem de flagrare, que significa queimar, portanto, exige-se uma atuação imediata da autoridade policial para evitar que o crime se consuma ou que o crime se perpetue. Logo, neste caso, está justificada a invasão do domicílio sem a autorização competente do magistrado. (Min. Ricardo Lewandowski)	

◉ Fique atento:

- A inviolabilidade do domicílio também é prevista na Convenção Americana sobre Direitos Humanos (conhecida como "Pacto de São José da Costa Rica"[26]), no seu artigo 11, 2: "Ninguém pode ser objeto de ingerências arbitrárias ou abusivas em sua vida privada, na de sua família, em seu domicílio ou em sua correspondência, nem de ofensas ilegais à sua honra ou reputação".

- O Ministro Gilmar Mendes ressaltou em seu voto que "As comunidades em situação de vulnerabilidade social são especialmente suscetíveis a serem vítimas de ingerências arbitrárias em domicílios". Esse aspecto foi considerado na fixação das balizas para a responsabilização dos excessos cometidos por ocasião do ingresso do domicílio do cidadão.

- O Ministro Luiz Fux sugeriu a observância do trecho final da Súmula Vinculante nº 11[27], que prescreve a responsabilização da autoridade policial em caso de diligência não justificada devidamente.

- Esse tema foi apreciado no julgamento do Habeas Corpus nº 138565, de relatoria do Ministro Ricardo Lewandowski, quando foi reconhecida a ilegalidade do ingresso no domicílio do imputado por ausência de fundadas razões para tanto.

---

26. A Convenção Americana sobre Direitos Humanos foi incorporada ao direito brasileiro por meio da promulgação do Decreto nº 678/1992.

27. "Súmula Vinculante 11: Só é lícito o uso de algemas em casos de resistência e de fundado receio de fuga ou de perigo à integridade física própria ou alheia, por parte do preso ou de terceiros, justificada a excepcionalidade por escrito, sob pena de responsabilidade disciplinar, civil e penal do agente ou da autoridade e de nulidade da prisão ou do ato processual a que se refere, sem prejuízo da responsabilidade civil do Estado".

◉ Questões de Concurso relacionadas ao tema:

Questão 01 (Ano: 2015 Banca: FUNIVERSA Órgão: PC-DF Prova: Delegado de Polícia) Em relação a provas e ao procedimento de busca e apreensão, assinale a alternativa correta.

a) Não há necessidade de lavratura de auto, após a diligência de busca e apreensão, em razão da presunção de veracidade e legalidade dos atos administrativos e da presunção de boa fé da autoridade policial.

b) A busca em mulher deve ser feita por outra mulher, ainda que isso importe em retardamento da diligência.

c) É válida a serendipidade no procedimento de busca e apreensão, especialmente quando há conexão entre crimes.

d) Tanto o procedimento de busca e apreensão quanto o de busca pessoal sujeitam-se à reserva de jurisdição, devendo ser precedidos de mandado, mesmo quando realizados pessoalmente pela autoridade policial.

e) É vedado o arrombamento de porta ao se proceder à busca e apreensão na residência do indiciado, visto que tal ação acarretaria ofensa ao direito humano da moradia.

Questão 02 (Ano: 2015 Banca: CESPE Órgão: TRE-RS Prova: Analista Judiciário – Judiciária) No que se refere ao regime das provas em processo penal, assinale a opção correta.

a) A testemunha pode se eximir do dever de prestar depoimento se for ascendente, descendente, cônjuge, companheiro, irmão, pai ou mãe do acusado ou da vítima, salvo se não for possível, por outro modo, obter a prova do fato e de suas circunstâncias.

b) O interrogatório do surdo-mudo será, necessariamente, acompanhado de pessoa habilitada a entendê-lo, ainda que o interrogando saiba ler e escrever.

c) Embora não sejam admitidas em juízo, as correspondências particulares obtidas por meios criminosos podem ser exibidas pelo respectivo destinatário se servirem à defesa de direito seu, ainda que não haja consentimento de seu interlocutor.

d) A busca domiciliar deve ser precedida da expedição de mandado apenas no caso de a própria autoridade policial ou judiciária não a realizar pessoalmente.

e) Os exames de corpo de delito devem ser realizados por dois peritos oficiais, portadores de diploma de curso superior e, na falta de perito oficial, por duas pessoas idôneas, com ensino superior completo.

Gabarito: 1-C; 2-C

6.8. PROVAS EM ESPÉCIE

Tema 240: "Nulidade do processo pela falta de requisição do réu preso, por meio de carta precatória, para comparecer à audiência de oitiva de testemunhas".

Tese: "Inexiste nulidade pela ausência, em oitiva de testemunha por carta precatória, de réu preso que não manifestou expressamente intenção de participar da audiência. "

FICHA TÉCNICA	
Leading case:	**RE 602543/RS**
Descrição do caso feita pelo STF:	"Recurso extraordinário em que se discute, à luz do art. 5º, LIV e LV, da Constituição Federal, a ocorrência, ou não, de nulidade processual pela falta de requisição do réu preso, por meio de carta precatória, para comparecer à audiência de oitiva de testemunhas. "
Dispositivo(s) constitucional(is) envolvido(s):	"Art. 5º Todos são iguais perante a lei, sem distinção de qualquer natureza, garantindo-se aos brasileiros e aos estrangeiros residentes no País a inviolabilidade do direito à vida, à liberdade, à igualdade, à segurança e à propriedade, nos termos seguintes: (...) LIV – ninguém será privado da liberdade ou de seus bens sem o devido processo legal ; LV – aos litigantes, em processo judicial ou administrativo, e aos acusados em geral são assegurados o contraditório e ampla defesa, com os meios e recursos a ela inerentes;(...)".
Data de reconhecimento da repercussão geral:	19/11/2009
Data de julgamento do mérito recursal:	19/11/2009
Houve unanimidade?	Não
Data de publicação do acórdão de julgamento do recurso:	26/02/2010
Trânsito em julgado do acórdão:	11/03/2010

◉ Comentários:

No julgamento do Recurso Extraordinário nº 602453/RS, o Supremo Tribunal Federal discutiu a necessidade de o réu preso manifestar interesse em participar de audiência realizada por carta precatória. No caso concreto, o réu e seu defensor não se manifestaram e a requisição da presença do acusado não aconteceu. Com base nisso, a defesa pleiteou a anulação do ato e dos seus subsequentes em virtude da sua impossibilidade de acompanhar a audiência.

A maioria dos ministros declarou o entendimento de que a audiência em sede de carta precatória não dependerá, obrigatoriamente, da presença do réu preso, desde que tenha sido ele intimado – como, aliás, se procede em relação ao acusado solto. Trata-se de ônus da defesa a manifestação expressa do seu interesse em comparecer ao ato processual para que se proceda à sua requisição e, então, seja o réu conduzido para a assentada. Do contrário (no seu silêncio), entende-se que está renunciando a seu direito de comparecimento, expressão da autodefesa.

Duas súmulas dos tribunais superiores são aplicáveis ao caso em discussão. A Súmula nº 155 do STF, segundo a qual "É relativa a nulidade do processo criminal por falta de intimação da expedição de precatória para inquirição de testemunha" e a Súmula nº 273 do STJ, que enuncia: "Intimada a defesa da expedição da carta precatória, torna-se desnecessária intimação da data da audiência no juízo deprecado". Confrontando-as com a tese de Repercussão Geral adotada pelo STF, o réu preso e/ou seu defensor devem se manifestar pelo interesse na requisição da presença do acusado quando forem intimados da expedição da intimação da carta precatória, já que é dispensável a intimação da designação da audiência no juízo deprecado.

◉ Síntese do debate constante do acórdão que fixou o precedente:

Argumentos favoráveis à tese fixada:	Argumentos contrários à tese fixada:
• Não faz sentido que seja facultativa a presença do réu que responde ao processo em liberdade, mas se torne compulsória em relação ao réu preso. Se é verdade que a este não se lhe pode impedir compareça aos atos do processo, também o é que não se pode obrigá-lo. (Min. Cesar Peluso).	Na situação em questão não há disponibilidade, os preceitos regedores da matéria são cogentes, não são simplesmente dispositivos. Pouco importa que o réu não tenha sido requisitado, ou que não tenha ele se manifestado, ou à vontade de comparecer à audiência. Impõe-se a presença do acusado. (Min. Marco Aurélio).

◉ Fique atento:

• A Convenção Americana sobre Direitos Humanos (CADH) assegura o direito de presença do acusado, conforme disposto no art. 8, 2, "d": "Toda pessoa acusada de delito tem direito a que se presuma sua inocência enquanto não se comprove legalmente sua culpa. Durante o processo, toda pessoa tem direito, em plena igualdade, às seguintes garantias mínimas: (...) direito do acusado de defender-se pessoalmente ou de ser assistido por um defensor de sua escolha e de comunicar-se, livremente e em particular, com seu defensor".

• O STF entende que o Estado não pode alegar "dificuldades operacionais" para se escusar da responsabilidade de transporte do réu preso (HC nº 111567 AgR, Rel. Ministro Celso de Mello, DJe 30/10/2014).

- Em se tratando de réu militar, reforça-se a justificativa para seu transporte ao ato processual, com fundamento no art. 28, I, do Decreto nº 4.307/2002, que assegura a presença do militar, quando do interesse da "Justiça ou da disciplina".

◉ Questões de Concurso relacionadas ao tema:

Questão 01 (Ano: 2013 Banca: MPDFT Órgão: MPDFT Prova: Promotor de Justiça) Na colheita da prova oral é INCORRETO afirmar que:

a) O juiz exerce papel complementar à atividade das partes, haja vista o sistema do exame direto e cruzado adotado pelo Código de Processo Penal.

b) Algumas autoridades podem prestar depoimento por escrito.

c) O juiz que presidiu a instrução será inexoravelmente o mesmo a julgar, salvo na hipótese de declarar-se suspeito ou impedido.

d) Em julgamento de Repercussão Geral, o STF entendeu, por maioria, que não é nula a audiência de oitiva de testemunha, por carta precatória, de réu preso que não manifestou expressamente intenção de participar da audiência.

e) Não se estabelece restrição quanto à idade para poder testemunhar em processo penal

Questão 02 (Ano: 2011 Banca: CESPE Órgão: TJ-ES Prova: Juiz Substituto) Em relação às nulidades, assinale a opção correta.

a) A falta de requisição de réu preso para a audiência de oitiva de testemunhas realizada por precatória constitui nulidade absoluta, sendo dispensável, dessa forma, a comprovação de efetivo prejuízo pela defesa.

b) Verificada a hipótese de *mutatio libelli* e oportunizado à defesa o direito de se manifestar e produzir provas, a inércia do advogado do denunciado impõe à autoridade judiciária a obrigação de nomeação de outro defensor *ad hoc*, sob pena de nulidade absoluta.

c) A instauração do incidente de insanidade mental é direito subjetivo do réu, devendo ser realizada em qualquer fase processual, inclusive em grau de apelação, não cabendo ao julgador indeferi-la, sob pena de nulidade, ainda que a defesa tenha permanecido inerte ao longo da instrução criminal.

d) A nulidade decorrente da citação, por edital, de réu preso só será verificada se o denunciado estiver custodiado no mesmo estado em que atuar o juiz processante.

e) De acordo com o sistema da instrumentalidade das formas, não se declara nulidade do ato sem a demonstração do efetivo prejuízo, e, de acordo com a recente jurisprudência do STJ, apenas na hipótese de nulidade absoluta tal demonstração será prescindível.

> Gabarito: 1-C; 2-D

6.9. PODER DE INVESTIGAÇÃO DO MINISTÉRIO PÚBLICO

Tema 184: "Poder de investigação do Ministério Público".

Tese: "O Ministério Público dispõe de competência para promover, por autoridade própria, e por prazo razoável, investigações de natureza penal, desde que respeitados os direitos e garantias que assistem a qualquer indiciado ou a qualquer pessoa sob investigação do Estado, observadas, sempre, por seus agentes, as hipóteses de reserva constitucional de jurisdição e, também, as prerrogativas profissionais de que se acham investidos, em nosso País, os Advogados (Lei 8.906/1994, art. 7°, notadamente os incisos I, II, III, XI, XIII, XIV e XIX), sem prejuízo da possibilidade – sempre presente no Estado democrático de Direito – do permanente controle jurisdicional dos atos, necessariamente documentados (Súmula Vinculante 14), praticados pelos membros dessa Instituição."

FICHA TÉCNICA	
Leading case:	**RE 593727/MG**
Descrição do caso feita pelo STF:	"Recurso extraordinário em que se discute, à luz dos artigos 5°, LIV e LV; 129, III e VIII; e 144, IV, § 4°, da Constituição Federal, a constitucionalidade, ou não, da realização de procedimento investigatório de natureza penal pelo Ministério Público."
Dispositivo(s) constitucional(is) envolvido(s):	"Art. 5° Todos são iguais perante a lei, sem distinção de qualquer natureza, garantindo-se aos brasileiros e aos estrangeiros residentes no País a inviolabilidade do direito à vida, à liberdade, à igualdade, à segurança e à propriedade, nos termos seguintes: (...)
	LIV – ninguém será privado da liberdade ou de seus bens sem o devido processo legal; LV – aos litigantes, em processo judicial ou administrativo, e aos acusados em geral são assegurados o contraditório e ampla defesa, com os meios e recursos a ela inerentes; (...)"
	"Art. 129. São funções institucionais do Ministério Público: (...) III – promover o inquérito civil e a ação civil pública, para a proteção do patrimônio público e social, do meio ambiente e de outros interesses difusos e coletivos; (...) VIII – requisitar diligências investigatórias e a instauração de inquérito policial, indicados os fundamentos jurídicos de suas manifestações processuais; (...)"

FICHA TÉCNICA	
Leading case:	**RE 593727/MG**
	"Art. 144. A segurança pública, dever do Estado, direito e responsabilidade de todos, é exercida para a preservação da ordem pública e da incolumidade das pessoas e do patrimônio, através dos seguintes órgãos: (...) IV – polícias civis; § 4º Às polícias civis, dirigidas por delegados de polícia de carreira, incumbem, ressalvada a competência da União, as funções de polícia judiciária e a apuração de infrações penais, exceto as militares. (...)"
Data de reconhecimento da repercussão geral:	18/05/2015
Data de julgamento do mérito recursal:	18/05/2015
Houve unanimidade?	Não
Data de publicação do acórdão de julgamento do recurso:	08/09/2015
Trânsito em julgado do acórdão:	Não há

◉ Comentários:

Em razão de suposto crime praticado por prefeito de cidade do estado de Minas Gerais, o Ministério Público estadual promoveu formalmente investigação, denominando a apuração empreendida de "procedimento investigatório criminal". O Tribunal de Justiça respectivo recebeu a inicial acusatória, admitindo os elementos colhidos naquela espécie investigativa. A defesa não se resignou com a admissibilidade da denúncia, tendo alegado que i) haveria violação ao devido processo legal, ao contraditório e à ampla defesa; ii) a Constituição Federal de 1988 não outorga poder direto de investigação ao Ministério Público, somente de requisição de diligências; iii) a Constituição é expressa ao elencar os órgãos de persecução preliminar, incumbindo às Polícias – não ao MP – a atividade de investigação.

O julgamento do Recurso Extraordinário foi marcado por intenso debate sobre a atividade do Ministério Público no contexto da atual Constituição. O voto do Relator, o Ministro Cezar Peluso, foi vencido, sendo relator para o acórdão o Ministro Gilmar Mendes. Entre os **principais argumentos** para o **acolhimento do Recurso** estavam a a) ausência de previsão constitucional expressa para a investigação pelo Ministério Público; b) a ausência de disciplina infraconstitucional da matéria e, portanto, dos limites dessa investigação e direitos do investigado; c) a incompatibilidade das atribuições de investigar diretamente e de controle externo da atividade policial (essa última prevista no art. 129, VII, CF/88); d) a tendência do acusador em descartar os elementos da investigação que não confluem para a acusação que irá, ao fim, formular.

O Supremo Tribunal Federal negou provimento ao Recurso Extraordinário nº 593727 por maioria, mas não sem reconhecer a ausência de disciplina expressa em lei federal sobre o tema. Diante disso, os Ministros fixaram expressamente a necessidade de observância à cláusula de reserva da Jurisdição, das normas previstas no Estatuto da Advocacia (Lei nº 8.906/94) e da Súmula Vinculante nº 14 (STF), deixando claro que os atos da investigação conduzida pelo Ministério Público podem ser, a qualquer tempo, fiscalizados pelo Judiciário.

Os principais fundamentos para a decisão favorável à investigação pelo Ministério Público foram: **a)** a previsão expressa do Código de Processo Penal, no seu art. 4º, parágrafo único, de investigação por outras autoridades que não a policial – outros órgãos podem investigar, como ocorre com as Comissões Parlamentares de Inquérito; **b)** o sistema acusatório é preservado, uma vez que os elementos colhidos são submetidos ao crivo do contraditório e ampla defesa ao serem formalizados perante o Judiciário; **c)** a Constituição incumbe ao Ministério Público a defesa da ordem jurídica, do regime democrático e dos interesses sociais e individuais indisponíveis (art. 127, CF/88), o que asseguraria o seu direito de colher elementos de prova; **d)** de acordo com a **teoria dos poderes implícitos**, quando a Constituição prescreve os fins, também dá os meios, o que permite concluir que, se o Ministério Público detém a titularidade da ação penal pública (art. 129, I, CF/88), estaria naturalmente autorizada a sua investigação direta – e proibi-la seria limitar poder por ela mesmo autorizado.

Após o início do debate perante o Supremo Tribunal Federal, o Conselho Nacional do Ministério Público (CNMP) editou a Resolução nº 13, de 02 de outubro de 2006. A norma visa regulamentar a Lei Complementar nº 75/93 e a Lei nº 8.625/93 (Lei Orgânica do Ministério Público), estatuindo as regras para o "procedimento investigatório criminal" (PIC), como forma de instauração, prazo de duração, diligências a serem realizadas no seu curso, direitos do investigado, publicidade dos atos, conclusão e arquivamento do procedimento.

◉ Síntese do debate constante do acórdão que fixou o precedente:

Argumentos favoráveis à tese fixada:	Argumentos contrários à tese fixada:
• O entendimento favorável ao poder de investigação do Ministério Público: a) a atividade investigatória não é exclusiva da polícia, pois o próprio Código de Processo Penal prevê, em seu art. 4º, parágrafo único, que a competência da polícia judiciária não excluirá a de autoridades administrativas a quem por lei seja cometida a mesma função. b) não há de se falar em violação ao sistema acusatório, na medida em que os elementos de informações colhidos pelo Ministério Público deverão ser submetidos ao crivo do contraditório e da ampla defesa perante a autoridade judiciária. c) teoria dos poderes implícitos. d) a Resolução 13 do CNMP delimita o procedimento investigatório promovido pelo Parquet. • Dessa forma, considerando o poder-dever conferido ao Ministério Público na defesa da ordem jurídica, do regime democrático e dos interesses sociais e individuais indisponíveis (art. 127, da CF), afigura-se indissociável às suas funções relativa autonomia para colheita de elementos de prova como, de fato, lhe confere a legislação infraconstitucional. (Min. Gilmar Mendes)	• O texto constitucional deixa muito claro que não constitui função do Ministério Público apurar infrações penais mediante atos próprios de investigação e de instrução, na primeira fase da persecução penal. • No quadro das normas e das razões constitucionais, a instituição que investiga, não promove a ação penal, e a que a promove, não investiga. Não por acaso, senão por deliberada congruência, deram-se ao Ministério Público, no art. 129, VII, da Constituição, a função e a competência de exercer o controle externo da atividade policial, por ser intuitivo que quem investiga não pode ao mesmo tempo controlar a legalidade das investigações.

Argumentos favoráveis à tese fixada:	Argumentos contrários à tese fixada:
• A garantia do contraditório estabelecida em favor da pessoa investigada não é afetada pela atribuição de poder investigatório ao Ministério Público, porque essa fundamental garantia outorgada aos acusados não incide na esfera pré-processual da persecução penal, eis que o seu domínio abrange, somente, o processo penal instaurado em juízo. • A mera investigação penal, por iniciativa e sob a responsabilidade do Ministério Público, nenhum gravame impõe à esfera de direitos e ao "status libertatis" do investigado, eis que, a este, assegurar-se-á, sempre, o efetivo respeito à garantia do contraditório, da bilateralidade do juízo e da plenitude de defesa, uma vez instaurada, em juízo, a fase processual da persecução penal. (Min. Celso de Mello) • Perfeitamente compatível com a Carta Magna a possibilidade de investigação direta pelo Ministério Público, o que, conforme demonstrado, milita em favor dos direitos fundamentais do sujeito passivo da persecução penal. Evitam-se delongas desnecessárias no procedimento prévio, permite-se um contato maior do dominus litis com os elementos que informarão o seu convencimento e assegura-se a independência na condução dos trabalhos investigativos, mormente quando a referida atividade tiver por escopo a apuração de delitos praticados por policiais. • A inexistência de um expresso e específico comando constitucional no sentido da possibilidade de o Ministério Público realizar investigação e instrução criminal não elide o desempenho desse mister pelo parquet. A adoção de um processo hermenêutico sistemático induz à conclusão de que o Ministério Público pode, ainda que em caráter subsidiário e sem o intuito de se substituir à polícia, realizar investigações visando à instrução criminal. De fato, não constitui função precípua do Ministério Público realizar medidas investigativas. Contudo, isso não pode impedir que a referida instituição trabalhe quando se deparar com ilícitos que demandem a sua atuação. (Min. Luiz Fux) • Tais normas constitucionais não impedem que atos de investigação criminal, para a coleta de elementos informativos para a persecução penal, sejam realizados por outros órgãos ou entidades públicas e mesmo, como visto, por particulares. Entender o contrário significaria invalidar todas as investigações efetuadas por outros órgãos que não a Polícia, entre elas as realizadas, como apontado acima, pela Receita Federal, pelo Banco Central, pela Corregedoria Geral da União, bem como por comissões de sindicância administrativa, pontualmente a instruírem o oferecimento da ação penal, uma vez que a Constituição não trata expressamente dessas situações. (Min. Rosa Weber)	• A investigação direta pelo Ministério Público, no quadro constitucional vigente, não atende a nenhum dos requisitos, simplesmente porque, não encontrando válido apoio legal, produziria consequências insuportáveis dentro do sistema governado pelos princípios elementares do devido processo da lei: (i) não há prazo para diligências nem para sua conclusão; (ii) não se disciplinam os limites de seu objeto; (iii) não se submete a controle judicial, porque carece de existência jurídica; (iv) não se assujeita à publicidade geral dos atos administrativos, da qual o sigilo é exceção, ainda assim sempre motivado e fundado em disposição de lei; (v) não prevê e não garante o exercício do direito de defesa, nem sequer a providência de ser ouvida a vítima; (vi) não se subjuga a controle judicial dos atos de arquivamento e de desarquivamento, criando situação de permanente insegurança para as pessoas tidas por suspeitas ou investigadas; (vii) não contém regras para produção das provas, nem para aferição de sua consequente validez; e, do ponto de vista de coisas práticas, (viii) não provê sobre o registro e numeração dos autos, nem tampouco sobre seu destino, quando a investigação já não interesse ao Ministério Público. (Min. Cezar Peluso) • O que se mostra inconcebível é um membro do Ministério Público colocar uma estrela no peito, armar-se e investigar. Sendo o titular da ação penal, terá a tendência de utilizar apenas as provas que lhe servem, desprezando as demais e, por óbvio, prejudicando o contraditório e inobservando o princípio da paridade de armas. A função constitucional de titular da ação penal e fiscal da lei não se compatibiliza com a figura do promotor inquisitor. O direito alienígena também não auxilia na solução da questão, pois os órgãos e atividades envolvidas possuem regras constitucionais próprias, bem estabelecidas, que não deixam margens a interpretações evolutivas. (Min. Marco Aurélio)

⊙ Fique atento:

- O Procedimento Investigatório Criminal (PIC) deverá ser conduzido por promotor ou procurador com atribuição criminal, exclusivamente

- A súmula nº 234 do STJ enuncia que "a participação de membro do Ministério Público na fase investigatória criminal não acarreta o seu impedimento ou suspeição para o oferecimento da denúncia".

- A investigação pelo Ministério Público deve observar, necessariamente, a Lei 8.906/94 (Estatuto da Advocacia), especificamente no seu artigo 7º. Em que pese não conste da tese fixada, o Estatuto foi alterado pela Lei nº 13.245/2016, passando a prever a possibilidade de formulação de perguntas e quesitos pelo advogado por ocasião do interrogatório do investigado (art. 7º, XXI), o que também deverá se aplicar aos procedimentos investigatórios criminais conduzidos pelo Ministério Público.

- A investigação por parte do Ministério Público Federal já havia sido disciplinada pela Resolução nº 77/2004, antes, portanto, da nova regulamentação pelo CNPM.

⊙ Questões de Concurso relacionadas ao tema:

Questão 01 (Ano: 2016 Banca: MPE-SC Órgão: MPE-SC Prova: Promotor de Justiça – Matutina) A Resolução n. 13/06, do Conselho Nacional do Ministério Público, prevê que o procedimento investigatório criminal é instrumento de natureza administrativa e inquisitorial, instaurado e presidido pelo membro do Ministério Público com atribuição criminal ou não, e terá como finalidade apurar a ocorrência de infrações penais de natureza pública, servindo como preparação e embasamento para o juízo de propositura, ou não, da respectiva ação penal.

( ) Certo   ( ) Errado

Questão 02 (Ano: 2014 Banca: MPE-SC Órgão: MPE-SC Prova: Promotor de Justiça – Matutina) De acordo com Súmula do Superior Tribunal de Justiça, a participação de membro do Ministério Público na fase investigatória criminal não acarreta o seu impedimento ou suspeição para o oferecimento da denúncia.

( ) Certo   ( ) Errado

Questão 03 (IBADE – 2017 – PC-AC – Delegado de Polícia Civil) Sobre o tema inquérito policial, muito se discutiu doutrinariamente quanto a legalidade de investigação direta pelo Ministério Público. O Suprem o Tribunal Federal entendeu pela possibilidade da investigação direta, porém traçou limites. Sobre o tema, leia as assertivas a seguir.

I. Não cabe habeas corpus em razão de investigação instaurada no âmbito do Ministério Público, ainda que esta não esteja em harmonia com os parâmetros fixados pelo STF, vez que se trata de atividade meramente administrativa que nenhum prejuízo gera para a liberdade do investigado.

II. Considerando a natureza subsidiária da investigação do Ministério Público, conforme define o STF, uma vez instaurado o inquérito policial caberá ao Ministério Público a função de controle externo, não havendo sentido a instauração de investigação direta do Ministério Público concorrente a da Polícia.

III. O que a doutrina aponta como Processo Penal Democrático não obsta, em respeito à busca da verdade real, a instauração de dupla investigação, uma presidida pela polícia, outra pelo Ministério Público.

IV. Na decisão do STF foi fixada a natureza subsidiária e excepcional da investigação direta pelo Ministério Público.

Está correto apenas o que se afirma em:

A) II e IV.

B) III e IV.

C) I e IV.

D) I e II.

E) II e III.

Gabarito: 1-E; 2-C; 3-A

6.10. EXECUÇÃO PROVISÓRIA DA PENA

Tema 925[28]: "Possibilidade de a execução provisória de acórdão penal condenatório proferido em grau recursal, ainda que sujeito a recurso especial ou extraordinário, comprometer o princípio constitucional da presunção de inocência afirmado pelo art. 5°, inc. LVII, da Constituição da República".

Tese: "A execução provisória de acórdão penal condenatório proferido em grau recursal, ainda que sujeito a recurso especial ou extraordinário, não compromete o princípio constitucional da presunção de inocência afirmado pelo artigo 5°, inciso LVII, da Constituição Federal".

FICHA TÉCNICA	
Leading case:	**ARE 964246/SP**
Descrição do caso feita pelo STF:	"Agravo contra decisão pela qual inadmitido recurso extraordinário interposto em ação penal, no qual se discute, com base no art. 5°, inc. LVII, da Constituição da República, o direito de ninguém ser considerado culpado, nem preso, até o trânsito em julgado da sentença penal condenatória."

---

28. Este tema foi examinado pela coautora Thaís Bandeira.

FICHA TÉCNICA	
Leading case:	**ARE 964246/SP**
Dispositivo(s) constitucional(is) envolvido(s):	Art. 5º Todos são iguais perante a lei, sem distinção de qualquer natureza, garantindo-se aos brasileiros e aos estrangeiros residentes no País a inviolabilidade do direito à vida, à liberdade, à igualdade, à segurança e à propriedade, nos termos seguintes: (...) LVII – ninguém será considerado culpado até o trânsito em julgado de sentença penal condenatória;
Data de reconhecimento da repercussão geral:	11/11/2016
Data de julgamento do mérito recursal:	11/11/2016
Houve unanimidade?	Não
Data de publicação do acórdão de julgamento do recurso:	25/11/2016
Trânsito em julgado do acórdão:	07/02/2017

◉ Comentários:

Trata-se de importante debate acerca da possibilidade de execução provisória de pena, quando pendentes recursos aos Tribunais superiores. A Constituição não trata da matéria, razão pela qual a jurisprudência do STF tem afirmado, reiteradamente, que coisa julgada é matéria de conformação tipicamente infraconstitucional.

◉ Síntese do debate constante do acórdão que fixou o precedente:

Argumentos favoráveis à tese fixada:	Argumentos contrários à tese fixada:
"A dignidade defensiva dos acusados deve ser calibrada, em termos de processo, a partir das expectativas mínimas de justiça depositadas no sistema de justiça criminal do país. Se de um lado a presunção de inocência juntamente com as demais garantias de defesa devem viabilizar ampla disponibilidade de meios e oportunidades para que o acusado possa intervir no processo crime em detrimento da imputação contra si formulada, de outro, ela não pode esvaziar o sentido público de justiça que o processo penal deve ser minimamente capaz de prover para garantir a sua finalidade última, de pacificação social".	"Extrapola os interesses subjetivos das partes, atingindo todos os cidadãos que tem o direito de ver respeitados todos os direitos e garantias fundamentais estabelecidos em nossa Constituição".

Argumentos favoráveis à tese fixada:	Argumentos contrários à tese fixada:
"De acordo com o § 2° do art. 27 da Lei n° 8.038/1990, os recursos extraordinário e especial são recebidos no efeito devolutivo. Mantida, por unanimidade, a sentença condenatória, contra a qual o réu apelara em liberdade, exauridas estão as instâncias ordinárias criminais, não sendo, assim, ilegal o mandado de prisão que órgão julgador de segundo grau determina se expeça contra o réu. Habeas corpus indeferido".	"Toda pessoa acusada de delito tem direito a que se presuma sua inocência, enquanto não se prova sua culpabilidade, de acordo com a lei e em processo público no qual se assegurem todas as garantias necessárias para sua defesa".
"Súmula n° 716: Admite-se a progressão de regime de cumprimento da pena ou a aplicação imediata de regime menos severo nela determinada, antes do trânsito em julgado da sentença condenatória. Súmula n° 717: Não impede a progressão de regime de execução da pena, fixada em sentença não transitada em julgado, o fato de o réu se encontrar em prisão especial".	"O acusado deve, necessariamente, ser considerado inocente durante a instrução criminal mesmo que seja réu confesso de delito praticado perante as câmeras de TV e presenciado por todo o país".
"Nesse estágio, é compatível com a presunção de não culpabilidade determinar o cumprimento das penas, ainda que pendentes recursos".	
"O próprio conceito de trânsito em julgado merece reflexão. A Constituição não trata da matéria, razão pela qual a jurisprudência do STF tem afirmado, reiteradamente, que coisa julgada é matéria de conformação tipicamente infraconstitucional. Ora, o Código de Processo Penal não traz definição a respeito. A importação, para esse efeito, da legislação processual civil (... decisão de mérito não mais sujeita a recurso – CPC, art. 502), não pode ser acolhida em sua absoluta literalidade, até porque, no processo penal, a revisão criminal, que não tem prazo para proposição, está, literalmente, incluída no rol dos recursos (CPP, art. 621 e seguintes)".	
"A Constituição brasileira não condiciona a prisão – mas, sim, a certeza jurídica acerca da culpabilidade – ao trânsito em julgado da sentença penal condenatória. O pressuposto para a privação de liberdade é a ordem escrita e fundamentada da autoridade judiciária competente, e não sua irrecorribilidade".	

◉ Fique atento:

- O STF já havia decidido acerca da possibilidade de execução provisória da pena, quando mais benéfico ao réu, sobretudo no que se referia ao regime de cumprimento de pena: "Súmula n° 716: Admite-se a progressão de regime de cumprimento da pena ou a aplicação imediata de regime menos severo nela determinada, antes do trânsito em julgado da sentença condenatória".

⊙ Questões de Concurso relacionadas ao tema:

Questão 01 (FUNCAB – PC/PA Delegado de Polícia Civil – 2016) No que respeita aos princípios da presunção de inocência e da não autoincriminação, é correto afirmar que:

a) o direito ao silêncio pode ser utilizado em desfavor do réu.

b) segundo a atual jurisprudência do Supremo Tribunal Federal, a sentença condenatória tem eficácia tão logo confirmada em segundo grau de jurisdição, não importando em violação ao princípio da presunção de inocência.

c) a exigência do recolhimento do réu à prisão para apelar não ofende os princípios da não culpabilidade e da proporcionalidade.

d) é possível a invocação de investigações e ações penais em andamento como maus antecedentes na fase da aplicação da pena.

e) o princípio constitucional da não culpabilidade não é óbice ao lançamento do nome do réu no rol dos culpados antes do trânsito em julgado da sentença condenatória.

> **Gabarito: 1-B**

6.11. CUMPRIMENTO DA PENA

> **Tema 59:** "Progressão de regime em crimes hediondos cometidos antes da vigência da Lei nº 11.464/2007".
>
> **Tese:** "A Lei nº 11.464/07, que majorou o tempo necessário para progressão no cumprimento da pena, não se aplica a situações jurídicas que retratem crime hediondo ou equiparado cometido em momento anterior à respectiva vigência".

FICHA TÉCNICA	
Leading case:	**RE 579167/AC**
Descrição do caso feita pelo STF:	"Recurso extraordinário em que se discute, à luz do art. 5º, XL, da Constituição Federal, a possibilidade, ou não, de condenado pela prática de crime hediondo consumado anteriormente à edição da Lei nº 11.464/2007 obter direito à progressão do regime de cumprimento da pena, mediante o cumprimento de 1/6 da pena respectiva."
Dispositivo(s) constitucional(is) envolvido(s):	"Art. 5º Todos são iguais perante a lei, sem distinção de qualquer natureza, garantindo-se aos brasileiros e aos estrangeiros residentes no País a inviolabilidade do direito à vida, à liberdade, à igualdade, à segurança e à propriedade, nos termos seguintes: (...) XL – a lei penal não retroagirá, salvo para beneficiar o réu"; (...).
	"Art. 52. Compete privativamente ao Senado Federal: (...) X – suspender a execução, no todo ou em parte, de lei declarada inconstitucional por decisão definitiva do Supremo Tribunal Federal; (...)".

FICHA TÉCNICA	
Leading case:	**RE 579167/AC**
Data de reconhecimento da reper-cussão geral:	22/08/2008
Data de julgamento do mérito re-cursal:	16/05/2013 (julgamento do recurso extraordinário)
Houve unanimidade?	Sim
Data de publicação do acórdão de julgamento do recurso:	18/10/2013
Trânsito em julgado do acórdão:	02/12/2013

◉ Comentários:

O texto original da Lei de Crimes Hediondos (Lei nº 8.072/1990) fixava que o cumpri-mento da pena para os casos regulados por ela se daria em regime **integralmente fechado**. Esse dispositivo foi declarado inconstitucional pelo Supremo Tribunal Federal[29], ocasionan-do um momentâneo vácuo da lei especial sobre o tema. A lacuna foi suprida com a edição da Lei nº 11.464/2007, que alterou a lei e passou a prever que o regime seria inicialmente fechado, com progressão de 2/5 ou 3/5, conforme o apenado fosse primário ou reincidente.

No julgamento do Recurso Extraordinário nº 579167/AC, o STF apreciou inconfor-mismo do Ministério Público contra acórdão do Tribunal de Justiça respectivo que fixará a possibilidade de progressão, estabelecendo parâmetro de 1/3 da pena. Debateu-se, por-tanto, a possibilidade de progressão de regime e a fração da pena correspondente. À una-nimidade, a Corte enunciou que, ante a inconstitucionalidade do regime integralmente fe-chado, todos os apenados que houvessem cometido delitos até a entrada em vigor da Lei nº 11.464/2007 poderiam se beneficiar da regra geral para a progressão de regime, previs-ta no art. 112 da LEP e fixada em 1/6[30]. O fundamento adotado foi a irretroatividade da lei penal prejudicial ao réu.

Indispensável frisar que foi editada a Súmula Vinculante nº 26, com a seguinte reda-ção: "Para efeito de progressão de regime no cumprimento de pena por crime hediondo, ou equiparado, o juízo da execução observará a inconstitucionalidade do art. 2º da Lei nº 8.072, de 25 de julho de 1990, sem prejuízo de avaliar se o condenado preenche, ou não, os requisitos objetivos e subjetivos do benefício, podendo determinar, para tal fim, de modo fundamentado, a realização de exame criminológico".

---

29. HC nº 82959, Relator Min. Marco Aurélio, publicado em 01/09/2006.

30. "Art. 112. A pena privativa de liberdade será executada em forma progressiva com a transferência para regime menos rigoroso, a ser determinada pelo juiz, quando o preso tiver cumprido ao menos um sexto da pena no regime anterior e ostentar bom comportamento carcerário, comprovado pelo diretor do estabelecimento, respeitadas as normas que vedam a progressão."

◉ Síntese do debate constante do acórdão que fixou o precedente:

Argumentos favoráveis à tese fixada:	Argumentos contrários à tese fixada:
• No julgamento do Recurso Ordinário em Habeas Corpus nº 91.300, reconheceu-se que se aplicava ao caso 1/6. (Min. Teori Zavascki).	
• Prevalece a regra linear que indica o percentual de 1/6, ante a impossibilidade de aplicar-se a lei penal, contra o acusado, analogicamente. (Min. Marco Aurélio).	
• A Lei nova em questão (nº 11.464/07) encerra uma *novatio in pejus*, pois exige um tempo de cumprimento de pena para progressão muito maior do que prevê o artigo 112 da Lei de Execuções Penais, que estabelece o cumprimento de 1/6. (Min. Luiz Fux).	

◉ Fique atento:

• A súmula nº 471 do STJ trata do tema: "Os condenados por crimes hediondos ou assemelhados cometidos antes da vigência da Lei n. 11.464/2007 sujeitam-se ao disposto no art. 112 da Lei n. 7.210/1984 (Lei de Execução Penal) para a progressão de regime prisional"

• O Supremo Tribunal Federal declarou também inconstitucional o regime inicialmente fechado, por obrigação legal, por entender que essa postura legislativa também violava a individualização da pena (HC 111.840/ES, Rel. Min. Dias Toffoli, publicado em 16/12/2013).

• Ficou afastada a possibilidade, antes da vigência da Lei nº 11.464/2007, de se aplicar analogicamente o período de 1/3 para progressão de regime, sob a perspectiva de que os crimes hediondos demandariam tempo em dobro em relação aos demais crimes.

◉ Questões de Concurso relacionadas ao tema:

Questão 01 (no: 2011 Banca: Instituto Cidades Órgão: DPE-AM Prova: Defensor Público) Em relação à novatio legis incriminadora, a novatio legis in pejus, abolitio criminis e a novatio legis in mellius, assinale o que for errado.

a) Dá-se a novatio legis incriminadora quando a lei penal definir nova conduta como infração penal;

b) Caracteriza-se a novatio legis in pejus quando a lei penal redefinir infrações penais, dando tratamento mais severo a condutas já punidas pelo direito penal, quer criminalizando o que antes era contravenção penal, quer apenas conferindo disciplina mais gravosa;

c) Ocorre a abolitio criminis quando, por exemplo, a lei penal abolir uma contravenção penal, como foi o caso da revogação do artigo 60 da Lei das Contravenções

d) Tem-se a novatio legis in mellius quando a lei penal definir fatos novos como infração penal, também denominada "neocriminalização".

e) As situações de novatio legis e abolitio criminis são tratadas pelo artigo 2º do Código Penal e dizem respeito à disciplina da lei penal no tempo.

Questão 02 (Ano: 2017 Banca: Fundação La Salle Órgão: SUSEPE-RS Prova: Agente Penitenciário) Em sentença condenatória, de acordo com a Lei n° 11.464/2007, por crime hediondo, o juiz:

a) não concederá progressão de regime.

b) decretará prisão preventiva com base na sentença de pronúncia.

c) imporá o recolhimento imediato à prisão, para eventual recurso.

d) determinará pena em regime integral fechado, face à hediondez do crime.

e) decidirá fundamentadamente se o réu poderá apelar em liberdade.

> **Gabarito: 1-D; 2-E**

Tema 423: "Cumprimento de pena em regime menos gravoso ante a falta de vagas em estabelecimento penitenciário adequado".

Tese: "I – A falta de estabelecimento penal adequado não autoriza a manutenção do condenado em regime prisional mais gravoso; II – Os juízes da execução penal poderão avaliar os estabelecimentos destinados aos regimes semiaberto e aberto, para qualificação como adequados a tais regimes. São aceitáveis estabelecimentos que não se qualifiquem como "colônia agrícola, industrial" (regime semiaberto) ou "casa de albergado ou estabelecimento adequado" (regime aberto) (art. 33, § 1º, alíneas "b" e "c"); III – Havendo déficit de vagas, deverá determinar-se: (i) a saída antecipada de sentenciado no regime com falta de vagas; (ii) a liberdade eletronicamente monitorada ao sentenciado que sai antecipadamente ou é posto em prisão domiciliar por falta de vagas; (iii) o cumprimento de penas restritivas de direito e/ou estudo ao sentenciado que progride ao regime aberto. Até que sejam estruturadas as medidas alternativas propostas, poderá ser deferida a prisão domiciliar ao sentenciado. "

FICHA TÉCNICA	
Leading case:	**RE 641320/RS**
Descrição do caso feita pelo STF:	"Recurso extraordinário em que se discute, à luz dos artigos 1º, III, e 5º, II, XLVI, LXV, da Constituição Federal, a possibilidade, ou não, de se determinar o cumprimento de pena privativa de liberdade em prisão domiciliar, ante a inexistência de vagas em estabelecimento penitenciário adequado à execução no regime semiaberto."

FICHA TÉCNICA	
Leading case:	**RE 641320/RS**
Dispositivo(s) constitucional(is) envolvido(s):	"Art. 1º A República Federativa do Brasil, formada pela união indissolúvel dos Estados e Municípios e do Distrito Federal, constitui-se em Estado Democrático de Direito e tem como fundamentos: (...) III – a dignidade da pessoa humana; (...)" "Art. 5º Todos são iguais perante a lei, sem distinção de qualquer natureza, garantindo-se aos brasileiros e aos estrangeiros residentes no País a inviolabilidade do direito à vida, à liberdade, à igualdade, à segurança e à propriedade, nos termos seguintes: (...) II – ninguém será obrigado a fazer ou deixar de fazer alguma coisa senão em virtude de lei; (...) XLVI – a lei regulará a individualização da pena e adotará, entre outras, as seguintes: a) privação ou restrição da liberdade; b) perda de bens; c) multa; d) prestação social alternativa; e) suspensão ou interdição de direitos; (...) LXV – a prisão ilegal será imediatamente relaxada pela autoridade judiciária; (...)"
Data de reconhecimento da repercussão geral:	11/05/2016
Data de julgamento do mérito recursal:	11/05/2016
Houve unanimidade?	Não
Data de publicação do acórdão de julgamento do recurso:	11/11/2016
Trânsito em julgado do acórdão:	01/12/2016

⊙ Comentários:

O Recurso Extraordinário nº 641320/RS foi interposto pelo Ministério Público do Estado do Rio Grande do Sul contra decisão do respectivo Tribunal que fixou prisão domiciliar ao condenado enquanto não houvesse estabelecimento destinado ao regime semiaberto que atendesse todos os requisitos da Lei de Execução Penal (Lei nº 7.210/1984).

Os fundamentos empregados pelo Ministério Público para recorrer foram: a) a impossibilidade material do Estado de instituir as exigências da lei penal não autoriza o Judiciário a conceder o benefício da prisão domiciliar fora das hipóteses legais; b) a desconsideração das circunstâncias pessoais do condenado e do delito violam a proporcionalidade e a correlação entre conduta e sanção aplicada.

O Relator, Ministro Gilmar Mendes, dividiu o seu voto em cinco partes:

1ª parte – o sistema progressivo de cumprimento de penas não está funcionando como deveria. Estima-se déficit de 210.000 (duzentas e dez mil) vagas nos regimes semiaberto e aberto; as vagas existentes não estão distribuídas de uniformemente no território; dezessete estados simplesmente não adotam o regime aberto, o que significa que as pessoas com direito a esse regime estão em prisão domiciliar ou em regime sem embasamento em lei.

2ª parte – a garantia constitucional da individualização da pena (art. 5º, XLVI) é materializada pela existência de regimes diferenciados de cumprimento; a garanta da legalidade (art. 5º, XXXIX) é violada diretamente se ao condenado não é assegurado o direito de cumprimento de acordo com o sistema progressivo previsto em lei.

3ª parte – do direito de não ser mantido em estabelecimento destinado ao regime mais gravoso surgem as seguintes consequências: (i) saída antecipada, possivelmente cumulada com liberdade eletronicamente monitorada ou substituição da pena por penas alternativas ou estudo; (ii) liberdade eletronicamente vigiada; (iii) penas restritivas de direito e/ou estudo, tendo em consideração que elas são menos gravosas que a pena privativa de liberdade, mesmo em regime aberto.

4ª parte – diante da falência do sistema prisional, apresentam-se propostas que vão além do âmbito jurídico: (i) criação do Cadastro Nacional dos Presos, centralizando-se a gestão da execução penal em órgão do Poder Executivo, medida que tem amparo na Lei nº 12.714/2012[31]; (ii) criação de Centrais de monitoração eletrônica e penas alternativas; (iii) fomento e incremento de medidas voltadas ao trabalho e ao estudo do apenado; (iv) aumento do número de vagas nos regimes semiaberto e aberto.

5ª parte – essa parte foi destinada à análise do caso concreto, com provimento do recurso apenas na extensão em que se discute o regime a ser adotado quando da ausência de vagas no regime adequado, seguindo as considerações abordadas.

O voto do Ministro Gilmar Mendes foi acompanhado pela maioria dos ministros do STF, fixando-se a tese enunciada, pela possibilidade de adoção de regime mais benéfico ou outras alternativas à prisão em caso de ausência de vagas no regime determinado por lei.

◉ Síntese do debate constante do acórdão que fixou o precedente:

Argumentos favoráveis à tese fixada:	Argumentos contrários à tese fixada:
• O acórdão apenas interpretou as disposições legais pertinentes à luz dos princípios constitucionais da individualização e da proporcionalidade das penas. (Min. Gilmar Mendes)	
• Por imperativo constitucional, na falta de vagas no regime adequado, a pena deve ser cumprida em regime menos gravoso. (Min. Gilmar Mendes) • Com o sistema que temos atualmente, a inobservância do direito à progressão de regime, mediante manutenção do condenado em regime mais gravoso, viola o direito à individualização da pena (art. 5º, XLVI). (Min. Gilmar Mendes)	
• A legislação brasileira prevê o sistema progressivo de cumprimento de penas. Logo, assiste ao condenado o direito a ser inserido em um regime inicial compatível com o título condenatório e a progredir de regime de acordo com seus méritos. (Min. Gilmar Mendes)	

---

31. Essa lei dispõe sobre o sistema de acompanhamento da execução das penas, da prisão cautelar e da medida de segurança.

Argumentos favoráveis à tese fixada:	Argumentos contrários à tese fixada:
• Por mais grave que seja o crime, a condenação não retira a humanidade da pessoa condenada. Ainda que privados de liberdade e dos direitos políticos, os condenados não se tornam simples objetos de direito, mas persistem em sua imanente condição de sujeitos de direitos. A Constituição chega a ser expletiva nesse ponto, ao afirmar o direito à integridade física e moral dos presos (art. 5º, XLIX). (Min. Gilmar Mendes)	
• O Poder Judiciário não pode impor um regime menos gravoso do que aquele que a lei determina. Esse é o ponto central do recurso. Ora, se isso é verdade, é muito mais verdade que o Judiciário não pode impor ao prisioneiro um sistema mais grave do que aquele que a lei prevê. (Min. Teori Zavascki)	
• Cumpre ao Estado aparelhar-se para que haja a submissão irrestrita ao título condenatório. Inconcebível é o réu permanecer em regime mais gravoso – fechado – do que o previsto na decisão judicial. (Min. Marco Aurélio)	
• Não se revela aceitável, desse modo, que, por (crônicas) deficiências estruturais do sistema penitenciário ou por incapacidade do Estado prover recursos materiais que viabilizem a implementação das determinações impostas pela Lei de Execução Penal – que constitui exclusiva obrigação do Poder Público –, venha a ser frustrado o exercício, pelo sentenciado, de direitos subjetivos que lhe são conferidos pelo ordenamento positivo, como, p. ex., o de iniciar, desde logo, quando assim ordenado na sentença (como sucede no caso), o cumprimento da pena em regime de prisão domiciliar quando inexistentes vagas adequadas à execução da pena em regime semiaberto. (Min. Ricardo Lewandowski)	

◉ Fique atento:

- O debate constante desse Recurso Extraordinário está relacionado com a Súmula Vinculante nº 56 (STF): "A falta de estabelecimento penal adequado não autoriza a manutenção do condenado em regime prisional mais gravoso, devendo-se observar, nessa hipótese, os parâmetros fixados no RE 641.320/RS". A aprovação da súmula está pendente, tendo sido veiculado, por ocasião de julgamento desse RE, que seria interessante aguardar as medidas ali discutidas para, depois, concluir o debate para aprovação da súmula.

- A prisão domiciliar é instituto com características e requisitos nitidamente distintos em relação à LEP e ao CPP. Na LEP, encontra-se enunciada no art. 117; no CPP, no art. 317.

- A Organização das Nações Unidas aprovou, em 2015, as denominadas "Regras de Mandela", que apontam as condições mínimas para o tratamento de presos; em 2010, haviam sido aprovadas as "Regras de Bangkok", que indicam as regras para o tratamento de mulheres presas e medidas não privativas de liberdade para mulheres infratoras.

• Após o julgamento do RE nº 641320/RS, foi apreciada pelo Supremo Tribunal Federal a ADPF 347, de relatoria do Ministro Marco Aurélio, que declarou o "estado de coisas inconstitucional" do sistema penitenciário do Brasil.

• Embora conste como voto divergente, o Ministro Marco Aurélio expôs seu entendimento pela impossibilidade de imposição de regime mais gravoso por falta de vaga no estabelecimento adequado. Além disso, questionou se o Ministério Público, com o recurso interposto, estaria realmente defendendo interesse público. A divergência está em que o ministro se restringiu ao desprovimento do recurso, enquanto os demais avançaram para, inclusive, fixar a tese.

• Trecho relevante do voto do Ministro Gilmar Mendes retrata a impossibilidade de ponderação do "interessa da sociedade na manutenção da segurança pública" com o direito à individualização da pena: "Rechaço peremptoriamente qualquer possibilidade de ponderar os direitos dos condenados à individualização da pena e à execução da pena de acordo com a lei, com interesses da sociedade na manutenção da segurança pública (...)a execução de penas corporais em nome da segurança pública só se justifica com a observância de estrita legalidade. Regras claras e prévias são indispensáveis. Permitir que o Estado execute a pena de forma deliberadamente excessiva seria negar não só o princípio da legalidade, mas a própria dignidade humana dos condenados – art. 1º, III".

◉ Questões de Concurso relacionadas ao tema:

Questão 01 (Ano: 2016 Banca: FCC Órgão: DPE-ES Prova: Defensor Público) O juiz poderá definir a fiscalização por meio da monitoração eletrônica quando conceder

a) indulto.

b) comutação.

c) livramento condicional.

d) prisão domiciliar.

e) progressão ao regime semiaberto.

Questão 02 (Ano: 2014. Banca: CS-UFG Órgão: DPE-GO Prova: Defensor Público) A prisão domiciliar consiste no recolhimento do indiciado ou acusado em sua residência, só podendo dela ausentar-se com autorização judicial. Segundo o Código de Processo Penal, poderá o juiz substituir a prisão preventiva pela domiciliar quando o agente for:

a) necessário aos cuidados de pessoa menor de sete anos de idade.

b) imprescindível aos cuidados especiais de pessoa com deficiência.

c) maior de setenta anos de idade.

d) enfraquecido por motivo de qualquer doença

e) gestante a partir do sexto mês de gravidez

Gabarito: 1-D; 2-B

6.12. JUIZADOS ESPECIAIS CRIMINAIS: TRANSAÇÃO PENAL

Tema 187: "Imposição de efeitos próprios de sentença penal condenatória à transação penal prevista na Lei nº 9.099/95".

Tese: "As consequências jurídicas extrapenais previstas no art. 91 do Código Penal são decorrentes de sentença penal condenatória. Tal não ocorre, portanto, quando há transação penal (art. 76 da Lei 9.099/1995), cuja sentença tem natureza meramente homologatória, sem qualquer juízo sobre a responsabilidade criminal do aceitante. As consequências geradas pela transação penal são essencialmente aquelas estipuladas por modo consensual no respectivo instrumento de acordo. "

FICHA TÉCNICA	
Leading case:	**RE 795567/PR**
Descrição do caso feita pelo STF:	"Agravo de instrumento interposto contra decisão que inadmitiu recurso extraordinário em que se discute, à luz do art. 5º, LIV, LVII, XXII e XXXIX, da Constituição Federal, a constitucionalidade, ou não, da possibilidade de imposição de efeitos próprios de sentença penal condenatória à transação penal prevista na Lei nº 9.099/95, no caso, a restituição dos bens apreendidos que constituem instrumento ou produto do crime."
Dispositivo(s) constitucional(is) envolvido(s):	"Art. 5º Todos são iguais perante a lei, sem distinção de qualquer natureza, garantindo-se aos brasileiros e aos estrangeiros residentes no País a inviolabilidade do direito à vida, à liberdade, à igualdade, à segurança e à propriedade, nos termos seguintes: (...) XXII – é garantido o direito de propriedade; (...) XXXIX – não há crime sem lei anterior que o defina, nem pena sem prévia cominação legal; (...) LIV – ninguém será privado da liberdade ou de seus bens sem o devido processo legal; LV – aos litigantes, em processo judicial ou administrativo, e aos acusados em geral são assegurados o contraditório e ampla defesa, com os meios e recursos a ela inerentes; (...) LVII – ninguém será considerado culpado até o trânsito em julgado de sentença penal condenatória"
Data de reconhecimento da repercussão geral:	28/05/2015
Data de julgamento do mérito recursal:	25/05/2015
Houve unanimidade?	Sim

FICHA TÉCNICA	
Leading case:	RE 795567/PR
Data de publicação do acórdão de julgamento do recurso:	09/09/2015
Trânsito em julgado do acórdão:	29/09/2015

⊙ Comentários:

O Recurso Extraordinário n° 795567/PR, de relatoria do Ministro Teori Zavascki, pôs em debate a natureza jurídica e consequências da transação penal para o seu beneficiário. Trata-se de situação em que um indivíduo foi flagranteado por supostamente praticar a contravenção penal do jogo do bicho (art. 58 da Lei de Contravenções Penais – Dec. Lei n° 3.668/41), ocasião em que foi apreendida uma motocicleta em tese usada para a prática da infração.

Após a lavratura do respectivo Termo Circunstanciado de Ocorrência (TCO) e seu encaminhamento à justiça, formulou-se proposta de transação penal, benefício que foi aceito pelo suposto contraventor. Acolhido e cumprido integralmente o acordo, o juízo procedeu à sua homologação, mas decretou um dos efeitos da sentença penal condenatória, a saber, a perda do veículo, fundamentada no art. 91, II, "a", do Código Penal.

O Recurso foi interposto pela defesa em face do acórdão do Tribunal de Justiça do Estado do Paraná que manteve o efeito condenatório. Seus principais fundamentos foram: (i) a perda da motocicleta (direito de propriedade, art. 5°, XII, CF/88) somente seria admitida após a instauração de ação penal para apurar o ilícito, garantindo-se o devido processo legal (art. 5°, LIV, CF/88); (ii) viola-se a presunção de inocência (art. 5°, LVII, CF/88) quando se equiparam os efeitos da transação penal à sentença condenatória.

A Constituição Federal de 1988 estabeleceu como orientação para a União, o Distrito Federal e territórios e para os Estados a criação dos "juizados especiais", cuja competência, na área criminal, seria para o julgamento de infrações penais de menor potencial ofensivo. O constituinte delegou ao legislador ordinário a definição dessas infrações, bem como o estabelecimento de requisitos para a aplicação do instituto da transação penal, instituto mencionado expressamente na Carta Magna.

A Lei dos Juizados Especiais (Lei n° 9.099/1995) materializou o comando constitucional e definiu as infrações penais de menor potencial ofensivo[32], ao tempo que explicitou as hipóteses de cabimento e consequências da transação penal. Nos termos do art. 76 da Lei, **a transação consiste na aplicação imediata de pena restritiva de direitos ou multas, mas não importa em reincidência e somente deve ser registrada para impedir novamente o mesmo benefício no prazo de cinco anos**[33].

---

32. "Art. 61. Consideram-se infrações penais de menor potencial ofensivo, para os efeitos desta Lei, as contravenções penais e os crimes a que a lei comine pena máxima não superior a 2 (dois) anos, cumulada ou não com multa". (Redação dada pela Lei n° 11.313, de 2006")

33. "Art. 76. Havendo representação ou tratando-se de crime de ação penal pública incondicionada, não sendo caso de arquivamento, o Ministério Público poderá propor a aplicação imediata de pena restritiva de direitos ou

Predomina na doutrina que a sentença que homologa a transação penal tem natureza jurídica meramente homologatória. Em razão disso, preservando-se o contraditório e a ampla defesa, conteúdo do devido processo legal, não se pode impor ao beneficiário da transação homologada os mesmos efeitos da condenação penal. Acrescente-se que, em razão de voto-vista do Ministro Luiz Fux e manifestação do Procurador-Geral da República, o Supremo Tribunal Federal procedeu a pequeno ajuste na tese para destacar que a redação do art. 76 da Lei nº 9.099/1995 não impede que conste dos termos da transação a devolução do bem eventualmente apreendido – mas, *contrario sensu*, se não estiver pactuado, a devolução não decorrerá da simples homologação.

◉ Síntese do debate constante do acórdão que fixou o precedente:

Argumentos favoráveis à tese fixada:	Argumentos contrários à tese fixada:
• A Lei 9.099/95 introduziu no sistema penal brasileiro o instituto da transação, que, nos termos do seu artigo 76 e §§, permite seja a persecução penal dispensada pelo magistrado em crimes de menor potencial ofensivo, desde que o suspeito da prática do delito concorde em se submeter, sem qualquer resistência, ao cumprimento de uma pena restritiva de direito ou multa que lhe tiver sido ofertada por representante do Ministério Público em audiência. (Min Teori Zavascki)	• Quando a Lei 9.099/95 assim o pretendeu, ela afastou, expressamente, os efeitos da condenação cuja produção não deveria ocorrer. Daí porque foram excluídos, do âmbito da sentença homologatória da transação, a configuração da reincidência, dos maus antecedentes e de efeitos civis. Não foram excluídos, porém, **os efeitos automáticos da condenação**, que por esta razão **produzem-se normalmente** no âmbito da transação penal. (Min. Luiz Fux)
• As consequências jurídicas extrapenais previstas nos parágrafos do art. 91 do Código Penal, dentre as quais a do confisco de instrumentos do crime (art. 91, II, "a"), de seu produto ou de bens adquiridos com o seu proveito (art. 91, II, "b"), só podem ocorrer como efeito acessório, reflexo ou indireto de uma condenação penal, nos termos do que consta no caput do dispositivo. (Min Teori Zavascki)	
• Apesar de tais efeitos não possuírem natureza penal propriamente dita, não há dúvidas de que constituem eles uma drástica intervenção estatal na realidade patrimonial dos acusados, razão pela qual sua imposição somente poderá ser viabilizada mediante a observância de um devido processo, que garanta ao acusado a possibilidade de exercer seu direito de resistência por todos os meios colocados à sua disposição pela legislação. (Min. Teori Zavascki)	

multas, a ser especificada na proposta. (...) § 4º Acolhendo a proposta do Ministério Público aceita pelo autor da infração, o Juiz aplicará a pena restritiva de direitos ou multa, que não importará em reincidência, sendo registrada apenas para impedir novamente o mesmo benefício no prazo de cinco anos.

Argumentos favoráveis à tese fixada:	Argumentos contrários à tese fixada:
• Ao validar o decreto de confisco do veículo perten-cente ao ora recorrente, a Turma Recursal o privou da titularidade de um bem sem lhe oportunizar o exercício dos meios de defesa legalmente estabe-lecidos, incorrendo, com isso, em manifesta trans-gressão às garantias constitucionais dos arts. 5º LIV, LV, LVII e XXII. (Min Teori Zavascki)	
• Não há uma prova inequívoca de que essa moto-cicleta era única e exclusivamente para recolher as apostas, muito embora ela tenha sido apreen-dida no momento do cometimento da infração. (Min Luiz Fux)	

◉ Fique atento:

- Sobre a transação penal, o Supremo Tribunal Federal editou a súmula vinculante nº 35: "A homologação da transação penal prevista no artigo 76 da Lei 9.099/1995 não faz coisa julgada material e, descumpridas suas cláusulas, retoma-se a situa-ção anterior, possibilitando-se ao Ministério Público a continuidade da persecu-ção penal mediante oferecimento de denúncia ou requisição de inquérito policial".

- O Ministro Luís Roberto Barroso ressaltou que: "Se o produto fosse ou se o bem fosse ilícito, fosse droga ou se fosse uma máquina de caça-níqueis, eu acho que o tratamento seria diferente". Essa mesma ponderação foi feita pelo Ministro Luiz Fux, que elencou diversas hipóteses de infrações de menor potencial ofensivo que poderiam, em caso de transação penal e não confisco do bem, resultar na devolu-ção de coisa ilícita ao beneficiário da proposta.

- No julgamento, o Ministro Luiz Fux declarou o entendimento de que a natureza da sentença homologatória da transação penal é condenatória impura ou impró-pria. Condenatória porque implica na imposição de uma "sanção penal, que cria uma obrigação para o apenado"; impura ou imprópria porque foram retirados dela alguns efeitos importantes, como "a reincidência, a caracterização de maus antece-dentes e consequências sobre direitos civis do 'apenado'".

◉ Questões de Concurso relacionadas ao tema:

Questão 01 (Ano: 2016 Banca: TRF – 4ª REGIÃO Órgão: TRF – 4ª REGIÃO Prova: Juiz Federal Substituto) Dadas as assertivas abaixo, assinale a alternativa correta.

Segundo entendimento do Supremo Tribunal Federal, o instituto da transação penal:

I. Permite a dispensa da persecução penal em crimes de menor potencial ofensivo, desde que o suspeito da prática do delito concorde em se submeter, sem qualquer resistência, ao cum-primento de pena restritiva de direito ou multa que lhe tenha sido oferecida pelo represen-tante do Ministério Público, em audiência. No caso, a lei relativizou, de um lado, o princípio da obrigatoriedade da instauração da persecução penal em crimes de ação penal pública de menor ofensividade e, de outro, autorizou o investigado a dispor das garantias processuais penais que o ordenamento lhe confere, mitigando o próprio princípio da culpabilidade.

II. As consequências jurídicas extrapenais previstas no art. 91 do Código Penal, dentre as quais a do confisco de instrumentos do crime (art. 91, II, a) e de seu produto ou de bens adquiridos com o seu proveito (art. 91, II, b), só podem ocorrer como efeito acessório, reflexo ou indireto de uma condenação penal, logo, não são passíveis de aplicação pelo juiz no caso de transação penal.

III. O juiz, em caso de descumprimento dos termos do acordo, pode substituir a medida restritiva de direito consensualmente fixada por pena privativa de liberdade compulsoriamente aplicada, desde que fundamente sua opção.

IV. As consequências geradas pela transação penal são apenas as definidas no instrumento do acordo. Além delas, o único efeito acessório gerado pela homologação do ato é o de impedir novamente o mesmo benefício no prazo de cinco anos. Os demais efeitos penais e civis decorrentes das condenações penais não são constituídos.

   a) Estão corretas apenas as assertivas I e II.

   b) Estão corretas apenas as assertivas II e IV.

   c) Estão corretas apenas as assertivas III e IV.

   d) Estão corretas todas as assertivas.

   e) Nenhuma assertiva está correta.

Questão 02 (Ano: 2009 Banca: CESPE Órgão: DPE-AL Prova: Defensor Público) Julgue os itens subsequentes, acerca do instituto da pena.

As medidas alternativas impostas em razão de uma transação penal e aquelas previstas no art. 28 da Lei n.º 11.343/2006 (usuário de droga) não geram os efeitos penais gerais próprios de uma sanção penal.

   ( ) Certo   ( ) Errado

Gabarito: 1-B; 2-C

Tema 238: "Propositura de ação penal por descumprimento das condições estabelecidas em transação penal".

Tese: "A homologação da transação penal prevista no artigo 76 da Lei 9.099/1995 não faz coisa julgada material e, descumpridas suas cláusulas, retoma-se a situação anterior, possibilitando-se ao Ministério Público a continuidade da persecução penal mediante oferecimento de denúncia ou requisição de inquérito policial".

FICHA TÉCNICA	
Leading case:	**RE 602072/RS**
Descrição do caso feita pelo STF:	"Recurso extraordinário em que se discute, à luz do art. 5º, XXXVI, XL, LIV, LV e LVIII, da Constituição Federal, a constitucionalidade, ou não, da propositura de ação penal em razão do descumprimento das condições estabelecidas em transação penal (art. 76 da Lei nº 9.099/95)."
Dispositivo(s) constitucional(is) envolvido(s):	"Art. 5º Todos são iguais perante a lei, sem distinção de qualquer natureza, garantindo-se aos brasileiros e aos estrangeiros residentes no País a inviolabilidade do direito à vida, à liberdade, à igualdade, à segurança e à propriedade, nos termos seguintes: (...)XL – a lei penal não retroagirá, salvo para beneficiar o réu;(...) LV – aos litigantes, em processo judicial ou administrativo, e aos acusados em geral são assegurados o contraditório e ampla defesa, com os meios e recursos a ela inerentes;(...)".
Data de reconhecimento da repercussão geral:	19/11/2009
Data de julgamento do mérito recursal:	19/11/2009
Houve unanimidade?	Sim
Data de publicação do acórdão de julgamento do recurso:	26/02/2010
Trânsito em julgado do acórdão:	15/04/2010

⊙ Comentários:

A Constituição Federal de 1988 estabeleceu como orientação para a União, o Distrito Federal e territórios e para os Estados a criação dos "juizados especiais", cuja competência, na área criminal, seria para o julgamento de infrações penais de menor potencial ofensivo. O constituinte delegou ao legislador ordinário a definição dessas infrações, bem como o estabelecimento de requisitos para a aplicação do instituto da transação penal, instituto mencionado expressamente na Carta Magna.

A Lei dos Juizados Especiais (Lei nº 9.099/1995) materializou o comando constitucional e definiu as infrações penais de menor potencial ofensivo[34], ao tempo que explicitou as hipóteses de cabimento e consequências da transação penal. Nos termos do art. 76 da Lei, a **transação consiste na aplicação imediata de pena restritiva de direitos ou multas**[35]

---

34. "Art. 61. Consideram-se infrações penais de menor potencial ofensivo, para os efeitos desta Lei, as contravenções penais e os crimes a que a lei comine pena máxima não superior a 2 (dois) anos, cumulada ou não com multa". (Redação dada pela Lei nº 11.313, de 2006")

35. "Art. 76. Havendo representação ou tratando-se de crime de ação penal pública incondicionada, não sendo

e, aceita pelo autor da infração e seu defensor, será submetida à apreciação do Juiz[36]. Cabe ao magistrado a homologação da transação penal, em decisão que pode ser impugnada por meio do recurso de apelação[37].

O Recurso Extraordinário nº 602072/RS foi interposto contra decisão de Turma Recursal do Estado do Rio Grande do Sul, pleiteando a defesa (recorrente) a impossibilidade de prosseguimento da ação penal em caso de descumprimento das condições estabelecidas em transação penal.

O Supremo Tribunal Federa, à unanimidade, declarou que a homologação da transação penal não faz coisa julgada material e o seu descumprimento impõe o retorno ao *status quo ante*, de modo que a persecução criminal pode ser retomada.

Atualmente, a matéria é disciplinada pela Súmula Vinculante nº 35, nestes termos: "A homologação da transação penal prevista no artigo 76 da Lei 9.099/1995 não faz coisa julgada material e, descumpridas suas cláusulas, retoma-se a situação anterior, possibilitando-se ao Ministério Público a continuidade da persecução penal mediante oferecimento de denúncia ou requisição de inquérito policial".

◉ Síntese do debate constante do acórdão que fixou o precedente:

Argumentos favoráveis à tese fixada:	Argumentos contrários à tese fixada:
• Não fere os preceitos constitucionais indicados a possibilidade de propositura de ação penal em decorrência do não cumprimento das condições estabelecidas em transação penal. Isto por que, a homologação da transação penal não faz coisa julgada material e, descumpridas suas cláusulas, retorna-se ao status quo antes, possibilitando ao Ministério Público a continuidade da persecução penal (situação diversa daquela que se pretende a conversão automática deste descumprimento em pena privativa de liberdade). (Min. Cesar Peluso).	

◉ Fique atento:

• A transação penal é acordo que se celebra **antes** do oferecimento da ação penal. Desse modo, em caso de seu descumprimento não há "continuidade" da ação, mas sim possibilidade de retomada da "persecução criminal", materializada na requisição de instauração de inquérito policial – quando necessário – ou oferecimento de denúncia – caso os elementos sejam suficientes.

• A homologação da transação penal **não** é causa interruptiva do curso da prescrição[38], de modo que a continuidade da persecução criminal estará condicionada ao

---

caso de arquivamento, o Ministério Público poderá propor a aplicação imediata de pena restritiva de direitos ou multas, a ser especificada na proposta.

36. Art. 76, § 3º Aceita a proposta pelo autor da infração e seu defensor, será submetida à apreciação do Juiz".

37. "Art. 76, § 5º Da sentença prevista no parágrafo anterior caberá a apelação referida no art. 82 desta Lei".

38. As causas interruptivas do curso da prescrição estão no art. 117 do Código Penal.

não advento dessa causa extintiva da punibilidade. Nesse sentido o Enunciado 44 do FONAJE: "No caso de transação penal homologada e não cumprida, o decurso do prazo prescricional provoca a declaração de extinção de punibilidade pela prescrição da pretensão punitiva. (nova redação – XXXVII – Florianópolis/SC)".

• Enquanto a transação penal não interfere no curso prescricional, a suspensão condicional do processo ("*sursis* processual", art. 89 da Lei) é causa de suspensão da prescrição (art. 89, § 6º, da Lei).

⊙ Questões de Concurso relacionadas ao tema:

Questão 01 (Ano: 2014 Banca: IBFC Órgão: PC-SE Prova: Escrivão Substituto) A respeito da transação penal, prevista no artigo 76 da Lei nº 9.099/1995, assinale a alternativa que corresponde ao entendimento do Supremo Tribunal Federal sobre o tema.

a) A homologação da transação penal faz coisa julgada material e, descumpridas suas cláusulas, somente pode ser retomada a situação anterior mediante instauração de inquérito policial para apurar novos fatos, sem prejuízo da ocorrência de crime de desobediência.

b) A homologação da transação penal faz coisa julgada material e, descumpridas suas cláusulas, cabe ao Ministério Público remeter os autos para Delegacia de origem para lavratura de novo Termo Circunstanciado.

c) A homologação da transação penal não faz coisa julgada material e, descumpridas suas cláusulas, retoma-se a situação anterior, possibilitando-se ao Ministério Público a continuidade da persecução penal mediante novo Termo Circunstanciado.

d) A homologação da transação penal não faz coisa julgada material e, descumpridas suas cláusulas, retoma-se a situação anterior, possibilitando-se ao Ministério Público a continuidade da persecução penal mediante oferecimento de denúncia ou requisição de inquérito policial.

Questão 02 (Ano: 2017 Banca: FCC Órgão: TRE-SP Prova: Analista Judiciário – Área Judiciária – Adaptada) A homologação da transação penal prevista no artigo 76 da Lei nº 9.099/1995 não faz coisa julgada material e, descumpridas suas cláusulas, retoma-se a situação anterior, possibilitando-se ao Ministério Público a continuidade da persecução penal mediante oferecimento de denúncia ou requisição de inquérito policial.

( ) Certo   ( ) Errado

Gabarito: 1-D; 2-C

7

DIREITO DO TRABALHO

Guilherme Guimarães Ludwig

7.1. INTERVALO INTRAJORNADA

Tema 528: "Recepção, pela CF/88, do art. 384 da CLT, que dispõe sobre o intervalo de 15 minutos para trabalhadora mulher antes do serviço extraordinário".

Tese: Ainda não havia sido fixada à época da elaboração do texto.

FICHA TÉCNICA	
Leading case:	**RE 658312/SC**
Descrição do caso feita pelo STF:	"Recurso Extraordinário em que se discute, à luz dos artigos 5°, I, e 7°, XXX, da Constituição Federal de 1988, a recepção, ou não, por este diploma, do art. 384 da Consolidação das Leis do Trabalho – CLT, que prevê a concessão, exclusivamente para as mulheres, de intervalo de 15 minutos antes do início da jornada extraordinária".
Dispositivo(s) constitucional(is) envolvido(s):	"Art. 5° Todos são iguais perante a lei, sem distinção de qualquer natureza, garantindo-se aos brasileiros e aos estrangeiros residentes no País a inviolabilidade do direito à vida, à liberdade, à igualdade, à segurança e à propriedade, nos termos seguintes: I – homens e mulheres são iguais em direitos e obrigações, nos termos desta Constituição; (...)". "Art. 7° São direitos dos trabalhadores urbanos e rurais, além de outros que visem à melhoria de sua condição social: (...) XXX – proibição de diferença de salários, de exercício de funções e de critério de admissão por motivo de sexo, idade, cor ou estado civil; (...)".
Data de reconhecimento da repercussão geral:	09/03/2012

FICHA TÉCNICA	
Leading case:	**RE 658312/SC**
Data de julgamento do mérito recursal:	Julgamento anulado em sede de embargos de declaração em 05/08/2015
Houve unanimidade?	–
Data de publicação do acórdão de julgamento do recurso:	-
Trânsito em julgado do acórdão:	-

◉ Comentários:

A CRFB de 1988 fixou como garantia fundamental a igualdade em diversos aspectos, tendo, no *caput* do seu art. 5º, estabelecido que "*todos são iguais perante a lei, sem distinção de qualquer natureza (...)*". No inciso I desse dispositivo, prescreveu ainda que "*homens e mulheres são iguais em direitos e obrigações, nos termos desta Constituição*", tanto especificando em termos gerais a igualdade de gênero, quanto excepcionando a possibilidade de tratamento diferenciado, caso último que se verifica, por exemplo, no art. 7º, XX[1] e 40, § 1º, III, a e b[2] do texto constitucional. O mesmo art. 7º, em seu inciso XXX, ainda disciplinou a "*proibição de diferença de salários, de exercício de funções e de critério de admissão por motivo de sexo, idade, cor ou estado civil*".

No plano infraconstitucional, a Consolidação das Leis do Trabalho destinou um capítulo à proteção do trabalho da mulher, com normas tutelares específicas sobre: a duração e as condições do trabalho, a repressão à discriminação contra a mulher, o trabalho noturno, os períodos de descanso, os métodos e locais de trabalho e a proteção à maternidade. Em seu art. 384, disciplinou um intervalo específico em favor da empregada mulher consistente em um descanso de quinze minutos no mínimo, antes do início do período extraordinário do trabalho, em caso de prorrogação do horário normal[3].

Nesse cenário, o STF examina o RE 658312, interposto por A. Angeloni & Cia Ltda contra acórdão da Segunda Turma do TST, que reconheceu que o art. 384 da CLT foi re-

---

1. "Art. 7º São direitos dos trabalhadores urbanos e rurais, além de outros que visem à melhoria de sua condição social: (...) XX – proteção do mercado de trabalho da mulher, mediante incentivos específicos, nos termos da lei. (...)".

2. "Art. 40. Aos servidores titulares de cargos efetivos da União, dos Estados, do Distrito Federal e dos Municípios, incluídas suas autarquias e fundações, é assegurado regime de previdência de caráter contributivo e solidário, mediante contribuição do respectivo ente público, dos servidores ativos e inativos e dos pensionistas, observados critérios que preservem o equilíbrio financeiro e atuarial e o disposto neste artigo. § 1º Os servidores abrangidos pelo regime de previdência de que trata este artigo serão aposentados, calculados os seus proventos a partir dos valores fixados na forma dos §§ 3º e 17: (...) III – voluntariamente, desde que cumprido tempo mínimo de dez anos de efetivo exercício no serviço público e cinco anos no cargo efetivo em que se dará a aposentadoria, observadas as seguintes condições: a) sessenta anos de idade e trinta e cinco de contribuição, se homem, e cinquenta e cinco anos de idade e trinta de contribuição, se mulher; b) sessenta e cinco anos de idade, se homem, e sessenta anos de idade, se mulher, com proventos proporcionais ao tempo de contribuição".

3. "Art. 384 – Em caso de prorrogação do horário normal, será obrigatório um descanso de 15 (quinze) minutos no mínimo, antes do início do período extraordinário do trabalho".

cepcionado pela CRFB de 1988, considerando o quanto decidido no julgamento pelo Tribunal Pleno do TST-IIN-RR-1.540/2005-046-12-00-5.

Em suas razões, alegou a Autora: a) ofensa aos art. 5º, I, e 7º, XXX da CRFB, por não ter havido a necessária recepção do art. 384 da CLT pelo texto constitucional em vigor; e b) que, à luz do princípio da isonomia, não pode ser admitida a diferenciação apenas em razão do sexo, sob pena de estimular discriminação no trabalho entre iguais.

Em 27/11/2014, o Tribunal Pleno do STF rejeitou questão de ordem sobre a falta de quórum para julgamento do feito. Em seguida, decidiu o tema 528 da Repercussão Geral, por maioria, negando provimento ao recurso, vencidos os Ministros Luiz Fux e Marco Aurélio. Naquela ocasião, foi reconhecida a recepção do art. 384 da CLT pela CRFB, sendo fundamento que o princípio da igualdade não é absoluto, sendo verificada correlação lógica entre a situação de discriminação apresentada e a razão do tratamento desigual no caso concreto pelos seguintes critérios: a) a histórica exclusão da mulher do mercado regular de trabalho e impôs ao Estado a obrigação de implantar políticas públicas, administrativas e/ou legislativas de natureza protetora no âmbito do direito do trabalho; b) um componente orgânico a justificar o tratamento diferenciado, em virtude da menor resistência física da mulher; e c) um componente social, pelo fato de ser comum o acúmulo pela mulher de atividades no lar e no ambiente de trabalho.

Em posterior sede de embargos de declaração, no entanto, o Tribunal acolheu os embargos com efeitos modificativos para, em razão do equívoco na notificação e intimação das partes representantes, anular o acórdão proferido no recurso extraordinário, determinando sua inclusão novamente em pauta para futuro julgamento.

Em sessão de 14/09/2016, após o voto do Relator, Min. Dias Toffoli, que negava provimento ao recurso extraordinário, fixando tese nos termos de seu voto, pediu vista dos autos o Ministro Gilmar Mendes, situação em que se encontra o feito até a data de fechamento desta edição.

7.2. DESPEDIDA IMOTIVADA

Tema 131: "Despedida imotivada de empregados de Empresa Pública".

Tese: "Os empregados públicos das empresas públicas e sociedades de economia mista não fazem jus à estabilidade prevista no art. 41 da Constituição Federal, mas sua dispensa deve ser motivada".

FICHA TÉCNICA	
Leading case:	**RE 589998/PI**
Descrição do caso feita pelo STF:	"Recurso extraordinário em que se discute, à luz dos artigos 41, e 173, § 1º, da Constituição Federal, se a Empresa Brasileira de Correios e Telégrafos – ECT pode, ou não, dispensar seus empregados de forma imotivada".

FICHA TÉCNICA	
Leading case:	**RE 589998/PI**
Dispositivo(s) constitucional(is) envolvido(s):	"Art. 41. São estáveis após três anos de efetivo exercício os servidores nomeados para cargo de provimento efetivo em virtude de concurso público". "Art. 173. Ressalvados os casos previstos nesta Constituição, a exploração direta de atividade econômica pelo Estado só será permitida quando necessária aos imperativos da segurança nacional ou a relevante interesse coletivo, conforme definidos em lei. § 1º A lei estabelecerá o estatuto jurídico da empresa pública, da sociedade de economia mista e de suas subsidiárias que explorem atividade econômica de produção ou comercialização de bens ou de prestação de serviços, dispondo sobre: (...) II – a sujeição ao regime jurídico próprio das empresas privadas, inclusive quanto aos direitos e obrigações civis, comerciais, trabalhistas e tributários; (...)".
Data de reconhecimento da repercussão geral:	07/11/2008
Data de julgamento do mérito recursal:	21/03/2013
Houve unanimidade?	Não
Data de publicação do acórdão de julgamento do recurso:	12/09/2013 (julgamento do recurso extraordinário)
Trânsito em julgado do acórdão:	Não

◉ Comentários:

De acordo com a redação original da CRFB de 1988, em seu art. 41, estáveis eram, após dois anos de efetivo exercício, os servidores nomeados em virtude de aprovação em concurso público[4]. Com a Emenda Constitucional 19/1998, no entanto, a estabilidade passou a ser alcançada apenas após três anos de efetivo exercício e exclusivamente para os servidores nomeados para "cargo" de provimento efetivo em virtude de aprovação em concurso público[5], o que afastou a partir dali a hipótese dos empregados públicos serem também detentores da garantia, abrangente apenas dos servidores públicos efetivos[6].

---

4. "Art. 41. São estáveis, após dois anos de efetivo exercício, os servidores nomeados em virtude de concurso público" (redação anterior à EC 19/98).

5. "Art. 41. São estáveis após três anos de efetivo exercício os servidores nomeados para cargo de provimento efetivo em virtude de concurso público" (redação dada pela EC 19/98).

6. O Supremo Tribunal Federal reconheceu a garantia da estabilidade em favor dos empregados públicos aprovados em concurso público anteriormente à EC 19/1998 (AI 472.685-Ag, Rel. Min. Eros Grau).

No título relativo à ordem econômica e financeira, por seu turno, ao se referir aos princípios gerais da atividade econômica, o texto constitucional disciplina, em seu art. 173, § 1º, II, que a empresa pública, a sociedade de economia mista e suas subsidiárias que explorem atividade econômica de produção ou comercialização de bens ou de prestação de serviços estão sujeitas ao regime jurídico próprio das empresas privadas, inclusive quanto aos direitos e obrigações trabalhistas[7].

Considerando essas regras constitucionais e ao analisar a vedação ou não da resilição por iniciativa patronal no âmbito dos entes paraestatais, o TST assentou o entendimento, segundo o qual "ao empregado de empresa pública ou de sociedade de economia mista, ainda que admitido mediante aprovação em concurso público, não é garantida a estabilidade prevista no art. 41 da CF/1988 (Súmula 390, II do TST, conversão da OJ 265 da SBDI-I)".

Admitida a iniciativa resilitória patronal diante da inaplicabilidade da estabilidade prevista do art. 41 da Constituição, a referida Corte superior apreciou a necessidade ou não de motivação nessa dispensa do empregado público, sedimentando o entendimento pelo qual "a despedida de empregados de empresa pública e de sociedade de economia mista, mesmo admitidos por concurso público, independe de ato motivado para sua validade", excepcionando a Empresa Brasileira de Correios e Telégrafos, "por gozar a empresa do mesmo tratamento destinado à Fazenda Pública em relação à imunidade tributária e à execução por precatório, além das prerrogativas de foro, prazos e custas processuais" (OJ 247, I e II da SBDI-I do TST).

Neste quadro foi apreciado pelo STF o RE 589998, interposto pela Empresa Brasileira de Correios e Telégrafos – ECT contra acórdão proferido pela SBDI-I do TST, que negou admissibilidade a recurso de embargos, concluindo que a decisão recorrida estava em consonância com a OJ 247, II da SDBI-I daquela Corte, ao reconhecer a validade da despedida do empregado da ECT estava condicionada à motivação do ato.

A Recorrente alegou basicamente que a deliberação acerca da despedida sem justa causa de seus empregados constitui direito potestativo da empresa e que o entendimento constante da OJ 247, II da SDBI-I do TST interfere da liberdade legalmente garantida pelo direito do trabalho, sem sentido da pactuação de empregados e empregadores. Disse também que os privilégios processuais garantidos à ECT não lhe afastam do benefício da despedida imotivada, tratando-se de ato discricionário, conforme sua conveniência e oportunidade.

Os fundamentos que arrimaram o voto vencedor do acórdão que contempla o precedente examinado foram: a) embora as empresas estatais apresentem natureza de direito privado, submetem-se a regime híbrido, decorrente de um conjunto de limitações em sentido da realização do interesse público, tornando-o não coincidente com o regime jurídico das empresas privadas; b) os princípios da impessoalidade e da isonomia, observados no momento da admissão por concurso público, devem ser respeitados por ocasião da dispensa, para se coibir abusos, arbitrariedades e privilégios, garantindo-se aos servidores e administrados maior controle sobre os critérios de despedida; c) o paralelismo entre pro-

---

7. "Art. 173. Ressalvados os casos previstos nesta Constituição, a exploração direta de atividade econômica pelo Estado só será permitida quando necessária aos imperativos da segurança nacional ou a relevante interesse coletivo, conforme definidos em lei. § 1º A lei estabelecerá o estatuto jurídico da empresa pública, da sociedade de economia mista e de suas subsidiárias que explorem atividade econômica de produção ou comercialização de bens ou de prestação de serviços, dispondo sobre: (...) II – a sujeição ao regime jurídico próprio das empresas privadas, inclusive quanto aos direitos e obrigações civis, comerciais, trabalhistas e tributários; (...)".

cedimentos de admissão e de desligamento dos empregados públicos liga-se também ao princípio da razoabilidade, ao impor o dever de agir com ponderação, decidir com justiça e atuar com racionalidade; e) a obrigação de motivar decorre do fato dos agentes das empresas estatais lidarem com a *res publica*, de modo que a legitimidade de suas decisões administrativas tem por pressuposto a possibilidade de que os destinatários as compreendam e possam as contestar; f) a Lei 9.784/99, que rege o processo administrativo no âmbito federal, impõe o dever de motivação dos atos administrativos que neguem, limitem ou afetem direitos ou interesses.

Com base em tais fundamentos, o recurso foi parcialmente provido para o fim de afastar a aplicação da estabilidade prevista no art. 41 da CRFB nas empresas públicas e sociedades de economia mista, mas de exigir a motivação para legitimar a rescisão unilateral do contrato de trabalho.

⊙ Síntese do debate constante do acórdão que fixou o precedente:

Argumentos favoráveis à tese fixada:	Argumentos contrários à tese fixada:
Os princípios da impessoalidade e da isonomia, observados no momento da admissão por concurso público, devem ser respeitados por ocasião da dispensa, para se coibir abusos, arbitrariedades e privilégios, garantindo-se aos servidores e administrados maior controle sobre os critérios de despedida. Esse paralelismo entre procedimentos de admissão e de desligamento dos empregados públicos liga-se também ao princípio da razoabilidade, ao impor o dever de agir com ponderação, decidir com justiça e atuar com racionalidade. A obrigação de motivar decorre do fato dos agentes das empresas estatais lidarem com a *res publica*, de modo que a legitimidade de suas decisões administrativas tem por pressuposto a possibilidade de que os destinatários as compreendam e possam as contestar. A Lei 9.784/99, que rege o processo administrativo no âmbito federal, impõe o dever de motivação dos atos administrativos que neguem, limitem ou afetem direitos ou interesses (Min. Ricardo Lewandowski).	O empregado público, numa relação regida pela CLT, terá situação superior ao do servidor público propriamente dito, porque este último apenas conta com certas prerrogativas quando estável. (Min. Marco Aurélio).
Conforme a jurisprudência do STF, mesmo o servidor público em estágio probatório só pode ser desligado mediante um procedimento formal e que haja mínima motivação, antes da estabilidade (Min. Ricardo Lewandowski).	As sociedades de economia mista e as empresas públicas têm certas vinculações, como um temperamento do art. 173 estabelecido pela própria CRFB, como a proibição de acumulação e o concurso público, mas isso não significa que não há a possibilidade de resolução do contrato de trabalho regido pela CLT, afastando-se o direito potestativo de fazer cessar a relação e desconhecendo-se que o art. 7º, I, ainda não foi regulamentado (Min. Marco Aurélio).

Argumentos favoráveis à tese fixada:	Argumentos contrários à tese fixada:
A motivação da dispensa do empregado público opera como concretização do princípio da impessoalidade (Min. Ayres de Britto).	Se a ECT está sujeita ao art. 173, II da CFRB, não é cabível dizer que afirmar uma desvantagem em relação às demais empresas privadas, resultante do afastamento do direito potestativo de colocar fim à relação de emprego. O preceito constitucional não faz essa distinção, não sendo cabível a criação de um terceiro sistema (Min. Marco Aurélio).
Do ponto de vista da proteção dos interesses públicos, a exigência de motivação é garantia de defesa contra atos abusivos da empresa, sendo necessário demonstrar que o	
fato que ocasionou a despedida corresponde à satisfação de algum interesse público, não um ato de vingança ou perseguição (Min. Cezar Peluzo).	
Não se exige um processo administrativo para a dispensa, mas apenas um procedimento formal em que se motive o ato, permitindo que o empregado público e a coletividade em geral possam fazer o controle quanto à impessoalidade, quanto à isonomia e quanto a eventual motivação política (Ministro Ricardo Lewandowski).	
O art. 173 da CFRB trata de atividade econômica em sentido estrito, enquanto o art. 175 trata de serviço público e o art. 21, IX de serviço postal, o que corresponde a atividades distintas. Atividade econômica em sentido amplo é um gênero, cujas espécies são a atividade econômica em sentido estrito (art. 173) e empresa estatal prestadora de serviço público (ADI 1642; ADPF 46; ACO 765). Se a empresa estatal for prestadora de serviço público, é ato administrativo, não se lhe aplicando o art. 173 da CFRB (Min. Eros Grau).	
A circunstância do ingresso mediante concurso público não altera e nem define o regime jurídico. Ocorre que os princípios constitucionais se sobrepõem à legislação trabalhista, de modo que a motivação na despedida do empregado público é decorrência do princípio da finalidade: sem saber o motivo, não é possível fazer o controle. A motivação compõe o próprio regime constitucionalmente estabelecido para a administração pública direta e indireta, pouco importando as peculiaridades da ECT (Min. Cármen Lúcia).	

◉ Fique atento:

• Destaque-se que, neste julgamento, o Supremo Tribunal Federal, embora tenha reconhecido a necessidade de motivação na ruptura unilateral dos contratos individuais dos empregados públicos, resolveu dar parcial provimento do recurso extraordinário, enfatizando que decidiu pela inaplicabilidade ao caso da garantia do art. 41 da CRFB.

7.3. PLANO DE DISPENSA INCENTIVADA

Tema 152: "Renúncia genérica a direitos mediante adesão a plano de demissão voluntária".

Tese: "A transação extrajudicial que importa rescisão do contrato de trabalho, em razão de adesão voluntária do empregado a plano de dispensa incentivada, enseja quitação ampla e irrestrita de todas as parcelas objeto do contrato de emprego, caso essa condição tenha constado expressamente do acordo coletivo que aprovou o plano, bem como dos demais instrumentos celebrados com o empregado".

FICHA TÉCNICA	
Leading case:	**RE 590415/SC**
Descrição do caso feita pelo STF:	"Recurso extraordinário em que se discute, à luz dos artigos 5°, XXXVI; e 7°, XXVI, da Constituição Federal, a validade, ou não, de renúncia genérica a direitos contida em termo de adesão ao Programa de Desligamento Incentivado – PDI, com chancela sindical e previsto em norma de acordo coletivo".
Dispositivo(s) constitucional(is) envolvido(s):	"Art. 5°. Todos são iguais perante a lei, sem distinção de qualquer natureza, garantindo-se aos brasileiros e aos estrangeiros residentes no País a inviolabilidade do direito à vida, à liberdade, à igualdade, à segurança e à propriedade, nos termos seguintes: (...)
	XXXVI – a lei não prejudicará o direito adquirido, o ato jurídico perfeito e a coisa julgada; (...)".
	"Art. 7° São direitos dos trabalhadores urbanos e rurais, além de outros que visem à melhoria de sua condição social: (...)
	XXVI – reconhecimento das convenções e acordos coletivos de trabalho; (...)".
Data de reconhecimento da repercussão geral:	06/03/2009
Data de julgamento do mérito recursal:	30/04/2015
Houve unanimidade?	Sim
Data de publicação do acórdão de julgamento do recurso:	29/05/2015 (julgamento do recurso extraordinário)
	18/03/2016 (julgamento de embargos de declaração)
Trânsito em julgado do acórdão:	31/03/2016

⊙ Comentários:

De acordo com a CLT, em seu art. 477, § 2º, na cessação do contrato de emprego o correspondente recibo (termo de rescisão) deve especificar a natureza e discriminar o valor de cada parcela paga ali ao empregado, de modo que a quitação seja reconhecida válida apenas quanto a essas parcelas[8].

Ao interpretar a regra celetista, o TST pacificou entendimento sumulado, segundo o qual essa quitação passada pelo empregado, desde que observados os requisitos legais, tem eficácia liberatória em relação às parcelas constantes do recibo, a não ser que seja feita alguma ressalva expressa e específica ao valor de determinada parcela. Enfatizou, por outro lado, que a quitação não abrange logicamente parcelas que não constem do recibo de quitação e seus reflexos em quaisquer outras parcelas, ainda que constantes[9].

Por outro lado, a controvérsia no âmbito da Justiça do Trabalho acerca especificamente da validade ou não do reconhecimento da quitação ampla do contrato de emprego em razão da adesão do empregado a plano de dispensa incentivada (ou plano de demissão voluntária) foi pacificada em 2002, com a edição da OJ 270 da SBDI-I do TST, que limitou a eficácia liberatória dessa transação extrajudicial exclusivamente às parcelas e aos valores constantes do correspondente recibo ali emitido[10].

A questão discutida nos autos refere-se à validade da quitação ampla do contrato de emprego em conformidade com um plano de dispensa incentivada, de adesão opcional e aprovado em sede de negociação coletiva com ampla participação dos empregados em assembleia, considerando a previsão constitucional que determina o respeito ao ato jurídico perfeito[11] e o reconhecimento das convenções e acordos coletivos de trabalho[12].

O STF apreciou o recurso extraordinário interposto pelo Banco do Brasil S/A, na qualidade de sucessor do Banco do Estado de Santa Catarina S/A (BESC), em face de

---

8. "Art. 477, § 2º. O instrumento de rescisão ou recibo de quitação, qualquer que seja a causa ou forma de dissolução do contrato, deve ter especificada a natureza de cada parcela paga ao empregado e discriminado o seu valor, sendo válida a quitação, apenas, relativamente às mesmas parcelas".

9. "SUM-330. QUITAÇÃO. VALIDADE. A quitação passada pelo empregado, com assistência de entidade sindical de sua categoria, ao empregador, com observância dos requisitos exigidos nos parágrafos do art. 477 da CLT, tem eficácia liberatória em relação às parcelas expressamente consignadas no recibo, salvo se oposta ressalva expressa e especificada ao valor dado à parcela ou parcelas impugnadas. I – A quitação não abrange parcelas não consignadas no recibo de quitação e, conseqüentemente, seus reflexos em outras parcelas, ainda que estas constem desse recibo. II – Quanto a direitos que deveriam ter sido satisfeitos durante a vigência do contrato de trabalho, a quitação é válida em relação ao período expressamente consignado no recibo de quitação" (redação mantida desde a última alteração, por força da Res. 108/2001).

10. "OJ-SDI1-270 PROGRAMA DE INCENTIVO À DEMISSÃO VOLUNTÁRIA. TRANSAÇÃO EXTRAJUDICIAL. PARCELAS ORIUNDAS DO EXTINTO CONTRATO DE TRABALHO. EFEITOS (inserida em 27.09.2002). A transação extrajudicial que importa rescisão do contrato de trabalho ante a adesão do empregado a plano de demissão voluntária implica quitação exclusivamente das parcelas e valores constantes do recibo".

11. "Art. 5º. Todos são iguais perante a lei, sem distinção de qualquer natureza, garantindo-se aos brasileiros e aos estrangeiros residentes no País a inviolabilidade do direito à vida, à liberdade, à igualdade, à segurança e à propriedade, nos termos seguintes: (...) XXXVI – a lei não prejudicará o direito adquirido, o ato jurídico perfeito e a coisa julgada".

12. "Art. 7º São direitos dos trabalhadores urbanos e rurais, além de outros que visem à melhoria de sua condição social: (...) XXVI – reconhecimento das convenções e acordos coletivos de trabalho".

acórdão do TST que desconsiderou a quitação ampla e irrestrita de toda e qualquer parcela oriunda do contrato de emprego, para limitar apenas às parcelas e aos valores discriminados no termo rescisório.

A Recorrente sustentou que a rescisão ocorreu em conformidade com a adesão da Recorrida ao Plano de Demissão Incentivada de 2001. Disse ainda nos autos que, conforme previsão em regulamento, a adesão ao plano estava condicionada à renúncia à estabilidade e que a previsão da ampla quitação foi chancelada em acordo coletivo, aprovado pelas assembleias gerais de todos os sindicatos do Estado e pelos sindicatos de categorias diferenciadas, com ampla mobilização dos empregados e intensa participação nas negociações. Por fim, destacou que a Delegacia Regional do Trabalho homologou o termo de rescisão com a cláusula de ampla quitação. A seu turno, a Recorrida, embora tenha reconhecido nos autos que assinou o termo de rescisão para transacionar os valores eventualmente pendentes pela indenização imediata, defendeu a eficácia restrita dessa quitação apenas a parcelas e valores constantes do recibo, de acordo com o art. 477, § 2º da CLT, a Súmula 330 do TST e a OJ 270 da SBDI-I do TST.

Os fundamentos do voto do relator no acórdão que contempla o precedente examinado foram: a) a Constituição de 1988 instaurou um modelo mais democrático e autônomo de normatização justrabalhista, em sentido do fortalecimento dos mecanismos de negociação coletiva; b) no direito coletivo do trabalho não se verifica a mesma assimetria de poder presente nas relações individuais, pois o princípio regente é o da equivalência entre os contratantes coletivos, razão pela qual a autonomia coletiva não se sujeita aos mesmos limites da autonomia individual; c) mesmo que o não reconhecimento da plena liberdade sindical – por adoção da unicidade sindical e do financiamento compulsório e genérico do sindicato – impacte negativamente sobre a representatividade do sindicato e a equivalência entre os entes coletivos, não há comprometimento da validade de acordo coletivo quando se trata de condições aprovadas pelos próprios trabalhadores em assembleia convocada para esse fim e posteriormente convalidada em assembleia sindical, para se tornar então objeto da norma coletiva; d) considerando o princípio da adequação setorial negociada, as regras autônomas juscoletivas podem prevalecer sobre o padrão geral heterônomo, ainda que restritivas dos direitos dos trabalhadores, desde que não transacionem setorialmente parcelas trabalhistas de indisponibilidade absoluta na concepção de um "patamar civilizatório mínimo"; e) pelo princípio da lealdade na negociação coletiva, o acordo coletivo deve ser celebrado e cumprido com boa fé e transparência, não cabendo invocar o princípio tutelar do direito individual, para negar validade a dispositivo ou diploma objeto da negociação coletiva; f) diante da inevitabilidade da dispensa de um grande número de trabalhadores, o plano de demissão incentivada pode reduzir a repercussão social das dispensas, assegurando aos optantes condições econômicas mais vantajosas do que as decorrentes da mera despedida por decisão do empregador; g) considerando a natureza eminentemente sinalagmática do acordo coletivo, não é possível anular uma cláusula fundamental sem rescindir o negócio como um todo.

⊙ **Fique atento:**

• O Brasil adotou, na origem do direito do trabalho, um modelo heterônomo de normatização justrabalhista, influenciado por um padrão corporativo-autoritário que rejeita a autocomposição e a produção de normas privadas. Este quadro foi alterado a partir da Constituição de 1988, para um modelo mais democrático e autônomo, em consonância com a tendência das normas internacionais em sentido do crescimento dos mecanismos de negociação coletiva.

• O reconhecimento da quitação ampla no caso concreto esteve expressamente vinculado no acórdão à circunstância de fato de que, ao aderir ao plano de demissão incentivada, o empregado não estava abrindo mão de parcelas indisponíveis definidas como um "patamar civilizatório mínimo": não se sujeitando a condições aviltantes de trabalho, nem atentando contra a saúde ou a segurança no trabalho e tampouco renunciando a ter sua CTPS assinada, apenas tendo transacionado eventuais direitos de caráter patrimonial pendentes e incertos.

• Outra circunstância de fato relevante no caso foi que as condições da ampla quitação foram aprovadas pelos próprios trabalhadores em assembleia convocada para esse fim e posteriormente convalidada em sede de assembleia sindical, para se tornar então objeto de acordo coletivo. Nestes termos, havia ali inequívoco exercício da autonomia da vontade coletiva da categoria, não sendo possível questionar a legitimidade representativa do sindicato, tampouco a consciência da categoria dos empregados sobre as implicações da referida cláusula.

◉ Questões de Concurso relacionadas ao tema:

Questão 01 (CESPE. PREFEITURA DE FORTALEZA/CE. Procurador do Município. 2017) Julgue os itens seguintes, relativos à suspensão e à rescisão do contrato de trabalho e ao direito coletivo do trabalho.

Segundo o STF, nos planos de dispensa incentivada ou voluntária, não é válida cláusula que dê quitação ampla e irrestrita a todas as parcelas decorrentes do contrato de emprego, mesmo que tal item conste de acordo coletivo de trabalho e dos demais instrumentos assinados pelo empregado, porquanto os direitos trabalhistas são indisponíveis e irrenunciáveis.

( ) Certo   ( ) Errado

Gabarito: 1-E

7.4. PRESCRIÇÃO. FGTS

Tema 608: "Prazo prescricional aplicável à cobrança de valores não depositados no Fundo de Garantia por Tempo de Serviço – FGTS".

Tese: "O prazo prescricional aplicável à cobrança de valores não depositados no Fundo de Garantia por Tempo de Serviço (FGTS) é quinquenal, nos termos do art. 7º, XXIX, da Constituição Federal".

FICHA TÉCNICA	
Leading case:	**ARE 709212/DF**
Descrição do caso feita pelo STF:	"Recurso extraordinário com agravo em que se discute, à luz do caput e dos incisos II, XXII e LIV do art. 5°; bem como dos incisos III e XXIX do art. 7°, todos da Constituição Federal, o prazo prescricional aplicável à cobrança de valores não depositados no Fundo de Garantia por Tempo de Serviço – FGTS".
Dispositivo(s) constitucional(is) envolvido(s):	"Art. 5° Todos são iguais perante a lei, sem distinção de qualquer natureza, garantindo-se aos brasileiros e aos estrangeiros residentes no País a inviolabilidade do direito à vida, à liberdade, à igualdade, à segurança e à propriedade, nos termos seguintes:
	II – ninguém será obrigado a fazer ou deixar de fazer alguma coisa senão em virtude de lei; (...)
	XXII – é garantido o direito de propriedade; (...)
	LIV – ninguém será privado da liberdade ou de seus bens sem o devido processo legal; (...)".
	"Art. 7° São direitos dos trabalhadores urbanos e rurais, além de outros que visem à melhoria de sua condição social: (...)
	III – fundo de garantia do tempo de serviço; (...)
	XXIX – ação, quanto aos créditos resultantes das relações de trabalho, com prazo prescricional de cinco anos para os trabalhadores urbanos e rurais, até o limite de dois anos após a extinção do contrato de trabalho; (...)".
Data de reconhecimento da repercussão geral:	26/10/2012
Data de julgamento do mérito recursal:	13/11/2014
Houve unanimidade?	Não
Data de publicação do acórdão de julgamento do recurso:	19/02/2015
Trânsito em julgado do acórdão:	04/03/2015

⊙ Comentários:

Com a Lei 5.107/66 foi criado o Fundo de Garantia do Tempo de Serviço – FGTS, à época como uma opção do empregado em relação à estabilidade decenal prevista na CLT. Esse diploma não tratava de prescrição para reclamar os depósitos não realizados, mas disciplinava, em seu art. 20, que a cobrança judicial ou administrativa de tais valores deveria ocorrer da mesma forma e com idênticos privilégios das contribuições devidas à Previdência Social[13].

---

13. "Art. 20. Competirá à Previdência Social, por seus órgãos próprios a verificação do cumprimento do disposto

Em razão disso, o TST reconheceu ali a natureza previdenciária da parcela, aplicando o art. 144 da Lei 3.807/60 (Lei Orgânica da Previdência Social), que fixava o prazo de trinta anos para a cobrança das contribuições previdenciárias[14]. Foi editada então, em 1980, a Súmula 95 do TST, segundo o qual "é trintenária a prescrição do direito de reclamar contra o não recolhimento da contribuição para o Fundo de Garantia do Tempo de Serviço".

A Constituição de 1988, em seu art. 7º, III, tornou obrigatório o regime do FGTS, tendo sido promulgada a Lei 8.036/90 que conferiu nova disciplina à matéria, fixando e mantendo, em seu art. 23, § 5º, a prescrição trintenária[15], prazo repetido no art. 55 do Decreto 99.684/90[16].

Em 1999, o TST editou a Súmula 362, apenas inicialmente reconhecendo a aplicação da prescrição trabalhista de dois anos a partir da rescisão do contrato, tal como prevista no art. 7º, XXIX da CFRB, para reclamar em juízo o não recolhimento dos depósitos de FGTS[17]. Posteriormente, diante da Res. 121/2003, a Súmula 95 foi cancelada, tendo seu conteúdo sido incorporado à Súmula 362, que passou a apresentar o seguinte enunciado: "é trintenária a prescrição do direito de reclamar contra o não recolhimento da contribuição para o FGTS, observado o prazo de 2 (dois) anos após o término do contrato de trabalho".

Neste quadro foi apreciado pelo STF o ARE 709212, no qual o Banco do Brasil S/A interpôs recurso extraordinário contra acórdão proferido pelo TST que confirmou acórdão do TRT, afirmando a aplicação da prescrição trintenária para a cobrança das contribuições devidas ao FGTS.

A Recorrente alegou basicamente que o art. 7º, XXIX da CFRB, é norma de eficácia plena, aplicável inclusive no que se refere à aplicação do prazo prescricional de cinco anos para a cobrança do FGTS não depositado. Sustenta ainda que a orientação do TST e pelas instâncias ordinárias em sentido da prescrição trintenária está embasada em normas declaradas inconstitucionais no julgamento do RE 522897.

Os fundamentos do voto vencedor do acórdão que contempla o precedente examinado foram: a) quando a CFRB, em seu art. 7º, III, expressamente arrolou o FGTS como um direito dos trabalhadores, tornou-se inequívoca sua natureza jurídica como direito social

---

nos artigos 2º e 6º desta Lei, procedendo, em nome do Banco Nacional de Habitação, ao levantamento dos débitos porventura existentes e às respectivas cobranças administrativa ou judicial, pela mesma forma e com os mesmos privilégios das contribuições devidas à Previdência Social".

14. "Art. 144. O direito de receber ou cobrar as importâncias que lhes sejam devidas, prescreverá, para as instituições de previdência social, em trinta anos".

15. "Art. 23. Competirá ao Ministério do Trabalho e da Previdência Social a verificação, em nome da Caixa Econômica Federal, do cumprimento do disposto nesta lei, especialmente quanto à apuração dos débitos e das infrações praticadas pelos empregadores ou tomadores de serviço, notificando-os para efetuarem e comprovarem os depósitos correspondentes e cumprirem as demais determinações legais, podendo, para tanto, contar com o concurso de outros órgãos do Governo Federal, na forma que vier a ser regulamentada. [...] § 5º O processo de fiscalização, de autuação e de imposição de multas reger-se-á pelo disposto no Título VII da CLT, respeitado o privilégio do FGTS à prescrição trintenária".

16. "Art. 55. O processo de fiscalização, de autuação e de imposição de multas reger-se-á pelo disposto no Título VII da CLT, respeitado o privilégio do FGTS à prescrição trintenária".

17. "Art. 7º São direitos dos trabalhadores urbanos e rurais, além de outros que visem à melhoria de sua condição social: [...] XXIX – ação, quanto aos créditos resultantes das relações de trabalho, com prazo prescricional de cinco anos para os trabalhadores urbanos e rurais, até o limite de dois anos após a extinção do contrato de trabalho".

e trabalhista, afastando-se as teses da natureza previdenciária ou tributária; b) o princípio da proteção ao trabalhador não é apto, por si só, a autorizar a interpretação de que o art. 7º, XXIX seria apenas um prazo prescricional mínimo a ser observado pela legislação ordinária, pois quando a Constituição quis estabelecer direitos mínimos assim o fez expressamente naquele artigo (incisos XVI, XXI e XVII); c) a previsão de um prazo tão dilatado atenta contra a necessidade de certeza e estabilidade nas relações jurídicas; d) o arcabouço normativo e institucional (Lei 8.036/90, art. 17 e 25; Lei 8.444/94, art. 1º e 2º) é capaz de oferecer proteção eficaz aos interesses dos trabalhadores, revelando-se inadequado e desnecessário o esforço hermenêutico do TST na Súmula 362; e e) são inconstitucionais o art. 23, § 5º da Lei 8.036/90 e art. 55 do Decreto 99.684/90 na parte em que ressalvam o "privilégio do FGTS à prescrição trintenária".

⊙ Síntese do debate constante do acórdão que fixou o precedente:

Argumentos favoráveis à tese fixada:	Argumentos contrários à tese fixada:
Quando a CFRB, em seu art. 7º, III, expressamente arrolou o FGTS como um direito dos trabalhadores, tornou-se inequívoca sua natureza jurídica como direito social e trabalhista, afastando-se as teses da natureza previdenciária ou tributária (Min. Gilmar Mendes).	Na relação de cobrança entre o Fundo – por seu representante – e o empregador que não recolhe, não é possível aplicar o art. 7º, XXIX da CFRB, de modo que, para que não haja prazos prescricionais diferentes para a mesma pretensão, o prazo trintenário deve ser mantido (Min. Teori Zavascki).

O FGTS não é apenas um direito trabalhista, constituindo-se como um fundo social de aplicação variada, tendo assim natureza híbrida (Min. Rosa Weber). |
O princípio da proteção ao trabalhador não é apto, por si só, a autorizar a interpretação de que o art. 7º, XXIX da CFRB seria apenas um prazo prescricional mínimo a ser observado pela legislação ordinária, pois quando a Constituição quis estabelecer direitos mínimos assim o fez expressamente naquele artigo (incisos XVI, XXI e XVII) (Min. Gilmar Mendes).	O caput do art. 7º da CRFB não traz um rol taxativo, porque prevê expressamente a possibilidade de outros direitos. O princípio da proteção do trabalhador apresenta, como uma de suas derivações, o princípio da norma mais favorável, de modo que a prescrição trintenária da Lei 8.036/90, aplicada subsidiariamente por força do art. 8º, parágrafo único da CLT, pode se sobrepor à prescrição quinquenal prevista no inciso XXIX do art. 7º da CFRB (Min. Rosa Weber).
O caput art. 7º da CRFB prevê um rol exemplificativo de direitos, "além de outros que visem à melhoria de sua condição social", de modo que a lei pode, em tese, ampliar o espectro de direitos, inclusive para ampliar o prazo prescricional. O prazo previsto no inciso XXIX do art. 7º, todavia, parece excessivo e desarrazoado, o que pode comprometer a segurança jurídica, o que eterniza pretensões e estimula a litigiosidade (Min. Luís Roberto Barroso)	Não há comprometimento da segurança jurídica e eternização das pretensões, porque, conforme a Súmula 362 do TST, em todo caso poderá incidir a prescrição de dois anos contados a partir da rescisão (Min. Rosa Weber).
Se a pretensão aos salários – que é a verba principal – prescreve em cinco anos, há uma contradição em que a prescrição da verba que lhe é acessória prescreva em trinta anos, quase imprescritível (Min. Luiz Fux).	A prescrição trintenária apenas é aplicável sobre as verbas que foram pagas com natureza remuneratória; sendo que, quanto aos reflexos sobre as verbas objeto do litígio, a prescrição mantém-se quinquenal (Min. Rosa Weber).

◉ Fique atento:

- Foi decidida a modulação de efeitos, atribuindo à decisão efeitos *ex nunc* (prospectivos), de modo que para os casos cujo termo inicial da prescrição ocorra após a data do julgamento, seria aplicado o prazo de cinco anos. Por outro lado, para os casos em que o prazo prescricional estivesse em curso desta data, seria aplicado o que ocorresse primeiro: 30 anos, contados do termo inicial, ou 5 anos, a partir da decisão. A atual redação da Súmula 362 do TST explicita esta lógica, enunciando que "I – Para os casos em que a ciência da lesão ocorreu a partir de 13.11.2014, é quinquenal a prescrição do direito de reclamar contra o não recolhimento de contribuição para o FGTS, observado o prazo de dois anos após o término do contrato; II – Para os casos em que o prazo prescricional já estava em curso em 13.11.2014, aplica-se o prazo prescricional que se consumar primeiro: trinta anos, contados do termo inicial, ou cinco anos, a partir de 13.11.2014".

- Desde a alteração promovida pela Res. 121/2003, o TST mantém entendimento pacífico, pelo qual "a prescrição da pretensão relativa às parcelas remuneratórias alcança o respectivo recolhimento da contribuição para o FGTS (Súmula 206 do TST)".

◉ Questões de Concurso relacionadas ao tema:

Questão 01 (CESPE – DPU – Defensor Público Federal de Segunda Categoria – 2015) (Questão 112) Segundo recente entendimento do STF, o prazo prescricional para cobrança de valores não depositados no FGTS é de trinta anos, observado o limite de dois anos após a extinção do contrato de trabalho. ( ) Certo   ( ) Errado

Gabarito: 1-E

7.5. CONTRIBUIÇÃO ASSISTENCIAL

Tema 935: "Inconstitucionalidade da contribuição assistencial imposta aos empregados não filiados ao sindicato, por acordo, convenção coletiva de trabalho ou sentença".

Tese: Ainda não havia sido fixada à época da elaboração do texto.

FICHA TÉCNICA	
Leading case:	**ARE 1018459/PR**
Descrição do caso feita pelo STF:	"Agravo contra decisão pela qual inadmitido recurso extraordinário em que se discute, com base nos arts. 5°, incs. II, XXXVI e LV, art. 7°, inc. XXVI, e 93, inc. IX, da Constituição da República a inconstitucionalidade da instituição, por acordo, convenção coletiva ou sentença normativa, de contribuições que se imponham compulsoriamente a empregados da categoria não sindicalizados".

FICHA TÉCNICA	
Leading case:	**ARE 1018459/PR**
Dispositivo(s) constitucional(is) envolvido(s):	"Art. 5º Todos são iguais perante a lei, sem distinção de qualquer natureza, garantindo-se aos brasileiros e aos estrangeiros residentes no País a inviolabilidade do direito à vida, à liberdade, à igualdade, à segurança e à propriedade, nos termos seguintes: (...) II – ninguém será obrigado a fazer ou deixar de fazer alguma coisa senão em virtude de lei; (...) XXXVI – a lei não prejudicará o direito adquirido, o ato jurídico perfeito e a coisa julgada; (...) LV – aos litigantes, em processo judicial ou administrativo, e aos acusados em geral são assegurados o contraditório e ampla defesa, com os meios e recursos a ela inerentes; (...)". "Art. 7º São direitos dos trabalhadores urbanos e rurais, além de outros que visem à melhoria de sua condição social: (...) XXVI – reconhecimento das convenções e acordos coletivos de trabalho; (...)". "Art. 93. Lei complementar, de iniciativa do Supremo Tribunal Federal, disporá sobre o Estatuto da Magistratura, observados os seguintes princípios: (...) IX – todos os julgamentos dos órgãos do Poder Judiciário serão públicos, e fundamentadas todas as decisões, sob pena de nulidade, podendo a lei limitar a presença, em determinados atos, às próprias partes e a seus advogados, ou somente a estes, em casos nos quais a preservação do direito à intimidade do interessado no sigilo não prejudique o interesse público à informação; (...)".
Data de reconhecimento da repercussão geral:	24/02/2017
Data de julgamento do mérito recursal:	24/02/2017
Houve unanimidade?	Não
Data de publicação do acórdão de julgamento do recurso:	10/03/2017 (julgamento do recurso extraordinário)
Trânsito em julgado do acórdão:	Não

◉ Comentários:

Na regência do direito sindical e coletiva, a CRFB de 1988 adotou, como fundamento maior, o princípio da liberdade sindical, materializado, entre outros dispositivos, especialmente no art. 8º, *caput* e inciso V, neste último em suas dimensões positiva e negativa[18]. Quanto ao custeio das entidades sindicais, por outro lado, estabeleceu, no inciso IV

---

18. "Art. 8º É livre a associação profissional ou sindical, observado o seguinte: (...) V – ninguém será obrigado a filiar-se ou a manter-se filiado a sindicato; (...)".

do mesmo art. 8º, ser atribuição da assembleia geral da entidade fixar a contribuição que, em se tratando de categoria profissional, será descontada em folha, para custeio do sistema confederativo da representação sindical respectiva, independentemente da contribuição sindical compulsória ("*imposto sindical*") prevista no art. 578 da CLT[19].

O STF pacificou jurisprudência em sentido de que apenas a contribuição sindical compulsória prevista na CLT, por ter caráter tributário, era exigível da categoria independentemente de filiação[20]. Em 2003, foi editada a Súmula 666 do STF, segundo a qual "*a contribuição confederativa de que trata o art. 8º, IV, da Constituição, só é exigível dos filiados ao sindicato respectivo*", convertida em 2015 na Súmula Vinculante 40 de idêntico teor. Por seu turno, o TST, ainda em 1998, por intermédio da OJ 17 da SDC, pacificou o entendimento em sentido da inconstitucionalidade de cláusulas de normas coletivas que estabeleçam contribuição em favor de entidade sindical, a qualquer título, obrigatórias a trabalhadores não sindicalizados[21], em raciocínio similar ao adotado no PN 119 da mesma Corte[22].

Nesse quadro, o STF examinou o ARE 1018459, interposto pelo Sindicato dos Trabalhadores nas Indústrias Metalúrgicas, de Máquinas, Mecânicas, de Material Elétrico, de Veículos Automotores, de Autopeças e de Componentes e Partes para Veículos Automotores da Grande Curitiba contra decisão denegatória de admissibilidade de recurso extraordinário em face de acórdão do TST amparado no PN 119 e na OJ 17, ambos da SDC daquela Corte Superior.

O Autor alegou: a) ofensa aos arts. 5º, II, XXXVI e LV; 7º, XXVI; e 93, IX, da CRFB, por insuficiência de fundamentação, ofensa aos princípios do contraditório e da ampla defesa, bem como a inconstitucionalidade do PN 119 do TST; e b) que o direito de impor contribuições com base no art. 513, e, da CLT não depende nem exige a filiação ao quadro associativo da entidade sindical, mas apenas o enquadramento na categoria profissional, com base no entendimento fixado na ADI 3206.

A repercussão geral não foi reconhecida quanto à alegada violação dos princípios do contraditório e da ampla defesa, com base no precedente ARE-RG 748371.

---

19. Inciso IV do art. 8º da CRFB: "IV – a assembléia geral fixará a contribuição que, em se tratando de categoria profissional, será descontada em folha, para custeio do sistema confederativo da representação sindical respectiva, independentemente da contribuição prevista em lei; (...)". Na CLT, o regramento da contribuição compulsória está previsto no art. 578 e seguintes: "Art. 578 – As contribuições devidas aos Sindicatos pelos que participem das categorias econômicas ou profissionais ou das profissões liberais representadas pelas referidas entidades serão, sob a denominação do "imposto sindical", pagas, recolhidas e aplicadas na forma estabelecida neste Capítulo".

20. Neste sentido, os precedentes: RE 495248, RE 176533, RE 171905, RE 244885.

21. "OJ 17 da SDC. CONTRIBUIÇÕES PARA ENTIDADES SINDICAIS. INCONSTITUCIONALIDADE DE SUA EXTENSÃO A NÃO ASSOCIADOS. As cláusulas coletivas que estabeleçam contribuição em favor de entidade sindical, a qualquer título, obrigando trabalhadores não sindicalizados, são ofensivas ao direito de livre associação e sindicalização, constitucionalmente assegurado, e, portanto, nulas, sendo passíveis de devolução, por via própria, os respectivos valores eventualmente descontados".

22. "PN 119. CONTRIBUIÇÕES SINDICAIS – INOBSERVÂNCIA DE PRE-CEITOS CONSTITUCIONAIS. A Constituição da República, em seus arts. 5º, XX e 8º, V, assegura o direito de livre associação e sindicalização. É ofensiva a essa modalidade de liberdade cláusula constante de acordo, convenção coletiva ou sentença normativa estabelecendo contribuição em favor de entidade sindical a título de taxa para custeio do sistema confederativo, assistencial, revigoramento ou fortalecimento sindical e outras da mesma espécie, obrigando trabalhadores não sindicalizados. Sendo nulas as estipulações que inobservem tal restrição, tornam-se passíveis de devolução os valores irregularmente descontados".

No mais, os fundamentos que sustentaram o voto vencedor do acórdão que contempla o precedente examinado foram: a) quanto à alegada violação do art. 93, IX, da CRFB, a reafirmação da jurisprudência do STF em sentido de que o dispositivo apenas exige que a decisão seja fundamentada, ainda que de forma concisa; b) quanto ao mérito propriamente dito, na linha da jurisprudência do STF, que as contribuições assistenciais, por não se revestir de caráter tributário, não podem ser exigidas indistintamente de todos aqueles que participem das categorias econômicas ou profissionais, ou das profissões liberais, mas tão somente dos filiados ao sindicato respectivo; c) a interpretação do art. 513 da CLT deve ser feito à luz dos princípios constitucionais da liberdade de associação e de sindicalização (art. 5º, XX; 8º, V), ainda que a CRFB reconheça a força das convenções e acordos coletivos (art. 7º, XXVI); d) que, no julgamento da ADI 3206, foi declarada a inconstitucionalidade formal da Portaria 160/2004 do Ministério do Trabalho e Emprego, mas ressalvada a subsistência da jurisprudência da Corte, à época estampada na Súmula 666; e e) que há violação do princípio da legalidade tributária na instituição de novo contribuição compulsória por meio de acordo ou convenção coletiva a empregados não filiados ao sindicato beneficiário.

Com base em tais fundamentos, foi, por maioria, negado provimento ao recurso extraordinário, vencido o Ministro Marco Aurélio, que se limitou a pronunciar pela existência de repercussão geral, entendendo inadequada a submissão do mérito do recurso extraordinário à análise em Plenário Virtual.

◉ Fique atento:

- Ao decidir o presente caso, foi adotado pelo STF para as contribuições assistenciais raciocínio análogo ao de sua jurisprudência pacífica acerca das contribuições confederativas, no sentido de que, ressalvada a contribuição sindical compulsória prevista na parte final do inciso IV do art. 8º da CRFB e no art. 578 da CLT – que possui natureza tributária, **qualquer outra** contribuição em favor de entidade sindical, a qualquer título, não pode ser exigida de não sindicalizados, sob pena de violação dos princípios constitucionais da liberdade associativa, da liberdade sindical e da legalidade tributária.

- Na doutrina justrabalhista, Luciano Martinez diferencia a contribuição assistencial da contribuição confederativa quanto à finalidade. Enquanto a última destina-se ao custeio ordinário do sistema sindical, a primeira objetiva o revigoramento da entidade sindical depois de uma dispendiosa campanha por melhorias de condições de trabalho ou de atividade de crescimento institucional[23].

◉ Questões de Concurso relacionadas ao tema:

Questão 01 (CESPE – TRT5/BA – Juiz do Trabalho Substituto – 2012) (QUESTÃO 49, B) De acordo com a jurisprudência do STF, a contribuição sindical definida em lei e a contribuição confederativa são obrigatórias, inclusive para os profissionais liberais não filiados.

( ) Certo   ( ) Errado

---

23. MARTINEZ, Luciano. Curso de direito do trabalho. 5.ed. São Paulo: Saraiva, 2014, p.797.

Questão 02 (CESPE – PREFEITURA DE BOA VISTA/RR – Analista Municipal – Área Analista de Nível Superior – 2004) Em relação à organização sindical brasileira, julgue os itens que se seguem.

A contribuição destinada ao custeio do sistema confederativo, além de fixada em assembleia geral da categoria, é devida apenas pelos trabalhadores sindicalizados.

( ) Certo   ( ) Errado

> **Gabarito: 1-E; 2-C**

7.6. TERCEIRIZAÇÃO

Tema 246: "Responsabilidade subsidiária da Administração Pública por encargos trabalhistas gerados pelo inadimplemento de empresa prestadora de serviço".

Tese: Ainda não havia sido fixada à época da elaboração do texto.

FICHA TÉCNICA	
Leading case:	**RE 760931/DF**
Descrição do caso feita pelo STF:	"Recurso extraordinário em que se discute, à luz dos artigos 5º, II; e 37, § 6º; e 97, da Constituição Federal, a constitucionalidade, ou não, do art. 71, § 1º, da Lei nº 8.666/93, que veda a responsabilidade subsidiária da Administração Pública por encargos trabalhistas gerados pelo inadimplemento de empresa prestadora de serviço".
Dispositivo(s) constitucional(is) envolvido(s):	"Art. 5º Todos são iguais perante a lei, sem distinção de qualquer natureza, garantindo-se aos brasileiros e aos estrangeiros residentes no País a inviolabilidade do direito à vida, à liberdade, à igualdade, à segurança e à propriedade, nos termos seguintes: (...)
	II – ninguém será obrigado a fazer ou deixar de fazer alguma coisa senão em virtude de lei; (...)".
	"Art. 37. A administração pública direta e indireta de qualquer dos Poderes da União, dos Estados, do Distrito Federal e dos Municípios obedecerá aos princípios de legalidade, impessoalidade, moralidade, publicidade e eficiência e, também, ao seguinte: (...)
	§ 6º As pessoas jurídicas de direito público e as de direito privado prestadoras de serviços públicos responderão pelos danos que seus agentes, nessa qualidade, causarem a terceiros, assegurado o direito de regresso contra o responsável nos casos de dolo ou culpa".

FICHA TÉCNICA	
Leading case:	**RE 760931/DF**
	"Art. 97. Até que seja editada a lei complementar de que trata o § 15 do art. 100 da Constituição Federal, os Estados, o Distrito Federal e os Municípios que, na data de publicação desta Emenda Constitucional, estejam em mora na quitação de precatórios vencidos, relativos às suas administrações direta e indireta, inclusive os emitidos durante o período de vigência do regime especial instituído por este artigo, farão esses pagamentos de acordo com as normas a seguir estabelecidas, sendo inaplicável o disposto no art. 100 desta Constituição Federal, exceto em seus §§ 2°, 3°, 9°, 10, 11, 12, 13 e 14, e sem prejuízo dos acordos de juízos conciliatórios já formalizados na data de promulgação desta Emenda Constitucional; (...)".
Data de reconhecimento da repercussão geral:	05/02/2010 (reconhecida no RE 603397, paradigma substituído pelo presente RE 760931)
Data de julgamento do mérito recursal:	30/03/2017
Houve unanimidade?	Não
Data de publicação do acórdão de julgamento do recurso:	Não
Trânsito em julgado do acórdão:	Não

◉ Comentários:

Em 1986, o TST editou a Súmula 256, pacificando o entendimento segundo o qual, considerando que o modelo jurídico-trabalhista brasileiro adotava a regra geral da contratação direta de empregado, salvo nos casos excepcionados expressamente de terceirização mediante trabalho temporário ou para serviço de vigilância, previstos nas Leis 6.019/74 e 7.102/83, era ilegal qualquer outra contratação de trabalhadores por empresa interposta, formando-se nesse caso o vínculo empregatício diretamente com o tomador dos serviços[24].

Mais adiante, por força da Res. 23/1993, foi cancelada a Súmula 256, sendo editada a Súmula 331, que revisou o conteúdo daquela e avançou fixando o entendimento da Corte Superior em outros temas correlatos da terceirização, entre os quais a previsão no inciso IV da responsabilidade subsidiária do tomador de serviços na iniciativa privada ou no setor público, em caso de inadimplemento das obrigações trabalhistas por parte do empregador direto[25].

---

24. Redação da cancelada Súmula 256 do TST: "Súmula 256. CONTRATO DE PRESTAÇÃO DE SERVIÇOS. LEGALIDADE. Salvo os casos de trabalho temporário e de serviço de vigilância, previstos nas Leis nºs 6.019, de 03.01.1974, e 7.102, de 20.06.1983, é ilegal a contratação de trabalhadores por empresa interposta, formando-se o vínculo empregatício diretamente com o tomador dos serviços".

25. Redação original do inciso IV da Súmula 331 do TST: "IV – O inadimplemento das obrigações trabalhistas, por parte do empregador, implica na responsabilidade subsidiária do tomador dos serviços, quanto àquelas

Em razão da Lei 9.032, em 1995 foram acrescentados então dois parágrafos ao art. 71 da Lei 8.666/93 – Lei de Licitações de Contatos –, disciplinando que a inadimplência do contratado, com referência aos encargos trabalhistas não transfere à Administração Pública a responsabilidade por seu pagamento, além de estabelecer a responsabilidade solidária entre ambos pelos encargos previdenciários resultantes da execução do contrato[26].

Com a Res. 96/2000, a Súmula 331 do TST foi revisada, para se referir expressamente aos órgãos da Administração Pública e ao art. 71 da Lei 8.666/93, na perspectiva que a alteração legislativa, embora tenha vedado a transferência à Administração Pública da responsabilidade direta pelo pagamento dos encargos trabalhista do contratado, não impede a fixação da sua responsabilidade subsidiária[27].

Em 2010, no julgamento da ADC 16, o STF reconheceu a constitucionalidade do art. 71, § 1º da Lei 8.666/93, para entender que, em caso de contrato com a Administração Pública em que haja inadimplência negocial do outro contraente, há impossibilidade jurídica da transferência consequente e automática dos seus encargos trabalhistas[28].

Em decorrência da Res. 174/2011, a Súmula 331 do TST foi novamente revisada, deslocando o tratamento da responsabilidade subsidiária da Administração Pública para o novo inciso V, mantendo o entendimento da possibilidade da responsabilidade subsidiária da Administração Pública, embora ressaltando que esta não decorre de mero inadimplemento das obrigações trabalhistas assumidas pela empresa regularmente contratada, mas da evidenciação de conduta culposa no cumprimento das obrigações da Lei 8.666/93[29].

---

obrigações, desde que hajam participado da relação processual e constem também do título executivo judicial".

26. Art. 71 da Lei 8.666/93: "Art. 71. O contratado é responsável pelos encargos trabalhistas, previdenciários, fiscais e comerciais resultantes da execução do contrato. § 1º A inadimplência do contratado, com referência aos encargos trabalhistas, fiscais e comerciais não transfere à Administração Pública a responsabilidade por seu pagamento, nem poderá onerar o objeto do contrato ou restringir a regularização e o uso das obras e edificações, inclusive perante o Registro de Imóveis. § 2º A Administração Pública responde solidariamente com o contratado pelos encargos previdenciários resultantes da execução do contrato, nos termos do art. 31 da Lei nº 8.212, de 24 de julho de 1991".

27. Redação do inciso IV da Súmula 331 do TST conforme Res. 96/2000: "IV – O inadimplemento das obrigações trabalhistas, por parte do empregador, implica a responsabilidade subsidiária do tomador dos serviços, quanto àquelas obrigações, inclusive quanto aos órgãos da administração direta, das autarquias, das fundações públicas, das empresas públicas e das sociedades de economia mista, desde que hajam participado da relação processual e constem também do título executivo judicial (art. 71 da Lei nº 8.666, de 21.06.1993)".

28. Ementa da ADC 16: "RESPONSABILIDADE CONTRATUAL. Subsidiária. Contrato com a administração pública. Inadimplência negocial do outro contraente. Transferência consequente e automática dos seus encargos trabalhistas, fiscais e comerciais, resultantes da execução do contrato, à administração. Impossibilidade jurídica. Consequência proibida pelo art., 71, § 1º, da Lei federal nº 8.666/93. Constitucionalidade reconhecida dessa norma. Ação direta de constitucionalidade julgada, nesse sentido, procedente. Voto vencido. É constitucional a norma inscrita no art. 71, § 1º, da Lei federal nº 8.666, de 26 de junho de 1993, com a redação dada pela Lei nº 9.032, de 1995".

29. Redação do atual inciso V da Súmula 331 do TST: "IV – Os entes integrantes da Administração Pública direta e indireta respondem subsidiariamente, nas mesmas condições do item IV, caso evidenciada a sua conduta culposa no cumprimento das obrigações da Lei n.º 8.666, de 21.06.1993, especialmente na fiscalização do cumprimento das obrigações contratuais e legais da prestadora de serviço como empregadora. A aludida responsabilidade não decorre de mero inadimplemento das obrigações trabalhistas assumidas pela empresa regularmente contratada".

Nesse contexto, o Supremo Tribunal Federal concluiu em 30/03/2017 o julgamento do RE 760931. Por maioria, vencidos a relatora, ministra Rosa Weber, e os ministros Edson Fachin, Luís Roberto Barroso, Ricardo Lewandowski e Celso de Mello, o recurso extraordinário foi parcialmente provido, confirmando-se o entendimento, adotado na ADC 16, que veda a responsabilização automática da administração pública, só cabendo sua condenação se houver prova inequívoca de sua conduta omissiva ou comissiva na fiscalização dos contratos[30]. O acórdão não foi publicado até o fechamento desta edição. Tese ainda não fixada.

◉ Fique atento:

- Originariamente, a repercussão geral do tema 246 foi reconhecida em 05/02/2010 no RE 603397. Considerando, no entanto, que esse processo tramitava em segredo de justiça, o que se incompatibilizava com a sistemática da repercussão geral, houve em 18/03/2014 a substituição do paradigma pelo presente RE 760931.

◉ Questões de Concurso relacionadas ao tema:

Questão 01 (CESPE – DPU – Defensor Público da União – 2015 – Questão 115) Segundo entendimento consolidado pelo STF, não há responsabilidade subsidiária do Estado pelo pagamento de direitos decorrentes de serviço prestado por meio de terceirização de mão de obra e nem mesmo a ausência de fiscalização da empresa contratada poderá ocasionar a culpa de ente estatal.

( ) Certo   ( ) Errado

Questão 02 (Instituto AOCP – CASAN – Advogado – 2016) Quanto à responsabilidade das empresas e à terceirização, assinale a alternativa correta.

a) Os entes integrantes da Administração Pública direta e indireta respondem subsidiariamente, caso evidenciada a sua conduta culposa no comprimento das obrigações da Lei 8.666/93, especialmente na fiscalização do cumprimento das obrigações contratuais e legais da prestadora de serviço como empregadora. A aludida responsabilidade não decorre de mero inadimplemento das obrigações trabalhistas assumidas pela empresa regularmente contratada.

b) A contratação de trabalhadores por empresa interposta é legal, formando-se o vínculo diretamente com o tomador dos serviços, salvo no caso de trabalho temporário.

c) Forma vínculo de emprego com o tomador a contratação de serviços de vigilância, de conservação e limpeza, bem como a de serviços especializados ligados à atividade--meio do tomador, mesmo que inexistente a pessoalidade e a subordinação direta.

d) O inadimplemento das obrigações trabalhistas, por parte do empregador, implica a responsabilidade subsidiária do tomador dos serviços, quanto àquelas obrigações, mesmo que não haja participado da relação processual e conste também do título executivo judicial.

e) A contratação irregular de trabalhador, através de empresa interposta, gera vínculo de emprego com os órgãos da administração pública indireta.

Gabarito: 1-E; 2-A

---

30. Conforme informação disponível no quadro de notícias do sítio do STF: http://www.stf.jus.br/portal/cms/verNoticiaDetalhe.asp?idConteudo=339613&caixaBusca=N.

DIREITO PROCESSUAL DO TRABALHO

Guilherme Guimarães Ludwig

8.1. COMPETÊNCIA

Tema 36: "Competência da Justiça do Trabalho para execução de contribuições previdenciárias".

Tese: "A competência da Justiça do Trabalho prevista no art. 114, VIII, da Constituição Federal alcança somente a execução das contribuições previdenciárias relativas ao objeto da condenação constante das sentenças que proferir, não abrangida a execução de contribuições previdenciárias atinentes ao vínculo de trabalho reconhecido na decisão, mas sem condenação ou acordo quanto ao pagamento das verbas salariais que lhe possam servir como base de cálculo".

FICHA TÉCNICA	
Leading case:	**RE 569056/PA**
Descrição do caso feita pelo STF:	"Recurso extraordinário em que se discute, à luz dos artigos 109, I; e 114, III (na redação dada pela Emenda Constitucional nº 45/2004), da Constituição Federal, se a Justiça do Trabalho é competente para executar, de ofício, somente as contribuições previdenciárias relativas às parcelas da condenação que constem expressamente das decisões que proferir ou também aquelas decorrentes das verbas que são devidas, em decorrência do reconhecimento do vínculo de emprego, mas que não constam de forma especificada no título judicial exequendo".

FICHA TÉCNICA	
Leading case:	**RE 569056/PA**
Dispositivo(s) constitucional(is) envolvido(s):	"Art. 109. Aos juízes federais compete processar e julgar: I – as causas em que a União, entidade autárquica ou empresa pública federal forem interessadas na condição de autoras, rés, assistentes ou oponentes, exceto as de falência, as de acidentes de trabalho e as sujeitas à Justiça Eleitoral e à Justiça do Trabalho; (...)". "Art. 114. Compete à Justiça do Trabalho processar e julgar: (...) – VIII a execução, de ofício, das contribuições sociais previstas no art. 195, I, a, e II, e seus acréscimos legais, decorrentes das sentenças que proferir; (...)".
Data de reconhecimento da repercussão geral:	29/02/2008
Data de julgamento do mérito recursal:	11/09/2008
Houve unanimidade?	Sim
Data de publicação do acórdão de julgamento do recurso:	12/12/2008 (julgamento do recurso extraordinário)
Trânsito em julgado do acórdão:	05/03/2015

⊙ Comentários:

A competência da Justiça do Trabalho para executar as contribuições sociais não se encontrava disciplinada no texto original do art. 114 da CRFB de 1988.

No plano infraconstitucional inicialmente, a Lei 8.620/93 alterou a redação do art. 43 da Lei 8.212/91, para disciplinar que "nas ações trabalhistas de que resultar o pagamento de direitos sujeitos à incidência de contribuição previdenciária, o juiz, sob pena de responsabilidade, determinará o imediato recolhimento das importâncias devidas à Seguridade Social". Em 27 de novembro de 1998, por meio da OJ 141 da SDI1, o TST reconheceu que a Justiça do Trabalho era competente para autorizar descontos previdenciários e fiscais oriundos de diferenças salariais concedidas por ações trabalhistas.

Naquele mesmo ano, por força da EC 20/1998, foi incluído o § 3º no art. 114 do texto constitucional, fixando que "compete ainda à Justiça do Trabalho executar, de ofício, as contribuições sociais previstas no art. 195, I, a, e II, e seus acréscimos legais, decorrentes das sentenças que proferir". Esta regra corresponde atualmente ao inciso VI do mesmo dispositivo diante da alteração promovida pela EC 45/2004.

Em conformidade com a alteração constitucional de 1998, a Lei 10.035/2000 incluiu o parágrafo único no art. 876 da CLT, segundo o qual. "serão executados *ex officio* os créditos previdenciários devidos em decorrência de decisão proferida pelos Juízes e Tribunais do Trabalho, resultantes de condenação ou homologação de acordo".

Restando dúvida quanto à efetiva extensão da competência para executar as contribuições previdenciárias, o TST, por intermédio da Resolução 129/2005, publicada em abril de 2005, converteu a OJ 141 no inciso I da nova Súmula 368, para afirmar que a competência da Justiça do Trabalho para execução das contribuições previdenciárias alcançaria as parcelas integrantes do salário de contribuição, pagas em virtude de contrato, ou de emprego reconhecido em juízo, ou decorrentes de anotação da CTPS, objeto de acordo homologado em juízo[1].

Passou-se assim a um alcance mais abrangente da competência executiva, partindo da premissa de que as contribuições sociais deveriam incidir sobre os valores apurados em sentença trabalhista de qualquer natureza, inclusive as declaratórias. Assim, no momento em que fosse declarada a relação de emprego e reconhecido o autor como empregado, surgiria a obrigação de contribuir com a previdência, estando o juiz autorizado a fazer o lançamento respectivo.

Ocorre que a Lei 8.213/91 prevê em seu art. 55, § 3º que a comprovação do tempo de serviço só produz efeito quando baseada em início de **prova material**, não sendo admitida prova exclusivamente testemunhal, salvo força maior ou caso fortuito[2]. Em razão dessa regra da legislação previdenciária, o INSS não vinha reconhecendo a sentença declaratória trabalhista como "início de prova material" quando fundada apenas em prova oral. Desse modo, as correspondentes contribuições, embora recolhidas pela Justiça do Trabalho, não repercutiam no tempo de serviço do autor.

Ainda em novembro de 2005, o TST reviu seu entendimento, aprovando a Res. 138/2005 para alterar a Súmula 368, que passou a vigorar com redação que limitava a competência da Justiça do Trabalho, quanto à execução das contribuições previdenciárias, somente às sentenças condenatórias em pecúnia que proferir e aos valores, objeto de acordo homologado, que integrem o salário-de-contribuição[3].

Mais adiante, todavia, por força da Lei 11.457/2007, o parágrafo único do art. 876 da CLT foi alterado, para prever estender a competência executiva da Justiça do Trabalho às "contribuições sociais devidas em decorrência de decisão proferida pelos Juízes e Tribunais do Trabalho, resultantes de condenação ou homologação de acordo, inclusive sobre os salários pagos durante o período contratual reconhecido".

---

1. Súmula 368, I do TST (com redação dada pela Resolução 129/2005): "a Justiça do Trabalho é competente para determinar o recolhimento das contribuições previdenciárias e fiscais provenientes das sentenças que proferir. A competência da Justiça do Trabalho para execução das contribuições previdenciárias alcança as parcelas integrantes do salário de contribuição, pagas em virtude de contrato, ou de emprego reconhecido em juízo, ou decorrentes de anotação da Carteira de Trabalho e Previdência Social – CTPS, objeto de acordo homologado em juízo".

2. Lei 8.213/91, art. 55, § 3º: "a comprovação do tempo de serviço para os efeitos desta Lei, inclusive mediante justificação administrativa ou judicial, conforme o disposto no art. 108, só produzirá efeito quando baseada em início de prova material, não sendo admitida prova exclusivamente testemunhal, salvo na ocorrência de motivo de força maior ou caso fortuito, conforme disposto no Regulamento".

3. Súmula 368, I do TST (com redação dada pela Resolução 138/2005): "a Justiça do Trabalho é competente para determinar o recolhimento das contribuições fiscais. A competência da Justiça do Trabalho, quanto à execução das contribuições previdenciárias, limita-se às sentenças condenatórias em pecúnia que proferir e aos valores, objeto de acordo homologado, que integrem o salário-de-contribuição".

Nesse cenário, o STF examinou o RE 569056, interposto pelo INSS contra acórdão proferido pela Segunda Turma do TST, em sede de agravo de instrumento em recurso de revista, que reconheceu a competência executiva da Justiça do Trabalho, quanto às contribuições previdenciárias, como limitadas às sentenças condenatórias em pecúnia que proferir e aos valores, objeto de acordo homologado, que integrem o salário-de-contribuição, de acordo com a redação atual da Súmula 368, I do TST.

O Autor alegou que a Súmula 368, I do TST parte de uma premissa equivocada que não tem amparo no ordenamento jurídico, pois as contribuições sociais tem natureza jurídica de tributo, sendo devidas, portanto, a partir do correspondente fato gerador, que não seria o pagamento da remuneração, mas sim a efetiva prestação de serviço, nos termos do art. 195 da CRFB. Diz ainda que a alteração do art. 876 da CLT ampliou a execução de ofício das contribuições sociais aos salários pagos durante o período contratual reconhecido em juízo. Por fim, salienta que, nos termos da Súmula 401 do TST, subsiste o dever de executar as contribuições, ainda que a sentença condenatória não tenha se manifestado expressamente sobre o desconto previdenciário, como efeito anexo condenatório.

Os fundamentos que sustentaram o voto vencedor do acórdão que contempla o precedente examinado foram: a) não cabe a execução de contribuição social referente a salário cujo pagamento não foi objeto da sentença condenatória ou de acordo, pois não há constituição do crédito pelo Magistrado, uma vez que este não determinou o pagamento ou o crédito do salário, que é exatamente a sua base e justificação; b) a execução de contribuição social não pode ser desvinculada de condenação ou transação, pois corresponderia a uma execução sem título executivo, já que a sentença declaratória de reconhecimento de vínculo não comporta execução que origine seu recolhimento; c) as contribuições sociais não são tributo sobre o trabalho prestado ou contratado, reconhecido na mera existência da relação jurídica; mas tem como fato gerador o pagamento ou crédito do salário, nos termos do art. 195, I da CRFB.

Com base em tais fundamentos, o recurso foi provido para o fim de declarar que a Justiça do Trabalho é competente para executar, de ofício, contribuições previdenciárias somente relativas às parcelas da condenação que constem expressamente das decisões que proferir e não as decorrentes das verbas que são devidas, em decorrência do reconhecimento do vínculo de emprego, mas que não constam de forma especificada no título judicial exequendo.

◉ Fique atento:

- Como consectário do julgamento pelo Plenário da Suprema Corte do RE 569056, houve a proposta de edição de Súmula Vinculante sobre o tema, que veio a se consubstanciar na Súmula Vinculante 53, com o seguinte teor: "a competência da Justiça do Trabalho prevista no art. 114, VIII, da Constituição Federal alcança a execução de ofício das contribuições previdenciárias relativas ao objeto da condenação constante das sentenças que proferir e acordos por ela homologados".

- Em 2012, considerando a competência prevista no art. 114, VIII da CRFB, o TST editou a OJ 414 da SBDI-I, atualmente convertida na Súmula 454, pacificando o entendimento pelo qual "compete à Justiça do Trabalho a execução, de ofício, da contribuição referente ao Seguro de Acidente de Trabalho (SAT), que tem natureza de contribuição para a seguridade social (arts. 114, VIII, e 195, I, "a", da CF), pois se destina ao financiamento de benefícios relativos à incapacidade do empregado decorrente de infortúnio no trabalho (arts. 11 e 22 da Lei nº 8.212/1991)".

◉ Questões de Concurso relacionadas ao tema:

Questão 01 (CESPE – TRT1/RJ – Juiz do Trabalho Substituto – 2010 – Parte 1) QUESTÃO 30, A) Considerando-se a ampliação da competência da justiça do trabalho, não cabe falar de execução de ofício das contribuições sociais devidas por empregadores e empregados e seus acréscimos legais decorrentes das sentenças que proferir.

( ) Certo   ( ) Errado

Questão 02 (MPT – MPT – Procurador do Trabalho – 2012) A respeito da competência material da Justiça do Trabalho, é CORRETO afirmar que:

a) Foi ampliada pela Emenda Constitucional nº 45/2004, assegurando à Justiça do Trabalho competência para julgar os crimes contra a organização do trabalho.

b) Compete à Justiça do Trabalho julgar as ações sobre representação sindical entre sindicatos, mas não entre sindicatos e trabalhadores e muito menos entre sindicatos e empregadores.

c) A Justiça do Trabalho tornou-se competente para o julgamento de todas as matérias relativas à execução das contribuições previdenciárias não recolhidas pelo empregador em face da relação laboral.

d) Cabe à Justiça do Trabalho julgar as ações relativas às penalidades administrativas impostas aos empregadores pelos órgãos de fiscalização das relações de trabalho.

Gabarito: 1-E; 2-D

Tema 74: "Competência para julgamento de ação de interdito proibitório cuja causa de pedir decorre de movimento grevista".

Tese: "Compete à Justiça do Trabalho o julgamento das ações de interdito proibitório em que se busca garantir o livre acesso de funcionários e de clientes às agências bancárias interditadas em decorrência de movimento grevista".

FICHA TÉCNICA	
Leading case:	**RE 579648/MG**
Descrição do caso feita pelo STF:	"Recurso extraordinário em que se discute, à luz do art. 114, II, da Constituição Federal, a justiça competente para processar e julgar ação de interdito proibitório que visa assegurar o livre acesso de funcionários e de clientes às agências bancárias interditadas em decorrência de movimento grevista".

FICHA TÉCNICA	
Leading case:	**RE 579648/MG**
Dispositivo(s) constitucional(is) envolvido(s):	"Art. 114. Compete à Justiça do Trabalho processar e julgar: (...) II as ações que envolvam exercício do direito de greve; (...)".
Data de reconhecimento da repercussão geral:	26/04/2008
Data de julgamento do mérito recursal:	10/09/2008
Houve unanimidade?	Não
Data de publicação do acórdão de julgamento do recurso:	06/03/2009
Trânsito em julgado do acórdão:	Sim

⊙ Comentários:

Ao tratar dos direitos sociais, a CRFB de 1988 trouxe expressamente a previsão do direito de greve, assegurando-o em seu art. 9º, além de garantir aos trabalhadores decidir sobre a oportunidade de exercê-lo e sobre os interesses que devam ser ali defendidos. Em contrapartida, ressalvou os serviços ou atividades essenciais e o atendimento das necessidades inadiáveis da comunidade, bem assim eventuais abusos cometidos no seu exercício[4]. No plano infraconstitucional, a matéria é atualmente regulada pela Lei 7.783/89, conversão da MP 59/1989, que dispõe sobre o exercício do direito de greve, define as atividades essenciais, regula o atendimento das necessidades inadiáveis da comunidade, e dá outras providências.

Com a Emenda Constitucional 45/2004, o art. 114 da CRFB – que trata da competência da Justiça do Trabalho – foi alterado, passando ali a constar expressamente que é a Especializada competente processar e julgar as ações que envolvam exercício do direito de greve[5]. Tal já era reconhecida pela Justiça do Trabalho desde antes da própria CRFB de 1988, como se percebe pelo entendimento pacífico do TST, consignado em sua Súmula 198 de 1983, acerca da competência para declaração da legalidade de greve[6].

---

4. "Art. 9º. É assegurado o direito de greve, competindo aos trabalhadores decidir sobre a oportunidade de exercê-lo e sobre os interesses que devam por meio dele defender. § 1º A lei definirá os serviços ou atividades essenciais e disporá sobre o atendimento das necessidades inadiáveis da comunidade. § 2º Os abusos cometidos sujeitam os responsáveis às penas da lei".

5. "Art. 114. Compete à Justiça do Trabalho processar e julgar: (....) II – as ações que envolvam exercício do direito de greve; (...)".

6. Redação original da Súmula 198 do TST: "Súmula 198. A Justiça do Trabalho é competente para declarar a legalidade ou ilegalidade da greve". Em 2003, a redação da Súmula 198 foi alterada para sua atual conformação: "Súmula 189. GREVE. COMPETÊNCIA DA JUSTIÇA DO TRABALHO. ABUSIVIDADE. A Justiça do Trabalho é competente para declarar a abusividade, ou não, da greve".

Por outro lado, não obstante, o STJ vinha mantendo, mesmo após a EC 45/2004, entendimento firme, no julgamento dos conflitos de competência entre a Justiça do Trabalho e a Justiça Comum[7], em sentido da competência dessa última para processar e julgar as ações de interdito proibitório, ajuizadas pelos empregadores para resguardar a posse de imóveis diante da existência de movimento grevista, fundamentando a natureza civil da pretensão conforme a causa de pedir e os pedidos formulados.

A questão do presente recurso extraordinário concentrou-se basicamente na definição da Justiça competente para decidir as causas envolvendo interdito proibitório diante de situação de greve de trabalhadores.

Nesse contexto, o STF apreciou o RE 579648, interposto por Sindicato dos Empregados em Estabelecimentos Bancários de Belo Horizonte e Região contra acórdão da Décima Quarta Câmara Cível do Tribunal de Justiça do Estado de Minas Gerais, mantendo o entendimento daquela Corte quanto à competência da Justiça Comum, mesmo após a Emenda Constitucional 45/2004, para processar e julgar ação possessória em que o banco empregador buscava garantir o livre acesso de funcionários e clientes às agências bancárias em época de greve.

Em suas razões, alegou o Autor: a) a incompetência absoluta da Justiça Comum, considerando os termos do art. 114, II da CRFB e que o pleito em questão envolve discussão sobre os limites do exercício do direito de greve; e b) ainda que afastado o inciso II, a inserção da demanda no inciso III seria inegável, na medida em que se trata de ação entre sindicato e empregador, cuja extensão não fora excepcionada pelo texto constitucional.

Os fundamentos que arrimaram o voto vencedor – a partir da divergência – do acórdão que contempla o precedente examinado foram: a) a fixação da Justiça competente independe do ramo do Direito do qual são invocados os institutos tratados no litígio; b) um ato praticado na greve é questão que decorre do direito de greve, ainda que de forma preventiva, atraindo assim a competência da Justiça do Trabalho;

Com base em tais fundamentos, o recurso foi provido para o fim de reconhecer a competência da Justiça do Trabalho para conhecer e julgar as ações de interdito proibitório decorrentes do direito de greve.

◉ Síntese do debate constante do acórdão que fixou o precedente:

Argumentos favoráveis à tese fixada:	Argumentos contrários à tese fixada:
A fixação da Justiça competente independe do ramo do Direito do qual são invocados os institutos tratados no litígio (Min. Cármen Lúcia). O remédio processual utilizado – enquanto mero meio jurídico para exercer a pretensão – é absolutamente irrelevante para efeito da fixação de competência (Min. Cezar Peluso).	A causa de pedir e o pedido não guarda ligação direta com a relação de emprego, pois a medida pleiteada no interdito proibitório envolve o receio de turbação da posse pelo sindicato grevista, o que não decorre necessariamente do contrato de trabalho. Possui natureza cível (Min. Menezes Direito).

---

7.   Assim, nos CC 34050, CC46577 e CC 89300.

Argumentos favoráveis à tese fixada:	Argumentos contrários à tese fixada:
Um ato praticado na greve é questão que decorre do direito de greve, ainda que de forma preventiva, atraindo assim a competência da Justiça do Trabalho (Min. Cármen Lúcia). A causa de pedir do interdito proibitório é que o abuso do direito de greve prejudica direito patrimonial ou fato suscetível de tutela jurídica, que é a posse do empregador. Quando se cuida de abuso, não há conceber instituto ou figura alheia aos limites dogmáticos e conceituais do próprio direito de que se trate (Min. Cezar Peluso).	A ameaça de turbação da posse não faz parte do conteúdo do exercício do direito de greve (Min. Menezes Direito).

◉ Fique atento:

- Em 02/12/2009, o STF editou a Súmula Vinculante 23, segundo a qual "a Justiça do Trabalho é competente para processar e julgar ação possessória ajuizada em decorrência do exercício do direito de greve pelos trabalhadores da iniciativa privada". Observe-se que a referência final à "iniciativa privada" inclui os empregados do setor privado e os empregados públicos, mas não os servidores públicos estatutários ou que mantenham vínculo jurídico-administrativo.

◉ Questões de Concurso relacionadas ao tema:

Questão 01 (CESPE – TRT1/RJ – Juiz do Trabalho Substituto – 2010 – Parte 1) QUESTÃO 30, C) Em que pese ser a justiça do trabalho competente para processar e julgar ações que digam respeito à greve, no que concerne à observância das regras estabelecidas na Lei de Greve, essa competência não abrange o julgamento de ação possessória ajuizada em decorrência do exercício do direito de greve pelos trabalhadores da iniciativa privada.

( ) Certo   ( ) Errado

Questão 02 (TRT2/SP – TRT2/SP – Juiz do Trabalho Substituto – 2012) Observe as assertivas e ao final responda.

I. A competência para processar e julgar ação de interdito proibitório, ajuizada em decorrência do exercício do direito de greve pelos trabalhadores da iniciativa privada, é da Justiça do Trabalho.

II. A participação do trabalhador na greve interrompe o contrato de trabalho, devendo as relações obrigacionais, durante o período, ser regidas por acordo, convenção, laudo arbitrai ou decisão da Justiça do Trabalho.

III. É vedada a rescisão do contrato de trabalho durante a greve, bem como a contratação de trabalhadores substitutos, mesmo quando declarada a abusividade do movimento grevista.

IV. O controle de tráfego aéreo e marítimo é considerado atividade essencial para fins da Lei 7.783/89 (que dispõe sobre o exercício do direito de greve).

V.   Na vigência de sentença normativa, não constitui abuso do direito de greve a paralisação que seja motivada pela superveniência de fatos novos ou acontecimento imprevisto que modifique substancialmente a relação de trabalho.

Estão corretas apenas as assertivas:

   a)   I e IV;

   b)   II e V;

   c)   II e IV;

   d)   III e V;

   e)   I e V.

> **Gabarito: 1- E; 2- E**

Tema 242: "Competência para processar e julgar ações indenizatórias decorrentes de acidente do trabalho propostas por sucessores do trabalhador falecido".

Tese: "Compete à Justiça do Trabalho processar e julgar as ações de indenização por danos morais e patrimoniais decorrentes de acidentes de trabalho propostas por empregado contra empregador, inclusive as propostas pelos sucessores do trabalhador falecido, salvo quando a sentença de mérito for anterior à promulgação da EC nº 45/04, hipótese em que, até o trânsito em julgado e a sua execução, a competência continuará a ser da Justiça Comum".

FICHA TÉCNICA	
Leading case:	**RE 600091/MG**
Descrição do caso feita pelo STF:	"Recurso extraordinário em que se discute, à luz do art. 114, VI, da Constituição Federal, qual a Justiça competente, se a especializada ou a comum, para processar e julgar as ações indenizatórias decorrentes de acidente do trabalho propostas pelos sucessores do trabalhador falecido".
Dispositivo(s) constitucional(is) envolvido(s):	"Art. 114. Compete à Justiça do Trabalho processar e julgar: (...) VI – as ações de indenização por dano moral ou patrimonial, decorrentes da relação de trabalho".
Data de reconhecimento da repercussão geral:	18/12/2009
Data de julgamento do mérito recursal:	25/05/2011
Houve unanimidade?	Sim

FICHA TÉCNICA	
Leading case:	RE 600091/MG
Data de publicação do acórdão de julgamento do recurso:	15/08/2011
Trânsito em julgado do acórdão:	22/08/2011

⊙ Comentários:

Nas Constituições Federais de 1946[8], 1967[9] e 1969[10], em seus respectivos art. 123, § 1º; art. 134, § 2º e art. 142, § 2º, a disciplina relativa à competência judicial para matéria acidentária era clara, no sentido de que tais dissídios eram da competência da Justiça Comum, como uma exceção expressa ao *caput* destes artigos que dispunham sobre a competência da Justiça do Trabalho.

Com a promulgação da CFRB de 1988, no entanto, a matéria não mais foi disposta de igual forma, não sendo repetida a referida exceção à competência da Justiça do Trabalho. Por outro lado, ao fixar a competência da Justiça Federal, em seu art. 109, I, o texto constitucional excetuou expressa e separadamente, entre outras, as causas relativas a acidentes de trabalho e as sujeitas à Justiça do Trabalho[11]. No plano infraconstitucional, a Lei 8.213/91, em seu art. 129, II, enunciou serem da competência da Justiça Estadual as causas do acidentado movidas diretamente contra a Autarquia Previdenciária[12].

---

8. Art. 123 da revogada Constituição de 1946: "Art. 123 – Compete à Justiça do Trabalho conciliar e julgar os dissídios individuais e coletivos entre empregados e empregadores, e, as demais controvérsias oriundas de relações, do trabalho regidas por legislação especial. § 1º – Os dissídios relativos a acidentes do trabalho são da competência da Justiça ordinária. [...]".

9. Art. 134 da revogada Constituição de 1967: "Art. 134 – Compete à Justiça do Trabalho conciliar e julgar os dissídios individuais e coletivos entre empregados e empregadores e as demais controvérsias oriundas de relações de trabalho regidas por lei especial. [...] § 2º – Os dissídios relativos a acidentes do trabalho são da competência da Justiça ordinária".

10. Art. 142 da revogada Constituição de 1969 (Emenda Constitucional 01/1969), com redação alterada pela Emenda Constitucional nº 7, de 1977: "Art. 142. Compete à Justiça do Trabalho conciliar e julgar os dissídios individuais e coletivos entre empregados e empregadores e, mediante lei, outras controvérsias oriundas de relação de trabalho. [...] § 2º Os litígios relativos a acidentes do trabalho são da competência da justiça ordinária dos Estados, do Distrito Federal e dos Territórios, salvo exceções estabelecidas na Lei Orgânica da Magistratura Nacional".

11. "Art. 109. Aos juízes federais compete processar e julgar: I – as causas em que a União, entidade autárquica ou empresa pública federal forem interessadas na condição de autoras, rés, assistentes ou oponentes, exceto as de falência, as de acidentes de trabalho e as sujeitas à Justiça Eleitoral e à Justiça do Trabalho. [...]".

12. "Art. 129. Os litígios e medidas cautelares relativos a acidentes do trabalho serão apreciados: [...] II – na via judicial, pela Justiça dos Estados e do Distrito Federal, segundo o rito sumaríssimo, inclusive durante as férias forenses, mediante petição instruída pela prova de efetiva notificação do evento à Previdência Social, através de Comunicação de Acidente do Trabalho–CAT".

Esse novo quadro ensejou uma controvérsia em torno da competência judicial para decidir as causas relativas à responsabilidade civil do empregador por danos ao empregado relacionados a acidente de trabalho, entre a Justiça do Trabalho e a Justiça Estadual.

Com a Emenda Constitucional 45/2004, houve sensível alteração na competência material da Justiça do Trabalho, havendo inclusive a previsão expressa quanto às ações indenizatórias por dano moral ou patrimonial decorrentes da relação de trabalho[13].

Com o julgamento do CC 7204, o Supremo Tribunal Federal assentou que a Justiça do Trabalho é competente para conhecer e julgar ação versando pedido de indenização por dano material decorrente de culpa do empregador em acidente de trabalho sofrido pelo empregado, o que se diferencia da competência da Justiça Comum para apreciar a ação acidentária, promovida pelo acidentado contra o Instituto Nacional do Seguro Social – INSS -, autarquia federal, visando ao pagamento do benefício previdenciário respectivo. Na primeira hipótese, a obrigação de indenizar decorre diretamente da relação empregatícia, o que atrai a competência da Justiça do Trabalho nos termos do art. 114 da CRFB.

Na oportunidade e por questão de política judiciária, a Corte decidiu ainda que, não obstante a regra de competência ser de aplicação imediata (CPC, art. 87 e 1.211), a nova orientação apenas alcançaria os processos em trâmite na Justiça Comum que estivessem pendentes de julgamento de mérito.

Foi editada ainda a Súmula Vinculante 22 pelo Supremo Tribunal Federal, segundo a qual "a Justiça do Trabalho é competente para processar e julgar as ações de indenização por danos morais e patrimoniais decorrentes de acidente de trabalho propostas por empregado contra empregador, inclusive aquelas que ainda não possuíam sentença de mérito em primeiro grau quando da promulgação da Emenda Constitucional nº 45/04".

A controvérsia manteve-se, entretanto, quanto à hipótese em que os sucessores do empregado falecido postulavam em juízo a indenização por danos em caso de óbito decorrente de acidente de trabalho.

Neste quadro foi apreciado pelo Supremo Tribunal Federal o RE 600091, no qual Fiat Automóveis S/A interpôs recurso extraordinário contra acórdão proferido pela Décima Quinta Câmara Cível do Tribunal de Justiça do Estado de Minas Gerais, que reconheceu a incompetência da Justiça Estadual para julgar ações de indenização por danos materiais e morais ajuizadas por herdeiros da vítima de acidente de trabalho, determinando a consequente remessa do feito à Justiça do Trabalho. A Recorrente alegou basicamente a violação do art. 114, VI da CFRB.

A Recorrente alegou basicamente que o art. 7º, XXIX da CFRB, é norma de eficácia plena, aplicável inclusive no que se refere à aplicação do prazo prescricional de cinco anos para a cobrança do FGTS não depositado. Sustenta ainda que a orientação do TST e pelas instâncias ordinárias em sentido da prescrição trintenária está embasada em normas declaradas inconstitucionais no julgamento do RE 522897.

O fundamento do voto no acórdão que contempla o precedente examinado foi que o fato da demanda ser proposta por herdeiro do empregado falecido não altera a circuns-

---

13. "Art. 114. Compete à Justiça do Trabalho processar e julgar: [...] VI – as ações de indenização por dano moral ou patrimonial, decorrentes da relação de trabalho. [...]".

tância da ação ser movida em decorrência da relação de trabalho, no caso específico encerrada em razão do acidente de trabalho.

◉ Fique atento:

- Em matéria estritamente acidentária, a competência da Justiça do Trabalho restringe-se à responsabilidade civil do empregador (CRFB, art. 114, VI), enquanto remanesce a competência da Justiça Estadual para decidir as causas movidas entre o empregado segurado e o Instituto Nacional do Seguro Social (CRFB, art. 109, I). Por outro lado, nas demais ações relativas a benefícios previdenciários (não acidentários), em que figurem como parte a Autarquia Previdenciária, a competência é da Justiça Federal (CRFB, art. 109, caput).

Tema 853: "Competência da Justiça do Trabalho para processar e julgar reclamação trabalhista, fundada em contrato de trabalho regido pela CLT, na qual figura o Poder Público no polo passivo".

Tese: "Compete à Justiça do Trabalho processar e julgar demandas visando a obter prestações de natureza trabalhista, ajuizadas contra órgãos da Administração Pública por servidores que ingressaram em seus quadros, sem concurso público, antes do advento da CF/88, sob regime da Consolidação das Leis do Trabalho – CLT".

FICHA TÉCNICA	
Leading case:	**ARE 906491/DF**
Descrição do caso feita pelo STF:	"Recurso extraordinário em que se discute, à luz dos arts. 7º, XXIX, 39 e 114 da Constituição Federal, a competência, ou não, da Justiça Trabalhista para processar e julgar demanda instaurada entre o Poder Público e servidores a ele vinculados por contrato de trabalho regido pela CLT".
Dispositivo(s) constitucional(is) envolvido(s):	"Art. 7º São direitos dos trabalhadores urbanos e rurais, além de outros que visem à melhoria de sua condição social: (...) XXIX – ação, quanto aos créditos resultantes das relações de trabalho, com prazo prescricional de cinco anos para os trabalhadores urbanos e rurais, até o limite de dois anos após a extinção do contrato de trabalho; (...)". "Art. 39. A União, os Estados, o Distrito Federal e os Municípios instituirão, no âmbito de sua competência, regime jurídico único e planos de carreira para os servidores da administração pública direta, das autarquias e das fundações públicas". "Art. 114. Compete à Justiça do Trabalho processar e julgar: (Redação dada pela Emenda Constitucional nº 45, de 2004)

FICHA TÉCNICA	
Leading case:	**ARE 906491/DF**
	I as ações oriundas da relação de trabalho, abrangidos os entes de direito público externo e da administração pública direta e indireta da União, dos Estados, do Distrito Federal e dos Municípios; (...)".
Data de reconhecimento da repercussão geral:	02/10/2015
Data de julgamento do mérito recursal:	02/10/2015
Houve unanimidade?	Não
Data de publicação do acórdão de julgamento do recurso:	07/10/2015 (julgamento do recurso extraordinário) 03/12/2015 (julgamento dos embargos de declaração) 23/02/2016 (julgamento dos embargos de declaração)
Trânsito em julgado do acórdão:	29/03/2016

◉ Comentários:

A CRFB de 1988, em seu art. 37, II e IX, disciplinou a exigência de prévia aprovação em concurso público para a investidura em cargo ou emprego público, ficando ressalvadas as nomeações para cargo em comissão declarado em lei de livre nomeação e exoneração, além de que caberia ainda à lei estabelecer os casos de contratação por tempo determinado para atender a necessidade temporária de excepcional interesse público[14]. Ao mesmo tempo, fixou, no art. 39, o regime jurídico único para os servidores da administração pública direta, das autarquias e das fundações públicas[15].

Nesta quadra constitucional, o STF reconheceu a incompetência material da Justiça do Trabalho para apreciar, tanto as causas que envolvessem servidores públicos estatutários, quanto os contratados por tempo determinado pela Administração Pública para atender a necessidade temporária de excepcional interesse público.

---

14. "Art. 37. A administração pública direta e indireta de qualquer dos Poderes da União, dos Estados, do Distrito Federal e dos Municípios obedecerá aos princípios de legalidade, impessoalidade, moralidade, publicidade e eficiência e, também, ao seguinte: (...) II – a investidura em cargo ou emprego público depende de aprovação prévia em concurso público de provas ou de provas e títulos, de acordo com a natureza e a complexidade do cargo ou emprego, na forma prevista em lei, ressalvadas as nomeações para cargo em comissão declarado em lei de livre nomeação e exoneração. (...) IX – a lei estabelecerá os casos de contratação por tempo determinado para atender a necessidade temporária de excepcional interesse público".

15. "Art. 39. A União, os Estados, o Distrito Federal e os Municípios instituirão, no âmbito de sua competência, regime jurídico único e planos de carreira para os servidores da administração pública direta, das autarquias e das fundações públicas". Observe-se que a Emenda Constitucional 19/1998, no que estabeleceu a pluralidade de regimes pela alteração do caput do art. 39, teve seus efeitos suspensos por força do julgamento da ADI 2135 no STF.

No primeiro caso, embora a Emenda Constitucional 45/2004 tenha ampliado a competência da Justiça do Trabalho, estendendo-a, em seu art. 114, I, para abranger os conflitos oriundos da relação de trabalho – inclusive perante os entes da Administração Pública sem estabelecer nenhuma ressalva[16], ao decidir a ADI 3395 o STF reconheceu a incompetência da Justiça do Trabalho sob o fundamento de que estas não se reputam oriundas da relação de trabalho.

Quanto ao segundo, no julgamento do RE 573202, em sede de repercussão geral, o STF decidiu que também estariam excluídas da Justiça do Trabalho as causas instauradas entre o Poder Público e seus servidores submetidos a regime especial disciplinado pela lei local, sob o fundamento de que estes não se encontravam vinculados a cargo ou emprego público, exercendo função, por prazo certo e para atender necessidade temporária de excepcional interesse público. Ademais, a prorrogação do prazo de contratação da Recorrida não ensejava a modificação da natureza do vínculo mantido com o ente público, de jurídico–administrativo para trabalhista, podendo acarretar, se for o caso, a sua invalidação e/ou configurar prática de ato de improbidade administrativa.

No cenário jurídico-constitucional anterior à CRFB de 1988, todavia, era possível à Administração Pública contratar servidores mediante contrato de trabalho sob o regime da CLT e sem concurso público. Decidindo a ADI 1150, o STF reconheceu que, neste caso, não seria possível a mudança de regime trabalhista para o estatutário diante da ausência de prévia aprovação em concurso público, nos termos do art. 37, II da parte permanente da CRFB ou do art. 19, § 1º do ADCT.

Ressalte-se que o TST, em 1998, por meio da OJ 138 da SBDI-I, pacificou o entendimento em torno da competência residual da Justiça do Trabalho para julgar pedidos de direitos e vantagens previstas na legislação trabalhista, referentes a período anterior à edição da Lei 8.112/90[17].

Nesse quadro, o STF examinou o ARE 906941, interposto pelo Estado do Piauí contra decisão denegatória de admissibilidade de recurso extraordinário em face de acórdão do TST, que reconhecia a competência da Justiça do Trabalho em respeito à OJ 138 da SBDI-I daquela Corte superior.

O Autor alegou: a) ofensa aos art. 39 e 114 da CRFB, pois a lei estadual de 1992 teria estabelecido o regime jurídico único; b) que a Justiça do Trabalho seria incompetente para examinar causas que versassem sobre vínculo de natureza jurídico-administrativo; c) que, tendo ingressado anteriormente à CRFB de 1988, sem concurso público, o servidor não teria direito adquirido a determinado regime administrativo, submetendo-se ao regime estatutário único adotado pelo Estado; e d) violação do art. 7º, XXIX, porquanto a mudança de regime deu ensejo à aplicação da prescrição bienal a partir da extinção do vínculo celetista com a Administração Pública.

---

16. "Art. 114. Compete à Justiça do Trabalho processar e julgar: [...] I – as ações oriundas da relação de trabalho, abrangidos os entes de direito público externo e da administração pública direta e indireta da União, dos Estados, do Distrito Federal e dos Municípios".

17. Redação original da OJ 138 da SBDI-I do TST: "Competência residual. Regime jurídico único. Ainda que a reclamação trabalhista tenha sido ajuizada após a edição da Lei nº 8.112/90, compete à Justiça do Trabalho julgar pedidos de direitos e vantagens previstas na legislação trabalhista, referentes a período anterior àquela lei". Observe-se que a nova e atual redação em decorrência da incorporação da OJ 249 da SBDI-I em 2005 não alterou este entendimento.

Os fundamentos que sustentaram o voto vencedor do acórdão que contempla o precedente examinado foram: a) a reafirmação da jurisprudência do Tribunal de reconhecer a competência da Justiça do Trabalho, considerando que o advento do regime jurídico único no âmbito do Estado não foi hábil a alternar a natureza celetista do vínculo da reclamante com o poder público, uma vez que esta não prestou concurso público; e b) que, diante dessa inexistência de alteração do regime celetista para o estatutário, a prescrição bienal só passou a ser contada a partir do término do vínculo da reclamante com o poder público, encontrando-se o ajuizamento da reclamação trabalhista dentro do biênio prescricional trabalhista.

Com base em tais fundamentos, foi, por maioria, negado provimento ao recurso extraordinário, vencido os Ministros Gilmar Mendes, Marco Aurélio, Roberto Barroso e Dias Toffoli. Os Ministros Marco Aurélio e Roberto Barroso limitaram-se a pronunciar pela existência de repercussão geral, entendendo inadequada a submissão do mérito do recurso extraordinário à análise em Plenário Virtual.

Tema 928: "Competência da Justiça do Trabalho para processar e julgar ação que discute verbas trabalhistas, referentes a período regido pela CLT, supostamente devidas a empregados públicos que migraram, posteriormente, para o regime estatutário".

Tese: "Compete à Justiça do Trabalho processar e julgar ações relativas às verbas trabalhistas referentes ao período em que o servidor mantinha vínculo celetista com a Administração, antes da transposição para o regime estatutário".

FICHA TÉCNICA	
Leading case:	**ARE 1001075/PI**
Descrição do caso feita pelo STF:	"Recurso extraordinário com agravo em que se discute, à luz dos arts. 114, I; e 198, § 5°, da Constituição Federal, a competência, ou não, da Justiça do Trabalho para processar e julgar ação que discute verbas trabalhistas, referentes a período regido pela CLT, supostamente devidas a empregados públicos com fundamento na Emenda Constitucional n.° 51/2006 e na Lei Federal n.° 11.350/2006 que migraram, posteriormente, para o regime estatutário".
Dispositivo(s) constitucional(is) envolvido(s):	"Art. 114. Compete à Justiça do Trabalho processar e julgar: I as ações oriundas da relação de trabalho, abrangidos os entes de direito público externo e da administração pública direta e indireta da União, dos Estados, do Distrito Federal e dos Municípios; (...)". "Art. 198. As ações e serviços públicos de saúde integram uma rede regionalizada e hierarquizada e constituem um sistema único, organizado de acordo com as seguintes diretrizes: (...)"

FICHA TÉCNICA	
Leading case:	**ARE 1001075/PI**
	§ 5º Lei federal disporá sobre o regime jurídico, o piso salarial profissional nacional, as diretrizes para os Planos de Carreira e a regulamentação das atividades de agente comunitário de saúde e agente de combate às endemias, competindo à União, nos termos da lei, prestar assistência financeira complementar aos Estados, ao Distrito Federal e aos Municípios, para o cumprimento do referido piso salarial. (...)".
Data de reconhecimento da repercussão geral:	09/12/2016
Data de julgamento do mérito recursal:	09/02/2016
Houve unanimidade?	Não
Data de publicação do acórdão de julgamento do recurso:	01/02/2017
Trânsito em julgado do acórdão:	Sim

⊚ Comentários:

Em 1998, o TST editou a OJ 128 da SBDI-I, pacificando o entendimento segundo o qual a transferência do regime jurídico de celetista para estatutário implica extinção do contrato de trabalho, motivo pelo qual o prazo da prescrição bienal prevista no art. 7º, XXIX da CRFB passaria a fluir a partir dessa mudança de regime[18].

A EC 45/2004 ampliou a competência da Justiça do Trabalho, estendendo-a, em seu art. 114, I, para abranger os conflitos oriundos da relação de trabalho, inclusive perante os entes da Administração Pública, sem estabelecer nenhuma ressalva[19]. Mais adiante, ao decidir a ADI 3395, o STF reconheceu a incompetência da Justiça do Trabalho para processar e julgar as ações envolvendo servidores públicos estatutários, sob o fundamento de que estas não se reputam oriundas da relação de trabalho.

Nesse cenário, o STF examinou o ARE 1001075, interposto pelo Município de Barras/PI contra decisão de admissibilidade de recurso extraordinário em face de acórdão do TST, que reconhecia a competência da Justiça do Trabalho para apreciar causa em relação ao período celetista anterior à instituição do regime jurídico único por Lei municipal, mesmo tendo a demanda sido proposta em data posterior a tal transposição de regimes.

---

18. Em 2005, em razão da Res. 129/2005, a presente orientação jurisprudência foi convertida na atual Súmula 382 daquela Corte: "Súmula 382. MUDANÇA DE REGIME CELETISTA PARA ESTATUTÁRIO. EXTINÇÃO DO CONTRATO. PRESCRIÇÃO BIENAL. A transferência do regime jurídico de celetista para estatutário implica extinção do contrato de trabalho, fluindo o prazo da prescrição bienal a partir da mudança de regime".

19. "Art. 114. Compete à Justiça do Trabalho processar e julgar: [...] I – as ações oriundas da relação de trabalho, abrangidos os entes de direito público externo e da administração pública direta e indireta da União, dos Estados, do Distrito Federal e dos Municípios".

O Autor basicamente alegou a incompetência da Justiça do Trabalho para processar e julgar causas entre servidor e o poder público, mesmo no caso de relação empregatícia.

Os fundamentos que sustentaram o voto vencedor do acórdão que contempla o precedente examinado foram: a) a reafirmação da jurisprudência do Tribunal de reconhecer a incompetência da Justiça do Trabalho para processar e julgar as parcelas relativas ao período posterior à instituição do regime jurídico único, mantendo-se, de outro lado, sua competência sobre as parcelas anteriores, sendo que os efeitos da decisão proferida por esta Especializada ficam limitados ao início da vigência da lei que modificou o regime de trabalho; e b) não há controvérsia sobre a existência, validade ou eficácia das relações jurídicas entre a servidora e o poder público, o que atrairia a competência da Justiça Comum para o julgamento da matéria, consoante a jurisprudência pacífica da Corte.

Com base em tais fundamentos, foi negado provimento ao recurso extraordinário, vencido o Ministro Marco Aurélio, que se limitou a se pronunciar pela existência de repercussão geral, entendendo inadequada a submissão do mérito do recurso extraordinário à análise em Plenário Virtual.

9

DIREITO PREVIDENCIÁRIO

Maria Amélia Lira de Carvalho

9.1. COMPROVAÇÃO DE MISERABILIDADE PARA PERCEPÇÃO DE BE-NEFÍCIO DE ASSISTÊNCIA CONTINUADA

Tema 27: "Meios de comprovação do estado de miserabilidade do idoso para percepção de benefício de assistência continuada".

Tese: "É inconstitucional o § 3º do artigo 20 da Lei 8.742/1993, que estabelece a renda familiar mensal *per capita* inferior a um quarto do salário mínimo como requisito obrigatório para concessão do benefício assistencial de prestação continuada previsto no artigo 203, V, da Constituição".

FICHA TÉCNICA	
Leading case:	RE 567985
Descrição do caso feita pelo STF:	"Recurso extraordinário em que se discute, à luz do art. 203, V, da Constituição Federal, a possibilidade, ou não, de comprovação de miserabilidade do idoso, para fins percepção do benefício de assistência continuada a que alude o referido dispositivo, por outro meio além do previsto no art. 20, § 3º, da Lei nº 8.742/93, que considera incapaz de prover a manutenção do idoso a família cuja renda mensal per capita seja inferior a ¼ do salário mínimo. [-]"

FICHA TÉCNICA	
Leading case:	**RE 567985**
Dispositivo(s) constitucional(is) envolvido(s):	Art. 203. A assistência social será prestada a quem dela necessitar, independentemente de contribuição à seguridade social, e tem por objetivos: (...)V – a garantia de um salário mínimo de benefício mensal à pessoa portadora de deficiência e ao idoso que comprovem não possuir meios de prover à própria manutenção ou de tê-la provida por sua família, conforme dispuser a lei.
Data de reconhecimento da repercussão geral:	08/02/2008
Data de julgamento do mérito recursal:	18/04/2013
Houve unanimidade?	Não
Data de publicação do acórdão de julgamento do recurso:	03/10/2013
Trânsito em julgado do acórdão:	11/12/2013

⊚ Comentários:

A Constituição Federal de 1988 prevê no artigo 203, V a garantia de um salário mínimo aos portadores de deficiência e aos idosos que comprovem não possuir meios de prover a própria manutenção ou de tê-la provida por sua família, nos termos da lei. A lei Orgânica da Assistência Social – LOAS, de n° 8.742/93, que regulou a matéria, no artigo 20, § 3°, fixou que "considera-se incapaz de prover a manutenção da pessoa portadora de deficiência ou idosa, a família cuja renda mensal per capita seja inferior a 1/4 (um quarto) do salário mínimo". Entende-se como família, nos termos do artigo 20, § 1° da Lei 8.742/93, alterado pela lei 12.435/2011, além do requerente, o cônjuge ou companheiro, os pais e, na ausência de um deles, a madrasta ou o padrasto, os irmãos solteiros, os filhos e enteados solteiros e os menores tutelados, desde que vivam sobre o mesmo teto.

O parâmetro financeiro e objetivo estabelecido pela lei – renda *per capita* inferior a 1/4 (um quarto) do salário mínimo, foi objeto de ação direta de inconstitucionalidade, sob n° 1.232-1/DF, ao fundamento de que a sua observância permitiria que situações de miserabilidade social ficassem fora do alcance do benefício assistencial. O STF ao apreciar a ação declarou a compatibilidade do disposto no artigo 20, § 3° da lei 8742/93 e a Constituição Federal, ou seja, reconheceu a constitucionalidade da lei, que permaneceu inalterada, mas não pôs fim à controvérsia de aplicação do critério objetivo da renda familiar per capita de ¼ de salário mínimo.

Partiu-se então para a busca de outras maneiras de se contornar o critério objetivo e único fixado na lei, e a necessidade de se avaliar o real estado de miserabilidade social das famílias com entes idosos ou deficientes inspirados em outros critérios mais elásticos de concessão de benefícios assistenciais já existentes criados em diferentes leis tais como: a Lei 10.836/2004, que criou o programa Bolsa Família; a Lei 10.689/2003, que instituiu o

Programa Nacional de Acesso à Alimentação; a Lei 10.219/01, que criou o Bolsa Escola; a Lei 9.533/97, que autoriza o Poder Executivo a conceder apoio financeiro a Municípios que instituírem programas de garantia de renda mínima associados a ações socioeducativas, fazendo com que o STF, em decisões monocráticas revisse o entendimento da intransponibilidade do critério objetivo fixado pela § 3º, do artigo 20, da lei 8742/93, pela ocorrência de um processo de inconstitucionalização decorrente de mudanças fáticas e jurídicas.

Nesse contexto o STF examinou o RE 567.985 interposto pelo Instituto Nacional do Seguro Social-INSS contra acórdão proferido pela Turma Recursal da Seção Judiciária do Estado do Mato Grosso, que negou provimento a recurso interposto pelo INSS, reconhecendo que a recorrida teria direito ao recebimento do benefício assistencial de prestação continuada, mesmo não preenchendo os requisitos previstos no artigo 20, § 3º, da Lei Orgânica da Assistência Social – LOAS (Lei nº 8.742/93). Consignou o Ministro Relator Marco Aurélio não ser absoluto o parâmetro de um quarto do salário mínimo estabelecido na mencionada lei, cuja situação concreta deve ser adequada pelo Judiciário à diretriz constitucional da dignidade da pessoa humana (artigo 1º, inciso III), de forma a dar cumprimento ao disposto no artigo 203, inciso V, da Carta da República. Concluiu estar configurada a condição de miserabilidade da recorrida, tendo em vista conclusão de perícia socioeconômica.

Os parâmetros que arrimam o voto vencedor do acórdão da Relatoria do Ministro Marco Aurélio, que contempla o precedente examinado foram: a) O benefício assistencial previsto no artigo 203, inciso V, da Carta da República, é uma especialização dos princípios maiores da solidariedade social e da erradicação da pobreza, versados no artigo 3º, incisos I e III, do Diploma Maior. Concretiza a assistência aos desamparados, estampada no artigo 6º, cabeça, da Carta Federal. Daí ostentar a natureza de direito fundamental. b) a cláusula constitucional "não possuir meios de prover a própria manutenção ou de tê-la provida por sua família" deve ser interpretada para atender o objetivo do constituinte de conferir proteção social àqueles incapazes de garantir a respectiva subsistência, envolvendo preceitos relativos à dignidade humana, à solidariedade social, à erradicação da pobreza e à assistência aos desamparados, que fornecem razões para uma interpretação adequada do benefício assistencial estampado na Lei Maior. c) A insuficiência de meios de que trata a Carta não é o único critério, porquanto a concessão do benefício pressupõe, igualmente, a incapacidade de o sustento ser provido por meio próprio ou pela família, o que reforça a necessidade de proteção social. d) Há consenso básico e essencial sobre a necessidade de proteger e dignificar o indivíduo. E há o dever do Estado, constitucionalmente previsto, de prover assistência aos desamparados. Com base no artigo 6º da Carta, compelem-se os poderes públicos a realizar políticas públicas para remediar, ainda que minimamente, a situação de miséria daqueles que infelizmente acabaram relegados a essa condição. e) A concretização legislativa para apurar a pobreza, embora objetivo, não se mostrou suficiente ao atendimento dos princípios constitucionais retratados no caso concreto.

Com base em tais fundamentos, o ministro relator procedeu a interpretação da regra geral questionada, entendendo por prevalecer o critério fixado no artigo 20, § 3º, da Lei nº 8.742/93. Reconheceu ainda que ante razões excepcionais devidamente comprovadas, é dado ao intérprete do Direito constatar que a aplicação da lei à situação concreta conduz à inconstitucionalidade, presente o parâmetro material da Carta da República, qual seja, a miserabilidade, assim frustrando os princípios observáveis – solidariedade, dignidade, erradicação da pobreza, assistência aos desamparados. Em tais casos, pode o Juízo superar a norma legal sem declará-la inconstitucional, tornando prevalecentes os ditames constitucionais. Nesse contexto, consideradas as circunstâncias excepcionais reveladas na decisão recorrida, votou por negar provimento ao recurso. Prosseguindo, o processo foi ao plenário e por maioria se negou provimento ao recurso extraordinário, e declarou *incidenter tantum* a inconstitucionalidade do § 3º do art. 20 da Lei nº 8.742/93.

◉ Síntese do debate constante do acórdão que fixou o precedente:

Argumentos favoráveis à tese fixada:	Argumentos contrários à tese fixada:
• A propósito do julgamento da ADI n. 1232/DF, a declaração anterior de constitucionalidade de uma lei (art. 20, § 3º, da Lei 8.742/1993) não impede que possa posteriormente ser declarada inconstitucional, em face de mudanças nas circunstâncias fáticas, jurídicas ou no plexo de relação entre as circunstâncias fáticas e jurídicas. (Ministro Marco Aurélio) • A lei 8.742/93, em seu § 3º, do artigo 20, fixou um critério objetivo, quanto a renda de ¼ de salário mínimo, o que não afasta o reconhecimento de outros critérios de aferição da miserabilidade, para concessão do benefício, no grupo familiar e da situação de vulnerabilidade. Considerar apenas o critério "renda", estabelecido pelo legislador exclui outros elementos do mundo dos fatos que são relevantes para o exame do parâmetro "miserabilidade." (Ministro Marco Aurélio) • "O artigo 20, § 3º, da Lei nº 8.742/93, embora não seja, só por si, inconstitucional, gerou situação concreta de inconstitucionalidade. A incidência da regra traduz falha no dever, criado pela Carta, de plena e efetiva proteção dos direitos fundamentais, resultante da eficácia positiva de tais direitos, cuja concretização é condição essencial à construção de uma sociedade mais justa e, portanto, civilizada". (Ministro Marco Aurélio) • O critério adotado pelo legislador, não se revela suficiente para dar efetividade ao comando do art. 203,V, da Constituição Federal, que garante aos idosos e pessoas com deficiência considerados hipossuficientes o direito a um salário mínimo, a título de benefício assistencial. (Marco Aurélio) • "A concretização do princípio da dignidade humana e do dever específico de proteção dos hipossuficientes – idosos e deficientes – encontra-se aquém do texto constitucional. Embora ainda pouco utilizado pelo Supremo, emerge como parâmetro de aferição de constitucionalidade da intermediação legislativa de direitos fundamentais o chamado princípio da proibição da concretização deficitária, cujo fundamento último radica-se no dever, imputável ao Estado, de promover a edição de leis e ações administrativas efetivas para proteger os direitos fundamentais." (Ministro Marco Aurélio).	• Se a norma (art. 20,§ 3º da Lei 8.742/1993) foi declarada constitucional pelo Supremo Tribunal Federal (na ADI 1.232/DF), tomada em controle concentrado de constitucionalidade, insuscetível de rescisão, qualquer juízo em sentido contrário – para afirmar a sua ilegitimidade – dependeria da configuração de algum pressuposto de inconstitucionalidade superveniente: ou a mudança da realidade social em que atuam a norma constitucional e a norma infraconstitucional, ou a mudança do parâmetro normativo constitucional, que pudesse acarretar a não recepção (e, portanto, a revogação) do art. 20, § 3º da Lei 8.742/1993. Nada disso, todavia, ocorreu, no caso. Não há sustento algum, portanto, para um juízo de inconstitucionalidade superveniente. (Ministro Teori Zavasck) • Não há razão para afirmar a revogação desse dispositivo por lei ordinária posterior com ele incompatível. O benefício decorrente do art. 203, V da Constituição, de natureza individual, disciplinado no art. 20, § 3º da Lei 8.742/1993, tem configuração e pressupostos normativos próprios, insuscetíveis de equiparação com outros benefícios sociais, de natureza familiar, como o da Lei 10.689/2003, ou o da Lei 9.533/1997. (Ministro Teori Zavascki)

Argumentos favoráveis à tese fixada:	Argumentos contrários à tese fixada:
	• O artigo 203, inciso V, da Constituição, remete à lei a regulamentação desse valor mínimo que deve ser conferido ao idoso em situação, como a própria lei chama, de miserabilidade. Ou seja, deferiu ao legislador ordinário essa incumbência, que, por sua vez, adotou um critério objetivo. (Ministro Ricardo Lewandowski)
	• O legislador ordinário, o Congresso Nacional, deve ter feito uma série de cálculos e chegou à conclusão que esse é o valor possível, é aquilo que os juristas chamam de reserva do possível, aquilo que o erário pode pagar, neste presente momento histórico, ao idoso. Então, esse é um aspecto que parece relevante, que é a situação orçamentária da Previdência Social. As políticas públicas são instituídas pelo Congresso Nacional com o poder executivo e não cabe, em princípio ao Poder Judiciário, imiscuir-se nessa área. (Ricardo Lewandowski)
	• O acórdão recorrido afrontou o princípio da legalidade, porque claramente essa política pública está expressa na lei 8.742, no seu artigo 20,§ 3°, e compete ao Congresso Nacional rever a lei a seu talante, como representante da soberania nacional, e verificar se está, ou não, defasada ao longo do tempo, com relação à realidade econômica em que vivemos, a independência dos Poderes e o princípio da reserva legal. E afronta também ao princípio da fonte de custeio, abrigada no art. 195,§ 5° da Constituição Federal. (Ricardo Lewandowski)

◉ Fique atento:

• O Ministro Gilmar Mendes ao votar opôs um reparo ao voto do Ministro Relator quanto à solução por ele proposta de devolver ao juiz a adoção de critérios o que retira daquilo que da tribuna se aponta que a possibilidade do legislador fixar um critério, estabelecendo um mínimo de segurança jurídica. Isto se ficar decidido que fica em vigor a lei até que um juiz, no caso concreto decida como aplicar. Dai que encaminhou seu voto para negar provimento ao recurso e declarar a inconstitucionalidade do § 3° do art. 20 da lei 8742/1993, sem pronúncia de nulidade, dando por sua validade até 31 de dezembro de 2014. Ainda suscitou um problema que é o critério adotado pelo estatuto do idoso, que gerou insegurança jurídica, porque, ao excluir, no caso dos idosos, apenas em relação ao recebimento e percepção de benefício da LOAS, por uma das partes do casal, ele acabou por agravar uma discussão sobre isonomia.

• A declaração de nulidade do § 3° do artigo 20, da lei 8742/93 ocorreu apenas incidentalmente e não abstratamente, não sendo, portanto vinculante, e embora o STF tenha buscado a modulação da sua eficácia para definir ao Congresso Nacional,

prazo até 31.12.2015, para aprovar uma nova regra, estabelecendo um novo critério, sem afastamento do já fixado, não foi possível em face de não ter alcançado o
quórum de 2/3 para aprovar a modulação requerida pela advocacia Geral da União.

⊙ Questões de Concurso relacionadas ao tema:

Questão 01 (JUIZ FEDERAL – TRF 2ª REGIÃO – 2014 – Questão adaptada) Relativamente ao
benefício assistencial da lei 8.742/93, mais conhecida como "LOAS" (Lei Orgânica da Assistência
Social), o critério para aferir miserabilidade é o tipificado na Lei 8.742/93, na qual a renda per
capita é inferior a um quarto de salário mínimo.

    ( ) Certo   ( ) Errado

> **Gabarito: 1-E**

9.2. CÁLCULO DE BENEFÍCIO PREVIDENCIÁRIO

Tema 70: "Possibilidade de conjugar vantagens de dois regimes previdenciários distintos para cálculo do benefício de aposentadoria".

Tese: "Na sistemática de cálculo dos benefícios previdenciários, não é lícito ao
segurado conjugar as vantagens do novo sistema com aquelas aplicáveis ao
anterior, porquanto inexiste direito adquirido a determinado regime jurídico".

FICHA TÉCNICA	
Leading case:	**RE 575089**
Descrição do caso feita pelo STF:	Recurso extraordinário em que se discute, à luz dos artigos 5º, XXXVI; 201, § 11; e 202, da Constituição Federal, e do art. 3º da Emenda Constitucional nº 20/98, o direito, ou não, à adoção, para cálculo do benefício da aposentadoria, dos critérios anteriores à vigência da Emenda Constitucional nº 20/98, computando-se tempo de serviço sob condições especiais posterior a ela.
Dispositivo(s) constitucional(is) envolvido(s):	Art. 5º Todos são iguais perante a lei, sem distinção de qualquer natureza, garantindo-se aos brasileiros e aos estrangeiros residentes no País a inviolabilidade do direito à vida, à liberdade, à igualdade, à segurança e à propriedade, nos termos seguintes: (...) XXXVI – a lei não prejudicará o direito adquirido, o ato jurídico perfeito e a coisa julgada; "Art. 201. A previdência social será organizada sob a forma de regime geral, de caráter contributivo e de filiação obrigatória, observados critérios que preservem o equilíbrio financeiro e atuarial, e atenderá, nos termos da lei, a: (...) § 11. Os ganhos habituais do empregado, a qualquer título, serão incorporados ao salário para efeito de contribuição previdenciária e conseqüente repercussão em benefícios, nos casos e na forma da lei.(...)"

FICHA TÉCNICA	
Leading case:	**RE 575089**
	Art. 202. O regime de previdência privada, de caráter complementar e organizado de forma autônoma em relação ao regime geral de previdência social, será facultativo, baseado na constituição de reservas que garantam o benefício contratado, e regulado por lei complementar.
	Art. 3º da Emenda Constitucional nº 20/98 – É assegurada a concessão de aposentadoria e pensão, a qualquer tempo, aos servidores públicos e aos segurados do regime geral de previdência social, bem como aos seus dependentes, que, até a data da publicação desta Emenda, tenham cumprido os requisitos para a obtenção destes benefícios, com base nos critérios da legislação então vigente.
Data de reconhecimento da repercussão geral:	24/04/2008
Data de julgamento do mérito recursal:	10/09/2008
Houve unanimidade?	Não
Data de publicação do acórdão de julgamento do recurso:	24/10/2008
Trânsito em julgado do acórdão:	06/11/2008

◎ Comentários:

A EC nº 20/1998 transmudou o sistema de aposentadoria por tempo de serviço em aposentadoria por tempo de contribuição, modificando as normas de concessão do benefício e instituindo regras de transição.

A discussão posta no RE cinge-se a possibilidade ou não de se adotar para o cálculo de benefício de aposentadoria critérios anteriores à vigência da EC nº 20 (15/12/1998) computando tempo de serviço posterior.

O Autor/recorrente pretendeu como RE que fosse assegurado a concessão do benefício previdenciário de aposentadoria por tempo de contribuição, mediante o reconhecimento do exercício de atividade especial, e no sentido de que seja a ele concedida a opção de cálculo do seu benefício da aposentadoria na forma prevista antes da EC nº 20, baseada nos trintas e seis últimos salários de contribuição (art. 202, da CF, com a redação antes da EC nº 20/1998) e o tempo de serviço prestado após a EC 20/98.

Sustentou que não estava obrigado a requerer a aposentadoria antes da EC 20/98, e esta lhe assegurou o direito de requerer a qualquer tempo sem prejuízo; que o "a quo" feriu o seu direito a aposentadoria integral ao restringir o valor que receberia do INSS apenas a 76% do salário de benefício, correspondendo a 31 anos; e que a decisão ofende o artigo 3º da EC 20/98, visto que inviabiliza a opção pela aposentadoria a qualquer tempo nele permitida.

Os fundamentos que amparam o voto vencedor do acórdão de relatoria do Ministro Ricardo Lewandowski, que contempla o precedente examinado foram: a)A matéria em análise é de direito e não está em discussão a questão da contagem de tempo de serviço em condições especiais, reconhecidas em ambas as instâncias. b) A EC/98 transmudou o regime de aposentadoria por tempo de serviço no regime de aposentadoria por tempo de contribuição, modificando as normas de concessão do benefício e criando regras de transição, c) o recorrente busca mesclar regras de aposentadorias de sistemas previdenciários distintos, por meio de cálculo do benefício previdenciários com base nos trinta e seis últimos salários de contribuição (art. 202, com redação anterior a EC 20/98).

Com base em tais fundamentos, por maioria, foi negado provimento ao recurso do recorrente.

◉ Síntese do debate constante do acórdão que fixou o precedente:

Argumentos favoráveis à tese fixada:	Argumentos contrários à tese fixada:
• Situações semelhantes já foram apreciadas no RE 278.718/SP[1] de relatoria do Ministro Moreira Alves e RE 227.382/RS[2], de relatoria do Ministro Sepúlveda Pertence, firmando entendimento de que não é lícito aos segurados do INSS mesclar as vantagens de dois regimes distintos de aposentadoria, beneficiando-se de vantagens decorrentes de um sistema híbrido. (Ministro Ricardo Lewandowski) • A jurisprudência do Supremo Tribunal já se assentou no sentido de que o aposentado possui direito adquirido "ao quantum de seus proventos calculados com base na legislação vigente ao tempo da aposentadoria, mas não aos critérios legais com base em que esse quantum foi estabelecido, pois não há direito adquirido a regime jurídico " (CF. RE 92.511, Min Moreira Alves; e AI 145.522-AgR, Rel. Min. Sepúlveda Pertence) (Ministro Ricardo Lewandowski) • O direito adquirido pressupõe o preenchimento de todas as condições, como ocorreu na hipótese. Mas em conformidade com o princípio *tempus regit actum*, o tempo de serviço ou de contribuição obtido depois da EC 20/98, não se rege mais pela disciplina legal que vigorava anteriormente, se submetendo à nova ordem por ela instaurada, até porque não direito adquirido a regime jurídico. (Ministro Ricardo Lewandowski)	

1.   "Recurso extraordinário. Revisão de Benefício

2.   "Decisão : RE interposto

Argumentos favoráveis à tese fixada:	Argumentos contrários à tese fixada:
• Não houve imposição de restrição à aposentadoria do recorrente. Apenas que o cálculo do benefício só pode contemplar um dos dois critérios legais possíveis, e mais favorável ao segurado, antes ou depois da EC 20/98. (Ministro Ricardo Lewandowski) • Não houve violação ao art. 201,§ 11 da Constituição, pois não impediu a repercussão das contribuições recolhidas após a EC n. 20/98. A decisão do tribunal da 4ª região deu correta interpretação. (Ministro Ricardo Lewandowski)	• O quadro revela relações jurídicas continuadas, não havendo como precisar o denominado regime hibrido mediante a conjugação do sistema anterior e do atual, após a EC n° 20. (Ministro Marco Aurélio) • O contribuinte completou o tempo para a aposentadoria e não está querendo somar períodos de um regime e de outro, antes da EC n° 20/98. (Ministro Marco Aurélio) • Não se concebe direito adquirido negativo, contrário ao próprio beneficiário da norma (Min. Marco Aurélio).

9.3. TETO DA RENDA MENSAL DE BENEFÍCIOS PREVIDENCIÁRIOS: DIREITO INTERTEMPORAL

Tema 76: "Teto da renda mensal dos benefícios previdenciários concedidos anteriormente à vigência das Emendas Constitucionais n° 20/98 e 41/2003"

Tese: "Não ofende o ato jurídico perfeito a aplicação imediata do art. 14 da Emenda Constitucional 20/1998 e do art. 5° da Emenda Constitucional 41/2003 aos benefícios previdenciários limitados a teto do regime geral de previdência estabelecido antes da vigência dessas normas, de modo a que passem a observar o novo teto constitucional".

FICHA TÉCNICA	
Leading case:	**RE 564354**
Descrição do caso feita pelo STF:	Recurso extraordinário em que se discute, à luz dos artigos 5°, XXXVI; 7°, IV; e 195, § 5°, da Constituição Federal, bem como do art. 14 da Emenda Constitucional n° 20/98 e do art. 5° da Emenda Constitucional n° 41/2003, a aplicação, ou não, do novo limite dos valores dos benefícios fixados pelas referidas emendas como teto da renda mensal dos benefícios concedidos anteriormente a sua vigência.

FICHA TÉCNICA	
Leading case:	**RE 564354**
Dispositivo(s) constitucional(is) envolvido(s):	Art. 5º Todos são iguais perante a lei, sem distinção de qualquer natureza, garantindo-se aos brasileiros e aos estrangeiros residentes no País a inviolabilidade do direito à vida, à liberdade, à igualdade, à segurança e à propriedade, nos termos seguintes:
	(...) XXXVI – a lei não prejudicará o direito adquirido, o ato jurídico perfeito e a coisa julgada;
	Art. 7º São direitos dos trabalhadores urbanos e rurais, além de outros que visem à melhoria de sua condição social:
	(...) IV – salário mínimo, fixado em lei, nacionalmente unificado, capaz de atender a suas necessidades vitais básicas e às de sua família com moradia, alimentação, educação, saúde, lazer, vestuário, higiene, transporte e previdência social, com reajustes periódicos que lhe preservem o poder aquisitivo, sendo vedada sua vinculação para qualquer fim;
	Art. 195. A seguridade social será financiada por toda a sociedade, de forma direta e indireta, nos termos da lei, mediante recursos provenientes dos orçamentos da União, dos Estados, do Distrito Federal e dos Municípios, e das seguintes contribuições sociais: (...) § 5º Nenhum benefício ou serviço da seguridade social poderá ser criado, majorado ou estendido sem a correspondente fonte de custeio total.
	Art. 14 da EC nº 20 – O limite máximo para o valor dos benefícios do regime geral de previdência social de que trata o art. 201 da Constituição Federal é fixado em R$ 1.200,00 (um mil e duzentos reais), devendo, a partir da data da publicação desta Emenda, ser reajustado de forma a preservar, em caráter permanente, seu valor real, atualizado pelos mesmos índices aplicados aos benefícios do regime geral de previdência social.
	Art. 5º da emenda constitucional nº 41/2003. O limite máximo para o valor dos benefícios do regime geral de previdência social de que trata o art. 201 da Constituição Federal é fixado em R$ 2.400,00 (dois mil e quatrocentos reais), devendo, a partir da data de publicação desta Emenda, ser reajustado de forma a preservar, em caráter permanente, seu valor real, atualizado pelos mesmos índices aplicados aos benefícios do regime geral de previdência social.
Data de reconhecimento da repercussão geral:	01/05/2008
Data de julgamento do mérito recursal:	08/09/2010

FICHA TÉCNICA	
Leading case:	**RE 564354**
Houve unanimidade?	Não
Data de publicação do acórdão de julgamento do recurso:	15/02/2011
Trânsito em julgado do acórdão:	28/02/2011

◉ Comentários:

A Emenda Constitucional nº 20/1998 em seu art. 14[3] e a emenda constitucional nº 41/2003 no artigo 5º[4] fixaram um novo limite para o teto da previdência social, respectivamente de R$ 1200,00 e R$ 2.400,00, que, consoante entendimento do INSS, passaram a viger a partir do início de vigência das referidas Emendas. Antes da EC nº 20/98, o teto do salário de benefício era de R$ 1081,50 e anteriormente a EC nº 41/2003 o teto fixado era de R$ 1.869,34. A discussão aqui versada trata simplesmente de saber se o teto limite fixado por uma constituição e que foi alterado por emenda constitucional, que fixou uma nova realidade, sem mudar o regime jurídico, deflagra automático direito daqueles que recebiam menos, porque o teto era menor, de também receber a diferença que supera esse teto e sofreu a incidência do chamado "corte", sabendo-se que o artigo 29, § 2º[5] da Lei 8213/91 estabelece que o salário de benefício tem o mesmo limite máximo que o salário de contribuição.

O cerne do debate passou pela análise da alegação de violação ao direito adquirido (art. 5º, XXXVI da CF) em face do artigo 14 da EC nº 20/98 superveniente, cuja solução pressupõe que se entenda e se determine o alcance das leis postas em confronto, para se dizer da existência ou inexistência de retroatividade vedada.

No caso concreto o que se buscou definir foi se a alteração trazida pelo art. 14 da Emenda Constitucional nº 20/98 ao teto previdenciário aplica-se imediatamente àqueles que já percebiam o benefício anteriormente à sua edição, considerados os cálculos decorrentes dos salários de contribuição. E a pretensão do requerente no RE foi a readequação do benefício concedido antes da EC n. 20/98, ao novo teto previsto na Emenda, considerando ter ele contribuído com valores acima do limite máximo quando de sua aposentadoria, di-

---

3. Art. 14 – O limite máximo para o valor dos benefícios do regime geral de previdência social de que trata o art. 201 da Constituição Federal é fixado em R$ 1.200,00 (um mil e duzentos reais), devendo, a partir da data da publicação desta Emenda, ser reajustado de forma a preservar, em caráter permanente, seu valor real, atualizados pelos mesmos índices aplicados aos benefícios do regime geral de previdência social.

4. Art. 5º – O limite máximo para o valor dos benefícios do regime geral de previdência social de que trata o art. 201 da Constituição Federal é fixado em R$ 2.400,00 (dois mil e quatrocentos reais), devendo, a partir da data de publicação desta Emenda, ser reajustado de forma a preservar, em caráter permanente, seu valor real, atualizados pelos mesmos índices aplicados aos benefícios do regime geral de previdência social.

5. Art. 29. O salário-de-benefício consiste:
(...) § 2º O valor do salário-de-benefício não será inferior ao de um salário mínimo, nem superior ao do limite máximo do salário-de-contribuição na data de início do benefício.

reito este reconhecido pela Turma Recursal da Seção Judiciária do Estado de Sergipe que deu provimento ao seu recurso, cujo acórdão foi objeto do presente Recurso Extraordinário proposto pela autarquia previdenciária, onde alega violação ao ato jurídico perfeito, previsto no artigo 5º, inc. XXXVI e dos art. 7º, inc. IV e 195, § 5º da CF, além de suscitar em preliminar haver repercussão geral, questão constitucional esta que submetida a apreciação dos ministros do Supremo teve reconhecida a sua relevância jurídica e transcendência do tema. A ministra relatora Carmen Lucia não conheceu o RE na parte em que se alega ofensa ao artigo 5º da Emenda Constitucional 41/2003, pois o tema não foi tratado no acórdão recorrido, tampouco opostos Embargos de Declaração para suprir a omissão, o que incide na aplicação das Súmulas 282 e 356 do STF. A seguir esclareceu que a questão posta em julgamento tratava de uma Emenda Constitucional que fixou uma nova realidade, mas não mudou o regime jurídico, não se trata de reajuste automático. A discussão está restrita a situação em que "se majorado o teto, aquela pessoa que tinha pago a mais, que é o caso do recorrido, poderia também ter agora o reajuste até aquele patamar máximo."

O STF já decidiu em diversas ocasiões que a lei não pode retroagir, a exemplo do RE 205.999 de relatoria do Ministro Moreira Franco e também do RE 415.454 que teve como Relator o Ministro Gilmar Mendes. O seu entendimento é no sentido de não ser possível lei posterior alcançar atos jurídicos efetivados antes de sua vigência, sob pena de violar o princípio do ato jurídico perfeito.

Mas no caso em análise entendeu a Relatora Ministra Carmem Lúcia ao proferir seu voto, que não se trata de aplicação retroativa da Emenda, com violação ao ato jurídico perfeito (art., inc. XXXVI, da CF) ou ao princípio da irretroatividade das leis. A pretensão posta na lide respeita à aplicação imediata ou não do novo teto previdenciário trazido pelo art. 14, da Emenda constitucional n 20, que majorou o teto máximo do valor do benefício e não sua aplicação retroativa. E não há discussão relativa a vinculação a aumento de salário mínimo, tampouco de concessão de aumento sem fonte de custeio, porque não houve aumento, mas sim o direito de ter o valor do benefício calculado com base em limitador mais alto. Deste modo, ratificando o entendimento do voto condutor do acórdão recorrido, concluiu a relatora pela inexistência das ofensas constitucionais apontadas no referido acórdão, para conhecer em parte o RE e na parte conhecida negar provimento ao recurso Extraordinário, por correta a decisão recorrida que concluiu ser possível a aplicação imediata do art. 14 da Emenda Constitucional 20/1998 àqueles que percebem seus benefícios com base em limitador anterior, levando-se em conta aos salários de contribuição que foram utilizados para os cálculos inicias. E, prosseguindo ao julgamento do processo, decidiu o plenário do Supremo Tribunal Federal, por maioria, e nos termos do voto da Relatora conhecer do Recurso Extraordinário e negar-lhe provimento.

◉ Síntese do debate constante do acórdão que fixou o precedente:

Argumentos favoráveis à tese fixada:	Argumentos contrários à tese fixada:
▪ Não há ofensa ao ato jurídico perfeito (art. 5º XXXVI da Constituição Federal) ou princípio da irretroatividade da lei. A pretensão posta na lide respeita a aplicação imediata ou não do novo teto previdenciário trazida pela Emenda Constitucional nº 20/98. O texto não trata de reajuste do "teto" previdenciário, mas majoração. (ministra Carmem Lúcia). ▪ Se a pretensão do recorrido é para manter seus reajustes de acordo com os índices oficiais, previstos em lei, sendo que por força desses reajustes seja ultrapassado o antigo "teto", respeitando, por óbvio, o novo valor introduzido pela Emenda Constitucional, não há como se reconhecer a violação aos artigos constitucionais apontados pelo recorrente. (Ministra Carmem Lúcia). ▪ Não há aplicação do art. 14 da EC nº 20 retroativamente, nem reconhecimento de pagamento de novo valor. Na Hipótese apreciada o que se tem é aplicação do novo teto para fins de renda mensal de benefício. (Ministra Carmen Lúcia). ▪ A Procuradoria Geral da República se manifestou no sentido de que "a procedência da ação não traduz um reajuste automático de todos os benefícios concedidos antes da aludida Emenda Constitucional, mas uma adequação ao novo patamar, as hipóteses em que a fixação dos proventos resultou em valor inferior a média atualizada dos salários-de-contribuição". Ressaltou ainda que: " nem todos os segurados que estavam percebendo R$ 1081,50 em dezembro de 1998 devem passar a receber R$ 1.200,00, valor este previsto no art. 14 da referida emenda constitucional." ▪ A regra do *tempus regit actum*, nesse caso opera em favor do segurado. No silêncio da lei benévola ou benéfica a retroatividade opera e foi o caso, pois a Emenda Constitucional nº 20 (art. 14), não proibiu a retroação. (Ministro Ayres Brito)	▪ O ministro Dias Toffoli entende que a concessão do benefício e o valor do pagamento é definido em ato único. A continuidade se refere apenas ao pagamento mensal. Um lei posterior só altera a forma de cálculo do valor à época da concessão, se houver previsão expressa de aplicação a situações fática pretéritas, o que não ocorreu na hipótese. Assim a aplicação do art. 14 da EC 20/98, contraria sim o artigo 5º, Inciso XXXVI da Constituição Federal, violando o ato jurídico perfeito, que foi a fórmula do cálculo.

◉ Fique atento:

- O recurso Extraordinário não foi conhecido na parte em que o recorrente alegou ofensa ao artigo 5º da Emenda Constitucional 41/2003. Durante o debate o Ministro Gilmar Mendes ponderou sobre o não conhecimento do recurso de um tema que é absolutamente idêntico, o que traria o ônus de novamente ter que se discutir a matéria. No julgamento, o Supremo Tribunal Federal superou a deficiência do recurso extraordinário, na parte que não foi conhecida pela falta de prequestionamento do art. 5º da Emenda Constitucional nº 41/2003, e para que a decisão também alcançasse esse dispositivo, e fez constar na parte dispositiva também a previsão da referida Emenda Constitucional nº 41.

- Durante o debate o Ministro Gilmar Mendes ressaltou um aspecto importante a ser considerado e que diz respeito à diferença entre a atualização do salário de contribuição e do salário de benefício e a do limitador que se dá de maneira bem diferente. Ilustrando a situação o salário de contribuição, no período alongado de dezembro de 1998 a novembro de 2003, foi reajustado em 98,43%, pois houve um reajuste contínuo, e o do limitador previdenciário, de 55,77%. Assim havia essa situação, que se caracterizava pela não coincidência, que lesava aquele que contribui por um valor maior, como no caso dos autos. Agora a própria ordem jurídica fez coincidir o modelo de reajuste ou de revisão.

⊙ Questões de Concurso relacionadas ao tema:

Questão 01 (CESPE/TRF 5ª Região/Juiz Federal/2011 – adaptada) É possível aplicação imediata de novo teto previdenciário fixado por emenda constitucional aos benefícios pagos com base em limitador anterior, considerados os salários-de-contribuição utilizados para os cálculos iniciais, pois não se trata de majoração do valor do benefício sem a correspondente fonte de custeio, mas apenas da declaração do direito de o segurado ter a sua renda mensal de benefício calculada com base em limitador mais alto.

( ) Certo   ( ) Errado

> **Gabarito: 1-C**

9.4. CÁLCULO DA RENDA MENSAL INICIAL

Tema 334: "Direito a cálculo de benefício de aposentadoria de acordo com legislação vigente à época do preenchimento dos requisitos exigidos para sua concessão".

Tese: "Para o cálculo da renda mensal inicial, cumpre observar o quadro mais favorável ao beneficiário, pouco importando o decesso remuneratório ocorrido em data posterior ao implemento das condições legais para a aposentadoria, respeitadas a decadência do direito à revisão e a prescrição quanto às prestações vencidas".

FICHA TÉCNICA	
Leading case:	RE 630501
Descrição do caso feita pelo STF:	Recurso extraordinário em que se discute, à luz do art. 5º, XXXVI, da Constituição Federal, se segurado contribuinte da Previdência Social Básica possui, ou não, direito de calcular seu benefício de aposentadoria, de acordo com a legislação vigente à época em que já preenchidos os requisitos exigidos para a sua concessão, a qual se revela mais vantajosa do que aquela vigente à data da efetiva jubilação.

FICHA TÉCNICA	
Leading case:	**RE 630501**
Dispositivo(s) constitucional(is) envolvido(s):	Art. 5º Todos são iguais perante a lei, sem distinção de qualquer natureza, garantindo-se aos brasileiros e aos estrangeiros residentes no País a inviolabilidade do direito à vida, à liberdade, à igualdade, à segurança e à propriedade, nos termos seguintes: (...) XXXVI – a lei não prejudicará o direito adquirido, o ato jurídico perfeito e a coisa julgada;
Data de reconhecimento da repercussão geral:	21/10/2010
Data de julgamento do mérito recursal:	21/02/2013
Houve unanimidade?	Não
Data de publicação do acórdão de julgamento do recurso:	26/08/2013
Trânsito em julgado do acórdão:	23/09/2013

◉ Comentários:

No julgamento deste processo se discutiu, com base no artigo 5º, XXXVI[6], da Constituição Federal, se o segurado da previdência social tem direito ao melhor benefício de aposentadoria, podendo eleger, sob a égide de uma mesma lei, o benefício calculado de maneira mais vantajosa, considerando as datas que o direito poderia ter sido exercido, desde que cumprido todos os requisitos para concessão do benefício de aposentadoria.

O instituto do direito adquirido, como compreende a corte suprema, insere-se nas questões de direito intertemporal e em matéria previdenciária, firmou-se o entendimento de que é assegurado o direito adquirido sempre que, preenchidos os requisitos para o gozo de determinado benefício, lei posterior revogue o dito benefício, estabeleça requisitos mais rigorosos para a sua concessão ou, ainda, imponha critérios de cálculo menos favoráveis.

Não se trata de uma garantia ampla e genérica de irretroatividade das leis, mas a garantia de que determinadas situações jurídicas consolidadas não serão alcançadas por nova lei, ou seja, a ultratividade da lei revogada em determinados casos.

Mas a questão posta neste RE, trazida para análise é se, sob a vigência de uma mesma lei, teria o segurado o direito de escolher, com fundamento no direito adquirido, o benefício mais vantajoso, isto é de ter a renda mensal inicial (RMI) mais elevada, porque calculada no maior valor, consideradas as diversas datas em que o direito poderia ter sido exercido,

---

6.   Art. 5º Todos são iguais perante a lei, sem distinção de qualquer natureza, garantindo-se aos brasileiros e aos estrangeiros residentes no País a inviolabilidade do direito à vida, à liberdade, à igualdade, à segurança e à propriedade, nos termos seguintes: (...). XXXVI – a lei não prejudicará o direito adquirido, o ato jurídico perfeito e a coisa julgada..

que poderia ser no momento da aquisição do direito, na data da entrada do requerimento (DER) ou em outra data. A pretensão dos segurados era fazer incidir IGP-DI adotado no ano de 1996 nos reajustes dos anos de 1997 a 2001, pois este índice foi mais elevado dos que os índices utilizados pelo INSS no mesmo período, com exceção do ano de 1998.

Externou a Ministra Ellen Gracie, Relatora do recurso, não se estar diante de uma questão de direito intertemporal, mas de preservação de direito adquirido, diante de novas circunstâncias, cabendo fazer a distinção da aquisição do direito, de seu exercício, em face do Enunciado 359[7], sabendo-se que com o cumprimento de todos os requisitos para a concessão do benefício à época, tem o segurado o direito adquirido, que poderá ser exercido (assim que adquirido) ou mais adiante, como está reconhecido no § 1º do art. 102[8] da Lei 8213/91, incluído pela Lei 9.528/97. E o não exercício imediato do direito não poderá prejudicá-lo. Isto porque faz sentido que, ao requerer o mesmo benefício posteriormente (aposentadoria), o valor da sua renda mensal inicial seja inferior àquela que já poderia ter obtido.

Admitir que circunstâncias posteriores possam implicar renda mensal inferior àquela garantida no momento do cumprimento dos requisitos mínimos é permitir que o direito adquirido não possa ser exercido tal como adquirido.

A regra é ser mais vantajoso à concessão do benefício para aquele que permaneceu na ativa contribuído ao longo de mais alguns meses ou anos, mas lembra a relatora do caso, pode não sê-lo em circunstâncias específicas como a da redução do seu salário-de--contribuição, com influência negativa no cálculo da renda mensal inicial. Nestes casos, mesmo que a diminuição não decorra de lei, mas dos novos elementos considerados para o cálculo do benefício, deve ser garantido o direito adquirido ao melhor benefício possível, uma vez que a modificação posterior das circunstâncias de fato não extrairia direitos já consolidado ao seu patrimônio, o que significa a possibilidade de o segurado ver o seu benefício deferido ou revisado de modo que corresponda a maior renda possível no cotejo entre a renda mensal inicial obtida e as rendas mensais que perceberia se houvesse requerido em algum momento anterior. O art. 122 da Lei 8.213/91[9], com a redação da Lei 9.528/97, corrobora com esse entendimento.

Com tais fundamentos decidiu o Supremo Tribunal Federal por maioria e nos termos do voto da Ministra Relatora Ellen Gracie dar provimento ao recurso extraordinário, atribuindo os efeitos de repercussão geral da tese do direito adquirido ao melhor benefício, assegurando a possibilidade dos segurados verem seus benefícios deferidos ou revisados para corresponder a uma melhor renda inicial possível no cotejo entre aquela obtida e as renda mensais que estariam percebendo na mesma data caso tivessem requerido o benefí-

---

7. Súmula 359 – Ressalvada a revisão prevista em lei, os proventos da inatividade regulam-se pela lei vigente ao tempo em que o militar, ou o servidor civil, reuniu os requisitos necessários.

8. Art. 102 – A perda da qualidade de segurado não prejudica o direito à aposentadoria para cuja concessão tenham sido preenchidos todos os requisitos, segundo a legislação em vigor à época em que estes requisitos foram atendidos. § 1º. A perda da qualidade de segurado não prejudica o direito a aposentadoria para cuja concessão tenham sido preenchidos todos os requisitos, segundo a legislação em vigor, à época em que estes requisitos foram atendidos.

9. Art. 122 – Se mais vantajoso, fica assegurado o direito à aposentadoria, nas condições legalmente previstas na data do cumprimento de todos os requisitos necessários à obtenção do benefício, ao segurado que, tendo completado 35 anos de serviço, se homem, ou trinta anos, se mulher, optou por permanecer em atividade.

cio em algum momento anterior, desde quando possível aposentadoria proporcional, com efeitos financeiros a contar do desligamento do emprego ou da data de entrada do requerimento, respeitada a decadência do direito a revisão e a prescrição à prestações vencidas. Aplica-se aos recursos sobrestados o regime do art. 543-B do CPC.

◉ Síntese do debate constante do acórdão que fixou o precedente:

Argumentos favoráveis à tese fixada:	Argumentos contrários à tese fixada:
• O Enunciado 359 distingue a aquisição do direito do seu exercício. Cumpridos os requisitos mínimos (tempo de serviço e carência ou tempo de contribuição e idade, conforme o regime jurídico vigente à época), o segurado adquire o direito ao benefício. Há menção ao § 1º do art. 102 da Lei 8.213/91, incluído pela Lei 9.528/97, a título de exemplo reconhece: "A perda da qualidade de segurado não prejudica o direito à aposentadoria para cuja concessão tenham sido preenchidos todos os requisitos, segundo a legislação em vigor à época em que estes requisitos foram atendidos". (Ministra Ellen Gracie). • O segurado pode exercer o seu direito assim que preenchidos os requisitos para tanto ou fazê-lo mais adiante, normalmente por optar em prosseguir na ativa, inclusive com vista a obter aposentadoria integral ou, atualmente, para melhorar o fator previdenciário aplicável. Se já possui o direito a aposentação e não exerceu de imediato do direito, não pode ser prejudicado. Não faz sentido que, a opção por requerer o mesmo benefício posteriormente (aposentadoria), o valor da sua renda mensal inicial seja inferior àquela que já poderia ter obtido, se tivesse requerido antes. (Ministra Ellen Gracie). • Admitir que circunstâncias posteriores possam implicar renda mensal inferior àquela garantida no momento do cumprimento dos requisitos mínimos é permitir que o direito adquirido não possa ser exercido tal como adquirido. O direito ao benefício é o direito a determinada renda mensal, calculada conforme os critérios jurídicos e pressupostos fáticos do momento em que cumpridos os requisitos para a sua percepção. (Ministra Ellen Gracie)	• Invocando a solução adotada pela instância de origem entendeu o Ministro Dias Toffoli que a situação narrada neste RE não pode ser qualificada como violação de um direito adquirido. O instituto do direito adquirido insere-se nas questões de direito intertemporal, e disso não se trata o presente caso. (Ministro Dias Toffoli). • Entendeu ser adequada a discussão acerca da violação ao princípio constitucional no caso presente, mas a violação não ocorreu na hipótese em discussão. Pelo contrário, eventual alteração do cálculo da renda mensal inicial do recorrente, a ser efetuada da forma como por ele postulada, configuraria inegável desrespeito ao ato jurídico perfeito estabelecido quando da concessão da aposentadoria, que decorreu de pleito voluntário que apresentou, aliás, vários anos antes do ajuizamento da presente ação. (Ministro Dias Toffoli). • Não houve alteração legislativa entre a data em que o requerente reuniu as condições de postular a concessão do benefício previdenciário de que é titular e aquela em que efetivamente veio a postular, formalmente, sua concessão. Dentro dessa perspectiva, o que houve foi a opção do recorrente em postular, em determinada data, a concessão do benefício previdenciário em tela (aposentadoria por tempo de serviço), devendo ser ressaltado que foi dele a escolha quanto a essa data, quando efetivamente exerceu o direito que lhe assistia de pleitear e, consequentemente, obter a aposentadoria – o que, de fato, se consumou. O fato de que o requerimento pudesse ter sido apresentado em tempo pretérito não pode ser transmudado em direito adquirido. (Ministro Dias Toffoli).

◉ Fique atento:

• O Supremo Tribunal Federal reconheceu expressamente a decadência decenal do direito à revisão e a prescrição quanto as prestações vencidas, considerando que o segurado nestas ações pretende a revisão do ato administrativo concessivo da aposentadoria.

9.5. REAJUSTE DE BENEFÍCIOS PREVIDENCIÁRIOS

Tema 728: "Constitucionalidade dos índices de correção monetária aplicados para reajustar os benefícios previdenciários nos anos de 1999, 2000, 2001, 2002 e 2003."

Tese: "São constitucionais os índices de correção monetária adotados pelo INSS para reajustar os benefícios previdenciários nos anos de 1997, 1999, 2000, 2001, 2002 e 2003".

FICHA TÉCNICA	
Leading case:	**ARE 808107**
Descrição do caso feita pelo STF:	Recurso extraordinário em que se discute, à luz dos art. 5º, XXXVI, e 201, § 1º e § 7º, da Constituição federal, a constitucionalidade dos índices previstos em lei e adotados pelo Instituto Nacional do Seguro Social (INSS) para reajustar os benefícios previdenciários nos anos de 1999 a 2003, os quais seriam diferentes do IGP-DI.
Dispositivo(s) constitucional(is) envolvido(s):	Art. 5º Todos são iguais perante a lei, sem distinção de qualquer natureza, garantindo-se aos brasileiros e aos estrangeiros residentes no País a inviolabilidade do direito à vida, à liberdade, à igualdade, à segurança e à propriedade, nos termos seguintes: (...) XXXVI – a lei não prejudicará o direito adquirido, o ato jurídico perfeito e a coisa julgada;
	Art. 201. A previdência social será organizada sob a forma de regime geral, de caráter contributivo e de filiação obrigatória, observados critérios que preservem o equilíbrio financeiro e atuarial, e atenderá, nos termos da lei, a: (Redação dada pela Emenda Constitucional nº 20, de 1998) § 1º É vedada a adoção de requisitos e critérios diferenciados para a concessão de aposentadoria aos beneficiários do regime geral de previdência social, ressalvados os casos de atividades exercidas sob condições especiais que prejudiquem a saúde ou a integridade física e quando se tratar de segurados portadores de deficiência, nos termos definidos em lei complementar. (Redação dada pela Emenda Constitucional nº 47, de 2005) (...) § 7º É assegurada aposentadoria no regime geral de previdência social, nos termos da lei, obedecidas as seguintes condições: (Redação dada pela Emenda Constitucional nº 20, de 1998)
Data de reconhecimento da repercussão geral:	22/05/2014

FICHA TÉCNICA	
Leading case:	**ARE 808107**
Data de julgamento do mérito recursal:	22/05/2014
Houve unanimidade?	Não
Data de publicação do acórdão de julgamento do recurso:	01/08/2014
Trânsito em julgado do acórdão:	18/08/2014

◉ **Comentários:**

A Turma Recursal dos Juizados Especiais Federais de Pernambuco negou provimento ao recurso, interposto pela Autora, que pretendia a aplicação do índice Geral de Preços Disponibilidade Interna IGP-DI), como índice de correção monetária, para os anos de 1997 a 2003.

Consignou a turma julgadora que o IGP-DI não pode ser utilizado para atualizar monetariamente benefícios previdenciários no período indicado na petição inicial. Asseverou encontrar-se o tema pacificado no Supremo, ante o julgamento do Recurso Extraordinário nº 376.846/SC, da relatoria do ministro Carlos Veloso, no qual se assentou a constitucionalidade dos índices de reajuste estabelecidos nas Leis nº 9.711/98 e 9.971/00, na Medida Provisória nº 2.187-13 e no Decreto nº 3.826/01.

A autora/recorrente então interpôs Recurso Extraordinário arguindo desrespeito aos artigos 5º, caput e inciso XXXVI, e 201, § 1º e § 7º, da Carta da República. Aduziu também que os critérios contidos no § 4º do artigo 201 do Diploma Maior e no artigo 41 da Lei nº 8.213/91 devem ser observados quando da regulamentação do percentual de reajustamento aplicável aos benefícios, mostrando-se descabido o argumento de inexistência de direito adquirido a regime jurídico.

O recurso não foi admitido na origem pela ausência da manifestação pelo acórdão recorrido acerca das matérias de que tratam as normas insertas nos arts. 5º, XXXV, XXXVI, e 201, §§ 1º e 7º, da Constituição Federal, e falta do indispensável prequestionamento, incidindo o óbice das súmulas 282 e 356 do STF e pela impossibilidade de apreciação de violação ao art. 5º, XXXV e XXXVI, da Constituição Federal, que pressupõe intermediário exame e aplicação das normas infraconstitucionais pertinentes, porquanto as ofensas alegadas seriam de natureza indireta ou reflexa. Nesse sentido AI 796.905-AgR/PE, Rel. Min. LUIZ FUX, Primeira Turma, DJe de 21.5.2012; AI 622.814-AgR/PR, Rel. Min. DIAS TOFFOLI, Primeira Turma, DJe de 08.3.2012; ARE 642.062-AgR/RJ, Rel. Min. ELLEN GRACIE, Segunda Turma, DJe de 19.8.2011.

Seguiu-se a interposição do Agravo, em que o relator, Ministro Teori Zavascki manifestou-se pela existência de repercussão geral da questão suscitada e pela reafirmação da jurisprudência sobre a matéria, que afastou a alegação de inconstitucionalidade das normas que fixaram os índices de correção monetária de benefícios previdenciários empregados nos reajustes relativos aos anos de 1997, 1999, 2000 e 2001, e por ser semelhante os mesmos fundamentos são aplicáveis aos índices de reajuste relativos aos anos de 2002 e 2003, conhecendo do agravo, para negar seguimento ao recurso extraordinário.

A decisão do Tribunal, por maioria, reputou constitucional a questão e por maioria reconheceu a existência de repercussão geral da questão constitucional suscitada, vencido o ministro Marco Aurélio.

◉ Síntese do debate constante do acórdão que fixou o precedente:

Argumentos favoráveis à tese fixada:	Argumentos contrários à tese fixada:
• À alegada violação ao art. 201, §§ 1º e 7º, da CF, não autoriza o provimento do recurso extraordinário. Isso porque a questão relativa à constitucionalidade dos índices de reajuste utilizados para a correção de benefícios previdenciários nos anos de 1997, 1999, 2000 e 2001 já foi apreciada pelo Plenário do Supremo Tribunal Federal ao julgar o RE 376.846, rel. Min. CARLOS VELLOSO, DJ de 02-04-2004. Naquela ocasião, assentou-se o entendimento de que os índices, adotados para os reajustes não foram índices aleatórios, não procedendo a alegação de que não guardam relação com índices oficiais. Foram índices superiores ao INPC Índice Nacional de Preços ao Consumidor. Apenas no reajuste de 2001 é que houve diferença a menor, desprezível. (Ministro Teori Zavascki)	
• Havendo respeito aos limites indicados na norma de regência, não há falar em violação ao art. 201, § 4º, da Constituição Federal (fl. 19). Confira-se a ementa desse julgado: CONSTITUCIONAL. PREVIDENCIÁRIO. BENEFÍCIOS: REAJUSTE: 1997, 1999, 2000 e 2001. Lei 9.711/98, arts. 12 e 13; Lei 9.971/2000, §§ 2º e 3º do art. 4º; Med. Prov. 2.187-13, de 24.8.01, art. 1º; Decreto 3.826, de 31.5.01, art. 1º. C.F., art. 201, § 4º. I. – Índices adotados para reajustamento dos benefícios: Lei 9.711/98, artigos 12 e 13; Lei 9.971/2000, §§ 2º e 3º do art. 4º; Med. Prov. 2.187-13, de 24.8.01, art. 1º; Decreto 3.826/01, art. 1º: inocorrência de inconstitucionalidade. II. – A presunção de constitucionalidade da legislação infraconstitucional realizadora do reajuste previsto no art. 201, § 4º, C.F., somente pode ser elidida mediante demonstração da impropriedade do percentual adotado para o reajuste. Os percentuais adotados excederam os índices do INPC ou destes ficaram abaixo, num dos exercícios, em percentual desprezível e explicável, certo que o INPC é o índice mais adequado para o reajuste dos benefícios, já que o IGP-DI melhor serve para preços no atacado, porque retrata, basicamente, a variação de preços do setor empresarial brasileiro. III. – R.E. conhecido e provido. (Teori Zavascki)	
• Outros precedentes no mesmo sentido, que reconhecem a impossibilidade de reajuste de benefício previdenciário com base no IGP-DI: AI 746.487AgR, rel. Min. CÁRMEN LÚCIA, Primeira Turma, DJe de 14-08-2009; AI 560.041-AgR, rel. Min. GILMAR MENDES, Segunda Turma, DJe de 07-03-2008). (Teori Zavascki)	

⊙ Fique atento:

- O Ministro Marco Aurélio alertou sobre o objetivo maior da repercussão geral, que pressupõe o envolvimento de tema sobre o qual o Supremo deva pronunciar--se. Manifestou-se pela inadequação da inserção do caso no Plenário Virtual, considerando que em se tratando de matéria pacificada nesse âmbito, descabe prover o recurso de agravo para, a seguir, lançar o extraordinário no Plenário Virtual e preconizar simples reafirmação de jurisprudência.

9.6. APOSENTADORIA POR INVALIDEZ

Tema 88: "Aplicação do art. 29 da Lei n° 8.213/91, com a redação dada pela Lei n° 9.876/99, a benefícios concedidos antes da respectiva vigência.".

Tese: "Em razão do caráter contributivo do regime geral de previdência (CF/1988, art. 201, caput), o art. 29, § 5°, da Lei n° 8.213/1991 não se aplica à transformação de auxílio-doença em aposentadoria por invalidez, mas apenas a aposentadorias por invalidez precedidas de períodos de auxílio-doença intercalados com intervalos de atividade, sendo válido o art. 36, § 7°, do Decreto n° 3.048/1999, mesmo após a Lei n° 9.876/1999".

FICHA TÉCNICA	
Leading case:	**RE 583834**
Descrição do caso feita pelo STF:	Recurso extraordinário em que se discute, à luz dos artigos 5°, XXXVI; 195, § 5°; 201, caput, e §§ 1°, 3° e 4° da Constituição Federal, a possibilidade, ou não, de aplicação do art. 29 da Lei n° 8.213/91, na redação dada pela Lei n° 9.876/99, a qual determinou que o valor do auxílio-doença fosse considerado salário de contribuição para efeitos de cálculo da aposentadoria por invalidez, a benefícios previdenciários concedidos antes da respectiva vigência dessa nova redação (29.11.1999).
Dispositivo(s) constitucional(is) envolvido(s):	Art. 5° Todos são iguais perante a lei, sem distinção de qualquer natureza, garantindo-se aos brasileiros e aos estrangeiros residentes no País a inviolabilidade do direito à vida, à liberdade, à igualdade, à segurança e à propriedade, nos termos seguintes: (...) XXXVI – a lei não prejudicará o direito adquirido, o ato jurídico perfeito e a coisa julgada; Art. 195. A seguridade social será financiada por toda a sociedade, de forma direta e indireta, nos termos da lei, mediante recursos provenientes dos orçamentos da União, dos Estados, do Distrito Federal e dos Municípios, e das seguintes contribuições sociais: (...) § 5° Nenhum benefício ou serviço da seguridade social poderá ser criado, majorado ou estendido sem a correspondente fonte de custeio total.

FICHA TÉCNICA	
Leading case:	**RE 583834**
	Art. 201. A previdência social será organizada sob a forma de regime geral, de caráter contributivo e de filiação obrigatória, observados critérios que preservem o equilíbrio financeiro e atuarial, e atenderá, nos termos da lei, a: (Redação dada pela Emenda Constitucional n° 20, de 1998) § 1° É vedada a adoção de requisitos e critérios diferenciados para a concessão de aposentadoria aos beneficiários do regime geral de previdência social, ressalvados os casos de atividades exercidas sob condições especiais que prejudiquem a saúde ou a integridade física e quando se tratar de segurados portadores de deficiência, nos termos definidos em lei complementar. (Redação dada pela Emenda Constitucional n° 47, de 2005) (...) § 3° Todos os salários de contribuição considerados para o cálculo de benefício serão devidamente atualizados, na forma da lei. (Redação dada pela Emenda Constitucional n° 20, de 1998) § 4° É assegurado o reajustamento dos benefícios para preservar-lhes, em caráter permanente, o valor real, conforme critérios definidos em lei. (Redação dada pela Emenda Constitucional n° 20, de 1998)
Data de reconhecimento da repercussão geral:	12/06/2008
Data de julgamento do mérito recursal:	21/09/2011
Houve unanimidade?	Sim
Data de publicação do acórdão de julgamento do recurso:	14/02/2012
Trânsito em julgado do acórdão:	24/02/2012

⊙ Comentários:

O *caput* do artigo 201 da Constituição Federal de 1988 prevê que a previdência social possui caráter contributivo, o que em princípio não permite a contagem de tempo ficto de contribuição. A redação do § 5° do art. 29 da Lei 8213/91 com apoio no inciso II, do art. 55 da mesma lei, se constitui em exceção a essa regra proibitiva de tempo de contribuição ficto, sendo que se aplica apenas as situações de em que a aposentadoria por invalidez é precedida de auxílio-doença em afastamentos intercalados com atividades laborativas, onde haja recolhimento de contribuição previdenciária.

O Supremo Tribunal Federal examinou o RE 583834 interposto pelo Instituto Nacional de Seguro Social – INSS, contra acórdão proferido pela 1ª Turma Recursal da Seção Judiciária de Santa Catarina, tendo como relator o ministro Ayres Brito, que reconheceu repercussão geral da questão constitucional.

O relator esclareceu que o cerne da questão se encontra na alteração do caput do art. 29, da Lei 8213/91 que na sua redação original estabelecia que "O salário-de-benefício consiste na média aritmética simples de todos os últimos salários-de-contribuição dos meses imediatamente anteriores ao do afastamento da atividade ou da data da entrada do requerimento, até o máximo de 36 (trinta e seis), apurados em período não superior a 48 (quarenta e oito) meses."

O acórdão objeto do recurso havia confirmado a sentença de primeiro grau por seus próprios fundamentos, aplicando a Súmula 9, daquela turma que reconhecia o direito à parte ao recálculo da RMI do benefício de aposentadoria por invalidez, com a inclusão no salário-de benefício dos salários-de-contribuição imediatamente anteriores à DIB/DER, considerando-se, se for o caso, como tal o salário de-benefício do auxílio-doença, devidamente reajustado, tal como preconizado pelo art. 29, § 5°, da Lei n° 8.213/91."

O recorrente alegou violação a diversos dispositivos constitucionais, especificando o princípio da isonomia e garantia do ato jurídico perfeito, da fonte de custeio para criação, majoração ou extensão de benefício, do caráter contributivo da previdência.

O fundamento que sustentou o voto vencedor do acórdão examinado foi impossibilidade de aplicação de forma retroativa da Lei 9.876/99 que alterou o caput do art. 29 da Lei 8213/91, sem que houvesse alteração do § 5° do art. 29 da Lei de benefício, ao caso, como também a impossibilidade de contribuição ficta, considerando ser o regime de previdência contributivo.

Com base em tais fundamentos, foi dado provimento, à unanimidade, na forma do voto do relator, reconhecendo a impossibilidade de aplicação do art. 29 da Lei n° 8.213/91, com redação dada pela Lei n° 9.876/99, a qual determinou que o valor do auxílio-doença fosse considerado salário de contribuição para efeitos de cálculo da aposentadoria por invalidez, a benefícios previdenciários concedidos antes da respectiva vigência dessa nova redação (29.11.1999).

⊙ Síntese do debate constante do acórdão que fixou o precedente:

Argumentos favoráveis à tese fixada:	Argumentos contrários à tese fixada:
• O caput do artigo 29, da Lei 8213/91 com sua redação original mencionava a data de afastamento da atividade como marco do período básico de cálculo do salário-de--benefício, restando claro que o cálculo do salário-de-benefício deveria incluir os salários-de-contribuição durante um período de até 48 (quarenta e oito) meses anteriores à data de afastamento da atividade, sendo que para a hipótese de intercalação entre períodos de afastamento e de atividade durante esses 48 (quarenta e oito) meses, incidia a regra do § 5° do art. 29 da Lei de Benefícios, que não foi alterado pela nova lei (9.876/1999). (ministro Ayres Brito)	

Argumentos favoráveis à tese fixada:	Argumentos contrários à tese fixada:
• A Lei nº 9.876/1999 não inovou a ponto de autorizar a aplicação do § 5º do art. 29 da Lei nº 8.213/1991 ao caso, ressaltando que o inciso II do art. 29 da Lei de Benefícios – que foi introduzido pela referida Lei nº 9.876/1999 – se refere a "salários-de-contribuição" apurados em "todo o período contributivo"[10], onde está inserido a aposentadoria por invalidez, sendo enfática com o princípio contributivo inserto no art. 201 da Constituição Federal. (Ministro Ayres Brito).

• Quando quis a lei instituir tempo de contribuição ficta, assim o fez por meio de norma expressa, como é o caso da aposentadoria por invalidez, precedida de atividade intercalada com períodos de enfermidade, ou seja, situação em que trabalho e afastamento se intercalam antes da aposentadoria por invalidez, justificando sejam considerados os valores recebidos a título de auxílio-doença, porque há recolhimento de contribuição, durante o período que serve de referencial para o cálculo, o que não se observa se a aposentadoria por invalidez é precedida período continuo de afastamento da atividade, como se extrai do inciso II, do art. 55 da lei 8213/91[11]. (Ministro Ayres Brito).

• A aposentadoria em questão foi concedida em março de 1995, anterior vigência da lei modificadora, que se deu com sua publicação em 29 de novembro de 1999, nos termos de seu art. 8º. A Turma Recursal aplicou retroativamente a lei nova para acolher a pretensão do recorrido. O Plenário do Supremo Tribunal, em caso muito semelhante, já decidiu que a extensão dos efeitos financeiros de uma lei a benefício previdenciário anterior à respectiva vigência viola tanto o inciso XXXVI do art. 5º quanto o § 5º do art. 195 da Constituição Federal (REs 416.827 e 415.454, da relatoria do Min. Gilmar Mendes). (Ministro Ayres Brito) | |
| • Fazer contagem de tempo ficto é incompatível com o equilíbrio financeiro atuarial, levando-se em consideração o que prevê o § 3º, do art. 201 da Constituição Federal, que implica dizer que se não houver salário de contribuição não pode gerar parâmetro para cálculo. (Ministro Luiz Fux) | |

---

10. Art. 29. O salário-de-benefício consiste: [...] II – para os benefícios de que tratam as alíneas a, d, e e h do inciso I do art. 18, na média aritmética simples dos maiores salários -de – contribuição correspondentes a oitenta por cento de todo o período contributivo.

11. Art. 55. O tempo de serviço será comprovado na forma estabelecida no Regulamento, compreendendo, além do correspondente às atividades de qualquer das categorias de segurados de que trata o art. 11 desta Lei, mesmo que anterior à perda da qualidade de segurado: [...] II – o tempo intercalado em que esteve em gozo de auxílio-doença ou aposentadoria por invalidez; [...]

⊙ Questões de Concurso relacionadas ao tema:

Questão 01 (Ano: 2015. Banca: CESPE. Órgão: AGU. Prova: Advogado da União) Acerca do RGPS, julgue o item subsequente.

Desde que tenha sido intercalado com o exercício de atividade laborativa, o período em que o segurado se beneficiar de auxílio-doença deverá ser considerado para fins de cômputo de carência e para o cálculo do tempo de contribuição na concessão de aposentadoria por invalidez, conforme entendimento do STF. Parte superior do formulário

( ) Certo   ( ) Errado

> **Gabarito: 1-C**

9.7. APOSENTADORIA ESPECIAL

Tema 555: "Fornecimento de Equipamento de Proteção Individual – EPI como fator de descaracterização do tempo de serviço especial".

Tese: "I- O direito à aposentadoria especial pressupõe a efetiva exposição do trabalhador a agente nocivo à sua saúde, de modo que, se o EPI for realmente capaz de neutralizar a nocividade não haverá respaldo constitucional à aposentadoria especial; II – Na hipótese de exposição do trabalhador a ruído acima dos limites legais de tolerância, a declaração do empregador, no âmbito do Perfil Profissiográfico Previdenciário (PPP), no sentido da eficácia do Equipamento de Proteção Individual – EPI, não descaracteriza o tempo de serviço especial para aposentadoria".

FICHA TÉCNICA	
Leading case:	**ARE 664335**
Descrição do caso feita pelo STF:	Recurso extraordinário com agravo em que se discute, à luz do § 5º do art. 195, bem como do § 1º e do caput do art. 201 da Constituição Federal, a possibilidade, ou não, de o fornecimento de Equipamento de Proteção Individual – EPI, informado no Perfil Profissiográfico Previdenciário (PPP), descaracterizar o tempo de serviço especial para aposentadoria.
Dispositivo(s) constitucional(is) envolvido(s)	Art. 195. A seguridade social será financiada por toda a sociedade, de forma direta e indireta, nos termos da lei, mediante recursos provenientes dos orçamentos da União, dos Estados, do Distrito Federal e dos Municípios, e das seguintes contribuições sociais: (Vide Emenda Constitucional nº 20, de 1998) (...) § 5º Nenhum benefício ou serviço da seguridade social poderá ser criado, majorado ou estendido sem a correspondente fonte de custeio total.

FICHA TÉCNICA	
Leading case:	**ARE 664335**
:	Art. 201. A previdência social será organizada sob a forma de regime geral, de caráter contributivo e de filiação obrigatória, observados critérios que preservem o equilíbrio financeiro e atuarial, e atenderá, nos termos da lei, a: (Redação dada pela Emenda Constitucional nº 20, de 1998) § 1º É vedada a adoção de requisitos e critérios diferenciados para a concessão de aposentadoria aos beneficiários do regime geral de previdência social, ressalvados os casos de atividades exercidas sob condições especiais que prejudiquem a saúde ou a integridade física e quando se tratar de segurados portadores de deficiência, nos termos definidos em lei complementar. (Redação dada pela Emenda Constitucional nº 47, de 2005)
Data de reconhecimento da repercussão geral:	14/06/2012
Data de julgamento do mérito recursal:	04/12/2014
Houve unanimidade?	Sim
Data de publicação do acórdão de julgamento do recurso:	12/02/2015
Trânsito em julgado do acórdão:	04/03/2015

◉ Comentários:

A aposentadoria especial é um benefício previdenciário devido aos segurados, que cumprido a carência exigida na lei, que é de 180 contribuições, tiver trabalhado sujeito a condições especiais que prejudiquem a saúde ou a integridade física, durante 15, 20 ou 25 anos de contribuição. A sua previsão está assegurada no artigo 201, § 1º, da Constituição Federal.

No presente RE com Agravo se discutiu uma questão bastante polêmica que é saber se o fornecimento e uso de Equipamento de Proteção Individual – EPI, informado no perfil profissiográfico previdenciário (PPP) ou documento equivalente, pode funcionar como fator de descaracterização do tempo de serviço especial para efeito de concessão do benefício de aposentadoria.

Tem-se em análise um acórdão da Primeira Turma Recursal da Seção Judiciária do estado de Santa Catarina que, ao decidir um caso concreto, se baseou no enunciado 9 da TNU [12] e fixou uma tese de direito – reconheceu o tempo de serviço especial, ao trabalhador exposto ao agente ruído, mesmo diante da alegação do INSS de uso eficaz de equipamento de proteção individual (EPI).

---

12. Súmula 09 – uso de Equipamento de Proteção Individual (EPI) ainda que elimine a insalubridade, no caso de exposição a ruído não descaracteriza o tempo de serviço especial prestado.

Ao anunciar seu voto, o Ministro Luiz Fux (Relator) lembrou ser esta a tese de direito a ser decidida pelo STF e que será aplicada ao caso concreto. Mas sustentou haver uma outra que diz respeito a fixação da tese objetiva na repercussão geral, cuja existência foi suscitada pela recorrente e **que foi reconhecida em face da extrema relevância.**

Preliminarmente, o agravo foi provido e admitido o Recurso Extraordinário, com o preenchimento de todos os requisitos de admissibilidade, em torno da ofensa ao direito fundamental à previdência social (art. 201, CRFB/88), com reflexos nas garantias constitucionais do direito à vida, à saúde, à dignidade da pessoa humana, e ao meio ambiente de trabalho equilibrado, e de **pronto passou-se ao julgamento do mérito** que se cingiu em duas partes: a primeira relativa à tese objetivada na presente repercussão geral; e a segunda relativa à adaptação da tese ao caso concreto dos autos.

Destacou de início a possibilidade do direito à aposentadoria especial pressupor ou não a efetiva exposição do trabalhador ao agente nocivo à sua saúde, de modo que, se o EPI for realmente capaz de neutralizar a nocividade, poderá haver ou não respaldo constitucional à aposentadoria especial. Também se é necessário verificar se o fornecimento de Equipamento de Proteção Individual – EPI, informado no Perfil Profissiográfico Previdenciário (PPP) ou documento equivalente, descaracteriza ou não o tempo de serviço especial para aposentadoria e ainda a necessidade do estabelecimento de parâmetros para que o Poder Judiciário resolva as lides sobre o tema.

Algumas considerações relevantes antes de adentrar a matéria posta a apreciação foram tecidas pelo Ministro Relator Luiz Fux. Ressaltou de logo que é preciso se ter em mente para julgar a causa que aos trabalhadores é assegurado, constitucionalmente, exercer suas funções em ambiente saudável e seguro (arts. 193 e 225, CRFB/88 que também é preciso perseguir-se, sempre, melhorias das condições de trabalho, sendo um direito à "redução dos riscos inerentes ao trabalho, por meio de normas de saúde, higiene e segurança" (art. 7º, XXII, CRFB/88). E se é um direito do trabalhador, consequentemente também é a obrigação do Estado intervir para assegurar o seu cumprimento.

A eliminação das atividades nocivas deve ser a meta a ser perseguida no ambiente laboral, objetivando a dignidade humana, a valorização social do trabalho e a preservação da vida e da saúde. Os caminhos hoje seguidos pelo poder público se resumem (i) a instituição de adicionais de insalubridade e de periculosidade a serem pagos pelas empresas; (ii) a instituição da aposentadoria especial, que reduziu o tempo de trabalho necessário para poder se aposentar daqueles que laboram expostos a agentes nocivos, que é o que aqui interessa e (iii) a adoção de medidas aptas a conjurar a nocividade do trabalho, de cunho individual – Equipamentos de Proteção Individual – e de cunho coletivo – Equipamentos de Proteção Coletiva.

A aposentadoria especial está prevista no art. 201,§ 1º, da Constituição Federal, que traz previsão da adoção de requisitos e critérios diferenciadores nos "casos de atividades exercidas sob condições especiais que prejudiquem a saúde ou a integridade física, e quando se tratar de segurados portadores de deficiência, nos termos definidos em lei complementar." E até a presente data, em face da previsão conferida pela EC 20/1998, permanece regulada pela Lei 8213/91, em seu artigo 57 e 58.

De acordo com o Ministério da Previdência Social a concessão de aposentadoria especial dependerá, em todos os casos, de comprovação, pelo segurado, perante o INSS, do tempo de trabalho permanente, não ocasional nem intermitente, exercido em condições especiais que prejudiquem a saúde ou a integridade física, durante o período mínimo de 15, 20 ou 25 anos, dependendo do agente nocivo. E todos que trabalham nestas condições, o tempo de contribuição é menor, em relação aos que não expostos, em face do desgaste maior.

Como os agentes químicos, físicos e biológicos não prejudicam de igual forma e grau todos os trabalhadores, fixou-se diferentes tempos de serviço mínimo para aposentadoria, de acordo com cada espécie de agente nocivo.

A Lei nº 9.528/97, que alterou a Lei 8213/91 fixou a obrigatoriedade de as empresas manterem laudo técnico atualizado, e também manter Perfil Profissiográfico Previdenciário (PPP) abrangendo as atividades desenvolvidas pelo trabalhador (art. 58, caput, e §§ 3º e 4º, da Lei nº 8.213/1991). O PPP se constitui no histórico-laboral do trabalhador que reúne todos os seus dados, registros ambientais e resultados de monitoração biológica durante todo o período em que este exerceu suas atividades, referências sobre as condições e medidas de controle da saúde ocupacional, comprovação da efetiva exposição dos empregados a agentes nocivos, e sua eventual neutralização pela utilização de Equipamentos de Proteção Individual – EPI. Necessário a indicação da atividade que exerce, do agente nocivo ao qual está exposto, a intensidade e a concentração do agente, além de exames médicos clínicos. Até a instituição do PPP, a insalubridade era comprovada, inicialmente, pelo simples enquadramento profissional que provasse a relação entre as funções dos empregados e as atividades consideradas insalubres pelos decretos da **época,** sem necessidade de apresentar outros documentos ou laudos. Só a partir de 01.01.2004 é que se exigiu, como prova do exercício de atividade em condições especiais, a apresentação do citado Perfil Profissiográfico Previdenciário – PPP. Sua instituição deu-se pela Lei nº 9.528/97, que alterou o artigo 58 da Lei nº 8.213/91.

Também se referiu ao sistema de financiamento da aposentadoria especial, que sempre existiu, e são provenientes da contribuição de que trata o inciso II do art. 22 da Lei nº 8.212/91, cujas alíquotas serão acrescidas de doze, nove ou seis pontos percentuais, conforme a atividade exercida pelo segurado a serviço da empresa permita a concessão de aposentadoria especial após quinze, vinte ou vinte e cinco anos de contribuição, respectivamente. Lembrando também do Fator Acidentário de Prevenção, previsto no art. 10 da Lei 10.666/2003 que prevê a redução de até 50% do valor dessa contribuição, em favor das empresas como incentivo para que estas continuem a cumprir sua função social proporcionando um ambiente de trabalho saudável aos seus empregados.

Ainda para delimitar o tema cuidou o Relator de esclarecer que Equipamento de Proteção Individual é todo aquele instrumento pessoal posto à disposição do trabalhador e por ele utilizado, por força de exigência legal ou não, tais como protetor auricular, capacete, cinto de segurança, **óculos** e roupas especiais, que visa evitar ou atenuar o risco de lesões provocadas por agentes físicos, químicos, mecânicos ou biológicos presentes no ambiente de trabalho.

O Relator ainda ressaltou a importância de analisar o conflito de interpretação da norma relativa ao uso do EPI para efeito de concessão da aposentadoria especial, no ordenamento jurídico brasileiro. Uma parte da jurisprudência vem adotando como fundamento a teoria da proteção extrema, baseando-se numa interpretação extensiva disposta na Súmula nº 9[13] da Turma Nacional de Uniformização dos Juizados Especiais Federais.

---

13. Súmula 09 – o uso de Equipamento de Proteção Individual (EPI), ainda que elimine a insalubridade, no caso de exposição a ruído, não descaracteriza o tempo de serviço especial prestado

Para essa corrente, ainda que o EPI seja efetivamente utilizado e elimine a insalubridade, tal fato não descaracteriza o tempo de serviço especial prestado. Mas no atual cenário duvidoso a interpretação a ser adotada é a que privilegie o direito à vida, à saúde, à dignidade da pessoa humana, e respeite o direito fundamental à previdência social, com reflexos imediatos no instituto da aposentadoria especial, direitos assegurados constitucionalmente.

Para o julgamento desse processo, ressaltou o Relator ser necessário a definição do correto entendimento constitucional para servir de parâmetro, em relação ao EPI. De início, como questão lógica o simples fornecimento do EPI pelo empregador não exclui a hipótese de exposição do trabalhador aos agentes nocivos. Mas, quando efetivamente e comprovadamente há o uso do EPI, com eliminação dos agentes nocivos, surgem duas linhas com compreensões diversas: a da proteção extrema se sustenta na premissa que a insalubridade se relaciona intrinsecamente com o ambiente de trabalho e não da relação dos agentes insalubres com os trabalhadores. E outra, da proteção limitada à eficiência do EPI, que entende que a aposentadoria especial não será devida quando restar comprovada a irrefutável caracterização do binômio risco-adequação do equipamento de proteção, sua efetiva utilização, e a eliminação/neutralização da relação dos agentes insalubres com os trabalhadores. Nesta análise concluiu o relator que os argumentos que militam a favor da verificação da nocividade laboral para caracterizar o direito à aposentadoria especial – desde que presentes todos os requisitos que serão justificados -, constituem a melhor interpretação do instituto à luz da Constituição da República.

Com base em tais fundamentos decidiu o Tribunal, por unanimidade, negar provimento ao Recurso Extraordinário firmando-se duas teses. A primeira tese objetiva decidida, por maioria, que é: o direito à aposentadoria especial pressupõe a efetiva exposição do trabalhador a agente nocivo à sua saúde, de modo que, se o EPI for realmente capaz de neutralizar a nocividade não haverá respaldo constitucional à aposentadoria especial. E a segunda, também por maioria, que é a seguinte: na hipótese de exposição do trabalhador a ruído acima dos limites legais de tolerância, a declaração do empregador, no **âmbito** do Perfil Profissiográfico Previdenciário (PPP), no sentido da eficácia do Equipamento de Proteção Individual – EPI, não descaracteriza o tempo de serviço especial para aposentadoria.

◉ Síntese do debate constante do acórdão que fixou o precedente:

Argumentos favoráveis à tese fixada:	Argumentos contrários à tese fixada:
• Quem defende ser o benefício previdenciário devido em qualquer hipótese, desde que insalubre o ambiente, supõe que o bem jurídico tutelado decorre do risco potencial do dano. Mas não há vínculo obrigatório entre risco social e dano, o certo é que todos os benefícios previdenciários apresentam um risco social correlato, com exceção da aposentadoria por tempo de contribuição que não existe risco social. E não se pode afirmar que todos os benefícios apresentam um risco efetivo. O dano que consta da norma é presumido.	

Argumentos favoráveis à tese fixada:	Argumentos contrários à tese fixada:
A aposentadoria especial também o risco aplicável é o exercício de atividade em condições prejudiciais à saúde ou à integridade física (CRFB/88, art. 201, § 1º), devendo estar o trabalhador exposto a uma nocividade capaz de ensejar o referido dano. Mas, independente da ocorrência do dano o que se tutela é a exposição do segurado àquela condição, pelo risco presumido que a relação entre agente nocivo e trabalhador pode acarretar. A desconsideração da eficácia do EPI para a concessão do benefício, como entendem alguns, é alargar a hipótese de sua incidência, tornando irrelevante a proteção do trabalhador do risco social do trabalho em condições prejudiciais a sua saúde. Nesta hipótese se a aposentadoria for concedida apenas face do risco e não da comprovação da prejudicialidade ao seu organismo, terá direito ao benefício, havendo uma subversão da razão social e protetiva da aposentadoria especial. (Ministro Luiz Fux).	
• É impossível justificar a razoabilidade de antecipar em dez, quinze, ou até vinte anos, o benefício da aposentadoria especial, apenas em função de risco potencial a uma relação de insalubridade comprovadamente neutralizada. Conceder o benefício de aposentadoria especial com redução de tempo, para quem está exercendo atividade, que já existem aparelhos de proteção capazes de absorver e eliminar os riscos que porventura pudessem ser ocasionados, não é razoável, e representa um ultraje ao princípio constitucional da isonomia (art. 5º, caput, CF/88) uma vez que a exposição dos trabalhadores será equivalente àquela enfrentada por outro que trabalha em ambiente salubre. (Ministro Luiz Fux).	
• A interpretação do instituto da aposentadoria mais adequada com o texto constitucional é a que leva a uma proteção efetiva do trabalhador, mas devendo sempre levar em conta ser um benefício excepcional, destinado ao segurado que efetivamente exerceu suas atividades laborativas em "condições especiais que prejudiquem a saúde ou a integridade física do trabalhador". E persistindo dúvida sobre real eficácia do EPI, a premissa a nortear a Administração e o judiciário é pelo reconhecimento do direito ao benefício de aposentadoria especial. (Ministro Luiz Fux).	
• No que se refere ao agente nocivo ruído, apesar do uso de Equipamento de Proteção Individual (protetor auricular) reduzir a agressividade do ruído a um nível tolerável, até no mesmo patamar da normalidade, a potência do som em tais ambientes causa danos ao organismo que vão muito além daqueles relacionados à perda das funções auditivas. (Ministro Luiz Fux).	
• No que tange especificamente ao referido agente nocivo (ruído), a tese invocada de uso de EPI que neutraliza os efeitos dos agentes nocivos cai por terra, na medida em que, apesar do uso de Equipamento de Proteção Individual (protetor auricular) reduzir a agressividade do ruído a um nível tolerável, até no mesmo patamar da normalidade, a potência do som em tais ambientes causa danos ao organismo que vão muito além daqueles relacionados à perda das funções auditivas.	

Argumentos favoráveis à tese fixada:	Argumentos contrários à tese fixada:
Nesse sentido é a preciosa lição de Irineu Antônio Pedrotti, in verbis; "Lesões auditivas induzidas pelo ruído fazem surgir o zumbido, sintoma que permanece durante o resto da vida do segurado e, que, inevitavelmente, determinará alterações na esfera neurovegetativa e distúrbios do sono. Daí a fadiga que dificulta a sua produtividade. Os equipamentos contra ruído não são suficientes para evitar e deter a progressão dessas lesões auditivas originárias do ruído, porque somente protegem o ouvido dos sons que percorrem a via aérea. O ruído origina-se das vibrações transmitidas para o esqueleto craniano e através dessa via óssea atingem o ouvido interno, a cóclea e o órgão de Corti." (Irineu Antônio Pedrotti, Doenças Profissionais ou do Trabalho, LEUD, 2ª ed., São Paulo, 1998, p. 538 (Ministro Luiz Fux).	
• A melhor interpretação do art. 201,§ 1º da CF/88, é a que condiciona o direito à aposentadoria especial à demonstração da efetiva exposição do trabalhador a condições especiais que prejudiquem a sua saúde. Trata-se de corolário natural do princípio da isonomia: se determinado trabalhador não se encontra sujeito a agente nocivo, a concessão de aposentadoria especial representará indevido privilégio em face dos demais segurados. Entretanto, se o trabalhador estiver submetido a tais condições a aposentadoria especial antes de violar a igualdade, a prestigia. Logo, o direito a aposentado especial pressupõe a efetiva exposição do trabalhador a agente nocivo à sua saúde, de modo que, se o EPI for realmente capaz de neutralizar a nocividade não haverá respaldo constitucional à aposentadoria especial. (Ministro Luiz Roberto Barroso).	

◉ Fique atento:

- O ministro relator em seu voto sustentou que na segunda tese firmada e que diz respeito a hipótese de exposição do trabalhador a ruído, a solução evidentemente provisória. Isto porque se atualmente prevalece o entendimento que não há completa neutralização da nocividade no caso de exposição a ruído acima do limite legal tolerável, no futuro, levando em conta o rápido avanço tecnológico, podem ser desenvolvidos equipamentos, treinamentos e sistemas de fiscalização que garantam a eliminação dos riscos à saúde do trabalhador, de sorte que o benefício da aposentadoria especial não será devido. Caso as inovações citadas sejam efetivamente criadas e implementadas, a corte poderá rever a validade da tese, para o caso específico do agente ruído

- No julgamento deste caso o Plenário se manifestou pela repercussão geral da matéria constitucional, quando ainda persistia apenas o pronunciamento do Presidente da Turma Recursal, que negou sequência ao Extraordinário. No debate, o Ministro Marco Aurélio expressou a sua compreensão de que " *devemos homenagear o instituto da Repercussão Geral, reservando-o aos Recursos extraordinários, propriamente ditos e não a agravos, não a ARE, sob pena de conduzirmos a matéria processual de cambulhada, o que não convém.*"

⊙ Questões de Concurso relacionadas ao tema:

Questão 01 (Ano: 2015 Banca: CESPE Órgão: DPU Prova: Defensor Público Federal de Segunda Categoria) Em relação à aposentadoria especial e à carência na aposentadoria urbana por idade, julgue o item subsecutivo.

Conforme entendimento do STF, o direito à aposentadoria especial pressupõe a efetiva exposição do trabalhador a agente nocivo à sua saúde, de modo que, se o equipamento de proteção individual for realmente capaz de neutralizar a nocividade, não haverá respaldo à concessão constitucional de aposentadoria especial.

( ) Certo   ( ) Errado

Gabarito: 1-C

9.8. DESAPOSENTAÇÃO

Tema 503: "Conversão de aposentadoria proporcional em aposentadoria integral por meio do instituto da desaposentação".

Tese: "No âmbito do Regime Geral de Previdência Social – RGPS, somente lei pode criar benefícios e vantagens previdenciárias, não havendo, por ora, previsão legal do direito à 'desaposentação', sendo constitucional a regra do art. 18,§ 2°, da Lei 8.213/91".

FICHA TÉCNICA	
Leading case:	**RE 661256**
Descrição do caso feita pelo STF:	Recurso extraordinário em que se discute, à luz dos arts. 5°, caput e XXXVI, 40, 194, 195, caput e § 5°, e 201, § 1°, da Constituição Federal, a possibilidade, ou não, de reconhecer validade jurídica ao instituto da desaposentação, por meio do qual seria permitida a conversão da aposentadoria proporcional em aposentadoria integral, pela renúncia ao primeiro benefício e cômputo das contribuições recolhidas posteriormente à primeira jubilação.
Dispositivo(s) constitucional(is) envolvido(s):	Art. 5° Todos são iguais perante a lei, sem distinção de qualquer natureza, garantindo-se aos brasileiros e aos estrangeiros residentes no País a inviolabilidade do direito à vida, à liberdade, à igualdade, à segurança e à propriedade, nos termos seguintes: (...) XXXVI – a lei não prejudicará o direito adquirido, o ato jurídico perfeito e a coisa julgada;

FICHA TÉCNICA	
Leading case:	**RE 661256**
	Art. 40. Aos servidores titulares de cargos efetivos da União, dos Estados, do Distrito Federal e dos Municípios, incluídas suas autarquias e fundações, é assegurado regime de previdência de caráter contributivo e solidário, mediante contribuição do respectivo ente público, dos servidores ativos e inativos e dos pensionistas, observados critérios que preservem o equilíbrio financeiro e atuarial e o disposto neste artigo. (Redação dada pela Emenda Constitucional nº 41, 19.12.2003) Art. 194. A seguridade social compreende um conjunto integrado de ações de iniciativa dos Poderes Públicos e da sociedade, destinadas a assegurar os direitos relativos à saúde, à previdência e à assistência social. Art. 195. A seguridade social será financiada por toda a sociedade, de forma direta e indireta, nos termos da lei, mediante recursos provenientes dos orçamentos da União, dos Estados, do Distrito Federal e dos Municípios, e das seguintes contribuições sociais: (...) § 5º Nenhum benefício ou serviço da seguridade social poderá ser criado, majorado ou estendido sem a correspondente fonte de custeio total. Art. 201. A previdência social será organizada sob a forma de regime geral, de caráter contributivo e de filiação obrigatória, observados critérios que preservem o equilíbrio financeiro e atuarial, e atenderá, nos termos da lei, a: (Redação dada pela Emenda Constitucional nº 20, de 1998). (...) § 1º É vedada a adoção de requisitos e critérios diferenciados para a concessão de aposentadoria aos beneficiários do regime geral de previdência social, ressalvados os casos de atividades exercidas sob condições especiais que prejudiquem a saúde ou a integridade física e quando se tratar de segurados portadores de deficiência, nos termos definidos em lei complementar. (Redação dada pela Emenda Constitucional nº 47, de 2005)
Data de reconhecimento da repercussão geral:	17/11/2011
Data de julgamento do mérito recursal:	26/10/2016
Houve unanimidade?	Não
Data de publicação do acórdão de julgamento do recurso:	Ainda não publicado à época da elaboração deste texto
Trânsito em julgado do acórdão:	Não

◉ Comentários:[14]

A desaposentação que se constitui na renúncia da aposentadoria por meio de requerimento do segurado, objetivando um benefício em condições mais vantajosas, não tem previsão legal, na atual legislação.

Entretanto o STJ, até a consolidação do entendimento esposado no decisão proferida neste Recurso Extraordinário, vinha decidindo de forma reiterada a matéria da desaposentação favoravelmente aos requerentes, entendendo que os benefícios previdenciários são direitos patrimoniais disponíveis, e portanto suscetíveis de desistência pelos seus titulares. E ainda não determinava que os segurados devolvesse as parcelas recebidas referente a aposentadoria, como é a hipótese do acórdão objeto do RE 661.256.

A matéria chegou ao STF em dois Recursos Extraordinários manejado pelo INSS: o primeiro contra a decisão do Tribunal Regional da 4ª Região, em que se sustentou a transgressão ao artigo 5º, XXXVI, como também violação aos arts 40, 194, 195 e 201, § 1º da Constituição Federal. A decisão atacada considerou a aposentadoria um direito patrimonial passível de renúncia, e que o art. 181-B do Dec. n. 3.048/99, extrapolou os limites a que está sujeita, ao estabelecer a irrenunciabilidade e a irreversibilidade das aposentadorias por idade, tempo de contribuição/serviço e especial, porquanto somente a lei pode criar, modificar ou restringir direitos, permitindo assim a desaposentação com a restituição do valores recebidos da autarquia previdenciária.

E o segundo, contra a decisão formalizada pelo Superior Tribunal de Justiça, cujo ato atacado permitiu a desaposentação sem a restituição de valores já recebidos pelo recorrido, o que representa violação ao princípio da solidariedade e do equilíbrio financeiro atuarial, haja vista o enorme prejuízo que terá que arcar a autarquia ao ser compelida a conceder nova aposentadoria ao segurado com a inclusão das contribuições ocorridas no período posterior à aposentadoria anteriormente implementada.

O Supremo Tribunal Federal reconheceu a existência de repercussão geral da questão constitucional suscitada pelo INSS no RE 661.256[15] alusiva a possibilidade de renúncia de benefício de aposentadoria, com utilização de tempo de serviço/contribuição que fundamentou a prestação jurisdicional originária para obtenção de benefício mais vantajoso. Na ocasião da apreciação de existência de repercussão Geral, mencionou o então Ministro Relator Ayres Brito, à época (outubro de 2011) que as questões discutidas no caso se encaixam positivamente no âmbito da incidência do § 1º do art. 543-A do Código de Processo

---

14. À época da elaboração deste texto, em 17/04/2017, ainda não havia sido publicado o acórdão do julgamento do mérito recursal. Os comentários baseiam-se na notícia publicada pelo STF acerca do julgamento havido, veiculada em outubro de 2016.

15. REPERCUSSÃO GERAL NO RECURSO EXTRAORDINÁRIO 661.256 SANTA CATARINA EMENTA: CONSTITUCIONAL. PREVIDENCIÁRIO. § 2º do ART. 18 DA LEI 8.213/91. DESAPOSENTAÇÃO. RENÚNCIA A BENEFÍCIO DE APOSENTADORIA. UTILIZAÇÃO DO TEMPO DE SERVIÇO/CONTRIBUIÇÃO QUE FUNDAMENTOU A PRESTAÇÃO PREVIDENCIÁRIA ORIGINÁRIA. OBTENÇÃO DE BENEFÍCIO MAIS VANTAJOSO. MATÉRIA EM DISCUSSÃO NO RE 381.367, DA RELATORIA DO MINISTRO MARCO AURÉLIO. PRESENÇA DA REPERCUSSÃO GERAL DA QUESTÃO CONSTITUCIONAL DISCUTIDA. Possui repercussão geral a questão constitucional alusiva à possibilidade de renúncia a benefício de aposentadoria, com a utilização do tempo se serviço/contribuição que fundamentou a prestação previdenciária originária para a obtenção de benefício mais vantajoso. Decisão: O Tribunal reconheceu a existência de repercussão geral da questão constitucional suscitada. Não se manifestaram os Ministros Gilmar Mendes e Joaquim Barbosa.

Civil, submetendo à matéria ao conhecimento dos demais ministros da corte, que tal qual o então relator decidiram pelo reconhecimento da repercussão geral.

Apenas em outubro de 2016 foi apreciado o tema 503 da repercussão geral, que por maioria, deu provimento ao recurso extraordinário, deliberando em seguida o Tribunal por adiar a fixação da tese que veio ocorrer no dia seguinte nos seguintes termos: "No âmbito do Regime Geral de Previdência Social (RGPS), somente lei pode criar benefícios e vantagens previdenciárias, não havendo, por ora, previsão legal do direito à 'desaposentação', sendo constitucional a regra do art. 18, § 2º, da Lei nº 8.213/91". Plenário, 27.10.2016. (fixado a tese).

Deste modo, o Supremo Tribunal Federal não acolheu a tese da desaposentação, que vinha sendo admitida pelos tribunais, cabendo apenas ao Poder Legislativo a criação de autorização legal.

◉ **Fique atento:**

- Na Lei 13.183/2015 o Congresso Nacional inseriu a previsão para desaposentação, observados certos critérios. Mas este dispositivo foi vetado pela então Presidenta da República, ao argumento de contrariedade aos pilares do sistema previdenciário[16], e o veto foi mantido pelo Congresso Nacional, em 15.12.2015. Assim, inexistindo previsão legal autorizando a desaposentação, prevalece o entendimento do Supremo Tribunal Federal quanto a sua impossibilidade.

9.9. AUXÍLIO-ACIDENTE

Tema 388: "Revisão de auxílio-acidente concedido antes do advento da Lei nº 9.032/95".

Tese: "É inviável a aplicação retroativa da majoração prevista na Lei nº 9.032/1995 aos benefícios de auxílio-acidente concedidos em data anterior à sua vigência".

FICHA TÉCNICA	
Leading case:	RE 613033
Descrição do caso feita pelo STF:	Recurso extraordinário em que se discute, à luz dos artigos 5º, XXXVI, 195, § 5º, e 201, da Constituição Federal, a possibilidade, ou não, de revisão do auxílio-acidente concedido antes da entrada em vigor da Lei nº 9.032/95, com base em novo coeficiente de cálculo estabelecido na referida norma.

---

16. "As alterações introduziriam no ordenamento jurídico a chamada desaposentação, que contraria pilares do sistema previdenciário brasileiro, cujo financiamento é intergeracional e adota o regime de repartição simples. A alteração resultaria, ainda, na possibilidade de cumulação de aposentadoria com outros benefícios de forma injustificada, além de conflitar com o disposto no § 1º, do art. 86 da própria Lei 8.213, de 24 de julho de 1991"

FICHA TÉCNICA	
Leading case:	RE 613033
Dispositivo(s) constitucional(is) envolvido(s):	Art. 5º Todos são iguais perante a lei, sem distinção de qualquer natureza, garantindo-se aos brasileiros e aos estrangeiros residentes no País a inviolabilidade do direito à vida, à liberdade, à igualdade, à segurança e à propriedade, nos termos seguintes: (...) XXXVI – a lei não prejudicará o direito adquirido, o ato jurídico perfeito e a coisa julgada;
	Art. 195. A seguridade social será financiada por toda a sociedade, de forma direta e indireta, nos termos da lei, mediante recursos provenientes dos orçamentos da União, dos Estados, do Distrito Federal e dos Municípios, e das seguintes contribuições sociais: (...) § 5º Nenhum benefício ou serviço da seguridade social poderá ser criado, majorado ou estendido sem a correspondente fonte de custeio total.
	Art. 201. A previdência social será organizada sob a forma de regime geral, de caráter contributivo e de filiação obrigatória, observados critérios que preservem o equilíbrio financeiro e atuarial, e atenderá, nos termos da lei, a: (Redação dada pela Emenda Constitucional nº 20, de 1998)
Data de reconhecimento da repercussão geral:	14/04/2011
Data de julgamento do mérito recursal:	14/04/2011
Houve unanimidade?	Não
Data de publicação do acórdão de julgamento do recurso:	09/06/2011
Trânsito em julgado do acórdão:	20/06/2011

◉ Comentários:

A redação original do artigo 86 da Lei 8.213/91, § previa para o auxílio-acidente o percentual de 30%, 40% ou 60% do salário de contribuição do segurado vigente no dia do acidente, a ser fixado de acordo com a gravidade da sequela. Com a vigência da Lei 9.032/95 que alterou o artigo 86 da Lei 8213/91[17], o auxílio-acidente passou a corresponder a 50% (cinquenta por cento) do salário de benefício do segurado. Houve uma mudança, portanto, não apenas no percentual, mas também na base de calculo que deixou de ser sobre o salário de contribuição e passou a ser sobre o salário de benefício. O artigo 86, e

---

17. Art. 86. O auxílio-acidente será concedido, como indenização, ao segurado quando, após a consolidação das lesões decorrentes de acidente de qualquer natureza que impliquem em redução da capacidade funcional.
§ 1º O auxílio-acidente mensal e vitalício corresponderá a 50% (cinqüenta por cento) do salário-de-benefício do segurado.

seu § 1º, da Lei 8.213/91 novamente foi alterado pela Lei 9528/97[18] pra definir que o auxílio-doença será devido até a véspera do início de qualquer aposentadoria ou até a data do óbito do segurado.

Pautado nesta alteração legislativa muitos segurados que tiveram o benefício de auxílio-acidente concedidos anteriormente a vigência da Lei 9.032/95 no percentual de 30% ou 40% ingressaram com ação revisional, pretendendo que o benefício fosse fixado em 50%. O acórdão examinado faz referência a essas leis e analisa essa pretensão.

O acórdão da 6ª Turma do Superior Tribunal de Justiça, objeto do RE interposto pelo Instituto Nacional de Seguro Social – INSS, reconheceu ao segurado o direito ao aumento do percentual do auxílio-acidente, estabelecido pela Lei 9.032/95, que alterou o § 1º do art. 86 da Lei 8.213/91, por entender ser norma de ordem pública, com aplicação imediata a todos os beneficiários que estiverem na mesma situação, sem excluir os benefícios em manutenção.

O STF já havia se manifestado sobre o tema debatido nestes autos, no RE de nº 597.389/SP, para reconhecer a repercussão geral e reafirmar a jurisprudência da corte acerca da impossibilidade de aplicação retroativa das disposições da Lei nº 9.032/95 para revisão de pensão por morte e demais benefícios. Por tal motivo, optou o vice-presidente do STJ, aguardar o trânsito em julgado do acórdão proferido no RE n.º 597.389/SP, o que ocorreu em 02 de setembro de 2009, para encaminhamento dos autos ao relator para os efeitos do artigo 543-B,§ 3º, do CPC.

Retornando os autos do Recurso especial, cujo acórdão foi atacado pelo RE 613.033 para apreciação da Sexta Turma do STJ, na forma determinada pelo art. 543-B, § 3º do Código de Processo civil, não foi exercida a faculdade de retratação, ao argumento de que as considerações do aresto proferido no RE nº 597.389/SP não se referia aos casos de majoração de auxilio-acidente, mas de pensão por morte. E assim foi mantida a conclusão do julgamento de ser possível a majoração do auxílio-acidente aos benefícios antes da entrada em vigor da Lei 9.032/95, apesar da manifestação do STF, com trânsito em julgado da decisão. Assim, o STJ ratificou a sua jurisprudência em sentido contrário ao STF, ao tempo que admitiu o recurso extraordinário.

O cerne da questão arguida pelo Recorrente e debatida no RE 613.033 além da repercussão geral do tema versado sob os aspectos econômicos, político, social e jurídico, se cingiu a impossibilidade de aplicação retroativa da lei da nova redação do artigo 86,§ 1º da Lei 8.213/91 dada pela Lei 9.032/95, que implica violação ao direito adquirido e ato jurídico perfeito, e de ser incabível majoração de benefício sem correspondente fonte de custeio, vez que contraria os artigos 5º, inciso XXXVI, 195,§ 5º, e 201 da Constituição Federal.

Nesse contexto o STF admitiu que o recurso interposto é representativo da controvérsia, cuja matéria tratada já teve a repercussão geral reconhecida pelo plenário da corte, por unanimidade no julgamento da questão de ordem, suscitada pelo Ministro Gilmar

---

18. "Art. 86. O auxílio-acidente será concedido, como indenização, ao segurado quando, após consolidação das lesões decorrentes de acidente de qualquer natureza, resultar seqüelas que impliquem redução da capacidade para o trabalho que habitualmente exercia.

§ 1º O auxílio-acidente mensal corresponderá a cinqüenta por cento do salário-de-benefício e será devido, observado o disposto no § 5º, até a véspera do início de qualquer aposentadoria ou até a data do óbito do segurado.

Mendes no RE nº 597.389/SP, onde restou consolidada a orientação de que a impossibilidade de aplicação retroativa das modificações trazidas pela Lei nº 9.032/95 à pensão por morte estendia-se, com todas as suas consequências, aos demais benefícios tratados na Lei nº 9.032/95, incluindo, portanto o auxílio-acidente.

Com base em tais fundamentos, foi confirmado o reconhecimento da repercussão geral do tema constitucional examinado no presente RE e também ratificado a jurisprudência da corte suprema, quanto à impossibilidade da aplicação retroativa da majoração prevista na Lei 9.032/95 aos benefícios de auxílio-acidente, concedidos em data anterior à vigência da respectiva norma legal, dando provimento ao recurso para restabelecer o acórdão do Tribunal de Justiça de São Paulo que julgou improcedente o pedido formulado na inicial.

◉ Síntese do debate constante do acórdão que fixou o precedente:

Argumentos favoráveis à tese fixada:	Argumentos contrários à tese fixada:
• O entendimento nos julgamentos dos Recursos extraordinários nºs 415.454/SC e 416.827/SC de relatoria do ministro Gilmar Mendes, que decidiu igual matéria especificamente sobre o benefício de pensão por morte, aplica-se conforme assentado em julgados de ambas as turmas desta corte, aos casos de majoração do benefício de auxílio-acidente, debatida no presente feito, conforme precedentes: RE 599.576/PR-AgR Primeira turma, Relatora Ministra Carmem Lúcia, DJe de 23/09/10. AI nº 634.246/SP-AgR, Primeira Turma, Relator Ministro Ricardo Lewandowski, DJe de 09/10/09. RE nº 482.182/SP--AgR, Segunda Turma, Relator o Ministro Eros Grau, DJe de 16/5/08. AI nº 639.808/SP-AgR, Segunda Turma, Relator o Ministro Joaquim Barbosa, DJe de 6/2/09. (Ministro Dias Toffoli) • No Benefício examinado não há nenhuma particularidade suficiente para afastar a incidência da orientação já assentada na corte suprema, no sentido de que os benefícios devem ser regulados pela lei vigente ao tempo em que preenchidos os requisitos necessários à sua concessão, não sendo possível a aplicação de lei posterior para o cálculo ou majoração de benefícios já concedidos pelo INSS, salvo quando expressamente previsto no novo diploma legal. (Ministro Dias Toffoli). • É incabível a criação, majoração ou extensão de prestações previdenciárias sem a expressa indicação da fonte de custeio como na espécie (Ministro Dias Toffoli). • Não se revela constitucionalmente possível, ao Poder Judiciário, sob fundamento de isonomia, estender, em sede jurisdicional, majoração de benefício previdenciário, quando inexistente na lei a indicação da correspondente fonte de custeio total, (art. 195,§ 5º) sob pena de transgredir o princípio da separação dos poderes. (Ministro Dias Toffoli). • O fato de o trabalhador continuar contribuindo para a previdência após o início do pagamento do auxílio-acidente não é suficiente para suprir a indicação de prévia fonte de custeio, pois a continuidade da contribuição não implica aumento da receita, mas apenas a permanência dos valores antes recolhidos. (Ministro Dias Toffoli)	

⊚ Fique atento:

- Por ocasião do julgamento e considerando que STJ concluiu que a orientação pelo Plenário do STF no RE 597.389/SP não abrangeu os casos de auxílio-acidente e ainda considerando os casos que os tribunais de origem entendam da mesma forma e deixem de aplicar a orientação firmada e o juízo de retratação previsto no art. 543-B, § 3º, do Código de Processo Civil, a corte suprema, entendeu prudente que antes de julgar todos os recursos extraordinários ou agravos de instrumentos remetidos pelos tribunais de origem, examinasse cada caso especificamente para assentar de forma expressa e definitiva, se a matéria possui repercussão geral e se o eventual entendimento jurisprudencial já existente na corte deva ser ratificado também para essa matéria, afastando dúvidas acerca da identidade entre hipóteses examinadas, para que seja exercido com plenitude os procedimentos fixados no art. 543-B,§ 3º, do CPC, a partir de um julgado específico sobre cada tema.

- Diante da reafirmação da existência da repercussão geral e da orientação jurisprudencial consolidada no STF sobre o tema, o STF entendeu que os tribunais, Turmas recursais e de uniformização, a luz desse precedente específico sobre auxílio-acidente, devem adotar os procedimentos previstos no artigo 543-B, § 3º, do Código de Processo Civil, para todo o sistema judiciário brasileiro. Com esta orientação o STJ passou a decidir conforme posicionamento do STF.

9.10. AUXÍLIO-RECLUSÃO

Tema 89: "Renda a ser usada como parâmetro para a concessão do auxílio-reclusão".

Tese: "Segundo decorre do art. 201, IV, da Constituição Federal, a renda do segurado preso é a que deve ser utilizada como parâmetro para a concessão do auxílio-reclusão e não a de seus dependentes".

FICHA TÉCNICA	
Leading case:	RE 587365
Descrição do caso feita pelo STF:	Recurso extraordinário em que se discute, à luz dos artigos 194, parágrafo único, I e III; 201, I e II (na redação anterior à Emenda Constitucional nº 20/98), e IV (na redação dada pela Emenda Constitucional nº 20/98), da Constituição Federal, e do art. 13 da Emenda Constitucional nº 20/98, se a renda a ser considerada para efeitos de concessão do auxílio-reclusão deve ser a do segurado recluso ou a de seus dependentes.

FICHA TÉCNICA	
Leading case:	**RE 587365**
Dispositivo(s) constitucional(is) envolvido(s):	Art. 194. A seguridade social compreende um conjunto integrado de ações de iniciativa dos Poderes Públicos e da sociedade, destinadas a assegurar os direitos relativos à saúde, à previdência e à assistência social. Parágrafo único. Compete ao Poder Público, nos termos da lei, organizar a seguridade social, com base nos seguintes objetivos: I – universalidade da cobertura e do atendimento; (...) III – seletividade e distributividade na prestação dos benefícios e serviços;
	Art. 201. A previdência social será organizada sob a forma de regime geral, de caráter contributivo e de filiação obrigatória, observados critérios que preservem o equilíbrio financeiro e atuarial, e atenderá, nos termos da lei, a: (Redação dada pela Emenda Constitucional nº 20, de 1998) I – cobertura dos eventos de doença, invalidez, morte e idade avançada; (Redação dada pela Emenda Constitucional nº 20, de 1998) II – proteção à maternidade, especialmente à gestante; (Redação dada pela Emenda Constitucional nº 20, de 1998) (...) IV – salário-família e auxílio-reclusão para os dependentes dos segurados de baixa renda; (Redação dada pela Emenda Constitucional nº 20, de 1998)
	Art. 13 – Até que a lei discipline o acesso ao salário-família e auxílio-reclusão para os servidores, segurados e seus dependentes, esses benefícios serão concedidos apenas àqueles que tenham renda bruta mensal igual ou inferior a R$ 360,00 (trezentos e sessenta reais), que, até a publicação da lei, serão corrigidos pelos mesmos índices aplicados aos benefícios do regime geral de previdência social.
Data de reconhecimento da repercussão geral:	12/06/2008
Data de julgamento do mérito recursal:	25/03/2009
Houve unanimidade?	Não
Data de publicação do acórdão de julgamento do recurso:	08/05/2009
Trânsito em julgado do acórdão:	09/06/2009

◉ Comentários:

Como se extrai do art. 201, IV da Constituição Federal, com a redação determinada pela Emenda Constitucional nº 20 de 15.12.1998, o benefício de auxílio-reclusão ficou restrito aos dependentes dos segurados presos de baixa renda.

Recorreu o INSS contra acórdão unanime proferido pela Segunda Turma Recursal da Seção Judiciária do Estado de Santa Catarina, que em sintonia com o Enunciado da Súmula nº 5 da Turma de Uniformização dos Juizados Especiais entendeu que para fins de concessão do auxílio-reclusão, o conceito de renda bruta mensal se refere a renda auferida pelos dependentes e não à do segurado recluso. Sustentou o INSS que é constitucional o disposto no art. 13 da EC nº 20/98, bem como o art. 116 do Decreto 3.048/1999, que fixa um teto para o valor do salário-de-contribuição do segurado como condição para que seus dependentes tenham direito à percepção de auxilio-reclusão.

A questão em discussão no RE 583834 é saber se a renda a ser considerada para efeitos de concessão, tomando balizadores os artigos 201, IV e art. 13 da EC 20/98, deve ser a do segurado ou de seus dependentes.

O Supremo Tribunal examinou o RE 583834, que teve a relatoria do Ministro Ricardo Lewandowski, reconheceu a repercussão geral da questão constitucional e considerou que as razões que integram o acordão recorrido, como também a que empresta sustentação a Súmula 5, acima mencionada estão em desarmonia com o disposto no inciso IV, do art. 201[19] da Constituição Federal.

Sustentou o relator que uma simples leitura da norma é conclusiva sobre o dever constitucional de conceder auxílio-reclusão aos dependentes dos presos que sejam segurados de baixa renda. A constituição restringe a concessão do auxilio-reclusão às pessoas que estejam presas, possuam dependentes, sejam seguradas da previdência Social e tenham baixa renda. Além de a doutrina compartilhar com este entendimento, a exposição de motivos encaminhada ao Congresso Nacional pelo Poder Executivo reflete essa intenção quando diz que " o pagamento do salário-família, bem como do auxílio-reclusão, benefícios (...) dirigidos hoje indiscriminadamente a todos os segurados, passará a obedecer a critérios de seletividade baseados na efetiva necessidade". A seletividade está fundada na renda do segurado preso. E o objetivo da Emenda Constitucional foi de restringir o acesso ao auxílio-reclusão, usando para tanto essa renda.

Se o critério de seleção fosse baseado na renda dos dependentes, o auxílio reclusão alcançaria qualquer segurado preso, independentemente de sua condição financeira, que possuísse filhos menores de 14 anos. Com tais fundamentos entendeu o ministro relator que o dispositivo regulamentar inquinado de inconstitucional no acórdão recorrido está em perfeita harmonia com a Lei Maior, pelo que deu provimento ao Recurso Extraordinário.

Com base nesses argumentos, o Tribunal, acompanhando o voto do relator, proveu o recurso para reconhecer que segundo decorre do art. 201, IV, da Constituição, a renda do segurado preso é que deve ser utilizada como parâmetro para a concessão do benefício e não de seus dependentes.

---

19. Art. 201. A previdência social será organizada sob a forma de regime geral, de caráter contributivo e de filiação obrigatória, observados critérios que preservem o equilíbrio financeiro e atuarial, e atenderá, nos termos da lei, a: (Redação dada pela Emenda Constitucional nº 20, de 1998)   (Vide Emenda Constitucional nº 20, de 1998) (...) IV – salário-família e auxílio-reclusão para os dependentes dos segurados de baixa renda;   (Redação dada pela Emenda Constitucional nº 20, de 1998)

◉ Síntese do debate constante do acórdão que fixou o precedente:

Argumentos favoráveis à tese fixada:	Argumentos contrários à tese fixada:
• O texto constitucional é claro para concluir que o Estado tem o dever constitucional de conceder auxílio-reclusão aos "dependentes" dos presos que sejam ao mesmo tempo "segurados" e de baixa renda. Do contrário seria dos dependentes de baixa renda dos segurados. (Ministro Ricardo Lewandowski) • Se o critério de seleção fosse baseado na renda dos dependentes, o auxílio-reclusão alcançaria qualquer segurado preso, independentemente de sua condição financeira, que possuísse filhos menores de 14 anos, visto que estes forçosamente estão impedidos de trabalhar. (Ministro Ricardo Lewandowski) • O art. 116 do Decreto 3.048/1999, não afrontou a constituição, em verdade se amoldou àquilo que o texto magno definiu como base para o cálculo do benefício. (Ministro Ricardo Lewandowiski). • O destinatário da norma é o segurado de baixa renda, o beneficiário é o dependente ou o conjunto de dependentes. A constituição protege não é o preso por estar preso, é o segurado que está preso e é pobre. (Min Carlos Brito). • Subjacente ao "para quê da norma" está a necessidade de recompor a renda doméstica, recolocando a família no status financeiro anterior, no mínimo, suprindo a falta de quem está faltando que no caso é a renda do segurado, que foi preso. (Ministro Carlos Brito)	• A procuradoria da Geral da República sustenta que o benefício é para o dependente e é este que deve ter baixa renda, não havendo como interpretar literalmente o art. 201, IV da Constituição, em face do art. 13 EC nº 20/98 e 194, III, da Carta magna, o que se harmoniza com o princípio da seletividade, para o qual só é devido o benefício a quem necessita. • "A Constituição se refere a dependentes do segurado que tenham baixa renda. Porque em sendo o segurado de baixa renda, mas cujos dependentes não necessitem de auxilio nenhum, a previsão do auxílio-reclusão seria, sim, um gasto inútil e incompreensível do Estado". • Quanto ao critério de necessidade não se põe em relação ao segurado, cujo antigo salário de contribuição é tomado como critério de outorga do benefício, mas apenas em relação aos dependentes. Esses, sim, é que podem encontrar-se em situação de necessidade. (Ministro Cezar Peluso) • O simples fato de ter sido segurado e de ter contribuído, enquanto não estava preso, para a Previdência Social, é que gera o direito de percepção em benefício dos dependentes. E, é óbvio, que o benefício não pode ser do segurado de baixa renda, porque o recluso, de acordo com a lei, não pode ter renda ou não deve estar em gozo de nenhum daqueles benefícios a que se refere o art. 80 da Lei n. 8.213. (Ministro Cezar Peluso) • O critério de salário de contribuição nada revela para efeito de minorar a situação de necessidade dos dependentes. Os dependentes podem estar em situação de necessidade independentemente do que o segurado recebia e cujo valor servia de base para o salário de contribuição. (Min. Cezar Peluso).

◉ Questões de Concurso relacionadas ao tema:

Questão 01 (Ano: 2010 Banca: CESPE Órgão: DPE-BA Prova: Defensor Público). Segundo a jurisprudência do STF, deve-se utilizar, como parâmetro para a concessão do benefício de auxílio-reclusão, a renda do segurado preso, e não, a de seus dependentes.

( ) Certo   ( ) Errado

Gabarito: 1-C

9.11. PENSÃO POR MORTE

Tema 165: "Revisão da pensão por morte concedida antes do advento da Lei nº 9.032/95".

Tese: "A revisão de pensão por morte e demais benefícios, constituídos antes da entrada em vigor da Lei 9.032/1995, não pode ser realizada com base em novo coeficiente de cálculo estabelecido no referido diploma legal".

FICHA TÉCNICA	
Leading case:	**RE 597389**
Descrição do caso feita pelo STF:	Recurso extraordinário em que se discute, à luz do art. 5º, XXXVI; e 195, § 5º, da Constituição Federal, a possibilidade, ou não, de revisão de pensão por morte concedida antes da entrada em vigor da Lei nº 9.032/95, com base em coeficiente de cálculo estabelecido na referida norma.
Dispositivo(s) constitucional(is) envolvido(s):	Art. 5º Todos são iguais perante a lei, sem distinção de qualquer natureza, garantindo-se aos brasileiros e aos estrangeiros residentes no País a inviolabilidade do direito à vida, à liberdade, à igualdade, à segurança e à propriedade, nos termos seguintes: (...) XXXVI – a lei não prejudicará o direito adquirido, o ato jurídico perfeito e a coisa julgada;
	Art. 195. A seguridade social será financiada por toda a sociedade, de forma direta e indireta, nos termos da lei, mediante recursos provenientes dos orçamentos da União, dos Estados, do Distrito Federal e dos Municípios, e das seguintes contribuições sociais: (...) § 5º Nenhum benefício ou serviço da seguridade social poderá ser criado, majorado ou estendido sem a correspondente fonte de custeio total.
Data de reconhecimento da repercussão geral:	22/04/2009
Data de julgamento do mérito recursal:	22/04/2009
Houve unanimidade?	Sim
Data de publicação do acórdão de julgamento do recurso:	21/08/2009
Trânsito em julgado do acórdão:	02/09/2009

⦿ Comentários:

Em 28 de abril de 1995 entrou em vigor a Lei 9.032, que dispõe sobre o valor do salário mínimo e em seu artigo 3º altera dispositivos das leis nº 8212 e 8213, ambas de 24/07/1991, modificando o valor da pensão por morte que passou a consistir em 100% do salário de benefício.[20]

A regra anteriormente vigente, inserta no artigo 75 da Lei 8213/91[21], em seu texto original previa que o valor do benefício da pensão por morte era constituído de uma parcela, relativa a família, de 80% do valor da aposentadoria que o segurado recebia ou a que teria direito, se estivesse aposentado na data do seu falecimento, mais tantas parcelas de 10%(dez por cento) do valor da mesma aposentadoria quantos forem os seus dependentes, até o máximo de 2 (duas).

Considerando a nova sistemática de calculo que elevou o valor inicial do benefício de pensão por morte, muitas ações foram propostas por pensionista que obtiveram pensão antes da vigência da Lei 9.032/95, pretendendo revisar a pensão por morte de 80% para 100% do benefício. O INSS administrativamente se recusou a revisar as pensões, pela impossibilidade de retroação da lei nova, que não trouxe previsão nesse sentido.

No RE 587.389, interposto pelo Instituto Nacional de Seguro Social contra decisão do Tribunal Regional Federal da 3ª Região, que determinou a revisão da pensão por morte, majorando o coeficiente do cálculo para 100%, nos termos da lei 9.032/95, a autarquia sustentou em preliminar formal e fundamentada de repercussão geral, e contrariedade a jurisprudência dominante da corte suprema. Isto porque a pensão por morte constituída antes da entrada em vigor da Lei 9.032/95, não pode ser revisada em vista das disposições deste diploma, por ofensa ao ato jurídico perfeito e aplicação retroativa da lei, sem necessária autorização o que resulta em ofensa ao artigo 5º, XXXVI da Constituição Federal.

Nesse contexto, por ocasião do julgamento do RE 597.389 os ministros do Supremo Tribunal Federal, de forma unânime, decidiram resolver questão de ordem proposta pelo então presidente da corte o Min. Gilmar Mendes, que foi acolhida para reconhecer a Repercussão Geral da questão constitucional analisada, pela relevância jurídica e econômica do tema, com reflexos sobre inúmeros processos em tramitação e para reafirmar a jurisprudência da corte no sentido de que a revisão de pensão por morte e demais benefícios antes da entrada em vigor da Lei 9.032, de 1995, não pode ser realizada com base em novo coeficiente de cálculo estabelecido no referido diploma, dando-se provimento ao Recurso Extraordinário, determinando a devolução aos tribunais de origem dos recursos extraordinários e agravos de instrumento que versem sobre o mesmo tema, para adoção do procedimento legal.

---

20. Art. 75. O valor mensal da pensão por morte, inclusive a decorrente de acidente do trabalho, consistirá numa renda mensal correspondente a 100% (cem por cento) do salário-de-benefício, observado o disposto na Seção III, especialmente no art. 33 desta lei.

21. Art. 75. O valor mensal da pensão por morte será: a) constituído de uma parcela, relativa à família, de 80% (oitenta por cento) do valor da aposentadoria que o segurado recebia ou a que teria direito, se estivesse aposentado na data do seu falecimento, mais tantas parcelas de 10% (dez por cento) do valor da mesma aposentadoria quantos forem os seus dependentes, até o máximo de 2 (duas); b) 100% (cem por cento) do salário-de-benefício ou do salário-de-contribuição vigente no dia do acidente, o que for mais vantajoso, caso o falecimento seja conseqüência de acidente do trabalho".

⊙ Síntese do debate constante do acórdão que fixou o precedente:

Argumentos favoráveis à tese fixada:	Argumentos contrários à tese fixada:
• A decisão que prevê incidência da lei nova aos benefícios já concedidos, para a revisão dos próprios parâmetros da concessão viola os artigos 5°, XXX-VI, e 195, § 5°, da Constituição Federal. (Min. Gilmar Mendes). • O STF já firmou entendimento segundo o qual os benefícios previdenciários devem regular-se pela lei vigente ao tempo em que preenchidos os requisitos necessários à sua concessão. Entendeu incidente a regra *tempus regit actum*, a indicar o estatuto de regência ordinariamente aplicável em matéria de instituição e/ou majoração de benefício previdenciário. Esse posicionamento esta expresso em várias decisões da corte: RE 416.827, Pleno, Dj 26.10.2007 e o RE 415.454, Pleno, DJ 26.10.2007, de relatoria do min Gilmar Mendes, RE 470.432, Pleno, DJ 23.3.2007, Rel. Cezar Peluso ; no mesmo sentido RE 470.279, Pleno, DJ 23.3.2007, Rel. Min Gilmar Mendes; RE 444282, Pleno, Rel. Cesar Peluso, DJ 30.3.2007; RE 457.869, Pleno, Rel. Cezar Peluso, DJ 30.3.2007 e RE 509.208, Pleno Rel. Cezar Peluso, DJ 13.4.2007. (Min. Gilmar Mendes) • A majoração de benefícios previdenciários, além de submetida ao postulado da contrapartida (CF, art. 195,§ 5°) também depende para sua legitima adequação ao texto constitucional, da observância do princípio da reserva de lei formal, cuja incidência traduz limitação ao exercício da atividade jurisdicional do Estado, não se revelando constitucionalmente possível, sob fundamento de isonomia, estender em sede jurisdicional, majoração de benefício previdenciário, quando inexiste na lei, a indicação de correspondente fonte de custeio. (Min. Gilmar Mendes). • Ao se examinar matéria sobre possibilidade de lei não majorando mas diminuindo em termos de percentual, teria aplicação às situações devidamente constituídas? A resposta é desenganadamente não. (min. Marco Aurélio).	

⊙ Fique atento:

• A questão de ordem para exame de repercussão geral levantada e acolhida do RE 597.389, reafirma a jurisprudência pacificada no Supremo tribunal no sentido de serem os benefícios previdenciários regulados pela lei vigente ao tempo em que preenchidos os requisitos necessários a sua concessão, o que afasta a aplicação das disposições da lei 9.032, de 1995, aos benefícios concedidos anteriormente a sua entrada em vigor.

- A questão de ordem firmada no julgamento do RE 587.389 definiu mecanismo próprio que permite aos tribunais, turmas recursais e de uniformização, a adoção dos procedimentos previstos no art. 543-B, § 3º, do Código de Processo Civil, relacionados à repercussão geral reconhecida, especificamente a retratação das decisões ou a inadmissibilidade dos recursos extraordinários, sempre que as decisões contrariarem ou se pautarem pela jurisprudência da corte suprema e forem contrastadas por recursos extraordinários, nos termos do voto do relator.

- Ficou definido a devolução aos respectivos tribunais de origem os recursos extraordinários e agravos de instrumento, ainda que não distribuídos na suprema corte e os que chegarem, versando sobre o tema em questão, sem prejuízo da eventual devolução, se assim entenderem os relatores, daqueles que já estão a eles distribuídos (art. 328, parágrafo único do RISTF), com a ressalva do voto do Min Marco Aurélio, quanto a não aplicação do regime da repercussão geral aos recursos protocolados em data anterior à regulamentação do referido instituto.

⊙ Questões de Concurso relacionadas ao tema:

Questão 01 (CESPE/TCE-BA/Procurador/2010) Segundo entendimento do STF, lei nova mais benéfica que altere forma de cálculo de renda mensal inicial da pensão por morte, aumentando seu percentual, não se aplicará aos benefícios previdenciários concedidos antes de sua vigência.

> **Gabarito: 1-C**

9.12. BENEFÍCIO ASSISTENCIAL DO IDOSO E DO PORTADOR DE DEFICIÊNCIA

Tema 312: "Interpretação extensiva ao parágrafo único do art. 34 da Lei nº 10.741/2003 para fins do cálculo da renda familiar de que trata o art. 20, § 3º, da Lei nº 8.742/93".

Tese: "É inconstitucional, por omissão parcial, o parágrafo único do art. 34 da Lei 10.741/2003 (Estatuto do Idoso)".

FICHA TÉCNICA	
Leading case:	**RE 580963**
Descrição do caso feita pelo STF:	Recurso extraordinário em que se discute, à luz do art. 203, V, da Constituição Federal, a constitucionalidade, ou não, de decisão judicial que, conferindo interpretação extensiva ao parágrafo único do art. 34 da Lei nº 10.741/2003, deixa de computar benefício assistencial concedido a pessoa com deficiência ou qualquer outra situação não contemplada expressamente no referido dispositivo do Estatuto do Idoso, para fins do cálculo da renda familiar de que trata o art. 20, § 3º, da Lei nº 8.742/93.

FICHA TÉCNICA	
Leading case:	**RE 580963**
Dispositivo(s) constitucional(is) envolvido(s):	Art. 203. A assistência social será prestada a quem dela necessitar, independentemente de contribuição à seguridade social, e tem por objetivos: (...)V – a garantia de um salário mínimo de benefício mensal à pessoa portadora de deficiência e ao idoso que comprovem não possuir meios de prover à própria manutenção ou de tê-la provida por sua família, conforme dispuser a lei.
Data de reconhecimento da repercussão geral:	16/09/2010
Data de julgamento do mérito recursal:	18/04/2013
Houve unanimidade?	Não
Data de publicação do acórdão de julgamento do recurso:	14/11/2013
Trânsito em julgado do acórdão:	13/02/2014

◉ Comentários:

A Lei de Organização da Assistência Social – LOAS, de nº 8.742/93, ao regulamentar o art. 203, V, da Constituição da República, estabeleceu critérios para que o benefício mensal de um salário mínimo seja concedido aos portadores de deficiência e aos idosos que comprovem não possuir meios de prover a própria manutenção ou de tê-la provida por sua família.

O artigo 20, § 3º, da Lei 8742/93 que regulou a matéria fixou que "considera-se incapaz de prover a manutenção da pessoa portadora de deficiência ou idosa, a família cuja renda mensal per capita seja inferior a 1/4 (um quarto) do salário mínimo". O parâmetro financeiro e objetivo estabelecido pela lei, renda *per capita* inferior a 1/4 (um quarto) do salário mínimo, foi objeto de ação direta de inconstitucionalidade, sob nº 1.232-1/DF, ao fundamento de que a sua observância permitiria que situações de miserabilidade social ficassem fora do alcance do benefício assistencial.

O STF ao apreciar a ação declarou à compatibilidade do disposto no artigo 20, § 3º da lei 8742/93 e a Constituição Federal, ou seja, reconheceu a constitucionalidade da lei, que permaneceu inalterada, mas não pôs fim a controvérsia de aplicação do critério objetivo da renda familiar per capita de ¼ de salario mínimo.

O STF ao examinar o RE 567.985 interposto pelo Instituto Nacional, que discute o critério objetivo da renda familiar per capita de ¼ de salário mínimo, reconheceu o direito ao recebimento do benefício assistencial de prestação continuada, a quem mesmo não preenchendo os requisitos previstos no artigo 20, § 3º, da Lei Orgânica da Assistência Social – LOAS (Lei nº 8.742/93), comprove o seu estado de miserabilidade, consignando não ser absoluto o parâmetro de um quarto do salário mínimo estabelecido na mencionada lei, cujo situação concreta deve ser adequada pelo Judiciário à diretriz constitucional da dignidade da pessoa humana (artigo 1º, inciso III), de forma a dar cumprimento ao disposto no artigo 203, inciso V, da Carta da República. Na análise do RE 567.985 declarou a inconstitucionalidade parcial, sem pronuncia de nulidade, do art. 20,§ 3º, da Lei 8.742/1993, ressaltando que a decisão não é vinculante uma vez que não tomada em controle abstrato de constitucionalidade, cabendo ao congresso aprovar novo critério legal.

Outro Recurso Extraordinário, sob nº 580.963 chegou ao Supremo Tribunal Federal também envolvendo a matéria relativa ao benefício assistencial do Idoso e deficiente, e que se refere a análise da constitucionalidade da disposição prevista no parágrafo único do artigo 34 da Lei 10.741/2003 (Estatuto do Idoso).

Ultrapassado o óbice inicial, de tratar-se de discussão de matéria infraconstitucional, que implicou o não recebimento do RE 580.963, pela 2ª turma Recursal do Paraná, e a interposição do recurso de agravo de instrumento, o Min Cezar Peluso deu provimento ao Agravo de Instrumento, convertendo-o em recurso extraordinário, e em seguida submetido à sistemática da repercussão geral, que concluiu pela existência de relevância da questão constitucional versada.

No contexto do RE 580.963 de relatoria do ministro Gilmar Mendes, interposto pelo INSS, o Supremo Tribunal Federal examinou a constitucionalidade ou não do parágrafo único, do artigo 34, da Lei 10.741/2003 (Estatuto do Idoso). A alegação era de ofensa ao princípio da legalidade, da independência dos poderes e da reserva legal.

O caso concreto tratou de uma idosa com 75 anos de idade, com grupo familiar formado por ela e seu esposo, com renda mensal unicamente proveniente de aposentadoria do marido, em valor mínimo (R$ 350,00) e que a sentença, confirmada pelo acórdão da 1ª Turma Recursal do Paraná, desconsiderou para efeito de cálculo de concessão do benefício da LOAS, de sorte que admitiu que a idosa não possui renda per capita superior ¼ de salário mínimo.

O estatuto do idoso dispõe, no seu artigo 34, parágrafo único,[22] que o benefício assistencial já concedido a qualquer membro da família não será computado para fins de cálculo da renda familiar per capita a que se refere à Lei 10.741/2003.

Com esta previsão não há exclusão dos benefícios assistenciais recebidos por deficientes e também de benefícios previdenciários, inexistindo justificativa plausível para a discriminação dos portadores de deficiência em relação aos idosos e também dos idosos beneficiários da assistência social em relação a idosos titulares de benefícios previdenciários. Ao analisar a matéria o Relator entendeu que o legislador incidiu em grave equívoco, na formulação do parágrafo único, do art. 34, da Lei n. 10.741/2003, ao abrir exceção para dois benefícios recebidos pelo casal através da LOAS, mas não, se for em relação a outro benefício previdenciário, ou se for um benefício de idoso e deficiente, porque em situações iguais, do ponto de vista numérico, se pode chegar a um resultado diferente. Inexiste racionalidade jurídica no dispositivo que exclui o benefício para efeito de renda *per capita* em relação ao benefício da LOAS para um dos cônjuges, mas não admite em relação aos demais (deficientes, idosos aposentados com um salário mínimo), criando insegurança jurídica. Por que os deficientes também não foram contemplados?

---

22. Art. 34. Aos idosos, a partir de 65 (sessenta e cinco) anos, que não possuam meios para prover sua subsistência, nem de tê-la provida por sua família, é assegurado o benefício mensal de 1 (um) salário-mínimo, nos termos da Lei Orgânica da Assistência Social – Loas.   (Vide Decreto nº 6.214, de 2007)
   Parágrafo único. O benefício já concedido a qualquer membro da família nos termos do caput não será computado para os fins do cálculo da renda familiar per capita a que se refere a Loas.

O conflito entre aplicação crua da lei e a adoção de critérios de justiça social permeou a discussão travada no presente processo que residiu em saber se o referido dispositivo comporta somente interpretação restritiva ou pode ser estendido a outros casos, como ao benefício assistencial recebido por pessoa com deficiência ou ao benefício previdenciário em valor mínimo recebido por idoso.

Assim é que fundamentado na inexistência de justificativa para a discriminação apontada o relator Ministro Gilmar Mendes votou propondo a declaração de inconstitucionalidade por omissão parcial do art. 34, parágrafo único, da Lei 10.741/2003, sem pronúncia de nulidade, com a fixação de prazo de dois exercícios financeiros para que o Poder Legislativo redefina a política pública do benefício assistencial de prestação continuada, para suprimir as inconstitucionalidades apontadas até 31 de dezembro de 2014.

Prosseguindo o julgamento o Tribunal concluiu pela Declaração de inconstitucionalidade parcial, sem pronuncia de nulidade, do artigo 34, parágrafo único, da Lei 10.741/2003, estendendo neste particular, o parágrafo único do artigo 34 da referida Lei aos deficientes amparados pelo benefício assistencial e aos segurados que percebem benefício previdenciário no valor de um salário mínimo.[23] A decisão proferida por maioria, negou provimento ao recurso extraordinário e declarou *incidenter tantum* a inconstitucionalidade do parágrafo único do art. 34 da Lei nº 10.741/03 (Estatuto do idoso).

⊙ Síntese do debate constante do acórdão que fixou o precedente:

Argumentos favoráveis à tese fixada:	Argumentos contrários à tese fixada:
• Há incongruência no sistema a partir do caso, onde se insere o estatuto do idoso que: "exclui o benefício para efeito da renda per capita quando se tratar de concessão de benefício da LOAS para um dos cônjuges, mas não admite em relação aos demais. Como justificar isso, do ponto de vista da racionalidade jurídica, não de racionalidade econômica? Como explicar que alguém que se tenha aposentado regularmente pela Previdência com o valor de um salário mínimo também não pretenda essa exclusão para efeito do cálculo? Ou a questão que já está posta e que está chegando aqui: os deficientes, que também recebem. Por que eles não foram contemplados?" (Ministro Gilmar Mendes).	• O ministro Marco Aurélio entendeu que não tem como deixar de prover esse recurso do Instituto, pois está na decisão da Turma Recursal que o cônjuge varão já recebe da Previdência Social um salário mínimo a título de proventos decorrentes da aposentadoria. Mas, mesmo assim, esse núcleo de duas pessoas terá direito a mais um salário mínimo, considerada a assistência prevista no inciso V do artigo 203. É uma demasia. Por isso e por outras situações, é que o sistema vai por água. (ministro Marco Aurélio).

---

23.   4. A inconstitucionalidade por omissão parcial do art. 34, parágrafo único, da Lei 10.741/2003.

O Estatuto do Idoso dispõe, no art. 34, parágrafo único, que o benefício assistencial já concedido a qualquer membro da família não será computado para fins do cálculo da renda familiar per capita a que se refere a LOAS. Não exclusão dos benefícios assistenciais recebidos por deficientes e de previdenciários, no valor de até um salário mínimo, percebido por idosos. Inexistência de justificativa plausível para discriminação dos portadores de deficiência em relação aos idosos, bem como dos idosos beneficiários da assistência social em relação aos idosos titulares de benefícios previdenciários no valor de até um salário mínimo. Omissão parcial inconstitucional.

5. Declaração de inconstitucionalidade parcial, sem pronúncia de nulidade, do art. 34, parágrafo único, da Lei 10.741/2003.

6. Recurso extraordinário a que se nega provimento.

Argumentos favoráveis à tese fixada:	Argumentos contrários à tese fixada:
• Entendeu o relator que o critério adotado pelo Estatuto do Idoso, aumentou a insegurança jurídica, porque, ao excluir, no caso dos idosos, apenas em relação ao recebimento e percepção de benefício da LOAS, por uma das partes do casal, ele acabou por agravar uma discussão sobre isonomia, porque se alguém, na mesma conformação, recebe um benefício da Previdência Social, por contribuição, no valor de um salário mínimo, e o outro pretende LOAS, Vai haver ou não a possibilidade de exclusão e argumentação de inconstitucionalidade. (Min. Gilmar Mendes).	
• A análise histórica dos modos de raciocínio judiciário demonstra que os juízes, quando se deparam com uma situação de incompatibilidade entre o que prescreve a lei e o que se lhe apresenta como a solução mais justa para o caso, procuram a melhor técnica hermenêutica para reconstruir os sentidos possíveis do texto legal e viabilizar a solução mais justa. Nesse contexto vários juízos passaram a decidir que o benefício previdenciário de valor mínimo, ou outro assistencial percebido pelo idoso, é excluído da composição da renda familiar (Súmula 20 das Turmas Recursais de Santa Catarina e Precedentes da Turma Regional de Uniformização) e também que o benefício assistencial percebido por qualquer outro membro da família não é considerado para fins de apuração da renda familiar	
• O STF julgou diversas reclamações[24] permitindo a manutenção de decisões que concederam interpretação extensiva ao art. 34, parágrafo único, do Estatuto do Idoso sobre o fundamento de ausência de similitude entre o conteúdo das decisões impugnadas e a decisão proferida no julgamento da Ação Direta de Inconstitucionalidade n. 1.232. (Ministro Gilmar Mendes)	
• O STF também já assentou o entendimento de que a interpretação extensiva dada ao art. 34 do Estatuto do Idoso não contraria o art. 203, V, da Constituição nem viola a autoridade da decisão proferida no julgamento da ADI 1.232. Os precedentes da corte[25] revelam condescendência com os diversos juízes brasileiros, por entenderem ser inconstitucional por omissão parcial, o critério dotado pelo legislador para excluir do cálculo da renda familiar apenas o benefício assistencial recebido pelo idoso. (Gilmar Mendes).	

24. Reclamação 4.154, Rel Min Sepulveda Pertence, DJ 31.3.2006; a Reclamação 4270, Rel. Min. Eros Grau, DJ 25.4.2006; a Reclamação 4.016, Rel Min Marco Aurélio, DJ 10.5.2001; e a Reclamação 4.195, Rel. Min. Joaquim Barbosa, DJe 14.9.2011.

25. AI-AGR 590.169, Rel Min. Sepúlveda Pertence, Primeira Turma, DJ 9.2.2007; o RE 561.936, Rel. Min. Cezar Peluso, Segunda Turma, DJe 9.5.2008; e o RE 569.065, Rel. Min. Joaquim Barbosa, Segunda Turma, DJe 1º.10.2010.

◉ **Fique atento:**

- No julgamento não foi alcançado o quórum de 2/3 para modulação dos efeitos da decisão para que a norma tivesse validade até 31/12/2015, não prevalecendo a fixação de prazo proposta pelo ministro relator.

◉ **Questões de Concurso relacionadas ao tema:**

Questão 01 (CESPE/DPE Bahia/Defensor Público/2010) Considere a seguinte situação hipotética. João e Maria, maiores de setenta anos de idade, carentes, moram juntos e não possuem meios para prover sua subsistência nem podem tê-la provida por sua família. A Maria foi assegurado o benefício mensal de um salário-mínimo, nos termos da Lei Orgânica da Assistência Social. Nessa situação, João fica impedido de receber o mesmo benefício, dado o não atendimento, pelo casal, do requisito familiar *per capita*.

> Gabarito: 1-E

9.13. APLICAÇÃO DE PRAZO DECADENCIAL

> **Tema 313:** "Aplicação do prazo decadencial previsto na Medida Provisória n° 1.523/97 a benefícios concedidos antes da sua edição."
>
> **Tese:** "I – Inexiste prazo decadencial para a concessão inicial do benefício previdenciário;
>
> II – Aplica-se o prazo decadencial de dez anos para a revisão de benefícios concedidos, inclusive os anteriores ao advento da Medida Provisória 1.523/1997, hipótese em que a contagem do prazo deve iniciar-se em 1° de agosto de 1997".

FICHA TÉCNICA	
Leading case:	**RE 626489**
Descrição do caso feita pelo STF:	Recurso extraordinário em que se discute, à luz dos artigos 5°, XXXVI; 201, § 1°, da Constituição Federal, a aplicação, ou não, do prazo decadencial previsto na Medida Provisória n° 1.523, de 27.06.1997 aos benefícios concedidos em data anterior a sua edição.

FICHA TÉCNICA	
Leading case:	**RE 626489**
Dispositivo(s) constitucional(is) envolvido(s):	Art. 5º Todos são iguais perante a lei, sem distinção de qualquer natureza, garantindo-se aos brasileiros e aos estrangeiros residentes no País a inviolabilidade do direito à vida, à liberdade, à igualdade, à segurança e à propriedade, nos termos seguintes: (...) XXXVI – a lei não prejudicará o direito adquirido, o ato jurídico perfeito e a coisa julgada;
	Art. 201. A previdência social será organizada sob a forma de regime geral, de caráter contributivo e de filiação obrigatória, observados critérios que preservem o equilíbrio financeiro e atuarial, e atenderá, nos termos da lei, a: (Redação dada pela Emenda Constitucional nº 20, de 1998) (...) § 1º É vedada a adoção de requisitos e critérios diferenciados para a concessão de aposentadoria aos beneficiários do regime geral de previdência social, ressalvados os casos de atividades exercidas sob condições especiais que prejudiquem a saúde ou a integridade física e quando se tratar de segurados portadores de deficiência, nos termos definidos em lei complementar. (Redação dada pela Emenda Constitucional nº 47, de 2005)
Data de reconhecimento da repercussão geral:	16/09/2010
Data de julgamento do mérito recursal:	16/10/2013
Houve unanimidade?	Sim
Data de publicação do acórdão de julgamento do recurso:	23/09/2014
Trânsito em julgado do acórdão:	08/10/2014

◉ Comentários:

A Lei nº 8.213/1991, que dispõe sobre os Planos de Benefícios da Previdência Social, na redação original, não continha previsão de prazo para a postulação de benefício previdenciário e tampouco para os pedidos de sua revisão. Previa-se apenas a incidência do prazo de cinco anos para a cobrança de parcelas vencidas e não pagas, em seu artigo 103[26], preservando-se integralmente o fundo de direito.

---

26. Art. 103. Sem prejuízo do direito ao benefício, prescreve em 5 (cinco) anos o direito às prestações não pagas nem reclamadas na época própria, resguardados os direitos dos menores dependentes, dos incapazes e dos ausentes

Posteriormente, a Medida Provisória n° 1523-9/1997 alterou a redação do dispositivo transcrito (art. 103), passando a prever prazo decadencial de 10 anos para revisão do benefício inicialmente concedido[27].

O presente recurso extraordinário discute a incidência do prazo decadencial de dez anos – introduzido pela Medida Provisória n° 1.523, de 28.06.1997 – sobre as pretensões de revisão de benefícios previdenciários instituídos antes dessa inovação legislativa. O caso concreto envolve aposentadoria por invalidez concedida em 08.06.1995, em que o Juizado Federal extinguiu a demanda ajuizada pela aposentada, com resolução de mérito em seu desfavor, sob o fundamento de decadência do direito à revisão, tendo em vista que a ação somente foi proposta em 03.06.2009, já após o referido prazo decenal. A Turma Recursal dos Juizados Especiais de Sergipe deu provimento ao recurso interposto da sentença e afastou a decadência[28], por entender que o benefício previdenciário revisando foi concedido à parte autora antes da vigência da Medida Provisória no. 1.523-9/1997, estando imune à incidência do prazo decadencial, determinando ao juízo de origem que analisasse a questão de fundo. Dessa decisão foi interposto o recurso extraordinário pelo Instituto Nacional de Seguro Social (INSS)

A questão em debate, neste RE, cuja repercussão geral foi reconhecida, consiste, portanto, na aplicação ou não do prazo limitativo de dez anos para a revisão de benefícios previdenciários concedidos antes da MP n° 1.523-9/1997. Dois pontos foram levantados e enfrentados pelo Ministro Relator Luiz Roberto Barroso: 1) a validade e o alcance da própria instituição de prazo para a revisão do ato concessório; e 2) a incidência imediata da alteração normativa a benefícios concedidos anteriormente à sua vigência.

No primeiro ponto, distinguiu entre o direito a obtenção ao benefício previdenciário em si considerado – o denominado fundo do direito, que tem caráter fundamental, onde não houve introdução de prazo legal algum, podendo ser exercido a qualquer tempo, sem implicar consequência negativa à inércia do beneficiário, como reconhecido, por exemplo, de forma expressa no art. 102, § 1°, da Lei n° 8.213/1991 – e a graduação pecuniária das prestações, fortemente afetadas pelas circunstâncias sociais, econômicas e atuariais, variáveis em cada momento histórico, ou seja, a pretensão de discutir a graduação econômica

---

27. Art. 103. É de dez anos o prazo de decadência de todo e qualquer direito ou ação do segurado ou beneficiário para a revisão do ato de concessão de benefício, a contar do dia primeiro do mês seguinte ao do recebimento da primeira prestação ou, quando for o caso, do dia em que tomar conhecimento da decisão indeferitória definitiva no âmbito administrativo."

28. "DIREITO PREVIDENCIÁRIO. REVISÃO DE BENEFÍCIO PREVIDENCIÁRIO. DECADÊNCIA. NORMA DE DIREITO MATERIAL. APLICAÇÃO APENAS AOS BENEFÍCIOS PREVIDENCIÁRIOS CONCEDIDOS A PARTIR DA EDIÇÃO DE MEDIDA PROVISÓRIA NO. 1.523/1997. ENTENDIMENTO PACÍFICO DO SUPERIOR TRIBUNAL DE JUSTIÇA E DESTA TURMA RECURSAL. PRECEDENTES. PROVIMENTO DO RECURSO. 1. Esta Corte já firmou entendimento de que o prazo decadencial previsto no caput do artigo 103 da Lei de Benefícios, introduzido pela Medida Provisória no. 1.523-9, de 27.6.1997, convertida na Lei no. 9.528/1997, por se tratar de instituto de direito material, surte efeitos apenas sobre as relações jurídicas constituídas a partir de sua entrada em vigor. Na hipótese dos autos, o benefício foi concedido antes da vigência da inovação mencionada e, portanto, não há que se falar em decadência do direito de revisão, mas, tão somente, da prescrição das parcelas anteriores ao quinquênio antecedente à propositura da ação (STJ, Agravo Regimental no Agravo de Instrumento no. 846849/RS, Quinta Turma, Relator(a) JORGE MUSSI, DJE Data: 3/3/2008). 2. Como o benefício previdenciário revisando foi concedido à parte autora antes da vigência da Medida Provisória no. 1.523-9/1997 está imune à incidência do prazo decadencial. 3. Orientação pacífica do Superior Tribunal de Justiça e desta Turma Recursal. 4. Provimento do recurso."

do benefício já concedido. A decadência instituída pela MP n° 1.523-9/1997, de um limite temporal máximo destina-se a resguardar a segurança jurídica, facilitando a previsão do custo global das prestações devidas, atinge apenas a pretensão de rever benefício previdenciário. Não há inconstitucionalidade na criação, por lei, de prazo de decadência razoável para o questionamento de benefícios já reconhecidos e dois parâmetros regem a matéria: a) Inexiste prazo decadencial para a formulação do requerimento inicial de concessão de benefício previdenciário, b) a instituição de um prazo decadencial de dez anos para a revisão dos benefícios já concedidos é compatível com a Constituição Federal.

O segundo ponto a ser equacionado envolve a aplicação intertemporal do art. 103 da Lei n° 8.213/1991. Cuida-se de saber se os benefícios previdenciários concedidos pelo INSS antes da instituição do prazo decadencial estariam alcançados pela norma e em caso afirmativo, qual seria o termo inicial do prazo de decadência do direito à revisão desses benefícios.

Precedente do Supremo Tribunal Federal (RE 415.454 (Rel. Min. Gilmar Mendes) aponta que a lei aplicável para a concessão de benefício, bem como para fixar os critérios de seu cálculo, é a que estava em vigor no momento em que os pressupostos da prestação previdenciária se aperfeiçoaram, aplicando a máxima *tempus regit actum* e também traça uma clara distinção entre a necessidade do ato concessivo ser regido pela lei vigente no momento de implementação dos requisitos de concessão e a possibilidade de alteração posterior do regime jurídico de disciplina da relação previdenciária, resguardados os direitos já adquiridos na pendência do regime anterior, que é exatamente a questão em análise neste recurso, onde não é possível incorporar ao patrimônio jurídico de um beneficiário o suposto direito à aplicação de uma determinada regra sobre decadência para eventuais pedidos de revisão do ato concessório.

Sobre o termo inicial da contagem do prazo decadencial em relação aos benefícios concedidos antes da entrada em vigor da MP n° 1.523-9/1997, que não pode ter eficácia retroativa para incidir sobre tempo transcorrido antes de sua vigência, o termo inicial do prazo de decadência do direito ou da ação visando a sua revisão é da data em que entrou em vigor a norma fixando o referido prazo decenal (28/06/1997), raciocínio este já estabelecido em precedentes do Supremo Tribunal Federal relativos à aplicação do art. 54 da Lei n° 9.784/19999.

A lei nova que introduziu o prazo decadencial ou prescricional não tem, naturalmente, efeito retroativo. Mas deve ser aplicada de forma imediata, inclusive quanto às situações constituídas no passado. Nesse caso, o termo inicial do novo prazo há de ser o momento de vigência da nova lei ou outra data posterior nela fixada.

Com base em tais fundamentos, por unanimidade, e nos termos do voto do Relator, o recurso extraordinário foi conhecido e provido e reformada a decisão recorrida que deixou de reconhecer a aplicação do prazo decadencial assentando a possibilidade de revisão do ato de aposentadoria a qualquer tempo, restabelecendo a sentença proferida pelo Juizado especial de Sergipe, que havia declarado extinto o processo com resolução de mérito, por força da decadência.

⦿ Síntese do debate constante do acórdão que fixou o precedente:

Argumentos favoráveis à tese fixada:	Argumentos contrários à tese fixada:
• É legítimo que o Estado-legislador, ao fazer a ponderação entre os valores da justiça e da segurança jurídica, procure impedir que situações geradoras de instabilidade social e litígios possam se eternizar. Especificamente na matéria aqui versada, não é desejável que o ato administrativo de concessão de um benefício previdenciário possa ficar indefinidamente sujeito à discussão, prejudicando a previsibilidade do sistema como um todo. (Luiz Roberto Barroso). • O lapso de 10 (dez) anos previsto em lei, para revisão de benefício é inequivocamente razoável, para conciliar interesses individuais e os princípios da segurança jurídica, é constitucional e mais do que suficiente para a resolução de eventuais controvérsias interpretativas e para que o segurado busque as informações relevantes. É nesse cenário, que a Lei n° 8.213/1991 passou a prever o mesmo prazo para eventuais pretensões revisionais da Administração, nos termos do seu art. 103-A.[29] (Ministro Luiz Roberto Barroso). • A ausência de prazo decadencial para a revisão no momento em que o benefício foi deferido não garante ao beneficiário a manutenção do regime jurídico pretérito, que consagrava a prerrogativa de poder pleitear a revisão da decisão administrativa a qualquer tempo. Como regra, a lei pode criar novos prazos de decadência e de prescrição, ou ainda alterar os já existentes. Ressalvada a hipótese em que os prazos anteriores já tenham se aperfeiçoado, não há direito adquirido ao regime jurídico prévio. O limite, como visto, é a proteção ao núcleo do direito fundamental em questão, que não restou esvaziado. O julgamento do RE 93698, da 1ª Turma de relatoria Ministro Soares Muñoz, concluiu pela aplicação imediata de lei nova que reduzia prazo decadencial. (Luiz Roberto Barroso)	
• A regra que prevê o prazo de 10 anos vale também contra a Previdência, porque a Lei n° 8.213, assim como prevê um prazo de decadência para o segurado pedir a revisão da concessão inicial do benefício, estabeleceu, no artigo 103-A, o mesmo prazo para a Administração, que antes não tinha prazo, rever seus atos. De modo que esse artigo vai se aplicar, sim, à revisão dos benefícios anteriores, contado, porém, o termo inicial a partir da vigência da lei. (Ministro Teori Zavascki). • O fato de a lei surgir estabelecendo um novo prazo decadencial e permitindo que a parte, nesse prazo, exerça o seu direito, de acordo com o novo marco temporal, significa dizer que não há surpresa fiscal, principalmente, num país em que se presume que todos conhecem a lei. (Luiz Fux)	

---

29. "Art. 103-A. O direito da Previdência Social de anular os atos administrativos de que decorram efeitos favoráveis para os seus beneficiários decai em dez anos, contados da data em que foram praticados, salvo comprovada má-fé."

◉ Questões de Concurso relacionadas ao tema:

Questão 01 (Ano: 2014 Banca: FCC Órgão: TRT – 1ª REGIÃO (RJ) Prova: Juiz do Trabalho Substituto) Isis recebe benefício previdenciário constituído por renda mensal desde abril de 2010. Entretanto, efetuada uma perícia contábil particular, que considerou os valores de contribuição da base de cálculo do benefício, ficou constatado que o cálculo da renda mensal inicial está equivocado. Isis ingressou com petição junto ao INSS, requerendo a revisão do valor inicial do benefício, pedido esse que foi administrativamente negado em todas as instâncias. Nesse caso, é

a) de cinco anos o prazo prescricional para toda medida judicial do segurado para revisão do ato de concessão do benefício, a contar do dia em que tomar conhecimento da decisão indeferitória definitiva no âmbito administrativo.

b) decadencial ou prescricional de dez anos o prazo para o direito de ajuizar ação postulando revisão do cálculo inicial do benefício, contado do dia imediato ao recebimento da primeira prestação, vez que não há interrupção ou suspensão do prazo por via administrativa.

c) de dez anos o prazo de decadência de qualquer direito ou ação do segurado para a revisão do ato de concessão do benefício, a contar do dia em que tomar conhecimento da decisão indeferitória definitiva no âmbito administrativo.

d) de dez anos o prazo prescricional para ajuizar ação visando à revisão da concessão do benefício, a contar do dia primeiro do mês seguinte ao recebimento da primeira prestação.

e) de cinco anos o prazo de decadência de qualquer direito ou ação do segurado para a revisão do ato de concessão do benefício, a contar do dia do recebimento da primeira prestação.

Gabarito: 1-C

9.14. CONTAGEM RECÍPROCA DE TEMPO DE SERVIÇO

> **Tema 522:** "Contagem recíproca do tempo de contribuição na administração pública e na atividade privada para fins de concessão de aposentadoria".
>
> **Tese:** "A imposição de restrições, por legislação local, à contagem recíproca do tempo de contribuição na administração pública e na atividade privada para fins de concessão de aposentadoria viola o art. 202, § 2º, da Constituição Federal, com redação anterior à EC 20/98".

FICHA TÉCNICA	
Leading case:	**RE 650851**
Descrição do caso feita pelo STF:	Recurso extraordinário em que se discute, à luz do artigo 202, § 2°, da Constituição Federal, com redação anterior à Emenda Constitucional n° 20/1998, a possibilidade, ou não, de legislação local impor restrições à contagem recíproca do tempo de contribuição na administração pública e na atividade privada, para fins de concessão de aposentadoria.
Dispositivo(s) constitucional(is) envolvido(s):	Art. 202. É assegurada aposentadoria, nos termos da lei, calculando-se o benefício sobre a média dos trinta e seis últimos salários de contribuição, corrigidos monetariamente mês a mês, e comprovada a regularidade dos reajustes dos salários de contribuição de modo a preservar seus valores reais e obedecidas as seguintes condições: (...) § 2° Para efeito de aposentadoria, é assegurada a contagem recíproca do tempo de contribuição na administração pública e na atividade privada, rural e urbana, hipótese em que os diversos sistemas de previdência social se compensarão financeiramente, segundo critérios estabelecidos em lei. (redação anterior à emenda Constitucional n° 20/1998)
Data de reconhecimento da repercussão geral:	01/10/2014
Data de julgamento do mérito recursal:	01/10/2014
Houve unanimidade?	Sim
Data de publicação do acórdão de julgamento do recurso:	12/12/2014
Trânsito em julgado do acórdão:	06/02/2015

⦿ Comentários:

O RE 650.851 discute a possibilidade de imposição de restrições, por legislação local à contagem recíproca do tempo de contribuição na administração pública e na atividade privada ser possível para fins de concessão de aposentadoria.

A discussão trazida nestes autos refere-se à imposição de restrição à contagem recíproca do tempo de contribuição na administração pública e na atividade privada para fins de concessão de aposentadoria, com a devida compensação entre os regimes. Antes da edição da EC 20/98, o ordenamento constitucional apenas exigia, para a concessão de aposentadoria voluntária proporcional, que o servidor contasse com trinta anos de serviço, se homem, e vinte e cinco anos, se mulher, e assegurava, ainda, a contagem recíproca do tempo de contribuição na administração pública e na atividade privada, sendo que os diversos sistemas de previdência se compensariam financeiramente, segundo critérios estabelecidos em lei (art. 202, § 2°)[30].

No presente caso a Lei Municipal 1.109/81, de Francisco Rocha (SP) que dispõe sobre a "contagem recíproca de tempo de serviço público municipal e atividade privada para efeito de aposentadoria", condiciona a contagem recíproca ao exercício de 10 anos de efetiva atividade pública.[31]

Com fundamento nessa lei o pleito de aposentadoria proporcional, em 10.9.1997, onde ocupava cargo comissionado desde 3.1.1997, foi indeferido pela Municipalidade.

Levada a juízo a pretensão Autoral, a violação foi reconhecida em 1º Grau, contudo o Tribunal de Justiça de São Paulo reformou a sentença e deu provimento ao recurso de apelação interposto pelo município ao argumento de que *"A Lei Municipal 1.109/81, sabiamente, mesmo antes das alterações constitucionais, já fixava mais uma condição à aposentadoria dos servidores públicos municipais, o período de dez anos de efetivo exercício no setor público, no exercício de sua competência para assunto de seu peculiar interesse e no cumprimento dos princípios de razoabilidade e proporcionalidade".* (fl. 293).

No RE aduziu a recorrente que a Lei Municipal 1.109/81 não teria sido recepcionada pela Constituição Federal, por afrontar os arts. 40 e 202 da Carta Magna, com redação anterior à EC 20/98 e que, nos termos da Súmula 359 do STF, os proventos da inatividade devem ser regulados pela lei vigente à época em que o servidor reuniu os requisitos necessários, ou seja, deve-lhe ser concedida aposentadoria com base nos arts. 40 e 202 da CF, com a redação vigente à época.

Neste contexto a matéria foi posta em exame pela corte suprema, que trouxe à consideração do Plenário questão de ordem para exame de repercussão geral do tema e para eventual reafirmação da jurisprudência da corte, com vista a incidência dos efeitos do art. 543,B,§ 3°, do Código de processo Civil.

Ao final decidiram por unanimidade e nos termos do voto do Relator (Ministro Gilmar Mendes), por reconhecer a existência de repercussão geral, reafirmando a jurisprudência da Corte e dando parcial provimento ao recurso extraordinário para determinar à Administração Municipal que examine o pedido de aposentadoria do recorrente, considerando a contagem recíproca do tempo de contribuição na administração pública e na atividade privada para o fim de sua concessão.

Os fundamentos que sustentaram o voto vencedor do acórdão que contempla o precedente examinado foram: a) autoaplicabilidade do art. 202, § 2°, da Constituição Federal,

---

30. Art. 202. É assegurada aposentadoria, nos termos da lei, calculando-se o benefício sobre a média dos trinta e seis últimos salários de contribuição, corrigidos monetariamente mês a mês, e comprovada a regularidade dos reajustes dos salários de contribuição de modo a preservar seus valores reais e obedecidas as seguintes condições: (...) § 2° Para efeito de aposentadoria, é assegurada a contagem recíproca do tempo de contribuição na administração pública e na atividade privada, rural e urbana, hipótese em que os diversos sistemas de previdência social se compensarão financeiramente, segundo critérios estabelecidos em lei.

31. "Art. 1º. Os funcionários e servidores públicos municipais de Franco da Rocha da administração direta e das autarquias existentes ou que vierem a ser criadas no Município, que houverem completado 10 (dez) anos de efetivo exercício, terão computado, para efeito de aposentadoria por invalidez, por tempo de serviço e compulsória, na forma da Lei 751, de 13 de outubro de 1975, o tempo de serviço prestado em atividade vinculada ao da Lei n. 3.807, de 26 de agosto de 1960 e as alterações introduzidas pela Lei n. 6.864, de 01 de dezembro de 1980 e Lei n. 6.887, de 18 de dezembro de 1980". (fl. 39)

que dispõe sobre a contagem recíproca de tempo de serviço prestado para efeito de contribuição na administração pública e na atividade privada; b) a jurisprudência da Corte já reconheceu que a imposição de restrições, por legislação local, à contagem recíproca do tempo de contribuição na administração pública e na atividade privada para fins de concessão de aposentadoria, viola o art. 202, § 2º, da Constituição Federal, com redação anterior à EC 20/98; c) a Lei 1.109/81, do Município de Franco da Rocha, não foi recepcionada pela Constituição Federal de 1988, sendo contrário ao disposto no seu artigo 202,§ 2º, com redação anterior a EC 20/98.

⊙ **Síntese do debate constante do acórdão que fixou o precedente:**

Argumentos favoráveis à tese fixada:	Argumentos contrários à tese fixada:
• A repetida jurisprudência da corte confirma a autoaplicabilidade do mencionado art. 202, § 2º, da CF, na redação anterior à EC 20/98, reconhecendo a ilegitimidade de qualquer restrição à contagem recíproca do tempo de contribuição na administração pública e na atividade privada para fins de aposentadoria, tal como exigência de um mínimo de contribuições ao sistema previdenciário responsável pelos proventos do servidor. (Ministro Gilmar Mendes).	
• O tribunal, por diversas vezes, declarou em controle difuso, a inconstitucionalidade ou a não recepção de norma local que impusesse esse tipo de restrição, **que só lei federal poderá dispor, ou seja,** é **necessário lei nacional para fixação de critérios de compensação financeira entre os sistemas de previdência social,** neste sentido confiram-se decisões do plenário: RE 162.620, Rel. Min. SEPÚLVEDA PERTENCE, Tribunal Pleno, DJ 5.11.1993; RE 219.169, rel. Min. NELSON JOBIM, Tribunal Pleno, DJ 14.6.2002; RE 220821, rel. Min. MAURÍCIO CORRÊA, Tribunal Pleno, DJ 19.5.2000); e de ambas as turmas: AI-AgR 286.606, Rel. Min. CELSO DE MELLO, Segunda Turma, DJ 29.11.2002; (RE-AgR 274.344, Rel. Min. EROS GRAU, Segunda Turma, DJ 7.12.2006; (AI-AgR 386.496, de minha relatoria, Segunda Turma, DJe 20.5.2011). (AIAgR 336.460, Rel. Min. DIAS TOFFOLI, Primeira Turma, DJe 29.9.2011). (Ministro Gilmar Mendes)	
• É importante demarcar a existência de duas teses afirmadas no julgamento: uma tradicional, materializada na Súmula nº 359, de que à aposentadoria se aplicam as normas vigentes no momento em que o direito à inatividade é adquirido. E a segunda, remarcada, pelo Ministro Luiz Fux, em que a legislação local, mais restritiva, não pode afetar os direitos à aposentadoria tal como tratados na Constituição. (Ministro Roberto Barroso)	

⊚ Fique atento:

• No que concerne ao procedimento aplicado aos casos em que já existe jurisprudência pacificada, o Plenário desta Corte, no julgamento do RE-QO 580.108, Rel. Ellen Gracie, sessão de 11.6.2008, entendeu que as matérias já sucessivamente enfrentadas por este Tribunal podem ser trazidas em questão de ordem, a fim de que se afirme de forma objetiva, e para cada uma, a aplicabilidade do regime de repercussão geral, sempre que presente a relevância sob os aspectos legais. Definiu assim o Tribunal mecanismo próprio, que permite aos Tribunais, Turmas Recursais e de Uniformização a adoção dos procedimentos relacionados à repercussão geral, como a retratação das decisões em contrariedade com a jurisprudência desta Corte e a declaração de prejuízo dos recursos que atacam decisões conformes (§ 3º do art. 543-B, do Código de Processo Civil.

• No voto do Ministro Marco Aurélio, foi esclarecido que a única matéria que estava sendo submetida ao Supremo era a exigência de dez anos de serviço público. Não se cogitando do exercício de cargo de confiança e, no caso, houve a reforma da sentença, pelo Tribunal de Justiça, a partir da premissa de que seria exigível a citada permanência no serviço público. E se está diante de situação concreta – e assim reconheceu o Juízo e foi ressaltado no voto do Relator e, também, no voto do Ministro Luiz Fux – em que o servidor completou o tempo para a aposentadoria antes da Emenda Constitucional nº 20/98, no que versa a exigibilidade de tempo no serviço público.

• Nos termos do artigo 22, XXIII compete a União privativamente legislar sobre a seguridade Social. Apenas a União poderá legislar criando restrições ou vedações à contagem recíproca do tempo de contribuição, como, inclusive está previsto nos artigos 94 e 96 da Lei 8213/91.

9.15. CONVERSÃO DE TEMPO DE SERVIÇO ESPECIAL (MAGISTÉRIO)

Tema 772: "Possibilidade de conversão de tempo de serviço especial prestado na atividade de magistério em tempo de serviço comum, após a Emenda Constitucional 18/1981".

Tese: "É vedada a conversão de tempo de serviço especial em comum na função de magistério após a EC 18/1981".

FICHA TÉCNICA	
Leading case:	**ARE 703550**
Descrição do caso feita pelo STF:	Recurso extraordinário em que se discute, à luz do art. 165, XX, da Constituição de 1967, e dos arts. 40, III, b, (redação original), 201, § 8º, e 202, III, da Constituição Federal de 1988, a possibilidade de conversão de tempo de serviço prestado na atividade de magistério em tempo de serviço comum, após a Emenda Constitucional 18/1981, para concessão de benefício previdenciário de aposentadoria por tempo de contribuição.

FICHA TÉCNICA	
Leading case:	**ARE 703550**
Dispositivo(s) constitucional(is) envolvido(s):	Art. 2° – O art. 165 da Constituição Federal é acrescido do seguinte dispositivo, passando o atual item XX a vigorar como XXI: "XX – a aposentadoria para o professor após 30 anos e, para a professora, após 25 anos de efetivo exercício em funções de magistério, com salário integral." (redação da EC 18 de 1967) Art. 40 O servidor será aposentado: (...) III – voluntariamente; (...) b) aos trinta anos de efetivo exercício em funções de magistério, se professor, e vinte e cinco, se professora, com proventos integrais; (redação original) Art. 201. A previdência social será organizada sob a forma de regime geral, de caráter contributivo e de filiação obrigatória, observados critérios que preservem o equilíbrio financeiro e atuarial, e atenderá, nos termos da lei, a: (Redação dada pela Emenda Constitucional n° 20, de 1998) (...) § 8° Os requisitos a que se refere o inciso I do parágrafo anterior serão reduzidos em cinco anos, para o professor que comprove exclusivamente tempo de efetivo exercício das funções de magistério na educação infantil e no ensino fundamental e médio. (Redação dada pela Emenda Constitucional n° 20, de 1998) Art. 202. É assegurada aposentadoria, nos termos da lei, calculando-se o benefício sobre a média dos trinta e seis últimos salários de contribuição, corrigidos monetariamente mês a mês, e comprovada a regularidade dos reajustes dos salários de contribuição de modo a preservar seus valores reais e obedecidas as seguintes condições: (...) III – após trinta anos, ao professor, e após vinte e cinco, à professora, por efetivo exercício de função de magistério. (redação original)
Data de reconhecimento da repercussão geral:	02/10/2014
Data de julgamento do mérito recursal:	02/10/2014
Houve unanimidade?	Sim
Data de publicação do acórdão de julgamento do recurso:	21/10/2014
Trânsito em julgado do acórdão:	03/11/2014

◉ Comentários:

Sob a égide da revogada Constituição Federal de 1997, com a redação da Emenda 18 de 1981, foi previsto a aposentadoria para o professor após 30 anos e, para a professora, após 25 anos de efetivo exercício em funções de magistério, com salário integral.

O atual texto constitucional (art. 201, § 8°) dispõe que o professor que comprove exclusivamente tempo de efetivo exercício das funções de magistério na Educação Infantil e no Ensino Fundamental e Médio, terá reduzido em cinco anos o requisito de tempo de contribuição, para fins de aposentadoria no regime geral de previdência social.

A regra introduzida pela EC 18 de 1981, que reduz em 5 anos, o tempo de contribuição, e que foi mantida pela constituição federal de 1988, e assegura a aposentadoria para o professor após 30 anos e, para a professora, após 25 anos de efetivo exercício em funções de magistério, não se enquadra em aposentadoria especial nos termos do 201, § 1º c/c com art. 57, da Lei 8213, pois não diz respeito a atividade exercida em condições especiais que prejudiquem a saúde ou a integridade física, e nem se trata de portadores de deficiência. Deste modo, embora tenham os professores um redutor de 5 anos no cômputo do tempo para sua aposentadoria, esta não corresponde a uma aposentadoria enquadrada como especial.

Apesar da regulação constitucional mencionada, precedentes do Superior Tribunal de Justiça vinham admitindo ser possível o reconhecimento da atividade de magistério como especial, na forma prevista no Decreto nº 53.831 e a sua conversão em tempo comum até vigência da Lei 9.032/1995, e autorizando a averbação desse tempo, desde que anterior a referida lei. Nessa linha se inseriu o acórdão objeto de Recurso Extraordinário com Agravo de nº 703.550, proferido pela Turma Nacional de uniformização de Jurisprudência dos Juizados especiais do Paraná.

Vários precedentes do Supremo Tribunal Federal se manifestaram, divergindo de decisões do STJ a exemplo do voto do Ministro Relator Teori Zavascki no ARE-AgR 742.005, DJe 1º.4.2014, que concluiu que que a EC 18/81 instituiu uma espécie de aposentadoria por tempo de serviço, desvinculando o benefício previdenciário da natureza especial da atividade.

O Pleno do STF já se pronunciou em controle concentrado de constitucionalidade[32], também ambas as turmas do Supremo Tribunal[33] e várias decisões monocráticas[34] mencionadas no voto do Relator (Min. Gilmar Mendes) foram favoráveis ao entendimento da impossibilidade da conversão.

---

32. AÇÃO DIRETA DE INCONSTITUCIONALIDADE. CONTAGEM PROPORCIONAL DO TEMPO DE SERVIÇO PRESTADO POR PROFESSORES PARA EFEITO DE CONTAGEM DE TEMPO PARA APOSENTADORIA COMUM. IMPUGNAÇÃO, PELO GOVERNADOR DO ESTADO, DO PAR. 4. DO ART. 38 DA CONSTITUIÇÃO ESTADUAL, QUE ASSIM DISPÕE: "NA CONTAGEM DO TEMPO DE SERVIÇO PARA A APOSENTADORIA DO SERVIDOR AOS TRINTA E CINCO ANOS DE SERVIÇO E DA SERVIDORA AOS TRINTA, O PERÍODO DE EXERCÍCIO DE ATIVIDADES QUE ASSEGUREM DIREITO A APOSENTADORIA ESPECIAL SERÁ ACRESCIDO DE UM SEXTO E DE UM QUINTO, RESPECTIVAMENTE." AÇÃO JULGADA PROCEDENTE.. 1. O art. 40, III, "b", da Constituição Federal, assegura o direito a aposentadoria especial, de forma que o tempo de efetivo exercício em funções de magistério e contado com o acréscimo de 1/6 (um sexto) e o da professora com o de 1/5 (um quinto), em relação ao tempo de serviço exigido para a aposentadoria comum (35 anos para o homem e 30 anos para a mulher: alínea "a" do mesmo inciso e artigo).. 2. A expressão "efetivo exercício em funções de magistério" (CF, art. 40, III, "b") contem a exigência de que o direito a aposentadoria especial dos professores só se aperfeiçoa quando cumprido totalmente este especial requisito temporal no exercício das especificas funções de magistério, excluída qualquer outra. 3. Não e permitido ao constituinte estadual fundir normas que regem a contagem do tempo de serviço para as aposentadorias normal e especial, contando proporcionalmente o tempo de serviço exercido em funções diversas. 4. Ação direta conhecida e julgada procedente, para declarar a inconstitucionalidade do par. 4. do art. 38 da Constituição do Estado do Rio Grande do Sul, eis que a norma do art. 40 da Constituição Federal e de observância obrigatória por todos os níveis de Poder. (ADI 178, Min. Maurício Corrêa, Tribunal Pleno, DJ 26.4.1996)

33. ARE-ED 655.682, Rel. Min. Cármen Lúcia, Primeira Turma, DJE 9.4.2012 ; ARE 703551 AgR, Rel. Min. DIAS TOFFOLI, Primeira Turma, DJe 6.12.2012; RE-AgR 288.640, Rel. Min. Joaquim Barbosa, DJe 1º.2.2012

34. RE 783.331, Rel. Min. Ricardo Lewandowski, DJe 1º.8.2014; RE 814.205, Rel. Min. Marco Aurélio, DJe 17.6.2014; ARE 788.264, de minha relatoria, DJe 22.4.2014.

O Recurso Extraordinário não foi admitido na origem, sendo interposto agravo este restou provido, tendo em vista o preenchimento dos pressupostos de admissibilidade.

No Recurso Extraordinário com Agravo nº 703550 a questão constitucional discutida é a possibilidade de conversão de tempo de serviço/contribuição cumprido no exercício do magistério, após a EC n. 18/81, em tempo de serviço/contribuição comum, discussão que transborda os interesses jurídicos das partes, uma vez que envolve os direitos previdenciários de uma classe inteira de profissionais, que são os professores. Em síntese a alegação do recorrente é de que reconhecer o direito à conversão de atividade de magistério para comum viola o regime constitucional da aposentadoria por tempo de serviço/contribuição.

A existência de repercussão geral da questão constitucional suscitada foi reconhecida por unanimidade, e no mérito por maioria o Tribunal foi dado provimento ao recurso, para reafirmar a jurisprudência dominante da Corte, a fim de assentar a vedação da conversão do tempo de serviço especial em comum na função de magistério após a EC 18/81.

◉ Síntese do debate constante do acórdão que fixou o precedente:

Argumentos favoráveis à tese fixada:	Argumentos contrários à tese fixada:
• A TNU decidiu a controvérsia em desacordo ao entendimento iterativo do Supremo Tribunal Federal, pronunciado pelo pleno em controle concentrado de constitucionalidade; pelas duas turmas e também em decisões monocráticas, que reconhecem que a aposentadoria especial de professor pressupõe o efetivo exercício dessa função, com exclusividade, pelo tempo mínimo fixado na Constituição da República, e para fins de aposentadoria, não se permite a conversão do tempo de magistério em exercício comum. (Min Gilmar Mendes)	

◉ Fique atento:

- O Supremo Tribunal Federal na Ação Direta de Inconstitucionalidade (ADI) 3772, proposta contra o artigo 1º da Lei Federal 11.301/06, declarou a validade da referida norma e determinou a sua interpretação de que a aposentadoria especial é garantida para especialistas em educação que exerçam direção de unidade escolar, coordenação e assessoramento pedagógico, desde que exercidas por professores.

- A aposentadoria para professor, com a redução de 5 anos, após o advento da EC/20 de 1998, não se aplica aos professores universitários.

◉ Questões de Concurso relacionadas ao tema:

Questão 01 (UFPR -2015 –Prefeitura de Curitiba PR – Procurador)

Com relação ao regime jurídico da aposentadoria especial dos servidores públicos, identifique as afirmativas a seguir como verdadeiras (V) ou falsas (F):

( ) Enquanto não for editada lei complementar específica, as regras do regime geral da previdência social sobre aposentadoria especial aplicam-se, no que couber, aos servidores públicos titulares de cargo efetivo.

( ) A aposentadoria especial dos professores leva em consideração não só o tempo de atividade em sala de aula, mas também o período exercido nas funções de direção, coordenação e assessoramento pedagógico no ambiente escolar.

( ) Para fins de aposentadoria, não se permite a conversão do tempo de magistério em tempo de serviço comum, haja vista que a aposentadoria especial de professor pressupõe o efetivo exercício dessa função, com exclusividade, pelo tempo mínimo fixado na Constituição Federal.

( ) O servidor público ex-celetista que, antes da transposição para o regime estatutário, prestou serviços em condições especiais, tem direito à contagem de tempo, com incidência do fator de conversão, conforme a legislação previdenciária vigente à época em que exerceu referidas atividades.

Assinale a alternativa que apresenta a sequência correta, de cima para baixo.

a) F – V – F – V.

b) F – V – F – F.

c) V – V – V – V.

d) F – F – V – F.

e) V – F – V – F.

Gabarito: 1-C

10

DIREITO TRIBUTÁRIO

André Portella

10.1. DEFINIÇÃO E NATUREZA JURÍDICA DO TRIBUTO: CONTRIBUI-ÇÃO PARA O CUSTEIO DO SERVIÇO DE ILUMINAÇÃO PÚBLICA; A NATUREZA JURÍDICA DO ENCARGO CONTRIBUIÇÃO PARA O SEBRAE

Tema 44: "Constitucionalidade da instituição de contribuição para o custeio do serviço de iluminação pública."

Tese: "O serviço de iluminação pública não pode ser remunerado mediante taxa."

FICHA TÉCNICA	
Leading case:	**RE 573.675**
Descrição do caso feita pelo STF:	"Recurso extraordinário em que se discute, à luz dos artigos 149-A e 150, II, da Constituição Federal, a constitucionalidade, ou não, da Lei Complementar nº 7/2002, do Município de São José-SC, que instituiu a Contribuição para o Custeio do Serviço de Iluminação Pública – COSIP em face dos princípios da isonomia, progressividade, razoabilidade e proporcionalidade."

FICHA TÉCNICA	
Leading case:	**RE 573.675**
Dispositivo(s) constitucional(is) envolvido(s):	"CF/88, art. 149-A Os Municípios e o Distrito Federal poderão instituir contribuição, na forma das respectivas leis, para o custeio do serviço de iluminação pública, observado o disposto no art. 150, I e III. (Incluído pela EC 39/2002) Parágrafo único. É facultada a cobrança da contribuição a que se refere o caput, na fatura de consumo de energia elétrica. (Incluído pela EC 39/2002) Art. 150. Sem prejuízo de outras garantias asseguradas ao contribuinte, é vedado à União, aos Estados, ao Distrito Federal e aos Municípios: II – instituir tratamento desigual entre contribuintes que se encontrem em situação equivalente, proibida qualquer distinção em razão de ocupação profissional ou função por eles exercida, independentemente da denominação jurídica dos rendimentos, títulos ou direitos;"
Data de reconhecimento da repercussão geral:	20/03/2008
Data de julgamento do mérito recursal:	25/03/2009
Houve unanimidade?	Não, vencido o Ministro Marco Aurélio
Data de publicação do acórdão de julgamento do recurso:	22/05/2009
Trânsito em julgado do acórdão:	10/08/2009
Houve Embargos de Declaração	Não
Data de julgamento dos Embargos de Declaração	–
Data de publicação dos Embargos de Declaração	–

◉ Comentários:

Negou-se provimento ao Recurso Extraordinário interposto pelo Ministério Público do Estado de Santa Catarina para reconhecer a constitucionalidade da Lei Complementar 7/2002, do Município de São José, que instituiu a COSIP – Contribuição para financiamento do Serviço de Iluminação Pública, com fundamento na CF/88, art. 149-A.

A contribuição alcança, nos termos da lei municipal, consumidores da zona urbana e rural; e custeia não apenas o serviço de iluminação de vias, logradouros públicos e bens públicos de uso comum, como também as atividades acessórias de instalação, manutenção e expansão da respectiva rede de iluminação (LC municipal 7/2002).

O valor a pagar pelo contribuinte corresponde a uma fração do custo total mensal do serviço de iluminação pública e das atividades que lhe são acessórias, calculada de acordo com os níveis individuais de consumo mensal de energia de cada um dos contribuintes. Conforme a sistemática estabelecida pela lei, os contribuintes são divididos em grupos de consumidores (residencial, comercial, poder público e primário), e a depender do volume de Quilowatts/hora (KWh) de energia consumido no mês, são enquadrados em faixas que variam desde a isenção, à incidência com alíquotas entre 0,8% e 50%. Tais percentuais, por sua vez, são aplicados sobre o valor da tarifa de iluminação pública, em R$/MWh.

O primeiro aspecto com relação ao qual se alegou a inconstitucionalidade da lei referiu-se ao princípio da isonomia, na medida em que, embora a iluminação seja voltada ao público em geral, sem distinção dos beneficiários, a contribuição incide apenas sobre os consumidores de energia. O Tribunal, entretanto, entendeu que a lei não ofende a isonomia, ante a impossibilidade de se identificar e tributar todos os beneficiários do serviço.

Tampouco considerou inconstitucional a progressividade da alíquota da contribuição, que resulta do rateio do custo da iluminação pública entre os consumidores de energia. Entendeu, por outro lado, que a sistemática progressiva nos moldes da lei municipal, não afronta o princípio de capacidade econômica.

Ao argumento de falta de correspondência entre os níveis de consumo de energia elétrica realizado por cada contribuinte, e a utilização do serviço de iluminação pública, o Tribunal tampouco identificou vulneração à capacidade econômica. Ainda sobre esta alegação, esclareceu que, ao contrário do que ocorre na taxa, a base de cálculo da contribuição não se encontra vinculada aos custos do serviço realizado.

Considerou, finalmente, que a exação amolda-se aos princípios de razoabilidade e proporcionalidade.

◉ Fique atento:

- A previsão constitucional da COSIP, nos termos do art. 149-A da **CF/88**, incluído pela EC 39/2002, é resultado de um anseio histórico dos Municípios brasileiros pela criação de um tributo que se prestasse ao custeio específico do serviço de iluminação pública. Ao longo de toda a década de 1990, este custeio foi realizado por meio da instituição de taxa, e não tardou ao Poder Judiciário identificar a inconstitucionalidade desta via de tributação, tendo em vista o caráter genérico e indivisível do serviço de iluminação pública, requisitos de toda taxa, nos moldes do CTN, art. 77.

- Tal entendimento jurisprudencial terminou por culminar na edição da Súmula STF 670, aprovada em 24.09.2003, segundo a qual "O serviço de iluminação pública não pode ser remunerado mediante taxa", a qual foi posteriormente convertida na Súmula Vinculante nº 41.

- No voto divergente no RE acima analisado, o Ministro Marco Aurélio, faz alusão a este histórico para posicionar-se no sentido da inconstitucionalidade da COSIP, em respeito ao princípio da segurança jurídica.

⊙ Questões de Concurso relacionadas ao tema:

Questão 01 (Ano: 2010; Banca: CESPE; Órgão: MPE-RO; Prova: Promotor de Justiça) Assinale a opção correta com relação aos preceitos constitucionais e à jurisprudência referentes a tributação e orçamento.

a) A imunidade tributária conferida aos entes da Federação diz respeito aos impostos, não alcançando as contribuições.

b) Os estados e o DF podem instituir contribuição, mediante aprovação de lei, para o custeio do serviço de iluminação pública, sendo facultada a cobrança da contribuição na fatura de consumo de energia elétrica.

c) Segundo decisão do STF, em controle de constitucionalidade abstrato, não ofende o princípio da não confiscatoriedade hipótese normativa que estipule multa fiscal de 300%, desde que se trate de inadimplemento pelo contribuinte de obrigação tributária.

d) As contribuições sociais e de intervenção no domínio econômico de competência da União não incidem sobre a importação de produtos estrangeiros ou serviços.

e) Com a finalidade de não ofender o pacto federativo, a CF veda que a União conceda incentivos fiscais às diferentes regiões do país, ainda que sob o argumento de promover o equilíbrio do desenvolvimento socioeconômico.

Questão 02 (Ano 2012; Banca: CESPE; Órgão: STJ; Prova: Analista) Acerca do pagamento indevido e dos tributos em espécie, julgue:

Segundo entendimento do STF, o serviço de iluminação pública não pode ser remunerado mediante taxa.

( ) Certo   ( ) Errado.

Questão 03: (Ano 2012; Banca: CESPE; Órgão: STJ; Prova: Analista – ADAPTADA) Acerca do pagamento indevido e dos tributos em espécie, julgue:

Segundo entendimento do STF, o serviço de iluminação pública poderá ser remunerado mediante contribuição instituída pela União.

( ) Certo   ( ) Errado.

Gabarito: 1- A; 2-C; 3-E

Tema 46: "Cobrança do Encargo de Capacidade Emergencial criado pela Lei nº 10.438/2002."

Tese: "É constitucional a cobrança dos encargos instituídos pela Lei 10.438/2002, os quais não possuem natureza tributária, mas de tarifa ou preço público."

FICHA TÉCNICA	
Leading case:	**RE 576.189**
Descrição do caso feita pelo STF:	"Recurso extraordinário em que se discute, à luz dos artigos 1º, IV; 5º, caput, II e XXII; 37, caput; 145, § 1º; 146, III; 150, I, II e III, b; 154, I; 155, § 3º; 167, IV; 170, II; e 173, da Constituição Federal, a constitucionalidade, ou não, da cobrança do Encargo de Capacidade Emergencial – ECE instituído pelo art. 1º da Lei nº 10.438/2002, o qual resulta do rateio dos custos, de natureza operacional, tributária e administrativa, incorridos com a contratação de capacidade de geração ou de potência pela Comercializadora Brasileira de Energia Emergencial – CBEE."
Dispositivo(s) constitucional(is) envolvido(s):	"CF/88, art. 1º A República Federativa do Brasil, formada pela união indissolúvel dos Estados e Municípios e do Distrito Federal, constitui-se em Estado Democrático de Direito e tem como fundamentos:
	IV – os valores sociais do trabalho e da livre iniciativa;
	Art. 5º Todos são iguais perante a lei, sem distinção de qualquer natureza, garantindo-se aos brasileiros e aos estrangeiros residentes no País a inviolabilidade do direito à vida, à liberdade, à igualdade, à segurança e à propriedade, nos termos seguintes:
	II – ninguém será obrigado a fazer ou deixar de fazer alguma coisa senão em virtude de lei;
	XXII – é garantido o direito de propriedade;
	Art. 37. A administração pública direta e indireta de qualquer dos Poderes da União, dos Estados, do Distrito Federal e dos Municípios obedecerá aos princípios de legalidade, impessoalidade, moralidade, publicidade e eficiência e, também, ao seguinte: (Redação dada pela EC nº 19/1998);
	Art. 145, § 1º Sempre que possível, os impostos terão caráter pessoal e serão graduados segundo a capacidade econômica do contribuinte, facultado à administração tributária, especialmente para conferir efetividade a esses objetivos, identificar, respeitados os direitos individuais e nos termos da lei, o patrimônio, os rendimentos e as atividades econômicas do contribuinte.
	Art. 146. Cabe à lei complementar:
	III – estabelecer normas gerais em matéria de legislação tributária, especialmente sobre:
	a) definição de tributos e de suas espécies, bem como, em relação aos impostos discriminados nesta Constituição, a dos respectivos fatos geradores, bases de cálculo e contribuintes;

FICHA TÉCNICA	
Leading case:	**RE 576.189**

b) obrigação, lançamento, crédito, prescrição e decadência tributários;

c) adequado tratamento tributário ao ato cooperativo praticado pelas sociedades cooperativas.

d) definição de tratamento diferenciado e favorecido para as microempresas e para as empresas de pequeno porte, inclusive regimes especiais ou simplificados no caso do imposto previsto no art. 155, II, das contribuições previstas no art. 195, I e §§ 12 e 13, e da contribuição a que se refere o art. 239. (Incluído pela EC nº 42/2003)

Art. 150. Sem prejuízo de outras garantias asseguradas ao contribuinte, é vedado à União, aos Estados, ao Distrito Federal e aos Municípios:

I – exigir ou aumentar tributo sem lei que o estabeleça;

II – instituir tratamento desigual entre contribuintes que se encontrem em situação equivalente, proibida qualquer distinção em razão de ocupação profissional ou função por eles exercida, independentemente da denominação jurídica dos rendimentos, títulos ou direitos;

III – cobrar tributos:

b) no mesmo exercício financeiro em que haja sido publicada a lei que os instituiu ou aumentou;

Art. 154. A União poderá instituir:

I – mediante lei complementar, impostos não previstos no artigo anterior, desde que sejam não cumulativos e não tenham fato gerador ou base de cálculo próprios dos discriminados nesta Constituição;

Art. 155, § 3º § 3º À exceção dos impostos de que tratam o inciso II do *caput* deste artigo e o art. 153, I e II, nenhum outro imposto poderá incidir sobre operações relativas a energia elétrica, serviços de telecomunicações, derivados de petróleo, combustíveis e minerais do País. (Redação dada pela EC nº 33/2001)

Art. 167. São vedados:

IV – a vinculação de receita de impostos a órgão, fundo ou despesa, ressalvadas a repartição do produto da arrecadação dos impostos a que se referem os arts. 158 e 159, a destinação de recursos para as ações e serviços públicos de saúde, para manutenção e desenvolvimento do ensino e para realização de atividades da administração tributária, como determinado, respectivamente, pelos arts. 198, § 2º, 212 e 37, XXII, e a prestação de garantias às operações de crédito por antecipação de receita, previstas no art. 165, § 8º, bem como o disposto no § 4º deste artigo; (Redação dada pela EC nº 42/2003)

Art. 170. A ordem econômica, fundada na valorização do trabalho humano e na livre iniciativa, tem por fim assegurar a todos existência digna, conforme os ditames da justiça social, observados os seguintes princípios:

II – propriedade privada;

Art. 173. Ressalvados os casos previstos nesta Constituição, a exploração direta de atividade econômica pelo Estado só será permitida quando necessária aos imperativos da segurança nacional ou a relevante interesse coletivo, conforme definidos em lei."

FICHA TÉCNICA	
Leading case:	RE 576.189
Data de reconhecimento da repercussão geral:	22/03/2008
Data de julgamento do mérito recursal:	22/04/2009
Houve unanimidade?	Sim
Data de publicação do acórdão de julgamento do recurso:	26/06/2009
Trânsito em julgado do acórdão:	31/08/2009
Houve Embargos de Declaração	Não
Data de julgamento dos Embargos de Declaração	–
Data de publicação dos Embargos de Declaração	–

◉ Comentários:

Negou-se provimento ao Recurso Extraordinário interposto por empresa do ramo de alimentos, para reconhecer a constitucionalidade do Encargo de Capacidade Emergencial, de que trata o art. 1º da Lei 10.438/2002, ao fundamento de que tais exações possuem natureza jurídica de preço público, e não tributo.

O Encargo de Capacidade Emergencial resulta do rateio dos custos, inclusive de natureza operacional, tributária e administrativa, incorridos com a contratação de capacidade de geração ou de potência pela Comercializadora Brasileira de Energia Elétrica – CBEE. Aplica-se aos consumidores de energia elétrica fornecida pelo Sistema Interligado Nacional, à exceção dos consumidores de baixa renda.

Toda a discussão de mérito do RE desenvolveu-se em torno da natureza jurídica do Encargo, à luz do disposto no CTN, art. 3º[1]. A recorrente sustentou que o Encargo possuía natureza tributária, e que por tal motivo deveria se submeter a princípios próprios do Direito Tributário e outros a ele conexos, quais fossem os da estrita legalidade tributária, anterioridade, tipicidade cerrada, moralidade, isonomia, proporcionalidade, capacidade contributiva, livre inciativa, e não afetação da receita de imposto.

---

1. CTN, Art. 3º Tributo é toda prestação pecuniária compulsória, em moeda ou cujo valor nela se possa exprimir, que não constitua sanção de ato ilícito, instituída em lei e cobrada mediante atividade administrativa plenamente vinculada.

O Tribunal entendeu que o Encargo remunera o fornecimento de energia elétrica, porém carece do requisito da compulsoriedade, inerente a todo tributo. Todos os demais requisitos que integram a definição legal do tributo, por sua vez, encontram-se presentes no Encargo: consiste numa obrigação, expressa-se em moeda corrente, não constitui sanção de ato lítico, é instituído em lei, e o procedimento para a sua cobrança não é discricionário.

A ausência de compulsoriedade estaria no fato de que o Encargo seria aplicado apenas aos consumidores finais de energia elétrica atendidos pelo Sistema Interligado Nacional. A voluntariedade residiria na opção, a cargo do consumidor final, pelo consumo de energia elétrica proveniente de outras vias que não a do Sistema Interligado Nacional, a exemplo da utilização de geradores próprios ou de terceiros desvinculados deste Sistema.

Decidiu-se, finalmente no sentido de que o Encargo configura tarifa ou preço público, em virtude do caráter facultativo da fruição da energia elétrica fornecida pelo Sistema Interligado Nacional.

◉ Fique atento:

- A instituição deste encargo deu-se no contexto de uma série de medidas legislativas adotadas pelo governo federal para fazer frente à grave crise de abastecimento energético por que passou o país no início da década de 2000, com a redução da geração de energia pelas usinas hidrelétricas, das quais o país tem grande dependência, à vista dos baixos níveis pluviométricos registrados então. O RE apresenta um breve relato das medidas legislativas então adotadas.

◉ Questões de Concurso relacionadas ao tema:

Questão 01 (VUNESP. TJ/MT. Juiz. 2009) Escapa ao conceito de tributo a ideia de

a) prestação pecuniária.

b) compulsoriedade.

c) penalidade.

d) atividade administrativa vinculada.

e) instituição por lei.

Questão 02 (FUNCAB. PRODAM/AM. Analista de Contabilidade. 2014) A cobrança de tributo se vincula à lei e a sua compulsoriedade. Assim, a autoridade tributária não tem o poder de analisar uma situação específica, verificando se é conveniente, justa ou não, a cobrança dos tributos. Esta característica da tributação está associada à ideia de que a arrecadação fiscal:

a) é uma discricionariedade da fazenda pública.

b) é cobrada mediante atividade administrativa plenamente vinculada.

c) baseia-se em fundamento republicano obrigacional.

d) constitui prestação pecuniária compulsória.

e) pode ser uma ação volitiva do administrador

Questão 03 (FUNRIO. SEBRAE/PA. Analista Técnico. 2010) O sistema tributário nacional adota clara definição de tributo e os tipos de tributos, que corresponde à seguinte alternativa abaixo:

a) A definição de tributo é a prestação pecuniária compulsória, em dinheiro, que não constitua sanção de ato ilícito, instituída em lei. Tipos de tributo: IPTU, ICMS, ITBI.

b) Tributo é toda prestação pecuniária compulsória, em moeda ou cujo valor nela se possa exprimir, que não constitua sanção de ato ilícito, instituída em lei e cobrada mediante atividade administrativa plenamente vinculada. São tributos: imposto, taxas e contribuição de melhoria.

c) Tributo é toda prestação compulsória, em moeda ou cujo valor nela se possa exprimir, que não constitua sanção de ato ilícito, instituída em lei e atividade administrativa plenamente vinculada. Tipos de tributo: imposto, taxas e tarifas.

d) A definição tributo relaciona a exigência estatal de prestação pecuniária da sociedade para fazer frente às despesas públicas, em moeda ou cujo valor nela se possa exprimir, instituída em lei. São tributos: imposto, tarifa e preço público.

e) Tributo é apenas a prestação pecuniária compulsória, em moeda nacional, que não constitua poder de polícia, instituída em lei e cobrada mediante atividade administrativa plenamente vinculada. Tipos de tributo: impostos federais, estaduais e municipais.

> **Gabarito: 1-C; 2-B; 3-B**

Tema 277: "Desvinculação do produto de arrecadação de contribuições sociais da União por Emenda Constitucional."

Tese: "I – A eventual inconstitucionalidade de desvinculação de receita de contribuições sociais não acarreta a devolução ao contribuinte do montante correspondente ao percentual desvinculado, pois a tributação não seria inconstitucional ou ilegal, única hipótese autorizadora da repetição do indébito tributário; II – Não é inconstitucional a desvinculação, ainda que parcial, do produto da arrecadação das contribuições sociais instituídas pelo art. 76 do ADCT, seja em sua redação original, seja naquela resultante das Emendas Constitucionais 27/2000, 42/2003, 56/2007, 59/2009 e 68/2011."

FICHA TÉCNICA	
Leading case:	**RE 566.007**
Descrição do caso feita pelo STF:	"Recurso extraordinário em que se discute, com fundamento no art. 76 do Ato das Disposições Constitucionais Transitórias, a constitucionalidade, ou não, da desvinculação do produto de arrecadação de contribuições sociais da União, pelas Emendas Constitucionais nos 27/2000 e 42/2003."

FICHA TÉCNICA	
Leading case:	**RE 566.007**
Dispositivo(s) constitucional(is) envolvido(s):	"ADCT, art. 76. São desvinculados de órgão, fundo ou despesa, até 31 de dezembro de 2023, 30% (trinta por cento) da arrecadação da União relativa às contribuições sociais, sem prejuízo do pagamento das despesas do Regime Geral da Previdência Social, às contribuições de intervenção no domínio econômico e às taxas, já instituídas ou que vierem a ser criadas até a referida data. (Redação dada pela EC 93/2016)"
Data de reconhecimento da repercussão geral:	14/05/2010
Data de julgamento do mérito recursal:	13/11/2014
Houve unanimidade?	Sim
Data de publicação do acórdão de julgamento do recurso:	11/02/2015
Trânsito em julgado do acórdão:	11/03/2015
Houve Embargos de Declaração	Não
Data de julgamento dos Embargos de Declaração	–
Data de publicação dos Embargos de Declaração	–

⊙ Comentários:

Negou-se provimento ao Recurso Extraordinário interposto por contribuinte, para declarar a constitucionalidade das contribuições sociais, mesmo diante do instituto da Desvinculação da Receita da União (DRU), também julgado constitucional.

As contribuições sociais são tributos vinculados, no tocante ao produto da sua arrecadação. Significa dizer que, ao contrário do que ocorre, em regra, com os impostos, os recursos arrecadados a título de contribuição social devem ser destinados ao financiamento de despesa previamente indicada em lei. Encontra-se, portanto, intrínseca à ideia de tal tributo a impossibilidade de utilização dos recursos arrecadados, senão na finalidade estabelecida em lei. A não observância deste elemento de definição do gravame leva, em tese, à inconstitucionalidade da cobrança.

Não obstante, o ADCT o art. 76, incluído por meio da EC 27/2000, e ainda vigente por força de sucessivas prorrogações realizadas pelas EC 42/2003, 56/2007, 59/2009, 68/2011 e 93/2016, passou a prever o instituto da Desvinculação da Receita da União (DRU), com base no qual se desobriga a União a aplicar a sua arrecadação em finalidades predefinidas. Ainda segundo o ADCT, atualmente, a União poderá deixar de destinar o equivalente a 30% do que em princípio encontra-se atrelado a finalidade predefinida.

Na perspectiva das contribuições sociais, significa que a União poderá utilizar o produto da arrecadação em finalidades outras que não o financiamento da Saúde, da Assistência Social e da Previdência Social, "sem prejuízo do pagamento das despesas do Regime Geral da Previdência Social".

A alegação do contribuinte, que terminou por dar ensejo ao presente RE, foi no sentido de que o estabelecimento da DRU teria ocasionado a inconstitucionalidade da cobrança das contribuições sociais, na medida em que se deixava de cumprir a exigência constitucional da vinculação da respectiva arrecadação. Solicitou, por conseguinte à desoneração proporcional das contribuições sociais, em percentual idêntico à DRU (30%).

O tribunal considerou, por um lado, que a desvinculação não viola a Constituição, e por outro lado, tampouco há inconstitucionalidade na incidência das contribuições sociais, mesmo diante da DRU. Segundo o entendimento do Tribunal, a incidência de tais tributos propriamente dita não se mostra "...inconstitucional ou ilegal, única hipótese autorizadora da repetição do indébito tributário ou o reconhecimento de inexistência de relação jurídico-tributária."

No mesmo julgamento, decidiu-se que uma eventual declaração de inconstitucionalidade da DRU, tampouco geraria direito de restituição ou não recolhimento em favor da recorrente, sendo tão somente hipótese de destinar-se o recurso arrecadado à finalidade originalmente estabelecida. Por conseguinte, o Tribunal considerou caracterizada a ilegitimidade processual da recorrente, que, aliás, se manifestou por meio de Mandado de Segurança, sem a devida comprovação, de plano, da lesão ou ameaça a direito líquido e certo.

◉ **Fique atento:**

- Taxas, contribuições de melhoria, contribuições especiais – categoria na qual se encontram as contribuições sociais –, e os empréstimos compulsórios são tributos vinculados quanto ao produto da respectiva arrecadação. Significa que os recursos arrecadados por meio de tais tributos serão destinados na forma predefinida em lei, não estando a alocação de tais recursos submetida à deliberação orçamentária anual.

Os impostos, em regra, são tributos desvinculados quanto ao produto da arrecadação, havendo inclusive vedação expressa à ocorrência de tal vinculação (CF/88, art. 167, IV). Há, entretanto, exceções a esta regra, conforme estabelecido na CF/88, art. 167, IV[2].

◉ **Questões de Concurso relacionadas ao tema:**

Questão 01 (Ano: 2012 Banca: FCCÓ Ano: 2012 Banca: FCC Órgão: PGM – João Pessoa – PB Prova: Procurador Municipal) Um tributo que tenha por características ser não vinculado a uma atividade es-

---

2.   CF/88, art. 167. São vedados: IV – a vinculação de receita de impostos a órgão, fundo ou despesa, ressalvadas a repartição do produto da arrecadação dos impostos a que se referem os arts. 158 e 159, a destinação de recursos para as ações e serviços públicos de saúde, para manutenção e desenvolvimento do ensino e para realização de atividades da administração tributária, como determinado, respectivamente, pelos arts. 198, § 2°, 212 e 37, XXII, e a prestação de garantias às operações de crédito por antecipação de receita, previstas no art. 165, § 8°, bem como o disposto no § 4° deste artigo; (Redação dada pela Emenda Constitucional n° 42, de 19.12.2003)

tatal, admita, por expressa e excepcional previsão constitucional, destinação específica do produto da arrecadação e não admita previsão de restituição ao final de determinado período classifica-se como

a) taxa.

b) contribuição de intervenção no domínio econômico.

c) imposto.

d) empréstimo compulsório.

e) contribuição social

Questão 02 (Ano: 2014 Banca: CESPE Órgão: PGE-PI Prova: Procurador do Estado Substituto)
A respeito das competências tributárias, assinale a opção correta.

a) Por ser tributo vinculado, a contribuição de melhoria somente pode ser exigida quando realizada obra pública que proporcione a valorização de imóvel de propriedade do contribuinte, estando sua cobrança limitada pelo valor global da obra pública e, concomitantemente, pelo valor do benefício econômico auferido pelo contribuinte.

b) As contribuições sociais gerais são fundadas na CF e, diferentemente das contribuições sociais de financiamento da seguridade social, devem ser instituídas por meio de leis complementares.

c) As taxas de serviço podem ser exigidas em virtude da mera disponibilidade do serviço público específico e divisível e, no caso de serviços de natureza compulsória, a sua cobrança independe da efetiva prestação da atividade pelo Estado ao contribuinte.

d) A denominação do tributo, assim como a destinação do produto da sua arrecadação, é irrelevante para a identificação da espécie tributária e do regime jurídico a ela aplicável.

e) São pressupostos dos empréstimos compulsórios a ocorrência de calamidade pública, guerra, investimento público urgente e de relevante interesse nacional, e uma conjuntura econômica que exija a absorção temporária de poder aquisitivo, exigindo-se, em todos os casos, aprovação por lei complementar.

Questão 03 (Ano: 2012 Banca: ESAF Órgão: MDIC Prova: Analista de Comércio Exterior) Sobre as contribuições, pode-se afirmar que:

a) no caso da contribuição de intervenção no domínio econômico, é considerada inconstitucional a lei orçamentária no que implique desvio dos recursos das contribuições para outras finalidades que não as que deram ensejo à sua instituição e cobrança.

b) alterar a finalidade da exigência de uma contribuição para a seguridade social significa alterar a própria exigência, o que a faz deixar de ter fundamento constitucional, não podendo subsistir.

c) é vedado que impostos e contribuições possuam idêntica base de cálculo.

d) nas contribuições especiais, haverá sempre a identidade entre o sujeito ativo e a pessoa jurídica destinatária dos recursos e que terá a obrigação de lhes dar a finalidade que fundamente a sua instituição.

e) a referibilidade é um traço que caracteriza as contribuições, assim como os demais tributos.

Gabarito: 1-C; 2-A; 3-A

Tema 227: "Reserva de lei complementar para instituir contribuição destinada ao SEBRAE."

Tese: "A contribuição destinada ao Serviço Brasileiro de Apoio às Micro e Pequenas Empresas – Sebrae possui natureza de contribuição de intervenção no domínio econômico e não necessita de edição de lei complementar para ser instituída."

FICHA TÉCNICA	
Leading case:	**RE 635.682**
Descrição do caso feita pelo STF:	"Agravo de instrumento interposto contra decisão que inadmitiu recurso extraordinário em que se discute, à luz dos artigos 146, III, a; 154, I; e 195, § 4°; da Constituição Federal, a constitucionalidade, ou não, do art. 8°, § 3°, da Lei n° 8.029/90, que instituiu a contribuição destinada ao SEBRAE."
Dispositivo(s) constitucional(is) envolvido(s):	"CF/88, art. 146. Cabe à lei complementar: III – estabelecer normas gerais em matéria de legislação tributária, especialmente sobre: a) definição de tributos e de suas espécies, bem como, em relação aos impostos discriminados nesta Constituição, a dos respectivos fatos geradores, bases de cálculo e contribuintes;;
	Art. 154. A União poderá instituir: I – mediante lei complementar, impostos não previstos no artigo anterior, desde que sejam não cumulativos e não tenham fato gerador ou base de cálculo próprios dos discriminados nesta Constituição;
	Art. 195, § 4° A lei poderá instituir outras fontes destinadas a garantir a manutenção ou expansão da seguridade social, obedecido o disposto no art. 154, I."
Data de reconhecimento da repercussão geral:	Em 22/02/2011 substituiu o AI 762.202, na condição de paradigma da repercussão geral, cujo reconhecimento se deu em 30/10/2009
Data de julgamento do mérito recursal:	25/04/2013
Houve unanimidade?	Não, vencido o Ministro Marco Aurélio
Data de publicação do acórdão de julgamento do recurso:	24/05/2013
Trânsito em julgado do acórdão:	Não consta no sistema do STF
Houve Embargos de Declaração	Não

FICHA TÉCNICA	
Leading case:	**RE 635.682**
Data de julgamento dos Embargos de Declaração	–
Data de publicação dos Embargos de Declaração	–

◉ Comentários:

Negou-se provimento ao Recurso Extraordinário interposto por contribuintes, para declarar a constitucionalidade da contribuição destinada ao Sebrae, tendo em vista a sua natureza de contribuição de intervenção no domínio econômico, a afastar a necessidade de lei complementar para ser instituída.

A Lei 8.029/90 criou o SEBRAE (Serviço Brasileiro de Apoio às Micro e Pequenas Empresas), a partir da desvinculação do antigo CEBRAE (Centro Brasileiro de Apoio à Pequena e Média Empresa) da Administração pública federal, atribuindo-lhe status de serviço autônomo. A fim de efetivar a autonomia financeira, criou fonte de custeio consistente, nos termos do art. 8º, § 3º, em adicional de alíquota às contribuições sociais destinadas ao SENAI, SENAC, SESI e SESC[3], no valor equivalente a 0,3%, a partir de 1993.

> Art. 8º É o Poder Executivo autorizado a desvincular, da Administração Pública Federal, o Centro Brasileiro de Apoio à Pequena e Média Empresa – CEBRAE, mediante sua transformação em serviço social autônomo.
>
> § 3º Para atender à execução das políticas de apoio às micro e às pequenas empresas, de promoção de exportações e de desenvolvimento industrial, é instituído adicional às alíquotas das contribuições sociais relativas às entidades de que trata o art. 1º do Decreto-Lei nº 2.318, de 30 de dezembro de 1986 [SENAI, SENAC, SESI e SESC], de: (Redação dada pela Lei nº 11.080, de 2004)
>
> a) um décimo por cento no exercício de 1991; (Incluído pela Lei nº 8.154, de 1990)
>
> b) dois décimos por cento em 1992; e (Incluído pela Lei nº 8.154, de 1990)
>
> c) três décimos por cento a partir de 1993. (Incluído pela Lei nº 8.154, de 1990)

A discussão estabeleceu-se no âmbito deste RE em torno da definição da natureza jurídica do gravame criado, e da conseguinte necessidade de Lei Complementar, à luz do disposto na CF, art. 195, § 4º. Caso tal adicional fosse considerado uma contribuição social, como pretendia o contribuinte-recorrente, seria aplicado dispositivo constitucional citado, a exigir Lei Complementar:

> CF/88, Art. 195, § 4º A lei poderá instituir outras fontes destinadas a garantir a manutenção ou expansão da seguridade social, obedecido o disposto no art. 154, I [que prevê, entre outros requisitos, a edição de Lei Complementar].

---

3. SENAI – Serviço Nacional de Aprendizagem Industrial; SENAC – Serviço Nacional de Aprendizagem Comercial; SESI – Serviço Social da Indústria; e SESC – Serviço Social do Comércio.

Não obstante, a Corte Suprema considerou que o adicional enquadrava-se na condição de Contribuição de Intervenção no Domínio Econômico (CIDE), e, por conseguinte, nos termos da CF/88, art. 149 c/c art. 150, I, seria suficiente a sua instituição por meio de lei ordinária.

Em conforme voto do Ministro-relator, Gilmar Mendes,

> "O tributo em questão destina-se a viabilizar a promoção do desenvolvimento das micro e pequenas empresas e deve, portanto, ser enquadrado na classe das contribuições de intervenção no domínio econômico, e não nas das contribuições sociais."

Ainda nos termos do entendimento firmado no Acórdão, a intervenção no domínio econômico teria como finalidade:

> "...planejar, coordenar e orientar programas técnicos, projetos e atividades de apoio às micro e pequenas empresas, em conformidade com as políticas nacionais de desenvolvimento, particularmente as relativas às áreas industrial, comercial e tecnológica (Lei 8.029/90, art. 9º, incluído pela Lei 8.154/90)..."

◉ Síntese do debate constante do acórdão que fixou o precedente:

Argumentos favoráveis à tese fixada:	Argumentos contrários à tese fixada:
Ministro-relator Gilmar Mendes: "...embora a Lei 8.029, de 12 de abril de 1990, refira-se à contribuição destinada ao SEBRAE como "adicional às alíquotas das contribuições sociais" relativas às entidades de que trata o art. 1º do Decreto-Lei 2.318/86, a exação em tela é, na verdade, uma contribuição de intervenção no domínio econômico. Trata-se de tributo destinado a custear uma intervenção no domínio econômico, em benefício das micro e pequenas empresas, e não ao financiamento da seguridade social."	Ministro-relator Marco Aurélio: " A nomenclatura utilizada na lei, no que se lançou mão do vocábulo adicional, não me impressiona porque não se trata, a rigor, de um adicional. O que houve foi a criação de uma contribuição nova. Aí, surge o questionamento: seria possível criar essa contribuição nova sem observar-se a remissão contida no artigo 149 – já que tenho o tributo como uma contribuição, também, de intervenção no domínio econômico e não social –, a remissão ao artigo 146, III, da Carta? – no que remete à lei complementar? –A meu ver, não.

◉ Fique atento:

- Há diferenças doutrinárias no tocante à nomenclatura atribuída às espécies de contribuições previstas na CF/88, art. 149. Um dos critérios mais comumente utilizados é aquele que designa o gênero enquanto "contribuição especial". Tal universo estaria constituído, por sua vez, por três espécies identificadas de acordo com a destinação que se dá ao produto da respectiva arrecadação. Nestes termos, "contribuições sociais" seriam aquelas cuja arrecadação destina-se ao financiamento da Seguridade Social; "contribuições de intervenção no domínio econômico (CIDE)" seriam aquelas cuja arrecadação destina-se custear uma intervenção no Estado em determinado ramo do domínio econômico; e contribuições de interesse das categorias profissionais ou econômicas ("contribuições profissionais"), voltadas ao custeio das entidades representativas de tais categorias.

- Instituição de tributo não deve ser confundida com estabelecimento de "normas gerais" em matéria de Direito Tributário, para fins de definição do instrumento legal a ser utilizado em cada caso. Na instituição de tributo é exigida, em regra, lei, nos termos da CF/88, art. 150, I. Na definição das normas gerais referentes a um tributo, ou ao sistema tributário de uma maneira geral, é exigida Lei Complementar, nos termos da CF/88, art. 146, III, 'a' e 'b'.

- No caso do ISS, tomado apenas como exemplo, a Lei Complementar 116/2003, estabelece as normas gerais em matéria do imposto, instrumento legislativo por meio do qual são indicadas as linhas gerais de todos os elementos necessários à incidência do imposto. A criação do imposto, entretanto, estará a cargo da lei ordinária de cada Municípios, em conformidade com o disposto na LC 116/2003.

- De forma excepcional, são tributos cuja criação deve ser realizada por meio de Lei Complementar: Empréstimo Compulsório (CF/88, art. 148); Imposto sobre Grandes Fortunas (CF/88, art. 153); Imposto Residual (CF/88, art. 154, I); e a Contribuição Social Residual (CF/88, art. 195, § 4º).

- Cf. com as análises do RE 704.292 (Tema 540), do ARE 748.445 (Tema 692), do RE 838.284 (Tema 829), nesta obra.

- Sobre a reserva de Lei Complementar em matéria contribuições, vid. os seguintes RE, neste trabalho: RE 560.626 (Tema 2); RE 559.943 (Tema 3); RE 566.622 (Tema 32); RE 573.540 (Tema 55); RE 377.457 (Tema 71).

◉ Questões de Concurso relacionadas ao tema:

Questão 01 (Ano: 2012. Banca: ESAF. Órgão: Receita Federal. Prova: Auditor Fiscal da Receita Federal) Com relação ao entendimento do STF sobre as contribuições sociais gerais, as contribuições de intervenção no domínio econômico e de interesse das categorias profissionais ou econômicas, assinale a opção correta.

a) Não se pode prescindir de lei complementar para a criação das contribuições de intervenção no domínio econômico e de interesse das categorias profissionais.

b) Sua constitucionalidade seria aferida pela necessidade pública atual do dispêndio vinculado e pela eficácia dos meios escolhidos para alcançar essa finalidade.

c) No caso da contribuição devida ao SEBRAE, tendo em vista tratar-se de contribuição de intervenção no domínio econômico, o STF entende ser exigível a vinculação direta do contribuinte ou a possibilidade de que ele se beneficie com a aplicação dos recursos por ela arrecadados.

d) A sujeição de vencimentos e de proventos de aposentadoria e pensões à incidência de contribuição previdenciária constitui ofensa ao direito adquirido no ato de aposentadoria.

e) Tais contribuições sujeitam-se à força atrativa do pacto federativo, pois a União está obrigada a partilhar o dinheiro recebido com os demais entes federados.

Questão 02 (Ano: 2015. Banca: CESPE. Órgão: TCU. Prova: Procurador do Ministério Público)
Assinale a opção correta com relação a STN, natureza jurídica e suspensão do crédito tributário, extinção do crédito tributário e impostos da União.

a) O restabelecimento da alíquota da CIDE-Combustíveis e do ICMS-Combustíveis é exceção às anterioridades anual e nonagesimal.

b) Incidirá IPI sobre bem industrializado exportado para o exterior por pessoa física ou jurídica, ainda que esta não seja contribuinte habitual do imposto.

c) Conforme o STF, a contribuição destinada ao SEBRAE ostenta natureza de contribuição social geral.

d) A consulta formulada pelo devedor dentro do prazo legal para pagamento do crédito afasta a incidência de juros de mora, mas não a de correção monetária.

e) O CTN veda que lei ordinária autorize o pagamento do tributo em estampilha, em papel selado, ou por processo mecânico, porquanto se impõe o pagamento em moeda nacional.

> Gabarito: 1-B; 2-D

10.2. TAXAS: DEFINIÇÃO, NATUREZA JURÍDICA, FATO GERADOR, BASE DE CÁLCULO E ESPÉCIES

Tema 146: "a) Cobrança de taxa em razão de serviços públicos de limpeza; b) Adoção de um ou mais elementos que compõem a base de cálculo própria de imposto para apuração do valor de taxa."

Tese: "I – A taxa cobrada exclusivamente em razão dos serviços públicos de coleta, remoção e tratamento ou destinação de lixo ou resíduos provenientes de imóveis não viola o artigo 145, II, da Constituição Federal; II – A taxa cobrada em razão dos serviços de conservação e limpeza de logradouros e bens públicos ofende o art. 145, II, da Constituição Federal; III – É constitucional a adoção, no cálculo do valor de taxa, de um ou mais elementos da base de cálculo própria de determinado imposto, desde que não haja integral identidade entre uma base e outra."

FICHA TÉCNICA	
Leading case:	**RE 576.321**
Descrição do caso feita pelo STF:	"Recurso extraordinário em que se discute, à luz do art. 145, II, e § 2°, da Constituição Federal, a constitucionalidade, ou não, de taxa cobrada em razão de serviços públicos de coleta, remoção e tratamento ou destinação de lixo ou resíduos provenientes de imóveis, e da utilização de elementos que compõem a base de cálculo própria de impostos na apuração do seu valor."

FICHA TÉCNICA	
Leading case:	**RE 576.321**
Dispositivo(s) constitucional(is) envolvido(s):	"CF/88, art. 145. A União, os Estados, o Distrito Federal e os Municípios poderão instituir os seguintes tributos: II – taxas, em razão do exercício do poder de polícia ou pela utilização, efetiva ou potencial, de serviços públicos específicos e divisíveis, prestados ao contribuinte ou postos a sua disposição; § 2º As taxas não poderão ter base de cálculo própria de impostos."
Data de reconhecimento da repercussão geral:	04/12/2008
Data de julgamento do mérito recursal:	04/12/2008
Houve unanimidade?	Não, vencidos os Ministros Carlos Britto e Marco Aurélio
Data de publicação do acórdão de julgamento do recurso:	13/02/2009
Trânsito em julgado do acórdão:	27/02/2009
Houve Embargos de Declaração	Não
Data de julgamento dos Embargos de Declaração	–
Data de publicação dos Embargos de Declaração	–

◉ Comentários:

Deu-se provimento ao Recurso Extraordinário interposto pelo Município de Campinas, para declarar a constitucionalidade da taxa cobrada em razão de serviços públicos de coleta, remoção e tratamento ou destinação de lixo ou resíduos provenientes de imóveis.

Tratou-se, inicialmente de destacar o entendimento da Corte no sentido de que são específicos e divisíveis os serviços públicos de coleta, remoção e tratamento ou destinação de resíduos provenientes de imóveis, desde que tais atividades sejam:

> "...completamente dissociadas de outros serviços públicos de limpeza realizados em benefício da população em geral (*uti universi*), e de forma indivisível, tais como os de conservação e limpeza de logradouros e bens públicos (praças, calçadas, vias, ruas, bueiros)."

Quanto ao argumento de que tal gravame teria a mesma base de cálculo do IPTU, a Corte também ratificou o entendimento segundo o que a chamada "taxa de limpeza" ou "taxa de lixo", não viola a norma contida na CF/88, art. 145, § 2º ("as taxas não poderão ter base de cálculo própria de impostos"). O Tribunal já consolidou entendimento pelo qual "reconhece a constitucionalidade de taxas que, na apuração do montante devido, adote um ou mais dos elementos que compõem a base de cálculo própria de determinado imposto, desde que não se verifique identidade integral entre uma base e a outra" (Súmula Vinculante 29).

Os Embargos de Declaração, que pleiteavam a nulidade do julgado, à vista da ausência de juntada de voto, e efeitos infringentes, foram rejeitados.

◉ Síntese do debate constante do acórdão que fixou o precedente:

Argumentos favoráveis à tese fixada:	Argumentos contrários à tese fixada:
	Ministro Carlos Britto: "...confesso aos senhores que todas as vezes que paro para refletir sobre a cobrança da taxa de lixo experimento um desconforto cognitivo. Ou seja, sem querer fazer trocadilho, hermeneuticamente, essa taxa não me cheira bem. Todas as vezes fico em dificuldade para compreender como se pode, sem artificializar a mensuração, dividir e quantificar o consumo. E, às vezes, chego à conclusão de que, não raras vezes, a cobrança se torna uma ofensa ao princípio da razoabilidade porque, com frequência, já casas e apartamentos grandes de residências habitadas por pouca gente e há casas e apartamentos menores habitados por muita gente. Então a produção de lixo guarda conformidade com o tamanho do imóvel"
	Ministro Marco Aurélio: "O Município – penso – cria, aqui, até um neologismo ao se referir à volumetria, não do lixo, e sim do imóvel: metragem quadrada. E não há relação automática, de início, entre metragem quadrada e o lixo a ser recolhido."

◉ Fique atento:

• Sobre o tema, e posteriormente ao RE analisado, foram produzidas duas Súmulas Vinculantes:

> Súmula Vinculante 29, de 03.02.2010. É constitucional a adoção, no cálculo do valor de taxa, de um ou mais elementos da base de cálculo própria de determinado imposto, desde que não haja integral identidade entre uma base e outra.

> Súmula Vinculante 19, de 29.10.2010. A taxa cobrada exclusivamente em razão dos serviços públicos de coleta, remoção e tratamento ou destinação de lixo ou resíduos provenientes de imóveis, não viola o artigo 145, II, da Constituição Federal.

◉ Questões de Concurso relacionadas ao tema:

Questão 01 (Ano: 2011 Banca: PGE-PA Órgão: PGE-PA Prova: Procurador do Estado)

Assinale a alternativa INCORRETA:

a) A regularidade do exercício do poder de polícia é prescindível para a cobrança da taxa de localização e fiscalização.

b) Preços de serviços públicos e taxas não se confundem, porque estas, diferentemente daqueles, são compulsórias e têm sua cobrança condicionada à prévia autorização orçamentária, em relação à lei que as instituiu.

c) O serviço de iluminação pública não pode ser remunerado mediante taxa.

d) O texto constitucional diferencia as taxas decorrentes do exercício do poder de polícia daquelas de utilização de serviços específicos e divisíveis, facultando apenas a estas a prestação potencial do serviço público.

e) A taxa cobrada exclusivamente em razão dos serviços públicos de coleta, remoção e tratamento ou destinação de lixo ou resíduos provenientes de imóveis, não viola o art. 145, II, da CF.

Questão 02 (Ano: 2012 Banca: ESAF Órgão: MDIC Prova: Analista de Comércio Exterior)

Sobre as taxas, espécie tributária prevista pelo art. 145, inciso II da Constituição Federal, julgue os itens abaixo e a seguir assinale a opção correta.

I. O texto constitucional diferencia as taxas decorrentes do exercício do poder de polícia daquelas de utilização de serviços específicos e divisíveis, facultando apenas a estas a prestação potencial do serviço público.

II. O Supremo Tribunal Federal entende como específicos e divisíveis, e passíveis de tributação por meio de taxa, os serviços públicos de coleta, remoção e tratamento ou destinação de lixo ou resíduos provenientes de imóveis, desde que essas atividades sejam completamente dissociadas de outros serviços públicos de limpeza realizados em benefício da população em geral (*uti universi*) e de forma indivisível.

III. Preços de serviços públicos e taxas não se confundem, porque estas, diferentemente daqueles, são compulsórias e têm sua cobrança condicionada à prévia autorização orçamentária, em relação à lei que as instituiu.

IV. A taxa, enquanto contraprestação a uma atividade do Poder Público, não pode superar a relação de razoável equivalência que deve existir entre o custo real da atuação estatal referida ao contribuinte e o valor que o Estado pode exigir de cada contribuinte, considerados, para esse efeito, os elementos pertinentes às alíquotas e à base de cálculo fixadas em lei.

a) Apenas I, II e IV estão corretos.

b) Apenas I, III e IV estão corretos.

c) Apenas II e IV estão corretos.

d) Apenas III e IV estão corretos.

e) Todos os itens estão corretos.

Questão 03 (Ano: 2016 Banca: FGV Órgão: Prefeitura de Cuiabá – MT Prova: Auditor Fiscal Tributário da Receita Municipal) Tício recebeu em sua residência boleto para pagamento da Taxa de Coleta de Lixo e, por equívoco, realizou o recolhimento da exação em duplicidade.

Sobre a hipótese apresentada, assinale a afirmativa correta.

a) Tício poderá requerer a repetição em dobro do valor recolhido a maior.

b) Tício poderá requerer a repetição do valor total recolhido, tendo em vista que a Taxa de Coleta de Lixo é inconstitucional, conforme entendimento do Supremo Tribunal Federal.

c) Tício não tem direito à repetição do valor recolhido a maior, tendo em vista que o pagamento foi espontâneo, caracterizando culpa exclusiva do contribuinte.

d) Tício poderá requerer a repetição do valor recolhido a maior, independentemente de prévio protesto, em até 5 (cinco) anos, contados da data do pagamento indevido.

e) Tício não poderá requerer a repetição do valor recolhido a maior, uma vez que, como contribuinte de direito, não suportou o ônus financeiro.

> **Gabarito: 1-A; 2-E; 3-D**

Tema 217: "Comprovação do poder de polícia para cobrança de taxa de localização e funcionamento."

Tese: "É constitucional taxa de renovação de funcionamento e localização municipal, desde que efetivo o exercício do poder de polícia, demonstrado pela existência de órgão e estrutura competentes para o respectivo exercício."

FICHA TÉCNICA	
Leading case:	RE 588.322
Descrição do caso feita pelo STF:	"Recurso extraordinário em que se discute, à luz do art. 145, II, da Constituição Federal, a necessidade, ou não, de comprovação do efetivo poder de polícia para legitimar a cobrança de taxa de localização e funcionamento."
Dispositivo(s) constitucional(is) envolvido(s):	"CF/88, art. 145. A União, os Estados, o Distrito Federal e os Municípios poderão instituir os seguintes tributos: II – taxas, em razão do exercício do poder de polícia ou pela utilização, efetiva ou potencial, de serviços públicos específicos e divisíveis, prestados ao contribuinte ou postos a sua disposição;"
Data de reconhecimento da repercussão geral:	23/10/2009
Data de julgamento do mérito recursal:	16/06/2010
Houve unanimidade?	Não, vencido o Ministro Marco Aurélio
Data de publicação do acórdão de julgamento do recurso:	03/09/2010
Trânsito em julgado do acórdão:	04/07/2011
Houve Embargos de Declaração	Não

FICHA TÉCNICA	
Leading case:	RE 588.322
Data de julgamento dos Embargos de Declaração	–
Data de publicação dos Embargos de Declaração	–

◉ Comentários:

Negou-se provimento ao Recurso Extraordinário interposto pela Associação Comercial de Rondônia, para declarar a constitucionalidade taxa de renovação de funcionamento e localização municipal, desde que efetivo o exercício do poder de polícia, demonstrado pela existência de órgão e estrutura competentes para o respectivo exercício.

A CF/88, art. 145, II, divide as taxas em dois grandes grupos: as taxas de polícia, em razão do exercício do poder de polícia; e a as taxas de serviço, ou taxas comuns, pela utilização de serviços públicos que não constituam exercício do poder de polícia. Em ambos os casos, é necessário que se esteja diante de serviços públicos específicos e divisíveis, assim entendidos aqueles cujos destinatários possam ser claramente individualizados e reconhecidos.

Entretanto, há uma distinção fundamental entre as duas categorias de taxa, que tem como base a efetividade da prestação do serviço, para fins de exigibilidade do tributo, sendo neste sentido que se desenvolve a discussão no âmbito do presente RE. A taxa comum se faz exigível a partir do momento em que o serviço é colocado à disposição do contribuinte, ainda que não efetivamente utilizado por ele. Neste caso, cabe ao Estado provar tão somente que o serviço foi colocado à disposição do contribuinte.

Quanto à taxa de polícia, somente será exigível diante da prestação efetiva do serviço pelo Estado. Nos termos do voto do Ministro-relator do presente RE, "a materialização da atividade fiscalizadora é necessária, sob pena de esvaziar o comando constitucional, mediante indevida equiparação das duas espécies tributárias."

Firmada a premissa no sentido da necessidade de prestação efetiva de serviço, a discussão desloca-se no sentido de saber se a existência de órgão administrativo responsável pela realização do poder de polícia satisfaz tal requisito, ou se ainda assim persiste a necessidade de comprovação da prestação.

No tocante à taxa de localização e fiscalização, espécie do gênero taxa de polícia, e sobre a qual recai o juízo neste julgamento, a jurisprudência do STF alinha-se no sentido de admitir que a mera existência de órgão administrativo "não é condição para o reconhecimento da constitucionalidade da cobrança..., mas constitui um dos elementos para se inferir o efetivo exercício do poder de polícia, exigido constitucionalmente."

No caso do presente RE, em que se analisa a constitucionalidade desta taxa no Município de Porto Velho, o Tribunal entendeu que há aparato fiscal necessário ao exercício do poder de polícia, e destarte considerou constitucional o tributo:

> "É constitucional taxa de renovação de funcionamento e localização municipal, desde que efetivo o exercício do poder de polícia, demonstrado pela existência de órgão e estrutura competentes para o respectivo exercício, tal como verificado na espécie quanto ao Município de Porto Velho/RO." (item 9 da Ementa)

No seu voto dissidente, o Ministro Marco Aurélio, esclareceu que a discussão não se colocava em termos de regularidade de uma taxa de polícia. Em realidade, a discussão estaria no próprio enquadramento do gravame criado pelo Município de Porto Velho na condição de taxa. Segundo ele, sequer se vislumbraria uma atuação por parte do Estado em favor do contribuinte, como fato gerador da exação (vid. "Argumentos contrário à tese fixada", abaixo).

◉ Síntese do debate constante do acórdão que fixou o precedente:

Argumentos favoráveis à tese fixada:	Argumentos contrários à tese fixada:
	Ministro Marco Aurélio: "...há uma singularidade que não podemos deixar de perceber. Não se trata propriamente de uma taxa, considerado o poder de polícia. ...a taxa pressupõe o conteúdo, em termos de dispêndio, de um certo serviço. O que está em jogo é uma taxa de renovação de alvará de localização e funcionamento. Não sei nem qual a periodicidade, se anual, se bienal, se quinquenal, semestral o mensal. Daqui a pouco teremos até, talvez, ante a fúria arrecadadora dos entes públicos, taxa de renovação mensal."

◉ Questões de Concurso relacionadas ao tema:

Questão 01 (Ano: 2014 Banca: FGV Órgão: PGM – Niterói Prova: Procurador do Município, 3ª Categoria (P3)) O Município X publica Decreto elevando a alíquota da taxa para emissão de alvará de localização, prevendo sua incidência imediata. Determinado contribuinte, já detentor de seu alvará de localização e sem anunciar a intenção de abrir um novo estabelecimento que possa levar à solicitação de novo alvará, impetra Mandado de Segurança para questionar o Decreto que majorou a taxa.

A autoridade coatora foi apontada corretamente na petição, sendo alegado violação aos princípios da legalidade, anterioridade e nonagesimalidade/noventena.

Em defesa do Município, o argumento dotado de maior efetividade será

a) a inexistência de violação ao princípio da legalidade, inaplicável às taxas.

b) o descabimento do Mandado de Segurança, pois, inexistindo sequer iminência da exigência fiscal, ele é dirigido contra lei em tese.

c) o descabimento de liminar no Mandado de Segurança, pois inexiste risco para o impetrante (ausência de periculum in mora).

d) a inexistência de violação ao princípio da anterioridade, este inaplicável às taxas.

e) a inexistência de violação ao princípio da nonagesimalidade/noventena, este inaplicável às taxas.

Questão 02 (Ano: 2009 Banca: FUNIVERSA Órgão: ADASA Prova: Advogado) Foi instituída, por parte do Estado, cobrança obrigatória para renovação da licença para funcionamento do estabelecimento comercial, a fim de verificar as condições sanitárias dos estabelecimentos. A respeito desse assunto, assinale a alternativa correta.

a) A respectiva cobrança é preço público, em razão do serviço prestado.

b) A cobrança instituída tem fundamento no poder de polícia do ente da federação e, portanto, trata-se de taxa.

c) O valor cobrado tem natureza de imposto, por ser obrigatório o serviço prestado.

d) Os estados não têm competência para instituir cobrança obrigatória de valor para fiscalizar as condições sanitárias dos estabelecimentos comerciais.

e) Trata-se de taxa de serviço imposta em função de que a utilização do serviço público é efetiva ou potencial.

Questão 03 (Ano: 2016 Banca: FCC Órgão: AL-MS Prova: Consultor de Processo Legislativo) A legislação tributária dispõe que a União, os Estados, o Distrito Federal e os Municípios poderão, no âmbito de suas respectivas atribuições, instituir as taxas, que têm como fato gerador o exercício regular do poder de polícia, ou a utilização, efetiva ou potencial, de serviço público específico e divisível, prestado ao contribuinte ou posto à sua disposição. A respeito desse tributo, é correto afirmar:

a) Considera-se regular o exercício do poder de polícia quando desempenhado pelo órgão competente nos limites da lei aplicável, com observância do processo legal e, tratando-se de atividade que a lei tenha como discricionária, sem abuso ou desvio de poder.

b) Os Municípios e o Distrito Federal poderão instituir taxa, na forma das respectivas leis, para o custeio do serviço de iluminação pública.

c) Os serviços consideram-se utilizados pelo contribuinte efetivamente, quando, sendo de utilização compulsória, sejam postos à sua disposição mediante atividade administrativa em efetivo funcionamento.

d) São serviços específicos, quando suscetíveis de utilização, separadamente, por parte de cada um dos seus usuários; e são divisíveis, quando possam ser destacados em unidades autônomas de intervenção, de utilidade, ou de necessidades públicas.

e) Somente as taxas em razão do exercício do poder de polícia podem ter base de cálculo própria dos impostos.

Gabarito: 1-B; 2-B; 3-A

Tema 261[4]: Cobrança de taxa de ocupação do solo e do espaço aéreo por poste de transmissão de energia elétrica.

Tese: "É inconstitucional a cobrança de taxa, espécie tributária, pelo uso de espaços públicos dos municípios por concessionárias prestadoras do serviço público de fornecimento de energia elétrica".

FICHA TÉCNICA	
Leading case:	**RE 581.947 RO**
Descrição do caso feita pelo STF:	"Recurso extraordinário em que se discute, à luz dos artigos 145, II; e 155, XII, § 3º, da Constituição Federal, a constitucionalidade, ou não, da Lei nº 1.199/2002, do Município de Ji-Paraná/RO, que instituiu a taxa de ocupação do solo e do espaço aéreo, correspondente à implantação de postes para extensão da rede elétrica."
Dispositivo(s) constitucional(is) envolvido(s):	Art. 145. A União, os Estados, o Distrito Federal e os Municípios poderão instituir os seguintes tributos: (...) II – taxas, em razão do exercício do poder de polícia ou pela utilização, efetiva ou potencial, de serviços públicos específicos e divisíveis, prestados ao contribuinte ou postos a sua disposição;
	Art. 155. Compete aos Estados e ao Distrito Federal instituir impostos sobre: (...) § 2º O imposto previsto no inciso II atenderá ao seguinte: XII – cabe à lei complementar: (...) § 3º À exceção dos impostos de que tratam o inciso II do caput deste artigo e o art. 153, I e II, nenhum outro imposto poderá incidir sobre operações relativas a energia elétrica, serviços de telecomunicações, derivados de petróleo, combustíveis e minerais do País. (Redação dada pela Emenda Constitucional nº 33, de 2001)
Data de reconhecimento da repercussão geral:	02/04/2010.
Data de julgamento do mérito recursal:	27/05/2010 (recurso extraordinário) e 18/12/2013 (embargos de declaração)
Houve unanimidade?	Sim.
Data de publicação do acórdão de julgamento do recurso:	27/08/2010 (recurso extraordinário) e 19/03/2014 (embargos de declaração).
Trânsito em julgado do acórdão:	Não havia ocorrido o trânsito em julgado do acórdão até a data de fechamento desta edição

---

4.   Este tema foi examinado pelo coautor Marcus Seixas Souza.

⊙ Comentários:

O Supremo Tribunal Federal examinou o recurso extraordinário interposto pelo Município de Ji-Paraná contra acórdão proferido pelo Tribunal de Justiça do Estado de Rondônia que reputou inconstitucional a cobrança de taxa, pelo Município, pela utilização de áreas públicas, nos termos do disposto na Lei municipal nº. 1.119/02. O recorrente requereu o provimento do recurso extraordinário para que fosse declarada nula decisão que considerou ilegal a cobrança de taxa pretendida pelo Município.

A decisão recorrida estava fundada: a) no fato de que a cobrança pelo Município estava sendo realizada a pretexto do exercício de poder de polícia, e tinha como fato gerador o uso e ocupação do solo e espaço aéreo por postes; b) a cobrança se caracterizava como tributação incidente sobre o fornecimento de energia elétrica, de competência exclusiva da União.

A questão com repercussão geral a ser debatida residiu, portanto, em identificar a constitucionalidade, ou não, da cobrança de taxa pelo uso, por concessionárias de fornecimento de energia elétrica, de espaços públicos dos municípios para a instalação de seus equipamentos necessários para a prestação do aludido serviço público.

O Município recorrente alegou, em síntese, que: i) o acórdão recorrido: violou o art. 145, II, da Constituição Federal, uma vez que é assegurado aos Municípios instituir taxas em razão do exercício do poder de polícia ou pela utilização, efetiva ou potencial, de serviços públicos específicos e divisíveis, prestados ao contribuinte ou postos à sua disposição; ii) valendo-se do seu poder de tributar, o Município instituiu taxa de uso e ocupação do solo tendo em vista o uso de poder de polícia indispensável para a atividade de transmissão e distribuição de energia elétrica; iii) seria atribuição do Município controlar a realização de eventos em vias públicas, verificando a localização e a dimensão das instalações, especialmente para proteger, com a distância mínima necessária, as redes de energia elétrica; iv) não é adequado considerar que a taxa seja cobrada pela colocação de postes – a isso se chamaria preço público, e exigiria cobrança diferenciada; v) por fim, aduz que a taxa cobrada não foi instituída com fundamento no art. 22, IV, da Constituição Federal, já que a lei instituidora da taxa não está legislando sobre energia.

O acórdão, lavrado à unanimidade, adotou como fundamento: a) os bens a serem utilizados pela empresa prestadora de serviços públicos não constituem propriedade privada, mas sim bens de uso comum do povo; b) se propriedade privada fosse, as concessionárias de serviço público poderiam constituir servidões administrativas que não acarretariam, em princípio, o dever de indenizar; c) em se tratando de bens de uso comum do povo, não haveria que se falar em qualquer contraprestação pelo seu uso, se se tratasse de um comum do bem de uso comum do povo; d) em se tratando, contudo, de um uso especial do uso comum do povo (para, em seu solo e espaço aéreo, instalar equipamentos atinentes à prestação de serviço público) autorizar a cobrança da taxa em face da concessionária seria tributá-la pela peculiaridade de ser prestadora de serviço; e) não há qualquer prejuízo para a utilização dos bens de uso comum do povo na instalação dos equipamentos pela concessionária, portanto não havendo qualquer justificativa para o recebimento de indenização pela municipalidade; f) a intervenção do Estado na propriedade privada referente a espaço aéreo ou sub-solo apenas se faz necessária quando resultar prejuízo patrimonial ao proprietário do solo (art. 2º, § 1º do Decreto-lei nº. 3.365/41); g) a Constituição Federal define a competência exclusiva da União para explorar os serviços e instalações de energia elétrica e privativa para legislar sobre energia (arts. 21, XII, "b" e 22, IV), razão pela qual o Município de Ji-Paraná invadiu o espaço de competência da União ao editar a Lei municipal nº. 1.119/02.

Assim, o Tribunal, por unanimidade e nos termos do voto do Relator, negou provimento ao recurso, **declarando, incidentalmente, a inconstitucionalidade da Lei municipal nº. 1.119/02, do Município de Ji-Paraná, que autorizava a cobrança de taxa de uso e ocupação de solo e espaço aéreo pela instalação de equipamentos necessários à prestação de serviço público nos bens de uso comum do povo.**

Opostos Embargos de Declaração pelo Município de Ji-Paraná contra o acórdão, alegou-se, precipuamente: i) que a decisão travada nos autos se referia à possibilidade de cobrança de taxa pelo Município sobre o uso do solo, subsolo e espaço aéreo pela concessionária CERON – Centrais Elétricas de Rondônia, jamais tendo sido abordado no recurso o tema da possibilidade de cobrança de preço público ou tarifa em razão de uso de bem municipal por concessionárias de energia elétrica, ou a respeito da instituição de servidões administrativas em bens municipais; ii) que o acórdão proferido deveria se ater ao tema da repercussão geral, qual seja, segundo sua ótica, a inconstitucionalidade da taxa em razão do simples uso ou ocupação de bens públicos por equipamentos afetados aos serviços públicos essenciais prestados por empresa estatal concessionária de energia elétrica – assim, segundo o embargante, a matéria debatida nestes autos restringir-se-ia à questão tributária alusiva à cobrança de taxa pelo uso de bem público; iii) que se fazia necessário definir o precedente (*holding, ratio decidendi*), porquanto o tema do preço público não teria sido enfrentado sequer em sede de *obiter dictum*, e "já existiriam advogados sustentando, indevida e apressadamente, que, em razão do que restou decidido, não haveria mais qualquer tipo de cobrança pela ocupação de bens públicos".

Em suas contrarrazões, a recorrida sustentou que o recurso de embargos de declaração: i) teria sido interposto intempestivamente; e ii) constituíam via inadequada, tendo em vista que, na ausência de obscuridade, contradição ou omissão, o referido recurso não se destina a rediscutir decisão já proferida, mormente m relação ao alcance da repercussão geral já reconhecida.

Outros argumentos, trazidos pelo Ministério Público Federal e por *amici curiae* habilitados nos autos, foram: i) não cabem embargos de declaração para apreciar contradição entre decisão que estabeleceu repercussão geral e decisão que apreciou o mérito do recurso extraordinário, pois a contradição a ensejar o recurso de embargos de declaração é a interna; ii) não haveria fundamento para os embargos, como requeridos pelo Município, pois o tema que teria sido supostamente omitido teria sido abordado pelos apartes transcritos nas notas taquigráficas; iii) que o objeto do recurso extraordinário era decidir sobre a constitucionalidade da cobrança de taxa pelo uso e ocupação do solo, e não acerca da possibilidade de cobrança de preço público ou de algum valor pelo uso de um bem público; iv) que a possibilidade de exercício do poder de polícia pelo Município em relação às atividades desempenhadas pelas companhias de energia elétrica teria ficado resguardada em razão dos debates que antecederam a declaração do resultado, com a ressalva de que o poder de polícia deveria ser instrumentalizado por lei específica para cuidar da prestação de serviços específicos; v) que a municipalidade tem autonomia para gerir seus próprios bens;

Ao final, decidiu-se, por unanimidade, dar provimento aos embargos de declaração, para deixar claro que o *decisum* do recurso extraordinário em sede de repercussão geral teve o condão de reconhecer a inconstitucionalidade da cobrança de taxa, espécie de tributo, pelo uso, por concessionárias de fornecimento de energia elétrica, de espaços públicos dos Municípios para a instalação de seus equipamentos necessários para a prestação do aludido serviço público.

◉ Fique atento:

- Ainda não transitou em julgado o acórdão que julgou os embargos de declaração opostos contra o acórdão que julgou o recurso extraordinário, pois foram opostos novos embargos de declaração.

Tema 692: "Possibilidade de o Conselho Federal de Engenharia, Arquitetura e Agronomia (CONFEA) fixar por resolução os valores das taxas pela expedição de Anotação de Responsabilidade Técnica (ART)."

Tese: "A Anotação de Responsabilidade Técnica, instituída pela Lei 6.496/1977, cobrada pelos Conselhos Regionais de Engenharia, Arquitetura e Agronomia, tem natureza jurídica de taxa, sendo, portanto, necessária a observância do princípio da legalidade tributária previsto no art. 150, I, da Constituição Federal."

FICHA TÉCNICA	
Leading case:	**ARE 748.445**
Descrição do caso feita pelo STF:	"Recurso extraordinário com agravo em que se discute, à luz dos arts. 5°, II; 37, caput; 146, III; 149; e 150, I e II, da Constituição federal, se o CONFEA poderia fixar, por Resolução, os valores devidos a título de expedição da Anotação de Responsabilidade Técnica (ART), nos termos do § 2° do art. 2° da Lei 6.496/1977, nada obstante o princípio da legalidade tributária."
Dispositivo(s) constitucional(is) envolvido(s):	"CF/88, art. 5° Todos são iguais perante a lei, sem distinção de qualquer natureza, garantindo-se aos brasileiros e aos estrangeiros residentes no País a inviolabilidade do direito à vida, à liberdade, à igualdade, à segurança e à propriedade, nos termos seguintes: II – ninguém será obrigado a fazer ou deixar de fazer alguma coisa senão em virtude de lei; Art. 37. A administração pública direta e indireta de qualquer dos Poderes da União, dos Estados, do Distrito Federal e dos Municípios obedecerá aos princípios de legalidade, impessoalidade, moralidade, publicidade e eficiência e, também, ao seguinte: (Redação dada pela EC 19/1998)"

FICHA TÉCNICA	
Leading case:	**ARE 748.445**
	Art. 146. Cabe à lei complementar: III – estabelecer normas gerais em matéria de legislação tributária, especialmente sobre: a) definição de tributos e de suas espécies, bem como, em relação aos impostos discriminados nesta Constituição, a dos respectivos fatos geradores, bases de cálculo e contribuintes; b) obrigação, lançamento, crédito, prescrição e decadência tributários; Art. 149. Compete exclusivamente à União instituir contribuições sociais, de intervenção no domínio econômico e de interesse das categorias profissionais ou econômicas, como instrumento de sua atuação nas respectivas áreas, observado o disposto nos arts. 146, III, e 150, I e III, e sem prejuízo do previsto no art. 195, § 6°, relativamente às contribuições a que alude o dispositivo. Art. 150. Sem prejuízo de outras garantias asseguradas ao contribuinte, é vedado à União, aos Estados, ao Distrito Federal e aos Municípios: I – exigir ou aumentar tributo sem lei que o estabeleça; II – instituir tratamento desigual entre contribuintes que se encontrem em situação equivalente, proibida qualquer distinção em razão de ocupação profissional ou função por eles exercida, independentemente da denominação jurídica dos rendimentos, títulos ou direitos;"
Data de reconhecimento da repercussão geral:	01/11/2013
Data de julgamento do mérito recursal:	01/11/2013
Houve unanimidade?	Não, vencido o Ministro Marco Aurélio
Data de publicação do acórdão de julgamento do recurso:	12/02/2014
Trânsito em julgado do acórdão:	26/02/2014
Houve Embargos de Declaração	Não
Data de julgamento dos Embargos de Declaração	–
Data de publicação dos Embargos de Declaração	–

◉ Comentários:

Negou-se provimento ao Recurso Extraordinário interposto pelo Conselho Regional de Engenharia, Arquitetura e Agronomia (CREA) de Santa Catarina, para declarar a inconstitucionalidade da fixação, por Resolução, do valor da taxa de Anotação de Responsabilidade Técnica (ART).

O Tribunal considerou que a ART, prevista na Lei 6.496/1977[5], tem natureza de taxa, na medida em que impõe às partes contratantes de serviços de engenharia, arquitetura, ou agronomia a obrigação de pagamento do gravame:

> Nesse contexto, verifica-se que o dispositivo citado impôs às partes contratantes um dever legal. Assim, inviável aos obrigados a possibilidade de se esquivarem ao registro determinado pela lei, não se podendo falar, na hipótese, em facultatividade. Tem-se, no caso, uma obrigação legal marcada pela nota da compulsoriedade. (Acórdão, p. 04)

De maneira mais precisa, tratar-se-ia de uma taxa de polícia, na medida em que decorre do exercício do poder de fiscalização administrativa, a cargo de uma entidade paraestatal.

Diante de tais elementos o STF terminou por decidir pela necessidade de submissão dos valores a pagar a título de ART à estrita legalidade tributária, nos termos da CF/88, art. 150, I, o que, por sua vez, afasta a possibilidade de fixação dos valores por meio de Resolução.

O Ministro Marco Aurélio reiterou o entendimento no sentido de que o mérito do Recurso exigiria a reunião física dos integrantes do Tribunal, ainda que o julgamento do incidente referente à repercussão geral pudesse realizar-se no âmbito do Plenário Virtual.

◉ Fique atento:

- Cf. com as análises do RE 635.682 (Tema 227), do RE 704.292 (Tema 540), e do RE 838.284 (Tema 829), nesta obra.

◉ Questões de Concurso relacionadas ao tema:

Questão 01 (Ano: 2013. Banca: UEPA. Órgão: SEAD-PA. Prova: Auditor Fiscal de Receitas Estaduais) Sobre as taxas e o pedágio é correto afirmar que:

a) o pedágio, segundo entendimento do STF, é uma taxa e não um preço público.

b) as taxas não podem ser criadas pelos Conselhos de Classe, porque esses não exercem poder de polícia.

c) a base de cálculo do pedágio não é o custo do serviço público afeto à conservação da via.

d) à luz do Princípio da liberdade de locomoção, o pedágio é inconstitucional.

e) quando o ICMS é exigido em postos em divisas de Estados-membros ele se confunde com o pedágio.

---

5. Lei 6.496/1977, art. 1º Todo contrato, escrito ou verbal, para a execução de obras ou prestação de quaisquer serviços profissionais referentes à Engenharia, à Arquitetura e à Agronomia fica sujeito à 'Anotação de Responsabilidade Técnica' (ART).

Questão 02 (Ano: 2012. Banca: VUNESP. Órgão: SPTrans. Prova: Analista de Gestão Pleno)

Como todo poder, o de tributar, não é absoluto, encontrando na Constituição Federal uma série de princípios que limitam tal poder. Sobre as limitações ao poder de tributar, pode-se afirmar que

a) a Constituição estabelece que o tributo só pode ser criado por meio de lei complementar.

b) é garantido ao Chefe do Poder Executivo Federal reduzir a alíquota do imposto sobre produtos industrializados por meio de decreto.

c) as anuidades devidas aos conselhos profissionais são instituídas e majoradas por meio de resoluções de cada um destes órgãos.

d) segundo o princípio da anualidade tributária, é vedado aos entes federados cobrar tributos no mesmo exercício financeiro em que a lei que os instituiu ou majorou tenha sido publicada.

e) inexiste na Constituição Federal um plexo de normas que contenha o comando de limitar o poder de tributar, pois trata-se do dever social de pagar impostos.

> **Gabarito: 1-A; 2- B**

Tema 721: "Constitucionalidade de taxa cobrada em razão da expedição de guias de recolhimento de tributos."

Tese: "São inconstitucionais a instituição e a cobrança de taxas por emissão ou remessa de carnês/guias de recolhimento de tributos."

FICHA TÉCNICA	
Leading case:	**RE 789.218**
Descrição do caso feita pelo STF:	"Recurso extraordinário em que se discute, à luz do art. 145, II, da Constituição federal, a constitucionalidade da cobrança de taxa de expediente em razão da emissão/envio de carnês ou boletos para o pagamento de tributos."
Dispositivo(s) constitucional(is) envolvido(s):	"CF/88, art. 145. A União, os Estados, o Distrito Federal e os Municípios poderão instituir os seguintes tributos: II – taxas, em razão do exercício do poder de polícia ou pela utilização, efetiva ou potencial, de serviços públicos específicos e divisíveis, prestados ao contribuinte ou postos a sua disposição;"
Data de reconhecimento da repercussão geral:	18/04/2014
Data de julgamento do mérito recursal:	18/04/2014

FICHA TÉCNICA	
Leading case:	**RE 789.218**
Houve unanimidade?	Não, vencido o Ministro Marco Aurélio
Data de publicação do acórdão de julgamento do recurso:	01/08/2014
Trânsito em julgado do acórdão:	15/08/2014
Houve Embargos de Declaração	Não
Data de julgamento dos Embargos de Declaração	–
Data de publicação dos Embargos de Declaração	–

◉ Comentários:

Negou-se provimento ao Recurso Extraordinário interposto pelo Município de Ouro Preto, para declarar a inconstitucionalidade da instituição e cobrança de taxas por emissão ou remessa de carnês/guias de recolhimento de tributos.

Na mesma linha dos seus precedentes, cuja origem histórica é identificada com o Rp 903, Rel. Min. Thompson Flores, DJ de 28/6/74, **a Corte decidiu que a emissão** de guia de recolhimento de tributos não consiste em prestação de serviço público ao contribuinte, sendo mero instrumento de arrecadação, de interesse exclusivo da Administração.

> Na espécie, a emissão de guia de recolhimento de tributos é de interesse exclusivo da Administração, sendo um instrumento usado na arrecadação. Não se trata de serviço público prestado ou colocado à disposição do contribuinte. Não há, no caso, qualquer contraprestação em favor do administrado, razão pela qual é ilegítima sua cobrança. (Acórdão, p. 07)

A divergência registrada pelo Ministro Marco Aurélio referiu-se ao procedimento utilizado para o julgamento, pela via do Plenário Virtual, por considera-lo inadequado.

◉ Síntese do debate constante do acórdão que fixou o precedente:

Argumentos favoráveis à tese fixada:	Argumentos contrários à tese fixada:
Ministro Roberto Barroso, ARE 734.452/MG, de sua relatoria: "A Taxa de Expediente para emissão de guia é uma forma velada de transferir um custo administrativo que incumbe ao Poder Público para o particular. A inconstitucionalidade revela-se, notadamente, pelo desvirtuamento da materialidade proposta, uma vez que não há nenhuma atividade prestada em favor dos administrados (DJe de 21/10/13)."	

◎ Questões de Concurso relacionadas ao tema:

Questão 01 (Ano: 2015 Banca: FCC Órgão: SEFAZ-PE Prova: Julgador Administrativo Tributário do Tesouro Estadual) Sobre a constitucionalidade das taxas, é correto afirmar:

a) É constitucional a taxa cobrada em face do fornecimento de iluminação pública, pois consubstancia atividade estatal apta a ser remunerada por meio dessa espécie tributária

b) É inconstitucional a taxa cobrada exclusivamente em razão dos serviços públicos de coleta, remoção e tratamento ou destinação de lixo ou resíduos provenientes de imóveis, uma vez que realizados em benefício da população em geral e de forma indivisível.

c) É constitucional a instituição e a cobrança de taxas por emissão ou remessa de carnês/guias de recolhimento de tributos, visto que consubstancia atuação estatal específica e divisível

d) É constitucional a exigência de taxa de prevenção de incêndio, cuja base de cálculo é cobrada em função do valor venal do imóvel, pois mensura indiretamente a quantidade de trabalho ou atividade que o poder público se vê obrigado a desempenhar.

e) É constitucional a taxa de renovação da licença de funcionamento e localização municipal, desde que efetivo o exercício do poder de polícia, demonstrado pela existência de órgão e estrutura competentes para o respectivo exercício.

Questão 02 (Ano: 2015 Banca: VUNESP Órgão: TJ-SP Prova: Contador Judiciário)

"_____ pela União, pelos Estados, pelo Distrito Federal ou pelos Municípios no âmbito de suas respectivas atribuições, tem(têm) como fato gerador o exercício regular do poder de polícia, ou a utilização, efetiva ou potencial, de serviço público específico e divisível, prestado ao contribuinte ou posto à sua disposição." (Adaptado)

Assinale a alternativa que preenche corretamente o espaço em branco, correspondente à espécie tributária de que trata o art. 77 do CTN.

a) As taxas cobradas

b) O imposto cobrado

c) A Contribuição de Intervenção no Domínio Econômico (CIDE) cobrada

d) A contribuição de melhoria cobrada

e) O empréstimo compulsório cobrado

Questão 03 (Ano: 2012 Banca: FMP-RS Órgão: TJ-AC Prova: Titular de Serviços de Notas e de Registros) No sistema constitucional tributário, temos cinco espécies tributárias: impostos, taxas, contribuições de melhoria, contribuições e empréstimos compulsórios. Sobre as taxas, como espécie tributária, é correto afirmar que:

a) não poderão ter base de cálculo própria de impostos, mas é constitucional a adoção, no cálculo do valor de taxa, de um ou mais elementos da base de cálculo própria de determinado imposto, desde que não haja integral identidade entre uma base e outra.

b) há três subespécies de taxas: de serviço público específico e divisível, de exercício de poder de polícia e de uso de bem público.

c) o exercício do poder de polícia que enseja a instituição e cobrança de taxa é a atividade da administração pública que, limitando ou disciplinando direito, interesse ou liberdade, regula a prática de ato ou abstenção de fato, em razão de interesse público concernente necessariamente à segurança pública.

d) os serviços públicos, para ensejarem a instituição e cobrança de taxa, devem ser específicos, assim considerados os que têm denominação própria e que são prestados por órgão especialmente criado para tanto.

> **Gabarito: 1-E; 2- A; 3-A**

Tema 891: "Constitucionalidade da Taxa de Serviços Administrativos – TSA prevista no art. 1º da Lei 9.960/2000."

Tese: "É inconstitucional o art. 1º da Lei 9.960/2000, que instituiu a Taxa de Serviços Administrativos – TSA, por não definir de forma específica o fato gerador da exação."

FICHA TÉCNICA	
Leading case:	**ARE 957.650**
Descrição do caso feita pelo STF:	"Recurso extraordinário em que se discute, à luz dos arts. 145, II e § 2º, e 150, I, da Constituição Federal, a constitucionalidade da Taxa de Serviços Administrativos – TSA prevista no art. 1º da Lei 9.960/2000."
Dispositivo(s) constitucional(is) envolvido(s):	"CF/88, art. 145. A União, os Estados, o Distrito Federal e os Municípios poderão instituir os seguintes tributos: II – taxas, em razão do exercício do poder de polícia ou pela utilização, efetiva ou potencial, de serviços públicos específicos e divisíveis, prestados ao contribuinte ou postos a sua disposição; § 2º As taxas não poderão ter base de cálculo própria de impostos. Art. 150. Sem prejuízo de outras garantias asseguradas ao contribuinte, é vedado à União, aos Estados, ao Distrito Federal e aos Municípios: I – exigir ou aumentar tributo sem lei que o estabeleça;"
Data de reconhecimento da repercussão geral:	06/05/2016
Data de julgamento do mérito recursal:	06/05/2016
Houve unanimidade?	Não, vencidos os Ministros Marco Aurélio e Luiz Fux
Data de publicação do acórdão de julgamento do recurso:	18/11/2016

FICHA TÉCNICA	
Leading case:	**ARE 957.650**
Trânsito em julgado do acórdão:	07/02/2017
Houve Embargos de Declaração	Não
Data de julgamento dos Embargos de Declaração	–
Data de publicação dos Embargos de Declaração	–

◉ Comentários:

Negou-se provimento ao Recurso Extraordinário interposto pela Superintendência da Zona Franca de Manaus (SUFRAMA), para declarar a inconstitucionalidade de lei que instituiu taxa, sem definir de forma específica o fato gerador.

A Lei 9.960/2000, art. 1º, instituiu a Taxa de Serviços Administrativos (TSA) **nos seguintes termos:**

> Art. 1º É instituída a Taxa de Serviços Administrativos – TSA, tendo como fato gerador o exercício regular do poder de polícia, ou a utilização, efetiva ou potencial, de serviço público específico e divisível, prestado ao contribuinte ou posto à sua disposição pela Superintendência da Zona Franca de Manaus – Suframa.

O STF considerou inconstitucional o dispositivo, por carecer da indicação precisa do serviço público cuja utilização ensejaria a incidência da taxa, do que decorreria prejuízo à segurança jurídica e vulneração da tipicidade tributária. Considerou, nos termos do voto do ministro-relator, que a Lei 9.960/2000, art. 1º apenas reproduziu o quanto previsto no CTN, na definição do instituto da taxa:

> O art. 1º da Lei nº 9.960/2000, que instituiu a Taxa de Serviços Administrativos – TSA a favor da Superintendência da Zona Franca de Manaus-SUFRAMA, limita-se a repetir, como fato gerador da aludida taxa, a definição abstrata do seu objeto conforme descrito no art. 145, II, da Constituição Federal, deixando de definir, concretamente, qual atuação estatal própria do exercício do poder de polícia ou qual serviço público, específico e divisível, prestado ao contribuinte ou posto à sua disposição, seria passível de taxação.

A divergência exposta pelo Ministro Marco Aurélio restringiu-se à utilização do Plenário Virtual para tratar de mérito de matéria submetida a repercussão geral.

◉ Questões de Concurso relacionadas ao tema:

Questão 01 (Ano: 2010. Banca: CESPE. Órgão: PGM – RR. Prova: Procurador Municipal) Com relação ao estado, ao poder de tributar e ao Sistema Tributário Nacional, julgue os itens a seguir.

Serviço público prestado pelo estado, sendo de utilização compulsória, mesmo que não usufruído efetivamente e desde que específico e divisível, será fato gerador de preço público.

( ) Certo   ( ) Errado

Questão 02 (Ano: 2014. Banca: FGV. Órgão: Prefeitura de Osasco – SP. Prova: Agente Fiscal)
Consoante dispõe o Código Tributário do Município de Osasco, as taxas cobradas pelo Município têm como fato gerador:

a) o exercício do poder tributário pela utilização efetiva de serviços públicos específicos prestados ao contribuinte;

b) o exercício do poder de polícia ou a utilização, efetiva ou potencial, de serviços públicos específicos e divisíveis, prestados ao contribuinte ou postos à sua disposição;

c) a utilização efetiva (não em potencial) de serviços públicos específicos e divisíveis, prestados de fato ao contribuinte;

d) a prestação por parte do contribuinte de serviços públicos específicos mediante autorização, permissão ou concessão, com o pagamento de tarifa, preço ou pedágio pelo usuário final do serviço;

e) a prestação de serviços mediante a utilização de bens e serviços públicos explorados economicamente mediante autorização, permissão ou concessão, com o pagamento de tarifa, preço ou pedágio pelo usuário final do serviço.

> **Gabarito: 1-E; 2-B**

10.3. INCIDÊNCIA TRIBUTÁRIA: PIS E COFINS SOBRE A RECEITA DECORRENTE DA TRANSFERÊNCIA DE CRÉDITOS DE ICMS; PIS SOBRE A RECEITA DAS COOPERATIVAS DE TRABALHO; PIS E COFINS SOBRE RECEITA DECORRENTE DE VARIAÇÃO CAMBIAL

Tema 283: "Incidência do PIS e da COFINS não cumulativos sobre valores recebidos a título de transferência de ICMS."

Tese: "É inconstitucional a incidência da contribuição ao PIS e da COFINS não cumulativas sobre os valores recebidos por empresa exportadora em razão da transferência a terceiros de créditos de ICMS."

FICHA TÉCNICA	
Leading case:	RE 606.107
Descrição do caso feita pelo STF:	"Recurso extraordinário em que discute, à luz dos artigos 149, § 2º, I; 150, § 6º; 155, § 2º, X, a; e 195, caput, I, b, da Constituição Federal, a constitucionalidade, ou não, da exigência de que o valor correspondente às transferências de créditos do Imposto sobre Circulação de Mercadorias e Serviços – ICMS pela empresa contribuinte seja integrado à base de cálculo das contribuições Programa de Integração Social – PIS e Contribuição para o Financiamento da Seguridade Social – COFINS não cumulativas."

FICHA TÉCNICA	
Leading case:	**RE 606.107**
Dispositivo(s) constitucional(is) envolvido(s):	"CF/88, art. 149, § 2º As contribuições sociais e de intervenção no domínio econômico de que trata o *caput* deste artigo: (Incluído pela EC nº 33/2001) I – não incidirão sobre as receitas decorrentes de exportação; (Incluído pela EC nº 33/2001)
	Art. 150, § 6º Qualquer subsídio ou isenção, redução de base de cálculo, concessão de crédito presumido, anistia ou remissão, relativos a impostos, taxas ou contribuições, só poderá ser concedido mediante lei específica, federal, estadual ou municipal, que regule exclusivamente as matérias acima enumeradas ou o correspondente tributo ou contribuição, sem prejuízo do disposto no art. 155, § 2.º, XII, g. (Redação dada pela EC nº 3/1993);
	Art. 155. Compete aos Estados e ao Distrito Federal instituir impostos sobre: (Redação dada pela EC nº 3/1993) II – operações relativas à circulação de mercadorias e sobre prestações de serviços de transporte interestadual e intermunicipal e de comunicação, ainda que as operações e as prestações se iniciem no exterior; (Redação dada pela EC nº 3/1993) § 2º O imposto previsto no inciso II atenderá ao seguinte: (Redação dada pela EC nº 3/1993), X – não incidirá: a) obre operações que destinem mercadorias para o exterior, nem sobre serviços prestados a destinatários no exterior, assegurada a manutenção e o aproveitamento do montante do imposto cobrado nas operações e prestações anteriores; (Redação dada pela EC nº 42/2003);
	Art. 195. A seguridade social será financiada por toda a sociedade, de forma direta e indireta, nos termos da lei, mediante recursos provenientes dos orçamentos da União, dos Estados, do Distrito Federal e dos Municípios, e das seguintes contribuições sociais: I – do empregador, da empresa e da entidade a ela equiparada na forma da lei, incidentes sobre: (Redação dada pela EC nº 20/1998), b) a receita ou o faturamento; (Redação dada pela EC nº 20/1998)"
Data de reconhecimento da repercussão geral:	05/07/2010
Data de julgamento do mérito recursal:	22/05/2013
Houve unanimidade?	Não, vencido o Ministro Dias Toffoli.
Data de publicação do acórdão de julgamento do recurso:	25/11/2013
Trânsito em julgado do acórdão:	10/12/2013
Houve Embargos de Declaração	Não
Data de julgamento dos Embargos de Declaração	–
Data de publicação dos Embargos de Declaração	–

⊙ Comentários:

Negou-se provimento ao Recurso Extraordinário interposto pela União, para declarar a inconstitucionalidade da incidência da contribuição ao PIS e da COFINS não cumulativas sobre os valores recebidos por empresa exportadora em razão da transferência a terceiros de créditos de ICMS.

A CF/88, art. 155, § 2º estabelece a aplicação da não cumulatividade em matéria de ICMS, princípio com base no qual o valor pago nas operações de entrada de mercadoria no estabelecimento comercial ou equiparado geram créditos do tributo. Tais créditos costumam ser objeto de compensação com o valor do tributo a pagar, referente às operações de saída de mercadorias do mesmo estabelecimento.

No caso das empresas estritamente exportadoras de mercadorias, ou que realizem grande parte de suas operações por meio de exportação, entretanto, a possibilidade de compensação não se mostra viável. Em tais casos, por conta da imunidade das exportações em matéria de ICMS (CF/88, art. 150, § 2º, II, 'a'), não há operações internas a gerar débitos de ICMS em volume suficiente para possibilitar a compensação. Resta nestes casos a realização de transações com outras empresas, interessadas nos créditos do imposto, pelas quais serão realizadas transferência de tais créditos, nos termos da CF/88:

> CF/88, art. 150, § 2º O imposto previsto no inciso II atenderá ao seguinte: (Redação dada pela EC nº 3/1993), X – não incidirá: a) obre operações que destinem mercadorias para o exterior, nem sobre serviços prestados a destinatários no exterior, assegurada a manutenção e o aproveitamento do montante do imposto cobrado nas operações e prestações anteriores; (Redação dada pela EC nº 42/2003)

A discussão realizada no presente julgado desenvolveu-se neste contexto, e teve como ponto essencial a questão de se saber se a receita que as empresas exportadoras auferem a partir das transações com créditos de ICMS estaria enquadrada no âmbito de incidência da contribuição para o PIS e para a COFINS.

O tribunal considerou que o

> "...aproveitamento de créditos do ICMS por ocasião da saída imune para o exterior não gera receita tributável. Cuida-se de mera recuperação do ônus econômico advindo do ICMS, assegurada expressamente pelo art. 155, § 2º, X, "a", da Constituição Federal." (Ementa, item VI)

Observou que a empresa exportadora somente pode transferir o crédito a terceiro após a saída da mercadoria com destino ao exterior, o que confirma o enquadramento da receita oriunda de tais transferências de crédito no âmbito imunidade das exportações. Nos termos do Acórdão, a imunidade das exportações visa "permitir que as empresas brasileiras exportem produtos e não tributos" (Ementa, item IV).

Reiterou o entendimento de que a imunidade tributária deve ser entendida a partir de uma interpretação teleológica, considerando os objetivos pretendidos com a instituição da norma considerada. No caso da imunidade das exportações, deve-se pois, considerar o objetivo de estímulo à economia por meio da venda para o exterior.

Na mesma linha, recordou que a exegese a ser estabelecida sobre os institutos e conceitos constitucionais não se condiciona à prévia edição de lei, raciocínio que se aproveita tanto na fixação do alcance da imunidade das operações de exportação, como também ao conceito de "receita", para fins de incidência da contribuição para o PIS e a COFINS.

Quanto a este último aspecto, decidiu que o conceito de receita, nos termos da CF/88 não se confunde com o conceito contábil:

> "Ainda que a contabilidade elaborada para fins de informação ao mercado, gestão e planejamento das empresas possa ser tomada pela lei como ponto de partida para a determinação das bases de cálculo de diversos tributos, de modo algum subordina a tributação. A contabilidade constitui ferramenta utilizada também para fins tributários, mas moldada nesta seara pelos princípios e regras próprios do Direito Tributário. Sob o específico prisma constitucional, receita bruta pode ser definida como o ingresso financeiro que se integra no patrimônio na condição de elemento novo e positivo, sem reservas ou condições." (Ementa, item V)

A partir de tais premissas, decidiu por afastar a incidência da contribuição para o PIS e da COFINS sobre as receitas da cessão de créditos de ICMS decorrentes de operações de exportação, já que a receita assim gerada, não estaria enquadrada na concepção de ingresso financeiro, elemento novo, a integrar o patrimônio do exportador.

◉ Síntese do debate constante do acórdão que fixou o precedente:

Argumentos favoráveis à tese fixada:	Argumentos contrários à tese fixada:
Ministra Rosa Weber: "...sujeitar à incidência do PIS e da COFINS os valores auferidos pela transferência dos créditos de ICMS a terceiros significaria vilipendiar a letra e o escopo da imunidade estampada no art. 155, § 2º, X, "a", da Carta Constitucional. Violar-se-ia a sua letra porque se estaria obstaculizando o integral "*aproveitamento do montante do imposto cobrado nas operações e prestações anteriores*", mediante a expropriação parcial dos créditos, na parcela correspondente à carga tributária advinda da incidência das contribuições citadas. Ofender-se-ia o seu escopo porque se estaria chancelando a exportação de tributos, nomeadamente do PIS e da COFINS incidentes sobre os créditos de ICMS cedidos a terceiros..."	Ministro Dias Toffoli: "Se o importe recebido com a venda dos créditos cedidos a terceiros **não é receita**, constituindo-se mera recuperação de créditos, como pode estar inserido no conceito de "receita de exportação" e ser, consequentemente, imune à COFINS, na forma do art. 149, § 2º, I, da Constituição Federal? Ou bem tais valores traduzem um ganho e são receitas e, a partir dessa premissa, podemos discutir se são receitas de exportação e, portanto, imunes às contribuições em tela; ou bem não são receitas e não podemos avançar na defesa da tese da imunidade."
"...as receitas advindas da cessão a terceiros, por empresa exportadora, de créditos do ICMS são imunes, por se enquadrarem como 'receitas decorrentes de exportação'."	

◉ Fique atento:

- Sobre a constitucionalidade de normas sobre a COFINS veiculadas por meio de leis ordinárias, consulte-se as análises dos RE 559.937 (Tema 1); 377.457 (Tema 71); RE 527.602 (Tema 95), nesta obra.

- No tocante à incidência do PIS e da COFINS sobre as vendas à prazo inadimplidas, vid. As análises dos RE 586.482 (Tema 87), nesta obra.

- Sobre a ampliação da base de cálculo do PIS e da COFINS, vid. A análise dos RE 585.235 (Tema 110).

- Sobre a imunidade das entidades de assistência em matéria de contribuição para o PIS, vid. RE 636.941 (Tema 432), nesta obra.

- Sobre a aplicação da não cumulatividade nas hipóteses de redução da base de cálculo do ICMS nas operações de saída, Vid. RE 635.688 (Tema 299).

- Sobre a inclusão do valor do ICMS na base de cálculo da contribuição para o PIS e da COFINS, na importação, vid. RE 559.937 (Tema 01), nesta obra.

- Com relação à incidência da contribuição para o PIS e da COFINS sobre as receitas decorrentes de operações de câmbio, à luz da imunidade das exportações, vid. RE 627.815 (Tema 329).

◉ Questões de Concurso relacionadas ao tema:

Questão 01 (FGV. SEAD-AP. 2010. Prova: Auditor da Receita do Estado) Questiona-se atualmente, perante o Poder Judiciário, a incidência da Contribuição Social sobre o Lucro Líquido (CSLL) sobre as receitas decorrentes de exportação.

Embora seja o tema polêmico e existam decisões judiciais díspares, **não** é correto afirmar que:

a) a diferença entre os conceitos de lucro, receita e faturamento não tem relevância para o tema.

b) há quem defenda, neste caso, ser aplicável à CSLL o instituto da imunidade.

c) a Emenda Constitucional nº 33/01 introduziu um novo parágrafo (§ 2º) ao artigo 149 da Constituição Federal que, nos termos de seu inciso I, estabelece a não incidência de contribuições sociais e de intervenção no domínio econômico sobre as receitas decorrentes de exportação.

d) um ponto importante para o deslinde da questão é o reconhecimento da CSLL como contribuição social genérica.

e) por força do parágrafo 2º do artigo 149, inciso I da Constituição Federal, a contribuição para o PIS e a COFINS não poderão incidir sobre as receitas provenientes de exportação.

Gabarito: 1-A

Tema 323: "Incidência do PIS sobre os atos cooperativos próprios."

Tese: "A receita auferida pelas cooperativas de trabalho decorrentes dos atos (negócios jurídicos) firmados com terceiros se insere na materialidade da contribuição ao PIS/PASEP."

FICHA TÉCNICA	
Leading case:	**RE 599.362**
Descrição do caso feita pelo STF:	"Recurso extraordinário em que se discute, à luz dos artigos 146, III e 239, da Constituição Federal, a exigibilidade, ou não, da contribuição para o Programa de Integração Social – PIS sobre os atos próprios das sociedades cooperativas, tendo em vista o disposto na Medida Provisória nº 2.158-33/2001, originariamente editada sob o nº 1.858-6/99, e nas Leis nos 9.715 e 9.718, ambas de 1998."
Dispositivo(s) constitucional(is) envolvido(s):	"CF/88, art. 146. Cabe à lei complementar: III – estabelecer normas gerais em matéria de legislação tributária, especialmente sobre: c) adequado tratamento tributário ao ato cooperativo praticado pelas sociedades cooperativas. Art. 239. A arrecadação decorrente das contribuições para o Programa de Integração Social, criado pela Lei Complementar nº 7, de 7 de setembro de 1970, e para o Programa de Formação do Patrimônio do Servidor Público, criado pela Lei Complementar nº 8, de 3 de dezembro de 1970, passa, a partir da promulgação desta Constituição, a financiar, nos termos que a lei dispuser, o programa do seguro-desemprego e o abono de que trata o § 3º deste artigo."
Data de reconhecimento da repercussão geral:	22/10/2010
Data de julgamento do mérito recursal:	06/11/2014
Houve unanimidade?	Sim
Data de publicação do acórdão de julgamento do recurso:	10/02/2015
Trânsito em julgado do acórdão:	25/11/2016
Houve Embargos de Declaração	Sim
Data de julgamento dos Embargos de Declaração	18/08/2016
Data de publicação dos Embargos de Declaração	08/11/2016

◉ Comentários:

Deu-se provimento ao Recurso Extraordinário interposto pela União, para declarar a constitucionalidade da incidência da contribuição para o PIS sobre a receita auferida pelas cooperativas de trabalho decorrentes dos atos (negócios jurídicos) firmados com terceiros tomadores de serviço.

A questão levada à discussão referiu-se ao tratamento tributário conferido pela MP 2.158-35/2001, art. 15, às cooperativas de trabalho. Mais precisamente, o contribuinte reclamava do fato de que tal dispositivo, ao excluir da base de cálculo da contribuição para o PIS os valores que indicava, deixou de fazê-lo com relação às cooperativas de trabalho:

> MP 2.158-35/2001, Art. 15. As sociedades cooperativas poderão, observado o disposto nos arts. 2º e 3º da Lei nº 9.718, de 1998, excluir da base de cálculo da COFINS e do PIS/PASEP:
>
> I – os valores repassados aos associados, decorrentes da comercialização de produto por eles entregue à cooperativa;
>
> II – as receitas de venda de bens e mercadorias a associados;
>
> III – as receitas decorrentes da prestação, aos associados, de serviços especializados, aplicáveis na atividade rural, relativos a assistência técnica, extensão rural, formação profissional e assemelhadas;
>
> IV – as receitas decorrentes do beneficiamento, armazenamento e industrialização de produção do associado;
>
> V – as receitas financeiras decorrentes de repasse de empréstimos rurais contraídos junto a instituições financeiras, até o limite dos encargos a estas devidos.

O pleito logrou obter provimento junto ao tribunal de origem, reformado, porém no plano do STF. Nos seus fundamentos, o Tribunal Supremo chamou a atenção, incialmente, para a relevância de se observar que o "adequado tratamento tributário" previsto na CF/88, art. 146, II, 'c', refere-se ao "ato cooperativo", e não às "cooperativas":

> CF/88, art. 146. Cabe à lei complementar: III – estabelecer normas gerais em matéria de legislação tributária, especialmente sobre: c) adequado tratamento tributário ao ato cooperativo praticado pelas sociedades cooperativas.

O mesmo dispositivo não garante imunidade ou não incidência, nem em favor do ato cooperativo, nem muito menos em favor das cooperativas, pelo contrário, pressupõe a possibilidade de incidência de tributos sobre o ato cooperativo. Tampouco decorre do texto constitucional direito subjetivo das cooperativas à isenção.

O adequado tratamento tributário do ato cooperativo encontra-se submetido à conveniência política do legislador, e até o advento da lei complementar mencionada, caberá à legislação ordinária de cada espécie tributária dispor sobre tal tratamento. É por meio de lei ordinária, portanto, que se deverá estabelecer o regime tributário "evitando tratamento gravoso ou prejudicial ao ato cooperativo e respeitando, ademais, as peculiaridades das cooperativas com relação às demais sociedades de pessoas e de capitais" (Ementa, item 3).

Quanto à Lei 5.764/71, que dispõe sobre as cooperativas, afirma que a mesma foi recepcionada com natureza de lei ordinária, e apenas define o que é ato cooperativo, sem se referir ao regime tributário que lhe seria aplicável:

> Lei 5.764/71, Art. 79. Denominam-se atos cooperativos os praticados entre as cooperativas e seus associados, entre estes e aquelas e pelas cooperativas entre si quando associados, para a consecução dos objetivos sociais.

In casu, o Tribunal considerou que a cooperativa de trabalho, quando contratada por terceiro, seja para prestação de serviços ou venda de produtos, é entidade autônoma, com personalidade jurídica própria, distinta da dos seus associados. Por conseguinte, em tais casos, tem faturamento, e os resultados positivos constituem receita tributável.

Por outro lado, sempre conforme o entendimento da Suprema Corte, não há como se inferir que o constituinte tenha conferido às cooperativas, ou mesmo ao ato cooperado, tratamento tributário privilegiado em matéria de financiamento à Seguridade Social. Ao contrário, prevê a Constituição que a Seguridade "será financiada por toda a sociedade, de forma direta e indireta, nos termos da lei" (CF/88, art. 195).

Portanto, norma que estabeleça a incidência da contribuição para o PIS, sem a previsão de exclusão das cooperativas de trabalho, ou dos respectivos atos cooperativos, no tocante à contratação com terceiros, a exemplo do tratamento conferido pela MP 2.158-35/2001, art. 15, não viola o texto constitucional.

Foram apresentados Embargos de Declaração, acolhidos apenas no intuito de prestar esclarecimentos sobre a tese fixada, nos termos acima indicados, porém sem efeitos infringentes.

◉ Fique atento:

- Quanto à incidência de contribuição previdenciária sobre serviços realizados por cooperativas, vid. RE 595.838 (Tema 166), nesta obra.
- Sobre a revogação de isenção em matéria de contribuição para o PIS e COFINS, por Medida Provisória, vid. RE 598.085 (Tema 177), nesta obra.

◉ Questões de Concurso relacionadas ao tema:

Questão 01 (TJ-SC. TJ-SC. 2013. Prova: Juiz) Sobre os princípios gerais do Sistema Tributário Nacional, analise as proposições abaixo e assinale a alternativa **correta**:

I. A União, os Estados, o Distrito Federal e os Municípios poderão instituir taxas em razão do exercício do poder de polícia ou pela utilização, efetiva ou potencial, de serviços públicos específicos e divisíveis, e de obras públicas, prestados ao contribuinte ou postos a sua disposição.

II. Os impostos sempre terão caráter pessoal e serão graduados segundo a capacidade econômica do contribuinte, facultado à administração tributária, especialmente para conferir efetividade a esses objetivos, identificar, respeitados os direitos individuais e nos termos da lei, o patrimônio, os rendimentos e as atividades econômicas do contribuinte.

III. Cabe à lei complementar estabelecer normas gerais em matéria de legislação tributária, inclusive sobre o adequado tratamento tributário ao ato cooperativo praticado pelas sociedades cooperativas.

IV. As contribuições sociais e de intervenção no domínio econômico, de competência exclusiva da União, não poderão incidir sobre as receitas decorrentes de exportação e sobre a importação de petróleo e seus derivados, gás natural e seus derivados e álcool combustível.

a) Todas as proposições estão incorretas.

b) Somente as proposições I, II e IV estão incorretas.

c) Somente as proposições I, II e III estão incorretas.

d) Somente as proposições II e IV estão incorretas.

e) Somente as proposições I e III estão incorretas.

Questão 02 (CESPE. ®-BA. 2010. Prova: Analista Judiciário – Contabilidade) Julgue os itens que se seguem, com relação à Instrução Normativa da Secretaria da Receita Federal (INSRF) n.º 480/2004, que dispõe sobre a retenção de tributos e contribuições nos pagamentos efetuados pelas pessoas jurídicas a outras pessoas jurídicas pelo fornecimento de bens e serviços.

A INSRF n.º 480/2004 determina que seja retido o valor relativo à contribuição para o financiamento da seguridade social (COFINS) quando do pagamento à sociedade cooperativa de produção, em relação aos atos decorrentes da comercialização de produtos de seus associados.

( ) Certo ( ) Errado

Questão 03 (CESPE. HEMOBRAS. 2008. Prova: Analista de Gestão Corporativa – Contador) No que se refere às diversas contribuições sociais, julgue os próximos itens.

As sociedades de crédito imobiliário e as cooperativas de crédito devem recolher, a título de contribuição social sobre o lucro líquido das pessoas jurídicas, quinze por cento do valor correspondente ao resultado do exercício, antes da provisão para o imposto de renda.

( ) Certo ( ) Errado

Gabarito: 1-B; 2-E; 3-C

Tema 329: "Incidência do PIS e da COFINS sobre a receita decorrente da variação cambial positiva."

Tese: "É inconstitucional a incidência da contribuição ao PIS e da COFINS sobre a receita decorrente da variação cambial positiva obtida nas operações de exportação de produtos."

FICHA TÉCNICA	
Leading case:	**RE 627.815**
Descrição do caso feita pelo STF:	"Recurso extraordinário em que se discute, à luz dos artigos 149, § 2º, I; e 150, § 6º, da Constituição Federal, a constitucionalidade, ou não, da incidência do PIS e da COFINS sobre a receita decorrente da variação cambial positiva, obtida nas operações de exportação de produtos."

FICHA TÉCNICA	
Leading case:	**RE 627.815**
Dispositivo(s) constitucional(is) envol-vido(s):	"CF/88, art. 149, § 2°As contribuições sociais e de intervenção no domínio econômico de que trata o *caput* deste artigo: (Incluído pela EC 33/2001) I – não incidirão sobre as receitas decorrentes de exportação; (Incluído pela EC 33/2001) Art. 150, § 6° § 1° A vedação do inciso III, *b*, não se aplica aos tributos previstos nos arts. 148, I, 153, I, II, IV e V; e 154, II; e a vedação do inciso III, *c*, não se aplica aos tributos previstos nos arts. 148, I, 153, I, II, III e V; e 154, II, nem à fixação da base de cálculo dos impostos previstos nos arts. 155, III, e 156, I. (Redação dada pela EC 42/2003)"
Data de reconhecimento da repercussão geral:	22/10/2010
Data de julgamento do mérito recursal:	23/05/2013
Houve unanimidade?	Sim
Data de publicação do acórdão de julgamento do recurso:	01/10/2013
Trânsito em julgado do acórdão:	25/10/2013
Houve Embargos de Declaração	Não
Data de julgamento dos Embargos de Declaração	–
Data de publicação dos Embargos de Declaração	–

◉ Comentários:

Negou-se provimento ao Recurso Extraordinário interposto pela União, para declarar a inconstitucionalidade da incidência da contribuição ao PIS e da COFINS sobre a receita decorrente da variação cambial positiva obtida nas operações de exportação de produtos.

O presente RE constituiu o *leading case* da discussão sobre a constitucionalidade da incidência da COFINS e da contribuição para o PIS sobre a receita auferida pelas empresas exportadoras por variações cambiais, à vista da imunidade das receitas decorrentes de exportação, prevista na CF/88, art. 149, § 2º, I:

> CF/88, art. 149, § 2º As contribuições sociais e de intervenção no domínio econômico de que trata o *caput* deste artigo:
>
> I – não incidirão sobre as receitas decorrentes de exportação;

O STF consignou incialmente a existência de precedentes no sentido de considerar aplicável a interpretação teleológica em matéria de imunidade, devendo-se conferir-lhe maior abrangência, a fim de "assegurar à norma supralegal máxima efetividade" (Ementa, item 1).

Por outro lado, firmou o entendimento no sentido de que as operações de câmbio constituem negócio inerente à exportação, "diretamente associado aos negócios realizados em moeda estrangeira", e portanto submetidas à imunidade prevista no dispositivo constitucional reproduzido acima.

Em decorrência de tais pressupostos, concluiu por considerar "receitas decorrentes de exportação as receitas cambiais ativas, atrair a aplicação da regra de imunidade e afastar a incidência da contribuição ao PIS e da COFINS".

◉ Fique atento:

- No tocante ao conceito de "receita", para fins de incidência da contribuição para o PIS e da COFINS, vid. Análise RE 606.107 (Tema 283), nesta obra.

- Sobre a inclusão do valor do ICMS na base de cálculo da contribuição para o PIS e da COFINS, na importação, vid. RE 559.937 (Tema 01), nesta obra.

- O STF também entendeu não aplicável a imunidade prevista na CF/88, art. 149, § 2º, I, à CPMF, tendo em vista que o fato gerador desta contribuição é a movimentação financeira, não a receita, entendimento do qual divergiu o Ministro Marco Aurélio, e concordou o Ministro Gilmar Mendes (vid. RE 566.259, tema 52, nesta obra).

- Sobre a imunidade das entidades de assistência em matéria de contribuição para o PIS, vid. RE 636.941 (Tema 432), nesta obra.

◉ Questões de Concurso relacionadas ao tema:

Questão 01 (PGR. PGR. 2015. Prova: Procurador da República) DISPÕE O ART. 149, § 2°, INC. I, DA CONSTITUIÇÃO DA REPÚBLICA: "ART. 149 (...) § 2° – AS CONTRIBUIÇÕES SOCIAIS E DE INTERVENÇÃO NO DOMÍNIO ECONÔMICO DE QUE TRATA O *CAPUT* DESTE ARTIGO: I – NÃO INCIDIRÃO SOBRE AS RECEITAS DECORRENTES DE EXPORTAÇÃO."

Ante este texto, é exato afirmar no tocante as Contribuições para o Financiamento da Seguridade Social-COFINS e Programa de Integração Social-PIS:

a) A expressão contida nos dispositivos da Lei Magna referidos "receitas decorrentes de exportação" não autorizaria interpretação extensiva em ordem a alcançar receita decorrente de variação cambial positiva em operação de exportação;

b) A imunidade prevista no art. 149, § 2°, inc. I, retrotranscritos, somente tutela as receitas decorrentes das operações de exportação de forma a não abranger o lucro das empresas exportadoras, isso porque se trata de imunidade objetiva;

c) A imunidade de que tratam os preceitos constitucionais referidos ampara as empresas exportadoras no que se refere ao seu lucro, à vista de se tratar de imunidade subjetiva;

d) Na cláusula "receitas decorrentes de exportação" inserem-se receitas das variações cambiais ativas de sorte a suprimir o alcance da competência impositiva federal.

Gabarito: 1-D

10.4. RESERVA DE INICIATIVA LEGISLATIVA PARA REDUÇÃO E EXTIN-ÇÃO DE TRIBUTOS

Tema 682: "Reserva de iniciativa de leis que impliquem redução ou extinção de tributos ao Chefe do Poder Executivo."

Tese: "Inexiste, na Constituição Federal de 1988, reserva de iniciativa para leis de natureza tributária, inclusive para as que concedem renúncia fiscal."

FICHA TÉCNICA	
Leading case:	**ARE 743.480**
Descrição do caso feita pelo STF:	"Recurso extraordinário em que se discute, à luz dos arts. 2° e 61, § 1°, II, b, da Constituição federal, se há reserva de iniciativa de leis tributárias ao Chefe do Poder Executivo, quando tais leis impliquem redução ou extinção de tributos, com a consequente diminuição de receitas orçamentárias."
Dispositivo(s) constitucional(is) envolvido(s):	"CF/88, art. 2° São Poderes da União, independentes e harmônicos entre si, o Legislativo, o Executivo e o Judiciário.
	Art. 61, § 1° São de iniciativa privativa do Presidente da República as leis que: II – disponham sobre: b) organização administrativa e judiciária, matéria tributária e orçamentária, serviços públicos e pessoal da administração dos Territórios;"
Data de reconhecimento da repercussão geral:	11/10/2013
Data de julgamento do mérito recursal:	11/10/2013
Houve unanimidade?	Não, vencido o Ministro Marco Aurélio
Data de publicação do acórdão de julgamento do recurso:	20/11/2013
Trânsito em julgado do acórdão:	18/12/2013
Houve Embargos de Declaração	Não
Data de julgamento dos Embargos de Declaração	–
Data de publicação dos Embargos de Declaração	–

◉ Comentários:

Deu-se provimento ao Recurso Extraordinário interposto pelo Ministério Público do Estado de Minas Gerais, para declarar a constitucionalidade da iniciativa do Legislativo no tocante a leis sobre matéria tributária, inclusive para concessão de renúncia fiscal.

A origem da discussão deu-se no contexto de Ação Direta de Inconstitucionalidade proposta pelo prefeito do Município de Naque, em Minas Gerais, pela qual se pleiteava declarar a inconstitucionalidade da Lei Municipal 312/2010, que revogou a contribuição para o custeio do serviço de iluminação pública na municipalidade, e que foi de iniciativa da Câmara de Vereadores.

O STF, reiterou entendimento já estabelecido na Corte, no sentido de a reserva de iniciativa do processo legislativo em favor do Executivo restringe-se à matéria orçamentária e não alcança leis que instituam ou revoguem tributos.

Segundo a Corte, neste ponto, a CF/88 destoou do disposto na CF/1967, art. 60, I, que reservava ao Presidente da República a iniciativa das leis que dispunham sobre matéria financeira.

Não há, no texto constitucional em vigor, qualquer mandamento que determine a iniciativa exclusiva do Chefe do Executivo quanto aos tributos. Não se aplica à matéria nenhuma das alíneas do art. 61, § 1º, II[6], nem tampouco a previsão do art. 165[7], que fixa a iniciativa do Poder Executivo em matéria de leis orçamentárias (PPA, LDO e LOA), ambos da CF/88.

Com relação à alínea 'b', do inciso II, do art. 61 da CF/88, que prevê a iniciativa privativa do Presidente da República para leis que disponham sobre matéria tributária e orçamentária, o STF entende que a mesma aplica-se apenas no que concerne aos Territórios:

> "A norma não reserva à iniciativa privativa do Presidente da República toda e qualquer lei que cuide de tributos, senão apenas a matéria tributária dos Territórios.
>
> Também não incide, na espécie, o art. 165 da Constituição Federal, uma vez que a restrição nele prevista limita-se às leis orçamentárias plano plurianual, lei de diretrizes orçamentárias e lei orçamentária anual e não alcança os diplomas que aumentem ou reduzam exações fiscais. (Acórdão, p. 03)

---

6.   CF/88, art. 61, § 1º São de iniciativa privativa do Presidente da República as leis que: I – fixem ou modifiquem os efetivos das Forças Armadas; II – disponham sobre: a) criação de cargos, funções ou empregos públicos na administração direta e autárquica ou aumento de sua remuneração; b) organização administrativa e judiciária, matéria tributária e orçamentária, serviços públicos e pessoal da administração dos Territórios; c) servidores públicos da União e Territórios, seu regime jurídico, provimento de cargos, estabilidade e aposentadoria; (Redação dada pela EC 18/1998) d) organização do Ministério Público e da Defensoria Pública da União, bem como normas gerais para a organização do Ministério Público e da Defensoria Pública dos Estados, do Distrito Federal e dos Territórios; e) criação e extinção de Ministérios e órgãos da administração pública, observado o disposto no art. 84, VI; (Redação dada pela EC 32/2001) f) militares das Forças Armadas, seu regime jurídico, provimento de cargos, promoções, estabilidade, remuneração, reforma e transferência para a reserva. (Incluída pela EC 18/1998)

7.   CF/88, art. 165. Leis de iniciativa do Poder Executivo estabelecerão: I – o plano plurianual; II – as diretrizes orçamentárias; III – os orçamentos anuais.

A partir de tais fundamentos, o Tribunal tratou de distinguir entre que leis acarretam diminuição das receitas arrecadadas, por meio da concessão de benefícios fiscais tais como isenções, remissões, redução de base de cálculo ou alíquota; e as leis orçamentárias, que preveem receita e despesa. Enquanto estas são de iniciativa do Executivo, aquelas não o são.

Nas palavras do Ministro-relator:

> As leis em matéria tributária enquadram-se na regra de iniciativa geral, que autoriza a qualquer parlamentar – deputado federal ou senador – apresentar projeto de lei cujo conteúdo consista em instituir, modificar ou revogar tributo. (Acórdão, p. 03)

A divergência manifestada pelo Ministro Marco Aurélio restringiu-se, conforme já manifestado em outras ocasiões, ao entendimento de que o mérito do Recurso exigiria a reunião física dos integrantes do Tribunal, ainda que o julgamento do incidente referente à repercussão geral pudesse realizar-se no âmbito do Plenário Virtual.

◉ Questões de Concurso relacionadas ao tema:

Questão 01 (Ano: 2008. Banca: FGV. Órgão: Senado Federal. Prova: Advogado) Assinale a afirmativa correta.

a) As garantias do crédito tributário não estão sujeitas ao princípio da reserva legal.

b) O princípio da anterioridade é uma regra de vigência, que impede que a lei seja aplicada antes do próximo exercício fiscal.

c) Matéria tributária não está sujeita à iniciativa legislativa privativa.

d) O princípio do não confisco deve considerar a incidência específica de cada tributo.

e) A vedação às isenções heterônomas impede a concessão de isenções em tratados internacionais.

Questão 02 (Ano: 2014. Banca: FGV. Órgão: CGE-MA. Prova: Auditor) A respeito das *limitações constitucionais ao poder de tributar* do Sistema Tributário Nacional, analise as afirmativas a seguir.

I. Pelo princípio da legalidade somente a Constituição Federal pode criar e majorar tributos.

II. Pelo princípio da legalidade tributária só lei em sentido estrito pode criar tributo novo.

III. A lei complementar só de forma excepcional é utilizada para criar tributos.

IV. A iniciativa da lei tributária, sempre privativa, é reflexo do princípio da legalidade.

Assinale:

a) se somente as afirmativas I e II estiverem corretas.

b) se somente as afirmativas II e III estiverem corretas.

c) se somente as afirmativas I e III estiverem corretas.

d) se somente as afirmativas II e IV estiverem corretas.

e) se somente as afirmativas III e IV estiverem corretas.

Questão 03 (Ano: 2013. Banca: PGE-GO. Órgão: PGE-GO. Prova: Procurador do Estado) Observado o conceito veiculado no art. 3º do Código Tributário Nacional, que indica tratar-se o tributo de prestação pecuniária instituída mediante lei que não constitua sanção de ato ilícito, está CORRETA a seguinte proposição:

a) A iniciativa de lei em matéria tributária é privativa do chefe do Poder Executivo, uma vez que se trata de matéria eminentemente orçamentária.

b) Medida provisória poderá regular matéria tributária só produzindo efeitos no exercício financeiro seguinte se houver sido convertida em lei até o último dia daquele em que foi editada.

c) As obrigações tributárias acessórias, do mesmo modo que as obrigações tributárias principais, somente podem ser estabelecidas em lei em sentido estrito, uma vez que estabelecem deveres instrumentais para o sujeito passivo, impondo a prática ou abstenção de ato no interesse da administração tributária.

d) A interdição de estabelecimento como meio para cobrança de tributo é admissível, desde que estabelecida em lei.

e) Em decorrência do princípio da legalidade tributária, o prazo para pagamento do tributo deve ser estabelecido em lei em sentido estrito, isto é, ato emanado do Poder Legislativo na medida em que consolidado, no taxation *without representation*.

> **Gabarito: 1-C; 2-B; 3-B**

10.5. PRINCÍPIO DE LEGALIDADE TRIBUTÁRIA: REVOGAÇÃO DE LEI COMPLEMENTAR POR LEI ORDINÁRIA; MAJORAÇÃO DE ALÍQUOTA DA COFINS; AMPLIAÇÃO DA BASE DE CÁLCULO DO PIS/COFINS; REVOGAÇÃO DE ISENÇÃO POR MEDIDA PROVISÓRIA; COMPETÊNCIA PARA ALTERAR ALÍQUOTAS DO II E DO IE; FIXAÇÃO DO VALOR DA TAXA; FIXAÇÃO DE ALÍQUOTA POR CONSELHO PROFISSIONAL

Tema 71: "a) Exigência de reserva de plenário para as situações de não aplicação do art. 56 da Lei nº 9.430/96, que revogou a isenção da COFINS para as sociedades prestadoras de serviços. B) Necessidade de lei complementar para a revogação da isenção da COFINS para as sociedades prestadoras de serviços."

Tese: "É legítima a revogação da isenção estabelecida no art. 6º, II, da Lei Complementar 70/1991 pelo art. 56 da Lei 9.430/1996, dado que a LC 70/1991 é apenas formalmente complementar, mas materialmente ordinária com relação aos dispositivos concernentes à contribuição social por ela instituída."

FICHA TÉCNICA	
Leading case:	**RE 377.457**
Descrição do caso feita pelo STF:	"Recurso extraordinário em que se discute, à luz dos artigos 97; 102, III; 105, III; 146; 150, § 6°; e 195, I, da Constituição Federal, a nulidade, ou não, de acórdão da Corte de origem que, sem a manifestação do Órgão Especial, afastou a aplicação do art. 56 da Lei n° 9.430/96, que revogou a isenção da Contribuição para o Financiamento da Seguridade Social – COFINS para as sociedades civis de prestação de serviços, prevista no art. 6°, II, da Lei Complementar n° 70/91, e a necessidade, ou não, de lei complementar para disciplinar essa revogação."
Dispositivo(s) constitucional(is) envolvido(s):	"CF/88, art. 97. Somente pelo voto da maioria absoluta de seus membros ou dos membros do respectivo órgão especial poderão os tribunais declarar a inconstitucionalidade de lei ou ato normativo do Poder Público. Art. 102. Compete ao Supremo Tribunal Federal, precipuamente, a guarda da Constituição, cabendo-lhe: III – julgar, mediante recurso extraordinário, as causas decididas em única ou última instância, quando a decisão recorrida: b) declarar a inconstitucionalidade de tratado ou lei federal; Art. 105. Compete ao Superior Tribunal de Justiça: III – julgar, em recurso especial, as causas decididas, em única ou última instância, pelos Tribunais Regionais Federais ou pelos tribunais dos Estados, do Distrito Federal e Territórios, quando a decisão recorrida: a) contrariar tratado ou lei federal, ou negar-lhes vigência; Art. 146. Cabe à lei complementar: [...] Art. 150, § 6° Qualquer subsídio ou isenção, redução de base de cálculo, concessão de crédito presumido, anistia ou remissão, relativos a impostos, taxas ou contribuições, só poderá ser concedido mediante lei específica, federal, estadual ou municipal, que regule exclusivamente as matérias acima enumeradas ou o correspondente tributo ou contribuição, sem prejuízo do disposto no art. 155, § 2.°, XII, g. (Redação dada pela EC n° 3/1993); Art. 195, I – A seguridade social será financiada por toda a sociedade, de forma direta e indireta, nos termos da lei, mediante recursos provenientes dos orçamentos da União, dos Estados, do Distrito Federal e dos Municípios, e das seguintes contribuições sociais: I – do empregador, da empresa e da entidade a ela equiparada na forma da lei, incidentes sobre: (Redação dada pela EC n° 20/1998) b) a receita ou o faturamento; (Redação dada pela EC n° 20/1998)"
Data de reconhecimento da repercussão geral:	A repercussão geral da questão constitucional aqui julgada foi reconhecida no âmbito do RE 575.093 (paradigma), em 26/04/2008. Posteriormente, em 05/09/2014, o Tribunal passou a considerar como paradigma o RE 377.457, aqui analisado, e manteve a repercussão geral.
Data de julgamento do mérito recursal:	17/09/2010

FICHA TÉCNICA	
Leading case:	**RE 377.457**
Houve unanimidade?	Não, vencidos os Ministros Eros Grau e Marco Aurélio
Data de publicação do acórdão de julgamento do recurso:	19/12/2008
Trânsito em julgado do acórdão:	Sem trânsito em julgado, até 03/02/2017
Houve Embargos de Declaração?	Sim
Data de julgamento dos Embargos de Declaração	19/10/2016
Data de publicação dos Embargos de Declaração	24/10/2016

⊙ Comentários:

Negou-se provimento ao Recurso Extraordinário interposto por contribuinte, para declarar a constitucionalidade da Lei 9.430/96, art. 56, que revogou a isenção da COFINS sobre as "sociedades civis" de prestação de serviços, previstas na Lei Complementar 70/91, art. 6º, II.

O julgamento neste RE girou em torno de quatro questões. A primeira delas referia-se à dúvida sobre se a decisão oriunda do TRF/PR, e contra a qual se interpôs o RE, deveria, ou não, ter-se realizado no **âmbito** do colegiado Pleno da Corte federal, à vista do disposto na **CF/88,** art. Art. 97:

> "Somente pelo voto da maioria absoluta de seus membros ou dos membros do respectivo órgão especial poderão os tribunais declarar a inconstitucionalidade de lei ou ato normativo do Poder Público."

Seria o caso, em princípio, de declarar a nulidade da decisão recorrida. Entretanto, entendeu o Supremo, conforme entendimento já consolidado naquela Corte, pela aplicação do CPC/73, art. 249, § 2º, para, ao invés de declarar a nulidade da decisão, avançar sobre a deliberação quanto ao mérito[8].

A segunda referia-se ao possível conflito de competência jurisdicional entre o próprio STF e o STJ. É que, além de ter sido também interposto Recurso Especial sobre a matéria, o art. 56, da Lei 9.430/96 antes de se configurar inconstitucional, configurar-se-ia ilegal, à luz da LC 70/91, e neste **último** caso, portanto, ensejar julgamento no **âmbito** de Recurso Especial perante o STJ. Neste ponto específico, o STF entendeu, por maioria, que as ques-

---

8.   CPC/73, Art. 249. O juiz, ao pronunciar a nulidade, declarará que atos são atingidos, ordenando as providências necessárias, a fim de que sejam repetidos, ou retificados. § 2º Quando puder decidir do mérito a favor da parte a quem aproveite a declaração da nulidade, o juiz não a pronunciará nem mandará repetir o ato, ou suprir-lhe a falta. [revogado pelo CPC/2015]

tões centrais teriam caráter constitucional, à vista dos dispostos na CF/88, arts. 97; 102, III; 105, III; 146; 150, § 6º; e 195, I.

Na terceira questão, a dúvida lançou-se sobre saber se Lei ordinária teria o condão de revogar norma veiculada por meio de Lei Complementar. O Tribunal manteve posicionamento já adotado em outros precedentes, no sentido de considerar inexistente hierarquia entre Lei Complementar e Lei ordinária. Nos termos consignados no RE, o que há é uma distribuição de competências materiais, em função das quais são delineados temas a serem normatizados por meio de cada um dos veículos normativos previstos no sistema jurídico brasileiro.

Assim, embora tenha sido estabelecida por meio de Lei Complementar, a isenção da COFINS em favor das sociedades simples é matéria própria da competência de lei ordinária, nos termos estabelecidos no CTN, art. 97, VI, o que permite, na linha do entendimento do STF a revogação da LC 70/91, art. 6º, II, pela Lei 9.430/96, art. 56: "A LC 70/91 é apenas formalmente complementar, mas materialmente ordinária, com relação aos dispositivos concernentes à contribuição social por ela instituída" (Acórdão no RE analisado).

Finalmente, a quarta questão desenvolveu-se em torno da alegação dos recorrentes no sentido de que a revogação da isenção caracterizava, em realidade, ampliação do aspecto material da incidência da COFINS. Na linha deste raciocínio, ao revogar a isenção, a Lei 9.430/96 teria terminado por incluir, no **âmbito** de incidência do gravame, também as sociedades civis. Assim sendo, estar-se-ia diante da criação de uma nova contribuição social, inovação que somente poderia ter-se realizado por meio de LC, à luz do disposto no art. 195, § 4º. O STF, entretanto, considerou que não houve a alegada inovação.

Os Embargos de Declaração apresentados foram rejeitados.

◉ Fique atento:

- A expressão "Sociedade Civil" foi substituída pelo Código Civil de 2002, pela expressão "Sociedade Simples", para designar as sociedades de prestação de serviço não dotadas do caráter da empresarialidade.

- Tanto a Lei Complementar, como a Lei ordinária podem tratar de isenção, porém em níveis distintos de abordagem. Em regra, não cabe à LC complementar estabelecer isenção de tributos, ressalvadas as exceções constitucionalmente previstas. À LC cabe estabelecer *normas gerais* em matéria de obrigação e crédito tributário, temas estes que incluem o tratamento da isenção, sempre em linhas gerais (CF/88m, art. 146, III, b). À Lei ordinária, por sua vez, cabe *estabelecer hipóteses* de exclusão do crédito tributário, aí incluídas hipóteses de isenção (CTN, art. 97. VI). O conceito de isenção, assim como as linhas gerais para o seu estabelecimento, serão determinados em LC; as hipóteses de isenção a serem efetivamente aplicadas serão estabelecidas em Lei ordinária, observadas as regras indicadas em LC.

- Vid. Análise RE 598.085 (Tema 177), nesta mesma obra, em que se decide pela constitucionalidade da revogação de isenção do PIS e da COFINS, prevista Lei Complementar, por meio de Medida Provisória.

- Vid. Análise do RE 527.602 (Tema 95), nesta mesma obra, que trata da majoração da alíquota da COFINS, bem como da ampliação da sua base de cálculo, nos termos da Lei 9.718/98, e que analisa a questão sob outras perspectivas, que não a da hierarquia de leis.

- Sobre a reserva de Lei Complementar em matéria contribuições, vid. Os seguintes RE, neste trabalho: RE 560.626 (Tema 2); RE 559.943 (Tema 3); RE 566.622 (Tema 32); RE 573.540 (Tema 55); RE 635.682 (Tema 227).

◉ Questões de Concurso relacionadas ao tema:

Questão 01 (ESAF. 2012. PGFN. Prova: Procurador da Fazenda Nacional) A respeito do enunciado – "As sociedades civis de prestação de serviços profissionais são isentas da COFINS, irrelevante o regime tributário adotado" -, é correto afirmar que

a)   o enunciado de súmula foi cancelado e não está mais em vigor.

b)   o enunciado referido é do Supremo Tribunal Federal.

c)   o enunciado continua em vigor após a vigência da Lei n. 9.430/96.

d)   o STF entende que a posição jurisprudencial do STJ sobre a matéria era correta.

e)   a posição do STF e do STJ sempre foi convergente nesta matéria.

Gabarito: 1- A.

Tema 95: "Majoração da alíquota da COFINS de 2% para 3% pela Lei nº 9.718/98."

Tese: "É constitucional a majoração da alíquota da Cofins de 2% para 3%, instituída no artigo 8º da Lei nº 9.718/1998."

FICHA TÉCNICA	
Leading case:	**RE 527.602**
Descrição do caso feita pelo STF:	"Agravo de instrumento interposto contra decisão que inadmitiu recurso extraordinário, em que se discute, à luz dos artigos 5º, caput; 150, II; e 194, parágrafo único, V, da Constituição Federal, a constitucionalidade, ou não, do art. 8º da Lei nº 9.718/98, que majorou de 2% para 3% a alíquota da Contribuição para o Financiamento da Seguridade Social – COFINS."
Dispositivo(s) constitucional(is) envolvido(s):	"CF/88, art. 5º Todos são iguais perante a lei, sem distinção de qualquer natureza, garantindo-se aos brasileiros e aos estrangeiros residentes no País a inviolabilidade do direito à vida, à liberdade, à igualdade, à segurança e à propriedade, nos termos seguintes: [...]"

FICHA TÉCNICA	
Leading case:	**RE 527.602**
	Art. 150. Sem prejuízo de outras garantias asseguradas ao contribuinte, é vedado à União, aos Estados, ao Distrito Federal e aos Municípios: II – instituir tratamento desigual entre contribuintes que se encontrem em situação equivalente, proibida qualquer distinção em razão de ocupação profissional ou função por eles exercida, independentemente da denominação jurídica dos rendimentos, títulos ou direitos; Art. 194, Parágrafo único. Compete ao Poder Público, nos termos da lei, organizar a seguridade social, com base nos seguintes objetivos: V – eqüidade na forma de participação no custeio;"
Data de reconhecimento da repercussão geral:	Em 05/09/2014, o Tribunal decidiu por estabelecer o presente RE como paradigma de repercussão geral, em substituição à AI 715.423. Neste último processo, a repercussão geral do tema foi reconhecida em 11/06/2008.
Data de julgamento do mérito recursal:	05/08/2009
Houve unanimidade?	Não, vencido o Ministro Eros Grau
Data de publicação do acórdão de julgamento do recurso:	13/11/2009
Trânsito em julgado do acórdão:	30/09/2010
Houve Embargos de Declaração	Não
Data de julgamento dos Embargos de Declaração	–
Data de publicação dos Embargos de Declaração	–

◉ Comentários:

Deu-se parcial provimento ao Recurso Extraordinário interposto por contribuinte, para declarar a constitucionalidade da Lei 9.718/98, no tocante à definição da base de cálculo e ao aumento da alíquota da COFINS, de 2% para 3%.

A LC 70/91, que instituiu a COFINS, estabeleceu como base de cálculo do tributo o faturamento das empresas, de forma alinhada com a redação original da CF/88, além da alíquota de 2%. Posteriormente, a Lei 9.718/98, de 27.11, passou a equiparar "faturamento" a "receita bruta" (art. 3º, § 1º), e alterou a alíquota para 3% (art. 8º). Finalmente, a EC 20/98, de 15.12, alterou a redação do art. 195, I, da CF/88, para se referir tanto a "receita" como a "faturamento" como objetos da incidência de contribuições sociais.

O julgamento, por sua vez, desenvolveu-se em torno da discussão sobre a possibilidade de lei ordinária alterar Lei Complementar, considerando, em paralelo, a questão de que esta mesma lei ordinária teria alargado a base de cálculo da COFINS, de forma a contemplar grandeza ainda não prevista no texto então vigente da CF/88, qual fosse a de "receita".

O Ministro-relator, Eros Grau, entendeu pela inconstitucionalidade tanto da ampliação da base de cálculo, como do aumento da alíquota. Chamou a atenção para a existência de julgados anteriores nos quais o STF já se posicionara pela inconstitucionalidade do aludido alargamento (RE 346.084, RE 358.273, RE 357.950, RE 390.840), tendo em vista que "...a noção de faturamento enunciada no artigo 195, I, da Constituição do Brasil, na redação anterior à EC 20/98, não legitimava a incidência das contribuições sobre a totalidade das receitas auferidas...". Ainda segundo ele, "...a superveniente promulgação da emenda constitucional não teve a virtude de validar legislação ordinária anterior, que se mostrava originalmente inconstitucional." Também no tocante ao aumento da alíquota, considerou inconstitucional a Lei 9.718/98, posto que inadmissível a alteração de Lei Complementar por lei ordinária, "inteiramente sem sentido".

O Tribunal, entretanto, entendeu pela inconstitucionalidade da Lei 9.718/98, apenas no tocante à ampliação da base de cálculo da COFINS (art. 3º, § 1º), por entender que tal ampliação por lei ordinária violou a redação original da CF/88, art. 195, I, ainda vigente ao tempo da alteração.

No tocante ao aumento da alíquota, entendeu, de forma alinhada com precedentes da Corte, ausente violação à hierarquia das leis, e, por conseguinte, constitucional a alteração.

◎ Fique atento:

- Note-se que neste RE o STF declarou a inconstitucionalidade da ampliação da alíquota, ao argumento de que a lei ordinária teria definido a base de cálculo da COFINS de forma diversa daquela estabelecida na redação ainda em vigor na CF/88. Não houve, portanto, qualquer contradição para com o argumento, já sedimentado no Tribunal, que nega a existência de hierarquia entre lei ordinária e Lei Complementar.

- Vid. Análise RE 377.457 (Tema 71), nesta mesma obra, no qual se julga a constitucionalidade da revogação de isenção da COFINS. Neste caso, analisou-se a questão na perspectiva da hierarquia entre leis, para concluir pela constitucionalidade de lei ordinária que revoga Lei Complementar.

- Vid. Ação Declaratória de Constitucionalidade n. 1, na qual se analisou a constitucionalidade de dispositivos da LC 70/91, inclusive a questão da equiparação de "faturamento" a "receita bruta".

- Vid. Análise RE 598.085 (Tema 177), nesta mesma obra, em que se decide pela constitucionalidade da revogação de isenção do PIS e da COFINS, prevista Lei Complementar, por meio de Medida Provisória.

◎ Questões de Concurso relacionadas ao tema:

Questão 01 (CESPE. TJ-SE.2014. Prova: Analista Judiciário – Contabilidade) No que se refere às noções básicas sobre tributos e ao tratamento contábil aplicado a impostos, taxas e contribuições, julgue os itens a seguir.

Considere que a alíquota de uma contribuição social tenha sido elevada no dia 15 de janeiro de 2014. Nessa situação, esse aumento poderá ser cobrado ainda em 2014.

( ) Certo   ( ) Errado

Questão 02 (ESAF. MPOG.2012. Prova: Analista Técnico de Políticas Sociais – Previdência)

São matérias submetidas à reserva legal, exceto:

a) a instituição de tributos ou a sua extinção.

b) a fixação da base de cálculo e da alíquota do tributo.

c) a definição da hipótese de incidência da obrigação tributária principal, bem como de seu sujeito passivo.

d) a cominação de penalidades ou a sua dispensa ou redução.

e) as hipóteses de exclusão e suspensão de créditos tributários, bem como a definição de obrigações acessórias.

Gabarito: 1-C; 2-E

Tema 110: "Ampliação da base de cálculo da COFINS."

Tese: "É inconstitucional a ampliação da base de cálculo da contribuição ao PIS e da COFINS prevista no art. 3º, § 1º, da Lei 9.718/98."

FICHA TÉCNICA	
Leading case:	**RE 585.235**
Descrição do caso feita pelo STF:	Recurso extraordinário em que se discute, à luz do art. 195, I, b, da Constituição Federal, a constitucionalidade, ou não, do § 1º do art. 3º da Lei nº 9.718/98, que ampliou a base de cálculo da Contribuição para Financiamento da Seguridade Social – COFINS, ao equiparar os conceitos de faturamento e receita bruta."
Dispositivo(s) constitucional(is) envolvido(s):	"CF/88, art. 195. A seguridade social será financiada por toda a sociedade, de forma direta e indireta, nos termos da lei, mediante recursos provenientes dos orçamentos da União, dos Estados, do Distrito Federal e dos Municípios, e das seguintes contribuições sociais: I – do empregador, da empresa e da entidade a ela equiparada na forma da lei, incidentes sobre: (Redação dada pela EC nº 20/1998) b) a receita ou o faturamento; (Incluído pela EC nº 20/1998)"
Data de reconhecimento da repercussão geral:	10/09/2008

FICHA TÉCNICA	
Leading case:	**RE 585.235**
Data de julgamento do mérito recursal:	10/09/2008
Houve unanimidade?	Sim
Data de publicação do acórdão de julgamento do recurso:	28/11/2008
Trânsito em julgado do acórdão:	15/12/2008
Houve Embargos de Declaração	Não
Data de julgamento dos Embargos de Declaração	–
Data de publicação dos Embargos de Declaração	–

◉ Comentários:

Negou-se provimento ao Recurso Extraordinário interposto pela União, para declarar a inconstitucionalidade da ampliação da base de cálculo da COFINS, realizada nos termos do § 1º, do art. 3º, da Lei 9.718/98.

O Tribunal reafirmou a jurisprudência naquela Corte (RE 346.084, RE 357.950, RE 358.273, RE 390.840, RE 585.094, RE 537.343, RE 536.360, RE 505.556, RE 489.919, RE 448.835, RE 479.094, RE 391.451, RE 449.015), no sentido de que a Lei 9.718/98, de 15.12, contrariou o disposto na CF/88, art. 195, I, 'b', na sua redação original, anterior à EC 20/98, de 27.11. Esta Lei, ao definir a base de cálculo da COFINS, indicou que, além do faturamento, também seria submetida à incidência do tributo a receita bruta.

Embora na sua redação atual a CF/88, art. 195, II, 'b', com as alterações estabelecidas pela EC 20/98, preveja como base de cálculo da COFINS tanto o "faturamento", como a "receita", ao tempo da Lei 9.718/98 tal possibilidade constitucional inexistia, daí a decisão nos termos do presente RE.

Foi proposta, finalmente a edição de Súmula Vinculante nos seguintes termos: "É inconstitucional o § 1º do artigo 3º da Lei n. 9.718/98."

◉ Fique atento:

• Sobre a constitucionalidade de normas sobre a COFINS veiculadas por meio de leis ordinárias, consulte-se as análises dos RE 559.937 (Tema 1); 377.457 (Tema 71); RE 527.602 (Tema 95), nesta obra.

• Sobre a constitucionalidade da revogação de isenção do PIS e da COFINS, prevista em Lei Complementar, por meio de Medida Provisória, vid. Análise RE 598.085 (Tema 177), nesta mesma obra.

• No tocante à incidência do PIS e da COFINS sobre as vendas à prazo inadimplidas, vid. As análises dos RE 586.482 (Tema 87), nesta obra.

- No tocante ao conceito de "receita", para fins de incidência do PIS e da COFINS, vid. Análise RE 606.107 (Tema 283), nesta obra.

⊙ Questões de Concurso relacionadas ao tema:

Questão 01 (CESPE. TJ-RO.2012. Prova: Analista Judiciário – Contabilidade) Com relação às contribuições para o PIS/PASEP e à COFINS, assinale a opção correta.

a) Excluem-se da base de cálculo as receitas tributadas pelo ISS.

b) O objetivo da Lei n.º 10.833/2003 foi efetuar a elevação cumulativa das alíquotas do PIS/PASEP e da COFINS.

c) As entidades sem fins lucrativos e com até dez funcionários, mesmo quando não classificadas como entidades filantrópicas, são isentas.

d) As receitas financeiras auferidas integram a base de cálculo.

e) O ganho na alienação de ativo imobilizado integra a base de cálculo.

Questão 02 (TRF-4ªR. TRF-4ªR. 2010. Prova: Juiz Federal) Dadas as assertivas abaixo, assinale a alternativa correta. Na discussão judicial da exclusão ou não de vendas inadimplidas da base de cálculo das contribuições COFINS e PIS, ficou firme na jurisprudência do Superior Tribunal de Justiça que:

I.   Não se pode equiparar as vendas canceladas com as vendas inadimplidas.

II.   Somente as vendas inadimplidas em que os vendedores tenham esgotado integralmente todos os meios regulares de cobrança sem sucesso dão direito a estorno das operações e consequente exclusão de base de cálculo das contribuições COFINS e PIS.

III. Tanto as vendas inadimplidas como as canceladas não permitem exclusão da base de cálculo daquelas contribuições, pois ocorreram os respectivos fatos geradores por ocasião da venda.

IV.   Somente nos casos de comprovada fraude poderão as vendas ser excluídas da base de cálculo das contribuições para a COFINS e o PIS, para fins de sua apuração. V. Basta a prova de apresentação de representação junto à autoridade policial para permitir a exclusão da base de cálculo da COFINS e do PIS das vendas inadimplidas mediante fraude.

a) Está correta apenas a assertiva I.

b) Está correta apenas a assertiva II.

c) Estão corretas apenas as assertivas I e III.

d) Estão corretas apenas as assertivas II e IV.

e) Estão corretas apenas as assertivas I, III e V.

Questão 03 (CESGRANRIO. PETROBRAS. 2011. Prova: Auditor Junior) A contribuição para o Programa de Integração Social (PIS) é devida às pessoas jurídicas de direito privado e às que lhe são equiparadas pela legislação do Imposto de Renda, dentre outras. Nesse caso de incidência, a base de cálculo dessa contribuição é a:

a) valorização de imóveis de propriedade privada, em virtude de obras públicas.

b) unidade de medida correspondente à quantidade de mercadorias comercializadas sobre a qual incide a contribuição.

c) totalidade das receitas auferidas, sendo irrelevantes o tipo de atividade por ela exercida e a classificação contábil adotada para as receitas.

d) totalidade do lucro real, presumido ou arbitrado, cor- respondente ao período de apuração.

e) soma dos valores das mercadorias produzidas ou ser- viços prestados pela Companhia, durante o exercício fiscal, considerando o preço de custo.

> **Gabarito: 1- D; 2- A; 3-C**

Tema 177: "Revogação, por medida provisória, da isenção da contribuição para o PIS e para a COFINS concedida às sociedades cooperativas."

Tese: "São legítimas as alterações introduzidas pela Medida Provisória 1.858/1999, no que revogou a isenção da COFINS e da contribuição para o PIS concedidas às sociedades cooperativas."

FICHA TÉCNICA	
Leading case:	**RE 598.085**
Descrição do caso feita pelo STF:	"Recurso extraordinário em que se discute, à luz do art. 195, caput, § 4º, da Constituição Federal, a constitucionalidade, ou não, das alterações introduzidas pela Medida Provisória nº 1.858/99, que revogou a isenção da contribuição para o PIS e a COFINS concedida pela Lei Complementar nº 70/91 às sociedades cooperativas."
Dispositivo(s) constitucional(is) envolvido(s):	"CF/88, art. 195. A seguridade social será financiada por toda a sociedade, de forma direta e indireta, nos termos da lei, mediante recursos provenientes dos orçamentos da União, dos Estados, do Distrito Federal e dos Municípios, e das seguintes contribuições sociais: § 4º A lei poderá instituir outras fontes destinadas a garantir a manutenção ou expansão da seguridade social, obedecido o disposto no art. 154, I."
Data de reconhecimento da repercussão geral:	02/08/2009
Data de julgamento do mérito recursal:	06/11/2014
Houve unanimidade?	Sim

FICHA TÉCNICA	
Leading case:	**RE 598.085**
Data de publicação do acórdão de julgamento do recurso:	10/02/2015
Trânsito em julgado do acórdão:	Não consta registro, até 07.02.2017
Houve Embargos de Declaração	Não
Data de julgamento dos Embargos de Declaração	–
Data de publicação dos Embargos de Declaração	–

◉ Comentários:

Deu-se provimento ao Recurso Extraordinário interposto pela União, para declarar a constitucionalidade da revogação de isenção do PIS e da COFINS por meio de Medida Provisória.

A LC 70/90, art. 6°, I, instituiu hipótese de isenção em matéria de COFINS em favor de cooperativas regularmente constituídas, no tocante aos chamados "atos cooperados". Esta isenção foi revogada pela MP 1.858/99 e reedições seguintes, consolidadas na MP 2.158, recaindo sobre este ponto o juízo do Tribunal pela constitucionalidade da revogação.

Embora as redações das normas citadas restrinjam-se apenas à COFINS, o Tribunal fixou, desde um primeiro momento, o entendimento de que a solução à controvérsia deveria também incluir o PIS, já que ambas as contribuições "...sujeitam-se ao mesmo regime jurídico, porquanto aplicável a mesma *ratio* quanto à definição dos aspectos da hipótese de incidência, em especial o pessoal (sujeito passivo) e o quantitativo (base de cálculo e alíquota), a recomendar solução uniforme pelo colegiado" (Ementa, item 1).

No tocante ao mérito, as sustentações realizadas podem ser sintetizadas em três grandes grupos. Primeiro, considerou-se a necessidade da veiculação de normas voltadas à tributação das cooperativas por meio de Lei Complementar, à luz do disposto na CF/88, art. 146, III, c:

> Art. 146. Cabe à lei complementar:
>
> III – estabelecer normas gerais em matéria de legislação tributária, especialmente sobre:
>
> c) adequado tratamento tributário ao ato cooperativo praticado pelas sociedades cooperativas.

Sobre este ponto, o STF entendeu no sentido da possibilidade da concessão de benefícios fiscais às cooperativas, tais como isenções, por meio de lei ordinária, até que sobrevenha a lei complementar a que se refere o dispositivo constitucional reproduzido.

Uma segunda questão, diretamente relacionada à anterior, referiu-se à possibilidade de utilização de Medida Provisória como veículo normativo adequado para proceder à revogação da isenção. Neste ponto, entendeu-se, por um lado, pela possibilidade de MP, tendo em vista que a mesma tem "força de lei", nos termos da CF/88, art. 62. Numa outra perspectiva, decidiu-se também, na linha de entendimento já consolidado no Tribunal, no sentido da inexistência de hierarquia entre normas, premissa que possibilita a alteração de uma lei complementar por meio de lei ordinária, ou neste caso, por meio de MP.

Finalmente, discutiu-se a questão dos limites conceituais do "ato cooperado", para fins de incidência tributária, discussão das mais profícuas em Direito. Nos termos do voto do ministro-relator, "...atos cooperativados próprios ou internos são aqueles realizados pela cooperativa com os seus associados (cooperados) na busca dos seus objetivos institucionais." Com base em tal premissa, decidiu-se pela constitucionalidade da incidência da COFINS e do PIS sobre os negócios jurídicos praticados por cooperativa com terceiros tomadores de serviço.

◉ Fique atento:

- Sobre a constitucionalidade de normas sobre a COFINS veiculadas por meio de leis ordinárias, consulte-se as análises dos RE 559.937 (Tema 1); 377.457 (Tema 71); RE 527.602 (Tema 95), nesta obra.

- Vid. Ação Declaratória de Constitucionalidade n. 1, na qual se analisou a constitucionalidade de dispositivos da LC 70/91, inclusive a questão da equiparação de "faturamento" a "receita bruta".

- Quanto à incidência de contribuição previdenciária sobre serviços realizados por cooperativas, vid. RE 595.838 (Tema 166), nesta obra.

- No tocante à incidência do PIS sobre atos praticados pelas cooperativas de trabalho, vid. RE 599.362 (Tema 323), nesta obra.

◉ Questões de Concurso relacionadas ao tema:

Questão 01 (CESPE. ©-BA.2010. Prova: Analista Judiciário – Contabilidade) Julgue os itens que se seguem, com relação à Instrução Normativa da Secretaria da Receita Federal (INSRF) n.º 480/2004, que dispõe sobre a retenção de tributos e contribuições nos pagamentos efetuados pelas pessoas jurídicas a outras pessoas jurídicas pelo fornecimento de bens e serviços.

A INSRF n.º 480/2004 determina que seja retido o valor relativo à contribuição para o financiamento da seguridade social (COFINS) quando do pagamento à sociedade cooperativa de produção, em relação aos atos decorrentes da comercialização de produtos de seus associados.

    ( ) Certo   ( ) Errado

Gabarito: 1-E

Tema 53: "Competência para alterar alíquotas do Imposto de Exportação."

Tese: "É compatível com a Constituição Federal a norma infraconstitucional que atribui a órgão integrante do Poder Executivo da União a faculdade de alterar as alíquotas do Imposto de Exportação."

FICHA TÉCNICA	
Leading case:	**RE 570.680**
Descrição do caso feita pelo STF:	"Recurso extraordinário em que se discute, à luz dos artigos 84, caput, IV e parágrafo único; e 153, § 1º da Constituição Federal, se a competência para alterar alíquotas do Imposto de Exportação é, ou não, privativa do Presidente da República, e, em conseqüência, se é, ou não, constitucional a Lei nº 9.649/1998 (com a redação que lhe foi dada pela Medida Provisória nº 2.216-37/2001), que autorizou a Câmara de Comércio Exterior – CAMEX a alterar as referidas alíquotas por meio de resolução (Resolução nº 15/2001)."
Dispositivo(s) constitucional(is) envolvido(s):	"CF/88, art. 84. Compete privativamente ao Presidente da República: IV – sancionar, promulgar e fazer publicar as leis, bem como expedir decretos e regulamentos para sua fiel execução; Parágrafo único. O Presidente da República poderá delegar as atribuições mencionadas nos incisos VI, XII e XXV, primeira parte, aos Ministros de Estado, ao Procurador-Geral da República ou ao Advogado-Geral da União, que observarão os limites traçados nas respectivas delegações. Art. 153. Compete à União instituir impostos sobre: I – importação de produtos estrangeiros; § 1º É facultado ao Poder Executivo, atendidas as condições e os limites estabelecidos em lei, alterar as alíquotas dos impostos enumerados nos incisos I, II, IV e V".
Data de reconhecimento da repercussão geral:	04/04/2008
Data de julgamento do mérito recursal:	28/10/2009
Houve unanimidade?	Não, vencidos os Ministros Carlos Britto e Marco Aurélio
Data de publicação do acórdão de julgamento do recurso:	04/12/2009
Trânsito em julgado do acórdão:	04/03/2010
Houve Embargos de Declaração	Não
Data de julgamento dos Embargos de Declaração	–
Data de publicação dos Embargos de Declaração	–

⊙ Comentários:

Negou-se provimento ao Recurso Extraordinário interposto por contribuinte, para declarar ser compatível com a Carta Magna a norma infraconstitucional que atribui a **órgão** integrante do Poder Executivo da União a faculdade de estabelecer as alíquotas do Imposto de Exportação.

O RE teve como origem a inconformidade do contribuinte no tocante ao estabelecimento de alíquota de 9% de Imposto de Exportação (IE), incidente sobre operações por ele realizadas, alíquota esta estabelecida pela Câmara de Comércio Exterior (CAMEX), **órgão** do Executivo Federal, por meio de Resolução.

O recorrente alegou violação do texto constitucional que reserva ao presidente da República a competência privativa para sancionar, promulgar e fazer publicar as leis, bem como expedir decretos e regulamentos para sua fiel execução (**CF/88,** art. 84, IV), ressalvadas apenas algumas hipóteses dentre as quais não estaria a do estabelecimento de alíquotas do IE (**CF/88,** art. 84, parágrafo único).

Não obstante, também a CF/88, art. 153, I, estabelece a competência da União para instituir o IE, facultando ao Poder Executivo alterar as alíquotas do imposto, atendidas as condições e os limites previstos em lei (**CF/88,** art. 154, § 1º).

Neste contexto, entendeu o STF ser possível reconhecer a legalidade do Decreto 3.756/2001 (revogado pelo Decreto 3.981/2001) que dispunha sobre a CAMEX, e por meio do qual foi atribuída a competência para fixar as alíquotas do IE, respeitadas as diretrizes previstas no Decreto-lei 1.578/77.

⊙ Síntese do debate constante do acórdão que fixou o precedente:

Argumentos favoráveis à tese fixada:	Argumentos contrários à tese fixada:
Ministro-Relator Ricardo Lewandowski: "...a competência estabelecida no art. 153, § 1º, da Constituição Federal para alterar as alíquotas de determinados tributos, dentre os quais o Imposto de Exportação, não é exclusiva do Presidente da República, porquanto foi deferida, genericamente, ao Executivo, permitindo tal formulação que ela seja exercida por órgão que integre a estrutura deste Poder, a exemplo da CAMEX"	Nos termos do seu voto divergente, o Ministro Carlos Britto recorda que a majoração de alíquotas do IE já se encontra excepcionada de outros princípios tributários de grande relevância, quais sejam, o da legalidade e o da anterioridade, este último tanto na sua vertente anual, como nonagesimal: "Dois princípios constitucionais regentes do sistema tributário tiveram a sua força quebrantada, diminuída por efeito dessa exceção veiculada pelo § 1º [do art. 153 CF/88]". A partir de tal premissa, considera necessária uma interpretação restritiva do dispositivo constitucional que autoriza a delegação da competência, e posiciona-se finalmente, pela inconstitucionalidade da aumento da alíquota do IE realizada pela CAMEX: "Eu entendo que basta esse tipo de raciocínio, *data venia*, para legitimar, autorizar uma interpretação restritiva dessa delegação – eu tenho como uma delegação – ao Poder Executivo".

◉ **Fique atento:**

- A Súmula STF 404, citada no RE, trata de matéria correlata ao estabelecer que "Não contrariam a Constituição os arts. 3º, 22 e 27 da Lei 3.244, de 14.8.57, que definem as atribuições do Conselho de Política Aduaneira quanto à tarifa flexível."

◉ **Questões de Concurso relacionadas ao tema:**

Questão 01 (Ano: 2012. Banca: FUMARC. Órgão: TJ-MG. Prova: Titular de Serviços de Notas e de Registros) É facultado ao Poder Executivo, conforme a Constituição, atendidas as condições e os limites estabelecidos em lei, alterar as alíquotas dos seguintes impostos

a) Imposto de Importação, Imposto de Exportação, Imposto sobre Produtos Industrializados e Imposto sobre Operações Financeiras.

b) Imposto Municipal sobre Operações Relativas à Circulação de Mercadorias, Imposto sobre Produtos Industrializados e Imposto sobre Operações Financeiras.

c) Imposto sobre Operações Financeiras e Imposto sobre a Renda e Proventos de Qualquer Natureza.

d) Imposto de Importação, Imposto de Exportação e Imposto sobre a Renda e Proventos de Qualquer Natureza.

Questão 02 (Ano: 2012. Banca: ESAF. Órgão: Receita Federal. Prova: Analista Tributário da Receita Federal) Acerca do Imposto de Exportação, analise os itens a seguir, classificando-os como verdadeiros (V) ou falsos (F). Em seguida, escolha a opção adequada às suas respostas.

I. A Câmara de Comércio Exterior, observada a legislação específica, relacionará as mercadorias sujeitas ao Imposto de Exportação, mas de acordo com o art. 153, § 10 da Constituição Federal, a alteração das alíquotas do imposto é de competência privativa do Chefe do Poder Executivo.

II. Mesmo considerando a função regulatória do Imposto de Exportação, suas alíquotas não poderão ser manejadas sem a observância de condições e limites estabelecidos em lei em sentido estrito.

III. Segundo entendimento do Supremo Tribunal Federal, é incompatível com a Constituição Federal a norma infraconstitucional que atribui a órgão integrante do Poder Executivo da União a faculdade de estabelecer as alíquotas do Imposto de Exportação.

IV. O Imposto de Exportação incide sobre mercadoria nacional ou nacionalizada destinada ao exterior. Considera-se nacionalizada a mercadoria estrangeira importada a título definitivo.

a) Estão corretos somente os itens II e III.

b) Estão corretos somente os itens I e III.

c) Estão corretos somente os itens I e II.

d) Estão corretos somente os itens II e IV.

e) Todos os itens estão corretos.

Questão 03 (Ano: 2012. Banca: CESPE. Órgão: TJ-PI. Prova: Juiz) Assinale a opção correta com relação aos impostos em geral.

a) O arrematante de produtos importados apreendidos ou abandonados é contribuinte do imposto sobre a importação.

b) A receita líquida do imposto de exportação destina-se à conservação dos portos ou lugares de saída do produto.

c) O Poder Executivo não detém a competência de alterar as alíquotas ou as bases de cálculo do imposto de exportação, ainda que para ajustá-lo aos objetivos da política cambial e do comércio exterior.

d) À luz do CTN, a posse de imóvel por natureza localizado fora da zona urbana do município, tal como definido na lei civil, não é considerada fato gerador para a incidência do imposto sobre a propriedade territorial rural.

e) A base de cálculo do imposto relativo a produto que, tendo sido apreendido ou abandonado, seja levado a leilão corresponderá à alíquota ad valorem.

> **Gabarito: 1-A; 2-D; 3-A**

Tema 829: "Validade da exigência da taxa para expedição da Anotação de Responsabilidade Técnica (ART), baseada na Lei 6.994/1982, que estabeleceu limites máximos para a ART."

Tese: "Não viola a legalidade tributária a lei que, prescrevendo o teto, possibilita o ato normativo infralegal fixar o valor de taxa em proporção razoável com os custos da atuação estatal, valor esse que não pode ser atualizado por ato do próprio conselho de fiscalização em percentual superior aos índices de correção monetária legalmente previstos."

FICHA TÉCNICA	
Leading case:	**RE 838.284**
Descrição do caso feita pelo STF:	"Recurso extraordinário em que se discute, à luz do art. 150, I, da Constituição Federal, a validade, ou não, da exigência da taxa para expedição da Anotação de Responsabilidade Técnica (ART), baseada na Lei 6.994/1982, que estabeleceu limites máximos para a ART, até o valor de 5 MVR, considerada a exigência do art. 150, I, da Constituição."
Dispositivo(s) constitucional(is) envolvido(s):	"CF/88, art. 150. Sem prejuízo de outras garantias asseguradas ao contribuinte, é vedado à União, aos Estados, ao Distrito Federal e aos Municípios: I – exigir ou aumentar tributo sem lei que o estabeleça;"

FICHA TÉCNICA	
Leading case:	**RE 838.284**
Data de reconhecimento da repercussão geral:	02/08/2015
Data de julgamento do mérito recursal:	06/10/2016
Houve unanimidade?	Não, vencidos os Ministros Marco Aurélio e Ricardo Lewandowski
Data de publicação do acórdão de julgamento do recurso:	Embora a decisão tenha sido publicada em 06/10/2016, o Acórdão ainda não foi disponibilizado
Trânsito em julgado do acórdão:	Ainda não transitado em julgado
Houve Embargos de Declaração	Não
Data de julgamento dos Embargos de Declaração	–
Data de publicação dos Embargos de Declaração	–

◉ Comentários:

Negou-se provimento ao Recurso Extraordinário interposto por contribuinte, para declarar a constitucionalidade de lei que autoriza a fixação do valor da taxa para expedição da Anotação de Responsabilidade Técnica (ART), por ato infralegal.

A Lei 6.994/1982, art. 1º, autorizou as entidades fiscalizadoras do exercício de profissões liberais a fixar o valor das anuidades cobradas dos profissionais respectivos, estabelecendo, ademais, os valores máximos de cobrança.

Segundo o entendimento do STF, esta fixação, por instrumento normativo infralegal não viola a legalidade tributária, tendo em vista que a lei estabeleceu o teto máximo a ser fixado. Estabeleceu ainda que o valor de taxa deve guardar proporção razoável com os custos da atuação, e que este mesmo valor não pode ser atualizado por ato do próprio conselho de fiscalização em percentual superior aos índices de correção monetária legalmente previstos.

O Acórdão não foi ainda disponibilizado pelo Tribunal, à data da realização desta análise, o que inviabiliza a realização de maiores considerações.

◉ Fique atento:

- Cf. com as análises do RE 635.682 (Tema 227), do RE 704.292 (Tema 540), e do ARE 748.445 (Tema 692), nesta obra.

◉ Questões de Concurso relacionadas ao tema:

Questão 01 (Ano: 2012. Banca: VUNESP. Órgão: SPTrans. Prova: Analista de Gestão Pleno)
Como todo poder, o de tributar, não é absoluto, encontrando na Constituição Federal uma série de princípios que limitam tal poder. Sobre as limitações ao poder de tributar, pode-se afirmar que

a) a Constituição estabelece que o tributo só pode ser criado por meio de lei complementar.

b) é garantido ao Chefe do Poder Executivo Federal reduzir a alíquota do imposto sobre produtos industrializados por meio de decreto.

c) as anuidades devidas aos conselhos profissionais são instituídas e majoradas por meio de resoluções de cada um destes órgãos.

d) segundo o princípio da anualidade tributária, é vedado aos entes federados cobrar tributos no mesmo exercício financeiro em que a lei que os instituiu ou majorou tenha sido publicada.

e) inexiste na Constituição Federal um plexo de normas que contenha o comando de limitar o poder de tributar, pois trata-se do dever social de pagar impostos.

Questão 02 (Ano: 2015. Banca: INTEGRI. Órgão: Prefeitura de Salesópolis – SP. Prova: Procurador) A instituição do tributo é sempre feita mediante lei, e sua arrecadação e fiscalização constituem atividade administrativa vinculada.

Sobre os tributos é incorreto afirmar:

a) Tributo é toda prestação pecuniária compulsória, em moeda ou cujo valor nela possa exprimir, que não constitua sanção de ato ilícito, instituída em lei e cobrada mediante atividade administrativa plenamente vinculada.

b) No Sistema Tributário Brasileiro encontra-se cinco espécies de tributos: os impostos, as taxas, as contribuições de melhoria, as contribuições sociais e os empréstimos compulsórios.

c) As taxas são tributos cuja obrigação tem por fato gerador uma situação independente de qualquer atividade estatal específica, relativa ao contribuinte.

d) As contribuições sociais dividem-se em contribuições de intervenção no domínio econômico, contribuições de interesse de categorias profissionais ou econômicos e contribuições de seguridade social.

> **Gabarito: 1-B; 2-B**

Tema 540: "Fixação de anuidade por conselhos de fiscalização profissional."

Tese: "É inconstitucional, por ofensa ao princípio da legalidade tributária, lei que delega aos conselhos de fiscalização de profissões regulamentadas a competência de fixar ou majorar, sem parâmetro legal, o valor das contribuições de interesse das categorias profissionais e econômicas, usualmente cobradas sob o título de anuidades, vedada, ademais, a atualização desse valor pelos conselhos em percentual superior aos índices legalmente previstos."

FICHA TÉCNICA	
Leading case:	**RE 704.292**
Descrição do caso feita pelo STF:	"Recurso extraordinário com agravo em que se discute, à luz dos artigos 5º, II; 146, III; 149; 150, I e III; 196 e 197, da Constituição Federal, a natureza jurídica da anuidade cobrada por conselhos de fiscalização profissional e, em consequência, a possibilidade, ou não, de sua fixação por meio de resolução interna."
Dispositivo(s) constitucional(is) envolvido(s):	"CF/88, art. 5º Todos são iguais perante a lei, sem distinção de qualquer natureza, garantindo-se aos brasileiros e aos estrangeiros residentes no País a inviolabilidade do direito à vida, à liberdade, à igualdade, à segurança e à propriedade, nos termos seguintes: II – ninguém será obrigado a fazer ou deixar de fazer alguma coisa senão em virtude de lei;
	Art. 146. Cabe à lei complementar: III – estabelecer normas gerais em matéria de legislação tributária, especialmente sobre: a) definição de tributos e de suas espécies, bem como, em relação aos impostos discriminados nesta Constituição, a dos respectivos fatos geradores, bases de cálculo e contribuintes; b) obrigação, lançamento, crédito, prescrição e decadência tributários;
	Art. 149. Compete exclusivamente à União instituir contribuições sociais, de intervenção no domínio econômico e de interesse das categorias profissionais ou econômicas, como instrumento de sua atuação nas respectivas áreas, observado o disposto nos arts. 146, III, e 150, I e III, e sem prejuízo do previsto no art. 195, § 6º, relativamente às contribuições a que alude o dispositivo.
	Art. 150. Sem prejuízo de outras garantias asseguradas ao contribuinte, é vedado à União, aos Estados, ao Distrito Federal e aos Municípios: I – exigir ou aumentar tributo sem lei que o estabeleça; III – cobrar tributos: a) em relação a fatos geradores ocorridos antes do início da vigência da lei que os houver instituído ou aumentado; b) no mesmo exercício financeiro em que haja sido publicada a lei que os instituiu ou aumentou; c) antes de decorridos noventa dias da data em que haja sido publicada a lei que os instituiu ou aumentou, observado o disposto na alínea b; (Incluído pela EC 42/2003)
	Art. 196. A saúde é direito de todos e dever do Estado, garantido mediante políticas sociais e econômicas que visem à redução do risco de doença e de outros agravos e ao acesso universal e igualitário às ações e sérviços para sua promoção, proteção e recuperação.

FICHA TÉCNICA	
Leading case:	**RE 704.292**
	Art. 197. São de relevância pública as ações e serviços de saúde, cabendo ao Poder Público dispor, nos termos da lei, sobre sua regulamentação, fiscalização e controle, devendo sua execução ser feita diretamente ou através de terceiros e, também, por pessoa física ou jurídica de direito privado."
Data de reconhecimento da repercussão geral:	Em 20/08/2014 assumiu a condição de paradigma da repercussão geral, sem substituição ao ARE 641.243, cuja repercussão geral foi reconhecida em 20/04/2012
Data de julgamento do mérito recursal:	29/06/2016
Houve unanimidade?	Sim
Data de publicação do acórdão de julgamento do recurso:	01/08/2016 – Acórdão ainda não disponibilizado
Trânsito em julgado do acórdão:	Ainda sem trânsito em julgado
Houve Embargos de Declaração	Não
Data de julgamento dos Embargos de Declaração	–
Data de publicação dos Embargos de Declaração	–

◉ Comentários:

Negou-se provimento ao Recurso Extraordinário interposto pelo Conselho Regional de Enfermagem do Paraná (COREN/PR), para declarar a inconstitucionalidade de lei que delega aos conselhos de fiscalização de profissões regulamentadas a competência de fixar ou majorar o valor das contribuições de interesse das categorias profissionais e econômicas.

A decisão ainda não transitou em julgado, e encontra-se pendente de publicação o respectivo Acórdão, o que impossibilita a realização da sua análise. O Tribunal, por maioria e nos termos do voto do Relator, fixou tese nos seguintes termos:

> É inconstitucional, por ofensa ao princípio da legalidade tributária, lei que delega aos conselhos de fiscalização de profissões regulamentadas a competência de fixar ou majorar, sem parâmetro legal, o valor das contribuições de interesse das categorias profissionais e econômicas, usualmente cobradas sob o título de anuidades, vedada, ademais, a atualização desse valor pelos conselhos em percentual superior aos índices legalmente previstos

Vencido o Ministro Marco Aurélio, que fixava tese em outros termos. Em seguida, o Tribunal, por unanimidade e nos termos do voto do Relator, indeferiu o pedido de modulação.

⊙ Fique atento:

- Cf. com as análises do RE 635.682 (Tema 227), do ARE 748.445 (Tema 692) e do RE 838.284 (Tema 829), nesta obra.

⊙ Questões de Concurso relacionadas ao tema:

Questão 01 (Ano: 2012. Banca: VUNESP. Órgão: SPTrans. Prova: Analista de Gestão Pleno)

Como todo poder, o de tributar, não é absoluto, encontrando na Constituição Federal uma série de princípios que limitam tal poder. Sobre as limitações ao poder de tributar, pode-se afirmar que

a) a Constituição estabelece que o tributo só pode ser criado por meio de lei complementar.

b) é garantido ao Chefe do Poder Executivo Federal reduzir a alíquota do imposto sobre produtos industrializados por meio de decreto.

c) as anuidades devidas aos conselhos profissionais são instituídas e majoradas por meio de resoluções de cada um destes órgãos.

d) segundo o princípio da anualidade tributária, é vedado aos entes federados cobrar tributos no mesmo exercício financeiro em que a lei que os instituiu ou majorou tenha sido publicada.

e) inexiste na Constituição Federal um plexo de normas que contenha o comando de limitar o poder de tributar, pois trata-se do dever social de pagar impostos.

Questão 02 (Ano: 2009. Banca: CESPE. Órgão: TCE-ES. Prova: Procurador Especial de Contas)

Com relação aos tributos e às suas espécies, assinale a opção incorreta.

a) A contribuição de intervenção no domínio econômico é utilizada pela União quando ela atua como agente normativo e regulador da ordem econômica, exercendo as funções de fiscalização, incentivo e planejamento, nos termos da CF.

b) Sobre as receitas decorrentes de exportação incide a contribuição social, mas não incide a contribuição de intervenção no domínio econômico.

c) As contribuições no interesse de categorias profissionais ou econômicas, conhecidas também por contribuições corporativas, incluem as contribuições sindicais e as contribuições para os conselhos de fiscalização profissional.

d) A contribuição para o custeio do serviço de iluminação pública deve obedecer tanto aos princípios da anterioridade quanto aos da noventena.

e) Apenas os municípios e o DF podem instituir contribuição para custear o serviço de iluminação pública.

Gabarito: 1-B; 2-B

10.6. APLICAÇÃO DA NORMA TRIBUTÁRIA NO TEMPO E NO ESPAÇO: SIGILO BANCÁRIO E NORMA TRIBUTÁRIA MERAMENTE INTERPRETATIVA; IMPOSTO DE RENDA; E PARAÍSOS FISCAIS

Tema 225: "a) Fornecimento de informações sobre movimentações financeiras ao Fisco sem autorização judicial, nos termos do art. 6º da Lei Complementar nº 105/2001; b) Aplicação retroativa da Lei nº 10.174/2001 para apuração de créditos tributários referentes a exercícios anteriores ao de sua vigência."

Tese: "I – O art. 6º da Lei Complementar 105/01 não ofende o direito ao sigilo bancário, pois realiza a igualdade em relação aos cidadãos, por meio do princípio da capacidade contributiva, bem como estabelece requisitos objetivos e o translado do dever de sigilo da esfera bancária para a fiscal; II – A Lei 10.174/01 não atrai a aplicação do princípio da irretroatividade das leis tributárias, tendo em vista o caráter instrumental da norma, nos termos do artigo 144, § 1º, do CTN."

FICHA TÉCNICA	
Leading case:	**RE 601.314**
Descrição do caso feita pelo STF:	"Recurso extraordinário em que se discute, à luz dos artigos 5º, X, XII, XXXVI, LIV, LV; 145, § 1º; e 150, III, a, da Constituição Federal, a constitucionalidade, ou não, do art. 6º da Lei Complementar nº 105/2001, que permitiu o fornecimento de informações sobre movimentações financeiras diretamente ao Fisco, sem autorização judicial, bem como a possibilidade, ou não, da aplicação da Lei nº 10.174/2001 para apuração de créditos tributários referentes a exercícios anteriores ao de sua vigência."
Dispositivo(s) constitucional(is) envolvido(s):	"CF/88, art. 5º Todos são iguais perante a lei, sem distinção de qualquer natureza, garantindo-se aos brasileiros e aos estrangeiros residentes no País a inviolabilidade do direito à vida, à liberdade, à igualdade, à segurança e à propriedade, nos termos seguintes: X – são invioláveis a intimidade, a vida privada, a honra e a imagem das pessoas, assegurado o direito a indenização pelo dano material ou moral decorrente de sua violação; XII – é inviolável o sigilo da correspondência e das comunicações telegráficas, de dados e das comunicações telefônicas, salvo, no último caso, por ordem judicial, nas hipóteses e na forma que a lei estabelecer para fins de investigação criminal ou instrução processual penal; XXXVI – a lei não prejudicará o direito adquirido, o ato jurídico perfeito e a coisa julgada; LIV – ninguém será privado da liberdade ou de seus bens sem o devido processo legal; LV – aos litigantes, em processo judicial ou administrativo, e aos acusados em geral são assegurados o contraditório e ampla defesa, com os meios e recursos a ela inerentes;

FICHA TÉCNICA	
Leading case:	**RE 601.314**
	Art. 145, § 1º Sempre que possível, os impostos terão caráter pessoal e serão graduados segundo a capacidade econômica do contribuinte, facultado à administração tributária, especialmente para conferir efetividade a esses objetivos, identificar, respeitados os direitos individuais e nos termos da lei, o patrimônio, os rendimentos e as atividades econômicas do contribuinte. Art. 150. Sem prejuízo de outras garantias asseguradas ao contribuinte, é vedado à União, aos Estados, ao Distrito Federal e aos Municípios: III – cobrar tributos: a) em relação a fatos geradores ocorridos antes do início da vigência da lei que os houver instituído ou aumentado;"
Data de reconhecimento da repercussão geral:	23/10/2009
Data de julgamento do mérito recursal:	24/02/2016
Houve unanimidade?	Não, vencidos os Ministros Marco Aurélio e Celso de Mello.
Data de publicação do acórdão de julgamento do recurso:	16/09/2016
Trânsito em julgado do acórdão:	09/11/2016
Houve Embargos de Declaração	Não
Data de julgamento dos Embargos de Declaração	–
Data de publicação dos Embargos de Declaração	–

◉ Comentários:

Negou-se provimento ao Recurso Extraordinário interposto pelo Município de Campinas, para declarar a constitucionalidade da LC 105/2001, art. 6º, que autorizou o exame de informações bancárias para fins de fiscalização tributária; bem como a constitucionalidade da Lei 10.174/01, que possibilitou a aplicação retroativa da autorização mencionada, no âmbito da fiscalização da CPMF.

A autorização mencionada foi estabelecida pela LC 105/2001, art. 6º nos seguintes termos:

> LC 105/2001, Art. 6º As autoridades e os agentes fiscais tributários da União, dos Estados, do Distrito Federal e dos Municípios somente poderão examinar documentos, livros e registros de instituições financeiras, inclusive os referentes a contas de depósitos e aplicações financeiras, quando houver processo administrativo instaurado ou procedimento fiscal em curso e tais exames sejam considerados indispensáveis pela autoridade administrativa competente.

O litígio instaurado no âmbito deste RE traduziu-se, nos termos do próprio Acórdão "...em um confronto entre o direito ao sigilo bancário e o dever de pagar tributos", que por sua vez se colocam no contexto mais amplo da necessidade de conciliação entre a autonomia do indivíduo, e o dever de solidariedade para com o financiamento dos gastos coletivos, ou o que o Tribunal chamou de "autogoverno coletivo".

Na fricção entre estas duas normas fundamentais a Corte considerou que o Poder Legislativo ao autorizar o exame de informações bancárias para fins de fiscalização tributária, nos termos da LC 105/2001, art. 6º,

> ...não desbordou dos parâmetros constitucionais, ao exercer sua relativa liberdade de conformação da ordem jurídica, na medida em que estabeleceu requisitos objetivos para a requisição de informação pela Administração Tributária às instituições financeiras, assim como manteve o sigilo dos dados a respeito das transações financeiras do contribuinte, observando-se um translado do dever de sigilo da esfera bancária para a fiscal.

Afastou, portanto, alegação de invasão da privacidade, ou de quebra de sigilo bancária, por considerar presentes na norma: a) o estabelecimento de requisitos objetivos para requisição das informações pelo fisco, que somente se pode dar "quando houver processo administrativo instaurado ou procedimento fiscal em curso e tais exames sejam considerados indispensáveis"; e b) a norma manteve o sigilo bancário, ao condicionar o acesso à informação financeira à submissão desta mesma informação à proteção no nível do sigilo fiscal.

No que se refere, por outro lado, à discussão em torno da Lei 10.174/01, a mesma alterou a redação da Lei 9.311/96, art. 11, § 3º, com base na qual se autorizou a utilização dos dados bancários do contribuinte aos quais se tivesse acesso no âmbito da gestão da CPMF, para fins de fiscalização de outros tributos:

> Art. 11. Compete à Secretaria da Receita Federal a administração da contribuição, incluídas as atividades de tributação, fiscalização e arrecadação. (Vide MP 2.158-35/2001)
>
> § 3º A Secretaria da Receita Federal resguardará, na forma da legislação aplicada à matéria, o sigilo das informações prestadas, vedada sua utilização para constituição do crédito tributário relativo a outras contribuições ou impostos.
>
> § 3º A Secretaria da Receita Federal resguardará, na forma da legislação aplicável à matéria, o sigilo das informações prestadas, facultada sua utilização para instaurar procedimento administrativo tendente a verificar a existência de crédito tributário relativo a impostos e contribuições e para lançamento, no âmbito do procedimento fiscal, do crédito tributário porventura existente, observado o disposto no art. 42 da Lei nº 9.430, de 27 de dezembro de 1996, e alterações posteriores. (Redação dada pela Lei 10.174/2001)

No tocante a tal dispositivo, a discussão se desenvolveu no plano da aplicação da lei no tempo, tendo o STF assentido com o acesso a dados bancários referentes a situações, inclusive, anteriores ao início da vigência da Lei 10.174/2001. Baseou-se, para tanto, no disposto no CTN, art. 144, § 1º, que estabelece eficácia retroativa ao lançamento tributário:

> CTN, Art. 144, § 1º Aplica-se ao lançamento a legislação que, posteriormente à ocorrência do fato gerador da obrigação, tenha instituído novos critérios de apuração ou processos de fiscalização, ampliado os poderes de investigação das autoridades administrativas, ou outorgado ao crédito maiores garantias ou privilégios, exceto, neste último caso, para o efeito de atribuir responsabilidade tributária a terceiros.

◉ Síntese do debate constante do acórdão que fixou o precedente:

Argumentos favoráveis à tese fixada:	Argumentos contrários à tese fixada:
Ministro-relator Edson Fachin: "...a identificação do patrimônio, rendimentos e atividades econômicas do contribuinte pela Administração Tributária serve para a efetivação do princípio da capacidade contributiva, o qual, por sua vez, encontra-se em risco de violação em todas as restritivas hipóteses autorizadoras de acesso da Administração Tributária às transações bancárias dos contribuintes, tal como arroladas nos incisos do art. 3º do Decreto 3.724/01, que regulamenta o art. 6º da lei impugnada. ...ante a ausência de uma dicotomia definitiva e real entre Fisco e Contribuinte, como colocado nas premissas desse voto, a meu ver, a mesma lógica de boa-fé, lealdade cívica e cooperação com a atividade fiscal é exigível de todos os contribuintes, em decorrência do imperativo de igualdade que se coloca em relação aos demais concidadãos."	Ministro Marco Aurélio: "...a Carta Federal é um documento rígido, a gerar, essa adjetivação, a supremacia. Está no ápice da pirâmide das normas jurídicas, e todo diploma a ela deve obséquio, deve respeitá-la. Sobre a matéria, o que temos no rol das garantias constitucionais – o principal rol, porque há outras garantias em dispositivos diversos da Carta de 1988? Vem-nos, do inciso XII do artigo 5º, uma regra e, para confirmá-la, uma exceção. A regra está na revelação da inviolabilidade dos dados – gênero –, incluídos, iniludivelmente, os bancários. Mas o legislador constituinte, ao cogitar da inviolabilidade do sigilo de correspondência, das comunicações telegráficas, de dados e das comunicações, abriu exceção, que, pelo visto, não é tão exceção assim, ao prever que esse sigilo poderia ser afastado por parte integrante de relação jurídica? Afastado pela feitura de justiça pelas próprias mãos? Não, Presidente. Poderia o sigilo ser afastado, como pode ser afastado – e, muitas vezes, o é – por ordem judicial, a pressupor a atuação de órgão equidistante quanto ao conflito de interesses, que deverá atentar para outra regra constitucional, a versar que as decisões judiciais devem ser fundamentadas. Parou nisso, na delimitação da exceção, o constituinte? Não, foi além e restringiu a atuação do Judiciário, ao prever que o sigilo só pode cair por terra se vindo à baila por ordem judicial devidamente fundamentada e apenas – advérbio de modo – para fins de investigação criminal ou instrução processual penal. Quebrado o sigilo, na forma preconizada no figurino constitucional, é possível compartilhamentos? Em termos, é possível, desde que se observem os objetos alusivos à quebra, ou seja, o compartilhamento para efeitos únicos. Repito, investigação criminal, ou instrução processual penal, conforme está em bom vernáculo na parte final do inciso XII do artigo 5º. Abriu-se a porteira para afastar-se a limitação do inciso XII do artigo 5º da Constituição Federal quanto à inviolabilidade do sigilo de dados? A meu ver, não. Vamos repetir a todos os ventos: a Receita Federal é parte de uma relação jurídico-tributária. Por isso, não se pode cogitar de interesse público primário, mas, sim, de secundário, como arrecadadora de tributos. O Judiciário detém a prerrogativa de quebrar sigilo, mas de forma limitada. Não entra na minha cabeça – talvez por ser neto de português – que a Receita, órgão fiscalizador e arrecadador, tenha prerrogativa superior à do Judiciário, assegurada na Carta da República. Conserte-se o Brasil com "c" e com "s", mas sem menosprezo às liberdades fundamentais. Somente se avança culturalmente e somente se tem Estado verdadeiramente Democrático de Direito quando essas liberdades são observadas. Busquemos a transparência, mas sem atropelos, porque não se avança culturalmente dessa forma."

Argumentos favoráveis à tese fixada:	Argumentos contrários à tese fixada:
Ministro-relator Edson Fachin: "... resta claro que a alteração na ordem jurídica promovida pela Lei 10.174/01 não atrai a aplicação do princípio da irretroatividade das leis tributárias, uma vez que aquela se encerra na atribuição de competência administrativa à Secretaria da Receita Federal, o que evidencia o caráter instrumental da norma em questão. Aplica-se, portanto, o artigo 144, § 1º, do CTN..."	

◉ Fique atento:

- O estudo da eficácia da norma em Direito Tributário deve ser realizado de forma a distinguir a) a norma material, com base na qual se institui a obrigação de pagamento do valor devido a título de tributo; e b) da norma formal, que estabelece as regras de lançamento do tributo. No primeiro caso, a regra é a da aplicação *ex nunc* (irretroativa) da norma de incidência, devendo-se incidir a norma vigente ao tempo do fato gerador, nos termos do CTN, art. 105, ressalvadas as exceções previstas no art. 106. No segundo caso, o CTN prevê apenas que o lançamento "reporta-se à data da ocorrência do fato gerador e rege-se pela lei então vigente" abrindo maiores possibilidades para uma aplicação *ex tunc* (retroativa) da norma que fixa o procedimento tendente à constituição do crédito tributário (CTN, art. 144).

◉ Questões de Concurso relacionadas ao tema:

Questão 01 (Ano: 2007 Banca: ESAF Órgão: PGFN Prova: Procurador da Fazenda Nacional) A Lei Complementar n. 105, de 10 de janeiro de 2001, dispôs sobre o sigilo das operações de instituições financeiras. De acordo com essa lei complementar, não é responsável (ou não se prevê como tal):

a) o servidor público que utilizar informação obtida em decorrência da quebra de sigilo, caso em que responde pessoal e diretamente pelos danos decorrentes.

b) a entidade pública a que pertencer o servidor que viabilizara utilização, apenas quando comprovado que este agiu de acordo com orientação oficial

c) o funcionário que, com a autorização de juiz, mas sem a de seu superior, fornecer documentos sigilosos solicitados por comissão de inquérito administrativo destinada a apurar responsabilidade de servidor público por infração praticada no exercício de suas atribuições.

d) quem, embora injustificadamente, apenas retardar a prestação de informações requeridas nos termos da Lei Complementar, caso em que também se sujeita à pena de um a quatro anos de reclusão.

e) quem, atendendo a requisição do Banco Central, ao proceder a inquérito em instituição financeira submetida a regime especial, mas sem ordem judicial, prestar informação sobre contas de depósitos, aplicações e investimentos mantidos na instituição.

Questão 02 (Ano: 2014 Banca: FGV Órgão: CGE-MA Prova: Auditor) DCS – Corretagem e Seguros Ltda., se insurge em face da quebra de seu sigilo bancário para averiguação, pela Receita, de sua movimentação financeira. Até a lavratura do auto de infração, que ocorreu em 2000, só havia procedimento administrativo de fiscalização, sem qualquer processo judicial instaurado.

Aduz a sociedade empresária que a Lei Complementar n. 105/2001, que dispõe sobre o sigilo das operações financeiras, não poderia ter sua aplicação retroativa.

Com base no exposto, assinale a afirmativa correta.

a) É lícita e legítima a conduta do Fisco, uma vez que possível a retroatividade das leis tributárias procedimentais, relativas à constituição do crédito tributário não alcançado pela decadência, ainda que os fatos imponíveis a serem apurados lhes sejam anteriores.

b) É inconstitucional a conduta do Fisco, seja pela aplicação retroativa da Lei Complementar n. 105/2001, seja pela quebra do sigilo de dados que tem proteção da Carta Magna.

c) É ilegal a conduta do Fisco, que conflita com o Código Tributário Nacional, o qual determina que o lançamento seja regido pela lei vigente à época da ocorrência do fato gerador.

d) É legítima a conduta do Fisco, já que a Fazenda Pública prescinde, em qualquer hipótese, de autorização judicial para obter informações sobre operações realizadas pelo contribuinte.

e) É abusiva a conduta do Fisco, pois embora a lei tributária procedimental possa retroagir, tal não será possível para gerar responsabilidade do contribuinte.

Questão 03 (Ano: 2009 Banca: FUNIVERSA Órgão: PC-DF Prova: Delegado de Polícia) Acerca do sigilo fiscal, assinale a alternativa correta.

a) A legislação tributária autoriza que qualquer servidor do fisco, mesmo que sem procedimento específico de apuração de ilícito, obtenha dados de terceiros protegidos por sigilo.

b) O advogado que tenha conhecimento de informações ilícitas acerca de dados de seus clientes protegidos por sigilo fiscal tem o dever de informá-las às autoridades públicas.

c) O fisco federal não pode passar informações ao fisco estadual sem autorização judicial.

d) Somente por convênio é que a autoridade policial pode obter dados do fisco para apuração de ilícito penal tributário.

e) O Banco Central, na função de fiscalização que possui, deve informar ao Ministério Público e à Receita Federal acerca de dados de operações financeiras em que haja indícios de ilícito penal.

Gabarito: 1-E; 2-A; 3-E

Tema 168: "Aplicação de lei que majorou alíquota do imposto de renda sobre fatos ocorridos no mesmo ano em que publicada, para pagamento do tributo com relação ao exercício seguinte."

Tese: "É inconstitucional a aplicação retroativa de lei que majora a alíquota incidente sobre o lucro proveniente de operações incentivadas ocorridas no passado, ainda que no mesmo ano-base, tendo em vista que o fato gerador se consolida no momento em que ocorre cada operação de exportação, à luz da extrafiscalidade da tributação na espécie."

FICHA TÉCNICA	
Leading case:	**RE 592.396**
Descrição do caso feita pelo STF:	"Recurso extraordinário em que se discute, à luz dos princípios da irretroatividade e da anterioridade contidos no art. Art. 150, III, a e b, da Constituição Federal, a constitucionalidade, ou não, da aplicação de lei que majorou alíquota do imposto de renda, publicada dias antes do fim de ano, sobre fatos ocorridos nesse mesmo ano, para pagamento do referido tributo com relação ao exercício seguinte, no caso, a constitucionalidade, ou não, da majoração da alíquota do imposto de renda incidente sobre exportações incentivadas a partir do exercício financeiro de 1990, correspondente ao ano-base de 1989, conforme disposto no art. 1º, I, da Lei nº 7.988/89."
Dispositivo(s) constitucional(is) envolvido(s):	"CF/88, art. 150. Sem prejuízo de outras garantias asseguradas ao contribuinte, é vedado à União, aos Estados, ao Distrito Federal e aos Municípios: III – cobrar tributos: a) em relação a fatos geradores ocorridos antes do início da vigência da lei que os houver instituído ou aumentado; b) no mesmo exercício financeiro em que haja sido publicada a lei que os instituiu ou aumentou;"
Data de reconhecimento da repercussão geral:	05/06/2009
Data de julgamento do mérito recursal:	03/12/2015
Houve unanimidade?	Sim
Data de publicação do acórdão de julgamento do recurso:	28/03/2016
Trânsito em julgado do acórdão:	10/05/2016
Houve Embargos de Declaração	Não

FICHA TÉCNICA	
Leading case:	**RE 592.396**
Data de julgamento dos Embargos de Declaração	–
Data de publicação dos Embargos de Declaração	–

◉ Comentários:

Deu-se provimento ao Recurso Extraordinário interposto por contribuinte, para declarar a inconstitucionalidade da incidência da majoração do Imposto de Renda no mesmo ano em que publicada a lei respectiva.

A Lei 7.988/89, de 28 de dezembro, art. 1º, I, majorou de 6% para 18%, a alíquota do IR incidente sobre o lucro das operações de exportação que indicou. Determinou, ademais, que tal majoração seria aplicável sobre os rendimentos auferidos ao longo do ano de 1989.

O argumento da União, na qualidade de recorrida, teve como fundamento o disposto na Súmula STF 584, nos termos da qual, em matéria de IR, a lei aplicável não é aquela que esteja vigente no momento do auferimento da renda, mas aquela que esteja vigente "no exercício financeiro em que deve ser apresentada a declaração".

Não obstante o entendimento sumulado, e de forma alinhada com posicionamentos precedentes sobre a mesma matéria, o Tribunal entendeu que a utilização do IR "com conotação extrafiscal afasta a incidência da Súmula 584". Na mesma linha do julgamento paradigma da matéria (RE 183.130), a "evidente função extrafiscal" de uma alíquota mais baixa como forma de incentivo às exportações, afasta a aplicação da Súmula.

Nestes termos, segundo o STF, o dispositivo vulnerou os princípios da irretroatividade, e da segurança jurídica, já que em casos de aplicação extrafiscal do IR, o fato gerador do imposto consolida-se no momento em que ocorre o rendimento, *in casu* a operação de exportação, aplicando-se a lei então vigente.

◉ Questões de Concurso relacionadas ao tema:

Questão 01 (FCC. TJ-PE. 2011. Prova: Juiz) A regra da anterioridade, que veda cobrar tributos no mesmo exercício financeiro em que haja sido publicada a lei que os instituiu ou aumentou, NÃO se aplica

a) aos impostos de importação e exportação.

b) ao IR.

c) ao ITR.

d) às contribuições sociais.

e) aos impostos estaduais.

Questão 02 (IBFC. TJ-PR. 2014. Prova: Titular de Serviços de Notas e de Registros) Obedece ao princípio da anterior idade anual, mas não o nonagesimal, o imposto sobre:

a) A renda (IR).

b) Importação (II).

c) Serviços de qualquer natureza (ISS).

d) Produtos industrializados (IPI).

Gabarito: 1-A; 2-A

Tema 537: "Momento de disponibilização de renda de pessoas jurídicas sediadas no Brasil com participação nos lucros de suas empresas coligadas ou controladas no estrangeiro para fins de IR."

Tese: "O art. 74 da MP 2.158-35 aplica-se às empresas nacionais controladoras de pessoas jurídicas sediadas em países de tributação favorecida ou desprovidos de controles societários e fiscais adequados, sendo inconstitucional o parágrafo único do mesmo dispositivo legal, o qual não incide sobre os lucros apurados até 31.12.2001."

FICHA TÉCNICA	
Leading case:	**RE 611.586**
Descrição do caso feita pelo STF:	"Recurso extraordinário em que se discute, à luz dos artigos 145, § 1º; 150, III, a; e 153, III, da Constituição Federal, a constitucionalidade, ou não, do art. 74, caput e parágrafo único, da Medida Provisória n. 2.158-35/2001, que considera disponibilizados, para a controladora ou coligada no Brasil, os lucros auferidos por controlada ou coligada no exterior na data do balanço no qual tiverem sido apurados, assim como estabelece que esses lucros apurados até 31 de dezembro de 2001 serão reputados disponibilizados em 31 de dezembro de 2002."
Dispositivo(s) constitucional(is) envolvido(s):	"CF/88, art. 145, § 1º Sempre que possível, os impostos terão caráter pessoal e serão graduados segundo a capacidade econômica do contribuinte, facultado à administração tributária, especialmente para conferir efetividade a esses objetivos, identificar, respeitados os direitos individuais e nos termos da lei, o patrimônio, os rendimentos e as atividades econômicas do contribuinte. Art. 150. Sem prejuízo de outras garantias asseguradas ao contribuinte, é vedado à União, aos Estados, ao Distrito Federal e aos Municípios: III – cobrar tributos:, a) em relação a fatos geradores ocorridos antes do início da vigência da lei que os houver instituído ou aumentado; Art. 153. Compete à União instituir impostos sobre: III – renda e proventos de qualquer natureza;"
Data de reconhecimento da repercussão geral:	06/04/2012

FICHA TÉCNICA	
Leading case:	**RE 611.586**
Data de julgamento do mérito recursal:	10/04/2013
Houve unanimidade?	Não, vencido o Ministro Marco Aurélio
Data de publicação do acórdão de julgamento do recurso:	10/10/2014
Trânsito em julgado do acórdão:	24/10/2014
Houve Embargos de Declaração	Não
Data de julgamento dos Embargos de Declaração	–
Data de publicação dos Embargos de Declaração	–

◉ Comentários:

Negou-se provimento ao Recurso Extraordinário interposto por contribuinte, para declarar a constitucionalidade da MP 2.158-35, art. 74, que estabelecia a inclusão dos lucros auferidos por empresa controlada no exterior, na base de cálculo da controladora no Brasil, na data do balanço de apuração, para fins de definição do IRPJ e da CSLL a pagar, desde que o país-sede da empresa controlada fosse enquadrado na categoria de "paraíso fiscal". Não obstante, declarou inconstitucional o parágrafo único do mesmo artigo, que previa a aplicação da mesma sistemática de cálculo já para os lucros apurados até 31.12.2001.

Segundo a MP 2.158-35, art. 74, e parágrafo único,

> MP 2.158-35, art. 74, Para fim de determinação da base de cálculo do imposto de renda e da CSLL, nos termos do art. 25 da Lei nº 9.249, de 26 de dezembro de 1995, e do art. 21 desta Medida Provisória, os lucros auferidos por controlada ou coligada no exterior serão considerados disponibilizados para a controladora ou coligada no Brasil na data do balanço no qual tiverem sido apurados, na forma do regulamento. (v. Lei 9.532/1997; ADI 2588/2001; MP 627/2013; MP 627/2013) (Revogado pela Lei 12.973/2014)

> Parágrafo único. Os lucros apurados por controlada ou coligada no exterior até 31 de dezembro de 2001 serão considerados disponibilizados em 31 de dezembro de 2002, salvo se ocorrida, antes desta data, qualquer das hipóteses de disponibilização previstas na legislação em vigor. (V. ADI 2588/2001) (Revogado pela Lei 12.973/2014)

O mérito do julgamento insere-se na discussão referente ao momento em que se deve considerar auferido o rendimento ou o lucro. Em linguagem técnica, discutiu-se à aplicação do regime de competência, ou do regime de caixa, para fins de apuração tanto do IRPJ, como da CSLL, no tocante às controladas de empresas brasileiras, no exterior. Pelo regime de competência, considera-se auferida a renda ou o lucro líquido desde o momento em que o contribuinte tem direito ao recebimento, com independência do momento em que o pagamento em seu favor venha efetivamente a se realizar. Por outro lado, segundo o regime de caixa, considera-se auferido o rendimento ou o lucro líquido, somente a partir do momento em que o recebimento tenha se efetivado em favor do contribuinte.

No CTN, art. 43, as expressões "regime de competência" e "regime de caixa" assumem as formas "disponibilidade jurídica" e "disponibilidade econômica", respectivamente:

> CTN, Art. 43. O imposto, de competência da União, sobre a renda e proventos de qualquer natureza tem como fato gerador a aquisição da disponibilidade econômica ou jurídica:

A regra, no Direito brasileiro, vem a ser a do regime de competência (disponibilidade jurídica)[9], com exceções expressas a rendimentos submetidos à apuração conforme o regime de caixa (disponibilidade econômica).

A discussão de fundo girou em torno de se saber o momento em que os lucros auferidos por controlada ou coligada de empresas brasileiras no exterior, deveriam ser considerados renda e lucro líquido das suas controladoras ou coligadas no Brasil, para fins de incidência do IRPJ e da CSLL no país: desde o momento em que tais sociedades contabilizassem o lucro, antes mesmo de enviá-lo às controladoras ou coligadas no Brasil, conforme regime de competência; ou se somente a partir do momento em que as controladoras ou coligadas brasileiras recebessem efetivamente o lucro das suas controladas ou coligadas no exterior, segundo o regime de caixa.

O Tribunal considerou a aplicação da regra geral de incidência pautada no regime de competência (disponibilidade jurídica), porém ponderou que tal sistemática de apuração somente seria aplicável às empresas controladoras, excluídas, portanto, aquelas que se vinculassem com empresas brasileiras na condição de coligadas:

> "...afastada a aplicabilidade dos textos impugnados [MP 2.158-35, art. 74, e parágrafo único] apenas em relação às empresas coligadas, porquanto as empresas nacionais controladoras teriam plena disponibilidade jurídica e econômica dos lucros auferidos pela empresa estrangeira controlada; [...] (Ementa, item 1.3)

Outra ponderação realizada pelo STF para fins de demarcação da constitucionalidade do dispositivo normativo, referiu-se ao sistema tributário do país-sede da empresa controlada. Segundo a Corte Suprema, deve-se aplicar o regime de caixa apenas naqueles casos em que o país em que se encontra localizada a controlada seja considerado na categoria de baixa tributação, segundo os critérios da Receita Federal do Brasil ("paraíso fiscal"). Caso se esteja diante de um país de tributação normal, não se deve aplicar a regra da MP 2.158-35, art. 74, e parágrafo único:

> ...afastada a aplicabilidade do texto impugnado para as empresas controladas ou coligadas sediadas em países de tributação normal, com o objetivo de preservar a função antievasiva da normatização. (Ementa, item 1.4)

---

9. Lei 6.404/76, Art. 177. A escrituração da companhia será mantida em registros permanentes, com obediência aos preceitos da legislação comercial e desta Lei e aos princípios de contabilidade geralmente aceitos, devendo observar métodos ou critérios contábeis uniformes no tempo e registrar as mutações patrimoniais segundo o regime de competência.
RESOLUÇÃO CFC 774/1994, Art. 9° As receitas e as despesas devem ser incluídas na apuração do resultado do período em que ocorrerem, sempre simultaneamente quando se correlacionarem, independentemente de recebimento ou pagamento.

Finalmente, tratou-se também de declarar a inconstitucionalidade do disposto no parágrafo único do art. 74, da MP 2.158-35, que impunha a aplicação do regime e caixa inclusive em relação aos lucros apurados até 31.12.2001. Neste caso, o juízo estabeleceu-se em função da aplicação do princípio da anterioridade tributária, tendo em vista que a MP foi publicada em 24.08.2001, "de modo que o texto impugnado não pode ser aplicado em relação aos lucros apurados até 31 de dezembro de 2001." (Ementa, item 2.3)

⊙ Síntese do debate constante do acórdão que fixou o precedente:

Argumentos favoráveis à tese fixada:	Argumentos contrários à tese fixada:
Ministro-relator Joaquim Barbosa: "Aplica-se à apuração do IRPJ o regime de competência. Segundo esse regime, basta a disponibilidade jurídica para caracterizar o ingresso de renda no patrimônio do contribuinte, independentemente do efetivo recebimento da quantia (disponibilidade econômica, essencial à tributação das pessoas físicas).

...o texto impugnado excede esse objetivo [de combater a sonegação fiscal] de modo gravosamente desproporcional, por tratar indiferentemente países com tributação favorecida e países com tributação em patamar normal ou alto.

Também estão ausentes do texto impugnado elementos de diferenciação relevantes, utilizados pelas legislações de inúmeros países europeus para identificar desvios de propósito e, com isso, não apenar negócios legítimos. Por exemplo, a legislação francesa permite a tributação ampla se ficar provado que a empresa controlada não passa de um artifício para evitar a tributação nacional.

Penso ser plenamente possível conciliar a garantia de efetividade dos instrumentos de fiscalização aos princípios do devido processo legal, da proteção à propriedade privada e do exercício de atividades econômicas lícitas. A presunção do intuito evasivo somente é cabível se a entidade estrangeira estiver localizada em localizadas em países com tributação favorecida, ou que não imponham controles e registros societários rígidos ("paraísos fiscais"). A lista desses países é elaborada e atualizada pela Receita Federal do Brasil, e atualmente encontra-se na IN 1.037/2010. Não há qualquer dificuldade na atualização dessa lista.

Se a empresa estrangeira não estiver sediada em um "paraíso fiscal", a autoridade tributária **deve argumentar e provar** a evasão fiscal, isto é, a ocultação do fato jurídico tributário ou da obrigação tributária. Essa argumentação e essa prova fazem parte da **motivação** do ato de constituição do crédito tributário, que deve ser plenamente vinculado." | Ministro Marco Aurélio: "Hoje o Brasil está no 65º lugar no *rankig* da competitividade internacional. Se a empresa é obrigada a recolher o tributo sem o aporte da renda em seu balanço, sem a disponibilidade, certamente terá de tirar o numerário respectivo de algum lugar, perdendo, ante a existência de ônus sem contrapartida, mais e mais, a competitividade. O simples elo porventura existente, quer sob o ângulo da coligação – leia-se interesse participativo simples –, quer do controle acionário – interesse participativo qualificado -, não é suficiente a fulminar-se algo que é da própria essência do tributo, a exigência constitucional e legal – Código Tributário Nacional – de se contar com disponibilidade, como se a escrituração no balanço da empresa estrangeira pudesse ser tomada de forma ímpar, como se automaticamente obrigasse, sem a saída de numerário na origem e entrada na empresa brasileira, sem o efetivo acesso à renda, o pagamento do tributo. [...] Sim, editem-se normas que punam o ato de sonegação e alcancem aqueles que, à mercê de práticas merecedoras de excomunhão maior, traem os interesses pátrios. O que não cabe é o trato de situações díspares da mesma forma, a dosagem cavalar, a apanhar as empresas em geral, os contribuintes que, sob o ângulo da forma e da realidade, da concretude, da transparência, já cumprem os deveres fiscais. Descabida e inconstitucional é a obrigação do pagamento de imposto sem a disponibilidade, sob qualquer das espécies, da renda, porque ainda não repassada, via deliberação do órgão próprio da coligada ou controlada à empresa irmã situada no Brasil, ainda não interiorizada no território nacional, ainda não deslocada do patrimônio da empresa situada no exterior para a coligada ou controladora aqui residente.

Quanto ao artigo 74 da Medida Provisória nº 2.158-35, em face das razões expostas, concluo pela inconstitucionalidade, o que implica dizer que a regência da matéria nele tratada – fato" |

⊙ Fique atento:

- Sociedade coligada é aquela que se submete à influência significativa de outra. Não há percentual de participação societária definido em lei, para caracterizar a relação de coligação, mas se presume que uma participação superior a 20% é suficiente para caracterizar uma relação de coligação. Não obstante, percentuais menores de participação podem levar ao exercício do poder de participar em decisões de política financeira ou operacional. Em todo caso, não há o controle das decisões.

- Sociedade controlada é aquela que está submetida ao poder de deliberação social de outra, de forma permanente e preponderante. A lei não indica o percentual de mais de 50% da participação societária, com direito a voto, sendo suficiente que a controladora detenha o poder de eleger a maioria dos diretores, e de tomar decisões. O controle acionário pode se dar de forma direta pela controladora, ou de forma indireta, por meio de outras controladas.

- Subsidiária integral é a sociedade cuja participação social pertence integralmente a outra.

⊙ Questões de Concurso relacionadas ao tema:

Questão 01 (ESAF. RECEITA FEDERAL. 2012. Prova: Auditor Fiscal da Receita Federal) De acordo com a legislação tributária em vigor, assinale a opção incorreta.

a) Os lucros auferidos no exterior, por intermédio de filiais, sucursais, controladas ou coligadas, serão computados para fins de determinação do lucro real no balanço levantado em 31 de dezembro do ano-calendário em que tiverem sido disponibilizados para a pessoa jurídica domiciliada no Brasil.

b) Para fins de determinação da base de cálculo do imposto de renda, os lucros auferidos por controlada ou coligada no exterior serão considerados disponibilizados para a controladora ou coligada no Brasil na data do balanço do qual constar a sua distribuição para a pessoa jurídica domiciliada no Brasil, na forma do regulamento.

c) Os prejuízos e perdas apurados por filiais, sucursais ou controladas, no exterior, de pessoas jurídicas domiciliadas no Brasil, não serão compensados com lucros auferidos no Brasil para fins de apuração do lucro real.

d) A pessoa jurídica poderá compensar o imposto de renda incidente, no exterior, sobre os lucros, rendimentos e ganhos de capital computados no lucro real, até o limite do imposto de renda incidente, no Brasil, sobre os referidos lucros, rendimentos ou ganhos de capital.

e) Serão computados na determinação do lucro real os resultados líquidos, positivos ou negativos, obtidos em operações de cobertura (hedge) realizadas em mercados de liquidação futura, diretamente pela empresa brasileira, em bolsas no exterior.

> Gabarito: 1-B

10.7. PRINCÍPIO DA ANTERIORIDADE NONAGESIMAL ("NOVENTENA"): APLICAÇÃO EM MATÉRIA DE ICMS, CSLL, PIS E CPMF; CONTAGEM NO CASO DA CONVERSÃO DE MEDIDA PROVISÓRIA EM LEI

Tema 91: "Aplicação do prazo nonagesimal previsto no art. 150, III, c, da Constituição Federal relativamente à Lei paulista n° 11.813/2004."

Tese: "O prazo nonagesimal previsto no art. 150, III, c, da Constituição Federal somente deve ser utilizado nos casos de criação ou majoração de tributos, não nas situações, como a prevista na Lei paulista 11.813/04, de simples prorrogação de alíquota já aplicada anteriormente."

FICHA TÉCNICA	
Leading case:	**RE 584.100**
Descrição do caso feita pelo STF:	"Recurso extraordinário em que se discute, à luz do art. 150, III, c, da Constituição Federal, a exigência, ou não, do Imposto sobre Circulação de Mercadorias e Serviços – ICMS, nos termos dos artigos 1° e 2° da Lei paulista n° 11.813/2004, entre 1° de janeiro e 17 de março de 2005, em face do prazo nonagesimal."
Dispositivo(s) constitucional(is) envolvido(s):	"CF/88, art. Art. 150. Sem prejuízo de outras garantias asseguradas ao contribuinte, é vedado à União, aos Estados, ao Distrito Federal e aos Municípios: III – cobrar tributos: c) antes de decorridos noventa dias da data em que haja sido publicada a lei que os instituiu ou aumentou, observado o disposto na alínea b; (Incluído pela EC 42/2003)"
Data de reconhecimento da repercussão geral:	21/06/2008
Data de julgamento do mérito recursal:	25/11/2009
Houve unanimidade?	Não, vencidos os Ministros Carlos Britto, Marco Aurélio, Celso de Mello e Gilmar Mendes
Data de publicação do acórdão de julgamento do recurso:	05/02/2010
Trânsito em julgado do acórdão:	13/10/2010
Houve Embargos de Declaração	Sim
Data de julgamento dos Embargos de Declaração	18/08/2010
Data de publicação dos Embargos de Declaração	10/09/2010

⊙ Comentários:

Deu-se provimento ao Recurso Extraordinário interposto pelo Estado de São Paulo, para declarar a constitucionalidade da Lei paulista 11.813/04, arts 1º e 2º, que prorrogou alíquota do ICMS.

Em dezembro de 2003, a Lei 11.601/2003, art. 1º, do Estado de São Paulo, aumentou de 17% para 18% a alíquota do ICMS, e determinou que tal majoração somente se aplicaria até 31.12.2004. Posteriormente, em dezembro de 2004, a Lei estadual 11.813/04 prorrogou esta mesma alíquota de 18% até 31.12.2005.

A discussão desenvolveu-se em torno da dúvida sobre se prorrogação de alíquota superior se enquadraria, ou não, na condição de majoração de tributo, e, por conseguinte, se haveria necessidade de submissão ao princípio da "noventena".

Ao contrário do entendimento firmado na decisão recorrida, o STF considerou que não se tratava de majoração de alíquota, e manteve entendimento já estabelecido em precedentes junto à Corte Suprema, "segundo o qual o prazo nonagesimal somente deve ser aplicado nas hipóteses de criação ou majoração do tributo" (vid. Voto da Ministra-Relatora Ellen Gracie).

Embargos de Declaração via fax não conhecidos, posto que intempestiva a entrega dos originais.

⊙ Síntese do debate constante do acórdão que fixou o precedente:

Argumentos favoráveis à tese fixada:	Argumentos contrários à tese fixada:
Ministra-Relatora Ellen Gracie: "...o art. 150, III, c, da Carta Magna somente é aplicável nos casos de criação ou majoração de tributos, não nos casos de simples prorrogação de alíquotas já aplicadas anteriormente."	Ministro Carlos Britto: "...entendo que o princípio da anterioridade nonagesimal ou a noventena há de ser respeitado mesmo quando se dá uma prorrogação do tributo, uma prorrogação majorada do tributo, quanto mais que isso se deu no apagar das luzes do ano fiscal, do ano financeiro, ou seja, a prorrogação, em causa, majorando a alíquota em 1%, causou surpresa ao contribuinte. A meu sentir, abateu, quebrantou o princípio da segurança jurídica e, por consequência, violou o artigo 150 da Constituição, III, letra c."
	Ministro Marco Aurélio: "Ora, se esse diploma legal [a Lei estadual 11.813/04] foi elaborado para vigorar por tempo determinado, evidentemente os contribuintes estavam convictos que, ao término, não se teria o acréscimo alusivo ao tributo. Por isso é que não é dato falar em prorrogação. O que ocorreu na espécie, atraindo incidência do preceito tal como se contém [...] foi verdadeira criação, a instituição do tributo, e não a simples prorrogação."

◉ Fique atento:

- No RE 566.032 (Tema 51) examinou-se matéria com contornos idênticos aos considerados no julgamento analisado nesta oportunidade, e cuja decisão final foi igualmente idêntica à aqui firmada. Naquela ocasião, a discussão sobre a aplicabilidade da noventena referiu-se à prorrogação da CPMF, pela EC 42/2003 (vid. Tema 51 nesta obra).

- No RE 587.008 (Tema 107) também se discutiu matéria similar, na qual a EC 10/96 estabelecia um prazo 19 meses mais extenso do que o inicialmente previsto, para a alíquota majorada da CSLL. Neste caso, ao contrário do julgado presente RE, bem como no RE citado no item anterior, o STF entendeu pela inconstitucionalidade da EC 10/96, por considerar que não houve mera prorrogação da alíquota mais alta, mas uma efetiva inovação normativa. O detalhe que importou na diferença de entendimento é que a norma estabelecida pela EC 10/96 foi publicada após o término da vigência da norma a ser prorrogada (vid. Tema 107 nesta obra).

- Sobre a aplicação da noventena em matéria de majoração de alíquota do PIS, no contexto da conversão de Medida Provisória em Lei, vid. RE 568.503 (Tema 278).

- Quanto à questão de uma pretensa prorrogação do PIS, com efeitos retroativa, meio de Emenda Constitucional, vid. RE 848.353 (Tema 894), nesta obra.

◉ Questões de Concurso relacionadas ao tema:

Questão 01 (Ano: 2004 Banca: CESPE Órgão: Polícia Federal Prova: Delegado de Polícia – Regional) Considere que a União tenha instituído a cobrança de CPMF durante o período de 2 anos e, 1 mês antes de findar o prazo de vigência, em outubro, tenha prorrogado a cobrança por mais 6 meses. Em face dessa consideração, julgue os itens a seguir.

A prorrogação é possível, uma vez que, no caso, não se aplica o princípio da anterioridade nonagesimal.

( ) Certo   ( ) Errado

Questão 02. (Ano: 2011 Banca: PGE-PA Órgão: PGE-PA Prova: Procurador do Estado) Assinale a alternativa INCORRETA:

a) A redução ou a extinção de desconto para pagamento de tributo sob determinadas condições previstas em lei, como o pagamento antecipado em parcela única, não pode ser equiparada à majoração do tributo.

b) Pode um decreto antecipar o dia de recolhimento do tributo, sem ofensa aos princípios da legalidade e da anterioridade, tendo em vista não se encontrar sob o princípio da legalidade estrita e da anterioridade a fixação do vencimento da obrigação tributária.

c) A redução ou supressão de desconto previsto em lei implica, automática e aritmeticamente, aumento do valor do tributo devido, estando, portanto, submetida ao princípio da anterioridade tributária.

d) Revogada a isenção, o tributo torna-se imediatamente exigível. Em caso assim, não há que se observar o princípio da anterioridade, dado que o tributo já é existente

e) O prazo nonagesimal previsto no art. 150, III, *c*, da CF somente deve ser utilizado nos casos de criação ou majoração de tributos, não na hipótese de simples prorrogação de alíquota já aplicada anteriormente.

Questão 03. (Ano: 2010 Banca: CESPE Órgão: **DPU Prova: Defensor Público)** Considere que determinado estado da Federação tenha publicado lei majorando a alíquota do ICMS de 18% para 19% e estabelecendo que sua vigência terminaria em 31 de dezembro de 2009. Considere, ainda, que, em meados desse mês, tenha sido publicada lei que manteve a alíquota de 19% para o ano de 2010. Nesse caso, a lei publicada em dezembro de 2009 viola o princípio da anterioridade nonagesimal.

( ) Certo   ( ) Errado

Gabarito: 1-C; 2-C; 3-E

Tema 107: "Majoração da alíquota da CSLL pela Emenda Constitucional nº 10/96."

Tese: "A Emenda Constitucional 10/1996, especialmente quanto ao inciso III do art. 72 do ADCT, é um novo texto e veicula nova norma, não sendo mera prorrogação da Emenda Constitucional de Revisão 1/1994, devendo, portanto, observância ao princípio da anterioridade nonagesimal, porquanto majorou a alíquota da CSLL para as pessoas jurídicas referidas no § 1º do art. 22 da Lei nº 8.212/1991."

FICHA TÉCNICA	
Leading case:	**RE 587.008**
Descrição do caso feita pelo STF:	"Recurso extraordinário em que se discute, à luz do art. 195, § 6º, da Constituição Federal, a constitucionalidade, ou não, da majoração da alíquota da Contribuição Social sobre o Lucro Líquido – CSLL pela Emenda Constitucional nº 10/96."
Dispositivo(s) constitucional(is) envolvido(s):	"CF/88, art. 195, § 6º As contribuições sociais de que trata este artigo só poderão ser exigidas após decorridos noventa dias da data da publicação da lei que as houver instituído ou modificado, não se lhes aplicando o disposto no art. 150, III, "b".
Data de reconhecimento da repercussão geral:	12/09/2008
Data de julgamento do mérito recursal:	02/02/2011
Houve unanimidade?	Sim

FICHA TÉCNICA	
Leading case:	**RE 587.008**
Data de publicação do acórdão de julgamento do recurso:	06/05/2011
Trânsito em julgado do acórdão:	13/06/2011
Houve Embargos de Declaração	Não
Data de julgamento dos Embargos de Declaração	–
Data de publicação dos Embargos de Declaração	–

⊙ Comentários:

Negou-se provimento ao Recurso Extraordinário interposto pela União, para declarar a inconstitucionalidade da alteração promovida pela EC 10/96, no ADCT, art/ 22, III.

A Emenda Constitucional de Revisão n. 1/1994 incluiu o art. 72, no ADCT, que entre outras coisas, aumentou para 30% a alíquota da CSLL incidente sobre as pessoas jurídicas que indicou, aumento este que se efetivaria apenas ao longo dos exercícios de 1994 e 1995.

Posteriormente, a EC 10/96, de 04.03, alterou o mesmo dispositivo do ADCT, de forma a ampliar o período de vigência da alíquota majorado, de forma a estendê-lo de 01.01.1996 a 30.07.1997.

O STF entendeu que se estava diante, não de mera prorrogação de prazo de vigência, como argumentou a Fazenda nacional, mas de efetiva veiculação de norma nova a majorar a alíquota da CSLL. Diante disso, decidiu pela necessidade de aplicação do princípio da "noventena" (CF/88, art. 195, § 6º).

⊙ Fique atento:

- No RE 566.032 (Tema 51) e no RE 584.100 (Tema 91) discutiu-se matéria similar à aqui tratada. No primeiro caso (RE 566.032), analisou-se a extensão do prazo de vigência da CPMF. No segundo (RE 584.100), tratou-se de julgar a prorrogação do prazo de alíquota mais alta em matéria de ICMS. Ao contrário do que se decidiu no presente RE, em ambas as ocasiões o STF entendeu pela não aplicação da noventena, por considerar que se estava diante de efetiva prorrogação de prazo de vigência, o que não macularia o primado da não surpresa. O detalhe que importou na diferença de entendimento é que a norma estabelecida pela EC 10/96 foi publicada após o término da vigência da norma a ser prorrogada, enquanto nos casos dos julgados anteriormente indicados a ampliação do prazo se deu em momento anterior à norma objeto da prorrogação (vid. Tema 51 e Tema 91 nesta obra). A rigor, portanto, não houve alteração das premissas adotadas pelo Tribunal, em todos os julgamentos.

- No RE 848.353 (Tema 894) também se discutiu matéria similar, no tocante ao PIS.

- Sobre a aplicação da noventena em matéria de majoração de alíquota do PIS, no contexto da conversão de Medida Provisória em Lei, vid. RE 568.503 (Tema 278).

⊚ Questões de Concurso relacionadas ao tema:

Questão 01 (Ano: 2014 Banca: FCC Órgão: PGE-RN Prova: Procurador do Estado de Terceira Classe) Em relação ao princípio constitucional da anterioridade, é correto afirmar:

a) A prorrogação, por meio de lei complementar, do termo inicial para que contribuintes se beneficiem do creditamento amplo de ICMS relativo às aquisições de materiais de uso e consumo deve ser formalizada com o mínimo de 90 dias antes do término do ano- calendário para que possa surtir efeito a partir de 1° de Janeiro do ano-calendário seguinte.

b) Por sua natureza de remuneração de serviços públicos, a instituição ou majoração das taxas não está sujeita à aplicação do princípio da anterioridade.

c) A elevação de alíquota de tributo pela própria Constituição Federal ou Emenda à Constituição prescinde da observância do princípio da anterioridade.

d) A edição de lei que prorroga a aplicação de lei temporária que prevê a aplicação de alíquota majorada de ICMS não está sujeita ao princípio da anterioridade

e) A exigência de tributo uma vez revogada uma isenção está sujeita ao princípio da anterioridade.

Questão 02. (Ano: 2013 Banca: FGV Órgão: TJ-AM Prova: Juiz)

O Supremo Tribunal Federal já julgou hipótese em que uma Emenda Constitucional (a EC n° 3) autorizou a instituição, por meio de lei complementar, de um novo tributo (diverso daqueles até então previstos na Constituição da República de 1988). A mesma Emenda Constitucional dispôs que o novo tributo não estaria sujeito ao princípio da anterioridade.

Sobre este caso, assinale a alternativa que melhor retrata a decisão do STF.

a) O novo tributo é integralmente inconstitucional, por não observar as regras que a própria Constituição prevê para a criação de novos tributos.

b) O novo tributo é integralmente inconstitucional, por ter base de cálculo e fato gerador coincidente com o de outros tributos já previstos na Constituição.

c) O novo tributo é integralmente inconstitucional, ante a previsão de que poderia ser instituído por lei complementar, e não por lei ordinária.

d) O novo tributo é constitucional, mas está sujeito à observância do princípio da anterioridade, que, como garantia individual, não poderia ser afastado sequer por Emenda Constitucional.

e) O novo tributo é integralmente constitucional, pois instituído por Emenda à própria Constituição, não ferindo as matérias insuscetíveis de mudança sequer por Emenda Constitucional

Questão 03. (Ano: 2012 Banca: ESAF Órgão: PGFN Prova: Procurador da Fazenda Nacional)

Alguns tributos possuem, além da função meramente arrecadatória ou fiscal, finalidade outra que se destina a regular a economia, criando mecanismos que induzem, ou incentivam, a conduta do potencial contribuinte numa ou noutra direção. É o que se viu recentemente com a majoração das alíquotas do IPI – Imposto sobre Produtos Industrializados, incidente sobre a importação de automóveis, já que, no período de janeiro a agosto de 2011, a balança comercial do setor automotivo atingiu um déficit de R$ 3 bilhões. Contudo, o STF entendeu que o decreto que majorar as alíquotas aplicáveis às operações de importação de veículos automotores

a) sujeita-se ao princípio da anterioridade, segundo o qual não se poderá exigir, no mesmo exercício financeiro em que o decreto é líquota, alíquotas maiores do que aquelas até então vigentes.

b) tem aplicabilidade imediata, por ser o IPI um tributo regulatório e pelo fato de que o Decreto- Lei que o criou (DL n. 1.191/1971) ter autorizado o Poder Executivo a reduzir suas alíquotas a zero; majorá-las, acrescentando até 30 unidades ao percentual de incidência fixado na lei, e, ainda, alterar a base de cálculo em relação a determinados produtos, podendo, para esse fim, fixar-lhes valor tributável mínimo.

c) submete-se, dentre outros, ao princípio constitucional da anterioridade nonagesimal, ou seja, fica suspenso até que tenha transcorrido o prazo de noventa dias da sua publicação.

d) fica suspenso, por força da anterioridade nonagesimal, até que tenha transcorrido o prazo de noventa dias da sua publicação. Contudo, a suspensão somente opera *ex tunc* caso haja pedido liminar formulado no sentido de reparar dano, e não para prevenir risco ao contribuinte.

e) não se submete ao princípio constitucional da anterioridade nonagesimal, eis que a Constituição Federal foi clara ao prever tal comando para a lei (antes de decorridos 90 dias da data em que haja sido publicada a lei que os instituiu ou aumentou). Assim, como o texto constitucional fala em "lei", o aumento das alíquotas por decreto não está sujeito à espera nonagesimal.

Gabarito: 1-D; 2-D; 3-C

Tema 894: "Aplicabilidade do princípio da anterioridade nonagesimal à contribuição ao PIS instituída pelo art. 2º da EC 17/1997."

Tese: "A contribuição ao PIS só pode ser exigida, na forma estabelecida pelo art. 2º da EC 17/1997, após decorridos noventa dias da data da publicação da referida emenda constitucional."

FICHA TÉCNICA	
Leading case:	**RE 848.353**
Descrição do caso feita pelo STF:	"Recurso extraordinário em que se discute, à luz dos arts. 5º, XXXV, XXXVI e LV, 93, IX, 149, 150, III, a, e 195, § 6º, da Constituição Federal, a aplicabilidade, ou não, do princípio da anterioridade nonagesimal à contribuição ao PIS instituída pelo art. 2º da EC 17/1997."

FICHA TÉCNICA	
Leading case:	**RE 848.353**
Dispositivo(s) constitucional(is) envolvido(s):	"CF/88, art. 5º Todos são iguais perante a lei, sem distinção de qualquer natureza, garantindo-se aos brasileiros e aos estrangeiros residentes no País a inviolabilidade do direito à vida, à liberdade, à igualdade, à segurança e à propriedade, nos termos seguintes: XXXV – a lei não excluirá da apreciação do Poder Judiciário lesão ou ameaça a direito; XXXVI – a lei não prejudicará o direito adquirido, o ato jurídico perfeito e a coisa julgada; LV aos litigantes, em processo judicial ou administrativo, e aos acusados em geral são assegurados o contraditório e ampla defesa, com os meios e recursos a ela inerentes; –
	Art. 93. Lei complementar, de iniciativa do Supremo Tribunal Federal, disporá sobre o Estatuto da Magistratura, observados os seguintes princípios: IX – todos os julgamentos dos órgãos do Poder Judiciário serão públicos, e fundamentadas todas as decisões, sob pena de nulidade, podendo a lei limitar a presença, em determinados atos, às próprias partes e a seus advogados, ou somente a estes, em casos nos quais a preservação do direito à intimidade do interessado no sigilo não prejudique o interesse público à informação; (Redação dada pela EC 45/2004)
	Art. 149. Compete exclusivamente à União instituir contribuições sociais, de intervenção no domínio econômico e de interesse das categorias profissionais ou econômicas, como instrumento de sua atuação nas respectivas áreas, observado o disposto nos arts. 146, III, e 150, I e III, e sem prejuízo do previsto no art. 195, § 6º, relativamente às contribuições a que alude o dispositivo.
	Art. 150. Sem prejuízo de outras garantias asseguradas ao contribuinte, é vedado à União, aos Estados, ao Distrito Federal e aos Municípios: III – cobrar tributos: a) em relação a fatos geradores ocorridos antes do início da vigência da lei que os houver instituído ou aumentado;
	Art. 195, § 6º As contribuições sociais de que trata este artigo só poderão ser exigidas após decorridos noventa dias da data da publicação da lei que as houver instituído ou modificado, não se lhes aplicando o disposto no art. 150, III, "b""
Data de reconhecimento da repercussão geral:	13/05/2016
Data de julgamento do mérito recursal:	13/05/2016
Houve unanimidade?	Não, vencido o Ministro Marco Aurélio
Data de publicação do acórdão de julgamento do recurso:	23/05/2016
Trânsito em julgado do acórdão:	24/06/2016
Houve Embargos de Declaração	Não

FICHA TÉCNICA	
Leading case:	**RE 848.353**
Data de julgamento dos Embargos de Declaração	–
Data de publicação dos Embargos de Declaração	–

⊙ Comentários:

Deu-se provimento ao Recurso Extraordinário interposto por contribuinte, para declarar a constitucionalidade da aplicação do princípio da anterioridade nonagesimal ("noventena") em matéria de PIS.

Pelo princípio da noventena, nos termos da CF/88, art. 195, § 6º, as contribuições sociais, categoria na qual se encontra inserida a contribuição para o PIS, "...só poderão ser exigidas após decorridos noventa dias da data da publicação da lei que as houver instituído ou modificado...".

Embora não exista dúvida sobre a aplicabilidade da noventena para a criação de tributo, *in casu*, há discussão no tocante à aplicação do princípio na hipótese de prorrogação do gravame. No presente julgado tratou-se de considerar a eficácia de norma que teria pretensamente prorrogado a incidência do PIS, à luz da noventena, mas mais do isso, de forma retroativa.

De fato, a EC 17/97, publicada em 25.11.1997, estabeleceu a contribuição para PIS para período anterior ao da sua publicação, de 01.07.97 a 31.12.99, em valor equivalente a 0,75% sobre a receita bruta operacional. O argumento para tal retroatividade encontrava-se na alegação de não se tratar de tributo novo, mas tão somente de uma prorrogação, na medida em que o PIS já havia sido estabelecido desde a EC 01/94, para os exercícios financeiros de 1994 e 1995, e renovado pela EC 10/96, para o período de 01.01.96 a 30.06.97.

O STF entendeu, entretanto, que a norma inovava a ordem legislativa tributária, e por conseguinte decidiu pela eficácia *ex tunc* da EC 17/97, com observância, ademais, do período nonagesimal, o que aliás veio a ser a reiteração de entendimento já esposado pela Corte Suprema em julgamento similar nos autos do RE 587.008 (Tema 107):

> Na ocasião, analisou-se especificamente a submissão, ao princípio da anterioridade nonagesimal (art. 195, § 6º, da CF/88), do art. 72, III, do ADCT, na redação da EC 10/96, que estendeu para o período de 1º/1/1996 a 30/6/1997 a alíquota da Contribuição Social sobre o Lucro Líquido (CSLL) que havia sido fixada em 30% (trinta por cento) apenas para os exercícios financeiros de 1994 e 1995, pela EC 1/94. Consignou-se, no voto condutor do acórdão, que a EC n. 10/1996, especialmente quanto ao inciso III do art. 72 das disposições constitucionais objeto de questionamento é um novo texto e veicula nova norma, não sendo mera prorrogação da emenda anterior, devendo, portanto, observância ao princípio da anterioridade nonagesimal, porquanto majorou a alíquota da CSLL para as pessoas jurídicas referidas no § 1º do art. 22 da Lei n. 8.212/91. (Acórdão, p. 05)

A divergência manifestada pelo Ministro Marco Aurélio restringiu-se, mais uma vez, tão somente à adoção da via do Plenário Virtual para julgar o mérito de RE:

> O Plenário Virtual afasta a troca de ideias, inviabilizando o direito de defesa da parte, no que esta tem jus a fazer-se presente no Colegiado e, personificada no representante processual, assomar à tribuna. Foi o meio para agilizar-se tão somente a definição da repercussão, que, uma vez admitida, abre ensejo ao julgamento pelo Plenário físico. Descabe, em tal cenário, do Plenário Virtual, dirimir o conflito de interesses, mormente quando houve reforma de acórdão proferido na origem. Insistirei nessa tese, enquanto envergar a capa, tendo em conta a organicidade e a dinâmica do Direito, o devido processo legal, observadas as diversas vertentes que apresenta e os instrumentais, ônus e faculdades que lhe são próprios. (Acórdão, p. 20)

◎ Fique atento:

- Cf. análise do RE 587.008 (Tema 107), em que se discute questão similar, em matéria de CSLL, nesta obra.

- No RE 566.032 (Tema 51) e no RE 584.100 (Tema 91) discutiu-se matéria similar à aqui tratada. No primeiro caso (RE 566.032, Tema 51), analisou-se a extensão do prazo de vigência da CPMF. No segundo (RE 584.100, Tema 91), tratou-se de julgar a prorrogação do prazo de alíquota mais alta em matéria de ICMS. Ao contrário do que se decidiu no presente RE, em ambas as ocasiões o STF entendeu pela não aplicação da noventena, por considerar que se estava diante de efetiva prorrogação de prazo de vigência, o que não macularia o primado da não surpresa. O detalhe que importou na diferença de entendimento é que a norma estabelecida pela EC 10/96 foi publicada após o término da vigência da norma a ser prorrogada, enquanto nos casos dos julgados anteriormente indicados a ampliação do prazo se deu em momento anterior à norma objeto da prorrogação (vid. Tema 51 e Tema 91 nesta obra).

- Sobre a aplicação da noventena em matéria de majoração de alíquota do PIS, no contexto da conversão de Medida Provisória em Lei, vid. RE 568.503 (Tema 278).

◎ Questões de Concurso relacionadas ao tema:

Questão 01 (ESAF. MDIC. 2012. Prova: Analista de Comércio Exterior) Alguns tributos, de acordo com a Constituição Federal, somente podem ser exigidos após decorridos noventa dias da data da publicação da lei que os houver instituído ou modificado. Doutrinariamente, este lapso temporal é chamado de anterioridade especial, nonagesimal ou mitigada. Sobre ela, é incorreto afirmar que:

- **a)** a sua aplicação, como regra, afasta a aplicação da anterioridade de exercício.

- **b)** em que pese sua adjetivação "mitigada", constitui garantia mais efetiva ao contribuinte que a do art. 150, III, b, da Constituição Federal (anterioridade de exercício) isoladamente.

- **c)** a alteração do prazo para recolhimento das Contribuições para o PIS/Pasep e Cofins também se sujeita ao princípio da anterioridade especial.

d) no caso de redução de alíquotas, é desnecessária a observância da anterioridade especial.

e) o vocábulo "lei", termo *a quo* de contagem do prazo dos noventa dias, deve ser entendido, no caso das Medidas Provisórias, como a data da sua publicação, e não da sua conversão em lei.

Gabarito: 1-C

Tema 51: "Cobrança da alíquota de 0,38% da CPMF nos noventa dias posteriores à publicação da Emenda Constitucional n° 42/2003."

Tese: "A Emenda Constitucional 42/2003 não introduziu aumento de alíquota para cobrança da CPMF e, portanto, não violou o princípio da anterioridade nonagesimal."

FICHA TÉCNICA	
Leading case:	**RE 566.032**
Descrição do caso feita pelo STF:	"Recurso extraordinário em que se discute, à luz do art. 195, § 6°, da Constituição Federal, a constitucionalidade, ou não, da cobrança da alíquota de 0,38% da Contribuição Provisória Sobre Movimentação Financeira – CPMF, nos noventa dias posteriores à publicação da Emenda Constitucional n° 42/2003, ou seja, no período de 1°.1.2004 a 31.3.2004."
Dispositivo(s) constitucional(is) envolvido(s):	"CF/88, art. 195, § 6° As contribuições sociais de que trata este artigo só poderão ser exigidas após decorridos noventa dias da data da publicação da lei que as houver instituído ou modificado, não se lhes aplicando o disposto no art. 150, III, "b"."
Data de reconhecimento da repercussão geral:	04/04/2008
Data de julgamento do mérito recursal:	25/06/2009
Houve unanimidade?	Não, vencidos os Ministros Carlos Britto, Marco Aurélio e Celso de Mello
Data de publicação do acórdão de julgamento do recurso:	23/10/2009
Trânsito em julgado do acórdão:	20/11/2009
Houve Embargos de Declaração	Não
Data de julgamento dos Embargos de Declaração	–
Data de publicação dos Embargos de Declaração	–

⦿ Comentários:

Deu-se provimento ao Recurso Extraordinário interposto pela União, para declarar a não incidência do princípio da anterioridade nonagesimal no caso de revogação de dispositivo que estipulava diminuição da alíquota da CPMF, e manutenção de alíquota superior então vigente.

O art. 84, § 3º, ADCT dispunha, na sua redação original, estabelecida pela EC 37/2002, que a alíquota da CPMF seria de 0,38% nos exercícios de 2002 e 2003 (inciso I), e de 0,08%, no exercício de 2004 (inciso II). Posteriormente, a EC 42/2003, de 19.12, tratou de revogar o inciso II deste dispositivo, e em paralelo incluiu o art. 90 no ADCT, para prorrogar a CPMF até 31.12.2007, o que por via indireta também significou a manutenção da alíquota de 0,38%, inclusive para o exercício de 2004.

A questão central discutida no **âmbito** deste RE foi a da eficácia da revogação **à** luz do princípio da noventena. O Tribunal terminou-se inclinando pelo entendimento segundo o qual a revogação da alíquota mais baixa não configurava majoração de tributo, e por conseguinte, afastou a aplicação do princípio da anterioridade nonagesimal.

⦿ Síntese do debate constante do acórdão que fixou o precedente:

Argumentos favoráveis à tese fixada:	Argumentos contrários à tese fixada:
Ministro-Relator Gilmar Mendes: "(...) não constato majoração da alíquota de modo atrair o disposto no art. 195, § 6º, da CF.	Ministro Carlos Britto: "(...) como o Supremo tem admitido a produção de emenda para alterar o ADCT, eu apenas faço o registro desta ressalva. Entendo que não é possível, mas adiro ao pensa majoritá-rio da Corte. E volto ao tema para dizer que não é possível que, no apagar das luzes do ano anterior, haja uma alteração da alíquota programada para ser paga a partir do primeiro dia do ano seguinte, aumentando-se de 0,08%, para 0,38%.
...o contribuintes, durante o exercício de 2002 e 2003 vinham pagando a contribuição de 0,38% e não de 0,08%. (...) a EC n. 42/2003 manteve a alíquota de 0,38% para 2004 sem, portanto, instituir ou modificar alíquota diferente da que o contribuinte vinha pagando. Poder-se-ia dizer que havia uma expectativa de diminuição da alíquota para 0,08%, porém, o dispositivo que previa esse percentual para 2004 foi revogado antes de efetivamente ser exigível, ou seja, antes do início do exercício financeiro de 2004. Cabe lembrar que esta Corte, reiteradamente, afasta a tese de direito adquirido a regime jurídico, hipótese que se aproxima a este caso."	A meu ver, não importa se todos já pagavam 0,38% no dia anterior. O certo é que no dia seguinte já se sabia que a alíquota cairia para 0,08% porque havia regra jurídica determinando essa redução.
	(...) a CPMF foi prorrogada, mas a alíquota foi majorada. Isso causou surpresa aos contribuintes; feriu, portanto, o princípio da não surpresa; o princípio da anterioridade nonagesimal resultou também violado."

⦿ Fique atento:

- Pelo princípio da noventena, a instituição ou majoração de tributo somente incidirá sobre fatos a ocorrer 90 dias após o início da vigência da lei respetiva (CF/88, art. 195, § 6º).

- Sobre as contribuições sociais, gênero no qual se encontra incluída a CPMF, não se aplica o princípio da anterioridade comum ou anual prevista na CF/88, art. 150, III, "b".

- O STF tem precedentes no sentido de que a redução ou extinção de desconto no valor de tributo a pagar não é considerada aumento de tributo para fins de aplicação do princípio de anterioridade.

- No RE 584.100 (Tema 91) discutiu-se matéria com pressupostos idênticos aos considerados neste julgamento, com decisão igualmente idêntica à aqui firmada. Naquela ocasião, a discussão sobre a aplicabilidade da noventena referiu-se à prorrogação da alíquota de 18% do ICMS do Estado de São Paulo, nos termos da Lei estadual 11.813/2004 (vid. Tema 91 nesta obra).

- No RE 587.008 (Tema 107) também se discutiu matéria similar, na qual a EC 10/96 estabelecia um prazo 19 meses mais extenso do que o inicialmente previsto, para a alíquota majorada da CSLL. Neste caso, ao contrário do julgado presente RE, bem como no RE citado no item anterior, o STF entendeu pela inconstitucionalidade da EC 10/96, por considerar que não houve mera prorrogação da alíquota mais alta, mas uma efetiva inovação normativa. O detalhe que importou na diferença de entendimento é que a norma estabelecida pela EC 10/96 foi publicada após o término da vigência da norma a ser prorrogada (vid. Tema 107 nesta obra).

- Sobre a aplicação da noventena em matéria de majoração de alíquota do PIS, no contexto da conversão de Medida Provisória em Lei, vid. RE 568.503 (Tema 278).

- Quanto à questão de uma pretensa prorrogação do PIS, com efeitos retroativos, meio de Emenda Constitucional, vid. RE 848.353 (Tema 894), nesta obra.

⊚ Questões de Concurso relacionadas ao tema:

Questão 01 (FCC. SEFAZ-SP. Agente Fiscal de Tributos Estaduais. 2006) NÃO se aplica o princípio da anterioridade nonagesimal (noventena criada pela Emenda Constitucional no 42/2003) ao imposto sobre

a) circulação de mercadoria e serviços (ICMS) incidente sobre as operações com lubrificantes e combustíveis derivados de petróleo e à contribuição de intervenção no domínio econômico (CIDE) relativa às atividades de importação ou comercialização de petróleo e seus derivados.

b) renda e proventos de qualquer natureza (IR) e à fixação da base de cálculo dos impostos sobre propriedade de veículos automotores (IPVA) e sobre propriedade predial e territorial urbana (IPTU).

c) produtos industrializados (IPI) e aos impostos sobre exportação (IE) e importação (II).

d) propriedade territorial rural (ITR) e o imposto sobre propriedade predial e territorial urbana (IPTU).

e) serviços de qualquer natureza e à fixação da base de cálculo do imposto sobre circulação de mercadorias e serviços (ICMS) e do imposto sobre propriedade territorial rural (ITR).

Questão 02 (FCC. SEFAZ-PB. Auditor Fiscal de Tributos Estaduais. 2006) Aplica-se o princípio da anterioridade nonagesimal (noventena criada pela Emenda Constitucional 42 de 19/12/2003) ao imposto sobre

a) operações de crédito, câmbio e seguro ou relativas a títulos ou valores mobiliários.

b) renda e proventos de qualquer natureza.

   c) importação de produtos estrangeiros.

   d) exportação, para o exterior, de produtos nacionais ou nacionalizados.

   e) operações relativas à circulação de mercadorias e sobre prestações de serviços de transporte interestadual e intermunicipal e de comunicação.

Questão 03 (VUNESP. DESENVOLVESP. Advogado. 2014)

A Constituição Federal veda a cobrança de tributos no mesmo exercício financeiro em que haja sido publicada a lei que os instituiu ou aumentou, bem como veda que referida cobrança se dê antes de decorridos noventa dias da publicação da lei que os instituir ou aumentar. Tais vedações refletem o que a doutrina, respectivamente, denomina de princípio da anterioridade e de noventena. Assinale a alternativa na qual se encontra um tributo que se sujeita à anterioridade, mas excepciona a noventena.

   a) Empréstimo compulsório instituído no caso de investimento público de caráter urgente e de relevante interesse nacional.

   b) Empréstimo compulsório instituído para atender a despesas extraordinárias, decorrentes de calamidade pública, de guerra externa ou sua iminência.

   c) Imposto sobre produtos industrializados.

   d) Imposto de renda.

   e) Contribuição de intervenção no domínio econômico.

> **Gabarito: 1-B; 2-E; 3-D**

Tema 278: "a) Sujeição da contribuição ao PIS ao princípio da anterioridade nonagesimal; b) Contagem do prazo nonagesimal para fins de majoração de alíquota estabelecida por ocasião da conversão de medida provisória em lei."

Tese: "I – A contribuição para o PIS está sujeita ao princípio da anterioridade nonagesimal previsto no art. 195, § 6°, da Constituição Federal; II – Nos casos em que a majoração de alíquota tenha sido estabelecida somente na conversão de medida provisória em lei, a contribuição apenas poderá ser exigida após noventa dias da publicação da lei de conversão."

FICHA TÉCNICA	
Leading case:	**RE 568.503**
Descrição do caso feita pelo STF:	"Recurso extraordinário em que se discute, à luz do art. 195, § 6°, da Constituição Federal, se a contribuição ao Programa de Integração Social – PIS está, ou não, sujeita ao princípio da anterioridade nonagesimal inscrito nesse dispositivo, e se o início da contagem do prazo nonagesimal se dá, ou não, a partir da publicação da Lei n° 10.865/2004, que previu a majoração da alíquota em relação à água mineral, com efeitos imediatos, sendo que tal norma não constava no texto da Medida Provisória n° 164/2004 nela convertida."

FICHA TÉCNICA	
Leading case:	**RE 568.503**
Dispositivo(s) constitucional(is) envolvido(s):	"CF/88, 195, § 6° As contribuições sociais de que trata este artigo só poderão ser exigidas após decorridos noventa dias da data da publicação da lei que as houver instituído ou modificado, não se lhes aplicando o disposto no art. 150, III, "b"."
Data de reconhecimento da repercussão geral:	14/05/2010
Data de julgamento do mérito recursal:	12/02/2014
Houve unanimidade?	Sim
Data de publicação do acórdão de julgamento do recurso:	14/04/2014
Trânsito em julgado do acórdão:	28/03/2014
Houve Embargos de Declaração	Não
Data de julgamento dos Embargos de Declaração	–
Data de publicação dos Embargos de Declaração	–

◉ Comentários:

Negou-se provimento ao Recurso Extraordinário interposto pela União, para declarar a constitucionalidade da sujeição da contribuição ao PIS ao princípio da "noventena". Decidiu-se ainda que, caso a majoração se der por meio da lei resultante da conversão de Medida Provisória, o início da contagem do prazo nonagesimal se dá no dia da publicação da lei.

Inicialmente, o Tribunal reafirmou entendimento já consolidado, no tocante à natureza jurídica da contribuição para o PIS, de forma a enquadrá-lo na categoria das contribuições sociais:

> ...a contribuição ao PIS /PASEP é modalidade de tributo vinculado com a finalidade de custear a previdência social e espécie de contribuição social. (p. 7 do Acórdão)

Por conseguinte, decidiu a Corte pela aplicabilidade do princípio da noventena, nos temos da CF/88, art. 195, § 6°, com base no qual a instituição ou majoração de um tributo somente se aplica sobre fatos geradores a ocorrer a partir de 90 dias após o advento da lei respectiva:

> CF/88, art. 195, § 6° As contribuições sociais de que trata este artigo só poderão ser exigidas após decorridos noventa dias da data da publicação da lei que as houver instituído ou modificado, não se lhes aplicando o disposto no art. 150, III, "b".

Também conforme entendimento consolidado, decidiu que o PIS pode ser criado ou majorado por meio de Medida Provisória, nos termos da CF/88, art. 62, § 2º, incluído pela EC 32/2001. Embora o texto do dispositivo refira-se apenas a "impostos", ao autorizar o uso de Medida Provisória, o STF tem posicionamento histórico no sentido de permitir também a inclusão das contribuições em tal regime, tendo-o aplicada *in casu*.

Ainda sobre esta questão, a CF/88, art. 62, § 2º, prevê que a instituição ou majoração de tributo somente serão aplicáveis no ano seguinte, se a Medida Provisória houver sido convertida em lei até o **último** dia do exercício em que se deu a sua edição. Quanto a este aspecto específico, a postura do STF tem sido no sentido de firmar o termo inicial da contagem do prazo nonagesimal na data da edição da Medida Provisória por meio da qual se tenha operado a instituição ou majoração tributária. Mesmo naqueles casos em que a instituição ou majoração tenha sido objeto de prorrogações, em função de reedições sucessivas de Medidas Provisórias, possibilidade existente até o advento da MP 32/2001, o Tribunal considera como termo *a quo* da contagem do prazo da noventena a data da publicação da primeira dentre as Medidas Provisórias consideradas:

> A regra é que, em se tratando de medida provisória, a contagem do prazo dá-se da data da publicação da medida provisória, e não da lei de conversão. Anteriormente à EC n. 32/01, que alterou o regime das medias provisórias, ampliando a sua vigência e proibindo as reedições, o Supremo Tribunal Federal se pronunciou por diversas vezes dizendo que se deveria considerar como termo a quo a data da publicação da primeira medida provisória da série, e não das suas reedições, nem da lei de conversão, salvo quanto aos dispositivos que eventualmente fossem ser alterados. (Acórdão na ação de origem, citado no Acórdão do presente RE, p. 10)

Embora no presente julgamento o STF tenha reafirmado os entendimentos acima indicados, o caso trazido a julgamento apresentou uma peculiaridade cuja **ênfase** se faz necessária. É que a majoração da alíquota do PIS, estabelecida pela Lei 10.865/2004, não se encontrava presente na MP 164/2004, objeto da conversão. Disso decorreu o entendimento no sentido de que a noventena deve ser aplicada em matéria de PIS, e o termo inicial do prazo de 90 dias inicia-se na data de publicação da lei que efetivamente majora o tributo, ainda que tal lei seja resultante da conversão de Medida Provisória, em cujo teor não se previa a aludida majoração.

◉ Fique atento:

- Sobre a aplicabilidade da noventena na hipótese de prorrogação de tributo, vid. As análises do RE 566.032 (Tema 51), do RE 584.100 (Tema 91), do RE 587.008 (Tema 107)
- Quanto à questão da prorrogação do PIS, com efeitos retroativos, meio de Emenda Constitucional, vid. RE 848.353 (Tema 894), nesta obra.

◉ Questões de Concurso relacionadas ao tema:

Questão 01 (CESPE. DPU. 2016. Prova: Analista Técnico – Administrativo) No que se refere ao financiamento da seguridade social, julgue o item a seguir.

Lei que aprovar a majoração de contribuição previdenciária para efeito de custeio de benefício ou serviço da seguridade social só poderá ser aplicada após decorridos noventa dias da data da sua publicação.

( ) Certo   ( ) Errado

Questão 02 (ESAF. MDIC. 2012. Prova: Analista de Comércio Exterior) Alguns tributos, de acordo com a Constituição Federal, somente podem ser exigidos após decorridos noventa dias da data da publicação da lei que os houver instituído ou modificado. Doutrinariamente, este lapso temporal é chamado de anterioridade especial, nonagesimal ou mitigada. Sobre ela, é incorreto afirmar que:

a)   a sua aplicação, como regra, afasta a aplicação da anterioridade de exercício.

b)   em que pese sua adjetivação "mitigada", constitui garantia mais efetiva ao contribuinte que a do art. 150, III, b, da Constituição Federal (anterioridade de exercício) isoladamente.

c)   a alteração do prazo para recolhimento das Contribuições para o PIS/Pasep e Cofins também se sujeita ao princípio da anterioridade especial.

d)   no caso de redução de alíquotas, é desnecessária a observância da anterioridade especial.

e)   o vocábulo "lei", termo *a quo* de contagem do prazo dos noventa dias, deve ser entendido, no caso das Medidas Provisórias, como a data da sua publicação, e não da sua conversão em lei.

> **Gabarito: 1- C; 2-A**

10.8.   IMUNIDADE TRIBUTÁRIA: INSTRUMENTO LEGISLATIVO, APLICAÇÃO AO FINSOCIAL

Tema 32: "Reserva de lei complementar para instituir requisitos à concessão de imunidade tributária às entidades beneficentes de assistência social."

Tese: "Os requisitos para o gozo de imunidade hão de estar previstos em lei complementar."

FICHA TÉCNICA	
Leading case:	**RE 566.622**
Descrição do caso feita pelo STF:	"Recurso extraordinário em que se discute, à luz do art. 195, § 7º, da Constituição Federal, a necessidade de Lei Complementar para instituir requisitos à concessão de imunidade tributária às entidades beneficentes de assistência social."
Dispositivo(s) constitucional(is) envolvido(s):	"CF/88, art. 195. § 7º São isentas de contribuição para a seguridade social as entidades beneficentes de assistência social que atendam às exigências estabelecidas em lei."
Data de reconhecimento da repercussão geral:	23/02/2008

FICHA TÉCNICA	
Leading case:	**RE 566.622**
Data de julgamento do mérito recursal:	23/02/2016
Houve unanimidade?	Não, vencidos os Ministros Teori Zavascki, Rosa Weber, Luiz Fux, Dias Toffoli e Gilmar Mendes
Data de publicação do acórdão de julgamento do recurso:	Acórdão ainda não divulgado na página do STF
Trânsito em julgado do acórdão:	Ainda pendente de trânsito em julgado
Houve Embargos de Declaração	Não, até o momento de publicação desta obra
Data de julgamento dos Embargos de Declaração	–
Data de publicação dos Embargos de Declaração	–

◉ Comentários:

Deu-se provimento ao Recurso Extraordinário interposto por contribuinte, para declarar a necessidade de previsão, em Lei Complementar, dos requisitos para gozo de imunidade.

Trata-se de julgamento referente à imunidade em matéria de contribuições sociais, estabelecida na **CF/88, art.** 195. § 7º, em favor das entidades beneficentes de assistência social:

> **CF/88, art.** 195. § 7º São isentas de contribuição para a seguridade social as entidades beneficentes de assistência social que atendam às exigências estabelecidas em lei.

O STF entendeu que a fixação de requisitos para aplicar a imunidade, deve ser realizada em atenção à reserva de Lei Complementar.

Devido ao fato de se tratar de julgamento recente ao tempo da presente análise, e tendo em vista não se ter, até o momento, disponibilizado o Acórdão respectivo, inviabiliza-se a análise detalhada do julgamento.

◉ Fique atento:

- Sobre a imunidade de entidades sem fins lucrativos cf. as análises do RE 608.872 (Tema 342), RE 636.941 (Tema 432) e RE 767.332 (Tema 693), nesta obra.
- Sobre a reserva de Lei Complementar em matéria contribuições, vid. os seguintes RE, neste trabalho: RE 560.626 (Tema 2); RE 559.943 (Tema 3); RE 573.540 (Tema 55); RE 377.457 (Tema 71); RE 635.682 (Tema 227).

◉ Questões de Concurso relacionadas ao tema:

Questão 01 (FGV. Prefeitura de Recife – PE. Auditor do Tesouro Municipal. 2014) Determinada escola foi autuada pelo Fisco Municipal por não ter recolhido o imposto sobre os serviços que presta, apesar de ter recebido o título de instituição de utilidade pública, tendo sua imunidade reconhecida por meio de ato declaratório próprio, não possuindo fins lucrativos. A Fazenda alega que a escola não se cadastrou junto à Secretaria de Educação, órgão que estabelece os critérios para que um estabelecimento possa ser considerado "*educacional*" e, portanto, imune, sendo essa exigência ato privativo do Poder Executivo, que pode condicionar a fruição do benefício ao cumprimento de obrigações acessórias.

Nesse caso, a Fazenda agiu

a) incorretamente, uma vez que a exigência de cadastro representa limite, a ser fixado por lei complementar, à imunidade gozada pela escola.

b) corretamente, já que cabe ao Poder Executivo fixar a organização das entidades imunes.

c) corretamente, eis que cabe à Secretaria de Educação exercer controle sobre as escolas.

d) incorretamente, já que as exigências quanto à organização das entidades imunes devem ser veiculadas por lei complementar.

e) corretamente, uma vez que, mesmo imune, a escola tem que cumprir as obrigações acessórias.

Questão 02 (FGV. TCM-SP. Agente de Fiscalização – Ciências Jurídicas. 2015) De acordo com o sistema constitucional tributário, a previsão de imunidade é:

a) limitação à instituição de tributos estaduais e municipais, imposta pela União, através de lei complementar nacional;

b) dispensa legal do pagamento do tributo ou penalidade pecuniária;

c) modalidade especial de extinção do crédito tributário;

d) não incidência qualificada pela lei;

e) limitação constitucional ao poder de tributar.

Gabarito: 1-A; 2-E

Tema 209: "Imunidade tributária de livros, jornais e periódicos do FINSOCIAL."

Tese: "A contribuição para o Finsocial, incidente sobre o faturamento das empresas, não está abrangida pela imunidade objetiva prevista no art. 150, VI, d, da Constituição Federal de 1988, anterior art. 19. III, d, da Carta de 1967/1969."

FICHA TÉCNICA	
Leading case:	**RE 628.122**
Descrição do caso feita pelo STF:	"Agravo de instrumento interposto contra decisão que inadmitiu recurso extraordinário em que se discute, à luz do art. 150, VI, d, da Constituição Federal, se a imunidade tributária prevista nesse dispositivo para livros, jornais e periódicos abrange, ou não, as publicações do FINSOCIAL – Fundo de Investimento Social."
Dispositivo(s) constitucional(is) envolvido(s):	"CF/88, art. 150. Sem prejuízo de outras garantias asseguradas ao contribuinte, é vedado à União, aos Estados, ao Distrito Federal e aos Municípios: VI – instituir impostos sobre: d) livros, jornais, periódicos e o papel destinado a sua impressão."
Data de reconhecimento da repercussão geral:	Em 06/08/2010 o Tribunal passou a considerar este RE como paradigma de repercussão geral do tema tratado, em substituição ao AI 749.128, cuja repercussão geral foi reconhecida em 23/10/2009
Data de julgamento do mérito recursal:	19/06/2013
Houve unanimidade?	Não, vencido o Ministro Marco Aurélio
Data de publicação do acórdão de julgamento do recurso:	30/09/2013
Trânsito em julgado do acórdão:	14/11/2013
Houve Embargos de Declaração	Não
Data de julgamento dos Embargos de Declaração	–
Data de publicação dos Embargos de Declaração	–

◉ Comentários:

Negou-se provimento ao Recurso Extraordinário interposto por contribuinte, para declarar a constitucionalidade da incidência do FINSOCIAL sobre operações com livros, jornais e periódicos.

Com base na CF/88, art. 150, é vedada a instituição de imposto que tenha como objeto operações com livros revistas, periódicos e o papel destinado à sua impressão, o que se convencionou denominar "imunidade cultural", devido à clara finalidade de fomento à formação do indivíduo.

O primeiro ponto discutido no julgado referiu-se à natureza jurídica específica do pagamento para o FINSOCIAL (Fundo de Investimento Social), tendo em vista que a imunidade cultural somente se aplica no tocante aos impostos. Recorrendo a julgamentos históricos já realizados na Corte acerca da matéria, o STF considerou tratar-se imposto, e neste sentido decidiu pela possibilidade da aplicação da imunidade. Nos termos do voto do Ministro-relator, Gilmar Mendes,

> A caracterização da natureza tributária do FINSOCIAL como imposto restou pacificada na jurisprudência desta Corte, reiterada em inúmeros julgados (RE 109.484, Rel. Min. Célio Borja, Segunda Turma, DJ 27.5.88; RE 116.492, Rel. Min. Célio Borja, Segunda Turma, DJ 16.9.88; RE 170.717, Rel. Min. Sepúlveda Pertence, Primeira Turma, DJ 8.5.1998; RE 252.132, Rel. Min. Ilmar Galvão, Primeira Turma, DJ 19.11.1999). (p. 06 do Acórdão)

O segundo ponto considerado referiu-se à natureza da imunidade cultural, com a finalidade de se saber se a mesma teria um caráter subjetivo ou objetivo. Imunidade objetiva é aquela que se aplica sobre determinada situação, com independência das pessoas que nela participam. A imunidade das operações de exportação é um exemplo deste tipo. Não importa quem é a pessoa que promove a exportação de uma mercadoria; sobre ela não há que se falar em incidência do ICMS, à vista da norma de imunidade.

Imunidade subjetiva é aquela que incide sobre grupos de contribuintes, de forma a ressalvá-los da incidência do tributo, com independência da situação em que venham a participar. Os "templos de qualquer" gozam de imunidade no tocante aos impostos que venham a incidir sobre o patrimônio, a renda ou os serviços, nos termos definidos na CF/88.

Neste ponto, o Tribunal considerou que a imunidade cultural é do tipo objetiva, posto que incidente sobre "operações" com livros, revista e periódicos. Não obstante, o FINSOCIAL não era tributo incidente sobre operações, e sim sobre o faturamento ou receita bruta, e, portanto, de caráter pessoal. Nos termos do voto do ministro-relator:

> ...o tributo sobre o faturamento é de natureza pessoal, portanto não abarcado pela imunidade objetiva, a qual protege o objeto tributado e não o contribuinte propriamente dito. Por essa razão, sequer cogita-se que a imunidade em exame abarque a renda, por exemplo, das empresas que sejam comercializadoras de livros.

◉ Síntese do debate constante do acórdão que fixou o precedente:

Argumentos favoráveis à tese fixada:	Argumentos contrários à tese fixada:
Ministro-relator Gilmar Mendes: "...incidente sobre o faturamento das empresas, a contribuição para o FINSOCIAL é tributo pessoal e, assim, não leva em consideração a capacidade contributiva do comprador de livros, mas a do vendedor. Isto é, imune é o livro (objeto tributado) e não o livreiro ou a editora Desse modo, demonstrado o caráter pessoal dos tributos sobre o faturamento e, por via de consequência, o equívoco de considerá-los abrangidos pelos casos de imunidade objetiva, revela-se a viabilidade da tributação sobre o faturamento por meio da contribuição para o FINSOCIAL."	Ministro Marco Aurélio: "...não me impressiona a dicotomia: imunidade objetiva e imunidade subjetiva. ...não tenho como estabelecer distinção: se enquadro o FINSOCIAL, como faço, não como contribuição, mas como verdadeiro imposto sobre a renda bruta, esse tributo – espécie, repito, imposto – está apanhado pela imunidade prevista no artigo 150, inciso VI, alínea "d", da Constituição Federal. Empresto ao preceito a maior concretude possível – como busco fazer quanto aos demais dispositivos da Carta da República – encaro-o, ante o objetivo visado, com largueza maior."

◉ Fique atento:

- Uma das discussões mais profícuas no tocante à imunidade cultura não foi objeto de análise no presente julgamento. Trata-se da questão sobre o que se deve considerar como livro, revista ou periódico, abordagem que se realiza em dois sentidos distintos: a) o de saber se o conteúdo técnico, literário, científica, etc., tem importância para fins de aplicação da imunidade; e b) o de considerar se o formato, ou suporte em que se apresenta – eletrônico, papel, mídias – tem o condão de alterar a amplitude de aplicabilidade da imunidade. Neste sentido cabe destacar a Súmula STF n. 657: "A imunidade prevista no art. 150, VI, d, da Constituição Federal abrange os filmes e papéis fotográficos necessários à publicação de jornais e periódicos."

- Embora terminem por provocar efeito econômico idêntico, imunidade, isenção, não incidência e alíquota-zero, são institutos distintos na perspectiva jurídica. Imunidade, instituto de natureza constitucional, delimita a competência para legislar em matéria tributária, de forma a indicar ao legislador quais são as pessoas ou as situações com relação à quais não poderá instituir tributos. Isenção é instituto previsto em lei, caracterizando-se como espécie de exclusão de determinadas pessoas ou determinadas situações do âmbito de incidência tributária. A imunidade impede o exercício da competência tributária, a isenção é produto do exercício desta mesma competência. Não incidência *stricto sensu* corresponde à não aplicação de norma tributária em decorrência da ausência de previsão específica. Alíquota-zero é o resultado da incidência de um tributo, cuja alíquota é nula, não implicando em valor a pagar.

- O FINSOCIAL foi criado pelo Decreto-Lei 1.940/82, para custear investimentos de caráter assistencial em alimentação, habitação popular, saúde, educação, justiça e amparo ao pequeno agricultor. Foi extinto com o surgimento da COFINS (Contribuição Social Sobre o Faturamento), pela LC 70/91.

- Sobre a imunidade do livro eletrônico vid. RE 330.817 (Tema 593), neste trabalho.

- Sobre imunidade de operações de importação de pequenos componentes eletrônicos que acompanham material didático, vid. RE 628.122 (Tema 259), nesta obra.

◉ Questões de Concurso relacionadas ao tema:

Questão 01: (Ano: 2016. Banca: INSTITUTO AOCP. Órgão: EBSERH. Prova: Advogado (CH-UF-PA)) De acordo com o texto constitucional, em relação às limitações do poder de tributar, é vedado à União, aos Estados e aos Municípios

a) instituir tributos, inclusive taxas e contribuições sobre patrimônio, renda ou serviços uns dos outros.

b) instituir tratamento desigual entre contribuintes que se encontrem em situação equivalente, autorizada, no entanto, institui a distinção em razão de ocupação profissional ou função por eles exercida.

c) instituir impostos sobre livros, jornais, periódicos, assim como o papel e o prédio destinados à sua impressão.

d) instituir tributos, inclusive taxas e contribuições, sobre templos de qualquer culto.

e) utilizar tributos com efeito de confisco.

Questão 02 (Ano: 2014. Banca: FUNCAB. Órgão: SEFAZ-BA. Prova: Auditor Fiscal – Administração Tributária) Sobre Sistema Tributário Nacional, é correto afirmar:

a) A imunidade dos templos religiosos compreende a vedação de instituir todo e qualquer tributo.

b) A imunidade das entidades de educação e assistência social sem fins lucrativos é de natureza objetiva.

c) Somente os livros e revistas didáticos gozam de imunidade tributária constitucional objetiva.

d) O princípio da imunidade recíproca é decorrência lógica do princípio federativo e visa a assegurar a autonomia dos entes políticos.

e) A lei que aumenta a base de cálculo do IPTU se submete ao princípio da anterioridade nonagesimal.

Questão 03 (Ano: 2008. Banca: FCC. Órgão: TCE-AL. Prova: Auditor) A imunidade em relação a livros, jornais e periódicos se refere a

a) impostos, apenas.

b) tributos.

c) contribuições sociais.

d) impostos e contribuições especiais.

e) impostos e taxas.

Gabarito: 1-E; 2-D; 3-A

10.9. IMUNIDADE TRIBUTÁRIA RECÍPROCA

Tema 115: "Aplicação da imunidade tributária recíproca às sociedades de economia mista que prestam serviços de saúde exclusivamente pelo SUS."

Tese: "Não foi fixada tese de repercussão geral, visto que a decisão de mérito do RE 580.264 vale apenas para o caso concreto, em razão de suas peculiaridades".

FICHA TÉCNICA	
Leading case:	**RE 580.264**
Descrição do caso feita pelo STF:	"Recurso extraordinário em que se discute, à luz dos artigos 6º; 145, § 1º; 150, VI, a, e § 2º; e 196, da Constituição Federal, a aplicação, ou não, da imunidade recíproca a sociedades de economia mista que prestam serviços de saúde exclusivamente pelo Sistema Único de Saúde – SUS, e assim sendo, sem pagamento por parte dos usuários."

FICHA TÉCNICA	
Leading case:	**RE 580.264**
Dispositivo(s) constitucional(is) envolvido(s):	"CF/88, art. 6º São direitos sociais a educação, a saúde, a alimentação, o trabalho, a moradia, o transporte, o lazer, a segurança, a previdência social, a proteção à maternidade e à infância, a assistência aos desamparados, na forma desta Constituição. (Redação dada pela EC nº 90/2015) Art. 145, § 1º Sempre que possível, os impostos terão caráter pessoal e serão graduados segundo a capacidade econômica do contribuinte, facultado à administração tributária, especialmente para conferir efetividade a esses objetivos, identificar, respeitados os direitos individuais e nos termos da lei, o patrimônio, os rendimentos e as atividades econômicas do contribuinte. Art. 150. Sem prejuízo de outras garantias asseguradas ao contribuinte, é vedado à União, aos Estados, ao Distrito Federal e aos Municípios: VI – instituir impostos sobre: a) patrimônio, renda ou serviços, uns dos outros; [...] § 2º A vedação do inciso VI, "a", é extensiva às autarquias e às fundações instituídas e mantidas pelo Poder Público, no que se refere ao patrimônio, à renda e aos serviços, vinculados a suas finalidades essenciais ou às delas decorrentes. Art. 196. A saúde é direito de todos e dever do Estado, garantido mediante políticas sociais e econômicas que visem à redução do risco de doença e de outros agravos e ao acesso universal e igualitário às ações e serviços para sua promoção, proteção e recuperação."
Data de reconhecimento da repercussão geral:	10/10/2008
Data de julgamento do mérito recursal:	16/12/2010
Houve unanimidade?	Não, vencidos os Ministros Joaquim Barbosa (Relator), Cármen Lúcia, Ricardo Lewandowski e Marco Aurélio
Data de publicação do acórdão de julgamento do recurso:	01/10/2011
Trânsito em julgado do acórdão:	08/11/2013
Houve Embargos de Declaração	Sim
Data de julgamento dos Embargos de Declaração	19/09/2013
Data de publicação dos Embargos de Declaração	15/10/2013

◉ Comentários:

Deu-se provimento ao Recurso Extraordinário interposto por contribuinte, para declarar a aplicação da imunidade recíproca em favor das Sociedades de Economia Mista prestadoras de ações e serviços de saúde, cujo capital social seja majoritariamente estatal, desde que a empresa estatal não tenha por finalidade a obtenção de lucro.

A imunidade recíproca encontra-se prevista na CF/88, nos seguintes termos:

> Art. 150. Sem prejuízo de outras garantias asseguradas ao contribuinte, é vedado à União, aos Estados, ao Distrito Federal e aos Municípios:
>
> VI – instituir impostos sobre:
>
> a) patrimônio, renda ou serviços, uns dos outros;
>
> § 2º A vedação do inciso VI, "a", é extensiva às autarquias e às fundações instituídas e mantidas pelo Poder Público, no que se refere ao patrimônio, à renda e aos serviços, vinculados a suas finalidades essenciais ou às delas decorrentes.

Embora o texto constitucional explicite apenas os Entes políticos, suas autarquias e fundações, como sujeitos a tal imunidade, o entendimento jurisprudencial costuma ampliar este universo para também incluir Empresas Públicas e Sociedades de Economia Mista. Como ressaltou o Ministro-relator Joaquim Barbosa,

> ...tanto os objetivos como os efeitos do reconhecimento da aplicação da imunidade recíproca são passíveis de submissão ao crivo jurisdicional, em um exame de ponderação, não bastando a constatação objetiva de propriedade do bem.

Em geral, ao delinear os contornos de tal imunidade, os tribunais costumam considerar alguns aspectos, assim sintetizados pelo Ministro-relator: "a) A atividade protegida deve estar vinculada **às** atividades essenciais da entidade, que devem atender diretamente a interesse público primário. [...] b) A aplicação da imunidade não deve favorecer, direta ou indiretamente, particulares que tenham interesses econômicos privados na atividade desenvolvida pelo Estado [...] c) a imunidade recíproca não deve afetar intensamente o mercado, ao trazer vantagens que possam desequilibrar a livre concorrência e a livre iniciativa".

No presente julgamento, balizou-se o reconhecimento da imunidade a partir dos seguintes requisitos: a) natureza jurídica de sociedade de economia mista; b) atuante na **área** de saúde; c) cujo capital social seja majoritariamente estatal; d) que não tenha por finalidade a obtenção de lucro. Atendidos tais requisitos, segundo o Tribunal, "a prestação de ações e serviços de saúde por sociedades de economia mista corresponde à própria atuação do Estado" (Ementa, item 2).

Foram apresentados dois Embargos de Declaração. Os primeiros, interposto pelo Estado do Rio Grande do Sul, rejeitados por ausência de vícios na decisão. Os segundos, oferecidos pela União, não foram conhecidos.

◉ Síntese do debate constante do acórdão que fixou o precedente:

Argumentos favoráveis à tese fixada:	Argumentos contrários à tese fixada:
	Embora o Ministro-relator concorde com a aplicação da imunidade recíproca em favor das Sociedades de Economia Mista, observados os requisitos que a jurisprudência utiliza como baliza para esta aplicação, *in casu*, opôs-se ao reconhecimento da imunidade recíproca, à vista do caráter transitório da atuação do contribuinte realizada exclusivamente pelo SUS. Assim, incorporou o entendimento da Fazenda Pública, e consignado na decisão recorrida, no sentido de que "o Hospital recorrente pode deixar de atender exclusivamente o SUS e passar a atender convênios"
	Ministro Marco Aurélio: "Imunidade é algo que está disciplinado na Constituição Federal [...] Está prevista em preceito que encerra exceção... Preceito que encerre exceção somente pode ser interpretado de forma estrita. ...não é dado elastecer o que previsto na Carta da República... para vir a ter jus ao que contido, em termos de imunidade, no artigo 150, inciso VI e inciso I, da Constituição Federal."

◉ Fique atento:

- Foram editadas pelo STF as seguintes súmulas referentes à imunidade tributária recíproca:

   Súmula STF 73 de 13.12.1963. A imunidade das autarquias, implicitamente contida no art. 31, V, "a", da Constituição Federal, abrange tributos estaduais e municipais. [refere-se à CF/1946]

   Súmula STF 75 de 13.12.1963. Sendo vendedora uma autarquia, a sua imunidade fiscal não compreende o imposto de transmissão "inter vivos", que é encargo do comprador.

   Súmula STF 76, de 13.12.1963. As sociedades de economia mista não estão protegidas pela imunidade fiscal do art. 31, V, "a", Constituição Federal. [refere-se à CF/1946]

   Súmula STF 336, de 13.12.1963. A imunidade da autarquia financiadora, quanto ao contrato de financiamento, não se estende à compra e venda entre particulares, embora constantes os dois atos de um só instrumento.

   Súmula STF 468, de 01.10.1964. Após a E. C. nº 5 de 21.11.61, em contrato firmado com a União, Estado, Município ou autarquia, é devido o impôsto federal de sêlo pelo contratante não protegido pela imunidade, ainda que haja repercussão do ônus tributário sôbre o patrimônio daquelas entidades. [refere-se à CF/1946]

- Sobre a imunidade de Correios, vid. as análises do RE 601.392 (Tema 235), do RE 627.051 (Tema 402) e do RE 773.992 (Tema 644), neste estudo.

- Quanto à imunidade recíproca da INFRAERO em matéria de ISS, vid. análise do AgrRE 638.315 (Tema 412), nesta obra.

- Sobre a possibilidade de aplicação da retroativa da imunidade tributária recíproca, naqueles casos em que o ente público apareça como sucessor da dívida tributária, nos termos do CTN, art. 130, vid. a análise do RE 599.176 (Tema 224), neste estudo.

⊙ Questões de Concurso relacionadas ao tema:

Questão 01 (Ano: 2014 Banca: CESPE Órgão: Câmara dos Deputados Prova: Analista Legislativo) Julgue os itens que se seguem, acerca dos incentivos fiscais, da renúncia de receitas, da imunidade, da não incidência e da isenção.

Segundo o STF, a imunidade tributária recíproca não abrange as empresas públicas e sociedades de economia mista prestadoras de serviços públicos de prestação obrigatória e exclusiva do Estado, por se tratar de pessoa jurídica de direito privado.

( ) Certo   ( ) Errado

Questão 02 (Ano: 2014 Banca: TRF – 4ª REGIÃO Órgão: TRF – 4ª REGIÃO Prova: Juiz Federal Substituto) Dadas as assertivas abaixo, assinale a alternativa correta, considerando a jurisprudência do Supremo Tribunal Federal:

I.   A prestação de ações e serviços de saúde por sociedades de economia mista corresponde à própria atuação do Estado, razão pela qual a elas se estende a imunidade tributária prevista na alínea a do inciso VI do art. 150 da Constituição Federal, desde que a empresa estatal não tenha por finalidade a obtenção de lucro e o capital social seja majoritariamente estatal.

II.   É incompatível com o texto constitucional a regra constante de lei ordinária que condiciona o ingresso de empresa no Simples à inexistência de débito tributário, por se constituir em sanção política e via indireta de cobrança de tributo.

III. A imunidade tributária conferida a instituições de assistência social sem fins lucrativos pelo art. 150, VI, c, da Constituição Federal somente alcança as entidades fechadas de previdência social se não houver contribuição dos beneficiários.

IV.   A lei que altera o prazo de pagamento do tributo, por não implicar majoração da exação, não se sujeita ao princípio da anterioridade.

V.   É inconstitucional a cobrança de taxa para custear o serviço de iluminação pública

   a)   Estão corretas apenas as assertivas I, II e IV.
   b)   Estão corretas apenas as assertivas I, II, IV e V.
   c)   Estão corretas apenas as assertivas I, III, IV e V.
   d)   Estão corretas apenas as assertivas II, III, IV e V.
   e)   Estão corretas todas as assertivas.

Questão 03 (Ano: 2012 Banca: TRF – 4ª REGIÃO Órgão: TRF – 4ª REGIÃO Prova: Juiz Federal) Dadas as assertivas abaixo, assinale a alternativa correta.

I.   A jurisprudência do Supremo Tribunal Federal fixou entendimento no sentido de que a alteração do prazo para recolhimento das contribuições sociais não ofende o princípio da anterioridade tributária mitigada, previsto no art. 195, § 6°, da Constituição Federal de 1988.

II.   É constitucional a adoção, no cálculo do valor da taxa, de um ou mais elementos da base de cálculo própria de determinado imposto, desde que não haja integral identidade entre uma base e outra.

III. Segundo a Constituição Federal, apenas as contribuições de seguridade social estão sujeitas à limitação de não poderem ser cobradas antes de decorridos noventa dias da data em que haja sido publicada a lei que institui ou altera a exação.

IV. Segundo o Supremo Tribunal Federal, a sociedade de economia mista que presta serviços na área da saúde sem a finalidade de obtenção de lucro, ainda que o seu capital seja majoritariamente estatal, não goza da imunidade intergovernamental recíproca que é conferida pelo legislador constituinte às autarquias e às fundações mantidas pelo Poder Público, no que se refere à renda e aos serviços vinculados às suas finalidades essenciais e às delas decorrentes, pois não incluídas, expressamente, na regra imunizante que consta do texto constitucional.

V. Ressalvada a competência da União, a Constituição da República Federativa do Brasil veda aos demais entes da Federação com competência tributária a concessão de isenções heterônomas.

a) Estão corretas apenas as assertivas I e II.

b) Estão corretas apenas as assertivas III e IV.

c) Estão corretas apenas as assertivas I, II e V.

d) Estão corretas apenas as assertivas III, IV e V.

e) Estão corretas todas as assertivas.

Gabarito: 1-E; 2- C; 3- A

Tema 224: "Imunidade tributária recíproca do responsável tributário por sucessão."

Tese: "A imunidade tributária recíproca não exonera o sucessor das obrigações tributárias relativas aos fatos jurídicos tributários ocorridos antes da sucessão."

FICHA TÉCNICA	
Leading case:	**RE 599.176**
Descrição do caso feita pelo STF:	"Recurso extraordinário em que se discute, à luz dos artigos 150, VI, a; 151, III; e 156, da Constituição Federal, se a imunidade tributária recíproca é, ou não, aplicável ao responsável tributário por sucessão."
Dispositivo(s) constitucional(is) envolvido(s):	"CF/88, art. 150. Sem prejuízo de outras garantias asseguradas ao contribuinte, é vedado à União, aos Estados, ao Distrito Federal e aos Municípios: VI – instituir impostos sobre: a) patrimônio, renda ou serviços, uns dos outros; art. 151. É vedado à União: III – instituir isenções de tributos da competência dos Estados, do Distrito Federal ou dos Municípios. Art. 156. Compete aos Municípios instituir impostos sobre: I – propriedade predial e territorial urbana; II – transmissão "inter vivos", a qualquer título, por ato oneroso, de bens imóveis, por natureza ou acessão física, e de direitos reais sobre imóveis, exceto os de garantia, bem como cessão de direitos a sua aquisição; III – serviços de qualquer natureza, não compreendidos no art. 155, II, definidos em lei complementar. (Redação dada pela EC n. 3/1993."

FICHA TÉCNICA	
Leading case:	**RE 599.176**
Data de reconhecimento da repercussão geral:	23/10/2009
Data de julgamento do mérito recursal:	05/06/2014
Houve unanimidade?	Sim
Data de publicação do acórdão de julgamento do recurso:	03/10/2014
Trânsito em julgado do acórdão:	18/11/2014
Houve Embargos de Declaração	Não
Data de julgamento dos Embargos de Declaração	–
Data de publicação dos Embargos de Declaração	–

◉ Comentários:

Deu-se provimento ao Recurso Extraordinário interposto pelo Município de Curitiba, para declarar a inconstitucionalidade da aplicação da imunidade recíproca em favor de um ente público que tenha assumido a condição de sucessor de dívida tributária.

Nos termos do CTN, art. 130, os créditos tributários relativos a tributos incidentes sobre a propriedade, o domínio útil ou a posse de bens imóveis subrogam-se na pessoa do adquirente, ressalvadas as situações em que a quitação dos tributos conste do documento que embasou a sucessão.

A discussão se estabelece, entretanto, naqueles casos em que o adquirente do imóvel sobre o qual pesa dívida tributária é sujeito que goze de imunidade. No caso do RE, a situação referiu-se a débitos de IPTU da extinta Rede Ferroviária Federal S.A. (RFFSA), sucedida pela União, à vista da imunidade recíproca, prevista na CF/88, art. 150:

> **CF/88,** art. 150. Sem prejuízo de outras garantias asseguradas ao contribuinte, é vedado à União, aos Estados, ao Distrito Federal e aos Municípios: VI – instituir impostos sobre: a) patrimônio, renda ou serviços, uns dos outros

O STF considerou inaplicável a imunidade recíproca em favor da União, quando os créditos contra ela reclamados sejam resultado da sucessão tributária, nos moldes do CTN, art. 130. Raciocínio distinto, levaria a uma aplicação retroativa da imunidade recíproca, posto que aplicada sobre fato anterior à constituição da propriedade em favor de ente público. Além disso, constituiria um subterfúgio para que instituições privadas terminassem

por não sofrer a incidência, com claros reflexos sobre o equilíbrio de mercado e a isonomia entre contribuintes, bem como, por via indireta, sobre o próprio pacto federativo:

> A regra constitucional da imunidade, por se destinar à proteção específica do ente fe-
> derado, é inaplicável aos créditos tributários constituídos legitimamente contra pessoas
> jurídicas dotadas de capacidade contributiva e cuja tributação em nada afetaria o equi-
> líbrio do pacto federativo.

⊙ Fique atento:

- Foram editadas pelo STF as seguintes súmulas referentes à imunidade tributária
  recíproca:

Súmula STF 73 de 13.12.1963. A imunidade das autarquias, implicitamente contida
no art. 31, V, "a", da Constituição Federal, abrange tributos estaduais e municipais. [refe-
re-se à CF/1946]

Súmula STF 75 de 13.12.1963. Sendo vendedora uma autarquia, a sua imunidade fiscal não compreende o imposto de transmissão "inter vivos", que é encargo do comprador.

Súmula STF 76, de 13.12.1963. As sociedades de economia mista não estão protegidas pela imunidade fiscal do art. 31, V, "a", Constituição Federal. [refere-se à CF/1946]

Súmula STF 336, de 13.12.1963. A imunidade da autarquia financiadora, quanto ao
contrato de financiamento, não se estende à compra e venda entre particulares, embora
constantes os dois atos de um só instrumento.

Súmula STF 468, de 01.10.1964. Após a E. C. nº 5 de 21.11.61, em contrato firmado com a União, Estado, Município ou autarquia, é devido o impôsto federal de sêlo pelo
contratante não protegido pela imunidade, ainda que haja repercussão do ônus tributário
sôbre o patrimônio daquelas entidades. [refere-se à CF/1946]

- Sobre os limites da imunidade recíproca, no que se refere às Sociedades de Economia Mista que prestam serviços de saúde exclusivamente ao SUS, vid. a análise
  do RE 580.264 (Tema 115), neste estudo.
- Sobre a imunidade de Correios, vid. as análises do RE 601.392 (Tema 235), do RE
  627.051 (Tema 402) e do RE 773.992 (Tema 644), neste estudo.
- Quanto à imunidade recíproca da INFRAERO em matéria de ISS, vid. análise do
  AgrRE 638.315 (Tema 412), nesta obra.

⊙ Questões de Concurso relacionadas ao tema:

Questão 01 (Ano: 2012 Banca: CESPE Órgão: TJ-CE Prova: Juiz) No que se refere ao instituto
da imunidade tributária, assinale a opção correta em consonância com a jurisprudência do STF.

a) A imunidade tributária conferida pela CF ao patrimônio, renda ou serviços dos partidos políticos, inclusive suas fundações, às entidades sindicais dos trabalhadores, às
instituições de educação e de assistência social, sem fins lucrativos, não se aplica aos
imóveis alugados a terceiros, ainda que o valor deles decorrente seja aplicado nas atividades essenciais de tais entidades.

b) Está abrangida pela imunidade estabelecida na CF eventual renda que, obtida por instituição de assistência social mediante cobrança de estacionamento de veículos em área interna da entidade, destine-se ao custeio das atividades desta.

c) Como a imunidade recíproca está inserida entre as denominadas imunidades genéricas, pode o legislador constituinte derivado afastar a aplicação desse instituto em determinada hipótese.

d) Ao interpretar o dispositivo constitucional que veda a instituição de imposto sobre templos de qualquer culto, o STF entende que a imunidade limita-se aos prédios destinados ao culto.

e) A imunidade tributária conferida aos livros, jornais, periódicos e papel destinado à sua impressão estende-se aos serviços de composição gráfica necessários à composição do produto final.

Questão 02 (Ano: 2014 Banca: FCC Órgão: TRF – 3ª REGIÃO Prova: Analista Judiciário – Área Judiciária) Em relação às limitações constitucionais ao poder de tributar, considere:

I. A renda auferida pelas igrejas com dízimo (doação em dinheiro feita pelos fiéis) é imune de imposto de renda.

II. Em razão da imunidade recíproca, os Municípios são imunes ao imposto sobre a propriedade de veículo automotor, desde que os veículos estejam afetados a uma finalidade pública.

III. As autarquias e fundações públicas não são alcançadas pela imunidade recíproca de tributos quando prestadoras de serviço público remunerado por taxa ou tarifa.

IV. A norma constitucional que prevê concessão de imunidade para as instituições de educação e de assistência social, sem fins lucrativos é de eficácia contida ou restringível, pois pode ser regulamentada por lei complementar que irá definir os requisitos para a concessão da imunidade.

Está correto o que consta APENAS em

a) I e IV.

b) II e III.

c) I e II.

d) III e IV.

e) I, II e IV

Questão 03 (Ano: 2016 Banca: FCC Órgão: SEGEP-MA Prova: Procurador do Estado) A responsabilidade tributária por sucessão

a) é pessoal do espólio pelos tributos devidos pelo de cujus, desde a data da abertura da sucessão até a data da partilha ou adjudicação; também é pessoal a responsabilidade do cônjuge meeiro e sucessores a qualquer título, nos limites da meação, do quinhão ou legado, pelos tributos devidos pelo de cujus até a data da partilha ou adjudicação.

b) abrange o tributo e as penalidades por infração à legislação tributária porventura cometidas pelo contribuinte e que não foram pagas, desde que tenha havido transmissão de bens imóveis por ato oneroso sem prova da quitação.

c) é absoluta no caso de aquisição de imóvel em hasta pública para o adquirente, ora arrematante, desde que não se trate de processo de falência, pois, neste caso, a responsabilidade é afastada se o adquirente for parente do falido na linha reta ou colateral até terceiro grau.

d) é solidária com o contribuinte nas hipóteses de fusão, cisão e incorporação de empresa, salvo se havia prova de quitação dos tributos no ato e não entraram como passivo no negócio jurídico.

e) pode ser atribuída por ato normativo e decorrer de analogia, pois existe supremacia do interesse público sobre o particular na arrecadação tributária.

> **Gabarito: 1-B; 2-A; 3-A**

10.10. IMUNIDADE DAS ENTIDADES FILANTRÓPICAS: APLICAÇÃO À COFINS/PIS

Tema 432: "Imunidade tributária das entidades filantrópicas em relação à contribuição para o PIS"

Tese: "A imunidade tributária prevista no art. 195, § 7º, da Constituição Federal abrange a contribuição para o PIS."

FICHA TÉCNICA	
Leading case:	**RE 636.941**
Descrição do caso feita pelo STF:	"Recurso extraordinário em que se discute, à luz do art. 195, § 7º, da Constituição Federal, se as entidades filantrópicas gozam de imunidade tributária em relação à contribuição para o PIS."
Dispositivo(s) constitucional(is) envolvido(s):	"CF/88, art. 195, § 7º São isentas de contribuição para a seguridade social as entidades beneficentes de assistência social que atendam às exigências estabelecidas em lei."
Data de reconhecimento da repercussão geral:	17/06/2011
Data de julgamento do mérito recursal:	13/02/2014
Houve unanimidade?	Sim
Data de publicação do acórdão de julgamento do recurso:	04/04/2014
Trânsito em julgado do acórdão:	24/04/2014

FICHA TÉCNICA	
Leading case:	**RE 636.941**
Houve Embargos de Declaração	Não
Data de julgamento dos Embargos de Declaração	–
Data de publicação dos Embargos de Declaração	–

⊙ Comentários:

Negou-se provimento ao Recurso Extraordinário interposto pela União, para declarar a inconstitucionalidade da incidência da contribuição para o PIS sobre as receitas das entidades filantrópicas, à vista da imunidade prevista em seu favor.

A CF/88, art. 195, § 7º estabelece a não incidência em favor das entidades nos seguintes termos:

> CF/88, art. 195, § 7º São isentas de contribuição para a seguridade social as entidades beneficentes de assistência social que atendam às exigências estabelecidas em lei.

O Tribunal tratou de enfrentar duas questões atinentes à forma como se encontra redigido o dispositivo. Em primeiro lugar, tratou de esclarecer que embora a norma esteja inserida fora do capítulo destinado ao tratamento constitucional do "Sistema Tributário Nacional", o aspecto topográfico não tem o condão de retirar-lhe a natureza tributária:

> O art. 195, § 7º, CF/88, ainda que não inserido no capítulo do Sistema Tributário Nacional, mas explicitamente incluído topograficamente na temática da seguridade social, trata, inequivocamente, de matéria tributária. (Ementa, item 4)

Portanto, trata-se de dispositivo que se refere aos tributos, universo que contém a contribuição social destinada ao financiamento do PIS.

Em segundo lugar, enfrentou-se também a utilização do termo "isenção" na redação do parágrafo acima transcrito. Neste caso, a Corte tratou de ratificar o entendimento de que o estabelecimento de não incidência por dispositivo constitucional reveste-se da condição de imunidade tributária, ainda que outra denominação lhe seja atribuída.

A bem da precisão, o termo "isenção" para referir-se a "imunidade" em matéria de contribuições sociais, tem razões históricas. A sua gênese legislativa deu-se por meio da Lei 3.577/59, "que *isentou* a taxa de contribuição de previdência dos Institutos e Caixas de Aposentadoria e Pensões às entidades de fins filantrópicos reconhecidas de utilidade pública, cujos membros de sua diretoria não percebessem remuneração" (Ementa, item 10). O Constituinte de 88 apenas transplantou a norma, no seus termos originários, do que decorreu a atecnia na utilização do termo.

Por outro lado, decidiu-se que a ideia de "entidades beneficentes de assistência social", enquanto destinatárias da imunidade, deve ser entendida de forma ampla, a contemplar, além das entidades de assistência social *stricto sensu*, também as instituições que realizem atividades nas áreas de educação, saúde e previdência social. Recordou que restou superada no âmbito do Tribunal (vid. ADI 2.028, DJ 16.06.2000) a tese de que o universo das entidades de assistência social restringe-se ao daquelas cujos objetivos são apenas os dispostos na CF/88, art. 203:

> CF/88, Art. 203. A assistência social será prestada a quem dela necessitar, independentemente de contribuição à seguridade social, e tem por objetivos:
>
> I – a proteção à família, à maternidade, à infância, à adolescência e à velhice;
>
> II – o amparo às crianças e adolescentes carentes;
>
> III – a promoção da integração ao mercado de trabalho;
>
> IV – a habilitação e reabilitação das pessoas portadoras de deficiência e a promoção de sua integração à vida comunitária;
>
> V – a garantia de um salário mínimo de benefício mensal à pessoa portadora de deficiência e ao idoso que comprovem não possuir meios de prover à própria manutenção ou de tê-la provida por sua família, conforme dispuser a lei.

Ainda sobre os contornos da expressão "entidades beneficentes de assistência social", o Tribunal observou que a mesma é análoga à expressão "instituições de assistência social e educação" utilizada na CF/88, art. 150, VI, "c", para prever imunidade em matéria de impostos.

Há, também aqui, razões históricas a explicar a dualidade de expressões que seriam em realidade análogas. O tratamento da matéria nas CF/46, CF/67 e CF/69, corrobora com a conclusão no sentido da existência de uma relação de contenção entre as expressões citadas. A diferença entre as mesmas explica-se pelo fato de que, até o advento da CF/88, "não havia uma distinção clara entre previdência, assistência social e saúde, a partir dos critérios de generalidade e gratuidade". Atualmente, entretanto, é clara a inclusão da Assistência e da Saúde no sistema nã contributivo da Seguridade Social, ao contrário da Previdência Social, que faz parte do sistema contributivo da Seguridade Social. O Constituinte de 88, entretanto, mais uma vez, tratou de transplantar, de forma imprecisa, redações normativas oriundas de tradição jurídica anteriormente existente.

A maior amplitude do conceito de entidade beneficente de assistência social encontra-se pressuposta até mesmo na Súmula STF n. 730. Ao traçar os limites de tal imunidade, a Corte Suprema chegou a fixar que a mesma se estenderia inclusive às entidades privadas de previdência social, seguintes termos:

> Súmula STF n. 730. A imunidade tributária conferida a instituições de assistência social sem fins lucrativos pelo art. 150, VI, c, da Constituição, somente alcança as entidades fechadas de previdência social privada se não houver contribuição dos beneficiários.

Em meio às discussões de mérito, nos termos acima reproduzidos, o STF tratou de registrar posicionamento de extrema importância no tocante à natureza jurídica do instituto da imunidade e respectivas implicações. Segundo o Tribunal, trata-se de cláusula pétrea, nos termos da CF/88, art. 60, § 4º, não sendo possível, destarte, a sua supressão sequer por Emenda Constitucional.

Finalmente, superadas as questões de mérito, fixou-se o entendimento de que o gozo da imunidade encontra-se condicionado ao cumprimento dos requisitos formais previstos no CTN, art. 9º e 14, e na Lei 8.212/91, art. 55, alterada pela Lei 9.732/98 e pela Lei 12.101/2009.

⦿ Síntese do debate constante do acórdão que fixou o precedente:

Argumentos favoráveis à tese fixada:	Argumentos contrários à tese fixada:
Ementa: "18. Instituições de educação e de assistência social sem fins lucrativos são entidades privadas criadas com o propósito de servir à coletividade, colaborando com o Estado nessas áreas cuja atuação do Poder Público é deficiente. Consectariamente, *et pour cause,* a constituição determina que elas sejam desoneradas de alguns tributos, em especial, os impostos e as contribuições.	
19. A *ratio* da supressão da competência tributária funda--se na ausência de capacidade contributiva ou na aplicação do princípio da solidariedade de forma inversa, vale dizer: a ausência de tributação das contribuições sociais decorre da colaboração que estas entidades prestam ao Estado."	

⦿ Fique atento:

- Sobre discussões envolvendo incidência do PIS e imunidade, vid. As análises dos RE 599.362 (Tema 323), RE 606.107 (Tema 283), RE 627.815 (Tema 329), todos nesta obra.

- Sobre a imunidade de entidades sem fins lucrativos cf. as análises do RE 566.622 (Tema 32), RE 608.872 (Tema 342) e RE 767.332 (Tema 693), nesta obra.

- São requisitos para gozo da imunidade tratada no presente RE:

  CTN, Art. 9º É vedado à União, aos Estados, ao Distrito Federal e aos Municípios: IV – cobrar imposto sobre: c) o patrimônio, a renda ou serviços dos partidos políticos, inclusive suas fundações, das entidades sindicais dos trabalhadores, das instituições de educação e de assistência social, sem fins lucrativos, observados os requisitos fixados na Seção II deste Capítulo; (Redação dada pela LC 104/2001) § 1º O disposto no inciso IV não exclui a atribuição, por lei, às entidades nele referidas, da condição de responsáveis pelos tributos que lhes caiba reter na fonte, e não as dispensa da prática de atos, previstos em lei, assecuratórios do cumprimento de obrigações tributárias por terceiros. § 2º O disposto na alínea a do inciso IV aplica-se, exclusivamente, aos serviços próprios das pessoas jurídicas de direito público a que se refere este artigo, e inerentes aos seus objetivos.

  Art. 14. O disposto na alínea c do inciso IV do artigo 9º é subordinado à observância dos seguintes requisitos pelas entidades nele referidas: I – não distribuírem qualquer parcela de seu patrimônio ou de suas rendas, a qualquer título; (Redação dada pela LC 104/2001) II – aplicarem integralmente, no País, os seus recursos na manutenção dos seus objetivos institucionais; III – manterem escrituração de suas receitas e despesas em livros revestidos de formalidades capazes de assegurar sua exatidão. § 1º Na falta de cumprimento do disposto neste artigo, ou no § 1º do artigo 9º, a autoridade competente pode suspender a aplicação do benefício. § 2º Os serviços a que se refere a alínea c do inciso IV do artigo 9º são exclusivamente, os diretamente relacionados com os objetivos institucionais das entidades de que trata este artigo, previstos nos respectivos estatutos ou atos constitutivos.

Lei 8.212/91, Art. 55. Fica isenta das contribuições de que tratam os arts. 22 e 23 desta Lei a entidade beneficente de assistência social que atenda aos seguintes requisitos cumulativamente: (Revogado pela Lei 12.101/2009)

I – seja reconhecida como de utilidade pública federal e estadual ou do Distrito Federal ou municipal; (Revogado pela Lei 12.101/2009)

II – seja portadora do Registro e do Certificado de Entidade Beneficente de Assistência Social, fornecidos pelo Conselho Nacional de Assistência Social, renovado a cada três anos; (Revogado pela Lei 12.101/2009)

III – promova, gratuitamente e em caráter exclusivo, a assistência social beneficente a pessoas carentes, em especial a crianças, adolescentes, idosos e portadores de deficiência; (Revogado pela Lei 12.101/2009)

IV – não percebam seus diretores, conselheiros, sócios, instituidores ou benfeitores, remuneração e não usufruam vantagens ou benefícios a qualquer título; (Revogado pela Lei 12.101/2009)

V – aplique integralmente o eventual resultado operacional na manutenção e desenvolvimento de seus objetivos institucionais apresentando, anualmente ao órgão do INSS competente, relatório circunstanciado de suas atividades. (Revogado pela Lei 12.101/2009)

§ 1º Ressalvados os direitos adquiridos, a isenção de que trata este artigo será requerida ao Instituto Nacional do Seguro Social-INSS, que terá o prazo de 30 (trinta) dias para despachar o pedido. (Revogado pela Lei 12.101/2009)

§ 2º A isenção de que trata este artigo não abrange empresa ou entidade que, tendo personalidade jurídica própria, seja mantida por outra que esteja no exercício da isenção. (Revogado pela Lei 12.101/2009)

§ 3º Para os fins deste artigo, entende-se por assistência social beneficente a prestação gratuita de benefícios e serviços a quem dela necessitar. (Revogado pela Lei 12.101/2009)

§ 4º O Instituto Nacional do Seguro Social – INSS cancelará a isenção se verificado o descumprimento do disposto neste artigo. (Revogado pela Lei 12.101/2009)

§ 5º Considera-se também de assistência social beneficente, para os fins deste artigo, a oferta e a efetiva prestação de serviços de pelo menos sessenta por cento ao Sistema Único de Saúde, nos termos do regulamento. (Revogado pela Lei 12.101/2009)

§ 6º A inexistência de débitos em relação às contribuições sociais é condição necessária ao deferimento e à manutenção da isenção de que trata este artigo, em observância ao disposto no § 3º do art. 195 da Constituição. (Revogado pela Lei 12.101/2009)

⊙ Questões de Concurso relacionadas ao tema:

Questão 01 (Elaborada pelo autor): Segundo o entendimento do Supremo Tribunal Federal é inconstitucional a incidência da contribuição para o PIS sobre as receitas das entidades filantrópicas, à vista da imunidade prevista em seu favor.

( ) Certo   ( ) Errado

Questão 02 (ESAF. PGFN. 2015. Prova: Procurador da Fazenda Nacional) É imune da Contribuição Social sobre o Lucro Líquido (CSLL):

a) as entidades beneficentes de assistência social que não aufiram lucro e atendam às demais condições legais.

b) as entidades beneficentes de assistência social que não remunerem seus diretores e atendam às demais condições legais.

c) as instituições de caráter filantrópico, recreativo, cultural e científico e as associações civis que prestem os serviços para os quais houverem sido instituídas e os coloquem à disposição do grupo de pessoas a que se destinam, sem fins lucrativos.

d) a entidade binacional Itaipu.

e) as entidades fechadas de previdência complementar.

> **Gabarito: 1-C; 2-B.**

10.11. IMUNIDADE TRIBUTÁRIA RECÍPROCA: CORREIOS, INFRAERO

Tema 235: "Imunidade tributária das atividades exercidas pela Empresa Brasileira de Correios e Telégrafos – ECT."

Tese: "Os serviços prestados pela Empresa Brasileira de Correios e Telégrafos – ECT, inclusive aqueles em que a empresa não age em regime de monopólio, estão abrangidos pela imunidade tributária recíproca (CF, art. 150, VI,a e §§ 2° e 3°)."

FICHA TÉCNICA	
Leading case:	**RE 601.392**
Descrição do caso feita pelo STF:	"Recurso extraordinário em que se discute, à luz do art. 150, VI, a, da Constituição Federal, se a imunidade tributária recíproca alcança, ou não, todas as atividades exercidas pela Empresa Brasileira de Correios e Telégrafos."
Dispositivo(s) constitucional(is) envolvido(s):	"CF/88, art. 150. Sem prejuízo de outras garantias asseguradas ao contribuinte, é vedado à União, aos Estados, ao Distrito Federal e aos Municípios: VI – instituir impostos sobre: a) patrimônio, renda ou serviços, uns dos outros;"
Data de reconhecimento da repercussão geral:	13/11/2009
Data de julgamento do mérito recursal:	08/02/2013
Houve unanimidade?	Não, vencidos os Ministros Joaquim Barbosa (Relator), Luiz Fux, Cármen Lúcia, Marco Aurélio e Cezar Peluso.
Data de publicação do acórdão de julgamento do recurso:	05/06/2013

FICHA TÉCNICA	
Leading case:	**RE 601.392**
Trânsito em julgado do acórdão:	Não consta no sistema do STF
Houve Embargos de Declaração	Não
Data de julgamento dos Embargos de Declaração	–
Data de publicação dos Embargos de Declaração	–

◉ Comentários:

Deu-se provimento ao Recurso Extraordinário interposto por Correios, para declarar a aplicação da imunidade recíproca em favor da ECT – Empresa Brasileira de Correios e Telégrafos.

A CF/88, art. 150, VI, 'a', §§ 2º e 3º, prevê a chamada imunidade tributária recíproca, assim entendida a norma constitucional que impede o exercício da competência em matéria de impostos sobre os próprios entes políticos, suas autarquias e fundações, detalhando-o nos seguintes termos:

> CF/88, art. 150. Sem prejuízo de outras garantias asseguradas ao contribuinte, é vedado à União, aos Estados, ao Distrito Federal e aos Municípios:
>
> VI – instituir impostos sobre:
>
> a) patrimônio, renda ou serviços, uns dos outros;
>
> § 2º A vedação do inciso VI, "a", é extensiva às autarquias e às fundações instituídas e mantidas pelo Poder Público, no que se refere ao patrimônio, à renda e aos serviços, vinculados a suas finalidades essenciais ou às delas decorrentes.

Uma das principais dificuldades no estudo e aplicação da imunidade recíproca reside na delimitação do universo de sujeitos abrangidos pelo instituto, e, portanto, beneficiários da impossibilidade de exercício da competência tributária.

A aplicação do instituto da imunidade no tocante aos órgãos componentes da Administração Pública Direta, bem como das suas autarquias e fundações decorre da previsão expressa presente nos dispositivos acima reproduzidos. Entretanto, há entendimento doutrinário e jurisprudencial no sentido da aplicação desta imunidade também no tocante às empresas públicas, interpretação incorporada pelo STF e presente no RE analisado, no que se refere à Empresa Brasileira de Correios e Telégrafos.

Entende a Suprema Corte, que a questão deve ser analisada de maneira mais ampla do que tão somente a partir de uma interpretação literal do disposto na CF/88, art. 150. É necessário considerar uma perspectiva teleológica de compreensão do instituto, e interpretá-lo, ao mesmo tempo, no contexto mais amplo das normas constitucionais que regem a atividade econômica[10].

---

10. O Ministro Joaquim Barbosa sintetizou da seguinte forma as condições para delimitar o alcance da imunidade

No que se refere à perspectiva teleológica de interpretação, há que se partir do pressuposto de que a imunidade recíproca tem como finalidade impedir a sobreposição do ônus tributário sobre a própria sociedade. Nesta linha de raciocínio, exigir de um ente público ou de uma autarquia, sujeitos de direito financiados pela sociedade, o pagamento de impostos, corresponderia a sobrepor o ônus do financiamento público aos membros desta mesma sociedade. No tocante às empresas públicas, nas quais a totalidade do capital social é de titularidade do Estado, raciocínio similar seria aplicável.

Não obstante, no tocante a tais sujeitos de direito, há que se ponderar os efeitos que a extensão da imunidade recíproca poderia provocar na Economia, à vista dos primados da igualdade de tratamento com relação às demais empresas do mesmo ramo de atividade, e da livre concorrência.

Diante de tais circunstâncias, o STF considera que a imunidade recíproca pode abranger também as empresas, a exemplo de Correios, desde que observados dois parâmetros fundamentais. Em primeiro lugar, deve ser considerada a natureza da atividade desempenhada pela empresa pública, a fim de se verificar se a mesma pode ser considerada incluída no rol dos serviços públicos essenciais. Empresa pública que preste serviço comum, não voltado à satisfação das necessidades fundamentais da vida em sociedade, estaria excluída do âmbito de tratamento privilegiado representado pela imunidade.

Em segundo lugar, há que se verificar o regime jurídico de prestação da atividade desempenhada pela empresa pública. Segundo esta linha de raciocínio, somente estarão submetidas à imunidade recíproca aquelas empresas públicas que atuem em regime de monopólio. Isso porque reconhecer imunidade em favor de empresas que desempenham atividades em regime de livre mercado, resultaria em desequilíbrio de tratamento entre os agentes, a ensejar franca vulneração ao primado da livre concorrência.

Em tese, portanto, segundo tal posicionamento, incorporado pelo STF, uma mesma empresa pública poderá prestar serviços com relação aos quais haverá aplicação da imunidade recíproca – serviços essenciais, prestados em regime de monopólio –; porém, poderá sofrer incidência de impostos com relação a serviços outros que venha a prestar – serviços não essenciais, prestados em regime de livre concorrência.

No caso específico do julgamento aqui analisado, embora cinco dos ministros presentes à sessão de julgamento tenham-se alinhado à concepção destacada acima, terminou-se por decidir que os Correios estarão sempre abrangidos pela imunidade recíproca. A Corte considerou que a empresa realiza um serviço essencial, e em que pese a sua grande relevância à sociedade, demonstra-se cada dia menos interessante à iniciativa privada. Foi destacado no julgamento o fato de que, sobretudo a partir do advento das novas tecnologias da informação e da comunicação, a entrega postal encontra-se fadada ao desaparecimento, e a sua realização se faz de forma cada vez mais periférica. Do ponto de vista econômico, trata-se de uma prestação deficitária ao prestador, mostrando-se desinteressante à iniciativa privada.

---

recíproca: "1) A imunidade recíproca opera como salvaguarda do pacto federativo, para evitar que a tributação funcione como instrumento de coerção ou indução de entes federados; 2) A imunidade recíproca deve proteger atividade desprovida de capacidade contributiva, isto é, atividades públicas em sentido estrito, executadas sem intuito lucrativo; 3) A imunidade tributária recíproca não deve beneficiar a expressão econômica de interesses particulares, sejam eles públicos ou privados, nem afetar intensamente a livre iniciativa e a livre concorrência (excetuadas as permissões constitucionais)." (p. 06 do Acórdão)

Conforme admitiram os ministros da Corte Suprema, embora seja possível a discriminação entre serviços monopolizados e serviços não monopolizados prestados pela empresa, a análise do conjunto da atuação de Correios, com vistas ao interesse social, autoriza a aplicação da imunidade recíproca em seu favor, seja qual for o serviço prestado. O eventual desequilíbrio de tratamento tributário com relação a empresas com as quais Correios concorre em serviços específicos, restaria justificado pela relevância do conjunto das atividades desempenhadas por esta empresa pública. Conforme consignado no Acórdão, é "...importante que se reconheça a imunidade nessa dimensão, sob pena de nós contribuirmos, inclusive, para a desorganização desse serviço..." (p. 36 do Acórdão).

⊙ **Síntese do debate constante do acórdão que fixou o precedente:**

Argumentos favoráveis à tese fixada:	Argumentos contrários à tese fixada:
Ministro Ayres Britto: "...Correios são como uma *longa manus*, uma mão alongada das atividades da União, um apêndice da União absolutamente necessário. Estender aos Correios o regime de imunidade tributária de que fala a Constituição está me parecendo uma coisa natural, necessária, que não pode deixar de ser, independentemente se a atividade é exclusiva ou não. No caso, parece-me que os fins a que se destinam essas atividades são mais importantes do que a própria compostura jurídica ou a estrutura jurídico-formal da empresa. O conteúdo de suas atividades é que me parece relevar sobremodo, à luz da Constituição."	Ministro Joaquim Barbosa: "Assim, a imunidade recíproca não se presta a assegurar ao ente federado vantagens contratuais ou de mercado, para, pura e simplesmente, permitir-lhe contratar e remunerar em condições mais vantajosas. Se o Poder Público age com intuito preponderantemente lucrativo, em favor próprio ou de terceiro, a imunidade recíproca não se lhe aplicará. Afinal, a atividade lucrativa em si mesma constitui signo de capacidade contributiva, ao mesmo tempo em que afasta o risco de pressão econômica. [...] Por outro lado, a imunidade recíproca também não deve ter como função auxiliar particulares em seus empreendimentos econômicos. A importância da atividade protegida pela imunidade não pode justificar a colocação dos princípios da livre-iniciativa e da concorrência em segundo plano, em toda e qualquer hipótese. Entendo que a ênfase na aplicação dos recursos como motivo suficiente em si para garantir o benefício abre margem ao abuso e **à** desconsideração do equilíbrio concorrencial."
Ministro Gilmar Mendes, relator do Acórdão: "Certamente, não é empresa calcada nos padrões de lucratividade de mercado. Todos querem disputar esses grandes mercados, os grandes conglomerados urbanos, mas vai entregar alguma coisa em Cabrobó! Isso acaba sendo monopólio. Aí, os Correios tem o ônus. Mesmo o chamado "serviço privado" dos Correios é serviço público, ainda que pareça que nós estejamos aqui procedendo a uma contradição. Entregar uma encomenda em local longínquo, lá em Espinosa, ministra Cármen, lá em Diamantino."	

◉ Fique atento:

- Imunidade não se confunde com isenção, nem alíquota-zero, nem não incidência *stricto sensu*. Imunidade é norma constitucional que impede o exercício da competência. Isenção é norma infraconstitucional, que exclui a incidência tributária. Pressupõe, portanto, o exercício da competência pelo legislador infraconstitucional, em regra, legislador ordinário. Alíquota-zero, como a própria denominação sugere, é a denominação atribuída ao não pagamento de valor a título de tributo, em função da aplicação de uma variável nula, igual a zero, conforme definido na norma. Não incidência *stricto sensu* é situação na qual determinado fato não se enquadra na descrição normativa, de forma a impossibilitar a incidência do tributo.

- A imunidade tributária divide-se em dois grupos: a) imunidade objetiva, que exclui do exercício da competência determinadas situações, como no caso da imunidade das operações de exportações, e com relação às quais não interessa quem são os sujeitos que praticam o fato gerador; e b) imunidade subjetiva, que exclui do exercício da competência determinadas pessoas, a exemplo que do que ocorre com a imunidade recíproca, com independência, em princípio da situação na qual as mesmas participem;

- A Lei 6.538/78, art. 9º, elenca as atividades postais cuja realização encontra-se submetida a monopólio da União, estando a quebra de tal monopólio sujeita a pena de até dois meses de detenção, ou multa. Entretanto, no presente RE, conforme indicado anteriormente, não se condicionou a aplicação da imunidade recíproca apenas a tais serviços.

- Foram editadas pelo STF as seguintes súmulas referentes à imunidade tributária recíproca:

  Súmula STF 73 de 13.12.1963. A imunidade das autarquias, implicitamente contida no art. 31, V, "a", da Constituição Federal, abrange tributos estaduais e municipais. [refere--se à CF/1946]

  Súmula STF 75 de 13.12.1963. Sendo vendedora uma autarquia, a sua imunidade fiscal não compreende o imposto de transmissão "inter vivos", que é encargo do comprador.

  Súmula STF 76, de 13.12.1963. As sociedades de economia mista não estão protegidas pela imunidade fiscal do art. 31, V, "a", Constituição Federal. [refere-se à CF/1946]

  Súmula STF 336, de 13.12.1963. A imunidade da autarquia financiadora, quanto ao contrato de financiamento, não se estende à compra e venda entre particulares, embora constantes os dois atos de um só instrumento.

  Súmula STF 468, de 01.10.1964. Após a E. C. nº 5 de 21.11.61, em contrato firmado com a União, Estado, Município ou autarquia, é devido o impôsto federal de sêlo pelo contratante não protegido pela imunidade, ainda que haja repercussão do ônus tributário sôbre o patrimônio daquelas entidades. [refere-se à CF/1946]

- No RE 627.051 (Tema 402) foi julgada a questão da imunidade recíproca em matéria de ICMS sobre serviço de entrega de encomendas realizado por Correios. Vid. a análise neste estudo.

- No RE 773.992 (Tema 644) foi julgada a questão da imunidade recíproca de Correios em matéria de IPTU. Vid. a análise neste estudo.

- Sobre os limites da imunidade recíproca, no que se refere às Sociedades de Economia Mista que prestam serviços de saúde exclusivamente ao SUS, vid. a análise do RE 580.264 (Tema 115), neste estudo.

- Quanto à imunidade recíproca da INFRAERO em matéria de ISS, vid. análise do AgrRE 638.315 (Tema 412), nesta obra.

- Sobre a possibilidade de aplicação da retroativa da imunidade tributária recíproca, naqueles casos em que o ente público apareça como sucessor da dívida tributária, nos termos do CTN, art. 130, vid. a análise do RE 599.176 (Tema 224), neste estudo.

◉ Questões de Concurso relacionadas ao tema:

Questão 01: Ano: 2014 Banca: IESES Órgão: TJ-MS Prova: Titular de Serviços de Notas e de Registros – Provimento) Com relação ao princípio constitucional da imunidade recíproca, previsto na Constituição Federal, art. 150, VI, podemos afirmar que:

a) Os Municípios estão impedidos de cobrar, da União e dos Estados, taxas pelo serviço de coleta de lixo bem como quaisquer outras taxas de polícia.

b) É defeso à União, Estados, Distrito Federal e Municípios exigir impostos sobre o patrimônio, renda ou serviços uns dos outros, bem como das autarquias ou fundações por eles mantidas, no que se refere ao patrimônio, à renda e aos serviços, vinculados a suas finalidades essenciais ou às delas decorrentes.

c) Não incide Imposto sobre a Propriedade Predial e Territorial Urbana sobre os imóveis pertencentes à União, mas o imposto pode ser cobrado dos Estados, em relação aos imóveis de que são proprietários.

d) Fica vedada a instituição de impostos e de contribuições sociais, sobre livros, jornais e periódicos e o papel destinado a sua impressão.

Questão 02 (Ano: 2014 Banca: IBFC Órgão: TJ-PR Prova: Titular de Serviços de Notas e de Registros) A denominada imunidade recíproca, que veda à União, aos Estados, ao Distrito Federal e aos Municípios instituir impostos sobre o patrimônio, renda ou serviços, uns dos outros, é extensiva às:

a) Autarquias e às fundações instituídas e mantidas pelo Poder Público, no que se refere ao patrimônio, à renda e aos serviços, vinculados a suas finalidades essenciais ou às delas decorrentes.

b) Sociedades de economia mista e às empresas públicas em qualquer hipótese de serviço praticado.

c) Pessoas que compõem a Administração Pública Indireta no que se refere exclusivamente ao patrimônio, à renda e aos serviços relacionados com a exploração de atividades econômicas regidas pelas normas aplicáveis a empreendimento privados.

d) Fundações mantidas pela iniciativa privada, sem fins lucrativos, abrangendo não só o seu patrimônio, renda ou serviços, mas também todos os fatos que não estejam vinculados a sua atividade fim.

Questão 03 (Ano: 2013 Banca: PGR Órgão: PGR Prova: Procurador da República) A empresa brasileira de correios e telégrafos (ECT) é prestadora de serviços públicos. No que se refere à imunidade tributária de que trata o art. 150 (inciso vi, "a" e parágrafo 2º) da lei magna, pode-se asseverar que:

a) A empresa pública somente é alcançada pelo benefício constitucional quando exerce atividades em regime de exclusividade;

b) O exercício simultâneo de atividades em regime de exclusividade e em regime de concorrência com a iniciativa privada, a exemplo de atividade bancária conhecida como "banco postal" e venda de títulos de capitalização, não se inserindo no conceito de serviço postal – é irrelevante para a incidência da imunidade tributária;

c) A empresa pública, mesmo quando presta serviço público essencial não goza de imunidade tributária à míngua de previsão constitucional;

d) A regra estatuída no citado preceito da Magna Carta, em virtude do método de interpretação teleológico, não impede a incidência da lei ordinária de tributação.

> Gabarito: 1-B; 2-A; 3-B

Tema 412: "Extensão da imunidade tributária recíproca às empresas públicas prestadoras de serviços públicos."

Tese: "A Empresa Brasileira de Infraestrutura Aeroportuária – INFRAERO, empresa pública prestadora de serviço público, faz jus à imunidade recíproca prevista no art. 150, VI, a, da Constituição Federal."

FICHA TÉCNICA	
Leading case:	**ARE 638.315**
Descrição do caso feita pelo STF:	"Agravo interposto contra decisão que inadmitiu recurso extraordinário, em que se discute, à luz do art. 150, VI, a, da Constituição Federal, a possibilidade, ou não, de extensão da imunidade tributária recíproca à INFRAERO."
Dispositivo(s) constitucional(is) envolvido(s):	"CF/88, art. 150. Sem prejuízo de outras garantias asseguradas ao contribuinte, é vedado à União, aos Estados, ao Distrito Federal e aos Municípios: VI – instituir impostos sobre: a) patrimônio, renda ou serviços, uns dos outros;"
Data de reconhecimento da repercussão geral:	10/06/2011
Data de julgamento do mérito recursal:	09/06/2011

FICHA TÉCNICA	
Leading case:	**ARE 638.315**
Houve unanimidade?	Não, vencidos os Ministros Ayres Britto e Marco Aurélio
Data de publicação do acórdão de julgamento do recurso:	31/08/2011
Trânsito em julgado do acórdão:	12/09/2011
Houve Embargos de Declaração	Não
Data de julgamento dos Embargos de Declaração	–
Data de publicação dos Embargos de Declaração	–

◉ Comentários:

Negou-se provimento ao Recurso Extraordinário interposto pelo Município do Salvador, para declarar a inconstitucionalidade da incidência do ISS sobre a Empresa Brasileira de Infraestrutura Aeroportuária – INFRAERO.

Tratou-se de reconhecer repercussão geral quanto ao entendimento de que INFRAERO, na condição de empresa pública prestadora de serviço público, é contemplada pela imunidade recíproca prevista na CF/88, art. 150, VI, § 2º.

O Tribunal reafirmou a jurisprudência já consolidada no sentido de ampliar o âmbito subjetivo da imunidade recíproca para além das entidades expressamente designadas no texto constitucional (entes políticos, suas autarquias e fundações). Tal conclusão resulta de uma interpretação teleológica do instituto da imunidade, neste caso, voltada à não sobreposição tributária sobre serviços considerados essenciais. Em tais casos, o Tribunal tem entendido, inclusive, que não se faz necessário o regime de monopólio na prestação dos serviços, para fins de aplicação da imunidade, bastando o reconhecimento de que se trata de prestação essencial à sociedade.

◉ Fique atento:

- Foram editadas pelo STF as seguintes súmulas referentes à imunidade tributária recíproca:

  Súmula STF 73 de 13.12.1963. A imunidade das autarquias, implicitamente contida no art. 31, V, "a", da Constituição Federal, abrange tributos estaduais e municipais. [refere-se à CF/1946]

  Súmula STF 75 de 13.12.1963. Sendo vendedora uma autarquia, a sua imunidade fiscal não compreende o imposto de transmissão "inter vivos", que é encargo do comprador.

  Súmula STF 76, de 13.12.1963. As sociedades de economia mista não estão protegidas pela imunidade fiscal do art. 31, V, "a", Constituição Federal. [refere-se à CF/1946]

CAP. 10 ■ DIREITO TRIBUTÁRIO

Súmula STF 336, de 13.12.1963. A imunidade da autarquia financiadora, quanto ao contrato de financiamento, não se estende à compra e venda entre particulares, embora constantes os dois atos de um só instrumento.

Súmula STF 468, de 01.10.1964. Após a E. C. nº 5 de 21.11.61, em contrato firmado com a União, Estado, Município ou autarquia, é devido o impôsto federal de sêlo pelo contratante não protegido pela imunidade, ainda que haja repercussão do ônus tributário sôbre o patrimônio daquelas entidades. [refere-se à CF/1946]

- Sobre os limites da imunidade recíproca, no que se refere às Sociedades de Economia Mista que prestam serviços de saúde exclusivamente ao SUS, vid. a análise do RE 580.264 (Tema 115), neste estudo.

- Sobre a imunidade de Correios, vid. as análises do RE 601.392 (Tema 235), do RE 627.051 (Tema 402) e do RE 773.992 (Tema 644), neste estudo.

- Sobre a possibilidade de aplicação da retroativa da imunidade tributária recíproca, naqueles casos em que o ente público apareça como sucessor da dívida tributária, nos termos do CTN, art. 130, vid. a análise do RE 599.176 (Tema 224), neste estudo.

◉ Questões de Concurso relacionadas ao tema:

Questão 01 (CESPE/PGE/BA – 2014) A imunidade tributária recíproca não é extensiva às empresas públicas.

( ) Certo ( ) Errado

Questão 02 (CESPE/PROCURADOR/TCDF – 2013) As empresas públicas, as sociedades de economia mista e suas subsidiárias que explorem atividade econômica de produção ou comercialização de bens, mas não as que se destinem à prestação de serviços, sujeitam-se ao regime jurídico próprio das empresas privadas, inclusive quanto aos direitos e obrigações civis, comerciais, trabalhistas e tributários.

( ) Certo ( ) Errado

Questão 03 (FCC/AFTE/SP – 2013)

A imunidade tributária:

a) conferida a instituições de assistência social sem fins lucrativos pela Constituição Federal somente alcança as entidades fechadas de previdência social privada se não houver contribuição dos beneficiários.

b) recíproca é aplicável às autarquias e empresas públicas que prestem inequívoco serviço público, desde que distribuam lucros e tenham por objetivo principal conceder acréscimo patrimonial ao poder público.

c) não abrange renda obtida pela instituição de assistência social, por meio de cobrança de estacionamento de veículos em área interna da entidade, destinada ao custeio das atividades desta.

d) não abrange a renda obtida pelo SESC na prestação de serviços de diversão pública, mediante a venda de ingressos de cinema ao público em geral, e aproveitada em suas finalidades assistenciais.

e) não abrange IPTU de imóvel pertencente a entidades sindicais dos trabalhadores, quando alugado a terceiros, mesmo que o valor dos aluguéis seja aplicado nas atividades essenciais de tais entidades.

> **Gabarito: 1-E; 2- C; 3-A**

10.12. IMUNIDADE TRIBUTÁRIA CULTURAL: FASCÍCULOS E LIVRO ELETRÔNICO

Tema 259: "Tributação da importação de pequenos componentes eletrônicos que acompanham material didático de curso de montagem de computadores."

Tese: "A imunidade da alínea d do inciso VI do artigo 150 da Constituição Federal alcança componentes eletrônicos destinados, exclusivamente, a integrar unidade didática com fascículos."

FICHA TÉCNICA	
Leading case:	**RE 595.676**
Descrição do caso feita pelo STF:	"Recurso extraordinário em que se discute o alcance da imunidade prevista no art. 150, VI, 'd', da Constituição Federal, na importação de pequenos componentes eletrônicos que acompanham o material didático utilizado em curso prático de montagem de computadores."
Dispositivo(s) constitucional(is) envolvido(s):	"CF/88, art. 150. Sem prejuízo de outras garantias asseguradas ao contribuinte, é vedado à União, aos Estados, ao Distrito Federal e aos Municípios: VI – instituir impostos sobre: d) livros, jornais, periódicos e o papel destinado a sua impressão."
Data de reconhecimento da repercussão geral:	19/03/2010
Data de julgamento do mérito recursal:	08/03/2017
Houve unanimidade?	Sim
Data de publicação do acórdão de julgamento do recurso:	Acórdão ainda não divulgado na página do STF

FICHA TÉCNICA	
Leading case:	**RE 595.676**
Trânsito em julgado do acórdão:	Ainda pendente de trânsito em julgado
Houve Embargos de Declaração	Não, até o momento de publicação desta obra
Data de julgamento dos Embargos de Declaração	–
Data de publicação dos Embargos de Declaração	–

⊙ Comentários:

Negou-se provimento ao Recurso Extraordinário interposto pela União, para declarar a constitucionalidade da denominada imunidade cultural sobre operações com componentes eletrônicos destinados, exclusivamente, a integrar unidade didática com fascículos.

A discussão girou em torno dos limites da imunidade das operações com livros, jornais, periódicos e o papel destinado a sua impressão, nos termos da CF/88, art. 150, VI, 'd':

> **CF/88, art.** 150. Sem prejuízo de outras garantias asseguradas ao contribuinte, é vedado à União, aos Estados, ao Distrito Federal e aos Municípios: VI – instituir impostos sobre: d) livros, jornais, periódicos e o papel destinado a sua impressão.

Embora não seja possível realizar um exame mais detalhado do julgado, tendo em vista que o respectivo Acórdão não havia sido disponibilizado à data desta análise, a discussão insere-se no contexto da delimitação do conceito de livro, para fins de aplicação da imunidade.

Neste caso, a exemplo do quanto firmado pelo Tribunal em outros julgados sobre a matéria, considerou-se a impossibilidade de "tributar a importação de pequenos componentes eletrônicos que acompanham o material didático a ser utilizado em curso prático de montagem de computadores" (Acórdão do Tribunal de origem, citado na decisão de reconhecimento da repercussão geral). O STF, portanto, teria incorporado o entendimento do Tribunal de origem, segundo o qual "...componentes eletrônicos – pecinhas – são essenciais ao desenvolvimento do curso e nada representariam se destacados dos fascículos impressos."

⊙ Síntese do debate constante do acórdão que fixou o precedente:

Argumentos favoráveis à tese fixada:	Argumentos contrários à tese fixada:
	Manifestação da União no RE, citada na decisão por meio da qual se reconheceu a repercussão geral: "...dentre os insumos destinados à impressão de livros, jornais e periódicos, somente o papel é imune ao poder de tributar do Estado. [...] se o preceito constitucional não imuniza nem mesmo a tinta empregada na produção do livro [conforme julgados do STF], seria absurdo estendê-lo a outros bens que não integram o produto final – os livros importados pela recorrida."

⦿ Fique atento:

- Sobre a imunidade do livro eletrônico vid. RE 330.817 (Tema 593), neste trabalho.
- Sobre imunidade do livro, matéria de FINSOCIAL, vid. RE 628.122 (Tema 209), nesta obra.

⦿ Questões de Concurso relacionadas ao tema:

Questão 01 (Ano: 2006. Banca: FCC. Órgão: SEFAZ-PB. Prova: Auditor Fiscal de Tributos Estaduais) Em relação às imunidades tributárias considere:

I.   Somente os livros e revistas didáticos gozam de imunidade tributária constitucional objetiva.

II.   A União, os Estados, o Distrito Federal e os Municípios não podem instituir impostos sobre patrimônio, renda ou serviços, uns dos outros.

III. As empresas públicas e sociedade de economia mista gozam de imunidade tributária.

IV. A imunidade do templo de qualquer culto abrange somente o patrimônio, renda e serviços, relacionados com as finalidades essenciais do templo.

Está correto o que se afirma APENAS em

   a) I e II.

   b) I e III.

   c) II e III.

   d) II e IV.

   e) III e IV.

Questão 02 (Ano: 2012. Banca: CESPE. Órgão: TJ-PA Prova: Juiz) Acerca das limitações ao poder de tributar, assinale a opção correta.

   a) O imóvel pertencente a partido político permanece imune ao IPTU, ainda quando alugado a terceiros, desde que o valor dos aluguéis seja aplicado nas atividades essenciais dessa entidade.

   b) Nas ações acidentárias propostas na justiça estadual, o INSS goza de isenção de pagamento de custas e emolumentos.

   c) A imunidade tributária conferida pela CF a instituições de assistência social sem fins lucrativos somente alcança as entidades fechadas de previdência social privada se houver contribuição dos beneficiários.

   d) A imunidade conferida ao livro, prevista na CF, não abrange todo o material necessário à sua confecção.

   e) As indenizações de férias proporcionais e o respectivo adicional não estão isentos de imposto de renda.

Questão 03 (Ano: 2013. Banca: MPE-SC. Órgão: MPE-SC. Prova: Promotor de Justiça) ANALISE O ENUNCIADO DA QUESTÃO ABAIXO E ASSINALE "CERTO" (C) OU "ERRADO" (E)

Não incide ICMS – (Imposto Sobre Operações Relativas à Circulação de Mercadorias e Sobre Prestações de Serviços de Transporte Interestadual, Intermunicipal e de Comunicação), imposto de competência dos Estados e do Distrito Federal, quanto a operações com livros, jornais e periódicos, inclusive sobre o papel destinado exclusivamente à impressão de tais produtos.

( )   ( ) Errado

Gabarito: 1-D; 2-A; 3-C

Tema 593: "Imunidade tributária de livro eletrônico (e-book) gravado em CD-ROM."

Tese: "A imunidade tributária constante do art. 150, VI, d, da CF/88 aplica-se ao livro eletrônico (e-book), inclusive aos suportes exclusivamente utilizados para fixá-lo."

FICHA TÉCNICA	
Leading case:	RE 330.817
Descrição do caso feita pelo STF:	"Recurso extraordinário em que se discute, à luz da alínea "d" do inciso VI do art. 150 da Constituição Federal, se a imunidade tributária concedida a livros, jornais, periódicos e ao papel destinado a sua impressão alcança, ou não, suportes físicos ou imateriais utilizados na veiculação de livro eletrônico."
Dispositivo(s) constitucional(is) envolvido(s):	"CF/88, art. 150. Sem prejuízo de outras garantias asseguradas ao contribuinte, é vedado à União, aos Estados, ao Distrito Federal e aos Municípios: VI – instituir impostos sobre: d) livros, jornais, periódicos e o papel destinado a sua impressão."
Data de reconhecimento da repercussão geral:	21/09/2012
Data de julgamento do mérito recursal:	08/03/2017
Houve unanimidade?	Sim
Data de publicação do acórdão de julgamento do recurso:	Acórdão ainda não divulgado na página do STF
Trânsito em julgado do acórdão:	Ainda pendente de trânsito em julgado
Houve Embargos de Declaração	Não, até o momento de publicação desta obra
Data de julgamento dos Embargos de Declaração	–
Data de publicação dos Embargos de Declaração	–

◉ Comentários:

Negou-se provimento ao Recurso Extraordinário interposto pelo Estado do Rio de Janeiro, para declarar a inconstitucionalidade da incidência do ICMS sobre operações com livro eletrônico.

Embora não se tenha ainda divulgado o Acórdão referente a este RE até a data da presente análise, é possível afirmar que o STF tratou de reiterar entendimento já manifestado em ocasiões anteriores, no sentido da irrelevância do formato ou suporte assumido pelo livro, para fins de aplicação da chamada imunidade cultural, prevista na CF/88, art. 150, VI, 'd'.

Tratou a Corte de especificar que tal imunidade aplica-se não apenas ao livro eletrônico propriamente (e-book), como também aos suportes de natureza eletrônica que sirvam, com exclusividade, ao acesso a tais livros.

◉ Fique atento:

- Sobre imunidade de operações de importação de pequenos componentes eletrônicos que acompanham material didático, vid. RE 628.122 (Tema 259), nesta obra.

- Sobre imunidade do livro, matéria de FINSOCIAL, vid. RE 628.122 (Tema 209), nesta obra.

◉ Questões de Concurso relacionadas ao tema:

Questão 01 (FCC. TJ-RR. Juiz Substituto. 2015) Mary, Juan, Cristina e François são quatro amigos que tinham, originariamente, as respectivas nacionalidades: americana, mexicana, brasileira e canadense. Eles acabaram de se graduar em música, na *Juilliard School*, de Nova Iorque. Em 2010, os quatro músicos decidiram passar o carnaval no Brasil. Os estrangeiros se encantaram com a terra, com o povo e, principalmente, com a variedade de sons da música brasileira. Juan gostou tanto que, em 2011, naturalizou-se brasileiro. François, por sua vez, conseguiu visto de residência permanente no Brasil já em 2012. Em 2014, Mary produziu, em Belo Horizonte, um CD com canções sertanejas de Marcelo & Marcelinho, autores gaúchos, que interpretaram as canções de sua autoria; Juan produziu, no Rio de Janeiro, um DVD com melodias do cancioneiro indígena da Amazônia; Cristina produziu, na Argentina, um CD com letras e músicas de sua criação e, por fim, François produziu, em São Paulo, um CD instrumental com melodias folclóricas medievais de autores franceses.

Com base nas informações acima e no que dispõe a Constituição Federal a respeito das limitações ao poder de tributar, o ICMS **NÃO** incide sobre as operações de comercialização, no território nacional, do

I.   CD produzido por Cristina.

II. CD produzido por Mary.

III. DVD produzido por Juan.

IV. CD produzido por François.

Está correto o que se afirma **APENAS** em

a) I, II e IV.

b) I e IV.

c) II e III.

d) II e IV.

e) III e IV.

Gabarito: 1-C

10.13. IMUNIDADE DAS OPERAÇÕES DE EXPORTAÇÃO: CSLL; CPMF

Tema 08: "Imunidade do lucro da exportação à CSLL após a Emenda Constitucional nº 33/2001."

Tese: "A Contribuição Social sobre o Lucro Líquido – CSLL incide sobre o lucro decorrente das exportações. A imunidade prevista no artigo 149, § 2º, inciso I, da Constituição Federal, com a redação dada pela Emenda Constitucional nº 33/2001, não o alcança."

FICHA TÉCNICA	
Leading case:	**RE 564.413**
Descrição do caso feita pelo STF:	"Recurso extraordinário em que se discute, à luz do art. 149, § 2º, I, da Constituição Federal, a possibilidade, ou não, de o contribuinte excluir da base de cálculo da contribuição social sobre o lucro as receitas oriundas das operações de exportação efetuadas a partir da Emenda Constitucional nº 33/2001."
Dispositivo(s) constitucional(is) envolvido(s):	"CF/88, Art. 149. Compete exclusivamente à União instituir contribuições sociais, de intervenção no domínio econômico e de interesse das categorias profissionais ou econômicas, como instrumento de sua atuação nas respectivas áreas, observado o disposto nos arts. 146, III, e 150, I e III, e sem prejuízo do previsto no art. 195, § 6º, relativamente às contribuições a que alude o dispositivo. § 2º As contribuições sociais e de intervenção no domínio econômico de que trata o *caput* deste artigo: (Incluído pela EC 33/2001) I – não incidirão sobre as receitas decorrentes de exportação; (Incluído pela EC 33/2001)"
Data de reconhecimento da repercussão geral:	05/12/2007, à unanimidade
Data de julgamento do mérito recursal:	12/08/2010

FICHA TÉCNICA	
Leading case:	**RE 564.413**
Houve unanimidade?	Não/ Vencidos os Ministros Gilmar Mendes, Cármen Lúcia, Eros Grau, Celso de Mello e Cezar Peluso
Data de publicação do acórdão de julgamento do recurso:	06/12/2010
Trânsito em julgado do acórdão:	12/11/2014
Houve Embargos de Declaração	Sim
Data de julgamento dos Embargos de Declaração	13/08/2014
Data de publicação dos Embargos de Declaração	30/10/2014

◉ Comentários:

Negou-se provimento ao Recurso Extraordinário interposto por contribuinte, para afastar do âmbito da imunidade prevista na CF/88, art. 149, § 2º, I, a incidência da CSLL.

A partir da EC 33/2001, passou a ser prevista a imunidade das "receitas decorrentes de exportação" às contribuições especiais. A discussão no âmbito do presente RE estabeleceu-se em torno da distinção entre "receitas" de exportação, termo previsto na Emenda; e "lucro líquido" de exportações, expressão que define a matéria sobre a qual incide a CSLL.

O Tribunal entendeu que tais expressões não se confundem, esclarecendo, nos termos do voto do ministro-relator, que a CSLL continuaria a incidir no que se refere às exportações, afastada a imunidade da CF/88, art. 149, § 2º, I.

O Tribunal, por unanimidade, acolheu os embargos de declaração, sem efeitos infringentes, apenas para prestar esclarecimentos, vencido o Ministro Marco Aurélio na preliminar de nulidade quanto à não juntada do voto de um ministro da Corte.

◉ Síntese do debate constante do acórdão que fixou o precedente:

Argumentos favoráveis à tese fixada:	Argumentos contrários à tese fixada:
Muito embora admitindo a relação entre "receitas" e "lucro líquido", o Ministro-relator Marco Aurélio Mello, entendeu que não se aplica a "visão simplória de assentar-se que, estando o principal – a receita – imune à contribuição, também o estará o acessório – lucro. A regra civilista segundo a qual o acessório segue o principal não é adequada à solução do conflito. O legislador poderia muito bem ter estendido ainda mais a imunidade, mas mediante opção político-legislativa constitucional não o fez, não cabendo ao Judiciário esta tarefa."	O Ministro Gilmar Mendes posicionou-se em sentido oposto, "para fixar a interpretação segundo a qual, na expressão "receitas decorrentes de exportação, contida no art. 149, § 2º, I, da Constituição, está inserido o lucro auferido em operações de exportação. Por conseguinte, desde a edição da Emenda Constitucional 33/2001, tais valores não mais podem ser incluídos na base de cálculo da Contribuição Social sobre o Lucro Líquido (CSLL)."

⊚ Fique atento:

- O STF também entendeu não aplicável a imunidade prevista na CF/88, art. 149, § 2º, I, à CPMF, tendo em vista que o fato gerador desta contribuição é a movimentação financeira, não a receita, entendimento do qual divergiu o Ministro Marco Aurélio, e concordou o Ministro Gilmar Mendes (vid. RE 566.259, tema 52, nesta obra).

- No tocante ao conceito de "receita", para fins de incidência da contribuição para o PIS e da COFINS, vid. Análise RE 606.107 (Tema 283), nesta obra.

- Com relação à incidência da contribuição para o PIS e da COFINS sobre as receitas decorrentes de operações de câmbio, à luz da imunidade das exportações, vid. RE 627.815 (Tema 329).

- Sobre a inclusão do valor do ICMS na base de cálculo da contribuição para o PIS e da COFINS, na importação, vid. RE 559.937 (Tema 01), nesta obra.

⊚ Questões de Concurso relacionadas ao tema:

Questão 01 (FGV.SEAD-AP. 2010. Prova: Auditor da Receita do Estado) Questiona-se atualmente, perante o Poder Judiciário, a incidência da Contribuição Social sobre o Lucro Líquido (CSLL) sobre as receitas decorrentes de exportação. Embora seja o tema polêmico e existam decisões judiciais díspares, não é correto afirmar que:

a) a diferença entre os conceitos de lucro, receita e faturamento não tem relevância para o tema.

b) há quem defenda, neste caso, ser aplicável à CSLL o instituto da imunidade.

c) a Emenda Constitucional nº 33/01 introduziu um novo parágrafo (§ 2º) ao artigo 149 da Constituição Federal que, nos termos de seu inciso I, estabelece a não incidência de contribuições sociais e de intervenção no domínio econômico sobre as receitas decorrentes de exportação.

d) um ponto importante para o deslinde da questão é o reconhecimento da CSLL como contribuição social genérica.

e) por força do parágrafo 2º do artigo 149, inciso I da Constituição Federal, a contribuição para o PIS e a COFINS não poderão incidir sobre as receitas provenientes de exportação.

Questão 02 (CESPE.TC-DF. 2013. Prova: Procurador – Adaptada) Compete exclusivamente à União instituir Contribuição Social sobre o Lucro Líquido (CSLL), a qual pode incidir, por exemplo, sobre as receitas decorrentes da exportação, conforme jurisprudência do STF.

( ) Certo   ( ) Errado

Questão 03 (Elaborada pelo autor) Dispõe o art. 149, § 2º, inc. I, da Constituição da República:

"art. 149 (...) § 2º – as contribuições sociais e de intervenção no domínio econômico de que trata o caput deste artigo: I – não incidirão sobre as receitas decorrentes de exportação."

Ante este texto, é correto afirmar que no tocante a Contribuição Social sobre o Lucro Líquido (CSLL), o STF decidiu que as receitas decorrentes da exportação se equiparam ao lucro e por esta razão incide a contribuição sobre tais receitas.

( ) Certo ( ) Errado

Gabarito: 1- A; 2-C; 3-E

Tema 52: "Incidência da Contribuição Provisória sobre Movimentação Financeira – CPMF sobre as receitas oriundas de exportação."

Tese: "A imunidade tributária prevista no art. 149, § 2º, I, da Constituição Federal é restrita às contribuições sociais e de intervenção no domínio econômico incidentes sobre as receitas decorrentes de exportação. Não contempla, assim, a CPMF, cuja hipótese de incidência — movimentações financeiras — não se confunde com receitas."

FICHA TÉCNICA	
Leading case:	**RE 566.259**
Descrição do caso feita pelo STF:	"Recurso extraordinário em que se discute, à luz do art. 149, § 2º, I, da Constituição Federal, a incidência, ou não, da Contribuição Provisória Sobre Movimentação Financeira – CPMF sobre as receitas oriundas de exportação."
Dispositivo(s) constitucional(is) envolvido(s):	"CF/88, art. 149, § 2º As contribuições sociais e de intervenção no domínio econômico de que trata o *caput* deste artigo: (Incluído pela EC nº 33/2001) I – não incidirão sobre as receitas decorrentes de exportação; (Incluído pela EC nº 33/2001)"
Data de reconhecimento da repercussão geral:	04/04/2008
Data de julgamento do mérito recursal:	12/08/2010
Houve unanimidade?	Não, vencidos os Ministros Marco Aurélio e Cezar Peluso
Data de publicação do acórdão de julgamento do recurso:	24/09/2010
Trânsito em julgado do acórdão:	22/11/2010
Houve Embargos de Declaração	Não
Data de julgamento dos Embargos de Declaração	–
Data de publicação dos Embargos de Declaração	–

⦿ Comentários:

Negou-se provimento ao Recurso Extraordinário interposto por contribuinte, para declarar a não aplicação da imunidade prevista na CF/88, art. 149, § 2º, I (incluído pela EC nº 33/2001) em matéria de CPMF.

Segundo o dispositivo constitucional citado, as contribuições sociais e de intervenção no domínio econômico não incidirão sobre as receitas decorrentes de exportação. O Tribunal entendeu que a CPMF não se enquadrava nas categorias de "contribuição social", ou contribuição de intervenção econômica. Aduziu ainda, que "em se tratando de imunidade tributária a interpretação há de ser restritiva, atentando sempre para o escopo pretendido pelo legislador", razão pela qual afastou a incidência da imunidade no tocante a tal gravame.

Considerou-se, finalmente, que o fato gerador da CPMF não se coaduna com a ideia de "receita", substrato material que enseja a aplicação da imunidade aludida, consistindo-se, o fato gerador, em movimentação financeira.

⦿ Síntese do debate constante do acórdão que fixou o precedente:

Argumentos favoráveis à tese fixada:	Argumentos contrários à tese fixada:
Ministro-Relator Ricardo Lewandowski: "...se levada às últimas consequências a interpretação que a recorrente pretende conferir ao inciso I do § 2º do art. 149, chegar-se-ia à absurda conclusão de que todo e qualquer fato econômico ou financeiro decorrente das receitas de exportação, ainda que remotamente com elas relacionado, a exemplo da contribuição previdenciária sobre a folha de salários, também estaria abrangido pela norma imunizante."	Ministro Marco Aurélio: "(...) a previsão constitucional é única: há imunidade, quanto a contribuições, considerada a receita. Indago: e a movimentação da receita não está sujeita a imunidade? Incidindo o tributo, esvazia-se, sob a minha óptica, a previsão constitucional, porque, quando o texto constitucional se refere a imunidade relativamente a receita, logicamente caso haja, quanto a essa, uma movimentação, ela não fica sujeita à CPMF, a esse tributo específico, a essa contribuição."

⦿ Fique atento:

• O STF também entendeu não aplicável a imunidade prevista na CF/88, art. 149, § 2º, I, à CSLL, tendo em vista que o fato gerador desta contribuição é o lucro líquido, não a receita, entendimento corroborado inclusive pelo Ministro Marco Aurélio, e contrário ao exposto pelo Ministro Gilmar Mendes (vid. RE 564.413, tema 8, infra).

• No tocante ao conceito de "receita", para fins de incidência da contribuição para o PIS e da COFINS, vid. análise RE 606.107 (Tema 283), nesta obra.

• Com relação à incidência da contribuição para o PIS e da COFINS sobre as receitas decorrentes de operações de câmbio, à luz da imunidade das exportações, vid. RE 627.815 (Tema 329).

• Sobre a inclusão do valor do ICMS na base de cálculo da contribuição para o PIS e da COFINS, na importação, vid. RE 559.937 (Tema 01), nesta obra.

◉ Questões de Concurso relacionadas ao tema:

Questão 01 (Ano: 2005. Banca: ESAF. Órgão: Receita Federal. Prova: Auditor Fiscal da Receita Federal – Área Tecnologia da Informação – Prova 2) Sobre as contribuições sociais gerais (art. 149 da Constituição Federal), é errôneo afirmar-se, haver previsão de que

a) poderão ter alíquotas *ad valorem* ou específicas.

b) incidirão, também sobre a importação de produtos estrangeiros ou serviços.

c) incidirão, em todos os casos, uma única vez.

d) poderão ter por base, entre outras, o faturamento e a receita bruta.

e) não incidirão sobre as receitas decorrentes de exportação.

Questão 02 (Ano: 2016. Banca: TRF – 3ª REGIÃO. Órgão: TRF – 3ª REGIÃO. Prova: Juiz Federal Substituto) Assinale a alternativa incorreta:

a) Tratando-se de serviço indivisível e inespecífico, a iluminação pública não pode ser remunerada mediante taxa.

b) Cabe ao Poder Judiciário, em prestígio da isonomia, estender tratamento tributário benéfico já previsto em lei, para contribuinte não contemplado no texto legal.

c) As contribuições sociais e as contribuições de intervenção no domínio econômico não incidirão sobre receitas decorrentes de exportação.

d) É possível a adoção, no cálculo do valor de uma taxa, de um ou mais elementos da base de cálculo de um imposto, desde que não ocorra integral identidade entre uma base e outra.

Questão 03 (Ano: 2014. Banca: CONTEMAX. Órgão: SEFAZ-SP. Prova: Agente Fiscal de Tributos Estaduais) Sobre as contribuições relacionadas na Constituição Federal, é correto afirmar que

a) as contribuições sociais e de intervenção no domínio econômico não incidirão sobre as receitas decorrentes de exportação.

b) os recursos arrecadados com a contribuição de intervenção no domínio econômico serão destinados, exclusivamente, para ações e serviços públicos de saúde e para a manutenção e desenvolvimento do ensino.

c) a União tem competência privativa para instituir contribuição previdenciária dos servidores dos Estados, do Distrito Federal e dos Municípios, cuja alíquota não será inferior à da contribuição dos servidores titulares de cargos efetivos da União.

d) às contribuições sociais aplicam-se os princípios constitucionais da anterioridade (ano-calendário) e da anterioridade nonagesimal (noventena), cumulativamente.

e) todas as contribuições relacionadas na Constituição Federal são denominadas "contribuições parafiscais", porque ocorre o fenômeno denominado "parafiscalidade".

Questão 04 (Ano: 2010. Banca: MOVENS. Órgão: Prefeitura de Manaus – AM. Prova: Analista – Direito) Em relação aos diversos institutos de Direito Tributário, assinale a opção correta.

a) As taxas podem ser cobradas em razão do exercício do poder de polícia ou pela utilização, efetiva ou potencial, de serviços públicos específicos e divisíveis, prestados ao contribuinte ou postos a sua disposição, sendo inconstitucional a cobrança de taxa exclusivamente em razão dos serviços públicos de coleta, remoção e tratamento ou destinação de lixo ou resíduos provenientes de imóveis.

b) A jurisprudência do Supremo Tribunal Federal é firme no sentido de afirmar a inexistência de direito adquirido a regime jurídico, motivo pelo qual não há razão para falar-se em direito à imunidade por prazo indeterminado para as entidades beneficentes de assistência social em relação às contribuições sociais.

c) As contribuições sociais, de intervenção no domínio econômico e de interesse das categorias profissionais ou econômicas, não incidirão sobre as receitas decorrentes de exportação e nem sobre a importação de produtos estrangeiros ou serviços.

d) O Supremo Tribunal Federal fixou entendimento no sentido da necessidade de lei complementar para a criação das contribuições de intervenção no domínio econômico e de interesse das categorias profissionais.

> **Gabarito: 1-C; 2-B; 3-A; 4-B**

10.14. COMPENSAÇÃO UNILATERAL DO CRÉDITO TRIBUTÁRIO, POR IMPOSIÇÃO DA FAZENDA PÚBLICA

Tema 511: "Compensação de débitos tributários com requisições de pequeno valor – RPV."

Tese: "É constitucionalmente vedada a compensação unilateral de débitos em proveito exclusivo da Fazenda Pública ainda que os valores envolvidos não estejam sujeitos ao regime de precatórios, mas apenas à sistemática da requisição de pequeno valor".

FICHA TÉCNICA	
Leading case:	**RE 657.686**
Descrição do caso feita pelo STF:	"Recurso extraordinário em que se discute, à luz do art. 100, §§ 9º e 10º, da Constituição Federal, a possibilidade, ou não, de compensação de débitos tributários com requisições de pequeno valor – RPV."
Dispositivo(s) constitucional(is) envolvido(s):	"CF/88, art. 100, § 9º No momento da expedição dos precatórios, independentemente de regulamentação, deles deverá ser abatido, a título de compensação, valor correspondente aos débitos líquidos e certos, inscritos ou não em dívida ativa e constituídos contra o credor original pela Fazenda Pública devedora, incluídas parcelas vincendas de parcelamentos, ressalvados aqueles cuja execução esteja suspensa em virtude de contestação administrativa ou judicial. (Incluído pela EC 62/2009).

FICHA TÉCNICA	
Leading case:	**RE 657.686**
	§ 10° Antes da expedição dos precatórios, o Tribunal solicitará à Fazenda Pública devedora, para resposta em até 30 (trinta) dias, sob pena de perda do direito de abatimento, informação sobre os débitos que preencham as condições estabelecidas no § 9°, para os fins nele previstos. (Incluído pela EC 62/2009)."
Data de reconhecimento da repercussão geral:	16/12/2011
Data de julgamento do mérito recursal:	23/10/2014
Houve unanimidade?	Sim
Data de publicação do acórdão de julgamento do recurso:	05/12/2014
Trânsito em julgado do acórdão:	05/01/2015
Houve Embargos de Declaração	Não
Data de julgamento dos Embargos de Declaração	–
Data de publicação dos Embargos de Declaração	–

⦿ Comentários:

Negou-se provimento ao Recurso Extraordinário interposto pelo Distrito Federal, para declarar a inconstitucionalidade da compensação unilateral de débitos em proveito exclusivo da Fazenda Pública, ainda que os valores envolvidos não estejam sujeitos ao regime de precatórios, mas apenas à sistemática da requisição de pequeno valor.

A CF/88, art. 100, §§ 9° e 10, com redação da EC 62/2009, passou a impor a compensação de tributos devidos com créditos decorrentes de decisão judicial. Previu dos valores a serem inscritos em precatório, e independente de regulamentação, deveriam ser abatidos os valores correspondentes às eventuais dívidas que o credor tivesse perante A Fazenda Pública devedora:

> CF/88, Art. 100, § 9° No momento da expedição dos precatórios, independentemente de regulamentação, deles deverá ser abatido, a título de compensação, valor correspondente aos débitos líquidos e certos, inscritos ou não em dívida ativa e constituídos contra o credor original pela Fazenda Pública devedora, incluídas parcelas vincendas de parcelamentos, ressalvados aqueles cuja execução esteja suspensa em virtude de contestação administrativa ou judicial. (Incluído pela EC 62/2009).

> § 10. Antes da expedição dos precatórios, o Tribunal solicitará à Fazenda Pública devedora, para resposta em até 30 (trinta) dias, sob pena de perda do direito de abatimento, informação sobre os débitos que preencham as condições estabelecidas no § 9°, para os fins nele previstos. (Incluído pela EC 62/2009)

O STF, entretanto, ao julgar a ADI 4.357 e a ADI 4.425 declarou a inconstitucionalidade de tais dispositivos, ao fundamento de que

> "...a compensação dos débitos da Fazenda Pública inscritos em precatórios embaraça a efetividade da jurisdição (CRFB, art. 5º, XXXV), desrespeita a coisa julgada material (CRFB, art. 5º, XXXVI), vulnera a Separação dos Poderes (CRFB, art. 2º) e ofende a isonomia entre o Poder Público e o particular (CRFB, art. 5º, *caput*), cânone essencial do Estado Democrático de Direito (CRFB, art. 1º, *caput*)."

Em função dos mesmos fundamentos, tratou de declarar a inconstitucionalidade da compensação compulsória das dívidas a cargo do contribuinte, com os valores que tenha a receber em decorrência de decisão judicial, "...mesmo que os valores devidos estejam sujeitos ao regime de pagamento por requisição de pequeno valor (RPV)" (Ementa, item 3).

◉ Síntese do debate constante do acórdão que fixou o precedente:

Argumentos favoráveis à tese fixada:	Argumentos contrários à tese fixada:
Voto proferido pelo Ministro Ayres Britto, nos autos da ADI 4.357 e da ADI 4.425: "...esse tipo unilateral e automático de compensação de valores, agora constante dos §§ 9º e 10 da Magna Carta (redação dada pela Emenda Constitucional nº 62/2009), embaraça a efetividade da jurisdição e desrespeita a coisa julgada. E nessa linha é que se pronunciou o Supremo Tribunal Federal quanto a mecanismo semelhante, inserido no art. 19 da Lei nº 11.033/2004. Artigo que foi unanimemente declarado inconstitucional pelo Plenário desta nossa Corte na ADI 3.453. [...] 26. Com efeito, esse tipo de conformação normativa, mesmo que veiculada por emenda à Constituição, também importa contratura no princípio da separação dos Poderes. No caso, em desfavor do Poder Judiciário. Como ainda se contrapõe àquele traço ou àquela nota que, integrativa da proporcionalidade, demanda a observância obrigatória da exigibilidade/necessidade para a restrição de direito. Isso porque a Fazenda Pública dispõe de outros meios igualmente eficazes para a cobrança de seus créditos tributários e não tributários. Basta pensar que o crédito, constituído e inscrito em dívida ativa pelo próprio Poder Público, pode imediatamente ser executado, inclusive com a obtenção de penhora de eventual precatório existente em favor do administrado. Sem falar na inclusão do devedor nos cadastros de inadimplentes. A propósito, este Supremo Tribunal Federal tem jurisprudência firme no sentido de vedar o uso, pelo Estado, de meios coercitivos indiretos de cobrança de tributo. Confiram-se, nesse sentido, as Súmulas n. 70, 323 e 547. [...]	

Argumentos favoráveis à tese fixada:	Argumentos contrários à tese fixada:
27. Não é tudo, porque também me parece resultar preterido o princípio constitucional da isonomia. Explico. Exige-se do Poder Público, para o recebimento de valores em execução fiscal, a prova de que o Estado nada deve à contraparte privada? Claro que não! Ao cobrar o crédito de quem é titular, a Fazenda Pública não é obrigada a compensá-lo com eventual débito dela (Fazenda Pública) em face do credor contribuinte. Por conseguinte, revela-se, por mais um título, anti-isonômica a sistemática dos §§ 9º e 10 do art. 100 da Constituição da República, incluídos pela Emenda Constitucional nº 62/2009. Pelas mesmas razões, é inconstitucional a expressão permitida por iniciativa do Poder executivo a compensação com débitos líquidos e certos, inscritos ou não em dívida ativa e constituídos contra o devedor originário pela Fazenda Pública devedora até a data da expedição do precatório, ressalvados aqueles cuja exigibilidade esteja suspensa nos termos do § 9º do art. 100 da Constituição Federal, contida no inciso II do § 9º do art. 97 do ADCT"	

◉ Fique atento:

- A questão discutida no presente RE relacionou-se também com o tema das sanções políticas na cobrança de tributos, expediente que consiste na imposição de restrições a direitos como forma de constringir ao pagamento em favor da Fazenda Pública, considerado inconstitucional pelo STF. Neste sentido, destaque-se as seguintes Súmulas, que foram inclusive citadas no julgamento do RE:

  Súmula STF 70: É inadmissível a interdição de estabelecimento como meio coercitivo para cobrança de tributo.

  Súmula STF 323: É inadmissível a apreensão de mercadorias como meio coercitivo para pagamento de tributos.

  Súmula STF 547: Não é lícito à autoridade proibir que o contribuinte em débito adquira estampilhas, despache mercadorias nas alfândegas e exerça suas atividades profissionais.

◉ Questões de Concurso relacionadas ao tema:

Questão 01 (Ano: 2014. Banca: CESPE. Órgão: TCE-PB. Prova: Procurador) Considerando que um estado da Federação pretenda editar norma autorizando o parcelamento da dívida de IPVA para pagamento mediante compensação de precatórios judiciais, assinale a opção correta.

a) A conversão de depósito em renda tem como efeito a suspensão do crédito tributário assim como o parcelamento de crédito tributário.

b) O instituto do parcelamento do crédito tributário pode ser regulamentado pelo estado, desde que o pagamento integral do crédito ocasione a sua exclusão

c) A compensação tributária é modalidade de extinção do crédito tributário cujos efeitos ocorrem imediatamente após o pedido feito pelo contribuinte.

d) O parcelamento de crédito tributário não poderá ser concedido a quem aja com dolo, fraude ou simulação, como ocorre com o instituto da moratória.

e) A remissão gera o mesmo efeito do parcelamento, pois suspende o crédito tributário até seu pagamento integral.

Questão 02 (Ano: 2015. Banca: CESPE. Órgão: TRF – 5ª REGIÃO. Prova: Juiz Federal Substituto) Considerando que um contribuinte devedor do fisco adquira precatórios judiciais a fim de compensar o valor de face dos títulos com o crédito tributário, assinale a opção correta no que se refere à suspensão da exigibilidade do crédito tributário e cobrança do crédito, conforme previsto no CTN.

a) O pedido de compensação do crédito tributário pode ser considerado causa de interrupção da prescrição da cobrança do crédito tributário

b) O pedido de compensação com a utilização de precatórios judiciais é de mesma natureza que um parcelamento de crédito tributário, com relação à exigência do crédito tributário.

c) A compensação efetiva gera a extinção do crédito tributário, que, desde o pedido, tem sua exigibilidade suspensa.

d) O pedido de compensação gera a impossibilidade jurídica de se iniciar uma execução fiscal.

e) Durante o processo de execução fiscal, não é mais possível a suspensão da exigibilidade do crédito tributário.

Questão 03 (Ano: 2012. Banca: CESPE. Órgão: MPE-RR. Prova: Promotor de Justiça) Determinado estado, por ter débitos constituídos por precatórios pendentes de pagamento e por não conseguir receber dívidas tributárias, instituiu o direito de compensação entre os débitos e os créditos.

Com base nessa situação hipotética, assinale a opção correta.

a) Sendo o contribuinte credor do estado por precatório não pago, poderá ele efetuar o lançamento de seu crédito na apuração mensal do ICMS.

b) Sendo negada administrativamente a compensação requerida pelo contribuinte, este poderá ingressar com mandado de segurança para exercer o seu direito, por não envolver dilação probatória.

c) A compensação, modalidade de suspensão do crédito tributário, depende de lei regulamentadora que a autorize.

d) A possibilidade de compensação entre débitos e créditos está prevista no Código Tributário Nacional, independentemente de lei que regularize o seu exercício.

e) Se a compensação fosse estabelecida e regulada pela União, a legislação teria aplicação aos tributos estaduais e municipais.

> Gabarito: 1-D; 2-A; 3-B

10.15. PRESCRIÇÃO E DECADÊNCIA DO CRÉDITO TRIBUTÁRIO: RESERVA DE LEI COMPLEMENTAR

Tema 02: "Reserva de lei complementar para a suspensão da contagem do prazo prescricional para causas de pequeno valor"

Tese: "I – Normas relativas à prescrição e decadência em matéria tributária são reservadas à lei complementar; II – São inconstitucionais o parágrafo único do artigo 5° do Decreto-Lei 1.569/1977 e os artigos 45 e 46 da Lei 8.212/1991."

FICHA TÉCNICA	
Leading case:	**RE 560.626**
Descrição do caso feita pelo STF:	Recurso extraordinário em que se discute, à luz dos artigos 18, § 1°, da Constituição Federal de 1967, a constitucionalidade, ou não, do parágrafo único do art. 5° do Decreto-lei n° 1.569/77, o qual trata da suspensão da contagem do prazo prescricional para as causas de pequeno valor.
Dispositivo(s) constitucional(is) envolvido(s):	"CF de 1967/69, art. 18, § 1° Lei complementar estabelecerá normas gerais de direito tributário, disporá sôbre os conflitos de competência nesta matéria entre a União, os Estados, o Distrito Federal e os Municípios, e regulará as limitações constitucionais do poder de tributar."
Data de reconhecimento da repercussão geral:	18/10/2007
Data de julgamento do mérito recursal:	12/06/2008
Houve unanimidade?	Sim, com relação ao mérito do julgamento. Quanto à repercussão geral, o julgamento foi por maioria.
Data de publicação do acórdão de julgamento do recurso:	05/12/2008
Trânsito em julgado do acórdão:	11/02/2009
Houve Embargos de Declaração	Não
Data de julgamento dos Embargos de Declaração	–
Data de publicação dos Embargos de Declaração	–

⊙ Comentários:

Negou-se provimento ao Recurso Extraordinário interposto pela Fazenda Nacional, para declarar a inconstitucionalidade do parágrafo único do artigo 5º do Decreto-Lei 1.569/1977[11]. Tal dispositivo estabelecia uma hipótese de suspensão do prazo prescricional naqueles casos em que o Ministro da Fazenda determinasse a não inscrição em Dívida Ativa, ou a sustação da cobrança judicial de créditos de comprovada inexequibilidade e de reduzido valor.

Não obstante, segundo o Tribunal, "as normas relativas à prescrição e à decadência tributárias têm natureza de normas gerais de direito tributário, cuja disciplina é reservada a lei complementar, tanto sob a Constituição pretérita (art. 18, § 1º, da CF de 1967/69), quanto sob a Constituição atual (art. 146, III, b, da CF de 1988)." (item I da Ementa).

Este julgamento, juntamente com os RE 559.943-4, 559.882-9 e 556.664-1, ensejou a edição da Súmula Vinculante 08, de 12.06.2008, segundo a qual "São inconstitucionais o parágrafo único do artigo 5º do Decreto-Lei nº 1.569/1977 e os arts. 45 e 46 da Lei 8.212/1991, que tratam de prescrição e decadência de crédito tributário".

Posteriormente, o parágrafo único do artigo 5º do Decreto-Lei 1.569/1977 foi revogado de forma expressa pela Lei 13.043/2013.

⊙ Fique atento:

- Embora o CTN tenha sido promulgado na forma de lei ordinária (Lei 5.172/1966), foi recepcionado pela CF/67/69 como Lei Complementar, daí a aplicabilidade dos seus dispositivos no tocante a decadência e prescrição em matéria tributária.

- Sobre a reserva de Lei Complementar em matéria contribuições, vid. os seguintes RE, neste trabalho: RE 559.943 (Tema 3); RE 566.622 (Tema 32); RE 573.540 (Tema 55); RE 377.457 (Tema 71); RE 635.682 (Tema 227).

⊙ Questões de Concurso relacionadas ao tema:

Questão 01 (CETAP – MPCM – Analista (Direito) – 2015) Em relação as Súmulas Vinculantes em matéria tributária e correto afirmar:

a) Segundo a Súmula Vinculante nº 8, os prazos prescricionais e decadenciais das contribuições sociais são previstos na Lei 8.212/1991.

b) Segundo a Súmula Vinculante nº 21, e inconstitucional a exigência de depósito ou arrolamento prévios de dinheiro ou bens para admissibilidade de recurso administrativo.

---

11. "Decreto-Lei nº 1.569/1977, Art 5º Sem prejuízo da incidência da atualização monetária e dos juros de mora, bem como da exigência da prova de quitação para com a Fazenda Nacional, o Ministro da Fazenda poderá determinar a não inscrição como Dívida Ativa da União ou a sustação da cobrança judicial dos débitos de comprovada inexequibilidade e de reduzido valor. Parágrafo único – A aplicação do disposto neste artigo suspende a prescrição dos créditos a que se refere". (Vide Súmula Vinculante nº 8, de 2008) (Parágrafo único revogado pela Lei nº 13.043, de 2014).

c) Segundo a Súmula Vinculante n° 24, não se tipifica crime contra a ordem tributária, previsto no art. 1°, incisos I a IV da Lei 8.137/1990, antes da propositura da ação de execução fiscal.

d) Segundo a Súmula Vinculante n° 29, e inconstitucional a adoção, no cálculo do valor da taxa, de um ou mais elementos da base de cálculo própria de determinado imposto.

e) Segundo a Súmula Vinculante n° 31, e constitucional a incidência do imposto sobre serviços de qualquer natureza – ISS sobre operações de locação de bens móveis

Questão 02 (IESES – BAHIAGÁS – Analista de Processos Organizacionais (Direito) – 2016) Sobre a prescrição e decadência do crédito tributário, aponte a afirmativa ERRADA.

a) A decadência supõe um direito que, embora nascido, não se tornou efetivo pela falta de exercício, a prescrição supõe um direito nascido e efetivo, mas que pereceu pela falta de proteção pela ação, contra a violação sofrida.

b) A interrupção da prescrição, em favor ou contra um dos obrigados, favorece ou prejudica aos demais.

c) A contagem do prazo decadencial não se interrompe nem se suspende.

d) Através da Súmula Vinculante n° 08, o Supremo Tribunal Federal (STF) determinou que os prazos de decadência e prescrição das contribuições previdenciárias (do tipo INSS, SESI, SAT, etc.) são de 5 anos e não de 10 como preconizado na lei ordinária 8.212/1991.

e) Decadência do crédito tributário é decorrente da inércia da Administração em ajuizar ação fiscal.

Questão 03 (UEPA – SEAD-PA – Auditor Fiscal de Receitas Estaduais – 2013) Com relação à prescrição e decadência é correto afirmar que:

a) desde o advento da Constituição de 1988 restou pacificado pelo STF que os prazos decadenciais e prescricionais das contribuições sociais eram do CTN.

b) a Súmula Vinculante n° 8 do STF resolveu a controvérsia sobre os prazos prescricionais e decadenciais das contribuições sociais.

c) a Súmula Vinculante n° 8 do STF não revogou os artigos da Lei 8.212/1991 que tratavam de prazos decadenciais e prescricionais das contribuições sociais.

d) os prazos decadenciais e prescricionais das contribuições sociais passaram a ser os do CTN não com a Súmula Vinculante n° 8 do STF, mas sim com o advento da LC 128/2008.

e) como a Constituição Federal/1988 atribuiu às contribuições sociais a caraterística de espécie tributária, os arts. 45 e 46 da Lei 8.212/1991 não eram aplicados até a edição da Súmula Vinculante n° 8 do STF.

> Gabarito: 1-B; 2-E; 3-B

Tema 03: "Prazo prescricional para a cobrança de contribuições sociais devidas à Seguridade Social."

Tese: "São inconstitucionais o parágrafo único do artigo 5° do Decreto-Lei 1.569/1977 e os artigos 45 e 46 da Lei 8.212/1991, que tratam de prescrição e decadência de crédito tributário."

FICHA TÉCNICA	
Leading case:	**RE 559.943**
Descrição do caso feita pelo STF:	"Recurso extraordinário em que se discute, à luz do art. 146, III, b, da Constituição Federal, a constitucionalidade, ou não, dos artigos 45 e 46 da Lei n° 8.212/91, com o objetivo de definir qual o prazo prescricional para a cobrança dos créditos relativos às contribuições sociais devidas à Seguridade Social: de cinco anos, nos termos dos artigos 173 e 174 do Código Tributário Nacional, ou de dez anos, nos termos da Lei n° 8.212/91."
Dispositivo(s) constitucional(is) envolvido(s):	"CF/88, Art. 146. Cabe à lei complementar: [...] III – estabelecer normas gerais em matéria de legislação tributária, especialmente sobre: [...] b) obrigação, lançamento, crédito, prescrição e decadência tributários;"
Data de reconhecimento da repercussão geral:	05/12/2007, vencidos os ministros Cezar Peluso e Eros Grau.
Data de julgamento do mérito recursal:	12/06/2008
Houve unanimidade?	Sim, com relação ao mérito do julgamento. Quanto à repercussão geral, o julgamento foi por maioria, vencidos os ministros Cezar Peluso e Eros Grau.
Data de publicação do acórdão de julgamento do recurso:	26/09/2008
Trânsito em julgado do acórdão:	19/12/2014
Houve Embargos de Declaração	Sim
Data de julgamento dos Embargos de Declaração	06/11/2014
Data de publicação dos Embargos de Declaração	28/11/2014

⊙ Comentários:

Negou-se provimento ao Recurso Extraordinário interposto pela Fazenda Nacional, para declarar a inconstitucionalidade dos arts. 45 e 46 da Lei 8.212/1991[12].

Segundo o Tribunal, "Recepcionados pela Constituição da República de 1988 como disposições de lei complementar, subsistem os prazos prescricional e decadencial previstos nos artigos 173 e 174 do Código Tributário Nacional" (item 3 da Ementa).

Os arts. 45 e 46 da Lei 8.212/1991 estabeleciam prazos de 10 anos, tanto para a decadência, como a prescrição dos créditos decorrentes da incidência das contribuições previdenciárias, distintos, portanto, do prazo quinquenal, previsto no CTN.

Este julgamento, juntamente com os RE 560.626-1, 559.882-9 e 556.664-1, ensejou a edição da Súmula Vinculante 08, de 12.06.2008, segundo a qual "São inconstitucionais o parágrafo único do artigo 5º do Decreto-Lei nº 1.569/1977 e os arts. 45 e 46 da Lei 8.212/1991, que tratam de prescrição e decadência de crédito tributário".

Posteriormente, os arts. 45 e 46 da Lei 8.212/1991 foram revogados pela LC 128/2008, art. 13, I, a.

⊙ Fique atento:

- Embora o CTN tenha sido promulgado na forma de lei ordinária (Lei 5.172/1966), foi recepcionado pela CF/88, como Lei Complementar, daí a aplicabilidade dos seus dispositivos no tocante a decadência e prescrição em matéria tributária.

- As contribuições previdenciárias têm natureza tributária, conforme posicionamento consolidado do STF. É importante chamar a atenção a este detalhe, no contexto do presente RE, pois este foi um dos pontos aventados para se argumentar a constitucionalidade dos arts. 45 e 46 da Lei 8.212/1991, que tratam especificamente de tais contribuições, e pretensa inaplicabilidade das normas do CTN.

- Na modulação dos efeitos da decisão o Tribunal estabeleceu eficácia *ex nunc* ao julgado, dando-lhe portanto efeito apenas futuro, salvo para os casos das ações judiciais propostas até 11.06.2008, data em que o Supremo declarou a inconstitucionalidade dos arts. 45 e 46 da Lei 8.212/1991 (Súmula Vinculante 08).

- Sobre a reserva de Lei Complementar em matéria contribuições, vid. os seguintes RE, neste trabalho: RE 560.626 (Tema 2); RE 566.622 (Tema 32); RE 573.540 (Tema 55); RE 377.457 (Tema 71); RE 635.682 (Tema 227).

---

12. "Lei 8.212/1991, Art. 45. O direito da Seguridade Social apurar e constituir seus créditos extingue-se após 10 (dez) anos contados": (Vide Súmula Vinculante nº 8). (Revogado pela Lei Complementar nº 128, de 2008).
"Art. 46. O direito de cobrar os créditos da Seguridade Social, constituídos na forma do artigo anterior, prescreve em 10 (dez) anos". (Vide Súmula Vinculante nº 8). (Revogado pela Lei Complementar nº 128, de 2008).

⊙ Questões de Concurso relacionadas ao tema:

Questão 01 (Ano: 2015 Banca: FCCÓrgão: MANAUSPREV Prova: Procurador Autárquico) Em relação aos institutos da prescrição e decadência relativas à contribuição da seguridade social é INCORRETO afirmar:

a) As ações para haver prestações vencidas, restituições ou diferenças, a contar da data em que deveriam ter sido pagas, salvo o direito dos menores, incapazes ou ausentes na forma do Código Civil, prescrevem em 5 anos.

b) O direito da Previdência Social para anular atos administrativos de que decorram efeitos favoráveis para os seus beneficiários prescreve em 5 anos contados da data em que foram praticados, ainda que comprovada má-fé.

c) A prescrição definida como a extinção de uma ação ajuizável em virtude da inércia de seu titular durante certo lapso de tempo, em tese, veda o ajuizamento da ação de cobrança do crédito tributário definitivamente constituído pelo lançamento.

d) A decadência entendida como extinção do direito pelo decurso do prazo fixado para seu exercício com inércia do titular, em tese, impede a autoridade fiscal de efetuar o lançamento das contribuições sociais devidas e não pagas pelo sujeito passivo.

e) O direito de pleitear restituição ou de realizar compensação de contribuições ou de outras importâncias extingue-se em 5 anos, contados da data do pagamento ou recolhimento indevido ou em que se tornar definitiva a decisão administrativa ou do trânsito em julgado da sentença que tenha reformado, anulado ou revogado a decisão condenatória.

Questão 02 (PGE-GO. PGE-GO. Procurador do Estado. 2010) O Supremo Tribunal Federal recentemente editou a Súmula Vinculante n. 8, segundo a qual são inconstitucionais os artigos 45 e 46 da Lei n. 8.212/91, que fixam em dez anos os prazos decadencial e prescricional das contribuições para a seguridade social. Nos julgamentos que precederam e embasaram sua edição, restou assentado por aquela Corte que

a) a Constituição Federal de 1988 reservou expressamente à lei complementar a enumeração dos meios de extinção e suspensão do crédito tributário, entre os quais, inclusive, a prescrição e decadência tributários.

b) à norma geral em matéria de legislação tributária, sujeita à lei complementar, compete dispor sobre o método de contagem dos prazos de prescrição e decadência, sendo permitida a lei ordinária própria da entidade tributante a fixação dos prazos decadenciais e prescricionais.

c) embora as contribuições sejam espécies tributárias, as contribuições para a seguridade social encontram tratamento específico no artigo 195 da Constituição e, por conseguinte, são excluídas do regime da obrigatoriedade de use da lei complementar para dispor sobre prescrição e decadência.

d) a vedação ao tratamento desigual entre contribuintes em situação equivalente não configura óbice à regulação de aspectos específicos dos temas de prescrição e decadência do crédito tributário, por parte dos diversos entes da Federação.

e) são legítimos os recolhimentos efetuados nos prazos previstos nos artigos 45 e 46 da Lei n. 8.212/91 e não impugnados até 11 de junho de 2008, data em que o Supremo Tribunal Federal declarou a inconstitucionalidade incidental desses dispositivos, com modulação de efeitos.

Questão 03 (PUC-PR. Prefeitura de Maginga – PR. Procurador Municipal. 2015) A Súmula Vinculante n.º 8 enuncia que "são inconstitucionais o parágrafo único do artigo 5º do Decreto-Lei n.º 1.569/1977 e os artigos 45 e 46 da Lei n.º 8.212/1991, que tratam de prescrição e decadência de crédito tributário" e permite concluir que o Supremo Tribunal Federal, no que se refere às funções da lei complementar em matéria tributária:

a) adere à corrente tricotômica, na medida em que suas funções são as de dispor sobre conflitos de competência, em matéria tributária, entre a União, os Estados, o Distrito Federal e os Municípios; regular as limitações constitucionais ao poder de tributar; e estabelecer normas gerais em matéria de legislação tributária.

b) adere à corrente dicotômica, na medida em que são apenas duas as suas funções, quais sejam, dispor sobre conflitos de competência e regular as limitações ao poder de tributar

c) adere à corrente unifuncional, tendo em vista que é apenas uma a função da lei complementar em matéria tributária, qual seja, a de estabelecer normas gerais.

d) inaugura uma nova corrente acerca das funções da lei complementar em matéria tributária, na medida em que decadência e prescrição do crédito tributário não são consideradas matérias que devem ser disciplinadas por meio de Lei Complementar.

e) desconsidera o texto da Constituição Federal, na medida em que estabelece que é constitucional tratar de prescrição e decadência de crédito tributário por meio de lei ordinária.

> **Gabarito: 1-B; 2-E; 3-A**

10.16. PRESCRIÇÃO DA REPETIÇÃO DO CRÉDITO TRIBUTÁRIO: TERMO INICIAL QUANTO AOS TRIBUTOS SUBMETIDOS A LANÇAMENTO POR HOMOLOGAÇÃO

Tema 04: "Termo *a quo* do prazo prescricional da ação de repetição de indébito relativa a tributos sujeitos a lançamento por homologação e pagos antecipadamente."

Tese: "É inconstitucional o art. 4º, segunda parte, da Lei Complementar 118/2005, de modo que, para os tributos sujeitos a homologação, o novo prazo de 5 anos para a repetição ou compensação de indébito aplica-se tão somente às ações ajuizadas após o decurso da *vacatio legis* de 120 dias, ou seja, a partir de 9 de junho de 2005."

FICHA TÉCNICA	
Leading case:	**RE 566.621**
Descrição do caso feita pelo STF:	"Recurso extraordinário em que se discute, à luz do art. 5°, XXXVI, da Constituição Federal, a constitucionalidade, ou não, da expressão "observado, quanto ao art. 3°, o disposto no art. 106, I, da Lei n° 5.172, de 25 de outubro de 1966 – Código Tributário Nacional", constante do art. 4°, segunda parte, da Lei Complementar n° 118/2005, com o objetivo de definir o termo inicial da contagem do prazo prescricional da ação de compensação/repetição de indébito tributário de tributos sujeitos a lançamento por homologação pagos antecipadamente: se da data do recolhimento antecipado do tributo indevido ou da data da homologação – expressa ou tácita – do respectivo lançamento."
Dispositivo(s) constitucional(is) envolvido(s):	"CF/88, Art. 5° Todos são iguais perante a lei, sem distinção de qualquer natureza, garantindo-se aos brasileiros e aos estrangeiros residentes no País a inviolabilidade do direito à vida, à liberdade, à igualdade, à segurança e à propriedade, nos termos seguintes: XXXVI – a lei não prejudicará o direito adquirido, o ato jurídico perfeito e a coisa julgada;"
Data de reconhecimento da repercussão geral:	04/08/2011
Data de julgamento do mérito recursal:	04/08/2011
Houve unanimidade?	Não. Vencidos os Ministros Marco Aurélio, Dias Toffoli, Cármen Lúcia e Gilmar Mendes
Data de publicação do acórdão de julgamento do recurso:	11/10/2011
Trânsito em julgado do acórdão:	17/11/2011
Houve Embargos de Declaração	Não
Data de julgamento dos Embargos de Declaração	–
Data de publicação dos Embargos de Declaração	–

◉ Comentários:

Negou-se provimento ao Recurso Extraordinário interposto pela Fazenda Nacional, para reconhecer a inconstitucionalidade do art. 4°, segunda parte, da LC 118/05.

Esta decisão vem a pacificar a discussão referente ao prazo para interposição da ação de repetição do indébito tributário, naqueles casos em que o recolhimento indevido refira-se ao pagamento de tributo submetido a lançamento por homologação.

A origem da discussão encontra-se na forma como se encontra estabelecido o termo inicial da contagem do prazo, no CTN, art. 168, I. Segundo tal dispositivo, o direito de pleitear a restituição extingue-se com o decurso do prazo de 5 anos, contados da data da extinção do crédito tributário. No caso dos tributos sujeitos a lançamento por homologação, a dúvida pairava sobre o momento em que o crédito tributário teria sido extinto: se desde o momento do efetivo recolhimento realizado pelo contribuinte ("pagamento antecipado"); ou se no momento posterior da homologação.

Ao tempo do julgamento deste RE, o STJ já havia firmado posicionamento no sentido de considerar, como termo inicial, o momento da homologação, o que fazia com que o prazo para a interposição da Repetição pudesse chegar a mais de 10 anos a partir do momento em que passasse a ser devido o tributo ("prazo decenal").

A LC 118/05, por sua vez, passou a estabelecer que o prazo para interposição da ação de Repetição contaria a partir do "pagamento antecipado" realizado pelo contribuinte (art. 3º)[13]. Estabeleceu ademais, que tal norma teria natureza estritamente interpretativa, o que implicava atribuir-lhe eficácia retroativa (art. 4º)[14]. Significa dizer que a tese quinquenal passaria a ser aplicada inclusive sobre os processos já em andamento, e fulminaria o direito de repetição daqueles contribuintes cuja ação tivesse sido interposta após 5 anos a partir do momento e que o tributo passasse a ser devido.

O STF reconheceu a inconstitucionalidade da norma no tocante especificamente à atribuição de caráter estritamente interpretativo, o que implicou mitigar-lhe o efeito retroativo. Assim, ainda segundo o Tribunal, a "tese quinquenal" passaria a ser aplicada apenas sobre os processos a serem interpostos após a *vacatio legis* estabelecida na própria LC 118/05, de 120 dias a partir da sua publicação (LC 118/05, art. 4º).

Para o Tribunal,

> "a aplicação retroativa de novo e reduzido prazo para a repetição ou compensação de indébito tributário estipulado por lei nova, fulminando, de imediato, pretensões deduzidas tempestivamente à luz do prazo então aplicável, bem como a aplicação imediata à pretensões pendentes de ajuizamento quando da publicação da lei, sem resguardo de nenhuma regra de transição, implicam ofensa ao princípio da segurança jurídica em seus conteúdos de proteção da confiança e de garantia do acesso à Justiça." (extrato da Ementa do Acórdão)

⊙ Fique atento:

- Não há discussão sobre o prazo propriamente, sendo ele de 5 anos. A discussão se estabelece em torno do termo inicial da sua contagem, no que se refere aos tributos

---

13. LC 118/05, Art. 3º Para efeito de interpretação do inciso I do art. 168 da Lei no 5.172, de 25 de outubro de 1966 – Código Tributário Nacional, a extinção do crédito tributário ocorre, no caso de tributo sujeito a lançamento por homologação, no momento do pagamento antecipado de que trata o § 1º do art. 150 da referida Lei.

14. LC 118/05, Art. 4º Esta Lei entra em vigor 120 (cento e vinte) dias após sua publicação, observado, quanto ao art. 3º, o disposto no art. 106, inciso I, da Lei no 5.172, de 25 de outubro de 1966 – Código Tributário Nacional.

sujeitos a lançamentos por homologação: momento a partir do qual o tributo passa a ser devido, ainda que o seu recolhimento se dê em data posterior ("tese quinquenal"); ou momento do efetivo recolhimento pelo contribuinte ("tese decenal").

• A inconstitucionalidade da norma (LC 118/05, art. 4º) não se encontra em ter estabelecido a aplicabilidade da "tese quinquenal"; reside em ter atribuído a tal tese um caráter estritamente interpretativo, conferindo-lhe, por conseguinte, efeito *ex tunc*, de forma a alcançar inclusive ações de repetição já em andamento ao tempo da publicação da LC.

◉ Questões de Concurso relacionadas ao tema:

Questão 01: (PUC/PR/JUIZ DE DIREITO/TJ/PR – 2014) Acerca do Pagamento Indevido é CORRETO afirmar que:

I. A compensação realizada pelo sujeito passivo no término do procedimento administrativo fiscal autoriza, constado posteriormente ser indevido o tributo, a repetição do indébito;

II. A prova de que o pagamento se deu por erro não é indispensável ao pretendente à restituição do indébito, bastando ele evidenciar a inexistência da obrigação tributária geradora do pagamento feito;

III. Tanto o STF quanto o STJ entendem que, para as ações judiciais visando à restituição de tributos sujeitos a lançamento por homologação ajuizadas a partir de 09.06.2005, deve ser aplicado o prazo prescricional quinquenal previsto no art. 3º da Lei Complementar n. 118/2005, ou seja, prazo de cinco anos com termo inicial na data do pagamento;

IV. O prazo prescricional da ação anulatória da decisão administrativa que denegar a restituição é interrompido pelo início da ação judicial, recomeçando o seu curso, por metade, a partir da data da intimação validamente feita ao representante judicial da Fazenda Pública interessada.

    a) Somente as alternativas I, II e III estão corretas.

    b) Somente a alternativa IV está correta.

    c) Todas as alternativas estão corretas.

    d) Somente as alternativas III e IV estão corretas

Questão 02 (FCC/MPE/PA – 2014 – ADAPTADA) Se o sujeito passivo da obrigação tributária, de forma voluntária e consciente, fizer pagamento indevido de crédito tributário, composto pelo valor do tributo, juros, correção monetária e multa moratória, referente a tributo sujeito a lançamento por homologação e pagos antecipadamente,

    a) terá direito à restituição de todos os valores que foram pagos indevidamente, inclusive juros de mora, correção monetária e multa moratória, tendo seu prazo prescricional contado a partir do pagamento.

    b) somente poderá pleitear a compensação com outro crédito tributário devido ao mesmo sujeito passivo, desde que comprove que não transferiu o referido encargo a terceiro.

c) não terá direito à restituição porque pagou indevidamente de forma voluntária e consciente, o que é considerado mera liberalidade.

d) terá direito à restituição apenas dos valores decorrentes de obrigação acessória, ou seja, juros, correção monetária e multa de mora, tendo seu prazo prescricional contado depois de 5 anos da homologação tácita do tributo.

e) terá direito à restituição apenas da multa moratória, já que não houve infração à legislação tributária.

Gabarito 1-C; 2-A

10.17. SANÇÃO POLÍTICA (RESTRIÇÕES A DIREITOS COMO MEIO INDIRETO DE COBRANÇA DE TRIBUTO): PRESTAÇÃO DE GARANTIA COMO CONDIÇÃO PARA IMPRESSÃO DE NOTAS FISCAIS; RESTRIÇÃO AO EXERCÍCIO DE ATIVIDADE ECONÔMICA OU PROFISSIONAL; RESTRIÇÃO AO INGRESSO EM PARCELAMENTO; ADESÃO AO SIMPLES

Tema 31: "Exigência de garantia real ou fidejussória para impressão de documentos fiscais de contribuintes inadimplentes."

Tese: "É inconstitucional o uso de meio indireto coercitivo para pagamento de tributo – "sanção política" –, tal qual ocorre com a exigência, pela Administração Tributária, de fiança, garantia real ou fidejussória como condição para impressão de notas fiscais de contribuintes com débitos tributários."

FICHA TÉCNICA	
Leading case:	**RE 565.048**
Descrição do caso feita pelo STF:	"Recurso extraordinário em que se discute, à luz dos artigos 5º, XIII, XXXV, LIV e LV; e 170, parágrafo único, da Constituição Federal, a constitucionalidade, ou não, da exigência, pelo Fisco, de garantia real ou fidejussória, prevista nos artigos 39 e 42 da Lei nº 8.820/89, do Estado do Rio Grande do Sul, para impressão de documentos fiscais de contribuintes em mora com débitos tributários."

FICHA TÉCNICA	
Leading case:	**RE 565.048**
Dispositivo(s) constitucional(is) envolvido(s):	"CF/88, art. 5°, XIII – é livre o exercício de qualquer trabalho, ofício ou profissão, atendidas as qualificações profissionais que a lei estabelecer; (...) XXXV – a lei não excluirá da apreciação do Poder Judiciário lesão ou ameaça a direito; (...) LIV – ninguém será privado da liberdade ou de seus bens sem o devido processo legal; (...) LV – aos litigantes, em processo judicial ou administrativo, e aos acusados em geral são assegurados o contraditório e ampla defesa, com os meios e recursos a ela inerentes; (...)" "Art. 170, Parágrafo único. É assegurado a todos o livre exercício de qualquer atividade econômica, independentemente de autorização de órgãos públicos, salvo nos casos previstos em lei."
Data de reconhecimento da repercussão geral:	22/02/2008
Data de julgamento do mérito recursal:	29/05/2014
Houve unanimidade?	Sim
Data de publicação do acórdão de julgamento do recurso:	09/10/2014
Trânsito em julgado do acórdão:	20/10/2014
Houve Embargos de Declaração	Não
Data de julgamento dos Embargos de Declaração	–
Data de publicação dos Embargos de Declaração	–

⊙ Comentários:

Deu-se provimento ao Recurso Extraordinário interposto pelo contribuinte para reconhecer a inconstitucionalidade do **parágrafo único do art. 42 da Lei 8.820/89** do Estado do Rio Grande do Sul, à luz da CF/88, art. 5°, XIII, XXXV, LIV e LV; e art. 170, parágrafo único, § 1°.

A **lei estadual,** art. 42, parágrafo único, estabelecia a possibilidade de limitar a quantidade de impressões de documentos fiscais a serem fornecidos ao contribuinte, além de também autorizar a exigência de garantia para a emissão de tais documentos, quando a utilização dos mesmos pudesse prejudicar o pagamento do imposto vincendo, ou quando ocorresse alguma das hipóteses mencionadas no art. 39 do mesmo diploma legal.

Conforme explicitado no Relatório, permitiu-se

"...à Administração Tributária condicionar a autorização de impressão de notas fiscais, em caso de contribuinte devedor do Imposto Sobre Circulação de Mercadorias e Serviços – ICMS, à prestação de fiança, garantia real ou outra fidejussória, equivalente ao débito estimado do tributo relativo ao período subsequente de seis meses de operações mercantis presumidas. Em outras palavras, o sujeito passivo é obrigado a apresentar garantia em virtude de débitos passados, mas calculada tendo em conta débitos futuros, incertos quanto à ocorrência e ao montante.

Essas normas vinculam a continuidade da atividade econômica do contribuinte em mora ao oferecimento de garantias ou ao pagamento prévio do devido a título de tributo. Ante a impossibilidade de impressão de talonário de notas fiscais, salvo garantia prevista com base em débitos ainda não existentes, o contribuinte encontra-se coagido a quitar a pendência sem mais poder questionar o passivo, sob pena de encerrar as atividades.

Tratou-se assim de caso típico de sanção política objetivando a cobrança de tributo, questão cujo entendimento pela inconstitucionalidade encontra-se consolidado nos julgados da Corte Suprema, tendo sido objeto inclusive de distintas Súmulas (Vid. item "Fique atento" abaixo).

⦿ Fique atento:

- Cf. a análise do ARE 914.045 (Tema 856), nesta obra, no qual se estabelece a inconstitucionalidade da exigência de fiança, garantia real ou fidejussória como condição para impressão de notas fiscais de contribuintes com débitos tributários.
- Súmula STF, n. 70: É inadmissível a interdição de estabelecimento como meio coercitivo para cobrança de tributo.
- Súmula STF, n. 323: É inadmissível a apreensão de mercadorias como meio coercitivo para pagamento de tributos
- Súmula STF, n. 547: Não é lícito à autoridade proibir que o contribuinte em débito adquira estampilhas, despache mercadorias nas alfândegas e exerça suas atividades profissionais.

⦿ Questões de Concurso relacionadas ao tema:

Questão 01 (Ano: 2015. Banca: FCC. Órgão: SEFAZ-PI. Prova: Auditor Fiscal da Fazenda Estadual – Conhecimentos Gerais) Considere as seguintes situações à luz da disciplina constitucional dos princípios gerais da atividade econômica:

I.   Lei estadual que condiciona a concessão de regime especial de tributação à apresentação, pelo contribuinte, de certidão negativa de débito de tributos estaduais.

II. Exigência, pela Fazenda Pública, de prestação de fiança, garantia real ou fidejussória para a impressão de notas fiscais de contribuintes em débito com o fisco.

III. Previsão, em norma legal federal, de cancelamento do registro especial para industrialização de cigarros, por descumprimento de obrigações tributárias relativas ao imposto sobre produtos industrializados.

Há ofensa ao princípio da livre atividade econômica no que consta APENAS em

a) I e II.

b) II e III.

c) I.

d) II.

e) III.

Gabarito: 1-A

Tema 856: "a) Necessidade de submissão de demanda judicial à regra da reserva de plenário na hipótese em que a decisão judicial estiver fundada em jurisprudência do Plenário do Supremo Tribunal Federal ou em Súmula deste Tribunal; b) Constitucionalidade de restrições impostas pelo Estado ao livre exercício de atividade econômica ou profissional, quando aquelas forem utilizadas como meio de cobrança indireta de tributos."

Tese: "I – É desnecessária a submissão à regra da reserva de plenário quando a decisão judicial estiver fundada em jurisprudência do Plenário ou em Súmula deste Supremo Tribunal Federal; II – É inconstitucional a restrição ilegítima ao livre exercício de atividade econômica ou profissional, quando imposta como meio de cobrança indireta de tributos."

FICHA TÉCNICA	
Leading case:	**ARE 914.045**
Descrição do caso feita pelo STF:	"Recurso extraordinário em que se discute, à luz dos art. 5º, XIII; 93, IX; 97 e 170 da Constituição Federal, a necessidade de submissão de demanda judicial à regra da reserva de plenário na hipótese em que a decisão judicial estiver fundada em jurisprudência do Plenário do Supremo Tribunal Federal ou Súmula deste Tribunal. Debate-se, ainda, sobre a constitucionalidade de restrições impostas pelo Estado ao livre exercício de atividade econômica ou profissional, quando aquelas forem utilizadas como meio de cobrança indireta de tributos."
Dispositivo(s) constitucional(is) envolvido(s):	"CF/88, art. 5º Todos são iguais perante a lei, sem distinção de qualquer natureza, garantindo-se aos brasileiros e aos estrangeiros residentes no País a inviolabilidade do direito à vida, à liberdade, à igualdade, à segurança e à propriedade, nos termos seguintes: XIII – é livre o exercício de qualquer trabalho, ofício ou profissão, atendidas as qualificações profissionais que a lei estabelecer;

FICHA TÉCNICA	
Leading case:	**ARE 914.045**
	Art. 93. Lei complementar, de iniciativa do Supremo Tribunal Federal, disporá sobre o Estatuto da Magistratura, observados os seguintes princípios: IX – todos os julgamentos dos órgãos do Poder Judiciário serão públicos, e fundamentadas todas as decisões, sob pena de nulidade, podendo a lei limitar a presença, em determinados atos, às próprias partes e a seus advogados, ou somente a estes, em casos nos quais a preservação do direito à intimidade do interessado no sigilo não prejudique o interesse público à informação; (Redação dada pela EC 45/2004); Art. 97. Somente pelo voto da maioria absoluta de seus membros ou dos membros do respectivo órgão especial poderão os tribunais declarar a inconstitucionalidade de lei ou ato normativo do Poder Público. Art. 170. A ordem econômica, fundada na valorização do trabalho humano e na livre iniciativa, tem por fim assegurar a todos existência digna, conforme os ditames da justiça social, observados os seguintes princípios: [...]"
Data de reconhecimento da repercussão geral:	16/10/2015
Data de julgamento do mérito recursal:	16/10/2015
Houve unanimidade?	Não, vencidos os Ministros Marco Aurélio e Roberto Barroso
Data de publicação do acórdão de julgamento do recurso:	22/02/2016
Trânsito em julgado do acórdão:	30/03/2016
Houve Embargos de Declaração	Sim
Data de julgamento dos Embargos de Declaração	18/12/2015
Data de publicação dos Embargos de Declaração	10/02/2016

◉ Comentários:

Negou-se provimento ao Recurso Extraordinário interposto pelo Estado de Minas Gerais, para declarar a inconstitucionalidade da restrição ilegítima ao livre exercício de atividade econômica ou profissional, quando imposta como meio de cobrança indireta de tributos. Decidiu ainda ser desnecessária a submissão à regra da reserva de plenário quando a decisão judicial estiver fundada em jurisprudência do Plenário ou em Súmula do STF.

A discussão de mérito desenvolveu-se em torno da norma estabelecida pela Lei 6.763/75, do Estado de Minas Gerais, art. 219, § 1º, III, que condicionava a inscrição do contribuinte, a inclusão ou substituição de sócio, bem como a reativação da inscrição, à sua regularidade fiscal:

> Lei 6.763/75, de MG, art. 219 – Será exigida certidão de débitos tributários negativa nos seguintes casos:
>
> § 1º Nas hipóteses abaixo indicadas não será exigida a apresentação do documento de que trata o caput deste artigo, ficando o deferimento do pedido condicionado a estar o requerente em situação que permitiria a emissão de certidão de débitos tributários negativa para com a Fazenda Pública estadual:
>
> III – nos casos previstos em regulamento, inscrição como contribuinte, alteração cadastral que envolva inclusão ou substituição de sócio e reativação da inscrição estadual;

De maneira mais precisa, conforme indicado no voto do ministro-relator, tratou-se de um

> "...cidadão que teve seu requerimento de inscrição em cadastro de produtor rural indeferido pelo Poder Público, em razão de situação de irregularidade fiscal perante a Administração Tributária. Demais, o fundamento da negativa do pedido se funda no não preenchimento das exigências legais constantes da Lei estadual 6.763/75."

A Corte Suprema tratou de reiterar o entendimento quanto à inconstitucionalidade da chamada sanção política, assim entendidos os expedientes administrativos que restringem direitos do contribuinte como forma de constringir ao pagamento de tributo. Tal entendimento encontra-se inclusive consignado em súmulas do próprio Tribunal (vid. Súmulas STF 70, 323 e 547).

No que se refere à cláusula de reserva de plenário, a discussão teve como fundamento a norma da CF/88, art. 97, que exige o julgamento pelo pleno do tribunal para fins de declaração de inconstitucionalidade:

> CF/88, art. 97. Somente pelo voto da maioria absoluta de seus membros ou dos membros do respectivo órgão especial poderão os tribunais declarar a inconstitucionalidade de lei ou ato normativo do Poder Público.

O STF também tratou de consignar entendimento já consolidado, inclusive em sede de Repercussão Geral reconhecida no âmbito do RE 580.108, Tema 93. Segundo tal entendimento, e com base na legislação infraconstitucional que regulamenta a matéria, dispensa-se o pronunciamento do órgão pleno quando já houver pronunciamento deste, ou do Pleno do STF, no sentido da inconstitucionalidade:

> CPC/2015, art. 949. Parágrafo único. Os órgãos fracionários dos tribunais não submeterão ao plenário ou ao órgão especial a arguição de inconstitucionalidade quando já houver pronunciamento destes ou do plenário do Supremo Tribunal Federal sobre a questão. (cf. CPC/1973, art. 481)

O ministro Marco Aurélio reiterou a divergência quanto à utilização do Plenário Virtual para julgamento de mérito submetido a repercussão geral. Na mesma linha, divergência do Ministro Roberto Barroso restringiu-se apenas a se reservar a proferir juízo quanto à sanção política em eventual julgamento no âmbito do Plenário físico.

Os Embargos de Declaração oferecidos pelo Estado de Minas Gerais foram improvidos por unanimidade.

⊙ Síntese do debate constante do acórdão que fixou o precedente:

Argumentos favoráveis à tese fixada:	Argumentos contrários à tese fixada:
Ministro-relator Edson Fachin: "...constata-se que o acórdão recorrido não diverge da jurisprudência desta Corte, segundo a qual é inconstitucional a imposição de restrições ao exercício de atividade econômica ou profissional do contribuinte, quando este se encontra em débito para com o Fisco."	Ministro Roberto Barroso: "...o caráter genérico da tese que o relator propõe afirmar poderia gerar efeitos muito amplos e não dimensionados adequadamente por este Tribunal. Por exemplo, de acordo com os termos da tese proposta, seria válida a exigência de certidão de regularidade fiscal para participação de empresas em licitações, obtenção de empréstimos em instituições públicas, incentivos fiscais etc.?
	Portanto, sem propriamente discordar do entendimento do Min. Edson Fachin, considero, no entanto, que o tema (ii) deveria ser melhor debatido em Plenário físico, com todas as suas nuances.
	Diante do exposto, manifesto-me no sentido do caráter constitucional e da repercussão geral de ambas as questões suscitadas, pela reafirmação da jurisprudência quanto à tese (i), e pela não reafirmação da jurisprudência quanto à tese (ii), para cuja apreciação me reservo em eventual julgamento pelo Plenário físico."

⊙ Fique atento:

• Cf. a análise do RE 565.048 (Tema 31), nesta obra, no qual se estabelece a inconstitucionalidade do condicionamento da inscrição do contribuinte à sua regularidade fiscal.

• Sobre o tema da sanção política como forma de obrigar ao pagamento de tributo, há que se destacar a edição das seguintes súmulas do STF:

Súmula STF, n. 70: É inadmissível a interdição de estabelecimento como meio coercitivo para cobrança de tributo.

Súmula STF, n. 323: É inadmissível a apreensão de mercadorias como meio coercitivo para pagamento de tributos

Súmula STF, n. 547: Não é lícito à autoridade proibir que o contribuinte em débito adquira estampilhas, despache mercadorias nas alfândegas e exerça suas atividades profissionais.

◉ Questões de Concurso relacionadas ao tema:

Questão 01 (Ano: 2015. Banca: PUC-PR. Órgão: PGE-PR. Prova: Procurador do Estado) Entende-se por sanções políticas tributárias as restrições não razoáveis ou desproporcionais ao exercício de atividade econômica ou profissional lícita, utilizadas como meio de indução ou coação a pagamento de tributos.

Sobre as sanções políticas tributárias, assinale a alternativa **CORRETA**.

a) O protesto de certidão de dívida ativa, nos termos da jurisprudência mais recente do Superior Tribunal de Justiça, configura sanção política.

b) A exigência de Certidão Negativa de Débitos Tributários – CND como requisito prévio à participação em licitações é exemplo de sanção política.

c) De acordo com entendimento pacífico do Superior Tribunal de Justiça, a Fazenda Pública tem legitimidade e interesse para requerer a falência da empresa insolvente devedora de tributos.

d) A retenção de mercadoria pelo tempo estritamente necessário à lavratura do auto de infração não configura sanção política.

e) Segundo recente entendimento do Supremo Tribunal Federal, não se admite o cancelamento da inscrição da empresa no cadastro de contribuintes de determinado imposto em razão de dívidas tributárias, ainda que comprovados intuito deliberado de não pagar o imposto e violação à livre concorrência.

Questão 02 (Ano: 2014. Banca: TRF – 4ª REGIÃO. Órgão: TRF – 4ª REGIÃO. Prova: Juiz Federal Substituto) Dadas as assertivas abaixo, assinale a alternativa correta.

Considerando a jurisprudência do Supremo Tribunal Federal:

I. A prestação de ações e serviços de saúde por sociedades de economia mista corresponde à própria atuação do Estado, razão pela qual a elas se estende a imunidade tributária prevista na alínea a do inciso VI do art. 150 da Constituição Federal, desde que a empresa estatal não tenha por finalidade a obtenção de lucro e o capital social seja majoritariamente estatal.

II. É incompatível com o texto constitucional a regra constante de lei ordinária que condiciona o ingresso de empresa no Simples à inexistência de débito tributário, por se constituir em sanção política e via indireta de cobrança de tributo.

III. A imunidade tributária conferida a instituições de assistência social sem fins lucrativos pelo art. 150, VI, c, da Constituição Federal somente alcança as entidades fechadas de previdência social se não houver contribuição dos beneficiários.

IV. A lei que altera o prazo de pagamento do tributo, por não implicar majoração da exação, não se sujeita ao princípio da anterioridade.

V. É inconstitucional a cobrança de taxa para custear o serviço de iluminação pública.

a) Estão corretas apenas as assertivas I, II e IV.

b) Estão corretas apenas as assertivas I, II, IV e V.

c) Estão corretas apenas as assertivas I, III, IV e V.

d) Estão corretas apenas as assertivas II, III, IV e V.

e) Estão corretas todas as assertivas.

Gabarito: 1-D; 2-C

Tema 573: "Ofensa aos princípios da isonomia e do livre acesso à Justiça pela Portaria 655/93, do Ministério da Fazenda."

Tese: "Não viola o princípio da isonomia e o livre acesso à jurisdição a restrição de ingresso no parcelamento de dívida relativa à Contribuição para Financiamento da Seguridade Social – COFINS, instituída pela Portaria nº 655/93, dos contribuintes que questionaram o tributo em juízo com depósito judicial dos débitos tributários."

FICHA TÉCNICA	
Leading case:	**RE 640.905**
Descrição do caso feita pelo STF:	"Recurso extraordinário em que se discute, à luz do caput do art. 5º e do inciso II do art. 150 da Constituição Federal, se ofende, ou não, os princípios da isonomia e do livre acesso à Justiça a Portaria 655/93 do Ministério da Fazenda, que proibiu o parcelamento de débitos alusivos à Cofins que tenham sido objeto de depósito judicial."
Dispositivo(s) constitucional(is) envolvido(s):	"CF/88, art. 5º Todos são iguais perante a lei, sem distinção de qualquer natureza, garantindo-se aos brasileiros e aos estrangeiros residentes no País a inviolabilidade do direito à vida, à liberdade, à igualdade, à segurança e à propriedade, nos termos seguintes: Art. 150. Sem prejuízo de outras garantias asseguradas ao contribuinte, é vedado à União, aos Estados, ao Distrito Federal e aos Municípios: II – instituir tratamento desigual entre contribuintes que se encontrem em situação equivalente, proibida qualquer distinção em razão de ocupação profissional ou função por eles exercida, independentemente da denominação jurídica dos rendimentos, títulos ou direitos;"
Data de reconhecimento da repercussão geral:	30/08/2012
Data de julgamento do mérito recursal:	16/12/2016
Houve unanimidade?	Não, vencidos os Ministros Edson Fachin, Rosa Weber, Ricardo Lewandowski, Gilmar Mendes e Marco Aurélio

FICHA TÉCNICA	
Leading case:	**RE 640.905**
Data de publicação do acórdão de julgamento do recurso:	Acórdão ainda não publicado
Trânsito em julgado do acórdão:	Ainda sem trânsito em julgado
Houve Embargos de Declaração	Não
Data de julgamento dos Embargos de Declaração	–
Data de publicação dos Embargos de Declaração	–

◉ Comentários:

Deu-se provimento ao Recurso Extraordinário interposto pela União, para declarar a constitucionalidade de norma que restringe o ingresso em programa de parcelamento de dívida relativa à COFINS, de contribuintes que questionam o tributo em juízo com depósito judicial dos débitos tributários.

A Portaria do Ministério da Fazenda n. 655/1993 autorizou o parcelamento de débitos relativos à COFINS, vencidos até 30 de novembro de 1993, em até oitenta prestações mensais e sucessivas (art. 1º). Não obstante, impediu a inclusão em tal parcelamento dos débitos objeto de depósito judicial (art. 4º).

Embora a decisão pela constitucionalidade de tal disposição, no âmbito deste RE, ainda não tenha transitado em julgado, e ainda não se tenha publicado o Acórdão respectivo, o que impede a análise do mesmo, é possível afirmar, com base no quanto disposto na página do Tribunal, que foram considerados na decisão tanto o princípio de isonomia, como o de livre acesso à jurisdição:

> Não viola o princípio da isonomia e o livre acesso à jurisdição a restrição de ingresso no parcelamento de dívida relativa à Contribuição para Financiamento da Seguridade Social – COFINS, instituída pela Portaria nº 655/93, dos contribuintes que questionaram o tributo em juízo com depósito judicial dos débitos tributários.

◉ Fique atento:

• Com relação ao tema da sanção política, considere-se as seguintes súmulas:

> Súmula STF 70. É inadmissível a interdição de estabelecimento como meio coercitivo para cobrança de tributo.

> Súmula STF 323. É inadmissível a apreensão de mercadorias como meio coercitivo para pagamento de tributos.

> Súmula STF 547. Não é lícito à autoridade proibir que o contribuinte em débito adquira estampilhas, despache mercadorias nas alfândegas e exerça suas atividades profissionais.

- Cf. com a análise do RE 627.543 (Tema 363), em que se julga a constitucionalidade do impedimento à adesão ao SIMPLES Nacional de empresas com pendências tributárias e previdenciárias.

⦿ Questões de Concurso relacionadas ao tema:

Questão 01 (TRF-4ªR. TRF-4ªR. 2014. Prova: Juiz Federal Substituto) Dadas as assertivas abaixo, assinale a alternativa correta.

Considerando a jurisprudência do Supremo Tribunal Federal:

I. A prestação de ações e serviços de saúde por sociedades de economia mista corresponde à própria atuação do Estado, razão pela qual a elas se estende a imunidade tributária prevista na alínea a do inciso VI do art. 150 da Constituição Federal, desde que a empresa estatal não tenha por finalidade a obtenção de lucro e o capital social seja majoritariamente estatal.

II. É incompatível com o texto constitucional a regra constante de lei ordinária que condiciona o ingresso de empresa no Simples à inexistência de débito tributário, por se constituir em sanção política e via indireta de cobrança de tributo.

III. A imunidade tributária conferida a instituições de assistência social sem fins lucrativos pelo art. 150, VI, c, da Constituição Federal somente alcança as entidades fechadas de previdência social se não houver contribuição dos beneficiários.

IV. A lei que altera o prazo de pagamento do tributo, por não implicar majoração da exação, não se sujeita ao princípio da anterioridade.

V. É inconstitucional a cobrança de taxa para custear o serviço de iluminação pública.

a) Estão corretas apenas as assertivas I, II e IV.

b) Estão corretas apenas as assertivas I, II, IV e V.

c) Estão corretas apenas as assertivas I, III, IV e V.

d) Estão corretas apenas as assertivas II, III, IV e V.

e) Estão corretas todas as assertivas.

Questão 02 (FCC. PGE-MT. 2016. Prova: Procurador do Estado) O perdão parcial de multa pecuniária regularmente constituída mediante o lançamento de ofício do qual o contribuinte tenha sido devidamente notificado, em decorrência da adesão voluntária, por parte do contribuinte, a um "programa de regularização fiscal" criado por lei, consiste em:

a) suspensão da exigibilidade do crédito tributário, na modalidade parcelamento com desconto.

b) exclusão do crédito tributário, na modalidade remissão de débitos.

c) exclusão do crédito tributário, na modalidade parcelamento de débitos.

d) exclusão do crédito tributário, na modalidade anistia.

e) extinção do crédito mediante desconto condicional.

Questão 03 (PUC-PR. PGE-PR. 2015. Prova: Procurador do Estado) Entende-se por sanções políticas tributárias as restrições não razoáveis ou desproporcionais ao exercício de atividade econômica ou profissional lícita, utilizadas como meio de indução ou coação a pagamento de tributos.

Sobre as sanções políticas tributárias, assinale a alternativa **CORRETA**.

a) O protesto de certidão de dívida ativa, nos termos da jurisprudência mais recente do Superior Tribunal de Justiça, configura sanção política.

b) A exigência de Certidão Negativa de Débitos Tributários – CND como requisito prévio à participação em licitações é exemplo de sanção política.

c) De acordo com entendimento pacífico do Superior Tribunal de Justiça, a Fazenda Pública tem legitimidade e interesse para requerer a falência da empresa insolvente devedora de tributos.

d) A retenção de mercadoria pelo tempo estritamente necessário à lavratura do auto de infração não configura sanção política.

e) Segundo recente entendimento do Supremo Tribunal Federal, não se admite o cancelamento da inscrição da empresa no cadastro de contribuintes de determinado imposto em razão de dívidas tributárias, ainda que comprovados intuito deliberado de não pagar o imposto e violação à livre concorrência.

> **Gabarito: 1- C; 2-D; 3-D**

Tema 363: "Impedimento à adesão ao regime tributário do Simples Nacional de microempresas ou empresas de pequeno porte com pendências tributárias ou previdenciárias."

Tese: "É constitucional o art. 17, V, da Lei Complementar 123/2006, que veda a adesão ao Simples Nacional à microempresa ou à empresa de pequeno porte que possua débito com o Instituto Nacional do Seguro Social – INSS ou com as Fazendas Públicas Federal, Estadual ou Municipal, cuja exigibilidade não esteja suspensa."

FICHA TÉCNICA	
Leading case:	**RE 627.543**
Descrição do caso feita pelo STF:	"Recurso extraordinário em que se discute, à luz dos artigos 5°, XXXV e LV; e 146 da Constituição Federal, a constitucionalidade ou não, do inciso V do art. 17 da Lei Complementar n° 123/2006, que impede o recolhimento de impostos e contribuições, na forma do Simples Nacional, por microempresa ou empresa de pequeno porte, que possua débito com o Instituto do Seguro Social – INSS ou com as Fazendas Públicas federal, estadual ou municipal, cuja exigibilidade não esteja suspensa."

FICHA TÉCNICA	
Leading case:	**RE 627.543**
Dispositivo(s) constitucional(is) envolvido(s):	"Recurso extraordinário em que se discute, à luz dos artigos 5°, XXXV e LV; e 146 da Constituição Federal, a constitucionalidade ou não, do inciso V do art. 17 da Lei Complementar n° 123/2006, que impede o recolhimento de impostos e contribuições, na forma do Simples Nacional, por microempresa ou empresa de pequeno porte, que possua débito com o Instituto do Seguro Social – INSS ou com as Fazendas Públicas federal, estadual ou municipal, cuja exigibilidade não esteja suspensa."
	É constitucional o art. 17, V, da Lei Complementar 123/2006, que veda a adesão ao Simples Nacional à microempresa ou à empresa de pequeno porte que possua débito com o Instituto Nacional do Seguro Social – INSS ou com as Fazendas Públicas Federal, Estadual ou Municipal, cuja exigibilidade não esteja suspensa.
	"CF/88, art. 5° Todos são iguais perante a lei, sem distinção de qualquer natureza, garantindo-se aos brasileiros e aos estrangeiros residentes no País a inviolabilidade do direito à vida, à liberdade, à igualdade, à segurança e à propriedade, nos termos seguintes: XXXV – a lei não excluirá da apreciação do Poder Judiciário lesão ou ameaça a direito; LV – aos litigantes, em processo judicial ou administrativo, e aos acusados em geral são assegurados o contraditório e ampla defesa, com os meios e recursos a ela inerentes;
	Art. 146. Cabe à lei complementar: definição de tratamento diferenciado e favorecido para as microempresas e para as empresas de pequeno porte, inclusive regimes especiais ou simplificados no caso do imposto previsto no art. 155, II, das contribuições previstas no art. 195, I e §§ 12 e 13, e da contribuição a que se refere o art. 239. (Incluído pela EC 42/2003)"
Data de reconhecimento da repercussão geral:	04/02/2011
Data de julgamento do mérito recursal:	30/10/2013
Houve unanimidade?	Não, vencido o Ministro Marco Aurélio
Data de publicação do acórdão de julgamento do recurso:	29/10/2014
Trânsito em julgado do acórdão:	18/11/2014
Houve Embargos de Declaração	Não
Data de julgamento dos Embargos de Declaração	–
Data de publicação dos Embargos de Declaração	–

◉ Comentários:

Negou-se provimento ao Recurso Extraordinário interposto por contribuinte, para declarar a constitucionalidade da LC 123/2006, art. 17, V, que impede a adesão ao Simples Nacional à microempresa ou à empresa de pequeno porte que possua débito com o INSS ou com as Fazendas Públicas Federal, Estadual ou Municipal, cuja exigibilidade não esteja suspensa.

A LC 123/2006 institui o Estatuto da Micro Empresa e da Empresa de Pequeno Porte, que se inspira num histórico legislativo de fomento às atividades desenvolvidas por contribuintes detentores de menor capacidade econômica. Encontra fundamento na CF/88, art. 146, III, 'd', e parágrafo único; art. 170, IX; e art. 179, e tem como objetivos a simplificação e redução de deveres formais tributários, de forma a conferir-lhes um tratamento jurídico diferenciado.

Conforme entendimento assentado na Corte, o tratamento diferenciado não afronta a isonomia tributária, na medida em que a distinção se faz a partir com base no menor poder econômico que demonstra possuir este extrato de empreendedores.

Não obstante, a LC 123/2006, art. 17, V, impediu a adesão ao Simples de empresas que estivessem em débito de tributos, cuja exigibilidade não estivesse suspensa, nos seguintes termos:

> LC 123/2006, art. 17. Não poderão recolher os impostos e contribuições na forma do Simples Nacional a microempresa ou a empresa de pequeno porte:
>
> V – que possua débito com o Instituto Nacional do Seguro Social – INSS, ou com as Fazendas Públicas Federal, Estadual ou Municipal, cuja exigibilidade não esteja suspensa;

Neste ponto, o Tribunal entendeu inexistir vulneração à letra da CF/88, na medida em que seria desarrazoado o favorecimento daqueles que se encontrassem "em débito com os fiscos pertinentes, os quais participariam do mercado com uma vantagem competitiva em relação àqueles que cumprem pontualmente com suas obrigações" (Ementa, item 2).

Nesta mesma linha de raciocínio, consignou-se ainda que o dispositivo acima reproduzido não se traduz em fator de desequilíbrio concorrencial, já que a restrição se impõe a todas as micro e pequenas empresas (MPE), assim como aos microempreendedores individuais (MEI), devendo ainda ser considerado no contexto das sanções às infrações à legislação fiscal.

Neste ponto, esclareceu que não se restava caracterizado suposto de sanção política, e portanto estaria afastada a aplicação das Súmulas STF 70, 323 e 547,

> "...porquanto a espécie não se caracteriza como meio ilícito de coação a pagamento de tributo, nem como restrição desproporcional e desarrazoada ao exercício da atividade econômica. Não se trata, na espécie, de forma de cobrança indireta de tributo, mas de requisito para fins de fruição a regime tributário diferenciado e facultativo."

⊙ Síntese do debate constante do acórdão que fixou o precedente:

Argumentos favoráveis à tese fixada:	Argumentos contrários à tese fixada:
Ministro-relator Dias Toffoli: "...o art. 17, inciso V, da Lei Complementar nº 123/96 não viola o princípio da isonomia. Ao contrário, confirma o valor da igualdade jurídica. O contribuinte inadimplente que não manifesta seu intento de se regularizar perante à Fazenda Pública não está na mesma situação jurídica daquele que suportou seus encargos. Entendimento diverso importa em igualar contribuintes em situações juridicamente desiguais.	Ministro Marco Aurélio: "Esse preceito [LC 123/2006, art. 17, V] estabelece fator de discriminação que digo não apenas socialmente inaceitável, como também contrário à Carta da República. Esse preceito cria – permita-me a Juíza que sentenciou no processo parafraseá-la – o critério regularidade fiscal, temperando a Constituição Federal, mitigando a Constituição Federal no que não contém dispositivo excludente, contentando-se com o fato de se tratar de uma micro ou de uma empresa de pequeno valor definida – e o que define essa condição não é estar em dia com o Fisco – na Lei Complementar.
... no que se refere às Súmulas nºs 70, 323 e 547 da Corte, observo que o seu foco está naquelas situações concretas que inviabilizam a atividade desenvolvida pelo contribuinte.	Este Tribunal tem uma história jurisprudencial... contrária à disciplina, quer se entenda como sanção, quer se entenda, para mim, como coação política, visando a liquidação do débito fiscal.
A orientação das súmulas é clara. A Corte não admite expediente sancionatório indireto para forçar o cumprimento pelo contribuinte da obrigação tributária, seja ele "interdição de estabelecimento", "apreensão de mercadorias", "proibição de que o devedor adquira estampilhas", restrição ao "despacho de mercadorias", ou impedimento de que "exerça atividades profissionais", o que não ocorreu no caso dos autos."	Mas, há mais. Ferido de morte, para mim, na contramão da Carta da República, está o princípio isonômico. A pequena empresa sofre essa coação política, visando manter-se em dia com o Fisco, sob pena de ir – não aplicada a Lei Complementar, que contempla benefícios – para o buraco, ter a situação – que o Diploma Maior visa beneficiar, visa melhorar – prejudicada. O mesmo não ocorre com a grande empresa.
	Presidente, não tenho como dizer que o caso concreto difere daqueles outros que levaram este Tribunal a editar os três Verbetes a que me referi (o 70, o 323 e o 547), que integram a Súmula da jurisprudência predominante...
	Digo que se trata de coação política potencializada. Daí ter como justificada a máxima que lancei, segundo a qual o Estado não pode dar com uma das mãos e tirar com a outra, contrariando o Texto Maior, o que buscado em termos de objetivo, ou seja, o benefício das micro e pequenas empresas.
	Em vez de ser socorrida, é alvo de exclusão do sistema que visa estimular esse segmento importantíssimo, como reconhecido pelo relator, da economia nacional."

⊙ Fique atento:

- Com relação ao tema da sanção política, considere-se as seguintes súmulas:

    Súmula STF 70. É inadmissível a interdição de estabelecimento como meio coercitivo para cobrança de tributo.

    Súmula STF 323. É inadmissível a apreensão de mercadorias como meio coercitivo para pagamento de tributos.

    Súmula STF 547. Não é lícito à autoridade proibir que o contribuinte em débito adquira estampilhas, despache mercadorias nas alfândegas e exerça suas atividades profissionais.

• Cf. com a análise do RE 640.905 (Tema 573), em que se julga a constitucionalidade do impedimento à adesão a parcelamento de dívidas de COFINS àqueles com ações judiciais questionando o tributo.

◉ **Questões de Concurso relacionadas ao tema:**

Questões elaboradas:

Questão 01 (Elaborada pelo autor): Segundo o entendimento do Supremo Tribunal Federal não há impedimento quanto à adesão ao regime tributário do Simples Nacional de microempresas ou empresas de pequeno porte com pendências tributárias ou previdenciárias, vez que restaria violada a disposição sumulada no sentido de ser inadmissível a interdição de estabelecimento como meio coercitivo para cobrança de tributo.

( ) Certo   ( ) Errado

Questão 02 (Elaborada pelo autor): A suprema corte brasileira decidiu que é constitucional o impedimento à adesão ao regime tributário do Simples Nacional de microempresas ou empresas de pequeno porte com pendências tributárias ou previdenciárias, vez que seria desarrazoado o favorecimento daqueles "em débito com os fiscos pertinentes, os quais participariam do mercado com uma vantagem competitiva em relação àqueles que cumprem pontualmente com suas obrigações.

( ) Certo   ( ) Errado

> Gabarito: 1-E; 2-C

10.18. TRANSFERÊNCIAS FINANCEIRAS: FUNDO DE PARTICIPAÇÃO DOS MUNICÍPIOS E A CONCESSÃO DE INCENTIVOS E ISENÇÕES EM MATÉRIA DE IR E IPI; RETENÇÃO, PELO ESTADO, DA PARCELA DE ICMS DEVIDA AOS MUNICÍPIOS

Tema 653: "Valor devido pela União ao Fundo de Participação dos Municípios, relativamente aos impostos sobre a renda e proventos de qualquer natureza e sobre produtos industrializados, em face de benefícios e incentivos fiscais concedidos em relação a esses mesmos impostos."

Tese: "É constitucional a concessão regular de incentivos, benefícios e isenções fiscais relativos ao Imposto de Renda e Imposto sobre Produtos Industrializados por parte da União em relação ao Fundo de Participação de Municípios e respectivas quotas devidas às Municipalidades."

FICHA TÉCNICA	
Leading case:	**RE 705.423**
Descrição do caso feita pelo STF:	"Recurso extraordinário em que se discute, à luz do art. 159, I, b e d, da Constituição federal, se a concessão de benefícios, incentivos e isenções fiscais relativos ao imposto de renda (IR) e ao imposto sobre produtos industrializados (IPI) pode impactar no cálculo do valor devido aos municípios a título de participação na arrecadação dos referidos tributos."
Dispositivo(s) constitucional(is) envolvido(s):	"CF/88, art. 159. A União entregará: (Vide EC 55/2007) I – do produto da arrecadação dos impostos sobre renda e proventos de qualquer natureza e sobre produtos industrializados, 49% (quarenta e nove por cento), na seguinte forma: (Redação dada pela EC 84/2014) b) vinte e dois inteiros e cinco décimos por cento ao Fundo de Participação dos Municípios; e d) um por cento ao Fundo de Participação dos Municípios, que será entregue no primeiro decêndio do mês de dezembro de cada ano; (Incluído pela EC 55/2007)"
Data de reconhecimento da repercussão geral:	10/05/2013
Data de julgamento do mérito recursal:	17/11/2016
Houve unanimidade?	Sim
Data de publicação do acórdão de julgamento do recurso:	Embora a decisão tenha sido publicada em 23/11/2016, o Acórdão ainda não foi disponibilizado
Trânsito em julgado do acórdão:	Ainda não transitado em julgado
Houve Embargos de Declaração	Não
Data de julgamento dos Embargos de Declaração	
Data de publicação dos Embargos de Declaração	–

◉ Comentários:

Negou-se provimento ao Recurso Extraordinário interposto pelo Município de Itabi/SE, para declarar a constitucionalidade da concessão regular de incentivos, benefícios e isenções fiscais relativos ao IR e IPI por parte da União, ainda que venham a impactar no repasse para o FPM, e nas respectivas quotas devidas às Municipalidades.

A análise deste RE mostra-se prejudicada pelo fato de não se ter ainda disponibilizado o Acórdão. Não obstante, é possível afirmar que fixa tese de grande relevância jurídica e de grande impacto econômico e social, na medida em que trata de matéria diretamente atrelada ao financiamento público municipal.

Parte expressiva do financiamento dos Municípios brasileiros é realizada por meio dos repasses recebidos a partir do Fundo de Participação dos Municípios, o que se mostra especialmente relevante no caso dos Municípios menores. Por sua vez, os recursos destinados a este Fundo, têm como fonte primordial a arrecadação de dois impostos federais, o Imposto de Renda e o Imposto sobre operações com Produtos Industrializados.

A questão levada a julgamento refere-se aos limites de atuação da União no tocante à concessão de benefícios fiscais referentes a tributos federais, que venham a impactar em valores a serem transferidos aos Municípios. Conforme indicado na sua página eletrônica, o Tribunal entendeu pela constitucionalidade de tais concessões:

> É constitucional a concessão regular de incentivos, benefícios e isenções fiscais relativos ao Imposto de Renda e Imposto sobre Produtos Industrializados por parte da União em relação ao Fundo de Participação de Municípios e respectivas quotas devidas às Municipalidades.

⊙ Questões de Concurso relacionadas ao tema:

Questão 01 (PGR. PGR. 2011. Prova: Procurador da República) A VERBA REPASSADA AO MUNICIPIO, A TÍTULO DE FUNDO DE PARTICIPAÇÃO DOS MUNICIPIOS, CARACTERIZA-SE COMO:

a) receita corrente;

b) receita de capital;

c) receita originária;

d) participação no produto de impostos de receita partilhada.

Questão 02 (FGV. PGM-Niteroi. 2014. Prova: Procurador do Município, 3ª Categoria (P3)) As opções a seguir apresentam tributos que têm previsão constitucional de repasse aos Municípios (diretamente ou por meio do Fundo de Participação dos Municípios – FPM), **à exceção de uma**. Assinale-a.

a) Imposto de Importação (II).

b) Imposto sobre a Renda retido na fonte sobre valores pagos pelos Municípios (IR-Fonte servidores municipais).

c) Imposto sobre a Renda do conjunto dos contribuintes (IR universo dos contribuintes).

d) Imposto sobre a Propriedade de Veículos Automotores (IPVA).

e) Imposto sobre a Propriedade Territorial Rural (ITR).

Gabarito: 1-A; 2-A

Tema 42: "Retenção de parcela do produto da arrecadação do ICMS, pertencente aos Municípios, em razão da concessão de incentivos fiscais pelo Estado-membro."

Tese: "A retenção da parcela do ICMS constitucionalmente devida aos municípios, a pretexto de concessão de incentivos fiscais, configura indevida interferência do Estado no sistema constitucional de repartição de receitas tributárias."

FICHA TÉCNICA	
Leading case:	**RE 572.762**
Descrição do caso feita pelo STF:	"Recurso extraordinário em que se discute, à luz dos artigos 158, IV; e 160, da Constituição Federal, a constitucionalidade, ou não, da retenção de parcela do produto da arrecadação do ICMS, pertencente aos Municípios, em razão da concessão de incentivos fiscais pelo Estado-membro."
Dispositivo(s) constitucional(is) envolvido(s):	"CF/88, art. 158. Pertencem aos Municípios: IV – vinte e cinco por cento do produto da arrecadação do imposto do Estado sobre operações relativas à circulação de mercadorias e sobre prestações de serviços de transporte interestadual e intermunicipal e de comunicação. Art. 160. É vedada a retenção ou qualquer restrição à entrega e ao emprego dos recursos atribuídos, nesta seção, aos Estados, ao Distrito Federal e aos Municípios, neles compreendidos adicionais e acréscimos relativos a impostos. Parágrafo único. A vedação prevista neste artigo não impede a União e os Estados de condicionarem a entrega de recursos: (Redação dada pela EC nº 29/2000) I – ao pagamento de seus créditos, inclusive de suas autarquias; (Incluído pela EC nº 29/2000) II – ao cumprimento do disposto no art. 198, § 2º, incisos II e III. (Incluído pela EC nº 29/2000)"
Data de reconhecimento da repercussão geral:	22/03/2008
Data de julgamento do mérito recursal:	18/06/2008
Houve unanimidade?	Sim
Data de publicação do acórdão de julgamento do recurso:	05/09/2008

FICHA TÉCNICA	
Leading case:	RE 572.762
Trânsito em julgado do acórdão:	14/10/2008
Houve Embargos de Declaração	Não
Data de julgamento dos Embargos de Declaração	–
Data de publicação dos Embargos de Declaração	–

◉ Comentários:

Negou-se provimento ao Recurso Extraordinário interposto pelo Estado de Santa Catarina para reconhecer a inconstitucionalidade do PRODEC – Programa de Desenvolvimento da Empresa Catarinense, por violação aos arts. 158, V e 160 da CF/88.

O aludido Programa estadual estabelecia a retenção, pelo Estado, da parcela de ICMS destinada aos Municípios nos termos previstos no art. 158, V, da CF/88, correspondente a 25% da arrecadação total do tributo. Pelo PRODEC, o Estado financiava empreendimentos comerciais e industriais estabelecidos no seu território em montante equivalente a 75% do ICMS pago pelas empresas, sendo este montante devolvido aos cofres públicos em um prazo de 48 a 60 meses, o que impactava, por conseguinte, no cálculo do repasse da receita do imposto em favor dos Municípios.

Desta forma, os Municípios deixaram de ser destinatários de 25% da arrecadação total do ICMS, para beneficiarem-se de tão somente 6,25% (25% de repasse sobre a parcela dos 25% da arrecadação do ICMS não destinados ao PRODEC).

O Tribunal entendeu que o Programa interferia de forma indevida no sistema constitucional de repartição de receitas tributárias, numa clara sobreposição de lei ordinária estadual a dispositivo constitucional expresso, com reflexos inclusive sobre a estrutura do Pacto Federativo. Em definitiva, segundo o STF, "o repasse da quota constitucional devida aos Municípios não pode sujeitar-se à condição prevista em programa de benefício fiscal de **âmbito** estadual."

◉ Fique atento:

- O PRODEC não se tratou de um benefício consistente em isenção, nem em diferimento de pagamento do ICMS. O imposto era efetivamente recolhido pelo Estado, e posteriormente destinado ao financiamento das empresas. A discussão, portanto, não se estabeleceu em termos de limites da competência tributária do Estado de Santa Catarina em matéria de ICMS, mas em termos de utilização do produto da arrecadação do imposto. Este é um detalhe de extrema importância para o julgado, tendo sido utilizado como principal argumento da Fazenda estadual para defender a constitucionalidade do PRODEC.
- O ICMS é o principal imposto brasileiro em termos de montante de arrecadação, constituindo o seu repasse em favor dos Municípios numa das mais importantes fontes de financiamento destes Entes políticos.

◉ Questões de Concurso relacionadas ao tema:

Questão 01 (Ano: 2010; Banca: FEPESE Órgão: SEFAZ-SC Prova: Auditor Fiscal da Receita Estadual) Assinale a alternativa CORRETA.

a) A vedação à retenção ou qualquer restrição à entrega de recursos previstas no artigo 160, parágrafo único, CF, não impede a União e os Estados de condicionarem a entrega de recursos ao pagamento de seus créditos, excluídos os de suas autarquias.

b) Sem prejuízo da progressividade no tempo a que se refere o art. 182, § 4º, inciso II, CF, o IPTU poderá ser progressivo em razão do valor do imóvel, mas não poderá ter alíquotas diferentes de acordo com a localização e o uso do imóvel.

c) É vedado à União instituir tributo que não seja uniforme em todo o território nacional ou que implique distinção ou preferência em relação a Estado, ao Distrito Federal ou a Município, em detrimento de outro, inadmitida a concessão de quaisquer outros incentivos fiscais, a qualquer título.

d) As contribuições sociais e de intervenção no domínio econômico de que trata o caput do artigo 149, CF, não incidirão sobre as receitas decorrentes de exportação, nem sobre a importação de produtos estrangeiros ou serviços.

e) À União e aos Estados é vedado efetuar retenção ou qualquer restrição à entrega e ao emprego dos recursos constitucionalmente atribuídos aos Estados, ao Distrito Federal e aos Municípios, neles compreendidos adicionais e acréscimos relativos a impostos.

Questão 02 (Ano: 2010 Banca: ESAF Órgão: MPOG Prova: Analista de Planejamento e Orçamento – Planejamento e Orçamento) O federalismo fiscal brasileiro tem, como uma de suas premissas, uma rígida discriminação constitucional de rendas, capaz de assegurar a autonomia financeira das entidades que compõem a Federação. Entre as técnicas de repartição de receitas tributárias, destaca-se a discriminação pelo produto mediante participação direta e indireta na arrecadação. Levando-se isso em consideração, indique a opção correta.

a) A parcela do imposto estadual sobre operações relativas à circulação de mercadorias e sobre prestações de serviços de transporte interestadual e intermunicipal e de comunicação, a que se refere o art. 158, IV, da Carta Magna, pertence, de pleno direito, aos Municípios, mas o repasse da quota constitucionalmente devida pode sujeitar-se a condição prevista em programas de benefício fiscal de âmbito estadual.

b) A obrigatoriedade das transferências intergovernamentais, sob a forma de participação direta automática, não inibe eventual renúncia ou concessão de incentivos ou benefícios de natureza fiscal incidentes sobre o tributo objeto da repartição constitucional de rendas, tampouco enseja compensação financeira ao ente federativo destinatário da partilha, por não fazer jus este ao repasse integral da parcela que lhe cabe sobre a arrecadação bruta anterior à renúncia de receita correspondente.

c) As parcelas do ICMS pertencentes aos Municípios, previsto no inciso IV do art. 158 da Constituição Federal, podem ser recebidas sob a forma de títulos públicos, convertidos em moeda corrente nacional, e repassados, a esses, pela Secretaria da Fazenda, no dia do resgate dos certificados.

d) É vedado ao Estado impor condições para entrega aos Municípios das parcelas que lhes compete na repartição das receitas tributárias, salvo retenção e compensação de verbas municipais com débito de energia elétrica perante sociedade de economia mista.

e) A forma de cálculo do valor adicionado, para fins de partilha da arrecadação do ICMS fixada no inciso I do parágrafo único do artigo 158 da Constituição Federal, é matéria expressamente reservada à lei complementar estadual.

Questão 03 (Ano: 2010 Banca: FCC Órgão: SEFAZ-SP Prova: Analista em Planejamento, Orçamento e Finanças Públicas) A Constituição Federal veda a retenção ou qualquer restrição à entrega e ao emprego dos recursos atribuídos nas receitas transferidas (repartição constitucional), aos Estados, ao Distrito Federal e aos Municípios. Todavia, prevê a possibilidade da União e dos Estados condicionarem a entrega de recursos. Esta situação ocorrerá quando

a) houver descumprimento das metas fiscais previstas na lei orçamentária anual.

b) as contas prestadas forem reprovadas pelo Tribunal de Contas competente para julgá-las.

c) o Estado, o Distrito Federal ou o Município estiver com operação de crédito por antecipação de receita ainda em andamento, pendente de pagamento, mesmo que dentro do prazo.

d) não estiverem sendo aplicados anualmente em ações e serviços públicos de saúde os recursos mínimos derivados da aplicação de percentuais calculados sobre determinados impostos, conforme determinação constitucional específica.

e) o Estado, o Distrito Federal ou o Município deixar de aplicar anualmente o mínimo exigido em educação básica, após apuração em auditoria realizada pelo Tribunal de Contas competente.

> **Gabarito: 1-E; 2-B; 3-D**

10.19. VEDAÇÃO À VINCULAÇÃO DA RECEITA DE IMPOSTO: ICMS

Tema 92: "Vinculação de receita proveniente de majoração de alíquota do ICMS pela Lei paulista n° 9.903/97."

Tese: "Não viola o art. 167, IV, da Constituição Federal lei estadual que, ao prever o aumento da alíquota do Imposto sobre Circulação de Mercadorias e Serviços – ICMS, impõe ao Chefe do Executivo a divulgação da aplicação dos recursos provenientes desse aumento."

FICHA TÉCNICA	
Leading case:	**RE 585.535**
Descrição do caso feita pelo STF:	"Recurso extraordinário em que se discute, à luz do art. 167, IV, da Constituição Federal, a constitucionalidade, ou não, da Lei paulista n° 9.903/97, que prevê obrigatoriedade de o Poder Executivo estadual publicar mensalmente a aplicação dos recursos provenientes da receita gerada pelo aumento de 17% para 18% da alíquota do ICMS."
Dispositivo(s) constitucional(is) envolvido(s):	"CF/88, art. Art. 167. São vedados: IV – a vinculação de receita de impostos a órgão, fundo ou despesa, ressalvadas a repartição do produto da arrecadação dos impostos a que se referem os arts. 158 e 159, a destinação de recursos para as ações e serviços públicos de saúde, para manutenção e desenvolvimento do ensino e para realização de atividades da administração tributária, como determinado, respectivamente, pelos arts. 198, § 2°, 212 e 37, XXII, e a prestação de garantias às operações de crédito por antecipação de receita, previstas no art. 165, § 8°, bem como o disposto no § 4° deste artigo; (Redação dada pela EC 42/2003)"
Data de reconhecimento da repercussão geral:	21/06/2008
Data de julgamento do mérito recursal:	01/02/2010
Houve unanimidade?	Não, vencido o Ministro Marco Aurélio
Data de publicação do acórdão de julgamento do recurso:	21/05/2010
Trânsito em julgado do acórdão:	13/12/2012
Houve Embargos de Declaração	Não. Os únicos Embargos de Declaração foram interpostos no âmbito do Agravo Regimental presente no processo
Data de julgamento dos Embargos de Declaração	–
Data de publicação dos Embargos de Declaração	

◉ Comentários:

Negou-se provimento ao Recurso Extraordinário interposto por contribuinte, para declarar a constitucionalidade da Lei 9.903/97, do Estado de São Paulo, que impôs o dever de divulgação, pelo Chefe do Executivo, da forma de utilização de recursos provenientes do aumento da alíquota do ICMS, de 17%, para 18%.

A CF/88, art. 167, IV, com a redação da EC 42/2003, prevê o chamado princípio da vedação à vinculação da receita de imposto, em função do qual se proíbe, ressalvadas as exceções consignadas no mesmo dispositivo, a afetação de receita de imposto a órgão, fundo ou despesa.

A Lei 9.903/97, do Estado de São Paulo, por sua vez, estabeleceu o dever de divulgação, a cargo do Executivo, da forma como os recursos equivalentes a 1% da arrecadação do ICMS, diferença esta decorrente da majoração de 17% para 18%, seriam utilizados.

Frise-se que a Lei paulista não tratou de indicar a forma como seria utilizado o recurso, apenas impôs o dever de indicação desta utilização. Neste sentido, distinguiu-se de outra lei do mesmo Estado (Lei 6.556/89), por meio da qual se determinou o atrelamento da arrecadação do ICMS ao financiamento de programa habitacional, norma esta declarada inconstitucional no julgamento do RE 183.906.

No presente julgamento, entretanto, o STF considerou não ter havido vulneração do disposto na CF/88, art. 167, IV.

◉ Síntese do debate constante do acórdão que fixou o precedente:

Argumentos favoráveis à tese fixada:	Argumentos contrários à tese fixada:
"A Lei paulista 9.903, de 30.12.1997, apenas impôs a divulgação, pelo Chefe do Executivo, do emprego dos recursos provenientes do aumento da alíquota de 17 para 18%, previsto no mesmo diploma. A proibição de vinculação de receita de impostos prevista no art. 167, IV, da Constituição Federal, impede a fixação de uma prévia destinação desses recursos, o que não se verificou no presente caso." (Ementa do Acórdão do RE 585.535)	Ministro Marco Aurélio: A "...vinculação faz-se presente, a meu ver... quando a lei, diante da glosa do Supremo [aqui o Ministro refere-se à do julgamento da Lei 6.556/89, do Estado de São Paulo, mencionada no corpo da análise do RE] quanto à majoração e vinculação de 1%, previu a publicação, algo inédito, da destinação dessa majoração, quando sabemos que o tributo – o imposto – é recolhido à conta única... [...] Quer dizer, temos uma parte da arrecadação em que não se tem essa vinculação contemplada quanto à majoração, uma parte em que, evidentemente, há prestação de contas á Corte respectiva do Estado, e outra em que o Executivo fica compelido a destacar, a dar destinação e publicá-la no Diário Oficial. [...] Mediante sutil jogo de palavras, afastando-se a destinação específica, manteve-se destinação individualizada de parte do tributo, que é o Imposto sobre Circulação de Mercadorias e Serviços, mediante disciplina a ocorrer por ato da secretaria do próprio Estado."

◉ Fique atento:

- O que a Lei 9.903/97, do Estado de São, estabeleceu foi o dever de divulgação da utilização de recursos oriundos de parte da arrecadação do ICMS. Não se estabeleceu nenhum dever de vinculação de tais recursos ao financiamento de despesa específica, o que afrontaria o disposto no CF/88, art. 167, IV, conforme decidido no RE 183.906.

⊙ Questões de Concurso relacionadas ao tema:

Questão 01. (Ano: 2014 Banca: FCC Órgão: AL-PE Prova: Analista Legislativo) Um determinado Estado brasileiro aumentou, de 17% para 20%, a alíquota do ICMS incidente sobre operações internas de circulação de mercadorias. A lei ordinária estadual que majorou esse tributo, durante um ano, estabeleceu expressamente que o aumento da receita proveniente dessa majoração seria investido, necessariamente, em obras públicas de infraestrutura para os jogos da Copa do Mundo de 2014. Considerando as informações acima e as normas constitucionais que estabelecem regras orçamentárias, é:

a) permitida essa vinculação, desde que a lei que majorou o tributo especifique as causas do aumento e desde que ele seja feito por prazo de tempo determinado.

b) permitida essa vinculação, desde que haja anuência expressa dos Municípios localizados nesse Estado, aos quais cabem 25% da receita do ICMS.

c) vedada a vinculação de receita de imposto a uma determinada despesa, ressalvados os casos expressamente previstos no texto constitucional.

d) permitida essa vinculação, desde que 75%, pelo menos, dos Municípios localizados nesse Estado concordem em não receber a quota parte de 25% que lhes pertence na arrecadação desse imposto.

e) vedada essa vinculação, pois não foi feita mediante a edição de lei complementar, como determina a Constituição Federal, mas por lei ordinária.

Questão 02. (Ano: 2016 Banca: FCC Órgão: Prefeitura de Teresina – PI Prova: Técnico de Nível Superior – Contador – Arset) Considerando a difícil situação econômica do país e com vistas a garantir os recursos destinados às obras de infraestrutura de saneamento para o exercício de 2017, o Secretário de Planejamento do Município de Fidalgo recomendou ao Prefeito a inserção de dispositivo na Lei Orçamentária Anual – LOA para garantir a destinação de 5% das receitas de IPTU – Imposto Predial e Territorial Urbano – para despesas de capital na função Saneamento. A recomendação do Secretário de Planejamento é inviável porque fere os princípios orçamentários da

a) exclusividade e da não vinculação das receitas de impostos

b) exclusividade e do orçamento bruto.

c) não vinculação das receitas de impostos e da universalidade.

d) universalidade e da periodicidade.

e) economicidade e da publicidade.

Questão 03. (Ano: 2009 Banca: CESPE Órgão: TRF – 1ª REGIÃO Prova: Juiz Federal) Considerando que o governo de determinado estado da Federação, após a arrecadação de impostos, tenha criado um fundo para que essa receita seja destinada à manutenção do ensino fundamental, assinale a opção correta.

a) A CF autoriza a União a fazer a vinculação em questão, mas não os estados.

b) Essa possibilidade de vinculação é vedada pelo princípio orçamentário da exclusividade.

c) O estado pode criar fundo com a referida vinculação de receita de imposto, bem como de receita proveniente de taxa.

d) A vedação de vincular receita de imposto a fundo ou órgão tem exceção apenas quanto à prestação de garantias às operações de crédito por antecipação.

e) O estado poderia criar essa vinculação à despesa para custear serviços públicos de segurança pública.

> **Gabarito: 1-C;2-A;3-C**

10.20. BASE DE CÁLCULO: CSLL NA BASE DO IRPJ; ICMS NA BASE DO PIS/COFINS; VENDAS INADIMPLIDAS NA BASE DO PIS/COFINS; ÍNDICE DE CORREÇÃO MONETÁRIA APLICÁVEL; REGIME DE COMPETÊNCIA E RENDIMENTOS RECEBIDOS DE FORMA ACUMULADA

Tema 75: "Dedução da CSLL na apuração da sua própria base de cálculo e da base de cálculo do IRPJ."

Tese: "É constitucional a proibição de deduzir-se o valor da Contribuição Social sobre o Lucro Líquido – CSLL do montante apurado como lucro real, que constitui a base de cálculo do Imposto de Renda de Pessoa Jurídica – IRPJ."

FICHA TÉCNICA	
Leading case:	**RE 582.525**
Descrição do caso feita pelo STF:	"Recurso extraordinário em que se discute, à luz dos artigos 145, § 1º; 146, III; 150, III, a; e 153, III, da Constituição Federal, a constitucionalidade, ou não, da Lei nº 9.316/96, no que veda a dedução do valor equivalente à contribuição social sobre o lucro líquido – CSLL da sua própria base de cálculo e da base de cálculo do Imposto sobre a Renda e Proventos de Pessoa Jurídica – IRPJ."
Dispositivo(s) constitucional(is) envolvido(s):	"CF/88, art. 145, § 1º Sempre que possível, os impostos terão caráter pessoal e serão graduados segundo a capacidade econômica do contribuinte, facultado à administração tributária, especialmente para conferir efetividade a esses objetivos, identificar, respeitados os direitos individuais e nos termos da lei, o patrimônio, os rendimentos e as atividades econômicas do contribuinte. Art. 146. Cabe à lei complementar: III – estabelecer normas gerais em matéria de legislação tributária, especialmente sobre: a) definição de tributos e de suas espécies, bem como, em relação aos impostos discriminados nesta Constituição, a dos respectivos fatos geradores, bases de cálculo e contribuintes;"

FICHA TÉCNICA	
Leading case:	**RE 582.525**
	Art. 150. Sem prejuízo de outras garantias asseguradas ao contribuinte, é vedado à União, aos Estados, ao Distrito Federal e aos Municípios: III – cobrar tributos: a) em relação a fatos geradores ocorridos antes do início da vigência da lei que os houver instituído ou aumentado; Art. 153. Compete à União instituir impostos sobre: III – renda e proventos de qualquer natureza;"
Data de reconhecimento da repercussão geral:	26/04/2008
Data de julgamento do mérito recursal:	09/05/2013
Houve unanimidade?	Não, vencido o Ministro Marco Aurélio
Data de publicação do acórdão de julgamento do recurso:	07/02/2014
Trânsito em julgado do acórdão:	11/03/2014
Houve Embargos de Declaração	Não
Data de julgamento dos Embargos de Declaração	–
Data de publicação dos Embargos de Declaração	–

◉ Comentários:

Negou-se provimento ao Recurso Extraordinário interposto por contribuinte, para declarar a constitucionalidade da Lei 9.316/96, art. 1º, parágrafo único, que proíbe a dedução do valor da CSLL para fins de apuração do lucro real, base de cálculo do IRPJ.

O STF considerou que o valor que o contribuinte utiliza para pagar a CSLL não deve ser descontado da base de cálculo da própria CSLL, bem como do IRPJ. Em outras palavras, mesmo constituindo despesa, o valor pago a título de contribuição sobre o lucro líquido deve permanecer no universo da grandeza considerada "lucro líquido", ou "rendimento", respectivamente, da empresa. Nos termos do voto do Ministro-relator,

> ...não há um conceito ontológico para *renda*, de dimensões absolutas, caráter imutável e existente independentemente da linguagem, que possa ser violado pelo legislador complementar ou pelo legislador ordinário, dado que se está diante de um objeto cultural.
>
> [...]
>
> ...nem todas as despesas são relevantes à apuração do IR. Entendo que a despesa operacional ou a necessária devem estar direta, intrínseca ou intimamente ligadas à atividade empresarial. Refiro-me às despesas relacionadas às atividades ou aos materiais que

servem de pressupostos ao processo produtivo. Vale dizer, tais despesas devem ser realizadas específica e primordialmente para sustentar o ciclo produtivo.

O valor devido a título de CSLL corresponde a uma parcela do lucro do contribuinte, que é destinada aos cofres públicos em razão de seu dever fundamental de pagar tributos. Não se trata, portanto, de despesa necessária ou operacional à realização da operação ou do negócio que antecedem o fato jurídico tributário, que é auferir renda.

O contribuinte alegou ainda violação da capacidade contributiva (CF/88, art. 145, § 1º), da reserva de Lei Complementar (CF/88, art. 146, III, a), e da anterioridade (CF/88, art. 150, III, a; e art. 195, § 7º).

Pelas mesmas razões que fundamentaram o posicionamento no tocante à definição de renda e lucro líquido, acima reproduzidas, o Tribunal considerou não vulnerado o princípio de capacidade econômica. Não sendo o valor a pagar a título de CSLL despesa dedutível, não há qualquer mácula em aplicar tributo sobre tal grandeza.

Partindo ainda das mesmas premissas anteriormente delineadas, o entendimento no tocante à reserva de Lei Complementar foi no sentido de que o CTN não faz qualquer precisão sobre o que viria a ser renda ou lucro líquido para fins de determinar a inclusão ou não do valor a pagar a título de CSLL na base de cálculo deste mesmo tributo ou do IRPJ:

> ...não vejo a alegada violação da reserva de lei complementar para dispor sobre normas gerais em matéria de IR (art. 146, III, *a* da Constituição). Os arts. 43 e 44 do Código Tributário Nacional não especificam o que se deve entender por *lucro real,* na extensão pretendida pela recorrente. Também não conceituam renda, tomado o mesmo parâmetro. Nada há naqueles textos legais que permita identificar os valores pagos a título de CSLL como despesa operacional ou necessária à atividade empresarial, de forma a tornar obrigatório o cômputo dos gastos na apuração do IRPJ.

Finalmente, com relação à anterioridade, o Tribunal entendeu que o período a que se referiu a insurgência do contribuinte já não se encontrava no prazo resguardo pelo princípio.

◉ Síntese do debate constante do acórdão que fixou o precedente:

Argumentos favoráveis à tese fixada:	Argumentos contrários à tese fixada:
Ministro-Relator Joaquim Barbosa: "Os arts. 43 e 44 do Código Tributário Nacional não especificam o que se deve entender por *lucro real,* na extensão pretendida pela recorrente. Também não conceituam *renda,* tomado o mesmo parâmetro. Nada há naqueles textos legais que permita identificar os valores pagos a título de CSLL como despesa operacional ou necessária à atividade empresarial, de forma a tornar obrigatório o cômputo dos gastos na apuração do IRPJ."	Ministro Marco Aurélio: "Esse artigo 1º da Lei nº 9.316/96, em última análise, implicou a alteração do artigo 43 do Código Tributário Nacional, no que este, tantas vezes enfatizado e placitado por este Tribunal, é categórico ao estabelecer como fato gerador do imposto de renda a disponibilidade econômica e jurídica."

Argumentos favoráveis à tese fixada:	Argumentos contrários à tese fixada:
Ministro-Relator Joaquim Barbosa: "...nem todas as despesas são relevantes à apuração do IR. Entendo que a despesa operacional ou a necessária devem estar direta, intrínseca ou intimamente ligadas à atividade empresarial. Refiro-me às despesas relacionadas às atividades ou aos materiais que servem de pressupostos ao processo produtivo. Vale dizer, tais despesas devem ser realizadas especifica e primordialmente para sustentar o ciclo produtivo."	Ministro Marco Aurélio: "O imposto de renda, até pela característica própria, está ligado a resultado. Um dos últimos tributos que incide, considerada a atividade econômica desenvolvida, presentes os métodos e a forma de arrecadação, mas deve incidir – repito – sobre uma disponibilidade econômica ou jurídica, como está inserido no artigo 43 do Código Tributário Nacional. Não há disponibilidade econômica e jurídica quando se está diante de valor que tem como nomenclatura "tributo", porque o particular, ou seja, aquele que não é o Estado, não dispõe do que arrecadado a tal título."

◉ Fique atento:

- Embora as premissas e o entendimento final estabelecidos neste RE sejam aplicáveis tanto à CSLL como ao IRPJ, com independência da sistemática de apuração da base de cálculo utilizada (Lucro Real, Presumido ou Arbitrado), o julgamento referiu-se apenas àqueles casos de apuração da base de cálculo pelo Lucro Real.

- O IR submete-se ao princípio da anterioridade comum, também denominada anterioridade anual, e constitui exceção ao princípio da anterioridade nonagesimal, ou "noventena". A CSLL, ao inverso, submete-se ao princípio da "noventena", mas não se encontra sujeita à anterioridade comum.

◉ Questões de Concurso relacionadas ao tema:

Questão 01 (VUNESP. DESENVOLVESP. 2014. Prova: Contador) A partir de 1.º de janeiro de 1997, o valor da Contribuição Social sobre o Lucro Líquido – CSLL

- **a)** será tributado na apuração do lucro real, assim como na base do lucro presumido.
- **b)** poderá ser deduzido para efeito de determinação do lucro real.
- **c)** será determinado na base de cálculo do imposto mensal.
- **d)** não poderá ser deduzido para efeito de determinação do lucro real.
- **e)** poderá ser excluído da base do IR fonte mensal.

Questão 02 (ESAF. RECEITA FEDERAL. 2009. Prova: Auditor Fiscal da Receita Federal – Prova 2) Sobre a Contribuição Social para o Lucro Líquido (CSLL), instituída pela Lei n. 7.689/88, julgue os itens abaixo, classificando-os como verdadeiros (V) ou falsos (F). Em seguida, escolha a opção adequada às suas respostas:

I.   a sua base de cálculo é a mesma do imposto de renda das pessoas físicas, sendo que as deduções e compensações admissíveis para a apuração de um correspondem àquelas admitidas para fins de apuração da base de cálculo do outro;

II. a sua base de cálculo é o valor do resultado do exercício antes da provisão para o imposto de renda;

III. a CSLL poderá incidir sobre o resultado presumido ou arbitrado, quando tal seja o regime de apuração a que a pessoa jurídica se submete relativamente ao imposto de renda.

   a) Estão corretos os itens I e II.

   b) Estão corretos os itens I e III.

   c) Estão corretos os itens II e III.

   d) Todos os itens estão corretos.

   e) Todos os itens estão errados.

Questão 03 (CESGRANRIO. LIQUIGAS. 2012. Prova: Profissional Júnior – Ciências Econômicas)
Após o encerramento do mês de março de 2011, o setor tributário da empresa A&B apurou faturamento total no valor de R$ 180.000,00 e um resultado positivo, antes dos tributos, no valor de R$ 23.000,00.

Tendo em vista que a empresa está obrigada ao pagamento do lucro real, quais tributos incidem sobre o resultado?

   a) COFINS e IRPJ

   b) PIS e CSLL

   c) ICMS e IPI

   d) IRPJ e CSLL

   e) PIS e COFINS

Gabarito: 1-D; 2-C; 3-D

Tema 69: "Inclusão do ICMS na base de cálculo do PIS e da COFINS."

Tese: "O ICMS não compõe a base de cálculo para a incidência do PIS e da COFINS."

FICHA TÉCNICA	
Leading case:	**RE 574706**
Descrição do caso feita pelo STF:	"Recurso extraordinário em que se discute, à luz do art. 195, I, b, da Constituição Federal, se o ICMS integra, ou não, a base de cálculo da contribuição para o Programa de Integração Social – PIS e da Contribuição para o Financiamento da Seguridade Social – COFINS."
Dispositivo(s) constitucional(is) envolvido(s):	"Art. 195. A seguridade social será financiada por toda a sociedade, de forma direta e indireta, nos termos da lei, mediante recursos provenientes dos orçamentos da União, dos Estados, do Distrito Federal e dos Municípios, e das seguintes contribuições sociais: (Vide Emenda Constitucional nº 20, de 1998) I – do empregador, da empresa e da entidade a ela equiparada na forma da lei, incidentes sobre: b) a receita ou o faturamento; (Incluído pela Emenda Constitucional nº 20, de 1998)"

FICHA TÉCNICA	
Leading case:	**RE 574706**
Data de reconhecimento da repercussão geral:	25/04/2008
Data de julgamento do mérito recursal:	15/03/2017
Houve unanimidade?	Não, vencidos os Ministros Edson Fachin, Roberto Barroso, Dias Toffoli e Gilmar Mendes
Data de publicação do acórdão de julgamento do recurso:	Acórdão ainda não divulgado na página do STF
Trânsito em julgado do acórdão:	Ainda pendente de trânsito em julgado
Houve Embargos de Declaração	Não, até o momento de publicação desta obra
Data de julgamento dos Embargos de Declaração	–
Data de publicação dos Embargos de Declaração	–

◉ Comentários:

Negou-se provimento ao Recurso Extraordinário interposto pela União, para declarar a inconstitucionalidade da inclusão do valor devido a título de ICMS na base de cálculo para a incidência do PIS e da COFINS.

São recorrentes discussões sobre a composição da base de cálculo dos tributos indiretos sobre consumo e produção, especialmente no tocante à inclusão de outros tributos, ou até mesmo da inclusão do próprio tributo na sua base de cálculo.

No presente julgamento, o STF considerou que o valor a pagar a título de ICMS não pode ser inserido na base de cálculo da contribuição para o PIS, nem tampouco da COFINS, de forma a afastar o *bis in idem*.

O Acórdão ainda não havia sido divulgado ao tempo desta análise, o que impossibilitou a realização de maiores considerações sobre o julgado. Destaque-se, entretanto, conforme indicado anteriormente, que a composição da base de cálculo dos tributos indiretos é tema polêmico, tendo havido diversos julgados no âmbito da Corte Suprema no sentido da possibilidade da aludida inclusão. A própria divergência seguida por quatro membros do STF é indicativa das discordâncias que o tema desperta.

◉ Fique atento:

• Sobre a inclusão do valor do ICMS na base de cálculo da contribuição para o PIS e da COFINS, na importação, vid. RE 559.937 (Tema 01), nesta obra.

- Sobre a constitucionalidade da inclusão do valor pago a título de ICMS na sua própria base de cálculo, vid. RE 582.461 (Tema 214), neste trabalho.

◉ Questões de Concurso relacionadas ao tema:

Questão 01 (CESPE. 2012. TJ-RO. Prova: Analista Judiciário – Contabilidade) Com relação às contribuições para o PIS/PASEP e à COFINS, assinale a opção correta.

a) Excluem-se da base de cálculo as receitas tributadas pelo ISS.

b) O objetivo da Lei n.º 10.833/2003 foi efetuar a elevação cumulativa das alíquotas do PIS/PASEP e da COFINS.

c) As entidades sem fins lucrativos e com até dez funcionários, mesmo quando não classificadas como entidades filantrópicas, são isentas.

d) As receitas financeiras auferidas integram a base de cálculo.

e) O ganho na alienação de ativo imobilizado integra a base de cálculo.

Questão 02 (FGV. 2010. SEAD-AP. Prova: Fiscal da Receita Estadual) A empresa XPTO Ltda., produtora de móveis para escritórios, obteve uma liminar em Mandado de Segurança impetrado perante a Justiça Federal, autorizando-a a excluir da apuração da base de cálculo do PIS e COFINS o ICMS incidente sobre a venda de mercadorias. Posteriormente à concessão da liminar mencionada, teve início procedimento de fiscalização no qual se apurou o recolhimento das contribuições em questão sobre uma base de cálculo reduzida (sem o ICMS). Embora o contribuinte tenha apresentado, ainda durante o curso da fiscalização, cópia da medida judicial que concedeu a liminar, as autoridades fiscais entenderam por bem lavrar o auto de infração contra a empresa, relativo aos valores que haveriam de ser recolhidos caso a base de cálculo do tributo incluísse o valor do ICMS.

Considerando o que foi acima exposto, assinale a alternativa correta.

a) A autoridade fiscal não poderia ter lavrado o auto de infração sob pena de configurar crime de desobediência.

b) A autoridade fiscal somente poderia ter lavrado o auto de infração para evitar os efeitos da prescrição se verificasse a ocorrência de fraude por parte do contribuinte (XPTO Ltda.).

c) A autoridade fiscal poderia ter lavrado o auto de infração impondo, inclusive, multa de ofício fixada em lei.

d) A autoridade fiscal poderia ter lavrado o auto de infração com o objetivo de constituir o crédito tributário e assim evitar a fluência do prazo decadencial, reconhecendo, contudo, a existência de medida liminar a amparar a pretensão da empresa XPTO Ltda. e, ainda, sem aplicar a multa de ofício.

e) O auto de infração somente poderia ser lavrado na hipótese de cassação dos efeitos da medida liminar ou, então, sentença proferida pelo juiz de primeira instância declarando ser devida a inclusão do ICMS na base de cálculo das contribuições ao PIS e COFINS.

Questão 03 (CESPE. 2013. SERPRO. Prova: Analista – Gestão Financeira) Com base na legislação tributária, julgue os seguintes itens.

O faturamento, que constitui a base de cálculo da COFINS, corresponde à receita bruta, da qual podem ser excluídos dois tributos que a tenham integrado: o IPI e o ICMS. Este poderá ser excluído quando destacado em nota fiscal e cobrado pelo vendedor dos bens ou prestador dos serviços na condição de substituto tributário.

( ) Certo   ( ) Errado

Gabarito: 1- D; 2 – D; 3 – C.

Tema 01: "Base de cálculo do PIS e da COFINS sobre a importação."

Tese: "É inconstitucional a parte do art. 7°, I, da Lei 10.865/2004 que acresce à base de cálculo da denominada PIS/COFINS-Importação o valor do ICMS incidente no desembaraço aduaneiro e o valor das próprias contribuições."

FICHA TÉCNICA	
Leading case:	**RE 559.937**
Descrição do caso feita pelo STF:	"Recurso extraordinário em que se discute, à luz dos artigos 149, § 2°, III, a; e 195, IV, da Constituição Federal, a constitucionalidade, ou não, da expressão "acrescido do valor do Imposto sobre Operações Relativas à Circulação de Mercadorias e sobre Prestação de Serviços de Transporte Interestadual e Intermunicipal e de Comunicação – ICMS incidente no desembaraço aduaneiro e do valor das próprias contribuições", contida no inciso I do art. 7° da Lei n° 10.865/2004, o qual estabelece que a base de cálculo da Contribuição para o Financiamento da Seguridade Social – COFINS e do Programa de Integração Social – PIS, em operações de importação, equivale, para efeitos da referida norma legal, ao valor aduaneiro, entendido como o montante que servir ou que serviria de base para o cálculo do imposto de importação, acrescido do valor do ICMS incidente no desembaraço aduaneiro e do valor das próprias contribuições".
Dispositivo(s) constitucional(is) envolvido(s):	**"Art. 149.** Compete exclusivamente à União instituir contribuições sociais, de intervenção no domínio econômico e de interesse das categorias profissionais ou econômicas, como instrumento de sua atuação nas respectivas áreas, observado o disposto nos arts. 146, III, e 150, I e III, e sem prejuízo do previsto no art. 195, § 6°, relativamente às contribuições a que alude o dispositivo. § 2° As contribuições sociais e de intervenção no domínio econômico de que trata o *caput* deste artigo: (Incluído pela EC 33/2001) III – poderão ter alíquotas: (Incluído pela EC 33/2001) a) *ad valorem*, tendo por base o faturamento, a receita bruta ou o valor da operação e, no caso de importação, o valor aduaneiro; (Incluído pela EC 33/2001)"

FICHA TÉCNICA	
Leading case:	RE 559.937
	"Art. 195. A seguridade social será financiada por toda a sociedade, de forma direta e indireta, nos termos da lei, mediante recursos provenientes dos orçamentos da União, dos Estados, do Distrito Federal e dos Municípios, e das seguintes contribuições sociais: IV – do importador de bens ou serviços do exterior, ou de quem a lei a ele equiparar. (Incluído pela EC 42/2003)"
Data de reconhecimento da repercussão geral:	26/09/2007
Data de julgamento do mérito recursal:	20/03/2013
Houve unanimidade?	Sim
Data de publicação do acórdão de julgamento do recurso:	17/10/2013
Trânsito em julgado do acórdão:	29/10/2014
Houve Embargos de Declaração	Sim
Data de julgamento dos Embargos de Declaração	17/09/2014
Data de publicação dos Embargos de Declaração	14/10/2014

◉ Comentários:

Negou-se provimento ao Recurso Extraordinário interposto pela Fazenda Nacional, para declarar a inconstitucionalidade da inclusão do valor do ICMS na base de cálculo do PIS e da COFINS.

Segundo o Tribunal a inconstitucionalidade identificada na Lei 10.865/04 consistiu em equiparar a ideia de "valor aduaneiro", por um lado, a "faturamento" ou "receita", por outro. "Valor aduaneiro", que consiste nas despesas que o contribuinte realizou na aquisição do produto importado, constitui base de cálculo das contribuições sociais e das CIDE, aí incluídos PIS e COFINS, quando as operações de importação se submetam a alíquotas *ad valorem* (CF/88, art. 149, § 2º, III, a). "Faturamento" e "receita" constituem a base de cálculo das contribuições sociais e da CIDE nas operações internas.

A partir de tal premissa, considerou inconstitucional a parte do art. 7º, I, da Lei 10.865/04, que previa a inclusão, na base de cálculo do PIS-importação e da COFINS-importação, tanto do valor do ICMS, como do valor das próprias contribuições incidentes no desembaraço aduaneiro. Tais inclusões seriam possíveis nos conceitos de "faturamento" ou "receita", mas não o seriam no tocante à ideia de "valor aduaneiro".

Embora se tenha declarado a inconstitucionalidade da Lei 10.865/04 nos termos acima indicados, foi afastada a alegação de violação do *bis in idem*, ao fundamento de que as contribuições têm "alíquotas apartadas para fins exclusivos de destinação", entendimento que se alinha ao posicionamento histórico do STF sobre o tema. Também foi afastada a alegação de afronta à isonomia no tocante à aplicação cumulativa das contribuições. Neste caso, considerou-se que o regime do lucro presumido, que leva à aplicação da cumulatividade do PIS e da COFINS, é opção a ser exercida segundo a conveniência do contribuinte, cabendo a ele, portanto, definir a sistemática de contabilização.

Os Embargos de Declaração, pelos quais se requeria a modulação dos efeitos da decisão, foram, à unanimidade, não acolhidos. O Tribunal entendeu pela ausência de excepcionalidade, consistente no "comprovado gravíssimo risco irreversível à ordem social", a fundamentar o pedido.

⊙ Fique atento:

- Neste julgamento, o STF não se opõe à inclusão do ICMS na base de cálculo do PIS e da COFINS. Apenas determina que nas operações de importação, em que as alíquotas das contribuições sejam *ad valorem*, a base de cálculo das mesmas será o "valor aduaneiro".

- Sobre a constitucionalidade de normas sobre a COFINS veiculadas por meio de leis ordinárias, vid. As análises dos 377.457 (Tema 71); RE 527.602 (Tema 95), nesta obra.

- No tocante à incidência do PIS e da COFINS sobre as vendas à prazo inadimplidas, vid. As análises do RE 586.482 (Tema 87), nesta obra.

- Sobre a constitucionalidade da revogação de isenção do PIS e da COFINS, prevista em Lei Complementar, por meio de Medida Provisória, vid. Análise RE 598.085 (Tema 177), nesta mesma obra.

- No tocante ao conceito de "receita", para fins de incidência da contribuição para o PIS e da COFINS, vid. Análise RE 606.107 (Tema 283), nesta obra.

- Com relação à incidência da contribuição para o PIS e da COFINS sobre as receitas decorrentes de operações de câmbio, à luz da imunidade das exportações, vid. RE 627.815 (Tema 329).

- Sobre a inclusão do valor pago a título de ICMS na base de cálculo da contribuição para o PIS e da COFINS, vid. RE 574706 (Tema 69), neste trabalho.

- Sobre a constitucionalidade da inclusão do valor pago a título de ICMS na sua própria base de cálculo, vid. RE 582.461 (Tema 214), neste trabalho.

⊙ Questões de Concurso relacionadas ao tema:

Questão 01 (Receita Federal (RFB) 2014. Prova: Auditor Fiscal da Receita Federal do Brasil / Questão 64. Banca: Escola de Administração Fazendária (ESAF). Nível: Superior) Recentemente, o Supremo Tribunal Federal exarou importante decisão sobre a base de cálculo do PIS/PASEP-Importação e da COFINS-Importação, conforme se verifica do julgamento do Recurso Extraordinário n. 559.937/Rio Grande do Sul. De acordo com essa paradigmática decisão, analise os itens a seguir e, em seguida, assinale a opção correta.

I. A referência ao valor aduaneiro" no art. 149, § 2°, III, "a", da Constituição Federal implicou utilização de expressão com sentido técnico inequívoco, porquanto já era utilizada pela legislação tributária para indicar a base de cálculo do Imposto de Importação.

II. A Lei n. 10.865, de 30 de abril de 2004, ao instituir o PIS/PASEP-Importação e a COFINS--Importação, alargou, inovou, alterou o conceito de valor aduaneiro, de modo que passasse a abranger, para fins de apuração de tais contribuições, outras grandezas nele não contidas.

III. O gravame das operações de importação se dá como concretização do princípio da isonomia.

IV. A Corte julgou inconstitucional a seguinte parte do art. 7°, inciso I da Lei n. 10.865, de 30 de abril de 2004: "acrescido do valor do Imposto sobre Operações Relativas à Circulação de Mercadorias e sobre Prestação de Serviços de Transporte Interestadual e Intermunicipal e de Comunicação – ICMS incidente no desembaraço aduaneiro e do valor das próprias contribuições.

   a) Estão corretos somente os itens I e II.

   b) Estão corretos somente os itens I e III.

   c) Estão corretos somente os itens II, III e IV.

   d) Estão corretos somente os itens I e IV.

   e) Todos os itens estão corretos.

Questão 02 (Receita Federal (RFB) 2014. Prova: Auditor Fiscal da Receita Federal do Brasil / Questão 67. Banca: Escola de Administração Fazendária (ESAF). Nível: Superior) Acerca do PIS/PASEP-Importação, da COFINS-Importação e dos programas específicos que veiculam benefícios fiscais no âmbito de tais tributos, do Imposto sobre Produtos Industrializados-Importação e do Adicional ao Frete para a Renovação da Marinha Mercante, assinale a opção correta.

   a) O Regime Especial de Incentivo a Computadores para Uso Educacional – Reicomp permite a importação de matérias-primas e produtos intermediários destinados à industrialização de equipamentos de informática com isenção do pagamento da Contribuição para o PIS/ PASEP-Importação e da COFINS-Importação, além de outros tributos, quando importados diretamente por pessoa jurídica habilitada ao regime. As operações de importação efetuadas com os benefícios previstos no REICOMP dependem de anuência prévia do Ministério da Ciência, Tecnologia e Inovação.

   b) O Regime Especial Tributário para a Indústria de Defesa – RETID é o que permite a importação de bens de defesa nacional com suspensão da Contribuição do PIS/PASEP-Importação e da COFINS-Importação, além de outros tributos, quando a importação for efetuada por pessoa jurídica beneficiária do RETID. Como uma política de incentivo ao desenvolvimento das empresas brasileiras na área, as pessoas jurídicas optantes pelo Regime Especial Unificado de Arrecadação de Tributos e Contribuições devidos pelas Microempresas e Empresas de Pequeno Porte – Simples Nacional, de que trata a Lei Complementar n. 123, de 14 de dezembro de 2006, podem habilitar--se ao RETID.

   c) Compete à Secretaria da Receita Federal do Brasil a administração das atividades relativas à cobrança, à fiscalização e à arrecadação do Adicional ao Frete para a Renovação da Marinha Mercante – AFRMM, e compete ao Ministério dos Transportes a administração das atividades relativas a restituição e à concessão de incentivos do AFRMM previstos em lei.

d) O fato gerador do Adicional ao Frete para a Renovação da Marinha Mercante – AFRMM é o início efetivo da operação de descarregamento da embarcação em porto brasileiro. O AFRMM não incide sobre a navegação fluvial e lacustre, exceto sobre cargas de granéis líquidos, transportadas no âmbito das Regiões Norte e Nordeste, mas incide sobre o frete relativo ao transporte de mercadoria submetida à pena de perdimento.

e) O fato gerador do Imposto sobre Produtos Industrializados, na importação, é o desembaraço aduaneiro de produto de procedência estrangeira.

> **Gabarito: 1- D; 2 – E.**

Tema 87: "Exigibilidade do PIS e da COFINS sobre os valores das vendas a prazo inadimplidas."

Tese: "As vendas inadimplidas não podem ser excluídas da base de cálculo da contribuição ao PIS e da COFINS, visto que integram a receita da pessoa jurídica"

FICHA TÉCNICA	
Leading case:	**RE 586.482**
Descrição do caso feita pelo STF:	"Recurso extraordinário em que se discute, à luz dos artigos 145, § 1º; 150, I, II e IV; 153, IV; 195, I; 234; 238; e 239, da Constituição Federal, a possibilidade, ou não, de se exigir a contribuição ao Programa de Integração Social – PIS e a Contribuição para o Financiamento da Seguridade Social – COFINS das vendas a prazo inadimplidas (valores faturados e não recebidos)."
Dispositivo(s) constitucional(is) envolvido(s):	"CF/88, art. 145, § 1º Sempre que possível, os impostos terão caráter pessoal e serão graduados segundo a capacidade econômica do contribuinte, facultado à administração tributária, especialmente para conferir efetividade a esses objetivos, identificar, respeitados os direitos individuais e nos termos da lei, o patrimônio, os rendimentos e as atividades econômicas do contribuinte. Art. 150. Sem prejuízo de outras garantias asseguradas ao contribuinte, é vedado à União, aos Estados, ao Distrito Federal e aos Municípios: I – exigir ou aumentar tributo sem lei que o estabeleça; II – instituir tratamento desigual entre contribuintes que se encontrem em situação equivalente, proibida qualquer distinção em razão de ocupação profissional ou função por eles exercida, independentemente da denominação jurídica dos rendimentos, títulos ou direitos; IV – utilizar tributo com efeito de confisco;"

FICHA TÉCNICA	
Leading case:	**RE 586.482**
	Art. 153. Compete à União instituir impostos sobre: IV – produtos industrializados;;
	Art. 195. A seguridade social será financiada por toda a sociedade, de forma direta e indireta, nos termos da lei, mediante recursos provenientes dos orçamentos da União, dos Estados, do Distrito Federal e dos Municípios, e das seguintes contribuições sociais: I – do empregador, da empresa e da entidade a ela equiparada na forma da lei, incidentes sobre: (Redação dada pela EC nº 20/98)
	Art. 234. É vedado à União, direta ou indiretamente, assumir, em decorrência da criação de Estado, encargos referentes a despesas com pessoal inativo e com encargos e amortizações da dívida interna ou externa da administração pública, inclusive da indireta.
	Art. 238. A lei ordenará a venda e revenda de combustíveis de petróleo, álcool carburante e outros combustíveis derivados de matérias-primas renováveis, respeitados os princípios desta Constituição.
	Art. 239. A arrecadação decorrente das contribuições para o Programa de Integração Social, criado pela Lei Complementar nº 7, de 7 de setembro de 1970, e para o Programa de Formação do Patrimônio do Servidor Público, criado pela Lei Complementar nº 8, de 3 de dezembro de 1970, passa, a partir da promulgação desta Constituição, a financiar, nos termos que a lei dispuser, o programa do seguro-desemprego e o abono de que trata o § 3º deste artigo."
Data de reconhecimento da repercussão geral:	07/06/2008
Data de julgamento do mérito recursal:	23/11/2011
Houve unanimidade?	Não, vencidos os Ministros Marco Aurélio e Celso de Mello
Data de publicação do acórdão de julgamento do recurso:	19/06/2012
Trânsito em julgado do acórdão:	10/08/2012
Houve Embargos de Declaração	Não
Data de julgamento dos Embargos de Declaração	–
Data de publicação dos Embargos de Declaração	–

◉ Comentários:

Negou-se provimento ao Recurso Extraordinário interposto por contribuinte, para declarar a constitucionalidade da inclusão, na base de cálculo do PIS e da COFINS, dos valores referentes às vendas realizadas a prazo cujas parcelas não sejam adimplidas pelo adquirente.

O Tribunal entendeu que os valores das vendas, ainda que inadimplidos, constituem receita das pessoas jurídicas, e portanto integram as bases de cálculos dos tributos mencionados.

De maneira mais precisa, entendeu-se que a discussão atrela-se ao momento em que se deve considerar realizado o fato gerador (aspecto temporal), este firmado como sendo o momento em que se realiza a entrega da mercadoria, conforme entendimento do Tribunal. O pagamento efetivo, ou o seu possível inadimplemento por parte do adquirente, seriam eventos posteriores, estranhos ao universo restrito de definição da incidência tributária.

Em termos técnicos, e ainda conforme consignado no Acórdão do RE, a bases de cálculo de ambas as contribuições são apuradas em conformidade com o "regime de competência", no qual se considera incidente o tributo no momento em que se dá a entrega da mercadoria. É diferente do que ocorreria caso fosse aplicável o "regime de caixa", segundo o qual se considera ocorrido o fato gerador no momento em que se efetiva o pagamento da operação.

O inadimplemento, por outro lado, não se equipararia a um cancelamento da operação de venda, este sim capaz de ensejar exclusão da incidência tributária.

◉ Síntese do debate constante do acórdão que fixou o precedente:

Argumentos favoráveis à tese fixada:	Argumentos contrários à tese fixada:
Ministro-Relator Dias Toffoli: "Quanto ao aspecto temporal da hipótese de incidência da COFINS e da contribuição para o PIS, portanto, temos que o fato gerador da obrigação ocorre com o aperfeiçoamento do contrato de compra e venda (entrega do produto), e não com o recebimento do preço acordado. O resultado da venda, na esteira da jurisprudência da Corte, apurado segundo o regime legal de competência, constitui o faturamento da pessoa jurídica, compondo o aspecto material da hipótese de incidência da contribuição ao PIS e da COFINS, consistindo situação hábil ao nascimento da obrigação tributária. O inadimplemento é evento posterior que não compõe o critério material da hipótese de incidência das referidas contribuições."	Ministro Marco Aurélio: "...belo sócio esse, o Estado, que arrecada sem a submissão a qualquer risco. É certo que não podemos confundir institutos jurídicos diversos: o instituto do desfazimento do negócio e o da inadimplência. No tocante ao desfazimento do negócio, quando aquele que é sujeito passivo do tributo não tem prejuízo maior, não há a incidência do tributo. Mas se ocorrer o negócio jurídico com a entrega do serviço ou do bem, verificado o inadimplemento, o autor do negócio jurídico tem duplo prejuízo: não recebe o valor e tem ainda que recolher o tributo."
Ministro-Relator Dias Toffoli: "Nas hipóteses de cancelamento da venda, a própria lei exclui da tributação valores que, por não constituírem efetivos ingressos de novas receitas para a pessoa jurídica, não são dotados de capacidade contributiva."	Ministro Marco Aurélio: "não posso fechar os olhos, em primeiro lugar, à capacidade contributiva, que não se faz presente, quando o sujeito passivo do tributo não tem um ganho, não tem um aporte em termos de riqueza. Em segundo lugar, à letra expressa, na alteração legislativa – porque, antes, não havia a explicitação, simples explicitação –, dos preceitos que regem esses tributos no que contém aludido, repito, e em bom português, a receitas auferidas."

◉ Fique atento:

- Em regra, o Direito Tributário brasileiro adota o regime de competência para apuração da base de cálculo dos distintos tributos. O regime de competência é adotado de forma excepcional, hipóteses nas quais estará expressamente previsto.

- A Lei 6.404/76 (sobre as Sociedade por Ações) estabelece a regra: "Art. 177. A escrituração da companhia será mantida em registros permanentes, com obediência aos preceitos da legislação comercial e desta Lei e aos princípios de contabilidade geralmente aceitos, devendo observar métodos ou critérios contábeis uniformes no tempo e registrar as mutações patrimoniais segundo o regime de competência".

- Sobre a constitucionalidade de normas sobre a COFINS veiculadas por meio de leis ordinárias, consultem-se as análises dos RE 559.937 (Tema 1); 377.457 (Tema 71); RE 527.602 (Tema 95), nesta obra.

- Sobre a ampliação da base de cálculo do PIS e da COFINS, vid. A análise dos RE 585.235 (Tema 110).

- Sobre a constitucionalidade da revogação de isenção do PIS e da COFINS, prevista em Lei Complementar, por meio de Medida Provisória, vid. Análise RE 598.085 (Tema 177), nesta mesma obra.

- No tocante ao conceito de "receita", para fins de incidência do PIS e da COFINS, vid. Análise RE 606.107 (Tema 283), nesta obra.

◉ Questões de Concurso relacionadas ao tema:

Questão 01 (TRF-4ªR. TRF-4ªR.2010. Prova: Juiz Federal) Dadas as assertivas abaixo, assinale a alternativa correta. Na discussão judicial da exclusão ou não de vendas inadimplidas da base de cálculo das contribuições COFINS e PIS, ficou firme na jurisprudência do Superior Tribunal de Justiça que:

I.   Não se pode equiparar as vendas canceladas com as vendas inadimplidas.

II. Somente as vendas inadimplidas em que os vendedores tenham esgotado integralmente todos os meios regulares de cobrança sem sucesso dão direito a estorno das operações e consequente exclusão de base de cálculo das contribuições COFINS e PIS.

III. Tanto as vendas inadimplidas como as canceladas não permitem exclusão da base de cálculo daquelas contribuições, pois ocorreram os respectivos fatos geradores por ocasião da venda.

IV. Somente nos casos de comprovada fraude poderão as vendas ser excluídas da base de cálculo das contribuições para a COFINS e o PIS, para fins de sua apuração.

V.   Basta a prova de apresentação de representação junto à autoridade policial para permitir a exclusão da base de cálculo da COFINS e do PIS das vendas inadimplidas mediante fraude.

   a) Está correta apenas a assertiva I.

   b) Está correta apenas a assertiva II.

   c) Estão corretas apenas as assertivas I e III.

d) Estão corretas apenas as assertivas II e IV.

e) Estão corretas apenas as assertivas I, III e V.

Questão 02 (ESAF. RECEITA FEDERAL.2012. Prova: Auditor Fiscal da Receita Federal)

A Constituição Federal, em seu art. 195, dispõe sobre as contribuições para a seguridade social, estabelecendo as suas fontes. Sobre as contribuições incidentes sobre a receita ou faturamento, e de acordo com o entendimento recente do Supremo Tribunal Federal sobre o assunto, analise os itens a seguir, classificando-os como corretos ou incorretos, para, a seguir, assinalar a assertiva que corresponda à sua opção.

I.   O Sistema Tributário Nacional fixou o regime de competência como regra geral para a apuração dos resultados da empresa, e não o regime de caixa.

II. Quanto ao aspecto temporal da hipótese de incidência da Cofins e da contribuição para o PIS, temos que o fato gerador da obrigação ocorre com o aperfeiçoamento do contrato de compra e venda (entrega do produto), e não com o recebimento do preço acordado.

III. O resultado da venda, na esteira da jurisprudência da Corte, apurado segundo o regime legal de competência, constitui o faturamento da pessoa jurídica, compondo o aspecto material da hipótese de incidência da contribuição ao PIS e da Cofins, consistindo situação hábil ao nascimento da obrigação tributária.

IV. No âmbito legislativo, não há disposição permitindo a exclusão das chamadas vendas inadimplidas da base de cálculo das contribuições em questão.

V.   As situações posteriores ao nascimento da obrigação tributária, que se constituem como excludentes do crédito tributário, contempladas na legislação do PIS e da Cofins, ocorrem apenas quando fato superveniente venha a anular o fato gerador do tributo.

Estão corretos apenas os itens:

a) I, II e IV.

b) I e IV.

c) II, III e V.

d) II e III.

e) todos os itens estão corretos.

Questão 03 (CESPE. TRT-10ªR.2013. Prova: Analista Judiciário – Contabilidade) Julgue os itens seguintes, acerca de tributos recolhidos na fonte pela administração pública federal.

As receitas referentes a vendas canceladas da pessoa jurídica não integram a base de cálculo da contribuição para o PIS/PASEP.

( ) Certo   ( ) Errado

> **Gabarito: 1 – A; 2- E; 3-C**

Tema 311: "Índice para correção monetária das demonstrações financeiras das pessoas jurídicas no ano-base de 1990."

Tese: "São inconstitucionais o § 1° do artigo 30 da Lei n° 7.730/1989 e o artigo 30 da Lei n° 7.799/1989."

FICHA TÉCNICA	
Leading case:	**RE 221.142**
Descrição do caso feita pelo STF:	"Recurso extraordinário em que se discute, à luz dos artigos 5°, II e XXXVI; 150, IV e 148, da Constituição Federal, a constitucionalidade, ou não, da utilização do Índice de Preços ao Consumidor – IPC como indexador de correção monetária das demonstrações financeiras das pessoas jurídicas no ano-base de 1990, em vez do Bônus do Tesouro Nacional Fiscal – BTNF, previsto no art. 1° da Lei n° 8.088/90."
Dispositivo(s) constitucional(is) envolvido(s):	"Recurso extraordinário em que se discute, à luz dos artigos 5°, II e XXXVI; 150, IV e 148, da Constituição Federal, a constitucionalidade, ou não, da utilização do Índice de Preços ao Consumidor – IPC como indexador de correção monetária das demonstrações financeiras das pessoas jurídicas no ano-base de 1990, em vez do Bônus do Tesouro Nacional Fiscal – BTNF, previsto no art. 1° da Lei n° 8.088/90."
	São inconstitucionais o § 1° do artigo 30 da Lei n° 7.730/1989 e o artigo 30 da Lei n° 7.799/1989.
	"CF/88, art. 5° Todos são iguais perante a lei, sem distinção de qualquer natureza, garantindo-se aos brasileiros e aos estrangeiros residentes no País a inviolabilidade do direito à vida, à liberdade, à igualdade, à segurança e à propriedade, nos termos seguintes: II – ninguém será obrigado a fazer ou deixar de fazer alguma coisa senão em virtude de lei; e XXXVI – a pequena propriedade rural, assim definida em lei, desde que trabalhada pela família, não será objeto de penhora para pagamento de débitos decorrentes de sua atividade produtiva, dispondo a lei sobre os meios de financiar o seu desenvolvimento;
	Art. 150. Sem prejuízo de outras garantias asseguradas ao contribuinte, é vedado à União, aos Estados, ao Distrito Federal e aos Municípios: IV – utilizar tributo com efeito de confisco;
	Art. 148. A União, mediante lei complementar, poderá instituir empréstimos compulsórios: I – para atender a despesas extraordinárias, decorrentes de calamidade pública, de guerra externa ou sua iminência; II – no caso de investimento público de caráter urgente e de relevante interesse nacional, observado o disposto no art. 150, III, "b". Parágrafo único. A aplicação dos recursos provenientes de empréstimo compulsório será vinculada à despesa que fundamentou sua instituição."

FICHA TÉCNICA	
Leading case:	**RE 221.142**
Data de reconhecimento da repercussão geral:	Em 20/11/2013 este RE substituiu o RE 242.689, na condição de paradigma da repercussão geral, cujo reconhecimento havia-se dado em 17/09/2010/
Data de julgamento do mérito recursal:	20/11/2013
Houve unanimidade?	Sim
Data de publicação do acórdão de julgamento do recurso:	30/10/2014
Trânsito em julgado do acórdão:	12/11/2014
Houve Embargos de Declaração	Não
Data de julgamento dos Embargos de Declaração	–
Data de publicação dos Embargos de Declaração	–

◉ Comentários:

Deu-se provimento ao Recurso Extraordinário interposto por contribuinte, para declarar a inconstitucionalidade da atualização monetária nos moldes da Lei 7.799/89, art. 30, e da Lei 7.730/89, posto que, por desconsiderarem a inflação do período, resultam na incidência de IR sobre lucro fictício.

Ambas as normas estabeleceram o índice de correção monetária a ser aplicado no período base de 1989, para fins de aferição da base de cálculo do Imposto de Renda das Pessoas Jurídicas. Segundo tais dispositivos, no ano-base referido, as pessoas jurídicas deveriam efetuar correção monetária das demonstrações financeira de modo a refletir os efeitos da desvalorização da moeda observada anteriormente à vigência dos veículos normativos indicados. Em ambos os casos, determinou-se a utilização da OTN em valor equivalente a NCz$6,92:

> Lei nº 7.799/1989, Art. 30. Para efeito da conversão em número de BTN, os saldos das contas sujeitas à correção monetária, existentes em 31 de janeiro de 1989, serão atualizados monetariamente tomando-se por base o valor da OTN de NCz$ 6,92.

Ocorre, entretanto, conforme observado no voto do Ministro-relator Marco Aurélio, que o índice adotado mostrava-se defasado com relação à inflação apurada pelo IBGE para o período:

> A fixação da OTN decorreu de expectativa de inflação entre 2 e 15 de janeiro de 1989, ao passo que a medição realizada pelo Instituto Brasileiro de Geografia e Estatística apontou, contrariando os 44,49% imaginados, um total de 70,28%. (Acórdão, p. 07)

A diferença entre os índices terminava por implicar num aumento da base de cálculo do imposto a pagar, na medida em que parte daquilo que corresponderia efetivamente a mera inflação terminava por ser apurado como rendimento do contribuinte, submetido, por conseguinte, à incidência do gravame.

Tal situação era ainda agravada, também conforme observado pelo relator, pelo fato de que por meio da norma se exigia que a correção se desse de maneira retroativa:

> "Desprezou-se a circunstância de o ano-base achar-se em curso, fazendo-se incidir valor da OTN que, além de não corresponder à espiral inflacionária, apanhou fatos acontecidos anteriormente. Sim, o artigo 30 da Lei n. 7.799/89 versou sobre a atualização monetária dos saldos existentes em 31 de janeiro de 1989. A um só tempo, deu-se a inobservância do inciso XXXVI do artigo 5º da Carta, no que revelador, como garantia constitucional, da intangibilidade do direito adquirido, como também da própria alínea 'a' do inciso III do artigo 150 nela contido, agasalhando-se, por via indireta, é certo, aumento de tributo, com a agravante da ocorrência por via imprópria, ou seja, a criação fictícia de renda ou lucro. Mais do que isso, ao desprezarem-se os parâmetros próprios ao afastamento dos nefastos efeitos da inflação, ante a obrigação tributária, menosprezaram-se os princípios da igualdade – o mesmo índice para corrigir valores, seja qual for o direito ou a obrigação – e da capacidade contributiva." (Acórdão, p. 07-08)

⊙ Questões de Concurso relacionadas ao tema:

Questão 01 (Ano: 2016. Banca: CESPE. Órgão: TJ-AM. Prova: Juiz Substituto) Por decreto do prefeito, de agosto de 2014, o município de Manaus atualizou a base de cálculo do IPTU e sua planta de valores imobiliários, para a cobrança do tributo em 2015. Na atualização, foi usada como referência a taxa SELIC para títulos federais, índice oficial para cálculo dos encargos pela mora dos tributos federais.

Nessa situação hipotética,

a) o ato é válido, pois, tendo o decreto sido editado no ano de 2014 para surtir efeitos em 2015, foi observado o princípio da anterioridade.

b) o ato é inválido, pois apenas lei municipal poderia indicar a SELIC como índice de correção monetária no município.

c) o ato é inválido, por implicar acréscimo real, e não mera correção.

d) o ato é válido, pois sendo o IPTU um tributo extrafiscal, a ele não se aplica o princípio da legalidade.

e) o ato é válido, pois a taxa SELIC é índice oficial, não constituindo a sua aplicação, para correção da base de cálculo do IPTU, majoração de tributo.

Questão 02 (Ano: 2010. Banca: CESPE. Órgão: AGU. Prova: Procurador Federal) Julgue os itens seguintes, relativos ao direito tributário brasileiro.

É legítima a aplicação da taxa SELIC como índice de correção monetária e de juros de mora, na atualização de débitos tributários em atraso relacionados ao IPVA, mesmo que inexista lei estadual nesse sentido.

( ) Certo   ( ) Errado

Questão 03 (Ano: 2010. Banca: CESPE. Órgão: AGU. Prova: Procurador Federal) No que concerne ao Sistema Tributário Nacional, julgue os itens seguintes.

É devida a correção monetária de créditos escriturais de imposto sobre produtos industrializados na hipótese em que o seu não aproveitamento pelo contribuinte em tempo oportuno tenha ocorrido em razão da demora motivada por ato administrativo ou normativo do fisco considerado ilegítimo.

( ) Certo   ( ) Errado

Gabarito: 1-C; 2-E; 3-C

Tema 368: "Incidência do imposto de renda de pessoa física sobre rendimentos percebidos acumuladamente."

Tese: "O Imposto de Renda incidente sobre verbas recebidas acumuladamente deve observar o regime de competência, aplicável a alíquota correspondente ao valor recebido mês a mês, e não a relativa ao total satisfeito de uma única vez."

FICHA TÉCNICA	
Leading case:	**RE 614.406**
Descrição do caso feita pelo STF:	"Recurso extraordinário interposto pela alínea b do inciso III do artigo 102 da Constituição Federal, em que se discute a constitucionalidade, ou não, do artigo 12 da Lei n° 7.713/88, que trata da incidência do imposto de renda da pessoa física sobre rendimentos percebidos acumuladamente, tendo em conta a declaração de inconstitucionalidade desse dispositivo, por Tribunal Regional Federal, após o pronunciamento do Plenário Virtual no sentido da inexistência da repercussão geral da matéria — efetuado no RE 592211/RJ (publicado no Dje de 21.11.2008) — e a relevância jurídica correspondente à presunção de constitucionalidade das leis, à unidade do ordenamento jurídico, à uniformidade da tributação federal e à isonomia tributária (artigo 543-A, § 5°, do Código de Processo Civil)."
Dispositivo(s) constitucional(is) envolvido(s):	"CF/88, art. 102. Compete ao Supremo Tribunal Federal, precipuamente, a guarda da Constituição, cabendo-lhe: III – ulgar, mediante recurso extraordinário, as causas decididas em única ou última instância, quando a decisão recorrida:, b) declarar a inconstitucionalidade de tratado ou lei federal;"
Data de reconhecimento da repercussão geral:	20/10/2010

FICHA TÉCNICA	
Leading case:	**RE 614.406**
Data de julgamento do mérito recursal:	23/10/2014
Houve unanimidade?	Não, vencida a Ministra Ellen Gracie (Relatora)
Data de publicação do acórdão de julgamento do recurso:	27/11/2014
Trânsito em julgado do acórdão:	11/12/2014
Houve Embargos de Declaração	Não
Data de julgamento dos Embargos de Declaração	–
Data de publicação dos Embargos de Declaração	–

◉ Comentários:

Negou-se provimento ao Recurso Extraordinário interposto pela União, para declarar a constitucionalidade da incidência do Imposto de Renda da Pessoa Física (IRPF) sobre rendimentos recebidos de forma acumulada, conforme o regime de competência.

A base de cálculo do IRPF poderá ser apurada de duas formas distintas, a depender do momento em que se considera ocorrido o rendimento. Em regra, aplica-se o regime de competência, segundo o qual considera-se ocorrido o rendimento no momento em que se aperfeiçoa o direito do contribuinte ao recebimento, ainda que o pagamento venha a efetivamente realizar-se em momento posterior. De forma excepcional, por outro lado, naqueles casos em que a legislação expressamente o indique, aplica-se o regime de caixa, segundo o qual o rendimento somente será considerado ocorrido no momento em que o pagamento for efetivamente recebido pelo contribuinte.

A relevância em torno da definição do regime a ser aplicável resta claramente definida nos casos de rendimentos que se acumulam no tempo, em função, por exemplo, de atraso do pagamento. Em tal hipótese, costuma ser completamente distinto o enquadramento nas faixas de alíquota do imposto. Valores de rendimentos que seriam em princípio isentos, quando acumulados e pagos em atraso, terminarão por se enquadrar em alíquotas superiores, ou mesmo na alíquota máxima.

Não obstante, por meio da Lei 7.713/88, art. 12, estabeleceu-se a incidência do IR sobre os rendimentos recebidos acumuladamente conforme o regime de caixa, descontadas apenas as eventuais despesas com a ação judicial necessária ao seu recebimento:

> Art. 12. No caso de rendimentos recebidos acumuladamente, o imposto incidirá, no mês do recebimento ou crédito, sobre o total dos rendimentos, diminuídos do valor das despesas com ação judicial necessárias ao seu recebimento, inclusive de advogados, se tiverem sido pagas pelo contribuinte, sem indenização. (V. Lei 8.134/1990) (V. Lei 8.383/1991) (V. Lei 8.848/1994) (V. Lei 9.250/1995) (Revogado pela MP 670/2015) (Revogado pela Lei 13.149/2015)

O Tribunal considerou, entretanto, que a aplicação do regime de competência em caso de rendimento recebido de forma acumulada viola o texto constitucional, na medida em que vulnera o primado da capacidade econômica. Mais do que isso, a aplicação da norma acima transcrita ensejaria uma dupla penalidade ao contribuinte. Após submeter-se a uma circunstância de retraso no recebimento de haveres, com todo o prejuízo que tal situação provoca, sofreria uma tributação mais onerosa em comparação àquele que em princípio seria aplicável, na medida em que o seu enquadramento na tabela progressiva seria realizado à alíquota mais elevada.

A aplicação do dispositivo levaria, ademais, à vulneração dos princípios de isonomia, já que seriam aplicados tratamentos distintos a contribuintes em situação de igualdade no tocante à riqueza tributada; e progressividade, mitigado de forma infundada para aqueles que deveriam gozar de alíquotas inferiores ao que de fato terminaria por serem aplicadas à luz da Lei 7.713/88, art. 17.

◉ Síntese do debate constante do acórdão que fixou o precedente:

Argumentos favoráveis à tese fixada:	Argumentos contrários à tese fixada:
Ministro Marco Aurélio Ministro-relator do Acórdão: "Não passa pela minha cabeça que o sistema possa apenar o contribuinte duas vezes. Explico melhor: o contribuinte não recebe as parcelas na época devida. É compelido a ingressar em Juízo para ver declarado o direito a essas parcelas e, recebendo-as posteriormente, há a junção para efeito de incidência do Imposto de Renda, surgindo, de início, a problemática da alíquota, norteada pelo valor recebido."	Ministra-relatora Ellen Gracie: "O art. 12 da Lei 7.713/88, ao dispor no sentido de que o imposto incidirá no mês da percepção dos valores acumulados, não permite, nem expressa nem implicitamente, que sejam aplicadas as tabelas vigentes na época das competências a que dizem respeito os pagamentos. É que, pelo regime de caixa adotado, sequer ocorreu fato gerador nos meses e anos em que não foram percebidos os rendimentos, ainda que devidos fossem, não tendo dado ensejo à incidência de qualquer norma à época. Não há suporte, assim, para pensarmos num direito adquirido à observância das tabelas vigentes por ocasião do surgimento da pretensão aos rendimentos. Dispondo a lei no sentido de que a efetiva percepção da renda é que constitui fato gerador do imposto, o simples surgimento do direito torna-se irrelevante. Não vislumbro, no art. 12 da Lei 7.713/88, violação ao princípio da capacidade contributiva, positivado pelo art. 145, § 1º, da Constituição. ... não há qualquer afastamento da progressividade gradual já há tanto tempo utilizada para o imposto de renda da pessoa física. Não há qualquer menosprezo a tal critério. Submetem-se à maior tributação aqueles que, no período, percebem maiores valores. À maior disponibilidade econômica, corresponde maior tributação. Note-se que todas as pessoas são igualmente tributadas à medida que efetivamente percebam seus rendimentos, submetendo-se às retenções ou pagamentos mensais conforme as tabelas então vigentes e ao final ajuste."

◉ Questões de Concurso relacionadas ao tema:

Questão 01 (ESAF. RECEITA FEDERAL. 2012. Prova: Auditor Fiscal da Receita Federal) De acordo com a legislação tributária, assinale a opção correta.

a) Na determinação da base de cálculo do imposto de renda incidente sobre valores recebidos em decorrência de cobertura por sobrevivência em apólices de seguros de vida, poderão ser deduzidos os valores dos respectivos prêmios pagos, observada a legislação aplicável à matéria.

b) Os rendimentos recebidos acumuladamente, a partir de 28 de julho de 2010, relativos a anos-calendário anteriores ao do recebimento, salvo quando pagos por pessoa física, serão tributados exclusivamente na fonte, no mês do recebimento ou crédito, em separado dos demais rendimentos recebidos no mês, quando relativos a rendimentos do trabalho ou a aposentadoria, pensão, transferência para a reserva remunerada ou reforma, pagos pela Previdência Social da União, dos Estados, do Distrito Federal e dos Municípios.

c) A base de cálculo do imposto de renda na fonte devido pelos trabalhadores portuários avulsos, inclusive os pertencentes à categoria de "arrumadores", será o total do valor pago ao trabalhador pelo órgão gestor de mão de obra do trabalho portuário, desde que esse valor corresponda à quantia paga por, no máximo, três empresas para as quais o beneficiário tenha prestado serviço.

d) Estão sujeitos ao imposto de renda na fonte os rendimentos distribuídos pelos Fundos de Investimento Imobiliários cujas quotas sejam admitidas à negociação exclusivamente em bolsas de valores ou no mercado de balcão organizado.

e) Está sujeita ao imposto de renda na fonte a remuneração produzida por letras hipotecárias, certificados de recebíveis imobiliários e letras de crédito imobiliário.

Questão 02 (Elaborada pelo autor) Segundo o entendimento do Supremo Tribunal Federal declarou em julgamento com repercussão geral a constitucionalidade da incidência do Imposto de Renda da Pessoa Física (IRPF) sobre rendimentos recebidos de forma acumulada, conforme o regime de competência.

( ) Certo   ( ) Errado

Gabarito: 1-A; 2-C

10.21. IMPOSTO SOBRE CIRCULAÇÃO DE MERCADORIAS E SERVIÇOS (ICMS)

Tema 171: "Incidência de ICMS na importação de equipamento médico por sociedade civil não contribuinte do referido imposto."

Tese: "Após a Emenda Constitucional 33/2001, é constitucional a incidência de ICMS sobre operações de importação efetuadas por pessoa, física ou jurídica, que não se dedica habitualmente ao comércio ou à prestação de serviços."

FICHA TÉCNICA	
Leading case:	**RE 439.796**
Descrição do caso feita pelo STF:	"Recurso extraordinário em que se discute, à luz do art. 155, II, § 2º, I, IX, a, da Constituição Federal, a incidência, ou não, do Imposto sobre Circulação de Mercadorias e Serviços – ICMS na importação de equipamento médico por sociedade civil não contribuinte do referido imposto, após a Emenda Constitucional nº 33/2001, que conferiu nova redação ao art. 155, § 2º, IX, a, da Constituição Federal."
Dispositivo(s) constitucional(is) envolvido(s):	"CF/88, art. 155. Compete aos Estados e ao Distrito Federal instituir impostos sobre: (Redação dada pela EC nº 3/1993)
	II – operações relativas à circulação de mercadorias e sobre prestações de serviços de transporte interestadual e intermunicipal e de comunicação, ainda que as operações e as prestações se iniciem no exterior; (Redação dada pela EC nº 3/1993)
	§ 2ºO imposto previsto no inciso II atenderá ao seguinte: (Redação dada pela EC nº 3/1993)
	I – será não cumulativo, compensando-se o que for devido em cada operação relativa à circulação de mercadorias ou prestação de serviços com o montante cobrado nas anteriores pelo mesmo ou outro Estado ou pelo Distrito Federal;
	IX – incidirá também: a) sobre a entrada de bem ou mercadoria importados do exterior por pessoa física ou jurídica, ainda que não seja contribuinte habitual do imposto, qualquer que seja a sua finalidade, assim como sobre o serviço prestado no exterior, cabendo o imposto ao Estado onde estiver situado o domicílio ou o estabelecimento do destinatário da mercadoria, bem ou serviço; (Redação dada pela EC nº 3/1993)"
Data de reconhecimento da repercussão geral:	Em 07/11/2013, o presente RE substituiu o RE 594.996, na condição de paradigma no tocante à repercussão geral. Este último por sua vez, teve o reconhecimento teve repercussão geral reconhecida em 13/06/2009
Data de julgamento do mérito recursal:	06/11/2013

FICHA TÉCNICA	
Leading case:	RE 439.796
Houve unanimidade?	Sim
Data de publicação do acórdão de julgamento do recurso:	17/03/2014
Trânsito em julgado do acórdão:	02/04/2014
Houve Embargos de Declaração	Não
Data de julgamento dos Embargos de Declaração	–
Data de publicação dos Embargos de Declaração	–

⊙ Comentários:

Negou-se provimento ao Recurso Extraordinário interposto pelo Estado do Rio Grande do Sul (RE 474.267), e deu-se provimento ao Recurso Extraordinário interposto por contribuinte (RE 439.796), para a) declarar a constitucionalidade da incidência do ICMS sobre operações de importação realizadas por pessoa que não se dedica ao comércio, após a EC 33/2002; e b) declarar a inconstitucionalidade da incidência de ICMS nestas mesmas operações, antes de regulamentada a matéria por Lei Complementar, ou antes de prevista esta mesma incidência em lei estadual.

Foram, portanto duas as questões discutidas. A primeira delas consistia em definir se a inovação trazida pela EC 33/2002 seria aplicável a todas as hipóteses de operações de importação, ou se haveria alguma ponderação a fazer, à luz do próprio perfil constitucional do ICMS. A segunda, decidir se a previsão em sede constitucional seria suficiente para a nova incidência, ou se tal incidência se subordinava à existência de prévia regulamentação por Lei Complementar, e instituição por lei ordinária.

Com relação à primeira questão, há que se destacar que o ICMS é tradicionalmente concebido como imposto incidente sobre operações de "circulação mercantil" de "mercadorias", realizada por "estabelecimento empresarial". Em termos técnicos, significa que o gravame alcança somente aquelas operações realizadas por quem seja empresa ou empresário do ramo, e cuja finalidade é a revenda do objeto. Nestes casos, a rigor, o que se adquire não é um bem, mas uma mercadoria.

Por outro lado, a mera compra para uso não caracterizaria operação submetida à incidência de ICMS, sendo este o entendimento consolidado do próprio Tribunal, inclusive por meio de súmula específica:

> STF 660. Não incide ICMS na importação de bens por pessoa física ou jurídica que não seja contribuinte do imposto.

Entretanto, sobre este aspecto, o STF considerou possível a inovação promovida pela EC 33/2002, no sentido de também incluir no **âmbito** de incidência do imposto a aquisição por consumidor final ("não contribuinte" do ICMS), naqueles casos em que tal aquisição seja resultado de uma operação de importação de bens.

No tocante **à** segunda questão, o Tribunal considerou atendido o requisito da prévia regulamentação da nova hipótese de incidência, o que se deu por meio da LC 104/2002, de 16.12, que alterou o regulamento do ICMS, LC 87/96 ("Lei Kandir"). Conforme observou o Ministro-relator, as operações de importação a partir das quais originou-se os RE, ocorreram posteriormente **à** LC 104/2002.

Na mesma linha, havia sito o entendimento da Tribuna de origem:

> "A Lei Complementar nº 87/96 e a Lei Estadual nº 11.580/96 suprem a exigência constitucional de regulamentação do imposto, não obstante o fato de serem anteriores à inovação constitucional." (TJ/RS)

Não obstante, o Tribunal considerou não atendido o requisito da prévia disposição legal acerca da nova hipótese de incidência, de forma aplicar entendimento análogo ao firmado na Súmula STF 574:

> Súmula STF 574. Sem lei estadual que a estabeleça, é ilegítima a cobrança do imposto de circulação de mercadorias sobre o fornecimento de alimentação e bebidas em restaurante ou estabelecimento similar.

Ainda nos termos do Acórdão, "...os **órgãos** jurisdicionais e administrativos não podem, pura e simplesmente, postular a suficiência do texto constitucional, em detrimento da legislação de normas gerais e de instituição do tributo, para confirmar a cobrança da exação."

⊙ Síntese do debate constante do acórdão que fixou o precedente:

Argumentos favoráveis à tese fixada:	Argumentos contrários à tese fixada:
Ministro-relator Joaquim Barbosa: "Para que a constituição do crédito tributário seja válida, a incidência deve ocorrer na presença concomitante dessas três condicionantes: existência de competência, exercício dessa competência pela União, resultante em norma geral em matéria tributária e exercício de competência por cada um dos estados-membros e pelo Distrito Federal, resultante na regra-matriz de incidência tributária.	Extrato do Acórdão do TJ/RS: "A Lei Complementar nº 87/96 e a Lei Estadual nº 11.580/96 suprem a exigência constitucional de regulamentação do imposto, não obstante o fato de serem anteriores à inovação constitucional."
Ocorre que alguns entes federados se precipitaram, ora à EC 33/2001, ora à lei complementar de normas gerais, e acabaram criando regras-matrizes sem o necessário fundamento de validade.	
Nesses casos, entendo aplicável a orientação firmada por esta Suprema Corte no RE 346.084 e no RE 390.840, que afasta o fenômeno da "constitucionalização superveniente" de nosso sistema jurídico."	

◉ Fique atento:

- A hipótese de incidência do ICMS contempla três tipos de operações: a) saída da mercadoria do estabelecimento empresarial; b) importação de bens e serviços; e c) arrematação em leilão. Apenas no primeiro caso, conservam-se as exigências tradicionais, indicadas na análise acima, no sentido de se estar diante de "circulação mercantil", "mercadorias", "estabelecimento empresarial". Tanto no caso da importação, como no caso da aquisição em leilão, é possível que a operação se dê com bens e a aquisição se realize por consumidor final.

- Sobre a incidência do ICMS sobre a importação por arrendamento mercantil, vid. A análise do RE 540.829 (Tema 297), nesta obra.

- Sobre a incidência do ISS sobre operações de arrendamento mercantil, vid. A análise do RE 592.905 (Tema 125), nesta obra.

◉ Questões de Concurso relacionadas ao tema:

Questão 01. (Ano: 2011 Banca: PGE-RO. Órgão: PGE-RO. Prova: Procurador do Estado) Sr. Jorge, empresário do setor de calçados promove a importação de um veículo esportivo de luxo, proveniente da Itália, que será de sua utilização pessoal e exclusiva, sendo que todo processo fiscal de importação foi realizado em seu nome. Diante dessa operação, o ICMS

a) será devido, ainda que o adquirente não seja contribuinte habitual do ICMS.

b) não será devido, uma vez que o adquirente (pessoa física) não é contribuinte do ICMS, não realizando a aquisição do veículo com habitualidade.

c) não será devido, uma vez que o veículo está sendo adquirido para uso pessoal e exclusivo, não sendo destinado à revenda ou locação.

d) será devido em razão do princípio da capacidade contributiva por se tratar de artigo de luxo.

e) será devido, uma vez que o adquirente é proprietário de empresa comercial, sendo esta contribuinte do ICMS.

Questão 02. (Ano: 2012 Banca: CESPE. Órgão: TCE-ES. Prova: Auditor de Controle Externo) Com relação ao imposto sobre operações relativas à circulação de mercadorias e sobre prestações de serviços de transporte interestadual e intermunicipal e de comunicação (ICMS), julgue os itens seguintes.

O ICMS incide sobre a importação de mercadorias e de bens não destinados ao comércio, seja ela realizada por qualquer pessoa física ou jurídica.

( ) Certo   ( ) Errado

Questão 03. (Ano: 2013 Banca: FGV. Órgão: CONDER. Prova: Advogado) Entidade beneficente, sem fins lucrativos, que atende aos requisitos legais e foi declarada de utilidade pública federal, importou, para fins de integralizar seu ativo fixo, um maquinário a ser usado na atividade que presta.

Entretanto, no momento do desembaraço aduaneiro, o fiscal do Estado lhe exige o pagamento do ICMS incidente sobre a importação da mercadoria, alegando que a imunidade da entidade é sobre seu patrimônio e não sobre a atividade de importação, sobre a qual recai a exação. Neste caso, a entidade

a) deve pagar o ICMS, contabilizar o imposto como crédito e posteriormente compensar o que pago.

b) não deve pagar o ICMS, já que a imunidade tributária a torna não contribuinte de qualquer espécie tributária.

c) deve pagar o ICMS e quando integralizar a máquina em seu ativo imobilizado, compensar o que pagou.

d) só deve pagar o ICMS na operação se a máquina não for usada para a atividade beneficente que presta.

e) não deve pagar o ICMS, já que é beneficiada por imunidade constitucionalmente prevista, bastando comprovar que cumpre os requisitos legais para seu gozo.

> **Gabarito: 1-A; 2-C; 3-E**

Tema 201: "Restituição da diferença de ICMS pago a mais no regime de substituição tributária."

Tese: "É devida a restituição da diferença do Imposto sobre Circulação de Mercadorias e Serviços (ICMS) pago a mais no regime de substituição tributária para a frente se a base de cálculo efetiva da operação for inferior à presumida."

FICHA TÉCNICA	
Leading case:	**RE 593.849**
Descrição do caso feita pelo STF:	"Recurso extraordinário em que se discute, à luz do art. 150, § 7°, da Constituição Federal, a constitucionalidade, ou não, da restituição da diferença do Imposto sobre Circulação de Mercadorias e Serviços – ICMS pago a mais no regime de substituição tributária, quando a base de cálculo efetiva da operação for inferior à presumida."
Dispositivo(s) constitucional(is) envolvido(s):	"CF/88, art. 150, § 7° A lei poderá atribuir a sujeito passivo de obrigação tributária a condição de responsável pelo pagamento de imposto ou contribuição, cujo fato gerador deva ocorrer posteriormente, assegurada a imediata e preferencial restituição da quantia paga, caso não se realize o fato gerador presumido. (Incluído pela EC n. 3/1993)"
Data de reconhecimento da repercussão geral:	18/09/2009

FICHA TÉCNICA	
Leading case:	**RE 593.849**
Data de julgamento do mérito recursal:	03/09/2015
Houve unanimidade?	Não, vencidos os Ministros Teori Zavascki, Gilmar Mendes e Dias Tofolli, no que se refere apenas à condenação em custas e honorários.
Data de publicação do acórdão de julgamento do recurso:	09/09/2015 (acórdão ainda não divulgado, ao tempo desta análise)
Trânsito em julgado do acórdão:	Não consta registro
Houve Embargos de Declaração	Não
Data de julgamento dos Embargos de Declaração	–
Data de publicação dos Embargos de Declaração	–

⊙ Comentários:

Deu-se provimento ao Recurso Extraordinário interposto por contribuinte, para declarar a constitucionalidade da restituição do valor de ICMS pago a maior, naqueles casos em que o imposto tenha incidido segundo o regime de substituição para a frente sobre uma base de cálculo presumida superior ao valor da operação efetivamente praticada.

A origem da discussão encontra-se na EC n. 3/1993, por meio da qual se passou a prever, no texto constitucional, a possibilidade da aplicação do regime de substituição tributária para a frente em matéria de ICMS:

> "**CF/88,** art. 150, § 7º A lei poderá atribuir a sujeito passivo de obrigação tributária a condição de responsável pelo pagamento de imposto ou contribuição, cujo fato gerador deva ocorrer posteriormente, assegurada a imediata e preferencial restituição da quantia paga, caso não se realize o fato gerador presumido. (Incluído pela EC n. 3/1993)"

Assim, operações de circulação de mercadorias e serviços, ainda pendentes de realização, passaram a poder ser alcançadas pela incidência do ICMS, hipótese na qual o cálculo do imposto se daria sobre um valor presumido, tudo conforme previsto em lei. Ainda com base em tal dispositivo, caso a operação não venha a ser efetivada, assegura-se ao sujeito passivo "imediata e preferencial restituição da quantia paga".

A discussão no presente RE deu-se em torno do silêncio da norma no tocante à hipótese de pagamento a maior do ICMS naqueles casos em que a operações fosse realizada, tendo-se, porém, praticado em valor inferior ao presumido.

Diante do silêncio, leis estaduais passaram a prever que a restituição ocorreria apenas nos casos de não realização do fato gerador, afastando a devolução naquelas situações em que o valor da operação fosse inferior ao presumido. Foi o caso da Lei 6.763/1975, art.

22, § 10, e do Decreto 43.080/2002 (Regulamento do ICMS), ambos do Estado de Minas Gerais, analisados no RE:

> Lei 6.763/1975, art. 22, § 10. ...o imposto corretamente recolhido por substituição tributária é definitivo, não ficando, qualquer que seja o valor das saídas das mercadorias:
>
> 2) o Estado sujeito à restituição de qualquer valor, ainda que sob a forma de aproveitamento de crédito para compensação com débito por saída de outra mercadoria.

O Tribunal, entretanto, decidiu ser devida a restituição da diferença do imposto. Nos termos da decisão, assegurou ao contribuinte o direito de lançar em sua escrita fiscal os créditos de ICMS pagos a maior, respeitado o prazo prescricional de 5 anos.

⊙ Fique atento:

- A substituição tributária para a frente é tema dos mais polêmicos em Direito Tributário. A própria etimologia do vocábulo "fato" remete a situação já realizada, pretérita, do que decorreria uma contradição intrínseca na ideia de "fato futuro".

Do ponto de vista normativo, o CTN, art. 114, prevê que fato gerador é situação "necessária" para o surgimento da obrigação tributária, o que respalda a concepção anteriormente mencionada, no sentido de que o fato tem de ocorrer para que se desencadeie a incidência. Neste mesmo sentido encontram-se os arts. 116 e 117, que ao tratarem de "fato gerador" utilizam-se de expressões como "circunstâncias materiais necessárias", "situação definitivamente constituída", "desde o momento do seu implemento", ou "desde o momento da prática do ato ou da celebração do negócio".

Não obstante, a concepção de fato gerador presumido já se encontra pacificada em jurisprudência, e prevista na CF/88, art. 155, § 7º, a partir da EC 3/93.

⊙ Questões de Concurso relacionadas ao tema:

Questão 01 (FGV. ALERJ. Procurador. 2017) A empresa XYZ Comércio e Atacadista Ltda. está sujeita ao regime de substituição tributária para frente em relação às mercadorias que comercializa. Ao efetuar a saída dessas mercadorias, adotou um preço de venda menor do que aquele que serviu como base de cálculo do ICMS-ST, recolhido antecipadamente. Diante disso, a empresa apresentou pedido de restituição do ICMS-ST recolhido a maior, com fundamento no art. 150, § 7º, da Constituição Federal.

Considerando a legislação sobre o regime de substituição tributária para frente no caso do ICMS, bem como o atual entendimento do STF firmado sob a sistemática da repercussão geral (RE nº 593.849 – Tema 201), a pretensão da empresa está:

a) incorreta, pois o regime de substituição tributária para frente, em que a legislação estabelece uma base de cálculo presumida do ICMS-ST, que é recolhido antecipadamente pelo sujeito passivo, não admite a restituição proporcional do imposto na hipótese em que a base de cálculo da operação efetivamente realizada é menor do que a presumida;

b) correta, pois é admitida a restituição do ICMS pago a maior no regime de substituição tributária para frente quando a base de cálculo efetiva da operação foi inferior à presumida, sob pena de enriquecimento ilícito do Estado;

c) incorreta, pois no regime de substituição tributária para frente a tributação é definitiva, não se admitindo a restituição do ICMS recolhido antecipadamente de acordo com a base de cálculo presumida, ainda que o fato gerador não se concretize;

d) correta, pois no regime de substituição tributária para frente admite-se a restituição do tributo recolhido antecipadamente sob a base de cálculo presumida quando o fato gerador não se concretizar ou ocorrer parcialmente;

e) incorreta, pois o instituto da substituição tributária para frente, em que os critérios para apuração da base de cálculo presumida são fixados com base em pesquisas de mercado, a fim de facilitar a fiscalização de setores difíceis de monitorar e evitar a sonegação, é incompatível com a restituição do ICMS-ST na hipótese em que a base de cálculo efetiva da operação for inferior à presumida, pois restaria violada a própria natureza do instituto.

Gabarito: 1-B

Tema 214: "a) Inclusão do ICMS em sua própria base de cálculo; b) Emprego da taxa SELIC para fins tributários; c) Natureza de multa moratória fixada em 20% do valor do tributo."

Tese: "I – É constitucional a inclusão do valor do Imposto sobre Circulação de Mercadorias e Serviços – ICMS na sua própria base de cálculo; II – É legítima a utilização, por lei, da taxa SELIC como índice de atualização de débitos tributários; III- Não é confiscatória a multa moratória no patamar de 20%."

FICHA TÉCNICA	
Leading case:	**RE 582.461**
Descrição do caso feita pelo STF:	"Recurso extraordinário em que se discute, à luz dos artigos 150, I, III, IV; e 155, II, da Constituição Federal, a constitucionalidade, ou não, da inclusão do valor do Imposto sobre Circulação de Mercadoria e Serviços – ICMS em sua própria base de cálculo, do emprego da taxa SELIC para fins tributários e da fixação de multa moratória em 20% do valor do tributo."
Dispositivo(s) constitucional(is) envolvido(s):	"CF/88, art. 150. Sem prejuízo de outras garantias asseguradas ao contribuinte, é vedado à União, aos Estados, ao Distrito Federal e aos Municípios: I – exigir ou aumentar tributo sem lei que o estabeleça;

FICHA TÉCNICA	
Leading case:	**RE 582.461**
	III – cobrar tributos: a) em relação a fatos geradores ocorridos antes do início da vigência da lei que os houver instituído ou aumentado; b) no mesmo exercício financeiro em que haja sido publicada a lei que os instituiu ou aumentou; c) antes de decorridos noventa dias da data em que haja sido publicada a lei que os instituiu ou aumentou, observado o disposto na alínea b; (Incluído pela EC nº 42/2003) IV – utilizar tributo com efeito de confisco; Art. 155. Compete aos Estados e ao Distrito Federal instituir impostos sobre: (Redação dada pela EC nº 3;1993) II – operações relativas à circulação de mercadorias e sobre prestações de serviços de transporte interestadual e intermunicipal e de comunicação, ainda que as operações e as prestações se iniciem no exterior; (Redação dada pela EC nº 3/1993)"
Data de reconhecimento da repercussão geral:	23/10/2009
Data de julgamento do mérito recursal:	18/05/2011
Houve unanimidade?	Não, vencidos os Ministros Marco Aurélio e Celso de Mello
Data de publicação do acórdão de julgamento do recurso:	18/08/2011
Trânsito em julgado do acórdão:	21/09/2011
Houve Embargos de Declaração	Não
Data de julgamento dos Embargos de Declaração	–
Data de publicação dos Embargos de Declaração	–

◉ Comentários:

Negou-se provimento ao Recurso Extraordinário interposto por contribuinte, para declarar a constitucionalidade a) da utilização, por lei, da taxa SELIC como índice de atualização de débitos tributários; b) da inclusão do valor do ICMS na sua própria base de cálculo; e c) da multa moratória no valor equivalente a 20%, posto que não confiscatória.

No tocante à aplicação da taxa SELIC, para fins de atualização do valor a pagar a título de tributo, o Tribunal entendeu não haver inconstitucionalidade, desde que observados os princípios de legalidade e anterioridade. Além disso, considerou também que a constitucionalidade se verifica à vista do tratamento isonômico que se dá à aplicação da SELIC, que incide tanto sobre os créditos em favor da Fazenda, como sobre aqueles cujos titulares sejam os contribuintes.

Quanto à inclusão do valor equivalente ao ICMS na sua própria base de cálculo, o Tribunal aplicou o mesmo entendimento fixado em precedentes sobre a matéria, de forma a considerar constitucional tal expediente, "pois ele [o valor referente ao ICMS] faz parte da importância paga pelo comprador e recebida pelo vendedor na operação" (item 3 da Ementa). De maneira mais precisa, o Tribunal considerou que a forma como se encontra redigida a alínea 'i' no inciso XII do § 2º do art. 155, CF/88, incluído pela EC 03/2001, deu vazão a tal entendimento. A partir do advento de tal dispositivo, o ICMS passou a incidir sobre as operações de importação, hipótese na qual a base de cálculo do imposto "também" incluiria o valor do próprio gravame.

Finalmente, com relação à multa moratória, considerou que o valor equivalente a 20% sobre o montante de tributo pago em atraso não configura confisco. A mesma teria o "objetivo de sancionar contribuinte que não cumpre suas obrigações tributárias, prestigiando a conduta daqueles que pagam em dia seus tributos aos cofres públicos." O Tribunal não afastou a possibilidade de que uma multa tenha caráter confiscatório, e seja portanto inconstitucional:

> "...para que a multa moratória cumpra sua função de desencorajar a elisão fiscal, de um lado não pode ser pífia, mas, de outro, não pode ter um importe que lhe confira característica confiscatória, inviabilizando inclusive o recolhimento de tributos futuros."
> (item 4 da Ementa)

Este detalhe é importante, na medida em que existe entendimento doutrinário no sentido de que sanção não se submete a juízo de não confisco, tendo em vista o seu caráter exemplar e de imposição de uma pena. Considerou, portanto, ser possível uma multa confiscatória, porém entendeu que o percentual de 20% encontra-se alinhado com precedentes da própria Corte.

◉ Síntese do debate constante do acórdão que fixou o precedente:

Argumentos favoráveis à tese fixada:	Argumentos contrários à tese fixada:
Ementa, item 3. "A Emenda Constitucional n. 33, de 2001, inseriu a alínea 'i' no inciso XII do § 2º do art. 155 da Constituição Federal, para fazer constar que cabe à lei complementar "fixar a base de cálculo, de modo que o montante imposto a integre, também na importação do exterior de bem, mercadoria ou serviço". Ora, se o texto dispõe que o ICMS deve ser calculado também na importação de bens, naturalmente a interpretação que há de ser feita é que o imposto já era calculado dessa forma em ralação às operações internas. Com a alteração constitucional a Lei Complementar ficou autorizada a dar tratamento isonômico na determinação da base de cálculo entre as operações ou prestações internas com as importações do exterior "	Ministro Marco Aurélio: "Não consigo imaginar essa forma de cálculo que, repito, uma vez assentada quanto ao ICMS sem justificativa inclusive socialmente aceitável, poderá ser transportada – e a capacidade de invenção do homem é ilimitada, principalmente quando se busca receita –para o cálculo de qualquer tributo. ...estou convencido de que o cálculo por dentro, no que vendedor não fatura ICMS, discrepa, a mais não poder, do figurino constitucional." (p. 27 do Acórdão)
Ementa, item 4. "O Acórdão recorrido encontra amparo na jurisprudência desta Suprema Corte, segundo a qual não é confiscatória a multa moratória no importe de 20% (vinte por cento)."	

◉ Fique atento:

- Sobre a inclusão do valor do ICMS na base de cálculo da contribuição para o PIS e da COFINS, na importação, vid. RE 559.937 (Tema 01), nesta obra.

- Sobre a inclusão do valor pago a título de ICMS na base de cálculo da contribuição para o PIS e da COFINS, vid. RE 574706 (Tema 69), neste trabalho.

◉ Questões de Concurso relacionadas ao tema:

Questão 01 (FCC. SEFIN-RIO. 2010. Prova: Auditor Fiscal de Tributos Estaduais) NÃO integra a base de cálculo do ICMS o

- **a)** valor correspondente a descontos sob condição.

- **b)** valor correspondente a seguros.

- **c)** frete, caso o transporte seja efetuado pelo próprio remetente e seja cobrado em separado.

- **d)** montante do Imposto sobre Produtos Industrializados (IPI), quando a operação, realizada entre contribuintes e relativa a produto destinado à industrialização ou à comercialização, configurar fato gerador de ambos os impostos.

- **e)** montante do próprio imposto.

Questão 02 (CESPE. CGE-PI. 2015. Prova: Auditor Governamental) Aos estados e ao DF é atribuída competência para instituir o imposto sobre operações relativas à circulação de mercadorias e sobre prestações de serviços de transporte interestadual e intermunicipal e de comunicação (ICMS). Em relação a esse imposto, julgue o item subsequente.

O uso do montante devido de ICMS como elemento da base de cálculo do tributo, procedimento denominado de cálculo por dentro, é prática considerada inconstitucional.

( ) Certo   ( ) Errado

Questão 03 (FCC. TJ-RR. 2015. Prova: Juiz Substituto) O ICMS é imposto de competência estadual. Não obstante isso, a Constituição Federal estabelece que determinadas matérias deverão ser disciplinadas por meio de lei complementar federal. Assim, dentre as matérias que devem ser necessariamente disciplinadas por meio de lei complementar, encontram-se:

- **a)** A disciplina relativa à substituição tributária; a regulação da forma como, mediante deliberação dos Estados e do Distrito Federal, isenções, incentivos e benefícios fiscais serão concedidos e revogados; a fixação de suas alíquotas, observados os limites estabelecidos pela Constituição Federal.

- **b)** A fixação de sua base de cálculo, de modo que o montante do imposto a integre, também na importação do exterior de bem, mercadoria ou serviço; a definição de seus contribuintes; a disciplina do regime de compensação do imposto.

- **c)** A fixação, para efeito de sua cobrança e definição do estabelecimento responsável, do local das operações relativas à circulação de mercadorias e das prestações de serviços; a fixação de sua base de cálculo; a fixação das datas e prazos para o seu pagamento.

d) Previsão dos casos de manutenção de crédito, relativamente à remessa para outro Estado e exportação para o exterior, de serviços e de mercadorias; a fixação do percentual de juros de mora incidentes sobre o crédito tributário não pago na data fixada na legislação; a definição das infrações e as respectivas cominações de penalidades para as infrações à sua legislação.

e) A fixação das alíquotas interestaduais; a fixação das regras de fiscalização do responsável por substituição tributária, nas operações e prestações interestaduais; a disciplina do regime de compensação do imposto.

Gabarito: 1-D; 2-E;3-B

Tema 216: "Incidência do ICMS sobre venda de veículos salvados de sinistros."

Tese: "O ICMS não incide sobre alienação de salvados de sinistro pelas seguradoras."

FICHA TÉCNICA	
Leading case:	**RE 588.149**
Descrição do caso feita pelo STF:	"Recurso extraordinário em que se discute, à luz dos artigos 5º, caput, XXXVI, LV e LXXVIII; 37, caput; e 155, II, da Constituição Federal, a constitucionalidade, ou não, da incidência do Imposto sobre Circulação de Mercadoria e Serviços – ICMS sobre a venda de veículos salvados de sinistros."
Dispositivo(s) constitucional(is) envolvido(s):	"CF/88, art. 5º Todos são iguais perante a lei, sem distinção de qualquer natureza, garantindo-se aos brasileiros e aos estrangeiros residentes no País a inviolabilidade do direito à vida, à liberdade, à igualdade, à segurança e à propriedade, nos termos seguintes: XXXVI – a lei não prejudicará o direito adquirido, o ato jurídico perfeito e a coisa julgada; LV – aos litigantes, em processo judicial ou administrativo, e aos acusados em geral são assegurados o contraditório e ampla defesa, com os meios e recursos a ela inerentes; LXXVIII – a todos, no âmbito judicial e administrativo, são assegurados a razoável duração do processo e os meios que garantam a celeridade de sua tramitação. (Incluído pela EC nº 45/2004) Art. 37. A administração pública direta e indireta de qualquer dos Poderes da União, dos Estados, do Distrito Federal e dos Municípios obedecerá aos princípios de legalidade, impessoalidade, moralidade, publicidade e eficiência e, também, ao seguinte: (Redação dada pela EC nº 19/1998)"

FICHA TÉCNICA	
Leading case:	**RE 588.149**
	Art. 155. Compete aos Estados e ao Distrito Federal instituir impostos sobre: (Redação dada pela EC nº 3/1993) II – operações relativas à circulação de mercadorias e sobre prestações de serviços de transporte interestadual e intermunicipal e de comunicação, ainda que as operações e as prestações se iniciem no exterior; (Redação dada pela EC nº 3/1993)"
Data de reconhecimento da repercussão geral:	23/10/2009
Data de julgamento do mérito recursal:	16/02/2011
Houve unanimidade?	Não, vencidos os Ministros Ricardo Lewandowski, Joaquim Barbosa e Ayres Britto
Data de publicação do acórdão de julgamento do recurso:	06/06/2011
Trânsito em julgado do acórdão:	24/06/2011
Houve Embargos de Declaração	Não
Data de julgamento dos Embargos de Declaração	–
Data de publicação dos Embargos de Declaração	–

⊚ Comentários:

Deu-se provimento ao Recurso Extraordinário interposto por contribuinte, para declarar a inconstitucionalidade da incidência do ICMS sobre a alienação de salvados de sinistro pelas seguradoras.

O Lei 6.374/1989, art. 7º, § 1º, item 4, do Estado de São, incluía na categoria de contribuintes do ICMS as instituições financeiras e as seguradoras, o que deu vazão a interpretações por meio das quais seria possível a incidência do imposto sobre as operações de venda de bens salvados de sinistro.

O STF considerou, entretanto, que tais vendas integram-se à própria operação de seguro, "constituindo recuperação de receitas e não atividades mercantis". Entendeu tratar-se de tema de competência privativa da União, posto que referente à "política de crédito, câmbio e seguros e transferência de valores", nos termos da CF/88, art. 22, VII, e que a eventual incidência estaria também a cargo da União, em matéria de IOF, à vista da CF/88, art. 153, V.

A discussão tratada neste RE não é nova nem no âmbito do STF e nem do STJ. Já em 1995, o Tribunal Supremo havia deferido media cautelar na ADI 1390, para suspender a eficácia da expressão "e a seguradora", da Lei 6.374/1989, art. 7º, § 1º, item 4, do Estado de São, juízo idêntico ao que se deu no julgamento da ADI 1332, esta referente à Lei 1.423/89, art. 18. Parágrafo único, item 10, do Estado do Rio de Janeiro.

No âmbito do STJ, chegou a ser editada súmula sobre a matéria, para estabelecer que "Na venda pelo segurador, de bens salvados de sinistros, incide o ICMS" (Súmula 152). Não obstante, tal súmula terminou por ser cancelada por ocasião do julgamento do Resp. 73.552-RJ, na sessão de 13.06.2007, de forma a sinalizar mudança de entendimento, e alinhamento com a posição do STF sobre a matéria.

No tocante ao julgamento no presente RE, o Ministro-relator observou, que no Direito brasileiro, as seguradoras são proibidas, de forma expressa, de explorar "qualquer outro ramo de comércio ou indústria" (Decreto-Lei 73/966, art. 73), "de maneira que elas não são e nem poderiam ser 'comerciantes de ferro velho'".

Consignou ainda que "a posterior alienação dos salvados, pelas seguradoras, tem, quando muito, o condão de recuperar parcela de indenização que haja superado o dano ocorrido. Não há, dessa forma, finalidade de obter lucro, não havendo, portanto, intenção comercial."

Entendeu-se, finalmente, que a situação enquadra-se na norma consignada na Súmula STF 541, de 03.12.1969:

> O imposto sobre vendas e consignações não incide sobre a venda ocasional de veículos e equipamentos usados, que não se insere na atividade profissional do vendedor, e não é realizada com o fim de lucro, sem caráter, pois, de comercialidade.

⊙ Síntese do debate constante do acórdão que fixou o precedente:

Argumentos favoráveis à tese fixada:	Argumentos contrários à tese fixada:
Ministro-relator Gilmar Mendes: "O objeto das operações das seguradoras é o seguro. A eventual alienação dos salvados não os torna mercadorias, visto que as companhias seguradoras não possuem por objeto social a circulação de mercadorias, constituindo a referida alienação um elemento da própria operação de seguro, consoante exposto de forma clara no voto do Ministro Sydney Sanches, relator da ADI-MC n. 1.332/RJ".	Ministro Ricardo Lewandowski: "...uma coisa é a operação de seguro, bem conhecida pela doutrina e pela jurisprudência, cuja disciplina, como todos sabemos, é de competência da União, inclusive quanto à tributação, sujeitando-se ao recolhimento do ICMS. As seguradoras, embora não sejam, a rigor, comerciantes, no sentido estrito da palavra, ao venderem salvados realizam uma operação tipicamente comercial. Isso porque essa operação... reveste-se de habitualidade...
	...são vendidos por ano mais de cento e vinte mil veículos de salvados de sinistro. Isso representa mais de dez mil veículos por mês em todo o Brasil, quase a produção de uma indústria, de uma fábrica de automóveis, e com objetivo de lucro, pois o risco das seguradoras com o sinistro já foi ressarcido com o prêmio pago pelos segurados.

Argumentos favoráveis à tese fixada:	Argumentos contrários à tese fixada:
	...enquanto os sinistros representam cerca de dez milhões de reais em prejuízo, digamos assim, para as seguradoras, os prêmios alcançaram praticamente dezesseis milhões de reais. Ou seja um lucro, uma vantagem financeira de seis milhões de reais para as seguradoras. Os salvados vendidos integralmente como sucata ou de forma parcelada como peças reaproveitáveis são inseridos na cadeia produtiva, transformando-se, portanto, a meu ver, em mercadorias, não se ignorando que existem milhares de lojas de revendas de autopeças usadas em todo o País. Portanto é uma operação que realimenta uma cadeia comercial imensa em todo Brasil, seja desmanches, lojas de autopeças que revendem peças de automóveis que não são compradas das concessionárias por serem muito caras."

◉ Fique atento:

- O precedente extraído do julgamento do Tema 216 da Repercussão Geral é um dos julgados nos quais se lastreia a **Súmula Vinculante nº 32**, aprovada em sessão plenária de 16/02/2011 ("O ICMS não incide sobre alienação de salvados de sinistro pelas seguradoras").

◉ Questões de Concurso relacionadas ao tema:

Questão 01 (Ano: 2012 Banca: FCC Órgão: TJ-GO Prova: Juiz) Lei estadual que prevê recolhimento antecipado, pelo fabricante/montadora de veículos, de ICMS incidente sobre a venda de veículos automotores disponíveis para a venda em concessionária de veículos é considerada

- **a)** constitucional, por se tratar de substituição tributária para frente, expressamente autorizada pela Constituição Federal.
- **b)** inconstitucional, por se tratar de fato gerador presumido, ainda não consumado.
- **c)** inconstitucional, por não caber a incidência de ICMS na operação de venda de veículos automotores pelo fabricante/montadora para a concessionária de veículos.
- **d)** constitucional, por se tratar de substituição tributária para trás, com fato gerador consumado quando da saída dos veículos do pátio do fabricante/montadora de veículos.
- **e)** constitucional, já que o fabricante/montadora de veículos realizou o fato gerador do ICMS quando operou a venda de veículos automotores para a concessionária.

Questão 02 (Ano: 2014 Banca: FGV Órgão: SEFAZ- MT Prova: Auditor Fiscal Tributário da Receita Municipal) Pretendendo adquirir, no mercado doméstico, caminhões para uso em serviço, o Município de Cuiabá pede ao Estado de Mato Grosso que afaste a incidência do Imposto sobre Circulação de Mercadorias e Serviços (ICMS) nessa operação específica.

Assinale a solução juridicamente adequada a ser dada ao caso exposto.

- **a)** O Estado deve acolher o pleito mediante prova cabal de que os veículos serão mesmo empregados em atividades inerentes às atribuições do Município, pois, mesmo inexistindo lei estadual nesse sentido, o caso é de isenção de tributos.

b) O Estado deve acolher o pleito mediante prova cabal de que os veículos serão mesmo empregados em atividades inerentes às atribuições do Município, pois o caso é de imunidade de tributos.

c) O Estado poderá acolher o pleito mediante decisão administrativa afastando a incidência do ICMS ao caso.

d) O Estado não poderá acolher o pleito, ainda que os caminhões sejam mesmo empregados em atividades inerentes às atribuições do Município, pois é vedada a concessão de tratamento tributário diferenciado a entidades públicas que explorem a atividade econômica.

e) O Estado não poderá acolher o pleito, pois a imunidade não favorece o Município neste caso concreto, já que ele é apenas o contribuinte de fato, e não o contribuinte de direito.

Questão 03 (Ano: 2013 Banca: PGR Órgão: PGR Prova: Procurador da República) Montadora de veículos automotores, ao vendê-los à concessionária, é compelida a recolher o ICMS sob presunção legal de que serão revendidos. No caso:

a) Trata-se de substituição tributária regressiva;

b) Ocorre substituição tributária progressiva;

c) A exigência tributária é indevida, porquanto sequer o fato gerador ocorreu;

d) Não podendo o ICMS pago ser calculado sobre o preço praticado nas vendas subsequentes, leva as autoridades fazendárias a calcular o tributo sobre um valor arbitrariamente atribuído, o que é vedado pelo nosso sistema tributário.

> **Gabarito: 1-A; 2-E; 3-B**

Tema 297: "Incidência do ICMS na importação de mercadoria por meio de arrendamento mercantil internacional."

Tese: "Não incide o ICMS na operação de arrendamento mercantil internacional, salvo na hipótese de antecipação da opção de compra, quando configurada a transferência da titularidade do bem."

FICHA TÉCNICA	
Leading case:	**RE 540.829**
Descrição do caso feita pelo STF:	"Recurso extraordinário em que se discute, à luz do art. 155, II e § 2º, IX e XII, a e d, da Constituição Federal, a constitucionalidade, ou não, da incidência do Imposto sobre Circulação de Mercadorias e Serviços – ICMS sobre operações de importação de mercadorias, sob o regime de arrendamento mercantil internacional."

FICHA TÉCNICA	
Leading case:	**RE 540.829**
Dispositivo(s) constitucional(is) envolvido(s):	"CF/88, art. 155. Compete aos Estados e ao Distrito Federal instituir impostos sobre: (Redação dada pela EC nº 3/1993) II – operações relativas à circulação de mercadorias e sobre prestações de serviços de transporte interestadual e intermunicipal e de comunicação, ainda que as operações e as prestações se iniciem no exterior; (Redação dada pela EC nº 3/1993) § 2ºO imposto previsto no inciso II atenderá ao seguinte: (Redação dada pela EC nº 3/1993) IX – incidirá também: a)sobre a entrada de bem ou mercadoria importados do exterior por pessoa física ou jurídica, ainda que não seja contribuinte habitual do imposto, qualquer que seja a sua finalidade, assim como sobre o serviço prestado no exterior, cabendo o imposto ao Estado onde estiver situado o domicílio ou o estabelecimento do destinatário da mercadoria, bem ou serviço; (Redação dada pela EC nº 3/1993); XII – cabe à lei complementar: a) definir seus contribuintes; e d) fixar, para efeito de sua cobrança e definição do estabelecimento responsável, o local das operações relativas à circulação de mercadorias e das prestações de serviços;"
Data de reconhecimento da repercussão geral:	27/08/2010
Data de julgamento do mérito recursal:	11/09/2014
Houve unanimidade?	Não, vencidos os Ministros Gilmar Mendes (Relator) e Teori Zavascki
Data de publicação do acórdão de julgamento do recurso:	18/11/2014
Trânsito em julgado do acórdão:	30/06/2015
Houve Embargos de Declaração	Sim
Data de julgamento dos Embargos de Declaração	28/05/2015
Data de publicação dos Embargos de Declaração	16/06/2015

◉ Comentários:

Negou-se provimento ao Recurso Extraordinário interposto pelo Estado de São Paulo, para declarar a inconstitucionalidade da incidência do ICMS na operação de arrendamento mercantil internacional, salvo na hipótese de antecipação da opção de compra, quando configurada a transferência da titularidade do bem.

O julgado desenvolveu-se em torno do aperfeiçoamento do fato gerador do ICMS nas operações de *leasing* contratado junto a agente arrendante localizado no estrangeiro. Na linha do seu posicionamento histórico (cf. RE 461968), e com base na CF/88, art. 155, § 2º, IX, 'a', o Tribunal reiterou o entendimento no sentido de admitir a incidência do imposto "na entrada de bem ou mercadoria do exterior, somente se de fato houver circulação de mercadoria, caracterizada pela transferência do domínio (compra e venda)." (Ementa, item 2)

No caso do *leasing*, entretanto, o adquirente da coisa mostra-se tão somente como um mero possuidor, na condição de arrendatário. A propriedade do bem, entretanto, permanece na pessoa do arrendante, o que afasta o requisito da *circulação* da mercadoria, na sua acepção jurídica, consistente na mudança de titularidade.

Apenas terá o condão de efetivar a incidência a posterior, e eventual, transferência da propriedade sobre a coisa, a partir da opção de compra a ser exercida pelo arrendatário. Neste momento, sim, restaria satisfeito o requisito da circulação jurídica da mercadoria, o que autorizaria a incidência do imposto. Diante da não ocorrência da de tal transferência, afastada estará a incidência do imposto.

No caso analisado no julgamento do Recurso, tratava-se de contrato de arrendamento mercantil internacional, envolvendo bem suscetível de devolução, sem opção de compra.

Na perspectiva do quanto disposto no Código Tributário Nacional, tratou de hipótese de aplicação do art. 110, com base no qual os conceitos de direito privado não podem ser descaracterizados pelo direito tributário. Significa dizer que arrendamento mercantil não constitui hipótese de circulação de mercadoria, pelo que se afasta a incidência do ICMS.

Os Embargos de Declaração apresentados pelo Estado de São Paulo e pela Associação Brasileira das Secretarias de Finanças das Capitais (ABRASF) foram rejeitados.

⊙ Síntese do debate constante do acórdão que fixou o precedente:

Argumentos favoráveis à tese fixada:	Argumentos contrários à tese fixada:
Ministro-relator do Acórdão Gilmar Mendes: "...o Tribunal, seguindo o voto do relator, Min. Eros Grau, entendeu necessário fazer uma distinção entre as hipóteses em que o bem, e a mercadoria, importado mediante operação de arrendamento mercantil é consumido pelo arrendatário, ingressa em seu ativo fixo ou, ainda, sofre transferência de domínio; e aqueles casos em que o *leasing* internacional apenas significa transferência temporária do uso de determinados bens por seus respectivos arrendatários, sem que, ao término do contrato, o arrendador estrangeiro deixe de ser proprietário do bem.	Ministro-relator do Acórdão Gilmar Mendes: "...vislumbro a necessidade de o Supremo Tribunal Federal revisar seu entendimento e acolher o fundamento dos votos proferidos pela Min. Ellen Gracie por ocasião dos julgamentos do RE 206.069 e do RE 226.899, ao qual estendo o voto aqui proferido, de modo a garantir a incidência do ICMS na importação de bem e mercadoria do exterior, independentemente do contrato internacional celebrado.
Nesse último caso, hipótese de que se cuida, o Tribunal acompanhou o voto do relator, Min. Eros Grau, no sentido de que, apesar de a alínea "a" do inciso IX do § 2º do art. 155 da Constituição Federal, na redação da EC 33/2001, afirmar que o ICMS incidirá na entrada de bem ou mercadoria importados do exterior, isto apenas ocorrerá se de fato houver circulação de mercadoria.	Impedir a incidência do ICMS na importação de bem mediante contrato de arrendamento mercantil internacional significa atribuir a essas operações vantagens não estendidas àquelas realizadas em âmbito interno, em clara ofensa ao princípio da isonomia, sem mencionar o fato de que o poder de tributar do Estado restaria à disposição do contribuinte, que, ao optar pela celebração do referido ajuste internacional, ver-se-ia livre da incidência do ICMS na importação."
Dessa forma, ao concluir que nas importações decorrentes de operações de arrendamento mercantil, em que não haja a opção de compra, não ocorre a circulação econômica de mercadoria, mas apenas o seu uso temporário por parte da arrendatária, o voto condutor assentou a não incidência do ICMS na hipótese. Essa orientação vem sendo seguida por esta Corte." (Acórdão, p. 9-10)	

⊚ Fique atento:

- Nas operações de saída da mercadoria do estabelecimento comercial ou equiparado, ideia de "circulação" para fins de incidência do ICMS, nas suas três dimensões, sob pena de não incidência do imposto. A mesma deve se configurar, a um só tempo, em a) "circulação física", consistente no deslocamento da mercadoria; b) "circulação jurídica", consistente na mudança de titularidade sobre a coisa; e c) "circulação mercantil", consistente na aquisição de mercadoria, objetivando a venda.

- Sobre a incidência do ICMS sobre a importação de equipamento médico por sociedade civil não contribuinte do imposto, vid. A análise do RE 439.796 (Tema 171), nesta obra.

- Sobre a incidência do ISS sobre operações de arrendamento mercantil, vid. A análise do RE 592.905 (Tema 125), nesta obra.

- Cf. com o RE 461968, Rel. Min. Eros Grau, julgado em 30.05.2007.

- Convém considerar o histórico de súmulas sobre a incidência do ICMS na importação, tanto do STJ como do STF, bem como o advento da inovação estabelecida pela EC 33/1991 na CF/88, art. 155, § 2º, IX:

    i. STJ, Súmula 155 (15.04.1996): "O ICMS incide na importação de aeronave, por pessoa física, para uso próprio".

    ii. STJ, Súmula 198 (21.10.1996): "Na importação de veículo por pessoa física, destinado a uso próprio, incide o ICMS".

    iii. STF, Súmula 660 (13.10.2013): "Não incide ICMS na importação de bens por pessoa física ou jurídica que não seja contribuinte do imposto".

    iv. CF/88, art. 155, § 2º, IX (com a redação da EC 33/1991): "O imposto previsto no inciso II [ICMS] atenderá ao seguinte: IX- incidirá também: a) sobre a entrada de bem ou mercadoria importados do exterior por pessoa física ou jurídica, ainda que não seja contribuinte habitual do imposto, qualquer que seja a sua finalidade, assim como sobre o serviço prestado no exterior, cabendo o imposto ao Estado onde estiver situado o domicílio ou o estabelecimento do destinatário da mercadoria, bem ou serviço;"

    v. STF, Súmula 661 (13.10.2013), posteriormente convertida na Súmula Vinculante nº 48 (27/05/2015): "Na entrada de mercadoria importada do exterior, é legítima a cobrança do ICMS por ocasião do desembaraço aduaneiro".

⊚ Questões de Concurso relacionadas ao tema:

Questão 01 (Ano: 2005. Banca: PGR. Órgão: PGR. Prova: Procurador da República) NA IMPORTAÇÃO DE EQUIPAMENTO ATRAVÉS DE CONTRATO DE ARRENDAMENTO MERCANTIL (LEASING):

   a)   incide o ICMS;
   b)   não incide o ICMS;
   c)   incide apenas o Imposto sobre Serviços de qualquer natureza (ISS);
   d)   somente incidirá o LCMS se a arrendatária vier a adquirir o bem.

Questão 02 (Ano: 2010. Banca: PGE-GO. Órgão: PGE-GO. Prova: Procurador do Estado) Sobre a incidência de ICMS e segundo a jurisprudência atual e dominante no STF, é CORRETO afirmar:

a) A prestação de serviço de transporte de bem oriundo de outro país, com destino direto a Município situado na fronteira do território brasileiro, esta sujeita a incidência de ICMS sobre operações de transporte, ainda que iniciadas no exterior.

b) O fato gerador do ICMS na operação de importação de mercadoria do exterior ocorre no momento do desembaraço aduaneiro.

c) O sujeito ativo da relação jurídico-tributária do ICMS na importação do exterior é o Estado em que houver sido efetuado o desembaraço aduaneiro, por ser este o destinatário da mercadoria importada.

c) A importação de bem oriundo do exterior, em regime de arrendamento mercantil ou *leasing*, mesmo que não implique posterior transferência do domínio ao arrendatário, sujeita-se à incidência do ICMS por ter ocorrido a efetiva circulação do bem em negócio jurídico com caráter oneroso.

e) A isenção de ICMS na importação de bens oriundos do exterior, quando prevista em tratado internacional firmado pela União, é vedada pela Constituição Federal por caracterizar isenção heterônoma.

> **Gabarito: 1-A; 2-B**

Tema 299: "Aproveitamento integral de créditos do ICMS pago na operação antecedente em hipóteses de redução parcial da base de cálculo na operação subsequente."

Tese: "A redução da base de cálculo de ICMS equivale à isenção parcial, o que acarreta a anulação proporcional de crédito relativo às operações anteriores, salvo disposição em lei estadual em sentido contrário."

FICHA TÉCNICA	
Leading case:	**RE 635.688**
Descrição do caso feita pelo STF:	"Agravo de instrumento interposto contra decisão que inadmitiu recurso extraordinário em que se discute, à luz do art. 155, § 2º, II, b, da Constituição Federal, a possibilidade, ou não, de aproveitamento integral dos créditos relativos ao Imposto sobre Circulação de Mercadorias e Serviços – ICMS pago na operação antecedente, nas hipóteses em que a operação subsequente é beneficiada pela redução da base de cálculo."
Dispositivo(s) constitucional(is) envolvido(s):	"CF/88, art. 155, § 2º O imposto previsto no inciso II atenderá ao seguinte: (Redação dada pela EC nº 3/1993), II – a isenção ou não incidência, salvo determinação em contrário da legislação: b) acarretará a anulação do crédito relativo às operações anteriores;"

FICHA TÉCNICA	
Leading case:	**RE 635.688**
Data de reconhecimento da repercussão geral:	Em 21/10/2011 este RE passou a ser considerado o paradigma de repercussão da matéria, em substituição ao AI 768.491, cuja repercussão geral foi reconhecida em 03/09/2010
Data de julgamento do mérito recursal:	16/10/2014
Houve unanimidade?	Não, vencido o Ministro Marco Aurélio
Data de publicação do acórdão de julgamento do recurso:	13/02/2015
Trânsito em julgado do acórdão:	Ainda não transitou em julgado
Houve Embargos de Declaração	Sim
Data de julgamento dos Embargos de Declaração	Ainda não julgados
Data de publicação dos Embargos de Declaração	Ainda não julgados

◉ Comentários:

Negou-se provimento ao Recurso Extraordinário interposto por contribuinte, para declarar a constitucionalidade da anulação de crédito de ICMS, decorrente das operações anteriores, proporcional à redução da base de cálculo do imposto, ressalvada disposição em lei estadual em sentido contrário.

A discussão se desenvolveu no contexto da não cumulatividade em matéria de ICMS, à luz do disposto na CF/88, art. 155, § 2º, I, e mais precisamente no tocante à anulação do crédito relativo às operações anteriores, em função da concessão de isenção do imposto (CF/88, art. 155, § 2º, II, 'b').

Com base na não cumulatividade, o valor correspondente ao ICMS das operações anteriores à entrada no estabelecimento comercial ou equiparado, converte-se em crédito a ser contabilizado em favor do contribuinte perante o Estado. Tais créditos poderão ser utilizados para compensação com valor a pagar a título do mesmo imposto, nas operações de saída de mercadorias pelos mesmos estabelecimentos.

Ocorre, entretanto, que naqueles casos em que a operação saída seja isenta do ICMS, opera-se a anulação dos créditos respectivos, nos termos da CF/88, art. 155, § 2º, II, 'b' (cf. LC 87/96, art. 20, §§ 1º, 2º e 3º).

In casu, tratou-se de verificar qual seria o tratamento a se aplicar na hipótese, não de isenção das operações de saída, mas redução da base de cálculo do tributo:

> Concretamente, no caso em tela, discute-se se o Estado do Rio Grande do Sul pode proceder à anulação proporcional do crédito fiscal relativo às operações de saída interna de

mercadorias componentes da cesta básica, que são beneficiadas por redução de base de cálculo, nos termos da Lei gaúcha 8.820/89 e do Convênio ICMS 128/94. (Acórdão, p. 06)

Sobre a matéria, o Tribunal já teve posicionado no sentido de permitir a utilização de crédito de ICMS nos casos de mera redução da base de cálculo, por considerar que não se enquadraria na condição de isenção (RE 161.031, julgado em 06.06.1998).

Posteriormente, alterou o entendimento, para equiparar a redução da base cálculo a uma "isenção parcial", do que decorreu o novo posicionamento, no sentido da anulação proporcional do crédito do imposto (RE 174.478, DJ 30.9.2005; ADI 2.320, DJ 16.3.2007).

Este último foi o entendimento que prevaleceu no presente julgado. Não obstante tratou-se, em conclusão, de ressaltar a possibilidade do aproveitamento dos créditos de ICMS, seja na isenção propriamente dita, seja na hipótese de redução da base de cálculo, desde que assim o permita o legislador ordinário. Portanto, o disposto na CF/88, art. 155, § 2º, II, 'b', deve ser considerado, não como imposição a vincular o ente estatal, mas como um permissivo a ser efetivado conforme a conveniência do legislador estadual:

> ...não é que a Constituição Federal obrigue, nos casos de isenção (total ou parcial), a anulação dos créditos. Não, apenas relega essa opção ao âmbito da discricionariedade política do legislador estadual – típica escolha de política fiscal. (Acórdão p. 15)

Na hipótese analisada no RE, constatou-se inclusive a existência de Convênio, no âmbito do CONFAZ, a tratar do tema, de forma a autorizar os Estados a não anular o crédito de ICMS de forma proporcional à redução da base de cálculo do imposto:

> CONFAZ, Convênio ICMS 128/94, Cláusula primeira. Ficam os Estados e o Distrito Federal autorizados a estabelecer carga tributária mínima de 7% (sete por cento) do ICMS nas saídas internas de mercadorias que compõem a cesta básica.
>
> § 1º Ficam os Estados e o Distrito Federal autorizados a não exigir a anulação proporcional do crédito prevista no inciso II do artigo 32 do Anexo Único do Convênio ICM 66/88, de 14 de dezembro de 1988, nas operações de que trata o caput desta cláusula.

Os embargos de declaração interpostos não foram julgados até a data da publicação desta análise.

◉ Síntese do debate constante do acórdão que fixou o precedente:

Argumentos favoráveis à tese fixada:	Argumentos contrários à tese fixada:
Ministro-Relator Gilmar Mendes: "...embora se valham de estrutura jurídica diversa, tanto a isenção total – que elimina o dever de pagamento do tributo, porque lhe ceifa a incidência – quanto a redução de base de cálculo ou de alíquota (isenções parciais) – que apenas restringe o critério quantitativo do consequente da regra matriz de incidência tributária – têm semelhante efeito prático: exoneram, no todo ou em parte, o contribuinte do pagamento do tributo.	Ministro-Relator Marco Aurélio: "Redução de base de cálculo e isenção são espécies juridicamente diversas, pertencentes ao mesmo gênero "benefícios fiscais". Daí porque a segunda – a isenção – atrai a norma constitucional restritiva do artigo 155, § 2º, inciso II, alíneas "a" e "b", enquanto a primeira, não. [...]

Argumentos favoráveis à tese fixada:	Argumentos contrários à tese fixada:
[...] Por isso, entendo que os casos de redução de base de cálculo estão compreendidos no conceito de isenção, para fins do disposto no art. 155, § 2º, II, da Constituição Federal, na linha do que já decidiu esta Corte no julgamento do RE 174.478 e da ADI 2.320. E disso decorre que, tanto quanto os demais casos de isenção, devem acarretar a anulação proporcional do crédito relativo às operações anteriores, a não ser que haja disposição legal em sentido contrário, no termos em que previsto no § 2º do art. 155 da Constituição Federal. [...] Está... a Fazenda Estadual autorizada, nessas hipóteses, a proceder à anulação proporcional dos créditos, ressalvada a previsão em sentido contrário na legislação estadual, o que não se verificou no caso em tela."	A isenção representa norma exonerativa de índole legal por excelência. Diferentemente do que afirmam alguns, não atua no plano do cumprimento da obrigação, e sim no da própria incidência do tributo. Existe a competência tributária e, uma vez exercida, há a norma de tributação. Todavia, vindo à balha regra de isenção, de natureza excepcional, retira certos fatos do campo geral de aplicação da norma impositiva. Assim, os fatos tornados isentos não chegam a ser alcançados pela lei de imposição tributária, pois não mais se revelam geradores. A ocorrência desses últimos – os fatos geradores – faz surgir a obrigação tributária, ao passo que os isentos afastam a incidência da regra correspondente ao dever fiscal. Ao contrário, a figura da redução da base de cálculo pressupõe o aparecimento da obrigação tributária, com os elementos que lhes são próprios, entre esses, por óbvio, a base de cálculo, a qual sofre diminuição quantitativa por força do benefício fiscal. O dever tributário vem à baila, atuando a norma de benefício na apuração do conteúdo pecuniário da obrigação, implicando, ao final, redução do quanto devido. No caso do Imposto sobre a Circulação de Mercadorias e Serviços, o fato gerador ocorre integralmente, surgindo a obrigação tributária, acabando diminuído, no entanto, o "valor de saída" das mercadorias e dos serviços – base de cálculo."

◉ Fique atento:

- Com relação à incidência do PIS e da COFINS sobre as receitas de cessão de créditos do ICMS decorrentes de operações de exportações, Vid. RE 606.107 (Tema 283).

- Cf. análise ao RE 398.365 (Tema 844), que trata do impacto da isenção, da alíquota-zero, ou da não incidência sobre a não cumulatividade em matéria de IPI, nesta obra.

◉ Questões de Concurso relacionadas ao tema:

Questão 01 (Ano: 2013. Banca: FCC. Órgão: AL-PB. Prova: Procurador) O princípio da não cumulatividade referente ao ICMS pretende a

a) cumulatividade do tributo, prescrevendo a compensação do que for cobrado em cada operação relativa à circulação de mercadorias ou prestação de serviços com o montante devido nas anteriores pelo mesmo ou outro Município.

b) não cumulatividade do tributo, prescrevendo a compensação do que for devido em cada operação relativa à circulação de mercadorias ou prestação de serviços com o montante efetivamente pago nas anteriores pelo mesmo ou outro Estado ou pelo Distrito Federal.

c) não cumulatividade do tributo, prescrevendo a compensação do que for devido em cada operação relativa à circulação de mercadorias ou prestação de serviços com o montante efetivamente pago nas anteriores pelo mesmo ou outro Município.

d) não cumulatividade do tributo, prescrevendo a compensação do que for devido em cada operação relativa à circulação de mercadorias ou prestação de serviços com o montante cobrado nas anteriores pelo mesmo ou outro Estado ou pelo Distrito Federal.

e) não cumulatividade do tributo, prescrevendo a compensação do que for devido em cada operação relativa à circulação de mercadorias ou prestação de serviços com o montante cobrado nas anteriores exclusivamente pelo mesmo Estado ou Distrito Federal.

Questão 02 (Ano: 2009. Banca: FCC. Órgão: SEFAZ-SP. Prova: Agente Fiscal de Rendas – Gestão Tributária) Segundo o princípio da não cumulatividade do ICMS, é correto afirmar:

a) A isenção, salvo determinação em contrário da legislação, implicará crédito para compensação com o montante devido nas operações ou prestações seguintes.

b) A não incidência, salvo determinação em contrário da legislação, não acarretará a anulação do crédito relativo às operações anteriores.

c) Compensa-se o que for devido em cada operação relativa à circulação de mercadorias ou prestação de serviços com o montante cobrado nas anteriores pelo mesmo ou outro Estado ou pelo Distrito Federal.

d) Compensa-se o que for devido em cada operação relativa à circulação de mercadorias ou prestação de serviços com o montante pago nas anteriores pelo mesmo ou outro Estado ou pelo Distrito Federal.

e) compensa-se o que for restituído em cada operação relativa à circulação de mercadorias ou prestação de serviços com o montante pago nas anteriores pelo mesmo ou outro Estado ou pelo Distrito Federal.

Questão 03 (Ano: 2014. Banca: FCC. Órgão: AL-PE. Prova: Analista Legislativo) Aplica-se ao regime jurídico atribuído ao princípio da não cumulatividade para o ICMS,

a) o princípio constitucional que pode ser observado na composição das normas aplicáveis ao ICMS, a critério do legislador complementar.

b) o regime, segundo o qual todas as aquisições de bens e serviços efetuados pelo contribuinte propiciam um crédito para abatimento de suas próprias operações e prestações sujeitas ao ICMS.

c) a metodologia de cálculo que pode ser alterada pelos Estados, mediante a edição de Lei Estadual.

d) regra segundo a qual as aquisições de bens e serviços realizadas em um Estado só propiciam o crédito para as operações de saída tendo como destinatários contribuintes localizados no mesmo Estado.

e) o crédito sobre as operações e prestações anteriores será mantido, mesmo não havendo a cobrança do ICMS nas exportações de mercadorias ao exterior.

Gabarito: 1-D; 2-C; 3-E

Tema 326: "Incidência de ICMS sobre o fornecimento de água encanada por concessionárias."

Tese: "O ICMS não incide sobre o fornecimento de água tratada por concessionária de serviço público, dado que esse serviço não caracteriza uma operação de circulação de mercadoria."

FICHA TÉCNICA	
Leading case:	**RE 607.056**
Descrição do caso feita pelo STF:	"Recurso extraordinário em que se discute, à luz do art. 155, II, da Constituição Federal, a constitucionalidade, ou não, da incidência do Imposto sobre Circulação de Mercadorias e Serviços – ICMS sobre o fornecimento de água encanada por parte das empresas concessionárias."
Dispositivo(s) constitucional(is) envolvido(s):	"CF/88, art. 155. Compete aos Estados e ao Distrito Federal instituir impostos sobre: (Redação dada pela EC 3/1993) II – operações relativas à circulação de mercadorias e sobre prestações de serviços de transporte interestadual e intermunicipal e de comunicação, ainda que as operações e as prestações se iniciem no exterior; (Redação dada pela EC 3/1993)"
Data de reconhecimento da repercussão geral:	22/10/2010
Data de julgamento do mérito recursal:	14/10/2013
Houve unanimidade?	Não, vencidos os Ministros Marco Aurélio e Ricardo Lewandowski
Data de publicação do acórdão de julgamento do recurso:	16/05/2013
Trânsito em julgado do acórdão:	19/06/2013
Houve Embargos de Declaração	Não
Data de julgamento dos Embargos de Declaração	–
Data de publicação dos Embargos de Declaração	–

⊙ Comentários:

Negou-se provimento ao Recurso Extraordinário interposto pelo Estado do Rio de Janeiro, para declarar a inconstitucionalidade da incidência do ICMS sobre o serviço de fornecimento de água tratada por concessionária de serviço público.

Trata-se de discussão realizada no âmbito do STF já na ADI n. 567, relator Ilmar Galvão, e na ADI 2.224-5-DF, sob a relatoria do Min. Néri da Silveira, ocasiões nas quais foram deferidas liminares para suspender a incidência do ICMS sobre o fornecimento de água. Em ambos os casos considerou-se que a lei do imposto pretendera transmudar o fornecimento de água, de serviço público essencial para circulação de mercadoria. Tais ações, entretanto, não chegaram a ter o mérito julgado por questões processuais, tendo sido extintas.

No caso analisado neste RE, tratou-se de considerar a constitucionalidade do Convênio CONFAZ 98/89, ratificado pelo Decreto 21.845/95, do Estado do Rio de Janeiro, que estranhamento possibilitou a revogação de isenção em matéria de ICMS sobre o fornecimento de água. Também foi considerada a constitucionalidade das Resoluções 2.679/96 e 3.525/99, da Secretaria da Fazenda do mesmo Estado, que determinavam a incidência do ICMS sobre o fornecimento de água canalizada.

Toda a fundamentação para o não provimento partiu da análise da materialidade impositiva do ICMS. O Tribunal considerou que a incidência do imposto encontra-se atrelada à ideia de atividade mercantil de compra e venda de bem móvel. E "não é qualquer bem móvel que é mercadoria" (Acórdão, p. 07)

A água, por exemplo, não pode ser considerada mera mercadoria para fins de incidência tributária:

> São qualificadas juridicamente como bem de uso comum do povo, conforme os arts. 20, III, e 26, I, da Constituição Federal, não podendo ser equiparadas a uma espécie de mercadoria, sobre a qual incidiria o ICMS. O tratamento químico necessário ao consumo não tem o condão de descaracterizar a água como um bem público de uso comum de todos. (Acórdão, p. 08).

Assim, o Tribunal entendeu que o serviço de fornecimento de água tratada não se adequa à hipótese de incidência do ICMS, tendo em vista que a água não se submete ao conceito de mercadoria.

⊙ Síntese do debate constante do acórdão que fixou o precedente:

Argumentos favoráveis à tese fixada:	Argumentos contrários à tese fixada:
Ministro-relator Dias Toffoli: "Na esteira dos precedentes da Corte, entendo que a incidência do ICMS sobre água potável para o consumo da população – prevista na legislação do Rio de Janeiro – gera uma situação eivada de inconstitucionalidade, destoando da materialidade desse tributo, inserta no art. 155, inciso II da Constituição Federal."	Ministro Marco Aurélio: "Quando se tem, junto com o fornecimento da mercadoria – e, para mim, água é mercadoria –, a prestação de serviços, adota-se a teoria do preponderante. Reconheço que as empresas de água que se dedicam, em linhas gerais, ao saneamento – e a CEDAE, no caso, é uma empresa de água – prestam serviços. Recebo em minha residência um medidor, que vai conferir o hidrômetro, o relógio que marca a chegada dessa mercadoria canalizada – e o fato de a mercadoria ser canalizada não implica a sua descaracterização.

Argumentos favoráveis à tese fixada:	Argumentos contrários à tese fixada:
	Indago: ainda que coloquemos a água como indispensável, como a englobar esse gênero – não espécie – serviço essencial, porque vejo nele também apanhadas certas mercadorias, esse fato descaracteriza o que fornecido como mercadoria? A meu ver, não, Presidente."

◎ Fique atento:

- O STF tem entendimento consolidado no sentido de que o serviço de fornecimento de água submete-se ao regime de preço público, e não de taxa, conforme consignado nos Embargos no RE 54.491/PE, e nos RE 85.268/PR e 77/162/SP.

◎ Questões de Concurso relacionadas ao tema:

Questão 01 (Prova: FCC – 2015 – SEFAZ-PE – Julgador Administrativo Tributário do Tesouro Estadual) Sobre a incidência do ICMS, é correto afirmar:

a) O serviço de habilitação de celular, enquanto operação integrante da prestação de serviço de comunicação a título oneroso, está sujeita à incidência do ICMS.

b) A saída física de máquinas, utensílios e implementos a título de comodato está sujeita à oneração do ICMS, pois consubstancia negócio jurídico que tem o condão de transferir o domínio da mercadoria.

c) O fornecimento de água potável por empresas concessionárias não é tributável por meio do ICMS, visto que as águas em estado natural são bens públicos e não mercadorias.

d) A venda de softwares por meio de transferência eletrônica e dados não se submete à incidência do ICMS, pois não se trata de bem móvel corpóreo destinado à mercancia.

e) Não incide ICMS sobre operações que destinem mercadorias para o exterior, nem sobre serviços prestados a destinatários no exterior, razão por que não é assegurado o aproveitamento do montante do imposto cobrado nas operações e prestações anteriores.

Questão 02 (Ano: 2012.Banca: ESAF. Órgão: Receita Federal. Prova: Auditor Fiscal da Receita Federal – Adaptada) Assinale, entre as hipóteses abaixo, a única que constitui hipótese de incidência do ICMS – imposto sobre operações relativas à circulação de mercadorias e sobre prestações de serviços de transporte interestadual e intermunicipal e de comunicação.

a) Fornecimento de alimentação e bebidas em restaurante ou estabelecimento similar, sem a previsão na respectiva lei estadual.

b) Saída física de máquinas, utensílios e implementos a título de comodato.

c) Comercialização de exemplares de obras cinematográficas, gravados em fitas de videocassete.

d) O fornecimento de água potável por empresas concessionárias não é tributável por meio do ICMS, visto que as águas em estado natural são bens públicos e não mercadorias.

e) Operações de industrialização por encomenda de embalagens, destinadas à utilização direta em processo subsequente de industrialização.

> **Gabarito: 1-C; 2- C**

Tema 342: "Imunidade de ICMS sobre produtos e serviços adquiridos por entidade filantrópica."

Tese: "A imunidade tributária subjetiva aplica-se a seus beneficiários na posição de contribuinte de direito, mas não na de simples contribuinte de fato, sendo irrelevante para a verificação da existência do beneplácito constitucional a repercussão econômica do tributo envolvido."

FICHA TÉCNICA	
Leading case:	**RE 608.872**
Descrição do caso feita pelo STF:	"Recurso extraordinário em que se discute, à luz do art. 150, VI, c, § 4°, da Constituição Federal, a imunidade tributária, ou não, de entidades filantrópicas, relativamente ao ICMS cobrado de seus fornecedores (contribuintes de direito) e a elas repassados como consumidora (contribuinte de fato)."
Dispositivo(s) constitucional(is) envolvido(s):	"CF/88, art. 150. Sem prejuízo de outras garantias asseguradas ao contribuinte, é vedado à União, aos Estados, ao Distrito Federal e aos Municípios: VI – instituir impostos sobre: c) patrimônio, renda ou serviços dos partidos políticos, inclusive suas fundações, das entidades sindicais dos trabalhadores, das instituições de educação e de assistência social, sem fins lucrativos, atendidos os requisitos da lei; (...)§ 4° – As vedações expressas no inciso VI, alíneas "b" e "c", compreendem somente o patrimônio, a renda e os serviços, relacionados com as finalidades essenciais das entidades nelas mencionadas."
Data de reconhecimento da repercussão geral:	03/12/2010
Data de julgamento do mérito recursal:	23/02/2017
Houve unanimidade?	Sim
Data de publicação do acórdão de julgamento do recurso:	Acórdão ainda não divulgado na página do STF

FICHA TÉCNICA	
Leading case:	**RE 608.872**
Trânsito em julgado do acórdão:	Ainda pendente de trânsito em julgado
Houve Embargos de Declaração	Não, até o momento de publicação desta obra
Data de julgamento dos Embargos de Declaração	–
Data de publicação dos Embargos de Declaração	–

◉ Comentários:

Deu-se provimento ao Recurso Extraordinário interposto pelo Estado de Minas Gerais, para declarar a constitucionalidade da aplicação da imunidade subjetiva em favor do contribuinte de direito, afastando-se a sua aplicação no tocante ao contribuinte de fato, sendo irrelevante a constatação de repercussão econômica.

A discussão cingiu-se ao âmbito da imunidade das entidades filantrópicas de educação e assistência social, nos termos da A CF/88, art. 150, VI, 'c', mais precisamente no tocante à incidência do ICMS sobre operações com mercadorias e serviços adquiridos pelas entidades filantrópicas.

Em tais casos, a entidade filantrópica não é, a rigor, contribuinte ("contribuinte de direito") do ICMS, mas tão somente consumidor final de uma mercadoria ou serviço ("contribuinte de fato"). Embora em tais casos, caiba ao consumidor suportar o ônus da tributação, o mesmo não realiza o fato gerador do ICMS, qual seja, promover a saída da mercadoria do estabelecimento comercial, atuação esta a cargo da empresa vendedora.

Embora não seja possível realizar uma análise mais precisa do posicionamento da Corte, em decorrência de não se ter divulgado o Acórdão respectivo até a data da realização do presente estudo, o STF entendeu por afastar a aplicação da imunidade em favor das entidades filantrópicas, naqueles casos em que as mesmas atuem como adquirentes de mercadorias ou serviços, tenham elas, ou não, que arcar com o ônus econômico da tributação.

Embora o julgado tenha se referido à imunidade em favor das entidades filantrópicas, perceba-se que a premissa pode ser aplicada a todas as demais imunidades tributárias de natureza subjetiva, a exemplo da imunidade recíproca, da imunidade das entidades religiosas, dos partidos políticos ou dos sindicatos de trabalhadores.

◉ Fique atento:

- Sobre a imunidade de entidades sem fins lucrativos cf. as análises do RE 566.622 (Tema 32), RE 636.941 (Tema 432) e RE 767.332 (Tema 693), nesta obra.

◉ Questões de Concurso relacionadas ao tema:

Questão 01 (Ano: 2011. Banca: PGE-PA. Órgão: PGE-PA. Prova: Procurador do Estado) Assinale a alternativa INCORRETA:

a) A imunidade prevista no art. 150, VI, *b*, CF, que veda instituir impostos sobre templos de qualquer natureza, deve abranger não somente os prédios destinados ao culto, mas, também, o patrimônio, a renda e os serviços relacionados com as finalidades essenciais das entidades nelas mencionadas.

b) A proibição de instituir imposto sobre patrimônio, renda ou serviços dos partidos políticos, inclusive suas fundações, das entidades sindicais dos trabalhadores, das instituições de educação e de assistência social, sem fins lucrativos, atendidos os requisitos da lei (CF, art. 150, VI, *c*), abrange o ICMS incidente sobre a importação de mercadorias utilizadas na prestação de seus serviços específicos.

c) A proibição de instituir imposto sobre patrimônio, renda ou serviços das entidades sindicais dos trabalhadores protege colônia de férias de propriedade do sindicato, por ser o patrimônio ligado às finalidades essenciais do sindicato.

d) A imunidade tributária prevista no art. 150, VI, *c*, da Constituição, compreende as aquisições de produtos no mercado interno, desde que os bens adquiridos integrem o patrimônio dessas entidades beneficentes, impedindo a incidência de ICMS.

e) A imunidade tributária sobre livros, jornais, periódicos e o papel destinado à sua impressão tem por finalidade evitar embaraços ao exercício da liberdade de expressão intelectual, artística, científica e de comunicação, bem como facilitar o acesso da população à cultura, à informação e à educação. O Constituinte, ao instituir esta benesse, não fez ressalvas quanto ao valor artístico ou didático, à relevância das informações divulgadas ou à qualidade cultural de uma publicação, incidindo a imunidade, então, mesmo em álbum de figurinhas.

Questão 02 (AFRFB. Receita Federal. 2014. Auditor Fiscal) O entendimento do Supremo Tribunal Federal, no que toca à imunidade de que gozam as entidades beneficentes de assistência social, é no sentido de que:

a) entendem-se por serviços assistenciais as atividades continuadas que visem à melhoria de vida da população e cujas ações, voltadas para as necessidades básicas, observem os objetivos, os princípios e as diretrizes estabelecidos em lei.

b) o estabelecimento, como uma das condições de fruição de tal benefício por parte das entidades filantrópicas, da exigência de que possuam o certificado de Entidade Beneficente de Assistência Social – CEBAS, contraria o regime estabelecido na Constituição Federal.

c) a jurisprudência do STF é no sentido de afirmar a existência de direito adquirido ao regime jurídico da imunidade das entidades filantrópicas.

d) a exigência de renovação periódica do CEBAS, por parte das entidades filantrópicas, a cada três anos, ofende o disposto na Constituição Federal.

e) tratando-se de imunidade – que decorre, em função de sua natureza mesma, do próprio texto constitucional –, revela-se evidente a absoluta impossibilidade jurídica de, mediante deliberação de índole legislativa, restringir a eficácia do preceito.

Gabarito: 1-C; 2-A

Tema 402: "Imunidade tributária recíproca quanto à incidência de ICMS sobre o transporte de encomendas pela Empresa Brasileira de Correios e Telégrafos – ECT."

Tese: "Não incide o ICMS sobre o serviço de transporte de encomendas realizado pela Empresa Brasileira de Correios e Telégrafos – ECT, tendo em vista a imunidade recíproca prevista no art. 150, VI, a, da Constituição Federal."

FICHA TÉCNICA	
Leading case:	**RE 627.051**
Descrição do caso feita pelo STF:	"Recurso extraordinário em que se discute, à luz do art. 150, VI, a, da Constituição Federal, se a imunidade tributária recíproca concedida à Empresa Brasileira de Correios e Telégrafos – ECT abrange, ou não, a incidência de ICMS sobre os serviços por ela prestados em regime de concorrência."
Dispositivo(s) constitucional(is) envolvido(s):	"CF/88, art. 150. Sem prejuízo de outras garantias asseguradas ao contribuinte, é vedado à União, aos Estados, ao Distrito Federal e aos Municípios: VI – instituir impostos sobre: a) patrimônio, renda ou serviços, uns dos outros;"
Data de reconhecimento da repercussão geral:	27/05/2011
Data de julgamento do mérito recursal:	12/11/2014
Houve unanimidade?	Não, vencidos os Ministros Roberto Barroso e Marco Aurélio
Data de publicação do acórdão de julgamento do recurso:	11/02/2015
Trânsito em julgado do acórdão:	17/03/2015
Houve Embargos de Declaração	Não
Data de julgamento dos Embargos de Declaração	–
Data de publicação dos Embargos de Declaração	–

◉ Comentários:

Deu-se provimento ao Recurso Extraordinário interposto pela Empresa Brasileira de Correios e Telégrafos (Correios), para declarar a inconstitucionalidade da incidência do ICMS sobre o serviço de transporte de encomendas realizado pelo mesmo, em função da imunidade recíproca.

O Tribunal deparou-se, mais uma vez, com a necessidade de fixar os limites de aplicação do instituto da imunidade, e mais uma vez de forma aplicada a Correios, na condição de empresa pública que realiza serviço público essencial, terminando por reiterar o seu entendimento sobre o tema.

Com relação à questão da fixação dos limites do instituto da imunidade, reafirmou que o entendimento deve ser estabelecido a partir de uma interpretação teleológica, para considerar destinatários da norma não apenas os Entes políticos, suas autarquias e fundações, nos termos que constam da CF/88, art. 150, VI, § 2º[15], como também as empresas públicas que venham a realizar serviços públicos essenciais.

Com relação a Correios, considera que a imunidade deve ser observada não apenas com relação às receitas dos serviços que preste em regime de monopólio, mas também aqueles que são prestados em regime de livre concorrência. Considera que a atuação da empresa, de uma forma geral, é estratégica para a sociedade, na medida em que inclui serviços públicos que são de interesse dos agentes econômicas, assim como serviços deficitários que não seriam assumidos num regime de livre mercado.

Desta forma, além de não existir dúvida quanto à imunidade das receitas decorrentes da prestação de serviços postais, cujo regime de monopólio foi reconhecido quando do julgamento da ADPF 46, devem ser incluídos os demais serviços prestados, conforme já assentado no RE 601.392.

Pesou para formação do juízo o fato de que o serviço de entrega de encomendas, embora não realizado em regime de monopólio, deve "...alcançar todos os lugares do Brasil, não importa o quão pequenos ou subdesenvolvidos" (Ementa, item 4).

Finalmente, considerou que o reconhecimento da imunidade não afasta a necessidade de cumprimento dos deveres formais a cargo do sujeito beneficiado, ressalvada a exoneração por meio de previsão em lei. Neste caso, a questão referia-se à disposição do Protocolo CONFAZ n. 32/2001, que impôs o dever de fiscalização do transporte de mercadorias, e que o Tribunal determinou aplicável a Correios.

◉ Síntese do debate constante do acórdão que fixou o precedente:

Argumentos favoráveis à tese fixada:	Argumentos contrários à tese fixada:
Ministro-relator Dias Toffoli: "Partindo de uma concepção literal, apenas os entes expressamente mencionados na Constituição deveriam ser contemplados com a imunidade – o constituinte originário fez expressa alusão às pessoas políticas, às autarquias e às fundações. O entendimento da Corte sobre o tema, no entanto, avançou no sentido de que o beneplácito deve ser estendido às empresas públicas e às sociedades de economia mista prestadoras de serviço público.	Ministro Maro Aurélio: " estamos, passo a passo – e há outras empresas públicas que já adentram o Judiciário para alcançar a imunidade, e também sociedades de economia mista –, alargando o conceito constitucional da imunidade recíproca, até mesmo com conflito terminológico, porque de imunidade constitucional recíproca não se trata, já que empresas públicas e sociedades de economia mista não são sujeitos ativos tributários. Não podem impor tributos.

---

15. CF/88, Art. 150. Sem prejuízo de outras garantias asseguradas ao contribuinte, é vedado à União, aos Estados, ao Distrito Federal e aos Municípios: VI – instituir impostos sobre: a) patrimônio, renda ou serviços, uns dos outros; § 2º A vedação do inciso VI, "a", é extensiva às autarquias e às fundações instituídas e mantidas pelo Poder Público, no que se refere ao patrimônio, à renda e aos serviços, vinculados a suas finalidades essenciais ou às delas decorrentes. § 3º As vedações do inciso VI, "a", e do parágrafo anterior não se aplicam ao patrimônio, à renda e aos serviços, relacionados com exploração de atividades econômicas regidas pelas normas aplicáveis a empreendimentos privados, ou em que haja contraprestação ou pagamento de preços ou tarifas pelo usuário, nem exonera o promitente comprador da obrigação de pagar imposto relativamente ao bem imóvel.

Argumentos favoráveis à tese fixada:	Argumentos contrários à tese fixada:
Note-se que a ECT não está criando uma estrutura exclusivamente para competir com particulares, mas, meramente, aproveitando meios já disponíveis, necessários ao serviço postal, para, marginalmente, exercer atividades afins."	No caso concreto, a Empresa Brasileira de Correios e Telégrafos atua fora do que se estabeleceu no precedente como monopólio, procedendo não à entrega, em si, de postados, mas de encomendas, de mercadorias. Incide o tributo. Presidente, não tenho a menor dúvida que, ante os ares constitucionais vivenciados em 1988, houve opção do Constituinte pelo privado. Ante essa opção pelo privado, não se pode deixar de levar em conta a livre iniciativa e a livre concorrência. Toda vez que esses predicados, esses princípios básicos da economia, são desprezados, é gerado contexto de verdadeiro privilégio e todo privilégio... é odioso."
Ministro-relator Dias Toffoli: "...a imunidade tributária, por si só, não autoriza a exoneração de cumprimento das obrigações acessórias. No que toca à fiscalização do ICMS-mercadoria quanto às encomendas transportadas pelos Correios porventura enquadradas no conceito de mercadoria, observo que todos são obrigados a colaborar com a fiscalização tributária, na forma do art. 122 do Código Tributário Nacional.	

◉ Fique atento:

- A Lei 6.538/78, art. 9º, elenca as atividades postais cuja realização encontra-se submetida a monopólio da União, estando a quebra de tal monopólio sujeita a pena de até dois meses de detenção, ou multa. Entretanto, no presente RE, conforme indicado anteriormente, não se condicionou a aplicação da imunidade recíproca apenas a tais serviços.

- Foram editadas pelo STF as seguintes súmulas referentes à imunidade tributária recíproca:

  Súmula STF 73 de 13.12.1963. A imunidade das autarquias, implicitamente contida no art. 31, V, "a", da Constituição Federal, abrange tributos estaduais e municipais. [refere-se à CF/1946]

  Súmula STF 75 de 13.12.1963. Sendo vendedora uma autarquia, a sua imunidade fiscal não compreende o imposto de transmissão "inter vivos", que é encargo do comprador.

  Súmula STF 76, de 13.12.1963. As sociedades de economia mista não estão protegidas pela imunidade fiscal do art. 31, V, "a", Constituição Federal. [refere-se à CF/1946]

  Súmula STF 336, de 13.12.1963. A imunidade da autarquia financiadora, quanto ao contrato de financiamento, não se estende à compra e venda entre particulares, embora constantes os dois atos de um só instrumento.

  Súmula STF 468, de 01.10.1964. Após a E. C. nº 5 de 21.11.61, em contrato firmado com a União, Estado, Município ou autarquia, é devido o líquot federal de sêlo pelo contratante não protegido pela imunidade, ainda que haja repercussão do ônus tributário líqu o patrimônio daquelas entidades. [refere-se à CF/1946]

- No RE 601.392 (Tema 235) também foi julgada a questão da imunidade recíproca de Correios. Vid. A análise neste estudo.

- No RE 773.992 (Tema 644) foi julgada a questão da imunidade recíproca de Correios em matéria de IPTU. Vid. A análise neste estudo.

- Sobre os limites da imunidade recíproca, no que se refere às Sociedades de Economia Mista que prestam serviços de saúde exclusivamente ao SUS, vid. A análise do RE 580.264 (Tema 115), neste estudo.

- Sobre a possibilidade de aplicação da retroativa da imunidade tributária recíproca, naqueles casos em que o ente público apareça como sucessor da dívida tributária, nos termos do CTN, art. 130, vid. A análise do RE 599.176 (Tema 224), neste estudo.

- Quanto à imunidade recíproca da INFRAERO em matéria de ISS, vid. Análise do AgrRE 638.315 (Tema 412), nesta obra.

⊙ Questões de Concurso relacionadas ao tema:

Questão 01(MPF. MPF. Procurador da República. 2013) A Empresa Brasileira de Correios e Telégrafos (ECT) é prestadora de serviços públicos. No que se refere à imunidade tributária de que trata o art. 150 (inciso VI, "a" e parágrafo 2º) da Lei Magna, pode-se asseverar que:

a) A empresa pública somente é alcançada pelo benefício constitucional quando exerce **atividades em regime de exclusividade;**

b) O exercício simultâneo de atividades em regime de exclusividade e em regime de concorrência com a iniciativa privada, a exemplo de atividade bancária conhecida como "banco postal" e venda de títulos de capitalização, não se inserindo no conceito de serviço postal – é irrelevante para a incidência da imunidade tributária;

c) A empresa pública, mesmo quando presta serviço público essencial não goza de imunidade tributária à míngua de previsão constitucional;

d) A regra estatuída no citado preceito da Magna Carta, em virtude do método de interpretação teleológico, não impede a incidência da lei ordinária de tributação.

Questão 02 (FMP. DPE-PA. Defensor Público Substituto.2015) Assinale a alternativa CORRETA.

a) Segundo entendimento do Supremo Tribunal Federal (STF), a imunidade tributária dos templos de qualquer culto alcança as lojas maçônicas.

b) A imunidade tributária endereçada aos livros e periódicos não alcança, no entendimento do STF, álbuns de figurinhas.

c) A imunidade tributária recíproca não alcança o Imposto sobre operações relativas à Circulação de Mercadorias e sobre a prestação de Serviços de Transporte interestadual e intermunicipal e de comunicação (ICMS) que incide no transporte de bens e mercadorias realizado pela Empresa Brasileira de Correios e Telégrafos (ECT) porque, na esteira do entendimento do STF, tal atividade tem fins lucrativos, não merecendo tratamento tributário privilegiado.

d) Têm imunidade tributária fonogramas e videofonogramas musicais produzidos no Brasil contendo obras musicais ou literomusicais de autores brasileiros e/ou obras em geral, interpretadas por artistas brasileiros, bem como os suportes materiais ou arquivos digitais que os contenham, salvo na etapa de replicação industrial de mídias ópticas de leitura a *laser*.

e) Não têm imunidade tributária recíproca as autarquias e fundações instituídas e mantidas pelo Poder Público no que se refere ao patrimônio, à renda e aos serviços vinculados às suas finalidades essenciais.

Questão 03 (PUC-PR. PGE-PR.Procurador do Estado. 2015) Sobre as imunidades tributárias, à luz da jurisprudência do Supremo Tribunal Federal, assinale a alternativa CORRETA.

a) É vedada a instituição, por meio de Emenda à Constituição, de novas hipóteses de **imunidades tributárias.**

b) Não incide Imposto de Importação sobre as operações de importação de bens realizadas por Estado da Federação, salvo nos casos em que restar comprovada violação ao princípio da neutralidade concorrencial do Estado.

c) A imunidade tributária recíproca exonera o sucessor, desde que Ente Público integrante da Administração Direta, das obrigações tributárias relativas aos fatos jurídicos tributários ocorridos antes da sucessão.

d) Não incide o ICMS sobre o serviço de transporte de bens e mercadorias realizado pelas franqueadas da Empresa Brasileira de Correios e Telégrafos – ECT.

e) A Constituição Federal de 1988 contém hipóteses de imunidades de impostos e contribuições, mas não de taxas.

> **Gabarito: 1-B; 2-D; 3-B**

Tema 615: "Constitucionalidade da cobrança de ICMS, pelo Estado de destino, com base no Protocolo ICMS 21/2011 do CONFAZ, nas operações interestaduais de vendas de mercadorias a consumidor final, realizadas de forma não presencial."

Tese: "É inconstitucional a cobrança de ICMS pelo Estado de destino, com fundamento no Protocolo ICMS 21/2011 do CONFAZ, nas operações interestaduais de venda de mercadoria ou bem realizadas de forma não presencial a consumidor final não contribuinte do imposto."

FICHA TÉCNICA	
Leading case:	**RE 680.089**
Descrição do caso feita pelo STF:	"Recurso extraordinário em que se discute, à luz da letra "b" do inciso VII do § 2º do art. 155 da Constituição Federal, a possibilidade, ou não, de cobrança de ICMS, pelo Estado de destino, com base no Protocolo CONFAZ 21/2011, nas operações interestaduais de vendas de mercadorias a consumidor final, realizadas de forma não presencial."
Dispositivo(s) constitucional(is) envolvido(s):	"CF/88, art. 155. Compete aos Estados e ao Distrito Federal instituir impostos sobre: (Redação dada pela EC 3/1993) II – operações relativas à circulação de mercadorias e sobre prestações de serviços de transporte interestadual e intermunicipal e de comunicação, ainda que as operações e as prestações se iniciem no exterior; (Redação dada pela EC 3/1993)"
Data de reconhecimento da repercussão geral:	16/11/2012
Data de julgamento do mérito recursal:	17/09/2014
Houve unanimidade?	Sim
Data de publicação do acórdão de julgamento do recurso:	03/12/2014
Trânsito em julgado do acórdão:	18/12/2014
Houve Embargos de Declaração	Não
Data de julgamento dos Embargos de Declaração	–
Data de publicação dos Embargos de Declaração	–

◉ Comentários:

Negou-se provimento ao Recurso Extraordinário interposto pelo Estado de Sergipe, para declarar a inconstitucionalidade da cobrança de ICMS pelo Estado de destino, com fundamento no Protocolo ICMS 21/2011 do CONFAZ, nas operações interestaduais de venda de mercadoria ou bem realizadas de forma não presencial a consumidor final não contribuinte do imposto.

Até o advento da EC 87/2015, período a que se refere o julgamento no presente RE, a incidência do ICMS nas operações interestaduais submetia-se a um regime que variava de acordo com a natureza do destinatário da operação. Caso a operação interestadual fosse destinada a contribuinte do imposto, assim entendido o empresário que adquirisse mercadoria ou serviço para venda, haveria uma divisão de carga tributária entre Estado de origem, e Estado de destino da operação. Por outro lado, caso a operação se destinasse a não contribuinte do imposto, assim considerado aquele que adquirisse mercadoria ou serviço para consumo, toda a incidência seria realizada exclusivamente em favor do Estado de origem da operação.

Tal situação sempre gerou discussão entre os Estados da federação, especialmente em função dos desequilíbrios de arrecadação em favor dos "Estados produtores" de mercadorias e serviços alcançados pela incidência do ICMS, que arrecadariam a totalidade do imposto nas operações interestaduais para consumidor final; em detrimento dos "Estados consumidores", que nenhuma arrecadação teriam a partir de tais operações.

O desequilíbrio arrecadatório gerado por esta regra veio a se agravar com o advento e popularização do comércio eletrônico. A possibilidade de realização de operações de compra e venda de mercadoria por meio eletrônico potencializou o desaparecimento de intermediários comerciais estabelecidos nos Estados de destino, e por conseguinte transferiu grande parte da arrecadação, que antes se fazia por meio de tais intermediários, exclusivamente ao Estado de origem da operação.

Diante de tal quadro, os Estados menos desenvolvidos em termos comerciais passaram a adotar de uma série de medidas que viessem a amenizar as perdas de arrecadação. Uma dessas medidas foi formalizada no âmbito do Conselho Nacional de Política Fazendária (CONFAZ), por meio do Protocolo ICMS 21/2011:

> O cerne e escopo do Protocolo ICMS n. 21/2011 é, em síntese, instituir fórmula de partilha – entre o Estado de origem e o de destino – das receitas do ICMS incidente nas aquisições não presenciais realizadas por consumidor final não contribuinte do imposto, celebradas por internet, *telemarketing* ou em *showroom*.
>
> Em outras palavras, trata-se de impedir que apenas os Estados de origem, normalmente situados no Sul e no Sudeste do país, regiões que agregam a maior parte dos centros de produção e distribuição de produtos industrializados, fiquem com a totalidade do imposto devido nessa operação. (Acórdão, p. 7)

Nos termos do Protocolo CONFAZ ICMS 21/2011, Cláusula primeira:

> Protocolo CONFAZ ICMS 21/2011, Cláusula primeira. Acordam as unidades federadas signatárias deste protocolo a exigir, nos termos nele previstos, a favor da unidade federada de destino da mercadoria ou bem, a parcela do Imposto sobre Operações Relativas a Circulação de Mercadorias e sobre Prestações de Serviços de Transporte Interestadual e Intermunicipal e de Comunicação – ICMS – devida na operação interestadual em que o consumidor final adquire mercadoria ou bem de forma não presencial por meio de internet, telemarketing ou *showroom*.
>
> Parágrafo único. A exigência do imposto pela unidade federada destinatária da mercadoria ou bem, aplica-se, inclusive, nas operações procedentes de unidades da Federação não signatárias deste protocolo.

Não obstante o reconhecimento de que a sistemática estabelecida na CF/88, terminava por fomentar desequilíbrios de arrecadação do ICMS entre Estados mais e menos desenvolvidos; e que o comércio eletrônico aprofundou ainda mais tal desequilíbrio, o Tribunal considerou inconstitucional a norma editada no âmbito do CONFAZ:

A necessidade de adequação da sistemática de cobrança do ICMS ao significativo crescimento do comércio eletrônico não é suficiente para se reconhecer ao CONFAZ e a uma
parcela dos Estados-membros a competência para alterar – revogar, diria –, por meio
de instrumento infralegal, a disciplina constitucional de cobrança de partilha do ICMS.

⦿ Fique atento:

- Nas ADIs 4628 e 4713 também é tratada da mesma questão julgada neste RE.
- Com advento da EC 87/2015, as operações interestaduais para consumidor final,
  contribuinte ou não do ICMS, passaram a gerar divisão da arrecadação entre Estado de origem e Estado de destino.

Tema 827: "Incidência de ICMS sobre o valor pago a título de assinatura básica mensal pelo serviço de telefonia."

Tese: "O Imposto sobre Circulação de Mercadorias e Serviços (ICMS) incide sobre a tarifa de assinatura básica mensal cobrada pelas prestadoras de
serviços de telefonia, independentemente da franquia de minutos concedida ou não ao usuário."

FICHA TÉCNICA	
Leading case:	**RE 912.888**
Descrição do caso feita pelo STF:	"Recurso extraordinário em que se discute, à luz dos arts. 146, III, a, e 155, II e § 2º, XII, da Constituição Federal, o sentido e alcance da expressão "serviços de comunicação" prevista no art. 155, II, da Lei Maior e, consequentemente, a incidência, ou não, de ICMS sobre o valor pago a título de assinatura básica mensal pelo serviço de telefonia."
Dispositivo(s) constitucional(is) envolvido(s):	"CF/88, art. 146. Cabe à lei complementar: III – estabelecer normas gerais em matéria de legislação tributária, especialmente sobre: a) definição de tributos e de suas espécies, bem como, em relação aos impostos discriminados nesta Constituição, a dos respectivos fatos geradores, bases de cálculo e contribuintes; Art. 155. Compete aos Estados e ao Distrito Federal instituir impostos sobre: (Redação dada pela EC 3/1993) II – operações relativas à circulação de mercadorias e sobre prestações de serviços de transporte interestadual e intermunicipal e de comunicação, ainda que as operações e as prestações se iniciem no exterior; (Redação dada pela EC 3/1993) § 2º O imposto previsto no inciso II atenderá ao seguinte: (Redação dada pela EC 3/1993) XII – cabe à lei complementar: [...]"

FICHA TÉCNICA	
Leading case:	**RE 912.888**
Data de reconhecimento da repercussão geral:	Em 08/09/2015 este RE assumiu a condição de paradigma da matéria, em substituição ao ARE 782.749, cuja repercussão geral foi reconhecida em 26/06/2015.
Data de julgamento do mérito recursal:	13/10/2016
Houve unanimidade?	Não, vencidos os Ministros Luiz Fux e Ricardo Lewandowski
Data de publicação do acórdão de julgamento do recurso:	Embora a decisão tenha sido publicada em 13/10/2016, o Acórdão ainda não foi disponibilizado
Trânsito em julgado do acórdão:	Ainda não transitado em julgado
Houve Embargos de Declaração	Não
Data de julgamento dos Embargos de Declaração	–
Data de publicação dos Embargos de Declaração	–

◉ Comentários:

Deu-se provimento ao Recurso Extraordinário interposto pelo Estado do Rio Grande do Sul, para declarar a constitucionalidade da incidência do ICMS sobre a tarifa de assinatura básica mensal cobrada pelas prestadoras de serviços de telefonia, independentemente da franquia de minutos concedida ou não ao usuário.

A discussão se desenvolveu no âmbito da telefonia fixa, e girou em torno de saber se o serviço de comunicação deve ou não ser efetivamente utilizado pelo contribuinte para fins de incidência do ICMS. Segundo o entendimento do Tribunal, é possível a incidência sobre o valor da mensalidade decorrente da contratação da assinatura básica, ainda que o serviço não se tenha efetivamente utilizado.

A não disponibilização do Acórdão referente a este RE, à data de elaboração desta análise, impede a realização e maiores observações a respeito.

◉ Questões de Concurso relacionadas ao tema:

Questão 01 (Ano: 2009. Banca: CESPE. Órgão: AGU. Prova: Advogado da União) Julgue os seguintes itens, que dizem respeito ao sistema tributário nacional.

Segundo jurisprudência do STJ, é ilegítima a cobrança do ICMS sobre o serviço de habilitação de telefone celular.

( ) Certo   ( ) Errado

Questão 02 (Ano: 2014. Banca: CESPE. Órgão: ANATEL. Prova: Especialista em Regulação – Direito) Acerca das limitações constitucionais ao poder de tributar, das imunidades, das contribuições de intervenção no domínio econômico e do ICMS, julgue o item subsequente.

O ICMS, conforme jurisprudência do STJ, não incide no serviço dos provedores de acesso à Internet nem sobre o serviço de habilitação de telefone celular.

( ) Certo   ( ) Errado

Questão 03 (Ano: 2012. Banca: UEPA. Órgão: PGE-PA. Prova: Procurador do Estado) Analise as afirmativas a seguir:

I – Na Súmula 395, o STJ considerou que o ICMS incide sobre o valor da venda a prazo constante da nota fiscal

II – A Súmula 391 do STJ define que o ICMS incide sobre o valor da tarifa de energia elétrica correspondente à demanda de potência efetivamente utilizada.

III – Na Súmula 350, o STJ consolidou o entendimento de que o ICMS não incide sobre o serviço de habilitação de telefone celular.

IV – A teor da Súmula 334 do STJ, o ICMS não incide no serviço dos provedores de acesso à Internet.

De acordo com as afirmativas apresentadas, assinale a alternativa CORRETA:

a) todas as proposições estão corretas

b) apenas uma das proposições está correta

c) apenas duas proposições estão corretas

d) apenas três proposições estão corretas

e) todas as proposições estão incorretas.

Gabarito: 1-C; 2-C; 3-A

Tema 830: "Possibilidade de o regime de apuração e recolhimento do ICMS ser disciplinado por decreto."

Tese: "Somente lei em sentido formal pode instituir o regime de recolhimento do ICMS por estimativa."

FICHA TÉCNICA	
Leading case:	**RE 632.265**
Descrição do caso feita pelo STF:	"Recurso extraordinário em que se discute, à luz dos arts. 150, I e II, da Constituição Federal, a possibilidade, ou não, de decreto estipular forma de recolhimento do ICMS de modo diferente do previsto no art. 26 da Lei Complementar 87/1996."

FICHA TÉCNICA	
Leading case:	**RE 632.265**
Dispositivo(s) constitucional(is) envolvido(s):	"CF/88, art. 150. Sem prejuízo de outras garantias asseguradas ao contribuinte, é vedado à União, aos Estados, ao Distrito Federal e aos Municípios: I – exigir ou aumentar tributo sem lei que o estabeleça; II – instituir tratamento desigual entre contribuintes que se encontrem em situação equivalente, proibida qualquer distinção em razão de ocupação profissional ou função por eles exercida, independentemente da denominação jurídica dos rendimentos, títulos ou direitos;"
Data de reconhecimento da repercussão geral:	18/06/2015
Data de julgamento do mérito recursal:	18/06/2015
Houve unanimidade?	Sim
Data de publicação do acórdão de julgamento do recurso:	05/10/2015
Trânsito em julgado do acórdão:	19/10/2015
Houve Embargos de Declaração	Sim
Data de julgamento dos Embargos de Declaração	30/10/2012
Data de publicação dos Embargos de Declaração	22/11/2012

◉ Comentários:

Deu-se provimento ao Recurso Extraordinário interposto por contribuinte, para declarar a inconstitucionalidade da instituição do regime de recolhimento do ICMS por meio de decreto.

O Decreto 31.632/2002 e o Decreto 35.219/2004, do Estado do Rio de Janeiro, estabeleceram um regime de recolhimento do ICMS por estimativa, de modo que o tributo fosse recolhido nos dias 10, 20 e último dia do próprio mês em curso, com posterior encontro de contas, a ser realizado no dia 15 do mês subsequente.

Do ponto de vista técnico, a discussão consistiu em estabelecer se o regime se tratava de uma nova sistemática de recolhimento, a exigir previsão em lei formal, nos termos da LC 87/96, art. 26, III, § 1º[16]; ou de uma mera inovação no tocante à alteração nos cri-

---

16. LC 87, art. 26. Em substituição ao regime de apuração mencionado nos arts. 24 e 25, a lei estadual poderá estabelecer: III – que, em função do porte ou da atividade do estabelecimento, o imposto seja pago em parcelas periódicas e calculado por estimativa, para um determinado período, assegurado ao sujeito passivo o direito de impugná-la e instaurar processo contraditório. § 1º Na hipótese do inciso III, ao fim do período, será feito

térios e prazos de recolhimento de tributo, a dispensar previsão legal estrita, nos termos do CTN, art. 113, § 2°[17].

Embora o Tribunal de origem tenha decidido no sentido da dispensa de lei formal, o STF considerou que a sistemática trazida pelos decretos mencionados tratava-se de uma nova maneira de recolhimento do tributo, a extrapolar o poder meramente regulamentar dispensado a tal instrumento legislativo:

> A criação de uma nova maneira de recolhimento do tributo – com respaldo em estimativas do mês anterior – revela-se em descompasso com o poder regulamentar do qual foi investido o Governador do Estado por força desse preceito. A determinação de que seja antecipado o imposto devido valendo-se de base de cálculo ficta, com posterior ajuste, olvida, a mais não poder, o poder atribuído pela lei para disciplinar "forma" e "prazo" de pagamento. A prova do excesso de poder regulamentar está no fato de que a Lei Complementar n° 87/1996 exige a edição de lei estadual visando a nova sistemática de apuração, diploma que não veio à balha. (Acórdão, p. 10)

A Corte reiterou, assim, o entendimento segundo o qual a exigibilidade de tributo pressupõe lei que o estabeleça, nos termos da CF/88, art. 150, I:

> A criação de nova maneira de recolhimento do tributo, partindo-se de estimativa considerado o mês anterior, deve ocorrer mediante lei no sentido formal e material, descabendo, para tal fim, a edição de decreto, a revelar o extravasamento do poder regulamentador do Executivo. (Ementa)

⊙ Questões de Concurso relacionadas ao tema:

Questão 01 (Ano: 2008. Banca: CESPE. Órgão: PGE-PI. Prova: Procurador do Estado) Uma empresa contribuinte de ICMS, em função do porte do estabelecimento, apura o referido tributo em parcelas mensais, calculado por estimativa, por determinado período.

A respeito dessa situação, é correto afirmar que

a) não existe a possibilidade de estado da Federação estabelecer esse regime diferenciado de apuração de ICMS, pois, se o fizesse, estaria desrespeitando o princípio da não cumulatividade.

b) existe a possibilidade de estado da Federação implementar esse regime de apuração diferenciado, desde que a empresa não utilize os créditos das operações de compra realizadas.

c) não há essa possibilidade na apuração de ICMS, apesar de haver, para outros tributos.

---

o ajuste com base na escrituração regular do contribuinte, que pagará a diferença apurada, se positiva; caso contrário, a diferença será compensada com o pagamento referente ao período ou períodos imediatamente seguintes.

17. CTN, Art. 113. A obrigação tributária é principal ou acessória. § 2° A obrigação acessória decorre da legislação tributária e tem por objeto as prestações, positivas ou negativas, nela previstas no interesse da arrecadação ou da fiscalização dos tributos.

d) existe essa possibilidade na apuração de ICMS, desde que haja ajuste dos valores ao final do período estipulado.

e) existe essa possibilidade na apuração de ICMS, desde que a diferença apurada durante o período estipulado não seja compensada nos períodos posteriores.

Questão 02 (Ano: 2008. Banca: FGV. Órgão: SEFAZ-RJ. Prova: Fiscal de Rendas) Afronta preceito constitucional:

a) convênio definir regras atinentes à apuração e à destinação do ICMS incidente nas operações interestaduais e internas com combustíveis e lubrificantes.

b) lei ordinária dispor sobre substituição tributária, exceto se aplicável ao ICMS.

c) lei complementar regular limitações constitucionais ao poder de tributar.

d) resolução de o Senado Federal fixar alíquotas máximas aplicáveis ao IPVA.

e) decreto alterar alíquota de alguns impostos federais de caráter extrafiscal.

Questão 03 (Ano: 2015. Banca: FCC. Órgão: TCE-CE. Prova: Analista de Controle Externo-Atividade Jurídica) Considerando o conjunto de regras e disposições relativas à legalidade, estabelecidas no plano constitucional e no CTN, prescinde de lei a

a) concessão ou supressão de créditos presumidos relativos à apuração de impostos e contribuições.

b) estipulação dos critérios para a atualização da tabela de incidência do imposto sobre a renda.

c) definição das condições e limites aplicáveis à alteração das alíquotas do imposto sobre produtos industrializados.

d) modificação do termo de vencimento da obrigação tributária principal a cargo do sujeito passivo.

e) redução no percentual das multas para o pagamento de tributos em atraso.

> **Gabarito: 1-D; 2-D; 3-D**

10.22. IMPOSTO SOBRE PRODUTOS INDUSTRIALIZADOS (IPI)

Tema 49: "Creditamento de IPI sobre aquisição de insumos ou produtos intermediários aplicados na fabricação de produtos finais sujeitos à alíquota zero ou isentos, em período anterior à Lei nº 9.779/99."

Tese: "O direito do contribuinte de utilizar-se de crédito relativo a valores pagos a título de Imposto sobre Produtos Industrializados – IPI, oriundo da aquisição de matéria-prima a ser empregada em produto final beneficiado pela isenção ou tributado à alíquota zero, somente surgiu com a Lei nº 9.779/1999, não se mostrando possível a aplicação retroativa da norma."

FICHA TÉCNICA	
Leading case:	**RE 562.980**
Descrição do caso feita pelo STF:	"Recurso extraordinário em que se discute, à luz dos artigos 97; 150, § 6º; e 153, § 3º, II, da Constituição Federal, se o contribuinte tem direito, ou não, de creditar-se ou compensar-se do imposto cobrado sobre os insumos ou produtos intermediários empregados no processo de fabricação, quando o produto final, por algum motivo, não está sujeito ao Imposto sobre Produtos Industrializados – IPI."
Dispositivo(s) constitucional(is) envolvido(s):	"CF/88, art. 97. Somente pelo voto da maioria absoluta de seus membros ou dos membros do respectivo órgão especial poderão os tribunais declarar a inconstitucionalidade de lei ou ato normativo do Poder Público. Art. 150, § 6º Qualquer subsídio ou isenção, redução de base de cálculo, concessão de crédito presumido, anistia ou remissão, relativos a impostos, taxas ou contribuições, só poderá ser concedido mediante lei específica, federal, estadual ou municipal, que regule exclusivamente as matérias acima enumeradas ou o correspondente tributo ou contribuição, sem prejuízo do disposto no art. 155, § 2.º, XII, g. (Redação dada pela EC nº 3/1993) Art. 153. Compete à União instituir impostos sobre: IV – produtos industrializados; § 3º O imposto previsto no inciso IV: II – será não cumulativo, compensando-se o que for devido em cada operação com o montante cobrado nas anteriores;"
Data de reconhecimento da repercussão geral:	29/03/2008
Data de julgamento do mérito recursal:	06/05/2009
Houve unanimidade?	Não, vencidos os Ministros Ricardo Lewandowski (Relator) e Cezar Peluso, e parcialmente, Eros Grau.
Data de publicação do acórdão de julgamento do recurso:	04/09/2009
Trânsito em julgado do acórdão:	19/09/2013
Houve Embargos de Declaração	Sim
Data de julgamento dos Embargos de Declaração	12/06/2013
Data de publicação dos Embargos de Declaração	01/08/2013

⦿ Comentários:

Deu-se provimento ao Recurso Extraordinário interposto pela União, para declarar a aplicação *ex nunc* da utilização de créditos de IPI de que trata a Lei 9.779/99, Art. 11.

O dispositivo legal analisado autorizou a utilização do saldo credor do IPI, decorrente da aquisição de matéria-prima, produto intermediário e material de embalagem, aplicados na industrialização, mesmo naqueles casos em que o produto seja isento ou tributado à alíquota-zero, podendo-se utilizar de tal saldo para compensação com tributo a pagar, restituição ou ressarcimento.

O mérito do RE estabeleceu-se em torno da eficácia da norma. Para o Ministro-Relator, o direito de compensação, mesmo em meio a supostos de isenção e alíquota-zero, **é corolário do princípio constitucional da não cumulatividade, não tendo surgido a partir da Lei 9.779/99, Art. 11.** Para ele, este instrumento legislativo teria um caráter interpretativo, e destarte o direito de compensação deveria ser aplicado inclusive a situações anteriores à sua publicação.

Embora acompanhado pelo Ministro Cezar Peluso, o Tribunal decidiu em sentido divergente, por considerar que se tratava de norma nova, cujos efeitos são aplicáveis apenas para o futuro.

O Tribunal acolheu os embargos de declaração **devido a omissão quanto à juntada das razões prevalecentes no julgamento**, sem efeito modificativo.

⦿ Fique atento:

- Créditos de tributo que o contribuinte tenha junto à Fazenda Pública poderão ser objeto de compensação, restituição, ou ressarcimento.
- Embora a ideia essencial de compensação em Direito Tributário corresponda àquela existente no Direito Civil (extinção do crédito em função de obrigações recíprocas entre dois sujeitos), há peculiaridades relevantes que devem ser observadas (vid. CTN, arts. 170 e 170-A).
- Restituição de tributo é a devolução do pagamento realizado a maior ou de forma indevida. Caso o pedido de restituição não seja homologado, não haverá multa, salvo em caso de dolo.
- Ressarcimento de tributo é a devolução de valor decorrente de benefício fiscal, não tendo a sua origem em erro de enquadramento da incidência ou de cálculo do tributo. Caso o pedido de ressarcimento não seja homologado, será aplicável multa de 50%, nos moldes da Lei 9.430/96, art. 74, § 17.
- Nos RE 370.683 e 353.657 o STF firmou entendimento pela inconstitucionalidade do creditamento do IPI nas operações realizadas com insumos ou matérias-primas isentas ou tributada à alíquota-zero. Estes julgamentos, entretanto, deram-se à luz de normas anteriores à Lei 9.779/99.

⊙ Questões de Concurso relacionadas ao tema:

Questão 01 (Ano: 2009. Banca: CESPE. Órgão: TRF – 1ª REGIÃO. Prova: Juiz Federal) A respeito do crédito e do princípio da não cumulatividade do IPI, assinale a opção correta.

a) A indústria não pode creditar-se do valor do IPI relativo à energia elétrica consumida no processo de industrialização, por não se tratar de insumo ou matéria-prima que se incorpore à transformação do produto.

b) Se uma indústria utilizar, no processo de industrialização, diversos bens onerados pelo IPI sobre os quais incidam diferentes alíquotas, quando da saída do produto dessa indústria, deverá ser utilizada a alíquota média, objetivando cumprir o princípio da não cumulatividade.

c) Em razão da seletividade e essencialidade do produto é que poderá o industrial creditar-se do IPI referente aos insumos adquiridos com alíquota zero.

d) A indústria pode creditar-se do IPI pago na aquisição de materiais destinados ao ativo permanente da empresa, para fazer face ao princípio constitucional da não cumulatividade.

e) Não gera crédito do IPI o valor do tributo incidente sobre as embalagens recebidas para emprego em industrialização e acondicionamento.

Questão 02 (Ano: 2009. Banca: CESPE. Órgão: AGU. Prova: Advogado da União) Determinada empresa industrial que produz um único tipo de produto tributado com IPI e com ICMS adquire, para sua produção, dois tipos de insumos industrializados: um deles é isento de IPI e o outro, imune à tributação do referido imposto. Considerando os dispositivos constitucionais e a jurisprudência do STF aplicável ao caso e a inexistência de qualquer norma infraconstitucional a respeito dessa matéria, é correto afirmar que, na aplicação do mecanismo de não cumulatividade, a referida empresa

a) pode deduzir, do IPI a pagar, o crédito presumido relativo ao insumo isento, mas não em relação ao insumo imune.

b) pode deduzir, do IPI a pagar, o crédito presumido relativo ao insumo imune, mas não o relativo ao insumo isento.

c) não pode deduzir qualquer crédito presumido, seja relativo ao insumo isento ou ao imune.

d) pode deduzir, do IPI a pagar, apenas o valor do crédito real do ICMS pago nas operações de compra.

e) pode deduzir, do ICMS a pagar, o crédito presumido relativo ao insumo imune, mas não o relativo ao insumo isento.

Questão 03 (Ano: 2012. Banca: ESAF. Órgão: Receita Federal. Prova: Auditor Fiscal da Receita Federal) De acordo com a legislação tributária do Imposto sobre Produtos Industrializados (IPI), julgue os itens abaixo, classificando-os como corretos © ou errados (E). Em seguida, escolha a opção adequada às suas respostas.

I.   O saldo credor do Imposto sobre Produtos Industrializados – IPI, acumulado em cada trimestre-calendário, decorrente de aquisição de matéria-prima, produto intermediário e material de embalagem, aplicados na industrialização, inclusive de produto isento ou tributado à alíquota zero, que o contribuinte não puder compensar com o IPI devido na saída de outros produtos, poderá ser utilizado na forma prevista em Lei.

II. A incidência do IPI na importação de produtos industrializados depende do título jurídico a que se der a importação. Por isso, a Lei exclui da sujeição passiva do IPI a pessoa física na condição de importadora de produtos industrializados para uso próprio.

III. Segundo entendimento atual do Superior Tribunal de Justiça, é devida a correção monetária ao creditamento do IPI quando há oposição ao seu aproveitamento decorrente de resistência ilegítima do Fisco.

IV. A legislação tributária determina, em observância à não cumulatividade do tributo, que a entrada de insumos não onerados – seja por força de alíquota zero, de não incidência, de isenção ou de imunidade – gera direito ao crédito de IPI na saída dos produtos industrializados.

   a) Apenas os itens I e III estão corretos.

   b) Apenas os itens I e IV estão corretos.

   c) Apenas o item IV está correto.

   d) Apenas os itens II e IV estão corretos.

   e) Apenas o item III está errado.

> **Gabarito: 1-A; 2-C; 3-A**

Tema 63: "Termo final de vigência do crédito-prêmio do IPI instituído pelo Decreto-lei n° 491/69."

Tese: "O crédito-prêmio de IPI, incentivo fiscal de natureza setorial instituído pelo art. 1° do Decreto-Lei 491/1969, deixou de vigorar em 5/10/1990 ante a ausência de sua confirmação por lei no prazo de dois anos após a publicação da Constituição de 1988, conforme definido no § 1° do art. 41 do Ato das Disposições Constitucionais Transitórias – ADCT."

FICHA TÉCNICA	
Leading case:	**RE 561.485**
Descrição do caso feita pelo STF:	"Recurso extraordinário em que se discute, à luz do art. 41, § 1°, do Ato das Disposições Constitucionais Transitórias – ADCT, o termo final de vigência do crédito-prêmio do IPI, instituído pelo art. 1° do Decreto-lei n° 491/69."

FICHA TÉCNICA	
Leading case:	**RE 561.485**
Dispositivo(s) constitucional(is) envolvido(s):	"CF/88, art. 41, § 1° Os Poderes Executivos da União, dos Estados, do Distrito Federal e dos Municípios reavaliarão todos os incentivos fiscais de natureza setorial ora em vigor, propondo aos Poderes Legislativos respectivos as medidas cabíveis. § 1° Considerar-se-ão revogados após dois anos, a partir da data da promulgação da Constituição, os incentivos que não forem confirmados por lei."
Data de reconhecimento da repercussão geral:	27/09/2011 Obs. Em 06/10/2009, o STF decidiu pela inexistência de repercussão geral, nos autos do RE 577.302, paradigma da matéria do termo final do crédito-prêmio do IPI. Posteriormente, em 27/09/2011, decidiu pela repercussão geral.
Data de julgamento do mérito recursal:	13/08/2009
Houve unanimidade?	Sim
Data de publicação do acórdão de julgamento do recurso:	26/02/2010
Trânsito em julgado do acórdão:	23/09/2013
Houve Embargos de Declaração	Sim
Data de julgamento dos Embargos de Declaração	12/06/2013
Data de publicação dos Embargos de Declaração	30/08/2013

◉ Comentários:

Negou-se provimento ao Recurso Extraordinário interposto por contribuinte, para declarar a extinção do benefício do crédito-prêmio do IPI, em 05.10.1999, à luz do disposto no ADCT, art. 41, § 1º.

O crédito-prêmio do IPI foi estabelecido pelo Decreto-lei 491/69, art. 1º, em favor das empresas fabricantes e exportadoras de produtos manufaturados, a título de estímulo fiscal. Tal benefício consistia em conceder créditos tributários sobre as vendas das empresas ao exterior, para compensação com tributos pagos internamente.

Não obstante, o ADCT da CF/88, art. 41, § 1º, impôs aos poderes Executivos dos distintos entes federativos o dever de reavaliar todos os incentivos fiscais setoriais então em vigor, propondo aos Legislativos as medidas cabíveis. Previu, ademais, que os incentivos vigentes passariam a considerar-se revogados após 2 anos, a contar da promulgação da CF/88, caso não fossem confirmados por lei.

Embora numa primeira aproximação a discussão afigure-se como um mero caso de aplicação da letra da norma, que resultaria na revogação do incentivo, a análise do seu contexto histórico-normativo demonstra a existência de detalhes que terminaram por ensejar o presente RE.

O Decreto-lei 1.658/79 tratou de reduzir o crédito-prêmio do IPI de forma gradual, até a sua definitiva extinção. Posteriormente, o Decreto-lei 1.894/81, art. 4º, parágrafo único, tratou de restabelecer o benefício, inclusive com relação a exportações realizadas anteriormente à publicação do mesmo. Ademais, não previu prazo de vigência para a concessão benefício. Já em 2005, o Senado publicou a Resolução n. 71/05, para "manter preservada" a vigência do benefício.

Outro ponto de discussão no julgado referiu-se ao enquadramento do crédito-prêmio do IPI na categoria de benefício setorial. Sobre este ponto, entendeu o Ministro-Relator que a ideia de setorial encontra-se inserida no contexto da divisão dos segmentos da economia, seja numa perspectiva clássica, mais restrita (primário, secundário, terciário, ou mesmo quaternário), seja numa perspectiva mais ampla (automobilístico, farmacêutico, siderúrgico, importador, exportador, etc.). Por conseguinte, posicionou-se no sentido de o benefício fiscal analisado enquadrava-se na categoria de benefício setorial, na medida em que se voltava ao segmento industrial exportador.

A partir de tais premissas, o STF considerou que o crédito-prêmio do IPI tratava-se de incentivo fiscal de natureza setorial, e portanto plenamente enquadrado na previsão do ADCT, art. 41, § 1º. Em função disso,

> "Como o crédito-prêmio de IPI não foi confirmado por lei superveniente no prazo de dois anos, após a publicação da Constituição Federal de 1988, segundo dispõe o § 1ºdo art. 41 do ADCT, deixou ele de existir."

◉ Questões de Concurso relacionadas ao tema:

Questão 01 (Ano: 2009. Banca: CESPE. Órgão: TRF – 1ª REGIÃO. Prova: Juiz Federal) A respeito do crédito e do princípio da não cumulatividade do IPI, assinale a opção correta.

a) A indústria não pode creditar-se do valor do IPI relativo à energia elétrica consumida no processo de industrialização, por não se tratar de insumo ou matéria-prima que se incorpore à transformação do produto.

b) Se uma indústria utilizar, no processo de industrialização, diversos bens onerados pelo IPI sobre os quais incidam diferentes alíquotas, quando da saída do produto dessa indústria, deverá ser utilizada a alíquota média, objetivando cumprir o princípio da não cumulatividade.

c) Em razão da seletividade e essencialidade do produto é que poderá o industrial creditar-se do IPI referente aos insumos adquiridos com alíquota zero.

d) A indústria pode creditar-se do IPI pago na aquisição de materiais destinados ao ativo permanente da empresa, para fazer face ao princípio constitucional da não cumulatividade.

e) Não gera crédito do IPI o valor do tributo incidente sobre as embalagens recebidas para emprego em industrialização e acondicionamento.

Questão 02 (Ano: 2009. Banca: CESPE. Órgão: TRF – 5ª REGIÃO. Prova: Juiz Federal) Determinada empresa industrial que produz um único tipo de produto tributado com IPI e com ICMS adquire, para sua produção, dois tipos de insumos industrializados: um deles é isento de IPI e o outro, imune à tributação do referido imposto. Considerando os dispositivos constitucionais e a jurisprudência do STF aplicável ao caso e a inexistência de qualquer norma infraconstitucional a respeito dessa matéria, é correto afirmar que, na aplicação do mecanismo de não cumulatividade, a referida empresa

a) pode deduzir, do IPI a pagar, o crédito presumido relativo ao insumo isento, mas não em relação ao insumo imune.

b) pode deduzir, do IPI a pagar, o crédito presumido relativo ao insumo imune, mas não o relativo ao insumo isento.

c) não pode deduzir qualquer crédito presumido, seja relativo ao insumo isento ou ao imune.

d) pode deduzir, do IPI a pagar, apenas o valor do crédito real do ICMS pago nas operações de compra.

e) pode deduzir, do ICMS a pagar, o crédito presumido relativo ao insumo imune, mas não o relativo ao insumo isento.

Questão 03 (Ano: 2009. Banca: ESAF. Órgão: RECEITA FEDERAL. Prova: Auditor Fiscal da Receita Federal – Prova 2) Sobre a exclusão do crédito tributário, assinale a opção correta.

a) Nas modalidades de exclusão do crédito tributário, verifica-se a ocorrência do fato gerador, a declaração da obrigação tributária e a constituição do crédito tributário, porém, não subsiste a obrigação de pagamento.

b) A isenção é causa de não incidência tributária.

c) A União, mediante lei complementar e atendendo a relevante interesse social ou econômico nacional, poderá conceder isenções de impostos estaduais e municipais.

d) Segundo orientação do Supremo Tribunal Federal, a revogação de isenção não se sujeita ao princípio da anterioridade, fazendo com que o tributo volte a ser imediatamente exigível.

e) As isenções tributárias concedidas, sob condição onerosa, podem ser suprimidas por conveniência da Administração.

Gabarito: 1-A; 2-C; 3-D

Tema 84: "Exclusão do valor dos descontos incondicionais da base de cálculo do IPI."

Tese: "É formalmente inconstitucional, por ofensa ao artigo 146, inciso III, alínea "a", da Constituição Federal, o § 2º do artigo 14 da Lei nº 4.502/1964, com a redação dada pelo artigo 15 da Lei nº 7.798/1989, no ponto em que prevê a inclusão de descontos incondicionais na base de cálculo do Imposto sobre Produtos Industrializados – IPI, em descompasso com a disciplina da matéria no artigo 47, inciso II, alínea "a", do Código Tributário Nacional."

FICHA TÉCNICA	
Leading case:	**RE 567.935**
Descrição do caso feita pelo STF:	"Recurso extraordinário em que se discute, à luz dos artigos 146, III, a; e 150, I, da Constituição Federal, a constitucionalidade, ou não, do § 2º do art. 14 da Lei nº 4.502/64, com a redação dada pelo artigo 15 da Lei nº 7.798/89, que determina a não exclusão do valor dos descontos incondicionais da base de cálculo do Imposto sobre Produtos Industrializados – IPI."
Dispositivo(s) constitucional(is) envolvido(s):	"CF/88, art. 146. Cabe à lei complementar: III – estabelecer normas gerais em matéria de legislação tributária, especialmente sobre: a) definição de tributos e de suas espécies, bem como, em relação aos impostos discriminados nesta Constituição, a dos respectivos fatos geradores, bases de cálculo e contribuintes; Art. 150. Sem prejuízo de outras garantias asseguradas ao contribuinte, é vedado à União, aos Estados, ao Distrito Federal e aos Municípios: I – exigir ou aumentar tributo sem lei que o estabeleça;"
Data de reconhecimento da repercussão geral:	24/05/2008
Data de julgamento do mérito recursal:	04/09/2014
Houve unanimidade?	Sim
Data de publicação do acórdão de julgamento do recurso:	04/11/2014
Trânsito em julgado do acórdão:	18/11/2014
Houve Embargos de Declaração	Não
Data de julgamento dos Embargos de Declaração	–
Data de publicação dos Embargos de Declaração	–

◉ Comentários:

Negou-se provimento ao Recurso Extraordinário interposto pela União, para declarar a inconstitucionalidade da Lei nº 4.502/1964, art. 14, § 2º, que impedia, para fins de apuração base de cálculo do IPI, a subtração dos valores referentes a descontos, deduções ou abatimentos incondicionais, que o contribuinte porventura conceda na venda dos seus produtos industrializados.

Segundo o CTN, art. 47, II, a base de cálculo do IPI corresponde ao valor da operação de saída da mercadoria, entendido, *grosso modo*, como o preço praticado pelo estabelecimento industrial ou equiparado, na venda de produto industrializado, incluídos eventuais acessórios, conforme estabelecido em lei.

Ocorre que a Lei 4.502/1964, art. 14, § 2º, com redação da lei 7.798/98, estabeleceu que não poderiam ser deduzidos, do valor da operação de saída do produto, os descontos, diferenças ou abatimentos que o contribuinte concedesse ao adquirente, ainda que tais benefícios fossem outorgados de maneira incondicional.

A inconstitucionalidade da norma, no entendimento do Tribunal, residiu na mácula provocada à reserva de Lei Complementar. Segundo o STF, a definição da base de cálculo de tributo, à luz do que prevê a CF/88, art. 146, III, 'a', é matéria submetida à reserva mencionada: cabe à lei complementar estabelecer normas gerais em matéria de legislação tributária, especialmente sobre definição das bases de cálculo.

◉ Fique atento:

- O CTN é formalmente uma lei ordinária (Lei 5.172/66), mas materialmente Lei Complementar, em virtude da sua recepção, nestes termos, pela atual ordem constitucional. Disso decorre tratar-se de instrumento hábil a veicular normas gerais de Direito Tributário, cuja alteração deve-se dar por meio de Lei Complementar.

- A operação matemática que "inclui desconto" na base de cálculo de tributo implica na diminuição desta base de cálculo. A operação que "exclui desconto" implica no aumento da base de cálculo.

- Desconto incondicional, como o próprio qualificativo indica, é aquele cuja concessão não se encontra submetida a nenhum evento futuro que venha a impedir, suspender, ou extinguir a diminuição do preço concedida. Desconto condicionado é aquele que somente será aperfeiçoado, caso se observe dada circunstância previamente estabelecida.

- Tradicionalmente, os descontos incondicionados são considerados para fins de determinação da base de cálculo dos tributos, de forma alinhada com o que ocorreu no RE acima analisado. Os descontos condicionados, ao contrário, costumam ser não ser considerados na aferição da base de cálculo dos tributos.

⊙ Questões de Concurso relacionadas ao tema:

Questão 01 (Ano: 2013. Banca: FGV. Órgão: AL-MA. Prova: Consultor Legislativo) A empresa Titã Ltda., localizada no Estado Alpha, é substituta tributária, vendendo a mercadoria que produz para a empresa Tétis Ltda., localizada no Estado Beta. Quando da venda que efetiva, a empresa Titã Ltda. concede desconto incondicional na sua operação própria.

A esse respeito, assinale a afirmativa correta.

a) O desconto incondicional deve ser expurgado da base de cálculo do ICMS de toda a cadeia produtiva.

b) O desconto incondicional afeta apenas as operações internas de Titã Ltda., que o concede.

c) O desconto incondicional deve ser incluído na base de cálculo, por se tratar de substituição tributária.

d) O desconto incondicional é presumidamente adotado pelo substituído tributário.

e) O desconto incondicional não repercute sobre as operações subsequentes à venda feita por Titã Ltda.

Questão 02 (Ano: 2010. Banca: FGV. Órgão: SEFAZ-RJ. Prova: Fiscal de Rendas) Sociedade empresária industrial, com relação aos produtos que fabrica e vende, sofre incidência de IPI à alíquota de 15% e concede desconto de 10% apenas para os clientes que firmarem contrato de financiamento com outra empresa do mesmo grupo.

Com relação à base de cálculo do ICMS, assinale a alternativa que apresenta incorreção referente à incidência de IPI e à concessão de desconto.

a) O valor do IPI não é incluído na base de cálculo do ICMS, no caso de as vendas destinarem-se à industrialização por adquirentes contribuintes / O valor correspondente ao desconto inclui-se na base de cálculo do ICMS, eis que concedido de maneira condicionada.

b) O valor do IPI é incluído na base de cálculo do ICMS, no caso de as vendas destinarem-se à comercialização por adquirentes contribuintes / O valor correspondente ao desconto não se inclui na base de cálculo do ICMS, eis que concedido de maneira condicionada.

c) O valor do IPI não é incluído na base de cálculo do ICMS, no caso de as vendas destinarem-se a órgão da Administração Pública Municipal / O valor correspondente ao desconto inclui-se na base de cálculo do ICMS, salvo se concedido de maneira não condicionada.

d) O valor do IPI é incluído na base de cálculo do ICMS, no caso de as vendas destinarem-se ao consumo por adquirentes não contribuintes / O valor correspondente ao desconto não se inclui na base de cálculo do ICMS, eis que concedido de maneira condicionada.

e) O valor do IPI não é incluído na base de cálculo do ICMS, no caso de as vendas destinarem-se à comercialização ou à industrialização por adquirentes contribuintes / O valor correspondente ao desconto inclui-se na base de cálculo do ICMS, eis que concedido de maneira condicionada.

Questão 03 (UFPA – 2012 – PGE-PA – Procurador) Analise as afirmativas a seguir:

I.   Na Súmula 457, o STJ considerou que os descontos incondicionais nas operações mercantis não se incluem na base de cálculo do ICMS.

II. A Súmula 433 do STJ afirma que o produto semielaborado, para fins de incidência de ICMS, é aquele que preenche ao menos dois dos três requisitos do art. 1° da Lei Complementar n. 65/1991.

III. Na Súmula 432, o STJ consolidou o entendimento de que as empresas de construção civil não estão obrigadas a pagar ICMS sobre mercadorias adquiridas como insumos em operações interestaduais.

IV. A teor da Súmula 431 do STJ, é legal a cobrança de ICMS com base no valor da mercadoria submetido ao regime de pauta fiscal.

De acordo com as afirmativas apresentadas, estão CORRETAS:

- **a)** somente I, II e III
- **b)** somente III e IV
- **c)** somente II, III e IV
- **d)** somente I, II e IV
- **e)** somente I e III

> **Gabarito: 1-E; 2-B; 3-E**

Tema 643: "Incidência do Imposto sobre Produtos Industrializados – IPI nas operações de importação de veículos automotores por pessoa natural para uso próprio."

Tese: "Incide o imposto de produtos industrializados na importação de veículo automotor por pessoa natural, ainda que não desempenhe atividade empresarial e o faça para uso próprio."

FICHA TÉCNICA	
Leading case:	RE 723.651
Descrição do caso feita pelo STF:	"Recurso extraordinário em que se discute, à luz do art. 153, 3°, II, da Constituição federal, a incidência do Imposto sobre Produtos Industrializados na importação de automóveis para uso próprio, como consumidor final, por pessoa física que não atua na compra e venda de veículos, ante o princípio da não cumulatividade do referido tributo."

FICHA TÉCNICA	
Leading case:	**RE 723.651**
Dispositivo(s) constitucional(is) envolvido(s):	"CF/88, art. 153. Compete à União instituir impostos sobre: IV – produtos industrializados; 3º O imposto previsto no inciso IV: II – será não cumulativo, compensando-se o que for devido em cada operação com o montante cobrado nas anteriores;"
Data de reconhecimento da repercussão geral:	12/04/2013
Data de julgamento do mérito recursal:	04/02/2016
Houve unanimidade?	Não, vencidos os Ministros Roberto Barroso, Edson Fachin e Dias Toffoli
Data de publicação do acórdão de julgamento do recurso:	05/08/2016
Trânsito em julgado do acórdão:	Não transitado em julgado
Houve Embargos de Declaração	Sim
Data de julgamento dos Embargos de Declaração	Ainda não julgado
Data de publicação dos Embargos de Declaração	Ainda não julgado

⊚ Comentários:

Negou-se provimento ao Recurso Extraordinário interposto por contribuinte, para declarar a constitucionalidade da incidência do IPI na importação de veículo automotor por pessoa natural, ainda que o importador não desempenhe atividade empresarial e o faça para uso próprio.

Esteve em discussão definir se pessoa física, que não realiza atividade empresarial de venda de automóvel, submete-se à incidência do IPI em função da importação de veículo automotor para uso próprio. Do ponto de vista técnico tratou-se de analisar a abrangência da idéia de "desembaraço aduaneiro", enquanto hipótese de incidência do IPI (CTN, art. 46, I), e de "importador", como contribuinte do imposto (CTN, art. 51, I).

Em que pese a existência de Agravos Regimentais no âmbito dos quais aplicou-se o entendimento pela não incidência do imposto, no presente RE o Tribunal considerou, por maioria, que tais operação estão sujeitas à incidência do IPI. Esclareceu-se, nos termos do voto do ministro-relator, que o IPI não é imposto sobre a produção de produtos industrializados, mas imposto sobre operações com produtos industrializados, ainda que o processo de industrialização tenha-se realizado fora do país:

> Óptica diversa implicaria imiscuir-se o Brasil na situação tributária de outros países, com flagrante violação ao princípio que é fundamento das relações internacionais, versado no artigo 4º da Carta de 1988, a encerrar a autodeterminação dos povos, a independência nacional. (Acórdão, p. 07)

Nestes termos, decidiu-se, pois, que:

> A Lei Maior não distingue aquele que se mostra como contribuinte do imposto e, ante a natureza, pode ser um nacional, pessoa natural ou pessoa jurídica brasileira, sendo neutro o fato de não estar no âmbito do comércio e a circunstância de adquirir o produto para uso próprio. (Acórdão, p. 07)

Na perspectiva do princípio da não cumulatividade, argumento utilizado pelo recorrente para defender a não incidência do IPI na importação por consumidor final, o STF considerou pela inexistência de vulneração. Segundo o Tribunal, tal princípio "tem aplicação restrita às hipóteses em que se verificam múltiplas incidências em uma mesma cadeia econômica", o que não se observa na operação de importação por não contribuinte do imposto.

Além da divergência minoritária quanto ao mérito da discussão, no sentido da não incidência do IPI, instaurou-se divergência também quanto aos efeitos da decisão. Parte minoritária dos ministros entendeu necessária a modulação dos efeitos, na medida em que a mudança da jurisprudência no STF equiparava-se à criação de direito novo, a exigir, pois, efeitos *ex nunc* ao julgado.

◉ Síntese do debate constante do acórdão que fixou o precedente:

Argumentos favoráveis à tese fixada:	Argumentos contrários à tese fixada:
Ministro-relator Luís Roberto Barroso: "Impedir a tributação no caso colocaria os adquirentes finais de produtos no mercado interno em posição de desvantagem em relação àqueles que comprem no estrangeiro, desigualando situações equivalentes e sujeitando o mercado interno a uma concorrência desequilibrada."	Ministro-relator Edson Fachin: "...não decorre do sistema constitucional tributário uma regra implícita que afaste a aplicação do princípio da não cumulatividade em relação ao IPI no caso em comento."
Ministro-relator Luís Roberto Barroso: "Impedir a tributação no caso colocaria os adquirentes finais de produtos no mercado interno em posição de desvantagem em relação àqueles que comprem no estrangeiro, desigualando situações equivalentes e sujeitando o mercado interno a uma concorrência desequilibrada."	Ministro-relator Luís Roberto Barroso: "Entretanto, a mudança de jurisprudência consolidada do Supremo Tribunal Federal equipara-se à criação de direito novo e, por conseguinte, não pode ser aplicada de forma retroativa."
	Ministro-relator Dias Toffoli: "...deve ser aplicado para o IPI a mesma orientação consagrada na Corte relativamente ao ICMS. No período anterior à EC nº 33/2001, a questão era absolutamente pacífica (Súmula 660/STF), tanto que foi necessária a edição da referida emenda constitucional para viabilizar a cobrança do ICMS na importação de produtos estrangeiros, independentemente da finalidade. Na importação de produtos estrangeiros, inexiste autorização constitucional para a cobrança de IPI quando a importação for feita, para uso próprio, por pessoa física ou por jurídica que não ostente a qualidade de contribuinte, na condição de industrial ou comerciante."

◉ Fique atento:

• Até a EC 33/2001, consolidou-se o entendimento pela não incidência do ICMS nas operações de importação de bens por não contribuinte do imposto, nos termos da Súmula STF 660:

> STF, Súmula 660. Não incide ICMS na importação de bens por pessoa física ou jurídica que não seja contribuinte do imposto.

Com a EC 33/2001, passou a haver previsão expressa no sentido da incidência do imposto em tal hipótese:

> CF/88, art. 155. § 2°, IX a) [o ICMS incidirá] sobre a entrada de bem ou mercadoria importados do exterior por pessoa física ou jurídica, ainda que não seja contribuinte habitual do imposto, qualquer que seja a sua finalidade, assim como sobre o serviço prestado no exterior, cabendo o imposto ao Estado onde estiver situado o domicílio ou o estabelecimento do destinatário da mercadoria, bem ou serviço; (Redação dada pela EC 33/2001)

◉ Questões de Concurso relacionadas ao tema:

Questão 01 (Ano: 2012. Banca: CEPERJ. Órgão: CEDAE-RJ. Prova: Advogado) Consoante a jurisprudência assente do Supremo Tribunal Federal, na importação de veículo destinado ao uso de pessoa física que não é comerciante ou empresária, não deve incidir o seguinte imposto:

a) de renda, pessoa física

b) sobre a propriedade de veículo automotor

c) de circulação de mercadorias e serviços

d) sobre produtos industrializados

e) sobre propriedade mobiliária

Questão 02 (Ano: 2012. Banca: ESAF. Órgão: PGFN. Prova: Procurador da Fazenda Nacional) Alguns tributos possuem, além da função meramente arrecadatória ou fiscal, finalidade outra que se destina a regular a economia, criando mecanismos que induzem, ou incentivam, a conduta do potencial contribuinte numa ou noutra direção. É o que se viu recentemente com a majoração das alíquotas do IPI – Imposto sobre Produtos Industrializados, incidente sobre a importação de automóveis, já que, no período de janeiro a agosto de 2011, a balança comercial do setor automotivo atingiu um déficit de R$ 3 bilhões. Contudo, o STF entendeu que o decreto que majorar as alíquotas aplicáveis às operações de importação de veículos automotores

a) sujeita-se ao princípio da anterioridade, segundo o qual não se poderá exigir, no mesmo exercício financeiro em que o decreto é publicado, alíquotas maiores do que aquelas até então vigentes.

b) tem aplicabilidade imediata, por ser o IPI um tributo regulatório e pelo fato de que o Decreto- Lei que o criou (DL n. 1.191/1971) ter autorizado o Poder Executivo a reduzir suas alíquotas a zero; majorá-las, acrescentando até 30 unidades ao percentual de incidência fixado na lei, e, ainda, alterar a base de cálculo em relação a determinados produtos, podendo, para esse fim, fixar-lhes valor tributável mínimo.

c) submete-se, dentre outros, ao princípio constitucional da anterioridade nonagesimal, ou seja, fica suspenso até que tenha transcorrido o prazo de noventa dias da sua publicação.

d) fica suspenso, por força da anterioridade nonagesimal, até que tenha transcorrido o prazo de noventa dias da sua publicação. Contudo, a suspensão somente opera efeitos *ex tunc* caso haja pedido liminar formulado no sentido de reparar dano, e não para prevenir risco ao contribuinte.

e) não se submete ao princípio constitucional da anterioridade nonagesimal, eis que a Constituição Federal foi clara ao prever tal comando para a lei (antes de decorridos 90 dias da data em que haja sido publicada a lei que os instituiu ou aumentou). Assim, como o texto constitucional fala em "lei", o aumento das alíquotas por decreto não está sujeito à espera nonagesimal.

> **Gabarito: 1-D; 2-C**

Tema 844: "Possibilidade de creditamento de IPI pela aquisição de insumos isentos, não tributados ou sujeitos à alíquota zero."

Tese: "O princípio da não cumulatividade não assegura direito de crédito presumido de IPI para o contribuinte adquirente de insumos não tributados, isentos ou sujeitos à alíquota zero."

FICHA TÉCNICA	
Leading case:	**RE 398.365**
Descrição do caso feita pelo STF:	"Recurso extraordinário em que se discute, à luz dos arts. 150, § 6º, e 153, § 3º, II, da Constituição Federal, a possibilidade de creditamento de IPI pela aquisição de insumos isentos, não tributados ou sujeitos à alíquota zero."
Dispositivo(s) constitucional(is) envolvido(s):	"CF/88, art. 150, § 6º Qualquer subsídio ou isenção, redução de base de cálculo, concessão de crédito presumido, anistia ou remissão, relativos a impostos, taxas ou contribuições, só poderá ser concedido mediante lei específica, federal, estadual ou municipal, que regule exclusivamente as matérias acima enumeradas ou o correspondente tributo ou contribuição, sem prejuízo do disposto no art. 155, § 2.º, XII, g. (Redação dada pela EC 3/1993) Art. 153. Compete à União instituir impostos sobre: IV – produtos industrializados; § 3º O imposto previsto no inciso IV: II – será não cumulativo, compensando-se o que for devido em cada operação com o montante cobrado nas anteriores;"

FICHA TÉCNICA	
Leading case:	**RE 398.365**
Data de reconhecimento da repercussão geral:	28/08/2015
Data de julgamento do mérito recursal:	28/08/2015
Houve unanimidade?	Não, vencido o Ministro Marco Aurélio
Data de publicação do acórdão de julgamento do recurso:	22/09/2015
Trânsito em julgado do acórdão:	Não
Houve Embargos de Declaração	Sim
Data de julgamento dos Embargos de Declaração	Pendente de julgamento
Data de publicação dos Embargos de Declaração	Pendente de julgamento

⊙ Comentários:

Negou-se provimento ao Recurso Extraordinário interposto pela União, para declarar que o princípio da não cumulatividade não assegura direito de crédito presumido de IPI para o contribuinte adquirente de insumos não tributados, isentos ou sujeitos à alíquota zero.

Por força da CF/88, Art. 153, § 3º, II, o IPI tem caráter não cumulativo, o que significa que o valor suportado pelo estabelecimento industrial ou equiparado, a título do IPI, na aquisição de insumos pode ser compensado com o valor a pagar, referente ao mesmo imposto, nas operações de venda de produtos industrializados.

A questão discutida neste julgado referiu-se especificamente à implicação que os institutos da não incidência, isenção ou alíquota-zero têm sobre a sistemática da não cumulatividade. De maneira mais precisa, trata-se de saber se a aquisição de um insumo qualquer da produção industrial cuja venda não gera pagamento de IPI pode ainda assim gerar um crédito de imposto ao adquirente. Tal crédito seria presumido a partir do valor que normalmente se aplicaria na operação, caso a mesma se submetesse ao regime comum de tributação.

Historicamente, o Tribunal já teve posicionamento no sentido de considerar que no caso específico da isenção seria possível a concessão do crédito de IPI, enquanto no caso da não incidência e da alíquota-zero tal possibilidade não se verificaria. Não obstante, no presente julgado, de forma alinhada com outros julgamentos mais recentes, tratou de afastar a possibilidade da creditação do imposto em todos os casos mencionados.

A divergência manifestada pelo Ministro Marco Aurélio restringiu-se ao juízo de reconhecimento da repercussão geral. Segundo o Ministro não seria admissível tal reconhecimento, na medida em que o Acórdão recorrido fora publicado anteriormente à regulamentação do instituto da repercussão geral.

◉ Fique atento:

- Neste RE o STF limitou-se a analisar a questão da utilização de crédito presumido, nas hipóteses de insumos alcançados pela isenção, alíquota-zero, ou não incidência. Não se tratou de analisar a questão do cancelamento de créditos referentes às operações anteriores àquela que gozasse de algum dos benefícios indicados.

- Cf. análise ao RE 635.688 (Tema 299), que trata do impacto da redução da base de cálculo da operação de saída sobre a não cumulatividade em matéria de ICMS, nesta obra.

◉ Questões de Concurso relacionadas ao tema:

Questão 01. (Ano: 2012. Banca: PGR. Órgão: PGR. Prova: Procurador da República) É CORRETO AFIRMAR QUANTO AO IMPOSTO SOBRE PRODUTOS INDUSTRIALIZADOS (IPI) QUE:

a) Submete-se ao principio da anterioridade mitigada, a nonagesimal;

b) Sendo um tributo de finalidade destacadamente extrafiscal, a ele não se aplica o principio da anterioridade tributária;

c) A vista da seletividade de que se reveste, de forma que suas alíquotas devem ser fixadas de acordo com a essencialidade do produto, está autorizado o Poder Executivo a alterar a sua base de cálculo e as suas alíquotas, atendidas as condições e observados os limites fixados em lei;

d) As alíquotas da não cumulatividade e da seletividade que o informam ensejam direito de crédito presumido de IPI para o contribuinte adquirente de insumos não tributados ou sujeitos à alíquota zero.

Questão 02. (Ano: 2016 Banca: FCC Órgão: PGE-MT Prova: Procurador do Estado) O princípio da não cumulatividade é

a) um atributo exclusivo do ICMS e do IPI.

b) princípio de tributação por meio do qual se pretende evitar a assim chamada "tributação em cascata" que onera as sucessivas operações e prestações com bens e serviços sujeitos a determinado tributo.

c) técnica de tributação aplicável também aos impostos reais, tais como o ITR e o IPTU.

d) suscetível apenas de interpretação restritiva e literal, à medida que institui um benefício fiscal ao contribuinte.

e) um instrumento de transferência de riqueza indireta entre as Unidades da Federação inserido no pacto federativo, à medida que o crédito de ICMS a ser suportado pela Unidade da Federação de destino dos bens e serviços está limitado ao valor do imposto efetivamente recolhido em favor do Estado de origem.

Questão 03. (Ano: 2012. Banca: ESAF. Órgão: MDIC. Prova: Analista de Comércio Exterior) Ao dispor sobre o IPI – Imposto sobre Produtos Industrializados, a Constituição Federal previu que ele terá reduzido seu impacto sobre a aquisição de bens de capital pelo seu contribuinte na forma da lei. Sobre o tema, é incorreto afirmar que:

a) caberá à lei ordinária federal estabelecer os critérios para a diminuição do impacto do IPI na aquisição de bens de capital.

b) tal diminuição poderá se dar mediante autorização para apropriação de crédito relativo ao IPI incidente na operação e sua utilização na compensação com o devido pela empresa adquirente em outras operações ou seu ressarcimento em dinheiro.

c) tal diminuição poderá se dar mediante o estabelecimento de critérios a serem observados pelo Executivo na redução das alíquotas relativas a operações com tais bens.

d) referido dispositivo constitucional é autoaplicável, no sentido de que tem a eficácia imediata de impedir a validade de lei ou ato normativo que atue em sentido contrário, aumentando o impacto do IPI na aquisição de bens de capital.

e) referido dispositivo não ampara o reconhecimento do direito à imunidade de tais operações ao IPI.

> **Gabarito: 1-A; 2-B; 3-D**

10.23. IMPOSTO SOBRE SERVIÇOS (ISS)

Tema 125: "Incidência do ISS sobre operações de arrendamento mercantil."

Tese: "É constitucional a incidência do Imposto sobre Serviços de Qualquer Natureza – ISS sobre as operações de arrendamento mercantil (leasing financeiro)."

FICHA TÉCNICA	
Leading case:	**RE 592.905**
Descrição do caso feita pelo STF:	"Recurso extraordinário em que se discute, à luz dos artigos 146, III, a; e 156, III, da Constituição Federal, a incidência, ou não, do Imposto sobre Serviços de Qualquer Natureza– ISS sobre as operações de arrendamento mercantil (leasing)."
Dispositivo(s) constitucional(is) envolvido(s):	"CF/88, art. 146. Cabe à lei complementar: III – estabelecer normas gerais em matéria de legislação tributária, especialmente sobre: a) definição de tributos e de suas espécies, bem como, em relação aos impostos discriminados nesta Constituição, a dos respectivos fatos geradores, bases de cálculo e contribuintes;
	Art. 156. Compete aos Municípios instituir impostos sobre: III – serviços de qualquer natureza, não compreendidos no art. 155, II, definidos em lei complementar. (Redação dada pela EC nº 3/1993)"

FICHA TÉCNICA	
Leading case:	**RE 592.905**
Data de reconhecimento da repercussão geral:	17/10/2008
Data de julgamento do mérito recursal:	02/12/2009
Houve unanimidade?	Não, vencido o Ministro Marco Aurélio
Data de publicação do acórdão de julgamento do recurso:	05/03/2010
Trânsito em julgado do acórdão:	19/09/2010
Houve Embargos de Declaração	Sim
Data de julgamento dos Embargos de Declaração	17/06/2010
Data de publicação dos Embargos de Declaração	06/08/2010

◉ Comentários:

Negou-se provimento ao Recurso Extraordinário interposto por contribuinte, para declarar a constitucionalidade da incidência do ISS sobre operação de arrendamento mercantil ("leasing" financeiro).

Nos termos do Acórdão, a definição de "serviço", para fins de incidência do ISS, não é realizada nem pela constituição, nem pela Lei Complementar que regulamenta o imposto (LC 116/2003 e Decreto-lei 406/68). Cabe à lei ordinária de cada Município defini-lo para fins de aplicação do gravame.

A discussão se desenvolve em torno da natureza do objeto do contrato de arrendamento mercantil, para fins de incidência do ISS. Em linhas gerais, colocam-se, tradicionalmente, duas posturas distintas. A primeira, pela qual se entende que o que se contrata por meio do *leasing* é a prestação de um serviço, submetendo tal contratação, por conseguinte, à incidência do ISS. A segunda, defendida pelo recorrente *in casu*, considera tratar-se da contratação do aluguel de coisa móvel, a afastar a incidência do ISS. Neste segundo caso, não há a obrigação de fazer em favor do contratante, mas tão somente a obrigação de dar.

O Tribunal, de maneira mais precisa, incorporou o entendimento segundo o qual "o arrendamento mercantil compreende três modalidades, [i] o *leasing* operacional, [ii] o *leasing* financeiro e [iii] o chamado *lease-back.*" Ainda segundo a Corte Suprema, apenas a primeira encerra caso de locação, as duas últimas seriam serviço.

Ainda nos termos do Acórdão, o *leasing* operacional (arrendamento mercantil) constitui aluguel de coisa móvel, cuja definição encontra-se prevista na Resolução BACEN 2.309/96, art. 6º[18]. Nele, o arrendante é o próprio produtor do bem industrializado. "Esse

---

18. Resolução BACEN 2.309/96, Art. 6º Considera-se arrendamento mercantil operacional a modalidade em que:
    I – as contraprestações a serem pagas pela arrendatária contemplem o custo de arrendamento do bem e os

tipo é muito usado principalmente nos Estados Unidos da América do Norte, especialmente pelos fabricantes de automóveis" (ANDRADE, J. P. "*Leasing* ", in CAHALI, Y. S., et. al. (coord.) Contratos Nominados". São Paulo: Saraiva, 1995, p. 217 [citado no Acórdão])

No *leasing* financeiro, por outro lado, o arrendante utiliza bens da sua propriedade, adquiridos de terceiros produtores ou fornecedores, e os disponibiliza ao arrendatário mediante o pagamento de prestações (vid. Resolução BACEN 2.309/96, art. 5º[19]). "É a modalidade clássica ou pura... e, na prática certamente a mais utilizada, a mais utilizada". Segundo o Relator,

> "Nessa modalidade, a arrendadora adquire bens de um fabricante ou fornecedor e entrega seu uso e gozo ao arrendatário, mediante pagamento de uma contraprestação periódica... No *leasing* financeiro prepondera o caráter de financiamento e nele a arrendadora, que desempenha a função de locadora, surge como intermediária entre o fornecedor e o arrendatário."

Já o *lease-back* tem essencialmente os mesmos contornos do *leasing* financeiro, e encontra-se previsto na Lei 6.099/74, art. 9º, e na Resolução BACEN 2.309/96, art. 23[20]. A peculiaridade encontra-se no fato de que o bem objeto do arrendamento é originalmente de propriedade do próprio arrendatário, que o vende ao arrendante, e em seguida toma-o de volta em arrendamento (*sale and lease-back*). "O bem nem mesmo chega a sair da posse da arrendatária. No mais, a operação reveste-se de todos os caracteres existentes no contrato de *leasing* financeiro" (LIMA, L. A. O contrato de *Leasing* – *The leasing contract*. Revista UFV, v. 16, p. 163)

A partir de tais premissas, o Tribunal decidiu que tanto o *leasing* financeiro, como o *lease-back* constituem essencialmente contrato de financiamento, não prestação de dar, "e financiamento é serviço, sobre o qual o ISS pode incidir, resultando irrelevante a existência de uma compra nas hipóteses do *leasing* financeiro e do *lease-back*"

Os Embargos de Declaração, que pleiteavam a nulidade do julgado, à vista da ausência de juntada de voto, e efeitos infringentes, foram rejeitados.

---

serviços inerentes à sua colocação à disposição da arrendatária, não podendo o total dos pagamentos da espécie ultrapassar 75% (setenta e cinco por cento) do custo do bem arrendado; II – as despesas de manutenção, assistência técnica e serviços correlatos à operacionalidade do bem arrendado sejam de responsabilidade da arrendadora ou da arrendatária; III – o preço para o exercício da opção de compra seja o valor de mercado do bem arrendado. [este foi o texto considerado ao tempo no julgamento, atualmente revogado. Para o texto atual, vid. a Resolução citada]

19. Resolução BACEN 2.309/96, Art. 5º Considera-se arrendamento mercantil financeiro a modalidade em que: I – as contraprestações e demais pagamentos previstos no contrato, devidos pela arrendatária, sejam normalmente suficientes para que a arrendadora recupere o custo do bem arrendado durante o prazo contratual da operação e, adicionalmente, obtenha um retorno sobre os recursos investidos; II – as despesas de manutenção, assistência técnica e serviços correlatos à operacionalidade do bem arrendado sejam de responsabilidade da arrendatária; III – o preço para o exercício da opção de compra seja livremente pactuado, podendo ser, inclusive, o valor de mercado do bem arrendado.

20. Resolução BACEN 2.309/96, Art. 23. A aquisição de contratos de arrendamento mercantil cujos bens arrendados tenham sido adquiridos com recursos de empréstimos externos ou que contenham cláusula de variação cambial, bem como dos direitos creditórios deles decorrentes, somente pode ser realizada com a utilização de recursos de empréstimos obtidos no exterior.

⦿ Síntese do debate constante do acórdão que fixou o precedente:

Argumentos favoráveis à tese fixada:	Argumentos contrários à tese fixada:
	A partir do disposto no CTN, art. 110, que impede que a lei tributária altere a definição, o conteúdo e o alcance dos institutos, conceitos e forma do direito privado, utilizados pela Constituição Federal, o Ministro Marco Aurélio entendeu que se está diante de um aluguel.
	Recordou o RE 116.121, de 11.10.2000, no qual prevaleceu o entendimento de que o ISS não incide sobre contrato de locação, e concluiu que "A arrendadora não presta serviços à arrendatária. Que faz é entregar um bem e, a partir dessa entrega, ter a contraprestação pela utilização do próprio bem."

⦿ Fique atento:

• Confronte-se com a análise do RE 626.706 (Tema 212), no qual se julgou a inconstitucionalidade da incidência do ISS sobre operações de locação de bens móveis, e no qual foi aplicada o entendimento constante na Súmula Vinculante 31: "É inconstitucional a incidência do Imposto sobre Serviços de Qualquer Natureza – ISS sobre operações de locação de bens móveis."

• Sobre a incidência do ICMS sobre a importação de equipamento médico por sociedade civil não contribuinte do imposto, vid. a análise do RE 439.796 (Tema 171), nesta obra.

• Sobre a incidência do ICMS sobre a importação por arrendamento mercantil, vid. a análise do RE 540.829 (Tema 297), nesta obra.

⦿ Questões de Concurso relacionadas ao tema:

Questão 01. (Ano: 2015. Banca: FAUEL. Órgão: FMSFI. Prova: Advogado) O Imposto sobre a Propriedade Predial e Territorial Urbana (IPTU) e o Imposto Sobre Serviços de Qualquer Natureza (ISS) foram designados, pelo poder constituinte, à competência tributária dos Municípios, constituindo importante fonte de arrecadação destes entes. Considerando as disposições legais e a orientação recente do Supremo Tribunal Federal sobre o tema, é correto afirmar:

a) Poderão os Municípios, por lei ordinária, excluir da incidência do ISS exportações de serviço para o exterior, a fim de fomentar determinado setor da economia.

b) É constitucional, segundo orientação do Supremo Tribunal Federal, a incidência de ISS sobre a locação de bens móveis e arrendamento mercantil (leasing).

c) Após a Emenda Constitucional 29/2000, passou a ser possível a adoção de dois parâmetros de progressividade do IPTU: progressividade temporal para assegurar o cumprimento da função social da propriedade e exigir o uso e aproveitamento racional do solo; e a progressividade em razão do valor do imóvel.

d) Incide ISS sobre a locação de filmes cinematográficos, videoteipes, cartuchos para vídeo games e outros bens móveis.

Questão 02. (Ano: 2010. Banca: CESPE. Órgão: DPU. Prova: Defensor Público) Compete aos municípios instituir o ISS sobre o leasing financeiro, uma vez que o leasing é contrato complexo e não se confunde com contratos de aluguel, compra e venda ou com operação de crédito.

( ) Certo   ( ) Errado

Questão 03. (Ano: 2011. Banca: FCC. Órgão: Banco do Brasil. Prova: Escriturário)

Conforme a legislação em vigor, o arrendamento mercantil (*leasing*) é uma operação cujo contrato

a) não pode ser quitado antecipadamente.

b) determina que o arrendatário é o proprietário do bem.

c) tem o prazo mínimo de 180 dias, na modalidade denominada *leasing* operacional.

d) contempla apenas bens novos.

e) implica pagamento do Imposto Sobre Serviços (ISS).

> **Gabarito: 1-C; 2-C; 3-E**

> **Tema 212:** "Incidência do ISS sobre locação de bens móveis."
>
> **Tese:** "É inconstitucional a incidência do Imposto sobre Serviços de Qualquer Natureza- ISS sobre operações de locação de bens móveis, dissociada da prestação de serviços."

FICHA TÉCNICA	
Leading case:	**RE 626.706**
Descrição do caso feita pelo STF:	"Agravo de instrumento interposto contra decisão que inadmitiu recurso extraordinário, em que se discute, à luz do art. 156, III, da Constituição Federal, a constitucionalidade, ou não, da incidência do Imposto sobre Serviços de Qualquer Natureza – ISS sobre a locação de bens móveis."
Dispositivo(s) constitucional(is) envolvido(s):	"CF/88, art. 156. Compete aos Municípios instituir impostos sobre: III – serviços de qualquer natureza, não compreendidos no art. 155, II, definidos em lei complementar. (Redação dada pela EC nº 3/1993)"
Data de reconhecimento da repercussão geral:	Em 29/06/2010 o Tribunal passou a considerar este RE como paradigma de repercussão geral do tema tratado, em substituição ao AI 766684, cuja repercussão geral foi reconhecida em 23/10/2009

FICHA TÉCNICA	
Leading case:	**RE 626.706**
Data de julgamento do mérito recursal:	08/09/2010
Houve unanimidade?	Sim
Data de publicação do acórdão de julgamento do recurso:	24/09/2010
Trânsito em julgado do acórdão:	09/11/2010
Houve Embargos de Declaração	Não
Data de julgamento dos Embargos de Declaração	–
Data de publicação dos Embargos de Declaração	–

◉ Comentários:

Negou-se provimento ao Recurso Extraordinário interposto pelo Município de São Paulo, para declarar a inconstitucionalidade da incidência do ISS sobre a locação de bens móveis.

A Lei 10.423/87, do Município de São Paulo, que conferiu nova redação à lista de serviços tributáveis pelo ISS, incluiu no âmbito de incidência do imposto a locação de bens móveis. De maneira mais precisa, tratou-se de julgar, *in casu*, a possibilidade da incidência do gravame sobre a locação de filmes cinematográficos, vídeos tapes, cartuchos para vídeo games e assemelhados, sem que tais locações envolvessem prestação de serviço.

Por se tratar de matéria cujo juízo já se encontra firmado nos termos da Súmula Vinculante 31, a seguir reproduzida, o Tribunal considerou, à unanimidade, e sem maiores discussões, inconstitucional a pretensão do Município.

> Súmula Vinculante 31. "É inconstitucional a incidência do Imposto sobre Serviços de Qualquer Natureza – ISS sobre operações de locação de bens móveis."

◉ Fique atento:

- Quando do julgamento para a fixação do que viria a ser a Súmula Vinculante n. 31, em 04.02.2010 (PSV 35, DOU de 17.02.2010), a redação proposta pelo Ministro Joaquim Barbosa era mais restrita, no sentido de somente considerar inconstitucional a incidência do ISS sobre a locação de bens móveis, quando *dissociadas de prestação de serviço*. Ao final entretanto, o Tribunal decidiu, à unanimidade, pela redação mais ampla, nos termos acima reproduzidos, e forma a fixar inconstitucionalidade nos casos de locação de bens móveis de forma geral.

- Confronte-se com a análise do RE 592.905 (Tema 125), no qual se julgou a constitucionalidade da incidência do ISS sobre arrendamento mercantil.

⊙ Questões de Concurso relacionadas ao tema:

Questão 01 (Ano: 2015. Banca: FCC. Órgão: TRT – 3ª Região (MG) Prova: Analista Judiciário – Contabilidade) Empresa especializada no serviço de locação de bens móveis foi autuada pelo fisco municipal pelo não recolhimento do Imposto sobre Serviços de Qualquer Natureza – ISS e pelo fisco federal pelo não recolhimento da COFINS. Sobre estas autuações é correto afirmar que

a) estão corretas, pois são devidos o ISS e a COFINS nas operações de locação de bens móveis.

b) somente está correta a autuação pelo não recolhimento da ISS, uma vez que só cabe COFINS nas operações de locação de móveis quando as partes são pessoas jurídicas.

c) incide COFINS sobre receitas provenientes das operações de locação de bens móveis, segundo entendimento do STJ.

d) é constitucional a incidência do ISS sobre operações de locação de bens móveis, segundo entendimento do STF.

e) sobre a operação de locação de bem móvel não pode incidir nenhum tributo, por não ser fato gerador dos tributos atualmente instituídos por lei.

Questão 02 (Ano: 2013 Banca: CESPE Órgão: DPE-DF Prova: Defensor Público) Considerando as limitações do poder de tributar e os impostos dos estados e do DF, julgue os itens que se seguem.

De acordo com o STF, é constitucional a incidência do ISS sobre operações de locação de bens móveis.

( ) Certo   ( ) Errado

Questão 03 (Ano: 2015 Banca: FAUEL Órgão: FMSFI Prova: Advogado) O Imposto sobre a Propriedade Predial e Territorial Urbana (IPTU) e o Imposto Sobre Serviços de Qualquer Natureza (ISS) foram designados, pelo poder constituinte, à competência tributária dos Municípios, constituindo importante fonte de arrecadação destes entes. Considerando as disposições legais e a orientação recente do Supremo Tribunal Federal sobre o tema, é correto afirmar:

a) Poderão os Municípios, por lei ordinária, excluir da incidência do ISS exportações de serviço para o exterior, a fim de fomentar determinado setor da economia.

b) É constitucional, segundo orientação do Supremo Tribunal Federal, a incidência de ISS sobre a locação de bens móveis e arrendamento mercantil (leasing).

c) Após a Emenda Constitucional 29/2000, passou a ser possível a adoção de dois parâmetros de progressividade do IPTU: progressividade temporal para assegurar o cumprimento da função social da propriedade e exigir o uso e aproveitamento racional do solo; e a progressividade em razão do valor do imóvel.

d) Incide ISS sobre a locação de filmes cinematográficos, videoteipes, cartuchos para vídeo games e outros bens móveis.

> **Gabarito: 1-C; 2-E; 3-C**

Tema 581: "Incidência do ISS sobre atividades desenvolvidas por operadoras de planos de saúde."

Tese: "As operadoras de planos privados de assistência à saúde (plano de saúde e seguro-saúde) realizam prestação de serviço sujeita ao Imposto Sobre Serviços de Qualquer Natureza – ISSQN, previsto no art. 156, III, da CRFB/88."

FICHA TÉCNICA	
Leading case:	**RE 651.703**
Descrição do caso feita pelo STF:	"Recurso extraordinário em que se discute, à luz do inciso V do art. 153 e do inciso III do art. 156 da Constituição Federal, a incidência, ou não, do Imposto sobre Serviços de Qualquer Natureza (ISS) sobre as atividades desenvolvidas pelas operadoras de planos de saúde."
Dispositivo(s) constitucional(is) envolvido(s):	"CF/88, art. 153. Compete à União instituir impostos sobre: V – operações de crédito, câmbio e seguro, ou relativas a títulos ou valores mobiliários; Art. 156. Compete aos Municípios instituir impostos sobre: III – serviços de qualquer natureza, não compreendidos no art. 155, II, definidos em lei complementar. (Redação dada pela EC 3/1993)"
Data de reconhecimento da repercussão geral:	06/09/2012
Data de julgamento do mérito recursal:	29/09/2016
Houve unanimidade?	Não, vencido o Ministro Marco Aurélio
Data de publicação do acórdão de julgamento do recurso:	Acórdão ainda não publicado
Trânsito em julgado do acórdão:	Ainda sem trânsito em julgado
Houve Embargos de Declaração	Sim
Data de julgamento dos Embargos de Declaração	Ainda não julgado
Data de publicação dos Embargos de Declaração	Ainda não julgado

◉ **Comentários:**

Negou-se provimento ao Recurso Extraordinário interposto por contribuinte, para declarar a constitucionalidade da incidência do ISS sobre as atividades desenvolvidas pelas operadoras de planos de saúde.

A análise do presente RE mostra-se prejudicada, devido ao fato de não se ter ainda publicado o Acórdão respectivo. Em todo caso, o entendimento da Suprema Corte foi sintetizado nos seguintes termos, disponíveis na página do Tribunal:

> As operadoras de planos privados de assistência à saúde (plano de saúde e seguro-saúde) realizam prestação de serviço sujeita ao Imposto Sobre Serviços de Qualquer Natureza – ISSQN, previsto no art. 156, III, da CRFB/88.

Em linhas gerais, costumam ser duas as discussões principais que se desenvolvem em torno do enquadramento das atividades das operadoras de planos de saúde para fins de incidência tributária. Em primeiro lugar, há que se considerar se o objeto do contrato vem a ser um seguro (seguro de saúde). Em caso afirmativo, a incidência tributária desloca-se para o âmbito do IOF, o que não parece ter sido o entendimento do STF.

Em segundo lugar, há que se explicitar a natureza autônoma deste serviço, sem restar dúvida sobre a sua distinção quanto aos serviços médicos que por meio das operadoras de planos de saúde são prestados. Possivelmente, o Tribunal firmou o entendimento no sentido de que a intermediação realizada pelos planos de saúde é serviço autônomo, que não se confunde com a assistência à saúde propriamente dita.

◉ Questões de Concurso relacionadas ao tema:

Questão 01 (Ano: 2013. Banca: CESPE. Órgão: DPE-DF. Prova: Defensor Público) Considerando as limitações do poder de tributar e os impostos dos estados e do DF, julgue os itens que se seguem.

Nos serviços de plano de saúde, utiliza-se como base de cálculo do ISS o valor total recebido, ou seja, a mensalidade paga pelo associado à empresa gestora do plano e as quantias repassadas aos terceiros credenciados que prestam o serviço médico.

( ) Certo   ( ) Errado

Questão 02 (Ano: 2015. Banca: MSGás. Órgão: MSGás Prova: Analista Contábil) A Lei Complementar 116/2003 dispõe sobre o Imposto Sobre Serviços de Qualquer Natureza, de competência dos Municípios e do Distrito Federal, e dá outras providências. O referido imposto tem como fato gerador a prestação de serviços tais como:

a) As exportações de serviços para o exterior do País.

b) O valor intermediado no mercado de títulos e valores mobiliários, o valor dos depósitos bancários, o principal, juros e acréscimos moratórios relativos a operações de crédito realizadas por instituições financeiras.

c) Serviços de saúde, assistência médica e congêneres.

d) A prestação de serviços em relação de emprego, dos trabalhadores avulsos, dos diretores e membros de conselho consultivo ou de conselho fiscal de sociedades e fundações, bem como dos sócios-gerentes e dos gerentes-delegados.

Questão 03 (Ano: 2012. Banca: CESPE. Órgão: TJ-AC. Prova: Juiz) A titularidade da competência tributária é outorgada às pessoas políticas de direito público interno, o que resulta em aptidão para criar tributos, tendo sido concedida aos municípios competência para instituir ISS. A esse respeito, assinale a opção correta.

a) A prestação de serviço simultaneamente à venda de mercadorias em restaurantes constitui fato gerador do ISS.

b) O licenciamento ou cessão do direito de uso de *software*, bem como a circulação e cópias desses programas produzidos em série e comercializados nos estabelecimentos comerciais, podem ser tributados por meio de ISS.

c) Ocorrendo contrato de locação de bens móveis, é possível a instituição de ISS, uma vez que a locação de bens móveis equipara-se à locação de serviços, dada a aplicação extensiva atribuída aos contratos pelo Código Civil brasileiro.

d) O ISS não está condicionado ao efetivo pagamento do preço acordado entre tomador e prestador, restando, uma vez ocorrido o fato gerador, exigível ainda que o pagamento ocorra em várias prestações futuras.

e) É lícito ao município tributar a receita bruta recebida pelos planos de saúde, sempre que os respectivos contratos contiverem cláusula de prestação de serviço e assistência médica ao contratado, ainda que o serviço e a assistência não sejam efetivamente prestados.

> **Gabarito: 1-E; 2-C; 3-D**

Tema 688: "Incidência do Imposto Sobre Serviços de Qualquer Natureza – ISSQN sobre serviços de registro público, cartorários e notariais."

Tese: "É constitucional a incidência do ISS sobre a prestação de serviços de registros públicos, cartorários e notariais, devidamente previstos em legislação tributária municipal."

FICHA TÉCNICA	
Leading case:	**RE 756.915**
Descrição do caso feita pelo STF:	"Recurso extraordinário em que se discute, à luz dos arts. 30, III; 146, I, II e III; 150, VI, a; 156, III, e 236 da Constituição federal, a possibilidade de inclusão dos serviços de registro público, cartorários e notariais no rol dos serviços passíveis de tributação pelo Imposto Sobre Serviços de Qualquer Natureza – ISSQN."
Dispositivo(s) constitucional(is) envolvido(s):	"CF/88, art. 30. Compete aos Municípios: III – instituir e arrecadar os tributos de sua competência, bem como aplicar suas rendas, sem prejuízo da obrigatoriedade de prestar contas e publicar balancetes nos prazos fixados em lei;
	Art. 146. Cabe à lei complementar: I – dispor sobre conflitos de competência, em matéria tributária, entre a União, os Estados, o Distrito Federal e os Municípios; II – regular as limitações constitucionais ao poder de tributar; III – estabelecer normas gerais em matéria de legislação tributária, especialmente sobre: a) definição de tributos e de suas espécies, bem como, em relação aos impostos discriminados nesta Constituição, a dos respectivos fatos geradores, bases de cálculo e contribuintes; b) obrigação, lançamento, crédito, prescrição e decadência tributários;

FICHA TÉCNICA	
Leading case:	**RE 756.915**
	Art. 150. Sem prejuízo de outras garantias asseguradas ao contribuinte, é vedado à União, aos Estados, ao Distrito Federal e aos Municípios: VI – instituir impostos sobre: a) patrimônio, renda ou serviços, uns dos outros;
	Art. 156. Compete aos Municípios instituir impostos sobre: III – serviços de qualquer natureza, não compreendidos no art. 155, II, definidos em lei complementar. (Redação dada pela EC 3/1993)
	Art. 236. Os serviços notariais e de registro são exercidos em caráter privado, por delegação do Poder Público."
Data de reconhecimento da repercussão geral:	18/10/2013
Data de julgamento do mérito recursal:	18/10/2013
Houve unanimidade?	Não, vencidos os Ministros Joaquim Barbosa e Marco Aurélio
Data de publicação do acórdão de julgamento do recurso:	12/11/2013
Trânsito em julgado do acórdão:	25/04/2014
Houve Embargos de Declaração	Não
Data de julgamento dos Embargos de Declaração	–
Data de publicação dos Embargos de Declaração	–

◉ Comentários:

Deu-se provimento ao Recurso Extraordinário interposto pelo prefeito do Município de Guaporé/RS, para declarar a constitucionalidade de lei municipal que estabelece a incidência do ISS sobre a prestação de serviços de registros públicos, cartorários e notariais, devidamente previstos em legislação tributária municipal.

A Procuradoria-Geral do Estado do Rio Grande do Sul argumentou que a Lei Municipal 2.342/2001, art. 22, § 1º, itens 21 e 21.01, alterada pela Lei Municipal 2.504/2003, seria inconstitucional no tocante à inclusão dos serviços de Registros Públicos, Cartorários e Notariais no âmbito de incidência do ISS. Segundo o entendimento da Procuradoria, tais serviços estariam incluídos no âmbito da imunidade tributária recíproca, o que afastaria o exercício da competência tributária do Município no tocante aos serviços de Registro Público prestados pelo Estado.

Embora o Tribunal de Justiça do Rio Grande do Sul tenha aderido a tal tese, o STF reiterou o entendimento próprio sobre a matéria, para fixar a inaplicabilidade da imunidade recíproca com relação aos serviços mencionados, e por conseguinte estabelecer a regularidade da incidência do ISS:

> O tema já foi objeto de diversos julgados deste Tribunal, tanto em controle concentrado como em controle difuso, e a jurisprudência da Corte é uníssona em admitir a constitucionalidade da incidência de ISS sobre os serviços de registros públicos, cartorários e notariais, tal como previstos nos itens 21 e 21.1 da lista anexa à LC 116/2003. (Acórdão, p. 03)

Para a Corte, a prestação de tais serviços encontra-se regida pelas normas aplicáveis a empreendimentos privados, e a sua realização se faz mediante contraprestação ou pagamento de preços ou tarifas pelo usuário (CF/88, art. 150, § 3º), o que afasta a imunidade quanto à mesma.

Este entendimento se aplica mesmo naqueles casos em que os serviços notariais e de registro sejam prestados por delegação do poder público (CF/88, art. 236[21]). Para o Tribunal essa condição não é suficiente para resguardá-los da possibilidade de sofrer tributação, notadamente pelo ISS.

Para o Ministro Marco Aurélio, o mérito do Recurso exigiria a reunião física dos integrantes do Tribunal, ainda que o julgamento do incidente referente à repercussão geral pudesse realizar-se no âmbito do Plenário Virtual. Quanto a este ponto, mais uma vez, restringiu-se a sua divergência.

◉ Fique atento:

- No mesmo sentido deste RE, vid. ADI 3.089 (Redator para o acórdão o Min. Joaquim Barbosa), julgada improcedente para reconhecer a constitucionalidade da cobrança do referido tributo sobre tais situações.

◉ Questões de Concurso relacionadas ao tema:

Questão 01(Ano: 2015 Banca: CONSULPLAN Órgão: TJ-MG Prova: Titular de Serviços de Notas e de Registro) Acerca de incidência do Imposto sobre Serviços de Qualquer Natureza – ISSQN sobre serviços de registros públicos, cartorários e notariais, em julgamento de ação direta de inconstitucionalidade – ADI, o Supremo Tribunal Federal decidiu

a) pela constitucionalidade dos dispositivos de lei federal que permitem a incidência do Imposto.

b) que os dispositivos de lei federal que permitem a incidência do Imposto são inconstitucionais, e fundamentou a decisão em entendimento consolidado na Corte de que emolumentos extrajudiciais têm natureza jurídica de taxa e há vedação constitucional de que haja incidência de imposto sobre taxa (espécie tributária).

c) que os dispositivos de lei federal que permitem a incidência do Imposto são inconstitucionais e fundamentou a decisão no princípio da imunidade tributária recíproca,

---

21. CF/88, Art. 236. Os serviços notariais e de registro são exercidos em caráter privado, por delegação do Poder Público

consagrado no art. 150 da Constituição Federal: *Sem prejuízo de outras garantias asseguradas ao contribuinte, é vedado à União, aos Estados, ao Distrito Federal e aos Municípios: VI – instituir impostos sobre: a) patrimônio, renda ou serviços, uns dos outros...*

d) que os dispositivos de lei federal que permitem a incidência do Imposto são inconstitucionais por violação a norma da Constituição Federal, porquanto a matriz constitucional do Imposto sobre Serviços de Qualquer Natureza permitiria a incidência do tributo tão-somente sobre a prestação de serviços de índole privada.

Questão 02. (Ano: 2009 Banca: VUNESP Órgão: TJ-SP Prova: Juiz) Na ADI 3.089, DJE de 1.º.08.08, o Supremo Tribunal Federal inclinou-se pela orientação de que os serviços de registros públicos, notariais e cartorários

a) não gozam de imunidade por não serem considerados serviços públicos.

b) em razão da natureza pública, beneficiam-se da imunidade.

c) embora públicos, não são imunes ao ISSQN.

d) são remunerados, não caracterizando capacidade contributiva.

Questão 03 (Ano: 2014 Banca: FGV Órgão: SEFAZ- MT Prova: Auditor Fiscal Tributário da Receita Municipal)

O Ofício de Notas do Município Alfa recebe autuação fiscal pela falta de recolhimento do Imposto sobre Serviços de Qualquer Natureza (ISSQN) incidente sobre suas atividades. Defende--se alegando que:

I.   presta serviço público essencial e, por isso, é imune ao ISSQN;

II.   ainda que pudesse haver a incidência do tributo, a base de cálculo não seria o valor dos emolumentos recebidos pelos atos notariais praticados, mas um valor fixo e independente do valor do trabalho pessoal do contribuinte, tal como previsto pelo Art. 9°, § 1°, do Decreto-lei n° 406/1968.

A esse respeito, assinale a afirmativa correta.

a) Nenhum dos dois fundamentos já foi enfrentado pelo STF, sendo plausíveis as teses do Ofício de Notas.

b) Nenhum dos dois fundamentos já foi enfrentado pelo STF, e as teses do Ofício de Notas são implausíveis.

c) O STF já refutou o fundamento da imunidade, e o Art. 9°, § 1°, do DL n° 406/68 foi revogado pela LC n° 116/2003.

d) O STF já acolheu o fundamento da imunidade e o fundamento atinente ao Art. 9°, § 1°, do DL n° 406/68.

e) O STF já refutou o fundamento da imunidade, e o Art. 9°, § 1°, do DL n° 406/68, embora vigente, já teve sua aplicação rejeitada em relação aos serviços notariais.

> **Gabarito: 1-A; 2-C; 3-E**

10.24. IMPOSTO SOBRE TRANSMISSÃO *CAUSA MORTIS* E DOAÇÃO (ITD)

Tema 21: "Fixação de alíquota progressiva para o imposto sobre transmissão causa mortis e doação."

Tese: "É constitucional a fixação de alíquota progressiva para o Imposto sobre Transmissão Causa Mortis e Doação — ITCD."

FICHA TÉCNICA	
Leading case:	**RE 562.045**
Descrição do caso feita pelo STF:	"Recurso extraordinário em que se discute, à luz dos artigos 145, § 1°; e 155, § 1°, IV, da Constituição Federal, a possibilidade, ou não, da fixação de alíquota progressiva para o imposto sobre transmissão causa mortis e doação – ITCD, nos termos da Lei Estadual gaúcha n° 8.821/89."
Dispositivo(s) constitucional(is) envolvido(s):	"CF/88, art. 145, § 1° Sempre que possível, os impostos terão caráter pessoal e serão graduados segundo a capacidade econômica do contribuinte, facultado à administração tributária, especialmente para conferir efetividade a esses objetivos, identificar, respeitados os direitos individuais e nos termos da lei, o patrimônio, os rendimentos e as atividades econômicas do contribuinte.; Art. 155. Compete aos Estados e ao Distrito Federal instituir impostos sobre: (Redação dada pela EC 3/1993) I – transmissão causa mortis e doação, de quaisquer bens ou direitos; (Redação dada pela EC 3/1993) § 1° O imposto previsto no inciso I: (Redação dada pela EC 3/1993), IV – terá suas alíquotas máximas fixadas pelo Senado Federal; (Redação dada pela EC 3/1993)"
Data de reconhecimento da repercussão geral:	01/02/2008
Data de julgamento do mérito recursal:	06/02/2013
Houve unanimidade?	Não. Vencidos os Ministros Ricardo Lewandowski (Relator) e Marco Aurélio.
Data de publicação do acórdão de julgamento do recurso:	27/11/2013
Trânsito em julgado do acórdão:	09/12/2013
Houve Embargos de Declaração	Não

FICHA TÉCNICA	
Leading case:	RE 562.045
Data de julgamento dos Embargos de Declaração	–
Data de publicação dos Embargos de Declaração	–

⊙ Comentários:

Deu-se provimento ao Recurso Extraordinário interposto pela Fazenda Pública do Estado do Rio Grande do Sul, para reconhecer a constitucionalidade da Lei estadual 8.821/1989, art. 18, à luz da CF/88, art. 145, § 1º.

A lei estadual estabeleceu a sistemática da progressividade no tocante ao ITD (Imposto sobre a transmissão *causa mortis* e doação), determinando-se a variação da alíquota de forma proporcional à "...soma do valor venal da totalidade dos bens imóveis, títulos e créditos, bem como dos direitos a eles relativos, do patrimônio inventariado...". Além de uma faixa de isenção, o dispositivo prevê outras oito faixas de alíquotas, que variam de 1% a 8%, a depender do valor venal da totalidade patrimonial transmitida.

A discussão se estabelece em torno da questão da aplicabilidade da sistemática da progressividade nos tributos de natureza real. O entendimento histórico, em doutrina e jurisprudência, é no sentido de que a progressividade pode ser aplicada aos tributos de caráter pessoal, já que nestes casos é possível estabelecer uma alíquota variável de acordo com a capacidade econômica do contribuinte.

No caso dos tributos reais, a progressividade não seria admissível, na medida em que a variação da alíquota em função do valor do patrimônio submetido à tributação não teria relação necessária para com a capacidade econômica do contribuinte. A exceção seria possível apenas naqueles casos de permissão constitucional expressa, e ainda assim, desde que o parâmetro da progressividade consistisse em grandeza outra que não o valor do patrimônio alcançado pela incidência (progressividade extrafiscal).

Embora o voto do Ministro-Relator fosse neste sentido, terminou prevalecendo o entendimento divergente, no sentido de que "todos os impostos estão sujeitos ao princípio da capacidade contributiva, mesmo os que não tenham caráter pessoal" (Voto-Vista, Min. Eros Grau). Para o Ministro Eros Grau a discussão sobre os limites da aplicabilidade da progressividade não deve ser considerada à luz da divisão dos impostos em pessoais ou reais. O parâmetro a ser considerado, em realidade, é o da divisão dos impostos em diretos e indiretos[22]: "todos os impostos – repito – estão sujeitos ao princípio de capacidade

---

22. Imposto direto é aquele que incide sobre uma expressão clara, direta de riqueza do contribuinte; enquanto imposto indireto é aquele que incide sobre uma expressão remota, indireta, de riqueza do contribuinte. Convenciona-se considerar como expressões diretas de riqueza a renda e propriedade; e como expressões indiretas de riqueza o consumo, a produção e a transmissão da propriedade. Segundo esta lógica, são impostos diretos o IR, o IPTU ou o ITR; e impostos indiretos o ICMS, o IPI ou o ISS.

contributiva, especialmente os diretos, independentemente de sua classificação como de caráter real ou pessoal; isso é completamente irrelevante."

⊙ Síntese do debate constante do acórdão que fixou o precedente:

Argumentos favoráveis à tese fixada:	Argumentos contrários à tese fixada:
Segundo o Ministro Eros Grau, toda a sua exposição "presta-se a deixar claro que todos os impostos podem e devem guardar relação com a capacidade contributiva do sujeito passivo e não ser impossível aferir-se a capacidade contributiva do sujeito passivo do ITCD."	Para o Ministro Ricardo Lewandowski, "...embora represente um instrumento para obtenção de efeitos extrafiscais, a progressividade, no caso de impostos reais, em nosso ordenamento legal, só pode ser adotada se houver expressa previsão constitucional. Mesmo assim, ressalte-se, ela não poderá basear-se, direta ou exclusivamente, na capacidade econômica do contribuinte."

⊙ Fique atento:

- A CF/88, art. 145, § 1º refere-se a "princípio da capacidade econômica". Parte expressiva da doutrina e da jurisprudência preferem "princípio da capacidade contributiva". Não se trata de mera formalidade. Ter capacidade econômica corresponde a expressar riqueza, seja ela na forma de renda, propriedade, consumo, produção ou transmissão da propriedade. Ter capacidade contributiva supõe a possibilidade de, mais do que simplesmente expressar riqueza, participar do financiamento público, por meio do pagamento de tributo.

Seria possível, portanto, possuir capacidade econômica (expressar riqueza), mas não ter capacidade contributiva (condição de pagar tributo como forma de participar do financiamento público). O trabalhado que aufere um salário mínimo de renda, está a expressar capacidade econômica, porém não estaria a expressar capacidade contributiva, na medida em que não demonstra condição de participar do financiamento público, na forma de pagamento de tributo.

- Sobre a progressividade em matéria de IPTU, vid. as análises dos RE 586.693 (Tema 94, nesta obra); RE 601.234 (Tema 155, nesta obra); e RE 602.347 (Tema 226, nesta obra).

⊙ Questões de Concurso relacionadas ao tema:

Questão 01 (Ano: 2014. Órgão: Procuradoria do estado do RS. Banca: Fundatec. Prova: Procurador do Estado – Adaptada) Quanto ao ITCD, analise as assertivas abaixo, considerando o entendimento jurisprudencial:

I.   Pode ser progressivo.

II. Sua alíquota máxima, fixada pelo Senado Federal, é de 8%.

III. terá competência para sua instituição regulada por lei complementar se o doador tiver domicílio ou residência no exterior.

Após a análise, pode-se dizer que:

a) Estão corretas apenas as assertivas I e II.

b) Estão corretas apenas as assertivas I e III.

c) Estão corretas apenas as assertivas II e III.

d) Estão corretas apenas a assertiva I.

e) Todas as assertivas estão corretas

Questão 02 (Ano: 2015. Órgão: TCE-MG. Banca: Fundep. Prova: Auditor) Com relação ao imposto sobre transmissão causa mortis e doação (ITCMD) e consoante posicionamento dominante e atual do Pleno do Supremo Tribunal Federal, assinale a alternativa CORRETA.

a) A progressividade do ITCMD foi técnica de tributação originalmente admitida pelo Constituinte de 1988, com o objetivo de diferenciá-lo de outros impostos reais.

b) O ITCMD deve ter alíquotas progressivas, de modo a atender comando constitucional expresso nesse sentido.

c) O ITCMD pode ter alíquotas progressivas, o que prestigia o princípio da igualdade tributária material.

d) A técnica da progressividade não pode ser aplicada em impostos reais, sendo vedada a instituição do ITCMD progressivo.

e) A instituição da progressividade no ITCMD apenas foi admitida após a edição de emenda constitucional com esse objetivo

Questão 03 (Elaborada pelo autor): A jurisprudência do STF é firme no sentido de que é constitucional a fixação de alíquota progressiva para o Imposto sobre Transmissão Causa Mortis e Doação — ITCD. Marque "C" para certo e "E" para errado.

( )

> **Gabarito 1-E; 2-C; 3-C**

10.25. IMPOSTO SOBRE OPERAÇÕES FINANCEIRAS (IOF)

Tema 102: "Incidência do IOF sobre transmissão de ações de companhias abertas."

Tese: "É constitucional o art. 1º, IV, da Lei 8.033/1990, uma vez que a incidência de IOF sobre o negócio jurídico de transmissão de títulos e valores mobiliários, tais como ações de companhias abertas e respectivas bonificações, encontra respaldo no art. 153, V, da Constituição Federal, sem ofender os princípios tributários da anterioridade e da irretroatividade, nem demandar a reserva de lei complementar."

FICHA TÉCNICA	
Leading case:	**RE 583.712**
Descrição do caso feita pelo STF:	"Recurso extraordinário em que se discute, à luz do art. 153, V, da Constituição Federal, a constitucionalidade, ou não, do art. 1º, IV, da Lei nº 8.033/90, que prevê a incidência do Imposto sobre Operações Financeiras – IOF sobre a transmissão de ações de companhias abertas e das conseqüentes bonificações emitidas."
Dispositivo(s) constitucional(is) envolvido(s):	"CF/88, art. 153. Compete à União instituir impostos sobre: V – operações de crédito, câmbio e seguro, ou relativas a títulos ou valores mobiliários;"
Data de reconhecimento da repercussão geral:	29/08/2008
Data de julgamento do mérito recursal:	04/02/2016
Houve unanimidade?	Sim
Data de publicação do acórdão de julgamento do recurso:	02/03/2016
Trânsito em julgado do acórdão:	18/04/2016
Houve Embargos de Declaração	Não
Data de julgamento dos Embargos de Declaração	–
Data de publicação dos Embargos de Declaração	–

◉ Comentários:

Deu-se provimento ao Recurso Extraordinário interposto pela União, para declarar a constitucionalidade da Lei 8.033/90, art. 1º, IV, que dispõe sobre a incidência do IOF sobre a transmissão de ações de companhias abertas e respectivas bonificações.

O Tribunal entendeu que o dispositivo legal encontra respaldo na CF/88, art. 153, IV, que prevê a competência da União para instituir imposto sobre operações de crédito, câmbio e seguro, ou relativas a títulos e valores mobiliários, não submetido ao princípio tributários da anterioridade, e à reserva de lei complementar, não tendo ofendido a irretroatividade.

Nos termos do disposto no Acórdão, não há incompatibilidade do dispositivo legal para com o texto constitucional,

> "...pois a tributação de um negócio jurídico que tenha por objeto ações e respectivas bonificações insere-se na competência tributária atribuída à União no âmbito do Sistema Tributário Nacional, para fins de instituir imposto sobre operações relativas a títulos ou valores mobiliários." (Ementa, item 2)

Sobre o veículo legislativo utilizado, consignou-se que "a reserva de lei complementar para a instituição de imposto de competência da União somente se aplica no caso de tributos não previstos em nível constitucional."

⊙ Fique atento:

• O princípio da estrita legalidade impõe a utilização de lei ordinária para instituir tributo. Em algumas situações excepcionais, todas expressamente previstas na CF/88, requer-se a veiculação da norma instituidora por meio de Lei Complementar. São exceções a exigir veiculação por meio de LC a instituição de: empréstimo compulsório (CF/88, art. 148), imposto sobre grandes fortunas (CF/88, art. 153, VII), imposto residual (CF/88, art. 154, I), e contribuições sociais residuais (CF/88, art. 195, § 4º).

⊙ Questões de Concurso relacionadas ao tema:

Questão 01 (Ano: 2016 Banca: FUNDATEC Órgão: Prefeitura de Porto Alegre – RS Prova: Procurador Municipal – Bloco I) Consoante orientação, analise as assertivas abaixo:

I.   O STF julgou constitucional a norma (Art. 1º, inciso IV, da Lei nº 8.033/1990) que institui a cobrança do Imposto sobre Operações Financeira (IOF) na transmissão de ações e bonificações de companhias abertas, tal orientação encontra respaldo no Art. 153, inciso V, da Constituição Federal, uma vez que o dispositivo prevê que compete à União instituir impostos sobre operações relativas a títulos ou valores mobiliários.

II. O Plenário do STF firmou o entendimento de que, para efeito de observância do teto constitucional previsto no Art. 37, inciso XI, da Constituição Federal, não se computam valores percebidos antes da vigência da Emenda Constitucional 41/2003 a título de vantagens pessoais pelo servidor público.

III. O STF reafirmou seu entendimento no sentido de reconhecer a necessidade de submissão de demanda judicial à regra da reserva de plenário mesmo na hipótese em que a decisão judicial estiver fundada em jurisprudência do Plenário do STF ou em súmula da Corte.

Quais estão corretas?

a) Apenas I.

b) Apenas I e II.

c) Apenas I e III.

d) Apenas II e III.

e) I, II e III.

Questão 02 (Ano: 2011 Banca: FCC Órgão: NOSSA CAIXA DESENVOLVIMENTO Prova: Contador) O IOF

a) incide apenas sobre operações de crédito, de seguro e de câmbio.

b) tem a alíquota máxima de 1,5% ao dia sobre o valor das operações de crédito.

c) tem a instituição financeira no contribuinte do imposto incidente sobre operações de crédito.

d) tem a alíquota máxima de 13%, incidente sobre as operações de câmbio.

e) não incide sobre operações com ouro-ativo financeiro.

Questão 03 (Ano: 2007 Banca: CESPE Órgão: Banco do Brasil Prova: Escriturário) Entre atividades econômicas do sistema financeiro, a operação de factoring é uma atividade comercial mista atípica, que engloba serviços e compra de créditos (direitos creditórios) resultantes de vendas mercantis. O factoring, como fomento mercantil, expande os ativos de seus clientes, aumentando-lhes as vendas e eliminando endividamento, transformando vendas a prazo em vendas à vista. Outra operação de grande importância que tem crescido muito no Brasil é o leasing, ou seja, o arrendamento mercantil, que é uma forma de a pessoa possuir um bem (móvel ou imóvel) sem ter de comprá-lo. É um contrato pelo qual uma pessoa, pretendendo utilizar determinado equipamento ou imóvel, consegue que uma instituição financeira o adquira, arrendando-o ao interessado, por tempo determinado, possibilitando ao arrendatário, findo o prazo, optar entre a devolução do bem, a renovação do arrendamento ou a aquisição do bem arrendado, mediante um preço residual fixado no contrato. Acerca do factoring e do leasing, julgue os itens seguintes.

As operações de factoring e de leasing, no Brasil, têm como diferença marcante o fato de que no factoring não há pagamento de Imposto sobre Operações Financeiras (IOF) e, no leasing, esse pagamento é necessário.

( ) Certo   ( ) Errado

> **Gabarito: 1-A; 2-B; 3-E**

10.26. IMPOSTO SOBRE A PROPRIEDADE TERRITORIAL URBANA (IPTU)

Tema 94: "Exigência de reserva de plenário para as situações em que a Emenda Constitucional n° 29/2000 deixa de ser aplicada em face da incidência da versão primitiva da norma constitucional por ela modificada."

Tese: "É constitucional a Emenda Constitucional n° 29, de 2000, que estabeleceu a possibilidade de previsão legal de alíquotas progressivas para o IPTU de acordo com o valor do imóvel."

FICHA TÉCNICA	
Leading case:	**RE 586.693**
Descrição do caso feita pelo STF:	"Recurso extraordinário em que se discute, à luz dos artigos 97; 156, § 1°, I e II, da Constituição Federal, a nulidade, ou não, de acórdão proferido pela Corte de origem, que reconheceu a inconstitucionalidade da Emenda Constitucional n° 29/2000, sem a manifestação do Órgão Especial, e a procedência, ou não, do conflito entre o texto primitivo da Constituição Federal e a referida Emenda Constitucional n° 29/2000."

FICHA TÉCNICA	
Leading case:	**RE 586.693**
Dispositivo(s) constitucional(is) envolvido(s):	"CF/88, art. Art. 97. Somente pelo voto da maioria absoluta de seus membros ou dos membros do respectivo órgão especial poderão os tribunais declarar a inconstitucionalidade de lei ou ato normativo do Poder Público. Art. 156, § 1º Sem prejuízo da progressividade no tempo a que se refere o art. 182, § 4º, inciso II, o imposto previsto no inciso I poderá: (Redação dada pela EC 29/2000) I – ser progressivo em razão do valor do imóvel; e (Incluído pela EC 29/2000) II – ter alíquotas diferentes de acordo com a localização e o uso do imóvel. (Incluído pela EC 29/2000)"
Data de reconhecimento da repercussão geral:	28/06/2008
Data de julgamento do mérito recursal:	25/05/2011
Houve unanimidade?	Sim
Data de publicação do acórdão de julgamento do recurso:	22/06/2011
Trânsito em julgado do acórdão:	10/08/2011
Houve Embargos de Declaração	Não
Data de julgamento dos Embargos de Declaração	–
Data de publicação dos Embargos de Declaração	–

⊙ Comentários:

Deu-se provimento ao Recurso Extraordinário interposto pelo Município de São Paulo, para declarar a constitucionalidade da EC 29/2000, que estabeleceu a possibilidade de previsão legal de alíquotas progressivas para o IPTU, de acordo com o valor venal dos imóveis.

O julgamento tem relação com discussão histórica no **âmbito** dos impostos reais, em especial no que se refere ao IPTU, qual seja a da progressividade das suas alíquotas. Tradicionalmente, considera-se possível a chamada progressividade extrafiscal, assim entendida aquela que se utiliza de qualquer outro parâmetro que não o valor venal dos imóveis, e cuja finalidade não é o aumento da arrecadação, mas a regulação de aspectos das relações humanas. É o caso, no Brasil, da variação das alíquotas IPTU, com base na função social da propriedade ("progressividade no tempo", CF/88, art. 182, § 1º, II), na localização do imóvel, e na utilização que se dá ao imóvel (CF/88, art. 156, § 1º, II). Por outro lado, segundo tal linha de abordagem, não se admite a progressividade fiscal, com base no valor venal do imóvel (CF/88, art. 156, § 1º, I), e que objetiva o aumento da arrecadação.

Ainda segundo esta perspectiva tradicional, enquanto nos impostos pessoais há uma relação necessária entre a capacidade econômica do contribuinte e a riqueza que será alcançada pela incidência tributária; nos impostos reais tal correlação não necessariamente existe. No caso do IPTU, por exemplo, o valor venal de um imóvel não necessariamente indica a real situação econômica do seu proprietário. Em alguns casos, o imóvel corresponderá a uma fração pequena da riqueza do seu titular; em outros, constituirá grande parte desta riqueza. A variação da alíquota deste imposto em função do valor venal, portanto, levaria a situações de grande injustiça.

Não obstante tais considerações, por meio da EC 29/2000, incluiu-se no texto constitucional a progressividade fiscal em matéria de IPTU:

> CF/88, Art. 156, § 1º Sem prejuízo da progressividade no tempo a que se refere o art. 182, § 4º, inciso II, o imposto previsto no inciso I poderá: (Redação dada pela EC 29/2000)
>
> I – ser progressivo em razão do valor do imóvel; e (Incluído pela EC 29/2000)

O STF, por outro lado, já consolidou entendimento no sentido da constitucionalidade desta mesma progressividade, caso a mesma tenha sido instituída posteriormente à EC 29/2000:

> STF, Súmula 668: É inconstitucional a lei municipal que tenha estabelecido, antes da Emenda Constitucional 29/2000, alíquotas progressivas para o IPTU, salvo se destinada a assegurar o cumprimento da função social da propriedade urbana. [texto indicado à conversão em Súmula Vinculante, conforme PSV 96]

Já definida a matéria nos termos acima descritos, foram submetidas ao STF, no **âmbito** do presente RE, duas questões que apenas tangenciam o conteúdo da EC 29/2000 no tocante à progressividade fiscal do IPTU. A primeira delas, referiu-se à reserva de plenário, no Tribunal de origem, para fins de declaração de inconstitucionalidade lei. A segunda referiu-se ao possível conflito entre o texto da EC 29/2000 e o texto original constante na CF/88.

Quanto à questão da reserva de plenário, a alegação se sustentou nos termos da CF/88, art. Art. 97, na premissa segundo a qual "somente pelo voto da maioria absoluta de seus membros ou dos membros do respectivo órgão especial poderão os tribunais declarar a inconstitucionalidade de lei ou ato normativo do Poder Público." Seria o caso, portanto, de declaração de nulidade da decisão recorrida. Entretanto, entendeu o Supremo pela aplicação do CPC/73, art. 249, § 2º, para ao invés de declarar a nulidade da decisão, avançar sobre o mérito[23].

No mérito, entendeu, em primeiro lugar, que o texto original da CF/88, art. 156, § 1º não se enquadrava na condição de cláusula pétrea, e portanto seria passível de alteração por Emenda Constitucional. Em segundo lugar, entendeu que a inovação trazida pela

---

23. CPC/73, Art. 249. O juiz, ao pronunciar a nulidade, declarará que atos são atingidos, ordenando as providências necessárias, a fim de que sejam repetidos, ou retificados. § 2º Quando puder decidir do mérito a favor da parte a quem aproveite a declaração da nulidade, o juiz não a pronunciará nem mandará repetir o ato, ou suprir-lhe a falta. [revogado pelo CPC/2015]

EC 29/2000 não provocou conflito com o texto original do dispositivo citado. Nos termos do voto do Ministro-Relator, a progressividade do IPTU já estava presente na redação original, ainda que de maneira restrita apenas à hipótese da progressividade para assegurar a função social da propriedade (progressividade no tempo). Por meio da Emenda apenas se ampliou o número de parâmetros com base nos quais se permite o estabelecimento da progressividade em matéria de IPTU.

◉ Fique atento:

- O objeto do presente RE não foi a progressividade fiscal do IPTU. Esta questão já se encontrava pacificada ao tempo deste julgamento, tendo sido produzida inclusive a Súmula 668, que estabeleceu a constitucionalidade do IPTU dotado de progressividade fiscal, a partir da EC 29/2000. O que se julgou no presente foram apenas os aspectos referentes a) à reserva de plenário para declaração de constitucionalidade de lei; e b) ao conflito de competência entre o texto original da CF/88, e o texto produto da Emenda, tudo conforme indicado na análise acima.

- Foi reconhecida repercussão geral da questão da progressividade fiscal do IPTU, antes da EC 29/2000, nos autos do RE 666.156, ainda não julgado.

- Sobre a progressividade em matéria de IPTU, vid. as análises dos RE 601.234 (Tema 155, nesta obra); e RE 602.347 (Tema 226, nesta obra).

- Sobre a progressividade em matéria de ITD, vid. a análise do RE 562.045 (Tema 21, nesta obra).

◉ Questões de Concurso relacionadas ao tema:

Questão 01 (Ano: 2015. Banca: CETAP. Órgão: MPCM. Prova: Analista – Direito) Quanto a progressividade do IPTU, pode-se afirmar:

a) A Constituição Federal de 1988 ao ser promulgada não prévia a progressividade do IPTU.

b) A Constituição Federal de 1988 ao ser promulgada prévia exclusivamente a progressividade do IPTU em razão do valor do imóvel, conforme previsão do art. 156, § 1°, I

c) A Constituição Federal de 1988 ao ser promulgada prévia exclusivamente a progressividade do IPTU no tempo, conforme previsão do art. 182, § 4°, II.

d) A Constituição Federal de 1988 ao ser promulgada prévia a progressividade do IPTU no tempo, conforme previsão do art. 182, § 4°, II e a relativa ao valor do imóvel, conforme previsão do art. 156, § 1°, I.

e) A Constituição Federal de 1988 ao ser emendada para inclusão da progressividade do IPTU em razão do valor do imóvel, extinguiu a progressividade do IPTU no tempo.

Questão 02 (Ano: 2009. Banca: TJ-RS. Órgão: TJ-RS. Prova: Juiz) À luz das disposições em vigor da Constituição Federal, com relação ao imposto sobre a propriedade predial e territorial urbana, é correto afirmar que

a) só é admitida sua progressividade fiscal.

b) só é admitida sua progressividade extrafiscal.

c) são admitidas tanto a sua progressividade fiscal quanto a extrafiscal.

d) é admitida sua progressividade, não se lhe aplicando, em consequência, a proibição de utilizar tributo com efeito de confisco.

e) não pode ser progressivo, por se tratar de imposto real.

Questão 03 (Ano: 2012. Banca: CESPE. Órgão: TCE-ES Prova: Auditor de Controle Externo) No que se refere ao imposto predial territorial urbano (IPTU) e ao ITR, julgue os itens subsequentes.

Sem prejuízo da progressividade no tempo como instrumento de política urbana, o IPTU será progressivo, em razão do valor do imóvel, e suas alíquotas, uniformes.

( ) Certo   ( ) Errado

> **Gabarito: 1-C; 2-C; 3-C**

Tema 155: "Progressividade do IPTU antes da Emenda Constitucional nº 29/2000."

Tese: "É inconstitucional a lei municipal que tenha estabelecido, antes da Emenda Constitucional 29/2000, alíquotas progressivas para o IPTU, salvo se destinada a assegurar o cumprimento da função social da propriedade urbana."

FICHA TÉCNICA	
Leading case:	**RE 601.234, produto da conversão do AI 712.743**
Descrição do caso feita pelo STF:	"Agravo de instrumento interposto contra decisão que inadmitiu recurso extraordinário em que se discute, à luz dos artigos 2º; 30, I e III; 145, § 1º, da Constituição Federal, a constitucionalidade, ou não, da cobrança progressiva do IPTU, instituída por lei municipal, antes da EC nº 29/2000."
Dispositivo(s) constitucional(is) envolvido(s):	"CF/88, art. 2º São Poderes da União, independentes e harmônicos entre si, o Legislativo, o Executivo e o Judiciário.
	Art. 30. Compete aos Municípios: I – legislar sobre assuntos de interesse local; III – instituir e arrecadar os tributos de sua competência, bem como aplicar suas rendas, sem prejuízo da obrigatoriedade de prestar contas e publicar balancetes nos prazos fixados em lei;
	Art. 145, § 1º Sempre que possível, os impostos terão caráter pessoal e serão graduados segundo a capacidade econômica do contribuinte, facultado à administração tributária, especialmente para conferir efetividade a esses objetivos, identificar, respeitados os direitos individuais e nos termos da lei, o patrimônio, os rendimentos e as atividades econômicas do contribuinte."

FICHA TÉCNICA	
Leading case:	**RE 601.234, produto da conversão do AI 712.743**
Data de reconhecimento da repercussão geral:	12/03/2009
Data de julgamento do mérito recursal:	12/03/2009
Houve unanimidade?	Sim
Data de publicação do acórdão de julgamento do recurso:	08/05/2009
Trânsito em julgado do acórdão:	Sem registro do trânsito em julgado
Houve Embargos de Declaração	Não
Data de julgamento dos Embargos de Declaração	–
Data de publicação dos Embargos de Declaração	–

⊙ Comentários:

Deu-se provimento a Agravo de Instrumento interposto pelo Município de Santos, tendo-se ademais convertido tal Agravo em Recurso Extraordinário, para declarar a inconstitucionalidade da progressividade do IPTU, antes da EC 29/2000.

Entendeu-se à unanimidade pela conversão do Agravo, a fim de efetivar o reconhecimento da repercussão geral, à vista da relevância econômica, social e jurídica da controvérsia.

Quanto à matéria objeto do julgamento, tratou de ratificar o entendimento do Tribunal, já firmado nos termos da Súmula 668:

> STF, Súmula 668: É inconstitucional a lei municipal que tenha estabelecido, antes da Emenda Constitucional 29/2000, alíquotas progressivas para o IPTU, salvo se destinada a assegurar o cumprimento da função social da propriedade urbana. [texto indicado à conversão em Súmula Vinculante, conforme PSV 96]

Para considerações mais detalhadas sobre a matéria, remete-se à análise do RE 586.693 (Tema 94), nesta obra.

⊙ Fique atento:

- Sobre a progressividade em matéria de IPTU, vid. a análise do RE 586.693 (Tema 94, nesta obra); e RE 602.347 (Tema 226, nesta obra).
- Sobre a progressividade em matéria de ITD, vid. a análise do RE 562.045 (Tema 21, nesta obra).

◉ Questões de Concurso relacionadas ao tema:

Questão 01 (Ano: 2008. Banca: CESPE. Órgão: HEMOBRÁS. Prova: Analista de Gestão Corporativa – Contador) Quanto aos preceitos constitucionais de tributação, julgue os itens subseqüentes.

O IPTU, de competência dos municípios, deve obedecer ao princípio constitucional da progressividade, sendo graduado segundo a capacidade econômica do contribuinte.

( ) Certo   ( ) Errado

Questão 02 (Ano: 2016. Banca: UFMT. Órgão: DPE-MT. Prova: Defensor Público) No tocante à aplicação da progressividade no tempo ao imposto sobre a propriedade territorial urbana (IPTU), é correto afirmar:

a) A progressividade urbanística do IPTU é compreendida como modalidade de tributação excessiva com efeito semelhante ao confiscatório, uma vez que sua finalidade precípua é retirar a propriedade imobiliária do particular para transferi-la ao Poder Público Municipal.

b) É medida com função nitidamente fiscal, pois visa aumentar a arrecadação do Município mediante aumento progressivo das alíquotas do IPTU.

c) A instituição da progressividade no tempo confere ao IPTU uma função extrafiscal para obtenção de certas metas que prevalecem sobre os fins meramente arrecadatórios de recursos monetários.

d) A cobrança progressiva no tempo do IPTU está relacionada com a função social da propriedade, razão pela qual atinge os proprietários de imóveis com menos tempo de utilização.

e) A progressividade urbanística do IPTU pode ser afastada quando o uso inadequado do imóvel for justificado pela falta de recursos financeiros de seu proprietário.

Questão 03 (Ano: 2015. Banca: VUNESP. Órgão: TJ-SP. Prova: Juiz Substituto) O Supremo Tribunal Federal, no julgamento do ARE 639632 AgR/MS, ao analisar a questão relativa à cobrança progressiva do IPTU estabeleceu alguns parâmetros e, de acordo com tal julgamento, é correto afirmar que

a) a parafiscalidade é o fenômeno por meio do qual se busca a concretização da função social da propriedade.

b) é inconstitucional o regime de alíquotas progressivas do IPTU com base no valor venal do imóvel.

c) a progressividade extrafiscal também tem previsão normativa no Estatuto da Cidade.

d) os pressupostos e condições para aplicação da progressividade extrafiscal e da progressividade fiscal devem ser os mesmos.

> **Gabarito: 1-E;2-C; 3-C**

Tema 211: "Necessidade de lei em sentido formal para a atualização do valor venal de imóveis."

Tese: "A majoração do valor venal dos imóveis para efeito da cobrança de IPTU não prescinde da edição de lei em sentido formal, exigência que somente se pode afastar quando a atualização não excede os índices inflacionários anuais de correção monetária."

FICHA TÉCNICA	
Leading case:	**RE 648.245**
Descrição do caso feita pelo STF:	"Agravo de instrumento interposto contra decisão que inadmitiu recurso extraordinário em que se discute, à luz do art. 150, I, da Constituição Federal, a necessidade, ou não, de lei em sentido formal para fins de atualização do valor venal de imóveis para o cálculo do Imposto Predial e Territorial Urbano – IPTU."
Dispositivo(s) constitucional(is) envolvido(s):	"CF/88, art. 150. Sem prejuízo de outras garantias asseguradas ao contribuinte, é vedado à União, aos Estados, ao Distrito Federal e aos Municípios: I – exigir ou aumentar tributo sem lei que o estabeleça;"
Data de reconhecimento da repercussão geral:	Em 27/07/2011 o Tribunal passou a considerar este RE como paradigma de repercussão geral do tema tratado, em substituição ao AI 764.518, cuja repercussão geral foi reconhecida em 23/10/2009
Data de julgamento do mérito recursal:	01/08/2013
Houve unanimidade?	Sim
Data de publicação do acórdão de julgamento do recurso:	24/02/2014
Trânsito em julgado do acórdão:	11/03/2014
Houve Embargos de Declaração	Não
Data de julgamento dos Embargos de Declaração	–
Data de publicação dos Embargos de Declaração	–

◉ Comentários:

Negou-se provimento ao Recurso Extraordinário interposto pelo Município de Belo Horizonte, para declarar a inconstitucionalidade da majoração do valor venal dos imóveis, para fins de incidência do IPTU, sem a edição de lei em sentido formal.

Tratou-se de ratificar o entendimento já consolidado na Corte, no sentido de que o aumento da base de cálculo de tributo somente se pode fazer em conformidade com o princípio da estrita legalidade tributária.

Também conforme jurisprudência formada naquela Casa, esclareceu-se que a majoração do valor venal não se confunde com a mera atualização monetária, esta sim passível de aplicação por meio de instrumento normativo infralegal (decreto, ato normativa administrativo).

O parâmetro fundamental da distinção entre o efetivo aumento da base de cálculo tributária, e a mera atualização monetária, por sua vez, vem a ser a observância dos índices de inflação oficiais, conforme definido na própria lei. Nos termos do voto do Ministro-relator:

> É firme o entendimento deste Tribunal no sentido de que a majoração do valor venal dos imóveis para efeito da cobrança de IPTU não prescinde da edição de lei, em sentido formal, exigência que somente se pode afastar quando a atualização não excede os índices inflacionários anuais de correção monetária.
>
> O princípio constitucional da reserva legal, previsto no inciso I do art. 150 da Constituição Federal, é claro ao vedar a exigência e o aumento de tributo sem lei que o estabeleça. Trata-se de prescrição fundamental do sistema tributário, que se coliga à própria ideia de democracia, aplicada aos tributos (*"no taxation without representation"*).
>
> Nesse mesmo diapasão, é cediço que os Municípios não podem alterar ou majorar, por decreto, a base de cálculo do imposto predial. Podem tão somente atualizar, anualmente, o valor dos imóveis, com base nos índices oficiais de correção monetária, visto que a atualização não constitui aumento de tributo (art. 97, § 1º, do Código Tributário Nacional) e, portanto, não se submete à reserva legal imposta pelo art. 150, inciso I, da Constituição Federal.

In casu, o STF verificou que o percentual aplicado pelo Município superou em muito o índice de inflação, vindo a configurar-se como verdadeiro aumento:

> Em vez de aplicar o percentual de 5,88%, correspondente à variação do IPCA/IBGE entre os meses de janeiro a dezembro de 2006, a Fazenda Municipal de Belo Horizonte, por meio do Decreto 12.262/2005, majorou o valor venal dos imóveis em questão em mais de 58%, no ano de 2006. (Acórdão, p. 07)

◉ Questões de Concurso relacionadas ao tema:

Questão 01 (Ano: 2014. Banca: INSTITUTO PRÓ-MUNICÍPIO. Órgão: Prefeitura de São Gonçalo do Amarante – CE. Prova: Procurador) O Código Tributário Nacional não prevê como matéria submetida à reserva legal:

a) Prazo para recolhimento e atualização monetária;

b) Atualização monetária e penalidades;

c) Penalidades e prazo para recolhimento;

d) Responsável tributário e alíquota;

e) Penalidade e sujeito passivo.

Questão 02 (Ano: 2015. Banca: FGV. Órgão: Prefeitura de Niterói – RJ. Prova: Agente Fazendário) Quanto ao Imposto sobre propriedade predial e territorial urbana – IPTU, a matéria que poderá ser veiculada por decreto é a:

a) redução das alíquotas;

b) majoração da base de cálculo;

c) atualização da base de cálculo, desde que por índice oficial de correção monetária;

d) redução da base de cálculo;

e) atualização da base de cálculo, por qualquer dos índices de preço adotados pelo mercado.

Questão 03: (Ano: 2013. Banca: CESPE. Órgão: PG-DF. Prova: Procurador). Decreto distrital X estipulou alíquota de IPTU em 0,3% para imóveis edificados com fins exclusivamente residenciais. Posteriormente, em razão da valorização do mercado imobiliário, foi editado o decreto distrital Y, que majorou o valor venal dos imóveis e alterou a alíquota de IPTU para 0,5%.

Com base nessa situação hipotética, julgue os itens seguintes.

Se a alteração da base de cálculo do IPTU em apreço decorresse de simples atualização monetária do valor venal do imóvel, não haveria infringência ao princípio da reserva legal.

( ) Certo   ( ) Errado

Gabarito: 1-A; 2-C; 3-C

Tema 226: "Cobrança do IPTU pela alíquota mínima nos casos de declaração da inconstitucionalidade da sua progressividade."

Tese: "Declarada inconstitucional a progressividade de alíquota tributária, é devido o tributo calculado pela alíquota mínima correspondente, de acordo com a destinação do imóvel."

FICHA TÉCNICA	
Leading case:	**RE 602.347**
Descrição do caso feita pelo STF:	"Recurso extraordinário em que se discute, à luz do art. 156, I, da Constituição Federal, a possibilidade, ou não, da cobrança do Imposto sobre Propriedade Territorial Urbana – IPTU pela menor alíquota, entre 1995 e 1999, nos casos de declaração da inconstitucionalidade da sua progressividade."

FICHA TÉCNICA	
Leading case:	**RE 602.347**
Dispositivo(s) constitucional(is) envolvido(s):	"CF/88, art. 156. Compete aos Municípios instituir impostos sobre: I – propriedade predial e territorial urbana;"
Data de reconhecimento da repercussão geral:	23/10/2009
Data de julgamento do mérito recursal:	04/11/2015
Houve unanimidade?	Não, vencido o Ministro Marco Aurélio
Data de publicação do acórdão de julgamento do recurso:	12/04/2016
Trânsito em julgado do acórdão:	18/06/2016
Houve Embargos de Declaração	Não
Data de julgamento dos Embargos de Declaração	–
Data de publicação dos Embargos de Declaração	–

⊚ Comentários:

Deu-se provimento ao Recurso Extraordinário interposto pelo Município de Belo Horizonte, para declarar a incidência do IPTU à alíquota mínima, naqueles casos em que se tenha declarado inconstitucional o regime progressivo de alíquotas do imposto.

O julgamento no presente RE realizou-se no contexto da discussão sobre a constitucionalidade do regime progressivo de alíquotas do IPTU, embora não se referisse ao seu mérito, posto que já consolidado no âmbito do STF, nos termos da Súmula 668:

> Súmula STF n. 668. É inconstitucional a lei municipal que tenha estabelecido, antes da Emenda Constitucional 29/2000, alíquotas progressivas para o IPTU, salvo se destinada a assegurar o cumprimento da função social da propriedade urbana.

O que se buscou no presente julgamento foi tão somente a delimitação dos efeitos deste entendimento, em termos de alíquota a ser aplicada. Havia clareza sobre o regime da progressividade do IPTU antes da EC 29/2000, porém, afastada a progressividade nos termos dispostos na súmula, não havia definição sobre qual alíquota se poderia aplicar. Conforme o voto do Ministro-relator, Edson Fachin,

> ...em homenagem à regra da congruência ou da adstrição, cumpre-se decidir somente se a inconstitucionalidade da progressividade de alíquotas inviabiliza a cobrança do IPTU, durante o lapso temporal anterior à reforma constitucional em discussão.

O Tribunal assentou inicialmente a premissa da constitucionalidade da incidência do IPTU, de modo a enfatizar que o entendimento sumulado referia-se tão somente à possibilidade de alíquotas progressivas. Recordou a teoria da divisibilidade das leis, e esclareceu que a inconstitucionalidade declarada teve um caráter parcial.

No tocante à alíquota aplicável, decidiu ser exigível a alíquota mínima prevista na lei municipal, "…de modo que o critério quantitativo da regra matriz de incidência tributária seja proporcional e o menos gravoso possível ao contribuinte".

◉ Síntese do debate constante do acórdão que fixou o precedente:

Argumentos favoráveis à tese fixada:	Argumentos contrários à tese fixada:
Ministro-relator Edson Fachin: "…acredito que assentar a exigibilidade de IPTU na alíquota mínima prevista em lei, referente a período anterior à EC 29/2000, mesmo que a progressividade das alíquotas tenha sido declarada inconstitucional por Tribunal de Justiça, revela-se a única solução possível que compatibilize a competência tributária dos municípios e a exação menos gravosa possível ao contribuinte, tudo isso sem incorrer em inconstitucionalidade, uma vez que o IPTU seria cobrado de forma proporcional."	Ministro-relator Marco Aurélio: "Se se conclui que, ante a edição da lei, gerando a progressividade e, portanto, alterando a lei pretérita regedora do IPTU, antes da Emenda Constitucional nº 29/2000, incide a inconstitucionalidade no todo. No que se mostrou conflitante com a Lei das leis, que é a Constituição Federal, surgiu natimorta. Logicamente, a cobrança... há de ser feita segundo a regência pretérita, anterior à lei nova, que criou a progressividade sem que o legislador local estivesse autorizado pela Carta da República."

◉ Fique atento:

- No presente julgamento houve incidente levantado pelo Ministro Marco Aurélio, digno de nota. Segundo o Ministro o tema tratado no RE não foi objeto de debate e decisão prévios, o que inviabilizaria o julgamento da matéria em grau de recurso, à falta do requisito do prequestionamento. Neste sentido, foi também voto vencido no sentido do não conhecimento do recurso.

- Sobre a progressividade em matéria de IPTU, vid. as análises dos RE 586.693 (Tema 94, nesta obra); e RE 601.234 (Tema 155, nesta obra).

- Sobre a progressividade em matéria de ITD, vid. a análise do RE 562.045 (Tema 21, nesta obra).

◉ Questões de Concurso relacionadas ao tema:

Questão 01 (Ano: 2014. Banca: FGV. Órgão: PGM – Niterói. Prova: Procurador do Município, 3ª Categoria (P3) Com relação à disciplina constitucional do Imposto sobre a Propriedade Predial e Territorial Urbana (IPTU), assinale V para a afirmativa verdadeira e F para a falsa.

( ) Pode ser progressivo no tempo.

( ) Pode ser progressivo em razão do valor do imóvel.

( ) Pode ter alíquota diferente de acordo com a localização e o uso do imóvel.

As afirmativas são, respectivamente,

a) V, V e V.

b) F, V e V.

c) F, F e F.

d) V, F e F.

e) V, V e F.

Questão 02 (Ano: 2012. Banca: ESAF. Órgão: **Receita Federal. Prova: Auditor Fiscal da Receita Federal)** O IPTU – imposto sobre a propriedade predial e territorial urbana, de competência dos Municípios e do Distrito Federal, possui as seguintes características, exceto:

a) pode ser progressivo em razão do valor venal do imóvel, o que permite calibrar o valor do tributo de acordo com índice hábil à mensuração da essencialidade do bem.

b) a progressividade de sua alíquota, com base no valor venal do imóvel, só é admissível para o fim de assegurar o cumprimento da função social da propriedade urbana.

c) é inconstitucional a lei do município que reduz o imposto predial urbano sobre imóvel ocupado pela residência do proprietário, que não possua outro.

d) pode ter diversidade de alíquotas no caso de imóvel edificado, não edificado, residencial ou comercial.

e) não se admite a progressividade fiscal decorrente da capacidade econômica do contribuinte, dada a natureza real do imposto.

Questão 03 (Ano: 2016. Banca: UFMT. Órgão: DPE-MT. Prova: Defensor Público) No tocante à aplicação da progressividade no tempo ao imposto sobre a propriedade territorial urbana (IPTU), é correto afirmar:

a) A progressividade urbanística do IPTU é compreendida como modalidade de tributação excessiva com efeito semelhante ao confiscatório, uma vez que sua finalidade precípua é retirar a propriedade imobiliária do particular para transferi-la ao Poder Público Municipal.

b) É medida com função nitidamente fiscal, pois visa aumentar a arrecadação do Município mediante aumento progressivo das alíquotas do IPTU.

c) A instituição da progressividade no tempo confere ao IPTU uma função extrafiscal para obtenção de certas metas que prevalecem sobre os fins meramente arrecadatórios de recursos monetários.

d) A cobrança progressiva no tempo do IPTU está relacionada com a função social da propriedade, razão pela qual atinge os proprietários de imóveis com menos tempo de utilização.

e) A progressividade urbanística do IPTU pode ser afastada quando o uso inadequado do imóvel for justificado pela falta de recursos financeiros de seu proprietário.

> **Gabarito: 1-A; 2-C; 3-C**

Tema 644: "Imunidade tributária recíproca quanto ao Imposto sobre Propriedade Territorial Urbana – IPTU incidente sobre imóveis de propriedade da Empresa Brasileira de Correios e Telégrafos – ECT."

Tese: "A imunidade tributária recíproca reconhecida à Empresa Brasileira de Correios e Telégrafos — ECT alcança o IPTU incidente sobre imóveis de sua propriedade e por ela utilizados, não se podendo estabelecer, *a priori*, nenhuma distinção entre os imóveis afetados ao serviço postal e aqueles afetados à atividade econômica."

FICHA TÉCNICA	
Leading case:	**RE 773.992**
Descrição do caso feita pelo STF:	"Agravo de decisão que inadmitiu recurso extraordinário em que se discute, à luz dos arts. 21, X; 150, VI, a, e §§ 2º e 3º; 173, § 2º e 177, da Constituição federal, o reconhecimento da imunidade recíproca relativamente ao Imposto sobre Propriedade Territorial Urbana – IPTU incidente sobre imóveis de propriedade da Empresa Brasileira de Correios e Telégrafos – ECT."
Dispositivo(s) constitucional(is) envolvido(s):	"CF/88, art. 21. Compete à União: X – manter o serviço postal e o correio aéreo nacional;
	Art. 150. Sem prejuízo de outras garantias asseguradas ao contribuinte, é vedado à União, aos Estados, ao Distrito Federal e aos Municípios: VI – instituir impostos sobre: a) patrimônio, renda ou serviços, uns dos outros; § 2º A vedação do inciso VI, "a", é extensiva às autarquias e às fundações instituídas e mantidas pelo Poder Público, no que se refere ao patrimônio, à renda e aos serviços, vinculados a suas finalidades essenciais ou às delas decorrentes. § 3º As vedações do inciso VI, "a", e do parágrafo anterior não se aplicam ao patrimônio, à renda e aos serviços, relacionados com exploração de atividades econômicas regidas pelas normas aplicáveis a empreendimentos privados, ou em que haja contraprestação ou pagamento de preços ou tarifas pelo usuário, nem exonera o promitente comprador da obrigação de pagar imposto relativamente ao bem imóvel.
	Art. 173, § 2º As empresas públicas e as sociedades de economia mista não poderão gozar de privilégios fiscais não extensivos às do setor privado.
	Art. 177. Constituem monopólio da União:"
Data de reconhecimento da repercussão geral:	Em 03/10/2013 este RE assumiu a condição de paradigma da repercussão geral, em substituição ao ARE 643.686, cuja repercussão geral foi reconhecida em 12/04/2013
Data de julgamento do mérito recursal:	15/10/2014

FICHA TÉCNICA	
Leading case:	**RE 773.992**
Houve unanimidade?	Não, vencidos os Ministros Roberto Barroso e Marco Aurélio
Data de publicação do acórdão de julgamento do recurso:	19/02/2015
Trânsito em julgado do acórdão:	16/02/2017
Houve Embargos de Declaração	Sim
Data de julgamento dos Embargos de Declaração	09/11/2016
Data de publicação dos Embargos de Declaração	29/11/2016

◉ Comentários:

Negou-se provimento ao Recurso Extraordinário interposto pelo Município do Salvador, para declarar a constitucionalidade da imunidade recíproca em favor da Empresa Brasileira de Correios e Telégrafos — ECT (CORREIOS), que alcança o IPTU incidente sobre imóveis de sua propriedade e por ela utilizados, não se podendo estabelecer, a priori, nenhuma distinção entre os imóveis afetados ao serviço postal e aqueles afetados à atividade econômica.

No presente RE o STF tratou de reiterar entendimento já consolidado no sentido da aplicação da imunidade tributária recíproca em favor de Correios. A questão fundamental encontra-se, inicialmente, na amplitude de tal imunidade, na medida em que a CF/88, art. 150, VI, refere-se apenas a entes políticos (alínea 'a') e respectivas autarquias e fundações (§ 2º), enquanto destinatários da norma:

> Art. 150. Sem prejuízo de outras garantias asseguradas ao contribuinte, é vedado à União, aos Estados, ao Distrito Federal e aos Municípios:
>
> VI – instituir impostos sobre:
>
> a) patrimônio, renda ou serviços, uns dos outros;
>
> § 2º A vedação do inciso VI, "a", é extensiva às autarquias e às fundações instituídas e mantidas pelo Poder Público, no que se refere ao patrimônio, à renda e aos serviços, vinculados a suas finalidades essenciais ou às delas decorrentes.
>
> § 3º As vedações do inciso VI, "a", e do parágrafo anterior não se aplicam ao patrimônio, à renda e aos serviços, relacionados com exploração de atividades econômicas regidas pelas normas aplicáveis a empreendimentos privados, ou em que haja contraprestação ou pagamento de preços ou tarifas pelo usuário, nem exonera o promitente comprador da obrigação de pagar imposto relativamente ao bem imóvel.

O Tribunal, entretanto, tem posicionamento histórico no sentido de também incluir no âmbito de aplicação da norma empresas públicas, a exemplo de Correios. Entende, tal e como reiterado no presente julgado, que realizam serviços essenciais, e que a imunidade deve-se estender não apenas aos serviços que realiza e que são objeto de monopólio da União.

Neste RE, a ênfase do julgamento deu-se no tocante à aplicação da imunidade tributária recíproca no que se refere ao IPTU, e mais precisamente no que se refere à incidência sobre imóveis que estejam afetos a atividades outras que não aquelas que dizem respeito aos serviços postais prestados pela empresa.

O Tribunal considerou que nesses casos é necessária a prova, a cargo da autoridade fazendária, de que o imóvel encontra-se efetivamente desatrelado das funções que são características a Correios, não cabendo presunção para fins de afastamento da imunidade:

> 3. Não se pode estabelecer, a priori, nenhuma distinção entre os imóveis afetados ao serviço postal e aqueles afetados à atividade econômica.
>
> 4. Na dúvida suscitada pela apreciação de um caso concreto, acerca, por exemplo, de quais imóveis estariam afetados ao serviço público e quais não, não se pode sacrificar a imunidade tributária do patrimônio da empresa pública, sob pena de se frustrar a integração nacional.
>
> 5. As presunções sobre o enquadramento originariamente conferido devem militar a favor do contribuinte. Caso já lhe tenha sido deferido o status de imune, o afastamento dessa imunidade só pode ocorrer mediante a constituição de prova em contrário produzida pela Administração Tributária. (Ementa)

Houve, por fim, a preocupação de se delimitar, nos termos do voto do ministro-relator, o reconhecimento da imunidade recíproca em favor de Correios no que se refere ao IPTU sobre imóveis de sua propriedade e por ele utilizados.

Os Embargos de Declaração interpostos pelo Município do Salvador foram rejeitados, por considerar-se inexistentes quaisquer dos vícios indicados no CPC, art. 535.

◉ Síntese do debate constante do acórdão que fixou o precedente:

Argumentos favoráveis à tese fixada:	Argumentos contrários à tese fixada:
Ministro-relator Dias Toffoli: "...a prevalecer o entendimento pelo não reconhecimento da imunidade relativamente ao IPTU, seria necessário destacar quais os imóveis se destinariam às finalidades essenciais da entidade e quais não, ficando o Fisco incumbido, ainda, de identificar quais seriam os estabelecimentos destinados exclusivamente à exploração de atividades não cobertas pelo regime de privilégio, sendo notório que os imóveis normalmente abrigam várias atividades, indistintamente. ...o afastamento dessa imunidade só pode ocorrer mediante a constituição de prova em contrário produzida pela Administração Tributária."	Ministro Marco Aurélio: "não me consta que, no caso, empresa pública ou sociedade de economia mista seja ente político; não me consta que uma dessas pessoas jurídicas de direito privado possa se considerar titular da capacidade ativa tributária. Por isso, é impróprio – há, aqui, conflito terminológico – cogitar-se da imunidade recíproca que, como está na cabeça do artigo 150 do Diploma Maior, diz respeito à União, Estados, Distrito Feral e municípios."

Argumentos favoráveis à tese fixada:	Argumentos contrários à tese fixada:
	Ministro Luís Roberto Barroso: "a Constituição não reservou para o serviço postal uma natureza de serviço público. O serviço postal já foi serviço público. No início do século, quando só o Estado tinha infraestrutura e capacidade para prestar esse tipo de serviço, quando só o Correio Aéreo Nacional podia ter aviões que transportassem correspondência, acho que era inequivocamente um serviço público. Mas, com a evolução histórica e tecnológica, eu penso que deixou de ser serviço público e passou a ser uma atividade econômica, ao ponto de a legislação específica se referir à atividade de serviço postal como sendo um monopólio. A lei ordinária se refere, que é anterior à Constituição de 1988, como sendo um monopólio. Evidentemente, se a lei se refere a monopólio, é porque não é serviço público, porque o serviço público é um monopólio por sua própria natureza. E, se era um monopólio, e não foi previsto como tal pela Constituição de 1988, porque não consta do elenco dos monopólios, que são petróleo e energia nuclear, resseguro, eu acho que é atividade privada que não foi recepcionada como monopólio."

◉ Fique atento:

- A Lei 6.538/78, art. 9º, elenca as atividades postais cuja realização encontra-se submetida a monopólio da União, estando a quebra de tal monopólio sujeita a pena de até dois meses de detenção, ou multa. Entretanto, no presente RE, conforme indicado anteriormente, não se condicionou a aplicação da imunidade recíproca apenas a tais serviços.

- Foram editadas pelo STF as seguintes súmulas referentes à imunidade tributária recíproca:

   Súmula STF 73 de 13.12.1963. A imunidade das autarquias, implicitamente contida no art. 31, V, "a", da Constituição Federal, abrange tributos estaduais e municipais. [refere-se à CF/1946]

   Súmula STF 75 de 13.12.1963. Sendo vendedora uma autarquia, a sua imunidade fiscal não compreende o imposto de transmissão "inter vivos", que é encargo do comprador.

   Súmula STF 76, de 13.12.1963. As sociedades de economia mista não estão protegidas pela imunidade fiscal do art. 31, V, "a", Constituição Federal. [refere-se à CF/1946]

   Súmula STF 336, de 13.12.1963. A imunidade da autarquia financiadora, quanto ao contrato de financiamento, não se estende à compra e venda entre particulares, embora constantes os dois atos de um só instrumento.

   Súmula STF 468, de 01.10.1964. Após a E. C. nº 5 de 21.11.61, em contrato firmado com a União, Estado, Município ou autarquia, é devido o impôsto federal de sêlo pelo contratante não protegido pela imunidade, ainda que haja repercussão do ônus tributário sôbre o patrimônio daquelas entidades. [refere-se à CF/1946]

- No RE 601.392 (Tema 235) foi julgada a questão da imunidade recíproca de Correios, mesmo nos casos em que o serviço não seja prestado em regime de monopólio. Vid. a análise neste estudo.

- No RE 627.051 (Tema 402) foi julgada a questão da imunidade recíproca em matéria de ICMS sobre serviço de entrega de encomendas realizado por Correios. Vid. a análise neste estudo.

- Sobre os limites da imunidade recíproca, no que se refere às Sociedades de Economia Mista que prestam serviços de saúde exclusivamente ao SUS, vid. a análise do RE 580.264 (Tema 115), neste estudo.

- Quanto à imunidade recíproca da INFRAERO em matéria de ISS, vid. análise do AgrRE 638.315 (Tema 412), nesta obra.

- Sobre a possibilidade de aplicação da retroativa da imunidade tributária recíproca, naqueles casos em que o ente público apareça como sucessor da dívida tributária, nos termos do CTN, art. 130, vid. a análise do RE 599.176 (Tema 224), neste estudo.

⊚ Questões de Concurso relacionadas ao tema:

Questão 01 (Ano: 2016. Banca: FUNRIO. Órgão: Prefeitura de Trindade – GO. Prova: Procurador Municipal) Em relação à cobrança do IPTU pelos Municípios e às imunidades tributárias, é correto afirmar que:

a) Agência da Empresa Brasileira de Correios e Telégrafos está imune à cobrança, desde que o imóvel seja de sua propriedade.

b) Agência da Empresa Brasileira de Correios e Telégrafos está sujeita à cobrança, mesmo desempenhando serviço de utilidade pública.

c) Os imóveis de partidos políticos estão sujeitos à cobrança, em qualquer situação, por não se enquadrarem em nenhuma das hipóteses de imunidade.

d) Agência da Empresa Brasileira de Correios e Telégrafos, ainda que de propriedade de particular franqueado, está imune à cobrança, uma vez que se protege o serviço público exclusivo.

e) É vedada a cobrança sobre o imóvel sede de partido político por força de imunidade constitucional, voltando, entretanto, a incidir o imposto no exercício seguinte à desafetação do imóvel.

Questão 02 (Ano: 2015. Banca: FAUEL. Órgão: Câmara Municipal de Marialva – PR. Prova: Advogado) A Constituição Federal de 1988 prevê a competência tributária dos entes federativos, atribuindo aos Municípios a competência para a instituição de impostos sobre a propriedade predial e territorial urbana (IPTU). A respeito do IPTU, considerando-se o tratamento legal e a jurisprudência consolidada do Supremo Tribunal Federal sobre o tema, é correto afirmar:

a) A majoração do IPTU não depende de edição de lei em sentido formal, podendo ser realizada por ato do Poder Executivo.

b) A Empresa Brasileira de Correios e Telégrafos (ECT), segundo entendimento do Supremo Tribunal Federal, não goza de imunidade tributária relativa a imposto incidente sobre a propriedade, por se tratar de pessoa jurídica de direito privado.

c) Antes da EC 29/200 apenas era constitucional a tributação progressiva, com fins extrafiscais, baseada na capacidade contributiva ou na seletividade e, após a referida emenda, passou a ser prevista, também, a seletividade com objetivo de cumprimento da função social da propriedade.

d) É inconstitucional a lei municipal que tenha estabelecido, antes da EC 29/2000, alíquotas progressivas para o IPTU, salvo se destinada a assegurar o cumprimento da função social da propriedade urbana.

> **Gabarito: 1-A; 2-D**

Tema 693: "Incidência do IPTU sobre lotes vagos de propriedade de instituições de educação e de assistência social sem fins lucrativos."

Tese: "A imunidade tributária prevista no art. 150, VI, c, da CF/88 aplica-se aos bens imóveis, temporariamente ociosos, de propriedade das instituições de educação e de assistência social sem fins lucrativos que atendam os requisitos legais."

FICHA TÉCNICA	
Leading case:	**RE 767.332**
Descrição do caso feita pelo STF:	"Recurso extraordinário em que se discute, à luz do art. 150, VI, c, e § 4°, da Constituição federal, a possibilidade de incidência do IPTU sobre a propriedade de bens imóveis temporariamente ociosos de titularidade de instituições de educação e de assistência social sem fins lucrativos."
Dispositivo(s) constitucional(is) envolvido(s):	"CF/88, art. 150. Sem prejuízo de outras garantias asseguradas ao contribuinte, é vedado à União, aos Estados, ao Distrito Federal e aos Municípios: VI – instituir impostos sobre: c) patrimônio, renda ou serviços dos partidos políticos, inclusive suas fundações, das entidades sindicais dos trabalhadores, das instituições de educação e de assistência social, sem fins lucrativos, atendidos os requisitos da lei; § 4° As vedações expressas no inciso VI, alíneas "b" e "c", compreendem somente o patrimônio, a renda e os serviços, relacionados com as finalidades essenciais das entidades nelas mencionadas."
Data de reconhecimento da repercussão geral:	01/11/2013
Data de julgamento do mérito recursal:	01/11/2013

FICHA TÉCNICA	
Leading case:	**RE 767.332**
Houve unanimidade?	Não, vencido o Ministro Marco Aurélio
Data de publicação do acórdão de julgamento do recurso:	22/11/2013
Trânsito em julgado do acórdão:	04/12/2013
Houve Embargos de Declaração	Não
Data de julgamento dos Embargos de Declaração	–
Data de publicação dos Embargos de Declaração	–

◉ Comentários:

Negou-se provimento ao Recurso Extraordinário interposto pelo Município de Belo Horizonte, para declarar a constitucionalidade da imunidade tributária sobre bens imóveis, temporariamente ociosos, de propriedade das instituições de educação e de assistência social sem fins lucrativos que atendam aos requisitos legais.

A discussão desenvolveu-se em torno da imunidade tributária das instituições de educação e de assistência social, sem fins lucrativos, prevista na **CF/88, art.** 150, VI, 'c', em matéria de IPTU. De forma mais precisa, o julgado concentrou-se na questão da aplicabilidade da imunidade no tocante aos imóveis pertencentes a tais entidades, porém desocupados, à luz do disposto no § 4º do dispositivo mencionado:

> **CF/88, art.** 150, VI, 'c', § 4º As vedações expressas no inciso VI, alíneas "b" e "c", compreendem somente o patrimônio, a renda e os serviços, relacionados com as finalidades essenciais das entidades nelas mencionadas."

O STF tratou de reiterar entendimento já estabelecido em outras ocasiões, no sentido da inafastabilidade da imunidade mesmo no caso de os imóveis da entidade estarem temporariamente desocupados, sendo tal circunstância insuficiente para denegar o reconhecimento do benefício.

Tal entendimento encontra-se alinhado com outros juízos já consolidados, também referentes à imunidade das instituições da área de educação e assistência. São os casos dos julgamentos que reconhecem imunidade em favor de imóveis que servem de moradia aos integrantes da entidade; bem como dos imóveis destas instituições, alugados a terceiros, desde que os aluguéis sejam aplicados em suas finalidades institucionais, este último nos termos da Súmula STF 724:

> Súmula STF n. 724. Ainda quando alugado a terceiros, permanece imune ao IPTU o imóvel pertencente a qualquer das entidades referidas pelo art. 150, VI, c, da Constituição, desde que o valor dos aluguéis seja aplicado nas atividades essenciais de tais entidades.

A divergência exposta pelo Ministro Marco Aurélio restringiu-se à discordância quanto ao julgamento do mérito por meio do Plenário Virtual, por entender exigível a presença física dos membros do Tribunal.

◉ Síntese do debate constante do acórdão que fixou o precedente:

Argumentos favoráveis à tese fixada:	Argumentos contrários à tese fixada:
Ministro-relator Gilmar Mendes: "A orientação consolidada na jurisprudência deste Tribunal é no sentido de que a imunidade conferida às entidades de educação sem fins lucrativos, prevista no art. 150, VI, c, da Constituição, é de natureza subjetiva e incide sobre quaisquer bens, patrimônio ou serviços dessas instituições, desde que vinculados às suas atividades essenciais. ...o fato de os lotes encontrarem-se temporariamente vagos, por si só, não é razão suficiente para afastar a imunidade do art. 150, VI, c, da CF. Ou seja, não é lícito às municipalidades cobrar IPTU em relação aos imóveis de propriedade das instituições de educação e de assistência social, sem fins lucrativos, ainda que se trate de lotes vagos."	Procuradoria do Município de Belo Horizonte: "Imóvel vago não se encontra vinculado às finalidades essenciais da entidade assistencial."

◉ Fique atento:

- Sobre a imunidade de entidades sem fins lucrativos cf. as análises do RE 566.622 (Tema 32), RE 608.872 (Tema 342) e RE 636.941 (Tema 432), nesta obra.

- A Súmula n° 724 do STF foi convertida na Súmula Vinculante n° 52, com a seguinte redação: "Ainda quando alugado a terceiros, permanece imune ao IPTU o imóvel pertencente a qualquer das entidades referidas pelo art. 150, VI, "c", da Constituição Federal, desde que o valor dos aluguéis seja aplicado nas atividades para as quais tais entidades foram constituídas."

◉ Questões de Concurso relacionadas ao tema:

Questão 01 (Ano: 2013 Banca: FCC Órgão: SEFAZ-SP Prova: Agente Fiscal de Rendas – Gestão Tributária) A imunidade tributária:

a) conferida a instituições de assistência social sem fins lucrativos pela Constituição Federal somente alcança as entidades fechadas de previdência social privada se não houver contribuição dos beneficiários.

b) recíproca é aplicável às autarquias e empresas públicas que prestem inequívoco serviço público, desde que distribuam lucros e tenham por objetivo principal conceder acréscimo patrimonial ao poder público.

c) não abrange renda obtida pela instituição de assistência social, por meio de cobrança de estacionamento de veículos em área interna da entidade, destinada ao custeio das atividades desta.

d) não abrange a renda obtida pelo SESC na prestação de serviços de diversão pública, mediante a venda de ingressos de cinema ao público em geral, e aproveitada em suas finalidades assistenciais.

e) não abrange IPTU de imóvel pertencente a entidades sindicais dos trabalhadores, quando alugado a terceiros, mesmo que o valor dos aluguéis seja aplicado nas atividades essenciais de tais entidades.

Questão 02. (Ano: 2005 Banca: ESAF Órgão: Receita Federal Prova: Auditor Fiscal da Receita Federal – Área Tecnologia da Informação – Prova 2) No tocante às imunidades tributárias conferidas às instituições de assistência social sem fins lucrativos, só uma afirmação não pode ser feita:

a) É subordinada, entre outros, ao requisito de que apliquem integralmente no País os seus recursos na manutenção de seus objetivos institucionais, ou de outros que com estes guardem semelhança.

b) Somente alcançam as entidades fechadas de previdência social privada se não houver contribuição dos beneficiários.

c) Não excluem a atribuição, por lei, às instituições de assistência social, da condição de responsáveis pelos tributos que lhes caiba reter na fonte.

d) Não dispensa tais entidades do cumprimento de obrigações tributárias acessórias, como a de manterem escrituração de suas receitas e despesas em livros revestidos de formalidades capazes de assegurar sua exatidão.

e) Ainda quando alugado a terceiros, permanece imune ao IPTU o imóvel pertencente a tais instituições, desde que o valor dos aluguéis seja aplicado nas atividades essenciais de tais entidades.

Questão 03 (Ano: 2010 Banca: PUC-PR Órgão: COPEL Prova: Advogado Júnior) Sobre imunidade tributária, assinale a INCORRETA:

a) A União, os Estados, o Distrito Federal e os Municípios podem cobrar impostos das instituições de assistência social sem fins lucrativos.

b) É vedado à União, aos Estados, ao Distrito Federal e aos Municípios instituir impostos sobre patrimônio, renda ou serviços, uns dos outros;

c) A União, os Estados, o Distrito Federal e os Municípios não poderão cobrar imposto das instituições de educação sem fins lucrativos.

d) É vedado à União, aos Estados, ao Distrito Federal e aos Municípios instituir impostos sobre os templos de qualquer culto.

e) É vedado à União, aos Estados, ao Distrito Federal e aos Municípios instituir imposto sobre livros, jornais, e o papel destinado a sua impressão.

> **Gabarito: 1-A; 2-A; 3-A**

10.27. CONTRIBUIÇÃO PREVIDENCIÁRIA

Tema 20: "Alcance da expressão "folha de salários", para fins de instituição de contribuição social sobre o total das remunerações."

Tese: "A contribuição social a cargo do empregador incide sobre ganhos habituais do empregado, quer anteriores ou posteriores à Emenda Constitucional n° 20/1998."

FICHA TÉCNICA	
Leading case:	RE 565.160
Descrição do caso feita pelo STF:	"Recurso extraordinário em que se discute, à luz dos artigos 146; 149; 154, I; e 195, I e § 4°, da Constituição Federal, o alcance da expressão "folha de salários", contida no art. 195, I, da Constituição Federal, e, por conseguinte, a constitucionalidade, ou não, do art. 22, I, da Lei n° 8.212/91, com a redação dada pela Lei n° 9.876/99, que instituiu contribuição social sobre o total das remunerações pagas, devidas ou creditadas a qualquer título aos empregados."
Dispositivo(s) constitucional(is) envolvido(s):	"CF/88, art. 195. A seguridade social será financiada por toda a sociedade, de forma direta e indireta, nos termos da lei, mediante recursos provenientes dos orçamentos da União, dos Estados, do Distrito Federal e dos Municípios, e das seguintes contribuições sociais: I – do empregador, da empresa e da entidade a ela equiparada na forma da lei, incidentes sobre: (Redação dada pela EC 20/1998) a) a folha de salários e demais rendimentos do trabalho pagos ou creditados, a qualquer título, à pessoa física que lhe preste serviço, mesmo sem vínculo empregatício; (Incluído pela EC 20/1998)"
Data de reconhecimento da repercussão geral:	17/12/2007
Data de julgamento do mérito recursal:	29/03/2017
Houve unanimidade?	Sim
Data de publicação do acórdão de julgamento do recurso:	Acórdão ainda não divulgado na página do STF
Trânsito em julgado do acórdão:	Ainda pendente de trânsito em julgado
Houve Embargos de Declaração	Não, até o momento de publicação desta obra

FICHA TÉCNICA	
Leading case:	**RE 565.160**
Data de julgamento dos Embargos de Declaração	–
Data de publicação dos Embargos de Declaração	–

◉ Comentários:

Negou-se provimento ao Recurso Extraordinário interposto por contribuinte, para declarar a constitucionalidade da incidência de contribuição social sobre ganhos habituais do empregado, quer anteriores ou posteriores à Emenda Constitucional nº 20/1998.

Tratou-se de analisar os limites conceituais da expressão "folha de salários", constante na CF/88, art. 195, I, 'a', para fins de incidência de contribuição social, firmando o Tribunal o entendimento de que a mesma refere-se aos ganhos habituais em favor do empregado.

O Acórdão ainda não havia sido divulgado ao tempo desta análise, o que impossibilitou a realização de maiores considerações sobre o julgado.

◉ Questões de Concurso relacionadas ao tema:

Questão 01 (Ano: 2011. Banca: CESPE. Órgão: TRF – 3ª REGIÃO. Prova: Juiz Federal) Considere que, em determinada autarquia estadual cuja finalidade essencial seja a prestação de serviços à população mediante pagamento de tarifas pelos beneficiários, a prestação dos serviços não configure exploração de atividade econômica regida pelas normas aplicáveis a empreendimentos privados. Nesse caso, a autarquia

a) deve pagar as contribuições sociais de natureza previdenciária sobre a folha de salários de empregados regidos pela CLT.

b) é imune ao pagamento da contribuição social sobre o lucro líquido.

c) é imune ao pagamento do imposto predial e territorial urbano.

d) deve pagar o imposto sobre a transmissão onerosa de bens imóveis caso venda algum imóvel.

e) fica imune ao pagamento de imposto sobre a transmissão onerosa de bens imóveis caso compre algum imóvel.

Questão 02 (Ano: 2010. Banca: FGV. Órgão: SEFAZ-RJ. Prova: Fiscal de Rendas) Em relação às normas constitucionais relativas às *contribuições previdenciárias*, examine as afirmativas a seguir.

I. A seguridade social será financiada, dentre outras, por contribuições a cargo do empregador, da empresa e da entidade a ela equiparada na forma da lei, incidentes sobre a folha de salários e demais rendimentos do trabalho pagos ou creditados, a qualquer título, à pessoa física que lhe preste serviço, desde que com vínculo empregatício.

II. As contribuições do empregador, da empresa e da entidade a ela equiparada poderão ter alíquotas ou bases de cálculo diferenciadas, em razão da atividade econômica, da utilização intensiva de mão de obra, do porte da empresa ou da condição estrutural do mercado de trabalho.

III. A lei definirá os setores de atividade econômica para os quais as contribuições incidentes sobre a receita ou faturamento serão não cumulativas.

Assinale:

a) se todas as afirmativas estiverem corretas.

b) se somente afirmativa II estiver correta.

c) se somente as afirmativas I e II estiverem corretas.

d) se somente as afirmativas II e III estiverem corretas.

e) se somente as afirmativas I e III estiverem corretas.

Questão 03 (Ano: 2011. Banca: FGV. Órgão: SEFAZ-RJ. Prova: Auditor Fiscal da Receita Estadual) Acerca do princípio da anterioridade tributária, assinale a alternativa correta.

a) A contribuição social sobre o lucro e a contribuição social sobre a folha de salários estão sujeitas ao princípio da anterioridade mitigada ou nonagesimal.

b) A majoração do imposto incidente sobre a importação de produtos estrangeiros e do imposto territorial rural não estão sujeitos ao princípio da anterioridade.

c) A cobrança de qualquer tributo só poderá ser realizada um ano após a sua criação, em decorrência da previsão constitucional do princípio da anterioridade.

d) A cobrança de qualquer tributo só poderá ser realizada um ano após a publicação da lei que o criou, em decorrência da previsão constitucional do princípio da anterioridade.

e) Imposto extraordinário, no caso de guerra externa, não observa o princípio da anterioridade, mas deve respeitar a anterioridade nonagesimal.

> **Gabarito: 1-A; 2-D; 3-A**

Tema 55: "Reserva de lei complementar estadual de contribuição compulsória para custeio de assistência médico-hospitalar."

Tese: "I – Os Estados membros possuem competência apenas para a instituição de contribuição voltada ao custeio do regime de previdência de seus servidores. Falece-lhes, portanto, competência para a criação de contribuição ou qualquer outra espécie tributária destinada ao custeio de serviços médicos, hospitalares, farmacêuticos e odontológicos prestados aos seus servidores; II – Não há óbice constitucional à prestação, pelos Estados, de serviços de saúde a seus servidores, desde que a adesão a esses planos seja facultativa."

FICHA TÉCNICA	
Leading case:	**RE 573.540**
Descrição do caso feita pelo STF:	"Recurso extraordinário em que se discute, à luz dos artigos 18; 24, XII; 25, §§ 1º, 2º, 3º; 149, § 1º; e 195, § 4º, da Constituição Federal, a constitucionalidade, ou não, da contribuição compulsória para o custeio dos serviços de assistência médica, hospitalar, odontológica e farmacêutica, instituída pela Lei Complementar estadual nº 64/2002."
Dispositivo(s) constitucional(is) envolvido(s):	"CF/88, art. 18. A organização político-administrativa da República Federativa do Brasil compreende a União, os Estados, o Distrito Federal e os Municípios, todos autônomos, nos termos desta Constituição.
	Art. 24, Compete à União, aos Estados e ao Distrito Federal legislar concorrentemente sobre:
	XII – previdência social, proteção e defesa da saúde;
	Art. 25. Os Estados organizam-se e regem-se pelas Constituições e leis que adotarem, observados os princípios desta Constituição.
	§ 1º São reservadas aos Estados as competências que não lhes sejam vedadas por esta Constituição.
	§ 2º Cabe aos Estados explorar diretamente, ou mediante concessão, os serviços locais de gás canalizado, na forma da lei, vedada a edição de medida provisória para a sua regulamentação. (Redação dada pela EC nº 5/1995)
	§ 3º Os Estados poderão, mediante lei complementar, instituir regiões metropolitanas, aglomerações urbanas e microrregiões, constituídas por agrupamentos de municípios limítrofes, para integrar a organização, o planejamento e a execução de funções públicas de interesse comum.
	Art. 149. Compete exclusivamente à União instituir contribuições sociais, de intervenção no domínio econômico e de interesse das categorias profissionais ou econômicas, como instrumento de sua atuação nas respectivas áreas, observado o disposto nos arts. 146, III, e 150, I e III, e sem prejuízo do previsto no art. 195, § 6º, relativamente às contribuições a que alude o dispositivo.
	§ 1º Os Estados, o Distrito Federal e os Municípios instituirão contribuição, cobrada de seus servidores, para o custeio, em benefício destes, do regime previdenciário de que trata o art. 40, cuja alíquota não será inferior à da contribuição dos servidores titulares de cargos efetivos da União. (Redação dada pela EC nº 41/2003)
	Art. 195, § 4º A lei poderá instituir outras fontes destinadas a garantir a manutenção ou expansão da seguridade social, obedecido o disposto no art. 154, I."
Data de reconhecimento da repercussão geral:	04/04/2008
Data de julgamento do mérito recursal:	14/04/2010

FICHA TÉCNICA	
Leading case:	**RE 573.540**
Houve unanimidade?	Sim
Data de publicação do acórdão de julgamento do recurso:	11/06/2010
Trânsito em julgado do acórdão:	23/06/2010
Houve Embargos de Declaração	Não
Data de julgamento dos Embargos de Declaração	–
Data de publicação dos Embargos de Declaração	–

◉ Comentários:

Negou-se provimento ao Recurso Extraordinário interposto pelo Instituto de Previdência dos Servidores do Estado de Minas Gerais (IPSEMG), para declarar a inconstitucionalidade da Lei Complementar 62/2002, art. 85, do mesmo Estado.

O dispositivo da LC estadual instituía uma contribuição de caráter compulsório, nos termos do art. 85, § 5º, com um regime de alíquotas variáveis em função do valor dos proventos do servidor. À vista do caráter compulsório, o Tribunal entendeu pela "nítida natureza tributária" da exação.

Firmada tal premissa, verificou que a CF/88, art. 149, atribui à União competência exclusiva para instituir contribuições sociais, de intervenção no domínio econômico e de interesse das categorias profissionais e econômicas. Indicou ainda que a **única** exceção, contida no § 1º do mesmo art. 149, refere-se **à** possibilidade de Estados, Municípios e Distrito Federal instituírem contribuições previdenciárias em benefício dos servidores, nos moldes do art. 40, CF/88:

> Os Estados-membros podem instituir apenas contribuição que tenha por finalidade o custeio do regime de previdência de seus servidores. A expressão "regime previdenciário" não abrange a prestação de serviços médicos, hospitalares, odontológicos e farmacêuticos.

O Tribunal esclareceu, finalmente, ser possível a criação de "plano de saúde" pelo Estado, desde que em regime de adesão voluntária.

◉ Fique atento:

- A competência concorrente entre União, Estados e Distrito Federal, em matéria de previdência social, proteção e defesa da saúde, prevista na CF/88, art. 24, XII, não confere a tais entes a competência para a instituição de tributos, ainda que tenham como finalidade o custeio ações na área de Seguridade Social.

Sobre este aspecto, o STF esclarece, no RE aqui analisado, que "a competência, privativa ou concorrente, para legislar sobre determinada matéria não implica automaticamente a competência para a instituição de tributos. Os entes federativos somente podem instituir os impostos e as contribuições que lhes forem expressamente outorgados pela constituição." (item II da Ementa)

- O critério da compulsoriedade enquanto requisito característico na definição da natureza jurídica tributária de determinada exação, também foi objeto de análise do STF no RE 576.189, ocasião na qual o Tribunal entendeu pela inexistência da obrigatoriedade do Encargo de Capacidade Emergencial, e destarte considerou-o figura não tributária (vid. análise do RE 576.189, tema 46, neste trabalho)

- Sobre a reserva de Lei Complementar em matéria contribuições, vid. os seguintes RE, neste trabalho: RE 560.626 (Tema 2); RE 559.943 (Tema 3); RE 566.622 (Tema 32); RE 377.457 (Tema 71); RE 635.682 (Tema 227).

⊙ Questões de Concurso relacionadas ao tema:

Questão 01 (Ano: 2012. Banca: FMP-RS. Órgão: TJ-AC. Prova: Titular de Serviços de Notas e de Registros) Dentre as contribuições de seguridade social, estão as contribuições previdenciárias. Há contribuição previdenciária devida pelos segurados e contribuição devida pelas empresas. A respeito de tais contribuições, é correto afirmar que:

a) tanto os segurados empregados quanto as empresas empregadoras, como os contribuintes, devem contribuições calculadas sobre o salário-de-contribuição e, portanto, com base de cálculo sujeita a limites mínimo e máximo.

b) o aposentado do regime geral que permanece na ativa ou que retorna à atividade como empregado não precisa mais se sujeitar à retenção de contribuição previdenciária pelo empregador.

c) o servidor público sujeito a regime próprio de previdência, mas que também desenvolver atividade que o caracterize como segurado obrigatório do regime geral de previdência, contribuirá para ambos.

d) não há previsão de retenção na fonte das contribuições devidas pelos segurados contribuintes individuais quando percebam remuneração de pessoa jurídica.

Questão 02 (Ano: 2010. Banca: CESGRANRIO. Órgão: Petrobras. Prova: Profissional Júnior – Direito) A contribuição social pode ser cobrada pela

a) União, somente.

b) União, pelos estados, pelo Distrito Federal e pelos municípios, desde que não seja cobrada a contribuição previdenciária de seus servidores para aplicação em benefício destes.

c) União, livremente, e pelos estados, pelo Distrito Federal e pelos municípios desde que seja a contribuição previdenciária cobrada de seus servidores para aplicação em benefício destes.

d) União, pelos estados e pelo Distrito Federal.

e) União e, de forma suplementar, pelos estados.

Questão 03 (Ano: 2005. Banca: ESAF. Órgão: Receita Federal. Prova: Auditor Fiscal da Receita Federal – Área Tecnologia da Informação – Prova 2) Podem os Municípios instituir contribuição para o custeio do serviço de iluminação pública, cobrando-a na fatura de consumo de energia elétrica?

Podem os Estados cobrar contribuição previdenciária de seus servidores, para o custeio, em benefício destes, de regime previdenciário, com alíquota inferior à da contribuição dos servidores titulares de cargos efetivos da União?

As contribuições sociais de intervenção no domínio econômico e de interesse das categorias profissionais ou econômicas, como instrumento de sua atuação nas respectivas áreas, poderão incidir sobre as receitas decorrentes de exportação?

   a) Não, sim, não.
   b) Sim, não, sim.
   c) Sim, não, não.
   d) Não, não, sim.
   e) Sim, sim, não.

> **Gabarito: 1-C; 2-C; 3-C**

Tema 166: "Contribuição, a cargo da empresa, incidente sobre 15% do valor bruto da nota fiscal ou fatura de prestação de serviços desenvolvidos por cooperativas."

Tese: "É inconstitucional a contribuição previdenciária prevista no art. 22, IV, da Lei 8.212/1991, com redação dada pela Lei 9.876/1999, que incide sobre o valor bruto da nota fiscal ou fatura referente a serviços prestados por cooperados por intermédio de cooperativas de trabalho."

FICHA TÉCNICA	
Leading case:	**RE 595.838**
Descrição do caso feita pelo STF:	"Recurso extraordinário em que se discute, à luz dos artigos 146, III, c; 150, II; 154, I; 174, § 2°; e 195, § 4°, da Constituição Federal, a constitucionalidade, ou não, do art. 22, IV, da Lei n° 8.212/91, com a redação dada pela Lei n° 9.876/99, que instituiu contribuição, a cargo da empresa e destinada à Seguridade Social, de 15% incidente sobre o valor bruto da nota fiscal ou fatura de prestação de serviços desenvolvidos por cooperados por intermédio de cooperativas de trabalho."

FICHA TÉCNICA	
Leading case:	**RE 595.838**
Dispositivo(s) constitucional(is) envolvido(s):	"CF/88, art. 146. Cabe à lei complementar: III – estabelecer normas gerais em matéria de legislação tributária, especialmente sobre: c) adequado tratamento tributário ao ato cooperativo praticado pelas sociedades cooperativas.
	Art. 150. Sem prejuízo de outras garantias asseguradas ao contribuinte, é vedado à União, aos Estados, ao Distrito Federal e aos Municípios: II – instituir tratamento desigual entre contribuintes que se encontrem em situação equivalente, proibida qualquer distinção em razão de ocupação profissional ou função por eles exercida, independentemente da denominação jurídica dos rendimentos, títulos ou direitos;
	Art. 154. A União poderá instituir: I – mediante lei complementar, impostos não previstos no artigo anterior, desde que sejam não cumulativos e não tenham fato gerador ou base de cálculo próprios dos discriminados nesta Constituição;
	Art. 174, § 2° A lei apoiará e estimulará o cooperativismo e outras formas de associativismo.;
	Art. 195, § 4° A lei poderá instituir outras fontes destinadas a garantir a manutenção ou expansão da seguridade social, obedecido o disposto no art. 154, I."
Data de reconhecimento da repercussão geral:	15/05/2009
Data de julgamento do mérito recursal:	23/04/2014
Houve unanimidade?	Sim
Data de publicação do acórdão de julgamento do recurso:	08/10/2014
Trânsito em julgado do acórdão:	11/03/2015
Houve Embargos de Declaração	Sim
Data de julgamento dos Embargos de Declaração	18/12/2014
Data de publicação dos Embargos de Declaração	25/02/2015

◉ Comentários:

Deu-se provimento ao Recurso Extraordinário interposto por contribuinte, para declarar a inconstitucionalidade da incidência da contribuição previdenciária incidente sobre o valor bruto da nota fiscal ou fatura emitida por cooperativa de trabalho.

A Lei 8.212/91, art. 22, IV, incluído pela Lei 9.876/99, estabelecia que a contribuição previdenciária a cargo da empresa, ou de pessoa jurídica a ela equiparada, incidiria, à alíquota de 15%, sobre o valor bruto da nota fiscal ou da fatura de prestação dos serviços prestados por cooperados por intermédio de cooperativas de trabalho.

Significava dizer que a cooperativa receberia o valor referente à contratação dos seus cooperados por seu intermédio, e sobre este valor incidiria o montante equivalente a 15%, a serem recolhidos ao INSS a título de contribuição previdenciária, "quota patronal". Nos termos consignados no Acórdão, "a empresa tomadora dos serviços não opera como fonte somente para fins de retenção. A empresa ou entidade a ela equiparada é o próprio sujeito passivo da relação tributária, logo, típico 'contribuinte' da contribuição" (item 2 da Ementa).

Tal incidência, por sua vez, não afastava a obrigação de pagamento da contribuição a cargo do cooperado, a título de quota do trabalhador, neste caso na categoria de "contribuinte individual", nos termos da Lei 8.212/96, art. 22. Neste caso, a cooperativa atuaria como responsável por retenção.

O STF entendeu pela inconstitucionalidade do dispositivo, ao fundamento de que teria extrapolado a norma da CF/88, art. 195, I, a, na medida em que descaracterizava a contribuição sobre os rendimentos de trabalho dos cooperados, tributando o faturamento da cooperativa, "com evidente *bis in idem*". Para o Tribunal, "representa, assim, nova fonte de custeio, a qual somente poderia ser instituída por lei complementar..."

Assim, conforme o entendimento firmado, a contribuição, à vista do texto constitucional, deve incidir sobre a contratação de trabalhadores autônomos, ainda que contratados por intermédio de cooperativas de trabalho, e, no entanto, foi estabelecido, por meio de lei, uma hipótese de incidência consistente no faturamento da cooperativa.

Tal situação teve como agravante a vulneração da CF/88, art. 175, § 2º, que impõe o dever de apoio e estímulo, por meio de lei, ao cooperativismo e outras formas de associativismo.

Foram apresentados Embargos de Declaração, que pleiteavam a modulação de efeitos da decisão. Os mesmos foram rejeitados, já que segundo o Tribunal,

> "1. A modulação dos efeitos da declaração de inconstitucionalidade é medida extrema, a qual somente se justifica se estiver indicado e comprovado gravíssimo risco irreversível à ordem social. As razões recursais não contêm indicação concreta, nem específica, desse risco. 2. Modular os efeitos no caso dos autos importaria em negar ao contribuinte o próprio direito de repetir o indébito de valores que eventualmente tenham sido recolhidos.

⊙ Fique atento:

- A Resolução do Senado n. 10/2016, art. 1º, suspendeu a execução da Lei 8.212/1991, art. 22, IV, em função da decisão definitiva proferida nos autos deste RE 595.838.

- Sobre a revogação de isenção em matéria de PIS e COFINS, por Medida Provisória, vid. RE 598.085 (Tema 177), nesta obra.

- No tocante à incidência do PIS sobre atos praticados pelas cooperativas de trabalho, vid. RE 599.362 (Tema 323), nesta obra.

⊙ Questões de Concurso relacionadas ao tema:

Questão 01 (Ano: 2014. Banca: CESPE. Órgão: Polícia Federal. Prova: Contador) Acerca das contribuições sociais e do imposto sobre serviços (ISS), julgue os itens a seguir.

Considere que determinado órgão público da administração direta tenha assinado contrato com cooperativa de trabalho para a realização dos serviços de vigilância. Nessa situação, a cooperativa contratada ficará responsável pelo desconto na remuneração repassada ou creditada da contribuição previdenciária correspondente a contribuintes individuais.

( ) Certo   ( ) Errado

> **Gabarito: 1-C**

Tema 202: "Cobrança de contribuição a ser recolhida pelo empregador rural pessoa física sobre receita bruta proveniente da comercialização de sua produção."

Tese: "É inconstitucional a contribuição, a ser recolhida pelo empregador rural pessoa física, incidente sobre a receita bruta proveniente da comercialização de sua produção, prevista no art. 25 da Lei 8.212/1991, com a redação dada pelo art. 1º da Lei 8.540/1992."

FICHA TÉCNICA	
Leading case:	**RE 596.177**
Descrição do caso feita pelo STF:	"Recurso extraordinário em que se discute, à luz dos artigos 154, I; 195, I, § 4º, da Constituição Federal, a constitucionalidade, ou não, do art. 25 da Lei nº 8.212/91, após alteração promovida pela Lei nº 8.540/92, que instituiu contribuição a ser recolhida pelo empregador rural pessoa física sobre receita bruta proveniente da comercialização de sua produção."
Dispositivo(s) constitucional(is) envolvido(s):	"CF/88, art. 154. A União poderá instituir: I – mediante lei complementar, impostos não previstos no artigo anterior, desde que sejam não cumulativos e não tenham fato gerador ou base de cálculo próprios dos discriminados nesta Constituição; Art. 195. A seguridade social será financiada por toda a sociedade, de forma direta e indireta, nos termos da lei, mediante recursos provenientes dos orçamentos da União, dos Estados, do Distrito Federal e dos Municípios, e das seguintes contribuições sociais: I – do empregador, da empresa e da entidade a ela equiparada na forma da lei, incidentes sobre: (Redação dada pela EC 20/1998), § 4º A lei poderá instituir outras fontes destinadas a garantir a manutenção ou expansão da seguridade social, obedecido o disposto no art. 154, I."

FICHA TÉCNICA	
Leading case:	**RE 596.177**
Data de reconhecimento da repercussão geral:	18/09/2009
Data de julgamento do mérito recursal:	01/08/2011
Houve unanimidade?	Sim
Data de publicação do acórdão de julgamento do recurso:	29/08/2011
Trânsito em julgado do acórdão:	11/12/2013
Houve Embargos de Declaração	Sim
Data de julgamento dos Embargos de Declaração	17/10/2013
Data de publicação dos Embargos de Declaração	18/11/2013

◉ Comentários:

Deu-se provimento ao Recurso Extraordinário interposto por contribuinte, para declarar a inconstitucionalidade da contribuição previdenciária a cargo do empregador rural pessoa física incidente sobre a receita bruta proveniente da comercialização da sua produção, à luz da CF/88, arts. 154, I; 195, I, § 4º.

A Lei 8.540/92, art. 1º procedeu a uma série de alterações na Lei 8.212/91, dentre as quais algumas referentes à incidência de contribuição previdenciária e de contribuição para o Seguro Acidente de Trabalho (SAT) sobre o produtor rural pessoa física. Nos termos do art. 25, Lei 8.212/91, com redação da Lei 8.540/92, tal segurado teria que suportar a incidência sobre a "receita bruta proveniente da comercialização da sua produção". Esta incidência, entretanto, não afastava uma segunda incidência, também a título de contribuição previdenciária, sobre o salário de contribuição do mesmo produtor rural pessoa física, nos termos do art. 21 da Lei 8.212/91.

Para o STF, esta dupla exigência ofendia o princípio de isonomia, previsto na CF/88, art. 150, II:

> CF/88, Art. 150. Sem prejuízo de outras garantias asseguradas ao contribuinte, é vedado à União, aos Estados, ao Distrito Federal e aos Municípios:
>
> II – instituir tratamento desigual entre contribuintes que se encontrem em situação equivalente, proibida qualquer distinção em razão de ocupação profissional ou função por eles exercida, independentemente da denominação jurídica dos rendimentos, títulos ou direitos;

O Tribunal considerou ainda que a Lei 8.540/92, criou contribuição social não prevista no texto constitucional, de forma a invadir competência reservada a Lei Complementar, prevista na CF/88, art. 195, I, § 4º, e sem a observância dos requisitos materiais exigidos no mesmo dispositivo constitucional:

> CF/88, Art. 195. § 4º A lei poderá instituir outras fontes destinadas a garantir a manutenção ou expansão da seguridade social, obedecido o disposto no art. 154, I [mediante lei complementar, e desde que as novas contribuições sejam não cumulativas e não tenham fato gerador ou base de cálculo próprios das contribuições já discriminadas na CF/88].

Os Embargos de Declaração apresentados pela União foram parcialmente acolhidos, mas não alteraram o resultado. Serviram apenas 1) para suprimir da ementa assertiva que se referia a fundamento que não foi admitido no julgamento, assim redigida "**Ofensa ao art. 150, II, da CF em virtude da exigência de dupla contribuição caso o produtor rural seja empregador**"; e 2) para determinar que a constitucionalidade da tributação com base na Lei 10.256/2001 não foi analisada, nem teve repercussão geral reconhecida.

⊙ Fique atento:

- À época da Lei 8.540/1992, a legislação previdenciária incluía o produtor rural pessoa física na qualidade de segurado "equiparado a trabalhador autônomo", a ele se referindo enquanto "a pessoa física, proprietária ou não, que explora atividade agropecuária ou pesqueira, em caráter permanente ou temporário, diretamente ou por intermédio de prepostos e com auxílio de empregados, utilizados a qualquer título, ainda que de forma não contínua" (Lei 8.212/91, art. 12, V, a).

- Após algumas alterações ao longo do tempo, atual legislação passou a se referir ao produtor rural pessoa física enquanto segurado "na qualidade o contribuinte individual", considerando-o "a pessoa física, proprietária ou não, que explora atividade agropecuária, a qualquer título, em caráter permanente ou temporário, em área superior a 4 (quatro) módulos fiscais; ou, quando em área igual ou inferior a 4 (quatro) módulos fiscais ou atividade pesqueira, com auxílio de empregados ou por intermédio de prepostos; ou ainda nas hipóteses dos §§ 10 e 11 deste artigo (Lei 8.212/91, art. 12, V, 'a', com redação da Lei 11.718/2008).".

⊙ Questões de Concurso relacionadas ao tema:

Questão 01 (Ano: 2010. Banca: FGV. Órgão: SEFAZ-RJ. Prova: Fiscal de Rendas) Em relação às normas constitucionais relativas às *contribuições previdenciárias*, examine as afirmativas a seguir.

I. A seguridade social será financiada, dentre outras, por contribuições a cargo do empregador, da empresa e da entidade a ela equiparada na forma da lei, incidentes sobre a folha de salários e demais rendimentos do trabalho pagos ou creditados, a qualquer título, à pessoa física que lhe preste serviço, desde que com vínculo empregatício.

II. As contribuições do empregador, da empresa e da entidade a ela equiparada poderão ter alíquotas ou bases de cálculo diferenciadas, em razão da atividade econômica, da utilização intensiva de mão de obra, do porte da empresa ou da condição estrutural do mercado de trabalho.

III. A lei definirá os setores de atividade econômica para os quais as contribuições incidentes sobre a receita ou faturamento serão não cumulativas.

Assinale:

a) se todas as afirmativas estiverem corretas.

b) se somente afirmativa II estiver correta.

c) se somente as afirmativas I e II estiverem corretas.

d) se somente as afirmativas II e III estiverem corretas.

e) se somente as afirmativas I e III estiverem corretas.

Questão 02 (Ano: 2012. Banca: FMP-RS. Órgão: TJ-AC. Prova: Titular de Serviços de Notas e de Registros) Dentre as contribuições de seguridade social, estão as contribuições previdenciárias. Há contribuição previdenciária devida pelos segurados e contribuição devida pelas empresas. A respeito de tais contribuições, é correto afirmar que:

a) tanto os segurados empregados quanto as empresas empregadoras, como contribuintes, devem contribuições calculadas sobre o salário-de-contribuição e, portanto, com base de cálculo sujeita a limites mínimo e máximo.

b) o aposentado do regime geral que permanece na ativa ou que retorna à atividade como empregado não precisa mais se sujeitar à retenção de contribuição previdenciária pelo empregador.

c) o servidor público sujeito a regime próprio de previdência, mas que também desenvolver atividade que o caracterize como segurado obrigatório do regime geral de previdência, contribuirá para ambos.

d) não há previsão de retenção na fonte das contribuições devidas pelos segurados contribuintes individuais quando percebam remuneração de pessoa jurídica.

> **Gabarito: 1-D; 2-C**

Tema 204: "Contribuição adicional de 2,5% sobre a folha de salários de instituições financeiras instituída pela Lei n° 8.212/91."

Tese: "É constitucional a previsão legal de diferenciação de alíquotas em relação às contribuições previdenciárias incidentes sobre a folha de salários de instituições financeiras ou de entidades a elas legalmente equiparáveis, após a edição da Emenda Constitucional n° 20/1998."

FICHA TÉCNICA	
Leading case:	**RE 598.572**
Descrição do caso feita pelo STF:	"Recurso extraordinário em que se discute, à luz dos artigos 5°, caput; 60, § 4°, IV; 145, § 1°; 154, I; 195, caput, § 4°, da Constituição Federal, a constitucionalidade, ou não, da contribuição adicional de 2,5% sobre a folha de salários, instituída pelo art. 22, § 1°, da Lei n° 8.212/91, a ser paga por bancos comerciais, bancos de investimentos, bancos de desenvolvimento, caixas econômicas, sociedades de crédito, financiamento e investimento, sociedades de crédito imobiliário, sociedades corretoras,

FICHA TÉCNICA	
Leading case:	**RE 598.572**
	distribuidoras de títulos e valores mobiliários, empresas de arrendamento mercantil, cooperativas de crédito, empresas de seguros privados e de capitalização, agentes autônomos de seguros privados e de crédito e entidades de previdência privada abertas e fechadas."
Dispositivo(s) constitucional(is) envolvido(s):	"CF/88, art. 5° Todos são iguais perante a lei, sem distinção de qualquer natureza, garantindo-se aos brasileiros e aos estrangeiros residentes no País a inviolabilidade do direito à vida, à liberdade, à igualdade, à segurança e à propriedade, nos termos seguintes: Art. 60, § 4° A Constituição poderá ser emendada mediante proposta: IV – Não será objeto de deliberação a proposta de emenda tendente a abolir: Art. 145, § 1° Sempre que possível, os impostos terão caráter pessoal e serão graduados segundo a capacidade econômica do contribuinte, facultado à administração tributária, especialmente para conferir efetividade a esses objetivos, identificar, respeitados os direitos individuais e nos termos da lei, o patrimônio, os rendimentos e as atividades econômicas do contribuinte. Art. 154. A União poderá instituir: I – mediante lei complementar, impostos não previstos no artigo anterior, desde que sejam não cumulativos e não tenham fato gerador ou base de cálculo próprios dos discriminados nesta Constituição; Art. 195. A seguridade social será financiada por toda a sociedade, de forma direta e indireta, nos termos da lei, mediante recursos provenientes dos orçamentos da União, dos Estados, do Distrito Federal e dos Municípios, e das seguintes contribuições sociais: § 4° A lei poderá instituir outras fontes destinadas a garantir a manutenção ou expansão da seguridade social, obedecido o disposto no art. 154, I."
Data de reconhecimento da repercussão geral:	18/09/2009
Data de julgamento do mérito recursal:	30/03/2016
Houve unanimidade?	Sim
Data de publicação do acórdão de julgamento do recurso:	09/08/2016
Trânsito em julgado do acórdão:	29/11/2016
Houve Embargos de Declaração	Não
Data de julgamento dos Embargos de Declaração	–
Data de publicação dos Embargos de Declaração	–

◉ Comentários:

Negou-se provimento ao Recurso Extraordinário interposto por contribuinte, para declarar a constitucionalidade da diferenciação de alíquotas das contribuições previdenciárias incidentes sobre a folha de salários de instituições financeiras ou de entidades a elas legalmente equiparáveis, após a edição da Emenda Constitucional 20/1998.

A Lei 8.212/91, art. 22, § 1º, estabeleceu que sobre instituições financeiras e equiparadas incidiria contribuição previdenciária com um regime de alíquotas superior à regra geral. Além da alíquota de 20% incidente sobre a folha de pagamento, o que inclui a remuneração dos contribuintes individuais que lhes prestem serviço, seria aplicada uma alíquota adicional, da ordem de 2,5%.

O Tribunal, nos termos do voto do ministro-relator, observou, incialmente, não se tratar de hipótese de criação de contribuição não prevista no texto constitucional, mas mera diferenciação de alíquotas de contribuição existente. Esta premissa implicou afastamento da norma da CF/88, art. 195, § 4º, que exige, além dos requisitos materiais previstos na CF/88, art. 154, I, Lei Complementar para a instituição de novas fontes de custeio para a Seguridade Social.

Ainda neste ponto, registrou-se que "...após o advento da EC 20/98, a instituição de contribuição social sobre a remuneração de empresários, autônomos e avulsos passou a ser matéria disciplinável por meio de lei ordinária...".

No tocante à questão material, o STF considerou que a escolha legislativa no sentido de onerar de forma diferenciada as instituições financeiras e equiparadas revelou-se compatível com os primados constitucionais da equidade no custeio da Seguridade Social, da igualdade tributária e da capacidade econômica.

◉ Síntese do debate constante do acórdão que fixou o precedente:

Argumentos favoráveis à tese fixada:	Argumentos contrários à tese fixada:
Ministro-relator, Edson Fachin: "...a "contribuição adicional", por referir-se a fato gerador e base de cálculo fixadas no art. 22, I, da Lei 8.212, não constitui nova modalidade de contribuição, cuja faculdade para sua instituição dependeria da observância do disposto no art. 195, § º4, c/c o art. 154, I, da CRFB, mas de simples majoração da alíquota que, para determinados sujeitos passivos, será de 22,5% sobre a folha de salários e demais rendimentos (art. 195, I, "a", da CRFB ou, na redação originária, o art. 195, I, da CRFB). Assim, à expressão "além das contribuições referidas neste artigo" é preciso dar a interpretação segundo a qual adiciona-se à alíquota do art. 22, I, da Lei 8.212 o percentual de 2,5%."	

◉ Fique atento:

- Nos termos da Lei 8.212/91, art. 22, § 1º, são entidades financeiras e equiparadas, para fins de incidência da contribuição previdenciária com alíquota diferenciada, "bancos comerciais, bancos de investimentos, bancos de desenvolvimento, caixas econômicas, sociedades de crédito, financiamento e investimento, sociedades de crédito imobiliário, sociedades corretoras, distribuidoras de títulos e valores mobiliários, empresas de arrendamento mercantil, cooperativas de crédito, empresas de seguros privados e de capitalização, agentes autônomos de seguros privados e de crédito e entidades de previdência privada abertas e fechadas".

◉ Questões de Concurso relacionadas ao tema:

Questão 01 (Ano: 2015. Banca: CESPE. Órgão: MPU. Prova: Analista do MPU – Finanças e Controle) Com referência a IRRF, contribuição previdenciária (INSS), ICMS e ISS, julgue o seguinte item.

As contribuições sociais sobre a folha de pagamentos das empresas se converteram, a partir da Emenda Constitucional n.º 20/1998, em contribuições destinadas exclusivamente ao custeio dos benefícios do regime geral da previdência social, não incidindo sobre essa receita a desvinculação de receitas da União.

( ) Certo ( ) Errado

Questão 02 (Ano: 2013. Banca: FCC. Órgão: PGE-BA. Prova: Analista de Procuradoria – Área de Apoio Calculista) A Constituição Federal dispõe, acerca das Contribuições Sociais, que

a) somente podem ser instituídas por lei complementar.

b) têm por finalidade única custear a previdência social.

c) a contribuição de intervenção no domínio econômico tem por fato gerador a regulação da economia e por finalidade gerar recursos para a seguridade social.

d) a contribuição social do empregador não tem natureza tributária, sendo um encargo trabalhista de natureza salarial.

e) a contribuição social para a seguridade social tem por finalidade gerar recursos para a saúde, previdência e assistência social, sendo tributo de receita vinculada.

> **Gabarito: 1-C; 2- E**

Tema 302: "Natureza jurídica da retenção de 11% sobre os valores brutos dos contratos de prestação de serviço por empresas tomadoras de serviços."

Tese: "É constitucional a substituição tributária prevista no art. 31 da Lei 8.212/1991, com redação dada pela Lei 9.711/98, que determinou a retenção de 11% do valor bruto da nota fiscal ou fatura de prestação de serviço."

FICHA TÉCNICA	
Leading case:	RE 603.191
Descrição do caso feita pelo STF:	"Recurso extraordinário em que se discute, à luz dos artigos 146, III, a; 154, I; e 195, § 4º, da Constituição Federal, a constitucionalidade, ou não, do art. 31 da Lei nº 8.212/91, com a redação dada pela Lei nº 9.711/98, que determina a retenção de 11% do valor bruto da nota fiscal ou fatura de prestação de serviços."

FICHA TÉCNICA	
Leading case:	**RE 603.191**
Dispositivo(s) constitucional(is) envolvido(s):	"CF/88, art. 146. Cabe à lei complementar: III – estabelecer normas gerais em matéria de legislação tributária, especialmente sobre: a) definição de tributos e de suas espécies, bem como, em relação aos impostos discriminados nesta Constituição, a dos respectivos fatos geradores, bases de cálculo e contribuintes; Art. 154. A União poderá instituir: I – mediante lei complementar, impostos não previstos no artigo anterior, desde que sejam não cumulativos e não tenham fato gerador ou base de cálculo próprios dos discriminados nesta Constituição; Art. 195, § 4º A lei poderá instituir outras fontes destinadas a garantir a manutenção ou expansão da seguridade social, obedecido o disposto no art. 154, I."
Data de reconhecimento da repercussão geral:	10/09/2010
Data de julgamento do mérito recursal:	01/08/2011
Houve unanimidade?	Não, vencido o Ministro Marco Aurélio
Data de publicação do acórdão de julgamento do recurso:	05/09/2011
Trânsito em julgado do acórdão:	30/09/2011
Houve Embargos de Declaração	Não
Data de julgamento dos Embargos de Declaração	–
Data de publicação dos Embargos de Declaração	–

◉ Comentários:

Negou-se provimento ao Recurso Extraordinário interposto por contribuinte, para declarar a constitucionalidade da substituição tributária, em matéria de contribuição previdenciária, com retenção de 11% do valor bruto da nota fiscal ou fatura de prestação de serviço.

A Lei 8.212/1991, art. 31, com redação dada pela Lei 9.711/98, impôs à empresa contratante de serviços executados mediante cessão de mão de obra, inclusive em regime temporário, o dever de retenção do montante equivalente a 11% sobre o valor bruto da nota fiscal ou fatura de prestação de serviço, e posterior recolhimento desta importância em nome da empresa cedente da mão de obra.

O Tribunal considerou que não se tratava de nova contribuição, a exigir a edição de Lei Complementar, nos termos da CF/88, art. 195, § 4º, mas tão somente da instituição de contribuição previdenciária sobre a folha de pagamento, a cargo da empresa contratada, e cobrada em regime de substituição na pessoa da contratante.

A partir da mesma premissa, segundo a qual não se tratava de figura tributária nova, mas de instituição de contribuição já prevista no texto constitucional, considerou afastada a violação tanto ao princípio da capacidade contributiva como do não confisco. Observou que a retenção e recolhimento dos 11% sobre o valor da nota fiscal ou fatura tratam-se de uma mera antecipação de tributo "...devido, não descaracterizando a contribuição sobre a folha de salários na medida em que a antecipação é em seguida compensada pelo contribuinte com os valores por ele apurados como efetivamente devidos..." (Ementa, item 4).

Finalmente, tratou-se de esclarecer que embora existam limites a serem considerados no estabelecimento do regime de substituição tributária, especialmente no tocante à razoabilidade e proporcionalidade do dever de colaboração do substituto, "não há qualquer impedimento a que o legislador se valha de presunções para viabilizar a substituição tributária..." (Ementa, item 3).

◉ Síntese do debate constante do acórdão que fixou o precedente:

Argumentos favoráveis à tese fixada:	Argumentos contrários à tese fixada:
Ministra Ellen Gracie: "Vê-se que já razoabilidade no percentual utilizado para a definição do montante a ser retido. Não se pode dizer, como pretende a recorrente, que não haja uma equivalência razoável ou que o valor retido seja aleatório, exagerado, alheio à realidade do que normalmente é devido à seguridade social no pagamento das contribuições sobre a folha. Só restaria descaracterizada a contribuição sobre a folha se o legislador não tivesse assegurado a compensação com o montante efetivamente devido pelo contribuinte ou a restituição de eventuais recolhimentos feitos a maior. Mas o fez."	Ministro Marco Aurélio: "...não se trata, a meu ver, de substituição tributária, já que não se atribui à pessoa designada para a retenção a responsabilidade pelo tributo. Tem-se, em última análise uma obrigação acessória, como é a relativa à retenção no tocante ao Imposto de Renda. E, então, verificamos que mediante medida provisória posteriormente transformada em lei, criou-se contribuição estranha ao rol do artigo 195, inciso I, da Constituição Federal, porque passou a incidir não sobre a folha de salário, mas sim sobre a nota fiscal, presente a prestação dos serviços."

◉ Questões de Concurso relacionadas ao tema:

Questão 01 (Ano: 2013. Banca: CETRO. Órgão: ANVISA. Prova: Analista Administrativo – Área 2) De acordo com a legislação vigente, não estão sujeitos à retenção da contribuição previdenciária pelo contratante os serviços prestados, mediante empreitada, de

a) limpeza, conservação ou zeladoria.

b) vigilância que tenha por finalidade a garantia da integridade física de pessoas.

c) treinamento e ensino, ministrados pessoalmente pelos sócios.

d) digitação, que compreendam a inserção de dados em meio informatizado por operação de teclados.

e) preparação de dados para processamento com vistas a viabilizar ou a facilitar o processamento de informações, tais como o escaneamento manual ou a leitura ótica.

Questão 02 (Ano: 2010. Banca: CESPE. Órgão: INCA. Prova: Analista em C&T Júnior – Gestão Pública) Com relação à retenção de impostos federais previstos na legislação tributária, julgue o item que se segue.

Pessoas jurídicas com isenção por não incidência ou por alíquota zero, que não discriminarem sua situação no documento fiscal e não fizerem o correto enquadramento legal, estarão sujeitas à retenção do imposto de renda e das contribuições.

( ) Certo   ( ) Errado

Questão 03 (Ano: 2013. Banca: CESPE. Órgão: SERPRO. Prova: Analista – Gestão Financeira) Com base na legislação tributária, julgue os seguintes itens.

As empresas públicas estão obrigadas a efetuar a retenção na fonte das contribuições para a seguridade social que incidam sobre o faturamento e o lucro nos pagamentos a pessoa física que lhes forneça bens e serviços.

( ) Certo   ( ) Errado

Gabarito: 1-C; 2-C; 3-C

Tema 343: "Devolução de contribuição previdenciária cobrada de servidor inativo ou pensionista, no período compreendido entre a EC 20/98 e a EC 41/2003."

Tese: "É devida a devolução aos pensionistas e inativos, perante o Juízo competente para a execução, da contribuição previdenciária indevidamente recolhida no período entre a EC 20/1998 e a EC 41/2003, sob pena de enriquecimento ilícito do ente estatal."

FICHA TÉCNICA	
Leading case:	**RE 580.871**
Descrição do caso feita pelo STF:	"Recurso extraordinário em que se discute, à luz dos artigos 40, caput, 149, § 1º; e 195, § 5º, da Constituição Federal, e do art. 12 da Emenda Constitucional nº 20/98, a constitucionalidade, ou não, da devolução dos valores descontados dos proventos e pensões de servidores públicos municipais e respectivos pensionistas, efetuados a título de contribuição previdenciária, no período compreendido entre a vigência da Emenda Constitucional nº 20/98 e a publicação da Emenda Constitucional nº 41/2003."

FICHA TÉCNICA	
Leading case:	**RE 580.871**
Dispositivo(s) constitucional(is) envolvido(s):	"CF/88, Art. 40. Aos servidores titulares de cargos efetivos da União, dos Estados, do Distrito Federal e dos Municípios, incluídas suas autarquias e fundações, é assegurado regime de previdência de caráter contributivo e solidário, mediante contribuição do respectivo ente público, dos servidores ativos e inativos e dos pensionistas, observados critérios que preservem o equilíbrio financeiro e atuarial e o disposto neste artigo" "Art. 149. Compete exclusivamente à União instituir contribuições sociais, de intervenção no domínio econômico e de interesse das categorias profissionais ou econômicas, como instrumento de sua atuação nas respectivas áreas, observado o disposto nos arts. 146, III, e 150, I e III, e sem prejuízo do previsto no art. 195, § 6°, relativamente às contribuições a que alude o dispositivo. § 1° Os Estados, o Distrito Federal e os Municípios instituirão contribuição, cobrada de seus servidores, para o custeio, em benefício destes, do regime previdenciário de que trata o art. 40, cuja alíquota não será inferior à da contribuição dos servidores titulares de cargos efetivos da União. (Redação dada pela Emenda Constitucional n° 41, 19.12.2003)" "Art. 195. A seguridade social será financiada por toda a sociedade, de forma direta e indireta, nos termos da lei, mediante recursos provenientes dos orçamentos da União, dos Estados, do Distrito Federal e dos Municípios, e das seguintes contribuições sociais: (...)§ 5° Nenhum benefício ou serviço da seguridade social poderá ser criado, majorado ou estendido sem a correspondente fonte de custeio total." EC 20/98: "Art. 12 – Até que produzam efeitos as leis que irão dispor sobre as contribuições de que trata o art. 195 da Constituição Federal, são exigíveis as estabelecidas em lei, destinadas ao custeio da seguridade social e dos diversos regimes previdenciários".
Data de reconhecimento da repercussão geral:	17/11/2010
Data de julgamento do mérito recursal:	17/11/2010
Houve unanimidade?	Sim
Data de publicação do acórdão de julgamento do recurso:	13/12/2010
Trânsito em julgado do acórdão:	02/03/2011
Houve Embargos de Declaração	Não
Data de julgamento dos Embargos de Declaração	–
Data de publicação dos Embargos de Declaração	–

⊙ Comentários:

Acolheu-se Questão de Ordem para conferir repercussão geral da jurisprudência já firmada pelo Tribunal, no que se refere à inconstitucionalidade da incidência da contribuição previdenciária sobre proventos de inativos e pensionistas dos servidores vinculados a Regime Próprio de Previdência Social (RPPS), e autorizar aos juízos de origem que ordenem a devolução das quantias respectivas recolhidas no período entre a EC 20/1998 e a EC 41/2003, sob pena de enriquecimento ilícito do ente estatal.

A CF/88, art. 195, II, com redação da EC 20/98, vedou a incidência da contribuição previdenciária sobre os proventos de aposentadoria e pensão previdenciária dos trabalhadores vinculados ao Regime Geral de Previdência Social (RGPS), gerido pelo INSS, nos seguintes termos:

> A CF/88, art. 195 (com redação a EC 20/98). A seguridade social será financiada por toda a sociedade, de forma direta e indireta, nos termos da lei, mediante recursos provenientes dos orçamentos da União, dos Estados, do Distrito Federal e dos Municípios, e das seguintes contribuições sociais:
>
> II – do trabalhador e dos demais segurados da previdência social, não incidindo contribuição sobre aposentadoria e pensão concedidas pelo regime geral de previdência social de que trata o art. 201; (Redação dada pela EC 20/1998)

A mesma EC 20/98 equiparou, inclusive para fins de tratamento previdenciário, servidores ativos e inativos, e servidores públicos vinculados a RPPS e trabalhadores vinculados ao RGPS, conforme redação atribuída à CF/88, art. 40, §§ 8º e 40:

> CF/88, Art. 40, § 8º – Observado o disposto no art. 37, XI, os proventos de aposentadoria e as pensões serão revistos na mesma proporção e na mesma data, sempre que se modificar a remuneração dos servidores em atividade, sendo também estendidos aos aposentados e aos pensionistas quaisquer benefícios ou vantagens posteriormente concedidos aos servidores em atividade, inclusive quando decorrentes da transformação ou reclassificação do cargo ou função em que se deu a aposentadoria ou que serviu de referência para a concessão da pensão, na forma da lei.
>
> § 12 – Além do disposto neste artigo, o regime de previdência dos servidores públicos titulares de cargo efetivo observará, no que couber, os requisitos e critérios fixados para o regime geral de previdência social.

Foi com base neste regime constitucional que o STF firmou entendimento, no julgamento da ADI-MC 2.010 (DJ 29.09.1999), no sentido de vedar a instituição de contribuições sobre proventos e rendas de servidores civis inativos e seus respectivos pensionistas.

Posteriormente, a EC 41/2003, alterou por completo a redação da CF/88, art. 40, § 8º, passando a dispor que:

> CF/88, Art. 40, § 8º É assegurado o reajustamento dos benefícios para preservar-lhes, em caráter permanente, o valor real, conforme critérios estabelecidos em lei. (Redação dada pela EC 41/2003)

A partir de tal alteração o STF modificou o seu entendimento sobre a matéria, de forma a possibilitar a contribuição sobre os proventos e rendas de aposentadorias e pensões dos servidores públicos inativos (ADI 3.105 e ADI 3.128, DJ 18.02.2005, além de outros mais recentes no mesmo sentido).

Diante de tal entendimento, o Tribunal decidiu pela devolução dos valores pagos no período entre as duas Emendas mencionadas, devendo-se a execução processar no juízo de origem, e conferindo ademais a tal entendimento o regime da repercussão geral.

◉ **Fique atento:**

- Sobre a instituição de contribuição para assistência à saúde incidente sobre proventos e pensões dos servidores públicos no interregno das EC n. 20/98 e n. 41/03, vid. AI 831.223 (Tema 431)

◉ **Questões de Concurso relacionadas ao tema:**

Questão 01 (Ano: 2012. Banca: FMP-RS. Órgão: TJ-AC. Prova: Titular de Serviços de Notas e de Registros) Dentre as contribuições de seguridade social, estão as contribuições previdenciárias. Há contribuição previdenciária devida pelos segurados e contribuição devida pelas empresas. A respeito de tais contribuições, é correto afirmar que:

a) tanto os segurados empregados quanto as empresas empregadoras, como os contribuintes, devem contribuições calculadas sobre o salário-de-contribuição e, portanto, com base de cálculo sujeita a limites mínimo e máximo.

b) o aposentado do regime geral que permanece na ativa ou que retorna à atividade como empregado não precisa mais se sujeitar à retenção de contribuição previdenciária pelo empregador.

c) o servidor público sujeito a regime próprio de previdência, mas que também desenvolver atividade que o caracterize como segurado obrigatório do regime geral de previdência, contribuirá para ambos.

d) não há previsão de retenção na fonte das contribuições devidas pelos segurados contribuintes individuais quando percebam remuneração de pessoa jurídica.

Questão 02 (Ano: 2012. Banca: ESAF. Órgão: Receita Federal. Prova: Auditor Fiscal da Receita Federal) Com relação ao entendimento do STF sobre as contribuições sociais gerais, as contribuições de intervenção no domínio econômico e de interesse das categorias profissionais ou econômicas, assinale a opção correta.

a) Não se pode prescindir de lei complementar para a criação das contribuições de intervenção no domínio econômico e de interesse das categorias profissionais.

b) Sua constitucionalidade seria aferida pela necessidade pública atual do dispêndio vinculado e pela eficácia dos meios escolhidos para alcançar essa finalidade.

c) No caso da contribuição devida ao SEBRAE, tendo em vista tratar-se de contribuição de intervenção no domínio econômico, o STF entende ser exigível a vinculação direta do contribuinte ou a possibilidade de que ele se beneficie com a aplicação dos recursos por ela arrecadados.

d) A sujeição de vencimentos e de proventos de aposentadoria e pensões à incidência de contribuição previdenciária constitui ofensa ao direito adquirido no ato de aposentadoria.

e) Tais contribuições sujeitam-se à força atrativa do pacto federativo, pois a União está obrigada a partilhar o dinheiro recebido com os demais entes federados.

Gabarito: 1-C; 2-B

Tema 344: "Incidência de contribuição previdenciária sobre a participação nos lucros da empresa."

Tese: "Incide contribuição previdenciária sobre as parcelas pagas a título de participação nos lucros no período que antecede a entrada em vigor da Medida Provisória 794/1994, que regulamentou o art. 7º, XI, da Constituição Federal de 1988."

FICHA TÉCNICA	
Leading case:	**RE 569.441**
Descrição do caso feita pelo STF:	"Recurso extraordinário em que se discute, à luz dos artigos 7º, XI, e 195, I, a, da Constituição Federal, a constitucionalidade, ou não, da incidência da contribuição previdenciária sobre a parcela denominada participação nos lucros, concernente a período posterior à Constituição Federal de 1988 e anterior à Medida Provisória nº 794/94."
Dispositivo(s) constitucional(is) envolvido(s):	"CF/88, art. 7º São direitos dos trabalhadores urbanos e rurais, além de outros que visem à melhoria de sua condição social: XI – participação nos lucros, ou resultados, desvinculada da remuneração, e, excepcionalmente, participação na gestão da empresa, conforme definido em lei; Art. 195. A seguridade social será financiada por toda a sociedade, de forma direta e indireta, nos termos da lei, mediante recursos provenientes dos orçamentos da União, dos Estados, do Distrito Federal e dos Municípios, e das seguintes contribuições sociais: I – do empregador, da empresa e da entidade a ela equiparada na forma da lei, incidentes sobre: (Redação dada pela EC 20/1998) a) a folha de salários e demais rendimentos do trabalho pagos ou creditados, a qualquer título, à pessoa física que lhe preste serviço, mesmo sem vínculo empregatício; (Incluído pela EC 20/1998)"
Data de reconhecimento da repercussão geral:	10/12/2010

FICHA TÉCNICA	
Leading case:	**RE 569.441**
Data de julgamento do mérito recursal:	30/10/2014
Houve unanimidade?	Não, vencido o Ministro Dias Toffoli (Relator)
Data de publicação do acórdão de julgamento do recurso:	10/02/2015
Trânsito em julgado do acórdão:	26/08/2015
Houve Embargos de Declaração	Não
Data de julgamento dos Embargos de Declaração	–
Data de publicação dos Embargos de Declaração	–

◉ Comentários:

Deu-se provimento ao Recurso Extraordinário interposto pelo INSS, para declarar a constitucionalidade da incidência da contribuição previdenciária sobre a participação nos lucros realizada antes da entrada em vigor da MP 794/1994, que regulamentou da CF/1988, art. 7º, XI.

A CF/1988, art. 7º, XI prevê a participação nos lucros ou resultados como direito dos trabalhadores, "desvinculada da remuneração", com eficácia limitada, condicionada a regulamentação nos termos da lei. Tal regulamentação veio a ser realizada por meio da MP 794/1994, e sucessivas reedições, até culminar na Lei 10.101/2000, e que entre outras coisas estabeleceu a não incidência da contribuição previdenciária sobre o auferimento de tais quantias.

O ponto fundamental da matéria referiu-se à natureza jurídica da participação nos lucros, e por conseguinte, o seu enquadramento no âmbito da incidência da contribuição previdenciária. Após a exposição do histórico de tal instituto no direito brasileiro, consignou-se, nos termos do voto do ministro-relator, Dias Toffoli, a preocupação do legislador constitucional em indicar de maneira expressa a natureza não remuneratória de tal verba. Disso decorre, por outro lado, o entendimento pela não incidência da contribuição previdenciária:

> ...tamanha foi a preocupação do constituinte em não onerar a participação nos lucros com as contribuições previdenciárias que, ao assegurar os direitos sociais dos trabalhadores, fez questão de dela desvincular a "remuneração", essa sim sujeita a sua incidência, como "rendimento do trabalho" (CF, art. 195, inciso I, alínea a).

Superada a questão de mérito central do julgado, com relação à qual houve unanimidade de entendimento, passou-se à discussão sobre a eficácia da norma. Quanto a este ponto, o ministro-relator manifestou-se pela aplicação da não incidência antes mesmo da regulamentação da matéria pela MP 794/1994. Não obstante, na linha dos precedentes firmados pela Corte, o Tribunal terminou-se inclinando pela não incidência da contribuição previdenciária sobre a participação nos lucros, apenas a partir da referida regulamentação.

◉ Síntese do debate constante do acórdão que fixou o precedente:

Argumentos favoráveis à tese fixada:	Argumentos contrários à tese fixada:
Ministro-relator do Acórdão Teori Zavascki: "...na jurisprudência de ambas as Turmas do Supremo Tribunal Federal havia uma definição firme no sentido da incidência do tributo. O Supremo, pelo menos em dois precedentes que foram referidos aqui – RE nº 398.284, da Primeira Turma, e RE nº 393.764, da Segunda Turma -, definiu que, naquele período, o tributo incidia. Essa é a jurisprudência. E essa jurisprudência norteou, por sua vez, a jurisprudência do STJ. Eu mesmo lá julguei muitas vezes esse tema, invocando os precedentes do Supremo. Essa é a realidade.	Ministro-relator Dias Toffoli: "...no período que antecedeu a MP 794/94, não poderia o Poder Público, a pretexto de ausência de regulamentação, vincular à remuneração do empregado, para fins de incidência da contribuição previdenciária, os valores recebidos na rubrica participação nos lucros ou resultados.
Ora, não vejo muito sentido, com todo respeito, e homenageando a profundeza do debate, não vejo sentido hoje, alterarmos uma jurisprudência pacífica de ambas as Turmas, cuja aplicação somente alcança fatos ocorridos no passado.	...apenar a empresa que, antecipando-se à regulamentação, procurou efetivar o direito social à participação nos lucros ou resultados, desvinculada da remuneração, mediante regular acordo coletivo e convenção é, como advertiu o agora Ministro Roberto Barroso, reduzir o direito à norma, e não elevá-lo, de modo a garantir a máxima eficácia do texto constitucional.
Por isso, vou pedir todas as vênias, para manter a jurisprudência do Supremo no sentido da incidência da contribuição previdenciária sobre distribuição de lucro no período anterior à Medida Provisória nº 794/94."	Dessa forma, a interpretação da norma inserida no § 9°, letra j, do art. 28 da Lei nº 8.212/91 não poderia ser diversa daquela estampada nos presentes autos, porquanto não caberia, repita-se, a legislação ordinária restringir direito que a Carta Maior tratou de assegurar. A importância recebida a título de participação nos lucros ou resultados da empresa não integra a base de cálculo da contribuição previdenciária a que se refere o art. 195, I da Constituição, mesmo antes da lei específica referida na letra j do § 9° do art. 28 da Lei nº 8.212/91."

◉ Questões de Concurso relacionadas ao tema:

Questão 01 (Ano: 2008. Banca: CESPE. Órgão: INSS. Prova: Técnico do Seguro Social) A empresa em que Maurício trabalha paga a ele, a cada mês, um valor referente à participação nos lucros, que é apurado mensalmente. Nessa situação, incide contribuição previdenciária sobre o valor recebido mensalmente por Maurício a título de participação nos lucros.

( ) Certo   ( ) Errado

Questão 02 (Ano: 2016. Banca: IADES. Órgão: Ceitec S.A. Prova: Analista Administrativo e Operacional – Advogado) Na relação taxativa contida na Lei nº 8.212/1991, que dispõe a respeito da organização da seguridade social, institui plano de custeio, e dá outras providências, **não** integra(m) o salário de contribuição

a) o salário-maternidade.

b) os valores recebidos em decorrência da cessão de direitos autorais.

c) o reembolso-creche pago em conformidade com a legislação trabalhista, independentemente da comprovação das despesas realizadas, se observado o limite máximo de seis anos de idade.

d) a importância paga ao empregado a título de complementação ao valor do auxílio--doença, desde que esse direito não seja extensivo à totalidade dos empregados da empresa.

e) a participação nos lucros ou resultados da empresa, desde que paga ou creditada de acordo com previsão originária em regulamentação específica coletiva de trabalho.

> **Gabarito: 1-C; 2-B**

Tema 431: "Contribuição para assistência à saúde incidente sobre proventos e pensões dos servidores públicos no interregno das EC n. 20/98 e n. 41/03."

Tese: "É incompatível com a Constituição norma que institui contribuição à saúde incidente sobre o valor de proventos e pensões de servidores públicos, no interregno das Emendas Constitucionais 20/1998 e 41/2003."

FICHA TÉCNICA	
Leading case:	**AI 831.223**
Descrição do caso feita pelo STF:	"Agravo de instrumento interposto contra decisão que inadmitiu recurso extraordinário em que se discute, à luz dos artigos 6º, 24, 149, § 1º, 195, § 4º e 196 da Constituição Federal, a constitucionalidade, ou não, da instituição de contribuição previdenciária incidente sobre proventos e pensões de servidores públicos, com a finalidade de assistência à saúde diferenciada, no interregno das Emendas Constitucionais n. 20/98 e 41/03."
Dispositivo(s) constitucional(is) envolvido(s):	"CF/88, art. 6º São direitos sociais a educação, a saúde, a alimentação, o trabalho, a moradia, o transporte, o lazer, a segurança, a previdência social, a proteção à maternidade e à infância, a assistência aos desamparados, na forma desta Constituição. (Redação dada pela EC 90/2015)
	Art. 24. Compete à União, aos Estados e ao Distrito Federal legislar concorrentemente sobre: [...]
	Art. 149, § 1º Os Estados, o Distrito Federal e os Municípios instituirão contribuição, cobrada de seus servidores, para o custeio, em benefício destes, do regime previdenciário de que trata o art. 40, cuja alíquota não será inferior à da contribuição dos servidores titulares de cargos efetivos da União. (Redação dada pela EC 41/2003)
	Art. 195, § 4º A lei poderá instituir outras fontes destinadas a garantir a manutenção ou expansão da seguridade social, obedecido o disposto no art. 154, I.
	Art. 196. A saúde é direito de todos e dever do Estado, garantido mediante políticas sociais e econômicas que visem à redução do risco de doença e de outros agravos e ao acesso universal e igualitário às ações e serviços para sua promoção, proteção e recuperação."

FICHA TÉCNICA	
Leading case:	**AI 831.223**
Data de reconhecimento da repercussão geral:	17/06/2011
Data de julgamento do mérito recursal:	16/06/2011
Houve unanimidade?	Não, vencidos os Ministros Ayres Britto e Marco Aurélio
Data de publicação do acórdão de julgamento do recurso:	06/10/2011
Trânsito em julgado do acórdão:	03/05/2012
Houve Embargos de Declaração	Sim
Data de julgamento dos Embargos de Declaração	29/12/2011
Data de publicação dos Embargos de Declaração	23/04/2012

◉ Comentários:

Negou-se provimento ao Agravo de Instrumento, convertido em Recurso Extraordinário, interposto pelo Instituto de Previdência dos Servidores do Estado de Minas Gerais, para declarar a inconstitucionalidade da contribuição previdenciária à saúde incidente sobre proventos e pensões de servidores públicos, no interregno das EC 20/98 e 41/03.

Tratou-se de reafirmar a jurisprudência da Corte que já se declinara no sentido da incompatibilidade das contribuições citadas com o texto constitucional, sempre que a instituição destas se observasse no período entre as Emendas Constitucionais mencionadas.

Sob a redação da EC 20/98, a CF/88, art. 195, II, proibia a instituição de contribuição previdenciária incidente sobre os proventos de aposentadoria e pensão previdenciária dos trabalhadores vinculados ao Regime Geral de Previdência Social (RGPS):

> A CF/88, art. 195 (com redação a EC 20/98). A seguridade social será financiada por toda a sociedade, de forma direta e indireta, nos termos da lei, mediante recursos provenientes dos orçamentos da União, dos Estados, do Distrito Federal e dos Municípios, e das seguintes contribuições sociais:
>
> II – do trabalhador e dos demais segurados da previdência social, não incidindo contribuição sobre aposentadoria e pensão concedidas pelo regime geral de previdência social de que trata o art. 201; (Redação dada pela EC 20/1998)

Ainda sob a égide da EC 20/98, servidores públicos vinculados a RPPS e trabalhadores vinculados ao RGPS, foram equiparados, inclusive para fins de tratamento previdenciário:

CF/88, Art. 40, § 8º – Observado o disposto no art. 37, XI, os proventos de aposentadoria e as pensões serão revistos na mesma proporção e na mesma data, sempre que se modificar a remuneração dos servidores em atividade, sendo também estendidos aos aposentados e aos pensionistas quaisquer benefícios ou vantagens posteriormente concedidos aos servidores em atividade, inclusive quando decorrentes da transformação ou reclassificação do cargo ou função em que se deu a aposentadoria ou que serviu de referência para a concessão da pensão, na forma da lei.

§ 12 – Além do disposto neste artigo, o regime de previdência dos servidores públicos titulares de cargo efetivo observará, no que couber, os requisitos e critérios fixados para o regime geral de previdência social.

A partir de tais fundamentos, no julgamento da ADI-MC 2.010 (DJ 29.09.1999), a Corte Suprema decidiu no sentido de proibir a incidência de contribuições sobre proventos e rendas de servidores civis inativos e seus respectivos pensionistas.

Não obstante, com a EC 41/2003, alterou-se por completo a redação da CF/88, art. 40, § 8º, que passou a dispor nos seguintes termos:

CF/88, Art. 40, § 8º É assegurado o reajustamento dos benefícios para preservar-lhes, em caráter permanente, o valor real, conforme critérios estabelecidos em lei. (Redação dada pela EC 41/2003)

Desde então, o Supremo Tribunal alterou o seu entendimento sobre a matéria, de forma a possibilitar a contribuição sobre os proventos e rendas de aposentadorias e pensões dos servidores públicos inativos (ADI 3.105 e ADI 3.128, DJ 18.02.2005, além de outros mais recentes no mesmo sentido).

Os Embargos de Declaração interpostos pelo Estado de Minas Gerais e pelo Instituto de Previdência dos Servidores do Estado de Minas Gerais (IPSEMG) foram rejeitados.

⊙ **Fique atento:**

• Sobre a devolução de contribuição previdenciária cobrada de servidor inativo ou pensionista, no período compreendido entre a EC 20/98 e a EC 41/2003, vid. RE 580.871 (Tema 343).

⊙ **Questões de Concurso relacionadas ao tema:**

Questão 01 (Ano: 2007. Banca: CESPE. Órgão: AGU. Prova: Procurador Federal) Julgue os itens que se seguem, acerca do Sistema Tributário Nacional.

Considere-se que Joaquina tenha 80 anos de idade e seja aposentada pelo RGPS. Nessa situação, não há incidência de contribuição previdenciária sobre a aposentadoria percebida por Joaquina, em razão de imunidade tributária específica.

( ) Certo   ( ) Errado

Questão 02 (Ano: 2012. Banca: ESAF. Órgão: Receita Federal. Prova: Auditor Fiscal da Receita Federal) Com relação ao entendimento do STF sobre as contribuições sociais gerais, as contribuições de intervenção no domínio econômico e de interesse das categorias profissionais ou econômicas, assinale a opção correta.

a) Não se pode prescindir de lei complementar para a criação das contribuições de intervenção no domínio econômico e de interesse das categorias profissionais.

b) Sua constitucionalidade seria aferida pela necessidade pública atual do dispêndio vinculado e pela eficácia dos meios escolhidos para alcançar essa finalidade.

c) No caso da contribuição devida ao SEBRAE, tendo em vista tratar-se de contribuição de intervenção no domínio econômico, o STF entende ser exigível a vinculação direta do contribuinte ou a possibilidade de que ele se beneficie com a aplicação dos recursos por ela arrecadados.

d) A sujeição de vencimentos e de proventos de aposentadoria e pensões à incidência de contribuição previdenciária constitui ofensa ao direito adquirido no ato de aposentadoria.

e) Tais contribuições sujeitam-se à força atrativa do pacto federativo, pois a União está obrigada a partilhar o dinheiro recebido com os demais entes federados.

Questão 03 (Ano: 2012. Banca: FMP-RS. Órgão: TJ-AC. Prova: Titular de Serviços de Notas e de Registros) Dentre as contribuições de seguridade social, estão as contribuições previdenciárias. Há contribuição previdenciária devida pelos segurados e contribuição devida pelas empresas. A respeito de tais contribuições, é correto afirmar que:

a) tanto os segurados empregados quanto as empresas empregadoras, comoo contribuintes, devem contribuições calculadas sobre o salário-de-contribuição e, portanto, com base de cálculo sujeita a limites mínimo e máximo.

b) o aposentado do regime geral que permanece na ativa ou que retorna à atividade como empregado não precisa mais se sujeitar à retenção de contribuição previdenciária pelo empregador.

c) o servidor público sujeito a regime próprio de previdência, mas que também desenvolver atividade que o caracterize como segurado obrigatório do regime geral de previdência, contribuirá para ambos.

d) não há previsão de retenção na fonte das contribuições devidas pelos segurados contribuintes individuais quando percebam remuneração de pessoa jurídica.

> **Gabarito: 1-C ; 2-B; 3-C**

Tema 669: "Validade da contribuição a ser recolhida pelo empregador rural pessoa física sobre a receita bruta proveniente da comercialização de sua produção, nos termos do art. 1º da Lei 10.256/2001."

Tese: "É constitucional formal e materialmente a contribuição social do empregador rural pessoa física, instituída pela Lei 10.256/2001, incidente sobre a receita bruta obtida com a comercialização de sua produção."

FICHA TÉCNICA	
Leading case:	**RE 718.874**
Descrição do caso feita pelo STF:	"Recurso extraordinário em que se discute, à luz do art. 195, I, da Constituição Federal, a constitucionalidade da contribuição a ser recolhida pelo empregador rural pessoa física, prevista no art. 25 da Lei 8.212/1991, com a redação dada pela Lei 10.256/2001."
Dispositivo(s) constitucional(is) envolvido(s):	"CF/88, art. 195. I – A seguridade social será financiada por toda a sociedade, de forma direta e indireta, nos termos da lei, mediante recursos provenientes dos orçamentos da União, dos Estados, do Distrito Federal e dos Municípios, e das seguintes contribuições sociais: I – do empregador, da empresa e da entidade a ela equiparada na forma da lei, incidentes sobre: (Redação dada pela EC 20/1998) b) a receita ou o faturamento; (Incluído pela EC 20/1998)"
Data de reconhecimento da repercussão geral:	23/08/2013
Data de julgamento do mérito recursal:	30/03/2017
Houve unanimidade?	Não, vencidos os Ministros Edson Fachin (Relator), Rosa Weber, Ricardo Lewandowski, Marco Aurélio e Celso de Mello
Data de publicação do acórdão de julgamento do recurso:	Acórdão ainda não divulgado na página do STF
Trânsito em julgado do acórdão:	Ainda pendente de trânsito em julgado
Houve Embargos de Declaração	Não, até o momento de publicação desta obra
Data de julgamento dos Embargos de Declaração	–
Data de publicação dos Embargos de Declaração	–

⊙ Comentários:

Deu-se provimento ao Recurso Extraordinário interposto pela União, para declarar a constitucionalidade da incidência de contribuição social do empregador rural pessoa física, instituída pela Lei 10.256/2001, incidente sobre a receita bruta obtida com a comercialização de sua produção.

A Lei 10.256/2001 alterou a Lei 8.212/91, art. 25, para fixar a contribuição previdenciária incidente sobre o produtor rural pessoa física, nos seguintes termos:

> Lei 8.212/91, Art. 25. A contribuição do empregador rural pessoa física, em substituição à contribuição de que tratam os incisos I e II do art. 22, e a do segurado especial, referidos, respectivamente, na alínea a do inciso V e no inciso VII do art. 12 desta Lei, destinada à Seguridade Social, é de: (Redação dada pela Lei 10.256/2001)
>
> I – 2% da receita bruta proveniente da comercialização da sua produção; (Redação dada pela Lei 9.528/97)
>
> II – 0,1% da receita bruta proveniente da comercialização da sua produção para financiamento das prestações por acidente do trabalho. (Redação dada pela Lei 9.528/97)

O Acórdão ainda não havia sido divulgado ao tempo desta análise, o que impossibilitou a realização de maiores considerações sobre o julgado.

⊙ Questões de Concurso relacionadas ao tema:

Questão 01 (Ano: 2014. Banca: FUNDATEC. Órgão: SEFAZ-RS. Prova: Técnico Tributário da Receita Estadual – Prova 2) A Constituição Federal estabelece o seguinte: "Art. 195. A seguridade social será financiada por toda a sociedade, de forma direta e indireta, nos termos da lei, mediante recursos provenientes dos orçamentos da União, dos Estados, do Distrito Federal e dos Municípios, e das seguintes contribuições sociais: I – do empregador, da empresa e da entidade a ela equiparada na forma da lei, incidentes sobre: (...) b) a receita ou o faturamento". Com base nesse trecho, assinale a alternativa correta.

a) A contribuição uma vez instituída por lei complementar poderá ser modificada por lei ordinária.

b) A contribuição uma vez instituída por lei complementar poderá ser modificada por decreto

c) A contribuição uma vez instituída por lei complementar poderá ser modificada por regulamento

d) A contribuição uma vez instituída por lei complementar poderá ser modificada por portaria.

e) A contribuição uma vez instituída por lei complementar somente poderá ser modificada por outra lei complementar.

Questão 02 (Ano: 2013. Banca: FCC. Órgão: PGE-BA. Prova: Analista de Procuradoria – Área de Apoio Calculista) A Constituição Federal dispõe, acerca das Contribuições Sociais, que

a) somente podem ser instituídas por lei complementar.

b) têm por finalidade única custear a previdência social.

c) a contribuição de intervenção no domínio econômico tem por fato gerador a regulação da economia e por finalidade gerar recursos para a seguridade social.

d) a contribuição social do empregador não tem natureza tributária, sendo um encargo trabalhista de natureza salarial.

e) a contribuição social para a seguridade social tem por finalidade gerar recursos para a saúde, previdência e assistência social, sendo tributo de receita vinculada.

Questão 03 (Ano: 2005. Banca: ESAF. Órgão: Receita Federal. Prova: Auditor Fiscal da Receita Federal – Área Tecnologia da Informação – Prova 2) Sobre as contribuições para a seguridade social (art. 195 da Constituição), podemos afirmar que

a) nenhum benefício ou serviço da seguridade social poderá ser criado, majorado ou estendido sem a correspondente fonte de custeio, parcial ou total.

b) as contribuições do empregador sobre a folha de salários não poderão ter alíquotas ou bases de cálculo diferenciadas em razão da atividade econômica a que se dedique a empresa.

c) as receitas dos estados, do Distrito Federal e dos municípios destinadas à seguridade social integrarão o orçamento da União.

d) são isentas de contribuição para a seguridade social as entidades beneficentes de assistência social que atendam às exigências estabelecidas pelo Poder Executivo.

e) somente poderão ser exigidas após decorridos noventa dias da data da publicação da lei que as houver instituído ou modificado.

> **Gabarito: 1-A; 2-E; 3-E**

10.28. CONTRIBUIÇÕES PARA O SALÁRIO-EDUCAÇÃO

Tema 518: "Compatibilidade da contribuição destinada ao custeio da educação básica com as Constituições de 1969 e de 1988."

Tese: "Nos termos da Súmula 732 do STF, é constitucional a cobrança da contribuição do salário-educação."

FICHA TÉCNICA	
Leading case:	**RE 660.933**
Descrição do caso feita pelo STF:	"Recurso extraordinário em que se discute, à luz do art. 212, § 5º, da Constituição Federal, e do art. 25 do ADCT, a compatibilidade, ou não, da cobrança da contribuição do salário-educação, nos termos do Decreto-Lei 1.422/75 e dos Decretos 76.923/75 e 87.043/82, com as Constituições de 1969 e de 1988, e, se compatível, qual a alíquota aplicável, anteriormente ao regime jurídico implementado pela EC 14/96, regulamentado pela Lei 9.424/96 e pela Medida Provisória 1.565/98."

FICHA TÉCNICA	
Leading case:	**RE 660.933**
Dispositivo(s) constitucional(is) envolvido(s):	"CF/88, art. 212, § 5º A educação básica pública terá como fonte adicional de financiamento a contribuição social do salário-educação, recolhida pelas empresas na forma da lei. (Redação dada pela EC 53/2006) ADCT, art. 25. Ficam revogados, a partir de cento e oitenta dias da promulgação da Constituição, sujeito este prazo a prorrogação por lei, todos os dispositivos legais que atribuam ou deleguem a órgão do Poder Executivo competência assinalada pela Constituição ao Congresso Nacional, especialmente no que tange a: II – alocação ou transferência de recursos de qualquer espécie."
Data de reconhecimento da repercussão geral:	03/02/2012
Data de julgamento do mérito recursal:	02/02/2012
Houve unanimidade?	Não, vencido o Ministro Marco Aurélio
Data de publicação do acórdão de julgamento do recurso:	23/02/2012
Trânsito em julgado do acórdão:	22/03/2012
Houve Embargos de Declaração	Não
Data de julgamento dos Embargos de Declaração	–
Data de publicação dos Embargos de Declaração	–

⦿ Comentários:

Deu-se provimento ao Recurso Extraordinário interposto pela União, para declarar a constitucionalidade da contribuição do salário-educação, seja sob a Carta de 1969, seja sob a Constituição Federal de 1988.

O Tribunal tratou de reafirmar a jurisprudência existente na Corte, objeto inclusive da Súmula STF 732, com base na qual "é constitucional a cobrança da contribuição do salário-educação, seja sob a Carta de 1969, seja sob a Constituição Federal de 1988, e no regime da Lei 9.424/96."

A contribuição do chamado Salário Educação foi instituída pela Lei 4.440/64, e nos termos do art. 1º deste instrumento legislativo, era devida pelas empresas vinculadas à Previdência Social, em valor correspondente ao custo do ensino primário dos filhos dos seus empregados em idade de escolarização obrigatória, e destinado a suplementar as despesas com a educação elementar. A Lei 4.863/65 alterou a redação da Lei 4.440/64, tendo estabelecido a alíquota de 1,4% para a exação.

O Decreto-Lei 1.422/75 revogou expressamente a Lei 4.44064, e nos termos do art. 1º, reestruturou a contribuição, fazendo-a incidir sobre a folha do salário, com alíquota a ser definida pelo Poder Executivo, e com arrecadação destinada ao financiamento de programas de ensino de 1º Grau, regular e supletivo, e do Fundo Nacional de Desenvolvimento da Educação. Este Decreto-lei foi posteriormente regulamentado pelo Decreto 76.923/75, que alterou a alíquota para 2,5%, e posteriormente pelo Decreto 87.043/82.

Ocorre, entretanto, que o Decreto-Lei 1.422/75 foi declarado inconstitucional, por vulneração ao princípio da legalidade, tendo em vista a delegação de poder ao Executivo em matéria de fixação da alíquota do gravame aqui considerado. Tal fato implicou, por sua vez, no entendimento segundo o qual voltava à vigência a Lei 4.440/64, com todas as suas alterações. A partir de tal entendimento, o STF considerou plenamente aplicáveis as normas desta última, devendo o Salário Educação ser regido segundo as suas disposições:

> A Lei nº 4.440/64 compatibiliza-se com as sucessivas Constituições – de 46, de 67/69 e de 88 – não devendo ser-lhe negada aplicação, porquanto se encontra em perfeita vigência, com a redação dada pela Lei 4.863/65. (Acórdão, p. 6, item 7)

Isto fez com que a Corte reconhecesse, destarte, o direito à repetição do valor equivalente a 1,1% sobre a folha de pagamento das empresas, produto da diferença entre as alíquotas estabelecidas pela Lei 4.863/65 (1,4%) e pelo Decreto-lei 76.923/75 (2,5%).

Já em 1996, a Lei 9.424/96, alterou a alíquota do Salário Educação para 2,5%, tendo-se também posicionado, o Tribunal, pela constitucionalidade da exação em tais termos (ADC 3/DF).

O Ministro Marco Aurélio pronunciou-se pela existência da repercussão geral do tema. A sua divergência restringiu-se apenas a fazer o julgamento no Plenário Virtual, por considerar necessária a reunião física dos integrantes da Corte. Diante disso, absteve-se de emitir juízo quanto ao mérito.

⊙ Síntese do debate constante do acórdão que fixou o precedente:

Argumentos favoráveis à tese fixada:	Argumentos contrários à tese fixada:
	Nas suas razões, a União sustentou a conformidade do DL 1.422/1975 e do Decreto 76.923/1975 com a CF/1967 (com redação da EC 1/69), pois, àquela época, o recolhimento da exação consistia em uma faculdade das pessoas jurídicas, tendo sido considerada pelo Supremo como uma obrigação alternativa não tributária, ante a ausência do requisito da compulsoriedade. Por esse motivo, a fixação da alíquota poderia ter ocorrido por meio de decreto editado pelo Poder Executivo, após expressa delegação prevista em lei. Ressaltou ainda haver o DL 1.422/1975 revogado a Lei 4.440/64, razão pela qual não se poderia fixar, na decisão recorrida, a alíquota da contribuição em 1,4%. Aduziu que somente após a promulgação da EC 14/96, a natureza do salário-educação fora modificada para tributo, tendo a Lei 9.424/96 tornado obrigatório o pagamento. Sustentou, finalmente, que a CF/88 recepcionou, sob o aspecto material, o salário-educação, nos termos do artigo 212, § 5º, sendo este o atual entendimento do Supremo, que editou o Verbete nº 732 da Súmula do citado Tribunal sobre o tema.

DIREITO ELEITORAL

Jaime Barreiros Neto

11.1. PRINCÍPIOS DO DIREITO ELEITORAL: PRINCÍPIO DA ANUALIDADE

Tema 387: "Aplicabilidade imediata da Lei Complementar nº 135/2010, que prevê novas hipóteses de inelegibilidade, às eleições de 2010."

Tese: "A Lei Complementar 135/2010 não é aplicável às eleições gerais de 2010, em face do princípio da anterioridade eleitoral (art. 16 da Constituição Federal)".

FICHA TÉCNICA	
Leading case:	**RE 633.703/MG**
Descrição do caso feita pelo STF:	"Recurso extraordinário em que se discute, à luz do art. 16 da Constituição Federal, se a Lei Complementar nº 135/2010, que prevê novas hipóteses de inelegibilidade, aplica-se, ou não, às eleições de 2010, em face do princípio da anterioridade da lei eleitoral".
Dispositivo(s) constitucional(is) envolvido(s):	**"Art. 16.** A lei que alterar o processo eleitoral entrará em vigor na data de sua publicação, não se aplicando à eleição que ocorra até um ano da data de sua vigência".
Data de reconhecimento da repercussão geral:	23/03/2011
Data de julgamento do mérito recursal:	23/03/2011
Houve unanimidade?	Não

FICHA TÉCNICA	
Leading case:	**RE 633.703/MG**
Data de publicação do acórdão de julgamento do recurso:	18/11/2011
Trânsito em julgado do acórdão:	12/01/2012

◉ Comentários:

Segundo o artigo 16 da Constituição Federal, "a lei que alterar o processo eleitoral entrará em vigor na data da sua publicação, não se aplicando à eleição que ocorra até um ano da data da sua vigência". Estabeleceu, assim, o legislador constitucional originário, o princípio da anualidade eleitoral, de fundamental importância para a preservação da segurança jurídica. Evita-se, a partir da aplicação do princípio da anualidade, que as normas eleitorais sejam modificadas faltando menos de um ano e um dia para as eleições, prejudicando o equilíbrio da disputa, com a mudança das regras do jogo.

Vale ressaltar, entretanto, que grandes divergências doutrinárias e jurisprudenciais são observadas no que se refere à interpretação da expressão "processo eleitoral". Neste sentido, de grande relevância tivemos o julgamento da ADIN 354, pelo STF, que questionava a constitucionalidade do artigo 2º da Lei nº. 8.037/90, publicada no dia 25 de maio de 1990, que alterava os artigos 176 e 177 do Código Eleitoral, relativos ao procedimento de apuração de votos, e previa a sua entrada em vigor na data da sua publicação. Afinal, a nova lei poderia ser aplicada nas eleições de 1990? Tratava-se a nova lei de lei que alterava o "processo eleitoral"? Por seis votos a cinco, o STF entendeu que a cláusula de vigência imediata não era inconstitucional, por não alterar o "processo eleitoral". Cinco ministros, no entanto, como se observa, entenderam pela inconstitucionalidade da expressão e pela aplicação, no caso, do princípio da anualidade.

Discussão bastante polêmica, quanto à interpretação do princípio da anualidade, foi travada no TSE e no STF, referente à aplicabilidade ou não da Lei da Ficha Limpa nas eleições 2010. Muitos foram os defensores da ideia de que a aplicação da nova lei, publicada em junho de 2010, a apenas quatro meses das eleições gerais daquele ano, violava tal princípio, atingindo a segurança jurídica necessária à garantia da normalidade e da legitimidade das eleições. Terminou por prevalecer, naquela oportunidade, no **âmbito** do TSE, entretanto, o entendimento segundo o qual a aplicação imediata da nova lei não feria o princípio da anualidade, uma vez que a mesma não geraria desequilíbrio na disputa nem privilégios desmedidos a quaisquer candidatos, não se constituindo, assim, em fator perturbador do pleito, capaz de introduzir deformações capazes de afetar a normalidade das eleições.

O Supremo Tribunal Federal, ao declarar a inelegibilidade do candidato ao Senado Federal pelo estado do Pará, Jáder Barbalho, enquadrado na Lei da Ficha Limpa, terminou por, inicialmente, referendar este entendimento, embora o referido julgamento (RE 631.102/PA) tenha terminado empatado (cinco votos a favor e cinco votos contra. Somente participaram do julgamento dez ministros, uma vez que o Min. Eros Grau já se encontrava aposentado, sem substituto definido): conforme o regimento interno do STF, em caso de empate prevalece o teor da decisão recorrida, o que fez com que o entendimento firmado pelo TSE quanto à aplicabilidade imediata da lei prevalecesse.

Tudo mudou, no entanto, com a posse do novo ministro da corte, Luiz Fux. Em 23 de março de 2011, julgando recurso interposto pelo candidato a deputado estadual pelo estado de Minas Gerais, Leonídio Bouças (RE 633.703/MG), o STF, já com a sua corte completa, após a posse do Ministro Luiz Fux na vaga deixada pelo Ministro aposentado Eros Grau, terminou por decidir, por 06 votos a 05, pela inaplicabilidade da lei da Ficha Limpa nas eleições 2010, com o voto decisivo do novo ministro, para quem "as vozes que pedem a validade imediata da lei não encontram respaldo no ordenamento jurídico".

No seu voto, o Ministro Luiz Fux priorizou a segurança jurídica, defendendo a tese de que o princípio da anualidade não pode ser mitigado. Assim, políticos que haviam sido declarados inelegíveis para as eleições 2010, em virtude da nova lei, ficaram livres da punição, pelo menos até as eleições de 2012.

O julgamento do caso Leonídio Bouças, assim, foi decisivo para a não aplicação da Lei da Ficha Limpa nas eleições 2010, fazendo surgir, entretanto, uma nova celeuma, relativa ao candidato a senador Jáder Barbalho, a quem o STF já tinha impedido de ser empossado, aplicando a referida lei. Afinal de contas, caberia, a partir de novo entendimento, uma revisão dos efeitos da decisão proferida no caso do político paraense? Após muita polêmica, em 28 de dezembro de 2011 Jáder Barbalho foi, finalmente, empossado como senador pelo estado do Pará.

No que se refere ao presente julgamento (RE 633.703/MG), o candidato a deputado pelo Estado de Minas Gerais nas eleições de 2010, Leonídio Henrique Correa Bouças, que teve seu registro de candidatura negado, em razão de condenação por improbidade administrativa, nos termos do art. 1º, I, "l", da Lei Complementar 64/90, com redação dada pela Lei Complementar 135/2010, uma vez que, em 18.12.2007, o Tribunal de Justiça de Minas Gerais, em sede de apelação, reconheceu a prática de ato de improbidade administrativa e condenou o recorrente à perda de sua função pública e à suspensão de seus direitos políticos – por 6 anos e 8 meses – e do direito de contratar com o Poder Público e de receber benefícios ou incentivos fiscais por 5 anos, além de fixar multa.

Com fundamento fático nesta condenação, e tendo em vista a publicação, em junho de 2010, da Lei da Ficha Limpa (LC 135/2010), o Ministério Público Eleitoral de Minas Gerais, então, ajuizou ação de impugnação de registro de candidatura em face do recorrente, alegando a ausência da condição de elegibilidade prevista no art. 14, § 3º, II, da Constituição (falta de quitação eleitoral) e a presença da causa de inelegibilidade estabelecida no art. 1º, I, "l", da LC 64/90, com a redação dada pela LC 135/2010, alegando que "o impugnado, por ter sido condenado à suspensão dos direitos políticos, em decisão proferida por órgão colegiado, por ato doloso de improbidade administrativa que importou em lesão ao patrimônio público e enriquecimento ilícito, incide na causa de inelegibilidade legal insculpida no art. 1º, 'l' da Lei das Inelegibilidades".

Em sua defesa, o Sr. Leonídio Henrique Correa Bouças alegou, então, a inconstitucionalidade da LC 135/2010 e a inexistência de trânsito em julgado da decisão colegiada do TJMG na ação de improbidade administrativa, tendo a Procuradoria Regional Eleitoral de Minas Gerais manifestado-se, novamente, pelo indeferimento do registro de candidatura suscitado.

O Tribunal Regional Eleitoral de Minas Gerais, então, julgando o mérito da questão, decidiu, por unanimidade, pelo indeferimento do pedido de registro de candidatura do Sr. Leonídio Henrique Correa Bouças, que, então, recorreu da decisão ao TSE, requerendo a declaração incidental de inconstitucionalidade do art. 1º, I, "l", da LC 64/90, com redação dada pela LC 135/10.

Em 9.9.2010, no âmbito do Tribunal Superior Eleitoral, decisão monocrática do Ministro Aldir Passarinho Junior negou seguimento ao recurso ordinário e manteve o entendimento do TRE-MG, reconhecendo a inelegibilidade do recorrente, que, então, interpôs agravo regimental da decisão, o qual foi desprovido pelo Tribunal Superior Eleitoral, por maioria, mantendo-se a inelegibilidade do recorrente.

No recurso extraordinário, interposto com base no art. 102, inciso III, alínea "a", da Constituição (fls. 400-423), alega-se violação aos arts. 5º, LVII; 15, V; 16 e 37, § 4º, do texto constitucional. Em suas razões, o recorrente sustenta, em síntese: 1) a não observância do princípio da anualidade eleitoral, estabelecido no art. 16 da Constituição; 2) a afronta ao princípio da presunção de não culpabilidade (art. 5º, LVII), em razão da ausência do trânsito em julgado da ação de improbidade administrativa, entendimento este que já estaria presente na jurisprudência do STF, especificamente no julgamento da ADPF 144, Rel. Min. Celso de Mello; 3) violação aos artigos 15, V, e 37, § 4º, da Constituição, os quais teriam remetido à legislação ordinária a regulamentação das penalidades aplicáveis à prática de improbidade administrativa, tendo a Lei 8.429/92 exigido o trânsito em julgado para a suspensão dos direitos políticos.

A Presidência do Tribunal Superior Eleitoral, tendo em conta a natureza constitucional da controvérsia, admitiu o recurso extraordinário, determinando a sua remessa ao Supremo Tribunal Federal em decisão publicada no DJe em 7.12.2010.

O Supremo Tribunal Federal, então, por unanimidade, reconheceu a repercussão geral do RE 633.703/MG, julgando seu mérito em 23 de março de 2011, firmando a tese de que "a Lei Complementar 135/2010 não é aplicável às eleições gerais de 2010, em face do princípio da anterioridade eleitoral (art. 16 da Constituição Federal)". No seu voto, o relator, Min. Gilmar Mendes salientou que o tema já havia sido suscitado em dois outros julgamentos recentes no STF, envolvendo os candidatos Joaquim Roriz (RE 630.147/DF) e Jáder Barbalho (RE 631.102/PA), quando, especialmente no segundo caso, "o Tribunal reconheceu a repercussão geral da questão constitucional relacionada à alínea "k" do inciso I do art. 1º da LC 64/90, a qual dispõe sobre a inelegibilidade daqueles agentes políticos que renunciarem a seus mandatos desde o oferecimento de representação ou petição capaz de autorizar a abertura de processo de cassação do mandato", em situação semelhante à discutida no RE 633.703/MG, em julgamento, fato que justificaria o reconhecimento da repercussão geral também neste recurso extraordinário.

Enfrentando, então, o mérito do RE 633.703/MG, o relator, Min. Gilmar Mendes, salientou que o STF, em 1992, julgando o RE 192.392, sob a relatoria do Min. Sepúlveda Pertence, decidiu, na ocasião, que decidiu que o princípio da anterioridade eleitoral não vedaria a vigência imediata da LC 64/90 (Lei de Inelegibilidades), na medida em que esta define o regime constitucional de inelegibilidade exigido pelo art. 14, § 9º, da Constituição. Naquele julgamento, contudo, para o Min. Gilmar Mendes, o STF não teria firmado jurisprudência no sentido de que lei que trate de inelegibilidade tem aplicabilidade imediata e não se submete ao art. 16 da Constituição, como muitos costumam afirmar.

Segundo o Min. Gilmar Mendes, no julgamento do RE 192.392, "o debate girou em torno da questão de saber se a LC 64/90 instaurava um novo e complementar sistema normativo de inelegibilidades exigido pela então recém-promulgada Constituição de 1988 (art. 14, § 9º) ou se, por outro lado, ela alterava o regime anterior de inelegibilidades definido pela LC 5/70 e recepcionado pela nova Constituição". Tendo prevalecido, por maioria, vencido o relator, a tese de que o art. 16 da Constituição não poderia ser aplicado para negar aplicabilidade imediata a outros preceitos da própria Constituição (art. 14, § 9º, e art. 37, § 4º). Assim, a LC 64/90 estaria cumprindo um mandamento constitucional, afirmando a plena eficácia do art. 14, § 9º da Constituição no sentido da busca da moralização e da lisura das eleições. Assim, segundo o Min. Gilmar Mendes, prevaleceu a tese de que "se essa nova lei complementar não pudesse ser imediatamente aplicada, deixaria uma lacuna relativa a regras de inelegibilidade de caráter moralizador, o que não seria permitido pela própria Constituição".

Defendendo que a situação relativa ao debate em torno da aplicabilidade da LC 135/2010 nas eleições realizadas no mesmo ano da sua publicação seria diferente daquela vislumbrada no RE 192.392, o Min. Gilmar Mendes, então, argumentou que:

> Como é possível perceber, a regra que pode ser extraída desse precedente firmado no RE 129.392 é a de que o art. 16 da Constituição não pode obstar a aplicabilidade imediata de uma lei de inelegibilidade que, logo após o advento da nova ordem constitucional, vem instituir todo um sistema de inelegibilidades para cumprir preceitos constitucionais e preencher um vazio legislativo, sem cujo suprimento as eleições não poderiam se desenvolver de forma regular.

> Portanto, a tentativa de aplicar-se o referido precedente ao contexto atual levaria à conclusão diametralmente oposta, isto é, a de que o fato de a LC 135/2010 apenas alterar preceitos existentes de um consolidado sistema de inelegibilidade instituído pela Constituição de 1988 e complementado pela LC 64/90 – vigente há vinte anos e aplicado em todas as eleições desde então – tornaria obrigatório que a sua aplicabilidade fosse condicionada ao princípio da anterioridade previsto pelo art. 16 da Constituição.

Lembrou ainda o Min. Gilmar Mendes que a jurisprudência do STF acerca da abrangência jurídica do art. 16 da Constituição Federal foi alterada com o passar dos anos. Assim, no julgamento da ADI 354, em 1990, o Tribunal consignou o entendimento segundo o qual a vigência e a eficácia imediatas de norma eleitoral que altera o sistema de votação e apuração de resultados, seja no sistema proporcional, seja no sistema majoritário, não infringem o disposto no art. 16 da Constituição, a partir dos argumentos de que a norma eleitoral que trata de um determinado modo de apuração de votos e, dessa forma, diz respeito apenas à interpretação da vontade do eleitor, pode ter eficácia imediata sem desrespeitar o princípio da anterioridade eleitoral; de que a expressão "processo eleitoral" contida no art. 16 da Constituição abrange apenas as normas eleitorais de caráter instrumental ou processual e não aquelas que dizem respeito ao direito eleitoral material ou substantivo; e de que o art. 16 visaria impedir apenas alterações casuísticas e condenáveis do ponto de vista ético; vencidos os argumentos de cinco ministros da corte (Ministros Marco Aurélio, Carlos Velloso, Celso de Mello, Sepúlveda Pertence e Aldir Passarinho), que, de forma geral, entenderam que o processo eleitoral consiste num complexo de atos que visa a receber e a transmitir a vontade do povo e que pode ser subdividido em três fases: a fase pré-eleitoral, que vai desde a escolha e apresentação das candidaturas até a realização da propaganda eleitoral; a fase eleitoral propriamente dita, que compreende o início, a realização e o encerramento da votação; a fase pós-eleitoral, que se inicia com a apuração e a contagem de votos e finaliza com a diplomação dos candidatos; e que a teleologia da norma constitucional do art. 16 é a de impedir a deformação do processo eleitoral mediante alterações nele inseridas de forma casuística e que interfiram na igualdade de participação dos partidos políticos e seus candidatos.

A partir do julgamento da ADI 3.345, em 2005, lembrou o Min. Gilmar Mendes, um redimensionamento do entendimento do STF acerca do sentido da expressão "processo eleitoral" se afirmou, no sentido dos argumentos vencidos à época do julgamento da ADI 354. Apenas em 2006, contudo, quando do julgamento da ADI 3.685, o STF, de forma pioneira, impediu a vigência imediata de uma norma eleitoral com fundamento no artigo 16 da Constituição, ao não permitir a aplicação da Emenda Constitucional nº. 52/2006 nas eleições daquele ano. O artigo 16 da Constituição, neste sentido, segundo o Min. Gilmar Mendes, passou a ser identificado como uma garantia constitucional do cidadão-eleitor, da mesma forma que o princípio da anterioridade tributária se constitui em uma garantia constitucional do cidadão-contribuinte, com caráter de cláusula pétrea. De acordo com o Min. Gilmar Mendes:

> Adotaram-se, naquele julgamento, os seguintes parâmetros de interpretação do princípio da anterioridade (condensados na ementa do acórdão): 1) Inexistência de rompimento da igualdade de participação dos partidos políticos e dos respectivos candidatos no processo eleitoral; 2) Legislação que não introduz deformação de modo a afetar a normalidade das eleições; 3) Dispositivos que não constituem fator de perturbação do pleito; 4) Inexistência de alteração motivada por propósito casuístico.

Ante a retrospectiva histórica da jurisprudência do STF acerca da interpretação do artigo 16 da Constituição Federal de 1988, defendeu, então, o relator do RE 633.703/MG, Min. Gilmar Mendes, ser possível firmar as seguintes regras-parâmetro para a interpretação do referido dispositivo constitucional, *in verbis*:

> 1) O vocábulo "lei" contido no texto do art. 16 da Constituição deve ser interpretado de forma ampla, para abranger a lei ordinária, a lei complementar, a emenda constitucional e qualquer espécie normativa de caráter autônomo, geral e abstrato, emanada do Congresso Nacional no exercício da competência privativa da União para legislar sobre direito eleitoral, prevista no art. 22, I, do texto constitucional;
>
> 2) A interpretação do art. 16 da Constituição deve levar em conta o significado da expressão "processo eleitoral" e a teleologia constitucional.
>
> 2.1) O processo eleitoral consiste num complexo de atos que visa a receber e a transmitir a vontade do povo e que pode ser subdividido em três fases: a) a fase pré-eleitoral, que vai desde a escolha e apresentação candidaturas até a realização da propaganda eleitoral; b) a fase eleitoral dita, que compreende o início, a realização e o encerramento da votação; c) a fase pós-eleitoral, que se inicia com a apuração e a contagem de votos e finaliza com a diplomação dos candidatos;
>
> 2.2) A teleologia da norma constitucional do art. 16 é a de impedir a deformação eleitoral mediante alterações nele inseridas de forma casuística que interfiram na igualdade de participação de partidos políticos e de seus candidatos.

3) O princípio da anterioridade eleitoral, positivado no art. 16 da Constituição, constitui uma garantia fundamental do eleitor, do cidadão-candidato e dos partidos políticos, que – qualificada como cláusula pétrea– compõe o plexo de garantias do devido processo legal eleitoral, dessa forma, é oponível ao exercício do poder constituinte derivado.

Passando, então, à análise específica da possibilidade de aplicação ou não da Lei da Ficha Limpa (LC 135/2010) nas eleições de 2010, ocorridas quatro meses apenas após a sua promulgação, o Min. Gilmar Mendes, a partir dos argumentos acima sintetizados, votou pela impossibilidade de aplicação da nova lei no referido pleito, entendendo que a mesma interferiu em uma fase específica do processo eleitoral, a fase "pré-eleitoral", que se inicia com a escolha e a apresentação das candidaturas pelos partidos políticos e vai até o registro das candidaturas na Justiça Eleitoral, ao, principalmente, restringir "direitos e garantias fundamentais do cidadão-eleitor, do cidadão-candidato e dos partidos políticos e, desse modo, atinge a igualdade de chances (*Chancengleichheit*) na competição eleitoral, com consequências diretas sobre a participação eleitoral das minorias". O processo eleitoral, para o Min. Gilmar Mendes, não se inicia com as convenções partidárias para a escolha de candidatos, mas muito antes, desde a chamada "fase pré-eleitoral", a partir da qual deve incidir a teleologia do princípio da anualidade ou anterioridade eleitoral (art. 16 da Constituição Federal de 1988).

Na visão do Min. Gilmar Mendes, "Se o princípio da anterioridade eleitoral é identificado pela mais recente jurisprudência do STF como uma garantia fundamental do devido processo legal eleitoral, sua interpretação deve deixar de lado considerações pragmáticas, no curso do pleito eleitoral", relativas à "moralidade deste ou daquele candidato ou partido político". Para Mendes, "a alteração de regras sobre inelegibilidade certamente interfere no processo político de escolha de candidatos, processo este que envolve os próprios candidatos, os partidos políticos e terceiros".

Ainda segundo o relator, "não há como conceber causa de inelegibilidade que não restrinja a liberdade de acesso aos cargos públicos, por parte dos candidatos, assim como a liberdade para escolher e apresentar candidaturas por parte dos partidos políticos. E um dos fundamentos teleológicos do art. 16 da Constituição é impedir alterações no sistema eleitoral que venham a atingir a igualdade de participação no prélio eleitoral". Há de se observar, portanto, segundo o Min. Gilmar Mendes, o princípio da igualdade de chances, como princípio basilar do processo eleitoral, abrangendo "todo o processo de concorrência entre os partidos".

Para o Min. Gilmar Mendes, alterar as regras relativas às condições de elegibilidade e causas de inelegibilidade a menos de um ano do pleito acarretaria, ainda, uma violação aos direitos das minorias, uma vez que influenciaria "a própria possibilidade de que as minorias partidárias exerçam suas estratégias de articulação política em conformidade com os parâmetros inicialmente instituídos". De acordo ainda com o ministro-relator, "a aplicação do princípio da anterioridade não depende de considerações sobre a moralidade da legislação. O art. 16 é uma barreira objetiva contra abusos e desvios da maioria, e dessa forma deve ser aplicada por esta Corte".

Concluindo seu voto, o Min. Gilmar Mendes, na condição de relator, afirmou, ao fim, que "a Corte tem que defender o próprio cidadão contra a sua própria sanha, contra os seus próprios instintos, porque, em algum momento, diante de determinada quadra, legitima-se até mesmo o fuzilamento, a pena de morte, aplaudem-se os linchamentos. É preciso, portanto, ter-se muito cuidado com a valoração desse chamado sentimento popular".

No mesmo sentido do voto do relator e aderindo aos seus argumentos, o Min. Luiz Fux ressaltou que inexiste oposição entre direito material e processo eleitoral, para fins de incidência do art. 16 da CF, uma vez que, nas suas palavras "são justamente as regras de direito material no domínio eleitoral que mais podem influenciar a isonomia e a igualdade de chances nas eleições, de modo que é especialmente para estas hipóteses que se dirige o dispositivo". Ainda segundo o Min. Luiz Fux, o artigo 16 da Constituição foi instituído como regra, e não como princípio, fato que, na sua compreensão, "é motivo suficiente para que não sejam desconsiderados seus enunciados linguísticos, que representam, na realidade, a decisão já tomada no domínio da democracia quanto às diversas razões que poderiam conduzir a soluções opostas, ou simplesmente diferentes, a respeito da segurança jurídica no processo eleitoral". Para o Min. Luiz Fux, não cabe ao STF "reescrever" o texto da Constituição, estabelecendo novos parâmetros para o estabelecimento do início do período eleitoral que não um ano antes das eleições, como prevê o artigo 16 do texto constitucional.

Também acompanhando o relator, o Min. Dias Toffoli lembrou o perigo de se impor restrições à participação de indivíduos no processo eleitoral, em nome de "processos moralizantes". Segundo o Min, Toffoli, "se admitirmos a eficácia imediata da Lei Complementar no 135/2010, no que se refere exclusivamente ao caso dos autos, abriremos as portas para mudanças outras, de efeitos imprevisíveis e resultados desastrosos para o concerto político nacional".

Em sentido contrário ao voto do relator, a Min. Carmen Lucia, reproduzindo na íntegra seu voto proferido no julgamento do RE 630.147, argumentou, por sua vez, que a interpretação do artigo 16 da Constituição deve se pautar, especialmente, na finalidade ética a ser alcançada pela regra da anterioridade, e não simplesmente em uma "questão de calendário". Ainda de acordo com a Min. Carmen Lúcia, relembrando antigo entendimento do STF no julgamento da ADI 3.345, deve-se considerar o processo eleitoral a partir de uma fase pré-eleitoral iniciada, tão somente, a partir das convenções para a escolha de candidatos.

Segundo a Min. Carmen Lucia, não se devem confundir as condições de elegibilidade com as causas de inelegibilidades, as quais devem ser interpretadas como "mecanismos extraordinários de tutela da coletividade e da pessoa jurídica estatal", não devendo se confundir com o conceito de pena. Para a Ministra, "desguarnecer o 'hoje' da coletividade, em favor do 'amanhã' do indivíduo, que em sua essência, repito, não se torna menos digno por verse temporariamente inelegível, significa desprezar o critério de elegibilidade que a Constituição preceitua como sendo a 'vida pregressa do candidato', cuja definição não se confunde com 'antecedentes criminais da pessoa' ou, mais precisamente, com 'condenação ou decisão judicial transitada em julgado'".

Finalmente, para a Min. Carmen Lúcia, aplicar nas eleições de 2010 a Lei da Ficha Limpa não violaria a segurança jurídica e o princípio da confiança, uma vez que, no seu entendimento, "não se criou uma insegurança a partir dessa lei, mas a lei simplesmente, ao fixar as novas balizas especificamente quanto às inelegibilidades, a meu ver, pôs de maneira clara quais eram as condições que teriam de ser apresentadas por aqueles interessados a se candidatar nas convenções".

No mesmo sentido do voto divergente da Min. Carmen Lúcia, o Min. Ricardo Lewandowski relembrou o precedente da ADI 3.345, para defender que deve-se considerar o processo eleitoral a partir de uma fase pré-eleitoral iniciada, tão somente, a partir das convenções para a escolha de candidatos. Além disso, para o Min. Ricardo Lewandowski, a Lei da Ficha Limpa não teria gerado desequilíbrio nas condições de disputa eleitoral ou desequilíbrio do pleito, uma vez que, nas suas palavras, "não há o rompimento da igualdade das condições de disputa entre os contendores, ocorrendo, simplesmente, o surgimento de novo regramento normativo, de caráter linear, ou seja, de disciplina legal que atinge igualmente todos os aspirantes a cargos eletivos, objetivando atender, repito, o disposto no art. 14, § 9º, da mesma Carta".

Também acompanhando a divergência, o Min. Joaquim Barbosa defendeu, em seu voto, a necessidade de privilégio dos "valores referentes aos direitos políticos em sua dimensão coletiva" sobre os "valores concernentes aos direitos políticos individuais". Ainda segundo o ministro, a matéria relativa às inelegibilidades não teria como "campo temático" o processo eleitoral, fato que afastaria a aplicabilidade do artigo 16 da Constituição ao caso em análise, não tendo ocorrido, na sua ótica, portanto, novidade legislativa, com a entrada em vigor da Lei da Ficha Limpa, que tivesse alterado o processo eleitoral, o qual só teria tido início na sua visão, com as convenções partidárias para a escolha de candidatos e formação de coligações.

Ainda de forma divergente ao voto do relator, o Min. Ayres Britto, por sua vez, argumentou que não haveria antinomia entre o artigo 16 e o artigo 14, § 9º da Constituição, destacando que, no direito eleitoral, "tudo é peculiar". Para o Min. Ayres Britto, é o artigo 16 que tem que "servir" ao artigo 14, § 9º, e não o contrário, devendo o "processo eleitoral" ter função instrumental, "serviente" à moralidade e à probidade administrativa. Além disso, de acordo com o Min. Ayres Britto, não caberia se falar em surpresa decorrente da Lei da Ficha Limpa, uma vez que a redação do artigo 14, § 9º da Constituição, ao impor a necessidade de uma vida pregressa do candidato fundada na moralidade, já tinha dezesseis anos de vigência, em 2010.

Também a Min. Ellen Gracie, no mesmo sentido do voto dos argumentos exarados pelo Min. Ayres Britto, afirmou que "a inelegibilidade não corresponde a qualquer ato ou a qualquer fato desse processo (processo eleitoral). Ela fica, então, no meu entendimento, isenta da proibição que se contém no artigo 16".

Já o Min. Marco Aurélio, destacando que "a segurança jurídica é cláusula pétrea, quer queiramos, quer não", acompanhou o relator, para votar pela inaplicabilidade da Lei da Ficha Limpa nas eleições 2010, em observância ao artigo 16 da Constituição.

O Min. Celso de Mello, também acompanhando o voto do relator, salientou, inicialmente, a necessidade de uma convergência entre ética e política, destacando que "a ordem jurídica não pode permanecer indiferente a condutas de quaisquer autoridades da República que hajam eventualmente incidido em censuráveis desvios éticos no desempenho da elevada função de representação política do Povo brasileiro", fato que autoriza a Justiça Eleitoral a exercer o poder-dever de "obstar candidaturas de pessoas desprovidas de idoneidade e destituídas de probidade e que, por isso mesmo, hajam incidido em situações configuradoras de inelegibilidade, desde que compatíveis com a ordem constitucional, em ordem a viabilizar, ao cidadão, o exercício do direito de escolher pessoas dignas e probas para o desempenho do mandato eletivo".

Em seguida, adentrando à questão da aplicação da Lei da Ficha Limpa nas eleições 2010 ante ao princípio da anterioridade, previsto no artigo 16 da Constituição, o Min. Celso de Mello defendeu que, mantida a decisão do TSE, haveria uma "efetiva transgressão" ao texto constitucional. Na visão do Min. Celso de Mello, o artigo 16 da Constituição, sob análise, "vincula-se, em seu sentido teleológico, à finalidade ético-jurídica de obstar a deformação do processo eleitoral mediante modificações que, casuisticamente introduzidas pelo Parlamento, culminem por romper a necessária igualdade de participação dos que nele atuam como protagonistas relevantes (partidos políticos e candidatos), vulnerando-lhes, com inovações abruptamente estabelecidas – como aquelas que definem novas hipóteses de inelegibilidade (que provocam a exclusão de candidaturas) -, a garantia básica de igual competitividade que deve, sempre, prevalecer nas disputas eleitorais", sendo, por isso mesmo, cláusula pétrea constitucional.

Ainda segundo o Min. Celso de Mello, o princípio da anterioridade eleitoral seria verdadeira cláusula de proteção das minorias, ao buscar inibir "manipulações legislativas, que, engendradas por grupos majoritários no âmbito do Parlamento, objetivam frustrar, dificultar ou obstar o exercício, pelas minorias, do direito de participação política, a denominada liberdade-participação", sendo assim, necessário impedir que o Estado "subverta as regras do processo eleitoral", impondo, "muitas vezes casuisticamente", normas legais destinadas a privilegiar o interesse de estamentos majoritários em detrimento de grupos de oposição minoritários.

Defendeu, ainda, no seu voto, o Min. Celso de Mello a existência de inelegibilidades com caráter de sanção, as chamadas "inelegibilidades cominadas", contestando, assim, aqueles que afirmam que a inelegibilidade não pode ser, em qualquer hipótese, considerada uma pena. Também em seu voto, o Min. Celso de Mello, por fim, em questão não diretamente relacionada à tese de repercussão geral firmada no julgado, defendeu a impossibilidade de flexibilização do princípio da presunção da inocência, em matéria de inelegibilidade, como proposto pela Lei da Ficha Limpa. Para o Min. Celso de Mello, "se mostra plenamente acolhível a pretensão recursal deduzida nesta causa, considerados, para tanto, os fundamentos concernentes, quer à violação do princípio da anterioridade eleitoral (CF, art. 16), quer à ofensa ao postulado do estado de inocência (CF, art. 5º, LVII), cuja transgressão, no caso, resultou de interpretação judicial, proferida pelo E. Tribunal Superior Eleitoral, evidentemente lesiva à integridade da Lei Fundamental da República".

Após o voto do Min. Celso de Mello, um debate entre os ministros Celso de Mello, Gilmar Mendes, Cezar Peluso e Ayres Britto se iniciou, tendo o ministro Ayres Britto afirmado que "o valor com que estamos lidando é moralidade. Não se puxa moralidade pela cauda para dizer: você só entra em vigor daqui a dois anos, a três anos. Isso é uma incongruência". Em resposta, o Min. Gilmar Mendes, então, argumentou que "quando se trata de crime, a Constituição estabelece o princípio da anterioridade. Quando se trata de crime! De crimes graves!", tendo o Min. Cezar Peluso, então, completado o raciocínio do Min. Gilmar Mendes para afirmar que a prática de crimes é mais grave à sociedade do que a prática de atos de imoralidade política. Em réplica, então, o Min. Ayres Britto defendeu que crime é matéria de proteção de direitos individuais, enquanto que "campo da presentação do indivíduo", enquanto que "direito político é o campo da representação da coletividade". Ante o argumento suscitado pelo Min. Ayres Britto, o Min. Celso de Mello, por sua vez, afirmou que "A liberdade- participação, que se exterioriza na dimensão dos direitos políticos, não se descaracteriza como expressão de um direito individual outorgado ao cidadão e que lhe confere a prerrogativa de influir na formação dos corpos representativos e, até mesmo, na condução dos negócios governamentais", não cabendo, portanto, a distinção ontológica firmada pelo Min. Ayres Britto entre um tratamento diferenciado relativo à anterioridade em matéria eleitoral e em matéria criminal.

Finalmente, o Min. Cezar Peluso, então presidente do STF, passou a proferir o seu voto, reproduzindo voto anteriormente apresentado quando do julgamento do RE 630.147, proferido na sessão plenária de 23.09.2010. Para o Min. Peluso, defendendo que "a função de uma Corte Constitucional, como a função de qualquer magistrado, não é atender às vontades contingenciais e conjunturais de segmentos do povo, mas é atender àquilo que o povo, na sua vontade permanente de identidade histórica, positivou na sua Constituição", a Lei da Ficha Limpa deveria respeitar o princípio da anualidade, não sendo aplicada às eleições 2010. Ainda na sua visão, "o artigo 16 não permite que, no ano em que haja eleição, no ano da lei, nenhuma das fases do processo eleitoral, compreendido no seu exato sentido, possa ser alterada para não quebrar a segurança jurídica, a estabilidade, a previsibilidade, enfim, para evitar o dirigismo, o casuísmo, a que todos se referem como fatos contrários à boa ordem dos trabalhos eleitorais", pressuposto que atinge diretamente, na sua ótica, as condições de elegibilidade, "elemento mais peculiar, mais sensível, mais delicado do processo eleitoral".

Buscando ainda superar o argumento de que a inelegibilidade não seria pena, ou mesmo sanção, mas mero requisito objetivo determinado a afirmar quem poderia ou não concorrer às eleições, o Min. Cezar Peluso destacou, ainda, que "a pena é simplesmente sanção que tem natureza aflitiva. E as outras sanções stricto sensu são sanções que têm natureza danosa ou gravosa, mas não aflitiva. Todas têm, portanto, em comum o fato de serem consequências de um ato ilícito ou de um ato que, embora lícito, seja objeto de juízo de reprovabilidade jurídica". Completando seu raciocínio, afirmou, então, o Min. Peluso que "quando se aplica lei que tem tipicamente caráter penal, para aplicar uma sanção grave como esta – a exclusão da vida pública – a fatos já acontecidos antes do início de sua vigência, isto, a rigor, não pode ser considerado lei". Por este argumento, e também suscitando a questão da proteção à segurança jurídica como escopo maior do princípio da anterioridade eleitoral, o Min. Cezar Peluso, então, acompanhou o relator, dando provimento ao recurso.

Por seis votos a cinco, então, o recurso foi provido, tendo sido firmada a tese de repercussão geral segundo a qual "A Lei Complementar 135/2010 não é aplicável às eleições gerais de 2010, em face do princípio da anterioridade eleitoral (art. 16 da Constituição Federal)".

◉ Síntese do debate constante do acórdão que fixou o precedente:

Argumentos favoráveis à tese fixada:	Argumentos contrários à tese fixada:
"O entendimento segundo o qual a verificação das condições de elegibilidade e das causas de inelegibilidade deve observar as regras vigentes no dia 5 de julho não significa, de forma alguma, que tais regras sejam aquelas que foram publicadas a poucas semanas dessa data de referência. O complexo processo político de escolha de candidaturas não se realiza em apenas algumas semanas, ainda mais se tiver que se adequar, de forma apressada, a novas regras que alteram causas de inelegibilidade. Entendimento contrário levaria à situação-limite de aplicação imediata, no dia 5 de julho, de uma lei de inelegibilidade publicada no dia 4 de julho". (Min. Gilmar Mendes)	"O objetivo da norma constitucional é assegurar a proteção ética do processo eleitoral, garantindo-se à sociedade o direito de votar em quem o sistema estabeleça ofereça as condições ético-jurídicas de exercer o mandato que lhe venha a ser conferido. Sobrepõe-se, assim, por definição constitucional, a ética jurídica estabelecida pelo sistema à vontade pessoal de quem quer ser candidato a cargo público, descurando-se das condições fixadas pelo direito positivo". (Min. Carmen Lúcia)

Argumentos favoráveis à tese fixada:	Argumentos contrários à tese fixada:
"O art. 16 da Constituição, ao submeter a alteração legal do processo eleitoral à regra da anualidade, constitui uma garantia fundamental para o pleno exercício de direitos políticos". (Min. Gilmar Mendes)	"A incidência do princípio da anterioridade (art. 16) para obstar a aplicabilidade imediata de legislação eleitoral, cuja vigência tenha se iniciado a menos de um ano do pleito, não é automática, nem se circunscreve à questão de datas do calendário civil. Isso porque se deve atentar para as finalidades éticas que norteiam a interpretação daquela norma". (Min. Carmen Lucia)
"Não há como conceber causa de inelegibilidade que não restrinja a liberdade de acesso aos cargos públicos, por parte dos candidatos, assim como a liberdade para escolher e apresentar candidaturas por parte dos partidos políticos. E um dos fundamentos teleológicos do art. 16 da Constituição é impedir alterações no sistema eleitoral que venham a atingir a igualdade de participação no prélio eleitoral". (Min. Gilmar Mendes)	O processo eleitoral somente se inicia com uma fase pré-eleitoral, verificada a partir das convenções partidárias para a escolha dos candidatos. (Min. Carmen Lúcia)
"O princípio da 'igualdade de chances' entre os partidos políticos abrange todo o processo de concorrência entre os partidos, não estando, por isso, adstrito a um segmento específico. É fundamental, portanto, que a legislação que disciplina o sistema eleitoral, a atividade dos partidos políticos e dos candidatos, o seu financiamento, o acesso aos meios de comunicação, o uso de propaganda governamental, dentre outras, não negligencie a idéia de igualdade de chances sob pena de a concorrência entre agremiações e candidatos se tornar algo ficcional, com grave comprometimento do próprio processo democrático". (Min. Gilmar Mendes)	Não se devem confundir as condições de elegibilidade com as causas de inelegibilidades, as quais devem ser interpretadas como "mecanismos extraordinários de tutela da coletividade e da pessoa jurídica estatal", não devendo se confundir com o conceito de pena. (Min. Carmen Lúcia)
"A inclusão de novas causas de inelegibilidade diferentes das inicialmente previstas na legislação, além de afetar a segurança jurídica e a isonomia inerentes ao devido processo legal eleitoral, influencia a própria possibilidade de que as minorias partidárias exerçam suas estratégias de articulação política em conformidade com os parâmetros inicialmente instituídos. O princípio da anterioridade eleitoral constitui uma garantia fundamental também destinada a assegurar o próprio exercício do direito de minoria parlamentar em situações nas quais, por razões de conveniência da maioria, o poder legislativo pretenda modificar, a qualquer tempo, as regras e critérios que regerão o processo eleitoral". (Min. Gilmar Mendes)	"Desguarnecer o 'hoje' da coletividade, em favor do 'amanhã' do indivíduo, que em sua essência, repito, não se torna menos digno por verse temporariamente inelegível, significa desprezar o critério de elegibilidade que a Constituição preceitua como sendo a 'vida pregressa do candidato', cuja definição não se confunde com 'antecedentes criminais da pessoa' ou, mais precisamente, com 'condenação ou decisão judicial transitada em julgado'". (Min. Carmen Lúcia)

Argumentos favoráveis à tese fixada:	Argumentos contrários à tese fixada:
"Se hoje admitirmos que a uma nova lei pode ser publicada dentro do prazo de um ano que antecede a eleição para aumentar os prazos de inelegibilidade e atingir candidaturas em curso, amanhã teremos que também admitir que essa mesma lei possa ser novamente alterada para modificar os mesmos prazos de inelegibilidade com efeitos retroativos. E assim a cada pleito eleitoral os requisitos de elegibilidade ficariam a mercê das vontades políticas majoritárias. Nesse caminho que pode seguir ao infinito, os direitos de participação política invariavelmente serão atingidos em seu núcleo essencial, que funciona como limite dos limites (Schranken-Schranken) aos direitos fundamentais". (Min. Gilmar Mendes)	"Não se criou uma insegurança a partir dessa lei, mas a lei simplesmente, ao fixar as novas balizas especificamente quanto às inelegibilidades, a meu ver, pôs de maneira clara quais eram as condições que teriam de ser apresentadas por aqueles interessados a se candidatar nas convenções". (Min. Carmen Lúcia)
"A aplicação do princípio da anterioridade não depende de considerações sobre a moralidade da legislação. O art. 16 é uma barreira objetiva contra abusos e desvios da maioria, e dessa forma deve ser aplicada por esta Corte". (Min. Gilmar Mendes)	"Não há o rompimento da igualdade das condições de disputa entre os contendores, ocorrendo, simplesmente, o surgimento de novo regramento normativo, de caráter linear, ou seja, de disciplina legal que atinge igualmente todos os aspirantes a cargos eletivos, objetivando atender, repito, o disposto no art. 14, § 9º, da mesma Carta". (Min. Ricardo Lewandowski)
"A Corte tem que defender o próprio cidadão contra a sua própria sanha, contra os seus próprios instintos, porque, em algum momento, diante de determinada quadra, legitima-se até mesmo o fuzilamento, a pena de morte, aplaudem-se os linchamentos. É preciso, portanto, ter-se muito cuidado com a valoração desse chamado sentimento popular". (Min. Gilmar Mendes)	"Lei de inelegibilidade não se qualifica como lei de processo eleitoral. Inelegibilidade é matéria constitucional de caráter substantivo". (Min. Joaquim Barbosa)
"Inexiste oposição entre direito material e processo eleitoral, para fins de incidência do art. 16 da CF, uma vez que são justamente as regras de direito material no domínio eleitoral que mais podem influenciar a isonomia e a igualdade de chances nas eleições, de modo que é especialmente para estas hipóteses que se dirige o dispositivo". (Min. Luiz Fux)	"A lei não gerou desequilíbrio entre as forças eleitorais em disputa. A alteração irrelevante das regras do jogo, ou seja, a alteração que não afeta a isonomia entre os candidatos, não se submete ao princípio da anualidade". (Min. Joaquim Barbosa)
"O fato de o legislador optar por instituir uma regra – e não um princípio –, como no caso do art. 16 da CF, é motivo suficiente para que não sejam desconsiderados seus enunciados linguísticos, que representam, na realidade, a decisão já tomada no domínio da democracia quanto às diversas razões que poderiam conduzir a soluções opostas, ou simplesmente diferentes, a respeito da segurança jurídica no processo eleitoral". (Min. Luiz Fux)	"Esse processo eleitoral de que trata a Constituição é aquele apetrechado o bastante para cumprir o conteúdo do § 9º do artigo 14, ou seja, legitimidade e normalidade do processo eleitoral, porque assim é que se serve à democracia. Esse processo eleitoral do artigo 16 está a serviço da democracia representativa,

Argumentos favoráveis à tese fixada:	Argumentos contrários à tese fixada:
	porque a eleição é o momento mais luminoso e culminante, pinacular da democracia representativa. E o processo eleitoral só pode ter função instrumental, é um instrumento, é serviente. Serviente de quê? Da democracia representativa no plano da sua autenticidade, no plano da legitimidade e no plano da normalidade. Uma coisa servindo a outra. Não é o artigo 14, § 9°, que deve ser interpretado à luz do 16; é o 16 que deve ser interpretado à luz do § 9° do artigo 14". (Min. Ayres Britto)
"A regra do art. 16 da CF, ao concretizar o princípio da segurança jurídica no domínio eleitoral, definiu um marco claro e preciso para a eficácia de novas leis que pretendam alterar o processo eleitoral, qual seja: a lei não pode atingir as eleições que ocorram no mesmo ano em que iniciada sua vigência. E um ano, evidentemente, não é igual a quatro meses, espaço de tempo que medeia entre o mês de junho (entrada em vigor da LC n° 135/10) e o mês de outubro (mês de realização das eleições)". (Min. Luiz Fux)	"Não entendo, data venia, como se pode falar da surpresa, porque o artigo 14, § 9°, que fala de vida pregressa, de moralidade para o exercício do mandato e de probidade no exercício do cargo, tem dezessete anos. Ele foi regulamentado pela Lei Complementar n° 135/2010, dezesseis anos depois, complementando a 64/90". (Min. Ayres Britto)
"Em nome de princípios moralizantes, que restringem a participação de indivíduos no processo eleitoral, não podemos esquecer que deixamos de lado um princípio abstrato e impessoal, veiculado no artigo 16, CF/1988, que protege a própria Democracia contra o casuísmo, a surpresa, a imprevisibilidade e a violação da simetria constitucional dos postulantes a cargos eletivos. Se admitirmos a eficácia imediata da Lei Complementar no 135/2010, no que se refere exclusivamente ao caso dos autos, abriremos as portas para mudanças outras, de efeitos imprevisíveis e resultados desastrosos para o concerto político nacional". (Min. Dias Toffoli)	"A inelegibilidade não corresponde a qualquer ato ou a qualquer fato desse processo (processo eleitoral). Ela fica, então, no meu entendimento, isenta da proibição que se contém no artigo 16. Na minha concepção, o sistema de inelegibilidade é uma desqualificação, que a Constituição atribui a certas pessoas, limitando-lhes o exercício do direito de serem votados.". (Min. Ellen Gracie)
"A segurança jurídica é cláusula pétrea, quer queiramos, quer não. Revela-se como primeira condição da segurança jurídica, sem dúvida alguma, a irretroatividade da lei, que é editada para viger de forma prospectiva, para o futuro, e não para apanhar o passado". (Min. Marco Aurélio)	"As inelegibilidades formam um sistema jurídico próprio, de matriz constitucional, e são instrumentos de proteção de valores essenciais à democracia, qualificados por José Afonso da Silva como verdadeiros "fundamentos do regime" (Comentário Contextual à Constituição, São Paulo, Malheiros, 6ª edição, 2009, p. 228). Representam elas mecanismo de resguardo da soberania popular, instituído pela Constituição desde sua promulgação, que se manifesta, entre outras formas, por meio da proteção da probidade administrativa, da moralidade para o exercício do mandato, considerada a vida pregressa do candidato, e da normalidade e legitimidade das eleições contra a influência do poder econômico ou o abuso do exercício do múnus público". (Min. Ellen Gracie)

Argumentos favoráveis à tese fixada:	Argumentos contrários à tese fixada:
"O texto primitivo do artigo 16 em comento talvez tivesse evitado as discussões que são travadas. Previa que a lei que alterasse, de algum modo, sem limitação, o processo eleitoral somente entraria em vigor um ano após. Mas se quis, com a vigência imediata introduzida pela Emenda Constitucional nº 4/93, alertar os cidadãos em geral para conhecimento da lei e, então, aquela vigência postergada passou a ser imediata e, nisso, a Lei Complementar nº 135/2010 atende ao preceito constitucional no que o artigo 5º revela que entrou em vigor na data da publicação, mas guardada a anterioridade que visava preservar o próprio processo eleitoral, considerada a unidade de tempo "ano", que é alusiva ao domicílio e à filiação partidária. Desde a primeira hora, Presidente, não tive qualquer dúvida quanto à incidência do artigo 16". (Min. Marco Aurélio)	"O valor com que estamos lidando é moralidade. Não se puxa moralidade pela cauda para dizer: você só entra em vigor daqui a dois anos, a três anos. Isso é uma incongruência". (Min. Ayres Britto)
"É muito bom quando há coincidência entre o convencimento do juiz e o anseio popular. Ele é enaltecido, ele tem o perfil ressaltado, mas, quando não há essa coincidência, realmente as críticas vêm à baila. Porém, ocupamos cadeira vitalícia, justamente, para atuarmos segundo a ciência e a consciência possuídas. Disse um doutrinador, certa vez, que há mais coragem em ser justo parecendo injusto do que em ser injusto para salvaguardar as aparências de justiça". (Min. Marco Aurélio)	
"O artigo 16 da Constituição, sob análise, "vincula-se, em seu sentido teleológico, à finalidade ético-jurídica de obstar a deformação do processo eleitoral mediante modificações que, casuisticamente introduzidas pelo Parlamento, culminem por romper a necessária igualdade de participação dos que nele atuam como protagonistas relevantes (partidos políticos e candidatos), vulnerando-lhes, com inovações abruptamente estabelecidas – como aquelas que definem novas hipóteses de inelegibilidade (que provocam a exclusão de candidaturas) -, a garantia básica de igual competitividade que deve, sempre, prevalecer nas disputas eleitorais". (Min. Celso de Mello)	
"o preceito referido, consubstanciado no art. 16 da Carta Política, não impede, na matéria em questão, a instauração do processo de formação de leis nem obsta a própria edição desses atos estatais, cuja eficácia jurídica, no entanto, ficará paralisada até que se opere o decurso do lapso de um ano a contar de sua vigência". (Min. Celso de Mello)	

Argumentos favoráveis à tese fixada:	Argumentos contrários à tese fixada:
"Qualquer que seja o marco temporal a ser considerado na espécie – início das convenções partidárias para escolha de candidatos (10/06/2010) ou, até mesmo, o dia da realização das eleições (03/10/2010) -, o fato é que esses dois momentos, que integram o conceito de processo eleitoral como estágios que lhe compõem a estrutura, situam-se há menos de um ano da data em que publicada a LC nº 135 (07/06/2010), editada, portanto, apenas 03 (três) dias antes do início das convenções partidárias ou 116 (cento e dezesseis) dias da data em que realizadas as eleições, a significar, desse modo, que não se observou, quanto às profundas alterações introduzidas no estatuto das inelegibilidades, a exigência constitucional da anualidade". (Min. Celso de Mello)	
"Reconheço, Senhor Presidente, que a garantia da anterioridade eleitoral ganha relevo e assume aspecto de fundamentalidade, subsumindo-se ao âmbito de proteção das cláusulas pétreas, cujo domínio – a partir de exigências inafastáveis fundadas no princípio da segurança jurídica e apoiadas no postulado que consagra a proteção da confiança do cidadão no Estado – impede que qualquer ato estatal, ainda que se trate de emenda à Constituição (ou, até mesmo, de interpretação judicial), descaracterize o sentido e comprometa a própria razão de ser do postulado inscrito no art. 16 da Constituição da República". (Min. Celso de Melo)	
"O princípio da anterioridade, tal como delineado no art. 16 da Constituição, busca inibir manipulações legislativas, que, engendradas por grupos majoritários no âmbito do Parlamento, objetivam frustrar, dificultar ou obstar o exercício, pelas minorias, do direito de participação política, a denominada liberdade-participação". (Min. Celso de Mello)	
"Trate-se, portanto, de sanção (como efetivamente o é nas hipóteses de inelegibilidade cominada) ou cuide-se de restrição a um direito fundamental (a denominada liberdade-participação), a inelegibilidade está sujeita a um regime que não admite interpretações ampliativas, resultando, daí, a impossibilidade de fazê-la incidir sobre fatos pretéritos". (Min. Celso de Mello)	
"Se mostra plenamente acolhível a pretensão recursal deduzida nesta causa, considerados, para tanto, os fundamentos concernentes, quer à violação do princípio da anterioridade eleitoral (CF, art. 16), quer à ofensa ao postulado do estado de inocência (CF, art. 5º, LVII), cuja transgressão, no caso, resultou de interpretação judicial, proferida pelo E. Tribunal Superior Eleitoral, evidentemente lesiva à integridade da Lei Fundamental da República". (Min. Celso de Mello)	

Argumentos favoráveis à tese fixada:	Argumentos contrários à tese fixada:
"O artigo 16 não permite que, no ano em que haja eleição, no ano da lei, nenhuma das fases do processo eleitoral, compreendido no seu exato sentido, possa ser alterada para não quebrar a segurança jurídica, a estabilidade, a previsibilidade, enfim, para evitar o dirigismo, o casuísmo, a que todos se referem como fatos contrários à boa ordem dos trabalhos eleitorais". (Min. Cezar Peluso)	
"A norma que altere as condições da elegibilidade é aquela, com já se acentuou no Recurso Extraordinário nº 120.392, relatado pelo Ministro Sepúlveda Pertence, que tem a maior capacidade de atingir a correlação de forças político-eleitorais. Por quê? Porque atinge o elemento mais peculiar, mais sensível, mais delicado do processo eleitoral, que é o quadro subjetivo dos competidores, que é o quadro da competição, em torno do qual todos os demais elementos, todas as demais fases do processo giram como pressupostos absolutamente necessários". (Min. Cezar Peluso)	
"A pena é simplesmente sanção que tem natureza aflitiva. E as outras sanções stricto sensu são sanções que têm natureza danosa ou gravosa, mas não aflitiva. Todas têm, portanto, em comum o fato de serem consequências de um ato ilícito ou de um ato que, embora lícito, seja objeto de juízo de reprovabilidade jurídica". (Min. Cezar Peluso)	

◉ Fique atento:

- Segundo o artigo 16 da Constituição Federal, "a lei que alterar o processo eleitoral entrará em vigor na data da sua publicação, não se aplicando à eleição que ocorra até um ano da data da sua vigência". Estabeleceu, assim, o legislador constitucional originário, o princípio da anualidade eleitoral, de fundamental importância para a preservação da segurança jurídica. Evita-se, a partir da aplicação do princípio da anualidade, que as normas eleitorais sejam modificadas faltando menos de um ano e um dia para as eleições, prejudicando o equilíbrio da disputa, com a mudança das regras do jogo. Vale ressaltar, entretanto, que grandes divergências doutrinárias e jurisprudenciais são observadas no que se refere à interpretação da expressão "processo eleitoral". Neste sentido, de grande relevância tivemos o julgamento da ADIN 354, pelo STF, que questionava a constitucionalidade do artigo 2º da Lei nº. 8.037/90, publicada no dia 25 de maio de 1990, que alterava os artigos 176 e 177 do Código Eleitoral, relativos ao procedimento de apuração de votos, e previa a sua entrada em vigor na data da sua publicação. Afinal, a nova lei poderia ser aplicada nas eleições de 1990? Tratava-se a nova lei de lei que alterava o "processo eleitoral"? Por seis votos a cinco, o STF entendeu que a cláusula de vigência imediata não era inconstitucional, por não alterar o "processo eleitoral". Cinco ministros, no entanto, como se observa, entenderam pela inconstitucionalidade da expressão e pela aplicação, no caso, do princípio da anualidade. Discussão bastante polêmica, quanto à interpretação do princípio da anualidade, foi travada no TSE e no STF, referente à aplicabilidade ou não da Lei da Ficha Limpa nas eleições 2010. Muitos foram os defensores da ideia de que a aplicação da nova lei, publicada em junho de 2010, a apenas quatro meses das eleições gerais daquele ano, violava tal princípio, atingindo a segurança jurídica necessária à garantia da normalidade e da legitimidade das eleições. Terminou por prevalecer, naquela oportunidade, no **âmbito** do TSE, entretanto, o entendimento segundo o qual a aplicação imediata da nova lei não feria o princípio da anualidade, uma vez que a mesma não geraria desequilíbrio na disputa nem privilégios desmedidos a quaisquer candidatos, não se constituindo, assim, em fator perturbador do pleito, capaz de introduzir deformações capazes de afetar a normalidade das eleições. O Supremo Tribunal Federal, ao declarar a inelegibilidade do candidato ao Senado Federal pelo estado do Pará, Jáder Barbalho, enquadrado na Lei da Ficha Limpa, terminou por, inicialmente, referendar este entendimento, embora o referido julgamento tenha terminado empatado (cinco votos a favor e cinco votos contra. Somente participaram do julgamento dez ministros, uma vez que o Min. Eros Grau já se encontrava aposentado, sem substituto definido): conforme o regimento interno do STF, em caso de empate prevalece o teor da decisão recorrida, o que fez com que o entendimento firmado pelo TSE quanto à aplicabilidade imediata da lei prevalecesse. Tudo mudou, no entanto, com a posse do novo ministro da corte, Luiz Fux. Em 23 de março de 2011, julgando recurso interposto pelo candidato a deputado estadual pelo estado de Minas Gerais, Leonídio Bouças, o STF, já com a sua corte completa, após a posse do Ministro Luiz Fux na vaga deixada pelo Ministro aposentado Eros Grau, terminou por decidir, por 06 votos a 05, pela inaplicabilidade da lei da Ficha Limpa nas eleições 2010, com o voto decisivo do novo ministro, para quem "as vozes que pedem a validade imediata da lei não encontram respaldo no ordenamento jurídico". No seu voto, o Ministro Luiz Fux priorizou a segurança jurídica, defendendo a tese de que o princípio da anualidade não pode ser mitigado. Assim, políticos que haviam sido declarados inelegíveis para as eleições 2010, em virtude da nova lei, ficaram livres da punição, pelo menos até as eleições de 2012. O julgamento do caso Leonídio Bouças, assim, foi decisivo para a não aplicação da Lei da Ficha Limpa nas eleições 2010, fazendo surgir, entretanto, uma nova celeuma, relativa ao candidato a senador Jáder Barbalho, a quem o STF já tinha impedido de ser empossado, aplicando a referida lei. Afinal de contas, caberia, a partir de novo entendimento, uma revisão dos efeitos da decisão proferida no caso do político paraense? Após muita polêmica, em 28 de dezembro de 2011 Jáder Barbalho foi, finalmente, empossado como senador pelo estado do Pará.

• Neste julgado, foi discutido também, em alguns votos, o tema da constitucionalidade da relativização da presunção da inocência para fins de inelegibilidade, prevista a partir da publicação da Lei da Ficha Limpa. Tal debate, contudo, não se relaciona com o cerne da discussão em torno da tese de repercussão geral firmada, relacionada, como já observado, aos limites da dimensão do princípio da anualidade eleitoral, consagrado no artigo 16 da Constituição Federal.

• As resoluções do TSE podem ser publicadas até o dia 05 de março do ano eleitoral, de acordo com o artigo 105 da Lei nº 9.504/97. As leis ordinárias e complementares, assim como as emendas constitucionais, contudo, somente são aplicadas às eleições que ocorrerem após um ano das suas vigências.

- O debate em torno da dimensão jurídica do princípio da anualidade eleitoral (art. 16 da Constituição Federal) também foi travado durante o julgamento do RE 631.102, afetado para repercussão geral (Tese 367). Com o julgamento do presente RE 633.703, e a consequente fixação da tese segundo a qual "A Lei Complementar 135/2010 não é aplicável às eleições gerais de 2010, em face do princípio da anterioridade eleitoral (art. 16 da Constituição Federal)", o debate estabelecido no RE 631.102 ficou prejudicado, tendo sido aplicada, ao referido caso, em sede de embargos de declaração, efeitos infringentes ao julgado, a fim de que fosse aplicada a tese de repercussão firmada no julgamento do RE 633.703.

◉ Questões de Concurso relacionadas ao tema:

Questão 01 (UFPR – Juiz de Direito Substituto-PR/ 2012) No que consiste o princípio da anualidade eleitoral?

a) As leis eleitorais têm validade de apenas 01 (hum) ano a partir de sua publicação, razão pela qual existem as Resoluções do TSE a cada eleição.

b) As leis eleitorais valem apenas para o ano da eleição para a qual foram editadas e publicadas e são complementadas pelas Resoluções do TSE.

c) As leis eleitorais que alteram o processo eleitoral somente entram em vigor 01 (hum) ano depois da eleição para a qual foi publicada.

d) As leis eleitorais que alteram o processo eleitoral entram em vigor na data de sua publicação e não se aplicam à eleição que ocorra até 01 (hum) ano da data de sua vigência.

Questão 02 (MPE-PB – Promotor de Justiça – PB/2011) Pelo princípio da antinomia ou anualidade eleitoral, é correto afirmar:

a) Toda lei que alterar o processo eleitoral tem vigência imediata à data de sua publicação.

b) Aplica-se a *vacatio iegis* à norma que disciplinar o processo eleitoral.

c) Aplica-se em relação às resoluções normativas sobre o registro de candidatos.

d) Aplica-se, apenas, às resoluções normativas referentes a propaganda eleitoral.

e) *(Abstenção de resposta – Seção VIII, item 11, do Edital do Concurso).*

Gabarito: 1- D; 2- A

Tema 367: "Inelegibilidade em razão de renúncia a mandato"[1].

Tese: "A Lei Complementar 135/2010 não é aplicável às eleições gerais de 2010, em face do princípio da anterioridade eleitoral (art. 16 da Constituição Federal)".

FICHA TÉCNICA	
Leading case[2]:	**RE 631.102/PA**
Descrição do caso feita pelo STF:	"Recursos extraordinários em que se discute, à luz dos artigos 2°; 5°, caput, XXXVI, LIII, LIV, LV, LVI, LVII, § 2°; 14, § 9°; 16; 55, § 4°; 59, VI; e 60, § 4°, IV, da Constituição Federal e dos princípios da proporcionalidade e da razoabilidade, a constitucionalidade, ou não, da alínea k do inciso I do artigo 1° da Lei Complementar n° 64/90, que prevê serem inelegíveis, para qualquer cargo, o Presidente da República, o Governador de Estado e do Distrito Federal, o Prefeito, os membros do Congresso Nacional, das Assembleias Legislativas, da Câmara Legislativa, das Câmaras Municipais, que renunciarem a seus mandatos desde o oferecimento de representação ou petição capaz de autorizar a abertura de processo por infringência a dispositivo da Constituição Federal, da Constituição Estadual, da Lei Orgânica do Distrito Federal ou da Lei Orgânica do Município, para as eleições que se realizarem durante o período remanescente do mandato para o qual foram eleitos e nos 8 anos subsequentes".
Dispositivo(s) constitucional(is) envolvido(s):	**Art. 2°** São Poderes da União, independentes e harmônicos entre si, o Legislativo, o Executivo e o Judiciário. (...) **Art. 5°.** Todos são iguais perante a lei, sem distinção de qualquer natureza, garantindo-se aos brasileiros e aos estrangeiros residentes no País a inviolabilidade do direito à vida, à liberdade, à igualdade, à segurança e à propriedade, nos termos seguintes: (...) XXXVI

2

---

1. A tese firmada nos autos não guarda relação direta com o tema tal como classificado pelo STF. A tese firmada, construída a partir da reprodução da tese estabelecida no tema 387, diz respeito à dimensão jurídica do princípio da anualidade eleitoral (art. 16 da Constituição Federal de 1988).

2. O debate em torno da dimensão jurídica do princípio da anualidade eleitoral (art. 16 da Constituição Federal) também foi travado durante o julgamento do RE 633.703, afetado para repercussão geral (Tese 387). Com o julgamento do RE 633.703, e a consequente fixação da tese segundo a qual "A Lei Complementar 135/2010 não é aplicável às eleições gerais de 2010, em face do princípio da anterioridade eleitoral (art. 16 da Constituição Federal)", o debate estabelecido no RE 631.102 ficou prejudicado, tendo sido aplicada, ao referido caso, em sede de embargos de declaração, efeitos infringentes ao julgado, a fim de que fosse aplicada a tese de repercussão firmada no julgamento do RE 633.703. Neste sentido, conferir, neste trabalho, a análise do tema de repercussão geral relativo à Tese 387.

	– a lei não prejudicará o direito adquirido, o ato jurídico perfeito e a coisa julgada; (...) LIII – ninguém será processado nem sentenciado senão pela autoridade competente; LIV – ninguém será privado da liberdade ou de seus bens sem o devido processo legal; LV – aos litigantes, em processo judicial ou administrativo, e aos acusados em geral são assegurados o contraditório e ampla defesa, com os meios e recursos a ela inerentes; LVI – são inadmissíveis, no processo, as provas obtidas por meios ilícitos; (...) § 2º Os direitos e garantias expressos nesta Constituição não excluem outros decorrentes do regime e dos princípios por ela adotados, ou dos tratados internacionais em que a República Federativa do Brasil seja parte.
	Art. 14. (...) § 9º Lei complementar estabelecerá outros casos de inelegibilidade e os prazos de sua cessação, a fim de proteger a probidade administrativa, a moralidade para exercício de mandato considerada vida pregressa do candidato, e a normalidade e legitimidade das eleições contra a influência do poder econômico ou o abuso do exercício de função, cargo ou emprego na administração direta ou indireta. **Art. 16.** A lei que alterar o processo eleitoral entrará em vigor na data de sua publicação, não se aplicando à eleição que ocorra até um ano da data de sua vigência. **Art. 55.** (...) § 4º A renúncia de parlamentar submetido a processo que vise ou possa levar à perda do mandato, nos termos deste artigo, terá seus efeitos suspensos até as deliberações finais de que tratam os §§ 2º e 3º. **Art. 59.** O processo legislativo compreende a elaboração de: (...) VI – decretos legislativos; (...) **Art. 60.** A Constituição poderá ser emendada mediante proposta: (...) § 4º Não será objeto de deliberação a proposta de emenda tendente a abolir: (...) IV – os direitos e garantias individuais.
Data de reconhecimento da repercussão geral:	22/09/2010 (nos autos do RE 630.147/DF)
Data de julgamento do mérito recursal:	14/12/2011[3]
Houve unanimidade?	Não[4]
Data de publicação do acórdão de julgamento do recurso:	02/05/2012
Trânsito em julgado do acórdão:	Não consta do site

---

3. Julgamento dos embargos de declaração.

4. Houve unanimidade na decisão de encerramento do julgamento com a aplicação do artigo 13, inciso IX, letra "b", do RISTF, acolhendo os embargos de declaração.

⊙ Comentários:

Segundo o artigo 16 da Constituição Federal, "a lei que alterar o processo eleitoral entrará em vigor na data da sua publicação, não se aplicando à eleição que ocorra até um ano da data da sua vigência". Estabeleceu, assim, o legislador constitucional originário, o princípio da anualidade eleitoral, de fundamental importância para a preservação da segurança jurídica. Evita-se, a partir da aplicação do princípio da anualidade, que as normas eleitorais sejam modificadas faltando menos de um ano e um dia para as eleições, prejudicando o equilíbrio da disputa, com a mudança das regras do jogo.

Vale ressaltar, entretanto, que grandes divergências doutrinárias e jurisprudenciais são observadas no que se refere à interpretação da expressão "processo eleitoral". Neste sentido, de grande relevância tivemos o julgamento da ADIN 354, pelo STF, que questionava a constitucionalidade do artigo 2º da Lei nº. 8.037/90, publicada no dia 25 de maio de 1990, que alterava os artigos 176 e 177 do Código Eleitoral, relativos ao procedimento de apuração de votos, e previa a sua entrada em vigor na data da sua publicação. Afinal, a nova lei poderia ser aplicada nas eleições de 1990? Tratava-se a nova lei de lei que alterava o "processo eleitoral"? Por seis votos a cinco, o STF entendeu que a cláusula de vigência imediata não era inconstitucional, por não alterar o "processo eleitoral". Cinco ministros, no entanto, como se observa, entenderam pela inconstitucionalidade da expressão e pela aplicação, no caso, do princípio da anualidade.

Discussão bastante polêmica, quanto à interpretação do princípio da anualidade, foi travada no TSE e no STF, referente à aplicabilidade ou não da Lei da Ficha Limpa nas eleições 2010. Muitos foram os defensores da ideia de que a aplicação da nova lei, publicada em junho de 2010, a apenas quatro meses das eleições gerais daquele ano, violava tal princípio, atingindo a segurança jurídica necessária à garantia da normalidade e da legitimidade das eleições. Terminou por prevalecer, naquela oportunidade, no **âmbito** do TSE, entretanto, o entendimento segundo o qual a aplicação imediata da nova lei não feria o princípio da anualidade, uma vez que a mesma não geraria desequilíbrio na disputa nem privilégios desmedidos a quaisquer candidatos, não se constituindo, assim, em fator perturbador do pleito, capaz de introduzir deformações capazes de afetar a normalidade das eleições.

O Supremo Tribunal Federal, ao declarar a inelegibilidade do candidato ao Senado Federal pelo estado do Pará, Jáder Barbalho, enquadrado na Lei da Ficha Limpa, terminou por, inicialmente, referendar este entendimento, embora o referido julgamento (RE 631.102/PA) tenha terminado empatado (cinco votos a favor e cinco votos contra. Somente participaram do julgamento dez ministros, uma vez que o Min. Eros Grau já se encontrava aposentado, sem substituto definido): conforme o regimento interno do STF, em caso de empate prevalece o teor da decisão recorrida, o que fez com que o entendimento firmado pelo TSE quanto à aplicabilidade imediata da lei prevalecesse.

Tudo mudou, no entanto, com a posse do novo ministro da corte, Luiz Fux. Em 23 de março de 2011, julgando recurso interposto pelo candidato a deputado estadual pelo estado de Minas Gerais, Leonídio Bouças (RE 633.703/MG), o STF, já com a sua corte completa, após a posse do Ministro Luiz Fux na vaga deixada pelo Ministro aposentado Eros Grau, terminou por decidir, por 06 votos a 05, pela inaplicabilidade da lei da Ficha Limpa nas eleições 2010, com o voto decisivo do novo ministro, para quem "as vozes que pedem a validade imediata da lei não encontram respaldo no ordenamento jurídico".

No seu voto, o Ministro Luiz Fux priorizou a segurança jurídica, defendendo a tese de que o princípio da anualidade não pode ser mitigado. Assim, políticos que haviam sido declarados inelegíveis para as eleições 2010, em virtude da nova lei, ficaram livres da punição, pelo menos até as eleições de 2012.

O julgamento do caso Leonídio Bouças, assim, foi decisivo para a não aplicação da Lei da Ficha Limpa nas eleições 2010, fazendo surgir, entretanto, uma nova celeuma, relativa ao candidato a senador Jáder Barbalho, a quem o STF já tinha impedido de ser empossado, aplicando a referida lei. Afinal de contas, caberia, a partir de novo entendimento, uma revisão dos efeitos da decisão proferida no caso do político paraense?

O presente RE 631.102/PA (Caso Jáder Barbalho) era, até o julgamento do caso Leonídio Bouças (RE 633.703/MG) o *leading case* onde se discutiria a tese de repercussão geral relativa à possibilidade ou não de aplicação da Lei da Ficha Limpa, publicada em junho de 2010, às eleições daquele ano, em face do princípio da anualidade, consagrado no artigo 16 da Constituição Federal.

Julgado o mérito do RE 631.102/PA, em 27 de outubro de 2010, ocorreu um empate (cinco votos a cinco), possível em virtude da vacância de uma das cadeiras do STF, em virtude da aposentadoria do Min. Eros Grau.

Diante do empate, o Supremo Tribunal Federal, então, decidiu aplicar, por analogia, o inciso II do parágrafo único do artigo 205 do Regimento Interno, e manter a decisão recorrida, vencidos os Senhores Ministros Dias Toffoli, Gilmar Mendes e Marco Aurélio, que determinavam a aplicação do voto de qualidade do Presidente, previsto no inciso IX do artigo 13 do RISTF.

Ocorre que o recorrente interpôs embargos de declaração da decisão, tendo sido então durante a tramitação dos embargos, julgado o RE 633.703/MG, no qual foi firmada a tese de repercussão geral relativa ao tema 387, em que o Supremo Tribunal Federal decidiu que "a Lei Complementar 135/2010 não é aplicável às eleições gerais de 2010, em face do princípio da anterioridade eleitoral (art. 16 da Constituição Federal)".

Ante este novo fato, o Tribunal, então, ao julgar os embargos de declaração interpostos no RE 631.102/PA, decidiu acolher os embargos, com efeitos modificativos ao recurso, decidindo que a tese firmada no RE 633.703/MG deveria "ser aplicado a ser aplicado a todos os processos que cuidem da mesma matéria, inclusive a este caso, cujo julgamento ainda não está concluído, em razão da interposição dos presentes embargos de declaração". Assim, acordaram os Ministros do Supremo Tribunal Federal, em sessão plenária, sob a presidência do Sr. Ministro Cezar Peluso, na conformidade da ata do julgamento e das notas taquigráficas, por unanimidade de votos, em encerrar o julgamento com a aplicação do artigo 13, inciso IX, letra "b", do RISTF, acolhendo os embargos de declaração.

Após muita polêmica, em 28 de dezembro de 2011 Jáder Barbalho foi, finalmente, empossado como senador pelo estado do Pará.

◉ **Fique atento:**

- Neste julgado, foi discutido também o tema da constitucionalidade da relativização da presunção da inocência para fins de inelegibilidade, prevista a partir da publicação da Lei da Ficha Limpa. Tal debate, contudo, não se relaciona com o cerne da discussão em torno da tese de repercussão geral firmada, relacionada, como já observado, aos limites da dimensão do princípio da anualidade eleitoral, consagrado no artigo 16 da Constituição Federal.

- As resoluções do TSE podem ser publicadas até o dia 05 de março do ano eleitoral, de acordo com o artigo 105 da Lei nº 9.504/97. As leis ordinárias e complementares, assim como as emendas constitucionais, contudo, somente são aplicadas às eleições que ocorrerem após um ano das suas vigências.

11.2. CONDIÇÕES DE ELEGIBILIDADE E INELEGIBILIDADES: REELEIÇÃO

Tema 172: "Reeleição de membro do Ministério Público para o exercício de atividade político-partidária após a Emenda Constitucional nº. 45/2004".

Tese: "Membro do Ministério Público possui direito a concorrer à nova eleição e ser reeleito, nos termos do art. 14, § 5º da Constituição Federal, desde que já ocupe cargo eletivo à época do advento da EC 45/2004".

FICHA TÉCNICA	
Leading case:	**RE 597.994-6/PA**
Descrição do caso feita pelo STF:	"Recurso extraordinário em que se discute, à luz dos artigos 5º, XXXVI; 14, § 5º; e 128, § 5º, II, e, da Constituição Federal, a possibilidade, ou não, de membro do Ministério Público, licenciado e eleito para o exercício de atividade político-partidária antes da entrada em vigor da Emenda Constitucional nº 45/2004, concorrer à reeleição após a vigência desta norma".
Dispositivo(s) constitucional(is) envolvido(s):	**Art. 5º.** (...) XXXVI – a lei não prejudicará o direito adquirido, o ato jurídico perfeito e a coisa julgada; (...) **Art. 14.** (...) § 5º O Presidente da República, os Governadores de Estado e do Distrito Federal, os Prefeitos e quem os houver sucedido, ou substituído no curso dos mandatos poderão ser reeleitos para um único período subsequente. **Art. 128.** (...) § 5º. Leis complementares da União e dos Estados, cuja iniciativa é facultada aos respectivos Procuradores-Gerais, estabelecerão a organização, as atribuições e o estatuto de cada Ministério Público, observadas, relativamente a seus membros (...) II – as seguintes vedações: (...) e) exercer atividade político-partidária;
Data de reconhecimento da repercussão geral:	04/06/2009

FICHA TÉCNICA	
Leading case:	**RE 597.994-6/PA**
Data de julgamento do mérito recursal:	04/06/2009
Houve unanimidade?	Não
Data de publicação do acórdão de julgamento do recurso:	28/08/2009
Trânsito em julgado do acórdão:	Não

◉ Comentários:

Até a publicação da Emenda Constitucional nº. 45/2004, não havia restrição ao exercício da capacidade política passiva por membros do Ministério Público, realidade alterada desde então. No caso em comento, foi proposto recurso extraordinário da decisão do Tribunal Superior Eleitoral que indeferiu o registro de candidatura da Sra. Maria do Carmo Martins Lima, então prefeita do município de Santarém, no Pará, que pleiteava a sua reeleição para o cargo. A recorrente, frise-se, integrava os quadros do Ministério Público do Estado do Pará, na condição de promotora de justiça, cargo do qual encontrava-se licenciada para o exercício de mandato eletivo, hipótese autorizada pela Constituição Federal até a publicação da referida Emenda Constitucional.

Buscando sua reeleição para o cargo de prefeita, nas eleições municipais de 2008, após, portanto, o início da vigência da Emenda Constitucional nº. 45/2004, a recorrente teve contra si decisão do Tribunal Superior Eleitoral, em sede de recurso especial interposto pelo Ministério Público Eleitoral e por José Erasmo Maia, que indeferiu o seu registro de candidatura sob o argumento de que, em face da Emenda Constitucional nº. 45/2004 e da nova redação do art. 14, § 5º da Constituição Federal de 1988, não haveria mais possibilidade de membro do Ministério Público, licenciado do cargo para o exercício de mandato eletivo, disputar novas eleições enquanto estivesse vinculado ao *parquet*.

Inconformada com a decisão do TSE, a Sra. Maria do Carmo Martins Lima, então, interpôs recurso extraordinário (RE 597.994), no qual foi reconhecida a repercussão geral. É de se destacar, quanto ao reconhecimento da repercussão geral relativa ao referido recurso extraordinário, que a relatora do caso no STF, Min. Ellen Gracie, votou pelo não reconhecimento da repercussão geral, por entender que a questão versada no referido apelo não ultrapassaria os interesses subjetivos da causa, entendimento acompanhado pelos ministros Ricardo Lewandowski, Joaquim Barbosa e Cezar Peluso. Por maioria, contudo, foi reconhecida a repercussão geral do RE 597.994.

No julgamento do mérito, a relatora, Min. Ellen Gracie, foi, mais uma vez, vencida, juntamente com os ministros Joaquim Barbosa, Cezar Peluso e Celso de Mello, ausente o Min. Menezes Direito, tendo sido dado, portanto, por maioria, provimento ao recurso extraordinário. Dessa forma, lavrou o acórdão o Min. Eros Roberto Grau.

Foi, assim, firmada a tese de que "Membro do Ministério Público possui direito a concorrer à nova eleição e ser reeleito, nos termos do art. 14, § 5º da Constituição Federal, desde que já ocupe cargo eletivo à época do advento da EC 45/2004".

Em seu voto, a relatora, Min. Ellen Gracie, salientou que a recorrente integrava, na condição de membro, o Ministério Público do Estado do Pará desde 1990, tendo, no entanto, exercido diversos cargos eletivos desde 1996, incluindo o cargo de prefeita de Santarém-PA, no período compreendido entre os anos de 2005 e 2008.

Em 2008, contudo, na sua primeira eleição após a promulgação da EC 45/2004, quando pleiteava a reeleição para o cargo de prefeita, a recorrente teve seu registro indeferido, em decisão do TSE, sob o argumento de que a Constituição não mais autorizava o exercício de atividade político-partidária por membro do MP. Diante de tal fato, e em decorrência da vitória da recorrente no pleito de outubro de 2008, o município de Santarém encontrava-se, na data do julgamento, sem prefeito, sendo governado pelo presidente da Câmara de Vereadores, ante o impedimento à posse da recorrente, imposto pela Justiça Eleitoral.

Destacou a relatora que, no julgamento ocorrido no TSE, venceu a tese de que a nova regra constitucional teria impedido membros do Ministério Público, exercentes de cargos eletivos, de disputar a reeleição sem o afastamento definitivo do cargo titularizado no MP, por renúncia ou aposentadoria. Tal entendimento, contudo, não foi unânime, uma vez que também foi suscitada a tese minoritária que sustentava o direito à reeleição da recorrente como decorrência da cláusula de reeleição prevista no artigo 14, § 5º da CF/1988.

Acompanhando o parecer do Ministério Público que opinou pelo desprovimento do recurso extraordinário, sob o argumento de que as atribuições exercidas pelos membros do MP seriam incompatíveis com o exercício de atividade político-partidária, especialmente após a publicação da Emenda Constitucional nº. 45/2004, e salientando, ainda, que não há direito adquirido ao regime anterior à referida emenda, uma vez que as condições de elegibilidade se renovam a cada eleição, votou, então, a relatora, Min. Ellen Gracie, pelo desprovimento do RE 597.994. Para a Min. Ellen Gracie, "somente mediante exoneração ou aposentadoria seria viável a candidatura da recorrente".

Acompanhando o voto da relatora, o Min. Cezar Peluso argumentou que o direito à reeleição, suscitado pela recorrente com base no art. 14, § 5º da CF/1988, haveria de ser observado de forma sistemática, conjuntamente com as demais condições de elegibilidade e causas de inelegibilidades previstas na Constituição e na legislação infraconstitucional. Para o Min. Peluso, "no instante em que o mandato terminou, cessou, e houve uma nova eleição sob a vigência da Emenda nº. 45, era preciso examinar não apenas o requisito da reelegibilidade para o mesmo cargo, mas também os demais requisitos que, em relação aos membros do Ministério Público, eram negativos". Assim, segundo o Min. Peluso, detentores de cargo eletivo não têm, automaticamente, o direito à reeleição, independentemente de preencherem outros requisitos.

No mesmo sentido, o Min. Joaquim Barbosa argumentou que "admitir o contrário equivaleria a admitir a hipótese de uma recandidatura de alguém que se elege a um determinado cargo e, entrementes, torna-se inelegível, por exemplo, por força de uma decisão criminal condenatória".

O Min. Marco Aurélio, por sua vez, defendendo a elegibilidade da recorrente, salientou que a mesma encontrava-se, à época do seu pedido de registro de candidatura para as eleições 2008, licenciada do MP, exercendo o cargo de prefeita, no que foi retrucado pelo Min. Cezar Peluso, que defendeu que tal fato não retirava da recorrente a sua condição de integrante, mesmo que licenciada, do Ministério Público.

Firmando entendimento divergente da relatora, o Min. Eros Grau defendeu que, no momento da reeleição, a recorrente teria, com base no art. 14, § 5º da Constituição Federal, "direito atual" e não apenas "direito adquirido" a pleitear a reeleição, ou seja, "direito à recandidatura". Para o Min. Eros Grau, a Constituição deveria ser interpretada no seu todo, fato que levaria à inexistência de contradição, na sua ótica, entre o direito à reeleição e a vedação a candidaturas de membros do MP, após a Emenda Constitucional nº. 45. Segundo o Min. Eros Grau, haveria um "direito atual" à tentativa de reeleição de detentores de mandatos eletivos, no que, mais uma vez, foi confrontado pelo Min. Peluso, que defendeu a inconsistência dos argumentos do Min. Eros Grau, lembrando que "se fixarmos a tese de que o artigo 14, § 5º, dá direito a ser reeleito, excluímos e abolimos todos os demais requisitos constitucionais e legais de elegibilidade".

Seguindo no debate, o Min. Eros Grau reafirmou, então, que existiria, sim, um direito à recandidatura, firmado à época da primeira candidatura, e que, a ausência de uma regra de transição, após a Emenda 45/2004, não teria afastado o direito da recorrente a disputar um segundo mandato, em 2008.

Mais uma vez, contudo, o Min. Peluso contestou o Min. Eros Grau, afirmando que não haveria necessidade de regras de transição, uma vez que as condições de elegibilidade devem ser aferidas a cada pleito, momento em que a Min. Ellen Gracie lembrou que a reeleição não se configura como prorrogação do primeiro mandato, mas sim como mandato novo, para o qual devem ser renovadas as condições de elegibilidade.

Manifestando-se no sentido dos argumentos suscitados pelo Min. Eros Grau, o Min. Ayres Britto, então, afirmou que quando a recorrente foi eleita, em 2004, adquiriu o direito à recandidatura, nos termos da legislação vigente à época e que pensar o contrário seria violar a soberania do eleitor, que elegeu a recorrente acreditando na possibilidade da sua reeleição, quatro anos depois. Para o Min. Ayres Britto, "a recandidatura só poderia ser afastada" se a recorrente "no exercício do mandato, cometesse um ilícito, de modo a provocar um entrechoque de legitimidades". Segundo o Min. Ayres Britto, a recorrente foi eleita em uma eleição com possibilidade de recandidatura, a qual, se impedida, violaria direito adquirido.

A Min. Cármen Lúcia, por sua vez, acompanhando a divergência do Min. Erro Grau, também votou pelo provimento do recurso extraordinário, acreditando ser a situação em julgamento dotada de singularidade que afastaria a aplicação da regra esculpida pela Emenda Constitucional nº. 45/2004. Para a Ministra, o eleitor, em 2004, acreditou na possibilidade de uma futura reeleição da recorrente, devendo tal fato ser levado em conta no julgamento do RE 597.994.

Também acompanhando o voto divergente, o Min. Lewandowski argumentou que o princípio republicano, consubstanciado no direito fundamental à elegibilidade, haveria de ser observado no caso em comento, motivo pelo qual votava pelo provimento ao recurso.

Já o Min. Marco Aurélio, também dando provimento ao recurso, fundamentou seu voto em uma outra premissa: na sua visão, o fato da recorrente estar afastada das suas atribuições no Ministério Público seria o fator decisivo para afastar a sua inelegibilidade, permitindo a candidatura. Nas palavras do Min. Marco Aurélio, "o objetivo maior da norma constitucional é obstacularizar a atuação partidária daquele que esteja a atuar como fiscal da lei, como titular da ação penal, o membro do Ministério Público. À época em que a recorrente buscou o registro visando ao segundo mandato, estava licenciada em razão do mandato anterior e assim continuou, não retornando ao Ministério Público".

Finalmente, o Min. Gilmar Mendes, dando também provimento ao recurso, argumentou sobre a necessidade de regras de transição em casos como o em discussão, em nome não do direito adquirido, mas sim da preservação da segurança jurídica.

Por maioria, assim, o STF deu provimento ao recurso extraordinário, vencidos os ministros Ellen Gracie (relatora), Joaquim Barbosa, Cezar Peluso e Celso de Mello.

⦿ Síntese do debate constante do acórdão que fixou o precedente:

Argumentos favoráveis à tese fixada:	Argumentos contrários à tese fixada:
O Min. Eros Grau defendeu que, no momento da reeleição, a recorrente teria, com base no art. 14, § 5º da Constituição Federal, "direito atual" e não apenas "direito adquirido" a pleitear a reeleição, ou seja, "direito à recandidatura". (Min. Eros Grau)	Não há direito adquirido ao regime anterior à referida emenda, uma vez que as condições de elegibilidade se renovam a cada eleição. "Somente mediante exoneração ou aposentadoria seria viável a candidatura da recorrente". (Min. Ellen Gracie)
A recandidatura só poderia ser afastada" se a recorrente "no exercício do mandato, cometesse um ilícito, de modo a provocar um entrechoque de legitimidades". (Min. Ayres Britto).	"No instante em que o mandato terminou, cessou, e houve uma nova eleição sob a vigência da Emenda nº. 45, era preciso examinar não apenas o requisito da reelegibilidade para o mesmo cargo, mas também os demais requisitos que, em relação aos membros do Ministério Público, eram negativos". (Min. Cezar Peluso)
"O objetivo maior da norma constitucional é obstaculizar a atuação partidária daquele que esteja a atuar como fiscal da lei, como titular da ação penal, o membro do Ministério Público. À época em que a recorrente buscou o registro visando ao segundo mandato, estava licenciada em razão do mandato anterior e assim continuou, não retornando ao Ministério Público". (Min. Marco Aurélio)	Dar provimento ao recurso "equivaleria a admitir a hipótese de uma recandidatura de alguém que se elege a um determinado cargo e, entrementes, torna-se inelegível, por exemplo, por força de uma decisão criminal condenatória". (Min. Joaquim Barbosa)

⦿ Fique atento:

- A relatora do Recurso extraordinário em comento, Min. Ellen Gracie, suscitou, preliminarmente, a inexistência de repercussão geral no caso em análise, no que foi acompanhada pelos Ministros Ricardo Lewandowski, Joaquim Barbosa e Cezar Peluso. Para a Ministra Ellen Gracie, as hipóteses de aplicação de uma eventual decisão da Corte a respeito da matéria em análise teria aplicabilidade muito restrita, abrangendo, potencialmente, pouquíssimos casos. Além disso, segundo a Min. Ellen Gracie, haveria uma limitação temporal dos efeitos da decisão a ser tomada, a qual se restringiria à eleição de 2008, fato que também corroboraria para a inexistência de repercussão geral. Em sentido contrário, contudo, o Min. Marco Aurélio argumentou que o simples fato de se tratar de uma questão relativa a uma eleição, com consequências para as vidas de milhares de eleitores, já revelaria a repercussão geral do fato. Por maioria, os demais ministros, à exceção dos Min. Ricardo Lewandowski, Joaquim Barbosa e Cezar Peluso, entenderam que a questão em debate poderia se repetir em outras situações semelhantes, fato que justificaria a declaração da repercussão geral.

- De acordo com o art. 1º da Resolução nº. 05/2006 do Conselho Nacional do Ministério Público (restaurada pela Resolução CNMP nº. 144/2016), "Estão proibidos de exercer atividade político-partidária os membros do Ministério Público que ingressaram na carreira após a publicação da Emenda nº 45/2004".

◉ Questões de Concurso relacionadas ao tema:

Questão 01 (CRIADA PELO AUTOR) Julgue o item a seguir:

Membro do Ministério Público possui direito a concorrer à nova eleição e ser reeleito, nos termos do art. 14, § 5º da Constituição Federal.

( ) Certo   ( ) Errado

> **Gabarito: 1 – C.**

Tema 564: "Candidatura de prefeito reeleito à chefia do Poder Executivo em Municipalidade diversa e aplicação imediata de modificação jurisprudencial da Justiça Eleitoral".

Tese: "I – O art. 14, § 5º, da Constituição deve ser interpretado no sentido de que a proibição da segunda reeleição é absoluta e torna inelegível para determinado cargo de Chefe do Poder Executivo o cidadão que já exerceu dois mandatos consecutivos (reeleito uma única vez) em cargo da mesma natureza, ainda que em ente da Federação diverso; II – As decisões do Tribunal Superior Eleitoral – TSE que, no curso do pleito eleitoral ou logo após o seu encerramento, impliquem mudança de jurisprudência não têm aplicabilidade imediata".

FICHA TÉCNICA	
Leading case:	**RE 637.485/RJ**
Descrição do caso feita pelo STF:	"Recurso extraordinário em que se discutem duas questões, a saber: a possibilidade, ou não, à luz do § 5º do art. 14 da Constituição Federal, de Prefeito reeleito, após transferir seu domicílio eleitoral e atender às regras de desincompatibilização, concorrer à chefia do Poder Executivo na Municipalidade diversa; bem como a aplicabilidade imediata de decisões do Tribunal Superior Eleitoral que resultem de modificação jurisprudencial, em face do postulado da segurança jurídica e do princípio da confiança".

FICHA TÉCNICA	
Leading case:	**RE 637.485/RJ**
Dispositivo(s) constitucional(is) envolvido(s):	**Art. 14.** (...) § 5º O Presidente da República, os Governadores de Estado e do Distrito Federal, os Prefeitos e quem os houver sucedido, ou substituído no curso dos mandatos poderão ser reeleitos para um único período subsequente. **Art. 16.** A lei que alterar o processo eleitoral entrará em vigor na data de sua publicação, não se aplicando à eleição que ocorra até um ano da data de sua vigência.
Data de reconhecimento da repercussão geral:	01/08/2012
Data de julgamento do mérito recursal:	01/08/2012
Houve unanimidade?	Não
Data de publicação do acórdão de julgamento do recurso:	21/05/2013
Trânsito em julgado do acórdão:	31/05/2013

◉ Comentários:

O caso em comento versou sobre a possibilidade, ou não, de prefeitos no exercício de um segundo mandato consecutivo postularem um terceiro mandato, também consecutivo, em outro município, situação popularmente conhecida como "prefeito itinerante".

Segundo relatório apresentado pelo Min. Gilmar Mendes, relator do recurso, o Sr. Vicente de Paula de Souza Guedes, interpôs recurso extraordinário contra acórdão do Tribunal Superior Eleitoral que, nos autos do RESPE 41.980-06, negou provimento a agravo regimental interposto contra decisão monocrática do Ministro Félix Fischer que proveu recurso especial e cassou o diploma do autor como Prefeito do Município de Valença-RJ.

O recorrente, após exercer dois mandatos consecutivos como Prefeito do Município de Rio das Flores-RJ, nos períodos 2001-2004 e 2005-2008, transferiu seu domicílio eleitoral e, atendendo às regras quanto à desincompatibilização, candidatou-se ao cargo de Prefeito do Município de Valença-RJ no pleito de 2008. Na época, a jurisprudência do Tribunal Superior Eleitoral era no sentido de considerar que, nessas hipóteses, não se haveria de cogitar da falta de condição de elegibilidade prevista no art. 14, § 5º, da Constituição (reeleição), pois a candidatura se daria em município diverso. A candidatura sequer foi impugnada e, transcorrido um período de exitosa campanha, o autor saiu vitorioso no pleito.

Em 17 de dezembro de 2008, já no período da diplomação, o TSE alterou sua jurisprudência e passou a considerar tal hipótese como vedada pelo art. 14, § 5º, da Constituição. Em razão dessa mudança jurisprudencial, o Ministério Público Eleitoral e a Coligação adversária impugnaram a expedição do diploma do autor, com fundamento no art. 262, I, do Código Eleitoral. O Tribunal Regional Eleitoral do Rio de Janeiro, com base na anterior jurisprudência do TSE, negou provimento ao recurso e manteve o diploma do autor. Porém, no TSE, o recurso especial eleitoral foi julgado procedente por decisão monocrática do Ministro Félix Fischer.

Contra essa decisão monocrática foi interposto agravo regimental, o qual foi negado pelo TSE, sob o argumento de que, conforme a nova jurisprudência do Tribunal, "a faculdade de transferência de domicílio eleitoral não pode ser utilizada para fraudar a vedação contida no art. 14, § 5º, da Constituição Federal, de forma a permitir que prefeitos concorram sucessivamente e ilimitadamente ao mesmo cargo em diferentes municípios, criando a figura do 'prefeito profissional'".

Opostos embargos de declaração, estes foram rejeitados. O recurso extraordinário ataca essa decisão e alega violação ao art. 14, §§ 5º e 6º, e ao art. 5º, caput, da Constituição, ressaltando a repercussão geral da questão constitucional debatida. Destacou o recorrente que o STF, no julgamento do RE 100.825, relatado pelo Min. Aldir Passarinho, já havia entendido que o cargo de prefeito em outro município seria outro cargo, não havendo razão, portanto, para inelegibilidade, no caso de um prefeito de um determinado município buscar a eleição em município distinto, uma vez tendo se desincompatibilizado tempestivamente do seu cargo. Para o autor, a adoção de novo entendimento no curso das eleições 2008 violaria o princípio da segurança jurídica, ressaltando que o registro de sua candidatura sequer foi impugnado e que o recurso que cassou seu diploma foi interposto com base em uma nova orientação jurisprudencial fixada já no período de diplomação dos eleitos.

Ainda no relatório, o Min. Gilmar Mendes destacou que em decisão proferida na Ação Cautelar n. 2.788, em 4 de fevereiro de 2011, deferiu o pedido de medida cautelar para conceder o efeito suspensivo ao recurso extraordinário em análise. Em consequência, foi suspenso o pleito eleitoral marcado para o dia 6 de fevereiro de 2011 no Município de Valença-RJ, assegurando-se ao autor o exercício do mandato de Prefeito daquele Município até o julgamento final do recurso extraordinário 637.485/RJ. Ressaltou ainda, o relator, que o parecer da Procuradoria-Geral Eleitoral foi pelo desprovimento do recurso.

Passando a analisar o mérito da questão, o Min. Gilmar Mendes, relator do RE 637.485/RJ, destacou, inicialmente, que o referido recurso discutia duas questões constitucionais distintas, a primeira relativa à controvérsia acerca da abrangência do art. 14, § 5º da Constituição Federal, relativa à possibilidade ou não de chefes de poder executivo exercerem três ou mais mandatos consecutivos, em diferentes circunscrições eleitorais (no caso, mandatos de prefeito em diferentes municípios), e a segunda concernente à relação entre mudança jurisprudencial, no âmbito eleitoral, e segurança jurídica, em face do artigo 16 da Constituição.

Sobre a primeira questão, relativa à interpretação da abrangência do art. 14, § 5º da Constituição, destacou o Min. Gilmar Mendes a pendência de julgamento da ADI 1.805, na qual a mesma questão, relativa à possibilidade ou não de chefes de poder executivo exercerem três ou mais mandatos consecutivos, se encontrava em análise, afirmando que tal fato não obstava, no entanto, a análise do RE 637.486/RJ, especialmente em virtude da demora verificada na tramitação da referida ADI, já com quatorze anos à época do julgamento desse recurso extraordinário.

Em seguida, argumentou o Min. Gilmar Mendes que o legislador da Emenda Constitucional nº. 16/1997, ao instituir a reeleição para cargos executivos no Brasil, consagrou o postulado da continuidade administrativa sem negligenciar, contudo, o princípio republicano, que impede a continuidade de uma mesma pessoa ou grupo no poder, permitindo a reeleição para apenas um mandato.

Lembrou ainda o Min. Gilmar Mendes que, sob a égide da Constituição de 1967, o STF julgou o RE 100.825, firmando, na oportunidade, o entendimento de que prefeito de determinado município poderia ser eleito, na eleição seguinte, como prefeito de outro município, por tratar-se de outro cargo, embora da mesma natureza, tendo sido este o entendimento pacífico da Corte por muitos anos. A exceção a essa regra ocorreria apenas nas hipóteses de município desmembrado, incorporado ou que resultasse de fusão em relação ao município anterior.

Em sessão de 17 de dezembro de 2008, no entanto, destacou o Min. Gilmar Mendes, o TSE alterou sua jurisprudência, passando a adotar o entendimento de que não mais seria possível a um prefeito exercer três mandatos consecutivos, mesmo em municípios diferentes, tendo em vista a necessidade de resguardo do princípio republicano e de preservação da própria regra da reeleição estampada no art. 14, § 5º da Constituição.

Segundo o Min. Gilmar Mendes, tal tese, construída pelo TSE, seria plenamente válida, de acordo com a corte eleitoral, diante das seguintes situações: existência de abuso de direito e desvio de finalidade quando, diante das circunstâncias fáticas, se verifique que: 1) os municípios possuem territórios limítrofes ou muito próximos, permitindo pressupor a existência de uma mesma microrregião eleitoral, formada por um eleitorado com características comuns e igualmente influenciado pelos mesmos grupos políticos atuantes nessa região; 2) os municípios têm uma origem comum, resultantes de desmembramento, incorporação ou fusão, conforme o art. 18, § 4º, da Constituição. Segundo o Min. Gilmar Mendes, "Nessas hipóteses, é possível criar-se uma presunção jurídica (juris tantum) no sentido de que o ato de transferência do domicílio eleitoral do Município X para o Município Y, por parte do cidadão que, por duas vezes consecutivas, exerceu o mandato de Chefe do Poder Executivo no Município X, foi realizado em fraude à regra constitucional do art. 14, § 5º, visando alcançar uma finalidade com ela incompatível, isto é, a perpetuação de uma mesma pessoa no poder local".

Por outro lado, de acordo com o Min. Gilmar Mendes, para o TSE, o argumento de vedação a um terceiro mandato consecutivo de prefeitos, em diferentes municípios, não seria generalizável e, dessa forma, não seria válido para outras várias situações, como as que se configuram quando os municípios: (3) pertencem ao mesmo Estado-membro, mas são territorialmente distantes o bastante para se pressupor que possuem bases eleitorais e grupos políticos completamente distintos; e (4) estão situados em diferentes Estados-membros e estão territorialmente distantes", sendo tais hipóteses, segundo o ministro-relator, "plenamente possíveis, em razão do conceito amplo de domicílio eleitoral adotado pela Justiça Eleitoral, que permite que o cidadão possa legitimamente manter, ao longo de sua vida política, distintos domicílios conforme mantenha vínculos econômicos ou afetivos em diversas localidades dentro do território brasileiro".

Dessa forma, para o Min. Gilmar Mendes, o STF, ao julgar o RE 637.485/RJ, em questão, deveria ser analisada de uma forma mais ampla, não apenas a partir do argumento da pressuposição da monopolização do poder regional, mas sim sob a égide de uma análise ampla da abrangência do instituto da reeleição. De acordo com o ministro, "o fato de os Municípios possuírem uma mesma origem territorial não se torna circunstância relevante (ou pelo menos unicamente relevante) para o deslinde da controvérsia e para a fixação de um entendimento jurisprudencial generalizável o bastante para aplicação aos mais variados casos futuros. É necessário levar em consideração todas as hipóteses, isto é, tomar como parâmetro situações de transferência de domicílio e de reeleição entre quaisquer municípios".

Sustentando a ideia de que a EC 16/1997 autorizou, tão somente, a reeleição executiva na mesma circunscrição eleitoral (mesmo município, no caso dos prefeitos), como forma de valorização do princípio da continuidade administrativa, o Min. Gilmar Mendes argumentou, então, que "A EC n. 16/97 passou a permitir a reeleição, ainda que por uma única vez, e, dessa forma, estruturou o § 5º do art. 14 como uma permissão, isto é, perfazendo uma condição de elegibilidade para os cargos de Chefe do Poder Executivo. Assim, diz a norma que "o Presidente da República, os Governadores de Estado e do Distrito Federal, os Prefeitos e quem os houver sucedido ou substituído no curso dos mandatos poderão ser reeleitos para um único período subsequente". A nova condição de elegibilidade fundamenta-se no postulado de continuidade administrativa, que lhe dá sentido e, dessa forma, condiciona sua aplicação teleológica. Não estando presente a possibilidade e a necessidade da continuidade administrativa, não se preenche o requisito essencial dessa condição de elegibilidade. Em outros termos, pode-se dizer que esse princípio constitui o substrato da condição de aplicação da norma do art. 14, § 5º, da Constituição".

Concluindo seu raciocínio quanto à interpretação correta da dimensão jurídica do artigo 14, § 5º da CF/1988, o Min. Gilmar Mendes, então, afirmou que:

> O instituto da reeleição tem fundamento não somente no postulado da continuidade administrativa, mas também no princípio republicano, que impede a perpetuação de uma mesma pessoa ou grupo no poder. O princípio republicano condiciona a interpretação e a aplicação do próprio comando da norma (resultado ou solução normativa): a reeleição é permitida por apenas uma única vez. E é sensato considerar que esse princípio impede a terceira eleição não apenas no mesmo município, mas em relação a qualquer outro município da federação. Entendimento contrário tornaria possível a figura do denominado "prefeito itinerante" ou do "prefeito profissional", o que claramente é incompatível com esse princípio republicano, que também traduz um postulado de temporariedade/alternância do exercício do poder. Portanto, ambos os princípios – continuidade administrativa e republicanismo – condicionam a interpretação e a aplicação teleológicas do art. 14, § 5º, da Constituição. A reeleição, como condição de elegibilidade, somente estará presente nas hipóteses em que esses princípios forem igualmente contemplados e concretizados.

Passando à análise da questão da mudança jurisprudencial em face do postulado da segurança jurídica, o Min. Gilmar Mendes defendeu a impossibilidade de aplicação do novo entendimento jurisprudencial ao caso em análise, em defesa da confiança depositada pelo eleitor no sistema jurídico, a qual restaria abalada diante da hipótese de uma virada jurisprudencial que acarretasse a cassação do diploma de candidato regularmente inscrito nas eleições e vencedor do pleito. Para o Min. Gilmar Mendes, "em casos como este, em que se altera jurisprudência longamente adotada, parece sensato considerar seriamente a necessidade de se modular os efeitos da decisão, com base em razões de segurança jurídica. Essa tem sido a praxe neste Supremo Tribunal Federal, quando há modificação radical de jurisprudência".

Suscitando o artigo 16 da Constituição como pressuposto hermenêutico da segurança jurídica do processo eleitoral e da confiança depositada pelo eleitor no sistema jurídico, Min. Gilmar Mendes concluiu, então, sua argumentação, afirmando que:

O art. 16 da Constituição traduziu o postulado da segurança jurídica como princípio da anterioridade ou anualidade em relação à mudança na legislação eleitoral. Em razão do caráter especialmente peculiar dos atos judiciais emanados do Tribunal Superior Eleitoral, os quais regem normativamente todo o processo eleitoral, é razoável concluir que a Constituição também alberga uma norma, ainda que implícita, que traduz o postulado da segurança jurídica como princípio da anterioridade ou anualidade em relação à alteração da jurisprudência do TSE.

Diante dos seus argumentos, então, votou o relator, Min. Gilmar Mendes, pela preservação do resultado das urnas, dando provimento ao recurso, destacando que "a decisão do TSE no RESPE 41.980-06, apesar de ter entendido corretamente que é inelegível para o cargo de Prefeito o cidadão que exerceu por dois mandatos consecutivos cargo de mesma natureza em Município diverso, não pode retroagir para incidir sobre o diploma regularmente concedido a Vicente de Paula de Souza Guedes, vencedor das eleições de 2008 para Prefeito do Município de Valença-RJ".

O Tribunal, por unanimidade, reconheceu a repercussão geral das questões constitucionais. Em seguida, o Tribunal, por maioria e nos termos do voto do Relator, deu provimento ao recurso e julgou inaplicável a alteração da jurisprudência do Tribunal Superior Eleitoral quanto à interpretação do § 5º do artigo 14 da Constituição Federal nas eleições de 2008, vencidos os Senhores Ministros Cármen Lúcia, Ricardo Lewandowski, Joaquim Barbosa e Presidente, que negavam provimento ao recurso. Os Senhores Ministros Cezar Peluso e Marco Aurélio davam provimento em maior extensão. Falaram, pelo recorrente, o Dr. José Eduardo Rangel de Alckmin e, pelo Ministério Público Federal, o Dr. Roberto Monteiro Gurgel Santos, Procurador-Geral da República. Presidiu o julgamento o Senhor Ministro Ayres Britto.

◉ Síntese do debate constante do acórdão que fixou o precedente:

Argumentos favoráveis à tese fixada:	Argumentos contrários à tese fixada:
"Não se olvide que a Constituição de 1988, mas especificamente a Emenda Constitucional n. 16/1997, ao inovar, criando o instituto da reeleição (até então não previsto na história republicana brasileira), o fez permitindo apenas uma única nova eleição para o cargo de Chefe do Poder Executivo de mesma natureza. Assim, contemplou-se não somente o postulado da continuidade administrativa, mas também o princípio republicano que impede a perpetuação de uma mesma pessoa ou grupo no poder, chegando-se à equação cujo denominador comum está hoje disposto no art. 14, § 5º, da Constituição: permite-se a reeleição, porém apenas por uma única vez". (Min. Gilmar Mendes)	"Tem-se, portanto, ao meu ver, numa ponderação de valores constitucionais, que mais importante que primar pela segurança jurídica do eleito é garantir, finalmente, efetividade à própria norma constitucional que, desde 1988 proibia a reeleição e a partir de 1997 (Emenda Constitucional nº 16) passou a admiti-la apenas para dois mandatos consecutivos de prefeito. Segurança que, em última análise, labora em favor do princípio democrático e da coletividade como um todo, destinatária final do produto eleitoral que se quer livre da nociva perpetuação de um ou alguns no exercício exclusivo do poder executivo". (Min. Cármen Lúcia)

Argumentos favoráveis à tese fixada:	Argumentos contrários à tese fixada:
"O argumento baseado nas noções de "fraude à lei" (à regra constitucional do art. 14, § 5°), "abuso do direito" (direito de transferir o domicílio eleitoral), "desvio de finalidade" (finalidade do direito à fixação do domicílio eleitoral) é plenamente válido quando utilizado em casos concretos cujas circunstâncias fáticas demostrem um estado de coisas com as seguintes características: 1) os municípios possuem territórios limítrofes ou muito próximos, permitindo pressupor a existência de uma mesma microrregião eleitoral, formada por um eleitorado com características comuns e igualmente influenciado pelos mesmos grupos políticos atuantes nessa região; 2) os municípios têm uma origem comum, resultantes de desmembramento, incorporação ou fusão, conforme o art. 18, § 4°, da Constituição. Nessas hipóteses, é possível criar-se uma presunção jurídica (juris tantum) no sentido de que o ato de transferência do domicílio eleitoral do Município X para o Município Y, por parte do cidadão que, por duas vezes consecutivas, exerceu o mandato de Chefe do Poder Executivo no Município X, foi realizado em fraude à regra constitucional do art. 14, § 5°, visando alcançar uma finalidade com ela incompatível, isto é, a perpetuação de uma mesma pessoa no poder local. Não obstante, o argumento não é generalizável e, dessa forma, não é válido para outras várias situações, como as que se configuram quando os municípios: (3) pertencem ao mesmo Estado-membro, mas são territorialmente distantes o bastante para se pressupor que possuem bases eleitorais e grupos políticos completamente distintos; e (4) estão situados em diferentes Estados-membros e estão territorialmente distantes". (Min. Gilmar Mendes)	"não há nenhuma vedação constitucional absoluta, não existe uma regra constitucional de caráter geral que proíba eleições sucessivas para vários cargos. Então, a meu ver, essa racionalidade não está em vedar a criação daquilo que, com evidente espírito crítico, se chama de "político profissional" ou de "prefeito itinerante", como alguém que se elege para diversos cargos sucessiva e indefinidamente. Isso é possível acontecer com todos os demais cargos, só não o é com o de prefeito. Só nesta hipótese se trata do mesmo cargo, e a norma não pode ser interpretada como referência a cargo da mesma natureza". (Min. Cezar Peluso)
"O fato de os Municípios possuírem uma mesma origem territorial não se torna circunstância relevante (ou pelo menos unicamente relevante) para o deslinde da controvérsia e para a fixação de um entendimento jurisprudencial generalizável o bastante para aplicação aos mais variados casos futuros. É necessário levar em consideração todas as hipóteses, isto é, tomar como parâmetro situações de transferência de domicílio e de reeleição entre quaisquer municípios". (Min. Gilmar Mendes)	"Tanto o mandato, como a reeleição, enquanto conceitos, significam referência a quê? Ao mesmo cargo. Não existe reeleição para outro cargo. O prefeito de uma cidade não é reeleito para cargo de outra cidade; isto não é reeleição. Quando se diz que o cidadão foi reeleito, evidentemente, se supõe e entende, a menos que haja outra convenção linguística, que ele foi eleito para o mesmo cargo! Então, se a Constituição fala em reeleição, evidentemente, significa para o mesmo cargo. E também, quando se refere a mandato, significa, evidentemente, mandato relativo ao mesmo cargo". (Min. Cezar Peluso)

Argumentos favoráveis à tese fixada:	Argumentos contrários à tese fixada:
"A solução para a questão constitucional posta (elegibilidade para o cargo de Prefeito de cidadão que já exerceu dois mandatos consecutivos em cargo da mesma natureza em Município diverso) deve se basear numa interpretação do art. 14, § 5°, da Constituição, que leve em conta o significado do instituto da reeleição". (Min. Gilmar Mendes)	"Norma geradora da inelegibilidade há de ser expressa, aprovada pelos integrantes do Congresso Nacional. Não se aprovou a espécie de vedação até aqui prevalecente". (Min. Marco Aurélio)
"O Presidente da República, os Governadores de Estado e do Distrito Federal, os Prefeitos e quem os houver sucedido ou substituído no curso dos mandatos poderão ser reeleitos para um único período subsequente". A nova condição de elegibilidade fundamenta-se no postulado de continuidade administrativa, que lhe dá sentido e, dessa forma, condiciona sua aplicação teleológica. Não estando presente a possibilidade e a necessidade da continuidade administrativa, não se preenche o requisito essencial dessa condição de elegibilidade. Em outros termos, pode-se dizer que esse princípio constitui o substrato da condição de aplicação da norma do art. 14, § 5°, da Constituição". (Min. Gilmar Mendes)	
"O instituto da reeleição tem fundamento não somente no postulado da continuidade administrativa, mas também no princípio republicano, que impede a perpetuação de uma mesma pessoa ou grupo no poder. O princípio republicano condiciona a interpretação e a aplicação do próprio comando da norma (resultado ou solução normativa): a reeleição é permitida por apenas uma única vez. E é sensato considerar que esse princípio impede a terceira eleição não apenas no mesmo município, mas em relação a qualquer outro município da federação. Entendimento contrário tornaria possível a figura do denominado "prefeito itinerante" ou do "prefeito profissional", o que claramente é incompatível com esse princípio republicano, que também traduz um postulado de temporariedade/alternância do exercício do poder. Portanto, ambos os princípios – continuidade administrativa e republicanismo – condicionam a interpretação e a aplicação teleológicas do art. 14, § 5°, da Constituição. A reeleição, como condição de elegibilidade, somente estará presente nas hipóteses em que esses princípios forem igualmente contemplados e concretizados". (Min. Gilmar Mendes)	

Argumentos favoráveis à tese fixada:	Argumentos contrários à tese fixada:
"O caso descrito, portanto, revela uma situação diferenciada, em que houve regular registro da candidatura, legítima participação e vitória no pleito eleitoral e efetiva diplomação do autor, tudo conforme as regras então vigentes e sua interpretação pela Justiça Eleitoral. As circunstâncias levam a crer que a alteração repentina e radical dessas regras, uma vez o período eleitoral já praticamente encerrado, repercute drasticamente na segurança jurídica que deve nortear o processo eleitoral, mais especificamente na confiança não somente do cidadão candidato, mas também na confiança depositada no sistema pelo cidadão-eleitor. Em casos como este, em que se altera jurisprudência longamente adotada, parece sensato considerar seriamente a necessidade de se modular os efeitos da decisão, com base em razões de segurança jurídica. Essa tem sido a praxe neste Supremo Tribunal Federal, quando há modificação radical de jurisprudência". (Min. Gilmar Mendes)	
"Não se trata aqui de declaração de inconstitucionalidade em controle abstrato, a qual pode suscitar a modulação dos efeitos da decisão mediante a aplicação do art. 27 da Lei 9.868/99. O caso é de substancial mudança de jurisprudência, decorrente de nova interpretação do texto constitucional, o que impõe ao Tribunal, tendo em vista razões de segurança jurídica, a tarefa de proceder a uma ponderação das consequências e o devido ajuste do resultado, adotando a técnica de decisão que possa melhor traduzir a mutação constitucional operada. Assim, também o Tribunal Superior Eleitoral, quando modifica sua jurisprudência, especialmente no decorrer do período eleitoral, deve ajustar o resultado de sua decisão, em razão da necessária preservação da segurança jurídica que deve lastrear a realização das eleições, especialmente a confiança dos cidadãos candidatos e cidadãos eleitores". (Min. Gilmar Mendes)	
"O art. 16 da Constituição traduziu o postulado da segurança jurídica como princípio da anterioridade ou anualidade em relação à mudança na legislação eleitoral. Em razão do caráter especialmente peculiar dos atos judiciais emanados do Tribunal Superior Eleitoral, os quais regem normativamente todo o processo eleitoral, é razoável concluir que a Constituição também alberga uma norma, ainda que implícita, que traduz o postulado da segurança jurídica como princípio da anterioridade ou anualidade em relação à alteração da jurisprudência do TSE". (Min. Gilmar Mendes)	

Argumentos favoráveis à tese fixada:	Argumentos contrários à tese fixada:
"No mundo inteiro, hoje, se preconiza que a jurisprudência tem a mesma presunção de legitimidade do que as leis, basta se verificar os poderes do relator, enfim, toda a força que a lei conferiu à jurisprudência: o juiz pode indeferir o pedido do autor; se ele estiver contrário à jurisprudência dominante dos tribunais, o relator pode ser porta-voz do colegiado, negar seguimento ao recurso. E já, na nova ordenação processual, virá também essa regra da modulação temporal da jurisprudência, porque ninguém desconhece na prática que todo advogado, todo o operador do Direito, hoje, quando inicia o seu trabalho, consulta a rede mundial de computadores para saber como é que está a jurisprudência dos tribunais superiores. Então, o rompimento, a ruptura do entendimento de muitos anos realmente surpreende o jurisdicionado e viola o princípio da proteção da confiança. Então, a modulação, hoje, é uma regra máxime num recurso que tem um caráter objetivo, porque nós vamos dar a ele uma repercussão geral". (Min. Luiz Fux)	

◉ Fique atento:

- O § 5º do artigo 14 da Constituição Federal de 1988, com redação dada pela Emenda Constitucional nº. 16/97, por sua vez, dispõe que "o presidente da república, os governadores de estado e do Distrito Federal, os prefeitos e quem os houver sucedido ou substituído no curso dos mandatos, poderão ser reeleitos por um único período subsequente". É o instituto da reeleição para cargos executivos, criado na década de 1990 e consolidado nas últimas sete eleições (a partir de 1998). Historicamente, os membros do Poder Legislativo sempre puderam ser reeleitos. Existem vários exemplos de vereadores, deputados e senadores que exerceram seus cargos por várias legislaturas consecutivas. No que se refere, entretanto, ao Poder Executivo, o instituto da reeleição somente foi implementado, no Brasil republicano, a partir da citada EC 16/97, à exceção dos cargos de vice, para os quais era possível a reeleição na vigência da Constituição Federal de 1946 (exemplo de reeleição de vice-presidente na história brasileira ocorreu com João Goulart, eleito vice-presidente para dois mandatos consecutivos, em 1955, quando foi eleito vice-presidente de Juscelino Kubitscheck, e no mandato seguinte, quando foi eleito vice-presidente de Jânio Quadros, a quem terminou sucedendo na presidência da república).

- Segundo o artigo 16 da Constituição Federal, "a lei que alterar o processo eleitoral entrará em vigor na data da sua publicação, não se aplicando à eleição que ocorra até um ano da data da sua vigência". Estabeleceu, assim, o legislador constitucional originário, o princípio da anualidade eleitoral, de fundamental importância para a preservação da segurança jurídica. Evita-se, a partir da aplicação do princípio da anualidade, que as normas eleitorais sejam modificadas faltando menos de um ano e um dia para as eleições, prejudicando o equilíbrio da disputa, com a mudança das regras do jogo. Vale ressaltar, entretanto, que grandes divergências doutrinárias e jurisprudenciais são observadas no que se refere à interpretação da expressão "processo eleitoral". Neste sentido, de grande relevância tivemos o julgamento da ADIN 354, pelo STF, que questionava a constitucionalidade do artigo 2º da Lei nº. 8.037/90, publicada no dia 25 de maio de 1990, que alterava os artigos 176 e 177 do Código Eleitoral, relativos ao procedimento de apuração de votos, e previa a sua entrada em vigor na data da sua publicação. Afinal, a nova lei poderia ser aplicada nas eleições de 1990? Tratava-se a nova lei de lei que alterava o "processo eleitoral"? Por seis votos a cinco, o STF entendeu que a cláusula de vigência imediata não era inconstitucional, por não alterar o "processo eleitoral". Cinco ministros, no entanto, como se observa, entenderam pela inconstitucionalidade da expressão e pela aplicação, no caso, do princípio da anualidade. Discussão bastante polêmica, quanto à interpretação do princípio da anualidade, foi travada no TSE e no STF, referente à aplicabilidade ou não da Lei da Ficha Limpa nas eleições 2010. Muitos foram os defensores da ideia de que a aplicação da nova lei, publicada em junho de 2010, a apenas quatro meses das eleições gerais daquele ano, violava tal princípio, atingindo a segurança jurídica necessária à garantia da normalidade e da legitimidade das eleições. Terminou por prevalecer, naquela oportunidade, no âmbito do TSE, entretanto, o entendimento segundo o qual a aplicação imediata da nova lei não feria o princípio da anualidade, uma vez que a mesma não geraria desequilíbrio na disputa nem privilégios desmedidos a quaisquer candidatos, não se constituindo, assim, em fator perturbador do pleito, capaz de introduzir deformações capazes de afetar a normalidade das eleições. O Supremo Tribunal Federal, ao declarar a inelegibilidade do candidato ao Senado Federal pelo estado do Pará, Jáder Barbalho, enquadrado na Lei da Ficha Limpa, terminou por, inicialmente, referendar este entendimento, embora o referido julgamento tenha terminado empatado (cinco votos a favor e cinco votos contra. Somente participaram do julgamento dez ministros, uma vez que o Min. Eros Grau já se encontrava aposentado, sem substituto definido): con conforme o regimento interno do STF, em caso de empate prevalece o teor da decisão recorrida, o que fez com que o entendimento firmado pelo TSE quanto à aplicabilidade imediata da lei prevalecesse. Tudo mudou, no entanto, com a posse do novo ministro da corte, Luiz Fux. Em 23 de março de 2011, julgando recurso interposto pelo candidato a deputado estadual pelo estado de Minas Gerais, Leonídio Bouças, o STF, já com a sua corte completa, após a posse do Ministro Luiz Fux na vaga deixada pelo Ministro aposentado Eros Grau, terminou por decidir, por 06 votos a 05, pela inaplicabilidade da lei da Ficha Limpa nas eleições 2010, com o voto decisivo do novo ministro, para quem "as vozes que pedem a validade imediata da lei não encontram respaldo no ordenamento jurídico". No seu voto, o Ministro Luiz Fux priorizou a segurança jurídica, defendendo a tese de que o princípio da anualidade não pode ser mitigado. Assim, políticos que haviam sido declarados inelegíveis para as eleições 2010, em virtude da nova lei, ficaram livres da punição, pelo menos até as eleições de 2012. O julgamento do caso Leonídio Bouças, assim, foi decisivo para a não aplicação da Lei da Ficha Limpa nas eleições 2010, fazendo surgir, entretanto, uma nova celeuma, relativa ao candidato a senador Jáder Barbalho, a quem o STF já tinha impedido de ser empossado, aplicando a referida lei. Afinal de contas, caberia, a partir de novo entendimento, uma revisão dos efeitos da decisão proferida no caso do político paraense?

Após muita polêmica, em 28 de dezembro de 2011 Jáder Barbalho foi, finalmente, empossado como senador pelo estado do Pará. Neste sentido, cf. temas 387 e 367.

- As resoluções do TSE podem ser publicadas até o dia 05 de março do ano eleitoral, de acordo com o artigo 105 da Lei nº 9.504/97. As leis ordinárias e complementares, assim como as emendas constitucionais, contudo, somente são aplicadas às eleições que ocorrerem após um ano das suas vigências.

- O debate em torno da dimensão jurídica do princípio da anualidade eleitoral (art. 16 da Constituição Federal) também foi travado durante o julgamento do RE 631.102, afetado para repercussão geral (Tese 367). Com o julgamento do presente RE 633.703 (Tese 387), e a consequente fixação da tese segundo a qual "A Lei Complementar 135/2010 não é aplicável às eleições gerais de 2010, em face do princípio da anterioridade eleitoral (art. 16 da Constituição Federal)", o debate estabelecido no RE 631.102 ficou prejudicado, tendo sido aplicada, ao referido caso, em sede de embargos de declaração, efeitos infringentes ao julgado, a fim de que fosse aplicada a tese de repercussão firmada no julgamento do RE 633.703 (Tese 387).

⊚ **Questões de Concurso relacionadas ao tema:**

Questão 01 (CESPE – Juiz de Direito Substituto-BA/2012) (CESPE – Juiz de Direito Substituto--BA/ 2012) Considerando as normas legais brasileiras concernentes à possibilidade de reeleição ao cargo de prefeito municipal, assinale a opção correta.

a) O prefeito de uma cidade no exercício do primeiro mandato pode candidatar-se à prefeitura de outra, desde que transfira o seu domicílio eleitoral em tempo hábil.

b) O impedimento legal a um terceiro mandato consecutivo restringe-se à circunscrição na qual o prefeito exerce o seu mandato.

c) O TSE admite uma terceira candidatura na hipótese de o prefeito renunciar ao cargo seis meses antes da data das eleições.

d) O TSE admite a reeleição em cada município, em respeito ao princípio da soberania popular, sem restrições de mandatos.

e) Considere que Jonas, que cumpre o segundo mandato de prefeito municipal, pretenda candidatar-se a prefeito da cidade vizinha. Nessa situação, a candidatura é permitida pelo TSE, pelo fato de se tratar de circunscrição diversa.

> Gabarito: 1 – A

11.3. CONDIÇÕES DE ELEGIBILIDADE E INELEGIBILIDADES: INELEGI-BILIDADE REFLEXA

Tema 61: "Elegibilidade de ex-cônjuge de ocupante de cargo político quando a dissolução da sociedade conjugal se dá durante o exercício do mandato".

Tese: "A dissolução da sociedade ou do vínculo conjugal, no curso do mandato, não afasta a inelegibilidade prevista no § 7° do artigo 14 da Constituição Federal".

FICHA TÉCNICA	
Leading case:	**RE 568.596-9/MG**
Descrição do caso feita pelo STF:	"Recurso extraordinário em que se discute, à luz do art. 14, § 7°, da Constituição Federal, a elegibilidade, ou não, de ex-cônjuge de prefeito reeleito, cuja dissolução da sociedade conjugal se deu durante o exercício do segundo mandato".
Dispositivo(s) constitucional(is) envolvido(s):	**"Art. 14, § 7°.** São inelegíveis, no território de jurisdição do titular, o cônjuge e os parentes consanguíneos ou afins, até o segundo grau ou por adoção, do Presidente da República, de Governador de Estado ou Território, do Distrito Federal, de Prefeito ou de quem os haja substituído dentro dos seis meses anteriores ao pleito, salvo se já titular de mandato eletivo e candidato à reeleição".
Data de reconhecimento da repercussão geral:	19/04/2008
Data de julgamento do mérito recursal:	01/10/2008
Houve unanimidade?	Não
Data de publicação do acórdão de julgamento do recurso:	21/11/2008
Trânsito em julgado do acórdão:	28/11/2008

⊚ Comentários:

Trata-se de recurso extraordinário interposto contra acórdão do Tribunal Superior Eleitoral, relatado, nessa corte, pelo Ministro Gerardo Grossi, que negou provimento a agravo regimental interposto por Dagmar de Lourdes Barbosa, em recurso especial relativo a decisão proferida pelo Tribunal Regional Eleitoral da Minas Gerais em sede de Recurso contra a Expedição de Diploma (RCED), tendo sido recorrido o Sr. Edno José de Oliveira, primeiro suplente de vereador da Coligação "Unidos por Itaúna – PP, PSL, PSB e PC do B", nas eleições municipais de 2004, no município de Itaúna, em Minas Gerais.

O Tribunal Regional Eleitoral de Minas Gerais julgou improcedente o RCED proposto por Edno José de Oliveira em face de Dagmar de Lourdes Barbosa, alegando que esta seria inelegível ao cargo de vereadora do município de Itaúna-MG nas eleições municipais de 2004, em virtude de vínculo conjugal mantido com o então prefeito municipal, Osmando Pereira da Silva, cuja dissolução ocorreu no curso do segundo mandato deste.

Sucumbente no julgamento do RCED no âmbito do TRE-MG, o Sr. Edno José de Oliveira interpôs, então, Recurso Especial em face da decisão do tribunal mineiro, o qual foi provido pelo Tribunal Superior Eleitoral, sob o fundamento de que a dissolução de vínculo conjugal durante o exercício de mandato não afasta a inelegibilidade reflexa prevista no art. 14, § 7º da Constituição Federal, fato que levou ao reconhecimento da inelegibilidade da Sra. Dagmar de Lourdes Barbosa nas eleições municipais de Itáuna-MG, no ano de 2004.

Inconformada com a decisão do TSE no julgamento do Recurso Especial interposto pelo Sr. Edno José de Oliveira, a Sra. Dagmar de Lourdes Barbosa manejou, então, agravo regimental que restou improvido, mantendo-se, portanto, a decisão por sua inelegibilidade.

Mais uma vez inconformada com a decisão do Tribunal Superior Eleitoral, a Sra. Dagmar de Lourdes Barbosa interpôs, então, Recurso Extraordinário, com base no art. 102, III, "a" da CF/1988, alegando afronta ao artigo 14, § 7º da Constituição Federal, o qual, na sua ótica, teria sido equivocadamente interpretado, de forma a restringir, indevidamente, o exercício dos seus direitos políticos. Não haveria razão, segundo seus argumentos, para a declaração de inelegibilidade reflexa fundada no referido dispositivo constitucional, o qual, na sua interpretação, não teria incidência sobre situações de desfazimento de vínculo conjugal antes do período eleitoral. Para a recorrente, não caberia ao Poder Judiciário a realização de interpretação extensiva do referido dispositivo constitucional, geradora de hipótese de inelegibilidade não prevista nos termos constitucionais. A inexistência de vínculo conjugal, à época da formulação do pedido de registro de candidatura, na sua visão, afastaria a inelegibilidade reflexa, prevista no artigo 14, 7º da CF/1988 para o cônjuge de titular de mandato executivo no âmbito da sua jurisdição, uma vez que tal inelegibilidade não teria sobrevivido ao desfazimento do seu casamento com o então prefeito de Itaúna-MG.

Ainda como fundamento recursal, a Sra. Dagmar de Lourdes Barbosa alegou que já estava separada de fato do então prefeito de Itaúna-MG desde novembro de 2000, além de já estar também separada judicialmente desde setembro de 2001, muito antes, portanto, de decidir se candidatar ao cargo de vereadora do referido município, nas eleições de 2004.

Em contrarrazões, o recorrido, Sr. Edno José de Oliveira, alegou que a recorrente pretende alterar entendimento consolidado do TSE, no sentido de que é inelegível, para a mesma circunscrição eleitoral, aquele que possui laços de parentesco com o ocupante de cargo eletivo (chefe do poder executivo) no período antecedente ao pleito, salvo na hipótese deste último de desincompatibilizar do cargo no prazo de seis meses antes das eleições.

O Ministério Público Federal, em parecer do Subprocurador-Geral da República, Roberto Monteiro Gurgel Santos, opinou pelo desprovimento do recurso.

Reconhecida a repercussão geral, o julgamento do mérito recursal ocorreu em 01/10/2008, tendo sido vencedor, por maioria, o voto do relator, Min. Ricardo Lewandowski, pelo desprovimento do recurso.

Em seu voto, o Min. Ricardo Lewandowski argumentou que a aprovação, em 1997, da Emenda Constitucional nº. 16, que instituiu a reeleição para cargos executivos no Brasil, não alterou o regramento da inelegibilidade reflexa, previsto no artigo 14, § 7º da Constituição Federal, cujo principal objetivo seria o de evitar o continuísmo de parentes do chefe do Poder Executivo no poder, evitando-se, assim, práticas nocivas à democracia, corriqueiras na história política brasileira, como o patrimonialismo, o patriarcalismo, o clientelismo, o coronelismo e o mandonismo, ao buscar impedir o favorecimento ao uso da máquina administrativa por ocupantes de cargos eletivos em favor dos seus familiares.

Segundo o Min. Lewandowski, a regra da inelegibilidade reflexa existe para preservar o interesse público na moralidade eleitoral, devendo ser aplicada também a ex-cônjuges, uma vez que a prática de separações simuladas e fraudulentas, com o objetivo de contornar a hipótese de inelegibilidade prevista no art. 14, § 7º da Constituição, seriam comuns no país. Assim, para o relator, o Tribunal Superior Eleitoral teria acertado ao decidir pela aplicação da inelegibilidade reflexa à Sra. Dagmar de Lourdes Barbosa, ao afirmar que a inelegibilidade do ex-cônjuge não se afasta para o pleito subsequente ao divórcio.

Fundamentando seu voto, o Min. Lewandowski, citou uma série de precedentes do TSE, no mesmo sentido da decisão formulada no caso em análise.

Ainda segundo o relator, a inelegibilidade reconhecida nos autos não ficaria caracterizada se a dissolução do vínculo conjugal (separação judicial ou divórcio, e não separação de fato) tivesse ocorrido na vigência do primeiro mandato de prefeito do Sr. Osmando Pereira da Silva, ex-marido da recorrente, citando, neste sentido, a Resolução do TSE nº 22.729, de 11 de março de 2008, bem como o julgamento do RESPE 22.785/99, relatado pelo Min. Peçanha Martins, ocorrido no TSE em 15 de setembro de 2004.

Neste sentido, o Min. Menezes Direito salientou que o STF já havia enfrentado situação semelhante, quando do julgamento do RE 446.999, no qual foi afastada a inelegibilidade de ex-cônjuge que havia se separado de fato dez anos antes do exercício do mandato de um prefeito, separação de fato esta reconhecida na sentença de divórcio.

Em seu voto, o Min. Joaquim Barbosa, acompanhando o relator, suscitou a possibilidade de cumprimento imediato da decisão, com a consequente suspensão de medida cautelar que beneficiava a recorrente, Sra. Dagmar de Lourdes Barbosa, que houvera sido concedida pelo Min. Marco Aurélio, sugestão acatada pelo relator.

O Min. Marco Aurélio, por sua vez, apresentando voto divergente, que não foi acompanhado por nenhum outro julgador, lembrou que a recorrente estava ocupando cargo de vereadora em virtude de liminar por si concedida há cerca de um ano. Em seguida, apresentou seus argumentos divergentes, alegando que o vício de manifestação da vontade da candidata declarada inelegível não se presume, devendo ser provado caso a caso. Para o Min. Marco Aurélio, restrições a direitos políticos devem ser interpretadas estritamente, presumindo-se, em regra, a elegibilidade do cidadão.

Segundo o Min. Marco Aurélio, não é cabível interpretação extensiva do artigo 14, § 7º da Constituição que venha a sinalizar inelegibilidade não prevista expressamente. Afastado, assim, o vínculo conjugal, antes do período eleitoral, na sua visão, afasta-se, também, a inelegibilidade reflexa. Argumentou ainda, o Ministro Marco Aurélio, ser esse o seu entendimento desde 1996, período da sua primeira passagem como ministro do TSE.

⊙ Síntese do debate constante do acórdão que fixou o precedente:

Argumentos favoráveis à tese fixada:	Argumentos contrários à tese fixada:
Emenda Constitucional nº. 16/97 não alterou a regra constitucional prevista no artigo 14, § 7º da Constituição, relativa à inelegibilidade reflexa (Rel. Min. Ricardo Lewandowski).	Vício de manifestação da vontade da candidata declarada inelegível não se presume, devendo ser provado caso a caso (voto divergente do Min. Marco Aurélio).
Principal escopo do legislador constitucional, ao prever o artigo 14, § 7º, foi impedir o continuísmo de parentes do chefe do executivo no poder e o uso da máquina administrativa em favor desses, preservando a moralidade pública. (Rel. Min. Ricardo Lewandowski).	Não é cabível interpretação extensiva do artigo 14, § 7º da Constituição que venha a sinalizar inelegibilidade não prevista expressamente. Afastado o vínculo conjugal, antes do período eleitoral, afasta-se, também, a inelegibilidade reflexa. (voto divergente do Min. Marco Aurélio).
É comum, na história brasileira, a ocorrência de simulações no desfazimento de vínculos conjugais, com o propósito de burla ao artigo 14, § 7º da Constituição, fato que deve ser combatido. (Rel. Min. Ricardo Lewandowski).	
A despeito de se aferirem as condições de elegibilidade no momento do registro de candidaturas, a constatação do vínculo matrimonial, para os fins do disposto no § 7º do art. 14, alcança todo o mandato ou mandatos do ex-cônjuge, anteriores ao pleito subsequente, se reeleito para o cargo gerador da vedação. (Rel. Min. Ricardo Lewandowski).	
A inelegibilidade reconhecida relativamente à recorrente não ficaria caracterizada se a separação judicial ou o divórcio tivesse ocorrido antes do exercício do segundo mandato de seu ex-marido na prefeitura. (Rel. Min. Ricardo Lewandowski).	
Não há falar em elegibilidade da recorrente, dado que a separação de fato do casal ocorreu durante o primeiro mandato do então prefeito e a dissolução da sociedade conjugal, depois convertida em divórcio, durante o segundo mandato, não havendo o prefeito, seu ex-marido, se desincompatibilizado seis meses antes do pleito. (Rel. Min. Ricardo Lewandowski).	
Se decisão contrária ao voto proferido pelo relator fosse tomada, haveria muitas fraudes em separações judiciais, eternizando a hegemonia política de grupos familiares. (Min. Carlos Ayres Britto).	
Separação de fato ocorrida há muito tempo (mais de dez anos, no caso concreto aventado), com o perfazimento de novo vínculo conjugal por parte do prefeito paradigma, é motivo para o afastamento da inelegibilidade reflexa, principalmente quando ex-genro e ex-sogro se tornam adversários políticos (Min. Ellen Gracie, citando precedente do STF no RE 446.999).	

⊙ Fique atento:

- De acordo com o previsto no § 7º do artigo 14 da Constituição Federal, "são inelegíveis, no território de jurisdição do titular, o cônjuge e os parentes consanguíneos ou afins, até o segundo grau ou por adoção, do presidente da república, de governador de estado ou território, do Distrito Federal, de prefeito ou de quem os haja substituído dentro dos seis meses anteriores ao pleito, salvo se já titular de mandato eletivo e candidato à reeleição.". É a chamada inelegibilidade reflexa, espécie de inelegibilidade relativa decorrente de parentesco.

- Filhos, netos, pais, avós, irmãos, cunhados, sogros e o cônjuge de prefeito não podem ser candidatos a prefeito ou vereador no mesmo município, salvo se já titular de mandato eletivo e candidato à reeleição. Assim, por exemplo, a esposa do prefeito pode ser candidata à vereadora, no mesmo município, se já for titular do mesmo mandato e estiver concorrendo à reeleição. Pode também, a referida esposa do prefeito, ser candidata à prefeita ou vereadora de outro município brasileiro, onde tenha domicílio eleitoral, uma vez que a inelegibilidade é apenas no território de jurisdição do prefeito.

- Parentes do prefeito, entretanto, podem ser candidatos a deputados no mesmo estado, sem que tal fato gere inelegibilidade reflexa, uma vez que o território de jurisdição do prefeito (o município) é menor do que a circunscrição das eleições para deputado estadual ou federal (todo o estado). Assim, por exemplo, o filho do prefeito de um município no interior do Paraná pode ser candidato a deputado estadual, federal, senador ou mesmo governador daquele estado, mesmo que não seja titular de mandato eletivo e esteja concorrendo à reeleição. O mesmo, entretanto, não ocorre se parente até o segundo grau do governador de um estado queira concorrer, no mesmo estado, a vereador ou prefeito de qualquer um dos municípios, ou mesmo deputado estadual, federal ou senador. Como a jurisdição do governador é todo o estado, ficam impedidos seus parentes até o segundo grau, bem como o seu cônjuge, de concorrer a mandatos eletivos no referido estado, salvo se já titulares de mandato eletivo e candidatos à reeleição.

- De acordo com o TSE, o cônjuge e os parentes, até o segundo grau, consanguíneos, por afinidade ou por adoção, do chefe do executivo, são elegíveis para o mesmo cargo do titular, quando este for reelegível e tiver se desincompatibilizado seis meses antes do pleito (Acs. 19.442, de 21.08.01 e 3.043, de 27.11.01).

- O falecimento ou a renúncia do prefeito, governador ou presidente da república, seis meses antes da eleição, afasta a inelegibilidade reflexa dos seus parentes e cônjuges. A única hipótese de inelegibilidade reflexa, neste caso, ocorre se o parente ou cônjuge desejar disputar o mesmo cargo anteriormente titularizado por seu familiar, caso este já tenha sido ocupado, de forma consecutiva, nos dois últimos mandatos pelo mesmo (familiar tenha sido eleito e reeleito para o cargo). Se o prefeito, governador ou presidente da república, no exercício do primeiro mandato, contudo, renunciar ao cargo seis meses antes da eleição, ou vier a falecer, no mesmo período, seus parentes poderão disputar o referido cargo, sem que haja inelegibilidade reflexa. Foi o que ocorreu com a ex-governadora do Rio de Janeiro, Rosinha Garotinho, que sucedeu, em 2002, seu marido, Anthony Garotinho, que houvera sido eleito governador em 1998, para um primeiro mandato, e renunciado ao cargo seis meses antes das eleições 2002 para concorrer à presidência da república. Se Anthony Garotinho já estivesse, naquela oportunidade, exercendo um segundo mandato consecutivo de governador, sua renúncia seis meses antes da eleição não seria suficiente para afastar a inelegibilidade reflexa de sua esposa, para a disputa do cargo de governador (para outro cargo afastaria). Como o ex-governador só havia exercido um mandato, Rosinha Garotinho pôde se candidatar e se eleger governadora do Rio de Janeiro, em 2002 (Neste sentido, cf. Ac. TSE nº. 19.442, de 21.08.2001).

- A inelegibilidade reflexa só atinge o cônjuge e os parentes até o segundo grau, consanguíneos, por afinidade ou adoção, dos titulares de cargos do Poder Executivo, ou de quem os haja substituído dentro dos seis meses anteriores ao pleito, no âmbito do território de jurisdição (circunscrição) dos mesmos.

- A Segundo jurisprudência pacífica do TSE, a união estável atrai a inelegibilidade reflexa (REspe nº. 23.487), com a ressalva de que o mero namoro não se enquadra nessa hipótese (REspe nº. 24.672). Da mesma forma, segundo o TSE (Respe nº. 24.564, Rel. Min. Gilmar Mendes), a união homoafetiva também atrai a inelegibilidade reflexa.

- No julgamento do RE 446.999, firmou-se entendimento de que separação de fato ocorrida há muito tempo (mais de dez anos, no caso concreto aventado), com o perfazimento de novo vínculo conjugal por parte do prefeito paradigma, é motivo para o afastamento da inelegibilidade reflexa, principalmente quando ex-genro e ex-sogro se tornam adversários políticos.

- A inelegibilidade reflexa relativa ao prefeito de município que sofreu desmembramento persiste para as eleições municipais seguintes a tal fato que vierem a ocorrer no novo município surgido.

- Após o julgamento do RE 568.596-9/MG, o STF publicou a Súmula Vinculante nº. 18, dispondo que "A dissolução da sociedade ou do vínculo conjugal, no curso do mandato, não afasta a inelegibilidade prevista no § 7º do artigo 14 da Constituição Federal".

⊚ Questões de Concurso relacionadas ao tema:

Questão 01 (IBADE – 2017 – PC-AC – Delegado de Polícia Civil) Maristela era casada com o prefeito Alcides Ferreira do município X, falecido em um acidente de avião em setembro de 2015, no curso de seu segundo mandato. O vice-prefeito de Alcides Ferreira assumiu o cargo. Nas eleições de 2016, Maristela concorreu à prefeitura do Município X e ganhou a eleição. Considerando o entendimento jurisprudencial do STF, Maristela:

a) não poderia ser elegível, tendo em vista tratar-se de hipótese de inelegibilidade reflexiva prevista no artigo 14, § 7°, CRFB/88.

b) não poderia ser elegível, considerando o teor da súmula vinculante n° 18 do STF.

c) poderia ser elegível, vez que a inelegibilidade prevista no § 7° do artigo 14 da CRFB/88 não se aplica aos casos de extinção do vínculo conjugal pela morte de um dos cônjuges.

d) poderia ser elegível, uma vez que a CRFB/88 não impede que o cônjuge concorra às eleições na mesma circunscrição por motivo de casamento, parentesco ou afinidade.

e) não poderia ser elegível, tendo em vista que a CRFB/88 exige o prazo de 5 (cinco) anos, após o término de mandato, para que o cônjuge concorra às eleições na mesma circunscrição do marido ou ex-marido.

Questão 02 (CESPE – Analista Judiciário/TRE-GO/2009 – ADAPTADA) Julgue o item a seguir:

O cônjuge e os parentes consanguíneos ou afins até o segundo grau ou por adoção do presidente da República, de governador de estado ou território, do Distrito Federal e de prefeito podem concorrer, no território da jurisdição do titular, a cargos eletivos, salvo para o mesmo cargo ocupado pelo titular, desde que esse renuncie até seis meses antes do pleito.

( ) Certo   ( ) Errado

Questão 03 (CESPE – Promotor de Justiça – PI/2012 – ADAPTADA) Julgue o item a seguir:

Considere que tenha sido declarada a dissolução do vínculo conjugal de João com Márcia, prefeita de um município brasileiro, no curso do mandato da prefeita. Nesse caso, João não seria inelegível para o cargo de vereador em município criado por desmembramento do município em que Márcia é prefeita.

( ) Certo   ( ) Errado

Questão 04 (CEFET – Promotor de Justiça – BA/2015 – ADAPTADA) Julgue o item a seguir:

A dissolução da sociedade ou do vínculo conjugal, no curso do mandato, não afasta a inelegibilidade prevista no § 7° do artigo 14 da Constituição Federal (artigo 14. A soberania popular será exercida pelo sufrágio universal e pelo voto direto e secreto, com valor igual para todos, e, nos termos da lei, mediante: (...). § 7° São inelegíveis, no território de jurisdição do titular, o cônjuge e os parentes consanguíneos ou afins, até o segundo grau ou por adoção, do Presidente da República, de Governador de Estado ou Território, do Distrito Federal, de Prefeito ou de quem os haja substituído dentro dos seis meses anteriores ao pleito, salvo se já titular de mandato eletivo e candidato à reeleição).

( ) Certo   ( ) Errado

Questão 05 (IESES – Juiz Substituto – MA/ 2008 – ADAPTADA) Julgue o item a seguir:

A dissolução da sociedade conjugal no curso do mandato não afasta a inelegibilidade.

( ) Certo   ( ) Errado

> Gabarito: 1-C; 2- C; 3-E; 4-C; 5-E

Tema 678: "Incidência da inelegibilidade prevista no art. 14, § 7°, da Constituição federal e na Súmula Vinculante 18, nos casos em que a dissolução da sociedade conjugal ocorre em razão da morte, durante o curso do mandato, do cônjuge anteriormente eleito".

Tese: "A Súmula Vinculante 18 do STF ("A dissolução da sociedade ou do vínculo conjugal, no curso do mandato, não afasta a inelegibilidade prevista no § 7° do artigo 14 da Constituição Federal") não se aplica aos casos de extinção do vínculo conjugal pela morte de um dos cônjuges."

FICHA TÉCNICA	
Leading case:	**RE 758.461/PB**
Descrição do caso feita pelo STF:	"Recurso extraordinário em que se discute, à luz dos arts. 5°, XXXVI e 14, § 5° e § 7°, da Constituição federal, o alcance da norma constitucional que permite a reeleição do Chefe do Poder Executivo para um único período subsequente e da que dispõe sobre a inelegibilidade reflexa do cônjuge do Presidente da República, dos Governadores e dos Prefeitos, no mesmo território de jurisdição destes. Interpretação da Súmula Vinculante 18, quanto ao afastamento da inelegibilidade, em razão da dissolução da sociedade conjugal pela morte de um dos cônjuges, ante a ausência de presunção de fraude ou de simulação com o intuito de viabilizar um terceiro mandato do mesmo grupo familiar".
Dispositivo(s) constitucional(is) envolvido(s):	**Art. 5°.** (...) XXXVI – a lei não prejudicará o direito adquirido, o ato jurídico perfeito e a coisa julgada; **Art. 14.** (...) § 5° O Presidente da República, os Governadores de Estado e do Distrito Federal, os Prefeitos e quem os houver sucedido, ou substituído no curso dos mandatos poderão ser reeleitos para um único período subsequente. (...) § 7° São inelegíveis, no território de jurisdição do titular, o cônjuge e os parentes consanguíneos ou afins, até o segundo grau ou por adoção, do Presidente da República, de Governador de Estado ou Território, do Distrito Federal, de Prefeito ou de quem os haja substituído dentro dos seis meses anteriores ao pleito, salvo se já titular de mandato eletivo e candidato à reeleição.
Data de reconhecimento da repercussão geral:	04/10/2013
Data de julgamento do mérito recursal:	22/05/2014
Houve unanimidade?	Sim

FICHA TÉCNICA	
Leading case:	**RE 758.461/PB**
Data de publicação do acórdão de julgamento do recurso:	21/05/2013
Trânsito em julgado do acórdão:	26/11/2014

◉ Comentários:

No caso em análise, discutiu-se a possibilidade de não aplicação da súmula vinculante nº. 18 do STF a situações em que a dissolução da sociedade conjugal ocorre em virtude de falecimento, durante o mandato, do cônjuge anteriormente eleito.

Por unanimidade, impedida a Min. Cármen Lúcia, foi dado provimento ao recuso extraordinário interposto por Ysnaia Polyanna Werton Dutra, nos termos do voto do relator, Min. Teori Zavascki, sob o fundamento de que "O que orientou a edição da Súmula Vinculante 18 e os recentes precedentes do STF foi a preocupação de inibir que a dissolução fraudulenta ou simulada de sociedade conjugal seja utilizada como mecanismo de burla à norma da inelegibilidade reflexa prevista no § 7º do art. 14 da Constituição".

Segundo o relatório do Min. Relator, Teori Zavascki, a autora, viúva do do ex-prefeito do município de Pombal, na Paraíba, falecido em setembro de 2007, concorreu ao cargo de prefeita do referido município nas eleições de 2008, quando se elegeu, derrotando o então prefeito e ex-vice prefeito na gestão de seu falecido cônjuge, tendo, após tal fato, constituído novo vínculo conjugal.

Nas eleições de 2012, a recorrente, então, candidatou-se à reeleição, tendo tido, então, seu pedido de registro de candidatura impugnado, sob o argumento de que, ocorrendo sua reeleição, o mesmo grupo familiar alcançaria o terceiro mandato executivo consecutivo no citado município. Seu registro de candidatura, então, foi indeferido, decisão mantida, inclusive, em sede de recurso especial julgado pelo TSE, da qual a recorrente interpôs o recurso extraordinário em apreço, sobre o qual foi reconhecida, então, a repercussão geral pelo STF.

Adentrando ao mérito da questão, o relator, Min. Teori Zavascki, argumentou que o § 7º do artigo 14 da Constituição Federal, dispondo sobre a chamada "inelegibilidade reflexa por parentesco", objetivou impedir a hegemonia política de um mesmo grupo familiar, dando efetividade a preceito básico do regime democrático: a alternância no poder.

Destacou, ainda, o relator, que a interpretação do referido dispositivo constitucional passou por três fases históricas: na primeira, prevaleceu uma leitura objetiva da norma, "sem interferência, no resultado final do processo interpretativo, dos elementos subjetivos que de alguma forma pudessem alterar as conclusões a respeito dos limites da inelegibilidade passiva", nas suas palavras. Tal fase, segundo o relator, pode ser ilustrada nos julgamentos do RE 236.948, julgado no ano de 2001.

Em uma segunda fase histórica da interpretação do artigo 14, § 7º da Constituição, representada pelo julgamento do RE 344.882, julgado em 2004, por sua vez, buscou-se, em consonância com o princípio da reeleição, a consagração do brocardo jurídico "quem pode o mais, pode o menos", para então se concluir que aquele mandatário que poderia concorrer à reeleição poderá ser substituído, em tal disputa eleitoral, por cônjuge ou parente até o segundo grau, respeitadas as regras de desincompatibilização.

Finalmente, na terceira fase histórica da interpretação do art. 14, § 7º da Constituição Federal, segundo o relator, o STF "deu interpretação teleológica ao disposto no art. 14, § 7º, da Constituição, consolidando entendimento de que a dissolução do vínculo matrimonial no curso do mandato não afasta a inelegibilidade nos casos em que há evidente fraude na separação ou divórcio, com o intuito de burlar a vedação constitucional e perpetuar o grupo familiar no poder", em decisão firmada no RE 568.596, *leading case* do tema 61 de repercussão geral do STF (também analisado nesta obra), que serviu de base para a publicação da súmula vinculante nº. 18, segundo a qual "a dissolução da sociedade ou do vínculo conjugal, no curso do mandato, não afasta a inelegibilidade prevista no § 7º do artigo 14 da Constituição Federal".

O caso em análise, contudo, segundo o relator, é dotado de peculiaridades que o distinguem dos precedentes referidos, uma vez presentes elementos subjetivos que autorizam o afastamento da inelegibilidade, fundada em evento absolutamente alheio à vontade das partes, qual seja, a morte do prefeito, cônjuge da recorrente até o seu falecimento. Para o Min. Zavascki, o art. 14, § 7º da Constituição Federal tem por escopo inibir a perpetuação política de grupos familiares e inviabilizar a utilização da máquina administrativa em benefício de parentes detentores de poder, situações, na sua visão, afastadas no caso em análise, em decorrência do evento morte. Para o relator, "a morte, além de fazer desaparecer o grupo político familiar, impede que os aspirantes ao poder se beneficiem de eventuais benesses que o titular lhes poderia proporcionar. Raciocínio contrário representaria perenização dos efeitos jurídicos de antigo casamento, desfeito pelo falecimento, para restringir direito constitucional de concorrer à eleição".

Ainda para o Min. Teori Zavascki, não cabe interpretação ampliativa das hipóteses de inelegibilidade, restritivas de direitos que são. Além disso, destacou em seu voto o Min. Zavascki que, no caso em análise, o falecimento ocorreu mais de um ano antes do pleito, dentro do prazo de desincompatibilização do prefeito, tendo a recorrente se casado novamente, após o episódio. Ainda segundo o relator, é relevante também se analisar que a cônjuge supérstite concorreu, nas eleições 2008, contra o sucessor do seu falecido cônjuge na prefeitura, concorrendo, portanto, contra o grupo político do seu ex-marido. Finalmente, lembrou o Min. Zavascki que o TSE havia respondido a consulta, assentando a elegibilidade de candidatos que, em tese, estivessem em situação idêntica à dos autos.

Nas palavras do relator, em seu voto unanimemente acompanhado pelos demais ministros do STF:

> A interpretação da Súmula Vinculante 18 há de ser feita levando em consideração o contexto fático ensejador da sua edição. Os debates travados nesta Corte, quando foi examinada a proposta (Proposta de Súmula Vinculante 36), revelam que o fundamento para a edição do verbete sumular foi a ocorrência de separações e divórcios fraudulentos, como forma de obstar a incidência da inelegibilidade. A hipótese aqui versada, de extinção do vínculo matrimonial pela morte de um dos cônjuges, certamente não foi considerada na oportunidade.

Para o Min. Zavascki, portanto, a Súmula Vinculante nº. 18 buscou estabelecer mecanismos de combate à burla à norma da inelegibilidade reflexa, realidade não vislumbrada na situação concreta em julgamento.

O Tribunal, por unanimidade e nos termos do voto do Relator, conheceu e deu provimento ao recurso extraordinário. Votou o Presidente, Ministro Joaquim Barbosa. Impedida a Ministra Cármen Lúcia.

◉ Fique atento:

- De acordo com o previsto no § 7º do artigo 14 da Constituição Federal, "são inelegíveis, no território de jurisdição do titular, o cônjuge e os parentes consanguíneos ou afins, até o segundo grau ou por adoção, do presidente da república, de governador de estado ou território, do Distrito Federal, de prefeito ou de quem os haja substituído dentro dos seis meses anteriores ao pleito, salvo se já titular de mandato eletivo e candidato à reeleição.". É a chamada inelegibilidade reflexa, espécie de inelegibilidade relativa decorrente de parentesco.

- A inelegibilidade reflexa só atinge o cônjuge e os parentes até o segundo grau, consanguíneos, por afinidade ou adoção, dos titulares de cargos do Poder Executivo, ou de quem os haja substituído dentro dos seis meses anteriores ao pleito, no âmbito do território de jurisdição (circunscrição) dos mesmos. A Súmula Vinculante nº 18 do STF dispõe que a dissolução da sociedade ou vínculo conjugal, no curso do mandato, não afasta a inelegibilidade reflexa.

- Interpretando o dispositivo constitucional supracitado (art. 14, § 7º), podemos concluir que os filhos, netos, pais, avós, irmãos, cunhados, sogros e o cônjuge de prefeito não pode ser candidato a prefeito ou vereador no mesmo município, salvo se já titular de mandato eletivo e candidato à reeleição. Assim, por exemplo, a esposa do prefeito pode ser candidata à vereadora, no mesmo município, se já for titular do mesmo mandato e estiver concorrendo à reeleição. Pode também, a referida esposa do prefeito, ser candidata à prefeita ou vereadora de outro município brasileiro, onde tenha domicílio eleitoral, uma vez que a inelegibilidade é apenas no território de jurisdição do prefeito (como exemplo desta situação, podemos citar que, em 2008, o ex-deputado federal Sérgio Carneiro, do PT da Bahia, foi candidato a prefeito de Feira de Santana, segundo maior município baiano, enquanto que seu irmão, João Henrique Carneiro, prefeito de Salvador, disputava a reeleição, sem que tal fato tenha gerado a inelegibilidade do ex-deputado). Parentes do prefeito, entretanto, podem ser candidatos a deputados no mesmo estado, sem que tal fato gere inelegibilidade reflexa, uma vez que o território de jurisdição do prefeito (o município) é menor do que a circunscrição das eleições para deputado estadual ou federal (todo o estado). Assim, por exemplo, o filho do prefeito de um município no interior do Paraná pode ser candidato a deputado estadual, federal, senador ou mesmo governador daquele estado, mesmo que não seja titular de mandato eletivo e esteja concorrendo à reeleição. O mesmo, entretanto, não ocorre se parente até o segundo grau do governador de um estado queira concorrer, no mesmo estado, a vereador ou prefeito de qualquer um dos municípios, ou mesmo deputado estadual, federal ou senador. Como a jurisdição do governador é todo o estado, ficam impedidos seus parentes até o segundo grau, bem como o seu cônjuge, de concorrer a mandatos eletivos no referido estado, salvo se já titulares de mandato eletivo e candidatos à reeleição.

- De acordo com a Súmula nº. 06 do TSE, "é inelegível, para o cargo de prefeito, o cônjuge e os parentes indicados no § 7º do art. 14 da Constituição, do titular do mandato, ainda que este haja renunciado ao cargo há mais de seis meses do pleito".

- O § 5º do artigo 14 da Constituição Federal de 1988, com redação dada pela Emenda Constitucional nº. 16/97, dispõe que "o presidente da república, os governadores de estado e do Distrito Federal, os prefeitos e quem os houver sucedido ou substituído no curso dos mandatos, poderão ser reeleitos por um único período subsequente". É o instituto da reeleição para cargos executivos, criado na década de 1990 e consolidado nas últimas sete eleições (a partir de 1998). Historicamente, os membros do Poder Legislativo sempre puderam ser reeleitos. Existem vários exemplos de vereadores, deputados e senadores que exerceram seus cargos por várias legislaturas consecutivas. No que se refere, entretanto, ao Poder Executivo, o instituto da reeleição somente foi implementado, no Brasil republicano, a partir da citada EC 16/97, à exceção dos cargos de vice, para os quais era possível a reeleição na vigência da Constituição Federal de 1946 (exemplo de reeleição de vice-presidente na história brasileira ocorreu com João Goulart, eleito vice-presidente para dois mandatos consecutivos, em 1955, quando foi eleito vice-presidente de Juscelino Kubitscheck, e no mandato seguinte, quando foi eleito vice-presidente de Jânio Quadros, a quem terminou sucedendo na presidência da república).

⊙ Questões de Concurso relacionadas ao tema:

Questão 01 (MPE-SP – Promotor de Justiça – SP/2011 – ADAPTADA) Com relação à inelegibilidade, analise o seguinte item e julgue como certo (C) ou errado (E):

O cônjuge do Vice-Prefeito é inelegível no território da circunscrição deste.

Questão 02 (CESPE – Analista Judiciário / TRE-ES / 2011) Tanto a simulação quanto o desfazimento de vínculo conjugal ou de união estável com o intuito de evitar caracterização de inelegibilidade, assim reconhecidos por órgão judicial colegiado, geram o reconhecimento de inelegibilidade para qualquer cargo.

Gabarito: 1 – E; 2 – C

11.4. CONDIÇÕES DE ELEGIBILIDADE E INELEGIBILIDADES: LEI DA FICHA LIMPA

Tema 157: "Competência exclusiva da Câmara Municipal para o julgamento das contas do prefeito".

Tese: "O parecer técnico elaborado pelo Tribunal de Contas tem natureza meramente opinativa, competindo exclusivamente à Câmara de Vereadores o julgamento das contas anuais do Chefe do Poder Executivo local, sendo incabível o julgamento ficto das contas por decurso de prazo".

FICHA TÉCNICA	
Leading case:	**RE 729.744**
Descrição do caso feita pelo STF:	"Recurso extraordinário em que se discute, à luz do art. 31 da Constituição Federal, se a competência da Câmara Municipal para o julgamento das contas do Chefe do Poder Executivo municipal é exclusiva, sendo, por conseguinte, meramente opinativo o parecer prévio do Tribunal de Contas respectivo, que não pode substituir o pronunciamento da Casa Legislativa.".
Dispositivo(s) constitucional(is) envolvido(s):	**Art. 31.** A fiscalização do Município será exercida pelo Poder Legislativo Municipal, mediante controle externo, e pelos sistemas de controle interno do Poder Executivo Municipal, na forma da lei. § 1º O controle externo da Câmara Municipal será exercido com o auxílio dos Tribunais de Contas dos Estados ou do Município ou dos Conselhos ou Tribunais de Contas dos Municípios, onde houver. § 2º O parecer prévio, emitido pelo órgão competente sobre as contas que o Prefeito deve anualmente prestar, só deixará de prevalecer por decisão de dois terços dos membros da Câmara Municipal. § 3º As contas dos Municípios ficarão, durante sessenta dias, anualmente, à disposição de qualquer contribuinte, para exame e apreciação, o qual poderá questionar-lhes a legitimidade, nos termos da lei. § 4º É vedada a criação de Tribunais, Conselhos ou órgãos de Contas Municipais.
Data de reconhecimento da repercussão geral:	09/04/2009 (No RE 597.362/BA)
Data de julgamento do mérito recursal:	10/08/2016
Houve unanimidade?	Não

FICHA TÉCNICA	
Leading case:	**RE 729.744**
Data de publicação do acórdão de julgamento do recurso:	Não há
Trânsito em julgado do acórdão:	Não há

⊙ Comentários:[5]

De acordo com a redação da alínea "g" do inciso I do artigo 1º da LC 64/90, estabelecida pela Lei da Ficha Limpa (LC 135/2010) serão declarados inelegíveis, para qualquer cargo, "os que tiverem suas contas relativas ao exercício de cargos ou funções públicas rejeitadas por irregularidade insanável que configure ato doloso de improbidade administrativa, e por decisão irrecorrível do **órgão** competente, salvo se esta houver sido suspensa ou anulada pelo Poder Judiciário, para as eleições que se realizarem nos 8 (oito) anos seguintes, contados a partir da data da decisão (...)".

É de se observar, na hipótese prevista na alínea "g", supracitada, que não bastará, para a declaração da inelegibilidade, decisão de órgão colegiado, sendo necessária decisão irrecorrível do órgão competente para o julgamento das contas.

Encerrou, a nova redação da alínea supracitada, antiga polêmica no âmbito do Direito Eleitoral, geradora, inclusive, da Súmula nº 01 do TSE, agora revogada. De acordo com a antiga redação da alínea "g", eram declarados inelegíveis, para qualquer cargo, os que tivessem suas contas relativas ao exercício de cargos ou funções públicas rejeitadas por irregularidade insanável e por decisão irrecorrível do órgão competente, salvo se a questão houvesse sido ou estivesse sendo submetida à apreciação do Poder Judiciário, para as eleições que se realizassem nos 5 (cinco) anos seguintes, contados a partir da data da decisão. Assim, conforme entendimento sumulado do TSE (Súmula nº. 01), proposta ação para desconstituir a decisão que rejeitara as contas, anteriormente à impugnação, ficava suspensa a inelegibilidade.

Com a nova redação da alínea "g" do inciso I do art. 1º da LC 64/90, patrocinada pela LC 135/10, a decisão de rejeição de contas por irregularidades insanáveis que configurem ato doloso de improbidade administrativa deverá ser suspensa ou anulada pelo Poder Judiciário para que seja evitada a sanção da inelegibilidade, não bastando, portanto, a mera submissão das contas à apreciação do Poder Judiciário, independentemente de manifestação deste, como previa a Súmula nº 01 do TSE.

O "órgão competente" que deverá proferir "decisão irrecorrível", previsto na alínea "g" do inciso I do art. 1 º da LC 64/90 poderá variar, a depender do agente político cujas contas estiverem sendo julgadas ou mesmo da origem dos recursos auditados. Assim, é a Câmara Municipal o órgão competente para julgar as contas do prefeito, após emissão

---

5. À época da elaboração deste texto, ainda não havia sido publicado o acórdão do julgamento do mérito recursal. Os comentários baseiam-se em notícias publicadas pelo STF acerca do julgamento havido, veiculadas em 10/08/2016 e em 17/08/2016.

de parecer prévio do Tribunal de Contas dos Municípios, onde existir, ou do Tribunal de Contas do Estado (vale destacar que nos municípios de São Paulo e do Rio de Janeiro existem, respectivamente, um Tribunal de Contas Municipal. Ambos são os únicos Tribunais de Contas de um único município existentes no Brasil).

O parecer prévio do Tribunal de Contas, rejeitando as contas do prefeito, só deixará de prevalecer por decisão de 2/3 dos vereadores. Em se tratando de convênio celebrado entre a União e a Prefeitura Municipal, o órgão competente para decidir sobre as contas do Prefeito relativas à aplicação da verba federal é unicamente o Tribunal de Contas da União.

Uma grande polêmica, contudo, se estabeleceu em torno da interpretação da alínea "g" do inciso I do art. 1º da LC 64/1990 acerca da existência, ou não, de supremacia da decisão da Câmara de Vereadores acerca do julgamento de contas dos prefeitos municipais, frente ao parecer técnico do Tribunal de Contas dos Municípios, onde existir, ou do Tribunal de Contas do Estado, onde não existir TCM. Afinal, qual seria a natureza jurídica do parecer do Tribunal de Contas: parecer técnico ou decisão? Teria o Tribunal de Contas poder para, através de parecer, gerar a inelegibilidade do prefeito, frete ao disposto no artigo 31 da Constituição Federal?

O Supremo Tribunal Federal, julgando, em, 10 de agosto de 2016, com repercussão geral, os Recursos Extraordinários nº. 848826 RG/DF e 729744, decidiu acerca da competência para o julgamento de prefeito e consequente aplicação da alínea "g".

No julgamento do RE 848826, prevaleceu a divergência aberta pelo presidente do STF, ministro Ricardo Lewandowski, segundo a qual, por força da Constituição, são os vereadores quem detêm o direito de julgar as contas do chefe do Executivo municipal, na medida em representam os cidadãos. A divergência foi seguida pelos ministros Gilmar Mendes, Edson Fachin, Cármen Lúcia, Marco Aurélio e Celso de Mello. Ficaram vencidos o relator, ministro Luís Roberto Barroso, e mais quatro ministros que o acompanhavam: Teori Zavascki, Rosa Weber, Luiz Fux e Dias Toffoli.

No julgamento do RE 729744, de relatoria do ministro Gilmar Mendes, o Plenário decidiu, também por maioria de votos, vencidos os ministros Luiz Fux e Dias Toffoli, que, em caso de omissão da Câmara Municipal, o parecer emitido pelo Tribunal de Contas não gera a inelegibilidade prevista no artigo 1º, inciso I, alínea "g", da Lei Complementar 64/1990.

Assim, decidiu o STF, em 17 de agosto de 2016, pela aprovação das teses de repercussão geral decorrentes do julgamento conjunto dos Recursos Extraordinários (REs) 848826 e 729744, ocorrido no Plenário no último dia 10, quando foi firmada a tese de que é exclusiva da Câmara de Vereadores a competência para julgar as contas de governo e de gestão dos prefeitos, cabendo ao Tribunal de Contas auxiliar o Poder Legislativo municipal, emitindo parecer prévio e opinativo, que somente poderá ser derrubado por decisão de dois terços dos vereadores. O STF decidiu também que, em caso de omissão da Câmara Municipal, o parecer emitido pelo Tribunal de Contas não gera a inelegibilidade prevista no artigo 1º, inciso I, alínea "g", da Lei Complementar 64/1990 (com a redação dada pela Lei da Ficha Limpa).

A tese vinculada ao tema 157 (Competência exclusiva da Câmara Municipal para o julgamento das contas do prefeito), promovida a partir do julgamento do RE 729.744, foi no sentido de que "O parecer técnico elaborado pelo Tribunal de Contas tem natureza meramente opinativa, competindo exclusivamente à Câmara de Vereadores o julgamento das contas anuais do Chefe do Poder Executivo local, sendo incabível o julgamento ficto das contas por decurso de prazo".

No julgamento do RE 729744, de relatoria do ministro Gilmar Mendes, o Plenário decidiu, por maioria de votos, vencidos os ministros Luiz Fux e Dias Toffoli, que, em caso de omissão da Câmara Municipal, o parecer emitido pelo Tribunal de Contas não gera a inelegibilidade prevista no artigo 1º, inciso I, alínea "g", da Lei Complementar 64/1990. Este dispositivo, que teve sua redação dada pela Lei da Ficha Limpa, aponta como inelegíveis aqueles que "tiverem suas contas relativas ao exercício de cargos ou funções públicas rejeitadas por irregularidade insanável que configure ato doloso de improbidade administrativa, e por decisão irrecorrível do órgão competente, para as eleições que se realizarem nos oito anos seguintes, contados a partir da data da decisão, aplicando-se o disposto no inciso II do artigo 71 da Constituição Federal".

De acordo com o relator do recurso, ministro Gilmar Mendes, quando se trata de contas do chefe do Poder Executivo, a Constituição confere à Casa Legislativa, além do desempenho de suas funções institucionais legislativas, a função de controle e fiscalização de suas contas, em razão de sua condição de órgão de Poder, a qual se desenvolve por meio de um processo político-administrativo, cuja instrução se inicia na apreciação técnica do Tribunal de Contas. No âmbito municipal, o controle externo das contas do prefeito também constitui uma das prerrogativas institucionais da Câmara de Vereadores, que o exercerá com o auxílio dos Tribunais de Contas do estado ou do município, onde houver. "Entendo, portanto, que a competência para o julgamento das contas anuais dos prefeitos eleitos pelo povo é do Poder Legislativo (nos termos do artigo 71, inciso I, da Constituição Federal), que é órgão constituído por representantes democraticamente eleitos para averiguar, além da sua adequação orçamentária, sua destinação em prol dos interesses da população ali representada. Seu parecer, nesse caso, é opinativo, não sendo apto a produzir consequências como a inelegibilidade prevista no artigo 1º, I, g, da Lei complementar 64/1990", afirmou o relator, ressaltando que este entendimento é adotado pelo Tribunal Superior Eleitoral (TSE).

No RE 729744, o Ministério Público Eleitoral questionava decisão do TSE que deferiu o registro de candidatura de Jordão Viana Teixeira para concorrer ao cargo de prefeito de Bugre (MG), sob o entendimento de que a desaprovação, pelo Tribunal de Contas do Estado, das contas relativas ao exercício de 2001, não gera a inelegibilidade da alínea "g" em caso de omissão da Câmara de Vereadores em apreciar as contas. Por maioria de votos, foi negado provimento ao recurso do Ministério Público.

O presidente do STF, Min. Ricardo Lewandowski, esclareceu que o entendimento adotado refere-se apenas à causa de inelegibilidade do prefeito, não tendo qualquer efeito sobre eventuais ações por improbidade administrativa ou de esfera criminal a serem movidas pelo Ministério Público contra maus políticos.

⊚ Fique atento:

- O RE 597.362 havia sido escolhido como paradigma do tema 157 da sistemática da repercussão geral. Porém, em fevereiro de 2013, o referido Recurso Extraordinário foi julgado prejudicado pelo STF. Assim, em 02 de abril de 2013, o Min. Gilmar Mendes determinou à Secretaria do STF a substituição do paradigma do tema 157 da sistemática da repercussão geral pelo RE 729.744, tendo em vista a decisão do Plenário desta Corte que julgou prejudicado o RE 597.362.

◉ Questões de Concurso relacionadas ao tema:

Questão 01 (TJ/SC – Juiz de Direito Substituto – SC/2013 – ADAPTADA) Julgue o item a seguir:

Rejeição de contas de prefeito municipal pelo Tribunal de Contas do Estado como ordenador de despesa é bastante para atrair-lhe a inelegibilidade, sendo irrelevante a eventual aprovação das mesmas contas pela Câmara de Vereadores.

( ) Verdadeiro ( )Falso

Questão 02 (IESES – Juiz substituto – MA/ 2008 – ADAPTADA) Julgue o item a seguir:

Parecer do Tribunal de Contas Estadual pela desaprovação de contas anuais de prefeito municipal não implica em inelegibilidade, que somente ocorrerá se a Câmara de Vereadores respectiva rejeitar as contas.

( ) Verdadeiro ( )Falso

> **Gabarito: 1 – F; 2 – V.**

Tema 835: "Definição do órgão competente, se o Poder Legislativo ou o Tribunal de Contas, para julgar as contas de Chefe do Poder Executivo que age na qualidade de ordenador de despesas".

Tese: "Para os fins do art. 1º, inciso I, alínea "g", da Lei Complementar 64, de 18 de maio de 1990, alterado pela Lei Complementar 135, de 4 de junho de 2010, a apreciação das contas de prefeitos, tanto as de governo quanto as de gestão, será exercida pelas Câmaras Municipais, com o auxílio dos Tribunais de Contas competentes, cujo parecer prévio somente deixará de prevalecer por decisão de 2/3 dos vereadores".

FICHA TÉCNICA	
Leading case:	**RE 848.826**
Descrição do caso feita pelo STF:	"Recurso extraordinário em que se discute, à luz dos arts. 5º, XXXIV, a, XXXV, LIV e LV, 31, § 2º, 71, I, 75, e 93, IX, da Constituição Federal, a definição do órgão competente (Poder Legislativo ou Tribunal de Contas) para julgamento das contas de Chefe do Poder Executivo que age como ordenador de despesas.".

FICHA TÉCNICA	
Leading case:	**RE 848.826**
Dispositivo(s) constitucional(is) envolvido(s):	**Art. 5º.** (...) XXXIV – são a todos assegurados, independentemente do pagamento de taxas: a) o direito de petição aos Poderes Públicos em defesa de direitos ou contra ilegalidade ou abuso de poder; (...) XXXV – a lei não excluirá da apreciação do Poder Judiciário lesão ou ameaça a direito; (...) LIV – ninguém será privado da liberdade ou de seus bens sem o devido processo legal; LV – aos litigantes, em processo judicial ou administrativo, e aos acusados em geral são assegurados o contraditório e ampla defesa, com os meios e recursos a ela inerentes;

Art. 31. A fiscalização do Município será exercida pelo Poder Legislativo Municipal, mediante controle externo, e pelos sistemas de controle interno do Poder Executivo Municipal, na forma da lei. (...) § 2º O parecer prévio, emitido pelo órgão competente sobre as contas que o Prefeito deve anualmente prestar, só deixará de prevalecer por decisão de dois terços dos membros da Câmara Municipal.

Art. 71. O controle externo, a cargo do Congresso Nacional, será exercido com o auxílio do Tribunal de Contas da União, ao qual compete: I – apreciar as contas prestadas anualmente pelo Presidente da República, mediante parecer prévio que deverá ser elaborado em sessenta dias a contar de seu recebimento; (...)

Art. 75. As normas estabelecidas nesta seção aplicam-se, no que couber, à organização, composição e fiscalização dos Tribunais de Contas dos Estados e do Distrito Federal, bem como dos Tribunais e Conselhos de Contas dos Municípios.

Art. 93. Lei complementar, de iniciativa do Supremo Tribunal Federal, disporá sobre o Estatuto da Magistratura, observados os seguintes princípios: (...) IX – todos os julgamentos dos órgãos do Poder Judiciário serão públicos, e fundamentadas todas as decisões, sob pena de nulidade, podendo a lei limitar a presença, em determinados atos, às próprias partes e a seus advogados, ou somente a estes, em casos nos quais a preservação do direito à intimidade do interessado no sigilo não prejudique o interesse público à informação; |
Data de reconhecimento da repercussão geral:	27/08/2015
Data de julgamento do mérito recursal:	10/08/2016
Houve unanimidade?	Não

FICHA TÉCNICA	
Leading case:	**RE 848.826**
Data de publicação do acórdão de julgamento do recurso:	Não há
Trânsito em julgado do acórdão:	Não há

◉ Comentários:[6]

De acordo com a redação da alínea "g" do inciso I do artigo 1º da LC 64/90, estabelecida pela Lei da Ficha Limpa (LC 135/2010) serão declarados inelegíveis, para qualquer cargo, "os que tiverem suas contas relativas ao exercício de cargos ou funções públicas rejeitadas por irregularidade insanável que configure ato doloso de improbidade administrativa, e por decisão irrecorrível do **órgão** competente, salvo se esta houver sido suspensa ou anulada pelo Poder Judiciário, para as eleições que se realizarem nos 8 (oito) anos seguintes, contados a partir da data da decisão (...)".

É de se observar, na hipótese prevista na alínea "g", supracitada, que não bastará, para a declaração da inelegibilidade, decisão de órgão colegiado, sendo necessária decisão irrecorrível do órgão competente para o julgamento das contas.

Encerrou, a nova redação da alínea supracitada, antiga polêmica no âmbito do Direito Eleitoral, geradora, inclusive, da Súmula nº 01 do TSE, agora revogada. De acordo com a antiga redação da alínea "g", eram declarados inelegíveis, para qualquer cargo, os que tivessem suas contas relativas ao exercício de cargos ou funções públicas rejeitadas por irregularidade insanável e por decisão irrecorrível do órgão competente, salvo se a questão houvesse sido ou estivesse sendo submetida à apreciação do Poder Judiciário, para as eleições que se realizassem nos 5 (cinco) anos seguintes, contados a partir da data da decisão. Assim, conforme entendimento sumulado do TSE (Súmula nº. 01), proposta ação para desconstituir a decisão que rejeitara as contas, anteriormente à impugnação, ficava suspensa a inelegibilidade.

Com a nova redação da alínea "g" do inciso I do art. 1º da LC 64/90, patrocinada pela LC 135/10, a decisão de rejeição de contas por irregularidades insanáveis que configurem ato doloso de improbidade administrativa deverá ser suspensa ou anulada pelo Poder Judiciário para que seja evitada a sanção da inelegibilidade, não bastando, portanto, a mera submissão das contas à apreciação do Poder Judiciário, independentemente de manifestação deste, como previa a Súmula nº 01 do TSE.

O "órgão competente" que deverá proferir "decisão irrecorrível", previsto na alínea "g" do inciso I do art. 1 º da LC 64/90 poderá variar, a depender do agente político cujas contas estiverem sendo julgadas ou mesmo da origem dos recursos auditados. Assim, é a Câmara Municipal o órgão competente para julgar as contas do prefeito, após emissão

---

6. À época da elaboração deste texto, ainda não havia sido publicado o acórdão do julgamento do mérito recursal. Os comentários baseiam-se em notícias publicadas pelo STF acerca do julgamento havido, veiculada em 17/08/2016.

de parecer prévio do Tribunal de Contas dos Municípios, onde existir, ou do Tribunal de Contas do Estado (vale destacar que nos municípios de São Paulo e do Rio de Janeiro existem, respectivamente, um Tribunal de Contas Municipal. Ambos são os únicos Tribunais de Contas de um único município existentes no Brasil).

O parecer prévio do Tribunal de Contas, rejeitando as contas do prefeito, só deixará de prevalecer por decisão de 2/3 dos vereadores. Em se tratando de convênio celebrado entre a União e a Prefeitura Municipal, o órgão competente para decidir sobre as contas do Prefeito relativas à aplicação da verba federal é unicamente o Tribunal de Contas da União.

Uma grande polêmica, contudo, se estabeleceu em torno da interpretação da alínea "g" do inciso I do art. 1º da LC 64/1990 acerca da existência, ou não, de supremacia da decisão da Câmara de Vereadores acerca do julgamento de contas dos prefeitos municipais, frente ao parecer técnico do Tribunal de Contas dos Municípios, onde existir, ou do Tribunal de Contas do Estado, onde não existir TCM. Afinal, qual seria a natureza jurídica do parecer do Tribunal de Contas: parecer técnico ou decisão? Teria o Tribunal de Contas poder para, através de parecer, gerar a inelegibilidade do prefeito, frete ao disposto no artigo 31 da Constituição Federal?

O Supremo Tribunal Federal, julgando, em, 10 de agosto de 2016, com repercussão geral, os Recursos Extraordinários nº. 848826 RG/DF e 729744, decidiu acerca da competência para o julgamento de prefeito e consequente aplicação da alínea "g".

No julgamento do RE 848826, prevaleceu a divergência aberta pelo presidente do STF, ministro Ricardo Lewandowski, segundo a qual, por força da Constituição, são os vereadores quem detêm o direito de julgar as contas do chefe do Executivo municipal, na medida em representam os cidadãos. A divergência foi seguida pelos ministros Gilmar Mendes, Edson Fachin, Cármen Lúcia, Marco Aurélio e Celso de Mello. Ficaram vencidos o relator, ministro Luís Roberto Barroso, e mais quatro ministros que o acompanhavam: Teori Zavascki, Rosa Weber, Luiz Fux e Dias Toffoli.

No julgamento do RE 729744, de relatoria do ministro Gilmar Mendes, o Plenário decidiu, também por maioria de votos, vencidos os ministros Luiz Fux e Dias Toffoli, que, em caso de omissão da Câmara Municipal, o parecer emitido pelo Tribunal de Contas não gera a inelegibilidade prevista no artigo 1º, inciso I, alínea "g", da Lei Complementar 64/1990.

Assim, decidiu o STF, em 17 de agosto de 2016, pela aprovação das teses de repercussão geral decorrentes do julgamento conjunto dos Recursos Extraordinários (REs) 848826 e 729744, ocorrido no Plenário no último dia 10, quando foi firmada a tese de que é exclusiva da Câmara de Vereadores a competência para julgar as contas de governo e de gestão dos prefeitos, cabendo ao Tribunal de Contas auxiliar o Poder Legislativo municipal, emitindo parecer prévio e opinativo, que somente poderá ser derrubado por decisão de dois terços dos vereadores. O STF decidiu também que, em caso de omissão da Câmara Municipal, o parecer emitido pelo Tribunal de Contas não gera a inelegibilidade prevista no artigo 1º, inciso I, alínea "g", da Lei Complementar 64/1990 (com a redação dada pela Lei da Ficha Limpa).

⊙ **Fique atento:**

• A tese firmada no tema 835 é conexa à tese firmada no tema 157, também analisado nesta obra.

◉ Questões de Concurso relacionadas ao tema:

Questão 01 (MPF – Procurador da Republica/2008 – ADAPTADA) Julgue o item a seguir:

O agente público que teve suas contas relativas ao exercício de cargos ou funções públicas, rejeitadas por irregularidade insanável e em decisão irrecorrível do órgão competente, fica inelegível. Compete à Câmara Municipal o julgamento das contas do prefeito, consistindo o parecer prévio do Tribunal de Contas do Estado em peça meramente opinativa.

> Gabarito: 1 – F[7]

11.5. CONDIÇÕES DE ELEGIBILIDADE E INELEGIBILIDADES: DESINCOMPATIBILIZAÇÃO

Tema 781: "Aplicabilidade do prazo de desincompatibilização de 6 meses previsto no art. 14, § 7°, da Constituição Federal às eleições suplementares."

Tese: "As hipóteses de inelegibilidade previstas no art. 14, § 7°, da Constituição Federal, inclusive quanto ao prazo de seis meses, são aplicáveis às eleições suplementares".

FICHA TÉCNICA	
Leading case:	**RE 843.455/GO**
Descrição do caso feita pelo STF:	"Recurso extraordinário em que se discute, à luz dos arts. 5°, XLV, e 14, § 7°, da Constituição Federal, o sentido e a abrangência do prazo de desincompatibilização de 6 meses previsto no art. 14, § 7°, da Carta Magna, notadamente quanto à sua aplicação aos pleitos suplementares".

---

7.   De acordo com a redação da alínea "g" do inciso I do artigo 1° da LC 64/90, estabelecida pela LC 135/2010, serão declarados inelegíveis, para qualquer cargo, "os que tiverem suas contas relativas ao exercício de cargos ou funções públicas rejeitadas por irregularidade insanável que configure ato doloso de improbidade administrativa, e por decisão irrecorrível do órgão competente, salvo se esta houver sido suspensa ou anulada pelo Poder Judiciário, para as eleições que se realizarem nos 8 (oito) anos seguintes, contados a partir da data da decisão (...)". Como se observa, não basta a rejeição das contas por irregularidade insanável e em decisão irrecorrível do órgão competente para a configuração da inelegibilidade, sendo exigida, também, a configuração do ato doloso de improbidade administrativa. De acordo com a decisão do STF na tese de repercussão geral veiculada ao tema 835, "Para os fins do art. 1°, inciso I, alínea "g", da Lei Complementar 64, de 18 de maio de 1990, alterado pela Lei Complementar 135, de 4 de junho de 2010, a apreciação das contas de prefeitos, tanto as de governo quanto as de gestão, será exercida pelas Câmaras Municipais, com o auxílio dos Tribunais de Contas competentes, cujo parecer prévio somente deixará de prevalecer por decisão de 2/3 dos vereadores".

FICHA TÉCNICA	
Leading case:	**RE 843.455/GO**
Dispositivo(s) constitucional(is) envolvido(s):	**Art. 5º.** (...) XLV – nenhuma pena passará da pessoa do condenado, podendo a obrigação de reparar o dano e a decretação do perdimento de bens ser, nos termos da lei, estendidas aos sucessores e contra eles executadas, até o limite do valor do patrimônio transferido; **Art. 14.** (...) § 7º São inelegíveis, no território de jurisdição do titular, o cônjuge e os parentes consangüíneos ou afins, até o segundo grau ou por adoção, do Presidente da República, de Governador de Estado ou Território, do Distrito Federal, de Prefeito ou de quem os haja substituído dentro dos seis meses anteriores ao pleito, salvo se já titular de mandato eletivo e candidato à reeleição.
Data de reconhecimento da repercussão geral:	21/11/2014
Data de julgamento do mérito recursal:	07/10/2015
Houve unanimidade?	Sim
Data de publicação do acórdão de julgamento do recurso:	01/02/2016
Trânsito em julgado do acórdão:	11/02/2016

◉ Comentários:

De acordo com relatório do Min. Teori Zavascki, trata-se, o caso em comento, de Recurso Extraordinário contra acórdão do TSE que, no julgamento de agravo regimental no RESPE 31-91, negou provimento ao recurso, para indeferir o registro de candidatura da recorrente, ao fundamento de que o prazo de desincompatibilização previsto no art. 14, § 7º, da Constituição é aplicável aos pleitos suplementares sem hipótese de mitigação.

Alegou, em linhas gerais, a recorrente que o referido dispositivo constitucional não se aplicaria a eleições suplementares, diante da excepcionalidade que envolveria a convocação extraordinária de novas eleições. Para a recorrente, não seria razoável exigir desincompatibilização seis meses antes de um pleito extraordinário convocado para ser realizado em um prazo inferior a este decurso de tempo. Era a recorrente, frise-se, esposa do ex-prefeito cassado (por abuso de poder econômico) cuja cassação de mandato ensejou a convocação da referida eleição suplementar.

Analisando o mérito recursal, o relator, Min. Teori Zavascki, sustentou tese segundo a qual não se tratava, a situação em análise, de hipótese de não observância de prazos de desincompatibilização, mas sim de hipótese de inelegibilidade. Assim, nas palavras do relator:

o § 7º do art. 14 da Constituição tem o desiderato ético, político e social de prevenir possível apoderamento familiar dos mandatos eletivos, inclusive com utilização indevida da estrutura administrativa. Trata-se de hipótese constitucional de inelegibilidade e, como tal, insuscetível de mitigação em favor dos seus destinatários.

Destacando precedente do STF no julgamento do RE 344.882, em que o STF admitiu a possibilidade de o cônjuge ou parente até segundo grau concorrer à sucessão do titular de cargo do Poder Executivo que tivesse se desincompatibilizado até seis meses antes do pleito o relator, Min. Teori Zavascki, salientou que o presente caso em análise é dotado de distinção, uma vez que naquela julgamento firmou-se o entendimento de que nas hipóteses em que a reeleição de um dos cônjuges está constitucionalmente autorizada, a inelegibilidade do outro soaria incongruente, situação diferente da posta em julgamento no RE 843.455/GO, na qual o cônjuge paradigma, ex-prefeito cassado de Goiatuba-GO, não poderia ser candidato. Para o Ministro Zavascki:

> Nessa linha, e agora olhando o caso concreto, cumpriria dar atenção, não tanto à circunstância da irredutibilidade do prazo constitucional de seis meses (da suposta desincompatibilização), mas sim à condição de reelegibilidade do prefeito cassado. Ora, não há dúvida de que o cônjuge da recorrente tornou-se irreelegível, seja para a eleição complementar, seja para novo pleito (LC 64/90, art. 1º, I, c). É uma razão a mais para, no caso, desacolher a pretensão da recorrente por improcedência do pedido.

No mesmo sentido do voto do relator, o Min. Luís Roberto Barroso argumentou que:

> No presente recurso extraordinário, não se discute se o prazo de desincompatibilização de seis meses seria aplicável às eleições suplementares, pois é evidente que sua aplicação é impossível. Não se poderia exigir que o candidato afastado renunciasse seu mandato seis meses antes do pleito para que não fosse aplicada à inelegibilidade à sua esposa. A decisão judicial que cassou o mandato do Prefeito era imprevisível e, portanto, não poderia se presumir que haveria uma eleição suplementar posterior.

Desta forma, defendeu o Min. Barroso que a questão discutida nos autos não seria de aplicação do prazo de desincompatibilização, mas sim de saber se a inelegibilidade reflexa atinge a esposa do prefeito cassado, impedindo-a de concorrer à eleição suplementar. Para o ministro, o precedente do STF no julgamento do RE 344.882, o qual autorizou quem mantém vínculo de parentesco concorrer ao cargo na mesma jurisdição do titular, desde que ocorra desincompatibilização, não é aplicável na presente hipótese. A regra a ser observada, na ótica no Min. Barroso, é a do caráter amplo da inelegibilidade reflexa prevista no art. 14, § 7º, a ser afastada apenas em caráter excepcional.

O Tribunal, então, apreciando o tema 781 da repercussão geral, por unanimidade e nos termos do voto do Relator, negou provimento ao recurso extraordinário, assentando como tese, na linha de entendimento do TSE, que as hipóteses de inelegibilidade previstas no art. 14, § 7º, da Constituição Federal, inclusive quanto ao prazo de seis meses, são aplicáveis às eleições suplementares.

⊙ Fique atento:

- De acordo com o previsto no **§ 7º do artigo 14** da Constituição Federal, "são inelegíveis, no território de jurisdição do titular, o **cônjuge e os parentes consangüíneos ou afins, até o segundo grau ou por adoção**, do presidente da república, de governador de estado ou território, do Distrito Federal, de prefeito ou de quem os haja substituído dentro dos seis meses anteriores ao pleito, salvo se já titular de mandato eletivo e candidato à reeleição.". É a chamada **inelegibilidade reflexa**, espécie de inelegibilidade relativa **decorrente de parentesco**. A inelegibilidade reflexa só atinge o cônjuge e os parentes até o segundo grau, consanguíneos, por afinidade ou adoção, dos **titulares de cargos do Poder Executivo**, ou de quem os haja substituído dentro dos seis meses anteriores ao pleito, no âmbito do território de jurisdição (circunscrição) dos mesmos. A Súmula Vinculante nº 18 do STF dispõe que a dissolução da sociedade ou vínculo conjugal, no curso do mandato, não afasta a inelegibilidade reflexa.

- De acordo com a **Súmula nº. 06 do TSE**, "é inelegível, para o cargo de prefeito, o cônjuge e os parentes indicados no § 7º do art. 14 da Constituição, do titular do mandato, ainda que este haja renunciado ao cargo há mais de seis meses do pleito. Ainda de acordo com o TSE, o cônjuge e os parentes, até o segundo grau, consanguíneos, por afinidade ou por adoção, do chefe do executivo, são elegíveis para o mesmo cargo do titular, quando este for reelegível e tiver se desincompatibilizado seis meses antes do pleito. Da mesma forma, a **única possibilidade** existente, em regra, de parentes até o segundo grau, consanguíneos ou afins, ou por adoção, do presidente da república ser candidato a um cargo eletivo ocorre se o mesmo **já for titular de mandato e estiver concorrendo à reeleição**, uma vez que o território de jurisdição do presidente da república é todo o país.

- O falecimento ou a renúncia do prefeito, governador ou presidente da república, seis meses antes da eleição, afasta a inelegibilidade reflexa dos seus parentes e cônjuges. A única hipótese de inelegibilidade reflexa, neste caso, ocorre se o parente ou cônjuge desejar disputar o mesmo cargo anteriormente titularizado por seu familiar, caso este já tenha sido ocupado, de forma consecutiva, nos dois últimos mandatos pelo mesmo (familiar tenha sido eleito e reeleito para o cargo). Se o prefeito, governador ou presidente da república, no exercício do primeiro mandato, contudo, renunciar ao cargo seis meses antes da eleição, ou vier a falecer, no mesmo período, seus parentes poderão disputar o referido cargo, sem que haja inelegibilidade reflexa. Foi o que ocorreu com a ex-governadora do Rio de Janeiro, Rosinha Garotinho, que sucedeu, em 2002, seu marido, Anthony Garotinho, que houvera sido eleito governador em 1998, para um primeiro mandato, e renunciado ao cargo seis meses antes das eleições 2002 para concorrer à presidência da república. Se Anthony Garotinho já estivesse, naquela oportunidade, exercendo um segundo mandato consecutivo de governador, sua renúncia seis meses antes da eleição não seria suficiente para afastar a inelegibilidade reflexa de sua esposa, para a disputa do cargo de governador (para outro cargo afastaria). Como o ex-governador só havia exercido um mandato, Rosinha Garotinho pôde se candidatar e se eleger governadora do Rio de Janeiro, em 2002 (Neste sentido, cf. Ac. TSE nº. 19.442, de 21.08.2001).

- Ainda no que se refere à inelegibilidade reflexa prevista no § 7º do artigo 14 da Constituição Federal, vale destacar que o TSE já firmou entendimento no sentido de que havendo **separação de fato, ou mesmo divórcio**, durante o curso do mandato, entre titular de cargo de prefeito, governador ou presidente da república, tal fato **não impede a inelegibilidade reflexa** (Res. 21.798, de 03.06.04, DJ de 09.08.04). Assim, os ex-cunhados, ex-sogros e ex-cônjuge de prefeito, governador ou presidente da república continuam inelegíveis, no seu território de jurisdição, até o término do mandato, por inelegibilidade reflexa, caso o divórcio tenha ocorrido no curso do mesmo, salvo as exceções previstas em lei, já abordadas. O STF, ratificando este entendimento, expediu a **Súmula Vinculante nº. 18**, segundo a qual "A dissolução da sociedade ou do vínculo conjugal, no curso do mandato, não afasta a inelegibilidade prevista no § 7º do artigo 14 da Constituição Federal". Segundo **jurisprudência pacífica do TSE**, a **união estável** atrai a inelegibilidade reflexa (REspe nº. 23.487), com a ressalva de que o mero namoro não se enquadra nessa hipótese (REspe nº. 24.672). Da mesma forma, segundo o TSE (Respe nº. 24.564, Rel. Min. Gilmar Mendes), a **união homoafetiva** também atrai a inelegibilidade reflexa.

- Prevê o § 6º do artigo 14 da Constituição Federal de 1988 que "para concorrerem a outros cargos, o **presidente da república, os governadores de estado e do Distrito Federal e os prefeitos devem renunciar** aos respectivos mandatos até seis meses antes do pleito". Firma-se, assim, a primeira regra de desincompatibilização das muitas previstas na legislação, em especial na Lei Complementar nº. 64/90, conforme será estudado ainda neste capítulo. Há de se observar, na leitura no dispositivo constitucional supracitado, que **para concorrer ao mesmo cargo (reeleição) não é necessário** aos titulares de mandatos executivos renunciarem aos seus mandatos respectivos. Seguiu assim, o legislador brasileiro, a fórmula consagrada na grande maioria das democracias que admitem o instituto da reeleição para cargos executivos, fato que, ainda hoje, é alvo de críticas por parte daqueles que entendem que a desnecessidade de desincompatibilização do agente político que pleiteia a reeleição gera desequilíbrio no pleito, em virtude do uso, pelo mandatário-candidato, da máquina pública ao seu favor. É de se ressaltar que o disposto no § 6º **do artigo 14** da Constituição Federal **aplica-se, tão somente, aos titulares de mandatos** de presidente da república, governadores de estado e do Distrito Federal e prefeitos municipais. Seus respectivos **vices, portanto, não são abrangidos** pela previsão constitucional supracitada, desde que, nos seis meses anteriores ao pleito, não assumam, mesmo em substituição, o cargo de titular.

⦿ Questões de Concurso relacionadas ao tema:

Questão 01. (Técnico Judiciário – Área Administrativa TRE/MS 2013 – CESPE – ADAPTADA) Julgue o item a seguir como certo (C) ou errado (E).

A inelegibilidade reflexa aplica-se ao cônjuge ou parente do vice-prefeito e dos secretários municipais.

Questão 02. (CESPE – Juiz de Direito Substituto – MA/ 2013 – ADAPTADA) Julgue o item a seguir como certo (C) ou errado (E).

Considere que Maria mantenha um relacionamento homoafetivo com a atual prefeita do município X. Nessa situação, a companheira da prefeita poderá candidatar-se a cargo eletivo nesse município.

Questão 03. (MPE-PB – Promotor de Justiça – PB/2011) Em relação à elegibilidade, julgue as seguintes assertivas:

I. A inelegibilidade de parentes diz respeito, apenas, ao Chefe do Executivo, permitindo-se a elegibilidade dos filhos, pais, avós, netos ou irmãos, se o titular do mandato for reelegível e desincompatibilizar-se definitivamente nos seis meses anteriores ao pleito.

II. O filho adotivo é elegível no território da circunscrição em que seu pai seja chefe do executivo municipal e aquele se candidatar a Governador.

III. Exige-se da autoridade policial civil, para que possa concorrer ao cargo de vereador, que se desincompatibilize seis meses antes da data da eleição.

a) Apenas I e II estão corretas.

b) Apenas I e III estão erradas.

c) I, II e III estão corretas.

d) I, II e III estão erradas.

e) *(Abstenção de resposta – Seção VIII, item 11, do Edital do Concurso).*

Questão 04. (CESPE – Promotor de Justiça – PI/2012 – ADAPTADA) Julgue o item a seguir como certo (C) ou errado (E).

Considere que tenha sido declarada a dissolução do vínculo conjugal de João com Márcia, prefeita de um município brasileiro, no curso do mandato da prefeita. Nesse caso, João não seria inelegível para o cargo de vereador em município criado por desmembramento do município em que Márcia é prefeita.

Gabarito: 1 – E; 2 – E; 3- C; 4 – E

12

DIREITO PROCESSUAL ELEITORAL

Jaime Barreiros Neto

12.1. LEGITIMIDADE RECURSAL DO MINISTÉRIO PÚBLICO ELEITORAL

> **Tema 680:** "Legitimidade do Ministério Público Eleitoral para recorrer de decisão que defere registro de candidatura, ainda que não haja apresentado impugnação ao pedido inicial".
>
> **Tese:** "A partir das eleições de 2014, inclusive, o Ministério Público Eleitoral tem legitimidade para recorrer da decisão que julga o pedido de registro de candidatura, ainda que não tenha apresentado impugnação".

FICHA TÉCNICA	
Leading case:	**ARE 728.188/RJ**
Descrição do caso feita pelo STF:	"Recurso extraordinário em que se discute, à luz do art. 127 da Constituição federal, se o entendimento firmado na Súmula 11 do Tribunal Superior Eleitoral poderia ser estendido ao Ministério Público a fim de afastar sua legitimidade para recorrer de decisão que defere registro de candidatura, quando não houver apresentado impugnação ao pedido de registro, tendo em vista incumbir-lhe, especialmente, a defesa da ordem jurídica e do regime democrático".
Dispositivo(s) constitucional(is) envolvido(s):	**Art. 127.** O Ministério Público é instituição permanente, essencial à função jurisdicional do Estado, incumbindo-lhe a defesa da ordem jurídica, do regime democrático e dos interesses sociais e individuais indisponíveis.

FICHA TÉCNICA	
Leading case:	ARE 728.188/RJ
Data de reconhecimento da repercussão geral:	11/10/2013
Data de julgamento do mérito recursal:	19/12/2013
Houve unanimidade?	Não
Data de publicação do acórdão de julgamento do recurso:	12/08/2014
Trânsito em julgado do acórdão:	25/08/2014

◉ Comentários:

O caso em comento versou sobre a questão da legitimidade do Ministério Público Eleitoral para recorrer de decisão que julga o pedido de registro de candidatura, mesmo que não haja apresentado impugnação anterior, tendo sido fixada tese de repercussão geral, a partir da interpretação do artigo 127 da Constituição, segundo a qual "a partir das eleições de 2014, inclusive, o Ministério Público Eleitoral tem legitimidade para recorrer da decisão que julga o pedido de registro de candidatura, ainda que não tenha apresentado impugnação".

Acordaram os Ministros do Supremo Tribunal Federal, em Sessão Plenária, sob a Presidência do Senhor Ministro Joaquim Barbosa, por unanimidade, negar provimento ao recurso extraordinário e afirmar, por maioria, que a Súmula 11 do Tribunal Superior Eleitoral não se aplica ao Ministério Público Eleitoral, nos termos do voto do Relator, vencidos os Ministros Marco Aurélio, Teori Zavascki, Cármen Lúcia e Gilmar Mendes. O Tribunal assentou, por maioria, que esse entendimento se aplicaria às eleições de 2014, inclusive, nos termos do voto do Relator, vencidos os Ministros Marco Aurélio, Joaquim Barbosa (Presidente) e Rosa Weber.

O Min, Ricardo Lewandowski, relator do processo, esclareceu, no seu relatório, tratar-se a matéria de julgamento de agravo contra decisão que negou seguimento a recurso extraordinário interposto contra acórdão que não conheceu do recurso especial eleitoral ao fundamento de que o Ministério Público Eleitoral não possui legitimidade para recorrer de decisão que defere registro de candidatura se deixou de impugnar o pedido inicial. Aventou-se, na referida decisão agravada, que, nos termos da Súmula TSE nº 11, a parte que não impugnou o pedido de registro de candidatura, seja ela candidato, partido político, coligação ou o Ministério Público Eleitoral, não teria legitimidade para recorrer da decisão que o deferiu, salvo se se cuidar de matéria constitucional. Da decisão, de forma anterior ao agravo, também foram interpostos embargos de declaração, os quais foram rejeitados. Alegando violação ao artigo 127 da Constituição, o qual dispõe que "o Ministério Público é instituição permanente, essencial à função jurisdicional do Estado, incumbindo-lhe a defesa da ordem jurídica, do regime democrático e dos interesses sociais e individuais indisponíveis", o Ministério Público Eleitoral, interpôs o RE 728.188/RJ, em análise, argumentando sua legitimidade para promover, perante o Poder Judiciário, "todas as medidas necessárias à efetivação dos direitos e valores consagrados pelo texto constitucional".

Analisando o mérito do agravo no RE 728.188/RJ, o relator, Min. Ricardo Lewandowski, então, lembrou que o STF já houvera reconhecido a repercussão geral de vários REs em que se discutia o âmbito de atuação do Ministério Público, sob o argumento de que tal debate tem índole eminentemente constitucional.

Dando razão aos argumentos apresentados pelo Ministério Público, o relator defendeu, no seu voto, que o *parquet*, por expressa disposição constitucional, prevista no artigo 127 da Constituição, revela-se como protetor da ordem jurídica e do regime democrático. Para o Min. Lewandowski, "tendo a Carta Magna conferido ao Parquet o relevante múnus de defender a ordem jurídica e o regime democrático – e inexistindo, como se verá adiante, disposição legal que vede a interposição de recurso na situação sob exame–, tem ele o poder-dever de atuar na qualidade de fiscal da lei, a fim de lograr a reversão de candidatura eventualmente deferida em violação à lei".

Argumentou ainda o Min. Lewandowski tratar-se e um equívoco invocar, ao caso, a aplicabilidade da Súmula n°. 11 do TSE, especialmente porque a referida súmula prevê, tão somente, que "No processo de registro de candidatos, o partido que não o impugnou não tem legitimidade para recorrer da sentença que o deferiu, salvo se se cuidar de matéria constitucional", não fazendo referência, portanto, ao Ministério Público, o qual não é parte interessada na disputa eleitora, mas sim fiscal da ordem jurídica democrática.

Completando o seu raciocínio, relativo à interpretação da Súmula n°. 11 do TSE, o Min. Lewandowski ainda argumentou que não haveria sentido em invocar-se a legitimidade do MP para recorrer apenas em discussão de matéria constitucional, em situações nas quais não tenha impugnado registro de candidatura, uma vez que a sua missão é a de guardião de toda a ordem jurídica, e não apenas da ordem constitucional.

Alegou, ainda o relator, no seu voto, a incongruência da interpretação voltada à restrição da atuação do MP, aventada na decisão recorrida, ante a jurisprudência histórica do Tribunal Superior Eleitoral, o qual, há muitos anos, vem decidindo no sentido da legitimidade do parquet para recorrer, na condição de fiscal da lei.

Por fim, concluindo o seu voto, o relator, Min. Ricardo Lewandowski, suscitando o argumento da segurança jurídica, negou provimento ao recurso. "uma vez que o pleito eleitoral de 2012 já se encerrou e os mandatários ocupam o cargo há quase um ano", fixando, contudo, tese de repercussão geral "a fim de assentar que a partir das eleições de 2014, inclusive, o Ministério Público Eleitoral tem legitimidade para recorrer da decisão que julga o pedido de registro de candidatura, ainda que não tenha apresentado impugnação".

Em sentido contrário ao voto do relator, o Min. Marco Aurélio, embora salientando a importância da função do Ministério Público como fiscal da lei, fundada na Constituição Federal, defendeu que, na situação em análise, bem como em qualquer processo de registro de candidaturas, não estaria o MP atuando nesta condição, mas sim no papel de parte, fato que afastaria sua legitimidade para recorrer de decisão que não impugnou.

Nas palavras do Min. Marco Aurélio:

> se na qualidade de parte silenciou, não impugnando o registro, pode, a seguir, transmudar-se, em termos de atuação, em fiscal da lei e ter uma segunda oportunidade para essa mesma impugnação? Presente a organicidade do Direito, entendo que não, e essa óptica não implica cercear a atividade – elogiável, necessária, em termos de defesa dos interesses da sociedade – do Ministério Público.

Ainda de acordo com o Min. Marco Aurélio:

> se, num primeiro passo, podendo impugnar como parte – gênero – o pedido de registro, o Ministério Público silenciou, aquiescendo, portanto, com o pedido de registro, não pode – por isso ou por aquilo, como se houvesse uma segunda oportunidade, e ainda que evocando a condição de fiscal da lei – protocolar recurso.

Já o Ministro Teori Zavascki, acompanhando a divergência, defendeu, em seu voto, que a questão em jogo não seria relativa à discussão em torno da legitimidade do Ministério Público para recorrer, nos termos do artigo 127 da Constituição, mas sim relativa ao prazo para firmar tal posicionamento. Para o Min. Zavascki, o MP não pode ficar alheio a prazos e preclusões para a interposição de recursos, sob pena de inconstitucionalidade.

Em réplica ao voto divergente do Min. Marco Aurélio, o Min. Lewandowski defendeu que, em conformidade com o TSE, na sua súmula 11, o Ministério Público Eleitoral exerceria uma dúplice função, de parte e de fiscal da lei, nos processos de registro de candidaturas. De acordo com o ministro relator, "É o próprio TSE que dá ao *Parquet*, ao Ministério Público Eleitoral, uma segunda oportunidade para recorrer, ao menos quando se trata de matéria constitucional, em que pese uma eventual conclusão que se possa tirar a partir da Lei Complementar 64".

⊙ Síntese do debate constante do acórdão que fixou o precedente:

Argumentos favoráveis à tese fixada:	Argumentos contrários à tese fixada:
"Quando os constituintes incumbiram o MP de defender a ordem jurídica e o regime democrático, implicitamente lhe outorgaram a faculdade de recorrer, na qualidade de custos legis, de decisão que defere o registro de candidatura, ainda que não tenha se manifestado naquele momento, sobretudo por cuidar-se de matéria de ordem pública relacionada ao direito subjetivo que têm os cidadãos de escolher seus representantes no poder". (Min. Ricardo Lewandowski)	"Se na qualidade de parte silenciou, não impugnando o registro, pode, a seguir, transmudar-se, em termos de atuação, em fiscal da lei e ter uma segunda oportunidade para essa mesma impugnação? Presente a organicidade do Direito, entendo que não, e essa óptica não implica cercear a atividade – elogiável, necessária, em termos de defesa dos interesses da sociedade – do Ministério Público". (Min. Marco Aurélio)
"Tendo a Carta Magna conferido ao Parquet o relevante múnus de defender a ordem jurídica e o regime democrático – e inexistindo, como se verá adiante, disposição legal que vede a interposição de recurso na situação sob exame–, tem ele o poder-dever de atuar na qualidade de fiscal da lei, a fim de lograr a reversão de candidatura eventualmente deferida em violação à lei". (Min. Ricardo Lewandowski)	"Se, num primeiro passo, podendo impugnar como parte – gênero – o pedido de registro, o Ministério Público silenciou, aquiescendo, portanto, com o pedido de registro, não pode – por isso ou por aquilo, como se houvesse uma segunda oportunidade, e ainda que evocando a condição de fiscal da lei – protocolar recurso". (Min. Marco Aurélio)

Argumentos favoráveis à tese fixada:	Argumentos contrários à tese fixada:
"O próprio acórdão recorrido invoca a Súmula 11 do TSE. O que significa que o próprio TSE aplica ao Ministério Público a Súmula 11, não obstante referir-se apenas a partido político. Então, eu queria concluir daí que o próprio TSE, a própria Justiça Eleitoral, empresta ao *Parquet* esse dúplice papel, quando se cuidar de matéria constitucional: de parte, de um lado, e de fiscal da lei, de outro. É o próprio TSE que dá ao *Parquet*, ao Ministério Público Eleitoral, uma segunda oportunidade para recorrer, ao menos quando se trata de matéria constitucional, em que pese uma eventual conclusão que se possa tirar a partir da Lei Complementar 64". (Min. Ricardo Lewandowski)	"É inimaginável, no caso, ter-se, no mesmo processo, o Ministério Público como parte e como fiscal da lei, podendo surgir, inclusive, um entrechoque, considerados os dois papéis". (Min. Marco Aurélio)

⊙ Fique atento:

• Não há carreira permanente do Ministério Público Eleitoral. A **existência e o funcionamento do Ministério Público Eleitoral** se fundamentam, basicamente, em **dois princípios institucionais: o princípio da federalização e o princípio da delegação.** Além destes dois, vale destacar ainda o princípio da excepcionalidade, previsto pelo artigo 78, parágrafo único, da antiga lei 1.341/51, e atualmente revogado, após a promulgação da Lei Complementar nº. 75/1993. De acordo com o **princípio da federalização** do Ministério Público Eleitoral, **previsto no artigo 37, I c/c art. 72 da LC 75/93**, compete ao **Ministério Público Federal**, a princípio, a **atribuição de oficiar junto à Justiça Eleitoral**, em todas as fases do processo. Nada mais lógico do que esta previsão, uma vez que, como observado no capítulo IV desta obra, a Justiça Eleitoral é um ramo especializado do Poder Judiciário Federal. Assim, inicialmente, deveria caber, de acordo com o princípio da federalização, tão somente aos membros do Ministério Público Federal (procuradores, procuradores regionais, subprocuradores-gerais e o procurador-geral da república) exercer as atribuições inerentes ao Ministério Público Eleitoral, tendo em vista que este não conta com quadro próprio de servidores e agentes políticos. Ocorre que, como é sabido, a **quantidade de zonas eleitorais no Brasil é muito maior do que a quantidade de membros do Ministério Público Federal**. Dessa forma, é **impossível**, nas condições atuais, o **pleno cumprimento do princípio da federalização**, principalmente naquelas zonas eleitorais mais distantes dos grandes centros, o que permite a ascensão do segundo princípio institucional do Ministério Público Eleitoral, o princípio da delegação. De acordo com o **princípio da delegação**, cuja base legal é o artigo **78 da LC 75/93**, delega-se aos membros dos **Ministérios Públicos dos estados** (promotores de justiça) a **atribuição de oficiar junto aos juízos eleitorais de primeira instância** (juízes eleitorais e juntas eleitorais). É o princípio da delegação, assim, **exceção ao princípio da federalização**, marcante na organização do Ministério Público Eleitoral. A atuação de membros dos Ministérios Públicos estaduais no Ministério Público Eleitoral **se restringe** ao ofício perante os juízes e juntas eleitorais de **primeira instância**. Em cada zona eleitoral deverá funcionar um membro do Ministério Público Eleitoral, que acumulará suas atribuições com aquelas inerentes ao cargo de origem, de promotor de justiça.

◉ Questões de Concurso relacionadas ao tema:

Questão 01 (MPE/BA – Promotor de Justiça-BA/ 2008- ADAPTADA) Julgue o item a seguir certo (C) ou Errado (E)

O Ministério Público Eleitoral atua em todas as fases do processo eleitoral, inclusive em defesa dos interesses extra ou suprapartidários, garantindo, dessa maneira, a observância do regime democrático e a ordem jurídica.

Gabarito: 1 – C

13

DIREITO EMPRESARIAL

Ermiro Ferreira Neto

13.1. RESPONSABILIDADE DOS SÓCIOS

Tema 13: "Responsabilidade solidária dos sócios das empresas por quotas de responsabilidade limitada por dívidas junto à Seguridade Social".

Tese: "É inconstitucional o art. 13 da Lei 8.620/1993, na parte em que estabelece que os sócios de empresas por cotas de responsabilidade limitada respondem solidariamente, com seus bens pessoais, por débitos junto à Seguridade Social."

FICHA TÉCNICA	
Leading case:	**RE 562276/PR**
Descrição do caso feita pelo STF:	Recurso extraordinário em que se discute, à luz do art. 146, III, b, da Constituição Federal, a constitucionalidade, ou não, do art. 13 da Lei nº 8.620/93, que estabeleceu a responsabilidade solidária dos sócios das empresas por quotas de responsabilidade limitada pelas dívidas junto à Seguridade Social.
Dispositivo(s) constitucional(is) envolvido(s):	"Art. 146. Cabe à lei complementar: (...) III – estabelecer normas gerais em matéria de legislação tributária, especialmente sobre: (...) b) obrigação, lançamento, crédito, prescrição e decadência tributários;"
	"Art. 5º. (...) XIII – é livre o exercício de qualquer trabalho, ofício ou profissão, atendidas as qualificações profissionais que a lei estabelecer;"
	"Art. 170. (...) Parágrafo único. É assegurado a todos o livre exercício de qualquer atividade econômica, independentemente de autorização de órgãos públicos, salvo nos casos previstos em lei."

FICHA TÉCNICA	
Leading case:	RE 562276/PR
Data de reconhecimento da repercussão geral:	05/12/2007[1]
Data de julgamento do mérito recursal:	03/11/2010
Houve unanimidade?	Sim
Data de publicação do acórdão de julgamento do recurso:	10/02/2011
Trânsito em julgado do acórdão:	22/10/2014

◉ Comentários:

Em sua origem, previa a Lei n. 8.620/93, em seu art. 13 que o **titular da firma individual e os sócios das empresas por cotas de responsabilidade limitada respondem solidariamente, com seus bens pessoais, pelos débitos junto** à **Seguridade Social**. Embora tal dispositivo tenha sido posteriormente revogado pela Medida Provisória 449/2008 – por sua vez convertida na Lei n. 11.941/2009 – a sua vigência, por mais de 15 anos, suscitou múltiplos debates a respeito não apenas da conveniência da regra, como também a respeito de sua constitucionalidade.

A regra criava um sistema de responsabilidade solidária dos sócios de uma responsabilidade limitada pelos débitos junto ao INSS. Isto, à toda vista, **rompia com a limitação da responsabilidade dos sócios pelas obrigações da sociedade**, característica esta que é a própria razão de ser de uma sociedade empresária. De outro lado, sendo a autonomia e a separação patrimonial outro pilar fundamental das pessoas jurídicas em geral, **a confusão patrimonial criada por hipótese legal**, da mesma forma, criava outro segundo inconveniente para sócios e administradores, os quais na prática tornavam-se responsáveis pelo pagamento dos tributos da sociedade junto à Seguridade Social.

Apesar de o tema suscitar debates também no campo do Direito Tributário, no campo do Direito Empresarial, a questão que se coloca sob o ponto de vista da constitucionalidade gira em torno de dois eixos. Em primeiro lugar, **trata-se de saber em que medida norma que torna sócios, em caráter geral, responsáveis por obrigações da sociedade, é compatível com o livre exercício da atividade econômica** (art. 170, parágrafo único, Constituição Federal). Ainda, em segundo lugar, o dispositivo da Lei n. 8.620/93 desafia a possibilidade de a Constituição, ao regular a atividade econômica, **ter erigido como elemento fundamental desta certos elementos da organização societária, como no caso da separação patrimonial.**

---

1. O reconhecimento da repercussão geral deu-se, originalmente, nos autos do RE 567932/RS, rel. Ministro Marco Aurélio.

O Supremo Tribunal respondeu às duas perguntas de maneira afirmativa. Conduzido pelo voto da relatora Ministra Ellen Gracie, o Pleno, em sessão composta pelos Ministros Celso de Melo, Marco Aurélio, Gilmar Mendes, Ayres Britto, Joaquim Barbosa, Ricardo Lewandowski, Carmen Lúcia, Dias Toffoli e Cezar Peluso, declarou a inconstitucionalidade do dispositivo, tendo sido firmadas duas importantes premissas para a definição do perfil constitucional da sociedade empresária e da atividade econômica:

(i) nos termos do voto da relatora, é **incompatível com a Constituição Federal que o legislador estabeleça** *"simples confusão entre os patrimônios de pessoa física e jurídica, ainda que para fins de garantia dos débitos da sociedade perante a Seguridade Social"*. Ainda sob a perspectiva, o voto da relatora pontua que *"impor confusão entre os patrimônios da pessoa jurídica e da pessoa física no bojo de sociedade em que, por definição, a responsabilidade é limitada compromete um dos fundamentos do Direito de Empresa, consubstanciado na garantia constitucional da livre iniciativa, entre cujos conteúdos está a possibilidade de constituir sociedade para o exercício de atividade econômica e partilha dos resultados, em conformidade com os tipos societários disciplinados por lei, o que envolve um regime de comprometimento patrimonial previamente disciplinado e que delimita o risco da atividade econômica"*.

(ii) ainda de acordo com o voto da relatora, *"submeter o patrimônio pessoal do sócio de sociedade limitada à satisfação dos débitos da sociedade para com a Seguridade Social, independentemente de exercer ou não a gerência e de cometer ou não qualquer infração, inibiria demasiadamente a iniciativa privada, descaracterizando tal espécie societária e afrontando os arts. 5º, XIII, e 170, parágrafo* único*, da Constituição"*.

Por estas razões, fora negado provimento ao recurso extraordinário da Fazenda Nacional, declarando-se a inconstitucionalidade do art. 13 da Lei n. 8.620/93. Fixou-se a seguinte tese: É **inconstitucional o art. 13 da Lei 8.620/1993, na parte em que estabelece que os sócios de empresas por cotas de responsabilidade limitada respondem solidariamente, com seus bens pessoais, por débitos junto à Seguridade Social.**

◉ Síntese do debate constante do acórdão que fixou o precedente:

Argumentos favoráveis à tese fixada:	Argumentos contrários à tese fixada:
É incompatível com a Constituição Federal que o legislador estabeleça simples confusão entre os patrimônios de pessoa física e jurídica, ainda que para fins de garantia dos débitos da sociedade perante a Seguridade Social. (Ministra Ellen Gracie)	
Impor confusão entre os patrimônios da pessoa jurídica e da pessoa física no bojo de sociedade em que, por definição, a responsabilidade é limitada compromete um dos fundamentos do Direito de Empresa, consubstanciado na garantia constitucional da livre iniciativa. (Ministra Ellen Gracie)	

Argumentos favoráveis à tese fixada:	Argumentos contrários à tese fixada:
Submeter o patrimônio pessoal do sócio de sociedade limitada à satisfação dos débitos da sociedade para com a Seguridade Social, independentemente de exercer ou não a gerência e de cometer ou não qualquer infração, inibiria demasiadamente a iniciativa privada, descaracterizando tal espécie societária e afrontando os arts. 5°, XIII, e 170, parágrafo único, da Constituição. (Ministra Ellen Gracie)	
O dispositivo impugnado cria inusitada hipótese de desconsideração da personalidade jurídica automática, objetiva, sem intervenção do magistrado em sem observância dos requisitos para tanto previsto na Lei (Ministro Ricardo Lewandowski)	
Atribuir a responsabilidade a terceiro, sócio sem poder de gerência, pelo pagamento de tributos da pessoa jurídica extravasa o campo da razoabilidade (Ministro Marco Aurélio)	

◉ **Fique atento:**

- Os Ministros Ayres Britto, Dias Toffoli e Gilmar Mendes acompanharam a relatora apenas quanto a inconstitucionalidade formal da norma impugnada. Nos termos do voto dela, acompanhado nesta parte pelos ministros referidos, a norma da Lei n. 8.620/93 invadiu competência de Lei Complementar por tratar de norma geral de Direito Tributário atinente à responsabilidade tributária de terceiros, violando assim o art. 146, III, "b" da Constituição.

◉ **Questões de Concurso relacionadas ao tema:**

Questão 01. (ESAF – Receita Federal – Auditor Fiscal da Receita Federal – 2005 – adaptada) No campo da responsabilidade dos sócios pelos débitos da Seguridade Social, é verdade afirmar que:

a) A responsabilidade solidária dos sócios comporta benefício de ordem, se a sociedade, indiscutivelmente, possuir patrimônio mais do que suficiente para arcar com dívida.

b) A responsabilidade solidária não inclui os sócios das sociedades de responsabilidade limitada.

c) A responsabilidade solidária dos sócios não fica limitada ao pagamento do débito da sociedade no período posterior à Lei 8.620/93, que, pela relevância social do débito para com a Seguridade Social, retroage para alcançar o patrimônio dos sócios para pagamentos anteriores à sua entrada em vigor.

d) A responsabilidade dos sócios por dívidas contraídas pela sociedade para com a Seguridade Social, decorrentes do descumprimento das obrigações previdenciárias, é solidária e encontra respaldo no art. 13 da Lei 8.620/93 e no art. 124 do Código Tributário Nacional.

e) A Lei 8.620/93 não trouxe inovação ao ordenamento jurídico vigente, permanecendo a responsabilidade dos sócios pelos débitos da Seguridade Social como subsidiária e regulada pelo art. 135 do Código Tributário Nacional, que exige a comprovação de que o não recolhimento da exação decorreu de ato praticado com violação à lei, ao contrato social ou ao estatuto da empresa pelo sócio-gerente.

Gabarito: 1-B

14

DIREITO DO CONSUMIDOR

Ermiro Ferreira Neto

14.1. COBRANÇA DE PULSOS ALÉM FRANQUIA

Tema 17: "a) Possibilidade de cobrança de ligações sem discriminação dos pulsos além da franquia; b) Justiça competente para dirimir controvérsias acerca da possibilidade de cobrança de ligações sem discriminação dos pulsos além da franquia.".

Tese: "Compete à Justiça estadual julgar causas entre consumidor e concessionária de serviço público de telefonia, quando a ANATEL não seja litisconsorte passiva necessária, assistente, nem opoente."

FICHA TÉCNICA	
Leading case:	RE 571572/BA
Descrição do caso feita pelo STF:	Recurso extraordinário em que se discute, à luz dos artigos 5º, II; 21, XI; 37; 98, I; e 175, da Constituição Federal, a possibilidade, ou não, de cobrança de ligações telefônicas sem a especificação dos pulsos excedentes à franquia mensal, bem como a justiça competente para processar e julgar as causas respectivas.

FICHA TÉCNICA	
Leading case:	**RE 571572/BA**
Dispositivo(s) constitucional(is) envolvido(s):	"Art. 109. Aos juízes federais compete processar e julgar: I – as causas em que a União, entidade autárquica ou empresa pública federal forem interessadas na condição de autoras, rés, assistentes ou oponentes, exceto as de falência, as de acidentes de trabalho e as sujeitas à Justiça Eleitoral e à Justiça do Trabalho;
	"Art. 98. A União, no Distrito Federal e nos Territórios, e os Estados criarão: I – juizados especiais, providos por juízes togados, ou togados e leigos, competentes para a conciliação, o julgamento e a execução de causas cíveis de menor complexidade e infrações penais de menor potencial ofensivo, mediante os procedimentos oral e sumariíssimo, permitidos, nas hipóteses previstas em lei, a transação e o julgamento de recursos por turmas de juízes de primeiro grau;"
	"Art. 5º. (...)II – ninguém será obrigado a fazer ou deixar de fazer alguma coisa senão em virtude de lei; (...)LIV – ninguém será privado da liberdade ou de seus bens sem o devido processo legal; LV – aos litigantes, em processo judicial ou administrativo, e aos acusados em geral são assegurados o contraditório e ampla defesa, com os meios e recursos a ela inerentes;"
	"art. 37. (...) XXI – ressalvados os casos especificados na legislação, as obras, serviços, compras e alienações serão contratados mediante processo de licitação pública que assegure igualdade de condições a todos os concorrentes, com cláusulas que estabeleçam obrigações de pagamento, mantidas as condições efetivas da proposta, nos termos da lei, o qual somente permitirá as exigências de qualificação técnica e econômica indispensáveis à garantia do cumprimento das obrigações;"
Data de reconhecimento da repercussão geral:	1º/02/2008
Data de julgamento do mérito recursal:	08/10/2008
Houve unanimidade?	Sim
Data de publicação do acórdão de julgamento do recurso:	20/10/2008
Trânsito em julgado do acórdão:	04/12/2009

⊙ Comentários:

Com a privatização do sistema TELEBRÁS, no final da década de 90, o país experimentou uma profunda transformação em termos de acesso, disponibilidade e custo do serviço de telefonia. Tais modificações não escaparam do Poder Judiciário, que viu-se tomado de temas relacionados a possíveis vícios no fornecimento deste tipo de serviço, à luz da regras da concessão firmadas com as concessionária de telefonia e dos ditames da Lei n. 8.078/90 (Código de Defesa do Consumidor).

Um destes temas diz respeito ao mecanismo de cobrança por pulsos além da franquia. Resumidamente, normas editadas pela ANATEL permitiam que as concessionárias de telefonia efetuassem a cobrança deste serviço do usuário a partir de uma assinatura mensal. Superado este pacote, as empresas efetuavam a cobrança partir de "pulsos" – uma espécie de medida de ligações efetuadas, cuja cobrança não tinha por base os minutos que fossem efetivamente utilizados pelo consumidor. Ao final, em função deste sistema, o consumidor poderia ser cobrado por valor correspondente a mais minutos do que ele, efetivamente, consumiu em suas ligações.

Este mecanismo de cobrança fora impugnado judicialmente por milhares de consumidores. Por seu reduzido valor, ações com esta matéria majoritariamente tramitaram junto aos Juizados Especiais. **As concessionárias de telefonia, todavia, entendiam que a competência para julgar causas que tais deveriam ser da Justiça Federal, porquanto ao eventualmente reconhecer a ilegalidade do sistema de pulsos estariam os Juizados anulando norma editada pela ANATEL ou cláusula do contrato de concessão firmado com a União, o que atrairia a competência da Justiça Federal (art. 109, I, Constituição Federal).** Adicionalmente, alegou-se que a verificação do possível abuso do sistema de pulsos **dependia de prova pericial, o que impedia o seu trâmite junto aos Juizados, já que tal meio de prova não era compatível com a simplicidade do procedimento previsto na Lei n. 9.099/98.**

É neste contexto que RE 571572/BA vem a ser admitido junto ao Supremo Tribunal Federal: muito embora trate-se de causa simples e que, *a priori*, não justifica a jurisdição da Corte Suprema, a repetição de milhares, talvez milhões, de casos semelhantes, levou o STF a reconhecer a repercussão geral do tema.

Quanto à alegada afronta dos dispositivos constitucionais que tratam da competência da Justiça Federal (art, 109, I) e do modelo constitucional dos Juizados Especiais Cíveis (art. 98), o Supremo Tribunal Federal assentou, nos termos do voto do relator Ministro Gilmar Mendes, que **não há interesse jurídico da ANATEL ou da União que justifique a competência da Justiça Federal.** Isto porque a relação posta em Juízo vincula exclusivamente consumidor e concessionária de telefonia; não haveria, para o relator, litisconsórcio necessário, nem repercussão econômica no contrato de concessão (desequilíbrio econômico-financeiro) decorrente da demanda individual movida pelo consumidor. Enquanto o relator admitia a possibilidade eventual de assistência voluntária por parte da ANATEL, caso declarasse o seu interesse em acompanhar o feito, outros Ministros, como o Ministro Menezes Direito e o Ministro Cezar Peluso, expressamente consignaram que **o tema não revela interesse jurídico algum por parte da ANATEL, já que a decisão judicial não repercutiria no contrato de concessão.**

Já quanto à competência dos Juizados, **assentou o relator que a demanda envolve apenas matéria de direito, cuja prova é exclusivamente documental, não havendo nenhuma complexidade que permita retirar-se a competência dos Juizados Especiais.** O trâmite do feito sob o rito dos Juizados, portanto, não violou o devido processo legal, nem o contraditório, ao contrário do que se alegou.

Por fim, quanto à alegada violação do equilíbrio econômico financeiro do contrato de concessão (art. 37, XXI, Constituição), **o recurso extraordinário não foi conhecido.** Nos termos do voto do relator Ministro Gilmar Mendes, o *thema decidendum* posto ao Juízo *a quo* fora enfrentado sem incidência direta de normas constitucionais; longe disso, a resolução da causa exigiu a conciliação apenas de normas do Código de Defesa do Consumidor e atos da ANATEL. Assim, sendo o tema de fundo infraconstitucional, neste ponto não fora o recurso conhecido.

Por tudo isto, fixou-se a tese no sentido de que **compete à Justiça estadual julgar causas entre consumidor e concessionária de serviço público de telefonia, quando a ANATEL não seja litisconsorte passiva necessária, assistente, nem opoente**.

◉ Síntese do debate constante do acórdão que fixou o precedente:

Argumentos favoráveis à tese fixada:	Argumentos contrários à tese fixada:
A ausência de manifestação expressa da ANATEL quanto ao interesse na intervenção do feito não atrai a incidência do art. 109, I, Constituição Federal. (Ministro Gilmar Mendes)	Ao contrário do que constou do voto do relator, os Ministros Menezes Direito e Cezar Peluso não admitiram a intervenção da ANATEL em nenhuma hipótese, nem mesmo no caso de assistência ou intervenção "anômala". Os dois Ministros não lavraram voto para integrar o acórdão, mas, em manifestações orais, consignaram que não há nem interesse jurídico, nem econômico da ANATEL, uma vez que decisões judiciais em casos individuais não geram sequer repercussão financeira nos contratos de concessão.
A despeito da ausência de manifestação, não há litisconsórcio necessário entre ANATEL e concessionária de telefonia. De um lado, a relação jurídica posta em Juízo diz respeito exclusivamente ao consumidor e à concessionária de telefonia. De outro, não há determinação legal para tal litisconsórcio. Não há, pois, incidência de nenhuma das hipóteses de litisconsórcio necessário previsto no art. 47, CPC/73[1], vigente à época do julgamento.	
A eventual repercussão econômica das decisões judiciais nos casos envolvendo o tema não justifica o litisconsórcio. No máximo, autorizaria a assistência simples ou a intervenção "anômala" da Lei n. 9.469/97. Mas, nestes casos, a intervenção deverá decorrer de ato voluntário da ANATEL, o que não ocorreu no caso julgado.	

◉ Fique atento:

- No julgamento dos embargos de declaração opostos contra o acórdão, a Corte, por maioria, esclareceu que, sendo a matéria infraconstitucional, as decisões das Turmas Recursais que violarem a orientação firmada pelo STJ sobre a matéria sujeitam-se a Reclamação dirigida a este Tribunal, nos termos do art. 105, I, "f" da

---

1. Atual art. 114, CPC/15.

Constituição. Para a relatora dos embargos de declaração, Ministra Ellen Gracie, não havendo órgão recursal específico para controlar as decisões que, no âmbito das Turmas Recursais, violem a jurisprudência do STJ, desta função deverá ser incumbido o próprio STJ através do instituto da Reclamação. Não acompanhou a relatora o Ministro Marco Aurélio e o Ministro Ayres Britto, por entender que o acórdão impugnado pelos aclaratórios não continha omissão, contradição ou obscuridade.

• O precedente extraído do julgamento do Tema 17 da Repercussão Geral é um dos julgados nos quais se lastreia a **Súmula Vinculante nº 27**, aprovada em sessão plenária de 18/12/2009 ("Compete à Justiça estadual julgar causas entre consumidor e concessionária de serviço público de telefonia, quando a ANATEL não seja litisconsorte passiva necessária, assistente, nem opoente").

◉ Questões de Concurso relacionadas ao tema:

Questão 01. (TRF – 4ª Região. TRF – 4ª Região. Juiz Federal. 2010) Assinale a alternativa correta.

a) Compete à Justiça Federal julgar as causas entre consumidor e concessionária de serviço público de telefonia sempre que a questão decorrer de regulamentos federais.

b) Compete à Justiça Federal julgar as causas entre consumidor e concessionária de serviço público de telefonia sempre que proposta ação civil pública pelo Ministério Público Federal com essa finalidade.

c) Compete à Justiça Estadual julgar causas entre consumidor e concessionária de serviço público de telefonia mesmo quando a Anatel for parte na ação, mas não ficar demonstrado interesse jurídico da União Federal no deslinde da questão controvertida.

d) Compete à Justiça Estadual julgar causas entre consumidor e concessionária de serviço público de telefonia quando a Anatel não for litisconsorte passiva necessária, assistente ou opoente.

e) Nenhuma das alternativas anteriores está correta

Questão 02. (CEPUERJ. DPE-RJ. Técnico Médio de Defensoria Púbica. 2010) SÁVIO é titular de uma linha telefônica junto a concessionária de serviço público de telefonia. Em agosto de 2010 percebeu que desde janeiro do referido ano vinha recebendo suas faturas mensais em duplicidade, tendo efetuado o pagamento de todos os boletos que recebera. Indignado, procurou a Defensoria Pública do Estado do Rio de Janeiro, que prontamente ajuizou ação judicial com vistas à compensação dos danos sofridos por SÁVIO. Sabendo-se que a demanda foi proposta apenas contra a concessionária de serviço público, é correto afirmar que a competência para julgar o feito é do(a):

a) Justiça federal

b) Justiça estadual

c) Juizado especial federal

d) Juizado especial criminal

> **Gabarito: 1-D; 2-B**

ÍNDICE NUMÉRICO
DE TEMAS EXAMINADOS

ANEXOS

ANEXO 01 – LISTA DE TEMAS NÃO JULGADOS, POR DISCIPLINA, EM QUE O STF RECONHECEU A EXISTÊNCIA DE REPERCUSSÃO GERAL DA QUESTÃO CONSTITUCIONAL SUSCITADA [1]

Tema	*Leading case*	Título	Descrição
		DIREITO ADMINISTRATIVO	
6	RE 566471	Dever do Estado de fornecer medicamento de alto custo a portador de doença grave que não possui condições financeiras para comprá-lo.	Recurso extraordinário em que se discute, à luz dos artigos 2º; 5º; 6º; 196; e 198, §§ 1º e 2º, da Constituição Federal, a obrigatoriedade, ou não, de o Estado fornecer medicamento de alto custo a portador de doença grave que não possui condições financeiras para comprá-lo.
19	RE 565089	Indenização pelo não encaminhamento de projeto de lei de reajuste anual dos vencimentos de servidores públicos.	Recurso extraordinário em que se discute, à luz do art. 37, X e § 6 º, da Constituição Federal, o direito, ou não, a indenização por danos patrimoniais sofridos em razão de omissão do Poder Executivo estadual, consistente no não encaminhamento de projeto de lei destinado a viabilizar reajuste geral e anual dos vencimentos de servidores públicos estaduais.
22	RE 560900	Restrição à participação em concurso público de candidato que responde a processo criminal.	Recurso extraordinário em que se discute, à luz do art. 5º, LVII, da Constituição Federal, a validade, ou não, de restrição à participação em concurso público de candidato a Cabo da Polícia Militar denunciado pela prática do crime previsto no art. 342 do Código Penal (Falso testemunho ou falsa perícia).

---

1. Planilha elaborada contemplando os temas não julgados até a data do fechamento desta edição (31/03/2017).

Tema	*Leading case*	Título	Descrição
47	RE 576920	Natureza do controle externo exercido pelos Tribunais de Contas Estaduais em relação a atos administrativos dos Municípios.	Recurso Extraordinário em que se discute, à luz dos artigos 31, § 1º; 37, caput e I; 71, III, da Constituição Federal, se as decisões do Tribunal de Contas dos Estados, na análise definitiva de atos de admissão de pessoal por parte dos Municípios, possuem natureza mandamental ou meramente opinativa.
57	RE 601580	Possibilidade de servidor público militar transferido ingressar em universidade pública, na falta de universidade privada congênere à de origem.	Recurso extraordinário em que se discute, à luz do art. 206, I, da Constituição Federal, a possibilidade, ou não, de servidor público militar estadual, transferido ex oficio e oriundo de estabelecimento particular de ensino superior, ingressar em instituição de natureza pública em razão da inexistência, na localidade de destino, de instituição congênere à de origem.
160	RE 596701	Contribuição previdenciária sobre pensões e proventos e militares inativos entre a Emenda Constitucional nº 20/98 e a Emenda Constitucional nº 41/2003.	Recurso extraordinário em que se discute, à luz dos artigos 40; 42, §§ 1º e 2º; 142, § 2º, X, e § 3º; 149, § 1º; e 195, da Constituição Federal, a constitucionalidade, ou não, da cobrança de contribuição previdenciária sobre pensões e proventos de militares inativos entre a Emenda Constitucional nº 20/98 e a Emenda Constitucional nº 41/2003.
206	RE 597673	Garantia de ressarcimento aos cartórios de ofícios únicos pelos atos executados gratuitamente.	Recurso extraordinário em que se discute, à luz do art. 5º, caput, da Constituição Federal, e dos princípios do devido processo legal substantivo, da razoabilidade, da proporcionalidade e da moralidade administrativa, a garantia, ou não, de ressarcimento aos cartórios de ofícios únicos pelos atos notariais executados gratuitamente, e, por conseguinte, a constitucionalidade, ou não, da norma prevista no art. 47 da Lei fluminense nº 3.350/99, que veda esse ressarcimento.
289	RE 607582	Bloqueio de verbas públicas para garantia de fornecimento de medicamentos.	Recurso extraordinário em que se discute, à luz dos artigos 100, § 2º; e 167, II e VII, da Constituição Federal, a possibilidade, ou não, de bloqueio de verbas públicas para garantir o fornecimento de medicamentos.
293	RE 612358	Contagem especial de tempo de serviço, prestado sob condições insalubres, em período anterior à instituição do Regime Jurídico Único.	Recurso extraordinário em que se discute, à luz dos artigos 37, caput; e 40, § 4º, da Constituição Federal, o direito, ou não, à contagem especial do tempo de serviço prestado em condições insalubres, sob a égide da Consolidação das Leis do Trabalho – CLT, pelos servidores que posteriormente foram submetidos ao regime estatutário.

Tema	*Leading case*	Título	Descrição
309	RE 656558	Alcance das sanções impostas pelo art. 37, § 4°, da Constituição Federal aos condenados por improbidade administrativa.	Agravo de instrumento interposto contra decisão que inadmitiu recurso extraordinário em que se discute, à luz do art. 37, § 4°, da Constituição Federal, o alcance das sanções que essa norma impõe aos condenados por improbidade administrativa.
345	RE 597064	Ressarcimento ao Sistema Único de Saúde – SUS das despesas com atendimento a beneficiários de planos privados de saúde.	Recurso extraordinário em que se discute, à luz dos artigos 5°, II, XXXVI; 154, I; 195, § 4°; 196; 198, § 1°; e 199, da Constituição Federal, a constitucionalidade, ou não, do art. 32 da Lei n° 9.656/98, que prevê ressarcimento ao Sistema Único de Saúde – SUS, pelos custos com atendimento prestado, por instituições públicas ou privadas, conveniadas ou contratadas, integrantes do SUS, a beneficiários de planos privados de assistência à saúde.
359	RE 602584	Incidência do teto constitucional remuneratório sobre o montante decorrente da acumulação de proventos e pensão.	Recurso extraordinário em que se discute, à luz do art. 37, XI, da Constituição Federal, e dos artigos 8° e 9° da Emenda Constitucional n° 41/2003, a constitucionalidade, ou não, da incidência do teto remuneratório sobre o montante decorrente da acumulação dos proventos de aposentadoria com o benefício de pensão.
362	RE 608880	Responsabilidade civil do Estado por ato praticado por preso foragido.	Recurso extraordinário em que se discute, à luz do art. 37, § 6°, da Constituição Federal, a responsabilidade civil objetiva, ou não, do Estado, pelos danos decorrentes de crime praticado por preso foragido, em face da omissão no dever de vigilância dos detentos sob sua custódia.
366	RE 136861	Responsabilidade civil do Estado por danos decorrentes de omissão do dever de fiscalizar comércio de fogos de artifício em residência.	Recurso extraordinário em que se discute, à luz do art. 37, § 6°, da Constituição Federal, a responsabilidade civil, ou não, do Estado por danos decorrentes de explosão ocorrida em residência utilizada como comércio de fogos de artifício, em face de omissão do dever de fiscalizar, nos termos da Lei Municipal n° 7.433/70.
377	RE 612975	Incidência do teto remuneratório no caso de acumulação de cargos públicos	Recurso extraordinário em que se discute, à luz dos artigos 5°, XXXVI; 37, XI e XV; e 60, § 4°, IV, da Constituição Federal, na redação anterior e na posterior à Emenda Constitucional n° 41/2003, se, no caso de acumulação de cargos públicos, o teto remuneratório deve incidir sobre cada remuneração considerada isoladamente ou sobre a somatória dos valores percebidos.

Tema	*Leading case*	Título	Descrição
384	RE 602043	Incidência do teto remuneratório a servidores já ocupantes de dois cargos públicos antes da vigência da Emenda Constitucional 41/2003.	Recurso extraordinário em que se discute, à luz dos artigos 5°, XXXVI, e 37, caput e incisos XI e XV, da Constituição Federal, art. 9° da Emenda Constitucional 41/2003 e art. 17 do Ato das Disposições Constitucionais Transitórias – ADCT, a incidência, ou não, do teto remuneratório, instituído pela EC 41/2003, nos vencimentos de servidores públicos estaduais que já cumulavam dois cargos públicos privativos de médico, antes da vigência da Emenda Constitucional 41/2003.
386	RE 611874	Realização de etapas de concurso público em datas e locais diferentes dos previstos em edital por motivos de crença religiosa do candidato.	Recurso extraordinário em que se discute, à luz do art. 5°, VIII, da Constituição Federal, e do princípio da igualdade, a possibilidade, ou não, de candidato realizar, por motivos de crença religiosa, etapas de concurso público em datas e horários distintos dos previstos em edital.
403	RE 635648	Requisitos para contratação de professor substituto no âmbito de instituições federais de ensino superior.	Recurso extraordinário em que se discute, à luz dos artigos 37, I, II e IX, da Constituição Federal, a constitucionalidade, ou não, do art. 9°, III, da Lei n° 8.745/93, que veda a contratação de professor substituto com contrato vigente, ou que seu último contrato nessa modalidade tenha terminado há menos de dois anos.
445	RE 636553	Incidência do prazo decadencial previsto no art. 54 da Lei 9.784/1999 para a Administração anular ato de concessão de aposentadoria.	Recurso extraordinário em que se discute, à luz dos artigos 5°, XXXV e LV; 37, caput; 71 e 74 da Constituição Federal, sobre a incidência do prazo de 5 anos previsto no art. 54 da Lei 9.784/1999 para a Administração anular ato de concessão de aposentadoria, notadamente acerca do termo inicial do prazo decadencial: se da concessão da aposentadoria ou se do julgamento pelo Tribunal de Contas da União.
449	RE 754276	Convocação, para o serviço militar, de estudante de medicina dispensado por excesso de contingente.	Agravo de instrumento interposto contra decisão que inadmitiu recurso extraordinário, em que se discute, à luz do artigo 143 da Constituição Federal, a possibilidade, ou não, de convocação, após conclusão do curso, de estudante de medicina dispensado do serviço militar obrigatório por excesso de contingente.
454	RE 629392	Direito à promoção funcional, independentemente de apuração própria ao estágio probatório, quando reconhecida eficácia retroativa do direito à nomeação.	Recurso extraordinário em que se discute, à luz do art. 37, caput, IV e § 6°, da Constituição Federal, a possibilidade, ou não, de promoção funcional, independentemente do transcurso de estágio probatório, a candidatos nomeados e empossados pela via judicial, quando reconhecida eficácia retroativa do direito à nomeação.

Tema	*Leading case*	Título	Descrição
455	RE 611585	Exigência de pagamento de caução para o exercício da profissão de leiloeiro.	Recurso extraordinário em que se discute, à luz do art. 5°, XIII, da Constituição Federal, a constitucionalidade, ou não, do art. 6° do Decreto-Lei n° 21.981/32 que, ao regulamentar a atividade profissional de leiloeiro, exige o pagamento de caução em dinheiro ou em apólices da dívida pública federal para o exercício do ofício, vedada a substituição por caução real.
465	RE 642890	Alteração da fórmula do cálculo do auxílio-invalidez para os servidores militares.	Recurso extraordinário em que se discute, à luz dos artigos 2°, 5°, XXXVI, e 37, caput e XV, da Constituição Federal, a constitucionalidade, ou não, da decisão que, em face dos princípios constitucionais da legalidade e da irredutibilidade de vencimentos, afastou a incidência da Portaria 931/MD-2005, a qual alterou a fórmula de cálculo do auxílio-invalidez para os servidores militares, por entender que a referida portaria importou diminuição do valor global dos proventos.
474	RE 614873	Reserva de vagas em vestibular de universidade estadual para egressos de escolas de ensino médio da respectiva unidade federativa.	Recurso extraordinário em que se discute, à luz do art. 5°, caput, I e II, da Constituição Federal, a constitucionalidade, ou não, de lei amazonense que reserva 80% das vagas em vestibular da Universidade Estadual do Amazonas – UEA para egressos de escolas de ensino médio situadas na respectiva unidade federativa.
481	RE 652229	Direito de brasileiro contratado no exterior como "auxiliar local", antes da Constituição Federal de 1988, ao regime jurídico estabelecido pela Lei 8.112/90.	Recurso extraordinário em que se discute, à luz do art. 19, caput e § 2°, do ADCT, o direito, ou não, de brasileiro contratado por comissão diplomática no exterior para prestar serviços como "auxiliar local", anteriormente à Constituição de 1988, obter estabilidade, submetendo-se, em conseqüência, ao regime jurídico estabelecido pela Lei 8.112/90.
487	RE 640452	Caráter confiscatório da "multa isolada" por descumprimento de obrigação acessória decorrente de dever instrumental.	Recurso Extraordinário em que se discute, à luz do artigo 150, IV, da Constituição Federal, se multa por descumprimento de obrigação acessória decorrente de dever instrumental, aplicada em valor variável entre 5% a 40%, relacionado à operação que não gerou crédito tributário ("multa isolada") possui, ou não, caráter confiscatório.

Tema	*Leading case*	Título	Descrição
493	RE 523086	Promoção de professor à classe superior a que pertence.	Recurso extraordinário em que se discute, à luz dos artigos 5°, caput, e 37, II, da Constituição Federal, a constitucionalidade, ou não, de progressão funcional, nos termos da Lei n. 6.110/94 do Estado do Maranhão, a qual prevê promoção de professor para classe superior a que pertence, independentemente do grau de responsabilidade e de complexidade de suas atividades, exigindo-se apenas que sejam preenchidos os requisitos nela estabelecidos.
500	RE 657718	Dever do Estado de fornecer medicamento não registrado pela ANVISA.	Recurso extraordinário em que se discute, à luz dos artigos 1°, III; 6°; 23, II; 196; 198, II e § 2°; e 204 da Constituição Federal, a possibilidade, ou não, de o Estado ser obrigado a fornecer medicamento não registrado na Agência Nacional de Vigilância Sanitária – ANVISA.
510	RE 663696	Teto remuneratório de procuradores municipais.	Recurso extraordinário em que se discute, à luz dos artigos 37, XI (com a redação dada pela Emenda Constitucional n° 41/2003), e 132, da Constituição Federal, a possibilidade, ou não, de considerar-se como teto remuneratório dos procuradores municipais o subsídio dos desembargadores do tribunal de justiça.
512	RE 662405	Responsabilidade civil do Estado por danos materiais causados a candidatos inscritos em concurso público em face do cancelamento da prova do certame por suspeita de fraude.	Recurso extraordinário em que se discute, à luz do art. 37, § 6°, da Constituição Federal, a caracterização, ou não, de responsabilidade civil objetiva do Estado pelos danos materiais causados a candidatos inscritos em concurso público, em razão do cancelamento da prova do certame por suspeita de fraude.
513	RE 645181	Cobrança de pedágio intermunicipal sem disponibilização de via alternativa.	Recurso extraordinário em que se discute, à luz dos artigos 5°, II, XV, LXXIII, e 150, V, da Constituição Federal, e dos princípios da razoabilidade e da proporcionalidade, a possibilidade, ou não, da cobrança de pedágio intermunicipal, em virtude da utilização de rodovias conservadas pelo Poder Público, sem a disponibilização de via alternativa.
527	RE 667958	Serviço de entrega de guias ou boletos de cobrança realizado diretamente pelo ente federativo interessado em face do monopólio da União.	Recurso extraordinário em que se discute, à luz dos artigos 2°; 21, X; 170 e 175, da Constituição Federal, a possibilidade, ou não, de os entes federados, empresas e entidades públicas ou privadas entregarem guias de arrecadação tributária ou boletos de cobrança aos contribuintes ou consumidores sem o intermédio dos correios.

Tema	*Leading case*	Título	Descrição
532	RE 633782	Aplicação de multa de trânsito por sociedade de economia mista	Recurso extraordinário com agravo em que se discute, à luz dos artigos 23, XII; 30; 39, caput, 41; 173; e 247, da Constituição Federal, a possibilidade, ou não, de delegação do exercício do poder de polícia a pessoas jurídicas de direito privado integrantes da Administração Pública indireta para aplicação de multa de trânsito.
535	RE 597854	Cobrança de mensalidade em curso de pós-graduação lato sensu por instituição pública de ensino.	Recurso extraordinário em que se discute, à luz dos artigos 205, 206, I, 208, VII, e 212, § 3°, da Constituição Federal, a possibilidade, ou não, de cobrança de mensalidade em curso de pósgraduação lato sensu por universidade pública de ensino.
541	ARE 654432	Exercício do direito de greve por policiais civis.	Recurso extraordinário com agravo em que se discute, à luz do artigo 142, § 3°, IV, da Constituição Federal, a legitimidade, ou não, do exercício do direito de greve por policiais civis, ante a ausência de norma regulamentadora da matéria.
542	RE 842844	Direito de gestante, contratada pela Administração Pública por prazo determinado ou ocupante de cargo em comissão demissível ad nutum, ao gozo de licença-maternidade e à estabilidade provisória.	Recurso extraordinário com agravo em que se discute, à luz do artigo 2°; do inciso XXX do art. 7°; do caput e dos incisos II e IX do art. 37 da Constituição Federal, bem como da letra "b" do inciso II do art. 10 do Ato das Disposições Constitucionais Transitórias – ADCT, o direito, ou não, de gestante, contratada pela Administração Pública por prazo determinado ou ocupante de cargo em comissão demissível ad nutum, ao gozo de licença-maternidade e à estabilidade provisória, desde a confirmação da gravidez até cinco meses após o parto.
543	RE 657989	Direito adquirido ao recebimento de salário-família em face de alteração promovida pela EC 20/98.	Recurso extraordinário em que se discute, à luz do caput e do inciso XXXVI do art. 5°; dos incisos XII e XXXIII do art. 7°; e do caput do art. 60 da Constituição Federal, bem como da Emenda Constitucional 20/98, a existência, ou não, de direito adquirido de servidora pública municipal ao recebimento de salário-família.
548	AI 761908	Dever estatal de assegurar o atendimento em creche e pré-escola às crianças de zero a 5 (cinco) anos de idade.	Agravo de instrumento interposto contra decisão que inadmitiu recurso extraordinário em que se discute se é autoaplicável o inciso IV do art. 208 da Constituição Federal — dispositivo que trata do dever estatal de assegurar o atendimento em creche e pré-escola às crianças até 5 (cinco) anos de idade.

Tema	*Leading case*	Título	Descrição
551	ARE 646000	Extensão de direitos dos servidores públicos efetivos aos servidores e empregados públicos contratados para atender necessidade temporária e excepcional do setor público.	Recurso extraordinário em que se discute, à luz do caput e do inciso IX do art. 37 da Constituição Federal, a possibilidade, ou não, de extensão de direitos dos servidores públicos efetivos aos servidores e empregados públicos contratados para atender necessidade temporária e excepcional do setor público.
553	RE 682934	Transposição de Assistente Jurídico aposentado anteriormente à Lei 9.028/1995 para o cargo de Advogado da União.	Recurso extraordinário em que se discute, à luz do art. 2°, do caput do art. 37, do § 8° do art. 40, das letras "a" e "c" do inciso I do § 1° do art. 61 e do art. 97, todos da Constituição Federal, bem como do art. 7° da Emenda Constitucional n° 41/2003, se fere o princípio da paridade entre servidores ativos e aposentados a decisão que possibilita a assistente jurídico aposentado anteriormente à edição da Lei 9.028/95 a transposição ao cargo de Advogado da União.
574	RE 680871	Desligamento voluntário do serviço militar, antes do cumprimento de lapso temporal legalmente previsto, de oficial que ingressa na carreira por meio de concurso público.	Recurso extraordinário em que se discute, à luz do inciso XV do art. 5° da Constituição Federal, a possibilidade, ou não, de oficial militar que ingressa na carreira por meio de concurso público solicitar desligamento, antes do lapso temporal previsto em lei, bem como a ocorrência, ou não, de efetivo prejuízo à Administração Pública ao preterir interesse público em prol do individual.
576	RE 976566	Processamento e julgamento de prefeitos, por atos de improbidade administrativa, com base na Lei 8.429/92.	Recurso extraordinário com agravo em que se discute, à luz dos incisos II e XXXV do art. 5° da Constituição Federal, a possibilidade, ou não, de processamento e julgamento de prefeitos, por atos de improbidade administrativa, com base na Lei 8.429/92.
578	RE 662423	Aplicação do lapso temporal da Emenda Constitucional 20/98 a integrante de carreira pública escalonada em classes que pleiteia aposentadoria, com proventos relativos ao cargo ao qual promovido, ante o implemento dos requisitos, no cargo originalmente ocupado, antes do advento da emenda em questão.	Recurso extraordinário em que se discute, à luz dos incisos XXXVI e LXIX do art. 5° e do caput do art. 37 da Constituição Federal, assim como do caput e do § 2° do art. 3° e do inciso II do art. 8° da Emenda Constitucional 20/98, a aplicação, ou não, do lapso temporal exigido pela referida emenda a integrante de carreira pública escalonada em classes que pleiteia aposentadoria, com proventos relativos ao cargo ao qual promovido, ante o implemento dos requisitos, no cargo originalmente ocupado, antes do advento da emenda em questão.

Tema	*Leading case*	Título	Descrição
600	RE 710293	Equiparação do auxílio-alimentação de servidores públicos pertencentes a carreiras distintas, com fundamento no princípio da isonomia.	Recurso extraordinário em que se discute, à luz do caput e do inciso X do art. 37, do § 5º do art. 39, da alínea "a" do inciso II do § 1º do art. 61, do inciso I do art. 63, do art. 165 e do art. 169, todos da Constituição Federal, a possibilidade, ou não, de equiparação do auxílio-alimentação de servidores públicos pertencentes a carreiras distintas, com fundamento no princípio da isonomia.
606	RE 655283	a) reintegração de empregados públicos dispensados em face da concessão de aposentadoria espontânea e consequente possibilidade de acumulação de proventos com vencimentos; b) competência para processar e julgar a ação em que se discute a reintegração de empregados públicos dispensados em face da concessão de aposentadoria espontânea e consequente possibilidade de acumulação de proventos com vencimentos	Recurso extraordinário em que se discute, à luz do inciso XXXVI do art. 5º; do caput, dos incisos I, II, XVI e XVII e do § 10 do art. 37; do § 6º do art. 40; do art. 41; do art. 114; bem como do § 1º do art. 173, todos da Constituição Federal, a possibilidade, ou não, da reintegração de empregados públicos dispensados em face da concessão de aposentadoria espontânea e da consequente possibilidade de acumulação de proventos com vencimentos; assim como a competência para processar e julgar a respectiva causa (se da Justiça Federal ou da Justiça do Trabalho).
624	RE 843112	Papel do Poder Judiciário na concretização do direito à revisão geral anual da remuneração dos servidores públicos, diante do reconhecimento da mora do Poder Executivo.	Agravo interposto de decisão que não admitiu recurso extraordinário em que se discute, à luz do art. 37, X, da Constituição Federal, a possibilidade de o Poder Judiciário determinar ao chefe do Poder Executivo o envio de projeto de lei, para garantir o direito constitucional à revisão geral anual.
627	RE 658999	Acumulação de pensão decorrente de cargo de médico militar com outra pensão oriunda de cargo de médico civil.	Recurso extraordinário em que se discute — à luz dos arts. 37, § 10; 142, § 3º, IX e art. 11 da Emenda Constitucional 20/1998 — a possibilidade de acumulação de pensão decorrente de cargo de médico militar com pensão oriunda de cargo de médico civil.
642	RE 1003433	Definição do legitimado para a execução de crédito decorrente de multa aplicada por Tribunal de Contas estadual a agente público municipal, em razão de danos causados ao erário municipal.	Recurso extraordinário em que se discute, à luz dos arts. 31, § 1º e 71, § 3º, da Constituição federal, a legitimidade de estado-membro da Federação para ajuizar execução fiscal de multa aplicada por Tribunal de Contas Estadual a agente público municipal, em razão de danos causados aos cofres do município.

Tema	*Leading case*	Título	Descrição
656	RE 608588	Limites da atuação legislativa local para disciplinar as atribuições das guardas municipais destinadas à proteção de bens, serviços e instalações do município.	Recurso extraordinário em que se discute, à luz do art. 144, § 8º, da Constituição federal, o limite da atuação legislativa dos municípios para fixar as atribuições de suas guardas municipais destinadas à proteção de bens, serviços e instalações do município.
667	RE 642895	Legitimidade da reestruturação de quadro funcional por meio de aglutinação, em uma única carreira, de cargos anteriormente providos em carreiras diferenciadas, sem a observância do concurso público.	Recurso extraordinário em que se discute, à luz dos arts. 37, I e II, 102, I e 103, VI, da Constituição federal, a constitucionalidade de ato normativo da Assembleia Legislativa do Estado de Santa Catarina, que reestruturou, em uma única carreira, cargos isolados integrantes de outra carreira, e permitiu que o Consultor Legislativo I e II conseguisse ascender ao cargo de Procurador, mediante promoção. Discute-se, ainda, o não conhecimento da ação por impossibilidade de o Procurador-Geral de Justiça delegar a outro membro do ministério público estadual os poderes para propor a ação direta de inconstitucionalidade, bem como por não terem sido impugnados alguns dispositivos da norma que, sem a declaração de inconstitucionalidade, ficariam inoperantes e incongruentes.
670	RE 719870	Nulidade de acórdão, proferido em controle abstrato de constitucionalidade estadual, por falta de fundamentação quanto à compatibilidade dos cargos em comissão, criados por lei municipal, com as atribuições de direção, chefia e assessoramento.	Recurso extraordinário em que se discute, à luz do art. 93, IX, da Constituição federal, preliminar de nulidade do acórdão recorrido por ausência de fundamentação sobre ponto relevante para a declaração de inconstitucionalidade de norma impugnada por meio de ação direta de inconstitucionalidade estadual. No mérito, aponta-se violação do art. 37, II e V, em virtude da manutenção de leis municipais que teriam criado vários cargos em comissão com atribuições meramente técnicas, em desrespeito à norma do concurso público, pois não estariam estabelecidas em lei as atribuições inerentes aos cargos de direção, chefia e assessoramento.
672	RE 638307	Recebimento, por ex-vereadores, de pensão vitalícia estabelecida por lei municipal anterior à Constituição de 1988.	Recurso extraordinário em que se discute, à luz dos arts. 5º, XXXVI e 60, § 4º, da Constituição federal, a existência de direito adquirido ao recebimento de subsídio vitalício por ex-vereadores, instituído pela Lei municipal 907/1984, do Município de Corumbá/MS, cuja recepção foi questionada no acórdão recorrido, em face da atual ordem constitucional.

Tema	*Leading case*	Título	Descrição
676	RE 636199	Situação dos terrenos de marinha localizados em ilhas costeiras com sede de município, após o advento da Emenda Constitucional 46/2005.	Recurso extraordinário em que se discute, à luz do art. 20, IV, da Constituição federal, a titularidade do domínio sobre os terrenos de marinha e seus acrescidos localizados em ilhas costeiras que contenham sede de municípios, após o advento da Emenda Constitucional 46/2005, ou seja, se permanecem como bens da União, sujeitos à cobrança de foro, taxa de ocupação e laudêmio.
683	RE 766304	Reconhecimento de direito à nomeação de candidato preterido, quando ajuizada a ação após o prazo de validade do concurso.	Recurso extraordinário em que se discute, à luz do art. 37, I, II, IV e IX, da Constituição federal, a possibilidade de o Judiciário determinar a nomeação de candidato, supostamente preterido em concurso público, em ação ajuizada após o prazo de validade do concurso.
690	RE 597396	Direito de magistrados aposentados continuarem percebendo o adicional de 20% previsto no art. 184, II, da Lei 1.711/1952 após a adoção do subsídio como forma remuneratória.	Recurso extraordinário em que se discute, à luz dos arts. 37, XI, e 93, V, da Constituição federal, o direito de juízes federais de segundo grau aposentados continuarem percebendo, após a adoção do subsídio como forma remuneratória, o adicional de 20% previsto no art. 184, II, da Lei 1.711/1952.
697	RE 740008	Constitucionalidade de lei que, ao aumentar a exigência de escolaridade em cargo público, para o exercício das mesmas funções, determina a gradual transformação de cargos de nível médio em cargos de nível superior e assegura isonomia remuneratória aos ocupantes dos cargos em extinção, sem a realização de concurso público.	Recurso extraordinário em que se discute, à luz dos arts. 7º, XXX, 37, II e 39, § 1º, da Constituição federal, a constitucionalidade de lei que — ao promover a modificação do nível de escolaridade exigido para investidura em cargo público de oficial de justiça, com a gradual extinção dos cargos então existentes — assegurou aos ocupantes de cargo de nível médio a percepção de vencimentos iguais aos do cargo de nível superior, sem realização de concurso público, sob o fundamento de serem idênticas as atribuições funcionais de ambos os cargos.
698	RE 684612	Limites do Poder Judiciário para determinar obrigações de fazer ao Estado, consistentes na realização de concursos públicos, contratação de servidores e execução de obras que atendam o direito social da saúde, ao qual a Constituição da República garante especial proteção.	Recurso extraordinário em que se discute, à luz dos arts. 2º e 196, da Constituição federal, a possibilidade de o Poder Judiciário determinar a implementação de políticas públicas urgentes com a finalidade de assegurar o direito à saúde, em substituição ao juízo de oportunidade e conveniência do Poder Executivo para a prática do ato administrativo, bem como sem indicar as receitas orçamentárias necessárias ao cumprimento da obrigação imposta.

Tema	*Leading case*	Título	Descrição
703	RE 603116	Reserva de lei para instituir sanções de detenção e prisão disciplinares aplicáveis aos militares.	Recurso extraordinário em que se discute, à luz do art. 5°, LXI, da Constituição federal, a recepção do art. 47 da Lei 6.880/1980, que possibilita a definição, por meio de decreto regulamentar, dos casos de prisão e detenção disciplinares por transgressão militar. Em consequência, discute-se também a validade das disposições contidas no Decreto 4.346/2002 (Regulamento Disciplinar do Exército) pertinentes à aplicação das referidas penalidades.
704	RE 627432	Constitucionalidade da denominada "cota de tela", consistente na obrigatoriedade de exibição de filmes nacionais nos cinemas brasileiros, e das sanções administrativas decorrentes da inobservância da cota.	Recurso extraordinário em que se discute, à luz dos arts. 1°, IV; 5°, caput e LIV; 62; 170, caput e 174 da Constituição federal, a constitucionalidade dos artigos 55 e 59 da Medida Provisória 2.228-1/2001, que estabeleceram, respectivamente, a denominada "cota de tela" — consistente na obrigatoriedade de exibição de filmes nacionais nos cinemas brasileiros por determinado período de dias no ano — e as sanções administrativas para a hipótese de descumprimento da norma anterior.
732	RE 647885	Constitucionalidade de dispositivo legal que prevê sanção disciplinar de suspensão do exercício profissional em razão do inadimplemento de anuidades devidas à entidade de classe.	Recurso extraordinário em que se discute, à luz do art. 5°, XIII, da Constituição federal, a constitucionalidade de dispositivos da Lei 8.906/1994, que limitam o exercício profissional em virtude da existência de débitos pendentes no órgão representativo de classe (OAB), em face do princípio da liberdade de exercício de qualquer trabalho, ofício ou profissão.
754	RE 924456	Eficácia temporal do art. 6°-A da Emenda Constitucional 41/2003, incluído pela Emenda Constitucional 70/2012, que reestabeleceu a integralidade e a paridade de proventos para os servidores públicos aposentados por invalidez permanente decorrente de doença grave.	Recurso extraordinário em que se discute, à luz do art. 6°-A da Emenda Constitucional 41/2003 e do art. 2° da Emenda Constitucional 70/2012, a possibilidade de servidor público aposentado por invalidez permanente decorrente de doença grave, após a vigência da EC 41/2003, mas antes do advento da EC 70/2012, receber retroativamente proventos integrais calculados com base na remuneração do cargo efetivo em que se deu a aposentadoria (integralidade).
757	RE 808424	Possibilidade de cancelamento automático da inscrição em conselho profissional em decorrência de inadimplência da anuidade, sem prévio processo administrativo.	Recurso extraordinário em que se discute, à luz do art. 5°, LV, da Constituição federal, a possibilidade de cancelamento automático do registro do profissional ou da pessoa jurídica em razão do inadimplemento por dois anos consecutivos da anuidade do conselho de fiscalização profissional, sem a prévia instauração de processo administrativo, com fundamento no art. 64 da Lei federal 5.194/1966.

Tema	*Leading case*	Título	Descrição
777	RE 842846	Responsabilidade civil do Estado em decorrência de danos causados a terceiros por tabeliães e oficiais de registro no exercício de suas funções.	Recurso extraordinário em que se discute, à luz dos arts. 37, § 6°, e 236 da Constituição Federal, a extensão da responsabilidade civil do Estado em razão de dano ocasionado pela atuação de tabeliães e notários. Debate-se ainda sobre o tipo de responsabilidade civil, se objetiva ou subjetiva, que rege a atuação dos registradores e tabeliães.
779	RE 808202	Aplicabilidade do teto constitucional à remuneração de substitutos (interinos) designados para o exercício de função notarial e registral em serventias extrajudiciais.	Recurso extraordinário em que se discute, à luz dos arts. 37, II e XI, e 236, § 3°, da Constituição Federal, a submissão, ou não, da remuneração dos substitutos designados, em caráter precário, para o exercício de função delegada em serventias extrajudiciais ao teto constitucional.
810	RE 870947	Validade da correção monetária e dos juros moratórios incidentes sobre as condenações impostas à Fazenda Pública, conforme previstos no art. 1°-F da Lei 9.494/1997, com a redação dada pela Lei 11.960/2009.	Recurso extraordinário em que se discute, à luz dos arts. 102, caput, I, e 195, § 5°, da Constituição Federal, a validade, ou não, da correção monetária e dos juros moratórios incidentes sobre condenações impostas à Fazenda Pública segundo os índices oficiais de remuneração básica da caderneta de poupança (Taxa Referencial – TR), conforme determina o art. 1°-F da Lei 9.494/1997, com a redação dada pela Lei 11.960/2009.
818	RE 858075	Controle judicial relativo ao descumprimento da obrigação dos entes federados na aplicação dos recursos orçamentários mínimos na área da saúde, antes da edição da lei complementar referida no art. 198, § 3°, da Constituição.	Recurso extraordinário em que se discute, à luz dos arts. 2°, 5°, § 1°, 160, parágrafo único, II, e 198, § 2°, III, e § 3°, da Constituição Federal, e do art. 77 do Ato das Disposições Constitucionais Transitórias, a possibilidade de controle pelo Poder Judiciário no caso de descumprimento da obrigação dos entes federados na aplicação dos recursos orçamentários mínimos na área da saúde, antes da edição da lei complementar referida no art. 198, § 3°, da Constituição.
822	RE 888815	Possibilidade de o ensino domiciliar (homeschooling), ministrado pela família, ser considerado meio lícito de cumprimento do dever de educação, previsto no art. 205 da Constituição Federal.	Recurso extraordinário em que se discute, à luz dos arts. 205, 206, 208, 210, 214 e 229, da Constituição Federal, a possibilidade de o ensino domiciliar (homeschooling) ser proibido pelo Estado ou viabilizado como meio lícito de cumprimento, pela família, do dever de prover educação.

Tema	*Leading case*	Título	Descrição
826	ARE 884325	Verificação da ocorrência de dano e consequente responsabilidade da União pela eventual fixação de preços dos produtos do setor sucroalcooleiro em valores inferiores ao custo de produção.	Recurso extraordinário em que se discute, à luz dos arts. 37, § 6°; 170, caput e II; 173, § 4°, e 174 da Constituição Federal, a ocorrência, ou não, de prejuízos e a consequente responsabilidade da União pela eventual fixação de preços para o setor sucroalcooleiro em valores inferiores ao custo de produção.
832	RE 865401	Direito de vereador, enquanto parlamentar e cidadão, a obter diretamente do chefe do Poder Executivo informações e documentos sobre a gestão municipal.	Recurso extraordinário em que se discute, à luz do art. 5°, XXXIII, da Constituição Federal, se parlamentar tem direito a obter, isoladamente, informações e documentos do Chefe do Executivo.
839	RE 817338	a) Possibilidade de um ato administrativo, caso evidenciada a violação direta ao texto constitucional, ser anulado pela Administração Pública quando decorrido o prazo decadencial previsto na Lei n° 9.784/1999. b) Saber se portaria que disciplina tempo máximo de serviço de militar atende aos requisitos do art. 8° do ADCT.	Recursos extraordinários em que se discute, à luz dos arts. 2°, 5°, II, XXXVI e LXIX, e 37, caput, da Constituição Federal e do art. 8° do Ato das Disposições Constitucionais Transitórias, a possibilidade de um ato administrativo, caso evidenciada a violação direta do texto constitucional, ser anulado pela Administração Pública quando decorrido o prazo decadencial previsto na Lei n° 9.784/1999. Discute-se, ainda, se uma portaria que disciplina tempo máximo de serviço de militar atende aos requisitos do art. 8° do ADCT.
847	RE 887671	Definição dos limites à atuação do Poder Judiciário quanto ao preenchimento de cargo de defensor público em localidades desamparadas.	Recurso extraordinário em que se discutem, à luz dos arts. 5°, LXXIV, e 134 da Constituição Federal, os limites à atuação do Poder Judiciário na condenação de ente público ao preenchimento, definitivo ou temporário, de cargo de defensor público em localidades desamparadas.
854	RE 1001104	Possibilidade de implementação da prestação de serviço público de transporte coletivo, considerado o art. 175 da Constituição Federal, mediante simples credenciamento, sem licitação.	Recurso extraordinário em que se discute, à luz dos arts. 37, XXI, e 175 da Constituição Federal, se a prestação de serviço público de transporte coletivo pode ser implementada mediante simples credenciamento de terceiros, sem licitação.
855	RE 806339	Definição do alcance do art. 5°, XVI, da Constituição Federal, notadamente da exigência de aviso prévio à autoridade competente como pressuposto para o legítimo exercício da liberdade de reunião.	Recurso extraordinário em que se discutem, à luz do art. 5°, XVI, da Constituição Federal, as balizas no tocante à exigência de aviso prévio à autoridade competente como pressuposto para o legítimo exercício da liberdade de reunião.

Tema	*Leading case*	Título	Descrição
864	RE 905357	Existência, ou não, de direito subjetivo a revisão geral da remuneração dos servidores públicos por índice previsto apenas na Lei de Diretrizes Orçamentárias, sem correspondente dotação orçamentária na Lei Orçamentária do respectivo ano.	Recurso extraordinário em que se discute, à luz dos arts. 165, § 2º e § 8º, e 169, § 1º, da Constituição Federal, a existência, ou não, de direito subjetivo a revisão geral da remuneração dos servidores públicos por índice previsto apenas na Lei de Diretrizes Orçamentárias, sem correspondente dotação orçamentária na Lei Orçamentária do respectivo ano.
897	RE 852475	Prescritibilidade da pretensão de ressarcimento ao erário em face de agentes públicos por ato de improbidade administrativa.	Recurso extraordinário em que se discute, à luz do art. 37, § 5º, da Constituição Federal, se é prescritível, ou não, a ação de ressarcimento ao erário fundada em ato tipificado como ilícito de improbidade administrativa.
899	RE 636886	Prescritibilidade da pretensão de ressarcimento ao erário fundada em decisão de Tribunal de Contas.	Recurso extraordinário em que se discute o alcance da regra estabelecida no art. 37, 5º, da Constituição Federal, relativamente a pretensões de ressarcimento ao erário fundadas em decisões de Tribunal de Contas.
900	RE 964659	Possibilidade de recebimento de remuneração em valor inferior ao salário mínimo por servidor público que trabalha em regime de carga horária reduzida.	Recurso extraordinário em que se discute, à luz dos arts. 7º, IV, e 37, da Constituição Federal, a possibilidade de percepção de remuneração inferior ao salário mínimo quando o servidor público laborar em regime de jornada de trabalho reduzida.
901	RE 956304	Momento no qual deve cessar o pagamento do benefício de abono de permanência: se do protocolo do pedido de aposentadoria ou do aperfeiçoamento do ato de jubilação.	Recurso extraordinário em que se discute, à luz do art. 40, § 19, da Constituição Federal, o momento no qual deve cessar o pagamento do benefício de abono de permanência, se a partir do protocolo do requerimento da jubilação ou quando da perfectibilização do ato de aposentadoria.
934	RE 835291	Constitucionalidade da vinculação de receita arrecadada com multas tributárias para o pagamento de adicional de produtividade fiscal.	Recurso extraordinário em que se discute, à luz dos arts. 167, inc. IV, e 37, caput e inc. XIII, da Constituição da República, a constitucionalidade de legislação estadual pela qual vinculada parte da receita arrecadada com multas tributárias para o pagamento de adicional remuneratório de produtividade aos servidores públicos da carreira fiscal.

Tema	*Leading case*	Título	Descrição
936	RE 609517	Exigência de inscrição de advogado público nos quadros da Ordem dos Advogados do Brasil para o exercício de suas funções públicas	Recurso extraordinário em que se discute, com base nos arts. 131 a 133 da Constituição da República, a constitucionalidade da exigência de inscrição de advogado público nos quadros da Ordem dos Advogados do Brasil para o exercício de suas funções.
DIREITO CIVIL			
249	RE 627106	Execução extrajudicial de dívidas hipotecárias contraídas no regime do Sistema Financeiro de Habitação.	Agravo de instrumento interposto contra decisão que inadmitiu recurso extraordinário em que se discute, à luz dos artigos 5°, XXII, XXIII, XXXII, XXXV, XXXVII, LIII, LIV e LV, e 6°, da Constituição Federal, a compatibilidade, ou não, das normas do Decreto-lei n° 70/66, que possibilitam a execução extrajudicial das dívidas hipotecárias contraídas no regime do Sistema Financeiro da Habitação, com a Constituição Federal.
492	RE 695911	Cobrança, por parte de associação, de taxas de manutenção e conservação de loteamento imobiliário urbano de proprietário não associado.	Agravo de instrumento interposto contra decisão que inadmitiu recurso extraordinário em que se discute, à luz dos artigos 5°, caput, II e XX, e 175, da Constituição Federal, a possibilidade, ou não, de associação de proprietários em loteamento urbano exigir taxas de manutenção e conservação de adquirente de imóvel a ela não associado, em face do princípio da liberdade de associação.
498	RE 646721	Alcance do direito sucessório em face de união estável homoafetiva.	Recurso extraordinário em que se discute, à luz dos artigos 1°, III; 5°, I; e 226, § 3°, da Constituição Federal, o alcance do direito de sucessão legítima decorrente de união estável homoafetiva.
562	RE 685493	Indenização por dano moral decorrente de declarações públicas, supostamente ofensivas à honra, proferidas por Ministro de Estado no âmbito de sua atuação.	Recurso extraordinário em que se discute, à luz do art. 1°; dos incisos IV, V, IX e X do art. 5°; do caput e do § 6° do art. 37; do art. 87; e do art. 220, todos da Constituição Federal, se configuram, ou não, dano moral declarações públicas, supostamente ofensivas à honra, proferidas por Ministro de Estado no exercício do cargo.
778	RE 845779	Possibilidade de uma pessoa, considerados os direitos da personalidade e a dignidade da pessoa humana, ser tratada socialmente como se pertencesse a sexo diverso do qual se identifica e se apresenta publicamente.	Recurso extraordinário em que se discute, à luz dos arts. 1°, III, 5°, V, X, XXXII, LIV e LV, e 93 da Constituição Federal, se a abordagem de transexual para utilizar banheiro do sexo oposto ao qual se dirigiu configura ou não conduta ofensiva à dignidade da pessoa humana e aos direitos da personalidade, indenizável a título de dano moral.

Tema	*Leading case*	Título	Descrição
786	RE 1010606	Aplicabilidade do direito ao esquecimento na esfera civil quando for invocado pela própria vítima ou pelos seus familiares.	Recurso extraordinário em que se discute, à luz dos arts. 1º, III, 5º, caput, III e X, e 220, § 1º, da Constituição Federal, a possibilidade de a vítima ou seus familiares invocarem a aplicação do direito ao esquecimento na esfera civil, considerando a harmonização dos princípios constitucionais da liberdade de expressão e do direito à informação com aqueles que protegem a dignidade da pessoa humana e a inviolabilidade da honra e da intimidade.
809	RE 878694	Validade de dispositivos do Código Civil que atribuem direitos sucessórios distintos ao cônjuge e ao companheiro.	Recurso extraordinário em que se discute, à luz dos arts. 5º, I, e 226, § 3º, da Constituição Federal, a validade do art. 1.790 do Código Civil, que atribui ao companheiro direitos sucessórios distintos daqueles outorgados ao cônjuge pelo art. 1.829 do mesmo Código.
837	RE 662055	Definição dos limites da liberdade de expressão em contraposição a outros direitos de igual hierarquia jurídica – como os da inviolabilidade da honra e da imagem – e estabelecimento de parâmetros para identificar hipóteses em que a publicação deve ser proibida e/ou o declarante condenado ao pagamento de danos morais, ou ainda a outras consequências jurídicas.	Recurso extraordinário em que se discute, à luz dos arts. 5º, IV e IX, e 220, caput, § 1º e § 2º, da Constituição Federal, a definição dos limites da liberdade de expressão, ainda que do seu exercício possa resultar relevante prejuízo comercial, bem como fixar parâmetros para identificar hipóteses em que a publicação deve ser proibida e/ou o declarante condenado ao pagamento de danos morais, ou ainda a outras consequências jurídicas que lhe possam ser legitimamente impostas.
922	RE 820823	Desligamento de associado condicionado à quitação de débitos e/ou multas.	Recurso extraordinário no qual se discute, à luz do art. 5º, inc. XX, da Constituição da República, a possibilidade, ou não, de Associação condicionar o desligamento de associado à quitação de todos os débitos com a própria associação ou com terceiro a ela conveniado.

Tema	*Leading case*	Título	Descrição
DIREITO CONSTITUCIONAL			
221	RE 593448	Competência legislativa municipal para restringir direito de férias de servidores municipais.	Recurso extraordinário em que se discute, à luz dos artigos 30, I; e 37, caput, da Constituição Federal, se lei municipal pode, ou não, restringir o direito de férias dos servidores municipais e, por conseguinte, a revogação, ou não, pela Constituição Federal de 1988, do art. 73 da Lei nº 884/69 do Município de Betim/MG, que prevê a perda do direito de férias do funcionário que gozar, no período aquisitivo, de mais de dois meses de licença médica.
491	ARE 649379	Competência legislativa estadual para estabelecer regras de postagem de boletos referentes a pagamento de serviços prestados por empresas públicas e privadas.	Recurso Extraordinário com agravo em que se discute, à luz dos artigos 5º, X e XII, e 22, V, da Constituição Federal, a possibilidade, ou não, de lei estadual, com fundamento na proteção ao consumidor, estabelecer regras de postagem para correspondências de cobrança por parte de empresas públicas e privadas prestadoras de serviço no ente federativo, independentemente do lugar de sua sede.
525	RE 839950	Competência legislativa municipal para dispor sobre a obrigatoriedade de prestação de serviços de acondicionamento ou embalagem de compras por supermercados ou similares.	Recurso extraordinário com agravo em que se discute, à luz do artigo 30, I e II, da Constituição Federal de 1988, a possibilidade, ou não, de lei municipal impor obrigação de prestação de serviços de acondicionamento ou embalagem de compras a supermercados ou similares.
546	RE 661702	Competência legislativa para dispor sobre o transporte irregular de passageiros e a aplicação da penalidade de apreensão de veículos.	Recurso extraordinário em que se discute, à luz do inciso XI do art. 22 e do inciso V do art. 30 da Constituição Federal, a competência legislativa para dispor sobre o transporte irregular de passageiros e a aplicação da penalidade de apreensão de veículos.
559	RE 614384	Convalidação, pela EC 57/2008, de desmembramento municipal realizado em desobediência ao § 4º do art. 18 da Constituição Federal e suas consequências sobre execuções fiscais ajuizadas anteriormente à promulgação da citada emenda constitucional.	Recurso extraordinário que trata da convalidação, pela Emenda Constitucional 57/2008, de desmembramento de municípios do Estado de Sergipe realizado em desacordo com o § 4º do art. 18 da Constituição Republicana e suas consequências sobre execuções fiscais ajuizadas anteriormente à promulgação da citada emenda constitucional.

Tema	*Leading case*	Título	Descrição
595	RE 706103	Promulgação, pelo Chefe do Poder Executivo, de parte de projeto de lei que não foi vetada, antes da manifestação do Poder Legislativo pela manutenção ou pela rejeição do veto.	Recurso extraordinário em que se discute, à luz dos §§ 2°, 5° e 7° do art. 66; bem como do § 2° do art. 125 da Constituição Federal, a possibilidade, ou não, de promulgação, pelo Chefe do Poder Executivo, de parte de projeto de lei que não foi vetada, antes da manifestação do Poder Legislativo pela manutenção ou pela rejeição do veto.
774	RE 827538	Competência legislativa, se privativa da União ou concorrente, para adoção de política pública dirigida a compelir concessionária de energia elétrica a promover investimentos, com recursos de parcela da receita operacional auferida, voltados à proteção e à preservação ambiental de mananciais hídricos em que ocorrer a exploração.	Recurso extraordinário em que se discute, à luz dos arts. 21, XII, b, e XIX, e 22, IV e parágrafo único, da Constituição, a constitucionalidade da Lei 12.503/1997 do Estado de Minas Gerais, que criou, para empresas concessionárias de serviços de abastecimento de água e de geração de energia elétrica, a obrigação de investir parte de sua receita operacional na proteção e na preservação ambiental da bacia hidrográfica em que ocorrer a exploração. No apelo extremo, argumentou-se que inexiste norma complementar que autorize os Estados a legislar acerca da matéria em questão e que a imposição da obrigação prevista na referida lei estadual não se insere na competência concorrente para legislar sobre meio ambiente (art. 23, VI, da Lei Maior), mas sim na competência privativa da União, por se tratar de regulamentação no setor de energia.
849	RE 738481	Competência municipal para legislar acerca da obrigatoriedade de instalação de hidrômetros individuais nos edifícios e condomínios.	Recurso extraordinário em que se discute, à luz dos arts. 21, XII, 22, IV, e 30, I e V, da Constituição Federal, a competência, ou não, dos municípios para legislar sobre a obrigatoriedade de instalação de hidrômetros individuais nos edifícios e condomínios.
912	ARE 905149	Possibilidade de lei proibir o uso de máscaras em manifestações públicas.	Recurso extraordinário em que se discute, à luz do art. 5°, II, IV e XVI, da Constituição Federal e dos princípios constitucionais da razoabilidade e da proporcionalidade, acerca dos limites da liberdade de manifestação do pensamento e de reunião, notadamente sobre a possibilidade de lei proibir o uso de máscaras em manifestações públicas.

Tema	*Leading case*	Título	Descrição
DIREITO DO CONSUMIDOR			
123	RE 948634	Aplicação de lei nova sobre plano de saúde aos contratos anteriormente firmados.	Recurso extraordinário em que s e discute, à luz do art. 5°, XXXVI, da Constituição Federal, a possibilidade, ou não, da aplicação da Lei n° 9.656/98, sobre plano de saúde, aos contratos firmados anteriormente à sua vigência.
210	RE 636331	Limitação de indenizações por danos decorrentes de extravio de bagagem com fundamento na Convenção de Varsóvia.	Agravo de instrumento interposto contra decisão que inadmitiu recurso extraordinário em que se discute, à luz do art. 178, da Constituição Federal, a possibilidade, ou não, de limitação, com base na Convenção de Varsóvia (Convenção para a Unificação de Certas Regras Relativas ao Transporte Aéreo Internacional), das indenizações por danos morais e materiais decorrentes de extravio de bagagem.
264	RE 626307	Diferenças de correção monetária de depósitos em caderneta de poupança por alegados expurgos inflacionários decorrentes dos planos Bresser e Verão.	Agravo de instrumento interposto contra decisão que inadmitiu recurso extraordinário em que se discute, à luz do art. 5°, XXXVI, da Constituição Federal, o direito, ou não, a diferenças de correção monetária de depósitos em cadernetas de poupança, por alegados expurgos inflacionários decorrentes dos planos econômicos denominados Bresser e Verão.
265	RE 591797	Diferenças de correção monetária de depósitos em caderneta de poupança, não bloqueados pelo BACEN, por alegados expurgos inflacionários decorrentes do plano Collor I.	Agravo de instrumento interposto contra decisão que inadmitiu recurso extraordinário em que se discute, à luz do art. 5°, XXXVI, da Constituição Federal, o direito, ou não, a diferenças de correção monetária de depósitos em cadernetas de poupança, por alegados expurgos inflacionários decorrentes do plano econômico denominado Collor I.
284	RE 631363	Diferenças de correção monetária de depósitos em caderneta de poupança, bloqueados pelo BACEN, por alegados expurgos inflacionários decorrentes do Plano Collor I.	Agravo de instrumento interposto contra decisão que inadmitiu recurso extraordinário em que se discute, à luz do art. 5°, II e XXXVI, da Constituição Federal, o direito, ou não, a diferenças de correção monetária de depósitos em cadernetas de poupança, bloqueados pelo Banco Central do Brasil, por alegados expurgos inflacionários decorrentes do plano econômico denominado Collor I.

Tema	*Leading case*	Título	Descrição
285	RE 632212	Diferenças de correção monetária de depósitos em caderneta de poupança, não bloqueados pelo BACEN, por alegados expurgos inflacionários decorrentes do Plano Collor II.	Agravo de instrumento interposto contra decisão que inadmitiu recurso extraordinário em que se discute, o direito, ou não, a diferenças de correção monetária de depósitos em cadernetas de poupança, não bloqueados pelo Banco Central do Brasil, por alegados expurgos inflacionários decorrentes do plano econômico denominado Collor II.
381	RE 630852	Aplicação do Estatuto do Idoso a contrato de plano de saúde firmado anteriormente a sua vigência.	Recurso extraordinário em que se discute, à luz do art. 5°, XXXVI, da Constituição Federal, a aplicabilidade, ou não, da Lei 10.741/2003 (Estatuto do Idoso) a contratos de plano de saúde firmados antes de sua vigência, relativamente à cláusula que autoriza a majoração do valor da mensalidade em função da idade do beneficiário contratante.
533	ARE 660861	Dever de empresa hospedeira de sítio na internet fiscalizar o conteúdo publicado e de retirá-lo do ar quando considerado ofensivo, sem intervenção do Judiciário.	Agravo em recurso extraordinário em que se discute, à luz dos artigos 5°, II, IV, IX, XIV, XXXIII e XXXV; e 220, §§ 1°, 2° e 6°, da Constituição Federal, se, à falta de regulamentação legal da matéria, os aludidos princípios constitucionais incidem diretamente, de modo a existir o dever de empresa hospedeira de sítio na rede mundial de computadores de fiscalizar o conteúdo publicado em seus domínios eletrônicos e de retirar do ar informações consideradas ofensivas, sem necessidade de intervenção do Poder Judiciário.
547	RE 641005	Pagamento de mensalidades de instituições privadas de ensino superior de forma proporcional à quantidade de disciplinas cursadas. Autonomia universitária. Princípio da defesa do consumidor.	Recurso extraordinário no qual se discute, à luz do inciso V do art. 170, do caput do art. 207 e do art. 209 da Constituição Federal, se fere a autonomia universitária a decisão que, lastreada no princípio da defesa do consumidor, determina que o pagamento das mensalidades das instituições privadas de ensino superior seja proporcional à quantidade de disciplinas cursadas.

Tema	*Leading case*	Título	Descrição
DIREITO DO TRABALHO			
222	RE 597124	Extensão do adicional de risco portuário ao trabalhador portuário avulso.	Recurso extraordinário em que se discute, à luz dos artigos 5º, II; e 7º, XXIII e XXXIV, da Constituição Federal, a extensão, ou não, aos trabalhadores portuários avulsos, do adicional de risco portuário previsto no art. 14 da Lei nº 4.860/65 e pago aos trabalhadores portuários com vínculo empregatício permanente.
383	RE 635546	Equiparação de direitos trabalhistas entre terceirizados e empregados de empresa pública tomadora de serviços.	Recurso extraordinário em que se discute, à luz dos artigos 5º, caput, incisos I, II, LIV e LV, e 37, caput, inc. II e § 2º, da Constituição Federal, a possibilidade, ou não, de equiparação de direitos trabalhistas entre empregados terceirizados e aqueles pertencentes ao quadro funcional da empresa pública tomadora de serviços.
488	RE 646104	Representatividade sindical de micro e pequenas indústrias artesanais.	Recurso Extraordinário em que se discute, à luz dos artigos 8º, I e II; 146; 170 e 179, da Constituição Federal, se o Sindicato da Micro e Pequena Indústria do Tipo Artesanal do Estado de São Paulo – SIMPI possui, ou não, representatividade sindical relativamente às micro e pequenas empresas com até 50 empregados e, em conseqüência, se faz jus ao recebimento de contribuição sindical, considerados os princípios da liberdade e da unicidade sindical, bem como o tratamento constitucional diferenciado dispensado a essas sociedades empresariais.
497	RE 629053	Proteção objetiva da estabilidade de empregada gestante, em virtude de rescisão imotivada do contrato de trabalho.	Recurso extraordinário em que se discute, à luz do art. 10, II, b, do ADCT, se o desconhecimento da gravidez da empregada pelo empregador afasta, ou não, o direito ao pagamento da indenização decorrente da estabilidade provisória.
545	RE 716378	Extensão da estabilidade excepcional do art. 19 do ADCT a empregados de fundação privada.	Recurso extraordinário com agravo em que se discute se empregados da Fundação Padre Anchieta – Centro Paulista de Rádio e TV Educativas têm direito à estabilidade excepcional de que trata o art. 19 do Ato das Disposições Constitucionais Transitórias – ADCT.

Tema	*Leading case*	Título	Descrição
556	RE 631053	Demissão sem justa causa de professor sem prévia instauração de inquérito administrativo, não obstante a previsão no regimento interno da instituição privada de ensino.	Recurso extraordinário em que se discute, à luz do inciso I do art. 7º da Constituição Federal, bem como do inciso I do art. 10 do Ato das Disposições Constitucionais Transitórias – ADCT, a possibilidade, ou não, de demissão, sem justa causa, de professor sem a prévia instauração de inquérito administrativo, não obstante a previsão no regimento interno da instituição privada de ensino a que vinculado.
638	RE 999435	Necessidade de negociação coletiva para a dispensa em massa de trabalhadores.	Recurso extraordinário em que se discute — à luz dos arts. 1º, IV, 2º, 3º, I, 4º, IV, 5º, II, 7º, I, 114, 170, II e parágrafo único, da Constituição federal, bem como do art. 10, II, do Ato das Disposições Constitucionais Transitórias — a imposição, pelo Tribunal Superior do Trabalho, da obrigatoriedade de negociação coletiva para a dispensa em massa de trabalhadores.
725	RE 958252	Terceirização de serviços para a consecução da atividade-fim da empresa.	Recurso extraordinário em que se discute, à luz dos arts. 2º, 5º, II, XXXVI, LIV e LV e 97 da Constituição federal, a licitude da contratação de mão-de-obra terceirizada, para prestação de serviços relacionados com a atividade-fim da empresa tomadora de serviços, haja vista o que dispõe a Súmula 331 do Tribunal Superior do Trabalho e o alcance da liberdade de contratar na esfera trabalhista.
932	RE 828040	Possibilidade de responsabilização objetiva do empregador por danos decorrentes de acidentes de trabalho.	Recurso Extraordinário no qual se discute, à luz dos arts. 7º, inc. XXVIII, 37, § 6º, 59 e 97 da Constituição da República, a aplicação da teoria do risco, prevista no art. 927, parágrafo único, do Código Civil, aos danos decorrentes de acidentes de trabalho.

Tema	*Leading case*	Título	Descrição
DIREITO ELEITORAL			
370	RE 601182	Suspensão dos direitos políticos de condenado a pena privativa de liberdade substituída por pena restritiva de direito.	Recurso extraordinário em que se discute, à luz do art. 15, III, da Constituição Federal, a aplicação, ou não, da regra contida na referida norma constitucional – suspensão dos direitos políticos – a condenado por sentença criminal transitada em julgado, cuja pena privativa de liberdade foi substituída por pena restritiva de direito.
860	RE 929670	Possibilidade de aplicação do prazo de 8 anos de inelegibilidade por abuso de poder previsto na Lei Complementar 135/2010 às situações anteriores à referida lei em que, por força de decisão transitada em julgado, o prazo de inelegibilidade de 3 anos aplicado com base na redação original do art. 1°, I, d, da Lei Complementar 64/1990 houver sido integralmente cumprido.	Recurso extraordinário em que se discute, à luz do art. 5°, XXXVI, da Constituição Federal, a possibilidade, ou não, de aplicação do prazo de 8 anos de inelegibilidade por abuso de poder previsto na Lei Complementar 135/2010 às situações anteriores à referida lei em que, por força de decisão transitada em julgado, o prazo de inelegibilidade de 3 anos aplicado com base na redação original do art. 1°, I, d, da Lei Complementar 64/1990 houver sido integralmente cumprido.
DIREITO INTERNACIONAL			
352	RE 632250	Aplicação de norma que dispõe sobre direitos antidumping relativamente a contrato de importação celebrado anteriormente à sua vigência.	Recurso extraordinário em que se discute, à luz do art. 5°, caput e XXXVI, da Constituição Federal, a constitucionalidade, ou não, da exigibilidade de direitos antidumping, relativamente a contrato de importação celebrado em data anterior à norma que os previu.
373	RE 608898	Expulsão de estrangeiro cuja prole brasileira foi concebida posteriormente ao fato motivador do ato expulsório.	Recurso extraordinário em que se discute, à luz dos artigos 227 e 229 da Constituição Federal, a constitucionalidade, ou não, de decisão que, com fundamento em interpretação sistemática do art. 75, § 1°, da Lei n° 6.815/80, concede ordem de habeas corpus para manter, no território brasileiro, estrangeiro expulso cuja prole brasileira foi concebida posteriormente ao fato motivador do ato expulsório, considerando-se, de um lado, o princípio da soberania nacional e, de outro lado, o princípio da proteção da família.

Tema	*Leading case*	Título	Descrição
DIREITO PENAL			
150	RE 593818	Consideração de condenações transitadas em julgado há mais de cinco anos como maus antecedentes para efeito de fixação da pena-base.	Recurso extraordinário em que se discute, à luz do art. 5º, LVII, da Constituição Federal, a possibilidade, ou não, de condenações transitadas em julgado há mais de cinco anos serem consideradas como maus antecedentes para efeito de fixação da pena-base.
506	RE 635659	Tipicidade do porte de droga para consumo pessoal.	Recurso extraordinário, em que se discute, à luz do art. 5º, X, da Constituição Federal, a compatibilidade, ou não, do art. 28 da Lei 11.343/2006, que tipifica o porte de drogas para consumo pessoal, com os princípios constitucionais da intimidade e da vida privada.
647	RE 638491	Possibilidade da decretação de perdimento de bem apreendido em decorrência do tráfico ilícito de entorpecentes e drogas afins, quando não comprovada sua utilização habitual ou sua adulteração para o cometimento do crime.	Recurso extraordinário em que se discute, à luz do art. 243, parágrafo único, da Constituição federal, a necessidade de comprovação de uso habitual do bem no cometimento do crime de tráfico ilícito de entorpecentes e drogas afins, para viabilizar a decretação de perdimento do bem apreendido.
788	ARE 848107	Termo inicial para a contagem da prescrição da pretensão executória do Estado: a partir do trânsito em julgado para a acusação ou a partir do trânsito em julgado para todas as partes.	Recurso extraordinário em que se discute, à luz do art. 5º, II e LVII, da Constituição Federal, a recepção, ou não, pela Carta Magna de 1988 do art. 112, I, do Código Penal, segundo o qual a prescrição da pretensão executória começa a correr do dia em que transita em julgado a sentença condenatória para a acusação.
857	ARE 901623	Tipicidade da conduta de portar arma branca, considerada a ausência da regulamentação exigida no tipo do art. 19 da Lei das Contravenções Penais.	Recurso extraordinário em que se discute, à luz dos arts. 5º, XXXIX, e 22, I, da Constituição Federal, a tipicidade, ou não, da conduta de portar arma branca, tendo em conta a ausência da regulamentação exigida no tipo do art. 19 da Lei das Contravenções Penais.
905	RE 973837	Constitucionalidade da inclusão e manutenção de perfil genético de condenados por crimes violentos ou por crimes hediondos em banco de dados estatal.	Recurso extraordinário em que se discute, à luz do princípio constitucional da não autoincriminação e do art. 5º, II, da Constituição Federal, a constitucionalidade do art. 9º-A da Lei 7.210/1984, introduzido pela Lei 12.654/2012, que prevê a identificação e o armazenamento de perfis genéticos de condenados por crimes violentos ou por crimes hediondos.

Tema	*Leading case*	Título	Descrição
907	RE 971959	Constitucionalidade do art. 305 do Código de Trânsito Brasileiro.	Recurso extraordinário em que se discute, à luz do art. 5°, LXIII, da Constituição Federal, a constitucionalidade, ou não, do art. 305 do Código de Trânsito Brasileiro, que tipifica o crime de fuga do local do acidente.
924	RE 966177	Tipicidade das condutas de estabelecer e explorar jogos de azar em face da Constituição da República de 1988. Recepção do "caput" do art. 50 do Decreto-Lei n. 3.688/1941 (Lei das Contravenções Penais).	Recurso extraordinário em que se discute, com fundamento nos arts. 1°, inc. IV, 5°, "caput", incs. II, VI, VIII, XXXIX, XLI e LIV, 19, inc. I, e 170 da Constituição da República, a recepção do art. 50, "caput", do Decreto-Lei n. 3.688/1941 (Lei das Contravenções Penais), pelo qual tipifica-da a exploração ou o estabelecimento de jogos de jogos de azar como contravenções penais.
DIREITO PREVIDENCIÁRIO			
173	RE 587970	Concessão de benefício assistencial a estrangeiros residentes no Brasil.	Recurso extraordinário em que se discute, à luz dos artigos 5°, caput, e 203, V, da Constituição Federal, a possibilidade, ou não, de se conceder a estrangeiros residentes no Brasil o benefício assistencial de prestação continuada previsto no art. 203, V, referido.
452	RE 639138	Cláusula de plano de previdência complementar que estabelece valor inferior de complementação de benefício para mulheres em virtude de seu tempo de contribuição.	Recurso extraordinário em que se discute, à luz do princípio da isonomia e do artigo 202, caput, e § 1° (redação anterior ao advento da Emenda Constitucional 20/98), da Constituição Federal, a validade, ou não, de cláusula de contrato de previdência complementar que, ao prever percentuais distintos entre homens e mulheres para cálculo e concessão de complementação de aposentadoria, estabelece valor inferior do benefício para as mulheres, tendo em conta o seu menor tempo de contribuição.
457	RE 659424	Requisitos legais diferenciados para a concessão de pensão por morte em relação a cônjuges homens e mulheres de ex-servidores públicos.	Agravo de instrumento interposto contra decisão que inadmitiu recurso extraordinário, em que se discute, à luz dos artigos 5°, I, 195, § 5°, e 201, da Constituição Federal, a possibilidade de se conceder pensão por morte a marido de ex-servidora pública do Estado do Rio Grande do Sul, sem a comprovação dos requisitos da Lei Estadual n° 7.672/82, exigidos exclusivamente para os cônjuges do sexo masculino.

Tema	*Leading case*	Título	Descrição
526	RE 883168	Possibilidade de concubinato de longa duração gerar efeitos previdenciários.	Recurso extraordinário em que se discute, à luz dos artigos 201, V, e 226, § 3º, da Constituição Federal, a possibilidade, ou não, de reconhecimento de direitos previdenciários (pensão por morte) à pessoa que manteve, durante longo período e com aparência familiar, união com outra casada.
529	ARE 656298	Possibilidade de reconhecimento jurídico de união estável e de relação homoafetiva concomitantes, com o consequente rateio de pensão por morte.	Recurso extraordinário com agravo em que se discute, à luz dos artigos 1º, III; 3º, IV; 5º, I, da Constituição Federal, a possibilidade, ou não, de reconhecimento jurídico de união estável e de relação homoafetiva concomitantes, com o consequente rateio de pensão por morte.
599	RE 687813	Acumulação da aposentadoria por invalidez com o benefício suplementar, previsto no art. 9º da Lei 6.367/76, incorporado pela normatização do atual auxílio-acidente, a teor do que dispunha o art. 86 da Lei 8.213/91, na sua redação primitiva.	Recurso extraordinário em que se discute, à luz do inciso XXXVI do art. 5º e do § 5º do art. 195 da Constituição Federal, a possibilidade de acumulação da aposentadoria por invalidez com o benefício suplementar, previsto no art. 9º da Lei 6.367/76, incorporado pela normatização do atual auxílio-acidente, a teor do que dispunha o art. 86 da Lei 8.213/91, na sua redação primitiva.
616	RE 639856	Incidência do fator previdenciário (Lei 9.876/99) ou das regras de transição trazidas pela EC 20/98 nos benefícios previdenciários concedidos a segurados filiados ao Regime Geral até 16/12/1998.	Recurso extraordinário em que se discute, à luz do art. 9º da EC 20/98, a possibilidade, ou não, de incidência do fator previdenciário (Lei 9.876/99) ou das regras de transição trazidas pela citada emenda nos benefícios previdenciários concedidos a segurados filiados ao Regime Geral até 16/12/1998.
632	RE 699535	Segurança jurídica e decadência para o Instituto Nacional do Seguro Social proceder à revisão do critério de reajuste de aposentadoria e pensão por morte, em virtude de alegado erro da Administração.	Recurso extraordinário em que se discute, à luz do artigo 5º, XXXVI, da Constituição Federal, a possibilidade de o INSS proceder, a qualquer tempo, à revisão do critério de reajuste da aposentadoria de ex-combatente e da correspondente pensão por morte, com fundamento em errônea aplicação da Lei 5.698/1971 pela Administração.
709	RE 791961	Possibilidade de percepção do benefício da aposentadoria especial na hipótese em que o segurado permanece no exercício de atividades laborais nocivas à saúde.	Recurso extraordinário em que se discute, à luz dos arts. 5º, XIII; 7º, XXXIII, e 201, § 1º, da Constituição federal, a constitucionalidade do § 8º do art. 57 da Lei 8.213/1991, que veda a percepção do benefício da aposentadoria especial pelo segurado que continuar exercendo atividade ou operação nociva à saúde ou à integridade física.

Tema	*Leading case*	Título	Descrição
840	RE 683621	Definição do alcance do art. 53, V, do ADCT, notadamente da expressão "serviço efetivo, em qualquer regime jurídico", considerada a garantia do direito adquirido.	Recurso extraordinário em que se discute, à luz do art. 5º, XXXVI, da Constituição Federal, o alcance do art. 53, V, do Ato das Disposições Constitucionais Transitórias, que trata da aposentadoria de ex-combatente, considerada a expressão "serviço efetivo em qualquer regime jurídico" e a garantia do direito adquirido.
DIREITO PROCESSUAL CIVIL			
28	RE 614819	Fracionamento da execução com expedição de precatório para pagamento de parte incontroversa da condenação.	Recurso extraordinário em que se discute, à luz artigos 5º, II e LIV; 37, caput; e 100, §§ 1º e 4º, da Constituição Federal, a possibilidade, ou não, de expedição de precatório, antes do trânsito em julgado dos embargos à execução, para efetuar o pagamento da parte incontroversa da condenação.
45	RE 573872	Possibilidade de execução provisória de obrigação de fazer contra a Fazenda Pública.	Recurso extraordinário em que se discute, à luz dos arts. 37, caput, e 100, § 1º e § 4º, da Constituição Federal, a possibilidade de execução provisória de obrigação de fazer contra a Fazenda Pública.
96	RE 579431	Incidência de juros de mora no período compreendido entre a data da conta de liquidação e a expedição do requisitório.	Recurso extraordinário em que se discute, à luz do art. 100, §§ 1º e 4º, da Constituição Federal, se são devidos, ou não, os juros de mora no período compreendido entre a data da conta de liquidação e a expedição do requisitório.
100	RE 586068	a) Aplicação do art. 741, parágrafo único, do Código de Processo Civil, no âmbito dos Juizados Especiais Federais. b) Possibilidade de desconstituição de decisão judicial de processo com trânsito em julgado fundada em norma posteriormente declarada inconstitucional.	Recurso extraordinário em que se discute, à luz dos artigos 5º, caput, e XXXVI; e 195, § 5º, da Constituição Federal, a aplicação, ou não, do art. 741, parágrafo único, do Código de Processo Civil, no âmbito dos Juizados Especiais Federais, e a extensão, ou não, dos efeitos de precedente do Supremo Tribunal Federal, que declarou a inconstitucionalidade de lei, aos casos com trânsito julgado.
112	RE 587982	Conversão de precatórios expedidos antes da Emenda Constitucional nº 37/2002 em requisições de pequeno valor.	Recurso extraordinário em que se discute, à luz do art. 100, § 3º, da Constituição Federal, e do art. 87 do Ato das Disposições Constitucionais Transitórias, a possibilidade, ou não, de conversão de precatórios expedidos antes da Emenda Constitucional nº 37/2002 em requisições de pequeno valor.

Tema	*Leading case*	Título	Descrição
137	RE 590871	Prazo para a Fazenda Pública opor embargos à execução.	Recurso extraordinário em que se discute, à luz dos artigos 1°; 2°; 5°, caput, I, II, LIV, LV; 37, caput; e 62, da Constituição Federal, e 2° da Emenda Constitucional n° 32/2001, a constitucionalidade, ou não, do art. 1°-B da Lei n° 9.494/97, acrescentado pelo art. 4° da Medida Provisória n° 2.180-35/2001, que ampliou para 30 dias o prazo fixado nos artigos 730 do Código de Processo Civil/1973 e 884 da Consolidação das Leis do Trabalho para a Fazenda Pública opor embargos à execução, inclusive nas execuções trabalhistas.
149	RE 594435	Competência para processar e julgar causa que envolve contribuição previdenciária instituída pelo Estado membro incidente sobre complementação de proventos e de pensões por ele paga.	Recurso extraordinário em que se discute, à luz dos artigos 5°, XXXVI; e 114, da Constituição Federal; e 4°, caput, da Emenda Constitucional n° 41/2003, qual a justiça competente, se a Justiça do Trabalho ou a Justiça Comum, para processar e julgar conflito que envolve contribuição previdenciária instituída pelo Estado membro incidente sobre complementação de proventos e de pensões por ele paga.
208	RE 601220	Competência jurisdicional para processar e julgar ação de reparação de danos causados por crítica veiculada pela internet.	Recurso extraordinário em que se discute, à luz do art. 220, § 1°, da Constituição Federal, qual o foro competente para processar e julgar ação de reparação de danos causados por crítica veiculada pela internet.
231	RE 597092	Seqüestro de recursos financeiros do Estado no caso de parcelamento compulsório de precatório.	Recurso extraordinário em que se discute, à luz dos artigos 2°; 18; 60, § 4°, I e III; 100 e 167, II; da Constituição Federal, e 78, caput e § 4°, do Ato das Disposições Constitucionais Transitórias, a abrangência do citado § 4° do art. 78 do ADCT, de modo a se decidir sobre a possibilidade, ou não, da aplicação das hipóteses de seqüestro previstas nesse dispositivo, sem a prévia adoção do parcelamento a que alude o seu caput, bem como a constitucionalidade, ou não, da imposição desse parcelamento aos Estados federados.
262	RE 605533	Legitimidade do Ministério Público para ajuizar ação civil pública que tem por objetivo compelir entes federados a entregar medicamentos a portadores de certas doenças.	Recurso extraordinário em que se discute, à luz artigos 2°; 127; 129, II e III; 196; e 197, da Constituição Federal, a legitimidade, ou não, do Ministério Público para ajuizar ação civil pública que visa compelir o Estado de Minas Gerais a entregar medicamentos a portadores de hipotireoidismo e hipocalcemia.

Tema	*Leading case*	Título	Descrição
321	RE 1040229	Limites impostos pelo princípio do juiz natural à convolação de ação individual em um incidente processual, no bojo de ação coletiva em trânsito perante juízo diverso do originário.	Agravo de instrumento interposto contra decisão que inadmitiu recurso extraordinário, em que se discute, à luz do art. 5º, XXXVII e LIII, da Constituição Federal, se a proposição constitucional que enuncia o princípio do juiz natural permite, ou não, a convolação de ação individual em um incidente processual de liquidação de sentença, no bojo de ação coletiva em trânsito perante juízo diverso do originário.
360	RE 611503	Desconstituição de título executivo judicial mediante aplicação do parágrafo único do art. 741 do Código de Processo Civil.	Recurso extraordinário em que se discute, à luz dos artigos 5º, LIV e LV e 102, caput, da Constituição Federal, a possibilidade de se desconstituir, com base no art. 741, parágrafo único, do CPC, na redação da Medida Provisória nº 2.180-35/2001, título executivo judicial que contempla a aplicação de índices inflacionários expurgados nas contas vinculadas do FGTS, considerados indevidos pelo Supremo Tribunal Federal.
361	RE 631537	Transmudação da natureza de precatório alimentar em normal em virtude de cessão do direito nele estampado.	Recurso extraordinário em que se discute, à luz dos artigos 5º, XXII, e 100, da Constituição Federal, dos artigos 78 e 86, do Ato das Disposições Constitucionais Transitórias, e da Emenda Constitucional nº 62/2009, a possibilidade, ou não, da transmudação da natureza de precatório alimentar em normal, com a conseqüente perda da respectiva ordem cronológica, em decorrência de procedimento de cessão do direito nele estampado.
441	RE 660968	Exigência da regra constitucional da reserva de plenário para afastar a aplicação de norma anterior à Constituição Federal de 1988.	Agravo de instrumento interposto contra decisão que inadmitiu recurso extraordinário, em que se discute, à luz dos artigos 5º, XXX, LIV e LV, 93, IX, 97 e 143 da Constituição Federal, a exigência, ou não, da regra constitucional da reserva de plenário para afastar a aplicação do artigo 4º, § 2º, da Lei 5.292/1967, que versa sobre a prestação de serviço militar por médicos, farmacêuticos, dentistas ou veterinários, após concluírem o curso.
499	RE 612043	Limites subjetivos da coisa julgada referente à ação coletiva proposta por entidade associativa de caráter civil.	Recurso extraordinário em que se discute, à luz dos artigos 1º; 5º, XXI; e 109, § 2º, da Constituição Federal, a abrangência dos efeitos da coisa julgada em execução de sentença proferida em ação ordinária de caráter coletivo ajuizada por entidade associativa de caráter civil relativamente aos substituídos, para definir se abrangeria somente os filiados à data da propositura da ação ou também os que, no decorrer, alcançaram essa qualidade.

Tema	*Leading case*	Título	Descrição
519	RE 659172	Seqüestro de verbas públicas para pagamento de precatórios anteriores à Emenda Constitucional n° 62/2009.	Recurso extraordinário em que se discute, à luz do art. 100, da Constituição Federal, e 97, § 15°, do ADCT, a possibilidade, ou não, da aplicação do regime estabelecido pela Emenda Constitucional n° 62/2009 – no que se refere ao seqüestro de verbas públicas – aos precatórios anteriores à referida emenda constitucional.
521	RE 612707	Quebra da ordem cronológica do pagamento de precatórios alimentares para fins de sequestro de recursos públicos.	Recurso extraordinário em que se discute, à luz do art. 100, caput e § 2°, da Constituição Federal, bem como do art. 78 do ADCT, a possibilidade, ou não, de reconhecer-se duas ordens distintas de precatórios – os alimentares e os não alimentares – para efeitos de reconhecimento de quebra da ordem cronológica do pagamento dos precatórios e autorização de sequestro de recursos públicos.
558	RE 678360	Compensação de precatórios com débitos líquidos e certos, inscritos ou não em dívida ativa e constituídos contra o credor original pela Fazenda Pública devedora.	Recurso extraordinário em que se discute a constitucionalidade, ou não, dos §§ 9° e 10 do art. 100 da Constituição Federal (incluídos pela EC 62/2009), que instituíram a compensação de precatórios com débitos líquidos e certos, inscritos ou não em dívida ativa e constituídos contra o credor original pela Fazenda Pública devedora.
561	RE 409356	Legitimidade do Ministério Público para ajuizamento de ação civil pública que visa a anular ato administrativo com fundamento na defesa do patrimônio público.	Recurso extraordinário em que se discute, à luz do inciso III do art. 129 da Constituição Federal, a legitimidade, ou não, do Ministério Público para ajuizar ação civil pública, para a proteção do patrimônio público, com o objetivo de anular ato administrativo que, fundado em normas supostamente inconstitucionais, transferiu policial militar para a reserva remunerada com proventos acrescidos de gratificação que ultrapassa o teto remuneratório e com cômputo de tempo de serviço ficto.
598	RE 840435	Sequestro de verbas públicas para pagamento de crédito a portador de moléstia grave sem observância à regra dos precatórios.	Recurso extraordinário com agravo em que se discute, à luz do inciso II do art. 5°, bem como do caput e do § 2° do art. 100 da Constituição Federal (com redação dada pela Emenda Constitucional 62/2009), a possibilidade, ou não, do sequestro de verbas públicas para pagamento de crédito a portador de doença grave sem observância à regra dos precatórios.

Tema	*Leading case*	Título	Descrição
775	RE 598650	Competência da Justiça Federal para processar e julgar ação rescisória proposta pela União, na qualidade de terceira interessada, visando rescindir decisão proferida por juiz estadual.	Recurso extraordinário em que se discute, à luz dos arts. 108, I, b, e II, e 109, I, da Constituição, a competência, ou não, da Justiça Federal para processar e julgar ação rescisória proposta pela União, na condição de terceira interessada em relação ao processo originário, objetivando a rescisão de julgado prolatado por juiz estadual não investido em competência federal.
792	RE 729107	Possibilidade de aplicação da Lei distrital 3.624/2005, que reduziu para 10 salários mínimos o teto para expedição de requisição de pequeno valor, às execuções em curso.	Recurso extraordinário em que se discute, à luz dos arts. 5º, caput e XXXVI, e 6º, caput, da Constituição Federal e do art. 87, I, do ADCT, a incidência, ou não, da Lei distrital 3.624/2005 — que reduziu de 40 para 10 salários mínimos o teto para expedição de requisição de pequeno valor — nas execuções já iniciadas.
820	RE 860508	a) Competência para processar e julgar conflitos entre juizado especial federal e juízo estadual no exercício da competência federal delegada; b) Pressuposto fático para a incidência do art. 109, § 3º, da Lei Maior: a inexistência de juízo federal no município ou a inexistência de juízo federal na comarca onde reside o segurado ou beneficiário do INSS.	Recurso extraordinário em que se discute, à luz dos arts. 105, I, d, e 109, § 3º, da Constituição Federal, a competência, se dos Tribunais Regionais Federais ou do Superior Tribunal de Justiça, para processar e julgar conflitos entre juizado especial federal e juízo estadual no exercício da competência federal delegada, bem como se o pressuposto fático para a incidência do art. 109, § 3º, da Lei Maior é a inexistência de juízo federal no município ou a inexistência de juízo federal na comarca onde reside o segurado ou beneficiário do Instituto Nacional do Seguro Social.
850	RE 643978	Legitimidade do Ministério Público para a propositura de ação civil pública em defesa de direitos relacionados ao FGTS, tendo em vista a vedação contida no art. 1º, parágrafo único, da Lei 7.347/1985.	Recurso extraordinário em que se discute a compatibilidade do art. 1º, parágrafo único, da Lei 7.347/1985 com o art. 129 da Constituição Federal, cujo inciso III confere ao Ministério Público a atribuição de promover o inquérito civil e a ação civil pública para a proteção do patrimônio público e social, do meio ambiente e de outros interesses difusos e coletivos.
858	RE 1010819	Aptidão, ou não, da ação civil pública para afastar a coisa julgada, em particular quando já transcorrido o biênio para o ajuizamento da rescisória.	Recurso extraordinário em que se discute, à luz dos art. 2º; 5º, XXXVI; 93, IX; e 133 da Constituição Federal, se a ação civil pública é meio hábil para afastar a coisa julgada, em particular quando já transcorrido o biênio para o ajuizamento da rescisória.

Tema	*Leading case*	Título	Descrição
859	RE 678162	Competência para processar e julgar ações de insolvência civil nas quais haja interesse da União, entidade autárquica ou empresa pública federal.	Recurso extraordinário em que se discute, à luz do art. 109, I, da Constituição Federal, se as ações de insolvência civil nas quais haja interesse da União, entidade autárquica ou empresa pública federal devem ser processadas e julgadas na Justiça federal ou na Justiça estadual.
865	RE 922144	Compatibilidade da garantia da justa e prévia indenização em dinheiro (CF/88, art. 5º, XXIV) com o regime de precatórios (CF/88, art. 100).	Recurso extraordinário em que se discute se e como a justa e prévia indenização em dinheiro assegurada pelo art. 5º, XXIV, da Constituição Federal de 1988 se compatibiliza com o regime de precatórios instituído no art. 100 da mesma Carta.
877	RE 938837	Submissão dos conselhos de fiscalização profissional à execução pelo regime de precatórios.	Recurso extraordinário em que se discute, à luz do art. 100 da Constituição Federal, se o regime dos precatórios para pagamentos de dívidas decorrentes de decisão judicial aplica-se, ou não, aos conselhos de fiscalização profissional.
885	RE 955227	Efeitos das decisões do Supremo Tribunal Federal em controle difuso de constitucionalidade sobre a coisa julgada formada nas relações tributárias de trato continuado.	Recurso extraordinário em que se discute, à luz dos arts. 5º, XXXVI, e 102 da Constituição Federal, se e como as decisões do Supremo Tribunal Federal em controle difuso fazem cessar os efeitos futuros da coisa julgada em matéria tributária, quando a sentença tiver se baseado na constitucionalidade ou inconstitucionalidade do tributo.
DIREITO PROCESSUAL DO TRABALHO			
74	RE 579648	Competência para julgamento de ação de interdito proibitório cuja causa de pedir decorre de movimento grevista.	Recurso extraordinário em que se discute, à luz do art. 114, II, da Constituição Federal, a justiça competente para processar e julgar ação de interdito proibitório que visa assegurar o livre acesso de funcionários e de clientes às agências bancárias interditadas em decorrência de movimento grevista.

Tema	*Leading case*	Título	Descrição
106	RE 590880	a) Competência para, após o advento da Lei nº 8.112/90, julgar os efeitos de decisão anteriormente proferida pela Justiça do Trabalho. b) Extensão do reajuste de 84,32%, relativo ao IPC do mês de março de 1990 (Plano Collor), concedido pela Justiça Federal em decisão transitada em julgado, a outros servidores.	Recurso extraordinário em que se discute, à luz dos artigos 2º, 5º, II, XXIV, XXXVI, LIV; 22, I; 105, I, d; e 114, da Constituição Federal, a definição da competência para, após a instituição do regime jurídico único dos servidores públicos federais (Lei nº 8.112/90), julgar os efeitos de decisão anteriormente proferida pela Justiça do Trabalho, e a aplicação, ou não, do art. 884, § 5º, da Consolidação das Leis do Trabalho – CLT, nos casos de decisão transitada em julgado proferida pela Justiça do Trabalho que, com base no princípio da isonomia, deferiu a servidores da Justiça Eleitoral a extensão do reajuste de 84,32%, relativo ao IPC do mês de março de 1990 (Plano Collor) concedido pela Justiça Federal, por meio de decisão também transitada em julgado, a outros servidores.
505	RE 595326	Aplicação imediata EC nº 20/98 quanto à competência da Justiça do Trabalho para execução de contribuições previdenciárias decorrentes de sentenças anteriores à sua promulgação.	Recurso extraordinário em que se discute, à luz do art. 114, VIII, da Constituição Federal, a possibilidade, ou não, de a Justiça do Trabalho executar de ofício contribuições sociais previdenciárias decorrentes de sentenças proferidas em data anterior à promulgação da Emenda Constitucional nº 20/98.
544	RE 846854	Competência para julgamento de abusividade de greve de servidores públicos celetistas.	Recurso extraordinário com agravo em que se discute, à luz dos incisos I e II do art. 114 da Constituição Federal, a competência para processar e julgar processo que tem por objeto a abusividade de greve de servidores públicos regidos pela Consolidação das Leis do Trabalho – CLT.
550	RE 606003	Competência para processar e julgar controvérsia a envolver relação jurídica entre representante e representada comerciais.	Recurso extraordinário em que se discute, à luz dos incisos LIII e LXXVIII do art. 5º e I e IX do art. 114 da Constituição Federal, a competência para processar e julgar controvérsia a envolver relação jurídica entre representante e representada comerciais.
679	RE 607447	Validade da exigência do depósito recursal como pressuposto de admissibilidade do recurso extraordinário na Justiça do Trabalho.	Recurso extraordinário em que se busca definir, à luz dos arts. 5º, II, XXXV, LIV e LV e 102, III, da Constituição federal, a compatibilidade do § 1º do art. 899 da Consolidação das Leis do Trabalho, que estabeleceu a exigência de depósito recursal como pressuposto extrínseco de admissibilidade do recurso extraordinário proveniente da Justiça trabalhista.

Tema	*Leading case*	Título	Descrição
739	ARE 791932	Possibilidade de recusa de aplicação do art. 94, II, da Lei 9.472/1997 em razão da invocação da Súmula 331 do Tribunal Superior do Trabalho, sem observância da regra de reserva de plenário.	Recurso extraordinário em que se discute, à luz da Súmula Vinculante 10 e dos arts. 5°, II e LIV; 97; 170, III, e 175 da Constituição federal, a possibilidade de utilização da Súmula 331 do Tribunal Superior do Trabalho para se reconhecer vínculo empregatício entre trabalhador terceirizado e empresa concessionária de serviços de telecomunicação, afastando-se a aplicação do art. 94, II, da Lei federal 9.472/1997, sem observância da cláusula de reserva de plenário.
841	RE 1002295	Constitucionalidade do art. 114, § 2°, da Constituição Federal, alterado pela EC 45/2004, que prevê a necessidade de comum acordo entre as partes como requisito para o ajuizamento de dissídio coletivo de natureza econômica.	Recurso extraordinário em que se discute, à luz do art. 5°, XXXV e XXXVI, e 60, § 4°, da Constituição Federal, a constitucionalidade do § 2° do art. 114 da Lei Maior, na redação dada pela EC 45/2004, que condiciona o ajuizamento de dissídio coletivo de natureza econômica à existência de comum acordo entre as partes.
124	RE 825274	Cabimento de recurso especial eleitoral contra decisão administrativa sobre prestação de contas de campanhas eleitorais.	Recurso extraordinário em que se discute, à luz dos artigos 5°, XXXV, LIV e LV; 121, § 4°, da Constituição Federal, o cabimento, ou não, de recurso especial eleitoral contra decisão de Tribunal Regional Eleitoral, de caráter administrativo, em que se analisa prestação de contas de campanhas eleitorais.
DIREITO PROCESSUAL ELEITORAL			
534	ARE 664575	Fixação, pelo Tribunal Superior Eleitoral – TSE, do prazo decadencial de 180 dias para a propositura de representações por doação de recursos de campanha eleitoral acima do limite legal.	Recurso extraordinário com agravo em que se discute, à luz dos artigos 2°; 5°, II, XXXIV, a, XXXVI e LV; 16; 22, I; e 129, IX, da Constituição Federal, a nulidade, ou não, de acórdão do Tribunal Superior Eleitoral – TSE, que fixou o prazo decadencial de 180 dias, contado da diplomação do candidato, para o ajuizamento de representações por doação de recursos de campanha eleitoral acima do limite legal.

Tema	*Leading case*	Título	Descrição
DIREITO PROCESSUAL PENAL			
192	RE 601384	**CANCELADO:** Concessão de liberdade provisória a preso em flagrante pela prática de crimes hediondos e equiparados.	Tema cancelado em razão da ausência de votação de mérito no Plenário. O Relator, Ministro Marco Aurélio, desproveu o recurso nos seguintes termos: "1. O Pleno, na apreciação do habeas corpus nº 104.339, relator o ministro Gilmar Mendes, em 10 de maio de 2012, com acórdão publicado no Diário da Justiça de 6 de dezembro seguinte, declarou, incidentalmente, a inconstitucionalidade do óbice à liberdade provisória no caso de prisão em flagrante por tráfico de entorpecentes, previsto no artigo 44 da Lei nº 11.343/2006. 2. Ante o quadro, considerado o fato de o processo veicular a mesma matéria, tendo sido admitida a repercussão geral em momento anterior – 29 de outubro de 2009 –, desprovejo o recurso". O Ofício n. 33, de 9.11.2016, encaminhado pelo Relator à Presidência do STF, e o Ofício n. 2.845, de 30.9.2016, encaminhado ao Senado, estão vinculados ao processo paradigma (RE n. 601.384).
358	RE 601146	Competência dos Tribunais de Justiça dos Estados e do Distrito Federal para decidir sobre questão previdenciária, no bojo de processo autônomo de perda de posto e patente de militar.	Recurso extraordinário em que se discute, à luz do art. 125, § 4º, da Constituição Federal, a competência, ou não, de Tribunal de Justiça estadual determinar, no bojo de processo autônomo de perda de posto e patente de militar, a reforma de policial militar, julgado inapto a permanecer nas fileiras da corporação.
438	RE 600851	Limite temporal para a suspensão do processo e do prazo prescricional previstos no art. 366 do CPP.	Recurso extraordinário em que se discute, à luz do art. 5º, XLII e XLIV, da Constituição Federal, se a suspensão do processo e do prazo prescricional a que se refere o art. 366 do Código de Processo Penal deve, ou não, ser regulada pelos limites da prescrição em abstrato previstos no art. 109 do Código Penal.
477	RE 638239	Revisão de Súmula Vinculante em virtude da superveniência de lei de conteúdo divergente.	Recurso extraordinário em que se discute à luz dos artigos 1º, II e IV, 5º, XXXVI e XLVI, e 6º, da Constituição Federal, a necessidade, ou não, de revisão ou de cancelamento da Súmula Vinculante nº 9, em virtude do advento da Lei nº 12.433/2011 que, ao alterar o art. 127 da Lei de Execução Penal – LEP, permite ao magistrado, nos casos de prática de falta grave, revogar até 1/3 do tempo da pena remido, reiniciando-se a contagem a partir da data da infração disciplinar.

Tema	*Leading case*	Título	Descrição
486	RE 607107	Suspensão de habilitação para dirigir de motorista profissional condenado por homicídio culposo na direção de veículo automotor.	Recurso Extraordinário em que se discute, à luz do artigo 5°, XIII, da Constituição Federal, se a imposição da penalidade de suspensão da habilitação para dirigir, prevista no art. 302 da Lei nº 9.503/1997, quando o apenado for motorista profissional, afronta, ou não, o direito fundamental ao livre exercício de trabalho.
496	RE 590908	Direito do Ministério Público de recorrer, apesar do acolhimento de pleito de impronúncia formulado por Promotor de Justiça posteriormente substituído.	Recurso extraordinário em que se discute, à luz do art. 127, § 1°, da Constituição Federal, eventual preclusão do direito de recorrer, por parte do Ministério Público, de decisão de impronúncia, que acolhera pleito formulado em alegações finais por outro membro do aludido órgão — que fora substituído —, tendo em vista os princípios da independência funcional, da unidade e da indivisibilidade.
580	RE 702362	Competência para processar e julgar crime de violação de direito autoral (§ 2° do art. 184 do CP).	Recurso extraordinário em que se discute, à luz do inciso V do art. 109 da Constituição Federal, o juízo competente — se a Justiça Federal ou a Estadual — para processar e julgar o crime de violação de direito autoral (§ 2° do art. 184 do CP), tendo em conta a existência de tratados internacionais por meio dos quais o Brasil se compromete a combater o mencionado delito.
649	RE 626531	Competência da Justiça Federal para processar e julgar crime de violação de sigilo de informações contidas em bancos de dados de órgãos federais, ainda que os fatos atinjam apenas a esfera jurídica de particulares.	Recurso extraordinário em que se discute, à luz do art. 109, IV, da Constituição federal, a competência da Justiça Federal para processar e julgar a ação penal ajuizada em virtude de suposta interceptação de comunicações de informática ou telemática de dados de sistemas de entes da administração pública federal, em virtude de alegado interesse direto e específico da União.
661	RE 625263	Possibilidade de prorrogações sucessivas do prazo de autorização judicial para interceptação telefônica.	Recurso extraordinário em que se discute, à luz dos artigos 5°; 93, IX e 136, § 2°, da Constituição federal, a possibilidade de se renovar sucessivamente a autorização de interceptação telefônica, sem limite definido de prazo — seja de 30 (trinta) dias, previsto no art. 5° da Lei 9.296/1996, seja de 60 (sessenta) dias, nos moldes do art. 136, § 2°, da Constituição Federal —, por decisão judicial fundamentada, ainda que de forma sucinta.

Tema	*Leading case*	Título	Descrição
758	RE 776823	Necessidade de condenação com trânsito em julgado para se considerar como falta grave, no âmbito administrativo carcerário, a prática de fato definido como crime doloso.	Recurso extraordinário em que se discute, à luz dos arts. 5º, LVII, e 97 da Constituição federal, se ofende o princípio da presunção de inocência a aplicação do quanto disposto no art. 52 da Lei 7.210/1984 (Lei de Execução Penal – LEP) – a prática de fato previsto como crime doloso constitui falta grave – antes do advento de sentença penal condenatória transitada em julgado.
DIREITO REGISTRAL			
761	RE 670422	Possibilidade de alteração de gênero no assento de registro civil de transexual, mesmo sem a realização de procedimento cirúrgico de redesignação de sexo.	Recurso extraordinário em que se discute, à luz dos arts. 1º, IV; 3º; 5º, X, e 6º da Constituição, a possibilidade alteração do gênero feminino para o masculino no assento de registro civil de pessoa transexual, mesmo sem a realização da cirurgia de transgenitalização para redesignação de sexo.
DIREITO TRIBUTÁRIO			
16	RE 643247	Cobrança de taxa pela utilização potencial do serviço de extinção de incêndio.	Recurso extraordinário em que se discute, à luz do art. 145, II e § 2º, da Constituição Federal, a constitucionalidade, ou não, da cobrança de taxa pela utilização potencial do serviço de extinção de incêndio, instituída pela Lei nº 14.938/2003, do Estado de Minas Gerais.
34	RE 570122	Ampliação da base de cálculo e majoração da alíquota da COFINS pela Lei nº 10.833/2003, resultante da conversão da Medida Provisória nº 135/2003.	Recurso extraordinário em que se discute, à luz dos artigos 1º, parágrafo único; 5º, caput; 61; 62; 150, II e IV; 154, I; 195, I, b, IV e § 4º; e 246, da Constituição Federal, a constitucionalidade, ou não, da ampliação da base de cálculo e da majoração da alíquota da Contribuição para Financiamento da Seguridade Social – COFINS instituída pela Lei nº 10.833/2003, resultante da conversão da Medida Provisória nº 135/2003.
64	RE 577494	Diferença de tratamento entre empresas públicas e sociedades de economia mista, que exploram atividade econômica, e empresas privadas, no que tange às contribuições para o PIS/PASEP.	Recurso extraordinário em que se discute, à luz do art. 173, § 1º, II da Constituição Federal, a revogação, ou não, do art. 12 da Lei Complementar nº 7/70 e do art. 3º da Lei Complementar nº 8/70, que previram, no tocante às contribuições para o PIS/PASEP, tratamento mais gravoso para as empresas públicas e sociedades de economia mista que exploram atividade econômica em comparação às empresas privadas, pela Constituição de 1988.

Tema	*Leading case*	Título	Descrição
72	RE 576967	Inclusão do salário-maternidade na base de cálculo da Contribuição Previdenciária incidente sobre a remuneração.	Recurso extraordinário em que se discute, à luz do art. 195, caput e § 4º; e 154, I, da Constituição Federal, a constitucionalidade, ou não, da inclusão do valor referente ao salário-maternidade na base de cálculo da Contribuição Previdenciária incidente sobre a remuneração (art. 28, § 2º, I da Lei nº 8.212/91 e art. 214, §§ 2º e 9º, I, do Decreto nº 3.048/99).
79	RE 565886	a) Reserva de lei complementar para instituir PIS e COFINS sobre a importação. b) Aplicação retroativa da Lei nº 10.865/2004.	Recurso extraordinário em que se discute, à luz dos artigos 146, III, b; 149, § 2º, II; 150, I e III, a; 154, I; e 195, IV, da Constituição Federal, a exigência, ou não, de lei complementar para instituir contribuição para o Programa de Integração Social – PIS e Contribuição para o Financiamento da Seguridade Social – COFINS sobre a importação, e a possibilidade, ou não, de aplicação retroativa da Lei nº 10.865/2004, que ao definir a base de cálculo do PIS e COFINS – importação, criou um conceito de valor aduaneiro específico para essas contribuições.
80	RE 592145	Majoração da alíquota do IPI para o açúcar.	Recurso extraordinário em que se discute, à luz do art. 153, § 3º, I da Constituição Federal, a constitucionalidade, ou não, do Decreto nº 2.917/98, que instituiu nova alíquota do Imposto sobre Produtos Industrializados – IPI para o açúcar.
104	RE 590186	Incidência de IOF em contratos de mútuo em que não participam instituições financeiras.	Recurso extraordinário em que se discute, à luz do art. 153, V, da Constituição Federal, a constitucionalidade, ou não, do art. 13, caput, da Lei nº 9.779/99, que prevê a incidência do Imposto sobre Operações Financeiras – IOF sobre as operações de crédito correspondentes a mútuo de recursos financeiros entre pessoa jurídica e pessoa física ou entre pessoas jurídicas não pertencentes ao sistema financeiro.
111	RE 970343	Aplicabilidade imediata do art. 78, § 2º, do ADCT para fins de compensação de débitos tributários com precatórios de natureza alimentar.	Recurso extraordinário em que se discute a aplicabilidade imediata, ou não, do art. 78, § 2º do Ato das Disposições Constitucionais Transitórias, e a possibilidade, ou não, à luz desse dispositivo, de compensação de débitos tributários com precatórios de natureza alimentar.

Tema	*Leading case*	Título	Descrição
117	RE 591340	Limitação do direito de compensação de prejuízos fiscais do IRPJ e da base de cálculo negativa da CSLL.	Recurso extraordinário em que se discute, à luz dos artigos 145, § 1º; 148; 150, II e IV; 153, III; e 195, I, c, da Constituição Federal, a constitucionalidade, ou não, dos artigos 42 e 58 da Lei nº 8.981/95, bem como dos artigos 15 e 16 da Lei nº 9.065/95, no que limitaram em 30%, para cada ano-base, o direito do contribuinte de compensar os prejuízos fiscais do Imposto de Renda sobre a Pessoa Jurídica – IRPJ e da base de cálculo negativa da Contribuição Social sobre o Lucro Líquido – CSLL.
118	RE 592616	Inclusão do ISS na base de cálculo do PIS e da COFINS.	Recurso extraordinário em que se discute, à luz dos artigos 1º; 18; 60, § 4º; 145, § 1º; 146-A; 151; 170, IV; 195, I, b, da Constituição Federal, a constitucionalidade, ou não, da inclusão do Imposto sobre Serviços de Qualquer Natureza – ISS na base de cálculo do PIS e da COFINS.
163	RE 593068	Contribuição previdenciária sobre o terço constitucional de férias, a gratificação natalina, os serviços extraordinários, o adicional noturno e o adicional de insalubridade.	Recurso extraordinário em que se discute, à luz dos artigos 40, §§ 2º e 12; 150, IV; 195, § 5º; e 201, § 11, da Constituição Federal, a constitucionalidade, ou não, da exigibilidade de contribuição previdenciária sobre o terço constitucional de férias, a gratificação natalina, os serviços extraordinários, o adicional noturno e o adicional de insalubridade, tendo em vista a natureza jurídica de tais verbas.
167	RE 595107	Cálculo dos índices de correção monetária quando da implantação do Plano Real.	Recurso extraordinário em que se discute, à luz dos artigos 5º, caput, II, XXII e LIV, e § 2º; 37, caput; 145, § 1º; 150, I, III, a e b, e IV; e 153, III, da Constituição Federal, a constitucionalidade, ou não, do art. 38 da Lei nº 8.880/94 (que instituiu o Plano Real), o qual estabelece que o cálculo dos índices de correção monetária, no mês em que se verificar a emissão do Real de que trata o art. 3º da referida lei, bem como no mês subseqüente, tomará por base preços em Real, o equivalente em URV dos preços em cruzeiros reais, e os preços nominados ou convertidos em URV dos meses imediatamente anteriores.
176	RE 593824	Inclusão dos valores pagos a título de "demanda contratada" na base de cálculo do ICMS sobre operações envolvendo energia elétrica.	Recurso extraordinário em que se discute, à luz dos artigos 150, II; e 155, II, § 2º, IX, b, e § 3º, da Constituição Federal, a constitucionalidade, ou não, da inclusão dos valores pagos a título de "demanda contratada" (demanda de potência) na base de cálculo do Imposto sobre Circulação de Mercadorias e Serviços – ICMS sobre operações envolvendo energia elétrica.

Tema	*Leading case*	Título	Descrição
179	RE 587108	Compensação de créditos calculados com base nos valores dos bens e mercadorias em estoque, no momento da transição da sistemática cumulativa para a não cumulativa da contribuição para o PIS e da COFINS.	Recurso extraordinário em que se discute, à luz dos artigos 5°, caput; 150, II; e 195, § 12, da Constituição Federal, a constitucionalidade, ou não, do § 1° do art. 11 da Lei n° 10.637/2002 e do § 1° do art. 12 da Lei n° 10.833/2003, que disciplinam o direito de aproveitamento de créditos calculados com base nos valores dos bens e mercadorias em estoque, no momento da transição da sistemática cumulativa para a não cumulativa da contribuição para o PIS e da COFINS.
185	RE 596286	Incidência do imposto de renda sobre os resultados financeiros verificados na liquidação de contratos de swap para fins de hedge.	Recurso extraordinário em que se discute, à luz dos artigos 146, III; 150, IV; e 153, III, da Constituição Federal, a constitucionalidade, ou não, do art. 5° da Lei n° 9.779/99, que prevê a incidência do imposto de renda sobre os resultados financeiros verificados na liquidação de contratos de swap para fins de hedge.
207	RE 598468	Reconhecimento a contribuinte optante pelo SIMPLES das imunidades tributárias previstas nos artigos 149, § 2°, I e 153, § 3°, III, da Constituição Federal.	Recurso extraordinário em que se discute, à luz dos artigos 149, § 2°, I e 153, § 3°, III, da Constituição Federal, a possibilidade, ou não, de se reconhecer a contribuinte optante pelo Sistema Integrado de Pagamento de Impostos e Contribuições das Microempresas e das Empresas de Pequeno Porte – SIMPLES as imunidades previstas nesses dispositivos.
218	RE 588954	Direito de supermercado a crédito do ICMS relativo à energia elétrica utilizada no processo produtivo de alimentos que comercializa.	Recurso extraordinário em que se discute, à luz do art. 155, § 2°, I, da Constituição Federal, a possibilidade, ou não, de se considerar como atividade industrial o processamento de alimentos realizado por supermercado, para fins de crédito do Imposto sobre Circulação de Mercadorias e Serviços – ICMS relativo à energia elétrica utilizada nessa atividade.
228	RE 596832	Restituição de valores recolhidos a maior a título de PIS e COFINS mediante o regime de substituição tributária.	Recurso extraordinário em que se discute, à luz do art. 150, § 7°, da Constituição Federal, o cabimento, ou não, de restituição dos valores recolhidos a maior a título de PIS e COFINS quando a base de cálculo inicialmente estimada for superior à base de cálculo real, considerado o regime de substituição tributária.

Tema	*Leading case*	Título	Descrição
244	RE 599316	Limitação temporal para o aproveitamento de créditos de PIS E COFINS.	Recurso extraordinário interposto com base no art. 102, III, b, da Constituição Federal, em que se discute a constitucionalidade, ou não, do art. 31 da Lei nº 10.865/2004, que limita a possibilidade de aproveitamento de créditos de PIS – Programa de Integração Social e COFINS – Contribuição Financeira para a Seguridade Social decorrentes das aquisições de bens para o ativo fixo realizadas até 30 de abril de 2004.
247	RE 603497	Incidência do ISS sobre materiais empregados na construção civil.	Recurso extraordinário em que se discute, à luz dos artigos 59; e 146, III, a, da Constituição Federal, a constitucionalidade, ou não, da incidência do Imposto sobre Serviços de Qualquer Natureza – ISS sobre materiais empregados na construção civil e, por conseguinte, a revogação, ou não, do art. 9º, § 2º, a, do Decreto-lei nº 406/68, que autoriza a dedução da base de cálculo do ISS das parcelas correspondentes ao valor desses materiais, pela Constituição de 1988.
254	RE 600010	Equiparação de Caixa de Assistência de grupo profissional a entidades beneficentes de assistência social para fins de imunidade tributária.	Recurso extraordinário em que se discute, à luz do art. 150, VI, c, da Constituição Federal, a aplicação, ou não, da imunidade tributária conferida às entidades beneficentes de assistência social, às operações de venda de medicamentos por instituição voltada à concessão de benefícios a classe profissional, no caso, a Caixa de Assistência dos Advogados de Minas Gerais.
281	RE 611601	Contribuição para a seguridade social a cargo das agroindústrias sobre a receita bruta prevista na Lei nº 10.256/2001.	Recurso extraordinário em que se discute, à luz dos artigos 150, II; 154, I; e 195, I e §§ 4º ao 13, da Constituição Federal, a constitucionalidade, ou não, do art. 1º da Lei nº 10.256/2001, que introduziu o art. 22-A na Lei nº 8.212/91, o qual prevê contribuição para a seguridade social a cargo das agroindústrias com incidência sobre a receita bruta em caráter de substituição à contribuição sobre a remuneração paga, devida ou creditada pela empresa.

Tema	*Leading case*	Título	Descrição
296	RE 784439	Caráter taxativo da lista de serviços sujeitos ao ISS a que se refere o art. 156, III, da Constituição Federal.	Recurso extraordinário em que se discute, à luz dos artigos 150, I; e 156, III, da Constituição Federal, o caráter taxativo, ou não, da lista de serviços sujeitos ao Imposto sobre Serviços de Qualquer Natureza – ISS, de que trata o aludido art. 156, III, que outorga competência aos Municípios para instituir imposto sobre serviços de qualquer natureza, não compreendidos no art. 155, II, definidos em lei complementar e, por conseguinte, a constitucionalidade, ou não, da cobrança do ISS sobre serviços bancários não arrolados no Decreto-lei n° 406/68, com a redação da Lei Complementar n° 56/87.
298	RE 545796	Diferimento da compensação tributária advinda da correção monetária das demonstrações financeiras no período-base de 1990.	Recurso extraordinário em que se discute, à luz dos artigos 148; e 153, III, da Constituição Federal, a constitucionalidade, ou não, do diferimento, promovido pela Lei n° 8.200/91, da compensação tributária decorrente de correção monetária das demonstrações financeiras das pessoas jurídicas no ano-base de 1990.
300	RE 603136	Incidência do ISS sobre os contratos de franquia.	Recurso extraordinário em que se discute, à luz do art. 156, III, da Constituição Federal, a constitucionalidade, ou não, da incidência do Imposto sobre Serviços de Qualquer Natureza – ISS sobre os contratos de franquia.
304	RE 607109	Apropriação de créditos de PIS e COFINS na aquisição de desperdícios, resíduos ou aparas.	Recurso extraordinário em que se discute, à luz dos artigos 170, IV, VI e VIII; e 225, da Constituição Federal, a possibilidade, ou não, de serem apropriados os créditos de PIS e COFINS na aquisição de desperdícios, resíduos ou aparas.
317	RE 630137	Autoaplicabilidade da imunidade relativa à contribuição sobre os proventos de aposentadorias e pensões dos servidores públicos, prevista no art. 40, § 21, da Constituição Federal, quando o beneficiário for portador de doença incapacitante.	Recurso extraordinário em que se discute, à luz dos artigos 2°; art. 40, § 21; 146, II e III; e 150, II, da Constituição Federal, a autoaplicabilidade, ou não, do art. 40, § 21, da Constituição Federal, com a redação dada pela Emenda Constitucional n° 47/2005, o qual estabelece que a contribuição sobre os proventos de aposentadorias e pensões dos servidores públicos incidirá apenas sobre as parcelas de proventos de aposentadoria e de pensão que superem o dobro do limite máximo estabelecido para os benefícios do regime geral de previdência social, de que trata o art. 201 da Constituição Federal, quando o beneficiário, na forma da lei, for portador de doença incapacitante.

Tema	*Leading case*	Título	Descrição
322	RE 592891	Creditamento de IPI na entrada de insumos provenientes da Zona Franca de Manaus.	Recurso extraordinário em que se discute, à luz do art. 153, § 3º, II, da Constituição Federal, a constitucionalidade, ou não, do aproveitamento de créditos do Imposto sobre Produtos Industrializados – IPI decorrentes de aquisição de insumos, matéria-prima e material de embalagem, sob o regime de isenção, oriunda da Zona Franca de Manaus.
324	RE 602917	Reserva de lei complementar para estabelecimento de valores pré-fixados para o cálculo do IPI.	Recurso extraordinário em que se discute, à luz do art. 146, III, a, da Constituição Federal, a constitucionalidade, ou não, do art. 3º da Lei nº 7.798/89, que possibilita ao Poder Executivo estabelecer, em relação a outros produtos dos capítulos 21 e 22 da Tabela de Incidência do Imposto sobre Produtos Industrializados – TIPI, aprovada pelo Decreto nº 97.410/88, classes de valores correspondentes ao IPI a ser pago, em face da exigência de lei complementar.
325	RE 603624	Subsistência da contribuição destinada ao SEBRAE, após o advento da Emenda Constitucional nº 33/2001.	Recurso extraordinário em que se discute, à luz do art. 149, § 2º, III, a, da Constituição Federal, acrescido pela Emenda Constitucional nº 33/2001, a possibilidade, ou não, da utilização, pelo constituinte derivado, do critério de indicação de bases econômicas, para fins de delimitação da competência relativa à instituição de contribuições sociais e de intervenção no domínio econômico, e, por conseguinte, a exigibilidade, ou não, da contribuição destinada ao SEBRAE, instituída pela Lei nº 8.209/90, na redação dada pela Lei nº 8.154/90, após a entrada em vigor da referida emenda constitucional.
327	RE 607420	Inscrição de Município no SIAFI/CADIN sem o prévio julgamento de Tomada de Contas Especial.	Recurso extraordinário em que se discute, à luz dos artigos 5º, LIV e LV; e 160, parágrafo único, I, da Constituição Federal, a constitucionalidade, ou não, da inscrição de Município no Cadastro de Inadimplentes do Sistema Integrado de Administração Financeira do Governo Federal – SIAFI/CADIN, sem o prévio julgamento de Tomada de Contas Especial pelo Tribunal de Contas da União.
328	RE 611510	Incidência do IOF sobre aplicações financeiras de curto prazo de partidos políticos, entidades sindicais, instituições de educação e de assistência social sem fins lucrativos beneficiários de imunidade tributária.	Recurso extraordinário em que se discute, à luz do art. 150, VI, c, da Constituição Federal, a constitucionalidade, ou não, da incidência do IOF sobre as operações financeiras de curto prazo realizadas por partidos políticos, entidades sindicais, instituições de educação e de assistência social sem fins lucrativos, beneficiários de imunidade quanto ao referido imposto.

Tema	*Leading case*	Título	Descrição
336	RE 630790	Imunidade tributária em relação ao imposto de importação para entidades que executam atividades fundadas em preceitos religiosos.	Recurso extraordinário em que se discute, à luz dos artigos 19, II; 150, VI, c, § 4°; e 203, da Constituição Federal, se a atividade filantrópica executada com fundamento em preceitos religiosos (ensino, caridade e divulgação dogmática) caracteriza-se, ou não, como assistência social, nos termos dos artigos 194 e 203, da Constituição Federal, para fins de incidência da imunidade tributária relativamente ao imposto de importação.
337	RE 607642	Majoração da alíquota de contribuição para o PIS mediante medida provisória.	Recurso extraordinário em que se discute, à luz dos artigos 2°; 5°, II; 150, I; 195, § 9°; e 246, da Constituição Federal, a constitucionalidade, ou não, da Medida Provisória n° 66/2002, convertida na Lei n° 10.637/2002, a qual inaugurou a sistemática da não cumulatividade da contribuição para o Programa de Integração Social – PIS, incidente sobre o faturamento das pessoas jurídicas prestadoras de serviços, com a conseqüente majoração da alíquota da referida contribuição, associada à possibilidade de aproveitamento de créditos compensáveis para a apuração do valor efetivamente devido.
346	RE 601967	Reserva de norma constitucional para dispor sobre direito à compensação de créditos do ICMS.	Recurso extraordinário em que se discute, à luz do art. 155, § 2°, I, XII, c, da Constituição Federal, a possibilidade, ou não, de lei complementar dispor sobre o direito à compensação de créditos do ICMS, sob o argumento de que somente norma constitucional poderia impor limites à não cumulatividade do ICMS.
364	RE 607886	Titularidade do produto de arrecadação do imposto de renda incidente sobre complementação de aposentadoria paga por autarquia estadual.	Recurso extraordinário em que se discute, à luz do art. 157, I, da Constituição Federal, a constitucionalidade, ou não, de decisão judicial que, com fundamento no disposto no art. 159 da Constituição Federal, não reconheceu ao Estado-membro a titularidade direta do produto da arrecadação do imposto de renda incidente sobre complementação de aposentadoria paga por autarquia estadual e determinou a conversão em renda de depósitos judiciais realizados em favor da União.

Tema	*Leading case*	Título	Descrição
303	RE 605506	Cobrança de IPI na base de cálculo do PIS e da COFINS exigida e recolhida pelas montadoras de veículos em regime de substituição tributária.	Recurso extraordinário em que se discute, à luz dos artigos 145, § 1º; 150, § 7º; e 195, I, b, da Constituição Federal, a constitucionalidade, ou não, da cobrança do Imposto sobre Produtos Industrializados – IPI na base de cálculo do Programa de Integração Social – PIS e da Contribuição para o Financiamento da Seguridade Social – COFINS exigida e recolhida pelas montadoras de veículos em regime de substituição tributária.
369	RE 614232	Vinculado ao tema n° 368	Vinculado ao tema n° 368
372	RE 609096	Exigibilidade do PIS e da COFINS sobre as receitas financeiras das instituições financeiras.	Recurso extraordinário em que se discute, à luz do artigo 195, I, da Constituição Federal e do art. 72, V, do Ato das Disposições Constitucionais Transitórias, a exigibilidade, ou não, da contribuição ao PIS e da COFINS sobre as receitas financeiras das instituições financeiras.
379	RE 605552	Imposto a incidir em operações mistas realizadas por farmácias de manipulação.	Recurso extraordinário em que se discute, à luz dos artigos 155, II, § 2º, IX, b e 156, III, da Constituição Federal, qual imposto deve incidir sobre operações mistas de manipulação e fornecimento de medicamentos por farmácias de manipulação: se o Imposto sobre Circulação de Mercadorias e Serviços – ICMS ou o Imposto sobre Serviços de Qualquer Natureza – ISS.
382	RE 603917	Sujeição da Lei Complementar 122/2006 a prazo nonagesimal.	Recurso extraordinário em que se discute, à luz do art. 150, III, b e c, da Constituição Federal, se a Lei Complementar n. 122/2006, ao adiar a possibilidade de aproveitamento dos créditos de ICMS para 1º de janeiro de 2011, está, ou não, sujeita à aplicação do prazo nonagesimal.
385	RE 594015	Reconhecimento de imunidade tributária recíproca a sociedade de economia mista ocupante de bem público.	Recurso extraordinário em que se discute, à luz do art. 150, VI, a, da Constituição Federal, se a imunidade tributária recíproca alcança, ou não, sociedade de economia mista arrendatária de terreno localizado em área portuária pertencente à União.
390	RE 636562	Reserva de lei complementar para tratar da prescrição intercorrente no processo de execução fiscal.	Recurso extraordinário em que se discute, à luz dos art. 146, III, b, da Constituição Federal, a constitucionalidade ou não, do artigo 40, § 4º, da Lei 6.830/1980, que regula a prescrição intercorrente no processo de execução fiscal, sob a alegação de que não se trata de matéria reservada à lei complementar.

Tema	*Leading case*	Título	Descrição
391	RE 635443	Incidência do PIS e da CO-FINS nas importações realizadas por conta e ordem de terceiros no contexto do Sistema Fundap.	Recurso extraordinário em que se discute, à luz dos arts. 109; 153, I; 155, § 2°, IX, a; e 195, I, b, da Constituição Federal, a incidência, ou não, da contribuição ao PIS e da COFINS na importação realizada por conta e ordem de terceiros, no contexto do sistema Fundap (Fundo de Desenvolvimento de Atividades Portuárias), bem como se, diante das características que envolvem tais operações, a incidência deve ocorrer sobre o valor da prestação de serviços, segundo normas insertas na MP 2.158-35/2001, ou sobre o valor da importação, que representará o faturamento do adquirente.
400	AI 837409	Legitimidade ativa para cobrar IPTU referente à área de município em que se controverte acerca da observância do artigo 18, § 4°, da Constituição Federal no processo de desmembramento.	Agravo de instrumento interposto contra decisão que inadmitiu recurso extraordinário, em que se discute, à luz do artigo 18, § 4°, da Constituição Federal, a constitucionalidade, ou não, do art. 37 do ADCT da Constituição do Estado de Sergipe, que atribui área territorial pertencente ao município de São Cristóvão ao município de Aracaju, decorrendo daí a questão da legitimidade ativa para cobrar IPTU de propriedades situadas naquela região.
415	ARE 638550	Reserva de Lei Complementar para repasse do PIS e da COFINS ao consumidor.	Agravo interposto contra decisão que inadmitiu recurso extraordinário em que se discute, à luz dos artigos 5°, II, e 146, III, "a", da Constituição Federal, a necessidade, ou não, de Lei Complementar para definir a possibilidade de repasse, em faturas telefônicas, do PIS e da COFINS aos usuários dos serviços.
416	RE 635347	Forma de pagamento de débito originado de erro no cálculo das verbas a serem repassadas pela União a título de complementação do FUNDEF.	Recurso extraordinário em que se discute a compatibilidade, ou não, de forma de pagamento de débito oriundo de erro no cálculo das verbas a serem repassadas pela União, a título de complementação do FUNDEF, com os artigos 60, § 1°, do ADCT e 100 da Constituição Federal.
437	RE 601720	Reconhecimento de imunidade tributária recíproca a empresa privada ocupante de bem público.	Recurso extraordinário em que se discute, à luz do art. 150, VI, a, §§ 2° e 3°, da Constituição Federal, se a imunidade tributária recíproca alcança, ou não, bem imóvel de propriedade da União cedido à empresa privada que explora atividade econômica.

Tema	*Leading case*	Título	Descrição
456	RE 598677	Cobrança antecipada de ICMS no ingresso de mercadorias adquiridas em outro ente da federação.	Recurso extraordinário em que se discute, à luz dos artigos 150, § 7°, e 155, § 2°, VII e VIII, da Constituição Federal, ofensa ao princípio da reserva legal quando da cobrança antecipada de ICMS, por meio de decreto, relativamente à diferença entre a alíquota interna do Estado de destino e a alíquota interestadual.
470	RE 599309	Contribuição adicional de 2,5% sobre a folha de salários de instituições financeiras estabelecida antes da EC 20/98.	Recurso extraordinário em que se discute, à luz dos artigos 5°, caput e I; 145, § 1°; 150, II; 194, V; 195, I e § 5°, a constitucionalidade, ou não, da contribuição adicional de 2,5% sobre a folha de salários, instituída pelo art. 3°, § 2°, da Lei 7.787/89, a ser paga por bancos comerciais, bancos de investimentos, bancos de desenvolvimento, caixas econômicas, sociedades de crédito, financiamento e investimento, sociedades de crédito imobiliário, sociedades corretoras, distribuidoras de títulos e valores mobiliários, empresas de arrendamento mercantil, cooperativas de crédito, empresas de seguros privados e de capitalização, agentes autônomos de seguros privados e de crédito e entidades de previdência privada abertas e fechadas, em momento anterior à EC 20/98, que autorizou a adoção de alíquotas diferenciadas relativamente a contribuições sociais.
475	RE 754917	Extensão da imunidade relativa ao ICMS para a comercialização de embalagens fabricadas para produtos destinados à exportação.	Agravo interposto contra decisão que inadmitiu recurso extraordinário em que se discute, à luz do art. 155, § 2°, X, a, da Constituição Federal, se a imunidade relativa ao ICMS, incidente sobre operações que destinem mercadorias para o exterior, alcança, ou não, toda a cadeia produtiva, abrangendo também a comercialização das embalagens fabricadas para os produtos destinados à exportação.
490	RE 628075	Creditamento de ICMS incidente em operação oriunda de outro ente federado que concede, unilateralmente, benefício fiscal.	Recurso Extraordinário em que se discute, à luz dos artigos 1°; 2°; 102; 155, § 2°, I; da Constituição Federal, a possibilidade, ou não, de ente federado negar a adquirente de mercadorias o direito ao crédito de ICMS destacado em notas fiscais, em operações interestaduais provenientes de outro ente federativo, que concede, por iniciativa unilateral, benefícios fiscais pretensamente inválidos.

Tema	*Leading case*	Título	Descrição
495	RE 630898	Referibilidade e natureza jurídica da contribuição para o INCRA, em face da Emenda Constitucional nº 33/2001.	Recurso extraordinário em que se discute, à luz dos artigos 149, § 2º, III, "a" e 195, I, da Constituição Federal, se a contribuição de 0,2%, calculada sobre o total do salário dos empregados de determinadas indústrias rurais e agroindústrias — inclusive cooperativas —, destinada ao INCRA, fora, ou não, recebida pela Carta Magna, e qual a sua natureza jurídica, em face da Emenda Constitucional nº 33/2001.
501	RE 606314	Alíquota do IPI sobre o processo de industrialização de embalagens para acondicionamento de água mineral.	Recurso extraordinário em que se discute, à luz do art. 153, § 3º, I, da Constituição Federal, a compatibilidade, ou não, de decisão judicial, que considerou ilegal a cobrança de IPI, sob a alíquota de 15%, sobre o processo de industrialização de recipientes destinados ao acondicionamento de água mineral, sob o fundamento de se tratar de "embalagens para produtos alimentícios" sujeitas, portanto, à "alíquota zero", com o princípio da seletividade.
502	RE 627280	Incidência de IPI sobre bacalhau seco e salgado	Recurso extraordinário em que se discute, à luz dos princípios constitucionais da isonomia, da seletividade, da extrafiscalidade, bem como da regra da estrita legalidade, a incidência, ou não, de IPI sobre o processo de produção de bacalhau seco e salgado, a fim de esclarecer se se trata de atividade efetivamente capaz de "modificar a natureza, o funcionamento, a apresentação, a finalidade do produto, ou o aperfeiçoe para consumo" ou, diversamente, se se trata simplesmente de atividade material necessária à preservação do bem durante o transporte do local de captura para o local de venda, bem como a importância, ou não, dessa distinção para fins de aplicação de acordo internacional – GATT, aprovado pelo Decreto Legislativo nº 30/1994 e pelo Decreto nº 301.355/1994).
504	RE 593544	Crédito presumido do IPI na base de cálculo do PIS e da COFINS.	Recurso extraordinário, em que se discute, à luz dos artigos 149, § 2º, I, 150, § 6º e 195, I, da Constituição Federal, a possibilidade, ou não, de o crédito presumido do IPI decorrente de exportações, instituído pela Lei 9.363/96, integrar a base de cálculo do PIS e da COFINS.

Tema	*Leading case*	Título	Descrição
507	RE 660970	Imposto a incidir sobre operações de secretariado por rádio-chamada.	Recurso extraordinário em que se discute, à luz dos artigos 155, II; e 156, III, da Constituição Federal, qual imposto deve incidir sobre operações de secretariado por rádio-chamada – atividade de "paging" – : o Imposto sobre Circulação de Mercadorias e Serviços – ICMS ou o Imposto sobre Serviços de Qualquer Natureza – ISS.
508	RE 600867	Imunidade tributária recíproca para sociedade de economia mista com participação acionária negociada em bolsa de valores.	Recurso extraordinário, em que se discute, à luz do art. 150, VI, a, da Constituição Federal, se a imunidade tributária recíproca alcança, ou não, sociedade de economia mista cuja composição acionária é objeto de negociação em bolsa de valores e distribui lucros a investidores públicos e privados, em razão das atividades desempenhadas.
515	RE 656089	Reserva de lei para a majoração da alíquota da COFINS de 3% para 4% pela Lei 10.684/2003.	Recurso extraordinário em que se discute, à luz dos arts. 150, II, 145, § 1º, 194, V e 195, § 9º, da Constituição Federal, a constitucionalidade, ou não, do artigo 18 da Lei 10.684/2003, que majorou de 3% para 4% a alíquota da Contribuição para o Financiamento da Seguridade Social – COFINS, a ser paga por bancos comerciais, bancos de investimentos, bancos de desenvolvimento, caixas econômicas, sociedades de crédito, financiamento e investimento, sociedades de crédito imobiliário, sociedades corretoras, distribuidoras de título e valores mobiliários, empresas de arrendamento mercantil e cooperativas de crédito.
516	RE 597315	Sujeição passiva das cooperativas à contribuição para o financiamento da seguridade social – COFINS.	Recurso extraordinário em que se discute, à luz dos artigos 146, III, "c", 154, I, e 172, § 2º, da Constituição Federal, bem como do art. 1º, II, da LC 84/96, a possibilidade, ou não, de inclusão, na base de cálculo de contribuição para o financiamento da seguridade social – COFINS, dos valores recebidos pelas cooperativas, provenientes de terceiros tomadores de serviços ou adquirentes das mercadorias vendidas por seus associados.
517	RE 970821	Aplicação de diferencial de alíquota de ICMS à empresa optante pelo SIMPLES NACIONAL.	Recurso extraordinário em que se discute, à luz dos artigos 146-A e 155, § 2º, da Constituição Federal, a possibilidade, ou não, da aplicação da metodologia de cálculo denominada diferencial de alíquota de ICMS à empresa optante pelo SIMPLES NACIONAL, em face de possível usurpação de competência da União e do princípio da não cumulatividade.

Tema	*Leading case*	Título	Descrição
520	ARE 665134	Sujeito ativo do ICMS a incidir sobre circulação de mercadorias importadas por um estado da federação, industrializadas em outro estado da federação e que retorna ao primeiro para comercialização.	Recurso extraordinário em que se discute, à luz do art. 155, § 2º, IX, a, da Constituição Federal, qual o destinatário final das mercadorias importadas por um estado da federação, industrializadas em outro estado da federação e que retorna ao primeiro para comercialização, com o objetivo de definir o sujeito ativo do ICMS.
523	RE 666156	Seletividade de IPTU antes da Emenda Constitucional nº 29/2000	Recurso extraordinário em que se discute, à luz dos arts. 145, § 1º, e 156, I, § 1º, da Constituição Federal, a constitucionalidade, ou não, do critério de seletividade do IPTU, instituído por lei municipal, antes da Emenda Constitucional nº 29/2000.
536	RE 672215	Incidência de COFINS, PIS e CSLL sobre o produto de ato cooperado ou cooperativo.	Recurso extraordinário em que se discute, à luz dos artigos 5º, XVIII; 146, III, c; 194, parágrafo único, V; 195, caput, e I, a, b e c e § 7º; e 239 da Constituição Federal, a possibilidade de lei dispor sobre a incidência, ou não, de COFINS, PIS e CSLL sobre o produto de ato cooperado ou cooperativo em face dos conceitos constitucionais relativos ao cooperativismo: "ato cooperativo", "receita da atividade cooperativa" e "cooperado".
554	RE 677725	Fixação de alíquota da contribuição ao SAT a partir de parâmetros estabelecidos por regulamentação do Conselho Nacional de Previdência Social.	Recurso extraordinário em que se discute, à luz do inciso II do art. 5º, do § 1º do art. 37, do § 1º do art. 145, bem como dos incisos I, II, III (alínea a) e IV do art. 150, todos da Constituição Federal, a constitucionalidade, ou não, do art. 10 da Lei 10.666/2003 e de sua regulamentação pelo art. 202-A do Decreto 3.048/99, com a redação conferida pelo Decreto 6.957/2009. Dispositivos que disciplinaram a redução ou a majoração das alíquotas de contribuição ao Seguro do Acidente do Trabalho – SAT, atualmente denominado Riscos Ambientais do Trabalho – RAT, em razão do desempenho da empresa, a ser aferido de acordo com o Fator Acidentário de Prevenção – FAP, fixado a partir de índices calculados segundo metodologia aprovada pelo Conselho Nacional de Previdência Social, órgão integrante do Poder Executivo.
590	RE 688223	Incidência de ISS sobre contratos de licenciamento ou de cessão de programas de computador (software) desenvolvidos para clientes de forma personalizada.	Recurso extraordinário em que se discute, à luz do § 3º do art. 155 e do inciso III do art. 156 da Constituição Federal, a incidência, ou não, de ISS em contrato a envolver cessão ou licenciamento de programas de computador (software) desenvolvidos para clientes de forma personalizada.

Tema	*Leading case*	Título	Descrição
619	RE 662976	Aproveitamento, nas operações de exportação, de créditos de ICMS decorrentes de aquisições de bens destinados ao ativo fixo da empresa.	Recurso Extraordinário em que se discute, à luz da letra "a" do inciso X do § 2º do art. 155da Constituição Federal, a possibilidade, ou não de aproveitamento, nas operações de exportação, de créditos de ICMS decorrentes de aquisições de bens destinados ao ativo fixo da empresa.
630	RE 599658	Inclusão da receita decorrente da locação de bens imóveis na base de cálculo da Contribuição ao PIS, tanto para as empresas que tenham por atividade econômica preponderante esse tipo de operação, como para as empresas em que a locação é eventual e subsidiária ao objeto social principal. Possibilidade de extensão do entendimento a ser firmado também para a Cofins.	Recurso extraordinário em que se discute, à luz dos arts. 195, I, b, e 239 da Constituição Federal, a incidência da contribuição para o PIS sobre as receitas decorrentes da locação de bens imóveis, inclusive no que se refere às empresas que alugam imóveis esporádica ou eventualmente. Manifestação da repercussão geral do relator possibilitando a aplicação do mesmo entendimento à Cofins.
633	RE 704815	Direito ao creditamento, após a Emenda Constitucional 42/2003, do ICMS decorrente da aquisição de bens de uso e de consumo empregados na elaboração de produtos destinados à exportação, independentemente de regulamentação infraconstitucional.	Recurso extraordinário em que se discute, à luz dos artigos 155, § 2º, incisos X, a e XII, c, da Constituição Federal, a possibilidade de creditamento, após a Emenda Constitucional 42/2003, do ICMS decorrente da aquisição de bens de uso e de consumo empregados na elaboração de produtos destinados à exportação, independentemente de regulamentação infraconstitucional. Questiona-se a autoaplicabilidade da referida emenda constitucional e seus efeitos sobre a Lei Complementar 87/1996, como norma de imunidade tributária.
651	RE 700922	Constitucionalidade das contribuições à seguridade social, a cargo do empregador produtor rural, pessoa jurídica, incidente sobre a receita bruta proveniente da comercialização de sua produção, instituídas pelo artigo 25, I e II, e § 1º, da Lei 8.870/1994.	Recurso extraordinário, com base no art. 102, III, b, da Constituição, em que se discute a constitucionalidade do art. 25, I e II, e § 1º, da Lei 8.870/1994, que instituiu as contribuições devidas à seguridade social pelo empregador, pessoa jurídica, que se dedique à produção rural incidente sobre a receita bruta proveniente da comercialização da sua produção. Sustenta-se que não há impedimento a que a exação tenha a mesma base de cálculo da Cofins, pois ambas teriam fundamento no art. 195, I, b, da Constituição federal, e não no § 4º do referido artigo.

Tema	*Leading case*	Título	Descrição
665	RE 578846	Constitucionalidade das modificações efetuadas na base de cálculo e na alíquota da contribuição ao PIS, destinada à composição do Fundo Social de Emergência e devida pelos contribuintes a que se refere o § 1º do art. 22 da Lei 8.212/1991, no período de vigência do art. 72, V, do ADCT.	Recurso extraordinário em que se discute, à luz do art. 150, I, do texto constitucional permanente, e art. 73 do ADCT, a possibilidade de recolhimento da contribuição para o PIS conforme determinado na Lei Complementar 7/1970, mesmo durante a vigência do art. 72, V, do Ato das Disposições Constitucionais Transitórias, em face de alegada inexistência de conceito legal de "receita bruta operacional" e invalidade das alterações perpetradas na legislação do imposto de renda pela Medida Provisória 727/1994 (reedição da MP 517/1994, convertida na Lei 9.701/1998), por inconstitucionalidade formal e material. Questiona-se, ainda, com fundamento nos arts. 145, § 1º e 150, II, a constitucionalidade do estabelecimento de alíquotas distintas do PIS às instituições financeiras, em face dos princípios da capacidade contributiva e isonomia tributária.
668	RE 669196	Declaração de inconstitucionalidade de norma prevista em resolução do Comitê Gestor do Programa de Recuperação Fiscal — que regulamentou a forma de notificação de contribuinte sobre sua exclusão do Refis — após julgamento do Supremo Tribunal Federal que concluiu pela natureza infraconstitucional da controvérsia.	Recurso extraordinário interposto com fundamento no art. 102, III, a e b, em que se discute à luz do art. 5º, LV, da Constituição federal, a validade da notificação de contribuinte sobre sua exclusão do Programa de Recuperação Fiscal por meio do Diário Oficial ou da internet, prevista no art. 1º da Resolução CG/REFIS 20/2001, cuja inconstitucionalidade fora declarada pela Corte Especial do Tribunal Regional Federal da 1ª Região, no julgamento de arguição de inconstitucionalidade, por violação do devido processo legal, do contraditório, da ampla defesa e de garantias estabelecidas no art. 37 da Constituição da República. Questiona-se, ainda, a subsistência do precedente do referido órgão especial, em face dos arts. 97 e 102 da Constituição, considerando a declaração de ausência de questão constitucional referente ao tema, firmada pelo Supremo Tribunal Federal em leading case de repercussão geral (RE 611.230-RG, Tema 291).
674	RE 759244	Aplicabilidade da imunidade referente às contribuições sociais sobre as receitas decorrentes de exportação intermediada por empresas comerciais exportadoras ("trading companies").	Recurso extraordinário em que se discute, à luz do art. 149, § 2º, I, da Constituição federal, a constitucionalidade de instrução normativa que determinou a incidência de contribuição social sobre as receitas decorrentes de exportações, quando realizadas de forma indireta, ou seja, efetuadas por intermédio de "trading companies".

Tema	*Leading case*	Título	Descrição
684	RE 659412	Incidência do PIS e da CO-FINS sobre a receita advinda da locação de bens móveis.	Recurso extraordinário em que se discute, à luz do art. 195, I, da Constituição federal, a constitucionalidade da incidência da contribuição para o PIS e da COFINS sobre as receitas provenientes da locação de bens móveis.
685	RE 727851	Extensão da imunidade tributária recíproca ao IPVA de veículos adquiridos por município no regime da alienação fiduciária.	Recurso extraordinário em que se discute, à luz do art. 150, VI, a, da Constituição federal, a possibilidade de extensão da imunidade tributária recíproca ao IPVA de veículos adquiridos por município no regime da alienação fiduciária.
689	RE 748543	Possibilidade de o estado de origem cobrar ICMS sobre a operação interestadual de fornecimento de energia elétrica a consumidor final, para emprego em processo de industrialização.	Recurso extraordinário em que se discute se a imunidade prevista no art. 155, § 2º, X, b, da Constituição federal impede a cobrança, pelo estado de origem, do ICMS sobre operação interestadual de fornecimento de energia elétrica a sociedade empresária para emprego no processo de industrialização do petróleo.
691	RE 626837	Submissão dos entes federativos ao pagamento de contribuição previdenciária patronal incidente sobre a remuneração dos agentes políticos não vinculados a regime próprio de previdência social, após o advento da Lei 10.887/2004.	Recurso extraordinário em que se discute, à luz do art. 195, I, II e § 4º, da Constituição federal, a possibilidade de submissão dos entes federativos ao pagamento de cota patronal da contribuição previdenciária incidente sobre a remuneração dos agentes políticos não vinculados a regime próprio de previdência social, após o advento da Lei 10.887/2004.
694	RE 781926	Possibilidade de creditamento de ICMS em operação de aquisição de matéria-prima gravada pela técnica do diferimento.	Recurso extraordinário em que se discute, à luz do art. 155, § 2º, I e II, da Constituição federal, o direito de empresa atacadista distribuidora de combustíveis creditar-se de ICMS nas operações em que haja diferimento do pagamento do tributo. No caso, a "gasolina c", comercializada pela recorrente, resulta da mistura de "gasolina a" com álcool anidro, este último insumo é adquirido das usinas e destilarias pelo regime de diferimento.
696	RE 666404	Validade da destinação de recursos advindos da contribuição para o custeio do serviço de iluminação pública também ao melhoramento e à expansão da rede.	Recurso extraordinário em que se discute, à luz do art. 149-A da Constituição federal, a possibilidade de destinação de recursos provenientes da contribuição para o custeio do serviço de iluminação pública (COSIP/CIP) não só ao ressarcimento do valor gasto com a manutenção do serviço de iluminação pública, mas também ao melhoramento e à expansão da rede.

Tema	*Leading case*	Título	Descrição
699	RE 612686	Incidência do Imposto de Renda Retido na Fonte sobre as receitas decorrentes das aplicações financeiras dos fundos fechados de previdência complementar e da Contribuição Social sobre o Lucro Líquido sobre os resultados apurados pelos referidos fundos.	Recurso extraordinário em que se discute, à luz dos arts. 153, III e 195, I, "c", da Constituição federal, a constitucionalidade da incidência de Imposto de Renda Retido na Fonte (IRRF) e de Contribuição Social sobre o Lucro Líquido (CSLL), respectivamente sobre os rendimentos auferidos em aplicações financeiras de renda fixa ou variável e superávits das entidades fechadas de previdência complementar, considerando a ausência de finalidade lucrativa das referidas entidades que possa configurar os fatos geradores dos tributos questionados.
700	RE 634764	Constitucionalidade da incidência do Imposto sobre Serviços de Qualquer Natureza (ISSQN) sobre a atividade de exploração de jogos e apostas — tais como a venda de bilhetes, de pules ou de cupons de apostas — e a validade da base de cálculo utilizada.	Recurso extraordinário em que se discute, à luz dos arts. 5º, II; 145, parágrafo único; 146, III, a; 150, I e IV; 153, III; 154, I, e 156, III, da Constituição federal, a validade da tributação municipal, por meio do ISS, sobre a atividade de exploração de apostas pelas sociedades mantenedoras de hipódromos, bem como da base de cálculo utilizada, tal como previsto na lista anexa ao Decreto-Lei 406/1968, com as modificações da Lei Complementar 56/1987, e na Lei Complementar 116/2003.
705	RE 1003758	Possibilidade de compensação do ICMS incidente sobre a prestação de serviço de comunicação em relação à qual houve inadimplência absoluta do usuário.	Recurso extraordinário em que se discute, à luz dos arts. 145, § 1º; 150, § 4º e 155, § 2º, I, da Constituição federal, a validade da vedação da compensação do Imposto sobre a Circulação de Mercadorias e Serviços (ICMS) quando ocorre a inadimplência absoluta do consumidor de serviços de comunicação.
707	RE 698531	Validade da restrição do direito a créditos da contribuição ao PIS apenas quanto aos bens, serviços, custos e despesas relacionados a negócios jurídicos contratados com pessoas jurídicas domiciliadas no Brasil.	Recurso extraordinário em que se discute, à luz dos arts. 150, II; 152 e 170, IV, da Constituição federal, a constitucionalidade do art. 3º, § 3º, I e II, da Lei 10.637/2002, que veda a exclusão, da base de cálculo da contribuição ao PIS, de valores empregados na aquisição de bens e serviços de pessoas jurídicas domiciliadas no exterior, bem como de custos e despesas incorridos e aqueles pagos ou creditados a referidas pessoas jurídicas.
708	RE 1016605	Possibilidade de recolhimento do Imposto sobre a Propriedade de Veículos Automotores (IPVA) em estado diverso daquele em que o contribuinte mantém sua sede ou domicílio tributário.	Recurso extraordinário em que se discute, à luz dos arts. 24, § 3º, 146, I e III e 155, III, da Constituição federal, a possibilidade de o contribuinte recolher o Imposto sobre a Propriedade de Veículos Automotores (IPVA) em favor do estado onde o veículo encontra-se registrado e licenciado, e não do estado em que o contribuinte mantém sede ou domicílio tributário.

Tema	*Leading case*	Título	Descrição
723	RE 761263	Validade da contribuição a ser recolhida pelo produtor rural pessoa física que desempenha suas atividades em regime de economia familiar, sem empregados permanentes, sobre a receita bruta proveniente da comercialização de sua produção.	Recurso extraordinário em que se discute, à luz dos arts. 5º, caput; 97; 146, II e III; 150, I; 154, I; e 195, § 4º e § 8º, da Constituição federal, a constitucionalidade da contribuição a ser recolhida pelo segurado especial que exerce suas atividades em regime de economia familiar, sem empregados permanentes, sobre a receita bruta proveniente da comercialização de sua produção, nos termos do art. 25 da Lei 8.212/1991, desde sua redação originária.
736	RE 796939	Constitucionalidade da multa prevista no art. 74, §§ 15 e 17, da Lei 9.430/1996 para os casos de indeferimento dos pedidos de ressarcimento e de não homologação das declarações de compensação de créditos perante a Receita Federal.	Recurso extraordinário em que se discute, à luz do postulado da proporcionalidade e do art. 5º, XXXIV, a, da Constituição federal, a constitucionalidade dos §§ 15 e 17 do art. 74 da Lei federal 9.430/1996, incluídos pela Lei federal 12.249/2010, que preveem a incidência de multa isolada no percentual de 50% sobre o valor objeto de pedido de ressarcimento indeferido ou de declaração de compensação não homologada pela Receita Federal.
743	RE 770149	Possibilidade de município cuja Câmara Municipal está em débito com a Fazenda Nacional obter certidão positiva de débito com efeito de negativa – CPDEN.	Recurso extraordinário em que se discute, à luz dos arts. 2º; 29; 29-A e 30 da Constituição federal, a possibilidade de expedição de certidão positiva de débito com efeito de negativa – CPDEN em favor de município cuja Câmara de Vereadores encontra-se inadimplente em relação a obrigações tributárias acessórias perante a Fazenda Nacional.
744	RE 633345	Constitucionalidade do art. 8º, § 9º, I e II, da Lei 10.865/2004, que estabeleceu alíquotas da Contribuição ao PIS-Importação e da COFINS-Importação mais elevadas para as importadoras de autopeças que não sejam fabricantes de máquinas e veículos.	Recurso extraordinário em que se discute, à luz dos arts. 145, § 1º; 150, II, e 170, IV, da Constituição federal, a constitucionalidade dos incisos I e II do § 9º do art. 8º da Lei 10.865/2004, que estabeleceram alíquotas de 2,3% para a Contribuição ao PIS-Importação e de 10,8% para a COFINS-Importação a serem recolhidas pelas pessoas jurídicas importadoras de autopeças que não sejam fabricantes de máquinas e veículos, tendo em vista que para as fabricantes de máquinas e veículos que realizam o mesmo fato gerador são aplicadas as alíquotas de 1,65% para a Contribuição ao PIS-Importação e de 7,6% para a COFINS-Importação.

Tema	*Leading case*	Título	Descrição
745	RE 714139	Alcance do art. 155, § 2°, III, da Constituição federal, que prevê a aplicação do princípio da seletividade ao Imposto sobre Circulação de Mercadorias e Serviços – ICMS.	Recurso extraordinário em que se discute, à luz dos arts. 150, II, e 155, § 2°, III, da Constituição federal, a constitucionalidade do art. 19, I, a, da Lei 10.297/1996 do Estado de Santa Catarina, que estabeleceu alíquota diferenciada de 25% para o Imposto sobre Circulação de Mercadorias e Serviços – ICMS incidente sobre o fornecimento de energia elétrica e os serviços de telecomunicação, ao passo que para as "operações em geral" é aplicada a alíquota de 17%.
756	RE 841979	Alcance do art. 195, § 12, da Constituição federal, que prevê a aplicação do princípio da não cumulatividade à Contribuição ao PIS e à COFINS.	Recurso extraordinário em que se discute, à luz do art. 195, I, b, e § 12 (incluído pela Emenda Constitucional 42/2003), a validade de critérios de aplicação da não cumulatividade à Contribuição ao PIS e à COFINS previstos nos arts. 3° das Leis federais 10.637/2002 e 10.833/2003 e no art. 31, § 3°, da Lei federal 10.865/2004.
796	RE 796376	Alcance da imunidade tributária do ITBI, prevista no art. 156, § 2°, I, da Constituição, sobre imóveis incorporados ao patrimônio de pessoa jurídica, quando o valor total desses bens excederem o limite do capital social a ser integralizado.	Recurso extraordinário em que se discute, à luz dos arts. 1°, IV, 5°, II e XXXVI, 37, caput, 156, § 2°, I, e 170 da Constituição Federal, o alcance da imunidade tributária do Imposto de Transmissão Inter Vivos de Bens Imóveis – ITBI, prevista no art. 156, § 2°, I, da Lei Maior, em relação à incorporação de imóveis ao patrimônio de empresa, nos casos em que o valor total desses bens excederem o limite do capital social a ser integralizado.
801	RE 816830	Constitucionalidade da incidência da contribuição destinada ao SENAR sobre a receita bruta proveniente da comercialização da produção rural, nos termos do art. 2° da Lei 8.540/1992, com as alterações posteriores do art. 6° da Lei 9.528/1997 e do art. 3° da Lei 10.256/2001.	Recurso extraordinário em que se discute, à luz dos arts. 150, II, e 240 da Constituição Federal e do art. 62 do ADCT, a constitucionalidade da Contribuição para o Serviço Nacional de Aprendizagem Rural – SENAR que incidia sobre a folha de salários (Lei 8.315/1991, art. 3°) e, posteriormente, passou a ser cobrada sobre a receita bruta proveniente da comercialização da produção rural, por força do art. 2° da Lei 8.540/1992, com as alterações do art. 6° da Lei 9.528/1997 e do art. 3° da Lei 10.256/2001.
808	RE 855091	Incidência de imposto de renda sobre juros de mora recebidos por pessoa física.	Recurso extraordinário em que se discute, à luz dos arts. 97 e 153, III, da Constituição Federal, a constitucionalidade dos arts. 3°, § 1°, da Lei 7.713/1988 e 43, II, § 1°, do Código Tributário Nacional, de modo a definir a incidência, ou não, de imposto de renda sobre os juros moratórios recebidos por pessoa física.

Tema	Leading case	Título	Descrição
816	RE 882461	a) Incidência do ISSQN em operação de industrialização por encomenda, realizada em materiais fornecidos pelo contratante, quando referida operação configura etapa intermediária do ciclo produtivo de mercadoria. b) Limites para a fixação da multa fiscal moratória, tendo em vista a vedação constitucional ao efeito confiscatório.	Recurso extraordinário em que se discute, à luz dos arts. 93, IX, 150, IV, 153, § 3°, II, 155, § 2°, e 156, III, da Constituição Federal, a possibilidade de incidência do Imposto sobre Serviços de Qualquer Natureza – ISSQN em operação de industrialização por encomenda, realizada em materiais fornecidos pelo contratante, quando referida operação configura etapa intermediária do ciclo produtivo de mercadoria. Debatem-se, ainda, as balizas para a aferição da existência de efeito confiscatório na aplicação de multas fiscais moratórias.
817	RE 851421	Possibilidade de os Estados e o Distrito Federal, mediante consenso alcançado no CONFAZ, perdoar dívidas tributárias surgidas em decorrência do gozo de benefícios fiscais, implementados no âmbito da chamada guerra fiscal do ICMS, reconhecidos como inconstitucionais pelo Supremo Tribunal Federal.	Recurso extraordinário em que se discute, à luz dos arts. 146, III, b, 150, § 6°, e 155, § 2°, XII, g, da Constituição Federal, a possibilidade de os Estados e o Distrito Federal, mediante consenso alcançado no Conselho Nacional de Política Fazendária – CONFAZ, perdoar dívidas tributárias surgidas em decorrência do gozo de benefícios fiscais, implementados no âmbito da chamada guerra fiscal do ICMS, reconhecidos como inconstitucionais pelo Supremo Tribunal Federal.
825	RE 851108	Possibilidade de os Estados-membros fazerem uso de sua competência legislativa plena, com fulcro no art. 24, § 3°, da Constituição e no art. 34, § 3°, do ADCT, ante a omissão do legislador nacional em estabelecer as normas gerais pertinentes à competência para instituir o Imposto sobre Transmissão Causa Mortis ou Doação de quaisquer Bens ou Direitos – ITCMD, nas hipóteses previstas no art. 155, § 1°, III, a e b, da Lei Maior.	Recurso extraordinário em que se discute, à luz dos arts. 24, I, e § 3°, e 155, I, e § 1°, II e III, b, da Constituição Federal e do art. 34, § 3° e § 4°, do ADCT, a possibilidade de os Estados-membros fazerem uso de sua competência legislativa plena, com base no art. 24, § 3°, da CF e no art. 34, § 3°, do ADCT, ante a omissão do legislador nacional em estabelecer as normas gerais pertinentes à competência para instituir o Imposto sobre Transmissão Causa Mortis ou Doação de quaisquer Bens ou Direitos – ITCMD, nas hipóteses previstas no art. 155, § 1°, III, a e b, da Lei Maior.

Tema	*Leading case*	Título	Descrição
833	RE 852796	Constitucionalidade da expressão "de forma não cumulativa" constante no caput do art. 20 da Lei 8.212/1991, o qual prevê a sistemática de cálculo da contribuição previdenciária devida pelo segurado empregado e pelo trabalhador avulso.	Recurso extraordinário em que se discute, à luz dos arts. 2º, 3º, I, 5º, II, 37, caput, 145, § 1º, 150, I, 195, caput, e 201 da Constituição Federal, a constitucionalidade da expressão "de forma não cumulativa" constante no caput do art. 20 da Lei 8.212/1991, o qual prevê a sistemática de cálculo da contribuição previdenciária devida pelo segurado empregado e pelo trabalhador avulso.
842	RE 855649	Incidência de Imposto de Renda sobre os depósitos bancários considerados como omissão de receita ou de rendimento, em face da previsão contida no art. 42 da Lei 9.430/1996.	Recurso extraordinário em que se discute, à luz dos arts. 5º, X e XII, 145, § 1º, 146, III, a, 150, III, a, e IV, e 153, III, da Constituição Federal, se a previsão do art. 42 da Lei 9.430/1996 incorreu, ou não, em vício formal, ante a reserva da lei complementar para definir, a título de normas gerais, fato gerador dos impostos, e em inconstitucionalidade material, por afronta aos princípios da capacidade contributiva, da proporcionalidade e da razoabilidade, bem como ao conceito constitucional de renda.
843	RE 835818	Possibilidade de exclusão da base de cálculo do PIS e da COFINS dos valores correspondentes a créditos presumidos de ICMS decorrentes de incentivos fiscais concedidos pelos Estados e pelo Distrito Federal.	Recurso extraordinário em que se discute, à luz dos arts. 150, § 6º, e 195, I, b, da Constituição Federal, a possibilidade de excluir da base de cálculo da Contribuição ao PIS e da COFINS os valores referentes a créditos presumidos do Imposto sobre a Circulação de Mercadorias e Serviços – ICMS concedidos pelos Estados e pelo Distrito Federal.
846	RE 878313	Constitucionalidade da manutenção de contribuição social após atingida a finalidade que motivou a sua instituição.	Recurso extraordinário em que se discute, à luz dos arts. 149 e 154, I, da Constituição Federal, se, constatado o exaurimento do objetivo para o qual foi instituída contribuição social, deve ser extinto o tributo ou admitida a perpetuação da sua cobrança ainda que o produto da arrecadação seja destinado a fim diverso do original.
863	RE 736090	Limites da multa fiscal qualificada em razão de sonegação, fraude ou conluio, tendo em vista a vedação constitucional ao efeito confiscatório.	Recurso extraordinário em que se discute, à luz do art. 150, IV, da Constituição Federal, a razoabilidade da aplicação da multa fiscal qualificada em razão de sonegação, fraude ou conluio, no percentual de 150% sobre a totalidade ou diferença do imposto ou contribuição não paga, não recolhida, não declarada ou declarada de forma inexata (atual § 1º c/c o inciso I do caput do art. 44 da Lei 9.430/1996), tendo em vista a vedação constitucional ao efeito confiscatório.

Tema	*Leading case*	Título	Descrição
872	RE 606010	Constitucionalidade da exigência de multa por ausência ou atraso na entrega de Declaração de Débitos e Créditos Tributários Federais – DCTF, prevista no art. 7°, II, da Lei 10.426/2002, apurada mediante percentual a incidir, mês a mês, sobre os valores dos tributos a serem informados.	Recurso extraordinário em que se discute, à luz dos postulados da capacidade contributiva, da proporcionalidade, da razoabilidade e do art. 150, IV, da Constituição Federal, a constitucionalidade do art. 7°, II, da Lei 10.426/2002, que autoriza a exigência de multa por ausência ou atraso na entrega de Declaração de Débitos e Créditos Tributários Federais – DCTF, apurada mediante percentual a incidir, mês a mês, sobre os valores dos tributos a serem informados.
874	RE 917285	Constitucionalidade do parágrafo único do art. 73 da Lei 9.430/1996, com a redação dada pela Lei 12.844/2013, que prevê a possibilidade de o Fisco, aproveitando o ensejo da restituição ou do ressarcimento de tributos administrados pela Secretaria da Receita Federal do Brasil, proceder à compensação, de ofício, com débitos não parcelados ou parcelados sem garantia.	Recurso extraordinário em que se discute, à luz do art. 146 da Constituição Federal, se o Fisco pode, quando da restituição ou ressarcimento de tributos administrados pela Secretaria da Receita Federal, proceder à compensação, de ofício, com débitos não parcelados ou parcelados sem garantia, na forma prevista no parágrafo único do art. 73 da Lei 9.430/1996, com a redação dada pela Lei 12.844/2013.
881	RE 949297	Limites da coisa julgada em matéria tributária, notadamente diante de julgamento, em controle concentrado pelo Supremo Tribunal Federal, que declara a constitucionalidade de tributo anteriormente considerado inconstitucional, na via do controle incidental, por decisão transitada em julgado.	Recurso extraordinário em que se discute, à luz dos arts. 3°, IV, 5°, caput, II e XXXVI, 37 e 150, VI, c, da Constituição Federal, o limite da coisa julgada em âmbito tributário, na hipótese de o contribuinte ter em seu favor decisão transitada em julgado que declare a inexistência de relação jurídico-tributária, ao fundamento de inconstitucionalidade incidental de tributo, por sua vez declarado constitucional, em momento posterior, na via do controle concentrado e abstrato de constitucionalidade exercido pelo Supremo Tribunal Federal.

Tema	*Leading case*	Título	Descrição
884	RE 928902	Imunidade tributária recíproca em relação ao IPTU incidente sobre bens imóveis mantidos sob a propriedade fiduciária da Caixa Econômica Federal, mas que não se comunicam com o patrimônio desta, porque integrados ao Programa de Arrendamento Residencial – PAR, criado e mantido pela União, nos termos da Lei 10.188/2001.	Recurso extraordinário em que se discute, à luz do art. 150, VI, a, da Constituição Federal, a existência, ou não, de imunidade tributária, para efeito de IPTU, relativamente a bens imóveis mantidos sob a propriedade fiduciária da Caixa Econômica Federal, mas que não se comunicam o patrimônio desta, segundo a Lei 10.188/2001, porque integrados ao Programa de Arrendamento Residencial – PAR, criado e mantido pela União, nos termos da referida lei.
903	RE 847429	a) Possibilidade de delegação, mediante contrato de concessão, do serviço de coleta e remoção de resíduos domiciliares; b) Natureza jurídica da remuneração do serviço de coleta e remoção de resíduos domiciliares prestado por concessionária, no que diz respeito à essencialidade e à compulsoriedade.	Recurso extraordinário em que se discute, à luz dos arts. 1°, III; 5°, XXII; 97; 145, II; 150, I; 170, V; e 175, parágrafo único, II, da Constituição Federal, a possibilidade de delegação, mediante contrato de concessão, do serviço de coleta e remoção de lixo domiciliar, bem como a forma de remuneração de tais serviços, no que diz respeito à essencialidade e à compulsoriedade.
906	RE 946648	Violação ao princípio da isonomia (art. 150, II, da Constituição Federal) ante a incidência de IPI no momento do desembaraço aduaneiro de produto industrializado, assim como na sua saída do estabelecimento importador para comercialização no mercado interno.	Recurso extraordinário em que se discute, à luz do art. 150, II, da Constituição Federal, se há, ou não, violação ao princípio da isonomia, no tocante à incidência do Imposto sobre Produtos Industrializados – IPI no desembaraço aduaneiro de bem industrializado e na saída do estabelecimento importador para comercialização no mercado interno, ante a equiparação do importador ao industrial, quando o primeiro não o beneficia no campo industrial.
914	RE 928943	Constitucionalidade da Contribuição de Intervenção no Domínio Econômico – CIDE sobre remessas ao exterior, instituída pela Lei 10.168/2000, posteriormente alterada pela Lei 10.332/2001.	Recurso extraordinário em que se discute, à luz dos arts. 5°, caput, XXXV, LIV, LV e LXIX; 146, III; 149; 150, II; 174; 212; 213; 218 e 219 da Constituição Federal, a delimitação do perfil constitucional da contribuição incidente sobre os valores pagos, creditados, entregues, empregados ou remetidos, a cada mês, a residentes ou domiciliados no exterior, a título de remuneração decorrente de contratos que tenham por objeto licenças de uso e transferência de tecnologia, serviços técnicos e de assistência administrativa e semelhantes, bem como royalties de qualquer natureza, instituída pela Lei 10.168/2000, e posteriormente alterada pela Lei 10.332/2001.

Tema	*Leading case*	Título	Descrição
918	RE 940769	Inconstitucionalidade de lei municipal que estabelece impeditivos à submissão de sociedades profissionais de advogados ao regime de tributação fixa ou per capita em bases anuais na forma estabelecida pelo Decreto--Lei n. 406/1968 (recepcionado pela Constituição da República de 1988 com status de lei complementar nacional).	Recurso extraordinário em que se discute, à luz dos artigos 146, III, a e d; e 150, III, da Constituição da República, a possibilidade, ou não, de a Administração Tributária Municipal de Porto Alegre, por meio da Lei Complementar Municipal n. 7/1973, exigir ISSQN fora das hipóteses do art. 9°, §§ 1° e 3°, do Decreto-Lei 406/1968 (lei complementar nacional) de sociedade profissionais de advogados que atuem em seu território.
919	RE 776594	Competência tributária municipal para a instituição de taxas de fiscalização em atividades inerentes ao setor de telecomunicações, cuja competência legislativa e para a exploração é exclusiva da União.	Recurso extraordinário no qual se discute, à luz dos arts. 5°,II, 22, IV, 30, I, II, III e VIII, 145, II, e 150, I, II e IV, da Constituição da República, a possibilidade de os municípios instituírem taxa de fiscalização e de licença, pelo exercício do poder de polícia, para a instalação de torres e antenas de transmissão e recepção de dados e voz, atividades inerentes ao setor de telecomunicações, cuja competência legislativa e para a exploração é exclusiva da União.
933	ARE 875958	Balizas constitucionais para a majoração de alíquota de contribuição previdenciária de regime próprio de previdência social.	Agravo contra decisão pela qual inadmitido recurso extraordinário em que se discute, com base nos arts. 37, caput, 40, 150, inc. IV, e 195, § 5°, da Constituição da República, quais seriam as balizas impostas pela Constituição a leis que elevam as alíquotas das contribuições previdenciárias incidentes sobre servidores públicos, especialmente à luz do caráter contributivo do regime previdenciário e dos princípios do equilíbrio financeiro e atuarial, da vedação ao confisco e da razoabilidade.
939	RE 986296	Possibilidade de as alíquotas da contribuição ao PIS e da COFINS serem reduzidas e restabelecidas por regulamento infralegal, nos termos do art. 27, § 2°, da Lei n. 10.865/2004.	Recurso extraordinário em que se discute, com base nos arts. 150, inc. I, e 153, § 1°, da Constituição da República, a possibilidade de, pelo art. 27, § 2°, da Lei n. 10.865/2004, transferir a ato infralegal a competência para reduzir e restabelecer as alíquotas da contribuição ao PIS e da COFINS.

ANEXO 02 – LISTA DE TEMAS, POR DISCIPLINA, EM QUE O STF NEGOU A EXISTÊNCIA DE REPERCUSSÃO GERAL DA QUESTÃO CONSTITUCIONAL SUSCITADA[2]

Tema	*Leading case*	Título	Descrição
DIREITO ADMINISTRATIVO			
11	RE 565653	Prazo para pagamento de parcelas em dinheiro fixadas por sentença que julgou processo de desapropriação.	Recurso extraordinário em que se discute, à luz do art. 5º, XXIV; e 184, da Constituição Federal, a constitucionalidade, ou não, da adoção do prazo de vinte anos, a que se refere o art. 184 da Constituição Federal, ao pagamento de parcelas em dinheiro fixadas por sentença que julgou processo de desapropriação por interesse social para fins de reforma agrária.
12	RE 566198	a) Competência exclusiva dos Municípios para decretar desapropriação por interesse público com vistas à construção ou ampliação de distritos industriais; b) Existência de desvio de finalidade na expedição de decreto expropriatório.	Recurso extraordinário em que se discute, à luz dos artigos 5º, XXIV; 25, § 1º; 30, VIII; e 37, caput, da Constituição Federal, se é, ou não, de competência exclusiva dos Municípios a expedição de decreto de desapropriação por interesse público para a construção ou ampliação de distritos industriais, bem como se existe, ou não, desvio de finalidade em determinado decreto.
23	RE 562581	Equiparação remuneratória entre procuradores autárquicos e procuradores estaduais.	Recurso extraordinário em que se discute, à luz do art. 37, XI, da Constituição Federal, com a redação dada pela Emenda Constitucional nº 41/2003, a possibilidade, ou não, de equiparação remuneratória de procuradores de autarquia e procuradores do Estado de São Paulo, para fins de cálculo do teto remuneratório.
37	RE 570690	Responsabilidade objetiva do Estado por indenização referente a danos morais decorrentes de emissão de números idênticos de CPF para pessoas distintas, que implicou indevida inscrição em cadastro restritivo de crédito.	Recurso extraordinário em que se discute, à luz do art. 37, § 6º, da Constituição Federal, o dever do Estado de pagar, ou não, indenização por danos morais decorrentes da emissão do mesmo número de Cadastro de Pessoa Física – CPF para mais de uma pessoa e que implicou indevida inscrição em cadastro restritivo de crédito.
38	RE 570846	Tema cancelado.	Em duplicidade com o Tema 37 da repercussão geral.

---

2. Planilha gerada com base em dados extraídos do site do STF e que contempla temas aos quais foi negada a repercussão geral até a data do fechamento desta edição (31/03/2017).

Tema	Leading case	Título	Descrição
39	RE 565713	Extensão aos professores inativos da rede pública de ensino do Estado de São Paulo dos benefícios denominados "bônus" e "bônus mérito" concedidos aos professores em atividade.	Recurso extraordinário em que se discute, à luz do art. 40, § 8°, da Constituição Federal, nos termos anteriores à Emenda Constitucional n° 41/2003, e do art. 7° desta mesma Emenda, a possibilidade, ou não, de extensão aos professores inativos da rede pública de ensino do Estado de São Paulo dos bônus concedidos, aos professores em atividade, pelas Leis Complementares estaduais n. 891/2000, 909/2001, 928/2002, 948/2003 e 963/2004.
65	RE 579720	Acumulação por militar de dois cargos públicos: um de natureza militar e outro de professor.	Recurso extraordinário em que se discute, à luz dos artigos 37, XVI, b; 42, § 1°; e 142, § 3°, II e VIII, da Constituição Federal, a possibilidade, ou não, de acumulação dos cargos de sargento da Polícia Militar e de professor municipal.
73	RE 578657	Direito de servidor à diferença de remuneração em virtude de desvio de função.	Recurso extraordinário em que se discute, à luz dos artigos 37, II e X, e § 2°; 39, § 1°; e 169, da Constituição Federal, o direito, ou não, de servidor ao pagamento de diferenças salariais e de gratificações decorrentes do exercício de função em cargo diverso daquele para o qual foi admitido no serviço público.
81	RE 576336	Estorno na remuneração de auditores fiscais do Estado de Rondônia com base no subsídio do Governador.	Recurso extraordinário em que se discute, à luz dos artigos 37, XI a XIII; e 167, IV, da Constituição Federal, a constitucionalidade, ou não, do estorno procedido nas remunerações dos auditores fiscais do Estado de Rondônia com base no subsídio do Governador, tendo em conta as Emendas Constitucionais n. 41/2003 e 47/2005.
83	RE 584186	Responsabilidade civil do Estado por indenização em virtude de demora excessiva e injustificada na apreciação do pedido de aposentadoria de servidor público.	Recurso extraordinário em que se discute, à luz dos artigos 37, caput e § 6°; 40, II, III e § 5° da Constituição Federal, se há, ou não, responsabilidade civil do Estado a gerar direito à indenização, correspondente ao período trabalhado para além daquele considerado razoável, pelo Tribunal de origem, para a apreciação de seu pedido de aposentadoria.
105	RE 586166	Direito de servidor público federal cedido a Município, nos termos da Lei n° 8.270/91, receber gratificação instituída por lei municipal.	Recurso extraordinário em que se discute, à luz do art. 18 da Constituição Federal, o direito, ou não, de servidor público federal cedido a Município, em virtude da municipalização do sistema único de saúde, receber gratificação instituída pela Lei Municipal n° 6.309/88, por exercício do cargo de médico em unidade sanitária expressamente designada pela referida lei.

Tema	*Leading case*	Título	Descrição
119	RE 592658	Acumulação por militar de dois cargos públicos na área de saúde.	Recurso extraordinário em que se discute, à luz dos artigos 37, XVI, c; 142, § 3°, II, da Constituição Federal, e 17, § 1°, do Ato das Disposições Constitucionais Transitórias, a possibilidade, ou não, de militar acumular dois cargos públicos na área de saúde (enfermagem), sendo um de natureza civil municipal e outro de natureza militar.
122	RE 575526	Direito de servidor, que teve regime jurídico alterado de celetista para estatutário, à contagem como tempo de serviço em dobro, o período correspondente à licença especial não gozada.	Recurso extraordinário em que se discute, à luz do art. 37, II, da Constituição Federal, e do art. 19, do Ato das Disposições Constitucionais Transitórias, e dos princípios da isonomia, da moralidade, da irretroatividade e da razoabilidade, a constitucionalidade, ou não, de se reconhecer a servidor público, cujo regime jurídico é alterado do celetista para o estatutário, o direito previsto no estatuto dos servidores públicos do Estado do Paraná (artigos 247 e 248 da Lei Estadual n° 6.174/70), qual seja, à contagem em dobro, como de serviço público, o tempo correspondente à licença especial não usufruída.
127	RE 576121	Limitação temporal dos efeitos da condenação ao reajuste salarial de 84,32% aos servidores do Distrito Federal.	Recurso extraordinário em que se discute, à luz do art. 5°, XXXVI, LIV e LV, da Constituição Federal, a aplicação, ou não, do limite temporal de vigência da Lei Distrital n° 38/89, revogada pela Lei Distrital n° 117/90, aos efeitos da condenação do Distrito Federal nas demandas em que se questiona o reajuste salarial de 84,32% (Plano Collor) dos servidores distritais que exerciam suas funções entre os anos de 1989 e 1990.
140	RE 593388	Extensão da Gratificação de Atividade Institucional Autônoma – GAIA, concedida aos Procuradores do Estado de Minas Gerais, aos Procuradores da Fazenda Estadual, referente a período anterior à unificação das carreiras.	Recurso extraordinário em que se discute, à luz dos artigos 5°, caput; 39, § 1°; e 132, da Constituição Federal, a extensão, ou não, da denominada Gratificação de Atividade Institucional Autônoma – GAIA, instituída pela Lei Delegada n° 46/2000 e concedida aos Procuradores do Estado de Minas Gerais, aos Procuradores da Fazenda Estadual, no período anterior à unificação das carreiras, ou seja, antes da entrada em vigor da Emenda Constitucional n° 56/2003 à Constituição Estadual.

Tema	*Leading case*	Título	Descrição
538	RE 584247	Competência para processar e julgar ação em que se discute pagamento de adicional de insalubridade a servidor público de ex-Território Federal ante a existência de convênio firmado entre a União e o Estado-membro para o qual cedido.	Recurso extraordinário em que se discute, à luz do art. 109, I, da Constituição Federal, bem como do art. 31, § 1º, da EC 19/98, a competência, ou não, da Justiça Federal para processar e julgar ação em que se discute pagamento de adicional de insalubridade a servidores do extinto Território Federal de Roraima ante a existência de convênio firmado entre a União e o Estado de Roraima, no qual atribuída a este último a responsabilidade, no período de vigência da avença, pelo pagamento de determinadas verbas remuneratórias a servidores a ele cedidos.
717	RE 696740	Possibilidade de regularização da situação funcional de servidor da Polícia Federal nomeado por força de decisão judicial e após aprovação em curso de formação, independentemente do resultado final da ação judicial que lhe garantiu continuidade no certame público, tendo em vista a existência de decisão administrativa que assegurou a nomeação e a posse de outros candidatos em situação similar.	Recurso extraordinário em que se discute, à luz dos arts. 5º, caput, e 37, caput e II, da Constituição federal, a possibilidade de que policial federal sub judice, oriundo de concurso público para o cargo de Delegado da Polícia Federal, tenha sua situação funcional regularizada, independentemente do resultado final da ação judicial que lhe garantiu continuidade no certame público, em virtude de ato administrativo da Diretoria-Geral do Departamento de Polícia Federal, fundado em despacho do Ministério da Justiça, que possibilitou a nomeação e posse de candidatos em condições similares, desde que aprovado em curso de formação profissional da Academia Nacional de Polícia.
746	RE 764620	Equiparação do valor do auxílio-alimentação pago aos servidores públicos da Justiça Federal de Santa Catarina ao valor percebido por outros servidores públicos federais, tomados como paradigma.	Recurso extraordinário em que se discute, à luz dos arts. 5º, caput; 37, X e XIII; 61, § 1º, II, a; 96, I, a e b; 99, § 1º, e 169 da Constituição federal, se é devido o pagamento da diferença entre o valor do auxílio-alimentação recebido pelos servidores públicos dos Tribunais Superiores, do Conselho Nacional de Justiça (CNJ) e do Tribunal de Justiça do Distrito Federal e Territórios (TJ-DFT) e o valor do referido auxílio pago aos servidores públicos do quadro de pessoal da Justiça Federal de Primeiro Grau da Seção Judiciária de Santa Catarina, no período de maio de 2010 a dezembro de 2011.
926	RE 805681	Possibilidade de a condição de irmão gêmeo de candidato sorteado em processo seletivo para preenchimento de vagas em escola pública de ensino fundamental determinar a matrícula compulsória do irmão gêmeo não sorteado.	Recurso extraordinário no qual se discute, com fundamento nos arts. 2º, 5º, "caput", inc. LIV, 37, "caput", 206, 208, inc. V, 226 e 227 da Constituição da República, se a condição de irmão gêmeo de candidato contemplado por sorteio em processo seletivo para preenchimento de vagas em escola pública de ensino fundamental é suficiente para determinar sua matrícula compulsória.

Tema	*Leading case*	Título	Descrição
DIREITO CIVIL			
9	RE 565138	Indenização por danos morais e materiais decorrentes de manipulação de resultados de partidas de futebol.	Recurso extraordinário em que se discute, à luz do art. 5º, X, da Constituição Federal, a possibilidade, ou não, de se indenizar o torcedor pelos danos morais e materiais resultantes das fraudes praticadas por alguns árbitros que atuavam no sentido de manipular os resultados das partidas do campeonato brasileiro de futebol da série B.
68	RE 573181	Validade de contrato de adesão, firmado entre distribuidora e revendedora de combustíveis, que confere exclusividade de fornecimento de produtos derivados de petróleo.	Recurso extraordinário em que se discute, à luz dos artigos 5º, XXXVI; 170, caput e IV; 173, § 4º; e 238, da Constituição Federal, validade, ou não, de contrato de adesão, firmado entre distribuidora e revendedora de combustíveis, que confere exclusividade de fornecimento de produtos derivados de petróleo.
143	RE 584536	Cancelamento de descontos em folha de pagamento por posterior desinteresse do mutuário no seu prosseguimento.	Recurso extraordinário em que se discute, à luz dos artigos 1º, III; e 7º, X, da Constituição da República, a possibilidade, ou não, de cancelamento de descontos, autorizados por mutuário, em folha de pagamento, em face de posterior perda interesse no seu prosseguimento.
681	RE 632084	Utilização do salário mínimo como indexador para fins de correção monetária no período anterior ao advento da Lei 4.357/1964.	Recurso extraordinário em que se discute, à luz dos arts. 7º, IV, e 48, XIII e XIV, da Constituição federal, a possibilidade de utilização do salário mínimo como parâmetro para a manutenção do poder aquisitivo da moeda no período anterior ao advento da Lei 4.357/1964, que instituiu os índices oficiais de correção monetária.
DIREITO CONSTITUCIONAL			
10	RE 565506	Vício de iniciativa de projeto de lei que tornou obrigatória a instalação de semáforo com dispositivo de acionamento pelos próprios pedestres.	Recurso extraordinário em que se discute, à luz do art. 61, § 1º, e, da Constituição Federal, a constitucionalidade, ou não, da Lei Distrital nº 2.740/2001, que tornou obrigatória a instalação de semáforo com dispositivo de acionamento pelos próprios pedestres, nas faixas nela especificadas, e cujo projeto de lei foi proposto por iniciativa de deputado distrital.

Tema	*Leading case*	Título	Descrição
78	RE 561994	Observância de simetria federativa por decisão do Tribunal de Justiça que declarou a inconstitucionalidade de Emendas à Lei Orgânica do Distrito Federal.	Recurso extraordinário em que se discute, à luz dos artigos 5°, XXXVI; 37, caput e XXI; 60, § 4°; 187 e 188, da Constituição Federal, a conformidade, ou não, da decisão do Tribunal de Justiça do Distrito Federal e Territórios – que declarou a inconstitucionalidade das Emendas n° 13/1996 e 17/1997 à Lei Orgânica do Distrito Federal –, com a Constituição Federal, levando-se em consideração o princípio da simetria, sob o argumento de que as normas da Lei Orgânica do Distrito Federal que serviram de parâmetro para a decisão impugnada são mera reprodução das normas da Constituição Federal.
716	ARE 790813	Possibilidade de limitação à liberdade de expressão artística e de imprensa, no tocante às publicações destinadas ao público adulto, em face do princípio do sentimento religioso.	Recurso extraordinário em que se discute, à luz do art. 5°, VI e XXXV, da Constituição federal, a existência de violação ao princípio do sentimento religioso em face do princípio da liberdade de expressão artística e de imprensa, em virtude de publicação, em revista para público adulto, de ensaio fotográfico em que modelo posou portando símbolo cristão.
DIREITO DO CONSUMIDOR			
35	RE 567454	a) Tarifa básica de assinatura do serviço de telefonia fixa. b) Competência para processar e julgar ação em que se discute a legalidade da cobrança da tarifa básica de assinatura do serviço de telefonia fixa.	Recurso extraordinário em que se discute, à luz dos artigos 5°, XXXVI e LIV; 37, XXI; 98, I; 109, I; 170, V, da Constituição Federal, a legalidade, ou não, da cobrança de assinatura básica mensal do serviço de telefonia e qual a Justiça competente para processar e julgar a ação respectiva.
DIREITO DO TRABALHO			
62	RE 570532	Aplicabilidade do prazo prescricional do art. 7°, XXIX, da Constituição Federal (na redação dada pela Emenda Constitucional n° 28/2000) às ações trabalhistas ajuizadas por trabalhadores rurais cujos contratos de trabalho estavam vigentes à época da publicação da referida Emenda.	Recurso extraordinário em que se discute, à luz do art. 5°, XXXVI, da Constituição Federal, a aplicabilidade, ou não, do prazo prescricional previsto no art. 7°, XXIX, da Constituição Federal, na redação dada pela Emenda Constitucional n° 28, de 25.5.2000, às ações trabalhistas ajuizadas por trabalhador rural após a publicação da referida Emenda (mas antes de 29/05/2005), para discutir verbas trabalhistas referentes a contrato de trabalho vigente à época de sua publicação.

Tema	*Leading case*	Título	Descrição
144	RE 584608	a) Termo inicial da prescrição para ação de cobrança da diferença decorrente da incidência dos expurgos inflacionários reconhecidos pela Lei Complementar n° 110/2001 na multa de 40% sobre os depósitos do FGTS; b) Responsabilidade do empregador pelo pagamento dessa diferença.	Recurso extraordinário em que se discute, à luz dos artigos 5°, XXXVI; 7°, XXIX; e 37, § 6°, da Constituição Federal, o termo inicial da prescrição para ação de cobrança da diferença decorrente da atualização monetária em razão dos expurgos inflacionários reconhecidos pela Lei Complementar n° 110/2001 na multa de 40% sobre os depósitos do Fundo de Garantia por Tempo de Serviço – FGTS, e a responsabilidade, ou não, do empregador pelo seu pagamento.
164	RE 593919	Contribuição social, a cargo das cooperativas de trabalho, sobre as importâncias pagas, distribuídas ou creditadas aos seus cooperados, a título de remuneração por serviços prestados a pessoas jurídicas por intermédio delas.	Recurso extraordinário em que se discute, à luz dos artigos 146, III, c; 150, III, b; e 154, I, da Constituição Federal, a constitucionalidade, ou não, do art. 1°, II, da Lei Complementar n° 84/96, que instituiu, a cargo das cooperativas de trabalho, a contribuição social sobre as importâncias pagas, distribuídas ou creditadas a seus cooperados, a título de remuneração ou retribuição pelos serviços que prestem a pessoas jurídicas por intermédio delas.
DIREITO INTERNACIONAL			
86	RE 584573	Direito adquirido à validação automática de diploma de curso superior obtido no exterior.	Recurso extraordinário em que se discute, à luz dos artigos 2°; 5°, XIII e XXXVI; 6°, caput; 196; 197; 206, VII; e 207, caput, da Constituição Federal, se há, ou não, direito adquirido à validação automática de diploma de curso superior concluído no exterior e obtido sob a vigência do Decreto n° 80.419/77, que ratificou o Decreto Legislativo n° 66/77, introduzindo no ordenamento jurídico pátrio a Convenção Regional sobre o Reconhecimento de Estudos, Títulos e Diplomas de Ensino Superior na América Latina e Caribe, mesmo quando o pedido de validação tenha sido feito quando já revogada a referida norma internacional.
DIREITO PROCESSUAL CIVIL			
7	RE 556385	Redução, de ofício, de multa fixada em sentença, no caso de descumprimento de obrigação de fazer.	Recurso extraordinário em que se discute, à luz do art. 5°, XXXIII, XXXIV, b, XXXV, XXXVI e LXXVIII, da Constituição Federal, a possibilidade, ou não, de o juiz reduzir, de ofício, multa fixada em sentença, no caso de descumprimento de obrigação de fazer.

Tema	*Leading case*	Título	Descrição
103	RE 589490	Exigência da comprovação de insuficiência econômico--financeira para a concessão de assistência judiciária gratuita a pessoas jurídicas.	Recurso extraordinário em que se discute, à luz do art. 5º, XXXIV, LV e LXXIV, da Constituição Federal, se é exigível, ou não, a comprovação da insuficiência de recursos para o deferimento do benefício da assistência judiciária gratuita às pessoas jurídicas.
134	RE 592730	Direito a honorários advocatícios quando a Defensoria Pública Estadual representa vencedor em demanda ajuizada contra o Estado ao qual é vinculada.	Recurso extraordinário em que se discute, à luz do art. 134, § 2º, da Constituição Federal, a possibilidade, ou não, de a Defensoria Pública perceber honorários advocatícios nas causas em que representa litigante vencedor em demanda ajuizada contra o próprio Estado ao qual está vinculada.
760	RE 630643	Competência da Justiça Federal comum para processar e julgar causas em que se discute o direito de servidores estatutários do extinto Departamento de Correios e Telégrafos optantes pelo regime celetista à percepção de quinquênios completados anteriormente à opção.	Recurso extraordinário em ação rescisória em que se discute, à luz dos arts. 125; 142 e 153, §§ 2º e 3º, da Constituição de 1967 (com a redação conferida pela Emenda Constitucional 1/1969) e dos arts. 5º, II, XXXV e LIV; 21, X; 93, IX; 100 e 173, § 1º, da Constituição de 1988, se quando ajuizada a ação ordinária, em julho de 1980, a Justiça Federal comum era competente para processar e julgar causas em que se controverte acerca do direito de servidores estatutários do extinto Departamento de Correios e Telégrafos optantes pelo regime celetista à percepção de quinquênios completados anteriormente à opção, quando eram regidos pela Lei 1.711/1952. Questiona-se, também, a validade da condenação ao pagamento de custas e de juros de mora, além da reversão da garantia rescisória.
151	RE 583747	Decretação de ofício da prescrição de crédito tributário sem a manifestação da Fazenda Pública.	Recurso extraordinário em que se discute, à luz dos artigos 5º, XXXV, LIV e LV, da Constituição Federal, a possibilidade, ou não, da decretação de ofício da prescrição do crédito tributário, em execução fiscal, sem prévia oitiva da Fazenda Pública.
DIREITO TRIBUTÁRIO			
14	RE 568657	Exigibilidade de cobrança amigável prévia ao ajuizamento da execução fiscal, prevista em Código Tributário Municipal.	Recurso extraordinário em que se discute, à luz dos artigos 5º, X e XXX; e 22, da Constituição Federal, a revogação, ou não, da exigência de publicação do nome dos devedores e endereços relativos à dívida, assim como a sua origem e o seu valor (cobrança amigável prévia ao ajuizamento da execução fiscal), contida no art. 71 do Código Tributário do Município de Campo Grande/MS.

Tema	*Leading case*	Título	Descrição
85	RE 559994	Delegação ao Ministro da Fazenda da competência para instituir taxa destinada ao ressarcimento de custos de selo de controle do IPI.	Recurso extraordinário em que se discute, à luz do art. 150, I, da Constituição Federal, a revogação, ou não, do art. 3º do Decreto-lei nº 1.437/75, que delegou ao Ministro da Fazenda a competência para instituir taxa destinada ao ressarcimento de custos de selo de controle do Imposto sobre Produtos Industrializados – IPI, pela Constituição de 1988.
99	RE 585740	Extensão da forma de cálculo da COFINS e do PIS, fixada para as empresas que realizam a comercialização de veículos usados, para as pessoas jurídicas que atuam no ramo industrial.	Recurso extraordinário em que se discute, à luz dos artigos 5º, caput; e 150, II, da Constituição Federal, a possibilidade, ou não, de extensão da forma de cálculo da COFINS e da contribuição ao PIS, fixada para as empresas que realizam a comercialização de veículos usados, prevista nas Leis nºs 9.716/98 e 9.718/98, para as pessoas jurídicas que atuam no ramo industrial.
108	RE 578635	Exigibilidade de contribuição social, destinada ao INCRA, das empresas urbanas.	Recurso extraordinário em que se discute, à luz dos artigos 5º, II; 145, § 1º; 146, III; 149; 150, I e III; 153; 154, I; 194, V; e 195, §§ 4º e 5º, da Constituição Federal, a constitucionalidade, ou não, da exigência de contribuição social de 0,2% sobre a folha de salário das empresas urbanas, destinada ao INCRA.
120	RE 571184	Contribuições sociais criadas para o pagamento dos expurgos inflacionários das contas vinculadas ao FGTS.	Recurso extraordinário em que se discute, à luz do art. 37, § 6º, da Constituição Federal, a constitucionalidade, ou não, das contribuições sociais criadas pelos artigos 1º e 2º da Lei Complementar nº 110/2001, destinadas ao pagamento dos expurgos inflacionários das contas vinculadas ao Fundo de Garantia por Tempo de Serviço – FGTS, ao argumento de responsabilidade objetiva do Estado pelos prejuízos decorrentes da aplicação de índice de correção monetária dessas contas abaixo da inflação real.
133	RE 592211	Alíquota do Imposto de Renda de Pessoa Física aplicável aos valores recebidos em atraso e de forma acumulada pelo beneficiário, por culpa exclusiva da autarquia federal.	Recurso extraordinário em que se discute, à luz dos artigos 145, § 1º; e 150, II, da Constituição Federal, a alíquota do Imposto de Renda de Pessoa Física aplicável aos valores recebidos em atraso e de forma acumulada pelo beneficiário, por erro de cálculo imputado exclusivamente à autarquia previdenciária.

Tema	*Leading case*	Título	Descrição
175	RE 592321	Modulação dos efeitos de declaração incidental de inconstitucionalidade de lei municipal que instituiu a cobrança de IPTU com alíquotas progressivas, TIP e TCLL.	Recurso extraordinário em que se discute, à luz dos artigos 1°, caput; e 97, da Constituição Federal, a possibilidade, ou não, de modulação dos efeitos da declaração incidental de inconstitucionalidade de lei municipal, que instituiu a cobrança do IPTU, com alíquotas progressivas; da taxa de iluminação pública – TIP e da taxa de coleta de lixo e limpeza pública – TCLL.

ANEXO 03 – LISTA DE TEMAS, POR DISCIPLINA, EM QUE O STF NEGOU A EXISTÊNCIA DE REPERCUSSÃO GERAL DA QUESTÃO CONSTITUCIONAL SUSCITADA POR SE TRATAR DE MATÉRIA INFRACONSTITUCIONAL[3]

Tema	*Leading case*	Título	Descrição
DIREITO ADMINISTRATIVO			
180	RE 588944	Restituição de valores descontados da remuneração de servidores públicos estaduais mediante aplicação de redutor salarial.	Recurso Extraordinário em que se discute, à luz do art. 37, X e XV, da Constituição Federal, a constitucionalidade, ou não, da restituição de valores descontados da remuneração do funcionalismo público estadual, a título de aplicação do redutor salarial previsto na Lei Complementar nº 61/2001, incidente sobre suposto aumento de vencimento, o qual concedido sob condição de não exceder 20% das despesas com o pagamento do pessoal.
189	RE 584737	Pensão decorrente de morte de servidor que, apesar de contratado pelo regime da Consolidação das Leis do Trabalho, faleceu após o advento da Lei nº 8.112/90.	Recurso extraordinário em que se discute, à luz dos artigos 37, caput, e II, da Constituição Federal e 19 do Ato das Disposições Constitucionais Transitórias, qual o regime em que deve ser concedida a pensão por morte de servidor que, apesar de ter sido contratado por conselho de fiscalização profissional segundo as normas da Consolidação das Leis do Trabalho, faleceu após o advento da Lei nº 8.112/90.
194	AI 743681	Reajuste da vantagem pecuniária denominada "indenização de campo" no mesmo percentual pago a título de reajuste de diárias.	Agravo de instrumento interposto contra decisão que inadmitiu recurso extraordinário em que se discute, à luz dos artigos 37, caput, X; 61, § 1º, II, a; e 169, § 1º, I, da Constituição Federal, o direito, ou não, ao reajuste da vantagem pecuniária denominada "indenização de campo", prevista na Lei nº 8.216/91, no mesmo percentual pago a título de reajuste de diárias.
198	AI 758019	Prazo prescricional relativo às atualizações monetárias de contas fundiárias do PIS/PASEP.	Agravo de instrumento interposto contra decisão que inadmitiu recurso extraordinário em que se discute, à luz do art. 239, § 2º, da Constituição Federal, se o prazo prescricional relativo às atualizações monetárias de contas fundiárias do PIS/PASEP é trintenário ou qüinqüenal.

3. Planilha gerada com base em dados extraídos do site do STF e que contempla temas aos quais foi negada a repercussão geral, por se tratar de matéria infraconstitucional, até a data do fechamento desta edição (31/03/2017).

Tema	*Leading case*	Título	Descrição
199	AI 764703	Incidência de descontos previdenciários sobre vencimentos de servidor que se afastou regularmente do serviço, após haver formulado pedido de sua aposentadoria.	Agravo de instrumento interposto contra decisão que inadmitiu recurso extraordinário em que se discute, à luz dos artigos 37, caput; e 40, da Constituição Federal, a incidência, ou não, de descontos previdenciários sobre vencimentos de servidor que se afastou regularmente do serviço, após haver formulado pedido de sua aposentadoria.
229	RE 585392	Isonomia quanto ao enquadramento como beneficiário do regime público de previdência complementar instituído por lei estadual.	Recurso extraordinário em que se discute, à luz do art. 5º, caput, da Constituição Federal, o direito, ou não, de servidor público à equiparação quanto ao enquadramento como beneficiário do regime público de previdência complementar, instituído pela Lei nº 4.819/58 e pela Lei Complementar nº 200/74, ambas do Estado de São Paulo.
234	RE 602324	Reajuste das tabelas dos serviços prestados ao SUS.	Recurso extraordinário em que se discute, à luz dos artigos 2º; 5º, caput, XXXVI, LV, § 2º; 37, caput; 195, § 10º; 197; e 199, § 1º, da Constituição Federal, o direito, ou não, ao reajuste das tabelas dos serviços hospitalares e ambulatoriais prestados ao Sistema Único de Saúde – SUS, em virtude das diferenças decorrentes da conversão monetária operada quando da implantação do Plano Real.
252	RE 569066	Extensão de Gratificação Especial a cargos equivalentes ao de técnico de nível superior.	Recurso extraordinário em que se discute, à luz dos artigos 5º, II; 37, caput e XIII; e 169, § 1º, I e II, da Constituição Federal, a extensão, ou não, aos assessores jurídicos do Estado do Rio Grande do Norte, da gratificação especial aos técnicos de nível superior – GE, instituída pelas Leis Estaduais nºs 6.371/93, 6.568/94 e 6.615/94 até a incorporação da parcela única remuneratória, nos termos da Lei Complementar Estadual nº 229/2002.
260	RE 605993	Extensão aos inativos da Gratificação de Desempenho de Atividade Jurídica – GDAJ.	Recurso extraordinário em que se discute, à luz do art. 40, § 8º, da Constituição Federal, a extensão, ou não, aos servidores inativos da Gratificação de Desempenho de Atividade Jurídica – GDAJ, instituída pela Medida Provisória nº 20.048-26/2000.
268	RE 609448	Majorações de tarifas de energia elétrica durante o período de congelamento de preços denominado Plano Cruzado.	Recurso extraordinário em que se discute, à luz dos artigos 153, § 3º; e 167, II e III, da Constituição Federal de 1967; e dos artigos 5º, II e LV; e 175, da Constituição Federal de 1988, a constitucionalidade, ou não, das majorações das tarifas de energia elétrica operadas durante o período de congelamento de preços, denominado Plano Cruzado, quando da vigência dos Decretos-Leis nos 2.283 e 2.284, ambos de 1986.

Tema	*Leading case*	Título	Descrição
269	RE 609466	Direito de militar mineiro reformado do Estado de Minas Gerais receber o adicional trintenário.	Recurso extraordinário em que se discute, à luz dos artigos 2°; 5°, caput e XXXVI; 18; 25; 37; e 169, da Constituição Federal, o direito, ou não, de militar reformado receber o adicional trintenário, previsto no art. 64 do Estatuto dos Servidores Públicos Militares de Minas Gerais, após o advento da Lei Delegada mineira n° 43/2000.
270	RE 610218	Reserva de lei para instituir punição disciplinar imposta a militar.	Recurso extraordinário em que se discute, à luz do art. 5°, LXI, da Constituição Federal, a constitucionalidade, ou não, de punição disciplinar restritiva de liberdade imposta a militar, com fundamento no Regulamento Disciplinar instituído pelo Decreto Estadual n° 43.245/2004, por estar prevista em Decreto e não em Lei em sentido formal.
271	RE 610220	Direito de filha de ex-servidor, solteira e maior de 21 anos, receber pensão.	Recurso extraordinário em que se discute, à luz do art. 5°, XXXVI, da Constituição Federal, o direito, ou não, ao recebimento de pensão por filha de ex-servidor, solteira, maior de 21 anos, nos termos da Lei n° 7.672/82 do Estado do Rio Grande do Sul.
275	AI 746996	Direito de servidores públicos do Poder Judiciário do Estado do Rio Grande do Norte à Gratificação Especial de Técnico de Nível Superior – GTNS.	Agravo de instrumento interposto contra decisão que inadmitiu recurso extraordinário em que se discute, à luz dos artigos 5°, II e XXXVI; 37, caput, X, XIII e XIV; e 169, § 1°, I e II, da Constituição Federal, o direito, ou não, de servidores públicos do Tribunal de Justiça do Estado do Rio Grande do Norte, de receberem a Gratificação Especial de Técnico de Nível Superior – GTNS, instituída pela Lei Estadual n° 6.373/93, mesmo após o advento da Lei Complementar Estadual n° 242/2002.
276	AI 783172	Adicional noturno para policiais civis que trabalham sob o regime de plantão.	Agravo de instrumento interposto contra decisão que inadmitiu recurso extraordinário em que se discute, à luz dos artigos 5°, § 1°; 7°, IX; e 39, § 3°, da Constituição Federal, o direito, ou não, de policiais civis, que trabalham sob regime de plantão, receberem adicional noturno, nos termos das Leis Estaduais delegadas nos 42/2000 e 45/2000 e do art. 12 da Lei mineira n° 10.745/92.
290	RE 611162	Pagamento de diferenças em razão de reenquadramento de servidor público do Município de Santos.	Recurso extraordinário em que se discute, à luz dos artigos 5°, I e II; 37, X e XIV; e 169 e parágrafos, da Constituição Federal, a constitucionalidade, ou não, do pagamento de diferenças em razão do reenquadramento de servidor público do Município de Santos/SP, de acordo com o Plano de Cargos e Salários previsto na Lei Complementar Municipal n° 162/95.

Tema	*Leading case*	Título	Descrição
316	RE 627637	Extensão da vantagem denominada Prêmio de Incentivo à Qualidade – PIQ a servidores inativos.	Recurso extraordinário em que se discute, à luz do art. 40, § 8°, da Constituição Federal, a extensão, ou não, aos servidores aposentados e pensionistas, da vantagem denominada 'Prêmio de Incentivo à Qualidade' – PIQ, concedida aos servidores ativos.
320	AI 738444	Reconhecimento da condição de ex-combatente para fins de recebimento de benefício de pensão especial.	Agravo de instrumento interposto contra decisão que inadmitiu recurso extraordinário, em que se discute, à luz dos artigos 5°, XXXVI, da Constituição Federal, e 53, II e III, do Ato das Disposições Constitucionais Transitórias, se o recorrente se enquadra, ou não, no conceito de ex-combatente, nos termos previstos pela Lei no 5.315/67, para fins de recebimento do benefício de pensão especial.
331	RE 628137	Incidência de juros progressivos sobre o FGTS.	Recurso extraordinário em que se discute, à luz dos artigos 5°, XXXV; e 7°, da Constituição Federal, a aplicabilidade, ou não, de taxa de juros progressivos sobre conta vinculada de Fundo de Garantia por Tempo de Serviço – FGTS, nos termos da Lei n° 5.107/66.
341	AI 823896	Plano de carreira de servidores públicos instituído por lei municipal sem norma regulamentadora.	Agravo de instrumento interposto contra decisão que inadmitiu recurso extraordinário em que se discute, à luz dos artigos 2° e 39, da Constituição Federal, se lei municipal instituidora de plano de carreira dos servidores municipais é autoaplicável, ou se depende de regulamentação pelo Poder Executivo.
375	RE 633244	Condições para a promoção de policial militar.	Recurso extraordinário em que se discute, à luz dos artigos 5°, caput, XXXVI; 39, § 2°, da Constituição Federal, se policial militar do Estado do Ceará, por preencher os requisitos da antiguidade, do comportamento, e do interstício tem, ou não, direito adquirido à promoção a graduação superior, tendo em conta o que previsto na Lei n° 10.072/76 (Estatuto dos Policiais Militares do Ceará) e no Decreto cearense n° 15.275/82, que dispõe sobre a Regulamentação de Promoção de Praças da Polícia Militar do Ceará, ou se, para tanto, necessita também comprovar a existência de vagas na graduação pretendida e cumprir outras condições.

Tema	*Leading case*	Título	Descrição
378	RE 632767	Reajustes de vencimentos de servidores públicos do Município de São Paulo com base em leis municipais	Recurso extraordinário em que se discute, à luz dos artigos 5°, XXXVI e 37, XV, da Constituição Federal, a constitucionalidade, ou não, da decisão que, ao apreciar apelação em embargos à execução, define os índices a serem aplicados para os reajustes de vencimentos dos servidores públicos do Município de São Paulo, tendo em conta compensações e complementações desses reajustes com fundamento na interpretação da legislação pertinente (Leis municipais n°s 10.688/1988, 10.722/1989, 11.722/1995 e 12.397/1997; Portarias n°s 256/1994 e 261/1994; e Decretos n°s 35.932/1996, 36.249/1996, 36.559/1996 e 36.769/1997).
397	RE 633843	Cobrança de contribuição previdenciária dos servidores estaduais ativos de São Paulo.	Recurso extraordinário em que se discute, à luz dos artigos 5, II, 150, 167, XI, 194, parágrafo único, V, 195 e § 5°, e 201, da Constituição Federal, a compatibilidade, ou não, da Lei Complementar Estadual n° 943 de 2003 (SP), que instituiu cobrança de contribuição previdenciária de servidores estaduais ativos, com os princípios da legalidade, do equilíbrio financeiro, da causa suficiente, da equidade e da participação no custeio.
404	AI 841445	Recebimento de vale-refeição, por servidor público, durante o período de férias.	Agravo de instrumento interposto contra decisão que inadmitiu recurso extraordinário em que se discute, à luz do art. 37, XV, da Constituição Federal, a possibilidade de servidor público receber vale-refeição durante o período de férias.
413	AI 839695	Quantum indenizatório de condenação por danos morais e materiais decorrentes da relação entre concessionária de serviço público e consumidor.	Agravo de instrumento interposto contra decisão que inadmitiu recurso extraordinário, em que se discute, à luz dos artigos 5°, LV, e 93, IX, da Constituição Federal, se a decisão que diminuiu o quantum indenizatório de condenação em danos morais e materiais, decorrentes de relação entre concessionária de serviço público e consumidor, devido à má prestação dos serviços, contraria os princípios do contraditório e da ampla defesa.
418	AI 843753	Compensação do reajuste de 28,86% sobre a RAV com as reposições salariais posteriores ao reajustamento concedido pelas Leis 8.622/1993 e 8.627/1993.	Agravo de instrumento interposto contra decisão que inadmitiu recurso extraordinário, em que se discute, à luz do artigo 5°, XXXVI, da Constituição Federal, se decisão que determina a compensação do reajuste de 28,86% sobre a RAV com as reposições salariais posteriores ao reajustamento concedido pelas Leis 8.622/1993 e 8.627/1993 viola os limites objetivos da coisa julgada.

Tema	*Leading case*	Título	Descrição
419	AI 844777	Dever de as concessionárias de serviços públicos cumprirem suas obrigações contratuais mesmo que em área de risco à integridade física de seus funcionários.	Recurso extraordinário em que se discute, à luz do artigo 1°, III, da Constituição Federal, se as concessionárias de serviços públicos estão obrigadas, ou não, a cumprirem suas obrigações contratuais, mesmo que em área de risco à integridade física de seus funcionários.
420	AI 843751	Extensão de progressão salarial a servidores efetivados por Lei Estadual.	Agravo de instrumento interposto contra decisão que inadmitiu recurso extraordinário, em que se discute, à luz do artigo 37, II, da Constituição Federal, a extensão, ou não, de progressão salarial a servidor que fora efetivado pela Lei 10.254/1990 do Estado de Minas Gerais.
426	AI 839496	Incidência do adicional de "sexta parte" sobre a integralidade dos vencimentos de servidor estadual celetista.	Agravo de instrumento interposto contra decisão que inadmitiu recurso extraordinário em que se discute, à luz do art. 37, XIV, da Constituição Federal, a compatibilidade, ou não, da incidência do adicional denominado de "sexta parte" sobre a integralidade dos vencimentos de servidor estadual celetista com a vedação constitucional ao efeito cascata das gratificações.
427	AI 844143	Extensão do reajuste de 10% concedido pelo Decreto Estadual n° 36.829/1995 aos servidores da FUNED.	Agravo de instrumento interposto contra decisão que inadmitiu recurso extraordinário em que se discute, à luz dos artigos 2°, 5°, XXXVI, e 37, da Constituição Federal, a possibilidade, ou não, de extensão do reajuste de 10% concedido pelo Decreto Estadual n° 36.829/95 aos servidores da Fundação Ezequiel Dias – FUNED.
428	ARE 641543	Extensão a outros servidores públicos militares em atividade da Gratificação de Encargos Especiais-GEE	Agravo interposto contra decisão que inadmitiu recurso extraordinário em que se discute, à luz dos artigos 5°, caput, e 37, caput, da Constituição Federal, a possibilidade, ou não, de extensão da Gratificação de Encargos Especiais-GEE a outros servidores públicos militares em atividade.
429	ARE 640182	Extensão a servidor público inativo do Adicional de Local de Exercício – ALE definido como vantagem de caráter geral.	Agravo interposto contra decisão que inadmitiu recurso extraordinário em que se discute, à luz do art. 40, § 8°, da Constituição Federal, a possibilidade, ou não, de extensão do Adicional de Local de Exercício – ALE, pago aos policiais militares do Estado de São Paulo, aos servidores inativos, sob o fundamento de que se trata de vantagem de caráter geral.

Tema	*Leading case*	Título	Descrição
443	ARE 640514	Exigência de atualização, no final de cada exercício, da ajuda de custo instituída pela Lei Municipal 4.823/1996.	Agravo interposto contra decisão que inadmitiu recurso extraordinário em que se discute, à luz dos artigos 5°, XXV, e 37, caput, da Constituição Federal, a possibilidade de reajuste da ajuda de custo, instituída a título de ressarcimento pelo artigo 12 da Lei Municipal 4.823/1996, com base nos parâmetros definidos no Decreto Municipal 19.844/1997.
444	AI 845156	Reflexos na base de cálculo do décimo terceiro salário e do terço de férias da verba decorrente de plantão na área da saúde.	Agravo de instrumento interposto contra decisão que inadmitiu recurso extraordinário, em que se discute, à luz do art. 37, X, da Constituição Federal, a possibilidade, ou não, de a verba paga a título de realização de plantão refletir na base de cálculo do décimo terceiro salário e das férias.
462	AI 846912	Extensão, em relação aos servidores inativos e pensionistas, da Gratificação de Atividade Policial Militar – GAPM.	Agravo de instrumento interposto contra decisão que inadmitiu recurso extraordinário em que se discute, à luz do princípio da isonomia e do artigo 40, § 8°, da Constituição Federal, a possibilidade, ou não, de extensão, em relação aos servidores inativos e pensionistas, da Gratificação de Atividade Policial Militar – GAPM, instituída pela Lei Estadual 7.145/1997.
464	ARE 642841	Extensão aos inativos do Prêmio de Produção concedido aos servidores ativos do Quadro Permanente de Tributação, Fiscalização e Arrecadação do Estado de Minas Gerais.	Agravo interposto contra decisão que inadmitiu recurso extraordinário em que se discute, à luz do art. 7° da Emenda Constitucional 41/2003, a possibilidade, ou não, de extensão do Prêmio de produção, pago aos servidores ativos do Quadro Permanente de Tributação, Fiscalização e Arrecadação do Estado de Minas Gerais, sob o fundamento de que se trata de vantagem de caráter geral.
467	AI 834262	Descontos previdenciários de militares estaduais ativos com base na Lei n° 7.672/82.	Agravo de instrumento interposto contra decisão que inadmitiu recurso extraordinário, em que se discute, à luz dos artigos 42, § 1°, e 142, § 3, X, da Constituição Federal, a possibilidade, ou não, de se efetuar descontos previdenciários dos militares ativos do Estado do Rio Grande do Sul, com fundamento na Lei Estadual 7.672/82.

Tema	*Leading case*	Título	Descrição
539	RE 631444	Conversão monetária de vencimentos de servidores públicos estaduais, sem intermédio de URV.	Recurso extraordinário em que se discute, à luz do artigo 37, XV, da Constituição Federal, a ocorrência, ou não, de decesso remuneratório na conversão direta de cruzeiro real para real, sem intermédio de URV, dos vencimentos de servidores do Poder Executivo do Estado do Rio Grande do Sul ante legislação local — contemporânea à lei federal de conversão em URV —, que concedeu reajustes superiores às perdas salariais do período de transição da moeda.
552	RE 661941	Participação de escrivão de paz em concurso de remoção para serventias notariais ou registrais.	Recurso extraordinário em que se discute, à luz do inciso II do art. 37 e do § 3º do art. 236 da Constituição Federal, a possibilidade, ou não, de escrivão de paz participar de concurso de remoção para serventias notariais ou registrais.
557	RE 630152	Contagem de pontos por tempo de gerenciamento de equipes decorrente de designação formal como critério para promoção de servidores públicos municipais.	Recurso extraordinário em que se discute, à luz do caput do art. 5º e do caput do art. 37 da Constituição Federal, a constitucionalidade, ou não, da alínea c do inciso II do art. 21 da Lei 11.000/2004, do Município de Curitiba, que estabelece o tempo de gerenciamento de equipes decorrente de designação formal como critério de pontuação para crescimento vertical (promoção) de servidores públicos municipais.
563	ARE 675153	Incidência do adicional de "sexta parte" sobre a integralidade dos vencimentos de servidor público estadual estatutário.	Recurso extraordinário com agravo em que se discute, à luz do inciso XIV do art. 37 da Constituição Federal, a incidência, ou não, do adicional denominado "sexta parte" sobre a integralidade dos vencimentos dos servidores públicos estaduais estatutários.
566	ARE 652235	Realinhamento salarial de servidores públicos inativos, em face de modificações no regime próprio de previdência social.	Recurso extraordinário com agravo em que se discute, à luz dos §§ 1º e 8º do art. 40 da Constituição Federal, a possibilidade, ou não, de realinhamento salarial dos servidores públicos inativos do Estado do Rio Grande do Sul, em face das modificações no regime próprio de previdência social.
567	ARE 690113	Preenchimento de requisitos exigidos em edital de concurso para provimento de cargo público.	Recurso extraordinário com agravo em que se discute, à luz dos artigos 1º, 2º e 18; bem como do caput do art. 5º, do caput e do inciso II do art. 37 e do inciso III do § 4º do art. 60, todos da Constituição Federal, o preenchimento, ou não, de requisitos exigidos em edital de concurso para provimento de cargo público.

Tema	*Leading case*	Título	Descrição
570	ARE 650806	Equiparação dos valores recebidos a título de Adicional de Local de Exercício (ALE) ou Operacional de Localidade (AOL) entre todos os policiais civis e militares da ativa.	Agravo contra decisão que não admitiu recurso extraordinário em que se discute à luz do inciso III do art 1º; do caput do art. 5º; do caput e dos incisos X e XV do art. 37; bem como dos incisos I e III do § 1º do art. 39, todos da Constituição Federal, o direito à equiparação dos valores recebidos a título de Adicional de Local de Exercício (ALE) ou Adicional Operacional de Localidade (AOL) entre todos os policiais civis e militares da ativa do Estado de São Paulo, em face do princípio da isonomia.
586	AI 855810	Necessidade de lei em sentido formal para a fixação do valor de gratificações mensais pagas a chefes de cartório e escrivães eleitorais.	Agravo de instrumento interposto contra decisão que inadmitiu recurso extraordinário em que se discute, à luz do inciso II do art. 5º e dos incisos X e XV do art. 37 da Constituição Federal, a exigência, ou não, de lei em sentido formal para fixar o valor das gratificações mensais pagas a chefes de cartório e escrivães eleitorais.
588	RE 662224	Modificação ou revogação de lei municipal mediante decreto, por alegada contrariedade a lei federal.	Recurso extraordinário em que se discute, à luz do art. 59 da Constituição Federal, a admissibilidade, ou não, de modificação ou revogação de lei municipal mediante ato administrativo (decreto), por alegada contrariedade a lei federal.
596	ARE 708403	Aplicação dos critérios de reajuste do vale-refeição dos servidores do Estado do Rio Grande do Sul aos integrantes do quadro especial decorrente da transformação da antiga CEERGS – Caixa Econômica Estadual do Rio Grande do Sul em sociedade anônima de economia mista.	Recurso Extraordinário com Agravo em que se discute, à luz do caput do art. 37 da Constituição Federal, a possibilidade, ou não, de reajuste do vale-refeição dos servidores integrantes do quadro especial decorrente da transformação CEERGS em sociedade anônima de economia mista, nas mesmas datas e com os mesmos índices aplicáveis aos demais servidores do Poder Executivo.
601	ARE 694450	Fixação de soldo em valor inferior a vencimento básico de referência.	Recurso extraordinário com agravo em que se discute, à luz do inciso XXXVI do art. 5º, do inciso IV do art. 7º, dos incisos X e XV do art. 37, bem como do § 2º do art. 39, todos da Constituição Federal, a possibilidade, ou não, de fixação, por lei estadual, de soldo em valor inferior ao vencimento básico de referência, estipulado por outra lei estadual.

Tema	Leading case	Título	Descrição
605	ARE 685053	Percepção da Gratificação de Atividade e da Gratificação de Habilitação pelos Policiais Militares do Estado da Bahia.	Recurso extraordinário com agravo em que se discute, à luz dos incisos XXXV e XXXVI do art. 5°, bem como dos incisos XIV e XV do art. 37, todos da Constituição Federal, a possibilidade, ou não, percepção da Gratificação de Atividade e da Gratificação de Habilitação pelos Policiais Militares do Estado da Bahia.
618	RE 676924	Cobrança das denominadas tarifas de demanda e de ultrapassagem, nos termos em que previstas na Resolução 456/2000, da Agência nacional de Energia Elétrica – ANEEL.	Recurso extraordinário em que se discute, à luz dos incisos II e XXXV do art. 5°, do inciso II do art. 145, do inciso I do art. 150 e do parágrafo único do art. 175, todos da Constituição Federal, bem como do inciso I do art. 25 do ADCT, a legitimidade da cobrança das denominadas tarifas de demanda e de ultrapassagem, nos termos em que previstas na Resolução 456/2000, da Agência nacional de Energia Elétrica – ANEEL.
620	RE 638602	Direito ao processamento de requerimento de revalidação de diploma de graduação obtido em instituição de ensino superior estrangeira.	Recurso extraordinário em que se discute, à luz do caput do art. 37 e do art. 207 da Constituição Federal, se há, ou não, direito ao processamento do requerimento de revalidação de diploma de graduação obtido em instituição de ensino superior estrangeira.
628	RE 688984	Modificação, pela Administração Pública, de critérios técnicos ou econômicos estabelecidos no instrumento convocatório, no curso de procedimento licitatório.	Recursos extraordinários em que se discute, à luz dos arts. 2°; 5°, I; e 37, caput e XXI, da Constituição Federal, a possibilidade de modificação, pela Administração Pública, no curso de procedimento licitatório, de critérios técnicos ou econômicos estabelecidos no instrumento convocatório.
636	RE 727281	Conversão de direito de uso de linha telefônica, adquirido antes da privatização do Sistema Telebrás, em direito acionário da nova sociedade de economia mista criada pelo Município de Londrina.	Recurso extraordinário em que se discute, à luz dos artigos 5°, XXXVI e 37, XIX, da Constituição Federal, a possibilidade de os proprietários de direito de uso de terminais telefônicos de optarem por sua conversão em ações preferenciais da Sercomtel S/A – Telecomunicações, até o limite do valor de recompra das respectivas linhas, com fundamento na Lei 6.419/1995 e Lei 6.666/1996, ambas do Município de Londrina/PR.
654	RE 728428	Base de cálculo das horas extras e do adicional noturno prestados por policial civil do Estado de Santa Catarina.	Recurso extraordinário em que se discute, à luz dos arts. 7°, IX e XVI; 39, caput, § 3° e § 4°, e 144, § 9°, da Constituição federal, a validade da base de cálculo fixada por legislação local, para fins de remuneração da hora extra e do adicional noturno dos policiais civis do Estado de Santa Catarina.

Tema	*Leading case*	Título	Descrição
659	RE 742578	Direito de membro do Ministério Público da União ao recebimento de ajuda de custo nos casos de remoção a pedido.	Recurso extraordinário em que se discute, à luz dos arts. 2°; 5°, caput, XXXV, LIV e LV; 37, caput, e 128, § 5°, I, b, da Constituição federal, a possibilidade de Procurador da República receber ajuda de custo em virtude de remoção a pedido, embora não prevista esta hipótese na Lei Complementar 75/1993, cuja interpretação ensejou aplicação subsidiária da Lei 8.112/1990.
687	ARE 717898	Promoção de policiais militares ao grau hierarquicamente superior quando transferidos para a reserva remunerada.	Recurso extraordinário em que se discute, à luz dos arts. 37, XIII e 40, § 2°, da Constituição federal, a constitucionalidade de leis estaduais que asseguraram direito a subtenentes inativos da Polícia Militar do Estado de Santa Catarina de perceberem remuneração equivalente ao soldo de 2° Tenente da PM.
702	RE 764332	Incidência do adicional por tempo de serviço (quinquênio) sobre a integralidade dos vencimentos de servidor público.	Recurso extraordinário em que se discute, à luz do art. 37, XIV, da Constituição federal, se o adicional por tempo de serviço (quinquênio) recebido por servidores públicos deve incidir sobre os vencimentos integrais, incluídos nesse conceito o salário base mais as gratificações e os adicionais reputados como de natureza permanente, nos termos da legislação que os instituiu.
706	ARE 794364	Possibilidade de concessão da Gratificação de Atividade de Ensino Especial (GAEE), prevista na Lei distrital 4.075/2007, aos professores da rede pública que lecionam disciplinas para turmas mistas, que incluem um ou alguns alunos portadores de necessidades educativas especiais.	Recurso extraordinário em que se discute, à luz dos arts. 2°; 5°, I, II, LIV; 37, caput e X; 39, § 1°, I e III, da Constituição federal, a possibilidade de concessão da Gratificação de Atividade de Ensino Especial (GAEE) aos professores da rede pública de ensino que ministram aulas para turmas mistas ou inclusivas, com um ou mais alunos portadores de necessidades educativas especiais, ainda que não atendam exclusivamente a esses estudantes, tendo em vista a revogação da Lei distrital 540/1993, disciplinadora da Gratificação de Ensino Especial (GATE), pela Lei distrital 4.075/2007.
710	ARE 792107	Possibilidade de o Poder Judiciário determinar o cumprimento de lei complementar estadual que, sem prévia dotação orçamentária, concedeu reajuste salarial a servidores públicos.	Recurso extraordinário em que se discute, à luz do art. 169, § 1°, I, da Constituição federal, e da Lei Complementar 101/2004, a possibilidade de concessão, a servidores públicos, dos reajustes de vencimentos previstos na Lei Complementar estadual 432/2010, que teria sido editada sem prévia dotação orçamentária.

Tema	*Leading case*	Título	Descrição
711	ARE 777323	Possibilidade de percepção, por servidor público de universidade estadual, da denominada Vantagem Promoção (VPRO), referente a período retroativo no qual a regulamentação da gratificação permaneceu suspensa.	Recurso extraordinário em que se discute, à luz dos arts. 5°, II, 37, caput e X, da Constituição federal, a possibilidade de se reconhecer ao servidor público de universidade estadual o direito à percepção retroativa da denominada Vantagem Promoção (VPRO), correspondente aos exercícios anteriores a 2007, não obstante a Portaria 161/2003, da Universidade Estadual Paulista (Unesp), que regulamentava o pagamento da gratificação, tenha permanecido suspensa desde a edição da Portaria Unesp 281/2005 até a edição do Despacho 863/2007, que autorizou a promoção nos termos da Portaria 161/2003.
718	ARE 799718	Controvérsia acerca da natureza jurídica de reajuste concedido a servidores públicos, se revisão geral anual ou reestruturação da carreira, para fins de repercussão sobre as vantagens pessoais nominalmente identificadas – VPNI.	Recurso extraordinário em que se discute, à luz dos arts. 2°; 37, X; 61, § 1°, II, a, e 169, § 1°, da Constituição federal, a caracterização do reajuste de 15,8%, concedido, em três parcelas anuais, aos servidores públicos federais (Leis 12.772/2012; 12.773/2012; 12.774/2012; 12.775/2012; 12.776/2012 e 12.778/2012), como revisão geral anual, e sua consequente extensão às vantagens pessoais nominalmente identificadas – VPNI.
719	ARE 800721	Possibilidade de se emprestar o caráter de revisão geral anual à vantagem pecuniária individual concedida a servidores públicos federais pela Lei 10.698/2003.	Recurso extraordinário em que se discute, à luz do art. 37, X, da Constituição federal, se a Vantagem Pecuniária Individual (VPI) — concedida a servidores públicos federais pela Lei 10.698/2003, no valor fixo de R$ 59,87 (cinquenta e nove reais e oitenta e sete centavos) — possuiria natureza jurídica de autêntica revisão geral anual, razão pela qual deveria ser incorporada aos vencimentos do servidor num percentual de 13,23%, referente ao que se considera como reajuste para os servidores que recebiam o piso remuneratório da União.
726	RE 675608	Montante da complementação de pensão devida aos pensionistas de ex-ferroviários da extinta Rede Ferroviária Federal – RFFSA.	Recurso extraordinário em que se discute, à luz dos arts. 5°, XXXVI; 39; 40; 41; 173, § 1°; 195, § 5°, e 202 da Constituição federal, se a Lei federal 8.186/1991 garante aos pensionistas de ex-ferroviários da extinta Rede Ferroviária Federal S.A. (RFFSA) o direito de perceber, somado ao benefício pago pelo Instituto Nacional do Seguro Social (INSS), complementação de pensão, paga com recursos da União, em montante tal que o valor resultante seja equivalente à remuneração do pessoal em atividade.

Tema	*Leading case*	Título	Descrição
730	RE 774927	Base de cálculo de vantagem devida a servidores públicos em razão da prestação de serviços em regime de plantão e de sobreaviso.	Recurso extraordinário em que se discute, à luz da Súmula Vinculante 16 e dos arts. 5º, XXXV; 7º, XVI, e 37, XIV, da Constituição federal, se a base de cálculo das horas plantão e sobreaviso devidas a servidores públicos deve englobar o total da remuneração, conforme ocorre com as horas de serviço extraordinário (Lei estadual 6.745/1985), a despeito do que dispõe a Lei complementar 1.137/1992, do estado de Santa Catarina.
734	RE 657871	Retroatividade de lei posterior mais benéfica quanto à sanção de natureza administrativa aplicada em decorrência da prática de infração de trânsito.	Recurso extraordinário em que se discute, à luz do art. 5º, XXXVI e XL, da Constituição federal, a possibilidade de aplicação retroativa de lei posterior mais benéfica em relação à sanção de natureza administrativa aplicada, consistente na suspensão da habilitação para dirigir em razão do cometimento de infração de trânsito, considerando a superveniência da Lei 11.334/2006, que alterou a redação do artigo 218 do Código de Trânsito Brasileiro, reduzindo a gravidade da infração praticada, bem como a penalidade a ela aplicável.
735	ARE 808524	Direito à nomeação de candidato aprovado em concurso público em face de posteriores contratações temporárias, nas hipóteses em que não fica comprovada a preterição.	Recurso extraordinário em que se discute, à luz dos arts. 5º, XXXV, LIV e LV; 93, IX; e 37, II e IV, da Constituição federal, a existência de direito subjetivo à nomeação de candidata aprovada em concurso público para "cadastro reserva" de professor, em razão da posterior contratação temporária de professores. O acórdão recorrido partiu da premissa de que o edital não permite a conclusão precisa de quantas vagas existem para cada categoria de ensino, o que inviabiliza o reconhecimento do direito subjetivo à nomeação.
741	RE 769254	Validade da exigência do INSS de prévio agendamento para o atendimento de advogados e da restrição a um único requerimento de benefício previdenciário por atendimento.	Recurso extraordinário em que se discute, à luz dos arts. 2º; 5º, caput, II, XXXV e LV, e 93, IX, da Constituição federal, a constitucionalidade da exigência do Instituto Nacional do Seguro Social – INSS de prévio agendamento para o atendimento de advogados em suas agências e da limitação a um único requerimento de benefício previdenciário por atendimento.

Tema	*Leading case*	Título	Descrição
742	RE 774458	Estipulação legal de valor mínimo para a propositura de execuções fiscais referentes a contribuições devidas aos conselhos profissionais.	Recurso extraordinário em que se discute, à luz dos princípios da isonomia e da separação de poderes e do disposto no art. 5º, XXXV e XXXVI, da Constituição federal, a constitucionalidade e a possibilidade de aplicação imediata do art. 8º da Lei federal 12.514/2011, que vedou aos conselhos profissionais a execução judicial de dívidas, referentes a anuidades, inferiores a quatro vezes o valor cobrado anualmente da pessoa física ou jurídica inadimplente.
750	RE 731333	Incorporação do Adicional de Local de Exercício – ALE aos vencimentos dos policiais militares do Estado de São Paulo.	Recurso extraordinário em que se discute, à luz do art. 37, XV, da Constituição federal, a possibilidade de incorporação do Adicional de Local de Exercício – ALE (previsto na Lei Complementar estadual 689/1992) aos vencimentos dos policiais militares do Estado de São Paulo.
751	ARE 808997	Possibilidade de cálculo proporcional do valor da Gratificação de Desempenho de Atividade de Seguridade Social e do Trabalho – GDASST nos casos de aposentadoria proporcional.	Recurso extraordinário em que se discute, à luz dos arts. 2º; 5º, caput, II, XXXV, LIV, LV e LXIX; 37, caput; 40, § 1º, III, b, e § 8º; 71, III e IX, e 93, IX, da Constituição federal, a possibilidade de se calcular proporcionalmente o valor da Gratificação de Desempenho de Atividade de Seguridade Social e do Trabalho – GDASST estendida aos servidores inativos, nas hipóteses de aposentadoria com proventos proporcionais.
753	ARE 815188	Incorporação do valor integral da Gratificação de Atividade Policial – GAP ao salário-base dos policiais militares do Estado de São Paulo.	Recurso extraordinário em que se discute, à luz dos arts. 2º; 5º, XXXVI; 19, II; 22, VI; 25; 37, caput, X e XIV; 39, §§ 1º e 4º; 61, § 1º, II, a; 98, I, e 169, caput e § 1º, I e II, da Constituição federal, a possibilidade de policiais militares do Estado de São Paulo incorporarem o valor integral da Gratificação por Atividades de Polícia – GAP ao salário-base.
764	ARE 821480	Possibilidade de servidores que passaram a integrar quadro especial em extinção receberem reajustes remuneratórios de acordo a Lei estadual 13.444/2010.	Descrição: Recurso extraordinário em que se discute, à luz do art. 37, XIII, da Constituição, a possibilidade de servidor integrante de quadro Especial em Extinção da Secretaria da Ciência e Tecnologia receber reajustes remuneratórios nos termos da Lei estadual 13.444/2010, ou seja, de acordo com o regime jurídico a que permaneceram sujeitos por determinação da Lei estadual 9.963/1993.

Tema	*Leading case*	Título	Descrição
765	RE 770821	Absorção da parcela remuneratória denominada Vencimento Básico Complementar – VBC, prevista na Lei 11.091/2005, que estruturou o Plano de Carreira dos Cargos Técnico-Administrativos da Educação – PCCTAE.	Recurso extraordinário em que se discute, à luz do art. 37, XV, da Constituição, a validade da absorção da parcela remuneratória denominada Vencimento Básico Complementar – VBC, prevista na Lei federal 11.091/2005, que estruturou o Plano de Carreira dos Cargos Técnico-Administrativos em Educação, no âmbito das Instituições Federais de Ensino vinculadas ao Ministério da Educação.
767	ARE 820903	Extensão do adicional noturno a professores públicos estaduais, na forma em que foi previsto no estatuto dos servidores públicos civis do estado.	Recurso extraordinário em que se discute, à luz dos arts. 5º, LXXI; 7º, IX: e 39, § 3º, da Constituição, a possibilidade de extensão ao Magistério Público do Estado do Rio Grande do Sul do adicional noturno previsto no Estatuto dos Servidores Públicos Civis do Estado (Lei Complementar estadual 10.098/1994), visto que já existe previsão legal de redução da jornada de trabalho dos professores do turno noturno.
773	RE 814204	Incidência de contribuição previdenciária sobre a Gratificação Especial de Localidade – GEL, transformada em Vantagem Pessoal Nominalmente Identificada – VPNI.	Recurso extraordinário em que se discute, à luz dos arts. 5º, II; 37, caput; e 150, I e § 6º, da Constituição, a incidência de contribuição previdenciária sobre a Gratificação Especial de Localidade – GEL, extinta pela Medida Provisória 1.573/1997 (convertida na Lei 9.527/1997) e transformada em Vantagem Pessoal Nominalmente Identificada – VPNI.
776	ARE 837041	Regulamentação do pagamento de adicional noturno para servidor público estadual.	Recurso extraordinário em que se discute, à luz dos arts. 7º, IX, e 39, § 3º, da Constituição Federal, se a Lei 10.784/1992 do Estado de Pernambuco, ao criar a gratificação de plantão, regulamentou o adicional noturno previsto no art. 7º, IX, da CF, para os servidores estaduais.
785	ARE 849328	Possibilidade de adesão ao Fundo de Garantia de Operações de Crédito Educativo (FGEDUC) após a formalização de contrato de financiamento estudantil com o FIES (Fundo de Financiamento ao Estudante de Ensino Superior).	Recurso extraordinário em que se discute, à luz dos arts. 2º, 5º, I, XXXV, XXXVI e LXXVII, 37, caput, e 93 IX, da Constituição Federal, a possibilidade, ou não, de adesão ao Fundo de Garantia de Operações de Crédito Educativo (FGEDUC) por estudante de ensino superior que já possua contrato firmado com o Fundo de Financiamento ao Estudante de Ensino Superior (FIES).
789	ARE 849397	Incorporação do percentual de 50% da parcela autônoma ao vencimento básico de professores estaduais.	Recurso extraordinário em que se discute, à luz do art. 37, XV, da Constituição Federal, a constitucionalidade da incorporação de 50% da parcela autônoma ao vencimento básico dos membros do magistério do Rio Grande do Sul, conforme determinado pelo art. 2º, § 1º e § 2º, da Lei Estadual 13.733/2011.

Tema	*Leading case*	Título	Descrição
790	RE 793634	Possibilidade de o abono variável, deferido a membros da magistratura federal, compor a base de cálculo da gratificação eleitoral devida a membros do Ministério Público.	Recurso extraordinário em que se discute, à luz do art. 5º, II, da Constituição Federal, a possibilidade de o abono variável, deferido a membros da magistratura federal pelas Leis 9.655/1998 e 10.474/2002, compor a base de cálculo da gratificação eleitoral devida a membros do Ministério Público, instituída pelas Leis 8.350/1991 e 8.625/1993.
803	ARE 870776	Paridade remuneratória entre os militares do antigo e do atual Distrito Federal.	Recurso extraordinário em que se discute, à luz do art. 37, XIII, da Constituição Federal e da Súmula 339 do STF, a existência de paridade remuneratória dos militares e seus pensionistas do antigo Distrito Federal com os do atual Distrito Federal.
804	ARE 871499	Natureza jurídica do aumento remuneratório conferido pela Lei 8.369/2006 do Estado do Maranhão: se de revisão geral anual ou não.	Recurso extraordinário em que se discute, à luz dos arts. 37, X, e 102, I, a, da Constituição Federal e da Súmula 339 do STF, a ocorrência, ou não, de revisão geral anual pela Lei 8.369/2006 do Estado do Maranhão.
813	ARE 881383	Ocorrência de redução dos proventos de servidor público inativo em virtude da alteração do regime do magistério estadual e do posterior reenquadramento funcional.	Recurso extraordinário em que se discute, à luz dos arts. 5, II, 37, caput, e 40, § 2º e 8º, da Constituição Federal, a ocorrência, ou não, de diminuição dos proventos de servidor público inativo, aposentado no cargo de professor com carga horária de 40 horas semanais, em virtude da alteração do regime do magistério estadual e do posterior enquadramento no cargo de professor com carga horária de 30 horas semanais.
814	ARE 876982	Base de cálculo da Gratificação de Insalubridade paga aos servidores públicos das universidades estaduais do Paraná.	Recurso extraordinário em que se discute, à luz dos arts. 37, caput e X, e 39, § 1º, I, II e III, da Constituição Federal, a base de cálculo da Gratificação de Insalubridade paga aos servidores públicos das universidades estaduais do Paraná.
819	RE 881502	Indenização por danos materiais decorrentes da demora do Poder Público em avaliar o desempenho de servidores para o fim de pagamento de gratificação de desempenho.	Recurso extraordinário em que se discute, à luz dos arts. 5º, V e XXXV, e 37, caput, da Constituição Federal, o direito, ou não, à indenização por danos materiais oriundos da demora na realização de avaliação de desempenho de servidores pelo Poder Público, para o fim de pagamento de gratificação de desempenho.

Tema	*Leading case*	Título	Descrição
851	ARE 903171	Direito de servidores estaduais optantes do regime de pagamento anterior à Lei 18.975/2010 do Estado de Minas Gerais ao aumento de 5% conferido aos servidores que optaram pelo regime de subsídio.	Recurso extraordinário em que se discute, à luz dos arts. 5º, caput, 7º, XXX, 37, X e XV, e 39, da Constituição Federal, o direito de servidores estaduais optantes do regime de pagamento anterior à Lei 18.975/2010 do Estado de Minas Gerais ao aumento de 5% conferido pela referida lei estadual aos servidores que optaram pelo regime de subsídio.
868	ARE 842214	Obrigatoriedade, ou não, de o Estado do Rio de Janeiro prestar assistência médico--hospitalar aos militares do estado, independentemente de contribuição.	Recurso extraordinário em que se discute, à luz do art. 2º da Constituição Federal, a obrigatoriedade, ou não, de o Estado do Rio de Janeiro prestar assistência médico-hospitalar aos militares do estado, independentemente de contribuição.
870	ARE 907777	Legitimidade do Município de Mossoró/RN para figurar no polo passivo de demanda visando à complementação de aposentadoria.	Recurso extraordinário em que se discute, à luz do art. 40 da Constituição Federal, a legitimidade, ou não, do Município de Mossoró/RN para figurar no polo passivo de demanda visando à complementação de aposentadoria.
871	ARE 921694	Base de cálculo da Gratificação de Difícil Acesso devida aos servidores públicos estaduais do quadro da Secretaria de Educação do Estado do Rio Grande do Sul que preencham os requisitos legais.	Recurso extraordinário em que se discute, à luz do art. 5º, caput e XXXV, da Constituição Federal, a base de cálculo da Gratificação de Difícil Acesso devida aos servidores públicos estaduais do quadro da Secretaria de Educação do Estado do Rio Grande do Sul que preencham os requisitos legais.
875	ARE 915880	Natureza jurídica do auxílio-alimentação concedido a servidor público estadual pela Lei 794/1998 do Estado de Rondônia: se indenizatória ou remuneratória.	Recurso extraordinário em que se discute, à luz dos arts. 5º, LV, 37, X, 61, § 1º, II, a, e 93, IX, da Constituição Federal, a natureza jurídica, se indenizatória ou remuneratória, do auxílio-alimentação concedido a servidor público estadual pela Lei 794/1998 do Estado de Rondônia.
876	ARE 938891	Indenização por danos morais e materiais em razão do lapso temporal decorrido entre a publicação do Decreto 1.499/1995 e o efetivo retorno do anistiado ao serviço.	Recurso extraordinário em que se discute, à luz dos arts. 3º, IV, 5º, caput, 7º, XXXI, e 37, II, da Constituição Federal, a existência, ou não, de direito à indenização por danos morais e materiais em virtude do tempo decorrido entre a publicação do Decreto 1.499/1995 e o efetivo retorno do anistiado ao serviço.

Tema	*Leading case*	Título	Descrição
879	ARE 928167	a) Prescrição de obrigação reconhecida como de trato sucessivo; b) Reposição salarial concedida pela Lei 1.329/2000 do Município de Arvorezinha/RS e sua eventual derrogação pela Lei 1.394/2001 do mesmo município.	Recurso extraordinário em que se discute, à luz dos arts. 2º, 18, e 37, caput e X, da Constituição Federal: a) a prescrição de obrigação reconhecida como de trato sucessivo; e b) o direito às reposições salariais concedidas pela Lei 1.329/2000 do Município de Arvorezinha/RS e sua eventual derrogação pela Lei 1.394/2001 do mesmo município.
882	ARE 948645	Natureza da Gratificação de Risco de Policiamento Ostensivo prevista na Lei Complementar 59/2004 do Estado de Pernambuco: se geral ou propter laborem.	Recurso extraordinário em que se discute, à luz dos arts. 37, X, 40, § 7º e § 8º, e 97 da Constituição Federal, a natureza, se geral ou propter laborem, da Gratificação de Risco de Policiamento Ostensivo prevista na Lei Complementar 59/2004 do Estado de Pernambuco.
883	RE 893458	Direito a férias relativas a período de participação em curso de formação de soldados da polícia militar do Estado de São Paulo.	Recurso extraordinário em que se discute, à luz dos arts. 7º, XVII, e 39, § 3º, da Constituição Federal, a existência, ou não, de direito a férias relativas a período de participação em curso de formação de soldados da polícia militar do Estado de São Paulo.
886	RE 844252	Competência para remover ex officio servidor público municipal.	Recurso extraordinário em que se discute, à luz dos arts. 25, caput, 30, II, e 97 da Constituição Federal, a competência para exarar ato de remoção ex officio de servidor público do Município de Porto Real do Colégio/AL.
887	ARE 953478	Inclusão da Gratificação de Incentivo à Eficientização dos Serviços – GIEFS nas bases de cálculo do décimo terceiro salário e do adicional de férias devidos a servidor público estadual.	Recurso extraordinário em que se discute, à luz dos arts. 7º, VIII e XVII, e 37, XIV, da Constituição Federal, a inclusão, ou não, da Gratificação de Incentivo à Eficientização dos Serviços – GIEFS, prevista na Lei 11.406/1994 do Estado de Minas Gerais, nas bases de cálculo do décimo terceiro salário e do adicional de férias devidos a servidor público estadual.
890	ARE 950787	Ofensa aos princípios constitucionais da dignidade da pessoa humana, da legalidade, da propriedade e sua função social, do devido processo legal e do acesso à Justiça em decorrência de rescisão contratual.	Recurso extraordinário em que se discute, à luz dos arts. 1º, III, e 5º, II, XXIII, LIV e LXXIV, da Constituição Federal, a ocorrência, ou não, de ofensa aos princípios constitucionais da dignidade da pessoa humana, da legalidade, da propriedade e sua função social, do devido processo legal e do acesso à Justiça em decorrência de rescisão contratual.

Tema	*Leading case*	Título	Descrição
904	ARE 965627	Direito ao reajuste da verba paga aos policiais militares do Estado do Paraná em razão da prestação de serviço extraordinário, nos termos da Lei estadual 13.280/2001.	Recurso extraordinário em que se discute, à luz do art. 37, XIII, da Constituição Federal, o direito ao reajuste do valor pago aos policiais militares do Estado do Paraná a título de serviço extraordinário, nos termos da Lei estadual 13.280/2001.
913	ARE 968574	Verificação da ocorrência de reestruturação remuneratória da carreira de servidores públicos para efeito de aplicação da orientação firmada no RE 561.836-RG/RN (Tema 5).	Recurso extraordinário em que se discute acerca da ocorrência, ou não, de reestruturação remuneratória da carreira de servidores públicos para efeito de aplicação da orientação firmada no RE 561.836-RG/RN (Tema 5).
927	ARE 995539	Legitimidade do reconhecimento administrativo da incidência de juros de mora sobre parcela atrasada devida a servidor público.	Agravo contra decisão pela qual inadmitido recurso extraordinário em que se discute, com base nos arts. 2º, 37, caput, inc. X, 62, 63 e 169, § 1º, incs. I e II, da Constituição da República, a legitimidade do reconhecimento administrativo da incidência de juros de mora sobre diferenças salariais já pagas administrativamente.
DIREITO AMBIENTAL			
617	RE 716963	Revisão judicial do ato de denegação de concessão de licença ambiental de pescador artesanal.	Recurso extraordinário em que se discute, à luz do art. 2º, bem como do caput e dos incisos I, II e VII do § 1º do art. 225, todos da Constituição Federal, a revisão judicial do ato de denegação de concessão de licença ambiental de pescador artesanal.
DIREITO CIVIL			
178	AI 729263	Cálculo da quantidade de ações em que dividido o capital subscrito em uma sociedade anônima, referente aos contratos de participação financeira e subscrição de ações de telefonia, com complementação dos títulos acionários.	Agravo de instrumento interposto contra decisão que inadmitiu recurso extraordinário em que se discutem, à luz dos artigos 1º; 2º; 5º, II, LIV, LV; 44; 48; 61; e 105, III, a, da Constituição Federal, a validade, ou não, da forma de cálculo da quantidade de ações em que dividido o capital subscrito em uma sociedade anônima, referente aos contratos de participação financeira e subscrição de ações de telefonia, com complementação dos títulos acionários.
200	RE 579073	Critério de reajuste de saldo devedor de contrato de mútuo firmado no âmbito do Sistema Financeiro da Habitação para posterior amortização.	Recurso extraordinário em que se discute, à luz dos artigos 5º, XXXII; e 6º, da Constituição Federal, o critério de reajuste de saldo devedor de contrato de mútuo firmado no âmbito do Sistema Financeiro da Habitação para posterior amortização.

Tema	*Leading case*	Título	Descrição
233	RE 602238	a) Indenização por danos morais decorrentes de vazamento de produtos químicos em um dos afluentes do Rio Paraíba do Sul; b) Competência dos Juizados Especiais para as causas respectivas.	Recurso extraordinário em que se discute, à luz dos artigos 5°, II, V, X, XIII, XXXIV, XXXV, LIV, LV, LXXIX; 98, I; 170, XIII, IV, V; e 173, § 4°, da Constituição Federal, o direito, ou não, à indenização por danos morais decorrentes de vazamento de produtos químicos em um dos afluentes do Rio Paraíba do Sul e, em virtude da complexidade da demanda, a competência, ou não, dos Juizados Especiais para julgar as causas respectivas.
255	RE 603448	Prazo prescricional para a execução contra o Estado de débitos oriundos da extinta Minascaixa.	Recurso extraordinário em que se discute, à luz dos artigos 5°, XXXVI; e 173, § 1°, II, da Constituição Federal, qual o prazo prescricional para a execução contra o Estado de débitos oriundos da extinta Caixa Econômica do Estado de Minas Gerais – Minascaixa.
310	AI 804209	Alteração judicial, ao patamar de 12% ao ano, de juros contratados após a Emenda Constitucional n° 40/2003.	Agravo de instrumento interposto contra decisão que inadmitiu recurso extraordinário em que se discute a constitucionalidade, ou não, de decisão judicial que limitou, a 12% ao ano, os juros estabelecidos em contrato firmado após a Emenda Constitucional n° 40/2003, que revogou o § 3° do artigo 192 da Constituição da República.
436	AI 845109	Alteração de prazo prescricional por legislação infraconstitucional superveniente.	Agravo de instrumento interposto contra decisão que inadmitiu recurso extraordinário em que se discute, à luz do art. 5°, XXXVI, da Constituição Federal, se há direito adquirido a prazo prescricional da ação de cobrança de diferença do valor da indenização referente ao seguro DPVAT, em virtude da alteração desse prazo por legislação infraconstitucional superveniente.
466	ARE 642137	Revisão de contrato celebrado com entidade fechada de previdência complementar.	Agravo interposto contra decisão que inadmitiu recurso extraordinário em que se discute, à luz do art. 202, caput, da Constituição Federal, a obrigação, ou não, de revisão de contrato celebrado com entidade fechada de previdência complementar, a fim de equiparar o reajuste da complementação de aposentadoria custeada por esta entidade com aqueles reajustes que foram implementados pelo regime geral de previdência social.
560	RE 633981	Ausência de coabitação dos cônjuges como prova da separação de fato.	Recurso extraordinário em que se discute, à luz do § 6° do art. 225 da Constituição Federal (redação originária), o requisito da cessação de coabitação dos cônjuges como prova da separação de fato, condição para o divórcio direto.

Tema	*Leading case*	Título	Descrição
614	ARE 675505	Cobrança de tarifas e taxas acessórias, vinculadas a contratos bancários (como, por exemplo, "de abertura de crédito", "de retorno", "de emissão de boleto" e "de cadastro").	Recurso extraordinário com agravo em que se discute, à luz dos incisos II, LIV e LV e do § 2° do art. 5° da Constituição Federal, a legitimidade, ou não, da cobrança de tarifas e taxas acessórias, vinculadas a contratos bancários (como, por exemplo, "de abertura de crédito", "de retorno", "de emissão de boleto" e "de cadastro").
640	ARE 734169	Incidência dos juros de mora previstos no art. 1°-F da Lei 9.494/1997, nas ações em que a União figura como sucessora da Rede Ferroviária Federal S.A., em período anterior à referida sucessão.	Agravo de decisão que não admitiu recurso extraordinário em que se discute — à luz do art. 5°, II, da Constituição Federal — a possibilidade de incidência dos juros de mora previstos no art. 1°-F da Lei 9.494/1997 no período anterior à sucessão da Rede Ferroviária Federal S.A – RFFSA pela União, que se deu com a vigência da Medida Provisória 353/2007.
657	ARE 739382	Responsabilidade civil por danos morais em razão de ofensa à imagem.	Agravo de decisão que inadmitiu recurso extraordinário em que se discute, à luz do art. 5°, IV, V e X, da Constituição federal, o direito à indenização por danos morais causados por alegada ofensa à imagem, em virtude de divulgação de nota veiculada nos meios de comunicação.
662	ARE 742083	Direito adquirido ao recebimento de complementação de aposentadoria calculada de acordo com as normas vigentes à época da adesão a contrato de plano de previdência privada.	Agravo de decisão que inadmitiu recurso extraordinário em que se discute, à luz dos arts. 5°, XXXVI, 201, §§ 3° e 4°, e 202, caput, da Constituição federal, a existência de direito adquirido ao recebimento de complementação de aposentadoria calculada de acordo com as normas vigentes à época da adesão a contrato de plano de previdência privada.
673	ARE 750489	Prazo prescricional aplicável às execuções individuais de sentença prolatada em processo coletivo.	Agravo de decisão que inadmitiu recurso extraordinário em que se discute, à luz dos arts. 1°, III, 5°, caput, XXXII, XXXV e XXXVI, e 7° da Constituição federal, a possibilidade de aplicação do prazo prescricional da Lei de Ação Popular (Lei 4.717/1965) à ação civil pública, bem como a necessidade de manutenção da prescrição vintenária, fixada no processo de conhecimento, às execuções individuais do título judicial proferido em ação coletiva, em respeito à coisa julgada.
866	ARE 919285	Legitimidade da revisão de contrato já extinto.	Recurso extraordinário em que se discute, à luz dos arts. 5°, XXXVI, e 93, IX, da Constituição Federal, a legitimidade da revisão de contrato já extinto.

Tema	*Leading case*	Título	Descrição
869	ARE 927467	Indenização por dano moral em virtude de inadimplemento de cláusula contratual.	Recurso extraordinário em que se discute, à luz dos arts. 5°, X e LV, e 93, IX, da Constituição Federal, o direito, ou não, à indenização por dano moral em virtude de inadimplemento de cláusula contratual.
889	ARE 955564	Direito à correção monetária da indenização do Seguro DPVAT no período entre o advento da MP 340/2006 e a ocorrência do sinistro.	Recurso extraordinário em que se discute, à luz dos arts. 1°, III, e 5°, caput, XXII e LIV, da Constituição Federal, a existência, ou não, do direito à correção monetária da indenização do Seguro DPVAT no período entre o advento da MP 340/2006 e a ocorrência do sinistro.
DIREITO DO CONSUMIDOR			
232	RE 602136	Indenização por danos morais decorrentes de inscrição indevida em cadastro de inadimplentes.	Recurso extraordinário em que se discute, à luz dos artigos 1°, III; 5°, V, XXXV, LIV, LV, da Constituição Federal, o cabimento, ou não, de indenização por danos morais decorrentes de inscrição indevida em cadastro de inadimplentes.
274	AI 777749	Cobrança de pulsos além da franquia.	Agravo de instrumento interposto contra decisão que inadmitiu recurso extraordinário em que se discute, à luz dos artigos 5°, II; 21, XI; 37; 98, I; e 175, da Constituição Federal, a legalidade, ou não, de cobrança dos pulsos excedentes à franquia mensal, pelas concessionárias prestadoras de serviço de telefonia fixa, sem a respectiva discriminação.
286	AI 765567	Responsabilidade civil de banco por danos decorrentes de indevida utilização de cartão de crédito.	Agravo de instrumento interposto contra decisão que inadmitiu recurso extraordinário em que se discute, à luz do art. 5°, XXXVI, da Constituição Federal, a responsabilidade civil, ou não, de instituição financeira por danos decorrentes de indevida utilização de cartão de crédito.
332	RE 628914	Restituição dos valores pagos a consórcio em razão de desistência do consorciado.	Recurso extraordinário em que se discute, à luz do artigo 5°, XXXVI, da Constituição Federal, o direito, ou não, de consorciado à restituição dos valores pagos referentes às prestações de consórcio, no caso de desistência, antes do encerramento do grupo.
417	ARE 640525	Responsabilidade civil por dano material em face de relações contratuais e extracontratuais.	Recurso extraordinário com agravo em que se discute, à luz do artigo 5°, XXXVI, da Constituição Federal, a responsabilidade de instituição financeira por dano material causado ao consumidor, pela utilização fraudulenta, por terceiro, de cartão de crédito.

Tema	*Leading case*	Título	Descrição
421	AI 844474	Aplicação do artigo 1º da Lei de Usura, que limita a taxa de juros a 12% ao ano, aos contratos bancários.	Agravo de instrumento interposto contra decisão que inadmitiu recurso extraordinário, em que se discute, à luz dos artigos 5º, II, 22, VI e VII, 48, XIII e XIV, 49 e 68 da Constituição Federal e do artigo 25 do Ato das Disposições Constitucionais Transitórias, a aplicação, ou não, aos contratos bancários, do artigo 1º da Lei de Usura, que limita a taxa de juros a 12% ao ano.
446	ARE 640523	Destinação de parte do valor das astreintes a fundo estadual de defesa do consumidor.	Agravo interposto contra decisão que inadmitiu recurso extraordinário em que se discute, à luz do artigo, 5º, XXXVI, da Constituição Federal, a possibilidade de se destinar parte do valor das astreintes, originadas do descumprimento de ordem judicial que determina o restabelecimento de serviço de telefonia, a fundo estadual de defesa do consumidor, a fim de se evitar enriquecimento indevido.
458	ARE 643085	Direito do consumidor à exibição de documentos.	Agravo interposto contra decisão que inadmitiu recurso extraordinário em que se discute, à luz do artigo 5º, II, LIV e LV, da Constituição Federal, o dever de as instituições financeiras entregarem os extratos de conta poupança aos respectivos titulares, quando solicitados.
461	ARE 640713	Ilegalidade de cláusulas previstas em contratos regidos pelo Código de Defesa do Consumidor.	Agravo interposto contra decisão que inadmitiu recurso extraordinário em que se discute, à luz do artigo 5º, XXXVI, da Constituição Federal, a possibilidade, ou não, de decisão judicial declarar a abusividade do percentual da taxa de administração previsto em cláusula de contrato de consórcio, considerando-se a proteção constitucional ao ato jurídico perfeito.
604	ARE 683017	Restituição de valores despendidos por consumidor para a implantação de rede elétrica em propriedade rural.	Recurso extraordinário com agravo em que se discute, à luz dos incisos II e XXXVI e do § 1º do art. 5º da Constituição Federal de 1988, a possibilidade, ou não, de restituição integral dos valores despendidos pelo consumidor para financiar obras de implantação de rede elétrica em propriedade rural.
611	ARE 697312	Responsabilidade civil por danos morais e materiais decorrentes da negativa de cobertura por operadora de plano de saúde.	Recurso extraordinário com agravo em que se discute, à luz dos incisos II, X, XXXV, LIV, LV, do art. 5º da Constituição Federal, a responsabilidade civil por danos morais e materiais decorrentes da negativa de cobertura por operadora de plano de saúde.

Tema	*Leading case*	Título	Descrição
623	ARE 687876	Direito à indenização por danos morais e materiais decorrentes da espera excessiva em fila de instituição financeira.	Agravo interposto de decisão que não admitiu recurso extraordinário em que se discute o direito à indenização por danos morais e materiais decorrentes da espera excessiva em fila de instituição financeira.
655	ARE 743771	Modificação do valor fixado a título de indenização por danos morais.	Agravo de decisão que inadmitiu recurso extraordinário em que se discute, à luz do art. 5º, XXXV, LIV e LV, da Constituição federal, a proporcionalidade e razoabilidade do valor fixado a título de indenização por danos morais.
769	RE 823319	Restituição de valores referentes à parcela denominada comissão de corretagem cobrada de consumidor que adquire imóvel diretamente de construtora ou de incorporadora.	Recurso extraordinário em que se discute, à luz do art. 5º, incisos XXXVI e LV, da Constituição, a possibilidade de restituição de valores referentes à parcela denominada comissão de corretagem cobrada de consumidor que adquire imóvel diretamente de construtora ou de incorporadora, ante o caráter abusivo da cláusula contratual que a estabelece.
787	ARE 848240	Validade da aplicação da Taxa Referencial – TR como índice de correção monetária dos depósitos efetuados na conta vinculada ao Fundo de Garantia por Tempo de Serviço – FGTS.	Recurso extraordinário em que se discute, à luz dos arts. 1º, III, 5º, caput, XXII e XXXVI, e 37, caput, da Constituição Federal, a legitimidade da utilização da Taxa Referencial – TR como índice de atualização monetária das contas do Fundo de Garantia por Tempo de Serviço – FGTS.
802	ARE 867326	Indenização por danos morais decorrentes da inscrição de consumidor em sistema de avaliação de crédito denominado "Concentre Scoring" (ou "Credit Scoring" ou "Credscore"), instituído e mantido pelo SERASA.	Recurso extraordinário em que se discute, à luz dos arts. 1º, IV, 5º, X, e 170, V, da Constituição Federal, o direito à indenização por danos morais decorrentes da inscrição de consumidor em sistema de avaliação de crédito denominado "Concentre Scoring" (ou "Credit Scoring" ou "Credscore"), instituído e mantido pelo SERASA.
834	RE 892961	Validade da cobrança de serviços e comissões, notadamente o Serviço de Assessoria Técnica Imobiliária – SATI, previstos em contrato de compra e venda de imóveis entre consumidores e construtora ou incorporadora.	Recurso extraordinário em que se discute, à luz do art. 5º, XXXVI, da Constituição Federal, a validade da cobrança de serviços e comissões, notadamente o Serviço de Assessoria Técnica Imobiliária – SATI, previstos em contrato de compra e venda de imóveis entre consumidores e construtora ou incorporadora.

Tema	*Leading case*	Título	Descrição
845	ARE 900968	Indenização por danos decorrentes da suspensão do fornecimento de energia elétrica por empresa prestadora de serviço público.	Recurso extraordinário em que se discute, à luz dos arts. 5°, caput, 37 e 175, parágrafo único, IV, da Constituição Federal, a ocorrência de dano indenizável em virtude da suspensão do fornecimento de energia elétrica por empresa prestadora de serviço público.
880	ARE 945271	Indenização por dano moral decorrente de responsabilidade civil extracontratual.	Recurso extraordinário em que se discute, à luz dos arts. 1°, III, e 5°, V e X, da Constituição Federal, o direito, ou não, à indenização por dano moral decorrente de responsabilidade civil extracontratual.
DIREITO DO TRABALHO			
174	RE 582504	Índice de correção monetária incidente sobre verba a ser restituída a associados que se desligam de plano de previdência privada.	Recurso extraordinário em que se discute, à luz do art. 202 da Constituição Federal, se o índice de correção monetária, incidente sobre verba a ser restituída a associados que se desligam de plano de previdência privada, deve ser o previsto no Estatuto ou outro que recomponha integralmente a desvalorização da moeda.
193	AI 731954	Incorporação a contrato individual de trabalho de cláusulas normativas pactuadas em acordos coletivos.	Agravo de instrumento interposto contra decisão que inadmitiu recurso extraordinário em que se discute, à luz dos artigos 5°, caput e XXXVI; 7°, XXVI, e 114, § 2°, da Constituição Federal, se as vantagens previstas em convenções e acordos coletivos, formalizados a partir de 1988, limitam-se ao tempo de sua duração, ou se são incorporadas ao contrato dos trabalhadores, considerando o disposto no artigo 1° da Lei n° 8.542/92.
196	AI 751763	Responsabilidade subsidiária de tomador de serviços, em decorrência do não pagamento de verbas trabalhistas devidas.	Agravo de instrumento interposto contra decisão que inadmitiu recurso extraordinário, em que se discute, à luz do art. 5°, II, da Constituição Federal, a responsabilidade subsidiária, ou não, de empresa privada tomadora de serviços, por obrigações trabalhistas não pagas pela empresa prestadora de serviços.
197	AI 752633	Cobrança de contribuição assistencial, instituída por assembleia, de trabalhadores não filiados a sindicato, bem como a aplicação de multa em julgamento de embargos de declaração tidos por protelatórios.	Agravo de instrumento interposto contra decisão que inadmitiu recurso extraordinário em que se discute, à luz dos artigos 5°, XX; 7°, XXVI; e 8°, caput, III, IV e V, da Constituição Federal, a exigibilidade de contribuição assistencial, instituída por assembleia geral, de trabalhadores não filiados a sindicato. Questiona-se, ainda, violação dos artigos 5°, XXXV e LV, da Constituição Federal, em virtude da aplicação de multa em julgamento de embargos de declaração tidos por protelatórios.

Tema	*Leading case*	Título	Descrição
219	RE 590005	Extensão a beneficiários de plano de previdência privada complementar de vantagem outorgada a empregados ativos.	Recurso extraordinário em que se discute, à luz do art. 202 da Constituição Federal, o direito, ou não, de beneficiários de plano de previdência privada complementar de receber vantagem (Adicional de Dedicação Integral – ADI), outorgada a empregados em atividade.
245	RE 602162	Base de cálculo do adicional de periculosidade dos empregados do setor de energia elétrica.	Recurso extraordinário em que se discute, à luz dos artigos 5°, caput, II, XXXV, LIV, LV; e 7°, XXVI, XXX, da Constituição Federal, qual a base de cálculo do adicional de periculosidade dos empregados do setor de energia elétrica, previsto na Lei n° 7.369/85, ou seja, se o referido adicional deve ser calculado levando-se em consideração o valor da soma das parcelas de natureza salarial ou apenas sobre o salário, sem qualquer acréscimo.
250	AI 776522	Extensão de regra mais benéfica concernente a férias prevista no Estatuto do Magistério estadual a professores contratados sob o regime temporário.	Agravo de instrumento interposto contra decisão que inadmitiu recurso extraordinário em que se discute, à luz dos artigos 2°; 7°, XVII; 37, caput; II e IX; e 39, § 3°, da Constituição Federal, a possibilidade, ou não, de extensão de regra mais benéfica concernente à concessão de férias, instituída pelo Estatuto do Magistério Público do Estado do Rio Grande do Sul (Lei Estadual n° 6.672/74), aos professores contratados sob o regime temporário.
273	RE 610223	Direito de servidores inativos da extinta FEPASA à extensão de vantagens salariais concedidas em dissídios e acordos coletivos aos ferroviários em atividade.	Recurso extraordinário em que se discute, à luz dos artigos 37, caput, XIII; 40, § 8°; 169; e 195, § 5°, da Constituição Federal, o direito, ou não, de aposentados e pensionistas da antiga FEPASA – Ferrovia Paulista S/A à extensão de vantagens salariais concedidas aos ferroviários em atividade em razão de dissídios e acordos coletivos.
333	RE 629057	Responsabilização do empregador no caso de sucessão de empresa.	Recurso extraordinário em que se discute, à luz dos artigos 5°, II, XXII, XXXVI, LIV e LV; e 170, II, da Constituição Federal, a responsabilização, ou não, do empregador por obrigações trabalhistas, no caso de sucessão de empresa.
356	AI 818688	Adicional de periculosidade em decorrência de armazenamento de agentes inflamáveis em prédio vertical.	Agravo de instrumento interposto contra decisão que inadmitiu recurso extraordinário em que se discute, à luz do art. 7°, XXII, da Constituição Federal, ser devido, ou não, o pagamento de adicional de periculosidade a empregados que trabalham em prédio vertical que contém, em um de seus andares, combustível armazenado.

Tema	*Leading case*	Título	Descrição
357	AI 825675	Redução do intervalo intrajornada e majoração da jornada de trabalho, no regime de turnos ininterruptos de revezamento, por negociação coletiva.	Agravo de instrumento interposto contra decisão que inadmitiu recurso extraordinário em que se discute, à luz dos artigos 7°, XIV e XXVI, da Constituição Federal, a constitucionalidade, ou não, da redução do intervalo intrajornada e da majoração da jornada de trabalho, no regime de turnos ininterruptos de revezamento, por meio de convenção e acordo coletivo.
468	RE 541856	Termo inicial da prescrição para ação de cobrança da diferença decorrente da incidência dos expurgos inflacionários reconhecidos pela Lei Complementar n° 110/2001 na multa de 40% sobre os depósitos do FGTS (REAFIRMAÇÃO DO ENTENDIMENTO FIXADO NO TEMA 144)	Recurso extraordinário em que se discute, à luz do art. 7°, XXIX, da Constituição Federal, o termo inicial da prescrição para ação de cobrança da diferença decorrente da incidência dos expurgos inflacionários reconhecidos pela Lei Complementar n° 110/2001 na multa de 40% sobre os depósitos do FGTS.
583	ARE 697514	Prescrição aplicável (total ou parcial) no âmbito da Justiça do Trabalho.	Recurso extraordinário com agravo em que se discute, à luz do inciso XXXVI do art. 5° e do inciso XXIX do art. 7° da Constituição Federal, a prescrição aplicável (total ou parcial) no âmbito da Justiça do Trabalho.
591	RE 659109	Extensão, às complementações de aposentadoria, de benefício concedido indistintamente aos empregados ativos em razão de acordo coletivo de trabalho.	Recurso extraordinário em que se discute, à luz do inciso XXVI do art. 7° e dos incisos III e VI do art. 8° da Constituição Federal, a possibilidade, ou não, de extensão, às complementações de aposentadoria, de benefício concedido indistintamente aos empregados da ativa, em razão de acordo coletivo de trabalho.
610	ARE 686664	Incorporação de gratificação de função à remuneração de empregados públicos.	Recurso extraordinário com agravo em que se discute, à luz dos incisos II, XXXV, LIV e LV do art. 5° e do caput do art. 37 Constituição Federal, a possibilidade, ou não, de incorporação definitiva da gratificação de função à remuneração de empregados públicos.
621	ARE 715088	Revogação da multa prevista no art. 600 da Consolidação das Leis do Trabalho, bem como sua aplicabilidade em razão do atraso no pagamento da contribuição sindical rural.	Agravo interposto de decisão que não admitiu o recurso extraordinário em que se discute, à luz da parte final do inciso IV do art. 8°, combinado com o art. 149, e do inciso II do art. 150, todos da Constituição Federal, a revogação da multa prevista no art. 600 da Consolidação das Leis do Trabalho, bem como sua aplicabilidade em razão do atraso no pagamento da contribuição sindical rural.

Tema	*Leading case*	Título	Descrição
629	RE 608379	Equiparação salarial de empregados de sociedade de economia mista integrantes de quadro de carreira cuja reestruturação não foi homologada pelo Ministério do Trabalho.	Agravo interposto de decisão que não admitiu recurso extraordinário em que se discute, à luz dos artigos 5°, caput; 7°, XXX; e 173, § 1°, II, todos da Constituição Federal, a possibilidade de equiparação salarial de empregados de sociedade de economia mista integrantes de quadro de carreira cuja reestruturação não foi homologada pelo Ministério do Trabalho.
637	ARE 650932	Prazo prescricional relativo às ações de indenização por danos morais e materiais decorrentes de acidente de trabalho antes do advento da Emenda Constitucional 45/2004.	Agravo interposto contra decisão que não admitiu recurso extraordinário em que se discute, à luz do art. 7°, XXIX, da Constituição Federal, qual o prazo prescricional para a pretensão de indenização por danos morais e materiais decorrentes de acidente de trabalho reconhecido antes do advento da Emenda Constitucional 45/2004.
701	ARE 787379	Possibilidade de extensão, aos trabalhadores rurais, do seguro-desemprego concedido aos pescadores artesanais pela Lei federal 10.779/2003 (seguro-defeso).	Recurso extraordinário em que se discute, à luz do princípio da isonomia, a possibilidade de estender ao trabalhador rural o seguro-desemprego previsto na Lei federal 10.779/2003 para o pescador artesanal durante o período de defeso (seguro-defeso).
762	RE 820729	Validade de norma coletiva de trabalho que fixa limite ao pagamento de horas in itinere inferior à metade do que seria devido em relação ao tempo efetivamente gasto pelo trabalhador no trajeto até o local do serviço.	Recurso extraordinário em que se discute, à luz do art. 7°, VI e XXVI, da Constituição, a validade de norma coletiva de trabalho que fixa limite de horas extras pagas a título de deslocamento (horas in itinere) inferior à metade do que seria devido em relação ao tempo efetivamente gasto pelo trabalhador no trajeto até o local do serviço.
795	ARE 859878	Validade do cálculo do valor da verba denominada Complemento de Remuneração Mínima por Nível e Regime paga aos empregados da Petrobrás, descrita na Cláusula 35ª do Acordo Coletivo de Trabalho de 2007/2009, mediante a subtração, no valor desse complemento, dos adicionais inerentes ao trabalho em condições especiais.	Recurso extraordinário em que se discute, à luz dos arts. 5°, caput e XXXVI, e 7°, VI e XXVI, da Constituição Federal, a validade, ou não, do cálculo do valor do Complemento de Remuneração Mínima por Nível e Regime devido aos empregados da Petrobrás, previsto na Cláusula 35ª do Acordo Coletivo de Trabalho de 2007/2009, mediante a subtração, no valor desse complemento, dos adicionais inerentes ao trabalho em condições especiais.
861	ARE 907209	Natureza jurídica de direitos: se individuais homogêneos ou heterogêneos.	Recurso extraordinário em que se discute, à luz do art. 8, III, da Constituição Federal, a natureza jurídica dos direitos postulados na demanda, se individuais homogêneos ou heterogêneos.

Tema	*Leading case*	Título	Descrição
867	ARE 910351	Pagamento de férias fora do prazo do art. 145 da Consolidação das Leis do Trabalho: direito ou não à remuneração de férias em dobro.	Recurso extraordinário em que se discute, à luz dos arts. 2°, 5°, II, 7°, XVII, e 59 da Constituição Federal, se o pagamento de férias realizado fora do prazo do art. 145 da Consolidação das Leis do Trabalho deve ser efetuado em dobro.
892	ARE 913264	Marco prescricional para a interposição de ação para exigir contribuição sindical rural no âmbito da Justiça do Trabalho.	Recurso extraordinário em que se discute, à luz dos arts. 2°, 5°, caput, 146, III, b, e 150, II, da Constituição Federal, o prazo prescricional relativo à ação de cobrança da contribuição sindical rural no âmbito da Justiça do Trabalho.
920	RE 828075	Possibilidade de responsabilização objetiva do empregador por danos decorrentes de doenças ocupacionais.	Recurso extraordinário no qual se discute, à luz dos arts. 7°, XXVIII, 37, § 6°, 59 e 97 da Constituição da República, a aplicação da teoria do risco, prevista no art. 927, parágrafo único, do Código Civil, aos danos decorrentes de acidentes de trabalho e/ou doenças ocupacionais, sem a análise de culpa ou dolo do empregador.
931	RE 944245	Cômputo como horas in itinere do tempo gasto pelo trabalhador para deslocar-se da portaria até o local do registro de sua entrada na empresa.	Agravo interposto contra decisão que não admitiu recurso extraordinário em que se discute, à luz do art. 5°, II, da Constituição Federal, a possibilidade, ou não, de contabilizar o tempo de deslocamento entre a portaria da empresa e o local onde se registra o ponto do trabalhador como horas in itinere, em razão de não haver previsão expressa em lei.
DIREITO ELEITORAL			
731	ARE 728181	Possibilidade de obtenção de quitação eleitoral mediante mera apresentação das contas de campanha, ainda que não aprovadas.	Recurso extraordinário em que se discute, à luz dos arts. 5°, XXXVI, 14, § 9°, 17, III, e 70, parágrafo único, da Constituição federal, se a simples apresentação das contas de campanha, ainda que rejeitadas, seria suficiente para obtenção da certidão de quitação eleitoral, tendo em vista o disposto no art. 11, § 7°, da Lei 9.504/1997, com a redação conferida pela Lei 12.034/2009.
DIREITO PENAL			
182	AI 742460	Valoração das circunstâncias judiciais previstas no art. 59 do Código Penal na fundamentação da fixação da pena-base pelo juízo sentenciante.	Agravo de instrumento interposto contra decisão que inadmitiu recurso extraordinário em que se discute, à luz dos artigos 5°, XLVI, e 93, IX, da Constituição Federal, a adequação, ou não, de valoração das circunstâncias judiciais previstas no art. 59 do Código Penal na fundamentação da fixação da pena-base pelo juízo sentenciante.

Tema	*Leading case*	Título	Descrição
183	AI 747522	Aplicação do princípio da insignificância a crime de posse de substância entorpecente para uso próprio.	Agravo instrumento interposto contra decisão que inadmitiu recurso extraordinário em que se discute, à luz do art. 5°, XXXV, LV e LIV, da Constituição da República, o reconhecimento, ou não, da aplicação do princípio da insignificância ao crime de posse de substância entorpecente para uso próprio.
929	RE 983765	Possibilidade de compensação da agravante da reincidência com a atenuante da confissão espontânea, com base no disposto no art. 67 do Código Penal.	Recurso extraordinário no qual se discute, com fundamento nos arts. 2°; 5°, inc. XLVI; e 22, inc. I; da Constituição da República, a interpretação do art. 67 do Código Penal quanto à possibilidade de compensação entre a agravante da reincidência e a atenuante da confissão espontânea.
DIREITO PREVIDENCIÁRIO			
405	AI 841047	Cômputo do tempo de serviço exercido em condições especiais para efeito de aposentadoria.	Agravo de instrumento interposto contra decisão que inadmitiu recurso extraordinário em que se discute, à luz do art. 201, § 1°, da Constituição Federal, a possibilidade de se computar, para efeito de aposentadoria, tempo de serviço exercido em condições especiais, após 28 de maio de 1998.
406	AI 843287	Critérios para o cálculo da renda mensal inicial de benefício previdenciário.	Agravo de instrumento interposto contra decisão que inadmitiu recurso extraordinário em que se discute, à luz do art. 5°, II, da Constituição Federal, o direito, ou não, de se renunciar aos salários-de-contribuição de menor expressão econômica, considerando-se o período de 48 meses previsto na Lei n° 8.213/91, uma vez que serão utilizados apenas 36 salários-de contribuição para compor a média aritmética que servirá de base de cálculo para a renda mensal inicial do benefício previdenciário a ser concedido.
425	AI 841473	Restituição de verbas de natureza alimentar pagas indevidamente pela Administração Pública a beneficiário de boa-fé.	Agravo de instrumento interposto contra decisão que inadmitiu recurso extraordinário em que se discute, à luz dos arts. 5°, II, XXXV, LIV, LV, 37, 97, e 201, § 2°, da Constituição Federal, se o beneficiário de boa-fé deve, ou não, restituir aos cofres públicos valores pagos indevidamente por erro da Administração Pública, considerando os princípios da legalidade, do devido processo legal, do contraditório e ampla defesa e da moralidade administrativa.

Tema	*Leading case*	Título	Descrição
568	RE 686143	Reconhecimento, por via judi-cial, do direito à equivalência entre o limite máximo do sa-lário-de-contribuição e a ren-da mensal inicial dos benefí-cios previdenciários.	Recurso extraordinário em que se discute, à luz do § 5º do art. 195 e do § 4º do art. 201, ambos da Constituição Federal, a possibilidade, ou não, de ser determinada em juízo a equivalência en-tre o limite máximo do salário-de-contribuição e a renda mensal dos benefícios previdenciários.
575	ARE 695278	Comprovação do recolhimen-to da contribuição previdenci-ária como requisito para o re-cebimento do seguro defeso.	Recurso extraordinário com agravo em que se discute, à luz do inciso XI do 167, da letra "a" do inciso I e do inciso II do art. 195, do inciso III do art. 201 e do art. 239, todos da Constituição Federal, a necessidade, ou não, de comprovação de recolhimento de contribuição previdenciária para o recebimento de seguro defeso.
589	ARE 685029	Revisão de renda mensal de benefício previdenciário me-diante aplicação dos mesmos índices utilizados para reajus-te do teto do salário-de-con-tribuição, relativamente aos meses de junho de 1999 e maio de 2004.	Recurso extraordinário com agravo em que se discute, à luz dos incisos IV do art. 84 e do inciso II do art. 87 da Constituição Federal, a possibilidade, ou não, de adoção, para fins de revisão da renda mensal de benefício previdenciário, dos mesmos índices aplicados para o reajuste do teto do sa-lário-de-contribuição, relativamente aos meses de junho de 1999 (Portaria 5.188/99) e maio de 2004 (Decreto 5.061/2004), conforme disposto nas Emendas Constitucionais 20/98 e 41/2003.
609	ARE 705141	Valor do auxílio-acidente in-ferior ao salário mínimo.	Recurso extraordinário com agravo em que se discute, à luz do § 2º do art. 201 da Constitui-ção Federal, a possibilidade, ou não, de o valor do auxílio-acidente ser inferior ao salário mínimo.
634	ARE 664340	Isonomia de gênero quanto ao critério de expectativa de vida adotado no cálculo do fa-tor previdenciário.	Agravo de decisão que inadmitiu recurso extra-ordinário em que se discute, à luz dos artigos 5º, caput, e 201, § 7º, da Constituição Federal, a uti-lização da tábua completa de mortalidade cons-truída pelo IBGE, na qual se considera a média nacional única para ambos os sexos, nos termos do art. 29, § 8º, da Lei 8.213/1991, incluído pela Lei 9.876/1999.
663	ARE 748444	Incidência do fator previden-ciário sobre período traba-lhado em condições espe-ciais convertido em tempo de serviço comum para o cálculo de aposentadoria por tempo de contribuição.	Agravo de decisão que inadmitiu recurso extraor-dinário em que se discute, à luz dos arts. 5º, caput, e 201, § 1º, da Constituição federal, a incidência do fator previdenciário sobre período trabalhado em condições especiais convertido em tempo de serviço comum para o cálculo de aposentadoria por tempo de contribuição.

Tema	*Leading case*	Título	Descrição
695	ARE 778547	Inclusão do décimo terceiro salário no cálculo do salário de benefício para apuração da Renda Mensal Inicial (RMI).	Recurso extraordinário com agravo em que se discute, à luz do art. 5º, XXXVI, da Constituição federal, o direito de beneficiário do Instituto Nacional do Seguro Social (INSS), que se aposentou sob a égide da Lei 8.212/1991 e da Lei 8.213/1991, antes da vigência da Lei 8.870/1994, a ter o valor do 13º salário (gratificação natalina) incluído no período básico de cálculo dos benefícios previdenciários.
749	RE 729011	Possibilidade de aplicação de índices negativos para fins de correção monetária do valor devido a título de verba salarial.	Recurso extraordinário em que se discute, à luz dos arts. 7º, VI, e 37, XV, da Constituição federal, a possibilidade de utilização de índices negativos no cálculo da atualização monetária de verba salarial devida, quando verificada a deflação, tendo em vista o princípio constitucional da irredutibilidade de vencimentos.
766	ARE 821296	Verificação dos requisitos legais necessários para concessão de benefício previdenciário.	Recurso extraordinário em que se discute, à luz dos arts. 6º, 194 e 196 da Constituição, o direito à concessão de benefício previdenciário de auxílio-doença ou de aposentadoria por invalidez a segurado cuja alegada incapacidade para o trabalho foi afastada por laudo pericial.
805	ARE 868457	Legitimidade da definição da data de entrada do requerimento administrativo como marco temporal dos efeitos financeiros da revisão de benefício previdenciário.	Recurso extraordinário em que se discute, à luz dos arts. 2º, 5º, caput, II, XXXV, XXXVI, LIV e LV, 37, 84, IV, 97, 105, III, 194, parágrafo único, III, 195, caput e § 5º, e 201 caput e § 1º, da Constituição Federal, a legitimidade da definição da data de entrada do requerimento administrativo (DER) como marco temporal dos efeitos financeiros da revisão de benefício previdenciário.
807	ARE 865645	Preenchimento dos requisitos para concessão do benefício assistencial previsto no art. 203, V, da Constituição Federal.	Recurso extraordinário em que se discute, à luz dos arts. 5º, LV, 195, § 5º, e 203, V, da Constituição Federal, o preenchimento, ou não, dos requisitos necessários para concessão do benefício assistencial previsto no art. 203, V, da Constituição Federal.
824	ARE 888938	Índice de reajuste aplicável aos benefícios previdenciários a fim de preservar o seu valor real.	Recurso extraordinário em que se discute, à luz dos arts. 194, IV, e 201, § 4º, da Constituição Federal, o índice de reajuste aplicável aos benefícios previdenciários de modo a preservar o seu valor real.

Tema	*Leading case*	Título	Descrição
852	ARE 906569	Avaliação judicial de critérios para a caracterização de trabalho especial, para fins de reconhecimento de aposentadoria especial ou de conversão de tempo de serviço, nos termos dos arts. 57 e 58 da Lei 8.213/1991.	Recurso extraordinário em que se discutem, à luz dos arts. 1º, IV; 2º; 5º, caput, LIV e LV; 37, caput; 84, IV; 93, IX; 194, parágrafo único, III e V; 195, § 5º; e 201, caput e § 1º, da Constituição Federal, os critérios para a caracterização de especialidade do trabalho, para fins de reconhecimento de aposentadoria especial ou de conversão de tempo de serviço, nos termos dos arts. 57 e 58 da Lei 8.213/1991.
893	AI 864188	Validade do critério de cálculo da aposentadoria proporcional previsto no art. 53, I e II, da Lei 8.213/1991.	Recurso extraordinário em que se discute, à luz do art. 202, § 1º, da Constituição Federal, na redação anterior à EC 20/1998, a validade do critério de cálculo previsto no art. 53, I e II, da Lei 8.213/1991 para a aposentadoria proporcional.
938	RE 1013583	Termo inicial do prazo decadencial para a revisão de benefício de pensão por morte derivado de outro benefício previdenciário.	Recurso extraordinário em que se discute, com base nos arts. 5º, incs. XXXV, XXXVI, LIV e LV, e 201 da Constituição da República, o termo inicial do prazo decadencial para a revisão de benefício de pensão por morte derivado de outro benefício previdenciário.
DIREITO PROCESSUAL CIVIL			
181	RE 598365	Pressupostos de admissibilidade de recursos da competência de outros Tribunais.	Recurso extraordinário em que se discutem, à luz do art. 5º, incisos II, XXXV, LIV e LV, da Constituição Federal, os pressupostos de admissibilidade de recursos da competência de outros Tribunais.
186	RE 599903	Fixação de honorários advocatícios em execução de sentença proferida em ação coletiva não embargada pela Fazenda Pública.	Recurso extraordinário em que se discute, à luz dos artigos 97 e 100, § 3º, da Constituição Federal, a constitucionalidade, ou não, da fixação de honorários advocatícios em execução de sentença, proferida em ação coletiva, ajuizada por sindicato, a qual não foi embargada pela Fazenda Pública, ou seja, o enquadramento jurídico, ou não, dessa situação na hipótese do art. 730 do Código de Processo Civil (execução por quantia certa contra a Fazenda Pública), para os fins de aplicação, ou não, do art. 4º, da MP nº 2.180/2001, que, ao acrescentar o art. 1-D à Lei nº 9.494/97, prevê não serem devidos os honorários de advogado nas execuções não embargadas pela Fazenda Pública.

Tema	*Leading case*	Título	Descrição
188	AI 759421	Declaração de hipossuficiência para obtenção de gratuidade de justiça.	Agravo de instrumento interposto contra decisão que inadmitiu recurso extraordinário em que se discute, à luz dos artigos. 5º, II, XXXV e LXXIV, da Constituição Federal, a legalidade, ou não, de denegação do benefício da justiça gratuita, prevista na Lei nº 1.060/50, não obstante a existência de declaração do interessado, atestando a sua impossibilidade de arcar com as despesas do processo sem prejuízo de seu sustento ou de sua família.
213	AI 768339	Competência para processar e julgar ação que visa compelir os entes políticos das três esferas do governo a fornecer medicamentos à pessoa carente, quando o valor da causa é inferior ao limite de sessenta salários mínimos.	Agravo de instrumento interposto contra decisão que inadmitiu recurso extraordinário em que se discute, à luz dos artigos 5º, LIV e LV; e 98, I, da Constituição Federal, qual a justiça competente para processar e julgar ação que visa compelir os entes políticos das três esferas do governo a fornecer medicamentos à pessoa carente, quando o valor da causa é inferior ao limite de sessenta salários mínimos.
251	AI 778850	Suspensão ou devolução de prazos processuais da União em decorrência de movimento grevista deflagrado pelos membros das carreiras da AGU.	Agravo de instrumento interposto contra decisão que inadmitiu recurso extraordinário em que se discute, à luz dos artigos 5º, XXXV e LIV; e 131, da Constituição Federal, se o movimento grevista deflagrado pelos servidores técnicos da Advocacia-Geral da União em 2008 configuraria, ou não, hipótese de justa causa ou motivo de força maior, nos termos dos artigos 183, § 1º, e 265, V, do Código de Processo Civil, a ensejar a suspensão ou devolução dos prazos processuais da União.
267	RE 608852	Fixação de multa por descumprimento de ordem judicial de pagamento de precatório no prazo legal.	Recurso extraordinário em que se discute, à luz dos artigos 5º, II; e 100, § 2º, da Constituição Federal, a possibilidade, ou não, de fixação da multa prevista nos artigos 14, V; 600 e 601, do Código de Processo Civil, por descumprimento de ordem judicial de pagamento de precatório no prazo legal.
292	RE 611231	Extinção de execução fiscal da União por falta de interesse de agir, em razão do valor irrisório do débito, com base em legislação federal.	Recurso extraordinário em que se discute, à luz dos artigos 5º, XXXV, LIII, LIV, LV; e 150, II, da Constituição Federal, a constitucionalidade, ou não, de decisão que, com fundamento nas Leis nos 9.469/97 e 10.522/2002, extingue, sem julgamento de mérito, execução fiscal da União, por ausência de interesse de agir, em razão do valor irrisório do débito executado.

Tema	*Leading case*	Título	Descrição
307	RE 626468	Efeito suspensivo a embargos do devedor em execução fiscal.	Recurso extraordinário em que se discute, à luz dos artigos 5°, XII, LIV, LV, da Constituição Federal, a possibilidade, ou não, de concessão de efeito suspensivo a embargos do devedor em execução fiscal.
318	AI 800074	Requisitos do mandado de segurança.	Agravo de instrumento interposto contra decisão que inadmitiu recurso extraordinário, em que se discute, à luz dos artigos 5°, XXXV; LV; LXIX; e 148, da Constituição Federal, o cabimento, ou não, de mandado de segurança, em face de seus específicos pressupostos de admissibilidade.
354	AI 808968	Cabimento de ação rescisória contra decisão dos Juizados Especiais Federais.	Agravo de instrumento interposto contra decisão que inadmitiu recurso extraordinário em que se discute, à luz dos artigos 5°, I; 98, § 1°; e 195, § 5°, da Constituição Federal, a constitucionalidade, ou não, da aplicação subsidiária do art. 59 da Lei n° 9.099/95 (Lei dos Juizados Estaduais) aos Juizados Especiais Federais, no que se refere à possibilidade de ajuizamento de ação rescisória no âmbito destes.
389	AI 826496	Âmbito de incidência de isenção de taxas judiciárias, custas e emolumentos concedida por lei estadual.	Agravo de instrumento interposto contra decisão que inadmitiu recurso extraordinário, em que se discute, à luz dos artigos 2°; 25; 98, § 2°; 25; 98, § 2°; 99; 135; 145, II; e 150, I, da Constituição Federal, a constitucionalidade, ou não, de decisão judicial que condenou o Estado do Rio Grande do Sul ao pagamento de custas processuais, afastando a isenção de taxas judiciárias, custas e emolumentos concedida por leis daquela unidade federativa.
398	AI 836810	Anulação de sentença por contradição e incoerência.	Agravo de instrumento interposto contra decisão que inadmitiu recurso extraordinário, em que se discute, à luz dos artigos 5°, LXXVIII, 30, I e II, e art. 37, IX, da Constituição Federal, a contrariedade, ou não, de acórdão que decreta a anulação de sentença, por entendê-la contraditória e incoerente, com os dispositivos constitucionais indicados.
401	RE 633360	Multa por litigância de má-fé.	Recurso extraordinário em que se discute, à luz dos artigos 98, I, e 5°, LIV, LV e XXXV, da Constituição Federal, a possibilidade, ou não, de aplicação da multa por litigância de má-fé, com fundamento no artigo 18 do Código de Processo Civil, nos casos de interposição de recursos com manifesto propósito protelatório.

Tema	*Leading case*	Título	Descrição
424	ARE 639228	Indeferimento de produção de provas no âmbito de processo judicial.	Agravo interposto contra decisão que inadmitiu recurso extraordinário em que se discute, à luz do art. 5, LV, da Constituição Federal, suposta violação do contraditório e da ampla defesa nos casos em que o juiz indefere pedido de produção de provas no âmbito de processo judicial.
433	ARE 640671	Competência de juizados especiais face à alegação de complexidade da prova.	Agravo interposto contra decisão que inadmitiu recurso extraordinário em que se discute, à luz do art. 5°, LV, da Constituição Federal, a competência dos juizados especiais, face à alegação de ser necessária a produção de prova complexa para o deslinde da controvérsia submetida ao Poder Judiciário.
442	RE 638706	Inexigibilidade de título judicial cujo fundamento contraria decisão superveniente do Superior Tribunal de Justiça sobre tema declarado de natureza infraconstitucional pelo Supremo Tribunal Federal.	Recurso extraordinário em que se discute, à luz do artigo 5°, II, XXXV, LIV, LV, da Constituição Federal, a possibilidade, ou não, de ser declarada a inexigibilidade de título judicial, o qual entendeu ilegal a cobrança de valor correspondente a assinatura básica em conta telefônica e determinou a restituição destes valores, em face do disposto no § 1° do artigo 475-L do Código de Processo Civil, que preceitua ser inexigível o título judicial fundamentado em lei ou ato normativo declarados inconstitucionais pelo Supremo Tribunal Federal.
460	AI 846803	Prosseguimento de Execução Fiscal lastreada em Certidão de Dívida Ativa supostamente ilíquida.	Agravo de instrumento interposto contra decisão que inadmitiu recurso extraordinário, em que se discute, à luz do artigo 5°, XXXV, da Constituição Federal, a possibilidade, ou não, de se prosseguir em execução fiscal lastreada em Certidão de Dívida Ativa, supostamente ilíquida, por cobrar, entre outros, taxa declarada inconstitucional pelo Supremo Tribunal Federal.
463	RE 637135	Violação à coisa julgada em decorrência de preclusão referente à juntada de acordo apenas por ocasião dos embargos à execução.	Recurso extraordinário em que se discute, à luz do art. 5°, XXXVI, da Constituição Federal, violação à coisa julgada em decorrência de preclusão referente à juntada de acordo, celebrado antes da propositura da ação de conhecimento, mas levado aos autos somente na fase dos embargos à execução.
577	ARE 689765	Ajuizamento de ação individual autônoma para pleitear o direito aos juros remuneratórios de caderneta, reconhecido em ação coletiva transitada em julgado.	Recurso extraordinário com agravo em que se discute, à luz dos incisos XXII, XXXV e XXXVI do art. 5° da Constituição Federal, a possibilidade, ou não, de ajuizamento de ação individual autônoma para pleitear o direito aos juros remuneratórios de caderneta, reconhecido em ação coletiva transitada em julgado.

Tema	*Leading case*	Título	Descrição
584	ARE 655403	Possibilidade de ingresso da Aneel e da Eletrobrás no polo passivo de ação de restituição de valores, com o deslocamento da competência para a Justiça Federal, e análise de eventual prescrição da ação.	Recurso extraordinário com agravo em que se discute, à luz do inciso I do art. 109 da Constituição Federal, a possibilidade, ou não, de ingresso da Aneel e da Eletrobrás no polo passivo de ação de restituição de valores despendidos na construção de rede de energia elétrica em imóvel rural, com o deslocamento da competência para a Justiça Federal, bem como a prescrição da ação.
587	ARE 690819	Excesso de execução decorrente de eventual erro de cálculo em processo alusivo a diferenças de correção monetária em cadernetas de poupança, por alegados expurgos inflacionários.	Recurso extraordinário com agravo em que se discute, à luz do inciso II do art. 5° da Constituição Federal, a caracterização, ou não, de excesso de execução decorrente de erros de cálculo em processo que trata do direito às diferenças de correção monetária em cadernetas de poupança, por alegados expurgos inflacionários de plano econômico.
597	RE 729884	Imposição ao INSS, nos processos em que figure como parte ré, do ônus de apresentar cálculos de liquidação do seu próprio débito.	Recurso extraordinário com agravo em que se discute, à luz do art. 2°; do caput e dos incisos II, XXXV, LIV e LV do art. 5°; bem como do caput do art. 37 da Constituição Federal, a legitimidade, ou não, da imposição ao INSS, nos processos em que figure como parte ré, do ônus de apresentar cálculos de liquidação do seu próprio débito.
631	ARE 683099	Desnecessidade de comprovação do prévio exaurimento das vias extrajudiciais de busca de bens para o deferimento de penhora eletrônica pelo denominado sistema Bacen Jud, requerida após a Lei 11.382/2006.	Agravo de decisão que inadmitiu recurso extraordinário em que se discute, à luz dos artigos 1°, II e III, e 6°, caput, da Constituição Federal, a legitimidade da efetivação da penhora online antes do prévio exaurimento das vias extrajudiciais de busca de bens, após a Lei 11.382/2006.
658	ARE 703595	Possibilidade de a Fazenda Pública recusar a nomeação de precatórios à penhora, em razão da ordem de preferências estabelecida na legislação processual.	Agravo de decisão que inadmitiu recurso extraordinário em que se discute, à luz do art. 37, caput, da Constituição federal e do art. 97, § 2°, I, a, do ADCT, a possibilidade de a Fazenda Pública recusar a nomeação de precatórios à penhora, por desobedecer à ordem de preferências estabelecida na legislação processual (Código de Processo Civil e Lei 6.830/1980).

Tema	*Leading case*	Título	Descrição
660	ARE 748371	Violação dos princípios do contraditório e da ampla defesa quando o julgamento da causa depender de prévia análise da adequada aplicação das normas infraconstitucionais. Extensão do entendimento ao princípio do devido processo legal e aos limites da coisa julgada.	Agravo de decisão que inadmitiu recurso extraordinário em que se discute, à luz do art. 5º, II e LV, da Constituição federal, o cerceamento de defesa da parte ora agravante decorrente da ausência de intimação, para que se manifestasse acerca dos cálculos relativos à purgação da mora na alienação fiduciária, requerida, nos termos do art. 3º, § 2º, do Decreto-Lei 911/1969, pelo devedor fiduciante.
675	ARE 738109	Suspensão de ação individual em razão da existência de ação coletiva.	Recurso extraordinário em que se discute, à luz dos arts. 1º, II; 5º, II e XXXV, da Constituição federal, a possibilidade de suspensão de processo individual que veicule a mesma lide discutida em ação civil pública, no caso, a implantação do piso salarial profissional nacional para os profissionais do magistério público da educação básica, como medida de política judiciária.
715	ARE 796473	Limites territoriais da eficácia de decisão prolatada em ação coletiva.	Recurso extraordinário em que se discute, à luz dos arts. 18 e 125 da Constituição federal, se sentença proferida em ação civil pública promovida perante o Poder Judiciário de determinado ente da federação pode ser executada perante o foro de outro ente federado.
740	ARE 808726	Competência para processar e julgar causas relativas a prestações por parte da Assistência Multidisciplinar de Saúde – AMS, oferecida pela Petrobras a seus empregados e respectivos dependentes.	Recurso extraordinário em que se discute, à luz do art. 114, I e IX, da Constituição federal, a natureza jurídica da Assistência Multidisciplinar de Saúde – AMS, ofertada pela Petrobras a seus empregados e respectivos dependentes, para fins de definição da Justiça competente (Justiça Estadual ou Justiça do Trabalho) para processar e julgar as causas relativas a pedidos de prestações por parte do referido plano de benefícios.
747	RE 655466	Cabimento de reclamação para o Superior Tribunal de Justiça por alegada usurpação de sua competência por Tribunal de Justiça estadual.	Recurso extraordinário em que se discute, à luz do art. 105, I, f, da Constituição federal, o cabimento de reclamação para o Superior Tribunal de Justiça, em razão de o Tribunal de Justiça do Estado do Rio de Janeiro ter apreciado mandado de segurança impetrado contra acórdão prolatado pelo Conselho da Magistratura daquele Tribunal, em processo de dúvida registral. Sustenta-se que o referido acórdão teria natureza jurisdicional e ensejaria somente a interposição de recurso especial para o STJ.

Tema	*Leading case*	Título	Descrição
770	RE 819641	Possibilidade de condenação da Fazenda Pública em honorários advocatícios nas execuções não embargadas, nos casos em que a parte exequente renuncia aos valores excedentes a quarenta salários mínimos, a fim de possibilitar o pagamento por meio de requisição de pequeno valor – RPV.	Recurso extraordinário em que se discute, à luz dos arts. 5º, caput; 100, §§ 3º e 4º; e 133, caput, da Constituição, e 87, I e II, do ADCT, a possibilidade de condenação da Fazenda Pública em honorários advocatícios nas execuções não embargadas, nos casos em que a parte exequente renuncia aos valores excedentes a quarenta salários mínimos, a fim de possibilitar o pagamento por meio de requisição de pequeno valor – RPV.
780	ARE 840432	Legitimidade do conhecimento de ofício da incompetência para o julgamento de execução fiscal na hipótese de inobservância do art. 578 do Código de Processo Civil.	Recurso extraordinário em que se discute, à luz do art. 109, § 3º, da Constituição Federal, a possibilidade de o juiz, de ofício, declinar da competência para julgamento de execução fiscal proposta em desacordo com o art. 578 do CPC, que impõe o ajuizamento no foro do domicílio do réu e, se não o tiver, no de sua residência ou no lugar onde for encontrado.
783	ARE 840920	Possibilidade de arbitramento de honorários advocatícios no curso de execução provisória.	Recurso extraordinário em que se discute, à luz dos arts. 5º, XXXV, LV e 133 da Constituição Federal, o cabimento de honorários advocatícios em execução provisória.
797	ARE 836819	Viabilidade de recurso extraordinário contra acórdão proferido por Juizado Especial Cível da Lei 9.099/1995 em matéria de indenização decorrente de acidente de trânsito.	Recurso extraordinário em que se discute, à luz dos arts. 5º, XXXV e LV, e 93, IX, da Constituição Federal, a configuração de cerceamento de defesa na hipótese de ausência de apreciação de matéria fática em ação de indenização por danos materiais e morais decorrentes de acidente de trânsito.
798	ARE 837318	Viabilidade de recurso extraordinário contra acórdão de Juizado Especial Cível da Lei 9.099/1995 em matéria de revisão contratual.	Recurso extraordinário em que se discute, à luz dos arts. 5º, caput, XXXV, XXXVI e LV, da Constituição Federal, a validade da cobrança de tarifas diversas, tais como a Tarifa de Abertura de Cadastro (TAC) e a Tarifa de Serviços de Terceiros, em contrato de adesão com instituição financeira.
799	ARE 722421	Possibilidade da devolução de valores recebidos em virtude de tutela antecipada posteriormente revogada.	Recurso extraordinário em que se discute, à luz dos arts. 5º, I, XXXV, XXXVI, LV, e 195, § 5º, da Constituição Federal, a possibilidade, ou não, da devolução de valores recebidos em virtude de tutela antecipada posteriormente revogada.

Tema	*Leading case*	Título	Descrição
800	ARE 835833	Viabilidade de recurso extraordinário contra acórdão proferido por Juizado Especial Cível da Lei 9.099/1995 em matéria de responsabilidade pelo adimplemento de obrigação assumida em contrato de direito privado.	Recurso extraordinário em que se discute, à luz do art. 5º, XXXIV, a, e XXXVI, da Constituição Federal, a responsabilidade pelo adimplemento de obrigação assumida em contrato de direito privado.
812	RE 751526	Quantificação da condenação em honorários advocatícios nas ações previdenciárias: incidência ou não de verba honorária sobre as prestações vencidas após a prolação da sentença.	Recurso extraordinário em que se discute, à luz dos arts. 1º, IV; 2º; 3º, IV; 5º, caput, II e XXXV; 22, I; 37, caput; 44; 93, IX; 105, III, a e c; 133 e 170 da Constituição Federal, a base de cálculo dos honorários advocatícios nas ações previdenciárias, notadamente em face da Súmula 111 do Superior Tribunal de Justiça, que afasta a incidência de verba honorária sobre as prestações vencidas após a sentença.
828	ARE 891653	Obrigatoriedade de inclusão da Caixa Econômica Federal como litisconsorte passiva necessária, e consequente competência da Justiça Federal para julgar a demanda, em ação de indenização por vícios na construção de imóvel adquirido no âmbito do programa governamental Minha Casa, Minha Vida.	Recurso extraordinário em que se discute, à luz do art. 109, I, da Constituição Federal, a indispensabilidade, ou não, de inclusão da Caixa Econômica Federal como litisconsorte passiva necessária, e consequente competência da Justiça Federal para julgar a demanda, em ação de indenização por vícios na construção de imóvel adquirido no âmbito do programa governamental Minha Casa, Minha Vida.
848	ARE 901963	Limites subjetivos de sentença condenatória genérica transitada em julgado proferida nos autos de ação civil pública ajuizada por associação.	Recurso extraordinário em que se discutem, à luz do art. 5º, XXI, da Constituição Federal, os limites subjetivos de sentença condenatória genérica transitada em julgado proferida nos autos de ação civil pública ajuizada por associação.
862	ARE 911161	Termo inicial da contagem do prazo para apresentação de defesa no âmbito dos Juizados Especiais Cíveis.	Recurso extraordinário em que se discute, à luz do art. 5º, LV, da Constituição Federal, o termo inicial da contagem do prazo para apresentação de defesa no âmbito dos Juizados Especiais Cíveis.
895	RE 956302	Ofensa ao princípio da inafastabilidade de jurisdição na hipótese em que há óbice processual intransponível ao julgamento de mérito.	Recurso extraordinário em que se discute, à luz do art. 5º, XXXV, da Constituição Federal, a ocorrência, ou não, de ofensa ao princípio da inafastabilidade de jurisdição nas hipóteses em que há óbices processuais intransponíveis a impedir a entrega da prestação jurisdicional de mérito.

Tema	*Leading case*	Título	Descrição
898	ARE 963889	Cabimento de mandado de segurança contra decisão que julga embargos infringentes opostos em execução fiscal de pequeno valor.	Recurso extraordinário em que se discute, à luz dos arts. 1°, 2°, 60, 150 e 156 da Constituição Federal, o cabimento, ou não, de mandado de segurança contra decisão que julga embargos infringentes opostos em execução fiscal de pequeno valor.
DIREITO PROCESSUAL DO TRABALHO			
248	AI 751478	Pressupostos de admissibilidade de ação rescisória no âmbito da Justiça do Trabalho.	Agravo de instrumento interposto contra decisão que inadmitiu recurso extraordinário em que se discutem, à luz dos artigos 5°, II, XXXV, LIV e LV, e 93, inciso IX, da Constituição Federal, os pressupostos de admissibilidade de ação rescisória, no âmbito da Justiça do Trabalho.
625	ARE 696101	Aplicabilidade dos juros de mora previstos no art. 1°-F da Lei 9.494/1997 aos casos em que a Fazenda Pública é condenada subsidiariamente pelas obrigações trabalhistas inadimplidas pelo empregador principal.	Agravo interposto de decisão que não admitiu recurso extraordinário em que se discute, à luz do art. 5°, caput e inciso II, da Constituição Federal, a aplicabilidade dos juros de mora previstos no art. 1°-F da Lei 9.494/1997 aos casos em que a Fazenda Pública é condenada subsidiariamente pelas obrigações trabalhistas inadimplidas pelo empregador principal.
878	RE 864264	Legitimidade da execução na Justiça do Trabalho de bens que, a despeito de não integrarem a massa falida, pertencem a pessoa jurídica do mesmo grupo econômico de sociedade submetida a procedimento falimentar.	Recurso extraordinário em que se discute, à luz dos arts. 1°, III, 5°, XXXVI, 113, 114 e 170, caput e IX, da Constituição Federal, a legitimidade da constrição, pelo Juízo trabalhista, de bens pertencentes a pessoa jurídica do mesmo grupo econômico de sociedade em procedimento falimentar, mas que não estão abrangidos pelo patrimônio da massa falida.
DIREITO PROCESSUAL PENAL			
205	AI 754008	Requisitos para a concessão de progressão de regime à luz da nova redação dada ao art. 112 da Lei de Execução Penal pela Lei n° 10.792/2003.	Agravo de instrumento interposto contra decisão que inadmitiu recurso extraordinário em que se discute, à luz do art. 5°, II, da Constituição da República, os requisitos para a concessão de progressão de regime à luz da nova redação dada ao art. 112 da Lei de Execução Penal pela Lei n° 10.792/2003, em especial com relação à realização de exame criminológico (exigência de avaliação social e psicológica do apenado).

Tema	*Leading case*	Título	Descrição
DIREITO TRIBUTÁRIO			
195	AI 743833	Publicação de editais de notificação do lançamento da contribuição sindical rural por órgão da imprensa oficial.	Agravo de instrumento interposto contra decisão que inadmitiu recurso extraordinário, em que se discute, à luz do art. 37, caput, da Constituição Federal, a validade, ou não, da publicação de editais de notificação do lançamento da contribuição sindical rural apenas no Diário Oficial, sem a correspondente publicação em jornal de grande circulação.
215	RE 583029	Forma de cálculo de contribuição previdenciária incidente sobre o 13° salário.	Recurso extraordinário em que se discute, à luz dos artigos 5°, II, LIV e LV; 59, I; 84, IV; 150, IV; e 195, §§ 4° e 6°, da Constituição Federal, a forma de cálculo de contribuição previdenciária incidente sobre o 13° salário.
230	RE 586620	Exigibilidade da contribuição para o Fundo de Saúde dos Militares.	Recurso extraordinário em que se discute, à luz dos artigos 5°, LIV, LV; 142; 149; 150, I; e 195, §§ 4° e 6°, da Constituição Federal, a exigibilidade, ou não, da contribuição para o Fundo de Saúde dos Militares.
236	AI 705941	Natureza jurídica de verbas rescisórias para fins de incidência do imposto de renda.	Agravo de instrumento interposto contra decisão que inadmitiu recurso extraordinário em que se discute, à luz dos artigos 5°, caput; e 150, II, da Constituição Federal, a natureza jurídica de verbas rescisórias, se salarial ou indenizatória, para fins de incidência de imposto de renda.
243	RE 596492	Termo inicial dos juros moratórios nas ações de repetição de indébito tributário.	Recurso extraordinário em que se discute, à luz dos artigos 5°, caput, II; e 195, II, da Constituição Federal, a definição do termo inicial dos juros moratórios nas ações de repetição de indébito tributário, ou seja, se eles incidem a partir do trânsito em julgado da sentença ou da efetiva citação.
263	RE 583327	Incidência de ICMS sobre os serviços prestados pelos provedores de acesso à internet.	Recurso extraordinário em que se discute, à luz dos artigos 146, III, a; e 155, II, da Constituição Federal, a constitucionalidade, ou não da cobrança do Imposto sobre Circulação de Mercadorias e Serviços – ICMS sobre os serviços prestados pelos provedores de acesso à internet.
287	AI 790283	Sujeito ativo competente para cobrança do ISS.	Agravo de instrumento interposto contra decisão que inadmitiu recurso extraordinário em que se discute, à luz dos artigos 5°, II; 150, I; 146, I; e 156, § 3°, II, da Constituição Federal, se o sujeito ativo competente para a cobrança do Imposto sobre Serviços de Qualquer Natureza – ISS é o Município em que prestado o serviço ou em que localizado o estabelecimento do prestador.

Tema	*Leading case*	Título	Descrição
288	RE 602883	Interrupção do prazo prescricional na execução fiscal.	Recurso extraordinário em que se discute, à luz do art. 146, III, b, da Constituição Federal, a aplicabilidade, ou não, do art. 174, parágrafo único, I, do Código Tributário Nacional – CTN (com redação anterior à Lei Complementar n° 118/2005), concernente à interrupção do prazo prescricional na execução fiscal, tendo em vista o disposto no art. 8°, § 2°, da Lei n° 6.830/80.
291	RE 611230	Notificação pessoal de contribuinte para exclusão do REFIS.	Recurso extraordinário em que se discute, à luz dos artigos 5°, LV; e 37, da Constituição Federal, a possibilidade, ou não, de a intimação do contribuinte, para fins de sua exclusão do Programa de Recuperação Fiscal – REFIS, ser realizada por meio da imprensa oficial e da internet.
301	RE 592887	Cobrança de ICMS sobre serviço de habilitação de celular.	Recurso extraordinário em que se discute, à luz dos artigos 150, I, 155, II, da Constituição Federal e 24, § 8°, do Ato das Disposições Constitucionais Transitórias, a possibilidade, ou não, de cobrança de ICMS sobre serviço de habilitação de telefone celular.
306	RE 611512	Natureza jurídica dos juros, em reclamatória trabalhista, para fins de incidência de Imposto de Renda.	Recurso extraordinário em que se discute, à luz dos artigos 5°, II; 37; 59; 84, IV; 146, III, a; 150, I e IV; e 153, III, da Constituição Federal, a natureza jurídica dos juros, a fim de se decidir se verbas recebidas a esse título, em reclamatória trabalhista, se sujeitam, ou não, ao Imposto de Renda.
319	AI 735933	Critérios de correção monetária para a devolução de empréstimo compulsório de energia elétrica.	Agravo de instrumento interposto contra decisão que inadmitiu recurso extraordinário, em que se discute, à luz dos artigos 2°; 5°, II; 22, VI; e 37, da Constituição Federal, e 34, § 12, do Ato das Disposições Constitucionais Transitórias, os critérios de correção monetária utilizados para a devolução do empréstimo compulsório incidente sobre o consumo de energia elétrica, instituído pela Lei n° 4.156/62.
330	RE 628002	Incidência do IRPF sobre os benefícios recebidos de entidade de previdência privada e as importâncias correspondentes ao resgate de contribuições.	Recurso extraordinário em que se discute, à luz dos artigos 5°, XXXVI; e 153, III, da Constituição Federal, a constitucionalidade, ou não, da incidência do Imposto de Renda da Pessoa Física – IRPF sobre o recebimento de complementação de aposentadoria ou sobre o resgate de contribuições para entidades de previdência privada, devidos após 31.12.1995, nos termos do art. 33 da Lei n° 9.250/95.

Tema	*Leading case*	Título	Descrição
353	AI 803140	Enquadramento de pessoas jurídicas da área de saúde na qualidade de prestadoras de serviço hospitalar para fins de obtenção do benefício de recolhimento da Contribuição Social sobre o Lucro líquido (CSLL) e do Imposto de Renda de Pessoa Jurídica (IRPJ) com base de cálculo reduzida.	Agravo de instrumento interposto contra decisão que inadmitiu recurso extraordinário em que se discute, à luz dos artigos 5°, caput; 150, II, 196 e 197, da Constituição Federal, a constitucionalidade, ou não, do enquadramento de pessoas jurídicas da área de serviços de análises clínicas na qualidade de prestadoras de serviço hospitalar, para gozarem do benefício relativo ao recolhimento da CSSL e do IRPJ com a base de cálculo reduzida, nos termos previstos no art. 15, § 1°, III, a, da Lei n° 9.249/95 e art. 20 da Lei n° 9.249/95.
407	RE 633329	Restituição de valores descontados compulsoriamente a título de contribuição previdenciária declarada inconstitucional.	Recurso extraordinário em que se discute, à luz dos artigos 195, II, 40, § 12, e 149, § 1°, da Constituição Federal, o direito, ou não, de servidores públicos estaduais, à restituição de valores descontados compulsoriamente a título de contribuição previdenciária declarada inconstitucional.
422	RE 636978	Cálculo do valor mínimo nacional por aluno (VMNA) a ser repassado ao Fundo de Manutenção e Desenvolvimento do Ensino Fundamental e de Valorização do Magistério (FUNDEF)	Recurso extraordinário em que se discute, à luz do artigo 60, § 1°, do ADCT e artigo 100 da Constituição Federal, a forma de cálculo do VMNA para definição do valor a ser repassado a título de complementação do FUNDEF.
459	RE 642442	Requisitos legais para enquadramento de pessoa jurídica como entidade beneficente de assistência social para fins de imunidade tributária.	Recurso extraordinário em que se discute, à luz do artigo 195, § 7°, da Constituição Federal, a obrigação, ou não, de preenchimento dos requisitos impostos pelo art. 55 da Lei 8.212/1991, aptos a caracterizar pessoa jurídica como entidade beneficente de assistência social, para efeitos de reconhecimento de imunidade tributária.
482	RE 611505	Incidência de contribuição previdenciária sobre os valores pagos pelo empregador ao empregado nos primeiros quinze dias de auxílio-doença.	Recurso extraordinário em que se discute, à luz dos artigos 97 e 195, I, a, ambos da Constituição Federal, a ofensa, ou não, ao princípio da reserva de plenário por acórdão do Superior Tribunal de Justiça que, em órgão fracionário, assentou a natureza não salarial do auxílio-doença pago ao empregado nos primeiros quinze dias de seu afastamento do trabalho e, em consequência, afastou a incidência de contribuição previdenciária sobre esses valores a cargo do empregador.

Tema	*Leading case*	Título	Descrição
489	AI 810097	Responsabilidade solidária da União pelo pagamento de correção monetária integral referente a crédito oriundo de devolução de empréstimo compulsório sobre o consumo de energia elétrica.	Agravo de instrumento interposto contra decisão que inadmitiu recurso extraordinário, em que se discute, à luz do artigo 150, IV, da Constituição Federal, e 34, § 12, do Ato das Disposições Constitucionais Transitórias, a responsabilidade solidária da União, ou não, pelo pagamento de correção monetária integral referente a crédito oriundo de restituição de empréstimo compulsório incidente sobre o consumo de energia elétrica, considerada a previsão do art. art. 4°, § 3°, da Lei n° 4.156/62, que a assegura pelo valor nominal dos títulos da Eletrobrás.
585	AI 797937	Diminuição da base de cálculo de contribuições previdenciárias em decorrência de acordo celebrado em execução trabalhista.	Agravo de instrumento interposto contra decisão que inadmitiu recurso extraordinário em que se discute, à luz do inciso XXVI do art. 5° e do inciso VIII do art. 114 da Constituição Federal, a possibilidade, ou não, de acordo celebrado em fase de execução trabalhista resultar em diminuição da base de cálculo das contribuições previdenciárias, tendo em conta o princípio de proteção à coisa julgada.
641	ARE 699362	Delimitação da base de cálculo do Imposto sobre Serviços de Qualquer Natureza – ISSQN devido pela prestação de serviços de registros públicos, cartorários e notariais.	Agravo de decisão que não admitiu recurso extraordinário em que se discute, à luz do art. 102 e 153, III, da Constituição Federal, a possibilidade de cobrança do Imposto sobre Serviços de Qualquer Natureza – ISSQN mediante aplicação de alíquota fixa, nos termos do art. 9°, § 1°, do Decreto-Lei 406/1968, tendo em vista a natureza pessoal da prestação dos serviços de registros públicos, cartorários e notariais, e não na forma do art. 7° da Lei Complementar 116/2003.
677	RE 688001	Incidência do imposto de renda sobre os valores recebidos por servidor público a título de abono de permanência.	Recurso extraordinário em que se discute, à luz do art. 40, § 19, da Constituição federal, a possibilidade de incidência do imposto de renda sobre os rendimentos percebidos por servidor público a título de abono de permanência.
714	RE 790799	Concessão de isenção do Imposto sobre a Circulação de Mercadorias e Serviços (ICMS) na aquisição de veículos automotores por portadores de deficiência física não elencada na legislação estadual correlata.	Recurso extraordinário em que se discute, à luz dos arts. 5°, caput, e 155, § 2°, XII, g, da Constituição federal, a possibilidade de se conceder isenção do ICMS na aquisição de veículos automotores por portadores de deficiência física não elencada no rol de patologias autorizadoras da isenção, constante do Decreto 30.363/2009 do Estado da Paraíba, que regulamenta no âmbito estadual o Convênio ICMS 03/2007.

Tema	*Leading case*	Título	Descrição
720	ARE 802082	Incidência do imposto de renda sobre os valores recebidos por servidor público a título de horas de sobreaviso.	Recurso extraordinário em que se discute, à luz do art. 153, III, da Constituição federal, a possibilidade de incidência do imposto de renda (IR) sobre os rendimentos percebidos por servidor público a título de horas de sobreaviso, definidas na legislação estadual pertinente.
729	ARE 784854	Incidência do imposto de renda sobre os valores recebidos a título de Gratificação de Atividade de Combate e Controle de Endemias (GACEN).	Recurso extraordinário em que se discute, à luz do art. 153, III e § 2º, I, da Constituição federal, a natureza jurídica da Gratificação de Atividade de Combate e Controle de Endemias (GACEN), instituída pela Lei federal 11.784/2008, para fins de incidência do imposto de renda.
752	RE 753681	Legitimidade do consumidor final para propor ação de repetição de indébito tributário relativo a valores do ICMS incidente sobre a demanda contratada de energia elétrica.	Recurso extraordinário em que se discute, à luz dos arts. 146, III, b, e 155, II, da Constituição federal, a legitimidade ad causam do consumidor final (contribuinte de fato) para figurar no polo ativo de ação declaratória c/c repetição de indébito, na qual se busca afastar a incidência do ICMS sobre a demanda contratada e não utilizada de energia elétrica.
759	ARE 745901	Incidência de contribuição previdenciária sobre a verba recebida por empregado a título de aviso prévio indenizado.	Recurso extraordinário em que se discute, à luz do art. 195, I, a, da Constituição, a possibilidade de incidência de contribuição previdenciária sobre a verba rescisória percebida por empregado a título de aviso prévio indenizado.
791	RE 855026	Isenção da Taxa de Coleta de Lixo de imóveis do Programa de Arrendamento Residencial (PAR).	Recurso extraordinário em que se discute, à luz do art. 150, VI, a, da Constituição Federal, a isenção ou não da Taxa de Coleta de Lixo de imóveis do Programa de Arrendamento Residencial, criado pela Lei 10.188/2001.
896	ARE 940225	Cabimento de apelação contra decisão judicial que extingue execução fiscal de pequeno valor.	Recurso extraordinário em que se discute, à luz dos arts. 1º, 2º, 60, 150 e 156 da Constituição Federal, o cabimento, ou não, de apelação contra decisão judicial que extingue execução fiscal de pequeno valor.
902	ARE 970082	Despesas processuais que compõem o preparo recursal.	Recurso extraordinário em que se discute, à luz dos arts. 2º e 5º, XXXVI e LV, da Constituição Federal, acerca das despesas processuais que compõem o preparo recursal, notadamente se a ausência de recolhimento da multa por litigância de má-fé pode acarretar a deserção do recurso.

Tema	*Leading case*	Título	Descrição
908	RE 892238	Incidência de contribuição previdenciária a cargo do empregado. Definição da natureza jurídica de parcelas pagas ao empregado, para fins de enquadramento ou não na base de cálculo de contribuição previdenciária, conforme o art. 28 da Lei 8.212/1991.	Recursos extraordinários em que se discute, à luz dos arts. 7°, XIII e XVI; 97; 103-A; 150, § 6°; 195, I, a, e II; e 201, § 11, da Constituição Federal, acerca da natureza jurídica das verbas pagas ao empregado a título de adicional de férias, aviso prévio indenizado, décimo terceiro proporcional, auxílio-doença e horas extras, para fins de incidência da contribuição previdenciária, nos termos do art. 28 da Lei 8.212/1991.
909	RE 959489	Preenchimento dos pressupostos necessários ao gozo da imunidade tributária recíproca pela Rede Ferroviária Federal S/A – RFFSA.	Recurso extraordinário em que se discute, à luz dos arts. 21, XII; 150, caput, VI, a, § 2° e § 3°; 173; 175 e 177 da Constituição Federal, acerca do preenchimento, no caso concreto, dos pressupostos necessários ao gozo da imunidade tributária recíproca pela extinta Rede Ferroviária Federal S/A – RFFSA.
910	ARE 979764	Incidência da contribuição do salário-educação sobre a folha de salário do produtor rural pessoa física.	Recurso extraordinário em que se discute, à luz do art. 212, § 5°, da Constituição Federal, acerca da sujeição, ou não, do produtor rural pessoa física, na condição de empregador rural, à contribuição do salário-educação prevista no art. 15 da Lei 9.424/1996.
911	ARE 957842	Possibilidade de exclusão, das bases de cálculo do IRPJ e da CSLL, dos créditos escriturais apurados no regime não cumulativo da contribuição ao PIS e da COFINS.	Recurso extraordinário em que se discute, à luz dos arts. 145, § 1°, 150, IV, e 153, III, da Constituição Federal, acerca da possibilidade de dedução dos créditos escriturais apurados no regime não cumulativo da Contribuição ao Programa de Integração Social – PIS e da Contribuição para o Financiamento da Seguridade Social – COFINS das bases de cálculo do Imposto de Renda de Pessoa Jurídica – IRPJ e da Contribuição sobre o Lucro Líquido CSLL.
923	RE 959870	Efeito repristinatório pela declaração de inconstitucionalidade dos incs. I e II do art. 25 da Lei n. 8.212/1991 alterada pelas Leis ns. 8.540/1992 e 9.528/1997.	Recurso extraordinário no qual se discute a possibilidade, ou não, de se reconhecer efeito repristinatório à declaração, pelo Supremo Tribunal Federal, da inconstitucionalidade dos incs. I e II do art. 25 da Lei n. 8.212/1991, alterada pelas Leis ns. 8.540/1992 e 9.528/1997, tornando, assim, vigente o regime tributário anterior.

Anotações

www.editorajuspodivm.com.br

Impressão e Acabamento
Intergraf Ind. Gráfica Eireli